笠山遺集 【上册】

包樹棠◎著

人民出版社

責任編輯:詹素娟
裝幀設計:東方天地

圖書在版編目(CIP)數據

笠山遺集/包樹棠 著;張善文 整理;張善文等 點校;張善文 審校. —北京:
　人民出版社,2025.3
ISBN 978－7－01－022968－3

Ⅰ.①笠⋯　Ⅱ.①包⋯②張⋯　Ⅲ.①包樹棠(1900-1981)-文集
　Ⅳ.①C53

中國版本圖書館 CIP 數據核字(2020)第 269055 號

笠山遺集
LISHAN YIJI

包樹棠　著

張善文　盧翠琬　黃曦　連天雄　劉可儀　蔡飛舟　胡海平　賴文婷　點校
張善文　整理審校

人 民 出 版 社 出版發行
(100706　北京市東城區隆福寺街 99 號)

北京中科印刷有限公司印刷　新華書店經銷

2025 年 3 月第 1 版　2025 年 3 月北京第 1 次印刷
開本:710 毫米×1000 毫米 1/16　印張:125.25
字數:2000 千字

ISBN 978－7－01－022968－3　定價:399.00 圓

郵購地址 100706　北京市東城區隆福寺街 99 號
人民東方圖書銷售中心　電話 (010)65250042　65289539

包树棠先生像

（1900—1981）

總　序

陶淵明《讀山海經》首篇《孟夏草木長》，有句云："既耕亦已種，時還讀我書。"極見詩人恬淡閒適的讀書之樂，頗爲後學所稱賞。

弢庵陳氏寶琛先生，晚清遜帝溥儀之師，福建閩縣（今福州）人。光緒十一年（1885）遭貶返鄉，三十三年（1907）創辦福建優級師範學堂，是即我校福建師範大學之前身也。陳氏在鄉，修茸祖屋，曾構五樓，其一曰"還讀樓"，義本陶句。斯樓嫻雅臨江，居螺洲陳府群築之幽深處，花木掩映，藏書頗富，主人暇時披覽其中，其陶陶然悅樂之情足可想見矣。

我校自肇建以降，凡百有十載，秉承弢庵先生"化民成俗其必由學，溫故知新可以爲師"的教育宗旨，宣導讀書致用，修德淑世，滋培多士，迭出英才，爲華夏文教所作貢獻可謂卓越焉。僅就中文專業言之，於今文學院一級學科八個博士點的教學科研成果，易學、古代文學、現代文學、語言學、文藝學等學術領域的諸多前沿性創獲，學界同仁頗常稱許之。然萬事之成，必有本原。推考我校中文學科的發展歷史，百年之間，有弢庵先生及董作賓、葉聖陶、郭紹虞、陳遵統、嚴叔夏、章靳以、胡山源諸先生的先後引領，繼而有黃壽祺、黃曾樾、錢履舟、包樹棠、洪心衡、俞元桂、張貽惠、潘懋鼎、陳祥耀、穆克宏等先生的長期執教，終乃蔚爲蒸蒸日上的學術氣象。知者或云：光前裕後、繼往開來的學統文脈，其此之謂歟？

茲編名曰《還讀文存》，即取弢庵"還讀樓"暨陶令"時還讀我書"之意，輯錄我校創建以來，從事中文教學與科研的老師宿儒的代表性著作而成之。一則紀念爲我校奉獻出學術心血的傑出學者，二則激勵今天的學人企踵賢哲而繼成薪火相傳的學術偉業。所輯作品，有詩文，有專論。如弢庵陳寶琛《滄趣樓文錄》，彥堂董作賓《平廬文選》，易園陳遵統《晚清民初文學史》、《中國學術概論》，普賢嚴叔夏《叔夏遺稿》，蔭亭黃曾樾《陳石遺先生談藝錄》、《埃及鉤沉》，笠山包樹棠《汀州藝文志》、《史記會注攷證校讀》，六庵黃壽祺《群經要略》、《易學群書平議》，桂堂俞元桂《桂堂述學》、《晚晴漫步》，張貽惠《古漢語語法》，潘懋鼎《中國語原及其文化》，陳祥耀《喆盦文叢》，穆克宏《文心雕龍》及《昭明文選》研究等書，皆不愧爲飽學之士冥思獨運的精粹創作，也足以展示我校百多年來衆多優秀學者富有特色的治學風采。

所謂"既耕亦已種"者，從廣義觀之，可以理解爲隱退躬耕之時，也可以引申爲正務修畢之際；那麼，"時還讀我書"，則是不分年齡少長，不論在職與否，皆需時時創造條件、樂而讀書治學也。六庵教授晚年詩有"退間補讀十年書"之句，昔時耄耋老人尚且如此用力進德修業，何況今日的年輕學人呢？

因此，《還讀文存》的編輯刊行，不僅在於回顧過去，更在於鞭策未來。

陸游《書事》詩云："功名在子何殊我？惟恨無人快著鞭。"在學術傳承途程上，認真學習和繼承光大我們優良的學術傳統，步武前修，揚鞭進取，當爲我輩後學義不容辭的責任。值此《文存》即將編成之日，我們熱切期盼著明天的學術曙光。

汪文頂

寫於福建師範大學

公元二〇一六年夏正丙申立秋後五日

笠山遺集總目

笠山遺集導言

　　初聞笠山先生大名，是在 1979 年秋，我攻讀福建師範大學中文系先秦兩漢文學研究生時，於課堂上聆聽六庵師講授經史課程，師引用笠山先生治學範例，以教誨諸生。當是時，師年六十有八，笠山先生年八十，師極稱笠山先生詩古文詞之雅美，《汀州藝文志》之博贍，以及手抄清稿之工麗嚴謹，諸生皆肅然起敬，心嚮往之。不意兩年後，先生辭歸道山，我終以未及拜謁先生以獲耳提面命之教爲平生遺憾。

　　2011 年夏，笠山先生哲嗣定寰、定雄、定貞、定強諸君，暨女公子定英女史，辱訪寒舍，謂其先君子遺著《汀州藝文志》去歲已由福建省文史館整理出版簡化字本，今仍有《笠山詩鈔》、《笠山文鈔》、《雷翠庭先生年譜》、《史記會注攷證校讀》等數種遺稿，亟盼費心代爲點校整理，並希續請文史館協助出版。屬情殷懇，感我至深。我當即表示：令先甫與六庵師爲知契之交，整理刊行遺著，我必竭心戮力，在所不辭。越四載，福建師範大學文學院適有“還讀文存叢書”編輯出版規劃，院領導同意將《笠山遺集》編入叢書，囑我物色幹才，合力讎勘校訂，促此學術精品順利問世。又越四載，經諸位參與人員共同努力配合，全書編校訖竟，將以付梓，我心始略寬焉。

　　2020 年春，先生遺集大樣初排，未及覆校，先生哲嗣包定貞君乍然復示其先嚴手稿多種，囑再爲增入：凡有《四家詩傳授表證》、《訓詁學》、《兩漢三國兩晉文學史》、《隨無涯齋讀書記》、《春秋左傳札記》、《笠山手錄碎金集》、《笠山手鈔二窗詞》等專書，及《史記引論》等論文，皆先生生前手自裝訂。不期然又覩先生遺稿如斯之多，不禁欣慨交集。於是與一二友生，悉心披檢，重爲編校，更歷半載有奇，始與前數種整合董理，乃成是集。

笠山先生學博才高，淹貫群籍，所作詩不离"風雅正變之義"（鄭翹松《笠山詩鈔序》），所爲文"事深理密，樞紐經典"（葉紹曾《笠山文鈔序》），所撰學術專著長於考據，論列審諦，頗能填補學術空白。其遺稿皆積數十年之力而成，歷經增删訂定，凡所徵引，廣涉經史子集、方志家乘、掌故軼聞，校理事役，非潛心滌慮以赴之，數典援經以從之，則難以爲功也。然有幸整理先輩遺書，於勘點校讎中接受優秀傳統學術的熏陶，實亦後學不可多得的機遇。

今綜是集，共收入先生遺著九種：

一曰《笠山詩鈔》十卷，收各體詩詞千餘首。

二曰《笠山文鈔》十一卷，收各體文二百餘篇。

三曰《汀州藝文志》二十卷，擇索汀府八邑歷代文獻八百七十餘種，以補《汀州府志》藝文載記之缺略。

四曰《雷翠庭先生年譜》不分卷，稽考清雍正、乾隆間汀籍理學名宿雷鋐生平事跡，推美其"身體力行之功，皆粹然足爲一世表率"（《年譜自序》），可供補訂《清史稿》者捃採。

五曰《四家詩傳授表證》一卷，追考毛、魯、齊、韓四家詩學，詳採史料，列表稽證其傳授源流，章太炎先生嘗讚賞之，謂"已确然無閒隙"。

六曰《訓詁學》一卷，專論歷代訓詁學之名義、類別、條例、源流、學派、要籍，闡述有序，條秩不紊，學者手此一編，不虞斯學之難入。

七曰《兩漢三國兩晉文學史》一卷，分述兩漢至魏晉文學發展史，所發論議，常獨攄己見，無所依傍前賢，尤能誨迪後學。

八曰《史記會注攷證校讀》十卷，以日人瀧川資言所纂《史記會注考證》頗多齷疏，因著讀書所得，爲之劄記，並作引論，知者稱爲"必傳之書"（《六庵遺墨》）。

九曰《笠山讀書記》七卷（含《隨無涯齋讀書記》六卷、《春秋左傳札記》一卷），乃長年讀書所記，博涉群籍，多涵獨具創獲之學術心得。

書末附錄三種：一爲《笠山手錄碎金集》，一爲《笠山手鈔二窗詞》，一爲時賢題詞信札及爲先人所作墓誌銘各一首，皆可據以窺知先生爲學歷程，及師承家學之端倪焉。

先生姓包氏，字伯荓，笠山其號也。二十世紀初元（1900年）生於福建上杭。早歲嘗從宿儒丘復問學。畢業廈門大學國學系代辦之集美國學專門學校。曾任集美中學、福建省立晉江中學、私立泉州昭昧國學講習所等校教員，福建省立音樂專科學校國文教師，福建省立師範專科學校副教授，國立海疆學校教授。1949 年後，任福建師範學院（今福建師範大學）教授，至 1964 年退休。1981 年卒於福州，享壽八十有二。先生性惇樸，學篤誠，畢生愷直處世，惛忱著述，數十載教書育人，造就眾多英彥，學者頗敬重之。今其遺集出版，豫必嘉惠當代士林，而有益於傳統國學之弘揚與研究矣。

除了收入本集的九種著作外，笠山先生尚有一些文稿在"文化大革命"中遭受損失，令人頗存遺憾。年屆九九的喆盦陳祥耀教授，係先生的入室高弟，雖在耄耋之齡，仍十分關心《笠山遺集》整理編校進程，時時賜予學術指導，使我深受老一輩學者師弟子間殷摯情懷的真切感染。

協同校點此集者，凡有盧翠琬、黃曦、連天雄、劉可儀、蔡飛舟諸君（詳集中各書前"編校述語"），功勤匪淺。另有胡海平、賴文婷、張善華、章夏諸女史，撥冗佐助錄入文稿、查尋資料，貢獻良多，允宜志之。笠山先生哲嗣兢謹護持其先甫遺稿，爲全書出版提供了珍貴的原始資料，值得崇敬。人民出版社詹素娟編審，秉持精湛的編輯水準審正書稿，使《笠山遺集》終能煥發出典美粹穆的學術光華而奉獻給讀者，未可忽忘。

　　　　　　　張善文謹記於福建師範大學文學院
　　　　　　　公元二零一九年元月初稿
　　　　　　　翌歲二零二零年七月修訂

上册目錄

【笠山遺集第一種】

笠山詩鈔

包樹棠　遺著

盧翠琬　點校

張善文　審校

編校述語

　　《笠山詩鈔》，墨筆抄稿本十冊，作者哲嗣家藏。今依稿本複印件點校。前九冊爲二十世紀 20 年代至 60 年代之作，第十冊"補錄"則補前編未收作品。末附舊體詞《笠山倚聲初稿》及新體歌《歌詞外集》。總計約收一千餘首詩詞，皆作者生前手訂。各冊題下署"上杭包笠山伯苧"，分別鈐"笠山藏書"、"隨無涯齋"、"近雙忠齋詞客"、"無求齋"、"笠山"、"半齋"等作者常用印章。並有可愚、大醒、楊葆球、林鐘鳴、齊毓照、薩鎮冰、碻齋、呂潛、唐半菴等時賢題籤，多作"笠山詩鈔"，唯可愚署作"笠山詩稿"。據先生家人稱，稿本原十一冊，曾被友人借閱遺失一冊，內容蓋爲二十世紀 60 年代中後期至 70 年代作品，今無從尋覓，甚爲可惜。

　　稿本原未編定卷次，惟各冊詩作略依創作時間先後排列。除第二、三冊之首各載詩題子目外，他冊均無。茲將全稿統作整頓，據原本十冊序列，釐爲十卷，諸卷子目一併詳載書首。《笠山倚聲》、《歌詞》則爲"附錄一"、"附錄二"列卷末。另蒐檢有關資料，得遺篇二十二題（含詩二十題、詞二題），輯成《拾遺》，爲"附錄三"以殿焉。卷首原有葉紹曾序及施宗浩題辭，今據《笠山文鈔·前自序》記載，復增入鄭翹松序及王錦機題辭，則首末差可完備矣。整頓既竟，囑盧生翠琬爲之校點，點畢由我詳審一過，補撰校語，記於頁腳，遂成是編。

　　綜觀笠山先生詩詞作品，可謂形式多樣，內容豐富。其詩，有絕句、律詩、樂府、古風等；其詞，有短調、長調、雙闋、三闋等；其歌詞，有校歌、頌歌、歡迎祝禱之歌等。至其內容特色，則多撫時傷亂，紀遊贈別，寫景抒情，但凡八閩之名勝山川、風土古蹟、民物政化，無不在詩人筆下得以生動呈現。葉序稱"以其清麗雄暢之辭，爲觸物撫時之作"是已。吾師六庵教授（姓黃氏，諱壽祺，號六庵），與笠山先生爲莫逆交，嘗論其詩曰："典雅可誦"，"語語凝練"

（《六庵遺墨·山居茶廣與包笠山書》）。翠琬於點勘之餘，亦告予云：“先生之詩，格律工整，用典精深，詩風沉鬱頓挫，清麗雄暢，對於豐富閩中詩壇大有貢獻。”予深以爲然。

後學張善文敬識於福建師範大學文學院
公元二零一六年夏正丙申立春前四日擬稿
越四載二零二零年夏仲修訂

目　錄

笠山詩鈔卷第二

---

① 稿本卷二、卷三之首編有目錄，偶與內文小異。如本題後有"二首"二字，內文題目則無。茲據內文校刪，以臻一致。下做此。又"元韻"，內文題目作"原韻"。

---

① 稿本目錄，題後有"二首"二字。茲據內文校刪。
② 稿本目錄，題後有"二首"二字。茲據內文校刪。
③ 稿本目錄，題後有"二首"二字。茲據內文校刪。
④ 稿本目錄，"謁"後無"楊"字，茲據內文校補。
⑤ 稿本目錄，題後有"八首"二字。茲據內文校刪。

---

① 稿本內文此題，“蘇州”作“吳縣”。
② 稿本目錄，題後有“二首”二字。茲據內文校刪。
③ 稿本目錄，題後有“二首”二字。茲據內文校刪。
④ 稿本目錄，題後有“二首”二字。茲據內文校刪。
⑤ 稿本目錄，題後有“二首”二字。茲據內文校刪。
⑥ 稿本目錄，題後有“二首”二字。茲據內文校刪。

---

① 稿本目錄，題後有"四首"二字。茲據內文校刪。

② 稿本目錄，題後有"二首"二字。茲據內文校刪。

③ 稿本目錄，題後有"二首"二字。茲據內文校刪。

笠山遺集

---

① 稿本目錄,題後有"二首"二字。茲據內文校刪。
② 同上。又,題中"七十",內文作"六十"。疑或偶誤,當爲考訂。
③ 稿本目錄,題後有"二首"二字。茲據內文校刪。
④ 稿本目錄,題後有"二首"二字。茲據內文校刪。
⑤ 稿本目錄,題後有"六首"二字。茲據內文校刪。

---

① 稿本目錄，題後有"四首"二字。茲據內文校刪。
② 稿本目錄，題後有"二首"二字。茲據內文校刪。
③ 稿本目錄，題後有"二首"二字。茲據內文校刪。
④ 稿本目錄，題後有"二首"二字。茲據內文校刪。

① 稿本目錄,題後有"二首"二字。茲據內文校刪。
② 稿本目錄,題後有"四首"二字。茲據內文校刪。
③ 稿本目錄,題後有"二首"二字。茲據內文校刪。
④ 稿本內文此題,"有感"作"有賦"。
⑤ 稿本目錄,題後有"二首"二字。茲據內文校刪。
⑥ 稿本目錄,題後有"二首"二字。茲據內文校刪。

笠山詩鈔卷第四

---

① 稿本目錄，題後有"二首"二字。茲據內文校刪。

笠山遺集

笠山诗鈔卷第八

笠山詩鈔卷第九

笠山遺集

笠山詩鈔卷第十　補錄

附錄一　笠山倚聲初稿

笠山遺集

附錄三　拾遺

葉　序

　　余之友包子笠山殆以詩介。包子一日登同安天馬山，賦詩以自壯。余讀
而識之，不能忘，然卒未及訂交而去。其後包子屢有述作，成《汀州藝文志》
一書，用功甚勤。余亦數以書抵包子，期以文字相砥礪。推包子之意，非徒欲
自附於文苑之儔，蓋尤致力於義理考證之學，而亦時以其餘暇，作爲詩歌。廈
門有白鹿洞、虎谿巖、南普陀諸名勝，包子携朋登覽，俛仰天地，據危石，望滄
海，烟波渺靄，帆檣出沒，油然生灝瀚之氣，幽阒之思，其詩廼益沈鬱富麗。若
夫世亂時危，奸雄鴟張，民生塗炭，則盱衡搤腕，一倡三歎，包子其不能無悲耶
夫！吾輩束身自修，敝精竭神，於書卷固將發之於經濟。使包子而困於時，以
其清麗雄暢之辭爲觸物撫時之作，即上睎於建安七子之倫，亦不過供後人興
感之資而已。然而此非包子志也。鬱極則洩，熱極則風，自古詩人類多境遇
所激成。包子雖不欲言，其可得耶！抑又聞之，人稟七情，應物斯感，故劉勰
曰："敘情怨則伊鬱而易感，述離居則愴怏而難懷，論山水則循聲而得貌，言節
候則披文而見時。"蓋境異情遷，文章豈可矯飾而爲之耶？彼夫仲宣登樓，子
山枯樹，少陵哀時，青蓮對酒，斯皆精誠內注，無待外求。今包子所遇，視仲
宣、少陵諸人有過焉。低卬身世，蓋有不能已於言者。故綜其前後諸作，多紀
遊、憶別、傷亂之篇，而其旨趣，輒不戾於彥和所云。屢屬余爲序，余棲遲潯
水，筆舌煩勞，其處境與包子同而專竺弗及。顧覥然序包子詩而弗辭者，欲使
包子不忘荒山僻野閒，尚有喜包子之詩如余也。民國二十二年秋，安溪葉紹
曾序。

鄭　序①

詩萌上古，其義法備於周，而聲容之變極於唐。後有作者，弗能越已。然文化日新，人才日出，天機之動，藝事隨之。故可謂賦比興外無詩，不可謂風雅頌後無人。漢氏以來，枚叔、少卿以逮子建、淵明、康樂、明遠、太白、子美、子瞻、魯直諸家，由此其選也。雖其命意遣言，核諸辭事相稱之旨，誠不能無淺深厚薄、升降盛衰之辨，然使宣聖生於今日，操正樂刪詩之權，以立興觀群怨之教，當亦未必無可錄者。此天之未喪斯文，而學者不容自菲薄也。笠山包子，於予有忘年之契。其文由方、姚以上規韓、歐，而學足以赴之。於詩亦然，由宋泝唐，以上睎漢魏名家之作。雖流連光景，而於風雅正變之義無螫悟者，鍥而不舍，吾又安能限其所至哉？笠山勉之。夫有宋之文，自歐、王氏皆宗韓，然皆不甚似韓。猶韓之於左、馬、卿、雲，師其意而不襲其貌也，故足自名其家。今之爲詩者，吾惑焉。於宛陵、山谷，皆句摹而字擬之。縱得成就，必爲附庸。若有明七子，斯前車之鑒已。釋家有言：才過其師，始足傳道。道家亦云：風之積也不厚，則其負大翼也無力。予老矣，聞道苦晚。然甚願吾笠山之毋以詩人自滿，更勿以唐宋諸家自畫也。壬午仲夏，六十七叟鄭翹松敬題。

---

① 此篇序稿本無，據《笠山文鈔》卷尾《前自序》補錄。

題辭一①

詩流不多得，聚首每恨短。

邂逅見包君，遲暮刮青眼。

蹌蹌衆髦士，汝器實琰琬。

日光五色葩，凤昔驚豹管。

臯比此分席，廩穀喜共館。

蘭室臭味同，石交言語罕。

吟哦得新句，相示常折簡。

推敲心入微，妥貼力中窾。

緣情富才調，唐響欲近晚。

律體稱到家，古風亦委婉。

起予每有作，我和君必反。

樂哉文字遊，不覺錦囊滿。

江山五六載，成就新詩本。

興盡不欲留，告我將適遠。

男兒功名事，何異日三飯？

丁年好冠劍，須騁新踠踠。

倚馬賦凌雲，揮毫在磨盾。

棄繻終軍妙，射策蘭成選。

國士必見知，誰謂儒生懊？

---

① 稿本原置此辭於卷二之首，今移於此。

風雲憑際會，湖海足儔伴。
莫吝寄篇章，督我作詩嬾。

伯芾學兄見示詩卷爰題其端並以贈別
乙亥六月
弟施宗浩永定藁

題辭二①

詞林上邑推宗匠，海嶠傳薪廿載間。
片石梅花香入夢，虛窗藜火夜怡顏。
文章寢饋神逾王，心血銷磨鬢漸斑。
劫後南州閟講席，竭來高躅許追攀。

丙戌嘉平上澣
永春王錦機題

---

① 此篇題辭稿本無，據《笠山文鈔》卷尾《前自序》補錄。

笠山詩鈔卷第一

逸禪自粵以近作見貽成長句奉酬

泛泛春風百粵槎，重來爲看木棉花。停雲我自思坡老，去日人還問左耶。

<small>張皋文《書左仲甫事》：左，陽湖人，宰霍邱，有循聲。君理同安澳頭警務三月，維持閭閻，保護行旅，不遺餘力，至今公論存焉。</small>歲月蹉跎詩有債，關山飄泊客無家。憂時忽灑長沙淚，氛祲中宵起塞笳。

感　事

栩栩翻疑夢裏身，瀋陽一夕滿胡塵。風流認似佳公子，不愛江山愛美人<small>借句。</small>

行都雒邑見西遷，風景河山一泫然。諷勸蘭臺辭賦在，興衰豈特感當年。

群公祇有偏安策，諸將猶從壁上觀。黃浦江頭餘戰壘，同雲誰念一軍寒。

矢留半箭恨難平，援絕蚍蜉蟻子兵。太息權臣多誤國，今朝城下竟要盟。

威名遠震嫩江橋，戰血殷殷尚未銷。身世李陵同定論，此才畢竟亦寥寥。

異軍獨著平倭績，吾拜英雄戚繼光。莽莽神州誰健者，江山徒感哲人亡。

次韻再寄逸禪

滄溟何處望仙槎，難忘河陽滿縣花。論世果能言有物，說詩漸覺思無邪。

相逢萍水天涯客，莫問桑麻劫後家。遍地猩紅啼鴂苦，東風愁聽數聲笳。

曾向雙溪檥客槎，懷人三月磊園花。自從爲吏無長物，安得誅奸有莫邪。

閩嶠烽烟多鄙邑，粵江春事在誰家。摩挲愁讀殘碑字，拍岸驚濤咽暮笳。

寄懷袁耀樞廣州

故人闊別四春風，魚簡雖疏魂夢通。攻錯每思三友益，讀書未合一生窮。
憂時客本肝腸熱，罵座誰能氣概雄。最憶嶺南光景好，新詩寄到荔支紅。

聞停戰協定簽字書感

彈冠名士滿京雒，嘗膽何人効會稽。狐鼠廟堂憂社稷，兔魚尊俎失笭蹄。
三公赤縣清譚誤，七聖襄城故道迷。無限蘭臺今昔感，兩都詞賦侈東西。

十九路軍入閩有賦

報國誰捐七尺身，孟言取義孔成仁。雄心昔欲吞三島，使節今還鎮八閩。
效命封疆思固圉，和戎樞府誤親鄰。驀聽四野歡聲動，父老壺漿競洗塵。

國難新樂府

爭得椒房去就身，成金無術國憂貧。　芙蓉仙子傾城色，點綴江山要美人。
風塵冠蓋夢華胥，安攘何曾國難紆。　遙執朝權大司馬，已聞開府在匡廬。
書空咄咄事堪哀，殷浩當朝國殆哉。　莫笑摸稜少風骨，一官輕棄有于思。
鼓鼓天南動戰塵，非攻墨翟枉焦脣。　東山漫說宜高臥，誤盡蒼生是此人。
將軍解甲愛林泉，嶽麓新祠祀六賢。　車馬馳驅泰安道，移文誰續北山篇。
誰使孤軍陷寇深，南朝和議誤僉壬。　吳淞口繼大沽口，國恥重重感不禁。
當日縱慚蘇武節，今朝終白李陵心。　龍江百戰威名在，留與人間好鑄金。
興亡往事說從頭，忍割燕雲十六州。　車覆又教來軫誤，白山黑水恨悠悠。

峰　市

峰迴峽轉路盤陀，風雨長亭過客多。源出鄞江觸易濫，流歸韓水渡難過。
侯封南武殊東越，霸業無諸異趙佗。形勢何人知利害，專城債帥自婆娑。

遊石壁菴

乍返南溟棹，來遊石壁菴。雙峰饒古木，一水滌晴嵐。渡急通囂市，雲深隱佛龕。故鄉烽未息，涕淚濕青衫。

贈別鎦生

峰川匝月最盤桓，話舊哀時熱淚彈。不逐潮流甘澹泊，要回風氣任艱難。秋山寂寂羈懷苦，夜雨瀟瀟別夢殘。從此行藏各珍重，好留面目本來看。

奉和念廬先生五十有九初度用元均

百尺樓高集衆英，師儒人比鄭康成。游從倉海群流仰，居傍韓山片席爭。手卷梅花知晚節，秋鐙落葉感浮生。年年作健諸香國，會看黃河異日清。先生與丘倉海逢甲工部最契近，避地韓江，有和郝九龍《大理梅花百詠》、王漢卿《落葉詩》。

尼父宗周號素王，麟經大義凜風霜。上杭令溫某貪污枉法，扣留撐篷巖出紙。先生直言電爭，竟剌以徒在外作皇帝。待編酷吏誅民賊，孰使仙源變互鄉。生日荷花開曲沼，詩人春草夢橫牀。深杯要把離憂洗，中聖何妨作酒狂。

奉贈王漢卿宗海韓江旅次

招我瀛洲倒酒卮，高樓文讌盛當時。人閒徧譽生花筆，海上長吟落葉詩。入社孫陳呼老友，常熟孫雄師鄭、義寧陳三立伯嚴，文字倡和，皆故都舊識。忘年李孔結新知。鐙前豪氣縱橫甚，風雅它鄉付主持。

落葉和王漢卿用彈敇老人元均

踏向楓林尋舊徑，秋風蕭寺偶過從。蔥蘢祇有參天柏，孤傲還餘傍水松。疏影枝懸今古月，衰顏骨露二三峰。吳江欲和鼉年句，捵索枯腸笑我庸。

將軍大樹嗟如此，司馬長條感係之。風勁盤鵰翻遠木，月明飛鵲繞空枝。

秋懷搖落渾無似，野氣蕭森總不宜。唱罷石州還駐馬，黃榆關塞客心癡。

　　寒碪隱隱起江村，遲莫王孫效罪言。飛去繽紛迷曲磴，掃來狼籍滿衡門。綵華忽覺三生夢，憔顇翻成一夕髠。勘破榮枯參至理，人天何怨更何恩？

　　洞庭波闊霜風至，海客衣單刀尺催。怕上河梁歌去也，欲從彭澤賦歸哉。牀回春夢丁年恨，雨過秋鐙子夜哀。天半飛鴉疑點點，寒山萬影渡江來。

前　題

　　到眸亂影千林緊，入耳商聲萬壑從。攀向蕭疏隋苑柳，倚來盤錯漢朝松。秋風未上飛鴻閣，《山堂肆考》："歸鴻樓，宋楊時建，取目送歸鴻之義，自爲圖記之。後張才邵修建，易今名。" 霜信先回落雁峰。寂寞空山樵徑認，天全漫笑櫟樗庸。

　　青鐙作賦歐陽子，元髮驚秋杜牧之。《樊川集·題桐葉①》句云："落葉燕歸眞可惜，東流元髮且無期。" 忽聽疾風摧勁草，翻疑驟雨過寒枝。鴉飛萬點波光好，虬語千山月色宜。九辯文章搖落意，看來否泰那容癡。

　　畫出江南黃葉村，詩人曼衍託卮言。冬青皋羽悲玄髮，秋柳漁洋感白門。剝復更無天可問，榮萎始信樹能髠。《齊民要術》："歲可髠二百樹。" 只看萬物同芻狗，報怨何庸況乞恩。

　　露凝玉城奚童掃，霜落嚴城畫角催。墜地閒愁其嘆矣，漫天詩思正佳哉。蕭慵竟比山僧嬾，飄泊還添羈客哀。隊裏秋光彌惜別，東皇隔歲盼重來。

秋夜書感

　　故壘聽嚴角，扁舟泝古津。天低星似火，浪靜月如銀。愁隉風前涕，飢驅劫後身。妖氛今尚惡，何處避嬴秦。

南　行

　　秋風疑不到南鄉，八月梧桐葉未黃。錯認姑蘇城郭好，相思一路似垂楊。

―――――――――

　　① 葉，稿本作"華"。據四部叢刊本《樊川集》改。

西樓夜酌

它鄉縱酒笑誰同，綠擁樓高四面風。汐退忽驚舟在壑，雲開偶見月當空。飛花撩雪呼蘆雁，暗葉吟秋和砌蟲。猛聽海東清嘯落，漁鐙零亂浴星紅。

秋齋即事

啁哳晨風語密林，廉纖微雨作層陰。高烝海氣看天醉，倒映山光見陸沈。岸落翻疑秋水淺，愁來不覺酒杯深。篋中詩卷捵千劫，浩蕩江關起壯吟。

秋　望

雨腳收殘照，明霞墜水西。山將青海抱，樓與綠雲齊。打岸潮聲急，篩風樹影低。譚瀛逢海客，避地怕聞鼙。

得表姪曾演復耗歲餘矣壬申重陽前七日淒然入夢醒即題其遺稿

草堂舊日集群才，落拓襜期付酒杯。湖海遍交天下士，家山莫問劫餘灰。亂離文字遭人賤，飄蕩詩魂入夢來。欲述平生翻未得，沈冤終古禍誰胎？

後國難新樂府

欲繪流民同鄭俠，誰從劫後問桑麻。國門昨日頒新政，官樣文章禁捕蛙。
深源當國誤虛名，南渡江山涕淚橫。大學生徒皆罷遣，春絃夏誦不聞聲。
咄嗟無復補時艱，身與閒雲共往還。冠帶沐猴君勿訝，熱中人臥莫干山。
不聞儀仗熱官迎，一老匆匆出石城。軒冕都忘趙孟貴，今人曳尾笑莊生。
海東鼙鼓欲驚天，一片甌蒙劫火煎。淚眼愁看風景異，飄零金粉過江年。
崦嵫又動魯陽戈，飛檄青天萬騎過。此日籌邊諸將誤，西風吹淚邈山河。

小病口占

海嶠秋將老，西風枕簟涼。哦詩消永日，抱病過重陽。短荻花如雪，高梧葉有霜。驚心因物候，歸思滿江鄉。

秦婦吟題詞

障子戒垂秦婦篇，秀才時號已流傳。敦煌石洞光芒在，呵護風雷九百年。

壬申五月十七日實癸師六十初度秋中大聲自北平來書云師去徽垣受重慶大學羔雁矣補成長句爲壽

瓊杯佳節壽詞仙，萬頃雲濤大海邊。日下舊遊三兩輩，弁陽今去一千年。秋懷難忘光宣事，行腳方滋山水篇。身與輕鷗同泛宅，兵戈又阻蜀江船。

壬申冬重遊集美農林學校登天馬山賦詩紀事

窮年羈海嶠，風塵勞形役。奚囊采風詩，山水結奇癖。挈侶愛良辰，驅車出阡陌。重過故人齋，落葉蝸徑積。論文興自佳，評棋心多適。豪氣最縱橫，不覺日之夕。主人呼鐙來，小飲敞前席。弗爽登山約，天馬瞰咫尺。侵晨各戒裝，便攜靈運屐。隔澗響風泉，坐聽懷爲懌。跫然空谷音，山鳥起格磔。襃裳卻曲行，迷陽石磴窄。有客不能從，躑躅中道畫。我獨凌高峰，俯視海天碧。雲濤壯觀開，奇局鴻濛闢。安得昂藏軀，便有垂天翼。培風萬里翔，宇宙皆陳迹。卓午飢腸鳴，怊悵躕歸舄。作詩紀勝遊，莫笑枯腸索。

和蘇逸禪見寄六絕兼用元均

孤吟海嶠誰能和，季代聲詩入變風。難忘衙齋新舊雨，雙溪何日一尊同。詩人清興愛山溪，小別忽忽一棹西。百粵秋風還悵望，珠江滾滾碧天低。憂國長沙不遇時，風塵溈洞說相思。富能府怨窮休諱，焚卻車船五鬼師。

僻徑時來益友三，蕭齋海徼傍雲嵐。論詩劍外添奇氣，多識前言老學庵。
風吹枯葉打柴門，故壘蕭蕭膡舊藩。忠蹟摩挲碑有淚，怕聽木末怒潮喧。
庾信辭家感歲年，偶烹雙鯉尺書傳。南鄉待看紅梅去，舊侶同來李郭船。

聞榆關不守感賦

縱橫扶涕上新亭，動宿妖氛徹夜熒。飲馬長城傷水黑，葬魚金闕感冬青。
毀家自昔能紓難，盟府而今尚乞靈。栩栩故都幽夢好，將軍沈醉不思醒。

下水撫館城

村莊六七里，盤曲繞溪清。衰草行人跡，枯枝凍雀聲。蕭條崇福寺，零落
撫民城。形勢今全異，悠悠弔古情。

除日至河頭城

偶發尋幽趣，爰遵江介行。湫隘傍山市，荒涼分邑城。臘鼓催除日，梅花
送客程。百年間興廢，空有涕縱橫。

癸酉春初重遊石壁庵

石扼江流急，扁舟渡綠灣。天寒僧暴日，春早客看山。出水群魚凍時有雪
魚上市，穿雲亂鳥還。自披經卷讀，百慮此時刪。

潮州韓山書院

百粵開山祖，神功比禹勤。右丞鸚鵡賦院壁刊公手書王右丞《白鸚鵡賦》，吏部
鱷魚文。萬丈光芒在，千秋海色分。獨來絃誦地，大斗挹靈氛。

潮州金山弔馬將軍墓

胡塵昏八表，一木倩誰支？絕頂將軍墓，比鄰烈士碑側有辛亥革命烈士墓。斯文噍狗馬，大義辨華夷。嶺海孤忠在，東風杜宇悲。

立春遊白鹿洞

飄然發遐想，策杖上岧嶤。僧掃山門葉，人歸谷口樵。泉聲滋夜雨，海色潤春潮。講學樓空賸，高風不可招。

本 事 詩

夢來雲浦賦高唐，最小誰憐碧玉粧？紫鳳春鐙驚倩影，游仙一闋勝霓裳。仙源何處認迷津，乍放夭桃二月春。洞口經行初極狹，漁郎原是過來人。影事開元劇可傷，難屏哀樂墜情場。青衫紅粉傳歌扇，誤把桃花換海桑。

蘇逸禪軼自粵來廈枉顧蕭齋言將遊梁匆匆而別賦詩奉贈

舊雨重來鬢已蒼，匆匆語我欲遊梁。夷門去有侯嬴隱，粵嶠歸無陸賈裝。萬里郵程詩一卷，卅年身世淚千行。輪蹄倘厭風沙苦，南望衡雲是故鄉。

植 樹

兼旬斷酒減雄心，生意幽憁一鳥吟。佳日閒鋤庭外地，橐駝種樹待成陰。

春 遊

獨紉蘭佩江皋去，春畫流鶯隔葉聞。處處翻憐芳草碧，天涯記得綠羅裙。

和韻再贈逸禪

渡江山色異青蒼，爲弔信陵過大梁。那用才名招物議，祇宜詩句壓行裝。春妍河雉看鱗躍，秋好湘沅數雁行。何日八閩重話雨，知君別意滿南鄉。

何用投竆詬彼蒼，時哉雌雄在山梁。故交文字終名世，垂老風塵尚戒裝。泉石經來傳勝蹟，關河棲止示周行。放遊倘得酬吾願，歸掩衡門烟水鄉。

葉蔭椿紹曾過話蕭齋

蕭齋客爲論文至，風日清和半晌長。當戶山如歸衽席，落花春尚在池塘。觸蠻微歎人間世，蕉鹿焉知夢裏隍。抱缺守殘吾道重，摩抄淚眼閱滄桑。

聞宋軍大刀隊殺敵

烽火燕山夜合圍，刀光拌共雪花飛。羽書細柳歡聲動，爭道將軍汗馬歸。

百　粵

蠻夷大長本無文，百粵山河弔落曛。三十六江飛將渡，有人秋色要平分。

聞長城六口陷

孤軍誰爲賦無衣，胡馬蕭蕭滿北圻。痛哭長城天險失，中朝和戰誤先機。

寄張滌瞻秀民故都代柬

襆被君猶留舊闕，皋比我亦滯江關。妖言樂土全身好用《韓詩外傳》，世道虞淵反日艱。苦學幾人似蠹屋，通才一代愛崑山。也應匿采韜聲去，鹿友林泉共往還。

寄贈大聲

洪郎洪郎奇傑士,發憤三冬讀書史。南溟去日弄扁舟,驅車一朝走燕市。
囊錢沽酒散邊愁,日莫烽烟滿戍樓。聽角嚴城三宿去,浮雲東北望神州。

感　事

榆關萬戶盡含悲,又告灤州一夕危。鐵騎三千呼殺賊,金牌十二促班師。
嘉謀不見寇平仲,和議終持秦會之。半壁華胥干氣象,乾清御物說南移。

楊柳枝詞三十首借比竹餘音韻

綰盡離愁送卻春,鬢絲猶帶九邊塵。
料峭東風帶雨吹,春魂浩蕩綠低垂。
家山舞破怨春殘,公子薊門駐玉鞍。
錦帳春宵苦短眠,不知天上是何年。
小字深閨識玉環,御園春色畫長關。
烽烟東北客愁生,欲繫征鞍忽自驚。
雅步纖腰學淡妝,暫拋螺黛貼鵝黃。
踏盡春陰十里隄,江南二月亂鶯啼。
微波太液夢猶縈,怪道無情卻有情。
曾從先皇羽獵來,上林春色荷天栽。
三春風雨怯輕寒,萬紫十紅一夕殘。
因風飛絮旋清池,野店頻過認酒旗。
香山學道愛蠻腰,小晏吟魂過謝橋。
年涯流水更誰憐,怕向枝頭覓蛻蟬。
舞向風前欲化烟,宵傳候騎震甘泉。
南指鞭絲拂輭塵,臺城愁看萬家春。
濁世翩翩致亦佳,挾邪游唱徧斜街。
永豐西北舊園林,妙舞清歌憶夜沈。

哀時詞客翻新曲,腸斷宮牆厗笛人。
山河振觸婆娑影,司馬征衫漬淚絲。
倩影翩翩翻惜逝,青條從此共誰攀?
未央宮闕緜緜恨,萬縷千條挂晚烟。
鼓鼙驚破鈞天夢,一縷香魂去不還。
竟夕玉關情轉切,春風羌笛盡邊聲。
閨中莫惹相思苦,惹卻相思易斷腸。
夕陽淺水枝相映,黃犢歸來板渚西。
長縈人天離別恨,流鶯聲裏駐春明。
多情卻惹離人怨,去日明妃膩紫臺。
何事腰支消瘦甚,深閨悔向陌頭看。
愁聽叛兒珠絡鼓,青門夕照映松枝。
莫便人生輕贈別,春光容易損長條。
殘月曉風江上路,二分塵土認遺鈿。
離宮別館傷心史,煉石何人更補天?
墜歡難拾遽遽夢,從此王孫是路人。
離亭風笛吹偏急,臨別何曾繫客懷?
墜絮黏泥花事改,玉階誰與掃春陰?

攀來隋苑翠條柔，又惹興亡一代愁。　帝子錦帆何處去，飛花猶點水邊樓。
描得眉痕學翠鬢，年年羯鼓憶征人。　鶯梭例把愁絲織，國破山河一樣春。
燕臺春老客心驚，又動依依去國情。　回首可憐游豫地，移宮換羽盡離聲。
棲鳥游鹿弔蘇臺，抉眼曾看越寇來。　不盡傾城傾國恨，年年花落與花開。
鶯花往日問宜春，賸得華鬢小劫身。　今日江關怨蕭瑟，鬢邊猶是帝京塵。
池塘烟鎖二三株，墜影漫天雪壓廬。　惹得春閨愁似海，金錢猶費卜征夫。
慘綠天涯總不堪，牽人離恨滿江南。　拋家便欲歸何處，春色三分碎碧潭。
京兆風流舊畫眉，難憑慧劍割情絲。　長門晝閉傷春逝，此恨纏綿無盡時。
遺踪愁認一池萍，影事梁園淚欲零。　雙燕不歸春寂寞，獨憐敧斾向人青。
春來何處最魂銷，玉笛聲中廿四橋。　舊恨暗牽閒弄碧，風前惆悵楚宮腰。
毿毿宮樹拂簾櫳，金粉南都事已空。　歌罷春鐙愁燕子，韶光九十雨兼風。
暖拂輕絲十丈塵，不須流落怨關津。　長楊舊日陪清宴，諷諫還思作賦人。

李雁晴先生以遊東西天目山詩寄示即用四月四日朝發昭明禪院下山觀瀑兼懷時事韻題後

天目尋春去，高吟興欲飛。東西分古寺，朝夕對清暉。冒雨僧迎客，看山瀑濺衣。永嘉風景地，雖好亦忘歸。

出岫看雲起，依林倦鳥飛。社邀僧惠遠，客挈謝玄暉。花落紅黏屐，松低綠礙衣。參禪思向哲，吾道與誰歸？

蔭椿瘦葉過西齋小飲蔭椿索詩贈別余即席先成二十八字

一杯薄酒送君行，此去清溪百六程。料得荔支紅正好，消磨長夏聽鶯聲。

暑叚送瘦郎歸里即用前韻

翻是客中送客行，荔支紅日數歸程二葉为言安溪荔支出產。相思樓角供詩料相思樹閩南獨多，怕聽鷓鴣三兩聲。

癸酉仲夏遊石壁庵

密林聽鳥語，有客此憑闌。陡落一江水，能生六月寒。晝長閒衲睡，酒薄舊朋懽。清興知何極，孤吟天地寬。

過梅香別墅呈曾弼一前輩

明經驚白髮，別墅對鐙紅。閱世心憂切，論詩氣槃雄。泉聲寒覆夢，山色霽當風。補種花千樹，幽香一徑通。

潮州開元寺晤大醒上人承以近作見貽即用元韻爲贈[1]

披樹西風月有聲，推敲瘦島句初成。惡溪[2]萍水來相遇，無限南溟感舊情。蕭寺又尋僧侶去，嶺東山水共平章。大顛邂逅昌黎日，書疏迂儒辯論忙。

癸酉仲夏歸杭謁家謙谷先生於耕經書屋別後承以十六韻見示恭用元韻奉酬

心齋生春風，炎夏奚須畏。講學守程朱，觀碑思漢魏。松濤屋角鳴，手卷醰有味。爲尋三徑來，碧草何蓊蔚。到門無俗客，入座多佳氣。道重師儒尊，洙泗心源漑。天容晚節全，卓絕亦沈毅。濁世任升沈，平時占象緯。徵獻發幽光，故籍千言彙。鍵戶泉石間，歲月非虛費。立說俟知者，終能見清渭。澹泊以爲懷，榮華豈所貴。白髮學尤劬，月落眠猶未。吹藜事校讐，橫經都水尉。寄我冰雪詞，讀罷清心胃。山中松柏姿，寤寐聊相慰。

---

① 此詩曾載民國二十二年（1933）《海潮音》第十四卷第十號"詩林"欄目，署名"包笠山"。題中"上人"作"法師"，"貽"作"示"。

② "溪"，《海潮音》載作"谿"。

旅菲錦東同濟團年刊題辭

又見金精動玉虛，纖兒終壞好家居。樓船去國鴟夷子，孤憤中原欲上書。
大義能知國族親，毀家抒難見精神。健兒熱血憑誰灑，要濯扶桑十丈塵。
幾人熱眼望中華，破碎山河豈有家？鞭斷太平洋上水，東方幻出自由花。
三寸舌強百萬師，譚鋒公等劇雄奇。憂時我亦心如痗，莫笑杜陵徒費詞。

野鶴散人印章題辭並序

　　吾友長沙蘇逸禪翁藏野鶴散人石印一方，丘念盧師見而愛之，贈句
云：“玉章珍重認冬心。”又云：“閒雲野鶴吾家物，欲與先生住紫金。”今
歲癸酉觀蓮節，師六十初度，適翁客廈門，託詢此石，翁慨然寄贈。爰搨
此幀，綴辭以紀雅誼。時中秋前五日也。

親鑴石印認冬心，考溯乾隆歲月深。印之一邊並鑴有“乾隆巳卯八月七十三翁杭
郡金農作”十五字。野鶴丰姿最蕭散，布衣名字重詞林。金先生，字壽門，號冬心，又號司
農，別署稽留山民。工詩書畫，嗜奇好古，收金石文千卷。乾隆初以布衣舉鴻博，不赴。著《冬心集》。
放游山水以詩鳴，慷慨風塵萬里行。高誼不忘遺印贈，千金一諾故人情。

逸禪以病中二律見示依韻奉答 ①

　　衡齋剪燭昔床 ② 連，舊雨相思已隔年。廈島重來成市隱，楊州不用羨腰
纏。書疏我爲逃詩債，客久君偏苦病禪。白鹿虎谿秋正好，飛觴何日醉雲天？
　　故壘愁聽怒汐生，江天浩蕩臥蘭成。觸蠻慣看興和敗，雞鶩非關辱與榮。
餘子眼空何足語 ③，吾徒舌在尚能耕。邇來饒有淵明趣，閒向東籬擷 ④ 落英。

---

① 此詩曾載民國二十二年（1933）《集美週刊》第十四卷第一期“文藝”欄目，署名“包樹
棠”。題中“逸”上有“蘇”字，“答”作“酬”。

② “昔床”，《集美週刊》載作“幸牀”。

③ “語”，《集美週刊》載作“計”。

④ “擷”，《集美週刊》載作“掇”。

中秋晤周雲航於亭亭書屋歸賦五十六字爲贈

勝節驅車偶入城，重經巷陌訪先生。文園久病長卿渴，濂水常懷茂叔清。假力人方爲政猛，不平吾欲以詩鳴。今朝相向增微喟，歸去蕭齋臥月明。

瘦郎以中秋作見寄依韻答之 ①

分飛勞燕各西東，佳節應知感慨同。易逝流光三月近，孤吟詩句萬山中。滄桑變幻驚彈指，海嶽遨遊欲御風。一夕思君清夢遠，冷然身在廣寒宮。

蔭椿以長句見寄依韻奉答 ②

厄言邇頗解莊周，獨聽飄風萬竅謳。飛決榆枋鳩亦笑，世無良樂驥非羞。懷人佳日偏嬰疾 ③，作客中年易感秋。不盡江山搖落意，且吟詩句散閒 ④ 愁。

鍾筱鄭練大政以武平縣志見贈賦此奉謝

摩挲簡册獻徵存，風誼誰如二子敦。齋傍南巖詩膽壯，萬松浮月到柴門。

贈 羅 丹

能書君起揚州後，家法力追常熟前。想見興酣搖五嶽，秋豪光吐生雲烟。

贈家少騰

讀君畫卷多奇態，筆挾臺澎海外濤。夜話不知巖月落，蕭蕭故壘正秋高。

---

① 此詩亦曾載《集美週刊》同期，題中"郎"作"葉"。
② 此詩亦曾載《集美週刊》同期。
③ "疾"下，《集美週刊》載有小注云"君近日病虐"。
④ "閒"，《集美週刊》載作"開"，疑形近誤排。

癸酉重九夢遊香泉寺醒賦長句有序

寺去予家三里許，群山宮之，泉石幽麗，足跡不至蓋十年矣。今忽山靈入夢，風物如昨，而故鄉禍亂尚殷。醒後賦此，益復憮然。

風露薄涼蟲語喧，長橋獨聽水潺湲。花添秋色黃分野，松曳濤聲綠到門。泉石經行原是夢，江山寥落欲何言？十年孤負吟詩約，西望雲天有淚痕。

聞癸叔教授遊峨眉歸賦詩寄懷

曾寄江南驛使梅，霜天不見雁飛回。填詞祭酒今頭白，聞帶峨眉雪影來。

呈散原翁

散原翁住匡廬頂，宗派西江集大成。秋色收將詩卷在，瀑聲還雜萬松聲。

呈江叔海丈瀚

書巢昔傍草玄亭，子固文章本六經。何日故京謁公去，聞來白髮已星星。

逸禪以疊野鶴散人印章題詞韻二首見貽再依韻酬之

珍重歲寒松柏心，買山它日住雲深。吾徒自有千秋業，雞鶩何關得失林？天風颯颯海潮鳴，微歎乘桴道不行。我欲著書彰大義，悠悠太上未忘情。

得滌瞻北平書賦詩寄懷即以代柬

齊魯山連海外青，人從孔壁訪遺經。君書云：暑中出舊都，經曲阜謁孔廟孔林，得見夫子手植檜、子貢手植楷、杏壇、魯壁遺址。黃塵十丈江關去，何用雕蟲與乞靈。

杭州君謁一浮來，君書云：至杭州謁大儒馬一浮先生。馬氏謂："讀書當重義理之學，先從四書入手，然後治六經，始有所成就。一切目錄考據之學，皆可不管。"云云。道學陸王派早開。我媿考亭鄉後輩,至今岐路尚徘徊。

滌瞻以北平圖書館方志目錄見貽成十一韻奉酬

利病關天下,思挈郡國書。秦灰挓圖籍,翻勞使者車。向歆述略錄,美富窺石渠。放失亦堪慮,辛勤剔蠹魚。皇皇望京師,浩浩北海瀦_{京師北海兩圖書館今合併}。琳瑯稱合璧,如擁專城居。古香研朱墨,斯人惜三餘。紛披出別裁,聚論有密疏。版圖大一統,緬懷康乾初。木瓜故人投,安得報瓊琚?因風寄尺紙,黽勉枯懷攄。

貞慧先生行述題辭

海嶽蒼茫色,篠驂昔下車。防河蛟徙宅,清宦鶴浮家。_{先生前清季年歷官青州府知府、濟南府知府、兗沂曹濟道、濟東泰武臨道、督糧道、登萊青膠道。癸丑濮陽雙合嶺河決,父老以先生在山東治河有大效,籲政府起先生主其事,迫再三請,乃往。遂訖功,民為立生祠,作詩歌張之。}三徑歸陶令,一碑思左耶。陳王今健者,_{義寧陳伯嚴先生三立撰神道碑銘,新城王晉卿先生樹柟作家傳。}有道應無瑕。

秋興和施可愚_{宗浩}用杜韻

萬鴉背日噪霜林,海國愁看秋氣森。無恙山河餘浩劫,不殊風景悶群陰。欲知避地詩人淚,同是憂天杞客心。獨立江頭還悵望,蕭蕭木葉下寒碪。

微步淩波舞影斜,壽陵餘子異風華。玉泉昔昔虛歸夢,銀漢迢迢滯客槎。楊柳怨傳關塞笛,芙蓉愁起國門笳。王孫去日應怊悵,瞥眼秋光負菊花。

魯戈無力挽斜暉,回首崦嵫影已微。撼野風聲疑鶴唳,在天易象見龍飛。策功蝸角心何壯,賜爵羊頭願未違。今日江南冠蓋盛,莫譚蓴好與鱸肥。

謝傅閒情賭墅棋,東山不出事堪悲。漫漫起舞聞雞夜,起起揮戈躍馬時。有客過秦徒慷慨,何人喻蜀效驅馳。江關我亦傷零落,莽莽神州繫夢思。

寒雲愁鎖武彝山,廣樂能聞隱約閒。環佩群仙歸魏闕,鈞天諸將鎮雄關。一朝信誓徒披膽,四野吞聲為破顏。想見漢官儀仗盛,三千貂珥奉清班。

颯颯潮生碧海頭，文章屈宋例悲秋。黃花籬落添詩思，紅葉關山動客愁。鼙鼓頻聞馳戰馬，網羅今見到沙鷗。何堪風雨飄飆日，大錯翻教鑄六州。

伐石崇祠說紀功，將軍來去此山中。孤標欲傲寒花雪，高臥休疑大樹風。明鏡愁添雙鬢白，清宵悶對一鐙紅。遙知勒馬懸崖日，得失應難計塞翁。

行空天馬勢逶迤，倒影山光綠浸陂。滄海塵翻迷大野，危巢風急托寒枝。鳴狐一夕篝鐙亂，征騎千群羽檄移。憔領蘭成憂未歇，東南兵祲象方垂。

可愚以長句見貽依韻奉酬

虛庭寒落病梧聲，海上殘秋夢未成。憂國君山收淚去，哀時臣甫以詩鳴。蜃樓隱隱隨天盡，漁火星星隔水明。倚徧危闌欲無語，何人省識此心情？

答蔭椿見貽四律兼用元韻

寒聲四壁咽秋蟲，惆悵華年負立功。斷髮誰憐浮海客，低頭吟望浣花翁。怨攄香草皇輿敗，歌諷迷陽世道窮。貧賤寧從吾所好，何關得失馬牛風。

讀書抗志企前賢，曲學公孫恥苟全。生意春風來座上，襟期秋月出峰顛。問天呵壁三閭賦，謝客觀濤七發篇。安得紅羊消浩劫，思陳龜鑑丙丁年。

足音空谷喜跫然，遁世三杯草聖癲。乘興滄江看棹去，忘懷陋巷曲肱眠。欲尋詩思寒驢背，忽動鄉愁落雁前。曼衍巵言成一笑，蛇行安用受蚿憐。

林薄寥寥吹萬秋，蒼茫客思動南州。滿城風雨驚時令，半壁江山誤賄賕。鄰好魚筌終自失，國亡鼠社豈容留？千行熱淚縱橫灑，一例新亭似繫囚。

壽曾入懷先生夢暉六十

慣看滄海變桑田，忽忽人間六十年。且喜萑苻松柏在，天留大節傲風烟。

贈何達安之兼

歲寒須抱冰心臥，唯有天君常皝皝。信仰頗於耶佛閒，欲無文字悟眞道。

癸酉除夕

有腳春隨暗柳回，無端歲序向人催。前邨臘鼓丁冬響，長夜鐙花爛縵開。詩句獨從愁裏得，家山頻入夢中來。東風吹拂幽香遠，知是江頭放早梅。

楊柳枝詞借花閒集韻二十二首

春光昨夜轉柔條，怪底宮妝效細腰。　一曲霓裳聲入破，東風吹恨洛陽橋。

狼藉春魂大道傍，征轡空繫月昏黃。　楚聲一夕添鄉思，撩亂離人九曲腸。

春痕婀娜萬千條，分得新陰覆板橋。　不道東君情思薄，雨絲風片妬纖腰。

纖條十里夾隋溝，帝子龍舟接莫愁。　金粉山河感興廢，綠雲還與護朱樓。

龍池南畔畫橋西，破曉新鶯囀短隄。　地氣不關春至早，南中芳訊已萋萋。

影拂寒波萬縷金，淒淒南浦悵離音。　封侯夫壻長征苦，又動閨中少婦心。

殿閣春深隔幾重，玉京天外插芙蓉。　關情最是靈和樹，不減輕狂舞曉風。

瑯琊道上往來頻，老樹婆娑最感人。　流水樓鴉蕭瑟意，不堪傷逝復傷春。

右借《花閒集》溫助教韻。

差池紫燕舞風微，裁出江潭萬縷絲。　草色媚人紅板路，一聲笛向耳邊吹。

草長鶯飛二月時，江南萬樹綠垂垂。　子規不喚東風急，春老他鄉那得知。

右借《花閒集》皇甫子奇韻。

送往迎來眼自青，不知何事總干卿。　陽關聽唱聲三叠，又見江頭春水生。

西子湖邊黛色深，誰家蘭漿蕩波金。　江山自昔歸佳麗，長繫征人萬里心。

等閒莫便折青條，苦雨淒風兩不饒。　留綰春愁春又逝，那堪消瘦沈郎腰。

映入波心作雪飛，迴風無力任風欺。　人閒偏妬輕狂態，墜溷飄茵莫問伊。

婷婷嬝嬝步淩波，綽約天人綠綺羅。　挽作相思南國樹，春風隊裏恐無多。

右借《花閒集》牛松卿韻。

春歸猶未見歸人，日日江邊帶翠顰。　烟雨前朝多少恨，乞靈何事向青神。

多病多愁損瘦腰，入時眉樣卻難描。　吳宮舊夢隨流水，猶費鶯聲百囀嬌。

年年贈別在關河，天上春來燕語和。　惆悵短長亭外路，數株依舊照霜娥。

右借《花閒集》和成績韻。

離人點點淚難乾，散雪飄風怯薄寒。　乍見枝頭殘月墜，馬嘶征棹碧江干。

疑雲疑雨兩冥濛，多謝東皇化育功。他日章臺留繫馬，依依官道拂輕風。
清渭東流匯濁河，垂楊處處有驪歌。頻添水驛傷心色，征戍年年北地多。
底事行人苦怨隋，山河雖邈綠猶垂。怕聽哀笛聲三弄，東北風多竟夕吹。

右借《花間集》孫孟文韻。

過晤葉蔭椿賦呈長句

度來阡陌興偏豪，黌舍連雲闢野蒿。欲與許行開學派，孰如龔遂恤民勞。
阻飢我獨思敷土，助長人方笑食毛。暇日訪君生意滿，烹茶臨澗汲松濤。

潯江即事

漁舟三兩泊江沙，箬笠歸來日已斜。一箇老翁閒補網，衡門未閉水邊家。

甲戌莫春赴逸叟約得晤鄭英伯首席_鋮而許伯龍院長_{家枟}渡鼓不遇別後和逸叟用東坡城外尋春韻寄呈諸君

鷺門流寓一詩人，得句頻勞付錦鱗。知己不妨醪味薄，憂時還着淚痕新。
過從冷署當囂市，談笑烏紗伴角巾。最是停雲無限意，滄洲有吏去尋春。

贈蘇逸叟遊梁

南嶽七二峰巋巇，上有雲氣何鬱結。吾友逸叟擅詩名，信哉地靈人必傑。
丁年襆被別母慈，莽莽乾坤哀孑遺。風塵萬里滇黔遠，巴蜀山水天下奇。窮
途不灑阮生淚，澄清欲攬范滂轡。關河忽落吟哦聲，賸得囊錢只買醉。扁舟
直亂江水東，雄才曠代思髯翁。八閩百粵遍行腳，卅年春夢付東風。鷺門晚
歲作流寓，邂逅相逢渾如故。撫摩遺壘表孤忠，來聽白馬汐聲怒。遄飛逸興
淩清秋，白鹿虎谿窮索幽。遠公結社良好事，置酒爲招巾車儔。蕭齋盈盈隔
一水，得句時勞寄雙鯉。空山我懷陳黯居，過從往往魚鹽市。誰知詩工人益
窮，壯夫自昔憐雕蟲。吾徒相尚唯以道，一身雖窮道則通。垂老猶思奮鵬翼，

培風去以六月息。平生彈鋏馮煖嗤，奚能貸粟監河德。烟濤頏洞馳飆輪，此日夷門依所親。貔貅十萬新開府，揖客將軍是故人。魄我高歌贈君別，鬢邊彌惜數莖雪。落花時節過江南，莫使吟魂斷啼鴂。

刺桐花下作 並序

集美尚勇樓前植刺桐數株，著花矣。使諸生賦之，予亦成一絕，以寄勉學之意云爾。

紅霞映向眼中明，老幹花開似錦榮。珍重杜秋攀折意，小牕晴日讀書聲。

初　夏

一綫添長日，南風入戶微。瘦憐紅乍瘦，嫩喜綠初肥。浪暖魚爭躍，林晴鷇學飛。倚闌閒覓句，楊柳思依依。

題廖烈婦殉夫事

望夫山頭連理樹，有鳥有鳥鳴何苦！艱危匹婦扶綱常，之死靡它報夫主。比兒治命祧宗支，一言決耳復奚疑。哀哀食祿偷生者，竟使巾幗魄須眉。

郊　行

淹旬頻苦雨，今始出晴郊。葉底蛛牽網，枝頭鵲補巢。十年思樹木，半畝待誅茅。夫子蓬心達，焉憂五石匏。

江　村

瀟瀟送響雨兼句，洗出江村景物新。麗日吟風蟬抱樹，閒庭覓食雀依人。書唯無價彌堪貴，酒尚能賒未覺貧。藏海一樓山四面，水流花落有餘春。

甲戌六月之望月蝕

誰啖冰輪賸一彎，望來恰似夜初三。玉川涕泗空揮灑，詩得風人旨略諳。

集美學邨二首

廣廈連雲起，千閒與萬閒。青圍三面海，綠擁一隅山。誰省杜陵意，歡多寒士顏。樹人如樹木，努力挽時艱。

山勢南來盡，蒼茫望海天。岑潯雙水接，潯江自東北、岑江自西北，來匯於海。銀廈要津連同安一名銀城。地膡風雲壘，延平故壘，在邨東南隅，辛未歲，逸叟鐫四字於石。邨多牡蠣田。登樓添客思，愁鬢換華年。

荷花生日奉懷念廬師潮州兼以爲壽

海藏聽水石遺詩，閩中三老世宗師此論竊比不以人廢言之義。我與念廬添一席，之言良非阿其私。公後漁洋四甲戌，凤慧蓮花同生日。瓣香欲效後山翁，頂禮天南尊此佛。

集美至廈門舟中

風物南州異中州，山重水複嵐翠浮。大石湖藏寶珠嶼，高崎岸束潯尾流。縮地須臾舟近市，拍天容與浪生秋。只今門戶洞開日，攻守難憑形勢優。

秋　風

昨夜秋風來，呼號衆聲作。初如廣樂張，鈞天奏管籥。忽如匡廬瀑，緣響爭赴壑。又如鐵騎馳，兩軍陣前搏。雨腳注梧桐，其氣何蕭索。候應寒蟬鳴，時乃鷹祭雀。《呂氏春秋·七月紀》："寒蟬鳴，鷹乃祭鳥。" 寒暑有迭更，四序順非錯。有涯念吾生，不殖恐將落。

叠前韻酬可愚見和

版圖禹貢近揚州，山割青蒼海外浮。強圉果能柔遠服，投鞭詎足斷中流。東溟鯨跋千層浪，南徼鴻征萬里秋。莫笑過江人似鯽，聊吟韓孟一時優。

潯江即景

秋風又到海天涯，容易年光換物華。十里徧栽相思叶仄樹，三時唯見合歡花。南中合歡，暮春著花，至秋猶有未謝者。釣魚舟繫斜陽岸，牡蠣牆圍近水家。汐退灘邊閒拾貝，行行屐齒印明沙。

水　仙

銀臺金盞托冰夷，白玉玲瓏入品題。水仙花色白心黃者曰金盞銀臺，上淡白下青黃者曰玉玲瓏。試與群芳論標格，蓮花終覺出淤泥。

不賦湘妃賦洛妃，凌波微步襪塵飛。尋春合買薌江櫂，好載雲魂月魄歸。

荔　支

三十二鄉音凡十二兩字連讀者，十如生音。《老學庵筆記》：故都里巷閒人謂十爲諶，蓋語急故以平聲呼之。品端明譜，秀水胸中有渭涇。《曝書亭集·啖福州荔支》詩句云：粵人誇粵閩誇閩，次第胸中我能審。又《題福州長慶寺壁》所論稱：粵產挂綠最勝，不以君謨之說爲然。第一桂林誇韻勝，荔支種類最多，實以桂林爲勝，香可釀酒。色香奇絕並楓亭。仙遊楓亭有宋植荔，亦稱珍品。《曝書亭集·汪學使薇餉楓亭荔》詩句云：香荔誇奇絕，楓亭古驛中。

龍　眼

小字誰教喚荔奴，《同安縣志》："龍眼一名荔奴，以其後荔支而熟也。" 無人編譜似君謨。珠光七月看流火，勝品爭誇九鯉湖。《同安縣志》："龍眼本邑所產爲佳。" 友人溫白夏語予曰："實不及仙遊。"九鯉湖，爲邑名勝。

聞歌和沈星舫奎閣四首

夢隔蓬山一萬程，桃花人面別來更。迴車此日腸應斷，吹出樓中玉笛聲。

二分無賴月明多，小杜揚州奈若何。院落不歸雙燕子，十年應亦悔蹉跎。

宮腰妒煞柳娉婷，沸夜笙歌不忍聽。南浦至今縈別夢，劇憐河畔草青青。

萍水相逢豆蔻年，春光如海惱人眠。淚痕檢點青衫在，十里薌江月似烟。

江東橋口號

江東橋上秋山明，江東橋下秋水平。三十驛程龍眼樹，行人遙指漳州城。

薌江晤星舫

詞人豈乞草堂靈，齋傍芝山元晦亭。今夕持螯杯潋灔，飛來一十二峰青。

贈丘師彥

論交我早識元方，回首鶺原一夢場君兄仲惺客死漳城。君似季方好才調，落花依草並評量。

寄蘇逸叟中州代柬

天涯何處最銷魂，衰草殘陽滿古原。河雒秋高征雁斷，巾車曾否過夷門。

寄周公達都中兼訊逸叟

長沙一士發遐思，遍踏東南山水奇。爲道玧吟周祕監，遺予京口莫春詩。逸叟以君京口諸什轉贈。

秋水濠梁且羨魚，詩人原自慣蕭疏。驚寒先得江南雁，託寄中州一紙書。

讀史有感述爲斯篇

周官中有理財書，薄厥賦斂民生舒。什一供貢土田定，粵稽食貨知盈虚。炎漢受命承秦敝，兵戈甫戢里爲墟。天子不能具鈞駟，將相馴至乘牛車。文景休養重生聚，太倉之粟皆陳腐。由來爲疾用乃舒，此理不易明遂古。武皇開邊喜大功，衛霍勳高患不補。弘羊心計析豪芒，彼何人哉曰市估。誰知叔世心計工，但憑債券整金融。窮兵黷武階之厲，哀哀十室九俱空。南都自擁興王氣，陵闕嵯峨歎華貴。百官邸第起如雲，欲將壯觀開祥機。其如旱潦苦頻仍，神州一髮隱憂深。生息孰爲培國脈，債臺徒見築黃金。廟廊安攘兩無計，供張歲歲籌帑弊。熙寧新法誤群公，物力何堪日凋幣。吾聞爲政戒豪奢，茅茨采橡古重華。暴斂國度財必削，司農仰屋徒歎嗟。又聞東都當日鬪綺靡，珍貨山積通番市。大樹尋圍繒帛纏，卒歲無衣嗟婦子。終古江山浩劫痕，幾人危涕落金尊？鄭俠流民圖不作，杜牧傷心有罪言。

秋齋聽蟋蟀

涼飂撼庭樹，爽氣挹清秋。蟋蟀入我戶，物候殊南州。振翅幽牕下，唧唧助吟謳。感此寒螿聲，頻驚歲序流。學道心未達，罔罔懷百憂。春秋哀蟪蛄，朝暮憫蜉蝣。生爲死者根，彭殤何短修？古人重三立，黽勉及時求。杜門且讀書，山海藏一樓。

甲戌中秋

秋月明明照海天，六年不見故鄉圓。望中雲岳思親舍，夢裏風濤滯客船。願得平時清毒霧，但如今夕淨浮烟。高樓閒矚江村景，無數潮青樹影妍。

壽黃憲民先生五十

鄞水飛來百丈清，群峰蒼翠繞孤城。一經故我慙蟲刻，卅里隨公問蟹行。吟望關河詩帶淚，宦從鄉土政留聲。逼人風雨重陽近，豪興花前喚酒傾。

葉蔭椿以長律見貽用原韻奉答

天馬峰高霽爽秋，頻年端爲看山留。緘來好句供吟賞，負卻良辰作臥遊。問稼每思過隱宅，佩荑相約被羈愁。飄然笠屐風塵表，海嶽蒼茫一覽收。

蔭椿叠前韻見貽再依韻酬之

群峰如抱海藏秋，雲影天光景自留。且舉一杯邀月醉，便思五嶽御風遊。著書敢託名山想，墮地難銷曠代愁。豈有吳興諸子弟，棟梁檳桷爲誰收。胡安定教授湖州，置經義治事齋以敦實學。歐公詩曰："吳興先生富道德，詵詵子弟多賢才。"荊公詩曰："先收先生作棟梁，以次收拾檳與桷。"

題溫伯夏秋獵圖

溫郎矯矯何軒昂，秋日郊行持獵槍。李廣數奇擅射虎，養由百步能穿楊。欲知此道進乎技，悠悠今古誰頡頏？二十世紀來梯航，箭矢不用良弓藏。聲光氣化天演張，戰鬭之力猛烈強。眸子瞭然胸中正，射繫身手須發揚。況茲神州多難日，毋忘擒賊先擒王。更寫新圖詩意在，江村初月夜微茫。

重陽偕同人登高三叠秋韻兼柬蔭椿

不見金英過晚秋，南中花事爲誰留。偶從濠上觀魚樂，便向天邊羨鶂遊。臨水登山仍作客，有風無雨也生愁。尊前尚負論詩約，海色先將一卷收。

寄呈陳石遺先生三山

左海靈光白髮翁，皆山青抱一樓中。道咸宗派雙春盛程春海侍郎恩澤、祁春圃相國寯藻，鄉國詩名二老崇一謂滄趣。詞客草堂巴蜀遠，疆臣幕府漢江雄。忻聞者獻歸刪定，上挹通儒夾漈風。

聞念廬先生遊廣州白雲山賦詩奉懷

南遊詩老叩禪扉，海色秋光滿客衣。舊業臣佗黃屋渺，青山惟有白雲飛。

讀石遺室詩話

上京花市昔年紅，師友都歸一集中。千載觀風尊杜甫，三元變雅在涪翁。心香無己言尤契，神韻漁洋論不同。此老讀書破萬卷，豈徒詩品繼司空。

龍　岡

龍岡聞道駐征轅，六載潢池閱爨痕。人忘徙薪偏曲突，誰知星火可燎原。江流淒咽孤寒淚，山鬼愁噫餓殍魂。綏撫民時須敬授，桑麻間罷問雞豚。

久不得家書賦呈家大人

霜風淒緊雁書稀，紅葉天邊作陣飛。骨肉縈懷千里外，鄉關回首六年違。待炊最憫諸嫠苦，索食遙憐稺子飢。欲補白華慚養志，一經徒守董生幃。

題家謙谷師上杭縣志藝文稿即以奉懷

放失劬捵石火然，群書輯錄重鄉賢。方輿始著新羅地_{上杭本晉新羅縣地，文獻能徵永樂年。}邱聰，永樂十八年舉人，著《敏學詩鈔》一卷，杭人有集自此始。舊志斷自李穎，在其後，誤也。衰世論心懷遂古，窮山藏命抱殘編。澄清千丈鄞江水，留照耆儒白髮鮮。

奉贈周公達_{家英}

蘇子逸叟風塵客，爲言周美成。天潢原一派，姓氏辨雙聲。_{君原朱明之後，清師入關，避地湖南寧鄉縣，易今姓。}宦向京華住，詩多山水情。知能王學重，吾道此干城。

林系文先生_{紱庭}以先德子壽農部存悔齋詩鈔見贈賦長句奉謝

窮山遍訪故家書，猶護辛勤劫火餘。農部孤忠在天壤，使君高誼遺瑤琚。抱殘投向江關迥，念亂聞來里舍虛。倘得平川雙屐過，城西還覓舊精廬。_{宣和初，李忠定以言水災事謫監劍州沙縣稅，攝武平，搆讀書堂於縣西，今廢。}

和蔭椿見訪不遇歸後寄懷用原韻

蕭齋三徑好朋來，恰似徽之訪戴回。衰草黏天江路迥，回腸盪氣嶽雲開。潔身唯覺鷗堪狎，用世微憐雁不才。我為穆生思醴酒，千秋道喪有餘哀。

解有二首

解有登臨屐齒痕，遙從北極弔中原。式觀善政矜三老，_{《左傳》：「三老凍餒。」服虔注：「工老、商老、農老也。」}軫念凶年告四魂。妬道堪哀餘子鼠，崇文久發上丁豚。循良一代官師表，行郡文翁化蜀轅。

尋碑蒼玉剔苔痕，熱淚縱橫灑莽原。外史莊開留畫傳，_{上官周自署竹莊外史，有《晚笑堂畫傳》及《詩集》。}大參堂廢弔詩魂。_{黎媿曾大參士弘。}療饑昔歎羅無雀，索饗今看社有豚。兆雪定知回地氣，_{趙文敏《送吳思可總管汀州》有「地氣喜聞今有雪」句。}迎春先出五驄轅。

聞客述金門古蹟

海外乾坤別面開，飛仙何必住蓬萊。鄭王亭子魯王冢，它日偕君弔古來。

次韻酬愚廬過訪之作

中歲論交子最知，江湖都乏買山資。多憂應悔耽吟蚤，寡合何嫌得友遲？只覺火薪猶可續，休驚舟壑已潛移。一鐙盲左征南癖，藥石今朝喜不遺。

晤余仲詹先生

小別驚添兩鬢旛，八年南徼亦槐柯。不須五老匡廬住，美酒能將客思磨。

晤毛夷庚教授

飄髯蕭髱望凝然，魚躍鳶飛養性天。道學蕺山接王陸，南來杖履亦因緣。

晤何勵生承示近作

幽人家住北城山，鎮日閒雲共往還。詩有永嘉山水致，俗塵飛不到柴關。

奉懷郭季芳先生

種樹人思郭橐駝，潯江十載得陰多。但作甘棠休翦伐，風詩長與詠菁莪。
朔風吹送秣陵舟，六代江山冒雪遊。閱盡興亡如轉轂，更從鍾阜話神州。

感事用痕韻

彌天危涕膡襟痕，騷賦江潭反屈原。尚有陸梁容小醜，更無歸路繞吟魂。
分圻群帥思休馬，憂國何人毖突豚。但願槐柯非螘穴，旛旛諸老望蒲轅。

笠山詩鈔卷第二

次韻和逸叟自大梁歸酬念廬先生之作

愛看閩山去復回，子然身世有餘哀。驅車偶過夷門隱，攬涕因登廣武臺。萬里依人爲食客，一生流寓老詩才。幽棲倘踐高僧約叟近擬移居萬石巖，三徑須同蔣詡開。

寄懷鍾應梅廣州

結廬人境黃公度，作郡詞臣宋芷灣。文藻風流思故業，鄉心日共海雲還。南溟六月昔同舟，一夜高吟動斗牛。揮手便爲千里別，珠江不接鷺江流。

甲戌除夜和燕樓兼用元韻

守歲鐙前夜未闌，傳箋鬪韻氣桓桓。深杯獨盡成微醉，殘臘雖更尚薄寒。烟水懷人天萬里，關河歸夢路千盤。黃柑別有江鄉味，風物南州共子看。

勸侯先生新構璧廬於潮州詩以落之用念廬先生韻四首

天地茫茫吾過客，人生何處不消搖。昌黎謫宦公流寓，築傍韓江水一條。自有溪山效盤谷，林盧家世我能言。亂離投向江天臥，六載誰窺董子園。銜杯老子自婆娑，江上樓臺得月多。勝日長橋雙屐過，祠堂碑記訪東坡。詞源浩汗傾三峽，藻思紛披賦十臺。潮州十臺：曰寫經、曰望耕、曰紫坡、曰仰離、曰最高、曰嵒瞻、曰鳳凰、曰釣魚、曰超然、曰四望。結構名園添勝景，春光先漏嶺南梅。

偕逸叟過晤許伯龍院長家枋歸賦卻寄

官署春江對碧波，攜持詩叟得相過。賣刀但願牛堪買，當戶何嫌雀可羅。
微薄刑名歧末學，深原道術本同科。座中各有縱橫氣，論列時賢月旦多。

楊柳枝詞借尊前集韻五十首

鐵笛南鄉盡意吹，羈人幽怨託新詞。無端西域尼拘樹，青使東行折一枝。
槃敦空思北使時，甘棠虜樹說依依。老羌憐愛槃娑舞，誰鑄黃金似土揮。
武昌官柳翠成幃，步幛何庸作紫絲。無恙春深銅雀廢，而今豚犬亦佳兒。
邏婆川上雪花飛，一夜風寒不斷吹。還化浮萍天末去，賺人流淚別離時。
盼到稊生枯樹時，丰神不減舊腰肢。龍鱗鳳翼陳郎賦，娲塚雙株種阿誰。
蟬翳驚鴻感洛濱，緣絲寫入一家春。安知藐谷非姑射，一水盈盈思美人。
濯濯風前萬綠垂，一聲別散淚如絲。飛花不解生離苦，滋味心頭我獨知。
飄蕩金城出翠旗，將軍攀執感年時。只看大樹猶如此，不待秋風怨索離。
藍鬢江路鬥風華，靈寶何煩翳綠遮。此是人間交讓樹，春陰割得屬誰家？
嬉春蘭槳柳邊迷，春月溶溶照綠隄。飛起西烏啼最苦，風多難借一枝棲。
雲破婷婷弄影來，月明吹笛鳳凰臺。隨風誤被鶯呼起，一片紛紛碎若挼。
怨白羼青惹恨多，離天踠地舞風和。梅花一曲春江上，齊唱庾郎楊柳歌。

以上十二首劉賓客韻。

春來何事蹙雙眉，簫史樓心帶恨吹。玉樹歌終人不見，東風如夢葬楊枝。
鶯燕翩翩鬥舞腰，春回縠綠挂枯條。益州合號風流樹，嗔雨嚬烟萬里橋。
風前嫋嫋復青青，若道無情卻有情。三起三眠呼不出，費調巧舌到黃鶯。
淒迷歸路望青旗，非復承明補闕時。一慟梁園成絕筆，離宮缺月照垂垂。
新歌蹋蹋向誰誇，誤盡蒼生是越娃。浩劫如聞京雒歡，託根非復展禽家。
吳宮隋苑最知名，莫怪輕狂水性情。花暗層城歸路誤，春鶯何處兩三聲。
縱橫倒順憐身世，燕瘦環肥競舞腰。種樹頻聞滄海淺，東風一夜長新條。
青閨人嬾畫修眉，愁是輕雲恨是絲。旦旦何曾憑信誓，昏黃月上柳梢時。
拂馬藏鴉倩綠枝，似花非果藕非絲。猜教小字吟詩妓，羞向人前喚阿誰。
牂牂葉苒東門道，鬱鬱條栽北館庭。贈與行人攀不盡，年年此地餞春星。

以上十首白香山韻。

輪困老樹數東宮，誰信爲妖拔木風。西陸鼓鞞聲動地，霓裳驚破夢魂中。

搓綠猶堪繫客船，湖隄弄日與籠烟。何人更乞熊山種，栽出蔚藍一片天。

蒲臺八尺樹垂旒，如海春愁思婦樓。一陳罡風吹弱絮，小青今日嫁杭州。

纖纖誰倩掃氛埃，惆悵蘇臺復越臺。軍令分明都尉恐，不教春色得偷栽。

沈沈庭院綠雲垂，日舞迴風形影隨。姊妹承恩皆列土，弘農門第重當時。

世間底事勝封侯，傾國佳人是獨搖。金粉江山留半壁，倚風兼雨弔南朝。

漠漠輕陰覆綠城，旌旗誤認亞夫營。一從劫火摧燒後，零落尋芳拾翠人。

裊裊春風二月初，新裝裁出舞紆徐。莫欺芳蕙遲星使，似妒寒梅總不如。

不唱渭城客舍青，黃河遠上唱旗亭。垂枝菀結千條露，留庇金鶯囀綠廳。

天涯春盡綠蕪繁，往日依依憶故園。樹喻忘憂多斌媚，不須小謝歡無譁。

恨是千絲纖得成，江關庾信感春情。軍非細柳都兒戲，刁斗驚傳月有聲。

柔枝不信可鞭橋，龍影危年一炬燒。古道蟬聲秋欲莫，殘陽千樹最蕭條。

晴垂芳態畫倪迂，寄語纖枝畫莫麤。格調鳳池衿灑潤，傍栽秋水一塵無。

不見芳墳碧似烟，遺聞天寶十三年。人閒畫出孿生樹，禍水千秋孰慎旃？

條風又布景光新，沃土奚勞助長春。我爲田需憂易拔，瞿瞿微歎國無人。

春鬧繇枝綠壓樓，千株陌上總生愁。迷離幻作雌雄樹，夜角悲涼黑水頭。

漂浮萍梗本無根，還是飛花是淚痕。妬煞鶯娘枝上喚，不教妾夢到遼門。

從臣詞賦感良時，枚馬清才世所推。獨得轀軒微怡在，采將菀柳入風詩。

以上十八首薛太拙韻。

膠漆懂情解識麼，同心百結綰春和。半迎半送長安道，莫問中籌事若何。

栗里難尋處士家，疏枝猶舞夕陽斜。黏蜂惹蝶憎多事，放任春風鬧杏花。

馬嵬坡中葬翠鈿，亂蟬猶噪露華鮮。人天欲綰無窮恨，化作柔絲萬萬千。

冥伯崑崟浩蕩春，雲邊長舞日華新。迴看下界如烟霧，莫向昆明話劫塵。

青眼相逢未嫁年，重來洛里月如烟。丰裁寫出西崑體，要共梅花載一船。

托向桃根近日栽，青衫紅粉畫圖開。一花一葉關情甚，名士名姝許往來。

青似巫山一段雲，陽臺神女夢行春。巴歈尚學宮中舞，束出蜂腰妬煞人。

試問年華十五餘，雙成歌舞世間無。緣何也傍樓頭種，春樹今應號望夫。

淺淺鵝黃映曲池，枝頭恰恰曉鶯啼。穿來斜徑聞人語，玉露晶瑩綠染衣。

江北江南唱柳枝，尋春過盡綠楊隄。何年霖雨兵塵洗，留繫歸鞍馬不嘶。

以上十首成文幹韻。

癸師《蜀雅別集·楊柳枝》，借《比竹餘音》韻三十首，借《尊前集》韻五十首，《花間集》韻二十二首，都一百二首。憶庚午一別，忽忽六年。客中每取師集讀之，心多感觸，趁韻爲之，借詠時事，寓風人之旨云爾。自癸酉春，閒作閒輟，至今歲乙亥春而畢。

寄懷愚廬

愚廬歸臥清溪腹，不負交期道在躬。久聚彌傷中歲別，低吟遙想故人同。看花前度寒猶勒，問稼重來事已空。我滯天涯驚物候，乍更殘臘又東風。

戲答伯夏次韻

草廬學守本兢兢，微覺人情冷似冰。君有愛妻兼愛子，詩人身世不宜僧。

遯園五記題後即奉懷念廬先生潮州

蝸攻兵匪苦乘除，剝復頻看理亦疏。感慨少陵千廣廈，飄零惠子五車書。詩人不信終流寓，濁世何從賦遂初。寄興唯公能物外，嬋嬛原在遯園居。

壽吳瑞甫先生六十又四初度

講學來南日，稱觴寄好音。雙溪詩思闊，一水隱廛深。乘著孤臣節，先生總纂《同安縣志》，以鄭成功爲明室藎臣，立"思明州人物錄"。繫之思明之義，蓋取《春秋》公在乾侯之例。醫存濟世心。聽鸝攜酒去，夏木正陰陰。

春　暮

春老詩人苦憶家，杜鵑夜夜喚天涯。合歡樹與相思樹，腸斷南中兒女花。

次韻酬愚廬寄懷之作

踏破叢青海上山，滄波泛泛羨鷗閒。新知獨契形骸外，陳跡都成俯仰間。
遠別江關勞夢想，自耽泉石作詩頑。何時拜謁榕村里，一棹清溪好往還。

延平故壘偶賦

古榕壘畔勢摩天，收撿干戈起管絃。莫話興亡三百載，只今夜夜有啼鵑。

昭昧國學講習所四周年紀念有賦

謫宦憐南徵，儒臣此掩扃。所址一峰書院，明羅文毅公講學於此。東西雙塔古，晴
雨一峰青。填咽鴻都石，衰沈虎觀經。喜看鱣瑞集，遙挹草堂靈。

逸叟之巖前有終焉之志賦詩留別即用原韻送行 ①

此老胷中迥不群，說詩放酒看山雲。誰知原憲貧非病，獨者張遷學最勤。
叟學張遷碑十五年，並藏《史晨碑》，"出王家穀春秋行禮"，則家、秋二字未損本。顛沛摩臨，寒暑無有
間焉。謖謖松風吹客夢，明明巖月照仙醺。茲行喜踐幽棲約，要剔蒼苔讀舊文。
巖有王文成公刻詩。

去作吾鄉諸老群，南鴻長願慰停雲。有鰥妻笑梅爲累，叟終身不取，類吾鄉鎦
龕先生爲人。無事人思黿習勤。活活泉聲詩始籟，醰醰書味酒微醺。更宜高士
嬋媛臥，它日山經攷異文。叟應邦人聘，長圖書館，兼編《獅巖志》。

寄呈鄭心南廳長貞文

壘瑰難澆白也杯，揚眉何日識荊來。著成草森蟲魚疏，群仰致知格物才。
倘得龍門歸左海，願爲駿骨市燕臺。清風遙挹輶軒使，士行休疑肯自媒。

---

① 稿本卷二、卷三之首編有目錄，偶與內文小異。如稿本目錄此題後多"二首"二字。今據
內文校刪，以臻一致。後仿此。又"原韻"，稿本目錄作"元韻"。

呈蔡斗垣師

珠厓清議棄，元定早浮家。<small>清廷割臺彎，師全家內渡，住泉州。</small>小築刺桐隱，因停半島槎。火傳薪盡譬，舟負壑移嗟。抱道飄然去，心無一點瑕。

過馬江船政局

群山青繞馬江長，船政先聲策自強。醉倚天南望天北，百年人憶左文襄。

望鼓山有賦

滄海黃塵十丈飛，吾生何處是皈依。名心欲比禪心淡，坐看山巔一鶴歸。

奉呈薩鼎銘前輩<small>鎮冰</small>

扁舟左海識元戎，器度無嫌儒將風。一代詩人歌衛武，萬家生佛仰溫公。榕陰長繞三山碧，槐火初過五月紅。欲比靈光尤落落，此行不見兩詞翁。<small>伯潛翁前卒故都，石遺翁移寓蘇州。</small>

呈雷肖籛先生<small>壽彭</small>

三山來看青天外，滄海生塵莫問年。文獻亂離孤尚在，詩名鄉里幾人傳。豈令巖邑有苛政，誰識使君無俗緣。一代淵源論正學，吾邦屈指翠庭賢。

題張永明西北游草

與君識面惡溪濱，小別匆匆幾劫塵。今日榕城重邂逅，奚囊詩句誦三秦。

謁鼓山朱文公讀書處

一山欲盡白雲生，草草書堂眼底橫。到此忽然思習靜，支頤獨聽石泉聲。

湧泉寺展左文襄公塑像

尋幽直到湧泉寺，不拜浮屠拜左公。此是旋乾轉坤手，名山片席負英雄。

遊鼓山歸途口占用前均

天際濤聲挾翠飛，藏舟夜壑欲何依。伯潛翁築聽水齋如船，在靈源洞下。半山亭子尋詩句，攜得蒼雲落日歸。

于山戚公祠

于山山頂戚公祠，留得威名震島夷。恨欲彌天身似粟，雄心孤負此題詩。

贈康瑞生

亂離頻問漫齋詩先德步厓中翰有《漫齋詩鈔》，卷帙飄零感係之。譚吐心胸能洛洛，中翰風度最堪思。

贈康子常子亮昆仲

一家文采見風流，爲宦匆匆赴上游子常是日回明溪任所。今日天涯新雨集，高歌雲滿海東頭。

乙亥秋歸杭家魯堂招飲並出贈詩爰酬一章兼示劍夫

秋雨連宵至，秋風一味涼。故人狂把臂，遊子喜還鄉。苦索新詩卷，愴懷舊草堂。江城離亂後，尊酒話滄桑。

次韻答永明見贈之作兼以爲別

我來君又去，歲月苦睽違。秋色還鄉好，風光作客非。挐舟詩思遠，觀海道心微。何處添惆悵，南天一雁歸。

乙亥秋來榕城寓西湖有賦兼懷可愚伯夏集美

一葉初維左海舟，故貪風物住湖頭。衣香鬢影紅拖水，樹色山光綠抱樓。詞客驚秋詩帶淚，佳人拾翠草忘憂。何因魂夢江鄉去，徧訊延平壘畔鷗。

過宛在堂 ①

挐舟來看樹雲蒼，東走閩江水最長。城郭平依千嶂起，亭臺高矗一湖藏。不歸詩老石遺室，甘拜風人宛在堂。此世滔滔誰可語，行歌休笑接輿狂。

一龕終古傍湖居，富貴浮雲總弗如。避地無愁宜放鶴，臨濠雖樂不知魚。詩人血食心逾苦，飲者名留事已虛。補種梅花千樹雪，何年來築讀書廬？

西湖中秋

尋詩得得過滄洲，覉客無端總說愁。酒綠鐙紅天不夜，湖光山色月宜秋。欲知今夕爲何夕，莫把杭州作汴州。千里關河歸夢斷，笛聲淒咽石橋頭。

謁林文忠公讀書堂

讀書致用公爲大，欲起人師作典型。摩罷碑銘長太息，陳石遺先生撰《林文忠公銷煅洋烟碑銘》，陳韻珊先生書字鐫石。秋風颯颯滿荷亭。

---

① 稿本目錄，題後有"二首"二字。今據內文校刪。

乙亥秋寓西湖與李忠定公祠堂林文忠公讀書處咫尺相依擬鐫近雙忠齋詞客印石先成長句

咫尺湖齋曲徑通,祠堂佳日拜雙忠。危言斯世憂難歇,左袒吾徒道豈窮? 不記歲時過白露,但聽梧葉戰秋風。陰符夜半呼鐙讀,十萬兵憨老范胸。

晚過開化寺

千頃湖橫郭,亭臺多野情。雲開花有影,波定月無聲。蕭寺尋僧去,清秋挈客行。誦詩分佛火,長傍一龕明。

過白雲寺未入 ①

城市禪堪隱,渾疑上碧虛。秋風黃葉寺,詞客白雲居。門卻聽經鶴,江空讀月魚。比花還欲瘦,清興近何如。

伯夏以詩寄懷依韻遙答兼呈可愚 ②

尺書寄到憑孤雁,兩月光陰似隙駒。九鯉知君看飛瀑,歸來詩句一塵無。抱郭平漪十頃湖,街頭沽酒飲當壚。憑君一語傳施大,倩寫東坡笠屐圖。

洪 山 橋

尋幽出郭破蒼烟,時節重陽後四天。橋上行人橋下舶,洪山風物落尊前。

京滬車中作 ③

滬瀆初經地,蘇州始見山。湖光青瀲灩,樹色綠迴環。客況吟詩好,鄉心

---

① 稿本目錄,題目多"未入"二字,茲據校補。
② 稿本目錄,題後有"二首"二字。今據內文校刪。
③ 稿本目錄,題後有"二首"二字。今據內文校刪。

借酒刪。上京同柳貫，車馬走江關。

欲遂遠遊志，臨風且放歌。雨過京闕密，山到鎮江多。野色連桑稻，秋聲滿柳荷。比聞瓠子決，誰與拯鴻嗷。

遊同泰寺遂登景陽樓

與客初登同泰寺，覽奇因上景陽樓。乾坤捭[1]闔收杯底，烟雨縱橫織樹頭。佞佛更無身足捨，佳兵唯有國堪憂。蕭條大野風聲急，北望中原涕泗流。

胭 脂 井

寂寞胭脂井尚留，南朝天子自風流。我來欲問興亡事，禍水難枯隔代愁。

謁楊忠襄公墓

郊原何莽莽，披樹朔風悲。半壁虛天塹，千秋賴地維。欲知埋骨處，猶勒剖心碑。大義嚴夷夏，長留過客思。

謁方正學先生墓八韻

車出城南路，山楓葉已霜。雨花臺在望，血漬石留芳[2]。仰止孤臣節，行來墓道長。大書誅賊棣，矢口問成王。獨抱彌天憤，常存正學光。一身寧所惜，十族更何妨。牧豎知忠烈，崇祠薦豆觴。秣陵憑弔處，落日滿高岡。

自中山陵至孝陵

兩間正氣鍾王氣，山勢孫陵接孝陵。五百年中名世出，基開神武守兢兢。

---

① 捭，稿本作"闢"。據上下文意改。

② 稿本此卷末，附零頁二，蓋作者重鈔後所遺之散頁。其中有《謁方正學先生墓八韻》，第四句下多雙行小字注，曰："血漬石，今存古物陳列所。"

自靈谷寺至紫霞洞

經來靈谷紫霞洞，無酒學佛有學仙。滿地江湖行不得，願成仙佛早生天。

清涼山

獨上清涼一撮巔，石城山色此鮮妍。東流誰挽長江水，濯出蔚藍半壁天。

掃葉樓

煮茗有僧此掃葉，登樓無客不題詩。一林黃葉多詩意，又惹霜風不斷吹。

乙亥冬遊玄武湖荷枯柳衰惟菊花尚盛遂賦長句

江南荷花天下殊，荷花世界玄武湖。惜我來時荷已枯，婷婷不復見名姝。黃雲捧出五洲圖，中有樓閣淩虛無，繞以蕭疏柳萬株。如斯風物足清娛，東籬笑把淵明呼。秋花待我興不孤，涉園挈得酒盈壺。花前一醉日欲晡，臺城歸路認模糊。

莫愁湖

衰柳枯荷映碧漪，鬱金堂畔日斜時。徐曾事業今何有，賸得湖名屬女兒。

湖樓縣徐中山王、曾文正畫像，竝有莫愁刻像。

秦淮河

金粉南都事可歔，秦淮河畔柳蕭疏。桃根桃葉桃花盡，燕子春鐙一夢如。

送友回黃州

公車十月秣陵遊，一笑功名水上漚。收撿書囊西去日，祝君風順到黃州。

虎邱雜詠 ①

丹楓亂葉下山塘，老柳疏枝② 夾道長。指點虎邱高處望，隋仁壽塔矗中央。隋仁壽九年建塔。

霸氣銷沈海湧山，闔閭葬處渺難攀。魚腸空殉三千劍，料化蛟龍去不還。
虎邱一名海湧山③。

吳王試劍抑秦皇，事類齊東語不詳④。稽古已難書盡信，欲知拳石剖鴻荒。試劍石。

生公妙舌粲蓮花，聚石爲徒靜不譁。今日現身誰說法，空山一片白雲遮⑤。生公講臺。

陸羽烹茶留石井，大書深刻第三泉。劍池水與憨憨水，試品靈源一例鮮。
陸羽石井，壁上鐫第三泉。劍池泉，李秀卿品爲天下第五。憨憨泉，梁憨憨尊者遺蹟。

虎邱說僞劍池眞，絕壁顏書護鬼神。忠蹟摩挲心向往⑥，呶呶堪笑後來人⑦。

一撮竟教埋彼美，千秋猶爲悵孤亭。吳宮何處空明月，留照眞孃墓草青⑧。

壻能由義婦能烈，壻姓曰倪婦姓楊。不媿名山埋白骨，行人爭羨古鴛鴦⑨。

---

① 稿本目錄，題後有"八首"二字。今據內文校刪。
② 稿本卷五之首附零頁二，錄《虎邱雜詠》八首，文字與此間有互異，似作者修訂之跡，今謹據以校核。此句"疏枝"，零頁改作"蕭疏"。
③ 此處小字夾注"海湧山"後，稿本零頁又有二十九字："相傳吳王葬此三日，虎踞其上，故名。有云葬時以專諸、魚腸等劍三千殉焉。"
④ 此句稿本零頁由"封禪何由到此方"更改。
⑤ 此兩句稿本零頁由"石點頭時花解語，獨憐猿鶴與蟲沙"兩句更改。
⑥ 此句稿本零頁作"千載山川共輝映"。
⑦ 此句後，稿本零頁有小字夾注："顏書虎邱、劍池，或曰劍池兩字乃平原書。"
⑧ 此句後，稿本零頁有小字夾注："眞孃墓"。
⑨ 此句後，稿本零頁有小字夾注："古鴛鴦壙"。

寒山寺用韋蘇州韻

滿壁題詩人，一笑成隔世。楓葉冷吳江，鐘聲寒山寺。好事曲園翁，千金說村字。俞曲園補書張繼《楓橋夜泊》詩碑陰，敘以"江楓漁火"頗有可疑，宋龔明之《中吳紀聞》作"江村漁火"，宋人舊籍可寶。作詩附刻。詩曰：郇公舊墨久無存，待詔殘碑不可捫。幸有中吳紀聞在，千金一字是江村。

滄　浪　亭

山林城市亦相宜，來謁滄浪長史祠。興廢幾經留小志，商邱風雅繫人思。

至吳縣謁陳石遺先生賦呈長句 ①

大老獨尊滄趣後，十年渴慕健吟身。偶爲吳會之閒客，得見同光以上人。泛宅昔從花市住，譚詩今與石湖鄰。早將宗派開天下，轢杜淩蘇一字新。

謁章太炎先生賦詩奉呈

餘杭先生師儒宗，一朝講學來吳中。道術恐爲天下裂，手挽百川東復東。墳典丘索胸藏富，百子佛氏靡不窮。纂言鉤沈最精闢，豈守咫尺異端攻。左右逢源至樂在，傳曰途殊歸則同。蚍蜉焉能撼大樹，群兒呶呶腹笥空。太湖烟水何冥濛，我過君子二三翁，遂及門下拜道躬。穆然有如坐春風，猶龍老子想此公。一見祛我鄙吝衷，更聞緒論開愚蒙。低徊留之心忡忡，錦帆歸路殘陽紅。

西禪寺用沈心齋先生韻

古寺應參荔子禪，雙株聞植近千年。殿前有宋植荔二株。其一則樹老心空，新枝濃

---

① 稿本目錄，題中"吳縣"作"蘇州"。

綴。尋僧獨過三冬日，約我重來九夏天。野鶴高騫神善也，木魚響徹意泠然。前邨嬢嬢炊烟起，躡得歸途落照邊。

題家千谷師近影用念廬先生韻

七年違別身猶健，千里家山夢繞長。寄我詩如親謦欬，思公懷本屬安詳。草堂竹葉留清影，野岸梅花動暗香。欲得薄田三兩頃，相從它日學耕桑。

登烏石山

獨上烏山山頂，俯看十万人烟。城郭依山帶水，鄉邨遠樹平田。

題畫二首

二株三株柳樹，四家五家邨莊。攜酒獨聽鸝去，溪山駘蕩春光。
拔地參天古木，依山靠水人家。樂土自宜桑竹，仙源何必桃花。

題溪山雙柳圖贈友人新昏

春柳雙株翠欲流，溪邊小築亦清幽。鹿門合住神仙侶，相伴青山好白頭。

逸叟自龍川郵張一騘去歲六十一徵言屬賦拈此遙寄

蘇翁爲我說張翁，道德文章嶺表崇。大老已聞過六一，神交不計隔西東。著書泉石從吾好，憂國心情願歲豐。粵海閩山天更遠，且勞征雁遞詩筒。

贈　友

與君攜手越王臺，訪古斜街得得來。如此襟期亦瀟灑，江山何處不徘徊。

鳌峰書院遺址 ①

名臣理學昔相望，此地鳌峰舊講堂。遺響何人嗣清恪，數株衰柳立寒陽。殘碑不忍讀泉山鳌峰書院燬後殘碑移嵌泉山壁，收拾寒灰淚欲潸。往事百年感興廢，我來經月掩紫關。

乙亥除夕

三百六旬此夜除，十年江海感奚如。數莖短鬢欺人白，一卷寒鐙笑我疏。論學每懷千歲統，憂時莫補萬言書。臥龍澹泊能明志，風雨南山有敝廬。

鎮　海　樓

來上屏山鎮海樓，天風吹起古今愁。銷沈閩越興王氣，倚劍何堪望九州。

劍　池

仙人冶劍飛昇去，蘋老荷枯水一池。不食人間烟火氣，我來此地冶仙詩。

平　遠　臺

高臺長嘯悲風起，左海帆檣千葉飛。我痛伊川披髮語，論兵有涕向誰揮？

泉州一峰書院爲羅文毅公倫南謫講學處丙子春始來居焉

訪古南陬遺此郡，十年結想不曾來。今朝論學依梅石，書院右隙一石如梅花，舊有"梅花開，狀元來"之讖，羅公至遂驗。乾隆十五年知縣黃昌遇重建，易名曰梅石。尚有梅花待我開。寒梅著花猶盛。

---

① 稿本目錄，題後有"二首"二字。今據內文校刪。

過不二祠未入

八閩詩派此開山，十子跫然邱壑閒。寂寂祠堂春晝閉，我來空拾片雲還。

弔吳頑陀先生_{鍾善}

渡海吟君落葉詩，亦能綿邈亦矜持。傷心竟以詞人老，風雨雞鳴不已時。寒汐淒淒落照昏，徒憑梅石弔詩魂。滿天香雪留疏影，欲與遺民酹一尊。

種花翁

城北半居民，種花如種菜。風味具鄉邨，男婦各秉耒。出門趁新晴，鋤泥去荒穢。揠苗笑助長，抱甕獨勤溉。好花隨意栽，嫣姹皆可愛。四時芳園中，采花呼儕輩。串串或作圍，垂垂或爲佩。深巷賣花聲，去曦歸則暖。少女鬢斜簪，中婦頭滿戴。結伴過街市，香風飄隊隊。道旁誰氏家，良辰占歸妹。禮本尚往來，扛者摩肩背。約定因俗成，一物一花配。取給衣食資，射利匪闤闠。我問種花翁，言之忽長嘅。科學今昌明，風尚異古代。花氣丞成露，花膏膠若塊。自奪燕支山，偏能增妍態。寥落舊園圃，花神爲憔顇。我語種花翁，拙哉夫子對。沃壤奚憂貧，勞力況足貴。胡不樹桑麻，其利且什倍。菜根似花香，咬得淡有味。努力誅草萊，請起夫子廢。

過都督第并序 ①

俞公諱大猷，字志輔，號虛江。嘉靖閒平倭有功，累官都督。第宅在晉江城北，就廢矣。

城北偶過都督第，牆頹半作荔奴園。寒林片片雲飛去，我欲歌風起國魂。功名俞鄧話平夷，表海雄風迫一時。_{鄧城號寒松，與俞公爲刎頸交，嘗共破倭，論功相亞。累官至提督狼山副總兵，第宅毗連，亦式微矣。}我讀春秋得微旨，笑他魏絳不男兒。

---

① 稿本目錄，題後有"二首"二字。今據內文校刪。又目錄多"并序"二字，茲依校補。

春　意

寂寞園林三兩家,東風零亂日西斜。我從螻蟻看春意,拖上牆頭一片花。

蘇菱槎孝廉_{鏡潭}以東寧百詠見貽賦此奉謝 ①

風土東寧上竹枝,傷心非復漢官儀。鐵函他日求遺稿,絕域輶軒史即詩。
一髮危青海外天,鯤洋東去孝廉船。歸來莫話前王業,祠畔梅花欲化烟。
溫陵地爲尋詩至,元禮家嘗角酒來。_{李幼巖先生花朝前夕招飲,始相識面。}梅石山
齋同講席,石邊思補一株梅。

蕭齋我昔依鼇石,_{鼇石,在同安縣馬巷,先德輻山公祠在焉。}文藻公今繼亦佳。_{先德}
_{著《亦佳室文集》。}連日春寒新雨約,論心未得過斜街。

城北書齋偶賦

刺桐城外偶停槎,避地吟詩又看花。昨日書來兒上學,中年春到客思家。
西排雙塔挐雲起,北走群山抱郭斜。晝靜齋牎無箇事,銷除塵慮且烹茶。

讀泉州府志俞都督傳書後

將軍談易即談兵,正氣堂邊劍影橫。誰與神州爭一髮,淒風忍聽陸沈聲。

遊寶覺山海印寺 ②

尋春出郭東南行,寶覺嵐光眼底橫。踏徧八閩山水好,天風都帶海濤聲。
《泉州府志》:海印寺 ③ 舊有天風海濤樓,爲宋朱子書,今廢。

僧伽三兩亦陵遲,一卷收將海印詩。逃佛歸儒從所好,我來且拜晦翁祠。

---

① 稿本目錄,題後有"二首"二字。今據內文校刪。
② 稿本目錄,題後有"二首"二字。今據內文校刪。
③ 寺,稿本誤室,據詩題校改。

泉　山

地勢中原盡，蒼茫望欲迷。天將青海抱，山與白雲齊。野寺尋僧去，巖泉冷佛栖。霸圖東越渺，翁子傳難稽。《寰宇記》：《朱買臣傳》謂東越王所保之泉山是也。

遊彌陀巖

巖以彌陀號，碑摩至正年。尋芳三月盡，攜酒一峰前。絕澗泉斜落，危崖樹倒懸。倦來憑石臥，歸路暮蒼然。

千　手　巖

千手巖前何所有，當門惟植一株松。風泉時挾虬聲起，噴白飛青卌六峰。

泉州提督廢署闢爲公園得唐代古墓有賦

三春布穀鳴，乃徵民役使。男婦執蘱耟，靡鹽曰王事。廢署廣場開，程功日可計。寸土雖千擔，弗敢虧一簣。掘地遂及泉，忽得邃古竁。磚砌色斑然，貞觀三年字。己丑閏嘉平，磚字有貞觀三年閏十二月四日葬，及歲次己丑各種。日月猶可識。或厪書癸丑，遠當開皇世。下亦高宗朝，永徽當四歲。文字體勢殊，界已異篆隸。厥文象黿蛇，龍鳥魚花卉。更範古貨泉，紛紛呈瑞異。明器瘞陶瓦，署與尊彝類。禮言神明之，諦視殊簡易。奢則毋寧儉，胡飾七寶器。骨肉軀已朽，浮生大夢寄。表墓乃爲碑，埋幽則以誌。嗟彼何人斯，名爵邈無記。粵若稽此邦，太康晉安地。景雲置泉州，初隸豐州治。泉人第進士，貞元歐陽始。前代尠達官，末由窺譜系。悠悠汲古心，蓋闕聞其誼。僞書出汲冢，誑哉其辭詖。召墓有桓圭，穿窬多叔季。大盜發東陵，侈麗所由致。況今瓦釜鳴，黃鍾欲廢棄。書契攺殷虛，閭閻易人意。故宮富博物，價重連城比。直布羅陀海，時運英展覽古物，在直布羅陀海峽擱淺。恐作流沙墜。徘徊古城下，昔人重泉閉。豪華轉轂如，思之爲雪涕。

開元寺有桑一株或曰唐垂拱時植遂賦長句

君不聞桑田變海海生桑，桑開白蓮吐奇香。又不聞蓮花世界蓮花寺，空王色相現彈指。此桑云植李唐垂拱年，不夭斤斧得天全。小枝卷曲大擁腫，壽齊惠樗淩風烟。浮屠蓮花名何有，勅賜開元在其後。紫雲雙塔峙東西，偃蹇菩提同不朽。只今樹老已無花，祇園一片綠雲遮。爵化爲蛤橘變枳，淮南晏子言豈誇。人間幾見塵生海，我對此樹徒咨嗟。

遊賜恩巖巖有歐陽四門讀書處

丙子閏三月，南徼春風和。挈侶尋泉石，我生有嗜痂。來踐賜恩約，妥陟北山阿。昔日歐陽子，山中有書窠。千載歎寂寞，室邇人則遐。儒分佛亦衰，徑虛生篆蝸。巨石贔屭起，勢與蒼天摩。懸崖鑿雲梯，陡壁捫烟蘿。俛瞰竦若墜，毋乃衒憐蛇。城郭抱江海，萬象森遮羅。邱壑試平章，瀑樹絕彌陀。泉山控其頂，南臺尤嵯峨。待續猿鶴盟，良辰攜酒過。三十六峰顛，峰峰落嘯歌。

陳澤卿團長以三十有八初度詩分寄昭昧同人爰和長句不次韻

七閩西鄙古汀州，今聽雄軍鎮上游。驢背年年詩思動，魚腸昔昔劍光浮。不忘飲至長城窟，此去居鄰但月樓。顧我家山歸夢繞，柳營何日識君侯。

風 動 石

誰云磐石安，今見風動石。神州歎陸沈，詎補媧天碧？

靈山回教徒墓

纍纍靈山隈，默德那國墓。琢石象爲棺，中原異封樹。

過唐學士韓偓墓道

北葵墓艸已離披，過客猶摩學士碑。一抹斜陽明似水，溪山卻稱晚唐詩。

葵山弔韓冬郎用李幼巖韻

危涕孤臣萬里橫，丹墀承旨最堅貞。流離姜相官同謫，_{姜公輔，建中閒相，因論唐安公主造塔，忤德宗，貶泉州別駕。}跋扈朱梁國已傾。別集內庭餘熱血，香匳後世誤閑情。一棺竟戡彌天恨，爲繫興亡節不更。

九 日 山

不須九日也登山，高士當年半閉關。_{秦系天寶末避亂居此，有自若耶溪移居南安詩。}松樹化龍人化鶴，_{晉朝松百株，今盡矣。}風泉獨聽兩峰閒。

延福寺望高士峰

隱窟唐天寶，招提晉太康。高僧尋不見，高士亦茫茫。

自秦君亭左行至姜相墓

山隈姜相墓，山頂秦君亭。亭外雲何白，墓前艸自青。

登蓮花峰不老亭

峰曰蓮花峰，亭名不老亭。一塵飛不至，亭抱亂峰青。

贈郭搏南

五經論孟邊韶腹，浩浩汪汪郭泰胸。避地爽宜齋種樹，移鐙閒對夜吟蛩。韋編近日添兒課，氣味平生遠俗蹤。我欲一軍張樸學，海濱講業幸相從。

笠山詩鈔卷第三

溫陵客次

高高雙塔竟天橫，江海深深抱一城。蛺蝶飛來幽圃影，子規啼到故鄉聲。
詩流不二爲鄰近，禊事重三出郭行。尊酒良辰都罔負，山猿鹿友水鷗盟。

丙子初夏登清源山絕頂吳生基諒取孔泉歸煮以鐵觀音飲而餂之遂賦一截

徧踏危岑上翠嵐，此邦風土我尤耽。鐵觀音茗清溪種，試得泉山虎乳餂。

贈 湛 若

昔日別君君未昏，逢君今日子成群。一峰橋畔金魚巷，話舊時來對夕曛。

次韻酬南安黃禮貞茂才玉成見贈之作

梅石齋中同論學，交如梅石最相親。茫茫宇宙知何世，落落心胸見古人。
水月詩脾清可沁，獲讀《英溪覽洪紫農先生素月孤舟故蹟》諸詩。溪山遯跡熱寧因。家
珍每喜從君數，文獻溫陵重八閩。

贈 香 石

罵座知君非簡狂，飢來唯取酒充腸。無端同作溫陵客，乞與溪山畫故鄉。

得滁瞻北平柬知以仲春之月完昏矣詩以寄之 ①

五載清閒住石渠,知君心志守終初。添香羅袠鐙橫電,好讀嬋媛未見書。
聖雄君自崇甘地,甲子吾嘗重義熙。努力神州紓國難,十年生聚好男兒。
訪古秦淮事隔年,尺書招我入幽燕。何時與蒭春鐙韭,五字沈吟衛八篇。
萬里休嫌禮數遲,赤松青鳥誤佳期。詩成更乞郭熙畫,長卷鋪張頗費思。

壯 丁 行

晉江許婆莊,訓練壯丁隊。其時春夏交,力作頗農痗。日奉層峰命,諄諄
汝曹誨。徵調用抽籤,責任無旁貸。施翁有獨子,名在抽籤內。耕農少知書,
詎解國可愛?好子不當兵,無乃鄙諺戒。一朝走山澤,亡命負大憝。保長聞
言怒,子辠翁難貰。翁時苦思子,欲揮痛無涕。憂憤莫知出,投繯溘然逝。翁
死有老妻,子逃夫去世。孑然寡軀存,難爲門戶計。奮身赴中流,清江魚腹
瘞。纓冠有鄰人,殘喘幸相濟。哀哀亂世民,性命賤螻蟻。一字一泣血,嚮讀
石壕吏。天水易募兵,相緣未改制。養兵千百萬,社稷分所衛。頻年紛蠻觸,
鬩牆未爲智。揖盜竟開門,群帥胡憒憒!國壞失膏腴,何人同敵愾。募兵復
徵兵,安內以攘外。丁壯盡成兵,起起國精銳。寥落舊田園,歲時猶納稅。兵
儲不自供,民力奈凋敝。勝廣發閭左,階爲亡秦厲。叢淵毆爵魚,斫本必自
斃。慎告執政者,此故良匪細。願敬授人時,訓農以招徠。

感 事 ②

鼎湖龍去涕縱橫,鑄鐵誰知大錯成。王氣欲銷鍾皁土,薤歌猶入趙佗城。
虞翻骨相哀蠅弔,范蠡音書痛狗烹。瘦絕曹碑都斷手,可堪殘局話神京。

迷茫海氣屭高蒸,風景神州感不勝。一夕羽書飛百粵,千軍鼙鼓震零陵。
根同其苗偏煎豆,夏燠蟲聲詎語冰。誰挽黃河東去水,興邦多難總難憑。

---

① 稿本目錄,題後有"四首"二字。今據內文校刪。
② 稿本目錄,題後有"二首"二字。今據內文校刪。

贈別惜華 ①

彌陀瀑樹南臺石,同看溫陵好水山。別日荔支猶未熟,清溪送汝一舟還。瘦葉愚廬皆舊雨,別來數載最堪思。君歸爲語予無狀,添得行裝一卷詩。

奉呈幼巖

溫陵古郡遇詩流,先後詩心抱樂憂。自挾山川雄直氣,四門活水見源頭。

拉車爲莊生作

意氣深藏誰則知,莊生拉車汝孰師。孔門六藝御居一,當時著者其樊遲。天演競爭今爲烈,一技之長非屑屑。力惡其不出於身,願張世界大同說。

爲幼巖題梅痕菊影圖

憶語當年太費辭,美人難敵命如絲。梅魂菊影商量遍,寫入龔生一句詩。

小暑日至潮州奉和念廬先生見示之作兼用元韻

徧踏東南半壁天,荔支紅日我來旋。親師猶健嘉言拜先生爲家大人七十贈言,履薄臨深懍昔賢。

過璧廬鍾勳侯先生留飲用前韻奉呈

溪山盤曲洞中天,離亂年來未得旋。今日璧廬傾濁酒,師門舊雨數群賢。

---

① 稿本目錄,題後有"二首"二字。今據內文校刪。

至潮州聞家千谷先生返里有賦仍用前韻

歸思遙遙滿海天，攜兒有叟棹先旋。皤皤白髮三千丈，一鐸猶南汲後賢。

丙子夏歸杭雜詠用邱仙根工部憶上杭遊韻十五首

千丈汀江此下遊，詩人內渡昔尋幽。只今一髮殘山水，鑄錯何堪聚六州。

山迴路轉谷如盤，一水能生六月寒。鐵作梢公船是紙，危湍不數九龍灘。

何論五典與三墳，二百年來有闕文。鼇石早亡秋岳死，念廬今日亦孤軍。

梅莊勝地膇空名，梅樹無花草亂生。兩兩黃鸝鳴隔葉，良時挈侶水南行。

江城青抱草萋萋，遠嶺閒雲樹與齊。古洞新羅稽版籍，劫餘非復舊山溪。

此邦可語寒陵石，時雨堂碑一壁嵌。講業欲祛門戶見，名臣理學重頭銜。

中有鴻荒未鑿天，南鄰一士此留田。邱力人先生，清末率生墾讀梅花十八洞。療飢自煮松毛飯，無酒何妨也學仙。

纍纍梨子色鮮黃，長壩張灘好景光。樹老心空全劫火，風懷不減荔支香。

福圓遺寨話先朝，山頂人家屋似窰。誰繪流民圖一幅，明霞天際赤城燒。

汀南舟楫要津通，一水流歸嶺海東。直下大姑灘百里，風馳電閃浪花中。

豪興欲挲山嶽走，梅花風骨郝忠臣。郝大理，長汀人，有《梅花百詠》。《掛袍山》詩句云：「我來亦欲奪袍去，空山不動雲蒼蒼。」最憐鐙火瓜洲夜，徒捧丹心對北辰。

莫問滄瀛三淺事，彌天身掉一舟回。當時丁令歸何處，城郭依稀鶴不來。

大義明明辨夏夷，吟秋心事有誰知。一生詩史傷流寓，仙根工部《嶺雲海日樓詩》，秋感之作最多，亦最沈痛。家千谷先生分纂邑志，爲立流寓傳。摩讀祠堂正德碑。

襟上斕斑雜酒痕，年時風味憶鄉村。歸來不爲鱸魚膾，小犬聲先客到門。

尊前舊雨頻相問，絕勝平原十日留。攬轡畏聞笳鼓競，兵塵挽洗大江流。

奉懷邱海山先生高淳補祝六十初度

風人垂老榷高淳，六十皤皤鶴髮新。只有編年詩卷在，別無長物宰官貧。神州睇破彌天淚，宦海思抽一粟身。泛宅猶聞京口住，故鄉歸夢更何因。

喜晤藍翁卿茂才豫昭 ①

蕭齋綠抱亂蟬聲，試得山茶味最清。千劫一翁身健在，不花雙眼老逾明。
天放微晴破雨聲，樓頭綠老正秋清。溪山引我吟詩興，虛室光生四壁明。

奉懷袁毓卿先生兼祝六十初度 ②

照出須眉宛古人，鄞江千丈淨無塵。只今狐鼠縱橫日，爭及先生自在身？
叔子清癯研數理，季兒堅苦砭膏肓。丹砂勾漏何須乞，薦得蘭花膳最香。

龍興寺弔韓冬郎學士

詩人南謫淚千行，拌作龍興夢一場。檢點燒殘龍鳳燭，紅巾猶自鬱餘香。

贈 果 齋

論詩論畫復論書，李郭溫陵識面初。惟有矮梁鳴以口，銜杯落墨致扶疏。

寄懷逸叟佗城

寄我懇懃語，固窮道昔聞。荔支閩粵好，詞客海天分。斷酒人當健，摹碑
老最勤。江山思霸業，回首盡烟雲。

聞石遺先生遊蜀賦詩奉懷 ③

昔日詩人經蜀道，杜陵劍閣獨徘徊。扁舟公繼放翁後，搖入瞿塘灩澦堆。

---

① 稿本目錄，題後有"二首"二字。今據內文校刪。
② 稿本目錄，題後有"二首"二字。茲據內文校刪。又題中"六十"，目錄作"七十"。疑或偶誤，當爲考訂。
③ 稿本目錄，題後有"二首"二字。今據內文校刪。

孤城落日望夔門，三峽青天一綫痕。八十詩翁吟興王，茲行頓覺草堂尊。

溫陵中秋

挐舟去歲閩江上，佳節湖樓看月明。作客今年鯉城住，良宵梅石伴秋清。

念廬先生歸杭任修志會總纂賦此奉懷

飈輪陌里蕩斜曛，隱隱車聲入嶺雲。緯候昔今寒燠異，《松雪齋集·送人之汀州》詩有“地氣喜聞今有雪”句。封疆閩粤武蕉分。一身公自關鄉獻，百世吾猶及闕文。不信黄巾羅道拜，萑苻聽更甚榆枌。

華里斯曲并序

英皇愛德華第八加冕，欲預爲辛柏生夫人設上賓座，正后位。夫人固美產，名華里斯，爲英皇太子時代所識。皇室教皇固諫不可，英皇將以遜位爭之。因傳其事，爲華里斯曲云爾。

梯航舌咋譚瀛客，天開地闢窮知力。坤輿盤旋繞日行，中有人寰不夜國。立極猶戴可汗尊，天下爲家世及存。今皇愛德華次八，良辰加冕賦大昏。沈沈禁闥傳旨意，上賓先賜羅敷位。臣工奉命皆驚疑，明王豈爲桐葉戲。大西洋水未有涯，飈輪挽作天河槎。微解王孫吹簫意，求凰一曲匪淫哇。人生歡短苦留戀，但得心堅如金鈿。詞中有誓少人知，鍾情未覺貴妨賤。旌旂荼火照漢宮，英皇射獵桑林漢宮。秋蒐蛇影譌杯弓。絕代銷魂憐尤物，欲付江山一笑中。下有龍比爭抵死，忠言利行非逆耳。君不聞陽翟大賈善居奇，竊國者侯神其技。又不聞武曌寒微作才人，李唐神器移禍水。竊竊人言是耶非，椒房金屋總依違。此日微聞同命鳥，上林苑裏不雙飛。

九日重登泉山 ①

折取茱萸憶所親,他鄉攬勝及佳辰。重陽又上齊雲頂,我當青山是故人。

破衲山中自負薪,年荒也覺老僧貧。蛻巖說是純陽洞,蛻巖據山頂,一名清源洞,祀裴道人,下五百步而近,有碑曰純陽洞。初夏遊此,徧尋不得。及今重遊,詢之寺僧,云即茲巖,但無別刻。識之以補前記之闕。滿眼殘碑膡劫塵。

一龕深黝藏巖腹,無數微雲腳底生。欲覓當年裴道士,松篁半翳只聞聲。

得得扶筇下翠微,惹來雲氣滿征衣。山靈應笑人貪甚,又喝清泉幾口歸。

過小山叢竹

講院長依不二賢,猗猗叢竹小山前。結鄰我傍梅花石,已後先生八百年。

題林母白孺人傳後

衰世艱難得女宗,愚廬與我感微同。摽梅樛木兼芣苢,不道清溪未變風。

遊宿燕寺

來遊宿燕寺,不見宿燕歸。問佛佛無語,白雲滿山飛。

北　望

北望山河一髮盱,權謀陳篋讀陰符。欲知天下同舟日,不道關中斬木呼。

烽燧大青山名朝飲馬,國魂長白夜鳴狐。賜秦鶉首猶沈醉,義士終羞左衽徒。

過崇福寺松彎古地

此地松彎月,月明不見松。月照古今人,松樹化爲龍。

---

① 稿本目錄,題後有“四首”二字。今據內文校刪。

感　事①

棋局爛柯第幾場，麻姑三見海生桑。有人尚作遊仙夢，沈醉鈞天廣樂張。
堯囚舜死豈無稽，聞道襄城七聖迷。欲識東來非紫氣，函關月落聽鳴鑾。
崑崙銅柱自擎天，大浸難稽旱不煎。底事康回馮怒觸，九重兵諫笑頑仙。
前夕雲旗下百靈，屠刀不放罷心經。時荒佛劫哀何極，朔漠風淒戰血腥。
不乞成橋鞭石法，天門列子御風行。要教弱水平如砥，一片扶桑飲馬聲。
不知今夕是何年，處處笙歌欲沸天。蟻穴槐柯成一笑，六龍難頓歎臨川。

溫陵即景

破寺一僧歸，寒林亂鳥飛。古城多畫意，月照塔尖微。

次韻和黃禮貞先生感事②

華嶽風雲鬱不開，元戎飛騎肯輕來。縱橫未信當關險，安攘思爲濟世材。
其奈黃楊猶厄閏，莫教白雁遂成災。驪山前夕驚鼙鼓，一片蒼涼牒爆灰。

念家山破夢猶縈，大錯誰知禍水成。復使陸梁恣隴寇，何曾耐戰見秦兵。
饑寒曲諒興戎意，法典終全敗將名。從此東南還柱石，歸來江左慰蒼生。

委蛇退食有群公，畢竟羔羊未變風。鄧尉梅花如雪白，棲霞楓葉帶霜紅。
鉤心要使名能正，見肘終嫌術不工。昨日中朝新命下，清班貂珥各論功。

西飛青鳥向三秦，猶有襟痕未浣塵。石點筐筐輸實幣，錯成廊廟笑綸巾。
微聞鐵券酬驕將，孰解金鈴謝國人。風雨滿城無賴甚，華胥狂沸太平民。

即　事

古郡刺桐著，清江抱郭流。林疏山見骨，雲破月當頭。地氣寒無雪，天時
熱過秋。堂堂驚歲序，一片故鄉愁。

---

① 稿本目錄，題後有"六首"二字。今據內文校刪。
② 稿本目錄，題後有"四首"二字。今據內文校刪。

答滌瞻北平代柬

有道一碑無媿耳，中郎曾自定其文。故人寄我殷勤語，名器宜珍道昔聞。

丙子嘉平之望謁蔡忠惠公祠觀洛陽橋 ①

興泉接壤海天微，太守還鄉五馬肥。民歡望洋魚拂鬱，杠成觀政鼉皈依。休驚白浪垂虹臥，欲問蒼松化鶴飛。筆健龍蛇碑字在，摩抄祠下讀寒暉。

關山攬彎志澄清，題柱南來悵馬卿。惠晉東西橋作界，海江青白洛爲名。予改趙生《洛陽橋》詩，有"晉惠流分青白色，東西橋鎖海天雄"句。垂垂地脈中原盡，浩浩天池火浸橫。奇蹟八閩推第一，雄風如咽午潮生。

丙子嘉平望夜對月

江海明明月在天，一年惟臘此宵圓。南鄉遍看紅梅去，十載寒花滯客船。

讀吳桂先生增番藷詩百二十首略廣其意題後

嘉種傳來說大明，充糧作酒兩都行。紅瓢圓葉白瓢缺，木本直生藤木橫。二字頭銜存外海，八乾聲價重連城。連城番藷乾，爲汀州八乾之一。詩人赤子心流露，飢溺猶多禹稷情。

遣　興

自從江海放歸橈，巾履惟思謝市朝。風物八閩猶足戀，武彝山水洛陽橋。

丁丑元日登龜山巖望溫陵城遂賦

元日尋山興不孤，盤風健鶻九霄呼。半城烟樹東西塔，寫出溫陵好畫圖。

---

① 稿本目錄，題後有"二首"二字。今據內文校刪。

漳浦洪嘉謨同年枉過梅石講舍賦贈

一別浮沈兩不知，相逢梅石好春時。高懷燈下無他語，示我東皐講舍詩。
東皐講舍，爲黃石齋先生論學處。

鐵　觀　音

梅風穀雨候相應，煮愛頭綱活火騰。樹比菩提名是佛，呼如羅漢鐵非僧。
盧仝椀自工夫異，陸羽經難故實徵。石鼎麴塵飛不到，清溪松韻落崚嶒。

承天寺鸚鵡山

山名鸚鵡不能語，我亦無言坐碧岑。清紫葵羅四面抱，刺桐城郭在中心。

城　北

城北人家少，園林景最清。四時都見菊，何處覓淵明。

重遊宿燕寺

行行過盡市橋長，陣陣東風撲面香。隴麥早收知地燠，春苗遲溉覺農忙。
燕泥晝靜雕梁落，鳥道雲深古寺藏。入望松篁青不斷，重來腳力我猶強。

遊安福寺

纔過上巳日，又動遊山心。出岫亂雲意，到門流水音。欲知唐寺古，不見
柏陰深。明朱鑑詩："石磴崎嶇柏樹深"。今柏樹盡矣。紫帽青如削，何時度遠岑。

自宿燕寺至觀音閣予獨錯出他道未入有賦

萬松青抱觀音閣，交臂今朝未及尋。攬勝諸生多健足，看山如我尚粗心。

歸來景物縈清夢，跌宕胸懷付短吟。欲得良時留後約，扶筇攜酒入雲深。

歸途即事

鎮日看山去，興酣緩緩歸。鄉村依綠水，老婦著紅衣。未夏枇杷熟，小年荔子稀。吟詩紀風土，行腳遍南畿。

重遊彌陀巖

瀑從春雨聲中長，雲在林巒缺處生。去歲今年山寺裏，看雲聽瀑重行行。

壽連城楊潤珊葆球六十 ①

人來粵嶠惡溪畔，家在蓮峰樂水濱。難作迴腸傷氣語，故經滄海宰官身。論詩昔日趣樓中，照眼家山劫火紅。忽忽十年君六十，前塵如夢付東風。

題許生太岳摹仇十洲桃李園夜宴圖

桃李清遊興不孤，十洲畫法許生摹。欲知秉燭前人意，留作齋牎勉學圖。

寄梁虛懷若谷大埔並訊逸叟

我住鄞江碧水邊，君遊宦地茶山前。年時一掉扁舟過，父老都稱大令賢。重到遺黎勤撫輯，相孚麗澤費周旋。飄零最憶長沙叟，倘問歸期荔熟天。

勵生疊促和生子詩成長句酬之

寄我溫陵一尺書，故人索詩如催租。有債不償我君辜，佳兒生日記模糊。

---

① 稿本目錄，題後有“二首”二字。今據內文校刪。

年時一過北城居，牙牙學語能摳裾。慈竹風寒將母呼，悼亡潘岳貌亦臞。對客說詩未爲迂，信哉永嘉山水都。他日誅茅作精廬，膝下有子可以娛。田園風味出籃輿，傳詩不作西江圖。向長五嶽胡爲乎，今朝笑我搜腸枯，窮而後工理或誣。七閩荔子紅且腴，不知一棹君歸無，寄詩聊以發軒渠。

展俞都督墓遂賦長句

皇明都督俞將軍，蕩海平倭天下聞。丁丑端陽前一日，我偕謝客展公墳。車出城南七八里，褰裳言涉水沄沄。越隴陟岨高處立，亂草小松風習習。石馬不嘶臥棘叢，翁仲無言如哽唈。崔嵬紫帽袵席前，浮圖終古淩風烟。豆其著露猶厭浥，墓門瘠土易爲田。季世穿窬多狗盜，劚塚發棺心慘悼。豈關作俑伍胥仇，柳壟不聞禁桀驁。豐碑我且拜勳臣，中原繼起更何人。將軍百戶之苗裔，學易學劍皆絕倫。拳法猿公傳妙諦，出身初爲小校隸。陳策千言一軍驚，起家殺賊長鯨掣。嶺海頻年轉戰忙，曾提戎馬入汀漳。瓊崖南去諸黎撫，鶯胹馬蹄昔擒王。戈船獨冒舟山雪，火烈風猛夜掃穴。控制閩廣江湖閒，父老雲霓望旌節。幾歷艱危不賞功，堂開正氣見孤忠。吉方趙郭稱流亞，譚戚大受不如公。烽火倉皇思拜命，讀易軒中能見性。禮讓行軍匪少褒，荒服不教笳鼓競。垂老文淵矍鑠身，征蠻事業已成塵。出牆偃蹇荔奴樹，第宅荒涼我比鄰。向稽志乘頗失實，公墳乃紀故郡北。信書眞欲不如無，論而正之來者職。河市胡傳有墓墩，或公先世受綸恩。式微式微譜牒闕，小史邦國誰疑存。徘徊墓下三歎息，大盜休令竊吾國。將軍神武民族雄，作歌萬禩資欽式。

晨望紫帽山有賦

芳樹層城擁一樓，無邊光景望中收。朝朝紫帽晴雲滿，誰說青山不白頭。

金陵應弢社作 ①

虎踞龍蟠諸葛語，鼠偷狗竊太炎言。長江千頃樓船渺，折戟沈沙弔國魂。
我自去年辭帝京借白傅語，至今夢繞石頭城。景陽樓畔胭脂井，六代江山
錯鑄成。

留別諸生

梅花開日我來時，荔子香中又別離。走馬須防心易放，亡羊應念路多歧。
欲知績學惟窮理，縱使居安莫忘危。竊得贈言仁者意，終慚形穢作人師。

過鄭忠節公焚青衣處

池塘淺淺草凝芳，憑弔豐碑易夕陽。一領青衣焚此處，遂爲天下繫興亡。

過蝦落沙俞都督墓

車過蝦落沙，遙式將軍墓。昨夜宛平城，何誰殺敵武。

丁丑夏再至集美

千尋天馬山蒼鬱，十里潯江水蔚藍。樹欲成圍人欲老，重來風物我何堪。

挽陳石遺丈 ②

烟水南歸一葉舟，誰知血食赴湖樓。青天蜀道行逾壯，白髮吳門迹久留。
大老豈惟尊左海，詩名何止遍神州。宗圖不作西江派，無已誠齋貉共邱。過吳
中，丈持論如此，蓋所歷境界多。

---

① 稿本目錄，題後有“二首”二字。今據內文校刪。
② 稿本目錄，題後有“二首”二字。今據內文校刪。

帶得京華兩鬢塵，遂過長者石湖濱。棲霞紅葉添詩料，鄧尉梅花滯遠人。故里竟隨滄趣逝，平生頗與海藏親。南街日訪雞林賈，破爛遺書賣等身。

寄懷昭昧同人

天馬峰頭明月夜，梅花石畔好風時。千重雲樹懷人意，清景當前且寄詩。

送蔡喆生之柏林 ①

惜哉亡籍計然子，貨殖東華草創書。今日梯航奇局闢，譚瀛海客亦軒渠。亞丹斯密多經濟，重譯爭傳原富書。六月南溟飛健翮，發揚學理豈奇居。世界強權果獨尊，至今鐵血鑄民魂。柏林憑弔俾斯麥，太息神州一髮存。君家名父是吾師，馬帳傳經長幼隨。萬里相違勤寄語，讀書致用即心期。

鼓 浪 嶼

江海懸孤島，囂塵到此刪。屋隨山上下，人間路迴環。地盡蓋藏戶，舟多左右灣。洞天高處望，千頃一飛鷗。

集美寓齋

孤棲經五載，小別忽三年。種樹猶如此，教人欲泫然。北來山拔地，南去水吞天。固圉今爲急，難憑故壘堅。

南中秋日

十載南鄉住，風光次第收。天時長似夏，草木不知秋。此世田爲海，有人戶在舟。行藏無鄭卜，吾道亦堪憂。

---

① 稿本目錄，題後有"四首"二字。今據內文校刪。

義 士 行

君不見蘆溝橋邊胡馬驕，戰士喋血紅不銷。又不見南苑營空月皎皎，佟趙忠魂夜長繞。南口天險封丸泥，守將誰歟羅方珪。千軍灰燼尤壯烈，成仁取義吾何稽。寶山孤城小如斗，子香將軍今細柳。張許礪節與城亡，白骨長埋應不朽。桓桓民族競生存，炎黃億兆之子孫。七尺微軀奚所惜，祖宗寸土主權尊。烽火愁遮薊門樹，誰知今日非吾土。樓船贔屭怒潮掀，抉眼寇深黃歇浦。殺人盈野復盈城，恣爲戎首乃佳兵。我師堂堂持正義，沙場肉搏神鬼驚。白山黑水收何日，會須飲馬長城窟。前仆後繼奮精神，三軍可奪志勿屈。神武猶傳戚與俞，一代英雄好楷模。蕩海直搗扶桑日，與君痛飲酒千壺。

寄 愚 廬

愚廬家住清溪頭，山水紀遊似柳州。去日自言好韓子，所爲往往偏陰柔。始知文章根血性，精靈各與天地侔。亂世著書糞土賤，子雲覆瓿非杞憂。一士偃蹇時不遇，乃令縮手看神洲。落落我生亦寡合，與君同癖愛山邱。劫後家園久絕跡，前歲子身臥湖樓。忠定祠邊蠟屐過，釣龍臺畔金尊浮。風塵澒洞爲形役，秣陵姑蘇月月留。南歸年餘溫陵住，故人枉過北城陬。棄我日月成奄忽，江邨浩蕩對群鷗。非復當時盛吟事，風鶴況生郊壘秋。懷人詩寄清秋日，山中且效嚶鳴求。驅車何日訪君去，長蛇龍門恣幽挲。榕邨故里縈夢寐，至今文藻想風流。

龔定盦居庸關說題後 ①

聞道縋容單騎馳，書生憂國此才奇。那知六百年前事，一語興邦札八兒。

《元史》：太祖屢攻居庸不下，問計於札八兒，始知有聞道可容一騎。因入，夜銜枚暗馳，天明已至平地，金人大駭。

---

① 稿本目錄，題後有"二首"二字。今據內文校刪。

天驕一夕下雄關，南口曾無片甲還。留得張垣半箭恨，纖兒終壞好河山。

近日，南口、居庸、張垣相繼失陷，以畛域之見，貽誤戎機，搖撼全局，至可痛也。

聞大同雁門訊感賦

大同城墮險無存，胡騎長驅下雁門。白草黃沙秋萬里，九邊悽弔國殤魂。

爲邠生題畫

聞得孤山處士身，妻梅骨傲見天眞。寫來攀折秋娘意，中駐嫣紅幾點春。

懷滌瞻

張子居危城，寄我南州書。校讎忘歲月，琳瑯觀石渠。永樂群玉府，鄉獻時起予。重尋舊鷗鷺，憐我滯海隅。相見託夢寐，歡娛在斯須。鱸堂鶴不到，五老何清臞。人事歎溢露，神洲難未紓。傷心窮北望，都邑擲莽墟。彌天無去住，大道蟲沙餘。念子平安否，去去征鴻疏。

重　九

客邸不知過重九，無風無雨觀大宙。南鄉秋色殊佳哉，渡江攢動諸山秀。虛令好景擲當前，恰如有約負良友。五老雲中向我招，重來莫逆唯此叟。無言遙對亦解顏，何日入山飲君酒。振衣直上空濛巓，人生幾及百年久。海嶽撐胸氣可吞，雲夢八九眞孤陋。危闌徙倚感蒼茫，壯志彌天成袖手。三載良時易地頻，自笑南朔東西某。

奉懷癸叔夫子成都

白髮健還山，影照峨眉雪。去去閩海舟，奄忽八年別。穆生歎禮衰，道大世兒蝶。濡滯向秣陵，青天望寥闊。遂下皖垣帷，講藝契不輟。楊子七千里,江源我家發。行腳過塗祠,巴渝猶戰伐。自從到成都,音書久不達。草窗草堂鄰,溪流聽清越。怊悵彌天身,抒寫詞沈鬱。耽吟山脧翁,共此清嘉說。思公雲樹深,夢寐精誠結。何日賦遠遊,探茲山水窟。載酒問玄亭,竭來吾願畢。

秋夜踏月有賦 [①]

吹衣風習習,微帶九秋霜。在地行人影,疏林漏月光。蟲喧聲滿野,鳥宿夢橫塘。十載南來客,長居似故鄉。

答伯夏即用安溪紀事韻

有山恰似僧頭禿,有客恰似僧入谷。車聲隱隱嶺雲深,陡壁修虵欲怖目。輪鐵飛奔佰里程,無數秋山當晝讀。君身自擅射擊技,君心得毋有鴻鵠。微茫一綫見清溪,呼渡人來立小隄。涼風習習水面起,吹過流鶯隔葉啼。偶借一廛居傍市,人生所貴適志耳。汗漫榕村故里遊,知君不負此行矣。孤城斗大毀無存,黃耳相隨喜到門。小別江鄉惟憶我,風光好取夢重溫。

遊 仙

記得東公上壽觴,三呼萬歲太荒唐。西飛青鳥無消息,換取遊仙夢一場。

感 事 [②]

帶礪從今未足誇,中原一片暗風沙。河聲飲至驕胡馬,豈復長城屬漢家。地勢盡頭江入海,春申舊壘我經行。樓臺此日哀兵燹,吹到東風嫩草生。

---

① 稿本目錄,題中"有賦"作"有感"。
② 稿本目錄,題後有"二首"二字。今據內文校刪。

十一月十三日

國殤憑弔淚汍瀾，月色潮聲歊浦寒。前夕靈飛何甲子，神州欲付陸沈看。

挽黃禮貞茂才

誰能鄉獻數家珍，邱壑窮藏此孑民。梅石北城彌惜別，寄書吾負語諄諄。

感　懷①

半夜聞雞匪惡聲，寒光動壁寶刀鳴。黃圖絕續哀三輔，赤帝興衰諷兩京。燕趙健兒誰慷慨，東南老子自豪英。孰知憂樂希文意，孤負胸中數萬兵。

客　來

客來此日談畿輔，我自前年別上京。峻宇雕牆誰復戒，二陵回首涕縱橫。陪都東徙姬周弱，王業西偏蜀漢終。慣看興亡如轉轂，過江無復廟堂風。

南中冬日

更無霜信到梧桐，何必後凋數柏松。白日風平便和燠，不知天氣有寒冬。

挽陳散原丈②

一事傷心類絕裾，衰年丈履別匡廬。窮山濁世難藏命，大義夷齊付簡書。詩派同光硬語工，石遺滄趣散原翁。何堪故老垂垂盡，花市重過似夢中。

---

① 此詩曾載民國二十八年（1939）四月六日《天文臺》報第三版"半周評論‧戰鼓琴音"欄目，署名"包笠山"。詩題"懷"下有"次孝威先生聲字韻"八字。詩內"赤帝"作"東帝"，"東南"作"赤南"，疑排版時上下行錯位致誤。

② 稿本目錄，題後有"二首"二字。今據內文校刪。

丁丑嘉平朔遊虎溪巖及山門而返有賦

寥天不見鶴來歸，朝市重過有是非。泉石幽棲僧侶散，兵戈裨海劫塵飛。舊題斑剝捫苔壁，新雨聯翩叩竹扉。興盡今朝同訪戴，蒼寒雲樹認依稀。

念廬先生以素園遺稿見貽賦此奉謝

還鄉杖履及秋清，恰似子輿居武城。一卷襃忠肝膽見，百年論世海桑生。修名此老如山重，微命當時比髮輕。我亦江湖無去住，艱危何敢盜虛聲。

題伊墨卿先生自書詩册

左海能書首忠惠，洛橋碑字鬼神驚。公傳衣鉢東坡硯，公守惠州，嘗修朝雲墓於蘇文忠祠，沼中得德有鄰堂硯。天矯蛟龍腕下生。

秋豪精勁吐光芒，手卷清森詩骨張。一代傳人本循吏，史臣今日費評量。

初至安溪

何處安溪縣，孤城傍水湄。欲知遷谷意，都爲念時危。地燠花開早，山高日見遲。四圍寒綠影，照我鬢如絲。

惜華招飲賦贈並呈愚廬

分攜猶記梅花石，避地相逢又歲餘。紅酒味香觴舊雨，桂圓陰好覆精廬。殷勤風土憑君問，盤曲溪山到眼初。筮得同人于野語，此中消息未全虛。

輓太夷先生

詩人遼海已無家，莫挽桑榆日影斜。死尚銜恩思結草，生難心事問葵花。吟魂知鬱逋臣恨，衰命徒興易代嗟。畧數當年文物盡，總憐王猛璧微瑕。

孤鸞曲題辭

神洲從此憶艱危，不爲桃花怨命衰。斜日楓亭人去後，寒潮歇浦夢醒時。一篇悽惋孤鸞曲，五字東南孔雀詩。咀嚼菁華吐粗糲，願君益以亞匏師。

壽淩盦六十

秋豪光怪逼雙井，精舍風華傍四愚。歸去使君吟興健，耆英鄉社重新圖。

笠山詩鈔卷第四

安溪紀遊

百里羊腸彎復彎，車聲疾走白雲閒。一城如畫斜陽裏，三面清溪四面山。

清溪曲曲水流東，溪尾人家舴艋通。料得洪荒瀛海淺，蓬萊故在萬山中。

人家半嶺石堆屋，鳥道千盤車過溪。故里榕村何處是，湖頭指點碧山西。

五閬山下文貞第，千歲統尊學在閩。淆亂群言今更甚，茫茫墜緒孰傳人。

探幽錯過成雲洞，攬勝先看瀑布泉。爲有輕寒昨宵雨，洗來山色倍鮮妍。

昔年元輔伴高僧，風雨沈暝夜一鐙。滿徑雲封人不到，鐘聲空自落崚嶒。

酒美筍鮮菰最香，此中風味似家鄉。主人騷雅能留客，三宿溪聲聽草堂。

連朝微雨洗天青，都道蓬萊佛祖靈。少婦籃輿隨喜去，好香一炷祝添丁。

金鼓喧闐耳欲摧，玄天上帝進香來。五風十雨豐穰祝，不識人閒有劫灰。

天公特爲放新晴，歸路漫漫趁曉行。輾轉飢腸到金谷，當罏村婦粥親烹。

竹筏輕輕逐浪花，朝朝罾網作生涯。淵兜灘下水如鏡，旁住漁人八九家。

乘奔眞覺疾如風，半日行來石罅中。絕似汀江灘十八，紙船付與鐵梢公。

汀江水勢壯激，有紙船鐵梢公之諺。又俗諺云：汀江十八灘，灘灘看見紫金山。

集美有草菰味鮮美產於春夏雨後余自乙亥離此丁丑重來戊寅至安溪不嘗此物三歲矣悵然有賦

歸路艱難不可徂，江鄉三月鬧鶯雛。春風也似秋風起，張翰思鱸我憶菰。

戊寅重三雪岑邀往郭溪遂至參內晤愚廬

故人家住城東路，十里清流彎復彎。嘉會逢辰剛上巳，郭溪呼渡過參山。
沿隄修竹將風引，遠嶺閒雲共鳥還。我輩神州成袖手，田園只合捫柴關。

過永安鄉

冬至百六清明節_{諺語}，尋春呼渡曲江濱。鄉邨三月風光好，荔子花香柿葉新。

感事用蒼亭韻

鯨鯢跋浪勢翻坤，贔屭戈船列海屯。閨夢猶縈無定骨，巫陽難返國殤魂。
全開鎖鑰重關失，莫挽山河半壁淪。邪說馮亭終自誤，買絲枉爲繡平原。

東南父老望收京，寸土宗邦誓必爭。刁斗方嚴徐海地，旌旗誰似亞夫營。
蕰心榛莽千村盡，雪涕墟烟百雉平。昨夜台莊飛捷電，異時溟渤斫狂鯨。

烽燧盧溝鬱不開，宛平七夕警初來。言和議戰終難決，覆雨翻雲尚費猜。
幾見艱危膺鉅命，微聞朝野集群材。我思燕趙悲歌士，何日黃金弔故臺。

地形薊晉勢鈎牽，孔道居庸徼外連。獵獵悲風聲撼野，茫茫衰草白黏天。
成群鐵騎如飛度，往日金城不復堅。總爲籌邊諸將誤，雁門紫塞一齊捐。

秋風汾上羽書飛，娘子關頭又突圍。暴寇馮河思速決，疇人背水識先機。
家山破後魂應戀，城郭來時事已非。匡復好將功補過，中原龍虎會旗旂。

西陲天府古梁州，冠蓋塵勞未得休。萬里江湖縈闕夢，五更鼓角動邊愁。
美人誰與思巫女，近事何堪問石頭。好仗蠶叢巴蜀富，出師豺豕盡虔劉。

歊浦狂潮百尺高，十旬墨翟守尤牢。拌將鐵血生奚惜，命共金湯死亦豪。
猿鶴哀哀歸厄劫，乾坤莽莽付甄陶。佳兵國論誅戎首，海外游童唱董逃。

奮臂齊民起揭竿，神明詎易漢衣冠。化爲熱血彌天碧，指與雄心似日丹。
同谷不堪懷杜甫，洛陽應笑臥袁安。風雲四野猶摩壘，一髮青山忍淚看。

懷太姥峰下精舍

昔年精舍傍伽藍，藏海縹緗萬軸兼。今日林泉餘劫火，再來何處訪瞿曇。

送謝子鋼

決決清溪話別舟，我來一載識君侯。難忘過化先儒地，好去登臨鎮海樓。于役不辭湘桂遠，此身詎作稻粱謀。十年種樹同心願，桃李甘棠蔭各留。

題畫送浴蕉歸浙

蟲聲切切荻蘆叢，多少鄉心明月中。此日清溪看去棹，君家遠在浙江東。

送君宇歸蜀

留君不住送君歸，家在巫山西復西。去日荔支猶未熟，風光無乃負清溪。

馬　當

山撼頹波險馬當，鼃蒙大呂並評量。譚兵此日揮無淚，江漢風濤鬱武昌。

浴蕉自莆陽以詩見貽成二十八字奉答

乍向溪邊折柳枝，南風六月片帆飛。荔支竟是銷魂物，留汝莆陽不得歸。

爲幼穆題其先德穆齋先生梅花帳額

梅花帳額舊題詩，憶送征人出塞時。雪片天山如掌大，聲聲羌笛月中吹。雲物江山一睎然，摩霜鐵骨寫天全。故家瓌寶歸新主，塵夢回思十載前。

武　夷

元晦書堂在白雲，十年結想武夷君。名山千丈滄塵到，一例匡廬不忍聞。

次韻再寄浴蕉

道阻歸難至，故人寄我書。爲誇忠惠譜，不憶季鷹魚。雲樹多離思，溪山尚索居。青天巴蜀迴，欲問馬相如。

西　行

西行吟句意飛昂，江漢滔滔控武昌。官柳如絲人已去，秋風欲到抱冰堂。

匡　廬

東南冠蓋鬱相望，泉石匡廬六月涼。惟有老松不知歲，慣隨人世閱滄桑。

送履之南渡

誰知壘畔重逢日，又到山中小別秋。萬里烟波一帆穩，爲觀魚市過星洲。

東壁龍眼

開元古浮屠，東壁種龍眼。綠雲覆菩提，故郡著特產。初擘冰雪膚，冷香飛玉瑑。顆似明珠潤，不教濕玉版。甜鮮沁齒牙，核小色殊赦。倘效端明譜，此物宜異撰。風光別隔年，塵夢猶相縐。何時攜斗酒，清音聽睍睍。

次韻和潛叟

城外嵐光一抹微，溪邊深竹隱柴扉。家家龍眼秋初熟，處處魚苗伏後肥。

美酒誰招陶靖節，清詞難和謝玄暉。山中此日逢新雨，又見滄塵十丈飛。

雜憶京滬遊用蝯叟金陵雜述三十二絕句韻

吳門曾謁石遺翁，白髮論詩氣概雄。乍向樓霞高會罷，草廬深隱小橋東。

來繫寒山寺外船，半牎紅日嬾僧眠。楓橋詩賸俞碑在，一字千金笑九泉。

俞曲園翁補書《楓橋夜泊》詩並題碑陰句云："千金一字是江村。"蓋據《中吳記聞》"楓"作"村"。

秋肅中原雁影南，京華不易結廬庵。風神最愛漁洋句，十里清淮水蔚藍。

石泉深處有叢林，靈谷寺前古木陰。我獨尋僧話餘劫，松聲屋角落天琴。

饞眼鍾山不可攀時山頂禁遊客登覽，紫霞古洞澗迴環。屐隨谷口寒流出，一路斜陽楓葉殷。

沙蟲猿鶴愍齊殲，一等侯封節相佔。勝棊樓後懸文正畫像，右即曾公閣。成佛生天匪毅勇，風詩入變詠巖巖。

玄武湖光萬綠搖，湖中樓閣渡長橋。我來荷蓋經霜盡，烟水蒼寒話六朝。

六百年中廢未興，沈沈王氣鬱崚嶒。匹夫沛澤衮函夏，風雨東來弔二陵。

松江秋好水汪汪，誰憶鱸肥蓴菜香。氣象中朝鈞郘盛，彈冠新貴盡鵷行。

白下當年著此園，倉山文讌盡高軒。榛蕪爨址殘陽外，杜宇啼時愴客魂。

掃葉閒僧爲煮泉，清涼山寺最流連。長江如練危闌外，吟興遍飛一浩然。

闔門同盡有諸邢，不見名園鬼火青。蝯叟當時勤訪舊，徘徊獨向此山亭。

翠微亭在清涼山上，蝯叟所遊。邢氏，其姻親也。

極望平原少墾邱，石城雄枕大江流。勾人風物歸來晚，寒角聲聲起戍樓。

公子文章壯悔堂，身丁社屋感淒涼。南都誰唱桃花扇，寂寂秦淮康樂莊。

漠漠平湖飛鷺鷥，石頭城外浩無涯。敗荷衰柳寒烟起，遮斷前村養鴨池。

國殤山鬼亂墳攢，鞞鼓魂銷戰骨殘。五月落梅花似雨，江城吹徹笛聲寒。

同治二年五月克雨花臺。

半山去日著吟窩，鴨綠鵝黃緩緩歌。鍾阜已難尋舊宅，東風如夢託南柯。

王謝堂空落燕泥，長街短巷路都迷。欲知六代豪華地，多少朱門蝙蝠栖。

京闕嵯峨映赤霞，東南勝會不須誇。層城紫氣鐙如畫，飛閣雲連百萬家。

青谿松草望逾明，鷩羽光飛白玉京。轉首堪哀黃屋渺，雞鳴山下古臺城。

收拾神京決大機，至今圖畫仰雄威。孝陵有明太祖畫像。夕陽陵闕西風緊，無數寒鴉天際飛。

闢佛也登同泰寺，讀書偶過考侯臺。不曾辜負江南景，萬古心胸一拓開。

斬棘披荊仗斧斤，不知天塹有飛軍。金川門起蕭牆禍，一代高僧與策勳。

孤臣心事有天知，十族何防獲禍奇。宿草墓門題字在，合肥同治七年碑。

雨花臺正學先生墓，爲李少荃鴻章重題。

三旬揮手別雄州，爲客頻年拙自謀。斜日迴車吳郡到，滄浪亭子謁蘇侯。

看山卻愛小陽春，冬暖吳江出釣綸。行盡鄉村問風土，此邦民氣尚清醇。

酒懷詩思總難降，野寺來時靜不哤。卻向虎邱高處望，蕭蕭木葉下寒江。

一片大湖烟水寬，清霜十月漸生寒。驅車颭忽崑山過，里宅先儒接古歡。

家鄉往事尚能談，夜雨鐙前飲最酣過滬家識生父子留飲。歇浦潮聲寒破夢，歸心艱越海天南。

薄遊湖海訪知交，何日南山誅草茅。雲水吳淞歸倦鳥，燹痕未滌毖焚巢。

娜嬛海上問精廬，來去怱怱十日居。背水不防飛寇渡，涵芬樓燬盡藏書。

十載江關客似逋，未逢人物管夷吾。爲戎吳會傷披髮。何日收京復版圖。

予讀蝯翁《金陵雜述》之作，愛其詞之清拔，因憶前遊，徧和其韻。顧翁遊於兵燹之後，予遊於乙亥秋冬閒，距今三載，三吳淪爲豺豕窟宅，烽烟彌滿南北，未知所艾。倘他日重至，不知振觸又當何如也？戊寅閏七月笠山附記。

雜憶冶城遊用蝯叟金陵補述八絕句韻

難覓前王舊苑園，屏山飛去鶴無軒。八閩霸業銷沈盡，鎮海樓徒四壁存。

忍草葱蘢映玉階，招提石鼓最清佳。靈源洞下船型屋，舊築㧤庵聽水齋。

石磴千盤種萬松，籃輿上下記遊蹤。南流一綫閩江水，極望遙從屴崱峰。

欲問鼇峰舊址蕪，後來功利說殊麤。儀封相繼梁邡逝，正誼堂書覓已無。

野寺雲封草不芟，蘇碑斑剝認鑱銜。振衣獨向高臺立，烏石山光亦療饞。

西湖宛似鏡新磨，麗日風平水不波。忠定文忠祠宇接，李忠定公、林文忠公祠宇，毗連在西門外西湖旁。兩朝勳業欲誰多。

南疆形勢講兵儲，馬瀆江頭賸戰壚。船政百年譚左沈，兩家致用有遺書。

湧洞烟濤左海收，釣龍臺畔憶前遊。誰令天險成甌脫，四野風雲動客愁。

登樓晨眺和愚廬兼用原韻

盤曲溪山抱一城，郊原秋好曉風清。矗雲天柱浮屠迥，臨水人家野渡横。不識爲民廛可受，何堪此日陸將傾。蒼茫王粲登樓意，歸路艱難未得行。

哭白夏

瘧疾難醫杜甫詩，傷心在耳謔君詞。男兒憂國腸偏熱，一曲孤鸞淚似絲。

驚傳凶秏擲柔翰，愁對孤嫠淚瀉湍。身世淒涼知孰慰，一棺難掩九泉寒。

未冠能爲絕妙詞，十年長汝欲相師。淋漓鮮墨遺牋在，嘔盡心肝昌谷詩。

才情畧似兩當軒，一集黄花有淚痕。秋冷清溪溪畔路，猿啼鶴唳弔詩魂。

吳蘭修《黄仲則小傳》論詞有“猿啼鶴唳”語。

太姥峰頭看月上，延平壘畔聽潮生。誰知十二年中事，石火光陰隔世情。

平生一事未全償，約我良時過草堂。九鯉湖天飛瀑落，楓亭驛樹荔支香。

遺文身後欲何言，風誼吾慙洪稚存。小史城東空悵望，溪山歸路鬱吟魂。

不見君歸去日舟，清溪水合晉江流。鳳山山下詩人墓，占得他鄉土一抔。

秋感和昭絢用元韻

九日茱萸折嶺頭，長天歸雁唳高秋。亂離新雨今朝集，汗漫榕郡故里遊。我自有家猶遠别，子能將母復何求。桂圓熟後還紅柹，風物竹枝相與謳。

感事

五嶺諸峰在地青，遺民詩句涕其零。五嶺北來峰在地，《獨漉》句也。不堪尊酒重攜醉，何意江山尚乞靈。背水軍飛徐福島，望風兵曳趙佗垧。棘門壩上哀兒戲，欲擲陰符一卷經。

官柳誰栽夾道青，將軍去後漸飄零。國殤山鬼湘纍怨，暮雨朝雲帝女靈。形勢九江嚴守鑰，兵謀三鎮險憑垧。滔滔莫挽東流水，吳魏而還百戰經。

秋興和雪岑用元韻

溪涵寒影雁橫空，微見霜華荻葦中。未製棉衣憐朔漠，先收梧葉到西風。干戈擾擾笳聲競，城郭沈沈暝色蔥。詞客哀時沾雨淚，低垂吟望一鐙紅。

聊城行并序

聊城之陷，行政督察專員范築先在北門殉難，縣長鄭佐衡、警察局長林金堅在西門殉難。而築先幼子樹森年十八，蚤列戎行，率少年挺進隊官兵六十餘人撲賊，同殉於濟南津浦之役。一門忠藎，可以風矣。自敵犯魯省，築先留河北，孤軍轉戰，又值盜匪蜂起，勦撫兼施。一年以來，獨魯西一隅得以保全，其功甚偉。敵軍已至，勦三人墓攝影。旋復埋葬。山東省政府上其事請卹。遂歌之以彰忠烈。

城亡騎劫不能死，幽燕健兒輸尺紙。慷慨從知許國難，望風倒鞱哀披靡。戰國干戈氾紀綱，河聲嶽色兩茫茫。大野風雲驕胡馬，范侯壁壘毖亡羊。是時濟南師干喪，號令西圻安匕鬯。忽傳鶴警夜登陴，櫋槍竟天动甲帳。援絕蚍蜉堕北門，守土有責無苟存。薛荔離披山鬼影，吳戈哀慟國殤魂。昔昔三軍可奪帥，桓桓一士已成仁。惟侯有子勇且武，殺賊復讎靡反顧。父能死忠兒死孝，沸火在前義宜赴。妙年鶡起汪踦軍，毅魄鵑啼關塞暮。同日鄭林繕甲兵，羅雀擿鼠睢陽城。巡遠南八俱效命，守堅忠盛鬼神驚。已換市朝人物盡，渴封山壟夕陽明。寇至尋仇到死骨，勦將淺土桐棺發。員輿血氣含生倫，數罪良難擢毛髮。大節能爭日月光，長留正氣塞穹蒼。一抔好種冬青樹，萬歲千秋老雪霜。

安城晚眺

殘陽林際映霞紅，點染霜花入晚楓。只見舟歸天以外，不知人在畫當中。溪聲隱約兼風至，山色周遭抱郭雄。欲賦高寒飛動意，九秋鵬鶚健盤空。

玩　月

先從山罅見冰輪，秋意蒼茫滿古津。影落平沙帆葉葉，光生淺瀨水鱗鱗。餘陰雨蓋芙蕖老，數點霜華荻葦新。屈指天涯圓幾度，十年多照別離人。

晨至東嶽廟

閒尋野寺破蒼烟，郭外風光望迥然。石井爭喧鄰婦汲，柴關猶閉嬾僧眠。遠山楓葉紅如燒，隔水霜華白倒天。偃蹇數株松下坐，寒聲滿耳聒飛泉。

至　仙　苑

得閒半日出晴郊，仙苑風光見樹梢。一櫂穿雲舟似葉，數椽臨岸屋如巢。周遭抱者諸峰美，左右流之兩水交。來去計程應十里，溪南溪北路坳坳。

爲成淦題畫册

不辨墨痕與血痕，劌心劇目畫中原。一篇會得朱生意，要使同仇醒國魂。

登鳳山下過東嶽廟

扶筇來絕頂，腳底白雲飛。城郭千峰抱，人家一徑微。到門僧飯熟，落日客帆歸。回首看山色，霜花片片肥。

遊閬苑巖

曳杖烟嵐外，百盤鳥道長。寒山紅葉好，古寺白茶香。疾冒歸途雨，遙呼隔岸航。諸生多健足，儁侶及徐王。同遊邃碧舜揚及諸生。

感懷和潛叟兼用元均

忍向鐙前話冷灰，憧憧哀樂苦縈回。一生難得稱心日，萬事不如在手杯。久客杜陵衣未窮，多愁東野句工裁。任教滄海橫流際，此老曾經滄海來。

客　懷

前邨欲涸種魚塘，不雨農家戽水忙。春意未舒梅蕊黯，冬耕漸見麥苗長。從無冰雪知殊地，卻有溪山似故鄉。久別親朋應念我，何時詩卷辦歸裝。

奉懷斗垣先生

六月南溟萬里槎，恖恖物候見梅花。書來客況吟能健，酒滌鄉愁量定加。變色河山初去日，成群兒女未攜家。思公禹貢堯封外，抱道飄然杖履遐。

題一騰所作竹石

一騰畫竹兼畫石，石自能堅竹有節。移將畫筆醫世人，懦立頑廉皆奇傑。

遊宗教院

野寺寒青抱，羊腸陌路彎。冬耕僧借犢，腳健客看山。出世能知足，浮生幾得閒。粗茶堪解渴，興盡飄然還。

讀畏廬詩存題後

周頑此孑遺，麥秀小臣悲。野史千秋尚，崇陵十謁詩。如公終健者，一老奈微詞。謂石遺翁。吟事吾鄉盛，湖壖血食祠。

爲瘦愚題奉姑課子圖

卌年心事比茹荼，下課孤兒上奉姑。冰雪描摹誰得似，北江去日並陽湖。

安溪歲晚

驚心烽火尚天涯，避地忽忽易歲華。小雪初過栽麥子，立春未到見桃花。千盤溪共青山轉，一葉帆隨落日斜。頻向他鄉看物候，中年爲客最思家。

遊金山寨地產金屬沙石

叠日尋山去，他鄉感物華。歲寒餘柏葉，冬暖見桃花。冷圃竹籬短，荒村老屋斜。逢人隨路問，遙爲指金沙。

戊寅嘉平望夜夢覺感賦

橫牕樹影月精華，歸夢宵長不到家。白髮高堂知憶遠，十年吾已負梅花。

立春日重過怡園遂至參內

重到怡園一宿留，春風座卜數觥籌。種桐已漸如人長，去日何堪似水流。群嶺抱廬遲見月，孤村負郭近維舟。晨興爲踐參山約，行盡平田麥浪稠。

冬臘見李花

未過舊臘早春來，先見桃花後見梅。昨夜東風寒似水，冷香又報李花開。

冬夜夢至紫金山五龍寺得句云重見山僧老相忘古佛年醒足成之蓋距余始遊十八載矣

盤陀關塞路，歸夢破風烟。重見山僧老，相忘古佛年。松聲聞澗底，月色出峰巔。千劫吟身苦,醒來一泫然。

逸叟自龍川賦詩寄懷拈此報之

揮手三年別,蒼茫隔海天。寄詩到閩嶠,爲客滯龍川。劫火吟身健,窮途
道力堅。憂時多熱淚,何日靖烽烟?

賦贈石侯有紀

蕭齋夜一論詩至,吳圃冬初識面來。花事山城親領略,種桃不待早春開。
萑苻巖邑難馴鱷,豪傑中原看斬蛇。各有風雲入詩思,江湖宦海即爲家。
八閩宦轍亦勞勞,慣聽天風與海濤。回首仙霞關路迴,斜陽索句氣尤豪。
東南閩浙壤毗鄰,頑洞相逢八表塵。西子武彝吾未過,十年枉負作詩人。

戊寅大除夜過瑪琳寓齋石侯及靜溪皆集用靜溪韻

一歲此除日,風光秉燭遊。不揮憂國淚,力挽上灘舟。壯志還看劍,鄉心
莫倚樓。人生隨處好,君意謂然否。
吹綠春風早,溪山曲抱城。十年遊宦意,一夕故園情。高齋燒燭影,守歲
煮茶聲。卻又郁廚擾,殷勤竹葉傾。

讀杜詩畢感賦即以題耑

八極憑揮斥,風塵頑洞時。尚餘田舍在,那用草堂資。題句逢人日,心香
爲杜詩。子規啼不到,蜀道正艱危。

寄施可愚宗浩桂林

行色惟詩卷,飄然入桂林。五年千里別,一夕七閩心。避地詞人苦,開門
寇禍深。風雲餘故壘,應有夢摻尋。

己卯人日懷民約石侯及余等至參內

維舟人日使君同,沿卻清漪不藉風。喜見冬耕抽麥穗,更窮地力種油桐。參山青落天內外,一水中分村西東。難得主賓多雅興,馬蹄歸踏夕陽紅。

次韻酬石侯見示之作

不將跅弛笑疏迂,能任能清本各途。硬語縱橫君膽壯,寒山犖确我詩癯。執心祇覺讖如坦,到眼何妨有若無。更與知交堅息壤,時平笠屐過西湖。

聊 趣 館

迆邐群山抱郭斜,詩人避地感年涯。好陰屋角分鄰樹,微馥牆頭出圃花。聊趣一廛生足矣,滄塵千丈夢非耶。思齊物論莊周旨,大道明如淨水沙。

石侯枉過聊趣館

山城官似隱,蕭齋公退至。披豁見心膂,使君瑚璉器。夙昔仙霞來,攬轡澄清志。飽看九曲山,松崖破幽邃。天風挾海濤,城郭綠榕媚。作牧到清溪,屠坦牛刀試。萑苻政令梗,納降飯虎毖。招徠如馴羊,剴切喻義利。悠悠托逭心,偷薄憫風氣。此意誰則知,鹹酸我同味。溪山悅清嘉,擘箋每相示。盤空硬語穿,辟易偏師畏。論詩入變風,倘以起衰季。

清溪月夜

竹鱗月明千个字,波心風動萬魚鱗。清宵領略溪山景,襟袖飛光無點塵。

至 蓬 萊

路隨山勢千盤轉,身在樹顛一瞥行。卓午蓬萊車便到,人閒真見海桑生。

疊至蓬萊欲遊清水巖未果

茲山有如畢,好雨乃其性。笑我兩度來,時在春仲孟。俊侶惜辰芳,逐人急雨迸。風束樹彎腰,雲重山沒頂。泥濘足趑趄,盤陀悵飛磴。平生頗好遊,八極思馳騁。咫尺竟相左,未免山靈病。或者聊解嘲,請以前事證。雪夜山陰舟,來時一乘興。興盡便歸去,何必見戴顒。我與山神交,勉旃久而敬。悠悠仰止心,時時一蹊徑。吟詩當臥遊,山靈倘聞命。

清明節石侯約陪至參內飲柳村家

十里彎環水,清明出野航。前遊及人日,重到正農忙。藏樹村皆綠,蔽疇麥已黃。良時彌可惜,主客莫相忘。

黃子家藏千日酒,殷勤勸客倒盈尊。種松喜得山皆綠,時引濤聲一到門。

喜　雨

一雨中田蔬盡活,半篙去艇水方生。塵埃野馬看飛動,策杖林閒自在行。

至參內即席和石侯兼用元韻

陽和佳節得同遊,幾度茲鄉作小留。不見黃雲收麥隴,又翻綠浪出秧疇。光陰隙馬三春莫,烟水扁舟一葉浮。碧荔叢中行處熟,故人家住隔溪樓。謂愚廬。

石侯衙齋新築落成有賦

熨貼牕前草色深,更分屋角綠榕陰。我來常下陳蕃榻,難得賢侯好士心。嶕嶢山勢周遭抱,委宛溪流日夜喧。猶是先儒過化地,不妨高士榜新軒。

和石侯清明節杉橋攝影用元韻

春風歸去馬蹄驕，又趁清明過野橋。索句展圖人日感，思危賢尹見高標。

清溪詩社雅集

微雲淡月集清溪，舉盞何妨量不齊。今夕文光射牛斗，虞淵佇看日沈西。

又和石侯用元韻

我詩意造本無宗，避地群英邂逅逢。惟與使君瞻馬首，不妨老子態龍鍾。尊邀高士軒中客，夜到寒山寺裏鐘。月色微茫三徑靜，先儒過化此留蹤。

次韻和石侯感懷三章

入海清溪邐里長，此邦詩派啟中唐。閩人詩有集，自歐陽行周。光芒肯讓珠探掌，盪氣難銷酒在腸。九老新圖尊白傅社集梅陔翁年最高，一篇循續待仇香。群賢社集添風雅，三徑臨軒草色芳。

風雲四野態多奇，危涕彌天雨萬絲。宦況只宜癯鶴語，民勞欲此病猿羸。韋編笑我三稱絕，慧劍憑公一斷癡。敢爲拜嘉前席意，丹心耿耿尚能持。

今夕輕雲淬太空，時人列坐綠陰中。才如躍馬吟能健，酒似長鯨吸最雄。十載我猶憐泛梗，一官君又感飛蓬。天戈東指收京日，大義堂堂論徙戎。

和石侯別意仍用前韻

君送閩江注海長，說詩十子異三唐。光浮劍影杯藏膽，冷嚼梅花雪浣腸。宦跡天涯嗟斷梗，離愁雨夜賦丁香。溪山去路松風遠，琴鶴相隨治譜芳。

詩似論兵出更奇，別愁攪起萬千絲。讀書何用勞牛汗，苦宦惟將去馬羸。作雨山中堪子慰，看雲溪上讓吾癡。尊前每愛雄豪語，鐵石肝腸好自持。

豪華六代夢俄空，竟賭山河一擲中。誰與清流完士節，人方亂世作奸雄。

交期不負堅松柏,行色無須怨絮蓬。西鄙風雲嚴鼓角,伊川軫念陸渾戎。

社　集

芝蘭吐氣室生春,宗派何論浙與閩。誰向騷壇執牛耳,宰官難得是詩人。

再叠前韻

各吐毫端頃刻春,四門一集早開闈。清溪他日論詩案,誰是中流砥柱人。

別意三叠石侯原韻

陽關三叠意彌長,摩詰高吟壓李唐。千里明朝雙落淚,一杯今夕九迴腸。
溪光動樹城都綠,雨氣銜花室亦香。留得榕邨佳會在,空山好繼躅音芳。

雨後溪山態益奇,離舟猶欲繫楊絲。人如秋月波心朗,宦似梅花鐵骨羸。
元結吟詩懷亦苦,陳遵投轄意非癡。西行漸與吾鄉近,他日重逢酒琖持。

氛祲猶難電掃空,神州莽莽夕陽中。滄溟跋浪長鯨虐,關塞聞笳匹馬雄。憂
國顛毛予種種,匡時才氣子蓬蓬。行裝各有新詩卷予亦將歸省,車甲臨岐賦小戎。

爲朱生題義賣畫馬

朱生畫馬勢如飛,想見秋高殺敵時。今日均溪誰好義,黃金一擲市名駓。

又題難民圖

一幅流民鄭俠圖,茫茫前路欲何如? 縱橫電掃中原日,滄海還從覓故廬。

端午石侯招飲

佳招恰值節重五,幽徑頻來客兩三。風雨兼旬新霽夜,不堪離思滿天南。

雲罅如鉤月色新，親栽花草小齋春。使君宦况知何似，陌里清溪水照人。

己卯暑假歸杭途中雜詠

別意清溪負荔支，風光收拾一囊詩。始知山水閩途險，未覺青天蜀道奇。

行周遺集重人寰，閩派源泉溯此閒。墓隴未曾尋斷碣，籃輿卓午過詩山。

歐陽行周母墓在詩山。

仙源欲向此中尋，不見桃花兩岸深。近水遠山城郭好，夕陽一路刺桐陰。

永春別稱桃源。

百尺長虹看臥雲，東西城市水中分。溪山盤曲初經地，楊柳依依滿夕曛。

德化多柳。

龍潯來訪招提境，聒耳松濤石磴盤。愍此彌天危涕掬，渠渠梵宇覆孤寒。

德化程田寺，今設慈兒院。

薄莫到來十八隔，青山過去萬千重。蕭條城郭人家少，委宛均溪見亂松。大田。

八閩重鎮上遊開，又見滄瀛起劫灰。我爲燕安懲酖毒，何人嘗膽臥薪來。

永安別稱燕江。

山色青葱水倒涵，輕車飛磴出烟嵐。蓮華峰下鄉賢宅，理學千秋接道南。

連城懷邱、張、童、林、李諸先輩。

忽從雲際見金山，樹海青搖萬壑寒。廿載風塵成闊別，長松惟與夢盤桓。

紫金山。之字江流曲抱城，水西渡口喚舟橫。還鄉渾似遼東鶴，雉堞蒼凉晚照明。上杭縣治。

一葉搖搖過水南，來尋舊雨酒懷酣。垂垂萬樹黃梨熟，炎暑能銷古佛庵。

過水南古佛庵，劍夫留飲。

卅里乘奔下瀨船，雲中美女笑嫣然。篷牕回望盤陀磴，十二峰頭一綫天。

美女峰。

林壑清幽仙水塘，石泉堪與滌詩腸。村莊遠近如萍聚，行盡平田早稻黃。

仙水塘。

到眼雲林劫火餘，南山麓膌舊田廬。人如倦鳥歸飛疾，此日衡門讀我書。

次韻和念廬先生遊燕子巖香泉寺之作

十年爲客別雲林，泉石難忘結契深。天外危岑縈遠夢，劫餘諸老出高吟。無多此日憂時淚，未覺蒼穹厭亂心。笑我歸期仍獨後，盤陀松徑負攀臨。

行生處處只隨緣，西睇關河各一天。念亂杜陵猶帶淚，論詩摩詰不妨禪。渾如隔世山無恙，尚望匡時國有賢。此地流泉堪浣肺，何須遠訪赤松仙。

示 肇 岐

欲從鄉里數才名，我與而翁共壯情。借介槎前輩語。塵夢回思十年事，佳兒頭角已崢嶸。

高樓鐵漢塔千佛，紅杏山房人境廬，半載梅州行腳遍，不知風物近何如。

好將格物致吾知，治學工夫貴近思。多識前言蓄其德借定盦語，聞風千載足相師。

弔鍾巖一日白雲巖

昨來黃竹峽，今上白雲巖。觸灆河源出此爲運河上游，天光石鱗嵌。風聲爭澗壑，雨氣薄松杉。迢遞西行道，魚鳧鏤碧巉。

龍巖訪石侯不遇

龍門此去尋詩令，十里輕車疾似烟。負郭種荷如種稻，東西南北葉田田。盤陀山徑破風烟，酒琖重持付後緣。賣劍買牛龔勃海，明珠薏苡馬文淵。

己卯中秋節飲曼良寓齋靜溪漢松皆集用石侯平遠臺韻有賦

他鄉玩月莫登臺，秋色中原鼓角哀。怕讀殘碑縈去思，喜逢佳節集群材。家山似畫奔雲過，庭樹有聲作雨來。甫定驚魂念離亂，鐙前一放酒懷開。

贈舜揚

君從浙西來,一舸向滄海。俯仰似粟身,風濤觀噫塊。新雨南鄉逢,嬋嬛萬軸在。草木徑陰陰,晦明過每每。到眼兵塵飛,良時不我待。避地同庚桑,安得山畏累。抑塞班生懷,未救臣朔餒。怳然拂衣歸,謂我庶無悔。予曰君行乎,相處逾二載。道將自我求,茲世多鄙猥。聚學其近思,懷哉罔與殆。餘杭夙君師,輓年說頗改。河漢大無極,慎旃辨其宰。持此區區心,贈言簡無乃。

酬烺焜

滯人烟雨一溪秋,不道逢君在市樓。高士軒中曾信宿,銅魚館畔續前遊。逸禪吾昔與爲詩,屈指知君十載遲。風物銀城須記取,荔奴秋好子披離。

贈洗纓

相逢各有壯遊心,朝市眞如隔世尋。明日清溪君又別,送行詩作皋言吟。

苦宦柬某

苦宦腰疑萬貫纏,量移翻使謗書傳。應知冰鏡胸無滓,去飲新羅第一泉。

過北石

楓葉微霜見嶺頭,臨漪北石喚輕舟。出城愛看鄉村景,晚稻家家正熟收。

安溪冬日桃李花

五峰如指向天拏,一水迴腸背郭斜。冰雪南荒從不到,冬深桃李亂開花。

次韻答劍痕見懷之作

勞勞宦轍未能休，聽鼓西行是舊州。伏莽親綏懷去日，嚴城信宿記初秋。人盤山小天邊至，舟擲波輕石罅浮。展對新詩念叕叔，鄉心汀水共南流。<small>江叕叔《伏敔堂詩錄》，其《城隅》一首句云："歸心欲上溪船去，忘卻汀州水向南。"當爲至吾鄉之作。</small>

霜楓遙映晚霞天，一別清溪又半年。富貴不求行我素，是非無據任渠傳。好依汲黯淮陽治，莫念文成雪上田。他日農桑看滿野，攜尊相過樂陶然。

奉祝知稼先生六十初度

夫子宮牆萬仞高，十年種樹亦辛勞。重來滿目餘兵燹，怕問風前舊李桃。眼底滄塵十丈飛，有家等是不能歸。公曾冷署雙溪住，我亦蕭齋故壘依。鉤沈拾墜念廬翁，前輩高懷孰與同？善病歸來惟藥餌，相過如坐惠風中。骨肉悲摧十載強，窮愁東野寄詩章。故山千樹花如雪，寫並耆英晚節香。

唐上柱國刺史武呂墓在安溪永安鄉頂園己卯冬發見獲窆器都百廿又四事字甎圖甎都廿又四事予爲說備其顛末矣諸甎復付墨拓爰繫小詩

刺史無州攷武公，幸憑甎字認乾封。寒泉閉骨悲遷客，斜日扶筇度遠峰。

奉懷癸叔先生蜀中用贈峨眉報國寺僧果玲原韻

水落寒溪靜不譁，又驚物候到梅花。還鄉公看峨眉雪，退院僧供雀舌茶。潭月空禪三五夜，閭閻撲地萬千家。<small>先生過新津，有"萬井人烟浮地出"之句。</small>優游杖履吟能健，感我年來鬢欲華。

贈壺冰兼呈俠廬

君識今吾是故吾，清溪執手感何如。匆匆寄與新詩去，好爲殷勤訊俠廬。

春　日

似沐溪山不受塵，寒漪剔取畫中身。桃花行處紅如錦，始信天涯過立春。

晨　望

前村露未晞，高樹日初見。早起捕魚人，篙艇出綠岸。

古　山

綠雲身隴覆東西，春鬧黃鶯恰恰啼。築屋因依山上下，引泉隨種樹高低。當門稚子驚生客，出谷寒流認去蹊。岸磧熙熙人待涉，夕陽天色草淒迷。

石侯劍痕以西湖之作見貽和韻奉答

何時款段去騎驢，鄉夢無因落畫圖。作吏一行心最達，東坡到處有西湖。

和心南廳長遊大田赤巖寺之作兼用蔡烈士公時題壁韻

一壑來專雅韻酬，攢身樹海衆青收。知公感逝蒼茫意，補我名山款段遊。歷下至今埋碧血，均溪終古咽寒流。風烟入望艱難日，歸路千盤繞夢悠。

笠山詩鈔卷第五

歐陸戰禍慘烈物質文明流毒若此感慨繫之以觀其竟

西興莽莽動兵塵，措火誰能戒積薪。閃擊不聞孫武法，霸圖終誤宋襄仁。
滔滔浲水懷山日，慘慘東風破國春。亨毒民蟲哀物競，沙蟲猿鶴付陶鈞。

海外新竹枝詞

摩拉維亞馬池河，天下軍儲內陸多。霹靂疾雷難掩耳，可憐平地起風波。

假道於虞竟滅虞，臨淵終笑羨魚愚。蹉跎孰使良時失，待兔有人尚守株。

能斫狂鯨怖國威，滄桑轉首事都非。坐觀壁上憐諸將，肯讓神兵插翼飛。

波羅的海起波瀾，欲識脣亡齒必寒。難作北歐獅子吼，前車惴惴鑑芬蘭。

名花名國最溫存，傳世龍漦女主尊。不是滔天關禍水，有人一擲賭乾坤。

兵車又下盧森堡，尊俎無功比利時。事楚事齊憐蕞爾，春秋一局此難支。

梵蒂坎宮誇富麗，起居猶見教皇尊。祈天不轉權臣意，徒有非攻墨翟言。

尊榮脫屣舊知聞，戰得西施向水雲。絕國舟車天不夜，驕奢誰與戒殷勤。

成均遺制一千年，兵燹諸生苦鑽窄。安得瑯嬛皮祕笈，石渠白虎渺雲烟。

兩雄鞭弭昔周旋，凡爾賽曾奇恥漸。讀罷巴黎油畫記，國殤吾欲比凌烟。

太歲碑先科侖布，七載艱危肇國昌。恬退已無華盛頓，白宮如熱更如狂。

形勢猶存北圍多，列寧格勒莫斯科。詞臣媿乏論都筆，周召中興紀共和。

一言興國俾斯麥，公理不張鐵血伸。太息天心沈醉甚，尚教鶉首賜強秦。

彌天危涕墮如絲，濁酒難澆滿肚皮。獨聽風雲摩壘急，從頭譜入竹枝詞。

卜式牧羊圖題贈南洋華僑慰勞團

生產從來重後方，艱辛卜式上林羊。助邊省得輸財意，爲寫新圖好壓裝。

次韻和惜華端午書懷

天涯端午雨兼風，多患何方可豁蒙。秔稻長抽南畝綠，楊梅初替北山紅。聚糧道遠歸難到，斷酒年荒客愈窮。無事賴君破寥寂，草廬咫尺遞詩筒。

次韻和愚廬感舊

得閒惟有看山情，兩岸蒼蒼雜樹生。天際盤風飛鶻健，水邊落日浴鷗輕。離離芳草遊人影，隱隱歸帆下瀨聲。幽徑重行彌感舊，不妨察察任吾清。

題　畫

老僧曰懷素，童子汝何名？蕉葉分牕綠，烟雲筆下生。

贈邃碧

三年不覺入山長，碑碣猶趨過化鄉。人物澆時歸月旦，清溪吾愛卓書土。

庚辰初伏過瘦葉小飲適君將有豫章之行即席口占爲贈

此去西江路最長，中經汀水是吾鄉。天涯送別離支熟，還借君家酒一觴。

參內啖荔支有賦

荔譜無須帝宋香，呶呶秀水與莆陽。參山六月虬珠熟，玉液能生五臟涼。

清　溪

清溪千頃波，一波生一月。小立待波平，清溪如練白。

送　友

論心萍跡略忘形，此去桃源路莫停。信宿龍潯三日到，均溪一綫萬松青。

清溪竹枝詞

三彌年歲入山長，風土他鄉非故鄉。譜上竹枝還擪笛，當門袁淑感蘭芳。
千尋峻嶺陟龍門，縣治如犁墮廢垣。西溯清溪流百折，賢良祠下仰榕邨。
鳳麓春陰路幾彎，數株松下叩禪關。溪流抱郭明如練，日日風檣自往還。
南市來過問酒家，道旁老樹亂啼鴉。照人無恙龍津月，蘆瀨茫茫布白沙。
巍陽閬苑隱雲霞，特產紅茶與白茶。蠹畬倘能窮地力，不須龍井武彝誇。
春風三月柿花香，一水盈盈負郭莊。結子及時宜製餅，頹如魴尾白如霜。
風味南中約略嘗，溪山盤曲感年光。離支若比江瑤柱，龍眼吾還比蠣房。
北山何樹一叢叢，夏至楊梅似火紅。不見開花還結子，齒牙酸濺腋生風。
不堪國難逼年荒，薪桂米珠價莫量。三月何曾知肉味，一椽居處傍宮牆。
遍地萑苻感雜虒，媿同高密入危邦。荒郊故鬼招新鬼，望氣誰何懍殺降。
沈沈庭院雨如絲，軫念青黃不接時。聒耳終朝蛙閣閣，官家猶與問公私。
摩挲仙苑晦翁書，道學傰能振緒餘。饘粥三飱飢果腹，陸沈何世一軒渠。

哭　二　妹

天涯一慟未能憑，三月家書抵少陵。離亂六棺猶淺土，<small>三叔父、三叔母、四叔母、一妹二女之喪，予皆頻年在外。</small>麥舟敢望故人矜。
胡爲中露隕春蘭，黃土長埋玉質寒。匝歲別來無見面，關河怊悵路千盤。
高堂二老髮星星，珠掌難還涕雨零。十載清明吾久負，他時弔汝草青青。
蕙心難抵命如絲，一事深教骨肉悲。墜地呱呱啼宅相，汝南門戶望支持。

奉懷葉貽俊先生桂林

一官聽鼓七年長，峰至西南獨秀蒼。雖好桂林非故土，不忘荔子是吾鄉。元瑜記室才華美，王粲登樓客思傷。壘畔風雲今尚急，能無清夢繞滄浪。

夏正八月二十六日偶步郊外見桃花有賦

清溪八月見桃花，訛火相驚水底霞。微喟滄桑塵世換，來占物候野人家。

題謝生畫本

竹莊蛟湖與新羅，派別八閩變臼科。謝生謝生汝師古，論畫如詩俗則那。

秋　望

一一閒鷗下遠汀，涼秋天氣出郊坰。溪南溪北高低望，晚稻金黃蔗葉青。

耐霜室南遊集題詞

詞客鯤洋一舸來，島夷卉服事堪哀。陸沈又見神洲日，莫向祠邊問老梅。臺閣嫠翁望最隗，詩孫雙井七閩開。椰天風雨收行卷，為得源頭活水來。徧和淵明飲酒詩，詩人多不合時宜。東坡謫宦君南去，欲把桄榔換荔枝。竹林喜見古鬚眉令叔梅陔翁年七十餘，儒雅風流舊業持。明月半軒新雨集，高吟詩卷夜何其。

李雁晴先生以南征吟草見貽賦此奉懷

方興兵塵飛，三年斷畢札。示我南征詩，雜誦金石戛。勳業想伏波，蠻語辨鴃舌。俗雖荒服殊，同文壁未滅。峰異中原青，百盤懸磴絕。虹霓睇危梁，掣電奔輪鐵。抱關投窮邊，星霜閱鬢髮。時否道則尊，永嘉學能說。盡世歎滔滔,功利恥摽竊。還山復出山,葆茲歲寒節。臨汀是吾鄉,濫觴涓流沉。再過大庾關,梅花開如雪。願公遐不遺,時以補吾拙。

清溪留別

三稔清溪別意長,松風去路拂詩囊。此邦過化思元晦,斑剝殘碑臥夕陽。曾以無求匾臥齋,雙株龍眼樹清佳。十年偃蹇憐湖海,甌脫風雲一繫懷。風誼文章數友生,溪山盤曲鳥嚶嚶。題襟舊雨兼新雨,車笠毋忘去日情。萍水情懷不自持,此中何物最相思。頗殊嶺外東坡語,風味鱸魚似荔支。

贈 黃 羲

蛟湖親炙晚笑堂,一變寄曰意飛昂。新羅山人稍後出,暮年泛宅居錢塘。三家絕技並詩字,康乾畫史盛吾鄉。私淑仙遊有二李,霞字雲仙,耕字硯農。虔爲蛟湖奉心香。君師二李見流別,少日已自露鋒芒。橐筆風塵訪藝去,海上君遇黃山黃。賓虹。放眼直欲隘天地,古今滔滔歸評量。我昔識君故壘畔,重來滄瀛嗟生桑。邂逅故人清溪腹,居諸不覺三年長。剗藤描摹林和靖,孤山鐵骨摩風霜。盤中蓿苜差自給,奚囊時復分鶴糧。添得小童拄杖立,高齋伴對如歐陽。我意習靜君能識,臨歧爲我增行裝。報君以詩倘相憶,盤陀歸路千松蒼。

賀鼎軒維新兩學弟結昏

栽將桃李同門樹,開出芙蕖並蒂花。從此有情成眷屬,說詩匡鼎思無邪。

賀雨音新昏

月光何處起琴音,賃廡烏衣巷口深。眷屬神仙如史玉,求凰不負百年心。

陳梅陔耐霜叔姪招飲半軒即席有賦

風懷清健老梅翁,往事滄桑話不窮。跋燭今宵人七箇,竹林原在半軒中。

自安溪山行至南安

山外青山天外天,千盤鳥道出風烟。人家更在風烟外,卻似巢居太古前。

自朋口易舟至磯頭

一葉搖搖泛綠波,北來山勢最盤陀。朝辭朋口行人蚤,暮宿磯頭倦鳥多。

磯頭以下山水清奇即事有賦

好山無數溪心看,野鳥一雙水面飛。日暮家鄉知不遠,櫓聲搖曳夢依依。

舟過梅溪寨

灘聲漸近梅溪寨,石罅青天不見雲。兩岸連山無缺處,茲行如讀水經文。

歲暮還鄉

十年爲客負梅花,歲暮扁舟始到家。浩蕩江關懷庾信,飄零身世感侯芭。鄉村藏樹炊烟密,池沼生波日腳斜。倘得塵勞息朝市,菟裘田舍亦風華。

至香泉寺

一株松下坐看山,十四年中我未還。大壑如盤青抱寺,屐隨泉入路彎彎。

至燕子巖

萬松抱寺絕纖塵,巖石年荒蘚自紉。向日僧伽何處去,孤吟數息樹邊身。

贈鄭竹孫校長

識君記取古琴岡,今日迴車盡十觴。惟有鱸魚風味好,當時愛客斷吾腸。

謝道華枚如先生文孫也出行篋所藏金冬心諸人自製墨相示賦贈

冬心手澤皕年香,片羽人閒見吉光。季世多君能述學,賭棋太傅有山莊。

永安旅次遇石侯招飲快樂軒有賦兼呈馬蔣兩祕書張縣長諸君

燕水春風遇使君,一杯爲我慰辛勤。三年宦轍遙相憶,社事清溪不可聞。難得酒懷都落落,從來書記最翩翩。更逢東道親民宰,如此萍蹤亦夙緣。

過永安石侯約謁韓委員石安涵未果賦此奉寄

咫尺瞻韓願未酬,關山車驟負君侯。一行作吏吟懷苦,七屬薔碑去思留。傷亂杜陵仍入谷,依人王粲強登樓。悠悠燕水因風便,好託神交寸簡投。

均溪寓齋

萬松如蓋谷如盤,日日開門見碧巒。牗好當風收岫雨,齋宜聽水近溪湍。梅花早實春心老,麥穗遲抽地肺寒。寂寞客中誰可語,愁來強借酒杯寬。

歸草堂挽家劍夫

古佛庵邊李氏莊,曾逢舊雨此飛觴。江城呼渡尋前夢,滿地惟看落葉黃。此是東溪舊草堂,竹林文藻鬱相望。誰知小阮翻無命,一聽風湍一斷腸。

遊赤巖寺和蔡公時烈士兼用元韻

倉皇戎馬敦槃酬,欲共新亭涕淚收。公去成仁留舊句,我來避宅補前遊。倒崖日影危紅墜,動樹鐘聲衆綠流。風物闌干頻徙倚,戴雲山勢望悠悠。

寄題刃厂萬松林下一茅庵圖

一茅庵抱萬松青,引得寒濤鎮日聽。畫裏應知無捷徑,岳潭不負草堂靈。

丘澥山先生以庚辰除夕書感之作見示和韻遙答

三百六旬此夕除,崇臺故國憶無諸。客懷花草攄鴻筆,別思烽烟斷雁書。宦海淹留仍楚粵,戰場憑弔昔淮徐。南村亦有菟裘隱,叢桂何年賦遂初。

過赤巖寺

坐覺山中日最長,鄉村夏至尚分秧。赤巖寺裏尋幽去,蝴蝶一雙飛過牆。

初到連城

小橋流水暮蒼蒼,古道長松倚夕陽。一望平田三十里,城池青抱稻花香。

至隔川觀煤礦

城北風光問隔川,溪山徐李去聯翩。屐隨流水彎環入,煤燧如鬃掘到泉。

遊冠豸山

溽暑停征車,風烟望俱淨。郊行八九里,埃表一山靚。嵯峨捫天梯,踽踽踐松徑。石棧相鉤牽,軒豁勢何夐。巨砠負雲走,摩崖書深勁。五賢祠已蕪,四愚址猶賸。二邱開源泉,此邦道學盛。東山草堂靈,跫然足音應。悠悠諸老心,窮蟄託微命。室邇人則遐,南風慨不競。茲山奇以石,石復以泉勝。一綫嵌天光,危湍韻可聽。抱郭群峰蒼,盱矚若妄媵。興盡下山去,風力襲襟橫。作詩聊紀遊,譽之豈吾佞。

晤李俠廬書記長_雄賦贈

新雨閩山識面初,翩翩書記有誰如。元瑜風度才尤疾,賢令當年譽不虛。_{謂劍痕參議。}

一卷曾吟入蜀詩,牢籠天地識瑰奇。蓮花石畔逢供奉,飯顆山頭媿拾遺。

劍痕參議招飲有賦兼呈在座諸君

苦宦人疑萬貫腰,一枝誰識似鷦鷯。習勤去日齋常近,努力神洲寇尚驕。燭跋娛多今雨集,村沽味薄見風銷。西行清興知何若,此會東田不寂寥。

念廬先生枉過草舍別後奉寄

吏部祠前別,星霜又六年。浮漚身是夢,世事海為田。函丈逢雙健,高堂共一筵。_{家千谷先生及家君在座。}山中松柏操,劫火得天全。

辛巳暑假還鄉紀遊雜詩

出門豐濟橋先過,水淺沙明可數魚。枉有平生題柱志,高車駟馬媿相如。屭流不息螺蚄隔,此是吾鄉第一泉。掬得清泠堪浣肺,源頭活水見雲天。松陰一路碧㲯㲯,棉嶺逶迤雨氣弆。利涉浮橋通兩岸,小樓鐙火宿黃潭。

蓮花生日買溪舟，一水彎環竹樹幽。
半耕半讀稻芹香，闢土吾宗問覺坊。
一村莊過一村莊，大暑中田蚤稻黃。
蒼涼故壘訪圓山，祁暑盤陀石徑攀。
樓屋依山隨上下，梯田種稻任高低。
殘山賸水認前朝，隆準神威薄紫霄。
一鐙兵後讀遺詩，亦政山齋雨過時。
雲水宮前兩礀交，一閒茶肆在林坳。
詣門設饌主人情，卓午風微過大阮。
遺編秋部署丹厓，儒水風華綠抱齋。
臨江閣上遡前遊，一別溪山十五秋。
跋尾仍多語苦辛，詩圖重展劫灰新。
重逢都是劫餘身，華屋歸時四壁塵。
河干相送故人情，一葦搖搖擲浪輕。
一叟同舟髮似霜，亂離訪舊熱中腸。
太古鄉村太古民，田園風味一家春。
淵源師友氣相求，往作溪山十日遊。

黃髮詩人天作健，年年高會願豐樓。
作食殺雞風尚古，一杯相與話家常。
人在翠微深處住，磜頭白水發源長。
肝膽輪囷忠義結，燼餘遺集重人閒。
曦晨雲樹生奇景，繚白縈青四望迷。
嘉靖御盤成化碗，宜春故物出官窯。
感舊韓江如昨夢，觥觥述學見佳兒。
名山遊跡仍相左，聞說石門似石巢。
半嶺幽居多種竹，引來四壁夏蟬聲。
鄉里文章歸月旦，天潮離垢繫予懷。
激越風湍填滿耳，蕭疏篁木豁清眸。
惡溪避宅歸來日，杖履依依及健身。
今夕十觴亦不醉，鐙前衛八意彌親。
十五里程山婉轉，松風挾起亂灘聲。
殷勤衍石存徵獻，文錄杭川拾斷章。
白頭函丈勤留客，爲道今朝是食新。
詩思一塵都不染，人閒滄海任橫流。

至湖梓里登福員山念廬先生以詩相訊次韻奉酬

重來兵後問鄉村，惦念猶勞長者尊。
飛磴危紅殘照墜，攢天萬綠一峰尊。

一叟山阿聽白水，一人天際弔黃魂。
看山我自公來後，如此神州欲斷魂。

和家寶魯茂才用千谷先生韻

蒹葭秋水溯伊人，嶺海疆分粵與閩。
小山盤曲大山宮，中有田廬願歲豐。
微微松際吐曦明，書劍涼秋有遠行。
好從文字締因緣，寄和新詩憶隔年。

諸老殷殷收族意，仁民愛物稟親親。
清澈東溪一泓水，鴻臚長守舊家風。
卻喜韋齋是鄰邑，不辭辛苦歷山程。
不信嶺南宗派異，蓮花亨甫證諸天。

新　鄉

扁山山麓新鄉在，舊縣沿稱治最先。語口渡碑猶可辨，往來人客不須錢。

新　泉

活水源頭分暖冷，恰如世態有炎涼。新泉渡口人爭浴，泊泊清流滲沸湯。

秉雄校長歿於陪都汀中諸生爲立貞石雙古柏下恩卿械告其事爰成挽詞以抒予痛

勞寄天南一尺書，關山道迥未迴車。人師我尚慚高密，經席枌榆爲久虛。
風塵輪鐵去如飛，蜀道艱難竟不歸。感舊豐碑摩柏下，知君毅魄傍朱衣。

俠廬書記長以十月十一日赴永安中途覆車詩見示驚喜交集次韻奉酬

山如螺黛堆重重，蒼穹四垂挲群峰。人破叢青出松際，俛視城郭烟嵐封。
蹤跡踸远見烏獸，擊馳車轂盤蛟龍。冒雨我過金雞嶺，層巒猶沐添姿容。響
泉瀉壑目爲悸，蹈履犖确心勿易。關山北指何漫漫，祁暑景光領客次。登高
行遠自卑邇，安得長房學縮地。飾巧孳萌天演奇，梯航物競兆機備。世塗疇
識多波濤，故人驅車向江皋。飈旋勢隨山上下，耳邊颯颯寒虺號。西來有山
險難越，艱苦焉敢息塵勞。還轅不及日方仄，蹟庀遂墮丹厓高。傷亡狼藉血
濺灑，一笑吾頭撫仍在。炭崩百重命共盡，封侯廣國欼於殆。天地委形非汝
身，禍福適會奚足怪。因風一語酬知交，了然生死此心泰。

謝夫人挽詞

清淑靈氛孕，藍溪水最長。近廛來賃廡，拜母宿升堂。季子論交蚤，鱮生
得耗傷。因風遙寄誄，苦節比梅芳。

壽某公五十

一笑拍洪崖，丹砂酌最佳。東南留去思，桑海繫離懷。博野匡時學，湖州治事齋。功名纔半百，未許息筋骸。

鎮 東 橋

經霜烏桕越深秋，一段均溪景最幽。策杖鎮東橋上望，青山綠水白蘆洲。

送石侯之官惠安

故人聽鼓又因官，南去輕車路百盤。到日閭閻知疾苦，海壖匕邕子須安。一日龍潯到舍宿，桃溪泛泛下扁舟。刺桐城郭浮屠壯，此去南鄉是舊遊。三千六百尺橋長，祠下豐碑日月光。更有蠣房風味好，儘收詩卷入奚囊。吾野螺陽一布衣，寒郊荒塚駐斜暉。詩編待訪應貽我，好寄春風北雁歸。

均溪晚眺

囓石喧濤孰挽隤，蒼然暮色起林隈。經年客久看山至，負郭人多趁市回。不識塵飛滄海淺，初驚木落歲時推。羊牢豚柵衡扉下，講肆雖殷罔啟獸。

田陽悶雨

滴瀝檐前積雨聲，攪人不寐到曦明。客邊衣少一冬過，嶺內天無三日晴。繞屋寒花香似海，臨溪落木影如瓊。蕭蕭荻岸通樵徑，閒看鄉民旱入城。

山 村

隔溪呼渡去，風物愛田園。東倒西斜屋，依山靠水村。新晴人種麥，陌巷犬當門。一樹梅花發，輕烟陌路昏。

送帥雄還鄉考察

梅花開日送君還，此去千山與萬山。徧問閭閻知疾苦，風霜撲面不辭艱。
潯江藍水又田陽，離合朋儕十載強。世事從頭渾可念，桑疇變海海生桑。
水潮直下竹篷舟，柑橘薌江欲蔽疇。到得家時冬釀熟，銷寒須就細君謀。
石齋舊日讀書鄉，小室深深向海藏。記取時清同訪古，數聲欸乃出滄浪。①

立春日至白雲巖歸飲迂翁挹青客舍賦呈同遊

沽酒招今雨廖君號，看山共老松范翁號。好風翻麥隴，佳日聚萍蹤。樹古藤
蘿挂，巖荒薜荔縫。關門詩令渺，鑱石辨苔封。

春 寒

似沐溪山入早春，嫩寒猶在欲鍼人。養花微雨紅還勒，動柳輕風綠未勻。
閉戶只貪籠火暖，禁酤那識客囊貧。長裘何日酬吾志，爲換窮家百結鶉。

夏正十二月廿七日雨雪翌日尤甚

寥空長引一鵑鳴，八表烟霏辨不清。柳絮黏天寒有影，梅花落地寂無聲。
隔簾頃失青山色，窺戶初疑霽月明。卻喜豐年今預兆，東風遲未放新晴。

田陽留別距遊白雲巖旬餘因感而寄諸君

我來兩度見梅花，別緒紛披感物華。松徑尋山如昨夢，白雲飛去滿天涯。

---

① 數聲欸乃，稿本原爲"容與一葉"，依作者墨筆旁改校定。

吉山聽溪聲館

一閒客舍傍長堤，山勢周遭綠不齊。夜夜喧流寒破夢，卻疑身尚在均溪。

讀笠劍軒詩因寄心南廳長

溪隨山轉百盤青，聽水還宜畫揹肩。一卷新詩吟笠劍，訪公何日十松亭。

俠廬書記長母夫人告窆

文章道德數歐陽，母氏劬勞荻教詳。阡表瀧岡人竦式，隴西門第媲遺芳。范滂母與曾參母，巾幗遺徽兼有之。關山攬轡悲風木，令子觲觲報母慈。

寄村牧董事長

輕車疾度戴雲山，念子塵勞未得安。樹木風烟十年長，幾人今日共艱難。

贈陳慎行瑾英

太湖風景絕人寰，佳句泠然烟火刪。學士才華誰得似，平章清照淑眞閒。左海源流約略論，君爲聽水女詩孫。蟹行文字知重譯，荷馬奚如李杜尊。

贈繼琨校長

交響曾翻法曲新，潯江漁火絕纖塵。聲名年少蜚三島，此是東華第一人。不堪往事話江村，故壘蕭蕭膡燹痕。檢贈篋中圖畫在，圖爲廿六年七月君內渡後，在集美合影。門牆桃李見生孫。

俠廬書記長以詠雪詩見示兼索和章依韻奉酬

如水宵寒閉戶眠，茫茫大地白黏天。撒鹽只覺無才思，韓孟聯吟媿比肩。

張筵風雪與催詩，好景當前費索思。跌足蹣跚歸一笑，不嫌泥醉爲相知。
世界裝成白玉臺，九天不樹亦花開。七年未得看奇景，無限鄉心一夕來。
萬里寒光欲刺肌，無溫繒纊有誰知。邊聲一夜飛羌笛，想見沙場殺敵時。
紛飛兆雪盼年穰，爆竹如潮送臘忙。但願銷兵無水旱，從今戶戶得盈糧。
勞寄清詞韻若球，杏花春鬧在枝頭。他時富士看山雪，孤憤彌天報國仇。

寄韓委員石安

如雲村落盛城南，欲趁春光次第探。白水爲心官似隱，得聞小築傍漁潭。

陳專員逸風允募集汀州藝文志印資賦詩奉謝

遺編捃燹古臨汀，微怕劉班媿守經。使者傳車風誼盛，石渠天祿念飄零。

慎行枉過吉山寓齋適予入城途次相值詩以寄之

蕭齋晝靜水潺潺，芳躅勞君過吉山。谷口相逢通數語，飄然人踏夕陽還。

贈黃之六壽祺

釣龍臺畔昔逢君，尊酒盤桓緒論聞。今日逢君燕江上，欲將樸學張吾軍。

贈杜琨悅鳴

北游吟草霍童詩，好水佳山想見之。自是君家盛風雅，淵源況復得承師。

君出槐軒老人門下。

移　居

鶯鳴出谷及春早，扶疏一齋衆綠抱。虬聲時挾風雨來，偃蹇之而歲月老。

莓徑防損行人蹤,蝸壁遺篆籀斯攷。剝啄柴門黃葉飛,閒呼僕廝縛帚掃。生意驄橚朝曦和,芊芊慎莫傷小草。清華且賦移居詩,軒渠寒瘁似郊島。

太湖紀遊寄逸民校長詩白養仁士杰諸君

便自逢人問太湖,世閒處處有歧途。浮橋過後還呼渡,一帶青山似畫圖。
翻風麥浪如川至,貼水秧痕似剪齊。溪漲新添昨宵雨,喜看綠野出春犁。
潮生松際翠千堆,風景清華講舍開。收拾棟梁與榱桷,八閩子弟多賢才。
書堂寂寞訪皆山,危仍嵌空石徑攀。十八洞深持炬入,題詩烟火氣全刪。
四亭歷盡已斜曛,隔岸浮屠勢卓雲。笑看過江人似鯽,胸中名利擾紛紛。
王謝汪梁是故知,不諼誠毅作人師。看山相過清明後,好景歸來有夢思。

次韻酬今雨

逃佛歸儒地,歡娛夙接襟。菜根香可嚼,樂事孔顏尋。
爲生依講肆,半載悵離襟。從此均溪上,思君有夢尋。

題 畫

松經霜有操,雲出岫無心。畫裏多深意,閒中大道尋。

感 賦

墨翟迴車意,穆生醴酒言。棲遲憐講肆,風味憶鄉村。衰世文章賤,吾身天爵尊。刪詩如秉筆,不使鄭聲存。

遊 仙

漫云海外有蓬瀛,惆悵烽烟爍眼明。玉女遊仙難駐夢,將軍撒豆詎成兵。升天莫抱龍髯泣,叩地奚逃虎口生。不及淮王舊雞犬,得乘雲氣至瑤京。

銀　闕

銀闕沈沈玉旨宣，傳呼八洞換群仙。移山倒海庸關智，墜溷飄茵不在天。
澤雉樊中神縱王，寒蟬秋後噤堪憐。瑤臺重叠雲和月，甲子靈飛莫問年。

挽沈星舫同年

秋雨瀟瀟打夢涼，蒒江一別八年強。相思從此無相見，化淚愁教酒入腸。
論學醰醰氣味親，二窗詞派異蘇辛。當年師弟風前葉，飛作東西南北人。
不修邊幅見情眞，絕似揚州夢裏人。身後蕭條詩一卷，風懷頗與晚唐鄰。
哭罷溫郎又沈郎，清溪曲曲似愁腸。詩魂釂酒招何處，空賸龍津夜月涼。

和韓委員石安劫後福州遊兼用元均

海嶠天風振大旗，高臺猶與話平夷。策驢湖上人歸日，放馬林閒寇退時。
往事已如柯弈變，卮言今見壑舟移。長才終繫蒼生望，謝老東山起未遲。

笠山詩鈔卷第六

至漁潭韓委員石安涵留午餐

挈儔遂出城南路，快慰平生得識韓。賓主懽娛文字契，偏勞市遠具盤餐。官閒風味愛田園，種樹惟將綠抱軒。衣上征塵猶未浣，何曾袖手看中原。

遊吉山文昌閣四賢書院

溪隨山勢轉，高閣瞰遙村。樹色寒遮屋，灘聲冷到門。學存吾輩重，道覺昔賢尊。此日棲遲意，思回墨翟轅。

寄石侯劍痕惠安代柬

前日何生來，遺我使君札。中有高僧弘一上人書，枯瘠勢挺拔。復有韓公石安詩，清越金石戛。使君官海隅，政勤患萌闕。考獻尊舊聞，志乘拾墜攷。變風思起衰，愛士目相刮。報子匪瓊琚，願言第契闊。倘摻吾野詩，遠道慰飢渴。

燕江晤李俠廬書記長有賦

頻勞南雁寄新詞，文字論交子最知。燕水重逢當夏至，鷹峰前晤及秋期。幾人憂樂關天下，此日風雲動越陲。勤慎奉公無僕從，書生面目濟囏危。

和慎行洲字韻

旅懷縈燕水，親舍憶螺洲。左海風雲急，平添一夕愁。
直搗黃龍府，還收白鷺洲。尊前豪語在，漆室女奚愁。
飲至雄師日，櫻花海外洲。乘槎偕子去，一笑解千愁。

爲明遠題夏山欲雨圖兼以贈別

作客偕君春及夏，燕溪深處一齋幽。畫中似寫臨歧意，山雨欲來風滿樓。

自河坑至馬羊洞

鳥聲呼起行人蚤，相送秋風一味涼。十里松杉青不斷，炊烟幾縷見村莊。

爲鄭寶吾題畫松

景物清華認大湖，當年種樹重斯圖。人生到處培材好，長拂風烟松百株。

至 貢 川

半日舟行到貢川，一山一水總新鮮。客心無限初經地，在耳風濤損晝眠。

莘 口

倒崖如畫波心讀，麻雀船輕破曉風。背水依山莘口集，編民爲市日方中。

三 元

彈丸黑子三元縣，落日西風此泊舟。作客喜偕江令雋謂史豪，一宵清語散鄉愁。

梅　列

梅列舟行不見梅，松杉天際翠千堆。上游何日銷兵氣，秋滿江關畫角哀。

沙　縣

遙睇孤城傍水隈，扁舟容與客初來。鄉音座上逢新雨，更盡今宵酒一杯。

南　平

溪聲打郭雙流合，塔勢淩霄兩岸雄。形勝東南看縮轂，危樓明翠夕陽中。

中秋前夕之六招同茀之小飲

天涯新雨共飛觴，山北溪南此草堂。不覺明朝佳節到，轉令今夕客懷傷。月光吐出亂松隙，人影橫過危杓長。風物徘徊供賞處，未開叢桂小邱旁。

中秋仍用前韻

一水延津溯濫觴，東溪不接讀書堂。支離世道何堪問，寥落秋懷亦孔傷。銀漢無聲趨闕迴，家山有夢去途長。今宵弗閉窗門臥，爲放姮娥到榻旁。

茀之以缶翁黃花鐙影古重陽題所作畫予爲對綠茗句皆畫中具物以補白焉因即用缶翁寄六泉山人韻足成長句贈之

缶廬詩畫溯源長，入座紛披卷帙香。綠茗書聲今遠客，黃花鐙影古重陽。見雙溪水抱城郭，對九峰山開講堂。難得秋宵同聽雨，高譚終合讓君狂。

聞李雁晴先生至汀賦詩奉懷兼呈余仲詹先生

音書數歲阻兵戈，函丈閩山此再過。入夢經堂依玉海，懷人秋夜悵銀河。

考槃在澗涓流出，尚古尋碑片石摩。夫子豫章心最達，客邊聞亦鬢幡幡。

重九偕莽之之六遊開平寺

淡雲微日作重陽，行盡溪隉十里強。老柏長依僧舍綠，晚禾平熨隴田黃。畫通禪理歸彈指，吟入秋聲笑索腸。蓬轉同爲延劍客，袚愁何用佩茱囊。

莽之以指畫寺柏予補詩之六題字

莽之以畫通禪理，開平寺柏現彈指。歲唯壬午節重陽，笠山補詩六厂字。

秋日偕之六登明翠閣

衆山抱一閣，歸然矗雲起。峭壁鑿五丁，懸磴下無地。娛懷際秋高，儔侶及黃子。言出城東門，行行不盈里。雜樹生涼颸，物候信都美。複道互延屬，飛檻恣徙倚。倒景含風漪，象類逕怖眬。化龍聞此津，劍去賸潭水。束咽雙溪流，閩江泚瀰瀰。絡繹揚帆檣，喧闐聚渡檥。白鷗三兩飛，湜湜彼渚沚。林薄辭僧寮，歸路向昃晷。

霜　降

霜降今晨便見霜，蔽疇晚稻已金黃。蚤行客似思家切，賣炭翁初趁市忙。卻曲關山迷鳥道，潺湲秋水落魚梁。天涯此景尋常度，叢桂開過又菊芳。

重登明翠閣

不語芙蓉迴軼塵，似曾相識舊遊人。江吞落日綠漪靜，山抹微霜紅葉勻。揖盜有門開馬尾，誅奸無劍借龍津。中原一片非吾土，徒對秋風憶鱠蓴。

登呂祖廟

呂祖廟前景物清，兼風隱約到江聲。九峰天末青攢眼，一雨寒蕪洗更明。
人家鱗叠地通闤，瓦屋高低勢傍山。抱郭澄江明似練，扁舟呼共夕陽還。

次韻蚤冬山行和茀之

山深叢菊亦遲開，莫笑愚公入谷來。欲盡溪源忘遠邇，羊腸曲曲覓蒿萊。
杉皮蓋屋篠編牆，穿窨應防鼠盜糧。鑿井耕田山澤叟，堯天欲付夢荒唐。
山泉如帶谷如盤，一段風光著素難。鳥道盡時懸棧過，青天真向井中看。
爯爯寒嵐生碧岑，叢杉藏鳥只聞音。不須笠屐尋喬嶽，好景當前遠俗襟。

次韻水南晚步和茀之

何處最浸淫，行行遺俗襟。漲乾出石骨，松老見冬心。雁字天邊問，龍泉
匣裏吟。水南數竿竹，與子報佳音。

感　事

風雪漫天叫鴐鵝，猶聞流血凍成河。列寧格勒郊多壘，直布羅陀海又波。
襟肘難為丘吉爾，肺肝如見佛郎哥。何誰袖手爐邊話，笑煞中歐兩鉅魔。

題四時山水

西子湖頭漲闊，遊人烟外舟歸，水榭板橋春好，不勝楊柳依依。
松風詩始籟，茆屋夏生寒。劃破青山色，徐凝畫裏看。
紅樹秋山若燒，白泉野壑如銀。千丈盤陀石徑，翠微深處居人。
落木無人徑，寒雲沒鳥踪。天公真巧者，開出玉芙蓉。

題　畫

結廬臨亂水，策杖看雙松。故知維迪侶，來往終南峰。

題　畫　馬

秋高馬正肥，一夕羽書飛。殺敵怒江上，將軍奏凱歸。

題犬吠月圖

蜀犬昔吠日，惟因所見稀。畫犬今吠月，日喪月清輝。

賀人新昏

湖海元龍動綺思，春光洩漏水南枝。催妝詩寫梅邊好，看汝東風結子時。

瘦愚枉過杉與樓別後見贈依韻奉酬

都講堂開負郭山，一樓杉與亦怡顏。十年文字論交者，引得芒鞋到此閒。
飄零社事射湖南，王後盧前我所慚。故里論詩風未變，春明記取化龍潭。

感　春

孤注乾坤一擲奢，玄黃龍戰正無涯。忽聞幽土傷嘉穀，不信清明斷雪花。
鍛鳳脩麟何代詠，病猿瘏馬幾人嗟。行行柳陌寒彌勁，日薄風高拂影斜。

挽杜悅鳴

下嶺毘鄰上吉山，雙齋只隔水盈灣。譚詩舊雨謂之六兼新雨，往事如烟不可攀。
春盡鵑聲聽水南，客懷撩亂我何堪？詩人如此終黃土，寫入哀詞哭杜三。

題柳林女史寫梅

庾嶺騷人侶,孤山處士妻。簪花寫風骨,師法自吳黢。

雜　感

觀樂毆蒙喟思深,朝儀欲起領儒林。餘杭叟說開元禮,誰省當時強聒心。
太常博士備員身,子駿移書大義陳。季代官儀非舊制,量才衆技亦經綸。
九譯聲華姊妹花,迢迢銀漢去星槎。披香新錫頭衙貴,倘數門楣第一家。
自從青鳥落人間,萬里銜書易往還。阿母解憐枵腹意,神仙烟火不能刪。
弘羊心計復何如,馬史猶傳平準書。作俑昔聞官榷酤,可憐民力孰曾紓。
錐末爭同賈豎餘,熟看世事倒騎驢。有無物物交相易,爲市人方說古初。
河防閔決古中州,氣候蟲蟲竭不流。孔爽祈年聞煞禮,西門惠政更誰修。
元和丁丑二年碑,水落樟湖出舊題。凶歲閔逢今癸未,軺軒雲漢孰陳詩。
何堪艱食米如珠,進學疇聞婦子呼。說與官家渾不辨,苦飢臣朔飽侏儒。
萬貫腰纏亦枉然,尋常騎鶴上青天。吾生不作痴頑想,一覺揚州夢十年。

題黃生畫山水

渭川千頃綠,聊築數間屋。危杓典通幽,時還書可讀。
篁木壓檐青,宜分剛日經。此中眞樂在,讀罷出閒庭。

題公孫大孃舞劍器圖

昔讀杜老詩,今讀黃生畫。詩畫傳其人,公孫大孃者,劍器渾脫舞。瀏灘
光采弈弈,令人神往千載下。

予將還鄉茀之先作武夷之遊忽忽檢蘭竹一幀見貽賦詩報之

君探九曲我還鄉,五月南風各戒裝。贈畫報詩臨別意,剗藤蘭竹葆餘香。

別之六

看山昨日去吳谿，君又東行我向西。杜宇數聲懷惻惻，長亭十里草萋萋。

劍峰出紙索書成二絕以爲贈言之誼

幼陵邐輯妙幽張，繳繞名家盉濫觴。培養新知商舊學，五車惠子說多方。
閩中理學考亭尊，徽國珂鄉譬水源。道術自留公論在，讀書何用黨同門。

劍峰出陳生作山水囑題成二十字兼送還婺源

畫出千雲山，身如倦鳥還。計程閩浙皖，策杖向雄關。

留別杉與樓

世味酸鹹者詎同，老杉相守此樓中。市門方倚牛衣貴，講肆仍鄰馬磨窮。
視月繇來輕北學，觀天不復競南風。主人暫住還爲客，一笑浮生類轉蓬。

荷花生日伯剛世兄繪觀蓮圖爲親壽屬題謹成廿八字

遯園深處萬荷花，臺榭風微柳綫斜。伯子丹青前奉壽，詩人清趣在扁查。

遊石門偕應卿再姪

塘子坑過便石門，探幽雙井共詩孫。松崖青漏天如綫，破寺無僧水晝喧。

白沙

樹杪飛珠石瀑斜，千盤鳥道出人家。我來爲客秋風裏，一路蟬聲到白沙。

華家亭

西風蕭颯華家亭，一帶寒崖竹木青。此是新羅舊鄉里，溪山如畫眼初經。

小陶

世亂方知行路難，金風在樹作聲寒。小陶買得舟如葉，百二溪程到永安。

過桃源洞

輕舟晨過桃源洞，或道溪山似武夷。一載北來徒夢寐，鷓鴣聲裏綠迷離。

三元感舊

夜泊三元攬客愁，平林新月正深秋。依稀風物人何處，歸鶴荒城感故侯。

去秋與江侯史豪泊此，今春侯客死寧化。

沙縣晤逸民浴蕉

艤舟今夕向杉溪，舊雨重逢吳與齊。近市翻勞看酒具，歸塗月在樹梢西。

大陶口覆舟追紀

晨發大陶口，白露猶未晞。舟重行復膠，託命乎危微。聒耳湍瀨喧，惴慄前路匪。篙工況弗慎，瞬指須臾違。錯愕群失色，一壺千金祈。生幸雷淵還，未療蛟龍飢。忠信臨風波，所貴能知幾。賦詩且慰藉，歸挑山樓扉。

癸未秋重至南平得高鐵嶺其佩端硯莆之貽詩相賀次韻奉酬

古鑿雲痕不計年，南村故物得天全。重來殆有因緣在，猶費囊錢百二千。

雍正能徵丙午年，石如忠宦品雙全。頌題不負吳谿句，北硯南流路幾千。

題　畫

淤泥不染，亭亭直立。君子高風，豪端香溢。荷花。
月月紅季花，雙雙白頭鳥。美人壽者相，惟妙亦惟肖。月季花白頭翁。
清秋東籬採菊，閒庭淨几焚香。誰識箇中佳趣，堪消白日堂堂。菊鑪茶几。
饒舌也學鸚鵡，緇衣卻似烏鴉。遠嫌庶幾李下，諧聲頗近西瓜。八哥絲瓜。

題岳忠武畫像

大破朱仙鎮，直搗黃龍城。泰山生兩翼，胡兒詟姓名。

重居杉與樓

南劍諸山負郭妍，艱時弦誦碧溪邊。杉橡疏密開清景，竹管高低引活泉。
半月遠行千里路，一樓重到九秋天。風騷此日誰爲主，詩說鵝湖媿昔賢。

贈　之　六

我識長溪子，忽忽十載強。大名雙左海，易學兩京房。久作幽燕客，南歸
落拓裝。論文重把醆，山北讀書堂。

歲莫感懷

兵塵窮宇欲何投，客思蒼茫古劍州。天際青潮杉作海，水邊紅燒柏明樓。
艱難麤食同雞鶩，感慨微躬走馬牛。白鹿遺規前喆重，道南墜緒孰尋求。

水南齋舍

溪山何處最清華,齋舍高低傍隴斜。夜雨凝紅餘柏葉,春風吹白到梅花。紆徐出郭無多路,零落成邨有幾家。感此彌天身若夢,可堪流水換年涯。

次韻和之六歲莫書懷兼呈茀之

水南山北讀書臺,避地艱難我輩來。不怕霜欺兼雪壓,杈枒鐵骨學寒梅。

癸未除夕

風度泉聲遠漸聞,鐙前守歲夜何云。薦盤最愛紅柑美,去日江鄉念亂殷。

次韻和之六賀得且園端硯

烟水磨礱物自神,將軍濡染氣盤困。恰如去日清芬遠,片石何緣也入閩。吟詩守歲一樓中,與子天涯兩度逢。不負交情如此石,摩挲手澤且園翁。

次韻和之六除夜約爲溪源庵之遊兼呈茀之

期到千秋不朽身,一囊詩卷自安貧。殘年餞日仍爲客,新歲來時未立春。山比故人容再訪茀之前遊於此,酒如知己得常親。西溪記取尋源約,水木清森好及辰。

奉寄朱玖瑩廳長

群山愛看八閩青,使者東南治水經。若論書生匡濟學,長沙能繼屈原醒。

贈俠廬

使君盛譽接龍門,人物澆時試覈論。阮瑀翩翩才不易,范滂犖犖望尤尊。

簿書鞅掌依閩豕，輪鐵勞形聽蜀猿。今代清流匪鄙錮，壯懷立馬向中原。

述　懷

七尺之軀商出處，壯夫久矣陋雕蟲。欲將論語安天下，每發陰符讀夜中。
諸葛君多名士氣，江都相有大儒風。千秋尚友吾何敢，學以匡時願則同。

訪溪源寺

白鷺中田閒照影，黃鸝深澗自鳴聲。不知何處溪源寺，得得春郊半日程。
蒼厓夾澗水聲麤，十里盤陀徑最紆。松隙寒曦停午見，此中吾欲道元呼。

溪　源　寺

冒雨看山郭外村，天之所命石遺言。藤纏樹偃疑無路，澗斷橋通別有源。
白晝寒生雲抱寺，青空響落瀑當門。偏煩老衲供蔬筍，出谷芒鞋日欲昏。

次韻和茀之即送入蜀

此是陽關第四聲，一杯更盡子西行。溟鵬好展垂天翼，海蜃終拋去土情。
重到三巴遊屐遠，獨尋九曲往懷清。相思鬱結知何許，松鶴高寒畫卷橫。
怊悵檐閒宿雨聲，杜鵑紅好送君行。詩書畫法開生面，松竹梅盟感舊情。
天目風光鄉思遠，峨眉雪色客遊清。時平商舄東歸道，萬里長江一櫂橫。

贈翼沖校長

翼園築傍九峰山，海宇兵塵到此刪。桃李成陰看後輩，培才珍重濟艱難。

題　畫

詩心清茗飲，韻腳響松濤。畫裏呼之出，其人品最高。<small>檻下烹茶圖。</small>
松亭水榭閒，沙鳥風帆外。天地著吾徒，云何大自在。<small>山水圖。</small>
微步應仙侶，虛心是我師。風標端可賞，載酒及芳時。<small>水仙竹。</small>
天心花數點，燈豆夜三更。世味年來薄，詩懷老益清。<small>梅花燈檠。</small>

寄茀之

西迆汀水是吾鄉，舍宿匆匆子倚裝。行過嶺南還粵北，颸車載夢到衡陽。
東坡東來子西上，杜宇聲中愴客魂。倘畫嘉陵三百里，雖非星宿亦江源。

題明欽作畫

青青蕉竹影婆娑，泛泛雙鳧出綠波。說法吳谿多弟子，南宗今見女維摩。

題幽居圖

幽人清趣果何如，願讀瀛寰未見書。曳杖獨來還獨去，江郊欲比浣花居。

沙縣晤齊浴蕉有賦兼送歸浙

風雨沈冥夜，鐙昏話寂寥。久爲閩海客，孤負浙江潮。行篋哦詩卷，鄉心
動去橈。最憐同調寡，未忍折長條。

新　鄉

人趁殘陽渡，溪流送響長。隔年逢舊雨，今夕宿新鄉。入望雲山渺，遙聽
鼓角涼。吾生于役苦，不覺淚沾裳。

稚華屬題燕尾樓圖莃之入蜀倚裝作也

相識鷺江島，再逢燕尾樓。莫問桑生海，終看日落秋。酒懷縈蜀道，別思在閩陬。展對茲圖重，新詩舊雨留。

奉寄李伯羲_{黎洲}校長

去日蓮峰畔，長松倚夕曛。朋殷能直諒，譽茂得知聞。記室分三品，草堂張一軍。水南復山北，來共子論文。

洞天巖尋李忠定公讀書處

盛業名山亦可傷，難尋相國讀書堂。風霜斑剝明碑在，飛渡猶傳古定光。

自漁溪灣至青洲口號

漁溪灣水碧如油，石罅風馳一葉舟。兩岸好山看不盡，市聲聒耳到青洲。

贈叔夏

奇籍歸重譯，新開混沌天。上京聲望重，左海世家賢。氣類能相感，詩名自夙宣。水南都講地，避宅念烽烟。

聞劍痕之官莆陽詩以奉懷

此邦荔子甲天下，去日梅妃是部民。鞅掌不辭兵糈亟，一官又到海之濱。

題　畫

何處消炎景，清江一釣橫。不曾聞理亂，在耳只松聲。

秋山景幽獨，中有高人屋。紅樹白雲遮，莫尋徑斷續。

從　軍　曲

揮戈躍馬去堂堂，似雪梅花驛路香。斫盡長鯨波欲赤，功名瀚海戚南塘。
十萬青年十萬軍，桓桓士氣薄風雲。雄心飲馬扶桑去，直蓋燕然一代勳。

寄池鍾瀛

劍浦秋風又別離，書來往往說相思。建陽鄉土豚蹄賤，文火東坡夢想之。

水南竹枝詞

水南幾度見梅花，物換星移國子嗟。管領春風誰是主，筠廬晝過靜無譁。
孔門設教本分科，今夙相衡果孰多。航海梯山重譯至，思潮萬象盡包羅。
說詩匡鼎旨無邪，男女平權列絳紗。種李栽桃都善果，大千開徧自由花。
珠璣為粟桂為柴，蘗苦同嘗不惡懷。笑看水南樓一角，肅雝詩教唱隨諧。
誅茆人到日西斜，力稼軒中住幾家。隙地數弓多雅趣，半栽蔬菜半栽花。
上下坡陀石作階，山阿小築七間排。引來竹管泉聲活，牓共發庵聽水齋。
今冬少日眞宜雨，築屋編籬稱雅名。翦伐蒿萊佳景露，數竿修竹引風清。
寒柯相伴閱星華，仁壽樓前老桂花。鳥道極天烽火急，獨憐庾信尚辭家。

送別伯羲校長將膺新命

九峰山下草堂秋，至日風雲動上游。投筆書生懷燕頷，能詩參政比魚頭。
及時桃李公門盛，在握權衡衆望收。半載相依為此別，梅花香裏一尊浮。

送之六赴仙遊縣國立海疆學校教授

不忍離筵照酒巵，梅花故故欲開遲。北歸能說行唐易，南去應添夾漈詩。

眷眷諸生憐把袂，依依好友悵臨歧。浮名塵俗何須計，盛業鐘彝是夙期。

叠前韻奉寄伯羲委員

一壑藏齋吹萬秋，龍門雋望接清游。縱橫已恥爲雞口，衣食猶羞類虎頭。居上積薪多後至，培材成棟孰先收。梅花別去寒香落，添得春痕翠欲浮。

題春江出釣圖

春水碧如油，江邊出釣舟。不聞人世事，卻笑子陵裘。

新泉夜泊

擲向驚濤似葉舟，客邊無夢到沙鷗。楝花開過寒猶勁，風雨平添一夕愁。

馬　斜

不畏秋風冷，侵晨過馬斜。西歪東倒屋，纔見兩三家。

舟下閩江

大陸烽烟眼底删，彌天身掉一舟還。茲行不負程千里，得看閩江兩岸山。

游福清葉氏園今易主矣

引流叠石作園居，學士歸來此讀書。攬勝今朝休問主，無言老樹最蕭疏。

自涵江至莆城

一舟搖入綠陰中，半日程途似畫工。欲檢宋香忠惠譜，我來惜過荔支紅。

莆陽晤同揔諸友

十五年來別,相逢亦夙機。新詩吟荔子,故里問梅妃。風味魚殊美,秋光蟹最肥。成群兒女長,塵夢去如飛。

東　山

何心城市得崚嶒,石礴青松冒古藤。海日暖隨樵徑入,一庵兵後幾殘僧。

楓　亭

楓亭驛路竹垞詩,過客斜陽起古思。欲較西禪天水種,難憑故老問離支。

披雲校長招飲和幼巖兼用元均

碧空雲散月當樓,高會尊前韻戛璆。宿鳥無聲歸靜境,鳴蟲有意助清謳。好將風誼持衰世,期以文章挽濁流。浮海而今吾道廣,居然弦誦起山陬。

次韻酧幼巖見贈之作

別公梅石讀書樓,一笑重逢欲白頭。學講邊疆歸遠略,詩援奇險入權謀。暖回青樹猶疑夏,香到黃花始覺秋。南去溪山風物美,龍門雋望又同舟。

小疾感賦呈幼巖之六夢惺

百盤山勢鬱天南,來共維摩臥一庵。篆體六書挈蚓畫,詩心七字讓驪探。閉門錯過祈年酒,上市新嘗抵鵲柑。塵世未能消積習,何時拄杖出烟嵐。

叠前韻再呈諸君

南來佳會比城南，直欲巢詩世外庵。山勢昆侖歸海盡，江流星宿及源探。彌天著我微如粟，大地憑人剝似柑。朔氣高寒看斗轉，青穹無翳洗雲嵐。

再叠前韻酬幼巖

曾爲梅花抱道南，一峰香雪拚寒庵。及今已見堯封遠，邁古何論禹跡探。詩律老於霜後菊，風懷雋似雨前柑。十年闊別逢猶健，時共層巒眺晚嵐。

次韻和夢惺客中之作

水南叢桂小山秋，不道投荒又海陬。生遣有涯惟飲酒，功高無上亦浮漚。千松照影雙溪碧，一月分明萬嶺幽。臥向元龍樓百尺，蒼寒詩句客邊留。

三叠前韻酬答幼巖溫陵度歲之約

君居水北我山南，論學東萊契晦庵。叢竹昔宜高士伴，齊雲今當故人探。不思奴婢千頭橘，欲得江鄉半畝柑。無限客懷何處滌，歲寒留約破風嵐。

慈風草堂詩鈔題詞

遺我慈風一卷詩，天鈞曠達寄情怡。佳兒聚學傳薪日，賢母寒鐙督課時。獨契道心能澹泊，亦耽禪說不支離。梅峰桃水神交託，五載相逢在海湄。

冬晚遣懷

遠嶺濃雲遏不流，微微寒氣逼南陬。經霜柏葉紅初染，過雨麥苗綠漸抽。極目中原猶竊據，披肝何日乃兵休。倘能將母還鄉蚤，願與梅花守白頭。

贈蓀稜

芳躅空山想見之，八閩曾攬武夷奇。大王峰寄堅貞意，隔水雲鬟誦好詩。

知者來小集

群彦南州講舍開，鐙昏共話劫餘灰。乘桴浮海笑何適，接席飛觥知者來。
雨色千畦滋秀麥，寒香數處坼紅梅。鵬溪橋畔斯須別，明歲春風盼早回。

歲莫和夢惺兼呈幼巖 ①

他鄉又見雁來紅，歲序堂堂去水東。遠嶺一輪生海日，高樓百尺起天風。
詩如蕭寺枯禪定，人比幽燕老將雄。文字剛柔交二友，汝南月旦我能公。

造碻齋賦贈夢惺

行過山顛復水涯，邨莊歷落景清佳。通津無恙徒杠在，善政有聲仆碣揩。
野老培材杉作陣，漁人逐浪竹爲排。桃花引入仙源路，喜趁春風到碻齋。

徵獻辛勤護劫餘，嫏嬛何必在仙居。子山別日 ② 勞人句，元亮還時讀我
書。至性文章期礪俗，到頭富貴等馮虛。隆污有命從吾好，無礙閒雲任卷舒。

訪蒼翁不遇遂登環翠亭歸途古谷招飲有賦兼眎夢惺西園含光

揩杖登臨散俗埃，雲龍橋畔悵樓臺。瀠紅一水桃花塢③，環翠孤亭荔子④
栽。繾綣鄉情詩思切，殷勤朋好酒懷開。當年交誼朱陳重，欲把高風媲後來。

---

① 作者哲嗣定貞君提供一小冊選抄本《包樹棠詩文》（以下省稱“選抄本”），“莫”作
“晚”，“巖”下有“先生”二字。

② “日”，選抄本作“賦”。

③ “塢”，選抄本作“發”。

④ “子”，選抄本作“舊”。

桃 林 場

桃林場記盛昭州，一徑溪南廢堞留。地異秦人非避世，不妨花片遣東流。

詹巖訪顏桃陵讀書處

一壑專風雅，桃陵舊草堂。高山吾此仰，齐壁客何狂。佛劫甘泉竭，藤橫曲徑荒。夕陽呼健鶻，歸躡麥疇長。

遊留灣歸叔瀚同年招飲有賦兼呈在座蒼翁夢惺西園古谷

人日留灣路，行行向邑東。此邦三度至，舊雨八年逢。暖覺桃花水，香聞荔子風。一尊殊不負，白髮識詞翁。

碻齋夜話贈夢鶴

難得桃溪上，逢君且說詩。梅花人日句，明月草堂時。人似歸盤谷，官曾到海湄。建言無芥蒂，相對鬢如絲。

題徐飛仙退休圖

喜收兵燹對斯圖，卅載芝山道不孤。成器詵詵群弟子，儲材矻矻[1] 老師儒。江干春色花長好，屋外秋光月最都。辦得杖頭錢市酒，籃輿歸興古爲徒。

桃 花

不知魏晉是何年，誤我桃花世外天。欲問麻姑成一笑，滄桑慣看海爲田。

---

① "矻矻"，選抄本作"汲汲"。

詩山晤諸友

皚爽岡原綠抱邨，重來桃李見曾孫。月明寒谷松聲起，我過詩山憶四門。

鄭蔚青以畫蘭索題戲爲拈此

湘江神骨本高寒，衣鉢君家紹述難。獨得東坡居士意，一幀喜氣溢豪端。

留別百尺樓

樹色籠烟濕，溪聲挾雨寒。巢詩樓百尺，歸夢路千盤。孤棹終難駐，名山倘補看。雪峰咫尺，欲遊未果。鯉城今夕到，雙塔迴雲端。

爲六厂題先秦文學史

淵流歸品藻，氣稟漢秦殊。學術周諸子，文章楚大夫。著書心最苦，覆瓿血徒枯。相向論微尚，藏之海可圖。

舟發鵬口

朝辭鵬口日華清，聒耳風聲與水聲。隨處青山饒竹木，輕 ① 舟掉向畫中行。

適　中

越南與燕北，胡爲此適中。輕車晨疾過，兩耳只聞風。

---

① “輕”，選抄本作“扁”。

自龍山至龍溪

龍山一日到龍溪，兩岸青蒼竹木齊。少婦行舟篙手健，鷓鴣何事耳邊啼。

爲筱蒼題鹽梅警睡圖

鹽鹹與梅酸，是乃調羹味。用之爲警睡，稺子會心未？
歐母曾畫荻，柳母乃和丸。翁孫相對夜，青透一鐙寒。
須讀有用書，不負圖中意。久慕阮元瑜，翩翩姿質美。
鹽梅警睡圖，動我風木悲。讀書勤有益，中心兩勗之。

次韻酬夢惺感懷之作 ①

我昔雙江暫駐篙，十年明鏡喟霜毛。黃花節後客重到，紫帽山前秋正高。
雞鶩無心憐共食，魚龍何意笑翻濤。故人冰雪詩篇好，別有清懷託感騷。

次韻再酬夢惺

講堂三十六峰陰，片石梅花沒草深。分綠居鄰叢竹影，近朱人抱老松心。
文章盛業從吾好，山水清暉與子尋。一別重來如昨夢，昭州場記讀桃林。

幼巖約同人雅集彌陀距前遊十載矣悵然有賦

囏難始見海氛收，十載招提續勝遊。塈有寒泉如噴雪，山無紅葉不知秋。
繇來社事桐陰盛，曾爲諸生石畔留。抱郭澄江平似鏡，照人霜鬢欲添愁。
丹厓蔵寺樹陰稠，石罅泉爭險韻流。香稻欲收黃作海，刺桐如畫綠成
洲。夕陽酒醒人將去，勝地時清客疊遊。可惜東坡遲不到遲遂如不至，山門玉帶
更誰留。

---

① "之作"，選抄本無此二字。

次韻和維明

行周詩派八閩開，攬勝彌陀共子來。笑我歸儒逃佛去，賜恩東望讀書臺。

次韻和幼巖兼呈紫霞

摩空群峭佛巢懸，曾閱滄桑莫計年。攜酒可無山負郭，吟詩中有客如仙。遊從物外禽知樂，交自梅邊石喻堅。雙井不來憐抱恙，隔宵成韻擘牋傳。

次韻和夢惺承天寓齋作

瓦缶雷匋任世兒，巢經巢裏且論詩。寒柯書得高僧法，明月光撩遠客思。榕葉如何過白屋，梅花猶在認丹墀。閒來鸚鵡山頭立，我亦西行未有期。

仁學題辭 ①

栖遲易寒暑，蓬水復桐城。克己愚能守，愛人道以弘。欲宣無類教，好遣有涯生。斯世滔滔下，朝陽一鳳鳴。

小山叢竹和夢惺兼用元均

道學猶傳亭子古，詩流還拜草堂靈。緇衣也傍添新塔，蘸影寒泉竹葉青。

彌社初集

高齋冬暖嘗春餅，西座吟豪倒酒卮。行草兼金賢守墨，名花傾國謫仙詞。玄黃龍戰哀時命，風雨雞鳴愴夢思。叔季論詩聲入變，從今社集好扶衰。

---

① "辭"下，選抄本有"爲亦珊作"四字。

觀伊默莘太守題黎美周牡丹詩卷絕句立軸 ①

芳草猶資故實譚，風懷太守自醰醰。五驄宦轍江之北，一第聲華斗以南。金粟天香身似夢，珠光詩卷墨何酣。高齋甘下前賢拜，古色溪藤療眼饞。

前題用東坡孫莘老求墨妙亭詩元均

光怪閃爍亘頹陵，寒湫黝黝蛟走騰。又若朔漠仰生悸，碧空欲下瞵飢鷹。秋豪馴柔腕力健，直貫楮背見芒稜。清詞況復足冠冕，九夏如嚼凌陰冰。春風南園有夢到，懷哉芳草魂式憑。忠愍詩卷質天壤，傾國未可名花憎。虞山宗伯善品藻，洛陽貴於千帛繒。太守揚州五馬去，梅花官閣同眺登。此軸更以循良重，元禮開尊爲招朋。平生聚古得微尚，蟬魚豈使飽剡藤。自夙桐陰盛吟事，餘興未闌呼張鐙。清齋恣賞一浮白，大雅在前吾佩膺。

晤曇昕有贈兼寄大醒奉化芝峰上海 ②

雪竇山中僧大醒，靜安海上釋芝峰。精藍兵後憑君問，還有千齡五老松。

送劉青山還里

涵川曾紀昔相逢，秋月襟期吐屬雄。一舸忽忽吾又去，江鄉惆悵荔支紅。齊雲三十六峰高，同至看山客亦勞。四野烟塵猶莽蕩，變聲風雅入離騷。夕陽烟樹影婆娑，講席明樓獨屢過。人物眼中能指數，吾鄉今日已無多。出山塵土滿征裘，歲晚歸程向我謀。鷺水鮀江還鱷渚，梅花如雪送行舟。西行十室九蕭條，憫此神州力已凋。燹後春農須巫助，熙寧新法說青苗。

---

① "莘"，選抄本作"庵"；"絕句立軸"作"墨蹟"。
② "贈兼寄大醒奉化芝峰上海"十一字，選抄本作"賦"。

彌社同人雅集開元寺值觀普利法會

精藍無滄塵,浮屠卓天骨。說詩向經巢,烟火庶夭闕。證此維摩身,信吾渺一髮。諸天聆梵音,欲汝衆生拔。悲憫兵燹餘,佛心即造物。君看千歲桑,蓮花醜枝茁。如是尊所聞,辨才不可竭。勞供香積廚,蔬筍何韞辞。江城多悲風,高寒舉鵉鵠。歸途雲樹微,白日去飄忽。退之交大顚,我詩亦獻佛。

自序題後

困身衡慮苦浸淫,一代文章得失林。不惜太玄供覆瓿,敢云敝帚享千金。馬班繼軌數韓歐,後代桐城緒論求。左海異軍俱突起,梅崖一集見源流。變風變雅亦清新,詩事同光盛八閩。巨擘東南尊二老,石遺聽水並傳人。戴段師承樸學尊,二王父子亦專門。召陵高密經生業,故訓秦灰賴獨存。微言大義共尊聞,道學儒林後代分。格物致知歸一本,何庸門戶更紛紜。子長牛馬託微辭,豈謂藏山亦效之。卻愛放翁詩句好,青鐙有味似兒時。

鸚山精舍詩鈔題詞 ①

有齋鸚鵡山前住,無事梅花石畔唫。最愛郊寒兼島瘦,不妨禪理入詩心。

丙戌除夜

清餞年涯幾客中,梅花猶未壓牆東。樓臺殘夜生寒雨,烟樹橫江到曉風。詩句漸如太傅白,酒名難稱狀元紅。西川節度無嚴武,何日堂成著此翁。

披雲校長 ② 考察南洋內渡賦贈

南行叢菊及芳時,歸到春風柳已絲。今代關開非鑿空,前人功盛只攘夷。

---

① "詞",選抄本作"辭"。
② "長"下,選抄本有"奉部命"三字。

周諮膏壤多椰子,曾采傳車幾竹枝。萬頃雲濤軒壯觀,太平洋上客吟詩。

潘大頤天壽^① 以聽天閣詩存見貽賦長句奉謝並乞畫

渮水閩山路幾千,論交殆欲以詩緣。飲人荷露能離垢,到閣松風可聽天。篆似留蝸神獨遠,墨如誤牸致多妍。吳谿二載同南劍,三絕時時說鄭虔。

石濤不作邈音塵,誰是江南第一人。心可徹靈非向壁,指窮傳火與爲薪。干戈飄泊十年事,滇蜀歸來萬里身。自古錢塘邱壑美,因風欲乞畫圖新。

銅 佛 寺

閉門僧種菜,囂市隔輕塵。銅佛何年冶,金剛不朽身。那知唐寺古,猶是晉江濱。誰^②續南山律,徒懷^③墨蹟新。

輓楊仲覲山光

扶桑壯歲一槎東,巴力門時建議雄。強識山川神海外,參稽儒法濫觴同。五經熟號邊韶腹,千頃陂稱黃憲胸。鱸舍春風人似夢,傷心北郭望幽宮。

卓雲山下碧幽叢,講肆棲遲我識公。論學不妨殊漢宋,著書何用判窮通。空懷城北高人宅,竟困圖南大鳥風。誦到彌留題墓語,了然生死信豪雄。

清明郊遊遂至賜恩巖

東郊北郭踏輕塵,風物清明足戀人。野墅雲留高士跡,石渠水涌梵王身。鳴禽大地初回暖,落木空山未見春。形勢南州猶壯闊,雙江浯筍抱城闉。

---

① "潘大頤天壽",選抄本作"頤公"。
② "誰",選抄本作"莫"。
③ "懷",選抄本作"看"。

感事二十絕

沈沈樓閣綠婆娑，龍眼陰中鳥語和。聽雨人猶花巷住，渾疑身是病維摩。

蝸角紛紛鬨觸蠻，槐柯多事夢長安。廣開言路來群彥，墨翟非攻論不刊。

劉季還鄉唱大風，威加海內信豪雄。沈沈孰覺新華夢，半壁山河夕照中。

公子能兵有父風，家山入破憫遼東。十年消息如相問，海外綸絲學釣龍。

鴻嗸未振八方飢，鮎背真憐老布衣。太學諸生皆伏闕，佳兵疇諱不祥機。

鈎鄘① 聲華非比周，終南捷徑亦無求。只愁一代東林禍，此輩清流投濁流。

濮陽大賈本豪門，竊國爲侯至論存。比意宗彊兼貴戚，滔滔胡忍望中原。

白鋌黃金太府空，興嗟仰屋大司農。乞靈別有水衡法，卻笑銅山賜鄧通。

擎天銅柱伏波雄，矍鑠當年號是翁。劫後戈船教戰守，誰知脆② 薄不禁風。

杜陵野老賦兵車，莽莽神州幾劫餘。又見軍書星火急，孤兒別母哭牽裾。

何圖復見漢官儀，治事𩑺③ 於治亂絲。新政不堪民已病，觀風誰采竹枝詞。

飍蒙梟嶧劫塵飛，鳳斫麟屠世道微。若問當時楷檜樹④，摧爲薪火事全非。

晉國曾爲天下強，山河表裏固金湯。忽傳汾上窺飛騎，都督諸軍戰守忙。

破陣長驅海陸空，受降三島氣如虹。買絲不繡佳公子，甘向將軍拜下風。

緹騎驚魂複壁藏，錦衣六月對飛霜。衛巫何用防民口，太息人謀總未臧。

文靖封邱旋馬廳，宰臣美德照丹青。梓人九譯能爲巧，反坫終知事不經。

建國員輿學乃強，周官保氏教條張。書空咄咄何爲者，罷遣生徒晉以亡。

欲攘天下變家常，國破猶將植鄘忙。虎踞龍蟠虛語耳，狗偷鼠竊總堪傷。

忍聽飢鴻載道呼，萬金升斗貴如珠。黃梅細雨愁爲客，難寫流民鄭俠圖。

隔鄰風沁好花香，如夢吳宮𪘏響長。雲影天光觀自得，不知人世有滄桑。

觀蓮節謁念廬先生藍溪賦呈長句

六月藍溪繫小舟，可園舊築出平疇。看花不爲紅禪破，種樹何曾白髮休。

---

① "鄘"，選抄本作"黨"。

② "脆"，選抄本作"脆"。

③ "𩑺"，選抄本作"艱"。

④ "楷檜樹"，選抄本作"栽楷檜"。

天與詩人身自健，客來諸婦酒常謀。風懷難得清如許，脈望時還讀一樓。

披雲校長新膺簡命詩以奉懷

左海天風百丈濤，使軺鞅掌去勞勞。論才須作中流柱，勵學當如上水篙。快意溪山常把醆，繫懷雲樹每含毫。嗟予偃蹇衡門臥，落葉涼飆散舊曹。

潮州謁韓文公祠

匹夫百世起爲師，風氣先生力挽之。五夜封章詆佛骨，一官竄謫到蠻夷。摩挲祠宇碑重讀，莽蒼江山姓不移。歸路長橋頻徒倚，笛聲誰向酒家吹。

晤可愚

歸時勞置酒，來日快論詩。忘我風濤苦，知君肝膽奇。兵戈仍海宇，塵市下書帷。習靜觀無礙，江心起鷺鷥。

次 ① 韻酬夢惺遊崇福寺

松灣松老化龍飛，野徑蒼茫照夕暉。十畝劬供僧腹瘠，一龕枯坐佛腸肥。遊人冒雨微沾屐，田父栽花自拂衣。執節祠鄰簫鼓鬧，低吟還傍小山歸。

紫霞邀朵蓮寺小集兼送別國渠用半邨振仲韻

征衣猶未浣緇塵，送別招提酒醆陳。自古江山多勝概，只今風雅幾傳人？兵戈莫問中原事，泉石還留劫火身。偃蹇老榕瀟灑竹，淡雲微日總怡神。
澄江朗照古須眉，得得郊原竭路遲。地近不嫌人屢到，春陽應許雀先知。狂潮打岸憑誰挽，修竹搖風矯自支。欲問女禪蓮共證，主賓詩思各離披。

---

① “次”，選抄本作“和”。

重至集美子忻董事長同舟

槐坂何論李郭舟，風雲故壘續清遊。盤陀山勢來天馬，浩蕩潮聲狎海鷗。舊夢追尋如隔世，新知啟迪在股憂。十年種樹劬勞者，布護深陰百尺樓。

次韻遣懷和夢惺

此身藏海竟無齋，花巷爲鄰亦好懷。秋冷孤芳聞遠圃，風喧疏葉下空階。不蘄澤雉樊中畜，轉恐亡羊路愈叉。白石清泉心可證，從君布襪與青鞋。

次韻泉山小築和紫霞

造物微難知慮周，蒼然雲樹鬱相繆。無心得句人憑几，有郭皆山市可樓。虎乳待攜恣茗飲，豹皮多事笑名留。求書不數雞林賈，插架君堪汗九牛。

聞斗垣先生歸國賦詩奉懷

一日居夷去，十年渡海歸。桑〔田〕摩眼閱 ①，卉服與心違。選闡梁蕭學，注明魏酈微。延平臺畔月，回首重依依。

鐵　鑪　廟

溫陵西角鐵鑪廟，鄂國曾傳此鑄兵。一枕滄塵醒大夢，夕陽老樹亂啼鶯。

寄懷昺衡先生海上

聽潮閩海憶年時，五老峰前駐講帷。江左獨尊蕭選學，淮南極論楚騷辭。曾看泰岱青無際，又客春申綠未衰。寄語因風頻北向，猶思倦翮奮天池。

---

① 本句"田"字，稿本蠹蝕漫滅，據殘留筆畫推度，似當爲田，謹填實之。

懷滌瞻北平兼謝寄蠋叟所書陶詩扇面

越南燕北兩茫茫,如雪梅花墢異鄉。忽憶萬三千里外,分攜一十七年長。
人依梁廡寧因熱,扇寫陶詩爲握涼。聞道白雲遊子意,曹娥曾否泛歸航。

笠山詩鈔卷第七

奉懷余仲詹先生謇

暌違不覺十年強,贏得天涯滿鬢霜。祭酒聲華高太學,孝廉家世重青箱。先生六一人同健,弟子三千器各藏。最憶當時都講地,喬松五老自蒼蒼。

歲莫奉懷雁晴先生都下

國子今南監,懷人向北風。梅花爭雪白,竹葉媚顏紅。墨詁曾遺補,名原此折衷。太湖三萬頃,輪鐵亦恩恩。

彌社同人假泉山小集范祕書柳溪與焉遂如先期歸里成長句

一樓小集九人來,叢菊遲香兩度開。合有新圖同白社,可無舊雨對紅醅。齋鄰雙井因常至,歲逼東坡卻早回。逸興寒宵猶索句,獨憐清瘦似江梅。

消寒雜詠應彌社作

歲序他鄉短景催,尚無消息到紅梅。一尊細與論詩律,懷抱何曾有俗埃。一別清溪歲七回,范滂有約惠然來。主人好客能風雅,王後盧前盡雋才。大鍋大嚼煖烘烘,文火東坡煞費工。釀飲不妨成薄醉,一瓶呼到狀元紅。扶筇歸傍電鐙明,曲巷誰家剝啄聲。一室蕭然僧入定,消寒安藉美人兵。

逸生索贈爰成長句

天涯今雨慰平生，作邑安仁政有聲。桐郭來思琴韻好，劍津去載鶴風清。吾樓後壑懷杉與，予居南平水南之後壑，名樓曰杉與，有記。此地小山可竹盟。桃李甘棠各留蔭，使君賤子若爲情。

夫子泉在舊泉州府學

梅溪作郡留高詠，嘉靖碑鐫夫子泉。畢竟出山源不濁，飲和比戶得甘鮮。

弔 甘 地

星槎天漢通身毒，國破黔民盡馬牛。獨立爭憑三寸舌，一椎博浪笑留侯。不衫不履非妨貴，此說大人則藐之。持較詩流太戈爾，聞風並世豈相師。欲同秦失三號出，且弔西方之老耼。一代聖雄遭賊害，首陽遺烈此何堪。

戊子元日口占

元朝蚤起立寒陽，綠樹陰深護草堂。盡日春光何處覓，梅花分取隔鄰香。

家千谷先生失明詩以奉慰

書來盲左病仍侵，愁絕微言大義尋。人與梅花共高致，風霜摩厲歲寒心。

念廬先生爲先君誌墓詩以奉謝

左海疇衰起，靈光一老尊。有懷能落落，無用試溫溫。道誼歸千載，文章燁九原。鮮民風木感，從此慕長存。

清明述懷

年年客邸過清明，到耳何堪杜宇聲。迢遞關山遊子夢，綢繆衣綫倚閭情。穹碑有待磨先壟，喬木無忘守後英。養志未能酬潔白，說詩吾尚媿平生。

開元寺過曇昕承天轉塵亦至同夢惺賦

最愛伽藍接皋堂，同遊韓柳趁春光。其人澹雅如文暢，此記興衰似洛陽。好鳥不嫌窗外聒，清茶初試雨前香。東林長老忽忽會，卻累山庖片刻忙。

題范如陵都戎碑傳册子

國軒治兵善約束，吁嗟英雄持殘局。海外乾坤成蹉跎，一身去就係絕續。將軍亦見滄塵飛，獨立茫茫欲焉歸。天涯太息長髀肉，浮家吾其追鴟夷。少時學得萬人敵，爲後都司懋乃績。毋曰汝移孝作忠，拔自行伍飽經歷。禾口淮土凩變生，大府張皇檄移兵。君言歲饑黎可念，單騎往撫羅拜迎。故土匪耗屢轉戰，敍功去日曾引見。沈機勇退當急流，自昔勛名等掣電。舊家子弟多能軍，鄉閭武略耳熟聞。定遠聲威願毋墮，此篇世守留清芬。

白門竹枝詞

攀龍附鳳各乘時，顙仰從人事可知。添得笙歌蛙兩部，白門聽唱竹枝詞。
國門冠蓋聚紛紛，聲價諸公已不群。倘起曹瞞應一笑，陽秋皮裏欲何云。
冠裳何日會員輿，擬聖揚雄悔索居。載夢傳車窮別國，絕纓笑倒大同書。
玉樓瑤殿換流年，神器爲公屬選賢。廊廟居然聞擊壤，荒唐人自夢堯天。
帝孽曾摧十世仇，傳賢傳子判鴻溝。熱中請看誰儲貳，洗耳無稽笑許由。
漫言無冕帝王尊，爭自由權奈不存。法縱成文誰與守，偏煩徙木向城門。
雍容大度美髯翁，家本三秦起戰功。楚得楚弓奚足介，使他千載要聞風。
絕粒夷齊以死爭，幾人家爲選災傾。九重興檻閶難叩，風雨漫天望石城。
輕羅初試柳腰圍，三月江南鶯亂飛。一代燕支來絕域，醉人春色不思歸。

半壁江山未療危，歌殘玉樹此何時。陸沈欲爲神州哭，商女秦淮總不知。

林侯逸生招飲憂樂廬有賦

憂樂廬深草色新，風前柳比宰官身。桐陰索句多詩老，春晚傳杯半酒人。天朗氣清如禊集，念飢告糴即民親。囍時孰抱希文意，遇合吾徒各有因。

烏魚子

臺澎珍產烏魚子，伴酒攜來白也家。五十年間亡國恨，朱門東去奉豪奢。

三月三十日小集泉山得影字

江西宗圖自雙井，祖述風徽得幽境。齊雲卅六峰嵯峨，天與詩流開清景。舊雨今雨宜社集，九十時光轣馬盡。坐中老子其猶龍，白髮雄心語益硬。以烏魚子下濁醪，深杯斟酌勸滿引。滄波一髮懸危青，此物足以發猛省。說詩奚爲閩粵分，三家十子豈矛盾。群賢岸異多風華，笑我犖确獨松癭。斯須張筵春將歸，疏紅樓外夕陽影。

前題叠影字韻

土厚殊中原，得泉易爲井。蓬累吾南行，風雲莽四境。負郭群山青，流連惜美景。地脈窮齊州，江海望無盡。媿乏諧世姿，投閒寧骨硬。入社攢眉懂，氣類互相引。芳草多鳩聲，良時足可省。鬮詩疇出奇，陳力森甲盾。必罰金谷觴，傷春句若癭。歸路鐙微明，深巷踏花影。

初夏得豁字

深巷風雨多，芳華夕謝歌。朱明茂生桐，節序忽化易。萬綠紛以陳，一樓矗而豁。鶗鴂三兩聲，晝靜耳邊聒。檽軒何鎧明，淡沱性機活。新月吐溪光，爽致散木末。不見梅子黃，疇慰遠道渴。地燠繁蟲喧，語冰道未達。造物相盪摩，知慮無盡竭。所以多見聞，品彙有超越。勝事開壺觴，含豪酒氣拂。今日何日兮，說詩記浴佛。

前題叠谿字韻

林鶯將二雛，隨風控地歇。代謝觀新陳，繽紛紫紅易。行行出晴郊，悠然遠山谿。佳木繁陰垂，幽泉飛白話。娛懷際清和，敷榮萬彙活。小塾窺太行，大塾駭豪末。或啄以爲飢，或飲以爲渴。物論胡可齊，無方理宣達。蒼雲恣奇峰，目遇詎能竭。詩盟盛桐陰，爭長陋吳越。刻晷知漸長，一箑且炎拂。人閒烟火無，摩詰乃儷佛。

端午弔屈原

三湘蘭茞鬱孤呻，角黍黃魚雜以陳。世道堪哀皆醉日，江流長赴獨醒身。塵埃蟬蛻原騷悁，謠詠蛾眉懟楚臣。一代誰何知學術，若論軒轟後詩人。

鱗灂含風綠半篙，雲旗江介出龍舠。何心宋玉同儷艷，多事楊雄卻反騷。呵壁已無天可問，絜身寧有世堪逃。滄浪舗歠從漁父，一醉焉知酒價高。

過高寨嶺

松徑雲封寨百盤，天低如幕翠堪攀。到門風雨誰留客，十里鄉關暮夜還。

還　家

迤邐松岡綠抱村，人隨暮色到柴門。依山結屋峰如笠，止水觀天沼若盆。數畝奉親貧可食，一經教子故相溫。十年湖海風雲志，歷歷思量盡夢痕。

林祕書子嘉招飲衙齋

今夕江城會，良朋雅愫傾。杯浮青樹影，秋入亂蟲聲。地爲論詩至，人多攬彎情。殘碑摩孝子，隔世聽琴鳴。

論詩別里中諸子

詩流北宋推兵部，不減王維杜甫工。冠帶江黃儕上國，壯夫底事薄雕蟲。
臨汀數百年人物，第一徵君氣骨奇。戶部詩孫儕後輩，天潮閣集繼寒支。
循良文苑費評量，爾雅群推溉本堂。秀句寰區傳誦遍，子安才筆重初唐。
麗則詞人合瓣香，留春繼響數雲章。揚州守與宣州守，一代循名皎雪霜。
不食人寰烟火氣，遺編離垢淨如沙。鄭虔去日儕三絕，一舸錢塘且泛家。
前賢風雅鬱相望，社事新修在故鄉。韓孟城南傳好句，溪山小別最思量。

厦泉舟中

破曉颭輪碾夢行，天風咤起海濤聲。荒邨抱水人何在，故壘沈沙草半生。
松翠依然藏古寺，烽青憊矣下危城。回眸五老雲中笑，又觸年時一片情。

次韻和幼巖中秋後一日作

詩人清詠意彌殷，欲補蟾圓昨昔昏。共此高寒光達旦，較量三五料無痕。
故事何妨金谷援，秋光與展石崇尊。千層風瀰鱗鱗白，漫說揚州月二分。
此是團圞後一宵，規隨韻事等曹蕭。中秋也作重陽展，可有飛瓊下玉霄。
惆悵晶簾不上鈎，前朝風雨過中秋。無雲今夜天如晝，盡放清輝照海頭。

和子登悼亡

梅子何堪濺齒酸，桐花猶自帶春寒。詩人別有傷心在，應與潘郎一例看。

次韻和愚廬遊瑞相巖予因事未成行

秋好晴郊踏暖陽，更捫蘿徑快飛觴。霜厓似劈張天骨，金粟如聞撲地香。

詩酒歡娛孤夙約，江山跌宕入清蒼。明朝又是茱萸會，卅六峰頭悵夕涼。

寄歡聯社諸子

揣摩功苦幾浸淫，識路跼躋老馬心。一卷因風寄將去，黃花故國入新吟。

次韻和愚廬養拙樓之作

栗陸吾生亦累蓬，爲鄰馬磨半齋東。相知不覺門庭異，久別仍憐氣味同。有約來時心獨契，無人愛處句偏工。風情共豁樓高抗，清紫葵羅一望中。

次韻和夢惺蓬溪道中

補弊焉辭往教勞，淩風一櫂出清歌。百盤溪淥隨山轉，兩岸人家倚筏過。詩句矜如黃葉瘦，離愁量與白雲多。閒齋偃蹇惟君共，淒咽秋蟲奈夜何。

半　齋

齊烟盡處睇重溟，十載栖遲此再經。東郭卜從瓜圃隱，北山移效草堂靈。半齋虛白生幽復，一髮危青入眇冥。叔季抱殘微尚在，旁人多事說玄亭。

感　事

一髮神州問子餘，山河風物太蕭疏。龍蟠建業形空在，天塹長江語恐虛。絕代蛾眉成禍水，淩霄鶴唳去乘輿。雄心不灑還鄉淚，獨向金臺弔望諸。

收京八載濟危艱，蝸角論兵未洗孱。又見烽烟接徐海，可憐王氣黯鍾山。侯門竊國鉤何罪，夜壑藏舟力者患。黃綠貪緣韓與虢，龍髯愁向鼎湖攀。

戎衣何事苦長征，塞上風寒飲馬聲。未可少卿終僇辱，當如介子立功名。堅城痛墮遼東戍，危涕驚傳冀北兵。萬骨爲灰千古恨，獨憐閨夢不分明。

冠裳如鯽過江來，摩野風烟鬱不開。中國微聞司馬相，南陽欲出臥龍才。

春鐙燕子前朝夢，歌扇桃花半壁哀。我後媛翁曾弔古，遊踪何忍首重回。

叠行字韻酬愚廬

扁舟南下復東行，瓠落山川鐵馬聲。一士彌天孤白守，半閒藏樹衆青生。群流意氣輕千載，好句摩挲重百城。深巷斷橋尋曲折，時來與子話幽情。

偕幼巖愚廬夢惺登開元東塔

蒼茫江海聚吟身，遊屐晴和趁小春。兩個浮屠高此郭，雙株檜樹老於人。沈淪烟月招提舊，摩盪風雲壁壘新。似畫溫陵收眼底，閭閻撲地萬魚鱗。

前題和愚廬竝用元均

野樹碧吞天，江波白打船。塔高雲以外，桑在寺之前。遠鶻盤孤嶂，寒鴉入破烟。擎空人獨立，埃世是何年。

聽琴師周子秀彈陶辭蘇賦

石泉冷灑作弦鳴，時一松風瀉壑清。澹雅人從瀛外至，蒼寒月向樹梢生。官辭彭澤心無競，江到黃州夜有聲。聞道焦桐傳蔡女，中原于越各知名。

民生農業學校菊花會偕愚廬壽慶往觀遂賦長句

池臺亂罅小流淹，卻付微吟二客兼。學稼人方師許行，看花吾亦癖陶潛。東籬濁酒黃堪掇，北郭清源翠可拈。欲倚迴風收莽蒼，祇憐霜雪壓毛髥。

前題和愚廬兼用元韻

花時莫遣失東隅，到眼孤芳品衆殊。會後九秋遲爾爾，門前三徑待夫夫。

一松相傍成知己，五柳因依著个吾。別有閒情懷大樹，蕭條庭院仰天吁。

秋夢和幼巖兼用元均

明河如監露華涼，玉漏沈沈夜轉長。清睡不知衾與共，通靈惟覺被留香。文鴛影寂迴孤枕，寒雁聲多在異鄉。爲雨爲雲峰十二，何心宋玉賦高唐。

得鍾惺伯敬故研喜賦

支離片石亦天全，古色端溪莫問年。文字一時成體製，寒泉半壑吐雲烟。宛如曲水流觴地，欲等升堂入室賢。摩向昏鐙託微尚，傾囊不計萬千千。

得半草庵研

古情拳石亦醰醰，斑剝留鐫半草庵。長伴烟霞耕造化，此中無稅子孫堪。

贈豐子愷

亂離行腳到溫陵，鬢髮飄蕭一藝能。過化亭邊叢竹在，晚晴何處覓高僧。

草　堂

一笑兵戈日，猶橫都水經。鬢生江海白，眼向酒杯青。花巷踏寒月，草堂眠歲星。放懷天地外，吾道亦奚扃。

前題酬夢惺叠青字韻

曼衍齊諧說，陸離山海經。微霜過草白，大夢墮槐青。笑撼蚍蜉日，看移斗柄星。清吟惟子共，戡寂撐寒扃。

前題酬幼巖竝用元均

生意自將寒綠況，低垂書帶拂經堂。文章源委有殊尚，風誼朋儔無別腸。郭外雙流青入海，樓頭孤月白如霜。鍾山不數周顒隱，獨勺清源澈骨涼。

偕愚廬夢惺度浮橋有賦

通津負郭遠廛囂，行過榕陰第四橋。驅叱不因鞭暴力，輓強誰與射寒潮。接官亭外人歸市，戍卒棚邊葉捲飆。時否息心無可處，滄浪漁簑若爲招。

送愚廬歸安溪

一橋七曲巷，忽忽歲之餘。我住爲長客，君歸及大除。十年多喪亂，百里可舟車。珍重今宵會，吟朋莫遣疏。

次韻和夢惺新曆開歲時將歸里即以爲贈

江風吹宿雨，海日易殘年。唳鶴淮南水，嗅鴻楚北天。霜楓紅葉盡，寒橘綠柯懸。瞥眼仙溪路，吟懷發酒邊。

感　事

青鳥西飛載麗姝，無衣儔爲出師徒。
尸諫何曾動九重，一抔黃壤恨終封。
幾見南陽起布衣，鉤心建類變支離。
禹貢掔摩異指錐，九州風壤辨能微。
中朝清議恐兵佳，鴆毒燕安豈可懷。
樓櫓橫江鐵鎖開，滔滔揚子恨難回。
都督閻公雅望崇，貞心人比後彫松。
蓋藏環貨盛如山，貴戚權傾號與韓。

沈沈白帝宮如雪，忍睇江山半壁殊。
茂陵蕭瑟求遺稿，此亦寒厓百尺松。
憐君一出蒼生誤，藏府錢空國不醫。
書生自拜阿衡貴，任汝人閒說是非。
仙子不殊傾國色，百年遺恨棄珠厓。
稽天大浸終沈陸，江左夷吾是不才。
援無蟣子蚍蜉卒，一髮危城閒不容。
欲執神明三尺法，可憐忠孝兩爲難。

髀肉驚生百戰身，江南豈老異鄉人。君歸不是池中物，莫向昆明起劫塵。徘徊諸將路多歧，爲雨爲雲兩惘疑。六代豪華金粉地，興亡惟有老松知。

歲暮感懷和紫霞兼用元均

堅貞松柏待寒知，我亦滄江感歲時。落雁未歸身久客，蹇驢何適路多歧。行藏有定隨天命，深淺無端問畫眉。臘鼓聲中梅欲放，花街乘月過譚詩。

題泉州提督廢廨發見唐墓甋墨拓

李唐貞觀此遺甋，不覺烟雲十載前。闕地及泉儔閉骨，沈昏墨拓待摩挲。

寄師彥

孑遺多亂視如傷，一篆丘遲在梓桑。知汝栽桃兼種李，十年花事盛河陽。

熊某索贈

一官閩海久僑居，更遣生涯戰伐餘。白髮故園何所憶，君山綠橘洞庭魚。

不合

不合時宜滿肚皮，文章得失寸心知。窮年兀兀挲摩意，棄擲猶爲輕薄兒。

得小山房研刻輝毫成章四字暨石友篆書二字

輝揮字通假，易乾音義詳。誰何儷石友，叢桂小山房。

戊子大除

可有詩情寧大荒，孤城江海臥蒼茫。百千萬慮仍除日，三十六峰此草堂。竹葉不辭今夕醉，梅花待放隔鄰芳。沈昏相守寒鐙在，將母何時返故鄉。

感　事

樓船橫海下天戈，奈此東南半壁何。最是英雄遲暮意，美人黃綠兩蹉跎。
無稽皇古說堯囚，重器有歸命不緣。海宇竟同秦失鹿，石城紫氣黯然浮。
江漢風雲緊上游，陶桓軍事督諸州。計囊何以排群患，只恐難爲管樂儔。
北馬南盧天異方，山川邊寫起封疆。時危不失羈縻意，軍令中朝各主張。
太學紛紜聚訟年，聲華博士口河懸。獨排衆議和難戰，北望燕雲一泫然。
鎖院衡文誼未殊，百工衆技競奔驅。蓋棺卻有陽秋意，我向荊山哭武珠。
文采風流七百年，舳艫似夢憶幽燕。弭兵一語歸於好，白叟黃童自樂天。
連城環寶價難言，和璧隋珠此廑存。浮海寄將西子去，千秋仁義出侯門。
善戰曾聞服上刑，子輿此語比天經。中原萬里多枯骨，誰識將軍已汗青。
宋牼墨翟各紛紛，玉帛祥和說罷軍。北馬南船歸一統，炎黃華胄盛同文。

隋隄柳

風流天子謔龍舟，低拂長河萬綠稠。一自錦帆歸去後，蕭疏惟賸數行秋。

春郊口占

塵埃野馬掣風輪，季候郊原一番新。行處桃花如笑我，飄零長作客中身。

過百源禪苑

尋幽不覺路多彎，短巷長街幾往還。寫影寒漪僧澹泊，聞聲蕭寺鳥閒關。木綿過雨紅初拆，柳綫因風翠可攀。媚我齊雲三十六，便思蠟屐去看山。

館穀菲薄不至賦以解嘲

一桴溟澥竟何涯，如此行藏寧可嗟。天以吾徒爲木鐸，身隨人世比匏瓜。殘生豪傑猶垂釣，飽死侏儒已起家。姑射山頭聞辟穀，吸風飲露自清華。

感賦叠前韻

牛馬渾難辯兩涯，衰時抱道每咨嗟。先生白屋歸栽柳，故老青門訪種瓜。東海如烟樓是蜃，南柯猶夢垤爲家。閒居頗得觀心法，偃蹇江城四歲華。

贈張味蒓

見說蠶叢行路艱，東歸詩草篋中刪。夫因多亂抛西子，豈謂移文畏北山。王粲年光銷客鬢，張翰秋思動鄉關。結鄰我亦依花巷，日日橫街得往還。

歲暮感懷和紫霞仍用前韻

人海深藏人不知，茆庵莫夢太平時。曾來舊雨城南集，未見梅花郭北枝。蒿目艱危傷馬角，騷心淒苦訴蛾眉。商量身世天難問，酹酒年涯且祭詩。

夢惺至示和大除作叠韻酬之

先生進學笑年荒，便欲乘桴出混茫。數炔青鐙成兀兀，半閒白日去堂堂。較量北斗千秋業，不負南豐一瓣香。卻喜君來能破寂，雨聲今夕聽江鄉。

客　懷

二月城頭花事妍，凝眸何處鬱陶躚。江天漠漠低於樹，春雨瀼瀼密似烟。只覺覉懷添晝永，可堪寒意損宵眠。別來兒女音書少，鼓角猶聞瘴海邊。

次韻和葉松坡思園之作

五柳園林晝亦關，讀書得閒且時還。平田遠水歸詩卷，人與浮雲一樣閑。

泉廈舟中和紫霞兼用元韻

浮天春水刺舟過，楊柳風前綠可搓。鴻雁寥空鶱霽雨，鯨鯢溟海掣長波。昔年同舍秋花少，此地歸帆落葉多。雲嶽盪胸詩思闊，蒼茫獨立且高歌。

朶 蓮 寺

尋春郊外路，芳草碧芊芊。何處無修竹，隔江有朶蓮。蕭蕭槐樹岸，闔闔荔花天。觴詠詩流集，前塵渺若烟。

草 堂

樹色重門一徑深，草堂春寂晝陰陰。腰金海北歸黃鶴，手簡天南理白蟬。抱獨不妨無媚骨，守雌猶覺有機心。瘁瘏誰省先生意，百感蒼茫歲月侵。

疊瓜字韻酬愚廬見和之作

養生始覺知無涯，學海如烟輒歎嗟。雅趣烹茶兼看竹，清詞沈李與浮瓜。千秋彝鼎當名世，百里妻孥且泛家。來共講堂依不二，此邦文物亦風華。

次和夢惺來晉作

時衰禮失儔來學，往教衡門卻暫離。雨腳遲收雲似墨，客心難繫柳如絲。人間兼弱仍攻昧，我輩無官只有詩。最是杜陵吟望意，中原此局象成糜。

美鈔四首

金員未可比妖嬈，聲價相懸等壤霄。滄海一稃隨鉅腹，揚州萬貫去纏腰。通闤璝貨歸平準，傾國豪門故長消。欲與綠珠呼小字，雪膚花貌綜難描。

吳宮麗質此傾城，何代龍亭入海瀛。敢妒青蚨天下重，可憐飛燕掌中輕。淩珠轢玉無隄富，權白衡黃有物情。卻怪效顰緣底事，東施固乏自知明。

家在盈盈海萬重，豐容盛鬋洛邊逢。腰支楚女歸青案，身世吳娃聘白宮。取亂侮亡應有恨，通神使鬼若無踪。人間何事銅山鑄，如土如沙出素封。

絕國舉賢開本紀，我從頭寸識英雄。春風圖相纖豪肖，泉布功能遠邇通。大冶不聞金踊躍，天工如見玉玲瓏。清談卻笑王夷甫，阿堵名殊實則同。

過舉翼見示和瓜字詩仍依韻酬之

孤城雄傍水之涯，一老風懷不怨嗟。白髮劬栽潘岳樹，蓬心笑喻惠施瓜。半椽高士堪容榻，數葉金經好寄家。暇日論詩得相過，桑禪吾與禮蓮華。

清明節羅稚華枉過別後有寄

草堂微雨清明到，花巷春風故舊來。一水鷺門通鯉郭，千年雙墻並孤臺。曾題海外新詩卷，最憶橋邊濁酒杯。行腳溪山猶劫後，天南怕聽角聲哀。

何生遲衡過晉別後和糜字詩見寄仍叠韻酬之

一樓烟樹藏人海，十載兵戈與子離。細雨到門春闇闇，澄江照郭鬢絲絲。少陵飄泊仍爲客，宗武嬌頑未解詩。過我年荒生事迫，薦盤苜蓿釜饘糜。

暮春雨夜和愚廬兼用元均

高樓闇闇傷春盡，孤枕瀟瀟破夢奇。生意流鶯寒綠戀，心情病蝶落紅知。料無好語冥搜夜，賸有昏鐙獨聽時。芳草天涯虓鳩苦，王孫何事卻歸遲。

賦　感

不期蹇世遘玄黃，吳越山川幾戰場。此日投鞭流已斷，何人遺子視如傷。
江城荏苒諸天醉，詩律蹉跎兩鬢蒼。獨聽幽禽聲婉囀，落花無奈是他鄉。

感　事

萬方多難此淹留，苦向槐柯夢未休。物已不祥歸大冶，人仍清瘦作詩囚。
王章貴忘牛衣泣，臣朔飢窮鼠穴搜。可去荊州非故土，黯然兵氣莫登樓。

己丑四月二日蘇蓀浦大山招飲時年八十一賦此爲壽

風日清和四月天，人間桑海閱金仙。香聞幽館紅蘭墺，影照澄江白髮鮮。
七字漁洋開境界，十年衛武見詩篇。胭脂橋與胭脂巷，二老東南欲並傳。石遺
翁有廎廬，在吳門胭脂橋，與君居胭脂巷同名。

偕諸生遊彌陀有賦味蒓書册子歸寺尼

一春少雨卻多晴，春盡彌陀望更清。莓壁寒栖金粟相，雲林靜習石泉聲。
低垂地勢南溟闊，迤邐山光北郭橫。七百諸生齊寧勝，旌旗草木料無驚。
一嘯臺通一綫天，玲瓏一徑碧雲穿。懸厓寒竦危青墜，得句杯浮大白仙。
松下涼多盤石坐，澗邊韻細抱泉眠。歸尋蒼翠千山暮，瀟灑襟懷共米顚。

送夢惺歸永春

君來帀月送君歸，百里心隨倦鳥飛。桃谷別時紅簌簌，柳城去處綠依依。
好搜故籍如中祕，倘念緇塵尚客衣。聲氣能同期晚節，留看桑海未忘機。

半閒送別松坡

半閒我住半閒君，兩個閑身似野雲。君去半閒惟我住，半閒無主欲何云？

送別愚廬

數聲鼕鼓動鄉關，詞客憂危涕淚潛。梅子黃時爲此別，荔支紅日故應還。
人居翠巘丹霄外，志在清泉白石閒。明發妻孥歸一舸，送君江上柳堪攀。

贈其貞過泉歸尊人骸骨

君自桃溪一舸來，鄉情海色照尊罍。關泉孝思歸枯骨，用世雄心付草萊。
天地飄零詩卷在，風塵須洞客懷摧。嗟予去住仍無計，西睇關河鼓角哀。

重五開泰招飲有賦

等是飄蓬江海身，深杯相勸意彌親。幾曾晴日逢端午，俗諺：百歲婆逢幾個晴
端午？可奈干戈及此辰。故國榴花緋負汝，異鄉菖葉綠愁人。作書亦欲投潭
水，豈獨傷心爲楚臣。

次韻和愚廬歸途

猶勝筋力莫言孱，孤館橋邊幾往還。聲氣不徒元白重，文章欲在柳韓閒。
一帆送別客中客，百里歸從山外山。暫避氛埃過溽暑，聽泉坐樹更何患。
誰與神州洗積孱，輿圖兩戒幸初還。未孤氣類汗牛隙，久際風雲兵馬閒。
遣我生涯惟飲酒，思君江路只看山。紛紛蠻觸成何事，一例論功不補患。

次韻和愚廬寄懷之作

盤陀歸路百千尋，報我空山有好音。煮茗宜聽松韻細，結廬故傍荔陰深。

干戈擾擾群龍鬭,天地茫茫兩鳥吟。別後半齋蕭索甚,孤懷如水冷難禁。

半半齋漫賦并序

半閒牓齋,一經課子。倘以仲尼正名,惠施鈎析之恉,半齋又廑得其半焉。遂易之曰半半齋。漫賦長句云爾。

重重山外諸青抱,半半齋前衆綠遮。聊以解頤詩可說,卻因相識酒常賒。大來兒女如豚犬,小住江鄉爲蠏蝦。西望久無書信到,兵塵何日被天涯。

寄夢惺代柬用留別均

轔轔野老賦兵車,十室傳聞九室虛。念亂有懷孤客淚,告存無恙故人書。在山桑戶非藏蓋,抱郭桃溪豈隱漁。今日半齋誰可語,蒲葵炎夏拂輕裾。

次韻酬紫霞兼寄愚廬安溪夢惺永春

文章逾骨肉,風誼數諸君。南北東西某,松柏竹梅群。榻潤深宵雨,牕含遠岫雲。吟詩報雙井,二子悵襟分。

草堂吟念兵禍也

蟲聲如咽夜何其,雲樹沈沈月半規。幕府驕橫嚴武節,草堂蕭瑟杜陵詩。埃飛滄海將焉適,夢斷家山豈不思。九點齊烟輕一擲,危言衆論蟹行移。英吉利人有與某要書。

俱　樂　行

民欲偕亡曰俱樂,靡六州鐵疇鑄錯。有美一人舒清揚,紛披九天珠玉落。東南鞠旅旌旗張,乃以彼姝參戎行。論兵今與古異法,軍中有婦庸何傷。女兒身矯男兒裝,風沙曾閱百戰場。鬒髮如雲鬌且長,明眸妙睩儀萬方。三軍枕戈欲氣短，月下何誰吹蘆管。征夫轉戰年復年，鄉夢隨風續忽斷。城上樓高笳最悲，三五當頭兔魄滿。草堂烟樹何微茫，珠喉百囀迴人腸。將軍氣概不可奪，古來富貴歸故鄉。提攜子弟八千衆，分明約法仍三章。馬上聞作橫吹曲，關山明月唱黃鵠。正音淪澌嗟無存，淫哇莫能滌絲縛。金粉昔昔樂且耽，豪華轉轂皆烟嵐。山河弔影夕陽外，桃花一曲哀江南。

蓮花生日奉懷念廬先生

何堪寥落望中原，孤憤盈懷不可言。白髮天遺瀛易槁，朱顏人惜夢難溫。蓮花六月思君子，竹葉千觥想及門。留得鄉邦徵獻在，寒支礨石此佯尊。

次韻和夢惺見懷之作并訊愚廬

草堂人日憶梅花，訪子孤城碧水涯。捫卂光陰心緒惡，較量肥瘦帶圍賖。奈何天地將焉往，如此江湖便是家。一士還山猶偃蹇，可從溪上種紅茶。

別　意

二年講舍晉江潯，直諒從知非惡音。心即天君交似水，需爲事賊語如金。門庭樸陋仍杉牓，樓閣虛空豈陸沈。惆悵李桃三百樹，輕車歸疾荔陰深。

草堂夜懷

滄瀛三淺見塵揚，吾道非歟亦可傷。桃李新陰思布護，樗櫟散木費徬徨。經巢月到高花巷，詞客憂來比草堂。爨鑊吟秋諸籟寂，星飛水白夜微茫。

晤小迂養拙樓紫霞留飲有賦

八載關河別，重逢養拙樓。風雲身各健，主客味相投。溟徙南鵬日，天回北雁秋。刺桐城郭古，劫鑊一尊浮。

過半邨老人賦呈長句

城北詩人鬖髮蒼,結廬故在小山旁。松灣月古分蕭寺,楳石花香接草堂。大夢市朝徒悵惘,老懷邱壑且徜徉。無言相向成微唶,又報秋風鼓角涼。

雨夜宿養拙樓賦眎紫霞

夜雨留人宿,涼秋枕簟移。友聲千古尚,風味一鐙知。善葆青松節,沈吟白菜詩。如聞馳萬馬,鄰樹動琉璃。

過百源禪苑池荷衰老口占

一池衰葉易秋風,花事焉須問白紅。挂眼滄塵無盡劫,可憐君子亦沙蟲。

寄懷之六三山

二年海嶠雁書稀,曾否全家住翠微。世態風雲過眼底,客邊肥瘦問腰圍。山光烏石秋逾好,劍影龍津事已非。何日論文共杯酒,江湖浩蕩夢依依。

贈蔡德章

齊雲山下埔任邨,父老多情見若親。煮粥烹茶慰飢渴,夕陽歸路稻花新。

同迂叟避地彌陀巖再至埔任有賦並示景煌

海角逢迂叟,相看百劫身。名山溫異籍,老樹認遊人。場圃情如故,風烟世又新。不辭歸路晚,白酒過三巡。

中　秋

朦朧卻見此宵圓,容易秋光又一年。且向花閒浮大白,休將心事問青天。

紅梅和迂叟兼用元均

何必孤山處士家，胭脂顏色自風華。幽芳後雪矜松操，冷艷先春鬧杏花。
冰鏡暈生林下月，夕陽晴媚水邊霞。淩波標格誰相得，疏影分明竹外斜。

讀不匱室詩遂賦

蓋棺誰是百年身，遺臭貽芳各有因。不匱室詩寒在骨，曹全碑字秀於人。
高時元禮聲華重，當國荊文肺腑眞。鈞邲南都推物望，如君耿介亦無倫。

九日惠仁寺小集

橫秋老氣樹蒼蒼，人海居然寺可藏。有水有山皆負郭，無風無雨此重陽。
臨濠莫羨魚游樂，戞野猶聞鶴唳長。欲折茱萸頭上插，祓愁何地著清狂。

前題次幼巖均

江山寥落莫題糕，別有詩心付冶陶。後至獨尋蹊曲折，勝遊人共樹孤高。
陶潛松菊思三徑，庾信關河感二毛。摩野風雲猶未息，一尊蕭寺祓牢騷。

邱瀏山丈自榕垣以詩見貽成長句奉懷

踏徧關河語鬱涼，褐來詩帶海濤蒼。卅年客思頭如雪，五處鄉心月似霜。
城郭自藏榕葉碧，尊罍莫負菊花黃。秋高一翦傳南雁，最憶東山舊草堂。

九月十六日集城北金粟寺

城郭無塵樹海妍，山川裙屐最流連。且尋北寺隨諸老，此會重陽後七天。
沽酒不須身獨醒，說詩豈必句能傳。秋庭晝靜聞鐘磬，雙木樨香透女禪。

城北金粟寺聞午梵分韻得北字

天高秋氣清，幽闌擥城北。浮屠絕飛埃，勞生汔可息。雲林蝸徑迂，植杖去得得。佳辰叩扉扃，衆翳寺所匿。金粟彈指身，其歷劫萬億。千偈閏姥禪，課經有晝職。嘹梵霜鐘鳴，側耳怡以默。日中花影圓，沁人諸香國。文章韓柳徒，好尚或殊臆。高詠隨群賢，此會豈酒食。興盡言旋歸，蒼然踏莫色。

花 農 謠

薄莫澆花蚤賣花，溫陵城北幾人家。一椽自託花蹊下，藝得群芳當柘麻。一半蒔花一半蔬，生涯如此足清娛。當家兒女村莊似，十畝閑閑稅有無。佳種捸求四序饒，灌園莫莫復朝朝。栽花可有如花女，嫁與比鄰無限嬌。自從顏色奪燕支，鬒髮長披又一時。花露水香舶來者，花農花農知不知。

一峰橋雅集

湖海詞臣宦作家，風流怊悵昔人遐。年時講席依梅石，爨鱐吟觴就菊花。雲樹最愁鳶上下，霜天不見雁橫斜。一峰橋畔爲詩會，一老從容到後車。蘇蓀浦丈年八十一，最長。

過都督第有懷俞武襄

平倭潲海並南塘，龍虎勳名日月光。繾綣孤忠思拜命，馳驅半壁寄封疆。寒林徙倚將軍宅，遺集摩抄正氣堂。荒蔓已難咨野老，秋風憑弔菊花黃。
不是俞家是鄧家，衣冠文武換星華。秋英有主肥疏雨，庭草無人媚晚霞。故燕已辭都督去，長鯨未掣蓋臣遐。南郊翁仲瞻遺壠，志乘難憑發浩嗟。

雜 感

小陽春暖集群賢，衆綠戣齋氣以鮮。變雅變風詩可說，騷壇士馬盡精妍。

東壁來參赤足禪，自鋤荒穢理園田。橙黃橘綠饒風味，第一鮮甜是桂圓。
去日非攻亦枉然，何心墨翟製飛鳶。笑他莽蒼三飡者，不及江鷗自在眠。
玄黃龍戰此何年，花下銜杯意亦便。滿眼神州殘照外，商量吟句半華顛。

訪北城故址

蕭索揩筇問北城，殘甎猶抹夕陽明。萬鴉樹海歸飛急，六六齊雲郭外橫。
朱翁子傳見泉山，顏注泉州異此閩。城郭都非歸鶴杳，徵文誰把故書刪。

贈血詞爲紫霞作

頂踵能捐並墨論，憐君卻曲去中原。蛾眉風誼曾輸血，活命神鍼說報恩。
廿載櫻花憶小田，岡山院落月娟娟。月圓花好人長壽，悵望扶桑一片天。

奉寄某公兼訊外姪曾演復及難事秋聲館詩一卷即其遺稿也

艱難二萬五千程，南朔沙場慣戰征。閭井歸來家已破，山河收拾涕猶橫。
一麾左海天風壯，九日黃花宦興清。生死親朋悲劫鑴，吟魂孤館聽秋聲。

老　馬

沙場久歷摩冰霜，寒風蕭蕭嘶夕陽。將軍數奇汝亦困，支離皮骨相低昂。
世無曹韓誰畫手，干戈飄泊徒悲傷。伐國旋師智可用，人間歧路毋徬徨。

次韻酬蘇蓀翁

愁聽歸鴻嗷碧天，詩心蒼鬱尺牋傳。懷如霽月生秋朗，句比風荷出水鮮。
作健百年亭有意，知音千載操無弦。論交衰世存微尚，覆瓿吾徒可守玄。

鳳皇亭晚眺

鳳皇臺與鳳皇亭，鳳去亭臺空有名。南渡衣冠猶晉代，登臨憑弔夕陽明。

祖　龍

祖龍續六烈，車書萬里同。圖籍諸侯盡，烟灰學士窮。詎知藏壁內，或自出淹中。以吏爲師者，其言負夙衷。

餞　菊

簾捲西風一夢痕，詞心清瘦欲誰言。故知高士松堪傍，此別先生柳尚存。南浦雁孤縈去思，東籬蝶病戀芳魂。歸時可是來時路，惆悵長亭濁酒尊。

前題和半邨老人兼用元均

晉宋之間數石交，一尊還與素心抛。欲尋老圃幽人話，奈賸寒枝夜雨敲。花事兩開收眼底，秋風百感上眉梢。明年湖海毋相忘，遲汝重陽聽雁嘹。

又

南鄰沽白酒，北郭祖黃魂。晚節留身後，空枝澈性源。傷離人欲瘦，感舊夢難溫。皎皎霜天月，臨歧兩不言。

元日和翼叟均

風雨雞聲到枕邊，神州大好易殘年。寧知失馬人非福，不信求魚木可緣。進學獨憐窮兀兀，讀書何用腹便便。一庵苦挂滄桑眼，彈指頻驚寂滅禪。

元夜紫霞招集養拙樓蓺菊猶盛花並約爲北郭遊

曾憶離亭大白浮，不知雙井暗藏秋。元朝折簡爲詩會，雨夜張筵共婦謀。七日苔岑期北郭，百年風雅在南州。陽差陰錯哀何世，烟月迷茫碧海頭。

論　閩　詩

詩話樓高礙夜霜，八閩月旦在滄浪。江河不廢歸尊酒，倘有騷魂下大荒。嚴羽詩話樓在邵武。

閩派源泉此濫觴，先生苜蓿感年荒。詩心璞玉藏山靜，明月廉溪皎夜光。薛令之。

高蓋峰前雲物蒼，詩邨傳說渺難詳。行周集是開山祖，宿草招提蓮已荒。歐陽詹。

水暖鳧鷖行哺子，溪深桃李臥開花。《六一詩話》：鄭兵部文寶綠野堂水暖一聯最爲警絕，人謂不減王維、杜甫也。綠野堂荒裴相國，流傳片句麗如霞。鄭文寶。

竝世四賢一不肖，都中傳寫蓋臣詩。平生獨得陽剛氣，片石祠堂鬱古悲。蔡襄。

艇子榕陰繫小溪，潛夫清瘦出江西。因桃爲柳都詩案，病後梅花莫浪題。劉克莊。

何處陽阿晞髮去，江山涕淚著孤臣。傷心野祭西臺日，丞相猶憐是故人。謝翱。

秋日汀州道上詩，清疏吾自愛盧琦。使君爲政桃源裏，訟息民安汝作師。盧琦。

少陵排奡頗描摹，贏得人呼鄭鷓鴣。一代石倉堪伯仲，江山驅叱妙能圖。鄭善夫。

才猶足尚問山堂，風氣康乾桃盛唐。南北吟朋聲類廣，交情愛好數漁洋。丁煒。

詩流絕代楊花號，香草佳人有綺思。怪得隨園獨傾倒，西湖傳唱竹枝詞。黃任。

松寥流別出青蓮，夙慧詩人靳以年。造詣頗殊黃仲則，幾曾奇氣得山川。張際亮。

心如胡馬北風依，禾黍孤臣感繫之。種得螺江千樹橘，天留此老以昌詩。陳寶琛。

陸沈無力輓神州，豈有藏詩海可樓。負氣荊文吟太激，葵心向日死方休。鄭孝胥。

鋪張排比仍詩史，飄泊干戈此子身。挂眼滄桑摩老淚，諸陵繾綣作頑民。林紓。

十月吳江霜葉新，蒼顏白髮識詩人。變風變雅同光派，三世春秋說法身。陳衍。

山與樓中最絕塵，說詩社裏此傳人。嘔心苦語多昌谷，刻露何緣轉出新。林翰。

亭臺寒碧一湖藏，矩矱先民宛在堂。十子閩中儕別派，百年詩事盛吾鄉。

霜　葉

人愛棲霞一角山，雁來時節換朱顏。秋風作陣飛如雨，天際寒聲萬點斑。
佳會沈吟霜葉詩，秋林好是夕陽時。義山綺語情縣邈，杜牧花紅錯認之。

前題和半邨老人

寒陽幽徑任樵通，蕭瑟千林向晚風。人世不知添鬢白，天機何用借酡紅。
枝如寂滅僧皆禿，葉可留題句最工。參透盈虛消息理，榮枯都在轉眸中。

題寒江獨釣圖

巨川無停流，寒岸有敧葉。寂寞圖中人，一竿自踸踔。

揚　州　月

天下蟾圓此二分，綠楊城郭出寒雲。水晶簾捲秋花影，廿四橋邊笛隱聞。
烟波素魄醮長橋，騎鶴仙人萬貫腰。我向松陵懷石帚，月明惆悵一枝簫。

豐　城　劍

英雄肝膽美人魂，鍛作豐城古鐵痕。夜夜雙龍徒望氣，引杯安得向鐙昏。

探　梅

南鄰紅埛候，北苑綠衰時。臥起山中客，來尋竹外枝。獨行蹊曲折，不見
樹離披。何日春風至，低徊淺水湄。

冬夜聞雷

石破天驚萬象枯,沈冥風雨一鐙孤。南州地氣無冰雪,曼衍魚龍變已殊。

草堂梅桃並時作花

梅花開日見桃花,春色今年蚤海涯。如水客懷聊自慰,草堂相映兩株霞。

鄰家梅花爲風雨所敗

惜逝既難追白日,賞心唯愛借深杯。不堪昨夜風兼雨,落盡鄰家一樹梅。

歲莫書懷用紫霞韻

猶憐兒女憶長安,無褐無衣卒歲難。桃葉訊遲天外至,梅花春蚤客邊看。昏鐙自索詩腸澀,濁酒能消夜雨寒。卻笑清衛仍教授,一身匏繫更何歡。

晚翠亭呈蘇蓀翁

新吟昔讀紅蘭館,小築今過晚翠亭。木石清華詩境界,襟懷暢爽道儀刑。人多勝日杯浮白,地盡齊州海涌青。心事暮年獨平淡,囍深蚤薄太玄經。

稚華過泉以新刊詩稿見貽成長句酬之

春風吹綠刺桐城,掣電年光百感并。座上縱橫譚獨健,人閒沾滯種多情。頗於譎詭窺昌谷,時以雲烟起墨卿。一卷饒收滄海色,鷺門記共酒杯傾。

偕世銘祥耀鴻基遊九日山諸勝竝過延平焚青衣處

從遊難得二三子,一雨郊原淨綠揩。斷碣與捫唐故相姜公輔墓,空山且讀宋摩厓。烟霞寂寞松何在,泉石清疏隱可偕。又過焚衣芳草地,木緜如火燎天涯。

洛陽橋展蔡忠惠公祠諸生留舍宿

海江照我髩如絲,十載重瞻太守祠。南北徒杠通兩邑,瘦肥文字辨雙碑。《洛陽橋記》左碑肥右碑瘦,石質亦精粗不同。一尊座上春風暖,片月樓中客夢遲。盡是及門桃李樹,梅花石畔結相思。

花　朝

千叢嫩綠閒嫣紅,四面樓臺映曉風。作客不知春欲半,尋芳如在畫當中。參同萬化因非果,散入諸天色即空。吉日良辰兼美景,紛紛蜂蝶過牆東。

清明上塚詞

艸色清明暗自驚,英雄新塚展無名。黃陵岳墓今非昔,腸斷春郊杜宇聲。

讀記樓小集

好事詩流釀酒錢,頻來爲愛地幽偏。北樓能讀前賢記,東道毋忘此會傳。近市盤飱兼味至,高人庭樹午陰圓。嗟予鞅掌塵勞縈,半日忽忽去獨先。

龍溪寺修禊

相與流觴曲水濱,重三不負景光新。龍溪日暖榕如蓋,鯉郭雲連屋若鱗。造意推陳諸老句,興懷作健百年身。卻看孤艇隨潮入,兩岸平田繡綠茵。

蕭寺淪漣東晉水,蘭亭妍媚右軍文。莫春故事人修禊,隙地嬉時士習勤。庭樹作陰烏特臥,溪風送暖翠禽聞。一尊八表氛埃被,歸路何辭向夕曛。

名峰樓坐雨品茗

九曲尋幽負武夷，雲閒玉女水仙樓。一樓細雨詩人集，淅瀝聲中付品題。

坐　雨

樓外輕陰冪萬絲，莫春三月落花時。蒼茫相對清尊在，魂斷行人總不知。

奉懷家千谷先生

安命山邱守蜀同，傳經盲左奈時窮。澄清猶望黃河水，偃蹇真憐白髮翁。八十年閒存碩果，一千里外遞詩筒。秋風倘及歸期蚤，作健精廬詠樂豐。

柬　某

過化亭邊春澹沱，晚晴塍畔草芊緜。天南偶著鴻泥跡，郵籍傳車拾墜編。

雨中晚翠亭聽周子秀彈琴

牆外殘紅落，亭前晚翠流。風清彭澤宰，月泛大江秋。渺渺心能契，絲絲雨不休。雪堂聞此曲，歸去復焉求。

流　螢

四野天黏草色青，化生有物熠精靈。樓臺近水光飛動，曾照芸牕夜讀經。

石榴花

朱華綠葉殿殘春，佳種西來逐漢臣。況是房中多子者，故應拜倒有情人。

笠山诗钞卷第八

盆石

盆中拳石似仇池，我學襄陽一拜之。但願人生如汝壽，清齋長對骨嶔奇。

雨後彌陀觀瀑

懸泉細似珍珠瀉，晴壑能生六月寒。飛瀑長如銀練落，雨峰還得幾回看。

喜晴

太守扶風喜雨亭，詩流社集喜晴吟。喜晴喜雨惟時適，記取先憂後樂心。

聽黃漁仙女士鼓琴

琴音出自大家風，蔡女無心付爨桐。雁落平沙漁唱晚，滄桑都在不言中。

書懷

堂堂事業竟云何，種樹難爲郭橐駝。千里聞關南劍外，一經都講北山阿。笑人明日黃花在，照我澄江白髮多。故國松楸傷鬱鬱，穿碑先塚未礱磨。

刺桐花

刺桐城發刺桐花，晴日如蒸水底霞。我後陳陶一千載，詩成無樹卻空嗟。

龍眼花

鯉城樹如海，蓊鬱萬千株。花卻隨梅子，名胡錫荔奴。南園緜綠覆，東壁暗香逾。采采忙蜂使，微蟲識味腴。

五月菊

詩人時節近，幽圃坐晴霞。不道三秋種，能開九夏花。就荒徵士徑，獨醒大夫家。甲子知何世，徒爲隱者嗟。

贈常化知

不合時宜滿肚皮，茫茫千載幾相知。眼中冠蓋君爲雅，天下山川蜀最奇。蟲臂鼠肝隨付與，蝦鮮蟹美此棲遲。神州解放艱難日，攬轡澄清我孰之。

題黃石齋先生畫松

石齋先生手畫松，氣勢飛騰若虯龍。彼鱗之而雲所從，楮昏墨黝不可蹤。託根乃在黃山峰，天籟虛聞清齋供。長留蒼鬱凌寒冬，爲聖爲佛斯品同。摩挲古香拜下風，後彫姿質其惟公。成仁取義丘軻宗，吉光片羽披韡韡。豈與尋常量妍工，千秋萬歲垂無窮。

社集以帆影櫓聲爲題合成絕句

夕陽江上幾歸舟，葉葉桅檣浸碧流。欸乃隱隨山婉轉，風光寫入楚天秋。

櫓聲

春風吹拂柳毿毿，畫舸輕搖客夢酣。一片啞鷗拍拍，木蘭之枻到江南。

夏　至

雨霽層樓萬綠侵，應知陽盡便生陰。冰心一片誰堪語，蟬抱高枝自在吟。

北郭小集即事

交疇風遠綠方肥，雨霽雲嵐抹翠微。蔭廣不須爭坐位，心閒何必說皈依。一灣流水小魚躍，十頃平田孤鳥飛。北郭詩人此高會，吟成竭路傍斜暉。

殘　畫

漶墨昏箋何代遺，田園詩意讀支離。南宗似本王摩詰，我欲千金敝帚持。

羽仙巖觀石刻老子像

三十六峰盡白雲，行行莽蒼且尋君。名流鄉社童廝識，道大關門令尹聞。摩厲風霜天可幕，婆娑歲月石爲群。五千言甫開玄牝，何必東來望紫氛。

此是清虛道德尊，天遺頑石鑿餘痕。已無白鶴棲松栝，惟有黃牛養子孫。聒耳飛流如挂布，驚心荒塚似爭墩。曾聞禮失求諸野，何意龍門作寓言。

濠岸小集

長夏出東郭，言消半日閒。種魚臨水屋，歸鳥夕陽山。柳雨沐青鬟，荷風梳翠鬢。詩情與酒意，三十六峰閒。

東湖采蓮詞

妾顏紅比荷花紅，搖搖雙槳東湖東。采得荷花紅朵朵，一舸歸來趁曉風。妾心苦比蓮心苦，搖搖雙槳湖之滸。采得蓮心苦自嘗，一舸歸來日當午。妾情長比藕絲長，搖搖雙槳湖中央。妾情不斷藕絲斷，一舸歸來又夕陽。

前　題

泛泛東湖一葉舟，田田十頃翠雲浮。望美人兮眇何許，夕陽紅裏起清謳。

鸚　鵡　洲

昌黎昔記滕王閣，我輩今吟鸚鵡洲。芳草萋萋崔顥句，江山之好與心謀。地名胡以能言鳥，黃鶴樓前一草洲。博得狂生抔土在，建安詞賦亦風流。

過洪文襄故第

百年臺閣異林邱，氣稟同懷類各謀。珂里春風仍故第，清溪素月此孤舟。生還不幸松山役，死去猶高仲子流。幾個英雄能本色，牧齋終媿絳雲樓。

葵　扇

團團葉似中天月，襲襲涼生兩袖風。每爲秋來輕棄擲，賦才惆悵倩仔工。

水　蜜　桃

葉子蓁蓁花灼灼，有蕡其實見周南。天漿不乞蜂衙釀，五月晶盤薦最酣。

竹　牀

爲筏爲樓用有方，冬生之艸曰簀簹。紙屏石枕偶三友，手倦拋書午夢長成句。

心空皮實冷如冰，中熱人宜夢此經。不是黃鶯能聒耳，數聲漁笛卻堪聽。北牕高臥擬羲皇，卻笑姜家大被張。斫取南山數竿綠，涼生巧匠以爲方。卻思君子借清寒，獨臥神仙勝合歡。差別不須分上下，只今平等衆生觀。風流妃子本瀟湘，短榻能消白晝長。何必象牙才貴重，爲雲爲雨夢荒唐。

南牕可送日堂堂，富貴人閒夢一場。不受暑侵陳片榻，渾然無汗自清涼。

三 新 粥

主人與煮三新粥，綠豆芋魁米和諸。紅日山頭歸去也，詩流猶撚數莖須。

末 利 花

性本清涼容比雪，茗俱香片轉玄功。農家莫笑蠅頭逐，蚤出晚歸衣食豐。

歲百憂千胸境擴念廬先生句也頃得來書折其曾孫莊生云身非汝有乃天地之委形也因綴二十八字奉慰

人生不過百春秋，惘惘常懷千歲憂。天地委形非汝有，了然大旨達蒙周。

過味莼新寺次和即事原韻

道衰學敉敢儒珍，此地猶宜置散身。半畝瓜蔬供素食，四鄰花卉駐長春。泉甘汲井時烹茗，懷遠吟詩自絕塵。觸我心頭十年事，講堂梅石往來頻。

荷花生日集百原禪苑

清池開一鑑，原百此潴窪。詞客時乘興，僧寮夏品茶。綠擎惟有葉，紅摘已無花。照影蒼波外，娉婷閱歲華。

立秋後二日遊彌陀偕祥耀維明作

五載留南徼，三人出北郊。瀑聲寒石罅，日色澹松梢。盛暑夏將替，薄涼秋已交。群山看似沐，疏雨過林坳。

新秋風雨交作齋居蕭颯憮然有賦

推擠不去夏徂秋，一廡蕭然拙自謀。太學諸生皆罷遣，四門博士本窮愁。
掔摩唯物耽新說，聞道黃河奪故流。王粲登樓猶是客，漫天風雨望齊州。

挽丘勛初同年

濁世翩翩亦足賢，席豐不妄受人憐。宦塗清苦難今日，黌舍凄涼異昔年。
明月樓中懷落落，春風原上草緜緜。熟思廿載猶如夢，舊雨飄零莫問天。

明　誼

明誼狙公釋首編，神洲開鑿是何年。不容世界存甘地，豈可名山著樂天。
種種死生無我相，閑閑作息有其田。國門呂覽儻能易，聲價千金一字懸。

秋齋聞笛

涼宵片月挂秋空，吹出鄰家一笛風。觸我愁心言不得，辭巢紫燕太忽忽。

庚寅中秋小集晚翠亭子秀漁仙與會彈琴時予將
去泉遂賦長句爲別

江城忽忽五秋風，對月孤亭釀不空。自得琴音弦外趣，何須仙籟海邊逢。
蓬飛天末無南北，詩說閩中有異同。一笑滄桑身各健，桐陰社事仗群公。

自　笑

自笑拘虛卻末由，匏瓜身世苦綢繆。千江沈璧娟娟月，一氣行金颯颯秋。
已覺東南無淨土，焉知西北有高樓。關山夢迥多風露，蝸角紛拏果孰儔。

維明招飲江樓賦詩爲別竝际世銘祥耀

天氣新涼喜見招，江樓百尺倚雲霄。群山抱郭秋將老，孤客凭闌酒未銷。綽約朶蓮^{隔江寺名}堪比潔，栖遲皇路不辭遙。言之無皋聞能戒，此去風人漸寂寥。

東壁餞別

雙丸日月掣飛輪，來去吾生信有因。半晦園林尋老衲，一樓烟雨送行人。黃蕉最憶江鄉味，白酒相忘劫火身。東壁好留詩句在，碧紗何用障輕塵。

過　荔　城

六載年光鏵馬馳，虯珠又過子紅時。鱐聲搖曳柔如水，城郭綠雲見荔枝。

到　福　州

輕車陌里掣飛埃，到眼風雲亦壯哉。人事渾如蕉鹿夢，江山空賸釣龍臺。綠榕城郭知秋老，黃菊吟觴作客來。公器神州非竊據，何心鷗鷺苦相猜？

鄰　霄　臺

山藏人海隔喧囂，秋色平臺綠未凋。若比中原峰在地，猶勝今夕客鄰霄。一彎眉月涼初上，四野金風暑乍銷。林壑愴懷發老句，枯僧身世最蕭條。

西　湖

澄瀾閣圮帶烟深，一櫂閒將墜夢尋。澹沱微風生水面，蒼黃新月浸湖心。長楊獨覺隨人老，衰草無知動客吟。零落雙忠祠宇接，寒螿秋思不勝任。

重九後二日陳健行謝投八王邦珍黃之六姜子潤廖元善張貽惠徐君藩文煥然觴予小樓酒家用投八小樓昨夜又春風送人句足成長律奉呈

飈車疾走嶠雲東，蓬累吾生道豈窮。獨客異鄉多昔雨，小樓昨夜又春風。水南惜別三秋似，海北相逢一笑中。此會九人重九後，菊花未放酒杯空。

次韻心南先生明園雅集

厲學辛勞已十秋，使軺頻過水南樓。遇人難得溫而雅，處事何妨直不鉤。道否心唯前哲重，官閒時與衆賓遊。蓬萊深淺曾疑夢，一白明園散百愁。

側身幾見海揚塵，往事真如掣轂輪。東去聲華留絕國，南來博物重成均。十松亭上公爲主，雙椀齋中我是賓。何用一官書可讀，抽簪無礙作詩人。

重九登高于山戚祠

登高且向戚公祠，左海烟濤亦自奇。佳節身爲浮梗客，吟儔約爽賜恩詩。不殊風景新亭淚，大好山河濁酒卮。徙倚闌干頻北望，神州努力濟囏危。

庚寅九秋偕瘦愚訪黃蔭亭曾樾承贈抑快軒集賦詩爲謝並眎瘦愚

與客城南過幾回，新知見晚鄙懷開。登高曾向烏山去，泛宅故從燕水來。難得說詩言有物，最宜讀畫室無埃。百年徵獻存微尚，一卷分貽愴燹灰。

澥老以詩見贈仍用過荔城韻奉酬

輪鐵勞勞道遠馳，重逢猶健白頭時。奚囊相眎惟詩卷，秀出天南筆一枝借定盦句。

花　巷

怊悵年涯橘有霜，未從詹尹卜行藏。榕城桐郭雙花巷，蜀水巴山一草堂。
姑射仙人何綽約，壽陵餘子亦荒唐。莫雲西望關河迴，玉笛隨風斷客腸。

過投八有賦並呈子潤

烏山山下小樓居，愷爽園林讀我書。稚子候門三徑靜，故人分袂五年餘。
容顏相惜秋花好，時節頻催落葉疏。白飯紅茶留卓午，鄉音座上素懷舒。

哭念廬先生

文章不揜一身寒，託命山谿老已難。有味青鐙猶讀孟，無情蒼髮竟窮韓。
茫茫濁世隨流苦，渺渺重泉閉骨安。惆悵秋風歸計誤，玄亭西望淚如湍。

陪瀣老西湖訪林公少穆讀書處

衰柳橋邊葉半黃，行行不覺野隄長。禁烟碑在崇祠圮，種藕湖空小閣荒。
欲問桂齋扃已閉，忽聞蕭寺角何涼。百年鼎鼎成陳跡，杖履相隨鬢亦蒼。

觀影片雜詠

雄師百萬下江南，陷陣摧鋒喋血酣。天塹古之虛語耳，新華樂府唱何戡。
辛苦研摩白髮侵，十年樹木米丘林。地心吸力思牛頓，蘋果功夫一樣深。
捄死扶傷勇必仁，白衣戰士女郎身。鬥爭階級研唯物，巾幗神州大有人。
鋤奸肅特亦兢兢，戰綫無形甚有形。眼見法西斯蒂死，希魔縱隊果何能？

過晤傅柏翠院長慧亭

重見飄髯爾許長，廿年滄海幾塵揚。鄉閭子弟知兵法，形勢山川論戰場。

燹後均田毛可食，林閒結屋處何妨。不疑行縣平反衆，新命能毋視若傷。

學習社會發展史

百戰山河膡燹痕，桑麻努力復中原。此時鉤邰非牛李，重譯文章盛馬恩。
勞動籾爲新世界，思維再鑄古民魂。大同進化崇規律，至論員興定一尊。

觀斯太林格勒影片

危爭一髮智深沈，格勒歸然斯太林。伏爾加河冰雪裏，翦屠強寇日成陰。

故　人

文字挲摩務去瘤，故人惜別復驚秋。鴻來有訊巢空燕，鵲遶無枝室處鳩。
不見三鱸衛講席，劇憐兩鳥作詩囚。蕭蕭驛路霜風緊，怕聽寒笳動客愁。

訪香草齋故居并序

　　齋故莘田老人戚許氏居，詩所謂"借人亭館看烏山"者是也。圮於
水，數易主矣。

詩流遺韻渺難攀，一廡栖遲客未還。香草齋當烏石勝，木樨花在紫藤刪。
晚唐風味詞能麗，左海才人力少孱。譬若武彝殊五嶽，白開境界好溪山。

除夜和瀣翁兼用元均

年光欲挽萬牛難，且守鐙檠到夜闌。海日待生千室暖，天風敢惜一齋寒。
猶存黃菊缸中插，好向烏山頂上看。咫尺爲鄰同是客，商量文獻補叢殘。

匹園懷石遺先生

舊記清蒼讀匹園，詩人邈矣屋盧存。層樓爽致山皆見，曲徑輕陰竹不言。巴蜀孤懷曾作健，東南諸老此爲尊。胸中水鏡同光事，持論宏通識本源。

心南丈邀集烏山圖書館看梅花與者十有三人丈以母恙不至

老樹寒烟點翠微，娜嬛人境近相依。白淩騰雪羞桃艷，紅沐春膏笑杏肥。甌茗清宜香入座，牙籤靜愛月臨扉。歲闌且踐看花約，猶是天涯客未歸。

城郭無諸夕照中，閩江泱漭去何窮。一株松樹轉黃綠，萬點梅花紛白紅。雅集烏山來舊雨，初晴藜閣到東風。詩人將母懷通德，不及佳辰茗椀同。

三山晤紫霞有賦並呈芷汀丈

亭子瓣香記昔賢，欲尋遺跡渺雲烟。停裝小住烏山下，感舊重來馬瀆前。暫別十旬云歲莫，相逢一老已華顚。向平心事君思了，春蚤梅花照几筵。

庚寅大除子潤招飲

雙驂園裏讀書樓，一帶清陰古木稠。除日殷勤留客飯，囍時愴惻滯歸舟。中田麥子堪藏雀，大野桃花可放牛。尊酒因君共商榷，猶憐物論撼蚍蜉。

遊鼓山偕瀣老

有約不遊鼓，攀山不約來。松風青拂袖，海氣白生懷。何處湧泉寺，此開聽水齋。振衣同一老，小閣看梅開。

蔭亭招同之六小飲譚藝甚懽

丈夫意氣本軒昂，相向何須歎海桑。烏麓春風浮一白，閩中文字得雙黃。

擇言鄉哲淵源在，持論吾軍樸學張。寥落雲天爲此別，人生到處有歡場。

洪山橋夜泊

一葉輕舟破曉行，朔風十里滯江程。逆流最費船孃力，泊夜猶添旅客情。不負筋骸多閱歷，好從磨鍊出囏貞。洪山鎖鑰雄西北，百尺長虹臥水明。

別洽浦

此邦風壤問無諸，十里村莊半稼漁。蔽野果林疑谷處，懷山春水似湖居。家嘗角黍寒猶在，老讀新書味有餘。天際一舟歸太蹙，觀摩彌惜好朋疏。

至集美

蕭蕭故壘夢重溫，舊雨無多問學村。老樹幾看人事改，長壕猶見戰時痕。行裝自倚惟書卷，知己相逢只酒尊。西望關山仍寫遠，晨風明發最銷魂。

過洛陽橋

驅車晨過洛陽橋，一片蠔田未漲潮。忠惠祠堂蕭瑟在，雙碑文字劫能銷。

過仙遊

仙遊一帶蔗苗新，況有桂圓味可人。我爲吟詩紀風土，木蘭溪水綠鱗鱗。

九日澥翁攜酒果偕古愚造烏山寓齋登望耕臺

望耕臺畔此樓高，九日登臨散鬱陶。郭外江流飛白練，天邊松韻落青濤。人攜濁酒吟懷健，我對黃花短髩搔。四野油油占歲稔，食毛在昔重民勞。

不　妨

國子先生進學篇，三旬講席聚才賢。魂銷夜雨秋方半，腸斷離人月又圓。五斗米羞陶令節，一經恉守鄭公箋。不妨肝膂隨天予，輪鐵勞勞二十年。

梅花和迂叟

鐵骨杈枒淺水邊，著花獨占百花先。幾番殘雪尋詩客，一抹明霞擁絳仙。浮動暗香宜月下，胚胎造化在春前。孤山嫁與林和靖，長伴清尊意快然。

辛卯冬日予與半翁迂叟過含芸小飲有賦

北郭重來已隔年，思量人事渺雲烟。杯深頻勸酒偏釅，市近得嘗魚最鮮。一老説詩風趣遠，半灣流水景光妍。歲寒補種門前樹，爲念時艱更力田。

挽宜侯

小船亭畔問梅花，幾度聯吟日欲斜。視疾匆匆才半晌，重來室邇主人遐。

遊海印寺偕祥耀世銘維明

重訪招提十六年，崎嶇石徑已茫然。朔風遙挾濤聲壯，麥隴初翻野色妍。甆罇一尊詩可説，指窮諸子火能傳。小山藏寺迴滄海，布護榕陰緑到天。

烏龍江待渡

笑我西行轉復東，烏龍江上雨溟濛。輕車此地憑船渡，鞭石儔彌造化工。

贈世銘兼畍祥耀維明

盤桓難得共高齋，拂逆吾生未是乖。半夜雞鳴催夢覺，一天鴉噪起眸揩。
挈尊觀海此佳日，對榻論文多好懷。重過羅舒都講地，梅花片石草深埋。

辛卯除夜烏山半齋有賦

鉤析循名牓半齋，光陰鏪馬此年涯。幾爲閩海孤栖客，兩看烏山百本花。
莫笑陶潛偏止酒，卻憐庾信尚辭家。明朝萬事從頭起，大道輪困見礫沙。

寄贈維明

逢君不道臺江路，信宿匆匆又別離。可有新詞似秦七，春風歇浦最相思。

春晚半齋

九牛成汗落言詮，一笑嫏嬛客未仙。芳草不知三月莫，雨花如見四禪天。
室生虛白心無礙，景翳寒青塈可專。宇內已尊唯物論，揣摩殘夜向新編。

西湖桃花

是誰辛苦種桃花，開出湖天萬朵霞。一櫂春風人似玉，輕歌歸去夕陽斜。

湖 心 亭

湖心亭子水中央，打槳人來倚夕陽。風定淥漪揩似鏡，卻宜西子照新妝。

春晚梅花下作

猶見寒梅三兩花，醜枝偃蹇吐鮮芽。春光九十春長在，轉眼成陰覆綠紗。

西　湖

村莊橋畔問官家，芳草含烟柳吐芽。舟到湖心亭子在，風吹雨腳寺門斜。平時歌筵添紅粉，去日吟觴落碧紗。節近清明還惜逝，客懷振觸杜鵑花。

贈　亞　青

千軍筆下誰能掃，百尺樓高子可論。難得天涯爲異客，何妨學術不同門。蠏行迻譯桴浮海，蚓畫覃挐篆溯源。相約看山動吟興，春明石鼓快飛尊。

奉寄入懷先生時年八十

鶴髮貞心八十翁，歲寒姿質後彫松。半灣白水流沙淺，千叠青山過雨濃。偃蹇草堂襟抱在，栖遅江海夢魂通。晚年相悅惟盲左謂千谷先生，拄杖時時一往從。

題畫三絕句

太室廬鴻此草堂，千年神物十圖張。風濤馬遠俪雙絕，一卷滄塵借海藏。
廬鴻草堂十志、宋人風水二十景，故宮博物院影印長卷一册。

千尋斷岸月高孤，此是蘇髯後賦圖。谷應山鳴風水湧，戛然一鶴夢無殊。
子瞻赤壁。

斷代班書非鑿空，使槎犯斗信難深。河源不是支機石，自在巴顏喀喇陰。
張騫乘槎。已上二圖，皆在宋人風水二十景內。

亞青見和長句仍依韻酬之略論閩詩

精妍士馬會中原，變雅變風可略論。進學先生新國子，種瓜廡卒故侯門。相逢海北俱蓬累，祖述江西此水源。滄趣石遺俪健者，湖堂詩事待攜尊。

六月八日福州大水

千里閩江匯濁流，混茫一片失青疇。三時艱食民勞念，九載洪患國脈憂。芳樹含烟浮近嶼，孤邨在水出扁舟。荊淮疏導關天下，四海爲家見遠猷。

夢惺元夕以詩見寄書來速和遂依韻答之

緣猶慳一晤，君去我來時。花巷曾沽酒，桐陰孰說詩。造車須合轍，出戶不垂帷。深淺商明鏡，白頭笑畫眉。

側身望天地，欲去果何依。兩水分青嶼，一齋傍翠微。江空懷浩蕩，夜靜月清輝。思子春徂夏，因風訊瘦肥。

贈耐軒索寫讀書圖

嬋嬛小謫豈前身，唯物難爲證果因。君作陳何詩弟子，我交王謝雋人潮安女才人。白雲在岫有佳意，綠葉覆牕無俗塵。索寫讀書圖一幅，蕭齋長供四時春。

榕垣雜詠二十首

朱翁子傳著泉山，霸業無諸不可攀。　笑讀太平寰宇記，郢書燕說誤誰刪。
鄙諺三山不見山，千年城郭鶴飛還。　綠榕陰翳渾如畫，照出江心水一灣。
前王欲問釣龍臺，滄海曾飛十丈埃。　傳信南荒留片石，江山過客有餘哀。
曾爲南豐一瓣香，更從經術見文章。　流風異代亨難覓，惆悵三山落日黃。
江外青山山外江，江因山勢遂成雙。　尾閭高矗羅星塔，船政源泉溯此邦。
海日生明艻崱峰，一彎寒綠萬株松。　闓闢進化知規律，相率耕山地力窮。
青郊難得小西湖，細柳長楊入書圖。　辛苦十年思種樹，員輿創造出勞模。
宛在堂深衆綠遮，詩人身世總堪嗟。　自開風氣中原外，毋熟寧生悕不邪。
湖堨猶勒禁烟碑，日莫空庭亂鳥飛。　三百年間推物望，微公吾更與誰歸。
此地蓬萊如故里，當時紀效有新書。　街頭喚賣傳光餅，最憶平倭蕩海初。

林壑深藏夏似秋，遙連海氣蜃爲樓。　東南莫道無冠蓋，竊國曾聞碧眼遊。
湯門最愛水泉溫，持較華清此異源。　不爲春寒賜傾國，衆生無垢盡承恩。
長滋土脈味甘鮮，白水井泉北庫泉。　修綆汲深甌茗瀹，魚眸活火及時煎。
長慶寺參荔子禪，曝書亭集有詩篇。　宋香底事爭閩粵，六月來嘗味最鮮。
橙橘霜寒樹樹黃，三冬風味憶江鄉。　開門把酒臨場圃，十畮閑閑話歲穰。
生產編珉重手紅，脫胎漆器象胥通。　楮篷輕便宜晴雨，勞動成家樸可風。
石質壽山膩若脂，陸離光怪匠治之。　田黃聲價量金玉，摹印還將繆篆師。
瓈貨如山異日中，臺江橫貫臥長虹。　北來建劍千尋水，南去樓船表海雄。
瀨江一帶地低窪，時有洪流捲積沙。　萬里越南復燕北，山河兩戒望中華。
烏山月落聽啼鳥，夜半樓頭景不殊。　自寫竹枝誰擪笛，猶憐客思滿江湖。

啖荔支戲效東坡

東坡南徙我東行，振觸年時一片情。荔子西禪宜飽啖，不知何處是歸程。

觀烏山李陽冰篆書摩厓

千年篆刻故摩厓，見說南碑此最佳。虛造世人猶向壁，我來石下且莓揩。

西湖同瀣老

山色四圍照水光，亭臺還借碧湖藏。榻移樹下遮陰密，茶瀹鑪邊送日長。
蕭寺門扄僧去久，平郊日落鳥歸忙。半生爲客添鄉思，一老同遊髩蚕霜。

耐軒出晬女冠橫琴造像華山紀行爲賦

往事幢幢百感并，女冠裝束鬖桐橫。三峰天外尋詩去，一老關中結伴行。
文字故多山水致，襟懷可與菊松盟。猶憐清照詞心瘦，對此西風無限情。

移居烏山圖書館

蠹蟫卑濕剔辛勤,故業鎦班與略聞。明月樓臺芳草地,牙籤十萬過崇文。郎嬛人境傍城隈,三宿微憐我不才。也算天涯得知己,依依五十一株梅。

頗娛園 ①

古木陰陰景頗娛,園名聊以雅言呼。山川佳麗宜橫舍,風月清輝愛對湖。卻有吟朋成小聚,斷無故步可時趨。摧移與世非阿世,曲學公孫料不須。

壬辰中秋 ②

眼前景物似滄洲,對此高寒怯倚樓。千里子身爲異客,三山兩度作中秋。欲持心緒如僧定,未減風懷與夢謀。四顧無雲天宇淨,清光東海一輪浮。

聚春園小集賦贈今雨

田陽劍浦緣榕垣,離合朋儕可略論。霜雪十年仍短鬢,江山一笑此芳尊。時尋槧本南街賈,約看梅花北郭村。勝事聚春春不老,說詩未應變風存。

次韻和亞青

不言詩派出柴桑,不用窮途學阮狂。千里鄉心彌繾綣,十年國子久迴翔。江邊日麗明銀練,天際風微度玉璫。相處故知懷跌宕,烏山譚藝未能忘。

無諸臺畔客同過,如鏡西湖水不波。小別贈言猶悄惻,中原努力莫蹉跎。尋梅北郭思傾酒,倚劍南天好放歌。說與故人應一笑,子陵何意著漁簑。

---

① 頗娛園,作者與王道之札(福州林公武先生藏原件)題作"頗殊園寓齋有賦",首句"古木陰陰景頗娛"作"老樹蕭疏景頗殊"。餘皆同,疑作者後改。

② 壬辰中秋,作者與王道之札題內無"壬辰"二字。首聯"眼前景物似滄州,對此高寒怯倚樓"札中作"霜侵短鬢莫登樓,對此堂堂去日悠",又頸聯"欲持"作"欲將","風懷"作"風情"。蓋亦作者後改。

桃花山下梅花盛開

桃花山下種梅花，天遣冰姿伴絳霞。緯候南鄉霜雪少，故宜明月著橫斜。

買　春

前邨已見杏花紅，細雨霑衣入市中。卻費杖頭錢百箇，一尊相與醉春風。
勝日尊罍莫遣空，畫帘招展短籬東。春寒罏畔呼紅友，來就文君一醉中。

同澥老過道眞室看梅花聽彈琴並爲澥老代乞作鼓山遊圖

不須因夢踏楊花，昨日看梅道輞家。玉指親勞①調綠綺，霜天寒雁落平沙。
前年一老共看山，南朔東西客倦還。來結三生緣未了，乞君爲寫萬松灣。

斯大林大元帥哀詞

克里姆林夜，光芒隕大星。兆人如在疚，一老竟逃形。微悃申唯物，殊功
並列甯。豈知窮髮北，今見草青青。
百戰殲狂寇，長驅到柏林。威名西陸震，恩澤北溟深。慕義行仁者，存亡
繼絕心。無衣詩廢讀，函夏起哀音。

遊　石　鼓

石鼓春明約，天風挾雨飛。人喧知近寺，雲冷怯單衣。巢鶴松尤古，函牛
鼎可幾。不妨窮地力，自食且振微。
三度遊茲寺，年光瞥眼徂。空門成小市，懸蹬出輕車。石筍如迎客，崖松
信起予。雨多莓徑滑，怊悵白雲居。

---

① 親勞，作者與王道之札作“偏勞”。

聽水齋述懷

夜鼚此藏舟,巖泉喝不流。更無人偃蹇,時有鳥啁啾。向壁頭陀意,專丘國士憂。山雲飛作雨,九點灑齊州。

哭家千谷先生

曲曲東溪抱草堂,鬢眉不照影如霜。遺編手校忘寒暑,微命天留閱海桑。未報音書千里外,相思魂夢兩年強。一經媿守鴻臚業,往教吾猶世道傷。

澥山先生今歲七十又七重遊頼水重諧花燭賦贈

頼宮往事渺雲烟,華髮重遊弟子員。卻笑東西南北某,歸無長物只詩篇。越水吳山路幾千,劉樊夫婦地行仙。白頭結髮如新日,競秀瓊枝照眼鮮。風物西南一一攀,湘黔桂蜀不辭艱。北行更出長安道,晚歲歸描石鼓山。鄉邦碩彥數雙廬,潛廬,先生自號。一謂念廬師。前歲秋風一老徂。魯殿靈光公望屬,即今文史重耆儒。

春閒有傳家千谷先生耗者予爲詩哭之矣旋知其妄暑假歸里奉晤一室殷殷以所輯上杭文錄屬執校訂喜而有賦

海外東坡信浪傳,弢丘天爲膾耆年。相過土室無它語,微尚時時及墜編。

自大沽乘舟至峰市六絕句

大沽直下竹篷舟,勢若乘奔不可休。禹貢桑經圖志外,汀江一水自南流。大沽灘。

長豐才出又新豐,萬馬奔騰水勢雄。一事至今成俗諺,紙船付與鐵梢工。長豐、新豐灘,在大沽下不一里。

南蛇渡口伏流深,蔽日青柯兩岸陰。氛垢不纓丘壑美,吾宗篳路啟山林。

南蛇渡小陳阬，吾包氏始遷祖居之，廬墓在焉。

扁舟排浪巧穿針，險惡灘聲可味尋。折取江干一枝竹，平安隨處報佳音。

穿針灘。

牛牿門舟出小河，風湍百里擲如梭。折灘灘上雙流匯，飛沫相摩亂石多。

折灘。

水程半日到峰川，似刃尖山翠插天。閩粵雄關歸鎖鑰，摩肩接迹此通廛。

峰市。

次韻夢惺九日寄懷長句

九日清吟負菊觴，一齋偃蹇尚山陽。關情雲樹雙溪別，轉首兵戈五稔長。
驛路梅花將雪白，江邨橘子擘金黃。不堪歲暮懷人意，寒鴈聲中月似霜。

和夢惺韻示爾康世講廈門大學

萬頃雲濤抱此樓，千帆寒日去如流。豈知故事三鱸集，最憶年時六學修。
舔邇及遐寧自宣，探瀛無畔亦何愁。盍思孟晉群能迨，鶱翮南天展壯猷。

一九五四年元旦

急景相催律歷尋，梅花歲首起謳吟。艱難已束長淮浪，踴躍如聞大冶金。
漸覺均田風俗變，不知廣學髩霜侵。八埏見著華胥象，聒耳笙歌夜欲沈。

次韻酬夢惺見懷

曾訪仙源路，桃花水一溪。詩新頻倡和，朋舊共招攜。別意紅堪泛，騷心
碧可棲。蒼茫彌惜逝，海徼幾留題。

桃　花

小桃一雨吐新芽,吹出東風水底霞。惆悵我來花下立,年年春色在天涯。

送許文雨之山東教授

三稘講肆共淹留,玄髮堂堂去日休。閩越春光爲此別,魯齊山色望中收。倚裝漸覺同聲鮮,論學猶能臭味投。辛苦作人隨處好,百年心事總綢繆。

遊青芝寺

乘流到琯頭,海色望中收。山抱青芝寺,潮平綠草洲。爲尋春景好,與洗客心愁。上下崎嶇徑,歸來趁汐舟。

茲山奇以石,半晌共僧搜。盡擎滄溟勝,還窮洞壑幽。百盤危磴出,一綫碧天浮。定與縈清夢,詩心寄水鷗。

觀越劇梁山伯與祝英台戲爲六絕句

一擔琴書上學時,娥娥紅粉有誰知。春風相送杭州路,邂逅金蘭換譜奇。

音書催促恨庭闈,三稔芸牕夢若飛。別意不堪春草綠,短長亭外兩依依。

十八里程留蝶墜,可憐撲索與迷離。紅裝機智千般喻,目送飛鴻總不知。

三分歡喜七分哀,有約忽忽舊雨來。封建劇憐同鴆毒,一場春夢會樓臺。

依稀故事華山畿,傳唱人閒樂府辭。振耳迅霆新塚劈,化爲蝴蝶一雙飛。

群芳齊吐競鮮妍,海上新聲法曲傳。越女如花看不足借梅村句,教人絲竹感中年。

贈　道　眞

左海盛吟事,清譽噴閫秀。淵淵聞雅言 [1],殖學謝孤陋。出水風荷鮮,吐

---

[1]　淵淵聞雅言,作者與王道之札作"趨庭縣詩禮"。疑是後改。

詞絕淤垢。雲烟起維摩，剗藤布巒岫。簪花妍寫經，焚香靜金獸。適來理絲桐，曲終此雅奏。皚室捐纖埃，紛披卷帙富。浸淫無閒心，逢源若左右。牎前種梅花，歲寒足相守。

讀桃花源記旁證

西征豈有此途迷，牽引桃花水一溪。五斗不辭腰可折，聞風千載陋夷齊。

讀陶淵明傳論

傾河注海虎頭癡，五字江陵一例疑。柔日讀書分乙部，刻舟求劍亦何為。

送尊六北歸兼訊滌瞻

離枝紅好動離愁，六月閩江送客舟。清話書林推彊識，故虛金契武前修。焉能不食匏同繫，敢以為盈芥可浮。一士孤高憑寄語，石渠渾忘海橫流。

鐵蒼招道之及予小飲時予欲歸省未果因約為石鼓西禪之遊

今夕江城倒酒樽，座中道韞最溫存。主人高誼惟同氣，好友忘懷豈擇言。相約招提消溽暑，且專邱壑免絲喧。白雲遊子窮西望，鳥徑攀天祇夢痕。

甲午大暑前一日偕鐵蒼道之遊西禪寺唐日長慶遂成長句

三人出郭訪西禪，綠野紆迴度陌阡。荔子殘柯天水種，伽藍遺蹟李唐年。力疇僧庶艱斯食，聚學群倫物可研。我愛昌黎非闢佛，娛游暇日共延緣。

西禪寺觀道之手寫藥師琉璃光王佛經大佛頂首楞嚴經卷子

延緣經卷寫金泥，秀出天南筆一枝。我愛易安女居士，黃花覓句惜芳時。

偕道之遊西湖未果再以詩奉約

風光咫尺負西湖,有約重來願勿逾。記取月明三五夜,柳陰與子畫船呼。

桃花山出土南齊永明七年墓

土湮草蔓墓爲田,閉骨誰何向九泉。文字摩挲猶足辨,永明己巳七年甎。

倉山又出土晉永和墓

永和猶在永明前,觴詠蘭亭集晉賢。城郭無諸歸鶴渺,不知南徼孰遺阡。

江　鄉

江鄉十里好栽花,宛似蓬萊豈若耶。倘製清平新曲子,祗應春色屬天家。
淩波微步襪生塵,多事陳王賦洛神。若比風流釵十二,臙脂北地暗藏春。

寄山腴翁蜀中奉詢癸叔師身後事

喜從海角得聞知,君復耽吟健自持。溪月好懷依錦里,江流清抱憶塗祠。
火傳始解爲薪喻,道喪何堪壞木悲。函丈憑公問遺事,淒涼身世二窗詞。癸師
始刻爲《二窗詞》,最後定爲《蜀雅》十二卷,樹棠爲之校錄,刻於海上。

一　夢

一夢槐柯倍惘然,青雲有路便遊仙。江城誰與吹寒笛,五月梅花落枕邊。

爲諸生講屈賦述懷

問天無語且徘徊,野色迷茫院落開。辛苦滋蘭猶九畹,不堪蕪穢眾芳哀。

爍金衆口是耶非，瓊佩紛吾自陸離。一例美人遲莫感，纏綿卻愛玉谿詩。
先生浮海昔乘桴，欻道昆侖累僕夫。西去流沙幾萬里，五千言與說虛無。
紛紛今古鬨成均，卻笑移書費舌脣。親切青鐙常有味，不辭臣朔苦飢身。

媧　天

媧天不補此才庸，現實人生託蟫封。大夢紛紛誰是覺，殘紅樓外送僧鐘。

甲午除夜寄懷雁晴先生北京

鬢華猶自帶京塵，似水清懷孰比倫。摩厲馬書多創獲，殘叢墨學幾傳人。
十年闊別兵戈洗，一夕相思歲月新。海角侯芭仍偃蹇，蒼茫何處是知津。

乙未春假偕諸生遊石鼓

前年冒雨此看山，茲度晴和喜再攀。翠浪曉寒生麥隴，青濤風暖送松彎。
莫將花事三春誤，且趁僧寮一日閒。進德相期諸學友，登高腰腳敢辭艱。

鼓山宋趙子直汝愚摩崖江月不隨流水去天風直送
海濤來警句也因和其韻

兼旬陰雨洗飛埃，東越山川此壯哉。舊句摩崖人已遠，空齋聽水客重來。
閒僧有致談名蹟，老樹無言歷劫灰。日莫且隨松逕出，扁舟欲去尚低徊。

春晚偶成

出雨農蓑望歲穰，水田背郭正分秧。陰晴近日殊無定，蝶使蜂媒爲底忙。

桃　花

桃花人面費思尋，策杖封侯豈女心。不負求皇清夜弄，洛迦如聽海潮音。

乙未花朝夢惺五十初度以書來告賦此爲贈

故人歸去桃花溪,六年不見長相思。春風殷勤寄緘札,一念新羅逾此時。
五十平頭二月半,尊醪自照花爛漫。未知四十九年非,我過伯玉愧且汗。

觀華東出土文物展覽會

石鏃石斧拾洪荒,倘溯猿人世渺茫。化石象骸駝鳥卵,欲教數典失炎黃。
青銅時代數殷商,稽古湯盤訓孔詳。可惜攀髯人去遠,更無神物鼎湖旁。
季代黃河已奪淮,湯湯方割遂山懷。疏治經建今爲盛,彝鼎紛紛出八垓。
似武梁祠畫壁痕,斑斕墨拓尚堪論。不知一代誰何墓,歸鶴沂南北寨邨。
桃花山下墓田荒,闕地及泉見吉光。鑿鑿永明甎字在,晉安故郡攷南疆。

《南齊書·州郡志》:侯官屬晉安郡。

世家叔季重南唐,玉冊哀辭告大荒。空費經營身後事,白門華表幾滄桑。
鷓鴣斑椀亦精妍,黑釉建窯宋代傳。匣鉢分明留四字,紹興十二欲疑年。
快雪時晴語自妍,右軍書法妙群賢。蘭亭已逐昭陵盡,文字人閒不值錢。
痛割臺澎五十年,方壺海外尚孤懸。散盤毛鼎思文物,恐逐梅花眇若烟。
將軍畫骨噪丹青,畫肉雖殊亦盡形。逐電追風神駿眇,不堪濯惡向東溟。

次均和尊六即送北歸

又及荔支熟,北歸萬里心。三年懽聚首,一日悵離襟。堅白論同異,雌黃
詆古今。辛勞偕種樹,桃李望成陰。

送陳祥耀之北京

秋風江路送征車,豈爲金臺弔望諸。去日侯芭商舊學,歸時陸賈說新書。
初看岱色如人秀,待渡河聲得句臞。見道故知非覘月,推擠與汝一軒渠。

觀華東地區展覽會有吳縠荪之畫葵雞立軸感舊有賦兼訊大頤

闊別吳縠十載疆，蜀葵回寫好風光。聞雞半夜聲非惡，立馬千峰寇正張。歲晚新羅仍泛宅，時清子美且還鄉。聽天翁是知心者，詩律將毋益老蒼。

履周以石遺室論文一册及自製夷葵室格紙見貽賦長句報之

一老醰醰擅說詩，文章亦自識妍嬈。江河不廢當時體，風氣宜爲後事師。掇拾蟬編勞轉益，揣摩牛汗得多資。蠅頭更惠烏絲格，敢以雕蟲答所知。

尋 梅

征雁無書滯異鄉，行行又過石橋長。波心冷蕩橫斜影，一樹寒花作月香。

柑

江鄉柑子大如拳，青蒂薄皮味最鮮。白草黃沙天萬里，不脛聲價老羌傳。

與客西湖看梅花

天寒且莫吝深杯，恰似壩橋驢子催。幾處寒香動詩興，相將湖上看紅梅。

雨後再至湖上看梅

連宵微雨淨飛塵，羯鼓頻傳世宇新。還看梅花湖上去，風光四海一家春。

乙未大除前一日過蔭亭出旽所藏鄉先輩墨蹟命題有賦

驅車南郭過行窩，人海巢書子柰何。半晌相憐微尚在，斑斕墨蹟足摩挲。

笠山詩鈔卷第九

讀　史

猶聞圓嶠會群眞，海客譚瀛世又新。
眼底紛紛未許空，成名豎子亦英雄。
口舌如何不得官，欲援仁義濟時囏。
何心誣蔑到黃冠，腦子偏爲不死丹。
一經獨抱劫灰遺，博士成均孰起衰。
竊人之財謂之盜，卻笑斯文亦盜流。
日月光華熠八垓，卻同列子御風來。
忠言孰聽宮之奇，守口如瓶百里奚。
非霧非烟說法身，山頭綽約見其人。
不妨事作滑稽看，有味青鐙未等閒。

他日博望非鑿空，有人多事問河津。
欲知天下同文日，不滅斯高一段功。
舠排楊墨同刳鑿，神禹功高許一韓。
炎午文章枉生祭，頭顱柴市擲猶難。
太息公羊徒墨守，膏肓廢疾詆其私。
郭象著書攘向秀，不解征南貉一丘。
微聞紫氣流沙外，如奏鈞天廣樂開。
隻手詎援天下溺，孟軻道大是吾師。
輪囷大道天花墜，思效明堂一洗新。
飽死侏儒餒臣朔，猶憐人海向長安。

瀣①翁詩來約看杜鵑花展覽會賦答

約看何園謝豹花，春光爛漫正天涯。兼旬小疾憐新癒，佳日追陪長者車。

自榕歸里雜詠

輕車颷發一千程，待渡烏龍曉日生。時事推移形勢在，眈眈五虎大江橫。
荔子殷紅味最鮮，君謨作譜費周旋。宋家尚有殘唐種，樹老心空劫火煎。

---

① 瀣，稿本作“蠏”，疑偶筆誤。據前文題校改。

計程岻里到泉州，雙塔高高天際浮。作郡梅溪思去日，井泉比戶愛長留。

泉州府學夫子泉碑，宋王十朋梅溪題。

薌江土產舊知名，九夏無如竹筍清。黃柚綠蕉紅橘子，晴郊一望稻疇平。

鏤山鑿道盡人爲，不羨神工鬼斧奇。朝發鷹潭夕鷺島，荊州記憶盛宏之。

閩西重鎮古新羅，輪鐵勞人歲幾過。道路如髹煤最富，百年經建燹痕磨。

龍巖產煤甚富。

盤陀車出千峰頂，委宛溪分兩谷閒。山水陰陽如指掌，雲林能使夏生寒。

弔鐘巖車道陡絕。

細君執役如城旦，博士移書似太常。卻甚長安徒索米，滑稽何事笑東方。

挽家千谷先生

去日東溪舊草常，書聲寂寞水聲長。拜牀盲左頭如雪，別夢天涯月似霜。一息憖遺幾衛武，孤篇輯錄繼維慶。邑人周維慶有《閩汀文選》，已佚。先生輯爲《杭川文錄》，甚富，屢屬刪定。孰知風雨重陽近，閉骨窮山素旐涼。

過西湖宛在堂

淥波湖上石橋通，如鏡新揩出太空。亭子半閒山四面，詩人少達命多窮。風前槲葉吟觴散，雨後梅花畫本工。一笑維摩無芥蒂，來時乘興去怱怱。

歲莫有懷道之

深心相契碧江濆，我見梅花便憶君。容易一年猶往教，卻慙將母奉晨昏。

聞愚廬歿隔年矣遂成長句以誌吾痛

中原去日亂如絲，一別浮沈兩不知。薪火那堪思往事，文章遂欲哭其私。挲摩雅記相須遠，擲棄窮丘未起衰。遺集飄零誰繼絕，梅崖而後此才奇。

送道之北行

壓樹殷紅荔子垂，茲遊訪舊去京師。綺牕歸記梅花墖，約汝看山到武夷。

丁酉夏評閱高等學校新生試卷於省交際處龔氏舊館也夢湘以詩見眎因和長句

廡學于今路廣開，棟梁榱桷集群材。甄陶只覺天心厚，羅網寧教海底埋。拾句湖山閒有致，衡文院落淨無埃。琅環人境聞茲地，公退攀臨與子來。

省交際處評閱高等學校新生試卷遇國學諸同年遂賦長句

別來二十七年強，五老峰前舊講堂。暫聚且寬身各健，相看只覺髩微蒼。升沈夷等何須計，得失銓衡總若傷。負郭濱湖亭館好，最宜晨夕共清涼。

丁酉暑假歸里紀行

龍潭角趁火輪船，滿耳風聲水拍天。酷暑漸收連日雨，一江秋氣最澄鮮。
澹沱洪山水一灣，長虹自臥碧波閒。行舟少婦年時泊，鷗夢依稀尚未刪。
秋水長天漾晚霞，炊烟江介幾人家。枇杷最憶甜如蜜，斜夕孤帆過白沙。
半夜來停水口舟，江聲月色夢悠悠。不勝一幅清秋景，刀尺寒衣感火流。
津途䢂里浪聲麤，一鶴橫江夢不孤。危巘未攀明翠閣，攢天先見兩浮屠。
寂寞書齋問水南，十年種樹我何堪。延平故里橫經日，直諒多聞益友三。
左海風雲記上游，八年倭禍國同仇。重來壁壘淒涼甚，舊事沈思欲白頭。
山城破曉發輕車，歷落人烟雨色餘。礓竹孤邨名亦雅，《玉篇》：礓，柱下石。
《六書故》：礎也。若今墩。諧聲欲補叔重書。
金雞嶺在白雲中，車似螺旋走不窮。孔道西閩通粵贛，蓮花峰倚夕陽紅。
水西渡口一舟橫，憑渡輕車水面行。千里計程今日到，周遭山勢抱孤城。

瀣老分貽華山九蒸九晒黃精一盒賦謝

九蒸九暴此黃精，本草曾膺上品名。向北陰陽得堃氣，致從華嶽感高情。

寄道之北京竝答未果匡廬之行

奇峰太華昔躋攀，萬里于今豈等閒。南自柔和北剛健，蒼茫兩戒看河山。
匡廬面目何曾識，天姥青蓮夢縈之。有緣與子相將去，拾句江山亦一奇。

丁酉閏中秋之六招與雄兒過焉有賦

滄波直送海東頭，往教攜兒汗漫遊。萬嶺孤生今夜月，一年重度此中秋。
清輝在壁柴門靜，冷露沾衣草徑幽。卻笑淵明仍止酒，佳長相對意綢繆。

寄懷夢惺

雲烟往事說從頭，高臥元龍百尺樓。溪水桃花疑隔世，山泉虎乳記清遊。
文章敢負千秋志，梁稻仍爲十口謀。節近重陽風雨逼，茱萸黃鞠憶吟儔。

送福建師範學院上山下鄉參加勞動生產同志用賦長句

征馬飛揚壯北風，青蔬翠麥鬱三冬。重來都講皆新學，此去陬鄉共老農。
以啟山林窮地力，好臨場圃話年豐。遘通衛宿天人際，它日耕桑訪月宮。

奉呈曾書記鳴劉院長明凡張副院長立張副院長道時
張同志孤梅

一統車書海宇平，百家騰涌且爭鳴。荊文論學殊坡老，黽錯傳經自伏生。
欲致功能須辨惑，必程時效在含英。諸公碩畫資提挈，薄殖吾慙廣厲情。

華香園寓齋

一江烟水望冥蒙，雜沓青螺遠邐峰。何必宅邊依五柳，最宜齋畔傍雙松。喧瑯亂葉風聲急，壓屋寒雲雨意濃。進學先生非國子，嗷飢兒女笑年豐。

參觀紀行三十六絕句

江行詎怯石尤風，力與天爭乃聖雄。處處連枷忙打稻，杜陵憂國願年豐。

看花下馬出東湖，長鑱生涯面貌殊。水力森林煤鐵富，百工衆具競先驅。

烏龍江上渡輕車，兩岸青山麗日舒。南去征程問鄉土，熙熙婦子樂耕畬。

菱溪北出水源長，禹力何曾到此方。茲邑十年聞九旱，治防造壩護豐穰。惠安菱溪水庫。

加鞭快馬志尤豪，踐土芸芸自食毛。水壤護持看綠化，攘除風雨出民勞。杏林、錦水兩鄉，水土保持。

爲鹽煮海訪山腰，斥鹵平田信廓寥。衣食不愁風俗變，編民樂業地無梟。山腰鹽田，鹽民走私者曰鹽梟，實舊日政治剝削壓迫所致。

紅旗先插腦筋中，樓閣摩雲七級雄。械器維新憑智慧，磨篩全不費人工。泉州麪粉廠甲級產品曰紅旗。

十年重與問伽藍，事異術之憶兩三。殘石經幢共摩讀，泉州開元寺有西門出土唐大中經幢。猶逢迁叟海天南。唔呂小迁。

深耕密植緊追肥，除草除蟲選種宜。問稼吾方兼問圃，仲尼何事置樊須。

繡花鏤佛競工奇，編篠方圓器所宜。此物鷗夷隨舶去，恐妨農事授人時。

大飛山下木蘭溪，十頃平田蔗葉齊。隨處青葱龍眼樹，一城烟雨望淒迷。仙遊盛產甘蔗、龍眼，糖廠規模甚偉。

九鯉湖天飛瀑奇，未題夾漈草堂詩。輕車疾走螺旋路，白鴿峰頭雨似絲。

五行家言水克火，孰知火卻水能生。桃源山多溪流峻，輪泵村莊軋軋鳴。永春一曰桃源，建設水電三百餘處。

飛轂摩霄共鳥旋，刳山鑿壁出人烟。下臨無地天湖險，煤燧如髹闢到泉。天湖山在永春，盛產煤鐵。

陶瓦勤民遂古時，進乎其技有陶瓷。柴窰雨過天青色，成器龍潯溢九夷。

德化瓷廠。

不見磽齋十載強，每緘詩句益清蒼。鐙前握手相驚喜，無恙微添兩鬢霜。

晤王夢惺。

鷹潭鷺島鬱相望，閩贛千程此達莊。湮谷斬山穿隧過，九州南盡海隄長。

不過岑潯已八年，千閭廣廈欲摩天。吾生有盡隨無盡，往事如烟落眼前。

集美學村二水曰岑江、潯江。向予於此以隨無涯名齋，取莊周養生之旨。

周子南來此講堂，喬松五老自蒼蒼。青天碧海詞心苦，蜀雅新聲繼弁陽。

先師周道援去廈，刻其詞爲《蜀雅》十二卷。

天南屹立此成均，曲學何煩妒道眞。猿人進化繇勞動，刱造林林世宇新。

廈門大學人類學博物館。

白手成家事不奇，工人階級是吾師。聲光氣化爭飛躍，巨突摩空晝夜治。

廈門鐵工廠以廿五元起家。

披襟直上水操臺，海外雄風颯爽來。小醜陸梁猶竊據，祠堂最憶一株梅。

台灣鄭成功祠有手植梅花。

與客登高憶一齋，哭庵相繼此摩崖。僧廚香積供蔬筍，名蹟重攀石蘚揩。

南普陀有陳第、易順鼎摩崖。

綠雲一片出郊天，佳種東傳七百年。沁齒清香肌細膩，黃蕉坡老入詩篇。

天寶香蕉佳種傳自印度，曰度蕉。

南阪鳳梨品最鮮，初嘗滋味況炎天。欲知篳路辛勞者，改造人方向自然。

漳浦大南阪農場產鳳梨最佳。

從容就義理無顏，奈此江山半壁何。不媿人間留正氣，成忠成孝識橫波。

懷黃石齋先生。

常山已見綠婆娑，味美黃梨植滿坡。甘蔗抽條橘垂實，有年風雨得時和。

雲霄常山農場。

鉤牽閩粵轂相摩，鄒邑人興五袴歌。未到三姑娘水庫，海壖雄偉溉田多。

詔安三姑娘水庫予未往。

爭取豐收萬石藷，英雄氣概有誰如。深耕八尺治畦闊，農政從新破格書。

詔安霞河鄉爭取十畝產百萬斤甘藷。

歷落人烟聚族居，均田合作變耕鋤。鄉村風味情尤厚，款洽何曾禮法疏。

天風壯闊海濤雄，西去迴車復向東。眼界一新看躍進，神州建設仗工農。

車隨溪入過華安，萬樹松杉曉色寒。山邑漳平雞叫午，飢腸轆轉待治餐。

劍津欲到莫蒼茫，明翠臨江閣子涼。我見青山如舊識，水南回憶讀書堂。

予寓齋杉輿樓，在水南後壑。

龍亭此法涳東京，械製松柴技益精。莫使舊聞嘲斷爛，欲將聲價等連城。

南平造紙廠，日可產百噸，爲全國三大造紙廠之一。吾鄉有"連城玉版安天下"之諺。

矗天黔突火蒸烘，巖石礱磨轉化工。陵谷從知隨世換，橫經曾向此山中。

南平水泥廠，爲前省立師範專科學校遺址。

直下閩江䑩里舟，天光如鏡水如油。照人鬢髮霜初白，鼓舞雄心不自休。

奉呈郭鼎堂院長

六洲洋溢頌聲華，徧歷東西海外槎。學術一言憑獻替，文章百代重騷葩。
斯人隻手狂瀾挽，舉國雄心幹勁加。卻笑坳堂杯水覆，芥舟猶欲測無涯。

次韻和夢惺見懷之作

天涯未見菊花黃，蕭瑟秋聲石鼓陽。別浦淥波仍溽暑，到樓明月轉清涼。
弁言宿諾新詩卷，話雨長懷舊草堂。塵夢依稀十年事，桃林重問好風光。

十一月八日萬里社割稻偕同人作

高秋天氣抹微雲，如此豐年古未聞。莫笑黃牛騎當馬，搶收南畝共諸君。

十一月十三福州市全民鍊鋼高產日賦詩紀盛

傾市鐙張光爆爆，揮鎚雨落響丁丁。風雷凌厲千山動，士馬精妍百戰經。
結露爲霜天始白，鍛人如鋼火純青。匹夫有責亭林語，好擊長鯨固我坰。

十一月十九日至甘蔗割稻

颱輪甘蔗晚來過，風氣鄉村變曰窠。中谷青條多諫果，平田黃實盡嘉禾。

習勞自負雄心在，助斂其如薄力何。且忭時穰衣食足，神州領導得人和。

前詩意有未盡復書所見

昔我舟行過此鄉，重來冬穫領風光。鐵沙黑黑泥沙赤，麥子青青稻子黃。車船絡繹負戴並，婦女作操兒童忙。囏難締造新中國，眾具工農各效長。

戊戌寒假歸里紀行

颺車晨發綠榕城，杜鵑初經第一程。甘蔗白沙梅埔過，青青又見麥苗生。閩江水落岸高寒，流急灘多上舶難。鄙諺輕山莫輕水，行人為說稱鉤灣。人家下島住江心，絕似滄洲欲夢尋。卻有長虹波上臥，亂鴉啼處木陰深。劍津古道轂相摩，絡繹行人此孔多。我見梅花驚歲晚，不辭風雨歷關河。三明形勢地鉤牽，胥宇經營篳路先。以鋼為綱邦本固，彈丸并邑共和年。輪鐵勞人感不窮，行行沙永復漳龍。一山一水重經眼，都在風馳電閃中。谷道盤旋出郭車，華家亭畔見桃花。詩心離垢能醫俗，三絕鄭虔藝苑誇。

華嵒，字秋岳，號新羅山人，有《離垢集》，擅"三絕"之譽。徐逢吉稱其詩如"春空紫氣，層厓積雪，玉瑟彈秋，太阿出水"。華家亭，其故里。

欲教天下免飢寒，物阜倉箱百室歡。豈為金牛五丁鑿，家家有路到長安。

用諺語。

頻年往教禮非疏，國子先生惜歲餘。千里關山歸襆被，白頭有母倚門閭。

鄉邨書事

依山帶水好村莊，季節冬收戶戶忙。初日牧童牛背去，歸時蹊徑月光光。

讀太史公記

子長欲著葳山業，蠶室甘心受腐刑。再拜少卿牛馬走，謗書他日已垂青。

與蕭文玉院長張立副院長張道時副院長姜子潤劉蕙孫諸同志研討尚書賦長句兼呈張格心副部長

尚書樸學劫灰遺，今古紛爭若絲絲。廿九篇傳秦博士，予論伏《書》二十九篇必數《太誓》，《大傳》已列此篇，梁玉繩亦有是說。二千石作漢經師。孔安國官臨淮太守，孔氏有《古文尚書》。安國以今文字讀之，以起其家。參稽厚薄言惟雅，更替新陳理不移。難得成均鮮氣象，百年大計是相期。

己亥夏評閱高等學校新生試卷賦呈諸同人

負郭瀕湖此草堂，夏闈深鎖晝方長。衆科美備賢惟擇，一藝登庸善必揚。藏器明時看際會，遺珠滄海矢評量。新陰桃李年年長，故事春官例得忙。

八月六日寄示寰兒及新婦陳君菡集美竝簡婦翁毓華海外時予方有武夷之行

述學慚先往教疏，傳經風始詠關雎。無涯最憶吾齋記，向予在集美，名所居曰隨無涯齋，取莊周養生之恉。有婦能挐種樹書。家本耕桑思自食，人猶浮海作僑居。向平心事何曾了，十日溪山且眼舒。

將有武彝之行小別尚書掔討組蕭文玉院長張立副院長張道時副院長張格心副部長姜子潤劉蕙孫諸同志

掔摩得共伏生書，故訓秦灰起劫餘。才了夏闈因待月，溪山九曲入紆徐。

至武彝冒雨入山有賦

再宿長驅直北車，幔亭峰下雨如麻。乾魚莫問書郊祀，玄牝終疑契道家。溪勢隨山成九曲，人來乘興覓孤槎。祇緣林壑前賢重，尊酒論詩悎不邪。

九曲櫂歌和晦翁兼用元均

隱屏豈乞草堂靈，人與山川氣並清。來借一枝高處宿，終宵倚枕聽溪聲。

難得勝遊可以船，十年結想此山川。幔亭峰頂曾孫宴，今夕來看月似烟。一曲。

雨沐風梳聳碧峰，溪心盛鬋照丰容。鏡臺不似陽臺下，夢隔巫山一萬重。二曲。

夜壑何人此負船，虹橋木斷不知年。塵飛大海銅仙淚，妄學長生亦可憐。三曲。

兩岸逶迤石作巖，溪含芳樹影㲯㲯。逐人風雨前宵急，恐有蛟龍起碧潭。四曲。

水轉山回五曲深，晦翁精舍出雲林。一峰獨秀當天柱，月色溪光見道心。五曲。

上溯青溪第六灣，鳥聲百囀聽關關。千尋壁立仙人瀑，頗覺茲遊未等閒。六曲。

九曲溪流十八灘，好山不厭百回看。城高巖下清漪影，修竹凝烟起暮寒。七曲。

石鼓天光漸豁開，桃花澗下水紆紆。白雲飛處樓何在，化鶴仙人去不來。八曲。

垂髫黃髮竝怡然，新霽良苗綠映川。恰似山陰遊興盡，星邨歸櫂夕陽天。九曲。

宿福建軍區武彝山療養院奉贈劉政委陳院長楊副院長李副院長暨諸同志用晦翁五曲均

國命酬功卹士深，武彝院落矗長林。群公任重司療養，愛客能推愷悌心。

登天遊峰

天遊奇絕處，松翠抹雲微。曲磴人攜屐，高臺客振衣。淒涼餘院落，寂寞長伊蒨。指掌看溪水，聞鐘得得歸。

至天心巖永樂寺轉九龍窩觀大紅袍登三仰峰碧霄洞頗瞰崇安縣治咫尺武夷最高處也過流香澗泉石獨絕遂成長句

萬壑千巖隨處生，大紅袍茗最知名。高低山自雲中出，曲折人從石罅行。日麗天心藏古寺，地窮閩鄏見孤城。厓泉獨邃流香澗，一路玎琤碎玉聲。

三仰峰下人家茗飲

翠微上住兩家村，有叟怡然自抱孫。山裏客來茶當酒，一杯能與解綌喧。

觀水簾洞瀑歸途既月明矣

三兩人家問水簾，飛珠天際壯觀瞻。月明歸路松篁影，風物貪看我不嫌。

尋桃源洞

何處尋桃源，無人問津路。溪山九曲幽，七曲雲深處。

自武夷宮經五曲至星村既闢路通車仍用晦翁五曲均

鑿壁鑱巖路廣深，神州建設仗林林。欲將玩水遊山意，寫我忠誠熱愛心。

鄭庭椿攝取玉女峰圖二曲勝處也漫題二十八字

一代詩流鄭鷓鴣，溪山時與入新圖。勞君攝得留眞鏡，隔水雲鬟認彼姝。

六庵四十八歲初度招飲易樓壁閒懸吳茀之作遊開平寺山水立軸話舊有賦兼簡茀之杭州

奚待知非再二春，易樓招飲淨無塵。磋摩弗舍惟論學，衡宇相望各奉親。交誼毋忘磐石久，肇辰猶憶紀元新。吳谿獨向錢塘住，對此清秋少一人。

奉寄郭沫若院長

漸覺秋高北雁寒，寄詩猶未得雲還。丘虛白骨知書契，奴隸青銅論世閒。千載胡笳休怨恨，一生月旦爲平反。林宗獨繫當時望，人物中原數最難。

次韻酬夢惺見懷之作

桃林君自住谿陽，我廡雙松似故鄉。摩厲欲先惟器識，切磋不獨以文章。三秋闊別遲還剗，十月清霜蚤滌場。入世何人知說劍，芥舟杯水覆坳堂。

觀雜技團馬戲

均天響奏衍龍魚，電燎通明夜幕舒。百戲甘泉興觳觝，兩京平樂賦都盧。眩人猶挾黎軒技，飛女如憑禦寇虛。馳騁環中看驥足，狺狺黃耳也知書。

寄毓華親家海外

曾寄重洋一紙書，因風遙爲訊興居。梅花消息年年蚤，好景春光慰象胥。

澥老過二松軒以十一月二十五日爲賤辰六十初度錫我嘉言賦此奉謝

人愛清秋日，門來長者車。一廛因負郭，半畝且栽蔬。有道聞公教，無涯讀我書。晕辰猶紀鼠，鎮馬惜居諸。

二月二十日發福州至南平各地參觀賦長句

破曉輕車出陌塵，觀風暫去作勞人。吾生知慮慙形穢，客路花容喜浴新。掣電迅看山兩岸，流光飛惜景三春。莫言種樹殊筋力學校師生正大舉造林，成德成材各及身。

觀建溪水電工程

溪厓建劍立千尋，不藉神工劇鑿深。摩盪陰陽任水力，傾移山海自人心。卻憐知叟迁河曲，始信麻姑見陸沈。在昔寓言成實踐，攀天問漢志堅金。

王　台

相邀雞黍約，如到故人莊。閭閈殊風氣，溪山厚蓋藏。杉苗分火水，雲谷別陰陽。流截車憑筏，歸途落日黃。

南　平

上游縮轂稱形勝，一番來時一番新。<small>獨孤及詩"舊日霜毛一番新"，杜甫詩"會須上番看成竹"，番字押仄。</small>兩水東西雄抱郭，大橋南北利通津。樓臺倒浸琉璃景，林壑深藏浩蕩春。今夕主賓多雅興，觥籌交錯倍情親。

三　明

何處三明市，毗鄰沙永間。摩雲樓閣起，任土草萊刪。達道穿由谷，祥金冶在山。五行移造化，欲使地天翻。

永　安

二十年中事，分明異眼前。關河平壁壘，林壑淨烽烟。麥子綠於染，桃花紅欲然。殷勤東道主，政社得人賢。

永安西門新造松木雙橋通車

豈謂興梁十月成，觀風問政此山城。故人燕尾樓何在，惟見雙虹臥水明。

調蔭亭

白戰無新句，黃公有舊壚。相逢吉山老，不飲欲何如。

六庵以詶馬茂元律句見眎感而和焉即呈兩君

師隨家學夙聞知，平淡爲懷不尚奇。升降寧非關運會，廢興應亦繫時期。較量滄海身如粟，相對澄江鬒似絲。數子東南聲氣重，論文何日酒盈卮。

黃蔭亭以其從妹瑞盼臨江仙一闋及詩見眎拈此報之

黃任離家猶賃廡，左思小妹本能詩。溪山到處如人秀，燕水春風二月時。

讀　史

堯囚舜死紀年篇，韓子卑卑亦復然。孔孟傳心言禪讓，攀天難問大荒前。

問舍求田眞俗物，化家爲國是何言。分明夢落唐虞際，懸大同書可闔門。

君王明聖道匪頗，臣罪當誅可奈何。輒誦昌黎沈痛語，問天呵壁淚無多。

秦起脩城竟海關，阿房築罷築驪山。沙丘一覺長生夢，東郡星沈去不還。

五刑三族報焉如，死罪臣斯督責書。卻笑孫卿言性惡，形而上學本空疏。

豪主經營苦費思，秦皇漢武亦痴兒。蓬萊宮望蓬萊島，豈有神仙不老姿。

聞聲閣閣問官私，天下黔黎餓不知。肥肉充庖溝有瘠，食人率獸古如斯。

孰爲刀俎孰爲魚，玄武門中骨肉疏。一代基開家法廢，文皇從諫枉懷虛。

天下儌人遂背私，仲尼豈謂聖之時。耕田鑿井吾何有，卻欲危言說馬蹄。

毛傷卹二豈云廉，昧者是政弱者兼。中壽何知憐蹇叔，勤民秦繆更無厭。

叔季文章哂美新，雕蟲小技薄何因。紫陽自有千秋筆，卻枉玄亭載酒人。

有賤丈夫從壟斷，濮陽大賈本奇居。卑之原富無高論，滄海歸來枉著書。

孜孜九仭與爲山，一簣功虧詎等閒。卻望成仙難換骨，淮南雞犬落人閒。

知其雄者守其雌，玄牝猶爲天下谿。道德五千言鄙陋，末流慘礉益支離。

置物瓶中出則離，子之于母比如斯。分羹劉季非關忍，天命縣來任自爲。

三神山遠事玄虛，日月蹉跎不可居。舟欲近之風引去，人閒豈信有華胥。

助長忙忙爲揠苗，誰知生意轉枯焦。卻憐農父腰肢病，不道群言聒耳囂。

天下爲私竟自環，由來大盜竊河山。五千年史眞相斫，禹稷何關餒與寒。

先生進學思無邪，妻子年豐卻浩嗟。天實厭之予所否，焉能不食繫匏瓜。

美人遲暮更煩冤，不爲湘纍弔屈原。龜策無知天夢夢，寸長尺短欲何言。

十一周年國慶獻辭和之六用元均

爭將口語入詩篇，頌禱共和億萬年。大地西風方肅殺，中秋明月近團圓。
熔罏冶鐵因成鋼，落戶爲農且力田。十一周星彈指頃，紅旗高展碧雲天。

次韻酬丘伯濤見贈之作

詎有山高不可登，景行行止此知能。君家我識難兄弟，詩畫蜚聲藝事增。
令弟伯群工畫。

寄味蒓

客懷笑我殊張翰，不爲秋風憶味蒓。汲井烹茶蕭寺去，梅花石畔話前因。

讀梅村詩集

三家江左愛梅村，一曲宮詞有淚痕。留得晚明詩史在，貳臣文苑是非存。

市得昌化石章二方姓名磨沒惟一石子超二字猶可辨也

公字依稀篆刻堅，磨之不去證斯緣。紫霞洞是清涼境，曾見飛龍正在天。

侍老母遊石鼓

涼秋作健去看山，一櫂江行石鼓攀。海日紅爭雲出沒，松風青引路迴環。
多僧少粥今無是，閙市空門俗未刪遊人排隊購午食。侍母且攜諸婦子，清吟猶落
翠微閒。

庚子臘九日瀞師攜寧夏枸杞華山黃精新疆葡萄乾浸酒枉過二松叢竹齋家母時年八十賦此奉謝

函丈歸來雪滿頭，奉親吾亦此南州。翻勞攜得丹砂酌，拜賜萱堂一白浮。

野鶴散人印石一方金冬心故物也爲亡友長沙蘇羲民_軼所藏癸酉觀蓮節念廬師六十初度羲民持以爲壽託予轉致吾師之沒伯剛世兄乞爲銘幽之文書疏商略因詢此石伯剛舉以遠貽深感高誼遂成長句奉酬

時還風日讀書樓，伯子思親亦白頭。誌墓不辭言讕陋，展緘每爲意酬繆。石鐫野鶴冬心物，生與荷花際亮儔。且喜摩挱留手澤，感君高誼遠相投。

伯剛世兄以其尊人念廬師自刻藍溪漁父石門樵及私章各一方見贈再酬二絕句

藍溪漁父石門樵，叢桂山中大隱招。惟有詩人能本色，浩然歸志樂簞瓢。
秦書摹印奏堅刀，贈石因之欲作巢。辯諱什藏珍拱璧，斑然古色勁秋豪。

有　贈

沃聞讜論共成均，況復鄉音是比鄰。待得晴郊芳意發，春風桃李拜公門。

庚子除夕

紀鼠吾生序又遷，徒增馬齒媿前賢。二松簵竹寒齋友，百子群經故業傳。
白屋能安毋皋歲，丹砂何用與延年。鐙光爛縵添啥興，一覺雞聲夜不眠。

伯剛和樓韻詩見寄仍依韻酬之

風雨神州此一樓，美人遲暮碧溪頭。殘叢書翰承馨遠，闊別山川望鬱繆。

句麗齊梁今不薄,交期金石古爲儔。高懷最憶觀蓮節,作畫題詩兩意投。

題郭蘭石先生臨唐京師至德觀法主孟法師碑銘

平生交誼數文忠,鄉國群推譽望隆。詎爲清裁書法揜,辭章猶是六朝風。
闢佛昌黎喜大顛,三書眞贋論群賢。先生卻有河南癖,共語寒山片石妍。
氣清天朗寫松烟,精勁秋豪益井然。牝牡驪黃形迹外,論書誰似得眞詮。

陳健行秉乾七十初度以自述詩見寄率成二截酬之

一齋叢薄水之南,交誼如公與六庵。塵夢回思廿年事,長懷序志墨何酣。
人生七十古來稀,子美豪吟興欲飛。馬齒光陰忘老至,白頭重譯一鐙微。

松青退休同人在西湖聚餐予因事未至拈此奉寄

皐比十載共南天,辜負風光此几筵。君病告休吾亦老,湖山猶足樂餘年。

喜得十研齋紫端一方識二十八字

文藻風流十研齋,端溪片石且摩揩。馬肝比似朱殷色,剖向洪荒或葛懷。

伯剛以近作見貽依韻奉酬

百鍊金剛劫齂身,彌天一笑渡江人。無情白隙年如駟,有味青鐙髮似銀。
詎爲文章塵俗薄,未妨敝帚自家珍。蕭然忽過清明節,作健思君倘及辰。

家母八十有一澥師復以松鶴圖見貽謹成小詩奉謝

葡萄枸杞黃精酒,兩鶴雙松介壽圖。錫類頻推恩誼厚,寸牋徒欲報區區。

得黎二樵簡友石齋硯

五百四峰間草堂，詩人嶺海富篇章。撫摩難得堅貞質，上接風騷翰墨香。

毓華親家頻致年賀謹以小詩申謝

一齋花巷昔爲鄰，顮頷傳經望負薪。婚嫁儱完兒女債，與君新附蔦蘿親。
前年憶作武彝遊，九曲溪山一擎收。豈效風懷平子達，無邪匡鼎說雎鳩。
精孿未薄計然書，一舸滄波久島居。兩字仁親彝訓寶，群倫仰望譽非虛。
溫陵我愛景光妍，兩個浮圖勢插天。他日因君倘重到，嘯歌三十六峰顛。
梅花歲歲故鄉鮮，高誼頻勞禮數先。媿我投桃何以報，卻將微悃託吟牋。

之六赴武彝山療養院予前歲遊此之六則重至

前歲看山到武彝，隱屏曾拜晦翁祠。每懷夏屋渠渠意，長繫停雲惻惻思。
子去定將微恙霍，重遊況似故交期。連朝風雨沈冥甚，爲問行程一寄詩。

送俞元桂之武彝山療養院

北歸貽我薛濤箋，欲報君詩已隔年。作健武夷長夏去，山看九曲最宜船。

贈宋省予

寒谷生青松，千尺挺孤秀。植根繇輪囷，沃以雪霜厚。士窮出梂樞，摩厲
詎天誘。自挾三絕姿，明時拔幽陋。海隅矗成均，蒼茫與子遘。長晷移籀贚，
微尚偶相就。詩圖先拜嘉，旨爲北堂侑。執藝論枌榆，宜可續恭壽。一瓢瘞
塵紛，排奡不肯囿。贈言報區區，吾辱牛馬走。

挽鍾勷侯先生

十載書緘斷往還，每於盤曲憶溪山。黌宮茂草其人遠，夜壑移舟力者患。
欲起弊衰韓柳後，頗傷破碎戴王閒。獻耆凋落粉閭日，如夢春風一涕潸。

讀放翁詩集有賦

書生戎馬語非誇，大散關圖義士嗟。和議誰何傾半壁，南園一記璧微瑕。

讀放翁詩集再賦

東南老子漫遊蹤，半壁山川感不窮。歸鶴遼陽魂繾綣，蹇驢蜀棧雨溟濛。
平生詩比家常飯，絕代人多國士風。磵谷須溪苦心索，鷦鵬猶有廓寥中。

挽陳嘉庚先生

我向清溪始識公，考終八十八年中。毀家興學人胥望，築廈摩霄誼可風。
不以須彌嵯在眼，何曾雲夢芥於胸。輸財紓難金千萬，利物無心子墨同。

中原地盡水蒼茫，潮汐能馴海可防。北至鷹潭惟內陸，南來鷺嶼此望洋。
行藏明辨身何礙，獻替從容國是臧。義憤亦曾誅大憝，平生頗得氣之剛。

八月十六遊石鼓

東郭晨車出，言遊石鼓山。十年吾九至，五里路千盤。江淺潮初落，峰高
葛不攀。僧寮看饌美，錯雜衆賓歡。

與同人在福建師範學院衛生室療養匝月賦此爲謝

紅樓綠樹豁襟胸，匝月辛勞效職忠。燮理功高歸鼎鼎，回春宇宙屬東風。

毓華親家五十初度命寰兒寄海外遙祝

青鳥銜書歲首來，故鄉消息見紅梅。介君眉壽春光好，皇覽揆辰大衍開。

子白爲鈌石章二方書此奉謝

知君刀筆有秦風，八體能摹繆篆工。乞得清蒼雙印記，時賢流派缶廬同。

省予以萱草長春圖賀歲成二十八字酬之

萱草長春敢拜嘉，主人紅杏筆生花。吟成一笑將詩寄，詎謂瓊琚報木瓜。

春 節 頌

建寅兼紀夏之春，吹徧東風宇宙新。不懈鬥爭明愛惡，必從階級判冤親。睦鄰交道由中信，反帝扶傾稟大仁。艱苦同舟須共濟，八埏都是一家人。

風流今代數豪英，遠邁姬周百學鳴。白驥千年過罅隙，黃河九曲見澄清。功能利物群才出，力可攻堅衆志成。東是動方春歲首，欲推至理貴新生。

負郭奚須二頃田，麥苗菜葉翠黏天。人人勞動都忘我，戶戶懽忻此有年。且換桃符隨舊俗，忽聞爆竹賦新篇。猛思自力更生語，何用豚蹄禱臘先。

八閩氣象逐年新，猛志雄才大有人。水力龍亭治閃電，關山鷹廈掣飛輪。通衢成市祥金冶，捍海爲隄怒汐馴。展望光輝前景好，千紅萬紫煥然春。

鄭成功收復臺灣三百周年紀念

篳路曾聞壤最膏，鯤洋猶惡望烟波。山川服外虯髯傳，日月人閒正氣歌。椿歲八千奔掣電，紀年三百祭先河。亭林舜水梨洲輩，卻使儒巾媿色多。一作水操臺畔淩風嘯，勳業神州果孰多。

讀杜詩

憂來攬涕爲元黎，難越關山念鼓鞞。茅屋秋風詩事外，浣花溪水草堂西。志存禼稷身偏蹇，塵作齊梁論不卑。歸去江湖多白髮，蒼茫迴望地天低。

蔭亭屬題石遺先生詩箋墨蹟久未報命頃讀石遺室詩集感而成此即題其後

太丘道廣此能幾，弟子侁侁矩不違。一代典型猶可作，百年師事欲何歸。源流坡谷心多契，門戶同光論則非。先生論同光詩體，予以爲未足以盡海內之詩。叔季變風兼變雅，傳鐙粉社振衰微。

徐宗元尊六書訊近況報四絕句

左海風雲壁壘堅，無諸勞問舊山川。報將緘劄殷勤意，安得同參荔子禪。福州荔支，以西禪蘭若爲勝。

傳經莫問伏生年，安國書多十六篇。五十八篇中有僞，晦庵疑在百詩前。前年與蕭文玉院長及諸同志研討《尚書》，作記要萬餘言，《洪範》注辨今古文，於孫星衍、陳壽祺父子、皮錫瑞、王先謙諸家經說多所商榷。

絕代文章愛馬遷，新編會注有瀧川。郖同伐異吾何敢，近成《史記引論》及《校記》約七萬餘言，於瀧川說多未敢苟同。說到爭年總可憐。曾與郭沫若先生書，論司馬子生年，未得雲遷。大抵學術門戶之見不同故也。

豆棚瓜架任蒙茸，生事年來學老農。無肉不妨居有竹，門前還植兩株松。

題姚惜抱先生劄牘墨蹟

義法桐城夙所聞，何當尊酒細論文。江河日下吾滋感，寧復微辭到石君。

分山擘海風雲呵，快雨堂胡佞佛陀。春蚓綰屛嗟腕力，剛柔自昔不同科。用惜抱軒《見禹卿題拙書後因寄》詩中語意。

論書十絕句

祖龍封禪上青冥，頌德臣斯此劂銘。何代岐陽遺石鼓，先秦文字已晨星。
石門頌與史晨碑，數到張遷隸勢奇。獨有曹全儁秀絕，況兼波磔古堪披。
蘭亭初寫右軍文，齎入名山護理勤。何意官家偏竊疾，昭陵神物渺烟雲。
亮節孤忠百代崇，魯公筋力出中鋒。獨多側筆歐虞褚，天地剛柔氣不同。
蘇米人閒無俗書，平原雄雋嗣君謨。竄名詎使姦回輩，橋記雙碑膩瘠殊。

宋人書，蘇黃米蔡，予不喜黃。或曰蔡非襄乃京，予不爲然。東坡推君謨書本朝第一，自是公言。

元明而降馬群空，松雪香光嫵媚同。若論源流猶晉帖，陰柔偏取婉多風。
鄉國書名數墨卿，隸分行草起烟雲。昆明常熟論家法，頗出麻姑瘞鶴文。
揣摩牛汗得多資，蘭石芳堅歐褚師。暖曳似撫爭坐位，不妨同傳不規隨。
海藏源自出徐浩，辱僞朝廷惜敗名。失之儽獷康長素，推乙盦書論詎平。
論書兩宋不如唐，唐亦胡能兩晉望？感慨吾言非古佞，隸分篆引試評量。

聞施可愚_{宗浩}自集美學校退休歸榕有寄

風雲壘畔客歸來，最憶年時共講臺。曾寫草堂山水幅，論文猶冀老銜杯。

得林文忠公石印一方文曰林則徐字少穆

忠定祠旁有桂齋，湖亭吾亦讀書來。乙亥秋小住湖上，鐫印曰近雙忠齋詞客。一謂李
忠定也。如何一石從人賣，驚喜摩抄當寶瓊。

述　懷

閩學千秋獨闡幽，幾人講業向林丘。晦庵身世差堪擬，一事平生未北游。
縶我日居復月諸，我齋松竹白生虛。庚寅屈子我庚子，我欲無涯讀我書。

次韻和答尊六

晝捭柴扉靜不譁，功名孰愍足添蛇。韓公原性分三品，董子尊經罷百家。切問近思崇實踐，摶風繫影厭聲華。一江流水孤邨遠，數點斜陽歸莫鴉。

奉答可愚仍用前韻

流水小橋過市來，先生何日出南臺。長橋再去倉山路，話舊須浮大白杯。

奉贈郭沫若院長

山川東越無諸國，勞頓南來使者車。歐冶池空尋故劍，武夷君遠問乾魚。高時祇覺文章貴，立懦猶聞讜論舒。鄉社與公攀但月，君先世籍寧化。但月樓，李元仲徵君所築。自慚唐突一封書。

顧二孃所造研歌爲立齋院長作

吾生苦蓬累，賞心共東坡。片石具勝懷，小腹細摩挲。一身無長物，公官逾嶺阿。德有鄰堂居，和陶時浩歌。吾鄉大守君，作郡五馬過。公退拜祠下，決潴溁其波。得之似衣缽，腕底飛龍蛇。吾詎有力彊，物聚因者痾。陳案若獺祭，人棄乃致羅。講業晚海嶠，新知能起痾。張君眎行篋，中有吳孃磋。青光艷奪目，動植黿黽荷。杏花兩燕子，于飛樂婆娑。盂方水爲方，非邪意云何。纖纖手巧熟，體物隨不頗。臨池一爲快，猶足供切劘。神州重學術，良時毋蹉跎。

奉酬可愚枉過二松叢竹齋見示長句竝用元韻

詎因久別意彌親，都是酸鹹味外人。聊以新知探國故，不妨敝帚當家珍。二松叢竹攜將屐，一水長橋過及晨。興至筆隨言有物，尖叉無礙介酬頻。

元日試筆

東風壓倒了西風，一望山河錦繡中。六億神州堯與舜，大家都是主人翁。
興邦多難莫蹉跎，三百六旬似水過。三面紅旗更高舉，宣言神聖莫斯科。

偕郭展懷黃六庵姜子潤黃蔭亭潘懋鼎陳祥耀林新樵登于山

多年不上蓬萊閣，曲徑猶通平遠臺。院落塵封僧侶散，海疆氛靖將軍才。
蒼寒城郭三山見，浩蕩天風一水來。雋望范滂思攬轡，沃聞清議鄙懷開。

癸卯春節後二日可愚簡邀午酌即用其元朝韻奉寄

君生長我十年春，洗蕩東風世又新。一水長橋猶可達，三山雙墉若爲親。
故交書簡情無閒，老至文章筆有神。卻感殷勤栖杓意，椒花頌獻語彌真。

上杭第二中學五十周年校慶

風光曲水俗塵刪，負笈年時此往還。暢意高牆瞻萬仞，偉懷廣廈想千閒。
孿摩且與新知牖，頌禱何妨舊谊攀。幸際昌明崇學術，攻堅拔銳敢辭囏。

春日西禪寺

南郭先生聊挈侶，西禪蘭若且驅車。冬來少雨成春旱，遲放寒梅一樹花。

癸卯春莫偕內子及省予秋痕遊塯江金山寺晤竺山上人有賦

初過洪塘路，春明烟霧微。一塵飛不到，衆水去何歸。無地擎孤寺，有舟
樣獨磯。老僧同話舊，蔬筍供庖肥。

怡怡齋張襄愍經讀書處也

有味青鐙拜下風，怡怡齋爽碧江空。尚書部將皆龍虎，俞大猷、戚繼光皆公部將，世號俞龍戚虎。總制東南第一功。

禪樓曹石倉學佺禮部所構今圮古榕二本賸其一

三山行在昔從龍，來覓南明野史蹤。惆悵綠陰深處立，禪樓圮賸一株榕。

三月初六日遊金山寺陳鍾英先至予後至不相得值賦眎一笑

別夢天涯月似霜，君言好句不尋常。"拜牀盲左頭如雪，別夢天涯月似霜。"予挽家千谷先生句也，君愛其七字。金山風物撩人甚，我至君歸爲底忙。

元康里子山鰡肚研歌并序

巙巙，字子山，康里氏。西北部落色目人。父不忽木，祖燕眞，事世祖從征有功。巙巙幼肄業國學，博通群籍，其正心脩身之要，得諸許衡。風神凝遠，制行峻潔，嘗以奎章閣學士院大學士知經筵事，拜翰林學士承旨知制誥，兼修國史，提調宣文閣崇文監，以聖賢格言講誦帝側，裨益良多。順帝即位，侍經筵，日勸帝務學。出拜江浙行省平章政事，復以翰林學士承旨召還。時中書平章闕人，近臣欲有所薦用，以覘帝意，帝曰："平章已有其人，今行半途矣。"近臣知帝意在巙巙。至京感熱疾，卒。實至正五年五月辛卯，年五十一。巙巙善眞行草書，得晉人筆意。謚文忠。元史有傳。研型矩而脩，鐫刻質樸。其陰隸十六字，曰："石名鰡肚，既堅且黃。礪爲世用，歸我文房。"篆六字，曰："子子孫孫寶之。"又"子山"二字行書，簽於篆書六字之上。文衡山題記曰："此元康里學士之研，今歸錢唐吳道一貫學士，嘗爲涮省平章，宜其故物爲杭人所藏也。鰡肚石，前未得見，亦不知所出，豈以其色邪？嘉靖丙申五月文徵明題。"凡六十一字。又印記"徵明"篆書二字。一石之微，不知何以展轉流落於閩？今茲所獲，足供清賞，一快也！遂歌而傳之。

石汝何名曰鱟肚，一片玄黃剖邃古。石也匪斂亦匪端，天壤茫茫出何處？巨靈孤掌撐神州，崑崙橫絕西北部。產疑玄圃爲雲根，蒼寒剷落五丁斧。居逐水草彎弓民，牛馬谷量考牧賦。氏族色目粵康里，胡服騎射世尚武。平章學士何溫文，天之生才詎擇土。提調經筵聞讜言，疆圻拜命一麾去。江南水土多柔和，兵後黔黎且字撫。松烟隙暑時研摩，腕底龍蛇忽飛舞。拭揩驚喜知寶璜，在眸不覺雲烟吐。隸十六字篆六字，刻畫質模型脩矩。公名巙巙字子山，爵里新舊史詳具。更鐫待詔蠅頭書，嘉靖丙申齒垂暮。清賞二松叢竹齋，物聚所好儷良遇。

丘伯濤張弢張聖懷以詩稿見寄成一絕酬之

溫陵城北一峰書，一峰書院俗呼一峰書，蓋歇後語也。別去春風十載餘。遺我新詩頻感舊，鄉情友誼總相於。

送立齋院長之漳州

相處相師十載餘，三山一水著吾徒。培才又向薌江去，摩厲紅專道不孤。

自榕趁火車至廈同夢湘語及方言

烟雨空濛夜，颷車載夢行。古津流兩水，新市過三明。穿隧因山曲，梯天似棧橫。鉤輈意沈鬱，吾共子雲情。

南普陀遇心大和尚話往有賦

閒僧掃葉汝何人，猶是華嚴劫罅身。般若池塘開一鑑，如烟如夢說前塵。

晤勵生

得晤何夫子，樓居白日悠。一言同感慨，三世異春秋。海嶽懷人意，癸叔、仲詹、雁晴諸師先後歸道山。烟雲過眼愁。成群兒女長，不作稻粱謀。

至集美展嘉庚先生歸來堂暨鼇園墓

不過岑潯又五年，園林堂寢望歸然。低徊夏誦春絃地，感慨秋風茆屋篇。平海移山舒偉抱，毀家興學擴前賢。子文卜式弦高輩，豪末焉爭馬體先。

晤秋山

人生動若參商感，相見眞成不可知。遺我糖漿金桔子，報君尺素木瓜詩。鯉城惜別如前日，鷺島論文又此時。爲問新詞添幾許，好憑緘札慰遙思。

語文學會在廈成立並舉行科學討論賦眎廈門大學林鶯周祖譔陳朝璧鄭朝宗戴錫璋諸同志

嵯峨大廈鷺江濱，舊雨新知此會文。以屬紅專須實踐，兼資直諒與多聞。良時百學爭鳴盛，逝水三餘肆力勤。去日講堂懷五老，十年種樹既摩雲。

晤羅稚華丹賦贈

鷺門初見地，卅載此重逢。書與人俱老，詩宜躬愈工。偶讀壁間畫，得聞湖上蹤。君言比歲二過杭州，晤藝術學院潘天壽大頤、吳谿茀之。茀之出廿年前拙作詩序。大頤亦神交也。南宗摩詰重，款曲籍君通。

登日光巖一名晃巖

怪石堆雲起，青冥勢可摩。晃巖光受日，操臺武止戈。有人來絕頂，無地著狂歌。雄風想遺烈，海外掣鯨波。

十四周年國慶

解放神州十四春，山河錦繡與時新。禹門濁浪疏高峽，天塹長虹利濟人。
不懈鬬爭明愛惡，必從階級判冤親。八埏有慶歡聲動，萬壽無疆頌禱陳。

國慶辰先三華祝，中秋月後一宵圓。神京復旦卿雲爛，薄海同歡鼓吹喧。
白戰詩篇無故實，紅旗酒會有群賢。賞心樂事多今歲，日麗風清氣象鮮。

癸卯中秋張弢自泉來榕省予招飲其夕諸同志集齋中爲折枝有賦用省予韻

有客刺桐陌里來，論文今雨爲懷開。烹茶待沸初紅火，對酒須浮大白杯。
佳節江天偏少月，折枝鄉里自多才。枯腸夜半猶搯索，歸路濃雲欲作堆。

送之六之北京

秋高輪鐵去何之，萬里京塵載夢馳。舊學商量無止境，新知培養有餘師。
歲寒晚節惟吾尚，風誼平生與子期。視月微茫因顯處，自強敢惜鬢邊絲。

題二松七鶴圖爲紫霞七十初度作

刺桐城郭何麗都，三十六峰雙浮屠，桑蓮千歲花有無。結鄰昔者道不孤，
別十三年仍海隅，故人七十好眉須。二松七鶴介壽圖，省予所作吾題諸，侑君
之酒當軒渠。

西湖偕夢惺

西湖去作展重陽，南國初看菊錠黃。詞客亭臺千載迥，故人契闊六年強。
長楊已覺秋聲老，細草猶添野色芳。十頃澄瀾雲影幻，觀魚只合上濠梁。

叠前韻酬夢惺兼呈軒孫見和

一齋水北復山陽，叢菊曾看十度黃。好景娛游吟作健，勝懷珍重飯加強。
了無競處思孤詣，卻有同聲挹令芳。細味少陵精熟語，後塵終不薄齊梁。

次韻和夢惺即題倉山訪舊圖兼晬省予

虛懷若谷即多師，尊酒天涯且說詩。乞與新羅離垢筆，圖成訪舊我題辭。
傳經十載海之隅，齋舍倉山近對湖。勝日籃輿勞枉過，相看莞爾重茲圖。

寓　齋

二松籨竹一芙蓉，齋舍三山兩水中。自笑飄零詩卷在，瓣香曾爲浣花翁。

聞雁晴先生歿二年矣愴然有賦

薪盡休云火已傳，郵書未報兩年前。永嘉師友淵源溯，墨子殘叢校補編。
竺實文章騰絕域，飄零卷帙弔沈泉。鷺門重過懷諸老，撼枕潮聲一泫然。

題省予秋痕合作山水次瘦影韻

長松拔地倚危空，收拾江山尺幅中。不乞丹砂向句漏，齋頭煮酒有高風。

遊西禪寺同夢惺

季候過冬至，娛遊及歲餘。與相尋古寺，宜此讀新書。胥宇國興學，力田
僧食劬。怡山多荔子，歸路且徐徐。

爲夢惺題榕陰客舍吟草兼以送別

君來兩度菊花時，訪舊倉山遠不遺。心事吾曹本平澹，停雲親友託相思。

將軍一去樹飄零,摩眼滄桑世幾經。詩思如潮平不得,榕陰吟借一鐙青。
君歸相約再來時,去讀摩崖出翠微。牙巚峰頭望滄海,天風終古挾濤飛。
茲行佳話在南州,何止平原十日遊。良友湖山重把臂,壓裝詩卷畫圖留。

次韻酬可愚元日枉過見眎之作兼簡夢惺

人海藏山不可見,見者三山可遊宴。吾齋隔水倉山陽,決溮江流兼天濺。
故人訪舊來佳辰,尊酒說詩集群彥。鳴盛推陳須出新,吐屬各各詞矜練。不
辭風雨多勝懷,南州冬至少霜霰。座中有客工丹青,歸裝畫圖與詩卷。盈甌
薄沽見風消,_{見風消,汀州酒名,見《託素齋集·閩酒曲》。}臠肴不堪供一饌。長我十年
兄事公,我亦同僧思退院。身入郎嬛倉卒歸,去日堂堂奔如電。寡殖將落奈
若何,止水或鑑心一片。且隨無涯讀我書,請起廢疾療閒散。

作瑜以尊甫任珂翁課孫畫册屬題率成二絕

何曾安內賦同仇,私鬩蕭牆國脈憂。痛定神州思往事,白頭畫册課孫留。
讀君畫稿不知君,手澤兒孫護理勤。記取乃翁家祭日,中原一統九原聞。

熹平公羊經殘石出土_{并序}

《參考消息》:香港《星島日報》刊載,泛亞社臺北十一月廿八日電,臺
北市歷史博物館獲得東漢靈帝熹平四年雒陽太學所立蔡邕等書石經之《公
羊經》。博物館館長包彭遵彭,將在新落成之中國古代文字陳列館,與殷代
甲骨文數千片同時展出。熹平石經自董卓之亂以來,歷經戰禍,流散損廢殆
盡。民國十一年至十三年數次出土,多爲《魯詩》、《尚書》、《儀禮》、《論
語》四經,《公羊經》僅八塊,最大者不過十六字。今茲所獲,共六百廿四
字,民國二十三年在洛陽出土,日人以四萬兩黃金售之未得云云。賦以致慨。

熹平殘石伯喈書,六學東都憫爨墟。闢地及泉璚寶出,公羊墨守董何餘。

次韻酬夢惺元日二松軒留別

一樓烟雨獨懷人，卻喜梅香入蚤春。折報桃花溪上侶，清吟七字最風神。

道之枉過厪齋不值書以寄懷

松竹門前石作階，空勞芳躅過寒齋。春風閣上梅花發，將母知君有好懷。

甲辰春節竹枝詞歌唱新時代也

年年歡樂度新春，歡樂今年春更新。　自倚竹枝隨口唱，干支紀甲又逢辰。
當家作主理當然，堯舜神州六億賢。　建設工農齊躍進，須知群力可回天。
八一囏難溯建軍，南昌故郡起風雲。　井岡磅礴雄師會，興國憂勞自昔聞。
赳赳工農子弟兵，迢迢二萬五千程。　草原卑溼岷山雪，階級深仇賦遠征。
朔方聖地頌延安，規劃張皇待萬端。　文藝詎忘戎馬日，名言座上不摩刊。
衆志投鞭斷濁黃，戰雲淮海陳堂堂。　長江橫渡金湯克，沃野三吳富稻桑。
一統山河萬彙春，共和建國紀元新。　協商政治資君策，廊廟今朝大有人。
抗美援朝制毒龍，大仁大義助鄰對。　一軍志願光榮號，拔銳攻堅令肅從。
小醜西陲竟陸梁，我師仁義鼓旗張。　三軍用命聲威壯，無恙金甌固圉疆。
赫爾何爲鐵托師，狐埋狐掘費心機。　中籌可道言之醜，日莫途遐竟逆施。
運河鎸鑿巴拿馬，國土侵陵美帝狼。　執義一言天下應，更生自力信爲強。
亞非拉美泛爲盟，四海而今皆弟兄。　樽俎折衝言九鼎，和平天使御風行。
市場六國競居奇，欲壑難填天下谿。　旦旦我終持信誓，中原使節出巴黎。
當年盛會莫斯科，十二冠裳使者勞。　馬列文章存正統，七評熠爚日星高。
紅鐙輝映綠榕城，百業欣欣日向榮。　摩笛臨風吹盡意，大同世界頌承平。

可愚見和鱓肚研歌再用前韻酬之

昔人好書指畫肚，摩挲片石殷汲古。子山留書銘篆隸，此研所出不知處。家世閥閱著從龍，醰醰國子窮四部。文章綽有廊廟風，承旨綸絲縟藻斧。制行峻潔牗迪多，講論性命闡天賦。一朝道學推魯齋，升堂入室能繼武。興亡轉轂百年閒，故物天遺在中土。子子孫孫其寶之，主人渺渺鶴飛去。夢痕展轉生春紅，虛幌明牕與相撫。我歌子和長言之，足爲蹈兮手爲舞。憶昔海角聚良時，胸中抑塞藉傾吐。一軸檢點草堂圖，長者風誼垂矱矩。往教來學寧介懷，反身而誠樂事具。隔江衡宇今相望，惜逝芳華三月莫。吾儕如研爲石交，譬錯天涯散復遇。

甲辰春遊石鼓和雲銘兼用元均

晴郊無處不東風，山徑崎嶇百折通。詞客同攀清淨地，輕車疾走碧幽叢。靈源如與聞千偈，牙戟何曾透九重。且讀摩厓剔菭蘚，書堂還展晦庵翁。

夏至日省予偕蘭坡過二松籡竹齋

佳辰長至曉風和，齋傍雙松二客過。偶記瑣言殊北夢，頃以《禹貢》、《夏本紀》相校，得雲土夢諸條。且論殘帖共東坡。耽吟杜甫中年頗，止酒陶潛末疾何。讀畫盤桓人澹雅，驅車歸去雨滂沱。

書石遺近代詩鈔後

二百餘年學術昌，儒林文苑鬱相望。道咸詩派祧坡谷，卻異康乾主盛唐。

書石遺室揚州雜詩七首後

卻非中晚唐人筆，神韻漁洋迴不同。自古揚州佳麗地，數詩清瘦別裁工。

再遊石鼓

今年兩度此山遊，換了春紅夏綠稠。石鼓最宜僧舍辟，天風相與海濤謳。匡時意氣寧儕毫，經國文章可作謨。落落眼中數人物，欲從牙戟望神州。

讀文心雕龍詩品

論文滄海有珠遺，叔季齊梁孰起衰。說到柴桑無一字，雕龍奭也未明詩。
南朝門第重當時，不謂斯文竟效之。陶潛屈使居中品，卻笑鍾嶸妄說詩。

贈遺之

德以爲鄰信不孤，天涯新舊雨無殊。登樓枉過予施埔，賃廡相尋子對湖。
誼切觀摩如錯石，人能澹雅比冰壺。論文左海多佳日，此道升沈未可誣。

題青芝山志林君右箴欲爲山志未遂其子婿鄭澹明成之

百洞奇開百洞天，須彌芥子巧鉤牽。徵文補得名山志，迖學東牀坦腹賢。

閱福建通志疆域

形勝東南一大都，崇山帶水壯輿圖。厚生物產尤蕃阜，自與中原地氣殊。元
貢師泰《重修福州路記》：地氣磅礴，物產蕃阜。顧炎武《肇域志》：環以崇山，帶以長江，閩越一大都會也。

予有漁洋精華錄手跡朱批本陰亭有墨批本評語十同其九殊有見地不知出自誰氏假以相校

論詩石老阮亭殊，四扇潼關底語乎。我謂精華在神韻，乞君墨本校吾朱。

答幼清

蘭水壺山一草廬，斯文未喪著吾徒。故人程宋陳林郭，白髮天涯相憶無。

笠山詩鈔卷第十　補錄 ①

贈藍筍卿_{玉田}

記得識君丁巳歲，別來忽忽十經年。今朝重見韓江上，劍鋏書囊各惘然。

贈朝鮮金仁洙

國亡家破孑身存，海上相逢安重根。劍氣未容銷俠骨，扶桑披髮帝猶尊。

到　丙　洲

書劍南來作壯游，蒼茫烟水海天秋。西風村落蘆花岸，汽笛聲中到丙洲。

鼓浪嶼林氏花園觀潮

風緊園林落葉黃，六鼇海上望蒼茫。雪花濺岸眠鷗散，玉練排空浴鷥翔。破浪一舟歸廈島，觀潮八月約錢塘。廻瀾安得三千弩，涕淚橫襟弔鄭王。

智　門　院

白雲山下智門院，樹老庭空僧不歸。烟火只今丹竈冷，寒泉斷澗咽斜暉。

---

① 　此卷所收，乃二十世紀 20 年代以來的作品，皆前九卷所未錄，蓋作者後來再爲搜集補遺，故創作時間與前不連屬。今增標"補錄"二字，使與前編區以別之。

送孔慶豐歸里

送子海之濱，依依無一語。烟波浩渺中，飄飄片帆去。
鷺江爲此別，明發至汕頭。紛紛岐路客，斜夕過潮州。
峰川泝流上，百里水程難。贈君一枝竹，處處報平安。

潮州西湖

美人絕代風流盡，鳳管龍笙不可聞。斜挂驢鞍湖上路，更無人說故將軍。

湘子橋口號

韓公祠下客沽酒，湘子橋頭人賣花。此是南邦名勝地，過江帆影夕陽斜。

踏 青 詞

江干修禊春三月，作伴今朝倩侍兒。却怪東風太輕薄，故撩花片上人衣。

呈周道援岸登師 ①

蜀中山水甲天下，司馬王揚有故鄉。間氣由來生俊傑，其人不獨擅文章。
十年久負峨眉雪，兩鬢新添劍外霜。今日河汾從講業，執經我愧未升堂。
壯年冠劍走風塵，幕號紅蓮作上賓。行徧山川探掌故，官從郡國試經綸。
孝廉壽世青緗業，祭酒填詞白髮身。倘奏太平新樂府，才名何必讓姜辛。

日 光 巖

隱隱霜鐘出翠微，寒鴉驚起亂雲飛。山僧已是頭成雪，來去巖前采蕨薇。

---

① 此詩曾載民國十八年（1929）《廈大集美國專學生會季刊》第一期《笠山存草》專欄，署
名"包樹棠"。題中"岸登師"作"夫子"。

丁卯鷺江除夕

又聽丁鼕臘鼓撾,今年除夕客天涯。關山迢遞縈鄉夢,湖海飄零感物華。新雨清樽傾竹葉,故園殘雪負梅花。燈前守歲添詩興,時有蟲聲透碧紗。

元日觀胡里山砲台

元日來登舊戰場,百年天地幾滄桑。橫江鐵鎖嚴門戶,飛將樓船失國防。臨戍夜頻驚鶴警,補牢今及鑑羊亡。淒淒囓岸寒潮起,海嶠風高滿夕陽。

春晨望海

江草添新綠,萋萋露未晞。野帆春漲闊,柳岸曉風微。林靜雙鸝囀,天低一鷺飛。人家炊正起,蜃氣散朝暉。

感事用杜諸將均五首 ①

八哀詩續武牢山,寒柝嚴城痛抱關。幾見妖氛來海上,頻驚烽火耀雲間。孤臣血化三年碧,飛將功成萬里殷。猶是春風巢幕燕,諸公大度獨歡顏。

聲聲畫角起寒城,細柳營開 ② 月滿旌。上將皋比朝按部,美人甲帳夜談兵。盟刑白馬言猶在,鞭斷黃河水不清。千古新亭空有淚,龍飛何日見承平。

河山黯淡競傳烽,一夜妖星隕九重。每為亡羊思版籍,何堪立馬問提封。故宮離黍悲難遣,爾貢包茅祭不供。當日和戎應悔計,羞將神武說黃農。

前王雄武想風標,日月光臨兵氣銷。白雉久歸滄海遠,明珠空照碧天寥。衣冠江左惟談麈,賓從長安盡珥貂。一局殘棋收不得,傷心猶自話 ③ 先朝。

冬青江上黑魂來,朱鳥西飛事可哀。明日黃花應灑淚,明日黃花岡七十二烈士

────────────────

①　此詩亦曾載《廈大集美國專學生會季刊》第一期《笠山存草》專欄,題中"感事"作"前感事",蓋與同期所載《後感事用蔡公時烈士黃花崗十周年紀念韻》相承應(詳後《笠山詩鈔·拾遺》)。

②　"開",《笠山存草》作"前"。

③　"話",《笠山存草》作"說"。

殉國紀念。他鄉春色獨登台^①。寒潮入夜傳千騎,薄酒澆愁借一杯。孤注豈容輕此擲,畫堽堪笑^②是庸材。

九江廖古香孝廉_{桂賢}挽詞

數載神交亦夙緣,客中行篋撿遺篇。猶書甲子義熙後,痛哭河山天寶年。菊徑久蕪徵士宅,春江誰過孝廉船。詩魂灑酒招匡麓,愁聽東風叫杜鵑。

自述二首

憶我墮地時,中原亂既起。烽火照京華,西行悲帝子。有家羈旅中,故鄉渺層水。襁褓泣呱呱,生兒何足喜。衣食累阿耶,劬勞煩母氏。束髮受詩書,枉誇資質美。倦鳥還故山,維舟遵江涘。先人有舊廬,風雨足棲止。王父早棄養,王母頭白矣。一見摩我頂,抱我坐懷裏。不覺六歲華,忽忽如彈指。老人倚閭心,悠悠曷能已。

往事說當年,一一能詳委。大亂當洪楊,十室九被燬。先業遂中衰,吾時尚稚齒。及今六十年,歷歷如眼底。願汝振前徽,努力加礱砥。古來聖賢人,三冬足書史。勿貽門戶羞,何用羨青紫。彼時聆訓言,乃如風過耳。蹉跎廿年中,念之徒頰泚。期我以龍駒,竟不若犬豕。終軍方弱冠,請纓虜魁褫。鄧禹杖策行,封侯登顯仕。
中心復躊躇,不逮躬所恥。

某水與某山,宿昔釣遊處。鄰里童丱交,共騎竹馬去。嬉戲弄青梅,兩小不知怒。屋後種垂楊,近長十圍樹。女伴及笄行,男亦冠者娶。既壯賤役羈,半爲衣食赴。長干追往事,隨風飄烟霧。鬢髮惜青華,玩唱儒冠誤。摧愴內心傷,有懷不能訴。拊膺歎夫夫,忽下淚如雨。

初夏用杜秋興首尾二章均

靜聽鳴禽坐密林,巖泉飛翠覆清森。槐風長夏行炎令,梅雨經旬鬱晝陰。

---

① "台",《笠山存草》作"臺"。
② "畫堽堪笑",《笠山存草》作"生憎畫堽"。

海嶠松蘿牽客夢，江鄉櫻筍動歸心。殘陽柳外人呼渡，驚起眠鷗隔岸砧。

溪山盤曲路逶迤，愛此淪漣水滿陂。出谷黃鸝鳴隔葉，過牆皓蝶戀殘枝。芙蕖小沼薰風起，楊柳長堤桂棹移。終日綠陰深處坐，好消炎夏釣綸垂。

戊辰端午作

水操台畔氣縱橫，不弔延平弔屈平。醉撫吳鉤應一笑，黃河今日見澄清。國殤淒切語嘈嘈，昨夜軍中唱董逃。香草美人憂未歇，揮將熱淚讀離騷。

韓江舟次作 [1]

鷓鴣聲裏客舟還，柔櫓輕搖出綠灣。三百水程風浪隱 [2]，篷窗鎮日坐看山。

呈三山陳石遺先生衍

八閩詩人二大老，一石遺室一蘇戡。我自師陳不師鄭，瓣香遙奉海天南。

大沽灘口號

小彌陀在碧雲端，兩岸青山畫裏看。不住江聲咽危石，舟人呼下大沽灘。

秋感用杜秋興八首均 [3]

丹楓颯颯戰霜林，瘴海烟 [4] 橫屭氣森。十里香風飄桂魄，一輪明月照桐陰。入雲塞雁添秋思，上市銀鱸動客心。我有靈均身世感，蒼茫怕聽女嬃砧。

---

① 　此詩亦曾載《廈大集美國專學生會季刊》第一期《笠山存草》專欄。
②　"隱"，《笠山存草》作"穩"。
③　此詩曾載民國十八年（1929）《廈大周刊》"文藝"欄目第 217 期，署名"包樹棠"，題中"均"作"韻"。
④　"烟"，《廈大周刊》作"煙"。

琅琊秋色拂風斜，司馬重來感物華。滄海不歸徐福①舶，天河空待博望槎。一林霜葉淒哀笛，兩岸寒潮咽短②笳。漁唱遙汀帆影亂，夕陽無數白蘋花。

懸崖瀑布濺斜暉，寒落峰頭塔影微。岸上人家青樹隱，山中僧寺白雲飛。浮沉已覺隨流苦，嘯傲何妨與世違。踏遍林巒尋鹿友，歸來採得蕨根③肥。

變幻中原一局棋，延平台畔旅心悲。成王敗寇無公論，豎子英雄竝此時。霸業杳隨流水去，壯圖空見亂雲馳。田橫海島留孤憤，五百男兒繫我思。

風景全殊海上山，狼烽見說靖人間。征東諸將朝專閫，逐北元戎夜出關。名士新亭收熱淚，蒼生江左破愁顏。微聞約法三章定，盡是羔羊退食班。

荻花楓葉鷺江頭，烟月茫茫一片秋。白浪難淘家國恨，青山徒繫古今愁。遠遊長擬乘風鷁，獨立無言對水鷗。指點平台碑尚在，西風吹淚滿神州。

將軍汗馬策奇功，銅柱威名震國中。秋肅黃龍思縱酒，夜嚴青兕聽歌風。戎衣未濯征塵黑，塞草初銷戰血紅。東北猶疑氛祲惡，悲懷難遣浣花翁。

渡江山勢轉逶迤，秋水方生潋灩陂。曲渚芙蕖霜後蓋，離亭楊柳月中枝。隔林燈火樓台近，傍④岸笙歌畫舫移。竟夕鄉心平不得，一聲蘆笛淚雙垂。

九日遊中巖萬石巖諸勝用俞成乾隆庚子遊山刻石後一首均

踏破奇雲上碧峰，人如盤鶻欲凌空。聽泉坐向松陰下，挈客行來石罅中。宿草久蕪諸將塚，清秋還拜郡王宮。中巖有澎湖陣亡將士墓，延平郡王祠在焉。江山何處添惆悵，嶴墜微霜一葉紅。

太平嶴有作

太平嶴頂亂松號，一覺華胥首屢搔。此日祇應秋士淚，黃金滿地債台高。聞某部長與某國借債建設。

---

① "福"，《廈大周刊》載作"市"。
② "短"，《廈大周刊》載作"斷"。
③ "根"，《廈大周刊》載作"薇"。
④ "傍"，《廈大周刊》載作"斷"。

思 鱸

松江烟水幾人家，網挂殘陽十里斜。吟得叉魚詩句好，秋風歸思滿天涯。
漁舟閒繫柳陰斜，一尺銀鱗付酒家。忽共季鷹鄉思發，江南最憶舊桑麻。

遊醉仙嵒和均呈鷺社同人

萬峰頂上會群賢，蜃氣蕭森海外天。攜手名山如昨夢，談心萍水亦前緣，
人歸遠浦帆千葉，僧臥寒林屋數椽。泉石今朝同結社，敢攀韓孟着吟鞭。

南山用白傅出山吟均

朝上南山巔，莫下南山曲。朝看南山雲，莫入南山宿。南山三兩家，栽徧
溪邊竹。行遇斷橋去，寒犬吠深綠。

謝雋人俊以尊甫鸐塵大令詩集見貽吟此奉酬

草堂春餞荔支詞，集凡《小草堂詩》、《潮州荔枝詞百首》、《鮀江春餞》三種。白社聲
名重昔時。廉吏清芬今不墜，一門儒雅況能詩。

才能詠絮善譚玄，鳳慧爭夸道韞賢。小草堂前春色早，梅花句好入吟箋。

君詩有"棉衣製就還羞着，恐被梅花笑怯寒"之句，特溫麗。

寄藍少華漳州

客棹潯江泛月時，懷人曾寄廣州詩。延平台畔經年別，又是春風滿海涯。

柬外姪曾演復

千山風雪臥袁安，屋角梅花覆夢寒。一別關河消息杳，新詩寄到料春殘。

哭季父

得訃哀何極,淒然淚滿巾。關山猿叫月,海國客傷春。弱小憐諸弟,劬勞累二親。每嗟門祚薄,俛仰愧爲人。

南普陀晚眺

垂楊夾道引風清,雨過晴山晚更明。客邸不知春久去,獨來蕭寺聽鶯聲。

送盛山帶蕭秋霞歸浙江

半載鷺門同作客,南風又泛木蘭橈。新詩贈與樊劉侶,歸看錢塘八月潮。

七月一日偕梅縣鍾應梅由廈返汕舟中聯句

又泛仙槎海上行,同舟風雨話生平梅。忽舒清嘯魚龍起,夜半愁聽怒汐聲笠。
海天暮色望蒼茫,估客聲音盡異鄉笠。解悶共裁詩句好,人生到處有歡塲梅。
大筆生花絕妙詞,相逢轉恨識君遲梅。明朝詩酒尋盟去,同拜韓山吏部祠笠。
孤舟烟水旅魂銷,半夜鐘聲破寂寥笠。也似蘇髯遊赤壁,惜無佳客解吹簫梅。
飛輪鼓浪快生涼,不羨神仙縮地方梅。睡覺東窗天忽白,雲山已漸入家鄉笠。

舟過青溪口號

青青竹木夾長堤,三五人家隔水西。一夜雨生新漲滿,孤帆風正上青溪。

挽藍靜齋

渡海歸來日,翻聞好友亡。芳園澆濁酒,孤塚弔斜陽。舊雨懷蓮社,新詩愛草堂。無年黃仲則,侘傺況堪傷。

呈丘念廬夫子

函丈睽遠三載餘，韓江趨謁寓公居。裝無陸賈歸時物，家有寒支未刻書。客至論文常滿座，人來問字每停車。杭川風雅誰堪繼，烽火山中憶念廬。

檢亡友靜齋遺詩哀識一絕

當年桃李舊園林，文字論交我最深。麈尾清風歸月旦，詩如正始雜仙心。

觀日台偕同游攝景

歌風各抱濟時才，攜手同登觀日台。記取南中鴻雪印，天邊曾聽海濤來。

遊雲頂喦

攜得茱萸酒，探奇海外天。人行青樹頂，僧住白雲巔。出浴看初日，烹茶試活泉。山蔬供午饌，歸去夕陽邊。

秋　夜

遙浦漁鐙暗，高樓夜色沉。涼風來樹頂，明月到天心。離亂鄉音滯，蒼茫客思深。單衣秋又暮，愁聽數聲碪。

觀日台偕同人賦

絕頂欲觀天下小，鷺門唯見此山高。飛來碧落一聲笛，鷺起滄溟千頃濤。關塞秋懷悲鐵馬，江村風味憶霜螯。西台慟哭冬青引，詞客當年氣概豪。蜀中周道援夫子《寢碧簃樂府》，野祭觀日臺義士，哭冬青，高句麗遺民歌麥秀，述韓亡血史十七年，廈門各界反日時作也。其年冬曾攜此册登台臨風誦之。

秋感用杜秋興八首均

殘陽秋好映幽林，海嶽光沈氣鬱森。南浦冥鴻歸塞外，朔方胡馬飲山陰。
登山痛灑嗣宗淚，報國空懷正則心。愁絕宵衣涼似水，西風曲岸一聲砧。

一笑登場舞袖斜，過江冠蓋憶京華。將軍未罷西征節，星使空歸北上槎。
絕漠秋高嚴遠戍，中州烽警起清笳。可憐金粉飄零地，玉樹猶歌後苑花。

朱明陵闕膡殘暉，三百年來歎式微。海內群龍方野戰，雲邊歸鳥亂山飛。
未乾抔土雄心在，竟食前言夙願違。氣象東南開壯觀，馨香秋薦菊英肥。

贏輸悔著爛柯棊，成敗英雄總可悲。不見謝公高臥日，又聞馮婦再來時。
帝秦獨恥千金壽，諭蜀空勞一騎馳。憔悴怕唫香草句，美人何處慰相思。

黃河入海繞群山，收拾中原反掌閒。天命有歸周室鼎，丸泥無恙漢時關。
十年教訓曾嘗膽，一怒戎衣未解顏。太息華胥人夢夢，尚教狗尾續貂班。

何必生還效虎頭，玉門關外早驚秋。如聞黑水三軍泣，徒對青山一髮愁。
竟驗妖言知集雉，難憑信誓笑盟鷗。雄心欲把吳鉤拭，醉倚南天望九州。

先朝神武此銘功，莽莽扶輿夕照中。客邸悲秋思放酒，天涯弔古且歌風。
關河歸馬嘶霜白，滄海屠鯨濺汐紅。諸將平蠻聲寂寞，百年遺事問山翁。

鷺門漲闊浪逶迤，九月龍腥化葛陂。野寺烏啼驚落葉，霜崖猿叫挂枯枝。
欲尋樵語山中去，忽聽琴聲海上移。幽怨滿懷攄不盡，風簾怊悵玉鉤垂。

夜入南普陀

寒雲漸向翠微生，隱約僧樓出短檠。踏月人來黃葉寺，空山獨聽冷泉聲。

晨　起

只覺幽窗鳥語親，小陽天氣亦宜人。南行盡是相思樹，不見梅花雪裏春。

冬　至

雲斂天高風不作，鷺門冬至暖如春。歸舟又滯鄞江雪，第一梅花解憶人。

丘荷公先生四叠前寄懷均見示再用元均如數奉呈

遺集吾曾讀爐餘，采薇深處昔賢居。地同盤谷思招隱，住近名山好著書。望重扶風開絳帳，人歸魯邸謝安車。寓公何計消炎夏，吟到梅花雪滿廬。先生避亂韓江，夏中曾和郝九龍大理《梅花百詠》。

縹緗滿架惜三餘，人在嬛嬛海上居。斑駁流沙知墜簡，光芒汲冢見遺書。毛公閣迥藏千軸，惠子篇亡欸五車。故籍臨汀存者廑，石巢何日訪精廬。石巢爲李元仲先生讀書處。

□□□□□□□，遍地江湖欲卜居。□□□□□□□，□□□□□□□。①山城又去將軍節，巖邑終回使者車。猿鶴沙蟲哀浩劫，滄桑莫問舊田廬。

滿目河山破碎餘，笑他蝸角竟何居。遺經劫火思藏壁，邪說誣民禁挾書。人過宗周悲黍稷，時逢天寶賦兵車。鴟夷一舸東溟遠，難覓虬髯舊結廬。

奉寄鍾勤侯先生韓江

翩翩記室擅才名，濁世襟期此獨清。驅鱷江邊今避地，化龍津畔昔談兵。三生書劍縱橫意，萬里輪蹄慷慨行。憂樂關懷論出處，英雄畢竟亦多情。

留別余仲詹夫子

纔唱驪歌一曲終，鷺門愁見荔支紅。牕前燭翦芙蕖雨，江上人歸楊柳風。似段金壇推博洽，如錢嘉定號精通。維舟何日滕王閣，絳帳重來拜馬融。

送盛山帶歸浙江

荔支紅盡子言還，惜別江干柳共攀。聽到鷓鴣魂欲斷，歸途又看浙中山。

---

① 此處三句二十一字，稿本以墨塗去。今以方格標示，以仍其舊。

送子周子歸蜀 ①

冰銜陽朔知仙宰，第一名山管領年。鐵板銅琶蘇學士，曉風殘月柳屯田。一官公爲蒼生出，廿載人驚白髮鮮。若與使君傳治譜，宦情仍在翠微巓。

三年函丈八閩遊，五老峰前屐跡留。自把詞篇刪蜀雅，夫子詞定爲《蜀雅》十卷、《別集》②二卷，今夏屬樹棠爲之校錄，三月而竣，將付手民矣。肯將畫稿換滄州。通人學問孥經室，曠代文章湘綺樓。荔子紅時偏③惜別，錦江天際一歸舟。

又五律一首 ④

無語鷺江水，今朝別最難。閩甌千里路，巴蜀萬重山。人聽哀猿去，身隨倦鳥還。諸生空把袂，唯有淚潸潸。

閒　望

古寺依林麓，危樓起翠微。老僧無箇事，唯看海鷗飛。
霽雨收寒磵，泉聲鎮日閒。幽亭人獨飮，醉看隔江山。
太武何崔嵬，浮屠卓天際。寒瀑捲雲飛，渡江亂山翠。

聞子周子應成都大學之聘賦此奉懷 ⑤

忽聽孤颿上三峽，計程今已到成都。還山杖履身猶健，祭酒經筵道不孤。劍門細雨客騎驢，卜築今朝賦遂初。記得別時曾語我，草窗要傍浣花居。

---

①　此詩曾載民國十九年（1930）《集美週刊》第248期"文藝"欄目，署名"包樹棠"。題中"子周子"作"周道援教授"。
②　"別集"，《集美週刊》作"外集"。
③　"偏"，《集美週刊》作"翻"。
④　此詩亦曾載《集美週刊》同期。
⑤　此詩曾載民國十九年（1930）《集美週刊》第252期"文藝"欄目，署名"包樹棠"。

奉懷李雁晴教授_笠武漢 ①

六月扁舟下揚子，歸來劉向日橫經。縹緗中祕鬭魚魯，文字殷虛識象形。
胡瑗頭銜猶教授，侯芭身世尚飄零。秋風海嶠懷人夜，叫徹鵑雞不忍聽。

壯語名山藏可待，更須留副在京師。即論班氏才猶弱，唯有史公氣最奇。
多識前言非墨守，不求甚解豈 ② 毛吹。電光石火箋經夜，墨學溫州盛一時 ③ 。

涼階蟋蟀怨宵征，函丈關河又遠行。數載閩山驚昨夢，孤帆鄂渚聽秋聲。
敢將樸學輕前輩，要把新知牖後生。鍼盡膏肓起廢疾，經師還憶鄭康成。

贈葉蔭椿_{紹曾} ④

文章雅愛梅崖集，傾倒曾爲惜抱軒 ⑤ 。寄我鷺門書未報，清溪學已見淵源。
枒湖原不爭宗派，緒論湘鄉我亦聞。天馬山頭望滄海，何時尊酒細論文。

奉懷念盧先生

不談樸學笑支離，最憶梅州講業時。末世文章無氣節，唯公堪繼李寒知 ⑥ 。

奉懷周癸叔夫子 ⑦

騎驢誤聽公歸蜀，爲客仍看白下秋。昨得韓生書一紙_{溫州} ⑧ 韓孝愈文潮，江

---

① 此詩亦曾載《集美週刊》同期，題中"教授"作"先生"。
② "豈"，《集美週刊》作"肯"。
③ "時"下，《集美週刊》有小注云："師所著《史記訂補》、《墨子閒詁校補》等書皆已
行世。"
④ 此詩曾載民國十九年（1930）《集美週刊》第254期"文藝"欄目，署名"包樹棠"。詩
題作"贈葉紹曾"。
⑤ "軒"下，《集美週刊》有小注云："姚姬傳先生《復魯絜非書》稱'《梅崖集》果有逾人
處，恨未識其人'。"
⑥ 李寒知，疑指李寒支。謹按，明代李世熊（1602-1686），汀州寧化人，字元仲，號寒支道人，
有《寒支初集》、《寒支二集》等。
⑦ 此詩曾載民國十九年（1930）《集美週刊》第258期"文藝"欄目，署名"包樹棠"。
⑧ "溫州"，《集美週刊》載無此二字。

南風冷孝廉舟。

新詞又唱台城路，杯淺愁深話六朝。秋晚雁程歸計誤，斷魂半枕捲寒潮。

申江倘晤彊村 ① 叟，遺老重逢半白頭。一事別來最堪憶，令詞選好篋中否？

匡山曾訪遠公盧，仙令當年欲卜居。城郭重來問兵燹，關懷惠施五車書。夫子 ② 藏書，猶寄南昌。

吳中山水憶前遊，去日曾言住虎丘。蕭瑟西風白楊路，不聞石帚過蘇州。

江南江北黯烽烟，又阻全家上峽船。屈指秣陵秋欲盡，料隨梅雪度殘年。

避亂城居同曾俊卿姑丈訪莫翹南太史第問師竹堂詩文集刻板則已殘缺不全矣

來尋太史第，因約茂才行。故業思文藻，編民識政聲。防河疏鱷浪，闢館聽禽鳴。 公以清嘉慶庚戌成進士，改庶吉士。道光三年散館，改山東臨邑知縣。疏濬水患，復明御史邢侗來禽館，歸其後嗣。兵燹搜遺稿，秋風涕淚橫。

呈繆子才教授

文章不讀周秦下，諸子微言論最精。人比張華夸博物，學如鄒衍善談瀛。五車早著藏書業，重譯都知薄海名。能繼淵源德清後，餘杭師友獨螫聲。

送高直侯歸儀徵 ③

顧我有家歸未得，鷓鴣聲裏送君還。此行爲看梅花好，江北江南雪滿山。

---

① "村"，《集美週刊》作"邨"。

② "夫子"，《集美週刊》作"先生"。

③ 此詩曾載民國二十年（1931）《集美週刊》第 277 期"文藝"欄目，署名"包樹棠"。題中"送高直侯"作"年假送高君直侯"。

贈鄧騰裕 ①

君不聞鄒子談瀛東海東，扶桑弱水一槎通。又不聞二千年前徐市舶，曾經蓬萊問碣石。雄心憶昔乘長風，扶餘走訪虬髯客。富士山高古雪寒，莫辨祝融舊時迹。二十世紀天演奇，餘子呶呶論何卑。物競適存乃至理，爲體爲用吾誰欺。書劍飄零笑之子，觀魚亦復於其市。馮諼彈鋏賦歸來，有魴頳尾室如燬。好爲亡羊補我牢，仔 ② 肩今日重吾曹。中流思擊祖生楫，大江東去浪滔滔。我愛君懷殊不俗，宵深共翦西窗燭。記取潯江話雨時，秋風吹落桐雲綠。

和陶歸園田居用元均

泉石有幽癖，結廬傍青山。不知漢魏晉，悠悠五百年。守株譏待兔，結網笑臨淵。何如負耒耜，耕我南山田。抗懷沮溺耦，置身羲皇間。門庭栽五柳，清溪環其前。翠藹過疏雨，蒼莽生秋烟。偶攜雙屐去，長嘯翠微巔。披襟消萬慮，大智自閑閑。彈琴古松下，一曲心悠然。

讀史笑淮陰，居恆心軮軮。他時功狗烹，我忽發幽想。一逕入雲深，麋鹿共還往。努力誅草茅，何須助苗長。樂道不憂貧，體胖心亦廣。倦鳥亂山飛，歸路披榛莽。

雨過桑麻潤，野闊人烟稀。占年歡歲有，叱犢罷耕歸。遠水明鐙火，晚風吹我衣。聲華不足慕，久與世相違。

萬物皆芻狗，吾生足自娛。菊松三徑在，荊榛滿故墟。柴門掩落日，蕭條處士居。種秫二三畝，栽桑八百株。得失久忘懷，一尊意自如。凍餒非所慮，此樂固有餘。百年一轉瞬，消息悟盈虛。仰視北山巔，浮雲時有無。

獨坐聽鳴泉，有時山之曲。我志愛幽棲，人生貴知足。仙人不可待，莫問爛柯局。剝復乃一理，其炳如照燭。不見西山日，瞬即東昇旭。

---

① 此詩亦曾載《集美週刊》同期，詩題作"鄧君騰裕以紙索書作長句贈之"。
② "仔"，《集美週刊》誤作"好"。

題瘦葉詞

瓣香小令花間集,近慢能爲秦七詞。若比屯田惟律細,論才惻帽此還奇。當年何處最盤桓,欲和尊前一曲難。笠屐祇宜尋太姥,白雲攜得數峰寒。

偕同人往天馬山集美農林學校觀桃花至則紅愁綠困春魂狼藉矣悵然有賦 ①

久爽劉郎約,兼旬怨雨風。人來花事後,春在鳥聲中。佳木參差植,幽泉屈曲通。金鞍山色好,何日上空濛。

癸叔夫子近錄三詞見示夢橫塘一闋感時而發其言深隱用長句奉呈

危涕尊前話劫灰,彌天身又渡江來。浮家久滯秦淮月,冒雪因看鄧尉梅。微歎長安居不易,忽聞鍾室事堪哀。艱難蜀道知何日,歸聽猿聲灩澦灘。

鄧騰裕率水產八組諸生赴沿海調查漁業得渠報告有賦 ②

此行尚爲訪魚村,利弊君將與細論。驅鱷江邊風浪隱 ③,扁舟聞又過崖門。

送徐遵今歸浙江

石尤風緊放蘭橈,攪起離愁不可消。感舊莫忘閩海月,歸途又看浙江潮。青燈夜半研周髀,白雪山中讀楚謠。身手吾徒好珍重,長亭惜別贈青條。

---

① 此詩曾載民國二十年(1931)《集美週刊》第269期"文藝"欄目,署名"包樹棠"。題中無"天馬山集美"五字。

② 此詩亦曾載同年《集美週刊》第277期。詩題作"鄧君騰裕率水產八組諸生赴沿海調查漁業昨得報告已到崖門喜而有賦"。

③ "隱",《集美週刊》作"穩"。

謁王文成公祠

關山攬轡憶儒臣，掃蕩縱橫百戰身。清絕鄞江一丈水，挽爲霖雨洗兵塵。

贈張滌瞻秀民

薰風吹拂柳條青，四月江干送客艎。大地兵戈方擾攘，故人書劍尚飄零。題襟海上山同看，別夢天涯雨獨聽。行色又過剡川道，雙柑斗酒可忘形。

渡江惟見衆山青，小住湖樓晝掩扃。述學上能追七志，讀書還欲盡中經。趨庭于越親猶健，弔古幽燕子獨醒。今日石渠紬祕籍，天邊赤服耀精靈。

悲歌行并序 ①

　　供奉《悲歌行》曰：“悲來不吟還不笑，天下無人知我心。”竊取其義以名篇云爾。

　　邊防昨夜傳烽警，將軍高臥夢未醒。火照旌旗 ② 夜出 ③ 降，開門揖盜長官命。皇姑未復伍胥仇，遺恨長埋土一抔 ④。東海桑栽人已誤，念家山破淚空流。奇兒帳下橫青兕，誰知治命違三矢。動地胡笳下雁門，偷安開府留燕市。又著殘棊一局終，津門帝子泣秋風。愁見月華前代白，心傷宮草舊時紅。蝦夷狡獪竊人國，翻送秋波情脉脉。禾黍曾興微子悲，滿蒙倘讀田中策。如雲冠蓋渡江忙，干戈眞欲息蕭牆。故人豈爲新人棄，今雨何堪舊雨涼。同牀但續華胥夢，邯鄲道上人倥偬。晉室偏多夷甫談，秦庭已竭申胥慟。警電虛言限撤兵，今朝黑水墜名城。蠶食鯨吞殊未已，國讎家恨總難平。樓船橫海千梭織，更無天塹限南北。徒笑非攻墨翟迂，不聞弭戰宋牼力。東施慣效西施顰，美人一水望盈盈。翻雲覆雨尋常事，中菁何用問鷗盟。新亭風景添寥落，浩浩江淮鱷浪惡。此是千鈞一髮時，那容重鑄九州錯。清議初頒罪己書，

　　① 此詩曾載民國二十年（1931）《集美週刊》第十卷第八期，署名“包樹棠”。

　　② “旗”，《集美週刊》作“旂”。

　　③ “夜出“，稿本原作“出受”，後作者以硃筆改易。今據校。茲檢《集美週刊》載，適作“出受”，蓋原稿即如是。

　　④ “抔”，《集美週刊》誤作“杯”。

明珠薏苡苦毀譽。椒房東觀懲前轍，金粉南朝鑒後車。往事荒唐曹鬼哄，社宮君子三千衆。訪政翻成白雁災，上書猶覺紅羊痛。更揮涕淚灑中原，國殤山鬼尚煩冤。祖龍東郡驚星墜，子野虩祁論石言。秋光故壘無窮感，四野風雲①方黯淡。曠世②難逢安攘才，前朝慣把興亡覽。劍氣摩空鬱不銷，關山回首路迢迢。辭家庾信吟懷苦，淒付潯江日夜潮。

諸將感時而作也用杜元均

朱旗空自望燕山，警雷天驕昨欻關。卻敵何曾疆場上，折衝徒愧俎尊閒。親降都尉戎衣白，痛濺蒼生刃血殷。入耳胥濤中夜泣，孤兒帳下獨歡顏。

龍蟠虎踞石頭城，颯颯霜風動霓旌。江左空譚哀誤國，輪台遲暮悔窮兵。慘聞澤水千家哭，笑見黃河半日清。姊妹椒房門第重，南朝金粉飾承平。

金戈河雒鎮狼烽，西北愁雲叠萬重。地本強秦終據險，政如分陝別提封。頻年災異兵難戢，遍野誅求賦不供。冠蓋枉勞汾水上，將軍解甲欲歸農。

何曾大樹見孤標，拔劍狂呼恨未銷。諸將沙中方竊竊，功臣烹後已寥寥。元戎勢蹙成騎虎，外戚勳高盡珥貂。孰係安危天下望，只看節度護中朝。

秋風蕭寺客重來，欲效傷時賦八哀。渡海寇深驚入灊，殘碑僧尚話平台。_{清高宗平台碑，至今尚勒廈門南普陀。}雄圖莫問前王業，熱淚空揮濁酒杯。惆悵南溟鯨浪惡，河山終誤斗筲才。

延平故壘和蘇逸禪軼作兼用元均

鎖鑰天南有此門，當年王氣黯江村。潮生午夜魚龍起，霜落中原鼓角喧。閩越今猶餘壁壘，臺澎久已失屏藩。使君挈客饒清興，笑指寒山片石存。

奉懷葉采眞校董

皐比南徼又從游，砥柱相期挽濁流。一代聲華推左海，千閒學舍比湖州。

---

① "雲"，《集美週刊》誤作"電"。
② "世"，《集美週刊》作"代"。

誰爲蜚語煩冤日，人最銷魂出獄秋。料有覊懷攄不得，江關詞賦子山愁。

癸師自徽垣以所刊蜀雅見贈成長句奉懷

冠劍當年氣槃雄，宦游直送大江東。使君足跡遍天下，博物聲名震國中。烟雨西行千里客，河山南渡兩詞翁。師論詞主南宋夢窗、草窗，刻"二窗詞人"印。半塘沒後彊邨死，風雅於今屬我公。

逸禪以題同安倪蒲生雙溪泛棹圖詩屬和成長句奉酬

按倪公諱以璩，字蒲生，以諸生起家訓導。寄情山水，擅長詩文，交游皆當代名流。前清道光庚子孟秋既望月夜，泛棹邑之雙溪，同游二客爲蔡香少尹、陳和卿茂才，絲竹壺觴，相與樂甚。遂命妙工圖之，一時題詠如林。癸丑就館石碼，致遭兵燹。丙辰補作自記爲壬戌七月既望云。

幽人忽泛雙溪棹，佳客還同赤壁舟。元豐歲距道光歲，壬戌秋更庚子秋。劫後新圖添自記，尊前雅詠盡名流。勞君遺我詩中畫，讀罷風塵欲臥遊。

同古剡張滌瞻秀民觀廈門圖書館藏唐人寫經宋刊埤雅元槧陸宣公奏議 ①

剡川張子性好古，中祕勤捘訂舊簿。吾生有涯苦日短，手不停披當旁午。略錄窮究向歆書，乙夜然藜心最苦。縱譚時亦見襟期，讀書況更同門戶。春風幾度鷺江濱，逆水行舟用力努。海上居然得娵媕，聯翩同看圖書府。中有唐人手寫經，紙光墨色豁眉宇。聞出石室敦煌郡，德宗之季發于土。五百阿羅與護持，風霜剝蝕皆安堵。千餘年來所庋藏，片羽吉光此亦愈。更有埤雅宋時刊，字畫清麗快先睹。果然展卷便驚人，香淡蒼潤豈夸詡。美妾肯教易漢書，雞林非貴千緡估。三山陳丈此書經陳石遺先生衙鑒定②儒者宗，鑒別寧爲鼎

---

① 此詩曾載民國二十年（1931）《集美週刊》第268期"文藝"欄目，署名"包樹棠"。詩題"同"上有"己巳春"三字，"人"下有"手"字。

② "此書"至"鑒定"十一字小注，《集美週刊》本無。

贗魯。陸公奏議重李唐，論事剴切豈小補。忠義猶能動鬼神，直言偏觸閹茸怒。忠州別駕萬里行，關山雲黑縈鄉樹。正氣長留天地間，讀公文章見步矩。此書元槧出麻沙，流傳及今亦可數。吾聞汲古閣主小毛公，當日收藏羅四部。牙籤喪亂歎飄零，茫茫古今徒仰俯。落花空見燕歸來，月明池館春無主。又聞歸安陸氏皕宋樓，扶桑一水渡輕艫。陸存齋觀察心源皕宋樓藏書，光緒丁未，其子純百觀察樹藩爲債迫，以十萬①元售諸日本岩奇氏靜嘉堂文庫。海外②孤本今無傳，物亦良難論散聚。百城坐擁古香披，摩挲可以下清酤。癖同玄宴號書淫，人歸薄暮瀟瀟雨。

---

① "十萬"，《集美週刊》作"十一萬八千"。
② "外"，《集美週刊》作"內"。

附錄一　笠山倚聲初稿

念奴嬌秋思

晚風斜照，鎮淒迷入望，幾行烟樹。曲岸人家炊正起，隔水聲喧爭渡。海上孤帆，襟前宿酒，難把離情訴。美人香草，倦懷空此遲暮。　　遙指壞堞頹垣，荒涼滿目，畫角猶嚴戍。大好河山征戰後，釃酒臨江誰賦。雁落遙汀，鳧飛極浦，詩思滄州路。秋痕一抹，盡將吟入新句。

水調歌頭

水國望無際，鳴雁怨秋深。荻花楓葉蕭瑟，客思更難禁。欲放錦帆歸去，相約群鷗待我，把酒發清吟。數點晚山碧，漁唱起波心。　　關河迥，天宇闊，夕陽沉。晴川暝色，二三飛鳥倦投林。倚劍南天長嘯，孤負當年豪氣，來往鷺江潯。誰念單衣客，隔岸起寒砧。

清　平　樂

蘭橈桂楫，江上舟如葉。潮去明沙行躞蹀，儂欲褰裳言涉。　　何堪客思茫茫，歸途水遠山長。指點寒雲一角，桃源舊日山莊。

望海潮讀清高宗平台告成碑抒感

臺澎形勢，閩甌屏蔽，千軍直渡樓船。圖籍甸畿，提封海嶠，縱橫掃蕩蠻烟。豪氣想當年。指斷碑猶在，人說燕然。瞥眼河山，鯨鯢翻浪陡驚天。　　於今此恨綿綿。嘆興亡浩劫,嗚咽流泉。襟上淚痕,天涯暮色,蒼茫落照前川。懷古幾流連。又中原鼙鼓,南海絲鞭。剩得囊錢沽酒,還上翠微巔。

木蘭花慢 鼓浪嶼

正波澄海鏡,滿斜照,木蘭舟。轉曲岸風微,明沙汐退,欲鶩翔鷗。凝眸,霽林暮色,有摩空片石峙山陬。留作天南砥柱,幾人揮淚神州。　悠悠,白繞青浮,雲樹杪,出朱樓。自倚闌無語,畫眉帶恨,鸚鵡前頭。簾鉤,是歌舞地,聽琵琶此日總生愁。臺榭前王不見,國魂付與東流。

望 海 潮 ①

風翻濤立,槎浮天上,雕龍海客談瀛。東鬱岫雲,西沉嶠日,稽天大浸南溟。窮髮怒飛鵬,問九州神②海,空碧回縈。弱水三千,滄州梟落晚霞明。　豪情逸興縱橫,有人歸曲岸,漁唱遙汀。蓬島駕鼇,珠宮幻屬,飛仙不見靈艑。氛祲帶龍腥。又潮聲嗚咽,烟色淒清。便趁春明鷺水,攜酒赴鷗盟。

八聲甘州 野祭題詞 ③

把滄州畫稿換琹箏,老懷感興亡。問連昌宮竹,玉鉤斜草,殘淚清霜。又見嘃紅杜宇,東海誤栽桑。如鼓襄陵操,風雨蒼涼。　曲倚明妃三疊,共遺臣麥秀,怨寫宮商。幾英雄肝膽,看劍引杯長。泣松楸漢京仁嶽,指④江山一抹賸斜陽。無端又攬昆侖睡,歌扇東塘。

---

① 此詞曾載《廈大集美國專學生會季刊》(以下省稱《集美國專季刊》)第一期"笠山倚聲"專欄,署名"包樹棠"。

② "神",《集美國專季刊》誤作"稗"。

③ 此詞亦曾載《集美國專季刊》"笠山倚聲"專欄。

④ "指",《集美國專季刊》作"奈"。

水龍吟 登水操台 ①

掲來釃酒歌風，一亭山好當林際。紅圍翠擁，看山心倦，倚闌人醉。怪石摩 ② 雲，怒潮翻 ③ 雪，歸帆天外。奈崦嵫落日，滄波萬里，更誰識，興王氣。可惜閩南形勢，剩風檣依稀牙旆。簡書猿鳥，儲胥安在，霸圖終廢。兩字思明，一聲河滿，千年逝水。聽嗁鵑不住，滄桑夢覺，灑興亡淚。

臨江仙 經鄭太師墓太師爲成功之叔監國魯王以海所封

幾處昏鴉噪白楊，萋萋草色凝芳，薰風古道滿殘陽。無言翁仲，誰與奠椒漿。忠孝一門躬盡瘁，孤軍扶義勤王。最憐孤島繫興亡。雄圖何在，憑弔感滄桑。

木蘭花慢 和道援先生重九南普陀寺後舒眺兼用元韵

正秋高氣爽，盼征鴻，斷衡陽。封九日黃花，三年作客，一水扶桑。平岡。白雲海國，漫西風繪美憶江鄉。蕭寺人來弔古，晚山笛引哀商。　徜徉。曲院長廊，稽放浪，阮疏狂。數竹林舊雨，徂嗁蜀魄，清夢瀟湘。寺後石壁有成都岳堯仙嗣佺、湖南易實甫順鼎，光緒乙未重九篆書題名。堪傷。一官落槖，笑過江名士只詩囊。無語寒陵片石，眺臨萬感茫茫。

附原作：

　　蕩雲愁海思，府空潤，作重陽。奈大地秋風，無邊落木，萬感滄桑。高岡。更窮望眼，指青天一髮是家鄉。斜日搔餘短鬢，莫潮咽斷清商。　徜徉。蘚壁經廊，尋篆刻，弔詩狂。當年鑄錯，虛名畫餅，招蜀懷湘。魂傷。悼今感舊，記京華選勝共萸囊。休覓殘僧話往，有人獨立蒼茫。

滿江紅 過鎮南關見施琅紀功坊已毀感賦

鎮海將軍，紀功石，當年門閥。三百載，畢偏安局，立摩雲碣。犬馬猶能

---

① 此詞亦曾載《集美國專季刊》"笠山倚聲"專欄。
② "摩"，《集美國專季刊》作"磨"。
③ "翻"，《集美國專季刊》作"捲"。

人主識，衣冠卻笑功名熱。是漢兒，終不是胡兒，虜臣節。　羈人淚，啼鵑血，餘灰冷，迴腸熱。弔青山，寥落碧天空闊。老柳牽愁猶旖旎，寒潮淘恨翻嗚咽。一聲聲，畫角莫生寒，興亡闊。

高陽台<small>除夜和西谿兼用元韵</small>

臘餞殘宵，春回隔歲，天涯羈客心驚。雪傲寒枝，暗香風送疎櫺。關山應作還鄉夢，誤歸期，瞥眼新正。共銷魂，儂臥江天，君滯山城。　誰憐庾信猶漂泊，指故園西望，空數郵程。碧海愁烟，淒淒上枕潮聲。相思此昔知何處？畫闌西，一笛風清。惹吟懷，酒愛深盃，句覓寒更。

水龍吟<small>和西谿用元均</small>

年年花落花開，紅痕舊見鵑啼處。關山夢繞，海天春鬧，撩人情緒。南浦聽潮，西窗剪燭，哀吟騷楚。共涉江危涕，懷沙幽怨，寒生夜，蕭蕭雨。　滿地江湖行旅，客魂銷，歸舟風阻。春城花月，舊遊重到，蒼茫無語。莫便登樓，惱人柳色，惹相思苦。又黃昏巷陌，東風燕子，入誰家去。

八聲甘州<small>洛陽橋懷古用柳耆卿均</small>

滿西風殘照洛陽橋，雁聲早驚秋。有人家漁網，江天賈舶，縱目高樓。踏遍南州山水，形役幾時休。問百川東走，誰挽狂流。　雙碣書留太守，鬱江山靈氣，筆陣能收。拜祠堂遺像，古郡最淹留。感蒼茫晴波翻碧，滿天涯歸思一扁舟。匆匆去，睠然雲物，總惹閒愁。

聲聲慢<small>贈別唯深用周草窗均</small>

葵花向日，梅子黃時，分攜又是南州。一曲離筵，傷心五老峰頭。滔滔鷺江無語，賺離人，眼淚還流。翻悵望，問茫茫，天地何處埋愁。　此日歸程暗計，有江鄉荔子，正好淹留。趁得歸潮，洛陽橋下停舟。思君海天愁碧，賦停雲，怕上高樓。好記取，訪君謨碑記，待我深秋。

晝錦堂<small>四月十七日子周子五十有八初度和題冶春圖均爲壽</small>

問字鱸堂，談經馬帳，崛峥山勢千尋。五老峰前函丈，三載駒陰。高歌青天思道遠，駐顏丹酌惜杯深。消清晝，柳暗草窗，填詞祭酒雄心。　　清沁，泉濺碧，雲遠白，湖山擬買腰金。脈望蠅頭燈下，楷法時臨。有人琴鶴，知仙令，故交金馬憶朋簪。還西望，天際錦江如鏡，思不勝任。

聲聲慢<small>秋感</small>

殘荷收暑，弱柳驚秋，無聊客邸心情。叫徹鵾雞，添來宋玉淒清。披衣石闌徒倚，看橫江，漁火星星。算初三，正玉鉤斜挂，秋水方生。　　消息雲邊歸雁，盼寄書難到，驛使郵程。劫換沙蟲，飛來警電孤城。傷心析骸易子，效江南，哀感蘭成。聽牧馬，風蕭蕭，何處角聲。

臺城路<small>奉懷癸叔夫子都門并用重過金陵韵</small>[1]

客舟翻滯寒江雪，梅花又驚冬晚。話雨吳中，看山劍外，禁得霜砭風剪。青天望遠。借杯酒澆懷，銅琶彈怨。寄與江南，折來疏影水深淺。　　長安兒女解憶，有家歸未得，詞客愁滿。細雨騎驢，寥天落雁。盼到春風歸燕。秦淮冷管，嘆金粉當年，逐風馳電。遍地江湖，詩書應漫捲。

望春回<small>癸叔夫子以金陵陽曆歲朝用李景元均一闋見示依均奉懷</small>[2]

望春隔歲，寄客懷沉寥，詞句清絕。羈旅尚京華，聽畫角悲咽。城頭緜霜

---

　　① 此詞曾載民國二十年（1931）《集美週刊》第263期"文藝"欄目，署名"包樹棠"。小題中"夫子"作"師"。

　　② 此詞亦曾載《集美週刊》同上期。小題中"夫子"作"師"，"均"作"韻"，"依均"作"再依韻"。

千樹花，揀疏影，水驛和春折。不殊風物，登臨覽勝，幾逢佳節。　傷心興亡往日，看玉壘浮雲，銀浪飛雪。江上指歸帆，有鷗侶堪結。重來人已驚白髮，歎神州板蕩憂難歇。料應尊酒，秦淮舊雨，夜話烟月。

渡江雲_{王壽山用清眞均}[①]

晴空凝遠碧，撐天巨掌，漢闕數恒沙。暗禽嗁峭壁，韵度山青，眷屬有仙家。微風響珮，禮玉女，香瓣蓮華。秋色近，老藤枯樹，點點墜昏鴉。　休[②]嗟。奇峰礙月，絕壑流雲，聽驚濤直下。歸暮江烟遮白練，霞映紅紗。瓊杯引滿延年酎，石不爛，人溯兼葭。招隱處，何時補種梅花。

華胥引_{癸酉歸杭用清眞均}[③]

飛鳶堞煆，化鶴人歸，渡橫舟葉。矮屋臨江，修蘆傍水爭鯉喋。怕聽吹角嚴城，送午風悲軋。寥落河山，幾經離亂心怯。　訪舊翻驚，數鬼籙，鬢華慵鑷。酒痕和淚，青衫休輕檢閱。自笑飄零湖海，賸詩箋行篋。鄉關何處，愁雲惆悵千叠。

卜算子_{石遺丈歸閩未獲一面悵然有賦用張蘇錚高少萊韵遙寄}

獨上湖心亭，獨看湖心月。未識詩人八十翁，又負良時節。　慣見海生塵，去去舟如葉。一夜秋風惜別情，吹破鄰家笛。

一隻以詩鳴，一世皆風起。左海群山綠抱樓，把酒高吟處。　看書桂林山，杖履翩然至。愛食江南巨口鱸，又向吳門去。

蘭陵王_{挽章太炎先生}

學亡矣。窮灑神州涕淚。彌天恨，仇戴祖龍，六月霜飛對緹騎。譚瀛淼

去水，微喟離憂未已。煩冤甚，藏夜壑舟，如此山河盜偷耳。　東南重師事。比玉海樓深，湘綺樓肆。會稽持論經皆史。思契孔參佛，制言華國，深厚辭訓鑄百氏。匹夫起衰世。　遺志。是誰懟？種墓木青田，祈嚮誠意。精盧晚歲宜城市，共子美流寓，石湖鄉里。吳江楓冷，過長者，似夢裏。自來填此調者多用入聲韻，茲用上聲韻。

暗香<small>梅石懷羅一峰舒梓溪兩先生用石帚均</small>

玉姿冰色，鬱古香冷艷，江城飛笛。五月落花，數片蒼寒石空摘。難問荒唐野老，齊東語、蘭台才筆。歎市舶提舉詞臣，夜半負前席。　南國，去寥寂。望大海浪淘，遠山雲積。夜蛩訴竭，遷客流風每遙憶。劦狗群言亂雜，榕偃蹇、紅鐙深碧。共謫宦明絕學，梓溪再得。

疏影<small>昭昧國學講習所六周年紀念日用石帚均</small>

聲金振玉，看江河萬派，滄海歸宿。左右逢源，吾道匪孤，咫尺小山叢竹。歐陽不二祠堂在，是勝景、刺桐城北。好息游，明月松灣，伴此歲寒花獨。　誰繼風流往事，一峰講學地，三逕蕪綠。物異星移，六載匆匆，桃李成陰遮屋。天戈共挽虞淵墜，道問學、百家一曲。統車書，同軌同文，混合五洲員幅。

菩薩蠻<small>競渡</small>

風帆上下千梭織，筍江水似湘江碧。傍水綠楊樓，不關兒女愁。　激空波似立，奪錦雙龍急。誰是獨醒身？狂歌弔楚臣。

南歌子<small>和今雨用元均</small>

梅影橫牕靜，溪聲破夢寒。秋宵起坐覺衣單，銀漢迢迢翹首欲何言。　如訴鳴蟲苦，誰薰寶鴨香。青燈照影感蒼涼，萬叠雲山爲客尚他鄉。

浣溪沙中秋和今雨用元均

欲就梅魂桂魄商，春心秋意兩堪傷，大田八月見梅花。天涯幾度看蟾光。　　佳節思親歸道迴，關山松翠夢生涼，醒來四壁滿吟螿。

暗香水南梅花用石帚韻

水南烟色，和野風送到，樓中長笛。陌路暗香，竹外橫斜一枝摘。留伴幽牎冷月，輪官閣，何郎鴻筆。但笑煞處士妻花，低唱倚芳席。　　南國，雁聲寂。又驛使不來，傷離懷積。引泉欲竭，齋夜遙遙夢魂憶。希見三冬雨霰，紅萼襯，寒柯深碧。忽凍雀飛去也，影兒覷得。

清平樂三十四年元旦用重光韻

輿圖東半，盜割膏腴斷。函夏中興誰撥亂，氣旋鴻鈞春滿。　　捷書細柳堪憑，將軍汗馬勛成。四海止戈爲武，桑麻樂遂蒼生。

相見歡送人從軍用重光韻

梅花不改寒紅，去悾偬。志士橫戈躍馬趁春風。　　莫揮淚，休辭醉，歸來重。含笑待君飲至海雲東。

壺中天慢餞歲用李易安韻

江城微月，照綠蔭深處，經巢扃閉。水國魚龍除夜逼，騰拂簫聲劍氣。紅橘登霜，黃橙收雨，別有閒風味。銀缸青對，擘牋吟賞憑寄。　　三百六十韶光，如斯逝者，望斗南天倚。竹葉香濃傾琥珀，無限愁懷攪起。惻惻離亭，漫漫去路，匹馬關河意。故山遙憶，寒梅問著花未？

附錄二　歌詞外集

集美學校歡迎陳嘉庚先生歌

十八載重溟故國心懸懸，歸鷁指雲天。存問神州河山，行色壯烽烟。梓桑舊東越，有廣廈千萬間。樹木樹人，志慮最貞堅。迓塵勞，艱難播遷，誠毅永永服毋諼。

太平洋

太平洋水何茫茫，一朝翻動了滔天浪。這是侵略者的瘋狂，我們愛好和平的國家，趕快團結起來，把強權打到，公理伸張。旗正正，鼓堂堂，爲民族，求解放。自東徂西，自南徂北，其遠無方。太平洋水何茫茫！

椰天征鼙

君不見太平洋上血花飛，椰天一片征鼙。是三寶七下宣威地，六百載猶想旌旗。夜壑幾舟移動，風雲翼，潛閃擊，水陸陣成圍。我僑胞，齊奮起，收版籍，濟艱危。看屠鯨洗海，東華起起好男兒，九譯雄師奏凱歸。

好男兒

好男兒，志氣昂，騎駿馬，荷長槍。關山萬里赴沙場，東西南朔戰雲黃。青史上，多榜樣，班超投筆起戎行，木蘭女子矯男裝。伏波馬革裹屍壯，汪踦年少爲國殤。梅花嶺畔史閣部，幽燕市中文丞相。不成功，便成仁，踔厲發揚，民族榮光。

燕江

燕江燕江，日夜奔流泱泱，你是在偉大的抗戰時代生長。造成了新興的都市，上游的重鎮，七閩的中央。政治文化，經濟建設，一切的一切，向着光明的程途突飛猛進，負起了建國使命而緊張。燕江燕江，日夜奔流泱泱，這也許是表現你的雄壯。

蓮塘中心學校校歌

圓山何青蒼，十里水仙香。有我蓮塘實驗鄉，學舍好風光。是藏修息游地，德知體美，各科基礎，打個十分堅強。禮義廉恥訓皇皇，信條遵守不可逾，將來要做人模樣，親愛精誠共一堂。復興國家，復興民族，責任擔當。大家毋忘，大家毋忘。

集美學校三十周年紀念並祝陳嘉庚先生七十歌

三十春光栽李桃，七旬黃耇辛且勞。我愛集美，我愛集美，有千間廣廈何崔嵬，百尋天馬，萬頃雲濤。好箇讀書窩，中小職業擘規模，東西富學科。濟艱危大地干戈，播遷絃誦，繼晷焚膏，誠毅精神永不磨。效嵩呼，並壽山河。

晨光小學校歌

晨光熹微，愛惜良時，一日之計在於斯。鵬程初發軔，風雲萬里，奮起直追。禮義廉恥國四維，皇皇訓垂。奠定丕基，啟牖新知。晨光熹微，愛惜良時，不負中華好男兒。

永春縣立中學校歌

雙溪如帶，群山宮黌舍，嵯峨氣象雄。藏修息游樂不窮，科學匯西東，基礎樹普通。屏華崇實名德從，禮義廉恥國訓同。親愛精誠，濟濟一堂中。切磋磨琢不計功,欣欣桃李長春風。

海疆學校校歌

大中華,泱泱表海飛濤壯。廿世紀,風雲蕩,奠金甌,還我提封無恙。泉山下,平岡敞,偉哉黌序規橅創。曰師曰商重觀摩,舊德新知培養。冒險富精神,重溟破巨浪,椰烱蕉雨膏腴壤。進大同,喚起自由魂,民族至上。

省立連城高級工業學校校歌

形勢西閩,千山萬山迤邐,有藏修息游佳麗地。大時代,弦歌起,製紙陶瓷,精研技術學理。物質進文明,人群謀福利。發墨守,求美備,爲職業教育,開籾篃新世紀。

桃源中心學校校歌

鳳山高,湖水長。物華秀美桃源,好箇讀書莊。勤則有功,愛惜時光。日日上學去,快樂共一堂。立志自強,大家毋忘。立志自強,大家毋忘。

力行中學校歌

清白之岡兮,雜樹生香。黌舍風華兮,游修息藏。新知舊德共提倡,基礎要堅強。壯哉力行,蹈厲發揚。效駑馬精神,任重致遠征途長,日就月將永勿忘。

海疆學校校歌（又一首）

堂堂中夏,赫赫炎黃。版圖式廓,于漢于唐。嗟我多士,有勇知方。紹此聖神,民族之光。海疆海疆,美哉蕩蕩乎,南方之強。

雕雕儁彥,肅肅膠庠。誕敷文教,有憲有章。日淬月礪,大義是將。八埏望風,民國之光。海疆海疆,美哉蕩蕩乎,南方之強。

溫厚小學校歌

溫厚溫厚,是我們的樂園。有青山,有綠水,風景陶然。德智體育,基礎訓練要健全。專心致志,不貳不遷,鵬程遠大著先鞭。

荷心小學校歌

羅溪如帶水湯湯,何處花香,荷心一個讀書堂。聲出球鎤,大家愛惜好時光。科學基礎,訓練要堅強。鵬程九萬里,乘風翔。

附錄三　拾遺

寄袁耀樞廣州代柬 [①]

鷺江江頭君送我，五月南風泛歸舸。客中送客倍銷魂，莫折垂楊枝婀娜。秋風君向秣陵遊，雲山六代一扁舟。錦帆天子歸何處，賸得青山叫鶬鶊。空見陵闕東南壯，鼎湖龍去雲悠悠。弔古哀時人濺淚，腰肢消瘦不勝秋。自昔長安居不易，颶輪碾夢難爲留。豈有列子風能御，人生茫茫歎飄絮。珠江又看月華明，滔滔難洗閒愁去。今朝忽烹雙鯉魚，得君寄我廣州書。行行都述離亂苦，一回讀罷一欷歔。餘生我從虎口脫，往事頗能爲君說。歸時風鶴警窮鄉，六月炎炎赤日烈。征衫猶未浣緇塵，遽傳消息官軍徹。東鄰西舍競奔逃，老者扶將少者挈。青天蜀道上崎嶇，行不得也泣幽咽。倉皇我亦向南行，奔命苦教雙足茫。傾盆大雨滿山來，吾生何爲多磨折。林深虎豹常齧人，夜靜荒村犬不狺。空谷疾風生勁草，此時惟有淚沾巾。二三燈火溪邊屋，彷如避地來盤谷。剝剝聲中客款門，故人高義相留宿。壁間鼠瞰燈微明，酒勸深盃爲壓驚。名行我自慚張儉，幸逢李篤見平生。淹旬相對徒太息，哀鴻滿野誅求急。亦有衣食小康家，主僕被繫受威逼。玄黃筐幣苦供張，東西叫囂一何憯。西村焚戮哭聲哀，片言支吾即不測。夢魂一夕數驚惶，店月雞聲早戒裝。行到山城日云暮，漸緊秋聲畫角涼。舊雨相逢悲喜集，西窗翦燭夜初長。七夕過後中元節，何來小醜竟強梁。其如天塹難飛渡，大江決潒限金湯。愁人月色中秋夕，二度圍城敵勢狂。天地昏沈冤血濺，草菅毋乃人命賤。故鬼又將新鬼招，亂邦終覺難留戀。關山霜落冷吳鉤，金精宿動風霜變。飛來警

---

① 笠山先生早年有發表於報刊雜誌之詩作，或未編入《詩鈔》稿本。今由蔡飛舟蒐得九題，茲依次錄存"拾遺"中。此詩載民國十八年（1929）《廈大周刊》第217期，署名"笠山"。

電是天涯,心中將信復將疑。此日未援天下溺,杜陵空有七哀詩。庸奴痛使備行列,況復睢陽外援絕。秦庭誰爲賦無衣,一軍暗度蔡州雪。長平阬卒笑偷生,石頭城上降旛揭。慘比維揚十日屠,使我肝腸真欲裂。從今訪舊半爲鬼,世亂生離成死別。王孫憔頜又他鄉,襆被天南笑一囊。傷心補缺吟秦婦,歷歷親將此味嘗。吁嗟乎!魴魚頳尾亂靡已,昨夜中原烽火起。鐵騎聲中羽檄馳,割據英雄蝸角峙。內安外攘更何人,百年披髮爲戎矣。蠻箋寄痛雁南翔,思君雲樹苦相望。何日清尊鄞水曲,重來吾與話滄桑。

和溫伯夏秋感 [①]

故園秋菊好,三載客中過。花下腰肢瘦,尊前涕淚多。題襟來古寺,對景發清歌。落日楓林晚,誰能返魯戈。

擬美女渭橋東 [②]

鶯啼春欲暮,蠶事家家作。有女攜筐筥,姍姍出城郭。採桑渭橋東,三五歡相謔。風吹雲鬢輕,初試羅衣薄。問名秦羅敷,問年十五餘。媚眼秋波轉,玉貌花不如。纖纖出素手,攀摘綠扶疏。玉驄嘶陌上,使君空踟躕。更有東家子,裘馬輕薄徒。羅敷自採桑,笑彼旁人愚。

送楊先生筠如歸湖南余先生永梁歸四川 [③]

鍵門補注伏生經_{楊先生作《尚書覈詁》},甲骨遺文苦發硎_{余先生研甲骨文}。別後相思何處寄,洞庭水碧蜀山青。

---

① 此詩載民國十八年（1929）《廈大周刊·文藝》第219期,署名"包笠山"。乃和溫伯夏《秋感》之作。伯夏原詩云:"十九年間事,西風一雁過。情絲縈我苦,詩債負君多。看菊空揮淚,悲秋自詠歌。嗷嗷鳴四野,何日息干戈。"原題"和作",竊更今名。

② 此詩載民國十八年（1929）《廈大集美國專學生會季刊》第一期"笠山存草"專欄,署名"包樹棠"。

③ 此詩載同上,署名亦同。

後感事用蔡公時烈士黃花岡十周年紀念韻 ①

曹鬼荒唐社夢酣，金人無語口緘三。可憐黔首茹荼苦，不信諸公食肉甘。痛哭步兵哀廣武，牢愁太傅弔湘潭。書生慷慨吳鉤拭，氛祲中宵望斗南。

志士成仁取義去，黃冠顧問竟生回。<small>信國黃冠備顧問之語，乃元人所誣。王述庵《與畢秋帆論續通鑒書》及之。今某外長竟有被逼簽字之事，不能一死繼蔡烈士之後，氣節掃地。</small>胡天不見蘇卿節，江表難逢管仲才。梟繹陸沈文物盡，蝦夷血喋戰雲開。精魂東海胥濤泣，抉眼今看越寇來。

太息中原貂滿邱，風雲河朔未全收。拼將懸首屠腸日，爭得千金一髮秋。城郭不歸遼海鶴，衣冠翻笑楚人猴。龜蒙劫火絃歌斷，倚柱惟聞漆室愁。

神州北望陣雲浮，虎躍龍跳未肯休。表海雄風嗟寂寞，封疆債帥<small>見《宋史·朱熹傳》</small>奈誅求。征人飲泣黃河上，新鬼煩冤黑水頭。哀角臨江吹月落，延平台畔夜悠悠。

九月廿九晚垣師招飲歸後成五十六字奉呈 ②

三徑靜留蝸篆在，寓公海嶠尚橫經。談瀛客致寶雞碧，印月杯浮天馬青。入座不嫌陶令醉，到門那許屈原醒。西河雅集傳佳話，昨夜光分太乙星。

庚午九秋已望偕思明張熾侯儀徵高直侯惠安鄧騰裕騰衝李貢三閩侯施嘉鍾福鼎陳子芬泰興吳步江鼇頭宮玩月張吳二夫人俱焉 ③

天涯新雨好尋盟，載酒明沙踏月行。寥廓劃然長嘯落，波光微動晚潮生。鼇宮醉月夜飛觥，石罅參差樹影橫。萬頃蒼茫凌海嶽，青山有客不知名。延平廢壘咽秋風，弔古人來氣概雄。鐵板一聲孤鶴下，月明高唱大江東。霜痕木末正秋深，誰采芙蓉過碧潯。裙屐今宵共清興，美人香草入新吟。

---

① 此詩載同上，署名亦同。
② 此詩載民國十九年（1930）《集美周刊》第 255 期"文藝"欄目，署名"包樹棠"。
③ 此詩載同上第 257 期，署名亦同。

辛未廢曆元日用吳梅村元夕韻 [①]

嶺海頻年汗漫遊，御風何待紫驊騮。蟲沙慘劫窮兵苦，蝸角論功竊國侯。杞客真虞天欲墜，銅仙底事淚難收。獲麟已絕春王筆，爆竹翻添一夕愁。

小重山 鼓浪嶼園遊 [②]

長夏風吹池草青。倚闌深樹隱，遠山明。隔墻時過賣花聲。清晝永，隔柳忽聞鶯。　曲院午陰清。芙蕖香夢轉，倍關情。棋枰別墅響丁丁。宴遊處，吹徹紫鸞笙。

癸巳暑假歸里賦懷耐軒 [③]

一箋新詞寫定盦，通霜松夢石橋南。君情卻欲濃於酒，滋味心頭小別酣。

耐軒爲繪東溪草堂圖詩以奉謝 [④]

楊花夢踏謝橋長，乞寫東溪舊草堂。秀出天南一枝筆 定盦句 [⑤]，梧篁丘壑愛清蒼。

有福讀書不羨仙，碧雲紅葉氣澄鮮 [⑥]。抱琴會得奚童意，願補今生一段緣。

---

① 此詩載同上第 263 期，署名亦同。

② 此詞載民國十八年（1929）《廈大集美國專學生會季刊》第一期"笠山倚聲"專欄，署名"包樹棠"。

③ 此下八題，錄自作者哲嗣包定强君所藏其先甫書法作品，皆以楷書或行書寫於小箋上，箋幅大小不等，爲見存先生詩鈔未收。創作時間約在一九五三年（夏曆癸巳）至一九七三年（夏曆癸丑）間。茲依所推序排列。此題云"癸巳"，即 1953 年。

④ 此詩與前題書於同一箋上，疑亦作於同時。

⑤ 定盦句，原稿無此三字小注，據作者 1953 年與王道之札補。

⑥ 碧雲紅葉氣澄鮮，作者 1953 年與王道之札作"山齋穟氣最澄鮮"。疑是後改。

寄道真代柬 ①

說詩微得無邪恉，籀易深知有斷金。君與梅花矜標格，我如松操抱冬心。鍼頑砭俗何論跡，好水佳山此賞音。柑橘黃時驚歲莫，一齋猶喜共江潯。

王寵尊兄之燕江臨行以端硯一方相贈賦詩奉懷 ②

劍浦曰依復冶垣，不妨學術不同門。臨歧一石勞相贈，水澹蘭馨誼可論。

視潛廬丈疾成四解竝長句奉慰 ③

適來夫子時，適去夫子順。緣督以爲經，達人盡其性。<small>一解。</small>
東溪有念廬，東溪有遯叟。南邨潛廬翁，作朋侶三壽。<small>二解。</small>
四海習鑿齒，來參東壁禪。笑讀閒居賦，靈運詎生天。<small>三解。</small>
知雄守其雌，知白守其黑。是爲玄牝門，天道本默然。<small>四解。</small>
日方中方晲，物方生方死。生乃天委形，至人本無己。<small>五解。</small>

之六之杭州晤茀之于湖上話舊索畫三友圖茀之索予詩成二十八字寄之速畫 ④

索君之畫寄君詩，梅老爲言動綺思。去日水南三學士，白頭相守得明時。

---

①　據詩意，疑作於公元 1954 年至 1963 年之間。

②　王寵，福建師範學院地理系教授。1962 年學院排印本《福建東張斷裂帶的構造變動及其在岩石上和地貌上的反映》之作者署名爲：王寵、王耀東、丁祥煥、謝在團。疑包先生此詩作於是年後王寵先生調離福州之際。

③　此作以小楷寫於粉紅色小箋上。按此種箋紙，包先生常於 1972 年至 1973 年使用，疑詩作於此間。題稱"四解"，視箋末有小字補入"五解"，當爲其後所增。又題云"竝長句奉慰"，而此箋未見"長句"，則疑軼去下頁。

④　此箋詩末落款云："六荓梅老政之，壬子大雪後四日笠山初稿。"謹案，六荓（庵）即黃壽祺教授之號，昔年與包先生、吳茀之先生（著名畫家、美術教育家，名粼，字茀之，以字行）結爲"歲寒三友"，亦稱"水南三學士"。又款題"壬子大雪後四日"，即公元 1972 年 12 月 11 日。

予在榕垣南街舊攤中遇見陳墨一枚慧公得之曾以際予心爲悵然不敢言今以二十八字乞之即呈哂正 [①]

吾生嗜研癖難瘳，兼及松烟即墨侯。攤市南街失交臂，夢縈宵寐向公求。

奉懷立齋副主任竝乞哂政 [②]

人生何處不相逢，兩水三山一笑中。使者輶車鞅掌過，蕭齋仍傍二株松。南州文物此邦多，君去人閭作雨膏。大道學官須廣廈，真詮馬列細揅摩。

六庵六十初度次磵齋韻 [③]

物勢合生肖，君我均鼠年。生與憂患俱，神京多烽煙。左海始識面，重逢吉山前。□□□講肆，雅誼常周旋。九峰落危翠，清景共擘箋。□□看飛瀑，君去何因緣。薰蕕不並器，誰能剖愚賢。南行我蓬累，離合非偶然。閩江下葕里，潁洞波兼天。中原受降日，士馬聞精姸。犖确鵬水曲，道否乘桴傳。君又拂衣去，襆被困一肩。參商不可見，風鶴歲月緜。我懷所寄尚，寥廓齊雲巓。人閒世已換，胡云海爲田。新民乃新國，詎爲充詘全。倉山翳喬木，望衡交策鞭。堪摩歸存在，風籟無陳篇。生徒盛太學，罷遣此講筵。我退從心欲，君邁耳順焉。

---

① 此箋詩末落款云："樹棠初艸，癸丑人日。"時當 1973 年農曆正月初七，即公元 1973 年 2 月 9 日。

② 詩後落款："包樹棠初稾。"又此箋畢，復續一箋，書短札一首云："辱承文斾屢過，不棄葑菲，遏勝感荷！泉州文物，素重八閩。政教覃敷，日新風尚。停雲在望，舊雨爲懷。爰肅蕪牋，遙奉一粲。立齋主任執事。樹棠頓首。一九七三年四月一日。"據此，則創作時間甚明。

③ 此據六庵教授《與陳健行先生書》中所錄包先生詩稿（詳《六庵遺墨》）整理。創作時間當在 1971 年春。

截句一首賦呈雲銘館長即希教正 ①

倉山精舍鬱相望，婞婉嫏嬛美富藏。管領劬勤忘老至，相看一笑鬂毛蒼。

張弢張聖懷丘伯濤以近作見眎成一絕酬之 ②

溫陵花巷一峰書，一別春風十載餘。讀罷新詩頻感舊，鄉情友誼總相於。

西平樂次韻爲瘦愚題樂安樓詞隱圖 ③

柳岸曉風，樟湖殘月，書簡付與郵傳。學打包僧，水雲行腳，相投氣味芳荃。曾北走燕臺萬里，徧踏佳山好水，東南飄泊孤身。也思驅遣風烟，豪氣元龍未減。文字契，爪雪證前緣。　　歸來杖履，林泉幽邃，隱几樂安，閒對晴川。微尚在，自開平易，不薄蘇辛，兼拾耆卿句好。佳話能徵，圖繪汪張。北京汪公嚴年九十、樂亭張濡溪年八十七，各作一圖，並爲題辭。白髮年，縢以題詞，沈泉念往，難得知音。爲語故人，手卷摩挲，吉光莫墜鴻篇。

晉江喜晤陳惕齋同年賦贈兼眎世康光炯二友 ④

寒蘜餘香澹古春，相逢更喜有斯人。一鐙風雨尊前話，十載滄桑別後身。廬結輞川林壑美輞川里名，心游藝苑畫圖新。惕齋近與碩卿、墨隱合開畫展於頖宮。晴明且向彭餴去，回首泉山獨愴神。

---

① 案，此詩稿由包定強君提供，以鋼筆書於"福建師範大學"紅頭信箋上。先是四句正文，後書"右截句一首賦呈雲銘館長即希教正"，又後落款："弟包樹棠初稿，一九七七年六月二十一日。"蓋是時金雲銘先生任福建師範大學圖書館館長，包先生以此詩贈之。

② 此稿係作者鋼筆手抄一紙，夾《伯茆手寫碎金集》原稿中。創作年代未詳。作者哲嗣包定貞君於 2020 年春提供。謹附此備考。

③ 此稿係作者墨筆手書一紙，夾《春秋左傳札記》稿本中。創作年代未詳。作者哲嗣包定貞君於 2020 年春提供。謹附此備考。

④ 此稿係鋼筆手抄一紙，夾《兩漢三國兩晉文學史》碻齋題簽油印稿本中。疑爲笠山先生未刊詩稿。創作年代未詳。作者哲嗣包定貞君於 2020 年春提供。謹附此備考。

【笠山遺集第二種】

笠山文鈔

包樹棠　遺著

黄樹曦　點校

張善文　審校

編校述語

　　《笠山文鈔》，墨筆抄稿本十一冊，作者哲嗣家藏。其中四冊有"笠山文鈔卷第一"至"笠山文鈔卷第四"題簽，落款"碻齋書贉"，係作者摯友王夢惺先生墨跡。餘冊皆無署簽，未標卷次。各冊內首葉題下，或鈐"無求齋"朱印，或自署"上杭包樹棠伯茁"。蓋不同時期，作者所自訂之本。

　　所存文稿，有考論、序跋、題記、像贊、傳略、行狀、祭文、墓銘等諸多體裁，凡一百九十四篇，皆鑄辭懿美，立意遒峻。昔安溪葉紹曾序稱："集中攷證之作，犁然精當；而序記雜說諸體，樹義尤高，無一勦襲語。"又曰："包子之文，事深理密，樞紐經典，通變當今，弗以繁縟爲巧，藻飾爲能。其於明道淑人之心，必有在矣。"允屬的評。

　　今據原稿本，略檢諸冊篇章撰寫先後之緒跡，竊以爲碻齋原題四冊卷一至卷四，當作卷五至卷八，餘七冊宜分別爲卷一至四及卷九至十一。茲依次釐定爲十一卷，略見其著述後先之大概。然每冊中逐篇次第，實未嚴格按創作時間排序，因出作者手訂，故仍之。惟《曾序》、《自序》原在舊題卷二、卷四，乃各提出並置卷首。稿本之外，復覓得作者早年發表於《青年學術研究會季刊》、《海疆學報》等刊物中的二篇遺文，及1949年後已刊或未刊的專論、教案、信札等散冊遺頁，共計九篇，均爲原稿本所未收，今稍依寫作前後次序，統編入卷末"補遺"中。作者又有《前自序》、《後自序》別訂兩冊，頗自泝平生著述大要，則納入書後"附錄"。全稿由黃生曦點校 ①，其刻苦謹嚴，任力劬勤，宜嘉勉焉。校稿畢，經我審閱核正，乃成定編。蔡生飛舟、賴生

---

　　①　案卷末"補遺"《史記引論》等篇，由蔡飛舟整理點校；《對於漢字簡化方案草案管見》、《文心雕龍榘說》、《與王道之書》、《與張秀民書》、《戴東原集提要》等五篇，由張善文整理點校。詳各篇題下小注。

文婷,協助黃生收集資料、商榷疑義,有與厥功,特附記之。

後學張善文敬識於福建師範大學文學院

公元二零一八年夏正戊戌冬至前六日寫稿

越二歲秋初補訂

目　錄

笠山文鈔卷第三

笠山文鈔卷第四

笠山文鈔卷第五

笠山文鈔卷第六

笠山文鈔卷第九

葉　序①

　　文章與時升降，而世治亂所尚異。當天地否塞，海內搶攘，人心皇皇，思以匡濟時艱，故其進也常躁急而無涵養深厚之趣。至若一二潛幽之士，操筆摛詞，唧唔牖下，以寫其沈鬱感慨之思，其著效隱微而難見，則世視爲迂闊無用。然叔向之言曰："子產有辭，諸侯賴之。"仲尼亦曰："晉爲伯，鄭入陳，非文辭不爲功。"此亂世貴文之徵也。吾友上杭包子笠山，所謂不以世變易其操者。與予交十年，中間屢有離合，而精神彌契，又時時以學問相切劘。予嘗語包子曰："自清季失政，五十年來，學說多方，莫不趣詭矜異，以求速效。大道坦坦，人反弗由。吾儕不合時趨，亦自甘泯然乎？"包子曰："不然。士無孤懷特識，不足言修養。且學以爲己，自與計功慕名者不同。若子之言，是歧於衆說矣。"噫！此包子之志也。包子治學甚專篤，深得孔氏博文約禮之旨。淹貫群籍，向著《汀州藝文志》一書，閩侯陳石遺先生稱其"用力甚勤"。近數年來著述益富，讀書有所悟入，輒發古人未到之奧。集中攷證之作，犁然精當；而序記雜說諸體，樹義尤高，無一勦襲語。嘗讀餘杭章氏叢書，間有不能苟同者，即立說辯之。其主見之卓，往往類此。昔顧亭林之學，以明體達用、經世濟人爲主，文不關經術、政理之大者不爲，其言曰："君子之學，有明道淑人之心，有撥亂反正之事，知天下勢之何以流極而至於此，則思起而有以救之。"今包子篤實之士，進而益極所詣，必於顧氏有合。夫言道言事，切理爲上。著之篇則爲空談，施諸事則爲實用。包子之文，事深理密，樞紐經典，通變當今，弗以繁縟爲巧，藻飾爲能。其於明道淑人之心，必有在矣。若謂非時之急，則飾羽而畫，大聖猶見譏於顏闔，而叔向"辭不可以已"之論殆且爲妄。雖然，包子之志則遠矣。予昔在潯江，序包子之詩，忽忽五六年，學不加進。今復序包子之文，愴往思來，不能無報也。乃書以質諸包子，亦以自鑒焉。中華民國二十九年冬至日，安溪葉紹曾序。

---

① 　謹按：此序爲安溪葉紹曾所作，原在稿本礐齋舊題卷之二首篇，今移置卷首。

自 序①

　　包氏之先，出自炎帝。春秋之世，有申包胥者，爲楚大夫，乞師秦庭，以復國祚，子孫以字爲氏。東漢有大鴻臚咸，師事博士右師細君，治《魯詩》、《論語》。隋曰愷，當大業中，爲國子助教，撰《漢書音義》。唐曰融、曰佶，宋曰拯、曰恢。恢九傳曰始仁，字純白，以南城貢士，教授汀州，權上杭令，遂家焉。先世多本農耕，及予小子，幼稟庭誨，壯遊四方。治詩、古文辭，好桐城姚氏、湘鄉曾氏之言。謂姚氏之義法，曾氏之恢閎，緣是以上溯韓、歐，窺馬、班、左、孟、莊、騷、六藝，可謂極文章之變。姚氏《古文辭類纂》，其辭最爲雅馴。曾氏選經史諸子，不盡循姚氏之論，叙記、典誌，則溢於十三類之外。夫文章致用，姚氏序目言之賅備。若推聖人博文之旨，自群經子史，皆學者所宜摯求，不可章擗而節捋。涑水鄱陽，其書滿家，知治亂、識典章，非篇什雜集所能窺其涯涘。姚氏略諸，不爲隘也。嘗以會稽章學誠古文十弊，標題失當。文之當者，安得有斯弊哉？論輓近學術，以爲南海康氏之文奇，其失也詭；餘杭章氏之文放，其失也誕；海甯王氏之文密，其失也縐。君子立言，以不失中庸之道者爲正。詩則自漢魏五言，唐之李、杜，宋之蘇、黃諸家，學無專者。蓋達情喻志，温柔敦厚，旨歸無邪，詩人之教莫尚於斯矣。嘗造陳丈石遺於吳縣，論古今詩流變，不姝姝於一家言，心亦善焉。從威遠周先生癸叔爲倚聲，守二窗婉約之旨。泛濫於考據，以清儒多專治故训，發前人未發之義，而直入許、鄭之室，於是有志顧、江、戴、段、二王之學，成《四家詩傳授表證》、《關雎故言駁議》、《詩終始論駁議》、《讀詩劄記》、《讀春秋左氏傳札記》、《隨無涯齋讀書記》、《釋圭》、《讀莊子天下篇》、《安溪唐墓考》、《文字學》、《訓詁學》各若干卷。有宋道學，權輿濂溪，而伊洛二程、關中張載繼之。朱子

---

① 謹按：此《自序》原在稿本磧齋舊題卷之四第十篇，今移至卷首，置《葉序》之後。

出，集其大成，閩學之盛邁前古。夫漢當灰燼之餘，是諸儒之考據不能缺；宋值道弊之後，即五子之講學爲有功也。祛門戶之見，究心性之書，成《雷翠庭先生年譜》一卷。以謂吾身爲父母所生，天地覆載，師友督責，不可泯泯沒世。始讀書東溪草堂，後居海斥五老天馬間者最久。一遊京、滬，覽長江天塹，謁二陵，弔雨花臺，泛舟莫愁、玄武，過虎邱、寒山、滄浪諸勝。蘆溝俶擾，爨序流移，圖籍蕩佚，藜藿不飽。在安溪，嘗作《無求齋記》以見志，曰：

> 包子以庚午之夏，居大海之濱①，列樓數十，欞軒旷皚，雜樹生之，碧水環之，群山宮之，風籤②其中，抗心往古。凡道德、事功、學問、文章之士，或師焉，或友焉。有所疑難，往復吾心，深思覃擘，爲之記要。竊取莊周養生之旨，命其居曰"隨無涯齋"，忽忽五彌寒暑。乙亥秋，包子去而之會城，居西湖之上。當其南塽，李忠定、林文忠祠堂在焉。曦晨月夜，荷柳魚鳧，亭臺刻露，明瑟在眸③，包子則又名其居曰"近雙忠齋"，志嚮往也。丁丑夏，復來居海濱，而寇禍大作，中夏板蕩。越歲戊寅，踔地安溪，借一廛而居焉，則又顏之曰"無求齋"。客有問於包子者曰："有說乎？"曰："是邦爲先儒過化之地，吾齋適近夫子之牆。時難年荒，顛沛播遷，食無求飽，居無求安。昔者仲尼菜色陳、蔡之間，顏回簞瓢屢空，季次、原憲陋室蓬門。韓子進學，妻啼飢、子號寒。絜身俟命，樂道安貧，宇宙之大，寥然廓然。彼風疾馬良，去道日遠者，吾胥無求焉。且吾所以名齋者三，居一日而齋存，去則一囊襆被耳。夫桃爵巢林，一枝而安，鼢鼠飲河，滿腹而止④，吾何爲而役役然取譏微物耶？則無求齋者，亦何嘗齋之有？"客唯而退。

在南平，復作《杉與樓記》曰：

> 閩西北，嶺重疊多杉，其質直而不邪，又不腐朽蠹蝕。梓人之成室者，自梁楹、梜桷、向戶，胥取任焉。植於山，紉壑蔽野，樹海浮青，間無雜

---

① 濱，《文鈔》卷第五《無求齋記》作"瀆"。

② 風籤，《文鈔》卷第五《無求齋記》作"讀書"。

③ 眸，《文鈔》卷第五《無求齋記》作"目"。

④ 按"夫桃爵巢林，一枝而安，鼢鼠飲河，滿腹而止"，《文鈔》卷第五《無求齋記》"桃爵"作"鷦鷯"，"鼢鼠"作"偃鼠"。

柯。摩厲風霜，十數稔而材成。斧斤入之，絜以爲筏，浮江泛海，北至於滬瀆、津沽，南至於百粵，歲致鉅利，則固其材用之廣也。壬午秋，包子居南平，去郭五六里，水之南山之北，有樓翼然。其所以成之者，凡梁楹、榱桷、向戶，無匪杉也。周遭隙地，復老樹十數株，亭亭直立，炎暑不受，祁寒不彫。一室之中，晤言古人，清華暢爽①，夷曠天鈞。當海宇雲攘，不遑啟居，藉茲片席，以視顏回、原憲陋巷蓬戶爲已厚矣。包子乃循名責實，牓之曰"杉與樓"。夫天地之大，物必有與，然後相須而有成也。雨露之與草木，土壤之與太山，衆流之與滄海，孟子亦謂舜有天下，天與人與。斯樓也，規矩繩墨之材，叢薄幽邃之境，壹惟茲杉之與也。《詩》曰："我行其野，蔽芾其樗。"則擁腫卷曲，大匠不度者，其與吾樓之所有，詎可同年而語耶？

自海氛電掃，強寇伏辜，蓬累南行，易地講貫。② 卓雲之下，崇樓矗立，扁曰"百尺"。今歲丙戌秋來晉江，又吾向所遊也。作鄰花巷，布護綠陰，北望齊雲，空山無恙，遂題其居曰"三十六峰樓"。夫微言日遠，大道橫決，翼翼索居，慮有所墮。冥心紹述，卷帙漸積。最錄目次，發爲大凡云爾。

---

① 暢爽，《文鈔》卷第七《杉與樓記》作"在目"。
② "貫"下，卷末附錄《前自序》有"鵬溪之曲"四字。

笠山文鈔卷第一

釋　友

　　《說文》"□，同志爲友，从二又相交。□，古文友。□，亦古文友。"段注："二又，二人也。蕭兄弟曰友，亦取二人而如左右手也。□，未詳。"王氏《句讀》："□，《古文四聲韻》引《石經》作□，此初譌①之形。《焦山鼎》□②字，此本形也，誠爲二又相交矣。爻乃二又，何交之云？頃見無名古器二，其一作□，斷之也；其一作□，反文③也。若據字形而以爲从口，必不可通。故知許君說字有周章者，乃流變既久，不見本形者也。"愚案《焦山鼎》□，而《鄅惠鼎》作□④。見《古籀補》。又《金文編》作"無㠪鼎"，《文源》作"□（無㠪⑤鼎）"。皆可證"二又相交"之說於義宜爲古矣。許君知相交之說，而□、□皆不見相交之義，蓋文字因時代而遞變，六書八體，孳乳浸多。□之與□、□，亦猶"□"之爲"□"，"□"之爲"王"，"□"、"□"之爲"□"，固不能執形體絲簡而遽致疑也。友之从二又者，若《師至⑥父鼎》作□《古籀補》、《文源》，《大鼎》作□《古籀補》，又作□，《毛公鼎》作□《古籀補補⑦》，《杜白簋》作□、□《古籀補補》，又《金文編》作"杜伯簋"，《君夫敦⑧》作□，

---

　　① "譌"，手稿作"僞"。據《說文句讀》改。
　　② "□"，手稿作"□"。據《說文句讀》改，下同。
　　③ "文"，手稿作"友"。據《說文句讀》改。
　　④ "□"，手稿作"□"。據《說文古籀補》引改，下同。
　　⑤ "㠪"，手稿作"惠"。據《文源》改。
　　⑥ "至"，手稿譌"奎"。據《說文古籀補》、《文源》改。案"至"下所从即玉字，《金文編》隸定作"奎"。
　　⑦ "補"，手稿誤"二"。案此係重文符號，逕改之。下同。
　　⑧ "敦"，《說文解字詁林》引《金文編》同。案今本《金文編》作"簋"。下文"史頌敦"、"大敦"之"敦"字做此。

笠山遺集

《史頌敦》作□、□，《辛鼎》作□，《大敦》作□，《王孫鍾》作□，《叔娥敦》作□，《毛公鬝鼎》作□《金文編》，甲文作□卷四弟十九頁、□卷七弟八頁[1]。知□與□之不分，則知□與□無異。《太史友甗》友字反文作□；《友作旅彝》友字倒文作□《古籀補補》，皆可互證。朱士端云："古籀有繁文、有渻文、有直文、有橫文。小篆作□，直文也；古文作□，橫文也。"或曰：友之作□、□，於義何居乎？曰：殷虛文字，卜辭有作□者，亦友字。卜辭中□亦作□，是□亦□。夫□之與□，亦猶□之與□，一疏一密，其遞變之迹顯然可得而尋究也。《玉篇》作□，當亦此字變體。《說文·廾部》："□，拱[2]手也。"友朋相見，所以示敬。與二又相交有動作之義者皆合也。其古文作□者，直傳寫之偽，前人疑之者衆矣。朱士端作辨，謂："从二又不从羽，从羽無義。古鍾文本作□，正取二又相交。焦山《無更鼎》銘友字作□，盧氏見曾《焦山志》摹鼎文作□，傅氏世垚《六書分類》友下引《大夫始鼎》作□，又引《石經》作□，即魏石經也。今考《魏三體石經左傳遺字》下作□，□即□之渻。《玉篇》白下列古文□，此文許書遺軼，僅見《玉篇》。商鍾□爲古文□之渻。據此，古文□、□二形至漢以來始變作□，小篆直謁爲□。然其从□从□渻，亦有因许书白亦自字渻。自者詞言之氣从鼻出，與口相助，相助有友義，亦形兼意。□、□、□，皆文渻耳。"予觀朱氏之言是矣。抑尤有進者，"友"，《太史友甗》作□《古籀補補[3]》、《金文編》，《農卣》作□（《金文編》），《趙曹鼎》作□《文源》，皆从□。又《友敦》"友"作□，《友作旅彝》作□《古籀補補》，《毛公鬝鼎》作□《金文編》，皆从□。又《師遽方尊》"友"作□《古籀補》、《文源》，《寏友辰尊彝》作□《文源》，《曆鼎》作□，《邾友父甗》作□《金文編》，皆从□。攴□之字有作□者，則□之作□一也。又"臣"《頌敦》作□，《不娶敦》作□，《周公彝》作□《古籀補補》，甲文有作□卷二弟九頁、□[4]、□卷四弟二十七頁，則凡友之作□、□、□亦不足異也。《句讀》"从口不可通"之言固矣。《說文·口部》："□，助[5]也。"《又部》："□按《說文》右

————————

① 案，此處甲文見《殷墟文字》，蓋轉引自《說文解字詁林》。

② "拱"，手稿作"供"，據《說文句讀》改。《說文》諸本皆作"竦"。《句讀》云："依玄應引改。"

③ "補"，手稿脫。據《說文古籀補補》補。

④ "□"，手稿作"□"。據《說文解字詁林》引《殷墟文字》改。

⑤ "助"，段注本《說文》同。大、小徐本俱作"手口相助"。

字重出口、又二部,手口相助①也。"皆从又从口。陶方琦云:"此重又加口爲
🐾,正包右字手口相助之義。故當从二手一口也。"予嘗爲之旁證,《說文》
🐾,古文作🐾,是以彐代🐾矣;《口部》:🐾,口邊也,从口勿聲,而或作🐾,从肉从
🐾;🐾,小兒笑也,从口亥聲,而古文作🐾,从子;🐾,吹聲也,从口肅聲,而籀文作
🐾,从欠。凡此之類,不一而足。🐾與自同,亦自有相助義,故友亦从彐从🐾。
自🐾之譌寫爲🐾,後人見下《習部》云:"習,數飛也。"遂妄改爲🐾,以百別🐾。
不知《白部》:"百,十十也,从一白。數十十爲一百。百,白也。"段注:"白,
告白也。此說从白之意。數長於百,可以詞言白人。各本脫'十十爲一百百
白也'八字,依《韵會》補。"是百有白之意。又百之古文作🐾,而自之古
文作🐾,是自、白、百三字同,而🐾之與🐾更何容爲妄別乎?《易·兌》"君子
以朋友講習",🐾之與🐾形甚相近,古書殘亂,皆易致譌,是不可不辨也。夫友
之从二又,又,手也。故《詩》毛傳云:"友者,持也。交友必先擇取也。"又
《書·牧誓》:"我友邦冢君",《詩·關雎》"琴瑟友之",《周禮·大司徒》"聯
朋友",《禮》"學七年視論學取友",《論語》"與朋友交",《孟子》"友也者,
友其德也",《韓詩外傳》"智可以礪行,可爲輔弼者,人友也",《賈子·道術》
"兄敬愛弟謂之友"。又《荀子·大略》"友者所以相有也",《釋名》:"友,有
也。相保有也。"《論語》"有朋自遠方來",《釋文》云:"有,或作友。"而《白
虎通·辟雍篇》引作"朋友自遠方來",是"有"、"友"古通。《廣疋》云:
"有,取也。"引伸之,友有取義。則友从二又,亦足見古人制字之微意矣。

離騷一篇舊注以爲懷王時作今定以爲頃襄初年作
屈賦二十五篇皆頃襄時作論

　　《離騷》一篇,後之注者皆引前史失考,謂屈原以忠信見疑于懷王,憂愁
幽思而作。精博如晦庵,亦未能辨其非。衡陽王夫之,乃以《涉江》、《哀郢》
等篇爲亡郢後作。而湘潭王氏特爲創解,謂二十五篇皆作於頃襄之時,比附
時事,索隱發蒙,而屈子之不甚怨君心迹皭然大白於天下矣。余嘗考原傳,原
爲懷王左徒,以讒見疏,不復在位,使於齊,顧反,楚既〔得〕②張儀,原諫王:

---

①　"手口相助",大、小徐本《說文》同。段注本作"助"。

②　"既"下疑脫一字,茲妄補"得"字。

"何不殺之？"懷王追悔。《楚世家》亦載其事，時懷王十八年也。三十年，秦昭王約爲武關之會，懷王欲行，原曰："秦爲虎狼之國，不可信，不如無行。"懷王不能用，卒聽子蘭之言，入秦不返。則原於懷王之時，雖嘗見疏，不過不在左徒之位耳。齊楚從親，原實主其策，曷嘗去王之左右哉？原被放流，乃當頃襄既立之後。王氏謂頃襄出質齊秦，恨原滋甚。及即位，原又以謀迎歸懷王爲務，結齊欵秦，用事者因得譖而放逐之，《離騷》所言固多其事。章疏節證，原之心志白而頃襄之罪著矣。其卒章之亂，言故都者即郢也，言懷者明己之將去國也。蓋是時新君已不足有爲，子蘭之郤又日夕譖言，國是不可收拾。讀"從彭咸"之言，則汨羅之志早已決矣。叔師知其爲去郢之作，而不能明定其爲頃襄之時，則其疏也。其《九章》之《懷沙》，史公以爲原將沈湘而作，而錄其辭矣。洪興祖《補注》亦引史斷《九章》作在頃襄時。叔師輒附以懷王時事，無語及頃襄者，豈足據乎？或曰：《離騷》作於懷王時，史公以來未有異辭；今欲盡反成說，揆諸事理，不可爲然。嗚乎！固已。孟子有言，盡信書則不如無書。屈賦二十五篇，至武帝時淮南王安始爲作章句，去原已百餘年矣。中間遭秦焚書滅學，《楚辭》雖未聞列諸禁籍，然可知其時無爲之撣研，如伏生其人抱殘守缺名一家之學者。史公著原傳，首揭其忠義大節，而行事實有疏畧之處，多爲後人所疑。如諫懷王入秦一事，在《楚世家》則以爲昭睢語，其以《離騷》爲懷王時作，蓋未深考也。昔班氏謂其："采經摭傳，分散數家之事，甚多疏略，或有牴牾。"予觀《史記》稱述孔門，齊魯之間群籍具在，而孟武伯問子路冉有仁乎，見於《論語》，而《傳》以爲季康子；曾子事曾晳，見於《孟子》，而《傳》於顏路則曰顏回父，於曾晳則否；宰我死田常之亂，孟子"大王去邠"之對，脫誤滋多，顧猶如是。則其適長沙，觀屈原所自沈淵，求問故老，恐不免以訛而傳訛。尚論古人，不知徵之事實，推之義理，墨守不能發，膏肓不能鍼，廢疾不能起，此迂儒之見也。且史公敘原於懷王之世，未有放逐之明文，則《離騷》作於頃襄時更何疑焉？屈賦爲注，始自叔師，其稱劉向典校經書釐爲十六卷，孝章時班固、賈逵復以所見改易前疑，各作《離騷經章句》，其餘十五卷闕而不說。蓋是時治之者漸衆，其溢於二十五章之外者，如《大招》一章，叔師以爲屈原作，或曰景差，疑不能明。逮及晦菴，始斷爲景差賦，亦無確證。況班《志》又未著錄乎？而叔師更以《招魂》一章謂宋玉欲以諷諫懷王，冀其覺悟而還原。不知"魂兮歸來哀江南"，懷王時安得有此語？明指原爲頃襄放於湘潭。晦菴不取其說，識解超矣。嗟乎！此百餘年中，歲月不可謂不久矣。簡授口傳，區區名字尚不可舉，而況原心血所鑄，孤忠天壤，後之人讀其書，苟非冥心孤詣，遠索旁捜，鮮有不失其宗怕者，此舊說之不可深信也。今既定屈賦爲頃襄時作，其《卜居》、《漁父》皆自著時地，《九章》敘述尤詳。惟衡陽王氏以《涉江》、《哀郢》作於亡郢後，則未爲甚確耳。秦拔郢都當頃襄二十一年，《哀郢》有"至今九年而不復"之語，是時原齒垂暮矣，復何望哉？以郢亡而回數九年，則當頃襄十三年。以原之見嫉子蘭，得罪新君，君子小人冰炭不相投，其見逐必不待十三年之久。頃襄三年，懷王卒於秦，原之政策已敗，當以是去矣。屬辭比事，皆述九年之侘傺，不似兵燹後之感想。惟"孰兩東門之可蕪"一語，若預知有二十一年之事者，蓋頃襄無道，楚壞日削，其亡不待智者而後知也。後世班固、顏之推、劉知幾之倫，詆《楚騷》爲顯暴君過，不知頃襄忘君父之仇而不能報，自絕人倫，此屈原之所以椎心泣血，日夜深痛而不諒其心志，皆由以《離騷》爲懷王時作一言之誤。嗚呼！王氏之識卓矣。

讀古詩十九首

戰代而還，王道歇而風雅絕，其繼三百篇而作者，厥惟楚騷乎？觀其江潭憔顇，澤畔銜唫，離憂悱惻之思，朱子謂其不怨，蓋猶未失風人之旨也。炎漢五言始興，古詩自然意遠，亦稱絕作。《詩品》謂其體出《國風》，王世懋謂《十九首》五言之《詩經》也，蓋亦幾矣。顧十九首非一人一時作，徐陵《玉臺新詠》以《西北有高樓》、《東城高且長》、《行行重行行》、《涉江采芙蓉》、《青青河畔草》、《庭中有奇樹》、《迢迢牽牛星》、《明月何皎皎》八首列爲枚乘雜詩。劉勰《文心雕龍·明詩篇》亦曰"古詩佳麗，或稱枚叔"，又以《苒苒孤生竹》爲傅毅之詞。蕭統《文選》則以不知姓氏，統曰"古詩"。予按《南史·劉勰本傳》：勰"深被昭明太子愛接"，則當時二人各持一說，不能確辨爲誰氏作。又《明月皎夜光》一首，李善注"孟冬秋蟬"之句，謂是漢之孟冬，非夏之孟冬。《漢書》高祖十月至灞上，故以十月爲歲首。比時孟冬即今之七月也。義門何氏遂斷此爲太初以前之詩。予謂何氏之識解超矣，雖然，猶未審焉。攷武帝太初丁丑元年，大中大夫公孫卿、壺遂、太史公司馬遷等言曆紀壞廢，宜改正朔。上詔兒寬與博士賜等共議，以爲宜用夏正。夏五月，卿、遂、遷等共造漢太初曆，以正月爲歲首，色尚黃，數用五。假此詩爲太初以前作，蘇武是年使匈奴，二年李陵降虜，以武留匈奴十九年歸計之，則武陵別詩當作於昭帝始元五年，故武詩"寒冬十二月"李善注謂改正夏曆後作。按以《漢書》本傳，"武以始元六年春至京師"一語甚合，是蘇李五言已較十九首爲晚出矣。何故《詩品》云"逮漢李陵始著五言"，《文選序》云"退傅有在鄒之作，降將著河梁之篇，四言五言區以別矣"？《玉臺》又不錄之於枚乘之前？彼時去漢較近，諸子才藻，冠冕當世，則采拾遺翰，品鑑群言，當必聞見更確。吾意爲此詩者在太初以後或東漢，俱未可知。蓋當時雖改夏正，而閭巷之間或仍有循用前曆者，猶吾人今日不能盡脱夏正習慣也。誠如何氏云云，則千百年後之人疑吾人者，又將如何氏之疑前人矣。尚論古人，正不宜如此深求。況古人用意，每多使吾人不可解者。魏文帝《雜詩》"漫漫秋夜長，烈烈北風涼"，秋夜北風之不可爲訓，而必深鑿求之，不知又將疑爲何代何人作矣，豈不謬哉。予觀十九首之作，其出於東漢者若《青青陵上柏》一首中之冠帶、長衢、王侯、第宅、兩宮、雙闕，極敍宛洛之盛，《驅車上東門》直指出東都門，名皆無疑義。《孟冬寒氣至》一首中之"北風"、"夜長"諸字，又可爲改夏正後作之證。嘗論有漢五言，惟《十九首》與蘇李所賦體格始備，卒開魏晉六朝之盛。而其惆悵切情，不失古人渾厚之風，求之太初以前無有也。沈歸愚曰："清和平遠，不必奇闢之思，驚險之句。漢京諸古詩，皆在其下。五言中方圓之至。"信夫！

讀班固漢書藝文志焦竑國史經籍志平議

　　自劉氏父子剙爲《畧》、《錄》，班氏因之以作《藝文》，後世言目錄者奉爲不遷之宗。然班氏作志，其書皆係當時目見，故於學術流變之迹，論次綦詳。後之作者，則往往沿舊目錄著新目錄，如焦竑之《國史經籍志》其尤甚也。《四庫提要》譏其"叢鈔舊目，無所攷核，不論存亡，率爾濫載，古來目錄惟是書最不足憑。世以竑負博物之名，莫之敢詰，貽誤後生。其譸詞炫世，又甚於楊慎之《丹鉛》。"《總目》良非過論也。蓋焦《志》既爲一代藝文著錄之書，漫無制裁，有乖體例。唐劉知幾，以當時有著《隋書》者，廣包衆作，勒成二志，騁其緣富，百倍前修，至謂撰志者宜除此篇。竊以劉氏此言，雖不免因噎廢食，然《藝文》爲史志之一部，時代愈遠，書益增多，史益汗漫，使存亡備採，豈能信書？要當有斷制耳。凡秘閣私家之藏，當代見存之籍，可付著錄，訪索易周，持論有徵。若欲別究存亡，遠探前代，自可專書著述，不厭詳稽，庶於史志體裁無所妨礙。嬴秦焚書滅學，六藝群籍幾乎熄矣。漢改秦敗，廣收篇籍，孝武充秘府之藏，成帝遣求書之使，中壘以一代通才，典校中祕，時經二紀，總經傳、諸子、詩賦，每一書已，輒條其篇目，撮其旨意，錄而奏之。猶必以兵書屬之步兵校尉任宏，數術屬之大史令尹咸，方技屬之侍醫李柱國。歆卒父業，總群書奏其《七略》，累世之業可謂勤矣。班《志》刪其要以備篇籍，間有出入，必詳爲注明，誠慎之也。自官司失守，其學在下，唯此得見百家源流所出，學術攸關，至鉅且大。嘗論《藝文》一志，固群籍著錄之府，然部居必別，學術乃明。若《莊子·天下篇》、《荀子·非十二子篇》、司馬談《論六家要旨》，劉、班所論，蓋祖述焉。焦志之作，遙遙千載，篇籍代有散亡，見名而不見書，貿別部居，未免望文生義，名是實非，又安能窺古人之閫奧、辨學術之源流哉？鄭樵氏《校讎略》謂《隋志》以《漢朝駮議》、《諸王奏事》、《魏臣奏事》、《魏臺詔議》、《南臺奏事》之類編入刑法者，見其書若即名以求之，安得有刑法意乎？《唐志》未見其書，以其名爲"奏事"，直編入故事類。古之所謂故事者，即漢之章程也，異乎近人所謂故事矣。《周易參同契》三卷、《周易五相類》一卷，爐火之書也，《唐志》以其取名於《周易》，則以爲卜筮之書，故入"周易卜筮類"。見名而不見書，前人之誤若此。《呂氏春秋》，雜家也，而非春秋類；《檀弓》，篇名也，而非檀弓所著。使吾人今日不見其書，執名以求之，又何往而不誤哉？焦氏詆班《志》以《司馬法》入禮非，因改入兵家。不知班志凡禮十三家，五百五十五篇，自注："入司馬法一家，百五十五篇"，章實齋謂其出之兵權謀中，《敘錄》稱《軍禮司馬法》。司馬法乃周官執掌，如《考工記》本非官禮，亦以司空執掌，附著《周官》。此等著錄，最爲知本。鄭樵妄刪軍禮二字，謂止有兵法，深以爲譏。焦氏沿其誤而未察。且史公《穰苴傳》稱"司馬兵法閎廓深遠，雖三代征伐未能竟其義"，又謂："穰苴爲區區小國行師，何暇及司馬兵法揖讓乎？"則必多揖讓之儀文。今所傳三卷，固非百五十五篇之舊，班氏及見而入之，無庸存疑也。班氏雜家有《尉繚子》二十九篇乾隆四年校刊本無子字，金陵局本有之，兵形勢家有《尉繚》三十一篇，不著重複并省，必二人之學無疑。焦氏更誤作一人，謂入雜家非，因改入兵家，則亦輕於誣蔑古人矣。其以鄭文寶《南唐近事》入史部霸史類，不入子部小說類，亦沿《宋史》之失，不知其書泛記雜事小說。《四庫提要》謂“雖標南唐之名而非其國記，入之小說。”以書例爲斷，不以書名爲斷，焦氏見不及此，亦其疏也。或曰：子之尊班而抑焦也，班《志》豈無可議乎？其以《爾雅》入孝經，焦氏非之，改入小學，允矣。曰：是說也，章實齋既疑班志孝經本與小學部次相連，爲繕人誤合，理或然也。《爾雅》爲小學之書，不宜入於孝經，其義易明。班氏爲一代良史才，豈有昧而不知者？世代綿邈，簡策錯亂，古書傳者孰能必其無誤乎？辨而正之，亦不必爲深累也。夫目錄之學，劉、班尚矣。《署》、《錄》雖亡，班《志》具在。古人爲學，家法於此可觀。後有作者，《隋書·經籍》殆爲其比。若焦《志》，豈可同年而語耶？雖然，焦志蓋萬歷間陳于陛議修國史，引竑領其事，書未成而罷，故仍以國史名篇。則其書固猶史志初稿，非遂爲定論，學者鑒而別之可矣。

讀羽獵賦書後

子雲《羽獵賦》，李善注引《七略》云：“《羽獵》，永始三年十二月上。”又《長楊賦》注謂序稱明年，疑班誤也。善注欲援《七略》，以是正班書。然其注《甘泉賦》，則又引《漢書·成紀》“永始四年正月行幸甘泉”、《七略》“《甘泉賦》，永始三年正月，待詔臣雄上”。並謂：“《漢書》三年無幸甘泉之文，疑《七略》誤。”誠如善注，則《羽獵》宜上於永始三年，而《甘泉》則在後一載。前既異於班書，後又違於《七略》，豈足據乎？竊嘗攷諸說，當以班書爲可從。《雄傳》：“正月從上幸 ① 甘泉，還奏《甘泉賦》以風”，“三月，將祭后土，上廼帥群臣橫大河，湊汾陰。既祭，行遊介山，回安邑，顧龍門，覽鹽池，涉西嶽，以望八荒，迹殷周之虛，眇然以思唐虞之風。雄以爲臨川羨魚不如歸而結罔，還，上《河東賦》以勸。”此與《成紀》永始四年行幸甘泉、三月行幸河東事合。若從《七略》，三年上《甘泉》，則與《成紀》、《郊祀志》是歲“冬十月庚辰，皇太后詔有司復甘泉泰畤、汾陰后土、雍 ② 五畤、陳倉陳

---

① “幸”，《漢書·揚雄傳》無。

② “雍”，稿本脱，據《漢書·成帝紀》補。

寶祠”之語不合。此時甘泉諸祀未復，焉得有三月從上事乎？義門何氏亦謂子雲之生在宣帝甘露元年戊辰按《雄傳》，雄年七十一天鳳五年卒，是歲戊寅，上距甘露戊辰凡七十一年，至成帝永始三年丁未爲四十歲，班書贊中言“四十餘，自蜀來遊京師，王音薦之待詔”，《甘泉》爲四年所上無疑。《長楊》事自在元延二年庚戌，此言尤爲明審。《羽獵》之上，實後於《甘泉》。“其十二月羽獵，雄從”，《成紀》永始四年雖無明文，然《雄傳》固有其語，互爲詳畧，史家通例。雄賦於是冬從獵回所作，疑翌年改元元延，始上之，則《成紀》二年“行幸長楊宮，從胡客大校獵”，與《序》稱“明年上將大誇胡人以多禽獸”，雄復“從至射熊館，還上《長楊》”之語合。善亦嘗疑《七略》“《長楊》綏和二年上”之說誤矣。固爲《雄傳》，敘次甚明，何得疑義？善《注》舊稱博贍，而自岐其說，何哉？況班氏嘗據《七略》志《藝文》矣，其敘雄作賦之年，與劉氏說牴牾處，不應無一言及之，正疑善注所引非《七畧》之舊，蓋時代去古益遠，簡策錯亂亦意中事耳。此篇仿相如《上林》，楊用修謂“戰國風諫之妙，相如得之；《上林》之旨，子雲得之”，非虛言也。或曰：雄不能正色陳言，而所爲夸飾過甚，徒以侈君之心，其後長楊之幸，未始非雄有以啓之，班氏謂其“競爲侈麗閎衍之詞，沒其風諭之義”，良然。曰：惡！是何言之過歟？夫《詩》有六義，其二曰賦。賦者，鋪采摛文，體物寫志也。班氏之論，亦以枚、馬以下詞人，去楚臣離讒憂國之作、有惻隱古詩之義者已遠。且《法言》不云乎：“詩人之賦麗以則，辭人之賦麗以淫”，而“雕蟲小技，壯夫不爲”，雄亦已悔之，又豈能執是以爲平情之論哉？雄之進也，始不過一門下史，及爲待詔歲餘，奏爲是賦，除爲郎給事黃門。越年長楊之幸，復有所同。烏能爲雄責邪？嗟乎！龍逢之殺，比干之剖，箕子爲奴，微子去國，果何補於桀紂之君哉？漢自武帝好大喜功，封禪巡狩之事，歲有所聞，階之爲厲，民勞財傷，使非晚年輪台悔過之詔，則漢之爲漢未可知也。雄當孝成時，嘗以幸從，屬車清塵之犯，羌夷接軫之憂，朝廷臣工無敢以一言諍者，雄獨以天子歲出羽獵，游觀侈靡，窮妙極麗，徵之前事以爲龜鑑，固可謂朝陽之鳴鳳矣。

周癸叔師云：《漢書》：“贊曰，雄之自序云爾”，則《班書·雄傳》固襲用楊雄自傳之文。《七略》引《揚氏譜》“子雲以甘露二[①] 年生”，雄

① “二”，《文選》引《七略》作“元”。

自傳蓋采自《揚氏譜》也。《太史公書·司馬相如傳》襲用相如自傳，此其例。若然，則諸家聚訟，不如子雲自傳得其實也。又云：今《文選》載有雄《劇秦美新》文，唐宋人已疑非揚氏作。姚姬傳、浦二田、何義門、張皋文諸家，皆謂此當時詔佞之徒所爲，假雄爲名耳，遂爲宋儒攻雄者一工具，此文亦可援證。

雅樂燕樂流別論

樂之起源，生民以來既有之矣。九奏八闋，《立基》、《下謀》，陰庸作舞，黃帝作《雲門》、《咸池》，皆遠在未有文字之先。顧蒙昧之初，載籍缺如，遺音孰嗣？其名雖存，其詳蓋靡得而聞已。自鳥跡代形，書契遞作，唐虞揖讓，煥乎始盛。東莞劉氏曰："樂府者，聲依永，律和聲也。"夫樂府之體，與時流變，有雅樂焉，有燕樂焉。顧古無燕樂，其始皆雅樂也。析而論之，可得而觀。雅樂有郊祀歌辭、燕射歌辭、鼓吹曲辭、橫吹曲辭、舞曲歌辭。虞舜之世作《韶簫》九成，禹作《大夏》，湯作《韶濩》，文王作《象簫》、《南籥》，武王作《大武》。春秋之時，季子聘魯，請觀周樂，及至歌《唐》，曰："思深哉。其有陶唐氏之遺事乎？"夫子適齊聞韶，三月不知肉味。自衛反魯，然後樂正，雅頌各得其所。則干戈之際，古樂雖有崩壞，然尚有人焉，振其遺緒，唐虞三代之隆，猶可得而攷也。秦政焚書，樂幾亡矣。漢自武帝立樂府之官，詔司馬相如等作《郊祀》十九章，薦之宗廟。明帝時分樂爲四品，曰《大予樂》，典郊廟上陵之樂；曰雅頌樂，典六宗社稷之樂。永平三年，東平王蒼造光武廟登歌一章。魏武得杜夔，命創定雅樂，時鄧靜、尹商善訓雅歌之詩，尹胡能習宗廟郊祀之曲，舞師馮肅、服養曉知先代諸舞，夔實總領之，復先代古樂。晉武平定海內，泰始二年，詔郊廟明堂禮樂，權用魏儀，遵周室，肇稱殷禮之義，但使傅玄改其樂章而已。永嘉之亂，靡有存焉。賀循爲太常，始有登歌之樂。明帝太寧末，詔阮孚增益之。孝武太元之世，郊祀不設樂。宋文帝元嘉中，乃詔顏延之造《天地郊登歌》三篇，大抵仍倣晉曲。齊、梁、陳初，皆沿襲用之，後更創制，以爲一代之典。元魏宇文繼有朔漠，宣武以還，雅好胡曲，郊廟之樂，僅存其名。隋文平陳，始獲江左舊樂。逮唐武德九年，乃詔祖孝孫修定雅樂，而梁、陳盡吳楚之音，周、齊襍胡戎之伎，於是斟酌南北，考以古音，爲唐樂，貞觀二年奏之。安史之亂，京鎬爲墟，五代相承，國祚不久，朝廷典章但循舊制。夫天地山川之祀，明堂清廟之章，百神所饗，國以永寧。就其製作，可以觀一代之盛衰焉。燕射歌辭，大唐南風，蓋爲首出。《虞書》有喜起明良之賡載，《尚書大傳》有卿雲八伯之和歌，君臣相樂，神人以和，故舜命夔以教其胄子。若《孟子》之《徵招》、《角招》，《左氏》之《祈招》皆是也。姬周燕禮，工歌《鹿鳴》、《四牡》、《皇皇者華》者，笙入，奏《南陔》、《白華》、《華①黍》以下，皆燕射之樂。《王制》曰："天子食，舉以樂。"《大司樂》："王大食，三宥，皆令奏鍾鼓。"漢鮑業曰："古者天子食飲，必順四時五味，故有食舉之樂，所以順天地、養神明、求福應也。"漢仍周樂律，其辭不傳。《隋書·樂志》曰："漢有殿中御飯食舉七曲，太樂食十二曲，魏有雅樂四曲，皆取周詩《鹿鳴》。"左延年復有改作。晉荀勖以《鹿鳴》燕嘉賓，無取於朝，更作行禮詩四篇，先陳三朝朝宗之義。又爲王公上壽酒、食舉樂歌十二篇。司律陳頠以爲三元肇發，群后奉璧，趨步拜起，莫非行禮，豈容別設一樂，謂之行禮？荀譏《鹿鳴》之失，似悟昔繆，還制四篇，復襲前軌，亦未爲得也。終宋、齊以來，咸沿用之。梁、陳三朝，樂有四十九等。隋煬時，定殿前樂工歌十四曲，後又因高祖七部樂，定爲九部。唐貞觀中，又分爲十部，聲律頗有沿用，辭則各有改作焉。鼓吹曲辭，一曰短簫鐃歌，軍樂也。《周禮·大司樂》曰："王師大獻，則令奏愷樂。"《大司馬》曰："師有功，則愷樂獻於社。"黃帝殺蚩尤于青丘，乃作《棡鼓曲》十章，一曰《雷震驚》，二曰《猛虎駭》，三曰《鷙鳥擊》，四曰《龍媒蹀》，五曰《靈夔吼》，六曰《雕鶚爭》，七曰《壯奪志》，八曰《熊羆哮呴》，九曰《石盪崖》，十曰《波盪壑》。夏作南音。武王伐紂，庸蜀巴渝之人實從，《竹書紀年》：帝辛五十二年庚寅，周始伐殷。秋，周師次于鮮原。冬十有二月，周師有事于上帝，庸蜀羌髳微盧彭濮從周師伐殷。所謂前後舞師乃誰者，即巴渝歌舞，而南音之遺也。漢高祖還定三秦，率賓人以從，視其舞，曰："此武王伐紂歌也。"使歌工習之，爲巴渝四篇。魏爲《俞兒舞》。漢有《朱鷺》等鐃歌二十二曲，今亡四曲，存十八曲。魏使繆襲改其十二曲，而《君馬黃》、《雉子班》、《聖人出》、《臨高臺》、《遠如期》、《石留》、《務成》、《玄雲》、《黃爵》、《釣竿》十曲，並仍舊名。吳亦使韋昭改製十二曲，其十曲亦因之。而吳、魏歌

---

① "華"，稿本脫，據《儀禮·燕禮》補。

辭,存者唯十二曲,餘皆亡矣。晉武命傅玄製二十二曲,而《玄雲》、《釣竿》之名不改焉。宋、齊並用漢曲。又充庭十六曲,梁高祖乃去其四,留其十二,更製新歌,以合四時。北齊,二十曲皆改舊名,不用《黃雀 ①》、《釣竿》。後周宣帝革前代之舊,製爲十五曲。唐又增爲五部,部各有曲。唯《羽葆》諸曲,備敘功業之盛,如前代之制焉。橫吹曲辭,其始亦曰鼓吹,馬上奏之,亦軍中之樂也。《晉書·樂志》曰:"橫吹有鼓角,又有胡角。即《周禮》之'鼖鼓'。舊說,蚩尤帥魑魅,與黃帝戰於涿鹿,帝乃命吹角爲龍鳴以禦之。其後魏武北征烏丸,越沙漠,軍士思歸,於是減爲半鳴,其聲尤悲。橫吹有雙角,即胡樂也。張博望侯使西域,傳其法於西京,得《摩訶兜勒》一曲。李延年又因其曲製新聲二十八解。"魏晉之間,不復具存。《黃鵠》等十曲,其辭後亡。又有《關山月》等八曲,後世之所加也。後魏有《簸邏廻歌》,其曲多可汗之辭,皆燕魏之際鮮卑歌。歌辭虜音,不可曉解,蓋大角也。其仍見用者,有《黃鵠》、《隴頭》、《出關》、《入關》、《出塞》、《入塞》、《折楊柳》、《黃覃子》、《赤之楊》案《樂府詩集》未收此二曲、《望行人》等曲。舞曲歌詞,有雅舞、雜舞。雅舞用於郊廟,雜舞亦列於燕樂。漢有《鞞舞歌》五篇、《鐸舞歌》二篇、《拂舞歌》五篇。巾舞即《公莫舞》,起於鴻門宴。又有《槃舞》,晉加以杯爲《杯槃舞》。其辭多亡,惟存《鐸舞》、《拂舞》、《巾舞》三篇耳。吳有《白紵舞》,又曰《白紵舞》,魏晉下皆有仿作。此雅樂流變之大略也。燕樂之名,始見《周禮》:"磬師,掌教擊磬、擊編鍾,教縵樂、燕樂之鍾。"鄭注:"燕樂,房中之樂,所謂陰聲也。"《燕禮》云:"遂歌鄉樂。《周南》:《關雎》、《葛覃》、《卷耳》;《召南》:《鵲巢》、《采蘩》、《采蘋》。"鄭注云:"《周南》、《召南》,《國風》篇也,王后、國君夫人房中之樂歌也。"瑞安孫氏曰孫詒讓著《周禮正義》:"燕樂用二南,即鄉樂,亦即房中之樂。蓋鄉人用之,謂之鄉樂。后、夫人亦用之,謂之房中之樂。王之燕居用之,謂之燕樂。名異而實同。"又引《漢書·禮樂志》云:"有房中祠樂,高祖唐山夫人所作也。周有《房中樂》,至秦名曰《壽人》。"蓋秦時《房中樂》始別爲樂歌,不用二南也。予觀孫氏以唐山《房中樂歌》爲燕樂,而郭茂倩《樂府詩集》則收入《雅樂·郊廟歌辭》,此其不同也。《宋書·樂志》曰:"相和,漢舊曲也。絲

---

① "雀",《樂府詩集》作"爵"。爵、雀通。

竹更相和，執節者歌。本一部，魏明帝分爲二，更遞夜宿。本十七曲，朱生、宋識、列和等，復合之爲十三曲。”迨晉荀勖又采舊辭，爲清商三調歌詩，即沈約所謂“因絃笐金石造歌以被之”者也。《唐書·樂志》曰：“平調、清調、瑟調，皆周房中曲之遺聲。又有楚調、側調。楚調者，漢房中樂也。高祖樂楚聲，故房中樂皆楚聲也。側調生於楚調，與前三調總稱相和調。”《晉書·樂志》曰：“凡古樂辭之存者，竝漢世街陌謳謠《江南可採蓮》、《烏生十五子》、《白頭吟》之屬。”其後漸被於絃笐，即相和諸曲也。晉承用之。永嘉之亂，五都淪陷，中朝舊音，散落江表。後魏孝文宣武，用兵淮漢，收獲南音，爲清商樂、相和諸曲。所謂清商正聲，相和五調伎也。自周、陳以上，雅鄭溷然無別。隋文始分雅、俗二部。俗部諸曲，皆源雅樂，置七部伎。煬帝立清商爲九部，設燕用之，亦名燕樂。唐初仍隋制。太宗平高昌，收其樂，乃有十部。漢樂府舊曲歌辭，半多散亡。其存者，相和曲有《箜篌引》案《樂府詩集》古辭無收、《江南》、《東光》、《薤露》、《蒿里》、《烏生八九子》按《樂府詩集》古辭收《烏生》一首其《烏生八九子》祇梁劉孝威一首、《平陵東》；吟歎曲有《王子喬》；平調曲有《長歌行》、《君子行》、《猛虎行》按《樂府詩集》古辭無收此一首；清調曲有《豫章行》、《董逃行》、《相逢行》、《長安有狹斜行》；瑟調有《善哉行》、《隴西行》、《婦病行》、《孤兒行》、《艷歌行》、《上留田行》[①]《樂府詩集》古辭無收此一首、《飲馬長城窟行》此首依《樂府詩集》補；楚調有《白頭吟》、《怨詩行》；大曲有《東門行》、《西門行》、《折楊柳行》、《艷歌何嘗行》、《雁門太守行》案《樂[②]詩集》此五首收入清調、《陌上桑》案《樂府詩集》此首收入相和調、《步出夏門行》、《雙白鵠》、《滿歌行》等。又有但歌四曲，魏武尤好之，自製歌辭最多，晉荀勖撰舊辭多施用之。南渡以後，其音遂佚，祇存《子夜》、《上聲》、《歡聞》、《前溪》、《阿子》、《丁督護》、《讀曲》、《神弦》等曲，列爲吳聲。而《石城樂[③]》、《烏夜啼》、《烏棲曲》、《估客》、《莫愁》、《襄陽》、《江陵》、《共戲》、《壽陽》等曲，或舞曲，或倚歌，雜出於荊、郢、樊、鄧之間，謂之西曲。梁武帝又改製，爲《江南弄》、《上雲樂》，與西曲總列於清商。隋文時，置清商署以笐之，謂之清樂。貞觀十部，清樂亦在焉。自晉以後，清商三調樂歌率

---

① “行”，稿本無，據《樂府詩集》補。
② “府”，稿本脫，據文意補。
③ “石”，稿本作“在”，據《古樂府》改。

爲五言四句。唐人純用五七言絕句，或用六言。於時詩教大昌，文人墨客或擬古調，或製新聲，長篇巨著，徒有其辭耳。宋元之間，詞曲尤盛，或以播諸絃筦，或以成一家之學，此燕樂流變之大略也。綜觀二樂，衍其流則體有不同，溯其源則本實一致。宋王灼曰："古歌變爲古樂府，古樂府變爲今曲子，其本一也。"知此者，可無間然矣。

筦子言治之入儒道法三家論治之原莫先於道史公及莊生所論儒法皆出於道其原雖同其施之於政教則異論

筦子言治，出入於儒、道、法三家。蓋其時百家未出，九流不分，天下學術定於一尊。夫王者治世，莫先於道。道爲無體之定名，洪荒未鑿，渾然無極者，道也。故《易》曰"一陰一陽之謂道"，又曰"形於上者謂之道"。斯道也，堯以是傳之舜，舜以是傳之禹，禹以是傳之湯，湯以是傳之文、武、周公。史公所謂："道家使人精神專一，動合無形，贍足萬物。因陰陽之大順，采儒墨之善，撮名法之要，立俗施事，無所不宜。"莊生所謂"神何由降，明何由出，聖有所生，王有所成，皆原於一"是也。雖然，儒法皆出於道，其原則同，而施之政教則異矣。予觀《筦子書》，若《牧民》、若《立政》，則儒家之本也；若《形勢》、若《心術》，則道家之原也；若《法禁》、若《明德》，則法家之事也。儒者效法堯舜，憲章文武，筦子則以敬宗廟、恭祖舊爲順民之經。《春秋》之義，內諸夏而外夷狄，筦子則以尊周室攘夷狄爲霸齊之政。《虞書》曰"敬授人時"，《論語》曰"使民以時"，筦子則以"務在四時，守在倉廩"爲牧民之要，其"九合諸侯不以兵車"，則"先王耀德不觀兵"也。其務五穀而養桑麻，則《孟子》所謂"五畝之宅，樹之以桑"，"百畝之田，勿奪其時"，"使民養生喪死無憾，王道之始也"。"倉廩實而知禮節，衣食足而知榮辱"，六親以固，四維以張，則《詩》所謂"既富方穀"，《論語》所謂"富之教之"，又皆先王發政施仁之本，此筦子爲政之合於儒術者也。言道之書，莫先於《易》。包犧氏之王天下也，作八卦以通神明之德，以類萬物之情，黃帝、堯、舜垂衣裳而天下治。筦子論道經邦，因時因物，曲盡其變。《心術》篇曰："毋先物動，以觀其則。動則失位，靜乃自得。"又曰："其處也若無知，其應物也若偶之，靜因之道也。”史公所謂：“不爲物先，不爲物後，故能爲萬物主。有法無法，因時爲業。有度無度，因物與合。”此筦子爲政之合於道術者也。上古之世，象刑之教，民莫敢犯。降及秒季，智用巧生，奸僞以起，而法典立焉。《周書》曰：“國法，法不一。”《周禮·秋官·司寇》：“使率其屬而掌邦禁，以佐王刑邦國。”後代法治，實放於此。《筦子·任法篇》曰：“聖君任法而不任智，任數而不任說，任公而不任私，任大道而不任小物，然後身佚而天下治。”又曰：“仁義禮樂皆出於法，先聖所以一民也。”其書八十六篇，言法治尤詳盡矣。故其爲治也，“令重於寶，社稷先於親戚，法重於民，威權貴於爵祿”，“使法擇人，不自舉也，使法量功，不自度也”。君臣上下，貴賤一從於法。《大匡》、《立政》，表海雄圖創之憲章，如身之使臂，臂之使指，無不令行禁止焉。此筦子爲政之合於法術者也。由此觀之，筦子之爲治，雖出入於三家，然其下令於流水之源，使民於不爭之官，明法而固守之，禁民而收使之，不知親疏遠近、貴賤美惡以度斷之。其殺戮人者不惡也，其賞賜人者不德也。以視吾儒“道之以政，齊之以刑，民免於無恥；道之以德，齊之以禮，有恥且格”，任禮而不任法者，要有不同焉。夫子曰：“聽訟，吾猶人也。必也，使無訟乎。”皆化之於未然之先，而民親之矣。形戮者，禁之於已然之後，而民畏之矣。故其任法數，則與吾儒教養之政異；尚功利，則與吾儒仁義之政殊。此曾西、孟子所以薄之而不爲也。然則筦子之與法家又烏乎別乎？曰：筦子實得道家之術，其立法行政，雖亦時與法家相近，然學道之氣多，慘礉之恩少，與後之厲法而賤民、殘民而棄國者，不可以道里計。故韓非、商鞅、李斯之倫，皆以殄其身而亡人之國，則流變已極，不可復其本矣。刑名法術之學，其流毒乃至此哉。是筦子之法，非彼申韓之慘礉少恩，乃古聖王之法也。中國學術，春秋之世，儒道已成對峙。戰國縱橫，天下分爭，諸子之言，紛然殽亂。筦子天下才，其學無所不包，其《七法》、《兵法》、《地圖》諸篇，又爲後世兵家所祖。則其上總道家之術，下開諸子之學，其書可得而微睹矣。《班書·藝文·諸子略·道家》有《筦子》八十六篇。又《兵書略》“兵權謀十三家二百五十九篇”，自注：“省《筦子》。”《隋志》以下，均入法家。而陳振孫《直齋書錄解題》則謂非法家，又謂以爲道則不類。歷三千餘年，竟不能得一相當之位置。嗚呼！其以此哉？其以此哉？

離騷經論

予讀《離騷》，不禁廢書而嘆曰：嗚呼！人臣事君，不幸而遇闒茸之譖，投身江湖，以美人香草之詞，託以忠義之慨，悃悃款款，以冀吾君之一旦見悟而復吾用，彼其心志亦逾苦矣。顧論者頗有不同。漢武、宣二帝，淮南揚雄，則或稱其合於經術，或稱其體兼《詩》風雅；而班固、顏之推、劉知幾，則或詆其露才揚己、忿懟沈江，或詆其顯暴君過、陷於輕薄，又謂懷襄不道，惡存《楚騷》。朱子則復爲辯護，謂：“《離騷》不甚怨君，後人附會有過。”又曰：“其志行皆出於忠君愛國之誠，其辭惝皆生於繾綣惻怛不能自已之至意”，“天性民彝之善，足以交有所發，而增三綱五典之重”。綜以群言，各存褒貶。予謂尚論古人，固不能以深刻之主見，而失忠臣義士之孤芳。略迹原心，乃得其惝矣。夫屈子雖未學於北方，以求周公、仲尼之道，然觀其上述唐虞三代之制，下序桀、紂、羿、澆之敗，以正道匡弼其君，入則率其賢良，出則應對諸侯，謀行職修，用夏變夷、南蠻鴃舌駕乎上國衣冠。此非深於經術者，而能如是乎？乃事修而謗興，德高而毀來，上官大夫爭寵害能，卒使江潭憔悴，澤畔銜唫，搖落何堪？伊人遲暮，而承命巫鬼，契合神女。珍禽異獸，則有鳳皇、鳩鳥、鷥鷺、虯龍；芳卉奇葩，則有杜衡、蘭茝、菌桂、申椒。託身於懸圃之境，極意於遂古之初，或因物以喻志，或寓言以寫物，變風變雅，收淚謳吟，好善惡惡，婉而多風。言之者無罪，聞之者足戒。非深於詩教者，而能如是乎？《詩》三百篇，多狡童、棄婦、逐臣、走卒嗟嘆愁苦之作，聖人以其可興、可觀、可群、可怨而有取焉。戰國而還，王道歇，風雅絕。自屈子作，蓋所謂“軒翥詩人之後，奮飛辭家之前”者矣。今其所爲，固多君國之感慨，而非一身之坎軻也。徬徨中路，孤憤填膺，恐皇輿之敗績，傷靈修之數化，一篇之中，輒三致意焉。嗟呼！楚懷昏暗，棄謀論而信讒言，絕齊親而受秦詐，貪商於六百里之地，覆師八萬，迫後武關之行，自投虎口，卒死於秦。君父不共載天之仇，此屈原所痛心之事也。乃頃襄初立，不惟不能誅子蘭以謝國人，而創忠義之心，反授之以重政。竭知盡忠如屈原者，怒而遷之。賦《懷沙》而望絕，亦可悲矣。顧必從而非之，則是比干之剖腹，殺身成仁，亦爲彰君之過，豈通論乎？予觀當世游士，蘇秦、張儀之倫，揣人主之心，曲學阿世，朝秦暮楚，出其金玉錦繡，取卿相之尊，皆不足齒於名教。惟屈子以獨清獨醒之身，居汙濁之世，雖流離顛沛，猶以君國爲念，故其怨慕之發於外者彌深，其忠義之結於中者彌切，豈足爲其詆乎？昔伯夷、叔齊餓於首陽，詩嘆命衰，怨似不免，而夫子稱之曰："求仁得仁，又何怨？"吾於屈原亦云。

宋詞槩論

《人間詞話》云："四言敝而有《楚辭》，《楚辭》敝而有五言，五言敝而有七言，古詩敝而有律絕，律絕敝而有詞。"故詩之變則爲詞，體雖不同，而源則一也。太白《清平詞調》，香山《楊柳枝》，實開詞脈之先，承之以晚唐五代，振之以趙宋之朝，蔚爲大國。論者遂以宋詞之盛，猶唐之詩焉。方是時也，上自天子王公，下而騷人墨客，製譜按腔，飛聲競響，學士唱鐵板銅琶之什，屯田歌曉風殘月之詞，朝野風靡，菁華日新，以佐元音，皇乎美矣！迄乎二帝蒙塵，乘輿南渡，或見江左衣冠，或感故宮禾黍，歡娛之詞難工，窮苦之言易好，揦涕新亭，各抒鬱塞。辛、姜起於前，二窗振其後，總其所成，實邁前人。然時有不同，派亦各異。略而論之，可得觀焉。北宋全盛，晏元獻《珠玉詞》，宗法花間，尤喜延巳，實開風氣之先，晁無咎謂其"不蹈襲前人語，而風調閑雅"。《小山詞》有父風，陳質齋謂其"可追逼花間，高處或過之"。惟工艷幾於勸淫，是其短也。歐陽《六一詞》清新俊逸，公以文章作手，旁及倚聲，亦自成家。然皆小令正宗，而慢詞非其所長也。蘇長公擅天人之才，文章經濟，無施不宜，故其詞雄壯瑰麗，克稱其才。其守徐州，作《燕子樓》樂章畢，聞有鬼歌之。文學通神，事所或有。蓋詞自東坡一變，不受音律之拘，盡洗綺旎之習，然失在粗豪。劉後村謂其"如教坊大師舞，雖極天下之工，要非本色"[1]，李易安亦以"不諧音律"爲蘇詞大病。同時黃山谷，詞亦以縝刻見長，而或病多疵。柳屯田出，而詞又一變。脫去花間，自創一格。更特擅長調，時用口語入詞，描寫閨怨別愁，婦人女子多能解之。時謂"有井水飲處，無不知歌柳詞"者。然好爲淫冶，陳質齋謂柳詞"氣格不高"，葉少蘊亦謂"微以氣骨爲病"。他如子野、次膺，雖時有佳句，而弊在破碎，未盡名家。方

---

[1]　謹按，南宋劉克莊，號後村，有《後村詩話》。惟北宋陳師道，號後山，其《後山詩話》云："退之以文爲詩，子瞻以詩爲詞，如教坊雷大使之舞，雖極天下之工，要非本色。"據此，稿本謂"劉後村"者，疑爲"陳後山"之筆誤，似當改。

回以舊譜填新詞，詞特穠麗。淮海則情韵兼勝，在蘇黃上，而終乏故實。清照則格力高秀，音調清新，論者又謂究苦無骨。然則集詞苑之大成者，其惟周美成乎？《清真詞》精深雅麗，體兼蘇黃，小令慢詞，並臻絕境。所製諸譜，音律嚴整，屹然一代大宗。周止菴稱其"思力獨絕千古"，良非虛語。昔人有以屯田比詩家之白傅，吾亦以清真比詩家之少陵，則北宋詞家之首，固當推清真爲允矣。靖康以後，稼軒豪情慷慨，縱橫一世，其源雖出於長公，抑亦家國之感深也。劉後村謂其所作，"大聲鞺鞳，小聲鏗鋐，橫絕六合，掃空萬古。其穠麗綿密者，亦不在小晏、秦郎之下"。劍南繼作，語多悲壯，並稱勁軍。白石擅裁雲縫月之能已，諳律製爲新聲。黃叔暘稱其"詞精妙，不減清真，高處有美成所不及"；張叔夏亦稱其"如野雲孤飛，去來無迹"。梅溪則奇秀清逸，分鑣清真，平睨方回。及夫衰季，士大夫抱青山一髮之慟，爲愀愴危苦之詞。其時傑出者，夢窗則音節凄清，寄情深遠，尹惟曉稱"前有清真，後有夢窗"；良卿亦稱其"每於空際轉身，非具大神力不能"。竹山織巧作態，亦承正宗。公謹敲金戛玉，嚼雪盥花，新妙無與爲匹，斯雋品矣。沂孫閒雅，有白石意趣；叔夏意佳處，字字皆珠輝玉潤。要之，南宋詞家，豪壯則有稼軒，警麗則有白石，二窗繼起，並爲正宗，皆足代表當世。朱彝尊謂"詞至宋末始極其變"，予亦謂詞至二窗嘆觀止矣。此其所以遠軼前代者也。總觀兩宋詞派，疆域判然。周止菴云："北宋盛於文士而衰於樂工，南宋盛於樂工而衰於文士。"予亦以北宋多文人之詞，南宋多詞人之詞。章句典麗，矜奇鬬險，使僻陋者茫然張口，若《暗香》、《疏影》，雖讀書萬卷，豈能強力而致？北宋多平和婉約之音，短引爲勝；南宋多悲歌惻麗之作，慢調爲優。夫時會各有不同，知其人論其世，乃爲得之。昔人謂"居開元、天寶而爲夔州以後之詩，無病呻吟"。知此者，可以論宋詞矣。

公孫龍考

《史記·仲尼弟子列傳》有公孫龍者，字子石，少孔子五十三歲。裴駰《集解》："鄭玄曰楚人"，張守節《正義》："《家語》云衛人，《孟子》云趙人，《莊子》云'堅白之談也'。"愚按張氏引孟、莊書，其說非是。彼爲堅白之辯者，乃《孟荀傳》中趙人公孫龍，張氏不察，并爲一人。夫《孟荀傳》中之龍，與仲尼弟子傳中之龍，其年已大相懸絕。公孫龍爲平原君客見《戰國策》、《呂氏春秋》及《史記》，能爲堅白異同之辯。孔子之玄孫穿，自魯適趙，與龍論臧三耳，平原君謂龍曰："公無復與孔子高辯事也。其人理勝於辭，公辭勝於理，終必受詘。"《史記·六國表》：趙惠文王以周赧王十七年即位，即以弟勝爲相，封平原君。龍當信陵君救趙破齊時尚存見《戰國策》，是歲赧王五十七年也。孔子之卒，當敬王四十一年夏四月乙丑，吾意龍游夫子之門，律以禮，八歲入小學，則龍年或當典謁矣。假令龍從游之年即夫子卒，則周敬迄赧凡十君，龍以是時歸然尚存，當二百餘歲，何壽考若此乎？其說難信，又奚待言？以子思之生年，尚不足受業於夫子而出曾子之門，孟子則更受業於子思之門人，龍已得受業於夫子，又得與其玄孫辯，此必無之事也。且龍爲堅白異同之辯，自是名家。《史記探源》曰："趙有公孫龍者，別於《仲尼弟子列傳》之公孫龍也。彼傳不言爲堅白異同之辯，此傳不言字子石，則非一人明矣。"顧炎武曰："龍與平原君同時，去夫子近二百年。殆非也。且云少孔子五十三歲，則當田常伐魯之年僅十三四歲，而曰'子張、子石請行'，豈甘羅、外黃舍人之比歟？"以諸說觀之，則前後二公孫龍，夫復何疑？《孟荀列傳》司馬貞《索隱》曰："龍即仲尼弟子也。此云趙人，《弟子傳》作衛人，鄭玄云楚人，各不能知其真。又下文云'孔子同時，或云在其後'，所以知非別人也。"趙田袁黃編《綱鑑》"平原君客公孫龍"，爲之注曰："龍，《家語》作寵，孔子弟子，字子石。"皆未攷也。并附著其誤云。

讀顧亭林原姓

顧亭林《原姓》謂："男子稱氏，女子稱姓，氏一再傳可變，姓千萬年而不變。"蓋據鄭夾漈《通志·氏族略》言也。竊以爲不然。隱八年《傳》："公問族於衆仲，衆仲對曰：天子建德，因生以賜姓，胙之土而命之氏。"論姓氏者，此爲最先，然不聞有男女之分。又隱十一年《傳》：滕薛爭長，滕侯曰："我周之卜正也。薛庶姓也，我不可以後之。"[1]杜：庶姓，非周之同姓。林：薛，任姓；

---

[1] 稿本此頁有眉批曰：《左氏》昭二十六年傳：魏子謂成鱄云："武王克商，光有天下，兄弟之國十有五人，姬姓之國四十人。"僖二十四年傳："昔周公封建親戚，以藩屏周，管、蔡、郕、霍、魯、衛、毛、聃、郜、雍、曹、滕、畢、原、酆、郇，文之昭也。"《荀子·儒效篇》："周兼制天下，立七十一國，同姓獨居五十三人。"《韓詩外傳》四："立國七十二，姬姓五十二。"《史記·漢興以來諸侯王年表》："武王成康所封數百，而同姓五十五。"

滕，姬姓。羽父亦謂：“周之宗盟，異姓爲後。”是指男子之辭。則顧氏《傳》二百五十五年間，男子無稱姓”之言非竺論矣。《論語》：“君娶於吳爲同姓，謂之吳孟子。”孔注：“魯、吳俱姬姓。”《禮記》“娶妻不取同姓”者，皆及男女之辭。《曲禮》：“娶妻不取同姓，故買妾不知其姓則卜之。”《坊記》：“娶妻不取同姓，以厚別也。故買妾則卜之，以此妨民。《魯春秋》猶去夫人之姓曰吳，其死也曰‘孟子卒’。”司空季子之論姓也，其言亦與衆仲吻合。《國語·晉語》：“司空季子曰：‘同姓爲兄弟。黃帝之子二十五人，其同姓者二人而已；唯青陽與夷鼓皆爲己姓。’青陽，〔方〕[1] 雷氏之甥也；夷鼓，彤魚氏之甥也。其同生而異姓者，四母之子別爲十二姓。凡黃帝之子，二十五宗，其得姓者十四人，爲十二姓：姬、酉、祁、己、滕、箴、任、荀、僖、姞、儇、依是也。唯青陽與蒼林氏同于黃帝，故皆爲姬姓，同德之難也如是。昔少典娶于有蟜氏，生黃帝、炎帝。黃帝以姬水成，炎帝以姜水成。成而異德，故黃帝爲姬，炎帝爲姜。二帝用師以相濟也，異德之故也。異姓則異德，異德則異類。異類雖近，男女相及，以生民也。同姓則同德，同德則同心，同心則同志。同志雖遠，男女不相及，畏黷敬也。黷則生怨，怨亂毓災，災毓滅姓。是故娶妻避同姓，畏亂災也。故異德合姓，同德合義。義以導利，利以阜姓。姓利相更，成而不遷，乃能攝固，保其土房。”最可憑藉。蓋姓、氏二字，渾言不分，對舉有別，第不必男女耳。故堯賜禹姓曰姒《史記·夏本紀》“禹爲姒姓”之言本《國語》，氏曰有夏。祚四嶽國，命以侯伯，賜姓曰姜，氏曰有呂《周語》太子晉對靈王語。之其言姓氏之分詳矣。姬周以還，諸侯子孫以姓爲氏，而姓氏之界泯。《通志》：“女生爲姓，故姓之字多從女，如姬、姜、嬴、姒、嬀、姞、妘、嫻、始、妊、嫪之類是也。”然《晉語》酉、祁、己、滕、箴、任、荀、僖、儇、依之類，皆不從女，則亦未可槩論。其以司馬子長、劉知幾謂周公爲姬旦、文王爲姬伯，三代無此語爲譏，不知夏政尚忠，小人以野，殷政尚敬，小人以鬼。是時制度簡陋，自公旦制禮作樂，周道大昌，文物燦然始備。仲尼祖述堯舜，憲章文武，發憤刪述，則曰“郁郁乎文哉，吾從周”。而知我罪我，獨歸《春秋》一書。魯君子左丘明爲之作傳，用拂聖言，得姓受氏，竟委窮源，覽者自得。司馬氏世掌天官，紬史記石室金匱之書，固匪絕無根據。尚論古人，焉用繩墨爲也？

---

① “方”，稿本無，據《國語·晉語》補。

書朱芸圃先生莊子年譜後

　　芸圃先生爲《莊子年譜》，而定漆園生年當梁惠王二十三年。蓋據《田子方》注，《釋文》引司馬彪"莊子與魏惠王、齊威王同時，在哀公後百二十年"之說。竊讀而疑之。復爲紬繹三十三篇，乃知彪說前後牴牾。其在《說劍》"趙文王好劍"，《釋文》引云："惠文王也，名何，武靈王子。後莊子三百五十年。《洞紀》云：周赧王十七年，趙惠文王之元年。"此與《史記·六國表》相合。由是以上溯三百五十年，則當周襄王五年甲戌，即魯僖公十三年也。魯僖甲戌迄哀公卒歲，中間凡百八十年，又以百二十年合計之，則懸隔三百年矣。內七篇，世所目爲真莊生書者。而《養生主》庖丁爲文惠君解牛，《釋文》引崔司馬云，"文惠君，梁惠王"。假令莊生當春秋之世，烏得及見惠王時事？豈足據哉？然則何爲致疑於譜也？曰：《史記·六國表》、《魏世家》，惠王在位三十六年卒；子襄王立，十六年卒；子哀王立，二十三年卒。今《譜》據《竹書紀年》惠王三十六年改年，稱一年，後十六年卒。又據《世本》襄王爲哀王年，謂自裴駰《集解》後，王應麟《困學紀聞》、顧炎武《日知錄》、梁玉繩《漢書古今人表攷》均從之，爲近是。不知《魏世家》"哀王立，張儀復歸秦"，《索隱》云："系本襄王生昭王，而無哀王，蓋脫一代耳。孔衍敘《魏語》亦有哀王。而《紀年》說惠成王三十六年，又稱後元一十七年卒。此文分惠王之歷以爲二王之年，又有哀王凡二十三年，紀事甚明，蓋無足疑。然則是《紀年》之作失哀王之代，故分襄王之年爲惠王後元，即以襄王之年包哀王之代耳。"小司馬此言甚辨。《紀年》出於汲冢，《晉書·束晳傳》具載其事。其書十三篇所紀后啓殺益，太甲誅伊尹、文丁，《史通》引作"文王"，"文丁"即"太丁"。殺季歷，皆荒繆不經，與經傳乖戾。莊子果以二十三年生，則終惠王之世，年纔十四耳。《秋水》："惠子相梁，莊子往見之。或謂惠子曰：'莊子欲來代子相。'於是惠子恐，搜於國中三日三夜。"成疏云："惠施，宋人，爲梁惠王相。"又《山木》："莊子衣大布而補之，正緳係履而過魏王。"司馬云："王，惠王。"是時莊子年甚少，而名動王公，豈甘羅、外黃舍人兒之比乎？《史記·老莊傳》："楚威王聞莊周賢，使使厚幣聘之，許以爲相。"《正義》云："威王當周顯王三十年。"假令如《譜》云云，周財十歲，更不可通矣。《外物》："莊周家貧，故往貸粟於監河侯。"《釋文》云："《說苑》

作魏文侯。"文侯在位三十八年，武侯十六年，武侯卒惠王乃立。中壘生炎漢之世，典校中祕二十餘年。每一書已，輒條其篇目，撮其旨意，錄而奏之。班志《藝文》，即以《七畧》、《別錄》刪其要以備篇籍。莊書五十二篇，猶爲完壁。較今三十三篇爲淺人所刪竄者，必更爲真切。則周之生，不必爲惠王之世，此又其明證矣。夫周時代，先儒已莫能確定。史公乘傳行天下，求古諸侯史記，亦第言與梁惠王同時。彪注不知果何所稟？然其言固惠、威二王去魯哀百二十年耳，今《譜》即以是定周生年，鑿矣。

笠山文鈔卷第二

汀州藝文志自序

自劉氏父子剙爲《略》、《録》，實開後世目録之先河。厥後《班志·藝文》、《隋書·經籍》皆遞有繼作。若新舊《唐書》、若《宋史》、若《明史》，著録群籍，定爲四部。雖體例頗有不同，而源流則一也。有清諸儒，若金陵顧櫰三 ①、山陰姚振宗、番禺侯康，則有《補後漢書藝文志》。嘉定錢大昭有《補續漢書藝文志》。陽湖洪飴孫有《續漢書藝文志》。嘉定錢大昕、海寧張繼才有《補元史藝文志》。杭州盧文弨有《遼金元藝文志補》。江都金門詔有《補三史藝文志》。網羅放失，作者如林，可謂盛矣。方志之書，紀一方之沿革，備國史之采擇，實與國史相爲表裏者也。故方志之有藝文一門，亦與國史同也。然方志所敘，既以地域爲限，一州一郡之中，士之能奮發自拔，著書立說，傳於世者，代恒不過數人。或竟湮沒不傳，並其人之姓氏爵里，亦不挂於人口。考獻徵文，戞乎難哉。於是爲方志者或變通其例，選録詩、詞、序、記之文以當之。若是者，不一而足，會稽章學誠氏嘗論其失矣。汀爲州，始於唐開元二十三年，元改爲路，明、清皆爲府，領縣凡八。舊志之修，時代無攷。惟攄弘治安成劉震序稱："同年金陵吳君文度憲守汀幾九載，謀於掌教杜觀光、分教梁鏄，益舊志而新之。於是郡之沿革、山川風俗、制度文物、宮室學校，與夫土產貢賦、古祠異蹟、詩文之屬，彬彬具悉。"則弘治以前既有成書，而體例亦可略見矣。今志四十五卷，爲乾隆十七年郡守曾芝田所續修，同治六年郡守延楷所重刻者。《藝文志》亦僅載詩文，而群籍著録，更別附《文苑》，體例既乖，罣漏尤甚。今者州郡制廢，舊志亦無重纂之需。然藝文一志，關係地方

---

① "三"，稿本誤作"山"，茲據文意改。

文獻至鉅，不有專箸，久且無徵。用敢忘其固陋，捃摭省邑志乘，鄉賢遺箸，別爲一編。體裁則仿道光《重纂福建通志·經籍志》而略變通之，就一時代，分以地域，而次以其人之先後，以書目爲之綱，下著撰人，次傳，次序跋。蓋著錄之書，泰半散亡，遐索旁捼，務求詳審，略存體例，用矯前失，然亦不盡求合於劉、班諸家。夫汀地當閩之西南，毗連粵贛，縣崖叠嶺，林木暢茂。鄞水南流入海，磅礴之氣，鬱千百年未洩。有唐伍正己、宋鄭文寶始舉進士，通仕上國。而吳若訥、雷觀、梁仲華、鄧榮伯、謝敬虛、楊子直、羅子剛之倫，或以忠直見稱，或以巖穴終老，遺篇斷句，後世傳誦，類能見其造詣。元主中夏，百年之間，靡有聞焉。逮及朱明，則有張侍郎明遠、郝鐵筆瑞卿、葉戶部廷璽、裴禮部元闓、邱給諫寬叔、邱侍御練塘。清則有黎大參媿曾、雷副憲翠庭、伊光祿用侯、伊太守墨卿、邱大令秀瑞，皆斐然有述箸。而李徵君處易姓交代之際，文章氣節，岸立一世。論者謂汀州數百年人物，惟徵君最奇。劉鼇石年事較晚，永曆狩緬，戶部公殉國滇中，全家與難者八十餘口。童牙孤立，轉徙兵燹；一生忠憤，流露謳唫。此數君子者，得山川奇傑之氣，足爲不朽矣。讀其書，私心輒淑慕之。他日者芒鞋草笠，儻得一走故郡，上雲驤閣，人家煙樹，問漑本堂故址，猶有存乎？道泉上展徵君之墓，覽圉珑、石巢之勝，當日之檀河、但月，至今無恙否乎？伊氏守硯堂有東坡故物，吾將索而觀之。歸化二陳之合璧、十笈樓，清流古厓故里、白也樓隱處，連城冠豸山之四愚亭，武平李忠定讀書堂，永定熊氏素園，亦將徧過而歷覽之。然後浩然來歸，尋天潮閣遺跡，市濁醪一壺，獨酌其下。斜陽芳草，式弔詩魂，曠百世而相感，則求諸深山窮谷，問諸故老逸民，發萬丈之光芒，有若鐵函《心史》者乎？是區區之願，亦生長是邦者之責也。

族 譜 序

　　唐劉子玄謂譜牒之書，務欲誇其氏族。潁川八龍，出於《荀氏家傳》，而蔚宗撰《後漢》，徵彼虛譽，定爲實錄。嗚乎！漢唐已來，譜牒之不足憑信如是矣。夫譜牒非國史比也。國史是非，必書一字之褒榮於華袞，一字之貶嚴於鈇鉞。晉之乘，楚之檮杌，魯之春秋，下逮馬、班諸著，皆古今所稱。譜牒則有褒而無貶，且其人其事，囿於一姓，限於一隅，稟筆者每不憚遠引煩稱，從事誇飾，以爲非若此不足以炫宗郶也。廬陵、眉山、南豐諸大儒所爲，號稱精審；

黄山谷宗譜上溯七代，亦嚴謹矣。然訖不得與馬史班書同日而語者，豈特泰山之與部婁，滄海之與潢汙已哉？世之爲譜者可以思矣。予族之譜，肇修於有明弘治，自時厥後，叠經重修。而兵燹銷磨，蚛魚剥蝕，年代湮遠，譌誤滋多。江西所修，亦復詳彼略此，攷覈未周。丁巳春，族兄謙谷倡議續修。起例發凡，鉤幽擷隱，舊帙敷陳，寒暑靡間，歷今十有二稔，將付剞劂。予時客廈門，曾一寓書討論之。酷暑返棹，屬執校訂。發而讀之，首序例，次世系，次志七，曰追遠、曰建置、曰題名、曰列女、曰祀產、曰義舉、曰遷移。體裁則視前爲備，而復汰其冗者十之二三。删其全志者，則有族望，以其近於夸飾也。雖然，吾猶不能無疑者。雩譜世系，溯自愷公，爲咸公十六世孫。攷《後漢·儒林傳》："咸少爲諸生，受業長安，師事博士右師細君，習《魯詩》、《魯論》。王莽末，去歸鄉里。建武中，入授太子《論語》，又爲其章句。拜諫議大夫、侍中、右中郎將。永平五年，遷大鴻臚。八年，以疾卒於官，年七十一。"愷公事略，見諸《隋書·儒林傳》並見《北史·儒林》，嘗從王仲通受《史》、《漢》。大業中爲國子助教。《經籍志》："廢太子勇命愷等撰《漢書音義》十二卷。"東漢迄隋，中間凡五百餘年，知其世而不能歷舉其人之名而系之，何也？自愷公十三傳曰拯公，二十一傳曰恢公，二十九傳曰十郎公，皆舉其名而以本宗爲系，事績頗有可攷。惟恢公迄十郎凡九世說不可通。《宋史》本傳稱：恢"舉嘉定十三年進士，度宗朝簽書樞密院事，封南城縣侯，郊祀禮成，還，以資政殿學士致仕，卒年八十七。"畢氏《續通鑑》：公以咸淳四年十二月丙戌罷樞密院。距登第凡四十九年，皆無及咸淳以後事者。越十一年而宋亡，則公必不及見也。上溯生年，固當在孝宗淳熙之間。而弘治序云："高宗六年，瑜公十一世孫有五。四名震，居西吳建昌南城縣；五名巽，居粤東。震生元福，元福生龍、鳳。鳳公數傳而至十郎公，諱始仁，孝宗隆興間以仕官至汀郡。"不知高宗六年乃紹興壬子，下迄隆興僅三十一年，何傳世之速？雩譜瑜爲恢公孫，由六年而下數淳熙凡四十二年，又何得在其前？所謂十一世孫者何義？十郎公既以隆興入閩，隆興爲孝宗初號，則雩譜以爲恢公九世孫者又何說？雩譜無震及巽，生元福者實瑜也。十郎系出龍，而序稱鳳。後二序融公皆在何佶之下，此又見諸唐書而不能攷正，何其疏也？吾不知當日者果孰爲而孰傳之，凡斯牴牾胡能置而勿辯乎？今譜以三十年一世律之，又以十郎公入閩當在宋末，而與恢公同時。是說也，予猶疑之。夫傳世先後，遲速不一。乾隆間詔舉天下五代者聞於朝，其間七八代者數見不鮮。吾族十郎公而下，近者至今尚十九二十代，遠者則三十代矣。似此相差，亦難標準。往者宗人榮翰嘗寓予書，自述家世係拯公三十九代孫。君原籍合肥，後隸丹徒，晚歲僑寓揚州。方欲一質君所稱香花墩讀書堂蒲葦魚鳧，君里居既近，必能詳之。未幾而君又沒，山川修阻，杞宋難徵，削之近僭，錄之不倫，每一握管，輒荊棘在手。然闕疑之例，古有可援；數典之譏，予勿敢受也。殺青有日，因序其端，以發難云。

温伯夏詩序

溫子伯夏將去廈門，裒集平日所業詞曲，乞威遠夫子題其耑矣。既歸，復搜輯其詩，擇尤雅者若干首，俾與詞曲共付剞劂。唯詩則尚未有序之者，因寓書索予言。且曰："吾詩非敢出以問世。唯此頻年心血所鑄，喜怒哀樂所發，亦欲藉以就正於愛我之師友耳。"嗟呼！溫子之用心善矣。昔陸祁孫曰："君子之於學也，期與一世共明之，而非以爲名也。"今世變日亟，士不悅學，民不知義，識者抱爲隱憂。溫子獨能奮起窮陋，淬厲智慧，激昂慷慨，自道性情，而此皭白之心迹，斯質之師友而無慚，即以明之一世，又奚爲而不可也？予與溫子相處久，晦明風雨，對榻聯吟，相得甚歡。又皆好爲山水遊，探奇躋險，凡海上泉石佳處，莫不有予兩人之足迹焉。忽忽把別，人事靡恒，及今追憶，怳如昨日。溫子之詩，才思富麗，清曠邁俗，迹其所至，實以兩當爲近。抑予尤有進者，士居開元、天寶，而爲夔州以後諸詩，無病呻吟，昔人所誚。吾輩遭際喪亂，以視少陵所處之時，實有過之無不及者。則宣達愁苦，風刺闕失，言者無罪，聞者足戒，庶幾溫柔敦厚之旨存焉。溫子將無有意乎？予執筆爲詩且十年矣，而所學不進，序溫子詩，不能不慨然而嘆也。"他山之石，可以攻錯"，溫子又將何以起予？庚午①中秋，上杭包樹棠序。

葉愚廬文鈔序

逮清乾隆間，方侍郎望溪、劉教諭海峰、姚郎中姬傳以古文名海內。歷城

---

① "庚午"，稿本誤書"庚子"。按文中云"予執筆爲詩且十年矣"，依作者行年推之，是歲當爲庚午年（1930）。

周編修永年所謂"天下文章在桐城"者也。而姚郎中得名特盛,以《古文辭類纂》一書衍其緒論,謂義理、考據、詞章三者不可偏廢,學士靡然從風。當是時,吾閩朱梅崖,亦講明韓歐之學於海隅,姚郎中嘆其集果有逾人處,以未識其人爲恨。自是以降,梅伯言、曾文正亦皆承其學勿替。鄉湘之瑰奇雄偉,實軼方、姚而上之。巴陵吳南屏,又特立於桐城之外,其塗迹則無不合。出於湘鄉之門者,有吳摯甫、張濂亭、黎蒓齋,皆後起之勁。迨近馬通白、趙湘帆、王晉卿、林畏廬之倫,亦竺好之,不爲世俗所撓。此其流變之迹可得而論也。安溪葉君愚廬,固亦深於斯道者。庚午秋,予始識君於集美,嘗往來金鞍山下,尊酒論文,譚吐之頃,即知君爲績學士。顧君於文章,殊不欲以宗派自居,蓋巴陵之志也。方君逾冠之年,樸被一囊,絕大江,渡黃河,之津北,走幽燕,舟車萬里,蕩氣迴腸。觀前代苑囿陵闕之壯麗,長城絕塞之荒寒,發其弔古之思。其居舊都數年,未嘗交遊士大夫間。昔吾鄉李元仲徵君,雪棹泛西湖,半月不見一人而歸,與君之絕迹塵市,日與古人爲徒有同心焉。今夏君復彙所爲文若干篇,屬予序之。予愛其簡樸蒼勁,充其所至,實足繼梅崖之後而自爲風氣。如武夷之山,崛岉一隅,與五嶽爭奇,爲宇宙名蹟。則君不沾沾於宗派之說,不亦宜乎? 辛未秋月,上杭包樹棠序。

集美高級水產航海學校畢業同學服務調查表序代

閩爲左海區,海岸綫北起福鼎,南迄詔安,長凡一千餘海里,扼天津、上海、廣州、香港交通中權。橫渡大海,直抵臺澎、呂宋南洋群島。水產物之豐富,蓋藏未發。以故,地勢莫宜於漁航,居民之業是者,蓋十之三四焉。風帆煙艇,出沒驚濤,終歲辛勤,祇求温飽。惜人安舊習,不思革新。海通以還,競爭劇烈,聲光氣化之學,遠邁前古。舉凡往者駕駛撈捕之器,日歸淘汰。遐邇海洋,樓船麕集,航權旁落英荷日美諸強國之手。至於魚蝦採捕,日人以接境密邇,時時侵漁。利用機械,鯤罦鮫宮,任求任取,滿載而徂。比年,國人怒然憂之,殫心更張,勺資經營。然以人才困乏,員工多自外僱,人謀不臧,卒未能與相角逐。客秋,敵陷東北,國交不穆,退用日人,延攬國內專才,益供不應祈,於是人人始知漁航學之不可不亟爲講明。集美高級水產航海學校,刱辦於民國九年春。設備、教學儀器、標本數千具,實習輪船四艘,迄今十有三稔,靡費數十萬金,皆爲陳嘉庚先生供給,識遠願宏。中間總計畢業學生七十有四人,或貲遣留東,或服務社會,胥能稟海上精神,建白事業。論職業教育者,必爲首屈一指。乃自遼陽淪爲豕窟,吳淞復遭兵燹,東南沿海漁航講習之所,吾校儼然魯靈光矣。某董理其事,略述端倪,并調查同學工作狀況表如左方,即以喚起國人注意,爲挽回海權嚆矢,不無少補云爾。

葉愚廬詩序

予既序愚廬之文,愚廬復屬序其詩。嗟乎!愚廬其以予爲知言耶?愚廬與予相處久,其爲詩則浚於予。時有所作,輒出以相質。其瘦勁之處,獨與湘鄉曾氏爲近。竊維晚清以降,海內之言詩者若程春海恩澤、祁春圃寯藻,胥以宋爲宗,尚其浚。曾文正戡亂東南,招致天下儁才魁桀之士於幕府,得人獨盛。遵義鄭子尹珍、獨山莫子偲友芝,皆自遠而至,雖倉皇戎馬之間,不廢文詠而益推衍其緒餘。文正言山谷學杜公,以單行之氣運於偶句中;東坡學太白,則以長古之氣運於律句中。此文正自狀其詩。然非程功致力之深且久者,弗能知也。近時詩老,榮縣則有趙堯生熙,義寧則有陳伯嚴三立,吾閩則有陳伯潛寶琛、陳石遺衍,聚畢生精力,以嗣元響,其道益昌。愚廬治古文詞,宗昌黎韓子之說。而昌黎之詩其奇險者,固皆宋人所取法焉。愚廬以善爲文者爲詩,粹然學人之言,宜其於前賢有合也。今年冬,愚廬將歸安溪,鍵戶窮山中,益肆力於所學。以愚廬之劬竺而深思,其所竟寧可量哉?雖然,抑有進焉。夫詩之爲道,三百篇尚矣。《考槃》、《碩人》,實爲賢者不遇,退而窮處而作。吾輩遭際艱危,淬厲奮拔,固將稟風人之恉,發爲善言,以式於鄉邑者式天下國家,則風化芬臭,氣澤之所及,豈曰小補?愚廬行矣!同聲之友日鮮,懼風雅之或湮,乃推其意而序之,且以爲別。

虎谿吟草序

長沙蘇逸叟,奇行士也。辛未冬,予始識逸叟於同安縣署高士軒中,輒出所爲詩相示,傾譚甚懽。時逸叟方佐縣幕,兼理澳頭警務,樂與邑之士夫遊。同安固蘇魏公頌故里,逸叟於其暇日拜祠堂,捹求遺集而讀之,其志趣高古如此。後遊粵，屢以詩寄懷，竺於友朋之誼，予感且媿。今歲癸酉，逸叟復來寓廈門，酬唱尤密。清秋佳日，登覽名勝，興之所至，發爲吟詠，輯所作曰《虎谿吟草》一卷，錄其副，歸予藏之，且督爲序。予觀逸叟孤苦勤學，未冠出遊戎幕，足跡踏東南山水，佳處皆徧。嘗一渡南洋群島，徒步走滇黔巴蜀間者萬餘里。風塵勞頓，孑然一身，頗類吾鄉劉蟄石爲人。其詩亦邁絕塵俗，胎息深厚。顧逸叟已久於客，不得志當世，乃肆力於詩，爲之益多且奇。歐陽子所謂詩人少達而多窮者，豈其然與？夫子曰："君子固窮。"原憲對子貢亦曰："貧也，非病也。"逸叟樂此不罷，夷然自處，其視人世富貴豪華直不啻烟雲過眼，可謂有道之士矣。抑吾聞衡嶽洞庭之閒，大氣盤鬱，代有魁人碩士。若屈原、王夫之之倫，雖其遭遇困苦流離，而皆晚節彌厲，文采日彰。逸叟生山水奧區，沾沐流風，固有所自。則天之欲窮逸叟之遇，實以昌逸叟之詩。以昔例今，夫何閒然也？

雷翠庭先生年譜自序

昔將樂揚文靖公事二程子於伊洛之上，學成歸，伯淳送之曰："吾道南矣。"閩中理學自茲始。南劍羅豫章承學於文靖，再傳而爲劍浦李愿中侗。愿中杜門講學，考亭子朱子實自出。有宋五子之學，濂溪肇其端，子朱子集其大成，閩學之盛邁前古。臨汀僻在西鄙，楊子直方乃至武彝，從子朱子學，又贊助興白鹿洞，其往來論道之言，具見子朱子《全書》中，稱高弟，是爲汀有理學之權輿。而連城邱起潛鱗、邱正叔方，竝出楊門，世稱邱二先生者是也。厥後汀人治學，莫不竺守程朱風氣，被五六百年不衰。寧化雷翠庭先生，其尤表表者也。先生出漳浦蔡文勤公門。自儀封張清恪公撫閩倡正學，闢鼇峰書院，萃九郡厲學之雋，論業其中，漳浦嗣主講席。先生方冠，走會城七八百里，讀所爲學約，爽然知造道入德之方，以聖賢爲必可爲而至。其學大要宗程朱，而以薛文清、陸清獻爲譜牒。鵝湖、姚江之學，流弊爲空虛者自便，懼禍之中，於人心則論之嚴，而不陷門戶之見。服官立朝，風度稜稜，一稟所學，措之於政事，敭歷清要者二十年，未嘗有纖芥之譴，爲時君所眷重若此。平生出處語默之際，固已質諸河東平湖而無媿也。與先生並時而究心性理，有同邑陰靜夫承方、連城李簡庵圖南、童寒泉能靈，身體力行之功，皆粹然足爲一世表率，其聲氣可謂盛矣。然三人者抱道窮山，勳業名位尚不若先生之顯著，故予論次汀賢，必以先生爲冠冕也。今士習媮極，舉世蟄蟄，舍身心性命之大而弗講，倫常日用之道，視之芻狗土苴而弗若焉。夫學術不正，人心所由邪也，國胡以立乎？戰代揚朱、墨翟言滿天下，孟子則閑先聖之道以距之。唐承魏晉六代之餘，道喪文敝，韓退之則以濟溺起衰自任。道南墮緒，掇拾何人？吾訂茲譜，不禁愾然以思，悄然以悲也。乙亥嘉平，識於鼇峰寓齋。

先生之學，見《經笥堂文鈔》、《讀書偶記》諸書。唐鑑《學案小識》入之翼道，國史館並有傳。乃閱《清史稿》，於汀人入黎士弘、伊秉綬於《文苑》，又出之於《循吏》。與《元史》文蕪體散，有"速不台"又出"雪不台"者同一重複可噱。《儒林》則入張鵬翼、林霞起、童能靈、李圖南，而先生獨缺然。先生德業事功遠出數公之上，固不藉史冊紀載而後傳。然論而正之，後起之責，況史冊爲一代公言，豈能艸艸了事乎？明之亡也，上杭李得之職方魯殉焉，《爐餘集》封事六策，經濟文章，有學有爲有守。清修《明史》，遺而不錄。程鄉李二何侍郎撰家傳，以有忝國史職任爲憾。今《清史》尚未定稿，竊恐邊鄙之邑，乘傳不至，爰勾訂《年譜》，亦庶幾以備有是責者之摭採云爾。樹棠又記。

四家詩傳授表證自序乙亥

乙亥冬，謁章太炎先生於吳縣，出此冊請益。先生爲之紬繹，謂已確然無閒隙。又曰康成之學傳自季長，季長學於摯恂，恂獨不知所出。范《書》已未立傳，《儒林》簡略，遠不若馬班所爲，明於學術源流之傳授。他籍亦靡稽焉，可爲歎已。予退而思，以謂兩漢經學皆重師承，今古文家法嚴謹，西京諸博士，至持之若水火不相合。然《毛詩》、《魯詩》並出孫卿，康成亦從東郡張恭祖兼受《韓詩》。李唐以還，三家寖微，毛傳鄭箋獨立國學，則馬、鄭之於毛氏，雖傳授無可跡，而源流所出固不足疑。蓋毛學八傳而至賈逵，逵以永元十三年卒，年七十二。季長卒於延熹九年，年八十八。是逵卒之時，季長年當十又三，且皆扶風人，則其所聞習從可知矣。逵承家學，其父徽與東海衛宏同事九江謝曼卿，宏復傳其學於濟南徐巡，而河南鄭衆、魯國孔僖亦傳毛詩，知名於世，當時治毛者如是而已。此摯恂之學，實不能與諸儒無關。夫學問之事,聲應氣求,其道有然,是殆孟子所謂"予私淑諸人"也。其後鄭箋雖獨明毛恉,然亦往往持爲異論,與魯丕所謂"說經者傳先師之言,非從己出",蓋有閒矣。予始治詩,以毛鄭爲歸,閒附己意,爲之劄記。復纂述是編,庶乎源流已明,祈嚮有自。久未爲序,因章先生言,乃推其意,以弁端云。

族 譜 跋

桐城姚氏曰:"自五代至宋,故家殘滅。及元明,屢遭兵火。今日天下,無復有千年相傳之家譜矣。"嗚乎!世變頻仍,天崩地坼。自《班書·藝文》、《隋志·經籍》,內府所庋,尚多放失,況私家舊籍哉?書有五阨,此牛氏所以言之痛也。予族舊固有譜,其殘闕譌誤,前序已論之矣。雖然,此又豈予族之譜爲然哉?鄉吾讀《曾氏譜》,宗聖公十五世孫據,以關內侯避新莽亂南遷,爲南州諸曾之祖。而永叔《答子固書》以關內侯據爲疑,引史例以諷之。南豐爲一代大儒,且親身編校館閣書籍,崇文三萬六百六十九卷,美富遠邁前代。所爲目錄序,雖中甋父子世業,何足多讓?顧其叙一本所出,獨不能無慊於心者,豈非故老已盡,文獻無徵也耶?今譜世系,斷自入閩始祖純白公,而以前代聞人別爲一錄,庶幾信以傳信,疑以存疑,免貽譏於大雅之君子也。抑予猶有感者,軍興以來,海內多故,其視前代干戈之際,相去幾何?則斯譜之存亡,殊不可必。它日果有同流沙墜簡,敦煌故紙乎?摩抄手澤,保而存之,是又後來之責矣。

手鈔二窗詞跋

《北夢詞》者,吾師二窗先生官京師時之作也。先生之學,以文章而兼經濟。仕宦垂三十年,所至郡國,識其山川要害,閭閻疾苦。寇賊訟獄,錢穀簿書,治劇理繁,餘其遊刃。郡齋公退,典籍橫披,古香溢座,手校唐宋以來詞集數十種。所箸稿亦十餘卷,已刻者有《邛都詞》二卷,《長江詞》二卷,《和庚子秋詞》一卷。茲鈔皆其未經刊者也。方先生之官京師,項城竊國,僭易洪憲,未幾事敗,而天下日益多故。攄詞寄慨,意邈詣遐,言之者免於罪,聞之者足以戒,深得風人之恉,足爲詞史之旁徵。今先生絕意仕進,官橐蕭然。適南來教授,樹棠得侍函丈。過從問業,輒爲譚往事,終日無倦容。豪縱之氣,猶想其辭白帝，下江陵；浮洞庭，徘徊岳陽之墟；艤舟彭蠡，登匡廬絕頂；過金陵，弔長淮；道芒碭，觀劉季斬蛇處；北渡黃河，驅車燕趙；西走秦中殘陽古道，覽前代帝王陵闕之壯麗，感激悲歌，臨風釃酒時也。昔魏顥序《李翰林集》云：“蜀之人無聞則已，聞則傑出。是生相如、君平、王褒、揚雄，降有陳子昂、李白，皆五百年矣。”先生固蜀產，其詞出入吳夢窗、周草窗之間，返之北宋。近更以韓文、杜詩爲詞，雄勁沉刻，土厚水深，蓋自稱其山川云。

鄧介槎先生雲章書屋遺稿跋

勝清二百餘年，吾杭入詞垣者，前有莫翹南太史樹椿，後有鄧介槎先生。先生已名翰林，出守徽寧，旋持節觀察皖南。時當洪楊之役，東南殘破，先生七年磨盾，力保危城。卒以忠直獲譴，退寓章濱。今讀集中諸作，平生遭遇之艱，操守之確，可略得其梗概焉。而身世進退，大義分明，其氣節凜凜然，萬夫莫之能犯，百世下猶將起敬。嘗觀古來賢才之士，若屈平、賈誼之倫，一旦見棄時君，未免離憂憤怨，不能自釋，澤畔銜唊，湘濱投賦，其心志之苦，千載哀之。而先生曾無是也。山川勞頓，吟興所發，忠愛在抱，詞氣沈鬱，則其稟之於天與？所養之宏，亦已異夫人矣。是集刊於同治十三年甲戌季春，凡一卷，都古今體詩八十八首。張椒雲方伯集馨爲序，邑人林肇成、賴承裕爲跋，先生門人程香谷刺史兆和注之。爲外姪曾演復家所舊藏，已稀傳本。因假而寫於鷺江旅次，已藏，爲之跋。莫太史亦有集曰《師竹堂》，未獲一覯。他時返棹，倘得捳訪於邑之藏書家，借讀一過，鄉賢手澤，供我摩挲，豈非大快事邪？

書施可愚悼亡詩後

乙亥秋，友人施君可愚抵予書，以愛姬鄭氏新卒，察其語甚悲。時予方有京師之行，卒卒未有以報也。其冬南歸，可愚復以所爲《悼亡詩》二十首相示，纏綿凄苦之情，不忍卒讀。嗟乎！可愚亦深於情者矣。夫閨房之樂，敦篤所生。寧化雷翠庭先生言：“飲食男女之欲，人心也，而道存焉。”可愚行年四十無子，納姬後舉兩女子。姬尤和婉，一門之內蔑有閒言。《詩》曰：“抱衾與裯，實命不猶。”姬固善於自處者矣，而遽以死，宜可愚之不能去懷。雖然，莊生云：“身非汝有,乃天地之委形也。"則一生一死,何短何脩?自達者觀之,雖天地亦不能以一瞬,奚身後之足計?可愚既以詩寓哀,遂書數語於後以解之。

李幼巖藏印題後

右印四十又一方,晉江幼巖李先生舊藏。丙子閏春,適昭昧國學講習所五周年之辰,攜出展覽。石色斑然,刀法蒼鬱。歐陽六一云:"物常聚於所好,而常得於有力之彊。"先生庶好而彊者與?

雷翠庭先生年譜跋

右《雷翠庭先生年譜》一卷,乙亥冬客會城時所纂。稽籍數十種,多假諸省立及烏山兩圖書館。今春來晉江,居城北梅石書院,存之行篋。暑假歸杭,稍事補苴。適粵桂事起,軍旅雲集,雜居民屋,不堪囂擾,時作時斷。初秋復南來,課餘鈔錄,冬臘始訖。自故山被兵禍,七八載未息,鄉賢著述蕩盡。《經笥堂文鈔》,爲嘉慶間伊墨卿太守刊於廣州,板藏秋水園。秋水園者,太守君闢以奉母處也。其書百篇,與原集三十五卷相去遠甚,顧存者亦廑矣。《讀書偶記》三卷,則采入《四庫全書》中。餘皆無覩。世變之殷,吁可畏也。則彝倫攸敘,學術宜端,納民軌物,吾人又可不知其所務哉?丙子嘉平,樹棠謹記於梅石講舍。

倉海君庚戌羅浮游草跋

右鈔倉海君《庚戌羅浮游草》一卷。倉海君者,邱仙根先生別號也。光緒末葉,先生居臺灣,痛清廷內政日靡,外交敗蹶。鯨波拂天,瞻望故國,不能去懷,急欲有所籌劃。中日之役,割臺灣以和,迄不得行其志。內渡歸國,遂取《貥侯傳》之倉海君以自署。吾師念廬挽先生詩,所謂"平生雅慕虬髯傳,別號特書倉海君"者是也。此卷始刻本單行,今合刻於《嶺雲海日樓》集中。先生之詩,得少陵沉鬱頓挫之致,而兼東坡、放翁奇傑之氣,與嘉應黃公度遵憲齊名。新會梁任公嘗稱蔣觀雲、夏穗卿、黃公度爲近世詩界三傑,而詩人之詩,獨推先生爲天下之健者。而念廬詩亦曰:"學風粵嶠開山祖,詩界神州革命軍。"嗚乎！此爲知言矣。先生與吾師交最久，嘗同出游大江南北，又同事兩廣方言學堂。比其歿也，吾師赴哭之，以詩銘其壙。相得之歡，故相知之深也。丙寅春間，予客梅縣，因得盡讀先生之作，歎其才。今歲客鷺江，暇中取茲卷寫之。始予已爲之題詞矣，寫已竣，更爲跋，且誌景仰云。

張母袁太夫人七十壽序

丁卯秋，樹棠就學廈門，始獲交嵊張子滌瞻。滌瞻爲學，能刻苦自礪，慕汪容甫之爲人，以爲職志。予方從事纂輯《汀州藝文志》，滌瞻亦究心《畧》、《錄》，將自劉、班迄於清代治目錄學者人爲之傳，發凡起例，斷制謹嚴。樹棠猥與同志，每發一義，辱相商榷。夫目錄之學，有清《四庫提要》集歷代之大成，而滌瞻每有所匡正。蓋學術討論，必以義理爲指歸，是非得失，求無慊於吾心而後已。是編前人未有作者，滌瞻實爲之㓘。秘笈孤本，殫心攷索，晨繙暝寫，矻矻不休。每遇一義未通，展轉研求，覃思弗寐，習以爲恒。異日成書，必有可觀。復旁攷天水一朝槧刻，爲之編年，積稿盈簏，充其所就，實足發前人所未發。嗟乎！滌瞻年纔二十有三耳，著述之勤既若此，予甚敬畏之。今日士夫騖虛名喜標榜者，吾數見不鮮矣，而滌瞻獨能韜匿聲采，不求人知，竺守所學，確乎不拔，孰謂風氣之足以移人哉？意者滌瞻之所稟受，亦必有以異夫人矣。今歲庚午春，滌瞻奉尊甫雅平先生書來，告以某月某日爲滌瞻大母七十設帨之辰，將求能信吾親者一言，寄歸爲壽。以樹棠於滌瞻交最稔，謬以見屬，其曷敢辭？滌瞻之言曰："吾家先世薄有田產，洎曾大父而中落。大父叶泉公讀書不成，去而學賈，以營負米之養。大母袁，同里人也，來歸時猶逮事曾大母。曾大母性喜飲，日以十二錢爲率，無則不樂。大母每視日晡，輒爲設備，雖至窘乏未嘗缺也。大父棄養，吾父六齡，仲父三齡，季父遺腹六月乃生，大母蠶織辛勤，煦嫗覆育，次第成立。又以所處湫隘，葺爲樓居。族中先廟，歲時祀典蘋蘩，薀藻之供養，大母獨當其事，能稱於禮。吾父兄弟皆以貧故不克竟學，大母恒引以爲憾。秀民遠游就學，於其行也，輒以先世志學未成爲勗，每一念及，未嘗不悚然自救也。大母亦喜飲而不多，每夕孫男女六七繞膝，飲輒述曾大母時事，以爲笑樂。曰：'吾飲以祖媼之量爲量，不敢過也。'"滌瞻之言如此。吾嘗壯游四方，歸而問吾里素封之家，若甲若乙，其子姓有克樹立不墮其家聲者乎？無有也！而發聞成業者，率出自貧苦能自刻礪者之室。此豈有他哉？能庇其本根，則枝葉乃克峻茂；能自奮阨窮，則智慧得以淬厲。魯敬姜所謂"勞則善心生"者，其道然也。乃知太夫人之所以教者遠矣，滌瞻勉乎哉！則請書是言，以爲太夫人壽可乎？抑吾聞，剡川山水清麗，當曹娥江上游。"德不孤，必有鄰"，天地清淑之氣，何鍾於婦人女子者多也？他日儻得與滌瞻一棹相過，尋王徽之雪夜訪戴處，而所居永富鄉實姚待制廷輝故里，亦將訪求遺蹟。升堂拜母，而耄耋，而期頤，前席奉觴，祝太夫人無量壽，滌瞻則稟所學以承歡，不亦休乎？請以斯言爲息壤也。

丘荷公先生六十壽序

鄉者樹棠纂輯《汀州藝文志》，論次前代人物學術源流升降之迹，當五季炎宋之際，則有鄭仲賢。仲賢師廣陵徐鼎臣鉉，治用世之學，熟西事。山川險易，知之纖悉。顧時人尤稱其詩，比之王維、杜甫。明末李元仲徵君，以文章氣節見重於時。徵君親聞漳浦黃石齋先生緒論，身值鼎遷社屋，哀痛踰深。平生知交天下士，若三山曾弗人、林守一、姚江黃梨洲、崑山顧寧人、江右艾千子、徐巨源、易堂九子之倫，皆抱道在躬，其聲氣可謂極一時之盛矣。出於徵君之門者，有黎媿曾大參，學通經濟，仕爲名吏；劉鼇石坊，年事稍後，以晚輩禮走謁徵君於泉上但月樓中，徵君器其博雅，爲論定其詩，至以柴桑、漢魏相款。乾嘉間，雷翠庭副憲從漳浦蔡文勤公游，講明程朱學說，慨然以斯道自任。其時陰靜夫承方明經亦潛擘心性書，二人者相得甚懽。而伊雲林光祿承學於副憲，其子墨卿太守又受業於明經。之數君子者，其學各有承受，發揮光大，皆足輔世牖民。即不幸投老窮荒而絜身自好，立說著書，亦足爲天下後世欽式，茲可貴已。荷公丘先生，起數君子之後，固吾鄉今日通人長者也。先生幼承家學，蚤領鄉薦。光緒末葉，粵中丘仙根工部自臺灣內渡，見所爲文，大加驚服，遂與定交，同事兩廣方言學堂。嘗出遊，亂大江，渡河雒，走燕趙之郊，徜徉吳越間山水，覽前朝興廢，奇人桀士遺蹟，凡可驚可愕之狀，一寓於篇什。昔司馬子長乘傳天下，以遊爲學，而成《史記》。先生詩文多雄桀之氣，得於此道深矣。丙寅春，先生教授梅縣嘉應大學，樹棠往問業焉。先生以文學誘掖後進，述桐城姚氏之言，而不爲後人宗派之說所囿，留意鄉邦文獻、遺聞軼事,有關故實者,勾集甚勁。其往日校讐先正書,已刻者有《天潮閣集》,未刻者有《燼餘集》。《上杭縣志》失修且數十年,地方人士矚望先生一言論定,惜以兵禍頻仍,財力涸竭,未能藏事。性耆聚書,念廬所藏數萬卷。燹後蕩然無存,先生亦遂避地韓江。樹棠適來廈門,寒暑假日歸省,必謁先生於江上,訊起居。先生眷念桑梓,函電呼號,陳利害於樞府,形神雖勞,獨不廢所學,與朋儕酬唱無虛晷。郝九龍大理《梅花百詠》,和之數日而就。蠅頭細字,手卷斕斑。尤喜譚往事,滔滔不絕,至宵分乃罷。其豪縱之氣,未嘗少減也。今歲癸酉六月二十四日,先生六十初度,郵示所爲詩,多傷感之詞,蓋自稱其所遇。唯念先生一身,關係鄉獻至鉅,所學不竟用以濟民利物,而流離轉徙,困頓關河,僅如孟子所謂"獨善其身"者,豈不重可惜哉?樹棠復懼先輩流風餘韻之或墮也,爰書其淵源,以寄先生,祝無量壽,且爲邦之人勸焉。

奉丘荷公先生書

　　向讀《府志》,以藝文一門猥選詩文,既失《班書》作《志》之義,又於此外別立文苑,著錄群籍,古今史志尤罕是例。竊不自揆,欲撰爲《汀州藝文志》一篇。因復按之道光《重纂福建通志‧經籍》,著錄之書,視諸府志既倍之,並有解題,然亦譌誤叢出。如謝憲時《八陣圖說》二卷,解題云:"李世熊《寧化縣志‧黃欽傑傳》:'欽傑按《八陣圖》,究三奇五遁之術,著書二卷。又案周天度作《四大洲圖說》。'而縣志書目又云:《八陣圖說》、《四大洲圖說》共三卷,謝憲時撰,黃欽傑作序。彼此相岐。意欽傑作序,故傳中誤以爲欽傑撰歟?"案《通志》之言實大謬也。不知《寧志‧黃欽傑傳》中附有孫子欽傑字撰之《謝五用周傳》,《通志》云云,皆用周傳中語,而遽誤爲欽傑按云,妄肆譏評,可發一噱。又雷元明《幽尋軒集》,誤題雷焆撰。按《魏季子集》卷七《幽尋軒集幼輥集合序》云:"予距游西岳時二十餘年矣,嘗寤寐以之。今讀雷子左清《幽尋軒集》及其嗣幼輥《文集》,則竦然有箭笴通天之想。"元明字左清,幼輥即焆,此其言明甚。陳丈石遺新纂《福建通志》亦未見及,何也?其有兩岐者,如《六經釋》羅枕撰,《府志》則"經"下有"手"字,未知孰是?則注而存之。有確知其誤者,如羅枕,《府志》"枕"誤"祝"。按枕字叔和,《說文》:"枕,樂木空也。所以止音爲節。"此其命名之義。宜據

《通志》是正。黃槐開《在齊草》，《通志》譌"齊"爲"齋"。按槐開曾視山東青州篆。青州，古齊地。取《論語》"子在齊聞韶"之意以名集。又《律陶纂》，《通志》脫"律"字，今竝據《寧化縣志》、《府志》訂正之。此其較著者也。本編著錄之書，《府志》闕而見諸《通志》者，則據補；《通志》闕而見諸《府志》者，則又據補；二志皆闕，則又據所見之籍補之。編纂不依四部，蓋其書十亡其六七，見名而不見書，貿然爲之類別，誠恐望文生義，貽譏來哲。凡諸體例，署具序中。酷暑返棹，謁函丈於韓江，倉卒請益。而招招舟子，又解維別矣。返舍之日，風鶴爲警，觸暑遠行，疲於奔命，旋乃蟄居江城，暑事休息。於故人處假《寒支集》並參攷之書三四種，揮汗鈔寫，以消永日。抵廈重理舊稿，而鄉先輩遺書若《東山草堂集》、《爐餘集》及各邑志乘足資攷鏡者，無從羅致，祗得俟諸異日，再事補苴。近閱《清史稿》敘目、《清史列傳》，黎大參士弘、伊太守秉綬既入於《文苑》，又出諸《循吏》，徵之前史，一人而立二傳，固未之見也。雷副憲鋐，理學名臣，不特吾汀宜首屈一指，即有清一代，亦不數數覯。卒乾隆二十五年，傳付國史館，見湘陰李桓輯《國朝耆獻類徵初編》，善化唐敬楷《學案小識》入之"翼道"，修清史者不知何故漏略。暇日曾質之蜀中周先生，先生謂："清史荒陋，無可諱言。當趙次山長館之日，曾一度電調入都供職。彼時由桂歸蜀，遂不果行。丙辰以後，館穀不繼，無人負責，有傳者或遺失，分撰者未經總覈，差謬遂多。定論仍當俟諸來者也。"新修《福建通志》，聞以經費之故，陸續付梓，廈門大學圖書館購到者有《列傳》、《儒林》、《儒行》、《文苑》、《循吏》、《名宦》、《隱逸》、《高僧》、《列女》、《山經》、《河渠》、《船政》、《物產》、《藝文》、《金石》諸志。《藝文》署一涉獵，吾汀八屬著錄之書，續者寥寥。蓋事僅屬之一二士夫，耳目聞見，總覺難周。詳近略遠，遂成通病。甚矣！史志之難，有如是也。本編預計明春可竣。脫稿之後，擬續編鄭文寶遺書。文寶之文，僅見《書繹山碑後》一篇，詩見李調元編之《全五代詩》，楊二樵《汀南廑存集》皆根據之，既非三十卷之舊矣。《南唐近事》一卷、《江表志》三卷，收入《四庫全書》，而《江表志》又見收《墨海金壺叢書》。《江南載餘》二卷，陳丈石遺始斷定爲文寶之作。竊以此書陳振孫《直齋書錄解題》僅云"鄭君所述"，書目下不著撰人，《四庫全書總目》及諸家書目皆仍其舊。直齋去文寶未遠，尚不知鄭君爲何人，則亦難以攷定，不欲收入。祗於《藝文志》內著錄爲之說，以存疑焉。樹棠狂妄無知，茫茫學海，望道而未之見，一蠡之測，有當焉否？倘進而教益之，則幸甚。

復葉蔭椿書

來書論文章，見識甚卓。宗派之說，巴陵吳氏《與篠岑書》極力排詆，以往往爲無能之人，假而私立門戶，震駭流俗。此言誠當。唯其比姚氏爲呂居仁，則未免太甚。湘鄉曾文正《答吳氏書》論之詳矣。然文章之事，非不學者所能卒辨。而所謂學者，又非暖暖姝姝，唯一先生之言是守。故歐陽永叔學韓者也，而所爲絕不類韓。韓柳並學，而風骨迥殊。三蘇、曾、王，無不各自名家。是自其同者言之，則八家以迄梅、曾，其道一也。自其異者言之，桐城、陽湖各爲風氣，而又有所謂不立宗派者焉。吳氏固雅好崑山者也，崑山實以八家爲指歸，則曾氏所云途迹並合者，豈不然乎？古今學術，源流昇降，師友傳授之迹，無有不可尋者。僕嘗遊威遠周先生之門，有志是學。函丈之暇，問輓近海內能爲古文辭者，先生必稱桐城馬通白其昶、冀州趙湘帆衡、新城王晉卿樹枏。然先生亦恒言桐城削剔已盡，苟無方、姚之學，拘守過甚，便涉淺薄。若陽湖諸人，則多胎息漢魏，經術文章並茂，學者不可不知也。泰縣繆先生子才，亦謂《續碑傳集》中，文簡而義賅者，必爲桐城一派。又謂其人稱必用《儀禮·喪服記》、《爾雅·釋親》，敘官稱地必以今名。繆先生亦博物君子，且親聞餘杭章氏緒論，其言固可信。此僕所得於師說者如此也。僕又嘗論桐城之文，實以序跋、贈序、碑志、雜記最爲絕類。其義法謹嚴，而尤吃緊於昌黎"唯陳言之務去"，及"氣盛則言之短長、聲之高下皆宜"之語。姚氏雖嘗自謝才弱，然所爲《左仲郛浮渡詩序》、《贈錢獻之序》、《劉海峰先生八十壽序》、《朱竹君傳》，皆落墨甚高。《復魯絜非書》，言文章剛柔之理尤善。若曾氏之雄奇魁傑，其氣可負山嶽而走，爲後起之勁。自吳摯甫、張廉卿、黎蓴齋、薛叔耘之倫，淵源具在，可得而覽也。至餘杭章氏、新會梁氏出，搰擊桐城，不遺餘力，亦道不同不相爲謀耳。章氏之學，於小學經子之外，兼善佛氏之言，故浩博淵深，邃於名理。晚年亦嘗舉桐城義法，以示學者。其文識解超卓，所爲《大禹廟碑》、《廖季平墓誌銘》尤雋遠。梁氏之文，其始頗近仁和龔氏，橫闊恣肆，長於論事，然雅訓有閒矣。學問途徑甚廣，則亦足下所謂"人之嗜好，弗可強同"也。輒以書復，不盡言。

笠山文鈔卷第三

陳仲傳略

陳仲,字仲子,或曰子仲,又曰於陵子終。姓陳氏,齊之世家,蓋陳完之後也。完之奔齊,以陳字爲田氏,故又曰田仲。

按《孟子》、《淮南子·汜論訓》、《論衡·刺孟篇》皆作"仲子"。鄒陽《獄中上書》、《戰國策·齊策》作"子仲"。《荀子·非十二子篇》作"陳仲",又《不苟篇》及《韓非子·外儲說》作"田仲"。劉向《古列女傳》作"楚於陵子終",而《於陵子·辭祿篇》亦云"去齊之楚,居於於陵"。然於陵乃齊邑,張琦①《戰國策釋地·齊策》:"於陵故城,在今濟南府長山縣西南二十里。"即以趙威后問齊使語觀之,其人固未嘗出齊境。《於陵子》一書,班《志》已無著錄。姚際恒《古今偽書攷》:"劉向曾上《於陵子》,今不傳。此乃明姚士粦偽撰,見《秘冊彙函》。"故茲傳所摭采,惟其足與孟、荀書相發明者取焉。《陳完世家索隱》:"敬仲奔齊,以陳、田二字聲相近,遂爲田氏。"《正義》:"按敬仲既奔齊,不欲稱本故國號,故改陳字爲田氏。"

與孟子同時而年稍後。

按《孟子年譜》及呂元善《聖門志》:孟子生周烈王四年,卒赧王二十六年,八十四歲。《戰國策·齊策》"趙威后問齊使",有"何爲至今不殺乎"一語,則仲子其時尚存可知。趙孝成王元年,威后新用事,是年周赧王五十年,去孟子卒又二十四年,上距烈王四年一百八載。以此推

---

① "張琦"下,稿本原有四字双行小注:"清陽湖人",後加墨點刪去。茲錄存備考。

之，仲子之年固當少於孟子矣。

兄戴蓋祿萬鍾，仲子以爲不義而不食也。辟兄離母，處於於陵《孟子》。

> 按《孟子》趙岐注：“仲子，齊之世卿大夫之家。兄名戴，爲齊卿。食
> 采於蓋，祿萬鍾。”孔廣森《經學巵言》：“戴蓋，乘軒之意。”《水經注·濟
> 水》引孟子云：“仲子，齊國之世家。兄戴，祿萬鍾。”以戴爲名，與趙岐
> 同，然不及蓋。

茅芒亡任雨雪，墉堵莫禦猋暴，信宿兼殄，寒暑并服《於陵子·辯窮篇》。身織屨，
妻辟纑《孟子》。國中大旱，仲子晨汲於東郭外十里而盡其泉。後者繹踵靡
得，咸薆薆內譙其後人也。仲子摽踊而悲，於是聚諸汲，鈞其有。震其甋，裂
其緓。還，閉門而哭《於陵子·先人篇》。三日不食，耳無聞，目無見也。井上有
李，螬食實者過半矣。匍匐往，將食之，三咽，然後耳有聞，目有見。他日歸，
則有饋其兄生鵝者，己頻顣曰：“惡用是鶃鶃者爲哉？”他日，其母殺是鵝也，
與之食之。其兄自外至，曰：“是鶃鶃之肉也。”出而哇之《孟子》。嘗休於青丘
之門，去而遺其蓋。天將雨，識者獲而馳反之。仲子曰：“我固忘蓋，子胡誣我
也。”識者曰：“天方雨，不忍先生忘蓋，因馳而反焉。何言誣先生蓋也？”仲
子曰：“子隘矣。夫唐帝一旦謝九五，而天下不有也。吾已遺之矣，惡得有之？
以重於天下哉？”行遂不顧天大雨。識者曰：“雨已降矣，吾將與先生胥而庇
之。”仲子曰：“齊君與吾同姓，不以賤而庇其貴。齊卿與吾伯仲，不以貧而庇
其富。今一雨之患，不加貧賤。而半蓋之庇，卒重於富貴？非吾不庇於人之
意。請子庇子之蓋，我庇我之意也。”《於陵子·遺蓋篇》而楚王聞其賢，欲以爲
相，使使者持金百鎰，往聘迎之。仲子曰：“僕有箕帚之妾，請入與計之。”即
入，謂其妻曰：“楚王欲以我爲相，遣使者持金來。今日爲相，明日結駟連騎，
食方丈於前，可乎？”妻曰：“夫子織屨以爲食，非與物無治也。左琴右書，樂
亦在其中矣。夫結駟連騎，所安不過容膝。食方丈於前，甘不過一肉。今以
容膝之安、一肉之味而懷楚國之憂，其可樂乎？亂世多害，妾恐先生之不保命
也。”於是仲子出，謝使者而不許也。遂相與逃，而爲人灌園。①《古列女傳》楚
大夫過而識於衆人曰：“先生不爲千乘僕心，乃爲十畝陳力，毋亦辭信而受屈

---

① 　稿本此處有眉批云：鄒陽《於獄中上書自明》：“於陵子仲辭三公爲人灌園。”

焉？”仲子曰：“子徒知信我之爲信，而不知信天之爲信耶？夫伊尹之於太甲，周公之於成王，咸身都師保之隆，家侔王室之富，名位冗盛矣。然不免復辟之禍，居東之放，則安在其信也？以是知貴我之賤而卑，寧不去也。知敬我者之辱而禮，寧不享也。知戚我者之疏而獨，寧不群也。知譽我者之損而晦，寧不彰也。明不燭其闇闇，而信於蒙冥；知不理其夢夢，而信於寂寞；道不因其升沈，而信於亡往。食力灌園之餘，寓神沖虛之表，一裘禦冬，一簟驅夏，休息同乎禽鹿，內徵吾天，息息然爲伊尹、周公降氣也者。而子顧屈我，亦不怪乎？”《於陵子·灌園篇》宋有屈穀者見之，曰：“穀聞先生之義，不恃仰人而食。今穀有樹匏之道，堅如石，厚而無竅。獻之。”仲子曰：“夫匏所貴者，謂其可以盛也。今厚而無竅，則不可剖以盛物而任重。如堅石，則不可以剖而以斟。吾無以匏爲。”曰：“然。穀將以欲棄之。”今仲不恃仰人而食，亦無益人之國，亦堅瓠之類也。《韓非子·外儲說》齊王嘗使使如趙，威后問使者曰：“於陵仲子尚存乎？是其爲人也，上不臣於王，下不治其家，中不索交諸侯。此率民出於無用者，何爲至今不殺乎？”《戰國策·齊策》當時孟、荀諸儒又皆非其行，故其說不信於世。仲子爲人，已忍情性，綦谿利跂。《荀子·非十二子篇》而立節抗行，不入洿君之朝，不食亂世之食，遂餓而死。《淮南子·氾論訓》所著書漢劉向曾校上之，班氏撰《藝文》，則其書又亡，故無著錄。今傳《於陵子》十二篇，蓋後人之所託云。

　　論曰：戰國之世，天下溷濁。游士役於勢利，朝秦暮楚。履蹻贏縢[①]，或彈於權門，或鼓琴以干進，僕僕者皆是也。仲子生當其時，以席豐履厚之身，不食兄祿，處於於陵。厥後不受楚聘，薄富貴，甘貧賤。蒙山衡門之樂，漆園犧牛之言，可謂遯世無悶者矣。奈何世之論者，徒以其見斥於孟、荀大儒，不肯少諒其心志？予觀墨翟、許行之徒，枯槁不舍，以自苦爲極，捆屨織席以爲食。彼仲子者，即不類，亦庶幾若人之儔與？

藍元一先生傳

　　藍先生諱正春，字約三，一字元一，福建上杭縣人。生而沈默。九歲就塾，徧讀四子書，館師心異之。稍長屬文，思如泉湧，一日可得六七藝。弱冠

---

　　① “贏”，稿本作“贏”，疑形近致訛。據《戰國策》改。

補博士弟子,旋食餼。雍正元年恩科,以《春秋》中式,受知於興化別駕吳公。二年,成進士。事親孝。六年,丁內艱。八年,服闋謁選,走京師學習禮部儀制司。大宗伯錢公以愷、少宗伯黃公圖炳見所爲文,稱其理達氣暢,真足式靡。漳浦蔡文勤公亦稱其爲人温醇正直。至部四月引見,籤掣江西安仁縣知縣。於其行也,少宰吳荊山謂之曰:“子長於文學,今當勉以政事,副朝廷望。”甫下車,問邑中利害,民生休戚,大姓幾何,單寒幾何,紳士齊民,貧富善惡,竝記於册。雖或言未必皆實,而臨事參酌,往往有所資益。安仁正供原爲加一,許民自封投櫃,胥吏不得枉索分豪。漕水有斛面,平斛響概,斗級不能垂涎顆粒。至於讞決之際,平心靜氣以通下情,觀形察色以審虛實,卒之刑無妄用,案乏留牘。居官二載,鋭意撫綏,斬絕干謁。而卒以是不合時宜,以疾辭歸。士庶歌詩祖餞,環河岸而相送者萬計。居家築室曰“考槃”,四方士咸從問學。親鄰有事相質,得一言立解,爲鄉里欽式者二十餘年。乾隆十八年二月卒,年八十六。著《四書一得錄》、《左傳鈔略》、《故事集腋》、《考槃集》各若干卷。

論曰:先生出宰安仁,恤民決獄,有古循吏風。及去之日,百姓攀轅道左,如子女之不忍離其父母,至有歔欷泣下者,遺愛及人深矣。輓近吏治益偷,縣長猶古牧民之官,不肖者稟承頤指,敲剥爲能,苟且競進,怨讟騰沸而不恤。孔子曰:“舉直錯諸枉,則民服;舉枉錯諸直,則民不服。”安得復見如先生者,與民更始,激厲薄俗也?嗚乎悕已!

鄧介槎先生傳

鄧先生諱瀛,字登三,一字介槎,福建上杭縣人。天資穎特,與兄廩貢銘齊名①。甫成童,督學吳公椿拔置府學第一。丁父憂,服闋,督學史公臨汀,復擢冠九學,食餼。道光八年舉於鄉,九年成進士,改庶吉士,散館授編修,歷充武英殿協修暨纂修官。與同年張椒雲集馨輩結時晴齋吟社,互相磨琢,歷數年之久,情誼摯切。同社諸賢,莫不欽服而各以爲不及。十五年,典試山西。十八年,充會試同考官,所得士如晏端書、田雨公,皆先後開府,出任封疆。是

---

① “齊名”下,稿本原有一節:“嘗赴試舟次,有‘人皆浪躍魚龍上,我亦浮槎日月邊’句,識者知其氣象不凡。”後以墨畫删去。茲錄存備考。

冬,擢浙江道監察御史。明年三月,林公則徐以欽差大臣查辦廣東海口事務,繳英商鴉片二萬餘箱,請解京核驗,得旨允准矣。先生以粵去京師萬里,舟車輾轉,夫役征調,官民俱擾,縻費不貲,且舞弊偷換,剴切陳言,遂奉上諭就地焚燬。九月,署兵科給事中。十一月,簡浙江金華府知府,丁母憂,未抵任所。二十二年八月,復起入都。十一月,授安徽寧國府知府。治屬奸猾,無端中人,曰"搭臺"。先生廉其弊,輒嚴懲之。民爲語曰:"幸有我公鄧拆臺。"漕務繇冗,胥吏因緣姦利,悉爲釐革。俗信堪輿,停葬暴露,厲禁之。泣飭廩保,於試童結內聲明,方准與考。葺敬亭書院,增膏火,訂學規六條,教以力學敦行。二十六年,充江南文闈監試官。二十九年五月,陛見。七月,署皖北道,凡五閱月回任。頻年水旱洊臻,貧民無所得食,申請開倉放賑,泣捐廉倡率紳富佽助。詳覈戶口,甄別等差,分給錢米。復設男女粥廠於郡南,全活甚衆。察勘水勢,築隄設閘,以資蓄洩。三十六年六月,部調赴都引見。咸豐元年,洪楊軍起。八月,先生兼護皖南道。皖南北接金陵,南控九饒江面六七百里,西對安慶、廬和,三面走險之敵皆以池州、太平爲淵藪。僅恃徽州寧國,藩蔽江、浙、徽境,尚有峻嶺可扼。寧則水陸分岐,廣袤三百餘里,與池太磐互,稍近則杭、湖、常,財賦之區,敵最覬覦。又圩鄉素饒米稻,金陵敵巢,恃以接濟,受禍幾無虛日。自三年正月,敵沿江進擾,電邁千里,人民聞風奔避。時先生已回任寧國,兵餉匱乏,大府不遑兼顧,惟勸捐募勇自守。偵知宣城東鄉土匪嘯聚,計殲其魁,內患以絶。然守兵不滿二千人,敵至出禦,雖時擊退,而民不習戰,亦屢受挫,隣境震驚。四年八月,浙撫黃宗漢調將協防。五年四月,再護皖南道。八月,卸篆。十月,以克休寧、石棣二縣功,又有署皖南之命。六年二月,除真加按察銜持節,便宜從事。四月,寧國陷,革職留任。十一月,反攻克之,開復原官。七年,捷南陵,議敘加一級。八年冬,敵大股合犯灣沚、黃池,官軍失利,提鎮載文英、鄧紹良殉焉。潰卒萬餘,無統馭。自郡城至廣德、建平,東通江浙大道,沿村布滿,勢洶洶不測。先生督率府縣,設法撫集,堅守廿餘日。提督鄭魁士率援師至,人心始定,卒保危城,賞載花翎。而宣城、涇縣、南陵等處被兵最慘,室廬既燼,衣食又空,牛種耕具無存,塊然待斃。上年,江浙大府飭就地月籌協銀三萬兩,至是浙撫胡興仁奏准,仍飭如數籌解。先生憫地方殘破,九年二月,特疏爭之,謂:"財出於民,民出於土。臣駑陋無能,所恃宣布德意,以與爲維繫。故民皆同仇不懈,民心甚固,民力亦有可用。

今不恤困窮，操之已蹙，恐怨恨之心日積，忠義之氣漸哀。皖之憂，亦非浙之福也。"疏奏，報可，而媒孽自此生矣。許烺者，以湖南候補道從九管浙駐寧糧臺，擢至浙江花翎道員。灣黃之役，逍遙蘇浙，事定回臺，嫉先生功，時短之於興仁所。因奏停協餉，指爲"愛皖而不愛浙"，徑請寧郡釐卡改歸糧臺，當有起色，興仁信之。先生奉劄，飭以事權不一，恐誤軍機，奏請將寧國出納援徽州，例由浙臺經理，令許烺嗣後有警，不宜擅離職守，俾軍中有恃無恐。竝上書興仁論其奸，興仁庇之，朝廷亦卒不察，竟以先生交部議，降一級調任。八月，自皖赴蘇，土民臥轍攀轅，請留不得，絡繹餞送於南湖舟中，愴然皆有難別之意。旋養疴章門。十一年，由京銅局捐復原官，于役湖湘，歿於平江旅次，時同治元年十二月十六日也，年五十九。所著《雲章書屋遺稿》一卷，集中以《湘江作》爲絕筆。先生雖去寧，而國難民艱不離夢寐。有廉頗用趙、汲黯思淮之志。光緒三年，皖人請祀名宦，得旨允焉。子口[1]人：心蕃，戶部主事；心茂，江蘇候補知府；心芬，浙江知縣。

論曰：同治時，里人賴承裕奉檄參軍事於皖江，駐兵徽寧間。聞先生治民禦寇，諸政甚悉，都人士謳思弗哀，父老猶有泣下者。非忠愛之誠，素浸洽於人心，曷克至此？洪楊之役，曾文正治團勇，底定東南，湘軍之名震天下。先生理危城，轉戰七載，乃竟阻於讒去，不復出以死。匡濟長才，未獲馳騁。惜哉！

遜清二百餘年，吾鄉以循吏稱者，有藍元一之治安仁、李澗水之治孝豐、莫魁南之治臨邑，文章風采，皆不若先生。閩侯陳石遺衍重纂《福建省志》，獨采錄李、莫二先生事，而藍先生與先生俱付缺如。因補二傳，以備史志采擇。

喻代耕傳

先生諱景祥[2]，代耕其字，喻其姓也。福建莆田縣人，所居村曰喻溪。莆田喻氏，出自宋特奏名進士景山，由仙遊大飛山遷喻埔。元至正間有四億者，乃遷今居。十四傳曰祖繡，即先生王考也。考曰善慶。善慶子五，長景鴻，以諸生受知於沈祥符學使，文名噪一邑。先生行二，少與兄同學，能刻苦自勵，

---

[1] 此字稿本原闕俟填。

[2] 此句之上，稿本原有一段："壬申春，同事喻君甲初述其尊人代耕先生行事，屬樹棠爲之傳。其情摯，其言質。於是不獲辭，乃撮其概，序之曰。"後以墨畫刪去。茲錄存備考。

多識前言往行。治帖括，其言一歸於平正。作書在顏、柳之間，得其神似。以家貧，諸弟又皆幼弱，遂輟學力田。奉母夫人克盡孝道，兄弟之間雝雝睦睦，閨閫交稱，爭相敬慕。太守啟續，親表其廬曰“孝友堂”。先生持身已謹，接物能誠，尤竺於木本水源之思。訪先墳，葺宗廟，不辭勞瘁。歲時伏臘，必恭必敬，悉稱於禮。嘗行道，見無主骸骼，憫然躬爲掩埋，曰：“吾不忍其暴露。”又嘗見人以蟻窠擲水中，惻然手爲移置，曰：“何殘忍至是。”張子云：“民吾同胞，物吾與也。”推先生是心，蓋亦幾矣。先生以民國元年九月卒，年四十有七。子二：長秉楯，字甲初；次秉燊。

汪孺人墓表

吾友周漢光品瑛，述其母汪孺人行事，屬樹棠以表墓之文。曰：先母汪氏，同邑尚科先生之女。外王父風度嚴肅，人多敬畏之。生舅氏某，先母序次。舅氏天性徇齊，攻苦問學，年三十乃補博士弟子，以咯血死。先母幼隨兄讀，性行亦類之。粗解字墨，年十九歸家大人，事翁姑能順其志，待人則莊肅以和。凡烹飪、針黹、女紅、家政，靡不習及，諸煩辱靡不躬親，歷年十一如一日。每夕燈下，督吾兄弟誦習已，則擘箋試寫，或談故事以相樂。體素弱，操勞特甚，卒以致疾。就醫衢州，而吾弟品珪方在襁褓。及竺，謂家大人曰：“三兒幼弱，然翁獨愛憐之，吾可無憂矣。”遂歿。時民國某年某月某日，年纔三十耳。權厝於衢者八載，乃得歸其櫬。又六年，爲民國某年某月某日，始克葬於江山縣翰堂村之新阡。生子男三：長品璠，次品瑛，次品珪。孫男二：文冲、文舉，品璠出。嗚乎！周子之所以述其親者，可謂質矣。昔歸熙甫爲其先妣事略，無奇傑之行，獨追惟一二如昨日者，庸德庸言，不求駭於流俗，斯於古道有合焉。周子昆弟，竺志向學，他日造就，皆不可量，則所以報其親者又將在此而不在彼矣。孺人之夫海樓先生，名某，其先淮安人。唐時有刺史公諱某來守衢州，遂爲衢州府西安縣人。民國廢府改置衢縣，而先生之考諱紫衡，徙居江山，故又爲江山縣人。銘曰：

生則勞兮，死則休。胡名德之長存兮，庸行之修。睪彼高岡兮，有松有楸。山所宮兮雲浮，溪所環兮泉流。慇爾後昆兮，萬禩千秋。嗚呼吾銘兮，奠其幽。昔人墓表，罕有繫以銘詞。惟曾文正爲《戶部員外郎彭君墓表》有之，今以爲據。笠山自記。

晉江陳毅岡先生墓誌銘

丙子春，予來晉江，館城北梅石書院。同年友陳君植亭，時長安溪教育，其假歸也，聞一過予。適君前年遭尊人毅岡先生之喪，旋君由安溪調任寧德，遂以今月乞假營葬。齎狀求銘，誼不可辭。乃撮其槩曰：先生諱某，字毅岡，姓陳氏。曾祖某，祖某，父某。世居晉江縣。先生少苦貧，服賈，任事果。鼎革初，飢法者伺間竊發議於衆，募丁壯百餘人爲團，巡邏衞術，疾風勁雨，晝夜匪懈，迭選爲縣商會董事。晉江爲閩南奧區，舟車輻輳，富庶甲他邑。歷歲雲擾，軍旅徂來，供糧持校，叫囂隳突。先生殫心擘劃，闌闠以寧。閒爲閭里寢鬪紀紛，批隙導款，群情歸悅。遣叔子植亭就學，雖食指繇，輒縮其入給之。植亭卒能劬學成親志，皆末俗所難也。先生體素弱，以病殁於中華民國二十四年三月二十九日，年五十有九。配某氏，前卒。繼配某氏。子男七：植彬，植亭，寧德縣教育科科長，植芸，植溽，植亨，植良，植本。子女三。孫男三。越歲丙子十一月二十一日，葬邑東聖茂山之麓，銘曰：

毅其慶也，赫其光也，式其臧也。谷爲陵也，宜吾銘也，永斯藏也。

朱芸圃先生哀辭

中華民國十有八年十月十日，芸圃朱先生客死汴城。嗚乎哀哉！先生應中州大學之聘，以九月十二日抵汴，旋即感疾就醫，卒以不起。同門聞耗悲慟，乃於十一月十三日設位廈門大學禮堂，追悼如儀。憶先生以十六年秋南來，講貫二載，於茲所授修辭學，詳稱博引，凡數萬言，多所創獲。最以自信，論莊子爲儒家，雖頗異於劉、班，然韓退之亦嘗稱"子夏之後有田子方，子方之後流而爲莊周"。蘇文忠《莊子祠堂記》、王荊公《莊周論》，皆有是說。先生復爲之證補，已成內七篇。詮繹疑滯，一義未通，殫日冥思，必渙然冰釋而後已。惡前人穿鑿之說，則毅然發難，勘而正之。昔何邵公著《公羊墨守》、《左氏膏肓》、《穀梁癈疾》，鄭君乃發《墨守》、鍼《膏肓》、起《癈疾》。先生之於莊子，功亦若是矣。樹棠過書齋請益，先生爲言諸子之學，若老莊、墨翟、孫卿之倫，皆有所蔽，惟夫子爲執中。六藝之文，乃聖人大義微言所寄，學者尤宜盡心焉。又謂爲學之要，當以宋儒義理之學治身心而樹之幹，而以漢儒訓詁制度之學峻茂其枝葉,方爲體用兼備。嘗致書諸生,言將求古文化之精,以通之於近代西方文化,旨趣閎深。其與人言,心之所許,雖竟日無倦容。一語不合,則存而弗論。以是人無能窺所蘊。彼蒼者天,乃靳之年,豈不可痛耶?方先生還浙,諸生苦留不獲,孰知遂別而不可得復見耶?嗚乎哀哉!乃爲辭曰:

浙東山水,秀甲天下。清淑之氣,實鍾儒雅。嗚呼先生,人中之英。幼而志學,壯而力行。負劍囊書,關山千里。慷慨悲歌,驅車燕市。大不易居,誰謂長安?讀書樂道,靡暑靡寒。黌序蜚聲,出類拔萃。樸學奇才,亦醇亦肆。學成於北,吾道遂南。逢源左右,道義是耽。心胸如鑑,滌蕩塵垢。天之所授,夫人獨厚。丁卯之秋,實來八閩。得親道貌,大雅溫文。瞻之仰之,泰山北斗。闢道歸儒,論定莊叟。旁參精義,窮搜丙部。劉班之言,有去有取。勿囿成說,爲古人欺。至理無二,吾復何疑。子玄以還,言實卑之。大道孔邇,放彼滛辭。七篇證補,鍵戶精思。譬絲在手,亂者以治。奇奪造化,行文之樂。淵雲妙筆,能搖五嶽。如雲出山,如瀑赴壑。悽風泣雨,驚神動魄。龍不可擾,虎不可捉。文賦文心,堪稱先覺。鑄範樵聲,章雕句琢。定爲義法,述修辭學。研經乙夜,一鐙熒然。往者仲尼,三絕韋編。先生曰吁!諸子勉旃。中庸之道,不易不偏。渾渾姚姒,惟此心傳。欲通群經,一經是專。慎毋坐井,以觀其天。日幾月至,重此仔肩。嶽峙淵渟,人師望重。吾儒之學,貴求實用。喋喋何爲,陶冶漢宋。馬鄭程朱,群言是綜。星霜二易,藜火鱣堂。先生言旋,我心徬徨。雲天翹首,洲渚歸航。嗟我懷人,乃賦遊梁。匪狂匪狷,無莫無適。病骨長征,風埃是怒。黃雲大野,搖落秋深。高丘遠海,涕來橫襟。節云雙十,慶於何有?傷心彌留,大命不究。鄉關何處,鶺鴒在原。有母白髮,倚閭倚門。牧犢無妻,胤嗣奚存?遺書墜緒,繼述何人?烏傷古縣,賓王舊鄉。招魂何所?上下四旁。寢門一哭,致此心喪。北望涕洟,同門摧愴。昔有端木,築室於場。亦有侯芭,負土於邙。中原多故,奔赴未遑。遺櫬何年,克返故疆?摛文述痛,屑涕嵩陽。靈兮宛在,鑒此衷腸。嗚呼哀哉!

前人哀辭,皆以騷體爲正,罕用四言者。此以曾文正《母弟溫甫哀辭》爲據。《鹿洲集》中哀辭,亦以四言爲之。笠山自記。

汪苕文《鐘廣漢哀辭》,亦是四言。惟韓退之《獨孤申叔哀辭》不繫序,其辭竟爲有韻之文矣。笠山又記。

祭黃印渠文

嗚乎！饎饎黃君，生而岐嶷。江夏夙慧，寡言沈默。皇考守黔，攸稱厥職。緩帶輕裘，書生本色。教子一經，戎馬倉皇。詩古文辭，上口琅琅。君方七齡，延師教讀。旌節遂東，一載來復。粵歲柔兆，星隕柳營。母也天只，亦以喪生。童牙孤露，在疚煢煢。日淬月勵，風雨孤檠。彼其之子，卒見有成。中原鼎沸，大亂靡止。落日津門，奚囊襆被。慷慨悲歌，秋風燕市。越裳重譯，萬國衣冠。歐風美雨，險失重關。市舶雲屯，經濟侵略。莽莽神州，大權旁落。傳罨貨殖，學重計然。苦心揣摩，盡發陳編。毀家興學，陳君實賢。廣廈千間，寒士歡顏。膏火已供，夏誦春弦。致君羔雁，慨然南旋。十年樹木，看長風烟。青莪在沚，修儀北面。有教無類，孜孜不倦。節衣縮食，能人所難。唯力是視，恤此貧寒。荒唐曹鬼，社夢五三。島夷肆虐，喋血濟南。警電飛來，薄海同憤。奔走聲討，墨思磨盾。士氣桓桓，倡義勇軍。贊助最力，吾校唯君。夢驚炊臼，痛抱鼓盆。內憂外患，精衛煩冤。潘岳費詞，悼亡斯詠。墜歡難拾，樂昌破鏡。秋雨文園，相如臥病。斯人斯疾，天高難問。有服爰止，傷已時運。凶言其災，占欲取信。歲非單閼，黃楊厄閏。何夭何壽？彭殤一瞬。嗚乎哀哉！一抔黃土，三尺藐孤。湘江水曲，有君舊廬。蕭蕭斑竹，瑟瑟寒蘆。書劍遠遊，閩陬闊絕。精魂何依？寒潮嗚咽。巫陽下招，於水之隈。離彼不祥，魂乎歸來。尚饗！

故總理中山孫公逝世六周年公祭文

於戲！公之逝世，倏乎六稔。遺教及人，肝銘腸鏤。經國之謨，至密至審。詢謀僉同，先定維朕。粵歲重光，石鑠金流。彗星襲月，天地含愁。舉國皇皇，內患外憂。武昌鶴警，烽火黃樓。桓桓士氣，修我戈矛。誓摧帝孽，專制仇讎。伐皋弔民，實稟公教。獅夢昏昏，登高一嗃。致力革命，公推先覺。再接再厲，成敗匪較。浮海鷗夷，歸來一棹。戎衣北伐，倡義士心。束馬景從，鼓角秋深。六朝舊都，征轅實臨。一言九鼎，敢掬我諶。干戈玉帛，國之福音。窺竊神器，嗟彼孔壬。西南發難，載伸義討。祖龍魄褫，乾坤重造。護法一役，羽書飛草。蕭牆之憂，我師以老。公決大計，信以爲寶。底定百粵，群妖電掃。柔兆之春,力疾北行。報效黨國,耿耿忠貞。知難行易,推闡至明。三民主義,救時藥石。洋溢九州,象胥重譯。折衝敦槃,廢約爲先。自由平等,天賦人權。公志未伸,病榻纏綿。薊門烟樹,獨伴黃昏。和平奮鬥,彌留有言。屬纊關河,招魂翦紙。化鶴人歸,碧雲山寺。哲人雖亡,精神不死。公默相之,維茲多士。陳兵河朔,傳檄燕市。旅櫬南歸,崇陵經始。長江決決,鍾山巋巋。萬國衣裳,觀光戾止。大道之行,天下爲公。毋伐其異,毋黨其同。過渡神州,共濟和衷。庶政遵軌,熙我百工。凌歐轢美,牛耳爲雄。夫惟靈修,永謚幽宮。尚饗!

故總理中山孫公逝世七周年公祭文

於戲!唯公之生,舉國仰望,有如父母。唯公之沒,上下徬徨,群龍無首。匹夫倡義,四海雲從,作獅子吼。三民主義,五權憲法,至言不朽。憫彼焚溺,道援天下,公亦何負?急流勇退,汝唯不矜,見公之守。大盜竊國,神器潛移,亦孔之醜。致力革命,矢志摩它,大節不苟。間關扶病,雪涕燕門,命也不偶。傷心彌留,人食其言,伊誰之咎?頻年蠻觸,急於內訌,國本遂傷。朋黨比周,爲階之厲,貽戚蕭牆。土山爲焦,炎炎肆焱,燔及昆岡。稽天大浸,江淮云決,浩浩洋洋。遍野災黎,哀哀孤子,孰塞宣防?物必先腐,而後蟲生,前言不忘。弱水樓船,一軍飛渡,實自扶桑。羽檄橫馳,降旛夜出,墮我金湯。士夫宴安,湖山歌舞,人感興亡。背水爲陳,滬瀆陳師,雷奔電掣。孤軍抗敵,激厲精忠,轟轟烈烈。鏖戰兼旬,摧彼寇讎,以我鐵血。傾國來犯,虜日以增,我援又絕。勝負之勢,衆寡懸殊,不待蓍決。闒茸誤國,壞我廟謨,避地西遷。固圉卻敵,於今爲急,已失先鞭。雲山六代,飄零金粉,憑弔當年。崇陵抔土,寒食誰來?宿草芊芊。孰盡忠謀,孰抒國難,失我考妣。多難興邦,殷憂啟聖,咨爾多士。一德一心,共濟同舟,炎黃孫子。祖逖擊楫,宗澤渡河,光茲青史。力挽神州,內安外攘,庶幾有豸。公靈在天,實默相之,其視此誄。於戲尚饗!

祭陳靜齋先生文乙亥代

於戲!一老徂落,天不憗遺。耗飛閩嶠,萬戶含悲。郎君開府,職司守土。北望白雲，傷哉陟岵。懿歟封翁，兩浙人宗。淵淵無盡，休休有容。以教其子，軍旅政事。槃敦折衝，其命曰治。小醜陸梁，攪我邊疆。平津震動，齒寒脣亡。竊弄大器，宋有邦昌。今茲殷憂，負嵎一方。士夫無恥，胡不遄死？相鼠有體，是懲詩史。觥觥郎君，星軺北使。燕雲可割，有如此水。誦詩趨庭，孝爲天經。臨深履薄，戰戰兢兢。嗟彼猨鳥，簡書是畏。悃悃款款，公曰猶未。謠詠何來，怨讟終排。皇天后土，實鑑其懷。九天反節，撥雲掃霧。我躬胡恤，湯火可赴。百姓咨嗟，郎君之遇。肅肅官箴，勤慎唯務。一檄南陬，娛親旦莫。緬懷喆人，夢耶非真。帝閽孰叩？莫贖百身。自古有死，神行官止。天地委形，蒙叟云爾。郎君擗踊，血淚交并。旬有五日，樞府奪情。移孝作忠，方深眷顧。急流勇退，匪不孺慕。邦之艱危，公爾忘私。趙苞嘔血，忠孝匪虧。視此名節，轟轟烈烈。知公含笑，九京心說。香花薄奠，蕭寺悲風。上下四旁，招之何窮。旅櫬薊門，桑梓越中。魂兮歸來，閟爾幽宮。於戲尚饗！

跋吳桂生先生番藷雜詠

　　此册爲南安吳桂生翁所貽。詠番藷者，前古罕見，此爲夥矣。惟蕷、藇、薯、藷互稱之語，予殊疑之。其引藷、蕷著於《本草》、《山海經》者，亦非此物。考《山海經》："景山，北望少澤，其草多藷藇。"與《本草》"薯蕷"同。今《本草綱目補》"甘藷"，非一物可知。甘、番一聲之轉，陳祈暢《異物志》："甘藷出交廣南方民家"者是也。閩南亦呼"地瓜"，無獨以"藷"字稱者。晉江龔詠樵《亦園脞牘》謂始於萬曆二十二年，長樂陳振龍自呂宋攜歸，論之頗詳。錢塘趙學孟《本草綱目拾遺》亦云："甘儲一作甘薯，又名朱薯，一名金薯。"極言其功能，惟不以傳自呂宋爲然也。而引《諸羅縣志》一條，亦誤以薯蕷爲甘藷。要之甘藷、薯蕷同類而異物，不可不辨。翁初爲是詩，舉以示予，訖未論正。又其以歐洲詩人沙士比亞樂府所詠爲補腎藥者非是，然李時珍亦有"強腎陰，功同薯蕷"之言，翁固未深考也。番藷自明以來，傳種內地至廣，而前籍鮮稽，無煩傅會。詩凡百九十又七首，多仁者之言，自可喜也。丁丑冬至前二日。

關雎故言駁議

章炳麟爲《關雎故言》曰:"聰明博聞哉! 子夏、毛公之知微言。風始所陳,文王與紂之事也。后妃淑女,非鬼侯女莫之任。"予謂章君之說,尋繹毛、鄭,皆不得其義。其以"鬼侯"即《史記‧殷本紀》"九侯有好女入之紂"[①]者。然已在後進,非椒房之位,與《序》稱"后妃之德"、鄭《箋》"三夫人、九嬪以下皆樂后妃之事"者,此豈足以當之耶? 不可信一也。其以《史記》"不憙淫"者,《傳》所謂"不淫其色,慎固幽深。若《關雎》摯而有別"也。然下文云"紂怒殺之,而醢九侯",於義大相逕庭。夫惡人之女而殺之,又戮其身,獨夫之所爲也。人倫之廢,刑政之苛,詩人所賦亦將在變風,與《邶》、《鄘》、《衛》同,《譜》烏得爲王化之源哉? 不可信二也。章君言:"南國無河,岐周去河亦三四百里。詩人舉河洲,被及殷域錄在《周南》者,其地南瀕江漢,北至洛陽。"此又固哉高叟之言詩矣。按《傳》:"水中可居者曰洲。"李巡謂"四方皆有水,中央獨可居"者是也。昔夏禹別九州,隨山濬川,治梁及岐,涇屬渭汭,漆沮既從,灃水攸同。此皆雍州之域而近於荊岐者也。《禹貢》"荊岐既旅",孔傳:"此荊在岐東,非荊州之荊。"毛不釋河,則以爲水之通稱。且河出崐崙,所渠并千七百一川,固皆其支流,禹之所治。而史亦稱:"西伯之譖於崇侯虎,嘗獻洛西之地。"何必遠指黃河在殷虛者穿鑿求之乎? 不可信三也。詩主大似[②],承學之士,多無閒言。章君則謂:"文王時周、召在上,次有閎、散、辛、尹之倫。大似雖在十亂,不專中饋,薦賢易達,無爲憂勤也。"是

---

① 案本文曾收入作者《隨無涯齋讀書記》第六册《毛詩》札記附錄三,其手稿本天頭有眉批云:"按王符《潛夫論‧潛歎》:'昔紂好色,九侯聞之,乃獻厥女。紂則大喜,以爲天下之麗,莫若此也。以問妲己,妲己懼進御而奪己愛也,乃僞俯而泣曰:君王年即耆邪? 明既衰邪? 何貌惡之若此,而覆謂之好也? 紂於是渝而以爲惡。妲己恐天下之愈進美女者,因白:九侯之不道也,乃欲以此惑君王也,王而弗誅,何以革後? 紂則大怒,遂脯厥女而烹九侯。自此之後,天下之有美女者,乃皆重室晝閉,唯恐紂之聞也。'"茲錄存以備參覽。

② 大似,當即"太姒"。下文"大似"皆倣此。案吾同學友蔡飛舟君讀此篇,論曰:《關雎》太姒之說,未見毛傳、鄭箋。《詩序》但言'后妃之德',而鄭玄《詩譜序》云:'二國之詩以后妃夫人之德爲首',所指未甚明確。孔穎達於《詩譜序》疏云:'后妃、夫人,皆太姒也,一人而二名,各隨其事立稱。《周南》,王者之化,故稱后妃。《召南》,諸侯之化,故云夫人。'則孔氏似主《關雎》后妃爲太姒之說。歐陽修《詩本義》:'淑女謂太姒,君子謂文王也。'朱子辨說《詩序》云:'后妃,文王之妃太姒也。'又《詩集傳》云:'女者,未嫁之稱,蓋指文王之妃太姒爲處子時而言也。君子則指文王也。'由此觀之,唐宋以來,學者多承《關雎》后妃爲太姒之說。故包氏言'詩主太姒,承學之士,多無閒言'。"其說有據,特錄備參考。黃曦記。

不然。殷憂所以啟聖,惟此文王小心翼翼。故後車之載者,則夢卜以求之也。大似之相君子,蓋猶是耳。又若周公多才多藝,其戒伯禽曰:"我一沐三握髮,一飯三吐哺,起以待士,猶恐失天下之賢人。"藉如章君言,周公其不聖矣乎? 不然,又何為如此不憚煩? 不可信四也。孔子曰:"名不正則言不順。"《詩》亡然後《春秋》作,故《春秋》以正名分者也。聖人刪詩,旨本一貫。《周南》、《召南》其名已正,《關雎》、《麟趾》之化,《鵲巢》、《騶虞》之德,豈拒諫賊賢之君所可同年而語耶? 不可信五也。總之章君所論,皆由"哀窈窕"一言之誤,不惜以九侯之女曲為附會,以為《論語》"樂而不淫,哀而不傷"即其義。予觀鄭《箋》,破"哀"為"衷",後儒鮮取其義。然《呂覽‧慎大》"人主胡可以不哀士",高誘注:"哀,愛也。"若以為訓,則文從字順,不煩破故書矣。至論其迹,其當囚羑里之時,文王憂患而演《易》,大似乃為君子分憂乎?《書》曰"后克艱厥后",風人之旨固當如是,夫子以為《風》始。毛公亦曰:"夫婦別,父子親,君臣敬,朝廷正,王化成也。"且也《鹿鳴》為《小雅》始,《譜》以為當豐鎬之時;《文王》為《大雅》始,《序》以為文王受命之作;《清廟》為《頌》始,《序》亦以為祀文王也。四詩皆以文考為主,大命所集。紂為無道,殺身以亡其國,莫之能悟,何所取義以弁三百五篇之首哉? 章君又於孟子說《詩》"不以文害辭,不以辭害志,以意逆志者",失之遠矣。不可以不辨。

詩終始論駁議

孟子曰:"王者之迹熄而《詩》亡,《詩》亡然後《春秋》作。"蓋《春秋》之書,繼《詩》而作,其旨不容相悖害。《魯頌》曰"戎狄是膺,荊舒是懲",故《春秋》內諸夏而外夷狄,親魯者所以親周。此仲尼述周公之志而明之也。異哉! 章炳麟之為《詩終始論》。一則曰:"十五國風不見荊楚者,《周南》、《召南》之聲也,已在正風中矣。"再則曰:"詩之張楚,聖人之情見乎辭矣。"嗚乎! 由章君之言,必至作於其心害於其事,作於其事害於其政者矣。《周南》、《召南》固辭稱江漢,然普天之下莫非王土,於江漢何有? 考楚之先,熊繹當周成王時,舉文武勤勞之後,封於楚蠻,以子男之田居丹陽,故城在秭歸縣東,周迴八里地。《春秋》僖公四年傳:齊伐楚,與師有"昭王南征而不復,君其問諸水濱"之對,杜預注:"昭王時,漢非楚境,故不受罪。"《正義》亦謂"丹陽去漢,其路甚遙"。揆以子男五十里,亦不能如此泛稱。迨後熊渠甚得民和,興兵江上。熊通始僭王號,彊陵小國,土地式擴。莊王問鼎,遂霸中原。則成周之隆,江漢之域非楚所得奄有也。安見游女之辭即南風楚聲哉?且周、召者,《譜》以爲"《禹貢》雍州岐山之陽地名",輶軒所及,當以爲主。江漢、汝墳,亦不過著文王之風之廣被耳。夫江漢朝宗於海,實《禹貢》荊州。楚爲後封,烏足當之?觀鄭君《詩譜》,以《周南》、《召南》爲一譜,所謂正風;邶、鄘、衛爲一譜,王城爲一譜,鄭、齊、魏、唐、秦、陳、檜、曹、豳各爲一譜,胥變風也。假令芈氏有風,亦當在鄭、齊諸國之後,自爲一譜。夫子刪述,何爲雜之正始之中,以自亂其例乎?春秋以正名分也,其聞約,其指博。故吳、楚之君自稱王,貶之曰"子"。貶損當世,亂臣賊子懼焉。爾貢包茅不入、觀兵於周疆者,不臣之跡莫可如何。《論語》曰:"微管仲,吾其被髮左衽矣。"顧謂聖人於《詩》,則從而張之,抑何矛盾之甚乎?章君又嘗以《關雎》爲紂納鬼侯女事,則邶、鄘、衛者,《譜》謂"商紂畿內千里之地",不與之同列,抑將謂殷虛瀕河者皆楚聲,亦不思爾矣!若其泛論吳楚,屈原、宋玉、枚乘、嚴夫子、嚴安之屬,鬱爾俱作楚聲,風靡一世,不知天之生才,原不擇地。《離騷》之文,依詩取興,引類譬喻,則三百篇皆其導原。《詩序》所謂"自北而南"者,中夏文化升降流變之迹,大抵然也。試嘗論之,古者《詩》三千餘篇,孔子去其重,取可施於禮義,上采契后稷,中述殷周之盛,至幽厲之缺,三百五篇之數,見於太史公書。三百篇舉其成數,則見於《論語》。今並《小雅》:《南陔》、《白華》、《華黍》、《由庚》、《崇丘》、《由儀》,有其義而亡其辭者計之,三百十一篇,《詩序》具在。後儒雖或謂此六篇笙本非詩[①],然去之亦合三百五篇之說,是無缺也。若必疑《國風》無荊楚,則吳越爭長揚州之野,嘗稱霸一時,篇章無聞,又將何從而爲之辭?吾故曰,由章君說,必至作於其心害於其事,作於其事害於其政者矣,非細故也。

---

① 稿本此处有眉批云:按《朱子集傳》即主此說,謂六篇笙本非詩。《左氏》昭二十五年傳:"宋公享昭子,賦《新宫》。"杜注:"逸詩。"《正義》:"《燕禮》記云:'升歌《鹿鳴》,下管《新宫》。'鄭玄云:'《新宫》,《小雅》逸篇也。'其詩既逸,知是《小雅》篇者。管即笙也,以《燕禮》及《鄉飲酒》升歌、笙歌同用《小雅》,知《新宫》必是《小雅》。但其詩辭義皆亡,無以知其意也。"然則笙亦有詩也。

乙亥冬，予過吳門謁章先生，問治經之法。先生謂注疏博大，宜所從入。聽其言，猶不失爲正。今歲夏秋之間，始讀《檢論》，頗驚先生向所持論奇詭而失其平，聞於札記中論之。而《關雎故言》、《詩終始論》二章特爲駁議，其言較詳，而去先生之沒二年矣，惜不及請益也。予嘗謂先生之學，務爲博覽，勇於自信，其歸不主一端，治經不盡守前人師承家法，喜效爲晚周諸子之言，後之學者不可不知也。戊寅初秋，附記于安溪縣學。

按陳奐《詩毛氏疏》云：“《大明》傳‘文定厥祥，言大似之有文德也’，即詩所云淑女也。‘親迎於渭’，言賢聖之相配也，即詩所云好逑也。”朱右曾曰：“大似，邰陽人。故詩人以河洲起興。今陝西邰陽縣四十里大河經流。”此章君之言殊不足信。壬午初冬，再記於南平水南之杉與樓。

陳敬賢君傳

古今人有不究其學，而行誼往往相類者，其稟受之厚可知。昔仲子，兄戴蓋祿萬鍾，處於於陵，身織屨，妻辟纑。雖孟子非之，要不失爲獨行之士。予嘗以今人求之，若陳君敬賢者，庶幾其儔也已。君福建同安縣人，所居鄉曰集美，嘉庚先生斥鉅貲興學於此，君之兄也尤著云。先是，歐羅巴洲戰起，君昆仲浮海，驟致產千萬金，嘉庚先生命君歸，治學舍於故鄉。度原隰，相陰陽，土木瑰偉，擘劃劬勞，絃誦作焉。復走大江河南北，周諮學制。於其成也，不引爲功。君亦勿任煩劇，咯血，之東國訪籐田靈齋習靜坐，棲心禪悅，素食緇衣，有終焉之志。往來東南叢林，輓近僧伽若印光、太虛、一音之流，固君所常與周旋者也。居西湖之靈隱寺獨久，後住彌陀寺。年四十九以疾終，中華民國二十五年二月二十日也。遺命火葬於杭縣。君妻孥闢農場禾山，以自食焉。論曰：君席豐踐厚，抗志浮雲。獨往獨來，於心若是其忍者，視仲子何相類耶！顧君孝，母疫歿，宿棺側不忍去者踰半載。噫！可謂獨行之士矣。

曾演復傳

曾演復，原名衍福，上杭縣人。自幼學喜爲詩，長有名鄉邑。戊午，護法軍興，隨幕來往沙永間，以詩交其賢豪。吳江柳棄疾創南社於海上，慕其風，嘗以詩爲贄，謁之梨里。襆被一囊，間道閩贛山谷，過南昌滕王閣，買舟鄱陽，泛風濤，遂至金陵，遵海南歸。當其徘徊江關，羈懷愁苦，輒嘔唫以自壯。客龍溪，見書肆有放翁詩，貲用乏絕，典衣易之，其嗜好固與流俗殊也。君已閉厄不得志，壹以詩自娛。所爲必走十數里外示予，一字未安，不能已之於懷。所爲多愀愴之辭，蓋自稱其所遇。己巳夏秋之間，君適遊南洋群島，聞亂，遽內渡。以大父俊卿先生春秋高，父某已前殂，弗忍遠離。卒不免，命也夫！是歲辛未六月，予在同安始聞凶耗，哭之哀，計距君之死數閱月矣。年三十五。有《聽秋聲館詩》一卷，手自寫定。

論曰：鄉者君嘗過予山中草堂，縱譚古今詩別裁，至天寒夜深，朔風淒厲，挾流水聲，撼屋瓦皆動，錯愕猶不欲休，意氣懃懃相得，思之仿佛如昨日事耳。嗟乎！士生亂世，絜身若君而遇禍災者，可不恫耶！

溫白夏墓誌銘

嗚乎！吾友白夏，今竟病死於客矣。君爲予同年生，予長君十年。嘗詭謂予曰："我即死，子必有以誌我。"孰知其言之遽驗！忍不銘負亡友耶？君名樹校，白夏其字，溫其姓，福建仙遊縣人。父敬修，前清縣學生，尚健在。生君慧質鶱舉，民國十五年秋，肄業集美國學專門學校。同學四十三人中，君年十六，最少。劬學，嘔心吟詠。翌年，移附廈門大學國學系。適威遠周道援先生南來教授，講述詞曲學，沃聞緒論，習爲倚聲，課藝進銳。恒與予夜詣齋中問業，月斜河沒，返猶張鐙，簡練揣摩不休也。十九年夏畢所業，周先生倦遊歸蜀，予應集美水產航海學校聘，君回任仙遊縣立中學教員。眷懷師友，書疏存問殷勤。二十年秋，君亦供職集美中學，昕夕過從，譚藝甚樂。時同事二百餘人，與君接者無不歡若平生。君亦勤敬厥職，歷今七八載，教澤浹人深矣。軀體修頎，每念時事孔艱，書生孱弱可恥，輒夙興繞廣場走數匝，摩厲筋骸。擅射擊，間挾槍趨水濱戈飛禽。江村寒樹，烟月微茫，臂負鶴鶴者，則君方獵歸也。嘗九日與予、嵊張滌瞻秀民、溫嶺盛山帶佩，登禾山觀日臺長嘯高歌。須臾天風海濤皆起，俯視空闊，君之意氣獨壯盛可念。平昔所爲詞，蓋規橅夢窗、草窗，而卒近於稼軒者，氣質所稟，不可強力而致。詩則才調署似兩當，中間屢變，有爲香山、放翁、亞匏而不自失其性。盧溝橋變起，暴敵憑陵，君悲憤國事，壹以表彰忠烈，激揚民氣爲職志，所積尤富。顧集未經刪定，其才又可至而未見其至者。悲夫！君以去歲隨學校遷安溪，今秋染腸炎疾就醫晉江，遂歿。實二十七年十月二十日也，年才二十有八耳。配林氏，子男三：煌堅、鐵堅、梓堅，子女一，皆幼。會尊人來視疾，越日渴葬君。無以拚諸幽，將畁其孤，他時有立，刻石墓下。銘曰：

鳳山山麓草千春，一抔黃土瘞詩人。死能不朽夭奚嗔？茫茫泉壤闊吟魂。嗚呼吾銘付嗣君。

祭溫白夏文

傾河注海，裂石奔雷。高秋飛靐，聞者悲哀。嗚乎溫君，天生汝才。胡屯其遇，中道殂摧。五音緜會，翕如天籟。蚤擅妙辭，性靈匪勺。礫沫摩擊，硞硞磕磕。崖松風起，天濤澎湃。麗質鶱舉，鵬鸎翩翩。君來海濱，指窮爲薪。乃與傳火，多識前言。延平壘畔，廣廈千間。新陰桃李，蹊徑盤桓。時光飛電，顧景難眷。牧馬蕭蕭，縱橫禹甸。一歲避地，匪敢安晏。先天下憂，陸沈神州。隙不容髮，謐茲人謀。新亭揮灑，賦詩同仇。誰歟砥柱，滔滔中流。嗚乎溫君，天南秀出。已春其華，未秋其實。有親健在，養志不卒。亦有妻孥，啜泣于室。閉骨泉下，渴葬不日。鳳山蒼蒼，徂路茫茫。九鯉湖天，有君故鄉。楓亭驛夜，魂毋徬徨。一堂弔祭，薦以花香。綴此誄詞，髣髴來嘗。嗚乎尚饗！

周鴻運墓誌銘

衡陽周氏，出自宋大儒濂溪先生。三十囗傳曰時雨，君曾祖也。時雨生廷弼，君祖也。廷弼生光彩，君考也。君諱壽林，字鴻運。讀書通大義，屢躓場屋，掩抑不得志。有清末葉，改革學制，乃絕意進取。性孝友，奉父母先事承意，兄弟雍睦。急人之難，寢鬮理絃，鄉黨歸悅，翕推君長者。遠祖岡松公祠宇，前輩倡葺未果，君出排衆難，鳩匠庇材，不及三載，而觀厥成。民國八年，南北軍興。衡陽、湘鄉、邵陽之間山嶺重叠，匪盜颰發，磐互連歲。君募餉練勇，行旅以寧。平居辦族學、恤饑寒、修津梁，凡諸義舉，靡不竭力赴之。晚歲欲一放游大江南北，尋求曩日太平天國與湘軍戰爭遺墟，觀京滬之偉麗，以擴其胸次，遽賫志以歿。時民國二十四年四月十三日，年六十有八。配鄒氏，子男六人：佐增、佐塏、佐埒、佐君、佐基、景頤，佐基先君卒。子女二人：長適聶，亦前卒。次適李。孫男十二人。是歲十二月二十日，葬縣之大岡山。越三年，孤景頤任福建私立集美聯合中學軍事教官，與余同事安溪，奉君狀以劂石之文請，遂不辭而序之。銘曰：

衡嶽七十二高峰，周爲望族群山宮，大儒食報後必隆。君修名德逮厥躬，立身嶄嶄獨善終。銘不及幽鐫諸封，以諗來者期無窮。

選 文 對

或問於予曰："子之選文有法乎？方今海宇鼎沸，事勢危迫。邁神州之多難，睇青山於一髮。文之時義大矣，自伏倉周孔，前聖制作，五千餘年，國實與立。炳炳蔚蔚，九州洋溢。咀嚼菁華，懸茲範軌。順風而呼，聲非加疾。子又有以語我乎？"曰："唯唯諾諾。大陸薦食封豕，滄溟跋浪狂鯨。星火燎原，戎首佳兵。歸鶴遼海，飲馬長城。弔盧溝之月色，哀歇浦之潮聲。越南燕北，烽火縱橫。提封遂墮，金湯俄空。作我士氣，天戈指東。諸生講藝，發奮爲雄。則國計民生，粒食維艱。貴粟積貯，鼂錯、賈誼之徒各進讜言。開宗明義，此其選焉。蓋孔門問政之告，足食爲先。至於攻者七日之糧易盡，守者易子而食，析骸而炊，宋及楚平。蕭何轉運關內，炎漢肇興。道濟唱籌量沙，計卻魏兵。故神農之教，有石城十仞，湯池百步，帶甲百萬，無粟勿能守也。徵之前事，豈不信哉？夫兵凶戰危，可百年而不用，不可一日而不備。不教民戰，是謂棄之。漢有都試，唐有府兵，粵稽古制，率用召徵。有宋藝祖受禪，杯酒而釋兵權。百年而後，乘輿南渡，子孫蒙塵。則文忠教戰守之言，稟居安思危之戒，可謂燭照於機先者矣。氛祲難銷，隸也不力。寇禍日深，寖及堂室。顧亭林曰：天下興亡，匹夫有責。冒槍烟以血肉，爭生死於呼吸，此志士仁人效命以報國族之日也。若夫鍾阜朡陵闢淒涼，石頭撼江流哽咽，天府西陲，廟謨早決。江水東遄，巫峽空泠。猿聲哀轉，聞者涕零。桑欽之經，道元之注，形勝在目，山水刻露。況禹跡所捫，娶於塗山。雅樂鼓吹，南音始緐。武王伐殷，庸蜀巴渝，其民實從。所謂前舞後舞師乃歡者，其地固足資以創業。於緝熙敬止，益思建國之艱難也。長江天塹，樓船鱗鱻。飛軍搶渡，席捲千里。赤壁沈沙，滔滔去水，則孫曹戰爭故壘在焉。檣櫓灰飛，於今為烈。讀蘇氏前後兩賦，其庶知有所感發乎？將軍去後，官柳飄零。中原樞紐，守在郊坰。速戰寇以為計，消耗我則守經。陷岳陽，阻洞庭，衡雲失色，君山不青。讀范氏《樓記》，則古人往矣，先憂後樂之心，能毋悠然而生乎？過南昌之故郡，問帝子之長洲，霞鶩齊飛，天水皆秋。星移物換，兵燹生愁。讀韓子《新修閣記》，纏綿於江山之好，而未得一遊，則又感今古之悠悠者矣。樂府木蘭之辭，以弱女子而赴戎機。黃河黑水，關山如飛。策勳萬里，十年而歸。又如娘子軍、夫人城，皆婦女知兵。豈僅為巾幗吐氣，亦庶幾我武維揚。輓近斯義尤昌，撲朔迷離，不知凡幾人報效於沙場矣。吾校濱海，廣廈千間，少陵所云，寒士歡顏。壘畔之風雲摩蕩，島上之戰血朱殷。清溪百折，飛道千盤。夫子萬仞之牆，先儒過化之里。黌舍播遷，絃誦不輟。昔者殷浩罷遣生徒，晋室以亡；王猛興復學校，苻氏遂強。學之為效，國勢所由張也。子固《宜黃學記》，亟亟於其本，則道援天下，可不以是振其綱耶？準斯以譚，或以其事，或以其地，或以其人，舉一反三。殷憂啟聖，多難興邦，諸生盍思吾言？至於仲尼標詞達之旨，游夏入文學之科，摯虞、任昉、劉勰、鍾嶸，各揚其波。昭明則選樓峩峩，鹿門則其書八家。桐城又纂為十三類，湘鄉《經史百家雜鈔》。遵義長沙，踵事增華。涵芬文鈔，薈萃已多。博觀約取，毋偏毋頗，不亦可乎？"客曰："善！子之對詞贍而理郅矣，請有以書之。"乃退而泚筆。時方風雨四壁，若助余之沈思，騁千軍萬馬而不以疾。

詹步青先生墓誌銘

君姓詹，諱夢芳，字世留，號步青。福建尤溪縣人，前清國學生。先世居邑之四十九都石甌。明永樂間，有來居二都西溪口曰西莊者，為君始遷祖。其後有由吏員考授江西府經歷、委署新建縣知縣，著政聲，諱鵬字沖宇者，君七世祖也。曾祖諱必衍。祖諱張胤。考諱榮陽，字起堯。生君兄弟三人，君其仲也。孝友天稟，事父母曲得其歡心。母病沒，季弟世珍亦病沒，君痛遭閔凶，又念父老，強自遏抑，盡死葬生事之禮。世珍無子，為立宗祧。父病，歷寒暑不能興，侍奉藥餌，君扶持便溺，久無倦色。見背之日，悲毀骨立。族子某為強豪掊擊斃命，豪懼而陰餌君三千金，使寢其事。君不可，卒白冤有司。其親友之有凍餒者，輒周恤之。歲時展先人祠墓，雖風雨必恭敬將事。至於沒身，春秋五十九，實以光緒三十一年三月二十四日卒。民國元年十二月某日，葬於後溪宮山之原。配鄭氏、繼配游氏，皆先君卒。子男四人：長萬昭；次某，出嗣世珍，蚤卒；次萬成，再出嗣世珍；次宣猷，歷署建甌、尤溪二縣縣長。皆游出。距君之沒二十又八載，宣猷始奉君狀，勻吾友陳子瘦愚以貞石之文屬。遂次而序之。繫以銘曰：

君有至行式鄉黨，松楸久閱風烟長，簀德鑱詞烜幽壤。

笠山文鈔卷第四

候周癸叔老師書

　　癸叔老師台左右：得大聲兄北平書，敬悉師台已受重慶大學羔雁。久未奉候，伏維興居康勝。樹棠半載以來，讀《毛詩》得筆記四十餘條，其他讀書札記亦數十條，詩文略有所作，自課者大抵如是。歲月淹忽，同聲已眇。寡聞獨學，良用悵邑。恆欲棄此遠遊，以廣耳目。春間曾肅蕪函，畧申微恫，旋由大聲轉述嘉言，五中銘感。惟是長此因循，終無進展。夙心怦動，不能自解。以謂此身已爲父母所生、師友督責，固不容蹉跎自誤，泯滅無聞。但念前路茫茫，又不勝其悲矣。頃檢《國聞周報》"采風錄"，有林山腴先生思進《題寄渝州五律》誦海色行卷之句。當年五老峰前函丈，憬然心目。補成長句，奉呈一哂。

復丘荷公先生書

　　樹棠頓首，荷公老師台閣下：兩奉手教敬悉。《虎谿吟草序》，屈原、王夫之並舉，以其抱才負學，遭時蹇厄相同。王氏亦有《楚辭注》，立論甚卓。其後湘潭王壬父所論多據之。李職方《燼餘文集》，外姪曾演復曾以上册見貽，係光緒間公裔江清等重刊，酌雅軒承印。編次凌亂，譌誤尤多。蔣廷銓《跋》，應置卷末者而置之卷首，又缺弟二頁。廣陵解學夒《序易五房》，宜在下卷附入，而謬次蔣跋。他如朱、陶《後序》，並宜在卷末惟古人序文如《莊子·天下》，《史記》、《漢書》敘、傳，皆在全書之後。伍炤一篇，亦係跋語，今茲重印，樹棠之意，當爲摘出，以殿全書。傳、狀附於哀輓詩文之後，不如依屠隆刻《庾子山集》、楊西河編《杜詩鏡銓》、滄浪吟榭校本《吳梅村詩集箋注》例，置於卷首序文之下。寒支《職方家傳》中,《平寇議》詞句略有刪易,與《封事六策》不妨全載。如賈誼《過秦論》,太史公贊《始皇本紀》引其全文,褚先生論《陳涉世家》又引其中篇,不以重複爲嫌。吾師表彰前烈,不遺餘力。唯樹棠以爲,《念廬全集》關係地方獻徵尤重且大,自是《寒支》後第一部書,宜圖編次付印。《海角生涯集・車中作》纖、間爲韻,按"纖"今入下平十四鹽,"間"入上平十五刪,古韻寒、刪多與仙通,無韻覃、鹽、咸者。獨吾鄉方音,則"纖"近於"間",此爲可注腳。《埽墓》絕句用十二文韻,而魂爲十三元。《洪武正韻》、《中原音韻》、《佩文韻府》皆強并《廣韻》之魂,痕於元。《說文》鬼部:从鬼,云聲。《廣韻》:雲、芸、曇、耘、妘、紜、邧、沄、賱、魂之字皆入十二文。段金壇《今韻古分十七部表》并《廣韻》之諄、文、欣、魂、痕爲弟十三部,并元、寒、桓、刪、山、仙爲弟十四部者是也。今日注音字母"魂,ㄏㄨㄣ切"亦與文韻,實可正《韻府》諸書之失。《潮州八景・北閣佛燈》一首,高、濤入四豪,敲入三肴。《說文》攴部:"敲,从攴,高聲。"亦形聲字。段表并《廣韻》之蕭、宵、肴、豪爲第二部。是古韻皆通,今音亦近,無煩改也。廖烈婦殉夫事,謹撰七古一首,仍乞郢政。施可愚君亦允爲之。

擬隋王答謝玄暉書

隆白:玄暉無恙。頃得牋教,情誼彌殷。悉膺恩簡,召還遠京,將詣新安,拜中軍記室之命。簪筆近庭,備承顧問。摩霄健翮,際屬清明。從此扶搖,益深引領。昔元瑜書記翩翩,孔璋章表雅健,延美譽於當時,垂令問於後世。矧夫藝擅雕龍,才優倚馬,報稱清班,懋茲勳業。方諸二子,何足多讓?回思于越分藩,舊游如夢,荊蠻開府,畀任方殷。戎機倥傯,教益孔多,荷重疆圻,幸免隕越。每當軍門宵讌,接席飛觥,譚吐風生,清裁絕俗。製爲鼓吹,三軍夜歌,長嘯江皋,猶餘清響。一朝迥隔,能不介然?追敘前歡,何時可得?君門在望,悠悠我思。歸艎春渚,言以爲期。尺書裁答,不盡區區。

致陳石遺前輩書

石遺前輩左右:比聞文斾南歸,主持志事。八閩徵獻,論定一言。逖聽之餘，無任忻忭。新《通志》已付梓者，如列傳、藝文等門，略一涉獵。汀州八屬，罅漏尚多。前人誤者，亦未盡加糾正。樹棠竊不自揆，戊辰以還，略倣孫仲容氏《溫州經籍志》例，纂爲《汀州藝文志》。適值家鄉兵禍，抱闕守殘，假館海隅，寒暑鈔寫，忽忽五年，始告卒業。著錄之書，昔存而今亡者又復什一。世變之殷，滋可懼也。是編於撰人事略，采輯特詳。零章斷句，胥付掌錄，亦過而存之之意。全書釐爲二十卷，足備芻蕘之擇。樹棠於前輩，瓣香而奉之者有年矣。昔長汀黎媿曾大參謁曾弗人先生於三山，作《蘭與蘭語》詩爲贄，先生語人曰："黎生，漢魏之苗裔也。"遂知名當世。樹棠禀聲氣之求，爰比其義，爲小詩以獻。孟子曰：君子之所以教者五，有私淑者。倘前輩不棄，樹棠當以其暇日，鼓輪北行，出所著書，拜長者於綠榕城郭之皆山樓中請益也。祇候，撰安。甲戌大除前二日。

與友人書（一）

留京币月，未一奉候。日來天陰雨寒，蕭條客邸，大有長安居不易之感。惟秣陵龍蟠虎踞之地，當一覽長江天塹，登鍾山展兩陵，過雨花臺弔方正學墓，泛舟秦淮、玄武、莫愁之間，領略風物，縱酒賦詩。其得往遊者，只雞鳴寺而已。昔司馬子長以遊爲學，此亦平生之願也。歸時將順道吳中，謁陳丈石遺、聽餘杭章太炎丈講學。第某一介書生，迫於飢寒，京塵僕僕，不免使人齒冷耳。中原氛祲，握管黯然。

與友人書（二）

日前匆匆造唔，未盡所懷。當以近箸《鄉先正雷翠庭先生鋐年譜》一編，就正有道。雷先生爲清雍正間進士，歷官兩朝有聲，終身竺守程、朱。伊光祿朝棟，實出門下。所箸《讀書偶記》，收入《四庫全書》。其《經笥堂文鈔》，則爲光錄之子秉綬太守刻於廣州。故鄉兵後，存者廑矣。乾隆二十五年，雷先生告養歸，薨於里，年六十有四，國史館有傳。並見李桓《國朝耆獻類徵》。唐鑑《國朝學案小識》入之翼道。乃閱《清史稿·列傳》，汀人入黎大參、伊太守於文苑，循吏，入張警庵、林赤章、李簡庵、童寒泉於儒林矣，而雷先生獨缺然。其罅漏重複，《年譜自序》略論及之。將來當錄副上清史館，以備摭采。雷先生德業名位，遠出數公之上，前修所論，信不誣也。竊維宋儒義理之學，七閩爲盛。其講明誠正、修齊、治平之道，最足以救澆薄、輓囏危。乃有執其迂闊而遠於事情，卒之議論未定，金人兵已渡河。不知此非道學之咎也！宋自藝祖杯酒釋兵，武備稍弛。以韓、范之賢，鎮懾西陲，僅免於無事。荆文柄國，變法議起；蔡京、章惇、呂惠卿之徒進，妨害賢路，國本已摧，天下騷然，外侮日亟。徽、欽蒙塵，高宗貪戀大位，偏安半壁，其有以恢復中原迎歸二帝之策進者，無不暗遭忌嫉。故秦檜和議之言行，而岳少保見殺。此韓蘄王所以策蹇湖上，英雄髀肉之感深也。程、朱道援天下，身體力行，所言誠意、正心，皆苦口藥石，不得大用。楊文靖、李忠定皆以正學事其君，一居清散，一相數十日而罷。用人若此，欲不亡國得乎？抑吾以爲宋雖亡，而有文天祥、陸秀夫、謝枋得，猶足爲民族存元氣。則成仁取義，固爲孔孟之學者日相誦習而著之效也。今國度危迫，舉朝野而孜孜焉、惶惶焉，惟貨財是憂，日不暇給。而講求之利源莫興，貧窶如故，且有甚焉。揆厥所由，則學術之壞，人心習於放僻邪侈。故一事業之興，利未見而弊已著，威信墮於上，怨讟構於百姓，豈細故耶？先聖昔賢，未嘗舍國計民生而弗講。《洪範》五福，其首言富；《大學》，多理財之言；《論語》"富之"，"教之"；《孟子》"黎民不飢不寒"；程子恥爲天地閒之一蠹。"富潤屋，德潤身"，苟舍心身性命之大，雞鳴而起，惟利是趨，則人心何厭之有？其不率天下而爲跖之徒者幾希。嘗論精神、物質，兩相須相成。言精神而薄物質，則虛矯無所附麗；言物質而薄精神，則蔽者欲爲形役矣。惟利欲深中人心，小則府怨於一身，著則貽害於國族、乃至世界人類，未有底止。彼美利堅、英吉利，非不富且強也。而民生時呈罷敝，杌陧不安，所得不足償其失。歐戰創痛，思之猶有餘悸。矧貨財之爲效，取其足用而已。生產過賸，芻狗不若。故"不患貧而患不均"，乃古今中外之通病。《大學》曰："德者，本也；財者，末也。"天地生民，立命大端，可不知其所自欤？是故正學術以正人心，實爲當今教育第一要務。明公鄉輯《鄉賢傳》，所以教邦人子弟納諸誠正、修齊、治平之軌物者，豈徒然哉？偶伸所觸，幸宥其狂妄。

奉丘荷公先生書

比得謙翁畢示，藉悉《杭川新風雅集》既付梓人。樹棠竊維古者詩三千餘篇，孔子刪之而爲三百五篇，以備王道。吾杭天水置邑，以迄元代，文獻墜缺。明清作者，稍見於世。李氏纂《風雅集》，所以仁先民於無已，有足多者。惜竟不傳，無以知其義例。吾師蒐殘綴絕，則文章不朽，盛事雅馴，以永其傳必矣。惟李氏以“風雅”名集，頗有可議。《詩序》曰：“以一國之事，繫一人之本，謂之風；言天下之事，形四方之風，謂之雅。”所謂“詩之至也”。若夫康、昭以降，變風、變雅作矣。後世香山諷喻詩，固胡旋女、折臂翁之類。曾慥《樂府雅詞》，去取具有風旨。傅習、孫存吾選元詩，始附庸風雅。繼之者有顧英編《草堂雅集》十二卷、賴良編《大雅集》八卷、劉履編《風雅翼》十二卷，明洪武間劉仔肩又編《雅頌正音》五卷，此元明人標榜氣習，前代蓋亦廑矣。樹棠之意，不如倣前人總集之名，易曰“詩綜”或“詩錄”或“詩徵”。去臘閱《長汀縣志》，得劉廷標、陳于階、邱衍箕、詹彌、高邱《夢鯉詩》各一首，皆汀南廑存，集及續集所不及錄者，未知曾否收入？曾演復嘗自刪其詩爲《聽秋聲館詩鈔》一卷，所爲有近誠齋者。藍爾昭亦有詩一卷，時見性靈。惜皆不永其年，侘傺以終。樹棠每感逝者，輒欲撰述平生，爲兩君傳。十年江海，卒卒未遑，其生前零箋碎墨，恆走挾相示，因留存寒舍，已稟請家君檢出寫寄。茲先呈所能憶及者數首，恐字句仍有出入耳。然二人嘔其心血，頗有造詣，不可不傳也。今歲五月某日，爲家君七十初度，欲乞吾師一言以爲壽。昔雷翠庭憲副尊人惕廬翁，就養京師官舍。將歸，憲副請於桐城方望溪侍郎曰：“願揭父師劬勩之心，以爲此生銜勒。”樹棠前奉謙翁稟中道下懷如此。南鄉春好，風暖日暄，遙想吏部祠邊，山高水長，函丈興起多勝也。丙子夏曆二月二十三日，受業包樹棠再頓首。

唁章夫人書丙子

去冬道出吳門，承陳石遺老之介，謁太炎先生於錦帆精廬。其時鼻疾新瘳，氣尚迫促，從口呼出，心竊憂之。不謂江南春去，風老鶯雛之候，驚傳噩耗，痛裂五中。唯念安時處順，來去泰然。聖哲固不足凝滯於中，文、周、孔、孟、老、莊、墨、佛，無不朽其血肉軀者，雖死猶生。況乎功在民國，公道若存，詎容泯沒？伏維勉抑悲懷，襄茲大事。附寄蕪詞，藉伸哀悼。

虎溪巖記

厦門名勝，虎溪巖爲第一。巨石巑岏，高矗雲際。巖半縫裂，如虎張口，爲闌如齒。石徑逼仄，游者蟻緣以度。古榕怒出，綠雲蔽天，塵暑不到。上鑴"劃然長嘯"額。寺負石右，方丈一，額曰"三笑齋"，取《廬山記》惠遠送陶靖節、陸靜修逾溪事。左側石壁削立，有天啟、崇禎間刻詩。穴石道泉於其下，微風遠引，泠然響答。石級百數，老樹偃蹇，倔立亂石中，筱筱影動，聲滿雲谷。山麓距囂市數百武耳。逾山而左，人行石罅，卓午日光乃下漏，矯首懸崖，"一綫天"字隱約可辨。山坳有洞曰"白鹿"，祀朱子像。每當盛夏，遊人若織。白鹿午前不受日，與虎溪異。故遊白鹿者，暮必自虎溪返也。予屢過是山，愛其幽閴，乃爲之記。

遊清源山記

清源山在晉江縣北，一名泉山。《寰宇記》、《朱買臣傳》謂東越王所保之泉山。或曰乃當在今會城。予爲詩已疑之矣。丙子初夏，始與安溪吳惜華往遊焉。諸生從者二十又二人。自北門出三里，抵山麓拾級上，危磴右引，石室歸然，曰"瑞像巖"，有元祐二年丁卯鑴石佛，可尋丈。巨石如磊如削，矗員攢動，勢與天摩。轉至少憩亭，漸聞水聲，響激林際，則瀑布隱隱從巢雲下墜。遵道行，鏤石而過者，小雲關也。度澗橋右望，林壑幽閴，屋舍三五，居民往來耕作。經孔泉，水自石罅中滾滾出，槽石承之，勺飲甘冽，未知持視中泠第一何如耳。道旁有俞大猷書"君恩山重"刻石。所謂純陽洞者，塵石碣存焉。上曰蛻巖，踞清源最高峰。俛瞰縣治，江流抱郭，宛延入海。人家烟樹，錯落阡陌，中如萍聚。紫雲兩浮屠，屹峙尤雄秀。晉江東毗惠安二十里，西毗南安八里，洛陽橋、金雞橋皆在左右肘腋。前曰"南臺"，巖石隆然負天起，雜樹怒出巖隙，引泉爲池。蓋茲山勝概，爲巖洞者三十六，巖奇以石，石奇以泉。遂循南臺返，懸磴梯雲，陡絕怖目。小松叢生，攀引而後下。惜華與諸生徂彌陀巖，予向所遊也，獨與謝生三元歸齋。

純陽洞興廢，《泉州府志》不載。予《九日重登泉山》詩注：“詢之寺僧，云蛻巖即純陽洞。”予以無別刻可證爲疑。及閱《晉江縣志》，乃知洞已燬。僧人亦妄稱以應，而吾記爲得其實也。笠山附識。

梅石書院記

梅石書院，在晉江縣城北。明嘉靖閒，知府顧可久謀於當道，易淫祀以奉市舶司提舉羅文毅公倫。初曰“一峰”，即文毅號以名之也。俗呼其地爲“一峰書”尤著云。文毅以成化翰撰，立朝有聲。抗疏南遷，天下聞其烈而信服其學。宦跡所之，祠而祀之宜矣。顧書院興廢迭更，乾隆十五年知縣黃昌遇遂改今名。鼎革後，書院之制無復存者，屢易爲學校。丙子春，予來居焉，愛其處之軒爽。齊雲三十六峰，屏矗其後。庭中雙榕干霄蔽日，蓋數百年物。梅花石遺蹟，在其右百許武隙地，半湮滅亂草中。竊怪儒者之學，往往依時代而易其制。嶽麓、石鼓、白鹿遺規，叔世誰復爲繼者？此邦自唐宋以來，開元、承天，浮屠獨著，其徒衆相續於千百載之久。此彼氏外世俗，優游以生死。與吾儒備世之亟，樹以倫常之懿，澤以詩書之美，民胞物與，爲群生立命者異趣。故周公、仲尼之道，用行舍藏，與時消長，在昔然矣。則淑世牖民，正學是鵠。獨善兼善，其道則一。豈彼氏可同日語哉？茲土鄉先輩李公澗木，嘗來爲書院山長。公以乾隆名進士宰孝豐，有循聲講堂存。嘉慶中，伊默庵太守書額，墨跡猶新。眷懷前烈，懼來者之無述也。遂附以記焉。

《泉州府志》卷十四：“梅石書院，乾隆十五年知縣黃昌遇重建。”《記略》①云：“晉江舊有一峰書院，蓋嘉靖閒翰撰一峰羅先生謫居之所。”按《明史》本傳：“倫，成化二年廷試對策，擢進士第，授翰林修撰。踰二月，大學士李賢奔喪畢，奉詔還朝。《明史·李賢傳》：成化二年三月遭父喪，詔起復。三辭不許。遣中官護行營葬。還至京，又辭。遣使宣意，遂視事。倫詣賢沮之，不聽。乃上疏亟論之。謫福建市舶司副提舉。亡何，賢卒按賢卒於成化二年冬。明年，

---

① 按《記略》，黃昌遇撰，載《泉州府志》卷十四。

以學士商輅言,召復原職,改南京。居二年,引疾歸,遂不復出。十四年卒,年四十八。嘉靖初,從御史唐龍請,追贈左春坊諭德,諡文毅,學者稱一峰先生。"安得有嘉靖謫居事乎?昌遇所言失攷甚矣。丙子除日又識。

又按,《泉州府志·名宦》:倫"謫提舉泉州市舶司"。《明史》本傳作"副提舉"。惟《府志·明職官》市舶提舉司提舉、副提舉各一員。未知孰是。記從《府志》。

又按,《泉州府志·名宦》據《閩大紀》:"舒芬亦以翰撰直諫謫福建市舶副提舉,閩士一時向風,以直節自樹,與羅倫等埒。隆慶間贈諭德,諡文節按《明史》本傳作"萬曆中追諡文節"。閩人於一峰祠並祀,稱二①賢。"而卷十四梅石書院,但云崇禎間以二雲曾公配,不及舒芬。漏略甚矣。《明史》本傳:"芬謫福建市舶副提舉,學者稱梓溪先生。先是,羅倫以諫謫福建提舉,踰六十年,按羅倫以成化二年謫官,芬以正德十四年謫官,相去五十三年,此言其成數耳。而芬繼之。與倫同鄉、同官、所謫地與官又同,福建士大夫遂祀芬配倫云。"則芬之配祀固宜先於二雲。而《府志》蔣德璟、潘思榘、黃昌遇諸記皆無一言,亦可怪已。此關一邦祀典大事,故詳考之,以貽來者。

余撰昭昧圖書館楹聯云:"千萬卷典籍中藏,北築琅環多祕笈;五十年羅舒相繼,南來提舉兩詞臣。"

歐陽先生祠堂記

去梅石書院東南不一里,唐國子四門助教歐陽行周先生祠堂在焉。先生諱詹,貞元八年進士第第二人,與韓愈、李觀、崔群之倫皆天下選,世號"龍虎榜"。及卒,愈為詞哀之。其稱"閩越人之舉進士繇詹始"者誤也。先是,長溪薛令之登神龍二年榜,莆田林藻亦前一歲舉焉。吾鄉李元仲徵君辨其非。然閩人有學,實自先生而始光大。祠奉塑像,匾曰"不二",蓋先生自號而以為題。惟郡邑志乘,莫詳構始。或曰子朱子嘗過而葺之,則年代遠矣。過化亭在其左,即紫陽論學地,嘉靖間通判陳堯典所修建而名之也。幷刻子朱子遺像嵌於亭壁。興毀互迭。舊題"小山叢竹",今鑴於石坊。講舍圮為

---

① "二",《泉州府志·名宦》作"兩"。

菜地,修篁離披,流風邈矣。嗟乎!泉爲古郡,當唐宋之隆,理學文章,照映海隅。迨明中葉,蔡虛齊清窮經析理,崇實屏華,爲閩學後勁。陳紫峰琛、蘇紫溪濬,承而勿替。雖姚江學說盛行之日,特立不爲所震撼,良非偶然。譬諸飲水輒思其源,氣運所開,微先生而誰之力哉?予來居此,忽忽寒暑更易。比鄰咫尺,暇輒過而瞻仰遺規,深嘅季代學術衰落,逐其末而不知返。人心世道之憂,曷其有極耶!先生有讀書石室,在清源左麓之賜恩巖,木石幽邃,皆茲土勝槩之足述者。莊生言"逃空虛者,聞人足音,跫然而喜"已乎?今誰與語此?丙子除日記。

造賢館記

吾族之塾凡三:曰造賢,在東溪第一橋右;曰文明,當溪之西;曰六經,當溪之南。今其二皆圮,而造賢獨存。予髫齡讀書於此,愛其地之幽。溪水自東來,延引如帶,南澗滙之,石激湍鳴,清越可聽。竹木雜生,曦晨月夕,微風動影,濃青壓屋。自故鄉被兵匪禍,予奔走江海,不得居此者垂十年矣。回憶草堂風雨,儕輩送疑解難,鐙火相對,今皆爲飢迫以去。人事易遷,不可恆聚若此。茲館爲吾十三世祖韶徵公遺業,并置學田,而篤恭文會。有租穀若干石,又皆公之子孫成之,鄉閭稱美焉。夫國之與立者,學也。古者八歲入小學,保氏教以六書,此今日初等識字教育所由倣。親民至善,莫不以小學爲之基。是故夏校、殷序、周庠,制雖不同,而誠正、修齊、治平之教一也。孟子曰:"學則三代共之,皆所以明人倫也。"然則自一身以至天下,而求備其道,孰有外於是哉?吾包氏自始祖純白公以南昌貢士當隆興間教授南來,遂避地於杭之小陳坑。四傳曰千一郎公,遷黃坊。五傳曰萬五郎公,乃遷今地,聚族且六七百年。先人所爲教養,其澤厚矣。詩曰:"毋忝爾祖,聿修厥德。"又曰:"戰戰兢兢,如臨深淵,如履薄冰。"予小子,行能無所比數,而絜身自飭,守而勿墜,敢不與我族人子弟相敬勉於無窮耶?丙子嘉平,二十一代裔孫樹棠謹記。

鍾氏畫像記

丁丑春,鍾勷侯先生自潮安寓書,以重畫先德遺像跋見示,並屬一言爲記。樹棠讀之，乃喟然歎曰：自故鄉兵亂七八載，人命如草芥，盧舍爲邱墟，惕心悸目，士夫流離。惟時，先生如韓江避地，築盧以居。而先生之兄京川茂才，挈孤孥後出，遂遘難焉。介弟穎薌，丞歲宦遊四方，攜茲圖之像於行篋，獨得無恙。遂喜而圖之。先是，樹棠館先生鄉，嘗出一幀，命繫詩。圖凡四人：諱曰某，字曰斗垣，候選按照磨，配曰陳氏者，先生之皇祖考妣也。諱曰某，字曰映丹，增貢生候選訓導，配曰黎氏者，先生之皇考妣也。其圖亂亡，樹棠濡迹江海，詩亦散落不可復憶。今先生重爲此帙，留貽子孫，諄諄以謹守勿墮爲戒。曾子曰："慎終追遠，民德归厚矣。"當此彝倫妒斁，群欲橫決，先民修齊之教，治平之術，講習反經，汲汲如不可及，其意念深遠矣。他日者維舟江渚，展長者之遺容，典型未遠。吾知溪山盤曲，雲樹蒼寒，考槃碩人之思，憬然心目間，幸不與劫灰俱盡，而世變之鉅可畏也。茲圖凡三人，視舊帙獨缺斗垣翁云。

九日登觀日臺賦用王仲宣登樓賦韵

趁重九以登高兮，佩萸囊以消憂。緊日觀之嵯峨兮，凌空濛而寡儔。涉飛仙之弱水兮，訪方外之十洲。挹大武之嵐翠兮，瞰鷺江之清流。梟飛曲渚，雁落橫邱，金英滿野，秋實蔽疇。羨江山之雲物兮，乘暇日以淹留。維茲山之勝槩兮，著自古而非今。念人生之行樂兮，感海客之難任。彷高唐之臺觀兮，歌雄風而披襟。泛溟海之流觴兮，枕天南之危岑。見滄瀛之三淺兮，問銅仙而悲深。弔鄭王之故壘兮，情慷慨以難禁。尋處士之幽宅兮，跫空谷之足音。風蕭蕭而木落兮，發楚些之微吟。思濯髮於陽阿兮，托悠悠之遐心。聽金雞以向曙兮，歎混茫之無極。方旭日之東昇兮，若有助乎神力。閃金波而浮沈兮，狀若吐而忽食。挂樹頭之銅鉦兮，燭魑魅而皆匿。正秋高而雲斂兮，共水天之一色。翻白浪之錦鱗兮，奮圖南之健翼。極造化之大觀兮，席莽蒼以少息。舒長嘯而山鳴兮，忽驚怖而慴惻。起蕭寺之鐘魚兮，滌萬慮於胸臆。傍薄莫而言歸兮，悵山霧而反側。

鄭漁仲先生象題辭 ①

通天地人，兼才學識，求之古今，此才不易得也。雖其睥睨孟堅，斷代之失，學者慎而取之，庶幾不惑。吾聞夾漈山中，昔有先生草堂。往往風雨之夕，入茲山者，猶見娜嬛之舊宅，日出暴書，有二童子爲役。於戲！先生生爲英，死爲靈。斯文旦氣，沛乎蒼冥而爲之塞。悠悠千禩，吾惟斯人之是式矣。

與葉愚廬書

江鄉小別，兩載匆匆。秋去秋來，見道旁種樹，拱把成圍，頗有司馬“人何以堪”之感。風雲壘畔，舊雨飄零，賦詩攄懷，寄似一粲。

集美學校記

集美舊曰潯尾，同安縣西南隅之半島也。距城四十里。潯江、岑江左右來匯入海，與廈門之高崎一衣帶水隔耳。天馬崎其北，中原地勢，至此平曠盡矣。陳嘉庚先生興學於此，廣築黌舍，生徒來自四方，歲多至二三千衆。中外士夫行旅者，往往慕其名而至焉。西自龍王宮登陸，東行曰同美路，有車至同安縣治。其右出，一支曰大中路，一支曰通津路。循大中路陟小岡，凡樓四，曰崇儉、曰允恭、曰明良、曰即溫，亦曰北樓。北樓之東曰科學館，儲飛走礦植，聲光氣化，品彙數以千萬。置氣象臺，其下有百尺鐘樓。敬賢堂當其左，改建以紀念先生介弟敬賢君者也。前有橋可通，凡樓三，曰居仁、曰瀹智、曰尚勇。闢泮池，碧水環之，種魚數萬頭。東西構石橋三，橋東有先生園林住宅。堂之後樓曰立德、曰立功、曰立言。立言左曰博文，即圖書館也，庋籍八萬册。運動場當諸樓之北，碧草平鋪，遠黏天色。博文前曰約禮，左陟小邱曰美術館。當其北而南向者曰尚忠樓，東向者曰誦詩樓、曰敦書樓。迤東爲幼稚園，有堂曰葆真、樓曰養正。自大社路南盡海，曰延平樓，鄭成功故壘在焉。壘之東有鰲頭宮，西有國姓井。延平賜姓朱，鑿之以飲將士，故名。雖瀕海低

窪，而泉脈甘美，此學村之南隅也。植物園當科學館北，肅雝樓又當園之西北隅，土木之瑰瑋略盡。而庖膳、盥沐、療養瑣雜者不與焉。曰大社、曰岑頭、曰郭厝，村民之所聚居。姓皆陳氏，學舍適位於其中。雜樹長青，抱樓夾道，海光山色，時浮几席。其學校曰師範、曰中學、曰水產航海、曰商業、曰小學、曰幼稚園。又自同美路驅車東北行可八九里，有農業學校，其樓曰務本，在天馬麓山，多小松，墾牧之場千餘畝。夫先生昆仲，浮海致產千萬金，獨知先王建國君民，莫先於學。斥其貲，老而弗輟，此墨翟摩頂放踵之志也。杜子美曰："安得廣廈千萬間，大庇天下寒士皆歡顏。"吾於先生見之。

奉周癸叔先生書丁丑

去歲即聞函丈返成都，受四川大學羔雁。久疏奉候，罪甚罪甚。樹棠乙亥秋有都門之行，濡滯帀月。初冬过吳中，谒石老、太炎先生。盤桓數日，徧覽虎邱、寒山、滄浪諸勝。時河北風雲緊急，匆匆南歸。成《雷翠庭先生年譜》一卷。翌春至晉江，居城北梅石書院，爲邦人建以祀市舶司提舉羅文毅公倫，假館歲餘。今秋復來江鄉，戰機爆發，沿海國防無日不在憂危震撼之中。東北戰場，強敵席捲千里。數年來窮竭膏血，以事興復者，乃如棘門、壩上，兒戲出之，天下事尚可問乎？新都危若朝露，臨安非戰守之區，閩爲左海，勢成甌脱矣。蜀中冠蓋如雲，墨翟飛鳶，正足使江關失險。盰衡中夏大勢，有若危言，殊不欲其或中也。滌瞻仍居故都，亂後久無消息。石老去年入蜀，有晤面否？堯生侍御、山腴先生皆有酬唱，今在榕捐館舍矣。新城王晉翁撰《廖季平先生墓表》，能否覓一帙見惠？附奉懷詩一首。"寥泬"，爲韻所牽挑轉。羅昭諫雖有用之，所謂"寥泬工夫大"，要不足爲訓。易爲"寥闊"，幸教而正之。

笠山文鈔卷第五

唐上柱國刺史武呂墓攷上

唐上柱國刺史武呂墓，在安溪縣永安鄉頂園。泥潦衝積，湮夷地下矣。一日，莊君爲璣過而異之，則古墓被穿窬者數處。視其甎紋，與近年泉州提督廢署所發見唐墓類甚。語其狀於陳子欣校董，以請於當道，得其可，鳩工發掘，盡五六兆，獲"上柱國刺史武呂乾封二年中"十二字甎、"武呂中平安大吉"七字甎、"大方"二字甎、"己巳"二字殘甎、花紋甎。按《會要》，高宗麟德三年正月五日，改爲乾封，甎題二年，則歲在丁卯也。翌年二月二十九日，改元總章，則己巳一甎又當總章二年也。唐世勳級，《舊書·職官志》："上柱國正第二品"，《新書·百官志》："司勳郎中一人，員外郎二人，掌官吏勳級，凡十有二轉爲上柱國，視正二品。"又《會要》："舊制，勳官上柱國已下，至武騎尉爲十二等。有戰功者，各隨高下以授。""咸亨五年二月，以國初勳官名號，與今日不同，乃下詔申明，各以類相比。武德初光祿大夫，比今日上柱國。"此其較也。刺史之職，其視前代，猶二千石親民之官。武德初，改郡爲州，置是官。貞觀元年，因關河近便，分天下爲十道，凡三百六十州。自後併省，至天寶，凡三百三十一州存焉。《武德令》，三萬戶已上爲上州。《永徽令》，二萬戶已上爲上州。至顯慶元年九月十二日，勅戶滿三萬已上爲上州，二萬已上爲中州。先已定爲上州、中州者仍舊。《舊書·職官志》："上州刺史一員，從三品。中州刺史一員，正四品上。按《新書·百官志》上作下，誤。下州刺史一員，正四品下。"顧當時頗輕其選，武夫勳人，或京官之不稱職者，多使外出。其邊寫之地，用人更輕，百姓不安。貞觀十一年八月，侍御史馬周疏言其弊，故太宗有"刺史朕當自簡"之言。迨至垂拱元年，祕書省正字陳子昂猶極論之，曰："陛下欲使家傳禮讓，吏勗清勤，不重選刺史縣令，將何道以致之也？”武吕所題官勳，其與前史，信而有徵。然以刺史而轉勳至正二品，意者其爲武后之族與？《會要》：“武德三年，高祖嘗從容謂尚書右僕射裴寂曰：‘我李氏昔在隴西，富有龜玉，降及祖禰，姻婭帝王。’蘇氏議曰：‘創業之君，俱是貴族。三代以後，無如我唐。高祖八柱國唐公之孫，周明懿、隋元真二皇后外戚。’”夫李氏舉義兵，四海雲集景從。膺命垂統，稱述先世，猶以八柱國爲榮。彼武吕者，苟非椒房之貴戚，曷臻此哉？武曌以貞觀十年召爲才人，時年十四矣。太宗崩，隨嬪御之例，出家爲比丘尼於感業寺。高宗即位，乃召入宮，立爲昭儀，進號宸妃。永徽六年十月乙卯，立爲皇后，下距乾封二年凡十二載。武吕身躋膴仕，正並其時。惟安溪南唐始置清溪縣，宋宣和三年乃改今名。方志所述，在其後者無論已。泉州之於唐初，其治今福州。聖曆二年，始析南安、莆田、龍溪，置治南安。後治晉江，亦後三十餘載。如武吕者，又胡爲乎來哉？竊疑《舊書·外戚·武承嗣傳》：后之立也，諸武供內職，尋又外出者。若元慶以宗正少卿，出爲龍州刺史，至州病卒；元爽爲少府少監，出爲濠州刺史，又配流振州而死，皆后異母兄也。惟良以衛尉少卿，出爲始州刺史，與弟淄州刺史懷運，以嫉見誅，又皆后從兄弟也。則武吕南徙，蓋亦若是之類。以是推之，其邑里固不難思而得矣。此邦志乘所書，有唐廖長官墓，在永安里埔塝村；唐上柱國林珊墓，在依仁里東山。他若姜公輔以股肱之臣貶泉州別駕，沒，墓在南安九日山；韓偓以翰林承旨，遭忌權奸，走依王審知，卒，墓在南安葵山。當時仕宦，流離顛頓，先後而至者，實緜有徒。茲墓封築寬敞，中瘞明器，皆陶瓦，其狀爲盌、爲杯、爲盤、爲匙、爲瓶、爲壺、爲竃、爲盂、爲洗、爲鼎、爲鑪、爲鐙、爲鐎斗、爲溺器，大小不一。諸兆所得，凡百有餘事。與《會要》“開元二十九年正月十五日勑：古之送終，所尚乎儉。其明器墓田等，令於舊數內遞減。三品以上明器，先是九十事，請減至七十事。五品以上，先是七十事，請減至四十事。皆以素瓦爲之。其墓田，二品先方八十步，減至六十步；墳先高一丈六尺，減至一丈四尺。三品墓田，先方七十步，減至五十步；墳先高一丈四尺，減至一丈二尺。其四品墓田，先方六十步，減至四十步；墳高一丈二尺，減至一丈一尺。”頗有合焉。泉州唐墓，有“貞觀三年閏十二月廿五日葬”十二字甎，最爲完備。“癸丑”二字殘甎，遠亦不過開皇，與武吕墓時代相近，同其封築。而出土明器，又什同其八九。然彼無名爵可紀，今茲所獲，不尤可貴與？甎字有義取吉祥者，平安大吉之類是。其不可釋者,蓋闕如也。以民國二十八年十一月五日發土,匝旬而工竣。覆而捫之,楬欒貞珉曰:"唐上柱國刺史武呂墓",以諗來者焉。

唐上柱國刺史武呂墓攷下

武呂墓發者六,尚有湮夷民屋其上者二。蓋所葬又非呂一人。疑其南來,必以家屬自隨,而沒於茲土者也。墓穴大者,合公尺長五尺五寸二分,博一尺六寸五分,高二尺一寸。餘穴大小各有差。考《周禮·冢人》:"掌公墓之地,辨其兆域而爲之圖。以爵等爲丘封之度,與其樹之數。"注:"別尊卑也。王公曰丘,諸臣曰封。漢律曰:'列侯墳高四丈,關內侯以下至庶人各有差。'"唐墓丈尺,略具《會要》。雖古今度制,長短有異,猶得辜較,詳前攷矣。墓南向,正門如隧,左右假門各一,地略窞,蓋自此及埏門外皆羨道也。《周禮·冢人》:"及窆,以度爲丘隧,共喪之窆器。"注:"墜,羨道也。度,丘與羨道廣袤所至。窆器,下棺豐碑之屬。"《喪大記》注亦云:"禮惟天子葬有隧。"《儀禮·既夕禮》賈疏:"羨道謂入壙道,上無負土爲羨道。天子曰隧,塗上有負土爲隧。《僖二十五年》'晉文公請隧,弗許'是也。"方苞云:"壙南有埏門,門之下爲羨道。使水潦下洩而不滲於壙中也。"此壙封築皆以甎,甎瓦陶字,漢以來大抵然也。凡茲所獲,皆爲反文。徵諸前代,若建平甎"延尉書"三字反文,則西漢物。與"元康九年"四字反文甎、"永和四年八月二日作"九字反文甎、"泰元元年"四字反文甎、"晉太康十六年"六字反文甎、"宋元嘉六年太歲己巳"九字反文甎、"梁天監八年五月"七字反文甎,皆見於馮氏《金石索》。墓甎有字,又若梁天監八年五月甎,

> 按《金石索》:"《魯齋丁傳》曰:'西溪安樂山之陽,萬氏之祖塋在焉。乾隆己卯六月,萬爲葬事啟土。是夜家童之宿於宗祠者,夢有神頎長白皙,衣朱衣,衣有團花。冠烏巾,巾有垂帶。謂其童曰:吾瘞此已千年,告汝主不可掘也。工人掘得兩甎,而遂掩之。'其一甎有花者,萬氏自藏。而以此甎贈先君。審其年號,是蕭梁時物。當爲築墓作穹隆狀。"

漢汝南黃伯安甎,

按《金石索》:"甎有日月,而失其上截年號。何以定其爲漢甎也?以其字體知之。又考《漢書·地理志》①,汝南郡領縣三十七,其十二曰細陽。師古注云:'居細水之陽,故曰細陽',是也。至莽時②改爲樂慶,此爲西漢甎無疑。惟細字脱落殊甚,其左旁轉似爻字,非有'汝南',幾無可據矣。"

晉故夜令高平檀君甎,

　　按《金石索》:"此檀君墟墓中甎也。末一字難辨。攷《隸釋》載張賓公妻穿中二柱文云:'此穿者'③,又云:'祖父穿④中'與⑤相似,疑此亦穿字。"

晉元康甎,其一方有"萬歲張慎墓"五⑥字,

　　按《金石索》:"甎稱'萬歲張慎',疑生時所營壽藏,亦萬歲署舍之意。"

卜氏墩太元廿一年甎,

　　按《金石索》:"墩即棺槨之椁。《說文》云:'椁,葬有木椁也。墩,度也。凡民之所度居也。'《左氏傳》:'魏舒卒于甯,范獻子去其柏椁。'又《檀弓》云:'桓司馬自爲石椁',字俱從木,無從土者。夫以柏爲椁,旁從木宜。以石爲椁,而亦從木,毋乃非宜乎?《韻會》云:'椁,或作槨。'今此甎作墩,其字從土旁,與塼相合,且有當于度居之義。今俗呼爲壙,以其甎爲壙甎,壙亦廣土之意。壙之穹隆處謂之穿,以其塼爲穿塼。穿讀去聲,作實字用,如'高平檀君穿'是也。"

潛塚甎,皆然。

　　按《金石索》:"或以爲淵明冢甎,然無稱名之義。或以爲於潛甎,於潛亦屬吳興郡,疑爲潛姓之冢。如宋有潛說友、潛有成之屬。"

----

　① "漢書",《金石索》作"前漢"。
　② "時"下,《金石索》有"則"字。
　③ "此穿者",《金石索》作"造此窗者"。
　④ "穿",《金石索》作"窗"。
　⑤ "與"下,《金石索》有"此"字。
　⑥ "五",稿本作"四",據《金石索》改。

而與泉州唐墓甎字,結體在隸楷之間,文皆反者,尤可見其遞遭之跡。

按泉州唐墓貞觀三年甎,與呂墓所獲乾封二年甎,中間相距三十九年耳。

至甎字義取吉祥,若"中平五年七月"六字殘甎,其一方有"萬歲富貴"四字;

按《金石索》:"右甎文有'萬歲富貴'字,每格以員圈方格間之。其'萬歲'字,乃古人通用祝頌語,與頌君者無別。《隸續》載漢甎文,有'建初三年八月廿日,汝伯寧萬歲舍大利善。'洪氏云,與曹叔文甎所謂'萬歲署舍'同,或是卜築所用者。邱君篆甎亦謂之萬秋宅。漢人無忌諱如此,此其證也。"

"八月壬戌朔廿日"七字殘甎,其一方有"可久長"三字;

按《金石索》:"漢八月甎,無年號可稽。然隸法瘦勁,當是漢人手筆,魏晉以下無之矣。其'可久長'三字尤佳。"

"建興二"三字殘甎,其一方有"傳世富貴"四字,皆其類也。

按《金石索》:"蜀漢、西晉皆有建興年號,此甎得之吳興,當爲吳建興也。吳孫亮之建興,亦止二年,其後改五鳳矣。一面有'傳世富貴'四字,蓋當時吉利語。隸體方整,亦合三國時之制。"

古甎飾圖者,若顏心齋所得一甎"千秋萬歲長樂未央"八字,貫于四神之中;一甎分四格,二格分寫"長生未央"四字,二格畫雙璧。

按《金石索》:"以上二甎,顏心齋明府宰興化縣時濬河得之。今製以爲几,用以庋茶。在馬毓泉廣文家。"

若"竟寧元年"四字殘甎,其一方有獅首形;

按《金石索》:"竟寧元年,西漢元帝之十六年。竟寧祇一年而止,此甎元年下露歲字之半,當是'歲在戊子'之缺文。則此僅半甎也。其一面作獅首形,今詹瓦每作此形,亦曰獅首,又曰貓首,殆始于此。烏程陈抱之经所藏古甎甚多，当以是为冠。”

若“八月潘氏”四字残甎，其一方有花纹，似星斗而有晕；

  按《金石索》：“此甎亦无年号，祗存‘八月潘氏’四篆文，盖失去上截也。疑亦汉时甎，一面为花纹，亦不全。乌程陈氏藏。”

若“铜雀宫造”甎，中饰一马；

  按《金石索》：“魏铜雀宫甎，叶东卿藏。”

若“在乙亥孙氏造”六字残甎，其一方饰以古钱，賸可辨者三枚，中一枚有“大泉五日”四字。

  按《金石索》：“甎文缺其上，祗存‘在乙亥孙氏造’六字。何以定其为吴甎？以右侧有大泉五百钱文知之。考吴大帝孙权嘉禾五年，始制大泉五百，后又铸大泉当千。较莽时大泉五十为大，则其时竞尚大泉可知。汉人尚五铢，一时碑文、镜文俱有五铢之饰，则此为吴甎可证。予见大泉五百钱文作‘百’，此乃作‘日’，或係泐文，亦或竟取五日之义，均未可定。惟大帝时无乙亥岁，乙亥乃在大帝少子孙亮之时，五凤二年，正当乙亥。相去不过四年，其犹用大泉宜也。则是当为吴五凤二年甎，且又得之吴兴，安见非孙亮之族人所造者？”

外此蜀师、永宁、古林诸甎，具花纹者不一而足。泉州唐墓甎图，庄君为玑信其为四灵，甎具一物，引《礼记·礼运》“四灵麟、凤、龟、龙”为说。予谓麟之一物，状殊不类，即“千秋万岁长乐未央”甎之白虎，亦相悬绝，盖当时造甎饰图，多取祥物，资为美观，义不拘于四者。故若双鱼、古泉、花卉之类，异状纷呈，或因时代不同，或以风土有异，难为详说。吕墓甎图，有衣冠执团扇而立者之形，衣冠佩长剑而立者之形，衣冠而趺坐者之形，衣冠而拜跪者之形，龙凤之形，古璧之形，一甎半璧、两甎合为一璧之形，古泉之形，牡丹、芙蕖之花，与不知名者，无虑十数种。细察其意，不外托喻富贵清白之类。惟有图者则无字，与汉晋诸甎稍异耳。

  按泉州唐墓甎，饰双鱼者有二种。一双鱼并头连体者。一双鱼离立，中飾員圈，圈中有正面蓮花，瓣凡八，惟魚頭一上向一下向，與所見漢洗雙魚並頭者異。其"歲次癸丑"甎及"歲次己丑"甎，每二字間以員圈花紋，與古林甎，林上間五五錢文者，其制甚似。其飾龍鳳、璧泉、花卉諸形，則與呂墓所獲者大同小異。甎質長短厚薄，亦約略相同。特呂墓甎圖案精緻，象類緐多。封築層次，井井有條，爲泉州唐墓所不能及耳。

甎質爲潔白而幼之觀音土。今縣西劍斗一帶，產大量之灰石礦，此爲未成形之土層，與附郭仙苑所陶黝黑而略帶鐵質、閩南沿海所陶紅色甎瓦迥殊。甎長方範字者，長四寸四分，博一寸七分有半，厚四分。飾圖者，長四寸四分有半，博二寸，厚六分。正方飾圖者，邊一寸八分，厚五分有半。其範"大方"二字者，疑其稱謂云。諸墓所獲窆器，凡百有餘事。蓋幾被穿發，非其全矣。《禮記·喪服大記》"棺椁之間，君容祝，大夫容壺，士容甒。"注："間可以藏物，因以爲節。"《儀禮·既夕禮》："至于壙，陳器於道東西，北上。"注："統於壙。"又云"藏器於旁"，注："用器役器也。"又云"藏苞筲於旁"，注："不言甕甒，饌相次可知。四者兩兩而居。"疏："兩兩而居者，謂苞筲居一旁，甕甒居一旁。"《新唐書·禮樂志》："下柩於壙戶內席上，北首，覆以夷衾。輴出，持翣入，倚翣於壙內兩廂，遂以帳張於柩，東南向。米酒脯於東北，食盤設於前。醢醯設於盤南，苞牲置於四隅，明器設於右。在壙掌事者，以玄纁授主人，主人授祝，奉以入，奠於靈座。主人拜稽顙，施銘旌、誌石於壙門之內，掩戶，設關鑰，遂復土三。"其言綦詳。呂穿陳器，若合符節。

按《既夕禮》云"茵先入"，注："當藉柩"。又云"加見"，注："見，棺飾也"。《喪大記》云："飾棺君龍帷黼荒，大夫畫帷畫荒，士布帷布荒。"《檀弓》云："周人牆置翣。"《禮器》云："天子五重八翣，諸侯三重六翣，大夫再重四翣。"又《既夕禮》云"實土三"，注："實土三徧"，則《禮樂志》所舉席上倚翣實土之說與古同也。

明器之制，緜來舊矣。《周禮·冢人》謂之凶器，《檀弓》謂神明之也。肖爲生人起居飲食日用之器，畀諸死者冥中之用。甚者爲俑以殉，孔孟非之。呂墓無是，則唐人猶多遵古制。近代有用紙劄者，亦其遺意也。

按《周禮·冢人》"遂入凶器"，注："凶器，明器"。《禮記·檀弓》：

"孔子謂爲明器者，知喪道矣。備物而不可用也。哀哉，死者而用生者之器也。不殆於用殉乎哉。其曰明器，神明之也。塗車芻靈，自古有之，明器之道也。孔子謂爲芻靈者善，謂爲俑者不仁，殆於用人乎哉。"《孟子》："作之俑者，其無後乎！"《會要》："太極元年六月，右司郎中唐紹上疏曰：'臣聞王公以下送終明器等物，具標格令。品秩高下，各有節文。比者王公百官，競爲厚葬，偶人象馬，雕飾如生。徒以炫燿路人，本不因心致禮。更相扇動，破產傾資，風俗流行，下兼士庶。若無禁制，奢侈日增。望請王公以下送葬明器，皆依令式，並陳於墓所，不得衢路舁行。'"武呂前此不遠，且因南竄，故諸墓所陳，其制猶儉。

是穿明器，與泉州唐墓同者泰半。有茶椀連舟者，鄭德坤氏發掘報告以爲杯；有盤盛小杯五如梅花者，鄭氏又以爲茶盤。後一物，今漳泉潮汕之人癖茶者，其用具類之，俗呼工夫茶。予謂唐代士夫飲茶之風盛行，陸羽嗜茶，著經三篇，見於本傳。然當時飲茶之具，皆以椀稱。盧仝七椀，形諸吟詠，其尤著者。若以杯稱，多屬酒器。逮宋陸游始言茶杯，以之入詩。前罕是也。此器之舟亦曰托，其無舟者，通用之椀。蓋飲茶宜沸，器熱故用舟。飲酒宜溫，器涼故無舟。輓近沿用茶酒之器，猶有其遺意也。

按《唐書·陸羽傳》："羽嗜茶，著《茶經》三篇，言茶之原、之法、之具尤備。"《茶經》云："其名有五，一茶，二檟，三蔎，四茗，五荈。"又云："味甘，檟也；不甘而苦，荈也；啜苦咽甘，茶也。"言採摘、言製造、言收藏、言烹點。水則某上水、某中水、某下水，火則時一沸、時二沸、時三沸。育湯之華，薄不爲沫，厚不爲餑，而有取於輕且細之花。語焉尤精。按《爾雅》："檟，苦茶。"注："樹小似梔子，冬生葉，可煮作羹飲。今呼早采者爲茶，晚取者爲茗。一名荈，蜀人名之曰苦茶。"《釋文》："檟與榎同。"《埤蒼》："茶作榤，今蜀人以作飲。"《凡將》有荈詫，見引於《茶經》。《晏子春秋》有茗茶之食，王褒《僮約》有武陽買茶之語，《吳志·韋曜傳》有賜茶荈之事，諸書皆作茶。《茶經》減一畫作茶。漢晉以前已有飲之者，至李唐尤盛。盧仝《謝孟諫議寄新茶》詩："一椀喉吻潤，二椀破孤悶。三椀搜枯腸，惟有文字五千卷。四椀發輕汗，平生不平事，盡向毛孔散。五椀肌骨清，六椀通仙靈。七椀喫不得也，唯覺兩腋習習清風生。"故蘇軾詩有"且盡盧仝七椀茶"之句。他若韓昌黎詩"茗盌纖纖捧",白居易詩"閒停茶椀從容語",又曰"酒渴春深一椀茶",又曰"寒食深爐一椀茶",施肩吾詩"越盌初盛蜀茗新"。《茶經》亦稱:"盌,越州上,鼎州次,婺州次,岳州次,洪州次,壽州次。"又曰:盌,"邢不如越,越盌上口脣不卷,底卷而淺,受半升。"此皆飲茶稱椀之證。至飲酒稱杯,前乎唐代,若《漢書·朱博傳》:"博爲人廉儉,不好酒色。游宴,自微賤至富貴,食不重味,案上不過三杯。"《南史·陳暄傳》:"暄嗜酒。兄子秀致書於暄友,冀事諷諫。暄聞,與秀書曰:'昔周伯仁渡江,惟三日醒,吾不以爲少。鄭康成一飲三百杯,吾不以爲多。'"迨唐,若李嶠詩"更取峰霞入酒杯",岑參詩"荷香隨酒杯",杜甫詩"潦倒新停濁酒杯",王維詩"勸君更盡一杯酒",李白詩"百年三萬六千日,一日須傾三百杯",又曰"三杯通大道",不勝枚舉。《方言》雖有"桮,趙魏之間曰械,或曰盌"之文,亦第渾言之。如《吳志·甘寧傳》"權特賜酒殽,寧先以銀盌酌酒自飲",《南史·王琨傳》"琨儉於財用,設酒不過兩椀,輒云此酒難遇",《法苑珠林》"王勃辦七寶椀,椀受三升,諸寶椀中盛滿好酒",徐陵詩"玉盌無秋酎",李白詩"傾心美酒盡玉椀"之類。飲酒或偶言椀,飲茶則罕言杯。蓋桮棬見《孟子》、《禮記·玉藻》,皆以爲酒器。惟宋陸游詩"藤杖有時緣石磴,風燈隨處置茶杯",始明言"茶杯"二字。後來緣是渾稱,前人固自有別矣。

有鼎屬,而量甚淺者,鄭氏以爲鼎。然《爾雅》云"鼎絕大謂之鼐,圜弇上謂之鼒,附耳外謂之釴",注:"鼎耳在表"。《說文》云:"鼎,三足兩耳。"則鼎有耳,是器無之,且量淺。察其形,較類新鄭出土古器之鬲。蓋陶人造器,亦不甚瞭古制,以致歧異,要爲鼎屬耳。有類鼎而多一附屬物似柄者,泉州所獲略長。鄭氏以爲鐎斗。予謂與漢元康鐎斗、漢內者樂卧鐎斗,底平而柄長,《陶齋吉金錄》"漢建始鐎斗,底圓而柄長"者,此爲稍異。若以爲鼎,則又無此制,姑以是正名。

按顏師古《急就篇注》:"鐎斗,溫器也,似銚而無緣。"王應麟曰:"鐎,刁斗也。溫器三足而有柄。"趙希古《洞天清錄》:"刁斗無足,鐎斗有足。"

有鐙檠，畧似《考古圖》漢甘泉內者鐙，惜不見其盛膏之盞。《韓昌黎集》有《短燈檠歌》者是也。又二鐙似承燭者。一鐙盤中置圓孔，有底。一鐙盤中有檠，兩邊附耳，穿孔，孔下有托，皆置燭跋處。

　　按《爾雅·釋器》"瓦豆謂之登"，注："即膏登也。"《釋文》："登，本又作鐙。"郝懿行《義疏》："郭云'即膏登也'者，蓋舉類以曉人，非禮器之登，即然膏之登也。"《韓昌黎集·短燈檠歌》"短檠二尺便且光"，蘇軾詩"免使韓公悲世事，白頭還對短燈檠"。

　　有鑪屬。《韻會》："鑪，熏器，或作爐。"《漢官典職》："尚書郎，給女使執香爐"者，是其類也。有洗屬，略似《博古圖》漢陽嘉鷺魚洗之形。《儀禮·士冠禮》："設洗，直于東榮。"注："洗，承盥洗者，棄水器也。"有盂屬。《說文》："盂，飯①器也。"《方言》："宋楚魏之間盌謂之盂。"《韓非子·外儲》："君猶盂也，民猶水也。盂方水方，盂圓水圓。"繇是言之，固無常形矣。有盤屬。《說文》："盤，承盤也。"《左傳》僖二十三年"乃饋盤飧，置璧焉"，《史記·滑稽傳》"杯盤狼籍"者是也。有杯屬。《說文》作桮，飲酒器。《博雅》："盞，杯也。"《方言》："趙魏之間或曰盞。"注："酒盞，最小杯也。"有匕屬。《說文》："匕，匕也。"即今之調羹。有竈。雙釜者，與泉州唐墓所獲同。單釜者，泉州唐墓無之。竈中窔，前端闢方門，所以爨也；後端畧銳，通孔者突也。兩穿有是器，殆《易》所謂"无攸遂，在中饋，貞吉"者與？

　　按《說文》："鬴，鍑屬也，或从金父聲。"段注："今經典多作釜，惟《周禮》作鬴。"《詩·召南》"維錡及釜"，傳："有足曰錡，無足曰釜。"又按，《說文》"竈，炊竈也，亦作竈。"《博雅》："窯謂之竈，其唇謂之突，突下謂之甄。"《易·家人》疏："婦人之道，巽順爲常，无所必遂。其所職主，在於家中饋食供祭而已。"是器得於所發第一排，自左而右之第四、第五兩壙，疑其葬者爲武呂眷屬。

有溺器。是物也，五代已前有用之者。一穿具是，疑呂葬處。

　　按《戰國趙策》"趙襄子最怨知伯，而將其頭以爲飲器。"《史記·刺

────────────

① "飯"，清段玉裁《說文解字注》作"飲"，並云：大徐本作"飯"誤，小徐本作"飲"不誤。

客傳》索隱引晉灼曰："飲器，虎子也。"晉氏以爲褻器者，以《韓子》、《呂氏春秋》並云襄子漆智伯頭爲溲杯故也。《新五代史·後蜀世家》："君臣務爲奢侈以自娛。至於溺器，皆以七寶裝之。"呂穿及泉州唐墓所獲，與今人沿用者形似。

有壺屬之小者。鄭氏以爲唾壺。予謂唾壺雖見《晉書·王敦傳》，而未聞其制，不敢以爲信也。

　　按《晉書·王敦傳》："每酒後，輒詠魏武帝樂府歌曰：'老驥伏櫪，志在千里。烈士暮年，壯心不已。'以如意打唾壺爲節，壺邊盡缺。"鄭氏以今人用器懸度之，未見其然矣。

又有不知名者一事。前端圓而平，後端殺而銳。其上有挈，挈近圓平之一端，有小孔三，窾其中。平底可置，似盛水器。凡斯之類，皆所以肖爲用器役器也。其瓴壺瓶罋之屬，大者數事，蓋以盛米酒醢醢，如《新書·禮樂志》所云，是又別於明器之外者。

　　按《儀禮·燕禮》有方壺、圜壺之別，《禮記·少儀》有乘壺酒，皆酒器也。《爾雅》"康瓠謂之甈"，注："瓠，壺也。賈誼曰'寶康瓠'是也。"《方言》："缶謂之瓿甊，其小者謂之瓶。"又《爾雅》："盎謂之缶，甌瓿謂之瓵。"注："瓿甊小甖，長沙謂之瓵。"《詩·宛丘》正義引孫炎曰："缶，瓦器。"《說文》云："瓦器，所以盛酒漿。秦人鼓之以節歌。象形。"凡斯所言，皆爲酒器。蓋前人造器，或一物而異名，或同名而異形，不可穿鑿以求之也。又按《周禮·膳夫》"醬用百二十罋"，注："醬謂醢醢也。王舉則醢人共醢六十罋，以五齏七菹三臡實之，醢人共奠菹醢按《校勘記》嘉靖本、閩本同，監、毛本醢誤醢物六十罋。"此皆盛醢醢之器也。

凡諸盛器，定以今名。兩瓶哆口，側附兩耳。一口徑寸二分有半，腹圍八寸，通身高三寸一分。一口徑寸三分有半，腹圍六寸七分，通身高二寸九分。三罋口稍斂。一左右附耳各兩，口徑一寸，腹圍七寸，通身高二寸三分有半。一四邊附耳各一，口徑寸有一分，腹圍六寸二分，通身高二寸一分有半。一左右附耳各一，口徑一寸，腹圍六寸三分，通身高寸七分有半。予釋瓵及窆器竟,尚有疑竇。《新書·禮樂志》言凶禮,一品至於三品,唅用璧;四品至於五品,唅用碧;六品至於九品,唅用貝。呂穿無是,豈竄斥窮荒,喪稱有無,禮故簡略與? 抑有所散佚與? 又《禮樂志》有"施銘旌誌石於壙"之言,桐城姚郎中曰:"誌者,識也。言立石墓上,或埋之壙中,古人皆曰誌者,所以識之辭也。"呂穿無是,豈遷服鄙陋,無人爲之秉筆與? 抑憔悴放逐,言者畏罪與? 抑又千百年後,風霜雨露之剝蝕,牧豎野老之摧毀,渺不可得與? 又或以甋題刺史,有官無地,疑爲例贈。是不然。唐世贈官,亦皆著地。如《韓昌黎集·祕書監贈絳州刺史獨孤府君墓誌銘》是其例也。況呂敍爵轉勳至上柱國正二品乎? 武氏自士蒦從龍,稱爲望族,高祖嘗笑謂曰:"爾故王戚黨也。"其後武平一嘗自請抑母黨,有"臣一宗,階三等,家數侯,朱輪華轂,過史、許、梁、鄧遠甚,恩崇者議積,位厚者釁速"之語。呂身當政要,致遭謫逐,亦若是之類。惜造甋文簡,又無碑碣實之,不免使人徬徨千載之下耳。

武呂墓甋中字補釋

茲墓所獲"上柱國刺史武呂乾封二年中"十二字甋、"武呂中平安大吉"七字甋、"中"一字甋。其"中"字頗難解索。久而思之,乃知諸甋博之一端厚五分強,一端厚四分弱,皆得自壙中穹隆處。與兩側所獲造甋厚平等者異制。《金石索》:"壙之穹隆處謂之穿。"《隸釋》載張賓公妻穿中二柱文,其一云"祖父穿中"。《鮚埼亭集》有《五嶽遊人穿中柱文》、《翰林蓼崖蔣先生穿中柱文》、《范沖一穿中柱文》,其體猶誌銘之類。是柱文穿中之中,言其所置之方位。此甋有"中"字,亦言用以封築之方位。如梓人作室,一椽一柱,必標識其上下左右,而後合之以成室,皆其意也。

按《漢書·外戚傳》:"時有群燕數千,銜土投丁姬穿中。"師古曰:"穿,謂壙中也。"

安溪由義王氏族譜序代

安溪由義王氏,出自唐忠懿王第九子富沙王延政季派。故有譜牒,遭元季亂放失。王君泉謨，稟其先人秉恪先生之教，力任纂修，走福興泉漳間，忠懿子姓聚族之地，廣求故實，捃要鉤沈。夫木有本而水有源，推泉謨之用心，庶異夫數典忘祖如傳所譏者矣。先是，秉恪先生作牧南安，卸篆之後，嘗有志於斯。方爲鄉里治橋梁，興學校，未遑從事，遽捐館舍。泉謨雅懷繼述，無忝所生。其成書凡三十有二卷，請序於予。竊維譜牒之學，若宋廬陵歐陽氏、眉山蘇氏、南豐曾氏，皆蓄道德、能文章，治之尤精且審。此其非徒以誇門第、炫氏族，蓋親親、仁民、愛物，執是心而廣之，誼莫尚於斯也。泉謨其念之哉！茲譜兼載規訓，其鄉約三戒三勵，言簡而要，則又秉恪先生在日與宗老所定，爲教於家族者，可謂謹矣。安溪去海百有餘里，複嶺重山，伏莽不靖，號爲難治。予下車日淺，觀風土，問民情，猶喜得泉謨其人，敬宗修族，孜孜於舉世之所不急者。其絜身自好，使式於鄉邑而著之效，則何作奸犯科者之有？曾子曰："慎終追遠，民德歸厚矣。"是舉也，正本澄源，足裨政教，豈曰淺尠？予嘉泉謨請，遂書其端以歸之。

端平錢識

丁丑夏，予居晉江城北梅石書院，有梓人佩古錢一枚。諦視之，有文曰"端平通寶"，宋鑄錢也。梓人舉以畀予，予受而謝之。按《金石索》，紹定、端平、嘉熙、淳祐四品，皆理宗鑄。今錢徑市尺四分又四，楷法端整，與所摹同。字間及背，結翠渾古。《宋史·食貨志》："端平元年，以膽銅所鑄之錢，不耐久。舊錢之精緻者，泄於海舶。申嚴下海之禁。"《長編》："膽水浸鐵成銅，曰膽銅。"又《五雜俎》："古坑有水處曰膽水，無水處曰膽土。膽水可浸銅，膽土可煎銅。"予疑膽水、膽土、膽銅，乃因其色而名之。山谷中往往見泉濕泌礦物質似膽液，俗呼鏽水者是其物。此呈暗紅色，殆膽銅爲之尤精者歟？異日，梓人復貽予一錢，文曰"裕民通寶"。裕民，爲耿精〔忠〕[①]僞號，清康熙十三年甲寅十月改，十五年十月降。殆其所鑄通貨云。

按《讀史方輿紀要》："上杭金山，宋康定間嘗採金，因名。上有三池，名曰'膽水'。上下二池有泉湧出，中一池則蓄上池之流。相傳宋

---

① "忠"，稿本無，疑偶脫，據文意補。

時縣治密邇其地，水赤味苦，飲則傷人。惟浸生鐵可鍊成鋼。後縣治已遷，遂變不異常水。"顧氏言膽水可鍊成鋼，與《長篇》諸書言浸銅者又異。

家謙谷先生七十壽序

"東家自有康成在，老馬何曾便識途。"此辛酉丘念廬師答予詩句。康成者，謂族兄謙谷先生也。予童牙侍先生東溪草堂，當壬子、癸丑之間。及後予長，遊四方，歲乃得一相見，或數歲乃得一相見。己卯暑假歸省，適先生燕居，日猶輯佚鉤沈，欲仿周鑑翁維慶《閩汀文選》之例，爲《上杭文錄》一書，以配《杭川新風雅集》。予輒過先生，譚論甚歡。帀月將別，先生語予曰："明年吾七十，子不可無言。"予敬曰："諾。"始先生年五十，念廬師爲介壽之文，引《後漢書·儒林傳》大鴻臚公授太子《論語》事美之。蓋先生勤於教授，遐邇仰之爲良師，爭致脩脯，一爲縣立中學學監。越十年而先生年六十，值故鄉兵亂，踔避宅。予遇先生峰川道上，出自述之作，和者數百人，裒爲一帙。歌臺萊，尊山斗，自季世師道久裂，茲編庶幾中流之砥柱也。又十年，今夏正七月某日，實先生古稀懸弧之辰，予在七八百里外，關山寫隔，不獲歸奉一觴。歲月奄忽，回憶向者從讀書時，南山之麓，迴谿之上，瓦屋數椽，僅蔽風雨。修篁雜樹，簷隙交陰。師弟子解疑析難，晨斯夕斯，誦聲與水聲相雜，不知疲也。中間少者以壯，壯者以老，其同舍生皆爲衣食之累，執所役以去。先生亦遂白髮盈顛，修髯尺許矣。獨其好學汲古，精神彊健，不異昔時，私心喜慰。近歲邑中重修志乘，念廬師總其成。分纂採訪，則引先生臂助之力爲多。《周書》曰"君子所其無逸"，則先生窮老勿逾，緣督爲經，以保其生，以盡其年，抑有繇矣。予媿淹滯江海，碌碌未能有所成就，負先生教督之劬勞。爰攄胸中之所感者，以寄先生，且誌吾過焉。

武 字 說

武呂中"平安大吉"一甄，武字作武。按《說文》戈部"武"下引楚莊王曰：夫武，定功戢兵，故止戈爲武。許君又於六書"會意"揭櫫爲例。此从弋山。《說文》戈从弋，段注："謂柲長六尺六寸"，猶可說也。至山字無義，雖

《崔希裕略古》有古歲字作⿱止者，然《說文》未收，疑⿱止字之山，迺爲止篆文形近之譌，其下作二者，正從重止會意，與歲從步者義合。瓺字之武，蓋俗書也。又歲之字，其上止字，俗有書作山者，變遷可尋。自嬴秦命下杜程邈作隸書，炎漢承之，益趨簡約。古文不絕若縷。許君爲書，輒深嘅夫當時鄉壁虛造者。故漢碑字多破體，魏晉六代尤甚焉。唐興六十餘年，武后臨朝稱制，且自製十九字。其名曌，見於《本紀》。今字或作瞾，《正字通》云“瞾，譌字”，《字彙》云：“同照，意取日月行空，從明不從二目。”其後李陽冰號能篆書，而改易殊體，爲許書大厄，胥此類也。

按《曹全碑》“攻城野戰”，“戰”字書從弋。“歲獲豐年”，“歲”書作“歲”，其上爲山。可與此墓瓺字“武”作“㤀”者，證其遞遭之迹。

清溪唱和集跋

戊寅夏，石侯來令安溪。從政之暇，結社唱和，予爲引其端矣。明年秋，侯量移龍巖，爲《感懷》諸章，都人士屬而和焉，各致其繾綣難別之忱。侯去有齮齕之者，數月乃得解。韓子曰“事修而謗興”，其侯之謂歟？是編亦裒付手民未果，今春侯以書來，將刪而行之，囑予言。予謂侯之臨事，豈能盡如人人之意而去之？亦求無慊於吾心而已矣。予與侯往復詳其義於書疏，茲不備焉。庚辰三月，上杭包樹棠識。

無求齋記

包子以庚午之夏，居大海之濱。列樓數十，檻軒旷塏。雜樹生之，碧水環之，群山宮之，讀書其中，抗心往古。凡道德、事功、學問、文章之士，或師焉，或友焉。有所疑難，往復吾心，深思覃撣，爲之記要。竊取莊周養生之悊，命其居曰“隨無涯齋”，忽忽五彌寒暑。乙亥秋，包子去而之會城，居西湖之上。當其南墺，李忠定、林文忠祠堂在焉。曦晨月夜，荷柳魚鳧，亭臺刻露，明瑟在目，包子則又名其居曰“近雙忠齋”，志嚮往也。丁丑夏，復來居海濱，而寇禍大作，中夏板蕩。越歲戊寅，踔地安溪，借一廛而居焉，則又顏之曰“無求齋"。客有問於包子者,曰:有説乎? 曰:是邦爲先儒過化之地,吾齋適近夫子之牆,時難年荒,顛沛播遷,食無求飽,居無求安。昔者仲尼菜色陳、蔡之間,顏回簞瓢屢空,季次、原憲陋室蓬門。韓子進學,妻啼飢、子號寒。絜身俟命,樂道安貧,宇宙之大,寥然廓然。彼風疾馬良,去道日遠者,吾胥無求焉。抑吾所以名齋者三,居一日而齋存,去則一囊襆被耳。夫鷦鶹巢林,一枝而安;偃鼠飲河,滿腹而止,吾何爲而役役然取譏微物耶? 則無求齋者,亦何嘗齋之有? 客唯而退。

兩閒書屋記

無求齋之北,予同年友吳子惜華居焉。瓦屋二間,植龍眼、葡萄各一本。纖條稠葉,布護庭除。吳子不以湫隘爲病,讀書其中,澹忘俗慮,遂匾之曰"兩閒書屋"。予輒暇而過焉,吳子曰:願有記。予曰:嘻! 善夫。兩閒者,大氣之所彌綸,磅礴而無外也。日星之經緯,淵嶽之渟峙,含生者之以息相吹,萬彙彭頤,不可究殫。吳子之室於其間,奚啻粒粟之與滄海? 雖然,志焉可也。昔杜少陵窮居蜀江,茅屋爲秋風所破,猶欲得千萬廣廈,盡庇天下寒士。茅屋者,浣花草堂也。賢者用心,雖窮達異時,而進亦憂退亦憂,所謂獨善兼善者,豈非此物此志哉! 予嘗與吳子同館晉江之梅石書院,別後避地來此,比鄰而處。聞之莊生言:大同而與小同異,此之謂小同異;萬物畢同畢異,此之謂大同異。蓋將自其異者而觀之,吾與子之居雖咫尺,判然若鴻溝之畫。自其同者而觀之,吾與子之居,庇於天地,猶一體也。絜身凝命,陋巷不憂,援溺以道,若人之儔,亦惟吾與子之所適而已。

三友堂記

古山當安溪縣城西南隅,隔一水焉,民居多在翠微。予詩所謂"築屋因依山上下,引泉隨種樹高低"者,蓋紀實也。謝君世宗之考署勳先生,營新居於此,匾曰"三友堂",工未竣,困於貲,遽歿。君渡海賈仰光,家以稍起,遂落之。三友者,松、竹、梅也。署勳先生念創業之艱,守成之不易,有取於歲寒之義,以爲君昆仲勗。君之子奕輝從予遊,述君之言,乞予爲記。予曰:閩之南,大海在焉,其民性強於冒險,篤於鄉邦之誼。恆孑然一身,犯風濤,羈旅絕島外,累財富至鉅萬,歸置田宅,長養子孫。數千里徂來,視之若庭戶。以世其業者,往往如是也。故閩僑之在南洋群島獨著。今且以輸財義聲振中外,未始非其民性強於冒險、篤於鄉邦之誼者,有以著之效。餘杭章太炎言,閩人之去國也絕,粵人之去國也還。予以謂不然也。若君之奮於窮阨,成親之志,庶幾不失其性者。《書》云:"孝乎惟孝,友于兄弟",執是心而廣之,可以藥俗。予因奕輝請,書之使持歸以質於君。君有弟曰世英云。

寒鐙督課圖跋

永春王夢生,以其母黃太夫人苦節撫孤,乞仙遊黃羲作爲"寒鐙督課圖",又乞予一言以志之。予觀古者若孟母之斷機,柳母之和丸,歐陽母之畫荻,以教其子,皆彰明較著於載籍。而崑山歸有光、陽湖張惠言之述其親,莫不出自寒微,其言悃愊無華,足以厲薄激隤。太夫人年三十有二而孀,姑又衰老,仍世嫠居。夢生財五歲,力任教養,十數年如一氋。圖作於戊寅,太夫人已年六十,夢生亦視母撫孤之日多一載矣。虛庭鐙影,竹樹扶疏,母治紅,子風籀,前塵歷歷,展卷在目。《曲禮》曰:"寡婦之子,非有見焉,弗與爲友。"予雖不知夢生視古人何等,然可不謂有志之士哉!夢生已自爲記,同邑鄭蒼亭孝廉爲序,予故爲之跋云。

笠山文鈔卷第六

愚廬記

發天地之祕鑰，可以智慮。而智慮不足殫天地之事物，是故陰陽判而四時序、萬彙出，希夷之化，物無所遯。彼其詹詹炎炎，智慮效一官，亦可廢然自返。老子曰：大智若愚。匪虛言也。昔者仲尼固嘗資而問禮焉，亦曰："君子盛德，容貌若愚"。《論語》稱甯武子"其智可及，其愚不可及"。洙泗之門，顏淵獨爲好學，而終日不違如愚。則絕聖棄智，固不特道家者流爲然。古之愚也直，吾儒亦庶幾殊塗同歸者矣。抑聞之，愚公不以河曲智叟之譏，而大行、王屋爲之移。李左車對韓信曰："愚者千慮，必有一得。"武安君不聽從其計以敗。柳子厚觸罪爲傖人，序《愚溪詩》，猶不失爲明哲全軀之士。然則愚奚病乎？吾友安溪葉蔭椿紹曾，負郭而居，鄉曰參內，以參山而得名。當其東北麓，溪水出焉。構數椽其上，君先人之遺也，額之曰"愚廬"，屬予記之。予謂君之所居，去城市十里而遙，溪可船，步當車，無大行、王屋之迂。其處於世也，無廣武君危亂之身，無柳州遷謫之苦。顧以自號，則君契孔顏之怡，達老聃之言，素所養者然也。予交君十年，始自海斥，中間屢有離合。今復來君鄉，過所謂愚廬者，愛其阡陌交錯，曲徑徹幽。種橘柚桐茶若干頭，杭秫若干畝。家人婦子，刜草夷榛，蚤作晏息。君時還讀書其中，形神不勞，璞玉自完，彌足樂矣。予故曰：愚奚病乎？遂書以貽君。

藏室說

平湖徐顯頎以"藏室"名所居，吾友葉愚廬爲之記矣。顯頎復丐予言，且曰：昔者老聃，周守藏室之史也；吾業此，雖官私不侔，所守則一。予曰：然。

《史記》小司馬注，有"藏室，乃周藏書室"之語。今子之所職，庋籍八萬冊。聃之守，不可知其數。視諸南豐曾氏編校館閣崇文三萬卷，美富不已過之？雖然，略錄之學，亦難言矣。《莊子·天下》、《荀子·非十二子》，譬猶草木之萌蘖，滄海之濫觴。中壘父子，世業始閎。班孟堅益衍其緒論，以志藝文，遂爲斯學不遷之宗。自鄭默《中經》、荀勖《新簿》、王儉《七志》、阮孝緒《七錄》、隋唐諸史志以降，公私著錄，皆篤守而莫或敢失。故書雅記，即代有放佚，學者猶得藉是上覯道真。餘杭章君，子之師也，多識前言往行，予嘗過吳門就而問焉，其言平易可循。及讀晚歲所著書，亦庶幾粹然以歸於正。子將端其塗軌，弗躓弗歧，中心行邁，日月至焉。抑藏之爲說，其在《易》曰"藏諸用"，孔疏謂"潛藏功用不使物知"，此則非大智者不能辨也。故老氏知雄守雌，知白守辱，深藏而若虛，素所自持者其道有然。且藏莫大於天地，爲道爲器，芒乎忽乎，罔不胥羅，是造物者之卓爾。至若丈室之內，載籍雜陳，一致百慮，殊塗同歸，亦已羅籠天地矣。生有涯而智無涯，孜孜若弗及以隨之者，又惡能測其所至哉？予因顯願請，乃廣推愚廬所論，竊附於贈言之義焉。

跋逸老堂詩話

《逸老堂詩話》二卷，自叙題戊申老人，無姓名可考。盧文弨抱經跋，以其書稱魏莊渠、馬抑之爲同鄉，則知爲蘇之崑山人。又稱祝枝山序其父《約齋漫錄》二十卷云"俞君寬父，吳之耇儒"，又知其姓俞。求古居主人黃蕘圃《記》、繆朝荃荄甫《跋》、繆筱珊《藝風藏書續記》，亦僅知其俞姓。近人丁福保仲祜，始檢祝枝山《懷星堂集·約齋閑錄序》，知俞寬父之子名弁，字子客，枝山稱其"鳳毛蘭種，世其儒業"。丁氏爲跋尾，收入《歷代詩話續編》。按，自叙作於嘉靖丁未五月望日，是歲世宗二十六年也。上溯戊申，則當孝宗弘治建元，中間適六十歲，宜其以老人稱。其書屢引楊用修《丹鉛續錄》記呑姓條，云"予今六旬矣"。是與作序之年同。又其記《古樂府詩》"尺素如殘雪，結成雙鯉魚"，謂古人尺素結爲鯉魚形，即緘是也。不取《文選》五臣及劉履魚腹寄書引陳涉罩魚倡禍說。《梁樂府》"夜夜曲"或名"昔昔鹽"，"昔"即"夜"，《列子·周穆王》"昔昔夢爲君"。按《穀梁傳》莊七年："夏四月辛卯，昔恆星不見。"《左氏傳》、《公羊傳》"昔"作"夜"。《莊子·天運》："蚊虻噆膚，則通昔不寐矣。"

《集解》：“昔，夜也。夕、昔古通。”鹽，亦曲之別名。杜詩“苔臥綠沈槍”，綠沈以漆著色如瓜皮，引《南史》武帝食綠沈瓜事。太白“朝辭白帝彩雲間，千里江陵一日還”，子美“朝辭白帝暮江陵”，用盛弘之《荊州記》語。杜詩“天棘蔓青絲”，天棘，天門冬也，從《本草索隱》說。唐詩“殘霞蹙水魚鱗浪，薄日烘雲卵色天”，東坡“笑把鴟夷一尊酒，相逢卵色五湖天”用其語。《花閒詞》“一方卵色楚南天”，注以“卵”爲“泖”，非也。注東坡詩者亦改“卵色”爲“柳色”，王梅溪亦不及此。杜少陵《冬日懷李白》詩“裋褐風霜入”，惟宋元本仍作“裋”，今本皆改作“短褐”。“裋”音“豎”，見《史記·始皇本紀》注、《列子·力命》。諸條皆見《升庵詩話》，而不注所引。其“古人服善”一條，誤以“眼前有景道不得，崔顥題詩在上頭”爲太白詩，則又《升庵詩話》力辨其恈繆而不察，何耶？書中複見之條，如《題松雪墨竹》詩，《陸儼山詩話》以爲華亭衛先生所作，《都玄敬詩話》則以爲周良石所作。杜征南《與兒書》言：“昔人云借書一瘝，還書一瘝。”瘝、瓻義同，皆未刪其重。是書固非定稿也。老人之所與過從，見於書者尚有唐子畏、張堯臣、伊卿舉伯羔、曹毅之弘、柳大中僉董云。

葉母黃太夫人八十三壽序

安溪葉貽俊先生，董理集美學校校政十數年，成材萬衆，可謂盛矣。樹棠不敏，及門下，復猥充講席。民國二十二年某月某日，先生母黃太夫人年七十有六，凡與先生有舊者，咸欲晉一觴爲母壽，少慰先生造士之勞勩，以致其孝思也。先生獨峻卻其饋，曲盡事親之禮。越七年，太夫人年八十有三，先生適權筦桂林，樹棠亦隨學校遷安溪。數千里外，寓書命爲介壽之文。竊維壽序體製，元明間士夫始有爲之者，崑山歸熙甫雖獨鄙之，顧屢有所作。老子曰：“君子贈人以言。”推戩穀俾臧之誼，亦庶幾詩人之教也。先生世居參內鄉，在參山之麓，距縣治十里，溪水東逕，田池肥美，竹木陰翳，有丹荔、紅茶之產。考諱師古，號竹溪，前清廩膳生。抱璞裹珍，士林楷式。太夫人嬪於名門，坤德維貞，有聞鄉鄐。先生昆弟四人。伯氏蚤世。仲氏貽澧，山居奉母，不去跬步。先生與季弟貽喆，宦遊四方。樹棠嘗過其廬，不改寒素。蓋先生爲教於鄉邦，以至服官，二十年餘，介節高峻。昔陶母封鮓以責其子，史册稱美。予觀先生稟聞母教,不苟以豪忽取諸人,其賢於古人遠矣。是邦複嶺迴溪,群盜出沒,劫人廬舍。一夕,仲氏被虜,後知爲先生兄也,中道謝釋去,人懾伏其威德類此。今先生雖遠離膝下,太夫人白髮倚閭而望其子者,吾知其在此而不在彼。長孫振基,樹棠同年生也。所爲詞得飲水側帽之清雋,不失濁世自好之士。因歎太夫人之教子若孫者,其澤何深遠耶!始吾讀范蔚宗書,怪其以婦人女子,庸言之謹,庸德之行者,廁諸君相瑰材奇智之間。已而思之,君子之道,造端夫婦,故《關雎》爲王化之源,乾坤男女,其道並行,乃歎范氏之卓見。太夫人具桓孟之德,以刑於家。門庭鼎盛,方未有艾。樹棠遂不辭其陋,楬其大者,爲世勸焉。

送陳嘉庚先生序

閩東南沿岸,多天風海濤,形勢壯闊。其民勇於冒險,泛重溟,賈服外致富,遠丕晉隋。迨宋置各處市舶司,海禁綦嚴,無爲利導之者,故弗彰焉。近世通商頻緐,徂來愈衆。胤子孫僑居諸島,數且彌千萬。慕義內向,傾其貲財,急國家之難。辛亥鼎革而還,周旋於民國諸勳者,同安陳嘉庚先生其尤著也。先生已以商起其家,相繼刱辦集美學校、廈門大學,起黌舍,給膏火,供膳脩,四方來學者如水歸壑,義聲動方輿。蓋先生知建國之道,莫尚於學,慮貞不移。盧溝橋變起,益念存亡之幾,隙不容髮。格於羈留政府功令,組南洋華僑籌振會。歲輸鉅帑,實以饟軍也。今春首倡內渡勞軍,發星洲,道緬甸,以入滇蜀。覽金馬碧雞岷峨之勝,馳驅南朔戰場。如秦隴,則軒轅、漢武、成吉思汗諸陵寢在焉;如青海,則巴顏喀喇山爲黃河、揚子之源。踰三晉,出殽函,浮漢,絕黔江,踔桂林象郡,亂湘眺嶽,而贛,而浙,以歸於閩,將之百粵竭海。數千年聖祖神宗,犯霜露,刜榛莽,尺寸之土,不可與人。今則燕趙齊魯之郊,六代之都,淪爲蛇豕窟穴,足迹所不得至,吾知其感慨繫之矣。明之末葉,顧甯人痛士夫之泄遝,嘗曰"天下興亡,匹夫有責"。先生奮起齊民,知有國而不知有家。昔者弦高以牛十二犒秦師,楚子文毀家紓難,卜式輸財助邊,載籍褒美。以視先生所爲,豈特一毛之於馬體哉!神州大好,風物不殊,先生間關萬里,其所戮力,固蘄爲夏少康、漢光武之匡復舊業也,不亦偉歟!樹棠向在門墻,先生適前去國,及今十有八載,忝列西席,晉接清音,見先生老而益壯,乃歎閩人之冒險者出自天性。於其別也，遂書以爲贈。

武呂墓窆器補說

武呂墓所獲諸器，其大者數事，予鄉疑其別出於明器之外，蓋祭器也。按《檀弓》："仲憲言於曾子曰：'夏后氏用明器，示民無知也。殷人用祭器，示民有知也。周人兼用之，示民疑也。'曾子曰：'其不然乎！其不然乎！夫明器，鬼器也。祭器，人器也。夫古之人，胡爲而死其親乎？'"又："宋襄公葬其夫人，醯醢百甕。曾子曰：'既曰明器矣，而又實之。'"注："言名之爲明器，而與祭器皆實之，是亂鬼器與人器。"《正義》："《既夕禮》'陳明器'，後云'無祭器'，鄭云：'士禮略也。大夫以上，兼用鬼器與人器。'若此，大夫諸侯並得人鬼兼用，則空鬼而實人，故鄭云'與祭器皆實之，是亂鬼器與人器'也。士已無人器，則亦實明器。故《既夕禮》云：'甕三，醯醢屑'，又云'甒二，醴酒也'。若夏后氏專用明器，則分半以實之。殷人全用祭器，則亦分半以虛之。周人兼用明器、人器，人器實之，明器虛之。"諸說最明。所謂祭器，即《新書·禮樂志》"米酒脯於東北，食盤設於前，醯醢設於盤南，苞牲置於四隅"者是也。《禮樂志》又言"明器設於右"，是與祭器有別。武呂轉勳二品，故得兼用二器。觀其所陳，則唐沿周制，益灼然矣。諸器納於壙者，統稱窆器，見於《周禮·冢人》云。

跋鈔本金湯十二籌

鈔本《金湯十二籌》十二卷，淮南李盤小有撰。首有西蜀熊應雄運英引，又曰《金湯借箸》。次目錄，次自序。集美學校圖書館庋藏。《四庫提要存目》著錄此書，僅殘本八卷，江蘇周厚堉家藏。稱李盤明揚州人。所存者，一曰籌修備，二曰籌訓練，三曰籌積貯，四曰籌制器，五曰籌清野，六曰籌方略，七曰籌水戰，八曰籌制勝。校以鈔本，缺籌申令、籌設防、籌拒禦、籌扼險。其籌水戰、籌制勝，則又次於所缺諸條之後。自序稱：是書由韓子雨公有守禦全書，予爲刪其繇，增其闕，周子臺公重加參訂。故鈔本第三卷題名，首盤，次京口周鑑臺公，次古絳韓霖雨公，次應雄，皆與此書編訂有關者也。序又稱"客冬阻敵廣武,坐困孤城","賊用蠶食,河干已成孤注","太守程葦庵、永年令宋清六運籌制勝,虛心下問"。考《明史·世宗本紀》,嘉靖三十二年九月丙午,俺答犯廣武。辛酉,以敵告退,謝郊廟。又是歲七月庚午,河南賊師尚詔陷歸德柘城、鹿邑,丙申攻太康,官軍與戰於鄢陵,敗績。冬十月庚子,賊平。中州多故,所稱與合。書中"籌積貯",引萬歷中御史徐貞明陳屯田七利、臺公言富平布衣李少川萬歷間施賑恤荒諸條。盤與臺公爲並時輩流,生當嘉、萬之間,殆無足疑。至有爲後人增訂者,如"籌修備"之申講聖諭之類。又序有"烽息烟消,弓櫜鼓卧,什藏深山石室"之言,是未殺青。《明史·藝文志》"子類兵書"亦無著錄。然當日若戚繼光、趙本學、俞大猷之倫,各有籑述,想見朝野譚兵之盛。今□□□□□① 印爲《自衛新知》,則又據惠麓酒民《洴澼百金方》而易其名者。《總目》下題"無錫袁宮桂阮山著",當即酒民也。前有序云:"酒民幼好兵家者言,於友人處借得鈔本《守城書》二種,刪爲一十四卷。"與盤書十同八九,其目"修備"作"預備","訓練"作"選練","扼險"作"險要","申令"作"號令",惟多禁約、營陣二門。而選練引崇禎四年趙懷玉鄉兵疏,附圖有攢射法、火籠箭式,類愛新覺羅之胡服,盤書無是,必在其前。《提要》不知是書尚有完本,酒民刪是書不知撰人,□今印是書者又不知《提要》收入存目,吾故表而出之。顧《提要》頗譏其書,蓋承平日久,人諱言兵。要其法意安詳處,猶足備戰守之龜鑑。此鈔譌敓滋多,有待校讐云。

按《書目答問·兵家》:"《洴澼百金方》十四卷,吳宮桂撰。據王芑孫序後自記,或云袁氏撰。近人《金湯十二籌》,詳於城守,亦切實用。"則南皮亦不知其爲盤書矣。附正之。

伍源薪先生墓志銘

先生諱柴,字源薪,姓伍,南安縣人。考曰纓高,生先生及弟源美。少貧苦,不得學,然好問,以是麤解文字。母沒,稱其家,僅乃得薄殮。境愈益踽踬,考命源美渡南洋群島治生。先生獨家居奉養,每事體親志。恆外出,暮

歸，無以爲殮，輒不食就寢。上承顏色，怡怡如也。年三十六乃取。時源美在海外，業日起，以不識字故，受蔽黜者。及先生趨往，已折閱，悔之。念匪學不足以成業，內渡後，仍逐什一於市井，簡樸自持。稍裕，遣諸子學，甚誨有立。性和易，憙爲人排難理紛。篤於交誼，故舊中有負先生數百金，沒不克償，慰藉其弟，不索取豪髮。戚鄰困乏來依，卒爲營葬，歲時祭掃弗衰。又爲族親門祚鮮薄者，伙昏取，承祧祀。晚年葺治先壠，重追遠以厚民德。臨終顧命，殷殷以勤儉爲囑，蓋其夙志也。時中華民國二十九年十月十六日，年八十有一。配黃氏，子男三，長遠資，集美師範講習科畢業，國專小學校長；次兆鰲；次遠顯，集美商業學校畢業。孫男三，伯楚，伯瑜，伯琛。孫女四。將以十二月二十七日葬石井鎮牛嶺之麓。遠資奉狀乞銘，遂楬其椓，聲之以詩。詞曰：

吾聞石井鄭公鄉，得傍要離塚猶芳。故山松柏摩風霜，貞珉鑱德烜斯藏。

愚窩記

南平陳子瘦愚，寓尤溪，於韋齋舊治潔一室，牓之曰“愚窩”。地固朱松尉縣時處，晦庵立石題志也。陳子居之，顧以愚自詭，復寓予書，乞記之。予曰：有是哉。昔者顏回在陋巷，夫子稱其如愚；及退而察其私，則曰不愚。陳子劬於學，斗室之中，恬退有守。妻孥在前，同寒隩饑飽。間以文詠交識海內賢豪，聲氣所至，士以此獨多之。其視世俗之役役於富貴以辱其身，如黽錯之倫，號爲智囊者，孰得孰失？斯陳子所以爲殆庶之儔乎？予辱知於陳子，始因亡友仙遊溫白夏樹校以其詩介，忽忽三四年，已傷逝者。而陳子又在數百里外，未能謀一面。今歲，予來田陽，有齋當均溪之上，流石怒搏，尤溪之水所從出焉。風湍聒耳，不可以舟。然圻壤毘連，他日倘得過陳子於愚窩，一觀所謂韋齋舊治者，山川清淑之氣，實生大儒，爲閩學兆朕，低徊而不能去，麗澤之志，罔介以孚，豈匪平生大快事邪？書復於陳子，以爲息壤。辛巳長至，上杭包樹棠記。

福員山人詩存序

福員山人年四十始爲詩，有才氣，文亦中程，爲念盧先生高弟。所居鄉，固明季李職方弘庵魯誄茆結屋處。其後何應佑奉宜春王至,以圖恢復。群峰摩天,故壘猶存。其居民姓皆丘氏,明社爲屋,尚藏太祖御容及御碗,胥數百年物。山人濡沫忠澤,悲歌感慨,時復見諸言表。始予識山人,歲在癸亥。及己巳,而故鄉禍作,山人避宅潮安。時念廬先生方潔趣樓,一椽傍市,山人過從綦密。予在廈門,暑假歸省,財一晤譚,山人竟以流寓終。顛頓悴鬱,才不爲時用,傷已!今歲辛巳夏,如藍溪,遇叔子俊民於念廬先生座上,邀過亦政齋中,叩山人遺詩。俊民愀然曰:"先君平生所作,不甚自收拾,亂復散佚。"乃出手錄一冊,僅其什一耳。展卷風籟,松篁雨過,爲之悚然,彌傷逝者。俊民將梓而傳之,屬爲序。予曰:海宇搶攘,古今載籍亡者何可勝道?諺謂"亡羊補牢",俊民所爲,庶幾能述其親於人者,是可喜也。爰書其概,以弁於端。山人姓丘,諱宗濬,字仲瓊,前清諸生云。

跋辛巳還鄉紀遊雜詩

右詩二十首。闊別溪山十五六載,亂後重經。雲物在目,人事離合,不可端倪。語以記實,書竟憮然。閏六月二十二日,笠山識。

臥雲樓詩序

向者予遇永春王任放於會城,爲言其鄉鄭蒼亭先生之詩,雄直邁往。其後王夢惺寄示所爲《臥雲樓詩序》,亦盛稱其才氣。臥雲樓者,先生所以名集,而二人又皆其弟子也。夢惺且寓予書,屬爲之序。予耳先生之名久矣,間嘗道出是邑,車塵馳驟,末由謀一面。惟得讀先生之詩,見其與吳子壽論詩派,心所推折。粵則獨漉,閩則松寥,才情所近,與二人之言有合矣。抑予謂閩中之詩,實自歐陽詹開之,先乎此者,長溪有薛令之,莆田有林藻,編章未富。後吾鄉鄭文寶,熟西事,工詩,歐陽永叔謂其所作不減王維、杜甫也。源流所衍,至宋廼昌,梁溪、屏山、艾軒、矅軒、滄浪、臯羽,或以雅健高秀,或以激越悲涼,性靈獨任。隨代陟降,元則有圭峰之清雅,明則十子。後少谷、石倉、興公、在杭之倫,皆其矯矯者。有清道咸間,程春海、祁春圃言詩,以宋爲歸,曾文正愈益衍其緒論,風偃海宇。吾閩聽水、海藏、石遺承之,持爲變風變雅之論。則閩詩之瘦硬者，固螘與之合焉。獨先生抱守所學，垂老窮山，不爲所震撼，與獨漉、松寥之爲供奉工部者，素有契心。夫閩中山水，武彝盤曲，左海風濤，與五嶽四瀆異趣。先生之詩，匪風會所能移，蓋亦若是耳。因夢惺之請，遂書以質於先生，且弁其端焉。

鍾勸侯先生六十壽序

湘鄉曾氏《聖哲畫像記》，自言粗解文字，由姚郎中啓之。曾氏爲桐城後勁，其序《歐陽生文集》，源流傳授，論之綦詳。以義理、攷據、詞章，三者爲不可偏廢，益嘗其恉。樹棠治詩古文辭二十年餘矣，始讀書邑城，鍾勸侯先生以姚氏書爲之講繹，乃大好之，走市中，購其書歸，昕夕矹摩。復汎濫於曾氏《經史百家雜鈔》及長沙王氏、遵義黎氏之續書，以爲皆足輔拂姚氏，以求合其塗轍。故樹棠有志於斯學，則又由先生發之。其後樹棠受先生族學之聘，熟知先生一家文藻。叔祖鏡川翁、叔父仲丹茂才、兄京川茂才，令德孔昭，閭郙歸說。介弟穎蒒、長君震瀛，宦學朔方。是時先生適燕居，過從論學，所以獎掖之者彌至。未幾，故鄉兵亂，樹棠去海嶠，先生亦如韓江，治室曰“璧廬”。樹棠往來江上，每必造謁尊前道故，繾綣此心。及事敉平，倭禍又作，函夏阽危，先生乃返里居。今歲辛巳，伏暑假歸，與先生別且六載矣。過坵輝精舍舍宿，溪山雲樹，風物如故，人事遷易，乃囯端倪。猶喜先生及健之身，優游林下。《詩·菁莪》所謂“既見君子，樂且有儀”，先生有焉。而夏正八月二十四日爲先生六十初度，樹棠遐在田陽，思念先生，獨述志學所自，與離合之跡，以寄先生。師門知己，中心藏之，何日忘之？至其平生行誼之犖犖者，邦人士多能稱道，不備書。

謝夫人王氏墓志銘

夫人姓王氏，諱尾，安溪縣人。考廷琴，前清附貢生。夫人年二十歸同縣諸生謝府君尚廉，有潛德，嘗館南斗鄉。館東有小溪，一日雨甚，見乞兒溺焉，人無敢救援者，獨奮身入水，出乞兒。復折而之館，流益漂急，囯沒頂。鄉人哀之，爭以爲賵。夫人悲慟踰恆。時諸子皆弱小，家貧，靡隔昔春，恃十指入以教以養,壯而有立。安溪有紅茶之產,所謂鐵觀音者尤著,墾植萬株,歲以致利。又共葺新居,扁曰"尚廉",紀先德也。夫人飲蘗茹茶,至是心亦少慰矣。其治家以嚴,處己惟約,待接親鄰,纖豪中節。子男五:佐周,福州蠶業學校畢業,預護法之役;傳揚;南竹;成斗;新周,集美國學專門學校畢業,福建省立臨時第一中學校長。佐周、南竹先夫人殁。子女二:長適石禮士,次適王成竹。孫男十一。民國三十年夏正三月七日卒,年七十三。其年十月九日,葬后垵鄉前乾尾之原。新周、成竹於樹棠爲同年生,先期奉狀乞銘,遂次而序之。繫以詩曰:

清溪之濆,篤生淑人。果哉夫子,義喪厥身。疇任恚誨,嫋媧含辛。以植孤弱,克昌德門。休嘉母儀,載穆閭枌。陵也谷也,竦茲貞珉。

曾入懷先生七十壽序

予家東溪之上,緣溪行五六里,鄉曰太古。林陰翳,田肥美,溪水所從出焉,吾師曾入懷先生居之。予始事先生於聯珠高等小學,當乙卯、丙辰之間,學子百餘人,先生獨予暱。習爲時藝,衡甲乙輒冠其曹。予長,去鄉里。先生爲教於茲者閱十餘年,政府嘉其勞,勩錫之狀。歲壬申,先生年六十,時鄉關禍亂彌殷,其被灾害者不可勝數。然先生爲人和易,無所得失,處之若素,雖桀戾亦莫之能忮。爲《述懷詩》以見志,徧致相知,屬而和焉,哀錄成帙,屢命予序其端。忽忽十年,及今歲壬午,先生遂年七十矣。夏正六月十八日,實其初度之辰。追維向者之言,風諾已久,而先生皓髮窮山,抱守所學,以教鄉之後進於其家。蓋比歲功令,凡學校師資有所謂檢定者,匪合格及年六十已上輒予退休,其合格者則加以訓練,爲置講師。又往往無學之徒備員其間,以"屋隅"爲"屋偶","堆肥"爲"推肥",雖至庸俗書籍胥譌,此與"別風淮雨"、"魯魚亥豕"何以異哉?夫今之持教育樞機者,日以教民識字爲之倡導,若此類以盲持盲,徒害於事,師儒之道曷由尊隆?而閭鄰者風若先生輩,匪第不爲所禮,且視若腐朽,可嘅也夫!昔者周室官守之學衰而教在下,洙泗之盛,莫有倫匹。厥後漢置五經博士,亦不若毛、孔、鄭、賈諸儒私家傳授聲類之廣。宋明道學大昌,士夫屏息邱壑,講肆勿輟,天下靡然從風,此已然之效。先生以垂老之身,化行於鄉,不少自休,其事相類,故爲發於編,以祝難老,樹之楷模，且使知官私學守不可偏於斯世也。

家劍夫傳

庚辰秋七月，予在安溪，念盧先生寓書曰："劍夫病肺甚，言譚失聲。"予憂之。其九月而耗遂至矣，乃泫然出涕曰：嗟乎！君胡可死哉！母老妻子稺弱，其又將顛憐而誰告耶？君少失怙，從叔父千谷先生學，涵揉芒角，長見端序。卒業縣立中學，又侍念盧先生嘉應大學，卒業預科，回任縣立中學教員。初，君預護法之役，追隨粵軍幕，落落無所合，迺折節讀書。尋任《民言報》總編輯，昌言讜論，洞貫癥結，於鄉邑利害思所爲補益者。而君復勤求民隱，宵夜操觚，使下情而上達之。度支竭蹶，百思張羅，蔵集事功。今易名《上杭新報》者，其規模皆君拓之。君亦操劬成疾，辭應聘爲太古國民學校校長，踰年遂歿，年僅四十耳。同志之士，念君勞績，陳其事當道，例得卹卹四百版，且會而悼焉。予與君於族爲叔姪輩行，於誼爲同年生。君之叔父，又予所師事。予之歸溪上草堂也，已爲詩以哭君矣，復次其平生而傳之。君名介孚，姓包氏，上杭縣人，劍夫其號云。

論曰：君豪於飲，每食必設酒。予嘗過君水南古佛庵，時方祁暑，其地有黃梨之產，綠陰布護，實纍纍焉。對酌其下，劇醉，則摘啖爲笑樂，意氣益發舒。可念今也不復可得矣。嗟乎！學不竟其志，用不究其才，極天壤間閉戹如君者，可不恫耶？①

集美農業學校畢業生同年錄序

民國三十年春，予來田陽校舍，任農林第一、第八兩組國文講席。其冬，諸生將畢所業以去，有《同年錄》之刻，丐予序其端。予曰：善夫！諸生負笈來茲，亦知責任之所在乎？我國自神農明樹藝，后稷教稼穡，數千年皆以農爲立國之本。比者內虞外患頻仍，農村生計日就困蹙，則技術之改良，金融之救濟，勿驚遏

① 按稿本文末夾一紙條，書《像贊》八句："性天沈默，言中癥結。發揚正氣，爲民喉舌。不阿不撓，士窮見節。千秋遺直，照人顏色。"似後來所作。今特錄此，以備參覽。

而棄邇，當因地以制宜，學求實用，事惡空譚。諸生斯行，將由體驗以增益其所不能。凡所以閱歷世務，練達人情，進修德業者，胥以是爲其樞紐。夫人之俛仰一世，爲時幾何？少壯不自努力，年一邁往，悔其何及！莊子曰：“吾生也有涯，而知也無涯。”則稟誠毅之訓，中心藏之，彌永毋斁，行矣勉旃！收觀摩之功，敦車笠之好，壹惟斯錄是驗。予嘉諸生平日之能服甚誨也，於是乎書。

林母劉太夫人七十壽序

壬午冬，永春林君純謙之母劉太夫人年七十矣。吾友王夢惺郵示所爲介壽之文，知純謙絜身謹飭，具士君子之行。其篤交於夢惺固有年，既純謙又知夢惺之交於予也，囑寓書匄予言焉。予謂夢惺固甚文而有道，其所以述太夫人者已至且樸，予烏能有加諸是耶？無已，則引伸其義而爲之說。昔敬姜之語其子公父歜曰：“夫民勞則思，思則善心生。逸則淫，淫則忘善，忘善則惡心生。”又曰：“必無廢先人。”吾嘗觀於閭閈之間，桑戶棬樞，任能戮力，樂事勸工而責其效，夙夜無休以自奮於窮阸者，往往而是也。若夫素封巨室，藉履尊優，燕安鴆毒以隳其家者，又何比比而不悟也？蓋好逸惡勞，人之恆情。罔知戒慎，其成敗之著，固若觀火矣。太夫人勤敬婦職，以相其夫，以教其子。服田疇，居閨閫，緝前緒而弗墜者，庶乎季氏之婦之流亞歟！而維縶昏嫁，周卹族鄰，綜若平生，不少自逸，以視古者庶士之妻，皆衣其夫，社賦事，烝獻功，其可謂知禮矣。先是，太夫人知純謙之將爲稱觴也，以中夏孔艱，民勞可念，輒慨然斥所宿儲數千金，輸之樞府，襄舉振務。純謙亦能曲體親志，屏除繁縟，求表隱微，垂示子若孫無窮。夫君子富好行其德，不謂婦人女子見之，其風誼有足尚者。嗟乎，予因夢惺而知太夫人之懿能，與純謙之事其親，胥爲末俗所尠。詩云：“戰戰兢兢，如臨深淵，如履薄冰。”其斯之謂歟？遂推稟勞逸之論，以寄純謙，使持爲太夫人侑一觴之酒，且致其敬慕。純謙有兄曰禮忠，夢惺稱其友于之際，精勤奮勉，能振其家者也。

黃君玉成墓誌銘

辛巳春，予來田陽，黃生定南亦在共事，比舍而居，時時述其老祖勤奮起家事。其秋，則以耗告，且乞幽石之文。生之言曰：王父少失學，食貧力苦。
貿遷闤闠，識物賤之徵貴，貴之徵賤，殖其貨財而億中焉。則又思所以散之，
不爲府怨也。每值歲飢，輒準糴，餓者粥之。黃桐壩有義渡，爲經紀之。雞嘴
鄉有橋杠，易木而石之。先後倡辦水口八堡公學、詠申高級小學，聚邦人子弟
而教之。鄉有械鬨訟爭者，出爲排解，又往往陰賠累之。邑里歸高，稱長者
焉。以舊宅湫隘，淫潦爲灾，勾築“成德居”，以庇子若孫者，如是而已。嗟
乎！生所爲述其祖者約矣。君名玉成，姓黃，廣東興寧縣人。曾祖某，祖某，
考某。君年八十有一，民國三十年八月四日卒。越年八月十一日，葬於鄒洞
牛牯塘之原。配古氏，蚤卒。繼取彭氏。子男三：梅萼，兆麟，秀文，上海法政
學院畢業。子女二。皆彭出。秀文先君卒。孫男九：定宇，定南，上海吳淞水
產學校畢業，福建私立集美高級水產航海職業學校教員，定樞，定輝，定海，定
方，定國，進茂，鑫茂。孫女七。曾孫男三。曾孫女五。銘曰：

　　斯爲一鄉之善士，風誼卓犖振衰靡，我最其詞止於此。

笠山文鈔卷第七

確齋記

《易·乾傳》曰："樂則行之,憂則違之,確乎其不可拔,潛龍也。"孔疏謂："身雖逐物推移,而心志守道。"推斯義也,聖賢之用行舍藏,獨善兼善,進退語默不失其度,斯豈瞏然其中而無所守者能驟辨之乎?夫君子無昕昔之間而去諸斯道,富貴貧賤造次顛沛必若是矣。雖然,人生遭際,處常易而處變難。威武不屈其志,禍患不失其義,故疾風而知勁草,歲寒而知松操。人之立身宜可自惕矣。永春王君夢惺,顏其居曰"確齋",蓋有取於"潛龍不拔"之旨。君少失所怙,太夫人苦節撫孤,教誨有成。仙遊黃義所爲寫《寒鐙督課圖》者是也。君在鄉邮,文行藉甚,泊然於世俗聲利之好,獨能篤守所學,孳孳若弗及者,豈匪卓然特立之士哉?吾觀今之人,奔走要津,降志辱身,及一旦所求有得,則盛氣憑陵,逐其末而不知返者,比比而是。此與東郭墦間朝爲竇乞,暮而驕其妻妾,其不敗者幾希。噫!士行之媮,失所學也。仁義淪胥,又烏足以責其所守乎?君之有嘅於是,雖不得行其意於當世,一室之內,操危慮微,翼亮在衷,久而不逾,可以厲隤矣。向吾往來鵬山桃溪間,見其風物清明,以爲必有畸人槃士。後乃得交君,疏問勤懇,察其言粹然以歸於正,惜未得造所謂確齋者。今君書來,速記曰:"吾之名是齋,蒼亭老人爲之銘,弘一上人爲之書矣。"二人者,一君所師事,一君所常與遊也。則君之行又可信矣。時否道衰,憂虞方大,任艱難以迴風氣,是誰之責與?詩曰:"天生蒸民,有物有則。民之秉彝,好是懿德。"遂爲之說,書復於君,且以自策勉焉。

黃金川翁七十壽序

韓退之爲《圬者王承福傳》,謂其學楊朱之道者。夫人以有家爲勞心,不肯一動其心以畜其妻子，其肯勞其心以爲人乎？以予所聞黄生嘉才之述其尊人金川翁，執鏝以爲衣食，仰事頫畜，無凍餒之虞者，何獨異於是哉？嘉才之言曰："吾父幼而劬苦，恆終日不得一飽。業圬，精其詣，擅心計，愿慤有信，以是人爭致之，家以稍起。事親稱其意。督弟嚴，有過，年雖長大，立與斥責。匱乏則助之如不及。其教諸子，尤無所寬貸，資之學所以從業。持家者如是，舉室化之，天倫之間翕如也，以免於衣食之憂。吾父今年七十，吾母亦年六十，內助惟勤。吾兄弟將以某月某日爲稱一觴之酒，而乞先生文焉。"予曰：若翁之行，蓋非"自爲過多，爲人過少"者已。夫楊子爲我，"拔一豪而利天下弗爲"，故孟子非之曰"是無君也"。翁操其業，以贍於家，其視承福所謂"立吾家而力不足"，而"有餘又與道路之廢疾餓者"亦不爲逆情。世固有不究其學而行能冥與之契者矣。抑圬之爲技，昔以爲賤且勞者，今則百工齊等，貴賤無殊。翁業此數十年，已無退之所譏。嘉才昆仲，其善體翁志，推而廣之，則"老吾老以及人之老，幼吾幼以及人之幼"，道不遠人也。翁世居安溪之鎮撫鄉，複嶺邃林，民屋翠微。上邑屬，滋多伏莽，號爲難治。閭閈之中，守望相助，有警擊柝持械爲戒，往往一夕數驚焉。則稟親親之心，推差等之愛，烏知翁父子之不足以化其鄉俗也哉！

李夫人藍氏像贊

懿歟夫人，休儀穆穆。其姓曰藍，其諱曰菊。嬪於李君，相挽車鹿。隴西汝南，胥稱望族。孝事姑嫜，比閭胥服。以和娣姒，敬久而竺。嚴基諸子，母而父鞠。有恩有義，戚鄙斯睦。知慮贍詳，言若中覆。横逆之來，不爲怨讟。女紅是工，慧心自夙。綜厥平生，行實卓卓。浩劫紅羊，如洗我屋。積憂成疾，胡天奪速。可刑於家，其人如玉。邂逅佳兒，燕水之曲。爰奉遺容，求言表祿。遂最涯略，毋諛以樸。宜爾子孫，其慶也穀。

禮教說

今之人掊擊禮教，諸生惑其說而不知返，吾甚愍焉。彼人曰："同一桓公也，始必拜而受王胙，及其後則曰'惟蒸嬰兒之未嘗'。葵丘之會，曰'誅不孝’、‘無以妾爲妻’、‘敬老慈幼’，而其家則姑姊妹不嫁者七人。同一高帝也，始則爲義帝發喪，袒而大哭，哀臨三日。而其與項羽俱臨廣武也，羽欲烹太公，則曰‘幸分我一杯羹’。梁王彭越之誅，則盛其醢，徧賜諸侯。此皆表講禮教而裏食人也。”不知禮教一事也，桓公、高帝之爲人又一事也。夫禮教如布帛米粟之能生人也。今見凍者餒者於途，不思所以濟之，則曰“此布帛米粟之罪也”可乎？桓公、高帝之所爲，由乎禮教，是猶濟人以布帛米粟而生存也。桓公、高帝之所爲，背乎禮教，是不特不得布帛米粟而凍餒之，直毀滅人道，蒙天下首惡之名。而當時無能正其罪而誅之者，勢不若也，於禮教乎何尤？且人有前者所爲之是，不能以後者所爲之非從而非之；人有前者所爲之非，不能以後者所爲之是從而是之。是非二事，不可不察者也。彼人又曰：“臧洪之守東郡，張巡之守睢陽，皆殺愛妾以饗士，而史册稱之曰忠義。”不知史臣所論，固有當時之事勢。洪之以東郡抗袁紹，非私之於張超，實以報漢也。其《答陳琳書》固慷慨以見志矣。巡以睢陽障江淮，守土有責。唐室社稷全，則天下生靈安。是二公之公爾忘家且殺妾者，或以爲是也，或以爲非也。是者不可以爲非，非者不可以爲是。禮教一事也，殺妾又一事也。殺妾之是，不可以爲禮教之是。殺妾之非，亦不可爲禮教之非。禮教、殺妾二事，此又不可不察者也。明乎此，進而言禮教可也。《曲禮》曰“禮從宜”，《說文》“禮，履也”，引伸之爲行其所宜也。宜之謂何？《曲禮》曰：“禮不踰節，不侵侮，不好狎。修身踐言，謂之善行。行修言道，禮之質也。”又曰：“道德仁義，非禮不成。教訓正俗，非禮不備。分爭辨訟，非禮不決。君臣上下，父子兄弟，非禮不定。官學事師，非禮不親。班朝治軍，涖官行法，非禮威嚴不行。禱祠祭祀，供給鬼神，非禮不誠不莊。是以君子恭敬、撙節、退讓以明禮。”君臣之義雖廢於今日，然百官之守，上下仍不能無別，惟去其尊卑貴賤耳。鬼神虛誕，而古人以之覘禮，其義最深。蓋渺渺冥冥，心能不欺，況明以事人者乎？夫子之“吾不與祭，如不祭”，誠之至也。生民之初，渾渾噩噩，無所謂禮教。及至後世，飾僞萌生，侵奪以起。聖人者出，欲求其所以相安之理，於是去其飾僞侵奪，返其天常，而禮教生焉。是禮爲人本。然之善生於其心，表於四體，施之事物，無往不宜，非爲桎梏其形。灑掃應對之事，升降揖讓之文，特其末節，可以隨俗從宜。道術已裂，人情多頑，嚴而少恩，法家乃出，信賞必罰，以輔禮制所不及。孔子曰：“道之以政，齊之以刑，民免於無恥。道之以德，齊之以禮，有恥且格。"繇是觀之，禮教實法制之本。欲求國家之安寧，不以禮爲紀，不猶治絲而棼之乎？諸生治學明理，勉思爲人之道，擇善而從，則不遠矣。

福建省立音樂專科學校周年紀念刊序代

樂爲六藝之一。《周禮》著大司樂之官，考其起源，生民以來已有之矣。《九奏》、《八闋》、《立基》、《下謀》，陰庸作舞，黃帝作《雲門》、《咸池》，皆邈在未有文字之先。顧草昧之初，載籍闕如，遺音孰嗣？其名雖存，其詳蓋靡得而聞已。自鳥迹代形，書契遞作，唐虞揖讓，煥乎始盛。舜作《韶箾》、《九成》，禹作《大夏》，湯作《韶濩》，文王作《象箾》、《南籥》，武王作《大武》。春秋之時，季子聘魯，請觀周樂，及至歌唐，曰："思深哉，其有陶唐氏之遺乎？"夫子適齊聞韶，三月不知肉味。自衛返魯，然後樂正，雅頌各得其所。則干戈之際，古樂雖有崩壞，尚有人焉，振其遺緒。秦政燔書滅學，幾乎息矣。漢興，《房中祠樂》高祖唐山夫人所作。及孝武立樂府之官，詔司馬相如等作《郊祀》十九章，庶幾正聲存焉。厥後代置官守，勿墮明堂清廟之章，君臣賡和之什。雅樂燕樂，流別實絲。而藉以覘人國之興衰，有神治道，既已若此。輓近聲樂之變益劇，而亦益靡漫，識者遂損益古今，折衷東西，國有專學矣。八閩左海，禮樂之邦，媲於鄒魯。□□□□① 涖政有年，值抗戰軍興，海宇板蕩，激厲多士，毗赴艱危，汲汲以維繫人心、團結國族爲己責，而壹禀□□興民於禮義美善相樂之教，卒咨請於部□□，創辦茲校。蓋其陶冶國民情操，興觀群怨，無不賴音樂教育收其宏效。某不敏，承乏斯職，視事一年，兢兢業業，幸免於隕越。此固我同人和衷協濟之力，然亦未始非政府督導與社會維護之功也。大好神洲，寇氛未戢，他日者枹鼓壯青丘之曲，賓人識巴渝之音，發揚踔厲，完成匡國大業，以鳴其盛，不亦懿歟？茲當周晬，校務叢脞，爰述爲茲刊，用資檢討，非敢有所炫於衆也。

六庵叢纂序

乙亥夏，予識霞浦黃子之六於會城。其後不相聞問。壬午春，乃再遇於

---

① 按此四方框，係作者後來修訂原稿時塗爲墨丁，今依樣標示。下倣此。

永安。今秋共事南平。始黃子居故都十年餘,問《易》於行唐尚先生節之,問《禮》於歙吳先生檢齋,問《春秋左氏》於桐城馬先生岵庭。之三人治經籍,在朔方,固號爲專學者也。而霸高先生閬仙、建寧范先生秋帆,亦以宿學稱。黃子皆資而問業焉,故其學咸有本源。自群經傳注,汎濫於辭章,持說雅馴可觀。顧黃子尤竺於《易》,自言所入以象數、義理爲本幹,攷《春秋內外傳》諸占筮,觀漢魏[①]六朝隋唐古注義疏,參稽宋元以後各家經說,而其歸也以漢易者還之漢易,以宋易者還之宋易;漢易之中以京孟者還之京孟,鄭虞者還之鄭虞;宋易之中以陳邵者還之陳邵,程朱者還之程朱,李楊者還之李楊:家法師承不可糅亂。《左氏》僖十五年傳"獲其雄狐",引虞翻逸象艮爲狐之說,而艮復爲少男,故知所獲爲雄狐,補杜征南之[②]不及。安陸李道平爲《易集解纂疏》,義多未toBe 協者。《乾·彖[③]》"大明終始",荀爽注:"乾起於坎而終於離,坤起於離而終於坎。"疏謂"坎本乾[④]氣,故乾起於坎之一陽,而終於離之二陽;離本坤[⑤]氣,故坤起於離之一陰,而終於坎之二陰。"不知荀注乃以十二月消息卦方位言消息。乾起於坎方而終於離方,坤起於離方而終於坎方,故曰"坎離者乾坤之家而陰陽之府"。離爲日,坎爲月,《乾鑿度》"日月終始萬物",故大明當兼日月言也。《蒙》六五小象,荀注:"順於上,巽於二。"疏謂:"五變爲巽,以應二。"不知五變則爲陽,與二陽不相應。五承上九,下應九二,皆以陰從陽,互坤爲順,故曰"順於上,巽於二",巽亦順也,乃得其義。故黃子慨然有志欲爲《周易通攷》、《周易集解義疏》、《周易正義》三書,邅索旁捃,劖寫緜富。其先成者,已有《六庵讀易前錄》四卷、《續錄》一卷、《續錄補》一卷、《漢儒說易條例》五卷、《周易要略》十卷、《嵩雲草堂易話》二卷、《尚氏易要義》二卷、《歷代易家攷》五卷。於《禮》,有《喪服淺說》四卷、《六庵讀禮錄》二卷。於《左氏傳》,有《要略》一卷。他著尚有《宋學綱要》十六卷、《明儒學說講稿》七卷、《世說新語注引書攷》一卷、《閩東風俗記》一卷、《阿比西尼亞王國記》六卷、《六庵別錄》

---

① "魏",稿本作"晉",據《易學群書平議》附錄改。

② "之"下,《易學群書平議》附錄有"所"字。

③ "彖",稿本誤"象",據《易學群書平議》附錄改。

④ "乾"下,《易學群書平議》附錄有"之"字。

⑤ "坤"下,《易學群書平議》附錄有"之"字。

一卷,詩文札記如干卷。綜曰《六庵叢纂》,徵序及予。予惟昔者高密鄭君師事京兆第五元先、東郡張恭祖,以山東無足問者,乃西入關,因涿郡盧植師事馬融。及其去也,融喟然曰:"吾道東矣。"黃子襮被北行,遊於太學,爲都講。及南歸,師友皆惜其別。而方壯之年,造述既已若此,以視前修,可不謂有志之士哉? 予深幸群言紛殽之日,得黃子而振先民之墜緒,學術人心,賴所防閑。若夫契而弗已,祈嚮雅言,吾不能槩其所至矣。壬午九月,上杭包樹棠序[①]。

鳳山寺記

南平縣西行,溯杉溪可十里許,鎮曰西芹。又自西芹遵山麓小溪,行阡陌間可四五里,寺曰開平,亦曰鳳山。壬午重九,予與浦江吳谿弗之、霞浦黃壽祺之六往遊焉。淡雲微日,禾實蔽疇,金風披樹,楓柏始丹。雖山蹊蜷曲,無攀躋勞肄。寺屏嶺,松杉篔簹之屬,雜生其間,鳳山所縣得名。有泉曰佛智,鑿池引流,清光澈人。老柏一株,偃蹇其旁。弗之狀以指墨,復各賦詩紀勝,貽諸寺僧,僧亦出食相餉。雅尚盤桓,薄暮言歸。予頗以開平之名爲疑也。考邑志,寺在開平里,梁開平四年建,舊名報國顯親院,元改爲寺。然則開平之名,實元改寺時妄題,以志其始,並名里耳。不知朱溫爲黃巢之黨,竊據神器,七閩遠在東南,實同甌脫。韓致堯以翰林承旨,遭所忌嫉,走依王審知,卒,今其墓在南安葵山。後人弗察,遽追題其號朔,得毋爲山靈點辱乎? 遂辨而正之,作《鳳山寺記》。

弘一上人手簡跋

弘一上人之歿,吾友王夢惺已爲文以誄之矣。夢惺固常從上人遊者也。頃復裒其所貽手簡八九通,裝璜成帙,屬爲跋。上人淹貫彼氏典藏,多才藝,尤擅書。所作如幽谷寒柯,深雲瘠鶴,芒角裏柔,絕去烟火。晚歲零墨賸楮,人得之以爲重。夢惺高誼雅懷,手卷摩抄,斯存微尚,是可書也已。壬午除日,上杭包樹棠識於南平水南之杉與樓。

---

① "壬午九月上杭包樹棠序"十字,稿本無,據《易學群書平議》附錄補。

杉與樓記

閩西北，嶺重叠多杉，其質直而不邪，又不腐朽蠹蝕。梓人之成室者，自梁楹、榱桷、向戶，胥取任焉。植於山，紉鑿蔽野，樹海浮青，間無雜柯。摩厲風霜，十數稔而材成。斧斤入之，絜以爲筏，浮江泛海，北至於滬瀆、津沽，南至於百粤，歲致鉅利，則固其材用之廣也。壬午秋，包子居南平，去郭五六里，水之南山之北，有樓翼然。其所以成之者，凡梁楹、榱桷、向戶，無匪杉也。周遭隙地，復老樹十數株，亭亭直立，炎暑不受，祁寒不彫。一室之中，晤言古人，清華在目，夷曠天鈞。當海宇雲攘，不遑啟居，藉茲片席，以視顏回、原憲陋巷蓬戶爲已厚矣。包子乃循名責實，牓之曰"杉與樓"。夫天地之大，物必有與，然後相須而有成也。雨露之與草木，土壤之與太山，衆流之與滄海，孟子亦謂舜有天下，天與人與。斯樓也，規矩繩墨之材，叢薄幽邃之境，壹惟茲杉之與也。《詩》曰："我行其野，蔽芾其樗。"則擁腫卷曲，大匠不度者，其與吾樓之所有，詎可同年而語耶？

仙苑碑跋

"仙苑"二字，碑款題晦翁書。仙苑者，安溪附郭，鄉在縣治西五里。今碑移置衙齋，後人爲立"先儒過化"四字碑。考《朱子全書》，至安溪詩三首作於癸酉。以嘗按事於此，稱其泉石奇甚，絕類建劍間山水佳處。邑志藝文錄二首，遺其《書事》一首，宜補入以備獻徵。又是年《同安官舍夜作》，有"聊從西軒臥"之句，即高士軒也。公舉紹興十八年進士，二十一年春銓試中等授左迪功郎同安主簿，癸酉則當二十三年也。其秋七月乃抵縣，二十六年秩滿，翌年候代者不至罷歸，故中間有《南安道中》詩、《題九日山石佛院亂峰軒》詩，皆其筮仕鄰封地。惟《泉州府志》稱九日山有公摩崖，予嘗過焉，詢之故老，渺不可攀矣。此碑歷稔八百，風霜不蝕，是邦石刻第一也。

黃鳳石先生傳

黃先生諱韶，字鳳石，世居霞浦縣鹽田鎮，分縣爲寧德人。清季，以縣學生試陸軍講武堂,棄去孳醫。凡山陬海澨,苗蠻巖峒,溽暑祁寒,無貧富,求治立往,不資之爲利也。人亦以是爲先生德,而屢以脱禍焉。初,福安有股匪飈掠至鎮,蓋藏無幸免者,勢洶洶及門。忽聞呼者曰:"是黄先生家,毋擅入!"衆去。而他賊又來,呼者如前,賊若弗聞也,捣門愈益亟。呼者厲聲曰:"水落矣!不去舟膠!"群賊哄而散,時實未汐也。後有賊擄先生父若弟者,鄉人以告,皆釋還。一日,先生舟行遇盗,則夙仇也,被縶山洞七晝夜,不復作生還想矣。忽有苗來監守,語先生曰:"今日賊渠有會,我計能脱若。"先生曰:"足疾,奈何?"苗則與其女弟共負之。夜自間道叢薄,疾趨百里,遲明至家。蓋先生曾瘳苗母疾,而陰戒其子以報之於先生者也。及是,許苗約爲兄弟而去。閩東匪禍猖獗,先生頗默識賊中情勢,慨然有志除患。會□□□□① 率兵蒞勤,募能得賊渠者受上賞。先生即部勒里中少年,最赴事功。□□□□□□□□□□□□□□旋福鼎有急,□□星夜馳援,舟覆溺斃,後來者不果行賞,且掠爲己功焉。先生慨當世事無足與謀者,亦遂絶口不復言兵。後疫疾頻作,先生壹以術濟人不衰。歿年五十有二。伯子壽祺,已以狀乞行唐尚秉和節之誌其幽,建寧范毓桂秋帆表其墓矣。壬午秋,予來南平,與壽祺共事,屬爲之傳,且述先生細行之不備於狀者。某昔天雨,壽祺稺年侍坐,塒雞作聲劇急,以爲狸狌也,欲出視。先生曰:"不類。鄰父貧,負載而舉食,今雨飢迫,攫吾物,毋遽窘之。"其警敏隱惡又若此。鼎革以還,南北擾攘,鹽田當會城、三都往來孔道,饟糈丁役,供張緐雜。先生一身周旋其間,勞怨無所卻,閭閻以寧。噫!若先生者,可不謂獨行之士乎?

祭杜悅鳴文代

　　左海飛濤,天風壯闊。竺生英豪,疇與挺拔。嗚乎杜君,幼穆且清。球瑝戞擊,既以詩鳴。梗楠其材,瑚璉其器。嘔心索腸,胡吝其至。妙年北行,襆被奚囊。有典有則,蜚聲上庠。荒寒邊徼,雄關憑弔。落日堂堂,倚劍長嘯。顧盼中原,鐵騎雲屯。墮堅擭險,寇在我垣。身際艱危,憂痡中灼。天閟鵷鵬,愴志瘠鶴。窮塞無依,藐茲流離。爰挈妻孥,蹌踉南歸。黌舍橫經,流光

---

① 　稿本此處爲墨丁塗覆,蓋作者後來所刪訂。今約所刪字數以方框標示。下倣此。

彈指。九峰蒼蒼，延平故里。閔凶迭遘，我心傷悲。漸去講肆，病骨如摧。烏杯溪上，懷哉君子。天不憗遺，吾道之否？芳草萋萋，鶡鵙喈喈。清明隴陌，魂乎歸來。嗚乎尚饗！

林劉陳張四生國畫展覽題詞

蒼鷹奮擊，孔雀東南。長嘯風生，虎視眈眈。紫藤花架，貓睡沈酣。葡萄暑熱，青瓜夏甜。桐陰綺思，髯奴態戇。林巒烟靄，歸舟江潭。我來讀畫，其味醰醰。源流斯見，益以深撣。晜哉諸子，維勤乃戡。

丘荷公先生七十壽序

吾鄉雲泉子，謂李元仲徵君，使生中原之地，可與馬班爭烈。而顧寧人卜居華陰，亦嘗謂其地縮轂關河之口，足不出戶而能見天下之人，聞天下之事。然則士之顯晦，雖曰時命，所處之地顧不重哉？徵君際鼎遷社屋之變，即不能上希二人，至並世諸老如寧人、二曲、梨洲、而農，其學各有所詣，白髮貞心，固可頡頏而無媿也。吾師丘荷公先生，醇德淵學，戢景弢聲，庶幾徵君之流匹歟？始先生年六十，值故鄉亂，客粵之潮安。樹棠楬耆獻，著其大者，觴難老，且為邦之人勸焉。及今歲癸未，先生遂年七十矣。夏正六月二十四日為其初度。曏者流寓之所，淪為虎狼窟穴。家居數載，益修理舊業，校刻先德朗山翁《贊育草堂遺稿》、李職方員外郎得之魯《爐餘集》。李梅隱有《杭川風雅集》，其書久佚。鉤沈苴闕，最錄邑人遺詩，為《杭川新風雅集》。上杭、武平二縣志，先後開局分纂，起例發凡，無殊成於一手。初，先生有新居曰"念廬"，燬於兵火，張縣長想魚翰下車之日，即聘先生主志事，且慨捐百金，菿葺其廬。中間縣政更迭，志局度支匱竭，適繼之者瑞安溫聖涵鍾洛，益重先生之為人，卒蕆其事。皆風誼可念也。去歲，先生集鄉之好義者捐貲粟，菿立明強初級中學於藍溪之上。汲引後進，晚年彌竺。《詩》云："維桑與梓，必恭敬止。"綜厥平生，質之徵君而有合焉。嗟乎！天之生才，不因時，亦不擇地。惟君子困心衡慮，一息不以自逸，順物之常，弗為己私，其視人世富貴利達，若浮雲飄寥廓。所謂遊神澹漠之表，區區顯晦，奚足以動其心志哉？矧夫知效一官,行比一鄉,德徵一國,人之所就或殊,獨善兼善,爲道則一。《易·繫辭傳》:"困,德之辨也。"先生倜乎其遠矣。

廬豐藍氏族譜序

上杭治東三十里,鄉曰廬豐。土地曠衍,雲龍、箬笠、馬鞍諸山宮其表,東西兩溪之水匯流入於汀江。聚族以居者十餘姓,凡千有餘戶,而藍氏踰其半,吾包氏次之,胥遷自宋元間。藍氏曰子榮公,包氏曰萬五郎公,其始遷祖也。吾祖又爲其子壻焉。厥後相爲姻婭,世世往來不絕也。藍氏子姓已蕃又或外遷,家自爲譜,六七百年未有綜其成者。去歲,其族長老相聚,而謀所以合之。議成,設會編纂,發爲凡例。世系已明,益以圖志,簡要有體,題曰《廬豐藍氏族譜》。譜固斷自念七郎公,其墓在今鄉西北山麓,於子榮公實爲高祖也。今歲癸未秋,將蕆其事,問序及予。予謂譜牒之學,盛於有唐,大抵承南朝重門第之風。迨宋廬陵、南豐、眉山、分寧諸公,講求體制,各有創獲,後世取法。又其間若林寶之《元和姓纂》、鄭樵之《氏族略》,得姓受氏之始,多出帝王華胄,如指數庭樹,歷歷弗爽,亦幾於夸矣。雖然,人之有祖,猶喬木之於根柢,江海之於濫觴。聖王制禮,等之以親疏隆殺。故"親親,以三爲五,以五爲九,上殺、下殺、旁殺而親畢",視民有終也。若夫納萬殊於一本,則行道之人親爲兄弟矣。昔孔子語言偃曰:"人不獨親其親,不獨子其子,而孝慈之道廣。"孟子對齊宣曰:"老吾老以及人之老,幼吾幼以及人之幼。"而孝慈之道,切體人情之欲,原始要終,則譜牒又曷可少哉?予喜藍氏諸人之勇於義以赴事功也,將益推其尊祖敬宗之心,以睦於族,以和於鄰。閭井錯居,雞犬相聞,服食宿疇,永保毋斁。吾鄉風俗之美,生息之樂,壹以斯譜券之矣。

硯 記

癸未秋,予重來南平。市中得端硯一,石色蒼潤。以百二十版幣易之。硯陰鎸:"出端溪,名標第一。取青洲,價值千金。丙午仲夏高其佩書。"凡行草二十有二字。攷其佩,字且園,一字韋之,號南村。又署鐵嶺遼陽人,隸籍漢軍。工詩善畫,而指墨尤著。父天爵,殉耿氏之難。以蔭得宿州知州,仕至刑部侍郎,又爲都統,清雍正十二年甲寅卒。今故宮博物院藏絹本《廬山瀑布圖》,寶親王長春居士題有"七十老翁戲作此,不用霜豪用十指"之句。硯刻稱丙午,實當雍正四年也,距卒年僅九載,春秋高矣。獨念高氏之先死閩亂,一石之微,亦復南北展轉,以入於閩。忠宦之後遺物,尤可寶也。友人浦江吳豀茀之、霞浦黃壽祺之六爲詩以賀,予和焉,復記其顛末如此。甲申立春前二日,上杭包樹棠識。

萊園文稿序

閩人之能爲古文辭者,予必以建寧朱梅崖仕琇爲首出。桐城姚姬傳鼐嘗稱其文果有逾人處。新城魯絜非仕驥《上梅崖先生書》,所以推服之者尤至。輓近如林畏廬紓,世亦稱道焉。予觀畏廬之文,陳理縝密則不若嚴又陵復,清拔穩健則不若陳石遺衍。然又陵志存迻譯,演爲一家之言。石遺矜慎矣,而自言所爲《登太山記》頗近馬第伯《封禪儀》之作,不欲效惜抱翁之故爲高簡者,其持論又往往異焉。予謂爲文章者,雖不弊弊然壹志以求諸義法,而其至者,即義法固無不存乎其中也。有清一代,桐城尚矣。姚氏以《古文辭類纂》一書衍其緒論,其詞最爲雅馴。厥後湘鄉曾氏,卓識孤懷,欲求所以廣之者,其選經史諸子不盡循姚氏之論,叙記、典誌,則溢於十三類之外。夫文章致用,姚氏序目言之晐備矣。若推聖人博文之恉,自群經子史,皆學者所宜牽求,不可章撦而節捃。涑水鄱陽,其書滿家,知治亂,識典章,非篇什雜集所能規其涯涘。姚氏略諸,不爲隘也。予友永春王夢惺錦機,亦嘗有志於斯學。書疏往還,言辭謙抑。予以是告之而不吾非,其孜孜於舉世不爲之日,可謂特立獨行之士矣。近彙所爲文若干編,曰《萊園文稿》,言淡而味腴。殆閩人今日之能爲古文辭如君者不數數覯,而用力之竺且專,又不難日幾而月至焉。屢屬爲序,乃舉予之所夙感者弁於端。甲申立春後三日,上杭包樹棠識。

吳茀之詩序

石遺翁言:"書畫家詩,向少深造者。缶廬出,造句力求奇崛,前無古人矣。"吾友浦江吳茀之豀,擅畫能詩,書亦遒勁。久居海上,私淑缶廬,嘗請益於門，藝日進。詩亦時時於奇崛中別求蹊徑，沈浸唐之昌谷，宋之宛陵、荊公、後山、簡齋，不徒橅聲類貌，卒爲茀之之詩，自若也。茀之於畫不爲墨守，善言氣韻，筆以神行，意超實象，如九方皋相馬，賞識在牝牡驪黃之外，蓋欲進乎技矣。是則茀之之畫一如其詩，有感於缶廬之爲奇崛，而能同其所同，異其所異者也。夫詩與書畫，道本一貫。王摩詰逸情遐思，啟宇南宗，東坡謂其"詩中有畫，畫中有詩"。並時則鄭虔三絕，名動至尊。繇是詩畫相爲因依，不可離析。無它，一藝之專，必學以殖之，致思窮理，日月逾邁，臻乎雅馴之境而後貴，豈彼空疏自便者所可同年而語邪？廬溝俶衅，方興雲攘，茀之遵海而越南，而滇，而黔，以入於蜀，居有間，復自蜀來閩。予與遇於南平，昕夕縱譚，素懷雅契。入則同處，出則同遊，友朋之樂不可涯涘。因得盡讀茀之之詩而心善焉。忽忽再易寒暑，茀之又將西行，乃彙其稿，督序及予。予曰：巴蜀山水甲天下，詩人之所必至。昔杜少陵遭安史之亂，顛頓流離，間關萬里，自劍門而入。陸放翁當宋室南渡，朔虜驕橫，澒洞風塵，自三峽而入。茀之兩度皆經黔中，今日鑿山懸道，輕車如飛，以視蠶叢灩澦之險，實有過之無不及者。羅奇景於胸中，渲染爲藝，吟哦爲詩，其深造方未有已，則缶廬之爲奇崛，爲知來者之不如？茀之行矣，遂書其卷以爲別。

陳嘉庚先生七十初度集美學校三十周年紀念校友論文彙刊序

　　中華民國三十二年十月二十三日，陳嘉庚先生年七十矣。而先生剏辦之集美學校亦已三十稔。予與諸校友謀所以壽先生與學校者，僉曰：先生立己立人，與流俗殊。吾輩所以壽之者，即不宜以流俗進。予曰：然。昔者杜子美窮居江上，茅屋爲秋風所破，猶思廣廈千萬，大庇天下之寒士，彼其志則然矣。先生身本齊民，起家閭閻，乃知建國之道莫先於學。海陬風簸，黌舍雲連，膏火廩餼，以興多士，在往哲徒託窾言，在先生則見之事實。至於弦高、卜式，皆匹夫而知效國，載籍炫熠。先生久居海外，故國心懸，憫函夏之阽危，望東溟而髮指。毋俾殊族，實迫居此，奮臂疾譸，海宇雲合。輸將巨帑，歲以萬億。內渡勞軍，奔走南朔戰場者數萬里。弔死問傷，愷悌在抱，孤寡廢疾，每至涕零。今古相衡，不啻滄海之與涓流。若夫摘奸發慝，首討大憝，儆官邪，弭內隙，忠憤所激，罔虞利害,獻替樞府,聞者歎服。英吉利之營星洲也,表海爲軍,戈船蔽日,倭禍未已,遂及南溟。先生倡帥僑胞,簡閲行伍,守望相助,以分鄰難。噬臍之痛,英軍殲焉。倉卒變聞,單舸以去。然而責匪守壤,蜚語何傷?顛沛遠服,執心淵亮。此則先生行誼犖犖,員輿共見者也。夫墨家者流,備世之急,以自苦爲極,所謂"摩頂放踵,利天下爲之",先生固與之冥契矣。予董督校政,際遇囏危。故疊風雲,爰痕劇目。數千學子,崎嶇播遷,同志戮力,不廢弦誦,蓋稟先生誠毅之教。樹基礎於學校,即以報國家於無窮,其爲壽也,莫大乎是矣。崇學術,資討論,爰彙諸君子言,而以致其敬愛私忱。倘亦先生笑而樂受也夫?

荷壽亭後記

古之學守於官。東周以降,王室衰,官守失而學在下。師徒講肄,鄒魯爲盛。秦政焚書,學幾息矣。然孔鮒、伏勝、叔孫通之倫,卒皆發躬草野,抱守殘缺而弗失。漢興,易秦敗。孝武時表彰六經,置博士之官,文學彬彬矣。惟當時官學所立胥今文,而古文晚出不與。若《書》孔氏,《詩》毛氏,《春秋》左氏,多繇私家傳授,而學獨盛焉。夫先民道術,與時升降,所維繫而不墜者,此實足以濟官守之不及。且也官守之學,徇於利祿,奪於權勢,末流所極,曲學阿世者有之矣,鄰同門、妬道真者又有之矣。未若私家師弟承學,心誠說服,名俗弗擾也。故唐韓退之教於國子,作《進學解》,若有不能已於言,蓋亦子雲《解嘲》之類。及作《師說》以貽李氏蟠,則所以嘉歎之者,抑何其情之纏綣耶?今日學校制度,亦已官私並立矣。其間官學隨人事爲廢興,何可勝言哉!至於私學,則同安陳氏,傾其財富以爲之者尤著。其有搢紳之士捐貲粟,號召於一鄉一國者,不可指屈數。吾師丘荷公先生,固嘗以興學造士爲職志,首剏辦民立師範傳習所,既又剏辦立本兩等小學,晚歲剏辦明強初級中學,邑之後進多出門下。閩西鄙山嶺崛嶂,當惡溪上游,室鮮蓋藏,其民食苦自奮。喪亂以還,官學屢廢屢立,獨先生以山澤之臞,一人之力,起斯文於憂患,其艱苦爲何如也?癸未夏正六月二十四日,世所爲觀蓮節,適先生七十初度。門人故舊,以特豚肴酒,自遠至會。而明強師生又爲作亭於藍溪之上,扁曰"荷壽",蓋紀實也。初,永定賴岐生維周記其顛末矣。予乃爲之後記,述官私學守所繇,以俟夫觀人風者擇焉。

笠山文鈔卷第八

訓詁學跋

右《訓詁學》辨名上、辨名下、甄類上、甄類中、甄類下、發凡上、發凡下、沿流上、沿流下、述學上、述學下、要籍，凡十二篇，民國三十二年春季爲福建省立師範專科學校文科三年級諸生講稿。初儗爲發微一篇，專述清儒治故訓，爲前修所未及者，次於述學之後，以參攷之籍闕如，有俟補纂。餘篇臚舉綱領，略示門徑。夫訓詁爲治經籍鈐捷，引而伸之，以觀於故書雅記之林，是則存乎其人云爾。

文字學形篇跋

右《文字學形篇》一卷，民國三十三 [①] 年秋季爲省立師範專科學校諸生講稿，至翌年春季而畢。斯篇六書正名次第一，從《說文》。良緣許君專學，其義亦長，非墨守也。釋例則斟酌前修，惜務簡明。清儒治小學者，金壇段氏、安邱王氏儷巨擘焉，故說字多摭采其言，間有未善者，畧申臆見。至若金文之學後出，甲文尤晚。瑞安孫氏，往往好爲儷引，見難許書。來者益趨詭譎，舍本逐末。獨餘杭章氏，卓識孤懷，不爲所震撼。今茲塵詳源委，無所取材。夫文字之學，爲治經籍橐鑰，正其祈向，通乎故書雅記之林，則學者不可不勉也。

歐陽母蘇孺人墓誌銘

建寧歐陽生文，奉其母事略來乞銘。曰：先母姓蘇，諱素琴，羅源望族。

---

① "三"，稿本作"二"，據《文鈔》後附錄《前自序》改。

先君諱某,時來任邑教諭,以先嫡母李孺人在籍操持家政,負子女累,未能隨左右,納孺人。期年而生文。越二年,先君致仕歸里,又生彬。昱弟尚在襁褓,而先君見背,李孺人復患風痺。事無裏外,悉委孺人。李孺人出伯兄駒、仲兄驄、季兄鶄,俱未有立,孺人視之甚於所生。於是晝則治井臼,夜則緝纑,兼課督諸子,不使少自逸。擘劃所入,以為游學貲。駒,海軍船政學校畢業;驄,工業學校畢業;鶄,法政學校畢業;文,中學畢業;彬,小學畢業。李孺人之歿,舉喪克盡其禮,又為文等昏取,少釋重負。長素奉佛,二十年間目不游,言不苟,屹若寒崖槁木。以民國十五年正月十九日卒,年四十二。某月某日葬某處之原。後十年,縣長胡宗銓贈"節比松筠"額,邑乘節孝有傳。文之言止此。遂實諸幽,聲以詩曰:

庸行修也,抱衾裯也。俾無訧也,夫人儔也。子姓悠也,竦斯丘也。

李母林太夫人墓誌銘

永春李堯南之母林太夫人,年二十八而喪其夫,苦節撫孤三十年餘。吾友王夢惺錦機為記崇節堂者是也。歿又十年,堯南始以事略丐夢惺介予銘焉。太夫人諱格,邑緩步鄉人。考曰玉修,鄉飲賓。夫曰河漢,歿年甫三十四,遺孤皆小弱,季子遺腹生。李氏累世農耕,家故貧窶。太夫人椎髻布服,持戶庭。又是時上有老姑,多恙易嬰。奉湯藥,除穢溺,每事體志,久無倦容。氣質雖孱,而日灌園、夜治紅,以為事畜貲。及後,諸子各有立,衣食足自給矣,太夫人守約如素。惟親族有以饑寒告者,輒周振之,弗少吝。性嫻靜,終身無疾聲劇色。鄰有勃谿者,聞太夫人一言自解。誨子姓讀書服賈,勤厥業,行忠信,毋為時俗纖嗇浮靡。以民國二十五年四月二日卒,年六十二。子男四人:長德鉒,蚤殤;次德垺;次德曄,即堯南。次德給。孫男幾人。某月日葬邑某處之原,不及掄諸幽矣。顧誌有立石墓上之例,遂序其次,繫以銘曰:

山有松,母之操。宮有堂,母之報。楬貞珉,來者告。

重修永春圖書館記

永春圖書館,為州文昌宮舊址,州牧翁蘭畦學本鼎建,重屋四阿,當城東北隅。館創於民國二十一年秋,吾友王夢惺錦機實預籌備之役。於其成也,縣以鄭蒼亭孝廉翹松爲館長,其後屢經隸幷。夢惺以經始之囏,懼圖籍之散佚也,遂慨然請於縣長黃鎮中規復舊制,而身任其事。時館中所庋,廑三千餘册,嗣得邑好義者遺贈,增卷帙至萬餘,規模乃具。自會城而外,與建甌、龍溪兩館埒。今歲,夢惺復請於縣長張星村,撥公帑十萬版,治館而新之。備述所繇,屬予記焉。予維昔者老耼爲周守藏室史,韓宣子觀書魯太史氏,蕭何之造石渠,劉向之校天祿,爾後館閣之藏尤稱美富。至於道術已裂,釋藏道藏,流衍斯繇。其有私家所守,南則四明范氏之天一閣、北則聊城楊氏之海源閣爲其魁首。此今日公私圖書館之所自倣也。夫國於方輿,非學胡立?觀乎泰西諸邦,英之倫敦,法之巴黎,求書別國絕域,舟車萬里之外而不憚其煩。敦煌石室寫帙《切韻》、《雲謠》、《秦婦吟》,有吾士夫千百年間佚而未覿者,彼皆羅而有之。清季,遵義黎蒓齋庶昌渡日,售其善本以歸,刻爲《古逸叢書》,東人恥焉。迨陌宋樓藏書歸之巖奇氏靜嘉堂文庫,以爲足洗之。其於中夏典籍珍之重之有如是者。夢惺之悴其心力而不辭,可謂識所本矣。顧前代載籍,水火兵革,湮滅何限?閩多山嵐濕氣,蟻蠹易生,珍護尤囏。葆世無窮,來者有責焉。永春初爲桃林場,後唐天福置邑,人才蓊蔚。盛昭州、陳休齋、留忠宣之倫,文章、理學、政事著於當世,代有傳人。夢惺以其暇日輯鄉先生遺著,爲《永春文徵》。則讀書明倫,孜孜倡導,又非一邑一人一時之事,願與天下後世同之也。乙酉冬至,上杭包樹棠記。

黃母鄭太夫人六十壽序

甲申冬,予在南平,任教福建省立師範專科學校。時黃子之六壽祺,改就國立海疆學校教授,將赴仙遊。諸生聞之,牽衣把袂,欲留不得。予亦凄然,難以爲懷,賦詩而惜其別。今歲乙酉秋,海疆遷南安,予應梁披雲校長龍光約南行,復得與黃子相聚。冬間,黃子將歸霞浦,以明歲開春爲其母鄭太夫人六十初度,稱一觴之酒,且慰老人倚閭之思也。海疆同人,以予與黃子稔,屬爲介壽之文。始予識黃子於會城,再晤於永安,中間離合易地者數矣。自海宇雲擾,士夫蓬累,予與黃子輒感聚遇之不常。尊酒流連,譚藝餘暇,詳及家世。黃子之尊人鳳石先生諱韶,前清縣學生,行誼爲閭鄯重。太夫人之來歸也，奉舅姑，相夫子，柔聲怡色，內則無違。鳳石先生之沒，黃子尚讀書故都，太夫人執喪盡禮，勗以繼志述學爲重。後黃子爲諸生都講，棲遲朔方。洎乎蘆溝橋變起，兵戈徧大江河南北，黃子適聞太夫人恙，襆被倉皇，關山風雪，踰冀魯吳越，萬里南歸。於時地盡萑苻，相驚候騎，黃子不敢以爲艱苦。蓋人子思親，其心純潔，舉凡外物之來，不足以豪髮動其中。黃子於學，尚博覽，識流別，顧尤邃《易》，事行唐尚槐軒氏，稱高弟，予嘗爲序《六庵叢纂》述其概矣。嗟乎！人子養親，養志爲大，養口體次之。向吾讀《詩》，至《南陔》之序曰"孝子相戒以養也"，《白華》之序曰"孝子之絜白也"，則其辭雖亡，其義固猶存焉。黃子其益體親心，堅宏所具，明道淑人。抑聞之，閩東多佳山水，太姥、霍童，相望海隅，黃子之歸於其鄉，風日晴和，奉太夫人以樂乎其間，倘亦詩人之微志也夫？

李幼巖先生詩序

　　晚清以降，海內之言詩者，吾閩爲盛。螺江退傅爲其祭酒，海藏、石遺各張一軍焉。之數公者，皆往來南北。退傅以詞垣耆夙，崇尚風流，當世翕然宗之。海藏偉懷經世，辱身僞廷，幽峭清蒼，意存言表。石遺晚居吳門，歸領通志局，立說詩社，徒屬風靡。雖其出處之間各有不同，而聲氣相孚。其言私淑江西，廣殖以學，亭毒萬彙，詞必雅馴，則無不殊塗而同歸也。惟時外邑之詩未改故步，而求其言之能雅馴者，百不得一二。晉江李幼巖先生，固吾所謂能雅馴其辭者也。先生之詩，不囿宗派，力去俗常，精思悍筆，雄桀氣多。於數公之說，不欲苟合，要亦未嘗不跡其所繇。夫詩之爲道，三百篇尚已。雖逐臣走卒、曠夫怨女，不必皆有所自出。然特造物者窮極奇巧，假之以鳴，來者有作，具其質矣。蘊學沈思，而猶或至焉、或不至焉。故杜子美之讀萬卷書也，熟《文選》理也，而後牢籠兩間，揮斥八極，成一代之詩史。其後義山學杜，隸事隱微，縣邈多風；山谷學杜，兼綜經史，穿穴異聞：則不徒橅聲醜象，姝姝一家之言。若必刻畫以求，是所謂"鷦鵬已翱乎寥廓，而羅者猶視夫藪澤"，庸有當乎？予識先生以丙子春，時方抱佚守殘，辦理昭昧國學講習所。所固梅石書院舊址，先生招予共事。而南安黃禮貞茂才玉成、德化郭搏南上舍鵬飛皆在焉。暇輒論古今詩流變，言辨而理安。嘗作《虎耕》諸篇，二君以爲詩論，予謂此正先生性靈之所獨運，不爲猶人語也。後與先生別且十年，今歲乙酉秋，復來海疆學校共事。鵬溪之北，卓雲之南，齋舍相望，杖履過從，健譚如昔。彙所爲詩屬序。展卷風籥，視夙加富，體亦屢變，不失其性。惜茂才、上舍繼沒，不得與共論定。因述鄉邦聲詩之盛，弁於簡端，勵來者焉。

先考行狀

先考星河府君之沒，孤子樹棠在南平，教授福建省立師範專科學校，聞喪不及奔赴，歸而哭諸墓，傷哉！府君諱涵清，字泰漢，星河其號也，爲先王考雨亭公伯子。初，洪楊之變，先宅克念堂被燬，燹後蕩然。府君幼依黃蛟坳外氏治生，迨後貿易通閩，逐什一，爲人耗累。之南洋吉隆埠，復折其閱，內渡。然府君謹愨信於人，克己給家足，以是貸者償之，負者無所責。先王考前沒，府君之所以事之者不及見矣。其事先王母李孺人，每自外歸，輒問衣食溫飽安乎。先伯祖母賴孺人夫子蚤卒，奉共饌白頭二老，依依膝前無間也。諸父已析爨矣，供其困乏。博或破其財，卒貰之。沒則經紀喪葬，鞠育諸孤，至於有立。吾姑適丘，老而貧，時存問而贍遺之。燕居，蓄藥餌卹寠恙者。性容耐，遇人無慍辭厲色。宗族有爭，規之使已，人亦高其行，說服在心。少日失學，長而知奮。其居長汀，鄰有茂才失明，暇恒治茗飲，執禮恭從問學。穎悟強識，敏珠祘，無豪髮爽。平日於鄉先正，膺服李徵君元仲世熊、黎大參䰂曾士弘之爲人。爲不肖曰：「若二公者，涉亂世而大節不污，處平世而事功有立，汝其勉之。」嘗行道，颮風拔木，值其傍無恙者，隙不以髮；後復值之野，壓毀所持簦而身免焉，人以爲異。沒以民國三十四年夏正二月七日，年七十有九。吾包氏自愷公二十九傳曰純白，當宋孝宗隆興間，以南昌貢士教授汀州，改上杭令，遂居邑南之小陳坑，爲上杭包氏之始。四傳曰千一郎，徙居邑東之黃坊。五傳曰萬五郎，胥宇東溪。二十傳而至府君。我高王考曰學聖。曾王考曰瑞欽。王考曰楸祥，號雨亭，是生府君。府君先娶江夫人 [①]，前卒，再娶朱夫人，生子男二：樹棠，集美國學專門學校畢業，國立海疆學校教授；蔚棠，殤。女六。孫男一：定寰。孫女七。是年三月二日，葬登寶岌之原。其沒也，吾妹

---

① "江夫人"，稿本"夫"作"孺"，茲據作者哲嗣定強君提供其先甫晚年重鈔墨本校改。後文"朱夫人"倣此。

永娥適張，哭之慟，越旬亦卒。亡弟聘丘氏女，畜於家，長爲改適，聞耗曰："翁愛我不啻父母"，齊衰而哭。群從季亦貳斬焉。嗚乎！此府君之所以縶其身刑于家者也。樹棠無似，不足光昭令德，思求長者文章，爲之表暴。爰具其實，以俟采擇。民國三十五年二月八日，孤子樹棠謹狀。

禮不貳斬，先君之喪，從季濃棠、甘棠爲之服焉。昔韓吏部幼鞠于嫂，及嫂沒，爲之朞服報之，此皆因情而過乎其禮者也。濃棠、甘棠皆季父泰淵出，甘棠且嗣四叔父泰湘，及今又皆蚤世。門衰祚薄，傷已。先君沒已逾年，誌墓之文始請於念廬先生，又逾年乃克銘焉。乙巳立冬後十日，孤子樹棠謹識。

梁錫基六十壽序

南安之詩山有山曰高蓋，爲唐四門博士助教歐陽先生讀書處也。先生舉貞元八年進士第第二人，與昌黎韓愈友善。愈嘗偁其事父母盡孝道，德行信於朋友。後吾得其集而讀之，淵亮在衷，又知愈之言不爲虛美焉。乙酉秋，予南來教授國立海疆學校，齋舍適在南安之九都，去詩山僅三十里。嘗一過所謂高蓋山者，問其遺跡。或謂先生結廬峰下，風籟其間，詩山之名，蓋所從來久矣。或謂詩山舊本詩村，辨其域不若今之遼闊者。予以爲先生文章切深，閩人之有專集，此實首出。況其行誼之可式於鄉國，而人之慕之者曷足怪邪。梁翁錫基世居其地，被先民之遺澤，修孝悌於其家。蚤失所怙，孤露童牙。壯遊閭閻，卓立信義。治染織、枲麻、樟腦諸業，貿遷滬、港、臺、澎、東京間，涉風濤之壯，操其贏餘，有"富新羅"之號。業已日起，構新宅於鳳坡麓。復廣推孝義之心，汲汲於興學收族，以明人倫之教。晚歲諸子有立：伯子子意在南洋檳城，叔子子民在怡寶，季子子安在福州，或奮跡通廛，或獻替鄉邦。今歲丙戌夏正十二月二十六日，值翁六十初度，先後言旋，欲有所爲，盡其孝思。以其叔心基從予遊也，固請一言以爲壽。予乃爲之說曰：昔仲尼之答門弟子問孝也，曰"無違"、曰"色難"。夫無違乃終身之孝，色難爲養志之事。自世薄禮衰，節文失修，口體之奉，人所未遑。則編戶齊民之間，猶有能相戒爲養、潔白其志，莫之敢黷辱者，亦庶幾詩人之遺教歟？翁之鄉，土壤平曠，田廬儼然，其民多賈服外致富，以爲仰事頫畜者比比而是。予已愛其俗之淳，又嘉翁父子之不墜先正典型，足爲世勸也。於是乎書。

王母黃孺人墓表

永春王錦機夢惺，事其親孝。始，夢惺以仙遊黃羲文倩摹繢其節母黃孺人《寒鐙督課圖》乞予言，即已聞其性行矣。後五年，予乃識夢惺於南安九都講次。翌年春，予造其碼齋，鎧牕潔几，古籍紛披。出圖閱之，老屋三間，萬籟夜寂，賢母子相依於鐙光桂影之下，令人肅然以敬也。未數月，閩南疹疫颷發，孺人竟以是染恙沒矣。夢惺哀思無已，乃覼孺人平生，乞鄭翹松蒼亭孝廉銘其幽。復屬予文以揭於阡。按狀，孺人系出邑西半嶺村。考諱已民。夫諱捷芳，前清國子生，生夢惺逾月渡南洋，凡四年以疾歸，又十月而卒，年三十有五。孺人少三歲。夢惺廑五歲耳。孺人秉節自守。是時上有老姑病風痹，下則煢煢幼弱者。製絏籈得值，以爲事畜資。昧爽而興，宵分往往不得息。夢惺九歲，始就外傅，晚歸，必令執卷風籈其傍。孺人持戶庭，雖儉約而識大體。女紅所得，月數金，多或十餘金，權出入，飾終之典、餽送之禮，豪髮無憾。夢惺之就讀同安集美師範學校也，孺人益務爲刻苦，恒日一饔，畫粥而食。夢惺畢所業，掌教於鄉邦，有薄養矣，孺人劬勞若素，口體之奉不加焉。半嶺村外氏亡嗣，修治兆宅，冒祁寒，徒步往來山蹊間。平居卑退自執，遇人故有仁惠，以窶乏告者，輒隨力周給之，內外翕服。其卒也，哭之皆哀。時民國三十五年夏正五月二日也，年六十有八。子一：錦機，國立海疆學校祕書。孫三：爾康、爾祺、爾禎，尚幼。向吾讀張惠言皋文《先妣事略》，蓋與夢惺所述有相類者。夫人之不幸而幼失所怙，鞠於母氏，卓然有立，捲樞桑戶，貞操淩霜，天何負於志氣之人哉？不謂「庸德之行，庸言之謹」，乃覯於世澆道薄之日？詩曰：「誰謂荼苦，其甘如薺。」若夫人者，可以風矣。

靜庵隨筆序

丙戌春，予至永春識洪古谷。古谷出《靜庵隨筆》一卷畀予，若埆然有所不足者。曰：子姑爲我序焉。予曰：文章無方，惟其適之用耳。夫犛牛不能執鼠，梁欐不可窒穴，言其才程之有殊也。天地亭毒，萬彙林林，日月異照，春秋異時，江河異流，山嶽異形，伯夷、叔齊讓爲高，伊尹、周公任爲能。況乎文章經緯，縣邈寸心。仲尼詞達，今茲所尚。梓桑獻替，清議斯張。昔在漢世，士節彌厲，循績相望，簡書是畏。而仲任《論衡》、節信《潛夫》、長統《昌言》，砭俗鍼時，語多發憤，辨章功實，其於當世得失之幾究矣。斯風欲墮，我懷古人。官邪敗國，詖辭誣民，至尊無冤，執義誅心，則古谷之爲是書，殆亦有不可以已者歟？

重修福建通志芻議

新修《福建通志》，陳石遺先生衍首其事。及沒，福建省政府教育廳鄭前廳長心南貞文聘人續成之。此書隨纂隨刻，鏤板具存，紕繆罅漏，不一而足。蓋其初則以一人之力，未事周咨。繼則抗戰軍興，倉皇戎馬，草草告竣，固無足怪。今省政府又就中央撥文化款項之一部，充修志經費，已成立季員會，則正其紕繆，補其罅漏，固不容因仍苟且矣。按省志通行之本，尚有道光間陳壽祺所修者國立北平圖書館藏省府州縣志最具，有《方志目錄》四冊，新志即以爲藍本。爰就二志之失，略舉數例，以爲芻蕘之擇。舊志有而新志遺之者，如《童日鼎傳》是也。舊志誤而新志因之者，如謝憲時《八陣圖說》、《四大洲圖說》、《天文圖說》，李世熊《寧化縣志·藝文》著錄，及《黃欽傑傳》中云云，皆《謝孺子傳》中語，本不誤而妄爲譏評是也。其新志誤者，如以"禱泉白衣抱琴不拜"爲張鵬翼事，則又因李元度《先正事略》而致誤是也。有名字誤而又重出者，如《伊名元傳》是也。新志所續各傳，大抵以福州附近數縣較詳，外邑則憑纂修人所知聞者補綴而已，藝文志亦然。本省府州縣志，乾隆以後修者寥寥無幾，若徒以爲據，不加甄別，如晉江俞大猷墓在縣南蝦落沙，乃《縣志》及《泉州府志》皆云在郡北河市，沿譌踵繆又不免矣。是則編纂採訪，宜慎宜周。人事爲先，速則不達。謹議。

七妹墓碣

妹行七，父諱涵清，母朱，兄樹棠。其適藍祥瓊，舉子男二：炳坤、炳昌。翁嬟在堂，與夫子推甘食苦。慤外慧中，鄰無隙言。一日省母返，嘔血卒於塗，去吾宅百武許耳。予不知其憂之深也。嗚乎，傷已！時民國三十五年夏正六月十四日，年二十有八。渴葬营前之原。祥瓊在福州，哀思之甚。越歲自臺灣寓書乞予序而銘之。銘曰：

山有松兮耐沃雪，伐貞珉兮际其節。

藍母謝孺人八十一壽序

予交鄉里士，識藍君蕚樓焉。蕚樓固謹愨士，嘗從南邨邱力人先生遊，而竺於舊情者也。予因蕚樓又識其從季繡堂焉。繡堂軀體修偉，性直敢言，喜交接賢豪。及遭喪亂，予去閭井，蕚樓客粵之東鄙，繡堂里居簡出，不相聞問者十餘年。丙戌夏，予以假歸省，蕚樓先予返。暇日過從，繡堂設酒殺雞作食，接席言歡，意氣勤懇，往事歷歷可念也。今歲丁亥冬十一月初八日，繡堂之母謝孺人年八十有一，蕚樓最其行而乞予文，以爲侑觴之助。謹按繡堂之先德福全先生，閭衖所倛爲長者。初取羅孺人，艱於孳息，乃取謝孺人，實生繡堂。謝孺人體質強健，已樸而劬，田園井臼庖齏之煩，日操作不自休。逮事舅嬸，舉家二十餘口，門庭雍睦。公羊之傳《春秋》曰："子以母貴，母以子貴。"而衮禍之事，復見美於詩人。孺人之謙抑爲懷，卑下自處，與《易·坤》之象"乃順承天"者，其誼冥合。蓋"禮經三百，威儀三千"，制在姬周，習而弗替。若孺人者，可以風矣。吾嘗觀夫韋布之室，其成敗興衰所繇，往往繫諸婦人。女子，中饋之主，得其賢淑而以抒內顧之憂者有之矣；貞操淩霜，母儀而父者有之矣；小星惠下，無妬忌之行能盡其心者又有之矣。君子之道，造端夫婦，豈虛言哉？廬豐溪山秀美，土壤夷曠，聚族而居，烟墟相望。吾包氏與藍氏世爲婣婭，五六百年不衰也。因蕚樓之請，誼不可卻，而敬慕孺人之和以持其家，廣其道可以睦鄉鄐之交，遂書以歸繡堂，持爲親壽，且藥俗焉。

春秋城穀考 [1]

《春秋》莊三十二年"城小穀"，杜預注："小穀，齊邑，濟北穀城縣中有管

① 此文後來發表於《福建師範學院學報》（社會科學版）1956 年第 2 期，題曰《隨無涯齋述林》。

仲井。大都以名通者，則不繫國。"《公羊傳》徐彥疏曰："二傳作小字，與左氏異。"段玉裁曰："此疏作字蓋誤，蓋是穀梁、公羊有小字，與左氏異也。左氏蓋本作穀城，無小字。"按：徐說、段說是也。雖然，有未盡焉。《左氏》昭十一年傳："申無宇曰，齊桓公城穀，而實管仲焉。"注："城穀在莊三十二年。"其言甚明。則今本左氏傳及經注有小字者，皆淺人因公、穀而妄增，非其舊矣。依左氏城穀之說，證以申無宇之語，知穀爲齊地，桓公爲管仲城之也。而《左氏》莊三十二年傳注，又謂："公感齊桓之德，故爲管仲城私邑。"夫穀爲齊地，管仲何功于魯，而爲城外邑？此征南之矛盾也。惟穀亦嘗爲魯有，則僖二十六年冬，"公以楚師伐齊取穀"是也。其後復爲齊有，則《左氏》文十七年傳："齊侯伐我北鄙，襄仲請盟，六月盟于穀"是也。陳立《公羊疏通義》云："穀內地，前所取諸齊者。"愚謂不然，此時齊來伐，晉不能救，魯請服，非歸侵地不可。故成五年夏，"叔孫僑如會晉荀首于穀"，注："穀，齊地"。襄十九年，"晉士匄帥師侵齊，至穀，聞齊侯卒，乃還"。則穀非魯有矣。蓋穀當濟水之北，《水經注·濟水》云"濟水又北過穀城縣西"者也。濟爲齊魯接壤。莊三十年冬，"公及齊侯遇于魯濟"，注："濟水歷齊魯界，在齊界爲齊濟，在魯界爲魯濟。"穀城隸齊域 ①，毗連二國，常爲二君盟會之地。其見書於經，則自莊七年冬"夫人姜氏會齊侯于穀"始，注："穀，齊地，今濟北穀城縣"。二十三年，"公及齊侯遇于穀"。宣十四年冬，則有"公孫歸父會齊侯于穀"。成十七年傳，齊國佐殺慶克，"以穀叛"。或曰：穀爲齊地，則聞之矣。然二傳作小穀，范甯集解："小穀魯地"，此又何說乎？曰：小穀雖魯地，亦當濟水之域。《水經注》云："濟水側岸有尹卯壘，南去魚山四十餘里，是穀城縣界，故《春秋》之小穀城也。"則穀與小穀，兩地相去故甚邇，穀爲齊地，小穀自爲魯地。其小之云者，則得名蓋亦緣彼穀城也。公、穀雖作小穀，然皆未發傳。范氏以小穀魯地爲說，不如左氏城穀，從申無宇之言爲有據也。顧炎武《日知錄》卷四"小穀"條："'城小穀，爲管仲也。'據經文，小穀不繫於齊，疑左氏之誤。"云云。按，顧氏說非。《公羊》徐疏："二傳有小字，與左氏異"，其言甚明。是左氏小字，後人據二傳妄加。又顧氏雖知申無宇"齊桓公城穀而置管仲"之語，不若黃汝成《集釋》引孫氏志祖經本作城穀，與申無

---

① "齊域"，稿本作"濟域"，據《福建師範學院學報》本改。

宇言正合之剴切。但顧、孫二氏皆未指出莊三十二年傳杜注之抵牾。惟《日知錄》卷三十一"小穀"條，顧氏又主"城小穀"之說，與前說自爲矛盾。顧氏《杜解補正》，即用前說。愚意後說雖亦顧氏所記，但在刪削之列，後來刻是書者，存而未去。《集釋》雖於"小穀"條下注云"此已詳卷四'城小穀'條，可併入"，亦未察其言之抵牾也。①

按《左氏》哀二十四年傳："夏四月，晉侯將伐齊，使來乞師，曰：昔臧文仲以楚師伐齊取穀。"注："在僖二十六年。"然則魯之伐齊取穀，實臧孫辰爲之也。

葉君夢龍墓志銘

君諱祖陽，字夢龍，號回春，南安葉氏，世居邑之金淘鄉。祖光啟，考乃星。君幼無履藉，輟學隨父兄操奇赢市井間，然非其志也。潛揣摩折，讀益淩厲。畢業福建法政專門學校自治科。強豪爲暴，侵陵鄉郂，爲怨家取誣繫，任俠不撓，人服其果。先後倡辦文山、溫厚小學於其鄉，歷任南安公立中學精一國學講席，殷誨靡類，以終其身。晉江蘇孝廉鏡潭偁君爲人，望之襜如，即之溫如，修其身以刑於家，推其誠以孚於友，溥其惠以施於鄰里宗郂。出言溫溫，遇人無親疏貧賤老少。意或恐傷之人，或樂就而親之，久而益敬也。予雖不識君，信君之行於其友。而叔子蘄燕，又同處事海疆。季子芸英，則及門也。君沒以民國三十四年九月二十一日，年六十有六。其月二十三日葬甲山之原。配黃夫人，子男三：心青，上海私立大夏大學教育學士，太平洋戰起，菲島淪倭，全家五口殉難於怡朗；蘄燕，上海中國公學畢業；芸英，福建省立醫學院醫學士。子女二：適謝、適林。蘄燕最君行乞銘，遂次而序之。銘曰：

士褱孤詣矜於鄉，誰或齮之爰宗強。行乎吾素庸何傷？砥俗以學屯式臧。吁嗟君子徂茫茫，甲山之原松青蒼，貞珉千禩摩風霜。

梁母潘太夫人六襃徵言啟

蓋聞淑良婉孌，是偁巾幗之英；柔順利貞，實著閨門之節。則有梁母潘太

---

① "顧炎武"至"抵牾也"一截，計228字，稿本無，蓋後增。據《福建師範學院學報》本補。

夫人者,以廣宗之名媛,作天水之介婦。諳《女誡》,習《內則》,霸陵賢媲鴻妻,蒙山德齊萊婦。抱甕灌園,釵荊裙布。奉姑嫜,睦娌姒,室無間言,鄉有美譽。未幾干戈神海,荊棘鄉關,始歷囏危,中更憂患。隨夫子於鯉城,亂因賃廡;攜藐孤於鷺島,居必擇鄰。於是畫歐母之荻,和柳子之丸,以教以育,亦母亦父矣。迨歸來閭巷,寥落田園,習勞以理荒穢,懼逸而忘善心。戶內惟無棄物,天下豈有閒人?汝作汝息,有叙有倫,熙熙婦子,肅肅門庭。封先壟,妥精靈,寬逋負,振宴貧。穆宣闓楷,卓異懿聞。若夫封鮓勵以官常,啖豚悔爲兒戲,童牙孤露,頭角崢嶸,效范滂之攬轡,非溫嶠之絕裾。青天直上,勞人攀蜀道千尋;白雲孤飛,游子顧閩山萬里。聲蜚三鳳,秀競八龍。觺觺有立,鼎鼎方興。凡諸高誼,覼縷難宣。今茲丙戌,歲越花朝五日,太夫人寔萱紀六旬,龍光昆季欲爲老人偶觴上壽,述德求言,以娛晚景,而報劬勞。夫其邑比仙源,暎覺桃花之水;廬猶人境,香聞荔子之風。馨爾夕膳,潔爾晨餐,南陔孝子之養,天保九如之詞。廣推錫類,載拜嘉言。

笠山文鈔卷第九

世蘭堂記

古者鄉里之教，家曰塾，鄉曰庠。周禮百里之內，二十五家爲閭，同共一巷，巷有門，門側之堂謂之塾。鄉謂五百家也。其制則今日鄉村學校所縣仿。然古之學守於官，故六書之教，胥掌自保氏。儒以道得民者，又出於司徒之官也。其仕焉而已者，則歸教於閭里。昕夕坐於門，而又有所謂右師左師，教以道藝、孝弟仁義者，此則官私並立之制。夫學也者，古今之所莫得而廢，建國君民必有事焉。從而庸之，明人倫、美教化、致郅治，此三代之隆，而民彝之善有以然也。叔世兵革用興，教養政衰，官私之學交受其困，而窮鄉僻土彌以甚焉。鄉其師輔，菲其膳脩，或並此簡陋者無之。齊民子弟，欲學末由，與功令所謂普及之恉，豈不倍道而馳哉？辛壬間，吾閩同安陳氏起家海外，惄然憂之。昆仲內渡，斥貲興學於其鄉。橫舍輶雲，膏火脩脯之供無不具。繼設大學於廈門，及今三十餘年，傾其產而志不少折。蓋閩之南，大海在焉，其民情彊矯。徂徠風濤浩瀚，言語重譯，凡蠻貊炎燠，霜雪不至之區，沐蕉雨、櫛椰風，無不有其人之足跡。而以殖貨賄，綑載來竭者比比焉。自陳氏爲之創明誼淑，群人知向方。永春夾漈鄉，姓多鄭氏，宋漁仲先生後也。向有族學以教子弟，比歲謀廣而新之。其族人崇仰，賈菲島，厚蓋藏，慨建世蘭堂以爲講貫之所。地博二十二丈，縮六丈。世蘭者，崇仰之考字，嘗爲族學董事矣。堂成，其宗應良請記之。予維私學之立，可補政教不及。而鄉有善人，猶足厲隤薄，反之正。故備於篇，以爲鄭氏世守焉。上杭包樹棠記。

四硯記

癸未秋，予得且園硯於南平市中。識其顛末矣。去秋，在晉江而得硯四焉。一硯橢員，縮狹衡脩。明鍾惺伯敬故物，世俗竟陵體者是也。其陰鐫真楷"小窗書幌細摩挲，紫氣寒烟酣落筆"十四字，後有鍾氏款識印記、草書"寒泉一壑吐雲烟"七字、小篆"良田"二字。其陽鐫草書"騰波"二字。端產子石也，突者、坻者、坳者、窪者，盤陀委宛，周遭天成。一硯小，前銳後豐，其陰鐫"半草庵"三字，印記曰"王中"，不知何許人，亦端產也。一硯脩栔而厚，其陰鐫"輝毫成章"四字，款識曰"小山房"。按"輝"、"揮"字通。《易·乾》"六爻發揮"，《釋文》："'揮'本作'輝'。"其陽鐫篆書"石友"二字。石質細而輕。一硯亦脩栔，無文契，俗俗板硯。爲小眼，一蕉綠，一蕉白，亦隱約可辨。多虎斑，石最蒼潤，端產水巖也。賈人告予曰：此吳修撰家物。予耆聚硯，昔歐陽永叔言："物常聚於所好，而常得於有力之彊。"吾賤且貧，際值否晦，衣食馳走，而喜一時得吾之所耆者四。雖非有力之彊，其難易之間，一石之微，有若所謂天者存焉？是石也，造物之所含孕，日月之所熠爚，風雨寒暑之所侵淫。其始羅而致之溪山深阻之區，良工治之，乃適於用。展轉今茲，所謂有力之彊者，吾又不能盡知之，而其人與骨則皆已朽矣。然則死生虛誕，金石貞固，葆世無斁。後之人有與予同感乎？己丑夏五月，上杭包樹棠記。

經韵樓原刻說文解字段氏注跋

戊子春，予在晉江市中，得經韵樓原刻《說文解字段氏注》附《六書音韵表》都三十二卷。跋曰：許書自唐宋以來，人爲臆說。二徐始校而正之，存其大體，人得以是爲入學之門。降及元明，此道益疏，無足述者。至清乾嘉間，碩儒輩出，蓊鬱相望，號爲漢學，源流師承，家法嚴謹。其學莫不以聲音訓詁爲鈐楗，繇一經通於群經，植之根柢，發爲文章。段氏明許學，積三十年之功力，初爲長編，揣摩成注，繇博反約，得於慰理。斯已勤矣！予祈嚮斯編，爬梳臆義，猶有不能釋然於心者，略舉數事以起例焉。《說文·馬部》"驃"下云："黃馬，發白色，一曰白髦尾。"段氏注："發白色者，起白點斑駁也。"按"驃"，同"驃"，《史記·衛霍傳》"驃騎將軍"《正義》引《說文》"發"

作"鼌"。然則今本《說文》作發者,聲誤耳。張氏《正義》所據正作"黃馬鼌白色",與下文"一曰白髦尾"者義乃相合。此一事也。木部"本"、"末"下,段氏依《六書故》所引唐本正作:朱,從木從丅;未,從木從丄。是以"本"、"末"爲會意。然各本皆作:本,從木,一在其下;末,從木,一在其上。爲指事。今以"朱"字從木一在其中,爲指事例之,則各本義長。故徐鍇氏曰:一記其處也。本、末皆同義。且本以木從丅,末以木從丄,會意上下之義寬泛。不如以一指木下端爲本,以一指木上端爲末,義較切近。段氏又謂:"朱,赤心木,松柏屬",而"本、柢、根、株、末五文一貫,不當中梗以他物"。則書多錯簡,不必許君之舊。此一事也。支部"徹"下"一曰相臣",段注:"疑有譌,鉉本無此四字。"然《詩·大雅·崧高》"徹①申伯土田",《傳》:"徹,治也。"相臣者,股肱之義,所以宣上德,通下情。故《虞書》曰:"元首明哉,股肱良哉,庶事康哉。"古文徹從鬲,亦鼎鬺調燮爲相臣之義,與毛傳訓治合。此一事也。虫部"鑫"下云:"厲,千歲雀所化。"段注:"千當作十。雀十歲則爲老矣。"按許云千歲雀者,猶言其老也。且相傳爲然也。雀老則化爲厲,以別於凡雀。千歲非真實之數,約舉成數耳。故其下云:"海蛤者,百歲燕所化也。"不然,無千歲之雀,又豈有百歲之燕乎?此一事也。巴部"祀"下云:"摡擊也。從巴帚闕。"段注:"當是從帚巴聲。"按祀入巴部,於例宜云巴亦聲。此又一事也。自段氏之書出,時下尊爲絕學。然千慮一失,知者不免。其先後起而彈正之者,若吳縣鈕樹玉匪石之《段氏說文注訂》、蕭山王紹蘭南陔之《說文段注訂補》、元和徐承慶謝山之《說文段注匡謬》、番禺徐灝子遠之《說文段注箋》、曲阜桂馥未谷、泰州錢桂森辛伯之《段注鈔案》。而段氏之外孫仁和龔自珍璱人,及大興徐松星伯之《說文段氏注札記》,皆有所補苴。其後於段氏治許書,而成專箸,盛偁於時者,又若安邱王筠菉友之《說文句讀》及《釋例》、元和朱駿聲豐芑之《說文通訓定聲》。然精深博大遠遜金壇。近人無錫丁福保仲祜,又爲《說文詁林》,薈萃諸家之書,而金文、甲文廣泛搜羅,雖不立已見,承學之士便於攷訂,其功不可沒。段氏書自經韵樓刻本外,有蘇州重刻本、學海堂本、武昌局本。予喜得原刻,爲志其如此。其校字者,有元和顧廣圻、江都汪喜孫、山陰李宏信、桐城姚鼐、錢

---

① "徹"下,稿本衍"我"字,據《詩·大雅·崧高》刪。

塘梁玉繩、山陽汪庭珍、儀徵阮元、阮長生、吳縣鈕樹玉、歸安嚴元照、高郵王引之、德清許宗彦，多一代耆宿。而祁門胡文水、長洲陳煥、徐頲、嘉興沈濤、歙江有誥、黟縣胡積城，皆段氏弟子。仁和龔麗正，段氏女婿也。其聲氣可謂盛矣。

念廬先生墓志銘

念廬先生之沒，其孤子煇奎書來乞銘。樹棠適在會城，卒卒未有以報也。越二年，乃得最平生行能，而叙之曰：先生姓丘氏，諱馥，字果園。以荷花生日生，別署荷生，人呼爲荷公尤著云。光復後更名復。中歲，築念廬以居，學者又偁念廬先生。福建上杭縣人。曾祖諱治。祖諱鎮銘。考諱寶融，縣學生，有《贊育草堂遺稿》。以建安平文館觸鄉鄰忌，與季祖幡然翁繫省獄。值甲申法軍竄擾閩疆，曾同上書，有“下下人獻上上策”之語，時帥歎賞。後來者瞀其誣，卒釋之。世仍潛德。先生穎達聚學，吐屬清健，年十九列郡庠，二十有四領鄉薦。嗣獲交丘倉海工部逢甲，言論最契，後仍以詩倡和，時實戊戌政變之歲也。倉海任兩廣方言學堂監督，聘先生爲教習。辛亥舉義，天下雲從，開會議於南京，選舉臨時總統，倉海爲粵代表，邀先生與俱資商榷。是時閩中亦告獨立，邑少年爭響應入城，遭焚殺，丘師柳等死之。先生電省昭雪，建烈士祠於城東。未幾，選爲省議會議員。有議增益旅費者，先生力言議會當先爲民興利除弊，若斷斷己私，恐失人望。主張普及教育，淘汰敗疁，補助各縣中學。一補爲參議院議員，軍閥內訌不已，未赴也。嘗以“論事易，任事難，成事尤難”，對議會提案多力不從心者深引爲憾焉。汀屬出產紙木爲盛，經汀江下游之韓江輸出，旅潮商人苦捐稅苛雜。先生陳諸當道，收回商辦。當方聲濤部在汕頭設局籌餉，有私至潮勒索紙商鉅款者，先生以書投之，得令撤廢。粵軍之援閩也，陳炯明駐漳州，聘先生，不就，第告以地方興革事宜。南北雲擾，烟賭禁馳，更有所謂花捐者，製爲新樂府以諷，且電力爭，幾陷不測。會軍有知先生者，陰解寢其事。桂林詠霓鞠部至粵東，極聲色之娛，先生賦詩寄慨，和者迭起不休，人或比之廣武之爭。其憂時感事，如捉船、捉夫諸什，集中不一而足焉。清季制舉罷，先生雅意興學。初籌設師範傳習所於邑城，繼辦東溪丘氏立本兩等小學堂。莫年，辦明強初級中學於藍溪上。募集田穀，構築橫舍，困於財力，志不爲餒。尤留心鄉邦獻徵，校刻先正遺書，有李職方弘庵魯《燼餘集》、劉藜石坊《天潮閣集》，表章氣節，懷識閎遠。李穎之《杭川風雅集》久佚，最錄邑人遺詩爲《杭川新風雅集》。纂修上杭、長汀、武平諸縣志。其學浸淫經、史、諸子，老不自休。又嘗出游大江河南北，得山水之助，故所爲詩文渟淵鎮嶽。教授梅縣嘉應大學，樹棠侍焉。爲諸生講義，其言粹然歸於醇正。予外姪曾演復耆吟詠，走謁柳亞子棄疾於吳江之梨里，亞子告以"丘某君，鄉里鄭康成也，子以爲東家丘乎？"蓋先生蚤歲爲亞子南社友，其爲所推重若此。昔藍鹿洲鼎元謂："汀州數百年人物，惟李徵君元仲最奇。"吾亦謂先生之道德文章，庶幾徵君之流匹。世有知者，其不以斯言爲阿所好乎！先生沒以公元一千九百五十年，歲次庚寅夏正九月二十八日，年七十有七。某月某日葬麥坪之原，遠近來會者六七百人。配李氏。子男三：長煇奎，名師軾，字伯剛；次煇信；次煇謙。信、謙蚤先生卒。子女二：適陳、適范。孫男四：其愷、其恬、其志、其憲。曾孫男一：允經。所箸有《讀孟摘記》、《後漢書注校補》、《南明汀州史料》、《杭川別乘》、《劉藜石年譜》、《南武贅談》、《願豐樓雜記》、《藍溪故實》、《念廬詩文集》、《詩話》各若干卷。先是，辛壬之間，先生亦昌言革命，蓋屬於舊民主主義範疇者也，不具論。獨論其學術行誼之見於一鄉一國者，而繫之以銘。銘曰：

東溪東來一草堂，水則淥兮山則蒼，儔歟比諸通德鄉。惟是君子之幽宮兮，宜其過者竦式於無窮。

司馬遷及事伏生誦古文尚書辨 [①]

《太史公自序》："年十歲則誦古文。"《索隱》："遷及事伏生，是學誦《古文尚書》。"按小司馬說謬也。遷與伏生年代不相接。《史》、《漢》儒林傳，伏生故爲秦博士。孝文帝時，欲求治《尚書》者，天下無有，乃聞伏生能治，欲召之。是時伏生年九十餘，老不能行。於是乃詔太常使掌故朝錯往受之。小顏注：衛宏定《尚書序》云：伏生老不能正言，言不可曉也。使其女傳言教錯。齊人語多與潁川異，錯所不知者凡十二三，畧以其意屬讀而已。遷之生卒，傳記莫詳。海甯王國維氏《太史公行年考》，謂《自序索隱》引《博物

---

① 此文後來曾發表於《福建師範學院學報》（社會科學版）1956 年第 1 期。

志》：太史令，茂陵顯武里大夫司馬王氏注，此下奪遷字年二十八，三年六月乙卯，除六百石也。王氏注，今本《博物志》無此文，當在逸篇中。又茂先此條，當本先漢紀錄，非魏晉人語。案三年者，武帝之元封三年。苟元封三年，史公年二十八，則當生於建元六年。然張守節《正義》於《自序》爲太史令"五年，而當太初元年"下云："案遷年四十二歲。"與《索隱》所引《博物志》差十歲。《正義》所云，亦當本《博物志》。疑今本《索隱》所引《博物志》年二十八，張守節所見本作年三十八。定史公生年爲孝景中五年。王氏所見，頗具特識。惟小司馬說，則前後矛盾而不可通。蓋伏生孝文時已年九十餘，老不能行，不能正言，須朝錯往受，又須其女傳言。假令終孝景之世，伏生猶在，豈不百有餘歲？而遷猶未及古者入小學之年，何緣而親受業乎？《漢書·儒林傳》言：遷從安國問故，遷書載《堯典》、《禹貢》、《洪範》、《微子》、《金縢》諸篇，多古文說。而傳伏生之學者，朝錯而外，有濟南歐陽生、張生爲博士。而伏生孫以治《尚書》徵，弗能明。如是而已。《律歷志》：元封七年，太史令司馬遷等，言歷紀壞廢，宜改正朔，詔兒寬與博士共議。《兒寬傳》：寬治《尚書》，事歐陽生，以郡國選博士，受業於孔安國《儒林傳》同。是寬與遷，同官同學。歐陽之學出於伏生，則寬又伏生再傳弟子，以此推之，遷又何緣而親受業乎？遷《自序》言其父談受《易》於楊何，仕於建元、元封之間。《史》、《漢》儒林傳：何以元光中徵，官至中大夫，爲杜田生再傳弟子。杜田生受《易》於東武孫虞子乘。及秦禁學，《易》爲筮卜之書，獨不禁，故得傳授。是杜田生之治《易》，約當伏生爲博士之年。談《易》出於杜田生，爲三傳弟子。遷以孝景中五年生龍門。《正義》引《括地志》云：龍門在同州韓城縣北五十里，其山更黃河，夏禹所鑿者也。則去濟南數千里之遙，言語異聲，孩提之童，未能典謁，於時於地，其不得親炙伏生，又奚疑焉？《史》、《漢》儒林傳：秦時焚書，伏生壁藏之。其後兵大起，流亡。漢定，伏生求其書，亡數十篇，獨得二十九篇。孔氏有古文《尚書》，安國以今文讀之，以起其家。逸書得十餘篇，蓋《尚書》滋多於是矣。《藝文志》：安國悉得壁中書，以考二十九篇，得多十六篇。安國獻之，遭巫蠱事，未列於學官。此今古文之辨，後出偽書不與焉。藉遷及事伏生，誦《尚書》，則二十九篇皆今文，不得謂之古文也。其《五帝紀》"惟刑之靜哉"，《集解》："徐廣曰：今文惟刑之謐哉。《爾雅》曰：謐，靜也。"《索隱》："案古文作恤哉。且今文是伏生口誦，岬謐聲近，遂作謐也。"則小司馬又以伏生口誦者爲今文。"而便章百姓"，《索隱》："古文《尚書》作平章，今文作辯章。"① 其析言今古者，不一而足。正疑《自序》注有敚文，當作"遷不及事伏生，是學誦《古文尚書》"，則無不通矣。又《殷本紀》："帝盤庚崩，弟小辛立，是爲帝小辛。帝小辛立，殷復衰。百姓思盤庚，迺作《盤庚》三篇。"《索隱》："《尚書》：盤庚將治亳，殷民咨胥怨，作《盤庚》。此以盤庚崩，弟小辛立，百姓思之，乃作《盤庚》，由不見古文也。"小司馬所謂不見古文者，乃指後出僞書，非其言之矛盾也，不可以不察。

　　按梁啟超《史記解題》，亦據《自序》正義說，定遷生於景帝中五年。張惟驤又駁王氏說，以《自序》元封元年，年二十仕爲郎中，推算遷年，則遷年實已四十三矣。其說亦不足據，似仍當以王氏說爲允。日人瀧川資言《太史公年譜》從之。鄭鶴聲《司馬遷年譜》從梁、王二氏說。②

道之手寫法華三經跋

　　道之寫《法華三經》，間作間輟，十易寒暑，乃藏其事。將畀石鼓僧寺藏之，屬爲跋。始，道之曾爲其師何梅叟七十初度寫《藥師琉璃光王佛經》，又自寫《大佛頂首楞嚴經》，庋西禪蘭若，書法娟秀。故予贈道之詩曰："簪花妍寫經，焚香靜金獸。"爲紀其實。噫！斯以勤矣。甲午季夏，上杭包樹棠題。

西臺慟哭記補注自序 ③

　　皋羽《西臺慟哭記》，作於亡宋之後，辭多廋隱。至明浦陽張丁孟兼始注之，其後餘姚黃宗羲太沖又注之。顧互有得失。如記言甲乙若丙之人，甲爲吳思齊，則張注與黃注同也。乙爲馮桂芳，丙爲翁衡，則張氏主之，蓋以意爲之說也。乙爲嚴侶，丙爲馮桂芳，則黃氏主之，而以楊維楨《高節先生墓銘》、

鄧康莊《馮處士墓誌》爲據，其言可信也。惟黃氏注"漳水之別"云，皋父別信公，當景炎二年春，則以爲在漳州，不知其爲江西之章水，《晞髮集》固自作章，而皋羽《祭信公文》尤鑿鑿可據也。不如張注其別在是年者，爲得其實。其哭夫差臺，張氏以爲歲在乙酉，黃氏以爲歲在癸未，則黃注誤而張注不誤也。哭子陵臺，張注以爲一在丁亥之歲，一在庚寅之歲。黃注言庚寅，不言丁亥，則黃注之疏略，不如張注之細密也。蓋記言又後三年，又後四年，又後五年者，皆自信公壬午就義之年起數。故黃氏頗欲糾張注之失，又往往自失之而不知也。其①尤可異者，會稽徐沁埜公著《謝皋羽年譜》，刻入歙縣張潮山來《昭代叢書》甲集。黃氏《南雷集·謝皋羽年譜遊錄注序》，於張注甲乙若丙之失，言之至再，惟《昭代叢書》未錄此序。據震澤楊復吉跋《黃氏西臺慟哭記注》，稱埜公固梨洲門人也。今觀徐氏所爲《皋羽年譜》，其章水條、甲乙若丙之人條、哭夫差臺、哭子陵臺條，皆從張注，置黃注之得失而不辨。黃氏作序，亦僅駁張注，舍年譜之是非而弗言。何也？夫史乘所徵，時地宜明，予爲補注，辜較諸說，辨而正之，覽者得焉。嗟乎！蒙古勃興，弇有中夏，朔騎憑陵，翦屠楚毒。皋羽一布衣耳，子身流移，崎嶇閩越吳楚之間，山川弧落，顧盼悲泣。其登西臺野祭信公，楚歌激越，秉志貞亮。所謂欲倣太史公著《季漢月表》如秦楚之際，求見知於後世者，比其辭誼，沈冥抑塞，盤錯輪困，固猶《招魂》、《大招》之儔，而豈尋常故舊之感者哉？神州解放，崇尚學術，自仲尼至於中山，籍履豐厚。擷菁華，棄糟粕，義碻乎史觀，恉歸於唯物。皋羽孤忠天壤，綱紀民族，襮而出之，亦當世得失之林也。甲午秋九月，上杭包樹棠序於福建師範學院。②

西臺慟哭記補注跋

皋羽《西臺慟哭記》，爲一代民族正氣之所鬱結。觀其徬徨山澤，心志皦潔，庶幾可以上希屈原、杜甫之倫。予補注斯編，於張、黃二家，頗有補苴，不辭縴引，亦以彰隱微，發旨趣云爾。甲午重陽，包樹棠又識。

---

① "其"，稿本無，據《福建師範學院學報》刊本《謝翱西臺慟哭記補注》補。

② "甲午"至"學院"18字，稿本無，據《福建師範學院學報》刊本《謝翱西臺慟哭記補注》補。

祭廖今雨文

倉山黯黯，閩水湯湯。春風春雨，淒其以傷。於戲先生，亦文而質。肅穆有容，上庠表率。南朔萬里，掌摩語言。清舉沈濁，辨其山川。述恉明誼，條理不絫。俇俇學子，翕然衷服。良工爲巧，以精以熟。水唯善下，受或若谷。允矣人師，退不自暴。辛勤卅載，爾職恪恭。敝車力疾，密勿從公。滿懷熱愛，祈嚮大同。神州建設，百廢皆作。賢者效能，胡爲徂落？地藏古寺，白雲之鄉。生爲死根，於焉永藏。典型則存，來茲式臧。香花告獻，一堂涖止。先生有知，其际此誄。尚享。

十藪九藪八藪考

《漢書·嚴助傳》，淮南王安上書，有"八藪爲囿"之語。師古曰："八藪，謂魯有大野，晉有大陸，秦有楊汙，宋有孟諸，楚有雲夢，吳越之間有具區，齊有海隅，鄭有圃田。"按顏氏據《爾雅·釋地·十藪》，而去"燕有昭余祁，周有焦護"二者。又楊陓作楊汙，其字通。其在《呂覽·有始》有九藪之偁，則吳之具區、楚之雲夢、秦之陽華、晉之大陸、梁之圃田、宋之孟諸、齊之海隅、趙之鉅鹿、燕之大昭。亦主《爾雅》而去大野、焦護，別出鉅鹿，楊陓《爾雅釋文》：陓，郭烏花反。與華音近。作楊汙①，昭余祁作大昭。《淮南·墜形》又本《呂覽》，而陽華作陽紆，大昭作昭余。其據《周禮·夏官·職方》者。《說文》艸部"藪"下云："九州之藪，揚州具區、荊州雲夢、豫州甫田、青州孟諸、兗州大野、雝州弦圃、幽州奚養、冀州楊紆、并州昭餘祁是也。"惟望諸作孟諸，圃田作甫田，溪養作奚養，字皆得通。應劭《風俗通義·山澤》列舉《爾雅》十藪，惟大野作野，大陸作泰陸，楊陓作陽紆，焦護作焦濩。其言今漢有九州之藪："揚州曰具區，在吳縣之西；荊州曰雲夢，在華容縣南，今有雲夢長掌之；豫州曰圃田，在中牟縣西；青州曰孟諸，不知在何處；兗州曰大野，在鉅鹿縣北；雍州曰弦蒲，在汧縣北蒲谷亭；幽州曰奚養，在虎縣東；冀州曰泰陸，在鉅鹿縣西北；并州曰昭餘祁，在鄔縣北。其一藪推求未得其處。"此又折衷於《爾雅》、《職方》之說。惟《職方》青州望諸、雍州弦蒲、幽州貕養、冀州楊

---

① "作楊汙"三字，稿本原脫，據《呂氏春秋》校補。

紆，雖與《爾雅》有異，然鄭注望諸："明都也。"《正義》："《禹貢》云，'道柯澤，被明都。'彼《禹貢》無望諸，故從明都。《春秋》'宋藪澤有孟諸'，明都即宋澤孟諸也。"鄭注弦蒲在汧："鄭司農云，弦或爲汧，蒲或爲浦。"《正義》："《地理志》，吳山在汧西，有弦蒲之藪，汧水出焉。西北入渭，渭出鳥鼠山也。"《爾雅》"楊陓"郭注："今在扶風汧縣西。"是其藪與《職方》弦蒲之在汧者名藪雖異，在地則同。惟《職方》冀州楊紆，其說難通。然鄭注："所在未聞。"則亦以楊紆不應在冀州之域。而河内冀州，其山鎮曰霍山，其川漳，其浸汾潞，固皆三晉舊壤，與《爾雅》楊陓之在秦者異。許君亦沿襲舊說而莫能正，則故書錯簡，縣來久矣。鄭注"貕養在長廣"，《正義》："《地理志》，長廣屬徐州琅琊，有萊山，周時幽州南侵徐州之地也。"揆之《爾雅》"齊有海隅"，郭注："海濱廣斥。"郝懿行《義疏》："或疑十藪皆舉地名，齊藪獨汎指海隅，以斯致疑。此又非也。《子虛賦》言齊王畋於海濱，與楚之雲夢對舉。海濱即海隅，且雲夢一藪，猶方八九百里，跨江南北，況齊洋洋大風，海隅之藪，跨越數郡，包絡千餘里，何足異也？"予亦以爲齊固表海之邦，專有魚鹽之利。相如所謂："東陼鉅海，南有琅琊，觀乎成山，射乎之罘。浮渤澥，遊孟諸，邪與肅慎爲鄰，右以湯谷爲界。秋田乎青丘，傍徨乎海外。吞雲夢者八九於胸中，曾不以蒂芥。"則其地廣漠，又不僅如郝氏所云。今自登萊之黃縣、掖縣以西，歷青州之壽光、樂安以東，及武定之海豐、利津以北，延袤千餘里間，皆海隅之地者也。其在左氏僖四年《傳》，管仲對與師，有"東至于海，西至于河，南至于穆陵，北至于無棣"之語。杜注："穆陵、無棣，皆齊竟也。"《詩·齊譜》："成王用周公之法，制廣大邦國之境，而齊受上公之地，更方五百里。其封域東至于海，西至于河，南至于穆陵，北至于無棣。"孔疏："《大司徒職》，制諸侯之封疆，公五百里。齊雖侯爵，以功大而作太師，當與上公地等，故知取上公地也。"則齊受茅土之始，已自異於侯封。逮及春秋五霸，桓公爲盛，九合諸侯，不以兵車，尊周室，攘夷狄，五侯九伯，實專征伐之命。《孟子》偁："昔者齊景公問於晏子曰：'吾欲觀於轉附、朝儛，遵海而南，放於琅邪。'"趙注："琅邪，齊境上邑。"則鄭注"貕養在長廣"者，以《爾雅》"齊有海隅"包舉之，不爲過矣。[1]《地理志》"琅邪郡長廣"顏注："有

---

① 稿本此處有眉批云：《史記·吳太伯世家》"懿公游於申池"，《集解》引左思《齊都賦》注曰："申池，海濱齊藪也。"

萊山萊王祠，奚養澤在西^{按顏氏此注又據《職方》}。《秦地圖》曰：劇清地，幽州藪，有鹽官。"①是《爾雅》之十藪，持較《職方》之九藪，不言焦護，其同異可思而得。郝氏乃謂十藪多異《職方》，疑爲殷制，此則不然。蓋十藪在地，魯、晉、秦、宋、楚、吳②、越、齊、燕、鄭，皆姬周封建諸侯之國，殷制安得有是偁哉？可知《職方》九藪之言，當西周之盛，其制爲近古。《爾雅》十藪，則東周之衰，學者爲之說，陸氏謂"仲尼所增，子夏所足"者，殆是之類。顏氏說八藪，雖《周禮·地官·澤虞》鄭注："《爾雅》有八藪"，《正義》："禹貢九澤，通畿內一州則有九。《爾雅》云八藪者，除畿內一州而言。《爾雅》釋有十者，以其周、秦同在雍州，秦有楊紆，周有焦護，一州有二，故十。"其言迂曲，亦難牽合。故知顏氏據《爾雅》十藪，臆爲去取；八藪之名，實於故書雅記，皆無驗也。

劉蕙孫釋遟書後

《史頌敦》："頌其萬年無彊日遟天子顯^{吳大澂以爲顯即顯字，徐同柏顯作覲，見《追敦》命}。"吳雲《兩罍軒彝器圖釋》謂"日遟"爲"日匡"，日匡，猶日襄也。徐同柏《從古堂款識學》謂"遟"古匡字，坒、羊一聲之轉，日匡猶云日襄，匡、襄聲近義同。劉體智《小校經閣金文拓本》取其說。吳大澂《愙齋集古錄》以遟字從辵從匸從羊，當即藏字古文。"日藏"，亦吉羊語。劉君蕙孫釋遟，不取兩吳諸氏說，謂遟係幸字異文。以漢印吉語印中多"日幸"之文。如陳簠齋《十鐘山房印舉》日幸吉語印中"幸"字作𢆉、𢆉、𢆉、𢆉，均從羊。按，《說文》："夈，所以驚人也，從大、從羊。"段注："各本作從羊。《五經文字》曰：《說文》從大、從羊，羊音干。今依漢石經作幸。"段氏說是也。《說文》羊部"夆"下云："小羊也，從羊，大聲，讀若達同。"使幸字從羊，則與夈何別？正疑漢印吉語印中之"日幸"即"日夈"。《詩·大雅·生民》"先生如達"，《傳》云："夈，達也。"今本《毛詩》"夈"作"達"，然《傳》云

① 按"有萊山"至"鹽官"24字，《漢書》原爲班氏自注。此屬之顏注者，疑作者偶疏。又，劇清地，王先謙《漢書補注》據于欽《齊乘》，謂"地"當作"池"。似宜從改。

② 稿本此處有眉批云：《史記·吳太伯世家》太伯之"犇荆蠻自號句吳"，《索隱》："此言自號句吳，吳名起於太伯。"明以前未有吳號。

云,則經文不作達明矣。故《箋》亦云如字,訓爲"羊子"。《傳》以"達"釋"犖",其字固通用。《說文》辵部"達"下云:"行不相遇也。從辵,羍聲。《詩》曰:'挑兮達兮。'"然"通"下云:"達也。"是達、撻義亦得通。吳氏謂𨖫從辵從匚從羊爲藏字,則以藏通臧,其義爲善,與吳、徐諸氏說里羊一聲之轉者,皆以聲求之。又于省吾《雙劍誃吉金文選》謂𨖫爲揚,隸定爲遱,亦臆說之以聲。劉君釋𨖫取其羊,而以《易·歸妹》"上六,女承筐無實,士刲羊無血"說之,義亦迂遠難合。互有短長,要皆在疑似之間。不如以𨖫爲達,達、羍通訓,羍爲小羊,假爲羊。則《史頌段》"日𨖫"爲"日達",日達猶日羊,亦吉羊語。展轉求之於形、音、義,皆無遺憾矣。書復於劉君,以爲然不?

得朱氏所藏清經解題記

《清經解》一千四百卷,都三百六十冊,爲侯官朱錫穀叔原所藏。歲壬辰,予來福州,得之南後街舊肆中。此書有"怡山館經籍記"、"侯官朱氏藏書"、"錫穀讀過"、"朱原手校"、"清俸買來手自校"朱記。按《閩詞徵》云:"朱錫穀,字菽原,閩縣人。嘉慶六年進士,四川金堂縣知縣,有《怡山館集》。"然據此書朱記,朱氏乃侯官人。蓋邑壤鉤牽,隸屬時有不同也。庚子冬十月上澣,笠山識於二松叢竹寓齋。

得段氏經韵樓刻本說文解字注題記

此書有"澂甫校閱"朱記。按,陳棨仁鐵香、龔顯曾詠樵輯《溫陵詩紀》:"許比部祖澇,字澂甫,一字少山,號又航,光祿寺卿邦光子,道光己酉拔貢生,廷試授七品小京官。辛亥舉鄉試第六,歷試刑部,雲南、四川二司。以團練功加員外郎銜。有《聊中隱齋詩文遺稿》。"龔顯曾《亦園脞牘》:"澂甫師素蘊經世之量,蓄而未暴。壯歲觀政秋曹,歷職未久,奉親歸養。闢小築於水陸池西,插架數萬卷,圖書充牣,手讎自校,繙閱殆徧。既辭白雲樓吏,乃署其室曰'聊中隱齋',蓋老於是鄉矣。"則爲許氏所藏。首卷序及目錄蛀蝕,予爲易之。許氏,莆田郭尚先蘭石大理女婿也。

跋郭蘭石先生臨唐京師至德觀法主孟法師碑銘

蘭石先生《芳堅館題跋》，於漢唐以下諸碑板，鑒別精審，持論有識，寒暑臨橅，用力尤劬。其書本學歐陽，後轉學褚，而兼平原，論者謂當頡頑元明兩文敏。四方求書者無虛晷，高麗、日本皆爭購之。此册清雋端整爲宗，乃道光癸未，先生年三十有九，官文淵閣校理再派教習庶吉士時臨河南書也。觀其下筆凝重，始終匪懈，亦可想見爲人風度矣。辛丑二月，上杭包樹棠跋於二松叢竹寓齋。

慈風草堂詩序

世之論吾鄉詩者，輒以閩派相偶謂。予謂閩詩曷嘗有派哉？閩人之爲詩，見之載籍者，自唐長溪薛令之珍君始。令之舉神龍二年進士，又爲閩人第進士之始。顧所爲《明月先生集》已佚。而閩人之撰著存於今者，厥惟歐陽詹行周有《四門集》始。昌黎韓愈偁其“文章切深，喜往復，善自道”者也。其後莆田黃滔文江，乾寧二年擢進士第。朱梁移國，中州名士避地于閩者，若李洵、韓偓、王滌、崔道融之倫，悉主于滔。洪邁容齋序其詩，謂“有貞元、長慶風概”。宋初，浦城楊億大年詩宗義山之爲豐富藻麗者，編爲《西崑酬倡集》，變文章之體，風偃一時，不勝其弊。而蔡襄君謨詩兼王、孟，文宗昌黎，其《四賢一不肖》詩，都下爭爲傳寫，王梅溪所云“出于氣之剛”者，信矣。劉克莊潛夫，有《後村集》，初爲四靈之斂情約性，尊賈島、姚合者，棄去頗爲江西，而能瘦淡。嚴羽儀卿《滄浪詩話》出，又專主盛唐，以禪喻詩，極言妙悟，獨任性靈，于江西宗派之說、四靈之復就清苦者皆有微辭。江湖詩人之唐宗者，則止入聲聞辟支之果，然其自爲亦止能摹王、孟之餘響。宋之亡也，謝翱皋羽一布衣耳，子身流離，其詞深隱激越，蓋偶其所遇。其時若連文鳳、劉汝鈞之於月泉吟社，託興田園，蓋元湉中夏，翦屠慆礚，麥秀禾油，遺民隱痛深矣。稍後有浦城楊載仲弘、惠安盧琦希韓，多橅唐音，未渝纖弱。朱明之世，福清林鴻、長樂高廷禮、陳亮、閩縣王恭、唐泰、鄭定、王褒、周元、永福王偁、侯官王元，楷模盛唐，標榜門戶，世號“閩中十子”，是爲閩派之權輿。其錚錚者，實不足爲宋元人之興臺。而鄭善夫繼之之學杜，少變十子，論者又謂時非天寶，地遠拾遺，無病呻吟。曹學佺能始、謝肇淛在杭輩，則猶然十子調也。清則永福黃任莘田之爲晚唐，建寧張際亮亨甫之出青蓮，此其概也。道咸以降，風氣一變，以宋爲宗。吾閩則陳衍石遺者說詩，論之尤纖悉。吾鄉諸老，有爲東坡、雙井、宛陵、半山、後山、放翁、誠齋，而上禰昌黎之硬語摩空，柳州之幽邃雋拔，香山之閒適清新。然其以同光體戲目同光以來詩人之不專宗盛唐者，殊未足以盡海內之詩，亦未足以盡吾鄉之詩，則猶文人標榜氣習存焉。蓋詩者，志之所之也。在心爲志，發言爲詩。宇宙萬彙亭毒，無外血氣含生者，莫不相吹以息，勞其筋骨，給其生事。文章與時升降，大道坦坦，有物有則。政教人事，紛綸萬幾。山川濚峙，草木華實，魚鳥飛潛，陰陽捭闔，搖蕩性情，應物斯感，內符外符，亦足以發。若夫師友磨濯，術業時新，流衍已緐，通變殊方，固非暖暖姝姝于一先生之言者矣。吾友永春王錦機夢惺，能爲詩古文辭，嘗與論吾鄉之詩而善予言。曩爲序其文矣，復屬序其詩。宿諾已久，以書來督，故爲述其流別。所謂閩派者，舉不足囿。君之詩，氣穆以醇，詞清而達，類其爲人，不背乎言志之恉，取精用弘，學無專者。予交君垂三十年，文字相契，氣味相孚。又嘗往來桃水梅峰間，見其溪山清淑。君居城北，老屋數椽。晦明風雨，蕭然四壁。峛竛有守，翼亮在衷。讀書積理，歸于雅馴。君之文曰《萊園》，詩曰《慈風草堂》，皆弘一上人之所爲名。君事親孝，故云然。辛丑六月，上杭包樹棠序。

與郭沫若先生書

　　沫若先生左右：《歷史研究》一九五六年第四期，先生所論關於司馬遷之死，有數事須論正者，不揣愚陋，敢以書達。尊箸云，《三國魏志‧王肅傳》帝又問司馬遷以受刑之故，以傳中之帝爲曹丕。按此乃明帝曹叡，系在景初之後。又尊箸云，葛洪《西京雜記》爲劉歆遺書。按《酉陽雜組‧語資》"庾信作詩用《西京雜記》事，旋自追改，曰'此吳均語，恐不足用也'。"則《西京雜記》不但非劉歆遺書，即葛洪亦不足據也。《四庫總目提要》曾及之。又尊箸云，司馬遷《報任安書》作於漢武帝太始四年十一月，依據司馬遷生於漢武帝建元六年，至太始四年滿四十二足歲。按古人生卒之年，未有以足歲計者，則建元六年至太始四年乃四十三歲，焉得云四十二足歲？錢大昕《十駕齋養新錄》，以顧炎武謂古人歲盡之日而後增年無據。然錢氏以古人周歲始增年者，何嘗有據？其推孔子生年，即以是彌縫《公羊》、《左氏》之閒。自襄二十一年至哀十六年，實七十四算，而賈云七十三者，古人以周歲始增年也。《史記》謂生於襄二十二年，年七十三，則以相距之歲計之，此說鑿空甚矣。惟世俗初度以其墜地言之，則有周歲而始增年稱觴者。屈原賦云：“攝提貞于孟陬兮，惟庚寅吾以降。皇覽揆余初度兮，肇錫余以嘉名。”王逸《注》謂“太歲在寅，正月始春庚寅之日下母之體”是也。至於生卒之年，求之史乘、碑傳、墓志、譜系，則絕無是矣。孔子生卒，據《年表》，自襄二十二年庚戌至哀十六年壬戌，正七十三。若自襄二十一年己酉至哀十六年壬戌，則七十四矣。黃宗羲《南雷集·答陳士業論孔子生卒書》，孔子年主七十三歲，卒主《左氏》哀公十六年壬戌四月乙丑。又其以《家語》、《史記》載孔子弟子年歲，皆以孔子爲的。若孔子不生庚戌，則弟子之年無一足憑。駁宋濂孔子生主《公羊》、《穀梁》襄二十一年己酉之說，最爲有識。此必不可爲調和之說。故人有除日生者，月正元日即以二歲計。顧氏謂古人歲盡之日而後增年者，俗舉如是。今日國家選舉兵役，凡法定年齡，必換計足歲者以此。先生論司馬遷生年，欲牽合《索隱》、《正義》而爲之說，實不如海寧王翁爲得其情也。王翁治學精博過人，然千慮一失，知者不免。其遺書中吾嘗得數事：《宋元戲曲史》稱武帝元封三年而角觝戲始興。按《史記·李斯列傳》“是時二世在甘泉，方作觳抵優俳之觀”，《集解》：“應劭曰，戰國之時，稍增講武之禮，以爲戲樂，用相夸示。而秦更名角抵。角者，角材也。抵者，相抵觸也。”王翁以爲元封三年而角觝始興者，蓋據《班書·武帝紀》之誤而失考。此一事也。《觀棠集林·與友人論討書》中成語引《莊子·養生主》“彼且擇日而登假”，按此乃《德充符》語也，不知何以致誤？此又一事也。王翁所爲《太史公行年考》以“子長之字，《史記·自序》與《漢書》本傳皆不載。楊子《法言·寡見篇》：‘或問司馬子長有言，《五經》不如《老子》之約也。’《君子篇》：‘多愛不忍，子長也。仲尼多愛，愛義也。子長多愛，愛奇也。’子長二字，見於先漢人著述者始此。”按王翁此說實據王鳴盛、梁玉繩諸人之言。《史記志疑》云：《法言·寡見》、《君子》二篇，屢稱子長，更在張衡、王充、荀悅之前。惟《文選·西征賦》云：“子長政駿之史”，李善注：“《史記》曰：司馬遷字子長。”《報任安書》呂向注：“《漢書》云字子長。”然今《史》、《漢》實無此語，故《史通·雜說》謂司馬遷之敘傳而竟不書其字，爲墨生大忘。則李善、五臣之注，俱不足據矣。此又一事也。偶因所觸，論其如此。某近校讀太史公書，以爲瀧川龜太郎《會注考證》實多龐疏，間有所得，即爲之劄記，並作引論，俟其成，當就正有道。

按《漢書·匡衡傳》"無說詩，匡鼎來"，師古曰："今有《西京雜記》者，其書淺俗，出於里巷，多有妄說。乃云匡衡小名鼎，蓋絕知者之聽。"

與立齋副院長

書籤已就，瘦弱不佳，即似正之另紙，改日寫好送上。所得米友堂研石，質蒼潤，足爲臨池一快。碑帖校訂，書之硃墨爲宜。子昂撫《黃庭經》，又爲後人學趙，神采嫵媚不及也。

笠山文鈔卷第十

與徐尊六書

尊六足下：南朔契闊，積想爲勞。海嶠重遊，兼旬快晤，豪縱之氣不改昔年。承示《逸周書正義·祭公解》，薈萃羣言，時有折衷。問道於盲，未能遂答雅命。紬繹再三，略陳賸義，以爲賢豪芻蕘之擇。"次予小子，虔虔在位"云云，按《詩·周頌·閔予小子》："嬛嬛在疚"，箋："嬛嬛然孤特在憂病之中 ①。"又《左氏》哀十六年傳："旻天不弔，不憖遺一老，俾屏余一人以在位，煢煢余在疚。"《禮記·檀弓》："天不遺耆老，莫相予位焉。"此其雜襲諸書立文之迹顯然可尋。而嬛嬛、煢煢、虔虔，聲義俱同，尊說未及，可以佐證。《隋書·經籍志》稱其書出於汲冢，《四庫全書提要》又謂《晉書》荀勗、束皙諸傳，載汲冢書無《周書》，以《隋志》爲誤。是不然。蓋是書如《時訓解》，其文疑本《月令》，解多與《禮記·月令》、《大戴禮記·夏小正》同。《明堂解》多與《禮記·明堂位》同。《謚法解》則《隋書·經籍志》云"大戴禮記十三篇"，注："梁有《謚法》三卷，後漢安南太守劉熙注，亡。"《白虎通謚篇》引《禮記·謚法》，《北堂書鈔》卷三亦引《大戴禮記·謚法》，蓋其時尚未亡。《太平御覽》卷五百六十二引《大戴禮》曰："周公旦、太師望，相嗣王，作謚法"云云，與《謚法解》同。姚姬傳鼐亦謂《程寤》、《太子晉》篇說尤怪誕，校書者宜出之六藝，入之雜家，乃爲當耳。按《程寤》乃其亡篇，姚氏不當見，豈《程典》歟？《四庫全書》入此書於史部別史，亦不類，當如姚說入之子部雜家。雖其書先民格言遺制尚多，要其出於汲冢，與竹書《穆天子傳》類耳。此一事也。"昊天疾威"，尊說引《毛公鼎銘》"叚天疾

① "病"，稿本作"疾"，據《毛詩正義》改。

畏”，“敀”同“愍”，“敀天”即“旻天”。《爾雅·釋天》郭注：“旻，猶愍也。”《詩·召旻》“旻天疾威”，則此“昊天”乃“旻天”之譌。按《五經異義》：《尚書·堯典》“堯命羲和，欽若昊天”，昊天總敕四時。《說文》“元氣界界”，亦是廣大之皃，其義則同。《詩·南山》云“不弔昊天”，則此解“昊天”不煩改字，尤不得云誤也。威、畏古通。按《書·洪範》“威用六極”，《五行志》引作“畏用六極”；《康誥》：“天畏棐忱”，《風俗通·十反篇》引《書》曰“天威棐忱”，《爾雅》郭注、《文選》李注，引皆作威。蔡邕《瑯琊傅蔡公碑》“示以棐諶之威”。尊說不及，可以補入。此一事也。“我聞祖不豫有加”，尊說據《御覽》卷七百三十九引《白虎通》：“天子疾稱不悆，諸侯稱負子，大夫稱負薪。”按《御覽》所引，今本《白虎通》無之，當是逸文。然祭公謀父非天子，而疾稱不豫，非其義。上文“王若曰，祖祭公”，則謀父爲先王之舊臣，位列卿士，如周召之尊親。尊說謂此以大夫稱不豫者蓋尊之也者，亦非也。自宜用《爾雅·釋詁》豫樂之義。《孟子·公孫丑》：“夫子有不豫之色”，又曰：“吾何爲不豫哉”，皆可以引證。且下文有“天降疾病”，而“不豫有加”自無不可通。《書·顧命》“王不懌”，偽孔傳：“王有疾，故不悅懌。”其義正同。此一事也。孔注：“祭公至祖列。”尊說引《左傳》僖二十四年：“凡蔣邢茅胙祭，周公之胤也”，又襄十二年：“邢凡蔣茅胙祭，臨於周公之廟”，杜注：“六國皆周公之支子，別封爲國”，孔解本此。按《國語·周語》韋注：“祭，畿內之國，周公之後也，爲王卿士。謀父，字也。”亦在孔注之前，宜詳及之。此一事也①。孔注：“謀父祭公名”，尊說亦以爲祭公自稱謀父，則謀父是名，韋注以爲字，非也。按《詩·十月》“皇父卿士”，箋：“皇父字”，則父當音甫。《節南山》：“家父作誦”，《釋文》：“父音甫”，疏亦以爲作詩刺王而自稱字者。又如《烝民》之尹吉甫、仲山甫，《集傳》皆以爲字。《史記·周本紀》集解亦引韋注“謀父字也”。繇是言之，則謀父字亦當音甫，而異於《詩·大明》之“師尚父”②。抑春秋以前，古人名字不甚有別。其在初周，雖文猶質。故文王昌、武王發、周公旦、召公奭、畢公高、魯公伯禽，皆不聞

---

① 稿本此處有眉批云：按《春秋》隱元年“三月，公及邾儀父盟于蔑”。《釋文》：“父音甫，邾子之字。凡人名字皆倣此。”

② 稿本此處有眉批云：《齊世家》“師尚父”，《集解》引劉向《別錄》曰：“師之、尚之、父之，故曰師尚父。父亦男子之美號也。”

其字,則名之與字固可單言不分也。此一事也。"朕魂在于天,昭王之所",尊說以疏引世本云"康王生昭王,昭王生穆王",昭王金文作邵王,孔注訓昭爲明,非是。按《史記·周本紀》:"昭王之時,王道微缺。南巡狩不返,卒于江上。其卒不赴告,諱之也。"《左氏》僖四年傳曰:"昭王南征而不返,君其問諸水濱。"此書亦維言"朕皇祖文王,烈祖武王","文祖周公,列祖召公,茲申予小子,追學于文武之蔑,克龕紹成康之業。"《書·君牙序》以爲穆王命君牙之詞也。亦曰:"惟予小子,嗣守文、武、成、康遺緒。"皆不言昭王,則孔注明王之說未爲失矣。此一事也。"勖宅天命",《爾雅·釋詁》:"勖,勉也。"郝懿行《義疏》:"《詩》'以勖寡人',《坊記》引作'以畜寡人',勖、畜同音,其來已久。若以古音,勖讀如冒,冒勉亦一聲之轉",尊說從之。按《孟子》:"畜君何尤? 畜君者,好君也。"趙注:"言臣勖君謂之畜",亦可與郝說互證。〔此一事也。①〕又尊說謂《書·康誥》"亦惟助王宅天命"、《多方》"爾乃不大宅天命","宅天命"爲周人恒語,宅、度二字古通。《爾雅·釋詁》:"度,謀也。"言勉謀于天命,蓋以疾篤辭謝之詞。按,此義不明,實失《書》旨。《堯典》"宅嵎夷",《五帝本紀》"宅"作"居"。馬融曰:"居,一作度。"《周禮·縫人》鄭注引《書》"宅西"作"度西"。"三危既宅",《夏本紀》作"既度"。"五流有宅,五宅三居",《五帝本紀》作"有度"、"五度"。《方言》:"度,尻也。東濟②海岱之間或曰度。"《呂覽·上農》"無有居心",高誘注:"居,安也。"《禮記·郊特牲》"土反其宅",疏:"宅,安也。"《書·康誥》"宅天命",偽孔傳以爲居順天命,《多方》"宅天命"則釋之曰"居安天命"。是宅、度、居三字義同。此解"宅天命"之"宅",亦當訓安。云勖宅天命者,勉安天命也,陶潛文所謂"樂天委命"者也,於義乃合。此一事也。"維皇皇上帝"者,尊說謂"皇皇"乃"皇天"之誤,"天"之壞字爲"二",傳寫者視爲重文,遂作皇皇。毛公鼎銘、大克鼎銘、邾王義楚鍴銘並云"皇天",下文"皇天改大殷之命"是其證。按《詩·閟宮》"皇皇后帝",傳謂"天也",于義自通,不得謂之誤。此一事也。"用居夷之大商之衆"者,尊說據陳漢章云,《詩·小雅·蓼莪》箋云:"之猶是也。"按《爾雅·釋訓》:"之子者,是子也。"《莊

---

① "此一事也",稿本無。謹依作者文例補足之。

② "濟",《方言》作"齊"。

子·知北遊》“知以之言也”，《釋文》引司馬云“之，是也。”《爾雅》：“夷，易也。”按《詩·節南山》“君子如夷”，《天作》“有夷之行”，《有客》“降福孔夷”，傳：“夷，易也。”西周時恒言大邑商，稱大商亦其義。此猶言如何能繼成康之業以奉天命，易居是大商之衆也。按，“易居是大商之衆”，義未了了。鄙意此居字當如《呂覽·上農》高注：“居，安也”，即“易安是大商之衆”，義乃得之。此一事也。“以予小子揚文武大勳，弘成康昭考之烈”，孔注：“昭考，昭王，穆王之父也。”尊說從之。鄙意不然。以謂昭仍當爲明，考爲祖考，不必謂昭王也。蓋《史記·周本紀》正義引《帝王世紀》“昭王德衰，南征濟于漢，船人惡之”云云，則失其民，可知其不足以媲美成康也審矣。此一事也。“允乃詔，畢桓于黎民般”，尊說引《經傳釋詞》：“允，發語詞，乃猶若也。”《周禮·考工記·梓人》注：“若，如也。”是已。然孔注：“允，信。乃，汝。汝王也。”亦自可通。又尊說謂此“詔”與《史記·始皇本紀》“令爲詔”之“詔”不同。《爾雅·釋詁》“詔，告也。”乃詔，即“如告”也。按此與孔注言“信如王告”不異也。惟“畢桓于黎民般”，孔注以盡治民樂政也。按“桓”不訓治而通和。尊說引陳漢章此恒即和也。《史記·孝文帝紀》索隱：“桓聲近和”，《漢書·酷吏傳》如淳曰：“恒聲如和”，故《書·禹貢》“和夷”鄭注：“和讀桓。”按《釋文》引鄭“和讀曰桓”，武英殿本“桓”作“洹”《水經·桓水》注引鄭云：“和夷，和上夷所居之地也。和讀曰桓。”此經桓讀爲和，以爲“桓”無訓治之例，治字必誤。鄙意孔注以治釋桓，篆書治與和相似，或爲形誤，疏不駁注，固不必如唐孔賈之墨守也。按，《書·君陳》僞孔傳：“臣名也。”疏：“孔直謂臣名，則非周公子。鄭玄注《中庸》[①]‘君陳，蓋周公子’，以經云‘周公已沒，命君陳’，猶若蔡叔已沒，命蔡仲故也。孔未必然。”疏不駁注，此申鄭旨則未爲然矣。至王念孫改桓爲相，“相，治也”，又以般爲服之誤。尊說謂揆之全文相去遠甚，吾亦云然。此一事也。“公曰：天子自三公，上下辟于文武。”孔注：“辟，法也。言我上法文武。”尊說則以爲昔文武之世，三公輔之以成大功。又謂“辟於文武”者，辟猶輔助也，師望鼎銘“用辟于先王”，㝨盨銘“用辟我一人”。按，“㝨盨”，《考古圖》作“寅簋”，爲睢陽王仲至藏器。“㝨”篆作“”，或釋作“㝨盨”，非是。銘文凡百五十七字，有“又臯虐逐內辟或云大辟勿事䣊虐從獄天降喪不廷唯死”等辭，多不可句讀。故予釋此辟爲臯，見下。善夫克鼎銘之“辟龔王”、“辟天子”，皆與此辟字同。《詩·大

① 稿本此處有眉批云：按“鄭注中庸”，“中庸”當作“坊記”，孔疏誤也。

雅·棫樸》"濟濟辟王，左右趣之"，疏云："賢臣皆左右輔助而疾趨之。"按，《說文》："辟，法也。從卪、辛，節制其辠也；從口，用法者也。"《詩·雨無正》"辟言不信"，《板》"無自立辟"，傳皆曰"辟，法也"。徵之故書雅記，辟無輔助之義。鄙意此解之"三公上下法于文武"，孔注甚碻，不宜立異。《詩·棫樸》箋："辟，君也。君謂王也。"疏云"賢臣皆左右輔助而疾趨之"者，此釋下句"左右趣之"之義，與箋"左右之諸臣，皆促疾於事，謂相助積薪"者相發明也。師望鼎銘、善夫克鼎銘之"辟"字，皆謂法也，此常訓也。盨盙銘之辟辠也，其引伸之義。《左氏》襄八年傳"辟殺子狐、子熙、子侯"，注："辟，罪也。"凡此，俱不足證明尊說辟有輔助之義也。且三公，天子之事也。文王內文明而外柔順，三分天下有其二，而服事殷。《書·周官》"太師、太保、太傅"，實周之三公也，置官亦當在黜殷命之後。尊說謂昔文武之世，三公輔之，以成大功，揆以《書·泰誓》曰"予有亂臣十人，同心同德"者，恐不然矣。此一事也。"昔在先王，我亦維丕。以我辟險于難，不失于正，我亦以免沒我世。"孔注："先王穆父祭公所事也。辟，君也。言我事先王遇大難，正而不失，故能以善沒世，言善終。"按：孔謂"我事先王遇大難"者，蓋昭王沒于水中而崩。與《周本紀》、《帝王世紀》載籍所偁者有合焉。惟尊說謂：昔在昭王之世，使我君弗陷于難，不失于正，乃能終我世也。實不足以申明孔旨。此一事也。僕觀此書，大類殷盤、周誥之詰屈聱牙，而夸誕詭譎，譌敚尤甚。《漢志》雖著錄七十一篇于《書》九家之中，劉向謂蓋孔子所論百篇之餘也。然後有論者，俱出之六藝之外。羽陵蠹簡，舊籍陸沈，抑有繇矣。大著尊其書，用"此經"二字，僕以爲宜加斟酌。至其博採通人，纂爲義疏，可謂孔注功臣，而嘉惠來者，亦百學爭鳴之日之盛事也。陸詠沂先生所爲序，略有僭商，是不有當定稿後仍錄以畀我。文斾北歸，曷勝依依！不具。樹棠頓首。

君子不博爲其二乘解

《說苑·君道》"哀公問於孔子曰：吾聞君子不博"云云。按，並見《孔子家語·五儀解》。博，當即《論語·陽貨》"不有博弈之事乎"之"博"。《公羊傳》莊十二年"與閔公博"，《釋文》："博，戲名也。字書作簙。"猶今謂之賭博。"二乘"之"乘"讀去聲。《廣雅·釋詁》:"乘二也。"又《孟子·離婁》"發乘矢",趙注:"乘四也。"二乘者,二二則如四,二四則如八。博戲之事有一賠二、一賠四者,故云。又《儀禮·大射儀》"司馬坐乘之",鄭注:"乘,四四數之。"二乘以是倍之,則三十二矣。然則二乘者即倍之謂也,不必計以實數。《五儀解》"爲其兼行惡道也",王肅注:"此具博三十六道也。"頗似今之花會焉。有三十六名,一賠三十。《咫聞錄》:"閩中有花會之局。以宋時嘯聚三十六人,日標一名,視資本之多寡勝負,總以三十倍爲準。"蓋博戲者望其獲利之多倍,損人利已,其心不正,故曰行惡道也。此君子所以不博也。

與夢惺

元日留別之作,緜祥耀轉到。率和一絕,并施老諸作,鹿塵一粲。無佳楮,以紅格作蠅頭書,有致且習靜也。

跋宋省予歸杭留別倡和詩

省予以畫鳴於時,得其先人資翁之遺風。而性者吟詠,能書。頃以其《歸杭留別倡和》之什見眎,朋酒懽娛,其言切深往復,灑然可誦。吾鄉康乾間竹莊、蛟湖、秋岳,皆擅三絕之譽。省予精進不已,吾知其必有合也。爰以斯言券之。

杭州大學馬鈴娜劉辰翁須溪詞研究審查意見

一、論文提出《須溪詞》以春感、送春爲題,凡三十餘首。以甲子紀年者共六首,最早一首爲宋亡一年所作,即《蘭陵王(丙子送春)》詞。另一首《蘭陵王(丁丑感懷)》。皆與宋亡有關。恭帝投降去國,正是暮春云云。按宋恭帝德祐後,尚有端宗之景炎,帝昺之祥興。丙子,宋祚猶未斬絕。越三年己卯,而當祥興二年,二月六日,厓山行朝潰,君臣蹈海,而國乃亡。故《宋史》本紀列瀛國公,而二王附焉。《文山集·文山先生紀年錄》雖以甲子紀年,而己卯以前必繫景炎、祥興年號。《須溪詞·蘭陵王(丙子送春)》作於德祐二年二月,帝昺上表降元,三月北行,五月廢爲瀛國公。端宗航海,即位於福州,改元景炎,是時辰翁年四十五。《須溪詞·百字令（李雲巖先生遠記初度,手寫去年赤壁歌,歲晚寄之,少賤不敢當也。恩恩和韻,寄長鬚去,儻以可教則教之）》句云:"與公試數,開禧嘉定寶紹",注:"公開禧丁卯生,僕生紹定之五年壬辰,相望二十六歲。"云至丙子爲四十五歲。《須溪詞》記甲子尚有前乎此者,如《六州歌頭（乙亥二月賈平章似道督師至太平州魯港,未見敵鳴鑼而潰,後半月聞報賦此）》一闋,乙亥爲帝昺德祐元年,是時辰翁年四十四。《金縷曲（聞杜鵑）》注:"予往來秀城十七八年,自己巳夏歸又十六年矣。"己巳爲度宗咸淳五年,是時辰翁年三十八。《臨江仙（代賀承相兩國夫人生日）》序有"甲子之秋,九月吉日"之語。"甲子"爲理宗景定五年,是時辰翁年三十三。《青玉案（壽老登 ① 八十六歲,戊午六月十七日）》一闋,戊午爲理宗寶祐六年,是時辰翁年二十七。此爲《須溪詞》中有甲子可稽最早年之作。又,《須溪集·丞相莽哈岱美棠碑文》係"至元二十七年秋九月",《長沙廉訪司題名記》係"至元二十有八年",故《須溪詞》題甲子,與沈約《宋書·隱逸·陶潛傳》所云"義熙以前則書晉氏年號,自永初以來唯云甲子而已"者異趣。然《須溪詞》故國之思,甚至不獨"春感、送春"爲然。《四庫全書提要》亦稱《須溪集》十卷,於宗邦淪覆之後,睠懷麥秀,寄託遙深,忠愛之忱往往形諸筆墨,其志亦多有可取者。蓋辰翁長文信國四歲,生同里閈,同出歐陽守道之門,爲時相江萬里所知,其生平師友之所濡染,非偶然矣。

　　二、論文提出,《須溪詞》主要成就:遠祖《離騷》,近承稼軒詞傳統,繼續並發展比興寄託表現手法、沈鬱頓挫藝術風格。按"沈鬱頓挫,隨時敏捷",爲杜甫《進鵰賦表》之辭,後人遂以"沈鬱頓挫"評價杜詩。其涵義時賢論者不一。其說"沈鬱"二字,見劉歆《與楊雄書》:"子雲澹雅之才,沈鬱之思",屬於思想內容。"頓挫"二字,見陸機《遂志賦》:"抑揚頓挫,怨之徒也。"而杜詩《觀公孫大娘弟子舞劍器行》序云"瀏漓頓挫",屬於藝術形式,似有分別。要之,"沈鬱頓挫"乃杜詩總體成就,未可以某體某篇求之。苟必執是以求,其惟《自京赴奉先詠懷》、《北征》諸篇足以當之。抑"沈鬱頓挫"評杜詩可,評李白詩、白居易詩、蘇軾詩則不可,以不盡內符外符也。

---

① "壽老登",原稿作"壽登老",據《須溪詞》校改。

論文指出,辰翁繼承稼軒詞沈鬱風格,並取得甚高成就,二十餘首《摸魚兒》幾乎皆優秀之作。惟稼軒《摸魚兒(更能消幾番風雨)》一闋,觀其題旨當有寄託,而詞風則較近婉約。視他詞之爲豪放者獨異。《須溪詞》無論《摸魚兒》二十一首,或其全集風格,實視稼軒詞卑下。其繼承比興寄託表現手法,不得謂爲發展,而沈鬱頓挫之風格亦不類。

三、《精選名儒草堂詩餘》,元鳳林書院本。首太保劉公,順德人,初名侃,字仲晦,其先瑞州人,至元二年拜光祿大夫、太保、領中書省事,更名秉忠。次許魯齋平仲,中原人。次文山文天祥,廬陵人。是《名儒草堂詩餘》又不能謂爲宋遺民詞也。

興施可愚書

奉六月三日手書,以康里子山《鱓肚研歌》上去聲韻通轉,混押音調,實有未諧。古人作品,古詩押韻,凡所通轉,四聲界限甚明。六語七麌可以通押,因同屬上聲。如與六御七遇混押則不叶,以去聲之字音階不同。故語只可通麌,不可通御、遇;亦猶御只可通遇,不可通語、麌也。竊意不然。四聲之說,魏李登《聲類》實導其源,迄於齊、梁,王融、沈約之徒暢其緒論。周捨所謂"天子聖哲"者,爲唐以來近體詩之兆朕,然亦僅僅限於平仄耳。古詩固無是也。顧炎武有平仄通押之說,戴東原以未爲非。如《詩·谷風》四章,舟、游、求、救爲韻。《羔裘》一章,祛、居、故爲韻。《定之方中》二章,虛、楚爲韻。若此者不一而足。陳第有言:"三百篇,詩之祖,亦韻之祖也。作韻者宜權輿於此。"宋吳棫作《韻補》,雖其分合疏舛,然可爲古韻學之先知先覺者。厥後鄭庠分古韻爲六部,顧炎武分古韻爲十部,江永分古韻爲十三部,段玉裁分古韻爲十七部,王念孫、江有誥分古韻爲二十一部王氏分古韻爲廿一部據《經義述聞》,章炳麟分古韻爲二十三部,黃侃分古韻爲二十八部,漸趨細密。雖不能謂古韻分部無豪髮爽,然諸家之說於古音理可謂得其辜較矣。章氏、黃氏,有旁轉、對轉、旁對轉之說,段氏通謂之合韻。夫雙聲相轉,疊韻相逐,繇此知古韻分部甚寬。段氏十七部中之第五部魚、虞、模皆平聲也,語、麌、姥皆上聲也,御、遇、暮皆去聲也,藥、鐸皆入聲也。其上去之有混押,不特三百篇爲然,即唐人、清人之爲古詩者亦無不然。如杜甫《石壕吏》怒、苦、戍爲韻,白居易《琵琶行》女、住、部、姤、數、污、度、故、婦、去爲韻，王士禎《柴關嶺》霧、注、布、踞、怒、懼、處、赴、寓、羽、筊、去爲韻是也。清代《佩文詩韻》，大抵根據《切韻》、《廣韻》。以後若《禮部韻略》、《平水韻》、《中原音韻》諸書，悉沿當代之音，分隸各部。所標可通之韻，有與周秦古音舛馳，場屋遵用，積習不返，略明聲音訓詁之學者皆知其非。詩三百篇朱子《集傳》，凡謂“某叶某”者，皆不明古音之過也。吾人今日可以實事求是，不必迂拘。是故論古音，則詩三百篇、屈賦二十五篇、《說文》形聲假借之字及先秦舊籍具在，可推而求之。論今音，則東冬、江陽諸韻可變通用之也。大作如所府羽雨處汝改易之韻，不若原作渾成。如何如何？俟覓佳楮寫之。專復，不具。

遊青芝寺記

青芝寺在琯頭，地當閩江下游，爲覆釜山南支之蓮華峰。北距連江縣治十里許，西距福州市近百里。水可舟，陸可車。甲午莫春上巳，予與福州大學同人往遊焉。清晨自臺江乘汽輪至琯頭，登岸行數里即山麓。蹊徑徹幽，攝衣而登，爲第一亭。再行爲半山亭、五虎長門，天險可望。山以石勝，嶔嶔磊硌，爲狀不一。其巖洞之大者曰蝙蝠洞，可納二三百人，怪石嶙峋，黝無日光，多蝙蝠，故名。自洞口折而西行，有石如獅子、如達摩履。回首北望山半，有石琴、如意、仙桃諸狀。紆迴而下，有星辰巖，亦曰星窠，每當雨季，珠泉滴瀝閃動，若有寒芒。再行爲翠簾洞，頻瞰海江吞吐，岸闊潮平，沙鳥風帆，浩淼無際。洞之西，有水潺湲，曰琴泉。至懸石洞，巨石嵌空，又有石如象、如飛猱。拾級攀登，曰觀仙洞，葉向高臺山諸人刻詩在焉。洞有隙，可窺對山之八仙巖，人物栩栩欲動。再上抵寺，爲大雄殿，殊陰翳，絕纖埃，供芝草可盈尺，明董應舉崇相讀書於此。寺後山石之狀物者尤夥。一路斷崖峭壁，俗謂之天門洞，有若玉蛉者三，其砥平而巨者曰擎天臺，有閣曰松風。千巖亂翠，濤聲聒耳。至折腰石，行者必側其身以過，鑴“不爲五斗米”於石，殊發人噱也。至虎洞，左右通透，上有石虎，或偃、或仰、或眈眈而視。至一綫天，穿九曲洞而出，巖石之奇略盡，而藏於榛莽者又不可勝數。此百洞山之名所繇來也。《名勝志》云：“洞穴玲瓏，明暗相授，旁通曲轉，高下輔承”，斯言蓋得之矣。寒陽欲西，翠苗翻風，遂與同遊躐平疇候舟返。包子曰：左海風濤，軒壯觀於中原之外,予遊石鼓及茲山見之矣。然石鼓美在林壑,而巖洞深藏,邃曲鉤牽,茲山獨擅焉。越日記。

與施可愚

損書及大作《惜餘春慢(和杜鵑花次韻)》一闋,體物穩切。惟據魯逸仲原詞凡百十三字,"還是初相見時"係仄仄平平平平,"向登臨"三字逗,"長是傷春滋味"六字句,"淚彈多少"四字句,"念高唐"三字逗,"歸夢淒涼何處"六字句,"水流雲遠"四字句。前後半闋句法大抵相同,乃詞之規律。拙作依其體填,並用元均。此調古來填者不多,賴以邵損庵《填詞圖譜》、萬樹紅友《詞律》即以魯詞爲範例。其定魯詞最後一句爲六字句,作"何處水流雲遠",則前後半闋句法岐異,是不然矣。大作"那更綃獻鮫人"及"盡悲啼殆天女"各逗之,下須略斟酌耳。餘則周密。此調百十一字,後半截少二字,句法平仄有與魯詞稍異者,乃是又一體。《圖譜》逸仲作仲逸,亦誤。

復夢惺

書悉,二郎君偕新婦歸省,足爲庭帷慰也。比維興居休暢,幸甚。賤軀亦麄適。二松叢竹,猶託一椽。校讀《史記》外,作拙藏《經籍書畫金石記》,未了。初擬爲目錄、卷數、板本,後復爲提要。其《漁洋精華錄》、《鮚埼亭集》、《戴東原集》,皆頗費工夫。尚有《揅經室集》、《述學》,仍須時日,并前寫者亦補充焉。如斯而已。吾兄詩骨不俗,倘取唐之杜、韓,宋之蘇、黃,以致其閒適之怡趣,亦足陶養性天。蔭亭處屢一二至,祥耀回院,六庵夫人恙猶危殆。耑復,不宣。

漁洋精華錄朱批本校記

歲庚寅,予于福州市舊攤中得《漁洋山人精華錄》。視之,有印記赫然,則鹿原林佶也。朱批其上。茲錄爲林氏手寫,又爲其所藏。蟲蠹傷齧,乃命工補之。以語友人黃君蔭亭，蔭亭亦得金榮林始箋注本，墨批其上，與予本朱批同者什八九，而異者亦什一 ① 二。辜較其先後同異，則墨本多掇拾朱本而間出以己意。如《冬日偶然作》四首，朱本云："平平敷陳，未見所長。"墨本云："慷慨悲歌，具無限牢騷不平之意。在《漁洋集》中亦可列爲上駟，惟不及右丞之澹泊耳。後人議其敷陳，直屬囈語。"按《冬日偶然作》第一首，則《貨殖傳》之郭縱翁伯諸人；第二首，則灌嬰、魏其；第三首，則鄭季孽子衛青、隴西飛將李廣，皆見於太史公書；第四首，則《宋書·隱逸傳》之王弘，士禛引以自況。所謂刪詩斷自丙申年者，是時士禛年二十三，實少作也，無甚高論。且"右丞澹泊"之語，亦枘鑿不相入。《秋柳》四首，朱本云："不能刻畫而以填塞揜其疏陋，此少歲欺人之作，一時推許，後遂不復割愛。讀者勿以盛名所在，一概護短也。"墨本云："《秋柳》四章，一時推許，雖闈秀蠻酋，總相賡和。後來議之者有謂其空事聲調，有謂其填塞太甚，皆非至中之論也。惟關中屈悔翁語得其平，且知作者之意，曾解而梓之。惜棄梨散失，難以徵求矣。"按明湖秋柳，士禛首唱，繇今觀之，填塞似不免。且攀條之司馬，豈楊柳之僕？夫引喻難明，風人之旨邈矣。至於屈悔翁謂四章皆刺南唐後主之荒淫失國，亦出傅會。蓋士禛生於甲戌，則崇禎七年也。甲申烈皇殉國，清師入關。乙酉南都亡，士禛年才十二耳。故國之感，其詩及序非有託於廋辭隱語，而見於《詩話》及《菜根堂詩集序》亦曾無一語及此，則屈悔翁之言未可置信。此二本所見不同，而知朱本先於墨本者也。《渭橋懷古》，朱本云："從秦說到唐，而以'興亡幾回見'作結，法律最佳。"墨本云："從祖龍說至唐宋，而以興亡幾見作收，便覺意味深遠。"按《渭橋懷古》"繡嶺明珠殿"，則士禛用杜牧《華清宮》詩句，無及後代事者。此墨本誤衍一"宋"字也。《蕭尺本楚詞圖畫歌》，朱本云："先生七古將造唐人門仞，惟沈鬱頓挫處難與少陵爭席耳。"墨本無之。惟結處云"神來"而已。《詠史小樂府》二十四首，朱本云："但詠三國史，胷中無卓見，鋪敘而已。"墨本無之。此朱本之識優於墨本也。其無關於閎旨者不具論。又箋注本有小字朱批，於王詩全注乘隙攻瑕，其言多識。末卷有字一行云："辛酉十月十八日，借趙白亭架上本校閱一過，石樵識。"似亦鈔襲他本者。予嘗以士禛當時得名太盛，生平頗大言自負，譽

---

① "一"下，稿本多"一"字，疑衍，謹刪之。

之者或過當，議之者亦不乏人。如趙執信《談龍錄》之類，甥舅之間已議論不合。批本有可有否，疑皆乾嘉間人爲之者。林氏手寫《精華錄》，當康熙三十九年庚辰，有跋。金注始於康熙四十九年庚寅，至雍正十二年而畢。然《精華錄》依體裁分類編年，金氏箋注本則變爲編年而不分類，此其異也，并著之。

予以蔭亭墨批本校竟，乃知其小字朱批借鈔福建師範學院圖書館藏《漁洋精華錄箋注》本。卷一第一頁一行下朱書云："杭董浦先生評點"。末卷小字一行云云，則圖書館本乃石樵鈔襲趙白亭本。趙本或出杭氏手稿。而予校記疑乾嘉間人爲之者，其言不謬也。笠山又識。

與故鄉諸子論詩

損書及詩，辭甚達。辱下問，以盲持盲，其何道之能得？夫詩者，志之所之也。在心爲志，發言爲詩，三百篇尚矣。若屈賦、若古詩十九首，皆其苗裔。建安以降，五言鬱興。逮及李唐，律絕近體俱作，聲詩之盛遠邁前古。其間太白、子美集其大成，韓退之所謂"李杜文章在，光燄萬丈長"者也。雖然，後之學者多以子美爲歸，蓋太白天縱，拔萃絕倫，學之難至。子美渾灝，博資多師，得其一端足以自開境界。子美之詩曰"不薄今人愛古人，清辭麗句必爲鄰"，之其言可謂太山不辭撮壤，滄海不擇屝流者矣。白香山學杜，其《秦中吟》、《新樂府》實出於杜《自京赴奉先縣詠懷》之"朱門酒肉臭，路有凍死骨"、《三吏》、《三別》、《兵車行》之等，然白詩實得其澹遠之一體。吾嘗至吳門與陳丈石遺論詩，推許白傅，謂其能新，則其人壽考，閱世著作之富，不可一例論也。李義山亦學杜，其"永憶江湖歸白髮，欲回天地入扁舟"諸詩，居然杜之遺響。王荊公晚年喜偶義山，嘗謂"學詩者未可遽學老杜，當先學義山。未有不能爲義山而能爲老杜者"。雖其言未必然，然義山又何可廢也？黃山谷，江西詩派不遷之宗也。其學推本於杜，不爲橅聲取貌，而博綜經史，貫穿異聞，以瘦硬生澀，風靡來者。山谷亦謂陳無己作詩，"深得老杜之句法，今之詩人不能當也"。然無己詩得自苦吟，幽僻深邃，持較山谷，尤猝不易明。而無己《答秦少章》云："僕之詩，豫章之詩也"，"然僕所聞於豫章者,願言其詳。豫章不以語僕,僕亦不能爲足下道也。"夫知人論世,以意逆志,學術心傳,非物象之相授受。《學記》曰:"雖有嘉肴,弗食不知其旨也;雖有至道,弗學不知其善也。"殆謂是矣。若眇者之於日,扣槃捫燭得其疑似,是又惑也。比作《論詩絕句》三十二首,庶幾推子美《戲爲六絕句》而廣之,輔遺山、漁洋之不逮,視石遺室之斷代有所不同焉。閩中之詩,薛令之其先河也。然閩人之有集存者,則自歐陽行周始。臨汀則推鄭仲賢文寶,其《裴晉公綠野堂》"水暖鳧鷺行哺子,溪深桃李卧開花",歐陽六一謂其不減王維、杜甫也。惜所爲《兵部集》三十卷已亡,遺篇斷句見於《塵史》、《宋詩紀事》諸書。吾鄉之詩,殆無出其右者。吾向有《論閩詩絕句》十八首,及《論汀人詩絕句》六首,其言略盡於是矣。昔桐城姚鼐爲孝廉時,傾心休寧戴震之學,欲奉爲師。震繳其偏謂云:"古之所謂友,蓋分師之半。無妨交相師,以求十分之見。"諸君子致其拳拳之忱,僕深自媿。孟子曰:"人之患在好爲人師。"誠欲如前詩云云,長年爲客,雲樹西望,七峰三折,水之間天。〔聽〕潮①盟鷗,遺風未遠,諸君子其茂明之。某頓首。

唁六庵喪偶

尊嫂夫人纏綿抱恙,解脱拈花,聞耗謹唁。

附挽聯:相夫爲良妻,教子偶賢母;纏綿悲抱恙,解敞笑拈花。

硯　銘

筆可耕兮研作田,其華其實兮胥三千年。此舊桃研,紫端石子。己亥仲春笠山識而藏之。

歙硯銘

斯歙研,形規圓。墨之海,詎桑田。靡王稅,願豐年。庚子六一老人笠山識。

---

① "潮"上,疑稿本脱一字,兹妄補"聽"字,未必是也。

戴東原集詩生民解書後

戴氏《詩生民解》謂周祖后稷，於上更無可推。后稷非無母之子，故姜嫄不可無廟。始祖廟之外別立姜嫄廟，不在廟制之數。商人祖契，於上亦更無可推。故《商頌》言有娀，與周之但言姜嫄同。其首以"周禮享先妣，在享先祖之前。" <small>按《周禮·春官·大司樂》："乃奏夷則、歌小呂、舞大濩，以享先妣。"在享先祖之前。</small>鄭注云："周立廟自后稷爲始祖，姜嫄無所妣，是以特立廟而祭之。"又以"《帝繫》曰'帝嚳上妃姜嫄' <small>按《大戴禮·帝繫篇》："帝嚳上妃有邰氏之女曰姜原氏，產后稷。"</small>，本失實之詞。"按戴氏此解，據《周禮》鄭注以申詩旨。然《詩毛傳》："姜，姓也。后稷之母配 ① 高辛氏帝焉。"鄭箋："姜姓者，炎帝之後，有女名嫄。當堯之時，爲高辛氏之世妃。"孔疏："鄭信讖緯，以《春秋命歷序》云'少昊傳八世，顓頊傳九世 <small>按《禮記·祭法》孔疏又引作傳二十世，疑誤，</small>帝嚳傳十世'，則堯非嚳子。稷年又少於堯，則姜嫄不得爲帝嚳之妃，故云'當堯之時爲高辛氏之世妃'，謂其子孫之妃也。"《周禮·春官·大司樂》賈疏同，蓋疑其年代不相及。予謂《史記·周本紀》姜嫄爲帝嚳元妃，則上妃、元妃、世妃其義一也。《儀禮·士冠禮》記"天子之元子猶士也"，注："元子，世子也。"《禮·喪服小記》注："世子，天子、諸侯之嫡子也。"《後漢·皇后紀》注："世 ② 妃，嫡夫人也。"《荀子·正論》"小侯元士次之"，注："元士，上士也。"鄭君注《周禮》以"姜嫄無所妃"，則從《詩》。其箋《詩》則以姜嫄爲高辛氏之世妃，依《命歷序》。亦已矛盾其辭矣。戴氏尊經過甚，置傳箋而不言，豈可謂知類者乎？《易》曰"一陰一陽之謂道"，又曰"天地絪縕萬物化醇，男女構精萬物化生"。后稷非無母之子，姜嫄又豈無妃而子者乎？太史公曰："予觀《春秋》、《國語》，其發明《五帝德》、《帝繫姓》章矣。顧弟弗深考，其所表見皆不虛。"則孔子所傳，宰予所問，其西至空峒，北過涿鹿，東漸於海，南浮江淮，長老所稱，所謂不離古文者近是。鄭君生東漢之季，光武善讖，自中興之後，儒者爭學圖錄，其箋詩與毛傳持爲異論，舍《帝繫》、《本紀》而別有所拾，亦風會使之然也。雖曰遂古之初，孰爲而孰傳之？然學者載籍極博，猶考信於六蓺三家所傳，國學所立，源流其在，與緯書之爲支流旁義者

---

① "配"，稿本作"妃"，據阮刻本《毛詩正義》改。

② "世"，《後漢書注》作"元"。

有間，固不可不辨也。或謂洪荒人類，噩噩渾渾，知有母而不知有父，所謂母系社會，殆失紀耳。是又不然。黃帝娶于西陵氏之女曰嫘祖氏，其後系代甚明，見于《帝繫》。且《禮記·祭法》"周人禘嚳而郊稷"，豈無所據而云然乎？《生民》之三章曰："誕置之隘巷，牛羊腓字之。誕置之平林，會伐平林。誕置之寒冰，鳥覆翼之。鳥乃去矣，后稷呱矣。"其與"履帝武敏歆"之言，幾難置信。仲尼曰"多聞闕疑，多見闕殆"，又曰"吾猶及史之闕文也"。詩三百篇爲其所刪，則亦信以傳信、疑以傳疑之意也。戴氏則謂："后稷之名棄以此，此必非設言也。使未嘗棄而言之，是誣也。"不知初民傳說，詞涉機祥怪迂，古史所載，不一而足。必回護其詞，亦"固哉高叟之言詩"矣。豈通論乎？孟子曰："盡信書不如無書。吾于武成，取其二三策而已。"說《生民》詩者，亦若是焉可耳。

鮚埼亭集前漢經師從祀議書後

《鮚埼亭集·前漢經師從祀議》，以開元二十二賢從祀之舉，不盡以爲當。然全氏之言，亦庸有可議者。其謂前漢二百年，集諸經之大成，而其人精忠有大節、爲一代之玉振者，則惟劉向。予謂不然。前漢經師，如《易》田何，《書》伏勝、孔安國，《詩》浮丘伯、申公、韓生、毛亨，《禮》高堂生，《春秋左氏》張蒼，《公羊》董生、胡毋生，《穀梁》江公之等，皆以專學名家。蓋諸儒當簡册燔燒，師弟口耳相承，守缺抱殘，其勢不得不然也。魯丕有言："說經者傳先師之言，非從己出。難者必明其據，說者務立其義，浮華之言不陳於前，故精思不勞而道術愈彰。"其所治能繇一經及於群經，集其大成者，則不若董仲舒。故劉歆以爲："仲舒遭漢承秦滅學之後，六經離析，下帷發憤，潛心大業，令後學者有所統壹，爲群儒首。"其論笠矣。若向言"鑄僞黃金，繫當死"，其事亦甚誕妄。仲舒當孝景時爲博士，公孫弘治《春秋》不如仲舒。"漢興至於五世之間，仲舒名爲明於《春秋》，其傳公羊氏"，此太史公《儒林傳》之言也。漢書《仲舒傳》云："所著皆明經術之意，上疏條教，凡百二十三篇。而說《春秋》事得失，《聞舉》、《玉杯》、《繁露》、《清明》、《竹林》之屬復數十篇，十餘萬言。"《七錄》亦云："《春秋繁露》十七卷，《春秋斷獄》五卷。"今觀《賢良對策》，以天證人，析理斷事，與所傳《春秋繁露》十七卷之書，雖不可知其必爲《七錄》之舊，然其書大旨在乎仁義，所謂“仁以安人，義以正己”，粹然儒者之言。劉向受《穀梁》，講論五經於石渠，子歆卒父前業。然歆好左氏，以爲丘明好惡與聖人同，親見夫子，而公羊、穀梁在七十子後，傳聞之與親見，其詳略不同。歆數以難向，向不能非間也。然猶自持其《穀梁》義。此杜少陵所謂“劉向傳經心事違”者也。向著《洪範論》，發明大傳，著天人之應。《七略》剖判藝文，綜百家之緒。《三統歷譜》考步日月五星之度，此其犖犖者。然則西漢儒林，其經術文章行誼，大雅不群，仲舒固褎然居首矣。至於博物洽聞，通達古今，其言有補於世者，則班固氏所云向亦其次也。又全氏謂西漢儒林盛於東漢，即其人亦多卓犖可傳，東京自賈逵、鄭康成、盧植而外無足取者。予謂前漢皆專守之學，若綜集諸經，則東漢許叔重之五經無雙，鄭康成之囊括大典、網羅衆家，實足冠冕兩京而無媿也。蓋鄭君之學，始事第五元先，通《京氏易》、《公羊》、《春秋》、《三統歷》、《九章算術》，又從東郡張恭祖受《周官》、《禮記》、《左氏春秋》、《韓詩》、《古文尚書》。以山東無足問者，乃西入關，因涿郡盧植，事扶風馬融，質諸疑義，問畢辭歸。融喟然謂門人曰：“鄭生今去，吾道東矣。”所注《周易》、《尚書》、《毛詩》、《儀禮》、《禮記》、《論語》、《孝經》、《尚書大傳》、《中候》、《乾象歷》，又著《天文七政論》、《魯禮禘祫義》、《六藝論》、《毛詩譜》、《駁許慎五經異義》、《答林孝存周禮難》，凡百餘萬言。范《書》言注《孝經》，謝承《書》不言注《孝經》。唐定義疏，亦云《孝經注》僞作。許君之學出自賈逵、馬融，常推敬之。撰《五經異義》，又作《說文解字》十四篇，其異義雖鄭君駁之，然今古文分晰甚詳。《說文解字》則博采通人。其偁《易》孟氏，《書》孔氏，《詩》毛氏，《禮》周官，《春秋》左氏、《論語》、《孝經》，皆古文也。故其子沖上書：“臣父故太尉南閣祭酒慎，本從逵受古學。”江式《論書表》亦云：“逵即汝南許慎古學之師也。”二家之學遠有淵源。鄭君宏通博大，學粹古今，衆論所歸，若江漢之朝宗於海。其尤卓卓者，陸氏《經典叙錄》云：“鄭玄作《毛詩箋》，申明毛義，難於三家。於是三家遂廢。”又云：“後漢，《三禮》皆立博士。今慶氏《曲臺》久亡，《大戴》無傳學者，唯鄭注《周禮》、《儀禮》、《禮記》並列學官。”賈公彥亦謂：《周禮》、《儀禮》並是周公攝政致太平之書，《周禮》爲末，《儀禮》爲本。本則難明，末便易曉。是以《周禮》注者則有多門，《儀禮》所注後鄭而已。”清儒戴震曰：

"鄭康成之學盡在《三禮》,當與《春秋》三傳並重。至於《易注》用費氏古文,爻辰出費氏分野,惜已散亡。《尚書注》雖用古文,亦兼采伏傳而多異馬融。許君《異議》有古文尚書說、今夏侯歐陽說、古毛詩說、今韓魯說、古周禮說、今戴說、古春秋左氏說、今公羊說、古孝經說、今孝經說。其《說文》偁《易》孟氏亦非出壁中,《詩》兼偁魯、韓,《春秋》兼偁《公羊》,此尤彰明較著者也。"則鄭注諸經,匯集衆流,實擗前漢而上之。許書繼軌《爾雅》,爲小學基礎,群經鈐樞。鄭注《三禮》,獨引《說文》,唐代義疏尤多遵用。宋儒義理,朱子最爲竺實,亦謂不可輕議漢儒。及清乾嘉間,聲音訓詁,制度名物辨章,功實樸學,遠邁前古。尋墜闕,勾幽隱,舍是末繇而明也。此予與全氏所見不同,而著之於篇。

說儀禮喪服不二斬者二事

《儀禮·喪服》:"女子適人者爲其父母,昆弟之爲父後者",傳曰:"爲父何以期也？婦人不貳斬也。婦人不貳斬者何也？婦人有三從之義,無專用之道,故未嫁從父,既嫁從夫,夫死從子。故父者子之天也,夫者妻之天也。婦人不貳斬者,猶曰不貳天也。婦人不能二尊也。"疏云:"婦人不貳斬者,則丈夫容有貳斬,故有爲長子皆斬。又《喪服四制》云:'門內之治恩揜義,門外之治義斷恩。'至於君父別時而喪,仍得爲父伸斬,則丈夫有貳斬。至於女子在家爲父,出嫁爲夫,唯一無二,故特言婦人,是異於男子故也。若然,案《雜記》云:'與諸侯爲兄弟者服斬',是婦人爲夫并爲君得貳斬者。然則此婦人不貳斬者,在家爲父斬,出嫁爲夫斬、爲父期,此其常事。彼爲君不可以輕服,服君非常之事,不得決此也。言婦人有三從之義者,欲言不貳斬之意,婦人從人所從,即爲之斬。若然,夫死從子,不爲子斬者,子爲母齊衰,母爲子不得過齊衰。故亦不斬也。云'婦人不能二尊'者,欲見不二斬之意。"按此言"婦人不二斬"者,爲婦人從夫也。然婦人爲夫并爲君,則得二斬矣。在家爲父斬,出嫁爲夫斬,則亦得貳斬矣。又《禮記·曾子問》曰:"取女有吉日而女死,如之何？孔子曰:壻齊衰而弔,既葬而除之。夫死亦如之。"鄭注:"未有三年之恩也。女服斬衰。"若然,女改適則又得貳斬矣,此一事也。又《喪服》"爲人後者爲其父母報",傳曰:"何以期也？不二斬也。持重於大宗者,降其小宗也。爲人後者孰後？後大宗也。曷爲後大宗？大宗者尊之統也。”然傳曰“父卒，然後爲祖後者服斬”，疏引鄭答趙商問父有廢疾而爲其祖服制三年斬，故《禮記·喪服小記》“祖父卒，而後爲祖母後者三年”，鄭注：“祖父在，則其服如父在爲母也。”繇是言之，則丈夫於君父別時，而喪仍得爲父伸斬，而承重亦得二斬焉。此一事也。包子曰：禮不貳斬者，事之常。若事之非常，則固不損益而爲之也，無男女，一也。

蘇子瞻代張方平諫用兵書書後

　　姚姬傳蕭謂蘇子瞻《代張方平諫用兵書》，是子虛烏有之事。按《經進東坡文集事略》注：“此疏既奏，上爲之動。及永樂之敗，頗思其言。”《文集事略》爲迪功郎新紹興府嵊縣主薄臣郎曄上進。曄字晦之，杭人，蚤從張九成學，嘗注三蘇文及宣公奏議，投進未報。見周輝《清波雜志》及《別志》。姚氏特未見《文集事略》郎注而臆爲之說耳。畢秋帆沅《續資治通鑑》繫此書于元豐四年，謂帝頗爲感動，迄不能從，至永樂敗。果如其言，則畢氏當據郎注立言。姚氏又謂《續通鑑》載帝述呂公著、趙卨事于元豐六年，是矛盾之說，抑誤矣。姚氏以史言神宗于永樂事後，恨昔無人言其不可。又言“在內惟呂公著，在外惟趙卨”，言“用兵非好事”。予謂左史記動，右史記言，互有詳略。元豐四年，帝初議西討，知樞密院孫固曰：“舉兵易，解禍難。”及帝意決用兵，又屬李憲任其事，固曰：“伐國大事而使宦官爲之，士大夫孰肯爲用？”上不悅，固請去，不許。它日，又對曰：“今舉重兵，五路並進，而無大帥，就使成功，兵必爲亂。”固數以大帥爲言。同知樞密院呂公著進曰：“既無其人，不若且已。”固曰：“公著言是也。”則當日諫用兵者，豈僅內一公著哉？固言深切，且先公著矣。永樂之敗，咎繇徐禧。初，帝之除禧也，王安禮諫曰：“禧志大才疏，必誤國事。”不聽。及敗，帝曰：“安禮勸朕勿用兵，少置獄，蓋爲此也。”子瞻代方平作此書而方平上之，帝雖不言，郎注具在，不可執一孔論也。至謂其以烹宰禽獸爲喻，乃是在黃州戒殺後議論，則兵凶戰危，孤人子，寡人妻，獨人父母，先民所戒。故《傳》曰：“夫兵猶火也，弗戢將自焚。”然亦有義不義存焉，姚氏云云不足據也。且方平熙寧間亦嘗諫用兵交趾，應詔上疏。及子瞻繫御史臺獄，又上書救之。僉壬之言，蓋亦少過矣。

笠山文鈔卷第十一

得黃氏硯記

此爲黃氏十硯齋中物。其題硯陰詩曰："雨暗羚羊半壁昏，何年浸著紫雲根。塾夫割向山牕玩，認得蠻溪舊漲痕。"款署"莘田"，印曰"黃任書"，爲其手跡。詩並見《秋江集》。石質幼潤，鐫刻精致。黃氏有硯癖，其攝高要，故領端溪三洞，竭資市石。在公廨喜言詩，屢忤於物，大府寖不悅。實則同僚讒忌，謂佳石己溺不獻，且曰"此輩碌碌，得簏者足矣"。上官恚甚，黃氏拂衣歸。囊橐蕭然，惟阮石數枚，詩束二，牛腰一，妾金櫻而已。乃治小齋於會城之光祿坊。矮屋三間，安所畜硯於中，號"十硯老人"。或曰"君作嶺外官，一清如是耶？"笑指其硯曰："我乃有此，猶媿王僧孺矣。"其風趣如此。予攷黃氏集中有《題十二星硯》詩云："踏得窮淵割紫英，濡毫猶聽溜泠泠。夜光一壑西巖罅，斜浸秋天十二星。"《雍正三年十二月八日題井田形硯》詩云："他山半畝佃秋烟，琢得方形井地連。自笑不曾持一硯，留將片石當公田。"其《題林涪雲陶舫硯册後》①十八首之一詩云："巧偷豪奪恨何如，無器存詞譽亦虛。我比南宮同一厄，可憐淚泣玉蟾蜍。"自注："予失二硯，銘詞尚存册中。"②第不知二硯何名。又云："古款遺凹積墨香，纖纖女手切干將。誰傾幾滴梨花雨，一灑泉臺顧二娘。"林在峩《硯史》："顧二娘家於吳門專諸舊里，爲黃氏製硯，藝甚精。"黃氏又有《贈顧二娘》詩云："一寸干將切紫泥，專諸門巷日初西。如何軋軋鳴機手，割遍端州十里溪。"故勾山陳兆崙有"明珠七字端溪吏，樂府千秋顧二娘"之句，亦謂此也。又黃氏《奉柬余田生京兆》

---

① "題林涪雲陶舫硯册後"，《秋江集》作"林涪雲陶舫硯銘册後"。

② "失"下，《秋江集》有"去"字。

詩其八云："佳名好石質兼文，銘硯強於寫練裙。我欲爲君吟五字，匹如河漢淡微雲。"自注："予有硯，書'微雲淡河漢'五字。"其十三云："豈徒美璞是良工，獵碣居然掌上礱。他日陳倉歌石鼓，乞君一首比《車攻》。"自注："予有石鼓硯，乞京兆書銘。"其十五云："韓潮蘇海較何如，箕口才人困不虛。不可簸揚惟貯墨，玉川吟寫蝕蟾蜍。"自注："予有箕硯，似爲先生而製者。"又《贈硯行寄呈西昌公》詩句云："山水元[1]音公所寫，已與抱璞通其神。"自注："公來詩有'攜將碧玉美無度，靜寫山水歸元音'之句[2]。美無度，予硯名。"又有《墜硯詩》不知何名。其《以端硯贈李霖邨》詩云："秋水泠泠浸一泓，下巖西洞第三層。與君細膩風光寫，麗澤如斯得未曾。"又《以雲月硯寄泰安公公爲鑴銘搨一紙見示賦詩奉呈》四首之一云："幾年修斧屬吳剛，帶得蠻烟上玉堂。一握忽生雲五色，蓬萊新署兩三行。"又有《月硯》詩二首。又有青花硯，爲余田生京兆所銘。蓋黃氏畜硯有名可稽者若："十二星"、"井田"、"微雲淡河漢"、"石鼓"、"美無度"、"箕口"、"雲月"、"月"，而十硯之數備於詩者亦如是而已。予得硯歲在辛丑清明前二日，因爲之記。

　　按林在莪《硯史》："黃氏有紫雲硯。"予所獲者乃其物。而《硯史》所載黃氏畜硯，除予從《秋江集》勾稽所得者外，尚有二十餘硯，不備錄。其十硯之數，亦訖莫能定焉。附注以補此記之不及。在莪，字涪雲，鹿原第三子，侯官人。

與六庵論漢易條例舉要序言及孟氏易書

　　六庵治漢《易》，其言西漢易學派別凡四：一曰訓故舉大誼者，周、服、王、丁、楊、蔡、韓七家《易傳》；二曰陰陽候災變者，孟喜、京房、五鹿充宗、段嘉四家《易傳》；三曰章句守師說者，施、孟、梁邱、京學官博士所立；四曰十翼解經意者，費直無章句，專以《十翼》解說。東漢易學派別亦凡四：一曰馬融、劉表、宋衷、王肅、董遇，皆爲費氏易作章句；二曰鄭玄、荀爽，先治京氏易，後參費氏；三曰虞翻，本治孟氏易，雜用《參同契》，以納甲爲主；四曰陸績，專

---

① "元"，稿本作"原"，據《秋江集》改。

② "之句"二字，稿本無，據《秋江集》補。

治京氏易。按漢初言《易》者，皆本之田何。何以齊田徙於杜陵，號杜田生，授東武王同子中、洛陽周王孫、梁人丁寬、齊人服光。同授淄川楊何。丁寬又從周王孫受古義，號《周氏易傳》，景帝時爲梁孝王將軍，距吳楚，號丁將軍，作《易說》三萬言。寬授同郡碭田王孫。《藝文志》："易傳周氏二篇_{自注：字王孫也}，服氏二篇_{師古曰：劉向《別錄》云服氏齊人，號服光}，楊氏二篇_{自注：名何，字叔光，菑川人}，蔡公二篇_{自注：衛人，事周王孫}，韓氏二篇_{自注：名嬰}。"田王孫雖未著錄，然《儒林傳》言其授施讎、孟喜、梁邱賀矣。此所謂訓故舉大誼者也。惟陰陽候災變之孟喜，與施讎、梁邱賀其學皆出田王孫。《藝文志》著錄："《易經》十二篇，施、孟、梁邱三家，章句施、孟、梁邱各二篇"，所謂章句守師說者也。"孟氏京房十一篇，災異孟氏京房六十六篇，五鹿充宗異說三篇，京氏段嘉_{按《儒林傳》作殷嘉}十二篇"，所謂陰陽候災異者也。竊以《儒林傳》雖不言施讎有災異之說，然讎授張禹學，《張禹傳》固言："成帝親就禹，禹見時有變異，若上體不安，擇日絜齋露蓍，正衣冠立筮，得吉卦則獻其占，如有不吉禹爲感動憂色。"則《易》爲卜筮之書，讎之所學固不能外也。梁邱之易，出大中大夫京房，房楊何弟子也，爲齊郡太守。_{師古曰：別一京房，非焦延壽弟子爲課吏法者。}賀更事田王孫，宣帝時賀以筮有應，繇是近幸。此三人者，章句守師說同，即陰陽候災異亦無不同，故曰兩者二而一也。費氏之學，雖"徒以彖象繫辭十篇文言解說上下經"，然亦長於卜筮，見於《儒林傳》。吳承仕謂《藝文志》所列獨無費氏卦筮之書，明不與孟、京、焦贛同流。予則以爲費氏本無章句，故未著錄也。其與費氏同時者，則有高相，其學亦無章句，專說陰陽災異，自言出於丁將軍。則費氏、高氏，並同災異也。要之，西漢諸家之學，皆出杜田生。等而上之，則商瞿子木受之仲尼，此《大傳》所謂"殊塗而同歸，一致而百慮"者也。故陸澄曰："自商瞿之後，雖有異家之學，同以象數爲宗。"其言可以概前漢之易學矣。後漢治費氏易者，馬融傳十卷_{《七錄》云九卷}以授鄭玄，玄注十卷_{《錄》一卷，《七錄》云十二卷}，劉表章句五卷_{《中經薄錄》云注易十卷，《七錄》云九卷《錄》一卷}，宋衷注九卷_{字仲子，南陽章陵人，後漢荊州五等從事，《七志》、《七錄》云十卷}，董遇章句十二卷_{字季直，弘農華陰人，魏侍中大司農，《七志》、《七錄》並云十卷}。諸人之外，尚有鄭玄、荀爽，雖先治京氏，要其後以費氏爲歸也。其傳費易而無書者，若陳元、鄭衆，皆見於陸氏《經典釋文·叙錄》。惟王肅注十卷，務與鄭氏立異，爲王弼之所祖述，變象數爲義理，爲易學一大轉掾。則肅之學，與費氏有同亦有異也。蓋後漢諸儒，若馬、鄭、荀，皆各自名家，而鄭君獨治經緯，通六學，綜今古，尤爲一代宗師。惟《易》自江左宗王，至於隋唐鄭學寖微，後殆絕響矣。其言孟氏易以氣爲本，其卦氣圖以坎、離、震、兌爲四正卦，餘六十卦卦主六日七分，合周天之數。內辟卦十二，謂之消息卦，乾盈爲息，坤虛爲消，其實乾坤十二畫也。《易·繫辭》云："乾之策二百一十有六，坤之策一百四十四，凡三百六十，當期之日。"夫以二卦之策，當一期之數，則知二卦之爻，周一歲之用矣。四卦主二十四氣；十二卦主十二辰，爻主七十二候；六十卦主六日七分，爻主三百六十五日四分日之一。每卦當六日七分，六十卦當三百六十日又四百二十分，八十分爲一日，合五日四分日之一，故六十卦共當三百六十五日四分日之一，合周天之數。辟卦爲君，雜卦爲臣，四正爲方伯。二至二分，寒溫風雨，總以應卦爲節。此本惠棟《易漢學》說。一行《卦議》引孟氏章句曰："坎離震兌，二十四氣次主一爻，其初則二分二至也。坎以陰包陽，故自北正微陽動於下，升而未達，極於二月，凝涸之氣消，坎運終焉。春分出於震，始據萬物之元，爲主於內，則群陰化而從之，極於南正，而豐大之變窮，震功究焉。離則以陽包陰，故自南正微陰生於地下，積而未章，至於八月，文明之質衰，離運終焉。仲秋陰始形於兌，始循萬物之末，爲主於內，群陽降而承之，極於北正，而天澤之施窮，兌功究焉。故陽七之靜始於坎，陽九之動始於震，陰八之靜始於離，陰六之動始於兌。故四象之變，皆兼六爻，而中節之應備矣。"《隋書·經籍志》："孟氏易八卷，殘闕。"此言卦氣之法，唐僧一行述之，見於《新唐書·曆志》者。卦氣之用爲占驗，漢儒皆然。至若《伏傳》有五行，《齊詩》有五際，《禮》有明堂陰陽位之說，《春秋公羊》有陽豫之兆，則又不獨《易》爲然矣。《儒林傳》："孟氏好自稱譽，得易家候陰陽災變書，詐言師田生且死時枕喜膝，獨傳喜，諸儒以此耀之。同門梁邱賀疏通證明之，曰田生絕於施讎手中，時喜歸東海，安得此事？又蜀人趙賓好小數書，後爲《易》，飾《易》文，以爲箕子明夷，陰陽氣亡箕子，箕子者萬物方荄茲也。按其後荀爽訓箕子爲荄滋，漫衍無經，不可致詰，此則取之趙賓者。賓持論巧慧，易家不能難，皆曰非古法也。云受孟喜，喜爲名之。後賓死，莫能持其說。喜因不肯仞，以此不見信。喜授同郡白光少子、沛翟牧子兄師古曰：兄讀曰況，皆爲博士。繇是有翟、孟、白之學。"則喜爲候陰陽災異，其傳授之跡，本詭譎可疑。施與梁邱，固無是也。京房受《易》梁人焦延壽，延壽云嘗從孟喜問《易》。會喜死，房以爲延壽易即孟氏學，翟牧、白生不肯，皆曰非也。至成帝時，劉向校書攷易說，以爲諸易家說皆祖田何、楊叔、丁將軍，大誼略同，唯京氏爲異。黨焦延壽獨得隱士之說託之孟氏，不相與同。《京房傳》：延壽以候司先知姦邪，盜賊不得發。常曰：得我道以亡身者，京生也。其說長於災變，分六十卦更值日用事，以風雨寒溫爲候。孟康曰：分卦值日之法，一爻主一日，六十卦爲三百六十日；餘四卦震離兌坎，爲方伯監司之官。所以用震離兌坎者，是二分二至用事之日，又是四時各專主之氣，各卦主時。其占法各以其日觀其善惡也。各有占驗，房用之尤精。好鐘律，知音聲。其上封事，有少陰倍力而乘消息孟康曰：房以消息卦爲辟，辟君也。息卦曰太陽，消卦曰太陰。其餘卦曰少陰、少陽，謂臣下也，并力雜卦氣於消息也。之語，則焦、京之易，託諸孟氏，雖不相與同，然京氏之言卦氣則與孟氏無異。其後有谷永，於天官京氏易最密，故善言災異。此漢易象數之學傳授之際，大略如是。宋李溉傳《卦氣圖》，云出孟長卿，《漢上易傳》載之。蓋從僧一行《大衍曆》所列六十四卦用事，配七十二候推衍而成者，自是而降，若黃宗羲、惠棟諸氏，大都推衍其緒，或圖或表，稽攷古義，爲清代言漢易先聲。抑卦氣之學，近於術數，用之占驗。三家之易，或亡或闕。然觀京房、谷永之對，莫不以天時之變異，察人事之應驗。厥後班志五行，遂以《洪範》伏傳推衍其說。自董仲舒治《公羊春秋》始推陰陽，爲儒者宗。劉向治《穀梁春秋》，數其禍福，與仲舒錯。向子歆治《左氏傳》，其《春秋》又頗不同。傳載睦孟、夏侯勝、京房、谷永、李尋之徒，所陳行事，以傅《春秋》，著於篇。又多誇誕駭怪而不可信。如京房《易傳》曰：“王德衰，下人將起，則有木生爲人狀。”又曰：“棄正作淫，厥妖木斷自屬。”凡斯之類，不一而足。而象數之事又難明。《洪範》九疇次七曰：“明用稽疑”，“擇建立卜筮人，乃命卜筮，曰雨，曰霽，曰蒙，曰驛，曰克，曰貞，曰晦凡七。卜用五，占用二。”僞《孔傳》：“龜兆形有似雨者；有似雨止者；蒙，陰暗；驛，氣落驛不連屬；克，兆相交錯：五者卜兆①之常法。內卦曰貞，外卦曰晦。”《孔疏》：“卜兆有五，曰雨兆，如雨下也；曰霽兆，如雨止也；曰霧兆，氣蒙闇也；曰圛兆，氣落驛不連屬也；曰克兆，相交也。筮卦有二，重二體乃成一卦，曰貞謂內卦也，曰晦謂外卦也。卜筮兆卦，其法有七事：其卜兆用五，雨、霽、蒙、驛、克也；其筮占用二，貞與悔也。卜筮皆就此七者，推衍其變。鄭玄曰：霽如雨止者，雲在上也。霧聲近蒙，《詩》云零雨

其濛，則蒙是闇之義，故以雺爲兆。蒙是陰闇也。圛即驛也，故以爲兆氣落驛不連屬，落驛希疎之意也。雨霽既相對，則蒙驛亦相對，故驛爲落驛氣不連屬，則雺爲氣連蒙闇也。王肅云：圛，霍驛消減如雲陰；雺，天氣下，地不應，闇冥也。其意如孔言。鄭玄以圛爲明，言色澤光明也；雺者，氣澤鬱鬱冥冥也。自以明闇相對，異於孔也。克，謂兆相交錯。王肅云：兆相侵入，蓋兆爲二拆，其拆相交也。鄭玄云：克者，如雨氣色相侵入。卜筮之事，體用難明，故先儒各以意說，未知孰得其本。今之用龜，其兆橫者爲土，立者爲木，斜向徑者爲金，背徑者爲火，因兆而紐曲者爲水。不知與此五者同異如何。”此卜筮之法，古今不同。夫釁龜之典，見於《周禮·龜人》；白雉驪羊之灌，著於《史記·龜策傳》。灼龜釁裂，兆理交錯，吉凶之幾，人以意逆。三家之易，雖出同源，而不免互相非難。學官所立，博士所傳，衆口相咻，又不獨利祿之途使之然也。故自輔嗣注行，而象數之學寖衰；自李唐定爲義疏，而衆說皆廢，抑有繇矣。闞廉曰：“卜以決疑，不疑何卜？”《史記·齊世家》：“武王伐紂，卜龜兆不吉，風雨暴至，群公盡懼。唯太公彊之，勸武王，武王於是遂行。”《通典》一百六十二引《六韜》云：“周武王伐紂，師至氾水牛頭山，風甚雷疾，鼓旗毀折，王之驂乘惶恐而死。太公曰：好賢而能用，舉事而能得時，則不看時日而事利，不假卜筮而事吉，不禱祀而福從。遂命驅之前進。周公曰：今時迎太歲，龜灼言凶，卜筮不吉，星變爲災，請還師。太公怒曰：今紂刳比干，囚箕子，以飛廉爲政，伐之有何不可？枯草朽骨，安可知乎！乃焚龜折著，援枹而鼓，率衆涉河。武王從之，遂滅紂。”昔子罕言命，子不語怪力亂神。子貢曰：“夫子之文章可得而聞也，夫子之言性與天道不可得而聞也。”孔子亦自言：“加我數年，卒以學《易》，可以無大過矣。”今者裨海交通，員輿闓絕，地有東西南朔之殊，時有陰陽寒燠之異，種有黃白紅椶黑之判，政教不同，信仰斯別，格物致知，攻堅拔銳，熛箭攢空，衛星匝宇，吉凶禍福，惟人自召。詹尹曰：“夫尺有所短，寸有所長，物有所不足，知有所不明，數有所不逮，神有所不通，龜策誠不能知此事者矣。”《易》之爲書，有切合於格致誠正修齊治平之大道，《坤》之初六“履霜堅冰至”，《乾》之九三“君子終日乾乾，夕惕若，厲无咎”，《屯》之六二“女子貞不字，十年乃字”，《比》之上六“大君有命，開國承家，小人勿用”，《革》之《象》曰“天地革而四時成，湯武革命順乎天應乎人，革之時大矣哉”，此其義也。且夫天官律歷，權輿遂古。《律歷志》：

“歷數之起上矣。傳述顓頊命南正重司天，火正黎司地。其後三苗亂德，二官咸廢，而閏餘乖次，孟陬殄滅，攝提失方。堯復育重、黎之後，故《書》曰：迺命羲、和，欽若昊天，歷象日月星辰，敬授人時。歲三百有六旬有六日，以閏月定四時成歲。”《藝文志》：《黃帝五家歷》三十三卷，《顓頊歷》二十一卷，《顓頊五星歷》十四卷，《夏殷周魯歷》十四卷，《漢元殷周諜歷》十七卷。顓頊歷，歲三百六十五日又四分日之一，其法最古，行於秦而詳於《淮南·天文訓》。蔡邕謂淮南所用即顓頊歷是也。《續漢書·律歷志》，司馬彪曰：黃帝造歷，起辛卯，顓頊用乙卯，虞用戊午，夏用丙寅，殷用甲寅，周用丁巳，魯用庚子，漢承秦初用乙卯。故秦為顓頊歷也。日月之蝕，古代以推步得之，即今之天文科學觀測也。《春秋》二百四十二年，日食三十六。《元史·歷志》云：“以授時歷推之，惟襄公二十一年十月庚辰朔，及二十四年八月癸巳朔不入食限，蓋自有歷以來，無比月而食之理。其三十四①食，食皆在朔，經或不書日不書朔，《公》、《穀》以為食晦，二者非；《左氏》以為史官失之者，得之。其間或差一日二日者，蓋緣古歷疏闊，置閏失當之弊，姜岌、一行已有定說。孔子作《春秋》，但因時歷以書，非大義所關，故不必致詳也。”則以日月之食為災異者，皆出後儒附會適然耳，初未有若斯之誇張迂誕也。②其諸家圖表，於四正、十二辟、六十卦所主，明以月令物候，如指其掌。然仲春之月，鷹化為鳩；季春之月，田鼠化為鴑；季夏之月，腐草為螢；季秋之月，爵入大水為蛤；孟冬之月，雉入大水為蜃：古人察物，或有未諦。故孔疏云：《周書·時訓》驚蟄之日桃始華，又五日倉庚鳴，又五日鷹化為鳩，至秋則鳩化為鷹。按今《汲冢周書·時訓》無“至秋則鳩化為鷹”七字。故《王制》云：鳩化為鷹，然後設罻羅。司裘注：中秋鳩化為鷹。《夏小正》：正月鷹化為鳩，五月鳩化為鷹。鄭無

———————

① “四”，《元史》作“五”。

② 稿本此處有眉批云：按《後漢書·鄭興傳》：“夫日月交會，數應在朔。而近年日食，每多在晦，先時而合，皆月行疾也。”《春秋》隱三年經，孔疏：“漢末會稽都尉劉洪作《乾象歷》，始推月行遲疾，求日食加時。後代修之，漸益詳密。今者推步日食，莫不符合，但無頻月食法。故漢興以來，殆將千歲，為歷者皆一百七十三日有餘而始一交會，未有頻月食者。”其說是也。惟疏又謂：“襄二十一年九月、十月頻食，二十四年七月、八月頻食，乃是正經，不可謂之錯誤也。又《漢書·高祖本紀》，高祖即位三年，十月、十一月晦日頻食。則自有頻食之理。”尊經太過，其言矛盾，則非矣。又按，《漢書·文帝本紀》三年，十月、十一月晦並頻食，亦非也。至於鴻書引《弇州別集》：“日食在朔，月食在望，而亦有不盡然者。宋慶元中，一歲五次月食，有十七夜、十八夜、二十夜、二十一夜者。其後至一歲八次月食，而仍不拘望。”則尤不足信也。

所言，則不信用也。然《詩·小雅·小宛》：螟蛉有子，蜾蠃負之。箋云：蒲盧取桑蟲之子，負持而去，煦嫗養之，以成其子。鄭不信彼而信此，孔說恐未然也。中夏立國，縱橫萬里，越南燕北，地氣懸殊，陰陽參差，休咎小數，詎足信乎？漢儒以卦氣爲占驗，體用各有不同，今亦多不能明。三家之學，孟氏尤爲詭異。焦氏託之孟氏，以授京房，其載於《五行志》者，又復若斯。曷若取古誼之足以解經者，存其說，則《易》、《書》、《詩》、《禮》、《春秋》之教，不外格致誠正修齊治平之道。六庵出行唐尚槐軒氏之門，往予序所爲《叢纂》，略言其祈嚮矣。頃讀《漢易條例舉要序言》及《孟氏易》，多纘述前修之言，因攄胸中之所感觸者爲商榷焉。

尊著叙述漢易流別，大抵據《漢書·藝文志》及陸德明《經典釋文叙錄》。次言孟氏易，據僧一行《卦議》引，見《新唐書·歷志》，參以易緯諸書；次列李溉、黃宗羲、惠棟諸人圖表；後言卦氣之用，引《京房傳》語，有先後倒置之處，當檢原書校之，加以斟酌。鄙意此編序言專明流別，以下卷一祗言孟氏一家之學，非全面譚治漢易方法，與條例舉要之義不侔，似仍可商榷。

再與六庵論漢易派別

六庵論西漢易學，派別凡四。鄙意"候陰陽災異"之孟喜，與"章句守師說"之施、孟、梁邱之學，皆出田王孫。尤不可者，孟喜、京房皆一人而居兩派。且"章句守師說"與"訓詁舉大要"者，其源流亦匪有以異。《藝文志》雖未著錄田王孫之書，然三家之易，實所從出。而漢易又皆授自杜田生，治章句者未有不明訓詁之學，即孟、京之候陰陽災異，亦莫不以章句訓詁爲之基，而以爲一派則流變而爲災異，又其特著者也。施讎、梁邱賀，鄙意必入之候陰陽災異者，則其師承同。《藝文志》固著錄"易經十二篇，施、孟、梁邱"矣。張禹之學出於施讎，占卜變異當有所授。梁邱賀則當宣帝時，"飲酎，行祠孝昭廟，先毆旄頭，劍挺墮地，首垂泥中，刃向乘輿，車馬驚。於是召賀筮之，有兵謀，不吉"。則其事也。惟鄙言"施與梁邱固無是"者，以孟喜爲候陰陽災異，其傳授之跡詭譎可疑，如詐言師田生且死時枕喜斜、獨傳喜之類，而梁邱發其僞,謂田生絕於施讎手中,時喜歸東海,安得此事？施讎則謙讓,常稱廢學,不教授,此其不同耳。至吳先生檢齋承仕謂《藝文志》所列,獨無費氏卦筮之書,明不與孟、京、焦贛同流。尊意以爲然。鄙意則仍主費氏本無章句故未著錄之說。何者？《藝文志》本之向、歆《錄》、《略》,刪其要以備篇籍,其有錄無書者皆有著錄。田王孫無書,故未著錄。費氏無章句,亦其類也。反復尋求班氏言漢易流別:"漢興,田何傳之。訖于宣、元,有施、孟、梁邱、京氏,列於學官。而民間有費、高二家之說。劉向以中古文《易經》校施、孟、梁邱經,或脫去無咎、悔亡。唯費氏經與古文同。"包舉簡要,則西漢易學流別亦不過今文與古文之分,立學官博士與不,其在六學皆然矣。又尊說謂王肅雖務與鄭立異,但其注《易》卻與鄭不遠,而異於輔嗣。竊謂王肅不好鄭氏,爲諸經解往往立異,集《聖證論》及《孔子家語》以難玄,又不獨《易》爲然。輔嗣亦出費氏,而王肅之學實所祖述,獨多言名理玄虛,與樸學異趣。蓋肅注《易》十卷,著錄於隋唐諸志,然晁公武《郡齋讀書志》、陳振孫《直齋書錄解題》皆不及其書,則久已散亡,又未可輕議其同異也。

祭劉松青文

淵淵劉君,攻苦上舍。奮自繩樞,勿輟勿捨。北學南歸,抗顏爲師。淑人以道,補弊救衰。燭撏盤扣,于日何有？循循其教,悱憤乃誘。神州解放,八埏重光。槸橅式廓,喬宇膠庠。已立已達,謹愨長者。辛苦作人,如陶如冶。樂曲戲劇,君有耆痂。發篋勾沈,老猶孿摩。甘泉角觝,興于戰代。魚龍曼延,先河后海。參軍蒼鶻,亦道其源。鼓子諸宮,絲竹緐喧。關王馬白,北曲鉅子。琵琶牡丹,有非有是。朔孔南洪,庶幾溫文。近世花部,不可殫論。推陳出新,百花齊放。何厚何薄,託我微尚。泉流委宛,君知其津。曰休抱恙,詎私汝身。今也則已,逝矣玉軹。任化昊穹,嗟咨露薤。弔祭鱸堂,倉山之陽。作誄述哀,下告茫茫。

郭蘭石先生臨唐京師至德觀法主孟法師碑銘校記

蘭石先生臨《唐京師至德觀法主孟法師碑銘》,識尾云:"此碑須見原石方知其妙。重摹本皆無足觀。"按,所謂原石者,即王世貞元美所跋,曹進士繩武所藏。跋謂孟法師碑乃中書侍郎岑文本文,諫議大夫褚遂良書也。首脫"唐京師至德觀主"八字按"主"上脫"法"字,故云八字,尾脫年月銜名三十三字按并"萬文韶刻字",實三十八字,碑序脫百餘字按序脫百五十六字,詞脫二十七字按,詞脫三十四字。的然唐刻。唐搨本碑目見趙明誠《金石錄》。王世懋敬美亦有跋,謂其精神燁燁,妙得八分古意,精楷端麗。後歸吳中繆氏,王文治夢樓謂是鳳洲萬卷樓故物,世間僅此一本,藝林至寶。又爲汪十庚郎中所得。古趣幽光,洋溢楮墨,結字樸拙,用筆沈摰,全從秦篆漢隸而來,迥異尋常蹊徑。道光間又歸臨川李宗瀚公博氏。而蘭石先生亦藏舊拓《孟法師碑》,其結體則頗似李氏,跋云孫退谷所藏,圓腴酷肖陝刻廟堂者。兩本相校,迥然不同,未知源流所出。因就臨本與兩本校其文字如次。

"唐京師孟法師碑銘",郭本有篆額八字。"唐京師至德觀法主孟法師碑銘",郭本、臨本如此題,李本脫"主"以上八字。"先天地而御六氣",李本脫"而"字。"與夫齊魯縉紳",李本脫"夫"字,臨本"與夫"作"豈與"。"蜉蝣生於崇朝",李本脫"蝣"字。"延頽年於昧谷",臨本脫"延"字。"振朽骨於玄廬",臨本"玄"字避違不書。"祈西王而可值",郭本"祈"譌"析"。"固以軼仲躬之弈葉,邁陽元之餘慶者矣。法師稟兩儀之靈和,體五常之休德。崇蘭散馥,捨蕭艾於芳春;朗月揚暉,蕩雲霧於清夜。盈尺之寶,出鄢郢而連城;徑寸之珍,入大梁而奏乘。豈惟楊号異才,馳聲益部;曹稱孝行,播美上虞而已哉!"李本脫"葉"至"上"八十字。"必守節於玄冬",李本"必"字闕其過半,臨本"玄"字避諱不書。"誓捐生於白刃",郭本"刃"譌"寢"。"嘉禮遽寢",郭本"寢"譌"刃",蓋與上句互倒也。"玄牝道摳之妙旨",郭本脫"玄"字,"牝"譌"北",臨本"玄"字避諱不書。"雖列星之仰天津",李本"之"字漫漶。"皇上以欽明纂歷",郭本"纂"譌"蔡"。"弘宣經典",臨本"弘"字避諱不書。"年殊盛衰,鼓吳濤而不竭。跡均有待,心叶無爲。循大小於天倪,既齊椿菌;忘壽夭於物化,寧辯彭殤?而靈氣有感",郭本"衰"字至下"而"字凡三十六字顛倒,臨本"寧"字避諱不書。"有勅賜以賻禮。資給葬事,並加隆焉。弟子陳光等義結在三,名高入室。對衣履而增絕,瞻風雲而永慕。思欲寄銘讚以叙思,勒琬琰以紀德。俾夫成銀之室,神變久而若存;遺屣之地,靈蹟垂於不朽。其詞曰:西秦簫響,東陵聖跡。"

李本脱"禮"至"聖"八十字。臨本"琰"字避諱不書。"玄風誰纂"，臨本"玄"字避諱不書。"高翔羽服。白蜺擁蓋，青虬夾轂。丹竈留煙，仙壇餘竹。貽則終古，永播蘭菊。貞觀十六年五月戊午造。中書侍郎江淩縣開國子岑文本作文，諫議大夫褚遂良書。萬文韶刻字。"李本脱"翔"以下六十五字。

　　以是觀之，臨本之出李本，異於郭氏自藏之本，繇"宙"不作"宙"、"氏"不作"氏"、"摳"不作"樞"、"摸"不作"模"、"呈"不作"星"、"歷"不作"歷"、"夷"不作"夷"、"纂"不作"纂"可知。而風骨遒上，得其端整。且郭本"祈"之譌"析"、"牝"之譌"北"、"纂歷"之"纂"譌"蔡"，皆不當有者，又可知其劣於李本。筆畫則纖豪無損，似後代臨摹鋟版。第結體圓潤娟麗，紙墨昏闇，亦舊拓之精者。首尾有米芾、董其昌、高士奇、儼齋祕玩及郭氏審定諸印記，當別其真贗耳。此册今歸福建師範學院圖書館，臨本爲予所藏。李氏孤本有珂羅版製者，原拓姚華茫甫跋。郭本云今已轉入蕭山矣。壬寅初夏包樹棠識。

與立齋副院長

　　昨觀雲月硯，考諸黃氏《秋江集》，有《以雲月硯寄泰安公公爲鐫銘榻一紙見示賦詩奉呈》。原注："銘云：萬里龍沙，石獲雲月。天作我硯，伊誰鑱刪？伴几顏軒，匪朝伊夕。黃公莘田，水巖仙客。牀頭寶藏，遠寄此石。有月有雲，題曰結鄰。庶幾侶之，無汩我真。銘以誌焉，示我後人。乾隆辛酉桂月，拙庵跛翁跋。"詩偶泰安公，即趙德鄰[①]，字仁圃，號拙庵，泰安人，康熙已丑進士，雍正六年任福建布政使，調河南布政，尋擢福建巡撫。每月必詣鼇峰書院，闡宋五子書，雖寒暑無間。晉禮部尚書、文淵閣大學士。使其物爲真，則必有趙氏之銘詞。今此硯逼仄，其陰鐫黃氏真書絕句云："曾浸銀河濕不乾，支機濡染徹宵寒。誰偷斫桂吳剛斧，琢出文窗七寶團。"款署"莘田"，印曰"黃任"。又余甸田生隸書絕句詩云："剖來青紫玉如泥，幾度經營水洞西。一自神君拂袖去，至今魂夢繞端溪。"按《秋江集》前一首爲《題月硯》詩，原有二首。其二云："貫虹美璞育蟾蜍，長養珠胎滿又虛。怪底津津流欲滴，的

---

① "德鄰"，《福建通志》、《侯官鄉土志》俱作"國麟"。

應此水是方諸。"則此物亦復非黃氏所蓄之月硯可知。其爲余甸田生京兆所銘者,則爲另一青花硯,予《得黃氏硯記》亦及之。何蝯叟詩墨長卷,甚佳。然不如所書《金陵雜詩》之飛動多姿也。

跋姚惜抱先生書牘墨蹟

昔湘鄉曾氏言其龘解文字,緜姚先生啟之。予束髮受書,長而知好。憶十六七歲時讀書邑城,走市肆中購得《古文辭類纂》,見先生述義法之言而心善焉,膺服弗失四十餘年。今得先生劄牘墨蹟五通,所論有繫文章升降得失之故,信道篤而碻乎不拔,足以移易一代風氣。其說詩雖際乾嘉之盛,而已啟道咸以先路矣。行草灑落有致,前輩典型爲想見之,信可寶也。壬寅長夏上杭包樹棠識于二松叢竹齋。

跋十研老人書西湖絕句

《秋江集·西湖雜詩》十四首,此其第五、第六、第九、第十一首,爲先生手書。得之于會城舊攤中。《通志》偁其工書法,初學於林佶,後得筆法於汪鋐。詩出錢劉溫李,在近人學王新城。此卷頗爲殘破。壬寅八月,秋高氣爽,讀先生集于二松叢竹齋中,因出而重書其後,並爲之跋。

跋 蘇 帖

蘇帖六册,端午橋云《東坡書髓》十卷,即其物。輾轉庋藏,諸跋頗詳原委。此景本,辛丑夏予于福州舊肆中以十金易之者也。蝯叟謂其神骨飄舉,如列子之御風也,良然。越歲壬寅仲秋笠山識。

答 寰 兒

問治孔老墨莊孟荀韓諸書,已讀畢《論語》。按《論語》多載孔子言行,爲孔子對答弟子或非弟子發問,與群弟子之所記。或曰仲弓、子夏,或曰曾子、有子之門人。因書中於有若、曾參獨偁子也。與孔子學術思想有關典籍至爲夥賾，必須提綱挈領，否則泛濫無歸。可先讀《史記·孔子世家》、《仲尼弟子列傳》，知其平生行誼大概。《孔子家語》今題王肅注。肅，三國魏人，《家語》即其所僞託。然《漢書·藝文志》著錄《孔子家語》二十七卷，師古曰："非今所有《家語》。"肅書雖僞，實亦割裂諸書所載孔子逸事而成，足資參考。如《相魯》、《觀周》、《七十二弟子解》、《本姓解》、《終記解》諸篇，可與《史記》相輔。又若《禮記》之《禮運》，則孔子大同小康之說存焉。要之，六藝之書爲孔子所刪定或撰箸，所謂"祖述堯舜，憲章文武"，格至誠正修齊治平之教，莫尚於斯。初學者可循序而漸進，而注疏實爲其本。其次則朱子《四書集注》，最爲簡要。儒者之學，其次有《孟子》七篇，直接《論語》。孔子言仁，孟子言仁義，主性善，述唐虞三代之德，序詩書，發明仲尼之意。其次荀子，長於禮，主性惡，其書近代有王先謙《集解》。《史記》有《孟荀列傳》，當讀。凡此皆爲儒家系統。次治老子。其道清虛自守，變化於無爲，蓋漢初言黃老，魏晉言老莊，爲道家之首。其書舊有河上公、王弼兩家注，近人可用馬叙倫《校詁》、高亨《正詁》。次治莊子。蓋老子之徒，散道德，放論歸之自然者也。其書舊有郭象注，近代有王先謙《集解》、郭慶藩《集釋》。次治韓非子。非出荀卿之門，引繩墨，切事情，慘礉深刻。原於道德之意，流於刑名法術之學，故曰道法同源。其書近代有王先慎《集解》，《史記》有《老莊申韓列傳》，當讀。次治墨子。墨家者，流蓋出清廟之守。兼愛非攻，彊本節用，略後於孔子。孔墨皆爲顯學，惜其書沈埋二千載，殘缺最甚。近代有孫詒讓《閒詁》，勾稽詳審，又李笠有《閒詁校補》。而《莊子·天下》、《荀子·非十二子》、《淮南·要略》、司馬談《論六家要旨》、《漢書·藝文志》，下逮鼂公武《郡齋讀書志》、陳振孫《直齋書錄解題》、清代《四庫全書總目提要》、宋濂《諸子辨》、姚際恒《古今僞書考》，又爲治諸子群籍之鈐楗。佐以時賢論箸，博觀約取，正碻接受，古代文化遺產於是乎在。

奉郭沫若先生

沫若先生執事左右：前年奉書，未得雲還。自惟唐突，惶竦莫名。比悉文斾南來左海，鄙遠山川生色。謹成小詩奉贈，竝《謝翱西臺慟哭記補注》一篇，統乞誨政。倘有郤暑，許其趨謁一瞻芝宇，亦所願也。若公務倥傯，未敢相溷。峉牋布悃，無任翹企之至。祇候，崇祺！

候施可愚

大劄拜悉。大作詠杜似杜，此其平日得力之深，可謂"豪髮無遺憾，波瀾獨老成"者矣。見和拙作，仍用前韻奉候。何日過我，不勝其懷。

與　可　愚

見際大作，清新雋永，雒誦佩甚。因和長句，並次元均。叨承枉過，槃桓半日，惜市遠無兼味，酒薄不佳，未足以酬高致耳。"最愛江鄉風景勝，興來總擬往還頻"，則三山一水之間，論文索句相須之樂，抑又在此而不在彼者矣。

與陳祥耀論李白世家

尊論李白世家，謂《舊唐書》本傳、元稹《杜工部墓誌銘》以爲山東人，誤解杜詩《蘇端薛復筵簡薛華醉歌》"近來海內爲長句，汝與山東李白好"。鄙意不然。李陽冰《草堂集序》以白爲隴西成紀人，是其姓望。杜詩、元氏《墓誌》、《舊書》以爲山東人者，白固家魯中，其去長安後往來大江南北，寓金陵、會稽，而因北海太守李邕、齊州太守李之芳故在魯較久。韓愈詩亦曰："流落人間者，太山一毫芒。"元氏去甫、白不遠，《舊書》雖陋，不致誤解若此。唐人喜侔姓望，則猶南朝重門第之風。故李吉甫爲《元和姓纂》，《唐書》有《宰相世系表》，皆其明徵。若韓愈之侔昌黎，李翱爲行狀，亦侔昌黎某人，《舊書》從之。皇甫湜作墓志，不言鄉里。又作神道碑，乃云上世嘗居南陽，又隸延州之武陽，而《新書》則云鄧州南陽人，從其所家。按，李白作愈父仲卿《去思碑》，云南陽人。《元和姓纂》、《唐書·世系表》有兩韓氏，其一漢弓高侯頹當玄孫騫，避亂居南陽郡之赭陽，九世孫河東太守術，生河東太守純。純四世孫安之，晉員外郎。二子潛、恬，隨司馬休之入後魏，爲玄菟太守。二子都，偓。偓生後魏中郎穎。穎生播，徙昌黎棘城。其一則頹當裔孫尋，爲後漢隴西太守，世居穎川，生司空稜，後徙安定武安，至後魏有常山太守武安成侯者，徙居九門。生尚書令、征南大將軍、安定桓王茂。茂生均。均生晙。晙生仁泰。仁泰生叡素。叡素生仲卿。仲卿生會、愈，而中間嘗徙陳留。以此而推，則愈固潁川之族，尋、稜之後，而不得承騫之系矣。又《漢書・地理志》有兩南陽，其一河內脩武，即《左傳》所謂"晉啟南陽"也。其一南陽堵陽，即荊州之南陽郡。"堵"與"赭"同，唐屬鄧州者也。愈每自言歸河陽省墳墓，而女挐之銘亦曰"歸骨於河南之河陽韓氏墓"，張籍祭愈詩亦云"舊墳盟津北"，則知愈爲河內之南陽人。《新書》蓋因李翱作《神道碑》而加鄧州二字，不足從也。又若杜甫之偶杜陵，則其居爲漢宣所葬處。《舊書》云："本襄陽人，後徙河南鞏縣。"亦從其所家。《新書》則言其"客吳楚齊趙間"，又云"流落劍南"，又云"客耒陽"。元氏《墓誌》亦僅及其行踪而已。然白實生於蜀，故魏顥《李翰林集序》有"因家於縣，身既生蜀"之語。劉全白爲《碣記》則曰"廣漢人"，范傳正《新墓碑》述之尤詳。蓋唐綿州又名巴西郡，漢屬廣漢郡。綿州彰明縣青蓮鄉，白故宅在焉。時賢所論，斯則同也。龔自珍云："白詩十之五六僞也。李陽冰爲編集時已十喪其九，所存者得之他人，於是用朱墨別真僞，定爲白真詩百二十二篇。"龔氏之言雖不信，然今日是欲以系年編白集，亦良難矣。

跋大唐故殿中侍御史隴西李府君墓誌銘

石刻在河南洛陽出土，爲于右任尗央七誌齋所藏。前題"大唐故殿中侍御史隴西李府君墓誌銘并序，尚書比部郎中史館修撰護軍韓愈篡"，末題"右補闕鄭權篆蓋，妻兄盧禮源書文"，真楷。唐碑文字，結體多相類。予取《昌黎集》校之，文中"十一世祖沖"石作"七世祖沖"，與《元和姓纂》"虛中乃沖八世孫"皆不同。"娶陳留太守薛江童女"石作"娶尚書左丞薛邕妹"，不知何故兩歧。又愈之爲比部郎中、史館修撰，據洪興祖所爲《年譜》云，此除在八年癸巳憲宗元和三月乙亥，舊史云"執政覽其文而憐之，以其有史才"，故除是官。時宰相武元衡、李吉甫、李絳也。是年有《李虛中墓誌》，與所題銜合，而護軍兩字足補史文之闕。其文字之不同者，並書之於集云。

祭王邦珍文

嗚呼王君，生而竺實。尚志藏修，力學無逸。六藝之教，數居其一。今兹備科，考索規律。疇人覃覃，乃專乃壹。術數初祖，周髀算經。歲星推步，豈可徑庭。深思渺渺，奧義冥冥。九章精蘊，庶幾淵渟。西學東漸，若藍出青。方圓規矩，投影則刑。微分積分，益肆以弘。厥言至賾，君抉其扃。述著斐然，札迻累積。令聞上庠，允恭爾職。垂五十年，亦靡朝夕。神州解放，尊禮賢喆。曰當益壯，摩厲晚節。惎誨諄諄，人師本色。斗山欽遲，儀型用式。初君抱痾，療治藥石。謂宜少休，君猶力疾。率物稟躬，從公密勿。沐浴郇恩，眷懷祖國。何以報效，存此視息。胡不慭遺，喪我邦直。學子伀伀，咸懷愴惻。同人作誄，以播有德。香花肸蠁，弔祭翼翼。嗚呼尚享！

跋鄧頑伯石如篆書楹帖

頑伯先生篆書楹帖，蚓畫遒勁，勢若屈鐵。此當爲林文忠公雲左山房物，曾親加題識，可寶。客中得之，以爲二松叢竹齋中清玩，一快也。癸卯春仲，上杭包樹棠識。

按，楹帖云："清明在躬，芹藻其德；淵懿爲質，彬蔚於文。嘉慶十年秋七月，頑伯鄧石如。"竝陰陽文朱印各一。文忠題識云："完白先生篆法冠絕，至老年尤爲超卓。林則徐并題。"有"林則徐印"朱記一，"讀書東觀視草西臺"朱記一。笠山又記。

與竺山上人

過禪悅之室，擾香積之廚。駘蕩春光，縱覽塙江勝蹟。依稀風物，髣臨京口奧區。栖影潭中，息身樹下，把臂新知，縈懷舊侶。柳子厚無閒于浩初，韓退之有取乎文暢。況復分方外之刀圭，已山荆之夙恙？眷言高誼，布謝微忱。專肅蕪楮，諸惟荃詧，不具。

跋論書十絕句

向讀南海康有爲長素《廣藝舟雙楫》，以視安吳家眘伯所論富矣。然亦多偏激，心不能同。壬寅長夏，腳疾兼旬，伏枕多違，輒評量古今書，所涉已淺，去取失平，知無當于大雅君子。笠山自記。

大周故相州[①]刺史袁府君墓誌銘跋

《宣和書譜》武后所造十九字：丙天、埊地、〇日、囸月、〇星、夶君、秊年、乇正、忠臣、曌照、虈戴、𡕀載、圀國、𡔈初、壐聖、𥞌授、𤯔人、𥅬證、匥生。此石有𤯔、圀、秊、丙、𥞌、埊、匥、〇、囸、虈十字。而授之作"𥞌"，月之作"囸"，臣之作"忠"，初之作"𡔈"，載之作"虈"，與《宣和書譜》所載有別，未知孰得孰失。誌題"河北道安撫大使狄仁傑撰書"，有"久視元年十月廿八日合葬"之語。按《舊書》本傳，仁傑以聖歷初爲河北道安撫大使，而《則天皇后本紀》書"久視元年九月內史狄仁傑卒"。按《新書·則天皇后本紀》作"久視元年九月辛丑狄仁傑薨"。則仁傑薨在前一月，豈其文先是而作與？惟不加題內史之銜，其"天錫純嘏"譌"嘏"爲"蝦"，頗滋疑竇。又"鳥夷逆命"不從《偽孔傳》讀鳥爲島，《釋文》"島，當老反"，而與馬融、鄭玄、王肅諸儒鳥夷之說合。銘辭全不叶韻，然其文特駢麗，未欤初唐風氣。石在洛陽出土，爲張鈁千唐誌齋所藏，猶足尚也。

---

① 州，稿本無，疑脫。據今傳《大周故相州刺史袁府君墓誌銘》搨本補。

補　遺

莊子天下篇研究 [①]

緒言

　　吾國學術,昌於春秋,而極其變於戰國。自洙泗設六藝以教,柱下散道德放論,其徒屬徧天下,各立戶而分門,或變本而加厲,九流並起,百學爭鳴。而皆車轍所至,王公貴人,擁彗祓席,倒屣相迎。其傾動當世,力不可謂不厚矣。秦一海宇,焚書滅學,以愚黔首,學士匿而不敢見。劉季起匹夫,提三尺劍,削平群雄,得天下於馬上,輕儒謾罵,學術不興。武帝之世,始用江都之言,表彰六經,罷斥百家。於是諸子之學,焚餘之後,又以異而見擯。自班志《藝文》,其書見諸著錄,而亡者何限? 此予讀《莊子·天下篇》,不禁作而歎曰:悲夫!悲夫! 古之道術,有在於是而不幾於熄者,循是以求之,庶乎其得矣。探討之暇,醰乎有味,用就蠡測,爲論次之。

總論一

　　《天下》一篇,由來治莊者,皆認爲其全書後敘。有以爲莊生作者。王船山《莊子解》:“系此於篇終者,與《孟子》七篇末舉狂獧鄉愿之異,而歷述先聖以來至於已之淵源,及史遷序列九家之說同。古人撰述之體然也。或疑此篇非莊子自作,然其浩博貫綜,而微言深至,固非莊子莫能爲也。”王壬父《莊子內篇注》:“《天下》篇者,蓋莊子自敘,後人移之書後也。或者惠施既

　　① 　本文原刊於《青年學術研究會季刊》(以下簡稱“季刊”) 1935 年第二期。蔡飛舟檢索得之。由黃曦、張善文據以整理,張善文增補校記。

附外雜諸篇，乃敘內篇之意而爲此，純乎知聖之言，與外雜舛駁之詞絕殊。其敘百家之學術，皆合古道，患在學者之裂之耳，通於道原，非聖人不能言此，故獨綴之，以明內篇。"王元澤《南華眞經新傳》："聖人之道不欲散。散則外，外則雜，雜則道德不一於天下矣。莊①子因而作《天下》篇。"有以爲莊生之徒爲之者。林雲銘《莊子因》："此篇爲《莊子》全書後序，明當日著書之意。雖以關尹、老聃，槩頂一曲之士，語意②却有軒輊。其敘莊周，不與關尹、老聃同一道術，則莊子別是一種學問可知。段中③備極贊揚，所謂前無古人，後無來者，莊叟斷無毀示人自譽至此，是訂莊者所作無疑。王荆公《莊子論》、蘇④長公《莊子祠堂記》，皆以此篇出漆園自作，各有獨見，但可徒資談鋒，總非定論。而議者又以訂莊者不著姓名爲疑，不知莊叟生於戰國，彼時猶爲近古，《國策》筆法橫絕，俱無名氏，千載而下，以不知出自何手爲恨。"姚姬傳《古文辭類纂序》："昔前聖作《易》，孔子爲作《繫辭》、《說卦》、《文言》、《序卦》、《雜卦》之傳，以推論本原，廣其大義。《詩》、《書》皆有序，而《儀禮》篇後有記，皆儒者所爲。其餘諸子，或自序其意，或弟子作之。《莊子·天下篇》，《荀子》末篇皆是。"又《莊子章義序》："其末《天下》一篇，爲其後序。"又《秋水》注："公孫龍與莊子時不相及，此其弟子所記耳。"按公孫龍，《天下》篇固有其人，則姚氏亦已疑之矣。義烏朱芸圃先生爲《莊子年譜》，定周生於梁惠王二十三年，至湣王三十八年，宋亡猶存，及見公孫龍子。是說也，予作《書後》以論之，茲以附焉：

芸圃先生爲《莊子年譜》，而定漆園生年當梁惠王二十三年。蓋據《田子方》注，《釋文》引司馬彪"莊子與魏惠王、齊威王同時，在哀公後百二十年"之說。竊讀而疑之。復爲紬繹三十三篇，乃知彪說前後牴牾。其在《說劍》，《釋文》引云："惠文王也，名何，武靈王子。後莊子三百五十年。《洞紀》云：周赧王十七年，趙惠文王之元年。"此與《史記·六國表》相合。由是以上溯三百五十年，則當周襄王五年甲戌，即

---

① "莊"上，季刊有"此"字。據王雱《南華真經新傳》刪。
② 語意，季刊無。據林雲銘《莊子因》補。
③ 段中，季刊無。據林雲銘《莊子因》補。
④ 蘇，季刊無。據林雲銘《莊子因》補。

魯僖公十三年也。魯僖甲戌迄哀公卒歲，中間凡百八十年，又以百二十年合計之，則懸隔三百年矣。内七篇，世所目爲真莊生書者。而《養生主》庖丁爲文惠君解牛，《釋文》引崔司馬云："文惠君，梁惠王。"假令莊生當春秋之世，烏得及見惠王時事？豈足據哉？然則何爲致疑於譜也？曰：《史記·六國表》、《魏世家》，惠王在位三十六年卒；子襄王立，十六年卒；子哀王立，二十三年卒。今《譜》據《竹書紀年》惠王三十六年改年，稱一年，後十六年卒。又據《世本》襄王爲哀王年，謂自裴駰《集解》後，王應麟《困學紀聞》、顧炎武《日知錄》、梁玉繩《漢書古今人表攷》均從之，爲近是。不知《魏世家》"哀王立，張儀復歸秦"，《索隱》云："系本襄王生昭王，而無哀王，蓋脱一代耳。孔衍敘《魏語》亦有哀王。而《紀年》說惠成王三十六年，又稱後元一十七年卒。此文①分惠王之歷以爲二王之年，又有哀王凡二十三年，紀事甚明，蓋無足②疑。然則是《紀年》之作，失哀王之代，故分襄王之年爲惠王後元，即以襄王之年包哀王之代耳。"小司馬此言甚辨。《紀年》出於汲冢，《晉書·束晳傳》具載其事。其書十三篇所紀后啟殺益，太甲誅伊尹，文丁（《史通》引作"文王"，"文丁"即"太丁"③），殺季歷，皆荒繆不經，與經傳乖戾。莊子果以二十三年生，則終惠王之世，年纔十四耳。《秋水》："惠④子相梁，莊子往見之。或謂惠子曰：'莊子欲來代⑤子相。'於是惠子恐，搜於國中三日三夜。"成疏云："惠施，宋人，爲梁惠王相。"又《山木》："莊子衣⑥大布而補之，正廓係履而過魏王。"司馬云："王，惠王。"是時莊子年甚少，而名動王公，豈甘羅、外黃舍人兒之比乎？《史記·老莊傳》："楚威王聞莊周賢，使使厚幣聘之，許以爲相。"《正義》云："威王當周顯王三十年。"假令如《譜》云云，周財十歲，更

① 文，季刊作"又"。據《笠山文鈔·書朱芸圃先生莊子年譜後》及《史記索隱》改。
② 足，季刊脱。據《笠山文鈔·書朱芸圃先生莊子年譜後》及《史記索隱》補。
③ "史通"至"太丁"十一字，季刊譌爲"史通文王文丁引作即太丁"。據《笠山文鈔·書朱芸圃先生莊子年譜後》改。
④ "惠"下，季刊衍"覺"字。據《笠山文鈔·書朱芸圃先生莊子年譜後》及《莊子·秋水篇》删。
⑤ 代，季刊作"伐"。據《笠山文鈔·書朱芸圃先生莊子年譜後》及《莊子·秋水篇》改。
⑥ 衣，季刊脱。據《笠山文鈔·書朱芸圃先生莊子年譜後》及《莊子·山木篇》補。

不可通矣。《外物》:"莊周家貧,故往貸粟於監河侯。"《釋文》云:"《說苑》作魏文侯。"文侯在位三十八年,武侯十六年,武侯卒,惠王乃立。中壘生炎漢之世,典校中祕二十餘年,每一書已,輒條其篇目,撮其旨意,錄而奏之。班志《藝文》,即以《七略》、《別錄》刪其要以備篇籍。莊書五十二篇,猶爲完①壁。較今三十三篇爲淺人所刪竄者,必更爲真切。則周之生,不必爲惠王之世,此又其明證矣。夫周時代,先儒已莫能確定。史公乘傳行天下,求古諸侯史記,亦第言與梁惠王同時。彪注不知果何所稟?然其言固惠、威二王去魯哀百二十年耳。今《譜》即以是定周生年,鑿矣。

《紀年》所載,涑水、潛邱諸公不取其說,司馬注自爲矛盾,進退俱無所據。然則周之時代,固當以史公、中壘說可從。文侯初立,迄惠王之卒,中間凡九十年。內七篇無及惠王以後事者。《養生主》蓋莊子晚年之作,故見道極真。"公孫龍說燕昭王以偃兵",見《呂覽·應言②篇》。而《戰國·趙策》:"平原君使人請救於魏信陵君,發兵至邯鄲城下,秦兵罷,虞卿爲平原君請益地。公孫龍之見平原君,勸勿受便。"《史記·六國表》,無忌救趙,當孝成王九年,即魏安釐王二十年,上距惠王亦七十八載。姚氏之言,不爲無因。吾意即二人時代縱猶相及,龍年亦尚稚齒,學說未成,莊子著書,何由知其姓氏哉?林氏以爲出於訂莊者所爲,持論特雋。夫當時諸子創立□③說,合其徒屬,共同潛研,著爲定論。如管、墨諸書,或自撰,或爲弟子所紀。故一書之中,往往有出入處。聖門群籍,亦多弟子紀平昔講道之言,垂爲百世法,固不必出自夫子之手而後貴。《列御寇》有"莊子將死,弟子欲厚葬之"之語,此爲其徒所紀甚明。抑予猶不能無疑者,是篇論惠子之術,至"辯者以此與惠施相應,終身無窮"下,忽插入"桓團、公孫龍,辯者之徒,飾人之心,易人之意,能勝人之口,不能服人之心,辯者之囿也"凡三十三字,文氣爲之一斷。乃恍然悟曰:刪此數句,接以"惠施日以其知與人之辯,特與天下之辯者

---

① 完,季刊作"元"。據《笠山文鈔·書朱芸圃先生莊子年譜後》改。
② 應言,季刊誤作"不屈"。據《呂氏春秋》卷十八改。案,"公孫龍說燕昭王以偃兵"事,又見《呂氏春秋》卷十三《聽言》篇。
③ 案此處季刊空一格,蓋爲缺字。茲以"□"號標示之。

爲怪,此其柢也",氣勢乃順。下文惠施與黃繚一問一答,以伸其辯,而惜其才,皆前後相應。獨此三十三字,使人不識其意義所屬。蓋莊門因龍之學術,與惠施相類,故識之,後人移旁注混入原文。《史記·司馬相如傳》有揚雄其人,雄後遷久,其爲後人附益無疑。生千載之下,談古今之書,冥心孤詣,實事求是,可以無閒然矣。

總論二

司馬談《論六家要旨》曰:"《易大傳》'天下一致而百慮,同歸而殊塗',陰陽、儒、墨、名、法、道德,此務爲治者也。直所從言之異路,有省不省耳①。"莊子論道術,神聖明王,皆原於一。一者何? 道術之所從出也。天人、神人、至人、聖人爲得其全,君子得其緒餘。百家衆技,又其一曲耳。戰代去古未遠,道術之傳,尚有人在,而獨以鄒魯爲先,次墨翟、禽滑釐、宋鈃、尹文、彭蒙、田駢、昚到、關尹、老聃已爲殿。而惠施之辨,流變所極,戾於道,不與焉。言體用,則法名參稽之數,"百官以此相齒,以事爲常,以衣食爲主,蕃息畜藏、老弱孤寡爲意,皆有以養,民之理也",王者之事備矣。"以之配神明,醇天地,育萬物,和天下,澤及百姓,明於本數,係於末度,六通四闢,小大精粗,其運無乎不在。"② 斯道也,放之則彌六合,卷之則退藏於密,內聖外王,孰能有加於是哉? 其論列百家之學,獨能博觀約取,後世莫易。朱子稱其"見得③道體,孟子之後,荀卿諸公皆不及",信夫!

鄒魯之士與六藝

莊子稱鄒魯之士,即儒家也。其言曰:"在於《詩》、《書》、《禮》、《樂》者,鄒魯之士,搢紳先生多能明之。"又曰:"《詩》以道志,《書》以道事,《禮》以道行,《樂》以道和,《易》以道陰陽,《春秋》以道名分。"儒者宗師仲尼,述唐虞三代之德,以六藝爲教,其道獨尊。《周禮·天官》:"儒以道得

---

① 耳,季刊無。據《史記》補。
② 案"百官以此"至"無乎不在"一節,乃約《天下篇》之語爲之。
③ 得,季刊無。據《朱子語類》補。

民”，鄭注：“諸侯保氏^①有六藝以教民者”。《淮南·要略》：“孔子修成康之道，述周公之訓，以教七十子，使服其衣冠，修其篇籍，故儒者之學生焉。”

司馬談《論六家要旨》：“夫儒者以六藝爲法，六^②藝經傳以千萬數，累世不能通其學，當年不能究其禮。”

《史記·孔子世家》：“孔子之時，周室微而《禮》、《樂》廢，《詩》、《書》缺。追述三代之禮，序書傳，上紀唐虞之際，下至秦穆，編次其事。曰：‘夏禮吾能言之，杞不足徵也；殷禮吾能言之，宋不足徵也。足，則吾能徵之矣。’觀殷夏所損益，曰：‘後雖百世可知也，以一文一質。周監二代，郁郁乎文哉，吾從周。’故書傳、禮^③紀，自孔氏。孔子語魯太師：‘樂其可知也。始作翕如，縱之純如，皦如，繹如也，以成。吾自衛反魯，然後樂正，《雅》、《頌》各得其所。’古者《詩》三千餘篇，及至孔子，去其重，取其可施於禮義，上采契後稷，中述殷周之盛，至幽厲之缺，始於衽席，故曰《關雎》之亂以爲《風》始，《鹿鳴》爲《小雅》始，《文王》爲《大雅》始，《清廟》爲《頌》始’。三百五篇，孔子皆絃歌之，以求合韶、武、雅、頌之音，禮樂自此可得而述^④，以備王道，成六藝。孔子晚而喜《易》，序象繫象，說卦文言。以《詩》、《書》、《禮》、《樂》教，弟子蓋三千焉，身通六藝者七十有二人。子曰：‘弗乎，君子疾沒世，而名不稱焉。吾道不行矣，吾何以自見於後世哉？’乃因史記作《春秋》，上至隱公，下訖哀公十四年，十二公。據魯，親周，故殷，運之三代，約其文辭而指博。故吳楚之君自稱王，而《春秋》貶之曰子；踐土之會，實召周天子，而《春秋》諱之曰‘天王狩於河陽’：推此類以繩當世。貶損之義，後有王者舉而開之。《春秋》之義行，則亂臣賊^⑤子懼焉。孔子在位聽訟，文辭有可與人共者，弗獨有也。至於爲《春秋》，筆則筆，削則削，子夏之徒不能贊一辭。弟子受《春秋》，孔子曰：‘後世知丘者以《春秋》，而罪丘者亦以《春秋》。’”

《儒林傳》：“孔子閔王路^⑥廢而邪道興，於是論次《詩》《書》，修起《禮》、《樂》。”《漢書·藝文志》：“儒家者流，蓋出於司徒之官，助人君，順陰

---

① 氏，季刊誤“民”。據《周禮》鄭玄注改。
② 六，季刊誤“大”。據《史記》改。
③ 禮，季刊脫。據《史記》補。
④ 述，季刊脫。據《史記》補。
⑤ 賊，季刊誤“賤”。據《史記》改。
⑥ 路，季刊作“道”。據《史記》改。

陽,明教化,游文於六經之中,留意於仁義之際,祖述堯舜,憲章文武,宗師仲尼,以重其言。"六藝之學,皆古聖王大義微言所以垂教來禩者,如日月經天,江河行地,秦火不能燔,百世不能易也。

《荀子·勸學》:"《書》者,政事之紀也;《詩》者,中聲之所止也;《禮》者,法之大分,類之綱紀也。"

又曰:"《禮》之敬文也,《樂》之中①和也,《詩》《書》之博也,《春秋》之微也,在天地之間者畢矣。"

《太史公自序》:"《易》著天地陰陽四時五行,故長於變;《禮》經紀人倫,故長於行;《書》記先王之事,故長於政;《詩》記山川谿谷、禽獸草木、牝牡雌雄,故長於風;《樂》樂②所以立,故長於和;《春秋》辯是非,故長於治人。是故《禮》以節人,《樂》以發和,《書》以道事,《詩》以達意,《易》以道化,《春秋》以道義。"

《漢書·藝文志》:"六藝之文,《樂》以和神,仁之表也;《詩》以正言,義之用也;《禮》以明體,明者著③見,故無訓也;《書》以廣聽,知之術④也;《春秋》以斷事,信之符也。五者蓋五常之道,相須而備,而《易》爲之原。故曰:'《易》不可見,則乾坤或幾乎息矣',言與天地爲終始也。"

儒者舍六藝而無學,綜觀群言,莫或異詞。江瑔《論九流名稱》,獨以六藝爲上古三代之史,爲當世所共有,非孔門所得而私。且以爲孔門六藝,實傳於道家之老子。鳴乎,誖矣!江氏亦不思六藝經傳⑤,爲夫子所刪述,韓退之所謂"堯以是傳之舜,舜以是傳之禹,禹以是傳之湯,湯以是傳之文、武、周公,周公傳之孔子",與彼虛無因應、遁天之刑,固道不同不相爲謀也。孔子歿,七十子之徒⑥,各傳其學,而西河爲盛,支流分于戰國。

《韓非子·顯學》:"自孔子之死也,有子張之儒,有子思之儒,有顏氏之儒,有漆雕氏之儒,有孫氏之儒,有樂正氏之儒。"

《史記·儒林傳》:"自孔子卒後,七十子之徒散游諸侯,大者爲師傅卿相,

---

① 中,季刊脫。據《荀子》補。
② 季刊"樂"下脫"樂"字。據《史記》補。
③ 季刊"者"下脫"著"字。據《漢書》補。
④ 術,季刊作"實"。據《漢書》改。
⑤ 六藝經傳,季刊作"藝經傳六",蓋排版致誤。據上下文意改。
⑥ 徒,季刊作"徙",蓋排版致誤。據上下文意改。

小者友教士大夫，或隱而不見。故子路居衞，（《集解》：'駰案《仲尼弟子列傳》，子路之死，子尚在。'今按班《書》刪去此句。）子張居陳，澹臺子羽居楚，子夏居西河，子貢終①於齊。如田子方、段干木、吳起、禽滑釐之屬，皆受業於②子夏之倫，爲王者師。威宣之際，孟子、荀卿之列，咸遵夫子之業而潤色之，以學顯於當世。"

《漢書・藝文志》："昔仲尼沒而微言絕，七十子喪而大義乖。故《春秋》分爲五，《詩》分爲四，《易》有數家之傳。戰國從衡，真僞分爭，諸子之言紛然殽亂。"

自王官失守，而道在下。故韓退之云："由周公而上，上而爲君，故其事行；由周公而下，下而爲臣，故其說長。"干戈之際，諸侯急功近利，諸子各挾所學，游說當世，天下之言，不入于彼，則出並此，聖賢不明，道德不一。"不幸不見天地之純，古人之大體，道術將爲天下裂"：此漆園之所深嘅也。

墨翟禽滑釐

墨子之學，出於夏后氏，故用夏政，而紐周道。莊子謂：其務"不侈於後世，不靡於萬物，不暉於數度，以繩墨自矯，而備世之急。作爲《非樂》，命之曰《節用》，生不歌，死無服。汎愛兼利而非鬭，其道不怒。其稱道曰：'昔禹之湮洪水，決江河而通四夷九州也，名山（俞樾曰名山當作名川）三百，支川三千，小者無數。禹親自操橐耜而九雜天下之川，腓無胈，脛無毛，沐甚雨，櫛疾風，置萬國。禹大聖也，而形勞天下也如此。'使後世之墨者，多以裘褐爲衣，以跂蹻爲服，日夜不休，以自苦爲極，曰：'不能如此，非禹之道也，不足謂墨。'"夫墨子之堅苦卓絕，務人之急，與吾儒"力惡其不出于身，不必爲己"者，亦殊途而同歸歟？其學術道源，後有論者，可比而觀之。

《呂覽・當染》："魯惠公使宰讓請郊廟之禮于天子，天子使史角往，惠公止之。其後在於魯，墨子學焉。"

《淮南・要略》："墨子學儒者之業，受孔子之術，以爲其禮煩擾而不悅，厚葬靡財而貧民，復傷③生而害事，故背周道，用夏政。禹之時，天下大水，禹身

---

① 終，季刊作"居"。據《史記》改。

② 於，季刊無。據《史記》補。

③ 復傷，季刊作"久服喪"。據《百子全書》本《淮南子》改。

執虆臿，以爲民先，剔河而道九岐，鑿江而通九路，辟①五湖而定東海，當此之時，燒不暇撴，濡不給扢，死陵者葬陵，死澤者葬澤，故節財薄葬，閒服生焉。

司馬談《論六家要旨》："墨子亦尚堯舜道，言其德行，曰：'堂高三尺，土階三等，茅茨不翦，采椽不刮。食土簋，啜土刑，糲梁之食，藜藿之羹。夏日葛衣，冬日鹿裘。'其彊本節用，則人給家足之道也。此墨子之所長，雖百家弗能廢也。"

《漢書·藝文志》："墨家者流，蓋出於清廟之守。茅屋采椽，是以貴儉；養三老五更，是以兼愛；選士大射，是以上賢；宗祀嚴父，是以右鬼；順四時而行，是以非命；以孝視天下，是以上同：此其所長也。"

《淮南王書》："又稱'孔墨皆修先聖之術，通六藝之論'（《主術訓》），而孫貽讓不取其說。"

《墨子傳略》："今考六藝爲儒家之學，非墨氏所治也。墨子之學，蓋長於《詩》、《書》、《春秋》。故本書引《詩》三百篇，與孔子所刪同。引《尚書》如《甘誓》、《仲虺之誥》、《說命》、《大誓》、《洪范》、《呂刑》，亦與百篇之書同。又曰'吾嘗見百國春秋'，而於禮則法夏絀周，樂則又非之，與儒家六藝之學不合。《淮南》所言，非事實也。《要略》'墨子學儒之業，受孔子之術'尤非。"

墨子生孔子後，倡立學說，披靡當世，抗衡鄒魯，論者不曰孔墨，即曰儒墨。如禽滑釐之徒，始與田子方、段干木、吳起，受業于子夏，見《史記·儒林傳》。後學於墨，見《呂覽·當染篇》，卒能竺信其道而不變。

《墨子·備梯》："禽子事墨子三年，手足胼胝，面目黎黑，役身給使，不敢問欲。墨子甚哀子，乃具酒脯，寄於太山，撫茅坐之以醮。禽子再拜而歎。墨子曰：'亦何欲乎？'禽子再拜再拜，曰：'敢問守道。'"

墨之子學，當時闢之最力者，莫如孟子。以其兼愛無父，比之禽獸。今讀其書，實未至若是其甚。

《墨子·兼愛上》："聖人以治天上爲事者也，不可不察亂之所自起。當察亂何自起，起不相愛。臣子之不孝君父，所謂亂也。子自愛不愛父，故虧父而不自利；弟自愛而不愛兄，故虧兄而不自利；臣自愛不愛君，故虧君而自利：

---

① 辟，季刊誤"群"。據《百子全書》本《淮南子》改。

此所謂亂也。雖父之不慈子，兄之不慈弟，君之 ^① 不慈臣：此亦天下之所謂亂也。父自愛也，不愛子，故虧子而自利；兄自愛也，不愛弟，故虧弟而自利；君自愛也，不愛臣，故虧臣 ^② 而自利：是何也？皆起不相愛。若使天下兼相愛，愛人若愛其身，猶有不孝者乎？視父兄與君若其身，惡施不孝？猶有不慈者乎？視弟子與臣若其身，惡施不慈？”

又《兼愛中》：“今若國之與國相攻，家之與家相篡，人之與人相賊，君臣不惠忠，父子不慈孝，兄弟不相調，此則天下之害也。今諸侯不相愛，則必野戰；家主不相愛，則必相篡；人與人不相愛，則必相賊；君臣不相愛，則不忠惠；父子不相愛，則不慈孝；兄弟不相愛，則不和調；天下之人皆不相愛，強必執弱，富則悔貧，貴必敖賤，詐 ^③ 必欺愚。凡天下禍篡怨恨，其所以起者，以不相愛生也。”

又《兼愛下》：“吾不識孝子之爲親度者，亦欲人 ^④ 愛利其親與？意欲人之惡賊其親與？以說觀之，即欲人之愛利其親也。然即吾惡先從事即得此？若我先從事乎愛利人之親，然後人報我愛利吾親乎？意我先從事乎惡人之親，然後人報我以愛利吾親乎？即必吾先從事乎愛利人之親，然後人報我以愛利吾親也。”

莊子亦嘗非之，曰：“好學而博不異，不與先王同，毀古之禮樂。黃帝有《咸池》，堯有《大章》，舜有《大韶》，禹有《大夏》，湯有《大濩》，文王有《辟雍》之樂，武王、周公作《武》。古之喪禮，貴 ^⑤ 賤有儀，上下有等，天子棺槨七重，諸侯五重，大夫三重，士再重。今墨子獨生不歌，死不服，桐棺三寸而無槨，以爲法式。以此教人，恐不愛人；以此自行，固不愛己。其生也勤，其死也薄，其道大觳；使人憂，使人悲，其行難爲也，恐其不可以爲聖人之道，反天下之心，天下不堪。墨子雖能獨任，奈天下何？離於天下，其去王也遠矣。其意則是，其行則非也。將使後世之墨者，必自苦以腓無胈，脛無毛，相進而已矣。亂之上也，治之下也。”嗚乎！墨子之學，歷二千餘年，而莫有傳者，其立身應

---

① 之，季刊脫。據《墨子閒詁》補。
② 臣，季刊脫。據《墨子閒詁》補。
③ 詐，季刊作“詁”。據《墨子閒詁》改。
④ 人，季刊無。據《墨子閒詁》補。
⑤ 貴，季刊誤“責”。據《莊子》改。

世,枯槁不舍,摩頂放踵而不惜,則固人情所甚難矣。

司馬談《論六家要旨》:"其送死桐棺三寸,舉音不盡其哀。教喪禮,必以此爲萬民之率。使天下法若此,則尊卑無別也。夫世異時移,事業不同,故曰儉而難遵。"

《漢書·藝文志》:"及其蔽者爲之,見儉之利,因以非禮,推兼愛之意,而不知別親疏。"

荀子亦謂其"大儉約而僈差等","有見於齊,無見於畸","蔽於用而不知文"。然此不足爲墨子病。治世者不一道,便國者不法古,三王不相循而有天下。故夏之政忠,殷之政敬,周之政文,文之蔽僿,莫若以忠,墨子用夏政以救周敝。孫星衍曰:"比勘諸子百家之書,所記載,以爲舉凡兼愛、明鬼、節用、節葬,皆禹之教。"(《墨子注後序》)《韓非子》稱:"墨者之葬,服喪①三月。"《淮南子》高誘注:"三月之服,夏后氏之禮。"夫親親而尊尊,生者養而死者藏,人之情也。子我問三年之喪,"期可矣"之言,雖不爲夫子所許,然答林放之問,則曰:"禮與其奢也寧儉,喪與其易也寧戚。"墨氏之書,久經殘缺,雖其言時有所偏激,學者可自擇之,自非孟荀大儒,不宜輕爲排詆。其《備梯》、《備突》、《備穴》諸篇,又爲今日科學之權輿。漆園"才士"之言,斯得持平之論矣。

巨　子

莊子謂:"墨者以巨子爲聖人,皆願爲之尸,冀得爲其後世,至今不決。"巨子之說有二。以爲墨徒之傑出者,《莊子》郭象注:"巨子最能辨其所是,以成其行。"又《釋文》引向秀云:"墨家號其道理成者爲鉅子,若儒家之碩儒。"宣詢云:"巨子墨之高弟。"林希逸《南華真經口義》:"巨子者,猶言上足弟子也。禪家謂法嗣是也。"以爲墨徒之姓名者,《呂覽·去私》:"墨者有鉅子腹䵍,居秦。"高誘注:"鉅姓,子通稱,腹䵍字也。"又《上德》:"墨者鉅子孟勝,善荊之陽城君。"注:"鉅子、孟勝二人,學墨道者也,爲陽城君所善。"

---

① 服喪,季刊作"喪服"。據《韓非子》改。

孫詒①讓《墨學傳授考》謂:"高注以鉅子爲人姓名,非。"今案孫說是已。高氏於鉅子腹䵍,已注曰"鉅姓,腹䵍字",而于鉅子孟勝注則曰"二人",又不言鉅子究爲誰人,語焉而不詳,不能令人無疑。畢沅校注謂"鉅子猶鉅儒、鉅公之稱,腹乃其姓耳",不從高注,其識遠矣。且《呂鑒·上德②》:"孟勝將死陽城君之難,曰:我將屬鉅子於宋之田襄子,田襄子賢者也,何患墨者之絶世也? 孟勝因使二人傳鉅子於田襄子。孟勝死,弟子死之者百八十三人,以致令於田襄子,欲反死孟勝於荊。田襄子止之曰:孟勝已傳鉅子於我矣,當聽,遂反死之。"此固言孟勝知田襄子之賢,足傳鉅子之衣缽而屬。如夫子已沒,有若似聖人,而游、夏之徒,欲所以事孔子者事之。田襄子已傳鉅子,反死孟勝於荊,所以行墨者之義。故腹䵍之子殺人,雖惠王之命欲弗死之而不得。鉅子家法之嚴,固如比也。

別　墨

　　一本散爲萬殊,學術傳授,久而必岐,其勢然也。故陳良悅周公、仲尼之道,北學於中國,而其徒陳相師事數十年,背之於身後。禽滑釐之徒,則逃儒歸墨。《韓非·顯學》亦謂孔子之死而儒分爲八,墨子之學,傳於鉅子,而別墨其支流也。《莊子》曰:"相里勤之弟子五侯之徒,南方之墨者苦獲、已齒、鄧陵子之屬,俱誦《墨經》,而倍譎不同,相謂別墨。"夫倍譎不同,則戾于其師之說矣。

　　郭象《莊子注》:"必各守所見,則所在無通,故於墨之中又相與別也。"

　　成玄英《莊子疏》:"南方之墨師,五侯之屬,善學墨人。譎,異也。俱誦《墨經》而更相倍異,相呼爲別墨。"

　　《韓非子》有"墨離爲三"之言。《顯學》:"自墨子之死也,有相里氏之墨,有相夫氏之墨,有鄉陵氏之墨。"此可與《莊子》"別墨"互證。王先謙疑鄧陵即鄉陵,形近致譌。然別無旁徵,難爲定論矣。

---

① 詒,季刊誤"貽"。據《墨子閒詁》改。
② 德,季刊脫。據《呂氏春秋》補。

宋鈃尹文子

《莊子》以宋鈃、尹文並稱，曰："不累於俗，不飾於物，不苟於人，不忮於眾，願天下之安寧以活民命，人我之養畢足而止，以此白心，古之道術有在於是。二子聞①其風而悅之。"考《漢志》小說家："宋子十八篇。"注："孫卿道宋子，其言黃老意。"王應麟《考證》引："《荀子》：宋子有見於少，無見於多②。注：宋鈃，宋人也。"（按《莊子》成疏："宋鈃並齊宣王時人，同遊稷下，宋著書一篇。"此與《漢志》十八篇異。班氏自注引孫卿之語，亦與《非十二子》墨翟、宋鈃並稱者不同學術。王氏博極群書，而即以十八篇當爲鈃作，而不明言所禀，終近傅會，而成疏豈不一誊耶？不然，名家《尹文子》一篇，《說苑》何爲置而勿辯？並識於此，姑以存疑。）

載其對齊宣王之問，皆名家言。（按《莊子》成疏"尹著書二篇"者誤。崔譔云"著書一篇"，與《漢志》著錄合。王應麟《考證》書目二卷，齊人，劉向以其學本於黃老，居稷下，與宋鈃、彭蒙、田駢等同學於公孫龍。而洪氏《容齋隨筆》引作劉歆語。今按二人引向、歆說，不足據。班志自注："說齊宣王，先公孫龍。"而師古注引劉向說，亦第云"與宋鈃俱遊稷下"，無"同學於公孫龍"之語。班志據《七略》而作，曰"先於公孫龍"而不曰"學於公孫龍"。宋濂《諸③子辨》謂："仲長統《序》，'同學於公孫龍'之語誤。龍客於平原君，平原君相趙惠文王，宣文王死下距惠文王之立已四十餘歲，是非學於龍者也。統卒於獻帝讓位之年，而《序》稱黃初末到京師，亦與史不合。"書、序皆出於後人之僞託，然則尹氏非學於龍審矣。向、歆之④書久佚，伯厚、容齋所引，非其舊也。）莊生言二子之學同，而班志著錄，一入稗官之支流，一入禮官之別派，蓋莊爲探源之論，班乃竟委之言。夫道爲百家所從出，江氏琭曰："道家之學，無所不賅，徹上徹下，亦實亦虛，學之者不得其全，遂分爲數派。其得道家之玄虛一派者爲名家，得道家之寓言一派者爲小說家。"斯不刊之論矣。顧二子學說，亦時有與墨家相近者。其禁攻、寢兵、救世之戰，則非攻之義也。爲人太多，自爲太少，則備世之急，天下之好也。固置五升之飯，先生恐不得飽，弟子雖饑，不忘天下，則自苦爲極，枯槁不舍之才士也。《荀子·正論篇》："子宋子曰：明見侮之不辱，使人不鬥。人皆以見侮爲辱，故鬥也。知見侮之爲不辱，則不鬥矣。"又曰："人

---

① 聞，季刊誤"間"。據《莊子》改。

② "多"下，季刊衍"有見於少無見於多"八字。據王應麟《漢書藝文志考證》刪。

③ 諸，季刊誤"語"。據宋濂《諸子辨》改。

④ 之，季刊作"莊"。據上下文意改。

之情欲寡，而皆以己之情爲欲多，是過也。故率其談說，明其譬稱，將使人知情之欲寡也。"觀其立言，在道墨之間。又荀子嘗以墨翟、宋鈃並舉而非之。《非十二子》："不知壹天下、建國家之權，稱上功用、大儉約而僈差等，曾不足以容辨異、縣君臣。然其持之有故，其言之成理，足以欺惑[1]愚衆，是墨翟、宋鈃也。"

由是言之，二人之道固有焉，其大小精粗，其行適至是而止，則郭注所謂未能經虛涉曠，成疏所謂立趨維綱者是已。衡陽王氏斥爲鄉愿之狡者，得毋太甚乎？二子之書，久經散佚，傳者又或非真，莫由攷訂其學說，平生孤詣，遂成絕響。論者又每執前人單調，遽加訾詆，不能量彼心志，悲夫！

彭蒙田駢愼到

彭蒙書不著錄於《漢志》，則其佚久矣。而見引於《尹文子》、馬總《意林》者，有："雉兔在野，衆皆逐之，分未定也；雞豕滿市，莫有志者，分定故也。"則刑名家言。《田子》三十五篇，《漢志》道家著錄，其書亦亡。《荀子·非十二子》以與愼[2]到而並非之，曰："尚法而無法，不修不循而好作，上則取聽於上，下則取從於俗，終日言成文典，反紃察之，則偶然無所歸宿，不可以經國定分；然而其持之有故，言之成理，足以欺惑愚衆：二子是也。"《愼子》四十二篇，亦見《漢志》法家著錄。又荀子稱其"敬於法而不知賢"。宋濂《諸子辨》謂："今所傳五篇之書，其在《威德篇》曰：'立天子以爲天下，非立天下以爲天子也；立國君以爲國，非立國以爲君也；立官長以爲官，非立官以爲官長也。'《民雜篇》曰：'大君者，太上也，兼畜下也。下之所能不同，而皆上之用也。是以大君因民之能爲資，盡包而畜之，無取去焉。'《君人篇》曰：'君人者舍法而以身治，則誅賞與奪從君心出矣。然則受賞者雖當，望多無窮；受罰者雖當，望輕無已。'皆純簡明易，類非刑名家所可及。"新安姚際恒斥是書殘缺，爲後人所偽託。予觀其立言頗雜，內篇"聖君任法而不任智，任公而不任私，任大道而不任小物，然後身佚以天下治"，則與《管子·任法》

---

① 惑，季刊誤"感"。據《荀子》改。

② 愼，季刊誤"脊"。據上下文意改。

之言有合。"民富則治易,民貧而治難,民富則重家,重家則安鄉,安鄉則敬上畏罪,敬上畏罪則易治也;貧則輕家,輕家則危鄉,危鄉則凌上犯禁,凌上犯禁則難治也,故爲國者在富民而已,必當國富而粟多也",則與《管子》"倉廩實而知禮節,衣食足而知榮辱",《孟子》"無恆產者,因無恒心"之言,其義一也。述仲尼、墨翟之言,並儒墨而稱之矣。其與申、韓之"慘覈少恩"者,固不可同年而語。雖然,之三子者之言,實皆原於道德之意。奚以知其然也?《莊子》曰:"公而不黨①,易而無私,決然無主,趨物而不兩,不顧於慮,不謀於知,於物無擇,與之俱往,古之道術有在於是者。彭蒙、田駢、慎到聞其風而悅之。齊萬物以爲首,曰'天能覆之而②不能載之,地能載之而不能覆之,大道能包之而不能辯之'。知萬物皆有所可,有所不可。故曰'選則不徧,教則不至,道則無遺者矣'"。無遺則瞻足萬物,能究其情,以之立俗世事,無所往而不宜。其言皆與道合。

老子《道德上》:"有物混成,先天地生,寂兮寥兮,獨立不改,周行而不殆,可以爲天下母。吾不知其名,字之曰道。"《淮南・要略》:"原夫道者,慮牟六合,混沌萬物,象太一之容,測窈冥之深,以翔虛無之軫,託小以苞大,守約以治廣,使之知先後之禍福,動靜之利害,誠通其志,浩然可以大觀矣。欲一言而寤,則尊天而保真;欲再言而通,則賤物而貴身;欲參言而究,則外物而反情。執其大指,以內洽五藏,瀸濇肌膚,被服法則,而與之終身,所以應待萬方,覽耦百憂也,若轉丸掌中,足以自樂也。"

又按《莊子》曰:"慎到棄知去己,而緣不得已,泠③汰於物,以爲道理,曰'知不知,將薄知而後鄰傷之者也'。謑髁無任,而笑天下之尚賢也;縱脫無行,而非天下之大聖。"則其不尚賢,絕聖棄知,與道家之說同也。"推而後④往,若飄風之還,若落⑤羽之旋,若磨石之隧,'至於若⑥無知之物而已,無用賢聖,夫塊不失道'。豪傑相與笑之曰:'慎到非生人之行,而至死人之理,適得其怪焉。'"則其形若槁木,心若死灰,道家之"吾喪我"也。然則慎

① 黨,季刊誤"當"。據《莊子》改。
② 而,季刊無。據《莊子》補。
③ 泠,季刊作"冷"。據《莊子》改。
④ 後,季刊作"復"。據《莊子》改。
⑤ 落,季刊無。據《莊子》補。
⑥ 若,季刊無。據《莊子》補。

子之支離其形，支離其德者，特微而不見，聰而不發，所謂"君子盛德，容貌若愚"耳。

《慎子》內篇："小人以耳目道心，聖人以心道耳目。夫德精微而不見，聰明而不發，是故外物不累其內。"又："昔者天子手能衣而宰夫設服，足能行而相者道進，口能言而行人稱辭。不瘖不聾，不能爲公。"

"田駢亦然，學於彭蒙。彭蒙①之師曰：'古之道人，至於莫之是莫之非而已矣。其風窢然，惡可而言？'常反人，不見觀。"此所謂不可道之道，要妙之言也。

《老子》："視之不見名曰夷，聽之不聞名曰希，搏之不得名曰微。此三者，不可致詰，故混而爲一。"一者，道也。王弼曰："無狀無象，無聲無響②，故能無所不通，無所不往，不得而知，更以我耳目體不知爲名。"斯則無乎而不在矣。田子之道術，說齊王也，亦曰"無狀之狀，無物之象"。

《淮南·道應訓》："田子變化應求而皆有章，因信任物而莫不宜當。彭祖以壽，三代以昌，五帝以昭，神明以鴻（並見《呂覽·執一》）。己雖無除其患害，天地之間，六合之內，可陶冶而變化也。"此老聃所謂"無狀之狀，無物之象"者也。

是三子者之於道，則有同焉。史公謂其"皆學黄老道德之術，因發明序其指意"，豈虚語哉。雖然，三子者之言則有然矣，其道則庸有未至者焉。故《莊子》曰："不免於魭斷。其所謂道非道，而所言之韙不免於非。彭蒙、田駢、慎到不知道，而慨乎皆嘗有聞。"嗚乎！此所以惜之之意深矣。

尹文子老聃

《莊子》曰："以本爲精，以物爲粗，以有積爲不足，澹然獨與神明居，古之道術有在於是者。關尹、老聃聞其風而悅之。建之以常無有，主之以太一，以濡弱謙下爲表，以空虚不毁萬物爲實。關尹、老聃，古之博大真人哉。"夫道家者流，一任於自然，薄事物，貴虚無，以太一爲之主，而二子一學是已。

---

① 彭蒙，季刊無。據《莊子》補。

② 無聲無響，季刊無。據王弼《老子注》補。

司馬談《論六家要旨》：“道家無爲，又曰無不爲，其實易行，其辭難知。其術以虛無①爲本，以因循爲用。無成勢，無常形，故能究萬物之精。不爲物先，不爲物後，故能爲萬物主。有法無法，因時爲業；有度無度，因物與合。故曰‘聖人不朽，時變是守，道者常也，因者君之綱也’。群臣並至，使各自明也。其實中其聲者謂之端，實不中其聲者謂之窾。窾言不聽，奸乃不生，賢不肖自分，白黑乃形。在所欲用耳，何事不成？乃合大道，混混冥冥。光耀天下，復反無名。凡人所生者神也，所託者形也。神大用則竭，形大勞則敝，形神離則死。死者不可復生，離者不可複反，故聖人重之。”

《漢書·藝文志》：“道家者流，蓋出於史官。歷記成敗存亡禍福古今之道，然後知秉要執本，清虛以自守，卑弱以自持，此君人南面之術也。合於堯之克攘，《易》之嗛嗛，一謙而四益。此其所長也。及放者爲之，則欲絕去禮學，兼棄仁義，曰獨任清虛可以爲治。”

姬周代殷，干戈甫戢，禮樂彬興，文勝其質。幽厲失道，周轍遂東，王靈漸替，政教尤衰，諸侯務爲兼併，兵車幾靡寧日。老子生當其時，見天下之攘攘者皆爲利往，乃爲消極之補救。錢大昕《未齋②老子新解序③》所謂“周之弊在文勝，文勝者當以質救之，不尚賢，不貴難得之貨，不見可欲，清淨自正，所以救衰周之弊”者是也。老子言治世之道，一則曰無爲，再則曰無不爲。《淮南子》曰：“無爲者不先物，無不爲者因物之所爲。”此其不爲物先，不爲物後，與時遷移，應物變化，用術最深也。

老子《道德上》：“將欲歙之，必固張之；將欲弱之，必固強之；將欲廢之，必固興之；將欲奪之，必④固與之。是謂微明，柔弱勝剛⑤強。魚不可脫於淵，國之利器，不可以示人。”

夫張之、強之、興之、與之，是不爲物先也；歙之、弱之、廢之、奪之，是不爲物後也。知雄守雌，知白守黑，知榮守辱。天下之人爲之以積極者，彼乃濟之消極。“人皆取實，己獨取虛，故有餘”，是不取之取矣。“其行身也徐而

---

① “無”下，季刊衍“物”字。據《史記》刪。
② 齋，季刊誤“齊”。據錢大昕《潛研堂文集》卷二十五改。
③ 序，季刊脫。據錢大昕《潛研堂文集》卷二十五補。
④ 必，季刊誤“心”。據《老子》改。
⑤ 剛，季刊誤“則”。據《老子》改。

不費①，無既爲而笑巧。人皆求福，已獨曲全，曰苟免於咎。以深爲根，以約爲紀②，曰堅則毀，銳則挫。常寬容於物，不削於人。"是皆因應自然，順而受之，下而就之，無爲而無爲不也。

老子《道德下》："天下之至柔，馳騁天下之至堅。無有入無閒，吾是以知無爲之有益。不言之教，無爲③之益，天下希及之。"故《呂覽》曰：老④子之道，君相大官之道也，"由其道，功名之不可逃"，而功自弗去《功名篇》。是其以退爲進，不爭爲爭。讀《道德》五千言，固可微睹其恉矣。

老子《道德上》："曲則全，枉則直，窪則盈，敝則新，少則得，多則惑。是以聖人抱一爲天下式。不自見故明，不自是故彰，不自伐故有功，不自矜故長。夫唯不爭，故天下莫能與之爭。古之所謂曲則全者，豈虛言哉？誠全而歸之。"

老子《道德下》："江海所以能爲百谷王者，以其善下之，故能爲百谷王。是以欲上民，必以言下之；欲先民，必以身後之。是以聖人處上而民不重，處前而民不害，是以天下樂推而不厭。"

關尹之道也，曰："在己無居，形物自著。其動若水，其靜若鏡，其應若響。芴乎若亡，寂乎若清。同焉者和，得焉者失。未嘗先人，而常⑤隨人。"皆與老子有同焉。

老子《道德上》："是以⑥聖人處無爲之事，行不言之教，萬物作焉而不辭，生而不有，爲而不恃⑦，功成而弗⑧居。"又："道之爲物，惟恍惟惚。惚兮恍兮，其中有象；恍兮惚兮，其中有物。窈兮冥兮，其中有精；其精⑨甚真，其中有信。自古及今，其名不去。吾何以知眾甫之狀哉？以此。"

《道德下》："我有三寶，一曰慈，二曰儉，三曰不敢爲天下先。"關尹貴清，見於《呂覽·不二篇》；其受《道德》五千言於老子，則《呂覽》高誘注。

---

① 費，季刊脫。據《莊子》補。
② 紀，季刊作"記"。據《莊子》改。
③ 爲，季刊脫。據《老子》補。
④ 老，季刊作"考"。據上下文意改。
⑤ 常，季刊作"嘗"。據《莊子》改。
⑥ 以，季刊無。據《老子》補。
⑦ 恃，季刊誤"持"。據《老子》改。
⑧ 弗，季刊作"不"。據《老子》改。
⑨ 精，季刊誤"真"。據《老子》改。

太史公《老莊傳》中言之詳矣。其書九篇，嘗見著錄於《漢志》道家。《隋志》以下無及之者，則其亡久矣。今所傳者，《一宇》、《二柱》、《三極》、《四符》、《五鑑》、《六匕》、《七釜》、《八籌》、《九藥》，凡九篇。宋濂《諸子辨》謂："其書多法釋氏、神仙方技家，而藉吾儒言文之。如變識爲智、一息得道、嬰兒奼女、金樓絳宮、青蛟白虎、實鼎紅鑪、誦咒土偶之類，聃之時無是言也。其爲假託，蓋無疑者。"予讀其書，與《老子》之道，《呂覽》貴清之言，皆不足相爲發明。不如莊子之所以論定者爲於道有合也，然老子深遠矣。

莊　子

　　莊子之學，出於道家，而受老子之影響最深，故其主張擯棄人爲，純任自然。蓋戰國去春秋未遠，諸侯力政，當時游士或爲仁義之譚，或急功利之見，捭闔縱橫，轍環天下，衆口之咻，道術分裂。漆園運值屯蒙，捄之末由，卒以謬悠之說，荒唐之言，無端崖之辭，時恣縱而不儻，不以觭見之也。以天下爲沈濁，不可與莊語，以卮[1]言爲曼衍，以重言爲真，以寓言爲廣。獨與天地精神往來，而不傲倪萬物，不譴是非，以與世處。其高世之志，神彷徨乎馮[2]閎，驗大小之無垠，究天地之終始，敻乎窈乎不可及已。其卻楚王犧牛之言，對惠子鵷鶵之喻，忘卿相之尊，甘曳尾之辱，與藏室之吏出散關，逾流沙而西去者，豈無得而然哉？雖然，莊子之學，與老子同而異者也。觀其言，以關尹、老聃並稱，而己不與焉。曰："芴漠無形，變化無常，死與生與？天地並與？神明往與？芒乎何之？忽乎何適？萬物畢羅，莫足以歸，古之道術有在於是者。莊周聞其風而悅之。上與造物者遊，而下與外死生無終始者爲友。其於本也，宏大而辟，深閎而肆。其於宗也，可謂稠適而上遂矣。其應於化而解於物也，其理不竭，其來不蛻，芒乎昧乎，未之盡者。"其道極乎四塞，而無乎不在。著書十余萬言，汪洋自恣，固欲軼柱下而上之，余子何足道哉！

　　林希逸《老子口義》發題"莊子宗老子者也"。其言實異於老子。故其自序以生與死爲主，具見《天下篇》。

----

① 卮，季刊作"危"。據《莊子·天下》改。
② 馮，季刊作"憑"。據《莊子·知北遊》改。

王船山《莊子解》："莊子之學,初亦沿於老子,而'朝徹'、'見獨'以後,寂寞變化,皆通於一,而兩行無礙。其妙可懷也,而不可與眾論是非也;舉羅萬物,而無不可消遙。故又自立一宗,而與老子有異焉。"

江瑔《讀子卮言》上:"莊子雖宗老子,然其才大氣盛,往往駕老子而上之。故《天下篇》論諸家,以關尹老並言,而己則立乎其外,有睥睨一切之意。又分天下至人、聖人數種,己自居天人,視老子僅爲至人,是其意每欲高老子一等,故其言亦往往出乎老子範圍之外。"

證以諸說,莊子學術,自成一派,固無足疑。王氏之言,尤中肯綮。然其思想淵源,究不能不受老子之影響,則時代環境有以使之也。乃自韓退之謂:"子夏之學,其後有田子方,田子方之後,流爲莊周。"而東坡《莊子祠堂記》,則以爲"助孔子者,要不可爲法耳"。王安石《莊子論》謂其"明孔子之道"。羅勉道則謂《盜跖》諸篇,筆仗似《日者龜策列傳》,疑其爲褚少孫之流爲之"。芸圃先生更進而爲之說曰:《史記·莊子傳》,恐亦少孫所爲。循環互證,便可以得彌縫作僞痕迹。"斯言也,竊以爲不然。少孫補《史記》,皆自述所由,無託僞之事。《莊子》五十二篇,班志道家著錄,猶爲完璧。(並見《呂覽·必己》高誘注。)諸氏烏得僞託? 羅氏之言,殊無所據。則於周傳更奚疑焉? 且莊子不云乎:"寓言十九,藉外論之。親父譽之,不若非其父者也,非吾罪也,人之罪也。與己同則應,不與己同則反;同於己爲是之,異於己爲非之。"擊鼓而求,亡予之譏。六經先王陳迹之言。史公云云,何足爲莊生諱乎? 或曰:莊子已詆訾孔子,而於鄒魯之士,又稱之如此,何前後矛盾乎? 曰:是不然。論道術,天下之公言也,莊子又烏能以己意爲予奪? 夫周之睥睨一切,其道要不能無所偏。《荀子》謂其"蔽於天而不知人",實不易之論。故有時而加訾詆,道不同,不相爲謀,於夫子何損? 第以寓言觀之可矣。或又曰:以若所云,則《盜跖》諸篇,果爲真莊生書與? 曰:是不然。《盜跖》諸篇,見於《史記》。然莊生五十二篇,魏晉間注家各以己意去取,與《漢志》頗有出入。崔譔注十卷,僅二十七篇;向秀注二十卷,二十六篇;司馬彪注二十一卷,五十二篇;李頤集解三十卷,三十篇;孟氏注十八卷,五十二篇;而郭象又定爲三十三篇,即今本也。則當日惟司馬、孟氏所注尚爲全書。郭攘向注,而篇數互異。晁氏《郡齋讀書志》又謂:"《漢志》本五十一篇,晉向秀、郭象合爲三十四篇:內篇八,外篇十五,雜篇十一。"亦不相合。則歷世已久，或刪或補，其爲後人推本史公之語爲之，亦意中事。東坡之言，自有所見。惟班氏著錄時，固爲無恙。少孫與莊書則絕無嫌疑，可斷言也。莊書述孔子與老子問答之語，皆尊老而抑孔，三十三篇固可得而覽也。彼必以莊生訾詆夫子爲諱，此特迂儒治莊之陋，烏能知莊生哉？晁公武[1]曰："自熙寧、元豐之後，學者用意過中，見其書末篇論天下之道術，雖老聃與其身皆列爲一家，而不及孔子，莫不以爲陽訾孔子，而陰尊焉，引而內之，殊不察其言之指歸，宗老氏邪，宗孔子邪？既曰尊老子矣，詎有陽助孔子理也邪？至其論道術，而有是言，蓋不得已耳。"嗚乎！其亦有所見而發哉。

惠　施

《惠子》一篇，著錄於《漢志》名家。隋唐之時，其書已亡。其學術，則見於莊生所論者爲獨詳："其書五車，其道舛駁[2]，其言不中。歷物之意，至大無外，謂之大一；至小無內，謂之小一。無厚不可積也，其大千里。天與地卑，山與澤平。日[3]方中方睨，物方生方死。大同而與小同異，此之謂小同異[4]；萬物畢同畢異，此之謂大同異。南方無窮而有窮，今日適越而昔來。連環可解也。我知天下之中央，燕之北越之南是。氾[5]愛萬物，天地一體也。惠施以此爲大，觀於天下而曉辯者，天下之辯者相與樂之。卵有毛，雞三足，郢有天下，犬可以爲羊，馬有卵，丁子有尾，火不熱，山出口，輪不輾地，目不見，指不至，至不絕，龜長於蛇，矩不方，規不可以爲圓；鑿不圍枘[6]；飛鳥之景，未嘗動也；鏃矢之疾，而有[7]不行不止之時；狗非犬；黃馬驪牛；白狗黑；狐孤[8]駒未嘗有母；一尺之棰，曰日[9]取其半，萬世不竭。辯者以此與惠施相應，終身

① 晁公武，季刊作"馬端臨"。據《郡齋讀書志》改。案以下引文實出晁氏《郡齋讀書志》，茲依改之。

② 駁，季刊誤"駮"。據《莊子·天下》改。

③ 日，季刊誤"曰"。據《莊子·天下》改。

④ 此之謂小同異，季刊脫。據《莊子·天下》補。

⑤ 氾，季刊誤"汜"。據《莊子·天下》改。

⑥ 枘，季刊脫。據《莊子·天下》補。

⑦ 有，季刊誤"若"。據《莊子·天下》改。

⑧ 孤，季刊誤"狐"。據《莊子·天下》改。

⑨ 日，季刊誤"曰"。據《莊子·天下》改。

無窮。"（《荀子·不苟篇》引略同。）夫周與惠施引爲同聲之友，匏瓠①落蓬心之對，狸牲斄②牛之驗，宜其知之深矣。"雄而無術，徧爲萬物之說而不休，多而無已，猶以爲寡，益之以怪。以反人爲實，而欲以勝人爲名，是以與衆而不適也。弱於德，強③於物，其塗隩矣。由天地之道觀惠施之能，其猶一蚊一虻之勞。"指不至，輪不輾地，亦幾矣，其他多失倫。夫辯說者，務求真，不以亂俗也。故曰狗無色可，白狗黑則不可。名者所以召實，非以召爲實也。故曰析狗至於極微則無狗可，云狗非犬則不可。予觀名家詭辯，務逐其末，而不知反本以自寧，其失性甚矣。孟子曰："不揣其本，而齊其末，方寸之木，可使高於岑樓。"莊子之"莫大於秋毫之末，而泰山爲小"，惠子之"龜長於蛇"，皆不知本也。夫名者，實之表。上古之世，結繩而治，後世聖人，易之以書契，而名物以立。故"日月疊璧④，以垂麗之之象；山川煥綺，以鋪理地⑤之形"。獸鳥遺⑥之迹，依類象形之字，叩其名，得其實。而必曰犬可以爲羊，白狗黑，則是書契可廢，胡不反天下於無名之初？其亂名莫此爲甚。荀子謂其："好治怪說，玩琦辭，甚察而不惠，辯而無用，多事而寡功，不可以爲治綱紀。"又曰："惠子蔽於辭而不知實。"由辭謂之道盡論矣，是名家之過也。

司馬談《論六家要旨》："名家苛察繳繞，使人不得反其意，專決於名而失人情。"

《漢書藝文志》："及警言者爲之，則苟鉤鈲析亂而已。"

聖人之道，必平易而可循也。百家一曲，雖不能見其全，然古之道術有在於是者。特不若惠子之學之支離，而"桓團、公孫龍之徒，又皆飾人之心，易人之意，能勝人之口，不能服人之心，辯者之囿也⑦"。善乎，孔穿之對平原君曰："幾能今臧三耳矣。然謂三耳甚難而實非也，謂兩耳甚易而實是也。"惠子之言，要不能無所蔽矣。

---

① 瓠，季刊作"匏"。據《莊子·逍遙遊》改。
② 斄，季刊作"釐"。據《莊子·逍遙遊》改。
③ 強，季刊作"陳"。據《莊子·天下》改。
④ 璧，季刊作"壁"。據《文心雕龍》改。
⑤ 理地，季刊作"地理"。據《文心雕龍》改。
⑥ 遺，季刊作"遠"。據上下文意改。
⑦ 也，季刊無。據《莊子·天下》補。

結 論

《天下篇》於①後來影響最深者,一曰開學術評論之端。諸子之學,風沛雲湧於戰國,各有所執,未能相通,乃爲著其源流得失之大。其後《荀子·非十二子》、《淮南·要略》、司馬談《論六家要旨》,皆繼起之作也。一曰開略錄論著之始。自劉向倡爲《別錄》,歆奏《七略》,班志《藝文》,若"六藝略",若"諸子略",犖犖者固多周所論定。夫諸子之書,代有亡佚,生千載之後,尚論古人,不有此篇,則天人之宗、神人之精、至人之真、聖人之兆於變化,內聖外王之道,百家往而不返,何由窺其蘊哉? 是其薈萃群言,貽後人之考鏡,於晚周諸子之功固大,於後世學術界之功尤大矣。

笠山詩話②

洛陽橋,一名萬安橋,距晉江縣治二十里。蔡忠惠公祠在橋之右岸。忠惠自書橋記,鐫於石,藝林重之。今其碑屹然祠下,左碑肥健,右碑瘦勁,末有小字一行云:"曾孫奉議郎直祕閣提舉福建路市舶賜緋魚袋桓立石,福唐上官石鐫。"石質右碑光澤精緻,且護以灰石緣。兩碑皆六行,行十三字。東坡嘗言:"君謨書爲本朝第一。"葛立方《韻語陽秋》亦謂:"泉州橋柱題記,絕過平原。"觀此不誣,豈特惜墨兼金而已哉? 祠奉公塑像,復有光緒元年冬月義州李鶴年《重修蔡忠惠公祠落成紀詩》四首。詩云:"籌邊曾此駐旌旗,祠廟丹青照海湄。(自註:甲戌秋,余以倭事駐師泉州,重過祠下。)諫苑猶傳三禦疏,使臣爭買四賢詩。(自註:公嘗作《四賢一不肖詩》,契丹使者買而張之幽州館。)南邦文物如公偉,東洛山川有夢馳。(自註:公嘗夢遊洛中,蓋即蘇長公戀闕忱也。)迢遞松陰七百里,爲尋遺跡獨行遲。""三千六百尺長橋,一事功成已不祧。設險昔曾雄澤國,(自註:國初鄭氏之亂,嘗據橋設戍③。)洗兵今喜絕天驕。豐碑三宿情猶戀,夾鏡雙虹④路未遙。(自註:橋南有賽洛陽,以萬安橋得名。)釃酒底須薦頻藻,蠣房風味勝江珧。""鄉

---

① 於,季刊作"予"。據上下文意改。
② 本文原載民國三十六年(1947)四月十五日《海疆學報》第二期。蔡飛舟檢索得之。黃曦據以整理,張善文補撰校記。
③ 戍,學報作"險"。據原碑影本改。
④ 虹,學報作"江"。據原碑影本改。

邦領郡數韓（自註：冬郎）王（自註：梅溪），一樣聲名梟宋唐。早以吏才驚輦轂，肯將書法讓蘇黃。易名有典弓裘美，（自註：公以曾孫洗疏請，始謚忠惠。）貴戚無碑翰墨香。（自註：公不應詔書元舅隴西王及溫成后父碑。）莫把龍團恣遺議，格心端不在旗槍。”“下馬摩挲有道碑，楓亭驛畔日斜時。樵蘇知護先賢壠，藻繢重瞻太守祠。秋蘋寒泉遊子奠①，黃蕉丹荔送神詞②。召棠遺愛分明在，寄語邦人好護持。”詩筆清絕。惟言“領郡韓王”，自註“冬郎”、“梅溪”，按韓偓遭朱溫之忌，走依王審知閩中，設龍興寺，實未嘗作郡也。碑爲林霽所書，凡四。霽，晉江人。

清宗室寶廷，號竹坡，官侍郎。所著《偶齋吟草》，多沈酣山水之作。錄其《翠亭題壁》詩云：“獨坐高亭曉氣清，西風披拂葛衣輕。林深不覺日已上，山靜尚嫌泉有聲。俗慮消除神漸爽，名心澹泊念全平。此閒正可經年住，底事匆匆入帝城。”《自來峰題壁》詩云：“獨立萬山巔，登高天地寬。眼中空九塞，足下小三盤。赤日迫人大，白雲埋寺寒。醉來題石壁，嵐翠秀豪端。”《天游一覽臺題壁》句云：“一石蟠空擎古觀，萬峰昂首看遊人。”竹坡詩酒跌宕，不事權要，時有清流之目，然內行亦非謹嚴者。癸酉典試兩淛，歸時買一船伎，吳人所謂花蒲鞋船頭孃也。入都別由水程至潞河，及竹坡自京城縣以車親迎之，則船人俱渺矣。壬午典閩試，歸途復娶江山船女，攜同北行，道路指目。袁浦有汪令者，詰其偽，欲留質之。竹坡懼，道中上疏，以條陳福建船政爲名，附片自陳，言錢塘江有九姓漁船，例備官坐，舟人有女，遂買爲妾，茲請自行檢舉，部議落職。伎名鳳珠，貌寢且麻，行年三十矣。竹坡賞識於牝牡驪黃之外，願以侍郎之易。先是，翰林院侍講賀壽慈，認李春山之妻爲義女，竹坡飛章劾其有玷官箴。尤而效之，亦可怪也。都下有嘲之以詩者，詩云：“昔年淛水載空花，又見閩娘上使槎。宗室八旗名士草，江山九姓美人麻。曾因義女彈烏柏，慣向京娼吃白茶。爲報朝廷除屬籍，侍郎兩度壻漁家。”一時以爲口實。竹坡聞之，怡然不爲忤。後鳳珠不服朔方水土，抱恙床笫，頗有懟言，竹坡曲意承事，卒以不起。黃公度遵憲《人境廬詩集·九姓漁船曲》，亦爲其事作也。詩云：“白石青溪波作鏡，翩翩自照驚鴻影。本來此事不干卿，

① 奠，學報作“薦”。據原碑影本改。
② 詞，學報誤“祠”。據原碑影本改。

偏擾波瀾生古井。使君五馬從天來，八閩張羅網賢才。何圖滿載珊瑚①後，
還有西施網載回。西施一舸輕波輭，原是官船當娃館。玉女清臚隔牖窺，徑
就郎懷歌婉轉。婉轉偎郎倚郎坐，不道魯男真不可。此時忍俊未能禁，此夕
銷魂便真箇。門前烏柏天將曙，搴蓬重對雙星訴②。君看銀潢一道斜，小星竟
向鵲橋渡。鵲橋一渡太匆匆，割臂盟寒忍負儂。不顧③郵亭纔一夕，寧將歌
曲換三公。紛紛禮法言如雨，風語華言相註誤。欲乞春陰巧護花，綠章寧向
東皇訴。略言臣到庚宗宿，大隄花豔驚人目。爲求簜室夢泉邱，敢挈阿嬌貯
金屋。彈章自劾滿朝驚，竟以風流微罪行。如何鐵石心腸者，偏對梨渦忽有
情。鴉④娘傳語鳩媒妬，儂家世世橫塘住。相當應嫁弄潮兒，不然便逐浮梁
賈。張羅得鳥雖有緣，將珠抵鵲寧非誤。禍水真成薄命人，微瑕竟⑤惜閒情
賦。剛說高飛變鳳凰，無端打散驚鴛鴦。金釵敲斷都由我，團扇遮羞怕見郎。
永豐坊柳絲絲綠，拋卻一官膡雙宿。莫將破甑屢回⑥頭，並唱同舟定情曲。”
何翽高《嶺南詩存》亦載之，謂“竹坡己卯放浙江主攷，闈後遊西湖，雨夜舟
漏，昵江山船女，因納爲妾”者，其言誤矣。蓋詩中明言“八閩張羅網賢才”。
竹坡典浙試，實在癸酉，後典閩試。因正之。

　　《升庵詩話》：“余弟姚安太守未庵懤，字用能，酒邊誦一絕句，云：‘亭亭
畫舸繫春潭，只待行人酒半酣。不管烟波與風雨，載將離恨過江南。兄以爲
何人詩？’余曰：‘按《宋文鑑》，則張文潛詩也。’未庵取《草堂詩餘》，周美
成《尉遲杯》註云：‘唐鄭仲賢詩。’余因歎唐之詩人，姓名隱而不傳者何限？
或張文潛愛而書之，遂以爲文潛之作耳。”按《汀南麈存集》錄仲賢闕題詩
三首，此其第一首，“春潭”作“寒潭”。張右史《柯山集》六十卷，固無是
詩，其爲仲賢作無疑。茲補錄其二云：“一夜西風旅雁秋，背身調鏃索征裘。
關山落盡黃榆葉，駐馬誰家唱石州。”其三云：“江雲薄薄日斜暉，江館蕭條獨
拚扉。梁燕不知人事改，雨中猶作一雙飛。”仲賢，文寶字，寧化人，初事南唐
李煜，後舉太平興國八年進士第，有《鄭兵部集》三十卷，今佚。《六一詩話》

---

① 瑚，學報誤“湖”。據《人境廬詩草》改。
② 訴，學報作“語”。據《人境廬詩草》改。
③ 顧，《人境廬詩草》作“願”。
④ 鴉，《人境廬詩草》作“雅”。
⑤ 竟，《人境廬詩草》作“究”。
⑥ 回，《人境廬詩草》作“迴”。

謂:“裴晉公綠野堂詩,鄭工部文寶‘水暖鳧鷺行哺子,溪深桃李臥開花’一聯,最爲警絕,不減王維、杜甫也。”《溫公續詩話》亦謂:“鄭工部詩有‘杜曲花香醲① 似酒,灞陵春色老於人’,爲時人傳誦,誠難得句也。”

《六一詩話》:“詩人貪求好句,而理有不通者。唐人云:‘姑蘇臺下寒山寺,半夜鐘聲到客船。’說者亦云,句則佳矣,其如三更不是打鐘時?”按此爲張繼詩,公亦仿佛記之,故“城外”誤“臺下”,“夜半”誤“半夜”。惟朱承爵《存餘堂詩話》:“張繼《楓橋夜泊》詩,世多傳誦。近讀孫仲益《過楓橋寺》詩云:‘白首重來一夢中,青山不改舊時容。烏啼月落橋邊寺,欹枕猶聞半夜鐘。’”則三更打鐘,可爲親聞者又一證。又葉夢得《石林詩話》:“姑蘇二句云云,歐陽公嘗病其夜半非打鐘時。蓋公未嘗至吳中,今吳中山寺,實以夜半打鐘。然亦何必深辯? 即不打鐘,不害詩之佳也。”吳聿《觀林詩話》:“南史邱仲孚,喜讀書,常以中宵鐘鳴爲限。乃知半夜鐘聲,不獨見唐人詩句。”陳巖肖《庚溪詩話》:“余昔官姑蘇,每三鼓盡,四鼓初,即諸寺鐘皆鳴,想自唐時已然也。後觀于鵠詩云:‘定知別後家中伴,遙聽維山半夜鐘。’白樂天云:‘新秋松影下,半夜鐘聲後。’溫庭筠云:‘悠然旅榜頻回首,無復松窗半夜鐘。’則前人言之,不獨張繼也。又皇甫冉《秋夜宿嚴維宅》云:‘昔聞開元寺,門向會稽峰。居住東湖下,清風繼舊蹤。秋清臨水月,夜半隔山鐘。’陳羽《梓州與溫庭筠夜別》亦曰‘隔水悠悠午夜鐘’。然則豈詩人承襲用此語耶? 抑他處亦如姑蘇半夜鳴鐘耶?”楊升庵曰:“《唐六典》‘更點擊鐘,二十八人掌鐘漏’,唐詩‘促漏遙鐘動靜聞’,則夜半鐘,豈獨寒山寺哉?”乙亥冬,予遊吳中,嘗一至焉。俞曲園補書此詩,其碑陰序云:‘江楓漁火,頗有可疑。宋龔明之《吳中紀聞》作‘江村漁火’,宋人舊籍可寶。”作詩附刻,詩曰:“郇公舊墨久無存,待詔殘碑不可捫。幸有吳中紀聞在,千金一字是江村。”予謂其地已稱楓橋,則江楓字殊不足疑。因《用韋蘇州韻》有云:“楓葉冷吳江,鐘聲寒山寺。好事曲園翁,千金說村字。”又《雜憶京滬遊》云:“來繫寒山寺外船,半窗紅日嬾僧眠。楓橋詩賸俞碑在,一字千金笑九泉。”皆謂此也。

《六一詩話》:“賈島《哭僧》云:‘寫留行道影,焚卻坐禪心。’時謂燒殺

<hr>

① 醲,學報作“濃”。據《溫公續詩話》改。

活和尚,此尤可笑也。若‘步隨青山影,坐學白塔骨’,又‘獨行潭底影,數息樹邊身’,皆島詩,何精粗頓異也?”按《臨漢詩話》:“‘獨行’二句,其自註云:‘二句三年得,一吟雙淚流。知音如不賞,歸臥故山秋。’不知此二句有何難道,至於三年始成,而一吟淚下也。”二公所論,不同如此。

魏泰《臨漢隱居詩話》:“班固云春秋五傳,謂左邱明、公羊高、穀梁赤、鄒氏、夾氏。又云鄒氏、夾氏無書。韓愈《贈盧仝》詩曰:‘春秋五傳束高閣,獨抱遺經究終始①。’不知此二傳果何書?”按許凱《彥周詩話》引此詩,“五傳”作三傳。又云:“玉川子《春秋傳》,僕家舊有之,今亡矣。詞簡而遠,得聖人之意爲多。後世有深於經而見《盧傳》者,當知退之之不妄許人也。”

東坡《至濟南次李公擇韻》:“來看換酒謫仙人”。紀文達云:“金龜換酒,是賀監,非李白。”予按“五花馬,千金裘,呼兒將出換美酒,與汝同銷萬古愁”,正白《將進酒》句也,坡公乃使此事。賀監訪白,爲解金龜換酒,見孟棨《本事詩·高逸第三》。紀文達評點蘇詩,雖唐宋之界,不能自釋於胸,然是非之處,庶十得七八。至《樓觀》一首,不取“青牛久已辭轅軏②,白鶴時來訪子孫”,未免有遺珠之歎。

詩人比喻過甚,往往失之夸大,如李翰林“白髮三千丈”之類。文與可《寄東坡》亦有句云:“待將一段鵝溪絹,掃取寒梢萬尺長。”故東坡次韻答之云:“世間那有千尋竹,月落空庭影許長。”

陳去非與義《簡齋外集》,《詠梅》詩句云:“一陣東風濕殘雪,強將嬌淚學梨花。”雖有意翻新,卻沒了梅花品格。

《潛溪詩眼》云:“孫莘老嘗謂老杜《北征》勝退之《南山》詩,王平甫以謂《南山》勝《北征》,終不能相服。時山谷尚少,乃曰:‘若論工巧,則《北征》不及《南山》。若書一代之事,以與《國風》、《雅》、《頌》相爲表裏,則《北征》不可無,而《南山》雖不作,未害也。’二公之論遂定。”按退之《南山》:“延延離又屬,夬夬叛還遘。喁喁魚闖萍,落落月經宿。闟闟樹墻垣,巘巘駕庫廏。參參削劍戟,煥煥衒瑩③琇。敷敷花披萼,閜閜屋摧霤。悠

---

① 終始,學報作“始終”。據《臨漢隱居詩話》改。

② 軏,學報作“軏”。據《東坡全集》改。

③ 衒瑩,學報誤“街塋”。據《韓昌黎集》改。

悠舒而安，兀兀狂以①狃。超超出猶奔，蠢蠢駭不懋。"此從古詩"青青河畔草，鬱鬱園中柳。盈盈樓上女，皎皎當窗牖。娥娥紅粉妝，纖纖出素手。"章法而出。惟一篇造句之工，陳言務去，平甫所謂勝《北征》也。

杜集《自京赴奉先縣詠懷》、《北征》二詩，陳忠愛，道窮愁，立言有體，蓋《離騷》之遺，而排奡之氣，橫絕宇宙矣。所謂沉鬱頓挫，須於此理會得來。李安溪以《詠懷》一首，金聲玉振，可為壓卷。吾亦云然。

王荊公選老杜詩，以《洗兵馬》一首為壓卷。予謂氣體之瀏亮高妙，允宜推此。然《奉先詠懷》之作，則極沈鬱頓挫之致，此與榕村所見不同也。

《歲寒堂詩話》："梅聖俞云'狀難寫之景，如在目前'，元微之云'道得人心中事'，此固白樂天長處。然情意失於太詳，景物失於太露，遂成淺近，略無餘蘊，此其所短處。如《長恨歌》，雖播於樂府，人人稱誦，然其實乃樂天少作，雖欲悔而不可追者也。其敘楊妃進見專寵行樂事，皆穢褻之語。首云'漢皇重色思傾國，御宇多年求不得'，後云'漁陽鼙鼓動地來，驚破霓裳羽衣曲'，又云'君王掩面救不得，回看血淚相和流'，此固無禮之甚。'侍兒扶起嬌無力，始是新承恩澤時'，此下云云，殆可掩耳也。'遂令天下父母心，不重生男重生女'，此等語乃樂天自以為得意處，然而亦淺陋甚。'夕殿螢飛思悄然，孤燈挑盡未成眠'，此尤可笑。南內雖凄涼，何至挑孤燈耶？惟敘上皇還京云：'天旋日轉迴龍馭，到此躊躇不能去。馬嵬坡下泥土中，不見玉顏空死處。君臣相顧盡沾衣，東望都門信馬歸。歸來池苑皆依舊，太液芙蓉未央柳。'敘太真見方士云：'風吹仙袂飄飄舉，猶似霓裳羽衣舞。玉容寂寞淚闌干，梨花一枝春帶雨。'一篇之中，惟此數語稍佳爾。《長恨歌》元和元年尉盩厔時作，是時年三十五。謫江州十一年，作《琵琶行》。二詩工拙，遠不侔矣。如《琵琶行》，雖未免於煩悉，然其語意甚當，後來作者，未易超越也。"按李唐詩人之詠天寶遺事者，如杜子美《北征》句云："不聞夏殷衰，中自誅褒妲。"鄭畋詩句云："終是聖明天子事，景陽宮井有何人。"則立言有體，視香山蘊籍矣。又《升庵詩話》引："范元實《詩話》：白樂天《長恨歌》工矣，而用事猶誤。'峨嵋山下少人行'，明皇幸蜀，不行峨眉山也，當改云劍門山。'七月七日長生殿，夜半無人私語時'，長生殿乃齋戒之所，非私語地也。華

---

① 以，學報作"似"。據《韓昌黎集》改。

清宮自有飛霜殿，乃寢殿也，當改長生爲飛霜，則盡矣。按鄭嵎《津陽門詩》'金沙洞口長生殿，玉蕊峰頭王母祠'，則長生殿乃在驪山之上，夜半亦非上山時也。又云'飛霜殿前月悄悄，迎風亭下風颭颭'。據此，元實之所評信矣。"

《升庵詩話》："錢珝《詠史》詩云'負罪將軍在北朝，秦淮芳草綠迢迢。高臺愛妾魂應斷，始擬邱遲一爲招。'此詠梁將軍陳伯玉之事。伯玉負罪，自梁奔魏，其後邱遲以書招之，有云'江南三月，草長鶯啼，雜花亂開'，又曰'高臺未傾，愛妾猶在'。詩皆用書中語。"按《文選》有邱遲《與陳伯之書》，此作"伯玉"誤也。引書中語亦譌亂，當作"暮春三月，江南草長，雜花生樹，群鶯 ① 亂飛。"石屏袁嘉穀澍圃《臥雪齋詩話》云："月長樹飛，乃入上去平也。初唐以前之詩文，節奏諧暢，聲音高響，皆平上去入並用之故。上聲可以對去入，去聲可以對上入，入聲可以對上去，上去入可以對平。四聲變化，不可方物，有韻之文兼用之，無韻之文亦兼用之。文勢古宕，妙在於此。"其言甚是。

瞿佑宗《歸田詩話》："崔顥題黃鶴樓，太白過之不更作，時人有'眼前有景道不得，崔顥題詩在上頭'之譏。及登鳳凰臺作詩，可謂十倍曹丕矣。蓋顥結句云'日暮鄉關何處是，煙波江上使人愁'，而太白結句云'總爲浮雲能蔽日，長安不見使人愁'，愛君憂國之意，遠過鄉關之念，善占地步矣。太白別有'搥碎黃鶴樓'之詩，其於顥未嘗不耿耿也。"按《升庵詩話》："李太白過武昌，見崔顥《黃鶴樓》詩，歎服之，遂不復作，去而賦《金陵鳳凰臺》也。其事本如此。其後禪僧用此事，作一偈 ② 云：'一拳搥碎黃鶴樓，一腳踢翻鸚鵡洲。（按趙翼《題隨園詩話》云"此老能翻鸚鵡洲"，亦用此事。）眼前有景道不得，崔顥題詩在上頭。'傍一遊僧，亦舉前二句而綴之曰：'有意氣時消意氣，不風流處也風流。'又一僧云：'酒逢知己，藝壓當行。'元是借此事設辭，非太白詩也。流傳之久，信以爲真。宋初有人僞作太白《醉後答丁十八》詩云'黃鶴高樓已搥碎'一首，樂史編太白遺詩，遂收入之。近日解學士縉作《弔太白》，詩云：'也曾搥碎黃鶴樓，也曾踢翻鸚鵡洲。'殆類優伶副淨滑稽之語。噫！太白一何不幸耶？"又按《逸老堂詩話》："古人服善，往往推尊於前輩。如太

---

① 鶯，學報作"鸚"。據《文選》改。

② 偈，學報作"詩"。據嘉靖二十年刻本《升庵詩話》改。

白過黄鶴樓，則云‘眼前有景道不得，崔顥題詩在上頭’。”亦不考甚矣。又
《吴禮部詩話》：“崔顥《黄鶴樓》詩，題下自注云：‘黄鶴乃人名也。’其詩云：
‘昔人已乘白雲去，此地空餘黄鶴樓。’云乘白雲，則非乘鶴矣。《圖經》載費
文禕登仙駕鶴於此，《齊諧志》載仙人子安乘黄鶴過此，皆因黄鶴而爲之説
者，當以顥之自注爲正。張南軒辨費文禕事妄，謂‘黄鶴以山得名’。或者山
因人而名之歟？李邕《岳麓寺碑》，題‘江夏黄仙鶴刻’，邕書好自刻之，此
固邕寓名，然亦可見相傳之舊矣。”

　　長沙李東陽賓之《麓堂詩話①》：“趙子昂書畫絶出，詩律亦清麗。其
《㲯上詩》曰‘錦纜牙檣非昨夢，鳳笙龍管是誰家’，意亦傷甚。《岳武穆墓》
曰‘南渡君臣輕社稷，中原父老望旌旗’，句②雖佳，而意已涉秦越。至對
元③世祖曰‘往事已非那可説，且將忠赤報皇元’，則掃地盡矣。其畫④爲人
所題者，有曰‘前代王孫今閣老，只畫天閑八尺龍⑤’。至‘江心正⑥好看明
月，却抱琵琶過别船’，則亦幾乎罵矣。夫以宗室之親，辱於夷狄之變⑦，揆之
常典，固已不同。而其才藝之美，又足以爲譏訾之地。才惡足⑧恃哉？然南
渡、中原之句，若使他人爲之，則其深厚簡切，誠莫有過之者，不可廢也。”按
吴郡都穆玄敬《南濠詩話》：“元末，吾鄉有虞堪勝伯者，善作詩，嘗題趙子昂
《苕溪圖》云：‘吴興公子玉堂仙，寫出苕溪似輞川。回首青山紅樹下，那無十
畝種瓜田。’（按《麓堂詩話》引作：“兩岸青山多少地，豈無十畝種瓜田。”）爲人膾炙。近沈
先生啟南，題子昂畫馬一絶，寄予評之。詩云：‘隅目晶瑩⑨耳竹披，江南流落
乘黄姿。千金千里無人識，笑看胡兒買去騎。’先生又爲予誦周方伯良右（按
《逸老堂詩話》引作良石）題⑩子昂《竹枝》云：‘中原日暮龍旂遠，南國春深水殿

　　①　麓堂詩話，天一閣藏本、四庫全書本作《懷麓堂詩話》，知不足齋叢書本作《麓堂詩話》。
　　②　句，學報作“詩”。據《麓堂詩話》諸本改。
　　③　元，學報無。據《麓堂詩話》諸本補。
　　④　“畫”上，學報有“書”字。據《麓堂詩話》諸本刪。
　　⑤　“龍”下，《麓堂詩話》諸本多“有曰‘兩岸青山多少地，豈無十畝種瓜田’”十六字。
　　⑥　正，學報作“只”。據《麓堂詩話》諸本改。
　　⑦　“夷狄之變”，四庫本《懷麓堂詩話》作“異姓之主”。下句“固已不同”，作“固已不可”。
　　⑧　足，學報訛“是”。據《麓堂詩話》諸本改。
　　⑨　瑩，學報作“熒”。據《南濠詩話》改。
　　⑩　題，學報誤“趙”。據《南濠詩話》改。

寒。留得一枝煙雨裏，又隨人去報平安。’三詩皆主刺譏 ①，而勝伯之詞尤微婉云。”予謂文敏《和姚子敬秋懷》句云“中原人物思王猛，江左功名媿謝安”，實自況語也。

宋吳開 ② 正仲《優古堂詩話》：“韓子蒼言，歐陽文忠公寄荆公詩云‘翰林風月三千首，吏部文章二百年’，吏部蓋謂 ③《南史》：‘謝朓於宋明帝朝爲吏部尚書，長五言詩，沈約嘗云：二百年來無此詩也。’文忠之意，直使謝朓事。而荆公答之曰：‘他日若能窺孟子，終身安敢望韓公。’竟指吏部爲退之矣。”按黃常明徹《碧溪詩話》：“永叔以昌黎比介甫，引荆公詩云云。”蓋荆公上距昌黎亦二百年，不必據《南史》沈 ④ 約爲說也。

錢塘瞿宗吉《歸田詩話》：“宋衛王即位海上，秀夫爲首相。時播越海濱，庶事疏略，每朝會，秀夫獨儼然正立如治朝。雖流離中，猶日書《大學章句》以勸講。及厓山兵潰，秀夫先驅其妻子入海，即負帝同溺。或畫爲圖者，石田林景熙賦詩云：‘紫宸黃閣共樓船，海氣昏昏日月偏。平地已無行在所，丹心猶數中興年。生藏魚腹不見水，死抱龍髯直上天。板蕩純臣有如此，流芳千古更無前。’詞嚴義正，足以發明其心事云。”錢塘木訥《歸田詩話序》亦云：“及見前人林景熙詠陸秀夫詩，而知表殉國之忠。”按蘭溪吳師道正傳《禮部詩話》：“陸秀夫抱幼主沈海，諸公作挽詩，惟盛元仁一章爲冠。其詩云云。”與林景熙所賦同，惟“藏”作“投”、“直”作“欲”、“千古”作“青史”，數字有異。盛號虎林。則此爲輓詩，同詠者不止一人，非林景熙賦以題圖畫矣。

《逸老堂詩話》：“鄂州蒲圻縣赤壁，正周瑜所戰之地。黃州亦有赤壁，東坡夜游之地。詩人託物比興，故有‘西望夏口，東望武昌，非孟德之困於周郎者乎’，蓋坡翁亦有疑之之辭矣。韓子蒼亦承東坡之誤，有‘齊安城畔山危立，赤壁磯頭水倒流。此地能令阿瞞走，小儉何敢下蘆洲。’元人陳菊南，上虞人，博古士也。其《詠蒲圻赤壁》詩云：‘往事何消問阿瞞，到頭吞不去江山。自從羽艦隨煙盡，惟有漁舟竟日閒。碑字雷鈒漫墨本，弩機土蝕點朱

---

① 刺譏，學報作“譏刺”。據《南濠詩話》改。
② 開，學報誤“丹”。據《優古堂詩話》改。
③ 謂，學報作“爲”。據《優古堂詩話》改。
④ 沈，學報誤“沉”。據上下文意改。

斑①。淒其古思誰分付，白鳥蒼烟②滅沒間。'噫！千載之下，獨宋葛常之、元陳菊南二人之卓見耳。"又云："杜庠字公序，號西湖醉老，以詩名於景泰閒。其《赤壁》云：'水軍東下本雄圖，千里長江隘舳艫。諸葛心中空有漢③，曹瞞眼裏已無吳。兵消炬影東風猛，夢斷簫聲夜月孤。過此不堪回首處，荒磯鷗鳥滿烟蕪。'時人稱爲杜赤壁云。吳文定詩云④：'西飛孤鶴記何詳，有客吹簫楊世昌。當日賦成誰與注，數行石刻舊曾藏。'世昌，綦竹道士，與東坡同遊赤壁，《賦》所謂'客有吹洞簫者'，即其人也。微文定表而出之，世昌幾無聞矣。"按建安十三年，周瑜大破曹操於赤壁，地在今嘉魚縣、蒲圻故城，當其西南。浦二田曰："潘稼堂《赤壁》詩：'亦知孫曹爭戰處，遠在鄂渚非齊安。聊借英雄發感慨，移山走海騁筆端。'曉事人語也。"有客吹簫楊世昌，文定用東坡成語耳。又放翁《黃州》詩句云："萬里羈愁添白髮，一帆寒日過黃州。君看赤壁終陳迹，生子何須似仲謀。"是亦誤以黃州之赤壁爲吳魏戰爭處。

《逸老堂詩話》云："《陸儼山詩話》載華亭衛先生《題松雪墨竹》'漢家日暮龍沙遠'云云，《都玄敬詩話》以爲周方伯良石所作，但首句改易三字：'漢家'作'中原'，'龍沙'作'龍旗'。未知孰⑤是。"又云："杜征南《與兒書》，言昔人云'借人書一癡，還人書一癡'。山谷《借書》詩有'時送一鴟開鎖魚'，宋艾性父《借書》詩有'校讎未必及三豕，還借最慚無一鴟'。余攷《唐韻》，瓻與癡同用，注云：酒器，大者一石，小者五斗。古借書，盛酒瓶也。後人訛以爲癡，不亦謬乎？"按此二條複見，宜刪其重。又曰："梁樂府《夜夜曲》，或名《昔昔鹽》，昔即夜也。《列子》'昔昔夢爲君'。鹽，亦曲之別名。"又云："杜詩'苔臥綠沈槍'，綠沈以漆著色如瓜皮，謂之綠沈。《南史》：'任昉卒於官，武帝聞之，方食西苑綠沈瓜，投之於盤，悲不自勝。'綠沈瓜，即今西瓜也。"又云："古樂府詩云：'尺素如殘雪，結成雙鯉魚。要知心裏事，看取腹中書。'據此詩言之，古人尺素結爲鯉魚形，即緘是也，非如今人用

---

① 斑，學報作"班"。據續修四庫全書影印北京圖書館藏清鈔本《逸老堂詩話》改。

② 烟，學報作"波"。據《逸老堂詩話》改。

③ 漢，學報訛"漠"。據《逸老堂詩話》改。

④ 詩云，《逸老堂詩話》作"公詩"。

⑤ 孰，學報訛"就"。據《逸老堂詩話》改。

蠟。《文選》云：'客從遠方來，遺我雙鯉魚。'即此是也。下云'烹魚得書'，亦譬喻之言耳，非真烹也。五臣及劉履皆謂古人多於魚腹寄書，引陳涉罩魚倡禍事證之，何異癡人說夢邪？"又云："《荊州記》，盛弘之撰。其記三峽水急云：'朝發白帝，暮宿江陵，凡一千二百餘里，雖飛雲迅鳥，不能過也。'（按《升庵詩話》引作"其閒千二百里，雖乘奔御風，不以疾也"，是也。）李太白詩云：'朝辭白帝彩雲閒，千里江陵一日還。'杜子美云：'朝發①白帝暮江陵。'皆用盛弘之語。"又云："杜詩云：'江蓮搖白羽，天棘蔓青絲。'王菉猗《春晚》詩云：'絲絲天棘出莓牆。'天棘，天門冬也，如懷香而蔓生。洪覺範以爲柳，非也。"又云："唐詩云：'殘霞蹙水魚鱗浪，薄日烘雲卵色天。'東坡詩云'笑把鴟夷一尊酒，相逢卵色五湖天'，正用其語。《花閒集》詞云：'一方卵色楚南天'，注以'卵'爲'泖'，非也。注東坡詩者，亦改'卵色'爲'柳色'，王梅溪亦不及此，何邪？"又云："杜少陵《冬日懷李白》詩，'裋褐風霜入'，惟宋元本仍作'裋'，今新刊本皆改作'短褐'，謬矣。裋音豎，二字見《列子》。"按此七條，見《升庵詩話》。又云："古人服善，往往推尊於前輩。如李太白《過黃鶴樓》'眼前有景'云云。"按此非太白句，《升庵詩話》已力辨其妄，而不察，何耶？

梅縣廖叔度先生道傳，又號梅垞。嘗爲嘉應大學文科學長，予從之遊。先生丰度修偉，晚寓廣州，陳伯南辟爲秘書長，病沒幕中。石屏袁樹五《臥雪詩話》稱其："遊滇五十日，成詩數百篇，馬工枚速，兼而有之。嶺東近今逸才也。"茲錄其《昆明大觀樓》詩云："雲山如畫合催詩，萬里人來把盞時。東亞此閒添裏海，南溟以外有天池。乾坤軒豁開襟抱，洲鳥蒼茫點局棋。憑吊楚威兼漢武，神州闢土好男兒。"三四句，不讓獨漉②《九日登鎮海樓》之作。先生有《三香山館詩集》。其沒也，揭陽姚梓芳覺庵爲之傳，歸善楊壽昌果庵爲志墓之文。又樹五爲先生京師同學友，光緒癸卯經濟特科第一人，亦能詩。摘其《紀湘綺老人賞給翰林院檢討，願以後輩禮，見諸老大前輩，大會於江亭》句云："車聲蘆蕩人如海，花影槐廳夢化煙。白髮漫談天寶事，金幢兼感壽昌年。（自注：亭舊爲慈院，有遼壽昌幢。）"《石遺室詩話》謂其雅切。又石遺翁有

---

① 發，學報作"辭"。據《逸老堂詩話》改。

② 漉，學報作"灑"。按清初陳恭尹（1631—1700）有《九日登鎮海樓》詩。恭尹廣東順德人，字元孝，晚號獨漉子，著《獨漉堂全集》。茲據以改。

《寄樹五》詩云："詩派公安自擅長，竟陵提學愛清蒼。采風不到無諸國，看雨應登有美堂。吟侶漸同秋葉散，酒人渴想碧筒香。憑君書局隨身去，得傍文瀾聚縹緗。"

威遠周癸叔先生，自庚午離廈門，如金陵、如皖垣、如渝、如蓉，忽忽十霜矣。最後教授四川大學，遷校峨眉，先生隨往。得其寄詩《過新津望修覺寺絕勝亭車程所限未能登眺悵然有賦用放翁韻》云："望中翠巘倚丹梯，恨少浮邱手共攜。萬井人煙浮地出，二江襟帶接天低。瞻峨賓旅行軒亟，露冕前遊客夢迷。投老尚嗟牽世網，武陵何地訪仙溪。"《初抵峨眉三疊茶韻示報國寺僧果玲》云："風泉寂聽不嫌譁，夜久銀缸落豆花。香積人多寧少粥（自註：是夜廚已無飯程瑞孫招食粉餌），秋晴吻燥但呼茶。校依佛地仍分院，老入僧寮且寄家。吾道期山山已至，會看一旅復中華。"《贈果玲四疊鬪茶韻》云："九僧詩派藝林譁，如四禪天見雨花。蓮社淨參無漏果，皖雲遙護寄生茶。知君氣已空蔬 ① 筍，笑我玄徒演部家。識得鍾期絃外意，一泓秋水誦南華。"《和韓字韻重贈果玲》云："詩家郊島似申韓，戴笠推敲見聳肩。藏壑不因逃赤日，看花那復破紅禪。山頭飯顆方成佛，銀界詞心妙欲仙。憑轉法華三昧指，長松葛蟊共延緣。"《夜坐再疊韓韻示歠公哲生果玲》云："何曾博得報亡韓，圯上遺書已汗肩。入世修羅勤造劫，老年熏習嬾參禪。瓊樓歸路思遷客，宮錦乘舟羨謫仙。醉向靈陵尋妙諦，降龍歌鳳兩隨緣。"《贈金尤史三疊韓韻》云："金侯家世本三韓，祖國重興荷鐵肩。世上悠悠寧識子，醉中往往愛逃禪。一椎博浪論先達，八道溝婁仰上仙。今夜峨眉山下月，與君回照話前緣。"《豔體遊仙詩四疊韓韻》云："珠籍藍橋舊姓韓，雲垂雙鬢帔垂肩。由來東土嬋嬌法，不解西方寂滅禪。大藥金漿資證聖，玄霜玉杵轉飛仙。祇今盡簡殘唐韻，願乞吳鸑補墨緣。"《遊仙五疊韓韻》云："藍關雪擁孰迎韓，十賚華陽許並肩。佛骨表成寧佞佛，禪心雖好不通禪。定知跨鶴難成道，只學吹簫便得仙。八洞群真隨世換，可能黃白共貪緣。"《惆悵六疊韓韻》云："戚畹當時貌與韓，真妃姊妹宛齊肩。溫泉繡嶺愁歸海，梵宇霓裳共證禪。閣道明星回玉女，貞珉貴主利金仙。開天遺事供惆悵，略逭詩心解息緣。"數詩典麗風華，才思緜邈。先生博聞強識，尤嬋心力倚聲，有《蜀雅》十二卷。去廈之日，樹

---

① 蔬，學報作"疏"。據上下文意改。

棠有詩送別，詩云："無語鷺江水，今朝別最難。閩甌千里路，巴蜀萬重山。人聽哀猿去，身隨倦鳥還。諸生空把袂，唯有淚潸潸。"《奉懷先生都門》詩云："騎驢誤聽公歸蜀，爲客仍看白下秋。昨得韓生書一紙（謂孝愈），江南風①冷孝廉舟。""匡山曾訪遠公盧，仙令當年欲卜居。城郭重來問兵燹，關懷惠施五車書。（先生藏書，猶在南昌。）""吳中山水憶前遊，去日曾言住虎丘。蕭瑟西風白楊路，不聞石帚過蘇州。""江南江北黯烽煙，又阻全家上峽船。屈指秣陵秋欲盡，料隨梅雪度殘年。"《奉寄先生成都》云："白髮健還山，影照峨眉雪。去去閩海舟，奄忽八年別。穆生歎禮衰，道大世兒媟。濡滯向秣陵，青天望寥闊。遂下皖垣帷，講藝契不輟。楊子七千里，江源我家發。行腳過塗祠，巴渝猶戰伐。自從到成都，音書久不遞。草窗草堂鄰，溪流聽清越。怊悵彌天身，抒寫詞沈鬱。耽吟山腴翁，共此清嘉說。思公雲樹深，夢寐精誠結。何日賦遠遊，探茲山水窟。載酒問玄亭，竭來吾願畢。"甲申夏，瑞安李雁晴先生笠，道過南平，爲言函丈已於前歲歸道山矣。頃得張滌瞻秀民北平書，謂遇胡君先驌言先生身後蕭條，書此泫然。

　　長沙蘇逸禪軼，落拓工詩，放遊海宇，垂老不娶，頗類吾鄉劉鼇石先生爲人。予爲翁序《虎溪吟草》，論之如此。翁嘗遊大梁，重過滬上，有詩述事，感慨繫之。句云："卻笑塚中枯骨起，不知天下匹夫慳。世閒獨我無家室，天下全人卒健康。臥看江南煙雨景，不曾辜負好山川。"未幾歸廈門，念盧先生賦詩寄懷云："浪遊笠屐大梁回，訪古夷門過客哀。夜月吹笙篯氏嶺，秋風攜酒孝王臺。愴懷劉項爭雄地，慨慕枚鄒作賦才。歸去虎溪巖畔住，一林香雪萬梅開。"予和韻詩云："愛看閩山去復回，孑然身世有餘哀。驅車偶過夷門隱，攬涕因登廣武臺。萬里依人爲食客，一生流寓老詩才。幽棲倘踐高僧約②，三徑須同蔣詡開。"翁亦和韻云："笑同墨翟把車回，老大風塵亦可哀。亡國靖康餘艮嶽，正音師曠有繁臺。緬懷鄴下曹劉輩，卻媿郢中屈宋才。憑弔延平題故壘，詩豪倒屣一尊開。"集美學校南隅有延平故壘，翁題四字於石。又押臺字韻云："採薪曾困春申浦，攬轡頻經宋武臺。"

　　石門方薰《山靜居詩話》："姚懷光素庵，嘉興諸生。其賦于忠肅墓云：

---

　　①　風，學報作"楓"。據《笠山詩鈔》及民國十九年（1930）《集美週刊》第258期"文藝"欄目所載改。

　　②　"約"下，《笠山詩鈔》有作者小字自注云："叟近擬移居萬石巖。"

'幾看明社屋，公獨任其難。不藉經營苦，誰令反側安。奪門功一錄，汗馬力空殫。到得知松柏，翻嗟歲已寒。苦戰初迴踔，南宮有警聲。當時誰再造，此舉竟何名。黃霧漫天暗，青燐入夜明。岳王祠宇近，相對各沾纓。'按海寧吳騫槎客《拜經樓詩話》："論史者，每以于忠肅不諫景帝易儲一事。鄉前輩張待軒先生《跋仁和阮泰元氏讀于公旌功錄志感詩序》云：'斯錄在壬午夏（自註：嘉靖元年）。先祖檜屏公永訣時，手授泰元云：予供事實錄，獲覩諫易儲一疏，憲宗簡及，爲之流涕。又有請復儲二疏，英宗未及 ① 簡發。爲人臣者，當以肅愍爲法（自註：公初諡肅愍），爾其志之。云云。按阮氏所云三疏，人鮮有知者。公嘗撫膺曰：一腔熱血，灑于何地！意惟易儲未慊于懷爾。王弇州謂監國而即真，而易儲情勢所必然，此子房不能得之于漢高，公安能得之于景帝哉？弇州止以當日情勢，原公之心，未嘗見公疏也。今觀阮 ② 氏詩序，始知有諫易儲、請復儲三疏，公真無負于二帝矣。獨恨阮氏不即以三疏載公集後。公絕口不言，固不求知于天下，後世不可以不知公也。海寧張次仲志。'大興朱石君中丞篋中檢得此跋，題詩其後云：'少保功烈在中葉，手補天缺日再中。有貞睚眥挾宿忌 ③，原繁死矣冤填胸。世儒多口得公鑱，頗疑首鼠類韓公。再安社稷勳震主，汾陽豈與山人同。嬰鱗造膝事茫昧，論世未遠關汙隆。（自註：竊謂公功在社稷，即不諫易儲，亦無損于公。）阮君闡幽意更厚，三疏亹亹宣純忠。嗚呼大賢信無聞，碧血一灑銀河紅。昔編明紀未博攷，志此逸事傳無窮 ④。'昔天台齊次風侍郎未第時，讀書萬松書院，嘗夢于公來謁，與之抗禮，謂曰：'昔英廟易儲，某實有疏諫，留中不發，君他日幸物色之。'後次風預脩《明紀》，入皇史宬，徧檢三日不可得，嘗有詩紀其事。合二事觀之，益可見忠肅之冤矣。"

《石遺室詩話》曰："'西川有杜鵑，東川無杜鵑。涪萬無杜鵑，雲安有杜鵑。'此殆學'魚戲蓮葉東'四句，而不可常 ⑤ 爲者也。"按此說吳曾《漫錄》實先之。又《木蘭辭》"東市買駿馬"四句，亦從之出。爾後東坡《登常山絕頂廣 ⑥ 麗亭》云："西望穆陵關，東望瑯琊臺。南望九仙山，北望空飛

---

① 及，學報無。據《拜經樓詩話》補。
② 阮，學報作"蔣"。據《拜經樓詩話》改。
③ 忌，學報作"怨"。據《拜經樓詩話》改。
④ "窮"下，《拜經樓詩話》有小字注云："某昔與修《明紀綱目》時未曾見此。"
⑤ 常，學報作"嘗"。據《石遺室詩話》改。
⑥ 廣，學報無。據《東坡全集》補。

埃。"學之氣勢最爲壯闊。

北齊楊休之嘗稱陶潛之文,辭采未優。鍾嶸《詩品》置之中品,亦曰殆無長語。予觀楊、鍾所論,蓋緣齊梁綺麗之風而云然。蘇長公曰:"淵明詩,質而實綺,癯而實腴。"王新城曰:"彭澤宜在上品。"知言哉。

丘滄海工部逢甲《羅浮中秋》句云:"我與羅浮同不睡,坐看明月過中天。"此學放翁"我與梅花同不睡,悶尋鸚鵡說無聊"句也。又"但願化身千萬樹,花開長布嶺南春",則學放翁"何方可化身千億,一樹梅花一放翁"句也。而放翁又棄之柳子厚"海畔尖山似劍鋩,秋來處處割愁腸,若爲化得身千億,散上①峰頭望故鄉"之意也。

《升庵詩話》:"杜子美《荔枝詩》:'側生野岸及江蒲,不熟丹宮滿②玉壺。雲壑布衣鮐背死,勞生害馬翠眉須。'杜公此詩,蓋紀明皇爲貴妃取荔枝事也。其用側生字,蓋爲廋文隱語,以避時忌,《春秋》定、哀多微辭之意。非如西昆用僻事也。末二句,蓋昌黎感二鳥之意。言③布衣抱道,有老死雲壑而不徵者。乃勞生害馬,以給翠眉之須,何爲者耶?其旨可謂隱而彰矣。山谷謂④雲壑布衣,指後漢臨武長唐羌諫止荔枝貢者。此俗所謂'厚皮饅頭,夾紙燈籠'矣。山谷尚如此,又何以責黃鶴、蔡夢弼輩乎?"按鮑防《雜感》詩曰:"五月荔枝初破顏,朝離象郡夕函關。"杜牧《華清宮》詩曰:"一騎紅塵妃子笑,無人知是荔枝來。"此與老杜,皆託諷貴妃也。

游景仁《黃鶴樓》詩,句云:"漢水北吞雲夢入,蜀江西帶洞庭流。"刻露矣。不若張祁《渡湘江》"雲藏岳麓寺,江入洞庭湖"十字之純任自然。

王國維《觀堂集林》,《頤和園》詩,年三重韻,水、央、子重韻;《癸丑三月三日京都蘭亭會》詩,無、書重韻。古詩如蘇子卿、《孔雀東南飛》、杜老《飲中八仙歌》、元微之《連昌宮詞》雖有之,終不足法也。

宋吳可《藏海詩話》:"有以杜工部問東坡似何人。坡云:'似司馬遷。'蓋詩中未有如杜者,而史中未有如馬者。又問荔枝似何物。似江瑤柱,亦其理也。"予《清溪竹枝詞》句云:"離支若比江瑤柱,龍眼吾還比蠣房。"《清

---

① 上,學報作"作"。據《柳河東集》改。

② 滿,學報作"漏"。據《杜詩詳解》及《升庵詩話》改。

③ 言,學報無。據《升庵詩話》補。

④ 謂,學報無。據《升庵詩話》補。

溪留別》句云：“頗殊嶺外東坡語，風味鱧魚似荔枝。”安溪產鱧魚，視爲款客上品，且食之以已病焉，亦效東坡語也。

《安溪縣志·藝文》錄朱子《安溪道中泉石奇甚絕類建劍閒山水佳處也》，及《留安溪三日按事未竟》二詩。按《朱子全書》，二詩作於紹興二十二年，歲次癸酉。同歲尚有《安溪書事》詩：“清溪流不極，夕霧起嵐陰。虛邑帶寒水，悲風號遠林。涵山日欲晦，窺閣景方沈。極目無遺眺，空令愁寸心。”宜補入縣志，以備獻徵。

安溪人士或爲予誦李文貞詩云：“新築書堂壁未乾，馬蹄催我上長安。兒時只道爲官好，老去方知行路難。千里關山千里念，一番風雨一番寒。何如①靜坐茅齋下，翠竹蒼梧子細看。”按《榕村集》實無此詩，後閱宋趙與嶷威②伯《娛書堂詩話》，錄之爲裘元量所作。元量字萬頃，豫章人，性恬退，不樂仕，以薦者召爲司直，在朝嘗賦《歸興》云云。文貞或嘗書是詩，故人以爲彼作也。

王若虛從之《滹南詩話》評駁山谷詩，卻多是處。

李東陽《岳陽樓》詩句云：“吳楚乾坤天下句，江湖廊廟古人情。”次句用希文記猶可，吳楚七字用杜詩是底語？或駁之者，李意不服。何耶？

《藝苑卮言》：“余嘗有《漫興》十絕，其一云：‘野夫興到不復刪，大海迴風生紫瀾。欲問濟南奇絕處，峨眉天半雪中看。’於乎！此義邈矣，寥寥誰解者。”又云：“于鱗一日酒閒，顧予而笑曰：‘世固無無偶者，有仲尼，則必有左丘明。’余不答，第目攝之。遽曰：‘吾誤矣，有仲尼則必有老聃耳。’其自任誕如此。”《四溟詩話》：“己西歲中秋夜，李正郎子朱延同部李于鱗、王元美及予賞月。因談詩法，予不避讕陋，具陳顚末。于鱗密以指掐予手，使之勿言。予愈覺飛動，亹亹不輟，月西乃歸。于鱗徒步相攜曰：‘子何太泄天機？’予曰：‘更有切要處不言。’曰：‘何也？’曰：‘其如想頭別爾。’于鱗默然。”按明諸子，誇妄標榜，乃至於此。王詩是底語，吾誠不知其高妙。

番禺潘蘭史飛聲《說劍堂詩》三卷，《詞》一卷，爲其門弟子譚敬、湯安所刻。葉恭綽玉父序其詩，稱其：“性介而和易，不立涯岸，詩亦如其人，不

---

① 如，學報作“時”。據趙萬頃《竹齋詩集》改。
② 威，學報脫。據四庫全書本《娛書堂詩話》提要補。

強樹宗派而有優游自得之趣。"能得其實。錄其《徐澹盧秀才梅花山館讀書圖》云:"昨歲羅浮策杖還,草堂擬築屋三間。同君飽啖胡麻飯,便守梅花不出山。"《寄邱仲遲駕部寧古塔》云:"客中寄與邱遲語,開到桃花可倦還。話我居庸看疊翠,披裘五月過寒山。"《題伯巖石遺詩集》云:"澹定時憑硬語穿,二陳各自有山川。沈冥風雨論文夜,不入新城一字妍。"《仙根工部囑題心太平草廬圖》云:"詩人幾個歸嶺海,乞病梁鴌有故園。十里天山尋舊宅,萬松流水繞孤村。憐予白髮偏行腳,何日黃庭領妙言。風月深宵同澹定,徵君山下別開門。"句如:"舊栽松樹隨人老,久別梅花得月憐","顧我頻年別鄉國,故人未老有兒孫","亂世幸存疑夢寐,名山相慰只清貧","何必肝腸淨冰雪,梅花日日貯胸中","清風楊柳愁邊酒,細雨梅花別後山",皆可誦也。

吳昌碩俊卿《缶盧集》,《寄六泉山人》云:"河聲西向廣苔長,聞道朱雲性氏香。落葉鐘鳴新樂府,黃花燈影古重陽。愁來拔劍斷流水,歸去看山眠草堂。百不如人何礙老,知君贏得是清狂。"《四閒樓》云:"四閒樓高風泠泠,寒山鐘入烟冥冥。城隅一塔聳孤秀,江上數峰排衆青。酌酒自作東道主,臥遊勝讀南華經。日光晨氣盪檐角,梅花樹樹開圍屏。"《寶慈老屋圖爲趙非昔宗建題》云:"北郭詩人勸酒樽,重過老屋笑言溫。鄰候書架香如海,何氏園林水到門。文字吉翔驅魍魅,春秋閒散讌雞豚。嗟予歲晚猶塵鞅,把卷無由坐樹根。"《書貞壯詩稿後》云:"小朝廷在狂釀酒,大劈斧如真畫山。騰笑滑稽猶賸我,拍肩南北兩峰間。"《石遺室詩話》曰:"缶盧造句,力求奇崛。書畫家詩,向少深造者,缶盧出,前無古人矣。"予謂不食人間烟火氣,吾鄉新羅山人《離垢集》亦足尚焉。

寧鄉程頌萬子大,詩才驚艷絕人。錄其《題辟疆先生菊飲詩卷和韻》云:"卷幔秋心黯草堂,陶公閒醉阮公狂。百年老去有詩卷,九日歸來非故鄉。霜澀擁簾嫌酒薄,風強掃地逼年荒。江山文藻都銷歇,曾說豪情比孟嘗。"

李元度《先正事略》:"雷翠庭先生,奉使出京,布衣李鍇送別舟次。"按查爲仁心穀《蓮坡詩話》:"奉天李鐵君鍇,隱居盤山,有句云:'鬬禽雙墜地,交蔓①各升籬'。鍇號廌青山人,有《睫巢集》六卷。古意追摹漢魏,近體詩則取裁郊、島間。"

---

① 蔓,學報作"曼"。據《蓮坡詩話》改。

童鈺字璞巖,號二樹山人,山陰人。《詠梅花》句云:"空山突見古時月,老樹忽先天下花。"以視通仙"疏影橫斜水清淺,暗香浮動月黄昏",一以奇逸勝,一以淡遠勝矣。二樹畫梅最多,故鑴"萬幅梅花萬首詩"小印。嘗有絕句云:"寫梅只合號梅癡,長爲梅花過六時。記得甲申元日集,三千三百十三 ① 詩。"

鄭思肖《鐵函心史·大義 ② 集》,《題陶淵明集後》詩云:"拂袖歸來未是遲,傳家何用五男兒。不堪生在義熙後,眼見朝廷被篡時。"思肖當宋亡,不娶無子,故其詩云然。

李長吉《同沈駙馬賦得御溝流水》,句云:"別館驚殘夢,停杯泛小觴。"按杯、觴字,終覺犯複,此與歐公《真州東園記》"池,吾泛以畫舫之舟"同病。又孟浩然《宿桐廬江寄廣陵舊遊》詩,句云:"風鳴兩岸葉,月照一孤舟。"一、孤,亦病複。

王荆公《讀蜀志》詩,句云:"無人語與劉玄德,問舍求田意最高。"此其語雖有所激而云,然公性情執拗,反人之常,當日新法推行,卒病天下,事故有以。一言喪邦,君子可不慎諸?

老杜居南隣,《小寒食舟中作》諸詩,實開宋人長律風氣之先。又七絕體無不備,宋人亦皆取法焉。

"人生到處知何似,應似飛鴻踏雪泥。泥上偶然 ③ 留指爪,鴻飛那復計東西。"此坡公《和子由澠池懷舊》句也。曾文正云:"東坡學太白,則以長古之氣運於律句中者,此類是已。"又五六句云:"老僧已死成新塔,壞壁無由見舊題。"文正圈點此詩,不取二語,而取泥上二語,則鹹酸之嗜,人各不同也。

常熟翁同書《巢經巢詩序》,稱其:"古近體詩簡穆深厚,時見才氣,亦有風致。其在詩派,於蘇黃爲近。"《臥雪詩話》稱其:"五言爲善。其詩十之六七皆古體,深於昌黎,流於江西,學力彌勝。"茲錄其《山亭聯句》云:"雷餘續蜂鬨,雨去送禪 ④ 唱(鄭珍)。殘紅拂階明,老翠亞檐宏(莫庭芝)。修炎鬱陰霾,頃霽開遠曠(莫祥芝)。端軫夏以紆,合并素一暢(鄭知同)。危亭便箕踞,草

① 十三,學報作"三十"。據清道光間刻《二樹山人寫梅歌附續編》影印本改。
② 大義,學報作"咸淳"。據清光緒間刊本《鐵函心史》改。
③ 然,學報脫。據《東坡全集》補。
④ 禪,學報作"蟬"。據民國三年花近樓刻遵義鄭徵君遺著本《巢經巢詩文集》改。

具雜盆盎（珍）。煎菽脆摻卵，晶茶鹹比醬（庭芝）。刻物鑿情竅，延景啟目障（祥芝）。平林雜花妝，遠岫濕烟葬（知同）。舞庭雀若巫，鏤地蚓逾匠（珍）。鴨煩苗色勞，蠶了柘氣王（庭芝）。行蟻舁蟲饟①，驕魚玩鼈將（祥芝）。攫天柏心豪，升木瓜膽壯（知同）。婢自石角出，孺緣葉縫上（珍）。長謠詠石帚，抱膝思葛亮（庭芝）。共晚松是因，擇交竹堪傍（祥芝）。暮霞千錦舒，新月一弓韔（知同）。酒腸我有限，詩肚君無當（庭芝）。篇成付阿買，尙似昌黎②樣（珍）。"絕有《石鼎》、《城南》風味也。

韓偓《登南臺僧寺》詩云："無奈離腸日九迴，强攄離抱立高臺。中華地向城邊盡，外國雲從島上來。四序有花長見雨，一冬無雪却聞雷。日宮紫氣生冠冕，試望扶桑病眼開。"此偓入閩作也。

陳陶《泉州刺桐花詠》云："猗猗小豔夾通衢，晴日薰風笑越姝。只是紅芳移不得，刺桐屏障滿中都。"按泉州號"刺桐城③"，今不多見此花，屬喬木，紅豔大類木棉。

梁披雲校長奉部命考察南洋④內渡，予賦贈長句。詩云："南行叢菊及芳時，歸到春風柳已絲。今代關開非鑿空，前人功盛只攘夷。周諮膏壤多椰子，曾採傳車幾竹枝。萬頃雲濤軒壯觀，太平洋上客吟詩。"君詩多截句，嘗記其"匹馬秋風溪畔路，疏林黃葉花⑤似開"，以爲風神獨遠。

郊九成《暮春》詩云："春色三分都有幾，二分已在雨聲中。牆東兩箇桃花樹，恨殺朝來一番風。"按用東坡《水龍吟·和章⑥質夫楊花》"春色三分，一分流水，二分塵土"之意。番字叶仄。蓋據杜詩"會須上番看成竹"、元微之"因依上番梅"、獨孤及"舊日霜毛一番新"。《升庵詩話》："杜公竹詩，番字於義不叶。韓石溪都憲家有蔡夢弼《杜詩注》，上番音上笐。《易·說卦》'爲蒼筤竹'，古注音浪。"按山谷《和師厚栽竹》句云："筍要上番成"，則番字又叶平矣。

---

① 饟，學報作"羞"。據《巢經巢詩文集》改。
② 黎，學報作"谷"。據《巢經巢詩文集》改。
③ 城，學報誤"域"。據上下文意改。
④ 洋，學報作"陽"。據《笠山詩鈔》改。
⑤ "花"下，學報重一"花"字。據上下文意刪。
⑥ 章，學報作"楊"。據《東坡全集》改。

對於漢字簡化方案草案管見 [1]

　　這次中國文字改革委員會，提出《漢字簡化方案（草案）》，採取三種方法：第一，筆劃的簡化；第二，字數的簡化；第三，寫法的簡化。原則是對的。但就"七九八個漢字簡化表"，"擬廢除的四百個異體字表"，"漢字偏旁手寫簡化表"，參錯研究，實仍多令人不能滿意的地方。不辭譾陋，提供數點意見如次。

　　一、偏旁錯亂，沒有規律可尋。如廢"廟"爲"庙"，廢"廢"（《說文》广部："廢，屋頓也。"）爲"废"，廢"龐"（《說文》广部："龐，高屋也。"）爲"庞"，廢"廬"爲"庐"，廢"厢"（庙的別字）爲"廂"，字皆從广。《說文》："广，因厂爲屋也。凡广之屬皆從广，讀若儼然之儼。"而廢"廳"爲"厅"，廢"廁"爲"厕"，廢"廚"爲"厨"，廢"廈"爲"厦"，字又皆從厂。《說文》："厂，山石之厓巖人可居。凡厂之屬皆從厂。呼旱切。"廳、廁、廚、廈皆屋屬，從广爲長。又廢"廠"爲"厂"，與"厂"本字音義何別？又廢"鬥"爲"斗"；廢"鬧鬨"爲"闹鬨"，字從門；而廢"鬮"爲"阄"，字仍從門，存廢何居？又"鬥"部尚有常用的"鬩牆"字，亦未聞處理。

　　二、正字別字，去取不當。如"捏"是正字，廢"捏"爲"揑"，繁簡不同，又從別寫。《正字通》云："揑，俗挩字。"《字彙》云："揑，與挩同非。"義已難曉，貿然採用。又"闊"從門活聲，是正字，"濶"是別字，筆畫繁簡同，不應廢"闊"而存"濶"。又刃，刀堅。於六書爲指事，不應廢"刃"而爲"刄"，使與"刄傷"字混。（《說文》："刄，傷也。"錯本作刅，鉉本作办。）

　　三、輕去偏旁，字同音混，義反難曉。麵，（按《正字通》云："麵，俗麪字。"《說文》麥部："麪，麥屑末也。從麥丏聲。"）麯，（按《集韻》：麴，或作麯。《釋名·釋飲食》："麴，朽也，鬱之使生衣朽敗也。"《列子·楊朱》："積麴成封。"《釋文》："麴，本又作麯。"《方言》："䴷、䬳、䴷、䴺、䴹、䍃、麴也。自關而西，秦豳之間曰䴷，晋之舊都曰䬳，齊右河濟曰䴺或曰䴹，北鄙曰䍃，麴其通語也。"《說文》作䵃，米部："䵃，酒母也，從米，䮾省聲；麴，或從麥，鞠省聲。"）從麥，其義易明。廢"麵"、"麯"，爲"面"、"曲"，與面目、曲直字，音同義別。周鼠鄭璞，將毋同譏？

---

　　① 此稿由作者哲嗣包定貞君於 2020 年春提供。有初稿、再稿兩本，各六頁，均以鋼筆書於 450 格豎行紅框格"福建師範學院稿紙"上。疑 1955 年《漢字簡化方案草案》（中國文字改革委員會編擬）公佈之後所撰未刊稿。張善文據以整理點校。

四、廢農爲农,廢儂爲侬,廢漢爲汉,不僅與衣服,依靠,汉港、权杖字形近易譌,而苟趨簡省,必防飾僞。

五、举,农,买,产,东,击,不知部首何所歸屬? 徒滋散漫。草書楷化,形亦不類。

六、改適爲适,與"南宮适"字何別? 以此例推,摘當爲括,與"括弧"字何別? 滴當爲活,與"活潑"字何別? 謫當爲話,與"說話"字何別? 此皆動一髮而牽全局。至於廢候爲侯,義雖可通,(《白虎通·爵》:"侯,候也。候逆順也。")然二字平仄異讀。藉使諸"候"字可廢,則王昌齡詩"悔教夫婿覓封侯",韓翃詩"輕烟散入五侯家",句將不叶。且咽喉、猿猴,从侯得聲字,皆平叶,其声仍不可廢。又《詩·羔裘》:"洵直且侯。"《釋文》引《韓詩》:"侯,美也。"《詩·下武》:"應侯順德。"《傳》:"侯,維也。"《史記·樂書》:"高祖過沛,詩三侯之章。"《索隱》:"侯,語辭也。詩曰:'侯其禕而'者是已。兮,亦語辭也。沛詩有三兮,故云'三侯'也。"是候、侯音義未可偏廢。廢"鬱"爲"玉",則《周禮·春官》序官的"鬱人"當爲"玉人",與杜牧詩"玉人何處教吹簫",《西廂》"疑是玉人來",字同音混。"鬱"、"玉"兩字,義相懸絕,以"鬱壘"爲"玉壘",以"鬱塞"爲"玉塞",望文生訓,更滋誤會。

七、擬廢除異體字表,鄙意必須根據音同義同字,定其存廢。廢"歎"爲"嘆",按《說文》口部:"嘆,吞歎也。"欠部:"歎,吟也。"謂情有所悅,吟歎而歌詠。歎近於喜,嘆近於哀。然《毛詩》已兩體錯出,經典今人多通用,此無不可。廢"悽"爲"淒",義絕不同。《廣雅·釋訓》:"悽悽,悲也。"《爾雅·釋訓》:"哀哀、悽悽,懷報德也。"《釋文》:"悽,郭本或作婁。"淒,訓爲涼爲寒。《呂覽·有始》:"西南曰淒風。"注:"坤氣所生,一曰涼風。"《詩·四月》:"秋日淒淒。"《傳》:"淒淒,涼風也。"又《綠衣》:"淒其以風。"《傳》:"淒,寒風也。"淒或从冰作"凄",《左氏》昭四年傳:"春無凄風。"注:"凄,寒也。"又《說文》水部:"淒,雲雨起也。《詩》曰:有渰淒淒。"凡屬此類,義宜兩存。

八、草案每行上欄的字,除翻印古籍外,擬一律作廢。假令實行,仍然一存一廢,自相矛盾。對於接受文化遺產和高中以上學校古典文學的講授,欲簡轉繁。不若將現已通用的簡筆字,給予整齊統一。上欄的字也照舊,二者並行不廢。編爲字書，如四聯出版社的《新辭典》，採入簡筆字，例亦甚善。前代字書，正俗並載，固無不如此，由是可以明轉變之跡。

　　文字無論簡化或改革，必須掌握一個規律。自亂其例，記憶不便。中西文字，始於象形：西文進化爲音符，其字旁行爲一派；中文孳乳於六書，自篆隸至於真楷，其字直行爲一派。中文構造規律，六書之中，形聲一道，爲用至廣亦至便，後代字書，部首統攝，條理不紊，與近世化學名詞，容易轉譯，全由於此。且中文爲用，普通三四千字便足，西文非七八千字不辨。雖其語文一致，辜較各有難易。吾國語言文字，只須教育普及，正其書寫音讀，何嘗不可做到統一。文字改革，不自今始。社會發展，人事日繁，赴速就急，利用爲先。古文、大篆、小篆、隸書、草書、行書、真書，韻書如《切韻》、《廣韻》、《佩文韻府》等，字書如《爾雅》、《廣雅》、《康熙字典》等，都做了整齊統一的功夫。明《洪武正韻》，字義切音，多未洽當，雖以利祿獎掖推行，多不遵用。是非得失，自在人心。現在雖然從簡化着手，但也必須有一套完整的東西。集思廣益，創立體例，編成詞典字書之類，這是大衆所喁喁向望的。至於文字的孳乳寖多，適應社會進化的需要，任何一個國家民族皆然。中國文化有四五千年的歷史，土地縱橫萬餘里，人口六萬萬，東西南朔，異方殊語，以及歷代在政治上發生的分裂，所賴以爲維繫的，僅此斠若劃一的文字。東方民族文化，漢字運用無窮，其道高尚，載籍浩如煙海。蒙文、藏文、回文，其規律變代，弗如遠甚。蒙古入主中原，中統以後，尚崇詞術，上下百年，寖寖向化。滿清入關，玄燁始以蒙古字製十二字頭，合漢洲語，創爲滿文，令詞臣學習，不能推廣。佛藏自東土重譯，始成其光大。他如日文高深繁複的，非依賴漢字不足爲用。明治維新，不廢漢字，東人翻譯西書甚富，在文化事業上，亦未聞其有何障礙。而況吾民族形式所在，誠如草案說的幾千年來我國偉大的思想家、文學家、科學家、藝術家的光輝成就，依靠漢字保存下來，成爲今天我們的最豐富的文化遺產，功績甚偉，這在歷史觀點上，不能不慎重將事。

　　總之，我國文盲的存在，皆由於舊社會不良制度所造成。今天新民主主義革命，由工人階級領導，得到偉大的勝利，摧毀了三千年多年的封建土地剝削制度。學校爲工農開門，人民都有受到相當教育的機會。社會主義制度的優越，貧窮落後將一去不返。文字關係一國文化的發展，正名辨物，必得其當。就原有深厚的寄出，掌握規律，統一整齊，合理改革，爲祖國語言純潔健康而鬥爭，這是一個艱鉅而富有歷史性的使命。

論五言詩之產生 ①

一

五言詩產生于漢。主西京者，如蕭統《文選序》云："退傅有在鄒之作，降將著河梁之篇，四言五言，區以別矣。"鍾嶸《詩品》云："逮漢李陵，始著五言之目。"蕭子顯《南齊書·文學傳》云："少卿離辭，五言才骨，難與爭鶩。"《文選》錄李少卿與蘇武詩三首，蘇子卿詩四首。而徐陵《玉臺新詠》以"西北有高樓"、"東城高且長"、"行行重行行"、"涉江采芙蓉"、"青青河畔草"、"庭中有奇樹"、"迢迢牽牛星"、"明月何皎皎"八首，列爲枚乘雜詩，又多"蘭若生春陽"一首，爲十九首所無。劉勰《文心雕龍·明詩》云："古詩佳麗，或稱枚叔，其孤竹一篇，則傅毅之辭，比采而推，兩漢之作乎？"《文選》又列十九首于蘇李之前，總稱古詩。已上諸家所論五言詩首創，無論爲枚乘，爲蘇李，或不知作者，要其長成于西京，則爲其共同之觀點。

顧後之論者，或疑其偽託，晚近遂有主東京之說。如日人鈴木虎雄，國內鄭振鐸等皆然。附之者多持其說，務以相勝，予以爲不然，爰論之如次。

二

鈴木言："中國五言詩，以爲出自前漢枚乘、李陵、蘇武等之作，頗難遽信。其理由約有三：第一，五言詩本源之未確；第二，五言詩發達之徑路不明；第三，史傳無記載。"是也。

鈴木所謂本源未確者，主要以梁代諸家，說不一致。《文選》、《玉臺》所收以外，擬蘇、李詩，亦多有傳者。古詩不限於《文選》所收之十九首，《玉

---

①　此篇原載《福建師範學院學報》1959 年第 1 期 27 頁至 36 頁。作者手訂《笠山文鈔》稿本未收。茲據學報刊本整理校訂，附存《文鈔》"補遺"中。

臺》所收之八首。蕭統、徐陵就此等作中，取其善而可信者，直題爲李陵作、蘇武作耳。予謂古詩如《詩品》所稱，其“去者日以疏”四十五首，惜多不存，無由窺其語言風格。但就《文選》所錄十九首，確非一時一人之作，統曰古詩。（按《陸士衡集》有《擬古》十二首“行行重行行”等，《詩品》云：“古詩陸機所擬十四首，文溫以麗，意悲而遠，驚心動魄，可謂幾乎一字千金。”是即以古詩稱矣。）李善注：“並云古詩，蓋不知作者。或云枚乘，疑不能明也。詩云‘驅車上東門’，又云‘遊戲宛與洛’，此則辭兼東都，非盡是乘明矣。昭明以失其姓氏，故編在李陵之上”。其“明月皎夜光”一首，有“玉衡指孟冬”之句。李善注：《春秋運斗樞》曰：‘北斗七星，第五曰玉衡。’《淮南子》曰‘孟秋之月，招搖指申’。然上云促織，下云秋蟬，明是漢之孟冬矣。《漢書》曰：‘高祖十月至灞上，故以十月爲歲首。’漢之孟冬，今之七月矣。”此與阮籍《詠懷》所謂“是時鶉火中，日月正相望”，鶉火星名，中指九十月之交，十五日，日月相望，暗指司馬氏廢立。玉衡、鶉火，同爲表時。楊慎《丹鉛總錄》曰：“《文選》古詩十九首，非一人之作，亦非一時也。其曰玉衡指孟冬，而上云促織，下云秋蟬，蓋漢之孟冬，非夏之孟冬矣。漢襲秦制，以十月爲歲首。漢之孟冬，夏之七月也。其曰‘孟冬寒氣至，北風何慘慄’，則漢已改秦朔，用夏正以後詩也。三代改朔不改月，古人辯證，博引經傳多矣，獨未引此耳。又唐儲光羲詩‘夏王紀冬令，殷人乃正月’，此亦一證。”王士禎《居易錄》引閻若璩《古文尚書疏證》，亦以此孟冬，乃建申之月，指改時而言。下文“秋蟬鳴樹間”，爲明實候，故以不改者言。其後何焯《義門讀書記》亦斷爲太初以前之詩。綜觀諸說，《古詩十九首》固多西京之作，如第十二首“迴風動地起，秋草萋已綠。四時更變化，歲暮一何速”，上言秋草，下言歲暮，此皆太初以前時序。又第十六首，“凜凜歲云暮，螻蛄夕鳴悲①。涼風率已厲，游子寒無衣”。按《月令》“孟秋之月涼風至”，歲暮而云涼風，亦太初以前時序。至於“孟冬寒氣至，北風何慘慄”，則太初改曆後之詩。其“西北有高樓，上與浮雲齊”，李善注所謂：“西北乾位，君之位也”。則此詩之指西京，固猶“驅車上東門”、“遊戲宛與洛”，言時地爲東京者同。其非一時一人之作，昭昭然明矣。張爲騏《古詩明月皎夜光辨譌》，引魏了翁《正朔考》，歷舉《詩》、《書》皆用夏正，小序稱：

---

① “鳴悲”，《福建師範學院學報》誤作“悲鳴”，據《文選》改。

《詩》有夏正,無周正"。如"四月維夏,六月徂暑"。例外只有《豳風》"曰爲改歲"一句。但"何以卒歲",則仍是行夏之時。又謂《史記》、《漢書》明載有曆從夏正之賦頌,賈誼《鵩賦》曰:"單閼之歲兮,四月孟夏"。太歲在卯曰單閼,則當文帝六年丁卯,距武帝太初元年,正七十年。司馬相如《封禪頌》曰:"孟冬十月,君徂郊祀"。司馬相如卒時在元狩五年,距太初亦前十四年。且此頌明指孟冬爲十月,更是李善注絕好反證。遂謂詩中冬字是秋字之譌。削足就履,未爲通論。考《詩·小雅》:"正月繁霜,我心憂傷"。《傳》:"正月,夏之四月。"《箋》云:"夏之四月,建巳之月,純陽用事而霜多,急恆寒若之異,傷害萬物,故心爲之憂傷。"疏謂:"是周之六月,爲正(讀爲純正之正,非歲首正月之正)月也。周六月,是夏之四月,故知正月夏之四月也。謂之正月者,以乾用事,正純陽之月,傳稱愆未作,謂未有陰氣,故此《箋》云,純陽用事也。此詩人不盡用夏正之例。其"十月之交,朔日辛卯",《箋》云:"周之十月,夏之八月也。八月朔日,日月交會而食。"是則周正矣。而《豳風·七月》夏正、周正並用,尤爲彰明較著。其首章曰:"一之日觱發,二之日栗烈",又曰:"三之日于耜,四之日舉趾"。其四章曰:"一之日于貉",又曰:"二之日其同"。其卒章曰:"二之日鑿冰沖沖,三之日納于凌陰,四之日其蚤,獻羔祭韭。"皆用用周正,(《毛傳》:一之日,周正月也;二之日,殷正月也;三之日,夏正月也;四之日,周四月也。)豈僅"曰爲改歲"一句而已哉?故東萊呂氏曰:十月而曰改歲,三正之通于民俗尚矣。《詩》有夏正,無周正之言,亦不足爲據。知此,則"明月皎夜光"一首,詩人漢正與夏正並用,正如《豳風·七月》周正與夏正並用者同。詩人用曆無方,可爲明證。然則,賈賦馬頌之用夏正,亦不足拘。況史傳之文,多由後來追改者,《漢書·高帝紀》:"春正月。"師古曰:"凡此諸月號,皆太初正曆之後,記者追改之,非當時本稱。"又豈能執賈、馬之文,以爲《文選》李注之反證乎?所以《古詩十九首》,無論其是否有枚乘之作,但其中有西京、有東京,固無疑義矣。

蘇李詩,《文選》、《玉臺》所錄以外,見於《藝文類聚》、《初學記》、《古文苑》者,擬作蕪雜。《隋書·經籍志》有《漢騎都尉李陵集》二卷,《唐志》並著錄《李陵集》二卷,其後不傳,則誠可疑。然前於此者,顏延之嘗評其詩曰:"李陵衆作,總雜不類,非盡陵製。至其善篇,有足悲者。"(《太平御覽》卷五百八十六引顏《庭誥》)顏氏謂其總雜不類,非盡陵製,即認其中有陵作矣。《文選》五臣注，張銑則以"骨肉緣枝葉"一首爲武別從弟昪者，呂向則以"結髮爲夫婦"一首爲武將使匈奴之時留別妻也，"燭燭晨明月"一首爲贈別友人也。若"良時不再至"三首，周翰、劉亮、張銑皆以爲陵贈武詩。鍾惺則以蘇武詩四首，俱解作別陵。沈德潛則謂未必然，又以"黃鵠一遠別"、"燭燭晨明月"二首，應是贈李作，列"黃鵠一遠別"於"結髮爲夫婦"之後（《古詩源》），與《文選》異次。見解雖有不同，然皆以爲蘇李之作。此一說也。其疑之者，劉勰曰："成帝品錄三百餘篇，朝章國采，亦云周備，而詞人遺翰，莫見五言，所以李陵、班婕好見疑於後代也。"（《文心雕龍·明詩》）蘇軾《東坡志林》及《答劉沔書》並言其偽。梁章鉅《文選旁證》辨之尤力，其言謂史載陵與武別、陵起舞作歌"徑萬里兮"五句，此當日真詩也，何嘗有"攜手上河梁"之事乎？即以河梁一首言之，其曰"安知非日月，弦望自有時"，此謂離別之後，或尚可冀其會和耳。不思武已南歸，絕無再北之理；而陵云"大丈夫不能再辱"，亦自知無還漢之期，此則日月弦望爲虛辭矣。詩中又云："嘉會難再遇，三載爲千秋。"蘇李二子之留匈奴，皆在天漢初年，其別則在始元五年，是二子同居者十八九年之久，安得僅云三載嘉會乎？《文選》題云蘇子卿詩四首，不言與陵別。斷以蘇、李詩皆魏晉以後擬作，與李陵《答蘇武書》同。此又一說也。予謂二子之詩，固不無可疑者在，"骨肉緣枝葉"，似喻昪弟矣，而其下云"我有一罇酒，欲以贈遠人"，武使匈奴，身在漠北萬里之外，此言出諸武口，遠人二字，果誰屬乎？此張銑之說不可信也。然江漢爲別，疑其時不必在域外。蓋武杜陵人，始以父任，兄弟並爲郎，稍遷至栘中廄監，仕履西京。漢中本高祖龍興之地，其水出嶓冢至大別入江，江出岷山（此《禹貢》舊說），東流與漢水合。《周南》江漢游女之辭，實多傷離之意，"俯觀江漢流，仰視浮雲翔"，正不必深爲穿鑿以求其地，至疑難其詩。則陵之"攜手上河梁"，殆亦若斯之類，而《吳越春秋》固有《河梁歌》也。蔡寬夫曰："世以蘇武詩云：'寒冬十二月，晨起踐嚴霜。俯觀江漢流，仰視浮雲翔。'以爲不當有江漢之言，或疑其偽。予嘗考之，此詩若答李陵，則稱江漢決非是。然詩題本不云答陵，而詩中且言'結髮爲夫婦'之類，自非在虜中所作，則安知武未嘗至江漢耶？但注者淺陋，直指爲使匈奴時，故人多惑之，其實無據也。"（《西清詩話》）茲其言有足與吾說相發明也。且陵作三首，《文選》直題曰《與蘇武詩》，後之說者，亦尠異辭。"三載爲千秋"，固當如呂延濟言，一日如三秋,此積數言之者是已,梁說未諦也。或以班志《藝文》,詩賦有歌詩二十八家,三百一十四篇,未錄五言爲疑。不知唐山夫人《房中祠樂》及司馬相如等《郊祀歌》十九章,見於《禮樂志》;退傅《諷諫》、《在鄒》之詩,見於《韋賢傳》,而《藝文志》皆未著錄,則略者又不僅蘇、李之作矣。且其書多已放失,安知遂無五言之詩乎?章學誠曰:“《漢志》詳賦而略詩,帝王之作,有高祖《大風》、《鴻鵠》之篇,而無《瓠子》、《秋風》之什(自注:或云《秋風辭》即《上所自造賦》內);臣工之作,有黃門倡車忠等歌詩,而無蘇、李河梁之篇。(自注:或云,雜各有主名詩十篇,或有蘇、李之作,然漢廷有主名詩,豈止十篇乎?)”(《校讎通義》)要之二子詩,渾然深厚。“誰爲行路人”、“欲以贈遠人”,兩人字複韻;“嬿婉及良時”、“莫念①歡樂時”,兩時字複韻;“安知非日月,弦望自有時”,月則可云弦望,日則不可也,此連及之詞耳。(《文選》李注:“劉熙《釋名》曰:弦,月半之名也,其形一旁曲,一旁直,若張弓馳弦也。望,月滿之名也,月大十六日,月小十五日,日在東,月在西,遙相望也。”按弦望猶圓缺也,東坡《水調歌頭》云“人有悲歡離合,月有陰晴圓缺”是也。鄘說與李注異。)皆前人不以爲拙爲拚,必非魏晉以後之風尚,與陵答武書之藻麗,其僞顯而易見者有間。且後之擬者,如“晨風鳴北林”諸首,乏和宛之音,江淹之《擬李都尉》,亦自謝不足品藻淵流。章炳麟遂謂蘇、李之徒,結髮爲諸吏騎士,未便諷誦,詩亦爲天下宗,及陸機、鮑照、江淹之倫,擬以爲式,終莫能至,由是言之,性情之用長,而學問之助薄也。(《國故論衡·明詩篇》)予以爲陵故良家子,本傳所錄,工于騷體,意亦哀矣。其後蔡琰《悲憤詩》二首,范書《列女》具載其辭。騷與五言,二體並用,正復相類。武持節專對異域,觀其言辭折沖,志不少奪,非素有所蓄積,何能至此?則二子豈絳灌無文者,可擬其萬一哉?章氏未便諷誦之言,殆不然矣。且騷體與五言,體制雖殊,義本相通。《漢書·外戚傳》,戚夫人舂且歌曰:“子爲王,母爲虜。終日舂薄暮,常與死爲伍。相離三千里,當誰使告汝?”有以爲五言詩過渡之橋樑。然荀悅《前漢紀》作:“子爲王兮母爲虜,終日常舂兮與死爲伍。相去數千里,誰可使告汝。”則前兩句仍爲騷體,僅後兩句爲五言。又若《滄浪歌》:“滄浪之水清兮,可以濯吾纓。滄浪之水濁兮,可以濯吾足。”(《孟子·離婁》及《楚辭·漁父》)而《文選·歸田賦》李善注引王逸《楚辭序·漁父歌》曰:“滄浪之水清,可以濯吾纓。滄

---

① “念”,《玉臺新詠》作“忘”。

浪之水濁（按胡刻濁作淥，誤），可以濯吾足。"去二兮字，便成轉韻之五言詩。（按《文子·上德》引作："混混之水濁，可以濯吾足乎？冷冷之水清，可以濯吾纓乎？"去二乎字亦然。）《文心》所謂已有全曲者也。

詩以言志，故哀樂之心感，而歌詠之聲發。鍾嶸《詩品》曰："使陵不遭辛苦，其文亦何能至此"白居易曰："蘇、李各係其志，發而爲文，猶得風人之什二三焉。河梁之句，止于傷別，彷徨抑鬱，不暇他及，去詩未遠，梗概尚存。"（《與元九書》）元稹曰："蘇子卿、李少卿之徒，尤工爲五言。雖句讀文律各異，雅鄭之音亦雜，而詞意簡遠，指事言情，自非有爲而爲，則文不妄作。"（《杜工部墓志銘》）而杜甫《解悶》十二首，其五云："李陵蘇武是吾師，孟子論文更不疑。一飯未曾留俗客，數篇今見古人詩。"此懷校書郎孟雲卿詩也。則老杜直以二子爲師，孟子論文亦不疑其僞矣。韓愈《薦士》詩曰："五言出漢時，蘇李首更好。"僧皎然亦謂："五言詩始於蘇、李，二子天與其性，發言自高，未有作用。"（《詩式》）即東坡晚年《書王子思詩集後》云："蘇、李之天成"，蓋亦不復以爲疑矣。洪邁又謂："李詩云：'獨有盈觴酒，與子結綢繆'，盈字系惠帝諱，漢法觸諱者有罪，不應陵敢用之。"（《容齋隨筆》）顧炎武亦謂："孝惠諱盈，李陵詩'獨有盈觴酒'，枚乘詩'盈盈一水間'。二人皆在武、昭之世，而不避諱，又可知其爲後人之儗作，而不出於西京矣。"按洪、顧二氏所揭櫫外，尚有《古詩十九首》之第六首："盈盈樓上女"，（按，《廣雅·釋訓》"嬴嬴，容也。"《廣韻》，"嬴，容也。"《方言》"嬿，好也，宋魏之間謂之嬿。"是其本字。《說文》"盈，滿器也"，是其假字。）第九首："馨香盈懷袖"，皆是。然考之它籍，或避或不避。《史記·晉世家》，"萬盈數也"、"以從盈數"則不避。《魏世家》則諱盈爲滿。《漢書》賈誼《陳政事疏》曰："秦王置天下于法令，而怨毒盈于世。"（本傳）《諫除盜鑄錢令疏》曰："以調盈虛。"（《食貨志》）鄒陽《上吳王書》曰："淮南連山東之俠，死士盈朝。"（本傳）韋孟《在鄒詩》曰："祁祁我徒，負戴盈路。"（《韋賢傳》）劉向封事曰："呂產呂祿，驕盈無厭"，"王氏貂蟬，充盈幄內。"（《楚元王傳》附向傳）薄昭予厲王書曰："怙息[1]驕盈。"（《淮南王傳》）又《淮南子》："沖而徐盈"、"卷之不盈于一握"、"持盈而不傾"（《原道訓》），"盈縮卷舒"、"不盈傾筐"（《俶真訓》），王褒《四子講德論》："含滷詠德之聲盈耳"（《文選》）。而劉向《說

---

① "息"，《漢書》作"恩德"。

苑·敬慎》引《易》"天道虧①盈而益謙"四句,盈字皆作滿,然下文云:"月盈則食"、"天地盈虛"、"調其盈虛"此三盈字則不避矣。又如高帝諱邦,漢書董仲舒對策"書邦家之過"則犯之。景帝諱啟,《史記·宋微子世家》:"微子開者"。《索隱》:"《尚書·微子之命篇》云:'微子啟代殷后',今此名開者,避漢景帝諱也。"《夏本紀》:"癸甲生啟"凡八啟字,《孔子世家》:"不憤不啟",則不避。明帝諱莊,《漢書·敘傳》云:"貴老嚴之術",諱莊爲嚴,（《五行志》諱莊王爲嚴王,莊公爲嚴公）而又云:"莊之惟賢",則犯之。《史記·淮南王安傳》有"莊芷",《漢書》諱莊爲嚴。然《鄭當時傳》:"字莊","山東諸公以此翕然稱鄭莊","吾聞鄭莊行千里不齎糧",此三莊字班氏又不諱矣。若斯之類,不一而足。又漢人家諱矣,或避或不避。司馬遷之父名談,《趙世家》張孟談、《季布傳》趙談,皆改談作同,（《文選·報任少卿書》"同子參乘",蘇林曰:"趙談也,與遷父同諱,故曰同子。"）爲父諱故也。《高祖功臣表》新陽侯呂談,《王子表》庸侯劉談,字並作譚。至於《晉世家》兩書惠談,《李斯傳》兩書韓談,《自序》"喜生談,談爲太史公",《司馬相如傳》、《滑稽傳》並有談字,則又不諱。孔平仲《雜說》謂《史記》無談字,殊不然。古籍傳寫轉刻,雖代遠難知,然觀《漢書·宣帝紀》元康三年詔曰:"聞古天子之名,難知而易諱也。今百姓多上書觸諱以犯罪者,朕甚憐之,其諱詢諸在令前者赦。"可知當時觸諱者之多。詩歌跑於音韻,寄興騁懷,與夫史傳奏議書疏,畀藏石室,致用廊廟者,宜爲別論。則洪氏、顧氏之言,又失之拘矣。馮惟訥曰:"古詩'盈盈一水間',又高帝諱邦,而韋孟詩云'實絕我邦',古人論文或不諱也。"斯言得之,吾於蘇李詩又何疑焉。

三

考五言詩之產生,有早于枚乘、蘇、李者,如《楚漢春秋》美人和項王歌,則爲五言四句。按《史記·項羽本紀》:"於是項王乃悲歌慷慨,自爲詩曰:'力拔山兮氣蓋世,時不利兮騅不逝。騅不逝兮可奈何?虞兮虞兮奈若何!'歌數闋,美人和之。"《正義》:"《楚漢春秋》云:歌曰:'漢兵已略地,四方楚

---

① "虧",《福建師範學院學報》誤作"劇",據《周易》及《說苑》改。

歌聲。大王意氣盡，賤妾何聊生。'"王應麟《困學紀聞》曰："太史公述《楚漢春秋》，其不載於書者，《正義》云：項羽歌，美人和之，《楚漢春秋》云云。是時已爲五言詩矣。"鄭振鐸乃謂其絕不可靠，與《白頭吟》一例而並疑之。予考《楚漢春秋》九篇，陸賈所記，《漢書·藝文志》春秋家著錄其書。《後漢書·班彪傳》亦謂：漢興定天下，大中大夫陸賈記時功，作《楚漢春秋》九篇。而《隋書·經籍志》、《新唐書·藝文志》俱載爲九卷，與《漢志》合。《舊唐書·經籍志》載爲二十卷，疑其數有誤。賈當秦漢之間，以客從高祖定天下，且爲楚人，記楚事，皆其耳聞目見，太史公多采其言。張守節作《正義》時，其書固無闕也。又《史記·集解序·索隱》云："《楚漢春秋》，陸賈撰，記項氏與漢高祖初起，及惠文間事。"又云："《高祖功臣侯者年表》，《楚漢春秋》與《史記》、《漢書》不同者，陸賈記事在 ① 高祖、惠帝時；《漢書》是後定功臣等列，及陳平受呂后命而定，或已改邑號，故人名亦別。"（《高祖功臣侯者年表·索隱 ②》）此唐人所見之《楚漢春秋》，皆不似今日吾人所見輯本之爲殘軼也（今輯佚有龍溪精舍、經典集林、後知不足齋、十種古逸書、黃氏逸書考、槐廬、問經堂叢書本）。此其可信者一。先漢女子能詩者，如《戚夫人歌》、《唐山夫人房中祠樂》、《烏孫公主歌》。班婕妤退處東宮，作賦自傷悼，或見于馬史，或錄于班書。且《房中》爲貴族樂府，高文典冊，以備郊廟，而風天下。《團扇》怨詩，蕭徐所錄，《文心》疑之，未免臆度。至若項羽學書不成，卒歌垓下。劉季不事詩書，亦唱大風。美人和歌，脫口而出，去絕雕飾，亦何足怪？此其可信者二。至《白頭吟》，據《西京雜記》："相如將聘茂陵人女爲妾，卓文君作《白頭吟》以自絕，相如乃止。"未錄其辭。李白詩亦云："一朝將聘茂陵女，文君因贈白頭吟。"於是宋人始有以"皚如山上雪"當之者，如黃鶴《杜詩注》，《合璧事類》引《西京雜記》，並實此詩，《詩紀》因之，《詩刪》選之。不知《宋書》大曲有《白頭吟》作古辭，《樂府詩集》、《太平御覽》亦然。《玉臺新詠》題作《皚如山上雪》，非但不作文君，並題亦不作《白頭吟》也（略見馮舒《詩紀匡謬》）。王僧虔《技錄》曰："《白頭吟》行歌，古《皚如山上雪》篇。"亦未嘗言文君之作。且《西京雜記》實梁吳均撰。《酉陽雜俎·語資》："庾

---

① "在"，《福建師範學院學報》無，據《史記·高祖功臣侯者年表·索隱》校補。

② "索隱"，《福建師範學院學報》作"注"，茲據《史記》校改。

信作詩,用《西京雜記》事,旋自追改,曰此吳均語,恐不足用也。"則《白頭吟》之可疑,與美人和項王歌之爲《楚漢春秋》所記者,實大相徑庭。此其可信者三。又五言具體,有蚤于此者。楊泉《物理論》:

> 秦始皇使蒙恬築長城,死者相屬。民歌曰:"生男慎勿舉,生女哺用脯。不見長城下,尸骸相支拄!"其冤痛如此矣。

按楊泉《物理論》,《舊唐書·經籍》、《新唐書·藝文志》並著錄其書爲十六卷,其後散亡(有龍溪精舍、平津館、漢學堂、清風室叢書、黃氏逸書本)。秦始皇築長城,民歌云云,《水經注》卷三《河水》、《太平御覽·樂部》並引其辭。而陳琳《飲馬長城窟行》內四句,前二句與此同,後二句作"君獨不見長城下,死人骸骨相撐拄"。此又類似《古詩十九首》"生年不滿百"之後半首,演爲《西門行》本辭。及晉樂所奏《西門行》(《白頭吟》晉樂所奏演爲五解,皆其類),陳胤倩所謂"晉人每增加古辭,寫令極暢"[1]是也。樂府民歌與詩,源實相同,體本無別,其略可分者,不過備弦管與否耳。

漢改秦敗,海宇甫定,休養生息,文學漸興。樂府置官,始見于孝惠二年樂府令夏侯寬。武帝乃立樂府,采詩夜誦,有趙代秦楚之謳,以李延年爲協律都尉。《漢書·外戚傳》:延年性知音,善歌舞,武帝愛之。延年侍上起舞,歌曰:

> 北方有佳人,絕世而獨立。一顧傾人城,再顧傾人國。寧不知傾城與傾國,佳人難再得。

此歌六句,已有五句五言,與《戚夫人歌》六句,而有四句五言,微形兆朕。其五言歌謠,如《漢書·五行志二》成帝時之《黃爵謠》:

> 邪徑敗良田,讒口亂善人。桂樹華不實,黃雀巢其巔。故爲人所棄,今爲人所憐。

又《漢書·尹賞傳》,長安中歌曰:

> 安所求子死,桓東少年場。生時諒不謹,枯骨後何葬。

---

[1] 詳清陳祚明《采菽堂古詩選》。

師古曰："葬，子郎反。"此類民間歌謠，實爲最樸素之五言詩。論其時，亦當成帝建始、元延之間。前乎此者，又若《漢書·貢禹傳》，孝武時歌謠曰：

> 何以孝弟爲，財多而光榮。何以禮義爲，史書而仕宦。何以謹慎爲，勇猛而臨官。

其在《後漢書·馬廖傳》引傳曰：

> 吳王好劍客，百姓多創瘢。楚王好細腰，宮中多餓死。

注："楚靈王好細腰，宮中多餓死。"按"引傳曰"，當是春秋時之歌謠。又同傳，長安語曰：

> 城中好高髻，四方高一尺。城中好廣眉，四方且半額。

按當爲成、哀間事。又《樊曄傳》，涼州爲之歌曰：

> 遊子嘗苦貧，力子天所富。甯見乳虎穴，不入冀府寺。大笑期必死，忿怒或見置。嗟我樊府君，安可再遭值。

按此爲東漢初年之產物。皆純以口語歌其事，第或韻或否耳。班、范輯而錄之，因事附載。又《文選·古詩》："胡馬依北風，越鳥巢南枝。"李注引《韓詩外傳》曰："'代馬依北風，飛鳥棲故巢'，皆不忘本之謂也。"《漢書·儒林傳》："韓嬰，孝文時博士，景帝時至常山太傅。"若斯之類，實爲西漢有五言詩之鐵證矣。

推尋五言發展途徑，見於《詩》、《書》傳記者，難以悉數。《詩品》："夏歌曰'鬱陶乎予心'，楚謠曰'名予曰正則'。"此五言句之見于《書》與《離騷》者也。《左氏》定十四年傳，野人之歌曰："既定爾婁豬，盍歸吾艾豭。"《國語·晉語》，優施①起舞曰："暇豫之吾吾，不如鳥鳥。人皆集於苑，己②獨集於枯。"此《文心》所云遠見《春秋》者也。《詩》三百篇，四言爲其主要形式，其中亦多五言。有一句者，有連屬二句者，其例不勝枚舉。有連

---

① "優施"，《福建師範學院學報》誤作"施優"，據《國語》改。
② "己"，《福建師範學院學報》作"我"，據《國語》改。

屬四句,而雜有四言者,如:

> 誰謂雀無角,何以穿我屋?誰謂女無家,何以速我獄?雖速我獄,室家不足。

> 誰謂鼠無牙,何以穿我墉?誰謂女無家,何以速我訟?雖速我訟,亦不女從。

此《文心》所謂《召南·行露》始肇半章者也。其有全章四句者,如:

> 或燕燕居息,或盡瘁國事。或息偃在牀,或不已於行。(《小雅·北山》第四章)

> 或不知叫號,或慘慘劬勞。或棲遲偃仰,或王事鞅掌。(《北山》第五章)

> "或湛樂飲酒,或慘慘畏咎。或出入風議,或靡事不爲。(《北山》第六章)

又《北山》後三章,連用十二或字,後韓愈《南山詩》連用五十一或字,祖此。其全章六句者,如:

> 知子之來之,雜佩以贈之。知子之順之,雜佩以問之。知子之好之,雜佩以報之。(《鄭風·女曰雞鳴》第三章)

按此詩句末之字,係語助詞,實仍爲四言,姑以備例。

> 虞芮質厥成,文王蹶厥生。予曰有疏附,予曰有先後,予曰有奔奏,予曰有禦侮。(《大雅·緜》第九章)

然則五言之詩,由半章而全章,三百篇中已具有其形式矣。故獨孤及作《皇甫冉集序》曰:"五言詩之源,生於《國風》,廣於《離騷》,著於蘇、李,盛於劉曹。"斯言得之。抑又舉五言詩句有萯于《詩》、《書》傳記,即軼近出土之甲文,有類似古歌謠者。如郭沫若《卜辭通纂》第三百七十五片:

> 癸卯卜,今日雨?其自西來雨,其自東來雨,其自北來雨,其自南來雨?

此正爲《相和曲》:"江南可採蓮,蓮葉何田田,魚戲蓮葉間。魚戲蓮葉東,魚戲蓮葉西,魚戲蓮葉南,魚戲蓮葉北。"章法所自出。則鈴木言五言詩發達之徑路不明者，亦未之深考，故少見多怪耳。

四

鈴木又以史傳凡關於五言詩無記載爲疑，而最後以爲班固《詠史詩》質直，爲五言風氣尚未開。蓋由《詩品》"質木無文"，片言孤證，遂謂五言詩自前漢初期已發達者，可疑甚多，成立於後漢章、和之際，其後益隆，則可信者已。而鄭振鐸亦謂班固《詠史》，爲最早引進五言詩於文壇之作家。比來論者，猶隨聲附和。所謂《詠史詩》，即述孝女緹縈之事。詩云：

> 三王德彌薄，惟後用肉刑。太倉令有罪，就逮長安城。自恨身無子，困急獨榮榮。小女痛父言，死者不可生。上書詣闕下，思古歌雞鳴。憂心摧折裂，晨風揚激聲。聖漢孝文帝，惻然感至情。百男何憒憒，不如一緹縈。

凡此一詩，立一明確之主題，必不可能產生在五言初期。而《古詩十九首》與蘇、李詩之類，其內容較錯綜，主題不如是明確，古樸渾厚，正類草創。且鈴木謂枚乘、蘇、李之詩，皆爲名作，何正史以及他傳記，不一記載其事。若以其矛，還攻其盾，則班固《詠史》，《後漢書》本傳何以又不言其創造五言詩並錄其辭？詎不將由是疑其偽乎？羅根澤乃謂《古詩十九首》，雖作者失考，但非民間歌謠，文人五言詩首班固《詠史》，次張衡《同聲歌》，皆不及此之"驚心動魄，一字千金"，故應在班、張之後。不知班、張之賦京都，可謂追躅卿雲，而絀於五言，豈其才情之不若耶？亦文各有體，因事飾詞，緣情敷藻，惟其適耳。正不能膠柱鼓瑟，軒輊前人，斷其先後。夫屈賦爲楚聲首創，馬史爲傳記先河，樹之楷模，光昭百世，來者不逮，皆祖述焉。比事類情，其又何辭？十九首之詩，雖前人有爲評隲者。《世說新語·文學》：

> 王孝伯在京，行散至其弟王睹戶側[①]，問古詩中何句爲最，睹思未答。孝伯詠"所遇無故物，焉得不速老"，此句爲佳。

---

① "側"，《世說新語》作"前"。

然古詩佳處，在其質樸。猶三百篇，不能尋章摘句，爲之次第優劣。與建安以後之詩，有佳章，有警句，有麗字者，風尚迥殊。《詩品》之言，亦緣齊梁綺靡之習；《文心》並以佳麗相偶，未爲篤論。

又或以應亨《贈四王冠詩》爲五言之始。其序云：永平四年，外弟王景系兄弟四人竝冠，故貽之詩曰：

> 濟濟四令弟，妙年踐二九。令月惟吉日，成服加元首。人咸飾其容，鮮能離塵垢。雖無兕觥爵，杯醴傳旨酒。

茲篇丁福保《全漢詩》錄之，注云"爵里無考"。丁氏稟之馮惟訥《詩紀》。馮氏又稟之徐堅《初學記》卷十四"禮部下冠第六"引此詩。（按此詩實始引於《北堂書鈔》卷八十四"冠十"，惟序詩文字略有異同。如"永平四年"作"永平年四月"，"外弟"作"弟子"，"兄弟四人並冠"作"長世徹世從世母氏蔣公並冠"，"踐"作"才"，"兕爵"作"角酌"。）《太平御覽》卷五百四十同《初學記》。其人其詩，以視枚乘、蘇、李諸篇什，爲選樓諸學士所論定者，蓋有間矣。且其體頌禱，不類五言首出。豈有一種新生之文學，而即陳腐之若是哉？永平爲後漢明帝年號，上距西京不過四五十年。樂府盛于孝武之世，其五言古辭，著錄于郭茂倩《樂府詩集》者實繁有徒。雖不能遽定其人與年代，而謂文人學士之爲五言，必待諸一二百年而後興者，其誰信之？故予于五言詩之產生，斷斷乎右西京之說也。

予論五言詩產生問題已竟，復檢閱南海孔氏《初學記》校勘，後漢應亨《贈四王冠詩》條云："亨爲應貞從孫，貞見《晉書·文苑傳》。又永平爲晉惠年號，則後漢字誤也。"按此刻在巾箱本香齋叢書之後，巾箱本《初學記》，亦孔氏所刻，於光緒八年孟夏開雕，九年孟春告竣，則此刻甚晚。凡三十卷，校勘附於每卷之後，數亦如之。最後有校勘記補遺一卷，卷首有凡例。校勘亦即刻書人所作，頗精審。校勘以亨爲應貞從孫。按《晉書·文苑傳》："貞弟純，純弟秀，秀子詹，自有傳。"《晉書》卷七十《應詹傳》："詹以咸和六年卒，年五十三，冊贈鎮南大將軍，儀同三司，諡曰烈，祠以太牢。子玄嗣位至散騎侍郎，弟誕有器幹，歷六郡太守，龍驤將軍，追贈冀州刺史。"則玄亦應貞從孫。玄與亨形近，未知是否校勘之誤。然咸和爲東晉成帝年號，上距晉惠永平，年事不相及。則校勘以亨爲應貞從孫,實不知所據。惟其詩甚似魏晉以來贈答風尚,姑以待考。又校勘:"璽無咒魢爵,璽疑誤。"按此刻及孔氏古香齋本璽作璽。《廣韻》:"璽,璽俗字"。音義俱不可通,當是璽與雖音近致誤。惟《北堂書鈔》已作雖字,《太平御覽》因之,故《詩紀》亦直改作"雖無咒魢爵"也。

文心雕龍槩說 [1]
(授課提綱草稿)

一、中國文學觀念有廣義狹義與西洋文學。

二、批評文學產生的社會背景:

1. 長江流域的開發,如三國時的孫吳,東晉時的南渡,衣冠世族的遷徙,南朝宋、齊、梁的劃江而治,東南氣候水土的柔和,農業、工商業的發達,反映上層建築的文學,趨於侈麗。

2. 兩漢兩晉南北朝文學體裁,日趨完備。如蕭統《文選》以"事出於沈思,義歸乎藻翰",分篇什爲三十六類。

3. 自東漢王充著《論衡》,其《書虛》、《藝增》、《齊世》、《須頌》、《案書》諸篇,已開文學批評先河。魏晉以降,風氣日甚。如曹丕《典論論文》,陸機的《文賦》,葛洪《抱朴子》的《尚博》、《鈞世》。

4. 南北朝有關文論的著述。如沈約論聲病,蕭統《文選》,蕭繹《金樓子》等,多承襲前人,稍有擴展。其獨具創見自成體系之作,首推劉勰《文心雕龍》,次則鍾嶸《詩品》。

三、劉勰《文心雕龍》:

1. 劉勰的生平:東莞莒人 (今山東莒縣)。早孤,少依沙門僧俗。梁天監初,起家奉朝請,中軍臨川王引爲記室,遷車騎倉曹參軍。出爲太末 (漢屬會稽郡) 令,政有清績。除仁威南康王記室,兼東宮通事舍人。勰爲文長於佛理,與慧震沙門於定林寺撰經。證功畢,遂求出家,改名慧地,未期而卒。

---

① 此稿由作者哲嗣包定貞君於 2020 年春提供。500 格紅欄及藍欄稿紙二十五頁,鋼筆橫寫。張善文點校整理。蓋 1950 年至 1964 年間,作者曾爲福建師範學院中文系學生講授《文心雕龍》。作爲課件提綱草稿,全文雖偶有未相連屬處,但無妨其閒寓灼見,有裨後學參覽。

2. 寫作時代:當齊之末世。《時序篇》有"皇齊馭寶"之語。

3. 篇數:五十篇。自《書記》以上二十五篇,論文章體裁;《神思》以下二十五篇,論文章作法。

4. 思想:勰雖長於佛理,然此書之作,以《原道》爲首,《徵聖》、《宗經》次之。《序志》所云:"敷讚聖旨,莫若注經,而馬鄭諸儒,宏之已精,就有深解,未足立家。唯文章之用,實經典枝條,五禮資之以成,六典因之致用,君臣所以炳煥,軍國所以昭明:詳其本源,莫非經典。"則全書仍以儒家思想爲主。

四、進步性:

1. 文質並重:《情采篇》:"夫水性虛而淪漪結,木體實而花萼振,文附質也;虎豹無文則鞹同犬羊,犀兕有皮而色資丹漆,質待文也。"

2. 文學與環境:《時序篇》:"文變染乎世情,興廢繫乎時序。"《物色篇》:"春秋代序,陰陽慘舒,物色之動,心亦搖焉。"

3. 批評的建立:《知音篇》:"是以將閱文情,先標六觀:一觀體位,二觀置辭,三觀通變,四觀奇正,五觀事義,六觀宮商。斯術已形,則優劣見矣。"

五、局限性:

1. 對有益政教文字,經史子集,全看作文學。

2. 文學起源而談河圖洛書,近於迷信。

六、擬講篇目:

1.《序志》,《神思》,至《練字》、《指瑕》、《養氣》、《附會》、《物色》、《總術》、《時序》、《才略》、《知音》、《程器》。

2.《原道》、《徵聖》、《宗經》、《辨騷》、《明詩》、《樂府》、《詮賦》、《雜文》、《史傳》、《諸子》、《論說》、《書記》。

一、劉勰雖少依沙門,與慧震於定林寺撰經,證功後出家,但所著《文心雕龍》,以《原道》爲首,《徵聖》、《宗經》次之,以及《序志》所云"文章之用,實經典枝條",則全書仍以儒家思想爲指歸。

二、劉勰《文心雕龍·情采篇》:"夫水性虛而淪漪結,木體實而花萼振,文附質也;虎豹無文則鞹同犬羊,犀兕有皮而色資丹漆,質待文也。"提出文質並重,這一論點,全書結合最緊密。《神思》、《體性》、《風骨》以下諸篇,皆就內客與形式統一而言。

三、劉勰文心雕龍唯心思想：

1.《序志》："夫文心者，言爲文之用心也。昔涓子琴心，王孫巧心，心哉美矣！故用之焉。"

2.《原道》："故兩儀既生矣，惟人參之，性靈所鍾，是謂三才，爲五行之秀，實天地之心。心生而言立，言立而文明，自然之道也。"

3.《神思》："古人云：‘形在江海之上，心存魏闕之下’，神思之謂也。文之思也，其神遠矣。故寂然凝慮，思接千載；悄焉動容，視通萬里。吟咏之間，吐納珠玉之聲；眉睫之前，卷舒風雲之色：其思理之致乎？"

4.《體性》："夫情動而言形，理發而文見，蓋沿隱以至顯，因內而符外也。"

5.《風骨》："詩總六義，風冠其首，斯乃化感之本源，志氣之符契也"。

一、知人論世。

二、魏晉南北朝文學修辭綺麗的進步性與局限性。

三、東南氣候水土柔和，經濟富裕，反映上層建築的文學。

四、儒家經典與文學，佛經的翻譯與傳播。

定勢第三十

一、彥和言："因情立體，即體成勢。"篇名《定勢》，而篇中所言，則皆勢無定也。此是辯證看法。

二、古人即體成勢文章。如賈誼《過秦論》，司馬遷《報任安書》、《項羽本紀》，司馬相如《子虛》、《上林賦》，陳琳《爲袁紹檄豫州》，枚乘《七發》之類。此又屬於陽剛者也。

三、酈道元《水經·江水注》，李白《下江陵》，柳宗元《永州八記》，此即體勢，或有取於陽剛，或有取於陰柔。此文章之變化無窮也。

情采三十一舉例

一、劉彥和云："善爲文者，富於千篇，窮於一字。"盧延讓[①]云："吟安一個字，撚斷數莖髭。"

1.賈島"僧敲月下門"，推敲字。

---

① 讓，原稿作"遜"。據《全唐詩》改。

2. 范仲淹《嚴先生祠堂記》:"先生之風,山高水長。"德風兩字,一字師。

3. 王勃《滕王閣詩》:"檻外長江空自流"。

二、詠雪:

1."大雪紛紛何所似","散鹽空中差可擬","柳絮因風起","柳絮才高不道鹽。"

2. 毛主席《沁園春(雪)》:"山舞銀蛇,原馳獵象,欲與天公試比高。須晴日,看紅妝素裹,分外妖嬈。"

三、屬對:

1."馬過竹橋蹄打鼓","雨滴羊毛一片氈","日射龍鱗萬盞燈"。

2. 冷泉亭聯:"泉自幾時冷起,峰從何處飛來";"泉自昔時冷起,峰從天外飛來";"泉自冷時冷起,峰從飛處飛來"。

四、"語不驚人死① 不休"。(杜甫詩)

1."決東海之波,濯惡不盡;罄南山之竹,書罪無窮。"(祖君彥)

2."一抔之土未乾,六尺之孤何託。"(駱賓王《討武氏檄》)

3."落霞與孤鶩齊飛,秋水共長天一色。"(王勃《滕王閣序》)

4. 宋玉《登徒子好色賦》:"增之一分則太長,減之一分則太短;著粉則太白,施朱則太赤。眉如翠羽,肌如白雪,腰如束素,齒如含貝。嫣然一笑,惑陽城,迷下蔡。"

5."吳楚東南坼,乾坤日夜浮。"(杜甫《登岳陽樓詩》)

鎔裁三十二舉例

一、"一意兩出,義之駢枝也;同辭重句,文之肬贅也。"

1. 賈誼《過秦論》:"有席卷天下,包舉宇內,囊括四海,并吞八荒之心。"

2. 劉琨《重贈盧諶》:"宣尼悲獲麟,西狩涕孔丘。"

文心雕龍下篇講義

一、《神思》:專屬於內容。

二、《體性》、《風骨》:內容與形式統一,屬於先天的。

---

① 死,原稿作"誓"。據《杜詩詳注》改。

三、《通變》、《定勢》:包括內容形式,改造先天的。

四、《情采》、《鎔裁》:包括內容形式,屬於後天的改造。

五、《聲律》、《章句》、《麗辭》、《比興》、《夸飾》、《事類》、《練字》:專言創作方法,屬於形式的。

聲律三十三舉例

聲律而在章句之先,蓋先有聲音而後有文字。

1.“故言語者,文章神明樞機,吐納律呂,唇吻而已。”《札記》①:“案彥和此數語之意,即云言語已具宮商。‘文章’下當脫二字。‘者’下一讀,‘神明樞機’四字一讀,‘吐納律呂’四字一讀。”范注:“文章下疑脫關鍵二字,《神思篇》用關鍵、樞機字。”

2.“枯桑知天風”。“月出斷岸口”。

3.“莫春三月,江南草長。雜花生樹,群鶯亂飛。”

4.“先生之風”。“檻外長江空自流”。

5.“壯哉帝王居,佳麗殊百城。”居佳、殊城是雙聲。

6.“皇佐揚天惠”。皇揚叠均。“華佗無奈小蟲何”。

7.“紅軍不怕遠征難,萬水千山只等閒。更喜岷山千里雪,三軍過後盡開顏。”（星火燎原,井岡山。）

8.“良由內聽難爲聰也。”黃②叔琳曰:“由”字下,王損仲本有“外聽易爲□而”六字。范注:□或是巧字。

9. 第一段:①、“皎然可分”一節:器寫人聲,聲非學器,律呂吐納,由於唇吻。②、“亦文家之吃也”一節:以操琴必調聲律,摛文亦當如此。飛沈雙叠,爲文之聲律,不諧爲文家之吃。③、“不出茲論”一節:指出吃文爲患,及糾正之理。已上三節:說明聲律原理與文章關係。

第二段:以人與文爲例。陳思、潘岳如吹籥之調;陸機、左思如柱瑟之和。

第三段:又以《詩三百》與《楚辭》爲例,詩人多清切,楚辭有訛韻,並指出聲律在文學上重要性。

---

① 《札記》,指黃侃撰《文心雕龍札記》。下做此。

② 黃,原稿誤“王”。據《文心雕龍輯注》改。

10. 詩歌有聲律,如《三百篇》,孔子皆弦歌之。《楚辭》楚聲,項羽《垓下歌》、高祖《大風歌》皆楚聲也。文如群經諸子,亦往往用韻,以叶聲律。駢文平仄尤嚴,亦須諧聲律。聲律與文章關係在中國獨體字尤爲密切也。

章句第三十四

1. "三言興於虞時,《元首》之詩是也。"《書·益稷》:"股肱喜哉,元首起哉,百工熙哉!""元首明哉,股肱良哉,庶事康哉!""元首叢脞哉,股肱惰哉,萬事墮哉!"

2. "唯祈父肇禋,以二①言爲句":《詩》"祈父,予王之爪牙"。

3. "洛汭之歌":《五子之歌》。其二曰:"訓有之,內作色荒,外作禽荒。甘酒嗜音,峻宇彫牆。有一于此,未或不亡。"其三曰:"惟彼陶唐,有此冀方。今失厥道,亂其紀網,乃底滅亡。"

章句:

1. 章句是專門之學:《漢書·藝文志》:《易》有施、孟、梁丘氏章句;《書》有歐陽章句,大小夏侯章句;《春秋》有公羊章句,穀梁章句。《毛詩》如《關雎》三章,一章四句,二章八句。

2.《文心雕龍·章句篇》:①、"聯字以分疆,總義以包體"。②、斷句分章,包括傳注訓詁之學。③、用韻:"兩韻輒易","百句不遷"。④、語法修辭:發語詞、句中虛字、句尾語助詞。

比興第三十六

1. 金錫:《衛風·淇奧》:"瞻彼淇奧,綠竹如簀。有匪君子,如金如錫,如圭如璧。"

2. 珪璋:《大雅·卷阿》:"顒顒卬卬,如圭如璋,令聞令望。豈弟君子,四方爲綱。"

3. 螟蛉:《小雅·小宛》:"螟蛉有子,蜾蠃負之。教誨爾子,式穀似之。"

4. 蜩螗:《大雅·蕩》:"文王曰咨,咨女殷商。如蜩如螗,如沸如羹。"

5. 澣衣:《邶風·柏舟》:"心之憂矣,如匪澣衣。"

---

① 二,原稿誤脱。據《文心雕龍》補。

6. 席卷:"我心匪石,不可轉也。我心匪席,不可卷也。"

7. 麻衣如雪:《曹風·蜉蝣》:"蜉蝣掘閱,麻衣如雪。"

8. 兩驂如舞:《鄭風·太叔于田》:"太叔于田,乘乘馬。执轡如組,兩驂如舞。"

9. 庾信《小園賦》:"一寸二寸之魚,三竿兩竿之竹。"

10. 辛棄疾詞:"七八個星天外,兩三點雨村^①前。"

夸飾第三十七

1. "形而上者謂之道,形而下者謂之器。"《易繫辭上》。

2. 《詩·大雅·崧高》:"崧高維嶽,駿極于天。"尹吉甫美宣王也。

3. 《衛風·河廣》:"誰謂河廣,曾不容刀。"宋襄公母歸于衛,思而不止,故作是詩也。

4. 《詩·大雅·假樂》:"千祿百福,子孫千億。"嘉成王也。

5. 《詩·大雅·雲漢》:"周餘黎民,靡有孑遺。"仍叔美宣王也。

6. 《尚書·堯典》:"湯湯洪水方割,蕩蕩懷山襄陵,浩浩滔天。"

7. 《尚書·武成》:"前徒倒戈,攻于後以北,血流漂杵。"

8. 《孟子》:"盡信《書》不如無《書》。吾於《武成》,取二三策而已。仁者無敵於天下,以至仁伐不仁,如何其血流漂杵也?"

9. 《詩·魯頌·泮水》:"翩彼飛鴞,集于泮林,食我桑黮,懷我好音。"

10. 《詩·大雅·緜》:"周原膴膴,堇荼如飴。"文王之興,本由太王也。堇,烏頭。荼,苦菜,蓼屬。

11. 《孟子·萬章》:"故說《詩》者,不以文害辭,不以辭害意。以意逆志,是爲得之。"

12. 《文選·司馬長卿上林賦》:"奔星更於閨闥,宛虹拖於楯軒。""椎蜚廉。""弲焦明。"

13. 《文選·楊雄甘泉賦》:"翠玉樹之青葱兮。""鬼魅不能自逮兮,半長途而下顛。"

14. 《文選·班固西都賦》:"揄文竿,出比目。"

15.《文選·張衡西京賦》："游海若① 於玄渚。"

16.《文選·楊雄羽獵賦》："鞭洛水之宓妃，餉屈原與彭胥。"

17. 嚴可均輯《全後漢文·張衡羽獵賦殘文》，無"困玄冥於朔野"。

事類第三十八

1.《易·既濟》："九三，高宗伐鬼方，三年克之，小人勿用。"

☲☵ 離下坎上。"既濟，亨小，利貞，初吉終亂。"

2.《易·明夷》："六五，箕子之明夷，利貞。"

☷☲ 離下坤上。"明夷，利艱貞。"

3.《尚書·胤征》："《政典》曰：'先時者殺無赦，不及時者殺無赦。'"

4.《尚書·盤庚上》："遲任有言曰：'人惟求舊。器非求舊，惟新。'"

5.《易·大畜》☶ 乾下艮上。"象曰：天在山中，大畜；居子以多識前言往行，以畜其德。"

6. 司馬相如《上林賦》："建翠華之旗，樹靈鼉之鼓。"李斯《諫逐客書》："建翠鳳之旗，樹靈鼉之鼓。"

7.《淮南子·說山訓》："天下無粹白之狐，而有粹白之裘，掇之衆白也。善學者若齊王之食雞，必食其蹠數十而後足。"

8. 陸機《園葵詩》："庇足同一智，生理各萬端。"按《左氏》成十七年傳：齊靈公刖鮑牽。仲尼曰："鮑莊子之知，不如葵，葵猶能衛其足。"又文七年傳："宋昭公將去群公子，樂豫曰：'不可。公族，公室之枝葉也。若去之，則本根無所庇陰矣。葛藟猶能庇其本根，故君子以爲比，況國君乎？'"

9.《文選·陳琳爲曹洪與魏文帝書》："蓋聞過高唐者，效王豹之謳。"李善注引《孟子》："淳於髡曰：綿駒處高唐，而齊右善善歌。"曹洪，非曹仁。

①、類書：《藝文類聚》、《北堂書鈔》、《太平御覽》、《玉海》、《淵鑑類函》。

②、辛棄疾掉書袋之誚。

③、典鬼譜之誚。

④、"袁君山之流涕"，使事錯誤。

---

① 游海若，《文選》作"海若游"。

練字第三十九

練字者,謂臨文用字,必出於矜練也。宋景文云:"人之屬文,有穩當之字,第初思之未至也。"所以讀書必先識字。一字有一字之音義,由聲音以達於訓詁,訓詁詳而後句讀明。古者八歲入小學,保氏教國子,先以六書。此語言所以爲文學之基礎也。彥和斯篇,上述蒼籀斯邈,正讀傳業,奇字纂訓,貫練雅頌,總閱音義,淵源詁訓,苑囿奇文,以歸於綴字屬篇,必須練擇,依義棄奇,則可與正文字矣。此與《章句篇》所云"積字而成句",又云:"句之清英,字不妄也。"仲尼"詞達"之旨,必由乎文從字順,斯文章之準繩矣。

1. 思哭粟飛:《淮南子·本經訓》:"昔者倉頡作書,而天雨粟,鬼夜哭。"

2. 六書:《周禮·地官·保氏》:"養國子以道,乃教之六藝,五曰六書。"鄭衆注:"六書,象形、會意、轉注、處事、假借、諧聲。"

3. 六體:《漢書·藝文志》:"漢興,蕭何草律,亦著其法。曰太史試學童,能諷書九千字以上,及得爲史。又以六體課之,課最者以爲尚書御史書令史。吏民上書,字或不正,輒舉劾。六體者,古文、奇字、篆書、隸書、繆篆、蟲書。"

4. 馬字缺畫:《漢書·石奮傳》:"長子建,爲郎中令。奏事下,建讀之,驚恐曰:'書馬者,與尾而五,今乃四,不足一,獲遣死矣。'"

5. 相如課篇:《漢書·藝文志》:"武帝時,司馬相如作《凡將篇》,無復字。"

6. 張敞傳業:《漢書·藝文志》:"《倉頡》多古字,俗師失其讀。宣帝時,徵齊人能正讀者,張敞從受之。傳至外孫之子杜林,爲作訓辭。"《杜鄴傳》:"鄴少孤,其母張敞女。鄴壯,從敞子吉學問,得其家書。吉子竦,又幼孤,從鄴問學,亦著於世,尤長於小學。鄴子林,清靜好古,亦有雅材,其正文字,過於鄴、竦,故世言小學者由杜公。"

7. 楊雄以奇字纂訓:《漢書·藝文志》:"元始中,徵天下通小學者以百數,各令記字於庭中,楊雄取其有用者,以作《訓纂篇》。"《漢書·楊雄傳贊》:"劉棻嘗從雄學作奇字。"

8. 孔徒:張楫《進廣雅表》:"昔在周公,制禮以導天下,著《爾雅》一篇,以釋其義。今俗所傳三篇,或言仲尼所增,或言子夏所益,或言叔孫通所補,或言沛郡梁文所考,皆解家所說,先師所傳,疑莫能明。"《西京雜記》:"揚子雲曰:《爾雅》者,孔子門徒游、夏之傳,所以解釋六藝者也。"

9. 三接之外:黃注:"按三接者,如張景陽《雜詩》'洪潦浩方割',沈休文《和謝宣城詩》'刷①羽汎清源'之類。三接之外,則曹子建《雜詩》'綺縞何繽紛',陸士衡《日出東南隅行》'璚珮結瑤璠'。五字而聯邊者四,宜有字林之譏也。若賦,則有十接、二十接不止者矣。"

10. 黯黕:劉向《九歎》"望舊邦之黯黕②兮",注:黯黕,暗也。

11. 三寫:《抱朴子》:"書三寫,魚成魯,帝成虎。"《說文》"帝,諦也。王天下之號,從二朿聲。帝古文帝。""虎,山獸之君,從虍從儿,虎足象人足也。"

12.《周頌》:"維天之命,於穆不已。"於,歎辭;穆,深遠也。

13. 三豕:《呂氏春秋·察傳篇》:"子夏之晉,過衛,有讀史記者,曰:'晉師三豕涉河。'(《意林》作渡河)子夏曰:'非也。是己亥耳。'夫三與己相近,豕與亥相似。至晉而問之,則曰'晉師己亥涉河'也。辭多類非而是,多類是而非。是非之經,不可不分。"

14. "子思弟子"三句:《札迻》:案祀當作似。《詩·周頌》:"維天之命,於穆不已。"《毛傳》引孟仲子說,《正義》引《鄭譜》云:"孟仲子者,子思弟子。"又云:"子思論《詩》於穆不已,仲子於穆不似。"即彥和所本也。今所傳歐陽修輯本《鄭譜》,無此二文。

15. 別風淮雨:《尚書大傳》:"越裳以三象重九譯而獻白雉,其使請曰:'久矣!天之無別風淮雨。意者中國有聖人乎?'"鄭玄注:"淮,暴雨之名也。"《書》疏引作"烈風淫雨"。

16. 重韻:杜甫《飲中八仙歌》:"知章騎馬似乘船"、"天子呼來不上船","眼花落井水底眠"、"長安市上酒家眠","汝陽三斗始朝天"、"舉觴白眼望青天","皎如玉樹臨風前"、"蘇晉長齋繡佛前"、"脫帽露頂王公前"。黃庭堅《武昌松風閣》:"洗耳不須菩薩泉"、"東坡老人既沈泉"。《孔雀東南飛》、《蘇武詩》、《木蘭辭》,俱有重韻。

17. 詭異例:如宋祁《新唐書·李靖傳》"迅霆不及塞聰",見議於歐公之類。《宋稗類鈔》。

---

① 刷,稿本作"別"。據《昭明文選》改。

② 黕,《楚辭補注》作"黷"。疑二字通。

18. 練字它例："僧敲月下門"，"悠然見南山"，"吳楚東南坼，乾坤日夜浮"，"孤臣危涕，孽子墮心"。東坡詩"大瓢貯月歸春甕，小杓分江入夜瓶"。①

19. 蘇軾《雪後書北臺壁》："試掃北臺看馬耳，未隨埋沒有雙尖"，"老病自嗟詩力退，空吟冰柱憶劉义"。尖、义，險韻。

隱秀第四十

1.《札記》：《隱秀篇》闕文，蓋在宋後。《歲寒堂詩話》引劉勰云："情在詞外曰隱，狀溢目前曰秀。"此文爲今本所無。《歲寒堂詩話》爲張戒著，南宋時人尚見《隱秀》全文，而今本無此二語。即此一端，足徵今本之僞，不徒文字不類已。

2. 互體：《左傳》杜氏注："《易》之爲書，六爻皆有變體，又有互體，聖人隨其義而論之。"疏："二至四，三至五，兩體交互，各成一卦，先儒謂之互體。聖人隨其義而論之，或取互體，言其取義無常也。"四象：六十四卦中，有實象、假象、義象、用象。

3. 瀾表方圓：《尸子》："水圓折者有珠，方折者有玉。"

4. 祕響旁通：猶言聲東擊西也。

5. 樂府長城：樂府古辭有《飲馬長城窟行》。

6. 黃雀：陳思王有《野田黃雀行》。

7. 青松：劉公幹詩："亭亭山上松。"

8. 叔夜之下，疑闕"述志"二字。

9. 嗣宗之下，疑闕"詠懷"二字。

10. "常恐秋節至，涼飈奪炎熱"：班婕好《怨詩》。

11. "臨河濯長纓，念子悵悠悠"：李陵詩。

12. "東西安所之，徘徊以旁皇"：魏明帝曹叡新詩。

13. "朔風動秋草，邊馬有歸心。"②

14. 李白："總爲浮雲能蔽日，長安不見使人愁"，"借問漢宮誰得似，可憐

---

① 以上引句中，"敲"、"見"、"危"、"墮"諸字皆標著重圈號。

② 此二句，《昭明文選》作王瓚《雜詩》。

飛燕倚新妝"。

15. 蘇軾《水調歌頭》:"我欲乘風歸去,又恐瓊樓玉宇,高處不勝寒。"

16. 岳飛《滿江紅》:"三十功名塵與土,八千里路雲和月。"

17. 魏武:"黃絹幼婦,外孫齏臼。"

18. 杜甫:"朱門酒肉臭,路有凍死骨。"

19. 白居易:"不聞閭鄉獄,中有凍死囚","是歲江南旱,衢州人食人"。

指瑕第四十一

1.《札記》:"陳思王《與楊祖德書》曰:'世人著述,不能無病。昔尼父制《春秋》,游夏之徒,乃不能措一辭。過此而言不病,吾未之見也。'"按尼父《春秋》,後人亦有議者。如王安石謂爲"斷爛朝報"是也。

2.《札記》:"文章之瑕,大分五族,而注謬之瑕不與焉。"按注解謬誤之瑕,彦和舉之亦未爲失。傳注之學,《春秋左氏》,遠在姬周,《公羊》、《穀梁》,舉事標義,繼軌爲盛,皆素王之功臣,其文章光熠千奕。北魏酈道元之注《水經》,已淹故實,勝攬山川,足資式楷,亦文章得失之林也。

附會第四十三

1.《晉書·文苑·左思傳》劉逵《三都賦序》:"附詞會義,抑多精致。"彦和"附辭會義"之言,正本於此。

2.《附會》一篇,與《鎔裁》、《章句》二篇相備:《鎔裁》言定術,《章句》言致意安章,此篇則言聯屬衆辭,斟酌乖順,總文理以定首尾之要。

3. 段意:①言附會之義及附會之術。②言文變多方,附會之術與之適應。去留隨心,修短在手,以事物爲喻。③附會有善有拙,以人事爲喻。④述贊。

程器第四十九

1.《史記·陳涉世家》:"王侯將相,寧有種乎?"

《項羽本紀》:"彼可取而代也"。

《高祖本紀》:"大丈夫當如是也。"

2. 寫岳陽樓不同器度:

①范仲淹《岳陽樓記》:"予觀夫巴陵勝狀,在洞庭一湖。銜遠山,吞長

江,浩浩蕩蕩,橫無際涯,朝暉夕陽,氣象萬千,此則岳陽之大觀也。"

"士當先天下憂而憂,後天下之樂而樂也。"

②杜甫《登岳陽樓》:"昔聞洞庭水,今上岳陽樓。吳楚東南坼,乾坤日夜浮。親朋無一字,老病有孤舟。戎馬關山北,憑軒涕泗流。"

3. 裴行儉曰:"士先器識而後文藝。"

4. 詠雪:

①蘇軾《雪後書北臺壁》:"凍合玉樓寒起粟,光搖銀海眩生花","老病自知詩力退,空吟冰柱憶劉义"。

②毛主席《沁園春（雪）》:"山舞銀蛇,原馳蠟象,欲與天公試比高。須晴日,看紅妝素裹,分外妖嬈。"

史記引論 ①

一、史記的創作在史學和文學上的地位 ②

司馬遷的《史記》是中國二千年來最偉大的歷史要籍,也是最偉大的文學要籍。因爲文史密切相關,所以孟子說:"詩亡然後《春秋》作。"三百篇是最早一部文學詩歌總集。但它也反映了從西周初期到春秋中期（約公元前1134年到597年）五百年間眞實的社會面貌。季札聘魯,請觀於周樂,聞歌見舞,而知其國情。《春秋》是一部魯國的史記,古者左史記言,右史記事,言爲《尚書》,事爲《春秋》。《左氏》昭二年傳:"昔 ③ 晉侯使韓宣子來聘,觀書於魯 ④ 太史氏,見《易象》與魯《春秋》,曰:周禮盡在魯矣。"孟子曰:"晉謂 ⑤ 之《乘》,楚謂之《檮杌》,魯謂之《春秋》,其實 ⑥ 一也。"墨子亦曰:"吾

---

① 本文由蔡飛舟據 1963 年 5 月 "福建師範學院中文系第三次科學討論會論文"《史記引論》油印單行本整理,本中偶有作者朱筆校訂。2020 年春又獲作者哲嗣包定貞君惠示所藏手稿一册,封面有作者題簽 "史記引論",署款 "一九五八年包樹棠科學研究",可知爲創始之稿。張善文再取以覆校,增潤校記,遂定其內容。

② 此標題稿本改作 "前言"。茲依油印本。

③ "昔",阮刻本《左傳正義》無。

④ "魯",阮刻本《左傳正義》無。

⑤ "謂",阮刻本《孟子注疏》無。下 "晉謂"、"楚謂" 之 "謂" 同。

⑥ "其實",阮刻本《孟子注疏》無。引文蓋轉引自杜預《春秋左傳集解序》。

見百國春秋。"（見《隋書·李德林傳①》重答魏收書及《史通·六家篇》）至於仲尼修書，乃觀周禮舊法，魯史遺文，故"《春秋》文成數萬，其指數千，萬物之②散聚，皆在《春秋》。"這是說③歷史範圍的包羅廣泛。章學誠亦謂"六經皆史"（《文史通義·易教上》）。然而"質勝文則野，文勝質則史"（《論語·雍也》），"言之無文，行而不遠"（《左氏》襄二十五年傳），遷著《五帝本紀》："百家言黃帝，其文不雅馴，薦紳先生難言之。"他④一面就實地考察，故曰："余嘗西至空桐，北過涿鹿，東漸於海，南浮江淮矣。至長老皆各往往稱黃帝、堯、舜之處，風教固殊焉。"他一面也就深究材料，又曰："予觀《春秋》、《國語》，其發明五帝德、帝繫姓章矣。顧弟⑤弗深考。"所以遷積累二世艱鉅的事業，紬閱金匱石室豐富的典藏，"好學深思，心知其意"，以所涉歷，驗之風教而近是，參之《春秋》、《國語》而所表見爲不虛，最後乃擇其言尤雅馴者著爲本紀書首。司馬貞所謂："太史公之書，既上序軒黃，中述戰國，或得之於名山壞宅，或取之於舊俗風謠。"（《史記索隱後序》）遷對於《史記》創作，述歷黃帝以來，至太初而訖，百三十篇，都經過了這一辛苦里程。也就是《史記》成爲中國二千年來歷史和文學要籍的創作經驗。

二、司馬遷的生平

司馬遷，字子長。⑥

按司馬遷字子長。《史記·太史公自序》及《漢書》本傳皆不言其字。故劉知幾《史通·雜說》云："司馬遷之《敘傳》也，始自初生，及乎行歷，事無巨細，莫不備陳，可謂審矣。而竟不書其字者，豈墨生所謂大忘者乎？而班固仍⑦其本傳，了無損益。此又韓子所以致守株之說也。如固之爲遷傳也，其初宜云字子長，馮翊夏陽⑧人。"

---

① "傳"，油印本無。據稿本補。

② "物之"，油印本、稿本作"事"。據《史記》諸本（百衲本、殿本、瀧川本、中華本）改。

③ "說"，油印本無。據稿本補。

④ "他"，油印本作"它"。據稿本改。下句"他"字做此。

⑤ "弟"，油印本、稿本作"第"。據《史記》諸本改。

⑥ 案此行稿本、油印本皆頂格。今改爲粗體字標示，下做此。

⑦ "仍"，油印本作"乃"。據稿本及四部叢刊本《史通》改。

⑧ "夏陽"，油印本作"陽夏"。據稿本改。

又按子長之字,始見揚子《法言·寡見篇》:"或問:司馬子長有言曰[1],五經不如《老子》之約也。"又《君子篇》:"多愛不忍,子長也。仲尼多愛,愛義也;子長多愛,愛奇也。"至東漢荀悅《漢記》有"司馬子長遭李陵之禍"語。《後漢書·張衡傳》:《應間篇》曰:"子長諜之。"王充《論衡·須頌篇》亦稱"司馬子長紀黃帝以至孝武。"而《超奇》、《變動》、《案書》篇,皆屢及其字。《文選·西征賦》李善注:"《史記》曰:司馬遷,字子長。"《報任安書》呂向注:"《漢書》云:字子長。"按今本《史》、《漢》實無此語。以《史通·雜說》所譏,可知唐時《史》、《漢》也必無此語,不知兩注何據。

漢左馮翊夏陽人。

按《漢書·地理志》,左馮翊有夏陽縣。夏陽自隋後改曰韓城,今屬陝西韓城縣。

又按《自序》云:"昔在顓頊,至於夏、商,重黎氏世序天地。其在周,程伯休甫其後也。當周宣王時,失其守而爲司馬氏。司馬氏世典周史,惠、襄之間,司馬氏去周適晉,晉中軍隨會奔秦,而司馬氏入少梁(少梁更名夏陽)。自司馬氏去周適晉,分散[2]在衛,或在趙,或在秦。在秦者名錯,與張儀爭論,於是惠王使錯將伐蜀,遂拔,因而守之。錯孫靳,(按《漢書》作蘄,師古曰:音祈。)事武安君白起,靳與武安君共阬趙長平軍,還而與之俱賜死杜郵,葬於華池。靳孫昌,昌爲秦主鐵官。昌生無澤(按《漢書》作毋懌),無澤爲漢市長。無澤生喜,喜爲五大夫,卒,皆葬高門。(按,《索隱》:遷碑,高門[3]在夏陽西北,去華池三里。又按《水經注·河水四》:陶水又[4]南逕華池南,池方三百六十步,在夏陽城西北四里許,故司馬遷碑文云,高門華池,在茲夏陽。)喜生談,談爲太史公,仕於建元、元封之間。有子曰遷,遷生龍門,(《集解》:徐廣曰:在馮翊夏陽縣。蘇林曰:禹[5]鑿龍門也。)耕牧河山之陽。"

孝景帝中五年丙申(公元前145)**生於龍門,耕牧河山之陽。**

按,司馬遷的生年,《自序》及《漢書》本傳皆不載,後人多據《自序》

---

[1] "曰",油印本、稿本無。據四部叢刊本《法言》補。
[2] "散"下,諸本《史記》有"或"字。
[3] "高門",諸本《史記索隱》無。作者蓋據意補。
[4] "又"下,油印本、稿本有"東"字。據四部叢刊本《水經注》刪。
[5] "禹"下,諸本《史記集解》有"所"字。

"索隱"、"正義"兩注來考訂,其說有三。

（一）主景帝中五年①:

王國維《太史公行年考》《觀堂集林》卷第十一):"《自序》索隱引《博物志》:'太史令茂陵顯武里大夫司馬（自注:此下奪遷字),年二十八,三年六月除,六百石也。（自注:今本《博物志》無此文,當在逸篇中。又茂先此條,當本先漢記錄,非魏晉人語。)'三②年者,武帝之元封三年。苟元封三年史公年二十八,則當生於建元六年。然張守節《正義》於《自序》'爲太史令五年而當太初元年'下云:'案遷年四十二歲。'與《索隱》所引《博物志》差十歲。《正義》所云,亦當本《博物志》,疑今本《索隱》所引《博物志》年二十八,張守節所見本作年三十八。三訛爲二,乃事之常,三訛爲四,則於理爲遠。以此觀之,則史公生年,當爲孝景中五年,而非孝武建元六年矣。"

梁啟超《史記解題》《飲冰室專集》七十二):"遷生卒年不見於《太史公自序》及《漢書·司馬遷傳》,惟據《自序》云:'爲太史令五年而當太初元年。'張守節《正義》云:'案遷年四十二歲。'以此推算,知遷生於景帝中五年。"

其後張鵬一《太史公年譜》、鄭鶴聲《司馬遷年譜》並從梁、王氏說。日人瀧川資言《太史公年譜》亦主之。

（二）主漢武帝建元六年:

郭沫若先生在《太史公行年考有問題》一文裏說《歷史研究》1955年第6期):"王國維有《太史公行年考》,他考定司馬遷生於漢景帝中五年丙申,公元前145年,因而到了今年,便當爲誕生二千一百週年。但經仔細推考,王國維所定的生年是有問題的。司馬遷的生年,應該還要推遲十年,即漢武建元六年丙午,公元前135年,到今年只能是誕生二千零九十年。"

郭先生所根據的即《索隱》在《史記·自序》"遷爲太史令"下引《博物志》"年二十八,三年六月乙卯③除,六百石也",並引了十條最完整的漢簡做例子,與《索隱》所引的是同④一個公文格式。這裏的"三年六月乙卯"是漢武帝元封三年（公元前103年)六月二日。司馬遷在這一年既爲二十八歲,

---

① "年"下,油印本有"的"字。據稿本刪。下文（二)、(三)小標題做此。

② "三"上,中華書局1950年景印本《觀堂集林》有"案"字。

③ "乙卯",油印本無。據稿本及《史記索隱》補。

④ "同",油印本無。據稿本補。

他便當生在武帝建元六年（公元前 135 年）。

按，主此說的尙有日本桑原隲藏博士在前。

（三）主武帝元光六年：

張惟驤《太史公疑年考》（1928 年 3 月小雙寂庵刊）："以《太史公自序》元封元年年二十仕爲郎中推之，則元封三年年二十二爲太史令，實生於武帝元光六 ① 年壬子。"

以上三說，當以王國維《太史公行年考》爲比較周密。假如王氏推測的《索隱》引《博物志》年二十八，爲年三十八之譌爲可靠，則與張守節《正義》注太初元年遷年四十二歲，皆吻合。大抵唐人於遷生年，無不了了。蓋其時遷碑在夏陽西北，去華池三里（《自序》索隱注）者猶在，司馬貞輩皆及見。而《博物志》一書，據梁蕭綺所錄的王嘉《拾遺記》："華嘗捃 ② 採天下遺逸，自書契之始，考驗神怪，及世間閭里所說，造《博物志》四百卷，獻於武帝。帝令刪截浮疑，分爲十卷。"《晉書》本傳："華著《博物志》十篇。"《隋書·經籍志》子部雜家著錄爲十卷，《舊唐書·經籍》、《新唐書·藝文》皆入子部小說家，十卷數目相同。司馬貞引其書，張守節略後於貞，然年事相接。王氏推測《正義》亦當本《博物志》的話，理有可能。所以推定司馬遷的生年，仍以王氏說爲長。

至於郭先生根據《索隱》引《博物志》年二十八，三年六月乙卯除六百石，推斷遷的生年是漢武建元六年丙午，本無不可。因爲推算遷生年的根據，比較有價值的，不是從《索隱》，便是從《正義》，郭先生也有這樣的提到。但是郭先生認爲《索隱》對，又要牽合《正義》，便以有人說張守節的"年四十二歲"，是總括司馬遷的一生只活了四十二歲。司馬遷的《報任安書》作於太始四年（前 93 年）十一月，以後的事跡即無可考見。司馬遷可能死於太始四年尾，那他只有活了四十二歲。這是郭先生錯了。我們根據郭先生的說法來推算，司馬遷是武帝建元六年生，到太始四年十一月作《報任安書》的時候，便已四十三歲，那司馬遷只活了四十二歲的話，就不對了。郭先生又以爲班固在《漢書·司馬遷傳》裏面整整錄了《報任安書》，而在贊辭裏面說：

---

① "光六"二字，油印本無。據稿本補。

② "捃"，油印本譌"据"。據稿本及文淵閣四庫全書本《拾遺記》改。

"以遷之博物洽聞,而不能以知自全,既陷極刑,幽而發憤,書亦信矣。迹其所以自傷悼,《小雅·巷伯》之倫。夫惟①《大雅》'既明且哲,能保其身',難矣哉!"從這句話來推測,似乎司馬遷之死有點不明不白。在既陷極刑之後,又不能保其身,那末,司馬遷之死,可能是不自然的驟死了。有人更據太史公《自序》集解:"衛宏《漢書舊儀注》(按書字當衍。《後漢書》本傳云:"宏作《漢舊儀》四篇。"《漢書·司馬遷傳》注引如淳作"《漢儀注》",晉灼曰"衛宏所說"。則本一書。)曰:"司馬遷作《景帝本紀》,極言其短,及武帝過,武帝怒而削去之。後坐舉李陵,陵降匈奴,故下遷蠶室,有怨言,下獄死。"(按黃奭《漢學堂叢書》輯逸,衛宏《漢儀》,遺此一條。)以實郭先生的說法。其實《漢書》本傳明言"遷既被刑之後,爲中書令,尊寵②任職。"則班氏已不取宏說。《隋書·經籍志》:"《漢舊儀》四卷,衛敬仲(按宏字)撰。"《舊唐志》亦著錄衛宏《漢舊③(原譌書)儀》四卷,則其書唐代猶全,然顏師古注《漢書》於遷傳亦不用其說。還有《漢舊儀》言遷"坐舉李陵,陵降匈奴,故下遷蠶室",亦與《報任安書》"僕懷欲陳之,而未有路。適會召問,即以此指推言陵功,欲以廣主上之意,塞睚眥之辭,未能盡明,明主不深曉,以爲僕沮貳師,而爲李陵游說,遂下於理。拳拳之忠,終不能自列。因爲誣上,卒從吏議。"的一段話不盡合。又按《三國志·王肅傳》:"漢武帝聞其述《史記》,取孝景及己本紀覽之,於是大怒,削而投之。於今此兩紀④有錄無書。後遭李陵事,遂下蠶室。此爲隱切在孝武⑤,而不在於是史遷也。"肅言似略本於《漢舊儀》,然亦不及其死。這是我對於《漢舊儀》說遷下獄死,不可置信的理由,也就是我對於郭先生說遷的死有點不明不白,不同意的地方。因爲班固作傳的時候,沒有把遷的死諱莫如深的必要。

附錄《與郭沫若先生書》。

沫若先生:

《歷史研究》1956年第4期先生所論關於司馬遷之死,有數事須論

---

① "惟",中華本《漢書》作"唯"。

② "寵",油印本、稿本作"重"。據中華本《漢書》改。

③ "舊",油印本脫。據稿本補。

④ "紀",油印本、稿本作"記"。據中華本《三國志》改。

⑤ "孝武",油印本、稿本作"武帝"。據中華本《三國志》改。

正者,不揣愚陋,敢以書達。尊著云,《三國·魏志·王肅傳》帝又問司馬遷以受刑之故,以傳中之帝爲曹丕。按此乃明帝曹叡,系在景初之後。又尊著云,葛洪《西京雜記》爲劉歆遺書。按《漢書·匡衡傳》:"無說詩,匡鼎來。"師古曰:"今有《西京雜記》者,其書淺俗,出於里巷,多有妄說。乃云匡衡小名鼎,蓋絕知者之聽。"[1] 又[2]《酉陽雜俎·語資》:"庾信作詩,用《西京雜記》事,旋自追改,曰'此吳均語,恐不足用也'。"則《西京雜記》不但非劉歆遺書,即葛洪亦不足據矣(《四庫提要》亦引及《酉陽雜俎》[3])。又尊著云,司馬遷《報任安書》作於漢武帝太始四年十一月,依據司馬遷生於漢武帝建元六年,至太始四年滿四十二足歲。按古人[4]之年,未有以足歲計者,則建元六年至太始四年是[5]四十三歲,不[6]得云四十二足歲。錢大昕《十駕齋養新錄》,以顧炎武謂古人歲盡之日而後增年無據。然錢氏以古人周歲始增年[7]何嘗有據?其推孔子生年,即以是彌縫《公羊》、《左氏》之間。自襄二十一年至哀十六年,實七十四算,而賈云七十三者,古人以周歲始增年也。《史記》謂生於襄二十二年,年七十三,則以相距之歲計之。此說鑿空甚矣。且世俗初度,皆[8]以其墜地言也[9]。屈原賦云:"攝提貞於孟陬兮,惟庚寅吾以降。皇覽揆余初度兮,肇錫余以嘉名。"王逸注謂"太歲在寅,正月始春,庚寅之日,下母之體"是也。至於生卒之年,求之史乘、碑傳、墓志、譜系,則絕無是矣。孔子生卒,據《年表》,自襄二十二年庚戌至哀十六年壬戌,正七十三。若自襄二十一年己酉至哀十六年壬戌,則七十四矣。黃宗羲《南雷集·答陳士業論孔子生卒書》,孔子生年主七十三歲,卒主《左氏》哀公十六年壬戌四月乙丑。又其以《家語》、《史記》載孔子弟子年歲,

---

① "按漢書匡衡傳"至"絕知者之聽"四十九字,《笠山文鈔》附在《與郭沫若先生書》文末。
② "又",《笠山文鈔》作"按"。
③ "《四庫提要》亦引及《酉陽雜俎》",稿本作"《四庫提要》亦及之",《笠山文鈔》作"《四庫總目提要》曾及之"。
④ "人"下,稿本及《笠山文鈔》有"生卒"二字。
⑤ "是",稿本及《笠山文鈔》作"乃"。
⑥ "不",《笠山文鈔》作"焉"。
⑦ "年"下,《笠山文鈔》有"者"字。
⑧ "皆",稿本及《笠山文鈔》無。
⑨ "也"下,稿本及《笠山文鈔》有"則有周歲而始增年稱觴者"十一字。

皆以孔子爲的。若孔子不生庚戌，則弟子之年無一足憑。駁宋濂孔子生主《公羊》、《穀梁》襄二十一年己酉之說，最爲有識。此必不可爲調和之說。故人有除日生者，月正元日，即以二歲計。顧氏謂古人歲盡之日而後增年者，俗舉如是。今日國家選舉兵役，法①定年齡，必換計足歲者以此。先生推②論司馬遷生年，欲牽合《索隱》、《正義》而爲之說，實不如海寧王翁爲得其情也。王翁治學，精博過人，然千慮一失，知者不免。其遺書中，吾嘗得數事：《宋元戲曲史》稱"武帝元封三年，而角觝戲始興。"按《史記·李斯列傳》："是時二世在甘泉，方作觳抵優俳之觀。"《集解》："應劭曰，戰國之時，稍增講武之禮，以爲戲樂，用相夸示。而秦更名角抵。角者，角材也。抵者，相抵觸也。"王翁以爲元封三年而角觝始興者，蓋據班書《武帝紀》之誤而失考。此一事也。《觀堂集林·與友人論討書中成語》引《莊子·養生主》"彼且擇日而登假"，按此乃《德充符》語也，不知何以致誤。此又一事也。王翁所爲《太史公行年考》，以"子長之字，《史記·自序》與《漢書》本傳皆不載。揚子《法言·寡見篇》：'或問司馬子長有言，《五經》不如《老子》之約也。'《君子篇》：'多愛不忍，子長也。仲尼多愛，愛義也；子長多愛，愛奇也。'子長二字，見於先漢人著述者始此。"按王翁此語，實據王鳴盛、梁玉繩諸人之言。(《史記志疑》云：《法言·寡見》、《君子》二篇，屢稱子長，更在張衡、王充、荀悅之前。)惟《文選·西征賦》云："子長、政、駿之史"，李善注："《史記》曰：司馬遷字子長。"《報任少卿③書》呂向注："《漢書》云字子長。"今④《史》、《漢》實無此語，故《史通·雜說》謂"司馬遷之《敘⑤傳》，而竟不書其字，爲墨生大忘。"則李善、五臣之注，俱不足據矣。此又一事也。偶因所觸，論其如此。某近校讀太史公書，以爲瀧川龜太郎《會注考證》實多齟疏，間有所得，即爲之劄記，並作引論。俟其成，當就正有道。(下略⑥。)

---

① "法"上，《笠山文鈔》有"凡"字。

② "推"，《笠山文鈔》無。

③ "少卿"，稿本及《笠山文鈔》作"安"。

④ "今"上，稿本有"然"字。

⑤ "敘"，油印本作"序"。據稿本、《笠山文鈔》及四部叢刊本《史通》改。

⑥ "下略"二字，油印本、稿本無。據油印本作者朱筆校增。

至張惟驤以《自序》"元封元年年二十,仕爲郎中"推遷生年,尤不足據。按《自序》二十而"南游江淮",其所至幾徧乎中國,在交通工具艱難的古代,絕不可能以一年的時間來完成,而況還要講業觀風,搜集史料。那就在這段下文"於是遷仕爲郎中"一語,把它連接起來爲一年的事,認爲元封元年年二十,這樣不免太武斷了。王鳴盛謂:"此游所涉歷甚多,閱時必久,約計當有數年,歸後① 始仕爲郎中。"(《十七史商榷》②) 其言近是。所以司馬遷的生年,我總以爲王國維的說法周到。

　　按,王國維《太史公行年考》云:"《自序》遷生龍門,龍門在夏陽北。《正義》引《括地志》云:'龍門山在同州韓城縣北五十里。'而華池則在韓城縣西南十七里,相去七十里。似當司馬談時,公家已徙而向東北。然公自云生龍門者,以龍門之名,見於《夏書》,較少梁、夏陽爲古,故樂用之,未必專指龍門山下。又云耕牧河山之陽,則所謂龍門,固指山南河曲數十里間矣。"又按遷祠墓在韓城芝川鎮。《同州府志》云:"芝川鎮在縣南二十里。"《韓城縣③ 志》云:"漢太史令司馬遷墓在芝川南嶺上,西枕梁山,東臨大河。"此《水經注》所謂:"溪水又東南逕夏陽縣故城南,又歷高陽宮北,又東南逕司馬子長墓北。墓前有廟,廟前有碑,永嘉四年,安陽太守殷濟瞻仰遺文,大其功德,遂建石室,立碑樹桓。《太史公自敘》曰,遷生于龍門。是其墳墟④ 所在矣。"(《水經注·河水四》)

十歲則誦古文。

　　按《自序》:"年十歲則誦古文。"《索隱》:"遷及事伏生,是學誦《古文尚書》。劉氏 (按伯莊) 以爲《左傳》、《國語》、《系本》等書,是亦名古文也。"

　　按周壽昌曰:"遷生於景帝後元年,距鼂錯之死十一年。錯孝文時受《書》伏生,年已九十餘,孝文在位二十三年,計伏生當遷生時應百三十餘歲。遷十歲誦古文,及事伏生,生不已百四十餘耶? 伏生不聞有此大年,揆之情事亦不合。史公從安國問故,《索隱》蓋誤以孔爲伏。"

---

　　① "後",油印本作"爲"。據稿本及清乾隆五十二年洞涇草堂刻本《十七史商榷》改。

　　② "十七史商榷"五字,油印本、稿本在"其言近是"後。茲移于此。

　　③ "縣",油印本作"府"。據稿本及《陝西通志》引《韓城縣志》改。按,此處引文未見萬曆鈔本、乾隆刻本《韓城縣志》,疑轉引自《同州府志》或《陝西通志》。

　　④ "墳墟",油印本、稿本作"墟墓"。據四部叢刊景印武英殿聚珍版《水經注》改。

又按遷與伏生，年事不相接，且年二十始出遊。《索隱》謂遷及事伏生，其說非是。劉氏 ① 以爲《左傳》、《國語》等，遷著書實多所據，此時幼承家學，諷籀而已。至周壽昌謂遷生於景帝後元年，亦誤。

予爲《司馬遷及事伏生誦古文尙書辨》，附錄如右。

《太史公自序》："年十歲則誦古文。"《索隱》："遷及事伏生，是學誦古文《尙書》。"按小司馬說謬也。遷與伏生，年代不相接。《史》、《漢》儒林傳，伏生故爲秦博士。孝文帝時，欲求治《尙書》者，天下無有，乃聞伏生能治，欲召之。是時伏生年九十餘，老不能行。於是乃詔太常使掌故朝錯往受之。小顏注：衛宏定《尙書序》云：伏生老，不能正言，言不可曉也。使其女傳言教錯。齊人語多與潁川異，錯所不知者凡十二三，略以其意屬讀而已。遷之生卒，傳記莫詳。海寧王國維氏《太史公行年考》，謂《自序》索隱引《博物志》：太史令茂陵顯武里大夫司馬（此下脫遷字）年二十八，三年六月乙卯，除六百石也。（今本《博物志》無此文，當在逸篇中。又茂先此條，當本先漢紀錄，非魏晉人語。）案三年者，武帝之元封三年。苟元封三年，史公年二十八，則當生於建元六年。然張守節《正義》於《自序》爲太史令"五年，而當太初元年"下云："案遷年四十二歲。"與《索隱》所引《博物志》差十歲。《正義》所云，亦當本《博物志》。疑今本《索隱》所引《博物志》年二十八，張守節所見本作年三十八。定史公生年爲孝景中五年。王氏所見，頗具特識。惟小司馬說，則前後矛盾而不可通。蓋伏生孝文時已年九十餘，老不能行，不能正言，須朝錯往受，又須其女傳言。假令終孝景之世，伏生猶在，豈不百有餘歲？而遷猶未及古者入小學之年，何緣而親受業乎？

《漢書·儒林傳》言：遷從安國問故，遷書載《堯典》、《禹貢》、《洪範》、《微子》、《金縢》諸篇，多古文說。而傳伏生之學者，朝錯而外，有濟南歐陽生、張生爲博士。而伏生孫以治《尙書》徵，弗能明。如是而已。《律歷志》：元封七年，太史令司馬遷等，言歷紀壞廢，宜改正朔，詔兒寬與博士共議。《兒寬傳》：寬治《尙書》，事歐陽生，以郡國選博

① "氏"下，油印本有"謂"字。據稿本刪。

士，受業於孔安國（《儒林傳》同）。是寬與遷，同官同學。歐陽之學①出於伏生，則寬又伏生再傳弟子，以此推之，遷又何緣而親受業乎？

遷《自序》言其父談受《易》於楊何，仕於建元、元封之間。《史》、《漢》儒林傳：何以元光中徵，官至中大夫，爲杜田生再傳弟子。杜田生受《易》於東武孫虞子乘。及秦禁學，《易》爲筮卜之書，獨不禁，故得傳受②。是杜田生之治《易》，約當伏生爲博士之年。談《易》出於杜田生，爲三傳弟子。遷以孝景中五年生龍門。《正義》引《括地志》云：龍門在同州韓城縣北五十里，其山更黃河，夏禹所鑿者也。則去濟南數千里之遙，言語異聲，孩提之童，未能典謁，於時於地，其不得親炙伏生，又奚疑焉？

《史》、《漢》儒林傳：秦時焚書，伏生壁藏之。其後兵大起，流亡。漢定，伏生求其書，亡數十篇，獨得二十九篇。孔氏有古文《尚書》，安國以今文讀之，以起其家。逸書得十餘篇，蓋《尚書》滋多於是矣。《藝文志》：安國悉③得壁中書，以考二十九篇，得多十六篇。安國獻之，遭巫蠱事，未列於學官。此今古文之辨，後出僞書不與焉。藉遷及事伏生，誦《尚書》，則二十九篇皆今文，不得謂古文也。其《五帝紀》"惟刑之靜哉"，《集解》："徐廣曰：今文'惟刑之謐哉'。《爾雅》曰：謐，靜也。"《索隱》："案古文作'恤哉'。且今文是伏生口誦，卹、謐聲近，遂作謐也。"則小司馬又以伏生口誦者爲今文。"而便章百姓"，《索隱》："古文《尚書》作'平章'，今文作'辯章'。"其析言今古者，不一而足。正疑《自序》注有脫文，當作"遷不及事伏生，是學誦古文《尚書》"，則無不通矣。

又《殷本紀》："帝盤庚崩，弟小辛立，是爲帝小辛。帝小辛立，殷復衰。百姓思盤庚，迺作《盤庚》三篇。"《索隱》："《尚書》：盤庚將治亳，殷民咨胥怨，作《盤庚》。此以盤庚崩，弟小辛立，百姓思之，乃作《盤庚》，由不見古文也。"小司馬所謂不見古文者，乃指後出僞書，非其言之矛盾也，不可以不察。

---

① "歐陽之學"四字，油印本脫。據稿本及《笠山文鈔》補。

② "受"，《笠山文鈔》作"授"。茲依油印本及稿本。

③ "悉"，油印本、稿本無。據《笠山文鈔》及《漢書·藝文志》補。

二十年遊名山大川，訪其遺墟，問其長老，講業觀風，放失舊聞之^①摭採，足跡遍於東西南朔。

可考見於本書的：

《五帝本紀》："余嘗西至空同^②，北過涿鹿，東漸於海，南浮江淮矣。"《封禪書》："余從巡^③祭天地諸神名山川而封禪焉。"（按，《漢書·武帝紀》：太始四年春三月，行幸泰山。《報任安書》曰：會東從上來。即其事。）《河渠書》曰："余南登廬^④山，觀禹疏九江，遂至于會稽、太^⑤湟，上姑蘇，望五湖；東闚洛汭、大邳，迎河，行淮、泗、濟、漯洛渠；西瞻蜀之岷山及離碓^⑥，北自龍門至于朔方。"《齊太公世家》："吾適齊，自泰山屬之琅邪，北被于海，膏壤二千^⑦里。"《魏世家》："吾適故大梁之墟。"《孔子世家》："余適魯，觀仲尼廟堂，車服禮器，諸生以時習禮其家。余低回^⑧留之，不能去云。"《伯夷列傳》："余登箕山，其上蓋有許由冢云。"《孟嘗君列傳》："吾嘗過薛，其俗閭里率多暴桀子弟，與鄒、魯殊。"《信陵君列傳》："吾過大梁之墟，求問其所謂夷門。夷門者，城之東門也。"《春申君列傳》："吾適楚，觀春申君故城宮室，盛矣哉！"《屈原賈生列傳》："余適長沙，觀屈原所自沈淵。"《蒙恬列傳》："吾適北邊，自直道歸，行觀蒙恬所爲秦築長城亭障，塹山堙^⑨谷，通直道，固^⑩輕百姓力矣。"《淮陰侯列傳》："吾如淮陰，淮陰人爲余言，韓信雖爲布衣時，其志與衆異。其母死，貧無以葬，然^⑪乃行營高敞地，令其旁可置萬家。余視其母冢，良然。"《樊酈滕灌列傳》："吾適豐沛，問其遺老，觀故蕭、曹、樊噲、滕公之冢^⑫。"《龜策列傳》："余至江南，觀其行事，問其長老，云龜千歲乃遊蓮葉之上，蓍百莖共一根。又

---

① "之"，油印本作"的"。據稿本改。

② "同"，《史記》百衲本、殿本作"峒"，中華本、瀧川本作"桐"。

③ "巡"，油印本、稿本脱。據《史記》諸本補。

④ "廬"，油印本作"盧"。據稿本改。

⑤ "太"，油印本、稿本作"大"。茲依《史記》諸本。

⑥ "碓"，油印本、稿本作"堆"。據《史記》諸本改。

⑦ "千"下，油印本、稿本有"餘"字。據《史記》諸本刪。

⑧ "低回"，油印本、稿本作"低徊"。據《史記》百衲本、中華本改。案《史記》殿本作"祇回"，瀧川本作"祇廻"。

⑨ "堙"，油印本、稿本作"湮"。據《史記》諸本改。

⑩ "固"下，油印本、稿本多"已"字。據《史記》諸本刪。

⑪ "然"，稿本誤"雖"。茲依油印本。

⑫ "冢"，《史記》瀧川本同。百衲本、中華本作"家"。殿本作"家"，則不諳何字之訛。

其所生,獸無虎狼,草無毒螫。江傍人家,常畜龜,飲食之,以爲能導引致氣,有益於助衰養老,豈不信哉?（按十篇有錄無書,《龜策列傳》褚先生補闕,序論亦不類史公之筆。)《太史公自序》:"二十而南游江、淮,上會稽,探禹穴,闚九疑,浮沅、湘,北涉汶、泗,講業齊、魯之都,觀孔子之遺風,鄉射鄒、嶧,戹困①鄱、薛、彭城,過梁、楚以歸。於是遷仕爲郎中,奉使西征巴、蜀以南,南略邛、筰、昆明,還報命。是歲天子始建漢家之封,而太史公留滯周南,不得與從事,故發憤且卒。而子遷適使反,見父於河洛之間。"

衛宏《漢舊儀》:"承周史官,至武帝置太史公,司馬遷父談爲太史,遷年十三乘傳行至天下,求古諸侯之史記。"按《自序》言二十而南遊江淮,則此不得云年十三乘傳。疑"十三"爲"三十"誤②倒,"三"又爲"二"之譌。年二十乘傳,乃與《自序》合,王國維氏亦有此說。至於《西京雜記》:"漢承周史官,至武帝置太史公,太史公司馬談世爲太史。子遷年十三③使乘傳行天下,求古諸侯史記,續孔氏古文,序世事,作傳百三十卷,五十萬字。"亦據《漢舊儀》爲說,且《西京雜記》實梁吳均僞託,不足爲據。

《行年考》云:"遷仕爲郎中,其年無考,大抵在元朔、元鼎間,其何自爲郎亦不可考。"按《自序》言二十而南遊江淮,觀其所至,必非三兩年可以蕆事,則爲郎中不可能在元朔,當在元狩、元鼎間。且遷爲郎中,即接著奉使西南,還報命,父談且卒,見於河洛之間。這是元封元年的事,應比較與爲郎中的歲月更接近。

父談卒三歲,而遷爲太史令,悉論先人所次舊聞,紬金匱石室書。所以《史記》是經過二代才寫成的艱巨事業。論次其文七年,遭李陵之禍,遂下蠶室。既被刑,爲中書令,尊寵任職。

他發奮著書的隱痛,在《報任安書》裏面有這麼的一段話:

> 僕不幸,蚤失二親,無兄弟之親,獨身孤立。少卿視僕於妻子何如哉?且勇者不必死節,怯夫慕義,何處不勉焉!僕雖怯耎欲苟活,亦頗

① "戹困",油印本、稿本作"困戹"。據《史記》諸本改。
② "誤",油印本作"顛"。據稿本改。
③ "子遷年十三"五字,油印本脫。據稿本及四部叢刊本《西京雜記》補。

識去就之分矣,何至自湛溺累絏之辱哉!且夫臧獲婢妾,猶能引決,況若僕之不得已乎!所以隱忍苟活,函糞土之中而不辭者,恨私心有所不盡,鄙沒世而文采不表於後也。古者富貴而名摩滅,不可勝記,唯俶儻非常之人稱焉。蓋西伯拘而演《周易》;仲尼戹而作《春秋》;屈原放逐,迺賦《離騷》;左丘失明,厥有《國語》;孫子髕腳[①],《兵法》脩列;不韋遷蜀,世傳《呂覽》;韓非囚秦,《說難》、《孤憤》。《詩》三百篇,大抵賢聖發憤之所[②]爲作也。此人皆意有所[②]鬱結,不得通其道,故述往事,思來者。及如左丘[③]無目,孫子斷足,終不可用,退論書策,以舒其憤,思垂空文以自見。僕竊不遜,近自託於無能之辭,網羅天下放失舊聞,考之行事,稽其成敗興壞之理,凡百三十篇,亦欲以究天人之際,通古今之變,成一家之言。草創未就,適會此禍,惜其不成,是以就極刑而無慍色。僕誠已著此書,藏之名山,傳之其人,通邑大都,則僕償前辱之責,雖萬被戮,豈有悔哉!然此可爲智者道,難爲俗人言也。

遷卒年載籍不可考。

王鳴盛云:“遷既腐刑,乃卒述黄帝至太初,後爲中書令,卒必在武帝[④]末。《曹參世家》末言參之五世孫宗,以征和二年坐太子死,即戾太子也。又田仁、任安二人,皆坐戾太子事誅,而《史記·田叔傳》及仁死事,且云予與仁善,故述之。又《報任[⑤]安書》作於安下獄將論死之時,(按《漢書·劉屈氂傳》:太子召監[⑥]北軍使者任安令發北軍,安受節已,閉門不肯應太子。後上聞,任安坐受太子節,懷二心,腰斬。蓋以爲遷報書作於征和二年,此與《行年考》說異。)則巫蠱之獄,戾太子之敗,遷固親見之。又四年,武帝崩。《漢書》本傳於《報任安書》後,言遷卒,則在武帝末或更至昭帝也。”(《十七史商榷》)按王氏鳴盛推斷遷卒,頗合事理。王國維《太史公行年考》、鄭鶴聲《司馬遷年譜》,皆敘至昭帝始元元年乙未(公元前86年)六十歲而止。瀧川資言《太史公年譜》則止於武帝後元二年甲午(公

---

① “腳”,油印本、稿本作“足”。茲依中華書局本《漢書》。

② “所”,油印本無。據稿本及中華本《漢書》補。

③ “丘”下,稿本衍“明”字。茲依油印本。

④ “武帝”下,洞涇草堂本《十七史商榷》有“之”字。

⑤ “任”,洞涇草堂本《十七史商榷》無此字。

⑥ “監”,油印本、稿本無。據中華本《漢書》補。

元前 87 年）五十九歲。梁啟超表其行歷年代，則止於武帝後元元年（公元前 88 年）五十八歲。這幾說出入不大，當較可信。我在《隨無涯齋讀書記》裏面也有這麼一段話：

> 王國維言，欲據《史記》以定史公之卒年，不可恃。據《屈原賈生傳》，則訖孝昭矣；據《楚元王世家》，則訖宣帝地節矣；據《歷書》及《曹相國世家》，則訖成帝建始矣；據《司馬相如傳》，則訖成哀之際矣。凡此在今《史記》本文，而與褚先生所補無與者也。今觀《史記》中最晚之記事，信爲出自公手者，唯《匈奴列傳》之李廣利降匈奴事（征和三年），餘皆出後人續補也。按王說允矣。然史公《自序》云，訖於太初。《後漢書·班彪傳》云："武帝時，司馬遷著《史記》，自太初以後，闕而不錄。後好事者頗或綴集時事，然多鄙俗，不足以踵其書。"又云："孝武之世，太史令司馬遷，採《左氏》、《國語》、《世本》、《戰國策》，據列國時事，上自黃帝，下訖獲麟，作本紀、世家、列傳、書、表凡百三十篇，而十篇闕焉。"《漢書》本傳云："司馬遷據《左氏》、《國語》，採《世本》、《戰國策》，述《楚漢春秋》，接其後事，訖於天漢。"其說亦不一。竊以爲太初凡四年，翌年改稱天漢；凡四年，改稱太始。獲麟，太始二年事。此以《史記》擬仲尼之《春秋》止獲麟也。《自序》言訖於太初者，遷著書之本意也。班氏以爲天漢者，遷遭李陵之禍，下蠶室，太始四年冬，遷《報任安書》，言著書之意甚悉也。王氏以爲征和者，貳師之降，距《報任安書》不過後三年耳。《匈奴列傳》，李陵將步騎五千，所殺萬餘人，兵及食盡，欲解歸，匈奴圍陵，陵降匈奴，與貳師將六萬騎，步兵十萬，並衆降匈奴者，以明己沮貳師，爲陵游說之冤。其文辭結構嚴整，出遷心坎語，可信也。王氏又謂史公卒年，雖未可遽知，然視爲與武帝相終始，當無大誤。吾亦云然。

太史公行年簡表 ①

紀　年	年歲	事　略
景帝中五年丙申（前一四五）	一	遷生龍門。
武帝建元元②年辛丑（前一四〇）	六	父談爲太史令，當建元、元封之間。
建元五年乙巳（前一三六）	一〇	誦古文。
元朔三年乙卯（前一二六）	二〇	始出遊。
元鼎元年乙丑（前一一六）	三十	《自序》："於是遷仕爲郎中。"按當在元狩、元鼎間，說具上。
元封元年辛未（前一一〇）	三六	父談卒。遷使西南③反，見父於河洛之間，奉遺命悉論先人所次舊聞。
元封三年癸酉（前一〇八）	三八	遷爲太史令。
太初元年丁丑（前一〇四）	四二	遷與太中大夫公孫卿、壺遂造太初曆。始著《太史公書》。
天漢二年壬午（前九九）	四七	李陵降匈奴。
天漢三年癸未（前九八）	四八	遷遭李陵之禍，下蠶室。
太始元年乙酉（前九六）	五〇	《漢書》本傳：遷既被刑之後爲中書令，尊重任職。
太始四年戊子（前九三）	五三	報任安書。
昭帝始元元年乙未（前八六）	六〇	

三、司馬遷的時代社會及其師友學術淵源

西漢初年的黃老思想盛行。遠自春秋、戰國，封建割據的局面，社會受到悠久的動亂殘破。秦以武力削平六國，實行了中央集權的郡縣制度。這一時期的經濟利益，由於分藩的封建領主的消滅，其主要所有者，是私人地主階級，他們在政治上雖是貴族，但在土地關係上，常以私人地主出現，而不以莊園經濟生產方式出現④。這種新興政策的執行，淵源於商鞅的變法，開阡陌，使後代⑤土地兼併益甚，閭左之民，家無立錐，爲人傭耕，加以嚴刑峻法，衡石量書⑥，激

---

① "行年簡表"，稿本作"年表"。茲依油印本。

② "元"，油印本無。據稿本補。

③ "西南"，稿本無。茲依油印本。

④ "而不"至"出現"十三字，油印本無，疑脱。據稿本補。

⑤ "开阡陌"及"后代"五字，油印本無。據稿本朱筆增添者補入，蓋作者後來復作補訂。

⑥ "閭左"至"量書"二十二字，油印本作"利潤的增加，剝削的過重"。據稿本朱筆增添者改，蓋作者後來復作補訂。

起了中國歷史上第一次以陳涉爲首的農民大起義，推翻了只存在十五年的統治。繼而楚、漢的紛爭，劉邦在他入關的時候，便與民約法三章，除秦苛暴，利用農民的力量，攫取了政權。統一之後，一切政治制度，實際上是秦代的繼續和發展。但由於各階級是普遍要求安定，他看中這一點與清靜無爲的宗旨符合，因此黃老思想，便乘時而起，在他的《大風歌》裏面所謂“安得猛士兮守四方”，就是韓、彭諸將俎醢以後，又思得其人幫他鞏固統治①地位，與人民必要的安息。尤其在蕭規曹隨的政治上，當時百姓歌之曰：“蕭何爲法，顜若畫一。曹參代之，守而勿失。載其清淨，民以寧一。”這種思想意識表現得最爲突出。又《漢書·高后紀》：“孝惠、高后之時，海內得離戰國之苦，君臣俱欲無爲②。”其後孝文本好刑名之言，及至孝景不任儒，竇太后又好黃老術。所以文景時代，採取政治經濟放任政策，休養生息，切實遵行。六七十年之間，獲得很大的效果。皇帝、官僚、地主、商人，都非常富庶，京師的錢，累百鉅萬，貫朽而不可較；太倉的粟子，陳陳相因，露積於外，腐敗而不可食。國庫充裕，建立了漢帝國穩固的基礎。武帝號稱雄主，繼承了這一分豐厚的遺產，漸啟驕侈之心，政策跟著轉變。於是用董仲舒之言，罷斥百家，表彰六經，儒術定於一尊。武安侯田蚡爲丞相，紬黃老百家言，延文學儒者數百人。公孫弘以《春秋》，白衣爲天子三公，封平津侯，天下學士靡然向風（《史記·儒林傳》）。這也由於儒家的等級尊卑思想，適合於爲這一個階級服務。史公父子，生在這種時代社會裏，我們可以明白他們的學術思想根源，不能不受著存在的決定。《自序》稱：“談爲太史公，太史公學天官於唐都，受《易》於楊何，習道論於黃子。”《集解》：“徐廣曰：《儒林傳》③黃生好黃老之術。”（按《儒林傳》無此語。）所以司馬談喜道家言，論陰陽、儒、墨、名、法、道德六家要指，以五家各有所長，各有所短，獨推崇道家。其言謂：“道家使人精神專一，動合無形，贍足萬物。其爲術也，因陰陽之大順，采儒墨之善，撮名法之要，與時遷移，應物變化，立俗施事，無所不宜，指約而易操，事少而功多。”又謂：“道家無爲，又曰無不爲。其實易行，其辭難知。其術以虛無爲本，以因循爲用。無成勢，無常形，故能究萬物之情。不爲物先，不爲物後，故能爲萬物主。有法無法，因時

<hr />

① “統治”，油印本無，疑脫。據稿本補。

② “又漢書”至“無爲”二十六字，油印本無。據稿本朱筆增添者補入，蓋作者後來復作補訂。

③ “傳”下，《史記集解》有“曰”字。

爲業。有度無度,因物與合。故曰'聖人不朽,時變是守'。虛者,道之常也。因者,君之綱也。群①臣並至,使各自明也。其實中其聲者謂之端,實不中其聲者謂之窾,窾言不聽,姦乃不生。賢不肖自分,白黑乃形。在所欲用耳,何事不成。乃合大道,混混冥冥。光燿天下,復反無名。凡人所生者神也,所託者形也。神大用則竭,形大勞則敝,形神離則死。死者不可復生,離者不可復反,故聖人重之。由是觀之,神者生之本也,形者生之具也。不先定其神,而曰'我有以治天下',何由哉?"

由上說明,司馬談的學術思想根源,是屬於道家這一體系。遷承父業,自不能不受家學的影響。但是,遷又從孔安國問故,所處時代社會,是由道家轉入儒家思想正盛的階段,所以遷的主要思想,是儒家而兼有道家的。我們可以從《史記·孔子世家》、《仲尼弟子列傳》、《孟子荀卿》、《儒林》等傳看出他的旨意。其論孔子,則曰至聖。論老子,但曰隱君子。至於班固謂其先黃老而後六經,是指其父談《論六家要旨》而言。茲據《史記》,補以《漢書》,述其師友②淵源,具如左方:

孔安國 《漢書·儒林傳》:"孔氏有古文《尚書》,孔安國以今文字③讀之,因以起其家。逸書得十餘篇,蓋《尚書》茲多於是矣。遭巫蠱,未立於學官。安國爲諫大夫,授都尉朝,(服虔曰:朝名,都尉姓。周壽昌曰:疑都尉官名,亡其姓,傳中以都尉傳經之不少④。)而司馬遷亦從安國問故。遷書載《堯典》、《禹貢》、《洪範》、《微子》、《金縢》諸篇,多古文說。"又按魯申公弟子爲博士十餘人,孔安國至臨淮太守。是安國亦傳《魯詩》。《十二諸侯年表》曰:"周道缺,詩人本之衽席,《關雎》作。仁義陵遲,《鹿鳴》刺焉。"《儒林傳》曰:"周室衰而《關雎》作。"遷用魯說,亦出安國。又按《後漢書·儒林·孔僖傳》:"自安國以下,世傳《古文尚書》、《毛詩》。"《孔子世家》"故曰《關雎》之亂以爲風始,《鹿鳴》爲小雅始,《文王》爲大雅始,《清廟》爲頌始",此遷用古文說也⑤。

---

① "群",油印本誤"君"。據稿本及《史記》諸本改。

② "友",油印本脫。據稿本補。

③ "字",油印本、稿本無。據中華本《漢書》補。

④ "周壽昌"至"不少"二十二字,油印本無。據稿本朱筆增添者補入,蓋作者後來復作補訂。

⑤ "又按"至"說也"六十一字,油印本無。據稿本朱筆增添者補入,蓋作者後來復作補訂。

董仲舒　《史記·自序》：“太史公曰：余聞董生曰（《集解》服虔曰仲舒也），周道衰廢，孔子爲魯①司寇，諸侯害之，大夫壅之，孔子知言之不用，道之不行也，是非二百四十二年之中，以爲天下儀表。”按《儒林傳》：“仲舒以《春秋》，孝景時爲博士。今上即位，爲江都相，相膠西王，疾免居家至卒。”行輩較前於遷。惟章學誠則謂：“史遷著書，自命《春秋》經世，實本董氏天人性命之學，淵源甚深。”班固《儒林傳》於《春秋》傳授，無司馬遷名。《藝文志》列太史公於春秋家，本劉向《別錄》，向②固受《公羊春秋》，則以遷之學出自廣川董氏。然遷於《尚書》，實從孔安國學古文，《春秋》多本之《左氏》，亦古文。遷於董氏，當在師友之間，其學不純乎《公羊》。故班書《儒林傳》於《春秋》傳授無遷名，而《藝文志》著錄《太史公書》於春秋家，與《左氏》同。其《自序》言《六藝》：“《易》著天地陰陽四時五行，故長於變；《禮》經紀人倫，故長於行；《書》紀先王之事，故長於政；《詩》紀山川谿谷禽獸草木牝牡雌雄，故長於風；《樂》樂所以立，故長於和；《春秋》辯③是非，故長於治人。是故《禮》以節人，《樂》以發和，《書》以道事，《詩》以達意，《易》以道化，《春秋》以道義，撥亂世反之正，莫近於《春秋》。”與《春秋繁露·玉杯》所云：《詩》、《書》序其志，《禮》、《樂》純其美，《易》④、《春秋》明其知⑤，六學皆大而各有所長。《詩》道志，故長於質；《禮》制節，故長於文；《樂》詠德，故長於風；《書》著功，故長於事；《易》本天地，故長於數；《春秋》正是非，故長於治人，能兼得其所長，而不能偏⑥舉其詳也。”其義互有異同。又按《刺客傳》言“董生與夏無且游，具知其事，爲余道之如是”者，未知是否一人。《漢書·董仲舒傳》稱“年老，以壽終於家”，則亦壽考人矣。

周生　《項羽本紀》：“吾聞之周生曰‘舜目蓋重瞳⑦子’，又聞項羽亦重瞳子。”《集解》：“文穎曰：‘周，時賢也。’”《正義》：“孔文祥云：‘周生，漢

---

① “魯”，油印本、稿本無。據《史記》諸本補。
② “向”，稿本無。茲依油印本。
③ “辯”，油印本、稿本作“辨”。據《史記》諸本改。
④ “易”，油印本、稿本脱。據四部叢刊本《春秋繁露》補。
⑤ “知”，油印本作“志”。據稿本及四部叢刊本《春秋繁露》改。
⑥ “偏”，油印本、稿本作“徧”。茲依四部叢刊本《春秋繁露》。
⑦ “瞳”，油印本作“童”，茲依諸本。

時儒者,姓周也。'按太史公云'吾聞之周生',則是漢人,與太史公耳目相接明矣。"瀧川資言曰:"周生蓋周霸。《衛將軍列傳》:議郎周霸。《儒林傳》:魯人周霸,以《易》至二千石。"按《儒林傳》周霸,魯申公弟子,爲博士,至膠西內史,又頗能言《尚書》事。

馮遂　《趙世家》:"吾聞[1]馮王孫曰,趙王遷,其母倡也。"《張釋之馮唐列傳》:"武帝立,求賢良,舉馮唐,唐時年九十餘,不能復爲官,乃以唐子馮遂爲郎。遂字王孫,亦奇士,與余善。"

賈嘉　《屈原賈生列傳》:"孝武皇帝立[2],舉賈生之孫二人至郡守。而賈嘉最好學,世其家,與余通書。"按《漢書·儒林傳》:"雒陽賈嘉頗能言《尚書》。"師古曰:"嘉者,賈誼之孫也。"《經典釋文·敘錄》:《左傳》傳授,誼傳至其孫嘉,嘉傳趙人貫公[3]。

公孫季功　董生《刺客列傳》:"世言荊軻,其稱太子丹之命,'天雨粟,馬生角'也,大過。又言荊軻傷秦王,皆非也。始公孫季功、董生與夏無且游,具知其事,爲余道之如是。"按董生當即仲舒,說詳上。

樊他廣　《樊酈滕灌列傳》:"余與他廣通,爲言高祖功臣之興時若此云。"《索隱》:"按,他廣,樊噲之孫,後失封。蓋嘗訝太史公序蕭、曹、樊、滕之功悉具,則從他廣而得其事,故備也。"

平原公子《酈生陸賈列傳》:"至平原君子與余善,是以得具[4]論之。"按平原君朱建。

田仁　《田叔列傳》:"仁與余善,余故并論之。"《漢書·田叔傳》:"田叔少子仁,以勇壯爲衛將軍舍人,數從擊匈奴,衛將軍進言仁爲郎中,至二千石丞相長史,失官。後使刺三河,還,奏事稱意,拜爲京輔都尉。月餘[5],遷司直。數歲,戾太子舉兵,仁部閉城門,令太子得亡,坐縱反者族。"曾國藩曰:"壺遂、田叔皆與子長友,故敘梁趙事,多深切。"

壺遂　《韓長孺列傳》:"安國所推舉皆廉士,賢於己者也。於梁舉壺

① "聞"下,油印本、稿本有"之"字。據《史記》諸本刪。

② "立",油印本、稿本作"即位"。據《史記》諸本改。

③ "經典"至"貫公"二十二字,油印本無。據稿本朱筆增添者補入,蓋作者後來復作補訂。

④ "具",油印本、稿本無。據《史記》諸本補。

⑤ "餘"下,油印本、稿本衍"還"字。據中華本《漢書》刪。

遂、臧固、邳他,皆天下名士。余與壺遂定律歷,觀韓長孺之義,壺遂之深中隱厚,世之言梁多長者,不虛哉!壺遂官至詹事,天子方倚以爲漢相,會遂卒。不然,壺遂之內廉行脩,斯鞠躬君子也。"《自序》:"上大夫壺遂曰:昔孔子何爲而作《春秋》哉? 太史公曰:余聞之董生曰"云云。

　　蘇建　《衛將軍驃騎列傳》:"蘇建語余曰:吾嘗責大將軍至尊重,而天下之賢大夫毋稱焉。願 ① 將軍觀古名將所招選擇賢者,勉之哉!"

　　東方朔　《孝武本紀》索隱:"桓譚《新論》以爲太史公造書,書成示東方朔,朔爲平定,因署其下。太史公者,皆朔所加之者也。"按《太平御覽》八百五引同。

　　李陵　《李將軍列傳》:"當戶有遺腹子名陵。李陵既壯,選爲建章監,監諸騎。善射,愛士卒。"《自序》:"太史公遭李陵之禍,幽於縲紲。乃喟然而嘆曰:是余之罪也夫! 是余之罪也夫! 身毀不用矣。"《報任安書》:"夫僕與李陵俱居門下,素非相善也。趣舍異路,未嘗銜盃酒,接殷勤之歡。然僕觀其爲人自奇士,事親孝,與士信,臨財廉,取予義,分別有讓,恭儉下人。常思奮不顧身,以徇國家之急。其所畜積也,僕以爲有國士之風。"

　　任安　按褚少孫補《田叔傳》:"田叔故與任安相善。任安,滎陽人,少孤貧。爲衛將軍舍人。其後爲益州刺史,又爲北軍使者護軍。坐太子事,下吏,誅死。"《漢書·司馬遷傳》有《報任安書》。

　　兒寬　按《漢書》本傳:"寬治《尚書》,事歐陽生,以郡國選博士,受業於孔安國。"又《律歷志》:"元封七年,太史令司馬遷等言律紀壞廢,宜改正朔,詔兒寬與博士共議。"又按遷從安國問故,是二人同官同門 ②。

　　至於公孫卿、博士賜、尊大、射姓、鄧平、司馬可、宜君、唐都、洛下閎、淳于陵渠皆與議太初律有關。而孔安國則遷所師事,兒寬、賈嘉同治《尚書》,董仲舒之治《春秋》,東方朔之擅辭賦,皆與遷學術淵源有關。遷之學雖不主一端,然"總之不離古文者近是",可以知所嚮往。又皇甫謐《高士傳》有處士摯峻,遷嘗勸之出仕,亦具所交游。遷女適楊敞,《漢書·楊敞傳》:"敞子忠,忠弟惲,惲母司馬遷女也。"

----

① "願"下,油印本、稿本有"大"字。據《史記》諸本刪。
② "又按"至"同門"十五字,油印本無。據稿本朱筆增添者補入,蓋作者後來復作補訂。

四、史記的名稱

司馬遷著《史記》，本名《太史公書》，或稱《太史公》，或稱《太史公記》，或稱《太史記》。

蓋《史記》爲古史名稱。《周本紀》："周太史伯陽讀《史記》。"《正義》："諸國皆有史以記事，故曰《史記》。"《十二諸侯年表》："孔子西觀周室，論《史記》舊聞。"此與太史伯陽所讀，皆周室所藏之古史。又："魯君子左丘明，因孔子《史記》，具論其語，成《左氏春秋》。"此謂孔子《春秋》爲《史記》。《六國年表》："太史公讀《秦記》。"《索隱》："即秦國之《史記》也。"又："秦既得意，燒天下《詩》、《書》，諸侯《史記》尤甚，爲其有所刺譏也。"又："《史記》獨藏周室，以故滅。"此謂周室及諸侯之書。《天官書》："余觀《史記》，考行事，百年之中，五星無出而不反逆行。"此謂舊史所記百年之天象。《陳杞世家》："孔子讀《史記》至楚復陳，曰：賢哉楚莊王，輕千乘之國而重一言。"此疑孟子所謂楚之 ①《檮杌》一類的東西。《孔子世家》："乃因 ②《史記》作《春秋》。"《儒林傳》："孔子因《史記》作《春秋》。"此皆謂魯國舊史。《老子列傳》《史記》周太史儋見秦獻公曰"，此疑周室或秦國《史記》。《自序》："《史記》放絕。"又"紬史記石室金匱之書。"此言秦滅諸侯史記及當代僅存的史籍。這些古史皆與司馬遷著書直接或間接有關係的。

司馬遷所著書，其《自序》云："凡百三十篇，五十二萬六千五百字，爲《太史公書》。"《漢書·宣元六王傳》、王充《論衡》（《超奇》、《案書》、《對作篇》）亦稱《太史公書》。又《藝文志》則有《太史公》百三十篇。這是根據劉向《別錄》、劉歆《七略》著錄的。《楊惲傳》則稱《太史公記》，應劭《風俗通》（卷一、六）亦稱《太史公記》，又（卷二）稱《太史記》。或以稱《太史公書》爲《史記》，始於《三國·魏書·王肅傳》："司馬遷以受刑之故，內懷隱切，著《史記》。"又："武帝聞其述《史記》。"《後漢書·班彪傳》亦言："武帝時，司馬遷著 ③《史記》。"然《史通·正史》云："《史記》所書，年止漢武，太初已後闕而不錄。其後劉向、向子歆及諸^①好事者，若馮商、衛衡、（按《華陽國志·漢中士女志》云：“衡字伯梁，南鄭人，少師事同郡樊季齊，郡九察孝廉，公府、州^②十辟，公車三徵，皆不就^③。”疑即其人，然不宜在揚雄之前。）揚雄、史岑、梁審、肆仁、晉馮、殷肅、（《班固集》作段肅，固本傳作殷肅。）金丹、馮衍、韋融、蕭奮、劉恂等，相次撰續，迄於哀、平間，猶名《史記》。”依劉知幾說，則前漢之季已有《史記》這個名稱了，但不知何據。今按《漢書·五行傳》有引《史記》，師古曰：“此志凡稱《史記》者，皆謂司馬遷所撰也。”梁玉繩亦謂：“《史記》之名，當起叔皮父子，觀《漢書^④·五行志》及《後漢書·班彪傳》可見。蓋取古《史記》之名，以名遷之書，尊之也。”（《史記志疑》）我以爲這樣說是可信的。

五、史記的材料來源

《史記》材料，多從實地考察所得。遷年二十始出游，東漸於海，南浮江淮，西上空峒，北之涿鹿，足跡遍於國內名山大川，耳聞目見，搜羅甚富，凡所經歷，前已略具其概。至於參稽近代，如《自序》云：“周道廢，秦撥去古文，焚滅《詩》、《書》，故明堂石室，金匱玉版，圖籍散亂。於是漢興，蕭何次律令，韓信^⑤申軍法，張蒼爲章程，叔孫通定禮儀，則文學彬彬稍進，《詩》、《書》往往間^⑥出矣。自曹參薦^⑦蓋公言黃、老，而賈生、晁錯明申、商，公孫弘以儒顯。百年之間，天下遺文古事，靡不畢集太史公，太史公仍父子相續纂其職。”這是《史記》根據當代史料的說明。其考諸古事，如《漢書》本傳云：“秦兼諸侯，有《戰國策》。漢興代秦、定天下，有《楚漢春秋》。故司馬遷據《左氏》、《國語》，采《世本》、《戰國策》，述《楚漢春秋》，接其後事，訖於天漢^⑧，其言秦漢詳矣。”這是《史記》主要材料的來源，見於書中自述，分別論證如次。

---

① “諸”，油印本、稿本無。據四部叢刊本《史通》補。
② “州”，油印本、稿本無。據四部叢刊本《華陽國志》補。
③ “皆不就”，四部叢刊本《華陽國志》作“不應”。
④ “書”，稿本無。清乾隆刻本《史記志疑》亦無此字。
⑤ “信”，稿本脫。茲依油印本。
⑥ “間”，油印本脫。據稿本補。
⑦ “薦”下，稿本多“華”字。茲依油印本。
⑧ “天漢”，中華本《漢書》作“大漢”。裴駰《史記集解序》引班固之言作“天漢”，司馬貞《索隱》：“武帝年號，言太史公所記，迄於武帝天漢之年也。”

《春秋左氏傳》、《國語》 《漢書·藝文志》著錄《左氏傳》三十卷，《國語》二十一篇。《史記集解序》索隱注：“仲尼作《春秋經》，魯史左丘明作傳，合三十篇，故曰《左氏傳》。《國語》亦左丘明所撰，上起周穆王，下訖敬王，其諸侯之事，起魯莊公，迄春秋末，凡二十一篇。”《三代世表》：“孔子因史文次《春秋》，紀元年，正時日月，蓋其詳哉！”《十二諸侯年表》：“是以孔子明王道，干七十餘君，莫能用。故西觀周室，論《史記》舊聞，興於魯而次《春秋》。上記隱，下至哀之獲麟。約其辭文，去其煩重，以制義法。王道備，人事浹。七十子之徒，口受其傳指。爲有所刺譏褒諱挹損之文辭，不可以書見也。魯君子左丘明，懼弟子人人異端，各安其意，失其眞，故因孔子《史記》，具論其語，成《左氏春秋》。”《孔子世家》：“乃因《史記》作《春秋》。上至隱公，下訖哀公十四年，十二公。據魯、親周、故殷，運之三代。約其文辭而指博。”《匈奴列傳》：“孔子著《春秋》，隱桓之間則章，至定哀之際則微。爲其切當世之文而罔褒，忌諱之辭也。”《吳太伯世家》：“余讀《春秋》古文，乃知中國之虞與荊蠻句吳兄弟也。”《五帝本紀》：“予觀《春秋》、《國語》，其發明《五帝德》、《帝繫姓》章矣。”《太史公自序》：“左丘失明，厥有《國語》。”瀧川資言曰：“《春秋》古文，言《左氏傳》也。《史記》記事，取《左氏傳》、《國語》最多，而其義則概用《公羊傳》。《歷書》云周襄王二十六年閏三月，而《春秋》非之，事止見《左氏傳》。《陳世家》甲戌、己丑，陳桓公鮑卒，國亂再赴，亦《左氏》之說也。《孔子世家》夾谷之會，本《穀梁傳》。史公蓋并用三傳也。”按《史記》記事，雖多取《左氏》，如《孔子世家》：“孔子年七十三，以魯哀公十六年四月 [1] 己丑（當作壬戌，據《十二諸侯年表》[2]）卒。”從《左氏》說，不從《公羊》、《穀梁》襄二十一年己酉孔子生之說 [3]。然亦往往異文間出。如《秦本紀》：“三十二年冬，晉文公卒。鄭人有賣鄭於秦曰：我主其城門，鄭可襲也。”按《左氏》僖三十二年傳：“冬，晉文

---

[1] “四月”，油印本、稿本無。據《史記》諸本補。

[2] 案因上句引文脱“四月”二字，疑作者誤以己丑爲魯哀公十六年干支。檢魯哀公十六年，即周敬王四十一年壬戌。《十二諸侯年表》與《孔子世家》同。

[3] 案《史記·孔子世家》：“魯襄公二十二年而孔子生。”蓋依《左傳》“（哀）十六年夏四月己丑孔丘卒”而推，杜預注言生於襄公二十二年即本《史記》。而二十一年說，則見《公羊傳》、《穀梁傳》。

公卒。杞子自鄭使告①于秦曰：鄭人使我掌其北門之管，若潛師以來，國可得也。”《史》云鄭人，與《左氏》異。又《鄭世家》：“初，往年鄭文公之卒也，鄭司城繒賀以鄭情賣之，秦兵故來。”則鄭人是指繒賀。或二人比而賣鄭乎？又《本紀》言：“發兵，使百里傒子孟明視，蹇叔子西乞術，及白乙丙將兵。行日，百里傒、蹇叔二人哭之。”王若虛曰：“秦穆公伐鄭之役，考之《左傳》，其諫而止之，哭而送其子者，獨蹇叔而已，故晉②原軫曰，秦違蹇叔，而以貪勤民。穆公曰，孤違③蹇叔，以辱二三子。何嘗有百里奚預其間哉？而司馬遷記此，以爲二老同辭，不知其何據也。《左氏》云：公召孟明視④、西乞術、白乙丙，使出師。又云：蹇叔之子與師，蹇叔謂孟子曰：‘孟子！吾見師之出，而不見其入也。’哭而送其子曰：‘吾收爾骨⑤焉。’蓋孟明輩自爲將帥，而蹇叔之子，則士卒之屬也，此亦不相涉。而遷以孟明爲百里奚子，西乞、白乙爲蹇叔子，又何耶⑥？”又如《左氏》莊二十八年傳：“大戎狐姬生重耳，小戎子生夷吾。”杜注：“大戎，唐叔子孫別在戎狄者。小戎，允姓之戎。”此大戎、小戎非姊妹。而《晉世家》云：“重耳母，翟之狐氏女也。”則以二母爲姐妹，與《左氏》歧異。又如《左氏》成八年傳：“晉趙莊姬爲趙嬰之亡故（按《左傳》成四年傳：晉趙嬰通于莊姬。五年傳：原、屏放諸齊。注：放趙嬰也，原同、屏季，嬰之兄。）譖之于晉⑦侯曰：‘原、屏將爲亂。’欒郤爲徵。六月，晉討趙同、趙括，武從姬氏畜于公宮，以其田與祁奚。韓厥言於晉侯曰：‘成季之勳，宣孟之忠，而無後，爲善者其懼矣。’乃立武而反其田焉。”《晉世家》云：“十七年（按景公），誅趙同、趙括，族滅之。韓厥曰：‘趙衰、趙盾之功，豈可忘乎？奈何絕祀！’乃復令趙庶子武爲趙後，復與之邑⑧。”蓋取之《左氏》。乃《趙世家》則有屠岸賈爲景公司寇，誅趙氏，殺朔及同、括、嬰齊，及程嬰、杵臼之存趙孤。不特與《左氏》歧異，亦與《晉世家》自爲矛盾。故《左氏》成八年孔疏曰：“《史記·趙世

① “告”，油印本脱。據稿本及阮刻《左傳正義》補。
② “晉”，油印本、稿本無。據四部叢刊本《滹南遺老集》補。
③ “違”，油印本訛“遺”。據稿本及四部叢刊本《滹南遺老集》改。
④ “視”，四部叢刊本《滹南遺老集》無此字。
⑤ “骨”，油印本脱。據稿本及四部叢刊本《滹南遺老集》補。
⑥ “耶”，四部叢刊本《滹南遺老集》作“邪”。
⑦ “晉”，油印本作“諸”。據阮刻本《左傳正義》改。
⑧ “邑”，油印本作“田”。據《史記》諸本改。

家》云,趙朔取晉成公姐爲夫人。案傳,趙衰適妻是文公之女,若朔妻成公之姐,則亦文公之女,父之從母,不可以爲妻。且文公之卒,距此四十六年,莊姬此時尚少,不得爲成公姐也。賈服先儒,皆以爲成公之女,故杜從之。《史記》又稱有屠岸賈者,有寵於靈公,此時爲司寇,追論趙盾弒君之事,誅趙氏,殺趙朔、趙同、趙括而滅其族。案二年傳,欒書將下軍,則於時^①朔已死矣。同、括爲莊姬所譖,此年見殺,趙朔不得與同、括俱死也。於時晉君明,諸臣彊,無容有屠岸賈輒廁其間,得如此專恣。又說云,公孫杵臼取他兒代武死,程嬰匿武於山中,居十五年,因晉侯有疾,韓厥乃請立武爲趙氏後,與《左傳》背違,馬遷妄說,不可從也。"趙翼曰:"《史記》之說武爲莊姬所生,則武乃趙氏嫡子也,而《晉世家》又以爲庶子。《晉世家》景公十年殺同、括,仍復趙武邑,《晉年表》於景十七年亦言復趙武田邑,而《趙世家》又^②謂十五年後,則其一手所著書,已自相矛盾,益可見屠岸賈之事,出於無稽,而遷之採摭,荒誕不足憑也。"梁玉繩曰:"案下宮之事,《左》成八年疏、《史通·申左篇》並《史》爲繆,後儒歷辨其誣,惟劉向采^③入《說苑·復恩》、《新序·節士》,《皇極經世》依世家書之前編分載,賈殺趙朔在周定王十年,趙姬譖殺原、屏,在簡王三年,皆不足據也。匿孤報德,視死如歸,乃戰國俠士刺客所爲。春秋之世,無此風俗。則斯事固妄誕不可信,而所謂屠岸賈、程嬰、杵臼,恐亦無其人也^④。"《刺客列傳》:"曹沫執匕首劫齊桓公。"《索隱》:"《左傳》、《穀梁》並作曹劌,然則沫宜音劌,沫、劌聲相近而字異耳。此作曹沫,事約《公羊》爲說,然彼無其名,直云曹子而已。且《左傳》魯莊十年,戰于長勺,用曹劌謀敗齊,而無劫桓公之事。十三年盟于柯,《公羊》始論曹子,《穀梁》此年惟云^⑤'曹劌之盟,信齊侯也',又記不具行事之時。"《呂氏春秋·貴信篇》曰:"柯之會,莊公與曹翽皆懷劍至於壇上,莊公左搏桓公,右抽劍以自承。管仲、鮑叔進,曹翽按劍當兩陛之間,曰:'二君將改圖,毋或進者。'桓公許之,

---

① "時",油印本脫。據阮刻本《左傳正義》補。

② "又",油印本作"則"。據乾隆五十五年湛貽堂刻本趙翼《陔餘叢考》卷五《趙氏孤之妄》改。

③ "采",油印本作取。據清乾隆間刻本梁玉繩《史記志疑》改。

④ "又如左氏成八年傳晉趙莊姬"至"恐亦無其人也"之間,稿本作省略符,疑從作者他稿摘入。茲依油印本整理。

⑤ "云",油印本誤"聞"。據稿本及《索隱》諸本改。

封於汶南，乃盟而歸。”《胡①非子》：“曹劌匹夫之士，一怒而劫桓公萬乘之主，反魯侵地。”梁玉繩曰：“曹子之名，《左》、《穀》及《人表》、《管子·大匡》皆作劌，《呂覽·貴信》作翽，《齊》、《燕策》與《史》俱作沫，蓋聲近而字異耳。《索隱》于《魯仲連傳》作昧，疑譌。”又曰：“劫桓公歸地一節，《年表》、《齊》、《魯世家》、《管仲》、《魯連》、《自序傳》，皆述之，此傳尤詳。《荊軻傳》載燕丹語，仍《國策》並及其事，蓋本《公羊》也。《公羊》漢始著竹帛，不足盡信。即如歸汶陽田，在齊頃公時，當魯成二年，乃《公羊》以爲桓公盟柯，因曹子劫而歸之，其妄可見。況魯未嘗戰敗失地，何用要劫？曹子非操匕首之人，春秋初亦無操匕首之習，前賢謂戰國好事者爲之耳。仲連遺燕將書云‘亡地五百里’，《呂覽·貴信》云‘封以汶南四百里’，《齊策》及《淮南·氾論》云‘喪地千里’，魯地安得如此之廣？汶陽安得如此之大？不辨而知其誣誕矣。”則又不盡出三傳。尤爲乖異者，如《宋世家》：“穆公之立殤公，君子聞之曰，宣公可謂知人矣，立其弟以成義。然卒其子復享之。”此用《左氏》隱三年傳文。而論贊則曰：“《春秋》譏宋之亂，自宣公廢太子而立弟。”又用《公羊傳》“君子大居正，宋之禍宣公爲之也”之言。一襃一貶，自相牴牾②。是其例。

《世本》 《漢書·藝文志》：“《世本》十五篇。”《史記集解序》索隱注：“劉向曰：《世本》，古史官明於古事者之所記也。錄黃帝已③來，帝王諸侯及卿大夫系謚名號，凡十五篇也。”《意林》引楊泉《物理論》：“楚漢之際，有好事者作《世本》，上錄黃帝，下逮秦、漢。”《史通·正史篇》云：“楚漢之際，有好事者，錄自古帝王公卿大夫之世，終乎④秦末，號曰《世本》十五篇。”按《五帝本紀》正義注：“太史公依《世本》、《大戴禮》，以黃帝、顓頊、帝嚳、唐堯、虞舜爲五帝，譙周、應劭、宋均皆同。”

---

① “胡”，油印本誤“韓”。據稿本及《太平御覽》引改。案《太平御覽》引《胡非子》曰：“夫曹劌匹夫徒步之士，布衣柔履之人也。唯無怒，一怒而刦萬乘之師，存千乘之國，此謂君子之勇，勇之貴者也。”殿本《史記》所附《考證》引作：“《胡非子》：曹劌匹夫之士，一怒而劫桓公萬乘之主，反魯侵地。”四庫本《考證》引誤“胡”作“韓”。

② “尤爲”至“牴牾”九十七字，油印本無。據稿本墨書所添者補，蓋作者後來復作增訂。

③ “已”，油印本作“以”。據稿本及《史記索隱》諸本改。

④ “乎”，油印本作“于”。據稿本及清嘉靖刻本《史通》改。

《戰國策》 《漢書·藝文志》:"《戰國策》三十三①篇。"劉向《序錄》云:"中書本,號或曰《國策》,或曰《國事》,或曰《短長》,或曰《事語》,或曰《長書》,或曰《脩書》。臣向以爲戰國時游士,輔所用之國,爲之筴謀,宜爲《戰國策》。"《史記集解序》索隱注:"《戰國策》,高誘云:'六國時縱橫之說也。一曰《短長書》,亦曰《國事》。劉向撰爲三十三篇,名曰《戰國策》。'按此是班固取其後名而書之,非遷時已名《戰國策》。"王應麟曰:"《隋志》三十四卷,劉向錄。《唐志》缺二卷。今世所傳三十三卷。《史通》曰②其篇有東西二周、秦、齊、燕、楚、三晉、宋、衛、中山合十二國,分爲三十二卷③。姚氏校定④總四百八十餘條,太史公所⑤采九十餘條,其事異者,止五六條。"(《漢書藝文志考證⑥》)朱一新曰:"今高誘、姚宏注本,雖分三十三卷,實已缺一篇,蓋後人分析以求合三十三篇之數也。"愚按《史記·田儋傳》云:"蒯通者,善爲長短說,論戰國之權變,爲八十一首。"後人或採其書入於《戰國策》中,亦未可知。近時吳汝綸疑今本《戰國策》云:"昔者嘗怪子長能竄易《尙書》及《五帝德》、《帝繫姓》⑦之文,成一家言,獨至《戰國策》,則一因仍⑧舊文,多至九十餘事,何至乖異如是。及紃察《國策》中,若趙武靈王、平原、春申君、范雎、蔡澤、魯仲連、蘇秦、荊軻諸篇,皆取太史敍論之語而并載之。而曾子固亦稱《崇文總目》有高誘注者,僅八篇。乃知劉向所校《戰國策》亡久矣。後之人,反取太史公書充入⑨之,非史公盡取材於《戰國策》決也。"說見《吳摯甫文集》。瀧川資言曰:"史公竄易《尙書》、《五帝德》、《帝繫姓》,以今文易古文也。至《國⑩策》,則時代甚近,詞氣相似,故多仍其舊。而《樂毅傳》毅答燕昭王書、《蔡澤傳》澤說應侯諸條,竄易

---

① "三十三",油印本作"三十"。據稿本及中華本《漢書》改。

② "曰",油印本、稿本無。據文淵閣四庫全書本《漢書藝文志考證》補。

③ "卷",油印本、稿本作"篇"。據《漢書藝文志考證》改。

④ "定",油印本、稿本作"正"。據《漢書藝文志考證》改。

⑤ "所",《漢書藝文志考證》無,《漢書補注》引王應麟語有此字。

⑥ "漢書藝文志考證",油印本、稿本作"困學紀聞"。案引文但見《漢書藝文志考證》,今據改。

⑦ "姓"下,油印本、稿本有"等"字。據光緒三十年王恩綬等刻桐城吳先生全書本《桐城吳先生文集》刪。

⑧ "仍",油印本、稿本無。據《桐城吳先生文集》補。

⑨ "入",油印本、稿本無。據《桐城吳先生文集》補。

⑩ "國"上,油印本、稿本有"戰"字。據瀧川資言《史記會注考證》刪。

之跡，昭然不可掩，《史》取《策》，非《策》取《史》也。《荆軻傳》非盡取《策》，昔人既論之，吳說非。"又曰："《韓策》序聶政事云：'政姊①嫈聞之曰：弟至賢，不可愛妾之軀，滅弟之名，非弟意也。乃之韓，視之曰：勇哉，氣矜之行，是其軼賁育而高成荆矣。云云。乃抱屍而哭之曰：此吾弟軹深井里聶政也。亦自殺於屍下。'方苞評之云：'韓、衛懸隔，聶政自刑以絕蹤，其姊非聞而駭且疑，無緣遂如韓市也。《國策》之文，疏且拙。《刺客傳》"其姊嫈聞之"下，補"乃於邑曰：其是吾弟與？唯嚴仲子知吾弟"數語，辭意始完，遠過本文。'《書刺客傳後》此亦以《史》爲出于《策》者，示其裁割更易之法也。"按《史》用《策》文，如《楚世家》陳軫爲齊說昭陽，易置之處，《史》不如《策》。《孟嘗君列傳》馮謹彈鋏、收債，事與《策》異。《呂不韋列傳》："呂不韋者，陽翟大賈人也。"《索隱》："《戰國策》以不韋爲濮陽人，又記其事迹，亦多與此處傳不同②，班固雖云太史公據③《戰國策》，然爲此傳當別有所聞見，故不全依彼說④。"是史公拾遺補闕，整齊百家雜語，不徒爲抄胥。

《楚漢春秋》　《漢書·藝文志》："《楚漢春秋》九篇，陸賈所記。"《隋書·經籍志》、《新唐書·藝文志》俱載爲九卷，《舊唐書·經籍志》載爲二十卷。《御覽》引其書，《經籍考》不載，疑亡於南宋。章宗源曰："《後漢書·班彪傳》：'漢興，大中大夫陸賈記錄時功，作《楚漢春秋》九篇。'《文心雕龍·史傳篇》曰：'漢滅嬴、項，武功積年，陸賈稽古，作《楚漢春秋》。'《史通·內篇》曰：'晏子、虞卿、呂氏、陸賈，其書篇第，本無年月，而亦謂之春秋。'又曰：'呂、陸二氏，乃子書雜記，而皆號曰春秋。'又《外篇》曰：'劉氏初興，書惟陸賈而已。子長述楚漢之事，專據此書，譬夫行不由徑，出不由戶，未之聞也。然觀遷之所載，往往與舊不同。如酈生之初謁沛公，高祖之長歌鴻鵠，非惟文句有別，遂乃事理皆殊。又韓王名信都，而輒去都留信，用使稱其名姓，全與淮陰不別。'《史記序》索隱云：'《楚漢春秋》陸賈撰，記⑤

①　"姊"，油印本作"姐"。據稿本及《史記會注考證》改。下文"其姊非聞而駭且疑"、"其姊嫈聞之"同。
②　"同"，稿本作"合"。據《史記索隱》改。
③　"據"，稿本作"採"。據《史記索隱》改。
④　"呂不韋列傳"至"彼說"六十七字，油印本無。據稿本朱筆所添者補，蓋作者後來復作增訂。
⑤　"記"，油印本、稿本作"紀"。據清光緒元年湖北崇文書局刻本章宗源《隋書經籍志考證》改。下"陸賈記事"同。

項氏與漢高祖，及說①惠、文間事。'又云：'《高祖功臣侯者年表》、《楚漢春秋》與《史記》、《漢書》不同者，陸賈記事，高祖、惠帝時。《漢書》是後定功臣等列，及陳平受呂后命而定，或已改邑號，故人名亦別。'"瀧川資言曰："按《水經·渭水》注：'項王在鴻門，亞父曰：吾使人望沛公，其氣衝天，五色相謬，或似龍，或似雲，此非人臣之義，可誅之。'《藝文類聚·地部》：'沛公遣將軍閉函谷關，亞父至關不得入。怒曰：沛公欲反耶？即令家發薪一②束，欲燒關門，關門乃開。'《史記·劉敬叔孫通傳》索隱：'蕭何云：臣三諫不從，請以身當之。撫劍將自殺。上離席云：吾定計不易太子。'《太平御覽·兵部》、《人事部》：'上過陳留，酈生求見。使者入通，公方洗足，問何如人？曰：狀類大儒。上曰：吾方以天下爲事，未暇見大儒也。使者出告，酈生瞋目按劍曰：入言高陽酒徒，非儒者也。'又《兵部》：'高祖向咸陽，南趣宛，匿其旌旗，人銜枚，馬束口，龍舉而翼奮。雞未鳴，圍宛城三匝，宛城降。'（《史記·高祖紀》索隱，語較略。）《人事部》：'薛人丁固追上。上被髮顧曰：丁公何相急之甚？乃罵而去。上即位，欲陳功。上曰：使項王失天下，是子也；爲人臣兩心，非忠也。下吏笞之。'又曰：'項梁陰養士，最高者，多力拔樹以擊地。'又云：'淮陰武王反，上自擊之，張良居守。上體不安，臥輼車中，行三四里，留侯走東追上，簪墮被髮，及輼車，排戶曰：陛下即棄天下，欲以王葬乎，以布衣葬乎？上罵曰：若翁天子也，何故以王及布衣葬乎？良曰：淮南反於東，淮陰害於西，恐陛下倚溝壑而終也。'《刑法部》：'正疆數言事而當，上③使參乘，解玉劍以佩之，天下定，以爲守。有告之者。上曰：天下方急，汝何在？曰：亡。上曰：正疆沐浴霜露，與我從事，而汝亡告之，何也？下廷尉劓。'《服章部》：'北郭先生獻帶於淮陰侯，曰：牛爲人任用，力盡猶不置其④革。'《資產部》：'項梁陰養士九十人，參木者，所與計謀者也。木佯疾，於室中鑄大錢，以具甲兵。'此十一事，並引《楚漢春秋》，多班馬所不載。亞父、酈生、丁公事，詞義相殊。《困學紀聞》所引四事，項羽美人和歌，見《史記·羽紀》正義；高祖封侯，賜丹書鐵券詞，見《御覽·治道部》；東陽侯諫呂太后爲惠帝高墳，見《藝文類

---

① "說"，油印本、稿本作"記"。據《隋書經籍志考證》改。

② "一"，油印本脫。據稿本及《史記會注考證》補。

③ "上"，油印本誤"止"。據稿本及《史記會注考證》改。

④ "其"下，油印本、稿本有"皮"字。據《史記會注考證》刪。

聚·人部》(《御覽·人事部》同);下蔡亭長詈淮南王,見《文選·五等論》注。惟《史通》所稱高祖《鴻鵠歌》,未見徵引。《漢書》注引,韓申都作信都。(《高惠高侯文功臣表》注。《史記·韓彭傳》索隱曰:《楚漢春秋》韓王信都。恐謬也。諸書不言有韓信都。)擊項藉,孔將軍居左(同上表注)。高祖之臣,別有絳灌(《禮樂志》注、《陳平傳》注)。舍人謝公得罪韓信。(《韓彭傳》注。《史記》索隱引晉灼言亦同。)齊人田生字子春(《荊燕吳傳》注)。丁公薛人,名固(《季布傳》注)。鯫生,鯫姓也。(《張良傳》注。《史記集解》、《索隱》竝同。)封緤爲憑城侯(《周緤傳》注)。叔孫通名何。(《叔孫通傳》注。《史記索隱》同。)會稽假守通姓殷。(《項藉傳》注。《史記集解》同。)《史記索隱》樊噲請殺秦王(《高祖紀》)。解先生云:'遣守函谷,無內項王。'(同上)項燕爲王翦所殺(《項羽本紀》)。定侯王吸爲清陽侯王隆,陽陵景侯作陰陵(《漢興諸侯年表》)。南宮侯張耳(《高祖功臣表》)。高祖封許負爲鳴雌亭侯(《絳侯周勃世家》)。'幾是乎'作'豈是乎'(《黥布傳》)。南昌亭長作新昌亭長(《淮陰侯傳》)。箄山作卑山(同上)。蒯成侯作憑成侯(《傅靳[①]蒯成列傳》)。吳太子名賢,字德明(《吳王濞傳》)。又韓生說項王居關中,裴駰《集解》:'案《楚漢春秋》云,說者是蔡生。'皆足考異。《文選·移書太常博士》注引云:'漢定天下,論群臣破敵禽將,活死不衰,絳灌、樊噲是也。功成名立,臣爲爪牙,百世無邪,世世相屬,絳侯周勃是也。'此可作《漢書》注高祖臣別有絳灌之證。"又賈有《新語》。《秦始皇本紀》:"趙高欲爲亂,恐群臣不聽,乃先設驗。持鹿獻於二世,曰:'馬也。'二世笑曰:'丞相誤邪,謂鹿爲馬。'問左右,左右或默,或言馬以阿順趙高,或言鹿者。"《太平御覽》四百九十四引陸賈《新語》云:"秦二世之時,趙高駕鹿而從行。王曰:'丞相何爲駕鹿?'高曰:'馬也。'王曰:'丞相誤耶,以鹿爲馬也。'高曰:'乃馬也。陛下以臣之言爲不然,願[②]問群臣。'群臣半言馬,半言鹿。當此之時,秦王不敢信其目,而從邪臣之言。鹿與馬之異形,乃衆人之所知也,然不能別其是非,況於闇昧之事乎?"(今本《新語·辨惑篇》略同)《史》與之異[③]。

《史記》所據,除以上諸書外,尚有六藝經傳、諸子、詩賦,不備述。

---

① "靳",油印本誤"新"。據稿本及《史記會注考證》改。

② "願",稿本作"顧"。據《太平御覽》改。

③ "又賈"至"之異"一百九十六字,油印本無。據稿本朱筆所添者補,蓋作者後來復作增訂。

六、史記的體例 ①

《太史公自序》："王迹所興，原始察終，見盛觀衰，論考之行事，略推三代，錄秦、漢，上記軒轅，下至於茲，著十二本紀。既科條之矣。並時異世，年差不明，作十表。禮樂損益，律歷改易，兵權山川鬼神天人之際，承敝通變，作八書。二十八宿環北辰，三十輻共一轂，運行無窮，輔拂股肱之臣配焉。忠信行道，以奉主上，作三十世家。扶義俶儻，不令己失時，立功名於天下，作七十列傳。凡百三十篇。"晁公武曰："漢太史令司馬遷，續其父談書，創爲義例，起黃帝，迄於 ② 獲麟之歲，撰成十二紀以序帝王，十表以貫歲月，八書以紀政事，三十世家以序公侯，七十列傳以志士庶，上下三千餘載，凡爲五十二萬六千五百言。"劉知幾謂："司馬遷之著《史記》，列天子行事，以本紀名篇，後世因之，守而勿失。其記諸國，編次之體，與本紀不殊，蓋欲抑彼諸侯，異乎天子，故假以他稱，名爲世家。"又謂："紀傳之興，肇於《史》、《漢》。蓋紀者編年也，傳者列事也。編年者，歷帝王之歲月，猶《春秋》之經；列事者，錄人臣之行狀，猶《春秋》之傳。《春秋》則傳以解經，《史》、《漢》則傳以釋紀。"表執簡以御繁，桓譚《新論》云："太史公《三代世表》，旁行邪上，並效《周譜》。"（《梁書·劉杳傳》、《史通·表歷篇》引）《漢書·藝文志》歷家譜有《帝王諸侯世譜》二十卷、《古來帝王年譜》五卷。表猶言譜，所以《三代世表序》云："稽其歷譜諜。"《十二諸侯年表序》云："讀春秋歷譜諜。"又云："自共和訖孔子。"變譜爲表，名異實同。劉知幾云："觀太史公之創表也，於帝王則敘其子孫，於公侯則紀其年月，列行縈紆以相屬，編字戢香以相排。雖燕越萬里，而於徑寸之內，犬牙可接；雖昭穆九代，而於方尺之中，雁行有敘：使讀 ③ 者閱文便覩，舉目可詳，此其所以爲快也。"《大事記》謂：《史記》十表，意義宏深。《通志》亦謂：《史記》一書，功在十表。"八書，綜述天文、輿地、文物、制度、社會經濟，屬專史的性質，爲後代三通所自仿。趙翼云："八書，史遷所創，以紀朝章國典。《漢書》因之作十志：《律歷志》，則本於《律書》、《歷書》也；《禮樂志》，則本於《禮書》、《樂書》也；《食貨志》，則本

---

① "體例"，油印本、稿本原作"內容組織"。茲依作者朱筆所改。

② "於"，《郡齋讀書志》作"漢武"，《文獻通考》引作"於"。

③ "讀"下，明嘉靖刻本《史通》有"書"字，清乾隆十七年梁溪浦氏刊浦起龍《史通通釋》無"書"字。

於《平準書》也；《郊祀志》，則本於《封禪書》也；《天文志》，則本於《天官書》也；《溝洫志》，則本乎《河渠書》也。此外又增《刑法》、《五行》、《地理》、《藝文》四志。"劉知幾謂："其所記，多效禮經。馬遷曰書，班固曰志，蔡邕曰意 ①，華嶠曰典，張勃曰錄，何法盛曰說，其義一也。"然史遷累二世之業，變編年爲紀傳，綜其體例，本紀兼有編年之長，世家多爲國別之意，列傳則人物之紀載，與八書之縱橫六合，史料淵藪，文章總匯，創造功績尤偉。

按世家或以人物爲中心，如《孔子》、《陳涉世家》。至於《外戚世家》，以紀后妃。《晉書·華嶠傳》："嶠以皇后配天作合，前史作外戚傳以繼末篇，非其義也。故易爲皇后紀，以次帝紀。"劉知幾亦以馬遷撰皇后傳，而以外戚命章爲非。范書以下諸史，皆祖述嶠說。此則封建社會正統史觀，無關得失。列傳或以類從，如《刺客》、《循吏》、《儒林》、《酷吏》、《游俠》、《佞幸》、《滑稽》、《日者》、《龜策》、《貨殖》等；或以絕域種族分，如《南越》、《東越》、《朝鮮》、《大宛》、《匈奴》、《西南夷》等。

七、史記的思想性

（一）同情農民革命

陳涉和吳廣是中國歷史上第一個農民創義人物，太史公首先肯定他偉大的功績，所謂"初作難，發於陳涉"。並且破例的列於世家。在他的《自序》裏面說："桀、紂失其道而湯武作，周失其道而《春秋》作，秦失其道而陳涉發迹。"把陳涉領導的農民起義和過去的"順乎天，應乎人"的湯武革命，"貶天子，退諸侯，討大夫，以達王事"的《春秋》相比擬。在二千年前，就作出這樣一個定論，不能不說是驚人的創見。更難得的，還專門立了一個月表，《自序》說："秦既暴虐，楚人發難，項氏遂亂，漢乃扶義征伐，八年之間，天下三嬗，事繁變衆，故詳著《秦楚之際月表》。"因爲陳涉當二世元年七月首義，至十二月即敗亡。太史公在世家裏面指出："陳涉雖已 ② 死，其所置遣侯王 ③

---

① "蔡邕曰意"，明嘉靖刻本《史通》作"東觀曰記"。浦起龍《史通通釋》作"蔡邕曰意"。浦氏曰："舊作'東觀曰記'，非。"

② "已"，油印本、稿本作"既"。據《史記》諸本改。

③ "侯王"，油印本作"王侯"。據稿本及《史記》諸本改。

將相,竟亡秦,由 ① 涉首事也。"所以陳涉的革命過程,雖然短促的六個月,但關係至巨。可知月表在十表創造中尤有創造的意義。後代南宋之亡,謝翱《西臺慟哭記》云:"余嘗欲倣太史公著季漢月表,如秦楚之際,今人不有知余心,後之人必有知余者。於此宜得書,故紀之,以附季漢事後。"都是直接受著影響的。乃唐司馬貞謂:"勝立數月而死,無後,亦稱系家者,以其所遣王侯將相竟滅秦,以其首事也。然時因擾攘,起自匹夫,假託妖祥,一朝稱楚,歷歲不永,勳業蔑如,繼之齊魯,曾何等級,可降爲列傳也。"此乃膠柱鼓瑟,無識之論。至於後代若赤眉、銅馬起義,新莽以亡;黃巾、黑山起義,東漢不祚:而班固前書,范曄後書,陳壽國志,都無一相當位置,以寇賊相待,成敗論人。封建社會的農民革命,何代無之? 晉、隋諸史,又等自檜以下。此太史公所以爲一代良史才。

(二)歌頌反暴秦的英雄

秦自孝公任商鞅變法,新興地主政策得到迅速發展,用兵任戰,遠交近攻,秦政統一六國,建立郡縣制度,殘暴的刑法,繁重的徭賦,加緊剝削壓迫。到了二世,凶惡昏愚,用法益務爲深刻,激起天下的反抗。陳涉首義,僅六個月而敗亡。這時繼起的唯一英雄人物,便是項羽。項氏世世爲楚將,項梁死,羽代有其衆。《太史公自序》所謂"秦失其道,豪傑並擾,項梁業之,子羽接之",把他列爲本紀,與列陳涉於世家,皆識高千古。他在本紀裏寫這位人物出身的故事:

> 項籍少時,學書不成,去。學劍,又不成。項梁怒之。籍曰:"書足以記名姓而已,劍一人敵。不足學,學萬人敵。"於是項梁乃教籍兵法,籍大喜,略知其意,又不肯竟學。

這裏寫出羽的不平凡,少年學書治兵法,落拓不羈。他再寫羽的威望:"籍長八尺餘,力能扛鼎,才氣過人,雖吳中子弟,皆已憚籍矣。"殺會稽守通,"一府中皆慴伏莫敢起"。字裏行間,突出了羽爲人的英勇。當羽在反暴秦階段,尤在鉅鹿一戰。宋義救趙,觀往不前,遣子襄相齊,送至無鹽,飲酒高會,本紀裏詳載了項羽對宋義的一段話:

---

① "由"下,油印本、稿本有"陳"字。據《史記》諸本刪。

將戮力而攻秦，久留不行。今歲饑民貧，士卒食芋菽，軍無現糧，乃飲酒高會，不引兵渡河，因趙食，與趙并力攻秦，乃曰承其敝。夫以秦之彊，攻新造之趙，其勢必舉趙。趙舉而秦彊，何敝之承？且國兵新破，王坐不安席，埽境內而專屬於將軍，國家安危，在此一舉。今不恤士卒而徇其私，非社稷之臣。

詞嚴義正，明見果斷的斬了宋義頭，"諸將皆慴服，莫敢枝梧"。本紀接著敘鉅鹿之戰：

當是時，楚兵冠諸侯。諸侯軍救鉅鹿下者十餘壁，莫敢縱兵。及楚擊秦，諸將皆從壁上觀。楚戰士無不一以當十，楚兵呼聲動天，諸侯軍無不人人惴恐。於是已破秦軍，項羽召見諸侯將，入轅門，無不膝行而前，莫敢仰視。項羽由是始為諸侯上將軍，諸侯皆屬焉。

這一場慘烈的鬥爭，的確是反暴秦陣線能夠勝利的關鍵。而這一戰役，也是項羽西向擊秦不能先劉邦入關遭遇到唯一的障礙，造成了入關背約，失信諸侯，為項羽事業失敗原因之一。但羽在鴻門宴上，不殺劉邦，蘇子瞻說他"猶有君人之度"。項羽雖不能成功，然暴秦卒由是而亡。太史公不以成敗論人，肯定的給他評價說：

夫秦失其政，陳涉首難，豪傑蠭 ① 起，相與並爭，不可勝數。然羽非有尺寸，乘勢起隴畝之中，三年遂將五諸侯滅秦，分裂天下，而封王侯，政由羽出，號為霸王。位雖不終，近古以來未嘗有也。

《史記》指出的陳涉農民革命，是兩個階級不可調和的矛盾鬥爭；項羽抗暴秦，是沒落的貴族本階級不可調和的矛盾鬥爭。貴族階級本身的矛盾鬥爭，自蘇秦的合縱，聯合六國抗秦，信陵君的竊符救趙，屈原的聯齊抗秦，都屬於這一範疇。但項羽是在統一局面已成之後，而卒亡秦。太史公表而出之，不可謂非特識。班書則陳勝、項籍同傳，猶存微恉。司馬貞則謂："項羽崛起，爭雄一朝，假號西楚，竟未踐天子之位，而身首別離，斯亦不可稱本紀，宜降為世家。"失之固陋。

―――――――

① "蠭"，油印本、稿本作"並"。據《史記》諸本改。

（三）揭舉愛國主義思想的人物

《史記》對於具有愛國主義思想的人物，尤爲注意，大書特書。他揭示了中國人民優良傳統，並懷著敬意與熱愛。如：

1.《屈原列傳》。他指出了偉大詩人崇高的品格。他說：“屈平正道直行，竭忠盡智，以事其君，讒人間之，可謂窮矣。信而見疑，忠而被謗，能無怨乎？屈平之作《離騷》，蓋自怨生 ① 也。”他又引淮南語：“推此志也，雖與日月爭光可也。”這是何等的推重。屈原心志，盡在《離騷》，“長太息以掩涕兮，哀民生之多艱”，詩人的愛祖國、愛人民，憤俗嫉邪，九死不變其節，正是《離騷》的精神實質所在。司馬遷更明確的指出：“屈平雖放流，睠顧楚 ② 國，繫心懷王，不忘欲反，冀幸君之一悟，俗之一改也。其存君興國，而欲反覆之，一篇之中三致志焉。”詩人的艱難困苦的遭遇，終不免被逐自沈，結束了一生，不得施其抱負 ③，千載而後，沒有不同情他的。司馬遷在傳末寫道：“余讀《離騷》、《天問》、《招魂》、《哀郢》，悲其志。適長沙，觀屈原所自沈淵，未嘗不垂涕，想見其爲人。”其言沈痛，向往深切。班固謂其“露才揚己，忿 ④ 懟沈江”，其識遠在遷下。

2.《留侯世家》。首先指出張良愛國主義思想根源。“良年少，未宦事韓。韓破，良家僮三百人，弟死不葬，悉以家財求客刺秦王，爲韓報仇，以大父、父五世相韓故。良嘗學禮淮陽。東見倉海君。得力士，爲鐵椎重百二十斤。秦皇帝東游，良與客狙擊秦皇帝博浪沙中，誤中副車。秦皇帝大怒，大索天下，求賊甚急，爲張良故也。”這裏同時也指出了良的愛國行動，一篇之中，就以這一種思想爲線索。其後說項梁立韓諸公子橫陽君成爲韓王，及項王殺之彭城，良乃亡，間行歸漢王。這時張良爲韓報仇，非對秦皇而對項王了，是他的愛國主義思想的一個分水嶺。最後良乃稱曰：“家世相韓，及韓滅，不愛萬金之資，爲韓報仇彊秦，天下震動。”在貴族階級及暴秦陣線，良也是代表人物之一。他的椎擊秦皇帝博浪沙中，比陳涉的農民大起義還早了十年，卻做了反暴秦的先聲。蘇子瞻謂：“子房不忍忿忿之心，以匹夫之力，而逞於一擊之

---

① “生”，油印本、稿本無。據《史記》諸本補。

② “楚”，油印本誤“祖”。據稿本及《史記》諸本改。

③ “不得施其抱負”六字，稿本在前句“遭遇”下。茲依油印本。

④ “忿”，油印本、稿本作“憤”。據清乾隆六年刻黃叔琳注本《文心雕龍》改。

間。"（《留侯論》）迂闊之見，不足以衡奇士。

3.《李將軍列傳》。指出李將軍是個忠義善戰的人物，而不得封侯。篇中以廣從弟李蔡爲對比。如云："廣以良家子從軍擊胡，用善騎 ① 射，殺首虜多，爲漢中郎。廣從弟李蔡亦爲郎，皆爲武騎常 ② 侍，秩八百石。"又云："蔡爲人在下中，名聲出廣下甚遠。然廣不得爵邑，官不過九卿，而蔡爲列侯，位至三公。諸廣之軍吏及士卒，或取封侯。"又以程不識爲對比。如云："是時漢邊郡李廣、程不識皆爲名將，然匈奴畏李廣之略，士卒亦多樂從李廣而苦程不識。"又與《衛將軍驃騎列傳》穿插爲對比。如《李將軍列傳》云："廣嘗與望氣王朔燕語，曰：'自漢擊匈奴，而廣未嘗不在其中，而諸部校尉以下 ③，才能不及中人，然以擊胡軍功取侯者數十人。而廣不爲後人，然無尺寸之功以得封邑者，何也？豈吾相不當侯邪？且固命也？'"《衛將軍驃騎列傳》云："青嘗從入至甘泉居室 ④，有一鉗徒相青曰：'貴人也，官至封侯。'青笑曰：'人奴之生，得毋笞罵即足矣，安得封侯事乎？'"李將軍的不遇時，是由於封建社會統治階級內部利益的衝突，用人不能盡其才。所以漢文帝曰："惜乎！子 ⑤ 不遇時。如令子當高帝時，萬戶侯豈足道哉？"這是與時代的政治利益不同，雖知其才而不能用。到了武帝奮擊匈奴，衛、霍貴戚，莫不援私競進。廣雖忠義善戰，終不免於自上簿，至幕府，謂其麾下曰："廣結髮與匈奴大小七十餘戰，今幸從大將軍出接單于兵，而大將軍又徙廣部行回遠，而又迷失道，豈非天哉？且廣年六十餘矣，終不能復對刀筆之吏。"遂自剄。廣軍士大夫一軍皆哭。百姓聞之，知與不知，無老壯，皆爲垂涕。廣的數奇不侯，又不能善終其身，司馬遷親見李將軍，所謂"悛悛如鄙人，口不能道辭"，"彼其忠實心，誠信於士大夫也"。遷復交其孫李陵，及陵降匈奴而遭其禍，傳李將軍，抑塞磊落，隱痛深切，其來有自。

至於藺相如完璧歸趙，澠池之會，挫折彊秦；田單守即墨，以火牛攻燕，而卒存齊。《史記》對於這樣的愛國英雄人物的熱愛、尊敬、表彰，給予後代人

① "善騎"，油印本誤"騎善"。據稿本及《史記》諸本改。
② "常"，稿本誤"嘗"。茲依油印本。
③ "下"，稿本脫。茲依油印本。
④ "居室"，油印本、稿本無。據《史記》諸本補。
⑤ "子"下，油印本、稿本有"之"字。據《史記》諸本刪。

是有其積極的教育意義。

（四）肯定有正義感人物

這尤在《游俠列傳》，敘述許多封建社會下層人物，反抗強暴統治。"竊鉤者誅，竊國者侯。侯之門，仁義存。"這是封建和私有制的階級社會的一個政治規律。《酷吏·杜周傳》說："客有讓周曰：'君爲天子決平，不循三尺法，專以人主意指爲獄。獄者固如是乎？'周曰：'三尺安出哉？前主所是著爲律，後主所是疏爲令，當時爲是，何古之法乎！'"正是一個很典型的說法。漢代繼續和發展了秦代中央集權的郡縣制度，自叔孫通定朝儀，而皇帝乃益貴。《意林》引楊泉《物理論》曰："漢太宗除肉刑，匹夫之仁也，非天下之仁也。不忍殘人之體，而忍殺人，故曰匹夫。"又曰："張蒼除肉刑，每歲所殺萬計。"司馬遷傳酷吏，"自郅都、杜周十人者，此皆以酷烈爲聲"。他揭露了統治者的殘忍，也大書特書了反抗強暴的游俠朱家之徒："振人不贍，先從貧賤始"，"專趨人之急，甚己之私"，"雖時 ① 扞當世之文罔，然其私義廉絜退讓，有足稱者，名不虛立，士不虛附"。深切寄予同情。班固乃謂其"敘游俠，則退處士而進姦雄"，完全站在統治階級的立場說話。（按《漢書》亦敘游俠，自朱家、田仲、劇孟、王孟、郭解以下，補萬 ② 章、樓護、陳遵、原涉，稱其："溫良汎愛，振窮周急。惜乎不入於道德 ③ 。"）而《游俠》一傳，《史》、《漢》而後，絕遺響於千載。這正體現了《史記》的人民性的可貴。

八、史記的藝術性

《史記》對於歷史人物的載記，藝術性是很高的。它通過材料的選擇，篇章的結構，語言的運用，形象的描繪，不但生動地寫出各種類型的實有人物，而且把有些人物寫成鮮明的藝術典型。由於歷史人物的載記，有它歷史事件，必須尊重事實，根據歷史發展客觀實際，加以敘述。不能任意運用誇張、想象的手法來描寫，所以《史記》塑造人物典型，不免受了一定的限制。但是由於作者有著驚人的藝術天才和見識，善於選擇他所特愛或憎，而富有個

---

① "時"，油印本作"世"。據稿本及《史記》諸本改。

② "萬"，油印非、稿本誤"萬"。據中華本《漢書》改。

③ "按漢書"至"道德"四十六字，油印本、稿本皆以朱筆補入，蓋作者後來復作增訂。下文"史漢而後"四字倣此。

性和典型性的人物,用多樣的手法,通過人物自己行動、語言,深刻細緻的心理描寫以及對比的方法,來揭示人物性格。因而一些歷史人物,不但富有獨特的個性,而且富有典型性,不但突出地反映了歷史實有人物的某些重要方面,而且是廣闊地概括了一定社會某些重要方面,深入地發掘了一定社會的矛盾。這種人物在《史記》裏不勝枚舉。如《信陵君列傳》寫魏公子的仁而下士:

> 魏有隱士曰侯嬴,年七十,家貧,爲大梁夷門監者。公子聞之,往請,欲厚遺之。不肯受。曰:"臣脩身絜行數十年,終不以監門困故,而受公子財。"公子於是乃置酒大會賓客。坐定,公子從車騎,虛左,自迎夷門侯生。侯生攝敝①衣冠,直上載公子上坐,不讓。欲以觀公子。公子執轡愈恭。侯生又謂公子曰:"臣有客在市屠中,願枉車騎過之。"公子引車入市,侯生下見其客朱亥,俾倪,故久立與其客語,微察公子。公子顏色愈和。當是時,魏將相宗室賓客滿堂,待公子舉酒。市人皆觀公子執轡,從騎皆竊罵侯生。侯生視公子色終不變,乃謝客就車。至家,公子引侯生坐上坐,徧贊賓客,賓客皆驚。

這一段是寫公子下士重心。人物形象,一個公子,一個侯生,互相對照。一個是夷門監者,一個是魏王介弟,尊卑不侔。一個車騎,一個敝衣冠,也是貧富懸絕。"公子從車騎虛左"、"公子執轡愈恭"、"公子顏色愈和"、"侯生視公子色終不變",這都把公子誠心下士形象刻劃得栩栩如生。文中再寫侯生推轂朱亥:"臣所過屠者朱亥,此子賢者,世莫②能知,故隱屠③間耳。"公子往數請之,朱亥故不復謝,公子怪之。及侯生教公子竊符救趙,薦朱亥與俱,"於是公子請朱亥。朱亥笑曰:'臣乃市井鼓刀屠者,而公子親數存之,所以不報謝者,以爲小禮無所用。今公子有急,此乃臣效命之秋也。'遂與公子俱。"侯生隱監門,朱亥隱屠者,公子因監門而得屠者,都是下士中實有人物,不借絲毫誇張,而只是人物的行動、語言,形象地組織起來,而人物的性格特徵,自然活現。及擊秦軍,救邯鄲,公子留趙。再寫了公子下士最後一段綜結文字:

---

① "敝",《史記》中華本、瀧川本同,百衲本、殿本作"弊"。

② "莫",稿本作"不"。茲依油印本。

③ "屠"下,油印本、稿本有"者"字。據《史記》諸本刪。

　　公子聞趙有處士毛公藏於博徒，薛公藏於賣漿家，公子欲見兩人。兩人自匿不肯見公子。公子聞所在，乃間步往，從此兩人游，甚歡。平原君聞之，謂其 ① 夫人曰："始吾聞夫人弟公子天下無雙，今吾聞之，乃妄從博徒、賣漿者游，公子妄人耳。"夫人以告公子。公子乃謝夫人去，曰："始吾聞平原君賢，故負魏王而救趙，以稱平原君。平原君之游，徒豪舉耳，不求士也。無忌自在大梁時，常聞此兩人賢，至趙，恐不得見，以無忌從之游，尚恐其不我欲也。今平原君乃以爲羞，其不足從游。"乃裝爲去。夫人具以語平原君。平原君乃免冠謝，固留公子。平原君門下聞之，半去平原君歸公子。天下士復往歸 ② 公子，公子傾平原君客。

這裏寫了博徒毛公、賣漿者薛公兩個人物形象。"匿不肯見公子"，一種不趨炎、不附勢的品格。"公子乃間步往從游"，更表現了公子的誠心下士。又出平原君與公子對比，介以公子姊，傳達兩人互相批評言語，見得兩人高下，也更突出了信陵君是戰國貴族養士中的一個較好的典型。太史公在《自序》裏說："能以富貴下貧賤，賢能詘於不肖，唯信陵君爲能行之。"其屈於監門、屠者、博徒、賣漿者，以視田文客馮讙必待彈劍而歌長鋏，趙勝客毛遂必待錐處囊而穎脫而後知其人，何啻霄壤？這也反映了當時統治階級爭取和利用各種人材，達到互相吞併的複雜矛盾。

　　《史記》是上下數千年的通史，但主要是傳記的形式，人物是寫作的中心。在悠長的歷史社會裏，所出現的人物是複雜而多樣的。司馬遷卻能運用多樣的手法，把各種人物表現出來。有從故事細節突出人物性格的，如《淮陰侯列傳》：

　　淮陰屠中少年有侮信者，曰："若雖長大，好帶刀劍，中情怯耳。"衆辱之曰："信能死，刺我。不能死，出我袴下。"於是信孰視之，俛出袴下，蒲伏。一市人 ③ 皆笑信，以爲怯。

這一片斷故事細節裏，突出了韓信的個子是魁碩的，出入身邊喜佩刀劍的。

---

① "其"，油印本、稿本無。據《史記》諸本補。
② "歸"，油印本、稿本無。據《史記》諸本補。
③ "人"，油印本、稿本無。據《史記》諸本補。

屈原的《涉江》"帶長鋏之陸離"，也是古代人的服飾多如此。這就刻劃了一個韓信的形象。"中情怯耳"，"一市皆笑以爲怯"，這是少年、市人對韓信的藐視。"俛出袴下"，這是韓信的忍辱負重，不願與少年計較。蘇子瞻說："天下有大勇者，猝然臨之而不驚，無故加之而不怒。"這正顯示了韓信的性格。

言爲身文，有從語言表現各個人物形象、性格的。如《陳涉世家》："王侯將相，寧有種乎?"《項羽本紀》："彼可取而代也。"《高祖本紀》："嗟乎!大丈夫當如是也。"這裏三個人物的語言，第一個是陳涉，完全是農民階級首義人物的口吻。後兩個是項羽、劉邦同樣的觀秦始皇帝出游。凌稚隆謂："高祖觀秦 ① 帝之言，較之項羽，氣象自是迥別。"王鳴盛謂："項之言，悍而戾;劉之言，則津津不勝其歆羨矣。"這雖不免封建社會成敗論人，但項羽出身於沒落的貴族階級，劉邦出身平民，通過兩人的語言，表現了他們不同性格的一方面。

有以口語傳神的，如《陳涉世家》："夥頤!涉之爲王沈沈者。"《信陵君列傳》："晉鄙嚄唶宿將。"《周昌傳》："昌爲人吃，又盛怒，曰:'臣口不能言，然臣期期知其不可，陛下雖欲廢太子，臣期期不奉詔。'"此類甚多，皆活躍了人物的性格。

歌謠、諺語，在每一個社會時代裏都反映了廣大人民的生活和鬥爭意志。引用譬喻，可增強我們對事物的認識。如《曹相國世家》百姓歌："蕭何爲法，顜若畫一。曹參代之，守而勿失。載其清淨，民以寧一。"《魏其武安侯列傳》潁川兒乃歌之曰："潁水清，灌民寧。潁水濁，灌氏族。"《淮南衡山列傳》民有作歌，歌淮南厲王曰:"一尺布，尚可縫。一斗粟，尚可舂。兄弟二人，不相容。"《酷吏列傳》號曰:"寧見乳虎，毋值寧成之怒。"《佞幸列傳》諺曰:"力田不如逢年，善仕不如遇合。"《貨殖列傳》諺曰:"百里不販樵，千里不販糴。居之一歲，種之以穀;十歲，樹之以木;百歲，來之以德。"這是司馬遷乘傳天下，深入瞭解，吸收了人民活的口頭語言的緣故。至於整齊古代語言，如《五帝》諸紀改易《尚書》中詰屈聱牙的語言爲當代通俗語言，也是《史記》運用語言特點之一，不復例詳。

---

① "帝"下，油印本、稿本有"皇"字。據萬曆四年刻本《史記評林》刪。案瀧川引亦無"皇"字。

九、史記的補續和竄亂

（一）補續

1.《漢書·藝文志》:"《太史公》百三十篇。"注:"十篇有錄無書。"又《司馬遷傳》:"而十篇缺,有錄無書。"張晏曰:"遷沒之後,亡《景紀》、《武紀》、《禮書》、《樂書》、《兵書》、《漢興以來將相年表》、《日者列傳》、《三王世家》、《龜策列傳》、《傅靳列傳》。元、成之間,褚先生補缺,作《武帝紀》、《三王世家》、《龜策》、《日者傳》,言辭鄙陋,非遷本意也。"師古曰:"序目本無《兵書》,張晏云亡失,此說非也。"劉奉世曰:"《兵書》即①《律書》,蓋當時有耳。"

《史記·自序》索隱:"案《景紀》取班書補之;《武紀》專取《封禪書》;《禮書》取荀卿《禮論》;《樂書》取《禮·樂記》;《兵書》亡,不補,略述律而言兵,遂分歷述②以次之;《三王系家》空取其策文以緝此篇,何率略且重,非當也;《日者》不能記諸國之同異,而論司馬季主;《龜策》直太卜所得占龜兆雜說,而無筆削之功,何蕪鄙也。"

又《孝武本紀》集解:"《太史公自序》曰'作《今上本紀》',又其述事皆云今上、今天子,或有言孝武帝者,悉後人所定也。"《索隱》:"褚先生補《史記》,合集武帝事以編年,今止取《封禪書》補之,信其才之薄也。又張晏云:'褚先生潁川人,仕元、成間。'韋稜云:《褚顗家傳》:褚少孫,梁相褚大弟之孫,宣帝代爲博士,寓居于沛,事大儒王式,號爲先生,續《太史公書》。阮孝緒亦以爲然也。"

按今本《武帝紀》,無褚補明文,"漢興已六十餘歲"以下全採《封禪書》。《三王世家》、《日者》、《龜策》兩傳,皆有褚先生補文。《禮書》"禮由人起"至卷末,後人取《荀子·禮論》附益。《樂書》"凡音之起,自人心生也"至"夫樂不妄生也",後人取《荀子》、《禮記》、《韓非子》附益,論贊亦然。《律書》,首言律爲兵家所重,百王不易,多後人附益。《曆書》,多取《大戴禮》、《左傳》、《國語》,後人附益。尚有《三代世表》,篇後"張夫子

---

① "即",油印本脱。據稿本及《漢書》顏師古注引劉奉世說補。

② "歷述",油印本作"述歷"。據殿本《史記》改。案稿本作"曆述",與《史記》百衲本、瀧川本、中華本同。

問褚先生”至“豈不偉哉”,褚少孫補。《陳涉世家》“褚先生曰”云云,《集解》:“徐廣曰:‘一作太史公。’班固奏事云:‘太史遷取賈誼《過秦》上下篇以爲《秦始皇本紀》、《陳涉世家》下贊文。’”《外戚世家》“李夫人有寵,有男一人,爲昌邑王”,後人補益。“褚先生曰”至“諡爲武,豈虛 ① 哉”,褚少孫補。《梁孝王世家》“襄立三十九年卒”至“立爲梁王也”十九字,後人附益。“褚先生曰”至“如從 ② 管中闚天也”,褚少孫附益。《張丞相傳》“孝武時丞相多甚,不記”至“困戹不得者衆甚也”,《索隱》云:“褚先生等所記。”《田叔列傳》“數歲,爲二千石”至“陘城今在中山國”,後人附益。“褚先生曰”至“後進者愼戒之”,褚少孫附益。《滑稽列傳》“褚先生曰”至“辯治者當能別之”,褚少孫附益。

2.《漢書·藝文志》:“馮商所續《太史公》七篇。”韋昭曰:“馮商受詔續《太史公》十餘篇,在班彪 ③ 《別錄》。商字子高。”師古曰:“《七略》云:‘商,陽陵人,治《易》,事五鹿充宗,後事劉向。後與孟柳俱待詔,頗序列傳,未卒,病死。”又《張湯傳》注:“如淳曰:‘成帝時,馮商受詔續《太史公》十餘篇。’”

按馮商當孝成時,則其年事略後於褚先生,而視班彪則在前。《漢志》著錄其書七篇,與《太史公》百三十篇並列,似本單行。與褚先生所補附於《史記》而無著錄,又微有異。韋昭、如淳則謂其書十餘篇,疑莫能詳。

3.《後漢書·班彪傳》:“武帝時,司馬遷著《史記》,自太初以後,闕而不錄。後好事者頗或綴集時事,然多鄙俗,不足以踵繼 ④ 其書。彪乃繼採前史遺事,傍貫異聞,作後傳數十篇。”注:“好事者,謂揚 ⑤ 雄、劉歆、陽城衡、褚少孫、史孝山之徒也。”

《史通·正史》以爲續《史記》者,有向、歆、馮商、衛衡、揚雄 ⑥ 、史岑、梁審、肆仁、晉馮、段肅、金丹、馮衍、韋融、蕭奮、劉恂等,並見上引。

---

① “虛”下,油印本、稿本有“語”字。據《史記》諸本刪。
② “從”,稿本無。茲依油印本。
③ “彪”下,油印本、稿本有“前”字。據中華本《漢書》刪。案班彪《別錄》與劉向《別錄》非一書。
④ “繼”,油印本、稿本無。據中華本《後漢書》補。
⑤ “揚雄”,稿本及中華本《後漢書》作“楊雄”。茲依油印本。
⑥ “揚雄”,油印本、稿本無。據四部叢刊本《史通》補。

　　按補續《史記》的，據諸說自褚少孫、馮商而外，尚有向歆父子、揚雄諸人，史岑並見《史通·人物篇①》。據《文選·出師頌》注，漢有兩史岑：一在王莽末，字子孝。《東觀漢記》：東平王蒼上《光武中興頌》，明帝問可與誰等，校書郎對"前世史岑之比"者是也。其頌和熹鄧后者，字孝山，在莽後百餘年，書典散亡，莫詳爵里。《集林》諸家，以孝山之文，載於子孝之集。范曄遂謂王莽末沛國史岑字孝山，以文顯，誤也。晉馮、段肅見《後漢書·班固傳》（本傳段作殷，《班固集》又作段），當永平初。《史通·正史》列史岑於晉、段兩人之上，皆疑爲西漢末，東漢初人。唯《後漢書·班彪傳》章懷注作史孝山。所舉好事者如揚雄、劉歆、陽城衡、褚少孫皆前漢人，則亦以王莽末史岑之字爲孝山，與《文選》李注歧異。衛衡見《華陽國志·漢中士②女》："衡字伯梁，南鄭人。少師事隱士同郡樊季齊，以高行聞。郡九察孝廉，公府州十辟，公車三徵，不應。"疑爲一人。馮衍，《後漢書》自有傳。

（二）竄亂

　　1.《後漢書·楊終傳》："後受詔刪《太史公》爲十餘萬言。"按楊終刪《太史公書》，是屬於竄亂的，但其所刪之迹莫得而詳。

　　2.《史記》知爲後人所竄亂，其迹較著的，條例如次：

　　《秦始皇本紀》，"襄公立,享國十二年"至"二世,六百一十歲"，蓋《秦紀》文。"孝明皇帝十七年"至"嬰死生之義備矣"，後人附益。《史記志疑》："此篇是《秦紀》，魏了翁《古今考》謂班固明帝時所得也。史公言秦燒書，獨《秦紀》不滅，故東漢時猶有存者。後人遂并班固語附載本紀之末，以備參證。《史詮》及《丹鉛錄》並云古本自'襄公立'以下低兩字別于正文，今本平頭刻，殊失其舊矣。而《索隱》以爲馬遷③重列則誤也。史以傳信④，無一事兩書之理。《史記》中惟此及《酈生傳》有之，皆後⑤人附益，非遷史元文。然酈道元尚錯認此記爲遷史，何論小司馬哉？此記簡古有法，先秦文字，不可多見，非他附益者比。"又曰："孝明以下，乃班固因有召問

① "篇"，稿本無。茲依油印本。
② "士"，油印本作"仕"。據稿本及四部叢刊本《華陽國志》改。
③ "遷"，油印本及瀧川《考證》引皆作"班"。據稿本及乾隆間刻本《史記志疑》改。
④ "信"，油印本誤"言"。據稿本及《史記志疑》改。
⑤ "後"，油印本脫。據稿本及《史記志疑》補。

遷書及作《典引》一節,遂別著此篇,并所得《秦紀》錄之,當時必別傳^①于世,後人取入《史記》,附載於茲,故謂此篇他人作者妄,謂與《典引》同作者亦妄。何以言之?《典引》序稱永平,而此云孝明皇帝,是追述前事,非永平時所撰甚審。《典引》序但稱十七年,而此十七年十月十五日乙丑,若非孟堅自爲,何能悉其日月?《典引》稱臣,而此云吾讀《秦紀》,則非對君之言可知^②。”

《天官書》,“蒼帝行德”至“客星出天廷,有奇令”,豬飼彥博曰:“後人附益。”

《楚元王世家》,“王純立,地節二年,中人上表告楚王謀反,王自殺,國除,入漢爲彭城郡”二十七字,後人附益。《正義》:“《漢書》云:‘王純嗣十六年,子延壽嗣,與趙何齊謀反,延壽自殺,立三十二年國除。’與此不同。地節是宣帝年號,去天漢四年二十九年,乃隔昭帝世。言到地節二年以下者,蓋褚先生誤也。”《史記志疑》:“‘王純’以下廿七字,後人妄續,當削之。而所續又與《漢書》異,《漢書》言純子延壽嗣位,以謀反,爲後母父趙長年所告,自殺。此言純爲中人告反,謬矣^③。”

《齊悼惠王世家》,“是爲惠王”至“十五歲卒”四十八字,“是爲頃^④王”至“十一歲卒”四十四字,後人附益。《史記志疑》:“‘是爲惠王’以下四十八字,後人所續,當刪之。且所說孝王景之年,與《漢書》不合。”陳仁錫曰:“‘是爲頃^⑤王’至‘十一歲卒’四十四字^⑥,亦褚生所續者。”瀧川資言曰:“頃王三十六年,即昭帝元年,史公或^⑦不及^⑧知其諡。”

《賈生列傳》,“至孝昭時,列爲九卿”八字,後人附益。《史記志疑》:“‘至孝昭時’二句,當刪之。”

《酈生列傳》,“初,沛公引兵過陳留”至“遂入破秦”,後人附益。《史

---

① “傳”,油印本、稿本及瀧川《考證》引皆作“行”。據《史記志疑》改。
② “知”下,油印本有“矣”字。據稿本及《史記志疑》刪。
③ “矣”,稿本作“甚”。茲依油印本及《史記志疑》。
④ “頃”下,油印本、稿本衍“襄”字。據《史記》諸本刪。
⑤ “頃”下,油印本衍“襄”字。據稿本及瀧川《史記會注攷證》引刪。
⑥ “四十四字”,油印本脫。據稿本及瀧川《史記會注攷證》引補。
⑦ “或”,油印本脫。據稿本及瀧川《史記會注攷證》補。
⑧ “及”,油印本脫。據稿本及瀧川《史記會注攷證》補。

記志疑》：“酈生事①不應復出于朱建傳尾，且《史》無兩存之例，其爲羼入無疑。猶《始皇紀》後之附②《秦紀》也。攷《御覽》三百六十六引《楚漢春秋》，與此政同，則是後人因其小有異同而附之，又誤置于建傳末，當移在史論之後。《史通·雜說篇》、《野客叢書》，竝錯認爲《史》本書。《評林》載歸有光云‘其文類褚先生補入者’，亦失考。”

《李將軍列傳》，“李陵既③壯”至“皆用爲恥焉”，後人附益。《史記志疑》：“‘李陵既④壯’以下，皆後人妄續也。無論天漢閒事，《史》所不載，而史公因陵被禍，必不書之，其詳別⑤見于《報任安書》，益有深意焉。觀贊中但言李廣，而無一語及陵可見。且所續與《漢》傳不合。如族陵家，在陵降歲餘之後；匈奴妻陵，又在族陵家之後。而此言單于得陵即以女妻之，漢聞其妻單于女，族陵母妻子，竝誤也。且漢之族陵家，因公孫敖誤以李緒教單于兵爲李陵之故，不關妻單于女。又杭太史云：‘子長盛推李少卿，以爲有國士風，雖敗不足誅，彼不死，欲得當以報，何⑥云李氏名敗，隴西之士爲恥乎？斷非子長筆。’”

《平津⑦侯主父列傳》，“太皇太后詔大司徒大司空”至“朕親臨拜焉”，“班固稱曰”至“亦其次也”，皆後人附益。《集解》：“徐廣曰：‘此詔是平帝元始中王元后詔，後人寫此及班固所稱，以續卷後。’”《索隱》：“按徐廣云‘此是平帝元始中詔，以續卷後’，則⑧又非褚先生所錄也。”洪亮吉曰：“案此疑馮商受詔續太史公書時所錄入。”按洪氏以此疑爲馮商所續，然《漢書·藝文志》著錄《馮商所續太史公》七篇，與《太史公》百三十篇並列，則其書單行，似非附益。《史通·正史》謂續《史記》者有向、歆、馮商、衛衡、揚雄⑨、史岑、梁審、肆仁、晉馮、段肅、金丹、馮衍、韋融、蕭奮、劉恂等。馮商當孝成時，其年事略後於向、歆、褚少孫，在班彪之前。此爲誰續，疑莫能

① “事”，油印本、稿本及瀧川《史記會注攷證》引俱無。據《史記志疑》補。
② “附”下，油印本多“益”字。據稿本、《史記志疑》及瀧川《史記會注攷證》引刪。
③ “既”，油印本、稿本作“已”。據《史記》諸本改。
④ “既”，油印本、稿本作“已”。據《史記志疑》及瀧川《史記會注攷證》引改。
⑤ “別”，油印本脫。據稿本、《史記志疑》及瀧川《史記會注攷證》引補。
⑥ “何”，油印本、稿本及瀧川《史記會注攷證》引皆作“可”。據《史記志疑》改。
⑦ “津”，油印本誤“陵”。據稿本及《史記》諸本改。
⑧ “則”，油印本、稿本及瀧川《史記會注攷證》皆無。據《史記》百衲本、殿本、中華本補。
⑨ “揚雄”，油印本無。據四部叢刊本《史通》補。

明^①。

《司馬相如傳》，"揚雄以爲靡麗之賦"至"不已虧乎"二十八字，後人附益。《史記志疑》："'揚雄'以下二十八字當削。《困學紀聞^②》曰：'雄後於遷甚久，遷得引雄辭，何哉？蓋後人以《漢書》贊附益之^③。'"

《史記》竄亂，有意者^④如楊終受詔刪削之類，無意者或^⑤因旁注混淆。又往往各篇中有言孝武二字，亦由後人所改。史遷卒年失考，著書絕筆難詳。眞僞去取，各家紛然。近代康有爲《新學僞經考》，疑難《史記》，輒歸獄劉歆。崔適《史記探源》，乘隙攻瑕，乃謂妄人蹈襲《漢書》。言或過當，不可不加推考。凡斯所述，略明例範，以爲引端。

十、史記的注解和版本舉要

（一）三家注單刻本

1.《史記集解》一百三十卷，宋裴駰撰。

《四庫全書總目提要》："駰字龍駒，河東聞喜人。官至南中郎參軍，其事迹附見於《宋書·裴松之傳》。（按，《宋書·裴松之傳》云：子駰，南中郎參軍，注司馬遷《史記》行於世。）駰以徐廣《史記音義》，粗有發明，殊^⑥恨省略，乃採九經諸史，并《漢書音義》及衆書之目，別撰此書。其所引證，多先儒舊說。張守節《正義》，嘗備述所引書目次。然如《國語》多引虞翻注，《孟子》多引劉熙注，《韓詩》多引薛君注，而守節未著於目。知當日援據浩博，守節不能徧數也。"

按《集解》單刻，有汲古閣及金陵書局本。

2.《史記索隱》三十卷，唐司馬貞撰。

《四庫全書總目提要》："貞河內人，開元中官朝散大夫弘文館學士。貞初受《史記》於崇文館學士張嘉會，病褚少孫補司馬遷書，多傷踳駁。又裴駰《集解》、舊有《音義》，年遠散佚。延篤《音^⑦隱》，鄒誕生、柳顧言等書，

---

① "按洪氏"至"疑莫能明"一節，稿本無。茲依油印本。疑稿本付刻寫油印時作者別爲增入。

② "聞"下，《史記志疑》有"引江棨"三字。

③ "司馬"至"益之"六十八字，油印本無。疑脫。據稿本補入。

④ "者"，油印本作"則"。據稿本改。下句"者"字做此。

⑤ "或"，油印本作"如"。據稿本改。

⑥ "殊"上，油印本、稿本有"而"字。據浙本、殿本《四庫全書總目》刪。

⑦ "音"，浙本《四庫全書總目》同，殿本作"章"。

亦失傳。而劉伯莊、許子儒等，又多疏漏。乃因裴駰《集解》，撰爲此書。首注駰序一篇，載其全文。其注司馬遷書，則如陸德明《經典釋文》之例，惟標所注之字，蓋經傳別行之古法。凡二十八卷，末二卷爲述贊一百三十篇及補《史記》條例。”

按《索隱》單刻，有汲古閣本，據北宋秘書省大字刊本重刻。又有《廣雅叢書》本。

3.《史記正義》一百三十卷，唐張守節撰。

《四庫全書總目提要》：“守節始末未詳。據此書所題，則其官爲諸王侍讀率府長史也。是書據《自序》三十卷。晁公武、陳振孫二家所錄，則作二十卷。蓋其標字列注，亦必如《索隱》，後人散入句下，已非其舊。至明代監本，採附《集解》、《索隱》之後，更多所刪節，失其本旨。”

按《正義》單刻，有明嘉靖四年震澤王延喆刊本，見《邵亭知見書目》，並見①《提要》。

又按，日本瀧川資言《史記正義佚存》：“偶繙②東北大學所藏慶長、寬永活字本《史記》（狩野亨吉舊藏，蓋依元彭寅翁本），上欄標記《正義》一千二三百條，皆三注本所無，但缺十表。其後又得《桃源史記抄》、（僧桃源，名瑞仙，又號竹處萬菴、蕉雨亦菴、春雨村僧，永享九年生於近江。寬正③中，作梅岑軒於相國寺居之。應仁中，避亂江州飯高山下，依京極氏小倉將監，延德元年寂，年五十七。東京帝國大學藏其原稿。館長云，獲諸相國寺。卷首有漢文《史記④源流考》一卷，其餘皆國文，與今時講義錄相似，大正震災失之。近藤守重云，寬永三年，陰山立佐⑤活刷發行。余未見其書。米澤文庫、足利學校皆藏其零本，皆合綴《幻雲抄》。）《幻雲抄》、（幻雲，名壽桂，亦五山僧徒，後於桃源。）《博士家史記異字》（或題《天朝傳本史記說》，前田侯爵藏），所載《正義》略與此合。幻雲標記《桃源抄》云：‘幻謂小司馬、張守節皆唐明皇時人也。而《索隱》不知《正義》，《正義》不知《索隱》，各出己意而注正之。今合《索隱》、《正義》爲一本者，出於何人乎哉？蕉了翁亦未詳焉（蕉了翁即蕉雨，桃源別號），況其餘哉？吾邦有《索隱》本，有《正義》

---

① “見”，油印本無。據稿本補。
② “繙”，油印本、稿本作“閲”。據瀧川《史記會注攷證》改。
③ “正”，油印本、稿本作“永”。據瀧川《史記會注攷證》改。
④ “記”，油印本無。據稿本及瀧川《史記會注攷證》補。
⑤ “佐”，稿本作“佑”。兹依油印本及瀧川《史記會注攷證》。

本。《索隱》與此注所載大同。《正義》者，此注所不載者夥，故諸本之上書之。'（識語依米澤文庫藏《桃源抄》。）余於是知大學本標記之所由，欣喜不能措，手錄以爲二卷，題曰《史記正義佚存》。今錄之《會注》'正義'各條，略復張氏之舊云。"

（二）三家注合刻本

《天祿琳琅書目》："《史記》六十册，宋裴駰《集解》，唐司馬貞《索隱》，並補張守節《正義》。《集解》、《索隱》、《正義》本各單行，至宋始合刻。據校書官乃①張文潛，知爲②元祐時槧。"《四庫全書總目提要》亦謂："北宋始合爲一編，明代國子監刊版，頗有刊除點竄。南監本至以司馬貞所補《三皇本紀》冠《五帝本紀③》之上，殊失舊觀。"蘇軾《李氏山房藏書記》云："余猶及見老儒先生，自言少時欲求《史記》、《漢書》而不可得，幸而得之，皆手自書，日夜誦讀，唯恐不及。近歲④市人轉相摹⑤刻，諸子百家之書，日傳萬紙。"刊刻經籍，始自隋唐，至宋乃盛。時代緜邈，簡册斯厄，孤本殘叢，又往往流於域外。著錄已繁，爰述其概。（稿本眉批：《天祿琳琅》三家注合刻者凡四種。其一，嘉祐建邑王氏世翰堂鏤版。其二，嘉定六年萬卷樓刊。然實以明愼獨齋本秦藩本僞冒。其三，目錄後有校對宣德郎祕書省正字張末八分書條記，元祐槧本。其所載《索隱後序》有"紹興三年四月十二日右修職充提舉茶鹽司幹辦公事石公憲發刊至四年十月十二日畢工"記。其四，黃善夫本⑥。）

1. 宋黃善夫本。

《經籍訪古志》云："《史記》一百三十卷，宋槧本，米澤上杉氏藏。宋裴駰集解，唐司馬貞索隱，張守節正義。每半版十行，行十八字，注二十三字。序、目錄，每半版九行，行十五字，注二十字。界長六寸五分，幅四寸一分。四周雙邊，烏絲外標題。玄貞讓愼殷徵弘等字闕筆。每卷末，記史、注字數。《集解序》後，有'建安黃善夫刊于家塾之敬堂'木記。傳稱此本係直江兼

---

　　①　"乃"，油印本、稿本及瀧川《史記會注攷證》引俱無。據光緒十年長沙王氏刻本《天祿琳琅書目後編》補。

　　②　"爲"，油印本、稿本及瀧川《史記會注攷證》引俱無。據《天祿琳琅書目後編》補。

　　③　"本紀"二字，油印本、稿本無。據浙本、殿本《四庫全書總目》補。

　　④　"歲"，油印本、稿本無。據宋刻本《經進東坡文集事略》補。

　　⑤　"摹"，油印本、稿本作"模"。茲依宋刻本《經進東坡文集事略》。

　　⑥　"天祿琳琅"至"黃善夫本"一節，油印本無。據稿本稿本頁眉朱筆所批錄存，故前標"稿本眉批"以識之。

續遺物。"《訪古志》又錄黃善夫本《漢書》云："目錄末有識語云：'集諸儒校本三十餘家，及五六友澄思靜慮，讎對同異，是正舛訛，始甲寅之春，畢丙辰之夏。建安黃宗仁善夫謹①啟。'列傳第一卷末，有'建安黃善夫刊于家塾之敬室'記。甲寅蓋②即宋③紹熙五年，丙辰則慶元二年也。行款體式，一與《史記》同。"瀧川④按："《史》、《漢》二書，黃氏竝行，但未詳上梓先後，而松崎明復《慊堂日歷》稱曰慶元本《史記》。"又按："明嘉靖六年，震澤王延喆覆刻黃善夫本。跋云：'吳中刻《左傳》，郢中刻《國語》，閩中刻《漢書》，而《史記》未版行。延喆因取舊藏宋刻《史記》，重加校讎，翻刻於家塾，與三書竝行於世。工始嘉靖乙酉蜡⑤月，迄丁亥之三月。林屋山人王延喆識於七十二峰深處。'目錄後有篆書'震澤王氏刻梓'六字。"清同治九年，崇文書局重雕王本，（按《書目答問》："重刻明震澤王氏《史記》一百三十卷，武昌局本。"）而去眞逾遠。民國十五年，上海商務印書館涵芬樓藏黃刻零本，借上杉所藏，以補其闕，景印入百衲本《二十四史》。

　　2. 劉氏百衲宋本《史記》。

　　東武劉喜海輯宋槧四種：一、北宋本（但有《集解》，桓字不避，知北宋刊本）；二、宋本（但有《集解》，桓、愼不避，蓋南宋以前刊本）；三、南宋本（有《集解》、《索隱》，桓、愼避缺）；四、南宋蔡夢弼刊本，（有《集解》、《索隱》，《三皇本紀》後有"建溪三峰蔡夢弼傅卿親校刊於家塾時乾道七年春王正上日書"識語。）說詳於錢泰吉《甘泉鄉人稿》、張文虎《札記》。上海商務印書館涵芬樓景印。

　　3. 清乾隆四年殿本《史記》。

　　或稱經史館本，或稱館本，或稱官本。首有乾隆十二年二月朔御製《重刻二十一史序》，附《考證》於各卷後。

　　4. 同治九年金陵書局《史記》，集解、索隱、正義合刻本。附張文虎《札記》五卷。

　　此爲近代最佳刻本。《集解》、《索隱》多據毛晉汲古閣本，《正義》多

---

① "謹"，油印本、稿本無。據瀧川《史記會注攷證》引補。
② "蓋"，油印本、稿本無。據瀧川《史記會注攷證》引補。
③ "宋"，油印本、稿本無。據瀧川《史記會注攷證》引補。
④ "瀧川"二字，油印本、稿本無。案以下二段按語，實瀧川語，見《史記會注攷證》，茲因補之。
⑤ "蜡"，油印本作"臘"。茲依稿本及瀧川《史記會注攷證》。

據王延喆本，參以北宋本、宋本、南宋本、南宋建安蔡夢弼刻本、元中統本、明南監本、明秦藩刻本、明豐城游明刻本、明金臺汪諒刻本、明吳興凌稚隆刻本、錢塘汪小米舍人遠孫校宋本、海寧吳子撰春照校柯本、乾隆四年殿本，校訂頗精。

5.《史記會注考證》一百三十卷，日本出雲瀧川資言撰，附《總論》一卷。

書後云："大正二年，予得《史記正義》遺佚於東北大學，始有纂述之志。編摩多年。仙臺齋藤報恩會捐財以充資料採訪之費，久保得二君校古鈔於祕閣，藤塚鄰君購新刊於燕京以贈，服部宇之吉、市村瓚次郎二君謀之東方文化學院，刷印行世。校讎之勞，前則阿部吉雄君，後則勝又憲治郎當之。諸君子之誼，不可諼也。昭和九年孟春，君山瀧川資言識。時年七十。"是書以金陵局本爲底本，正文以東國所存鈔本校之①，《正義》以僧幻雲所錄補。《考證》引用《集解》、《索隱》、《正義》以後，宋王應麟、洪邁，明柯維騏、陳仁錫、徐孚遠、顧炎武，清方苞、王鳴盛、趙翼、錢大昕、梁玉繩、王念孫、沈家本、錢泰吉、張文虎，現代李笠，東國中井積德②、岡白駒③諸人之書數百種。張守節《正義》，至明代監本採附《集解》、《索隱》之後，多所刪節，失其本旨。《四庫全書總目提要》據震澤王氏刊本舉其刪脫六十餘條，其他一兩字之出入，殆千有餘條。而瀧川得《正義》遺佚，悉爲補入。但其考證，互有得失。余讀是書，略有④劄記論正⑤。湖南寧鄉魯實先亦有《史記會注考證駁議》，余未見其書。長沙楊樹達遇夫曾爲作序，稱其邃於律歷，見《積微居小學述林》。

按是書有日本昭和九年東方文化學院東方研究所排印本、北京文學古籍刊行社影印本。

---

① "之"，油印本無。據稿本補。
② "中井積德"下，油印本衍"中井積德"四字。據稿本刪。
③ "岡白駒"，稿本無。茲依油印本。
④ "略有"，油印本作"爲之"。據稿本改。
⑤ "論正"，油印本無。據稿本補。

與王道之書（四首）①

道之先生：

手楮奉悉。姜先生一槭當即照轉。《手寫法華三經跋》謄正一咮奉呈。日前西禪寺觀泥金寫卷，清氣撲人，竝成二十八字以博一哂。十五日星期，相過湖遊，可隨尊便。暑中煩悶，稍摭懷愫耳。即頌撰安！樹棠拜啟。八月十二日。

道之先生：

前由程君轉來手劄，藉悉一是。此閒猶未放假，匡廬之行作罷。文旌到京，炎暑蒸人，舟車疲勞，珍攝為慰。附錄小詩二首，以博一哂，竝侯旅祺。棠啟。五七年八月四日。

道之先生：

比者秋氣澄鮮，周末有暇否？擬作西湖、西禪、洪山、洪塘 曹能始故里 之遊，豈地由尊意決定，來槭相告，如何？附師院抽印學報二份乞正，即請文祉。棠啟。十月十四日。

道之先生：

手書奉悉。北遊返斾，舟車卒勞，然得覯新中國建設之盛，一拓心胸，亦大暢快事也。明日當走謁，或偕往西湖觀畫展，如何？敬頌文祉！附紀行詩一什。棠啟。廿八日。后一日發。

與張秀民書②

滌瞻兄：

八月十六日手書藉悉。辱承不棄葑菲，存之篋袋。兄居上京日久，闻见

---

① 　此四札原件係福州文史專家林公武先生所藏，張善文據其提供的影印本整理。第一札"八月十二日"蓋 1954 年。第三札"十月十四日"疑 1957 年。第四札"廿八日"，疑是 1957 年底或 1958 年初。

② 　此稿由作者哲嗣包定貞君於 2020 年春提供。400 格紅欄橫行"福州市赤衛文化用品廠出品"稿紙一頁，鋼筆書寫。蓋 1972 年所作。張善文點校整理。案，黃壽祺教授 1972 年有詩吟與滌瞻、夢惺及笠山先生相聚事，云："故人欣得倉山聚，新雨喜從浙水來。"（《余從周寧下放歸來適滌瞻張先生秀民應笠山之約來游榕垣舊侶新朋歡聚一堂喜而有作次笠山韻》，見《六庵詩選》，福建人民出版社 1986 年出版。）

豐富，深爲羨慕。承邀爲寧紹蘇杭之遊，稀年遠道，子身外出，家人子女，所不放心。但祈兄趁此秋涼時候來南，重覽七閩山水，藉叙舊情。且令弟秀植在長樂供職，與榕恒一水之便，手足嘉會，亦足暢懷。弟近草《後自序》，述晚年治學祈向，約可二萬言。臨風引領，彌切停雲之恩。南中知交王君夢惺，不久當自永春來；黃君六庵，爲行唐尚節翁高足，治《易》，下放調回，與弟同住一樓：年皆六十餘矣。附以奉聞，不具。

戴東原集提要 ①

《戴東原集》十二卷，《年譜》一卷，《札記》一卷，清戴震撰。上海涵芬樓景印經韻樓本。前有段玉裁《序》。戴氏之學，根柢經籍，凡聲音、訓詁、算數、天文、地理、前代制作，索隱鈎深，訓辭敦厚。其初以爲："天下有義理之源，有考覈之源，有文章之源。"後數年，又曰："義理即考覈文章二者之源。義理又何源哉？吾前言過矣。"嘗自謂於疏不能盡記，經注則無不能背誦也。又謂："經之至者道也，所以明道者其辭也，所以成辭者字也。必由學以通其辭，由辭以通其道，乃可得之。"其《爾雅注疏箋補序》謂："援《爾雅》附經而經明，證《爾雅》以經而《爾雅》明。"《與任孝廉幼植書》云："凡學未至貫本末，徹精粗，徒以意衡量，就令載籍極博，猶所謂思而不學則殆。遠如鄭漁仲，近如毛西河，祇賊經害道而已矣。"《水經注》自唐以來經注互譌，得其立文定例，就酈氏所注，考定經文，兼取注中前後倒索不可讀者，爲之訂正，以附於後，爲酈氏書還其脉絡，使經必統注，注必統於經。地理者言，從來以郡國爲主，而求其山川，戴氏則以山川爲主，而求其郡縣，嘗以水辨山之脉絡。《七經小記》者，戴氏常言之，欲爲此以治經也。七經，《詩》、《書》、《易》、《禮》、《春秋》、《論語》、《孟子》。治之，必分數大端以從事，各究洞原委：始於六書九数，故有《訓詁篇》，有《原象篇》，繼以《學禮篇》，繼以《水地篇》，約之於《原善篇》，聖人之學，如斯而已矣。戴氏治天算，苦心孤詣，冥思而得。古者宣夜無師，蚤失其傳，自漢以迄元明，皆主渾天。《周髀

---

① 此稿由作者哲嗣包定貞君於 2020 年春提供。500 格紅欄橫行"（福文）106"稿紙五頁，鋼筆豎寫。據所用稿紙，疑係 1970—1980 年間所撰。張善文點校整理。

算經》,爲算學十書之首,戴氏謂此爲古蓋天之法,尋其墜緒,各爲提要。顧其所爲《碑傳敘記》諸文,特少風裁,蓋稽古之功,獨詳名物,聚學明倫,淑世牖民,經生制作,大抵然也。其《周禮》正歲解:《爾雅》夏曰歲、商曰祀、周曰年,夏數得天,故殷周雖改正朔,仍兼用夏正,周用夏不用殷,故舉歲年不及祀。戴氏之言,有信而有徵,亦有不盡然者。《周書·周月解》曰:"夏數得天,百王所同。其在商湯,用師于夏,除民之災,順天革命,改正朔,變服殊號,一文一質,示不相沿,以建丑之月为正,易民之視。若天時大變,亦一代之事。亦越我周王,致伐于商改正異械,以垂三統。至于敬授民時,巡狩祭享,猶自夏焉。"故此解之"惟一月,既南至,昏畢見,日短極",周正也。又云:"凡四時成歲,有春夏秋冬,各有孟仲季,以名十有二月。中氣以著時應。春三月中氣,雨水、春分、穀雨。(按《後漢書·律歷志》始如此,周月不應爾也,後人所改。見《禮記·月令》鄭注孔疏。)夏三月中氣,小滿、夏至、大暑。秋三月中氣,處暑、秋分、霜降。冬三月中氣,小雪、冬至、大寒。閏無中氣。"夏正也。此二正並用見於《周書》者也。其在《詩·七月》,一之日,二之日,三之日,四之日,皆自周正言也。(《毛傳》:一之日,周正月也;二之日,殷正月也;三之日,夏正月也;四之日,周四月也。)云四月、五月、七月、八月、九月、十月者,皆自夏正言也。第二章之"春日載陽",則夏正之三月也。一歲之事備矣。此二正並用見於《詩》者也。《春秋》凡言"王正月",周正也。《左氏》隱五年傳曰:"春蒐夏苗,秋獮冬狩。"夏正也。此二正並用見於《春秋傳》者也。《書·大誓》"惟十有一年,一月戊午",周正也。《洪範》"日月之行,則有冬夏",《金縢》"秋大熟未穫",《君牙》"夏暑雨,冬祁寒",夏正也。此二正並用之見於《書》者也。《周禮》:"凌人掌冰正,歲十有二月,令斬冰,三其凌。"夏正也。《詩·七月》:"二之日鑿冰沖沖,三之日納于凌陰。"周正也。此同其事而《詩》、《禮》用正各殊者也。至於《大戴》之《夏小正》,《小戴》之《月令》,《周書》之《時訓解》,則純乎行夏之時矣。戴氏又謂,《周禮》之書,曰歲終者,夏時也。按《周禮·小宰》"歲終,則令群吏正歲會",鄭注:"歲終,自周季冬。"賈疏:"周之歲終十二月。知是周之季冬者,以其正月之吉始和,彼正月是周之正月,始和布治于天下,至今歲終考之,是一歲之終,故知非夏之歲終也。"戴氏以爲,凡月而言歲者皆夏正。故書已無所徵,鄭注亦不爾,豈足信哉?其以周舉歲年不及祀者,然《洪範》周書也,"惟十有三祀,王訪于箕子",豈偽孔所謂

“箕子俋祀，不忘本”者歟？《逸周書·酆保解》之“維二十有三祀”，《小開解》之“三十有五祀”（按三當爲二，約在位當爲二十有六祀也），帝辛之時，文王猶奉承殷祀者。若《柔武解》以下，亦俋祀，抑又何也？（按《柔武解》維王元祀，《大開武解》維王一祀，《小開武解》維王二祀，《保典解》惟王三祀，《酆謀解》維王三祀，《大匡解》惟十有三祀，《文政解》惟十有三祀。）《再與盧侍講書》：“《大戴記·主言》‘百步而堵’，堵疑晦之譌。‘千步而井’，不可通，千步疑方里之譌。”按《春秋》成元年經，孔疏引《司馬法》曰：“六尺爲步，步百爲畝，畝百爲夫，夫二爲屋，屋三爲井。（《後漢書·仲長統傳》注《司馬法》曰：步百爲畝，畝百爲夫，夫三爲屋，屋三爲井。）四井爲邑，四邑爲丘，四丘爲甸，甸六十四井。（《禮記·祭義》鄭注：四井爲邑，四邑爲丘，四丘爲甸，甸六十四井也。疏：《司馬法》文。）”《周禮·小司徒》：“乃經土地，而井牧其田野。九夫爲井，四井爲邑，四邑爲丘，四丘爲甸，四甸爲縣，四縣爲都。”則《司馬法》出《周禮》也。然《主言》云“三百步而里”，戴氏云“方里而井”，與《韓詩外傳四》“古者八家而井田，方里爲井，廣三百步、長三百步爲一里，其田九百畝”合，而與《司馬法》異趣。抑《韓詩》所謂“其田九百畝”者，何以得此數？戴氏之言，蓋據《攷工記·匠人》鄭注“井者方一里，九夫所治之田也”。其補注亦語焉不詳。封建之世，制井爲田，因時損益。晉作爰田（僖十五年傳），魯作田丘（成元年經），地有平衍傾邪，土有旱濕肥瘠。自魏盡地力，秦開阡陌，其制漸廢。千載之下，固不能膠柱鼓瑟以求，然故書雅記所言，《周禮》、《司馬法》蓋近之矣。其釋車，姚鼐《書考工記圖後》駁之，謂：《詩》“小戎俴收”，毛公曰“收，軫也”。謂輿深四尺四寸，收於軫矣。非謂軫名收也。然孔疏收軫者，相傳爲然，無正訓也。軫者，車之前後兩端之橫木也。蓋以爲此軫者，所以收斂所載，故名焉。予以爲軫者正名，自其功能之一端言，則名收也①。此一事也。《記》曰：“軓中有灂。”今圖謂軓爲陰，而輮輨自軓始，抑誤矣。然《小戎》“陰靷鋈續”，毛傳曰“陰，揜軓也”，鄭箋亦謂“揜軓，在軾前垂輈上”，疏謂：“‘陰，揜軓’者，輿下三面材，以板木橫側車前，所以陰映此軓，故云揜軓。”《釋名》：“陰，蔭也。橫側車前，以蔭笭也。”與《少儀》“祭左右軌范”。（按姚氏引作“祭左右軓”，改經文。戴氏不改。）姚氏謂軓有三面者，戴氏同焉。此一事也。《記》曰：“以其隧之半爲之較崇”，謂重較

---

① 此處稿本天頭有眉批曰：“《揅經室·考工記車制圖解》：軫，所以收衆材者，故又謂之收。”

也。天子重較則爲繆龍，《荀子》曰“彌龍以養威也”。今戴君謂“較輢不重”者失之。然《詩·淇奥》“猗重較兮”，傳：“重較，卿士之車。”疏：“《輿人》注云‘較，兩輢上出軾者’，則較謂車兩傍，今謂之平較。大車以子男入爲大夫，得乘子男車服。則此重較，謂侯伯車服也。但《周禮》無重較單較之文。”戴氏以爲：左右兩較，望之而重，毛傳因《詩》辭傅會爾，非禮制也。又按《釋名》：“重較，其較重，卿所乘也。”亦取毛說之三事者。戴氏據注疏立文，未爲鑿空。姚氏疑之，蓋各有所主也。①

---

① 此處稿本天頭有眉批曰：“崔豹《古今注》曰：‘車較，重耳也。在車輢上，重起如兩角然。’《揅經室集·考工把車制圖解》謂：‘古人重較，惟卿大夫之車有之，至漢猶然。戴氏譏其附會者，非也。’”其旁又有節《考工記》語曰：“作車以行陸，聖人之事也。”

附　錄

前自序 ①

　　包氏之先，出自炎帝。春秋之世，有申包胥者，爲楚大夫，乞師秦庭，以復國祚，子孫以字爲氏。東漢有大鴻臚咸，師事博士右師細君，治《魯詩》、《論語》。隋曰愷，當大業中，爲國子助教，撰《漢書音義》。唐曰融、曰佶，宋曰拯、曰恢。恢九傳曰始仁，字純白，以南城貢士，教授汀州，權上杭令，遂家焉。先世多本農耕，及予小子，幼稟庭誨，壯遊四方。治詩、古文辭，好桐城姚氏、湘鄉曾氏之言。謂姚氏之義法，曾氏之恢閎，繇是以上溯韓、歐，窺馬、班、左、孟、莊、騷、六藝，可謂極文章之變。姚氏《古文辭類纂》，其詞最爲雅馴。曾氏選經史諸子，不盡循姚氏之論，叙記、典誌，則溢於十三類之外。夫文章致用，姚氏序目言之晐備。若推聖人博文之旨，自群經子史，皆學者所宜犖求，不可章撢而節捃。涑水鄱陽，其書滿家，知治亂、識典章，非篇什雜集所能窺其涯涘。姚氏略諸，不爲隘也。嘗以會稽章學誠古文十弊，標題失當。文之當者，安得有斯弊哉？論晚近學術，以爲南海康氏之文奇，其失也詭；餘杭章氏之文放，其失也誕；海甯王氏之文密，其失也緜。君子立言，以不失中庸之道者爲正。詩則自漢魏五言，唐之李、杜，宋之蘇、黃諸家，學無專者。蓋達情喻志，溫柔敦厚，旨歸無邪，诗人之教莫尚於斯矣。嘗造陳丈石遺於吳縣，論古今詩流變，不姝姝於一家言，心亦善焉。從威遠周先生癸叔爲倚聲，守二窗婉約之旨。泛濫於考據，以清儒多專治故训，發前人未發之義，而直入許、鄭之室，於是有志顧、江、戴、段、二王之學，成《四家詩傳授表證》、《關雎故言

---

　　①　此篇據作者哲嗣包定貞君提供原稿複印本整理。篇首面題"自序"二字。惟封面題籤曰"笠山叢箸挈凡"，落款"丁亥歲首夢惺署檢"，乃作者摯友王夢惺錦機先生於民國三十六年丁亥（1947）所題。內容係綜述作者早年至二十世紀四十年代末的著述概況，與所撰《後自序》（詳後）相銜接。茲用"自序"之名而增一"前"字，題作《前自序》，以附於此。

駁議》、《詩終始論駁議》、《讀詩劄記》、《讀春秋左氏傳札記》、《隨無涯齋讀書記》、《釋圭》、《讀莊子天下篇》、《安溪唐墓考》、《文字學》、《訓詁學》各若干卷。有宋道學，權輿濂溪，而伊洛二程、關中張載繼之。朱子出，集其大成，閩學之盛邁前古。夫漢當灰燼之餘，是諸儒之考據不能缺；宋值道弊之後，即五子之講學爲有功也。祛門戶之見，究心性之書，成《雷翠庭先生年譜》一卷。以謂吾身爲父母所生，天地覆載，師友督責，不可泯泯沒世。始讀書東溪草堂，後居海斥五老天馬間者最久。一遊京、滬，覽長江天塹，謁二陵，弔雨花臺，泛舟莫愁、玄武，過虎邱、寒山、滄浪諸勝。盧溝俶攘，黌序流移，圖籍蕩佚，藜藿不飽。在安溪，嘗作《無求齋記》以見志，曰：

> 包子以庚午之夏，居大海之濱，列樓數十，櫺軒旷塏，雜樹生之，碧水環之，群山宮之，風籀①其中，抗心往古。凡道德、事功、學問、文章之士，或師焉，或友焉。有所疑難，往復吾心，深思覃罩，爲之記要。竊取莊周養生之旨，命其居曰"隨無涯齋"，忽忽五彌寒暑。乙亥秋，包子去而之會城，居西湖之上。當其南堠，李忠定、林文忠祠堂在焉。曦晨月夜，荷柳魚鳧，亭臺刻露，明瑟在眸②，包子則又名其居曰"近雙忠齋"，志嚮往也。丁丑夏，復來居海濱，而寇禍大作，中夏板蕩。越歲戊寅，踔地安溪，借一廛而居焉，則又顏之曰"無求齋"。客有問於包子者曰："有說乎？"曰："是邦爲子朱子③過化地，吾齋適近宮牆④。時難年荒，顛沛播遷，食無求飽，居無求安。昔者仲尼菜色陳、蔡之間，顏回簞瓢屢空，季次、原憲陋室蓬門。韓子進學，妻啼飢、子號寒。縶身俟命，樂道安貧，宇宙之大，寥然廓然。彼風疾馬良，去道日遠者，吾胥無求焉。且吾所以名齋者三，居一日而齋存，去則一囊襆被耳。夫桃爵巢林，一枝而安，鼢鼠飲河，滿腹而止⑤，吾何爲而役役焉取譏微物耶？則無求齋者，亦何嘗齋之有。"客唯而退。

當是時也，包子祕書鞅掌，都講《文心》，彌天孤墳，函夏同仇。庠序陸沈，匹

---

① "風籀"，《文鈔》卷第五《無求齋記》作"讀書"。

② "眸"，《文鈔》卷第五《無求齋記》作"目"。

③ "子朱子"，《文鈔》卷第五《無求齋記》作"先儒"。

④ "宮牆"，《文鈔》卷第五《無求齋記》作"夫子之牆"。

⑤ "夫桃爵巢林，一枝而安，鼢鼠飲河，滿腹而止"，《文鈔》卷第五《無求齋記》"桃爵"作"鷦鷯"，"鼢鼠"作"偃鼠"。

夫髮指。乃作《選文對》以勵多士。或問于予曰："子之選文有法乎？方今海宇鼎沸，事勢危迫。遭神州之多難，睇青山于一髮。文之時義大矣，自伏倉周孔，前聖制作，五千餘年，國實與立。炳炳蔚蔚，九州洋溢。咀嚼菁華，懸茲範軌。順風而呼，聲非加疾。子又有以語我乎？"曰："唯唯諾諾。大陸薦食封豕，滄溟跋浪狂鯨。星火燎原，戎首佳兵。歸鶴遼海，飲馬長城。弔盧溝之月色，哀歌浦之潮聲。越南燕北，烽火縱橫。提封遂墮，金湯俄空。作我士氣，天戈指東。諸生講藝，發憤爲雄。則國計民生，粒食維囏。貴粟積貯，鼂錯、賈誼之徒各進讜言。開宗明誼，此其選焉。蓋孔門問政，足食爲先。至于攻者七日之糧易盡，守者易子而食，析骸而炊，宋及楚平。蕭何轉運關內，炎漢肇興。道濟唱籌量沙，計卻魏兵。故神農之教，有石城十仞，湯池百步，帶甲百萬，無粟弗能守也。徵之前事，豈不信哉？夫兵凶戰危，可百年而不用，不可一日而不備。不教民戰，是謂棄之。漢有都試簡閱，唐有府兵，粵稽古制，率用召徵。有宋藝祖受禪，杯酒而釋兵權。百年而後，乘輿南渡，子孫蒙塵。則文忠教戰守之言，槀居安思危之戒，可謂燭照于機先者矣。氛祲難銷，隸也不力。寇禍日深，寖及堂室。顧亭林曰：'天下興亡，匹夫有責。'冒槍烟以血肉，爭生死於呼吸，此志士仁人效命以報國族之日也。若夫鍾阜臏陵闃淒涼，石頭撼江流哽咽。天府西陲，廟謨早決。江水東逕，巫峽空泠。猿聲哀轉，聞者涕零。桑欽之經，道元之注。形勝在目，山水刻露。況禹跡所揚，娶於塗山。雅樂鼓吹，南音始緜。武王伐殷，庸蜀巴渝，其民實從。所謂前舞後舞師乃歡者，其地固足資以創業。於緝熙敬止，益思建國之囏難也。長江天塹，樓船贔屭。飛軍撜渡，席捲千里。赤壁沈沙，滔滔去水，則孫曹戰爭故壘在焉。檣櫓灰飛，于今爲烈。讀蘇氏前後兩賦，其庶知有所感發乎？將軍去後，官柳飄零。中原樞紐，守在郊坰。速戰寇以爲計，消耗我則守經。陷岳陽，阻洞庭，衡雲失色，君山不青。讀范氏《樓記》，則古人往矣，先憂後樂之心，能毋悠然而生乎？過南昌之故郡，問帝子之長洲，霞鶩齊飛，天水皆秋。星移物換，兵燹生愁。讀韓子《新修閣記》，纏綿于江山之好，而未得一遊，則又感今古之悠悠者矣。樂府木蘭之辭，以弱女子而赴戎機。黃河黑水，關山如飛。策勳萬里，十年而歸。又如娘子軍、夫人城，皆婦女知兵。豈僅爲巾幗吐氣，亦庶幾我武維揚。輓近斯義尤昌，撲索迷離，不知凡幾人報效於沙場矣。吾校濱海，廣廈千間，少陵所云，寒士歡顏。壘畔之風雲摩蕩，島上之戰血朱殷。清溪百折，飛道千盤。夫子萬仞之牆,先儒過化之里。黌舍播遷,絃誦不輟。昔者殷浩罷遣大學生徒,晉室以亡;王猛興復學校,苻氏遂強。學之爲效,國勢所繇張也。子固《宜黃學記》,亟亟於其本,則道援天下,可不以是振其綱也?準斯以譚,或以其事,或以其地,或以其人,舉一反三。殷憂啟聖,多難興邦,諸生盍思吾言?至于仲尼標詞達之旨,游夏入文學之科,摯虞、任昉、劉勰,各揚其波。昭明則選樓栽栽,鹿門則其書八家。桐城又纂爲十三類,湘鄉《經史百家雜鈔》。遵義長沙,踵事增華。涵芬文鈔,薈萃既多。博觀約取,毋偏毋頗,不亦可乎?"客曰:"善!子之對詞贍而理腴矣,請有以書之。"乃退而泚筆。時方風雨四壁,若助余之沈思,騁千軍萬馬而不以疾。在南平,居于後塹,復作《杉與樓記》曰:

> 閩西北,嶺重疊多杉,其質直而不邪,又不腐朽蠹蝕。梓人之成室者,自梁楹、榱桷、向戶,胥取任焉。植于山,紉䆜蔽野,樹海浮青,間無雜柯。摩厲風霜,十數稔而材成,斧斤入之,紮以爲筏,浮江泛海,北至於滬瀆、津沽,南至於百粵,歲致鉅利,則固其材用之廣也。壬午秋,包子居南平,去郭五六里,水之南,山之北,有樓翼然。其所以成之者,凡梁楹、榱桷、向戶,無匪杉也。周遭隙地,復老樹十數株,亭亭直立,炎暑不受,祁寒不彫。一室之中,晤言古人,清華暢爽①,夷曠天鈞。當海宇雲擾②,不遑啟居,藉茲片席,以視顏回、原憲陋巷蓬戶爲已厚矣。包子乃循名責實,牓之曰"杉與樓"。夫天地之大,物必有與,然後相須而有成也。雨露之與草木,土壤之與太山,衆流之與滄海,孟子亦謂舜有天下,天與人與。斯樓也,規矩繩墨之材,叢薄幽邃之境,壹惟茲杉之與也。《詩》曰:"我行其野,蔽芾其樗。"則擁腫卷曲,大匠不度者,其與吾樓之所有,詎可同年而語耶?

自海氛電掃,強寇伏辜,蓬累南行,易地講貫。鵬溪之曲,卓雲之下,崇樓矗立,扁曰"百尺"。今歲丙戌秋來晉江,又吾向所遊也。作鄰花巷,布護綠陰,北望齊雲,空山無恙,遂題其居曰"三十六峰樓"。夫微言日遠,大道橫決,翼翼索居,慮有所墮。冥心紹述,卷帙漸積。最錄目次,發爲大凡云爾。

《釋圭》一卷。載《廈門大學周刊》第十卷第十三期。

《四家詩傳授表證》一卷。《自序》一篇,凡例十四條。載《杉與樓讀書

---

① "暢爽",《文鈔》卷第三《杉與樓記》作"在目"。

② "擾",《文鈔》卷第三《杉與樓記》作"攘"。

記·毛詩劄記》。

《汀洲藝文志》二十卷。周序曰:余嘗病吾國郡縣方志之荒陋。服官所至,如廣西之全州、江西之寧都、清江、廬陵,皆古來人文淵藪。其縣先正之行事及其箸述,見於正史、傳於後世者多矣。乃觀其所紀,或尚不若史傳之詳覈也。藝文一志,又往往不紀箸述,猥以詩文充之。故余在全州,取州人之正史有傳者、事之散見史籍者、箸述之尚可考見者,別錄成帙,將以正舊志之蕪,而爲改修新志地也。乃遽量移以去,訖未能成。及在寧都,又嘗考明易堂九子之行事,搜求遺箸,思有所撢正焉。以時會紛攘,未暇也。及爲清江求邦人之箸述,《三孔集》四册而止耳;《公是》、《彭城》二集,益以奉世,亦總四册耳;其他說經、校史諸書,無有也。其府、縣志,於徐天麟之《兩漢會要》、徐夢莘之《三朝北盟會編》,或不能舉其都數存佚,《三孔集》自署"清江",乃以所居今爲新喻地,擯不入錄;二劉亦新喻也,又胡以錄之?夫古今地域分合,修志者著明其說可矣,未可意爲出入也。余爲之蒐集遺編,輯成《清江先正遺書》。適會縣人之商於衡、湘者,舉其公積萬三千金來歸,因謀校印之。而余遷官吉安,遂以中輟。吉安郡縣志善矣,藝文一略最有法度。然取校史志,岐異實多,注語太略,不無沿訛踵謬。其故家舊刊、祠堂傳本,惟《周益公集》爲善。《歐陽文忠集》大字本,源出北宋;及周益公校本,乃去其校語及卷首古傳四篇,而易以《宋史》本傳,小字尚不若大字本之猶存其真。《文山集》無慮十餘刻,余所見凡七本,各有異同。《楊誠齋詩集》竄亂尚少,《文集》實非完本,淩雜殊甚。四家之書,不能傳信已如此,他未遑更僕數也。昔姚姬傳生當平世,已謂"設每邑有篤學好古之士,各爲考紀,以參相校訂,則天下地志何患不善?"今世變亟矣,網羅放失,整理舊聞,尤急於曩時,微[1]獨不得其人;即有其人,亦安得此從容暇豫之時與力,而爲之考紀參訂也哉?上杭包生樹棠,學於廈門大學。以校課之暇,次錄其郡先正箸述,爲《汀州藝文志》若干卷。詳錄序跋,紀其存佚,則朱竹垞《經義考》之例也;其人有傳、狀之屬悉錄之,兼有錢衎石《徵獻錄》之善焉。前志箸錄,訛者訂之,漏者補之,惟義所在,不少瞻徇。商略義例,辨析疑滯。晦明風雨,忽忽三年。生已畢所業,而是書牔告厥成。行矣包生,稽古之功,此焉嚆矢。而仁其先民之

---

① "微",稿本無,據《汀州藝文志》補。

誠，將永永而無既也。故樂爲序之，並舉余夙所感者以起義焉。庚午閏夏，威遠周岸登。　　丘序曰：汀自唐開元間置州，舊稱山峒。嶺道崎嶇，交通不便，文化遲退。昔人比之江黄蕞爾，不得登於上國者，職是故也。汀人撰箸，首數南唐鄭仲賢①，顧往往自標姓望，别署滎陽，幾數典而忘其祖矣。宋長汀楊淡軒先生，學於朱子，連城二丘先生從之游，道學之傳於斯爲盛。所箸書皆不傳。唐宋汀人撰箸，予未一二見。長汀楊二樵先生輯《汀南廑存》，鄭貳守汝廉續之，上及五代，多採自周先生維慶《閩汀文選》。周選十卷，今又不傳，《府志》僅存其目，道光《通志》採其自序而已。《府志》修於清乾隆時，藝文雜錄詩文，别爲書目，附文苑後，殊爲不類。且楊龜山先生將樂人，故居龍湖，雖割隸歸化，究非汀人，舉其箸述入汀藝文，烏乎可？縣志之善，共推寧化，成於李寒支先生之手，詩文有關邑事者，件繫各類，别倣劉《略》、班《藝》而爲藝文志，體誠善矣。王介石先生乾隆《永定志》一仍其例。光緒《長汀志》，經楊二樵先生參訂，頗採書目，惜缺略不全。民國初，纂修省志，議會以省志取材縣志，議先從事，三年爲期，乃兵禍頻仍，卒歸泡影。汀屬已成者，僅寧化一縣，藝文採輯殊略。予家藏《隝雲集》殘本，寧化陰先生所箸，而志不收，知其漏奪多矣。往歲，秦縣長光前，自長汀調清流，託覓《嬾雲集》，復書搜訪不得。蓋乾隆朝列爲禁書，久付灰燼，固無足怪。近如吳進士清夫集，寧化志局亦無完書。縣志則武平、清流無一全璧。乾隆《永定志》，永人藏者亦寡，抑又何也？蓋地方僻瘠，無世家巨室而爲收藏，又山嵐濕氣，蛀蟻易生。《閩小記》云：“書經十年必蛀。”此尤汀人困難之大因也。包生伯苐，英年好古，工詩文詞曲，留心地方文獻，有《汀州藝文志》之輯。去歲暑假過潮，出以就正。觀其體例，凡汀人箸述，無論存佚，備錄於篇，以舊《府志》、《通志》爲底本，益以各縣志及私家文集爲輔，闕者補之，譌者正之，取材已富，用力尤勤。匆匆告別，今書來請序。往者予總修杭志，草創藝文，邑人撰箸見於志及其它集錄者，均加蒐採，不分部居，略以朝代先後爲次，區別存佚。不能確定者，注明未見；已刻者，注明板式、年月；未刻者，摘其箸作大凡，蓋慎之也。開局後，吾友包君謙谷分任此志，更懸的以爲招，羅致數十種詩文，未刻稿爲多。甲部僅《四書一得錄》，殘闕彌甚。乙部無有焉。明代遺集，僅一《燼餘》，

---

① “仲賢”下，《汀州藝文志》有“文寶”二字。

餘皆散亡。不知生旋里,嘗相質正否、有所出入否。間嘗以吾汀僻處山陬,俗
龐而性樸,士皆不喜表襮,又乏交游通聲氣以相標榜。且往時印刷艱而不易
舉,故雖有著述,不甚傳。間付剞劂而板本不精,傳亦不遠。益以地氣關繫,
若《閩小記》所云,蘄其傳諸久遠,不綦難哉。予性耆收書,四十年節衣縮
食,而有念廬之藏。自遭兵禍,悉付流水。先獻孤本,亦同歸烏有。值此地方
殘破,斯文滅絕之秋,猶有人焉講求國故,表彰鄉哲。若生之輯此志,寧非空
谷足音乎?愧予客途潦倒,溷跡市廛,行篋已空,學殖又落,殊無以益生。然
喜生之者好與俗殊、而與不佞合也。不辟荒陋,舉胸中所欲言者,筆之以序其
端。庚午秋九月,友生丘復序於金城寄廬。　　自序曰:自劉氏父子剙爲略錄,
實開後世目錄之先河。厥後《班志·藝文》、《隋書·經籍》,皆遞有述作。
若新舊《唐書》、若《宋史》、若《明史》,著錄群籍,定爲四部。雖體例頗有
不同,而源流則一也。有清諸儒,若金陵顧櫰山、山陰姚振宗、番禺侯康,則
有《補後漢書藝文志》;嘉定錢大昭,有《補續漢書藝文志》;陽湖洪飴孫,有
《續漢書藝文志》;嘉定錢大昕、海寧張繼才,有《補元史藝文志》;杭州盧文
弨,有《遼金元藝文志補》;江都金門詔,有《補三史藝文志》。網羅放失,作
者如林,可謂盛矣。方志之書,紀一地之沿革,備國史之采擇,實與國史相爲
表裏者也。故方志之有藝文,亦與國史同也。然方志所敘,既以地域爲限,一
州一郡之中,士之能奮發自拔,著書立說,傳於世者,代恒不過數人。或竟湮
沒不傳,並其人之姓氏爵里,亦不挂於人口。攷獻徵文,戛乎難哉。於是爲方
志者,或變通其例,選錄詩詞序記之文以當之。若是者,不一而足,會稽章學
誠氏嘗論其失矣。汀爲州,始於唐開元二十三年,元改爲路,明、清皆爲府,領
縣凡八。舊志之修,時代無考。唯據弘治安成劉震序稱:"同年金陵吳君文度
憲守汀幾九載,謀於掌教杜觀光、分教梁鐄,益舊志而新之。於是郡之沿革、
山川風俗、制度文物、宮室學校與夫土產貢賦、古祠異跡、詩文之屬,彬彬具
悉。"則弘治以前既有成書,而體例亦可略睹矣。今志四十五卷,爲乾隆十七
年郡守曾芝田所續修,同治六年郡守延楷所重刻者。《藝文志》亦僅載詩文,
而群籍著錄,更別附《文苑》,體例既乖,罣漏尤甚。今者州郡制廢,舊志亦
無重纂之需。然《藝文》一志,關係地方文獻至鉅,不有專箸,久且無徵。用
敢忘其固陋,捃摭省邑志乘、鄉賢遺著,別爲一編。體裁則仿道光《重纂福建
通志·經籍志》而略變通之,就一時代,分以地域,而次以其人之先後,以書

目爲之綱，下著撰人，次傳，次序跋。蓋著錄之書，泰半散亡，退索旁搜，務求詳審，略存體例，用矯前失，然亦不盡求合於劉、班諸家。夫汀地當閩之西南，毗連粵贛，懸崖疊嶺，林木暢茂。鄞水南流入海，磅礴之氣，鬱千百年而未泄。有唐伍正己、宋鄭仲賢始舉進士，通仕上國。而吳若訥、雷觀、梁仲華、鄧榮伯、謝敬虚、楊子直、羅子剛之倫，或以忠直見稱，或以岩穴終老，遺篇斷句，後世傳誦，類能見其造詣。元主中夏，百年之間，靡有聞焉。逮及朱明，則有張侍郎明遠、郝鐵筆瑞卿、葉戶部廷璽、裴禮部元闓、丘給諫寬叔、丘侍郎練塘。清則有黎大參媿曾、雷副憲翠庭、伊光祿用侯、伊太守墨卿，皆斐然有述箸。而李徵君元仲，處易姓交代之際，文章氣節，岸立一世。論者謂汀州數百年人物，惟徵君最奇。劉鼇石年事較晚，永曆狩緬，戶部公殉國滇中，全家與難者八十餘口，童牙孤苦，轉徙兵燹，一生忠憤，流露謳唫。此數君子者，得江山奇傑之氣，足爲不朽矣。讀其書，私心輒淑慕之。它日芒鞋草笠，儻得一走故郡，上雲驤閣，人家烟樹，問漑本堂故居猶有存乎？道泉上展徵君之墓，覽圃琬、石巢之勝，當日之檀河、但月，至今無恙否乎？伊氏守硯堂有東坡故物，吾將索而觀之。歸化二陳之合璧、十笈樓，清流古崖故里、白也樓隱處，連城冠豸山之四愚亭，武平李忠定讀書堂，永定熊氏素園，亦將徧過而歷覽之。然後浩然歸來，尋天潮閣遺跡，市濁醪一壺，獨酌其下。斜陽芳草，式吊詩魄，曠百世而相感，則求諸深山窮谷，問之故老逸民，發萬丈光芒，有若鐵函《心史》者乎？是區區之願，亦生長是邦者之責也。戊辰五月六日，包樹棠識。　　凡例：一、[1]《班志・藝文》、《隋書・經籍》，其名雖異，厥義實同。後代史志，祖述二家，未能或易。茲編正名，乃從班氏。一、向、歆《略》、《錄》，鄭默《中經》，荀勗《新薄》，王儉《七志》，孝緒《七錄》，實爲目錄先河。厥後陳振孫之《直齋書錄解題》、晁公武之《郡齋讀書志》，於斯學皆爲精詣。明清作者如林，焦竑因修國史，而有《經籍志》之輯，錢大昭、顧櫰山、姚振宗、侯康之倫，補爲史志。而《八史經籍志》，東儒且以之離正史而獨立，鎮海張壽榮《八史經籍志序》："予於滬上得《八史經籍志》鋟板，前無序言，末署‘文政八年刊’，知出自東國好古者所爲。求其姓氏，卒不可悉。"流變之迹，略可睹已。方志之有藝文，與史同也。瑞安孫仲容詒讓之《溫州經籍志》，則又離地志而別爲專書，輯錄特詳。茲編纂述，竊比其

---

① "一"字，原稿無，茲逐條增之，庶清眉目。下文各條均倣此。

義。一、孫氏之書，遠軌鄱陽，近宗秀水，分類一遵《四庫全書總目》。觀其甄錄，義例實嚴，然竊有議者。孫氏自謂著於錄者，"一千三百餘家，所目見者十一而已"，則其貿然分類，誠不免如鄭樵氏《校讎略》見名而不見書之譏，豈能豪髮無遺憾哉？道光《福建通志·經籍》，不別部居，蓋有見於此。閩侯陳石遺衍，重修福建省志，藝文分類略依《四庫全書總目》，亦同此弊。昔人目錄分類，悉爲見存之書，如《七略》、《別錄》，故能明學術之源流。若焦竑所爲，妄譏前哲，舛誤叢出者，亦蹈前失。茲編就一時代，分以縣別，而以其人年事先後爲次，凡屬一人纂箸，依四部排比，不立類目，略存體例。一、乾隆《府志·藝文》，猥選詩文，群籍著錄，別附《文苑》，體例已乖，罅漏尤甚。是編以道光《通志·經籍》爲底本，參以郡邑志乘、私家纂箸，闡發幽潛，務求詳審。一、汀自唐開元間置州，伍正己始登進士，文采未彰。逮宋鄭文寶，遂宏著述。惟時著錄之籍，長汀、寧化兩縣而已。蓋[1] 清流置於元符，連城置於紹興，案宋名蓮城。《八閩通志》："元至正六年改蓮爲連。"《明史·地理志》則云："洪武十七年改。"歸化、永定又析自有明，開闢已遲，故無聞焉。獨元主中夏，陳友定以農家子，臚涉書史；歐陽大一亦以羽流，間有吟哦，僅存短句。百年之間，斯文泯滅，莫可攷已。茲編剗緝，蓋從闕焉。一、《通考·經籍》始錄序跋，《經義考》則傳狀冠志目之前。《四庫全書總目》於每書之下，先述撰人爵里，後爲全書提要。是編斟酌前例，首傳狀之屬，次序跋之屬，次評語之屬。徵引他書，悉付掌錄，其有繆悠，不敢刪改，第加案語是正。一、李桓《耆獻類徵》、錢儀吉《碑傳集》、繆荃蓀《續碑傳集》，往往一人傳狀悉錄。略放其例，用備獻徵，不苟同於孫氏。《溫州經籍志》："凡撰人，通志、府志、縣誌有傳者，不復出其事蹟"，竊以書已單行，不妨詳錄。一、著錄之書，十九放失。其有孤篇斷句見於總集或郡邑志乘[2]，摘以入錄，次諸序跋之後。庶幾後之覽者，猶得嘗一臠而知全鼎。即以徵文考獻，有所憑焉。一、道光《通志·經籍》，著錄群書，往往譌誤。如謝憲時《八陣圖說》二卷，解題云："李世熊《寧化縣志·黃欽傑傳》：'欽傑按：《八陣圖》，究三奇五遁之術，著書二卷。又案：周天度作《四大洲圖說》。'而縣志書目又云《八陣圖說》、《四大洲圖說》共三卷，謝憲時撰，黃欽傑作序，彼此相歧。意欽傑作序，故傳中誤以爲欽傑撰歟？不知《寧志·黃欽傑傳》中附孫子欽傑字撰

---

① "蓋"下，《汀州藝文志》有"上杭、武平置於淳化"八字。

② "總集或郡邑志乘"，《汀州藝文志》作"他籍"。

之《謝五憲時傳》。《通志》云云,皆憲時傳中語。又雷元明《幽尋軒集》,誤題雷焜撰,亦當據魏季子集中《幽尋軒集、幼韜焜字集合序》訂正。有與《府志》兩歧者,如《六經釋》,羅柷撰,《府志》則釋上有"手"字。有《府志》誤而《通志》不誤者,如羅柷,《府志》誤作羅祝,按:柷,字叔和,《說文》:"柷,樂木空也。"所以止音爲節,前人名字義皆相附,凡斯之類,悉爲訂正。一、朱氏《經義考》沿唐釋智昇《開元釋教錄》,略廣其例,著錄之籍,分爲存、佚、闕、未見四者。是編竊放其義,根據諸家藏目,爲之甄別注明。一、黃氏《千頃堂書目》附"制舉"於總集,諸家目錄,實罕其例按:明葉盛《菉竹堂書目》、晁瑮《寶文堂分類書目》始立"舉業"門類。惟道光《通志·經籍》著錄曾蘭《策海集成》、《舉業啓蒙》、《策海集》三種,茲編未加刪汰,欲存舊觀。黎有綱《北樓文稿》有李世熊序,李世熊《聞文集》、《抗談齋制藝》有自序,率援例入錄,意仍重其序也。一、士丁易姓交代,或節崇肥遁,或身事興朝。李世熊名動當世,氣節不奪①,爲"汀州數百年最奇人物",允宜歸之明代。邱應登以崇禎壬午舉人,入清官香河知縣,著《西園集》一卷,《府志·文苑》歸之朱明,實爲非是,茲依《通志》訂正,歸之清代。劉坊雖因祖父殉節勝朝,茹痛含辛,有鰥終老;然永曆戊戌,始生滇中,是歲實順治十五年,《通志》、《府志》歸之清朝;蓋明祚已盡②,義宜斷代,爰稟其例,無所更張。一、書有幾經刊刻,釐別卷帙,間或不同。茲編著錄卷數,一以初刻見存之籍爲據。重刊卷帙,及諸家書目所載不同之處,並附注焉。一、名士浮家,往往終身流寓。華喦,上杭人,喬居錢塘,阮元《兩浙輶軒錄》稱:華喦,錢塘人。采詩若干首。所著《離垢集》,《通志·經籍》一仍著錄。裴應章,清流人,子汝申纂箸,又歸寧化。今復出之,以還原籍,而一體例。一、茲編著錄,縣別已嚴。但有知其爲汀人纂箸,而莫詳何邑,釐爲"附錄上"一卷。至外人撰箸,如郡邑志乘及有關地方掌故之記載,復釐爲"附錄下"一卷,以嚴體例,毋使混淆。一、奉化李元白撰《四家胡笳詩》,見於《宋詩紀事》。《宋詩紀事》卷六十二,李元白《廢寺》云:"溪沙橫漲水痕平,閒扣雲關壁半傾。殿上土花人不到,斷甎支睡岸蟬鳴。"注云:"見《後村千家詩》。"按:《詩林萬選》作李杜,而小傳則云:"元白,字希太,奉化人。嘉定十年進士。任永州通判,有《四家胡笳詞》。"是。璐按:陳鳴鶴《東越文苑》,有李元白者,寧化人。工詩,嘗集杜句爲一編,又集《大觀昇平詞》進之,

---

① "奪"下,《汀州藝文志》有"藍鼎元謂其"五字。
② "盡"下,《汀州藝文志》有"論其年事"四字。

授初品官。二人未知孰是?"則《廢寺》一首爲李杜白作,奉化李元白作,抑寧化元白作,前人已不能明。

寧化李元白撰《杜詩押韻》、《杜詩集句》、《大觀昇平詞》見於《府志·文苑》、《寧化縣志·藝文總目》,而《通志·經籍》多入《四家胡笳詩》一種,是因姓名相同而誤。今爲刪去,毋庸存疑。

《雷翠庭先生年譜》一卷。自序曰:昔將樂楊文靖公事二程於伊洛之上,學成歸,伯淳送之曰:"吾道南矣。"閩中理學自茲始。南劍羅豫章承學於文靖,再傳而爲劍浦李愿中侗。愿中杜門講學,考亭子朱子實自出。有宋五子之學,濂溪肇其端,子朱子集其大成,閩學之盛邁前古。臨汀僻在西鄙,楊子直方乃至武彝從子朱子學,又贊助興白鹿洞,其往來論道之言,具見《子朱子全書》中,稱高弟,是爲汀有理學之權輿。而連城丘起潛鱗、丘正叔方,並出楊門,世稱丘二先生者是也。厥後汀人治學,莫不竺守程朱,風氣被五六百年不衰。寧化雷翠庭先生,其尤表表者也。先生出漳浦蔡文勤公門,自儀封張清恪公撫閩,倡正學,闢鼇峰書院,萃九郡厲學之雋,論業其中。漳浦嗣主講席,先生方冠,走會城七八百里,讀所爲《學約》,爽然知造道入德之方,以聖賢爲必可爲而至。其學宗程朱,而以薛文清、陸清獻爲譜牒。鵝湖、姚江之學,流弊爲空虛者自便,懼禍之中於人心,則論之嚴而不陷門戶之見。服官立朝,風度稜稜。一稟所學,措之於政事,歷歷清要者二十年,未嘗有纖芥之譴,爲時君所眷重若此。平生出處語默之際,固已質諸河東平湖而無媿也。與先生並時而究心性理,有同邑陰靜夫承方、連城童寒泉能靈、李簡庵圖南,身體力行之功,皆粹然足爲一世表率,其聲氣可謂盛矣。然三人者,抱道窮山,勳業名位尚不若先生之顯著。故予論次汀賢,必以先生爲冠冕也。今士習婾極,舉世孳孳,舍身心性命之大而弗講,倫常日用之道,視之芻狗土苴而弗若焉。夫學術不正,人心所由邪也,國胡以立乎?戰代楊朱、墨翟之言滿天下,孟子則閑先聖之道以拒之。唐承魏晉六代之餘,道喪文敝,韓退之則以濟溺起衰自任。道南墮緒,掇拾何人?吾訂茲譜,不禁愀然以思,悄然以悲也!乙亥嘉平上澣,上杭包樹棠識於鼇峰寓齋。　　又記曰:先生之學,具見《經笥堂文鈔》、《讀書偶記》諸書中。唐鑑《學案小識》入之翼道,國史館並有傳。乃閱《清史稿》,於汀人入黎士弘、伊秉綬於《文苑》,又出之於《循吏》。與《元史》文蕪體散,有速不台,又出雪不台者同一重復,可噱。《元史》其人重複者:既有速不台,又出雪不台。既有完者都,又出完者拔都。既有石抹也先,又出石抹阿辛。他若阿塔赤忽剌出兩人，既附書於杭忽思直脫兒之傳，而又爲立傳。《曝書亭集·史館上總裁第三書》並論之詳矣。儒林則入張鵬翼、林霞起、按霞起字赤章。《清史稿》又誤以赤章爲名。童能靈、李圖南，而先生獨缺然。先生德業事功，遠出數公之上，固不藉史冊紀載而後傳。然論而正之，後起之責。況史冊爲一代公言，豈能草草了事乎？明之亡也，上杭李得之職方魯殉焉，《燼餘集》封事六策，經濟文章，有學有爲有守。清修《明史》，遺而不錄。程鄉李二何侍郎撰家傳，以有忝國史職任爲憾。今《清史》尚未定稿，竊恐邊鄙之邑，乘傳不至，爰勾訂譜記，亦庶幾以備有是責者之摭採云爾。樹棠又記。　　跋曰：右《雷翠庭先生年譜》一卷，乙亥冬客會城時所纂。稽籍數十種，多假諸省立及烏山兩圖書館。今春來晉江，居城北梅石書院，存之行篋。暑假歸杭，稍事補苴。適粵桂事起，軍旅雲集，雜居民屋不堪囂擾，時作時斷。初秋復南來，課餘鈔錄，冬臘始訖。自故山被兵禍，七八載未息，鄉賢箸述蕩盡。《經笥堂文鈔》爲嘉慶閒伊墨卿太守刊於廣州，板藏秋水園。秋水園者，太守君闓以奉母處也。其書百篇，與原集三十五卷相去遠甚，顧存者亦廑矣。《讀書偶記》三卷則采入《四庫全書》中，餘皆無所覘。世變之殷吁可畏也。則彝倫攸敘，學術宜端，納民軌物，吾人又可不知其所務哉？樹棠又記。　　附記曰：吳宗慈以《清史稿·列傳》於清國史館舊檔中刪去一千二百餘人。去取標準，莫能識之。其不應刪而盡刪，最著者如朱筠、谷應泰、翁方綱諸人。似應檢閱，慎爲去取。今按雷鋐傳亦被刪削，大抵以清國史館本傳寥寥數語之故。是秉筆者於《經笥堂文鈔》、唐氏《學案小識》、錢氏《碑傳集》未加摭採。雷氏立官言行，如乾隆四年論同官余棟父喪未葬入直內庭、十一年日蝕求言之奏、二十年入告杭州嘉興蟲災，風采凜然。綜其平生所學，最爲篤實，宜於《儒林》補傳爲允。樹棠識。

《安溪唐墓考》一卷。民國二十九年四月，集美學校出版。

《讀莊子天下篇》一卷。載民國二十四年《青年學報》。

《隨無涯齋讀書記》二卷。

《笠山詩文集》十二卷。葉序曰：余之友包子笠山殆以詩介。包子一日登同安天馬山，賦詩以自壯。余讀而識之，不能忘，然卒未及訂交而去。其後包子屢有述作，成《汀州藝文志》一書，用功甚勤。余亦數以書抵包子，期以文字相砥礪。推包子之意，非徒欲自附於文苑之儔，蓋尤致力於義理考證之學，而亦時時以其餘暇，作爲詩歌。廈門有白鹿洞、虎谿巖、南普陀諸名勝，包子攜朋登覽，仰天地，據危石，望滄海，烟波渺靄，帆檣出沒，油然生灝瀚之氣，幽阻之思，其詩乃益沈鬱富麗。若夫世亂時危，奸雄鴟張，生民塗炭，則盱衡搤腕，一倡三歎，包子其不能無悲耶！夫吾輩束身自修，敝精竭神，於書卷固將發之於經濟。使包子而困於時，以其清麗雄暢之辭爲觸物撫時之作，即上睎於建安七子之倫，亦不過供後人興感之資而已。然而此非包子志也。鬱極則洩，熱極則風，自古詩人類多境遇所激成。包子雖不欲言，其可得耶！抑又聞之，人稟七情，應物斯感，故劉勰曰："敘情怨則伊鬱而易感，述離居則愴快而難懷，論山水則循聲而得貌，言節候則披文而見時。"蓋境異情遷，文章豈可矯飾而爲之耶？彼夫仲宣登樓，子山枯樹，少陵哀時，青蓮對酒，斯皆精誠內注，無待外求。今包子所遇，視仲宣、少陵諸人有過焉。低卬身世，蓋有不能已於言者。故綜其前後諸作，多紀遊、憶別、傷亂之篇，而其旨趣，輒不戾於彥和所云。屢屬余爲序，余棲遲潯水，筆舌煩勞，其處境與包子同而專竺弗及。顧覤然序包子詩而弗辭者，欲使包子不忘荒山僻野間，尚有喜包子之詩如余也。民國二十二年秋，安溪葉紹曾序。　　葉序曰：文章與時升降，而世治亂，所尚異。當天地否塞，海內搶攘，人心皇皇，思以匡濟時艱，故其進也，常躁急而無涵養深厚之趣。至若一二潛幽之士，操筆摛詞，咿唔牖下，以寫其沈鬱感慨之思，其著效隱微而難見，則世視爲迂闊無用。然叔向之言曰："子產有辭，諸侯賴之。"仲尼亦曰："晉爲伯，鄭入陳，非文辭不爲功。"此亂世貴文之徵也。吾友上杭包子笠山，所謂不以世變易其操者。與予交十年，中間屢有離合，而精神彌契，又時時以學問相切劘。予嘗語包子曰："自清季失政，五十年來，學說多方，莫不趣詭矜異，以求速效。大道坦坦，人反弗由。吾儕不合時趨，亦自甘泯然乎？"包子曰："不然。士無孤懷特識，不足言修養。且學以爲己，自與計功慕名者不同。若子之言，是歧於衆說矣。"噫！此包子之志也。包子治學甚專篤，深得孔氏博文約禮之旨，淹貫群籍①。著述日富，讀書有所悟入，輒發古人未到之奧。集中攷證之作，犁然精當；而序記雜說諸體，樹義尤高，無一勦襲語。嘗讀餘杭章氏叢書，間有不能苟同者，即立說辯之。其主見之卓，往往類此。昔顧亭林之學，以明體達用、經世濟人爲主，文不關經術、政理之大者不爲，其言曰："君子之學，有明道淑人之心，有撥亂反

---

① "群籍"下，《笠山文鈔》卷首葉序有"向著《汀州藝文志》一書，閩侯陳石遺先生稱其用力甚勤。近數年來"二十六字。

正之事,知天下勢之何以流極而至於此,則思起而有以救之。"今包子篤實之士,進而 ① 極所詣,必於顧氏有合。夫言道言事,切理爲上。著之篇則爲空談,施諸事則爲實用。包子之文,事深理密,樞紐經典,通變當今,弗以繁縟爲巧,藻飾爲能。其於明道淑人之心,必有在矣。若謂非時之急,則飾羽而畫,大聖猶見譏於顏闔,而叔向 "辭不可以已" 之論殆且爲妄。雖然,包子之志則遠矣。予昔在潯江,序包子之詩,忽忽五六年,學不加進。今復序包子之文,愴往思來,不能無赧也。乃書以質諸包子,亦以自鑒焉。中華民國二十九年冬至日安溪葉紹曾序。　　鄭序曰:詩萌上古,其義法備於周,而聲容之變極於唐。後有作者,弗能越已。然文化日新,人才日出,天機之動,藝事隨之。故可謂賦比興外無詩,不可謂風雅頌後無人。漢氏以來,枚叔、少卿以逮子建、淵明、康樂、明遠、太白、子美、子瞻、魯直諸家,由此其選也。雖其命意遣言,核諸辭事相稱之旨,誠不能無淺深厚薄、升降盛衰之辨,然使宣聖生於今日,操正樂刪詩之權,以立興觀群怨之教,當亦未必無可錄者。此天之未喪斯文,而學者不容自菲薄也。笠山包子,於予有忘年之契。其文由方、姚以上規韓、歐,而學足以赴之。於詩亦然,由宋泝唐,以上睎漢魏名家之作。雖流連光景,而於風雅正變之義無齟齬者,鍥而不舍,吾又安能限其所至哉?笠山勉之。夫有宋之文,自歐、王氏皆宗韓,然皆不甚似韓。猶韓之於左、馬、卿、雲,師其意而不襲其貌也,故足自名其家。今之爲詩者,吾惑焉。於宛陵、山谷,皆句摹而字擬之。縱得成就,必爲附庸。若有明七子,斯前車之鑒已。釋家有言:才過其師,始足傳道。道家亦云:風之積也不厚,則其負大翼也無力。予老矣,聞道苦晚。然甚願吾笠山之毋以詩人自滿,更勿以唐宋諸家自畫也。壬午仲夏,六十七叟鄭翹松敬題。　　題辭一曰:詩流不多得,聚首每恨短。邂逅見包君,遲暮刮青眼。蹌蹌衆髦士,汝器實琰琬。日光五色葩,凤昔驚豹管。皋比此分席,廩穀喜共館。蘭室臭味同,石交言語罕。吟哦得新句,相示常折簡。推敲心入微,妥貼力中窾。緣情富才調,唐響欲近晚。律體稱到家,古風亦委婉。起予每有作,我和君必反。樂哉文字遊,不覺錦囊滿。江山五六載,成就新詩本。興盡不欲留,告我將適遠。男兒功名事,何異日三飯?丁年好冠劍,須騁新踶踠。倚馬賦凌雲,揮毫在磨盾。棄繻終軍妙,射策蘭成

---

① "而"下,《笠山文鈔》卷首葉序有 "益" 字。

選。國士必見知,誰謂儒生憐? 風雲憑際會,湖海足儔伴。莫吝寄篇章,督我作詩嬾。乙亥六月弟施宗浩題。 題辭二曰:詞林上邑推宗匠,海嶠傳薪廿載間。片石梅花香入夢,虛窗藜火夜怡顏。文章寢饋神逾王,心血銷磨鬢漸斑。劫後南州閟講席,竭來高躅許追攀。丙戌嘉平上澣,永春王錦機題。

《笠山倚聲》一卷。

《笠山詩話》一卷。載《海疆學報》第二期。

《訓詁學》一卷。跋曰:右《訓詁學》辨名上、辨名下、甄類上、甄類中、甄類下、發凡上、發凡下、沿流上、沿流下、述學上、述學下、要籍,凡十二篇,民國三十二年春季爲福建省立師範專科學校文科三年級諸生講稿。初儗爲發微一篇,專述清儒治故訓,爲前修所未及者,次於述學之後,以參攷之籍闕如,有俟補纂。餘篇麤舉綱領,略示門徑。夫訓詁爲治經籍鈐揵,引而伸之,以觀於故書雅記之林,是則存乎其人云爾。上杭包樹棠識於南平水南杉與樓。

《文字學形編》一卷。跋曰:右《文字學形篇》一卷,民國三十三年秋季爲省立師範專科學校諸生講稿,至翌年春季而畢。斯篇六書正名次第一,從《說文》。良繇許君專學,其義亦長,非墨守也。釋例則斟酌前修,恉務簡明。清儒治小學者,金壇段氏、安邱王氏偁巨擘焉,故說字多撽采其言,間有未善者,畧申臆見。至若金文之學後出,甲文尤晚,瑞安孫氏,往往好爲偁引,見難許書。來者益趨詭譎,舍本逐末。獨餘杭章氏,卓識孤懷,不爲所震撼。今茲麤詳源委,無所取材。夫文字之學,爲治經籍槖鑰,正其祈向,通乎故書雅記之林,則學者不可不勉也。上杭包樹棠記於南平水南杉與樓。 提要曰:此篇論述源流,麤明涯略。分八卦、古文、大篆、小篆、隸書、真書、草書、行書、金文、甲文等節。 大篆一條:桂馥、孫詒讓廛謂杜詐偽而已。予以爲宣王中興,懿政播諸聲。《詩·小雅·車攻》美其復古,石鼓獵碣,其詞正同。是故模金範石,典冊高文,書契體製,壹以瑰麗爲主。史籀之徒,暢演使絲焉。 甲文一條:餘杭章氏不信龜甲文字,作《理惑論》非之。予復申其說,以爲故墟金契已不見於古文,籀斯之書因代損益,許君遵修舊文,博采通人,亦闕爾無聞,此其可疑也。 六書次第一條:或以本、末諸字,不能離木而指之。紂、酎諸字,皆从會意之肘省得聲。遂謂象形宜先指事,會意當前形聲。按此等皆後來孳乳之字。若上丅之字,从一而指之,一亦事也。此指事之無資於象形也。江、河之字,江从水、工聲,河从水、可聲。可雖从口、乛會意,然乛亦聲,此形聲之無資於會意也。且指事有從會意之字而指之者,如亖,介也。三其介畫也。畕下云:"比田也。从二田。"段氏曰會意。則知亖之字,蓋就會意爲指事,又豈得謂會意當先於指事乎? 故指事之字,不可後於象形;形聲之字,不必後於會意也。　　指事釋例一條:近人馬宗霍氏,以論指事與象形之別,段允於王;論指事與會意之別,王優於段。予謂段以一物衆物專博爲分,王以有形無形不同爲辨,所謂殊途同歸。至段認獨體爲指事,蓋如本、刃之類,其所以指者,無形義可言,則本、刃之字猶爲獨體指事,與王氏"所合之體不成字爲指事"者,仍名異而實同也。　　舉例本字一條:按段氏從《六書故》引唐"本"正作"㮺",从木丅;"㮶",从木丄。則以本、末爲會意。若從徐鍇"一記其處也,本、末皆同義"之說,乃指事也。今以"朱"字推之,則與本、末字之造,義本一貫。小徐指事說長。　　𡗕字一條:段氏曰:"鉉曰:'大人也。'一地,會意。"按段說非。一爲地,則非字。與不、至、旦字之从一者同耳。不得爲會意,乃指事。　　𠱠字一條:王筠曰:"𠱠字以會意爲指事者也。《易》曰:'品物流形',品乃分別之意。非多言之意。惟其相連,是紛挐糾結也。"按品部曰:"衆庶也。从三口。"口部曰:"人所以言食也。"則品有言義。品部喿下曰:"鳥群鳴也。从品在木上。"則品又有多言之義。𠱠从品相連。相連謂屮也,非字,指三口相連,而多言之義益見矣。王說未諦。　　象形釋例一條:鄭樵謂書與畫同出。孫詒讓謂書契權輿,本於圖畫。按之二說者,鄭氏近之而語焉不詳。《易·繫辭》曰:"上古結繩而治,後世聖人易之以書契。"結繩爲事,書契以代結繩者也。而源於八卦。八卦亦事也。書契已興,有事有形,故謂象形之字與作繢初無二致則可,謂書契出於圖畫則不可也。圖畫之作密而真,象形之字簡而明。且也文字流變,有遺其本來之貌而莫可跡,純爲切音符識。西歐蠕行文字,其尤著者也。　　舉例雨字一條:段氏曰:"⼘者,水也。"按許君云:"水霝其間",則⼘非字,當爲水點零之象,段說非是。又孫詒讓謂"冂,象穿窬下覆之形",則與"冖,覆也,俗作冪"者同矣,亦失許君"冖象雲"之本義。　　虫字一條:許瀚謂:虫專爲蝮,象其臥形。指蝮言之。蓋昂其首而蟠曲者,蝮之臥也。非凡蟲之象。按許君謂"行飛毛蠃介鱗以虫爲象",則亦統凡蟲言之矣。故蚰部如蟊、螽、蠹諸字,或从虫。蟲部,如蠱、蠹諸字,或从虫。蟊,古文从虫、从牟。瀚說拘。　　羽字一條:段氏引乙部曰:"乞,新生羽而飛也。𦐇,竝乞也。"按𦐇从彡从乞,許君於羽弟曰象形,不曰从二彡，則彡非字可知。段說非。　　形聲釋例一條：劉師培謂形聲之字，未有祇取聲而不取義者。以聲義相兼爲正例。按書契之作，推諸義緣聲起，自有其理。若謂形聲之字，聲皆有義，與形無涉，殊不盡然。其以工可有江河之義，易混合會意者無論已。然項爲頭後、柯爲斧柄，凡此之類又將於工、可之義何居乎？且許君舉江、河之字爲形聲正例，其聲義兼者，則有亦聲之例以別之。劉氏即聲即義之言，不適相戾耶？夫《說文》綜錄九千三百五十三字，朱駿聲《六書爻列》凡形聲之字列七千六百九十七字，居其十八。形聲相偶，簡而易明，此道已立，遂極造字之能事矣。　　會意釋例一條：會意必爲合體而非獨體，且所合之各體皆成字，此會意之異於合體之指事與象形也。會意之合體，雖有時兼聲，而重在見意。此會意又異於形聲也。王筠不以會意爲會悟詮釋，然賈公彦《周禮・保氏》《疏》謂“會合人意，故云會意。”亦可通也。至謂合形聲之字以爲會意，始於李斯小篆，則緣王氏論六書之次第，右班固，以會意先於形聲之見橫互於胸中，未爲然矣。又章太炎言許君舉武信爲會意之例。《詩・大雅》“履帝武敏”，《傳》：“武，迹也。”《牧誓》“不愆于六步七步”、“不愆於四伐五伐”，步伐整齊則軍令森嚴，此謂之武。止者步省，戈者伐省。又言魏三體石經信作𧡪，从千不从人。千人之言必可信，十口相傳謂之古，意義正同。按《詩・傳》訓武爲迹，段氏亦引之，以爲別一義，其言是也。章氏取步伐之義，糾許君之失，於例爲變，義實轉晦。夫仁者無敵，先王耀德不觀兵，豈行陣步伐之足以語於武耶？至信爲千人之言，則趙良曰：“千人之諾諾，不如一士之愕愕。”《論語》：“仁者其言也訒。”夫衆口可以爍金，烏在其爲可信哉？章氏不信金文、甲骨，顧信漢以後之石經，其見亦偏，不可從也。　　舉例徹字一條：段氏謂“攴之而養育之，而行之，則無不通矣。《毛傳》所謂治也。”又謂“據鉉本無‘一日相臣’四字。”按，攴小擊也。从攴之字曰啟、曰政、曰教。《禮記・學記》“夏楚二物，收其威也”，是攴所以爲教者也。以教以育以行，則上下相通。相臣者，股肱之義，所以宣上德，通下情。故《虞書》曰：“元首明哉，股肱良哉，庶事康哉。”古文徹从鬲，亦鼎鬵調燮爲相臣之義。與《毛傳》訓治合，大徐本不足據。　　再字一條：王筠謂“有從省文會意，而其義實非省者。冓部再、𡩟二字是也。此乃以冓字摺叠觀之，以會其意。再所從之一，即杖也。再所从之爪，即手也。”按王氏說字巧矣，然失之鑿。誠如所云“再所從之一爲杖”，則非字矣。再與再所從之冓，省爲摺叠之布，則亦非字矣。斯殊許君"從一蕍省"之恉。"比類合誼"之謂何？　轉注釋例一條：按章太炎以轉注、假借悉爲造字之法，與戴、段以爲用字之法者異。然二者實以不造字爲造字，亦殊途而同歸也。至類謂聲類，不謂五百四十部也；首謂聲首，不謂凡某之屬從某也。予以爲同部互訓，雖衡之籀篆，有不盡合。此亦時代遞嬗，文字孳乳寖多，損益殊體，有以致之耳。若以考、老之例，推建類一首之義，其言詎可厚誣？　按書契初作，揆厥義例，固當以同部轉注者爲得許君微恉。惟後世國異政、家殊俗，四方言語不同，往往一事一物，文字岐異。如虋、苣皆爲嘉穀，而字從艸，不入禾部。荊、楚本爲一木，而荊從艸，不入林部。凡此之類，必非一時一地一人所造。若夫《爾雅》、《方言》諸書所錄，一誼或至數十字，雙聲疊韻相轉相逢，尤難究詰。則同誼互詮，說猶足尚。比觀兩家，有廣狹焉。夫保氏之教國子，固不知千載後有五百四十部書。然又何知千載後有古韻之宜分二十三部邪？六書之例，不必定于造字之時。許君以保氏之所教者，條列其理，舉例最純。後人持論多岐，求全責備，不惜鑿空，遂使迷誤來茲。且章氏所舉轉注之字，十九皆爲同部。惟聲韻之理出諸自然，其說精闢，足濟戴、段之窮耳。　假借釋例一條：按段玉裁、黃以周張舉大例，而段尤精當不易。朱駿聲、孫經世辨析彌微，足資鈐楗。惟孫說以引申之義及古今異義者爲假借，揆諸許意，稍涉氾濫。劉師培遂謂依聲託事，僅屬假借之一端，而緣他字之義引伸者，厥例實緐，其言尤河漢而無極。推許君之說，依聲謂即借字之音不變，託事謂與借字之義有殊。蓋其節制孳乳，與轉注之緐而不殺者，可謂異其用而同其功矣。此假借以不造字爲造字，上以濟指事、象形、形聲、會意、轉注之窮。觀夫殷墟書契，周代鼎彝，卜辭款識，假借尤多。良緣前古文字簡少，窮極正變，以殿六書。惟傳習已久，遂開用字一塗。引伸本義，通於不窮。《說文》九千餘字，中無借義與不可借爲他義者無幾。經典故書，通假緐夥。法成於後，用彌廣焉。

《兩漢三國兩晉文學史》一卷。提要曰：《兩漢三國兩晉文學史》一卷，民國三十四年春季爲福建省立師範學校文科諸生講稿。兩漢文學，論者多謂高祖輕士漫罵。不知兩間正氣，挺生英傑，其雄才大略，殆所謂天授者歟？觀過魯以太牢祀孔子，延酈食其於上座，善陸賈之《新語》，用叔孫通以起朝儀，綜厥平生，雖武功爲盛，亦未嘗不知文治也。當其還鄉，置酒沛宮，歌《大風》，思猛士，忼慨傷懷，泣數行下，其詞壯，其情切。而唐山夫人作《房中樂》，亦堂皇雅正。則創業垂統四百年，文學之盛，非偶然也。武帝之世，開獻書之路,建藏書之策,置寫書之官。論者亦多謂其罷黜百家,表彰六經,爲文學一大厄。然文學之作,固多出自儒流。儒者俑述六藝,爲其源泉。孔門四科,游夏獨著。孝武向用儒術,竇嬰、田蚡,外戚繼相。貶黃老之言,改無爲之政。帝所爲《秋風辭》、《瓠子歌》、《李夫人歌》,哀樂之感,情見乎辭。而子長、相如、枚乘之徒,文章燦然。準蕭統“事出沈思,誼歸藻翰”之言,則兩京篇什之盛,固已軼周秦而上之,來者皆不及也。又兩漢文章,體製大備。約而述之,西京多倡,東京多因。降將《河梁》,五言之始;孝武《柏梁》,七字乃興。馬賦恢閎,視況原爲異軌;遷史奇變,開紀傳之先河。然班書斷代爲史,整練明密。故范曄曰:“遷文直而事覈,固文贍而事詳。”是議者咸俑二子有良史才。至於《兩都》明絢以雅贍,《兩京》迅拔以閎富,皆因中之創也。　　論蘇武李陵詩一條:按蘇、李五言,諸家解者不一其說,或信之,或疑之。蘇武詩四首,其“骨肉緣枝葉”似喻兄弟矣,而其下云“我有一尊酒,欲以贈遠人”,武使匈奴,身在漠北萬里之外。此言出諸武口,“遠人”二字果誰屬乎?張銑之說不可信也。蘇、李二子相別,無論在漢在胡,俱與江漢無涉。而詩曰“俯觀江漢流”,爲別之地又不可信也。惟陵作三首,《文選》直題曰《與蘇武詩》,後之說者,亦鮮異辭。“三載爲千秋”,固當如呂延濟言“一日如三秋,此積數言之”是已,梁章鉅說未諦也。或以班志《藝文》,詩賦有歌詩二十八家,三百一十四篇,未錄五言爲疑。不知唐山《房中祠樂》及司馬相如等《郊祀歌》十九章,見於《禮樂志》,退傅《諷諫》、《在鄒》之詩,見於《韋賢傳》,而《藝文志》皆未著錄,則略者又不僅蘇、李之作矣。論者又謂五言不當驟著於漢,是亦昧於源流之說。《詩品》:“夏歌曰,‘鬱陶乎予心’,《楚謠》曰,‘名予曰正則’,詩雖未全,然是五言之濫觴也。”《文心·明詩》“《召南·行露》,始肇半章;孺子《滄浪》,亦有全曲;《暇豫》優歌,遠見春秋;《邪徑》童謠,近在成世。閱時取證,則五言久矣。”夫復何疑?要之二子詩,渾然深厚。“誰爲行路人”、“欲以贈遠人”,兩人字複韻;“嬿婉及良時”、“莫念歡樂時”,兩時字複韻;“安知非日月”、“弦望自有時”,月則可云弦望,日則不可也,此連及之辭或離日月同明在望以喻合也,皆前人不以拙爲拙,必非魏晉以後之風尚。與李陵《答蘇武書》之藻麗,其僞顯而易見者有間。且後之擬者,如“晨風鳴北林”諸首,乏和宛之音,江淹之《擬李都尉》,亦自謝不足品藻淵流。故此詩雖不能即定爲二子之辭,然必西京之首出也。　論古詩十九首一條：古詩十九首非一時一人之作。自徐陵、劉勰、鍾嶸、蕭統諸家，已議論紛然。按《南史·劉勰傳》：勰"深被昭明太子愛接"，則當時二人猶各持己見，惟此詩尚有可知其爲西京作者。如《明月皎夜光》一首，有"玉衡指孟冬"之句，李善注："《春秋運斗樞》曰：'北斗七星，第五曰玉衡。'《淮南子》曰'孟秋之月，招搖指申'。然上云促織，下云秋蟬，明是漢之孟冬。是漢之孟冬，今之七月矣。"王士禎《居易錄》引閻若璩曰："此孟冬，乃建申之月，指改時而言，下文'秋蟬鳴樹間'，爲明實候，故以不改者言。"其後何焯亦斷爲太初以前之詩。予謂此詩言物候之參用漢夏正朔，猶《豳風·七月》之參用夏周正朔也。不然，或作於太初改曆不久之後。蓋當時雖改夏正，而閭巷之間則仍有循用前曆者。猶吾人今日不能盡脫夏正習慣也。其"孟冬寒氣至，北風何慘慄"，則改曆後之作矣。至或謂"盈盈樓上女"，盈爲孝惠諱，前漢人所不宜用。按，《廣雅》"嬴，容也。"《方言》"嬿，好也，宋魏之間謂之嬿。"是其本字。《說文》"盈，滿器也"，是其假字。然則盈盈當爲嬴嬴，何諱之有？　論揚雄賦宜入屈原一類一條：按《班書·藝文志》，司馬相如賦二十九篇，列於屈原一類。揚雄賦十二篇，列於陸賈一類。若以類從，不無可議。夫雄之《羽獵》、《長楊》，則相如《子虛》、《上林》之類也；雄之《劇秦美新》，則相如《封禪文》之類也；雄之《解嘲》、《解難》，則相如《難蜀父老》之類也。故孝成讀雄《縣竹頌》則曰"此似相如《甘泉》之獻"，固楚臣之遺制也。且《班書·雄傳》偁雄好詞賦，常擬相如以爲式。作書往往摭《離騷》文而反之，自崏山投諸江流以弔屈原，名曰《反騷》。又旁《離騷》作重一篇，名曰《廣騷》。又旁《惜誦》以下至《懷沙》一卷，名曰《畔牢愁》。是雄之文辭，出於屈原，與相如無不同。何班氏前後矛盾若是其甚耶？　論賦與縱橫家不同一條：章學誠謂："京師諸賦，蘇、張縱橫六國，侈陳形勢之遺也。《上林》、《羽獵》，安陵之從田，龍陽之同釣也。《客難》、《解嘲》，屈原之《漁父》、《卜居》，莊周之惠施問難也。"章炳麟遂謂"陸賈以下諸賦，蓋縱橫之變"。不知縱橫家雖出於行人之官，孔子所謂"誦《詩三百》使於四方，不能專對，雖多亦奚以爲"，與辭賦家之受命於詩人者同。然蘇秦、張儀之屬，師事鬼谷，飛鉗揣摩，朝秦暮楚，挾功利之說，易世主之心，其流所極，往而不返。以視屈原之離讒憂國，惆窲終身，好色不淫，怨悱不亂，深於詩教者，未可同年而語。故其比偶徵事，侈麗結體，實貌同心異也。且陸賈俚說詩書，其著書二十三篇，班志入之儒家，其口辨亦庶幾孔門言語之科。揚雄好古樂道，以爲經莫大於《易》，作《太玄》；傳莫大於《論語》，作《法言》；史莫善於倉頡，作《訓纂》；箴莫善於《虞箴》，作《州箴》；賦莫深於《離騷》，反而廣之；辭莫麗於相如，作四賦。凡其所學，莫不與縱橫異趣。章氏之言，殆未足信。　論賦之體製一條：賦以問答爲體，其辭多矯設，實以喻志。蓋賦者，古詩之流也。《虞書》曰"詩言志"，此其誼也。屈原《卜居》、《漁父》肇其端，宋玉《高唐》、《神女》及《招魂》"帝告巫陽"之對猶其義。其後相如《子虛》、《上林》，揚雄《羽獵》、《長楊》，班固《兩都》，張衡《兩京》，益巋而衍之。而枚乘《七發》設七事，以爲諷諫，假立楚太子、吳客以爲語端，亦其類也。又宋玉對楚王問遺行，雖不用韻，姚惜抱謂其設辭無事實，皆辭賦之類。若東方朔《答客難》、揚雄《解嘲》、班固《答賓戲》，則皆用韻矣。蕭《選》分體細碎，多不可從也。　論漢賦深於故訓一條：章炳麟謂："賦之道，與故訓相儷，小學亡而賦不作。"蓋賦道源於《詩》，《詩》紀山川、溪谷、禽獸、草木、牝牡、雌雄。《離騷》、《天問》，詭異譎怪往往而有。宋玉《高唐》亦曰"上屬於天，下見於淵"，珍怪奇偉，不可俚論。馬、揚湛深斯學，揚厲鋪張。劉勰謂："前漢小學，率多瑋字，非獨制異，乃共曉難也。暨乎後漢，小學轉疏，複文隱訓，臧否大半。"予以爲白虎談經，班固著通德之論；長笛成賦，馬融負博覽之名。經生訓辭，爾雅深厚。及叔重著書，文字遂成專學。魏晉有作，頗異前修。劉氏云云，非爲篤論。　論建安文學一條：五言古詩肇自西京，逮乎建安，作者鬱起。曹氏基命，二主、陳王咸蓄盛藻。甫乃以情緯文，以文被質，漸去古拙渾成之趣，下開清詞麗句之端。造詣美富，實邁前代。至於文章辭賦，雖多情性溢露之作，若孔璋章表，元瑜書記，仲宣靡密，偉長博通。然以視夫賈、董、枚、馬磅礴雄厚者，相去彌以遠矣。　論曹子建詩一條：夫前人高古，意旨難窺。後代清新，字句矜練，張皇幽妙，其自植乎？"秋蘭披長阪，朱華冒綠池"，此一字而千鎚也。"從軍度函谷，驅馬過西京"，此敲金而戛玉也。"驚風飄白日，忽然歸西山"，此工於發端者也。"菱茨覆綠水，芙蓉發丹榮"，此工於偶對者也。其後沈約五色相宣、八音協暢之論，蚤啟於斯矣。　論兩晉文學一條：漢初競言黃老，武帝振之以儒術，文學臻於雄厚淵懿，與不世之遠略，若相輝映也。晉代盛談老莊，往而不返，文學流於玄虛綺靡。其弊所極，二帝蒙塵，五胡雲擾。雖中朝台輔，股肱有人，若江左茂弘，抱陵霜之貞，東山安石，繫蒼生之望，莫振其緒，金運遽終。《易》曰"履霜堅冰至"，揆厥繇來，匪一朝一夕之故也。自東漢之季，鄲錮禍作，翦屠善類，士氣消沈。魏武叵測禍心，猜忌摯性。崔琰、孔融之倫，咸遭賊害。司馬氏奪人國於孤兒寡婦，懲前代之失，封建子弟。未幾八王亂作，易姓交代，天下多故，名士少有全者。於是東市痛《廣陵》絕響，華亭哀鶴唳不聞，攖人世網，可爲寒心。此政治之影響於文學者一也。何、王散道德之言，嵇、阮爲竹林之會，或栖心於玄牝，或寄意於芳尊，士夫相尚，靡然從風。遂至幽淪仁義，放誕奢淫。夏侯玄、荀爽之徒，斥六經爲聖人之糟粕，而山巨源見王衍曰："誤天下蒼生者，未必非此人也。"遺禍之烈，有如是矣。此風會之影響於文學者二也。魏王肅不好鄭氏，爲諸經解往往立異，集《聖證論》及作《孔子家語》以難玄，開託僞之風。咸寧末，汲冢《竹書》出，其說多與經傳大異，如云"益干啟位，啟殺之，太甲殺伊尹，文丁殺季歷"之類。元帝時，豫章內史梅賾以僞《古文尚書》奏於朝，繇是治《尚書》者咸以僞孔傳爲主，立於學官。此經術之影響於文學者三也。佛漸東土，畚在漢世，兩晉承之。前有佛圖澄，後有鳩摩羅什、姚石之徒，奉之若神明。而羅什雅好大乘，志在敷衍。遂譯經論，傳寫沙門。宮商體韻以入管弦，著《論實相》，講經草堂，流風所被，朝野靡然。此彼氏之影響於文學者四也。善乎劉勰曰："中朝貴玄，江左俱盛。因談餘氣，流成文體。是以世極迍邅，而辭意夷泰。詩必柱下之旨歸，賦乃漆園之義疏。故知文變染乎世情，興廢繫乎時序，原始以要終，雖百世可知也。"故兩晉文學，上接建安，下開六朝。洎乎初唐，風猶未變。雖時爲典午，又其樞紐矣。晉代文學，作者如雲。然求其能自拔於風氣之外者，陳承祚之《三國志》，庶幾遷、固之流亞歟？左太冲之《三都賦》，庶幾班、張之遺響歟？陶淵明之詩，質而實麗，臞而實腴，則猶夫嚴霜沃雪，中有干霄之松柏矣。至於稟經術而爲文章，則杜預、范寧皆一代之傑也。

題後：

困身衡慮苦浸淫，一代文章得失林。不惜太玄供覆瓿，敢云敝帚享千金。

馬班繼軌數韓歐，後代桐城緒論求。左海異軍俱突起，梅崖一集見源流。

變風變雅亦清新，詩事同光盛八閩。巨擘東南尊二老，石遺聽水並傳人。

戴段師承樸學尊，二王父子亦專門。召陵高密經生業，故訓秦灰賴獨存。

微言大義共尊聞，道學儒林後代分。格物致知歸一本，何庸門戶更紛紜。

子長牛馬託微辭，豈謂藏山亦效之。卻愛放翁詩句好，青鐙有味似兒時。

後自序 ①

粵惟戊子之歲,神州解放。包子在泉州教授海疆,兼主校政,年餘乃罷,之會城教授福建師範學院者十有五稔。老師祭酒,荀況始傳授以諸經;家學通儒,司馬既繼承於腐史。名物事言,辭章訓故,潛心稽古,靡間燠寒。雅記研摩,不廢所學。既而青燈有味,白髮無情,乙巳冬乃退休于倉山之陽。長橋一水,茭竹雙松,推擠不去,衡慮困心。越又四年,乃上今主席書曰:

某頓首再拜,上書主席。齊民共戴,頌萬壽之無疆;名世挺生,爛萬邦之有赫。某死皋死皋,冒昧言:昔者封建之世,李斯在逐,上書秦王;鄒陽在繫,上書梁王,皆以致其不白之衷。某閩西鄙夫,生于庚子,當八國聯軍入侵之年,今六十有九矣。自其束髮,遭際囏虞。辛亥鼎革,函夏重光,其功勛則中山創導之資產階級民主革命也。未幾,項城竊國,帝制披猖,溥儀復辟,督軍專橫。自爾干戈雲擾,及于八荒。南疆護法,北伐誓師。中山徂落,巨憝肆恣。金陵龍蟠虎踞,群盜鼠竊狗偷,剝膚及脂,民無所聊。我主席以類出之雋,萃拔之英,息游嶽麓,儻論湘江,勑勒工農之兵,奮起彈丸之地。建軍八一,發難南昌。會雄師于井岡,奠紅都于瑞金。壁野靡鹽,壕塹惟深,飛霆邇征,躍馬汀江。搗龍巖、墮上杭,霆奔雷掣,飆捲雲馳。迂迴豫章,數突重圍。古田遵義,成敗樞機。於是逶迤五嶺,如細浪之騰;磅礡烏蒙,似泥丸之走。水拍金沙,雲崖滋暖;河橫大渡,鐵索生寒。風雪岷山,濕泉草地,有攻而必克,無堅而不摧。蓋長征者二萬有五千里,遂至于延安。殷憂啟聖,百端待舉,自力更生,整風淩厲。迨夫八年抗戰,強寇伏辜;四海瘡痍,獨夫怙惡。我主席指揮若定,號令肅從。收秦隴、出晉綏,席捲遼瀋,電掃平津,轉戰夫淮海,橫渡乎長江。滇黔附景,閩粵從風,而內蒙、而新疆、而青海、而西藏,傳檄萬里,烽煙不驚。收拾金甌,勞徠黎庶,協商大政,還都上京,其功勛則主席領導之新民主主義革命也。更革土地,改造工商,反積重之勢,順天下之心,堅苦卓絕,力爭上游。西陲倚崑崙之劍,北國裁冰雪之詞,金猴驅害,神女驚殊。黃瀆必治禹跡,疏龍門之浪;青天可上蠶叢,坦蜀道之嶇。荊淮馴鱷,江

① 此篇據作者哲嗣包定貞君提供之稿本複印件整理。篇首題"後自序"。內容係略述1949年以後之著述概要。作者1964年退休,文中言"乙巳冬乃退休","越又四年,乃上今主席書"云云,則此篇蓋作於1968年後。今附錄於此,以與上文《前自序》相互參覽。

漢淫虹。大慶石油之藪,鞍山鋼鐵之都,飛潛所恃,固圉是圖,則多快好省以建設社會主義之事業也。書罪罄南山之竹,濯惡竭東海之瀦,金門、馬祖、臺灣、澎湖,蕞爾孤島,敗寇所逋,是誅戎首,必歸版圖。至於援鮮援越,同澤同袍,如赴國殤,以分鄰難。辨姦九論,執義一言,反帝修,抗強暴,亞非拉美,星火燎原。既而雲現蘑菇之影,熒傳嚆矢之聲,原子氫彈,貫日穿雲,尖端科學,國際水平。然兵可百年而不用,不可一日而不備。藉資禔福,消弭戰爭。人懷其詐,我襮其誠,則世界革命,人類解放,譬如登高一謼,眾山皆應者也。除內奸,伸郟紀,判階級以冤親,明鬥爭于愛惡。四十年囏難閱歷,七億人擁護衷心。某栖遲海徼,教授成均,以蒲柳衰退之身,杜甫謳唫,申公胥靡,猶得拭目以觀其盛。殆孟子輿所謂生於憂患死於安樂者與?抑猶有說者,某鄉好桐城姚姬傳鼐之言,以謂義理、攷據、詞章三者不可偏廢。姚氏述爲《古文辭類纂》,其實淵源于休寧戴東原震。姚氏年事稍晚,始欲相師,其後若有介于懷者。然而文辭雅飭,則姚氏爲優,經術湛深,則戴君爲勝。袪門戶之見,泛濫于南皮張之洞氏。繇文字、聲音、訓詁而入經學,則其經學可信;繇經學而入史學,則其史學可信;以經史而爲文章,則其文章爲有用。沈潛浸潤,簡練揣摩愈益。肆力治《太史公書》百三十篇,其書注者三家,宋裴駰《集解》、唐司馬貞《索隱》、張守節《正義》是也。自後未有補之者。梁玉繩之《史記志疑》、崔適之《史記探源》、李笠之《史記訂補》,書皆單行。乾隆間修《四庫全書》,張照等之攷證,亦有補苴,傳于卷末。日人瀧川資言遂成《史記會注攷證》,多采明清諸儒及彼邦學者之說,用力已劬,時矜創獲。然捃摭未備,賸誼猶多,馴至舛譌。視長沙王先謙氏之《漢書補注》、《後漢書集解》,風斯下矣,而精則皆未也。其得正義注多千餘條,雖非關乎閎恉,勾沈拾墜,復本來面目,其功亦有足多者。某乃爲《史記會注攷證校讀》十餘萬言。伏維《太史公書》,上自黃帝軒轅氏至於劉徹,備二三千年之史事,剏爲傳記,其本紀、世家兼有編年之美;列傳則人物之歸,或以類從焉;十表以簡御縣,如指其掌;八書爲典章制度、文物、社會、經濟之綜匯;自序以見志。董而理之,中夏學者之責也。王氏又有《古文尚書孔傳參證》三十卷,其分今古文,亦多未諦。《尚書》爲唐虞三代右史記言之書,始《典》、《謨》,終《秦誓》,其碁三百有六旬有六日以閏月定四時成歲,爲古今中外治天算學者,不能逃其藩籬,則吾先民之先知先覺者也。遭秦焚燔,伏生壁藏之,其書二十九篇,教于齊魯之間。孔氏有《古文尚書》，而安國以今文讀之，因以起其家，而今古文之聚訟紛紛，千千餘年不休。某講論之餘，成《尚書學記要》一卷，二者欲廓而充之，以爲集注。方今海內，爲斯學者彫喪殆盡。顧景亟亟于文化大革命之日，誠欲爲一代文學校補闕失，明辨是非，備資料于羽陵群玉之府，倘亦馬克思列寧主義不廢棄歷史之微意也。仲尼曰：“殷因于夏禮，所損益可知也；周因于殷禮，所損益可知也。其或繼周者，雖百世可知也。”我主席清明淵亮，遠矚高瞻。數風流之人物，自仲尼至於中山，義礎乎史觀，恉歸于唯物，群倫準則，論定一言。倘給數椽之庇，當繕寫以進。託著書于衡宇，緗金匱于通都，效犬馬之微勞，補桑榆之晚景。若夫太史公藏之名山，傳之其人，副在京師，則非所敢承。某平昔待人無府怨蓄仇，魯子敬所謂還付鄉郵，不失下州從事。日月踰邁，悠悠我思，敢不黽勉以全其天。

蓋包子之學，自六藝傳注、先秦諸子、兩漢魏晉南北朝、唐宋至於近代諸家，無不淹貫而通其大誼。向者包子過吳中，謁章炳麟太炎，論治經之要，炳麟曰：余弟子蘄黃侃，嘗校《注疏》至四五周，言清儒治經雖精博，其根柢皆在《注疏》。故無清人經說無害也，無《注疏》即群經皆不可讀。包子頗墨守焉。比年以來，續有所著述。

于《易》，《與六庵論漢易條例及孟氏易》曰：六庵治漢《易》，其言西漢易學派別凡四：一曰訓故舉大誼者，周、服、王、丁、楊、蔡、韓七家《易傳》；二曰陰陽候災變者，孟喜、京房、五鹿充宗、段嘉四家《易傳》；三曰章句守師說者，施、孟、梁邱、京，學官博士所立；四曰十翼解經意者，費直無章句，專以《十翼》解說。東漢易學派別亦凡四：一曰馬融、劉表、宋衷、王肅、董遇，皆爲費氏易作章句；二曰鄭玄、荀爽，先治京氏易，後參費氏；三曰虞翻，本治孟氏易，雜用《參同契》，以納甲爲主；四曰陸績，專治京氏易。按漢初言《易》者，皆本之田何。何以齊田徙於杜陵，號杜田生，授東武王同子中、洛陽周王孫、梁人丁寬、齊人服光。同授淄川楊何。丁寬又從周王孫受古義，號《周氏易傳》，景帝時爲梁孝王將軍，距吳楚，號丁將軍，作《易說》三萬言。寬授同郡碭田王孫。《藝文志》：“易傳周氏二篇自注，字王孫也，服氏二篇師古曰，劉向《別錄》云服氏齊人，號服光，楊氏二篇自注：名何，字叔光，菑川人，蔡公二篇自注：衛人，事周王孫，韓氏二篇自注：名嬰。”田王孫雖未著錄，然《儒林傳》言其授施讎、孟喜、梁邱賀矣。此所謂訓故舉大誼者也。惟陰陽候災變之孟喜，與施讎、梁邱賀，其學皆出田王孫。《藝文志》著錄："易經十二篇，施、孟、梁邱三家，章句施、孟、梁邱各二篇"，所謂章句守師說者也。"孟氏京房十一篇，災異孟氏京房六十六篇，五鹿充宗異說三篇，京氏段嘉（按《儒林傳》作殷嘉）十二篇"，所謂陰陽候災異者也。竊以《儒林傳》雖不言施讎有災異之說，然讎授張禹學，《張禹傳》固言："成帝親就禹，禹見時有變異，若上體不安，擇日絜齋露蓍，正衣冠立筮，得吉卦則獻其占，如有不吉禹為感動憂色。"則《易》為卜筮之書，讎之所學固不能外也。梁邱之易，出大中大夫京房，房楊何弟子也，為齊郡太守（師古曰，別一京房，非焦延壽弟子為課吏法者）。賀更事田王孫，宣帝時賀以筮有應，繇是近幸。此三人者，章句守師說同，即陰陽候災異亦無不同，故曰兩者二而一也。費氏之學，雖徒以彖象繫辭十篇文言解說上下經，然亦長於卜筮，見於《儒林傳》。吳承仕謂《藝文志》所列獨無費氏卦筮之書，明不與孟、京、焦贛同流。予則以為費氏本無章句，故未著錄也。其與費氏同時者，則有高相，其學亦無章句，專說陰陽災異，自言出於丁將軍。則費氏、高氏，並同災異也。要之，西漢諸家之學，皆出杜田生。等而上之，則商瞿子木受之仲尼，此《大傳》所謂"殊塗而同歸，一致而百慮"者也。故陸澄曰："自商瞿之後，雖有異家之學，同以象數為宗。"其言可以概前漢之易學矣。後漢治費氏易者，馬融傳十卷《七錄》云九卷以授鄭玄，玄注十卷《錄》一卷，《七錄》云十二卷，劉表章句五卷《中經薄錄》云注易十卷，《七錄》云九卷，《錄》一卷，宋衷注九卷字仲子，南陽章陵人，後漢荊州五等從事，《七志》、《七錄》云十卷，董遇章句十二卷字季直，弘農華陰人，魏侍中大司農，《七志》、《七錄》並云十卷。諸人之外，尚有鄭玄、荀爽，雖先治京氏，要其後以費氏為歸也。其傳費易而無書者，若陳元、鄭眾，皆見於陸氏《經典釋文叙錄》。惟王肅注十卷，務與鄭氏立異，為王弼之所祖述，變象數為義理，為易學一大轉捩。則肅之學，與費氏有同亦有異也。蓋後漢諸儒，若馬、鄭、荀，皆各自名家，而鄭君獨治經緯，通六學，綜今古，尤為一代宗師。惟《易》自江左宗王，至於隋唐鄭學寖微，後殆絕響矣。其言孟氏易以氣為本，其卦氣圖以坎、離、震、兌為四正卦，餘六十卦卦主六日七分，合周天之數。內辟卦十二，謂之消息卦，乾盈為息，坤虛為消，其實乾坤十二畫也。《易·繫辭》云："乾之策二百一十有六，坤之策一百四十四，凡三百六十，當期之日。"夫以二卦之策，當一期之數，則知二卦之爻，周一歲之用矣。四卦主二十四氣；十二卦主十二辰，爻主七十二候；六十卦主六日七分，爻主三百六十五日四分日之一每卦當六日七分，六十卦當三百六十日又四百二十分，八十分爲一日，合五日四分日之一，故六十卦共當三百六十五日四分日之一，合周天之數。辟卦爲君，雜卦爲臣，四正爲方伯。二至二分，寒溫風雨，總以應卦爲節。此本惠棟《易漢學》說。一行《卦議》引孟氏章句曰："坎離震兑，二十四氣次主一爻，其初則二分二至也。坎以陰包陽，故自北正微陽動於下，升而未達，極於二月，凝涸之氣消，坎運終焉。春分出於震，始據萬物之元，爲主於內，則群陰化而從之，極於南正，而豐大之變窮，震功究焉。離則以陽包陰，故自南正微陰生於地下，積而未章，至於八月，文明之質衰，離運終焉。仲秋陰始形於兑，始循萬物之末，爲主於內，群陽降而承之，極於北正，而天澤之施窮，兑功究焉。故陽七之靜始於坎，陽九之動始於震，陰八之靜始於離，陰六之動始於兑。故四象之變，皆兼六爻，而中節之應備矣。"《隋書·經籍志》："孟氏易八卷，殘闕。"此言卦氣之法，唐僧一行述之，見於《新唐書·曆志》者。卦氣之用爲占驗，漢儒皆然。至若《伏傳》有五行，《齊詩》有五際，《禮》有明堂陰陽位之說，《春秋公羊》有陽豫之兆，則又不獨《易》爲然矣。《儒林傳》："孟氏好自稱譽，得易家候陰陽災變書，詐言師田生且死時枕喜膝，獨傳喜，諸儒以此耀之。同門梁邱賀疏通證明之，曰田生絕於施讎手中，時喜歸東海，安得此事？又蜀人趙賓好小數書，後爲《易》，飾《易》文，以爲箕子明夷，陰陽氣亡箕子，箕子者萬物方荄茲也按其後荀爽訓箕子爲荄滋，漫衍無經，不可致詰，此則取之趙賓者。賓持論巧慧，易家不能難，皆曰非古法也。云受孟喜，喜爲名之。後賓死，莫能持其說。喜因不肯仞，以此不見信。喜授同郡白光少子、沛翟牧子兄師古曰：兄讀曰況，皆爲博士。繇是有翟、孟、白之學。"則喜爲候陰陽災異，其傳授之跡，本詭譎可疑。施與梁邱，固無是也。京房受《易》梁人焦延壽，延壽云嘗從孟喜問《易》。會喜死，房以爲延壽易即孟氏學，翟牧、白生不肯，皆曰非也。至成帝時，劉向校書攷易說，以爲諸易家說皆祖田何、楊叔、丁將軍，大誼略同，唯京氏爲異。黨焦延壽獨得隱士之說託之孟氏，不相與同。《京房傳》：延壽以候司先知姦邪，盜賊不得發。常曰：得我道以亡身者，京生也。其說長於災變，分六十卦更值日用事，以風雨寒溫爲候。孟康曰：分卦值日之法，一爻主一日，六十卦爲三百六十日；餘四卦震離兑坎，爲方伯監司之官。所以用震離兑坎者，是二分二至用事之日，又是四時各專主之氣，各卦主時。其占法各以其日觀其善惡也。各有占驗，房用之尤精。好鐘律，知音聲。其上封事，有少陰倍力而乘消息孟康曰：房以消息卦爲辟，辟君也。息卦曰太陽，消卦曰太陰。其餘卦曰少陰、少陽，謂臣下也，并力雜卦氣於消息也。之語，則焦、京之易，託諸孟氏，雖不相與同，然京氏之言卦氣則與孟氏無異。其後有谷永，於天官京氏易最密，故善言災異。此漢易象數之學傳授之際，大略如是。宋李溉傳《卦氣圖》，云出孟長卿，《漢上易傳》載之。蓋從僧一行《大衍曆》所列六十四卦用事，配七十二候推衍而成者，自是而降，若黃宗羲、惠棟諸氏，大都推衍其緒，或圖或表，稽攷古義，爲清代言漢易先聲。抑卦氣之學，近於術數，用之占驗。三家之易，或亡或闕。然觀京房、谷永之對，莫不以天時之變異，察人事之應驗。厥後班志五行，遂以《洪範》伏傳推衍其說。自董仲舒治《公羊春秋》始推陰陽，爲儒者宗。劉向治《穀梁春秋》，數其禍福，與仲舒錯。向子歆治《左氏傳》，其《春秋》又頗不同。傳載睦孟、夏侯勝、京房、谷永、李尋之徒，所陳行事，以傅《春秋》，著於篇。又多誇誕駭怪而不可信。如京房《易傳》曰："王德衰，下人將起，則有木生爲人狀。"又曰："棄正作淫，厥妖木斷自屬。"凡斯之類，不一而足。而象數之事又難明。《洪範》九疇次七曰："明用稽疑"，"擇建立卜筮人，乃命卜筮，曰雨，曰霽，曰蒙，曰驛，曰克，曰貞，曰晦凡七。卜用五，占用二。"偽《孔傳》："龜兆形有似雨者；有似雨止者；蒙，陰暗；驛，氣落驛不連屬；克，兆相交錯：五者卜兆[①]之常法。內卦曰貞，外卦曰晦。"《孔疏》："卜兆有五，曰雨兆，如雨下也；曰霽兆，如雨止也；曰雺兆，氣蒙闇也；曰圛兆，氣落驛不連屬也；曰克兆，相交也。筮卦有二，重二體乃成一卦，曰貞謂內卦也，曰晦謂外卦也。卜筮兆卦，其法有七事：其卜兆用五，雨、霽、蒙、驛、克也；其筮占用二，貞與悔也。卜筮皆就此七者，推衍其變。鄭玄曰：霽如雨止者，雲在上也。雺聲近蒙，《詩》云零雨其濛，則蒙是闇之義，故以雺爲兆。蒙是陰闇也。圛即驛也，故以爲兆氣落驛不連屬，落驛希疎之意也。雨霽既相對，則蒙驛亦相對，故驛爲落驛氣不連屬，則雺爲氣連蒙闇也。王肅云：圛，霍驛消減如雲陰；雺，天氣下，地不應，闇冥也。其意如孔言。鄭玄以圛爲明，言色澤光明也；雺者，氣澤鬱鬱冥冥也。自以明闇相對，異於孔也。克，謂兆相交錯。王肅云：兆相侵入，蓋兆爲二拆，其拆相交也。鄭玄云：克者，如雨氣色相侵入。卜筮之事，體用難明，故先儒各以意說，未知孰得其本。今之用龜，其兆橫者爲土，立者爲木，斜向徑者爲金，背徑者爲火，因兆

---

① "兆"，原稿作"筮"，據《尚書正義》改。

而紐曲者爲水。不知與此五者同異如何。”此卜筮之法,古今不同。夫釁龜之典,見於《周禮‧龜人》;白雉驪羊之灌,著於《史記‧龜策傳》。灼龜觀裂,兆理交錯,吉凶之幾,人以意逆。三家之易,雖出同源,而不免互相非難。學官所立,博士所傳,衆口相咻,又不獨利祿之途使之然也。故自輔嗣注行,而象數之學寖衰;自李唐定爲義疏,而衆說皆廢,抑有繇矣。闞廉曰:“卜以決疑,不疑何卜?”《史記‧齊世家》:“武王伐紂,卜龜兆不吉,風雨暴至,群公盡懼。唯太公彊之,勸武王,武王於是遂行。”《通典》一百六十二引《六韜》云:“周武王伐紂,師至氾水牛頭山,風甚雷疾,鼓旗毀折,王之驂乘惶恐而死。太公曰:好賢而能用,舉事而能得時,則不看時日而事利,不假卜筮而事吉,不禱祀而福從。遂命驅之前進。周公曰:今時迎太歲,龜灼言凶,卜筮不吉,星變爲災,請還師。太公怒曰:今紂剖比干,囚箕子,以飛廉爲政,伐之有何不可? 枯草朽骨,安可知乎! 乃焚龜折蓍,援枹而鼓,率衆涉河。武王從之,遂滅紂。”昔子罕言命,子不語怪力亂神。子貢曰:“夫子之文章可得而聞也,夫子之言性與天道不可得而聞也。”孔子亦自言:“加我數年,卒以學《易》,可以無大過矣。”今者神海交通,員輿闊絕,地有東西南朔之殊,時有陰陽寒燠之異,種有黃白紅棷黑之判,政教不同,信仰斯別,格物致知,攻堅拔銳,戣箭攢空,衛星匝宇,吉凶禍福,惟人自召。詹尹曰:“夫尺有所短,寸有所長,物有所不足,知有所不明,數有所不逮,神有所不通,龜策誠不能知此事者矣。”《易》之爲書,有切合於格致誠正修齊治平之大道,《坤》之初六“履霜堅冰至”,《乾》之九三“君子終日乾乾,夕惕若,厲无咎”,《屯》之六二“女子貞不字,十年乃字”,《比》之上六“大君有命,開國承家,小人勿用”,《革》之《彖》曰“天地革而四時成,湯武革命順乎天應乎人,革之時大矣哉”,此其義也。且夫天官律歷,權輿遂古。《律歷志》:“歷數之起上矣。傳述顓頊命南正重司天,火正黎司地。其後三苗亂德,二官咸廢,而閏餘乖次,孟陬殄滅,攝提失方。堯復育重、黎之後,故《書》曰:迺命羲、和,欽若昊天,歷象日月星辰,敬授人時。歲三百有六旬有六日,以閏月定四時成歲。”《藝文志》:《黃帝五家歷》三十三卷,《顓頊歷》二十一卷,《顓頊五星歷》十四卷,《夏殷周魯歷》十四卷,《漢元殷周諜歷》十七卷。顓頊歷,歲三百六十五日又四分日之一,其法最古,行於秦而詳於《淮南‧天文訓》。蔡邕謂淮南所用即《顓頊歷》是也。《續漢書‧律歷志》,司馬彪曰:黃帝造歷,起辛卯,顓頊用乙卯,虞用戊午,夏用丙寅,殷用甲寅,周用丁巳,魯用庚子,漢承秦初用乙卯。故秦爲顓頊歷也。日月之蝕,古代以推步得之,即今之天文科學觀測也。《春秋》二百四十二年,日食三十六。《元史·歷志》云:"以授時歷推之,惟襄公二十一年十月庚辰朔,及二十四年八月癸巳朔不入食限,蓋自有歷以來,無比月而食之理。《春秋》隱三年經,孔疏:"漢末會稽都尉劉洪作《乾象歷》,始推月行遲疾,求日食加時。後代修之,漸益詳密。今者推步日食,莫不符合,但無頻月食法。故漢興以來,殆將千歲,爲歷者皆一百七十三日有餘而始一交會,未有頻月食者。"其說是也。惟疏又謂:"襄二十一年九月、十月頻食,二十四年七月、八月頻食,乃是正經,不可謂之錯誤也。又《漢書·高祖本紀》,高祖即位三年,十月、十一月晦日頻食。則自有頻食之理。"尊經太過,其言自相牴牾,則非矣。又按,《漢書·文帝本紀》三年,十月、十一月晦並頻食,亦非也。至於鴻書引《弇州別集》:"日食在朔,月食在望,而亦不盡然者。宋慶元中,一歲五次月食,有十七夜、十八夜、二十夜、二十一夜者。其後至一歲八次月食,而仍不拘望。"則尤不足信也。[1]其三十四[2]食,食皆在朔,經或不書日不書朔,《公》、《穀》以爲食晦,二者非;《左氏》以爲史官失之者,得之。其間或差一日二日者,蓋緣古歷疏闊,置閏失當之弊,按《後漢書·鄭興傳》:"夫日月交會,數應在朔。而近年日食,每多在晦。先時而合,皆月行疾也。"其言亦非。[3]姜岌、一行已有定說。孔子作《春秋》,但因時歷以書,非大義所關,故不必致詳也。"則以日月之食爲災異者,皆出後儒附會適然耳,初未有若斯之誇張迂誕也。其諸家圖表,於四正、十二辟、六十卦所主,明以月令物候,如指其掌[4]。然仲春之月,鷹化爲鳩;季春之月,田鼠化爲鴽;季夏之月,腐草爲螢;季秋之月,爵入大水爲蛤;孟冬之月,雉入大水爲蜃:古人察物,或有未諦。故孔疏云:《周書·時訓》驚蟄之日桃始華,又五日倉庚鳴,又五日鷹化爲鳩,至秋則鳩化爲鷹。按今《汲冢周書·時訓》無"至秋則鳩化爲鷹"七字。故《王制》云:鳩化爲鷹,然後設罻羅。司裘注:中秋鳩化爲鷹。《夏小正》:正月鷹化爲鳩,五月鳩化爲鷹。鄭無所言,則不信用也。然《詩·小雅·小宛》:螟蛉有子,蜾蠃負之。箋云:蒲盧取桑蟲之子,負持而去,煦嫗養之,以成其子。鄭不信彼而信此,孔說恐未然也。中夏立國,縱橫萬里,越南燕北,地氣懸殊,陰陽參差,休咎小數,詎足信乎? 漢儒以卦氣爲占驗,體用各有不同,今亦多不

---

① 此條小字注,《笠山文鈔》卷第十一爲葉眉批語。
② "四",《元史》作"五"。
③ 此條小字注,《笠山文鈔》卷第十一爲葉眉批語。
④ "如掌其指"四字,稿本無,據《笠山文鈔》卷第十一補。

能明。三家之學，孟氏尤爲詭異。焦氏託之孟氏，以授京房，其載於《五行志》者，又復若斯。曷若取古誼之足以解經者，存其說，則《易》、《書》、《詩》、《禮》、《春秋》之教，不外格致誠正修齊治平之道。六庵出行唐尚槐軒氏之門，往予序所爲《叢纂》，略言其祈向矣。頃讀《漢易條例舉要序言》及《孟氏易》，多續述前修之言，因攄胸中之所感觸者爲商榷焉。

第二書曰：六庵論西漢易學，派別凡四。鄙意"候陰陽災異"之孟喜，與"章句守師說"之施、孟、梁邱之學，皆出田王孫。尤不可者，孟喜、京房皆一人而居兩派。且"章句守師說"與"訓詁舉大要"者，其源流亦匪有以異。《藝文志》雖未著錄田王孫之書，然三家之易，實所從出。而漢易又皆授自杜田生，治章句者未有不明訓詁之學，即孟、京之候陰陽災異，亦莫不以章句訓詁爲之基，而以爲一派則流變而爲災異，又其特著者也。施讎、梁邱賀，鄙意必入之候陰陽災異者，則其師承同。《藝文志》固著錄"易經十二篇，施、孟、梁邱"矣。張禹之學出於施讎，占卜變異當有所授。梁邱賀則當宣帝時，"飲酎，行祠孝昭廟，先敺旄頭，劍挺墮地，首垂泥中，刀向乘輿，車馬驚。於是召賀筮之，有兵謀，不吉。"則其事也。惟鄙言"施與梁邱固無是"者，以孟喜爲候陰陽災異，其傳授之跡詭譎可疑，如詐言師田生且死時枕喜郤、獨傳喜之類，而梁邱發其僞，謂田生絕於施讎手中，時喜歸東海，安得此事？施讎則謙讓，常稱廢學，不教授，此其不同耳。至吳先生檢齋承仕謂《藝文志》所列，獨無費氏卦筮之書，明不與孟、京、焦贛同流。尊意以爲然。鄙意則仍主費氏本無章句故未著錄之說。何者？《藝文志》本之向、歆《錄》、《略》，刪其要以備篇籍，其有錄無書者皆有著錄。田王孫無書，故未著錄。費氏無章句，亦其類也。反復尋求班氏言漢易流別："漢興，田何傳之。訖于宣、元，有施、孟、梁邱、京氏，列於學官。而民間有費、高二家之說。劉向以中古文《易經》校施、孟、梁邱經，或脫去無咎、悔亡。唯費氏經與古文同。"包舉簡要，則西漢易學流別亦不過今文與古文之分，立學官博士與不，其在六學皆然矣。又尊說謂王肅雖務與鄭立異，但其注《易》卻與鄭不遠，而異於輔嗣。竊謂王肅不好鄭氏，爲諸經解往往立異，集《聖證論》及《孔子家語》僞以難玄，又不獨《易》爲然。輔嗣亦出費氏，而王肅之學實所祖述，獨多言名理玄虛，與樸學異趣。蓋肅注《易》十卷，著錄於隋唐諸志，然晁公武《郡齋讀書志》、陳振孫《直齋書錄解題》皆不及其書，則久已散亡，又未可輕議其同異也。

《左氏》僖十五年傳："獲其雄狐。夫狐蠱必其君也。"杜注："蓋卜筮書雜辭,以狐蠱爲君,其義欲以喻晉惠公,其象未聞。"六庵引虞翻逸象"艮爲狐,而艮爲少男",故知所獲爲雄狐。抑予謂昭元年傳曰:"于文,皿蟲爲蠱。在《周易》,女惑男、風落山謂之蠱。"杜注:"蠱,巽爲長女,爲風;艮爲少男,爲山。少男而說長女,非匹,故惑。山未得風而落。"然《易·蠱》之《象》曰:"山下有風,蠱。君子以振民育德。"不云"女惑男,風落山"也。豈杜所謂卜筮書雜辭與?《晉書·石勒載紀》"狐媚以取天下也"、駱賓王《爲徐敬業檄武氏》"狐媚偏能惑主",此狐媚字蓋取諸《傳》狐蠱女惑男之義。《易·蠱》之初六,其《象》曰:"幹父之蠱,意承考也。"則與狐蠱雄狐之義亦相應矣。虞氏逸象宜糅合《易》與《傳》爲之辭。

于《書》:《舜典》"納于大麓",陳喬樅云:"山麓,歐陽說;大錄,大小夏侯說。史公、王充皆用歐陽《尚書》。周堪、孔霸事夏侯勝,授元帝經,元帝報于定國,用夏侯《尚書》說,俱出今文家。非今古文異也。"予謂陳說有不盡然者。王充引經,大錄、山麓二說兼用,鄭注《大傳》亦二說兼用。王先謙《尚書孔傳參正》謂鄭立說未免兩歧,非也。史公從安國問故,遷書載《堯典》、《禹貢》、《洪範》、《微子》、《金縢》諸篇,多古文說。《史記·五帝紀》:"余嘗西至空桐,北過涿鹿,東漸于海,南浮江淮矣。至長老皆各往往稱黃帝、堯、舜之處,風教固殊焉。總之不離古文者近是。"其言堯使舜入山林川澤,暴風雷雨,舜行不迷,古文與今文說當無殊也,不必出于歐陽《尚書》。歐陽山麓之說,實祖述伏生《大傳》。夏侯之學,出濟南張生。然勝從世昌受《尚書》,又事同郡簡卿,卿者兒寬門人,又從歐陽氏問,爲學精熟,所問非一師。是大小夏侯之學雖出濟南張生,亦兼傳歐陽《尚書》。兒寬出歐陽生,又從孔安國問故,然則大小夏侯之學已冶今古文于一鑪。故孫星衍又謂《淮南·泰族訓》、《論衡·亂龍》及史公說大麓爲山林川澤者,俱出孔安國古文說。而以劉昭注《百官志》引《新論》曰:"昔堯試于大麓者,領錄天子事,如今尚書官矣",爲夏侯、歐陽等今文說。是孫氏知山麓之說爲古文,大錄之說爲今文。陳氏知山麓、大錄,俱出今文,而皆不悟大小夏侯之學已今古兼用。史公之學出自安國,而"山林川澤"與《大傳》"大麓之野",伏、孔無殊,故鄭注《大傳》,山麓、大錄並說,亦古今文師說不異之證也。又《經典釋文敘錄》:"歐陽氏世傳業,至曾孫高作《尚書章句》,爲歐陽氏學。高孫地餘以《書》授元帝。"《漢書·儒林傳》:"歐陽、大小夏侯氏學,皆出于寬,寬授歐陽生子,世世相傳,至曾孫高子陽爲博士師古曰:名高,字子陽,高孫地餘長賓以太子中庶授太子,後爲博士,論石渠,元帝即位,地餘侍中,貴幸,至少府。"是元帝之學並出大小夏侯,歐陽則報于定國用夏侯《尚書》,抑歐陽《尚書》,實未可知。故孫星衍亦以大錄爲歐陽說,陳氏之言有商権之餘地矣。

《洪範》五行,一曰水,二曰火,三曰木,四曰金,五曰土。偽孔傳:"皆其生數",孔疏:"《易·繫辭》曰:'天一,地二,天三,地四,天五,地六,天七,地八,天九,地十',此即是五行生成之數。天一生水,地二生火,天三生木,地四生金,天五生土,此其生數也。如此則陽無匹、陰無偶,故地六成水,天七成火,地八成木,天九成金,地十成土,於是陰陽各有匹偶而物得成焉。故謂之成數也。"《月令》疏引鄭注云:"天一生水于北,地二生火于南,天三生木于東,地四生金于西,天五生土于中,陽無偶陰無配未得相成。地六成水于北,與天一并;天七成火于南,與地二并;地八成木于東,與天三并;天九成金于西,與地四并;地十成土于中,與天五并也。"按《五行志》"天以一生水,地以二生火,天以三生木,地以四生金,天以五生土,五位皆以五而合,而陰陽易位,故曰妃以五成。然則水之大數六,火七,木八,金九,土十,故水以天一爲火二牡;木以天三爲土十牡;土以天五爲水六牡;火以天七爲金四牡;金以天九爲木八牡,陽奇爲牡,陰耦爲妃。故曰水,火之牡也;火,水妃也。于《易》,坎爲水,爲中男;離爲火,爲中女,蓋取諸此也。"按《左氏》昭九年傳:火,水妃也。又曰:妃以五成。是也。又按《白虎通·五行篇》:"水位在北方,北方者,陰氣在黄泉之下,任養萬物。水之爲言準也,養物平均,有準則也。木在東方,東方者,陰陽氣始動,萬物始生。木之爲言觸也,陽氣動躍,觸地而出也。火在南方,南方者,火在上,萬物垂枝。火之爲言委隨也,言萬物布施;火之爲言化也,陽氣用事,萬物變化也。金在西方,西方者,陰始起,萬物禁止。金之爲言禁也。土在中央,中央者主土,吐含萬物。土之爲言吐也。何知東方生?《樂記》曰:'春生夏長秋收冬藏'。土所以不名時,地,土別名也,比于五行最尊,故不自居部職也。"蓋四時之次,則春德在木,夏火,中央土,秋金,冬水;五音之次,則宮土、商金、角木、徵火、羽水,皆與此以生數,爲次者不同。《大禹謨》"水、火、金、木、土、穀惟修",《禹貢》"六府孔修",《左氏》文七年傳:"郤缺曰:水、火、金、木、土、穀謂之六府,則洪範以生數爲次,六府以相剋爲次也。"又《白虎通》曰:"五行者何謂也? 謂金、木、水、火、土也。"又云:"五行所以更王何? 以其轉相生,故有終始也。木生火,火生土,土生金,金生水,水生木。天地之性,衆勝寡,故水勝火也;精勝堅,故火勝金;剛勝柔,故金勝木;專勝散,故木勝土;實勝虛,故土勝水也。"今俗言五行之次者,多同《白虎通》。《左氏》昭二十五年傳:"用其五行",杜注:"金木水火土",是杜亦同《白虎通》也。《鶡冠子·兵政》:"金木水火未用而相制。"亦同。《墨子·經下》云:"五行毋常,勝說在宜"孫詒讓云:"言視其生克之宜。"今人欒調甫以"宜"是"多"之譌,見《梁啟超五行說之商榷》。又按,《孫子·虛實篇》云:"故五行無常勝,此兵家之言",與《墨經》相同。《經說下》:"火鑠金,火多也;金靡炭,金多也。"按五行生克,以其性能言之。墨子不信五行生克性能之說,楬舉五行無常勝,以其數量言之。然五行相生相勝之道,其言詳于董子《春秋繁露·五行相生篇》曰:"天地之氣,合而爲一。分爲陰陽,判爲四時,列爲五行。行者行也,其行不同,故謂之五行。五行者,五官也。比相生而間相勝也。故爲 ① 治逆之則亂,順之則治 ②。東方者木,司農,尚仁,木生火;南方者火,司馬,尚知 ③,火生土;中央者土,司營,尚信,土生金;西方者金,大理司徒,尚義,金生水;北方者水,執法司寇,尚禮,水生木。"《五行相勝篇》曰:"金勝木,水勝火,木勝土,火勝金,土勝水。"《甘誓》稱"有扈氏威侮五行",箕子曰:"我聞在昔,鯀陻洪水,汩陳其五行。"司馬遷謂軒轅"治五氣","有土德之瑞,故號黃帝",則五行之爲說,繇來尚矣。《家語·五帝》孔子曰:"昔丘也聞之 ④ 老聃曰:天有五行,水、火、金、木、土,分時化育,以成萬物。"《大傳》曰:"水火者,百姓之所飲食也;金木者,百姓之所興作也;土者,萬物之所資生也。是爲人用。"及至孫卿辭而辟之,《非十二子》:"案往舊造說,謂之五行,甚僻違而無類,幽隱而無說,閉約而無解。案飾其辭而祗敬之,曰:此真先君子之言也。子思唱之,孟軻和之,世俗之溝猶瞀儒,嚾嚾然不知其所非也。"按以五行之性,推事物之理,爲興衰成敗之鑑,伏生《大傳》啟其端。兒寬傳歐陽之學,張湯愛幸寬,以爲奏讞掾,以古法議決疑大獄。而當時若董仲舒之明春秋、對天人,劉向之《條災異封事》,班氏之

---

① "爲",四部備要本《春秋繁露》同,抱經堂叢書本作"謂"。

② "治",四部備要本《春秋繁露》同,抱經堂叢書本作"法"。

③ "知",抱經堂叢書本、四部備要本《春秋繁露》俱作"智"。

④ "之",何孟春本《孔子家語》作"諸"。

志《五行》，多所傅會，漢代學者大抵然也。惟五材之爲物，聲光氣化之所資，摩盪陰陽，功用至偉，繫于民生，缺一不可，是以前世睿哲重之。

《酒誥》"明大命于妹邦"，僞孔傳："妹，地名，紂所都朝歌以北。"《釋文》引馬融云："妹邦即牧養之地。"孔《疏》："此妹與沫一也。故沫爲地名，紂所都朝歌以北，但妹爲朝歌之所居也。朝歌近妹邑之南，故云以北。是《詩》又云：沫之東矣、沫之鄉矣。即東與北爲鄉也。妹屬鄘，紂所都在妹，又在北與東，是地不方平，偏在鄘多故也。"《詩·桑中》，及邶鄘衛。《疏》引鄭云："沫邦，紂之都所處也。于《詩》，國屬鄘，故其風有沫之鄉，其民尤化紂嗜酒。今祿父見誅，康叔爲其連屬之監。"王先謙云："妹、沫字通。妹邦即牧野也。"《詩三家義疏》："《桑中》篇，毛分邶、鄘、衛爲三卷，鄭誤因之，以爲妹邦專屬鄘，非也。康叔之封兼有邶鄘衛，不能析爲三國。"按馬云"妹邦即牧養之地"，王氏以妹邦爲牧野，其言是也。《牧誓》，《釋文》引《說文》做"坶"，云"地名，在朝歌南七十里"，《詩·邶鄘衛譜》："自紂城而北謂之邶，南謂之鄘，東謂之衛。"孔疏云："王肅、服虔以爲鄘在紂都之西，孫毓云：據《鄘風·定之方中》，楚丘之歌，鄘在紂都之南，相證自明。而城以西無驗。其城之西，迫於西山，南附洛邑，檀伯之封，溫原樊州皆爲列國，鄘風所興，不出于此。"則鄭君以爲妹邦于《詩》，國屬鄘，其言顛覆不破，僞孔傳謂"妹邦在朝歌以北"者，誤甚。孔疏知妹與沫爲一，而不知妹邦即牧野，故在《酒誥》則謂"朝歌近妹邑之南"，以就僞孔傳"妹邦在朝歌北"之說。在《桑中》，則又從鄭君"沫邦于《詩》，國屬鄘"之說，自爲矛盾若斯。王氏知妹邦即牧野，不知牧野在朝歌之南，又謂鄭君以妹邦專屬鄘爲非，豈通論哉？《史記·周本紀》，正義引：《括地志》云：'衛州城故老云，周武王伐紂，至於商郊牧野，乃筑此城。'酈元注《水經》云：'自朝歌南至清水，土地平衍，據臯跨澤，悉牧野也。'《括地志》又云：'紂都朝歌，在衛州東北七十三里，朝歌故城是也。本妹邑，殷王武丁始都之。'"此亦妹邑即牧野之證。

《禹貢》"三江既入"，《釋文》："三江，韋昭云謂吳松江、錢塘江、浦陽江也。《吳地記》云：'松江，東北行七十里，得三江口。東北入海爲婁江，東南入海爲東江，并松江爲三江。'"阮元《浙江圖攷》，言《禹貢》三江莫詳于班志所云"揚州川"，即用《職方氏》之說，亦即《禹貢》揚州"三江既入"也。班志詳于南江、北江，而于中江則僅云"陽羨入海"。漢廣陵國江都以東，有臨淮郡之海陵，故《志》記之曰"有江海會祠"，言江至此而會海也。會稽郡吳、毗陵、無錫、陽羨、丹徒、婁，爲今鎮江、常州、蘇州地。婁在今崑山，而太倉、松江、海門及江北之通州皆不置縣。然則太湖以東，至漢猶荒斥，爲海潮之所往來，故敘北江止于陽羨。且曰南江在南，則中江必不在吳縣之南。曰北江在北，則中江必不在毗陵之北。而中江必在毗陵之南、吳之北可知。北江以曲而詳，南江以折而詳，則中江必自陽羨直貫太湖，由婁縣之地入海又可知。此班氏之不詳而詳者也。漢時去禹二千年，太湖以東尚荒斥如此。在禹之初，三江未入湖海之交可想而知也。自湖水北洩于北江，南歸于南江，中注于中江，而後湖水底定。讀班氏之書，而禹功益彰。胡朏明謂三江之不明，誤自班固始。余謂三江得班氏而明，班志之不明，則誤自朏明始也。按全祖望則謂班志中江出丹陽蕪湖縣西，南至會稽陽羨縣，東入海者，陽羨，今之宜興，與丹陽雖相接，而兩境中高，又皆有阜間之，其水分東西流，江之在陽羨者固可通海，而蕪湖之水皆東西北流，合寧國、廣德、宣、歙諸水北向以入大江，安得南流以上陽羨也？然禹之時，洪水方割[1]，蕩蕩懷山襄陵，浩浩滔天，江河入海，不知凡幾變遷。全氏執今以疑古，未可也。前人之言三江者，司馬彪《續漢書郡國志》即因班氏之說。其後《水經注》引郭景純曰："三江者，北江岷江，中江松江，南江浙江也。"顧炎武《日知錄》亦曰："北江，今之揚子江也；中江，今之吳淞江也。不言南江，而以三江見之。南江，今之錢塘江也。"蓋本之景純。孔穎達作《正義》，《禹貢》"三江"亦引《地理志》，則各家大略本之班氏。全氏固嘗謂景純之說爲不可易，然則其與阮氏之說三江，存大同求小異焉可耳。按阮氏之說三江，詳引衆家而攷定之，其言允矣。前乎班志者，《史記·河渠書》"于吳則通渠三江五湖"，故《索隱》以《地理志》實之。等而上之，《周禮·職方氏》："東南曰揚州，其山鎮曰會稽，其藪澤曰具區。其川三江，其浸五湖。"《國語·越語》子胥曰："吳之與越，三江環之，民無所移。"范蠡亦曰："與我爭三江、五湖之利者，非吳耶？"則三江之見于故書雅記者，可以思矣。抑阮氏謂"不知浙江爲岷江"、"《禹貢》不出南江之名，爲江之正流，不比北中也"者，予以爲長江發源于岷山，此《禹貢》岷山導江舊說，今則云發源于巴顏喀喇山之陽，按《揅經室續集·上已日東川道中》"導江已說岷山遠，更遠岷山路萬重。青海波瀾皆是雪，金沙雲氣尚疑冬。"自注："大江正源自青海，入雲南爲金沙江，行數千里始會岷江之水于敘州。"則阮氏亦不異。經吳淞入海。浙江爲江正流，于古無徵，今亦不爾矣。阮氏據《說文》，以江字下次沱字，云江別流也，出崏山東別爲沱。

---

① "洪水方割"，《尚書·堯典》"洪"前有"湯湯"二字。

沱字下即次浙字，云江水東至會稽山陰，爲浙江江水。即從上江字連屬，而下即指崛江也。此其穿鑿孰甚。假令浙江爲江正流，胡別流之沱江居其上，而浙江反無出崛山之明文？闞駰《十三州記》雖有"江水至會稽與浙江合"之言，江之故道多不可攷。其後楊守敬又有四三江之說，益紛然矣。

于《詩》，《書戴詩生民解後》曰：戴氏謂"周祖后稷，于上更無可推。后稷非無母之子，故姜嫄不可無廟。始祖廟之外別立姜嫄廟，不在廟制之數"，"商人祖契，于上亦更無可推。故《商頌》言有娀，與周之但言姜嫄同"。其首以《周禮》'享先妣'在'享先祖'之前，按《周禮·春官·大司樂》"乃奏夷則，歌小呂，舞《大濩》，以享先妣。"在"享先祖"之前。鄭注云：'周立廟自后稷爲始祖，姜嫄無所妃，是以特立廟而祭之。'"又以《帝繫》曰'帝嚳上妃姜嫄'按《大戴禮·帝繫篇》："帝嚳上妃，有邰氏之女，曰姜原，產后稷"本失實之詞"。按戴氏此解據《周禮》鄭注以申《詩》旨。然《詩·毛傳》"姜，姓也。后稷之母，妃①高辛氏帝焉。"鄭箋："姜姓者，炎帝之後。有女名嫄，當堯之時，爲高辛氏之世妃。"孔疏："鄭信讖緯，以《春秋命歷序》云：'少昊傳八世，顓頊傳九世，按《禮記·祭法》，孔疏又引作'傳二十世'，疑誤。帝嚳傳十世。'則堯非嚳子，稷年又少于堯，則姜嫄不得爲帝嚳之妃。故云'當堯之時，爲高辛氏之世妃'，謂其子孫之妃也。"《周禮·春官·大司樂》賈疏同，蓋疑其年代不相及。予謂《史記·周本紀》姜嫄爲帝嚳元妃，則上妃、元妃、世妃，其義一也。《儀禮·士冠禮》記"天子之元子猶士也"注："元子，世子也。"《禮·喪服小記》注："世子，天子諸侯之嫡子也。"《後漢·皇后紀》注："世妃，嫡夫人也。"《荀子·正論》"小侯元士次之"，注："元士，上士也。"鄭君注《周禮》，以姜嫄無所妃，則從《詩》。其箋《詩》，則以姜嫄爲高辛氏之世妃，依《命歷序》，亦已矛盾其辭矣。戴氏說《詩》，置傳箋而不言，詎可謂知類者乎？《易》曰："一陰一陽之謂道"，又曰："天地絪縕，萬物化醇。男女構精，萬物化生。"后稷非無母之子，姜嫄又詎無妃而子者乎？太史公曰："予觀《春秋》、《國語》，其發明《五帝德》、《帝繫姓》章矣。顧弟弗深考，其所表見皆不虛。"鄭君生東漢之季，光武善讖，自中興之後，儒者爭學圖錄，其箋《詩》往往與毛《傳》持爲異論。舍《帝繫》、《本紀》而別有所拾，亦風會使之然也。雖曰

----

① "妃"，阮刻《毛詩正義》作"配"。

遂古之初,孰爲而孰傳之? 然學者載籍極博,猶考信于六藝三家所傳。國學所立《毛詩》,上溯西河,源流具在,與緯書之爲支流旁義者有間,固不可不辯也。或謂洪荒人類,噩噩渾渾,知有母而不知有父,所謂母系社會,殆失紀耳。是又不然。黃帝娶于西陵氏之女曰嫘祖,其後系代甚明,見于《帝繫》。且《禮記·祭法》"周人禘嚳而郊稷",詎無所據而云然乎?《生民》之三章曰:"誕置之隘巷,牛羊腓字之。誕置之平林,會伐平林。誕置之寒冰,鳥覆翼之。鳥乃去矣,后稷呱矣。"與"履帝武敏歆"之言幾難置信。仲尼曰:"多聞闕疑,多見闕殆。"又曰:"吾猶及史之闕文也",詩三百篇爲其所刪,則亦信以傳信,疑以傳疑之意也。戴氏則"謂后稷之名棄以此,此必非設言也。使未嘗棄而言之是誣也。"不知初民傳說,詞涉機祥怪迂,古史所載不一而足。必回護其詞,亦"固哉,高叟之言詩矣"。孟子曰:"盡信《書》不如無《書》,吾于《武成》取其二三策而已。"說《生民》詩者,亦若是焉可耳。

包子治《詩》,汎濫四家,明其源流,要其大恉,以《傳》、《箋》爲歸。然《詩》無通詁,衷于一是。《關雎》"寤寐思服",王氏《經傳釋詞》云:《傳》,'服,思之也。'訓服爲思之,則'思服'之'思'當是語助。《箋》:'服,事也。思己職事,當誰與共之乎?'王注:'服膺思念之',皆于義未安。"按王氏說非,《傳》不訓思則以爲思念常語,思服亦猶思念。《箋》以"服"爲"服事",王以"服"爲"服膺",雖與《傳》不同,然以"思"爲"思念",義未有異。誠如王氏說,以服爲思之,以思爲語助,前人訓故,焉用如是辭費爲?

《葛覃》:"言告師氏,言告言歸。"《傳》:"言,我也。"馬瑞辰《毛詩傳箋通釋》"《爾雅》:'孔、魄、哉、延、虛、無、之、言,間也。'按《釋詁》文郭注:'孔、穴、延、魄、虛、無,皆有間隙,餘未詳。'間,謂間側言詞之中,猶今人云語助也。《爾雅》此節皆語助。凡詞之在句中者爲間,詞之在句首、在句末者亦爲間。言在句首者,'言告師氏'、'言割其楚'之類是也。言在句中者,'靜言思之'之類是也。言有疊用者,'言告言歸'之類是也。言有與薄並爲助句者,'薄言采之'之類是也。《傳》從《釋詁》,訓言爲我者,《詩》中如'我疆我理'、'我任我輦'、'我車我牛'之類,我皆語詞。以言爲我,亦語詞耳。《箋》遂釋爲人我之我,失之。"按馬氏說非是。《傳》從《釋詁》,訓言爲我,則爲人我之我。馬氏引《釋詁》,以言爲間,與《傳》持爲異義。又謂我亦語詞,不惜鑿空。誠如是,則《釋詁》"言"、"我"之外,"卬、吾、台、予、朕、身、甫、余"，馬氏又將何辭以釋之？"我疆我理"諸"我"字，自爲主語，詎可以詞釋之乎？鄭申毛恉，固不容妄爲別異也。

《柏舟》："我心匪石，不可轉也。我心匪席，不可卷也。"《傳》："石雖堅，尚可轉。席雖平，尚可卷。"《箋》云："言己心志堅平，過于石、席。"長沙胡元玉《瑬沼集》："梁武帝《擣衣詩》云：'擣以一匪石，文成雙鴛鴦'此用《邶風·柏舟》之匪石也。然《傳》、《箋》皆不以匪爲實字，此實用匪字，蓋讀爲'有匪君子'之'匪'，謂文采也。如此，詮釋雖異毛、鄭，要與經旨不悖。梁武帝曾作《毛詩答問》，其書久佚。"按胡氏引梁武帝《擣衣詩》以釋經，非是。《漢·景十三王傳》"爲磐石宗"、古詩"良無磐石固"、"君當作磐石"、"磐石無轉移"，《擣衣詩》之"匪石"非"磐石"，安見其不可轉移？且此詩下句言席，席詎有不可卷之理？自以《傳》、《箋》爲正。

《碩鼠》："逝將去女，適彼樂土。樂土樂土，爰得我所。"俞樾云："古人遇重文，止于字下加二畫以識之，傳寫乃有致誤者。《韓詩外傳》兩引此文，並作'逝將去女，適彼樂土。適彼樂土，爰得我所。'次章'逝將去女，適彼樂國。適彼樂國，爰得我直。'此當以《韓詩》爲正。詩中疊句成文者甚多，如《中谷有蓷》篇'慨其嘆矣'兩句，《丘中有麻》篇'彼留子嗟'兩句皆是也。毛、韓本當不異。"按明沈氏野竹齋本《韓詩外傳》二引，首章"逝將去女，適彼樂土。樂土樂土，爰得我所。"次章"逝將去女，適彼樂國。樂國樂國，爰得我直。"俞氏所據，未知何本。按俞說是也。《新序·節士》引此詩末章"逝將去女，適彼樂郊。適彼樂郊，誰之永號。"疊句成文，正與《韓詩》同，可互證也。

于《禮》：戴震《周禮太史正歲年解》"《爾雅》'夏曰歲，商曰祀，周曰年。'夏數得天，故殷、周雖改正朔，仍兼用夏正。周用夏不用殷，故舉歲年 ① 不及祀。"戴氏之言有信而足徵，亦有不盡然者。《周書·周月解》曰："夏數得天，百王所同。其在商湯，用師于夏，除民之災，順天革命，改正朔，變服殊號，一文一質，示不相沿，以建丑之月爲正，易民之視。若天時大變，亦一代之事，亦越我周王，致伐于商，改正異械，以垂三統。至於敬授民時，巡狩祭享，猶自夏焉。"故此解之"惟一月，既南至，昏昴 ② 畢見，日短極"，周正也。又云"凡四時成歲，有春夏秋冬，各有孟仲季，以名十有二月。中氣以著

---

① "年"，稿本無，疑脱，據皇清經解本《東原集》補。

② "昴"，稿本無，疑脱，據《逸周書》補。

時應。春三月中氣：雨水、春分、穀雨。夏三月中氣：小滿、夏至、大暑。秋三月中氣：處暑、秋分、霜降。冬三月中氣：小雪、冬至、大寒。閏無中氣。”夏正也。此二正並用見于《周書》者也。其在《詩·七月》“一之日”、“二之日”、“三之日”、“四之日”，皆自周正言也。毛《傳》：“一之日周正月也”，“二之日殷正月也”，“三之日夏正月也”，“四之日周四月也”。云四月、五月、六月、七月、八月、九月、十月者，皆自夏正言也。第二章“春日載陽”，則夏正之三月也。一歲之事備矣。此二正並用，見于《詩》者也。《春秋》凡言王正月，周正也。《左氏》隱五年傳曰：“春蒐、夏苗、秋獮、冬狩”，夏正也。此二正並用，見于《春秋傳》者也。《書·大誓》“惟十有一年一月戊午”，周正也。《洪範》“日月之行則有冬夏”、《金縢》“秋大熟，未穫”、《君牙》“夏暑雨”、“冬祁寒”，夏正也。此二正並用之見于《書》者也。《周禮·凌人》“掌冰正歲十有二月，令斬冰，三其凌”，夏正也。《詩·七月》“二之日鑿冰沖沖，三之日納于凌陰”，周正。此同其事而《詩》、《禮》用正各殊者也。至於《大戴》之《夏小正》、《小戴》之《月令》、《周禮》之《時訓解》，則純乎行夏之時矣。戴氏又謂：“《周禮》之書曰歲終者，夏時也。”按《天官·小宰》“歲終，則令群吏正歲會。”鄭注：“歲終，自周季冬。”賈疏：“周之歲終十二月”，“知是周之季冬者，以其正月之吉始和。彼正月是周之正月，始和布治于天下，至今歲終考之，是一歲之終。故知非夏之歲終也。”戴氏以為凡月而言歲者皆夏正，故書已無所徵，鄭注亦不爾。其以周“舉歲年不及祀”者，然《洪範》周書也，“惟十有三祀，王訪于箕子”，詎偽孔所謂“箕子稱祀不忘本”者歟？《逸周書·酆保解》之二十有三祀，《小開解》之三十有五祀，按“三”當為“二”，紂在位二十有六祀也。當為帝辛之時，文王猶奉承殷祀者。若《柔武解》以下亦稱祀，抑又何也》按《柔武解》“維王元祀”、《大開武解》“維王一祀”、《小開武解》“維王二祀”、《保典解》“維王三祀”、《大匡》、《文政解》“維十有三祀”，皆在武王之世。

又戴氏《釋車》，姚鼐《書攷工記圖後》駁之，謂：“《詩·小戎》‘俴收’，毛公曰：‘收，軫也。’謂輿深四尺四寸收于軫矣，非謂軫名收也。”然孔[①]疏：“收，軫者，相傳為然，無正訓也。軫者，車之前後兩端之橫木也。蓋以為此軫者，所以收斂所載，故名焉。”予以為軫者正名，自其功能之一端言之，則名收

---

① “孔”，稿本誤作“賈”，謹依上下文意改。

也。此一事也。《記》曰：‘軹中有潞’，今《圖》謂軹爲陰，而輮輈自軹始，抑誤矣。”然《小戎》“陰靷鋈續”毛傳曰：“陰，揜軓也。”鄭箋亦謂：“揜軓，在軾前，垂輈上。”疏：“‘陰，揜軓’者，謂輿下三面材，以板木横側車前，所以陰映此軓，故云揜軓。”《釋名》：“陰，蔭也。横側車前，以蔭笒也。”與《少儀》“祭左右軌范”，按姚氏引作“祭左右軓軹[①]”，改經文，戴氏不改。姚氏謂軓有三面者，戴氏同焉，此一事也。《記》曰：“以其隧之半爲之較崇”，謂重較也。天子重較則爲繆龍。《荀子》曰：“彌龍，以養威也”今戴君謂較、輢不重者，失之。然《詩·淇澳》“猗重較兮”，《傳》：“重較，卿士之車”《疏》：“《輿人》注云‘較，兩輢上出軾者’，則較謂車兩傍，今謂之平較。大車以子男入爲大夫，得乘子男車服，則此‘重較’謂侯伯車服也。但《周禮》無重較、單較之文。”故戴氏以爲左右兩較望之而重，毛傳因詩辭傅會爾，非禮制也。又按，《釋名》：“重較、其較，重卿所乘也。”亦取毛說。崔豹《古今注》曰：“車較，重耳也。在車轓上重起，如兩角然。”阮元《車制圖解》謂“古人重較，惟卿大夫之車有之，至漢猶然。”戴氏譏其附會者，非也。之三事者，戴氏據《注疏》立文，未爲鑿空，姚氏疑之，蓋各有所主也。三禮之學，《周禮》六官，冢宰所帥；《儀禮》五目，宗伯所掌。綜群言而記之者，則大戴德、小戴聖也。然賈公彦謂：“《周禮》、《儀禮》發源是一，並是周公攝政太平之書。”按，賈據鄭玄說。又《左氏》文十八年傳，季文子使大史克對公問曰：“先君周公，制《周禮》”，此古文說。漢武帝以爲《周官》末世瀆亂不驗之書，何休亦以爲六國陰謀之書，此今文異說。《周禮》爲末，《儀禮》爲本，本則難明，末便易曉。是以《周禮》注者多門，《儀禮》所注後鄭而已。包子願學焉。

其《說儀禮喪服不二斬者二事》曰：《儀禮·喪服》：“女子適人者爲其父母，昆弟之爲父後者”，傳曰：“爲父何以期也？婦人不貳斬也。婦人不貳斬者何也？婦人有三從之義，無專用之道，故未嫁從父，既嫁從夫，夫死從子。故父者子之天也，夫者妻之天也。婦人不貳斬者，猶曰不貳天也。婦人不能二尊也。”疏云：“婦人不貳斬者，則丈夫容有貳斬，故有爲長子皆斬。又《喪服四制》云：‘門內之治恩揜義，門外之治義斷恩。’至於君父別時而喪，仍得爲父伸斬，則丈夫有貳斬。至於女子在家爲父，出嫁爲夫，唯一無二，故特言婦人，是異於男子故也。若然，案《雜記》云：‘與諸侯爲兄弟者服斬’，是婦人

爲夫并爲君得貳斬者。然則此婦人不貳斬者，在家爲父斬，出嫁爲夫斬、爲父期，此其常事。彼爲君不可以輕服，服君非常之事，不得決此也。言婦人有三從之義者，欲言不貳斬之意，婦人從人所從，即爲之斬。若然，夫死從子，不爲子斬者，子爲母齊衰，母爲子不得過齊衰。故亦不斬也。云‘婦人不能二尊’者，欲見不貳斬之意。”按此言“婦人不貳斬”者，爲婦人從夫也。然婦人爲夫并爲君，則得貳斬矣。在家爲父斬，出嫁爲夫斬，則亦得貳斬矣。又《禮記·曾子問》曰：“取女有吉日而女死，如之何？孔子曰：壻齊衰而弔，既葬而除之。夫死亦如之。”鄭注：“未有三年之恩也。女服斬衰。”若然，女改適則又得貳斬矣，此一事也。又《喪服》“爲人後者爲其父母報”，傳曰：“何以期也？不二斬也。持重於大宗者，降其小宗也。爲人後者孰後？後大宗也。曷爲後大宗？大宗者尊之統也。”然傳曰“父卒，然後爲祖後者服斬”，疏引鄭答趙商問父有廢疾而爲其祖服制三年斬，故《禮記·喪服小記》“祖父卒，而後爲祖母後者三年”，鄭注：“祖父在，則其服如父在爲母也。”繇是言之，則丈夫於君父別時，而喪仍得爲父伸斬，而承重亦得二斬焉。此一事也。包子曰：禮不貳斬者，事之常。若事之非常，則固不損益而爲之也，無男女，一也。①後若宋初魏仁浦等定禮，婦人從其夫爲舅斬衰三年，是貳斬矣。明《孝慈錄》“子爲母斬衰三年”是又貳斬矣，皆與《禮經》相違。夫三年之喪，儒者謂天下通喪也。子墨子謂“此其敗男女之交也多矣”。儒墨異趣，則苴麻之服、升縷之數，世異時移。物質進化，方興未艾。飾終之典，《洪範》五福，五曰“考終命”。從俗從宜，後之議禮者損益之，不可廢也。

汪中《述學》，“婦人無主”，以《檀弓》‘虞而立尸’、《士虞禮》記‘男，男尸；女，女尸’、‘卒哭祔練祥禫’，皆男女別尸，別尸則別主。”然《祭法》鄭注：“惟天子諸侯有主禘祫，大夫不禘祫，無主爾。”故《曾子問》篇“當七廟五廟無虛主”，此古禮然也。其以《穀梁》文二年傳“作僖公主”，《正義》：“麋信《敘錄》：字南山，東海人，魏樂平太守。引衛次仲次當作敬云：宗廟主皆用栗，右主八寸，左主七②寸。右謂父，左謂母。”此恐漢事。蓋范氏《集解》已云：“天子主長尺二寸，諸侯之主長一尺。”亦古禮則。然若漢以後，婦人固

---

① 以上《說儀禮喪服不二斬者二事》一篇，見《文鈔》卷第十。惟下文“後若”至“廢也”一節原篇無，蓋作者後來所增。

② “七”，蓋汪中《述學》引。《穀梁正義》作“八”。

有主矣。自士大夫不以尸祭,惟主惟重,此與古"依神所重,不必以主"者異也。又其謂有異宮者,若周祭姜嫄、魯祭仲子,亦必有尸。推是說也,商人祖契,實爲有娀氏女簡狄所出,故《商頌》言玄鳥,尸而祭之,則主之繇來久矣。《論語》曰:"夏后氏以松,殷人以柏,周人以栗,曰使民戰栗。"《史記·伯夷列傳》"武王載木主東征,號爲文王。"此又皆天子諸侯之事,非所語于士大夫也。

《禮記·月令》"孟春之月,蟄蟲始振",鄭注:"漢始亦以驚蟄爲正月中。"孔疏:"'漢始亦以驚蟄爲正月中'者,以漢之時立春爲正月節,驚蟄爲正月中氣,雨水爲二月節,春分爲二月中氣。至前漢之末,以雨水爲正月中,驚蟄爲二月節。故《律歷志》云:'正月立春節,雨水中。二月驚蟄節,春分中。'是前漢之末,劉歆作《三統歷》,改驚蟄爲二月節。鄭以舊曆正月啓蟄,即驚也,故云'漢始亦以驚蟄爲正月中。'但蟄蟲正月始驚,二月大驚,故在後移驚蟄爲二月節,雨水爲正月中。凡二十四氣。《三統歷》:'正月節立春,雨水中。二月節驚蟄,春分中。三月節穀雨,清明中。四月節立夏,小滿中。五月節芒種,夏至中。六月節小暑,大暑中。七月節立秋,處暑中。八月節白露,秋分中。九月節寒露,霜降中。十月節立冬,小雪中。十一月節大雪,冬至中。十二月節小寒,大寒中。'《通卦驗》及今歷以清明爲三月節,穀雨爲三月中,餘皆與《律歷志》同。"齊召南曰:"前《志》猶云'驚蟄正月中,雨水二月節',至《續志》始移雨水于前,則劉歆之後始改易也。《春秋疏》乃云:'太初以後更改氣名,以雨水爲正月中,驚蟄爲二月節',不幾于自相矛盾乎?"按齊說非是。今《前書·律歷志》作"正月立春節驚蟄中,二月雨水節春分中"者,則沖遠所見之本不同今《書》。且云劉歆作《三統歷》改其言,鑿鑿矣。《春秋疏》云:"太初以後改氣名",亦指劉歆之時,非改于太初也。二《疏》竝不矛盾,《後書·律歷志》皆同,又後《志》已移清明于穀雨之前。劉昭《注》引《易緯》,二十四氣與後《志》同,則以清明爲三月節、穀雨爲三月中者,當改于劉歆以後,司馬彪、劉昭以前。是則沖遠之疏闊也。

于《春秋》:以爲仲尼因魯史策書成文,寓襃貶以示勸懲。三傳與經相麗傳,而紀事莫詳于《左氏》,義例莫嚴于《公》、《穀》。司馬遷、劉歆、班固皆謂丘明傳《春秋》,至唐啖助、趙匡、陸淳之徒,乃謂左氏非丘明,公、穀之名亦未必實。夫三傳,自何邵公作《左氏膏肓》、《公羊墨守》、《穀梁廢疾》,鄭康成遂鍼膏肓、發墨守、起廢疾,而《左氏》大興焉。杜征南《集解》雖捃襲賈服之美，要不失夫大雅。包子竊與聞其義焉。

《春秋》隱元年經“春王正月”，杜預、范寧皆謂周王之正月也。《公羊》傳謂文王也。孔安國曰：“自古皆用建寅爲正。惟殷革夏命，而用建丑。周革殷命，而用建子。”蓋武王膺受大命，追王太王、王季、文王，是周王之歷亦即文王之歷。孔《疏》獨執杜《序》，侜平王之說，以《公羊》爲非。不知公羊爲窮源之論，杜氏爲竟委之言，三傳之義實不相悖。“正月”言“王”，其義有二：諸侯之史，雖得各立年號，而正朔必每歲奉承于王，苟非受命之符，義無所易，故言王示尊周也。古皆用建寅爲正，據見萬物之生，以爲四時之始，取其易知，故仲尼曰“行夏之時”，殷周代興，改法度，更正朔，各不相襲，故言“王”示別于前代也。

隱元年《傳》：“秋七月，天王使宰咺來歸惠公、仲子之賵。”顧炎武《日知錄》：《尚書》之文但侜‘王’，春秋則曰‘天王’，以當時吳楚徐越皆僭侜王，故加天以別之也。趙子曰：‘侜天王以表無二之尊也。’”按顧說非是。吳楚僭侜王，《春秋》皆貶書曰“子”，徐越則僅書曰“人”，隱二年《經》：“莒人入向”杜注：“將卑師少侜人”。八年《傳》“鄭伯以齊人朝王”杜注：“齊侜人，略從國辭”。昭五年林堯叟注：“越始見經。”而常壽過得侜人，越驟強也。所以正名分者至嚴，于僭何有？周自武王致師牧野，革殷命，所謂天與人與。春秋之世，周德雖衰，天命未改，故首書天。天統存而尊王之義著矣。《春秋》凡侯爵後書子者，其義有二。曰時王所黜也：滕爲侯爵隱七年“滕侯卒”，十一年“滕侯、薛侯來朝”，而桓二年書曰“滕子來朝”，杜注：“隱十一年侜侯，今侜子者，蓋時王所黜。”孔疏：“自是以下侜滕子，故疑爲時王所黜。于時周桓王也。東周雖則微弱，猶爲天下宗主，尚得命邾爲諸侯，明能黜滕爲子爵。”薛亦爲侯爵，而莊三十一年書曰“薛伯卒”，昭三十一年書曰“薛伯穀卒”，林堯叟亦謂蓋爲時王所黜。自宜臼遷于洛邑，王靈漸替，顧猶操黜陟之權。桓五年“王奪鄭伯政”，僖九年《傳》“王使宰孔賜齊侯，將下拜，孔曰：‘且有後命，天子使孔曰：以伯舅耋老，加勞，賜一級，無下拜。’對曰：‘天威不違顏咫尺，小白未敢貪天子之命，無下拜恐隕越于下，以遺天子羞，敢不下拜。’下拜登受。”二十五年《傳》“晉侯朝王，請遂弗許。”故隱元年三月“公及邾儀父盟于蔑”《傳》：“邾子克也，未王命，故不書爵。”楚熊渠立諸子，爲僭王之始。其在文九年“使椒來聘”，必書曰“楚子”。此春秋尊王之義也。曰用夷禮而賤之也：杞爲侯爵，桓二年“杞侯來朝”，莊二十七年“杞伯來朝”注：“侜伯者，蓋時王所黜。”孔疏：“于時周王當桓、莊、僖、惠，不知何王黜之。”

而僖二十三年書曰"杞子卒",《傳》:"書子,杞夷也。"杜注:"成公始行夷禮,以終其身,故于卒貶之。"襄二十九年"杞子來盟",《傳》:"叔侯曰:杞,夏餘也,而即東夷。書曰子,賤之也。"杜注:"杞復俱子,賤其用夷禮。"此《春秋》嚴夷夏之大防也。

隱六年《傳》:"冬,京師來告饑。"杜注:"不以王命,故《傳》言京師而不書于經也。"按隱元年:"冬十有二月,祭伯來。"《傳》曰:"非王命也。"此非王命而見書于經。其事不若告饑之爲重。是役也,魯復旁請糴于宋衛齊鄭,尤得救荒。事君之禮,揆以《春秋》之義,不以王命,貶之可也,而事不可不見于經。故知有傳無經,左氏實觀魯史記論本事作《傳》,不以空言說經。又或書簡有闕。故太史公曰:"《春秋》文成數萬,其指數千。"今《春秋》經文萬八千字。杜氏之言不盡然矣。

僖九年《傳》:"其在亂乎? 君務靖亂,無勤于行。"杜注:"在,存也。微戒獻公,言晉將有亂。"按《爾雅·釋詁》"存,察也。"在、存聲近,在亦訓察。《禮記·文王世子》:"必在視",鄭注:"在,察也。"此蓋宰孔微戒獻公,言僖四年殺嫡立庶,晉將有亂,宜察禍亂之萌而務靖之。"無勤于行"者,即上文云"可無會"也。林堯叟以"其察亂乎"句屬上讀,猶云"其察禍亂之萌乎",以齊桓盛極而衰,爲禍亂之盟,微戒晉獻殺嫡立庶,晉將有亂,齊必不能救卹也。與杜注依違,失之遠矣。蓋葵丘之會,齊侯雖不務德而勤遠略,然其言曰:"凡我同盟之人,既盟之後,言歸于好。"亦庶幾正而不譎,豈得謂爲禍亂之萌乎?《孟子》曰:"五霸,桓公爲盛。葵丘之會,諸侯束牲載書而不歃血。初命曰:'誅不孝,無易樹子,無以妾爲妻。'再命曰:'尊賢育才,以彰有德。'三命曰:'敬老慈幼,無忘賓旅。'四命曰:'士無世官,官事無攝。取士必得,無專殺大夫。'五命曰:'無曲防,無遏糴,無有封而不告。'"其在《穀梁》"九月戊辰,諸侯盟于葵丘"《傳》曰:"桓盟不日,此何以日? 美之也。爲見天子之禁,故備之也。葵丘之盟,陳牲而不殺。讀書加于牲上,壹明天子之禁曰:'毋雍泉,毋訖糴,毋易樹子,毋以妾爲妻,毋使婦人與國事。'"《公羊》雖移其事于陽穀,按《公羊》僖三年傳:"此大會也,曷爲末言爾? 桓公曰 '無障谷,無貯粟,無易樹子,無以妾爲妻。'" 乃曰:"桓之盟不日,此何以日? 危之也。何危爾? 貫澤之會,桓公有憂中國之心按僖二年,不召而至者,江人、黃人也。葵丘之會,桓公震而矜之,叛者九國。震之者何? 猶曰振振然。矜之者何? 猶曰莫我若也。"

戰國蔡澤亦有震矜國叛之言，實違經義。《論語》曰："桓公九合諸侯，不以兵車。"則其利澤及人，興滅繼絕，固不媿五霸之首也。

莊元年《傳》："三月，夫人孫于齊。不稱姜氏，絕不爲親，禮也。"杜注："姜氏，齊姓。于文姜之義，宜與齊絕，而復奔齊。故于其奔，去姜氏以示義。"按《公羊》、《穀梁》皆謂"夫人固在齊，至此年三月猶尚不反。"《詩·南山》鄭箋亦謂："夫人久留于齊，莊公即位後乃來，猶復會齊侯于禚、于祝丘。"與杜異義。杜知復奔齊者，以二年《傳》"夫人姜氏會齊侯于禚"。已還魯，故曰會。謂《傳》皆不書者，不告廟也。愚推三傳，鄭君之意，疑夫人之歸魯，當在元年三月之後，乃與經書"孫"之旨合。杜以爲在前者，失之。莊四年："春王二月，夫人姜氏享齊侯于祝丘。"注："無傳。享，食也，兩君相見之禮，非夫人之所用。直書以見其失。祝丘，魯地。"按，七年春："會齊侯于防"，《傳》曰："齊志也"，《注》："文姜數與齊侯會，至齊地則姦發。夫人至魯地，則齊之志。故《傳》略舉二端以言之。"然則祝丘魯地，何以不書齊志？曰，《經》言"享"，乃兩君相見之禮，夫人用之，雖魯地亦姦發夫人。故蒙二年冬"會禚書姦"文而略之也。莊五年夏："夫人姜氏如齊師"杜注："無傳，書姦。"七年冬"夫人姜氏會齊侯于穀"杜注："無傳。"按此亦蒙二年《傳》文而略之也。莊十九年："夫人姜氏如莒"杜注："無傳。非父母國而往，書姦。"按齊襄以莊八年爲無知所弑，明年小白入于齊，故莊十五年夏，夫人姜氏如齊無《傳》。《注》不言有姦事此無傳，而云書姦，未免以臆說經耳。《公羊》何注祇云"異國"，"惟十八年春王三月，日有食之"何注："夫人如莒，淫佚不制所致。"按此亦疑咎其往行耳，不然，齊襄已弑，豈別有所淫乎？《穀梁》亦第云"踰境非正"，不言姦事。姜氏以桓三年至自齊，揆以女子年十五而筓之義，至莊十五年如齊，已年四十有六。莊十九年如莒，二十年又如莒，明年薨，則年五十有二矣。是越國失禮則有之，書姦未可信也。

僖十五年《傳》"晉于是乎作爰田"，杜注："分公田之稅應入公者，爰之于所賞之衆。"孔疏："服虔、孔晁皆云：爰，易也。賞衆以田，易其疆畔。杜言爰之于所賞之衆，則亦以爰爲易，謂舊入公者，乃改易與所賞之衆。"按《晉語》"焉作轅田"，韋注："賈侍中云：轅，易也。爲易田之法，賞衆以田。易疆界也。或云：轅，車也，以田出車賦。昭謂：此欲賞以悅衆。而言以田出車賦，非也。唐曰：讓肥取澆也。"《內傳》"爰"，《外傳》作"轅"，賈、服皆云"易也"。蓋爰、轅皆假借字,本字當作𤱶。《說文》𤱶下云:"𤱶,田易居也。"《周禮·大司徒》云:"不易之地,家百畮。一易之地,家二百畮。再易之地,家三百畮。"《注》:"鄭司農云:不易之地,歲種之,地美,故家百畮。一易之地,休一歲乃復種,地薄,故家二百畮。再易之地,休二歲乃復種,故家三百畮。"《遂人》:"辨其野之土,上地、中地、下地,以頒田里。上地,夫一廛、田百畮、萊五十畮,餘夫亦如之。中地,夫一廛、田百畮、萊百畮,餘夫亦如之。下地,夫一廛、田百畮、萊二百畮,餘夫亦如之。"注:"萊,謂休不耕者。"《公羊》宣十五年傳,注:"司空謹別田之高下善惡,分爲三品。上田一歲一墾,中田二歲一墾,下田三歲一墾。肥饒不得獨樂,埆埆不得獨苦。故三年一換主易居,財均力平,兵車素定,是謂均民力、彊國家。"《漢書·食貨志》:"民受田,上田夫百畮,中田夫二百畮,下田夫三百畮。歲耕種者爲不易。上田休一歲者爲一易,中田休二歲者爲再易,下田三歲更耕之,自爰其處。"《地理志》:"孝公用商君,制轅田。"張晏曰:"周制三年一易,以同美惡。商鞅始割裂田地,開立阡陌,令民各有常制。"孟康曰:"三年爰土易居,古制也。末世浸廢。商鞅相秦,復立爰田。上田不易,中田一易,下田再易。爰自在其田,不復易居也。"綜觀諸說,爰田本屬周制。許謂"𤱶田易居"者,何《注》云"三年一換主易居,財均力平",其言最詳。蓋三年而上、中、下田易之,皆徧易其所耕,則田廬皆易,就其便也,故曰易居。春秋之時,其制久廢,肥瘠不相易。惠公賞以悅衆,復作爰田,使之財力均平,征繕有所出。故僖十五年《傳》繼之以"作州兵",亦復古制也。"州兵"者,杜注:"五黨爲州,州二千五百家也。因此又使州長各繕甲兵。"按《晉語》"爲作州兵",韋注:"二千五百家爲州,使州長各帥其屬,繕甲兵。"此杜用韋說也。《周禮·地官·司徒》:"鄉老,二鄉則公一人。鄉大夫,每鄉卿一人。州長,每州中大夫一人。黨正,每黨下大夫一人。族師,每族上士一人。閭胥,每閭中士一人。比長,五家下士一人。"注:"州、黨、族、閭、比,鄉之屬別;正、師、胥,皆長也。"《疏》:"'州長,每州中大夫一人'者,每鄉有五州,州長以中大夫爲之,亦四命。'黨正,每黨下大夫一人'者,五黨爲州,黨正使下大夫爲之,亦四命。'族師,每族上士一人'者,五族爲黨,族師使上士一人爲之,亦三命。'閭胥,每閭中士一人'者,四閭爲族,巷門爲閭。胥,有才智之稱。閭胥使中士一人爲之,亦再命。'比長,五家下士一人'者,五比爲閭,比長使下士一人爲之,亦一命。特言五家者,明閭胥已上至鄉皆有家數，故其職云：'五家爲比，五比爲閭，四閭爲族，五族爲黨，五黨爲州，五州爲鄉。'從少至多，故於此言五家爲本也。"《夏官・大司馬》："中夏，教茇舍，如振旅之陳。群吏撰車徒，讀書契，辨號名之用。帥以門名，縣鄙各以其名，家以號名，鄉以州名，野以邑名，百官各象其事，以辨軍之夜事。其他皆如振旅。"注："鄉以州名，亦謂州長至比長也。"然則晉作州兵，亦沿用周制也。古者寓兵于農，以鄉、州、黨、族、閭、比爲編，民故春蒐、夏苗、秋獮、冬狩，皆于農隙以講事也。出而治兵，入而振旅，歸而飲至。《管子》曰："能治其民矣，而不明于爲兵之數，猶之不可。"其後齊魏徭戍，荊韓召募，秦用商君開塞耕戰之策，漢有都試簡閱，唐有府兵，所損益可知也。夷吾雖多忌無信，取敗韓原，然喪君有君，群臣輯睦，甲兵益多。迨重耳之入，年六十二矣，晉人多附，遂作三軍，城濮敗楚，天子使命爲霸。蓋晉自曲沃伯，以一軍爲侯，獻公作二軍，至是作州兵。及成三年《傳》："晉作六軍"，杜注："僭王也。"襄八年《傳》，則有"晉君方明，四軍無闕"之言。故《孟子》曰："晉國，天下莫強焉。"其所係顧不重哉？至鄭樵以其書終紀韓魏知伯之事，又舉趙襄子之謚，謂左氏爲六國人。不知《莊子》、《太史公書》多有後人附益，豈特《左氏》然哉？蓋不足疑也。

姬氏以降，包子則以爲八代之文溺于辭，遠于道。唐韓愈氏有起衰之功，至于崑山顧炎武，謂其"但有《原道》、《諍臣論》、《佛骨表》、《淮西碑》數篇，盡去其平日諛墓之文，豈不誠山斗乎"，則過矣。蓋辨章名實，以道自任，孟子以後一人而已。夫學術隨世運升降，及乎清代經學，上承兩漢，捭唐宋而檜視元明。近世則南海康氏之萬木草堂、吳中章氏國學講習會，風動一方。然康氏主今文，昌言託古改制，其《新學偽經考》弊且流爲妄與誣，存而勿論可也。章氏之學，縣文字、聲音、訓詁植之根柢，馳騁恢廓。推稟許君，不爲經生株守。其言六書，以轉注、假借悉爲造字之法，與戴、段以爲用字之法者異。然二者實以不造字爲造字，亦殊塗而同歸也。至類謂聲類，不謂五百四十部也；首謂聲首，不謂凡某之屬從某也。予以爲同部互訓，雖衡諸籀篆，不盡相符，此亦時代遞遭，孳乳寖多，損益殊體有以使然耳。若以考、老之字，推建類一首之誼，其言詎可厚誣？夫保氏之教國子，固不知千載後有五百四十部書，然又何知千載後有古韻之宜分二十三部邪？六書之例，不必定于造字之時。許君以保氏之所教者，條列其理，舉例最純。後人持論多歧，責備求全，不惜鑿空，遂使迷誤來茲。且章君所舉轉注之字，十九皆爲同部。惟聲韻之理出諸自然，其說精闢，足濟戴、段之窮耳。若書契初作，揆厥誼例，固當以同部轉注者得許君微恉。後世國異政，家殊俗，四方言語異聲，往往一事一物，文字殊體。虋、芑皆爲嘉穀，而字從艸，不入禾部。荊、楚本爲一木，而荊從艸，不入林部。凡此之類，必非一時一地一人所造。若夫《爾雅》、《方言》諸書所錄，一誼或至數十字，雙聲疊韻，相轉相逐，尤難究詰。則同誼互詮，說猶足尚。比觀兩家，有廣狹焉。其《石經考》，謂宋蘇望所摹三體石經，洪氏錄入《隸釋續》。洪氏攷《水經注》，乃知正始所刻，與熹平蔡邕所書者異事。前此《後漢書》、《經典釋文》、《資治通鑒》皆誤以三體書爲熹平所立。趙明誠先辨之，衛恒已與淳有舊，沒時去正始才五十年，而曄去正始二百年，以三體歸之蔡邕，傳聞之與目見，虛實易辨，不須博徵也。章君之前，全望祖亦主之。《鮚埼亭集外編·石經考異序》謂："熹平石經始于蔡邕諸公，而邯鄲淳修之。正始石經亦出于淳，而嵇康等祖之。魚豢《魏儒宗傳序》曰：黃初元年之後，新主乃始掃除太學灰炭，補舊石碑之闕壞。時淳方以博士給事中，是補正熹平隸字舊刻者淳也。衛恒《四體書勢》，謂魏初傳古文者皆出于淳，正始所立轉失淳法。則淳于補正熹平隸字之外，別用壁中書寫一本，爲正始之祖。《晉書·趙至傳》曰：'詣洛陽，遊太學，遇嵇康寫石經。'嵇紹亦曰：'先君在太學寫石經古文。'是即正始間事。然則邯鄲石經之上接熹平者，是《隋志》以一字爲魏刻之誤所自也。其下開正始者，是范書以三字爲漢刻之誤所自也。楊衒之、江式所言，大抵皆因此而錯。"其言視章君詳焉。然《後漢書·儒林傳》："熹平四年，靈帝乃詔諸儒正定五經，刊于石碑。爲古文、篆、隸三體書法以相參檢。"其言甚明。且曄刪衆家成書，《經典釋文》、《資治通鑑》從之，是也。右軍《題衛夫人筆陣圖後》："羲之少學衛夫人書，將謂大能。及後渡江，北遊名山，比見李斯、曹喜等書；又之許下，見鍾繇、梁鵠書；又之洛下，見蔡邕石經三體書；又之從兄洽處，見張旭《華嶽碑》。始知衛夫人書，徒費年月耳。羲之遂改本師，仍于衆碑學習焉。時年五十有三，或恐風燭奄及，聊遺教于子孫耳。可藏之石室，千金勿傳其人也。永和十二年四月十二日。"然則邕書三體石經，右軍目見之于洛下。一代書聖，其言良不誣也，足破趙氏《金石錄》、洪氏《隸釋續》之說。章君之言不足據矣。抑邕于篆勢、隸勢，言之甚雋。其正定五經文字，自不宜舍篆就隸。西京十四博士雖爲今文，然劉歆之移讓太常，古文漸興。東京賈、服、盧、馬、許、鄭之倫，今古兼糅，而古學爲尤盛焉。江式謂邕採李斯、曹喜之法，爲古今雜形，詔于太學立石，刊載五經，諸方獻篆，無出邕者。《洛陽記》謂《禮記》碑上有“諫議大夫馬日磾、議郎蔡邕”名，固已目見之，鑿鑿可信也。

《王文成公全書題辭》：“文成言心即理，繇是徽國格物之論，瓦解無餘。”不知人之有智愚賢不肖，皆繇不能盡心率性稟之。致知格物，晦翁之言自蹈實地，何瓦解之有？又謂“今不讀書人止有欲障，而讀書更增理障。”不知讀書多，積理富。讀書而更增理障，與不讀書人止有欲障，所謂過猶不及耳，皆非中庸之道。然世安有不讀書而望其造聖賢之域者哉？《論語》曰：“學而不思則罔，思而不學則殆。”尊德性，道問學，必二者而一之，乃爲有得。晦翁《鵝湖和陸子》之詩曰：“舊學商量加細密，新知培養轉深沈。”則晦翁之道問學，未嘗不尊德性也。又謂：“文成遠于孔、顏，其去子路無幾。”抑文成道德、學問、文章、事功，與子路異趣，其言未之有得也。又謂“佛法與清談無異，不足以起廢”，其言則然矣。然謂“佛法不與儒附”，而儒豈附佛法？且夫十五儒者又安所附哉？《後序》又謂：“徽公以親民爲新民，以格物爲窮至事物之理。前則爲專己，後則爲外騖。誠行其術，則國政敗、士行斁，此尤不可。”如章君言，則《湯盤》之“日新”、《康誥》之“新民”，豈專己之謂？以格物爲外騖，勢必面壁而後可，政敗士斁，不皆厚誣前修乎？故“周雖舊邦，其命維新”。彼淫縱敗常者，世不相及。朱學豈任其咎哉？

包子好遊，自故鄉雙髻、紫金、松厓幽邃，竭其攀陟。及長如嶺嶠，觀天風海濤之壯，武彝九曲之勝。然綜其平生，足不履乎江河之朔，而京師之瑰麗、故宮之美富、長城之雄偉，與夫巴蜀三峽之奇，砥柱、龍門之險，洞庭之浩瀚，泰、華之崔嵬，西子之娟秀，崑崙星宿之墟，沙漠草原之地，恐垂莫之年轉乎溝壑而不得一至焉。乃長懷以序志。《易大傳》曰：“天下同歸而殊塗，一致而百慮。”《莊子·天下》內聖外王，道術已裂。司馬談《論六家要旨》，而子遷異趣。班固志藝文，載籍極博矣。包子生千載之下，窮經守蜀，幽眇張皇。然聖不凝滯，時變是守，因物爲制。不先不後，實踐在躬。祈向自今，爰作新民。顛沛造次，養身全生。庶幾此物此志云爾。

笠山遺集 【中册】

包樹棠 ◎ 著

人民出版社

中册目錄

【笠山遺集第三種】

汀州藝文志

包樹棠　遺著
連天雄　劉可儀　點校
張善文　審校

編校述語

　　《汀州藝文志》二十卷，工楷墨書清稿本，分裝八冊，作者哲嗣家藏。今依稿本複印件點校。各冊皆有作者自署書名，落款"笠山"，鈐白文"包樹棠印"。每卷題下書"上杭包樹棠伯苒纂"八字。另有薩鎮冰、周岸登、羅丹等人題籤。卷首列周岸登、丘復《序》二首，及《自序》、《敘例》。

　　知者以爲，這是一部填補學術空白的地方專門史志。作者係汀州府上杭縣人，1926年就讀福建集美國學專科學校期間，有慨於鄉邦文獻《汀州府志》缺略"藝文"載記，遂發憤修補，廣蒐歷代文獻，辨章學術，考鏡源流，創爲斯稿。

　　據作者《自序》，此書撰述體例，乃做清道光間《重纂福建通志·經籍志》範式而略變通之。全書稽考汀州府舊屬八邑歷代文人著述，自兩宋迄清季，凡著錄舊籍八百七十二種，以朝代爲綱，以縣邑爲目，邑下次以書目，略依作者生年先後爲序，各書均詳著書名、卷數、作者姓名，具錄作者履歷及序跋等資料附之，無可採錄者則略之，間作按語以發己見。卷一、卷二爲宋代長汀縣、寧化縣，卷三至卷十爲明代長汀、寧化、清流、歸化、連城、上杭、武平、永定八邑每邑一卷，卷十一至卷十八爲清代八邑亦每邑一卷，卷十九錄汀州人著述而不詳何邑者爲附錄上，卷二十錄外人所撰關乎汀州郡縣志乘及地方掌故記載者爲附錄下。周岸登序稱是書既具"朱竹垞《經義考》之例"，又"兼有錢衎石《徵獻錄》之善"。丘復序亦稱"凡汀人著述，無論存佚，備著於篇"，於曩昔載記"闕者補之，訛者證之，取材已富，用力尤勤"。章太炎先生嘗歎其爲「苦心攈索所得」。蓋皆實錄也。

　　此書之脫稿，約在1930年左右，然作者仍時時續有增刪修訂。如卷十一"清長汀縣"列王登《周易指掌》六卷，小注："《長志》卷二十八典籍並著錄，學使陳用光爲之序。"下增按語一節云："按題《周易象理指掌》，道光癸卯碧峰書室刊本。福建師範學院圖書館有藏本,凡六册。”惟福建師範學院成立於二十世紀五十年代初,時作者執教該校,則上述文字之增入,宜在此後。故知本書雖爲作者青年時代所作,而至中年、晚年仍修潤不已,誠畢生學術心血之所凝結。

初,作者哲嗣定寰、定雄、定貞、定強等攜書稿複印件,交由福建省文史研究館連天雄整理點校,2010年11月方志出版社刊行簡化字本。今將此書納入《笠山遺集》出版繁體字本,復經天雄及劉可儀先生合力重校,勘覈群籍,研磨是正,較前蓋又完善焉。黃生曦負責後期校訂全稿,功事惟勤,專精致志,令人感佩。校畢,經我統爲審讀,糾訂個別疏誤,確核有關版式,遂成是編,以就正於海內外學界通人。

後學張善文敬識於福建師範大學文學院
公元二零一八年夏正戊戌冬至後四日

目　錄

卷二　宋·寧化縣

卷三　明·長汀縣

卷五　明·清流縣

卷六 明·歸化縣

卷十一　清·長汀縣

卷十二　清·寧化縣

卷十三　清·清流縣

卷十四　清・歸化縣

卷十五　清・連城縣

序 一

　　余嘗病吾國郡縣方志之荒陋。服官所至,如廣西之全州,江西之寧都、清江、廬陵,皆古來人文淵藪。其縣先正之行事及其著述,見於正史、傳於後世者多矣;乃觀其所紀,或尚不若史傳之詳覈也。藝文一志,又往往不紀著述,猥以詩文充之。故余在全州,取州人之正史有傳者、事之散見史籍者、著述之尚可考見者,別錄成帙,將以正舊志之蕪,而爲改修新志地也。乃遽量移以去,訖未能成。及在寧都,又嘗考明易堂九子之行事,搜求遺著,思有所撢正焉。以時會紛攘,未暇也。及爲清江,求邦人之著述,《三孔集》四册而止耳;《公是》、《彭城》二集,益以奉世,亦總四册耳;其他說經、校史諸書,無有也。其府、縣志於徐天麟之《兩漢會要》、徐夢莘之《三朝北盟會編》,或不能舉其都數存佚;《三孔集》自署“清江”,乃以所居今爲新喻地,擯不入錄;二劉亦新喻也,又胡以錄之? 夫古今地域分合,修志者著明其說可矣,未可意爲出入也。余爲之蒐集遺編,輯成《清江先正遺書》。適會縣人之商於衡、湘者,舉其公積萬三千金來歸,因謀校印之。而余遷官吉安,遂以中輟。吉安郡縣志善矣,藝文一略,最有法度。然取校史志,岐異實多,注語太略,不無沿譌踵謬。其故家舊刊,祠堂傳本,惟《周益公集》爲善。《歐陽文忠集》大字本,源出北宋;及周益公校本,乃去其校語及卷首古傳四篇,而易以《宋史》本傳,小字尚不若大字本之猶存其真。《文山集》無慮十餘刻,余所見凡七本,各有異同。《楊誠齋詩集》,竄亂尚少,《文集》實非完本,凌雜殊甚。四家之書,不能傳信已如此,他未遑更僕數也。昔姚姬傳生當平世,已謂:“設每邑有篤學好古之士,各爲考紀,以參相校訂,則天下地志何患不善? ”今世變亟矣,網羅放失,整理舊聞,尤急於曩時,微獨不得其人;即有其人,亦安得此從容暇豫之時與力,而爲之考紀、參訂也哉? 上杭包生樹棠,學於廈門大學,以校課之暇,次錄其郡先正著述爲《汀州藝文志》若干卷。詳錄序跋,紀其存佚,則朱竹垞《經義考》之例也;其人有傳、狀之屬悉錄之，兼有錢衎石《徵獻錄》之善焉。前志著錄，譌者訂之，漏者補之。惟義所在，不少瞻徇。商略義例，辨析疑滯。晦明風雨，忽忽三年。生既畢所業，而是書牭告厥成。行矣包生，稽古之功，此焉嚆矢。而仁其先民之誠，將永永而無既也。故樂爲序之，並舉余夙所感者，以起義焉。庚午閏夏，威遠周岸登。

序 二

　　汀自唐開元間置州，舊稱山峒。嶺道崎嶇，交通不便，文化遲退。昔人比之江黃蕞爾，不得登於上國者，職是故也。汀人撰著，首數南唐鄭仲賢文寶，顧往往自標姓望，別署滎陽，幾數典而忘其祖矣。宋長汀楊淡軒先生，學於朱子，連城二丘先生從之遊，道學之傳，於斯爲盛，所著書皆不傳。唐宋汀人撰著，予未一二見。長汀楊二樵先生輯《汀南廑存》，鄭貳守汝廉續之，上及五代，多采自周先生維慶《閩汀文選》。周選十卷，今又不傳，《府志》僅存其目，道光《通志》采其自序而已。《府志》修於清乾隆時，藝文雜錄詩文，別爲書目，附文苑後，殊爲不類。且楊龜山先生將樂人，故居龍湖，雖割隸歸化，究非汀人；舉其著述入汀藝文，烏乎可？縣志之善，共推寧化，成於李寒支先生之手，詩文有關邑事者，件係各類，別仿劉《略》、班《藝》而爲藝文志，體誠善矣。王介石先生乾隆《永定志》，一仍其例。光緒《長汀志》，經楊二樵先生參訂，頗采書目，惜缺略不全。民國初，纂修省志，議會以省志取材縣志，議先從事，三年爲期。乃禍亂頻仍，卒歸泡影。汀屬已成者，僅寧化一縣，藝文采輯殊略。予家藏《隖雲集》殘本，寧化陰先生某所著①，而志不收，知其漏奪多矣。往歲，秦縣長光前，自長汀調清流，託覓《嫩雲集》，覆書搜訪不得。蓋乾隆朝列爲禁書，久付灰燼，固無足怪。近如吳進士清夫集，寧化志局亦無完書。縣志則武平、清流，無一全璧。樹棠按：康熙《武平縣志》十卷、康熙《清流縣志》十卷，今存，詳見附錄。未與先生論正，今先生已歸道山，謹記於此。乾隆《永定志》，永人藏者亦寡，抑又何也？蓋地方僻瘠，無世家巨室而爲收藏，又山嵐濕氣，蠹蟻易生。《閩小記》云："書經十年必蛀。"此尤汀人困難之大因也。包生伯芾，英年好古，工詩文、詞曲，留心地方文獻，有《汀州藝文志》之輯。去夏過潮，

---

　　① 　稿本有笠山先生朱筆眉批：鄧實編《國粹叢書‧禁書總目》：《天潮閣集》，劉芳著。按芳當作坊。又，《違礙書目》：《寒支初二集》，明季李世熊著。《嫩雲居士集》，裴應章著。序云"陰先生某所著"，誤也。樹棠謹記。

出以就正。觀其體例，凡汀人著述，無論存佚，備錄於篇，以舊《府志》、《通志》爲底本，益以各縣志及私家文集爲輔，闕者補之，譌者正之，取材既富，用力尤劬。忽忽告別，今書來請序。往者予總修杭志，草創藝文，邑人撰著，見於志及其它集錄者，均加蒐采，不分部居，略以朝代先後爲次，區別存佚。不能確定者注明未見，已刻者注明板式、年月，未刻者摘其著作大凡，蓋慎之也。開局後，吾友包君謙谷分任此志，更懸的以爲招，羅致數十種詩文，未刻稿爲多。甲部僅《四書一得錄》，殘闕不完，乙部無有焉。明代遺集，僅一《爐餘》，餘皆散亡。不知生旋里，嘗相質正否？有所出入否？間嘗以吾汀僻處山陬，俗龐而性樸，士皆不喜表襮，又乏交游通聲氣以相標榜。且往時印刷艱而不易舉，故雖有著述，不甚傳。間付剞劂，而板本不精，傳亦不遠。益以地氣關係，若《閩小記》所云，蘄其傳諸久遠，不綦難哉。予性嗜收書，四十年節衣縮食，而有念廬之藏。自遭兵後，悉付流水，先獻孤本，亦同歸烏有。值此地方殘破，斯文滅絕之秋，猶有人焉，講求國故，表彰鄉哲。若生之輯此志，寧非空谷足音乎？愧予客途潦倒，溷跡市廛，行篋已空，學殖又落，殊無以益生。然喜生之嗜好與俗殊，而與不佞合也。不辟荒陋，舉胸中所欲言者，筆之以序其端。庚午秋九月，友生丘復序於金城寄廬 ①。

---

① 　據包先生哲嗣貞君後期提供的一篇丘復序鈔件，本序以小楷寫於「念廬用格」紅框稿紙內，凡二頁，篇末附劉映奎批語一行，曰：「樸茂淹雅，不落恒蹊。後幅議論，一唱三歎，尤見神采。劉映奎注。」

自 序

　　自劉氏父子創爲《略》、《錄》，實開後世目錄之先河。厥後《班志·藝文》、《隋書·經籍》，皆遞有述作。若新舊《唐書》、若《宋史》、若《明史》，著錄群籍，定爲四部。雖體例頗有不同，而源流則一也。有清諸儒，若金陵顧櫰山、山陰姚振宗、番禺侯康，則有《補後漢書藝文志》；嘉定錢大昭有《補續漢書藝文志》；陽湖洪飴孫有《續漢書藝文志》；嘉定錢大昕、海寧張繼才有《補元史藝文志》；杭州盧文弨有《遼金元藝文志補》；江都金門詔有《補三史藝文志》。網羅放失，作者如林，可謂盛矣。方志之書，紀一地之沿革，備國史之采擇，實與國史相爲表裏者也。故方志之有藝文，亦與國史同也。然方志所叙既以地域爲限，一州一郡之中，士之能奮發自拔、著書立說傳於世者，代恒不過數人。或竟湮沒不傳，竝其人之姓氏爵里，亦不挂於人口。考獻徵文，戞乎難哉！於是爲方志者，或變通其例，選錄詩、詞、序、記之文以當之。若是者，不一而足，會稽章學誠氏嘗論其失矣。汀爲州，始於唐開元二十三年。元改爲路。明、清皆爲府，領縣凡八。舊志之修，時代無考。唯據弘治安成劉震序稱："同年金陵吳君文度憲守汀幾九載，謀於掌教杜觀光、分教梁鎛，益舊志而新之。於是郡之沿革、山川風俗、制度文物、宮室學校與夫土産貢賦、古祠異蹟、詩文之屬，彬彬具悉。"則弘治以前既有成書，而體例亦可略覩矣。今志四十五卷，爲乾隆十七年郡守曾芝田曰瑛所續修、同治六年郡守延楷所重刻者。《藝文志》亦僅載詩文，而群籍著錄，更別附《文苑》，體例既乖，罣漏尤甚。今者，州郡制廢，舊志亦無重纂之期。然《藝文》一志，關係地方文獻至鉅，不有專著，久且無徵。用敢忘其固陋，捃摭省邑志乘、鄉賢遺著，別爲一編。體裁則仿道光《重纂福建通志·經籍志》而略變通之，就一時代，分以地域，而次以其人之先後，以書目爲之綱，下著撰人，次傳，次序跋。蓋著錄之書，太半散亡，遐索旁搜，務求詳審，略存體例，用矯前失，然亦不盡求合於劉、班諸家。夫汀地當閩之西南，毗連粵贛，懸厓絶巘，林木暢茂，鄞水南流入海。磅礴之氣,鬱千百年而未洩。有唐伍正己、宋鄭仲賢始舉進士,通仕上國。而吳若訥、雷觀、梁仲華、鄧榮伯、謝敬虛、楊子直、羅子剛之倫,或以忠直見偁,或以巖穴終老,遺篇斷句,後世傳誦,類能見其造詣。元主中夏,百年之間,靡有聞焉。逮及朱明,則有張侍郎明遠、郝鐵筆瑞卿、葉户部廷璽、裴禮部元闇、邱給諫寬叔、邱侍御練塘。清則有黎大參媿曾、雷副憲翠庭、伊光禄用侯、伊太守墨卿,皆斐然有述。而李徵君元仲,處易姓交代之際,文章氣節,岸立一世。論者謂汀州數百年人物,惟徵君最奇。劉黿石年事較晚,永曆狩緬,户部公殉國滇中,全家與難者八十餘口,童牙孤苦,轉徙兵燹,一生忠憤,流露謳唫。此數君子者,得江山奇傑之氣,足爲不朽矣。讀書之暇,私心輒淑慕之。它日芒鞵草笠,儻得一走故郡,上雲驤閣,人家煙樹,問溉本堂故居,猶有存乎? 道泉上展徵君之墓,覽圃珑、石巢之勝,當日之檀河、但月,至今無恙不乎? 伊氏守硯堂有東坡故物,吾將索而觀之。明溪二陳之合璧、十笈樓,清流古崖故里、白也棲隱處,連城冠鷹山之四愚亭,武平李忠定讀書堂,永定熊氏素園,亦將遍過而歷覽之。然後浩然來歸,尋天潮閣遺跡,市濁醪一壺,獨酌其下。斜陽芳草,式弔詩魂,曠百世而相感,則求諸深山窮谷,問之故老逸民,發萬丈之光芒,有若鐵函《心史》者乎? 是區區之願,亦生長是邦者之責也。戊辰夏五月六日,包樹棠識。

叙　例

　　班志藝文,隋書經籍,其名雖異,厥義實同。後代史志,祖述二家,未能或易。兹編正名,乃從班氏。

　　向、歆《略》、《錄》,鄭默《中經》,荀勗《新薄》,王儉《七志》,阮孝緒《七錄》,實爲目錄學先河。厥後陳振孫之《直齋書錄解題》、晁公武之《郡齋讀書志》,於斯學皆爲精詣。明清作者如林,焦竑因修國史而有《經籍志》之輯,錢大昭、顧櫰山、姚振宗、侯康之倫,補爲史志。而《八史經籍志》,東儒且以之離正史而獨立,鎮海張壽榮《八史經籍志序》:"予於滬上得《八史經籍志》鋟板,前無序言,末署文政八年刊,知出自東國好古者所爲,求其姓氏,卒不可悉。"流變之跡,略可睹已。方志之有藝文,與史同也。瑞安孫仲容詒讓之《温州經籍志》,則又離地志而別爲專書,斐然有述。[①] 此編纂輯,竊比其義。

　　孫氏之書,遠軌鄱陽,近宗秀水,分類一遵《四庫全書總目》。觀其甄錄,義例實嚴。然竊有議者:孫氏自謂著於錄者,"一千三百餘家,所目見者十一而已",則其貿然分類,誠不免如鄭樵氏《校讎略》見名而不見書之譏,豈能豪髮無遺憾哉? 道光《福建通志・經籍》,不別部居,蓋有見於此。閩侯陳石遺衍重修福建省志,藝文分類略依《四庫全書總目》,亦同此弊。昔人目錄分類,悉爲見存之書,如《七略》、《別錄》,故能明學術之源流。若焦竑所爲,妄譏前喆、舛誤叢出者,亦蹈前失。兹編就一時代,分以縣別,而以其人年事先後爲次,凡屬一人纂著,依四部排比,不立類目,略存體例。

　　乾隆《府志・藝文》,猥選詩文,群籍著錄,別附《文苑》,體例已乖,罅漏尤甚。是編以道光《通志・經籍》爲底本,參以郡邑志乘、私家撰著,闡發幽潛,務求詳審。

　　汀自唐開元間置州,伍正己始登進士,文采未彰。逮宋鄭文寶,遂宏著

---

①　原稿有作者朱筆眉批:近人胡季樵編《金華經籍志》。

述。惟時著錄之籍，長汀、寧化二縣而已。蓋上杭、武平置於淳化，清流置於元符，連城置於紹興，案：宋名蓮城。《八閩通志》：元至正六年，改蓮爲連。《明史‧地理志》則云：洪武十七年改。歸化、今曰明溪。永定又析自有明，開闢已遲，故無聞焉。獨元主中夏，陳友定以農家子，粗涉書史；歐陽大一亦以羽流，間有吟哦，廑存短句。百年之間，斯文泯滅，莫可攷已。茲編剷緝，蓋從闕焉。

《通考‧經籍》始錄序跋，《經義考》則傳狀冠志目之前。《四庫全書總目》於每書之下，先述撰人爵里，後爲全書提要。是編斟酌前例，首傳狀之屬，次序跋之屬，次評語之屬。徵引他書，悉付掌錄。其有繆悠，不敢刪改，第加案語是正。

李桓《耆獻類徵》、錢儀吉《碑傳集》、繆荃蓀《續碑傳集》，往往一人，傳狀悉錄。略放其例，用備獻徵，不苟同於孫氏。《溫州經籍志》，凡撰人通志、府志、縣志有傳者，不復出其事蹟。竊以書已單行，不妨詳錄。

著錄之書，十九放失。其有孤篇斷句見於他籍，悉摘入錄，次諸序跋之後，庶幾覽者猶得嘗一臠而知全鼎。即以徵文考獻，有所式憑焉。

道光《通志‧經籍》，著錄群書，往往譌誤。如謝憲時《八陣圖說》二卷，解題云："李世熊《寧化縣志‧黃欽傑傳》：'欽傑按《八陣圖》，究三奇五遁之術，著書二卷。又案周天度作《四大洲圖說》。'而《縣志‧書目》又云《八陣圖說》、《四大洲圖說》共三卷，謝憲時撰，黃欽傑作序。彼此相歧。意欽傑作序，故傳中誤以爲欽傑撰與？"不知《寧化縣志‧黃欽傑傳》中附孺子欽傑字。撰之《謝五憲時傳》。《通志》云云，皆憲時傳中語。又雷元明《幽尋軒集》，誤題雷焻撰，亦當據《魏季子集》中《幽尋軒集、幼韞焻字集合序》訂正。有與《府志》兩歧者，如《六經釋》，羅枛撰，《府志》則"釋"上有"手"字。有《府志》誤而《通志》不誤者，如羅枛，《府志》誤作"羅祝"。按：枛，字叔和，《說文》："枛，樂木空也。所以止音爲節。"前人名、字，義皆相附。凡斯之類，悉爲訂正。

朱氏《經義考》沿唐釋智昇《開元釋教錄》，略廣其例。著錄之籍，分爲存、佚、闕、未見四者。是編竊傚其義，根據諸家藏目，爲之甄別注明。

黃氏《千頃堂書目》附"制舉"於總集，諸家目錄，實罕其例；按：明葉盛《菉竹堂書目》、晁瑮《寶文堂分類書目》始立"舉業"門類。惟道光《通志‧經籍》，著錄曾蘭《策海集成》、《舉業啓蒙》、《策海集》三種。茲編未加刪汰，欲存舊觀。

黎有綱《北樓文稿》有李世熊序，李世熊《聞文集》、《抗談齋制藝》有自序，率援例入錄，意仍重其序也。

士丁易姓交代，或節崇肥遯，或身事興朝。李世熊名動當世，氣節不奪，藍鼎元謂其爲"汀州數百年最奇人物"，允宜歸之明代。邱應登以崇禎壬午舉人入清，官香河知縣，著《西園集》一卷，《府志·文苑》歸之朱明，實爲非是，宜依《通志》訂正，歸之清代。劉坊雖因祖父殉節勝朝，茹痛含辛，有鰥終老；然永曆戊戌始生滇中，是歲實順治十五年，《通志》、《府志》歸之清朝。蓋明祚已盡，論其年事，義宜斷代，爰稟其例，無所更張。

書有幾經刊刻，釐別卷帙，間或不同。茲編著錄卷數，一以初刻見存之籍爲據。重刊卷帙，及諸家書目所載不同之處，竝附注焉。

名士浮家，往往終身流寓。華嵒，上杭人。喬居錢塘，阮元《兩浙輶軒錄》偶：華嵒，錢塘人。采詩若干首。所著《離垢集》，《通志·經籍》一仍著錄。裴應章，清流人，子汝申纂著，又歸寧化。今復出之，以還原籍，而一體例。

茲編著錄，縣別已嚴。但有知其爲汀人纂著，而莫詳何邑，釐爲"附錄上"一卷。至外人撰述，如郡縣志乘及有關地方掌故之記載，復釐爲"附錄下"一卷，以嚴體例，毋使混淆。

奉化李元白撰《四家胡笳詩》，見於《宋詩紀事》。《宋詩紀事》卷六十二，李元白《廢寺》云："溪沙橫漲水痕平，閑扣雲關壁半傾。殿上土花人不到，斷甎支睡岸蟬鳴。"注云："見後村《千家詩》。"按：《詩林萬選》作"李杜"，而小傳則云："元白，字希太，奉化人。嘉定十年進士。任永州通判，有《四家胡笳詞》。曰璐 [1] 按：陳鳴鶴《東越文苑》，有李元白者，寧化人。工詩，嘗集杜句爲一編，又集《大觀昇平詞》進之，授初品官。二人未知孰是？"則《廢寺》一首爲李杜作，奉化李元白作，抑寧化李元白作，前人已不能明。寧化李元白有《杜詩押韻》、《杜詩集句》、《大觀昇平詞》，見於《府志·文苑》、《寧化縣志·藝文總目》；而《通志·經籍》多入《四家胡笳詩》一種，是因姓名相同而誤。今爲刪去，毋庸存疑。

---

[1] 曰璐，原稿作"是璐"，疑偶筆誤。按，馬曰璐，清乾隆間安徽祁門人。茲據《宋詩紀事》校改。

卷一　宋·長汀縣

梁處士集

梁藻撰

《福建通志》以下簡稱《通志》。卷八十《經籍》著錄:藻,字麗華。强學多識,性樂蕭散,試禮部不遇,杜門自適。

《汀南廛存集》卷一:梁藻,字仲按:不作"麗"。華,長汀人,南唐總殿前步軍暉之子。應襲父職,不就。所著有《處士集》若干卷。《南山池》詩云:"翡翠戲翻荷葉雨,鷺鷥飛破竹林煙。時沽村酒臨軒酌,擬摘新茶靠石煎。"

《長汀縣志》卷二十四《隱逸》:梁藻,以子顗貴,累贈工部郎中。又卷二十八《典籍》著錄。

吳祠部集一卷

吳簡言撰

《通志》卷八十《經籍》著錄:簡言,字若訥。端拱二年進士,官祠部郎中。

《汀州府志》以下簡稱《府志》。卷三十三《文苑》:吳簡言,字若訥,長汀人。有俊才。端拱二年進士,調綿州戶曹。崇寧中,擢博學宏詞科,授著作郎。奉諭招撫西南夷,使還,以功遷祠部郎中。

按《通志》卷百四十《選舉》:"簡言,端拱二年陳堯叟榜。"《八閩通志》、《閩書》舊志有傳云:"崇寧中擢博學宏詞科,授著作佐郎。時方招撫西南夷,遣簡言爲使,以功遷祠部郎中。"考崇寧距端拱百二十餘年,按:太宗端拱元年至徽宗崇寧五年,凡百十九年,《通志》說誤。簡言登第,即少已百四十歲,猶以使西南夷遷官,恐未確。或以"崇寧"二字錯誤。然宋宏詞科始紹聖元年,尚無"博學"字;紹興三年始名"博學宏詞科",其年代皆不相及,乃三志無異辭,姑記於此。

按《府志》卷四十五《叢談》引黃仲昭《省志》:"吳簡言《經巫山神女廟題絶句》云:'惆悵巫娥事不平,當年一夢是虛成。只因宋玉閒脣吻,流盡巴江洗不清。'是夜夢神女來見曰:'君詩雅正,當以順風爲謝。'明日解纜,一瞬數十里。"

又按:此詩《宋詩紀事》卷五、《閩詩錄》丙集卷一、《汀南鏖存集》卷一,皆錄之。

按《長志》卷二十四《文苑》:"吳簡言,祀鄉賢。"

又按《輿地紀勝》卷百三十二《福建路·汀州人物》,有吳簡言。

六經釋

羅枕撰

《通志》卷八十《經籍》著錄。

又卷百八十八《儒林》:羅枕,字叔和。再娶,未期,妻卒。悉以房奩歸諸外族,契券皆未啓緘,人稱其廉。閉戶讀書,鄉人罕識其面。研究諸經注疏,悉貫穿其訓詁。元祐六年,朝廷行十科,枕以明經中第,調漳州法曹,終明州觀察推官。[1]

《府志》卷三十三《文苑》:羅枕,字叔和,長汀人。元祐間行十科,以明經中第,調漳州法曹。嘗手釋六經及注《唐書》,尤精律數。終明州觀察推官。

按《福建儒行》本傳據《八閩通志》,"法曹"下有"漕使按行,欲秉燭入庫,枕堅執於律不可"十六字。

又按《長志》卷二十四《儒林》:"羅枕,祀鄉賢。"又卷二十八《典籍》著錄。

《府志》,"枕"原譌"祝"。著錄"釋"上有"手"字,《長志》同。

---

[1] 原稿脫"法曹,終明州",據《通志》徑補。

唐書注

羅枓撰

《通志》卷八十《經籍》、《長志》卷二十八《典籍》並著錄。

律數考

羅枓撰

《長志》卷二十八《典籍》著錄。

鄭穆詩文集

鄭穆撰

《長志》卷二十八《典籍》著錄。

又卷二十四《宦績》：鄭穆，字應和，行軍總管立中子。以父功調泰興令，浚河溉田二十頃。再調定遠令，梟通寇，葬枯骸。丞常熟攝事，有潰兵絕江由福山闖關，單車撫定之。終徽州通判，祀鄉賢。

綏江集

謝潛撰

《通志》卷八十《經籍》著錄。潛，字敬虛。

《府志》卷三十《人物》：謝潛，字致按：不作"敬"。虛，長汀人。紹聖四年進士，調衢州理掾。崇寧間，應博學宏詞科中選，調瀛州教授。上封事，譏切時政，坐元祐黨籍。更赦，歷知古田、弋陽、建寧三縣，有治聲。建寧尤著，毀淫祠，禁溺子，邑人生子多以謝名。建炎初，晝《迎取二聖策》以獻，進秩二等，終奉議郎。

按《通志》卷百四十八《選舉》："謝潛，紹聖四年進士，崇寧二年中宏詞科，調瀛州教授。上封事，譏切時政，坐元祐黨籍。更赦，歷知古田、建陽、建寧及信州弋陽縣。建炎初,畫《歸二聖策》以獻,進秩二等,終奉議郎。”
《八閩通志》作“博學宏詞科”,是時只名“宏詞”,不增“博學”二字,據
“詞學”題名。

按《建寧府志》卷八《名宦》有傳。

《長志》卷二十四《宦績》有傳,祀鄉賢。

鄧徵士詩文集三卷

鄧春卿撰

《通志》卷八十《經籍》著錄。

又卷百九十三《宋隱逸》:鄧春卿,字榮伯。崇寧間,詔舉隱逸,郡守陳
粹以春卿應詔;後舉八行,郡守章清文復以名聞,俱辭不受。安貧樂道,老於
南山之阿。一日,清文訪之,春卿謝不能肅,貽詩一篇,清文次韻,屬和者數十
次,終不見。年九十有六卒。

按《府志》卷三十四《隱逸》有傳,稱其“澹泊恬退”。

又按:《閩詩錄》丙集卷引《萬姓統譜》、《閩書》及《府志》本傳,“章
清文”皆作“章清”。

《汀南麈存集》卷一:鄧春卿《謝章郡守過訪隱廬》云:“在巷愧無顔子
志,過廬難稱魏公心。望塵不敢希潘岳,雲滿南山雪滿簪。”

按《閩詩錄》,“南山”作“山頭”。

《長汀縣志》卷二十四《隱逸》:鄧春卿,年九十六,矍鑠不衰,忽感微
恙,沐浴更衣而逝。著有詩文三卷,見厲鶚《宋詩紀事》。

博文新說十卷

羅烈撰

《通志》卷八十《經籍》著錄。

又卷百八十三《良吏》:羅烈,字子剛。建炎二年進士,調同安縣尉。叛
將楊勍自劍趨泉,烈部兵捍禦,邑恃無恐。紹興初,改循州興寧令。會群盜出
沒,一日突入縣城執烈去。烈不爲動,徐以理諭之。賊不加害,送還邑。無
何,賊復來,烈率千餘人搗其巢,大破之,賊皆潰遁。得所掠子女二百餘人,遣

還家。移知吉州盧陵縣。自慶曆中詔諸縣立學,而縣庠介於官寺通衢之間,狹隘殊甚。烈至,拓地經營,規模始備。終宣教郎。

《府志》卷三十《人物》:羅烈,字子剛,長汀人。建炎二年進士,調同安尉。時寇楊勍自南劍趨泉,烈勒兵捍捕,邑恃無恐。再調興寧令。會群盜出沒,烈率千餘人搗其巢,皆潰走。得所掠子女三百餘人,遣歸家。終宣教郎,知盧陵縣。著有《博文新說》十卷、《古文類證》數萬言、《注杜詩事類》千餘條行世。

《同安縣志》卷三十五《循吏》並有傳。

《長志》卷二十四有傳,祀鄉賢。又卷二十八《典籍》著錄。

杜詩事類注

羅烈撰

《府志》卷三十三《文苑》著錄。

按《通志》卷八十《經籍》著錄作"《注杜詩事類》"。《長志》卷二十八《典籍》注下有"明"字。

古文類證

羅烈撰

《通志》卷八十《經籍》、《府志》卷三十三《文苑》、《長志》卷二十八《典籍》並著錄。

羅宣教集

羅烈撰

《通志》卷八十《經籍》著錄。

寒泉語録

楊方撰

《通志》卷八十《經籍》著録。

又卷百八十八《儒林》：楊方，字子直。隆興元年進士。調弋陽縣尉，還家待次。道崇安，謁朱子，面受所傳，學益進。與楊簡、楊戢俱爲朱門高弟，時號“三楊”。未赴官，改廣州清遠主簿。提刑使者姚孝資檄攝韶州曲江縣事，改隆興府武寧縣丞。清學租積贏以辦祭器，爲政平易，人皆化之。轉知靖安縣。趙汝愚帥蜀，辟主管機宜文字，尋薦於朝，除崇正寺主簿，歷吉州通判、建昌軍知軍事。淳熙末，召爲樞密院編修官，首疏乞朝重華宮，辭甚懇切。寧宗立，除秘書郎。慶元元年，出知吉州。僞學禁興，坐朱門黨罷官，僑居贛州，閉門讀書，不接賓客。所居植淡竹，因號淡軒老叟。黨禁解，起知撫州，未數月，奉祠歸。嘉定初，召爲考功郎官，復以積忤去。逾二年，臣僚有言：“方鯁介老成，不宜閒廢者。”除直寶謨閣，提點廣州刑獄。至則循歷屬部，發摘奸貪。行至象州，以疾卒。方清修篤孝，剛正不阿，其後縣令陳顯伯建道學六君子祠，以方與鄭立中配食焉。

按《府志》卷三十《人物》有傳，稱：“方以廉介剛直著，卒年七十有八。”並詳《閩學源流》。

《臨汀彙攷》卷二《人物》：長汀楊子直始以隆興元年進士，謁朱子於崇安，面授所學，爲朱門高弟。及學成歸鄞江，復與朱子往復辨論，折衷至當。於是連城邱鱗與姪方，皆登第後始從之學，盡得其傳。自後汀人始知詩書禮樂之學，爭自濯磨敦倫，紀勵名節，孰非淡軒先生教澤之所遺？考淡軒於寧宗時出知吉州，僞學禁興，坐趙汝愚、朱熹黨，罷居贛州。黨禁解，乃起知撫州。《福建通志》載：“詔安九侯巖，宋禁僞學時，有五人隱姓名來此講學。五人者，金陵趙嘉客、洛陽周直言、臨汀伍仲求，其二人姓名，無可考。”則吾汀講學不僅淡軒一人，由伍先生推之，臨汀尚有人在也。

又孟瓶庵超然《焚香錄》引“朱子與楊子直札”云：“欲煩爲作小楷四箴百十字，暇日得爲揮染，甚幸。此箴舊見只是平常說話，近乃覺其旨意之精密，真所謂一棒一條痕，一摑一掌血。故欲揭之座隅，使不失墜耳。”後又一札云："前書所求妙札,曾爲落筆否?便中早寄爲幸。"《文集》注後札云："此庚申閏二月二十七日書,去夢奠十二日。"而札首亦有"病自覺沈重"之語,觀此,子直之契許於朱子者至矣。寧化雷翠庭鉉有《與長汀趙邑侯瑝書》云："宋淡軒楊先生,諱方。嘗入武夷,從學朱子。贊朱子興白鹿洞,見朱子自註《白鹿洞賦》中。朱子訂濂溪《通書》,得其藏本以校,見朱子《太極通書後序》。《朱子文集》答先生書,所謂楊子直者是也。歷官監司,綽有聲績,詳具《道南原委》中。夫朱子倡明絕學,天下英傑萃於一門。汀州惟淡軒一人從遊,與聞至道。其遺風餘韻,足以起衰式靡。數百年後,桑梓後進至或不能舉其姓名,不遇執事,幽光孰闡?今雲驤閣既改爲紫陽祠特祀朱子,請以淡軒配。"翠庭之意美矣。惜此事竟未舉行。

《全閩道學總纂》卷十有傳。

《長志》卷二十四《理學》有傳,祀鄉賢。

《經義考·承師》:朱子授《詩》、授《禮》弟子:汀州楊方子直。

又按:《朱子大全》卷二十九有《與楊子直書》一首,又卷四十五有《與楊子直書》五首。

又按黎士弘《邱二先生書院記》云："邱鱗,字啓潛,嘉定十三年進士;姪邱方,字正叔,寶慶二年進士;同受業楊淡軒先生。淡軒先生爲朱門高弟,其時,同學諸子罕出其右。及學成歸鄞江,考道問德,與朱子往復辨論,折衷至當。載在《語錄》者,章章可考。二先生從之學,盡得其傳。"

又按《府志》卷三十九《藝文》,楊方《原心》曰："論心者皆曰,須識其本體。余謂,心之本體在順其初者也。《易》曰:'復,其見天地之心。'復者,陽之初動也,而天地之心見焉,矧人心哉。孟子曰:'人之所不學而能者,其良能也;所不慮而知者,其良知也。'曰:'如將戕賊杞柳而後以爲杯棬,則亦將戕賊人以爲仁義與?'是則皆率其本真,而不涉於矯拂,順其初之謂也。初者,萬慮俱忘之時也。突然感之,卒然應之,則純乎天者也。意氣一動,而二三之念則繼乎後。又其甚者,此念方萌而二與三已竝出,其繼與竝皆非初也。親,吾愛也,謂當愛,而加之意則否;尊,吾敬也,謂當敬,而加之意則否。守死是也,爭死未是也;專財非也,散財亦非也。貴而益謙,與傲同;醉而益恭,與亂同。何也?徇外之心,爲人之心也,所謂繼與竝者也。此心之原不墮方體,不落計較,儵然而往,儵然而來,見其前而不見其後,知其一而不知其兩，如此而已矣。此則所謂初者也，顧人亦莫之察也。有物於此，使辨其色，必青青而黃黃也，白白而黑黑也；又使其衡量之，必輕輕而重重也，長長而短短也。此亦所謂初之自然者也。而世人忽之，以爲是俗心。籍令貿於三家之市，即其色與權量而上下其直，則其論能與前不異哉？非其論故異之，心實昧焉。夫知，向也明，今也昧。則言之語默，身之動止，毫渺之間，倏忽之際，皆必有初、有竝與繼者存矣。雖然，有牿之反覆而夜氣不足以存者，則其初心亦未可爲是也。予又有疑者焉。夫心者，天之所以與我，何以與之？人之異於禽獸者幾希，何以異之？胡爲而致？夫天地之運，日夜不息，豈誠無以主張是也？」

淡軒集

楊方撰

《通志》卷八十《經籍》著錄。

《汀南廑存集》：楊方《淳熙辛丑自武寧丞攝靖安作》云：「毛竹山頭雲雨昏，靖安橋下小溪渾。高陂約水歸田急，不管湍聲入縣門。」「堂上官人似野人，村甿相見可相親。開門坐對臨溪樹，故是水邊林下身。」「對縣誰家數畝園，竹亭茅宇雜花繁。同官不可無兼局，通管溪南水竹村。」《題武寧丞廳》云：「暮年叢薄寄鷦鶹，搔首巡檐歲月銷。留與後人還要否，一軒松竹冷蕭蕭。」《館中簡張約齋》云：「書生賦分合窮愁，官與休辰不肯休。清曉犯寒開省戶，誰家見雪似瀛洲。」「爛銀宮闕雪中見，素奈園林月下遊。說與南湖張祕閣，速來同值道山頭。」《送長汀簿張振古解印歸》云：「精剛自許挾浮雲，拂拭平生欲佩君。匣古年侵春暈澀，忍隨人課割鉛勛。」「張公不是病參軍，晚出猶將一事君。耿介只今無伴處，秋光詩好與誰聞？」

《朱子大全集》卷八十四《跋楊子直所賦王才臣絶句》曰：王摩詰《輞川漆園》詩云：「古人非傲吏，自闕經世務。偶寄一微官，婆娑數株樹。」余深愛之，而以語人，輒無解余意者。今讀子直此詩，而於《南谷》之篇竊有感焉，因識其後。復以寄才臣，果以爲何如也？慶元庚申正月二十八日，晦翁書。楊詩曰:"南山高且直,① 其下有深谷。文豹識顯藏,終朝霧如沐。"

《臨汀彙攷》卷二《人物》:《後村詩話》所載楊淡軒詩,清遠閑放,不愧作者。郡中無有知其能詩,以道學掩也。蓋汀中地濕,書籍不能久藏,且原板既朽,别無裒輯記載之人,以故流傳絶少,專賴外人代爲表彰,否則湮没無聞矣。文獻無徵,山川益覺闇然,故海内視爲江黄國也。書十年即腐,周櫟園以爲閩中憾事。

孝經注

吳雄撰

《通志》卷八十《經籍》著錄。雄,字夢錫。

又卷百四十九《選舉》:吳雄,淳熙五年進士。歷官隆興府司户參軍,除知靖安縣。有勸民五事、諭民十詩,政聲大著。終廣南西路轉運司主管賑司。

按《長志》卷二十八《典籍》著錄,作"吳雄自注《孝經》一編"。

---

① "直",《晦庵集》作"明"。

卷二 宋·寧化縣

歷代帝王譜

鄭文寶撰

《宋史》卷二百七十七《列傳》第三十六：鄭文寶，字仲賢，右千牛衛大將軍彥華之子。彥華初事李煜，文寶以蔭授奉禮郎，掌煜子清源公仲寓書籍，遷校書郎。入宋，煜以環衛奉朝請，文寶欲一見，慮衛者難之，乃披蓑荷笠，以漁者見。陳聖主寬以宥之意，宜謹節奉上，勿爲他慮。煜忠之。後補廣文館生，深爲李昉所知。太平興國八年登進士第，除修武主簿，遷大理評事，知梓州錄事參軍事。州將袁薦，轉光祿寺丞。留一歲，代歸。獻所著文，召試翰林，改著作佐郎，通判潁州。丁外艱，起知州事。召拜殿中丞，使川、陝均稅。次渝、涪，聞夔州廣武卒謀亂，乃乘舸泛江，一夕數百里，以計平之。授陝西轉運副使，許便宜從事。會歲歉，誘豪民出粟三萬斛，活飢民八萬六千口。既而李順亂西蜀，秦隴賊趙包聚徒數千，將趨劍閣以附之。文寶移書蜀郡，分兵討襲，獲其渠魁，餘黨殲焉。文寶前後自環慶部糧越旱海入靈武者十二次，曉達番情，習其語。經由部落，每宿酋長帳中，其人或呼爲父。遷太常博士。內侍方保吉出使陝右，頗恣橫，且言文寶與陳堯叟交遊，爲薦其弟堯佐。驛召令辨對，途中上書自明。太宗察其事，坐保吉罪，厚賜文寶而遣之。俄又召至闕下，文寶奏對捷辨，上深眷遇。俄加工部員外郎。時龍猛卒戍環慶，七年不得代，思歸，謀亂。文寶矯詔以庫金給將士，且自劾，請代償，詔蠲其所費。先是，諸羌部落樹藝殊少，但用池鹽與邊民交易穀麥，會餽挽趨靈州，爲繼遷所鈔。文寶建議以爲："銀、夏之北，千里不毛，但以販青白鹽爲命爾。請禁之，許商人販安邑、解縣兩池鹽於陝西，以濟民食。官獲其利，而戎益困，繼遷可不戰而屈。"乃詔：自陝以西有敢私市者，皆抵死。募告者差定其罪。行之數月，犯者益衆。戎人乏食，相率寇邊，屠小康堡。內屬萬餘帳亦叛。商人販兩池鹽少利，多取他徑出唐、鄧、襄、汝間，邀善價，吏不能禁。關、隴民無鹽以食，境上騷擾。上知其事，遣知制誥錢若水馳傳視之，悉除其禁，召諸族撫諭之，乃定。朝廷議城古威州，遣內侍馮從順訪於文寶。文寶言："威州在清遠軍西北八十里，樂山之西。唐大中時，靈武朱叔明收長樂州，邠寧張君緒收六關，即其地也。故壘未圮，水甘土沃，有良木薪秸之利。約葫蘆、臨洮二河，壓明沙、蕭關兩戍，東控五原，北固峽口，足以襟帶西涼，咽喉靈武，城之便。然環州至伯魚、伯魚抵青岡、青岡拒清遠，皆兩舍；而清遠當群山之口，扼塞門之要，芻車野宿，行旅頓絕。威州隔城東隅，堅石盤互，不可浚池。城中舊乏井脈，又飛烏泉去城尚千餘步，一旦緣邊警急，賊引平夏勝兵三千，據清遠之衝，乘高守險，數百人守環州甜水谷、獨家原，箭野狸十族，脅從山中熟戶，黨項孰敢不從？又分千騎守磧北清遠軍之口，即自環至靈七百里之地，非國家所有，豈威州可禦哉？請先建伯魚、青岡、清遠三城，為頓師歸重之地。古人有言：'金城湯池，非粟不能守。'俟二年間，秦民息肩，臣請建營田積粟實邊之策，修五原故城，專三池鹽利，以金帛啖黨項酋豪子弟，使為朝廷用。不惟安朔方、制豎子。至於經營安西，綏復河湟，此其漸也。"詔從其議。文寶至賀蘭山下，見唐室營田舊制，建議興復，可得杭稻萬餘斛，減歲運之費。清遠據積石嶺，在旱海中，去靈、環皆三四百里，素無水泉。文寶發民負水數百里外，留屯數千人，又募民以槐榆雜樹及貓狗鴉烏至者，厚給其直。地為鹵，樹皆立枯。西民甚苦其役，而城之不能守，卒為山水所壞。又令寧、慶州為水磑，亦為山水漂去。繼遷酋長有嵬囉嵬悉俄者，文寶以金帛誘之，與手書要約，留其長子為質，令陰圖繼遷，即遣去。謂之曰："事成，朝廷授汝以刺史。"文寶又預漆木為函，以備馳獻繼遷之首。又發民曳古碑石詣清遠，將圖紀功。而嵬囉等盡以事告繼遷，繼遷上表請罪。上怒文寶，猶含容之。既而文寶復請禁鹽，邊民冒法抵罪者甚衆。太常博士席羲叟決獄陝西，廉知其事，以語中丞李昌齡，昌齡以聞。文寶又奏減解州鹽價，未滿歲，虧課二十萬貫，後為三司所發。乃命鹽鐵副使宋太初為都轉運使，代文寶還，下御史臺鞫問，具伏。下詔切責，貶藍山令。未幾，移枝江令。真宗即位，徙京山。咸平中召還，授殿中丞，掌京南榷貨。時慶州發兵護芻糧詣靈州，文寶素知山川險易，上言必為繼遷所敗。未幾，果如其奏。轉運使陳緯沒於賊，繼遷進陷清遠軍。時文寶丁內艱，服未闋，即命相府召詢其策略。文寶因獻《河西隴右圖》，敘其地理本末，且言靈州不可棄。時方遣大將王超拔靈武，即復文寶工部員外郎，爲隨軍轉運使。至環州，或言靈州已陷，文寶乃易其服，引單騎，冒大雪，間道抵清遠故城，盡得其實。遂奏班師，就除本路轉運使，上疏請再葺清遠軍。都部署王漢忠言其好生事，遂徙河東轉運使。嘗上言：管內廣銳，兵萬餘，難得資糧，請徙置近南諸州；又欲令强壯戶市馬，備徵役。宰相李沆等以爲：“廣銳州兵，皆本州守城，置營必慮安土重遷，徙之即致紛擾。又强壯散處鄉落，無所拘轄，勒其市馬，亦恐非便。”上復令文寶條對。文寶固執前議，且言：“土人久留，恐或生事。”上曰：“前令團併軍伍，改置營壁，欲其互移本貫，行以已久。”而文寶確陳其利，因命錢若水詳度以聞。若水所對與沆等同，遂罷之。先是，麟、府屯重兵，皆河東輸餽，雖地里邇，而限河津之阻。土人利於河東民罕，至則芻粟增價。上嘗訪使邊者，言河裁闊數十步，乃詔文寶於府州、定羌軍經度置浮橋，人以爲便。會繼遷圍麟州，令乘傳晨夜赴之。圍解，遷刑部員外郎，賜金紫。頃之，寇準薦其熟西事，可備驅策，因復任陝西轉運使。嘗出手札，密戒令：“邊事與僚屬計議，勿得過有須索，重擾於下。”後有言其張皇者，詔徙京西，以朱臺符代之。景德元年冬，契丹犯邊，又徙河東。文寶安輯所部，募鄉兵、張邊備，又領蕃漢兵赴河北，手詔褒諭。未幾，復涖京西。契丹請和，文寶陳經久之策，上嘉之。三年，召還，未至，遇疾，表求藩郡散秩。詔聽不除其籍，續奉養疾，以其子鄆州推官於陵爲大理寺丞、知襄城縣，以便其養。大中祥符初，改兵部員外郎。車駕祠汾陰還，文寶至鄭州請見，上以其久疾，除忠武軍行軍司馬。文寶不就，以前官歸襄城別墅。六年，卒，年六十一。文寶好談方略，以功名爲己任。久在西邊，參預兵計，心有餘而識不足，又不護細行，所延薦屬吏至多，而未嘗擇也。晚年病發，從子爲邑，多撓縣政。能爲詩，善篆書，工鼓琴。有集二十卷，又撰《談苑》二十卷、《江表志》三卷。

《福建列傳》卷四：鄭文寶，字仲賢，一作伯玉。父彥華。在南唐，以父蔭授奉禮郎，爲李煜子清源公仲寓掌書記，遷校書郎。歸宋後，南唐故臣皆錄用，文寶獨不自言，補廣文館生。太平興國八年登進士第，累轉光祿寺丞。獻所著文，試翰林，改著作佐郎，通判潁州。召拜殿中丞，詔遣往川、陝均稅，奏蠲商人到岸錢。行部渝、涪，聞夔州廣武卒劫庫兵爲變，急以輕舸順流，一夕數百里，至則悉擒誅之。使還，賜五品服。淳化二年，授陝西轉運副使。會歲歉，文寶誘勸豪民出粟三萬斛，活饑民八萬六千餘口。既而蜀李順亂作，秦隴賊趙包將舉衆應之，文寶分兵討襲，獲其渠魁，餘黨殲焉。加工部員外郎，仍留陝西。先是，諸羌部落以池鹽與邊民交易穀麥，爲李繼遷所掠。文寶建議以爲："銀、夏之地，千里不毛，但以販青白鹽爲命爾。請禁之，許商人販安邑、解縣兩池鹽於陝西，以濟民食。官獲其利，而戎益困，繼遷可不戰而屈。"太宗用其策。詔："自陝以西，敢私市者抵死。"行之數月，戎人乏食，率衆寇環州，內屬萬餘帳亦叛。而商人販兩池鹽少利，多取他徑出唐、鄧、襄、汝間，邀善價，關、隴民至無鹽以食。太宗聞之，遣知制誥錢若水馳傳弛其禁，召諸族撫諭之，乃定。朝廷議城古威州，使內侍馮從順訪於文寶。文寶言："威州在清遠軍西北八十里，約葫蘆、臨洮二河，壓明沙、蕭關兩戍，東控五原，北固峽口，足以襟帶西涼，咽喉靈武，城之便。"詔委文寶如所議營築。然清遠據積石嶺，在旱海中，去靈、環皆三四百里，素無水泉，城亦卒爲山水所壞，太宗雖怒文寶而不之咎也。既而文寶復請禁鹽，邊民冒法抵罪者甚衆，御史中丞李昌齡以聞。三司復發"文寶奏減解州鹽價，未滿歲而虧課廿萬貫"。太宗怒，貶文寶爲京兆府藍田令，移江陵府枝江令。真宗即位，徙潁州京山。咸平中召還，授殿中丞。文寶前後自環慶越翰海入靈武者十二次，曉達番情，習知山川險易。時慶州發兵護芻糧詣靈州，文寶上言必爲繼遷所敗。未幾，轉運使陳緯果歿於賊，繼遷進陷清遠軍。文寶因獻《河西隴右圖》，且言靈州不可棄。於是朝廷方遣馬步軍都虞侯王超援靈武，乃復文寶工部員外郎，同勾當陝西隨軍轉運使。超等至環州，傳聞靈州已陷，未得報。文寶易服，引軍單騎、冒大雪抵清遠故城，盡掠其實，遂奏班師。尋上疏請再葺清遠軍，都部署王漢忠言其好生事，徙河東轉運副使。初麟、府屯重兵，皆河東輪餽，嘗苦限河津之阻。文寶就定羌軍經度置浮橋，人以爲便。及繼遷圍麟州，詔令乘傳赴援，圍解，遷刑部員外郎。景德元年正月，三司使寇準薦文寶熟西事，可任用，復爲陝西轉運使。未幾，契丹請和，還蒞京師。三年，表求藩郡散秩，不允。詔遷其子鄆州推官於陵爲大理寺丞，知汝州襄城縣，以便養。大中祥符初，改兵部員外郎，除忠武軍行軍司馬。文寶不就，以前官歸襄城別墅。六年，卒，年六十一。文寶爲廣文館生時，李煜方以環衛奉朝請，不納客謁。文寶披蓑荷笠，僞作漁者以見，寬譬久之，煜歎其忠。少受業於徐鉉，及爲陝西轉運使，鉉方謫居，文寶叩謁，執弟子禮甚恭。平生好談方略，以功名自任，論者謂其心有餘而材不足。真宗嘗訪靈武事於參知政事李至，至曰："文寶絕青鹽使不入漢界，禁粒食使不及羌夷，致彼有詞而我無謂，恐非制敵懷遠之道。"當時皆以至言爲是。文寶建議禁鹽，西人自此遂失厚利。其後仁宗御邇英閣讀《三朝經武略》，猶以文寶所議爲得策也。熙寧五年，錄文寶孫瑱爲郊社齋郎。《續湘山野錄》、陸游《南唐書》、《宋史》、《八閩通志》。

《通志》卷百七十八《列傳》、《陝西省志》卷五十二《名宦》、《寧化縣志》卷四《先憲》、《府志》卷三十《人物》並有傳。

《鐵圍山叢談》卷三：江南徐鉉歸朝，後坐事出陝右。柳開時爲州刺史，開性豪橫，稍不禮鉉。一日，太宗聞開喜生膾人肝，且多不法，謂尚仍五季亂習，怒甚，命鄭文寶將漕陝部，因以治開罪。開得此大懼，別本"此"字下並有"報"字。知文寶素師事鉉也，遲文寶垂至，始求於鉉焉。鉉曰："彼昔爲鉉弟子，張本"鉉"字下有"也"字。然時異事背，弗能必其心如何，敢力辭也。"於是開再拜，曰："先生但賜之一言足矣，毋恤其聽否。"鉉始諾之。張本"始"作"姑"。頃文寶以其徒持獄具來，首不見開，即屏從者，步趨入巷，詣鉉居以覯鉉，吳本云"以求覯"，無"鉉"字。張本云"以求覯鉉"。立於庭下。鉉徐出座上，文寶拜竟，陞自西階，通溫清，復降拜，鉉乃邀文寶上，立談道舊者久之，且戒文寶以持節之重，而鉉閑慢廢，"慢"字疑衍，吳本無。後勿復來也。文寶力其詢所欲，鉉但曰："柳開甚相畏爾。"文寶默然出，則其事立散。始吾得罪輦下時，於士大夫間得此而爲慢。後見陝右二三賢者，猶能道其事。噫，將歷二百年矣，前輩敦尚風義凛凛如許，是宜不泯矣。

《清一統志》卷三百三十三《汀州府·陵墓》：宋鄭文寶墓，在寧化東北九十里鄭家坊。

《通志》卷八十《經籍》著錄。

又按：文寶，《十國春秋》卷三十《南唐十六》，附父彥華傳。

《輿地紀勝》卷百三十二《福建路·汀州·人物》，有鄭文寶。

江表志三卷

鄭文寶撰

《通志》卷八十《經籍》著錄。

《墨海金壺·史部》:《江表志》三卷。叙曰:"《江表志》者,有國之時,朝章國典,粲然可觀,執政大臣以史筆爲不急之務。洎開寶中,起居郎高遠當職,始編輯昇元以來故事,將成一家之言。書未成,遠疾亟,數篋文章皆令焚之無子遺矣。太宗皇帝欲知前事,命湯悦、徐鉉撰成《江南錄》十卷,事多遺落,無年可編,筆削之際,不無高下,當時好事者往往少之。文寶耳目所及,編成三卷,方國志不足,比通歷則有餘,聊補足以俟來者。庚戌歲閏三月二十三日。"

《直齋書錄解題》卷三《僞史類》:《江表志》三卷,鄭文寶撰。序言徐鉉、湯悦所錄,事多遺落,無年可編。然前錄固爲簡略,而猶以年月記事,今此書亦止雜記,如事實之類爾。《近事》稱"太平興國二年丁丑",今稱"庚戌"者,大中祥符三年也。

《四庫提要》卷六十六《史部·載記類》:《江表志》三卷,福建巡撫采進本。宋鄭文寶撰。文寶,字仲賢,寧化人,南唐鎮海節度使彦華之子。初仕爲校書郎,入宋舉太平興國八年進士,歷官至陝西轉運使、兵部員外郎。《東都事略》載入《文藝傳》中。始,徐鉉、湯悦奉詔集李氏事作《江南錄》,多所遺落,文寶因爲此編。上卷紀烈祖事,中卷紀元宗事,下卷紀後主事,不編年月。於諸王大臣竝標其名,亦無事實,記載甚簡。又獨全錄韓熙載《歸國狀》、張佖《諫疏》各一首,去取亦頗不可解。然文寶爲南唐舊臣,《硯北雜志》載其歸宋後,常披蓑荷笠,作漁者以見李煜,深加寬譬,煜甚忠之。《鐵圍山叢談》又載其初受業於徐鉉,及爲陝西轉運使,鉉方謫居,執弟子禮,鉉亦坐受其拜,蓋惓惓然篤故舊之誼者。故其紀後主亡國,亦祇以果於自信,越人肆謀爲言,與徐鉉墓碑相類,其意尚有足取。其記李煜時貢獻賦斂一條,王銍《隨手雜錄》全取之。且注其下曰:"《江表志》,鄭文寶撰。"則亦頗重其書。又如"江南江北舊家鄉"一詩,文寶以爲吳讓皇楊溥所作,而馬令《南唐書》則直以爲後主作。然文寶親事後主,所聞當得其真,是亦可以訂馬書之誤也。晁氏《讀書志》稱文寶有序,題庚戌,乃大中祥符三年,此本無之。今從《學海類編》補錄成完帙焉。

按:晁氏《郡齋讀書志》及《趙氏附志·史部》皆無《江表志》一書,《四庫提要》稱"晁氏《讀書志》"云云,當係《直齋書錄解題》之誤。《宋史·藝文志》卷三《史部·霸史類》作二卷。

《善本書室藏書志》卷十:《江表志》三卷,舊鈔本,陳仲魚舊藏,宋鄭文寶著。文寶,字仲賢,寧化人,南唐鎮海節度使彥華之子。初仕爲校書郎,入宋舉太平興國八年進士,官至兵部員外郎。《東都事略》、《硯北雜誌》、《鐵圍山叢談》、《隨手雜錄》並載其事跡。此書以徐鉉《江南錄》多所遺漏,因作此以補其遺。烈祖、元宗、後主各爲一卷。有"海寧陳鱣觀"一印。

《徐氏家藏書目·旁史類》:鄭文寶《江表志》三卷,寧化刊本。

《國史經籍志》卷三《史類·霸史》:《江表志》三卷,鄭文寶撰。

《八千卷樓書目》卷五《史部·記載類》:《江表志》三卷,宋鄭文寶撰。鈔本、《學海彙編》本。

按《寧志》卷四《藝文》、《府志》卷三十《文苑》並著錄。

南唐近事一卷

鄭文寶撰

《通志》卷八十《經籍》著錄。

《郡齋讀書志》卷七《僞史類》:《南唐近事》二卷,先謙案:袁州本六。右皇先謙案:舊鈔本宋。朝鄭文寶編。記李氏三主四十年間雜事。先謙案:袁本"記"作"紀","事"下有"之可紀者"四字。

《直齋書錄解題》卷五《僞史類》:《南唐近事》二卷,工部郎江南鄭文寶撰。序云:"三世四十年,起天福己酉,終開寶乙亥。"按宋太祖在位十七年,首庚申,盡丙子。乙亥乃開寶八年,原作"己亥",誤,今正。然泛記雜事,實小說、傳記之類耳。

《重編紅雨樓題跋》卷一:《南唐近事》,南唐李氏僭號建國,祖孫相繼,垂四十年。宋主龍興,典章亡失,舊帙漸湮,史失求野,鄭仲賢先生《江表志》、《南唐近事》所由作也。二書世遠尠傳。先是吳君希堯得余家鈔本《江表志》,梓之家塾,而《南唐近事》則黃司理子應嗣得而合刻之。仲賢事後主,以文學知名,授校書郎。後主歸順,南唐故臣皆錄用,獨仲賢肥遯弗仕,有首陽采薇之操。披蓑荷笠,詭形以謁故主。迹其行事,殆亦周之義士與?說者謂仲賢尋仕宋,拜殿中丞、兵部員外郎,撫綏邊郡有聲,豈非朝秦暮燕者倫乎?予曰否否。蓋李氏偏安金陵,非正統,實閏運耳。仲賢職不過掌書記,未有節鉞民社之寄。且後主不免屈身事大,願受冊命,搖尾乞憐,求延宗祀,卒膺隴西郡公之封。而仲賢落魄梁、楚間,及故主云亡,始釋褐受爵,是直新朝之舉子,非亡國之老臣也。此足爲仲賢解嘲矣。史稱仲賢能詩,善篆書,工鼓琴。有集二十卷,《譚苑》二十卷,皆軼弗傳。惟此二書,幸不終絶。二君先後授劂,廣布宇内。《詩》云:“維桑與梓,必恭敬止。”況先輩精神所寄,備一代之典章者乎。仲賢,汀之寧化人。陸游《南唐書》及《宋史》俱作福州人,相沿之誤也。萬曆戊午秋日,三山徐𤊺興公撰。

《四庫提要》卷一百四十《子部·小說家類》:《南唐近事》一卷,江蘇巡撫採進本。宋鄭文寶撰。文寶有《江表志》,已著録。是書前有自序,題太平興國二年丁丑,蓋猶未仕宋時所作。《宋史·藝文志》作《南唐近事集》,“集”字蓋誤衍也。其體頗近小說,疑南唐亡後,文寶有志於國史,蒐採舊聞,排纂叙次,以朝廷大政入《江表志》,至大中祥符三年乃成。其餘叢談瑣事,別爲緝綴,先成此編,一爲史體,一爲小說體也。中如控鶴致斃一詩,[1] 先見蜀何光遠《鑑戒録》,乃女冠蔣鍊師事,而此以爲廬山九空使者廟道士,似不免牽合附會。又如韓偓依王審知以終,未見南唐之平閩,乃記其金蓮燭跋事,亦失斷限。然文寶世仕江南,得諸聞見,雖浮詞不免,而實録猶存。故馬令、陸游《南唐書》采用此書幾十之五六,則宋人固不廢其說矣。書中以慶王宏茂作“王宏”,嚴可求作“嚴求”,劉存中作“劉存忠”,所記姓名多與他書不合。又此書之“杜業”,《江表志》作“杜光鄴”,尤自相違異,殆傳鈔者有所遺漏,不盡舊本與? 又按:偏霸事迹,例入載記。惟此書雖標南唐之名,而非其國記,故入之小說家。蓋以書例爲斷,不以書名爲斷,猶開元《天寶遺事》,不可以入史部也。

《鐵琴銅劍樓藏書目録》卷十七《小說類》:《南唐近事》三卷,舊鈔本,宋鄭文寶撰并序。南唐亡後,先作此書,後作《江表志》,馬氏、陸氏《南唐書》采用二書爲多。舊爲錢氏述古堂藏本,卷首有“虞山錢曾遵王藏書”朱記。

《善本書室藏書志》卷二十一:《南唐近事》一卷,明刊本,何夢華藏書,宋鄭文寶仲賢撰。卷前有“太平興國二年五月一日”文寶自序云:“南唐烈祖、元宗、後主三世四十年,自天福己酉,終開寶乙亥。君臣用舍,朝廷典章,兵火之餘,史籍蕩盡,惜乎前事,十不存一。余匪鴻儒,頗常嗜學,耳目所存,

---

① “控鶴致斃”原稿作“控鶴馭致斃”,據《四庫總目提要》改。

志於纎細,聊資抵掌之談爾。"仲賢,汀之寧化人。三山徐興公燉得其《江表志》,吳希堯梓之。此則黄司理槐開所刊。萬曆庚申,司理與興公、希堯并序之,有"何元錫印"。

《國史經籍志》卷三《史類·霸史》:《南唐近事》二卷,鄭文寶撰。

《八千卷樓書目》卷十四《子部·小說家類》:《南唐近事》一卷,宋鄭文寶撰。明刊本、《唐宋叢書》本。

《寧志》卷四《藝文總目》、《府志》卷三十三《文苑》並著録。

《郘亭知見傳本書目》卷十一《子部·小說家》:《南唐近事》一卷,宋鄭文寶撰。《說郛》本、《唐宋》本、《續百川》本、《續祕笈》本,有刊本三卷。

《石遺室書録》:此書卷首署江表人,蓋仕於南唐也。

江南餘載二卷

鄭文寶撰

新刻《福建藝文志》:《四庫提要》云:"陳振孫《書録解題》載是書原序,略曰:'徐鉉始奉詔爲《江南録》,其後王舉、路振、陳彭年、楊億皆有書。大概六家皆不足以史稱,而龍袞爲尤甚。熙寧八年,得鄭君所述於楚州,其事迹有六家所遺或小異者,删落是正,取百九十五段,以類相從。'云云。然陳振孫謂鄭君者,莫知何人。考鄭文寶有《南唐近事》二卷,作於太平興國二年丁丑。又《江表志》三卷,作於大中祥符三年庚戌,不在此序所列徐鉉、王舉、路振、陳彭年、楊億、龍袞六家之内,則所稱得於楚州者,當即文寶之書。檢此書所録雜事,亦與文寶《江表志》所載互有出入;然則所謂'删落是正',實據《江表志》爲稿本矣。今世所行《江表志》爲三卷,實止二十四頁,蓋殘缺掇拾,已非完書。此書所謂一百五十九段者,今雖不可全見,而《永樂大典》内所引尚夥,多有《江表志》所不載者。則《江表志》雖存而實佚;此書雖佚,尚有大半之存也。《宋志》載此書二卷,《書録解題》等諸家書目並同。今采輯其文,仍爲二卷,以補《江表志》之闕。"《童山文集》有跋云:"蓋《南唐近事》所未備,續爲此書,故曰'餘載'。皆泛記雜事,實小說、傳記之類,均未可以史目之也。然以備史采則較諸書爲典而覈云。"

按《文奎堂書目》:"《江南餘載》,知不足齋刊一册。"《博古齋書目》:

《江南餘載》二卷,與《靖康傳信錄》三卷、《淳熙薦士錄》一卷、《舊聞正誤》四卷,合刊一册。"

玉璽記一卷

鄭文寶撰

《通志》卷八十《經籍》著錄:原書云:"至道三年五月十有五日,滎陽鄭文寶舟中述。"

《寧志》卷四《先憲》:文寶有《傳國璽譜》,署曰'滎陽鄭文寶',豈釋褐後,遂籍京華,不返首邱邪?"按《寧志》誤。滎陽,鄭氏族望,非籍貫也。

《讀書敏求記》卷二《器用》:鄭文寶《傳國璽譜》一卷,嘉靖辛丑刻於金閶。此乃舊鈔也。

談苑二十卷

鄭文寶撰

《通志》卷八十《經籍》、《府志》卷三十《文苑》、《寧志》卷四《藝文總目》並著錄。按:此書佚,說見徐𤊻《紅雨樓題跋》。

鄭兵部集三十卷

鄭文寶撰

《通志》卷八十《經籍》著錄。

《麈史》卷中:鄭工部文寶,將漕陝西,經畫靈武。後謫監郢州京山縣稅,過信陽軍白雪驛作絕句,久而湮没,莫有知者。先君皇祐間尉是邑,重書於碑,後亦亡,郢刊工部詩集亦無之,曰:"得罪前朝出粉闈,五原功業有誰知?年餘放逐無人識,白雪城頭一望時。"工部在京山,又有《寒食日經秀上人房》詩云:"花時懶看花,來訪野僧家。勞師擊新火,勸我雨前茶。"其詩篆書刻石,在縣多寶寺中。甘棠魏野亦有詩云:"城裏爭看城外花,獨來城裏訪僧家。辛勤旋覓新鑽火，爲我親烹嶽麓茶。"蓋詩人寫楊作"寓"。興多同。

《六一詩話》：西洛故都，荒臺廢沼，遺跡依然，見於詩者多矣。裴晉公綠野堂在午橋南，往時嘗屬張僕射齊賢家。僕射罷相歸洛，日與賓客吟宴於其間，惟鄭工部文寶一聯最爲警絶。云："水暖鳬鷺行哺子，溪深桃李臥開花。"人謂不減王維、杜甫也。

《溫公續詩話》：鄭工部詩有"杜曲花香醲似酒，灞陵春色老於人"，亦爲時人所傳誦，誠難得之句也。

《詩話總龜》卷十二《警句門上》：鄭文寶《郊居》云："百草千花路，斜風細雨天。"《重經貶所》云："過關已躍樗蒲馬，誤喘尤驚顧兔屏。①"《洛城》云："星沈會節歌鐘早，天半上陽煙樹微。"《贈張靈州》云："越絶曉殘蝴蝶夢，單于秋引畫龍聲。"《長安送別》云："杜曲花光濃似酒，灞陵春色老於人。"《送人歸湘中》云："滿帆西日催行客，一夜東風落楚梅。"《南行》云："失意慣中遷客酒，多年不見侍臣花。"《棲靈隱寺》云："舊井霜飄仙界橘，雙溪時落海邊鷗。"《送人知韶州》云："碧落春風老，朱陵古渡頭。"《永熙陵》云："承露氣清駒送日，觚稜人靜鳥呼風。"《邊上》云："鬢間相似雪，峰外寂寥煙。"

又卷十六《留題門下》引《古今詩話》：郢中寺壁有鄭文寶詩親筆，《寒食訪僧舍》云："客舍愁經百五春，雨餘溪寺綠無塵。金花何處鞦韆鼓，粉頰誰家斗草人？水上碧桃流片段，梁間歸燕語逡巡。高僧不飲客攜酒，來勸先朝放逐臣。"

《玉壺野史》卷八：朝廷議城古威州，遣訪鄭文寶。公奏曰："欲城威州，不若先建伯魚、青岡、清遠三城，爲頓歸師之重地。俟秦民稍蘇，闢營田，積邊粟，修五原故塞之地。黨項之酋豪，爲我鷹犬。若爾，則不獨措注安西，亦可綏服河湟。此定邊之勝策也。"朝廷從之。建興三城之役，費緡粟數十萬計，西民苦之，一夕盡爲山水蕩去。又奏減解池鹽價，損課二十萬緡。貶藍山、枝江、長壽三縣令累年，方牽復工部員外郎、轉運使。文瑩②頃游郢中二邑，僧壁尚有公之詩。《郢城新亭》曰："每到新亭即厭歸，野香經雨長松圍。四檐

---

① "兔"，原稿作"兔"，逕改。
② "文瑩"，原稿作"文寶"，誤。《玉壺野史》一書係釋文瑩所作，逕改。

山色消繁暑，一局棋聲下翠微。冰片角巾簪澗月，錦文拳石砌苔磯。近來學得籠中鵲，迴避流鶯笑不飛。"《寒食訪僧》云："客舍愁經百五春，雨餘溪寺綠無塵。金花開處鞦韆鼓，粉頰誰家斗草人？水上碧桃流片段，梁間新燕語逡巡。高僧不飲客攜酒，來勸先朝放逐臣。"篇篇清絶，不能盡錄。公聞雲州陷，衣戎服，單騎冒雪，間道走清遠故城，得其實，奏請班師。

《倦游錄》：臨潼縣靈泉觀，唐華清宮也。自唐迄今，題咏不可紀。小杜五言長韻并三絶，泊鄭愚《津陽門》詩外，唯陳文惠、張文定及進士楊正倫詩最佳。又鄭文寶詩云："只見開元無事久，不知貞觀用功深。"皆爲知音所賞。見《詩話總龜》卷十五《留題門上》引。

《閩詩錄·丙集》卷一：文寶有集二十卷，《東都事略》云："文寶以詩名家，多警句，善篆工琴。"《十國春秋》云："歸宋後，詔故臣皆許錄用，獨文寶不肯言仕。後主奉朝請，禁絶賓謁，文寶乃披蓑荷笠，作賣魚者以見，寬譬久之，後主爲之感歎。後主卒，乃仕。工詩，其《過緱山》及《題綠野堂》，爲晏殊、歐陽修所膾炙。"《靈泉觀》云："潺湲如練嶺雲陰，玉石魚龍換古今。只見開元無事久，不知貞觀用功深。籠無解語衣無雪，堆有黃沙粟有金。惆悵胡雛少恩澤，始尤夷甫未經心。"按："尤"元作"知"，"未"元作"少"，從《江南塵存集》改。

《江南塵存集》卷一：鄭文寶有文集三十卷，皆佚失傳，今從李調元所編《全五代詩》錄出。蔡寬夫《詩話》謂："仲賢情致深婉，比當時輩能不專使事，而尤長於絶句。"

按：仲賢詩，五言律《送曹緯、劉鼎二秀才》云："且夕春風老，離心共黯然。小舟聞笛夜，微雨養花天。手筆人皆有，曹劉世所賢。郴侯重才子，從此看鶯遷。"見《宋文鑑》卷二十二、《宋詩紀事》卷四、《江南塵存集》卷一、《閩詩錄》。《送枝江秦長官罷秩》云："衆論才名外，新人似古人。官嫌容易達，家愛等閑貧。解印詩權在，移風澤國春。政聲誣不得，慚見數鄉民。①"見《宋文鑑》卷二十二、《江南塵存集》卷一、《閩詩錄》。七言律《讀江總傳》云："行人慵過景陽宮，宮畔離離禾黍風。庭玉有花空怨白，井蓮無步莫愁紅。吟詩功業才雖大，亡國君臣道最同。爭忍暮年歸故里，綸竿迴避釣魚翁。"見《宋文鑑》卷二十五、《江南塵存集》

---

① "慚"，原稿作"暫"，據《宋文鑑》改。

卷一、《閩詩錄》。七言絶《雷州及海外瓊崖多香木，夷民以爲槽飼雞犬》云："沈檀香值在天涯，賤等荆衡水面槎。何必爲槽飼雞犬，不如煨燼向豪家。"見《汀南廛存集》卷一。《闕題》云："亭亭畫舸繫寒潭，直待行人酒半酣。不管烟波與風雨，載將離恨過江南。""一夜西風旅雁秋，背身調鏃索征裘。關山落盡黄榆葉，駐馬誰家唱石州？""江雲薄薄日斜暉，江館蕭條獨掩扉。梁燕不知人事改，雨中猶作一雙飛。"《宋詩紀事》卷四、《汀南廛存集》卷一、《閩詩錄》，俱云見蔡寬夫《詩話》。

按《升庵詩話》："余弟姚安太守未庵愷，字用能。酒邊誦一絶句云：'亭亭畫舸係春潭，只待行人酒半酣。不管烟波與風雨，載將離恨過江南。'兄以爲何人詩？余曰：按《宋文鑑》，則張文潛詩也。未庵取《草堂詩餘》，周美成《尉遲杯》注云：'唐鄭仲賢詩。'余因歎唐之詩人姓名隱而不傳者何限？或張文潛愛而書之，遂以爲文潛之作耳。"

又按《能改齋漫錄》："東坡長短句：'無情汴水自東流，只載一舟離恨向西州'，張文潛用其意爲小詩云：'亭亭畫舸係春潭，只待行人酒半酣。不管烟波與風雨，載將離恨過江南。'王平甫嘗愛誦之，不知其出於東坡也。"《苕溪漁隱叢話》："余以《張右史集》，徧尋無此詩。"蔡寬夫《詩話》謂："此詩嘗有人於客舍壁間見之，莫知誰作。或云：鄭兵部仲賢也。然集中無之，未知孰是？"並見張宗橚《詞林紀事》引。今按諸說，莫衷一是。然《宋詩紀事》、《汀南廛存集》、《閩詩錄》皆載爲仲賢詩三首，此其第一首，當以周美成《尉遲杯》注爲可據也。

又按《西清詩話》："緱氏王子晉昇仙之地有祠在焉，鄭工部文寶題一絶云：'秋陰漠漠秋雲輕，緱氏山頭月正明。帝子西飛仙馭遠，不知何處夜吹笙？'後晏元獻守洛，過見之，取白樂天語書其後云：'此詩在處，有神物護持。'"見《宋詩紀事》、《閩詩錄》，並載《寧志》。

又《宋詩紀事補遺》卷二："鄭文寶《雙筍石》云：'流水驚前事，清風似昔時。重吟金谷咏，如見峴山碑。'"見《金石苑》。

《府志》卷三十三《文苑》並著錄。

伍太常集

伍祐撰

《寧志》卷四《先憲》：伍祐，字右之，正己之曾孫。宋祥符元年進士。按：《通志》卷百四十七《宋選舉》：大中祥符元年戊申，姚華榜。調雩都令，歷知宜城、海昌，以廉能稱。尋差楚州團練推官。先是，州有鹽場，自唐乾符間廢，蓋百四十餘年，未有能興之者。祐至，首議開復，役不及民，甫期而就。歲輸入官緡錢數萬，公私便之，稱爲“伍公場”。天聖間，以列薦轉承奉郎，授祕書著作郎。爲人矜修寡與，爲同列所忌。復出知海寧、華陽二縣。後加上騎都尉，通判維州，轉承議郎，終太常博士。祐爲文近古，亦能詩。

《通志》卷八十《經籍》著錄。

又卷百八十七《宋人物》、《府志》卷三十《人物》並有傳。

杜詩押韻

李元白撰

《寧志》卷四《先憲》：李元白，初名齊，後以字行。哲宗時人。博覽强記，不能俛就舉子業，乃大肆力於詩，出入少陵幾逼真。有《杜詩集句》一編。又集爲《大觀昇平詞》若干首以進，得初品官，即棄去，歸故廬而終老焉。集句始於王文公，而孔毅甫、葛亞卿及元白相繼而作，元白尤稱工。

《通志》卷八十《經籍》著錄。

又卷百八十九《文苑》、《府志》卷三十三《文苑》並有傳。

杜詩集句二卷

李元白撰

《通志》卷八十《經籍》、《府志》卷三十三《文苑》、《寧志》卷四《藝文總目》並著錄。

大觀昇平詞一卷

李元白撰

《府志》卷三十三《文苑》、《寧志》卷四《藝文總目》並著錄。

《通志》卷八十《經籍》著錄。"大"上冠題"集"字,不著卷數。

雷太學奏議

雷觀撰

《寧志》卷四《先憲》:雷觀,靖康太學生。時金兵已渡河,上皇出幸,帝亦將幸襄,賴李綱以死留之而止。金人既抵城下,朝廷乃罷白時中,而以李邦彦爲太宰。既又罷邦彦,以張邦昌爲太宰。觀憤然曰:"此何等時,不拔擢豪傑,而例遷貴臣邪?"乃上書,略曰:"方今大敵內犯,國祚瀕危,支壞扶傾,全在宰相。前日以白時中尪庸悖謬,從公屏斥,朝野快心。不意今日宣麻,乃用邦昌,士民失望。咸謂邦昌前朝輔相之最無狀者,即令罷去,已爲晚矣。今又相之,將焉用哉?陳龜有言:'三辰不軌,擇士爲相;四裔不共,拔卒爲將。'今金戈指闕,鐵騎飲汴,豈但不共而已?至於熒惑入斗,兩日相摩,赤光溢散,昏翳四塞,其不軌又甚。曾不聞宣猶考相,弭變迎祥,而徒進尸位冒寵之倫,以塞賢路。譬庸醫療疾,而疾已危篤,猶就視貨賄,不忍辭去,坐待病者之淪沒而後已,豈不殆哉?"其激切如此。上雖不聽,然新政懲蔽塞,凡行義有聞,議論忠讜者,悉加賜,以示好惡。於是,觀與陳東、尹焞、鄧肅皆特賜出身,而天下稍知所向。次年,二帝蒙塵,金人遂偽立張邦昌,而觀言竟驗。

《通志》卷八十《經籍》著錄。

又卷百七十八《宋人物》、《府志》卷三十《人物》俱有傳。

按:觀事略,並見《閩書》。

湯起莘集二卷

湯莘叟撰

《寧志》卷四《先憲》：湯莘叟，字起莘。紹興五年進士。_{按：《通志》卷}百四十八《宋選舉》：紹興五年乙卯，汪應辰榜。少好吟咏，有《馬上吟》云："夜雨洗山新緑嫩，曉風吹杏淺紅乾。"《幽居吟》云："葛巾簪下無多髮，茅舍門前有好山。"嘗一臠，足知鼎味也。官饒州推官。

《通志》卷八十《經籍》著録。

又卷百七十八《宋文苑》、《府志》卷三十三《文苑》並有傳。

按《府志》、《寧志》著録，俱作"《湯莘叟詩集》"。

又按《汀南麈存集》卷一：湯起莘《馬上吟》云："夜雨洗山新緑嫩，曉風吹杏淺紅乾。沙頭路煖日初上，行客揚鞭不覺寒。"最爲人傳誦。

湯起莘詩餘一卷

湯莘叟撰

《通志》卷八十《經籍》著録。

卷三　明·長汀縣

策海集成

曾蘭撰

《通志》卷八十《經籍》著錄。蘭，字從吾。宣德四年己酉廣東解元。

又卷百五十二《選舉》：曾蘭，瓊州府文昌訓導，遷桂林府灌陽教諭。

《長志》卷二十四《文苑》：曾蘭，進士子榮子。聰穎積學，推一時人傑。宣德間，隨父任，中廣東解元，授瓊州文昌縣訓導。善於引掖，教有成績，名動海外。著《舉業啓蒙》、《策海集》行世。

舉業啓蒙

曾蘭撰

《通志》卷八十《經籍》著錄。

策海集

曾蘭撰

《通志》卷八十《經籍》著錄。

《長志》卷二十九《典籍》著錄。

王孝廉詩集

王淮撰

《通志》卷八十《經籍》著錄。淮，成化元年乙酉舉人。竝見卷百五十四《選舉》。

《汀南廑存集》卷一：王淮《開元寺》詩云："春游夜宿梵王家，景象清幽絕市譁。風逐洞雲閒去住，日移巖竹互交加。客窗詩咏新裁句，[①]禪榻香飄舊落花。最愛老僧談寂滅，慣將泉石足生涯。"《通濟巖》詩云："石徑縈紆接翠岑，澗流寒玉碧千尋。飛花撲地春光老，芳草連天野色深。鶴去巢空松露冷，龍歸雨歇洞雲陰。古來游賞人何在，祇有留題直到今。"

楊天章文集四卷詩集四卷奇句二卷

楊漢撰

《通志》卷八十《經籍》著錄。

又卷二百九《良吏》：楊漢，字天章。弘治己酉舉人，會試中副榜。授虹縣訓導，未逾月，兄濟卒。漢循次應襲祖官，遂解文職，補汀州衛指揮同知。廉慎自持，奏罷會昌戍卒，增修七門樓櫓，百廢俱舉，一境肅然。屢檄攝銅山小埕把總，海氛熾，號爲險砦，漢因俗爲治，無不悅服。丁父母艱，躬負土營葬。服除視事。部卒有飛誣者，後以他罪至，或請笞殺之，漢論如法而止，人推其雅量。因清信豐屯田，疾作，卒於官，軍士皆巷哭爲位以奠。祀名宦。

按《長志》卷二十四《儒林》："楊漢，卒年四十四，瓊山沙廷梧列狀，請祀鄉賢名宦。"又卷二十八《典籍》著錄。

---

① "客窗"，原稿作"客中"，據《汀南廑存集》卷一改。

楚粤政紀

鍾文俊撰

《通志》卷八十《經籍》著錄。文俊，字舜臣。弘治癸丑六年進士。

又卷百五十二《選舉》：文俊，官户部主事，遷吏部文選司員外郎，歷廣東、湖廣布政司左參議，進湖廣左參政。

按《府志》卷三十《人物》："文俊廉謹寬厚，所至卓有賢聲。"

《長志》卷二十四《宦績》有傳。

石屏類稿

鍾文俊撰

《通志》卷八十《經籍》著錄。

按《府志》卷三十三《文苑》著錄。"類"作"彙"。

又按：《汀南廑存集》卷一："文俊，號石屏。有《賦贈鄧松澗》云：'之子來何暮，松絲已百尺。鬱鬱虬龍蟠，隱隱澗底石。勿誅一莖茅，勿葺半間壁。翠蓋遮青天，蒼苔臥白日。雲濤送洪聲，風簧響清逸。花下咏賞詩，水邊理殘易。夕寐多夢酣，朝餐採露蜜。撫景萬年枝，流光一過客。掀襟但坐嘯，閉目猶抱膝。主人今何在，永言松澗宅。'《長歌贈劉生》云：'陳之皎皎冰雪姿，瓊林玉樹籠清暉。昂昂野鶴出雞群，當軒揮灑皆神奇。筆端蘸取龍香瀋，須臾滿紙烟雲濕。殺盡山中老兔毫，驚降鬼妖深夜泣。只疑蛟龍一躍登天門，風雨驟至江濤津。又疑虎豹鎮九關，磨牙礪爪驚人魂。或如公孫大娘之舞劍，低昂態度生光燄。或如萬歲枯藤垂絕壁，枝條倒掛三千尺。或如孤鶴別隊翔青霄，一碧萬里秋風高。或如草野走驚蛇，曲折縱橫皆可佳。或如蝌蚪相糾結，殷彝周鼎夸奇絕。窗前瘞筆幾成邱，硯池水黑工夫周。①晉人風度可逼真，步武逸少追鍾繇。'《督軍連州》云：'師行初值艷陽天，舉目春光亦可憐。日暖綠楊鳴好鳥，風微碧落引高鳶。旌旄繚繞蠻山外，劍戟參差野水邊。

---

① "水黑"，原稿作"水墨"，據《汀南廑存集》卷一改。

一鼓譀時纔有幾，營門傳報已三千。’”按：石屏詩存者僅此，全集未見。

《長志》卷二十八《典籍》著錄。“類”作“彙”。

長途漫筆

鍾文傑撰

《通志》卷八十《經籍》著錄。文俊之弟。

又卷二百九《良吏》：文傑，字邦臣。弘治壬戌十五年進士，卷百五十二《選舉》：康海榜。授户部主事，轉工部員外郎，擢廣州知府。留心風教，勤於爲政，廉潔自守，人不敢干。太監潘忠橫恣，且以非禮相凌。文傑不少屈，忠亦媿服。

按《府志》卷三十《人物》：“文俊卒於官。”

又按：《汀南麈存集》卷一：“文傑，號相山。有《送周少保》詩云：‘眼底蜚聲第一流，具瞻山斗未宜休。趨朝短髮莖莖白，濟世中腸寸寸柔。宰相神仙隨去住，夜衣晝錦自薰蕕。他年太史知誰筆，篤棐於今又見周。’《觀潮閣和李侍郎韻》云：‘閑登百尺倚江湄，萬頃天光入筆題。海石排空三峽急，銀河倒瀉百川低。月臨卯酉聲初下，位到乾坤勢轉迷。逝者如斯晝不盡，野花啼鳥夕陽西。’《賀邵國賢以提學陞浙按使次康對山韻》云：‘十年偉績留民部，一旦除書自北來。橫帶黄金天上客，連城白璧古之才。三千髦士乘時化，十二庖丁觸地開。最幸斗瞻良有約，隔籬花綻酒盈杯。’《送馮① 有孚巡按湖南》云：‘九天持斧下湖南，霹靂雷霆月在三。驚起蟄蟲千百萬，滿空霖雨洗晴嵐。’”按：相山詩存者僅此四首，全集未見。文傑尚有弟文會，字彦臣。正德間歲貢，官陵水知縣。《汀南麈存集》亦錄詩一首。

《長志》卷二十四《宦績》，有傳。

峽餘附錄

鍾文傑撰

《通志》卷八十《經籍》著錄。

---

① “馮”，原稿作“憑”，據《汀南麈存集》卷一改。

按《府志》卷四十四《藝文》，鍾文傑《五馬朝天賦》曰：“壬子之秋，例明年朝會之期，分符策命，守鎮藩維。萬雉貴專城之牧，九州賴方伯之司。左據函谷之險，右阻太華之面；南極占城之臂，北枕居庸之眉。執玉帛者萬國，莫不於是時而肅朝儀。若乃邦君，特出人表。摘髭頷以舒懷，步雲衢於周道。驚風雨於陣餘，驅海濤於筆杪。越英俊於三千，俯雲烟而獨掃。慶堯天於世泰，跳禹浪於春早。是以腰閃金章，瑰瑋煥爛。文翁遇而短吁，黃霸見而長歎。駭曠世而未聞，幸今時之罕見。緊昔下車，起瘦拔瘁。理亂絲，續墜緒。集流亡，撫黎庶。噓離火而燦天休，鼓異風而扇嫗煦。草木變以生輝，山川靈而增瑞。由是貪婪之胎骨既換，瘁痾之肌膚亦蘇。政駸沓以屹立，事偃塞以撐扶。恁繽紛而刊落，從轇轕以分疏。至若介有展禽，清無楊密。慎於伏潛，勤於運甓。菁莪盛而譽髦，聲教行而煥奕。歲月富而絃歌，犁鋤閒而襏襫。幣帛足而桑麻，機杼實而紝績。爾乃當時，攬彎一方。翻雲吐霧，續紀綴綱。繡衣春明，白簡飛霜。颯蕭蓼以颲颲，紛辟易而倉皇。功偉政成，從容覲闕。拱旆環旐，西城迓別。突潋灧兮鵝黃清，瀝颯拉兮碼磁凸。揭謙光而盤桓，聊容與而周折。維時天地朗，日月昭。草色委，秋風光。潭鏡澄，山花遙。竹馬夾道，童稺歡謠。千旄飄颺，邦君入朝。舉額恨懇留之無力，攀轅覬恩我之有要。想其優哉，至止帝京。衣冠盛會，車馬候迎。調和鸞之節奏，勒鞗革之鞶纓。整偪帝以拜瞻，望京闕於平明。目紫禁之開張，耳龍銅之鏗鉤。振玉珮之琅琅，響璜珩之鏘鏘。曳珠履之趨蹌，飭豸冠之晶熒。含雞舌之馨香，面龍樓之峥嵘。傴僂昂思，龍顏咫尺。疊足儼容，報政述職。唯帝曰俞哉，爾政卓異。三年有成，古人何媿。必詔以爵，藩臬之位。必表以章，公卿之配。顧吾人可得借寇一年，俾袞衣繡裳少留於東山之外。於是擊節而歌曰：邦君未來兮政叢挫，邦君至止兮民相賀。陰陽調兮野無餓，法律明兮人無過。男女各有事於農桑兮業無墮。勿以朝天報政兮留我王佐。歌竟，拜手綢繆，衆懷錯落。五馬遙入於長安之都，乃獨悵望於汀城之郭。”

汀州府志

李堅撰

《通志》卷八十《經籍》著錄。堅，字貞夫。弘治乙丑進士。

又卷百五十二《選舉》:堅,官行人司副,歷南户部郎中。孝友謹厚,博洽英敏,雄文麗句,人競祕之。

《臨汀彙攷》卷二《人物》:長汀李貞夫堅,弘治乙丑進士。與古厓同在部曹,以詩文相砥礪。迨古厓出爲太守,而貞夫即從郎署中脱屣歸來,時年未四十也。結茅别墅,杜門授徒,杖履蕭然,有錢若水之風。古厓不數年亦歸,把臂入林,鄉閭稱羨。貞夫所作《古厓集序》,人稱其筆力不減曾子固。有《訥庵詩集》,板已久軼。今所見者,《石倉歷代詩選》中,古厓、貞父之詩皆在焉。

《長志》卷二十四《儒林》有傳。

訥庵遺稿

李堅撰

《通志》卷八十《經籍》著録。

按《江南麈存集》卷一,作"訥庵詩集"。又云:"貞父詩文皆粹然儒者之言,淡軒後一人而已。"録詩六十四首。《齊年黄伯固庫部郎中起復北上》詩云:"我有朱絲絃,慣彈太古音。俚耳難爲調,感子獨知心。臨風歌一曲,送子建溪潯。溪流不可極,别意與俱深。"評曰:"古淡,是左司遺調。"《漫興》云:"離離原上草,灼灼開新枝。采之簪滿頭,誠可媚芳姿。紛紛誰家子,競取爭妍奇。我欲往效之,濡露恐沾衣。衣沾固足惜,妍奇將安爲?""妾有朱絲絃,少小解拈弄。所惜知音難,深藏不輕用。持以事夫君,和鳴奏鸞鳳。君心不余諒,顧謂作哇哄。竽瑟古難投,良用自慙恐。""盈盈道旁花,采采足人悦。芬芬曲徑蘭,寂寂無人擷。品質並不殊,託根有懸絶。安得尋幽人,嵒隈當見掇。"評曰:"諸詩皆落落入古,古處不在語奇句重。"《送南昌黄金任岑溪典史》云:"一尉岑溪去,都城二月初。輕帆渡揚子,便道謁先廬。嶺嶠瘡痍甚,公私困竭餘。知君挾奇術,贊畫定勤渠。"評曰:"一氣旋轉,可入《極玄集》。"《席上和王公守備九日韻》云:"即看今歲又重陽,對景令人憶故鄉。潦倒且拼元亮醉,風流不學孟嘉狂。滿城風雨催詩債,三徑清香待菊黄。行樂及時聊爾爾,人間萬事付茫茫。"評曰:"訥庵七律,皆一氣呵成,清空如話,而無江湖派口熟習氣,自見作家本領。"《病起對雪和東坡韻》云:"怪甚寒空噪暮鴉,關河千里斷行車。諸天有相皆成幻,古木無根也著花。錦帳酣懷歸甲第,剡溪清興在詩家。分明雞鶩朝來迹,疊疊階前作篆叉。”“落處無論巨與纖,平鋪格樣類裝嚴。廟堂調燮憑占歲,兒女商量謾到鹽。誰向歌鍾誇白戰,我憐裋褐有窮簷。江南一種天成趣,墙角疏梅正鬭尖。”評曰:“二詩皆組織精工,研磨入細,不似原作之□氣排宕。”①

按:訥庵詩,多學人之言。予愛其《代送陳德純歸家》一首云:“去去君行不可扳,强將尊酒酌江干。情知離合人生有,自是交朋話別難。此際鄞江聊割席,他年京國共彈冠。雉壇舊有盟心約,別後相期保歲寒。”不失清新二字。又《應聘》一絶云:“三年歸臥故鄉雲,每被春風誘出門。曾到會稽探禹穴,坐看東海浴朝暾。”亦見高致。

《長志》卷二十八《典籍》著録。作“《訥齋集》”。

九龍山房集四卷

郝鳳升撰

《通志》卷八十《經籍》著録。

《府志·藝文》,鄒守益《孝子郝九龍傳》曰:先是,虔臺王公大捕賊,檻道出臨汀。贈君遇諸塗,叩之,即動色相戒,且唾且罵:“賊奴,何不速死。”賊目攝,潛誌姓名去。越五日,虔臺飛票索賊。時郡守吳公愛大理君秀穎奇拔,十三,補弟子員。吳公對客,輒呼爲小友。一日,召客不至,召大理曰:“酒美花香,主意却嫌來客少。”大理應聲曰:“天空雲靜,月明何必衆星多?”拊掌絶倒,益奇之。及旦,開捕賊姓名,即贈君也。吳公大錯愕,曰:“從何處得來?”竟以法嚴,不能出一語相救。家人親友,以喪禮送。贈君辭知己,慷慨就車曰:“賊實殺我,惟口;賊不殺我,惟天。余素剛愎,以罹此禍,至與賊奴同類,而共囚戮,悲乎。”言訖,叱車者行。大理君裹糧走贛三日矣。時虔臺親征湖賊,大理跪水濱叫冤。虔臺命左右翼孺子以進,口陳冤狀。虔臺還視左右,各退去,席稍前,孺子稍進,左右睹其指畫首肯狀。少則呼從官,給筆札艤舟以試。頃間,大語曰:“冤乎,有子千里駒而父行劫者哉?”已乃召虔太

---

① “不似原作之□氣排宕”,原稿脱“之□氣排宕”五字,據《江南廑存集》卷一補。

守,語之故,曰:"果如孺子言,計不能悉阿父面貌,爾其優孟以嘗。余三覆在
詰朝。"太守如旨,前後械進,虔臺詰以偽者曰:"械繫之囚,得無偽乎？"渠
帥叩首曰:"無偽。"再詰,三詰,如初。乃大罵賊曰:"此係臺中厮役,嗚鏑揭
竿,如汝口,彼長髯骨立於側者是,面孔不識,他於何有。"賊始伏誅。其以口
成案七人,一時俱得解脱。召孺子,勉之以歸。守益曰:"昔緹縈十三上書,謂
死者不可復生,斷者不可復贖,天子悲惋,至爲之減肉刑。大理十三上書,以
明父冤,千載可爲比肩矣。奉欽恤而廷中稱平,與減肉刑何異？"向大理與余
言,猶歘歘酸鼻。非困厄,烏能奮乎？兩遭厄廷杖不死,斯有後,於郝氏有
以哉。

周叙《忠臣郝九龍傳》曰:毅皇帝之五年,逆瑾伏誅。明年,公成進士,
拜大理寺評事。逆瑾雖誅,錢寧八黨,毒流縉紳,投繫詔獄無虚日。公居大
理,仁心爲質,廷中於是稱平,號"郝鐵筆"云。十四年,皇上自扁頭關幸榆
林,公引"土木之變"留駕,忤上旨,下錦衣獄。未幾,有旨南巡,時寧藩蓄異
謀,俟隙而動,內外以爲憂。大臣、科道交疏,不聽。公以大理副同不佞,連
名疏進。上震怒,於午門外廷杖,死者若某某。不佞與瑞卿,俱徼天幸,得不
死,乃骨血淋漓,亦不欲生。獨公時未有子也,謫都察院照磨。明年,告疾終
養。一歲三舉子,年五十有三矣,人以爲忠臣之驗云。迨世廟入紹大統,臺、
院、部、寺交薦,以骨折不任跪拜,始議外補,如長孺故事,强起。臥治嚴陵閲
五月,入覲天顏,舟進瓜州,棒瘡口裂,血下不止。乃北面稽首曰:"臣生無以
報稱陛下矣。"遂南轅歸。未幾,竟以瘡没。臨訣,屢書"天理"二字於心,
以示三子。嗟哉,余瑞卿乎。古以忠鳴者不一,有仁而忠者,義而忠者,廉而
忠者,知而忠者,得一焉,足以報答朝廷,光史册,輝映來禩。持衆美以效之於
君,余心折瑞卿云。

《長志》卷二十四《名臣》:郝鳳升,字瑞卿。年十三補弟子員,正德六
年成進士,授大理寺評事,陞寺副。十四年,南巡詔下,鳳升與寺正周叙等連
章極諫,武宗怒,廷杖四十,謫都察院照磨。嘉靖初,擢嚴州知府,蒞官五月入
覲,至瓜州以疾歸,卒。所著有《梅花百詠》、《九龍詩刻》行世。子沅、溙、
汶,皆明經。祀鄉賢。

又卷二十八《典籍》著錄。

又《通志》卷二百二、《府志》卷三十《人物》並有傳。

茅坤《九龍詩刻序》曰:九龍詩刻者,邑博士郝君溱所哀其先君子嚴州太守之詩,而梓而傳之者也。按太守公第楊慎榜進士,嘗由大理寺副驟諫武廟南狩事,杖闕下幾死,得千金藥迺解。當是時,公以直聲傾中外,然性好吟,數共何大復、鄭少谷輩名流相唱和。竊擬古之强諫者,其人多慷慨,而發之爲詩歌之什,多悲憤奮厲,甚且欷歔令人不忍讀。及覽公所手著,往往出風入雅,以疏曠豪爽之資,而搦管濡毫。宮闕、山水、朋旅晏遊之間,機杼所嚮,固不欲鑱心刻腎,以求古人之所至。而其因心爲聲,因聲依永,大都雜出海內騷人墨客者之林,而相爲淋漓迨宕不自已。公之詩,豈古所稱可以興、可以群,而抑不必其可以怨者乎? 公諱鳳升,字瑞卿,號九龍。公以郎署,一麾出守,所綰二千石印綬,輒棄去。而其沒也,祠之學宮,春秋俎豆不衰,亦可與日月俱遠矣。

《明詩綜》卷三十四:郝鳳升,字瑞卿,汀州衛人。正德辛未進士,大理寺副。有《九龍山房集》。《聖駕入城》詩云:"警蹕都門裏,傳呼天子歸。有生皆帝德,不怒自民威。衣帶千金誓,湯城萬里圍。自今歸馬後,紫極但垂衣。"《和李義山無題詩》五首之一云:"來去渾疑雲雨蹤,楚王宮北數聲鐘。情當厚處翻成怨,淚到乾時不覺濃。烟縷湘裙飛蛺蝶,玉屏羅幙墜芙蓉。月中剩有森森桂,遮却清光第幾重?"

《汀南廑存集》卷二:九龍詩神鋒儁異,能自出機杼,成一家風骨者也。《和義山》十首,風流旖旎,絕世丰神。鐵石心腸人,有此錦心繡口,不減宋廣平之賦梅花也。錄其後五首云:"十幅蒲帆渡海舟,情深正與海相猶。陽臺一夜雲空去,華表千年鶴自留。玉樹歌殘宮柳月,彩鴻聲斷井梧秋。倚欄惆悵還凝睇,何處天涯是盡頭? ""一陣飛花一陣風,悠颺吹去任西東。玉盤蕩漾珠無定,錦鯉迢遙路未通。兩兩蜂鬚拈絮白,雙雙燕翦架桃紅。呼奴勒馬探春去,滿眼驚看茁者蓬。""種種幽情付筆蹤,黃昏時聽斷腸鐘。眼橫秋水搖簾細,眉掃春山入畫濃。日炫翠屏金孔雀,霜侵鸞鏡玉芙蓉。等閒怕識東風面,閉住深閨深萬重。""江邊草木領春來,靜坐幽窗怕聽雷。雨漲池塘牽荇細,日融庭院囀鶯回。百年凋落潘安鬢,七步摧殘子建才。昨夜淚長燈正短,也因紅粉欲成灰。""翠被香銷欲臥難,倚牀獨坐一燈殘。羊欣裙爲書愁破,李白杯因飲興乾。玉兔光涵秋氣肅,銅龍泣下漏聲寒。階前紅滿花零亂,片片愁心不忍看。"

　　按:鳳升,《通志》卷二百二、《府志》卷三十《人物》並有傳。《府志》卷三十三《文苑》著錄。其佳句如“梧桐倒盡金樽月,楊柳吹殘玉笛秋”,亦清越可誦也。

　　按《臨汀彙攷》卷二《人物》:“《明史》於南巡諸諫臣,深許其非司風憲,當言路,竄謫接踵,而求者愈多,死相枕籍,而赴蹈恐後。其牴觸權倖,指斥乘輿,皆切於安危之至計,而郝鳳升之名在焉。吾汀鄉先生爲人倫師表者,不當於忠諫公首屈一指哉。”

梅花百詠

郝鳳升撰

　　《通志》卷八十《經籍》、《長志》卷二十八《典籍》並著錄。

　　郡守邵有道《序》曰:言之精者爲詩,花之魁者爲梅。梅詩豈易詠哉?詠而非其人焉,則梅與人不相肖無益,祇足發笑而自點耳。長汀九龍子郝公瑞卿,丙子冬之京候選吏部,因讀沈日休集詠梅詩,遂閉户三日,和成一帙,藏於篋久矣。余甲申膺簡命出守於汀,始與九龍子會晤,獲是稿焉。把之玩之,如“風靜露凝湖上夜,霜晴雲霽竹邊門”,言梅之風致也;“要試數丸金鼎實,先飄千朵蠟團香”,言梅之實用也;“由來金石盟心久,一任冰霜裂骨寒”,言梅之節操也。其餘敲金戛玉,鏗鏗鏘鏘,不可縷數。以是知九龍子之敏於才、贍於詩也。雖然,豈徒爲物評哉。九龍子早年飫學,榮名科甲,歷官大理寺副。己卯春,抗疏力詆奸邪,械繫於獄,被箠楚,嬰金鐵,瀕於死者數矣,而其志凛然不可奪。頃謫官憲幕逾年,以母夫人老引疾歸,徜徉林泉間,若將終身焉。是守歲寒、甘澹泊人,亦不以不究其用而非之也,其與梅何閒然哉。九龍子嗜梅,雖不覺形之於言,若實有自況焉者。而余於此,又以慶梅之有遭也。同寅楊侯一純請曰:“當鋟於石以傳,使後之人欲知九龍子者,當於詩焉求之也。”九龍固力止之,楊侯固刻之,余固序之,以爲之首引。

　　丘念廬師《手鈔明郝九龍先生梅花百詠序》曰:“夫感事百首,吾宗舊有狂夫;宮詞四家,宋代競稱作者:皆合錫朋之數,並推蓋代之華。然未有借一物以名題,和五音而協律。弘博絶麗,舒卷自如。若明代郝九龍先生《梅花百詠》,信乎鈎心鬥角,怵目驚魂已。先生篤生汀州,舊隸衛籍。聰明天授,

忠孝性成。握管登壇，吳守呼爲小友；裹糧走贛，王公驚爲奇兒。立脱父囚，
剛舞勺之歲；駢誅賊罪，雪覆盆之冤。洎乎釋褐登朝，起家進士；官雄九等，位
擢貳卿。當武宗之盤游，任奄豎之播弄。紀綱日弛，社稷幾危。先生屢上封
章，肝膽傾露；兩遭廷杖，血肉橫飛。骨已折而志不移，歷九死其無悔；官雖降
而節彌厲，經百折而不回。憲宗崛起外藩，入紹大統。褒揚直節，折檻而旌朱
雲；起用老成，補衮而思山甫。乃不任拜跪，外守嚴州。新政設施，上繼龔黃
之治；舊創決裂，下從龍、比而游。鄒東廓著孝子之篇，周大理作忠臣之傳。
固已彪炳載籍，輝映山川矣。而乃唐賦一篇，廣平偏傳嫵媚；宋圖百品，雪巖
專譜喜神。中華書局景印宋嘉祐中宋伯仁《梅花喜神譜》二卷，凡百品，每品綴以五絶，爲黃丕烈舊
藏。錢大昕謂宋時俗語，以寫像爲喜神云。作自南都，聲價重鹿門之序；茅坤序謂先生作於南
都，一夕而成。見《長汀志》。觀來東閣，興高水部之吟。復慨慕鄉賢，剔搜劫火。曾
向杭川舊志，讀奪袍爭渡之詩；《杭志》采先生《挂袍山水西渡》詩五首。更從《汀南廑
存》，長汀楊瀾輯采先生《梅花詩》二十首。見琴屋酒家之詠。雖嘗一臠以知味，飽腹
無厭；欲窺全豹而索斑，醉心未已。老友彭君鈺和，表忠有志，與古爲徒。從
徵文考獻之餘，作抱闕守殘之想。天性孤僻，爲契落落寡合之姿；神物護持，
特重矯矯不群之概。知予同嗜，與世殊科。雁足傳書，金錯勞美人之贈；兔豪
寫楷，銀鈎得內史之神。值予避禍鳳城，羈愁鼉渚。開緘百讀，跋燭三燒。有
句皆香，動籬落水邊之感；無山可隱，增羅浮鄧尉之思。望烽火於故鄉，綺窗
莫問；驚江城之多壘，玉笛休吹。爰假管城君，鈔成副本；更采圖書府，類聚大
觀。凡紀述之文，序傳之作。廣爲搜羅，藉伸仰止。它日付之剞劂，人驚出
《心史》於井中；此時說盡牢愁，我當讀《離騷》於酒後。中華紀元十八年夏
五，後學上杭丘復序於金城寄廬。

　　《汀南廑存集》卷二，郝鳳升《梅花百詠》錄二十首。《古梅》云："占
得鴻濛一段神，風寒飽歷見天真。疑從炎帝以前植，豈是逋仙而後人。傲骨
千秋曾化鐵，芳心半點不隨塵。頻看世事滄桑變，獨有寒花歲歲春。"《早梅》
云："玉作丰標鐵作神，群芳難比此芳真。能於風雪飄零日，特似乾坤挺立人。
菊委淵明三徑草，蓮枯茂叔一池塵。寒花獨放殊堪喜，芳地呼回萬象春。"
《十月梅》云："看花次第儘怡神，秋後還須讓此真。能向園林先作主，未經霜
雪更宜人。一枝纔放江南玉，餘樹猶封塞北塵。怪得幽禽偷眼覷，却疑天地

有私春。"《崖梅》①云:"一種高標磊落神,偏於險處託孤真。花開不但慰行客,果熟還能濟渴人。老幹支撐今古月,幽香拂送往來塵。何當對此披襟坐,抵掌盤桓天地春。"《溪梅》云:"片石臨流可照神,滄波寫出素懷真。孤標不改嚴灘操,勁骨還同渭水人。千尺絲垂冰雪影,一竿香洗利名塵。相親獨有閒鷗侶,日日來分古岸春。"《未開梅》云:"司花應是耐寒神,久向園林抱素真。勞我幾番勤問信,看君一似慎言人。猶將凍蕊深緘雪,不放微香濫逐塵。皎潔精明何可喻,驪珠顆顆淨含春。"《全開梅》云:"雪霽含芳倍爽神,冰心不復更籠真。肌膚一片瑩如玉,肝膽十分傾向人。深院傳來香有韻,連枝望去白無塵。斯時正好同歡賞,莫待花飛減卻春。"《二月梅》云:"開遲非是怠精神,耐久方知品格真。直到四陽猶作主,端持孤節不隨人。鬢眉自許居前輩,紅紫俱應列後塵。豈與群芳爭艷麗,欲留清操殿芳春。"《憶梅》云:"催花雪意冷侵神,未得花間信息真。每自攜筇過小苑,還同載酒問奇人。堪憐嫩蕊猶含玉,已覺微香欲噴塵。一日徘徊三五度,不知何日得吟春?"《探梅》云:"遙思芳樹動吟神,直入深雲訪玉真。撥草何殊迷路客,沿溪一似問津人。凝眸望去影籠雪,撲鼻吹來香拂塵。果向孤村籬落畔,橫斜冷放數枝春。"《移梅》云:"主張花事問花神,欲使園林氣象真。得見便如天下士,群居端識老成人。月明樹動渾疑雪,雲密根深迴隔塵。②培但因材非辨士,園中少此不爲春?"《折梅》云:"選得瓊林第一神,餘枝不似此枝真。凝眸望影猶含雪,入手清香便逐人。已謝今宵簾外月,免沾明日檻前塵。孤標却傍冰壺貯,畫壁書窗盡有春。"《老幹梅》云:"青牛文梓舊稱神,寒木春華此獨真。玉雪偶逢山下路,鬢眉不異謫中人③。吟殘風月關心事,閱盡榮枯過眼塵。借問東園桃與李,芳菲曾預幾回春。"《蟠枝梅》云:"裝點春容忒費神,橫牽曲制肖其真。灌園事借馴龍手,揉木工同繡鳳人。老幹盤旋能屈節,柔枝宛轉且循塵。若非凍蕊開成雪,錯認瑤池一種春。"《前村梅》云:"遠望冰姿暢我神,何妨村外去尋真。一枝影浸溪橋水,半樹香薰草店人。偶颺布帘簷隙影,時翻牛跡樹根塵。田翁斗酒呼鄰里,鼓腹謳歌共賞春。"《蔬園梅》云:"菓蓏同占甲坼神,亦如竹柏得其真。禦冬可作歲寒友,樹木還須爲圃人。但願蒼

---

① "崖",原稿留空框,據《汀南麈存集》卷二補。

② "迴",原稿作"更",據《汀南麈存集》卷二改。

③ "謫",原稿作"摘",據《汀南麈存集》卷二改。

生無菜色,何辭皓質共芳塵。籬笆門掩多佳趣,莫怪樊遲學種春。"《僧寺梅》
云:"亦有梅花似谷神,平時養拙任吾真。適來花界無生地,便作禪宮出定人。
一色開成林下雪,千里隔絕世間塵。水經傳有波羅奈,畫占維摩去後春。"
《橋頭梅》云:"澄澄寒碧浴芳神,徹底虛靈見本真。清氣不隨騎馬客,素心長
伴釣船人。影疏板剩鞋痕印,辨墮魚吹鏡面塵。灞岸應離斯地遠,無人來看
水邊春。"《竹外梅》云:"冰姿靜託此君神,弄影吹香意共真。白眼士窺青眼
士,虛心人對素心人。梅依修竹全高節,竹逗寒梅拂遠塵。各抱幽懷長聚首,
殷勤商酌故園春。"《擔上梅》云:"悽悽客路易傷神,幸託寒花趣味真。竹擔
橫挑過酒肆,村童錯認賣花人。半肩行李頗增色,一片襟懷迥出塵。驛使相
逢應借問,江南何處得先春?"

書易闡朱

梁珍撰

《通志》卷八十《經籍》著錄。珍,字友重。正德己卯舉人,武昌府推官。

《府志》卷三十三《文苑》並著錄,珍,遷東平知府。

《汀南塵存集》卷二:梁珍,字文重,長汀人。正德己卯鄉舉,歷任東平知
府。著有《書易闡朱》、《寒泉詩集》。

《長志》卷二十四《文苑》有傳。又二十八《典籍》著錄。

寒泉集

梁珍撰

《通志》卷八十《經籍》、《府志》卷三十三《文苑》並著錄。

按《汀南塵存集》卷二,"集"上有"詩"字。錄其《羅漢寺》詩云:
"西郭雄峨接上臺,三千羅漢下天來。祇園佛刹雲中見,次第僧房月下開。夏
日青松龍偃蹇,秋風碧樹鶴徘徊。上人時復供清賞,笑取香花浸酒杯。"

崇文本議四卷

楊昱撰

《通志》卷八十《經籍》著錄。

又卷二百九《良吏》附從父漢傳：昱，字子晦。正德己卯舉人，署龍南教諭，擢朝城知縣。操履端嚴，布袍蔬食，晏如也。再補都昌，減偏累民糧。民居災，叩首禱之，即熄。尋致仕歸，學者稱“東溪先生”。

《府志》卷三十《人物》有傳，昱著有《師鑑》三卷、《牧鑑》十卷、《自驗錄》四十卷、《偶見錄》四卷、《崇文本議》四卷、《爲學宗旨》四卷、《農圃須知》一卷。

按《汀南廑存集》卷二，錄昱《元帝宮陪太守遊歸》詩云：“傑閣山腰敞北扉，晚來登眺景霏微。齋鐘幾杵暮鴉起，時雨滿林秋稻肥。五馬從容忘勢分，百年際會得依歸。憑高忽感孤臣憶，何處天涯是帝畿？”

《臨汀彙攷》卷二《人物》，黎媿曾《題楊東溪畫册》云：“同里故都昌令先達楊東谿先生遺像，并先生自記畫册起止及其冠服歲年，文孫時習裝演成帙見我，俾識數語卷上。肅容展視者屢日，^① 甚歎先生身際太平雍容人物之盛，而其學術純正，皆非近今所有也。先生生成、弘間，時稱極盛。人士無他途叙進，非明經上第不得爲輦上貴人。南朔萬里，車書一家。仕宦者，出膺民社，老息里門，如踐更出入，無有文法拘牽，使其進退失據。士大夫冠服綦履，具有章程，往往見諸圖繪，傳示子孫。今仕宦視古稍異矣，又習尚輕脱，一二寫照傳神，多爲科頭箕踞，自放山巔水涯；或曳杖褰裾，寄託飄渺神仙之説；更濫及於圍場射獵、放犬呼鷹、擊鮮行酒，以極其侈肆輕肥之樂。數十年、百年後，解卷茫然，略不辨姓氏，欲以考一代典章，詳具官本末，其將何所取證耶？楊先生排纂事狀，自諸生以至服官，自服官以至歸田，分年注月，更詳及於親喪哭踊，苴杖齊衰，皆他人忽略而不記者，一一圖之寫之。足不偏倚，色不媮慢。敬則有儀，哀則有氣。先生學術之正，矩矱之嚴，尺幅間可想見。考先生叙記之日，爲嘉靖辛酉，去今一百三十有二年，異代滄桑，甘泉淩煙舊蹟，久已

---

① “者”，原稿脱此字，據《臨汀彙攷》及《託素齋文集》補。

剥落人間。乃楊氏子孫多賢，殘笥斷篋之中，守數寸遺，① 真等於大貝南金，兢兢無敢失墜。予里門後進，且年七十有五，獲拜公像，又獲著數行附先生不朽，實大喜過望。謂足爲先生 ② 取重也，則何敢哉？"

按《全閩道學總纂》本傳云："補知都昌。歲旱，祈禱輒應。"

《長志》卷二十四《理學》：楊昱，字子晦，號東谿。生而淳篤穎異，嬉戲必爲冠裳。甫就傅，解屬對，伯父漢指夜月試之，應曰："無私照天地，有影掛山川。"漢無子，繼以爲嗣，令卒業於門人郝氏。操履端嚴，潛心理學，得程朱薪傳，人士翕然宗之，鄧向榮嘗受業焉。正德己卯登賢書，署龍南學事。却束脯、正文體，潔己率物，九年如一日。晉朝城令，有循良聲。入覲，里甲奉例金，峻却不受。內艱服闋，復補都昌，減偏累民糧。歲旱，祈禱輒應。城中失火，再拜而滅。值迎梓宮，殫慮供億，監造御器，彌凜清操。聞生父訃，遂解組歸，結廬東谿講學，士大夫造訪無不以望見顏色爲幸，學者稱"東谿先生"。歿，年七十有二。祀鄉賢。所著《師鑑》三卷、《牧鑑》十卷、《自驗錄》四十卷、《偶見錄》四卷、《崇文本議》四卷、《爲學宗旨》四卷、《農圃須知》一卷，皆傳於世。

又卷九《古蹟·東谿草堂自記》曰：汀有流自東北抱郡而西，南當郡東，稍北歧爲二，中有洲可數十畝，而若干畝先世嘗售諸馮氏而有云。予少過，每慕其環水之幽，故早以"東谿"自號，意寓是也。繼奔走利名，是意荒者殆三十年矣。嘉靖辛丑，先解組歸，方圖經營於是，以償舊意。適沈氏以北際若干畝來售，予如原值償之，通前蓋共若干畝矣。壬寅冬，乃於沈地瞯池爲屋，前後各四楹；兩腋爲廂，復通其左爲門南出，匾曰"東谿草堂"，實舊號也。四際樹以木，中植嘉蔬、時果、竹茗、花卉，時一至其所，或督人以耕，或課學以文，或坐竹樹而風，或尋花卉而行，或掇蔬果而食，或烹茗泉而飲。室有榻，倦則憑榻而臥；几有冊，起則展冊而誦。又於水際設舟，以釣以游。然而日暮興闌，則乘舟徑抵郡之東門，不數十步而至於家矣。時有不同，玩景以娛懷；物有不一，游目而暢志。不忮人，亦不徇於人；不病物，亦不累於物。其養性怡情之地乎？或曰："是亦樂矣，子誠樂是與？"曰："予非敢樂此也，聊資是以自

---

① "寸"，原稿作"守"，據《臨汀彙攷》及《託素齋文集》改。
② "生"，原稿脱此字，據《臨汀彙攷》及《託素齋文集》補。

樂也。"蓋鍾才資用,天地生物之心也;行道際時,君子用世之志也。今獨拂是而屏諸荒寂,不才多疾者,固無責焉。有爲者,亦趨是焉,則汙隆升降之幾,明者蓋有懼矣。君子敢先動心於是哉?然道與世違,身爲時舍,或資幽僻以徜徉容與,則君子務焉。故曰:予非樂是也,聊資是以自樂也。

《受既亭自記》曰:東谿子作草堂以農圃八年矣。然隘而不廣,定而不移,每憾其不足以閱景而盡務;復織竹懸帷,效東坡擇勝之制,作爲小亭,令隨地隨意,可施可撤,名曰"受既"。客有問名亭之義者,曰:"子辭榮逃禄有年矣,孰爾既?守狷介成性矣,爾孰受?"東谿子曰:"予謂既,衆公而有者也,奚俟於榮禄?予謂受,衆忽而棄者也,奚病於狷介?"客曰:"可得聞乎?"曰:"余於是園嘗植木矣,數年既予以嘉實;嘗藝穀矣,數月既予以嘉粒;嘗栽蔬矣,數旬既予以嘉蔌,予皆受而爲食。嘗樹桑柘、枲苧、吉貝矣,及其成也,或既葉以蠶,或既麻以績,或既綿以紡,余皆受而爲衣。山川遠近,烟霞出沒,奇花秀卉,五采麗縟,既予以色,予目則受之;風樹相擊,水石相激,好鳥悲蛩,宮商出入,既予以聲,予耳則受之;池荷汀芷,墙梅籬菊,清臭異薰,傳遞芳馥,既予以香,予鼻則受之;茂草展茵,佳樹張蓋,平石清泉,可坐可漱,既予以安,予體則受之;朝暄晚凉,清風明月,雨濕露潤,昭瑩鮮潔,既予以暢,予意則受之。又和氣相蒸,芝菌疊生,紅紫昭映,奇瑰可珍,予於是嘗拾既以炫瑞;時和景好,酌清崇馨,招朋引類,投壺論文,意氣浹洽,情志傾倒,予於是每資既以厚交;神與景會,物感興新,或韻而詩,或章而文,鏗鏘典則,駢麗精深,予於是挾既以夸學;本德以生,資始而安,甫壯入仕,未老投閑,歸來有據樂事,無怪乎君親,茲既尤專以寬,故曰受既。"客曰:"是則子之謂既,不例時之謂既,其既也無費;子之謂受,不例時之謂受,其受也無貪。借名以寓意乎?"東谿子曰:"惟其不費不貪,吾故以名亭。若有費則傷物,有貪則損德。傷物損德,則既禍之興也,受災之蘖也,吾豈敢?"客曰唯唯。因演其說爲記,懸之亭壁,告繼有問者。

又卷二十八《典籍》著録。

《自序》曰:君子讀書,所以明道,非學文也。然道韞於中,未易卒見,必扣其鳴,而後所至者可知焉。此取士試文者之意,實爲道謀也。故昔之善爲此者,雖以文進身,不專以文爲學;雖以文設科,不徒以文取士。故真才出而足資焉。然行之久,本微末盛。舉世皆尚乎綺麗尖新,辯博深僻,學者非是則羞爲不工，主司非是則擲而不取。噫，養士取士，爲國家計也，爲生民[1] 計也。可資是者，道而已。今顧忘其所資，而徒爲綺麗尖新，辯博深僻之辭，國家奚望焉？生民奚賴焉？兹弊蓋逮近而彌熾矣。余亦學文以干進者，懼隨俗而靡，敬輯聖賢洎古逯於文者言爲一帙以自警，兼告同志。嗚呼，爲食本以充飢，而煎熬、醯醢，非爲食之本意也；爲衣本以禦寒，而刺繡、纂組，非爲衣之本意也。專務於煎熬、醯醢、刺繡、纂組，吾恐飢寒之迫體矣。

自驗錄四十卷

楊昱撰

《通志》卷八十《經籍》、《長志》卷二十八《典籍》並著錄。

偶見錄四卷

楊昱撰

《通志》卷八十《經籍》、《長志》卷二十八《典籍》並著錄。

爲學宗旨四卷

楊昱撰

《通志》卷八十《經籍》、《長志》卷二十八《典籍》並著錄。

師鑑十卷

楊昱撰

《長志》卷二十八《典籍》著錄。

《自序》曰：鑑，照物物也。人不自見者，率資鑑空以正之。師鑑者，欲師人者資以自正乎？嘉靖丙戌，愚爲禄仕得教龍南。履任，值邑兵興，竟歲方

---

① "生民"，原稿作"民生"，據《長汀縣志》卷二十八改。

已，士始就業，自懼師之弗稱，而又苦不自見也。故於五籍下及百氏言有關於教者，悉條錄之，久而富，乃次爲上、中、下三篇。上篇錄聖賢經傳之言，中篇錄儒碩善教之蹟，下篇則以先正論列古今爲教之旨充之。篇又分四類，曰教意、教本、教目、教方，蓋古人立教必有意，而出之恒有本；爲教必有目，而施之每有方也。意者，心；本者，身；目者，條件；方者，先後高下之宜也。不得其意，固不知所以教；不有其本，必不能達其教；不諳其目，不時其方，又何以作其成哉？竊斷以爲教不外此，故編次以此爲別，名曰"師鑑"。將時照自見以正，此鑑之所由作也。是帙，於碩右師儒固不敢瀆，窮壤授句讀者時有取焉，不亦可一鑑乎？

按《通志》卷八十《經籍》著錄，作三卷。

牧鑑十卷

楊昱撰

《長志》卷二十八《典籍》著錄。

《自序》曰：牧鑑者，集經史百家之緒言，爲牧人者之鑑也。必曰鑑何？人欲修容者，必冶金爲鑑以自見；況司牧者，可無鑑乎？修容者，鑑於金則容可正；司牧者，鑑於古則治可進，故曰鑑。曰："可傳乎？"曰："不敢也。世之仕者，多老成諳練之儒，豈須於此？唯蓄之俟與有責焉以自鑑而已。"曰："時未至而預爲之，亦勞矣乎？"曰："古固有恐過優游，將不堪事，而朝夕運甓者；吾今出入經史，纂集緒言，將不可與運甓方乎？"鑑凡爲篇三，爲類十有二，爲目若干。上篇述經傳之言，其類曰：出治之本、爲治之體、應事之方、接人之要；中篇紀古人政績，以廣上四者；下篇摭儒先格言，以論上四者。治本之目曰學問、心術、器度、才識、行檢、言貌、服御、采納；治體之目曰教化、撫字、農桑、催科、祠祀、訊讞、刑罰、財用、市價、防禦、士夫、僚屬、吏卒、小民、困窮、賓旅、貴勢、豪黠、異端、異類。必述經傳，尊其理也；必紀政績，質其實也；必摭格言，博其趣也。能因類逐目，詳以自鑑焉，則根柢之立，規模之布，設施酬酢之宜，不將有獲者乎？然中於聖賢論治之全旨不載者，非外也，事以類分，懼析也；帝王致治之懿績不紀者，非遺也，鑑爲下位者設，懼僭也。昔賢治效雖隆，而所以致之之實不著，與夫徒足驚世駭俗而不合於中庸者，則黜而不敢濫錄焉。若夫當采而或失，宜後而置前，則見之不廣，識之不精，天資學力之拘，不可卒强也。尚幸觀者原之。

《四庫提要》卷一百三十一《子部四十一·雜家類存目》:《牧鑑》十卷，浙江巡撫採進本。明楊昱撰。昱，字子晦，别號東溪，汀州人。是書以經史百家之言有關於政治者，裒輯成帙。爲類凡四，曰治本、治體、應事、接人。類各有目，凡三十有五。目又各分上、中、下，上述經傳，中紀古人政績，下摭儒先議論。每類綴有小序一篇，其餘别無論斷。嘉靖乙卯，汀州府同知李仲僎序而刊之。所徵引甚略，大抵隨意摭拾，無關體要，意其爲書帕本也。

《通志》卷八十《經籍》並著錄。

農圃須知一卷

楊昱撰

《通志》卷八十《經籍》、《長志》卷二十八《典籍》並著錄。

宦游六快一卷

楊昱撰

《長志》卷二十八《典籍》著錄。

《自序》曰:東溪子有山水癖，見一泉一石，必心曠神醉，周旋容與，徘徊不能去。嘉靖丙戌，爲禄仕，得教龍南。縣北有流出石間，驚濤怒浪，囀青噴白，態亂人視，聲亂人語，名曰“龍頭”，蓋“龍門”之譌也。縣之得名以此。東北有二山如螺，外累巉巖，中列虛洞，玲瓏掩映，奇瑰疊出，名曰“玉石巖”。期會入郡，舟必經龍門。貴游游巖，余必偕往，每得稔觀其妙。故宦龍南不快禄得代耕，而深快於是二者。甲午，擢尹朝城，邑爲中原平土，無山水之奇，嘗謁省府，道經岱宗之北麓，矯首仰瞻，挺拔三萬丈，盤據數百里，巍瑋葱蒨，爲停軺者久之。既入濟南，諸泉觱沸，而城南之趵突噴起數尺，滮滮有聲，尤可玩焉。過必倚馬而諦聽之，故宦朝城不快政得酬志，又獨快此也。己亥，以憂起，改都昌，實襟彭蠡，以事白郡，渡者數矣。一日，戴月夜泛，舟擊空明，推篷縱目，汪洋萬頃，真令人有凌厲出塵之想。郡枕匡廬，中有五老、白鹿之勝，部使者至，必求一登，郡邑諸寮例得以職從，至者非一矣。庚子春暮，憲副楊梅濱挾游留宿，以盡其概。山水潤膩，花卉爛漫，時地兩佳，快殊有溢於昔者。況縱觀紫陽學則，細讀六一雄文，得不有出山水之外者耶？既解組歸，精神夢寐，未嘗不往來於是者數矣。因命工繪爲圖六，曰龍艇觀瀾、曰玉巖閱勝，識宦龍南之快也；曰停軺望岱、曰倚馬聽泉，識宦朝城之快也；曰蠡湖夜泛、曰鹿洞春行，識宦都昌之快也。總爲一册，各繫以詩，名曰《宦游六快》。謹疏其事於卷首，用諗觀者。時嘉靖戊申孟夏甲寅，東谿居士楊昱書於本谿草堂。

陳工亮《題楊東溪先生畫册》曰：吾鄉諸先達，往往多其人。緬想東溪翁，矯矯尤出塵。壯歲登賢書，高文邁群倫。筮仕龍南諭，斯土樂陶甄。轉擢都昌令，元元瞻鳳麟。抽簪繪十像，緩帶以垂紳。窮達雖殊致，哀樂並重陳。深羨後嗣賢，什襲等奇珍。予忝先生後，希踪豈可親？古道照顏色，展視墨如新。九原杳不作，幸獲拜遺真。清風盈懷袖，仰止媲難遵。感歎成言拙，芳踪垂千春。

陸宣公奏議纂要

楊昱編

《臨汀彙攷》卷二《人物》：頃得楊東谿《陸宣公奏議纂要·題詞》讀之，始知東谿之學深也。其詞曰："唐陸宣公奏議若干卷，平正通達。議論揆之聖賢，無不協；設施措之國家，鑿鑿可行也。昔人許其經濟之學，諒哉。是人稍得中材之主，房、杜、姚、宋不足侔。而值乎猜忌刻薄之德宗，使位不滿其德，用不竟其才，徒託之空言，不既可惜也夫？雖然，天之生才，宏深博大，非一世人物者，必使不究其所施於一時，而令有可傳者垂之後世。蓋非爲一世而生，故亦不使爲一世之用，若孔、孟諸人是已。公負如是之才，不用於唐，而有言垂之後，天意亦有然耶？余得兹集，不啻口之於芻豢。憾記性不强，不克盡其全，故摘其警而要者爲一帙，名曰《纂要》，以便記誦，非敢揀擇去取於公也。見者其尚余諒而無余過也哉？"竊謂宣公行誼、政術，不愧涑水、希文。功令從祀兩廡，以崇正學，自是千秋公論。乃明代洪武至嘉靖百七八十年中，從無人見及；而東谿獨持此識見，高楊士奇、劉定之之議從祀者遠矣。

康副使集

康憲撰

《通志》卷八十《經籍》著錄。

又卷百五十五《選舉》：憲，字章甫。嘉靖庚子舉人，禮部寺務，除江西按察司僉事。

《汀南廑存集》卷二：康憲，官至江西副使。錄其《霹靂巖》詩云：“著意觀空翻礙眼，無心處世即逃名。峰頭雲去元歸寂，松頂風來自有聲。玉洞本從天斧削，仙胎豈假鼎爐成？生平不作風波惡，申夜何勞問守庚？”提筆直下注，到結處作歸宿，非泛泛填掇。

寶峰集

鍾鉉撰

《通志》卷八十《經籍》著錄。鉉，一作玹。文俊子。英德教諭。

《長志》卷二十四《文苑》：鍾鉉，以貢爲英德教諭。

又卷二十八《典籍》著錄。

易軒草

李一鑰撰

《通志》卷八十《經籍》著錄。一鑰，嘉靖間貢生。又卷一百五十八 [①]《明選舉》：“一鑰，惠州府龍川知縣，增設城兵，招撫猺民。”

《長志》卷二十四《宦績》有傳。

又卷二十八《典籍》著錄。

---

① “卷一百五十八”，原稿作“卷□百□十□”，據道光《福建通志》補。

嘉靖長汀縣志十卷

康誥撰

《通志》卷八十《經籍》著錄：誥，字寅湖。嘉靖辛酉順天中式，以世職讓弟。歷和州知州，改南安同知。嘗爲張居正子師，及居正相，絕不相聞，人服其介。

《臨汀彙攷》卷三《人物》：康誥，長汀人。以乙榜入太學，江陵張文忠公延之西席。鼎甲兩翰林，俱門人也。後謁選，得和州守。年滿，乞歸。兩翰林請於文忠，欲爲其師地。文忠曰："康先生和州三載，宦囊滿船矣。"康公負氣人，入仕籍，從不一字入政府。且性沖淡，致仕歸，產尚不及中人。以炙手可熱之時，而恬退如此，前輩高風，豈易及哉？

按《長志》卷二十四《儒林》："康誥，號寅湖。汀衛百戶寧子，遜世襲於弟謠。祀鄉賢。"

楊昱《序》曰：志者，紀事告來之書，史之餘也。體不同於史者，勢也。蓋史以代爲限，限於代者，非兼舉善惡則跡不昭；限於地者，雖舉善而不及其惡，意亦著矣。均爲治道之所資也。然志一也，職以地異，志不得不與職殊。是故，省志該郡矣，郡志不得不作者，以守治不同於岳牧也。郡志該邑矣，邑志不得不作者，以令治不同於守也。任治責者，可忽於是耶？今郡縣多無志者，蓋係其人泊時何如也。匪其人則不能爲，無其時則不得爲，皆不免於治無所於資，而遺一方缺典之歎也。長汀爲汀郡附郭，舊未有志，凡有所考，率所稽於省郡之書。嘉靖壬子，縣尹信州來渠祝侯尹邑已六年，深慨於是，毅然以修輯爲任。於是託其事於庠生康子誥，己則條爲折衷，三閱月而書成。爲志凡十卷。義例雖祖述省郡，而每類加詳焉。蓋以資令之治，爲體不得不爾也。既付梓矣，命昱言以序之。謹拜手言曰：天下之務，有約而可以該博，近而可以及遠。君子爲之，則澤及廣而法施永，若志籍之類是已。侯以明敏之才，乘政成之後，克成此典。使一邑巨細、因革之詳，永有所考信，所謂執約以該博，篤近而舉遠者。豈屑屑於簿書期會、取辨目前者可同日語耶？侯善政種種，類是偉績，散見諸志不可掩，觀志當自得之，茲不敢以諛詞贅及。且作志甫就，邸報侯已擢通判中都，余又慶其該博舉遠之才，將及於無窮也。此東谿楊先生舊序也。嘉靖間，邑侯祝一鑒延康寅湖先生纂修邑志。據序，凡十卷，已付梓而書卒不見，豈稿脫而公晉秩不果刊乎？

仕學軒文集

康誥撰

《通志》卷八十《經籍》、《府志》卷三十三《文苑》並著錄。

《汀南廑存集》卷二：誥，著有《仕學軒文集》。《臨高臺》詩云："臨高臺，盼江渚。南浦飛雲西捲雨。頹波氾濫挽不回，扼腕唏噓自悽楚。沿洄浩浩歌滄浪，風雨中宵偏對床。吁嗟乎，韶光易邁如流水，黃鵠高標今已矣。"高簡有筆力，不失樂府音節。《君馬黃》云："君馬黃，臣馬白。黃中精白咸一德。君駕六龍飛御天，臣馳六轡捐軀力。周攬八極信所之，永矢一心無他歧。一息千里安終極。"《送林對山少宰南還》云："官宦神仙重舊京，分曹況復是銓衡。衣從進講凝香異，馬爲乘春就道輕。覽勝總娛千里目，寧親端慰十年情。獨餘啓沃心常在，魂夢中宵繞鳳城。"《過陶靖節墓》云："靖節芳名絕代聞，千年華表至今存。松楸鬱鬱留風韻，宿草芊芊帶雨痕。三徑未荒彭澤蹟，五株猶對上卿門。可憐難續歸來賦，空向柴桑弔古墳。"《秋興三首》云："泊舟濟岸夕陽斜，回首長安戀物華。斗北有人探月窟，劍南何吏泛仙槎。霜葭滿眼猶秋色，海鶴鳴陰若奏笳。衰鬢那堪風露冷，何時易圃玩梅花？""維向西山挽落暉，更憐玉露轉霏微。紅蓮落盡黃花綻，來雁時逢去燕飛。政事賈生空太息，天人董傅信睽違。披衣漫自驚時變，憶即兵焚禾黍肥。""萬年河洛頌神功，此日徐淮疏濬中。懸水已無千仞險，呂梁惟掛一帆風。波涵秋月影常白，露挹江楓葉轉紅。回首天涯真浪迹，何如獨釣老蓑翁。"錢虞山謂："閩人七律如出一手，皆以聲律圓穩爲宗。其源導於晉安十子，汀人惟康寅湖近之。"《和郝九龍梅花二首》云："春光喜見一年新，又倩梅花娛主人。貪看晚香嬌雪夜，更憐孤介脫風塵。窗前月魄寒生夢，枝上詩魂細寫神。說到此中清絕處，一生心事是天真。""寒逼枯枝盡吐花，頓令春色到詩家。驚看一苑東方白，遙憶三更北斗斜。淺碧不須將粉傅，淡紅直已卸鉛華。少陵曾對君索笑，踏雪誰云著脚差？"

《長志》卷二十八《典籍》著錄。

白石集

郝沅撰

《通志》卷八十《經籍》著錄。沅,鳳升子。嘉靖間貢生,南靖訓導。

《府志》卷三十三《文苑》並著錄。

《長志》卷二十四《文苑》:郝沅,郝鳳升長子。孝友就書史,以選貢訓導南靖,因疾致歸。著有《白石》、《草元》等集。

又卷二十八《典籍》著錄。

草元集

郝沅撰

《通志》卷八十《經籍》、《府志》卷三十三《文苑》、《長志》卷二十八《典籍》並著錄。

瀫江集

郝溱撰

《通志》卷八十《經籍》著錄。溱,沅弟。嘉靖間貢生,贛州府興國及歸安二縣訓導。

《府志》卷三十三《文苑》並著錄。

《長志》卷二十四《文苑》:郝溱,性渾厚,不作崖異。初授興國訓導,復補歸安,所在皆春風。著有《瀫江》、《苕溪》等集行世。

又卷二十八《典籍》著錄。

苕溪集

郝溱撰

《通志》卷八十《經籍》、《府志》卷三十三《文苑》、《長志》卷二十八《典籍》並著錄。

柘林集警語

郝華箕撰

《通志》卷八十《經籍》著錄。華箕，沅子。隆慶間貢生。

又卷一百五十八《選舉》：華箕，宜昌府興山知縣，移知荆州府巴東。時寇樊龍張甚，華箕守天門鎮，卒於軍。

《長志》卷二十八《典籍》並著錄。

平遼十疏

郝華箕撰

《府志》卷二十二《選舉》。

聖宮禮樂造士錄

郝華翼撰

《長志》卷二十四《文苑》：郝華翼，博學能文，以貢謁選，作《朝市賦》，膾炙都邑。授潮州訓導，擢漳州教授。輯《聖宮禮樂造士錄》。

聽鶯集

馬天根撰

《通志》卷八十《經籍》著錄。

《長志》卷二十四《文苑》：馬天根，廉靜和介，以貢隆慶間。爲海寧丞，遷幕金鄉。致歸，劉直指調羹旌以“廉潔可風”。著有《聽鶯集》。

又卷二十八《典籍》並著錄。

又卷九《名勝·麗譙紅綴》，馬天根詩云：“三臺樓近五雲多，片片飛來湛碧波。夾岸人家罨樹渺，橫橋隄柳度鶯和。月隨逸韻升丹竈，風遞殘紅點翠坡。白社只今依惠遠,幾從棠蔭醉相過。"

《府志》卷三十三《文苑》有傳並著錄。

哀笴集十六卷

康時撰

《通志》卷八十《經籍》著錄。時,號易所,詰子。萬曆壬子順天中式。

按:《汀南塵存集》卷二錄時作五首。《贈星士方紹中》云:"不問南和北,都成故與新。放開雙眼孔,閱盡一時人。世路看幾破,肝腸吐最真。知君多佚思,莫惜酒杯頻。"《南歸自警》云:"飄零騰得老公車,岸幘青山問故廬。生計折來寧惜肋,驕氛避却且全樗。鳶鴟滿眼空相嚇,鷗鷺閒心總自如。國恤祇平何日事,可容吾道卷還舒。"《游定應庵贈隱泉上人》云:"揭來幽境足棲真,滿壑松泉爲瀉春。沙底浮鷗能結侶,枝頭啼鳥欲依人。慈雲飛錫千山轉,印月寒潭一鑑新。夜話得抽元解理,虛名何事共紛綸?"《笑占此身那得更無家》云:"浪迹天涯半歲華,此身那得更無家?誅茅小構鷯棲足,庋閣殘書蠹隱賒。已識浮名空泡影,肯拼短髮逐暉斜。從人笑指河清俟,抱甕山畦學種瓜。"《端陽後一日小集》云:"天中信宿此登臺,擬續蒲觴未盡醅。鼓吹忽移江上艇,風舷遥落笛中梅。誰添標錦群龍競,却剩懸絲五色來。四座詩豪堪對酒,問星招月漏頻催。"

餘言稿

林鍾桂撰

《通志》卷八十《經籍》著錄。鍾桂,字叢巖。萬曆戊午舉人。

又卷一百五十六《選舉》:"鍾桂,揚州如皋知縣。"

《府志》卷三十三《文苑》並著錄。

易經解

熊超撰

《託素齋文集》卷二《熊先生傳》曰：熊先生諱超，長汀邑諸生也。不以諸生著，而以酒名。鄉曲中舉先生氏號有弗識者，問“熊三”，則人人能言之。蓋先生日必飲，飲必醉，醉必罵也。先生既才高眤於酒，因酒廢學。及失意，益縱酒不休。一室所存，斷簡、深杯而外無長物。性既簡傲，不偕時俗。晚教學於鄉，爲童子師，日令上酒三升，坐破寺中，命盞飛觥無停晷。當大醉，尋茂樹流水所在，橫肱倒臥，捉牧牛廝養，强與深談。又命其徒走石揚沙、浴水彈雀、拳擊坐罵，以助其酣；或竟睡芳草中，通夕不返。其題壁有“厠穢場中堪飲酒”一語，餘不多見，亦足以知其結想之無聊矣。先是，先生不得於邑令，會學使者至，邑令陰致其罪，將陷不測。學使者奇其文，竟置第一。令適從道上聞試案揭，問首者誰，先生餘酲沾瀝，攘臂前進曰：“猶故狂生熊某。”令甚銜之，先生亦不顧。先生平時無一交友，僅一賣菜傭，一日者，往返最密，每夜必盡日中所有爲先生歡，雖風雨不輟。一日，醉撫其背曰：“熊超，熊超，不死則中，不中則死。吾與若何爲者？”各瞪目注視，或笑或哭，旁舍生鑿壁窺之，終不知其所語何等也。末年，當以明經出仕，然先生已無意於斯。病且革，不及他語，惟取素所快書焚床下，浮白數舉而卒。今其墓在某處。嗟夫，先生生嘉、萬間，當天下太平，無憂患攻心，而又以文章名郡國，其才可以自見，而竟以酒死，豈無功所謂“終身遊其地而不返”者耶？抑豈有所託而逃耶？其死之五十餘年，黎士弘聞其事而爲之傳。

《通志》卷八十《經籍》著錄：超，萬歷間貢生。

又卷二百十四《文苑》有傳。

按《府志》卷三十三《文苑》、《長志》卷二十八《典籍》並著錄。

左國合編

沈一亨撰

《通志》卷八十《經籍》著錄：一亨，萬歷間諸生。

《長志》卷二十四《文苑》：沈一亨，郡學生。六歲失怙，祖母曾、母黃，雙孀煢如，亨事之唯謹。母怒必長跪，俟霽乃起。母宗弱，極力掖之。其文與曾禹州、王荔波、胡鄧諸孝廉齊名，有《左國合編》藏於家。子士衡、士鑑，皆以科名顯。

李通判文集

李夢鯉撰

《通志》卷八十《經籍》著錄。

《府志》卷三十三《文苑》：夢鯉，泰昌元年恩貢。五中副車，順天訓導，擢桂林通判。博極群書，多著述。曾因三殿工成獻賦，朝廷嘉納之。

又卷四十二《藝文》，李夢鯉《儲務議》曰：竊職所司者，專在糧儲，則職掌繫焉。儻入孔不清，則必有插沙和水以爲奸，而虧在官；漁侵鼠侵以爲奸，而虧在民者矣。儻出孔不清，則必有取新置腐以爲奸，而利在豪強；短升少合以爲奸，而利在胥役者矣。夫使群奸得遂，即係職掌不修，朝廷安用此木偶之官爲是職？於職以外無長可矜，於職以內無責可卸。惟有清其出入，杜其奸欺，俾官與民兩便，豪強與胥役兩窮焉，而斯爲克稱厥職云耳。一、包攬之弊，起於豪強，窮鄉小民易爲恐嚇。彼輩嚇之曰："汝等親自上米，要使費若干，折耗若干。一或不到，禍便不測。"間有抗不與包者，惡黨百般挾毆凌虐，又嗾衙役偷盜索詐，小民無奈付包，冀脫虎口。一入其手，插沙和水，無所不至。臨驗時，或面蓋乾米一層，或先上乾米一石。左右不敢舉，糧官雖知不得問，以致入倉之後腐敗不堪，軍丁鼓噪。今後上米，合令除正耗之外，嚴杜非分，以清其源。一、混冒之弊，起於陋規相沿，不依次序，突於糧官放米之時，乘迫投單，爭先拾取。以致懦者守候竟日，不得支領，是強弱不均也。今後合令於發米前一日預先投單，照序登簿編號。次日俾魚貫而入，照簿關支，勿令攙越，則強梁者皆不得逞。一、倖冒之弊，起於奸利之徒厭薄舊糧，用計支去新收廒米，而先收者貯頓日久，腐爛不堪，以致人情洶洶。今後合令發先收之廒，不得動新糧，庶美惡停勻，人無怨望。一、盜偷之弊，起於衙役，彼輩於糧官收放之時，故意挨擠案前，壅蔽耳目。以致納戶上米、軍丁支糧之際，恣斗級拾取，夾褲夾襪，所在潛藏，一偷一接，遞傳出外，互相瓜分，而官不得見。

夫偷在斛以外,則民物也;偷在斛以內,則官與軍物也。以致納户斂氣吞聲,軍丁煩言聚訟,成何法紀? 今後令上米放米時,左右不許近前,只點斗級四名,用硃筆押面爲記,則群小無得垂涎。一、收買之弊,起於豪有力者,專一收買軍丁應支倉糧米帖,投倉支米。米纔出廒,就將此米代糧户復納倉内,收單轉賣,其米腐而又腐,是朝廷優恤軍丁之需,止供此輩買賣之具也。然此弊即在包攬之内,包攬一禁,則狡計不得施矣。

　　按:夢鯉文僅見此編,其集未見。

　　《長志》卷二十四《宦績》:李夢鯉,字伯祥,號憶岷。甫受書,日記數千言。比長,博極群書,多著述。五中副車,不第。以泰昌元年恩選考授邑丞,不赴。會三殿工成,獻《天心仁愛賦》,上嘉納之,勑部優叙,名噪京華,擬長卿賦《上林》云。四年,由京訓擢廣西桂林通判,善治劇,宗軍禄米,出入萬計,處之裕如。凡所條畫,悉當上官意。監司數委以煩劇及他疑獄,裁決如流。逾年,歸里,卒。

定郡檄略

黎有綱撰

　　《託素齋文集》卷二《先叔振三先生傳》曰:先生諱有綱,字振三。先世自宜黄之黎徙臨汀,積十一世。至先王父印山公蚤見背,時先君年十三,振三先生僅三歲。先王母立節撫兩孤,其茶蓼辛苦之狀,詳《王母節孝傳》中。先生生而奇偉,通眉虬髯,肌膚如玉雪。七歲就外傅,性跅弛,不受繩束。先王母每相對飲泣,使人誦"寡婦之子,勿與爲友"以諷之。先生感慟悲切,意不欲生,以指爪劃胸,血淋淋滴襟袖,先王母抱之大哭。遂由此折節讀書,祈以顯親揚名,使人謂孤兒終能成立也。年十六,補博士弟子。十九,餼於二十人中。丁卯闈卷,得而復失。當[①]戊辰、己巳間,中外多故,流賊群起,數破縣邑。又時承平久,人不知兵,所遣將弁皆紈袴子,禦敵輒走死,郡縣長吏往往陰賂賊金帛,求免逼境上。先生感憤,上書當事,指陳得失,斥家產得五百金,募死士三百人,欲一出奇當賊,通國頗笑所爲。先生曰:"是人,婢若也,安知

―――――――――

① "當",原稿脱此字,據《託素齋文集》卷二補。

大計？”擇日戒師，時觀者如堵。先生刑牲灑酒，感慨讀誓章，聲色俱厲，三百人不敢仰視，觀者數千人感恐愗，面相覷，無一敢譁者。人始知先生能軍，非同兒戲也。郡邑藉以無恐，自是先生有知兵名。時虔撫洪公瞻祖，援剿至汀，待先生上賓，欲疏題先生幕下。先生亦欲以奇節立功名，如傅介子、陳湯，博封侯爵賞，風行萬里外，恥從呫嗶見生平。先王母意弗善也，乃罷。所爲制舉之言，高華奇麗，甫脱稿即傳寫遍國中，後進小生無不規模刻畫，多因之以就聲名。學使何公萬化，兩試汀，皆置先生第一。評其文曰：“艷如花，熱如火，變幻如風雲。”人以爲定論云。繼文望日高，雖處諸生，名譽出公卿上。當事自制府、監司以下，咸願折節爲先生歡。車騎所至，傾其里巷。每當秋試，主司皆思得一物色汀南兩生爲重。兩生者，一先生，一則業師李公世熊也。然皆卒不得。先生既負儁才，謂取功名旦夕，又年少不復自知愛重，日則應酬座客，答四方箋疏無停晷，夜讀書常雞三號猶不就席。先王母令僕婢掩燈燭滅之，曰：“如此日夜疲精力，顧安得長年？”不謂言之不戒，遂竟以勞勩終也。先生於經史百家之言無不習，詩辭傳注之學無不精，文章意氣、任俠奇偉之士無不友，意之所欲自見者無窮，而卒不獲一酬其志，豈不哀哉？生萬歷乙巳，卒崇禎壬申，年纔二十八耳。所著有《篁嘯齋詩》、《北樓文稿》、《定郡檄略》行世。子一人，士式，今爲諸生。叔母章，守節有賢名。葬於東郊之七里亭後，郡守筥公繼良樹碣表之曰“閩西黎孝子之墓”。姪士弘曰：天人之道豈足信乎？謂仁者必壽也。先生天性淳摰，事先王母至孝，事吾父數十年，言笑不敢苟。小過失，雖既婚冠，猶庭跪受杖。先君中年善病，先生露禱願以身代，夜淚漬席間，目盡腫。先君問故，曰：“偶患目耳。”先君心知所以，兄弟相向哽咽不能出聲。其教愛士弘兄弟也，如所生。所爲立身行己者，如是而竟短折以死，則予家之祚薄也。至以一年少諸生，當郡國多事，輒破產募兵，全城邑無恙。使天假以年，得志而行道，其所以益於人國者，當更不知何若，而亦無所觀其成也。此又豈獨予家之不幸也哉。

《通志》卷二百二十、《府志》卷三十一《孝義》並有傳。

《臨汀彙攷》卷二《人物》:《仁恕堂筆記》云：余叔振三先生，孝悌人也。事王母不敢違色笑，事先大人甚恭，先大人病，割臂露禱祈代死。蚤歲文名噪甚，公卿爭求識面。吳中張天麟及陳蝶庵曰：“閩中榜發，即明白填‘黎振三’榜上，亦不爲私。”其爲四方推重如此。性急功名，愛朋友，凡以空乏請者，即典鬻應之，無倦色。歲戊辰，山賊暴起，將犯郡城。先生破產募兵，得二百人，朝夕巡守，郡城恃以無恐。時贛制府洪公，折節禮之。而太守笪公繼良，過敝廬，商略機宜無虛日。

北樓文稿

黎有綱撰

《通志》卷八十《經籍》、《府志》卷三十三《文苑》並著錄。

《寒支集》卷三①《黎子遺編序》曰：嗚乎，此固黎生振三應制之文也。黎生剛毅多略，銳意功名，欲有所大用於世，卒不得售，賫志以終。予悲黎生生二十八年，困諸生者十二年，沒又三年，而金壇笪長人始梓其遺文行於世。夫生未食文字之利，死烏噉文字之名？ 使文字可以得名，即死人猶爲之；則黎生未死之年，必至死而後已者，亦區區此小文爲也。夫慮身後有奄忽之沒，不惜殫精構文以延烏有之命，是以文字爲救死之具也。文之不足救死明矣，又不足榮生，黎生之靈不宜在遺文可知矣。予胡爲勸死人以得己之名哉？ 然而遺文鬱異稜峭，凜冽猶生，使讀者擊節哀吟，欷歔累日。黎生即出紙而語此，非所以旌魂魄，徒能紲絆神靈耳。同聲號召，虛空相應；結習未銷，仍戀故紙；返復墜落人間，重攖夭折之禍。予故搜其文而盡播之，望碧空而呼曰：振三子，②此子所鏤神爽精，塵土不化之物也。世之人亦既盡讀之矣。效可概覯，於用何裨？ 慎無涊涴於此，豁然夢醒其可乎？

篁嘯齋詩

黎有綱撰

《通志》卷八十《經籍》、《府志》卷三十三《文苑》並著錄。

---

① "卷三"原稿作"卷囗"，據清初檀河精舍刻本《寒支初集》卷三補。

② "子"，原稿脫此字，據《寒支初集》卷三補。

白侍齋集

胡臨亨撰

《通志》卷八十《經籍》著錄。崇禎間諸生，以孝舉。

又卷二百二十《孝義》附康銑傳。

《長志》卷二十八《典籍》並著錄。

崇禎汀州府志

馬上榮撰

《長志》卷二十四《文苑》：馬上榮，邑廩生。博極群書，詩歌古文，擅名一時。崇禎十年，郡守唐世涵聘修郡志。

《通志》卷八十《經籍》著錄：上榮，崇禎間諸生。郡志弘治十年纂修者郡伯邵有道、司訓何雲、邑庠生王惟伋、李孟魁、清流孝廉伍晏，崇禎初年草創者郡伯笪繼良，崇禎十年續成者郡伯唐世涵，皆上榮始終編輯之。

按《通志》說誤，弘治十年，歲在丁巳，纂修者乃郡守吳公與掌教杜觀光、分教梁鑄，見安成劉震序。伍晏修志，乃當嘉靖五年丙戌，郡伯邵有道守汀之三年，見晏自序。

烏程唐世涵《序》曰：郡邑之有志，昉古列國史也。志，裔經而翼史者也。六經之道同歸矣，謂《春秋》獨見行事，非空言比，何也？袞鉞嚴，勸懲遠，夫人而知之也。今夫自朝廷達邦國，凡敷奏也，批勅也，勘驗也，何事非言，何言非事，行之則勸懲在一時，輯之則袞鉞在千百世。甚矣，史之爲事重也。語事於一郡，內外大小雖殊，至於登耗有數，興釐有時，彰善瘅惡有權，治人理幽有典。事之司存於簿書者，所在充棟焉。揆以春秋之義，其散之六曹與屬邑者，雖實事總載以空言；及其彙而爲志，無空言不爲實事；而志且與史並重，作之匪易，修不其難乎？汀志終於肅宗皇帝之六載，迄於今，山川尚多新闢，何論人事？益以年來疆場多故，兵食繁興，加派頻仍，官私交困。譬理家者，事愈棼，則手口之登記愈不容慢，此殘缺之亟在修舉也。余不佞，技乏三長，而欲上下百十餘年之文獻，程往昔，詔來茲，如緪短何？惟是長吏窮年簿書，志特其可大可久者，委之操觚家事，又義所勿安。乃取馬生上榮所爲《續略》，與舊本參伍而錯綜之；考以《八閩通志》，采以八邑分志，登裨野之傳聞，發案牘之陳腐；再與紳衿之有識者，悉心討論，如裁腋爲裘，聚材作室，凡三易稿而志成。質之共事諸君，無異同也。僉揖余進曰："汀信史也，請弁其首梓之。"余猶豫未決，既又喟然作而歎曰：嗟嗟。否與？然哉？夫子之作《春秋》也，曰："吾之於人也，誰毀誰譽。"尤上嘉乎史之闕文，且於不知而作之者三自反焉。汀已掊固陋而文明，則爲之志，以表方隅之勝，大約善善長於惡惡，法之不得同於史，固也。或者謂江河日下，載籍孔多。紈袴士女，偏多節孝之旌；箕裘子孫，善竊賢豪之幟。巧拙之名實相蒙，恬競之品行互掩。貴耳於目，信手爲心，若是者有一焉，能無謬於有所試無所譽之旨乎？然則，昔之於志，懼其文闕；今之於志，不更懼其文夸乎？所可得而信者，曰：此述之，非作之也。抑縱與奪，進退微顯，不佞與諸士大夫、國人之心相信而後筆之於書，庶幾以三代直道，當四境風謠，待熙朝作史者之採擇云爾。若夫披巖谷之險夷，辨民俗之淳薄，論武備之堅瑕，導其竅可以起事，綜其變可以救時，又此中資治之本所不可使無徵也。

　　按：《振綺堂書目・史類・地志》："《汀州府志》十冊，二十四卷，明崇禎十年郡守唐世涵撰。"即此志也。

四書參注

沈士鑑撰

　　《府志》卷三十三《文苑》著錄。

　　又卷四十二楊玉暉《沈未空傳》曰：未空先生沈士鑑，字若水，長汀邑人。未空，其更號也。初號瘦狂，已謁其房師沈去疑，公頗疑狂之夸，遂自易未空云。未空七齡而孤，與其兄士衡字若玉，就家塾，即已敦摯穎敏，誦課日數千言，未嘗凝滯有所遺亡。偶曝父書，得遷史，悅之，遂爲句讀鈔評，反覆躭玩。塾師弗善也。其舅林笏山公知之，顧獨時時與語古文辭及諸奇快書，若陳龍川、李溫陵，尤儒家所戟手而咋舌者，務益相抽揚，拓其胸目。未空用是益自信，好愈篤。既而，與若玉俱以垂髫籍學弟子員。當是時，沈之執戚與汀知名士，無不嘖嘖兩沈生者。未空尤簡淡沈默，不逐時趣，雖小失利，夷然不屑也。無何,士衡舉於鄉,以爲先人讀書之志,藉兄稍慰,將棄襦以究竟學問大事,母林孺人未許也。先是,居廬嘗毀於火,盡喪歷世典籍、遺貲,倉卒出寓書屋,風雨四壁,饘粥不周。未空益貸錢聚書,如不得已。當值歲晏,有過之者,見索閴於堂,謫唧於室,方手持一編,若不聞也者。以是產日盡,家日落,林孺人憐而私憂之。未空襟度灑脱,獨其事母與兄,能先事承意,既領孺人微指,遂復理諸生業。又且十年,以思陵之己卯秋試,集會省。邸中無事,偶閲諸房考名,至吳門沈去疑,同社大噱曰:“子必雋,是直磁契也。”未空亦大噱相和,僮僕皆愕眙,不知所謂。榜發,果壓房卷焉。蓋於元已危得之,爲忌去疑者所尼而止。未空於書無所不窺,又深知古人心事直捷簡易之旨,故其學一以王氏爲宗,信釋、儒本無二致。當爲文,輒不避嫌忌,凡西方化人之言,五宗頓圓之教,楊歸善、周剡溪猶隱躍者,獨明眸吐膽,一一於四子題中達之。謂文足繫道者,必如是而後無愧;苟易吾言,即千駟萬鍾,可旦晚致,無庸也。尤心喜武進鄭崒陽先生,聞其家居,裹糧間關,將有所商。因之金陵,拜宿陽明祠,晤山陰王元淳。知元淳佐縣政和,即道武夷,過政和,與究昭靈黑漆之義,頗有所入。欲乞微禄,少償諸負,以遂初服。癸未,再下春官。歸謂所知曰:“天下事不復可爲矣。”未幾京師變,告金陵有擁戴之舉,復欣然曰:“明德固未可忘也。”繼江淮不守,吳越淪胥,遂鬱鬱不樂,竟以乙酉十月遘疾卒,僅年四十三。哀哉。未空賦性樂易,肯施與,勤長養,周旋戚黨,不爲矯激、表暴以逐名。人有過失,未嘗面折,包荒調護,俟其自悟。蓋藏垢納汙,渾涵渟蓄,雖俗士闒坐,他人拂衣欲起者,未空對之油然無倦色。卒前一月,猶走柬同社,謂日月迅邁,聚首良難,特舉月會。會未終而疾作。居恒讌集,未空必先至晚歸,夜午猶握手徘徊不忍別。祖父遺產斥賣殆盡,大半爲聚書、爲篤友典衣質錢。於中式後,更無虛日,故其貧乃甚於諸生時。卒後,妻孥幾無以自給。生平所著《四書參注》、《理題藏稿》、《孔廟從祀私議》、《論語要篇》及五七言古近體歌詩尚存,餘文散帙,頗没於水。於戲,尼父有言:“吾見其進,未見其止。”未空所詣,余輩尚不能窺其底蘊,然意若未空者,天如假其年,使得揭其所止之機,景以示人,不當有所興起耶?且未空未生,汀人無知王氏學者。迨汀人稍知有王氏之學,而未空往矣。優曇鉢現,偶爾一時。哀哀後死,無緣在兹。悲乎。

　　《通志》卷八十《經籍》著録。

又卷二百十四《文苑》有傳。

《長志》卷二十四《儒林》：沈士鑑，博極羣書，二十一代治亂，俱晰其原委。詩文具陸游、曾鞏遺風。

孔廟從祀私議

沈士鑑撰

按《通志》卷八十《經籍》著錄，作《孔子崇祀議》。《府志》卷三十三《文苑》、《長志》卷二十八《典籍》並著錄，作《孔門崇祀議》，今依楊《傳》題。

論語要編

沈士鑑撰

《通志·經籍》、《府志·文苑》皆無著錄，依傳補。

理題藏稿

沈士鑑撰

見楊《傳》及《託素齋文集》卷一《沈未空先生詩序》。

清夢齋詩集

沈士鑑撰

《通志》卷八十《經籍》、《府志》卷三十三《文苑》並著錄。

《託素齋文集》卷一《沈未空先生詩序》曰：未空先生，其人傑哉。先生幼負異姿，恥爲俗學，籍諸生二十年，於時藝之言漠如也。學使按部，同舍諸生呀唔竟日，先生凝塵滿席，惟《楞嚴》一册、《象山語錄》數卷而已。偶從卷牘中嚮往某公，徒步走毘陵三千里訪之，一見以爲無當，不告其姓名而返。舉動奇偉，人莫識之。丁卯，兄若玉舉於鄉，即欲罷諸生、遂長往之志，母夫人勿許。至己卯，乃舉鄉試第八人。乙酉，傷國事多故，鬱鬱致病死。先生究習當世典章，畜書七千卷，一覽皆能背誦。記先君曾得舊錢一甕，出以試先生。先生略不經思，隨手分別，即至幽僻如殘唐、蜀、夏，人所不記憶者，皆爲指劃年代，檢本按之，百不失一。然先生神簡高閒，亦不見先生數數讀書也。性猶流連景物，良晨佳夕，束集賓朋，雅論彈棋，都無塵事。至酒思微酣，則又手持長髥，倚風微嘯。坐客愛其風流，竟席不忍言去，其爲人傾倒如此。竊私議吾邑言理學、負博雅名者，當奉先生尸祝；而文章意氣，則又予叔振三。先生有廓清之功，人不以爲非也。平生著書甚富，其自信者，《四書參注》一書，卷帙浩繁，尚未授梓。仁和宋樹桐先生佐郡臨汀，慕先生文行，爲選其詩歌以行。宋公與先生曾無一面之素，而興懷異代，輒生不同世之感，殆自任爲身後之桓譚也。刻成，以予奉教於先生者久，屬爲點次，而又令識其一二遺事於卷端。嗟夫，先生自叙《理題藏稿》謂："不欲乞人一序，千百年後有知我者，作傳作贊，一任之。"今曾不待千百年之後，而傳、贊有人，無因傳一語於地下，豈不悲乎。

按《汀南麈存集》卷二，選錄未空詩二十一首，稱其："五古得陳射洪、張曲江之遺則，淵古溫粹，兼有其勝。近體邃入西江派中，瘦硬而僻澀。"《咏懷》云："秋草不能容，秋蟬不能語。耳目一以易，魂握無所據。愁尋幽靜來，勉此溪上步。漠漠長江水，遠向天邊注。所思與俱遠，逐流底何處？""端居亦以久，獨知四時疾。暑雨落春花，寒露滴夏日。天故健於行，急欲一元畢。念此感何窮，坐聽風蕭瑟。""牡丹顯西園，車馬馳大道。蕙蘭隱北谷，棄置侶衆草。人情誰昔然，幽貞亦夙好。誠貪君見知，自鬻蓋已蚤。""嵇阮豈意敗，王戎終所憎。堅白亮自持，坐立隱相醒。處寂形將苦，同流神不聽。古之狂簡士，兩害擇其輕。獨羡展惠子，心迹不須并。""志遠宇宙狹，見大豪聖卑。人誰習此語，言故與心違。懷酒偶不忌，四座目相嗤。醒來特自貶，乞恕醉中詞。""老氏有明言，死不忘者壽。奇哉百年人，耽此七尺杻。日月盜精魂，龍虎配夫婦。多勞博少延，如此亦何取？""食罷棄餘骨，鷄犬毒相爭。顧之堪一笑，乃珍予所輕。歎息還自思，至人屣利名。何爲學鷄犬，人棄我則榮。多少算尺寸，得失辱足傾。安知彼之子，不笑我無明。妄與物較智，等是役於形。""吾愛白香山，允矣其居易。身心宅儒佛，耳目游聲利。詩文且取適，官職況能累。三復醉吟傳，我墓共此志。"《清夢齋自題》云："迷倍伊誰夢覺班,差能斗室取安閒。閉門無物仇腸肺,著枕有時歷水山。琴酒參差筆墨外,身心揩酌釋儒間。<small>白樂天自志云:外以儒行修其身,內以釋教治其心。</small>却慚未免至人笑,分濁分清即一關。”《贈曾弗人》云:“時情容易稱名士,夙性次且敢附群。直我堪師方是友,惟君篤行況高文。靜談似悟山中室,追味如聞古所云。鄙吝自嫌根未淨,省來已減二三分。”《寄曾弗人并呈近刻》云:“性命文章豈必皆,具文已自乏朋儕。無聞那遂安蓬戶,有興誰爲辦草鞋?著作未能離爾爾,秋陽其肯浪佳佳?憑茲嚴冷相成意,千里何殊共一齋?”《別武夷》云:“來舟忍遽掛歸帆,正使深情繫洞巖。盡興一游心自淡,留餘重到念方饞。仙真晤訖寧須候,塵俗紛然料不監。要是臨行終戀戀,莫嫌訂約太諵諵。”《送劉霞起薦辟北上便道謁淮撫朱公》云:“尋常誰肯信才難,多事旁求乍改觀。東閣未甘隨伏謁,北山無計得盤桓。幕中析理來劉尹,班內傾心待謝安。知己靜聽聲實好,相期豈但進賢冠。”《答笏山先生》云:“高人處廊廟,不減烟霞質。性本無軒冕,朱門亦蓬室。微怪陶靖節,棄官而乞食。懶性如不堪,何能八十日?自心既超遠,塵網何妨入。所以嘗妄想,欲顯游戲術。身處紛紜中,神情每孤立。王霸有經營,內心無得失。江左風流相,昔推安石一。不應千載下,寥寥莫與匹。”

又按:先生《清夢齋自題》一首,自注云:“予頻夢遊匡廬諸名山,故以‘清夢’額其齋。”先生之詩,除《汀南麈存集》所錄外,全集未見。

《長志》卷二十八《典籍》並著錄。

卷四　明·寧化縣

立太學規制

張顯宗撰

《府志》卷四十三《藝文》，楊溥《明工部侍郎張顯宗墓誌》：公諱顯宗，字名遠，《寧志》名作"明"。姓張氏，爲閩著姓。曾大父五三郎，大父勝卿，父壽隆，母黃氏。公六歲而孤，母夫人貞守教之。公英毅日發，每出語，人輒奇之。洪武中，以明經貢南宮，明年，以鄉舉會試上第，廷試賜進士及第第囗人，擢翰林院編修，轉太常寺寺丞，國子監祭酒。今天子嗣登大寶，以交趾遠在荒服，擢公爲右布政使，以疾卒於官。遠近聞者，莫不哀悼。初，公拜祭酒時，以風教久弊，欲更其故習，手疏所宜行數十事，上悉可其奏。公亦夙夜以身率諸生，五鼓即升堂講讀，課試俱有程式。以宣聖廟隘，撤而新之；以橋門道隘，鑿而通之。視師儒之賢者禮之，邪不檢者汰之。由是，太學風裁一新，而諸士子亦爭自磨濯，日就準繩規矩，凡出公門下者，率爲聞人。其教育之法，至今四方傳誦之，其有功於斯道者多矣。其在交趾也，當遠人款附之初，兵、農以數百萬紀，號令所及，民庶歡呼。又以見公之學，固不專以文事而已。公天性至孝，而家素儉約。既得禄，即迎母夫人就養，公退輒率諸子娛侍其側，或語及先府君則感泣不能自已，君子謂公有終身之喪。娶黃氏。子男二人：克舉、克寬。公生癸卯年十一月二十一日子時，卒於戊子年十二月初十日，享壽四十六歲。卜以明年十一月二十七日葬邑之張家坪，先期克舉以狀來徵銘。予奉狀悲惋，誼勿獲辭。爲之銘曰：惟公之教，有繩有矩。百川滄溟，群物時雨。惟公之政，仁摩義撫。遠人來歸，如就父母。曰政曰教，忠孝而推。仰瞻斯言，卓乎嵬嵬。

《寧志》卷四《先憲》：張顯宗，字明遠。少喪父，母黃守志，訓教顯宗，以文學著名。顯宗天性聰悟，讀書過目成誦。家居以孝聞。由府學生治《春秋》，應洪武二十一年歲貢，入監肄業。中洪武二十三年應天鄉試，次年登進士及第。初授翰林院編修，奉勅撰述文字，檢閱經史。隨侍親王往秦、晉、燕、周、齊國，遷太常寺丞，賜衣一襲。時國子祭酒宋訥，以嚴訓士，最被上眷。訥卒，繼者多不稱旨。顯宗以年少被命署監學事，申明學規，諸生坐堂遂衆。太祖嘉之，尋命爲真。顯宗嚴毅方正，於諸生中罕與可，獨賢吳溥，爲延譽公卿間。後溥試禮部第一，仕至國子司業，溥即吳與弼①之父也。建文末年正月，陞工部右侍郎，奉詔往江西招集丁壯，募民出粟，以禦靖難。六月，南京陷，成祖即位。江西軍卒執顯宗及布政使楊璉、按察使房安、僉事呂昇至南京。上釋不誅，謫顯宗等戍興州衛。《閩書》云："成祖即位，與司業張智歸附。尋以嘗募兵江西，謫戍興州。"永樂五年，起爲交趾右布政使。顯宗勞來撫戢，彝民安撫。尋卒於官，交人祠祀之。顯宗性行孝友，政事敏達，時以文學飾吏治。會交趾初平，人情未定，清林知州王賦、武寧知州魏思善，能奉行顯宗約束，皆有惠政。並卒於官。

又卷三②《科目·明進士》：顯宗，洪武二十四年辛未許觀榜第二人。前志作"二十一年戊辰任亨泰榜"，誤。戊辰第二人，乃福州唐震也。《寰宇志》、《歷代登科志》及王世貞《續稿》、許侍中《顯忠錄》，皆作"許觀榜第二人"，今從之。惟《水東日記》及《金川玉屑》云："張顯宗狀元及第，時高皇帝夢雙絲墜地。"則非第二人也。顧箬坡又云："本朝狀元如張公顯宗、許公觀之節，皆無忝大科。"並舉張、許，則非同科也。再稽郎仁寶《七脩續稿》云："國朝戊科狀元，無至台輔者。十五年壬戌張顯宗，所終亦不大顯。"謂見《南園漫錄》及《近峰聞略》，則是以公爲壬戌榜，而非辛未也。黃槐開遂以十五年薦辟附會壬戌之說，亦臆說耳。楊升庵云："近刻《國朝登科錄》，洪武庚戌至甲子，不知取士之科幾開，張顯宗、花倫、金璹，不知爲何科大魁。況考論洪荒之世乎？"按：公裔孫家藏有公貼黃云："張顯宗，係寧化縣，在城里二都上進賢坊民籍。由本府儒學生員治《春秋》經，洪武二十一年歲貢考試中式，國子監肄業。二十三年應天府鄉試，中第二十六名。二十四年二月會試，

① "吳與弼"，原稿脫"與"字，據李世熊《寧化縣志》卷四補。

② "卷三"，原稿作"卷□"，據《寧化縣志》卷三補。

中第二十名。當年三月初十日殿試,中第一甲第□名,恩賜進士及第,禮部轉送吏部聽用。當月十七日,於奉天門欽奉聖旨,欽除翰林院編修。十八日早謝恩之任。"此狀年、月、名次,鑿鑿可據。其第一名"一"字,乃後人補書者。然既云二十四年,則爲許觀榜無疑耳。不知諸書及邑乘何以有狀元之稱也?今考狀元許觀,以死靖難削籍,仆題名碑,部本進士俱不傳。觀既削籍,而顯宗歸附後死,其流聞爲狀元,必以此耳,無足疑也。

《通志》卷八十《經籍》著錄。

又卷二百二並有傳:張顯宗,字明遠。洪武辛未進士第二。授編修,奉勅撰述文字。隨侍親王歷秦、晉、燕、周、齊諸國。遷太常寺丞。國子祭酒宋訥卒,繼者多不稱,顯宗以少年署監事。時士風久弊,顯宗欲更其故習,條上十餘事,帝嘉之,即命爲祭酒。顯宗嚴毅方正,五鼓即升堂,講讀課試,皆有程式。以文廟隘,撤而新之;橋門在道左,又鑿通之:由是太學風采一新。於諸生中獨以吳溥爲賢,爲延譽公卿間。後溥試禮部第一,仕至國子司業。建文末,顯宗陞工部右侍郎,銜命往江西,招集丁壯,募民出粟,以禦靖難師。成祖即位,江西軍卒執顯宗至京,帝釋不誅,謫戍興州。按《水東日記》稱:顯宗往江西起義兵,不知所終。《野獲編》引之。又傅維麟《明書·黃觀傳》有:"金有聲爲刑部侍郎,與觀及張顯宗等徵兵江西,至南昌將入援,爲所部百户劉恩縛送京師死之。"歷觀諸說,葉氏稱其"不知所終",不過傳疑而已。傅氏所稱"縛送京師死之"者,似但指金有聲而言,則顯宗固未嘗死靖難之禍。若如諸說,則他日交阯布政者,又何人耶?自當以李氏《縣志》爲是。永樂五年,安南平,改爲交阯,設三司,乃以顯宗及福建左參議王平爲左右布政使。顯宗撫綏新附,人親之如父母,交人祠祀之。

按《明史》卷一百六十三《李勉傳》:"始太祖以宋訥爲祭酒,最有名。其後,張顯宗申明學規,人比之訥。"

諸司職掌

張顯宗撰

《通志》卷八十《經籍》著錄。

逆臣錄

張顯宗撰

《通志》卷八十《經籍》著錄。

忠義錄

張顯宗撰

《通志》卷八十《經籍》著錄。

輔教錄

張顯宗撰

《通志》卷八十《經籍》著錄。

警愚錄

張顯宗撰

《通志》卷八十《經籍》著錄。二書合《逆臣》、《忠義》凡四十卷。

張侍郎遺集二卷

張顯宗撰

《寧志》卷四,知縣陳統《書張公遺集後》:"客有問予者曰:張公寧陽,開國之英也,掇巍科,躋膴仕,踪跡疑似湮沒久矣。盍暴其心迹,揚其忠義,以風動斯民可乎? 曰:唯唯。疑信,史職也;旌別,典章也;吾何敢喦焉? 吾景仰其賢,錄其政教,以私淑焉爾矣。□□□□□夫掌成均而士習丕變,善教也;總方岳而民夷向風,善政也。善政善教,民畏民懷,此其章章較著者。吾幸而蒞公之邑,入公之鄉,拜瞻其像,思欲尚友以宅心知訓,撫寧此民爾,餘何敢知焉。雖然，公之心迹，亦不容不論辨也。夫公之初及第也，高皇帝前夕雙絲之夢，非偶然也。聖主之得忠臣，帝天神於所遇，則其生也有自來矣。已而入史館，掌成均，貳司空，德望巍然，朝宁之表矣。不幸遭值時艱，□有募兵江西之舉，□□□此千萬人吾往之勇也。又不幸而權讒被執，謫戍興州，從征南交。其所以忍死間關，不就匹夫之諒者，非誣曲爲親，則養晦候時也。而志則可悲矣。南夷底績，句宣乏人，論者不察而薦之朝，用者不察而加之位，是豈公之本心哉？一受羈縻，甘人豢養，冤憤鬱而不伸矣。辭之不能，受之不可，不必仰藥發疽，而公之死期，已決於奉檄之初矣。不然，從役近七年而無恙，受命不逾時而告終；降卿執之尊而苟從大夫之後，公之心事，斷可識矣。今考墓誌、郡志及水東之記、遺事之編，而皆關其工等之職，募兵之行，從役之久，非爲公諱也，爲時諱也。今觀史館所纂修，可以徵文；《大閱》不忘戒，可以觀武；《交南夜坐》，可以觀忠；《望雲圖》、《孝友堂》之咏，可以觀孝。而詞氣溫雅，不露圭角，獨微見意於《夜坐》之詩。意其人必充養純粹，和氣外見，而剛大不可奪者，存於中也。公其有道之士也哉。竊嘗以爲雙絲叶夢，似傅說之感高宗；敷教成均，[1] 似陽城之在國子；舉義江西，似祖逖之誓清中原；從戍南夷，似箕子之甘囚辱。至於新命甫加，遽爾即世，似夷齊之死周粟；旅櫬南還，道經銅柱，似馬援之志死邊；其心事如青天白日，無纖芥可疑者。論者不察，乃與彼隨時就功名者同日而語，是以啄腐而嚇鵷雛也，不重可歎哉。”按陳統所搜《遺集》及舊志所載諸詩，多下里村學堂語，甚且以太祖御製詩譌爲公作者，今概删之。其他文如《豐山沈氏碑記》，見《連城縣志》；《書耽犁生卷後》，見《水東日記》及《長樂志》。詩如《梅花限韻》，見《遺集》。皆勿錄。黃槐開云：“溯公所值，受命、徵兵、被逮、遣戍、賜還、旅櫬、顛沛之餘，天涯萬里，雖有所存，亦疑以存疑矣，是烏足爲公重者。”予猶記諸父心泉公宦遊粵西明江，道彼處廟，祀公惟嚴。然則公之所過者化，信矣，知言哉，是亦足重公矣。若何喬遠云：“《南交夜坐》之詩，無論服官、從役，皆涉於訕。豈蒙召仰藥，本詩禍與？”此則因陳統“受命不逾時而告終”之語，推求其故耳。清流户部郎鄧向榮亦云：“張公蒙難正志，箕疇以明；首陽苦節，周鼎以尊。”翁正春爲顯宗《祠記》亦云：“公抑鬱遘死，意類夷齊。”今按：安南平

---

① “敷”，原稿脱此字，據《寧化縣志》卷四補。

於永樂五年五月，六月即置交阯府州衛所，命顯宗爲左布政司。六年十二月，乃卒。則非"不逾時而告終"也。但六年七月，交阯簡定復叛，官軍屢出無功。十二月，黔國公沐晟遂爲簡定所敗，兵部尚書劉儁、都督僉事呂毅、布政司參政劉昱等皆死之，而顯宗適死於是月十日。後代"仰藥發疽，抑鬱遘死"之說，亦有所自來矣。但攷顯宗家乘，載沐晟、呂毅、劉儁各有祭奠之文，則其死又在諸人死難之前。然則公易簣當從墓誌，歸附當信《閩書》。夷箕之論，固尚論者之深心，宜亦前賢所默可也。

按：《汀南廔存集》卷一，錄張顯宗《觀大閱》云："高秋天氣肅，四郊氛霧清。儲皇肄講武，萬騎出嚴城。旭日照行殿，涼飆振霓旌。部伍雲龍整，組練雪霜明。超乘勇堪賈，蹶張氣若矜。進退有程度，擊刺紛中程。① 以茲當紀律，鼓行孰敢承？豎儒守章句，恥被縵胡纓。覽此奇正法，始悟王者兵。願言歌武烈，因之繼頌聲。"《題陸御史望雲圖》云："陸子東吳秀，去親仕王畿。鞠躬侍執法，憲度清且夷。奉親久契闊，悠悠動遐思。朝咏《蓼莪》篇，暮吟《四牡》詞。寤言望白雲，寐也嘗見之。宛如在目前，承顏不敢違。汝親自可見，吾親當別離。念子思親詩，泫然雙淚垂。" 按：李元仲徵君《寧化縣志》稱："公文傳世甚少，存此二篇，稍見先進風調。"《交阯夜坐偶成》云："天外蟾光透短櫺，寒氊獨坐適幽情。園林花木多開落，寰宇英雄幾謝榮。莽操懿溫猶有跡，蕭曹房杜只存名。鑑觀往事渾如許，何用紛紛智力爭？"

逹書二十二卷

王之麟撰

《通志》卷八十《經籍》著錄。

又卷二百二十三《隱逸》附雷元明傳。之麟，字振子。以薦辟官職方主事。

《府志》卷三十三《文苑》、《寧志》卷四《藝文總目》並著錄。

按《寧志》卷三《薦舉》："之麟，兵部試主事。"

---

① "程"，原稿作"呈"，據《汀南廔存集》卷一及《寧化縣志》卷四改。

斗窩齋集四卷

王之麟撰

《通志》卷八十《經籍》、《府志》卷三十三《文苑》、《寧志》卷四《藝文總目》並著錄。

梅花詩百首一卷

謝道撰

《寧志》卷四《先憲》：謝道，字宗魯。成化辛丑年以歲貢卒業南雍。適流虬國官生來朝，奉旨著入監讀書，大司成劉公鼓集國子生數百人於堂下，特遴道傅之。道所學既優，言論風度尤雅飾，遠人敬服。弘治十年，授鳳翔懷遠衛經歷。十六年，遷歸善令。有黃錦者，落魄諸生間，道下車講學，首物色之。邑子弟謔曰："黃錦頓冠歸善邪？"道笑曰："諸君固鳳也，顧黃生亦當扶搖而起耳。"是年甲子秋，榜下，黃果第一人。其所謂[①]鳳者，蓋凡鳥云爾。自是人倫之鑑，喧傳郡邑。道性剛執，不善事上官，郡守某銜之。正德三年，草賊剽殺惠潮間，血流千里，有詔各郡勒兵會剿之。兩臺集議，欲得監紀軍事者，郡守以道老儒不習兵，可藉此陷之，遂以道薦。道受命，降服雜行伍中，遍相要害，設伏遣諜，紿賊入重地。伏發，盡殲之，斬級無算，獲輜重如峙。道毫無所染，悉分給軍士，歡聲震地，而守反以薦舉得人受上賞。直指方欲題叙，而道以老病致仕歸。

《通志》卷八十《經籍》著錄。

又卷二百九《良吏》並有傳。

按：此集未見。

---

① "謂"，原稿脱此字，據《寧化縣志》卷四補。

雜說十六卷

楊廷器撰

《寧志》卷四《先憲》:楊廷器,字子材。由歲貢生爲廣州教授。天性端整,言動悉遵古訓。三司教鐸,五署邑篆,青氈之外,別無長物,宗族鄉鄰,靡有閒言。著《雪窗自觀錄》、《宦遊雜記》、《林下自觀稿》,未行世。

按《通志》卷八十著錄。

又卷百五十八《選舉》:廷器,字梅塘。嘉靖間貢生。建寧教諭,遷廣州教授。

《府志》卷三十三《文苑》並著錄。

雪窗自觀錄一卷

楊廷器撰

《通志》卷八十《經籍》著錄。

按《府志》卷三十三《文苑》著錄。"觀"下無"錄"字。《寧志》並著錄。

林下自觀錄一卷

楊廷器撰

《通志》卷八十《經籍》著錄。

按《寧志》,"錄"作"稿"。《府志》無之。

宦遊草一卷

楊廷器撰

《通志》卷八十《經籍》、《府志》卷三十三《文苑》並著錄。

按《寧志》有《宦遊雜記》。

一丸集四卷

黄極撰

《通志》卷八十《經籍》著錄。極，嘉靖間貢生。

又卷二百二十附父志傑孝義傳。

《府志》卷三十三《文苑》、《寧志》卷四《藝文總目》並著錄。

按《寧志》卷三《科目》：極，選貢。攸縣知縣，改陵水縣知縣。六載考成，以親老告致。

廬山集一卷

伊堯夫撰

《託素齋文集》卷四《伊易庵先生傳》曰：寧化之伊爲望姓，代有聞人。和平令宗邵先生，尤著也。先生名堯夫，宗邵其字，晚庚號易庵。九歲能屬文，同舍生有他稿，吝不欲示人，先生一覽輒背誦無遺，塾師驚歎，謂：“是郎雖年少，豈久轅下者？”補諸生，每試高等。隆慶間，應拔貢，入太學，闈試數不利。詣選人，得江西南康之星子縣。縣濱湖，貧瘠爲一郡最。先生詢民疾苦，力爲蘇息。性嫻聽斷，郡有大獄，悉以屬先生。間修復紫陽白鹿洞規，進諸生講業其中，所賞識如胡應台、但條元、但啓元、王俸，皆先後成進士。以外艱去，星子士民爭肖像祀之。服闋，補粵東惠州和平。和平故盜藪，地名象洞，複嶺崇山，界連三省。每盜起，則廣東、福建、江西近邑，皆被蹂躪。有大盜曾揭吉，憑險聚衆，當事議合勦，無成局。先生謂：“用兵須曠日持久，竭財殫貨，賊不時平，民力先盡矣。”忽輕騎挾卒，直抵賊巢，令卒先傳呼縣官至，群盜出不意，迎拜馬首。先生坐定，手指曰：“若等知縣官來意乎？”群盜曰：“不敢。”先生曰：“若等但據尺寸地，擬抗大師，聚烏合之衆，無數月之糧，官兵合圍，且夕釜魚耳。縣官父母心，知若等迫飢寒，誠不忍立視就死。肯一旦悔過，縣官雖文弱，力能丐若等生。不則，縣官今來，止一騎一卒，一聽若等之所爲。”群盜叩顙號呼曰：“不敢，我等固知必死，但上官多不信，言反覆。如公開誠，民等曷敢有二心？指誓天日，不敢負公恩。”一矢不加，黨羽解散。終先生任，無有一盜敢睥睨行路者。方次第上先生功，而先生以末疾求去。當事難其請，先生卒行其志，致政歸。所得士胡應台，仕爲漳南道，伏謁階下，執弟子禮。先生終不以貧故，爲故人乞升斗。故相晉江李文節公按：相國名廷機。當國，爲先生同年生，又雅知先生，欲特薦起故官，先生力辭免。優游家食將二十年，卒年八十有一。先生坦懷樂易，與人語，惟恐傷之。至事所不可，則義形於色。所著有《廬山集》一卷，藏於家。教子弟皆有法。墓在高棟上芝窠。子姓千指，多業儒。曾孫周，篤行能文章，與余善。黎士弘曰：觀伊先生撫盜一事，大類孔公鏞。隆慶間，鏞守高州，巨盜鄧公長據茅洞，鏞欲詣洞招撫，士民爭尼鏞行，鏞不可。竟挾四卒抵賊巢，往覆開導，公長遂降。飯虎飼狼，昔賢所戒，納降如厝火積薪，小不慎遂至燎原，不復可收拾，明之已事足鑒矣。若孔公與先生者，非信義素結於百姓，又克觀變審幾，而欲身嘗不測，僥倖就功名，庸有當哉？攷孔公踐歷清華，仕至少司空；而先生僅以一令終，位不償功，君子有餘歎焉。嗚呼，法令牛毛，盜賊多有，不驅民爲盜已足，化盜爲民，我不多見也。先生足以傳矣。

《通志》卷八十《經籍》著錄。

又卷二百九《良吏》有傳。

《府志》卷三十三《文苑》並著錄。

義重集一卷

羅一鶴撰

《通志》卷八十《經籍》著錄。一鶴，隆慶末貢生。

又卷一百五十八《明選舉》：一鶴，寧海訓，壽寧諭，岷府授。

《府志》卷三十三《文苑》、《寧志》卷四《藝文總目》並著錄。

綱鑑補遺三十卷

陰興期撰

《通志》卷八十《經籍》著錄。興期，萬曆初貢生。

又卷一百五十八《明選舉》：興期，尤溪衛訓，益府授。

按：《府志》卷三十三《文苑》、《寧志》卷四《藝文總目》著錄，俱作"二十卷"。

蔓言草

陰興雍撰

《寧志》卷四《先憲》：陰興雍，字仁熙。萬歷間選貢，教諭永春。簡淡性成，興物無競，即之者如春風醇酒，無貴賤，少長咸樂之。環堵蕭然，而吟誦自適。所著有《蔓言》、《歸田》諸草。

《通志》卷八十《經籍》、《府志》卷三十三《文苑》並著錄。

宦遊草

陰興雍撰

《通志》卷八十《經籍》、《府志》卷三十三《文苑》、《寧志》卷四《藝文總目》並著錄。

歸田草

陰興雍撰

《通志》卷八十《經籍》著錄。

按《府志》卷三十三《文苑》、《寧志》卷四《藝文總目》著錄，皆云三書共三卷。

錢神紀

黃槐開撰

《寧志》卷四《先憲》：黃槐開，字子虛。生而亮拔有志節。萬歷甲午舉於鄉，選山東青州府推官。單車視事，苦寂如寒士。然所聽斷，洞悉人隱，無不心折者。或不比於法，即兩臺監司持之，槐開必出之，再三白冤狀乃已。嘗視青州篆，帑有羨金逾萬，吏以嘗槐開，開嗔目視之，吏惶恐請死，竟冊報巡環。署益都一期，贖鍰僅九十餘兩，悉易田養士。查盤至萊蕪，財豪王某者，以競繼產訟。萊之廣文羅某者，與槐開戚好也。受豪餌爲游說，約得請則輸萬金。槐開面發赤，已，岸然太息曰："人固難知，今所謂君不知故人也。"羅忸怩而罷。青大饑，安丘之民變，劫邑帑。槐開往鎮之，邑乃靖。無何，人相食，至有父子、夫婦、姑媳相餤者；愧開鞫其事，掩袂大哭。遂移書御史，血淚俱下，不忍讀。御史即其言條上封事，天子怵然，立發金粟十數萬爲賑。於是他郡皆設粥廠。槐開獨持議曰："粥廠之設，非便有四：萬衆待哺，薪水是先；今鵠形仆頓，樵采運汲，督役維艱，一也。奔走萬衆，喧嗔一廠，必蒸疾疫；且强者攘臂，弱者喪屨，顛擠蹈籍，遂有待哺數日，終不沾粒者，意本求生，翻速其死，二也。城郭旅集，餘糝分甘；荒村匍匐，露宿而俟；枯唇未濡，饞眼已斷；何一堂赤子，而隔若越、秦，三也。且大祲之際，十九空匱，銀米展轉，化於胥役之手，如肉委餓狼，萬無存理，四也。今惟計口多寡，散給銀粟，檢發易清，奸胥斂手。使城鄉均惠，倪旄同欣，不亦可乎？"於是諸貿貿來者滿郊圻。賑不給，則復請於郡守，出罰鍰數百緡，繹於南郡以濟之。所存活以萬萬計，誦聲沸然。旋以卓異徵，而忌者起矣。先是，邑令吳堯臣狂易無檢，槐開條其狀，報御史罷之。而安丘太常卿馬某，以事干槐開不遂，又深銜之。及是，天子所遣賑^① 使過庭訓，與馬某爲同年好，過之弟與盧令復同進士。比周構訐，謂天子賑饑，他郡設粥廠，而青獨否，利爲侵漁，而召用之旨遂寢。巡按、鹺、屯三使者欲申請之，槐開竟拂衣歸矣。築數椽於天寶山，自號天寶山人。門庭蕭槭，讀書娛老而已。所著有《天寶山人集》、《在齊草》、《落花雁字詩》、《錢神紀》、《心經述》、《律陶纂》，多未行世。夫古今談救災者，必首富彥國，槐開阻設粥廠，蓋祖彥國之法變通之，施濟有效矣。乃彥國以此入相天子，而槐開遂遭讒以歸，豈九卿御史，俱未讀《宋書》邪？祖護一匪人，至奪萬姓之母，逐朝廷廉幹吏，上欺天子而無憚，甚哉，阿黨之不忠也。

　　按《通志》卷八十《經籍》著錄。"紀"作"志"。

　　又卷二百九《良吏》並有傳。

心經述

黃槐開撰

《府志》卷三十三《文苑》、《寧志》卷四《藝文總目》並著錄。

按《通志》卷八十《經籍》著錄。"述"下有"律"字，當涉下《律陶纂》之譌。

律陶纂一卷

黃槐開撰

《府志》卷三十三《文苑》、《寧志》卷四《藝文總目》並著錄。

按《通志》卷八十《經籍》著錄。"陶"上脱"律"字。

《寒支初集》云：槐開慕靖節之爲人，作《律陶集》一卷，取陶詩離散而儷偶之，即起陶先生自讀之，不辨也。

天寶山人集十二卷

黃槐開撰

《通志》卷八十《經籍》、《府志》卷三十三《文苑》、《寧志》卷四《藝文總目》並著錄。

按《府志》不著卷數。

又按《府志》卷四十《藝文》，黃槐開《修寧化城記》曰："寧城築於正德十六年，濱於河者三百餘丈。馮夷作虐，恒苦傾圮，隨圮隨修，修未已而復圮。是無異故，帑無餘積，不得不藉資富民。富民之黠者，每以賂免。即強以從事，亦苟簡塞責，聊寬功令耳。辟聚沙而雨之，無怪圮不旋踵也。天啓辛酉冬，長汀令郭公環洲攝治，亟籌修治。余不揣爲陳末議，當道悉報可。未經始而彭公象石至，決意舉行。時議支帑金三百兩，公心計不給，遂捐俸首倡。甫期，而釀金千兩有奇。於是鳩工督役，分區合作。自東門抵南，逶迤而西，築濱河之圮者一百四十三丈，依山而圮者十七丈，雉堞之殘缺而培補者數十丈，修馬路二百餘丈。經始於癸亥六月，告成於甲子十月，衡費數倍於前，課工不啻過之。第工浩費煩，中有將圮猶未圮者，欲併修之，詘於力而止。數年之後，不無藉賢守土憂耳。”

又卷四十四《藝文》錄詩三首。《草倉遺蹟》云：“丞相祠堂寄草倉，壁間留句照斜陽。一麾出守三持節，千載行人幾斷腸。蟬咽暮雲悲舊國，馬嘶寒雨泣空廊。採蘋薦罷重回首，山鳥無聲水滿塘。”《東山古渡》云：“溪流遠抱邑之東，溪上猶存舊紺宮。僧出曉船常載月，樵歸晚渡遞分風。障泥屢惜嘶驕馬，遺跡都忘散落鴻。因憶故人從此去，魚書珍重碧波通。”《南嶺秋清》云：“南嶺秋風日夜清，芙蓉卓秀對孤城。山深霧豹文將變，天淨霜鷹眼倍明。萬里京華勤北望，千家禾黍樂西成。憑高謾笑雕鳩輩，躑躅蓬蒿過一生。”

按：後二首並見《汀南藉存集》卷二。槐開詩文存者止此，全集未見。

在齊草二卷

黃槐開撰

《通志》卷八十《經籍》、《府志》卷三十三《文苑》、《寧志》卷四《藝文總目》並著錄。

按《通志》，“齊”譌“齋”。

落花雁字詩一卷

黃槐開撰

《通志》卷八十《經籍》、《府志》卷三十三《文苑》、《寧志》卷四《藝文總目》並著錄。

郚斳集十卷

楊撊撰

《通志》卷八十《經籍》著錄。撊，萬歷間恩貢。

又卷一百五十八《明選舉》：撊，福寧州訓，建昌府瀘溪諭。

《府志》卷三十三《文苑》、《寧志》卷四《藝文總目》並著錄。

鐵山集四卷

楊栻撰

《通志》卷八十《經籍》著錄：栻，萬歷間恩貢。

又卷一百五十八《明選舉》：栻，建寧府訓，潮州府普寧知縣。

按《府志》卷三十三《文苑》、《寧志》卷四《藝文總目》並著錄。"栻"俱作"拭"。

白雲草十五卷

陰維標撰

《寧志》卷四《先憲》：陰維標，字汝建。父興雍，初爲萬州訓，生標，故別號瓊海。標父寒氈清苦，家徒壁立。既久沒，母伍氏，結草而居，以瓦甕代釜，標泣曰："母忍之，來秋必有以慰母。"明年丙午，按：即萬歷三十四年。果以禮經舉於鄉。累上公車不第，選四川夾江知縣。夾江地六十里，崇禎四年，加派地畝，歲誤加銀一按：《通志》作"二"。千五百餘兩，賦重民疲，積逋累萬。標至，悉其實，具詳撫軍傅宗龍，痛陳懇困，累紙數千言，傅爲愴然。下藩司覆議，司不可，標再三申辯，至以死爭之。傅察其誠，乃曰："地畝題定已久，誠難議蠲。今查均糧、溢地、米派三項，共銀一千三百五兩，悉屬本省留用，准行停徵，以紓民困。"民困雖紓，而標之落籍坐此矣。庚辰大計，遂以徵糧不及額罷。夾江民德之，肖像武侯廟後，春秋祭祀焉。標以少年登雋，寡交遊，未免廣己造大。然懷方守正，地方有大利病，侃侃直言，不阿徇有司。邑有大興作，籌算銖兩，不辭譙責。維標獨行一意，雖木强，人亦以是諒之。又雅量不宿讎怨。標祖舊葬楊屋溪，墓爲鄉人所盜，訟之官，既抵法。丙戌間，鄉人悉聯長關，乘襲城之亂，焚標祠，摽其室如洗。妻墓之在鄉者，併遭發焉，其荼毒至此。丁亥，總鎮于永綏，提兵捕長關，兼得標冤狀，將兵之。標爲請曰："所與標爲梗者數輩耳。大兵所加，玉石何別？渠惡逋逃，而良弱騈戮，標不忍聞也。"于乃止。鄉人聞而德之，爲修其墓。生平刻苦自甘，自爲諸生及宦遊歸里，日惟一飯。遇雅集持觴，亦浩浩落落，漏三下，猶歌嘯自得也。晚年棲息龍門庵，手錄古今文字幾百卷，無夏無冬，一燈熒熒，如射策書生。臨沒，翛然恬定如平時，其高致如此。所著有《白雲草》十數卷，未行世。

《通志》卷八十《經籍》著錄。又卷二百九《良吏》有傳。

按《府志》卷三十三《文苑》並著錄。

又卷四十《藝文》，陰維標《重修寧化城記》曰：今上在御五年，旰食宵衣，殫精圖治，謂宜四海寧謐，萬姓乂安者，理也。乃揆諸事勢，有不盡然者。邊訌寇擾，黎庶騷然，迄無寧宇。閩僻南服，海氛未靖。汀據上游，雖不與海上之警，而戊辰以來，山寇滋蔓，千里之內，聞風駭竄。寧邑六十餘年，民不知兵。今春忽聞寇警，合邑戒嚴。乃淫雨漲發，兩橋陷損，城之未經修理者與沿河一帶俱崩。寇患、水災，交怵民心。邑侯張公甫下車，適匪我王公以查盤至，觀茲災變，督率令承以下晝夜乘城，防禦無懈；復募壯勇，據守險要。寇知有備，窺伺謀寢。於是一意鳩工，百役咸勸，經始於四月初，告成於十月終。所修城併女墻、馬路，合二百五十丈，費金錢八百緡。先是，寧城數修數圮，聚沙雨中，僅同兒戲。癸亥甲子，余始與役。今之圮者，皆昔之將圮未圮，意欲修而力不逮者，再經葺理，當爲金城。第恒情好逸惡勞，欲益憚損規避，咸欲袖手纖嗇，誰爲落毛，徒使賢有司心焦於上，北山發歎於下耳。夫殷憂開聖，多難造邦。嗃嗃以興，嘻嘻以敗。宇宙多故，君相焦勞。百司庶尹，視力奉職。余衡茅賤士，亦不愛頂踵以少效涓涘。用能轉危爲安，弭災致祥，未必非興者機也。一隅如此，天下可知。從此殄寇賓彝，中外禔福，即謂有其理竟有其事可也。余將拜手頌昇平，祝天子萬年矣。

按：維標尚有《聚星樓記》，茲不具錄。

黃子真實語三卷

黃胄撰

《寧志》卷四[1]《逸行》：黃胄，字司成。初爲國子生，甚有名。後棄舉業學道，師林三教先生，授九序心法，力行十餘年，洞入玄要。著《河洛先方

---

① “卷四”，原稿作“卷□”，據《寧化縣志》卷四補。

衍》、《統衍》、《坤衍》等書,別有發明,非古今成說。或問《棠棣》詩作何解?胄曰:"此猶儒者所謂活潑潑地也。非靜非動,亦靜亦動,有如'棠棣之花,偏其反而'者。若費尋思,便隔萬里;若未之思,即此便是,何遠之有?彼氏風旛之喻,拈花微笑之旨,皆襲此意耳。"其解悟超脱類如此。又著《黄子真實語》三卷,學者稱爲"夔軒先生"。

《通志》卷八十《經籍》、《府志》卷三十三《文苑》並著録。

按:胄,萬歷間太學生。

河圖先方衍坤衍統衍三卷

黄胄撰

《通志》卷八十《經籍》、《寧志》卷四《藝文總目》並著録。

按:《府志》卷三十三《文苑》著録。"三"上有"共"字。

石䩮遊記一卷

邱萬驥撰

《通志》卷八十《經籍》、《府志》卷三十三《文苑》、《寧志》卷四《藝文總目》並著録。

鼎樓集四卷

邱萬驥撰

《通志》卷八十《經籍》著録:曹學佺《十二代詩選》刻一家。

《府志》卷三十三《文苑》、《寧志》卷四《藝文總目》並著録。

按《汀南廑存集》卷二:邱驥,寧化人。《晚上紫金山》云:"向晚攜筇去,千山暮靄生。漁燈連十里,嶺月吐三更。松影眠巖穩,螢光伴客行。迎人惟有犬,吠近老僧聲。"未知是否爲一人也。

紫竹林詩集二卷

黃欽望撰

《寒支初集》卷三《紫竹林詩序》曰:往余亡友黃孺子,素爲余稱詩。余謂:"子於詩,性之乎,將有受之也?"孺子曰:"墮地而啼,聲中商羽,天者韻之矣。少也貧賤,鬱噫呻嘆,與風號雨涕相贈酬也。啾啾幽吟,性固有之。家有兄師陟瞻,雅善唐音,氣韻攖感,在門日久,習聞焉。同學謝子用周,意鄰風雅,語默淡然,即不吮墨含毫,儼然詩人也。二人者,左金而右玉之,余鼓缶而和,則猶張樂洞庭也。"余曰:"二子之稱詩,奈何。"孺子曰:"謝生清材,惜也儉學,不能起其文。吾兄寢食三唐,字權而句衡之。當其按節攄懷,應宮應徵,雖使李、杜合喙,沈、宋同聲,猶不易其獨有之矩也。其嚴也如此。余則浮沈陶、謝間,淡也愧雲,沈也愧淵。於是不魏不晉不三唐,茫茫蕩蕩,見有詩焉,追焉亡之矣。啾啾幽吟焉已耳。"蓋孺子之論如是。無何,用周氏死,孺子出輓詩云:"余有句曰:'石咽澄江聲帶雨,夢遶春草夜繁陰。'"又示"藍田蘭玉留空碧,素練雲烟結暮青。"余讀而再三歎曰:"悲哉,何怨而麗也,斯今人語與?抑昔之人爲此與?"孺子曰:"此兄陟瞻氏之言也。"因復舉數詩示余,則有"晚嵐吞樹斷清商"、"幽壑雲空靜有聲"之句。余益歎曰:"此真詩矣。亦子所謂不魏晉不三唐,自爲幽吟之詩矣。夫今之能爲唐詩者,前有李、何,後有王、李;今之能不爲唐詩而有其唐詩者,前有袁公安,後有鍾竟陵。陷李、王之淖,墮鍾、袁之塹,陳新相詢,若聾鼓相逐也。必自爲幽吟者,誰氏也?我將見陟瞻氏而高言之。"於是,孺子與余相視而笑也。未幾,孺子棄余而死。悲夫,余僻陋慢訑已矣,無所發余之狂言而死矣。蓋自是予不稱詩也。莊生曰:"自夫子之死也,吾無以爲質矣,吾無與言之矣。"孺子死之八年,而陟瞻氏有子中美,始以詩名。高懷奇響,落落一世,於余有針芥之合,因得卒讀陟瞻氏之集而序之。於是,昔年闊論觸喉若湧,吾之質固未嘗亡。嚮者之言吾過矣。

《通志》卷八十《經籍》、《府志》卷三十三《文苑》、《寧志》卷四《藝文總目》並著錄。

《汀南麀存集》卷三：黄欽望，字陟瞻。寧化諸生，①著有《紫竹林詩集》。《秋夜懷友》云："懷人倚遍小樓東，寂寂惟聞四壁蛩。春樹一天殘雨夜，暮雲千里落花風。西園杯共秋籬下，南浦愁生芳草中。安得重來攜手處，流鶯相喚柳枝叢。"《秋懷》云："知是商音不忍聽，無端寥宇動凄清。小窗月到光搖幌，幽壑雲空靜有聲。多病自憐愁強半，息機不覺感還生。蓼花紅噴蘋花白，一樣秋光兩樣情。"《送辜位磐二尹之河南參軍》云："縷縷驪歌陌上聞，不堪尊酒對斜曛。鳳翰摇落留雲色，龍氣離披入劍文。漢室孝廉多下郡，晉人詞賦半參軍。雒陽應值春花發，驛使將來有幾分。"《夜泊鐵石磯懷靈山寺》云："記得靈山路轉幽，參差樓閣白雲流。逢僧當日林中語，落魄重來夢裏遊。向晚烟嵐迷兩岸，近人山月照孤舟。正憐張繼楓橋夜，漁火鐘聲一樣愁。"

五經存論四卷

黄欽傑撰

《寧志》卷四《逸行》：黄欽傑，字孺子。性澹定不可窺其喜慍。爲文探極理奧，析鏤絲髮，人固無解者。偶用董子殽饌字，或譁曰："是何物語，文字可殽饌邪？"時傳爲笑。獨暚山人謝五，所倡和詩，幽凉馨逸，交相得也。蓋氣韻投合耳。五死，傷之，爲作《謝五傳》。五即憲時，見下。嘗題酒人巫晦之行略曰："巫晦之者，生有十五。見彼川原，圖書所譜。遂欲五嶽其屨，孤筇爲侶。沿漢溯江，達河緣陸。迨夫人理繕完，如翌於天地，不必主杖能有錢。陟萬歲，凌八公。浮白雀，浴青龍。聆風雅於吳札，屬氣誼於梁鴻。於是下苔溪，入大同。將拭雲於屏山，止黄華而靡從。爾乃望玉融，及金鎖。吟清風於釣龍，剥碧苔於烏石。惟時天子改元，諸侯貢士。西南得朋，二飛爰入。相與商詰祝洙，言念薛奕。嘔心充囊，贈言滿笈。自言長卿未倦，舟車有情。恐修名之不光，守貧賤而永淪。乘流九曲，達彼南城。種嘉殖於麻姑，摹石文於真卿。至於蘭芷自結，琴尊所親。振翠華之夕秀，載玉葉於廻文。於是再造秦淮，聿來漢階。四壁爾爾，十年纍纍。集彼精氣，沛乎形骸。然後睠懷此邦，撫松徘徊。爲之述其既往，所以弁其將來。"觀此，欽傑文筆之雅倩，意趣之

---

① "諸"，原稿作"詩"，據《汀南麀存集》卷三改。

踣凉,亦可得其概矣,惜乎 ① 不見其止也。

又《藝文總目》、《通志》卷八十《經籍》、《府志》卷三十三《文苑》並著錄。

又《通志》卷二百十四《文苑》有傳。

邇室遺集二卷

黄欽傑撰

《通志》卷八十《經籍》、《府志》卷三十三《文苑》、《寧志》卷四《藝文總目》並著錄。

《汀南廑存集》卷二,黄欽傑《石砦峰》云:"村落綴佳麗,郊原抱浮湍。靈峭起天末,攀躋思羽翰。逕險詎可測,崖懸況未安。孤頂忽斜豎,繁花亦高攢。異物時變見,古刹徒空壇。我行避野燒,奇趣非盡觀。側路暝夕集,山月彌虛丸。嗟我亦遊子,而何獲承歡。"《僧舍望雪》云:"孤村杏烟食,群動屏音嘯。古木晬異姿,寒流積練漂。情事難話言,心魂但朗照。石愫冷無邊,冥冥攝衆妙。"《宿石裏庵》云:"幽性憑所住,空巖應與宜。數椽銜石隙,孤客飽僧慈。風定鐘來細,霜繁鳥宿低。良朋在東際,月到忽思之。"

八陣圖說二卷

謝憲時撰

《寧志》卷四《逸行》,黄欽傑之《謝五傳》曰:謝用周,名憲時,居翠華山麓西城之偏。生時,其父夢僧自五臺來,卜之得《既濟》之九五,合玄得中之陽氣潛萌於黄宫,以爲皆五數也,呼爲五。生十歲爲孤兒,不就外傅,舉止一如先民。議論文辭,若出宿老,獨詆剌八比如惡業。父間能作墨草花,遂工畫。常稱倪雲林有孤潔癖,得一本,輒盡其變,筆墨之地,神清而骨寒。父間能詩,遂工詩。且晚誦李長吉,剌剌不休。著《俞俞居》、《隱几齋詩》各一卷。年二十五,忽告其母,捐棄五味,探武彝。許之。舟次建陽而返,若既得

---

① "惜",原稿作"慨",據《寧化縣志》卷四改。

武彝者。作《九曲溪山圖》，雲石之旁，間出遊人，澹澹如用周也。鄉里人持縑素求畫不可得。畫醉時，潑墨作奔湍鱗峋狀，人問之，謬應曰："是假山也。"鄉里人呼爲"假山"，且相與脫而誤之，又呼曰"假老"。衣冠襪履皆自爲製，①群兒嗤笑之。逾時，則群而效之。年三十零，精氣如老兒，骨見衣表，日飲酒度一升，茶穀以外不得供。天啓元年，北兵之陷廣寧也，用周醉飲大叫，自是罷爲詩。按八陣圖究三奇五遁之術，著書二卷，皆有圖列，思有所用之。又按周天度作《四大洲圖》，視古今所著，各有差別。書成，欲得遊金陵、錢塘、太湖、洞庭諸勝，冀遇勝人商之。乙丑病益劇，卒年三十八。子二人。孺子曰：用周之爲隱君子也宜矣。《既濟》之九五曰："東鄰殺牛，不如西鄰之禴祀，實受其福。"禴，常祀也。求功名於法分之外，此《易》之所謂殺牛也。彼陽氣萌於黃宮，非《復》之初九乎？以用周服精氣，息焉以死，是物之亡而復也，非天地之所予者不能也。用周之得於隱者多矣。訃至之七日，夜夢見之，起而賦詩曰："勞生四十年，七日返以息。何當月分明，從風役筋力。我往子不來，窗虛篸履逼。子來我未往，此晤子未測。話言倚空淨，萬情盡歸嘿。乃知離世心，所學滋不惑。與子謀聚散，積空在衆色。"

《通志》卷八十《經籍》著錄。云："李世熊《寧化縣志》黃欽傑傳：'欽傑案八陣圖究三奇五遁之術，著書二卷。又案周天度作《四大洲圖說》。'而《縣志·書目》又云：'《八陣圖說》、《四大洲圖說》共三卷，謝憲時撰，黃欽傑序。'彼此相歧。意欽傑作序，故傳中誤以爲欽傑撰與？"

按《通志》說誤。《寧志》黃欽傑傳中附孺子撰之《謝五傳》，《通志》云云，皆用周傳中語，而遽誤爲欽傑云云耳。

又《通志》卷二百十四《文苑》，附黃欽傑傳。

又按《府志》卷三十三《文苑》，不著卷數。《寧志·藝文總目》著錄，合《八陣圖說》、《天文圖說》、《四大洲圖說》共二卷，黃欽傑序。其卷數與《通志》所引異，黃序未見。

又《府志》卷三十二《技術》謝用周傳入之清代，亦與《文苑》著錄入明代牴牾。

---

① "自"，原稿脫此字，據《寧化縣志》卷四補。

四大洲圖說

謝憲時撰

《通志》卷八十《經籍》、《府志》卷三十三《文苑》、《寧志》卷四《藝文總目》並著錄。

天文圖說

謝憲時撰

《通志》卷八十《經籍》、《府志》卷三十三《文苑》、《寧志》卷四《藝文總目》並著錄。

俞俞居詩文一卷

謝憲時撰

《通志》卷八十《經籍》、《府志》卷三十三《文苑》、《寧志》卷四《藝文總目》並著錄。

隱几齋雁字詩一卷

謝憲時撰

《寧志》卷四《藝文總目》著錄。

按《通志》卷八十《經籍》、《府志》卷三十三《文苑》並著錄。無"隱几齋"三字。

中貞集

羅欽諒撰

《通志》卷八十《經籍》著錄。欽諒，萬曆末貢生。泉州府訓。

《府志》卷三十三《文苑》、《寧志》卷四《藝文總目》並著錄。

甲乙稿五卷

賴道寄撰

《寒支初集》卷九《賴道寄傳》曰:賴道寄,字惟中,閩之寧化人。幼有志節,岸然異凡兒。父天祚,初爲瀋陽衛中屯經歷,再移四川行都司寧番衛。卒於番,去家萬七千餘里。值番夷叛,喪滯不還。逾年,訃始至,道寄一慟幾絶,已甦,謀迎喪。宗老哀道寄年少,又道阻夷亂,欲泥其行。道寄益慟絶,遂變産得百金,留其半以贍二母。輕裝重趼,披棘入寧番,而橐已罄矣。國家之制,凡官於邊夷者,存則加俸一級,沒則請檄傳喪。道寄於是謁布政使鄧公思啓、按察使蔡公守愚,單衰綴絡,骨露衣表。二公愴歎久之,少進與語,辭吐清華,特爲加禮。再叩所業文,異日投一編,奇彩煥爛。兩公驚歎曰:"是足倒三峽之流矣。"時成都有富宦羅一元者,老無子,慕道寄雅才,欲以愛女妻之,邀蔡、鄧兩公贊其可。道寄艴然曰:"棄喪者無天,婚喪者無後。此覆載所不容,而羅君獨容之,得無不祥乎?"兩公媿服其言,益相引重,乃爲資粮助其歸。浹歲,扶柩返,毁瘠幾人腊矣。道寄天性篤摯,而嫡母余特奇嚴,① 道寄慮生母黄之失意於余也,竭力承歡,先意將迎,余亦忘道寄之非己出也。他日,黄稍忤余,道寄輒長跪奉杖,代母受責;余雖嚴急,亦持道寄涕簌簌下也。是時,道寄年將艾矣,其孝謹如此。兩兄不治生,所分産罄於狹斜,負債不償。道寄輒罄己産償之,無幾微見顏色。及兩兄繼沒,孤皆襁褓,道寄又撫之如己子,宗鄰稱之無閒言。與人交,始淡穆,不得親;久之,亦不可得疏。對先達名貴無降色,對等夷庸碌亦無慢色。故或以爲狂生,或以爲長者。生平無造次之容,凡以利害窘猝告者,道寄輒漫應曰:"是何難?"告者愕其迂緩也。已而,條分絲析,郤開理解,竟亦如所云。性喜劇談,塗聽瑣屑事,纔出道寄口,鋪叙斐然,如讀《虞初》、《夷堅》,欣爽聞見也。其爲文涵負生蓄,移瞬盈楮,若百川灌河,兩涯無涘。道寄既自負高才,思有所試於盤錯,往往遇事策奇,攬仇思快,揮金不惜。久之,連蹶鎖闈,家益衰落。旋值甲申、乙酉之變,哀憤抽

---

① "奇",原稿脱,據《寒支初集》卷九補。

裂，悉發爲詩。其於兩京淪陷，將相屈辱，宮闕傾夷，及反戈噬主之事，灑血抒懷，竟無忌諱。每一詩成，反覆悲吟，繼以涕泣，泣已復吟，函致百里山中，人共讀之。苦戚傷生，奇病交作，竟鬱鬱死。嗚呼，其可哀也已。予觀謝皋羽之於亡宋也，《西臺》之記，《冬青》之引，紀人則曰"甲乙"，紀年則曰"犬羊"。隱語噫喑，如環鏃攢鋒，慮轉觸即碎者。及元之亡也，詩人王原吉、戴叔良、王子讓之徒，歌《黍離》、《麥秀》之章，咏殘山、賸水之句，激昂愾歎，魁壘償張。雖庚申北遁後，猶有宣光絅旅之望。發攄指斥，曾無鯁避。夫以胡元之獝暴，國祚短促，未嘗有仁義禮樂，淪貫於儒生。而一時草芥文士，感傷社屋，飲泣賦詩，硉矹崢嶸，千載如見。蓋君臣大義，鐫於人心如此；況於三百年深仁重禮，漸漬高厚。道寄又性篤倫義，負志蘊奇，掩抑未舒，一旦三光崩墜，慘激天懷。其詩如急峽斗霆，驚飇拔石，固亦自然之致耳。予故爲之傳，使後世知忠孝大倫，全於草莽。彼巍科膴仕而慚負君親者，何足道哉，何足道哉。

《寧志》卷四《逸行》並有傳。

又《藝文總目》著錄。

《通志》卷八十《經籍》、《府志》卷三十三《文苑》並著錄。

《汀南廑存集》卷二：賴道寄，寧化諸生。《銀瓶嶺僧舍》云："誰昔曾來止，今焉復一過。僧貧朝盥鉢，客冷夜眠蓑。散步地何仄，舉頭天更多。昨宵非夢裏，伸手摘星河。"《何坑砦》云："一飯伊蒲好，人間幾劫灰。磬傳秋谷雨，風送夕陽雷。蟬翼虛亭迥，羊腸曲徑開。層巒還更上，滿袖白雲回。"《跨鼇閣》云："言言勢孤迥，矗矗攀層巒。古閣全臨漢，人家半俯瀾。雲霞千畝曙，鷗鷺幾汀寒。爽落衣裾冷，西山秀可餐。""昔年登此閣，風物恰相宜。僧供西巖米，人攜謝朓詩。雨餘魚入浦，葉落鳥移枝。今日重來聽，嗚嗚戍角悲。①"《松山庵》云："敗壁頹垣亦翠微，白雲封處識荆扉。荒村犬吠客初至，古殿燈明僧始歸。溪渡夜寒龍入鉢，祇園烟淨鹿銜衣。短籬之外香飇吹，何處腰鐮穫按《府志》"穫"作"糯"秫肥？"

原射發微

邱雋撰

《寧志》卷四《武臣》：邱雋，字慎夫，泉下里人。崇禎辛未科武進士。壬申，選寧波府昌國衛欽依把總，未至任，[①] 奉旨回京，併甲戌以來在京候選者再同考試。既御試，雋復中第六名，選授[②] 泉州府新舊營守備。清介自守，恩撫士卒，有儒將風。以貧鯁不能事上，解組家居，蕭然四壁。丙戌秋，田仰潰卒將奔贛，取道溫泉；鄉人不審，以爲山寇也，集衆禦之。雋時抱病，衆強之爲帥。及田兵至而鄉人自潰，雋遂遇害。時雋之內弟吳維城殿後，見鄉民倒戈如崩山，亦前走。已脫矣，顧問潰衆曰："邱將軍免乎？"或曰："爲衆擠墮田中矣。"維城義不獨免，反趨掖雋。田兵躡至，併害之。城爲救友死，雋爲鄉人禦患死，今宗鄹寂然無復表揚其義者，可歎也。雋著有《原射發微》，議論精到，亦前所未有也。

《通志》卷八十《經籍》著錄。

又卷二百十六《忠節》有傳。

《府志》卷三十三《文苑》著錄。

又卷三十一《孝義》有傳。

《寒支集》卷四《丘素夫〈原射發微〉序》曰：儒者之說射也，莫詳於《戴記》之射義，《儀經》之鄉大射及《六官》中射人、繕人、槀人、司裘、司弓矢、射鳥、服不，諸氏而已。嗣後張宗、王琚各有《射經》，嚴悟有《射訣》，王越石有《射議》，張中殷有《射訓》，錢師益、歐陽修各有《射格》。若其旨玄說渺，通於養生乘化，則無如越女陳音與伯昏瞀人。音之言曰："翕心咽烟，與氣俱發。道出於天，事在於人。"此殆軒黃之《內經》矣。瞀人之言曰："至人上窺青天，下潛黃泉，揮斥八極，神氣不變。"此亦不射之射也。蓋遺有無進於天矣。夫形射於藝，則已粗；形射於道，則已精。素夫之爲是書而微其名也，其將以射進於不射與？抑有不射之射與？以予所聞，養由基去楊百步，

---

① "任"，原稿脫此字，據《寧化縣志》卷四補。

② "授"，原稿作"守"，據《寧化縣志》卷四改。

百發百穿，而過客教以善息；裴旻射虎，日得三十，而老父謂非真虎；蒲盧①仰射雙鳧，不被弋者皆下；賈堅射牛，拂脊摩腹，正以弗中。爲之四說者，非但前人所未發之微，即孟氏聖智之論，亦所未及也。孟氏之言聖，以射之至而已，而今以不射爲聖；其言智以中而已，而今以不中爲智。以此推較往豪，勘符先聖，雖以管仲、樂毅之才，可謂之善息乎？南巢牧野之放誅，可謂不弋而下乎？漢之蹙項，唐之覆隋，迄五季金元之陵奪，謂之射虎可也，真虎其可射乎？漢之留侯，蜀之武侯，唐之鄴侯，皆能以中爲奇耳，能以不中爲奇乎？必也，虞舞干、文因疊，庶幾乎善息矣。仲康殪羿，光武殪莽，此可謂真虎矣。竇融之歸命，錢鏐之納土，恍惚乎不弋而下矣。墜履老人之教孺子，撥芋懶僧之戲宰相，龐公德操之見畜龍鳳，是能以不中爲奇矣。方素夫挾勁弦，弋獲科第，備守溫陵，褒帶肅然，有儒將風，世不竟用其材，韜卷奇器，將俟真虎而斃之，亦幾幾善息者。雖然，猶未忘乎射也。若夫冥心闇室，氣塞層霄，感是氣而墜者，亦復噓是氣而飛。天下皆遊羿之彀中，亦即遊於彀外，此其神鋒所注腹脊之間。蓋至人以此造命，而陰符謂之制氣。斯固陳音、瞀人之旨，或素夫所未發之微也。

萍吼集二卷

伍人撰

《通志》卷八十《經籍》著錄。人，崇禎末太學。歙縣吳韡序。

《府志》卷三十三《文苑》、《寧志》卷四《藝文總目》並著錄。

箕踞齋詩集二卷

伍俊撰

《寧志》卷四《藝文總目》著錄。清流李于堅序。

按《通志》卷八十《經籍》著錄，云見《通志》。又《府志》卷三十三《文苑》著錄。“齋”下俱無“詩”字。

---

① “蒲盧”，即蒲盧胥，人名，原稿作“蒲柳”，據《寒支初集》卷四改。

詩經集說

李世熊撰

《託素齋文集》卷四《前徵君泉上李先生墓表》：嗚呼，天生才顧不難哉？世際昇平，措置無關輕重；至於流離喪亂，天若一一有以相之。賢者殉社稷，力者角疆場，而必留三數遺民遺老於殘山賸水之間。此數人不必盡皆通顯，又往往爲當世所指目，卒之刀鋸鼎鑊無所得加。使其老且壽，徊翔①歲月，得正而終，而一代興亡之局始畢，如今泉上先生，其一也。先生李姓，名世熊，字元仲，世居寧化泉上里。晚號媿庵。所築之室曰檀河、曰但月，天下習其初字，咸稱元仲先生也。先生少籍諸生，年二十應辛酉鄉舉，興化李官佘公昌祚爲同考，奇先生文，與主司爭元再三，弗合。佘負氣，竟袖卷而退，曰："安知此生來科不第一耶？"先生遂不第。歷九試皆冠諸生，凡來典閩試者，莫不欲場中一物色李生爲重，而先生亦竟不得。乙酉，弘光建號，制下，畿、省、郡、縣各貢選一人。時督學爲揭陽郭公之奇，郭公固雅重先生，視一貢如攜取。忽試前三日，郭公挂飛章注籍。值後學使素不習先生，特置先生弗錄，其遭逢②遇合，詭得而數奇若此。繼遷延變亂，先生亦已遂厭棄諸生。隆武稱制閩中，大學士黃公道周、都御史何公楷、禮部侍郎曹公學佺，各尉薦先生"尚志博學"，徵拜翰林博士，先生固辭不赴。丙戌，大師③下汀州，有齮齕先生於鎮將者，謂先生懷二心；勢洶洶不測，親知咸交勸，謂止詣庭一謝，事可立解。先生爲書答所知曰："甲申以來，名雖挂諸生，儒巾儒衫久歸敗蠹。今日解髮釋縛，正如鹿返長林。若復伏謁强顏，其戕性刳心，何殊殺戮？古之處士含鴆飲刃者，史册相望。僕年已四十八矣，去諸葛瘁躬之日，僅少六年；視文山盡節之辰，已多一載。請爲婉謝當途，若蒙假借，冥報爲期。"詞倨而理直，鎮將終憚先生名高，無能有所挫抑。自是住泉上四十餘年，足絕州府，未嘗一出里門；中間惟一詣西江，泛彭蠡，登廬山絕頂而已。所著《寒支初集》八卷，《錢神志》二十卷，《史感》、《物感》各一卷，《狗馬史記》若干卷，《寧化

---

① "徊翔"，原稿作"徘徊"，據《託素齋文集》卷四改。

② "逢"，原稿脱此字，據《託素齋文集》卷四補。

③ "大師"，原稿作"王師"，據《託素齋文集》卷四改。

縣志》七卷，①《本行錄》三卷，《經正錄》三卷。先生文奇偉悽麗，長於推測情變，層見疊出，雖百家無不窺。少獨好韓非、屈原、韓愈之書，故其造就咸有根柢。昔楚中馮公之圖，謂先生得秦文氣多，漢文氣少。先生每誦爲知言。先生之生，爲明萬歷壬寅九月二十日，歿於大清丙寅九月二十八日。父恬庵公，母邱氏。先生娶於邱，生子曰堯、曰唐，邱與日堯皆先卒。側室賴，生向旻。孫、曾十四人。先生困頓諸生者三十年，進退出處，輒若有物陰爲裁量。及徵書屢下，先生復審奪時勢，不妄爲附緣。使早得通顯，上爲侍從文學；即不然乘亭守障，一遇險阻，先生又豈肯偷生求活者。丙丁之際，禍亂多門，而卒不能死。先生必至八十五年，然後歸全正命而死，則余所謂天必留三數人於殘山賸水之間，以爲逋民遺老，完一代興亡之局，豈曰阿所好哉？先生葬本里白沙坳，寧都魏和公禮志其墓。和公爲先生晚年交，先生又篤好其文，故向旻②奉遺命以請。而弟子長汀黎士弘不揣而爲之表。和公云："稱徵君，恐非先生志。"余援陶淵明"有晉徵士"書法，身歿興朝，號仍前代，③後之讀其碑者，其庶有所觀感乎？

　　《魏季子文集》卷十四《李君元仲墓誌銘》：閩寧化泉上里，有文行奇偉士，曰李君元仲，諱世熊，別號媿庵。顏其所居之齋曰"但月"，去所居一里許築書舍名曰"檀河"，皆其志也。遠近士因稱"檀河先生"云。爲人少負奇氣，植大節，更危險，死生弗渝。篤交友之義，敢任難事，其才力足相副。生平喜讀異書，聞有所在，雖千里必多方購借之。君強記強力，年八十餘，讀書至夜分始休；於是六經、諸子、百家之言，靡不貫究而發諸其古今之文，都盛名於海內者六十餘年。嗚呼，豈不偉哉？君九歲，出就童子試，爲有司所器許。十六補弟子員，二十中辛酉副榜，蓋以興化司李佘公昌祚得君文，爭元於主司弗得，佘袖其卷去，曰："須後作元也。"甲子餼於庠，凡冠諸生者九。往君同筆研友多才士，皆俯下於君。如余公颺、曾君異撰輩，先後得科名，而君乃不第。然吾聞君每赴鄉試，闈出，八郡士咸來趨視君文；君不勝劇，揭其文於寓廬之牆。於是歡闐雜襲，畢至牆下，如觀榜。日崦嵫猶聞咿唔聲，涉旬始衰息焉。君之當國變也，自號寒支道人，屏居但月中，不見客。徵書累下，固謝却

<hr>

①　"七卷"，原稿作"八卷"，據《託素齋文集》卷四補。

②　"向旻"，李世熊子，原稿作"向文"，逕改。

③　"身歿興朝，號仍前代"，原稿脫此八字，據《託素齋文集》卷四補。

之。凡守令、監司、鎮將至門者，罕能一識面。而隆武監國時，用大學士黃公道周、都察何公楷、禮部侍郎曹公學佺薦拜翰林博士，君曰："不可爲也。"亦竟不就。蓋君以大節定力自持，而審於機事，故動靜不失其正。東南之亂，耿氏數徵迫君，君以書來言曰："王審知輩固不足道，然今正未易得也。"遂堅臥勿顧。君晚節好南豐程山謝秋水文洊、甘健齋京、寧都易堂彭躬庵士望、家叔子冰叔禧及吾廬魏禮，而於躬庵、予尤篤。四方士歸往君①者如水之朝宗，君終未嘗以先躬庵與予也。君父恬庵公，倜儻任俠，豪於酒，喜急人患困，産遂中落。而君少亦豪於酒，常爲予述其事，即想見其才氣橫潰，力所必到處。老則自沈焚，稍躭禪悅，然其鄉人及旁鄉人凜君，趨決事如官府焉。君能用其鄉族，更先後亂，輒率等輩設方略禦，而或虔劉之。而賊之過君里者，相戒曰："毋壞李公居室。"往往顧護其廬物去。君迺築土堡若城，俾宗人、鄉人保庇其間。故諸鄉落多殘毀，而君之鄉獨完。有司以君故，亦恒薄其鄉人徭賦。予嘗謂兒曹曰："李先生真萬歷時人，非二百餘年承平積厚之氣，不産是也。"君生明萬歷壬寅九月二十日辰時。配邱氏，年七十四先君卒。側室賴氏。丈夫子三，長曰堯，亦先君卒；次曰堂，按：黎《表》，"堂"作"唐"。俱邱出。季向旻，賴出。三子皆娶邱氏。而曰堯有籛室謝氏、楊氏。子六人，琳奇，謝出；琳彥，邱出；皆早卒。琳音、琳歈，謝出；琳環，楊出。三子亦娶邱氏，惟奇娶周、彥娶黃、奎娶於陳。向旻一子，琳炂。琳奇之子，枝份、枝佃、枝倈。彥子，枝佳、枝傳。歈子，枝侗。奎子，枝偉。女子一人，適同里某。丙寅冬，得君訃帖，以九月二十八日丑時卒。予方患瘍痏，困甚，且病脾，不得急奔哭君，廢食而泣。十二月，聞君將葬，乃强疾往泉上，拊棺再慟，遂於二十三日附葬君於本里白沙坳一世祖墓傍，首坤趾艮。年八十有五。而是春正月，君方與予書，言姚羹湖注《昌谷集》佳處，且索《綏寇紀略》、先叔兄《左傳經世》去。將卒，乃簡二書，命季以歸予。所著詩古文有《寒支初集》、《二集》、《錢神志》二十卷、《史感》、《物感》各一卷、《狗馬史記》若干卷、《寧化志書》七卷；編輯《本行錄》三卷、《經正錄》三卷；手評左、國、子、史及古今人文集甚備；今文有《聞文集》、《抗談齋集》。君往於今古文，賞心其門人長汀黎振三有綱，有綱兄子慶遠道、魁曾士弘，隱若一敵國云。君之八十也，予往壽

君,君急逆諸門外,注視予,執手涕下曰:"鬚髮遽如是白也。"翌日,命其季子拜,君親持掖予,使勿答。及歸,送一里許,揮涕曰:"知能再相見耶?"不謂遂竟別君。予之初過君但月,輒屬君脫義士難,君欣然不遺餘力爲之。後又屬君全一友人天倫,君多方營探,竟得完。大抵君遇人忠孝事,好之揚之,如出自己,其天性然也。戊、己間,嘗侍恬庵公飲,公問:"汝若早得志,亦能官乎?"對曰:"不能。"公曰:"何?"曰:"美官莫如翰林、臺省,翰林須醇默習宰相度,兒不能雌守檢柙,必出位言,則轉瞬外調矣。諫官多爲黨人鷹犬,兒必挺身持大義,招尤府怨,不兩月敗矣。惟縣令得親民瘼,郡守可倡率群屬,令兵備、屯田、水利、督學、道職一事,足展其能。然守令苦於奉上官,何由得至方面?真無可如何。"公曰:"汝真不能官矣,且盡飲此酒。"因舉杯大笑。國變後,君常戚戚,母曰:"汝亦官耶?"對曰:"然。兒弱冠食餼,歲糜朝廷金十餘兩,今金以百計者三。朝廷久豢養,無所於用,能無慚痛乎?"君三弟早世,遺子女悉君撫育,裝遣之,餽遺其親戚終身。又獨建祖祠、修祖墓,編述九世以來宗譜。凡祭祀,必親必謹。父母忌日,則減餐絕宴。會元旦,展先人遺像,則泣下沾襟,拜伏不能起。丁卯六月,大旱暍,君季子① 向旻奉狀來山中請銘,曰:"予與尊君交誼,豈待子請哉?予知君,又豈待狀哉?"君二子存者,曰堂,清淨尚浮屠;向旻,務繼父志,勤敏克自立。或曰君宜稱徵君,予應之曰:"非君志也,惡得以徵君稱?"銘曰:君還書彭躬庵曰:"某痛憤是真痛憤,慚愧是真慚愧,愛敬是真愛敬,涕淚是真涕淚。"躬庵評識《寒支集》,以爲超群而絕類,《心史》、《晞髮》可置廢。當世名宿謂君合經、傳、秦漢子史、詞賦而爲制舉藝。曾弗人稱曰:"似屈原、韓愈之氣味。"黃石齋、曹能始謂:"君異材博學,當今無輩。"黎媿曾《與官公璧廷植書》謂:"君沒,未見有其替。"魏禮曰:"屈原自謂奇懷,忠孝是也;人謂君奇才,審斯義也。"申以歌曰:四真以居天之晦,用晦而明人之志。君爲挐雲問上帝,會桑暾日通幽閟。千秋萬歲光裔裔。

《鹿洲初集》卷七《寒支先生傳》曰:先生李姓,勝國諸生也。寧化泉上里人。名世熊,字元仲,自號曰寒支子。少豪宕不羈,視天下人讀書無足當意者,自經史子集,以及秦漢唐宋、近代百家,靡所不覽。獨好韓非、屈原、韓愈

之書，故其爲文沈深峭刻，雄偉悽麗，奧博離奇，如悲如憤，如哭如笑，如寒泉烈日，如暴風雷雨，雖非盛世和平之音，蓋自稱其所遇也。時當天啓、崇禎間，金甌未缺，若預知有甲申以後事者。每論古今興亡、儒生出處及江南北利害、備兵、屯田、水利諸大要，未嘗不慷慨欷歔，惓惓有所屬望。奈數奇，困頓諸生，九試冠同列，典闈闥者，莫不欲一物色李生爲重，竟不可得。大清定鼎，閩中尚擁唐王未歸命，[1]故大學士黃道周、何楷，並薦寒支"尚志博學"，徵拜翰林博士，辭不赴。反復上書與道周，悲憤時事。及道周死義，走福州，請褒恤，時問其孤嫠存沒，廬舍完毀，輒嗚咽不置。丁亥，王師入閩，序應歲貢，辭。自是杜門，絕迹城市。有齮齕於郡帥者，遣某生移書，逼入郡，寒支復之曰："天下無官者十九，豈盡高士？ 來書謂不出山，慮有不測之禍。夫死生有命，寧遂懸於要津？ 且余年四十八矣，諸葛瘁躬之日僅少六年，文山盡節之辰已多一歲。何能抑情違性，重取羞辱哉。"時蜚語騰沸，勢洶洶不測，寒支矢死不爲動，疑謗亦釋。寒支既以文章氣節著，一時名聲大震。辛卯、壬辰間，建昌潰賊黃希孕，剽掠過泉上里。有卒摘寒支園中二橘，希孕立鞭之，駐馬園側，視卒盡過乃行。粵寇至，燔民屋，火及寒支園，其魁劉大勝遣卒撲救，曰："奈何壞李公居室。"是時，天下人雖盜賊亦知有寒支矣。寒支積有壘塊於胸中，每放浪山水，以寫其牢騷不平之慨。嘗詣西江，泛彭蠡，登廬山絕頂，追維闖、獻橫行事，痛悼欲絕，淚下如泉湧，不能禁也。乙卯，耿精忠反，遣僞使敦聘，絡繹踵門，寒支嚴拒之。自春徂冬，堅臥不起，乃得免。寒支自甲申以後，山居四十餘年，鄉人宗之。有爲不善者，曰："無使李公知也。"晚號媿庵，顏其齋曰"但月"。所著《寒支集》、《寧化縣志》、《錢神志》、《史感》、《物感》、《本行錄》、《經正錄》各若干卷。年八十五，以病卒於家。論曰：予聞先生少時嘗單車走泉州，出安海，潛觀鄭芝龍，其意念深矣。及唐王據閩，明數已終，日月出矣，爝火不容於不息，宜先生之不應聘也。使先生早年得志，癸未、甲申間，必有可觀者。一腔熱血，付之清冷之鄉。悲夫，文章如韓，心事如屈。志節之清高，與管幼安伯仲矣。

　　按：墓誌銘及傳，見《碑傳集》卷一百二十五《逸民》。又《耆獻類徵》卷四百七十五，多載墓表。

---

　　① "歸命"，原稿脱"命"字，據《鹿洲初集》卷七補。

《先正事略》卷四十七《遺逸·李元仲先生事略》：先生姓李，勝國諸生也。福建寧化人。名世熊，字元仲，自號寒支子。少豪宕不羈，自經史子集及秦漢唐宋、近代百家，無所不覽。獨好韓非、屈原、韓愈之書，故其爲文沈深峭刻、奧博離奇，如悲如憤、如哭如笑，雖非盛世和平之音，蓋自稱其所遇也。當天啓、崇禎間，金甌未缺，若預知有甲申以後事者。每論古今興亡、儒生出處及江南北利害、備兵、屯田、水利諸大政，輒慷慨欷歔，惓惓有所屬望。爲諸生時，九試冠同列，典閩試者爭欲物色李生爲重，竟不可得。我朝定鼎，閩中尚擁唐王未歸命，故大學士黃公道周、何公楷並薦先生，徵拜翰林博士，辭不赴。嘗上書劉念臺先生，悲憤時事。及念臺靖節，走福州請褒恤，時問其孤嫠。丁亥，王師入閩，序應歲貢，辭。自是杜門居，絕跡塵市。有齮齕於郡帥者，帥遣某移書逼入郡。先生復之曰："天下無官者十九，豈盡高尚？來書謂不出山，慮有不測禍。夫死生有命，豈遂懸於要津？且某年四十八矣，諸葛瘁躬之日僅少六年，文山盡節之辰已多一歲。何能抑情違性，重取羞辱哉。"時蜚語騰沸，先生矢死不爲動，疑謗亦釋。先生既以文章氣節著，一時名大震。辛卯、壬辰間，建昌潰賊黃希孕剽掠過寧化，有卒摘先生園中二橘，希孕立鞭之，駐馬園側，視卒盡過乃行。粵寇至，燔民屋，火及先生園。其魁劉大勝遣卒撲救，曰："奈何壞李公居。"當是時，雖盜賊亦知有寒支先生矣。先生積壘塊胸中，每放浪山水，以寫其牢騷不平之慨。嘗詣西江，交魏叔子、彭躬庵諸君，相與泛彭蠡，登廬山絕頂，追維闓、獻橫行時事，太息流涕，不自知其所以然也。乙卯，耿精忠反，遣僞使敦聘，先生嚴拒之。自春徂冬，堅臥不起，乃得免。先生自國變後，山居四十餘年，鄉人宗之。有爲不善者，曰："無使李公知也。"晚自號媿庵，顏其齋曰"但月"。所著《寒支集》、《寧化縣志》、《錢神志》、《史感》、《物感》、《本行錄》、《經正錄》各如干卷。年八十五，卒於家。

按：次青《事略》，實據《鹿洲集·寒支先生傳》。《事略》云："嘗上書劉念臺先生。"劉念臺，當爲黃道周之譌。《寒支集》無《上劉念臺先生書》，宜依《鹿洲集》爲是。

《清史列傳》卷七十《文苑》：李世熊，字元仲，福建寧化人。明諸生。少豪宕不羈，於書無所不窺，而獨好韓非、屈原、韓愈之書。每縱論古今興亡、儒生出處及江南北利害、備兵、屯田、水利諸大要，慷慨自負。其爲文，奇偉悽麗，長於推測情變。馮之圖謂其得秦文氣多，漢文氣少。世熊歎爲知言。嘗單車走泉州，出安海，潛觀鄭芝龍。唐王時，黃道周、何楷、曹學佺以"尚志博學"薦，徵拜翰林博士，不赴。大兵入閩，序應歲貢，辭。自是杜門不出。有齮齕於郡帥者，親知逼入郡。世熊復書曰："天下無官者十九，豈盡高士？來書謂不出山，慮有不測。夫死生有命，豈盡懸於要津。且予年四十八矣，諸葛瘁躬之日僅少六年，文山盡節之辰已多一歲。何能抑情違性，重取羞辱哉。"時蜚語洶洶，世熊迄不爲動，疑謗亦釋。住泉上四十餘年，足不入州府。居恒常戚戚，其母謂之曰："汝官耶？"對曰："然。兒弱冠食餼，歲縻朝廷十餘金，而無所於用，能無愧乎？"因號曰媿庵。辛卯、壬辰間，建昌潰賊黃希孕過其里，有卒摘世熊園中二橘，希孕立鞭之，駐馬園側，視卒盡過乃行。粵寇至，燔民屋，火及世熊園。其魁劉大勝，遣卒撲救，曰："奈何壞李公居室。"故諸鄉落多殘破，而其鄉獨完。有司以世熊故，亦恒薄其鄉人徭賦。魏禮嘗謂兒曹曰："李先生，真萬歷時人。非二百年承平積厚之氣，不產是也。"嘗詣江西，泛彭蠡、登匡廬，放浪山水。與謝文洊、甘京、彭士望、魏禧、魏禮游，甚相契。耿精忠反，遣使者敦聘，世熊嚴拒之，卒得免。世熊以文章氣節著，一時鄉人宗之。有爲不善者，曰："毋使李先生知也。"康熙二十五年卒，年八十五。著有《寒支集》八卷、《錢神志》二十卷、《史感》、《物感》各一卷、《本行錄》三卷、《經正錄》三卷、《寧化縣志》七卷。

《國粹學報》四卷七號《史篇》，黃節《李世熊傳》曰：李世熊，字元仲，又號寒支子，寧化人。明諸生。謁黃道周，道周目之曰："妙年篤志，令人媿畏。"嗜讀韓非子及蘇長公、王元美、李卓吾《藏書》諸集。四十三歲，值甲申國變，纂《國變錄》，乃爲《反恨賦》曰："聖人不作，天夢未醒。禎祥或覆宗之券，妖魅即佑淫之徵。玉匣珠襦，蕃藏蛇豕；狂鋒怨鏃，多碎鳳麟。山澌海懟，由古迄今。於是展披《恨賦》，歎其僋誤。夫畢命援琴，生死同趣；却掃宕文，形神偕豫。倘存沒之一條，何榮華其可慕。至於懟女事□，甘心□聚。降□墜家，循□□服。死憎其遲，生奚足數？及雕鶩之秦，殘啄九土。輼車臭揚，黔黎氣吐。奈何反詛咒爲哀吟，致欣快爲酸楚乎？若夫荊卿劫秦，命爭絲髮。何環柱之餘魂，反屠軹於倉卒？田、樊之首空馳，丹、喜之亡如忽。生角之馬奚祥，貫日之虹竟沒。迨乎韓城孺子，博浪揮錐。咫尺之車中副，五世之仇遂灰。摽胸此誤，亡命如矗。雖復組嬰而殛亥，未能蒞政而揚眉。又如紫蛙閏位，誣天罔人。公卿諛聖，彝夏同聲。乃有東郡翟義，執言舉兵。發西漢二百年之憤,邀劉氏十一帝之靈。奈何列侯助桀,七將相淫。蹙圍義旅,燔骨僇嬰。烈夫短氣,假皇即真。又如妖牝翦唐,仙李條枯。文蛾眉而戴冕,武巾幗而薰鬚。偉哉敬業,淑氣揚枹。痛悼一坏之土,聲問六尺之孤。人神胥快,孽狐俟誅。奈何穴窺江左,旗紆洛都。思溫詘反正之策,元忠效攻弱之圖。山東義豪,空伸鋤而糗麥;下阿烏合,竟解瓦而就俘。嗟夫,揭竿譬如爲山,還璧艱於返日。觀夫火德燄微,蜀鼎絲繫。恥正業之偏安,誓漢賊不兩立。祁山之牛馬神輪,五原之耕屯堵輯。虎視魏人,騂羈孫氏。一旦赤星投營,大命有極。萬姓巷哀,戎彝野祭。又如舉族北轅,兩河連覆。穢堆岱華,天挺武穆。誓欲進據潼關,號召五路。迨乎經略西京,六郡盡復。拐馬礫屠,汴京窮躄。燕南之胡令不行,晉絳之旗號皆岳。焚香迎旆者雲從,挽車餽餉者蟻續。直抵黃河,御回寶輅。乃國賊畫淮以班師,義民遮馬而慟哭。廟謨十二牌,臺議三字獄。涅背天何知,拉脅人何酷。劫盡兮怨猶新,身百兮誰可贖? 哀哉,天廢不支,人亡社移。前則有蒼鵝穴地,黃屋崩榱。執玉兮執蓋,袞衣兮青衣。佩璽兮洗爵,垂裳兮導騎。庾珉之血殷地,辛賓之骨甘薺。後則有青城緤輦,玉牒籍名。萬億金銀,根括如濾;三千宗室,連袂而征。金枝秀華,充陳踐塊;宗彝寶鼎,飼馬停腥。前星呼救於百姓,千官遙別於南薰。唾□□而斷舌,逾溝河而扼吭。三光黯兮不晝,四海噎兮吞聲。哀哉。貴爲君后,奄有九有。漢獻無能活其妻,唐德末由覓其母。世間男子,鄙夷司馬之兒;天下丈夫,崇諛□□之□。更有九重開筵,三宮勸酒。聖旨新叨,糧蠋謝后。千年運去速,一死恨其後。蘭軒之餘燼留馨,瀛國之生公載臭。哀哉。恨氣彌天,恨事難論。楊延慶之家世厚純,何酷殲百口;庾叔褒之獨行篤友,何賊戕厥身? 萬丈文芒,何漏鳳於疏網;十五名士,何賜第於孤魂? 何雲英寂寞而謝騫修,何嫦娥老大而泣桂輪? 雖騷屑之餘憾,已悲填於骨髓。況板蕩之煩冤,不鬱塞乎淵雲。或抉眼懸閶,或目光淪地。怒濤兮天爲不平,長城兮人胡自墜。雍丘乃折楫之磯,匹碑是舞雞之鶩。三呼過河兮血滿襟,萬齒浮海兮天方懠。黃旛兮裹屍,麻衣兮絕粒。琴亂酒寒,十八宮人兮哭別黃冠;□年□月,二三義士兮愴收龍蛻。瘞井函九久之書,西臺哽甲乙之淚。其時日月不死,河山頓異。怪□首之倒懸,突□□之改易。薦虺蜴以匡床,豢□□以嬰赤。禮樂接斯皂之流,冠冕承□□之溺。於是逢花濺眼,遇雨淋鈴。蜀鵑無時罷叫,遼鶴子影梳翎。秋聲搖而日落,野色慘而岫陰。又或鐘呼羈枕,燈暗敗檽。香吹禾黍，風撼冬青。馬嘶喧於雞唱，南音少於北音。胡絃繁促，羌管雜賡。莫不臨飧棘喉，撫劍斫地。遇狗馬兮慚其識主，見鸚鵡兮愧其上義。回刃摧肝，懸泉在眦。唐衢雖哭不成聲，許伯善哀而飲涕。假八表之長昏，寧一瞑而不視。使文通而生今，悔前言之如戲。"其時，南都擁立弘光。十月，黃道周以吏部起用，趣世熊至建寧。於是執贄石齋之門，和石齋詩十二章而歸。逾年，南都再陷，隆武立於福州。道周入閣，疏薦世熊，授中翰，不赴。八月，道周督師駐廣信，世熊貽之書曰："先生之行也，召募市人纔三千耳。餉不給於國帑，而資於門生故友之題助，此一時義激慷慨耳。朝廷纔給空名札百十道，以當行餼。兵事歲月未可解，義助能歲月例輸乎？空札可當衣食易死命乎？"十二月，道周果敗於婺源，世熊爲位哭之。八月，敵兵破汀州，隆武再辱，世熊遂祝髮入山。其自少而壯也，感有歲紀，於是乃絕筆。順治之初，詔責天下孝廉不會試者以叛論。而邑人造謗，謂世熊以明室舊人，觀望不出。鎮將高守貴以諸生賴時見與世熊有舊，命爲書招之，謂不出且有不測之禍。世熊復書曰："某今年四十有八矣，諸葛瘁躬之日僅少六年，文山盡節之辰已多一載。某擬二公，辟麟鸞於雞犬也。犬豕餘息，斯爲贅矣。何能俯仰希世，重爲不知己者詬病哉。"世熊痛衣冠之士，靦顏屈膝，有甚於禽獸，乃爲《狗馬史記》，有《弄臣傳》、《直報傳》、《畸人傳》、《排難傳》、《妖祥志》、《藝文志》、《外教傳》、《名士傳》、《忠義傳》諸篇。其序《弄臣》曰："禍敗相尋，治日常少者，本於弄臣之多乎？世所指爲弄臣者，泣魚斷袂耳；黃頭郎，紫宮雄耳；黎園弟子，斗雞小兒耳；侏儒諧笑，北門供奉耳。不然，則降神、攝魄、採藥、燒金、①祕密、演揲諸方術耳；不然則陸沈金馬、僚友萬乘者耳；不然則鴻都文學、宣陵孝子，與夫墨勅斜封諸續貂者耳。之數臣者，世亂則增亂，非由此而亂也。自吾之意，以爲天子而豢畜其臣下，人臣而自治以傭隸，險詖化遷，情類買販，何詎非弄臣乎？天子之意，以爲富貧、貴賤、生死者，可以顛倒弄其臣；人臣之意，亦不過以富貴、貧賤、生死者，詭隨乎其君。如是則志汙，志汙則慮邪，慮邪則智爽，智爽則神搖，神搖則形喪。貿身以與人，貿君以與敵，叢詬集穢，靦顏而不知，則弄臣之究竟矣。故夫明主之畜臣也，必以

----

① "採藥燒金"，原稿作"採藥燒金耳"。"耳"字衍，據《寒支初集》卷四《弄臣傳序》刪。

富貴、生死者爲賢愚所同絡之網也。可以網之，殆於弄之矣。原其初不過以富貴、貧賤、死生者，上下釣餌，趑趄罣勒，乃至破裂銷亡而後止。嗚呼，人臣其無以傭隸自治，人主其無豢畜與臣哉。”其序《名士》曰：“今指犬似人，不類也。類推以象，謂犬似玃，玃似狙，狙似人，則犬似人矣。吾爲正其說曰：名非士，狗非馬，狗馬非人，此其形也。又正其說曰：狗亦馬，馬亦狗，狗馬亦人，此其情也。情形之背也無算矣。合以爲物而無疑者，名實眩也。梟名曰鸞，莎名曰芝，跖名曰夷，嫫名曰施，褒姐名曰姜姒，播蓷名曰園綺，商臣許止名曰舜文，莽、操、懿、温名曰周伊，殷房名曰管樂，臣僕名曰微箕。嗚呼，以是名名之，可不以是士士之乎？又何以曰狗非犬，馬非馬，名非士，士非名也乎？故天下之至眩者，莫甚於狗馬與名也。”其傳《忠義》曰：“公孫述封刃而劫王皓，皓曰：‘犬馬猶識主，而況於人乎？’遂伏劍以死付使者。夫皓以爲人之報主，甚於犬馬也。今翩然反之，則曰：‘人猶不識主，而況犬馬乎？’此一悖也。凡物性近於人者，人必憐愛之。談反哺、跪乳、蜂臣、蟻國之事於昏暴之前，未嘗不温肅以聽也。至有談馬能殉節、犬能復仇者，雖商臣許止，莽、操、懿、温，猶交口而贊其善也。今指士大夫而曰：爾爲曾閔，爾爲龍比，爾爲顏常山、嵇侍中。則逡巡而額濕，莫或敢任者，是以懿德奉犬馬，而以凶德自居也。此一悖也。或見怪焉。秦犬逃而守齊門，魏馬逬而負燕客，則共恨爲妖矣。甚且言飼犬而噬其翁，修厩而囓其主者，雖非同室，猶痛其不祥而協力礫裂之也。今馳人之車者，乃反衝而攻其城；食人之禄者，藉糧而攘其土。則又以惠迪戒犬馬，而以逆惡自蔽也。此一悖也。之三悖者，天下必於沐矣。沐則心覆，心覆則圖反。反之爲言，猶惑易也。茹不潔以爲薌，攪腥血以爲旨也。於是，舍其沐人而陳忠義於犬馬，豈謂狗馬亦可談忠義哉？自吾之意，以爲無忠義則亦不可以爲狗馬而已。何也？無忠義則如豺狼之不可嚮邇，而虺蝎之不可昵就。夫人防豺狼、虺蝎而不虞狗馬，則以其忠義足恃也。假令犬馬而爲崔杼、趙盾者，乘主人之醉寐，登牀而解其體。家相戒而户屠之，犬馬其無噍類矣。假令犬馬而爲張柔、張範、蒲壽庚、孫勝夫、吕文煥、劉整者，連率□□而覆人之廟社，逼孤幼於滄波，則主人之邦族，亦豈有孑遺哉？故曰：無忠義必不可以爲犬馬也。我故揚犬馬於人，而比類言之，支離言之，含辛包垢而言之也。”此世熊作《狗馬史記》之意也。嘗與友人書曰：“河山易位，人物失倫。欲哭則不敢，欲泣則近婦人，欲死則二耄在堂，相依爲命。當爾之時，如失路之兒、喪巢之鳥，徬徨愴慌，視晝如昏。忽見狗馬與人周旋，如可語者，遂以人道待之，爲作《史記》焉。誠不自知其哀切而癡慟也。"嗚呼，此世熊作《狗馬史記》之意也。辛卯之春，建昌兵潰，道出泉上。世熊方砦砦，其魁黃熙胤者，徘徊世熊園館，有卒摘園中二橘，胤立鞭之，駐馬視卒盡乃去。康熙初年，海內方定，新政迭頒。記太平者以爲其時與民蘇息，矯明季之重餉，天下喁喁也。世熊爲《丈田苛政紀》曰："其時，民皆私語云：萬歷時，丈田公正，有司以禮接之，商論土宜肥瘠及詭匿崩陷、侵佔缺額之由。清丈事畢，申報上司，給冠帶以獎勵之。蓋謂之公則非私人也，謂之正則非邪人也。今乃用爲獵兔攫雞之鷹犬，無罪無辜而絏爲囚徒，殘其肌體，不啻盜賊，是何爲者邪？"其著《條鞭總論》，溯明以來之惠政，而推其弊於清初曰："於是天下無不困之民矣。其弊俑於順治之辛丑，甚於康熙之庚戌，姑書其事與年，以志不諼。異時條鞭所派均徭諸目，費既十倍於明初。明之制曰：十甲應輸一金者，令每年輸一錢，勢輕且易。今既歲輸一錢矣，而十年應輸一兩者仍在；且又十倍於一金，是則歲歲徵其免役之錢。及十年而役其身，且又百倍徵其錢，何啻合差役、雇役而並行乎？然則昔之歌舞尸祝、饗條鞭爲德者，今以條鞭爲附肉之贅疣矣。又明代定賦之初，石米折色五錢耳。既而帶徵折料，帶徵四差，共一兩三錢有奇耳。其後遼餉、練餉，名目溢出，石米至二兩有奇，而明以亡。清初，石米併官折四差，僅一兩二錢九分有奇，視明猶不及也。後雖增顏料、蠟、茶、地丁諸項，石米共一兩六錢二分有奇，可謂非惠哉？乃凌遲至辛丑、庚戌，該年除丁口銀外，米石例輸一兩六錢六分矣。而香、顏料不與，抱役者不與，諸無名雜科與衙官募役追呼者又不與。蓋石米十數而未足，溪壑承雷，又誰能挽而出之山乎？民之坐困也，譬則累棋，累窮而顛，賴手把握之耳。手倦則弛，顛而四潰必矣。然而黽勉供應，不即填溝壑者。譬則蕩子之撒錢也，竭髓而償一日之欲，觀者猶妄意其厚藏，不知其家之突冷甌塵，不謀朝夕，死亡可立俟也。"蓋其所記皆當時敝政，凡以備他日信史之所采者。世熊於是入山四十年而卒。世熊之入山也，其所與共則有同邑雷羽上扶九。扶九先卒，世熊爲題曰"明孝廉雷君之墓"。更爲之表曰："君卒之二月，去所生甲寅，僅四十一年。初，君與某隱於泉上之陽遲山，是山萬嶂回阻，晨曦不交，人間亭午，光始射檐，故曰陽遲也。其時，冬雷震虩，雨雪雜下。茅屋三間，上漏下濕。寒燈不熒，爐隙如涕。兩人擁絮不痳，午夜有瀏聲若噫者，予問：'悔此寂

寂乎？'君揚聲曰：'曷爲然？思欲穿天穴地，填海移山，未得頭緒耳。'其後，
每夜危對，談寂籟沈，雙眸炯注，洞燭寰外。度其熱血雄志，雖想構紆險，而苦
誠可哀，非予不闇矚之、闇解之也。方戊、己間，江閩義師，割據省郡，東南大
震。或問：'有濟乎？'① 君歎以爲：'蕭湛有言：舉大事者，當得天下奇士。今
但與博徒傭奴謀之，立見其荊棘生庭戶耳。'予悲其衡慮幽山，欲大展其未
竟，勢格事阻，乃至絕甘茹苦，託跡緇流。昔之銜刃拜酖，陽瘖匿盲，亦易地皆
然矣。悲夫，或以君著作未就，慮淹抑千秋，斯言過矣。夫牛牢頑志於子陵，
馬宏比節於子卿，牢、宏事佚國書，名彰千祀，斯於著述何有哉？方正學責廖
鏞曰：'讀書幾年，不識一是字。'成祖亦譏學士王達不識一難哉，蓋謂殉難之
難也。元世祖以提舉授蕭鄭，鄭不受而灌園。史氏謂元祚百年，惟蕭鄭識字，
豈廖鏞、王達與蒙古一代人才皆不能著書滿車、軸文如杵乎？蓋必如吾扶九
者，斯可謂之讀書識字耳。"於後，世熊與人書曰："扶九之卒，沒其年而紀月，
逆追其所生之年，蓋變例紆阻其文，不得謂之簡要，然所以存扶九也。"黃史
氏曰：李元仲之爲人，殆所謂古之傷心人與？元仲自謂：日月之下，但有形影。
爲諸生時，每接有司，輒惡累日，豈惟有司。嘗獨泛西湖累日，不謁一名士？
張天生以爲目無餘子也，又豈惟名士。當其壯時，漳浦之名沸海內，元仲未嘗
納脯贄焉。見《答彭躬庵書》。抑古之所謂特立獨行人與？元仲自謂生平行事，
盡在集中。今讀其集，其言皆沈痛憤疾不欲生也。是故，舍其集則不足以知
其人。彭躬庵曰：不有不同希文進，見《再上石齋書》。又若許奏，若訥書《褒恤孫忠
疏》。者邪？不有鄒枚辭令，而穆醴去就，《與林守一書》之類。不有稷下辨而書邑
矢《答賴時見、雷扶九書》之類。者邪？則其進退、生死、出處，隱見之大節也。若然
則讀其書知其人，躬庵之言允矣。黃史氏又曰：綜元仲一書，其所言胥進退、
生死、出處、隱見之大節而已。是故，元仲又謂：宋之儒臣負奇磊落，起於理學
大明之後者，其汪立信、文天祥乎？其張世傑、陸秀夫、謝枋得乎？數公非私
淑程、朱，千秋自立，亦世士所通曉也。若夫精通《易傳》，服勤《小學》、《集
注》，爲程、朱專家之學者，則有人矣。曰姚樞、許衡、竇然。之三子者，口道綱
常，身仕外國。今以其學崇程、朱，得恕背□事□之罪，文以仕道、行權之名，
道如是，無道可矣。權如是，無權可矣。嗚乎，其所誅絕者若此，胥斷斷乎進

---

① "乎"，原稿脱此字，據《寒支初集》卷八《雷孝廉墓表》補。

退、生死、出處、隱見之大節,故其推本於理學曰:昔張駿表晉帝北伐,其言:'虎、期繼逆,兆庶離主;漸、冉經世,先老消落。後生戀慕之心,日遠日忘。'痛哉言也。今國變以來,曾幾何日,蓋有儼然先老,蒙面颺言,美叛師爲棄項就劉,指正朔爲趙佗、吳濟者矣。豈俟日遠乃漸忘乎? 某以爲,彝倫之斁,由無廉恥;廉恥之喪,由無是非;是非之倒,由無理學。是故元仲《狗馬》之記,蓋欲反人倫於禽獸也。夫狗馬猶有記也,謂其特立獨行,元仲豈其然哉。元仲豈其然哉。"

按《通志》卷二百二十三《隱逸》、《府志》卷三十《人物》並有傳。

又按:《南雷集·明文案》:"崇禎時,江右艾千子、徐巨源,閩中李元仲、曾弗人,亦卓犖一方,石齋以理數潤澤其間。《學箕初稿·上顧寧人先生書》:'百學幼侍家大人,屈指當世人物,必曰八閩李元仲、江右黃雷岸、天中孫鍾元、三吳歸玄恭與先生五人而已。'漳浦藍鹿洲稱:'汀州數百年人物,惟李先生最奇。'吾鄉邱雲泉亦謂:'徵君使生中原地方,可與馬、班爭烈。'劉鼇石《祭徵君文》謂:'先生之志,在挽虞淵於已冥;先生之才,欲障百川而東走;先生之學,本顏卓而孟醇;先生之文,或溟涵而地負。二百餘年養士之報,既萬失而一償;四十三載答主之誠,亦千鍼而百灸。文章達而時命不達,道德尊而名位不尊,種白楊於身前;盜賊知而有司不知,衆人諒而親友不諒,吊青蠅於身後。嗚乎,先生是則以可知者付流俗,以不知者還宇宙。'"

按《寒支先生歲紀》:"天啓甲子,先生二十三歲。八月,不第歸。兄弟分爨,先生從伯父借屋一區,方廣六尺,一厨備爨而已。夜分人寢,手注《大學億》、《中庸語錄》、《詩經集說》。"

大學億

李世熊撰

見《寒支先生歲紀》。

中庸語錄

李世熊撰

見《寒支先生歲紀》。

按:以上三書,不見述於諸傳誌。《通志》以下,亦無著錄其書,又無傳。姑著於編,以俟知者。

宋鑑稿

李世熊撰

按《寒支二集》卷五《與彭躬庵書》:"向年以來,以《宋鑑》蕉弱,欲將一代正史、外史參核繁簡,削而文之,庶愜人心。編至哲宗,而變亂遂劇,轉徙未休,洪水流寇,更番迭作。不但草稿散亡,即數篋故書,咸殉河伯。每一念及,永歎而已。"

福建通志五十卷

李世熊撰

《通志》卷八十《經籍》著錄。

寧化縣志七卷

李世熊撰

黎《序》曰:康熙二十二年癸亥,皇上誕敷文教,允廷臣請,纂修《一統志》。先檄直省所在有司呈稿彙進,下史局。間山川、里道不合,屢煩嚴旨切責。一時奉行期迫,多因仍固陋。太史公云:"文不雅馴,薦紳先生難言之矣。"寧化泉上李元仲先生,舊學通儒,爲海內人文碩果,不交州、府者四十年。前寧化令何公,束書載幣以邑志請先生,先生辭之;再數請,迺可。書未就,① 而何公遷去。及書就,前令王公急欲梓行,又不果。今煥章祝使君蒞寧三載,政通人和,好文篤士。一見是編而歎曰:"此非一邑、一家、一人之書,而天下古今所通共之書。將以副功令、詔來者,非我其誰任?"僉謀於學博謝君及邑之紳士父老,咸韙是舉。度工選匠,不數月而刻告成。予得俯首卒讀。

---

① "書未就",原稿脫"書",據《寧化縣志》卷首補。

信哉，祝使君所謂天下古今所通共之書，而非一邑、一家、一人之書也。寧雖望邑，志殘缺者將百年。發凡起例，非有故府足因也；摛詞辯體，非有群材足借也。先生以一心一手，經營數千年之事，無飾詞，無曲筆，識其大者：舉一端，而古今上下、治亂倚伏之故無不詳；樹一論，而源流升降、補救損益之計無不備。識其小者，而山川、里道、丘陵、陂澤、岡巒、巖壑，掌指縷分，離然可數。斯固釋法顯之所不能既其詳核，酈道元之所不能爭其奇麗者也。後有作者，蔑以加矣。即以上冊府、備乙覽有餘，安能不亟謀所以廣其傳乎？顧郡縣事至冗雜，錢穀、刑名之司，日救過不暇，視邑乘廢興，無關緩急。即有意修舉，而或所任非所賢，所賢非所遇。世乏淵、雲、遷、固之筆，使名區勝蹟、魁人傑士湮沒而不得傳者，何可勝計？祝使君之爲是舉也，固甚慶乎國有人焉。得以一邑之書，見於天下；又得毋更歎息乎國有人焉，而僅以一邑之書見於天下也。《汀州府志》之缺亦五十餘載，郡伯鄢公，賢大夫也，雅意重修，將專車延先生論定。今先生亦遂老矣，年八十有三。倘天假緣便，獲見成書，推廣一邑者及於一郡，以一郡者漸及於天下，先生將無有意乎？予受業於先生之門，何敢附游、夏一詞之贊？特歡祝使君任事之決，而識政之大也。敬記一言於簡端。康熙二十三年九月，整飭寧夏河西河東道、督理糧儲鹽法事務、陝西布政使司參政，長汀黎士弘序。

按"八十有三"句，"三"字，《託素齋文集》及《府志·藝文》俱誤作"二"。先生沒康熙二十五年丙寅九月，年八十有五。黎序作於二十三年，是歲甲子，乃八十三歲。又此序與《文集》、《府志》字句略有異同，此據《寧志》蔡恩齋寫定錄。

祝《序》曰：聞之天下郡國萬城，惟秦中諸邑志爲善，皆其鄉渼陂、槐野、苑洛、涇野、對山諸先生爲之。秦固稱天府百二。其時方盛，平民不覩兵革；郡邑諸長吏，不以錢穀考成，無盜賊、徵求攖其慮，得一意長養教化，植人才，美風俗，久於其官。政成，則與二三大夫、耆碩，從容載筆，纂定一書，皆自言其所得。其地則古帝王、將相、聖傑、都會發跡之區，而爲之者，又皆貫穿百家，亭育經史，精思博聞之士，則其志爲天下獨擅固宜。自予承乏寧化，暇時索閱舊志，怪其拙率蕪濫，思有以易之，未遑也。幸值今天子偃武修文，彙徵海內新志，編爲一統全書。乃寧志荒略，無可采擷，而功令限迫，不敢緩期；黽勉撮錄舊紀，解投志局，意殊不自慊。因進諸生謀所以新寧志者。諸君因言本邑有耆舊李君元仲者,隱居百里外土室,不入城市者四十年,向嘗纂有私志,未行世。予聞而欣然,肅書專人,懇求草本。李君不自秘,輒出稿相示。予得繙閱其書,盡改舊志面目,視他志亦別爲一體。分土地、人民、政事三卷爲大綱,其目則四十有四,其於沿革、建置、利弊、損益、美惡、盛衰,靡不羅縷洞貫,窮溯本原,旁達支委。即一邑之故,回翔敭歷於天下古今之所以得失成敗,俾曉然於治亂所由生,反覆闡揚,備深懲勸。意以此爲當代夏商之鑑,寧陽直社寄焉爾也。此固非一人、一家、一事之書,直謂古今天下所公共,比諸秦中,固自有意義在也。即聖天子、王公大人采而披之,當憬然於休養生息聚訓之難,力去虛名,而崇實惠。豈惟寧安,將天下舉安,志其不虛作矣乎。不揣即其原本,增芟十之一二,遂引其端如此。康熙二十二年九月,文林郎、知寧化縣事、功加正一品、仍帶餘級,三韓祝文郁撰。

蔣《序》曰:郡邑志曷昉? 昉於《周官》小史、外史①所掌,視班氏之十志而變通之,纖細必具其大綱,則以稽道里、觀民俗、見治化之得失也。道里、民俗、治化,閱時而異,故百年或數十年必一損益之,整飭之,若居室然,舉厥舊而新之,以幾其無隤陊。雖然,亦視室何如耳。室有營於巧匠,殫一心一手之瘁,恢廓堅緻,更千百年而不可壞。後之人浮於室,就其隙,闢而居之可也。必撤而新之,則失有三:曰新材淆,曰覃思間,曰古物湮。是故與新而繼也,無寧仍厥舊。明以來,若康氏《武功志》、韓氏《朝邑志》,皆瘁於一心一手而不可以他匠溷之者;而李氏元仲《寧化縣志》,實爲之殿。自國初三韓祝公文郁梓行之,二百年來無就其隙闢之者,不可謂非居之者之弛也。歲丙寅,沅署斯邑事,搆先生書於邑人士,窮搜而後得之。謀之少尹華君小初,鳩工鏤版,以永其傳。少尹董其事甚力,逾歲乃蕆事。是役也,不敢謂居之者之克勤,以形前人之弛;而方之貿貿焉撤而新之,以蹈夫所謂"三失焉"者似有辨。抑沅之不克就其隙闢之,雖不免於惡,而先生之遺構,藉是以永傳,後之有心於闢其隙者,猶得稽夫道里、民俗、治化班班也。則沅與少尹亦不爲無助云。同治八年五月,攝理寧化縣知縣湘南蔣澤沅序。

《福建藝文志》卷二十八《史部·地理類》:《寧化縣志》七卷,寧化李世熊著。《石遺室書錄》云:"元仲先生,本明末一作手。此志略仿康對山先生《武功縣志》，全縣事貫串胸中，筆墨簡括，故千餘年僅以七卷賅之。分土地、人民、政事三部，尤爲賅括。惟分類至五十之多，疆界不入於建邑，而都圖、村鎮、街市，又入於疆界。則如元符間，析本縣六團里併長汀二團里置清流縣者，疆界不因而變易乎？似宜合建邑疆界爲疆界沿革表，而都圖、村鎮止詳見在者另立一門，較爲明晳。‘職官’改稱‘官師’，係仿康對山《武功縣志》。然‘官師’二字，《僞孔傳》以師爲衆解作‘衆官’，則倒置不詞；《左傳杜注》解作‘長官’。一縣中有知縣、縣丞、巡檢、典史等，‘長官’不足以括之，稱‘官師’，不如本《周禮》‘設官分職’，稱‘職官’之當。既有選舉，又有科目、廩生、監生，官巡檢、典史等者，亦列科目，甚無謂矣。人民部中又分人物一總目，人物之中又分九目，是自歧其例矣。既不以選舉、科目入人物，則選舉當入政事部。既有歲役，又有款目，又有度支，不如高雨農先生《光澤志》之總於賦役。其先聖、先儒歷代崇祀，爲全國所公共，省志且不應載，縣志載之何爲？至先師世系、孔子弟子，尤縣志所不應載。匠班當歸歲役，何足獨立一門？此皆其可議者也。”

《八千卷樓書目》卷六《史部·地理類》：康熙《寧化縣志》，國朝李世熊撰。刊本。

《古書流通處書目》：《寧化縣志》七卷，康熙間刊本。白紙，八册。

按《寧化縣志》七卷，訂八册。一爲檀河精舍本，用白紙印，有黎《序》，晉安蔡恩齋其聰八分書；祝《序》，侯官王逸楷書；即康熙本也。一爲同治八年重刊本，用毛邊紙印，汀州李中和軒藏板。首載同治八年蔣《序》，次祝《序》，次黎《序》。其第三卷《科目》後，寧化縣知縣楊治生以下，皆重刻時補入。廈門大學圖書館藏康熙刊本一部，同治重刊本二部。今汀屬書坊通行本，大抵同治刻也。

《中國書店書目》：《寧化縣志》七卷，寧化李世熊撰。白紙八册。

錢神志七卷

李世熊撰

《通志》卷八十《經籍》著錄。黃之雋序，略曰：魯元道作《錢神論》，諷世之饕財黷貨者，隱姓名爲綦母氏，其語諧，其思憤。閩汀李元仲，當明之末，因之而作志，則非以爲諷也。賅貫二十一史、諸子百家，旁及稗官野乘、仙釋鬼神之事，自後王君公以至氓庶，鉅而理財經國、俸餉課稅之典，細而負擔販鬻之業。源於礦業冶鑄，而極其流於窖藏銷煅，間繫以論斷，咸公正中庸，指切事理。言之無罪，聞之足戒，非以詡博物叢諸臯、夷堅者也。元仲曾孫俀、俵，予先後所取士。俀上書求序其遺書，爲發其苦心，以垂法戒，不同於元道之詼嘲忿激如此。

按：黎《表》、魏《志》皆作二十卷，《府志》卷三十三《文苑》不著卷數。

《蟫隱廬書目·子部》：《錢神志》七卷，寧化李世熊撰。光緒刊本。白紙印八册。

狗馬史記

李世熊撰

《寒支初集》卷四《狗馬史記序上》曰：紀治亂，必審其正傾；定正傾，必測其表晷。晷正，則南北陰陽與俱正也。地晷於天聖，人晷於天地，物晷於人，彝晷於夏。比其傾也，天表移而聖晷匿。岡兩樹臬而試陰陽之器，岡兩之樹臬則必於夜也。不則，酸雨毒霧也；不則，萬目皆盲也。何也？晷不可見也，羲和未揚，若華未光，雖馳走强陽，影固無所屯也。不可見而猶稱曰表者，則岡兩之微睇自爲熠耀，而意北意南也。非獨掩日，而意南意北之方必將倒臬而易聖人之位，聖人則死矣。有其類裔焉耳，有其《易》、《詩》、《書》、《春秋》、《孝經》焉耳，夫是皆聖人之晷也。臬之倒也，必以文王晷於犯豭，姒妃晷於庬吠，太保晷於旅獒，周公晷於狼跋，仲尼晷於纍狗，管仲晷於嚏噴。此數聖賢者，則皆天之表晷哉。天杲燼則聖晷絶，世皆蘊火而晝息；然猶有障面而行，避日而趨，索蔭穿竇而馳且嬉者，是尚知有日威之赫也哉。杲則未燼，而晷則未絶也。何也？今使周公血口而植圭，仲尼反衽而修策，曾、閔毀鬢而御親，游、夏刺豕而操戟，子華弛章而相賓，仲由斷緱^①而降北，雖甚鷙猛，必贊其不可也。鷙猛以爲不可，而周孔之裔，《詩》、《易》之家多莫不可

---

① "斷緱"，原稿作"短緱"，據《寒支初集》卷四改。

者,是將裂《孝經》爲城旦之罪書,而放《春秋》爲誘叛之狐鳴也。《孝經》不可陳拜於斗極,《春秋》不可奉告於明昊。則天地爲敗甖,而人爲濕薪;天地爲市釜,而人爲臞肉矣。不然則皆冥與盲矣,皆霧與雨矣。冥盲、霧雨之事,則雉求牡也,鴻離魚也,鴟取子也。犬豕交於宮,妖馬騰於禁,而野狐升於座也。亦豈有南簡、董狐者,揚燎秉炬,泚筆而書瞢闇者乎? 南、董所不書,而我則書之,且以爲狗馬之事而疊書之,我則許世之爲冥盲、霧雨也。暬則不見圖影而像之云爾,景則不見熸火而燭之云爾。夜之人不能撲我燭而滅厥景也,罔兩之皁仆之哉,是將不旦乎? 何哉? 其不旦也,曜靈升而爝熄,爝熄而暬正,南北陰陽,童子緩步而量其修短矣。夏首有人見髮影而疑鬼也,嫉之而反走,走愈疾而髮影愈逼,蹶然喪氣而薾死,夜之人,其以我書爲髮影哉,其以我書爲陽燧哉。

　　《序中》曰:日暬匿而萬景熄,我圖影而醜之歟? 何哉? 以我爲秦政之繪工,圖海神之獰而自爲厲哉? 我則大悲焉,大恥焉,大憤焉。日之入於虞淵也,懸十鑑而不見鬚眉,則以天下之人皆無影矣。在月中,則指爲鬼;在日中,則以爲老人之子。老人之子生而不識父、鬼之惡明也,則於墟墓嘅嘯也。慘戚哉,天下皆失父而入墓者哉? 隋有妖人焉,曰宋子賢,將蠱衆而用之也。則懸鏡,令炤之,或影爲王侯將相,或影爲犬馬蛇豕。於是惶駭而服妖役也,則畜影乃更爲王侯,天下盡炫於妖鏡矣,易人影而畜之矣。未聞駭畜影而祈人也,是面有莩而病有忘也。海濱有犀焉,自醜其形,不忍鑑也。覷清淵焉,必憤而溷濁之。清淵之陷惡影也,無算矣。曾無揚泥而堙其潴者,是目有翳而中有瘀也。悲夫,天下睢睢,而我則涕且譆;天下莫莫,而我則懣且怍。是何爲者哉? 春羽如簧,而鷩靈之鳥獨愴愴而啼血,血盡而悲極矣。卒不知所悲者爲何也? 屋穀比憐,鮑猶交薦,人不相羞也。風狸獨見人而掩面,夫必以甚可羞者,人也卒不知所羞者何事也。句踐失國,越之人未怒也,而蠡獨怒之;越之人未喻也,而句踐獨式之。卒不知蠡所發憤者,誰賈之氣也。嗚乎! 以上帝之蕩,而日月之皭,使我而獨爲鷩靈之鳥,使我而獨爲羞狸而怒蠡也,我則細且危哉,何爲圖影而彼之醜哉?

　　《序下》曰:史之有例也,自釋《春秋》者始也。是將爲例乎? 曰:何爲其無也? 人形有志,哲謀有傳,名士、畸人有傳,排難、報怨有傳,前乎史者,未聞也。是亦例乎? 曰:變也,世變則例變,以義起也,以悲起也,以恥起也,以憤起也。古者改正朔、易服色，而今者改□□，此書册所無有也，故志人形也。昔之亡王，屏棄耆老、鑱割謀臣，於是則有抉目懸闉，憤發背死，眼光淪地，自墮長城者。今盈廷偰偰，黯默淪胥，有瞻言百里，謀臧具違者乎？故傳哲謀，悲鄙闇也。崇、弘甲乙之間，浙閩蕩析之日，其蒙面竊稭者，皆掇巍科、獵古文，口談忠孝，而筆搖華岱者也，無望矢靡他矣。曾有賣鳩封刃，迫脅後起者乎？非當世所謂名士乎？故傳之、恥之、悲之也。昔之興王，多有瀕危而免、幾敗獲全者，康王以泥馬渡河，昭烈以的盧出險，孫權飛越於津橋，克用禁嘶於林木，蹄齧有靈而神鬼效順。今者，螻蟻緣於龍鱗，魚服制於豫且，漢祖竟阨丁公，齊侯不值丑父。嗟夫，悲哉。可爲痛憤者此也，故傳排難也。孔子曰“以直報怨”，聖人豈與人匿怨哉？今屠邦族而酹以僕隸，剝髮膚而致以肝腦，辱子女而侑以玉帛，是報怨不啻以德也。故傳直報憤之恥之也。昔之誤天下者，多以威權震主，神姦鬻國；今亦患得失、貪生怖死之鄙夫耳。遂使温飽而破江山，壇社而陪璧櫬，亦可哀哉。故整頓斯世者，必非斯世之人；洗沐舊汙者，斷非舊汙之士。傳畸人，思不世之才也，凡皆以義起也。紀志列傳，爲目二十有七者，書始於乙酉，符諸二百七十七年而縮也。附四裔於地理志者，閏之也。起於鼎燕，迄於破吳，裁其三十四年，則取《春秋》之數也。西漢二百二十六年，新莽之閏十四年，合之，亦《春秋》之數也。東漢一百九十六年，蜀漢四十四年，合之，又《春秋》之數也。張衡曰：“太玄爲漢家四百二十年之曆。”則猶未知太玄也。太玄取諸《春秋》也，是亦例乎？曰非也，以義起也，以天起也哉。

《福建藝文志》卷二十《雜史·附錄》：《狗馬史記》，寧化李世熊著。此書恐是寓言，有錄無書。

史感一卷

李世熊撰

《通志》卷八十《經籍》著錄。

按：是書民國七年戊午仲秋，寧化修志局爲之重印，與《物感》合爲一卷。

吳《序》曰：人秉天地之氣，受父母訓，讀聖賢書，處而修身，出而治國，得遂其志，此士之樂者也。若不得其志，乃士之苦；苦而不改其行，則苦也而樂寓焉。喪亂之世，士之不得志而改行者有矣，未有不改行而能得志者也。若不得志，且不改行，放迹江湖，棄利祿如敝屣，以著述自怡，其文章氣節，必可照耀古今。明之亡也，公卿大夫之負盛名、食厚祿者，多不知忠義廉恥爲何物，反顏事二，重享榮華，恬不爲怪，良可悲也。而貧賤之士窮處山林，乃至有興種族之悲，以身徇國；即於義可以不死，終爲遺民，抱缺守殘，至死不渝者，亦間見於天下。是雖數百年養士之報，抑士之砥礪氣節者自得於殘山賸水間，以畢一代興亡之局，而存兩間之正氣也。福建寧化李元仲先生，明遺民之一也。隱居泉上圃珑巖，見明社已屬清夷，衣冠禮樂，觸目傷心；故讀書不涉世事，娛遊山水，以諸生終其身。所往來多賢儒碩士，與寧都魏禮、南昌彭士望、上杭劉坊最契。觀其所友，可想見先生之爲人也。先生著述宏富，不忘種族之念，所爲文多激昂慷慨之詞。其《狗馬史記》一書，清代文網嚴密，不得其傳。如《寒支集》、《錢神志》、《寧化縣志》、《史感》、《物感》，雖於富藏家可得一二，而代遠年湮，亦將成廣陵絕調矣。予侍父客閩垂廿餘年，耳先生之名久矣，私衷敬慕，未嘗刻忘。顧年來奔走天涯，萍踪靡定，常以不得遺書爲憾。今春，隨粵軍征閩，秋間克復汀州，奉令知寧化事。下車伊始，即訪覓先生遺書，得見《史感》、《物感》一冊，孝悌忠信，禮義廉恥，隨處託諷，貪可廉，懦可立，真有功世教之書也。但所存者僅一部，懼將湮沒，爰與修志局及紳學界諸君子會議，集貲重刊，刷乙千冊，以廣流傳，聊抒夙願。以先生之文章氣節，可傳諸史館，可建立專祠，若此區區，未足表其生平之萬一。然即以此爲嚆矢，可乎？議成，諸君子屬予爲序，予素不能文，何以爲詞？雖然，亦安可無言以副諸君子之屬？勉撰數語，唯諸君子正之，而附於諸序之末可也。中華民國七年秋八月望日，湘陰吳暲撰。

張《序》曰：天下之大禍，莫甚於宗廟荊棘、社稷邱墟；世道之大變，莫甚於三綱解紐、四維不張；人心之大患，莫甚於冠蓋犬羊、鬚眉妾婦。舉人世目不忍見、耳不忍聞者，而觸擔當世教、魁壘鴻碩之士之一身，何恫如之？其忠孝節義之正氣 ① 與悲歌慷慨俱流，無疑也。然則李元仲先生之《史感》、《物

---

① "其忠孝節義之正氣"，原稿脱"其忠孝節義之"六字，據 1918 年寧化修志局版《史感》補。

感》，其能已乎？當明鼎革，先生以一名諸生，抗節巖穴，清代徵辟，皆不起。一時勝國舊臣，或強顏爲興朝人傑，其視先生何如也？先生視之又何如也？蔡子英曰："人臣事君，如女之事夫。夫亡不可以適人，禮義廉恥所繫也。"又曰："維新之朝，何所取於寡廉鮮恥之人，而必欲臣之？"先生不幸身丁其時，親見其人；又不幸習見不孝不悌種種敗類之人；而縱觀歷史，其成迹遺事，雖蠻夷戎狄、巾幗緇流，多足愧殺此輩。間有爲此輩嚆矢者，類皆國家將亡之妖孽，所謂"君子猿鶴，小人蟲沙"也。狗戴冠，駒生人，變幻離奇，《五行志》與《莊書》，有心人更進一解矣。夫"咨女殷商"諸詩，《離騷》諸篇，皆身不逢時者之所爲，其取鑒前車，寄懷庶物，似亦此書所昉。然彼憂讒畏譏，諷刺見諸言外，此書痛快淋漓處，不恤顯觸時忌，故前朝與《狗馬史》同諱。今如豐城寶劍，大燭斗牛，則黎君發表之力，吳大令捐資剞劂之功，亦先生道德文章之靈不可埋沒也夫？中華民國七年中秋節，後學張守先謹序。

天襄《序》曰：王夫之《讀通鑑論》，於夷亂華也，攻之也力，闢之也嚴。寒支先生之《史感》，傷心異族，兼寓善惡褒貶，其憤世嫉俗與王同，其心則更苦矣。何者？《史感》不足，繼以《物感》也。郭璞注《爾雅》也，剗瑕礫，搴蕭稂，朗朗言之，使博物不惑，多識鳥獸草木之名。《物感》者，借端立言，隱語諷世，抑其苦心愈超出郭上矣。嗚呼，大丈夫不得志於時，埋頭窗下，著書立說，以洩胸中不平之氣，往往而有；況生當鼎革，宇宙腥膻，欲言不敢直言，欲默不忍終默，而其志尤足哀者乎？故謂先生之著此二書也，識之精，意之奇，心之苦，恐王、郭見之，瞠乎其後，豈尋常著作可並哉？寄託宏深，如靈均之香草美人；修辭奇聳，似南華之秋水山木。使丁盛世，展其經濟學問，直可上追管、葛。惜乎處血舌箝市、讜言糞野之秋，匪難兼善天下；即可歌可泣之文字，且不能直抒胸臆，而爲此隱語寓言，冀識者之觀感而興起，甚可悲矣。然先生之遯跡泉石，不事異族，憤人心之無良，傷世道之荊棘，聚精會神，特開生面之作，可與龍門爭席者。尤有《狗馬史記》，恨此書久已埋滅，徒令人夢想耳。或者得如所南之《心史》，千載[①]後猶發見於枯井乎？鬼神呵護，未可知也。嗚呼，《狗馬史》雖未窺全豹，二《感》亦《狗馬史》之嚆矢也，慰情勝無耳。今秋，修志局總纂黎君寄庵，欲重將此書出版，懷碩果僅存之慮，與保

---

① "千載"，原稿作"千秋"，據《史感》改。

存國粹之心,舉至善也。予適在局爲名譽修纂,意最贊同,且不勝欣忭。故不揣譾陋,聊貢數言,以誌景仰前輩之微忱焉。民國七年舊曆中秋節,天裹謹序。

黎《序》曰:寧化古隸閩越,衣冠文物遜於上國,趓堅忍卓絕之士,數百年乃誕寒支。教化偏、風氣塞,無驚天動地、感鬼神、泣風雨之文,亦數百年始有寒支之書,鎔經鑄史,出莊入騷,畢具於本集,分見於《錢神志》、《寧化縣志》;若《史感》、《物感》,乃其餘也。然於人品之高,學問之深,經濟之宏,氣節之凜,時流露於字裏行間,則謂即餘事以窺其全可矣。初,寒支先生之裔應成,以《史感》、《物感》見贈,若獲至寶,微惜譌舛甚多;時曾年齒尚弱,書籍不充,未暇校也。祇讀時以丹鉛識其疑。舊年攜往省垣,上杭丘君復見而善之,力任校勘。今春,加序歸璧,曾乃與巫冠南諸君重加校對,浸浸仍真面目矣。仲秋八月,湘陰吳卓晨大令由粵來宰吾邑,甫下車,即殷詢先生遺書,知《史感》、《物感》之校而待刊也。於是倡捐五十金,命修志局董其役,裝璜一千,以廣流傳,知所風化矣。夫先生之人品、學問、經濟、氣節,類能傾慕一時,聲施後世,以滿清忌諱,不敢宣暴。至今日而文網大開,曠代知己,誦德揚芬,先生爲不孤矣。以今日重印是書之機卜之異日,已見之書如《寒支集》、《錢神志》、《寧化縣志》,將益擴充;未見之書如《經正錄》、《本行錄》、《狗馬史記》,將搜諸巖穴。天下後世,行見人人讀先生之書,勉爲堅忍卓絕之士,驚天、動地、感鬼神、泣風雨之文,先生益不孤矣,豈區區千册遂足表彰先生哉。中華民國七年中秋節,後學黎景曾謹序。

巫《序》曰:《史感》、《物感》,邑先正李寒支先生所作。書中紀述,概寓褒貶,或指斥事實,或隱匿姓名,義正而嚴,詞莊以肅,而極其微於蟲鱗鳥獸,指切假借,隱示勸懲,其感發人心,扶植世教,蓋救亂之書也。當時文字禁嚴,傳本蓋寡,越二百餘年而存者益僅矣。戊午秋,吳卓晨大令捐廉重梓,命任分勘,自顧譾,不足效一辭之贊。唯是寒支生逢鼎革,目擊頑鈍嗜利、棄信背義之徒,毀三綱、裂四維、曾禽獸不若,特作是書,用當棒喝,孤詣苦心,千載如見。今梨棗既成,印行千部。將來推暨愈廣,觀感益多。以是爲勸,則孝悌忠信、禮義廉恥,油然而生。以是爲戒,則機械變詐、貪鄙奸偽,悚然以息。法誠所在,抑誅罰所寄,可警而悟,不可溺而迷,其昭示來許 [①],如日月經天,江

---

① "來許",原稿作"來詐",據《史感》改。

河行地矣。顧炎武曰:"觀哀平之可變爲東京,五季之可轉爲趙宋,知天下無不可變之風俗。"今日世衰道微,德義隳敗,鍼肓起廢,非此書莫屬,是不可不人手一編,藉作晨鐘暮鼓也。中華民國七年秋八月,後學巫翹楚謹序。

按:以上五篇爲《史感》、《物感》合序。

丘《序》曰:"汀爲江黃國,不隸冠帶盟",此長汀黎媿曾大參之言也。元仲先生以有明一諸生,當國變後,晦遯荒山,不事異族,以遺民終其身。所著《寒支集》、《寧化志》、《錢神志》等書,兼班、馬之長,而得管、韓、莊、屈之神髓,炳然一刷山川之陋;而衣裳之會,乃進而與上國抗衡矣。先生著述尚有《狗馬史記》,滿清文網煩密,秘而弗傳,僅存序論於集中,今其書已佚。至《史感》、《物感》二書,并集中亦未一及。民國初元,在閩垣雷子肖錢、劉子春海始爲予言,然訖未見其書。今年,黎季庵君出以見餉,爲紀年前二十有一年辛卯,先生九世孫應成以袖珍版印刷者。聞當時止印百本,今存者僅矣。是書《物感》尚完善,當別爲論次。《史感》脫誤滋多,蓋歷二百餘年之稿本,蟲傷蠹蝕,殘缺在所不免,而印行時又不審校勘,任意補改。如"崔立"之"立"誤爲"丘",而改作"邱";"北燕"之疑"燕"爲清都,而改作"京",其大較也。時局多艱,杜門却軌,乃參考史鑑,手鈔而訂正之。全書計五十九則,而訂正脫誤至七十餘處,乃稍稍復舊觀矣。竊維先生當日懷故國之思,抱種族之感,目擊靦顏貳心之徒,甘改變其髮髻、冠裳、面目、腰膝、禮義廉恥而不顧。讀史之餘,有感於中,不惜莊言正論,以聲其誅討。雖篇幅不多,而先生之氣節、之經濟皆於是乎寓。讀者視爲當時之照妖鏡、警夢鐘可矣。然以此風世,而世尚有昧種族之義,主張復辟,甘爲異族奴隸者,吾不知先生身當今日,其所感又將何如也? 中華民國六年八月,上杭丘復撰。

按:寧化修志局戊午重刻《史感》、《物感》合一卷,半頁八行,行二十字,爲木刻活字版。

《福建藝文志》卷三十九《史部·史評類》:《史感》一卷,寧化李世熊著。《課餘續錄》云:"予得其寫本,前後無序跋,雜論史事,蓋傷時之作也。中有云:'叔孫通以儒衣服見漢王,漢王憎之,即變服短衣楚制,此面諛干主佞俐也。婁敬曰:臣衣帛帛見,衣褐褐見。終不敢易衣,其過叔孫通遠矣。金崔立之變,令易巾髻。蒲察琦謂友曰:今日易巾髻,滿城人皆可,獨琦不可。靖難,胡閏衰絰入哭,上令更服,閏曰:死即死,服不可更。今天下求一明目張膽如胡閏、蒲察琦不可得矣。'又云:'代州尹耕,字子莘。年二十舉嘉靖壬辰進士。爲人嗜酒不羈,喜談兵,嘗謂邊備廢弛,作《塞語》十二篇,以告當事。末有《審幾》一篇,謂漢禍在外戚,唐禍在藩鎮,而本朝以備虜爲急,以有宋爲殷鑑。痛乎其言之也。是時世廟精明,將帥效命,而子莘之言如此。其後閩人董應舉,字崇相。舉萬曆戊戌進士。萬曆乙酉間,崇相居散冗,數移疾屏居,每逢邊人訪問遼事,咨嗟太息,若不終日。福清當國,崇相遺書,極論遼事,謂遼左之禍不出四五年。宣和五、六年,妖異遞見。七年十月,金方南侵。靖康元年正月迫汴,割地乞和。次年再舉,二帝遂圮。以四月破汴,以年半取天下之半。今之災異不下宣、政,今之邊鎮只恃一遼,一旦有事,內虛外弱,何恃而不恐。金再舉而宋虜者,以不聽李綱,散遣勤王之將故也。今可泄泄不爲之所乎? 方是時,國家全盛,遼左無恙,乃子莘言於七八十年之前,崇相言於二三十年之前,其後禍敗,皆如左券,天下豈少蚤見之士哉? 國家無靈,棄置不用,可爲痛哭者此也。'"

物感一卷

李世熊撰

《通志》卷八十《經籍》著錄。是書凡十九則,皆以二字命題,如縮蚓、蹇驢、曠猫、才狐之類,大抵借寓言以抒慨也。

按:寧化修志局重刻本,凡二十則,曰縮蚓、曰蹇驢、曰曠猫、曰才狐、曰似鳳、曰名蠱、曰蝙蝠、曰效鵰、曰肉影、曰效猰、曰佞狐、曰禮驢、曰蛙怖、曰憑虎、曰鼃市屓閣、曰老蟲、曰佛猫、曰鼠辨、曰噬人、曰乾兒。

丘《序》曰:《記》云:"倮蟲三百六十,人爲之長。"人之爲蟲,與物同也。上古之時,民俗榛狉,穴處巢棲,結繩而治,其於禽獸不甚遠離也。爰暨後代,詐僞茲萌。釣弋佃獵,水火刀兵。山裂澤竭,鬼哭天荒。弱肉強食,名曰文明。嗟乎,烏孝羊禮,麟仁象義,蛙勇蚓廉,蜂群蟻聚。燕雁知時,犬馬識主,覥然爲人,禽獸猶愈矣。乃世之指斥僉壬、詬誶群醜者,則曰夫夫也,面人心獸。嗚呼,噫嘻。夫夫也,吾恐厠諸獸而獸不受也。寧化李寒支先生,著有《狗馬史記》,讖斥明季之人而獸與夫人不如獸者,其書不傳。今傳《物感》二十篇,假物託辭,寓莊於諧。書中所指,寧物唯是,人實有之於物焉寓。然生人之始，人亦無是。染於濁世，遂與物異。嗚呼，噫嘻。吾惡知夫百千年後爲人所染，而詐欺奸僞，不變易其性乎？吾又惡知夫今日之物性，不異於百千年上之物性？世無翁偉，不能審聽，遂謂物猶是愚蠢乎？嗟乎，絶聖棄智，大盜乃止；剖斗折衡，而民不爭。人憫物蠢，物病人忍，孰是孰非，吾不得而知矣。吾悲今世陰謀之夫，將壞我中華；言共和而行專制，朝受哺而夕反噬。以桀爲堯，是非混淆；以夷爲跖，不辨黑白。假威於虎，箝民以武。不念祖宗沐雨櫛風，不顧其身與其子孫。嗚呼，噫嘻。人世悠悠，不知恥羞，吾讀是書，環顧斯世，憂心如焚，泣涕如雨。以是國民，以是種性，不亡國滅種，淪爲禽獸，且爲禽獸所恥，不止也。噫。中華民國七年八月，上杭丘復撰。

黎《跋》曰：孝悌忠信，禮義廉恥，悉揭示於聖賢覺世之書，而卒有潰防者，則詮釋視爲故常，不若現身說法，足觸目警心也。夫人於大聖元惡，不以爲世無是人，則以爲胡至於此？若將古人可崇拜、可唾棄之成蹟，取以爲鑑，且取其可崇拜或出於世俗鄙夷之人，可唾棄或出於勢位煊赫之人以爲之鑑，俾知上達下達，爭此幾希，背道而馳，無論何人，均遺臭千古。至此而不汗流浹背者，吾不信也。又居則曰：聖賢吾不逮已，然孰敢比爲禽獸者？指某事貪即爲狼，某事詐即爲狐，某事毒即爲蛇虺，必駭而懼矣。人豈有甘爲禽獸者哉。嗟乎，此元仲先生《史感》、《物感》之所由作也。先生當明末造，見夫世之不孝不悌、不忠不信、無禮無義、寡廉鮮恥者，日益滋多。故讀史之暇，撮錄可爲鍼砭者若干，附以己意，而居深山之中與鹿豕遊，亦具有即物窮理之妙。本其心得，筆之於書，如暮有鼓、晨有鐘，所謂無時無地不寓救世之意也。嗚乎，漢儒之書，人病其鑿；宋儒之書，人病其拘。此二書者，無鑿無拘之弊，直中人心，無躲閃處。人能日手一編，時加警惕，其亦可以寡過也夫？民國七年重九節，景曾再識。

按：黎氏此篇係讀《史感》、《物感》書後。

本行錄三卷

李世熊撰

今亡。

經正錄三卷

李世熊撰

今亡。

離騷評注二卷

李世熊撰

按《寒支先生歲紀》："天啓元年辛酉二十歲。七月，應省試。興化司理銅梁佘公諱昌祚取冠本房，以離奇見抑於大禮。不心是，署其卷云：'將子無怒，秋以爲期。'竟袖卷出，亦不置副榜，遂落第歸。舟次，評注《離騷》二卷。"今亡。

寒支初集十卷二集六卷

李世熊撰

彭士望《寒支初集序》曰：李元仲先生，年已七十有四矣。人有欲爲方外人刻其語錄行於世者，方外人至，襄元仲所著《寒支集》使刻之。摹印未卒，元仲遽以來要予爲序。予讀復未卒，蹶然起而歎曰："猗嗟，元仲獨以予爲友，知其人邪？知其文邪？知其所以文邪？予則何以知其所以文、知其文而爲元仲友邪？元仲之文何其多變歟？不有掇英奏簇，自東周、自南朝，卓犖而茹吐之者邪？不有研精刺害、凡狂譎、凡權穴、數奧詰屈，而抑宣偓側、復反以有之者邪？"既而徐以定視之，曰："不有不同希文進，又若訐奏、若訥書者邪？不有鄒枚辭令而穆醴去就，不有稷下辨而畫邑矢也邪？不有抽都尉怊悔忿懊之情文，而牧之節旄餐嚙者邪？"又久之，則妄言之曰："猗嗟夫，此正則之變思也邪？此無咎之廣體也邪？"夫屈之旨，一於楚宗；而元仲之酬應表志，何不皆然？畾之調，一於聲韻；而元仲施之於散文也又皆然。雖然，其果變也。陰陽，變道者也。善變陰陽，性變善，其不可得見者邪？性變情，情變才，才變經，經變子，子變集，集變而元仲之集。夫元仲之文，其古正則之變者乎？雖然，有異。《詩》曰："天生烝民，有物有則。民之秉彝，好是懿德。"彝者常，常者正，正者則，則不一則也。《傳》曰："辭也者，各指其所之。"夫各指所之，而之不可以勝盡。吾三復元仲之文，其變有三，而之於一瞬。始而視之，則之之於奮，若立乎廣壤，而長雷四野；若伏乎深谿，而瀑雨下注。吾不知其所溢涌而已。憤而不得以遽泄，泄而不可以一禦矣。是其若萬仞之石，墜於沖淵，崖擊礎硉，眾響一激，與洪波硠礚紛辨而沓至。而已悶如，而已恨如，汜然而若有所不應，汩然而若順如也。是故元仲之文，凡其變而若屈，廣而若畾，而卒歸於若無有窮盡。乃其窮於其才，亘於其情，而不變於其性。吾見其情有內鞤，才有外疆，而鼓之以橐而籥。而吾則何以知之？而吾則何以言之？將爲少伯氏思與種語焉而不得。將爲鬼谷絕其徒，使襲股而勿錐，卷舌而勿視，而上篇不嘿，中下不獲，處於盧、夫、胥、嚚之間，而測之以莫測。然而猶未也。將爲老、莊奚能言，將爲二榜不可識，將爲發聊城之腎腸，寒魯連之咽舌。然而其文變也，其才未變；其才變也，其情未變；其情變也，而性未變。所謂浮游塵埃之外，不獲世之滋垢，皭然泥而不滓者，非邪？然而曰彼離憂者，憂不一端，何其文痛而若隱，憾而若思，呵詰而若以怒？而宜莫如其弟子者師之、友之而知之，而卒所祖在從容辭令間，何邪？

平陽釋本嶢人嶽《寒支集引》曰：吾法不立文字，此禪子圇圖語，祇如"廓然無聖"四字，至今詮注未了。《楞迦》四卷，文字燨然，何能不立？可惜山僧眼花，讀之不盡。偶見學子習《曹娥碑》，因取觀之，知曹娥求父屍不得，沿江哀號旬有七日，遂自投水，數日，乃抱父屍浮出。山僧讀至此，不覺放杖嘑然而笑，山僧實未嘗笑，分明是上虞江上哭聲耳。又一日閱史，見元兵破靜江，州守馬曁死之，部將婁鈴轄獨以二百五十人守月城不下，元將笑之，謂："此何足攻。"圍之十餘日，婁從壁上謂元將曰："眾饑不能起，願得一飽，當出降。"元將乃遺以牛米，婁遣一將，開壁受之，仍閉壘。大軍從高覘之，見婁衆分米炊未熟，臠牛生啖之立盡，鳴角伐鼓，若將戰者。元軍甲以待，婁部卒忽擁一大砲燃之，聲如萬雷，城震皆崩，烟漲蔽天外，兵多驚死者。火息入視，灰燼無遺矣。山僧讀至此，又不覺拍案大笑，實亦未笑也，但似[1]月城內轟然一震耳。諸人且道是山僧笑，是曹娥哭，是山僧笑聲，是鈴轄砲聲。若是死人從

---

① "但似"，原稿作"但是"，據《寒支初集》改。

水底認父，活人從聲裏滅踪，便道是曹娥笑亦得，鈴轄笑亦得也。只此兩則文字，難下注腳，雖蘇子瞻再來，未便分疏明透也。近來偶閱《寒支集》，有時似讀《曹娥碑》，有時似讀《靜江志》，數數開口叫笑驚怪，徒侶不解何故。今知世間本無文字，只是有性氣男子，忍痛不住，仰天一呼，目河山一慟，此氣彌天溢地，衝破世間人鼻孔。山僧適觸著怒氣，直得一笑承之，諸人且道此是山僧文字，是世間人文字，是寒支文字。蘇子瞻曰"揀盡寒枝不肯棲"，居士分明不從此駐足，枉却山僧一笑，都沒交涉也。

　　葉穎《寒支二刻序》曰：注《齊諧》者曰："智而不能變化，平智而已；物而不能變化，平物而已。"而乃有不能變化之文，則名爲平文；而乃有不能變化之人，則名爲平人。人用智、用物以達之於文，故將定其人，非文莫之與；將定其人之文，非智與物莫之象矣。我觀天下，即無不變化之物，水排空而結浪，氣蒸朽而成芝，此猶其無情者也；雉入水爲蜃，雀入海爲蛤，此猶有情之小者。龍之飛也，上之，不天焉不止；潛之，不淵焉不止。其能飛能潛，能上能下，能有情又能無情，彼非天以下之一物耶？破此數能，而變而化，其故何也？豈其智絕於物與？純於物，故遇物而空，而數能空物；遇空而物，而數能物空。俄而空物，俄而物空，俄而空空。是故古之變化其身以空空者，初皆變化其身以物物者也。今以空空物物之人，適而遘空空物物之人，則謂之猶物不可，謂之猶空又不可。若仲尼之晤老聃也是已，不可像之而可意儀也。曰："老子其猶龍乎？"猶龍，則非龍也，況於物哉？夫不物於物者，不空於空也；空隱於物者，物隱於空也；蓋龍之變化極此矣。吾鄉李子元仲之文，自夫不變不化者視之，斯變化之極也；即善變善化者視之，亦變化之極也。物亦已弘，① 而未嘗以物凝滯；智亦數更，而未嘗以智要約。必凝之、滯之、要之、約之，然後文焉；不必凝之、滯之、要之、約之然後文焉。此後文者，爲平、爲奇、爲能、爲變、爲不能變，即又不爭乎其文而爭乎其人也。史公之傳留侯也，擬諸其形容，以爲天下無有俊偉於此者，乃又恂恂如婦人。魏武西行，謂聚觀者曰："吾亦多智爾。"智者，變化之物也。寒暑不根，且昏不降，而因以變化其人，而因以變化其文。秋水時至，百川灌河，蒼蒼浩浩，使人不知其所往。山高不崩，透迤層折，炅膝躡形乃上之，平拱而遜志焉，千峰如髻耳。若其人而無山水之遶，則

---

① "物亦已弘"，原稿作"物而已宏"，據《寒支二集》改。

變化之才，不出山水之變化。以人之變化而不孤，以文之變化而不黯，孤則無聲，黯則無色。故夫人文者，山水之聲色也。金石有鳴，不考則不應；干矢有穗，不揚則不武；神智有光，不琢則不利。今李子之文，以日琢而利，以日利而日見其光，則惟其入古而出古。古人則今人之芻狗也，入之則未，陳之繡篋；出之則已，陳之蘇脊也。使古人而不遇能變能化之人，爲孤而已，黯而已。古人之文，而不遇能變能化之文，將終於孤而已，黯而已。惟李子義不以孤、黯遺古人，而往往欲死活古人於變變化化，以歸於無變無化，亦幾於不以變化予古人矣。我方負日馳河，闢天指地，亦何爲而至於其側哉？今將盡出所爲文以視天下，天下之知若文者，諛之則頂；其不知若文者，誹之則趾。夫毛嬙、驪姬，人所同美也，魚見之而深入，鳥見之而高飛，麋鹿見之而決驟。所見不異，而避就異者，何也？則類與不類之故也。夫見是文而誹之，豈故誹之哉？宜也。諛誹不足中，何頂趾之足辭？頂亦一不平，趾亦一不平，不頂不趾之間，此爲庸士之潴宮。體澤則依，靜居則溺矣。李子雖欲取所爲變化者以變之、化之。謂魚、鳥、麋鹿有智焉否也？謂魚、鳥、麋鹿能爲神物焉否也？謂魚、鳥、麋鹿而可興之聲色焉否也？李子則不言，予爲侃侃言之，以告天下之讀是文者。

《靜志居詩話》卷二十一：元仲鏤錯見長，澄濾不足。昔人謂陸士衡胸中書太多，能痛割舍乃佳。元仲亦犯此病。句若《幽棲》云："浮雲揮袖起，明月入懷多。"《病中》云："懷人惟故鬼，作客在他鄉。"則灑然可誦也。

《明詩綜》卷七十六：李世熊《和陶擬古》云："茫茫宇宙內，美者長不完。玄豹裁爲裘，紫貂製爲冠。豈以文采姿，助人爲容顏。所以養志者，蓬累甘抱關。胸中俶儻意，微見於毫端。趙璧寧肯獻，隋珠豈輕彈？尚父雖鷹揚，不如鍛羽鸞。編茅茹木實，聊以禦飢寒。"《和陶飲酒》云："鳩能知天雨，鵲能知天風。嗟哉此微禽，託命風雨中。用志久不分，遂與造物通。吾亦晚有聞，天道猶張弓。"《病懷》云："薄雲片片過溪樓，門掩殘燈照獨愁。南海寄書求益智，北堂無地種忘憂。藤枝刺月風簾細，竹篠流光露葉稠。白草黃沙千萬里，看人屠狗盡封侯。"

《福建藝文志》卷六十三《集部二·別集八》：《石遺室書錄》云："《寒支初集》卷一、卷二詩、賦；卷三至卷十各體文。《二集》卷一詩，前有卷首曰《寒支歲紀》，蓋年譜也。卷二至卷六各體文。詩造語纖澀，似元人之學長吉者。時復與黃石齋、倪鴻寶相仿佛，明末風氣，大抵然也。文亦囿於前明末派，苦學劉蛻、劉煇。壽序、制藝、尺牘居多，然如上黃石齋先生諸書、《擬閩督院與海上書》、《呈郭令公詳免衞官書》、《答彭躬庵書》、《復巫亦侯書》、《回詳丁方伯揭》及諸與友人書，皆可追孫可之、杜牧之。"

按《汀南廑存集》卷二錄元仲詩二十四首，稱："元仲七律皆神出古異，恣意恢奇，點化典籍，加以鎔鍊，故無襞積之痕，行墨間雲詭波譎。"茲錄其《寒知堂》云："瞥眼烟雲拂棟生，青山披戶訂幽盟。情荒槐蟻皆連戚，哀至鯤魚解弄兵。遂有馬軒驕二室，肯將羊肆易三旌。世間盡是棲苴者，誰信枯條拄廈傾？""不將伸屈擬蛇龍，隱几吟梧笑御風。柏影藻川寧滯月，爪痕映雪豈留鴻？避寒應向冰城去，斷熱須遊沸鼎中。獨與前山話疇昔，孤懷還許岫雲同。""乾坤無處贅吾廬，吒寢牛車席有餘。鷃起榆枋同運海，蟭巢蚊翼等乘虛。幻樓須得黿鼇砥，空閣堪停日月車。天半罡風清冷甚，化人宮宇竟何如？"

又按：徵君詩，鏤錯字句似韓昌黎。如《圃玎巖》云："墮雲偃蹇眠秋壑，崩浪崔巍蹩怒罷。"《瑞華巖》云："璧稜汰日澄秋魄，緑液淘山鍊冷暉。"《連雪次徐文長韻》云："擣烹石髓縫天罅，決瀉銀河漫海涯。"錘奇鑿險，極見工夫，蓋不失爲文人之詩也。

《通志》卷八十《經籍》、《府志》卷三十三《文苑》、《寧志·藝文總目》並著錄。

又《中國書店書目·集部》：《寒支集》十卷，明李世熊撰。同治本。

又《禁書總目》：《寒支詩注》，李世熊撰，按：世熊，原作維熊，誤。華鼎超注。乾隆五十三年軍機處奏准，全毀。

聞文集

李世熊撰

《寒支初集》卷三《聞文集自序》曰：丁卯九月，文戰失利，與黎生寒泊劍浦，欲寐非寐。或若撼予曰："美哉，文能爲是者，濟矣。"則驚寤推枕而占曰：文者，繫心於微而可呼以音。音心之交，在無在有，不可色遘也；音物之交，時無時有，亦不可色遘也。以其交之，則亦曰爻也。占將取兩端焉。兩端之末，其眩百方，援而著之，何去何從？蓋天下莫予斷矣。舍而放諸無何有之鄉，望四方而號曰：歸來乎文，某在斯，某在斯。黏牡之有飴，不如吾季之饑；

翠裘之有褆，不如吾暑之絺；寶閣之有儀，不如吾河之漪。時維秋也，蒼蒼兼葭，澹乎渺茫，則無有人焉者。刺舠凌山，放於芄野。鳥乎次屋上，水乎周堂下。仰視太乙，熒熒煌煌，欲墜不墜，則酹以杯酒，爾其饗哉。實惟予正發笥，而次坐之司馬子長爾位是，韓退之爾位是，跪席而商，把臂以歎：何史垂千年，天子不貸其腐？何文起八代，宰相屢庱其牘？嗟乎，傷哉。彼何國斯，嘈嘈絲管，或則以爲號哭；啞啞笑言，或則以爲鬨戰。已乃引滿自酬，仰面詰呼，則人以我樂陶陶也。黎生振三，獨過而哀之。振三者，少失怙之人也。思其所生而號諸無何有之鄉，而又告天下人而不得。朝焉泣血而成書，暮焉籲天而有響。時則風雨起自霄末，石松搏戛，夜羽群鳴。涕笑雜并，羽商遞賡。側耳幽宅，如雷如霆。有祝者曰："類我類我，忽則類之矣。"乃循聲而追之，至則號曰："歸來乎文，某在斯，某在斯，吾爲汝歌，汝聽之。"少歌曰："婁睇兮植柴，曠之耳兮築阽。閟爾顏兮無妖與哇。倡曰：戛哀玉兮欽欽，揮流光兮逐叢林。海之潏兮島何欶，濯日月兮飄南風。"已乃相視而默，而聲則滿地天也。或遂謂鬼神告予徙業也。其文實有所聞之也。

　　按《寒支二集》卷一《答官公璧書》云："丁卯不第，枯落無聊，乃梓制藝以問世。自序曰'聞文'，憤怨之篇，則於是始也。"《寒支先生歲紀》："天啓七年丁卯，先生二十六歲。"

抗談齋制藝

李世熊撰

　　《寒支初集》卷三《抗談齋制藝自序》曰：予可發口談乎？予故單寒不聊之人也。少慕范、蔡、馬周、張齊賢之事，謂若雖負奇身當人主，胡驟也。今萬國一王，無齊、秦峙敵之勢，恫疑恐喝，術無所施；圭蓽之子，伏謁小吏，倨聲謾訐，垂首塞嘿矣。雖有雄駿弘辯之才，閣者呵不令通，逡巡睥睨，縮不忍前也，何言面折卿相、引裾天子事乎？古者，兩國見師，行人將命，一言折服，偃戈而休。士之負罹殊辟者，刺心研文、悽愴[①]奇麗，得脫死爲上客；雖暴抗如秦政者，猶忻艷韓非《孤憤》之書，改顏李斯《逐客》之疏。漢唐以來，斯

---

　　① "悽愴"，原稿作"悽悽"，據《寒支初集》卷三改。

風未邈，天子採文，孤臣投策，其相見恨晚者，非皆百代殊絕也。乃至優伶賤伎，賡唱名篇，私定甲乙。若昌齡、之渙，混迹旗亭之事；"楊柳"、"大江"，低昂蘇、柳之評。彼皆賤隸，深解詩文如此。嗟乎，一言之美，方幅之書，足偓兵而救死。尊極天子，賤逮優伶，歡歡鼓歌，使窮愁廓落之夫，震發自雄，不粱而充，不醴而醉。何古人好文之篤，而投心之易矣？俯仰今昔，我益痛恨三人也，一曰范蠡，一曰中行說，一曰李德裕。范蠡之絕吳使，曰："予雖靦然人哉，予猶禽獸也。"中行說之折漢使也，曰："漢使無多談，所給不備善，則馳騎蹂而稼耳。"竊怪於越去中國雖遠，亦神明之胄；且在江淮間，語言情好，通愜非難。中行說去漢入邊，曾幾何日，乃蠻聲鴃然，侏離簞篥。雖碎蘇、張之舌，斷班、馬之腕，彼有餘戾矣。復可奇文靡論，刺撼其衷乎？猶曰蠻越則然。李德裕，名相也，惡白居易之人，而心嗜其文。白每奏記，輒束不觀，曰："吾閱其文，必回吾心。"夫文至能易人心，而終不可回其目。悲夫，悲夫，使予遇斯三人者，即卷舌而退，猶懼唇不護齴也。將奚談哉，將奚談哉？所不忍不談者二事，陰陽、奇偶，世士所通曉也。今制藝必屬偶，偶極於八，皆陰也；八之外加虛比，爲十，又陰也。陰者兵事，制以文臣治兵，制必以兵事治文。推通其意，比八爲正，虛二爲奇，此陣勢矣。予將重氣尚謀，使呂尚命旨，孫吳設辭，風雲鳥蛇，環應迭出，可乎？推通其意，名十爲八，寓八於十，此河圖虛五與十之義矣。予將測象周變，使康節、希夷、京房、翼奉先機決策，先人謀鬼，可乎？今予操卷而干當事，刺曰："某以兵法見，某以數術見。"及所陳，乃當世制舉之文，不笑妄人，即逐妖人矣。更張其說曰："即行吾言者，國必富，兵必強，邊寇必立掃，真材必立得。"聞者不掩耳走，即怒目叱矣。揣其意，以今人爲今文，亦聊且爲之耳，烏用恢大虛喝之乎？審令如是，世士①又何爲崇扶理學、正文體、端士心紛紛等論也。嗟乎，予何敢談哉？誠不知理學姑舉王瞿精雅之篇、錢唐博大之作，誰爲《皇極經世》者乎？誰爲《通書正蒙》者乎？誰爲《西銘太極圖》者乎？此既謬矣，同聲阿服，猶曰正宗，非陳亮所譏繫籍聖賢者與？且以今文正今士，此說吾弗與聞也。若以宋學正宋士，即慮程、朱弗能。昔者，宋之儒負奇磊落，起於理學大明之後者，②其汪立信、文天祥乎？

---

① "世士"，原稿作"世事"，據《寒支初集》卷三改。
② "後者"，原稿作"學者"，據《寒支初集》卷三改。

其張世傑、陸秀夫、謝枋得乎？數公非私淑程、朱，千秋自立，亦世士所通曉也。若夫精通《易傳》，服勤《小學集注》，爲程、朱專家之學者，則有人矣。曰姚樞、許衡、竇默、之三子者，口道綱常，身仕外國。今以其學崇程、朱，得恕其罪；文以仕道，行權之名。道如是，無道可矣；權如是，無權可矣。嗟乎，予何忍談哉。所不忍不談者又一事，汪立信之說賈似道也，莫奇於百里設屯，十屯建府，令沿江有率然之勢；文文山之建策也，莫奇於略仿藩鎮，益地建閫，分鎮爲四，令敵備多而力分。兩策不行，宋事遂去。以予推通其意，則亦八比中四正、二奇之法而已。今之策邊寇者，亦有益地分鎮，爲四正四餘、增兵定額之說。推通其意，亦余布置八比之法而已。夫世士所言文，予弗與聞；予所言文，世士不得聞。嗟夫，予故單寒不聊之人也。生非范、蔡之時，未有馬周、張齊賢之遇，即惴惴范蠡、中行者之捫予舌也。聊且談之，予豈不見於天下者乎？崇禎丁丑臘月序。

寒支書牘

李世熊撰

此爲徵君手寫稿，未刻，念廬師所藏。

劍華合刻

李世熊　黎有綱撰

《府志》卷三十九《藝文》，南昌曾曰瑛《劍華合刻叙》曰：凡物之歷百劫而不壞者，必其晶氣神采所團結，鬱爲寶光，洗激風雨霆電，沈孕山川，堅自晦韜，造物亦與爲訶護愛惜之，不忍澌滅。故閱世而彌新，深錮而必出，頴頴熊熊，物固不自知也，而有必然之理與不得不然之勢。干將、鎮鋣之淪於犴獄也，年歲不可紀，疇復知之。張司空占龍光於斗牛，遣雷煥鏟其藏，晶氣神采，一爲發露，拭以華陰之土，而鋒鋩不頓。劍爲之乎？人爲之乎？實造物者之所訶護愛惜及此一決其奇耳。文章，天地之精英也。鼓橐文人學士之元氣，以錘鑪而出之，融液於肺腑腎腸，斂鍔而淬其鋒，不僅以水斷蛟龍，陸剚犀革也。將以登城而麾，湧變飆雲之色矣。特不幸而不遇，亦且賁鬱抑塞，瞽者以鉛刀棄之。恨晉庫之莫焚，而喬陵不可鑿，蘚齧霾封，沈光夜嘯，人亦咤爲不祥之物。則此區區者，久且聽其若滅若沒，無復過而問焉者。嗟夫，負才淹蹇，古今同歎。既不得於其身，復不得於其後，不亦傷乎？閩海故多才士，僕爲童子時，耳噪寧化李元仲先生名，而其高弟子則有臨汀黎君振三，每欲讀二公之文而恨不一遇也。二公淵源一脈，類能鏤膽鈎心，激吐晶綵。惜生當末造，故皆奇於才而躓於遇。李公佗傺以老，晚號寒支。寒支云者，松柏之心也。黎公日依太夫人膝下，潦倒一衿，不及中壽而卒。二公雖各有傳稿，而曲高寡和，雲門之瑟不與人間箏笛同宮徵，遂久而弗章，并無人牙慧及之矣。邇以纂輯郡乘，蒐采先輩遺文於蛛絲蟬屑中，獲二公遺文各一册。覺熲熲熊熊，不敢逼視。急呼鶴嶠太史、嘉樵上舍擊節讀之，咸怍愕以喜，謂得見天、崇諸老旗幟，倘與蘊生、臥子射鹿中原，當爲勁敵。相與歎息欷歔，痛其師若弟宗門授受，筆矯霜稜，不幸久阨巾笥，幾爲覆瓿，又幸今此而得一遇也。嗟夫，作者距今百年，而寶光鬱結，歷劫不壞，豈非造物者實訶護愛惜之干將、鏌鋣耶？神物其必有合耶？僕有守汀之責，不敢或任爲司空雷君之鑱，當先驅負之。李刻舊名《抗談集》，黎刻舊名《北樓留稿》，敬爲合彙如次，顏曰《劍華合刻》，重付梓人。因書緣起，以公同好者。

玉案叢談

李世輔撰

《通志》卷八十《經籍》著錄。

又卷二百十六《忠節》：李世輔，字左宜。少博覽，自天官、地理、醫算、浮屠、老子之言，無不通貫。兵備朱大典按：朱名未孩。駐漳州，錄其文頒爲式，士無異言者。天啓丁卯中鄉試副榜，崇禎癸酉再中應天副榜，知銅仁縣。縣僻萬山中，轄屬十鄉，丁不滿千，流寓新民十居七，而苗夷密邇，時出剽掠，民無得耕耨者。世輔訓練追捕，苗患乃息。十二年，遷昆陽知州。州新破於夷，城中寥落不及一市；册籍既毀，田虛實莫辨，里甲坐困。世輔爲釐絶産、剔隱占、免故丁、割虛糧，裒益課額，民稍安，逋者復業。時州境蕎甸諸夷復將蠢動，世輔內嚴守禦，外示威信，夷竟就撫，孤城無恙。十六年冬，遷南雄同知。甲申三月，京師陷。明年五月，南京再覆。天下洶洶，義師草竊，毛起如蝟，而嶺南尤劇。世輔嚴守禦，軍需皆辦。七月，唐王稱號閩中，逾年議移駐贛州。三月二十四日，吉安破。四月十五日，贛州受圍，嶺北郡縣，空虛無人；獨楊廷麟、萬元吉、彭期生、吳國球數人死守。世輔監兵五千迎唐王，聞贛警，則仗劍^①出梅關，徑率所統兵援之。至南康，間道入圍城，以策干元吉，元吉不能用，辭去，旋以功擢鎮遠知府。九月晦，唐王敗於汀州，十月而贛州破。時世輔已抵靈山，聞閩地盡失，廣西擁立永明王，欲間走南寧謁王，值土寇發，遂及於難。先是二月，閩中召用故相何吾騶及陳子壯。道出南雄，吾騶問世輔曰："君閩人也，閩可爲南宋乎？"曰："未可知也。南宋敗創之餘，則有韓、岳諸將力戰而禦之，宗、李、趙、張諸將相彌縫補苴之，故宋以苟安。今皆不然，踟躕閩中，駕馭不遠，即欲爲南宋，豈易言哉？"吾騶曰："然則駐贛乎？"曰："是其次也，實亦置之危地而後安。漢高不據武關，終難滅項；太祖不戰鄱陽，豈能驅陳？以備、亮之材，退保益州，終不能越祁山寸武；況八閩海國，無瞿劍之險乎？"吾騶曰："魯藩逼近金衢，將無梗乎？"曰："是乃所爲中興之藉也。恨岷蜀諸藩，不悉倡義西北耳。凡兵勢有分合，彼合則亦利合，彼分則亦利分。今吾既不能分道而禦，使諸藩人自爲守，即令爲錢鏐、竇融，亦僅爲人驅除耳。漢追楚至固陵，而信、越之兵不會，張良曰：'君能與共天下，可立致也。'於是捐齊予韓信，捐楚予彭越。既併天下，而齊、楚終歸於漢。今舉朝不思自立，而聚談服屬魯國，是所謂倒置也。獨魯國君臣暗於大計，恃江上一師以爭衣帶，而不顧其後，是爲失計耳。"世輔又言："相國即入閩，薄海瞻仰，顧兩勳臣，忮愎其可協乎？苞苴將其可汰乎？宿衛兵不滿三萬，建寧、汀、邵，罅可縫乎？大駕駐贛，胸背單危，一萬督軍，可支天下乎？楚督招降之卒，可出湖迎衛乎？蜀、黔、滇、廣，苗狼之兵可調集乎？皆曰未可知也。"於是子壯歸，而吾騶獨入閩，臨歧執手言曰："所見天下事深識時務無如君者。比入見，即當列名召君，以匡不逮。"及見唐王，所薦二十餘人皆故吏姻婭，而世輔不與云。

　　按《寧志》卷四《先憲》有傳。又《藝文總目》著錄此書，與《銅崖叢談》共四卷。

　　《府志》卷三十三《文苑》並著錄。

<hr>

① "仗劍"，原稿作"杖劍"，據道光《福建通志》卷二百十六改。

銅崖叢談

李世輔撰

《通志》卷八十《經籍》、《府志》卷三十三《文苑》、《寧志》卷四《藝文總目》並著錄。

杞言二卷

李世輔撰

《通志》卷八十《經籍》、《府志》卷三十三《文苑》、《寧志》卷四《藝文總目》並著錄。

幽尋軒集

雷元明撰

按《通志》卷八十《經籍》著錄，誤題“雷焻撰”。

又《通志》卷二百二十三《隱逸》：元明，字左青。按：魏《序》，“青”作“清”。寧化諸生。明亡，偕弟駿鳴同棄諸生，與李世熊同志，交相得也。

《魏季子文集》卷七《幽尋軒集幼韞文集合序》曰：予昔登西嶽，自青柯坪而上，目不得瞬，足蹺而踵跋，兩石矗起，行人猿挂石罅中，日光闇闇焉。級斷則竅石傅鐵，挺才寓趾，千尺百尺，相續而翔。憶杜子美所謂“箭筈通天有一門”，此是耶？而姚寬云：“鳳翔岐山，俗呼爲箭筈嶺，與華山無與。”予意謂筈箭本受弦處也，蓋此道如箭之通直條小，而通天處甚微，兩石如筈之岐也。頗得其形似。噫，予距游西嶽時二十三年矣，嘗癗寐以之。今讀雷子左清《幽尋軒集》及其嗣《幼韞文集》，則悚然有箭筈通天之想。夫雷氏父子命意設辭，率期於領新異，不稍稍肯出尋常人蹊徑。展觀之際，偶或心逸，輒不得意解所在；或至句讀譌失，溷其斷落，要使人心舉不能下，目不暇瞬，如行青柯坪以上道。嗚呼，可謂截斷泉流，岸然獨秀者矣。雖然，西嶽之立，蟠地際天，於博大中，偶出其奇奧；而松檜峰延衺數里，古木虧空，令人發閒穆之櫱。峰椒則廣池汪漾，西帝殿宇，宏麗碧霄，下視秦、晉、韓、鄭之疆，如黑志著體；而黃河涇渭漆沮，蜿蜒坼裂，夫豈不偉哉？子美詩曰："西嶽崚嶒竦處尊，諸峰羅立似兒孫。"然則幼輼者，真足爲左清君之兒孫者也。若夫發其先人之意，以稽於博大，歷境而日新，是又在乎幼輼。

贕颿詩集

雷駿鳴撰

《通志》卷八十《經籍》著錄。駿鳴，原譌作鳴駿。張其恂《序》略曰：邑處士雷贕颿先生，少英異，以天下爲己任。會鼎革，棄青衫，鍵戶不出，終日蓬首坐，擁卷浩歌。偶及故君，輒悲鳴不已。噫，先生之志苦矣。

又卷二百二十三《隱逸》附兄元明傳。

按《魏季子文集》卷八《答雷贕颿書》云："僕讀足下手書及諸篇咏，莫不根於忠孝，悃愊無貌言。雖未嘗一造膝，知其爲篤實君子無疑。"

又按：《魏昭士文集》卷三《雷贕颿先生七十序》云："先生生萬歷之四十六年，天下熙皞，當斯時也，物安其性，民安其業，濡染涵育，莫不知立身愛君之道；而敦厖之風，謙下之節，亦惟此時人能有之。故雖剝落於兵革，流離顛沛四十餘年，退而彷徉於野，無以鳴其鬱積。此先生所以於後生三十七年之人，取其意不問文章之工拙，而咏歌欻若，遂有深情者，其忠孝之根於性者然也。昨歲，家君子自寧化歸，述先生與官子公璧，亦相期徒步來訪山中人。夫先生以七十之年，甚貧，猶讀書好士如此，惜夫其少壯時予不得而見也。"

《寧志》卷四《逸行》：雷駿鳴，初謝衿巾，痛哭累日。每值時節祀先，即長號移晷，狂走村落，散其鬱陶，人莫測其意。

幼輼文集

雷焻撰

《通志》卷八十《經籍》著錄。

又卷二百二十三《隱逸》附父元明傳：焻，字幼輼。承父志不出，著有《幼輼集》。黎士弘稱其"奇情奧衍，父子間自成一家"。寧都魏禮比之"登太華、上青柯,足蹻踵趺,目不得瞬"。焜終於布衣。按:《通志》"著有"下多"幽尋"二字,誤,今删。"魏禮"謁作"魏禧"。

《託素齋文集》卷五《雷幼輯文集序》曰:讀雷子幼輯之文且十年,最後又得讀其尊甫左清之文,奇情奧衍,父子間自成一家之書,寧都魏季子比之"登太華、上青柯坪,足蹻踵趺,目不得瞬",亦善於罕譬矣。古今文人號爲奇麗者,莫如揚雄,蘇氏力鄙之,謂其"以艱深文其淺易"。夫以艱深文淺易,是以人勝,非性之也。人爲之,性生之,寧得比而同哉。左清父子,詞必己出,筆不輕點,言之至者,往往達於精微;使人讀不能徑下,復使人樂而必欲竟其讀,是其性生之,又有足移人情者在也。韓昌黎《答劉正夫書》云:"家中百物皆賴而用,至其性所珍愛,必非常物。"常者日有,非常者間出,卮斝尊罍,何足一加盼睞? 見商彝周鼎,即不能盡辨款識,亦竟日摩挲,不能遽釋以去。是予相賞左清君父子間之意也夫。癸酉臘日。

史觀十二卷

施澤深撰

《通志》卷八十《經籍》、《府志》卷三十三《文苑》、《寧志》卷四《藝文總目》並著錄。

濟變良籌五卷

施澤深撰

《通志》卷八十《經籍》、《府志》卷三十三《文苑》、《寧志》卷四《藝文總目》並著錄。

金丹尋源五卷

施澤深撰

《通志》卷八十《經籍》、《府志》卷三十三《文苑》、《寧志》卷四《藝文總目》並著錄。

三才評補四卷

施澤深撰

《通志》卷八十《經籍》、《府志》卷三十三《文苑》、《寧志》卷四《藝文總目》並著錄。

五陵閣集六卷

施澤深撰

《通志》卷八十《經籍》、《府志》卷三十三《文苑》、《寧志》卷四《藝文總目》並著錄。

六其堂文集十二卷

葉穎撰

《江南廬存集》卷二：葉穎，字慧生，號兀者，寧化逸士，又號柳賀生。著有《柳賀詩集》、《六其堂文集》。

按《通志》卷八十《經籍》著錄，"其"上脱"六"字。

又按：穎文，余所見者僅《寒支二刻序》一篇。

柳賀詩集六卷

葉穎撰

《通志》卷八十《經籍》著錄。

《江南廬存集》卷二，葉穎《鄞江游》云："客邸瑟以孤，行行寄游子。游子何所期，數峰巖壑是。有巖亦不巓，有壑亦不屺。曲折於其間，達人故如此。我志接烟雲，素嫻遊之理。襟帶古暄霽，豈必驚剌史？靜觀匡坐心，千里差足似。"《王嬙》二首云："惜倚紅顔好，還應賄畫師。君王生一悟，是妾死恩時。""定國雖無計，安邊自有書。美人其不惜，大漢則何如？"

周易宗解

伊汝任撰

《魏季子文集》卷十四《文學伊君仁庵墓誌銘》：按狀，伊氏系出太原，爲寧化望族。仁庵君諱汝任，字叔重。先後世多君子長者，世其家聲。曾祖諱天祐，明嘉靖中知桃源縣事。祖諱商勳，邑庠生。父諱堯嶽，崇禎間仕鴻臚寺序班，隨侍經筵。君爲鴻臚公次子，元配陰，無出。繼室吳氏，生丈夫子二，長自磻，邑增廣生，年三十九，先君卒；次自熊，太學生，署南平、清流二學訓導。孫廷選，邑庠生，自磻出；廷槐，自熊出。曾孫肇熾。君幼而孝友，稚齒如成人，惟讀書稽古是務。受知於學使者陶公承謨，每試輒高等。持家以儉，然喪祭禮必盡物以致其誠。倡服宗祠，擴祭產。凡見義必爲，以身先之，鄉里視爲表率焉。至於樂人之善，周急，憫人凶，撫恤孤獨，橫逆至，不之校，皆本於性成，非有所要譽而然也。君見季世官邪，仕多蹊徑，遂絕意進取，乃著《四書述》、《周易宗解》。嘗戒子孫曰："汝曹讀書掇科名，吾非不願；[1] 若因而徇情縱欲，違道以干進，冒富貴之恥，不旋踵而身名敗喪，是何若世守詩書，以無墜先人家學爲愈也。"隨示祖傳功過格一册，俾世世行勿替。嗚呼，觀君之言行如此，豈不誠君子長者哉。初，天祐公之謁選也，嚴嵩當國，凡選人餽白金五百，輒可得正官。或諷公，公不可；而李公默主選政，深憤其事，舉所薦者悉落之，以故，得知桃源縣。縣好淫祠，公惡之。有將軍廟者，最靈異，邑人惑焉。公因二佃爭廟香田，乃令各積稻草置廟中，驗多寡分。公至，遂叱將軍過，縱火焚之，變其田資以葺城。郊有華輪寺，朔望男女闐雜，禁之不可。公乃突至寺，令僧各負婦押送歸夫家，自是遂迹絕。例：歲積無礙官銀三千兩，爲新太守壽。公駭曰："安有金至三千兩尚云無礙者乎？"即具詳裁去。於是陸太守怨之，而陰揭公於察院莫公奕。而奕與公蚤舊相得甚歡，訊公曰："陸知府何如？"公曰："彼新任事，寧遂有他耶？"奕笑曰："君真長者。"出陸揭示之，公匿其事，事守如初。仁庵君子自磻，母卒，而弟甫十齡，則提攜課督，同起處，與讀書翠華山，歲晏乃一歸。甲寅之亂，疾病，屬其子廷選曰："汝讀書足承吾志矣，吾不獲報吾父，汝其恪勤

---

[1] "吾非不願"，原稿脫"吾"字，據《魏季子文集》卷十四補。

事祖父、繼祖母,以代吾養,吾死無憾矣。然先祖母沒三載始克葬,吾之罪也。吾死,當懸棺九載,以志吾過。吾稍有蓄藏,散在親友許,今時亂財匱,汝慎勿操券索償也。"而廷選後得善壤葬父,適九載云。自熊爲訓導時,礪生徒有方,言儒先學。居恒刊布格言,廣人作善事。予聞仁庵君當丙戌、丁亥間,鄉寇殘掠城邑,而戒其等輩曰:"勿犯長者伊公之門。"君生卒某年月,享年若干,卜葬於某里。其孫廷選,乃持叔父自熊書,奉狀來請銘。廷選登絕險之峰,具儀幣頓首,恪以將事。先是,陰生燮理語予曰:"寧化惟伊氏一家,世有古法。"而予嘗僑廷選涉園,故知廷選。廷選,君子也。爲之銘曰:與其違道而世世顯庸,無寧世有賢子孫遵道而流其遺風。德之畜也有源,爲江漢之無窮。嗚呼,予是以以是銘諸幽宫。

按《通志》卷八十《經籍》著錄。"汝任"作"予任",崇禎末諸生。

四書述

伊汝任撰

《通志》卷八十《經籍》著錄。

環堵集二卷

雷濱撰

《通志》卷八十《經籍》著錄。見楊《志》。

《寧志》卷四《藝文總目》著錄。凡二卷,艾南英序。按:南英字千子,江西東鄉人,有《天傭子集》。《明史》卷二百八十八《文苑・四》有傳。

《府志》卷三十三《文苑》並著錄。

尚書集義二卷

伍福綏撰

《通志》卷八十《經籍》著錄。福綏,崇禎末諸生。

又卷二百二十三《隱逸》附雷元明傳:福綏,字又成,一字户山。友人邱眉初,能文而酷貧,福綏以貲佽其婚。

《寧志》卷四《藝文總目》、《府志》卷三十三《文苑》並著錄。

户山集二卷

伍福綏撰

《通志》卷八十《經籍》、《寧志》卷四《藝文總目》、《府志》卷三十三《文苑》並著錄。

按：户山文，見者僅《府志》卷四十一《藝文》錄其《何坑記》曰："何坑周匝皆山，山皆石。石之銳者如戟、如劍、如虎叉；鈍者如礜、如壘、如兜牟、如雲梯、如輜重；鈍而敧斜者如奔馬、如覆軍、如大風之落帽、如邏者之探頭而陰有所索。其居民習射獵，出入佩刀，如苗如獞而不可制；或者歸其咎於山，若山使之然者。此俱不論，論其靈者，則莫若筆架山，三峰斜出，膚土骨石，矗矗然騰千峰而上。鳥道繚穿，至半嶺，有楓數十章，垂綠繁陰，如儀仗夾階。僧選石置樹下，爲遊人憩息。嶺盡爲塢，幽竹成叢；而瓜棚、豆架、草樹、鶯花，亦互爲點綴。塢盡爲巖，高、廣三丈許，僧編木户之作禪關。由巖而左，又得一小巖，如贍懸，如瓶之高揭，危累數十仞。前爲臺，曰'承露臺'；以百里內遠水寒山皆了了入目，則又曰'望仙臺'。右爲香鑪砦，即前所謂如雲梯、礜壘者，舊皆不軌者所嘯聚也。予周覽久之，不禁泫然曰：'嗟夫，可哀也。夫往者頑民不靖，至勤大師，彌月而襲破之。男婦投崖，斷肱折項，委積崖下，虎豹狐狸，齒牙咀嚼，其聲軋軋然達於境。越今幾何時，向所爲豎壘屯兵，爲敵樓、爲陷阱者，竟安在哉？白骨如莽，綠火如螢，風悽木萎，鬼現猿驚。惟此一片地如澄潭秋月，歷劫不灰。游其上者，惻然憬然。去苦惱心，生歡喜心；去貪毒心，生慈悲心；去嗔癡心，生恐怖心。當前淨土，何必往西方極樂，悵望於杳無何有之鄉也？'"

勉廬集十卷

巫近斗撰

《魏季子文集》卷七《贈巫亦侯序》曰：寧化有亦侯巫子者，蓋三古之士也。曷謂三古？古貌、古心、嗜古學也。曷謂古貌？其顙頹然，其顴癯然，無佻容，無滑氣然。曷謂古心？或曰心天所稟也。曷謂古不古？夫心無不古，或氣質之偏不古，習俗以不古，功利之熏心不古。於是有人焉，去此三不古，坦然、怡然、如未孩然、機事勿萌然。夫古學者，呫嗶之子所棄也，孰能嗜之。曷謂古學？聖賢之學在身心，末文藻也。然孔子曰："言之不文，行之不遠。"子產治鄭，以辭令爲干櫓。六經所載，而聖人之道賴以傳；故《易》曰"修辭立其誠，所以居業也"，特浮辭無足取耳。然文藻之辭亦非真嗜者不能至，如天地之佳花麗草，咸備天地之全氣，非必成實者而始用意生遂之。蓋掇其末者，未必探其本，然後得曷謂本古心是也。今亦侯澹退不騖時榮，而其學甚富，好以詩古文倡揭於閭里，學士宗焉。造資講論者，趾相錯也。行年七十有幾，不自滿假，急麗澤之益。然則如亦侯者，予乃得與之論古心。

按《通志》卷八十《經籍》著錄。近斗，字亦侯。入之清代。今依《府志》著錄於此。

長恨集

巫近斗撰

《通志》卷八十《經籍》著錄。

按《府志》卷三十三《文苑》著錄。"集"作"草"。

騷餘集

巫近斗撰

《通志》卷八十《經籍》著錄。

按《府志》卷三十三《文苑》著錄。"集"作"草"。

訊天峰詩集

黃文中撰

《汀南塵存集》卷二：黃文中，字中美，寧化人。著有《訊天峰詩集》。其《訊天峰》一首云："窮年蟲臂桎，形悰到山移。漱竹秋暉白，諛春鳥舌脂。怪峰胎日月，古樹化蛟螭。抱此烟霞老，誰知猿鶴悲？"鍊法險而穩。

卷五　明·清流縣

古厓奏議一卷

葉元玉撰

《通志》卷二百十四《文苑》:葉元玉,字廷璽。成化辛丑進士,授户部主事。與李夢陽同舍,倡和甚歡。其詩峭勁,與夢陽同一格律。尋擢潮州知府,郡有少卿吳一貫者,元玉同年友也,向元玉求澳田。澳田者,番倭船依棲之穴,每開耕,必有劫殺,爲潮人害。元玉執弗與,貽一貫書言:"澳田關係甚重,知者不屑爲,仁者不忍爲。不屑爲者,以求利未得,而害已隨之;不忍爲者,以利^①於一己而害於衆人。公方當路於朝,當思何以報君,何以補衮,何以功施社稷,澤被蒼生,以不負吾榜中得人之盛。蠅頭微利,何足動心哉?"一貫得書大怒,元玉坐此罷官。

按:此爲古厓在弘治中處置邊夠諸封事。其書一卷,見李貞夫《古厓集序》。

又按:元玉有《家居自書》云:"山林乖僻性,自與世相違。人既以爲是,我獨辨其非。假欲逐浪流,未免濕我衣。自知不我容,抽身尋釣磯。"蓋有所感也。

公移日錄

葉元玉撰

按:此爲先生守潮時所記,見李貞夫《古厓集序》。

---

① "利",原稿脱此字,據道光《福建通志》卷二百十四補。

古厓集十七卷

葉元玉撰

《通志》卷八十《經籍》著錄。

《府志》卷三十三《文苑》不著卷數。

又卷三十九《藝文》李堅《古厓集序》曰:《古厓集》者,致潮州守事葉先生廷璽所著也。李堅曰:余叙古厓之集,蓋有感焉。昔在弘治中,先生爲郎户曹,有傳其處置邊翳諸封事,余得而讀之,輒心羡曰:有用之學也,是當以經濟聲吾汀乎? 既又得其守潮《公移日錄》讀之,則又歎曰:闊雋圓捷之才,綜練俠達之識,穎出壁立之風稜,嘗一臠可知全鼎。茲固大受遠到之地哉。居無何,則聞先生以骨相掇讒慝,不安於潮,而懸車歸矣。余於是集之叙,寧容已於感哉? 夫天之生才,爲用世計,而士君子志許當世,勤一生以爲心,亦初不蘄以空言自見也。顧或命與仇謀,投足逆境,人方爲彈,而我方爲的,度不能以身自試於鷰隼之猜也。於是卷而懷之,脱足塵垢之途,以就吾去就之義。南山之南,北山之北,却掃多暇。清風日長,情景所到,聲爲著述。引之而長篇,縮之而短什。以文字謝筦弦,以唫咏代歌舞。筆端膏馥,沾丐子孫。百世之下,有揚子雲出焉,不患無知己也。雖然,是則然矣,而士君子初心所蘄,豈端在是哉? 主張人才者,固有難以辭誘矣。異時,先生齒髮殷富,挾其封殖,殆有凌厲前軌之志。長途方騁,逸足用摧。迺今顚毛種種,始克收拾其生平精神心術之所運,而託之語言文字以傳。則夫天之所降才先生者,徒以爲先生之角齒云爾,是豈天生才用世之意,而抑豈先生自許當世之素哉? 雖然,進不究立功於時,退猶可立言於後。質諸富貴無名,磨滅誰紀? 而功與言胥泯泯者,先生則既侈矣。先生少好吟事,晚益精研。卷中諸體裁,皆言淡味遠,風致有餘,惜稿多不錄。子二,國學生葵,邑學生藿,料理其故嘗諷讀者,請於先生而壽梓焉。謂余與先生酸醎之嗜同也,猥以叙屬。故不辭執筆,而因識余之所感如右。先生別號古厓,集用以名。其奏議一卷,不在集中。

《明詩綜》卷二十五,葉元玉《次龍門衛》云:"龍門關外龍門衛,元是紛紛狡兔場。今日草枯胡馬瘦,將軍穩臥綠沈槍。" 按:此首並見《江南麇存集》卷一。

《明詩紀事·丙籤》卷七:葉元玉,一字廷璽,清流人。成化辛未進士。

歷户部郎中,出爲潮州知府。有《古厓集》。《次高郵》云:“湖水漫漫無畔岸,風波日日有人行。輸他林下幽棲客,閒看梅花破雪清。”按:此首《江南廛存集》未錄。

按《江南廛存集》卷一:“葉元玉,字廷璽,號古厓,清流人。《石倉歷代詩選》云:‘古厓先生,成化辛丑進士。爲户部郎時,與李獻吉、鄭繼之以文字交。出領潮州守,强毅舉職,中讒而歸。人以前太守韋庵王公、後古厓葉公爲兩賢云。公集,李貞夫、鄭繼之俱有序。’”又稱:“古厓七律宛轉清便,風格俱近放翁。《重遊東華》詩尤疎宕,行餘溶漾,如珠走盤。《次莆田陳先生韻》則從容恬適,不做苦思力索,却無學究習氣。此種境界,正不易到。《舟中寄李獻吉》詩雖吳體,自有深致。《家居自書》詩則婉而多風,一洗叫囂之習,此是古厓身分高處。《洋河曲》詩則微婉頓挫,有古人之深致。《烈士祠》詩,三四序事,高簡峭拔,見其用筆之老,一結詞嚴義正,大家風矩。”

又按:此集錄古厓詩三十首,兹錄其《通州秋夜與進士馮予佩言別》云:“分館幸比鄰,情緣道義親。可憐今夕酒,俱是異鄉人。砧急驚秋老,窗虛見月新。人生不百歲,況乃別離頻。”《同寅李獻吉西齋落成次韻》云:“清論西軒裏,相忘白晝長。鳥聲隨樹轉,燕口帶泥香。酒盡詩留壁,窗虛月滿牀。君家好兄弟,何地不傳芳?”《送節推曾良忠之蒼梧》云:“天涯岐路別,何處是蒼梧。梅嶺蠻烟静,藤江月色孤。獄清閒狴犴,波静息天吳。莫歎炎方遠,乾坤亦版圖。”《挽卷爲古田鄭先生作》云:“萬里天涯客,歸奔亦可憐。摩挲新淚眼,指點舊山川。狐兔眠孤塚,音容隔九泉。如何江樹上,夜夜有啼鵑。”《惠烈祠清流令吕鏞死節處》云:“虎豹縱橫至,孤城勢已危。殺身當此日,報國是何時?正氣乾坤塞,精神草木知。憑誰收國史,灑淚一題詩。”《灝湧巖》云:“金蓮山寺萬松陰,流水花開自古今。幾髮青螺撑佛頂,半巖秋月印禪心。滿天風雨龍歸洞,入座笙歌鳥隔林。駿馬神鷹無覓處,一聲鷄犬在雲深。”《太平別業爲楊恒叔①乃尊題》云:“萬樹甘棠手自栽,拂衣高臥故山隈。白雲深護三間屋,小徑斜通幾樹梅。花下看書紅點句,月中呼酒白浮杯。城東車馬多如許,誰解飄然到此來。”《重遊東華》云:“山色層層翠欲流,乘風獨上萬峰頭。花當二月已如此,人過十年纔一遊。地僻便知爲太古,民淳還幸際西周。怪來眼界無留礙,北望長安是帝州。”《謝南雄林太守郊餞》云:“先

---

① “楊恒叔”,原稿脱“恒”字,據《江南廛存稿》卷一補。

生餕我七松堂，風送松花入酒觴。四海幸逢真骨肉，百蠻應識遠冠裳。歌成喜有清風在，醉後何妨古道長。欲謝次公慚不畫，便須揮翰寫甘棠。"《使天津舟中漫興》云："嫋嫋東風入鬢絲，奚奴隨處可收詩。江山好景誰爭得，花鳥深愁我獨知。老去不須營世計，病來祗合問良醫。俸錢買得溪翁酒，醉倒蓬窗也不知。"《通州重九日送何德彰回部馬上口占》云："離觴擲下馬頭回，猶有殘醺映老腮。門向夕陽多半掩，菊當佳節已全開。送人每怕搜詩句，排悶應難廢酒杯。明歲今朝我何處，不堪搔首一興哀。"《獻吉席上分韻》云："民曹水部兩同心，總是斯文異姓親。百歲幾遭文字飲，一官深厭簿書塵。風翻槐影簾紋碎，雨洗苔斑石縫新。笑殺坐中誰更老，古厓雙鬢半如銀。"《偕獻吉自京回通馬上聯句》云："靄靄林光雨霽初，乾坤著眼一塵無。歸雲渡水春涵影，醉面便風曉出都。乳燕教雛嬌欲墜，遠山當馬翠如扶。十年來去通州路，慚愧山間破衲徒。"《春日寫懷與陸高士》云："茅庵竹徑未相尋，忽忽殘紅又綠陰。處世浪爲千歲計，看花深負一春心。只緣未悟藏蕉鹿，豈是慳揮當酒金？自笑山林緣分薄，幾番翹首付長吟。"《次莆田陳先生韻》云："半是池亭半釣臺，野人襟抱灑然開。知還倦鳥投林去，適意潛魚入渚來。數畝石田堪種稻，半山茅地也生材。興來自有天成句，不用工夫細翦裁。"《舟中寄李獻吉》云："美人愛我戇且直，我愛美人才出群。團亭把手議政事，西齋翦燭論詩文。割雞呼酒對山月，撾鼓放舟看水雲。百年知己那復得，海角天涯遥憶君。"《揭陽道中》云："一年一度此行春，深愧無恩及野人。也有一端堪自慰，滿田清水稻花新。"《風花》一首，則古厓出守潮州，以事忤吳少卿，坐是罷歸，故時於小詩寄意。詩云："惡風吹好花，花猶抱故枝。畢竟被吹落，還有重開時。"

余觀《汀南麈存集》中鄉前輩作，若依仲偉詩評，鄭仲賢當爲上品，古厓亦後起之勁也。

又按《臨汀彙攷》卷三《人物》："鄭繼之謂古厓詩如春空遊絮，衝條附葉，隨風飛颺；雖乏綺濃，而丰神特逸。"

葉氏家集

葉元玉等撰

《通志》卷八十《經籍》著錄。

《寒支集》卷三《葉氏家集序》曰:風氣環移,猶暑寒之中物,凉悴、茂華莫相貸也。故夫人文育發,摹彩隨時,必以才藻神鋒,排蕩萬有。返冰霰爲菲芳,駐陽景於幽夜。雖佐以中黃之力、樗里之智,將不能手製而復斷矣。蓋吾讀《葉氏家集》,自成化辛丑以迄崇、弘甲乙之後,感才難,傷世變,未嘗不掩卷三歎也。葉自古厓公以進士起家,同時北地李獻吉倡復古學,偶然謂漢後無文,唐後無詩。其時鄠縣王敬夫、儀封王子衡、長安張孟猛、山陰周天保,皆以曠代逸材,各棄所學而靡然從之。贊誦北地者,至謂侵謨、匹雅、欲騷、歆選,遐追周漢,俛視六朝,其雄據壇坫,牢籠時彦,不啻齊、晉於邾、吕也。古厓當海內風靡,勠襲公行之日,獨自爲條邕澹雅之詩。鄭繼之謂:"如春空游絮,隨風飛颺,衝條附葉,雖乏綺濃,而丰神特逸。"獻吉即軍兀自豪,亦心折於是言也。夫惟古厓大雅卓爾,不爲時學所撼撓,亦以生休明之代,景物舒妍,情力寬綽,才韻所極,正變何常。猶春鼓香林,樸華並茁;嶽畜大雲,青雯並爛。誦詩論世,豈非化成之盛與? 其後齊吳代興,江楚日競,明詩凡三變矣。而古厓之後,大鏞小鐘,鏗鏘遞作,終以被服家風,不墮剽竊比擬,悽寒灰澀之習。迨乎崇禎之季,則有壽蟠、御植兩君者出,乃能杼軸自懷,謝華啓秀,世益挽而詩益工,駸駸度越前軌矣。惜乎表聖、致光、吳融、鄭谷之時,不得與甫、白、郊、愈頡頏於開元、元和之際,而特著於龍紀、乾寧傾覆之時;譬秋螯刁調,天豈故爲悲瑟哉? 亦聽者自覺悽然耳。吾於御植重有感也。古之哲人音驗興亡,變測宮商,其召氣求聲,即藻盤亦應律於幽鐘,方響亦迎歌於水際。詎不欲返嚼殺之音爲嘽諧,汰滌濫之聲爲廉正哉? 然而不能也。是故文文山、謝皋羽不能以《指南》、《晞髮》之詩,挽祥興爲熙、豐;楊廉夫、王子讓、王原吉不能以《鐵崖》、《梧溪》、《雲陽》之詩,扶至正爲延祐。雖以命世之才如犁眉公者,方其受知幕府,共策艱危,見於詩篇者,硨矼魁壘,蹈厲發揚,幾欲拔岱華於平地,挽墜烏於下舂。及攀附翼鱗,則掩抑幽傷,詞吞意茹,無復有掣碧海,弋蒼旻之氣者,何也? 則人之不勝天也。吾故讀御植詩,以上溯古厓之時不二百年,而宮商調改,舟壑夜移,不覺撫卷茫然[1]而長嘆也。

---

[1] "茫然",原稿作"茫昧",據《寒支初集》卷三改。

中原一覽

伍晏撰

《汀南廛存集》卷一：伍晏，字時清，清流人。弘治二年鄉舉，平度州訓導。

《府志》卷三十三《文苑》：伍晏，清流人。躭經史，工詞賦。弘治中以舉人任平度州學正，著有《唐文精粹》、《中興詞選》、《名公雜錄》、《中原一覽》行世。

《通志》卷八十《經籍》並著錄。

名公雜錄

伍晏撰

《通志》卷八十《經籍》、《府志》卷三十三《文苑》並著錄。

一龍文集

伍晏撰

《通志》卷八十《經籍》著錄。

按：晏文見者，僅《府志》序一篇。

《筆精》：晏詩如“草根蛙鼓吹，花裏鳥笙歌”、“閒階秋掃葉，荒徑晚挑蔬”、“隔寺聞僧磬，微燈認釣舟”，俱清雋可喜。

又按《汀南廛存集》卷一錄晏詩五首，茲錄其《吊郡守吳文度去思祠》云：“廣寒仙子老門生，一別俄經歲月深。萊竹尚遺千載愛，召棠曾結百年心。亭前有客能吟柏，道上無人更却金。一炷心香何處是，秦淮搔首淚沾襟。”《觀瀾亭》句云：“星疏水國河圖出，月印禪心太極浮。”

《府志》卷三十三《文苑》並著錄。

唐文精粹

伍晏撰

《通志》卷八十《經籍》、《府志》卷三十三《文苑》並著錄。

中興詞選

伍晏撰

《通志》卷八十《經籍》、《府志》卷三十三《文苑》並著錄。

嘉靖汀州府志十九卷

伍晏等撰

《通志》卷八十《經籍》著錄。

伍晏《序》曰:志,別史之名也。筆削秉是非之公,褒貶嚴取予之正[①],無假借詭隨,公而不私,此修志之定法,仿春秋之大義也,可易爲之耶? 當嘉靖丙戌之五年,我汀州大邦伯邵公有道,誕興文教,惠和政流,三年矣。公餘作而歎曰:"國無史,何以鑑治亂興亡? 郡無志,何以知人情風俗?"惓惓以修志爲任。已而,憲使周公、提學副使邵公,銳意整飭兵備;憲僉儲公,又相繼蒞之。公乃登晏於堂,囑曰:"子郡人,其爲我修之。"辭愈堅而委愈力。用是協同汀州府學訓導何雲、庠生王惟伋、李孟魁等,取先弘治十一年所修舊志,門類事體,悉遵成式。但道降俗殊,或有不合於是,細爲考閱。可者因之,否者革之,遺者補之,幽者闡之,善者進之,惡者退之,無實盜名者刪而正之。閱六月而草志成。志成,公曰:"是可梓也,子其序之。"晏惟史志一也,顧一簡而一繁耳。何謂一? 蓋志紀天文、分野,即史天文志;志紀山川、城郭、橋梁、道路,即史地理志;志紀土田、貢賦,即史溝洫志;志紀名宦、人物、列女之屬,即史外傳志;按"外傳志"三字不可解。外,疑"列"之譌,然亦不當云志。伍氏此序論多未諦。志紀詩詞、序記之類,

---

① "正",原稿脱此字,據《汀州府志》卷首補。

即史藝文志;志紀甲第、科貢,即史選舉志。若乃志風俗之淳澆、戶口之增損,則又君德世道所繫,得非本紀、世家法耶? 然史家者流,遷、固尚矣;以良史稱,則曰華嶠;以不假借稱,則曰吳兢;以直筆稱,則曰李延壽。晏,林下散人,賦質庸下,其於良史之才,愧前聞人多矣,安敢希名於志,以圖不朽哉? 雖然,抑有說焉。人有古今,此心之公,則一而已。要之,公筆削,嚴褒貶,是曰是,非曰非,不少假借而直筆不回。吳兢此心,延壽此心,而晏未必非此心也。若乃徇情害公,褒貶失當如魏收者,非惟不肯爲,而亦不敢爲矣。公欲鋟梓,大備一汀文獻,其功豈淺淺哉? 是舉也,予於通守楊侯太古、節推劉侯梅其,左右贊襄,亦有取焉。

《福建藝文志》卷二十八《史部·地理類》:嘉靖《汀州府志》十九卷,清流伍晏著。《天一閣書目》云:"郡守邵有道總裁,訓導郡人伍晏編輯並序,劉震序。"

習靜山居集

鄧于蘇撰

《通志》卷八十《經籍》著錄。于蘇,嘉靖間以貢授新昌令。蒞任三月,以骯髒罷歸。

按:《臨汀彙攷》卷二《鄉行》,魄曾《題鄧松澗分關冊》云:"松澗先生兩丞巨邑,見子成名登仕路亦二十載,而產曾不及中人。城南八百桑、沙洲千樹橘,古人或借爲佳話,先生視之藐如也。所難者,父子、兄弟、妻孥、子女,怡然安受,絕不念薄宦減產,以不善營生爲嫌。而門生戚黨,亦相視如常,未嘗稱鄧氏父子清節苦廉,矯異絕俗,何當時風俗人心之厚如此? 予仕宦二十年,近將薄產分授諸子,大約七十畞,視公已加一倍,三四知交尚議予身處膏脂不能自潤,而庸陋者遂竊笑以爲視某某不如,薰蕕固不同藏,韓、老安得合傳? 獨不意百年間人心風俗一變而不可挽,令人深江河日下之感耳。"又《鄧松澗遺墨跋》云:"此固鄧松澗先生寄其子木山主政督倉淮安時手書也。往見蘇長公、真西山好錄前輩家書,以爲往來通問之言容有矯飾,惟家庭父子間言事徵而可信。予於此書見公教家之嚴,又見公身心恬適,好學不衰,無絲毫求田問舍之累,更見當時人情真率,問遺將意,不以貨財爲禮。一兵部尚書郎督餉水次,出涓滴之餘,足以飫傭保、潤賓客。松澗爲貴人父,乃於數千里外從其家緘束布遠餉故人，似不欲賢子官帑絲粟；尤鰓鰓計及於收受去留，有竇人、寒生之所不若者。予尚及見里中公翊正德間爲南康府推官時手記册子，其寄上母夫人壽僅手帕二副，絹裙一領，別無他物。汀俗樸茂，士大夫家百年前風尚率如此，不特鄧公家法爲然。江河日下，至德渺如，安得使家各見此書，庶知前輩風規，亦少救侈靡之薄俗哉。松澗名于蘇，木山名向榮。"

又《汀南塵存集》卷二：鄧于蘇，字任吾，長汀歲貢，原籍清流。萬曆間官新昌令。有《華陽別館》詩云："陡壁懸蘿秋可憐，青楓隔水挂蒼烟。倚雲亭古苔花合，落月池清樹影圓。石室霞封金母册，書臺風揭子雲玄。使君藻思誰能並，試讀幽人白石鐫。"

又按《府志》卷三十三《文苑》稱，任吾長於詩，並著錄。

按《長志》卷二十四《文苑》："鄧于蘇，向榮次子。"與《臨汀彙攷》大異。同爲一人之書，牴牾若此，勿攷甚矣。大參去其時較近，聞見更確，爰從其說。《通志》、《府志》皆誤。

太極通書攷

鄧向榮撰

《通志》卷八十《經籍》著錄。

又卷二百二《列傳》：鄧向榮，字元植。嘉靖甲辰進士，二十三年秦鳴雷榜。授戶部主事，監督淮運，杜絕諸弊。二十九年，俺答入犯，京師戒嚴，向榮運西直門餉，捐貲置籠囊萬餘，餉遂不匱。尋以直忤，謫六安州，同遷嘉定知州，甫二月，聞父病，遂棄官歸。

按《府志》卷三十《人物》："向榮，自清流徙居長汀。遷嘉定州甫二日，聞父病，歸。舊業腴者，悉推與弟。"

又卷三十三《文苑》並著錄。

正學準則

鄧向榮撰

《通志》卷八十《經籍》、《府志》卷三十三《文苑》並著錄。

惜陰攷

鄧向榮撰

《通志》卷八十《經籍》、《府志》卷三十三《文苑》並著錄。

鄧刺史集

鄧向榮撰

《通志》卷八十《經籍》著錄。

謫居危言

鄒國卿撰

《通志》卷八十《經籍》著錄。國卿，嘉靖己酉[①]舉人。官寧都知縣，左遷饒平教諭。條邑中利病，著爲是書，當道重之。

按："危言"當爲"卮言"之譌，《莊子》："天下以卮言爲曼衍。"危、卮二字，形近易譌。

石渠集

葉甘茂撰

《通志》卷八十《經籍》著錄。甘茂，元玉孫，嘉靖間貢生。官南兵馬司指揮。

石渠遺稿

葉甘茂撰

《通志》卷八十《經籍》著錄。

---

① "己酉"，原稿作"乙酉"，據道光《福建通志》卷八十改。

按《府志》卷三十三《文苑》著錄。"渠"譌"榘"。

秉燭集

鄒時泰撰

《通志》卷八十《經籍》著錄。

《府志》卷三十一《孝義》：時泰，字士亨，清流人。隆慶元年舉人。授華容令，有惠政，去之日，空道遮留。性孝義，居喪，築室哀思，作《筠廬記》。里中待舉火者數十家。著有《秉燭集》。

又卷三十三《文苑》並著錄。

左傳纂

裴應章撰

《通志》卷八十《經籍》著錄。

又卷二百二《列傳》：應章，字元闇。隆慶戊辰進士，二年羅萬化榜。授行人。萬歷初，兩奉使德、晉二府。當陛見，奏對進止有度，帝屬目焉，擢吏科給事中。嘗使遼，目擊遼左險要，乃畫《善後策六事》條上之，悉見嘉納，遷兵科都給事中。值西陲數入犯，應章上制馭策，悉中機宜，劾罷撫臣之棄師者、憲臣之昏庸與勳臣之不法、將臣之縱賊朘卒者，風采肅然。張居正當國，嘗建議三歲一遣大臣行邊，應章言靡費當罷。大璫馮保欲取太僕寺馬三千匹，應章執勿予。中貴人訐大帥方議行勘，應章力沮之，皆與居正左，然居正心折應章，不爲忤也。擢太僕少卿，居正私人王篆爲吏部侍郎，欲招致之，不應。久之不遷，所上給關防、嚴舉劾、戒侵尅、覈寄養諸事，皆得旨，著爲令，遷太常少卿。初太祖嘗定壽春諸王及妃與功臣胡大海等，俱侑享四祖。後四祖祧，而侑享如故。應章言："廟中列后在上，異姓之臣，禮宜別嫌；且至尊拜俯於下，諸臣之靈，亦必不安。"乃命改祀功臣西廡，遣官分獻。鄖陽卒辱撫臣，將爲亂，廷議以應章往。未至，先檄諭以禍福，語甚切。至，亂卒乃自縛迎數百里外，應章斬其魁，餘無所問，闔境晏如。還爲户部郎，遷吏部侍郎。妖書事起，詞連張位及右都御史徐作、禮部侍郎劉楚先等，應章力爲解，不聽。既而奪楚先等官,應章復論救言,以誹語中人非盛世事,帝不悅。尋引疾歸。起南京工部尚書,屢疏辭,不允。乃強赴立法。疏錢弊,諫採鷹架木,糾中貴人濫索,省水衡費甚鉅。未幾,又乞歸。復起南京吏部尚書,堅臥不赴,虛以待者三年。卒,贈"太子少保",謚"恭靖"。

按《府志》卷三十《人物》:"應章,號澹泉。"

諫草焚餘八卷

裴應章撰

《通志》卷八十《經籍》著錄。

莊子摘語

裴應章撰

《通志》卷八十《經籍》著錄。

嬾雲居士集十五卷

裴應章撰

《通志》卷八十《經籍》著錄。

按《府志》卷三十三《文苑》不著卷數。

《汀南廑存集》卷二:裴應章著《嬾雲居士集》,乾隆間奉禁焚燬。錄其《香爐峰》詩云:"露積和煙濕,雲飛拂曙流。高凌霄漢迴,遠眺海天浮。光見五更日,寒生六月秋。登臨遊興爽,八極仿神遊。"《棋峰》云:"攀石尋奇蹟,懸崖一竅幽。更無山上下,惟有日沈浮。風馬雲車逝,苔秤蘚磴留。輸贏都不論,一局幾春秋?"《豐嶺即事》云:"倚杖危峰上,烟霞嶂幾重。逶迤盤古道,絕勝引仙踪。露滴晴天雨,雲低半嶺松。蓬壺何處是,天際一聲鐘。""漠漠雲封洞,巍巍地接天。芝香田有玉,火伏鼎無煙。寶樹生奇蕚,瓊漿漱乳泉。山高名自勝,況復有神仙。"《玉虛洞》云:"幽巖寂萬籟,何處聽鳴琴。石室懸寒溜,瓊漿瀉上清。暖風吹雪態,晴雨落花聲。北海夸玄澗,天台羨赤城。登樓發狂興，荏苒笑浮生。俯愧樵漁者，山中樂太平。"

　　按：應章文，存者僅見《府志》卷四十《藝文》：《仁愛祠記》一篇。文曰："甲辰之秋，游翠華，登龍門橋，橋之東有祠翼焉，[①] 予肅謁之，則祀前將軍漢壽亭侯關神也。諸父老揖予而進之曰：'斯其爲邑大夫唐侯生祠也。' 額之曰'仁愛'。予歎曰：'千古義氣，闔邑仁聲，其先後輝映，豈不竝稱隆哉？' 諸父老因請曰：'曷賜一言，以垂不朽。' 予籍在鄰封，侯所庇愛多矣，敢以倦勤辭？因記曰：寧居崇山複嶺中，疆理頗廣，田產亦饒，其俗嗇戀，山澤之租往往不待督而入。吏兹土者，既樂於土風之淳，而又寡於迎送，得以優游而養尊焉，自昔稱善矣。嗣是淳龐漸散，民競侈靡，無異通都喧市之習，山谷之氓亦有恃僻而囂訟者，故長吏亦苦簿書而不暇以逸也。蓋風俗之變遷也如此。以予觀唐侯之治寧而進於是矣。唐侯以妙齡成名進士，恂恂儒雅，不類於法吏，潔己裕民，未嘗以敲朴、鈎摘爲能。事母愼太夫人，則恭敬祇肅，務得其歡心；凡所訊鞫，退必叙述其概，不敢告者則不敢行也。邑有例金，笞庫者以故事進，侯却而不視，且榜示以爲將來者勸。惟以文學飭吏治，都人士烝烝嚮往，即鄰邑博士弟子，謂侯爲文章宗匠，咸不遠數百里來就學焉。於是豎翰墨林，爲游藝之所，而量材聚石，飾廟貌而一新之。激勵士風，培養元氣，衿裾雍容，復覩海濱鄒魯矣。廣文張先生廉，以病卒於黌舍，侯哭而祀之，割半歲俸以贈。邑不當孔道，椎埋者給中貴人紆途假道，爲恐嚇計，人人自危；侯不爲動，無亢無阿。比至，卒無所講而去，民得以安。又邑去會城甚遠，路出九龍灘，險甚。監司臺使者或發糴接濟，往罹傾覆。侯述輸挽險遠以聞，一切報罷。先是十年，再造黃册，不無挪移影射之弊，侯親爲審鞫，隨其多寡而賦役之；且令各甲造册，無敢有舞文而滋弊者。歲時制衣發粟，以給獄囚，曰：'藉令其死，法死耳。忍視其凍餒死也？' 至於鬱攸不戒，反風滅火；旱魃爲虐，甘雨隨車。修當祀之廟宇，理衝衢之橋梁。嚴守禦，實倉儲。外無萑苻之憂，內免饑饉之患。凡可以仁愛斯民者，無一而不至焉。其功績之最著者，無如鼎建龍門橋，費不貲而功不勞。大抵侯之爲政，持大體，不務瑣屑，間嘗有所掊擊，非情不可恕，則理不可遣，弊岡山積，一閱立掃。度先時寧令者，困公私冗日，拮据不休；而侯則草滿訟庭，常供坐嘯，山當官閣，數有咏吟。又時徵召吟，又時徵召文士

――――――――――

① "翼焉"，原稿脱"焉"，據《汀州府志》卷四十補。

爲詩酒游,賡歌迭和,閒雅甚都,翠華之間,炳如其色矣。聞一再入侍,所賚持不滿囊橐,從鄉人宦京邸者,貸出都車馬資;侯之有守也,又如此。今且再當考績矣。聖天子廉侯仁愛之在寧者,於以仁愛天下,置諸臺諫,以備股肱耳目之司。予日望之,寧人士詎能久私侯之仁愛耶? 諸父老遂請書之,以登於石。”

按《禁書總目》,“應章”作“應鳳”,誤。此書乾隆五十三年奏准全燬。

編蒲蠹餘八卷

裴應章撰

《通志》卷八十《經籍》著錄。

寧化縣志

裴汝申撰

《府志》卷三十三《文苑》:裴汝申,清流人,應章子。善詩文,與李本寧、曹學佺相倡和。崇禎末,挈家入南山。有《薜月軒文集》十卷行世。弟汝甲,亦能詩,方伯周亮工最加歡賞,有“海內風流全黯淡,江南詞賦爾崚嶒”之句。

《通志》卷八十《經籍》著錄。

按《通志》歸汝申於寧化,豈以汝申曾修《寧志》而誤與?

薜月軒文集十卷

裴汝申撰

《府志》卷三十三《文苑》著錄。

按《通志》卷八十《經籍》不著卷數。

博藝堂稿

伍可受撰

《通志》卷八十《經籍》著錄。

《府志》卷三十《人物》：伍可受，字沖吾，清流人。萬曆丁丑進士，知容縣。度田定賦，馳檄平岑溪蠻。擢南禮科給事。彈劾輔臣許國，謫萬載丞。起開封府推官，遷戶部郎中，榷關廣陵，有清譽。擢雲南僉事，禦夷撫酋，恩威並著。轉山東參議，以入賀歸省，卒。著有《博藝堂稿》、《焚餘草》、《謫居草》、《代奕吟》諸集。

又卷三十三《文苑》並著錄。

按《汀南塵存集》卷二，"沖吾"作"仲吾"。錄其《東華山》詩云："東山峄岲俯青邱，萬疊晴光翠欲流。雨過畫屏天外出，花明繡幕望中收。遙看雪羽孤飛鶴，點破雲林一色秋。幾度登臨閑縱目，歸來新月上城樓。"《告政歸省玉華道中》云："廿年游宦夢魂疑，今日巉巖遇故知。自覺枕流非矯節，暫聞瑣闥媿匡時。疏狂曾借上方劍，嬾嫚徐敲太傅棋。只此奇峰攀莫跂，蓬萊猶復引人嬉。"

焚餘草

伍可受撰

《通志》卷八十《經籍》、《府志》卷三十三《文苑》並著錄。

謫居草

伍可受撰

《通志》卷八十《經籍》、《府志》卷三十三《文苑》並著錄。

代奕吟

伍可受撰

《通志》卷八十《經籍》、《府志》卷三十三《文苑》並著錄。

薊門吳門奏疏三卷

鄧于安撰

《通志》卷八十《經籍》著錄。于安,向榮子。萬曆二十五年丁酉應天中式。薊州知州。

文園掌錄二卷

王若撰

《通志》卷八十《經籍》著錄。若,字相如。萬曆間布衣。

按《府志》卷三十三《文苑》作《文園集》,不著卷數。

二雅三集二卷

王若撰

《通志》卷八十《經籍》著錄。

漁滄社集七卷

王若撰

《通志》卷八十《經籍》著錄。

蓬庵別集

伍可爱撰

《通志》卷八十《經籍》著錄。可爱,字以咨,可受弟。萬曆間諸生。隱北郭蓬庵。

評訂史鑑

李棄撰

《通志》卷八十《經籍》著錄。

又卷二百十四《文苑》：李棄，字白也。爲諸生，負雋才。後罹文網，遂棄去，徜徉山水，日以吟咏爲事，所作皆寫性情，不假摹倣。

《府志》卷三十三《文苑》有傳並著錄。

按《汀南廑存集》卷二①：棄，號頑叟，清流逸士。卒後嘗顯於乩筆，稱白也山人。

李白也詩集

李棄撰

《通志》卷八十《經籍》著錄。

按：《府志》卷三十三《文苑》，題作《李棄詩集》。

《託素齋文集》卷五《書李白也詩後》曰：天下文章之士，修名立行，老死里巷之間而不得傳其姓字者，抑何多哉。讀白也先生集，不禁失聲太息也。先生李姓，名棄，汀郡清流人。年少籍諸生，負俊才，謂取功名富貴如宿寄。中道偶罹文網，遂謝巾衫，臥窮山，著書立說，不復通人事往來。觀其命名立字，亦可知其結想無聊矣。所爲詩自出性情，不屑屑摹擬往代。五言如《羅敷詞》、《示子》諸篇，皆可頡頏作者。至長行短咏，信筆攄懷，陳古刺今，歌以當哭。卒於丁巳、戊午間，年八十有三。先生性簡傲，又住窮鄉，人固無知先生者，先生亦不易爲人知，獨一見連城童君玉鉉，心賞志合，引爲忘年之交。今所存五七言古風、五七言長句若干卷，評訂史鑑若干卷，皆玉鉉掌書手錄，蠅頭細字，瀾翻千紙，每出以示人，若惟恐先生一旦湮沒，不獲一傳於世。玉鉉蓋自任爲身後之桓譚矣。汀雖僻郡，人士重敦本之學，復厭表襮，不急急於聲名。有積學數十年，接户比鄰，不獲窺其隻字者。予自秦歸後，十六年中所

---

① "卷二"，原稿脱"二"字，據《汀南廑存集》卷二補。

得見聞，如寧化施君澤民、伊君喬庵、永定邱君兼三、上杭梁君賡虞，皆編輯經史，各有成書，今又得知李先生白也。喬庵、兼三、賡虞文集，門生子弟各爲鏤刻以行於世，予皆得附一言論次。惟施君沒最久，子姓零落，肩鬻其手書而不得一售。今白也諸稿，即尚未能謀刻，賴玉鉉抄存，不致如施君轉鬻他人，玉鉉之功不小。予蓋愛玉鉉高誼，樂爲書後；且以告世之齒汀風者，知尚有人在，毋徒嘐嘐自是，謂鄶以下無譏也。

《經笥堂文鈔》卷上《李白也先生詩集序》曰：余昔於長汀黎公媿曾《託素齋集》中見其《書清流李白也詩後》，始知吾汀耆舊有白也先生。又聞先生與連城童玉鉉爲忘年交，片紙隻字，玉鉉悉手錄，常恐其湮沒。用是益歎先輩風尚之古。比居京師，伍君涵初共晨夕，其祖母即先生之孫女也。有身方五月而失所天，時海氛甚惡，育遺孤，衣寒食饑，奔走患難，俱賴先生存活，故述先生家世及生平行事爲詳。初，先生爲名諸生，既而謝巾衫，隱處窮山中，年八十有一而終。其爲詩沈痛累俙，令人不堪竟讀。嗚呼，何其遇之窮而心之悲也。吾儕遭逢盛世，誠不爲無病之呻吟；然思明自中葉，日隳日壞，以至不支。致賢人君子棄在幽遐，長歌當哭，感切滄桑，所謂"悠悠蒼天，此何人哉"。讀是集者，可以識世變，而並惕然憂盛危明之不容已也矣。

《汀南廑存集》卷二：李棄《寄童日鼎》云："井裏山頭共一天，高卑大小絕相懸。疇能拔導容光照，長夜漫漫旦旦然。""登臨勝具廢多年，拾履無因進不前。孰墮林宗呼一顧，知山採玉覓深淵。"

吳楚遊集

李于堅撰

《通志》卷八十《經籍》著錄。

《府志》卷三十三《文苑》：李于堅，字不磷，清流人。崇禎辛未進士，四年陳于泰榜。起家汾州司理，遷禮部郎，提督浙江學政。著有《吳楚遊集》、《西河集》、《水花長句》。

按《通志》：于堅以禮部郎擢浙江按察司僉事，領提督學道。

按《汀南廑存集》卷二，"不磷"譌"不璘"。歷官浙江提學副使。《酒花詩》十六首，點綴映媚，胸有錦機，旁見側出，參錯於行墨間，有落花依草之致,餘霞散綺之觀,亦一時絕作也。錄十首,云:"不分杜若與江蘺,結茜凝殷墜粉脂。浪說蘭陵光琥珀,齊傳巴國浸酴醾。蕊隨劉鋹娟娟艷,瓣向陶巾片片飛。漉到四鄰炊正熟,此中信自有東箱。""頓遜樹如安石榴,瑤琨碧草玉門秋。青田核漬飛椒雨,黃橘皮開舞鶴樓。秔秫數區酣栗里,蒲桃一斛得涼州。縱橫交亂紋清淺,不羨雲谿有醉侯。""莫定浮沈問藻蘋,草龍珠帳洞庭春。瑤漿瑤蕊交成質,金粟金波互化身。似翦霜華分六出,空泥石粉貯三辰。落紅偎翠歸何處,斜倚雕楹醉太真。""開落無心戀暑寒,南天露甲北文官。託根擢穎俱含笑,結蒂流醽總合歡。郭氏灌雲淳石乳,漢宮承露注金盤。闕歸春社餘清孃,匝遍重幃百寶欄。""持柑樹下復持螯,朵朵輕紅滴小槽。豫北清酤浮竹葉,西陲尖酢釀葡萄。流觴綺片飛流水,化蝶香魂並化陶。臥到落花惟有甕,頹然深酩讀離騷。""移來春檻入糟牀,淡冶都妍喚索郎。漫掠落英歸燕壘,好憐釀蜜到蜂房。黃流覆注優曇鉢,白墮勻生馬夾囊。九醖甜醹經晦朔,却忘稷黍醞空桑。""剖瀉勻藤椰子瓢,中涵津乳儼泂酌。勁釀信爾尊焦杜,黃紫何曾擅魏姚。秋老吹香來蛺蝶,蟻浮分色上芭蕉。多應幻化澆公遠,頃刻金盃出翠翹。""芊綿朱蘭與明璫,暗底行春點壽陽。湖目翻勻顰翠黛,海棠睡足浴新妝。釀王自爾分妃嬪,瓶史依然品聖狂。芝醴根源俱莫問,肯隨穠郁託東皇。""誰抱罌缶曝日中,陽晞醽透石榴紅。骨胎信爾含冰雪,枯菀全非怯雨風。淺酌百華供黨帳,遠釀千里寄郵筒。飄搖絮絮輕如許,莫禁傲狂待次公。""難尋泡沫與浮漚,雲夢山醒冷石甃。驛使寄銜兼麴部,督郵重錫領青州。閒隨柳絮飄帘下,斜綴榆錢掛杖頭。[1]馥馥冶墻吹斷後,不禁叢發小山秋。"

　　按《府志》卷四十五《叢談》:"順治丁亥,清流有賴姓者,釀酒彌月,啓箸視之,爛然成花。花形如茉莉而差小,瓣有五,外色丹而內瑩然如玉。邑人李于堅作《酒花詩》十六首,有:'雕殘玉楮攤酥酪,碎揉珊瑚入轆轤'、'上苑報春催曉夜,中山沈臥幾華年'、'漢苑梁園零落盡,猶能不作黍離離'等句,皆名雋可味。

西河集

李于堅撰

《通志》卷八十《經籍》著錄。

按《府志》卷三十三《文苑》著錄，"西"譌"四"，本傳不誤。

水花長句

李于堅撰

《通志》卷八十《經籍》、《府志》卷三十三《文苑》並著錄。

春秋旭旨

伍塤撰

《通志》卷八十《經籍》著錄：塤，字君曉，號旭庵，可爱按："爰"疑"受"之譌字。子。天啓丁卯舉人，崇禎十五年壬午賜進士。

《府志》卷二十一《選舉》：塤，崇禎十三年庚辰特賜進士，官刑部主事。適議大辟一案，當事受賄鬻獄，塤持不可，且奏聞，遂被中傷而罷。後起南刑部主事，終雷州知府。

按《汀南廛存集》卷二亦作"崇禎庚辰御賜進士"，與《府志》並誤，當從《通志》壬午爲是。十三年庚辰乃魏藻德榜，特賜進士乃在十五年壬午，直省共二百六十三名，福建共二十九名，見《通志》卷百五十二《明選舉》。又塤知雷州府，其子以銀三兩買帛一匹，塤曰："一衣三兩，中民一年之食也。"令還之。改南雄府，歸，囊無一資，民頌其廉。

半峰文集

伍塤撰

《通志》卷八十《經籍》著錄。

按《汀南廑存集》卷二，伍堝《山夜聞鐘》詩云："漏盡鐘獨鳴，更擬山同響。始徹西佛前，勿歇東峰上。耳根遂爾清，神形不覺蕩。籟息動禪機，谷音空萬象。豈有夢沈沈，令人終夜想。"

瑯琊集

廖淳撰

《通志》卷八十《經籍》著錄。《復社姓氏錄》："淳，字淳之。"

按《府志》卷二十八《選舉》："淳，以子泉封贈唐縣知縣。"又卷三十三《文苑》並著錄。

八不居詩文集

巫任忠撰

《汀南廑存集》卷二：巫任忠，號臨侯，清流人。明季逸士，著《八不居詩文集》。錄《吊三忠墓》詩二首，序曰："三忠者，乃充華陳太妃、太學士傅公冠、忠誠伯周公之藩也。丙戌，隆武陷汀，三人前後死節，汀人爲封塚於西門羅漢寺下，列而葬之。"詩曰："荊棘銅駝柳色嬌，當年播越景蕭條。六宮冷冷蒼龍杳，八陣零零赤幟銷。碎首相攜甘鼎鑊，剖肝接迹艷宮貂。湛深三百年恩義，再拜西風謝九霄。""再拜西風風勿存，鄞江岸上瘞忠魂。豈稱一死堪酬主，[①] 不復中原未報恩。將相泉臺呈奏牘，妾臣夢裏會金門。幾回寒食人爭奠，惆悵桐宮勿忍吞。"

按《通志》卷八十《經籍》著錄，作《八石居士詩文集》，任忠，字金垂，號臨侯。

曠亭集

馮廷璧撰

《通志》卷八十《經籍》著錄。廷璧，字汝珍，號荊臺。

---

① "稱"，原稿作"深"，據《汀南廑存集》卷二改。

卷六　明·歸化縣

西遊吟

夏時行撰

《通志》卷八十《經籍》著錄。時行,萬曆間貢生。

又卷百五十八《選舉》:時行,開封府、滁州府同知。

按《府志》卷二十二《選舉》:"時行,成州州同。"未知孰是。

秦川集

賴墀撰

《通志》卷八十《經籍》著錄。

又卷二百九《良吏》:賴墀,字以對。萬曆間貢生。授福寧州訓導,遷連江教諭。有諸生黃士夔以非辜罹禍,力爲辨雪。士夔故貧,贈以資,使赴試,遂成進士,連江人爲祀名宦。轉福寧州學正,知州以拂民激變罷市,墀往諭,即散,臺司獎之。檄署州事,革常例,勤撫字,歷七月,政聲大著,州人勒其績於石。尋遷福州教授,以老引歸,年八十二卒。

鰲江集

賴墀撰

《通志》卷八十《經籍》著錄。

雲臺詩稿

黄京佩撰

《通志》卷八十《經籍》著錄。京佩,自號雲臺山人。

抱甕園草

鄭維凱撰

《通志》卷八十《經籍》著錄。維凱,自號北溪漁隱。

詞海探珠集

鄭維凱撰

《通志》卷八十《經籍》著錄。

香玉齋詩集

揭春藻撰

《通志》卷八十《經籍》著錄。

又卷二百十六《忠節》:春藻父喬嵩,萬歷貢生,授泉州訓導,擢武緣知縣,以方嚴著。春藻久負才名,工詩文,善書畫,崇禎間恩貢生。寓京師,董其昌、黄道周雅器重之,授長興縣丞。崇禎十五年,擢知定陶縣,仍以故官解糧抵臨清,遇難,口吟云:“北闕君恩没,家鄉歸夢遥。錢塘轟晚汐,碧血湧江潮。”遂死之。子世棟、女夫蕭聲亮抱屍哭,俱死。從孫士旂,乞食還浙江,請湖州知州聞於漕運,總督史可法題恤贈,值國變未果。

《長志》卷九《名勝·烏石干霄》,揭春藻詩云:“嶔崎處處插芙蓉,何處飛來江上峰?雲護遥岑花寂寂,風篩琪樹影重重。新詩但以山爲料,濁酒爲將石作供。舞鶴攜來庭似水,接羅倒著漫相從。”

合璧樓集

陳甡撰

《通志》卷八十《經籍》著錄。甡，崇禎間貢生。

《府志》卷三十三《文苑》：陳甡，字二生；弟喆，字二吉，歸化人。俱明季明經。工詩古文辭，著《合璧樓集》，喆著《十筊集》，各數十卷。

又卷四十二，陳甡《歸化吳侯修城紀功碑》曰：國家所以安民捍患者，惟是城守之爲兢兢故。幸無事，則井廬闤闠，錯處其間；關門之司，譏察唯謹。一日有事，則率爾精銳，朝夕乘城，以禦暴客。蓋百雉言言即井堙木刊，可恃無恐。此金城湯池。王公設險以守其國，豈顧不借重也哉？余邑屬新設，厥有城所自來矣。顧地脈自南而來，稍折而東北，一小溪界之，城延袤三四里，而溪實在其中。故四闉都外乃更有兩關，云其爲城守，視他邑勢頗分、力頗艱，即其規制，尤不可不詳且慎也。先是，歲在辛未，邑令楊公已取城堞兩關葺修之，更增敵臺，稍稱嚴鎮。未幾，關門復爲漲潦所衝，城垣且多頽圮。辛巳秋，楚中吳侯甫蒞任，巡視之餘，慨然曰：“兹百雉之城耳，庳卑如斯，即一旦揭竿有警，若之何用戒不虞哉？”會上臺有增修之檄，集諸薦紳、衿士、耆老僉謀之。凡厥工費，視圖甲糧之多寡爲差，計丈算尺，不滯纖悉。更遴九耆老、四義民爲分理，而以青衿五生督課之。侯且心規意畫，朝夕防護，拮据不遑，不三月間，而城功已告竣矣。適直指使者按汀，取道歸化，侯請閱視之，顧見石垣雲疊，粉堞星鋪，兩關二臺，巒列峰聳，嚴城屹屹，實爲一方雄鎮焉。遂列諸薦剡中。邑士民礱石以紀侯功，余爲言以記之。余惟帝王以來，設都禹蹟，建邑秦封，金城湯池，扞外衛內，藉力實多。莒浹旬而入三城，言無備也。墨子九攻九拒，詎其巧力勝哉？亦其有險可憑耳。歸化雖蕞爾一隅，亦號百里奧區，視北邊數郡，固無烽火之虞；顧瀕海倭奴肆患，亦近在剝牀間；且萑苻之警，嘯澤峒山，在在都有，豈歸化獨稱高枕之鄉哉？乃今侯繕修之，遙望山城，丹樓如霞；即戎馬生郊，而險阻是憑，杜彼窺伺，歸化行且可保百年無事矣。且侯吏兹土，輕徭薄賦，禁訟息爭，革陋規數十餘事；蠲贖鍰，粥飢民，善政如春，口碑載道。繭絲乎？保障乎？侯得安民之本矣。所云聖人有金城，謂此志也。且不以絲麻而棄菅蒯，以有形之險合無形之險，此則侯之功不朽於歸化者也。侯今陞戶曹主政去，繇一隅及天下。令安民和衆，揆文奮武，一以治歸化者推之，天下不難理矣，寧獨以一修城之爲烈乎？侯名國斗，號映北，登甲戌進士，楚之孝感人。

《汀南廑存集》卷二：陳甡《吊陳平章故址》云："鐵戟金戈戰未休，猶餘浩氣在峰頭。千群鼓角空殘壘，一望山河只故邱。落日悲風聞勒馬，荒原野爨憶焚牛。可憐勝國孤臣淚，灑向明溪作水流。"

又按《府志》卷七《古蹟》，陳甡《御簾里》詩云："翠華南幸避胡塵，走馬間關度七閩。當日珠簾遺馬上，西湖歌舞屬何人？""胡馬縱橫正戒嚴，閩中半壁且龍潛。金牌不到黃龍府，坐使南來卸御簾。"舊傳：宋端宗避元過此，因遺一簾，故名里。在邑東。

歷代史問一卷

陳喆撰

《汀南廑存集》卷二：陳喆，歸化人，字二吉，甡之弟也。歲貢，泉州訓導。有《十笈集》。

《通志》卷八十《經籍》著錄。喆，崇禎間貢生。是書始三皇終南宋，皆設爲問答，持論平允。

嘯谷子四卷

陳喆撰

《通志》卷八十《經籍》著錄。是書上二卷名《卮言》，下二卷名《竅言》。①

十笈集

陳喆撰

《通志》卷八十《經籍》著錄。

① "下二卷名《竅言》"，原稿脱"卷名"二字，據道光《福建通志》卷八十補。

按《府志》卷三十三《文苑》著錄。"笈"下有"樓"字，本傳無之。

又卷四十四《藝文》，陳喆《玉虛洞天賦》曰：蓋在昔混闢氏剖南嶽之盤，爲武彝之巉嵬，而有三十六峰。逶迤上游玉虛之洞，乃孕厥窿嵷。溯蟠山而邛聳，帶獅巖而聿嵏。裔嶙冠嶺，懸崖綴碇。窈窈屼屼，冥冥濛濛。幾折斯升，委蛇而通。仙源之洞，敞若穿窿。瑤漿璐液，涓涓滴滴，倒瀉於垂蓮石隙之中。厥甘如醴，清脾沁胸。黿梁橫架，宛若垂虹。鵲巖隱伏，亦似呼風。至夫天柱立撐，擎空欲墜。月臺孤聳，留蟾不寐。鐘呂仙隱，飄飄游戲。蜂窠如斗，孰生厥蒂？野人削之，蠲煩釋滯。睠仙源之洞側，左闢洞乎桃華。分石門而下入，寂群遊而不譁。夏火雲而炎減，冬雪蕊而溫加。洞門造化，安知其他？俄而桃浪排空，層層汹涌。若從上下，觀之心恐。簾曰水晶，何以名之。仙籟綴裏，仿佛因而。太極之窩，孰手一丸。彼仙人者，弄而閒閒。亦有躍鯉，詎像厥物。噓氣凌騰，育育忽忽。祥雲之石，五色璀然。若隱若現，掩映何年？丹黃赤綠，紫黝相鮮。須臾之間，逢逢嘻嘻。耳不能辨，意不及會。仙籟之鐘鼓笙竽，飄飄然於洞門之內外。爰有怪石，崎嶬嶸發。突乎如猿之將墮，昂乎如鷹之欲擊。向佛像而皈依，亦垂頭而斂翼。更有鴻濛，窅突幽影。日中而未甚辨色，若人居之有宮寢。肅而挺立，亦壯亦嚴。實維伊何，冕石巍然。四壁縣誦，千崖簇異。其崿崿枚枚者，洵不可以數計。洞左而下，蜿蜒而右。石磴嵯峨，如龍翔首。矯矯行空，馮虛御風。寒氣襲人，是爲飛龍。巉仄幽邃，不炬不矚。卸冠而入，陰颺弗弗。委蛇屈首，無慮有二十餘曲。似有停煙，丹竈混元。九還千鍊，羑門偓佺。躍馬之石，狀儗騰驤。昂首蹲趾，厓足之旁。宛彼鸚鵡，亦聳而立。雖不能言，默留厥跡。石壁側布，厥有仙牀。齒齒石闌，平廣而長。須臾半壁，突出其上。儼如手擎，仙人之掌。若彼仙軿，倒插於地。琵琶筆架，危懸橫置。一綫之天，微光可覿。朦朦頹頹，周山巔而覓之，則不見其處。中有潤溜，漱泐水竇。既寒既凜，淪肌浹髓。伏地而流，潛踰十餘里之外而滾滾渤渤。幽洞深窅，下垂若磬。訇訇鏗鏗，仙籟互應。奧乎瀏瀏，黝乎幽幽。洵仙人之所棲，分三島而兹留。抔烏石，塊虛邱。躍天姥，肩羅浮。足不及歷，眸不及收。耳不盡接，心不及謀。攢奇聚怪，洞府仙州。洵河南之異地，豈羨吞吐雲夢者八九，而遠覓島外之麟洲。

《龜山賦》曰：龍湖之陰，有層崖千疊，崢嶸乎如彌天之陵者，曰天上岡。襟萬壑而逶迤，帶千林而徬徨。禰蓮峰而顧復，孫鐵嶺而磅硠。連阿霧擁，疊嶂雲翔。爰有一阜，若蹲若聳，或低或昂。我儀圖之，儼一靈龜突踞於大山之旁。苔襲褶以爲衣，卉曾被以爲裳。石嶙峋以爲甲，樹縱橫以爲章。于嗟活兮，其儀不忒。雖非六眸，靈蠵是忒。佹衣蜿蜿，黿鼉黿黿。就而睨之，頭昂足踞，是云龜山。一田叟策杖而來，曰："此山也，是宋儒產於斯，因取以爲號者也。"粵自麟吐玉書，泰山巍巍。濂、洛、關、閩，岱宗衍支。吾道南矣，嵯而矗而。賢人之生，千幾百年，突兀於斯。嗚呼，名山三百，支山三千。彼龜山者，遞而蜿蜒。李、羅、朱、蔡，胡、劉之倫。往往融結，而爲山川。維昔楊、游同立，雪深三尺。豈伊及門，亦既入室。高山萬仞，咫尺宮墻。巉巉業業，龜山之鄉。睇靈蔡而羨異，幸無怪測蠹之與亡羊。於是裴徊未去，目逞神留。念鴻儒於碩學，遡顏朋於冉儔。或因裔以遡統，或探原而叩流。慨高山而仰止，悵古今之遺丘。幸萬古之不夜，闢堂構於南陬。昔金人且有問曰："先生其在否？"豈生長於東南，不責沈以何尤？於是歌曰："龍湖湯湯，瀏泓瀺灂。龜峰層翠，如蓮吐蕚。海濱而鄒魯，非茲而孰啓爾宇？鄒魯而海濱，非茲而孰覓厥津？扶風絳帳，西蜀玄亭。曷如堂廡，春秋薦馨。歲五百之前兮，爾挺嶙峋。歲五百之後兮，孰紹門闈？"

《覺林梵地》詩云："祇林深闢倚山阿，開士幽居景若何。磬定孤雲留石壁，鐘殘片月掛松蘿。望來地僻曇花墜，坐入天空法雨多。何處白蓮堪結社，此中殊似虎溪過。"《雪峰營壘》云："百折崔巍是雪峰，臨高遙望暝霞重。千山翠色林中刹，萬壑寒聲石底松。烽燧當年愁過鳥，旌旗何處捲飛龍？英雄一散空陳壘，疏木蕭蕭起暮鐘。"按：此二首並見《汀南塵存集》卷二。《白沙夜月》云："十里寒濤擁白沙，一川晴雪灑兼葭。圯頭黃石誰遺履，岸上青苔或浣紗。題柱當年成感慨，吹簫明月想豪華。魚龍寂寞漁磯冷，好擬西風泛遠槎。"

卷七　明·連城縣

東崖樵唱集

沈得衛撰

《通志》卷八十《經籍》著錄。

又卷二百十四《文苑》：沈得衛，字輔之。端厚儒雅，善歌詩。元末，陳有定招致幕府，欲官之，得衛辭去。所居蓮峰下，有泉石之勝，日與朋舊攜酒登高，嘯咏爲樂。明初，辟本邑訓導。

按《府志》卷二十四《明薦辟》：得原誤“德”。衛，以賢良方正舉黄巖縣丞。

又卷三十四《元隱逸》：沈得衛，善歌詩。洪武初，郡守某辟爲訓導。著有《東崖樵唱集》。

又按：得衛生於元，而薦辟於明，則歸之明代可矣。而《府志》於《薦辟》則曰明，於《文苑》則曰元，殊相牴牾。陳有定，字永卿，歸化人。《府志》卷三十《人物》有傳。

東皋集

童昱撰

《通志》卷八十《經籍》著錄。

又卷二百十二《儒林》：童昱，字道彰。嘗從江右吳聘君與弼學，悟道在動靜語默間。歸而身體力行，以親老獨侍，不求仕進，築室文溪之東，自號東皋居士。

按《府志》卷三十一《孝義》：“昱，宣德間從江右吳與弼講明正學，凡冠婚喪祭，悉遵朱熹《家禮》。道貌肅整，爲一邑儀範。”

又卷三十三《文苑》並著録。

顧諟録

童尋樂撰

見童積斌《重刻冠豸山堂全書緣起》。尋樂受業王陽明先生之門。

家訓述蒙

童尋樂撰

同上。

自觀録

李早撰

《通志》卷八十《經籍》著録。早,字永譽。嘉靖間貢生。《閩書》:"早,字永芩。博學嫻文,善事繼母,俸餘均分諸弟。振鐸蕭山,人爭重之。"

按《府志》卷二十二《選舉》無李早。《汀南廑存集》卷二有"李旦,連城人,嘉靖辛卯鄉舉人"。未知是否一人之譌。

靜觀録

李榆撰

《通志》卷八十《經籍》著録。榆,字春暉。萬歷間貢生。

又卷二百二十《孝義》附父青員傳:李青員,孝友①樂施。有張某者,鬻田於青員,得價五十金,醉臥失之,號泣欲死。青員曰:"無害,金可得也。"復如數予之,匍匐②感謝。是夜,夢神人授榆一枝,曰:"爾多陰功,錫爾佳兒。"

① "孝友",原稿作"好友",據道光《福建通志》卷二百二十改。
② "匍匐",原稿作"匍匐",據道光《福建通志》卷二百二十改。

無何,舉一子,遂以名之。榆,字春暉。以歲貢生爲欽州靈山知縣,遷處州通判,有治聲。母病,即棄官歸。

按《通志》榆傳,"處"下原脱一"處"字。《府志》卷三十二《鄉行》附父青員傳:"榆以貢知靈山,判處州,有治聲。"

道源講錄

童大猷撰

《通志》卷八十《經籍》著錄。

又卷百五十八《選舉》:童大猷,萬曆間貢生。南安府大庾知縣。

按《府志》卷二十二《選舉》無"童大猷",有"童有猷",歷陵水、大庾知縣。未知是否一人之譌。

解學編

童大猷撰

《通志》卷八十《經籍》著錄。

正俗四體

謝必恭撰

《通志》卷八十《經籍》著錄。必恭,字節軒。萬曆間貢生。廣州府連山訓導,遷平樂教授。

壺峰詩集

張夢珍撰

《通志》卷八十《經籍》著錄。夢珍,萬曆間國學生。官莆田教諭。

先儒言行錄

賴存禮撰

《通志》卷八十《經籍》著錄。存禮,天啓辛酉副貢生。入太學,有聲。魏瑞欲羅致門下,拒不應。尋除州幕職,遷定州,未赴。乞歸,讀書自娛。

又卷百五十八《選舉》:存禮,徐州判官。

家規輯略

賴存禮撰

《通志》卷八十《經籍》著錄。

周易題解

羅應宿撰

《通志》卷八十《經籍》著錄。應宿,嘗從董其昌游。

經史質疑

李德楨撰

《通志》卷八十《經籍》著錄。德楨,字維周。崇禎間副貢生。

管窺錄

李德楨撰

《通志》卷八十《經籍》著錄。

秋夢集

李德楨撰

《通志》卷八十《經籍》著錄。

苟全集

童士輝撰

《通志》卷八十《經籍》著錄。士輝，崇禎末諸生。明亡，欲殉節，爲父母所阻，因自號"苟全"，隱居不出。

《府志》卷四十四《藝文》，童士輝《西崖隱居》詩云："石髮披霜黑，苔衣引露清。凉飈分樹杪，秋雨沓蛩聲。懷抱疏今古，隱居知晦明。高軒惟寂寂，靜息治生平。"

則鳴集

童士輝撰

《通志》卷八十《經籍》著錄。

删羽集

童士輝撰

《通志》卷八十《經籍》著錄。

卷八　明·上杭縣

敏學詩鈔一卷

邱聰撰

按：聰，字敏學。此鈔係家藏稿。《上杭縣志·選舉》："邱聰，永樂十八年庚子舉人。任翁源訓導，充廣西同考官，所得皆知名士。"

梅隱稿

李穎撰

《通志》卷八十《經籍》著錄。穎，字士英，《縣志》作《聯珠集》。

又卷二百十四《文苑》：李穎，字士英。早喪父，母吳撫育之。家貧，事母極孝敬。重然諾，讀書好古，從永豐邱賢_{按：《杭川風雅集》有邱立賢序，此疑脱"立"}字。遊，深造底裏。尤工吟咏，隱居梅陂，結詩社，因號"梅隱"。嘗教授鄉閭後進，成就者甚衆。有司將以遺逸舉，力辭。穎年十三時，或授以老子書，穎曰："學者當師孔、孟，何用此爲？"邱弘謂："穎詩以烟霞風月，陶寫性情，皆自然流出，何嘗非孔、孟之教？"

按《府志》卷三十三《文苑》傳作"字嗣英"，"梅陂"作"梅坡"，著有《梅隱稿》。又輯宋元鄉先輩詩，名《杭川風雅集》。

又按《江南厪存集》卷二作"字仕英，時人稱梅隱先生。"《題周子禮全城事》詩云："排難男兒事，寧當伐大功。憶曾抒妙策，絕異恃元戎。虺鼠潛逃穴，疲癃返蓽蓬。君惟發長嘯，巾扇曳清風。"

杭川風雅集

李穎撰

《通志》卷八十《經籍》、《府志》卷三十三《文苑》並著錄。

《杭志》卷十①《藝文》，邱立賢《杭川風雅集序》曰：《杭川風雅集》者，邑隱士李君嗣英所輯錄也。既成，詩社君子莫不爭先快覩；然未之有序，乃貽書於予曰：吾杭爲臨汀鉅邑，山川秀美，風土淳厚；故士生其間，多聰明俊偉，讀書能文。爲官食禄，上而朝省，下而州郡，以及山林巖穴，高人逸士，隱德弗耀者，比比皆是。其文章翰墨，流傳於世，代不乏人，惜乎屢經兵燹，而存者無幾。予嘗於隱居教授之暇，興念前修，落落如霜木晨星，不可多得；而翰墨又皆散亡無存，屢增慨歎。因廣詢故老，博訪遺文，得宋元以來至於我朝上下三百餘年之間諸名公若干人，詩若干首，編次成集，名曰《杭川風雅》，庶備文獻之一徵，願一言以弁其首。嗟夫，嗣英之用心亦可謂勤也已。惟昔夫子刪詩，以其出於國人者，謂之風；出於朝廷、政事者，謂之雅。風雅雖有正變、大小之殊，無非欲使人得其性情之正，而列之於經，垂之萬世。今嗣英之輯錄，能得聖人刪述之微意，取其善以爲勸、惡以爲戒，不惟有以見杭川前代達官顯宦、通儒碩士，皆由山川秀氣所鍾而致，抑使後之經生學士、騷人墨客誦其文辭，仰其風聲，而皆有以法其善而懲其惡，則其有益於風教也爲不少矣。雖然，文章顯晦關乎氣運，其幸存而載於斯集者，固猶繁星麗天，人皆見之；其不幸而遭兵燹與散亡遺逸不得與於斯集者，不能無滄海遺珠之歎，是亦氣運之使然也。嗚呼，惜哉。

大易解

李澄撰

《通志》卷八十《經籍》著錄。澄，字志清。嘉靖初貢生。

又卷百五十八《選舉》：澄，進士楫子。蘇州府崇明縣丞。

---

① "卷十"，原稿作"卷□"，據《上杭縣志》卷十補。

《杭志》卷九《文苑》：李澄，字志清，主事楫之子。生二歲而楫卒。十歲補邑庠生，有文名。嘉靖初貢，爲崇明丞，非其志也。未逾年，即告歸。著有《許齋集》、《大易解》行世。

許齋集

李澄撰

見《杭志·文苑》本傳。

小塘詩集

邱嘉周撰

《通志》卷八十《經籍》著錄。

《杭志》卷九《文苑》：邱嘉周，資敏而志趣豪邁，弱冠食餼。嘉靖中，入太學，筮仕山東按察司經歷。丁艱歸，遂不復出。形家言金山如箴，雖障邑而多災，宜祀真武鎮之。庚戌，嘉周往卜地，募建紫金庵、神光宫、飛龍廟、①桃源洞諸勝，讀書其中，以“閒雲孤鶴”題其匾。著有《小塘詩集》，蓋練塘季子也。

修真要錄

藍本芳撰

《通志》卷八十《經籍》著錄。

《杭志》卷九《文苑》：藍本芳，字桂芬。郡廩生。資性穎異，博極群書，尤精制舉業。講學於家，邑子弟多所造就。善吐納祕訣，年八旬，神明如故，終日手不釋卷，邑令陳正中甚敬禮之。壽八十有九。素無恙，一日，洗沐焚香拜天，隱几而逝。著有《修真要錄》及《枕祕》數卷。

---

① “飛龍廟”，原稿脱“廟”字，據《上杭縣志》卷九補。

枕祕

藍本芳撰

見《杭志‧文苑》本傳。

尚書副墨

陳于階撰

《通志》卷八十《經籍》著錄。

《杭志》卷九《德業》：陳于階，字懋升。崇禎戊辰進士。初任雞澤縣，撫白蓮教妖賊梅上月，卒得其力，餘黨盡解散。調知盧氏，縣有礦户，例有餽，官利之，歲課往往不登。于階峻却之。秩滿，候補京秩，以葬親歸里。運遘鼎革，杜門掃軌，日以著述爲事。有《尚書副墨》、《四書增解》行世。卒年八十有五。

《府志》卷三十《人物》並有傳。

四書增解

陳于階撰

《通志》卷八十《經籍》著錄。

周易解

梁耀祖撰

《通志》卷八十《經籍》著錄。

《杭志》卷九《文苑》：耀祖，字武先。自少博覽群書，邑人士從之問字者甚衆。天啓丁卯、崇禎庚午，兩中副車。至八年乙亥拔貢，不肯謁選。家極貧，以廉隅自勵，品望卓然，至老讀書不倦。著有《四書解》、《周易解》藏於家。

四書解

梁耀祖撰

《通志》卷八十《經籍》著錄。

杭川鄉約

梁崧撰

《府志》卷三十九《藝文》，丘弘《杭川鄉約序》曰：鄉之有約，所以順人情、因土俗、酌事理之宜，而約之於禮法之中者也。一鄉之中，爾家我室，貧富不齊；奢侈儉嗇，志趣不一；必有禮以約之，而後一鄉之人心一焉，風俗同焉。先王制禮，以辨上下，以定民志，其以是與？我朝建國制度，文爲酌古準今，尊卑上下，各有定分。禮法之行，民俗淳厚，最爲善矣。杭川風俗，素稱淳樸，比年以來，流於奢侈，俗日以偷。凡禮之行，惟事賁飾，日積月累，漸習成風。富者極有餘之奢，貧者以不及爲恥。噫，是蓋徒事其末節，顧其本安在哉？邑之梁氏崧，傷世俗之流弊，慨然有感於心，於是合衆人之見，通衆人之情，條其冠婚喪祭、慶慰酬酢之禮，汰奢爲儉，損過就中，儀章簡約，品節詳明，名之曰“鄉約”，請予序其首。予維鄉約之行，而一鄉之禮關焉。然禮有本有文，貴於得中爲善。苟或過焉，則文滅其質；或不及焉，則質勝而野。二者偏廢，豈先王制禮之意哉？今梁氏鄉約，切於事理，曲盡人情，大抵以不違國制爲先，以敦化厚本爲尚，無非欲人從儉約、守禮法，而無流蕩之失。質之經傳，殆周公所謂“束帛戔戔，賁於丘園”，孔子所謂“禮與其奢也，寧儉”之意與？以是約而謀諸邑之士大夫，皆曰善焉；謀諸鄉之富者、貴者，皆曰善焉；謀諸貧者、賤者，亦無不曰善焉。將見人咸便之，服而行之，厚其本而抑其末，財不竭而用之舒，淳厚之風日興，禮讓之俗日作。則梁氏是約，其有關於世教豈淺鮮哉？予素有志於禮之本者也，於其請，喜而序之，以爲鄉人之勸云。

爝餘集二卷

李魯撰

《寒支二集》卷四《明兵部職方司主事李公家傳》曰：公名魯，字得之，上杭人。生一期而父母俱卒，大父命以嗣其從父。幼既穎慧，且骨鯁性成。始就外傅，塾師以"執竿驅雀"命對，魯以"拔劍斬蛇"應之，塾師駭異，歎其非凡人。每讀書，見忠孝節義事，即拍案起舞；見奸佞詭誕，輒指裂其名。嘗言："讀書須身體聖賢之行，無徒言聖賢之言也。"天啓甲子，始登賢書。益勵初志，家訓累策，皆念祖式穀，守身尊生，源本先儒法語，世世奉行無弊者。當甲申國變，山寇蜂起，上杭尤甚，朝廷兵寡餉匱，當事議募鄉兵，以圖戰守。魯歎曰："四鄉皆寇出沒之藪，召募之兵，慮即寇也；即非寇，其兄弟姻親，慮亦寇也。兵寇雜伍，此以城與寇耳。"謂："當在城大戶捐貲結義以固城，在鄉大戶鳩宗築砦以固鄉，無瑕可攻，寇當潛寢耳。"乃上書於撫軍張肯堂，其略曰："治病者，未進藥石，先調臟腑；獵獸者，未加擊刺，先布網羅。臟腑固而後藥石有效，網羅設而後擊刺無虛。寇即病與獸也，兵則藥石、擊刺也，民則臟腑、網羅也。欲勤寇，必使有固志；欲固志，必先有守禦；欲守禦，必先築砦保。何也？鄉民各戀身家，心膽易搖，平時團集易，聞警驚潰亦易，團集適爲累耳。若鄉砦四布，家累悉有憑依，耕芸不廢；而寇至悉清其野，寇掠無所得，且疑設伏扼隘，進退狼顧，不必交鋒而氣已消沮過半矣。然後以大兵夾勤之，譬網羅設而擊刺隨，獸即奔突，安往乎？不然重山複谷，所在皆是，深入則虞墮伏中，持久則運餽難繼。我往賊去，我去賊來。逸勞之致，便皆在賊。且賊害如梳，兵害如櫛，生趣已窮，民盡爲賊。即今賊起一年，而民情已三變。始而人皆避賊，一變而貧者通賊，再變而從賊矣，近則富民亦不得不通賊矣。蓋無守禦而圖倖免，既脅於賊，又虐於兵，勢不與賊合一不已也。往綏寇初發，事變類此；既而禍延宗社，可不畏哉。夫上失其道，民散久矣；聽民自爲結約，不可得也。董勸責在上耳。宜令鄉之大戶各歸，不立寨者，以通賊論。賊來量力戰守，有備牛酒、金銀媚賊贖屋者，以接濟論；奸民從賊者，聽寨長公決，與衆棄之；官留難者，以縱賊論；官兵所至，不許入砦，強入砦者，以擄掠論。如此極力施行，不出期月，可保太平百年也。"書上，張撫軍稱善，諭邑令舉行；而城中富民慮拔一毛，交口謂公張皇多事。及乙酉之夏，江南、江右皆破，公乃誅茅縛屋於福員山，將躬耕以老。而蜚語謂公"高臥山中，爲鄉大户之倡，使邑城單薄，示賊以瑕耳"。公解曰："魯之歸山，其故不難知也。天降大難，二帝崩亡，名公碩卿，多塗肝腦。魯寢食草間，仗節不能，蹈海不能，容與衣冠，顔之厚矣。故不敢與縉紳伍，而甘爲鹿豕群，一也。家本世農，備歷艱辛，糗草之外，原無奢求，幸而遊黌序、濫賢書，實出望外。今當喪亂，返其初服，分固應耳。老氏云：知止知足，不殆不辱，二也。人生不滿百，魯年五十又四，彼氏有言：三界譬如火宅，一旦眼光落地，茫然不辨，如救頭然；故傍松倚石，攝有還寂，求度三災之苦，三也。家徒壁立，未能免俗，亦事干謁，而食指日繁，不給糊口。從前妄想禄仕救貧，今仕既不可，耕復不能，何道存濟？故挈家農圃，自食其力。古人謂，逸則思淫，勞則思善，四也。且君子語默出處，各有時機。魯之愚悃，盡於'與民效死'四字。今四顧了然，誰同效死者？時機可卜矣。多口招尤，何如括囊無咎，五也。前議鄉城互守，鄙人生平學術，僅見到此。以砦堡一事行於邊塞，則爲屯田；古將有地網之説，行於郊野，則爲農兵。先賢有政本之書，如有用我，當首陳至尊，以佐大計。若以此見誚，則諸公道不同耳。若夫光武中興，桐江有子陵之釣；昭烈扶炎，南陽有諸葛之耕。山居非聖朝所禁也，奈何以此禁魯乎？"於是自題草廬曰"采薇深處"，聯句曰："風摇彼黍聲如訴，雨漬山薇淚不乾。"又曰："時事浮雲留不住，我心非石確難移。"乙酉七月，唐藩即位閩中，閣部曾櫻，舊與公莫逆，遺書相譙曰："嫠不恤緯，匹婦猶知之；志士仁人乃宴宴居息，見溺不援耶？"公乃幡然改曰："偷息窮山，以戚遺君父，非義也。"遂詣行在，上封事。其一曰簡忠誠之士以救時艱："近世論人，動曰救時之才，至問所謂救時者，儇巧通方士耳。夫儇巧通方，乃改面鬻身之别名，破滅人國則有餘矣，可謂救乎？臣愚以爲，天下無無才之人，但心有誠僞耳。心誠，則大才可大用，小才可小用；心僞，則小才害及小，大才害及大也。顧誠僞亦無難辨者，凡處必擇便安，言豫持兩可，微長即欲自炫，護短惟恐人知者，僞人也；受職而蹇蹇匪躬，奏對而侃侃不回，功與人同而不私，過與人見而不諱者，誠士也。親誠遠僞，在人主力持其衡而已。"一曰加守令之權以練土兵："今寇賊所至，在在崩潰者，無他，守令不兼兵，土著之師少也。既無兵權，寇至束手，惟有逃耳。雖其人之不肖，亦事勢使然也。昔成周卒旅師軍統於鄉遂大夫，漢則郡國民兵領於太守，唐則諸道府兵領於刺史;臣愚謂,宜慎擇守令,假以兵權,省召募而崇料土兵。古者五家爲比,比五爲閭,閭四爲族,此民數也;五人爲伍,伍五爲兩,兩四爲卒,此兵數也。然則五與十者,先王所以分民,即將之所以治兵也。守令治民,但治其伍,有故則猝然爲百人之集;守令治兵,但治其隊,有大故則猝然爲千萬人之集。以民食繕民兵,久則守令皆良將,而郡邑皆金城。昔勾踐以生聚教訓殪夫差,光武以舂陵子弟殲尋邑,小如馮驩之用薛,尹鐸之用晉陽,皆未嘗募烏合以戰豺狼者,得富强之本計也。”一曰達小民之情以禁貪暴:“夫天之去地,不可計道里,然天所爲者,皆及於地,而地物無一不暴於天中,無障隔者故也。人主高居如天,天下之情僞與萬物之求暴於天,無以異。乃上澤不下於民,民恫不達於君者,則中間之隔之者多也。今牧吏殃民罔極,監臨未必知,知未必言,甚有貓鼠而倒置黑白者,天地之通永絶矣。臣愚謂,宜頒詔中外,許民詣闕自陳,不爲禁制,而遏抑者誅。或時引見耆老而詢之爲無常,則吏奸無可藏,而貪暴之風可輯矣。民之利害得,則守令之賢否亦得;守令之賢否得,則舉刺之得失亦得。故詢事在下,而萬情可盡也。《周禮》:外朝列庶人之位,而太僕有鼓以達窮民,故君安坐而見天下之事。文、武、成、康稱明君,由此道而已。高皇帝微時,親見貪官毒民;及定天下,於州府縣制申明亭老人,頒聖令一道:‘官有爲民患者,耆老奉令至公廳直諫;三諫不悛,耆老赴京奏聞,以憑拏問。’高皇帝豈樂民之以下訕上哉? 不得已也。宋太祖用劉漢超守邊,借民財不償,民訟於宋祖,宋祖杖而慰遣之,使人諭漢超還富民錢,且曰:‘不足於用,何不以告朕也。’夫田間匹夫,得訟天子之重臣,而又不傷其心,此時君臣朝野相通,氣象何如,安得不基數百年休嘉之業哉? 願陛下力復祖制,以宋祖之意通之,可也。”一曰罷捐借、講屯練以足兵食:“國初,九邊、腹裏各有屯田,承平既久,侵沒難問。然按籍履畝,大半可稽。法當清覈故田,簡汰衛軍,漸復祖制。<small>有官屯、民屯、兵屯、商屯、腹屯、邊屯諸法,所謂養兵百萬,不費民間粒粟者,此也。</small>今軍寇蹂躪之餘,必有無田之人與無人之田,誠得忠勤廉幹之人董其事,或民屯如虞集之策,或兵屯如李泌之謀,此皆可計歲責效者。不然變通屯練之法,合計一城分幾坊,坊有長;一坊分幾甲,甲有長。甲統於坊,坊統於屯練之官,陰以兵法部勒之;官訓其長,長訓其屬,有技、有試、有董勸。平居各食其食,無額支之糧;有警各伍其伍,戰守相敵而動,在城守城,在鄉守鄉。法似保甲,而警策過之;意似雄邊,而不煩抽丁貸事。因民各保身家之心,爲捍衛封疆之用。又就簡練什伍中密察才力出群者，於是貴介得以撫用健兒，單寒得顧募於股富。即睚眦可化爲同澤同袍，萬衆一心，於强寇何有乎。此則隨時隨地可施行者。否則，捐助借助，於上似無賴而薄廉恥，於官則訓貪婪而廢國法，於民則斂怨愁而生意外之變，可爲憂危者，此也。”一曰審形勢以圖恢復：“明詔初下，決計親征，謀者多謂直指錢塘。臣愚以爲，魯國畫江而守，文武不憚征繕，宜下温詔，即以兩浙委之。夫漢高捐齊、楚以與信、越，光武委河西以與竇融，究之，齊、楚、河西皆歸於漢。今北軍分道以攻江南，閩豈能分道禦之？使宗子果能人自爲戰，豈非維翰維城之藉哉。大兵惟當直取江右，江右披山襟湖，可東提兩浙，西挈荆湖，南控閩粵，三方輻輳，據上游以望孝陵咫尺矣。不然，則急駐荆南，控湖北以制中州，引滇黔而接巴蜀，庶幾風雲空闊，豪傑必攀附而來。若羈旅閩中，指臂不靈，兵食肘露，恐日月逾邁，朝氣漸衰，非日闢百里之洪謨矣。”一曰奮乾健之行以作士氣：“臣愚謂，中興之主，視創業尤艱。創業之君臣，同起於患難，志有進而無退。今共事者，大半承平優養之餘，捐軀意少，懷土情多，稍見凶危，輒生退阻。臣嘗恨宋高有李綱爲之相，韓、岳爲之將，卒奄奄不振者，其苟且偷安之私，牢伏於中；故汪、黃、秦檜，得窺見其隱而牽制之也。光武起自舂陵，不數年而天下定，雖其恢廓大度，委任得人，究其根本，乃在戰昆陽、渡滹沱，歷濱危阨而不阻；及其拔邯鄲、擊銅馬、徇燕趙，皆親履行陣，熟習艱險，有以鼓勵將士之氣也。今六飛遠駕，雖曰天子自將待邊，實同草昧起義之舉耳。鑒凶秉鉞者，文也；共饑渴、同甘苦，自夷於士卒者，實也。禮下召對，降抑神聖者，文也；分痛癢、同禍福，自偶於庶僚偏裨者，實也。臣願陛下戒宋高、法光武，則忠智效死，天下歸心，南北不混一者，未之有也。”疏入，上大嘉悅，謂魯留心世務，乃有用之才。召對，授工部主事。十二月，移蹕建水，時三關單危，禁旅不滿□千。所調至之兵，隨到隨遣，不計去留。其稱扈駕者，或新募而未成旅；稱迎駕者，又鞭長不及腹。一路告警，輒空營赴之，不思他警偪至，何恃無恐？公切危之，奏言：“不定營制，不簡精鋭，聽其逍遥逐隊，漫無總理，兵雖源源踵至，恐左右終無一兵。語云：葵猶衛足，豈有萬乘而孤露無衛乎。”上然之，而卒不能執其要。及丙戌六月。魯藩棄浙，公特奏言：“藩籬已撤，温麻、邵、建，處處皆瑕；即重兵阨險，猶慮不濟，況關兵撤返安海，四境蕩無鎖鑰。人情泮渙，忠義灰心。去閩，當如避焚抉網，別任格人，以共濟大業。”涕泣而道，若隕墜不能俟日者。上以疏語指斥要人，留中不下。會汀報流寇遞攻杭、永，公因言："急守莫如汀城，急練莫如汀兵。此爲嶺嶠襟喉，務令呼吸相應。陛下果即東幸，臣當執殳前驅，捐軀爲衛。"上嘉歎之曰："爾慮深謀審，必能荷擔大事。"即改兵部職方主事，以新銜領勅印。公拜命，復奏曰："陛下當雷厲風行，如嚴軍赴敵，以速利爲勝。凡書籍器物，繁重難舉者，悉置之，庶無濡滯耳。"上俞之。公兼道抵汀，而流寇已圍上杭，時七月下旬矣。公密語汀帥周之藩曰："大駕旦晚且至，公當整旅扈從逾嶺，但恐上杭不守，則風聲遥沸，駕行又復次且，切慮變生意外。魯當委身先解杭圍，然後扈駕而東耳。"因急投檄賊營，開譬痛爽，賊果捧檄色動。隨即單騎詣賊壘，把其魁張某之臂曰："幸甚，諸君值魯，乃富貴催人也。"賊愕然曰："何故？"公曰："天子早晚入粵東，諸君部勒一軍，增其護衛，便爲禁旅親軍矣。恩賚逾他營一等，抵粵便當叙功。粵地繁富，十倍閩中，諸君食國餉、佩將印，豈非富貴逼人乎？"諸賊閧然合聲曰："甚善。"私相傳告，莫不願扈駕立功者。公因顧左右曰："客營澹泊，當取豚酒相勞。"因刑牲歃血，且曰："天子幸以魯監紀諸君，從此爲一家人矣。"諸賊益喜，安插遂定。乃入杭，宣布屯練節目，即前封事中所條陳者。既編伍有緒，而杭民丁某者，嘖有煩言，謂："此聊詟小偷耳，若臨以大兵，猶驅群羊而搏猛虎，乃自詒伊慼也。"公叱之曰："爾生父且不識，又識保護鄉里耶？"蓋某棄其親父而謀爲有子之富民繼子者也。時爲八月之晦，公戴星還汀，未至，而報汀破，駕已蒙塵矣。公痛哭還杭，杭令耳語曰："當同公入福員山議後事。"公信之，拭涕與語，約夜中出城。及期邀之，但以城鑰相付。公知其意，亦止不行。九月四日，貝勒遣吏入杭，諭薙髮歸順。吏至公家，啗以高爵，復怵以利害，公艴然叱曰："速去。無汙吾耳。"歎曰："吾始以二祖列宗恩育群黎三百年，即犬馬宜識主，況人乎？吾不當降城中。"遂負印勅返福員山。丁某聞之，昌言於衆曰："大清兵至，拒命者屠其城。李宦入山，必率所撫之賊以抗王師，滿城血肉，肯易李宦數莖頭髮耶？"杭人亦有然其說者。遂率黨追擁公還城，嚴衛之，意欲獻貝勒爲功，且洩私恨也。公正色誦之曰："我自行意，關若何事？此豈狂國，人人浴矢，不許一人潔身耶？"因椎心大哭，血淚迸落。久之，聲氣不續，絶吭而死。時九月五日也。杭人始有咨嗟太息、鬱陶不自堪者。諸生鄒嘉善聞志而輟食自縊也。李世熊曰：職方初隱福員，早知天命不又，指孤嶼爲首陽，訴黍淚薇，志何悲而決也。既感激曾輔一言，慷慨出山，由其蘊鬱經術，思一表暴於季世，譬操不死之藥進腸胃已絕之人，晚矣。余故備錄其封事，庶幾有王者起，必來取法，職方猶不死也。至離閩痛哭之疏，讀者恨奸逆之漏誅，尤懟柔閭之自陷。嗚呼，天之厭明，怨天足矣，君胡懟焉？余故略而不傳，亦職方之志也。而論者以職方入山，圖返墜日，則不知入城固死，入山亦死，早暮間耳。王炎午慮文山不即死，作文生祭之。炎午自釣名耳，於文山何與？丁某口速職方以成其仁，職方自成仁耳，於丁某何與？偉哉鄒生。特拔溷廁而從首陽遊，此又誰速之耶？屈原曰："孰期去斯，得兩男子。" 汀遂有兩男子哉。

李士淳《明兵部職方司主事李公家狀》曰：家仲氏魯，字得之，號弘庵，閩汀上杭人也。生三日，而移贈安人廖氏見背；期月，而移贈承德郎北江公諱堯信見棄。大父竹塘公命嗣贈承德郎憶塘公諱堯智、贈安人賴氏。仲氏，憶塘公之猶子也。資賦聰穎，髫齡出就外傅，塾師命對曰"執竿驅雀"，仲應聲曰"拔劍斬蛇"，塾師異之，知仲非凡人。稍長，讀書見忠臣[1]孝子，則拍案起舞；至奸人佞士，則以指裂其名。及做秀才，雅懷經濟，雖在畎畝，不忘天下之憂；且骨鯁性成，不隨人俯仰。每敷陳古今治亂成敗，指切當世邪正賢奸，侃侃無忌諱；先達皆敬服之，而匪類則嫉惡之如仇。仲獨行己意[2]不爲改，曰："吾道固如是也。" 嘗語人："讀聖賢書，須以身體之。身聖賢之身，方能行聖賢之行，言聖賢之言也。" 至天啟甲子，登賢書。益勵素志，不少變塞。其慮厥子之以逸豫隳厥家、辱厥先也，則述艱難以教之，而爲之訓曰："我家世稼穡艱難，父少遭寇亂，生產尤艱，忍飢寒、吃辛苦、積升斗，得以書教爾父。爾父雖不能爲懸梁刺股之勤，亦時存畫粥斷齏之意。擔饑苦吟，抱病焦思，亦積有年。又爲爾等讀書資借，爾等今所受用，皆爾祖父汗膏心血也。積祖父汗膏心血以資藉爾，爾宜作何消受？非夙興夜寐，做上品好人，以光大祖父之業，徒食現成飯，與鷄、豚、狗、彘何異？鷄、豚、狗、彘何究竟耶？爾但將祖父艱難疾苦之狀，時置心目間，則驕肆之念自然不生。從來國所以存亡，家所以成敗，身所以榮辱、壽夭，只爭此一著。乃是做人種子，如木之有根也。無根之木，眼前雖鮮華艷麗，其剝落枯稿，可立而待矣。" 其慮厥子之以淫佚喪厥身、傷厥先也，則錄尊生格言以誨之，而爲之引曰："孔子曰：修身爲本。孟子曰：

---

[1] "忠臣"，原稿脱"臣"字，據《爐餘集》附錄補。

[2] "己意"，原稿脱"己"字，據《爐餘集》附錄補。

守身,守之本。自身言之則有修。謂此身難成易壞,須時時整理;否則東倒西傾,重負吾身矣。自親言之則有守,謂此身受之父母,難得易失,必執正捧盈,百計保護;否則一疏而萬有餘喪,重負吾親矣。夫修守不圖,至於負身以及親,天地雖寬,安所容此罪塊哉? 余生而寡昧,於修守之學,講之不邁,是以年屆始衰,即老態畢呈,病苦併作,但幸而未死。噫,亦殆矣。因念諸兒神力未必勝我,深恐其似我甚,或不能似我,爰取醫家《天真節解》、《茹淡論》、《陰火論》、《保養說》四篇,錄而授之,俾朝夕觀省,庶幾免於戕生之禍與? 客或詰之曰:'子以孔孟訓兒,而示以醫門之語,非小道乎? '余曰:'道無大小,存乎其人。'彼四篇中所謂法於陰陽,和於術數,志閒心安,形勞不倦。主氣則昏昧錯雜,求靜而愈不靜;主理則心清神悅,不求靜而自靜。詳六經、四子之所發揮,有能出此者乎? 不知者以爲岐黃家言,知之者即孔孟相傳之道也。"其慮族人之渙散而祖靈無妥也,則立合祠以祀之,而爲之記。凡世代源流,昭穆位次,寢堂軒肅,坊墀峻整,而雲礽萃渙,水木歸源,皆仲氏精神所注也。崇禎戊辰,鎮平寇亂,突攻杭城,承平久人不知兵,舉邑皇皇,謀斂錢物撫之。仲獨不可,親刁斗、率游徼,矢必滅此朝食。會兵巡使者曾公櫻、邑侯吳公南灝力任危事,而戰果克,斬級二百餘。惜西城鑰開獨後,堵截稍遲,致賊得奔逸,復嘯聚於粵界員子山。仲曰:"賊膽雖落,若不乘勝掃穴,終爲隱憂。"乃請命二公,慷慨如潮,請兵會剿。兵備謝公琏,遂協兵蕩賊巢。巢平,曾公改容禮仲,以祖逖之擊楫期之,旌匾"義俠凌霄"。崇禎辛未九月,中丞熊公文燦,提師駐杭,畫疆洗巢。抵粵境松口鄉,與員子山接壤,誤欲加兵。仲氏力言於熊公:"此地從無匪人,堪稱仁里。"午夜馳書告於淳兄士濂,濂兄會衆擇耆衿,躬投軍門分愬。熊公始委憲副顧公元鏡親歷松口察訪,松父老子弟相慶更生,闔境稽首迎顧公,耄倪塞路二十里許。顧公太息曰:"幾幾枉此千萬生靈。"即給示安之,內云:"松民之無比匪,始得於李孝廉,今得於目擊。"回報熊公,大師乃止。向非仲氏排解之,則松民豈有噍類哉?《書》曰:"惟天陰騭下民。"余每爲仲頌之。及甲申之變,燕鼎淪沒,所在山寇竊發,上杭尤甚。朝廷兵空餉詘,當事計無所之,召募鄉兵以圖戰守。奈四鄉多寇地,召募之兵非寇則兄弟姻親爲寇,兵寇往來,寇日益熾,兵日益驕,[1] 城池危如累卵,鄉落

---

① "寇日益熾,兵日益驕",原稿脫"熾,兵日益",據《燼餘集》附錄補。

爛若泥塗。仲氏勸大户捐貲財、結忠義、固城池。有鄙吝者藉口城堅,嘲仲氏張皇好事,仲氏曰:"北京城高池深,雄師百萬,一著踈虞,淪亡莫救。城陷之日,貴賤貧富,無不屠戮。杭城斗大,流寇出沒二三十里間,城能堅於北京乎?其恃之也,江南江北郡縣不圖堅守,從風媚賊,至於城破,人靡孑遺。彼亦自謂不與賊抗,賊即饒我;豈知我饒賊,賊竟不我饒哉。故恃城堅,謂賊不能破者,可哀也。恃媚賊,謂賊不我害者,尤可哀也。與其城破,而金銀、妻子盡爲賊有;何如豫捐千百之一,綢繆牖户,可恃無恐乎?"乃上其議於中丞張公肯堂曰:"聞之醫病者,未進藥石先調臟腑;獵獸者,未加擊刺先布網羅。臟腑固,而後藥石有效;網羅設,而後擊刺可加。寇,病獸也;兵,藥石、擊刺也;鄉民,臟腑、網羅也。今日之寇,宜急議剿。欲剿寇,宜先使民有固志;欲使民有固志,宜使有守禦;欲使有守禦,宜使各築砦堡。處處有砦堡,而賊技斯窮;賊技窮,而或剿或撫,斯操縱繇我也。何也?汀境崇山峻嶺,邃谷幽洞,所在如是。欲用客兵長驅電掃,收蕩平於一旦,勢必不能;惟土著之人,可以制其死命耳。目今點集鄉兵,亦土著之策也。愚以爲,此虛聲不足恃也。何也?鄉兵未曾挈家據險,則根本不牢。平時團集,賊來驚潰,不可收拾耳。計莫如勸董各鄉多築砦堡,如碁置珠連,守望相助。凡糧食孳息,男女老幼,盡搬入砦。無事不廢耕種,賊來嚴壘固守,賊安所得食,安所得擄乎?無食無擄,而賊已坐困;且砦中之人以逸待勞,以主待客,或伏徑、或扼隘、或設疑,虛虛實實,未易端倪,賊日狼顧不給,不待鋒鏑相加,其氣燄既摧挫過半矣。然後以大兵夾剿之,如臟腑固而加以藥石,邪疴安所侵淫?網羅設而加以擊刺,猛獸何處奔突乎?此時而散其脅從,殲其渠魁,反掌間耳。不此之務而浪言剿,深入則陷其彀中,殺兵隕將;慎重則曠日持久,費餉勞民。兵來賊去,兵去賊來,竟無了日,猶可言也。賊害如梳,兵害如櫛,生趣既窮,民盡爲賊,不可言矣。剿之不效而急言撫,則如縱驕子,如養虎豹,姑無論鷹眼狼心,反覆叵測;即受撫無他,尤而效之,曷可勝撫哉。蓋原夫賊之所以長,則得其所以消。賊初起僅百人耳,焚劫鄉村,人無守禦,富者投城,貧者竄山,凡米穀孳生,盡供賊糧。又房屋有贖,人口有贖,金銀累百千萬,賊由此日益富,而黨日多。向使各有砦堡而固守之,賊豈得橫行若是哉。今不圖其所以消,勢將日長。蓋賊起一年,而民情既三變。始而人皆避賊,一變而貧者通賊矣,再變而從賊矣,近日則富民亦不得不通賊矣。緣無守禦之計,而苟倖免之圖,勢必與賊打成一片而後已也。且今日之民，非但苦賊，尤苦兵。有寨堡，而兵賊之苦，兩俱可免；奈被害地方卒不力行也，其故何也？大約官嫌其效遲，民難於首事，不知大兵雲集，且暮殄滅，誰不快之？而勢不能，則欲速不達，何如遲緩有成。上失其道，民散久矣。聽民自爲，不可得也。勸之董之，其責在上。宜督各鄉，大鄉或使之一鄉兩寨、或一鄉三寨；小鄉或使之二鄉一寨、或三鄉一寨；擇其賢能公正者爲之長目，凡寨中之事，聽其約束。有敗群者，許其送官懲治；官兵追賊，則附近各寨協助之；或力弱不能助者，著守寨勿動；流寇攻寨，則調官兵救援之，或鄰寨犄角。凡各鄉富户投城者，俱著歸立寨，不立寨者以通賊論；賊來量力戰守，務在自固，有備牛酒金銀媚賊贖屋者，以接濟論；凡官兵所至，不許入寨，強入寨者，以擄掠論；奸民從賊者，聽其寨長公決，與衆棄之；官勿留難，留難者，以縱賊論。如此著實施行，不出期月，太平可保百年。自非然者，孑爾遺黎，賊脅之，兵驅之，勢不至盡人爲賊不止也。至於民生日蹙，撫字維艱，休息安養，事非一端。《易》曰：‘山附於地，剝，上以厚下安宅。’此恃有良牧，非草野所得盡言也。是在司民命者，少加意焉。”書上，而中丞善之，委官奉行。乙酉，留都復陷，唐藩正位閩中，即以乙酉七月初一改元隆武。魯會邑文學黃三錫，集同志爲貞社之約，蓋於考德問業之侶，訂恢疆勤王之事。爰著說以勗之曰：“貞之說，昉於《易》，在德爲智，於時爲冬。冬，殺氣之盈也。草木凋殘，龍蛇蟄伏，今日之運，其天地之大冬乎？血流成川，骸積成山，餓殍載途，橫天遍地。余生不辰，逢此百凶，能不悲哉？談貞德於此時，政自不易矣。嘗讀《否》象詞曰：‘否之匪人，不利，君子貞。’《大象》繼之曰：‘君子以儉德避難，不可榮以祿。’則獨善其身可矣，於世界何？君子而僅獨善其身，置世界而不問，則亦何用君子爲哉。及讀初之拔茅，二之包承，三之包羞、四、五、上之離祉、休、傾，然後知君子之所以守其貞者，其心良苦，幾良微，非斤斤儉德逃榮、獨善其身之謂也。何也？否之時，大往小來，君子在下矣。假令君子以遺逸於下，遂忘君國之思，則相與訂泉石之盟，友麋鹿之侶足矣。曷用拔茅以彙爲？初之拔茅以彙也，蓋誠不忍上下之不交，天下之無邦，故呼號朋類，連袂而起，以匡扶王室爲己任也。故曰：‘志在君。’然而君子之來，小人之憂，百計中傷，所必至矣。或暗施網罟，陽與陰伺，其承我者回測；或顯肆擠排，謗詈侮辱，其羞我者難堪。君子於斯時，同之不可，異之不可，無所建明不可，有所昭揭不可，煩之壯不如濡之愓也，姤之角不如章之含也。莽戎婚媾，任其親疎。負塗載鬼，聽其雌黃。彼小人者，方揚揚訑訑，以爲惟我所爲，而不知實在君子含容蓋覆中，潛移默換而不覺。故曰‘包’也。其氣宇足以籠罩之，其才識足以彌絡之，此其心不求知於衆人，惟質對於天地。精神既極，上帝臨之，悔禍降康，豈但君子慶於得輿，小人亦不免於剝廬。故曰：‘有命无咎，疇離祉。’向日矢志匡王，幾盤桓紆鬱而不得直達者，至於今日而遂暘矣乎？故又曰：‘志行也。’否，自此而休，如薪已盡；自此[1]而傾，如火斯滅；天地復交，萬物復通，喜可知也。故又曰：‘先否後喜。’自非善包，則雖連茹，藩之觸，角之羸，其不爲貞凶者幾希。諸君子撫膺時事，要約同盟，其拔茅之志乎。亦曾思承我者幾何，羞我者幾何，所以包之者幾術耶？嗚呼，貞之艱也，泰且然矣，何況否哉。諸君子有志於貞，亦占之否而已。”仲氏腔血雖熱，事權不屬，軫念時艱，徒勞拊膺。乃誅茅縛屋於福員山巓，誓抱槁木而死。邑人有不悅仲氏者，因而造謗，謂城鄉分守之議，欲解散大戶以單薄邑城，故先砦居以爲民望耳。仲氏解之曰：“魯之去城歸鄉者，其故有五。天降大難。崇禎皇帝爲社稷死，弘光皇帝爲社稷亡，諸名公卿相爲社稷肝腦塗地。魯草莽微臣，仗節不能如胡銓，投水不能如謝緒，容與衣冠，顏之厚矣。故不敢與縉紳伍，而甘爲鹿豕群，一也。人生不滿百，魯年五十又四矣。古人有言：‘三界無安，猶如火宅。’眼光落地，一著不能自辦，如救頭然。故傍松倚石，探玄棲幽，以求度三災之苦，二也。魯本農家子，自幼備歷艱辛，糗草之外，原無奢求，幸而遊黌序，又幸而濫賓興，實出望外。今當喪亂，反其初服，分固應耳。老氏曰：‘知止知足，不殆不辱。’三也。魯家徒壁立，二十年來，隨俗干謁，糊口不給，而食指日繁。從前祇望祿救貧，今既不能仕，又不能耕，何以自存？故挈家農圃，自食其力。古人曰：‘逸則淫，勞則思。’四也。普天率土，誼皆王臣，然皆有職掌；魯無職掌者也，進退豈不繇吾？且君子語默出處，各有時幾。魯之愚悃，盡於‘與民效死’四字。而與我效死者誰乎？時幾可卜矣。故多口招尤，不如括囊无咎，五也。況乎尺土皆王土也，一民皆王民也，守城、守鄉皆爲王守也。諸公所不悅魯者，不過謂鄉民各歸立砦之說耳。夫寨堡一事，行於邊塞，則爲屯田，古將所以有地網之說；行於郊野，則爲農兵，先賢所以有政本之書。如有知我，魯將首陳至尊，佐中興大計。以此譖人，何不量甚

---

[1] “自此”，原稿脫“此”字，據《爐餘集》附錄補。

也。嗚呼，光武中興，桐江有子陵之釣；昭烈信義，南陽有諸葛之耕。魯山居亦聖朝所不禁也，諸公之禁魯，獨何心乎？魯草廬自匾曰‘采薇深處’。聯句二，其一曰：‘風搖彼黍聲如訴，雨漬山薇淚不干。’其二曰：‘時事浮雲留不住，我心匪石確難移。’魯書至此，不覺涕之無從，諸公良心自在，亦當潸然出涕，訒茲多口也。”時國家疆土日促，江南江右盡皆陷沒。閣部曾洪川，舊與仲氏莫逆，知仲氏尚隱在田。七月，乃遺書於仲氏曰：“時艱急矣，非長材莫能幹濟。子之經綸，戊辰具見一斑。其勉出而圖，吾君身名俱全，上也；身不幸而名存，次也。奈何汶汶沒身，坐視淪喪乎？”仲得書，乃幡然改曰：“剝牀以膚，不思固圉，非智也；君父殷憂，不念捐軀，非義也。”九月，乃與家人訣別，詣行在，上封事。其一曰簡忠誠之士以救時艱：“近世論人，動曰救時之才。至問所謂救時者，猥巧通方士耳。夫猥巧通方，乃改面鬻身之別名，破滅人國則有餘矣，可謂救乎？臣愚以爲，天下無無才之人，但心有誠僞耳。心誠，則大才可大用，小才可小用；心僞，則小才害及小，大才害及大也。顧誠僞[①]亦無難辨者，凡處必擇便安，言豫持兩可，微長即欲自炫，護短惟恐人知者，僞人也；受職而蹇蹇匪躬，奏對而侃侃不回，功與人同而不私，過與人見而不諱者，誠士也。親誠遠僞，在人主力持其衡而已。”其二曰加守令之權以練土兵：“今寇賊所至，在在崩潰者無他，守令不兼兵，土著之師少也。既無兵權，寇至束手，惟有逃耳。雖其人不肖乎，亦事勢使然。昔成周卒旅師軍統於鄉遂大夫，漢則郡國民兵領於太守，唐則諸道府兵領於刺史。臣愚謂，宜慎擇守令，假以兵權，省召募而專料土兵。古者，五家爲比，比五爲閭，閭四爲族，此民數也；五人爲伍，伍五爲兩，兩四爲卒，此兵數也。然則五與十者，先王所以分民，即將之所以治兵也。守令治民，但治其伍，有故則猝然爲百人之集；守令治兵，但治其隊，有大故則猝然爲千萬人之集。以民食繕民兵，久則守令皆良將，而郡邑皆金城。昔句踐以生聚教訓殪夫差，光武以春陵子弟殲尋邑，小如馮驩之用薛，尹鐸之用晉陽，皆未嘗募烏合以戰豺狼者，得富強之本計也。惟陛下留意。”其三曰達小民之情以禁貪暴：“夫天之去地，不可爲道里，然天所爲者皆及於地，而地物無一不暴於天中，無障隔者故也。人主高居如天，天下之情僞，與萬物之求暴於天，無以異。乃上澤不下於民，民恫不達於君者，則

---

① “誠僞”，原稿脱“誠”字，據《爐餘集》附錄補。

中間之隔之者多也。今牧吏殃民罔極，鑑臨未必知，知未必言，甚有貓鼠而側置黑白者，天地之通永絶矣。臣愚謂，宜頒詔中外，許民詣闕自陳，不爲禁制，而遏抑者誅。或時引見耆老而詢之爲無常，則吏奸無可藏，而貪暴之威可輯矣。民之利害得，則守令之賢否亦得；守令之賢否得，則舉刺之得失亦得。故詢事在下，而萬情可通也。《周禮》：外朝列庶人之位，而太僕有鼓，以達窮民，故君安坐而見天下之事。文、武、成、康稱明君，繇此道而已。高皇帝微時，親見貪官毒民；及定天下，於府州縣制申明亭老人，頒聖令一道：'官有爲民患者，耆老奉令至公廳直諫；三諫不悛，耆老赴京奏聞，以憑拏問。'高皇帝豈樂民之以下訕上哉？不得已也。宋太祖用劉漢超守邊，借民財不償，民訟於宋祖，宋祖杖而慰遣之，使人諭漢超還富民錢，且曰：'不足於用，何不以告朕也？'夫田間匹夫，得訟天子之重臣，而又不傷其心，此時君臣朝野相通，氣象何如，安得不基數百年休嘉之業哉？願陛下力復祖制，以宋祖之意通之，可也。"其四曰罷捐借、講屯練以足兵食："國初，九邊、腹裏，各有屯田，承平既久，侵沒難問。然按籍履畝，大半可稽。法當清覈故田，簡汰衛軍，漸復祖制。有官屯、民屯、兵屯、商屯、腹屯、邊屯諸法，所謂養兵百萬，不費民間粒粟者，此也。今山寇蹂躪之餘，必有無田之人與無人之田，誠得忠勤廉幹之人董其事，或民屯如虞集之策，或兵屯如李泌之謀，此皆可計歲責效者。不然，變通爲屯練之法，合計一城分幾坊，坊有長；一坊分幾甲，甲有長。甲統於坊，坊統於屯練之官，陰以兵法部勒之；官訓其長，長訓其屬，有技、有試、有董勸。平居各食其食，無額支之糧；有警各伍其伍，戰守相敵而動；在城守城，在鄉守鄉。法似保甲，而警策過之；意似雄邊，而不煩抽丁貸事。因民各保身家之心，爲捍衛封疆之用。又就簡練什伍中密察才力出群者，於是貴介得以撫用健兒，單寒得雇募於殷富。即睚眦可化爲同澤同袍，萬衆一心，於强寇何有乎？此則隨時隨地可施行者。否則，捐助借助，於上似無賴而薄廉恥，於官則訓貪婪而廢國法，於民則斂怨愁而生意外之變，可爲憂危者，此也。"其五曰審形勢以圖恢復："明詔初下，決計親征，謀者多謂直指錢塘。臣愚以爲，魯國畫江而守，文武不憚繕，宜下溫詔，即以兩浙委之。夫漢高捐齊、楚以與信、越，光武委河西以與竇融，究之，齊、楚、河西皆歸於漢。今北軍分道以攻江南，閩豈能分道禦之？使宗子果能人自爲戰，豈非維翰維城之藉哉。大兵惟當直取江右，江右披山襟湖，可東提兩浙，西挈荊湖，南控閩粵，三方輻輳，據上游以望孝陵，咫尺矣。不然，則急駐荆南，控湖北以制中州，引滇黔而接巴蜀，庶幾風雲空闊，豪傑必攀附而來。若羈旅閩中，指臂不靈，兵食肘露，恐日月逾邁，朝氣漸衰，非日闢百里之洪謨矣。"其六曰奮乾健之行以作士氣："臣愚謂，中興之主，視創業尤艱。創業之君臣，同起於患難，志有進而無退。今共事者，大半承平優養之餘，捐軀意少，懷土情多，稍見凶危，輒生退阻。臣嘗恨宋高有李綱爲之相，岳、韓爲之將，卒奄奄不振者，本其苟且偷安之私，牢伏於中；故汪、黃、秦檜，得窺見其隱而牽制之也。光武起自春陵，不數年而天下定，雖恢廓大度，委任得人，究其根本，乃在戰昆陽、渡滹沱，歷濱危厄而不阻；及其拔邯鄲、擊銅馬、狗燕趙，皆親履行陣，熟習險艱，有以鼓勵將士之氣也。今六飛遠駕，雖曰天子自將待邊，實草昧起義之舉耳。鑿凶秉鉞者，文也；共饑渴、同甘苦，自夷於士卒者，實也。禮下召對，降抑神聖者，文也；分痛癢、同禍福，自偶於庶僚偏裨者，實也。臣願陛下戒宋高、法光武，則忠智效死，天下歸心，南北不混一者，未之有也。"疏奏，上深嘉悦，曰："李魯所陳六款，具見學識老成。如簡忠誠以救時，加守令以兵柄，達民情以禁貪暴、罷捐借，講屯練以足兵食，尤爲今日急著。暫臨建水，銳意恢疆，寧進毋退，誰敢旁撓？"召對御營，上面諭曰："爾留心世務，乃有用之才，留在兵部候用。"時銓部路振飛惡魯無先容，固不授職；遲至郭公維經掌銓，乃授魯工部職田司主事。丙戌之夏，魯傷時事日非，再疏國勢有難言之憂，門庭急守禦至計，痛哭流涕，言人不敢言，內指斥要人，留中不下。會汀報流寇遞攻杭、永，又切言汀之關兵，不可不蚤設；汀之鄉兵，不可不蚤團；汀民困敝，不可不蚤爲之所；汀寇充斥，不可不蚤爲之防。蓋隱然以汀爲虔粵之通道，即全閩之後户，當設重兵於此爲護衛。上重諭之曰："李魯慮深而謀審，非掇拾邀名者。即鄉紳練鄉兵，就鄉衆設鄉團，① 分明是守禦至計。"特改魯兵部職方司主事，畀以關防，加之勅諭曰："屯練鄉勇，因其各保身家之心，爲捍衛封疆之用。設法勸捐，團結保聚。於汀紳中有才猷堪倚任者，據實奏聞。知爾以汀人辦汀事，自不致胡越相視，尚其勉旃，毋負任使。欽哉。特勅。"魯奉簡書，八月初二日至汀，而縣報賊首張恩選等圍攻上杭，危在旦夕。汀帥周之藩、奉督軍務司禮監王禮、汀州知府汪指南，推魯速赴杭境，設策退賊爲急。魯密語之藩曰："大駕且晚且

<hr>

① "鄉團"，原稿作"鄉糧"，據《燼餘集》附錄改。

至，公其爰整師旅扈從逾嶺，倘上杭不守，則風聲遙沸。駕行又復次且，切慮變生意外，魯今委身，先解杭圍，即同扈駕而東。"初四日，星馳發棹，舟次于畲。時主僕八人，無一矢一兵，崎嶇於風聲鶴唳間，經營八晝夜，號召四鄉義勇，痛哭披誠，商度救援。鄉勇悉感激領牛酒。值濮總戎逃兵千餘奔過桃裏鄉，欲附賊壘，仲遣二力遮道招之。群疑張弧，二力幾委身亂刃，頃辨兵部令箭，知爲招撫使，始頓兵受命。仲敷心告以合衆爲解杭圍，有功題叙優擢。兵中有張孟談者，力贊之。即令潛書貞社黃三錫，要約同盟，嬰城固守，以待援師；又投檄賊營，曉諭淪肌，若劉琨之笳、朝雲之箆也。隨單騎至其壘，把臂以談，激以功勳，動以富貴，無不若崩厥角者。十四日，仲乃入杭，寢不安席，半月之內，屯練節目，次第有緒。仲氏眷棲福員，所以投身險阻，不遑寧處者，惟以急守莫如汀城，急練莫如汀兵，此爲嶺嶠襟喉，欲成一旅，緩急扈駕也。乃城圍雖解，四鄉仍多反側，仲復披誠以諭之曰："近年天步艱難，山寇猖狂，各里雖逼近賊巢，未嘗有入賊黨者，豈非禮義之教存，咸勵廉恥而審利害哉？頃者，寇逼上杭，聞亦有錯動念頭者，其故何也？或者見賊做高官，若輩英雄自負者，遂慕之與？不知千萬人做賊，只得一人做官，其他依舊等夷之人，即眼前做官而不改行者，亦但時辰未到耳。曾有元凶大憝，得善其終者乎？又或者見賊多財寶，若輩衣食不足，輒起貪心，不知打哨之時，蓬頭赤足，日曬風吹，紮營之夜，眠睡無安，遇着交戰，銃箭刀槍，命爭呼吸，亦危甚矣。搶掠所得，亦能幾何？通盤打算，不過一日數分耳。度以前項辛苦，做本分生涯，其利不薄，而身家安穩，何樂爲此危險之事、醜惡之名哉？抑或者見時當草昧，遂謂王法不行，任彼亂做；不知聖天子正位天興，明良相得，太平有日。作亂之人，豈能長久？爲此曉諭衆姓，各安生理，有田可耕，有山可種，有父母妻兒可樂，雖粗衣惡食，多少快活；鷄犬桑麻，皆樂利也。毋錯動念頭，後悔莫及。"又宣上德意，布告縉紳士庶曰："朝廷遣官屯練，非有他也。但爲人心叵測，守禦當先。如增兵益餉，則有騷擾加孤之苦。惟使人盡知兵，自爲戰守，則地方有武備而無兵禍。其法如一，城中合計人家若干，除鰥寡、孤獨、殘疾、挑脚外勿論。紳士、庶人皆結義社，一城分爲幾坊，坊有長；一坊分爲幾甲，甲有長。甲長統於坊長，坊長統於社長，社長統於屯練之官，平時各安生理，自食其食，無額支之糧。有警則一呼齊集，或戰或守，相敵而動，推之各鄉，法皆如是。在城守城，在鄉守鄉，人不易地，籍無定數。有應援而不强調遣，有期會而不使迎送，有董勸而無迫脅。追呼點察，不委銜幕，勾攝不遣吏胥。其法似保甲，而更警策寬舒；其意似雄邊，不煩抽丁貸事。但因各保身家之心，爲捍衛封疆之用。願貴介毋不屑，試思逃生無路之時，紫衣不如丐服，敝甚麼身分？願寒門毋幸災，試思霜雪嚴凝之日，小枝還先枯槁，說甚麼無干？願陳殷毋慳吝，試思家口遭掠，頸項被刑，平生所得盡爲賊有，占甚麼便宜？願睚眦毋芥蒂，試思父兄爲戮，妻女受淫，此等怨仇，何從報復，記甚麼嫌隙？化是四心，同舟共濟，可以禦寇，可以破敵。或有一等不肖之人，罔懷漢德，徒生世間，獨不思二祖列宗，深仁厚澤，我等自先世以至兒孫，享太平福二百八十年，伊誰之賜？象猶不舞祿山，猴且不拜朱溫，我等人類，豈不如畜？所望志士仁人，大發同仇，協力固圉，力贊中興，名垂青史，寧異人任？”三十日，魯戴星返汀。未至，而閩關不守，鑾輿奔汀。甫入行宮，朝見文武，上即問：“李魯何在？”汀守汪指南奏曰：“李魯往授上杭，事濟即可還汀。”上惘然曰：“今誰爲朕借箸者？”唐德宗狩山南，與從官相失，夜召陸贄不得，驚且泣，詔軍中得陸贄者賞千金。嗟乎，顛沛思賢臣，何今昔一轍也。清兵躪駕者不二日至汀城，城啓，駕陷。丙戌九月朔也。魯號泣還杭，一月之日，奔走不暇，豈知徒爾致身？嗚呼，乾坤顛覆，日月昏闇，臣子際此，尚忍言哉。初四日，貝勒遣使持檄至杭，諭薙髮歸順。使者知仲氏不屈，先投檄仲氏，啗以高官，怵以利害，勸仲氏爲之率先。仲氏放聲大哭，痛憤欲絕，曰：“吾生平學《易》，惟知致命遂志，他言毋汙吾耳。”即到憲署，疾呼巡道傅天佑。天佑正醺醺醉夢間，仲氏厲聲叱之曰：“主辱臣死之日，豈臣子息偃在牀時耶？”拂衣歸。邑令楊惟中來，商約即夜同遯福員。屆期招之，只授以城鑰，始知其詭言相餂也。厥明，楊惟中率杭人薙髮結辮，悉遵清制。仲氏歎曰：“將伯徒呼，至於此極。吾求不死降城中。”負印勒返福員。杭人慮仲氏起義，必致屠城之慘，且慮貝勒必索仲氏。先是，梟獍丁天相者，謀嗣富翁丁啓元。啓元爲仲氏姻親，其妻張氏，生子天使，已有室矣。母子懇託阻止，仲氏諾之。援經據義，爲言啓元曰：“古今來從無己子長成，另立繼子之禮；況天相爲人長子，年垂抱孫，突棄所生，而謂他人父，是孔子所謂‘不愛其親而愛他人者，謂之悖德’。絕三綱、滅一本，與豺狼何異？豈可聽其蠱惑而收豺狼以噬天性乎？”天相銜恨入髓。及是乃倡言扇衆曰：“清令如山，一夫作梗，全城屠滅，誰堪此慘乎？”脅黨數十，迫擁仲氏還城，護守之。仲氏搥胸痛哭，嘔血絕吭死。悲夫，時隆武二年九月五日也。仲氏生萬歷辛卯年十二月二十九日戌時，卒隆武二年九月初五日午時。德配安人羅氏，以孝以順，以儉以勤，克正家道；生萬歷庚寅年五月初十日卯時，卒順治丁亥年十月二十七日戌時。子男五，方泰、方復、方壯、方晉、方益。女子二，長適雲南永昌府通判劉公廷標次子劉爲之；次適陝西秦州①同知楊公岸次子庠士楊汸。嗚呼，君親之際，亦難言矣。方平居無事，家家曾、閔，人人箕、干。及一旦利害當前，死心喪氣，反顏屈膝者，比比也。若仲氏之不辱其身以辱其親、以辱其君，其天性固然；故見利不趨，臨難不避，死亦生也。夫復何憾哉。淳所憾者，舊忝國史，職任纂修，而遺逸海陬，珥筆無責，不得不大書其事，以詔來兹。忠魂闇慘，綸綍尚懸。後之君子奉簡采風，其無闕文，以繼余之未逮，是則淳之厚望也夫，是則淳之厚望也夫。賜進士第通議大夫、吏部右侍郎兼翰林院侍讀學士、協理詹事府正詹事、經筵講官、前禮部右侍郎、詹事府少詹事、右春坊右中允、掌左春坊事、翰林院國史編修、經筵展書、東宮講讀起居注、召對記管理六曹章奏、增修《大明會典》、纂集《六子全書》、注釋《武經七書》，愚兄士淳頓首拜譔。姪己卯科舉人楩、禮部祠祭司主事梓謹書。

劉有慶按：有慶，字雲其。丁酉副榜。上杭人。《明兵部職方司主事李公傳》曰：上杭李公，諱魯，字得之，號弘庵。少負奇略人也。凡時至事起，義在則爲，雖冒不韙弗恤。公生於杭，官於杭，死國難於杭，故曰"上杭李公"。杭壤接虔粤，莽曠藪奸。自公以《易經》登天啓甲子賢書已後，寇益劇。公設戰守策，譔《平寇議》，上巡撫張公肯堂。張公善之，檄邑令照行焉，杭賴以安。甲申闖賊犯闕，公築堡福員山以有待。及唐藩正位，膺薦入都，部議用工部，上覽公披陳方略六事疏，極器重之，詔授兵部主事。公蒞曹多所建白，相國曾櫻相倚重焉。丙戌七月，行在延平。上念上杭爲一時要地，特畀勑書關防，命公屯守。蓋爲遷都東廣計也。八月，駕發，大師掩幟入關。九月一日，襲至汀州，駕前都督周之藩單騎拒敵死，鸞遂陷。逾日，汀官民薙髮訖，主帥乃發檄馳杭，專賁至公署，勸早降得大官。公痛罵，隨披瀝肝膈，勵將士以救駕。漳南道傅天佑憂之，邑令楊惟中又於公前訂同心，於傅前策全城，②公知事不可爲，乃北面痛哭盡哀。更檄兵矢志曰："主辱則臣死，若等即弗應，吾必單騎博陣亡

---

① "秦州"，原稿作"泰州"，據《爐餘集》附錄改。

② "於公前訂同心，於傅前策全城"，原稿脫"訂同心，於傅前"六字，據《爐餘集》附錄補。

也。”時無一應者，公心自變計，蓋在福員山成一旅耳。及晡，楊忽約隨行，公雖不敢信，亦不敢必不信。候將曙，乃單騎出。甫出，奉道命追者至，公不可其追，追者曰：“受令矣。爺不生還，當死還。”公曰：“死自吾分，但恨不罵欺逆不目瞑。”遂巾車還詣道。傅矯言曰：“通城百姓，詣道乞追還，謂先生將肆爲害也。”公曰：“敗謀病主者，不爲害；致命遂志者，顧爲害乎。”傅曰：“欲致命，任所之也。”公出轅門，謁者曰：“門已申禁，爺復何之？”公怒氣衝天，搥胸至再而立絶，時九月五日。邑人劉有慶曰：“死，公分也。立絶誠得焉。所惜者，檄兵救駕之謀即弗成，而躍馬揮戈當必有可觀者。段司農抱忠負才，顧乃賫志而死，在天之靈，能無餘恫哉。”

《通志》卷二百十六《忠節傳》：李魯，字得之。幼岐嶷，每讀書見忠孝節義事輒起舞。嘗言：“學者須身體①聖賢之行，無徒言聖賢之言也。”天啓甲子舉於鄉。崇禎元年，廣賊龔一等倡亂，攻贛州安遠，逼武平，抵上杭。時承平日久，人不知兵，舉邑皇皇，謀斂錢物撫之。魯獨不可，會副使曾櫻力任戰事。賊敗，復嘯聚。魯曰：“若不乘勝掃穴，終爲隱憂。”乃偕貢生魯彌高奉檄如潮州巡道何璉所，約合兵會剿，賊遂平。四年，巡撫熊文燦駐師上杭，以粤之松口鄉與獷子山接壤，欲加兵，魯力白其地無匪民，文燦乃屬副使顧元鏡往察，松口民慶更生，闔境耆倪稽首道迎，二十里不絶。元鏡歎曰：“微魯，幾枉千萬生靈矣。”甲申國變，山寇蜂起，上杭尤甚。當事議募鄉兵拒守，魯歎曰：“四方皆寇出沒之藪，召募之兵，慮即寇也；即非寇，其兄弟姻親慮亦寇也。兵寇雜伍，此以城與寇耳。宜就在城大戶捐貨結義以固城，在鄉大戶鳩宗以固鄉，無瑕可攻，寇當潛寢。”乃上書巡撫張肯堂，略曰：“欲剿寇，必使民有固志；欲固志，必先有守禦；欲守禦，必先築砦堡。何也？鄉民各戀身家，心膽易搖，平時團集易，聞警驚潰亦易，團集適爲累耳。若鄉砦四布，家累悉有憑依，耕芸不廢，而寇至悉清其野，寇掠無所得，且疑設伏扼隘，進退狼顧，不必交鋒，而氣已消沮過半，然後以大兵夾剿之。譬網羅設而擊刺隨，即奔突，安往乎？”書上，肯堂然之，諭邑令舉行，而城中富民交口謂魯張皇多事。及南都失守，魯乃隱福員山，自題草廬曰“采薇深處”。迨唐王稱號閩中，曾櫻遺之書曰：“嫠不恤緯，匹婦知之。志士仁人，顧乃見溺不援？”魯乃起，上封

---

①　“身體”，原稿脫“身”字，據道光《福建通志》卷二百一十六卷補。

事。一曰簡忠誠之士以救時艱，一曰加守令之權以練士兵，一曰達小民之情以禁貪暴，一曰罷捐借、講屯練以足民力，一曰審形勢以圖恢復，一曰奮乾健之行而作士氣。疏入，召見，授工部主事。既而王移駐建寧，時兵食匱乏，扈從多新募，魯以爲憂。奏言："不定營制，不簡精銳，聽其逍遙逐隊無總理，名雖源源踵至，恐左右終無一兵。語云：葵猶衛足，豈有萬乘而孤露無衛乎？"三年六月，我師克紹興，魯王遁入海，閩中大震。鄭芝龍假言海寇入犯，撤兵回閩安鎮，守關將士皆隨之，仙霞二百里間空無一人。魯奏言："藩籬已撤，福寧、邵武、建寧處處皆瑕，即重兵扼險，猶慮不濟；況竟撤關兵，四境蕩無鎖鑰，使人民泮渙，忠義灰心，是誰之咎哉？"王以其語斥芝龍，留中。會土寇攻上杭、永安，魯言宜急練汀兵、守汀城、通嶺嶠，呼吸以備。啓行，自請前驅，王嘉之，改兵部職方司。七月，魯兼道先行，適土寇圍上杭急，魯乃密約汀帥周之藩整旅迎王，而身先解上杭圍。至則單騎入賊壘，把其渠張某臂曰："幸君值魯，乃富貴時也。"賊愕問故，曰："天子早晚入粵都，諸公勒一軍爲護衛，是禁旅親軍也。恩賚逾他營一等。抵粵當敘功，粵富貴十倍閩矣。"諸賊闖然，合聲曰："甚善。"魯令取豚酒相勞，因刑牲歃血盟。事既定，乃入杭宣布屯練節目，編伍既有緒。八月晦，急還江，而王已敗，魯痛哭還上杭。既有勸之降，魯欺曰："犬馬猶宜識主，況人乎。"將返福員山，有丁某以宿憾揚言曰："魯返入山，必率所撫之賊以抗大兵，滿城爲戮矣。"率其黨擁之還。魯曰："我行我意，何關若事？"因椎心大哭，氣絕不續，絕吭死。時九月五日也。國朝乾隆四十一年，詔祀忠義祠。

《府志》卷三十《人物》及《杭志》並有傳。

《臨汀彙攷》卷二《人物》：今按：魯此書，以唐王本末考之，知所言皆切時勢也。唐王以順治二年閏六月稱號於福州，大清遣御史黃熙允來閩招撫，芝龍即密使通款。此書所云"改面鬻身之人"，指芝龍也。時張肯堂請出募舟師，由海道抵江南倡義旅；而王由仙霞趨浙江，與相聲援，善策也，芝龍陰沮之。黃道周知芝龍終無意出關，乃自請募兵江西，書所云"本其苟且偷安之私，牢伏於中，故汪、黃、秦檜得窺見其隱而牽制之"，指此事也。唐王據閩海，魯王據紹興，唇齒之國，宜同心共濟。書中謂"宜下溫詔，即以兩浙委之"是也。乃各圖擅地，竟成水火。三年夏，我大清兵抵杭城，魯王諸軍列營錢塘江東岸，綿亘二百餘里，大兵不能渡。忽江沙暴漲，水淺可涉，遂策馬徑渡而入紹興。芝龍盡撤兵回安平鎮，仙霞關二百里間空無一人，魯王乃浮海去。使非天心助順，江水斷流，則浙畫江而守，閩有北藩障蔽，何至數月間兩地盡失？迨金聲被執於績溪，黃道周兵敗於婺源，於是楊庭麟請王出江右，何騰蛟請王出湖南。書云“直取江右”，亦非不切時務。乃王決意出汀入贛，與湖南爲聲援；而芝龍復不欲王行，令軍民遮道呼號，必欲其束手待縛，[①]此其心爲何心哉。唐王聞仙霞關敗，問至，始自延平倉卒出走。方抵汀，而大兵旋即奄至，於是諸道援兵一時瓦解，贛州不可守矣。芝龍於閩地悉平後，奉表來降；而其子成功與鄭鴻逵等各率所部叛入海，跳梁鯨窟中且十餘年，何唐王之終不悟耶？芝龍，明末之蒲壽庚，以兵權在握，舉朝無人發其奸，魯此書可謂危言傾盡。誌載其後，殉難而名不登史籍，惜哉。我朝之沙擁錢塘江，視元兵至臨安，江潮三日不至者，神應尤異。

解《序易五房》曰：造榜，天也。有目者遂無權乎？選濫則飲墨水，化阻則墮丹池，誠視其頭上有燄光高一丈而已，得矣。錞于蜀寶，振以芒筒，其聲如雷。然不遇斯微不識。今歲儉急需粱稷，年寒則俟纖纊，何敢持衣鉢而博棗糕？但使玉瓷灩灩，滿身都沃，毋徒以臂鱗頭角自驚可也。髭可摘，亦可剃，吾摘之頷下，子當叶之夢中。春明柳汁濺人，可使衣裳不染哉？時天啟四年甲子歲，廣陵解學夔題。按：解，壬戌進士，此序不可弁首。《易五房序》，見《爐餘集》卷下，不及改正，存其舊也。

林《序》曰：士必有學術而後有文章，即事業亦由之以起。古之君子其所挾持以爲學，不可得而知，然皆卓然有所立於天地之間。其立是事也，又必各著之文章以紀其事人，以發其文，人重而文亦重矣。後之人就古人語言文字中求之上下，可相信者惟限於科目一途。定式衡才，依理習詞。效聖賢於章句之間，獵經史爲譚說之助，所學止於取榮名、遂私欲而已。以故，事蹟、功業不逮古人，而世運遂變矣。明之末年，文事稱極盛。然以二百餘年全盛之天下，其君好學勤政而殉社稷，其臣以聲氣朋黨而敗國家。嗚呼，人雖存，謂之無學可也，亦謂之無文可也。意者，仕而達之人未必賢，賢才不盡仕乎？不然，何亂亡之遽也。我杭前輩李公弘庵，繇天啟甲子雋於鄉，猶夫仕途之人也。獨遲之二十餘年不就職。值甲申變後，唐藩正位閩中，乃以兵部職方盡

---

① “束手待縛”，原稿作“縛手待縛”，據《臨汀彙攷》卷二改。

瘁於國事，卒以完節，畢其所學。全集之文，予未得盡覩也。欽其人，卜其文之可風百世矣。子孫有必昌者也。因書也之請，遂率筆以復之云。時康熙紀元壬子仲夏月，後學林鸞廩成題。

李《序》曰：嗟夫，死生之際大矣哉。惟志士之能文章、豎節義者，其生可以無忝，亦不以沒而遂已焉。蓋文章擷日月之菁華，節義留乾坤之正氣。兼斯二者，乃稱古今全人。間嘗覽史傳而懷想欲絕，代有其人，人不數見。茲於甲子秋，展誦先太史所撰樞部公弘庵叔父家狀，不禁漣然流涕。跡公當年所經畫，忠肝義膽，直從君父起見，遑顧利害死生？迨夫時不可爲，鞠躬盡瘁不少挫沮，冀得一死以盡報國心，夫復何憾？故計其捐軀之日，迄今三十餘載，而英烈之概，凜凜如生。在漢爲諸葛武侯，在唐爲睢陽張中丞，在宋爲文信國；在公則臥廬方出，而未躬膺重任。大廈仆，猶將起之；神器墜，猶將舉之。義激於中，大節不奪，安見古今人之不相及也？然而節義者，文章之所自出，是所願讀其文，恍惚其人，不必《離騷》行吟於楚，《正氣》長歌於宋，而血性迸露，崩迫矢音，動天地而泣鬼神，即爲莫大之文章。五君畫也，持鈔帙過程，屬余一言冠簡端。余卒覽之，乃公《燼餘文集》也。夫文集以“燼餘”名，時經兵燹，石渠、天祿之藏，殘缺失傳。公之條對詩歌，若有物焉護之而不至於悉付劫灰。是猶簡餘於爨，書出於壁，雖所餘無幾，而節義文章，炳若日星。人具心胸，孰不深其慨慕與？記甲乙變更之遭，余侍先太史東歸，舟次杭川，公倉皇出晤，弟兄相抱，痛倒鼎湖，血淚未乾，半壁孤危奚恃？曾幾何時，先太史與公握手追敘生前，當復飲泣夜臺耳。余齒衰，自媿不文，即言之長如游、夏，亦不能強贅一辭。惟叔父忠憤弗彰，致軼事無傳，咎在猶子。謹於先太史家狀後，據公文章節義之實，濡毫敬書，以垂百世，寧一姓之私言也乎？時康熙甲子歲初秋，古梅州姪悔庵梗盟題於城東立誠書院。

劉《序》曰：嘗聞文章之散於天地間者，大分三種。一爲應世之文，語麗詞贍、與時俯仰者是也；一爲名世之文，識高志卓、議論可行者是也；一爲傳世之文，編之乎詩書而不愧，措之乎天地而不疑者是也。夫既以文章應世，則何不可傳，而況於名世者乎？予反復以思，而知傳世之文未嘗非應世之文與名世之文也。特曰不愧、曰不疑，非問之於詩書，問之於天地，亦問之於己而已。故傳其文，政以傳其人也。予曠觀斯世，上下千古，言文章者，亡慮萬家，求其以文章可問諸己者，蓋已鮮矣。甚矣夫，文之傳世之難也。予自辛亥歲抵汀南之豐稔鄉,已知上杭有前樞部主政李公矣。去公殉難之日,計二十有六載也,然猶人言紛錯。甘心於公者,尚自快其私;即非然者,亦懦於時而訥於口;終未得公之始終顛末而悉之。要其浩然之氣自不可滅,而予因得知有公矣。丙辰歲,獲交於公之孫虬友,得讀公之行略,識公之始終顛末焉。今戊午春,公之子晝也,持公之文若干篇、詩若干首、制藝則倍之,來告於予曰:"此先君子之手澤也,予兄弟不幸遭邦家大難,瀕於死者數矣。復不肖,不能守父之書,茲詩若文,痛其不得十之一耳。今日且然,過此將更不可知,則後日之子若孫,亦安知先君焦心勞思之真面乎?將授諸梓者,非以示人也,第以傳諸子若孫,使知有先君之焦勞而已。"命予序之,予謝不敏。竊念公少而穎異,有"拔劍斬蛇"之對。稍長,便以聖賢爲己任,每讀書見忠臣孝子,則拍案起舞;至奸人佞士,則指裂其名。天啓甲子登賢書,素心益勵,是公之修身有如此者。其慮厥子之以逸豫損厥家、辱厥先也,則述艱難之訓以教之;又慮其以淫佚喪厥身、傷厥先也,則引《尊生錄》以誨之;慮族人之渙散而祖靈無妥也,則立合祠以祀之。是公之齊家有如此者。甲申之歲,燕京不守,盜賊所在猖獗,上杭尤甚;則結忠義、倡砦堡,以固守而遏絕之。明年乙酉,留都復陷,公腔血雖熱,事權不屬,軫念時艱,徒勞拊膺;則誅茅縛屋,躬耕於福員山以避之。又明年丙戌,疆土日促,逼近門庭。公則幡然詣行在,上封事六條,以維持之。是公之治國有如此者。直至時不可爲,將伯徒呼,棄家不可,慷慨一死,是公之出處生死又如此,則公亦何事 ① 不可傳世乎?今復得讀其詩若干首、文若干篇,大都盡洗陳義,獨構新裁,有眼空一世,旁若無人之概,是以應世之文而成名世也。又豈知公在讀書時,身體力行而不愧不疑以出之者哉?使公處治朝爲良臣,則傳其文爲良臣之文;今公處亂世爲忠臣,則傳其文爲忠臣之文。特不幸而在閩末天涯,無與闡發。勁草疾風,誰表貞心於歲晚;成仁取義,空樹砥柱於末流,迄今三十餘載,猶然惆之。如公當日官輦下,君亡與亡,則魏公裔介《褒錄幽忠》一疏,與大學士范公景文等同烈矣。將文以人傳,不是今日事也;則壽諸梓者,又何不可以示人而謙之也?予即不敏,且欲藉公之文而傳汀南豐稔之鄉吏也者。時康熙戊午歲孟春中浣之吉,古會稽郡後學卓人劉傑頓首拜纂。

---

① "何事",原稿脱"何"字,據《爐餘集》補。

張《序》曰:晝也父,於盛暑中挾其先公文集,顔曰"爐餘",詣余問序。余曰:"爐餘名集,昉自令先公乎? 抑晝也所命也?"曰:"先君著作頗富,不肖兄弟縱不能全讀父書,亦何至流爲酒家覆瓿具? 惟是時際滄桑,烽火頻仍,搜括遺篇,十不得一,爐餘之名,義取散失且志恫也。"余曰:"然。"先生登甲子賢書,身孝廉廿年,迨國祚既去然後仕;甫入社,既許身殉國矣。秘笈鴻章,少見行世,蓋其所重在彼而不在此。迄於今,宜其遺佚不可考也。雖然,日月之經天也,因風雨薄蝕而益明;金之兼也,愈煆而愈黃。每盼近世好名之士,以勢利梯盛名人,甫倖第,文遂徧梓;文既入販,人殊不文。於是人在文傳,人亡文湮,比比皆然。昔人謂人品文章,必百年而後定。又云,蓋棺論定。誠以後人於先輩所有論次,皆公且確;亦惟後賢之於先哲其所持論,又刻且嚴。如寇萊公貽譏於無術,蘇子卿不足於娶婦。僞朝兩字,雖純孝之李密,竟付逝波;荀、孟並稱,即起衰之昌黎,難辭駁雜。之數子者,其文章品行非不焜耀古今,而一經拈出,垂萬世而不磨,誰謂近世草野中遂乏董狐哉。若夫有文無行,棄置弗錄者,又指不勝屈。今先生殉難後幾四十年矣,遙憶芳踪,屹如岱嶽之在地;載誦遺稿,昭如日月之行漢。於奏議,儼然遇先生垂紳搢笏臨於簡端焉;於詩歌,恍然得睢陽文山之梗概焉;於制藝,油然知濓、洛、考亭之正宗焉。其孰能舉片言隻字,摘微疵於身後乎? 日聞更封,馬鬣鬢髮,如生兩間。浩然之氣,不與草木同腐,此理之常,無足異者。或謂先生在日,不理於口,抑又何也? 余曰:"然喪家壘尾之謗,聖賢不免,是固先生之所以爲先生也。斯集也,殆將與秦火之餘並傳不朽矣。則謂之爐餘也,固宜。"余也棹返吳江,五載顛危,焚棄筆硯久矣。以焚餘筆序爐餘文,殆管窺而蠡測也。如謂辯徵音於焦桐,話劫灰於昆明池中,則余魄不敢擬也已。時康熙戊午之初秋伏日,後學張亨鹽手拜題。

蔣璞山廷銓《跋》曰:古昔禪代,有若星紀。而在三之義,長耿天地。蓋綱常之道,萬世不易,而正氣亦遂行乎其間也。弘庵先生,抗節致身,予既載入邑乘。其嗣無角昆弟董,又刊遺稿傳世,攜以見_{中闕}。銓頓首拜題。

朱《後序》曰:李氏,杭邑之望族也。余於下車之始,而得識晝也,觀其言論,若不肯以才智先人;且而砥礪末俗,更能以古道自處,時固心焉異之。謂是非秉之天性,即其奉之家法也。未幾,乃出其尊大人弘庵先生《爐餘集》間序,余固知得於過庭者豈一日哉。今其集具在,於制藝則見其珠圓玉潤,直追先輩也；於詩文則見其識高法老，睥睨一世也。至於前後奏議，則又見其坐而言，真可作而見諸行事也。嗟乎，士人僥幸一第，碌碌卒無所短長者，所在多有。若公者，雖登賢書，無愧矣。況乎集以"爐餘"名，則其湮沒不彰者，尚不知凡幾，而此固其一斑也乎？雖然，余之重公者，猶不僅此也。聞之士先器識而後文藝，風雲月露，雖登作者之堂，而大節不立，則其人不足多也。今公當先朝鼎革，不恤以身殉國；跡其正氣凜凜，有令人不可犯者，非更當世所難與？夫疾風勁草，公豈博名於身後？然而公之傳其傳以此也。公《爐餘集》之傳，亦傳以此也。由此觀之，則《爐餘集》又豈李氏所得私哉。且而畫也文物翩翩，必其能請於朝，邀大廷之旌表，將來光大前人者，更不知何似也。余故樂而爲之序。時康熙辛未歲中秋月上浣之吉，勅授文林郎、知上杭縣事，廣陵後學朱陶拜撰。按：陶，字湖舫。

伍炤《重刻爐餘文集序》曰：庵翁先生，蓄真學問，具大經濟，卒遭時艱，以身殉主。其光明之概，正直之氣，直如日月經天，江河行地，千古不朽矣。奚必區區以文字傳？雖然，人之景仰其人者，既以不見其人爲憾，猶以得讀其文爲慰。此集刻於公沒之三十年後，名曰"爐餘"，諒未得十之一二，至今又僅有存焉。其存者，或剝蝕 ① 漫漶不可識，觀者惜之。茲李子洪九，力學之暇，心儀前哲，獨索其遺板，重付剞劂，意豈徒在文字哉？實欲使後之君子讀其文而如見其人也。時同治元年壬戌歲暮春之望，後學伍炤謹識。

蔣《序》曰：士生三代後，而能卓然有以自立者，名節爲上，經濟次之，文章又其次也。有經濟而後發爲文章，有文章而後明其經濟。世之掇巍科、登仕版者，皆以文章相尚，躬膺民社，抒其懷抱，而經濟由是見端。遭際之隆，幸何如之。若乃險阻艱難之會，文章無所用，經濟無可施，而不奪於利害之交，立決於死生之際，殺身成仁，懍然以名節自持，此則聖人所謂志士仁人，不可得之尋常士類中也。曩者，鏡秋茂才出其先世弘庵李公詩文集若干卷，因年久板蝕，思欲重刻，以永其傳，問序於予。予素仰公爲上杭傑士，生平著述，不少概見。顏其集曰"爐餘"，論者謂兵火之後，多所遺佚，輒爲公惜。抑知公不必以此傳，而此亦無不足以傳公。讀是書，當有以微會之。至於詞筆高超，議論英偉，公之文章在是，公之經濟即在是；而其激昂之氣，忠憤之心，炳然與

---

① "剝蝕"，原稿作"剝銛"，據《爐餘集》改。

日月爭光，而爲天下不可少之人，則公之名節其大彰明較著者也。豈僅耀一時，榮一鄉哉。嗚乎，如公者，足千古耳。光緒辛巳仲夏，福州後學蔣錫珪拜識。

按《燼餘集》分上、下二卷。卷上爲詩文，附刻御批敕諭、敕贈、家狀、本傳、哀辭、輓詩等。卷下易五房序、硃卷、窗稿，爲康熙間公之子方泰等所輯，編次凌亂，初刻未見。光緒間，公姪裔江清等重刻之，爲酌雅軒承印。前載諸序，蔣跋闕第二頁，居首。公文惟封事持論周詳，蓋公經濟道義，涵養已深；慷慨殉國，足與信國、疊山比烈，固不必以區區文辭見長而後始傳也。

手談集

郭師惠撰

《杭志·方技》：郭師惠，字和宇。善奕，嘗輯《手談集》，龍巖少司寇王命璿序之以行。

伊蒿詩文稿　一卷

袁恢先撰

按：恢先世居白砂里，明季嘗奉諭募兵剿賊，臨陣隘門。國變後，易名超拂，自號伊蒿上人。住上峰寺五十餘年，雲遊閩嶠、江、浙。生平留心孔、孟，兼究老、莊。遁跡後，猶時歸省母，輒以“孝悌忠信、禮義廉恥”書勗子姪。楊岸、邱夢鯉、李憲卿輩，皆與交遊。此稿係光緒乙亥族人袁廷璋鈔藏本。

卷九　明·武平縣

古民日錄

鍾廷才撰

《通志》卷八十《經籍》著錄。

又卷二百二十《孝義》:鍾廷才,舉動遵古禮。正德間,繼母病篤,禱神,願以身代。遇凶歲,出粟以賑。

易講意

徐銓撰

《通志》卷八十《經籍》著錄。銓,字德選。萬歷間貢生。

《府志》卷二十《選舉》:銓,鬱林州學正。舊志:漳平訓導。

《武平縣志》卷九:徐銓,字德選。端毅嗜學,尤篤倫理。貢訓漳平,仗義輕利,督學使者以"孝友克敦"表其門,年八十終。所著有《四書講意》、《易經講意》藏於家。

四書講意

徐銓撰

《通志》卷八十《經籍》著錄。

自省錄

鍾鶴齡撰

《武志》卷九：鍾鶴齡，字國鳴。生平無疾言遽色，和易好施，手不釋卷。嘉靖己未，從征三饒，以三策上幕府，譚公奇之。判鄭州，築隄有功。致政歸田，囊無長物，惟《宦遊集》一帙而已。所著有《自省錄》。鄉飲一十七次，年八十終。

按《武志》錄鶴齡於徐銓下，今仍之。

宦遊集

鍾鶴齡撰

見《武志》卷九本傳。

廣蒙求

徐文沂撰

《通志》卷八十《經籍》著錄。文沂，字心儒。貢生，年代無考。

《府志》卷二十二《選舉》：文沂，瑞州通判。博洽工吟咏，有《廣蒙求》、《效顰集》行世。

按《武志》卷九本傳作"心孺"。

效顰集

徐文沂撰

《通志》卷八十《經籍》著錄。

四書講義

李廷焻撰

《通志》卷八十《經籍》著錄。廷焻，崇禎末諸生。

卷十　明·永定縣

內傷外感法錄

賴沂撰

《通志》卷八十《經籍》著錄。沂,字湯銘。洪武間諸生。

四科治要

賴沂撰

《通志》卷八十《經籍》著錄。

菉竹居集

黃益純撰

《通志》卷八十《經籍》著錄。

又卷二百九《良吏》:黃益純,字健舉。嘉靖戊午舉人。授溫州教授,遷
睢陽縣,修學宮、均田畝,招流亡八百餘戶,給以牛,種墾荒田五百餘頃。疏河
渠,翦除積寇,立巡河東堡,節制七十二所屯衛。居五年,以終養乞歸。

按《府志》卷三十《人物》作"益純,字健峰";"疏河渠"作"疏淘
河";"河東堡"作"河墩堡"。又卷三十三《文苑》並著錄。

采窩集

黃益純撰

《通志》卷八十《經籍》、《府志》卷三十三《文苑》並著錄。

東源漫稿

孔廷詔撰

《通志》卷八十《經籍》著錄。廷詔,嘉靖間貢生。

又卷百五十八《選舉》:孔廷詔,平陽府通判。奉檄修大同邊墙,建《營田五議》。遷柳州府賓州知州,請改大軍倉米三千石爲折色,罷不急之徵,省里中之費。

按:《府志》卷三十《人物》作:"督修大同諸關,建《營田五議》。賜金褒予,擢知賓州。改歲運大軍米三千石爲折色,民□便之。著有《東源稿》、《三晉集》。"又卷三十三《文苑》並著錄。

三晉集

孔廷詔撰

《通志》卷八十《經籍》、《府志》卷三十三《文苑》並著錄。

寓賓集

孔廷詔撰

《通志》卷八十《經籍》、《府志》卷三十三《文苑》並著錄。

歸田集

孔廷詔撰

《通志》卷八十《經籍》、《府志》卷三十三《文苑》並著錄。

嘉靖永定縣志

陳昊　張一渶撰

《通志》卷八十《經籍》著錄。昊，嘉靖間諸生。知縣許文獻序略曰："永定志肇於成化年間者，以永定縣亦以是時肇之。知縣王公、教諭謝公實爲之。凡開縣始末，志載已詳。自後八十餘年，屢有欲修之者而不果。余於嘉靖乙卯承乏是邑，乃忘其固陋，因舊志而增輯焉。"

按：一渶，亦嘉靖間諸生。

一鑑亭詩集

沈孟化撰

《通志》卷八十《經籍》著錄。

又卷二百二《列傳》：沈孟化，字觀瀛。萬曆甲戌進士。縣邑無城，孟化節縮千餘金，督民築之。擢刑部主事，遷郎中，出知湖州府。值大旱，發賑平糶，活數萬人。通判龔先進、推官李周著，爲當事所齮，坐落職。孟化毅然曰："良吏黜，何用守爲？"抗言力爭，卒直之。歷遷湖廣參政。稅監橫恣，禁戢之。稅監怒，以抗旨庇屬聞。或諷之求援，恬然曰："今之求援，何如始之不抗。"坐奪一官，左遷廣西按察司副使。韋酉煽亂，劫掠思陵州，奉詔剿捕。乃調集土兵，糵軍餉。遣神校捧檄入穴，諭以禍福，責以大義。賊大感悟，解散。餘黨陸佑黃尚負固，督重兵蹙之，擒佑黃於風門嶺。復爲參政，分守右江，獞、猺時相仇殺，出擄掠；督指揮朱堯武等往剿，斬其渠魁百餘，諸峒皆就撫，降者數萬，悉入堡伍。尋以入賀，卒於泰和舟中。

按《府志》卷三十《人物》作"孟化令浦江，邑無城郭"云云。"卒直之"下有"時計吏畢集，聞其丰采，有泣下者"十三字。又"湖廣"作"蘄黃"，"調集土兵"下有"糵南寧餘田千餘畝，斥以供軍"之語焉。

古今裘

賴維嶽撰

《通志》卷八十《經籍》著錄。

《府志》卷三十三《文苑》:賴維嶽,字巒宗,永定人。萬歷丙午舉人,由永春教諭歷惠州府興寧令。嗜古學,多著述,有《古今裘》、《金湧集》、《半豹集》行世。

按《永定縣志·名賢》有傳。

半豹集

賴維嶽撰

《通志》卷八十《經籍》、《府志》卷三十三《文苑》並著錄。

金湧集

賴維嶽撰

《通志》卷八十《經籍》、《府志》卷三十三《文苑》並著錄。

鄭媿明詩一卷

鄭賓朱撰

《通志》卷八十《經籍》著錄。賓朱,字媿明。萬歷間諸生。

醒心集

曾子毅撰

《通志》卷八十《經籍》著錄。子毅,萬歷間貢生。

《府志》卷二十二《選舉》:子毅,博稽著述,有《解醒編詩餘》、《雅韻投機集》、《醒心錄》、《春歸巖谷》諸集行世。

春歸巖谷注

曾子毅撰

《通志》卷八十《經籍》著錄。

按《府志·選舉》，"谷"下無"注"字。

解醒編詩餘

曾子毅撰

《通志》卷八十《經籍》著錄。

雅韻投機集

曾子毅撰

《通志》卷八十《經籍》著錄。

化俗議

盧一松撰

《通志》卷八十《經籍》著錄。

《府志》卷三十《人物》：盧一松，號念潭，永定人。萬曆間以貢授吉王府教授。謂宗藩之學與韋布異，乃摘《四書》中切於修齊治平者各一條，名曰《要學三編》以進，王嘉納之。所著《學道要端》、《井田議》、《化俗議》、《醒心詩》、《宗孔集》行於世。

按《通志》卷百五十八《選舉》："盧一松，光澤訓導，遷吉府教授。"又《府志》卷三十三《文苑》並著錄。

井田議

卢一松撰

《通志》卷八十《經籍》、《府志》卷三十三《文苑》並著錄。

要學三編

卢一松撰

《通志》卷八十《經籍》、《府志》卷三十三《文苑》並著錄。

學道要端

卢一松撰

《通志》卷八十《經籍》、《府志》卷三十三《文苑》並著錄。

醒心詩

卢一松撰

《通志》卷八十《經籍》、《府志》卷三十三《文苑》並著錄。

宗孔集

卢一松撰

《通志》卷八十《經籍》、《府志》卷三十三《文苑》並著錄。

釣民苦語

賴一鯉撰

《通志》卷八十《經籍》著錄。一鯉,字雲吾。萬歷間貢生。廣州府連州連山知縣。

炊玉篇

盧寶撰

《通志》卷八十《經籍》著錄。寶，字信吾，萬歷間貢生。贈兵馬司指揮，祀鄉賢。

《府志》卷三十三《文苑》並著錄。

蠻吟錄

盧寶撰

《通志》卷八十《經籍》、《府志》卷三十三《文苑》並著錄。

燃藜草

盧乾亨撰

《通志》卷八十《經籍》著錄。乾亨，字柱公。天啓丁卯舉人。官莊浪令。

按《府志》卷二十一《選舉》："盧乾亨，叙浦教諭，莊浪知縣。"

秦游草

盧乾亨撰

《通志》卷八十《經籍》、《府志》卷三十三《文苑》並著錄。

鄭于閣詩集

鄭士鳳撰

《通志》卷八十《經籍》著錄。士鳳，字于閣。

按《府志》卷三十三《文苑》著録作"《鄭士鳳詩文集》"。

五宗文訣

吳懋中撰

《通志》卷八十《經籍》著録。

又卷二百二十《孝義》:吳懋中,字允睿。諸生。嫡母熊失明,懋中舌舐七日,目復明。好義、急施予。懋中承色笑,晨夕必請所與。知縣周齊以孝義薦,懋中曰:"此子職也,曷足稱?"子煌甲,字愉之。崇禎癸未進士。知揭陽縣,多惠政。歲大祲,劉公顯叛,以九軍圍城月餘,煌甲日夜防禦,積勞成病,力畫攻守數事而卒。福建破,一門八婦,同夕自經。懋中慨然曰:"吾子死君,吾婦死節,天之玉我至矣。"遂遨遊羅浮、鼎湖諸勝而歸隱焉。

按:煌甲,崇禎十六年癸未進士,而《郝志》、《汀州府志》俱作"甲戌進士",非是。《郝志》脱一"甲"字,遂單名爲煌。煌甲事蹟,惟《楊志》稍詳,而《府志》亦稱其"以勞卒官",與《楊志》[1] 相合,《郝志》删此一語,於"甲戌進士"下即云"明末寇變,一門八婦,同夕自經",似煌甲未嘗先卒者。然《勝朝殉節諸臣録》:"吳煌,永定進士。福建破,一門殉節死。祀忠義祠。"是亦以"煌甲"爲"煌",而不著其官揭陽先卒也。

按:《府志》卷三十一《孝義》作"父好義、急施予",《通志》當據補"父"字。

《臨汀彙攷》卷三《人物·吳懋中事略》云:崇禎寇變,城破,妻王氏約諸媳曰:"婦人臨難,惟有死耳。"姑媳序位,互相結束,闔門自經。從死諸媳,長氏熊、次氏闕、三氏廖、四氏温。孫女貞姑。侍女曰蘭娥、曰招娥。俱合葬於東園,題曰"吳門八烈之墓"。攜手捐生,保躬如璧,閨門識邁朝紳。懿哉,吳先生之家法也。

鷄跖集

陳應標撰

《通志》卷八十《經籍》著錄。應標，字起瞻。天啓間諸生。

《府志》卷三十三《文苑》並著錄。

退隱集

熊銓元撰

《通志》卷八十《經籍》著錄。銓元，字祥人。崇禎間貢生。

按《府志》卷二十二《選舉》："熊銓元，永定拔貢。有文名。"

又卷三十三《文苑》並著錄。

斗孺遺稿

盧日就撰

《府志》卷三十《人物》：盧日就，號斗孺，永定人。崇禎癸酉舉人，知廣西岑溪縣。縣歲解牛判銀四百兩，日就嚴禁屠牛，每年捐俸陪解。戢獞、猺之雜處者，勿爲民害。遷南京北城兵馬司，終刑部主事。

又卷三十三《文苑》著錄。

按《通志》卷八十《經籍》著錄，"孺"譌"儒"。

又卷百五十八《選舉》：盧日就，贛州府瑞金教諭，遷梧州岑溪知縣。

讀易識小

吳煌甲撰

《通志》卷八十《經籍》著錄。煌甲，字愉之。崇禎癸未進士，官揭陽縣令。附父懋中孝義傳。

《府志》卷三十《人物》有傳。又卷三十三《文苑》著錄。

琴心軒藝

吳煌甲撰

《府志》卷三十三《文苑》著錄。

素園遺稿

熊興麟撰

按《通志》卷八十《經籍》著錄，作"素園詩歌"。邱嘉穗《東山草堂集·熊興麟傳》："所著《素園詩》數百章，悉清新雅健，歸於和平，無前朝遺老氣習。"

又《通志》卷二百二《列傳》：熊興麟，字維郊。崇禎癸未進士，知宜興縣。未幾，北都覆，福王立南京，大江以南，盜賊蜂起，飛蝗遍野，民死亡者十四五。興麟慨然曰："此人臣效命之秋也。"於是戢奸禁暴，加意噢咻，凡無名賦，蠲除殆盡。巡行四境，察形勢要害，令民立柵結壘相保聚。它邑寇多白晝肆掠，獨宜興無患。南都亡，興麟歸里。唐王自立閩中，以蘇觀生、何吾騶薦，起禮部主客司主事，轉御史，隨閣辦事。唐王亡，奔粵謁桂王，畀以原官，出巡湖廣。既而大清兵入楚，興麟方巡辰州，爲總兵官所執，羈棲辰州，坐臥一小樓。七年釋歸，卒。

《府志》卷三十《人物》並有傳。

念盧師《熊御史素園遺稿序》曰：予曩讀《東山草堂集》，於《前進士湖廣巡按御史熊公傳》而慕之。公諱興麟，字維郊，號石兒，永定縣人。崇禎癸未聯捷進士，選宜興知縣。值國變，效命守土，有政聲。南都再陷，棄官歸。紹宗起官主事，擢御史。汀州蒙塵，從永曆於行在，勑原官巡按湖廣。明年，清師至，被執於辰州，不屈，解之燕，遁回；復解之楚。前後羈辰淹留五載，卒以黃冠歸里，稱完人終。其大節不苟也如是。《傳》稱：公在辰坐臥一小樓，屢瀕於危，屹不爲動。歸里四十餘年，杜門却軌，惟舒情咏歌，以寄其概。有《素園詩歌》數百章，清新雅健，歸於和平，無前朝遺老習氣。其吟咏自娛也又如是。予既慕公爲人，亟思讀公詩，搜訪四十年，叩之永人士，寂無應者，意其兵燹薦臻，灰燼久矣。辛未秋，公族裔宇英君，自湘歸，道潮，手新故鈔稿各兩册，媵以張君孤帆書，屬爲校訂。展視，儼然公之遺詩與公八十有五之年所自述也。不禁狂喜，乃盥手焚香，端坐而讀之。則譌誤紛馳，幾不可終誦，且標目亦或錯漏。蓋載逾二百，轉寫猥多。昔人論陶詩全句錯誤，有若"刑天舞干戚"譌"形天無千歲"之例，不特"別列淮淫，字似潛移"而已。不已爲之辨其形似，諧其音讀；不合則掩卷沈思，提筆四顧，推求比附，務期得當然後已。積二月之久，稍稍還復舊觀，乃區別各體，以類編次，得詩百九十三首。原鈔未著集名，沿東山《傳》語，題曰《素園詩遺》，從公舊，且志殘佚也。自述亦加"素園"其上附焉。嗟乎，公以二老倚閭，隱忍不即死，而執不仕二姓之義，威迫利餂，終亦不肯鬻其身；節堅金石，氣塞天地，夫豈待詩文而傳？然讀公詩如《不仕》、《感憤》、《揚子江中望金陵》諸作，直以哭爲歌，以血爲淚，何但清新雅健，如東山所稱？至所自述都萬言，無一華辭，無一曲筆。自言："據事直書，貧賤富貴，患難夷狄，素位而行，不文不莊，以遺子孫。"吾謂公詩自署"素園"，義蓋本此；而公一生氣節，亦櫽栝此數言之中。是稿之傳，又惡可緩乎哉？莊生有言，上古神人"大浸稽天而不溺，大旱金石流、土山焦而不熱"、"疾雷破山風振海而不驚"，予始以其言爲誕。今觀公之爲人，讀公之詩文，履險如夷，從容靜定，猝遇大浸旱、疾雷風，知不以攖其心，更何溺熱與驚之有？恢恢乎固入古之神域，而利害無動於中，死生無變於己矣。既寫定，爰書顛末，以致仰行之誠，併手錄東山舊傳於端，以爲讀公詩者之先導，俾知公大節凜凜，固不靳靳以詩傳也。

　　附邱嘉穗《前進士湖廣巡按御史熊公傳》曰：公諱興麟，字維郊，號石兒，閩之永定人。熊氏自江陵遷閩，世有潛德。母鄭太安人夢龍繞松間行，水勺而飲之，因娠公。公生而秀穎異凡兒，就外傅，已通經史大旨。弱冠補諸生，即以制義掉鞅壇坫間。制義沿至啓、禎朝，龐雜已甚，其矯枉者，尤詭誕不可訓。公獨秉經酌雅，力摹唐宋諸大家，漳浦黃石齋先生稱其"雄渾勁健，一洗浮靡，足覘立朝節概"。遂以崇禎壬午舉於鄉，聯雋癸未進士。越明年二月，除知宜興縣。當是時，闖、獻交訌，中原鼎沸，不旋踵而北京覆沒。南都二三大臣擁立福藩，建元弘光。馬、阮亂政，用宿黨相攻擊，而大江以南，蝗螟遍野，萑苻蜂起，民死亡者十四五。公慨然之任，曰："今日正人臣效命之秋也，吾其敢苟且爲耶？"於是，杜苞苴、平訟獄、戢奸禁暴，加意噢咻，一切無名賦役，蠲除殆盡，吏胥拱手行文書而已。間復巡行四方，察其形勢要害所在，俾民立柵結壘，控禦綢繆，以相保聚。他邑山寇多白晝肆劫掠，而荊溪一路猶熙熙有承平遺風，四境德公如慈父母。江院某方奏公治行第一，朝命未下而左師難作。王師已定金陵，而公亦知其不可爲，亟拂袖而歸。然南都雖陷，而唐藩復立閩中，建元隆武；桂藩亦稱號永曆，駐粵肇。時王師尚未逾嶺，自閩粵而西，豫章、楚、蜀、滇、黔，一時逬播遺臣，相與出死力爲勝國守者，猶大有人，而公尤以宜興最績屬人望。隆武詔徵耆舊，大學士蘇觀生、何吾騶等交章起公爲禮部主客司主事，尋轉河南道御史，隨閣辦事。未幾，閩事敗，何吾騶奔粵，復攜公謁永曆於行在，奏對稱旨，畀原職視事。逾年，出爲湖廣監察御史。公時由閩如粵，過家僅一宿，間關事主，不避艱危；雖立小朝廷，而垂紳正笏，風采端凝，義所不可，和悅而諍。巡歷湖南六郡，潔己率屬，撫綏尤至。楚人尸祝，如宰荊溪時。諸大老咸加器重，爭欲疏薦公，以爲“當偏隅板蕩之日，而弘濟時艱，不動聲色，屹然有治世大臣風度”云。丁亥冬，王師四出，楚中望風驚潰。公方巡辰州，爲總兵官馬某所執，逼令薙髮納敕印，且以溫語勸之仕。公布袍葛巾，從容詣轅門，求放歸終養。馬某心弗善也，即與巡道李某比而齮齕公。初以敕印馳繳恭王，將逮公抵長沙，同敕印送京；會有金何之變，不果逮。已而李某復送至督府，咨押入京，部以敕印不至，仍押還楚，解恭王核實；而恭王方開西南，軍機倥傯，亦竟不果解。由是李不聽公去，公遂羈棲辰陽者先後幾七年，坐臥一小樓，辰人供帳弗絕。日對老蒼頭，形影相弔，屢瀕於危，屹不爲動；雖慷慨傷懷，時時念兩尊人不置，迄無幾微震懾見顏面，蓋忠孝其天性也。居無何，李某罷去，而新接道篆者劉昇祚，憫公忠節，一見輒握手語曰：“嚮者，朝廷猶下詔求遺逸，其不願赴者聽之。先生即不應聘，尙宜以黃冠歸故里，而顧令淹留至今，是有司之過也。”立檄辰守，取公呈投院，判允回籍。公至是始得以其完名全節，稱前進士終老於家矣。家居四十餘載，齒德彌尊，絕口不言天下事，惟杜門掃軌，日以讀書養志，課子孫自娛。時與二三知友流連於圍棋文酒間，舒情嘯咏，弄月吟風，以寄其浩浩落落不可一世之概。而亦未嘗憤世嫉俗，傲然以名節凌人，衣冠眉宇，一如素履無少渝。其高風亮節，人士翕然宗之。相國真定梁公及宛平王公父子，並以同譜世誼欽其名德，每當事出都門，必屬以相訪。公亦不肯輕請謁，或有大興革，造廬相商，然後批却導窾，一啓其端，桑梓陰食福焉。閒居每覽前明遺事，欷歔嗚咽不終卷。過通衢見崇禎劇，亦相對掩泣而罷。在辰陽時，左右病甚，夢城隍神請見儀門，授以藥。翼日，居民果舁神像抵其處，病竟得痊。北山下別業石井久涸，爲文以祭，一夕而泉湧，人以爲皆公忠誠所感。所著《素園詩歌》數百章，悉清新雅健，歸於和平，無前朝遺老習氣。時以其詩作行草，醉墨高古，如虬枝雪幹偃蹇寒崖，得之者輒弆以爲雙絶。既老而神明不衰，眼不懸鑾鑷，手不拄藜，譜集游譚，軒軒如少年豪舉。壬申，伯子昭應宰奉川，迎養署中，猶能秉燭閲官書，出其所以治吳楚者相指授。浙東士女，爭引領識公，目爲神仙中人。享年八十有九而終。論曰：士君子抗懷忠孝，百折不回，意其中必有所自得而不求人知，而人亦莫之知也。方順治初，我世祖章皇帝詔求前明遺臣，故匿者有罪。令爾時公稍遷就，富貴立至；即不然慷慨赴死，在烈丈夫，亦自易易；而何至以八年逋播臣，爲奴隸人所辱乎？然吾竊嘗揆公忠孝本懷，實有耿耿不自安者，以爲隨則背君，激則忘親，不得已而出於梁震之策，棲隱荆臺，稱“前進士”以歸。而向之齮齕公者，亦適所以成其志而予之名也已矣。公歸自辰，抵汀州，聞封翁訃，輒拊心泣血，曰：“天乎，吾所以甘羇辰陽者，徒以親在故也。今父歿矣，吾何用生爲。”嗚呼，深哉，忠耶？孝耶？其孰能知之耶？

擬高集

邱應景撰

《通志》卷八十《經籍》著錄。見《縣志》。

詩經說

鄭日益撰

《通志》卷八十《經籍》著錄。日益，字沖宇。見知縣武進方履籛所修《縣志》。

四書說

鄭日益撰

《通志》卷八十《經籍》著錄。

卷十一　清·長汀縣

理信存稿四卷

黎士弘撰

《通志》卷八十《經籍》著錄。

又卷二百三十一《列傳》：黎士弘，字媿曾。少師寧化李世熊，以文章經濟爲己任。順治甲午，舉順天鄉試。康熙元年，授廣信推官。甫下車，糾貪墨、鋤豪強。然性慈惠，聽斷必以情。受十三郡之讞凡七百餘牘，所脫無辜數百人，時有"遇黎則生"之謠。屬縣玉山，經兵燹後，城中草深三尺，居民纔三十餘家，大吏知士弘善撫循，遂遷知玉山縣。清田畝、復流亡，凡招民三千八百餘，墾田地二百二十二頃。尋以裁缺，補永新知縣。永新處萬山中，民俗頑梗。故事：正月開征。士弘請緩至四月。革火耗、裁催征蠹役，不煩鞭扑而輸將恐後。又清釐屯糧，按圖甲載姓名編册，爲久遠計。民困以蘇，盜賊衰息。先是永新獄常滿，至是繫者僅二人。擢甘州知州。舊有王丁錢糧，國朝改爲額徵，丁散亡而額不得虧。士弘請於大吏奏革之，衆爲立碑紀其事。遷常州知府，會吳三桂煽亂，西秦震動，大吏以士弘爲西人所信服，奏除洮岷道副使，權甘山道事。時提帥王輔臣叛，河東失守，各鎮領兵至，士弘謂："巡撫當先一事權，然後可以河西之兵收復河東。"因舉提督張勇可任大事，復倡士民捐糧助餉。及復蘭州，權按察使，日贊軍務，夜視案牘，分別失陷官吏，情罪多所原宥。寧夏營將叛，殺提督，大府移士弘鎮寧夏，由草地馳赴。甫達衛地，而衛弁顧某又叛，士弘擒首惡，置之法，人心以定。乃抵鎮，倡亂者亦就獲。而各衛所倉糧積欠至七萬五千有奇，士弘以地方新定，急征恐生意外變，因請奏蠲之。叙功除布政司參政。明年，以母老乞養歸。值漳州用兵，上官議撥長汀軍糧八千餘石運漳州，長汀民惶恐。士弘以軍民交困狀，白大吏，得免。年八十卒。弟士毅,子致遠。

《碑傳集》卷八十一《康熙朝·監司下》,陳壽祺《黎士弘傳》曰:黎士弘,字媿曾,汀州長汀人。明季諸生。少嗜聲詩,師寧化李世熊,以文章名天下。逾冠,作《蘭與蘭語》詩投福州曾異撰,曾語人曰:"黎生,漢魏之苗裔也。"新建徐世溥云:"今海內人士,惟長汀黎媿曾及漢陽李文孫已耳。"而祥符周亮工謂:"黎自可單行,若並漢陽,恐疑嚕伍。"其爲名流推獎如此。大清順治十一年,舉順天鄉試。授廣信司理,受十三郡讞牘,脱無辜數百人。然常鋤豪强、糾貪墨。屬邑玉山,經兵燹後,城中草深三尺,民纔三十餘家;士弘招集流亡,墾田定賦,民復舊業。以裁缺補永新知縣,政清獄簡,稽逃漏、整風教,舉廉卓第一,擢甘州同知。再舉廉卓,遷常州知府。會逆賊吳三桂煽亂,西秦震動,大吏奏除洮岷副使,署甘山道事。提督王輔臣叛,河東失守,士弘以"鎮兵雲集,必一事權"言於巡撫,謂:"恢復河東,非用河西之兵不可;用河西之兵,非責之提督張勇不可。"疏奏,授勇靖逆將軍,節制諸鎮。及復蘭州,士弘多贊畫焉。寧夏營將叛,殺提帥。監司適以憂去,鎮城危急,改鎮寧夏,嚴守禦,安反側;又密請免衛所遺糧七萬五千石有奇。康熙十六年,賊平,叙功晉布政司參政,以母老乞歸。居家二十八年,年八十卒。有《託素齋文集》六卷、《詩集》三卷。弟士毅,字道存,以拔貢生授南昌知縣,遷知壽州,有《寶稿堂詩集》。叔子致遠,盛京刑部侍郎。

鄭方坤《黎媿曾小傳》曰:黎士弘,字媿曾,長汀人。負岸異姿,自爲孤童,即能讀等身書。嗜聲詩,又不好繁艷諧俗語。少遊寧化李元仲之門,稱入室弟子。應試三山,見曾弗人,作《蘭與蘭語》詩爲贄,弗人大擊節,且語人曰:"黎生,漢魏之苗裔也。"時新建徐世溥,有文名,與虞山宗伯書,謂:"今海內人士,惟長汀黎媿曾及漢陽李文孫兩人而已。"而周櫟園方伯謂:"黎自可單行,若比並漢陽,恐疑嚕伍。"其爲名公大人所傾倒若此。順治甲午捷京闈,屢試禮部不第,需次授廣信司理,旋以裁缺補永新令,舉能其職。歷官至甘山道,移節寧夏。適邊將倡亂,河西一帶無固壘,人心風鶴,譌言日數起,顧獨以鎮静處之。督餉籌邊,治軍書每至達旦。八年塞上,勞苦功高。迨干羽舞階,膚功克奏,諸公多以節鉞相推,而屢疏陳情,卒遂初服以去。一畝之宫,彈琴賦詩,蕭然有以自樂,幾忘當日之赤羽白旗而以身爲長城之寄也者。昔臧文仲有言:"賢者急病而讓夷。"若此者,可不謂加於人一等與?著作甚富,選家謂其古文清新俊逸，未嘗步武前人，而動與古會。詩格隨年而變，大抵刊落陳言，清真樸老，與周櫟園、汪舟次諸公後先競爽，異於以鏗鋭爲工者。寅湖青草之奇，靈洞翠華之秀，吾於《託素》一集，蓋悠然而觀其深矣。

《清史列傳》卷七十《文苑·黎士弘傳》曰：黎士弘，字媿曾，福建長汀人。少師寧化李世熊，稱入室弟子，以詩文名。應試三山，見福州曾異撰，作《蘭與蘭語》詩爲贄，異撰大擊節，且語人曰：“黎生，漢魏之苗裔也。”新建徐世溥，嘗與錢謙益書，謂：“今海內人士，惟媿曾及漢陽李文孫耳。”而周亮工謂：“黎自可單行，若比漢陽，恐疑嚌伍。”其爲名流推獎如此。順治十一年，舉順天鄉試，授江西廣信推官，以裁缺補永新知縣。舉廉卓第一，擢甘肅甘州同知。再舉廉卓，遷江蘇常州知府。會吳三桂叛，三秦震動，大吏奏除洮岷道副使，署甘山道事。王輔臣叛，河東失守，士弘以“鎮兵雲集，必一事權”言於巡撫，謂：“恢復河東，非用河西之兵不可；用河西兵，非責之提督張勇不可。”疏奏，授勇靖逆將軍，節制諸鎮。及復蘭州，士弘多贊畫焉。寧夏營將叛，殺提帥，鎮城危急，改鎮寧夏。嚴守禦，安反側，又密請免衛所遄糧七萬五千餘石。康熙十八年，賊平，叙功晉布政司參政，以母老乞歸。家居二十八年，卒年八十。少時詩好李賀，文好王勃，所爲文清新俊逸，未嘗步武前人而動與古會。詩格隨年而變，不相近也。然大抵刊落陳言，多清真樸老之作。著有《託素齋詩文集》十卷、《仁恕齋筆記》三卷。

又卷七十四《循吏·黎士弘傳》曰：黎士弘，字媿曾，福建長汀人。中順治十一年順天鄉試舉人，除江西廣信府推官。乾隆朝《長汀縣志》。鋤豪强、糾貪墨，陳壽祺《黎士弘傳》。丰采稜稜，奸宄斂戢。《長汀縣志》。然嘗受十三郡讞牘，脫無罪數百人，時爲語曰：“遇黎則生。”《大清一統志》。屬邑玉山，兵燹後，城中草深三尺，居民纔三十二家；士弘立學、建治，招集流亡，墾田定賦，民復舊業，陳壽祺撰《傳》。凋邑頓成樂土。《長汀縣志》。以裁缺補江西永新縣，稽逃漏、整風教，政清獄簡，陳壽祺撰《傳》。與民休息。境有虎患，齋心致禱，虎爲屏跡，民稱“黎青天”。《長汀縣志》。舉廉卓第一，奉旨賜袍服，擢陝西甘州同知，奏罷衛所屯丁額徵糧銀數百兩；復以廉卓賜袍服，晉江南常州府知府。會逆賊吳三桂煽亂，西秦震動，督撫會題，擢洮岷道副使，署甘山道事。提督王輔臣叛，河東失守，士弘以“鎮兵雲集，必一事權”言於巡撫，謂：“恢復河東，非用河西之兵不可；用河西之兵，非責之提督張勇不可。”疏奏，授勇靖逆將軍，節制諸鎮。

及復蘭州,士弘贊畫功爲多。陳壽祺撰《傳》。署甘肅按察使,分別失守官吏罪,號爲平允。《甘肅通志》。寧夏營將叛,殺提帥,監司適以憂去,鎮城危急,改授寧夏道。嚴守禦,安反側,又密啓免衛所遺糧七萬五千石。康熙十六年,寇平,以功晉布政司參議,以母老乞歸。家居二十八年,卒年八十。陳壽祺撰《傳》。著有《託素齋詩文集》、《仁恕堂筆記》、《理信存稿》。《長汀縣志》。弟士毅,由拔貢授南昌縣知縣,請免邑糧溢額;剿平山賊彭酋,民賴之。後遷知壽州。《大清一統志》。叔子致遠,盛京刑部侍郎。陳壽祺撰《傳》。

《福建列傳·清二》:黎士弘,字媿曾,長汀人。少遊寧化李世熊之門。與弟士毅讀書佛祖峰僧寺,溪水暴漲,餐不繼,煨芋炒豆療飢。明季爲諸生,應試福州,作《蘭與蘭語》詩,投曾異撰,異撰語人曰:"黎生,漢魏之苗裔也。"崇禎末,督學使者郭試汀州,題爲"侗而不愿"二句,士弘指陳古今賢佞,琅琅數千言,郭以爲明允,《辨奸論》莫之過。汀郡左所屯糧,自前明永樂時屬贛,爲信豐縣。周三叛亂,汀軍剿捕。事平,以籍田賞軍額賦一百三十八兩餘,歲收解,事隸汀州清軍同知。繼因信豐去汀千里,軍戶不能棄家就屯,招工人承佃,收其租入,歸而納官。後佃人恃遠負租,致軍戶受官追比,鬻田產、子女,有被刑死者。士弘承父命,走虔州請於虔撫都御史林一柱,以左所額徵屯糧,徑從信豐起徵坐抵。林,莆田人,素稔士弘名,隨檄信豐縣徑徵抵解,三百年害遂清除。順治四年,貢國子監。自是涉大江,走青齊幽燕,交一時名公。祥符周亮工官閩左轄,延設講席,令其子弟從遊。新建徐世溥《與虞山錢宗伯書》謂:"今海內人士,惟長汀黎媿曾及漢陽李文孫兩人耳。"而亮工獨謂:"黎自可單行,若比漢陽,恐疑噲伍。"甲午舉順天鄉試,乙未揀選推官。康熙辛丑,授江西廣信府推官。抵任,受十三郡讞牘,脫無辜數百人,故江西有"遇黎則生"之謠。然執法不撓,常鋤豪强、糾貪墨,聽訟則日中不飯;或祁寒股栗,必從容展卷,再聽更端,六載未嘗一用重刑。故事:理官歲一值季。會城當路籍士弘才,一歲中住會城者十常九,中間兩主計典,黜陟允當,監兌漕糈,風清弊絕。總漕某,與江右諸當事齟齬,自監司、守令而下,以漕務挂彈章者累累;當路令士弘往陳委曲,事遂冰釋。癸卯、己酉,分校文武兩闈,所取多名下士。廣信屬邑玉山,兵燹之後,人民遷徙,田地荒蕪,課賦虧逋,邑令遷徙如傳舍。總督張謂:"非急事撫綏,民將鳥獸散。"會同巡撫董疏請,專委士弘往任其事,遂如玉山。時城中草深三尺,居民纔三十二家,築室斗大,粗避風雨,率父老子弟登舊城,望井里邱墟,煙火晨星。遂清其田畝,定其賦税。
招民人通溝澮、創學宮、置官署、建兵房。復捐資倡給牛種,墾田地二百餘頃,
招民三千餘人,凡墾田若干,造屋若干,即給印照,俾爲世業。隔屬者,無不聞
風踵至。經年竣事,復集七邑諸生,分題課藝,間偕遊於一杯亭諸名勝,流覽
江山,徵奇問難。俸滿,以廉卓書上考,而忽逢裁缺之令,七邑聞命,驚泣廢
業,如失怙恃。離任日,通郡萬餘人泣送河干,擁馬首不得行;甚至深山窮谷,
攜酒提漿,送數百里外不止。己酉,補江西之永新縣。永新爲吉安屬邑,縣在
萬山中,民俗頑梗,素稱難治。士弘一意與民休息,徵收錢糧,一遵由單。首
革火耗,其從前各弊,杜絕一清。催糧例有認保,皂快夤緣鑽充,索詐常規,動
輒數十,雜費既多,正供反誤。士弘悉令納户自尋認保,悉革皂快鑽充,不煩
敲扑而輸將盡竣。縣之西鄉負固三十年,出片紙呼之,咸奔走趨赴。民俗好
訟,凡受詞,面鞫是非,判語援筆立下,未嘗停一案、遣一差也。定例:正月開
徵,五月以一半解交藩庫。力請於藩司,寬至四月起徵,解額仍遵定限。永新
所屯糧,前因款項不清,軍屯交病,米貴則倍徵本色,米賤則多派折價。或田
地荒蕪,軍丁逃散,無籍可稽。或民户隱瞞,屯甲補賠,官司受累。一行起運,
僉丁任從軍伍開報,遂有僉貧賣富之弊,以致正軍逃竄,干連族黨。士弘自己
酉年起開局清查,屯糧編歸圖甲,僉丁載定姓名,輪流應運,五年爲率,刊成編
審屯册,以後守爲成法。遴選鄉約紳衿,以廉謹者朔望宣講,彰善懲奸;善者
給之匾額,惡者盡法無赦。永邑號稱才藪,向爲有司摧挫;士弘於月二、六日,
延禮生童臨學會藝,手自評其高下。至圖賴成風,嚴抄搶而全民命;婚姻悔
約,捐俸而爲作合;暴客公行,擒渠魁顏顯、譚鬍子等正法;且境多虎患,齋心
禱告,遂以絕踪。好事者至採諸異政,編成野乘。時鄰邑吉水地大賦繁,奉檄
攝縣篆。永邑人相與堵塞煙門,環侍縣署,各懷錢粟百千人,徒步會城,願留
使君,活我百姓。以符下不允。復伺當路出,攀擁肩輿,填滿街巷,哭聲震地。
當事感動,事得寢。歲辛亥大計,兩江總督麻手札與巡撫,謂:"卓異大典,必
得如黎永新者,方爲不媿。"舉廉卓第一,擢陝西甘州同知,遠在極邊,時母
春秋高,士弘有拂衣之志。諸當路斂金勸行,不得已,以明春入秦。甘州,古
張掖郡,夙稱雄鎮,彝虜狡獪,出沒無常,兵馬雲屯,供億時匱。士弘至,即嚴
飭衛所,和輯兵民,芻糧按期支放,監餉親驗包封,計年徵收糧草數十餘萬,會
校出納,吏胥拱手。邊民樸質,因與隨俗爲治,寬賦省徭,嚴明不苛,而兵民畏

服。前明諸王子弟，分封甘肅，其衛所人民隸爲王丁，歲額徵銀數百餘兩，歷年三百，丁口散亡殆盡。及王府廢革，額徵如故，數爲官司、里民之累。士弘上書巡撫，極言賠累之苦，遂疏請豁免，衆爲立碑紀其事。歲時及初度之日，四民拜於碑下常萬人。時同城提督張，折節好士，因得相與商榷地方機宜，縱談古今成敗，文酒之會無虛日。受事未及兩載，河西二千餘里，治行獨冠一時。總督哈、巡撫華，復以廉卓登啓事，陞江南常州府知府，未行。會吳三桂煽亂，陝省震驚。經略莫會商督撫，以士弘"才望素著，久爲西人悅服"，特疏題陞洮岷道副使。中途道梗，留署甘山道事。時提帥王輔臣兵叛，臨、鞏各郡，盡爲賊據，蘭州失守。巡撫率其僚屬渡河而西，人情洶涌，賊燄梟張。時甘肅提督靖逆侯張勇與甘肅總鎮、西寧總鎮各統勁旅，會師涼州，商進勦。士弘請於巡撫，謂："河東失陷，首在恢復蘭州。各鎮兵馬雲集，必須事權歸一，始於國事有濟。"巡撫遂具疏馳奏。旨下，授張勇爲靖逆將軍，節制各鎮，一應調度，不從中制。其疏中有"恢復河東，非用河西之兵不可；用河西之兵，非責之張某不可。臣敢以百口保其無他"等語，多士弘筆也。事起倉皇，師行必先糧食；士弘首先倡捐糧料數百餘石，穀草數萬餘束，勸率官紳士庶，量力捐輸，內撫鎮城，外綏彝虜，事不擾而糧集，大兵得資進討。及復蘭州，檄士弘兼攝梟篆，日則贊畫軍機，夜則判理刑獄；案牘如山，片言立斷。先曾失陷地方文武郡吏，誰爲首亂，誰爲脅從，甄別重輕，全活官民無算。督買糧草，撫輯流亡，官置官司，澄清吏治，經年勞勣，手口瘏瘃，從此克臨洮、取鞏昌，士弘勸贊之功爲最。時寧夏叛弁謀逆，凶殺提督陳某，鎮城危在旦夕，彼地監司方以內艱去，河東千里失陷，甘肅沿邊皆無固志。將軍、督、撫以士弘在邊八載，名著西陲，遂具題改授寧夏，從草地馳赴，達中衛。值衛弁顧某，徵輸少急，爲亂民叢毆死，士弘立擒首惡數人置之法。抵鎮城，嚴守禦、調兵食、撫四民、飭弁卒，人心遂定。時勇略將軍趙從天津鎮陞寧夏提督，相與會擒倡亂者數人，磔諸市。各衛所倉糧積年逋欠七萬五千有奇，士弘以地方新定，若一急徵，恐生意外變，飛書上請奏蠲之。十六年，賊平，敘功晉布政司參政，仍管巡道事，乞養歸。值漳州用兵，大吏議撥長汀軍糧八千餘石，汀民惶恐，士弘以軍民交困，狀白得免。年八十卒，有《託素齋文集》六卷、《詩集》三卷。子致遠、

子文遠等撰《行述》、陳壽祺撰《傳》。

《臨汀彙攷》卷二《人物》：黎媿曾士弘，爲廣信推官時，撫軍疏廷請言：

“玉山邑荒殘且二十年，非急撫綏安輯，民將鳥獸散。惟推官黎某辦是，其急遴以往。”當宁允之。以是年十月如玉山。時城中草深三尺，不辨街巷，民纔三十二家。公至，省問疾苦，相緩急之次第，以爲治。不逾年，諸廢畢興。由是田有籍、士有宫、市有肆，而民氣漸復。玉山人立祠宇虔祀以報，祠今已百餘年，尚存。遇汀人路過其邑，訊知公同里，猶歷歷稱頌黎公不絶口。爲邑宰者，能得此於身後，是亦足矣。其他驅虎驅蝗，見於他邑者，後學無由親至而習聞之；而集中有《甘州治獄偶記》一則，尤令人想望丰采也。《記》曰：“仁義禮智，人性皆全。特爲嗜欲蒙蔽，日漸月深。如火在石中，不擊不發；泉在山下，不鑿不流。終不得謂石中無火，山下無泉也。記在甘州時，有兄弟白首搆訟，心甚惡之。兄訴弟不法種種，予曰：‘是當立斃杖下。即令爾自行杖，庶快爾心。’命隸取杖付之，其兄盡力一揮，直欲立死其弟。余意正怫然，故語之曰：‘須三杖了却爾弟命也。’其弟從階下忽仰首望兄，呼一聲哥，其兄勃然良心觸發，急舍杖趨前，抱弟而起。弟攬兄足，兄拊弟背，放聲大哭。予爲簌簌泣下。旁觀吏卒亦復涕泗橫流，不能仰視。當其赴訴咆哮，真有不可解之怨毒；即其舉杖之時，亦未見有半點之憐惜也。問官含怒噍呵，亦未嘗示一言之解勸也。只其弟仰首一呼，不知其兄從前怨恨，銷歸何處？胥徒府史，抑豈皆仁人孝子？爲其兄弟感觸，亦各含辛墮淚。斯時堂上無官司，兩旁無役卒，堂下亦無罪人，只有賢兄悌弟，一段藹然仁孝之意，充滿户庭。若使人人刻刻此念此心，真可刑措不用，其去三代不遠矣。信乎，子輿氏之言曰：‘如火始然，如泉始達。擴而充之，足以保四海。’其奈不能擴充，何哉？”公此段至情至理至文也。吏治源流，盡在是矣。公之學問文章，固有大於此者，然人之可傳，豈必在大儒林、文苑傳，非與循吏傳 [①] 並傳者耶？是即位置媿曾於循吏傳中，視古龔、黄、召、杜，何多讓乎。

又《鄉行》：黎媿曾司理廣信時，南康義士陷大刑，司理就讞獄於會城。寧都魏禮急友人之難，稔知司理故寧化李元仲門人也。往禮病，就醫瑞金縣，司理曾候視之。寒作，低幃而見。於是，禮輒衝風雪走元仲所索書，詭云：“有販布客傳此事，今附書布客來，當活義士。”禮留一夜，即衝風雪，走會城。至則無人肯名布客見司理者，又恐司理詢元仲家事不應，得大罪，而事頗急不得

① “循吏傳”，原稿脱“傳”字，據《臨汀彙攷》卷二補。

待，禮乃易名爲販布客，執手本叩頭見之。司理問客："與魏和公親屬耶？"對曰："在五服中。"司理揖之起，賜坐，客讓不敢。司理曰："和公兄弟行，何爾爲？"强坐之，詢元仲起居，出。明日再見，叩頭受報書，司理引之起。他日司理聞之，大笑，自恨曰："吾開眼乃爲魏和公所賣。"書此，見前輩風尚之古。三人同聲相應，成此一段佳話。

按《清一統志》卷三百三十三《汀州府·人物》有傳。

又按《府志》卷三十《人物》有傳，卷三十三《文苑》並著錄。

又卷三十九《藝文》，南昌黎元寬《理信存稿序》曰：昔歐公大治文章，而口必言政事，論者曰："此不欲掩人於所長也。"不知歐公之心，則亦欲自致其實用焉耳。是故在夷陵閲牘凡三月，而至於終身以之，豈直欲習爲文無害者？今觀媿曾公，蓋深得此意矣。媿曾學有本原，語妙天下，其所制長行各體與夫有韻之文，既莫不自躋大家而膾炙人口。乃初筮得理刑信州，官稍雄駿。使忮者爲之，或有濫於事外，即何得無廢於事中。原夫媿曾所理，不獨一郡，而十三郡之性命皆寄焉；又不獨十三郡，而大司寇、大廷尉之則法皆取焉，何其重也。媿曾於此，不鈎距以爲精，不鍛鍊以爲武，不上下陰陽以爲合，而惟是《尚書》决事、《春秋》斷獄，則亦曰肄業在之，無所多讓。是故其言可存而不可廢。或者總歸諸文人之著作，殆如咎繇明刑弼教，以開中天之治，不過成其爲才子之品目而已矣。後世徒以試吏，若書判拔萃科取士者，即安能有此盛業哉？雖然，子産初鑄刑書，人致不服，及爲慈母，乃併歌之。媿曾理信則高不見之功，已令永新，纔行其牘，而人之服且歌者，易地皆然。此又何也？蓋理能生人，不能生其宜死之人；令能盡與人以生，而盡免於死理。道得半而事得全，令事得半而道得全，遂使人咸宜之，頌聲無間，亦惟用其一心而已足耳。若樸而不學，巧而逢時，則用心非矣，遑問民譽？媿曾曰："赫赫之名，吾不敢知，吾守吾職司而已矣。"稱是，則僅僅言儒吏之通，尤云淺事；必也有本領焉，有作用焉，而緯之以文章，故足術也。黄次公起廷尉平，至太守，皆有善政，逮爲京兆，既不稱，微論宰相。若是者，余不欲爲媿曾舉似矣。惟歐公初官西京留守推官，次官夷陵令，其踪跡略與媿曾等，而其後爲執政名大臣。媿曾治文章與必爲名大臣之意，殆欲如歐，而又適官於其鄉，余是以取而似之，媿曾當之必不愧也。余朽無文，其視媿曾猶宗衮，其必公媿曾者，蓋祖之而終不敢禰之也。小辭爲序，無所發明，亦志其賦才之初，十倍相絶；而避影之際，數輩堪容云爾。

《自序》略曰：予理信六載，受十三郡之讞牘，大小七百五十計，環廷而聽斷者約數千人，待定於一人之筆與舌焉，則刑之理也，亦綦難矣。歲丁未裁缺，戊申補永新，署中稍暇，① 乃檢舊牘中得可存者若干篇，刻而存之。

西陲聞見歌

黎士弘撰

《通志》卷八十《經籍》著錄。

仁恕堂筆記

黎士弘撰

《自序》曰：余遷巒而西，重留張掖，即儲糈忙人，指畫易鏡。衙鼓既罷，殊苦思家，與兩兒子謀爲消日之計，粥飯之餘，輒寫新舊事一二通，言語既長，遂成卷帙。孟東野云："耿耿蓄良思，遥遥仰嘉話。"蓄思雖多，但不知能當嘉話否也？時爲康熙乙卯八月，媿曾識。

甲寅秋，予自甘州量移守常州，旋被命巡洮岷，未渡河而洮岷陷。次年乙卯二月，賊遂陷蘭州。大師東出。甘州爲邊最西，一墻外番夷雜處，乘內亂兵單，公然犯邊堡，肆摽掠。又蘭州聚兵滿萬，需餉需芻粟如火，當事乃復藉予巡甘州。先是甲寅三月，閩藩變起，守將劉應麟據城以叛，老母眷屬隔絕八千里外，一時家國之難，錯慮交心。兩兒子從宦署中，日夕以淚洗面。見予時或佯爲歡笑，察其情事，乃轉更悲也。恐憂遂能傷人，各令述新舊事，聚成卷帙。去家遠，故未攜書。靖逆侯張公曾分書千餘卷，又多所殘缺，故篇中率皆憑臆之談，殊少訂證。丙辰冬，王師入閩，復汀州，秦中亦大定，予復再移朔方。己未，始得請歸田奉母，温清之次，偶理是篇付梓人。嗟夫，當攬筆絮語時，豈遂望有今日？是皆驚悸愁歎之餘也，何忍棄之？謂將以博名高、佻斷論，非其質矣。康熙辛酉上元日黎士弘媿曾再記。

---

① "稍暇"，原稿脱"稍"字，據道光《福建通志》卷八十改。

《通志》卷八十《經籍》、《府志》卷三十三《文苑》並著錄。

按《清史列傳·文苑》作三卷，"堂" 譌 "齋"。

又按《古學彙刊》第一集《輿地類》，刻入黎士弘《仁恕堂筆記》一卷。

託素齋詩文集十卷

黎士弘撰

周《序》曰：長汀黎君媿曾令 [①] 豫章，裒集所作古文詞若干卷，寓書於余，屬爲之序。因憶予與媿曾交數十年，曩遊八閩，一時文字交，惟媿曾託契最深。嘗以詩見質，請序於余。余逡巡近十年，始克一竭其鄙俚。今以摧頹放棄之餘，媿曾不當時大人先生是屬，而復及於余，余卒卒何以稱其意乎？爰發所爲古文詞讀之，有余所經見者，如逢故物，行所目涉，信步而得佳勝。[②] 有余所未見者，層巖疊壑，異寶瓌奇，從人不意中，忽與睫會；而大約蒼茫浩瀚之觀，不留一古人於胸中，而使人讀之而慨然以深，讀之而奮然以起，則無少壯、無前後，一也。媿曾何以至是乎？歷觀古人爲文字，有十年一賦者，子雲草《玄》，亦經年閉戶始成，是其得之靜密者深也。司馬子長涉江淮、歷會稽，乃能成一家言。潁濱言："與當世名公卿遊，聽其議論宏辯，觀其容貌秀偉，而知天下文章莫過乎此。" 是其取之歷覽者宏也。以此言之，世未有無所得力而光氣能卓爍古今者。媿曾家居數十載，蕭然一室，讀萬卷書，不復知人世毀譽得失；而又有李君元仲以爲之師，曾君弗人輩爲之友，又有振三先生爲之叔父，相與講貫切摩，既已伐毛洗髓於其中，莫之窺測。及乎登賢書，偕令弟宣巖大令遊豫章，得交吾鄉徐巨源，一見契合。巨源推其文，雄視海內，嘗曰："漢陽李文孫、長汀黎媿曾兩君，可稱勁敵。" 而虞山宗伯亦盛稱之，至移書巨源，交相屈服。則媿曾學道深山之力，足以取之，而益足以驗其造車合轍之工也已。余才智既不足以比絜虞山、巨源，而又非如元仲、弗人生同里閈，振三倡道宗黨，相與琢磋之久，則余之益於媿曾者安在？而又何從知媿曾萬分之一乎？媿曾先理刑信州，信州亦余里，約略先後治績，煥在碑謠者，余得言其

---

① "令"，原稿作 "□"，據《託素齋文集》及周亮工《賴古堂集》補。

② "佳勝"，原稿脫 "勝" 字，據《託素齋文集》及周亮工《賴古堂集》補。

廉卓狀。獨異媿曾服官後，咄嗟揮霍，聲施溢方國，不同於書生囁嚅不前；而鞫詞判牘之暇，猶勤勤含毫弄翰，不稍自逸豫。文益奇偉，期必傳於後世。有更進於少年呫嗶之所爲者，媿曾又曷可及乎？蓋其入之也深，故不以紛繁稍間，而當通顯，不渝其素志，其庶幾度越乎古人者，又惡能自已也。所尤傾心者，媿曾與弟宣巖孝直，事太夫人尤孝謹，備極色養。宣巖守壽春，爲忌者所中，媿曾不遠千里從豫章至金陵急其難，命二子相隨，崎嶇燕齊間，惟恐遺太夫人憂。其一門孝友，至性過人，有不可於今人求之者。此其文章所以追踪古人也。世之讀媿曾古文詞者，知當有更進而求之者，余終何足以知媿曾萬一乎？大梁周亮工櫟園撰。

潘《序》曰：余束髮受書，則知有黎媿曾先生，海內所稱賢人君子，恨未得一見。比余登朝之歲，先生已自秦省參政致事歸。又十有六年，余來遊汀州，先生年幾八十矣，尚强健無恙，接其風采言論，肅然如見古人。先生亦心重余，屬余序其集，余不得辭。余觀古今來能言之流衆矣，其傳世久遠者，必傑然能自樹立，不隨人步趨者也。古之君子，天資高明，學問宏富，見理明而更事多，資之深而養之厚，發爲文詞，浩乎沛然，昌明條達，何嘗雕章琢句以爲工？又何嘗規模擬議以求合哉？後世之士，學無根柢，辭有枝葉，本無獨見而妄思立論，本無至性而强欲造端，於是不得不以模倣蹈襲爲能事。言文者，一以爲《左》、《史》，一以爲《莊》、《騷》，一以爲韓、歐；言詩者，時而主漢魏，時而主三唐，時而主宋元；彼此更相訾笑，其於不能自立均也。斯無論學之不似，爲之不工；即工且似，焉求其所以立言之故？枵然無有也，若是而能傳者，寡矣。媿曾先生，天性淳深，篤於孝友，讀書深山中二十年，掇高科起家。爲郡司理，聽斷精明，廉平第一。改知永新，擢鞏昌郡丞，三遷至大參，歷治甘州、寧夏，皆絶塞地。又當寅、卯間，寇亂旁午，先生處雄藩大師間，嘗出片言，安反側，決大計，功在社稷。賊甫平，念母老，決意乞休，杜門却掃，不與世事。於官爲廉吏，於國爲勞臣，於鄉爲長德，其風節皦然，有如此者。惟其根深而蓄厚，故作爲文章，踔厲清矯，其氣充以完，其辭辨以達。詩章一本性情，[①] 刊落浮華。始乃刻畫，漸近自然。蓋先生痛掃時趨，絶不爲依倣形似之學，而風格、體裁，一一與古大家合轍。以豪傑之士爲正始之音，雖欲不傳，不可得矣。

_____

① "一本性情"，原稿脱"性情"二字，據《託素齋文集》補。

汀州在萬山中，風氣完固，民俗質直，天下水皆趨東北，汀江獨南流入海。南方，丁位也。水與地以是得名。今天下風俗靡靡，有江河瀾倒之勢，有能特立獨行，不爲風會所移，斯亦人中之汀流矣。安得先生數輩，參錯天下，相與維持世運？惜乎，先生未竟其用，其清剛真摯之概，千載下讀其文辭，可想而見也。吳江潘未次耕撰。

魏《序》曰：古之爲詩古文者，蓋有其本矣。其所表見於天下後世，必有道德、政治之歸，足以教澤於斯民，舉而措諸，具於其素。是故由本而溢，發於文章，不由文章而外美其詞也。外美其詞者，如酌水江河，雖積之盈缶盈沼，若是焉而止爾。有本者則不然，崑崙、岷山，延袤千萬里而其發愈大，澎湃浩瀚，勢莫可禦。施浸溉九有之功，通舟楫之利，魚龍弗鬱而波瀫委折亦生焉。蓋由本以發之也。是故文章之盛者，則政治與盛，往往爲古今名臣。姑以八家論之：彼七家者，莫不著經國治民之猷，明允雖未仕，而識議審固。[1]如《辨奸論》、《名二子說》，卒符其言，儻授以事，必有可表見。王安石所治郡縣有聲，及爲相，以學術誤人家國，要不可謂無本；而柳宗元失身叔文，貶謫未及展布，然亦嘗爲郡矣，所可紀如贖子之政，寥寥史策，乃其文章亦未得與七家方駕，何者？其素所蓄積者然也。八家之中，韓文公與兩文忠尤著，而蘇文忠爲人坦白無矯飾，岸然見其肺腸，洵君子人也，故其文章亦然。長汀黎公媿曾，以詩文章名天下，爲閩南首出。予讀其文，光明俊偉，有千里浩瀚之勢，而矩度不失古人。嘗私擬之子瞻，觀其筆記諸小品，亦大相類。詩則有魏晉四唐之遺則，似又超子瞻而出之。嗚乎，此豈由外至者哉。蓋公宅心樂易，一以古處，與朋友能久要。其宰永新、理廣信也，多善政，詳諸記載矣，人士至今思之。迨觀察陝西，則扣囊底智，以弭大亂，是故發諸文章者有如是。子瞻嘗自言："作文如行雲流水，但常行所當行，止於所不可不止。"其權開封，治杭、密、徐州，爲政率精敏俊爽，兼風流儒雅之概。至飭定州軍政，及言溫公變法、策西事，皆有本之學，施用足以弭禍亂，公亦幾似之。然則公之文章足追古人、傳來茲也，有以也夫？寧都魏禮和公撰。以上三篇，《文集》卷一序。

《自序》曰：自辛亥迄今一十九年，刻其序、傳、碑、銘、往來贈答之文，凡一百八十有餘篇。至奏記、軍書，關國家裁定機宜，人臣誼不當事後自見；及

---

① "審固"，原稿作"密固"，據《託素齋文集》及《魏季子文集》改。

四六、啓、叙，皆非立言家所急，概不與焉。記一十九年中往還三秦，走一萬七千里路，節值用兵，手口匆遽，歸而奉太淑人諱又兩期，中間無事，得從容操筆墨者，不過七八年而止。所言不既多乎哉？近田居少暇，余弟毅、弟寬，兒子文遠、翰遠、致遠，諸孫輩，檢括舊稿，銓次而付之梓人，敢妄意遂謂必傳於世？惟是老而健忘，宿昔朋好交遊，經由山川道里，不復多所記憶。庶一展卷，姓字月日，不難覆案；而予之壯老健衰，文章學力進退，亦可籍是自驗有餘矣。康熙己巳四月初吉，媿曾士弘識。《文集》卷三序。

周《序》曰：余非能序媿曾詩者，乃余終得序媿曾詩。媿曾之自視，與所以視余，蓋何等哉。媿曾負岸異姿，童子時能讀等身書，即嗜爲詩。師其叔振三先生，振三沒，惟偕其弟道存互相師友。爲詩廿餘年，而門以外一無雜交，故其詩雖數變，紛紜之見，終不足以移易之。當其歌哭無端，離合自驗，兀兀獨坐，神情屢失時，媿曾之心，亦良苦矣。既自集之，宜有序其集者，乃自序之。越數年，自爲刪定，宜復有序其集者，已復自序之，意何嚴也。乃余過臨汀，媿曾則持其詩示余，命余序。余因憶昔蜀人有黎生者，以其文爲里人所迂闊，求南豐一言以解惑於里人。媿曾索序於余，意豈若是哉？余常過汀，汀之人士推許媿曾者不置。自鄉國以暨四遠，又咸翕然稱之，而媿曾復落落不肯苟同於俗，自信者殊堅，吾知其非求解里人之惑者也。然余之人與文，且愧遠不及南豐，無足爲媿曾重，將何以序媿曾？顧南豐之序黎生者，曰世之迂闊，孰有甚於余乎？斯言也，殆近似之。余於古人之道固不及窺，而甚傷乎今人之文之靡，思一返諸古，賴古堂近文①一選，務求合於歐、曾諸大家者，以救正之。至於詩，則又不好爲繁艷諧俗之聲，此皆世人所爲迂闊而非笑之者。媿曾不與時共訛，幸矣。顧且索序於余，余勉應之，而終畏其意之嚴，未敢濡筆；意余即不序，媿曾當必有爲之序者。閱五年，媿曾歷吳越、渡江淮、游燕冀，行萬里程，交南北之士數十百人而返。其間豈無樂爲媿曾序其詩者？而媿曾卒持其卷以歸，而仍索之迂闊如余者，媿曾之自視與所以視余爲何等哉。余雖勉爲之序，然其意之嚴，予實畏之，終未敢自爲足序媿曾詩也。大梁周亮工元亮序。

士毅《序》曰：七尺身，何所不可自見？乃使隃糜終日勞人。然庸者不

---

① “近文”，原稿作“之文”，據《託素齋文集》及周亮工《賴古堂集》改。

解，忙者不暇，遂讓慧業人獨座耳。記向時從伯子讀書佛祖峰山寺，值溪水暴漲，斷渡三日，奴子傳餐不繼，兄弟煨芋炒豆作食，掀眉談古昔，動輒數千言，其意何嘗在轅下小生哉？勿勿十年，中更多事。爲老母奉一檄南州，日持籌慮囚，夜擎紙作判，至漏鼓四下，猶剝啄問縣令，來日出馬幾匹、糧幾石？聽指揮，敢後期，罪且不測。嗟夫，即使何、劉、沈、謝，豈能於此時更下一語耶？伯子今亦將出而圖君上者押黃紙，不則更爲阿弟所爲，恐此數行筆墨，非君長得傲人也。予故合其前後集而慫恿刻之，以告天下人士。天下人士讀之，毋論何如何、劉，何如沈、謝，而但思此數行，必非庸者得解，忙者得辯，予也固身嘗親試之矣。順治戊戌冬仲望日，弟士毅道存識。

《自序》曰：言者，心聲也。心兮渺茫，觸於物而不能自出其響；手奔走疲命，而專自效於心。心，吾心也；手，吾手也。吾所欲言則必得言，所不欲言則不得言，莫便適於斯矣，而意則各有得有不得焉。夫由吾手而遞吾心，無權勢恐壓，無襲鑰重陰，似無不得意者。而有不得，則以我之手入人之目，強人之意而得我之所得焉，亦豈能哉？壯盛智慧，殊不再來。平生學力，遊惰去半，婚宦去半；愁苦患難，又復去半。人生不必皆吟日也，即吟矣，而意有得有不得焉，我其終廢乎於是。我所見於事而欲慟欲哭，心即以其嗚嗚咽咽，悲涼騷屑，如秋飈陰籜，徘徊而入於手，我則敢不載書？我所見於事而或歌或哭，心即以其嘻嘻喁喁，濡首脫幘，牽袂舞蹈而入於手，我則敢不載書？我所見於事而以爲謔、爲長恨、爲傲慢，心即各肖其來而謔之、長恨之、傲慢之，環車擁彎紛來而入於手，我則敢不載書？然夫夫也，我笑也，謂我不妍；我啼也，謂我不疾，我笑啼也乎哉。即不然而指我笑爲啼曰：是微睇也；指我啼爲笑曰：是增態也。我不辭也，我且不能必吾心以必得吾意，而欲強他人之必得吾意焉。是惑也，非然則誕也。

僕行年幾三十矣。少時抗懷高尚，以爲十五年讀書，十五年仕宦，四十以上，便當杜門深山，著不朽之業，而今竟何如也？性情頹落，所志無成。兼以外蔭既傾，家緣雨集，宗戚朋友之所督責，子婦衣食之所仰需。從此以往，[①]富貴不可知，去勞苦何日乎？譚友夏云："恐半生沈淪婚嫁中，不復能作向平矣。"僕少師亡叔，未就外傅。壬申之冬，典型凋喪，幾不比於爲人。僕乃感

---

① "從此以往"，原稿作"從此一往"，據《託素齋文集》改。

憤自雄。猶記其時，歲暮迫除，嚴霜墜指，與弟毅擁被連床，共燈而讀，至一字未通，則聲淚俱下。志氣所積，神鬼逼衷。嗟夫，使僕當時不稍自愛重，與鄉里同徵逐，不知此十五年中，見天下幾人，讀天下幾書，而累慚積憤，又似不似今日否也？僕之爲詩，在戊寅之年，每有所作，不敢示人。時雜置古人詩文中，就正里巷間所稱作家者，嘿記其塗乙去取，以爲是非。然所見皆可知，以爲古人，則古人之；以爲今人，則今人之；幸矣。① 辛巳歲，有事三山，欲見曾弗人先生，無以爲贄，乃作《蘭與蘭語》詩。先生語人曰："黎生，漢魏之苗裔也。"歸，出全本見吾師李元仲，師亦言如弗人。此後乃稍自樹拔，漸泛及於近體五七言諸章。嗚呼，雖小道也，僕凡所爲，瘁心力於斯者，豈朝夕哉。當其意匠揣摩，開牖攬卷，每一抽思，輒門戶洞開，環庭疾走。至兩足如槌，十指欲脫，仍復起坐呼燈，伸毫塗竄。繇今思昔，豈獨家累輕，閒亦遭時太平，士得閒心卒業，即就苦猶甘耳。今四海初定，士之才者，驅車擁蓋，馳一旅之師而過人國；有司供帳稍不如意，命一卒讙呼，城中十萬户皆菜色引領。其卑者，亦佩刀帶劍，用繒帛如沙土；乘醉臥道上，傲睨行路人，將使一困頓諸生立於其前，操卷出袖，牽人而告曰："我元、白，我李、杜。"吾知引慚不暇，誰爲爲之？誰復聽之乎？然已知其無用，而猶且削觚費素、執筆長吟若僕者，真可謂不識時務之人矣。黎士弘媿曾識。

少好讀書，計日夜以寸爲度，又性僻於聲韻。時方習制舉之言，乘閒作爲詩歌、詞賦，歲亦約得百十餘紙。中年仕宦，便爾蹉跎。自壬子入秦，住張掖再三年；乙卯住五涼；丙辰住朔方又二年；戊午住隴西；己未出潼關、抵里門；辛酉，遂遭老親大故。十二年中，勞煩奔走，疾苦憂患之日過半，方寸之心而有萬端之攻取，神明寧復有餘哉？本領不大，心計轉粗，不復能高唱渭城矣。涼雨秋窗，悉數月日，凜然有草木榮華之感。漫自記其卷端。癸亥七月既望。

詩以情至，非情至則不真；詩以境新，非境新則不動。然無師承、良友，感激觀摩，則氣有時而衰；即情至境新，終不能達其意之所欲言、而思之所必至。少也賤，壯遊四方，今遂六十有七矣。昔時師友，現在無多。又人事周章，應酬牽率之篇不必正。如村女踏歌，起止任意；若垂手弓腰，便爾羞澀。性之所受，豈能相强哉？丁敬禮曰："文之美惡，吾自知之。"索居寡徒，意思遂不增

---

① "今人之幸矣"，原稿脱"幸"字，據《託素齋文集》補。

長。謂其不傳，所不圖；謂其必傳，更所不圖也。甲子臘月之六日，自記於溉本堂。

學與年增，而謂學與年減乎？學與年減，爲不讀書者言耳。日聞古人之言，日見古人之事，合以身世之所經歷，悲歡離合，人情賢佞，治亂乘除，觸之爲思，感之爲志，口之爲言，筆之爲書。見聞愈多則論著益廣，特文之光燄堅實、平淡遠近，亦各因其年之壯盛衰老爲節次。造化自然之序，密移代嬗，即作者亦不知其所以然，而豈必曰老不如壯，壯不如少乎？向豫章陳伯璣，號爲通人，頗持言論。歲丙午，爲予點次篇章，入《國雅》之選，閒語余："公詩近乃更喜宋調。"余笑應之曰："安敢宋也，特才盡耳。"文章一道，作者固難，索解正自不易。今自辛亥以後，删其詩之可存者著於篇，得二百四十五首，或以爲與年增焉，或以爲與年減焉，予亦曷敢自守爲一定之論哉？康熙己巳四月之望，媿曾士弘自識。以上皆詩集序。

致遠《記》曰：右《託素齋集詩》凡四刻，前三刻皆先君子自選刻，其四刻則已選定而刻於今者也。序文凡三刻，亦皆自選刻，其三刻則已選定而刻於今者也。詩凡分四卷，文凡分六卷，治命、行述附後，共釐爲十册。凡十四篇，自序者九，仲父序一，贈序四，四之內仍有重姓名者，皆如手澤，罔有增損。不孝孤懼先業之失墜，而罹罪滋大也，謹合前後集，授梓氏。嗚呼，先君子德行之淵懿，文章之醇美，政事之精嚴，當必有巖穴之耆艾與清時之英彦執筆而傳。不孝孤把卷涕零，不知所言，且言一則遺萬，義不敢出云。雍正二年甲辰臘月丙子，不孝孤致遠謹記於京師寓舍。

王廣業《重刊託素齋詩文集序》曰：余束髮受書，即聞閩有黎媿曾先生者，詩古文辭卓然名家，一時周櫟園、潘次耕諸先輩咸折節下之，而求所謂《託素齋集》者不可得。及官閩中，幸近先生居，而閩之士大夫亦鮮藏本，余甚慨文行如先生，豈亦隨衆淹沒乎？迨守汀之三月，張生金徽、曾生虎文抱先生文集語余曰："先生爲閩之長汀人，少遊李元仲之門，稱高足。長官秦中、夏州，所至以循著。移疾歸，不與人事，作爲詩文，一掃時趨，不爲依附形似之學。惜原書磨滅不可讀，後嗣又式微不克世守，吾黨將續刻焉，敢乞一言爲序。"余曰："是二生之嗜學之深，抑先生之靈爽爲不可沒也。"古稱不朽者三，然德業之立也難矣。其人雖有曾子之賢，孝己之行，尾生之節，孟子、荀、揚之辯，諸葛、王猛之經略，而不用於時，亦只與草木同腐耳。若夫不得志於時之人，其抑鬱無聊之氣既無所發見，而又熟玩乎山川、雲露、草木、蟲魚變幻之奇之態，於是雕鉥^①其性靈，發皇其耳目，專致其材智，煅鍊其歲年，其言也可以不朽。而古今來猶有淹沒而不彰者，豈顯晦固有數與？抑里巷之士必附青雲而顯也。然則王公大人自致青雲之上，而一言之出，又不克與田夫野老、勞人思婦、曠夫逐子、狡童游女爭一日之長者。曷故？當其存也，號召壇坫，幾幾乎吉甫、奚仲之復生；及乎時隨事往，澌滅無聞焉。豈文章自有公論，而門生故吏之揄揚，顧可恃而不可恃與？魏曾先生之沒也，已百餘年於茲矣。二生非與先生有一日之雅、朋從之誼也，獨慨然蒐尋遺緒於蛛絲鼠蹟之中，以彰明於世，余固曰二生嗜學之深，抑先生之靈爽爲不可沒也。雖然，文者，行之末也。先生之不朽又有在文章之外者，生其勉之。道光二十五年初夏，知汀州府事海陵王廣業撰。

《四庫總目提要》卷百八十二《集部三十五·別集存目九》：《託素齋集》十卷，浙江巡撫採進本。國朝黎士弘撰。士弘，字魏曾，長汀人。順治甲午舉人，官至陝西布政司參政。是集詩四卷、文六卷。詩集凡四刻，蓋積數年而彙爲一冊，故每刻各體皆備。士弘沒後，其子文遠復合而刊之。《自序》稱，少時詩好李賀，文好王勃。今觀集中諸作，大抵多宋人末派，絕無一篇與子安、長吉相近者。蓋嗜好雖篤，而才地則與之不近也。

《全閩詩話》：黎士弘，字魏曾，長汀人。少時賦《蘭與蘭語》詩投曾弗人。著有《託素齋集》，周櫟園爲之序，推崇甚至。櫟園有《閩茶曲》，魏曾作《閩酒曲》以配之。云："板橋官柳拂波流，也勾春朝半日遊。數盡紅衫分隊隊，賫錢齊上謝公樓。"唐張九齡詩："謝公樓上好醇酒，五百青蚨買一斗。"今樓在城南，爲士女觀臨之所。"長槍江米接鄰香，冬至先教辦壓房。燈子纔光新月好，傳箋珍重喚人嘗。"汀俗：於冬至日，戶皆造酒。而鄉中有壓房一種，尤爲珍重。藏之經時，待嘉賓而後發也。"社前宿雨暗荊門，接手東鄰隔短垣。直待韓婆風力軟，一卮陽鳥各寒溫。"長汀呼冷風爲"韓婆風"，鄉人鬻炭者戶祀韓婆，蓋誤以"寒"爲"韓"也。值歲暖，則倒置韓婆水中，謂能變寒風，使其炭速售。"陽鳥"，酒名，釀之隔歲，至陽鳥啼時始食者。"新泉短水拍香浮，十斛梨香載扁舟。獨讓吳兒專價值，編蒲泥印冒蘇州。"上杭酒之佳者曰"短水"，猶縮水也。載貨郡中，冒名三白。然香氣甘冽，竟能亂真矣。"閩分飲部酒如潮，三合東坡滿一蕉。

---

① "雕鉥"，原稿作"雕□"，據《託素齋詩文集》卷首補。

讓却登壇銀海子，久安中户注風消。"汀人以薄酒爲"見風消"。"曾酤當壚細埔中，高帘短柳逆糟風。近無人乞雙頭賣，幾户朱牌挂半紅。"上酒爲"雙頭"，其次者名"半紅"，延、邵、汀三郡皆同稱。"誰爲狡獪試丹砂，却令紅娘字酒家。怪得女郎新解事，隨心亂插兩三花。"釀家每當酒熟時，其色變如丹砂，俗稱"紅娘過缸酒"，謂有神仙到門則然。家以爲吉祥之兆，競插花[1]賞之。《榕陰詩話》。

《國朝詩人徵略》卷二：《榕城詩話》："周櫟園有《閩茶曲》，黎媿曾作《閩酒曲》。"《聽松廬詩話》："媿曾有《至南昌知周櫟園先生無恙且得手書》七律云：'他鄉驚喜君還在，痛定開函淚更流。萬死才回明主顧，孤兒猶屬故人收。衆中薄命誰能惜，意外微生荷獨留。誤盡閩南碑下客，無端北望哭西州。'沈摯而飛動，七律中上乘也。又《水仙花》句云：'士女行春多結伴，仙人浪跡總浮家。'"

《福建藝文志》卷六十四《集部·別集類》：《託素齋集》十卷。《遂初堂集》有序云："文章踔厲清矯，其氣充以完，其辭辨以達。詩章一本性情，刊落浮華，始乃刻畫漸近自然。[2]"子致遠跋云："詩分四卷，文分六卷，治命、行述附後。"《石遺室書錄》云："詩文皆卷爲目錄，文卷一有周亮工、潘耒、魏禮三序；卷三、卷五各有自序；詩一卷，一自序，卷三自序三；卷四無；卷一又有周亮工及弟士毅兩序。自序述豫章陳伯璣爲點次篇章，選入《國雅》，且云：'子詩近乃更喜宋。'實則古體頗似傅青主，近體頗似袁公安。先生爲李元仲先生弟子，而散文文從字順，與元仲不同。"

按：先生築溉本堂居之，《落成》詩云："先生杖履到隨時，移榻攤書小稱宜。乞滿桃栽花徑種，不邀錄事草堂貲。意緣疎快貪臨水，老倦登躋準下帷。雙鶴待收橋待補，漫將池水擬分司。"《溉本堂閒坐》云："不須登頓更扶筇，矍鑠應無笑是翁。整舊香篝薰晝帙，嘗新山果斗兒童。三分眼暗花重數，半盞顏酡酒乍中。種樹吾方有公事，門前客問且從容。"先生決獄如儁不疑，屢舉廉卓，轉戰三秦，襄定大亂，以告養歸，家居二十八年。觀平生所爲詩文，清新俊逸，其所稟之厚與所養之深，爲不可及矣。

又按：《鹿洲集·黎京兆致遠傳》云："致遠嘗言：'吾仕宦二十餘年，不敢

---

① "競插花"，原稿作"就插花"，據《全閩詩話》改。

② "漸近自然"，原稿脱"然"字，據《福建藝文志》補。

他有所積,以玷先人清白。惟大參公文集失序,編次訂譌,刊刻成書,吾願已畢。子孫貧寒,非吾所及也。'"是先生集初刻於此,張金徽、曾虎文於道光間續刻之。又有光緒二十五年東璧軒重刷本。

《通志》卷八十《經籍》著錄。

按《府志》卷三十三《文苑》不著卷數。

易經大全纂要

李長秀撰

《通志》卷八十《經籍》著錄。

《府志》卷三十三《文苑》:李長秀,字喬英,長汀人。順治十八年歲貢。著有《易經大全纂要》、《孝經集傳》。

《長志》卷二十四《文苑》:李長秀,字喬英。髫齡有神童之目。以恩貢選州同知,母老,辭不赴。

又卷二十八《典籍》並著錄。

孝經集傳

李長秀撰

《通志》卷八十《經籍》、《府志》卷三十三《文苑》、《長志》卷二十八《典籍》並著錄。

寶穡堂詩集

黎士毅撰

《通志》卷八十《經籍》著錄。

又卷二百三十一附兄士弘列傳:士毅,字道存。順治戊子拔貢生,知南昌縣。縣糧自僞漢溢額,民苦輸將,士毅力請蠲免。時明宗室朱仲山散僞札煽亂,大府檄士毅督剿,擒其魁,得冊籍一篋,多紳士名,請於大府焚之,以安反側。遷知壽州,州多盜,士毅嚴保甲,奸宄斂迹。以母老告歸,七十七卒。先是,京城有汀州會館,爲有力者所據,士毅控諸有司,得復,人士賴之。

《府志》卷三十《人物》:士毅,字道存,士弘弟,長汀人。順治乙未以拔貢入京試第一,授南昌縣。邑爲水陸交衝,[1] 舊糧溢額,民苦輸將,士毅力爲請命,竟得題蠲。山寇彭某,以偽札煽惑村民,士毅督兵剿滅,渠魁授首。遷知壽州。鎮陽關奸徒把持行市,盜賊出沒無常。至則平物價、嚴保甲,弭盜安民,民始帖席。尋解組歸。年七十七卒於家,著有《寶穭堂詩集》。

又卷三十三《文苑》並著錄。

又卷四十四《藝文》,黎士毅《聽松閣次韻》云:"好庭當木末,秋色更輕微。澗響依空發,鐘聲帶遠歸。自知虯欲語,得共鶴分飛。坐對山煙暝,生人解道機。"

《長志》卷二十四《宦績》:黎士毅,字道存,號宣巖。年十七入庠,順治戊子拔貢,以恩選入都。適汀會館爲強力者所據,士毅鳴諸當道,始復故垣。部試以推官用。乙未詔天下大縣,非才能弗任,乃分進士、舉、貢三途,試以身言書判。士毅試第一,即日除江西南昌令。南昌水陸交衝,時值閩粵移藩,湖南羽檄星馳,士毅從容應之,凡事咄嗟立辦。邑糧自偽藩溢額,民苦輸將,士毅爲請,陳詞剴切,督撫覽之色動,竟得題蠲。明宗室朱仲山黨紛散偽札,揭竿盜弄。張中丞知士毅才,檄督師剿滅,得名冊一篋,恐株累無辜,婉請上臺焚之,全活縉紳數百家。官九載,遷江南壽州知州。州多響馬,藏匿逃人;鎮陽關匪徒把持行市。士毅下車,平物價、嚴保甲,盜弭民安。其却暮金、驅蝗蟲,人比之楊震、趙抃云。年五十解組歸,與大參孝養母夫人,文酒自娛。年七十有七終於家,著有《寶穭堂詩集》。

《汀南廑存集》卷三,黎士毅《越王臺》詩云:"齊煙九點望神州,[2] 一角閩山也破愁。帝主不歸清閟曉,狂生獨淚瀟亭秋。三更杜宇啼偏急,幾樹冬青綠未收。屈指意中殊恨甚,傷心寧待上臺遊。"此記王師入閩,唐王被執時事。

---

① "水陸交衝",原稿作"水陸交通衝",據《汀州府志》卷三十改。

② "齊煙九點望神州",原稿脱"州"字,據《汀南廑存集》卷三補。

淳意齋集

陳胤虞撰

《託素齋文集》卷二《明經次弓陳先生墓誌銘》曰：嗚呼，此故明經陳次弓先生之墓也。予受教先生二十有五年，卒之日，哭不憑棺，殯不會葬，常歎冥冥之中，負茲良友。今四月十三日，行縣至弋陽，嗣君工亮文學以狀來乞銘，辭哀且痛，不忍讀。時淋雨怒號，山水壁立，恍惚顏色，如照故人，余尚何忍銘先生哉。按狀，君陳姓，諱胤虞，字錫振，別字貌弱。次弓，其晚年更號也。先世從①建州徙汀，自君父教諭以榮公上，皆隱德弗耀。教諭公子二，長即君。君生溫文細瘦，若不勝衣。教諭公與太夫人何，待子姓奇嚴，君承事曲謹，未嘗失度。君既蚤負聲譽，人多願爲君歡，君亦略去町畦，無貴賤少長咸盡其意，平生樂道人善如不及。性不飲酒，能與人同共醒醉。年十六，補郡諸生，與里中楊君僧客皆好爲古文奇字，每對壘成一義，長者數千言，短者不二三百語。當萬曆中，主者持文體特嚴，學使周公之訓按部郡中，得兩君卷，執筆不下，曰："是固奇士，然不加裁抑，無以就遠大。"時郡諸生與試者幾三千人，獨置兩君下等。榜下日，舉國皆噪，兩君獨歡笑如平時，無怨色。謂："學使待我意良厚也。"繼乃規模先輩歸、胡諸大家文，矩步不失尺寸。其爲古文好柳子厚，詩好劉隨州。書法逼似率更令，今江南之言書者，率宗陳氏學。嘗詣一僧舍，倉卒爲人作三十紙；日就晡，侍者咸怠欲去，一僧執卷躊躇不敢進，君察其意，曰："公將無欲之也，可添墨。"其豁達類如此。數千里、百里外，每得陳氏數行，皆寶如拱璧。然君實以詩擅長，人不盡知。君既數躓名場，不大措意仕進，至順治辛卯，始得應貢離諸生。閒值多故，不復就公車。以某年月日卒於家，得年六十有一。所著有《淳意齋集》行世。元配王，繼配張。子二，皆張出。長工亮，郡廩生，娶胡，文字有父風；次工采，既娶而夭。君墓在某處。記先朝癸酉之歲，郡邑大夫時有偏聽府史胥徒，頤指生死人，權勢出士夫上。君以諸生抗顏理曲直，謂："若輩供奔走，何至與紳士齒立？"稱述會典，樹碑道上，觀者萬人，稱快舉。然用是卒拂當事意，幾陷文法，賴當事

---

① "從"，原稿作"徙"，據《託素齋文集》卷二改。

惜君才,得不坐。就君意氣,豈復以文士終者乎?悲哉,使君少年時,學使公能少寬矩度,拔君儔伍之中,君必自奮發,得蚤致身顯達。折檻、叩階之事,皆君所優爲者。千鈞之弩一不中而甘自撞機,決拾崎嶇,賫志以老;雖得失有數,然終不能不恨尺度之足以限人也。君蚤從孝廉沈君若水遊,通程、陸之學,晚乃信釋氏典,謂與儒者無二,自以爲有得云。銘曰:文能達也而不足以梯榮,才可用也而不足以致身。蘭有臭而星有耀兮,將以昌乎後人。

又卷三《淳意齋遺稿序》曰:陳次弓先生沒,予得志其埋幽之石。今二十有六年,令子玉孫,復抱其遺詩見我。回念昔時作詩月日,及所處亭臺館舍、賓從交遊,纔如昨日耳。次弓爲人孝悌,不欺朋友,稱詩者數十年;又精楷書,尺幅寸箋,皆可寶重。晚年益精名理,告終有期,飾巾待盡,曾無沾戀愁怖之色。區區一詩人,何足盡次弓?汀邑處萬山中,文章風氣之開,至崇禎年間爲極盛。與次弓同時者,孝廉若水沈公、司訓叔夜楊公、文學與叔胡公、予從父文學振三公,皆修文立行,發前人之所未有。特當時無有聲勢氣力者爲之推挽前後,故諸先生之遺文不盡大顯於世。將來壯者老,老者盡,數傳後,恐漸不能舉其稱名、本末。予老至衰遲,既感歎於立言之不足恃,而猶幸見守先述緒者有如玉孫。庶幾山公之後,復得季倫;中散之後,復得延祖;可少節山陽之痛。然終悲乎諸先生之文不盡大顯於世也。

《通志》卷八十《經籍》著錄。

又卷二百三十九《文苑》有傳。

《府志》卷三十三《文苑》有傳,並著錄。

按:胤,《通志》作"允",《府志》作"孕"。

《長志》卷二十四《文苑》:陳孕虞,開建教諭,以榮子。順治辛卯拔貢。殫見洽聞,詩詞淵雅,所刻《淳意齋稿》,有劉長卿、司空圖之風。楷書精絶,擬率更大令。臨沒,賦詩別友,深窺性命之理焉。

又卷二十八《典籍》著錄。

西湖十詠

王竑撰

《通志》卷八十《經籍》著錄。竑,字廣生。工詩畫,與寧化李世熊、江西魏禧,皆有贈答。

友聲集

王竑撰

《通志》卷八十《經籍》著錄。

晚笑堂畫傳

上官周撰

《通志》卷八十《經籍》著錄。

《府志》卷三十二《技術》:上官周,字文佐,長汀人。工詩,尤精於畫。所交盡當世名士,每遊歸,題贈盈帙。與查慎行、黎士弘尤善。著有《晚笑堂詩集》、《畫傳》。

《歷代畫史彙傳》卷五十六:上官周,字文佐,號竹莊,長汀人。乾隆初布衣。山水烟嵐,彌漫可觀。能詩,有《晚笑堂詩集》,又著《畫傳》。

按《敬業堂詩集》卷四十八《粵游集·上官竹莊爲余畫青山歸櫂圖公漪有詩戲次其韻》云:"舊聞五嶺皆炎熱,到此能無憶冷泉。不謂留行無地主,老夫興盡却回船。"公漪,藍姓。《天潮閣集》卷三有《送藍公漪回侯官》詩。竹莊畫,工細精深,尤善山水。寧化瘿瓢子嘗出其門。

楊《序》曰:竹莊先生,閩之有道士也。生平喜讀書,能詩,世罕知之者,獨以丹青擅名於時。昔人謂,王右軍以善書掩其生平大節。使右軍由後以思,應悔其藝之工也。人以誚竹莊,竹莊曰:"不然。荀子云:'藝之至者不兩能。'聖人思有擇於射御,況其下乎? 苟傳其一而可矣,又何多焉?"於是顓其力,一其好,思益工其藝,以永其傳,矻矻然不知老之將至。則又有誚之者曰:"子之畫誠善矣,生平所作誠工且多矣,然欲藉是以傳則末矣。莊生云:'聖人與其不傳者死矣,其所存者糟粕也。'況人代之消磨,風雨、雪霜、水火之所侵蝕,其僅存者又無不敝之理。普門、開元畫壁,今猶存乎? 立本《職貢》之圖、摩詰《輞川》之册,果安在乎?"言未畢,竹莊憮然以思,悄然以悲也:"予過矣,予耗精而敝神亦已久矣。"既復自奮曰:"古人不死,以糟粕之存也。子夏序《詩》,安國序《書》,《詩》、《書》存而序以不毀,其所託者大也。予將託不朽者以傳。"於是積生平誦讀之所得,自漢、魏、晉、唐、宋、元、明以來,凡明君哲后、將相名臣,以迄忠孝節烈、文人學士、山林高隱、閨媛仙釋之流,凡有契於心,輒繪之於冊。或考求古本,而得其形似;或存之意想,而挹其丰神。歷年既久,積成卷帙若干,間舉以示余。余受而覽之,宛若聚千百載英雄豪傑於一堂,晤對之下,鬚眉欲活。爲之肅然起敬,罪然高望,曰:"甚哉,先生之得所託也。歐陽子曰:'讀其書,尚想乎其人;況得拜其像,識其面目,不忍見其壞也。'是圖也出,吾知必有愛且拜而不忍見其壞者,其視山水禽魚,僅供耳目之玩好,其傳之永否,豈可同日語哉?"今先生年七十九,重遊粵嶠,訪得名手,乃擇其尤者百輩,鋟之於板,以示後世。因丐余一言序之。余曰:"先生之畫將託古人以傳,而余之文亦冀託先生之畫以傳也。故樂得而爲之序。"瑞金同學弟楊于位。

《自序》曰:夫頌古人詩,讀古人書,想其人而不得見,誠千古之恨事也。苟頌古人詩,讀古人書,披其圖而如見其人,豈非千古之快事乎?雖然,難言之矣。人非圖則無由見,圖非畫則不能傳,安得天下頌詩、讀書者之皆能畫,善畫者之皆能頌詩、讀書也?余少時工寫人物,常摹仿有明一代開國勳臣凡四十四人,藏弆篋衍者久之。無何,歲月侵尋,耄期將及,星家推算,咸以余當就木。由是息影邱園,杜門却掃,因得瀏覽史籍,沿自周秦以下,遇一古人,有契於心,輒不禁欣慕之、想像之,心摹而手追之。積日累月,脱稿者又七十六人,合之得百二十人焉。夫此百二十人者,雖不足以盡古人之數,而古人之實獲我心者,亦奚翅百二十人而已?殆不過存什一於千伯,以慰我景仰之私耳。統而觀之,勝國勳戚而外,自兩漢以逮前明,其中王侯將相、忠孝節義、詩人文人、書家畫家、黃冠緇衣之徒,無不犁然具舉,而巾幗亦得附見於其間,蓋不啻萃古人於一堂而親聆其謦欬也。或有問於余曰:"子之意則誠善矣,子之圖毋乃師心而自用乎?"余應之曰:"唯唯,否否。子不聞夫見堯於羹,見舜於墙者乎?夫堯、舜眉目,後人豈嘗親炙之哉?要其精神所注,結而成象,遂有曠百世而相遇者。余之爲此圖,亦若是焉,則已矣。"日者,天復假吾以年,攜卷入粵。小孫惠,不欲沒老人之微勤,請付剞劂,以詔來兹。余出所藏而授之,雖不獲金鑄子期,絲繡平原;然古人有言,其人在焉,呼之或出。披斯圖也,亦可爲後賢頌詩、讀書者之一助云。乾隆癸亥暮春清明後一日,閩汀上官周自題。

時年七十有九。

劉《跋》曰：上官先生與先君交最深。余七八歲時，即愛先生畫，時竊取而摹之惟肖，是得乎性之所近者。己未年，乃走汀州拜先生於晚笑堂上而從學焉。晚笑堂之對面有樓三楹，先生所築以娛老也。樓聚書千卷，窗櫺軒豁，先生作畫暇則作詩、讀書，尚友古人於其間，意興所至，慕之愛之而不得見。即執筆圖之，不必求其肖也。蓋從其三不朽中想像而出之爾。當是時，圖方得數人，今已得百二人，每人各撮其本傳之略於圖之左方，以付梨棗。先生獨心追古人而從之，是圖出，海內好古之士定爭傳之，吾知先生之風由是千古矣。癸亥秋七月，虔州門人劉杞謹跋。

《蟫隱廬書目・子部》：《晚笑堂畫傳》，閩汀上官周繪。以原刻石印，大印白紙二冊。

《受古書店書目》：《晚笑堂竹莊畫傳》、《明太祖功臣圖》，乾隆刊，白紙印四本，又白紙印一本。

《經訓堂書目》：《晚笑堂畫傳》，附《明太祖功臣圖》全部繪像，白紙印四本。

《富晉書社書目》作四本。《文奎堂書目》作二本。

按《晚笑堂畫傳》，大抵皆乾隆間刻。余舊藏二冊，不分卷。上冊首載楊于位序，次自序；下卷有劉杞跋。始漢高祖迄宋真西山，爲圖七十六。明太祖功臣，自馬皇后迄郭德成，爲圖四十四。合百二十人。每頁一人，前半頁爲圖，節錄其人行誼或前人贊語；後半頁傳略。

又按：《汀南廑存集》卷三："上官周，號蝶庵。"錄詩八首。

晚笑堂詩集

上官周撰

《通志》卷八十《經籍》著錄。

按《府志》卷三十三《文苑》著錄，無"詩"字。

又卷四十三《藝文》，蘇珥《晚笑堂詩跋》曰：長汀上官竹莊先生，以沖澹閒遠之性，遍尋九州邱壑，屢至粵土。甲寅，余在羊城，始接芝眉。是年，先生已七十矣，余方三十有六。先生一見如舊好，引爲忘年交。未幾，余以事歸里，先生亦返閩，衷曲一縷，未能盡罄。今歲夏，先生復來粵。余過寓齋，談話竟日，離情頓慰，且喜其矍鑠不減昔時。相見時，省中人士與他國游客，皆踵門乞翰墨，先生不告倦。有謂其詩中畫、畫中詩，竝通厥妙，酷類王右丞。余以爲右丞才雖佳，然識者不爲滿意。崑山顧亭林謂其以文辭欺人，即從禄山一事，譏杜甫稱爲高人之妄，余然其說。且考右丞應舉時，入貴戚之家，自同於伶人以奏伎，鄙躁亦甚。今先生乃真高人，生平不求聞達，亦不於貴介稍屈。余友炳園謂，當事爭相延致，先生皆澹然遇之。炳園與先生交久，日爲悉而能道其真。余賦詩以贈，中有云："才似右丞還自愛，平生不奏鬱輪袍。"蓋亦與炳園言有合也。《晚笑堂集》刻成來示，歎夫清迥之致，宛似其爲人。炳園已跋，余又作貂續云。

又按《府志》卷四十四《藝文》，上官周《竹莊秋月》云："三秋初見月，飄然有所思。金風聲冽冽，楓葉何離披？圖畫宛然似，頗類元大癡。微雲蕩池沼，細浪吹紋漪。路犬吠行人，樹鳥鳴高枝。情景殊可悅，得非行樂時？空懷謝公酒，徐吟高士詩。士高難以見，託心聊自嗤。"《夜過篁竹嶺》二首，其一云："老識蠶叢險，今從夜色過。千盤餘夢境，仰立近星河。白髮等閒事，青山奈老何。孫登餘有嘯，竹杖帶雲拖。"其二云："履險空山夜，驚魂不易招。月明雲泛泛，風勁樹蕭蕭。暗石蹲如虎，昏烟望似橋。未聆深谷意，誰信有簫韶？"《重過黎媿曾先生溉本堂有懷寧先太史》云："溉本堂中水碧沈，清聲雛鳳接高林。鼎彝色老文章在，几杖光寒道氣深。把盞靜邀江漢月，揮毫寫得洞庭心。春來爛熳桃花放，天上人間有玉音。"

又卷四十三《藝文》，黎士弘《題上官文佐觀碑圖》曰：曹娥碑在會稽，魏武從未渡江，諸書多爲辯正。古人可傳之事，附會名賢不少，獨世謂德祖因此見忌，是殆不然。魏武雖雄猜蓋世，其憐才愛士，亦當時僅有。孔璋檄及其祖父，猶能躅忿，豈德祖一強記閒言，便有死法？只緣文舉、正平諸君子，前後以文章得過；故凡其平生舉動，即韻事風流，皆爲人指摘耳。向於周元亮先生所，曾見葉榮木觀碑圖，僅寫曹、楊數人，私疑漢相尊嚴，不應威儀簡脫乃爾。癸酉三冬無事，與上官子文佐商度，爲此樹石坡陀、人馬器仗，一一勾畫盡妙。文佐好學深思，出入古人，此幀即置之元、宋大家，亦復何辨？毋論近代十洲諸賢也。文佐初名世顯，改名周，里巷人習見其少年，不盡知之。近與鄢在公太守東下姑蘇，雖年少，要一時奇士也。丙子七月既望，某記。[1] 老不能作小楷，命次兒翰遠書於幀後。

熊爲霖《鄞江邸次訪上官老人文佐》云：未識徐高士，長懷鄭子真。松深鱗自老，鶴瘦骨通神。大筆吹元氣，心交託古人。想來雲臥晚，獨酌醉花茵。

玩芳草集

吳紉蘭撰

《福建列女傳》卷六《辯通》：吳紉蘭，字又佩，長汀人。諸生戴二俟妻，明副使吳廷雲孫女。性幽嫺，尤詩。《題西子》云："傾國傳來未是真，興亡一自不由人。浣紗千載空餘恨，何事扁舟隱姓名？"《畫雁》云："秋林瑟瑟夜難投，一櫂空江片月流。爲看遥遥天際雁，也思隨伴入蘆洲。"著《玩芳草集》，邑人黎士弘序而傳之。道光《通志》。

春秋定旨

黎基遠撰

《託素齋文集》卷五《基遠姪春秋定旨題辭》曰：經學之廢久矣，古人治經各有源流，從無無師之智。至於《春秋》，左氏、公、穀三家並峙；及明，乃獨以康侯傳行。人士習其書者，一字唐捐，便爲失格。讀《春秋》而不通三家之說，昔人猶指爲一邊之見，況學康侯而又不詳且擇，譬亡羊岐途，而望懸狟之獲焉，豈可得哉？余家世受《詩》，猶子基遠，稍敏慧，改業《春秋》。年甫冠，即爲高等生。燈火之次，纂著《春秋定旨》一書，標宗領會，不失康侯之旨，言約意該，經生家[2]之善本也。昔馮奉世有子九人，各治一經，野王通《詩》，逡通《詩》、《易》，立通《春秋》，参通《尚書》，世指爲經學馮氏。單門寒畯，安敢比數前賢？但使子若孫，朝斯夕斯，服先疇之舊，固父兄之所不

---

① "丙子七月既望，某記"，原稿脱"望"、"記"字，據《託素齋文集》及《汀州府志》補。

② "經生家"，原稿脱"家"字，據《託素齋文集》卷五補。

言，而心祈諸子弟之所當相觀而激勸者也。賞基遠之勤且專也，爲書數行卷首。己巳春首，伯父魄曾老人。

五經裁述六十八卷

羅孔裔撰

《府志》卷三十三《文苑》：孔裔，字祖尼，晚號青巖居士，長汀人。立品篤行，潛修嗜學，研究經疏，寢食俱廢。每以訓迪後進，亹亹不倦。生平著《四書裁述》及《五經裁述》、《九疇河洛解》、《集漢唐宋明諸儒說》，訂其駁踏，以求貫串，共數十卷。嗣輩鏤刻行世，翕然宗之，士論稱爲純粹君子。當事名卿咸式廬以請，題額旌之。

又卷三十九《藝文》，新建熊爲霖《羅青巖〈周易裁述〉序》曰：問今之人有能吹影者乎？曰否；問今之人有能劃塵者乎？曰否；是析虛之難也。問今之人有鼓湫盤、繫八柱者乎？曰否，是力遁於所大也，蟭螟之巢蚊睫也。三年而不知射者，以犛尾懸蝨於牖間，視之三年則大如車輪，命矢而中絶，此又何以故？相息以神，其天獨完耳。《易》之爲書也，廣大悉備，範圍天地之道而不過，曲成萬物而不遺，上之無朕，拓於無際，直可置諸語言文字之窮矣。而詮卬家無慮千本，田、何、費直荒乎邈矣。唯荀爽九家，妙於觀象而不列學官。王輔嗣以塵尾清譚，廣爲玄解，似亦弗盡。及伊川主理，紫陽復參以數，而得統所宗。然其理與世相衍極，復汨汨日出而不窮。青巖先生，閩之有道士也。巖居川觀，閴爾聞，渺爾慮，屏謝塵鞅，一以丹黃甲乙娛厥老，務爲扣啓賢扃。於九經咸能貫串，而尤邃於《易》。青巖其何以邃易乎？人惟通身是易，則觸處皆解。《乾》之九二曰："見龍在田。"《漸》之上九曰："鴻漸於陸，其羽可用爲儀，吉。"《渙》之六四曰："渙而有丘，匪夷所思。"《艮》之六五曰："艮其輔，言有序。"青巖道文明而退隱，故結想微，立義諦。以我注《易》，即以《易》注我，即我即《易》，即《易》即我。其天完而相息以神，虛無不析，力亦不遁於所大。超乎詣哉，超乎詣哉，吾幾無以測其所存。青巖書成，藏弆者久之，今其佳嗣授諸剞劂氏，因請叙於余。余何知，姑舉青巖之所自深，㮣括其概，恨不能起青巖之靈相對一堂而質之。

《通志》卷八十《經籍》著錄。

《長志》卷二十四《儒林》：羅孔裔，字祖尼。廩生。植節厲行，好學深思。研究諸經，尤邃於《易》，以訓迪後進爲己任。著有《四書裁述》六十八卷、《九疇河洛解》、《小學洪範太極西銘反正說》、《集漢唐諸儒說》，訂其駁蹐，以求貫串，當世宗之。諸名卿咸式廬折節，題額以旌焉。晚號青巖居士。

又卷二十八《典籍》並著錄。

四書裁述四卷

羅孔裔撰

《通志》卷八十《經籍》、《府志》卷三十三《文苑》、《長志》卷二十八《典籍》並著錄。

九疇河洛解

羅孔裔撰

《通志》卷八十《經籍》、《府志》卷三十三《文苑》、《長志》卷二十八《典籍》並著錄。

集漢唐宋明諸儒說

羅孔裔撰

《長志》卷二十八《典籍》著錄。

實學錄七卷

林士雋撰

《通志》卷八十《經籍》著錄。士雋，康熙間諸生。

《府志》卷三十三《文苑》並著錄。

《長志》卷二十四《文苑》：林士雋，學博行修，瀕貢卒。車學使旌曰“勵志窮經”，吳郡守旌曰“品行端潔”。

又卷二十八《典籍》並著錄。

敦山園詩文集二卷

林士雋撰

《通志》卷八十《經籍》著錄。

《府志》卷三十三《文苑》、《長志》卷二十八《典籍》並著錄。無"集"字。

石村草堂詩文集

李長日撰

《通志》卷八十《經籍》著錄。

《長志》卷二十四《文苑》：李長日，字化舒，號石村，長秀弟。善古文詞，尤長於詩。方伯周亮工取其文編入《賴古堂文選》。所著有《石村草堂詩文集》。

又卷二十八《典籍》並著錄。

又卷三十三《雜誌》：李翹英，名長秀。弟化舒，名長日。俱知名一時。黎媿曾贈詩有"大蘇固自推能賦，近日詩名說穎濱"之句。

《府志》卷三十三《文苑》有傳。

又卷四十一《藝文》，李長日《遊朝斗巖記》曰：辛丑仲冬，余招同熊子于岡、陳子夔若、黃子子厚，出麗春門，渡橋二，過碧雲洞沿溪行，紆回一里許。萬木攢巒，幽陰蔽日。池也，亭館也，園林疏密，古寺高下也。止止行行皆有致。復紆迴一里許，南郊矣。千樹梅花，臨溪玉立。再行再止，望崖岫林亭，纍纍然角列而下絕者，朝斗巖也。余與三子攀援而登，踐其徑，鬱然以幽；步其巔，岈然以險。崎山複澗，殿廡嵩然。巖盤亙於後，旁狹中廣，堂若，凳若，可列坐數人。四隅清泉懸溜，靜聽有聲。坐久，石氣逼人。去巖右數步，皆列奇石，植佳花、美卉、時蔬、古藤、翠竹，莫不異態迭出，紛披窈窕。再數步，環以墻，有亭名"泠然"。亭東塏合巒，覆露留烟。後小石洞中奉觀音大士像，前瞰岋甚，難人立也。見城郭、土壤之美，層層然，凸凸然，殆不可狀。俯其下，一溪曲折，小艇橫波，流雲遠樹，點綴在微茫間，然後知茲山之妙，亦邃窅，亦遼廓，近觀遠眺，皆有奇趣。乃復却顧沿廻，由曲徑而下，培塿特出，不焚不翦，天然半邱。近山，僧新創一庵，庵方廣不盈丈，游息其中，但聞鐘梵音自遠而至。風聲松濤，隔林振樾，心魂窅寂，正引人作遠想。當其坐於巖，止於亭，初不知此下有殊勝也。自此巖而西，入數百步，山凸間又名爲新巖，闢於近代，雖較荒深，幽奇不如。三子與余竟徘徊而不欲上。

《雲驤閣記》曰：雲驤閣，在東城上。四隅皆峭石，下臨龍潭，四望清遠。右層級下，有白漚亭，旁輔以奇石，如牆立。左岸橋一，右如之，若帶，若堞，若長堤。環城東溪，搖光上下。隔溪仙隱觀，疏樹幽隱，晨昏鐘鼓聲，時越溪而上薄乎閣南。叢木修林，亭臺立，巖壑具。山嶺塔影層層與閣遙望者，碧雲洞也。東望半里許，爲蒼玉洞，岸勢嵯岈，水光飛白，士女行行，牧豎種種，望不可極。是茲閣之勝，凡林麓、雲烟、臺榭、水石，無遠近，無露藏，皆爲閣所有，皆入遊人望中。綠陰黃鮮，宜春望；天高氣清，宜秋望；光風，宜晴望；遠峰，宜雨望；初月晚烟，宜夕望。遊人幽賞，於是爲最。閣宋時舊名“清陰”、名“集景”，復改“雲驤”，又名“雙清”，今乃名曰“雲驤閣”也。

《蒼玉洞記》曰：由東溪泝河堤[①]大道，盤折半里許，爲蒼玉洞。洞皆石，如蒼玉色。複磴嶒沓，深岫阻峭。附者，背者，巉然升者，蹲然降者，將墜未墜者，已合未合者，中如仙掌、獅子、石門、煙嶼以及鶴巢、馬鞍、抱雲、二老，無不觸類成形，互爲奇態。其懸巖斗絕，嶄然仰止，殆仙掌若；中一峰最高，覆額突怒，呀然奔吼，殆獅子若；睥睨迴環，側削對峙，則有若石門然。其林立偓蹇，小峰突出，若煙若嶼者，曰“煙嶼”；而爲嵌爲穴，日光倒入，則爲“鶴巢”；如凳如几，上可列坐，則爲“馬鞍”；虧蔽環合，洩雲漲谷，則爲“抱雲”；髵髻虬髯，離列竝坐，則爲“二老”。其峰高十仞，其地廣盈畝，群石之巔有翠微亭，遊人至於此，窮目遠眺，平疇遠水，儼若圖畫也。通體巒鍔，皆鐫唐、宋時遊人詩紀，石面剝殆盡，半爲苔所食，苔色尤爲蒼然，密緻可愛。更竹箭藤蘿，薈蔚交加，垂陰其上。江流清洌，黛蓄泓渟，溶瀁於前。左畔怪石森然，岸截環抱。中遊魚數百頭，隨流上下，閒厠隱顯。近僧人結茆洞側，爲放生池。洞右畔石級以上數十層爲一高邱，名東禪寺。先有橫翠亭，亭、寺今皆廢，遺址尚存焉。

①　“河堤”，原稿脫“堤”字，據《汀州府志》卷四十一補。

嗟乎,巖壑依然,亭臺榛莽。不有所記,而水光山色,何以爲遊人解嘲也?

又卷四十四《藝文》,李長日《遊玉屏山》云:"樹聲圍古刹,門徑背林斜。白日松浮靄,小春園自花。千峰靈運屐,^① 半偈趙州茶。萬象今零落,幽尋感物華。"《東山亭子看月》云:"鐘聲鄰寺依空寂,好月深宵意外來。幾夜光搖峰頂雪,三更風冷水邊梅。霜憐孤影迷寒樹,鳥畏清陰叫曲隈。冒凍穿林僧已睡,敲門乘興一登臺。"

按《汀南麈存集》卷三,錄長日詩六首。

衛道篇

羅鉉撰

《通志》卷八十《經籍》著錄。鉉,康熙戊子武舉。

《府志》卷二十三《選舉》:鉉,江南興武衛守備。著有《衛道篇》、《紫陽學統》。

按《長志》卷二十四《儒林》:鉉,從大中丞張孝先學於姑蘇紫陽書院。

又卷二十八《典籍》並著錄。

紫陽學統

羅鉉撰

《通志》卷八十《經籍》、《府志》卷三十三《文苑》、《長志》卷二十八《典籍》並著錄。

孝經補疑

鍾夢瀛撰

《通志》卷八十《經籍》著錄。夢瀛,康熙甲午舉人,官房縣知縣。

《府志》卷二十三《選舉》:夢瀛,房縣知縣。治事勤敏,有廉幹聲。著

---

① "千峰靈運屐",原稿脱"運"字,據《汀州府志》卷四十四補。

有《房陵政略》。

又卷三十三《文苑》著錄。

《長志》卷二十四《宦績》有傳。又卷二十八《典籍》並著錄。

房陵政略

鍾夢瀛撰

《通志》卷八十《經籍》、《府志》卷三十三《文苑》、《長志》卷二十八《典籍》並著錄。

澡雪媿娥草

鍾夢瀛撰

《通志》卷八十《經籍》著錄。

按《府志》卷三十三《文苑》、《長志》卷二十八《典籍》並著錄。"雪"下有"樓"字。

太極圖說

黃霔撰

《通志》卷八十《經籍》著錄。霔，字陽升。康熙間諸生。博極群書。巡撫張伯行聘入紫陽書院，修性理書。

《汀南麐存集》卷四：黃霔，字陽聲，號玉坡。長汀諸生。《和雷翠庭隴畔聞吟》云："油油碧隴遠涵虛，披拂薰風作浪徐。種子播來須日至，農夫忙候力耰鋤。氣浮綠野連雲際，秋屆良苗得雨初。此事幸師莘渭叟，登場應即慶新畬。"《代張蜚子題坦然先生像讚》云："志行卓然，氣象偉然。胸次灑然，世味漠然，嗜欲澹然。問君絕俗，君曰不然。問君樂道，君曰且然。吟風弄月，悠然而然。靜觀自得，默然其然。醇醪醉飲，甘也陶然。樵蘇弗繼，苦也晏然。放懷天地，自號坦然。"

按：雷翠庭《輓黃陽聲》云："叔度真丰範，汪汪千頃波。春風歸浩蕩，秋色冷巖阿。一室貧如洗，百年事已過。惟餘書策在，舊學重宣河。"讀諸作，亦可知陽聲之人品矣。

按《長志》卷二十四《文苑》：鼐，博綜群書，與張蜚子、雷翠庭多討論。年七十有五卒。

性理語解

黃鼐撰

《通志》卷八十《經籍》著錄。

寓齋詩集

閔遇亨撰

《通志》卷八十《經籍》著錄。

《長志》卷二十四《文苑》：閔遇亨，字來泰，號禮存。以拔貢入北雍。寅、卯間，耿逆煽亂，抗節不屈。家居四十年，設帳授徒，詩酒自娛。循次補德化教諭，堅却不赴。郡守王簡庵延主龍江臬比，贈以聯曰："論史談經，幾如天花墜地；① 吟風弄月，頓令頑石點頭。"

《府志》卷三十二《鄉行》有傳。

按《汀南麈存集》卷三：閔遇亨，康熙壬子拔貢。《金陵懷古詩》云："建業城高壯帝畿，江流曲抱送斜暉。② 六朝花艸今猶在，一代興亡昔已非。雨過鍾山肥野荻，月明采石上魚磯。離離禾黍增悲感，況值秋霜點客衣。"

百梅集

陳工亮撰

《通志》卷八十《經籍》著錄。

---

① "天花墜地"，原稿脱"花"字，據《長汀縣志》卷二十四補。
② "曲"，原稿作"典"，據《江南麈存集》卷三改。

又卷二百三十九《人物》附父允虞傳。

《長志》卷二十四《文苑》：陳工亮，字夔若，拔貢孕虞子。康熙二十八年貢。真草隸篆，無不精絕。尤長於詩，有《百梅集》。

又卷二十八《典籍》並著錄。

五經旁注

李兆蕡撰

《通志》卷八十《經籍》著錄。蕡，康熙間諸生。

《府志》卷三十二《鄉行》：李兆蕡，字實涵，長汀廩生。性嚴正，言動無所苟。博學能文，尤究心於四子五經。著有《四書集腋》、《五經旁注》，藏於家。

《長志》卷二十四《文苑》有傳。

又卷二十八《典籍》並著錄。

四書集腋

李兆蕡撰

《通志》卷八十《經籍》、《長志》卷二十八《典籍》並著錄。

詩經解

趙新撰

《通志》卷八十《經籍》著錄。新，康熙間貢生。

《府志》卷三十三《文苑》並著錄。

《長志》卷二十四《文苑》：趙新，康熙十六年歲貢。廉介自守，兩與賓筵。著有《四書纂要》、《詩經解》、《泠然草》。

又卷二十八《典籍》並著錄。

四書纂要

趙新撰

《通志》卷八十《經籍》、《府志》卷三十三《文苑》、《長志》卷二十八《典籍》並著錄。

泠然草

趙新撰

《通志》卷八十《經籍》、《府志》卷三十三《文苑》、《長志》卷二十八《典籍》並著錄。

葩經解八卷

范一沛撰

《通志》卷八十《經籍》著錄。一沛，康熙間貢生。《府志》卷三十三《文苑》並著錄。

《長志》卷二十四《文苑》：范一沛，字舜若。勵志讀書，嚴寒酷暑不少輟。弱冠餼於庠，孔、田、陸、卞、徐諸司衡皆首拔之。康熙二十六年貢。未仕卒。

又卷二十八《典籍》並著錄。

紫薇堂稿五卷

許牧撰

《通志》卷八十《經籍》著錄。牧，乾隆丁酉貢生。

《長志》卷二十四《文苑》：許牧，字杏村。己酉拔貢。貧而好學，長於吟咏。著有《紫薇堂稿》五卷，學使汪新爲之序。

杏村詩賦集七卷

許牧撰

《通志》卷八十《經籍》著錄。

《長志》卷二十八《典籍》著錄,學使汪新爲之序。

按:此書疑與《紫薇堂稿》一書而異名,惟卷帙則不同。

鑑泉遺稿四卷

馬廷萱撰

《長志》卷二十四《文苑》:馬廷萱,字友桂,號鑑泉。有詩詞遺稿行世。同郡莫樹蕃爲小傳云:"先生,閩之長汀人也。生而穎異,爲兒嬉戲,陳玩器。及就外傅,即屏去,曰:'豈有讀書人爲此者?'不數年,學大進。甫冠,補弟子員,旋食餼,名噪一時。丙午,登賢書,以大挑出宰武城,邑人士尸祝不置。閒爲詩,與同年孫淵如觀察倡和,尤見許於學使阮芸臺先生。庚申,分校山左,得士最盛。逾年,以憂歸。嘗出貲集邑士爲文會,前後受業成進士者十餘人。服闋,遷南河司馬,旋以事罷去。主講覃懷書院,一時公卿多倒屣焉。先生爲人和藹,性友愛,善交與。晚歲坎壈,以詩酒陶情,晏如也。著述甚富,不自收拾,多散軼。癸未,以疾終於武陟。季弟海屏,迎櫬葬於其籍。論曰:余少時與先生共晨夕最久,觀其丰貌玉立,循循儒者。生平於朋徒間殷勤獎掖,老而彌篤。君子用則施諸世,舍則傳諸其徒,歿後有克表彰之者,雖詞章之末,可以傳矣。人以一官匏繫而悠悠者,抑獨何哉?"

又卷二十八《典籍》著錄,庶子史評爲之序。

按:廷萱工詩詞,摘錄其《南樓令·題朱月帆明月歸帆小影》云:"川暝暮雲平。寒潮帶月生。泝江天、一色空明。山外有山千萬疊,遮不斷,望鄉情。 風正片帆輕。中流一笛聲。謝嫦娥、遠伴孤征。還想深閨眠不穩,應屈指、數歸程。"《阮郎歸·本意》云:"關河天遠蹙雙眸。心驚南渡頭。亂蛩入夜替人愁。空階語不休。 咨澤雁,訴沙鷗。桃花逐水流。烏衣重到認簾鈎。夕陽何處樓?"《賣花聲·題張墨龕春樹暮雲圖》云:"烟樹舊亭臺。花落花開。關河千里碧雲堆。燕子不來春去也，人在天涯。　尊酒獨徘徊。暮靄蒼苔。阿誰知得此時懷。遙識故人還憶我，夢繞蕭齋。"《感皇恩·題美人澣衣圖》云："有幸比鴛鴦，同心雙扣。薄澣幾番勞玉手。臨流忽訝，下有人兒爭瘦。祇效顰難效，迴腸九。　東風吹去，偶然波皺。一晌空明還照舊。芙蓉映入，渾似蕭湘清瀏。笑檀郎何福，能消受。"《滿江紅·經朱仙鎮謁岳廟》云："古柏虯盤，枝南向、靈風瑟瑟。長太息、樹猶如此，森人毛髮。三字居然將獄定，兩宮從此無人說。歎當年南渡舊君臣，何肝臆。　時事改，空嗚咽。祠宇在，尋碑碣。想橫戈躍馬，衝冠灑血。萬里冰天傷歲月，一家兒女矜名節。尚憎他鐵像跪門前，汙神闕。"前調，《題鄭元和乞食圖》云："予美來耶，猛聽得、聲聲逼似。詎今日、英雄失路，一寒至此。逝矣嗟余難鑄錯，陡然想汝優爲事。請三薰三沐奮雲龍，從茲始。　看釋褐，旋衣紫。豎卿望，雪儂恥。笑千秋隻眼，還矜女子。豪傑已成廊廟器，平康也荷天家賜。有傳奇半部未收場，徐來矣。"

　　按《通志》卷八十《經籍》著錄。"鑑泉"誤作"玄泉"。

　　《汀南廑存續集》卷一：馬廷萱，字友桂，號鑑泉，長汀人。乾隆丙午舉人，官武城知縣、陝西同知。著有《鑑不作玄。泉遺稿》。《留別吳華南》云："飄泊生涯笑我癡，滯留情事只君知。秋風官閣三年夢，落日河梁五字詩。也識錯成難以鑄，可曾俗到不堪醫。瀕行撒手談何易，咫尺天涯此一時。"《遊姑蘇寓桃花塢葉丹厓園中即事》云："百尺辛夷樹，清芬似主人。到剛逢筍節，留半爲花辰。坐石分雲嫩，憑欄驗鶴馴。搴簾新月上，細啜碧羅春。"

謙山文稿

湯志堯撰

　　《長志》卷二十四《文苑》：湯志堯，字翼善，號謙山。博學嗜古。爲諸生時，聞學使朱文正公珪重韓文，即取讀之，下筆輒神似。歲科兩試，皆高等，遂受知於公。與寧化張騰蛟、霞浦游光繹、晉江謝淑元，皆爲一時知名士，人稱"張游謝湯"。以優貢魁乾隆戊申鄉榜，嘉慶己未 [①] 成進士，補直隸永元縣

---

① "己未"，原稿作"乙未"，誤，據《長汀縣志》卷二十四及《福建通志·選舉志》改。

知縣。旋致歸，結廬東山下，與士大夫吟咏其中。時孫平叔知府事，延主龍山講席，值修書院，捐束修助修葺費。精中西之學，嘉慶十年雨水後，於府學明倫堂用正方案法，三次測得北極出地實二十五度十分，赤道高六十四度五十分，以此爲晷表度。性友愛，汪稼門制府嘗延課其子，上書辭之，略云："堯在齠齡不幸早失父母，賴諸兄作勞勤苦，教養成人。邇來年近七旬者二，年近六旬者一，堯每遠行，心輒不豫。迨前歲北上，謂堯曰：'願汝獲用，但吾儕衰邁，恐成永別。'因而涕泣不已。天假之便，需次於家，此正兄弟聚首良緣也。何忍抛二千里外，別離三年之久哉？"所著有古文一卷、制義二卷。姚文僖公文田爲之序，評其文："沖融演迤，不求合於古而自不失古人法度。制義雖皆應試之文，然雄直俊偉，特與時異，是能矯然自拔於俗者也。"歿後，門弟子爲設位於書院魁星樓之右。

又卷二十八《典籍》著錄。

姚文田《序》曰：門人胡峻卿以文集一帙來乞作序，發而讀之，則吾老友湯君謙山之所作也。峻卿嘗受業於湯之門，故於其卒也，哀輯遺稿，將梓以傳，而屬予綴言簡首。予自嘉慶辛酉歲，由福建正考官即拜廣東督學之命。十月，行次惠州，君來謁予於藍田行館，蓋二十有七年矣。後聞君謁選，得永年令。未久，又引疾歸。門人華鳳喈爲予言之，獨其易簣何日，則絕不相知。今披覽遺集，爲之愴然。集得三册，古文一，制義二。予讀其古文，沖融演迤，不求合於古而自不失古人法度。制義雖皆應試之文，然雄直俊偉，特與時異，是能矯然自拔於俗者也。當亟梓之，以傳於世。嗟夫，文之傳不傳，亦有幸不幸耳。稗官小說，無用於後人，無功於世教，且考其言多不讐，而坊肆流播或至數十百年而猶未泯。而白屋老儒，風雨寒暑，窮畢生之力以著成一書，而卒不得自見於世者比比也。然則其顯晦蓋亦有數與？峻卿思欲以傳君，其於師可謂厚矣。予之言不足爲君重，而亦不敢以默，庶幾世有好君之文者，如桓譚之於揚子雲，則峻卿之願爲不虛已。是爲序。

汀南廑存集四卷

楊瀾撰

《長志》卷二十四《文苑》：楊瀾，字蓉江，又字二樵。嘉慶己酉科舉人，以大挑分發四川，署昭化。未久即致仕。父聯榜，爲名進士，以文名於時。寧化伊秉綬、吳賢湘皆其及門高弟。瀾與其弟濟，與爲文字交，轉相切劘，以古人自期。爲文務枕經葄史，《載德堂制藝》所刊其兄弟之文，皆各具標格，卓有根柢。性淳實簡默，讀書之外無他好，所著有《負薪初稿詩集》。初，其弟以郡志闕謬，因相與采輯諸書，成《郡志補正》二卷。同邑湯志堯以爲"後之修志者得此，如據深山大澤，以資漁獵之採取，可喜也"。晚年因重加刪定爲《臨汀彙攷》十二卷，藏於家。

《自序》曰：閩有詩人，自唐歐陽行周始；汀有詩人，自宋鄭仲賢始。其胎源於水土，釀而爲閩人之詩者，無唐宋之分也。乃人之稱閩山者，謂朱子鍾武夷，颙山鍾玉華；水則以九龍、劍津爲閩病。夫水之激詭怒號，非水之性也，石使然也。何得以此病水？潘次耕序《託素齋集》云："水皆趨東北，汀獨南流入海。南方，丁位，水與地以是得名。士有能特立獨行，不爲風會所移，斯亦人中之汀流。"則且以汀水爲汀人頌矣。但建江不皆南流，閩之詩人類皆自闢門徑，不襲陳因。宋代楊文公、蔡忠惠、李忠定之詩，天地正氣也。《韋齋集》、《屏山集》，林之奇、陳淵、陳淳，閩中講學之人，詩其餘事，而皆足以自傳。外如嚴滄浪論"鏡花水月"之旨，詩家所宗，自爲詩，亦不染宋季之習。《晞髮》一集，則奇氣傲兀，落落自將，皆不爲風會移，豈非稼堂所稱"人中之汀流"乎？建溪水性從可識矣。虞山錢氏之言曰："余觀閩中詩，林子羽、高廷禮以聲律圓穩爲宗，厥後風流沿襲，遂成閩派。然所承襲者，閩人自操其土風耳，豈風會所移哉？"其稱閩派也，固宜。至若汀人之詩，並無所謂派，何也？汀之水，力能獨出其流以至海者也。水如是，詩亦如是。自鄭仲賢後，汀人之詩，皆山水清音，不必有芬芳悱惻之風懷，香草美人之遺韻，莫不擺落窠臼，自抒性情。正如兩溪之水，清絶滔滔，功用之大，則與江之肥仁，濟之通和，同以朝宗爲歸宿。班志言，繫於水土者，謂之風。風固非一二人所能獨當，亦非時代所能界劃。九龍山下，合有此水，釀爲此詩，特立獨行天地間，輝煥炳靈於南紀，此汀人之詩也。獨是汀地棗梨，不久即朽，前代遺文，存者寡矣。網羅放失，並文集尚存者，共得詩若干，彙而梓之，冀以廣其傳，庶幾尚有典型；而烏知前人心血散歸於無何有之鄉，冥冥中且莫可紀極乎？夫文人之心，千彙萬狀，莫非地靈所煥發。其自有之無、自無之有，乃一氣之聚散，代嬗於罔替，惡可以陳迹求？吾又烏知地之降神，心源相接，不皆如南流水之至海乎？此其與前人爭勝，一如前水後水之相續流，造物者之無盡藏，固如是耳。讀是編者，無視爲古人之糟粕可也。後學楊瀾謹序。

曾《序》曰：詩以道性情，自古言詩者，多推原於三百篇，迄唐宋諸大家。然吾謂三百篇尚矣，必規規於唐宋，抑何隘哉？詩之佳者，如嬰兒赤子，不學不慮，而一啼一笑，無不中節，率其性之所至。時而登高舒嘯，時而即事寄懷，至情至理，不事雕飾；偶有一得，安知無駕唐宋而上之者？汀之郡，萬山磅礴，而水獨南流，類多卓犖之士，故其爲詩亦倜儻不群。所集若干，若無意於詩而成詩者，斯亦操土風之遺意。然而山川之鍾毓與師友之淵源，由來久矣。同治癸酉秋日，曾瑞春序。

按：瑞春，辛未詞林。

鄭《識》曰：庚午春，余與陳君星如襄刻楊三樵先生《見山園詩鈔》，告竣日，適文川伍壽嵩過訪，袖示二樵先生所輯《汀南塵存集》四卷，乃自五季迄本朝乾嘉間汀人詩欲付梓而未逮者。念頻遭兵燹，前賢遺稿，雖經流傳者尚歸灰劫。茲以零金碎玉，竟能無恙，微特先生之靈爽，默爲憑式，實集內諸公冥冥中有與共爲呵護者矣。因與同人共搜遺篋，復得前輩所作若干首，彙爲二帙，附諸卷末，均付剞劂。是雖不足爲汀人重，然僅存碩果，以爲少足珍云爾。時同治癸酉暑月望日，道隅鄭汝廉識。

《石遺室書錄》云：前有兩序，一稱後學楊瀾，一同治癸酉道隅鄭汝廉識，均不著何縣人。但鄭序稱曾"襄刻楊三樵先生《見山園詩鈔》"，又稱"二樵先生輯《汀南塵存集》四卷，乃自五季迄本朝乾嘉間汀人詩欲付梓而未逮者。因與同人共搜遺篋，復得前輩所作若干首，彙爲二帙，附諸卷末"云云，則瀾與汝廉自係汀人。而《續集》中有楊濬者，長汀優貢生，著《見山園詩鈔》。濬，號三樵，而瀾號二樵，當亦長汀人。集中詩人多他處所未見。[1]

按：此集所錄，始自五季伍昌時，終乾隆間楊聯榜，各繫以小傳，間爲之評語。前輩詩集，太半散亡，幸賴此書爲之收集，抱殘守缺之功，不可沒矣。此本刻於同治壬申，首曾序，次鄭序，後有字一行云："集中間有批語，悉本原鈔，未便擅去，姑仍其舊。"次二樵自序。此即最初之刻本也。汀人藏者，幾無矣。

––––––––––––

[1]　"所未見"，原稿脫"所"字，據《福建藝文志》補。

臨汀彙攷四卷

楊瀾撰

《石遺室書錄》云：瀾，字蓉江。據光緒戊寅知汀州府劉國光叙稱："楊君，本邑孝廉。距今將數十年。"自序言"近日同人中吳清夫之《寧化志》云云，則蓉江爲道光間人。書分建置、方域、山川、人物、鄉行、女貞、政績、流寓、風俗、畬民、典制、兵寇、物産、軼事、山鬼、淫祠各類，頗爲詳悉。

《序》曰：志猶史也，作者難，修者亦不易。昔人云："史兼三長，缺一不可。"此其所以難也。汀郡耆舊，首推李元仲、黎媿曾二公。二百年來，豈無魁人傑士？有博洽之學、有馳騁之才、有標新領異之識，銳意著述，自成一家言。獨於修志之舉遲疑姑待，非其學、其才、其識之有未逮，亦所志之不存也。戊寅夏，長邑修志局中紳士因言，本邑有孝廉楊君某暨弟優貢生某，均績學士，著有《臨汀彙攷》，請序於余。公餘之暇，披閱數數，大而建置、沿革，小而物産、風謠，正謬析疑，淹貫精覈。至其發論建議，尤能窮盡事理，備極勸懲，楊君可謂能文章而有志者矣。昔范文正公作秀才時，以天下爲己任，規模氣象，未知於曩哲何如？而能用三長汲汲焉於一郡治亂、盛衰、成敗之故，竟委窮源，此固非一家者所可同年語也。諸君又言，楊君距今將數十年，中間迭遭兵燹，室如懸磬，惟此卷獨存，其殆志之所結，有默相之者耶？亟付剞劂，以永其傳，異日郡乘續修，徵文考獻，將於是乎在。尤願郡中能文之士，以楊君之志爲志，各述所聞，各攄所見，集腋成裘，聚材作室，庶幾麟炳成一郡文章鉅觀，是則余之厚望也夫。光緒四年戊寅秋九月，知汀州府事、前京畿道監察御史，楚北劉國光撰。

按：此序爲武平王啓圖擬作。啓圖有《勵心堂稿》，著錄。

《自序》曰：《汀州府志》，順治中，元仲、媿曾兩公遜謝不爲，以致《明史·藝文志》中，府皆有志，汀州獨無。媿曾言："修述大事，必以待之後賢。"今二百年矣，然而無有乎爾？無已，惟願同郡中各以己所見聞，筆之於書，俟異日有起而任其事之人，網羅放失，裒集成書，庶幾易於卒業。且作志之難，媿曾謂："必如元仲先生閉門刪訂，予奪進退，自行其是，膏燭不煩於有司，撰構不資於衆力，庶幾無人敢議；此其事非早辦於未立局之先，不能也。"予旅食四方,胸中學殖久與園內松菊同蕪;歸而息影舊廬,每徵里中故實,輒以絀於文獻而止。家弟心泉,舊有《郡志補正》,迺就其中釐次而增輯之,名曰《臨汀彙攷》,異時郡中倘有修誌之舉,或出以效菅蒯之助,可乎? 衛櫟齋嘗言:"人之著書,惟恐其言之不出於己;吾之著書,惟恐其言之不出於人。"鄙意猶是也。近日,同人中吳清夫之《寧化誌聞》,正言莊論;巫鞠坡之《無可恃齋偶筆》,微言醒世:皆有裨世教。而以風燭餘燼,渙涊濡毫,何敢望效顰於大雅? 特獵心未已,自忘形穢云爾。憶前在京華時,曾有句云:"客中漸覺無他志,書裏猶多未了緣。"今緣慳力絀,尋墜緒而旁搜。迴憶及之,可勝於邑。楊瀾自序。

按:此書爲廖桂辛子年、劉明凝道齋、劉有容个臣同校。

《長志》卷二十八《典籍》著錄。光緒四年,郡守劉國光提鹽息公款刊成。

負薪初稿

楊瀾撰

見《長志》卷二十四《文苑》本傳。

猺民紀略

范紹質撰

《臨汀彙攷》卷三《畬民》:長汀范紹質《猺民紀略》云:"以槃、籃、簍爲姓,三族自相匹偶,不與鄉人通,種山爲業。"而近時無跳梁抗拒之事,蓋在各省諸苗中最馴良者矣。至其土俗,永定巫宜耀,鞠坡太史弟也,有《三猺曲》云:"竹籬茅瓦白雲齊,別是山莊望裏迷。偶向漁舟來蕩槳,匆匆錯認武陵溪。""啞啞人語可憐生,猿臂鳥聲不世情。却怪山中析薪好,層崖都作坦途行。""家家新樣草珠輕,瓔珞妝來別有情。不慣世人施粉黛,明眸皓齒任天生。""青山何地不爲家,無數稜禾夾道斜。更問一年鮭菜美,斑衣竹筍紫薑芽。""歲歲山房綴蜜脾,迢迢雞喚五更時。可能粗識錢刀戒,市上來過漫自疑。""生平射獵擅神奇,飽寢雄狐大咒皮。夜半酸寒聞角處,聲聲捲地雪風吹。”“由來風俗好呼巫，祭賽刑牲也自娛。好是擊鐃歌且舞，挑燈直到躍陽烏。”“生男生女自年年，絶少人間湯餅筵。聽取喤喤初泣後，清溪便作洗兒泉。”“解尋山主歲輸租，時學城烏尾畢逋。便是山林散人耳，成群亦復大酋無。”又《獠民紀略》云：“豿、豹、虎、兕，間經其境，群相喜謂野菜，操弩矢往，不逾時，手拽以歸。”長汀楊濬詩云：“薑薯蕷豆種山椒，叉木誅茅各打寮。夜半風腥呼野菜，强弓毒矢競相邀。”其土俗略見於此。觀明時汀州猺弗靖，郡守吳文度設方略撫綏，奪即承賦如居民，其非頑梗不化可知矣。

五經字音辨譌

楊濬撰

《長志》卷二十四《文苑》附兄楊瀾傳：濬，字心泉，號三樵。生而岐嶷，有至性。年十四，督學朱文正公珪試《小山叢桂賦》，其辭曰：“緬劉安之高風兮，獨亭亭於物表。慕溪谷與嶄巖兮，冀招隱於窅窱。抽麗藻與清詞兮，分名好於大小。雜桂樹以成林兮，殊幽馨其縹緲。爰作招隱之辭曰：吾將東登於泰嶽兮，履崔嵬之高山。蔭白雲之摇曳兮，扶郎栗以孤攀。古柏森聳兮，松著雨以蒼斑。倚茂樹以終日兮，玩碧雲於秋灣。邈哉不可坐致兮，安得陟曲弟以偷閒。夫既余懷之莫慰兮，逝將去此而奚即。何佳氣之巃嵸兮，一角孤特。復天香其馥郁兮，墻東塘北。飄金粟於雲外兮，豈桂陽之山側。彼道林之買山兮，又何足取以爲則。矧秋林之匹練兮，蕩宕清空。青女降兮林表，楓人醉兮殷紅。正軟條之連卷兮，儷友成叢。宛入桃源之路兮，樹樹青蔥。爰攀枝以淹留兮，忻山雨之新霽。終日夕以徜徉兮，樂逍遥於雲際。味南州之丰規兮，雜辛椒與菌桂。念余情其信芳兮，歌永言於獨寤。桂樹芳秋，於彼山幽。芬芳襲袖，正足相留。與子同旋，聊且優游。山如拳兮嶙峋，桂獨秀兮可人。真堪託兮歸隱，與之子兮偕行。”擢古學第一，補弟子員，旋食餼。濬文喜自抒所得，督學汪公聽舫待以國士。選充丙子優貢，赴考，時有語以宜謁貴人某某者，笑頷之，卒不往。歸後，閉户著書自娛，四方從遊之士，隨材質造就，多所成立。晚年優游泉石，與兄相唱和。著有《竹書紀年辨譌》、《五經字音辨譌》、《見山園詩鈔》、《賦鈔》、《四書典林古注》、《韻府分編》、《異韻通用攷》、《族姓譜補編》。

四書典林古注

楊濬撰

見本傳。

異韻通用考

楊濬撰

《長志》卷二十八《典籍》著錄。

邑進士胡巖《序》曰：古人文字，假借通用，有一字二音二義互通者，有兩字音義不同而用可通者，如好、惡，父、甫之類是也。每嘗讀書，震字作去聲，而《漢書·叙傳》："電擊雷震。"師古注："音之人反。"盧照鄰《中和樂歌》："旆海凱入，耀耀震震"，與闐同韻。明皇《答張說》詩"横汾鼓吹震"，與闐、春同韻，並押入近體。則唐人猶讀平聲也。萬乘"乘"字，讀去聲，晉傅元《漢高祖畫贊》，與興、徵、升同押，是亦作平。葦字，《爾雅·釋草》注云："於鬼反。"而謝嶠作"於歸反"，亦讀平。化字，《後漢·馮衍傳》"與時變化"，章懷太子注：音花。亦讀平。至楚詞與他、化爲韻，則化字於古又音譌也。嵌字，隱侯《江南曲》押入覃韻，《宋韻》、《廣韻》覃部無此字，惟作去聲，入敢韻；則字同義同而音獨異也。休文讀緇爲去聲，劉崐以叟叶璆。著字去聲，宁字上聲，音相近，義亦可通，而孔疏直謂二字音義同。則當時著字或讀上，或宁字亦有去聲一讀，今則無此音矣。韻之不同，沈休文以僊、閒入先、僊韻，江文通以山、軒入先、僊，蓋自真、諄至先、僊十四韻，古音相通，晉宋時尚多互用。意者，方音哤雜，四聲譜廣收不遺，故數音並載，後人多所删併。及《切韻》，猶以浮入"虞"、"模"，《廣韻》諼、誼、焉、跧、潺、湲、嬽、獙等字，猶與先、僊並載。是則删併未盡，亦即古韻之猶可考者，然而僅矣。唐人程式之文，遵用官韻，尋常吟咏，不甚遵法言。孫愐《切韻》序亦云："欲廣文路，自可清濁相通；若賞知音，即須輕重有別。"邵子湘云："古韻不可施於律，若古體、頌、銘、碑、誌、贊、誄諸文，則古韻爲宜。但古韻、古音今難稽考，惟據前人所已用者用之，庶無可議耳。"楊子心泉，詩禮傳家，好學嗜古。父兄制錦澌、蜀，著述罕傳。心泉以夙名優舉，所著詩古文詞，一時推重。尤留心考訂，於本郡邑舊志，補遺正誤，裒然成集。其他撰著《典制文林注疏》、《數目集錦》、《詩賦法訣》、《五色集錦》，稿牣篋中。今其門人請以《異韻通用考》先付梓，因得窺見一斑，是誠不執今以律古，俾讀者得所依據，以廣文路者也。搜討之博，用力之勤，深欽佩焉。嚴質既魯鈍，又復抗塵走俗，學殖益荒，於此事無能爲役。茲讀是編，不禁攎管蠡所及數條，錄以就質，冀邀是正之餘，得附名簡末，固所厚幸矣。

韻府分編

楊濬撰

見本傳。

族姓譜補編

楊濬撰

見本傳。

竹書紀年辨譌

楊濬撰

見本傳。

見山園詩鈔

楊濬撰

《汀南廑存續集》卷一，錄濬詩二十三首。茲錄其《將樂縣》云：“長林烏臼樹，一徑接城闉。水碓舂米，山田藁束人。南來得吾道，東去問長津。臨發重回首，三華古黛皴。”《宿茶地》云：“山店晚投宿，山容淡墨皴。邨香焙茶地，墟散裏鹽人。濁酒澆愁慣，孤燈對影親。如何鄰舍客，夢囈已聲頻。”

《夏晴久溪水淺登舟三日始至三洲》云：“征棹三朝暮，山郵一日程。平疇颭兆坼，淺瀨縠紋生。沙擁舟如蕩，水隨車逆行。晚霞餘散綺，來日又天晴。”《夜宿北極樓》云：“上方人語寂，襆被叩禪扄。林密夜先冷，山高仙亦靈。松聲千澗雨，燈火一城星。坐對不成寐，行驚鶴夢醒。”《吊謝臯羽墓》云：“晞髮吟成國步更，晚從汐社結詩盟。臺西歌擊竹如意，硯北身隨玉帶生。憫默冬青陵寢樹，淒涼月白子規聲。阮生舊日空山淚，未罄魂歸朱鳥情。”《過水西嶺回望連城縣如在爲下》云：“驛路蟬聲夕照催，荒亭凝眺首重回。溪成文字流來合，城向蓮峰缺處開。淺水茨菰翻似翦，破窑泥粉燒餘煤。二邱講學今誰繼，擬酌寒泉薦一杯。”《舟過忠州》云：“依然城郭枕江頭，小白蘋香拍水浮。自古賢人多謫宦，使君詩酒最風流。重栽柳色常垂澗，四面溪光總入樓。十五丫鬟竹枝女，至今猶唱白忠州。”《會昌舟中》云：“淺瀨寒流漾碧漪，片帆終日去遲遲。有時江鳥一雙浴，到處野梅三兩枝。隔岸雲從峰悄辨，前途雨驗水渾知。長堤冷落蕉千尺，記向春陰一棹移。”《鄞江竹枝詞》云：“十年征戍淚沾衣，杯酒離亭葉亂飛。唱罷臺灣舊歌曲，送郎行即望郎歸。”“鄞江一丈水長清，風雨無端昨夜生。却被出山泉水濁，照人心事不分明。”又五言如《樓居秋夕》句云：“孤燈吟對雨，高樹坐聞秋。”七言如《春晴》句云：“細雨牛毛春樹綠，斷霞魚尾暮天赬。”《七夕》句云：“幾處花香吹酒氣，隔簾燈影沸茶聲。”亦灑然可誦也。

見山園賦鈔

楊濬撰

見本傳。

典制文林注疏

楊濬撰

見胡巖《異韻通用考序》。

詩賦法訣

楊濬撰

見胡巖《異韻通用考序》。

數目集錦

楊濬撰

見胡巖《異韻通用考序》。

五色集錦

楊濬撰

見胡巖《異韻通用考序》。

即謳草二卷

張廷賡撰

《通志》卷八十《經籍》著錄。乾隆間諸生。

《長志》卷二十四《文苑》：張廷賡，字翊堂。庠生。嗜學工詩，有晚唐風。中年目瞀，生徒問字，猶日不暇給。著《即謳草》二卷，同里御史羅宸、知縣楊瀾爲之序，編修平樂何彤然、宗人府府丞武進吳孝銘有題辭。

又卷二十八《典籍》並著錄。"草"上有"詩集"。

《汀南麈存續集》卷一，錄廷賡詩七首。兹錄其《客亭秋夜》云："水檻横天末，凉風颭客衣。一帆連月卸，雙雁背雲歸。江白橋痕出，山黄木葉飛。誰家秋笛起，離緒尚依依。"《春詞》云："短窗依傍緑楊開，宫樣春衣换幾回？揀盡羅浮蝴蝶繭，可憐腰瘦不勝裁。""林竹尖尖籜解遲，刺桐花落柳垂絲。不知南國相思子，結到梢頭第幾枝？"《睡起》句云："屢欲却愁思短睡，强將多病勸加餐。西風雁影人歸渡，暮雨江聲客倚欄。"《楊花》云："六橋柳色嬌如綺,弱絮盈盈蹋歌裏。笛聲吹徹舊餘杭,一段春魂呼不起。舞風無力輕且柔,桃花沈江江水流。江自飛花水自去,縷縷高挂湘簾鈎。湘鈎凌虛隔金屋,和雨和煙恨幽獨。不如飛入小池塘,化萍長伴鴛鴦宿。"《聽琴》云:"高人橫素琴,松風滿巖穴。颯然萬籟吹,遙情與之結。造化有元音,其氣疏以達。是桐尾亦焦,如笛鐵皆裂。曲罷山月明,流光信親切。妙契無一言,塵心頓開豁。"《古鏞舟中坐月》云:"江冷楓林月,波心一顆流。暝烟沈遠樹,鄉思繫孤舟。浪拍沙汀雪,風迴水閣秋。遙知閒杵臼,曾搗古今愁。"《早發》云:"班馬紅橋曙,江禽碧岸稀。鐘聲寒出寺,雲氣暗沾衣。破碎星猶亂,空青月尚飛。束裝忙載道,將趁早春歸。"《暮春》云:"不須惆悵惜芳時,小杜街西託夢思。楊柳碧銷攀去葉,杏花紅過抅來枝。六朝金粉胭脂淚,三月朱樓芍藥詩。怪底踏青歸又晚,輕衫羅扇步遲遲。"

拈花微笑齋詩話

胡國模撰

《長志》卷二十四《文苑》:胡國模,號雲鶴,又號秋水,江寧鹽道純基六子也。十六補邑庠,隨宦金陵,授業師皆一時知名士。與其兄國梁久遊隨園之門,故其詩皆抒寫性靈,無煩藻繪。中年以饑驅浪遊,足跡半天下。晚乃寄寓贛州,授徒取修餔自給。贛縣進士韓子音嘗試以《全唐詩》,隨抽試,皆背誦如流水。生平不事生業,手不名一錢,卒後,所著詩文數千首、《拈花微笑齋詩話》若干卷,皆散佚。今就其傳鈔者,擇錄數首。《冬夜》云:"鷄聲喔喔一燈紅,鄰寺鐘敲斷續中。凍月如丸霜滿地,破書堆裏坐衰翁。"《爲舊歌郎題扇》云:"老大依然抱硯田,落花時節遇龜年。相逢冬自低頭處,同在人間不值錢。"《秋江暝望》云:"滄江望不極,暝色入空濛。雲起山腰白,燈搖水面紅。疏鐘敲落葉,孤棹撥秋風。徙倚無聊客,高吟興未窮。"《浩浩吟》云:"浩浩坦坦,建天或有維。萌萌示兆,太始不可窺。清精濁形鷄子破,乃有盤古神天聖地生兩儀。一日九變顯靈怪,天日高一丈、地日厚一丈、盤古日長一丈,如此歷萬八千期。天數極高,地數極深,盤古極長既定位,三皇繼起萬物成體各有爲。草衣卉服託巢穴,人首蛇身尊伏犧。神農黃帝事稼穡,天玄地黃無駮疑。又有女媧氏丸泥爲人,散有六合翳翳漸蕃孳。君子小人日以出,乃敢談天相詆嗤。天遠去地二億一萬六千七百八十一里半，東西南北尺步差等亦可規。運如車輪左舒而不已，兩曜五緯、磨上之蟻，其行稍遲遲。又聞天體蕩蕩滑如磄硞有鐘乳，昔人曾夢沖舉捫而漱飲之。我獨敬天之德，生成悠資。偏覆包涵力能給，雕刻群物雲雨施。於是仰天叩首叩首，泣數行下惴惴而陳詞。蒼蒼之上，紫薇之宮，昊天上帝居於斯。天步高遠不可得而下，猶幸天耳維聰其聽卑。五十一年以前，我爲虛靈無體二氣之瀰瀰。五十一年以後，我爲血凝質立七尺之鬚眉。又非丐天以生我，何爲令我餒體而殘肌？畀我性情綿其中，嗜欲接其外，不能逃虛遁寂，孑然與世遺，長望帝居含辛悲。但見天門開，雲霞澒洞，樓閣參差。神光赫然，下燭庭墀。羽衣童子駕青鳥蹁躚來下，詔我攀龍上天池。龍行矯矯，鱗甲金眸玉爪不受羈。蒼垠歷歷九霄上，山嶽破碎海爲卮。人間白波桑田起，天上金烏正啄偓棗枝。棗實紅潤大如瓜，樹下雲錦霧縠集偓姬。賜我一枚棗，坐我以瑤席，飲我以玉飴。異香醞釀喉間不得下，在旁饞殺偷桃兒。童子引我躡電去，便脫珠履相諧嬉。黃金城外攀榆樹，白玉宮前摘桂枝。閶闔乍近紅雲繞，壁月文虹開翠旗。童子招我入，仙班肅然列偉姿。風伯耀修潔，雨師面青黧。雷部雜鳥喙，火帝盡赤髭。鏗鍠鈞天奏，心動自不持。金階詔我跪，謂汝何怨咨。小臣叩首叩首，不語涕漣洏。帝乃知我愚懇動天慈。命我共青龍垂尾於氐房，與白虎據參昴而分司。奮翼星張同朱鳥，匿首女虛偕元龜。我皆謝不願，但願賜我童子爲前導，八極之表，百神之宮，優哉游哉無不之。帝乃怒我何放誕，仍謫人世效驅馳。浮名縛汝不得脫，前有豺虎後狐狸。機械往往在左右，君父趨汝汝何辭。嗚呼，天地之大猶有憾，八柱何事東南虧？"

《汀南麈存續集》卷二：胡國模《雨窗走筆寄賴企梁先生》云："兀坐空堂中，追思古不朽。破窗風雨來，寂寂念吾友。雅韻最宜人，才調高北斗。能作鳳凰鳴，濯濯三春柳。虛懷下問余，實學不自有。朗吟氣貴雄，恬咏骨須厚。百鍊成精金，亦有得之偶。入木透七分，金剛杵寄肘。譬如製食品，故典羅椒酒。油多會膩人，清脆乃適口。又如觀戲劇，嬌嬈固點首。本色見英雄，何事用矯蹂。以意遣詞華，獲精棄群醜。詩中要我存，怕眼高於手。立志踞泰華，得勢期壁陡。取徑歸新鮮，虛字神抖擻。造句如屈鐵，穩先工在後。君肯受盡言，老拙獻鄙帚。休疑語驕人，儂意獨否否。晴霽擬攜筇，夬夬從新剖。"論詩獨近隨園，讀此可以知其旨趣矣。又國模嘗有"春老飛花苦雨中"之句。

周易指掌六卷

王登撰

《通志》卷八十《經籍》著錄。登,嘉慶戊午舉人。

又卷百六十四《選舉》:登,福安訓導。

《長志》卷二十八《典籍》並著錄。學使陳用光爲之序。

按:一題《周易象理指掌》,道光癸卯碧峰書室刊本。福建師範學院圖書館有藏本,凡六冊。

原草七卷

賴燧撰

《通志》卷八十《經籍》著錄。

又卷二百四十五《孝義》:賴燧,諸生。母患時疫,以口接氣,得蘇。遂染疾,醫治俱瘥。

《府志》卷三十三《文苑》並著錄。

居易集二卷

廖金舍撰

《通志》卷八十《經籍》著錄。同邑汪壎序。

《長志》卷二十八《典籍》並著錄。

後紅樓詩集

段廷燮撰

《汀南塵存續集》卷二:段廷燮,字克柔,一字彦調,長汀人,益齋子。天資醇粹,髫齡失怙,家貧力學,晏如也。年十三,應童子試,太守胡公霽林深器之。旋入泮,考輒優等。嗣丁內艱。服闋後,累試皆第一,即充癸酉正拔。卒年僅二十三。

彦調爲文不拘繩尺，工古作，尤長於詩。著有《後紅樓》等詩，與余參訂是集，頗有識解，未告竣而卒，惜哉。

按：彦調詩全集未見，是集錄入六十九首，多學溫、李之作，蓋有其才而年不至。七絶尤清新。《春怨》云："碧桃花下玉窗幽，飛盡嫣紅惹闇愁。金縷帳開犀押響，曉風吹雨入妝樓。""斗帳香沈夜寂寥，紛紛紅淚濕鮫綃。濃愁一似金爐火，倚着春溫不肯消。"《寒夜詞》云："錦帳羅衾薄幾重，暗香微度月明中。琉璃屏隔相思夢，一樹梅花落曉風。"《里巷》云："小樓依舊掩雙扉，悵望尋芳獨自歸。苦憶年時騎馬過，落花如雪點春衣。"五言句如："落雁浮春水，歸人逆晚風。""日銜山氣暝，煙孕徑花紅。""花徑藏春水，風枝動夕禽。""暝烟汀火出，寒雨閣鐘沈。"七言句如："江沈暮氣涼侵酒，樹捲秋聲倒入簾。""鳥外雲山吳苑曉，馬頭花柳禁城春。"皆見風致。

汀南厪存續集二卷

鄭汝廉撰

黃《序》曰：道隅鄭君，新羅守道者也。余知長汀將半載，僅來見一面。一日，爲酌重刊縣志事過署，坐談斯未信軒，日且移晷，非表章志節、發微闡幽之事，一不關口。袖《汀南厪存集》見贈，汀古今人詩鈔存而未刻，道隅刻之者也。作而言曰："是集初編有序，續編尚未有弁諸首者，公餘之暇，乞書數行。"余頷之曰："續之用大矣。天地之化，往者過，來者續，故無一息之停；人之父子祖孫，以似以續，故相傳而勿替。"本朝袁簡齋先生，亦有《幽光集》，收其朋友詩之不能自梓者而梓之。其集序云："使天下之人得而讀之，知我所集者如是，我所未集者正無窮也。或有繼我而爲採風者。"夫簡齋之意在繼我採風，繼即續也。今道隅刻續集，則汀之今人又將藉以不朽也。況道隅續更可續，而汀之有心人又可續道隅之續，則汀人之詩後此者亦可以不朽矣。道隅誠足嘉矣。昔人有言，拾人遺篇賸稿而刊布之使不朽者，其功德比收遺孤、掩枯骸而更大。道隅殆知之者乎？余故不以不敏辭，而墨數行以付之。時同治癸酉立秋日，書於長汀縣署東之古蓬萊閣，香山黃國培。

按：黃《序》作"閩南"，當從鄭氏自題"汀南"者是。蓋鄭氏此選續二樵之後，又皆汀人之詩。是集首載黃《序》，前有癸酉孟春段廷燮題"江南廑存續集"六字篆書。前後集皆同治間道隅所刻，續集始馬敬堂，止段彥調，凡十五人，多長汀縣籍，所錄殊未廣也。

滄浪詩話注五卷

胡鑑撰

鑑，字衡齋，長汀人。

汪《序》曰：自宋以來，作詩話者殆以爲不必注也。然宋人詩話中所舉古人詩，往往僅標篇目，覽者非檢考本集，不知全詩云何，遑問其所論之當否乎？南宋何氏《竹莊詩話》，蒐前人詩評，列其說於前，以全詩附於後，體例善矣。《滄浪詩話》者，宋人詩話之一也。其於古人詩，亦往往不載全篇。閩中胡衡齋大令，仿何氏之意，博考群籍，各采本詩爲之注。又因詩以及作詩之人，略取其時代、仕履，附於句下，蓋非獨用便瀏覽，抑亦嚴氏之功臣已。大令以名進士作令嶺南，歷宰大邑。簿領繁矣而不廢稽古，交遊廣矣而不忘尚友。其爲此注，翻書數十種，鈔纂數萬言，甫逾旬朔，遂已寫定，可不謂之敏與？琼因謂大令："滄浪論詩法有五，而於體製言之尤詳。君既爲此注，盍更攷南宋以來諸家詩體，以賡其書乎？"大令曰："然，吾將爲之。顧子立爲我先序此書也。"遂序之如右。光緒辛巳冬，越人汪琼撰。

《後序》曰：粵自蕭選思精，爰有李善之注；杜詩才富，聿傳夢弼之箋。著述相承，由來尚已。矧《滄浪詩話》盧牟群什，薈萃前聞。擅月旦之公評，託陽秋於韻語。縱其脣吻，則舌本翻瀾；罄厥心期，則胸羅列宿。採騷壇之奧旨，具見淵源；開藝苑之先聲，別分流派。然而繁稱博引，遠紹旁搜。雖衆美之兼賅，每單詞之未備。或知人論世，偶異其名；或取義斷章，僅存其目。使非詳明互證，秘隱全鈎。考姓氏於昔賢，據文詞於往籍。將閱者目迷五色，縱開卷而茫然；神炫陸離，未終篇而即已。得毋望洋徒歎，而測海難窮也乎。家兄衡齋先生，射策少年，栽花滿縣。以純儒爲循吏，蘊經濟於文章。手此一編，腹有萬卷。雖復形勞案牘，績美繭絲。每當退食之餘，輒以參稽爲事。於是綜觀上下，采輯古今。見見聞聞，原原本本。數典則叙從其朔，析疑而迷指乎南。援引既勤，考證尤確。摘句標題之下，銓次有條；兼收並採之中，網羅無失。加以補苴罅漏，不開攻擊之端；含咀英華，更續挖揚之妙。兄近有《續詩話》。參同契合，考異郵分。斯誠嚴氏之功臣，抑亦騷壇之宗匠也。夫對稱鼠豹，但侈新奇；名釋蟲魚，恒工附會。非望文而立訓，竟從傳而舍經。雖在通人，未能免俗。若乃學窮浩博，例尚謹嚴。朱墨懸殊，丹黃不苟。摘艷辭於屈、宋，無取覼陳；誇將略於孫、吳，奚容牽涉？謎藏隱語，敢參臆斷之私；句戒折腰，疇辨體裁之偽。旨或無關厥要，意難默喻其微。徵信靡由，闕疑爲貴。凡茲矜慎，出以謙沖。討論之善斯彰，穿鑿之誣盡闢。康成之箋毛傳，時有不同；薛君之注韓詩，多仍缺略。則又寓權衡於古義，刪節叢書；資別擇於寸衷，端推卓識也已。欽凤殷師事，殊愧兄風。憶從請益之年，雅得追隨之致。池塘夢我，幸披康樂新詩；風雨懷人，待踐彭城舊約。試綴言於簡末，何殊花萼聯吟；廑問字於堂前，願祝棗梨並壽。光緒辛巳重陽日，同懷弟欽謹序。

光緒辛巳廣州刊本二册。

又通行石印本。

卷十二　清·寧化縣

西園集一卷

丘應登撰

《通志》卷八十《經籍》著錄。應登，字子澹，[①] 號小魯。崇禎壬午舉人。入清，官香河知縣。

《寒支初集》卷八《香河知縣丘公墓誌銘》曰：聞之洪濤奔而畎澮徙，凜霜繁則萌蘗枯。值時革代辟，榱棟崩摧而胎卵妖覆。蓋高傾流頹，氣勢迫使然也。吾故讀丘君事狀，三歎於斯民無祿，逢慈惠之長而施設不可竟也。君諱應登，字小魯，別號澹公，閩之寧化人。明季舉於鄉。仕清，爲順天府香河縣知縣。香河去京師二百里，大清之法：畿甸近地，悉圈賜八旗勳戚，各委莊頭督之。平居則厮養坐食租稅，遇征調則按圈地頃畝，僉甲卒如數，不崇朝而數十萬畢集，赴兵部驗名給行糧。事已，仍赴部驗放歸旗，仿佛府兵之制，而優恤倍之，蓋詳於強兵而略於養民。漢民雖凋敝，勢無暇姁育及之。於是漢人虐於莊頭，疲於夫役，尤困於租食。知香河者，束手莫爲計也。凡莊頭多漢人悍猾者充之，羶氛翕熱，慮無不莊頭者。僅存漢人八百一十二丁，又皆零替失業，苟活貸食於莊頭；及償貸失期，則收捕拷掠，五毒慘至，斃人如蟻蟻。長令懾莊頭之威，或反利其賄，更袒助之。由是，漢人命益輕，弱益甚。丘君視事未幾，愴然長歎曰："長此未已，漢有孑遺乎？" 乃遍召莊頭，瀝酒與約曰："天子以香河委我，邑有大利害，得旦夕上聞。今香民數死非命，非天子意也。若能聽長令約束，甚善；不然長令不惜一官，爲小民請命矣。" 莊頭頗奪氣，各拱立曰："謹奉教。" 自此，爪牙大戢。久之，鄰邑武清劉、馬諸姓祖莊數百間，

---

① "子澹"，原稿作"子瞻"，據道光《福建通志》卷八十改。

莊頭據占已十年，有司莫敢問；聞香河廉平有異，各訴部請下香河質成，部檄阿大人會勘之。阿意祖莊頭，君復棘棘辨曲直。議既上，部以君爲允，盡逐莊頭，而諸姓各返故居，一時歡呼沸地，每食必祝曰：“香河，吾天也。”自是漢人頗恃以自立。而香河夫役特繁，以邑地濱河，歲必築隄岸、抌淺汛、挽糧艘、拽皇木，或又協濟兵船。八百餘丁，肩無息晷。舊時樹基淺之在永清，紅廟淺之在武清者，又責香民協役。君特謂越界調丁，非法也，侃侃爭之力。雖忤總督部堂，不爲撓，遂歲免香夫千數百名。民力雖少蘇，而收租之苦如故。蓋香河食地悉圈，官撥延慶、保安地令香民自取租爲贍，凡地一畝折色二錢，或一錢五分、二分不等；畝取二分爲國課。香去延安七八百里，口外土瘠人頑，租不時輸，取之不啻乞貸；甚且毆辱終訟，主客無寧日。方香民貸食莊頭時，各指租入以償逋；既租入不償，莊頭自遣人出口監收之，棟穗無遺者。民固失租，即官亦無從得課矣。長令病之，屆期亦自遣役出口監收新課，即折色低雜，不究問，歲賠民課以爲常。君始請於兩院，歲限三、八、十月爲徵期，輸者不得以迫徵爲解，收者亦得漸取以續命。官民便之，遂定爲制。其後康熙二年，朝議順天七十二州縣輪派丁夫飼養御馬。君獨憂之，曰：“民疲奔命勿論，即挈斃交割，蔓累無紀。”急書上當道曰：“按年輪派割青，每役及瓜乃代，人情久棄妻孥，必廑內顧，愁迫無聊，急惟逃亡耳。且離鄉寓遠，飲食非時，即酷日淫霖，無望更踐，饑罷怨憤，鬱蒸疫厲，勢不死亡不已，非朝廷仁民而愛物之意也。莫若量派州縣，助役錢以增工值。草束則給商招買，割青則就地募雇土著，則食宿便，即力困而踐代有人。增工值則應募多，身雖執勞，俯仰有賴，終歲就役，忘其役也。”書上，而部堂稱善，即如議頒行之。七十二州縣之民交相讚頌，官評卓異，亦僉無異詞。適河間巡撫韓某者，新至，其書役，君鄉人也。韓謂役曰：“香河名譽籍籍，能成其名者我也。”役以告君，責君二百金爲贄。君笑曰：“香河勺水，僅濡脣耳，安得沮洳乎？且名之成敗，天也，如天何哉。”役慚甚，則鈞謗以怒韓，摭款劾君。摭拾無所得，至謂“大行在殯，本官私署曳朱鞋，飲醇酒”，時傳以爲笑。事下，易州道韓公嶼據款研質，士民萬口呼冤，洶洶欲叩閽爲君死。韓公拍案咨嗟曰：“有令如是，而遭蜮射，銓曹揚激安稽乎？吾能解官以徇賢，不能殺人以媚人也。”覆揭雪君。奉俞旨，還君香河，吏民扶攜叫讙爲賀曰：“天復我君也。”方君聽勘時，以霸州判周某視香篆。判，細人也，度勘吏無完璧，輒非禮遇君。及是，忸怩爲恭曰：“微公，誰爲天下長者？"公恬然如故，交相值也。判視篆凡五月，盜偵其橐，一夕盡劫之。功令，最嚴盜案。君爲掩諱已半載，部檄核前事，判怖無所措，卑辭厚幣求解於君；君却幣而曲護之，事竟寢。前令姜某，以錢糧虛出羈京邸，君復爲墊解給結，姜遂得補授邑丞。事聞，遠近以爲古人所無有也。嗚呼，升墜，人所時有，逢人落阱，不一引手，反擠之又下石者，比比是也。大賢值此，如觸虛舟足矣，又更推置維挽，報之以德，不已甚乎。假令判與君易地，則判立納呂陷矣。又令君與姜易地，姜能燃灰乎？天下人賢、不肖相去區絶，與夫怨直德酬，匪意所及，如此，是可爲感歎也。君既復視事，自以無罪蒙詬，義不受羈縻，決意告休，滿漢人百計挽阻，即上官無忍爲申奏者。淹留一載，章凡二十上，乃獲予告。凡香、武之士與吏氓及旁州縣之慕誦名德者，皆悼恤曰："後將奈何？"蓋有涕泣者。嗚呼，得志澤民，古人惟其時耳。君乃於鷙攫猛噬時，探其牙吻，奪傷殘而嫗乳之，冀壯長而蕃嗣息。則何異滔天蕩嶽，疏洩溝澮，以治平疇；入大凝寒門，束緼火以召陽和而甦僵凍乎？然且畢誠竭慮，愷悌著聲，名將成矣，竟有物敗之。君遂介然引嫌，絶意當世，知阨運未銷而漢黎含哺未有日也。此吾所爲三歎也。君歸而囊篋蕭然，杜門謝客，或拈韻送懷，或與老友手談竟日而已。少爲名諸生，工制舉義，清綺濯濯，氣調馨逸。啓、禎乙戊間，僞經、僞子、僞大家，風偃海內，君獨用我法，不改面從時。迄崇禎壬午，乃舉於鄉，年已近艾，人士歎其遲暮而益服其守正也。制義餘力，溢爲歌詩，沖秀絶塵，論者推置儲、王、韋、孟間，世謂知言。生平孝友順祥，嫗和御物，不爲崖岸斬絶，而皂白薰蕕，胸次井井。性既澹泊，初無沾染。以康熙癸丑某月微疾，靜臥六日，自起易簀，端坐而逝。生萬歷某年某月某日，春秋七十有九。太翁諱某，號某，豁朗有倫鑑，以順治十八年覃恩誥贈如居官。贈公有子七人，獨奇愛君。某少君七歲，中年以詩文相切劇，知君特詳。老廢後死，君之子以石上文見委，某不敢辭，因舉其大者志於石，其他則鄉里口碑能詳之，無事瑣及矣。遂爲銘曰：日有昃中祚興替，遺黎蕩析逢天慳。鷙猛乘之恣攫噬，叱尺帝畿藪狐魅。櫛梳蟣蝨解鉗鈌，觸雲膚寸湛膏雨。匪翳剛馬匪柔蠻，寒纊暑絺服無斁。七十州縣亘千里，祝公秉鈞弊群吏。庶幾萬物盡吐氣，奈何天未欲平治。頓有貪人能敗類，謠詠蛾眉謂淫嬖。風不可縛影難繫，上帝鑒之永終譽。古道進禮退必義，肯受羈縻淄素志。嗚呼賢隱天地閉，以此銘章備史記。

《寒支初集》卷四《西園稿序》曰：昔聞詩有三禪，其論至渺然漭瀁而不可崖。余將更之曰：詩有三立，則比切世事矣。立之爲言，無所遷而靜閱變化云爾。詩至閱化而靜居，不既盡人天之故矣乎？夫天下之密移人者，時也。治世之音安以樂，亡國之音哀以思。彼何知爲哀思、安樂哉？時移之耳。六代唐宋，升降邊際，渺於絲塵，婁、曠所未瞭審也。雖以淵明之澹靜閒遠，而賢者復謂其帶性負氣多由豪放中來，淵明豈自知其豪放哉？處淵明之時，新懷故感，節長芽滋，如寒暑之易膚而靡覺也，是故 ① 立於時外之難也。方俗移人益又甚，此魏褊、唐憂、曹奢、陳汰，聖人不能違其風也。以屈平之皭然日月，而景宋、劉、嚴之徒，得尋聲而附之曰楚辭，則立於俗外之難也。是猶曰氣勢使然。若夫才人之吐爲詩也，猶山川之出雲也。當其靉靆空際，舒卷晴霏，非復山川所能鞿裁矣。使泰山滄海，蒸霧騰氛，霮靅清晝，山海乃亦巨物之戚人者與？李白曰："諸人之文，如山無煙霞，春無草樹。"予謂太白遠遜班、馬，近遜柳、韓，正以煙霞、草樹爲之累耳。雖以退之之宏放雄剛，子瞻之浩瀚萬變，而論者終畏其破除格律，不繫以風雅之嫡嗣，非以才多之故與？蓋立於才而降制其才者，尤難也。乃今讀西園詩有異，時非將安將樂之時也，意其哀思怨誹，當不後千載上人也。乃際亂避亂之篇，溫如田園飲酒之事，怨且無隙奚其安，哀且無聲奚其樂也？此豈悁悁急庂，因時而傷性累道者乎？方弘、嘉之隆，李、何、王、李，互爲齊、晉，視閩音猶邾莒也，矧於吾寧？寧自鄭仲賢後，風雅瘖啞垂七百年矣。里兒狂號者，若徯學宮語，不自謂徯，而反誚宮語之不徯也。說者遂謂山川頑黯使然。如其人即山川，亦豈得不任咎哉？而西園獨以澹杳深倩之音，進韋、孟、儲、王之坐，可不謂特立俗外哉？以此，其才即鞭叱風雲，囚拏蛟虎，奚不可者？乃神襟相檢，聲影交裁，使章無溢句，句無溢字，斤斤以西園一卷行於世，是其人豈復爲才所使者乎？夫不移於時者，殆移夫時者也；不移於俗者，殆移夫俗者也；不移於才者，殆能用其才者也。是吾所謂立也已，是吾所謂無所遷而靜閱變化也已。

按《府志》卷三十三《文苑》著錄。作"《西園稿》四卷"。其入之明代，非是。

又按《汀南廛存集》卷三：邱應登，字澹公，寧化人。崇禎壬午舉人，順

治十四年官香河知縣。致仕。著有《西園集》。《巖頂禪室》云："遠尋開士約，正值高雲閑。晨起領諸妙，沖然雙樹間。插蘭薰重耳，滴露洗蒼顏。旭日來相照，光暉分滿山。"

香峽集

施澤嘉撰

《通志》卷八十《經籍》著錄。見《閩汀文選》。

《府志》卷三十三《文苑》、《寧志》卷四《藝文總目》並著錄，作十卷。"峽"作"硤"。又《府志》入之明代。

春秋略談

賴朝會撰

《通志》卷八十《經籍》著錄。朝會，順治間諸生。

又卷二百四十五《孝義》附雷動化傳：朝會，字時見。黃允會詐言與城中議和，眾推朝會盟之，往而見害。以其爲邑謀主，且罵黃賊也。

按《府志》卷三十三《文苑》並著錄，作二卷。其入之明代，非是。

四書尊聞

賴朝會撰

《通志》卷八十《經籍》、《府志》卷三十三《文苑》並著錄。

《託素齋文集》卷五《四書尊聞序》曰：此故寧化文學時見賴君所著之《四書尊聞》也。君名朝會，縣廩生。時邑人李公元仲，名噪海內，學使者前後按試，率第一。李公，他人士無敢抗行齒立，惟時見起孤生，年少，名在季、孟間。予爲諸生也，早曾數面時見，通眉廣額，[1] 晢白如玉，才氣颭發，時時屈坐人。寧邑故有田丁之亂，順治癸巳十月，叛丁詭稱願與邑人輸平講好；時見

---

① "通眉廣額"，原稿脫"額"字，據《託素齋文集》卷五補。

恃其丰采言論,可以一二語折服解紛,輕身墮術中,遂爲見殺,死最慘。妻寡子幼,生平著述,半零落無存。今所傳唯《尊聞》一書,以注爲經,以己說爲緯,通疑析義。其言之至者,往往達於精微。前明當辛巳、壬午間,秦楚寇盜縱橫,徵調星火;又邑叛民環伺肘腋,破城掠帑,如其取寄。乃時見方呎毫伸紙,取四子之書,朱標墨識,若甚有不可已之事者,亦可謂迂闊而遠於事情。且其時文體破壞,莊、墨、申、韓諸書,下至稗官野史、梵書道藏,皆可詮注行間,獵取上第。時見則獨斤斤執守,力持異說,句分章解,以始終繼述紫陽之緒論,豈不偉哉?東鄉艾千子兩過寧都,與時見相知,握手序其書,欲使有傳於天下後世也。歷數古今才人,年少而得奇禍者,大率高自標置,傲世揚己;不則識見不堅,依倚匪人,遂至狼藉崎嶇,身名俱敗。若時見習一聖人之書,似可家修安坐。乃酈生妄冀憑軾之功,夷甫遽及排墻之酷。蜂竟予螫,虎不擇人。時見之死,亦失於不自量力也。然妻孤苦立節,受天子旌表;其子又思刻其遺編,以爲其親不朽計,庶或可少慰幽冥乎?

幻樓草二卷

雷動化撰

《通志》卷八十《經籍》著錄。動化,順治間貢生。

又卷二百四十五《孝義》:雷動化,貢生。於異母弟極友愛,推田宅與之。姊寡,敬奉終身。順治二年,山寇鄒華等肆掠,動化建議助餉守隘,賊不敢犯。六年,叛賊郭天材率數千騎來攻,守將急命閉關,動化力爭開門納避賊男婦。明日,賊大集,焚近郊民舍幾盡,城中乏食,動化散家財數千金,出米數百石,煮糜粥募丁壯以守城,賊不得逞。十年,草寇黃允會恃撫負嵎,殺生員賴朝會,動化請兵剿賊巢。自是寧化得免寇害。卒,從祀鄉賢。子升,以孝稱。

《寧化人物志聞·雷升傳》云:郭天材平後,人德之,釀金償焉。仇捏私派逮贛州軍門,動化鬱鬱卒。知縣某杖仇,斃之。

《府志》卷三十三《文苑》並著錄。

北山草二卷

雷動化撰

《寒支二集》卷二《北山草序》曰：古詩之亡久矣，而近世猶稱詩，詩其不亡矣乎？近人之論曰：格律穩稱，聲調鏗諧，即真詩矣。然余讀"相鼠"、"兔爰"、"巷伯"、"苕華"之篇，促調急音，其細已甚；而繁霜日食，板蕩召旻之作，靡不痛激稜厲，心憂首疾。假令先師不編，必在近世氣格聲調之繩矣。《離騷》體裁放恣，聲繁旨雜，沈折往復，詞不勝情，而馬遷以爲足兼《國風》與《小雅》。嗚呼，蓋詩人發憤而作，有所從來矣。余與雷子震夐同籍諸生一十八年，元更四聖，所見天災物怪、吏弊民窮、權璫黨錮之禍，盜賊之變，紛然結胸，苗軋不平。草莽閒放，搔首狂歌，或以爲山鳴谷嘯，風淒雨苦，霆鞭電走，不可卒讀。而震夐獨善爲清夷淡渺之音，高者近陶，次亦幾於王、儲、韋、孟；雖復感時刺世之談，僅如灌芸宴飲之事，可謂溫秀而文，與余騷楚背道矣。前輩謂：莊、騷兩家文無首尾，由其哀樂過人。余謂：莊生嘲謔天地，譏侮聖賢，其胸中欲哭欲泣，憫世嫉俗，哀乃甚於《離騷》耳，又何樂之有？震夐矢音靜好，安知非礨塊萬狀，無可何如，而後力摧稜角，託諸嬉笑，以寫無聊，其悲激乃甚於余者乎？余雖淺躁，猶不失"相鼠"、"巷伯"、"板"、"蕩"、"召旻"之義。即不諧合今人詩，詩豈余亡也哉？震夐豈不知余，而使余序其詩者哉。

《通志》卷八十《經籍》、《府志》卷三十三《文苑》並著錄。

瑣言偶錄七卷

王汝楫撰

《通志》卷八十《經籍》著錄。

又卷二百三十一《列傳》：王汝楫，字若濟，一字思庵。康熙甲子舉人，知麗水縣。麗水經耿藩之變，凋弊特甚，汝楫煦育如慈母，所興除悉同民所欲。歲旱報荒，知府止之曰："子不顧考成耶？"曰："寧受考成，願全民命。"藩司胥役藉催糧名，頻索夫，一不如意，即咆哮。汝楫喻之曰："邑遭亢旱，民不聊生，今兩月間索夫至九十餘名，民何以堪？吾當自來肩輿耳。"胥役乃遁去。金華兵米不敷，大吏檄以麗水溢米四百五十石，運濟永康。汝楫計程二百餘里，須夫二千二百五十人，民不能供；乃移書以銀折米；許之，復捐己俸以足額，民莫知也。歲免奏銷貼費四百兩，編審雜費亦如之，徵糧減舊耗三之一。夫船常規，悉屏却，廉得剋減者，杖懲之，立石永禁，往來利之。康熙壬午鄉試，聘入闈。杭守某，引入內，出四人相見，私謂曰："闈中幸加賞識。"汝楫峻拒之。或勸之曰："何不陽順之？"汝楫曰："是詭道面欺也，不可。"守銜之，以不察盜報罷，邑人作攀轅圖 ① 以贈。汝楫律己方嚴，遇事不阿，故上官面譽而陰沮之。既罷歸，老屋數間，敦修學古，爲鄉人式。未嘗以私干人，至事關民生休感，侃侃直陳。先是，縣苦賦役雜派，巡撫檄除之，縣令欲增耗羨以資公費，汝楫致書力陳不可，乃止。民受其利。年七十四卒。

　　《經笥堂文鈔》卷下《王若濟先生墓誌》曰：邑先進王先生，諱汝楫，字若濟，號思庵。以康熙甲子舉人令浙江麗水縣。既而以失察盜罷歸。鈜侍吾師蔡文勤公都門，嘗爲道先生之爲人，文勤公每欲薦起之。既卒，文勤公表其墓。嗚呼，先生之令麗水，愛民懲奸，以道守官，不少阿附，文勤公表之悉矣。今其孤某，又以墓誌屬鈜。憶鈜少時聞先生罷官歸，邑中豪猾吏斂跡不敢至先生門。邑有公事，令必詢先生云何。邑苦賦役雜派，撫軍儀封張公檄除之，邑令議一切公費所出，或請增耗羨；先生作書與令，力陳不可，令不能難，邑至今賴焉。先生年長鈜過倍，鈜執禮唯謹。先生乃折行輩爲忘年交，每談古人持身立朝大節，激昂慷慨。於當代尤宗仰魏環溪、湯潛庵二公，道其行事，輒咨嗟愾慕。居恒惟書史自娛，里後進以文就正，必多方誘迪之。先生早歲猶及見李元仲、魏季子、黎媿曾諸公，故其學問文章，悉有淵源。素持丰裁、峻廉隅。爲縣令，當分校，太守以士屬，正色却之，至失官。歸而閉門却掃，不輕交接。晚歲更樂易，賓朋款洽間，雜以詼諧，不形崖岸，而方嚴之氣，仍凜然不可犯。嗚呼，是可以得先生之爲人矣。生某年月，卒以雍正九年某月日，年七十有四。祖某。考某。娶某氏。子男三，長道光，文學，早世；次道隆，文學；次道清，太學生。以某年月日葬先生於某里之原。

　　《二希堂文集》卷九《麗水令王君思庵墓表》曰：雍正五年，天子下薦舉

---

① "攀轅圖"，原稿脫"轅"字，據道光《福建通志》卷二百三十一補。

之詔:"內官自郎中以上,外官自知府以上,各舉所知一人。"余時備員內閣學士,將以王君應詔,其同縣雷貫一爲我言:"君年已七十,衰老不能任事。"以是中止。蓋余素知君令麗水有循聲,居鄉爲賢薦紳,亦得之貫一所述也。越四年,而君卒,貫一爲狀其生平,求余表其墓。余固知王君者,其何可辭?君,閩之寧化人,諱汝楫,字若濟,號思庵。六歲喪母,八歲喪父,依兄嫂撫育。少聰穎,孤苦勵學。十歲應童子試,有神童之目。癸亥,列諸生,登甲子榜第二人。歲庚辰謁選,得浙之麗水。邑經藩變,凋弊特甚。君煦育如慈母,邑之人無不諒其愛之誠而無有利心也,凡所興除,悉如所欲。歲旱報荒,太守止之曰:"子不顧考成耶?"曰:"寧累考成,願全民命。"藩差有藉催糧名,頻數索夫而吞其價者,一不如意,即倚勢咆哮。君諭曰:"邑遭亢旱,令憂心如焚,今兩月間索夫至九十餘名,民何以堪?公務稍暇,令當自來肩輿耳。"差乃駭而宵遁。金華兵米不敷,上官檄以麗水溢米四百五十石,運接永康。君計程二百餘里,須夫二千二百五十人,囊四千五百,民不能供;致書幣永令佟君,具道麗水貧瘠狀,求以銀折米,許之。是役也,君捐己俸以足額,民莫知也。邑土曠人稀,十三都、十四都荒殘尤甚,時報新墾者,歲入計七十餘兩;君請以抵兩都額賦,民得甦息。歲免奏銷帖費四百兩,編審雜費亦如之,徵糧減舊耗三之一焉。邑當孔道,夫船常規,悉屏却,廉得剋減者杖懲之,立石永禁,往來利之。凡可以便民懲奸者,勇爲之。壬午春,同太守入杭州,太守引入內榻,出四人相見,私謂曰:"閫中幸加賞識。"君峻拒之。歸至署中言其事,咸曰:"何不陽順陰違?"君曰:"我作朝廷官,非作太守官也,奈何詭道面欺?"然竟以此得罪,用不察盜報罷。邑人作攀轅圖以贈,送數十里,揮淚而返。君居官寬和平恕,而律己方嚴,事上官極恭,遇公事則棘棘不阿,故上官面譽而陰沮之。既罷歸,老屋數間,不增一椽,敦修學古,爲鄉人式。未嘗以私干人,至事關民生休戚,侃侃直陳,或陰爲條具,當事重其品,恒見採納。雍正九年卒,春秋七十有四。子男三,長道光,爲諸生,博學能文,先君卒。餘皆向學。余嘗謂:士生斯世,小得志則爲親民之官,以自行其政教,力所能及者,無不悉焉。不得爲時用,則飭倫紀、正學術,以倡家鄉,力所能及者,無不悉焉。君得兼有之,其可謂有立於世矣。

讀詩引諺

伊予先撰

《通志》卷八十《經籍》著錄。

又卷二百三十六《良吏》：伊予先，字介耳。康熙丙子舉人，知湖廣桂東縣。不延幕賓，裁決案牘，勾稽金穀，事無滯積。公餘，課多士，口講指畫，文風丕振，邑之登鄉薦自此始。學宮離城數百武，久圮，改建於治之左。葺城隍廟，爲民祈報之所，旱潦災眚，禱立應，士民歸德。予先曰："撫民而待於禱，譬人不善調攝，有病乃求醫耳。何德焉？"家居喜豪飲，在官杯杓不入口，上官欲薦於朝，以病乞休。性孝友，父病目，嘗以舌舐之。年七十三卒。

《經笥堂文鈔》卷下《伊介耳先生墓表》：雍正九年冬十有二月，介耳伊先生在籍捐館舍。越四年，鉉乞假歸，乃得拜先生遺像。先生之子光世請曰："先君望子遠且大，今不及見矣。慰先君者，惟子之文。"鉉愴然不敢辭。憶鉉爲童子時，見邑士從先生遊者逾百人，長几廣坐不能容，家君實與焉。家君言："先生善說書，融會先儒義疏，每以俗言詁至理，爲文一夕可得十數藝。"少困童子試，年三十三爲博士弟子。康熙丙子舉於鄉。甲午，任湖廣桂東縣，不延幕賓，案牘金穀，勾稽裁決出一手；有所疑難，商於州牧而行，上下無滯，邑以大理。桂東爲邑四百年無登賢書者。先生公餘，聚士子口講指畫，吏人皆耳熟焉。至是聯舉數人。學宮離城數百武，頹壞甚，爲改建於治之左。葺城隍廟，順民所欲，爲祈報之所，旱潦災眚，禱立應，士民歸德。先生曰："令爲民而有禱，譬人不善調攝，有病乃求醫耳。"家居喜豪飲，在官杯杓不入口。涖邑七年，治行益著，上官欲薦於朝，尋以病乞休。或謂："先生歸，將何以爲家？"先生笑曰："若畏天譴人怨，縱不歸，可免貧耶？"性孝友，父病目，嘗以舌舐之。與兄同居六十年，罷官後，兄子貧無以活，或怪先生少所分給。迨先生沒，家徒壁立，所居屋且屬他人，衆乃歎先生爲真廉吏也。先生諱予先，字介耳，號簡庵。生順治某年七月日，享年七十有三。父雪庵公，博學未仕。生二子，先生其次也。所著有《四書引諺》、《讀詩引諺》，已刊行。其未刊者，有《詩經說》、《左傳析疑》、《杜詩參》、《論世略》，制義、詩古文、《宰桂存稿》凡若干卷。子男一，光世，邑庠生。孫幾人。鉉稍長，每造先生，輒爲稱引古今，娓娓不少倦。嗚呼，先生之所屬於鋐者，豈徒然哉。

詩經說

伊予先撰

《通志》卷八十《經籍》著錄。

左傳析疑

伊予先撰

《通志》卷八十《經籍》著錄。

四書引諺

伊予先撰

《通志》卷八十《經籍》著錄。是書大旨融會先儒義疏，以俗言詁至理，故名引諺。

杜詩參

伊予先撰

《通志》卷八十《經籍》著錄。

宰桂存稿

伊予先撰

《通志》卷八十《經籍》著錄。

予先詩文集

伊予先撰

《通志》卷八十《經籍》著錄。

問心堂案牘六卷

周夢錦撰

《通志》卷八十《經籍》著錄。

又卷二百三十一《列傳》：周夢錦，字錫上。康熙己卯舉人。知岑溪縣，移崇善。滿秩，改西安府同知，遷安陸、蘇州、廣平知府，以病去官。居家十年而卒，年七十三。初令岑溪，盜誣其仇陳氏，獄已成，夢錦辨出之，因募人爲捕役、設賞罰，盜患遂息。[①]崇善舊無學，夢錦請於督撫，倡建之。又定歲科學生人數，又建壺山書院，崇善人士奮興於學。縣鄰獞猺，春田爭界，夢錦禁之，遂不敢犯。臺檄捕盜洪姓，崇善土官械良民以應，夢錦問其姓，曰姓馮。夢錦曰："盜姓洪，非馮也。"亟請留緝真盜。是時同知西安已有命矣，上官以爲賢，從其請，獲盜乃去。在安陸修隄有勞績。賑饑，沔陽民便之。又捐廉，恤他荒縣不在賑例者。在蘇州，禁奸吏、革例金，以甦民困。移廣平，廣平寡婦先後與人姦，洩先姦者於其子，其子怒，邀後姦者往殺之而自任罪。夢錦廉得情，法後姦者而釋其子，郡人稱快。凡蒞官二十年，知二縣三府，所革私例銀數萬，捐養廉數千。沒之日，鐍二箱甚固，發之，皆破靴敗絮也。所至以學校爲急，其郡縣試及分校得士有至卿貳者。子三，宗祐，桂林府理苗通判。孫紹緒，乾隆戊辰進士，知定遠縣，有政績。

按《府志》卷三十《人物》："夢錦，著有《問心堂案牘》六卷。"

---

① "遂息"，原稿作"是息"，據道光《福建通志》卷二百三十一改。

閑齋古文八卷

張佶撰

《通志》卷八十《經籍》著錄。佶，字吉人，號閑齋。康熙甲午武舉人。官荊州守備。

古文問世二卷

雷殷薦撰

《通志》卷八十《經籍》著錄。殷薦，康熙乙未進士。

周易泝洄六卷

王世仁撰

《通志》卷八十《經籍》著錄。

又卷二百三十一，附從父汝楫列傳：世仁，字象賢。康熙庚子舉人。教諭光澤。年九十餘卒。

《自序》曰：孔子十傳，[1] 所以發明文周之義也，以孔子之解解文周，孔子之義明，即文周之義明，而包羲之義亦明。爰注爲是書，名之曰"泝洄"，取由孔子以上溯文周，由文周以上溯庖羲，見四聖之《易》無異旨也。

四書注注

王世仁撰

《通志》卷八十《經籍》著錄。世仁以朱子功在四書，有時先經起義，有時彼此互見，讀者[2] 不善體注，往往隔閡，乃作《四書注注》。

---

① "孔子十傳"，原稿脫"孔子"二字，據道光《福建通志》卷八十補。
② "讀者"，原稿作"讀書"，據道光《福建通志》卷八十改。

未見。

蛟湖詩鈔四卷

黄慎撰

合肥許齊卓《瘦瓢山人小傳》曰:瘦瓢山人者,閩汀之寧化人也。性穎慧,工繪事。自其少時,於山川、翎毛、人物,下筆便得造物意。已乃博觀名家筆法,師其匠巧。又復縱橫其間,踔厲排奡,不名一家,不拘一格,雖古之董、巨、徐、黄,不能遠過也。予曩蒞綏陽,山人方飢驅走四方。及山人返里居,握手外,於筆墨間快領山人意趣,知山人挾持有過人者,非一切弄筆潘墨之所可冀也。山人嘗言:“予自十四五歲時便學畫,而時時有鶻突於胸者,仰然思,恍然悟,慨然曰:予畫之不工,則以予不讀書之故。於是折節發憤,取毛詩、三禮、史漢、晉宋間文、杜韓五七言及中晚唐詩,熟讀精思,膏以繼晷。而又於昆蟲草木四時推謝榮枯,歷代制度、衣冠、禮器,細而至於夔蚿蛇風,調調刁刁,罔不窮厥形狀,按其性情,豁然有得於心,應之於手,而後乃今始可以言畫矣。”嗚呼,觀山人之畫,讀畫格物之學可以奮然而興矣。予嘗拭棐几、淨端石、磨古墨、濡名筆,以待其至。至則解衣盤礴,談玄通古,移日永夕,若忘其爲欲畫也者。促之再三,急索酒,力不勝酒,一甌輒醉,醉則興發,濡髮舐筆,頃刻颯颯可了數十幅。舉其生平所得於書而靜觀於造物者,可歌可泣,可喜可愕,莫不一一從十指間出之。雖擔夫豎子折片紙,方逡巡不敢出袖間,亦欣然爲之揮灑題署。當其意有不可,操縑帛鄭重請乞者,矯尾厲角,掉臂弗顧也。顧山人漫不重惜其畫,而常自矜其字與詩。章草懷素,張之壁間,如龍蛇飛動。長篇短什,每樂以示人,倉遽忙迫,牽人手,口喃喃,誦不休。或遺忘,則回首顧其徒曰:“云何,云何?”其人磊落自喜如此。山人心地清,天性篤,衣衫褊襏,一切利祿計較,問之茫如。而所得襪材貲,盡舉以奉其母。母節孝,爲傾囊請於官,建立坊表。妻與子或至無以餬其口。山人,孝子也。豈徒以畫師、詩人目之哉!山人姓黄,名慎,字躬懋,改字恭壽。

《國朝耆獻類徵初編》卷四百三十二《文藝十》[①]:黄山人慎,僑居揚八

---

① “文藝十”,原稿作“文藝文”,據《國朝耆獻類徵初編》卷四百三十二改。

年矣。余假還，嘗就醫此地，與交焉，詩畫皆有物外趣。慎幼讀父書，長侍母，無以爲生，遂學畫。母含淚語曰："兒爲是，良非得已。然吾聞此事非薰習詩書，有士夫氣韻，一畫工伎倆耳，詎足親賢達，慰汝父九泉？"慎愈益自愛。方十八九歲，寄蕭寺，晝爲畫，夜無所得燭，從佛光明燈讀書其下，母聞喜。當是時，慎雖少，與遊者多聞人。慎畫既擅國能，復工詩，善草書。出遊豫章，歷吳越、維揚，人爭客之。母垂老，不欲遠離，乃偕以來，雍正五年也。又三年，復歸閩。《王己山文集》。

《歷代畫史彙傳》卷三十一：黃慎，字恭懋，號癭瓢，閩人，僑居揚州。雍正間布衣。畫兼倪、黃，出入圭、仲之間。字學懷素，工詩。事母以孝稱。

《廈門志》卷十三《流寓傳》：黃慎，汀州人，號癭瓢子。善繪事，人物花鳥，信手塗抹，自得天趣，稱逸品，名重金陵。至今得其真蹟，寶如拱璧。書、詩俱清逸。曾遊鷺島，欲度臺不果，有"丈夫有志金臺杳，壯士空餘鐵骨寒。老我儒冠催鬢短，憑君簪筆重毫端"之句題寺壁。廈門畫家多宗之。

《甌鉢羅室書畫過目攷》卷二：黃慎，字恭懋，號癭瓢，福建汀州人，僑寓揚州。書宗懷素，畫仿天池，晚用指法。宜春宇少司農有設色大畫册，山水、花木、人物、禽魚，皆工細新穎，有戴培之藏印。程仲立太守藏有蘆雁大幀。弟子羅絢，字華亭，寧化人。黃益如茂才藏有團扇、徘徊士女立幀。

《墨林今話》卷一：閩南黃癭瓢，字恭懋。擅三絕之譽。初學上官竹莊，爲工細人物山水。僑寓維揚，王己山先生稱其"詩書畫皆有物外趣"。晚年專以粗筆畫仙佛，徑丈許，其工筆不可多得矣。書工草法，師二王，極古勁之致。題畫詩如《殘荷》云："寒衣欲寄厚裝綿，節近重陽又一年。怕上湖亭蕭瑟甚，漫天秋雨卸秋蓮。"《芍藥》云："櫻桃初熟散榆錢，又是揚州四月天。昨夜草堂紅藥破，① 獨防風雨不成眠。"

《鄭板橋集》：黃慎，字恭懋，號癭瓢，七閩老畫師也。贈絕句云："愛看古廟破苔痕，慣寫荒崖亂樹根。畫到情神飄沒處，更無真相有真魂。"並見《國朝耆獻類徵》卷四百三十二引馮金伯錄《國朝畫識》。

《支那繪畫小史》：黃慎，人物畫在北方有名。自慎等之外，人物畫之流傳於我國者不多。然雖不能窺見全豹，但就慎等數家之所作而觀之，則清初

---

① "昨夜草堂紅藥破"，原稿脫"紅"字，據《墨林今話》卷一補。

人物畫之風格亦可得其大概矣。

彭退庵光斗《閩瑣記》：汀郡人多工繪事，若長汀之上官周、永定之張伯龍、寧化之黃慎，皆得宋元人筆法。上官畫氣骨蒼勁，直逼荆、關，在張、黃之上。張於康熙年間受知安溪李相國，舉充內廷行走，畫極秀潤，微帶院派，今皆亡矣。惟黃尚在，年八十餘，耳聾目眊，猶時時爲人作畫。其潑墨山水、人物，遇得意處，輒自詫神來。昔年曾在揚州文寧寺遇之，出入使小奚奴負一瓢，號瘿瓢老人。詩、字亦佳，名下無虛也。黃刻《蛟湖詩鈔》一卷。

雷《序》曰：余同里有瘿瓢山人，好山水，耽吟咏，善畫工書。少孤，資畫以養母。遊廣陵，迎母奉晨昏。母思鄉井，則侍以歸。余素不知畫，獨愛誦^①其詩，如巉巖絕巘，烟凝靄積，總非凡境。其字亦如疏影橫斜，蒼藤盤結。然則，謂山人詩中有畫也，可；字中有畫也，亦可。山人性脱落，無城府，人多喜從之遊。或謂山人畫與字可數百年物，詩且傳之不朽。山人來訪余，爰書此以序而歸之。山人姓黃，字恭壽，名慎。不樂人知其名字，自署"瘿瓢山人"云。翠庭雷鋐題。

王《序》曰：閩中黃山人，以畫游於揚，余耳其名久矣。壬子春，偕寓於白下，始相見，意態殊落落。已乃數晨夕，益親。顧時時讀書，或靜坐，殊無意於畫者。际余詩，閒遠蕭疎如其畫。山人蓋高士也，外間知之者半以畫。貴人爭迎致之，又多以寫真。一日，山人謂余曰："某之爲是，非得已也。某幼而孤，母苦節，辛勤萬狀，撫某既成人，念無以存活，命某學畫；又念惟寫真易諧俗，遂專爲之。已旁及諸家，差解古人法外意。^②行遊豫章，遍吳越，以直歸供菽水，多歷年所。母垂老，不欲遠離，奉母以來揚。今復數年矣，貧如故，老人思歸矣。"言已泫然，余太息良久。山人既工畫，又工詩，勤讀書，書卷之氣，溢於行墨，故非世俗人。乃復篤於至性如是，豈以皮目相者所知耶？因語山人："余隸史氏，他日傳'獨行'，亦當爲山人寫真。"山人解顏一笑。山人名慎，字公懋，又字恭壽。將歸閩，爲余作册，於古今人物、山川草木之情狀，著墨無多，生韻迥出，蓋蕭然於烟楮之外者。山人之畫，亦豈易知也哉。余書以詒之，他日暮雲春樹，見此當知余之戀戀於山人也。雍正十二年，歲次甲寅

---

① "誦"，原稿脱此字，據《蛟湖詩鈔》卷首及《經笥堂文鈔》補。
② "法外意"，原稿脱"外"字，據《蛟湖詩鈔》卷首補。

暮春之初,已山王步青書於邗上寓齋。

馬《序》曰:寧化黃山人,以繪事擅場。雍正改元來揚,持縑素造門者無虛日,揚之人遂咸知有山人之畫。已而山人稍稍出其詩示予,五律尤清脫可喜,予於是又知山人之詩。山人告予曰:"慎之寄於畫也,非慎志也。慎別吾母而來揚,爲謀吾母之甘旨也。此地誠可以謀甘旨矣。慎將歸。"予詰其故,悽然曰:"慎非畫無以養母,母不見慎,即得甘旨勿食也。慎將歸迎母。"予異之。越數月,山人往返六千里,竟奉母來。山人每晨起,拭几滌硯,蘸筆伸紙,濡染淋漓,至日旰不得息。得間輒從四方諸聞人賦詩,於是世人亦漸知畫不足以盡山人之能事。山人之畫,風韻閒遠,出入仲圭、子久間;間變法出新,適能自拔於畦徑之外。又善寫生,落紙栩栩欲活。酒酣興至,奮袖迅掃,至不自知其所以然。故世之人能盡知山人之畫者亦尟。山人既熟悉吾揚風土,家人胥安之。一夕,告別曰:"吾母久而思歸矣。"嗟乎,山人思母,則迎母來;山人之母思歸,則將母去。然則知山人者,且不當徒以其詩,而況於畫乎。唐六如云:"閒來自寫青山賣,不使人間作孽錢。"束皙之《補南陔》曰:"馨爾夕膳,潔爾晨餐。"山人作畫以供晨夕,則與《南陔》之稱馨潔者似矣。然則,世果能重山人之畫,亦未爲不知山人。廣陵馬榮祖力本氏拜撰。

《重刊蛟湖詩鈔·林序》曰:癭瓢山人畫不如詩,雷翠庭嘗言之。顧其詩爲畫掩,則以畫易流傳,而《蛟湖集》則絕版已久故也。今雷子肖籛擬集資重鐫之,余因得讀山人詩。覺其神味沖淡,憂憤不形。蓋清雍、乾間文字之獄數起,呂、戴輩率以一詩嬰大禍,當時哀之。山人處禁網繁密之世,布衣草笠,鬻畫金陵,得與其時名士大夫春容吟咏,而無害其養親逃名之素志。陳子昂所謂"文藝之事以自娛,而不以自苦"者,非耶?抑余憶旅東時,嘗與肖籛談閩中人物,余謂明清之間寧化有二奇士,一爲李寒支,一爲黃癭瓢。顧寒支文僅於某雜誌上讀其《狗馬史記序》三篇,每以未見全集爲憾。今乃得蛟湖詩,乃歎緣福之殊有如此者,豈山人之不余棄與?然肖籛能介紹余於山人,而不能介紹於寒支先生,余又不能不懟肖籛矣。民國二年,莆田林翰序。

丘《序》曰:寧化癭瓢山人,久以畫名於前清雍、乾間,尺紙零縑,世爭寶貴,顧人罕知其能詩。余近從雷子肖籛處得讀其《蛟湖詩鈔》,大率自抒胸臆,渾樸古茂,絕無俗韻,七絕尤得晚唐神髓。雷翠庭先生序稱"山人字與畫可數百年物,詩且傳之不朽",非諛語也。余行年忽忽四十,百無一就,最愛山人"壯不如人何待老,文難媚世敢云工"句,悚然自慚,曾書爲楹帖,用以自勵。蓋山人詩本非以詩家名,即其畫亦非徒以畫名。當其時久客江南,借畫養母。山人者,固孝子也。故①其詩皆從真性情流出,不屑屑與詩家較短挈長。讀其詩者,自能得其人矣。余嘗論吾汀人文,近三百年來獨萃於寧化,如寒支之文章氣節、翠庭之理學、墨卿之書、山人之畫而兼詩,皆可卓然傳諸百世。意其山水之奇,必當甲於他邑者。年來奔走南北,而於同郡之地尚未一游目,心良自歉。行將一笠一屐,歸探圃琉、石巢之勝,訪諸鄉先生之故居,以償其夙願。山水有靈,當亦許我乎?肖箋將集貲重刊山人詩,屬余爲序,因略書所見,以質肖箋,並藉是爲他日游寧約也。民國二年七月,上杭丘復謹序於冶山東麓。

《福建藝文志》卷六十四《別集》:《石遺室書錄》稱:"山人五、七古兀傲不群,頗似傅青主、鄺海雪。許《傳》言'山人不重惜其畫,嘗自矜其詩,長篇短什,樂以示人。'馬《序》稱'五律尤清脆可喜',實則七言絕句亦甚似元人之學晚唐者。道光《通志》作三卷。"

《汀南廑存集》卷四稱:"山人工詩,著《癭瓢集》,同邑雷翠庭、伊墨卿諸公皆盛稱之。"選錄十七首,茲錄其《吊艾東鄉延平殉節處》云:"一代文章伯,城危死國恩。乾坤留駿骨,日月駐精魂。劍水風猶怒,蓮峰淚尚存。至今聞野老,相與話中原。"《懷巫振綱》云:"誰憐增白髮,寂寞臥蒿林。一夜淮南雨,孤舟楚客心。錦鱗魚尾綠,翡翠岸花沈。目斷秋來雁,空懷百衲琴。"《喜李子和子美伯仲自楚歸里》云:"同是天涯客,相思隔楚天。梨花寒食雨,秋水木蘭船。廊廟今新策,江湖異去年。到家春釀熟,一見一流連。"《過吳天池無墨齋》云:"老去愁霜鬢,②頻年尚卜居。相尋深巷雨,坐對古人書。晝永花陰靜,陰平草色舒。閒來訪真隱,自覺世情疏。"《送瑞金楊季重之五羊城》云:"送君此去五羊城,看到梅花歲又更。芳草越王臺上色,鷓鴣瀧吏廟邊聲。味知馬甲無前夢,瘴避檳榔憶遠征。執手東南岐路處,海天風雨最關情。"《雜咏》云:"巴溪流水接湘潭,舊友飄零只二三。書到故園春已盡,梅花開日在江南。"《憶蛟湖草堂》云:"夜雨寒潮憶敝廬,人生只合老樵漁。

---

① "故",原稿作"何",據《蛟湖詩鈔》卷首改。

② "鬢",原稿作"重",據《江南廑存集》卷四改。

五湖收拾看花眼，歸去青山好著書。"《江南》云："澤國鱸鱘俱擅美，十年舒嘯謝公墩。只今老眼空蕭瑟，雨雨風風過白門。""秦淮日夜大江流，何處銷魂燕子樓。砧搗一聲霜露下，可憐都作石城秋。""一臥滄波老釣徒，故人夜雨憶三吳。大江東去成天塹，處處青山叫鷓鴣。""雨餘燕子喜新晴，旅館悽悽感舊情。又見江南春色好，十年前記賣花聲。"

按《蛟湖詩鈔》有《與官亮工飲張顓望可在堂即席贈劉鼇石》云："傷彼流離子，歸杭萬里身。論交原舊友，對酒似嘉賓。憔悴橫雙眼，文章老八閩。看君多慷慨，失路莫悲辛。"

《通志》卷八十《經籍》著錄。

又卷二百四十七《藝術》及《府志》卷三十二《技術》有傳。

又《府志》卷三十三《文苑》著錄。

又按：瘦瓢七絕逼似鄭仲賢。此集刻於乾隆二十八年七月。民國二年八月，里人雷肖鑲壽彭爲之再版；十二年五月三版，爲鉛字活印，凡四卷，訂平裝一冊。又《閩汀文選》作《落英集》。

大觀文集

陰龍坤撰

《通志》卷八十《經籍》著錄。龍坤，字無疆，號存庵。以國學生官永福教諭。

寧陽詩鈔

陰爕理撰

《通志》卷八十《經籍》著錄。爕理，字寅賓。順治、康熙間，土寇竊發。爕理上六議，當事多用之。嘗師寧都魏禮，以居親喪，哀毀卒。

未見。

慎餘堂詩文集

陰燮理撰

《通志》卷八十《經籍》著錄。

周易象證

吳中林撰

《通志》卷八十《經籍》著錄。中林，字二芳。

塞虎饞編

吳中林撰

《通志》卷八十《經籍》著錄。

宋肬餘錄

吳中林撰

《通志》卷八十《經籍》著錄。

耽耽草

吳中林撰

《通志》卷八十《經籍》著錄。

焚餘草

吳中林撰

《通志》卷八十《經籍》著錄。

地理集證

伊元復撰

《通志》卷八十《經籍》著錄。元復，字順行。康熙間諸生。巡撫張伯行以博學宏詞薦，以疾辭。

《府志》卷三十三《文苑》著錄。"證"作"注"。元復，字順行，寧化廩生。淹貫經史，泛及天星、堪輿、醫卜、禽遁諸書，詩文極典雅。同鄉李元仲、黎媿曾交推之。耿逆之變，草澤竊發。元復出奇計，連鄉勇爲犄角，邑賴全活。每歲祲，出粟倡施糜粥，人咸德之。國初，詔舉鴻博。時儀封張撫軍檄郡伯造廬徵之，以疾辭。所著有《焦桐集》。

又卷三十九《藝文》，伊元復《讀書說》曰：夫學莫大於經史矣。凡鄒、魯、濂、洛之道德，帝師、王佐之經濟，班、馬、韓、歐、李、杜之文章，皆從此出。或得其一節而遺其全粹者，有之矣。曰舍是而別有得焉者，未之聞也。合九經計之：《周易程傳本義》四百七十五葉，《尚書蔡傳》二百七十四葉，《詩集注》三百三十四葉，《春秋》左氏、公羊、穀梁、胡傳八百一十五葉，《禮記纂注》五百一十五葉，《論語》、《孟子》集注、《大學》、《中庸》章句四百三十四葉，共二千八百四十七葉。史以《資治通鑑》爲折衷，溫公原本、胡三省注九千五百八十六葉，仁山前編一千六十六葉，《續宋元通鑑》一千五百四十七葉，合《國語》韋注二百九十七葉，《戰國策》正文三百八十葉，《史記》小司馬注一千九百四十九葉，《漢書》顏師古注二千六百六十九葉，《甲子會記》三百四葉，共一萬七千七百九十八葉。以一歲日力記之，除吉凶慶吊、祭祝伏臘外，可得三百日，每一半治經限三葉，以一半治史限二十葉，閱三年，經史俱可訖功。此在上智者，已自能兼總條貫，金聲而玉振之，上可以登四科之堂，下可以奉石渠之對矣。即不然，降而爲中智，如是者又三年。又不然，降而爲下智，如是者又三年。積之九年之勤，而謂經史猶不能淹貫者，世無是也。此功既成，本末兼舉，傳世應世，無施不可。所謂"長袖善舞，多錢善賈"，沛乎莫之能禦矣。竊見世之急求聞達者，鹵莽滅裂爲不終日之計，謂青紫可旦夕取，而窮達有命，利鈍不齊，忍隱羈縻，終覬一當。倏忽數十年，如隙過影，所求者未必遂，而少壯一去不可復還。平生精力虛擲於無用之地，內顧枵然而一無藉手，長爲庸人以沒世矣。悲歎窮廬，悔復何及，良可痛也。僕既傷於虎，亦欲鑑此覆車。語不云乎："往者不可諫，來者猶可追。"今天下才俊不少，方其少年果銳，亦有不安流俗之心；而載籍浩汗，雲海茫然，不識從何下手。又恐取道邅迴，坐失逢年捷徑，猶豫經營，東西馳騖。迨衡困既深，非是漸晰，乃悟升高行遠，古人軌轍昭然，而時已暮矣，精已消矣，千鈞之弩，無能復發矣。此即不求師友之過也。僕過不自揆，竊比於識途①之老馬。有志之士，能從吾言者，以中人之資，準之三年小成，九年大成，不啻探囊可必。蓋記誦之取益有限，神智之潛發無窮。今之號爲好學者，不過多誦時賢場屋之文，上及八家、秦漢而已。此如轉販求贏，勾貸作活，終不得富；若研練經史六合內外之精義微言，數千百年之治亂得失，醞釀蓄積於胸中，識見奚患其不開擴？才力奚患其不盛大？德業奚患其不高明？譬則河來星宿，錢鑄銅山，取不窮而用不竭。故孔、孟教人必曰多聞多見，又曰博學而詳說之，非虛也。人自十七八，畢此九年之功，猶未及三十，從此有事四方，殊未恨晚。即時過然後發憤，爲寧越、荀卿、蘇明允，亦無不可者。故舍百全必得之舉，而徼幸於一跌不可復振之爲，以自爲謀則不智，爲子若弟謀則弗善。熟慮及此，又豈所稱賢父兄耶？

按此文刊入《國粹學報》第一年乙巳第十號。鄧實記後曰："謹案，伊先生元復，福建寧化人。康熙中葉隱居不仕，著有《焦桐集》，學者稱"順行先生"。朱九江先生講學禮山，學者來謁，即先以此文示之。《焦桐集》世無傳本，此文實嘗傳錄一通，久銘座右。今轉錄報簡，以與天下學人共勉。世之不學而以質鈍無年自②諉者，可以興矣。記者識。

按《福建儒行傳·清》："伊元復，字順行。寧化諸生。有學行，康熙間儀封張伯行撫閩，慕其名，將以博學薦，令州守造廬徵之，辭疾不赴。所著有《焦桐集》。梁章鉅嘗至汀訪之不得，僅得其所爲《讀書說》一篇，以爲'俗學之針砭，訓蒙之矩矱'云。"《退庵隨筆》。

又按：陳先生石遺新修省志，已以伊元復入《儒行》，再入《文苑》，殊重復。又《文苑》誤伊元復爲"伊名元"。

---

① "識途"，原稿作"失途"，據《汀州府志》卷三十九改。
② "自"，原稿脫此字，據《國粹學報》第一年乙巳第十號補。

醫學集注

伊元復撰

《通志》卷八十《經籍》、《府志》卷三十三《文苑》並著錄。

焦桐集

伊元復撰

《通志》卷八十《經籍》、《府志》卷三十三《文苑》並著錄。

又《府志》卷四十四《藝文》，伊元復《蛟湖賦》曰：河山曠渺，林澗萋迷。翠微處士，流連久之。慶陽春之艷冶，睇草木之芳菲。攜酒與客，訪古探奇。翠華山之北也，蛟湖在焉。天闢靈源，人傳修禊。往而觀湖，湖在平地。一洼清注，騰瀾海嶠之墟；數畝寒塘，汎影溫泉之氣。遠絶溪流，深無涯際。金隄浴景，溶靈脈於天潢；玉鑑凝華，渙清瀾於地肺。爾乃神姿淵湛，妙道清津。毓彪龍之異類，蘊珠貝之奇珍。松篁遠徑，蘭芷橫汀。既流甘而布濩，疑汎玉而沈晶。當其霧雨淒凉，關河寂寞。沫起濤迴，魚沈雁落。望赤松而不來，笑興公之駭愕。迨夫天清地寧，烟澄日麗。荇藻參差，鷗鷺游憩。士女藉草而穿花，父老提壺而禱歲。吾想其留青絶壑，凝碧遙山。綠綺泓澄，暗洩瑤池之液；蒼波淡蕩，潛迴泗水之瀾。邀來寶月，蕩碎朱珊。顆顆明珠散出，溶溶雪縠吹殘。秋雨蜚空，冷浸縣厓之島；春花照岸，香浮曲澗之灣。嗟夫，烟波無極，風景蕭條。探驪珠兮何處，望鱗鬣兮飄颻。鯤乘雲而變化，鵬擊浪而扶搖。吊匡廬之頹鯉，想洞庭之碧簫。滄溟變而漸淺，河漢隱而絶遥。惟荒陬之一勺，注天壤之靈膏。彼其明潔無渣，渟涵莫測。持盈引滿，斂萬頃之波濤；而運廣懷卑，溉三秋之稼穡。環巖谷以棲遲，抱漣漪而晏息。風恬浪靜，仍浴日而浮天；雨霽虹消，亦耀金而沈璧。鶩飛霞落，依稀彭蠡之湄；洞邃花深，仿佛武陵之蹟。豈功德之分支，抑蓬瀛之餘瀝耶？繄彼蛟湖，太陰之毖，巨浸之都。灔灔珠光，瑞絢龍池之色；盈盈錦浪，禎分鳳沼之符。奉浮河之金檢，溯駕海之丹書。幸觀光於媧渚，願陪景於華胥。

五經要略

伊世衡撰

《通志》卷八十《經籍》著錄。世衡，字澤世。康熙間諸生。

律呂存徵

伊世衡撰

《通志》卷八十《經籍》著錄。黎士弘《序》略曰：古人六藝之學，後世失傳，莫如樂律。即如鐘呂相生，千古聚訟，況其他乎？觀伊君著述，損益源流，如列指掌，豈偶然涉獵者能？則此書亦枕中之鴻寶矣。

影廬詩稿一卷

伍有傚撰

《通志》卷八十《經籍》著錄。有傚，康熙間諸生。張其恂《序》略曰：伍子之詩，如荆卿之歌，漸離之筑，越石之嘯，聞者驚神動魂。

池上集二卷

黎棟撰

《通志》卷八十《經籍》著錄。棟，字于鄭。黎士弘《題詞》略曰：于鄭遭逢數奇，因人遠遊，泛大江、望廬阜、登采石、過北固、下姑蘇，問交於先生長者，何怪風期之日上乎？于鄭所至，皆予夙昔經行之地，將以此卷當少文臥遊矣。

杜詩輯注

黎棟撰

《通志》卷八十《經籍》著錄。

詠史詩

雷顒若撰

《冠豸山堂文集》卷二《寧化雷顒若咏史詩序》曰:有觸於中而情不自禁,舌不自捫,手不自止,則其聲大如夏霆,細如秋蟲,舂容如春,凜冽如冬,飛花澹蕩,落石崩摧,若喜若怒,若笑若罵,千狀萬態,見於里巷歌謠。古之作者,可與朝堂雅頌同工。後世士大夫之作對偶聲調,翦花刻葉爲之,了無真氣,而三百五篇之響絕矣。吾友寧化雷君顒若《咏史》一編,獨能洗纖濃於六代,脱聲律於三唐,直與三百五篇作者相視而笑。歌也有思,哭也有懷,直起直落,忽整忽散,不自知其所至也。此豈有意而爲詩哉。韓子曰:"物不得其平則鳴。"今人自鳴之作,有己之見存;爲人之作,亦有人之見存。雷子乃兩去人己,而獨與古人相遇於其天,毀譽不作,三代直行焉。豈非古之真詩乎? 雷子天姿樸茂,予嘗謂有三代之遺風,此編蓋見其一斑云。

户山遺澤

伍□□撰

《梅崖居士文集·答雷憲副書》:《户山遺澤》三本,貴邑伍先生所著。自庚午歲攜來,藏笥九年。今檢得附寄,乞伻還其文孫,庶先哲遺言,不致失墜。

竺隱詩鈔

張其恂撰

《通志》卷八十《經籍》著録。其恂,字孺子,一字簣山。康熙間諸生。

《經笥堂文鈔》卷下《張簣山先生行略》曰:簣山張先生,諱其恂,字孺子。簣山,其號也,寧化人。少嗜學,家貧,業賣餅,日雜傭保中。夜讀書,聲朗朗逮鷄鳴。學使高公,校士有清鑑,拔補弟子員,冠其曹。先生志氣英邁,力追古人。聞易堂魏季子先生賢,數百里徒步躡翠微峰師之。至日大雪,集門人子弟飲酒,先生於風雪中拱立。季子一見,器之。越一年,延作家塾師。先生長子可定,年十三,隨學於翠微山中,敦古誼,厲節操,賢豪往來,相與憑弔古人,商榷時務,可定因得聆其緒論以自廣。先生之文,思白、舟次二汪公,媿曾黎公,皆稱其得易堂家法。歸安沈公校士至汀,拔可定於童子試,詢其家學,覽先生文而慕之。至三山,留署數月。嘗曰:"張氏父子,狷介有特操,可謂行不愧言者。"先生歸未幾,病卒。儀封張公撫閩,沈公薦可定入鼇峰書院。可定素留心世務,思展乃父未洩之蘊,屢躓棘闈。兩遊京師,無所遇,竟旅卒於潮州。可定,字維求,號愚谷。嘗規予觀史練材以儲有用。其弟石卿,哀兩世文集,屬予校訂,予慘然不忍卒讀。嗚呼,簪山先生歿,年屆五旬耳,今可定亦止四十有九,皆坎壈侘傺終其身。可勝痛哉。爰叙其梗概,冀論世君子有以傳之。

《自序》略曰:竺隱者,予私居也。因以名集。

簪山文集十二卷

張其恂撰

《通志》卷八十《經籍》著錄。

蘭畹文鈔八卷

張可定撰

《通志》卷八十《經籍》著錄。可定,字維求,號愚如。其恂子。

蘭畹詩鈔二卷

張可定撰

《通志》卷八十《經籍》著錄。

蘭雪堂集

邱琇撰

《通志》卷八十《經籍》著錄。琇,字秀玉,應登子。康熙間諸生。

漫游草八卷

黎良德撰

《通志》卷八十《經籍》著錄。良德，棟子。以太學生官州同知。

《府志》卷三十三《文苑》：黎良德，字質存，號懷古，寧化人。博雅淹貫，足蹟遍天下，工書畫，著《漫游草》。由太學授州司馬，學士大夫咸重其文行，所至傳佳什焉。

又卷三十九《藝文》，熊爲霖《漫遊草序》曰：懷古，好游士也。籍閩寧，倜儻不可羈。生平浸淫經史百家，又能跌宕裹裹以出之。才大奇，窘所遇，發憤遊六宇，攜一琴、一劍、襆被行李，期與名山巨川、通都大邑爲緣，一一涉歷。如五嶽之鎮，西湖之麗，峨嵋、太行之雄偉，瞿塘、禹穴、龍門之險蕩，與夫咸陽、燕薊之威壯，胸中、口中時復吞吐出沒，不可名狀。若可名狀，概寄託之於詩。所至哀然成帙，類皆可存而未謀所以行也。詩寫性情者也，性情相類，相得益彰。懷古老寓西江，傚泛宅皈蒙江上狎鷗鷺。始與汪子辇雲、楊子子載爲忘年約，二子故與予善，每語及得懷古爲新知，欣欣然喜氣見於面。獨予以道里間，衷且悒悒然。但每讀懷古詩，又未嘗不心醉也。辛酉冬，計偕北上，既傚車，懷古與汪、楊二子來，邀餞篷艇。記是日狂浮太白，江山如畫，皆在目前。懷古出宣和紙尺許，索賦即事，余走筆得數首，紛不可聽，相與極歡而罷。是後遠宦京邸，間作郵札，然意中無日不有我懷古，究亦不自知其所云。乙丑冬歸覲，閱春來江城，詢知懷古且病，急走視，凡三至，閽人數强辭，竟不得候床下。鄉居久之，傳懷古死狀，駭且哭，猝不得實。及令嗣君愧尹奉書至，以遺言屬叙遺草爲殷殷，情愈亟。嗟夫，懷古生平所交，率海內名下士，而於不佞遺言屬叙者，何居？嗟夫，人之相知，貴相知心，今人於泛泛交，展其箋草，動以漢、魏、六朝、三唐諸老相盲誒，其於人之性情與詩之性情，了不相及。嗟夫，是誣之也，識者鄙焉。懷古豈是望哉？余亦不敢出此。懷古遺草，懷古之性情也。神氣不朽，挾以俱行，其爲風、爲霆、爲洪濤、爲蒼崿、爲雲錦笥、爲古今注、爲元屑、爲定交書、爲竹牕夜話，概不可定，而要不離夫游氣之精。姑爲述予兩人交道如此，懷古有靈，應起而咏，庶山陽車馬，可向地下質之。先生名良德，字質存。懷古，其晚號也。

又卷四十四《藝文》，黎良德《九龍峽歌》曰：“夾岸巉巖驅白日，石激沙奔爭迸出。林巒幽暗鬼火青，光通一綫乾坤失。蓬島何年擘巨靈，攢峰戍削盡伶俜。千盤石磴危欲墮，列士那得摩厓銘。曾扶竹杖強延竚，但見啼猿挂崖樹。下窺潭水涎溜腥，深疑閉蟄龍爲府。雷聲震動禹門開，萬里波濤一日迴。中流砥柱大如屋，更訝山靈隱禍胎。浪撼三山地維裂，銀河起立飛晴雪。大蟒長蚑敢作鄰，河伯土公避乃穴。群龍出沒各揚旗，馮夷擊鼓聚蛟螭。騰空漠漠凝氛霧，左盤右蹴相護持。氣軋雄風惡如虎，稍觸其威旋起舞。奮甲摩鱗銛劍鋒，乘風噴沫搏樓櫓。土人長歎向我云，昔年曾此沒官軍。骨留沙窟生冤草，魂入秋空作怨雲。馬峽如刀更黲黷，尺寸稍失隨傾覆。流到盤渦片板無，多少行人葬魚腹。安得秦鞭去險巇，掀翻彭蠡逐鯨鯢。沿途獸散無風雨，永使篙師不復悲。”《上大姑灘》云：“十里奔騰水，離奇怪石浮。斜陽依遠岸，逆浪泊行舟。酒少寒侵夜，山深風易秋。蕭蕭蘆荻外，慘淡使人愁。”此首並錄《汀南耆存續集》卷一。《宿朝斗巖》云：“磴懸松杪接危樓，昏黑躋攀到上頭。徹夜星光渾似曉，半巖嵐氣宛如秋。高臨北斗千山拱，遠下東方一水流。太守風流曾有句，徘徊祇爲白雲留。”

可在堂詩集七卷

張欽撰

《通志》卷八十《經籍》著錄。欽，字承望。雍正間貢生。

按《汀南耆存集》卷四作：“欽，字禹望。雍正元年貢。著《可在堂詩集》。”錄《田家》云：“懶性厭城市，故來棲邱壑。閒閒步山徑，役役隨傭作。晨興林挂暉，暮入雲歸鶴。穢草滿郊原，竭力再芟柞。美惡不並生，窳莠每相錯。胡爲任滋蔓，坐看良穗樂。”《入塞》云：“汗馬來大宛，葡萄入漢宮。異物非所尚，樂觀聲教同。王仁並覆載，臣職代有終。安邊無奇策，貴在不貪功。果能飛鳥盡，一任藏良弓。”《寄南州李山人》云：“終南稱捷徑，城市亦山林。領取隨人意，高閒乃自任。清風吹逸韻，流水寄鳴琴。即物協幽適，何關避世深。”其澹逸之處，有意學柴桑者也。

讀書偶記三卷

雷鋐撰

《國朝耆獻類徵初編》卷八十《卿貳》：雷鋐，福建寧化人。雍正元年舉人。八年，以禮部侍郎蔡世遠薦，授國子監學正。十一年，中式進士，改庶吉士。旋乞假歸。十三年，召來京，命入直上書房。乾隆元年散館，以病未與試，特旨授編修。二年三月，充會試同考官。五月，大考二等一名，賜筆墨、端硯、葛紗等物。三年三月，充日講起居注官；七月，京察一等。四年三月，升左春坊左諭德兼翰林院修撰。尋父憂，歸。九年，召來京，仍入直上書房，賞額外諭德，照見任食俸。十年四月，遷右春坊右庶子；七月，升少詹事；十月，復充日講起居注官；十二月，擢通政使司通政使。十一年二月，奏：“前奉諭旨戒飭：臺諫諸臣，處心積慮，總不外名利兩途。夫論臣子之分，不惟不可計利，並不可好名；而在朝廷，樂聞讜言，不必疑其好名，並不必疑其計利。昔孔子稱舜大知，曰隱惡揚善，則知當時進言者不皆有善無惡，惟舜隱之揚之，所以嘉言罔攸伏，成執兩用中之治。”得旨，嘉獎。三月，命稽察覺羅右翼官學。十四年，乞假省母。十五年，假滿來京，命提督浙江學政。十六年二月，上南巡，召見，賜詩云：“衡文慎辨譌兮真，兩浙吳山近八閩。爲汝便因養汝母，即斯推可教斯人。晷膏良苦毋驕貴，藜藿曾甘莫忘貧。佇見賓興皆碩彥，近名宜戒誨諄諄。”八月，調江蘇學政。十八年四月，升都察院左副都御史，仍留學政任；九月，復調浙江學政。二十一年，乞終養歸。二十二年，上南巡，鋐迎駕江左，御書“萱榮綏祉”匾額賜其母。二十四年，丁母憂。二十五年，卒。子定淳，直隸東安縣知縣。右國史館本傳。

公諱鋐，字貫一。先世由豫章遷汀州之寧化。曾祖諱某；祖諱某；父諱某，縣學生。三世俱贈通政使司通政使。公年十七，補諸生。時漳浦蔡文勤公講學鼇峰，公讀其《學約》，悅之，從文勤游，慨然以聖學自任，慕陸清獻公之爲人也。既通籍，勤學不懈，肆其所畜，施於有政，氣淳而守固，遇義所不可，必達其意。初舉鄉試，至京，時蔡公在朝，大學士朱文端公欲見公，公不往，文端乃就蔡公館與公論《易》，器之。雍正八年，以合河孫文定公薦，授國子監學正。十一年，成進士，選庶吉士。明年，大父母春秋高，請急歸省。上即位，召至京，授翰林院編修，直上書房，屢轉至左諭德兼修撰。每進經史講義，必明辨安危治亂之幾，歸本於人主之一心，以推極於民生國計，反覆詳盡無隱情。會同官余棟以喪歸，未葬，入臨皇子喪，上欲留之。公奏曰："侍學之臣，所貴明大義、篤倫理，非徒取記誦詞章而已。今余棟父喪未葬，遽直內廷，設講書至'宰我問三年喪章'，何以出口乎？聞輔臣以其辭爲好名，使人人避好名之嫌，不求盡人子之道，非細故也。"事遂寢。繼以太公憂去官。服除，召還。旋擢通政使。乾隆十一年三月日食，求言。公上書曰："伏讀上諭戒飭：'臺諫諸臣，處心積慮，不外名利二途。'此皇上裁成激厲，望此諸臣，盡以古純臣爲法也。夫就臣子而論，不可計利，並不可好名。計利者，卑瑣不待言，稍存好名之念，必不能勉竭忠愛，曲盡事情；而在朝廷，樂聞讜言，但當論其言之是非，不必疑其計利，並不必疑其好名。果其言爲上爲德，爲下爲民，皇上采而納之，天下後世傳而誦之，正足見聖朝之有人。臺諫之所得者名，政之所資者實也。昔孔子稱舜之大知，曰隱惡而揚善。當舜之時，進言者亦不皆有善而無惡，惟舜隱之揚之，所以嘉言罔攸伏，明目達聰，成執兩用中之至治。皇上誠切求言，臣不自揣量，鰓鰓過計者如此。若夫信任忠良練達之臣，屏絕諂諛容悅之習；不爲無事之游幸，以增煩費；不耽無益之玩好，以妨幾務。此我皇上日夕乾惕，時存警戒，無待臣下之敷陳者也。"疏入，上訓勉宣示焉。十二年冬，詔以明年春巡山東，將次及江淮、吳越，公因稱述聖祖皇帝巡方故事，勸上飭諸大吏省徭役、敦樸素，以便民；上亦已有旨諭諸臣矣，以公言忠，弗過也。十四年夏，以太夫人疾，乞假歸。逾年入朝，命提督浙江學政，俾迎養太夫人於官。十六年秋，移任江蘇。明年，以副都御史復任浙江。公之教士也，提倡正學，以程、朱爲的，其所至必訪求高行卓識之士，以禮先之；並徵先哲遺書，擇其善者而表著之。由是，人知向方，奮發者衆。時有司有勒屬誣報劣生者，公疏糾之，因言："舉報優劣，宜責成府縣官，定以處分。"又言："貢士太學，宜先老成通經學者。"二十年秋，浙西被蟲災，巡撫周人驥謂，已屆秋獲。不以聞。公致書規之，不聽，遂具章入告。得旨，賑恤而治巡撫辠。明年夏，以太夫人年八十，預請復命時乞恩歸養。上命，即自浙江侍母歸。二十二年南巡，御書四言額，爲太夫人壽。又二年，太夫人卒，未終喪而公亦卒，年六十四，時乾隆二十五年十月也。公嘗學文於望溪方先生，所著《經笥堂集》，具有家法。平生多布衣交，在京善李鍇、朱燉；在蘇善陳黃中。晚而在家,與建寧朱仕琇論文尤密。遇後生晚學,一材一藝有過人者,必委曲成就之。瑞金罷有高,嘗游學公門,服公之教,未嘗去口。紹升與有高交,慕公之德望久矣。因詮次其略,爲之狀。右《事狀》,彭紹升撰。

雷先生,諱鋐,字貫一,號翠庭。由翰林歷官左副都御史。初補諸生,從漳浦蔡文勤學,得造道入德之方。舉於鄉,至都下,不投公卿一刺,以陸平湖不敢見魏蔚州爲比。謹守規矩繩墨,克治嚴密,踐履篤實。嘗謂:"李貫之得力'喚起截斷'四字,頻喚起真心,敬以直內之要也。每截斷思念,義以方外之本也。"又謂:"朱子與何叔京云:'人心無形,出入不定,須就規矩繩墨上守定。須就規矩繩墨上守定,便自內外帖然。'按,此是講學第一緊要處。《小學》一書,所當服膺踐履。"又謂:"一刻不持重,便害德性;一刻不專一,便荒本業;一刻不警惕,便墮晏安。晏安溺志,則害德性,荒本業,不待言矣。"又謂:"朱子《仁說》讀既久,令人見得本體融通流貫處,功夫精切周徧處,蓋生理涵於心,爲心之德而義禮智統是矣。此生理涵於心,即溫然愛人利物之心,爲愛之理,故朱子一言以蔽之曰'天地以生物爲心',而人各得天地生物之心以爲心也。所謂心之德者,此也。所謂愛之理者,此也。明乎心之德、愛之理非有二,此溫然愛人利物之心,即天地塊然生物之心,而本體有不融通流貫者乎?中間引夫子之言仁,則由體而用,自常而變,一私不容自匿,一理不容或虧,而功夫有不精切周徧者乎?下又發明程子,愛不可以言仁,而愛之理爲仁,則性情之界限明而脈絡通。本體之妙,莫非生生之理者,益以著矣。辨楊、謝之不識仁體,泛言同體者,無警切之功;專言知覺者,少沈潛之味;則功夫之實,在乎操存涵養,克己力行,然後可以自全其生生之理者益以明矣。"又謂:"孔子性相近之言,實萬世言性之宗旨;孟子性善之言,正是相近之實際。相近者,善之相近也;以萬物爲一體者,堯舜之仁也。今人乍見孺子入井,而怵惕惻隱,可謂不與堯舜之仁相近乎?故曰性善也,擴而充之,人皆可以爲堯舜也。必待擴充之力者,氣質有不同也。孟子言性,與孔子無二旨也。"又謂:"道心即性也。人心之正者,道心爲之主,即性宰乎氣也。人心之偏者,道心之有蔽,即性汩於氣而失焉者也。非道心爲一心、人心又爲一心也。如飲食男女之欲,人心也,而道存焉。知道存,即道心也。知其爲道而肆焉,則危者愈危,微者愈微矣。故必道心爲主,人心聽命也。是知謂心即性者,非也。離心性而二之者,亦非也。"又謂:"學問之道,一以貫之,孝而已矣。是故以父母之心爲心，天下無不友之兄弟。由父母而上之，則祖宗也；由祖宗之心爲心，天下無不和之族人。由祖宗而上之，則厥初生民之天地也；以天地之心爲心，天下無不愛之民物。至於民胞物與，學問之道，無以加矣。要自孝之一念，積而充之，故曰天地之性人爲貴，人之行莫大乎孝。嗚呼，此其所以通神明、光四海而爲至德要道與？”又謂：“斷一木，殺一獸，不以其時，非孝也。此可悟孝之爲道，無所不貫。”又謂：“天下無性外之物，凡身之所具，耳目手足，聰明恭重之理，皆是也。凡身之所接，父子、君臣、長幼、夫婦、朋友，親義序別，信之道，皆是也。凡天地盈虛消息之妙，萬物生長收藏之宜，皆是也。朱子論格物，即孟子之言知性，此可悟矣。”又謂：“太極者，誠也。誠之之功，在敬以直內，義以方外。敬以直內，誠之源也；義以方外，誠斯立焉。必直內乃能方外，即主靜之意也。敬義夾持，直上達天德，則人極立矣。”又謂：“孔、顏之樂，如何尋處？先儒隱而不發。竊思‘人欲盡處，天理流行，隨處充滿，無少欠闕’數語，可形容孔、顏樂處。何也？即此生意之盎然一心，藹然四達者也。所謂仁也，顏子心不違仁，雖簞瓢陋巷，不改其樂也。孔子中心安仁，雖疏水曲肱，此樂亦在其中也。然則欲尋孔、顏之樂，亦默體吾心之生意而已矣。大抵生意是聖學真種子，克己如耨草，涵養乃灌溉培育之功，由是欣欣向榮，暢茂條達而不容已焉。孟子所謂樂則生矣，此之謂也。學者必有見於此，實加克己涵養之功，孔、顏之樂方可尋得。不然水流花放，無非生意，於我何有哉？”又謂：“以性理二字分言之，性體渾然，析之爲仁、義、禮、智，脈絡分明，是之爲理。驗之身則肅乂哲謀，推之倫則親義序別，皆理也，即皆性也。復性在於循理，循理在於盡分，蓋性渾淪而理有條緒。然理廣大而分更親切，如孝之理無窮，而吾有分內當盡之孝；忠之理無窮，而吾有分內當盡之忠。隨在盡分，則理得而性無虧矣。格物者格此，力行者行此，豈待遠求哉？”先生於近代真儒，宗法陸平湖、張桐鄉兩先生。其序《陸子年譜》曰：“古之學者，未有不知行並進者也。不離乎日用飲食、綱常民物，則曰下學；不創爲新奇詭異、幽深玄渺，則曰正學。自孔、孟至程、朱，逮明之薛、胡，一脈相傳，如世系之有大宗、小宗；其他旁門異趣，分之爲庶孽，假之爲蟟蛉而已矣。我朝治教休明，名儒輩出，而從祀文廟，惟平湖陸子一人。蓋醇乎下學之功，卓乎正學之的者也。表彰陸子，所以示學者之趨向指歸；然或隱微幽獨，不離富貴利達之見，徒以講學立名，呶呶焉辨異同、爭得失，口說自滕，無益也。陸子之言曰：‘學者必從羞乞墦、賤壟斷，辨陽儒陰釋始。’鋐謂，學者辨陽儒陰釋，必從羞乞墦、賤壟斷始。嘗讀陸子文集《學術辨》、《與湯潛庵先生》諸書，於姚江之學，可謂攻其壁壘，搗其巢穴，不遺餘力矣。然使陸子窮達出處，有一不合乎道；治身檢心，無人所難能之定力；兩任縣令，無人所莫及之治績；一載臺中，無人所不敢言之正論：則講說雖明，辨駁雖切，亦何足以厭天下後世之心而稱天下之儒宗哉？河南張清恪公，學與陸子同，嘗刊其遺書以傳於世。令嗣君西銘，復增定《陸子年譜》，考訂既確，包括無遺。陸子生平，體用兼該，知行並至，具於此。學者探討服習，如入其門、登其堂而聆其謦欬，瞻其儀範，如親得陸子而師之。而以薛文清、陸清獻二公之書爲譜牒，生平出處，按之固已無一不合於道。所謂文章，則皆本其躬行所得者，而慰唁、問答、解惑、條指、發德、辨姦、析事、類情，以綜王道之要，以會天命之精，斯言蓋盡其大略云。”右《學案》，唐鑑輯。

閩中自李文貞、蔡文勤二公重振龜山、考亭之緒，薪盡火傳，理學大暢。繼之者，寧化副憲雷翠庭先生鋐也。先生隨計入都，寓文勤邸。朱高安方居比鄰，文勤語先生曰：“高安素知子，子可一見。”先生以陸清獻不見魏蔚州爲比。後高安禮先焉，乃往見。又一日，孫文定過文勤，文勤語先生曰：“孫公實爲子來，當一往以答其意。”先生曰：“不敢也。將有保舉，恐近自媒。”文定終薦之，補國子監學正。

乾隆初年，寧化雷公以庶常蒙特召，侍阿哥書房講讀。嚴正恪勤，於中貴不假辭色。嗣丁憂，編修余棟以皇太子薨入京，被命留侍諸皇子。公奏：“皇子侍奉之人，必明大義、篤倫理，方於學術性情有助。余棟父喪未葬，若隱忍行走，則講書至‘宰我問三年’章，何以措口？於天下風化有關。”於是編修得終制。按：公之學，出自漳浦蔡文勤公，文勤則爲李文貞嫡傳也。公劾奏奪情，侃侃如此，於安溪一脈，不能不謂之青冰。《鮚埼亭集·楊文定公行述》稱，余編修奪情時，文定力言其不可，上收還成命。文定亦安溪高弟。

雷翠庭副憲鋐，立朝謇諤，貞介絕塵，其雅量亦不可及。家居時，客至，三呼從人捧茶來，未應，公亦怡然。或問之，曰：“在家廩給薄，此輩自懶於趨承耳。”右《紀聞》，陳康祺撰。

《碑傳集》卷三十，彭啓豐《通奉大夫都察院左副都御史加二級雷公鋐墓誌銘》曰：公諱鋐，字貫一，一字翠庭。雷氏世系出馮翊，自唐遷閩之寧化。

曾祖某;祖某;父某,諸生。三世俱以公貴贈通政使司通政使。公年十七,補諸生。雍正元年,舉於鄉。以合河孫文定公薦,官國子監學正。十一年,成進士,改庶吉士,請急歸。上即位,旋召直上書房。元年,授編修。三年,充日講起居注官。四年,遷左諭德,以父憂去。九年,被召,仍直上書房。十年,累遷至通政使。十四年,以母疾乞假歸。逾年,入朝,特命督學浙江,尋改江南。十七年,遷左副都御史,仍留督學;其冬,復任浙江。二十一年,任滿,以母老乞終養,得旨,即自浙侍母歸。二十四年,丁母憂,勞毀得疾。其明年冬十月某日,終於家。公之卒也,予既爲文以哭之。越一年夏,其子定淳,寓書並狀來乞銘。予與公同官翰林,素知公。既督學浙江,又與公先後相代,以是益悉公爲人,而歎公之志蓋未竟也。公之學之醇,守之固,其立朝抗直,遇事一無所撓屈,其遭際亦甚隆,而卒未竟其志者,豈非命哉。方上御極之初,銳意治理,在朝諸臣,爭自奮思所以稱盛意。公時官諭德,每進經史講義,必詳析義利,開設端委,以推極於治要,上嘉納焉。有同官以喪歸,未葬,入臨皇太子喪,上欲留之,公力疏爭,事遂寢。當是時也,朝野無事,天子方虛己側席,有一善無不庸,若谷之應響;公駸駸方向用,而適以憂去。既服闋,入朝,會日食求言,上書論臺諫,以爲朝廷樂聞讜言,不必疑其好名,臺諫之所得者名,政事之所收者實也。其言可謂通達識治體。督學浙江,浙西饑,無入告者,公輒以聞,遂得旨賑貸。公既感上知,不欲以虛文答詔旨,亦不肯以職分自諉謝;惟上鑑其誠而信之,既用其言,復顯其身,且使得就官迎養,所以曲成之者無不至,夫亦將有待矣。而公復以乞養去,蓋嘗論人,其器大,其意必遠。以公之精誠磊落,抗節不回,且無遏塞之者,宜不獨此三數事。見諸言論,蓋已舉其大者矣。然則使公敭歷至今,其位益顯,其任益重,而亦無有遏塞之者,將必更舉其大者以劘切一世,而惜乎其志卒未竟也。公少學於蔡文勤公,其學一宗朱子,不搖於他說。臨卒,無一語及私。其遺疏云:“爲子之事粗具,爲臣之志未伸。”蓋公亦自以未竟其用而天奪之年,爲可憾也。公配巫夫人。子男子三,長定淳,舉人;次定澍,國子監生,先卒;次定源。子女子一,適國子監生巫國維。孫男子二,女子二。以某年月日葬公於某所。銘曰:“器之大小隨所儲,瓶甑甀石殊盈虛。[1]峨峨雷公志不渝,英辨挺特精誠乎。守以醇固浩氣

俱,落落數事昭寰區。蘊負更與常人殊,厄之歲月未盡舒。銘兹景烈垂史書,子孫達者其嗣諸。"

朱仕琇《都察院左副都御史雷公墓誌銘》曰:乾隆二十五年十月二十五日,原任都察院左副都御史寧化雷公以疾薨於里第,遠近人士,聞者驚悼,交書相弔。蓋公以忠孝見信於上,而天下尊其學者三十餘年。其告養洎丁艱,朝野咸望起復大用,以著大儒之效於天下,而公遽薨。公之薨,而人士竊計內外大臣鮮復有如公之留意人才者,故其始聞而驚,驚已而悼,人人有失其私之悲,而因致夫天下賴之之意,而益知公之生歿於世不偶然也。公諱鋐,字貫一,號翠庭。先世陝人也,後自江西遷汀之寧化,故今爲寧化人。曾祖某,祖某,皆不仕;父諱某,縣學生。三世皆以公貴恩贈如公官。公爲諸生,見蔡文勤公《學約》悅之,從文勤學。文勤稱公爲人類楊江陰,江陰者,文定公名時也。鄉貢京師,高安朱相國軾,聞公名,不可得見,乃就公蔡公寓舍論《易》,時人兩賢之;而合河孫侍郎嘉淦亦先禮公,舉爲國子監學正。癸丑,開性理試,主者欲得公,公謝不往。既成進士,朝考第一,大臣多薦者,改翰林院庶吉士。今上即位,詔起公於家,侍讀皇子,賜第內城,特旨授編修。充丁巳會試同考官,以御試前列受賜,充日講官起居注,京察一等,遷左春坊右諭德兼翰林院修撰。同事余某,以皇太子薨於京,奉旨留侍皇子讀。公言:"余某父喪未葬,不宜在皇子左右。聞輔臣咎其辭爲好名,使在廷人人避好名之嫌,不執親喪,非細故也。"余得歸終制。丁縣學公艱。服闋,詔起供職,以額外諭德食俸遷右春坊右庶子,再遷少詹事,充日講起居注官,擢通政使司通政使。是時,上以"言事者外沽直名,自規便利",下旨訓飭。公謂:"二者雖諫臣不肖,然朝廷樂聞讜言,不必病二者,以塞言路。昔孔子稱舜隱惡揚善,則知當舜之時,言者亦不能有善而無惡,惟舜隱且揚之,故《書》曰:'明四目,達四聰。'又曰:'嘉言罔攸伏。'願皇上以舜爲法。"因言"宜任老成,遠諛佞,簡遊幸,屏玩好"。得旨嘉獎。是冬,乞假省母。滿假,以原官提督浙江學政,調江蘇,改都察院左副都御史,仍調浙江。梓《陸清獻公年譜》,教士敦實行,去功利,衡文取清淳,一革舊習。公爲政甚嚴,而州縣吏亦無敢逾法虐士者。有勒屬捏報劣生者,其人已擢守道,公特劾之。因奏:"舉報優劣,宜責成府縣官,定以處分。"又言:"貢士太學,宜先老成通經學者。"會秋大饑,有司以例不敢請。公密言狀,得旨,特賑,民困以蘇。母李太夫人年八十,援例終養,蓋侍養太夫人者四年，太夫人既葬，未終喪而公薨，年六十四。公平居雍雍以和，不見喜愠之色，至臨大節則嶄然不可奪。其在朝廷，遇重臣無加禮；退接故交如布衣時，狀貌秀偉，造次必於禮，而宏毅簡重，安舒自得，見者知爲粹然大儒也。初入仕籍，大臣爭相引重，公岋然中立，無少依附；獨以忠懇結上知，在群臣中恩意特異。二十二年南巡，御書匾額爲太夫人壽，兼賜貂緞。蓋公性純孝，上知之，故體恤之尤至。而公臨薨遺表亦曰："臣爲子之事粗具，而爲臣之志未伸。受恩深重，莫報涓埃，此臣目難終瞑者也。"嗚呼，觀公之所以事上，與上之所待公者，庶幾古詩書所載君臣相與之盛者已。公之學以躬行爲主，其生平出處，張弛言默，按之無一不合於道者；至小事，亦皆可法。爲文章簡要沖夷，有古作者風。所著《經笥堂集》、《自恥錄》、《讀書偶錄》、《校士偶存》、《聞見錄》等書，凡若干卷。公嘗謂："國家根本在人才。"故聞一藝片善，必加搜討，所交多巖穴奇士。其奉使出京師，布衣李鍇、朱燉送別舟次。鍇號廌青山人，與燉俱守道自重，不妄見人者，惟公能得之。在浙江，每有造訪，或邑人未曉名姓，相視驚訝，不測公何以知之也。公在病猶手修族譜，考校無譌，蓋其所存者如此。公夫人，同邑巫氏，有順能宜於公。長子定淳，壬申恩科舉人；次定澍，監生，先卒；次定源，貢生。女一人，適太學生巫某。孫男二人，定澍出；孫女二人，一定澍出，一定淳出。定淳將以某年月日葬公於某山某原，先期以書狀來請銘。仕琇與定淳爲男女姻家，辱公以文行見知者二十餘年。公之病未薨也，實以志墓之文見屬。因忘其不肖，輒删狀語，掇公行身居官之大者藏諸幽，以告後世云。銘曰："雷世潛德，始顯於公。公仕以道，不辱其躬。正學之興，明時是逢。進禮退義，既孝既忠。非公之賢，明聖在上。信賢不疑，崇德無忘。爰再起公，不俟自來。侍經皇子，久試公才。改官詹事，遂掌銀臺。公督浙學，皇有特命。迎養之便，毋愆溫清。南巡賜詩，又以爲言。教及都人，彌荷皇恩。惟公篤學，雍雍翼翼。起秀茀蕪，幽側無匿。公貳都憲，大江之南。仍改浙學，文教其覃。惟公立朝，無側無倚。體皇之心，以成燕喜。其喜維何，忠孝道光。奉母歸閭，色養無方。融融洩洩，和樂且康。諧於帝心，天語揭堂。公進不疑，退省無虧。古有成人，庶其在斯。壽母慶終，公猶孺慕。喪筵未徹，俄驚大故。公年六十，公位豈卑？未厭衆望，士林齎咨。城有邱園，爰得吉卜。公體藏焉，表以名木。大儒之壟，過者咸肅。"二志並見《耆獻類徵》。

沈廷芳《雷副憲傳》曰：雷鋐，字貫一，寧化人。父鳴高，諸生，有潛德。鋐幼承家學，篤志深思，所點定經書，宿儒莫能易。蔡侍郎世遠主講鰲峰，鋐從之遊，甚見器重。世遠將歸，錄《性理》存養省察之要授之。嘗讀湯文正斌、陸清獻隴其書，日有儆悟，所造漸深。雍正癸卯，領鄉薦。公車惟手《性理》一編，人謂其迂，不顧也。以工部侍郎孫先生嘉淦薦，授國子學正。癸丑，成進士，改庶吉士。時內閣學士方先生苞，以經學、古文重天下，天下士鮮心契者，獨謂鋐當作第一流人。乾隆元年，授編修，尋晉左諭德，入傅皇太子。時同館某亦預教，而父喪未除。鋐上疏曰："侍學皇子之人，貴明大義、篤人倫，於學術性道，方資贊助。今某隱忍父喪，則講書至'宰我問三年'章，何以出口？"某由是得歸終制。累遷通政使，上言曰："明詔戒臺諫，處心積慮，不外名利二途，此裁成激勸，冀以古純臣爲法也。然人臣不惟不可計利，並不可好名；而朝廷樂聞讜言，不必疑其好名，並不必疑其好利。昔孔子稱舜之大智曰隱惡揚善，則知舜之時不皆有善而無惡，惟舜隱之揚之，所以嘉言罔伏，遂成執兩用中之治。"上嘉納之。視學浙江，浙故多佳士，鋐令月試於學，擇經義尤粹者學官舉焉，由是更相激勵。又各授以《小學》及《陸氏年譜》，俾爲力行之準。聞有名儒宿德，輒就訪之。旋調江蘇學政，改右副都御史。復調浙江，值杭、嘉二郡歲歉，民食匱甚，有司弗以告。鋐貽書開府，遂以上聞，蒙詔加賑緩徵，民賴全活。因母老乞歸，方終喪，以勞毀卒，年六十四。鋐天性孝友，律己嚴而待人恕，其學以躬行爲本，而篤信謹守朱子、敬軒、當湖。嘗曰："象山、姚江，人品事功，卓然千古，學術則恐貽誤後人。"作《學術辨》及《禪學考》二篇，以示學者；又著《自恥錄》、《聞見偶錄》、《讀書偶記》、《校士偶存》及詩文集。舊史沈廷芳曰：吾聞雷之先本秦人，唐季自豫章遷寧化，有進士詳者，生子伯泰等八人，相友愛，死則同葬焉。五代之際，無出而仕者。至性卓行，洵不愧三代之民，雷氏之流澤遠矣。鋐能奉先訓，親師擇友，學篤而詣醇，宜其見重於朝野哉。廷芳爲鋐詞館後進，復同學於子方子之門，嘗歎其論義閎深，既欽其仁賢，而又感其遭逢而未竟厥施也。惜夫。輯《福建續志》立傳，故書名。

陰承方《都察院左副都御史雷公行狀》曰：公諱鋐，字貫一，號翠庭。先世系出馮翊，自唐時由豫章遷閩之寧化，今爲寧化人。曾祖某、祖某，俱隱居未仕；父某，縣學生。三代俱以公官，贈通奉大夫通政使司通政使。曾祖妣某氏、祖妣某氏，俱贈夫人；妣李氏，贈太夫人。太夫人生三子，公爲長，自幼研窮經義。年十七，補縣學生，肄業鼇峰書院。時漳浦蔡文勤公掌教，公讀其《學約》，爽然知造道入德之方。雍正癸卯，舉於鄉。至都寓文勤公邸，不投公卿一刺。時相國高安朱文端公與文勤公居比鄰，文勤公謂曰："高安素知子，子可一見。"公以陸平湖在京不敢見魏蔚州爲比，公頷之。下第後，文端公禮先焉，乃往見，遂以所著《易解》屬校訂。庚戌會試報罷，時合河孫文定公以工部侍郎兼祭酒過文勤公邸，曰："孫公實爲子來，當一往以答其意。"公對曰："不敢也，將有保舉，毋乃近於自媒乎？"文定公竟薦之，補國子監學正。癸丑會試中式，朝考第一名，朱文端公以"踐履篤實，才識明通"薦，改庶吉士。館師桐城方望溪先生負天下重望，於世士鮮當意者，獨心契公，以第一流人相期許。已而假歸。今上纘承大統，召入侍阿哥書房講讀，賜第內城。感疾未與散館，特授編修，遷諭德。其在書房，自持嚴正而和婉善入，恪勤不懈，於中貴辭色不稍假。編修余君棟丁憂，以皇太子蒞入京留侍焉。公奏："皇太子侍學之人，必明大義、篤倫理，方於學術、性情有助。余棟父喪未葬，若隱忍行走，則講書至'宰我問三年'章，何以措口？於天下風化有關。"於是余得終制。丁父憂，去官。服闋，仍入上書房，再遷至少詹事，充日講官起居注，旋擢通政使。丙寅二月，應詔陳言，略云："上諭：飭臺諫諸臣，處心積慮，總不外名利二途。此我皇上裁成激勵，望其警惕猛省，以古之純臣爲法也。然似因一二臣之言行不符，遂概疑及臺諫諸臣。恐志欲建白者，形迹之間，近於博取虛譽，冀望陞遷，輾轉懷疑，徘徊中止。夫就臣子而言，不惟不可計利，並不可好名；而在朝廷，樂聞讜言，不必疑其好名，並不必疑其計利。"又云："孔子稱舜隱惡揚善，則知當舜之時，亦不皆有善而無惡，惟舜隱之揚之，所以嘉言罔攸伏，明目達聰，用成執兩用中之至治。"又云："信任忠良練達之臣，屏絕諂諛容悅之習。不爲無事之遊幸，以增費累；不就無益之玩好，以妨幾務。"奉硃批："雷鋐此奏，朕嘉納之。前謂臺諫不外名利是圖，亦謂彼一時有此氣習耳，今則漸知省改矣。若夫大舜之隱惡揚善，固朕所日勉焉而未逮者也。"三月，稽察覺羅右翼官學，賜宴瀛臺。八月，命督浙江學政，賜詩有"爲汝便因養老_{按：國史館本傳，"老"作"汝"是也。}母"之句。旋調任江蘇，條奏學政事宜，選拔宜兼老成重經學貢生，肄業成均，經義治事宜核實舉行。改都察院左副都御史，視學政如故。癸酉冬，又調任浙江。凡居江浙六年，公慎自矢，所舉拔多知名士,浙人謂:"不動聲色而弊絕風清,百年來所僅見。"有知府勒教官捏報劣生,已別擢去,公核實劾之。乙亥秋,浙西災,公寓書督撫,勸其入告,弗聽;乃自奏,即荷恩賑濟,民困以甦。丙子,陳情得請歸里。丁丑春,迎駕江南,凡三蒙召見,詢母年老狀,御書"萱榮綏祉"四字賜焉,命亟歸爲母壽。先是供職京師,前後蒙賜"福"字及尚方珍物不勝計。公天懷肫至,無一事不曲體親心,朝夕視膳問寢,藹然孺慕,根心生色,友愛兩弟。待族黨由親及疏,恩誼周篤,有匱乏,量力俅之,常若歉然。律己嚴而待人恕,從不逆詐億不信,人亦卒無能欺者。倡修大宗祠,復建三代祠,置産以豐祀事。己卯春,丁母憂,執喪毀瘠成疾。及葬,冒風露、陟原巘,病遂劇。彌留時,惟誨子孫孝友讀書,不及家事。十月廿五日,遂卒,壽六十有四。公始學從蔡文勤公遊,即手錄《性理精義》中總論爲學之方,及立志、存養、省察、致知、力行數篇,以爲繩準,口誦心惟身踐,曉夜汲汲,無時或懈,稍有疏忽,即痛自刻責,若無所措其身者。文勤公稱其爲人如楊江陰,江陰者,文定公名時也。平日讀書窮理,研精覃思,識見周徹,洞悉自古聖賢君子學術之純疵,一以程、朱爲宗,而凡流於異端,似是之非者,不能惑也。嘗謂:"陸、王人品事功,卓然千古,學術則恐貽誤後人。"因作《象山禪學考》、《陽明禪學考》以示學者。其在書房進呈講義,力辨於危微之界,反復於克念罔念之幾,以推極於天下治否,生民休戚,莫非聖帝純王之要道。於中朝名臣宿望,有淡於進取、自立崖岸者,必折節定交。士有片善,必加搜討,所交多巖穴奇士。在江浙發學政條約,頒行《小學》書,刊布《陸清獻公年譜》,以勗多士。每府試竣,輒召其學品優者,究明經史疑義,辨析學術源流,告以立志居敬、窮理反躬之切務。一時觀感興起、爭自濯磨者,所在有人焉。有所造訪,或鄉里未知姓名,相顧何以得之。其侘傺終身者,每見於文,寓惋惜之意,若集中《五布衣詩》、《兩王生傳》是也。所著有《經笥堂詩文集》、《自恥錄》、《聞見偶錄》、[1]《讀書偶記》、《校士偶存》共若干卷。建寧朱君梅崖序其文集,有曰:"公之學,以躬行爲主,以仁爲歸,以敬義爲堂户,以人情事理爲權衡,以六經爲食餌,以文藝爲紳佩,以獎引天下之士爲藩墻;而於邪正之界,流漸之潰,析之尤精,防之尤預。大要宗朱文公,而以薛文清、陸清獻二公之書爲譜牒,生平出處,按之固已無一不

---

① 《聞見偶錄》,原稿脱,據陰承方《都察院左副都御史雷公行狀》補。

合於道。所爲文章，則皆本其躬行所得者；而慰唁、問答、解惑、條指、發德、辨姦、析事、類情，以綜王道之要，以會天命之精。"君子觀於斯言，亦可知其大略矣。配巫夫人。子男三人，定淳，壬申恩科舉人，直隷東安縣知縣；定澍，監生；定源，貢生。女一人，適巫國維。孫四，光楠，諸生；光槐，監生；光棨，諸生；光傑。曾孫男三，國樑，諸生；餘幼。葬城東魚潭鄉之原，巫夫人附焉。謹撰次行狀，上之史館如右。謹狀。

《國朝先正事略》卷十七《名臣·雷翠庭副憲事略》曰：公諱鋐，字貫一，一字翠庭，福建寧化人。少有志於聖賢，見蔡文勤世遠所著《學約》，篤好之，遂從文勤學。舉鄉試，入都，不投公卿一刺，以陸平湖不敢見魏蔚州爲法。方望溪侍郎嘗與文勤太息："生才之難，計數生平朋好，如楊賓實、陳滄洲，後生中尚未見堅然可信其幾及者，況在古人？"文勤曰："吾門雷生，乃後起之賓實也。"公乃出見望溪於文勤所，文勤即命受學於望溪。望溪固辭，而答以儕輩之稱者凡三四年。其後察公品峻而意誠，始受之不辭。朱文端公軾聞公名，不可得見，乃就公於文勤寓舍與講《易》，時人兩賢之；而孫文定嘉淦亦禮先於公，舉爲國子監學正。雍正癸丑，開性理試，主者欲得公，公謝不往。是年成進士，選庶吉士，以大父母春秋高，請急歸省。乾隆元年丙辰，詔起公於家，侍皇子學，賜第內城，特旨授編修。丁巳，充會試同考官，以御試前列，受賜，充日講起居注官，遷左諭德兼翰林院修撰。同官余棟，以國恤入都，有旨留侍皇子讀。余辭，不許。公言："余某父喪未葬，不宜在皇子左右。聞輔臣咎其辭爲好名，使在廷皆避好名之嫌，不求盡子道，非細故也。"余得歸終制。始公父就養京師，將以察公守官之志行；又念文勤殁，未知所學於望溪者何如也？於其歸，望溪爲文贈之。亡何，父卒，公以憂歸。服闋，補原官，遷右庶子，再遷少詹事，擢通政使。當是時，上以"言事者外沽直名，實自規便利"，屢下詔訓勅。公謂："二者雖諫臣不肖，然朝廷樂聞讜言，但當論其言之是非，不必疑其計利，並不必疑其好名。言果可用，①采而納之。諫臣之所得者名，政事之所資者實也。昔孔子稱舜曰隱惡揚善，則知當舜之時，言者亦不能有善而無惡也。惟舜隱且揚之，故《書》曰'明四目，達四聰'，又曰'嘉言罔攸伏'。願皇上以舜爲法，任老成、遠諫佞、簡遊幸、屏玩好。"得旨，嘉獎。

---

① "可用"，原稿脫"用"字，據《國朝先正事略》卷十七補。

十二年，上將南巡，公請勅諸大吏省徭役、敦樸素，以便民。時上已有旨宣諭矣，以公言忠，弗咈也。尋乞假省母。假滿，命以原官督浙江學政，調江蘇，改左副都御史，仍調浙江教士。敦實行，去功利，衡文取雅正，一革舊習。刻陸清獻及張楊園先生年譜，以風示學者。公爲政甚嚴，而州縣吏亦無敢逾法虐士。有勒屬捏報劣生者，其人已擢守道，公特劾之，因疏言：「舉報優劣，當責成府縣官，定以處分。」又言：「太學貢士，宜先老成通經學者。」會秋大饑，有司以例不敢請，公密言狀，特旨賑之，民困以蘇。以母年八十乞歸，侍養四年，既葬，未終喪而公卒，年六十有四，乾隆二十五年十月也。公平居雍雍以和，不見喜慍之色，至臨大節，則嶄然不可奪。在朝遇重臣無加禮，退接故交如布衣時，造次必於禮法，而簡重安舒，見者氣爲之斂。初入仕籍，大臣爭相引重，公岋然中立，無少依附。獨以忠懇結主知，每進經史講義，必詳晰義利，開設端委，以根極於治要，上嘉納焉。二十三年，高宗南巡，御書堂額爲太夫人壽，兼賜文綺、豐貂；蓋公純孝，上知之，故體恤尤至。而公臨沒具遺表，亦言：「臣爲子之事粗具，而爲臣之志未伸，此臣目終難瞑者也。」公之學以躬行爲主，以仁爲歸，以敬義爲堂戶，其生平出處張弛語默，按之無不合於道者；至小事，皆可爲法。爲文章簡要沖夷，有古作者風。居常謂：「國家根本在人才。」故聞一藝片善，必加搜討，所交多巖穴奇士。其奉使出京，布衣李鍇、朱煃送別舟次。鍇號豸青山人，家世勳舊，爲太傅索額圖介壻，隱於盤山，閉關絶人事，與煃俱守道自重，不妄見人，惟公能得之。在蘇善陳黃中。在浙江，每有造訪，或邑人未曉名姓，相視驚訝，不測公何以知之也。生平學宗程、朱，而於象山、陽明，辨之甚力。嘗謂：「孔子性相近之言，實萬世言性之宗旨。孟子所謂性善正相近之，實際相近者，善之相近也。以萬物爲一體者，堯舜之仁也。今人乍見孺子入井，而怵惕惻隱，可謂不與堯舜之仁相近乎？故曰性善也。擴而充之，人皆可以爲堯舜也。必待擴充之力者，氣質有不同也。孟子言性，與孔子無二旨也。」又曰：「道心即性也。人心之正者，道心爲之主，即性宰乎氣也。人心之偏者，道心之有蔽，即性泊於氣而失焉者也。非道心爲一心、人心又爲一心也。如飲食男女之欲，人心也，而道存焉。知道存，即道心也。知其爲道而肆焉，則危者愈危，微者愈微矣。故必道心爲主，而人心聽命也。」所著《經筍堂集》、《自恥錄》、《讀書偶記》、《校士偶存》、《聞見偶錄》共若干卷。

《福建列傳·清五》：雷鋐，字貫一，號翠庭，寧化人。年十七，補縣學生，肄業鰲峰書院。時漳浦蔡世遠掌教，鋐讀其《學約》，爽然知造道入德之方。雍正癸卯，舉於鄉。至京寓世遠邸，時大學士高安朱軾居比鄰，世遠謂鋐曰："高安素知子，子可一見。"鋐以陸平湖在京不敢見魏蔚州爲比。下第後，高安禮先焉。乃往見，遂以所著《易解》屬校訂。庚戌，會試報罷，合河孫嘉淦以工部侍郎兼祭酒過世遠邸，世遠曰："孫公實爲子來，當一往以答其意。"鋐對曰："不敢也，將有保舉，毋乃近於自媒乎？"嘉淦竟薦之，補國子監學正。癸丑，開性理試，主者欲得鋐，鋐謝不往。既而成進士，朝考第一，朱軾以"踐履篤實，才識通明"薦，改庶吉士。館師桐城方苞，負天下重望，於世士鮮當意者，獨心契鋐，以第一流人相期許。已而假歸。乾隆元年，召入侍皇子書房講讀，賜第內城。感疾，未與散館，特授編修，遷諭德。丁巳，充會試同考官。其在書房，自持嚴正，於中貴辭色不稍假，而和婉善入，恪勤不懈。編修余棟丁憂，以皇子喪入京，奉旨留侍皇子。鋐奏："皇子侍學之人，必明大義、篤倫理，方於學術、性情有助。余棟父喪未葬，若隱忍行走，則講書至'宰我問三年'章，何以措口？聞輔臣就其辭爲好名，使在廷人人避好名之嫌，不執親喪，非細故也。"禮部尚書楊名時，亦力言其不可，於是余得終制。亡何，鋐丁父憂去官。服闋，仍入上書房，再遷至少詹事，充日講官起居注，旋擢通政使。時上以"言事者外沽直名，自規便利"，下旨訓勅。鋐應詔陳言，略謂："二者雖諫臣不肖，然朝廷樂聞讜言，不必病二者以塞言路。蓋臺諫之所得者名，政事之所收者實也。昔孔子稱舜隱惡揚善，則知當舜之時，言者不能有善而無惡，惟舜隱且揚之，故《書》曰'明四目，達四聰'，又曰'嘉言罔攸伏'。願皇上以舜爲法，任老成、遠諛佞、簡遊幸、屏玩好。"得旨，嘉獎。丙寅三月，稽查覺羅右翼官學，賜宴瀛臺。八月，命督浙江學政，旋調任江蘇，條奏學政事宜，選拔宜兼老成重經學貢生，肄業成均經義，治事宜核實舉行。改都察院左副都御史，視學政如故。癸酉冬，又調任浙江。凡居浙江六年，所舉拔多知名士，浙人謂："不動聲色而弊絕風清，百年來所僅見。"有知府勒教官揑報劣生者，其人已擢守道去，鋐特劾之。因奏："舉報優劣，宜責成府縣官，定以處分。"乙亥秋，浙西災。鋐寓書巡撫，勸其入告，勿聽；乃自以聞，得旨賑恤，巡撫得罪去。丙子，陳情以母年八十乞歸侍養。丁丑春，迎駕江南，召見，詢母年老狀，御書"萱榮綏祉"四字，兼賜貂緞，命亟歸爲母壽。己卯春，丁母憂，執喪毀瘠成疾。及葬，冒風露、陟原巇，病遂劇，卒，年六十有四。鉉始從蔡世遠遊，即手錄《性理精義》中總論爲學之方，及立志、存養、省察、致知、力行數篇，以爲準繩。世遠稱其爲人如楊江陰，江陰者，名時也。嘗謂："陸、王人品事功，卓然千古，學術則恐貽誤後人。"因作《象山禪學考》、《陽明禪學考》以示學者。士有片善，必加搜討，所交多巖穴奇士。其奉使出京，布衣李鍇、朱燉送別舟次。鍇號廌青山人，與燉俱守道自重，不妄見人者，惟鉉能得之。在江浙頒行《小學》書，嘗訪《蕺山遺集》、《陸清獻公年譜》刊行之，碣楊園張先生之墓，一再序其遺集，又爲之傳。每府試竣，輒召其學品優者，究明經史疑義，辨析學術源流，告以立志居敬，窮理反躬之切務。有所造訪，如浙之王曾祥、王世球，江蘇之顧宏勳、陸夢野；或鄉里未知姓名，相顧驚訝，不知何以得之。其侘傺終身者，每見於文，寓惋惜之意，若集中《五布衣詩》、《兩王生傳》是也。同里諸生張其份，字文若，沈潛程、朱之學，鉉重之。及視學浙江，聘以分校。比歸，贈以券，使取資富室。後數年，鉉歸里，其份袖券還之。晚主講雲龍書院，成材甚衆。所著有《經笥堂集》、《自恥錄》、《聞見偶錄》、《勵志雜錄》、《讀書偶記》、《校士偶存》共若干卷。建寧朱仕琇序其文集，推挹備至。子定淳，字蕙畝，壬申恩科舉人。陰承方撰《行狀》、《梅崖居士文集》、《郎潛紀聞二筆》、彭啓豐撰《墓誌》、道光舊志。

　　《通志》卷二百三十一《列傳》：雷鉉，字貫一，一字翠庭。少讀漳浦蔡世遠《鼇峰書院學約》，惕然有警，潝去俗學，銳志向道。世遠稱其心純志篤，聖賢必可學而至。雍正癸卯，舉鄉試。入都，主世遠家，大學士朱軾、兵部侍郎孫嘉淦皆欲見之，鉉以道自重，不往；而二公皆先就見，嘉淦薦授國子監學正。癸丑，開性理科，主試者欲得鉉，謝不應。是年成進士，改翰林院庶吉士，尋假歸。鉉平居雍雍以和，及臨事嶄然不可奪。乾隆元年，召入侍皇子讀，病未與散館，特旨授編修，遷左諭德。同館余棟，以皇子麗入京，詔留侍諸皇子讀。鉉言："余棟父喪未葬，不宜在尚書房。聞輔臣咎其辭爲好名，使在廷之臣避好名之嫌，不執親喪，有損風化。"棟因得歸終制。鉉丁外憂，服除，累遷至通政司。是時，上以"言事者外沽直名，自規便利"，傳旨訓飭。鉉言："二者雖諫臣不肖，然在朝廷樂聞讜言，不必病二者以塞言路。昔孔子稱舜隱惡揚善，則知當舜之時，言者亦不能有善而無惡，惟舜隱而揚之。伏願以舜爲法，任老成、遠諛佞、簡遊幸、屏玩好。"上皆嘉納之。尋乞假省母。滿假，以原官提督浙江學政,調江蘇,改都察院左副都御史,仍調浙江。鉉爲學以朱子爲宗,以薛瑄、陸隴其爲譜牒;故視學浙江,頒《小學》,梓《陸氏年譜》,教士絶浮夸,去功利,躬行實踐,期於有用。待士特重,時有知府誣報劣生者,已擢守道去,更劾之。因奏:"舉報優劣,宜責成府縣官,定以處分。"在江蘇,又言:"選拔貢生,不宜專取英俊,宜兼擇老成通經足用者。"嘗謂:"國家根本在人才。"故旁求博訪,不遺幽滯。如浙之王曾祥、王世球,江蘇之顧宏勳、陸夢野,皆不求人知,而言之娓娓,旁人驚訝,不測何以得之也。鉉按試所至,民瘼尤切。復蒞浙江,值秋大饑,有司以例不敢請;鉉抗疏上聞,詔加賑緩征,民困以甦。時母年八十,援例終養。鉉自入仕籍,岌然中立,無少依附,獨以忠懇結上知,在群臣中恩意特異。二十二年,南巡,御書額爲其母壽;蓋鉉性至孝,故體恤尤至。鉉侍養四年,母沒,以哀毀卒,年六十四。嘉慶十四年,從祀鄉賢。鉉未仕時,同鄉諸生張其份,字文若,沈潛程、朱之學,安貧樂道,爲鉉所重。及鉉視學浙江,聘以分校。比歸,鉉贈以券,使取資富室。後數年,鉉歸里,其份袖券還之。晚年主講雲龍書院,成材甚衆。

又卷八十《經籍》著錄。

按《大雲山房言事》卷二《與李汀州》云:"寧化雷副都,未得親炙,亦未見其著述;惟彭二林集中見其事述,朱梅崖集中見其墓銘,不足以傳學問所得,未知淺深如何?"

又按《望溪集外文》卷十《尺牘·與雷貫一鉉》曰:"大臣體國莫急於得賢,必舉能不詭隨、志在忠君利民者三四人,以告聖主。見西林,以此告之。"

《四庫全書提要》卷九十四《子部·儒家類》:《讀書偶記》三卷,_{福建巡撫采進本。}國朝雷鉉撰。鉉,字貫一,寧化人。雍正癸丑進士,官至副都御史。是編乃其讀書札記,大旨惟以朱子爲宗,然能不爭競門户。如卷一中一條云:"古人心最平,如孟子謂夷、惠'隘與不恭,君子不由',而又謂其爲百世之師是也。後如陸子静、王陽明、陳白沙,論學術者必辨之,謂其非孔、孟、程、朱之正派也。然其砥節礪行,以之針砭卑鄙俗夫,不亦百世之師耶?"其持論特平,較諸講學之家,侈談存理遏欲而實不能自克其門户之私者,可謂不失是非之心矣。書中論《易》者幾及其半,大致多本李光地,其論禮則多本方苞。一則其鄉前輩,一則其受業師也。所記方苞駁蘇軾一條,引《曾子問》及

《檀弓》曾申之事，謂親在不妨學喪禮。國初汪琬與閻若璩以論禮詬爭，琬以是攻若璩，若璩援以駁琬者，其始末具見若璩《潛邱札記》中。苞偶述舊文，而鋐誤以爲師說，蓋當鋐在時，《潛邱札記》尚未出，故未見也。惟太極一圖，經先儒闡發，已無賸義，而繪圖作說，累牘不休，殊爲支蔓。夫人事邇，天道遠，日月五星，有形可見。儒者所論，自謂精微，推步家實測驗之，其不合者固多矣。況臆度諸天地之先乎？是則不免於習氣耳。

《全閩道學總纂》卷三十八有傳。

校士偶存一卷

雷鋐撰

《通志》卷八十《經籍》著錄。

自恥錄一卷

雷鋐撰

《通志》卷八十《經籍》著錄。

聞見偶錄

雷鋐撰

《通志》卷八十《經籍》著錄。

勵志雜錄三卷

雷鋐撰

《碑傳集》卷三十，附《勵志雜錄》四十三條，語錄體也。述存養省察之要，其言粹然，一以程、朱爲歸。

經笥堂集三十五卷

雷鋐撰

《通志》卷八十《經籍》著錄。

《梅崖居士全集》卷十七《經笥堂文集序》曰：昔桐城方學士賢江陰楊文定公之爲人，嘗與蔡文勤公言，歎其後無繼者，文勤以今副憲雷公對。公故文勤公弟子，而又嘗受文於學士者也。自學士與文勤公薨，而公遂以道德文章爲天下所宗。公之學以躬行爲主，以仁爲歸，以敬義爲堂戶，以人情事勢爲權衡，以六經爲食餌，以文藝爲紳佩，以獎引天下之士爲藩墻；而於邪正之界，流漸之潰，析之尤精，防之尤豫。大要宗朱文公，而以薛文清、陸清獻二公之書爲譜牒。公生平出處，按之固已無一不合於道。及其所爲文章，則皆本其躬行所得者；而慰唁、問答、解惑、條指、發德、辨姦、析事、類情，以綜王道之要，以會天命之精，以忬忠愛之忱。故其言深厚而切至，安定而光明，寬而不衰，峻而不迫，淡而彌旨，約而彌餘；雖專門名家之士，調合心氣，敷陳矩矱，不能與有加也。韓子曰“君子慎其實”，柳子曰“文以行爲本”，歐陽子曰“道至者，文不期而自至”；觀於公文，而三君子之言益信矣。文定公道德顯聞而文辭不少概見於天下，及公立言，以繼其後，則教彌著焉。故世以文勤公爲知人。仕琇夙以文辱公之知，公命序其文集，仕琇慚惶未敢以應。既公使催促，辭不獲請，不揣鄙陋，妄爲說之如此云。後學建寧朱仕琇謹序。

伊《序》曰：嘉慶丁卯歲，秉綬既[①]刻吾師陰靜夫先生遺集於揚州，將校雷翠庭先生《經笥堂稿》，會遭先君子大故，以歸。服初闋，執友吳清夫徵君以書促之，適連城童徵君一齋掌教誠正書院，相商權焉。先生質行，具詳《行狀》。敷奏之言，未嘗存稿。所著《讀書偶記》，已蒙采入《欽定四庫全書》中。《自恥錄》、《聞見偶錄》、詩集，未暇以詳。文集若干卷，謹選抄得百篇。秉綬竊惟有德之言所以載道，先生踐履篤實，言皆躬行，心得之餘，使人讀之見其肫然而誠也，肅然而敬也，藹然而好善也。近世高才博學，厭言心性者，病其腐與空耳。夫心虛靈不昧性者，仁、義、禮、智、信，君臣、父子、夫婦、兄

---

① “既”，原稿作“已”字，據《經笥堂文鈔》卷末改。

弟、朋友五常之理，虞廷以之教，三代所共學，存之則人，去之則禽，敢以人爲腐乎哉？乃若空則有之，致良知之說，實本告子。生之謂性，漸入於釋氏之冥心。夫陸子義利①之辯，朱子所服膺；姚江之事功，真足亘古今而軒天地，是皆百世之師也。而抉其流者，實歧於源。昔孟子已並聖清任和矣，而曰“隘與不恭，君子不由”，孔子曰“學之不講”，然則講明正學，由之力行，似必舍冥悟而歸實踐，初非黨同伐異之爲也。至於拘守章句，置漢以來典籍於高閣，此則學者之陋。窮究經史子集，乃致知之事，不博何約？不熟於古今之故，將何以淑身而應當世之求？特不溺沒於詞章考訂，而返求諸身心耳。先君子曾面承先生指誨，秉綬不能紹承家學，及其將老，乃知向方，而愧悔無似。僭綴斯言於卷端。歲次辛未八月丁未朔，同里後學伊秉綬謹序。

《刻經笥堂集既成敬題一詩兼寄吳徵君賢湘》詩曰：“峨峨白水頂，<small>山名，又名西華山，福建、江西交界處。</small>在邑西北隅。峙立如端人，積秀如名姝。開元建邑來，千載生醇儒。副憲承清德，學與時俗殊。由榕邨梁邨，而上宗程朱。踐履在篤實，誰云仁義迂？立朝屢建白，皆蒙聖人俞。惜哉未竟用，喪母旋亦徂。吾父與吾師，<small>陰靜夫先生。</small>承誨謹步趨。小學近思錄，入德之先圖。師遺榮終老，述著雄千夫。吾父堅貞操，金石不能逾。晚受知遇恩，謝病志未舒。父師倏已逝，懷賢鬱以紆。未及見副憲，彌復慚庭除。昨開經笥堂，粹然百篇書。文者道以載，言皆行之餘。利欲中人心，一變而清虛。又墮釋老術，周道失坦途。豈知賢聖學，倫紀惟勤劬。有本乃濟時，非已寬民誣。兼博古今典，寧貽誤空疏。其言皆自勵，克治良益吾。吾輩嚴屋漏，敢耳食受膚？聞流風而興，定多紫陽徒。”辛未十月朔，伊秉綬謹稿。

《碑傳集》卷三十附錄《經笥堂集·與周撫軍書》云：“還杭城，即扃門考試，未得聆誨。茲願獻微忱者，浙中偏，災地廣，務圖明年春夏接濟，今折漕既不及請，非多糴外省米粟，難救燃眉。紹興、湖州二府，固不待言。嘉興一郡，前日承面示嘉興本不成災，祗因蟲傷之後，八九月之交，霜隂風暴，以致有穀之形，無穀之實，則民無蓋藏可知。杭州各縣近教官送考在省，咸云雖無水災之處，皆被蟲霜大傷，與仁和無異。今僅仁和一縣報災，小民含怨觖望，則民無蓋藏又可知。幸荷皇恩浩蕩，截漕十五萬石，以資賑恤。又應行起運漕

---

① “義利”，原稿作“義理”，據《經笥堂文鈔》卷首改。

糧，不論紅白秈粳，俱准一體收兌，其應蠲免及緩徵者，皆有恩旨諭令體察情形，分別辦理。執事自必仰體聖心，公忠報國，培養元氣。聞執事論屬員云：‘愛民生，亦當爲國計。’竊謂愛民生即所以爲國計，不可分爲兩途。今祈嚴飭各屬被災之地，向前批駁未准者，准其補報，據實再奏。至散賑之際，必不致小民報名有費，有司報銷有費，則浙民咸慶更生矣。”又自記書後云：“撫軍名人驥。復札云：‘秋災不出九月，現屆隆冬，無補報之例。災黎固當撫恤，而奸民得隴望蜀，安冀非分，刁詐之徒，每造言生事。如各教官者流其言，亦不足信。’云云。夫已得賑之民，更思求賑，則可謂得隴望蜀。今嘉興一府，杭州八縣，均不報災，嗷嗷待哺，祇爲安冀非分可乎？教官之言或不足信，嘉興七邑縣令赴省懇求折漕，何以皆不見聽，且加訶斥乎？見既齟齬，只得入告。有旨密飭毋得諱災，而制軍獨能實心查勘，宜揚德意，遍賑災民，民乃復蘇。先是，予移書制軍，答極委婉，有‘此後有所聞見，仍望頻頻示教，使知黎庶情形’之語。迨撫軍罷，予校士嘉興，制軍貽書云：‘武林距禾稍遠，仍恐有司欲護前非，有心粉飾，惟祈密示安輯。’予試湖州，又貽書云：‘放棹禾中，一路情形均與台指相符。’云云。制軍喀爾吉善，號澹園。其居心行政，庶幾得古人風。”儀吉案：此乾隆乙亥年事。

《鵝湖詩說》曰：乾隆八年七月，余返自江南，取道鉛山。將遊武夷，鉛山令鄭君之僑振興鵝湖書院，躬課諸生，余與俱至，鵝湖諸生環侍，鄭君請一言以示訓。余曰：“講學之書，先儒備矣，惟在心體而身驗之，奚容贅？雖然朱、陸異同，聚訟至今，始於鵝湖之詩，試與諸生言之。”當日朱子送呂東萊先生至鵝湖，東萊約陸子壽、子靜二先生來會。子壽賦詩云：“孩提知愛長知欽，古聖相傳只此心。大抵有基方築室，未聞無址忽成岑。留情傳注翻榛塞，著意精微轉陸沈。珍重友朋勤琢切，須知至樂在於今。”“孩提知愛，稍長知敬”，此孟子指出人之本心所固有，使知察識而擴充，即如築室之有基，成岑之有址。子壽此詩夫何間然？但所以築室成岑，正有結構積累之功，非即以基爲室，以址爲岑也。聖經賢傳，辨別是非邪正，以開牖人心胸，正恐鹵莽涉獵，不得其精微之意。顧謂傳注可不留情，精微可不著意乎？當云“溺情章句翻榛塞，著意空虛更陸沈”則得之。子靜和云：“墟墓興哀宗廟欽，斯人千古不磨心。涓流積至滄溟水，卷石崇成泰華岑。易簡工夫終久大，支離事業竟浮沈。欲知自下升高處，真僞先須辨自今。”子靜此詩首二句即子壽引孟子之意，子壽未說及功夫，子靜斡旋之，故曰涓流卷石，積至滄溟泰華。滄海不擇細流，泰山不辭土壤，多識前言往行以畜德集義，以生浩然之氣，正如是也。如謂自有易簡功夫，則孔子好古敏求，博學、審問、慎思、明辨、篤行，亦爲多事矣。人不盡生安之質，不致知力行，日積月累，如何能踐形盡性？若奮然立志，返求爲己，則真僞之辨明，自下升高，非一蹴可至也。朱子三年後乃和詩以寄懷云："德義風流夙所欽，別離三載更關心。偶扶藜杖出寒谷，又枉籃輿度遠岑。"此追憶當日相會時事也。"舊學商量加邃密，新知培養轉深沈"，此探問別後功夫也。因子壽脫離傳注，子靜自矜易簡，恐開蹈空之弊，故曰："只愁說到無言處，不信人間有古今。"厥後，朱子答項平甫書云："近世學者，務返求者，以博觀爲外馳；務博觀者，以內省爲狹隘。左右佩劍，各主一偏，而道術分裂，不可復合，此學者之大病。"又云："子靜所說，專是尊德性事，而某平日所論，却是道問學上多了。今當反身用力，去短集長，庶幾不墮一偏。"朱子之心，虛公廣大，所以爲百世儒宗。子靜《白鹿洞講義》，朱子深取之，謂其"足以發學者隱微深錮之病"，蓋陸先生兄弟之學，固不可因鵝湖二詩定其生平。朱子答呂東萊書云："近兩得子壽兄弟書，却自訟前見之誤。"東萊與朱子書云："陸子壽前日經過，留此二十餘日，翻然以鵝湖所見爲非。"又云："陸子壽不起，可痛。篤學力行，深知舊習之非，求益不已。"朱子祭子壽文，尤深痛惜，謂其"降心以從善，豈有一毫驕吝之私？"子靜與曹挺之書云："學者且當大綱思省，平時雖號爲士人，雖讀聖賢書，其實何曾篤志聖賢事業？往往從俗浮沈，與世俯仰，徇情縱欲，汨沒而不能自振；日月逾邁，而有泯然草木俱腐之恥。到此能有愧懼，大決其志，乃求涵養磨厲之方；若有事役，未得讀書，未得親師，亦可隨處用力檢點，見善則遷，有過則改，所謂心誠求之，不中不遠；若事役有暇，便可親書册。"此段每讀之，令人通身汗下。陸先生未嘗教人廢書册，亦即此可見。今之主張陸學者，尚曰據依在心，豈靠書册爲有無？其弊不至不立語言文字、不入禪學不止，豈陸先生之教哉？即曰在人情、事勢、物理上做功夫，並非頓悟；其不至師心自用，臆見自逞者幾希。我輩惟在脫去俗學，如朱子所謂"讀書則實究其理，行己則實踐其迹"，念念向前，不輕自恕而已矣。

按：此集嘉慶十六年伊墨卿太守爲刻於廣州，板藏秋水園。光緒二十八年翻刻，板存雲龍書院，分上、下二卷。著錄三十五卷，蓋其全稿，太守君僅選百篇而刻之耳。

翠庭詩集

雷鋐撰

《通志》卷八十《經籍》著錄。

《汀南廛存集》卷四：雷鋐《懷五布衣并及石東村五布衣鴈青山人李鐵君名鍇陳石閭名景元朱抱光名燉陳嘉謨名廷策皆北人陳俯躬名梓浙之嘉興人東村名永寧今少司馬觀補亭之父也》云：“我獲布衣交，邂逅五君子。久知鴈青山，幽芳殊凡蔫。願言采其英，潛見不殊旨。因之訪石閭，矮屋擁書史。落落談古今，貧哉病以死。更有抱光君，被褐遠金紫。一室抱微尚，古琴自悅耳。三子臭如蘭，何幸不我鄙。且得兩陳君，考槃各永矢。一在北之廛，一在南之涘。北學宗閩洛，屢空道可企。南學共源流，[①] 貧亦正同軌。老矣均無兒，弟子供滫瀡。我造北陳廬，床竈雜杖几。南陳會鴛湖，答拜人扶起。合之以石閭，三陳堪並峙。三君未盡簪，我乃得躧履。抱光云近朱，鴈青曰御李。鴈青與南陳，神交頻託鯉。試問與北陳，握手當何似？爰有石東村，鴈青忘彼己。石閭與抱光，東村輒倒屣。東村以子貴，不獲布衣比。我懷五布衣，并作東村誄。亡者已莫追，存者勞予跂。潔身各有歸，相期但一是。以此誌知心，石交亦足喜。天下豈無人，渺然思彼美。”《游雁蕩》云：“此行未到天台遊，道經雁蕩豁雙眸。隔宿黯黯陰雨至，月影半出雲偏稠。凌晨衝嵐撞霧入，石梁古洞氣烰烰。南閣北閣渺無際，老僧拜石類雪寧。[②] 鼓勇直登謝公嶺，東海旭日升紅毹。四山濛氣頃刻散，陰闔陽開神力周。[③] 同人躋勝齊把臂，遇雨忽晴喜且謳。曲盤躋跡靈峰洞，石泉泠沁夏疑秋。[④] 峭骨森羅千萬象，奇奇怪怪造物哀。或如搢笏端拱立，或如委佩參稽謀。或如比肩標競爽，或如從類相追求。或如美人擁高髻，或如壯士著兜鍪。或如虎變如豹隱，或如介馬如喘牛。或如靈芝與玉筍，或如筆卓與旃斿。十里五里易一境，石屏鐵障稱雄遒。山僧指點龍鼻水，一噓一吸滴無休。攀厓陟磴腳力困，馬鞍峰峻與

---

① “南學共源流”，原稿脫“學”字，據《汀南廛存集》卷四補。

② “寧”，原稿作“雨”，《汀南廛存集》作“寧”，誤，據鄭杰《國朝全閩詩錄》改。

③ “開”，原稿作“門”，據《汀南廛存集》卷四改。

④ “夏”，原稿作“憂”，據《汀南廛存集》卷四改。

天伴。自上下下險且仄，喘息莫定心悵惆。牽連如猿到平地，輿從疲憊問歸不？忽來指南有妙相，_{近仁寺僧名指南。}蜿蟺牽引大龍湫。彳亍不計路險易，策杖渡澗肯遲留。懸厓絕壑不知數，叫絕千古此爲尤。瀑布瀉下五千尺，變化無端莫訊由。空中聚散疏或密，橫斜曲直戛琳球。聚者滾滾如匹帛，散者絲絲如垂旒。疏如湘簾密如織，直如釣絲曲如鈎。橫者隨風分左右，斜者紛披任所投。近之霏霏如小雨，遠望�瀜如烟浮。呼吸感應更奇絕，群聲一喊輒湧流。或云突過匡廬水，豈特名勝壓東甌？東西各分內外谷，馬鞍一峽爲中岫。奇峰古蹟雖歷遍，大概且付奚囊收。昔者同安陳將軍，翩翩緩帶而輕裘。力搜雁蕩覓靈異，_{靈峰厓"雁蕩"二大字，陳公別薛出之，建有靈峰亭。}芒鞋直上雁峰頭。日色澄霽天尺五，下有雷門斗蛟虯。南顧閩粵在几席，北參泰岱撫垤邱。東控滄海西川陝，俯視一氣淩方州。際此劃然一長嘯，天穹爲廬地爲舟。逍遙我向山靈約，端的此願何時酬？"《九瀧歌》云："三十年前過九瀧，年少輕心氣頗雄。臨深簸頓不知戒，到此忽復慕奇蹤。第一木瀧呈怪狀，舟與波濤相跌蕩。西山蹲踞如狻猊，張牙露齒吼白浪。馬瀧湏洞響如雷，大長瀧下三門來。兩岸奇峰擲瞬息，後波如矢射波開。方看百鳥_{石名。}如花點，五霸忽來驚最險。舟子戰水聲相聞，單梢捷往沖銀灩。過此六瀧險且奇，浪如雪立湧峨嵋。一聲衆響驚猿膽，悚覺輕身阽陀危。六瀧險出十餘里，矗然石丈舟欲艤。小長瀧笑漱波瀾，他處驚濤亦難比。香瀧安瀧相比鄰，石勢猙獰欲搏人。九瀧恰恰並九曲，天開奇奧甲吾閩。那得五丁鏟石路，舟行如砥無驚顧。敢曰履險心如夷，篙師口口神功助。"《遊百丈巖》云："桃花洞口問津來，石磴盤旋異境開。峰入半天摩日月，泉飛絕壑轉風雷。欲招白鶴空中下，乍瞰紅雲履上堆。傍晚未遑他勝處，桂花香裏棹舟回。"《遊臨江》云："臨江一閣影空浮，山自青青水自流。說向老僧參未了，木樨香裏又三秋。"《夏日讀易掩卷稍息登臨泉石間口占》云："柳陰拂沼倚風斜，鳥啄殘紅噪碧霞。猶憶早春冰尚凍，含菁萬木未蕃芽。"

四書人物約典

吳琮撰

《通志》卷八十《經籍》著錄。琮，雍正癸丑進士。

又卷百六十一《選舉》:琮,歸德府鹿邑知縣。

《經笥堂文鈔》卷下《吳象方墓誌銘》曰:吳君象方出宰河南之鹿邑,蒞任甫二月而卒。其子扶櫬旋里,郵狀至京師求銘,言甚哀,余每執筆,氣結而輟者數月。君與余生同邑里,年長余近二旬,癸丑同成進士。比年君需次在都,頻過從,與君相期許者何如,而君遽止於斯哉。君九歲喪母,十四歲喪父,孤苦自立,事繼母如母,待兄弟之子如子。年十七,從姊壻雷燕及讀書山館,刻勵無暇晷。燕及端方耿介,君持身似之。癸巳歲,與燕及赴省試。舟回,燕及病痢,藥餌浣滌,君身任無遺力。比至永安,溯九隴,日行僅可十餘里,而燕及病亟,臥籃輿陸行,竟歿於途。荒村幽谷中,無可爲殮,君晝夜繭足數百里護歸。撫其子,每悼其不振,輒嗚咽流涕。嗚呼,君之性行,即此可概見矣。家故貧,授徒之外無他營,里中子弟多出其門館。邑之泉上里,即李元仲先生讀書處,君每憑弔故跡,激昂自命,謂:“昔人適當末造,抱負莫展,吾儕當探其蘊蓄,發諸事業。”余亦謂:“以君志操,更求古人綜理擘畫之方,必不苟同俗吏。”而君乃遽止於斯哉。君治鹿邑僅兩月,積案一清。其卒也,邑人哀之,殮殯扶櫬之費,率先賙助,君之所以施於鹿邑者,非徒然矣。君諱琮,字象方,號潔亭。生於康熙己未年某月日,卒於乾隆戊午某月日,享年六十。爲處士德位公第五子。先世多隱德不仕,兄弟皆先亡,娶邱氏。子男一,茂,邑增生;女一。孫男三。將以某年月日葬君於某里之原。余哭而爲之銘曰:“方試硎於百里,遽脫屣於一朝。其操行之不苟,固共信於吾曹。”

潔至集

吳琮撰

《通志》卷八十《經籍》著錄。

學易闡微四卷

羅登標撰

《通志》卷八十《經籍》著錄。登標,字子建。雍正乙卯舉人。官廣東知縣,以注《易》未就,請改教職。除松溪教諭,揭白鹿洞學規以教士,士祠祀焉。

《四庫全書提要》卷十《經部·易類存目》:《學易闡微》四卷,福建巡撫採進本。國朝羅登標撰。登標,字子建,寧化人。康熙間舉人,官松溪縣教諭。是書皆辨《易》中疑義,凡爲《論》者七十四,爲《考》者五,爲《解》者三十三,共一百二十篇,按:"二十"當作"十二"。多循前人之說。其首卷第一篇論畫前有《易》,不免膚辭。卷三中以三百八十四爻割隸八卦,於全卦之義,反有未融。至卷四中《以六十四卦之五爻配歷代帝王解》一篇,亦屬掛一漏百。其以《恒》五爻"婦人吉,夫子凶",擬武后之幽囚太子,竊弄神器,尤爲悖理。夫武后可稱"婦人吉"乎?

按《通志》卷百六十二、《府志》卷二十三《選舉》,皆云登標雍正十三年乙卯舉人,黃元寬榜。《提要》作康熙間,誤也。

竹窗雜記八卷

羅登標撰

《通志》卷八十《經籍》著錄。

易史舉隅

徐炳撰

《通志》卷八十《經籍》著錄。炳,字仁先。雍正間諸生。

案:此書以史事解《易》,如解《比》"原筮元永貞"云:"有'元'而不'永貞'者,唐太宗貞觀之治而不克終,明皇天寶之亂不及開元是也。有'元永'而不'貞'者,漢文帝恭儉三十年如一日,不免溺於黃老;宋神宗銳志更政,爲王安石所惑而不悟;是也。"解《謙》"利用侵伐征不服"云:"宋太祖命曹彬下江南,是征不服;漢武帝聽王恢謀馬邑,是服而征。"解《大畜》"有利厲已"云:"已則爲申屠蟠,不已則爲范滂。"解《旅》"喪牛於易"云:"商鞅客秦爲法,自斃喪牛者也;慕容垂客秦觀變,委蛇不喪牛者也。"皆有見解。

古易匯詮

劉文龍撰

《通志》卷八十《經籍》著錄。

《經筍堂文鈔》卷下《劉體先傳》曰：劉君諱文龍，字體先，號平野，寧化人。父恪庵公，明經宿學，生四子，君其季也。三兄先殤，父母多幽憂，君子身色養，親顏以舒。君穎悟，讀書不依傍前人，冥搜默索，不獲不休。忽有領會，不煩言而自解。余家居時，嘗相過從，有疑難，往復辨論，交最久。其所著《古易匯詮》，余爲質之荊溪任公釣臺。釣臺於《易》，蓋覃思每忘寢食者，喜君之書脫然訓詁外，別具神契，爰爲之序，而恨道遠莫相見也。其註《莊》諸篇，大率類是。既而耽禪悅，有離塵出世之意，此則賢智之過耳。少年嘗三應童子試，不投，曰：“可止矣。”援例就貢，遂絕意舉業，日擁百城，傲睨公卿。邑令賢者，既謝事，君始相見。許令君齊卓，廉吏也，北上乏資，君傾囊以數百金應之。李令君和善風雅，贈以句曰：“獨開手眼傳經學，別有文章注子書。”可謂得君之梗概矣。卒年六十有四。晚歲修祠墓、輯譜牒，合邑 ① 人士訂“崇儉約治喪儀節”，亦其手定云。

按《傳》稱任釣臺爲此書序，今考任啓運《清芬樓遺稿》四卷，無此文。蓋任氏沒七十餘年稿始刊行，已佚之矣。

四書質疑

劉文龍撰

《通志》卷八十《經籍》著錄。

周子注

劉文龍撰

《通志》卷八十《經籍》著錄。

---

① “合邑”，原稿作“人邑”，據《經筍堂文鈔》卷下改。

莊子注

劉文龍撰

《通志》卷八十《經籍》著錄。

天山草堂集

邱世琮撰

《通志》卷八十《經籍》著錄。世琮,字位坤。[①] 居泉下,去李世熊居甚近。好讀書,以激發其志氣。老於諸生,所居曰天山草堂,因以名集。同里雷鋐謂:"其詩與文皆脱町畦而自立崖岸,論史更有特見。"

《經笥堂文鈔》卷下《天山草堂集題辭》曰:吾邑雖僻在閩嶠,不乏崛起之士。明以前無論矣,近代元仲李先生,巋然靈光。時則江西魏易堂遥相應和,故邑之後起不及見李先生,猶過易堂而問業焉。李先生居泉上,邱君位坤居泉下,望李先生居甚近。生雖晚,飫李先生之遺風餘韻,時讀其書,以激發其志氣。且嗜易堂、叔子之文,而不以帖括自囿,老於諸生不悔。其詩與文皆脱町畦而自立崖岸,論史更有特見。文弱書生,所守屹屹不可奪,是可不謂崛起之士與? 位坤寡交遊,所相商榷者,張君吉人,既溘逝矣。今位坤年逾七十,目且失明,余計歸里,當就天山草堂資切劇。位坤精神尚健,其或能百里而過我,俯仰古今以爲樂乎? 爰書其集端以訂之。

對山亭集

伊起嶼撰

《通志》卷八十《經籍》著錄:起嶼,字魚若。政和教諭。

---

① "位坤",原稿作"坤位",據道光《福建通志》卷八十改。

邱鳴岐古文集

邱鳴岐撰

《通志》卷八十《經籍》著錄。世琮族人。

學在園詩鈔四卷

李本澍撰

《通志》卷八十《經籍》著錄。

《汀南廑存集》卷四：李本澍，字若濤，寧化人。著有《學在園詩鈔》。《輓劉鼇石》云："生平虛憍性，君質略相同。此語聞前史，忠言見魏公。謂寧都魏和公。道旁餘苦李，爨下賞枯桐。孤館檀河夜，青燈一穗紅。""生長滇南地，墳高熱水中。人憐忠宦後，奴護破巢躬。道路相終始，[①] 肌膚老雪風。重陰開豁盡，紅日湧崆峒。鼇石自滇歸閩，時有老奴王昇護送。

佚。

記事珠三十五卷

伍軾臨撰

《通志》卷八十《經籍》著錄軾臨，字仲蘇。雍正間國子學生。學問淹博，尤長於詩。

磨甎集

伍軾臨撰

《通志》卷八十《經籍》著錄。

---

① "道路相終始"，原稿脱"相終始"三字，據《汀南廑存集》卷四補。

西園詩集

謝崧撰

《通志》卷八十《經籍》著錄。崧，字毓南。雍正間諸生。《注韓居詩話》："毓南創西園別業，吟咏其中。年八十餘，猶能作蠅頭楷。其齋額曰"讀來世書"。同邑雷翠庭副憲《讀書偶記》錄之。

《汀南塵存集》卷四：謝崧《遊鼓山》云："松嶺接霄漢，深林徑可通。爲尋真隱處，直上最高峰。夜淨一天月，潮生萬里風。山僧渾不俗，相對話鴻蒙。"《同雷淡文劉文長遊梅林》云："聊復相將樂歲時，尋梅話舊兩相宜。十年到此人俱老，是處逢君意尚癡。飽盡風霜春有主，賦成冰雪和應遲。再來收拾殘花片，丞相祠中搨古碑。"《會城歸舟有感》云："鏖戰公然勝負分，更誰得意媿劉蕡？途人籍籍傳名士，舟子微微笑敗軍。逼水峰巒雲欲墮，隔林邨店客常醺。舫窗坐倦聊欹枕，驚顧遥天鶴一群。""前山樹杪挂斜暉，點綴輕舟與石磯。昨日一帆衝浪去，今朝千里溯流歸。雲烟落紙花無夢，雷雨終霄劍未飛。從此揣摩還發篋，寧甘潦倒臥牛衣。"

淇園詩集二卷

陰延昇撰

《通志》卷八十《經籍》著錄。延昇，雍正間諸生。同邑雷鋐《序》略曰："丰致悠然，其意思深長處，尤有事外遠致。"

《汀南塵存集》卷四：陰延昇，字淇園，寧化人。《井中水贈友人》云："井中水，無波瀾。江中水，去不還。不還亦何害，風波到處難。"

竹居吟二卷

劉漢綸撰

《通志》卷八十《經籍》著錄。漢倫，字拙庵。乾隆初諸生。高才博學，所著詩皆因事立名。

松林詩草一卷

劉漢綸撰

《通志》卷八十《經籍》著錄。

温泉詩草一卷

劉漢綸撰

《通志》卷八十《經籍》著錄。

金斗峰詩草一卷

劉漢綸撰

《通志》卷八十《經籍》著錄。

伴松吟一卷

劉漢綸撰

《通志》卷八十《經籍》著錄。

老婦吟集唐一卷

劉漢綸撰

《通志》卷八十《經籍》著錄。

律陶善懷吟一卷

劉漢綸撰

《通志》卷八十《經籍》著錄。

律陶達一卷

劉漢緯撰

《通志》卷八十《經籍》著錄。

潄六軒文集四卷

劉漢緯撰

《通志》卷八十《經籍》著錄。

壓鍼編文二卷詩一卷

劉漢緯撰

《通志》卷八十《經籍》著錄。

西銘口義

巫近漢撰

《通志》卷八十《經籍》著錄。

又卷二百三十六《良吏》：巫近漢，字碧瞻，號匄廬。嘗受業於蔡世遠，潛心宋儒書。乾隆丁巳成進士，充咸安宮教習，期滿，授廣東樂昌知縣。屏餽遺、杜請謁、興學校，著循卓聲。權知府事通判某，受賄誣揭教諭，波及近漢，事久未白；會給事中楊二酉知其冤，入告，下督撫案覆，得其情，乃論通判如律，復近漢官。以年老引疾歸。

按《府志》卷三十《人物》："近漢在樂昌，以鋤奸被誣去，老幼攀轅數十里不絕。著有《待質集》、《西銘口義》、《匄廬詩稿》若干卷。

《經笥堂文鈔》卷下《巫碧瞻墓誌銘》曰：巫君諱近漢，字碧瞻，號匄廬，余同邑執友也。爲諸生，以優行貢成均。乙卯舉順天鄉試，丁巳成進士，充咸安宮教習。期滿，選授廣東樂昌縣令。爲政得士民心，涖任八月餘去官。閱四載，復職，需次京師三載，君年已七十，苦痰喘，歸里。旋卒。蓋乾隆己巳六月二十一日也，距其生康熙戊午七月初七日，享壽七十有二。余以己巳秋假歸省母，諸孤來請誌君墓，余何忍辭？君幼孤嗜學，才氣超逸。儀封張公撫閩觀風，拔冠多士。學使石牧黃公，有知人鑑，以君文冠邑庠；集汀屬八邑士試詩古文，復首選君。自癸卯執贄於漳浦蔡文勤公，潛心洛閩之學，掃除豪氣，盡取已刻詩稿毀之。余館於其鄉，少君十九歲，所學互相析辨，必歸於是而後已。君爲縣令，以詳褫劣生爲反噬賄。署府事通判某誣揭廣文，波及君。當是時，樂昌人如嬰兒失哺乳，雖兵役亦感憤不平。事久未白，給諫楊君二酉，以風聞入告，乃下督撫會核。承鞫官嘉應州牧王某甫一訊，盡得其情。督撫乃歎巫令被抑，亟請開復，而論通判及劣生如律。君在粵東數年，樂昌人餽問不絕，向使久任茲土，其政教所及當何如，大府察吏可不明且慎與？君世居邑之新村里，代有隱德。父諱之峻，邑庠生；母羅、陳、王、陰，相繼四孺人。兄弟三，君，王孺人出，季也。娶李氏，有賢行，先君一年卒。子男三，涵，太學生；汪，郡庠生；翼汝，[①] 邑庠生。女二。孫男四，孫女六。諸孤將以某年月日奉君與李孺人葬於某里之原，爰誌而銘之，銘曰："學而通，仕而塞。出與處，不違則。卜茲藏，後永式。"

待質文集

巫近漢撰

《通志》卷八十《經籍》著錄。

《府志》卷三十三《文苑》並著錄。

又卷四十三《藝文》，巫近漢《蒼玉洞銘》曰：美哉，汀臯之石。蒼蒼平列，郊天之璧。吞風吐雲，磅礴鬱積。岈然洞開，河光潤澤。日依其巔，月宿其窟。久莫顧之，荒且窣深。賀乎今茲之峻嶒。塵埃洗，物色增。荆璞泐，蟄龍升。巖巖氣吐，膚寸雲興。吁哉，蒼玉之質。貪爾奇，肯爾逸。磨漫滅之殘碑，勒光榮之彩筆，永與明堂配石室。

《福建藝文志》卷六十五《集部·別集》：《巫進士古文》，寧化巫近漢著。

---

① "翼汝"，原稿脱"汝"字，據《經筍堂文鈔》卷下補。

《穆堂別稿》云："閩中學者,以寧化爲最盛。雷侍講貫一,其尤著者。已復識巫君碧瞻。碧瞻既成進士,擢爲咸安宮官學生教習三年,課最,當授部主事。主選者謂'內外兼用',乃授樂昌令。其文有高識,有篤論,蓋皆道其心所得者。"

匋廬詩稿

巫近漢撰

《通志》卷八十《經籍》著錄。

北山堂詩集三卷

邱上雋　周紹揎　巫羽儀撰

《通志》卷八十《經籍》著錄。紹揎,乾隆戊辰進士。

又卷百六十一《選舉》:紹揎,夢錦孫。鳳陽府定遠知縣。

喪儀述二卷

陰承方撰

《學案小識》卷九《守道學案·寧化陰先生》:先生諱承方,字靜夫。敦行績學,言動必謹。有問學者,先教以《小學》、《近思錄》。其《續師說》曰:"昌黎韓子作《師說》,舉傳道、受業、解惑爲言。然師以傳道爲本,而傳道之師往往難之。蓋道一而已,業與惑各有大小之分,惟受業、解惑之大者,乃所以傳道也。今夫講受經書、結撰文字,業之小也;窮理修身、型家善俗,業之大也。句讀不知、文義不明,惑之小也;營情華膴、馳心空妙,惑之大也。浸假有師於此,教其學者,窮理則表裏精粗之必到,修身則肅乂哲謀之咸周,型家則親義序別之克全,善俗則禮義廉恥之悉協。徇爵禄聲名之眩,則崇道義以決其取舍;陷虛無寂滅之迷,則本誠敬以峻其防閑。惟虞廷之精一執中,孔門之博約求仁爲宗旨焉。其大如是,其小可知也。道豈有所不傳者乎? 然而斯師也,非旦暮可遇,或數十百年而乃一出。韓子之前,顏、曾、思、孟、有、閔、卜、言,尚矣;而董、管、葛、王,亦庶幾焉。韓子之後,周、程、張、朱,尚矣;而蔡、黄、真、魏、何、王、金、許、許、竇、劉、吳、曹、薛、胡、羅、陳、魏、蔡、林,國朝若陸清獻、楊文定、蔡文勤,亦庶幾焉。《檀弓》曰:'事師,無犯無隱,左右就養無方,服勤至死,心喪三年。'以其成己之功,與君父等也,非斯師也,曷足以當之?學者幸遇之而不知委己以從事,豈非不明而大可怪與?若夫有志於道而不遇斯師,則惟天地、古人是師矣。且郯、襄、萇、老之倫,一才一藝罔非道之所散見,亦學吾夫子之克集衆益而已矣。至若流俗舉業之師,無時無處不有,於受業、解惑之小者尚戛戛乎難之。其承譌襲舛,苟循故事者,於巫醫、藥師、百工,殆亦無以遠過,然亦不可不謂之師也。獨其傳道之名,則難於忝竊耳。"其《主一無適論》曰:"程子謂:'主一之謂敬,無適之謂一。'二句轉相解釋,朱子合而言之也。程子又謂:'不拘思慮與應事者,皆要求一。'朱子謂:'主一是專一,無事則湛然安靜而不騖於動,有事則隨事應變而不及於他。'其義灼然明矣。今《四書明辨錄》乃云:'一字是一個天理。凡事主於天理而無私欲之適,是之謂敬事。'則設有數事於此,皆是天理。心方主於此事,亦無妨遽適於彼事乎?將意緒紛紜,主宰無定,何能照察事之條理曲折而合於理乎?其為害於敬事之實功者甚矣。蓋雖數事並至,亦必權其緩急輕重。急者、重者,在所先;緩者、輕者,在所後。應畢一事,又及一事,身在於此,心亦在此。時時照察,然後所應各中其節,可云此皆天理而雜然亂應哉?本文明曰敬事,則其敬亦就道國之事見之耳。如國之大事,在祀與戎。當承祀之時,其心洞洞屬屬,惟主乎祀之一事而無適於戎;及即戎之時,其心戰戰兢兢,惟主乎戎之一事而無適於祀,斯為主一無適耳。至細論之,則盟時心一於盟,薦時心一於薦,謀時心一於謀,戰時心一於戰,無非主一也。若夫存理遏欲,乃平時分別確守,何待至臨事始云爾也?道國之事,皆天理所不容已,非私欲所可言;若主於好貨色,即一定好貨色,乃桀、紂、蹠、蹻之流,放僻邪侈之事,烏足以擬道國哉?陽明《傳習錄》:'好色則心在好色上,好貨則心在好貨上。'可以為主一乎?此說蓋承襲其意,是即陽明之徒也。"其《學顏子所學論》曰:"自孟子以後,有記誦詞章之學、有異端虛無寂滅之學、有小人儒之學、有為君子儒而誤者之學。學者不先定其所從,茫然自命為學,譬如瞽之無相,倀倀乎其何之耶?此周子所以教人學顏子之所學也。夫顏子所學,以'不遷怒、不貳過、三月不違仁',示之的矣。學者誠如是而學焉,則不失為真儒而可以希賢矣。如是又進而不已焉，且可以希聖而希天也，豈非萬世學者所當從事乎？然學者誠欲造乎不遷、不貳、不違之域，果將何以施其功耶？夫子之教顏子也，曰克己復禮；顏子述夫子之教也，曰博我以文，約我以禮。此其所造乎不遷、不貳、不違之域者也，則學顏子者可知已。蓋博文，即《大學》格物致知也；約禮克復，即誠意、正心、修身也。溯而上之，格致即《堯典》惟精；誠正修，即謂惟一也。由是觀之，自古聖人固無異，學顏子之所學，真萬世學者所當從事矣。朱子謂：'俗儒之學功倍《小學》而無用，異端之學功過《大學》而無實。'豈欺我哉？乃陸、王二氏以扞外物爲格物，致良知爲致知，而謂讀書窮理爲支離，則凡所謂學於古訓，詢於芻蕘，多識前言往行，學聚問辨，行有餘力則以學文，多聞擇善，多見而識，博學、審問、慎思、明辨，皆爲贅言矣。其未入異端，獨其外之人倫在耳。此爲君子儒而誤者也。若夫小人之儒，貌聖賢之貌，言聖賢之言，而制行相反焉。依託朱子則詆陸、王，依託陸、王則詆朱子；及聲問既馳，富貴既得，棄其所依託如土龍、芻狗焉。嗚呼，此無忌憚之尤者也，皆由不知學顏子之所學也。"卒後，門人墨卿伊先生刻其集於揚州。墨卿先生，諱秉綬。進士，歷官揚州太守。其受學於陰先生也，陰先生舉子朱子答林伯和、陳師德書以示之，以爲要在慎獨。又送其會試序曰："學，所以學爲聖賢也。聖賢之學，在於主敬窮理，以致其中和焉。方其靜也，事物未接，寂然不動，無偏無倚，而知覺不昧，五性渾然，三才萬物之理，莫不畢備，則爲有以致其中矣。及其動也，思慮始萌，七情乍發，應夫君臣、父子、夫婦、昆弟、朋友之倫，見乎視聽、言貌、衣食、居遊之際，臨乎富貴、貧賤、造次、顛沛之間，莫不一一中其節而無稍紊焉，則爲有以致其和矣。然而，此非因循苟且所可幾也。必常戒懼慎獨，無事則心存於中，有事則心 ① 存於事，暇則精研乎經史子集，疑則質問於師友仁賢。其切於身心、家國者，慎思明辨而無纖芥之淆，克己力行而無毫毛之僞，然後中和可致也。其用力之方，則子朱子答林伯和、陳師德書，揭其樞要矣。"伊先生謹守師訓，卒爲君子儒，爲良二千石，所至士民愛之，書其惠政，祠而祀之。並見《國朝耆獻類徵》卷四百十一《儒行》。

《清史列傳》卷六十七《儒林·陰承方傳》曰：陰承方，字靜夫，福建寧化人。少研究心性之學，刻意勵行，終身無惰容。有問學者，先教以《小學》、

---

① "心"，原稿脱此字，據《學案小識》卷九補。

《近思錄》。嘗著《學顏子所學論》，謂："顏子博文，即大學格物致知；約禮克復，即誠意正心修身。陸、王以扞外物爲格物，致良知爲致知，而謂讀書窮理爲支離，此爲君子儒而誤者也。"同里伊秉綬問學承方，舉朱子答林伯和、陳師德書示之，以爲要在慎獨。雷鈜視學浙江，重其學行，招之入幕，以未專使聘，辭不往。及鈜告養歸，即造門，相得甚歡，以所著文集與商訂焉。建寧朱仕琇亦折節交承方，以爲操心純、踐履篤，不如也。尤精喪禮，著《喪禮述》三卷，以《儀禮經傳通解》、《家禮》爲主，兼摭《唐開元禮》、《宋政和禮》、《明會典》諸書，取不背於古，無强於今者，而附以己意。年七十三卒。又有遺文二卷。

《臨汀彙攷》卷二《人物》：陰承方，字靜夫。寧化貢生。弱冠究心性之學，刻志勵行，精研經旨。而尤長於古禮經，其《稽顙稽首辨》言："首者，髮以上之名；顙者，髮以下、眉以上之名。稽顙，以髮下眉上觸地；稽首，則以髮上向地。有冠藉之，首未地而衡則倒垂於下，所謂下衡曰稽首是也。朝主於敬，膝既及地，其儀嚴重，勢若自上而倒植於下；故以髮際以上向地，遲留乃起，而云稽首。喪主於哀，膝既及地，其儀迫切勢若自後而直投於地，故以髮際已下觸地，遲留乃起，而云稽顙。"其《喪稱泣血辨》云："瓊山邱氏舉《朱子家禮》爲之《儀節》，於喪禮創立訃書，妄用'泣血'，世俗沿其譌謬。考《檀弓》，稱高子皋泣血三年，疏曰：'凡人涕淚，必因悲聲而出，血出則不由聲。今子皋悲無聲，其涕亦出，如血之出，故云泣血。'草廬吳氏謂：'雖當不哭，默思其親，目亦有淚，如血之出是已。若訃而用之，非也。'俗說又謂，百日以內泣血，百日以外稽顙。訃不可用，即可用於卒哭，是亦不然。拜而後稽顙，顙乎其順也；稽顙而後拜，顧乎其至也。三年之喪，吾從其至者。方氏釋之，以爲人子哀痛，有手擗、足踴、口哭、目泣、鼻洟，皆不若稽顙之甚。崑山徐公《讀禮通考》、高安朱公《儀禮節略》皆載顧湄之說，曰：'子泣稽顙拜，孫及曾孫宜拜稽顙。'此固不易之通稱也。又既泣血，則必扰淚，亦相須之事耳。孤子唫而扰淚，楚詞《悲回風篇》已有成文，今乃概稱於輕喪，而泣血獨施於重服。《易》有'泣血漣如'，《詩》有'鼠思泣血'，皆於喪事無與，則泣血固可泛用矣。"又《辨世俗》謂："親死不稱拜之妄言，古於尸柩，不拜不祭酒。其命訃也拜之，賓而吊也拜之，贈也拜之。今則賓之弔贈無拜，甚至束刺亦不稱拜，顧於尸柩之前，祭酒而四拜焉，而八拜焉。是禮拜而俗反不拜，禮不拜而俗反拜。"皆反復推明，義例精嚴，當與《箋傳》並垂。邑中吳清夫、伊默卿皆嘗受業其門下。世後十餘年，默卿始刻遺文於揚州官署。

《通志》卷二百三十八《儒林》：陰承方，按：《通志》原作"芳"字靜夫，一字克齋。少孤，藉祖教養，究心性之學，刻志勵行，終身無惰容，泊然自得也。雷鋐視學浙江，重其學行，招之入幕，以未專使聘，辭不往。及鋐告養歸，即造門，相得甚歡，以所著文集與商訂。建寧朱仕琇亦折節交之，以爲操心純、踐履篤，不如也。有問學者，先教以《小學》、《近思錄》，而歸於慎獨。於《喪禮》尤精，謂世俗每多沿譌，因參考諸書，取今之不背於古，古之無强於今者，附以己意，爲《喪儀》，以範世。兼精醫學，求診即往。生平不作行草書，其方嚴如此。年七十三卒。

又卷八十《經籍》著錄。

《自序》曰：嗚呼，天之降割於方，何其酷哉。昔先考無恙，對客談飲而遽卒。方府試奔還，則已斂於棺，特未蓋耳。附身之物，多從苟簡，迄今念及，隱憾猶新。庚午之春，大父年八十有九，病甚，方懲前事，弗敢赴督學試。未幾，卻復痊瘉，則又竊自慶幸，以爲邀天之眷，而大臺可期矣。於是大比期迫，以浮囂之性爲習靜之謀。五月晦，肄業安樂山莊，僅越十有四日，而凶問忽至。比歸，襲斂之具已定，欲遵典禮，而長幼尊卑莫之與也。會天亦盛暑，遂復沿乎苟簡。嗚呼，終天之慟，粉顙縻腸，庸有及耶？向使平日舉禮經典制及先賢所權之時宜者，上告尊長，下迪卑幼，又何至倉卒之間，泯梦齟齬，重增慟於今日也哉？顧伏念之，殯附於身者，往之不可諫者也；葬附於棺者，來之猶可追者也。先輩有言：衣衾華美，不如棺之精密；棺之精密，不如漆之堅緻。抑可爲方稍贖罪愆者與？是用摭采諸書，以《儀禮經傳》、《家禮》爲主，而《唐開元禮》、《宋政和禮》、《明會典》，與司馬溫公《書儀》、諸儒之論著參焉。今之不背於古，古之無强於今者，則述之，間亦竊附己意。分爲上、下二篇，上自始死至於殯，固覆車之在前者；下自成服至禫，則所以爲後車之鑑也。吾家長幼尊卑，既屏佛事而舉朝夕朔望之祭矣。將物之附於棺者，亦遵典禮而必誠必信，忽之有悔焉。庶幾稍夷此終天之慟乎？且死者生之常，自古皆有之，無所於諱；苟以斯述存諸篋笥，即使萬一不幸如方先考，亦可藉此塞之，況在彌留而後逝者耶？夫計後此者之無憾，而方憾愈深；鑑方憾之深，則於此述之存也，可弗省哉？

按：是書《清史列傳》作"三卷"，誤。

又按《汀南廑存集》卷四："陰承方，寧化歲貢生。"

陰靜夫遺文二卷

陰承方撰

《通志》卷八十《經籍》著錄。

按：此集分上、下二卷，文四十六首。前有門人伊秉綬序，嘉慶丁卯年仲春月初刻於揚州郡齋。時秉綬方守揚州，任其事。丁卯，即嘉慶十二年。民國壬戌仲夏，先生族人顯光等捐資補刻，有黃宗憲書後，顯光跋。

伊《序》曰：吾師陰靜夫先生，諱承方，號克齋，字靜夫，以字行。先生少孤而慧，藉祖養教，博極群書。年十八受知學使者新建力堂周公，補弟子員，有國士之目。弱冠究心性之學，刻志勵行，言動一於禮法。屢應鄉舉試不售，遂絕意進取，終歲貢生。先富後貧，泊然自得。邑先輩雷副憲翠庭先生視學浙江，重其學行，招之入幕，以未專使聘，辭不往。及副憲告養歸，即造門，相得甚歡，出所著文集與商訂。建寧朱梅崖先生亦折節交之，恒自以爲操心純、踐履篤，不如也。有問學者，先教以《小學》、《近思錄》。士競習舉子業，不能從。精醫學，求必往視。其評時藝、署藥方，皆端楷法顏、柳，生平不作行草書。與吾父善，秉綬憶兒時見先生數來吾故居，一廳事，地兩弓，設椅，二先生正襟端坐，兩手按膝，與吾父暢譚，無疾言苟笑。秉綬前進茶，受杯沾唇，即授之以退。退而學其容，吾父則詳先生學行以誨之。己亥冬，秉綬將隨計偕吏，今孝廉方正吳清夫教授謂曰："鄉有名儒而不列門牆，可乎？"乃與清夫受業於門。蕭然一室，恍吾故居。先生教以實學，舉朱子答林伯和、陳師德書以示之，以爲要在慎獨。越數日，見秉綬點勘《文選》，先生謂："詞章與正學岐軌轍，所關非細。"正色戒之，而秉綬輒私自畔去。後在都從名公卿游，竊疑學有內外之殊，日侍吾父，恬澹寡欲，益內省而疚，終於無成。蓋自癸卯別先生，至今三十年，先生下世已十餘年矣，計獲壽七十有三。家貧，子艱學，書僅存。比清夫寄至先生集四卷，謹先刻若干篇，僭爲之序。庶讀是編者，想見先生之爲人。嘉慶十二年夏六月，門人伊秉綬謹序。

《書後》曰：經學之文，如百花齊放，色香俱別；史學之文，如千頃汪波，風吹濤,雨卷浪;子學之文,如遇颶風、經怪瀧,忽而色動,忽而心驚;理學之文,如炎日臥北窗,涼風徐來,肺腑皆清,心神俱爽。前哲陰靜夫先生之文,以此徵之,則知其源流所自矣。先生當有清乾隆盛時,倡正學闔左之區,出主入奴,趨向靡定。先生則屏棄利祿,一意程、朱,旁及薛、陸諸子。大則三綱五常,無稍逾越;小則一坐一立,尸如齊如。修於身者富,溢於言者純,非關身心性命之要,世教風化之軌,不肯妄言。言皆至理,闡無賸義,且能發前人所未發,匡古不逮,挽今之失,大中至正,不偏不倚。荀子“大醇而小疵”,不敢與並;孟子“醇乎其醇”,雖致力於此,尤以聖人之慎獨主敬爲本也。故讀其文,髣髴啖雪藕、嚼冰絲、嗅梅香、聞鶴唳,別有天地,不知身在人間。然此深造逢源之至境,麤心人不易領悟,何者? 用經不知爲經,用史不知爲史,用子不知爲子,不知者人,先知者己。經也,史也,子也,專心致志,融會貫通,廣博無涯而後反博於約,歸宿於經,集成於宋儒之理學,非無濤浪颶瀧,令人目眩神搖,斂其奇於內,不露其奇於外也。作整庵《困知記》讀也可,作恭定《疑思錄》讀也可,作新吾《四禮翼》讀也可,作二曲《反身錄》讀也可。非好奇史氏,怪誕子書可比,誠天地間之大文哉。學問道德積之深,令聞廣譽歸之厚,宜夫桐城姚姬傳侍郎以先生與伊雲林、雷翠庭爲寧化三賢而贊之也。嗚呼,天爵之修於身也,邈然不可覿。今傳於世者,只區區之文章,雖令人詘要撓膕,君盧屋妾,懼然鼜然,而企仰前哲之心,終爲之三歎焉耳。民國壬戌十一年穀雨節,後學黃宗憲天袞拜識。

　　《跋》曰:前賢靜夫公,我二十一世祖族兄弟行也。其學問慎獨主敬,其文章發聵振聾,道不虛求,言無妄發,一族之錚錚者乎? 實一邑錚錚者也。一邑之錚錚者乎? 實天下錚錚者也。所遺之文,門人伊太守秉綬刻以垂世,迄今百餘年矣。屢經兵燹,鐫板猶存,豈非鬼神有靈而默佑乎? 但蟲傷鼠嚙,湮滅者十之三。顯光重之惜之,乃出搆,貲不足,概任之,補雕三十一板,重印五百部。觀今日之成,與昔年之感,不能已於言者,因有二焉。一著述難,當愛惜也。相如濡筆而腐毫,揚雄綴翰而驚夢,桓譚感疾於苦思,王充氣竭於沈慮。公之苦心孤詣,儼若古之作者,抑其殫畢生精神,竭畢生心思,止得百葉,則比研京十年之平子,鍊都一紀之太沖,尤難中難也。使刻於前,無繼於後,如士衡《要覽》、王愬《要略》,傳而復失,終歸何無有鄉。前人已矣,於後人何? 一文境高,當尊重也。紀事文不足貴,雜也;議論文亦不足貴,泛也;惟砭心風世之文，乃足千古。然非明德止至善者，不能道公之筆墨，蕺山《人譜》、中孚《學髓》流亞也。可以啓發善心，徵創逸志。當盜蹠廉仁，伯夷貪暴，候用爲暮鼓晨鐘。克己復禮之境，雖未易臻；救隳落之道德，實非小補。嗚呼，戶牖庭藩，俱著紙筆，禮義廉恥，闡發盡致。如此可寶貴、可宗仰之文，即王壽再世，不得焚之而舞，吾人何敢輕視而忍同草木腐乎？將腐而使不腐，非後起責，誰責與？且誼關九族，更當進一步想也。此則亟亟然起而爲之意也。世之君子，烏有不表同情者乎？中華民國壬戌十一年仲夏月，二十七世族姪孫顯光拜撰。

按《汀南廑存集》卷四：陰承方《和劉君時遊金山寺懷僧可立之作》云："寒雲如墨渡溪昏，溪上青山今古存。背郭數家依淨土，浮生半日寄芳樽。枯松劫後春回樹，野澗冰消響到門。惆悵雨花詩社散，一庭疏影爲招魂。"

潛虹詩草二卷

劉文賢撰

《通志》卷八十《經籍》著錄。文賢，字鶴皋。乾隆庚辰舉人。

按《汀南廑存集》卷四：劉文賢，字以從，寧化人。《半輞山房招遊詩》云："春山兮日暮，燕子飛兮花事去。雲樹兮深深，結孤情兮山之陰。清流兮汩汩，木蘭舟兮沙棠枻。將子兮能來，與子遊嬉兮樽與罍。"

焚餘偶存詩一卷

伊恒聰撰

《通志》卷八十《經籍》著錄。

又卷二百四十五《孝義》：伊恒聰，字作謀。七歲喪父母，祖肇炘又早卒，祖母黃氏鞠之成人。黃本賢婦，事翁姑有奇節，年七十瞽。恒聰曲盡孝養，歷十年無間，而祖母目復明，人謂賢孝之報。嘉慶五年，巡撫汪題其額曰"天原有眼"。六年，得旌建坊，坊辰立而午卒，年八十五。二十一年，旌"順孫"。恒聰精於《易》，旁通六壬奇門之術，嘗脫族某於厄，時邏卒十數，恒聰令出市中，人不見也。子襄甲，廩生；雲崧，嘉慶辛未進士，知徐聞縣。

南窗叢記八卷

伊朝棟撰

《碑傳集》卷四十二《內閣九卿下》，秦瀛《光祿卿伊君朝棟家傳》曰：光祿卿伊君雲林，沒於揚州官廨。子揚州太守秉綬，不遠數千里寓書於余，請爲君家傳。余向官京師，嘗識君於從兄漪園齋中，太守君又與余習，素聞君清德長行，不可無傳。君姓伊氏，名朝棟，初名恒瓚，字用侯，號雲林，寧化人。官順昌縣訓導，耿逆之變，僞將軍徇寧化，被繫不屈名某者，君曾祖也。祖某，父某，皆績學不遇。君幼嗜學，即爲其鄉雷翠庭先生所器。君自見翠庭先生，靜存、動察，言行必於禮。乾隆二十四年舉於鄉。既丁外憂，毀瘠過性。家雖貧，謝交遊奔競。母在，或不能具飯，佐以菽。自登賢書逾十年，始成進士，官刑部主事。時諸城劉文正公方總部事，心重君，將特薦，而文正沒。尋丁內憂，哀毀一如喪父時。漳浦蔡文恭公往臨其喪，歎爲純孝。服闋，再補刑部主事。君心慈而言訥，不能與時俯仰，敝車羸馬，人多匿笑之；而遇事意有不可，必力持之司，不得則爭之堂，上官雖牴牾不顧。歷本部員外郎郎中，擢浙江道監察御史，轉掌浙江道，遷戶科給事中，擢光祿寺少卿，遷通政使司參議，再遷鴻臚寺卿、大理寺少卿、光祿寺卿。君自御史不數年洊躋卿寺，皆由朝廷特擢，君感激知遇，每召見，累有陳奏。尋以疾告，會太守君方爲部主事，許在京就養。無何，太守君出守惠州，迎到官屬。歸善匪徒陳亞本者，謀不軌，太守君密請提督發兵，不允；君命太守君以計擒其魁。而博羅陳爛屐四者，又將爲亂，總督某公至，太守又請某公發兵，提督誑某公以分謗，不發兵如故。請益力，激某公怒，劾戍軍臺。將行，而君心不平，以粵東搆亂皆由提標兵，草疏將上之，而以疏稿示當道，遂摘疏中空詞飛劾。有旨，落職究問。會某公自裁，代者至，既廉得其實，獄以平反。奏入，還君官，而太守君得免戍。閱二年，太守君捐復原官，授揚州府知府。適大水，淮揚之民流離載道，太守君在揚，處脂不潤，理災政一以實，皆君教也。卒時年七十有九。生平工於詩，又務窮經於毛、鄭諸家，皆能通其義。著有《雲林詩稿》若干卷、《南窗叢記》八卷。論曰：閩自李文貞、蔡文勤兩公，皆宗程、朱，昌明正學，而雷翠庭先生繼之。君承學於先生，故所得者最正。生平務實踐，謙和恬素，粹然盎然；雖立朝無赫赫之譽,而教其子以成其名,施之於事,因無愧焉。士大夫廉隅不立,子弟無所師法,至隳行敗名而不恤。如君者,又可多得乎哉。

《國朝耆獻類徵初編》卷九十九《卿貳‧伊朝棟》:今上親政之年,以寧化伊秉綬知廣東惠州府,秉綬御其父光祿卿公以往。後三年,其民陳亞本、陳爛屐四作亂,秉綬既擒亞本,先事請誅爛屐四,忤大府,劾戍邊。方是時,粵兵之從賊者,或爲僞前鋒、僞三大王,諸臣諱莫敢言。光祿卿公自以嘗爲九卿,義不得苟止,具疏欲以聞,大府並劾公,褫職聽勘。於是亂益劇,大府倉猝自裁。勘者奏公言皆實,秉綬故無罪。上既褒雪其事,起秉綬知江南揚州府,公復就養來江南以卒。秉綬奉喪歸葬,貽書芑孫屬文其神道之碑。芑孫辱與秉綬交,又素知公質行,乃次公生平出處志節而爲之書曰:公諱朝棟,先名恒瓚,字用侯。伊氏,唐末有諱顯者,自莘城遷閩,世爲寧化人。傳廿一世,入我朝,某以歲貢生官順昌縣訓導,不汙耿逆僞命,是爲公曾祖,以公贈奉政大夫。祖某,贈朝議大夫。父某,縣學生,贈如公階。妣王、雷,俱贈夫人。公年十八,入縣學。明年,食餼。乾隆十八年,充拔貢生。又六年,舉於鄉。又十年,以陳初哲榜進士入刑部,補安徽司主事。歷河南司員外郎、湖廣司郎中,遷浙江道監察御史,掌其事;轉戶科給事中,洊陞光祿寺少卿、通政司參議,鴻臚寺卿、大理寺少卿,最後爲光祿寺卿。得疾海淀直廬,請告,凡十有五年,以嘉慶十二年八月六日考終,年七十九。配羅氏,封夫人。子二,長即秉綬;次秉徽,監生。孫四,紹祖、紹爔,皆從九品;紹曾,紹籛。孫女二。公少湛靜,尟嗜好,日讀其大父所篋藏書,敏於文。家貧,時出講授。性耿介,歲饑食粥,或欲周之,而勿能也。故左副都御史雷公鋐,家居一見,以爲可與言學。其鄉試,見知故光祿卿嘉定王公鳴盛;在刑部,見知諸城劉文正公。公自聞雷公之學,益究心儒先書,言動有榘矱。先後居喪,一用《朱子家禮》,茹蔬三年,哀感行路。同鄉蔡文恭公來吊,退而歎曰:"鄉人不乏雅材,至於居貧實樂,居喪實憂,吾見伊君矣。"方會試,旁徨治裝,適族子有以事繫縣者,持百金詣公求一言,公不可;已而事聞於縣,縣令雅重公,意釋族子,公亦竟不受金。居郎舍二十年,敝車羸馬,盤桓人後,獨坐曹,無寒暑在人先,政有得失,昌言董中。言之不得,必爭;爭之司不勝,則爭之堂;終不勝,歸而焚香讀書,以平其氣。自主事遷御史,皆用積資;自給事中以至爲卿,皆特擢,不由論薦。公素寡言,嘗謂:"爲儒自不妄言始。"尤善處貧,嘗曰:"安貧樂道,人所恒言,道果奚在？恬退則道有其象焉，謙和則道有其所焉，斯固可安樂耳。"蓋公所親受雷公，以溯其鄉先生蔡文勤、李文貞之流風而身踐之者如此。著有《南窗叢記》並詩文集若干卷，藏於家。其立朝無援，雖嘗被遇高宗，不居要路；晚以秉綬官中事，爲國一奮，天下覩公丰采。及公卒，而閩學之傳或幾乎息矣。此於今世，非一身一家之痛也。秉綬服公之教，又能承公志而大其施，故具著所繇。且爲銘曰："閩學自宋，傳緒有從。其在於近，蔡公雷公。公最晚出，勵志視躬。載出載處，心亨道蠱。往蹇來譽，契於高宗。嘉汝小心，召對從容。公老江湖，痛抱遺弓。十旬素食，慟比遭逢。有孤其操，有耿其衷。謷以靡悔，亦克有終。歸就考卜，有碑斯穸。子孫繩繩，來者方隆。顯銘詔後，遺直是恫。孰來下馬，欽想餘風。右《神道碑銘》，王芑孫撰。

又補錄：公諱朝棟，字心侯，汀州府寧化伊氏也。當雍正、乾隆之間，寧化有雷副都御史鋐、陰先生承方，以朱子之學講於里中，勸教學者。公少以二人爲師友，故其生平言語動作不苟，而於取舍進退，常有以自守也。以拔貢生中乾隆二十四年己卯科鄉試，己丑科成進士。其間嘗處極困，將會試，而無貲，邑令方重公，有富子被逮，請公一言解之而酬百金，公執必不可。既成進士，分試刑部，補安徽司主事。諸城劉文正公最賢公，欲薦舉而文正歿。其後歷員外郎、郎中，皆計俸需次而僅得之。公治曹事甚勤恪，不求人知。獄有不平，必與同僚上官力爭之，人或悅或不，而公不爲易；故自分發刑部二十年，乃擢浙江道御史。爲御史一年，轉戶科給事中。嘗奏對，純皇帝知其賢，於是五轉至光禄寺卿。且將重用之，而公遽病偏枯，以乾隆五十七年去職，年六十有五矣。是時，公長子秉綬以進士爲刑部主事，於是予告養疴於京師。又逾三年，爲嘉慶元年，扶掖以與千叟之宴。其後秉綬知惠州府，公從至惠州。當是時，嶺南多奸民，歸善、博羅屢有爲逆者，而提督標兵，反與通謀，大吏特諱言之也。秉綬既以先事請兵靖亂，觸總督吉慶之怒，劾戍矣，而亂黨遂起。公以謂："子之屈可以不伸，而嶺南官弁縱賊及兵與賊通之患，不可不詰。"身嘗爲侍臣，不敢隱，草疏將奏之。會後總督倭什布至，聞吏民所論，皆同公言，乃頗奏陳其當得罪者，而秉綬因以得釋。後爲揚州知府，公從至揚州，以嘉慶十二年八月六日卒於揚州官舍，年七十九。公事親孝，居喪盡其哀，相國蔡文恭公嘗曰："居貧實樂，居喪實憂者，吾見伊君而已。"少好讀書，既病去官，作《南窗叢記》，多發先儒疑義。其爲詩尤有高韻逸氣，曰《賜硯齋集》，四卷。夫人羅氏。二子：秉綬、秉徽。始公爲刑部主事，蕭爲刑部郎，直四庫館，與公未及相知，後乃知公子秉綬。公喪將歸葬，乃先爲墓誌以授其子。公家世，俱詳蕭所爲公祖贈光禄誌中矣，故不復出云。銘曰："居約有恥，既貴靡肆。葆兹常度，淵乎君子。其道有承，其學有嗣。其歿無憾，安宅桑梓。右《墓誌》，姚蕭撰。

《大雲山房文稿二集》卷四《前光禄寺卿伊公祠堂碑銘》曰：閩南爲儒者，世服朱子緒言，雖親受業陽明先生之門如薛行人中離，於朱子不敢悖。本朝安溪李文貞公、漳浦蔡文勤公，益推而明之。文勤授寧化副都御史雷公，雷公授同縣光禄寺卿伊公，其爲學以慎獨爲本，其推行始於固窮，成於成仁取義，故其道近而難至，其事質重而光明。嘉慶十有九年，公之子前揚州府知府秉綬爲祠堂於學官之里以祀公。門塾堂室皆備，諏日升主於室，公之配羅夫人附焉。而寓書於陽湖惲敬請銘。古者士大夫立家廟，祀曾祖以下，有功德，則專立祠堂，於禮甚宜。其麗牲之石刻之銘，亦應古義。惟是敬以後學操簡畢與廟廷之事，懼勿任，爲罪於後世；而秉綬請勿暇，遂不敢辭。公諱朝棟，字用侯，姓伊氏。先世自河南遷福建之寧化縣，世爲寧化人。曾祖應聚，官順昌學訓導，贈儒林郎；祖爲皋，父經邦，俱贈中議大夫。公縣學拔貢生，乾隆二十四年鄉試中式，三十四年會試中式，殿試賜進士出身。歷官刑部安徽司主事、河南司員外郎、湖廣司郎中，掌浙江道監察御史、户科給事中，擢光禄寺少卿、通政司參議、鴻臚寺卿、大理寺少卿、光禄寺卿，積階中議大夫，加封資政大夫。予告後，就子秉綬養於惠州及揚州。卒年七十有九。公久官刑曹持法，平素不近要人，故無推薦公者。以小心供職受知高宗純皇帝，不及三年，即拔置九列。嘗召見，諭曰："福建理學之邦，汝謹厚守繩尺，朕所知也。"會得末疾，未竟其用，天下惜焉。居家循循然，造次必以禮。文勤之從子文恭公新，嘗曰："居貧實樂，居喪實憂，吾於伊比部見之。"羅夫人，同縣人，有懿行，例封淑人，加封夫人，卒年八十一。子二，秉綬，其長也；次秉徽，國子監生。古者銘廟之辭多紀勳伐，至北宋以後，始有推本所學，爲後世經程者。今公之學既遠有統宗，遇聖天子激揚表暴之，誠信不欺，如右所紀。敬雖淺瞀，謹於銘，著古今爲儒之所以然。秉綬謹下丹加額如碑法，以告示天下後世之有志於學者。其辭曰："聖貫天地，宙合百家，蠢人萬千。內外精粗，如左右胕，相互而前。漢拾秦燼，負器抱經，壘高而堅。性天之說，波灄瀾渟，纖流涓涓。人心蓄靈，有隙必通，汉爲清言。剖精析微，沖虛南華，意同語元。達摩乘之，提第一機，無聖廓然。曹溪始大，西江八十，眩地薰天。帝王民氓，至智極愚，頸身重淵。韓公舉幡，闤市之中，一喙獨拳。致彼飾詞，澹泊儒門，棄爲蹞笭。北宋中葉，大儒之生，渾渾桓桓。就彼所言，推之吾書，極天地先。堯舜開明，遞及子輿，旁薄綿延。性天之說，此挈其總，彼掎其偏。如失盜家，復已劫資，匡綏室田。如逌訟人，直已折辭，斁鼠頑姦。雖其所言，有過不及，軌轍無愆。朱子懃懃，江匯於海，杓攜於躔。入聖之要，下學上達，宣尼所傳。存之存之，隱微持之，功該本原。傳錄漸多，遂涉支離，溺於言詮。陽明閒氣，振臂一呼，力破攣牽。此如夏冬，以反爲成，六氣乃宣。此如呼吸，以斷爲續，百骸以安。上五千載，下五千載，抑高轉圜。新故所代，如南北陸，如上下弦。聖人無我，賢者迭勝，以扶其顛。其中軒輊，得失多寡，尚可尋沿。朱子之弊，極於拘曲，不溢他端。陽明之弊，顛倒狂聖，反覆坤乾。故爲儒者，必始朱子，忽怠而遷。”並見《耆獻類徵》。

《國朝先正事略》卷三十一《名儒·伊用侯先生事略》曰:閩南儒者，世服朱子緒言，雖親受業姚江之門如薛行人中離，於紫陽不敢少悖。本朝安溪李文貞公、漳浦蔡文勤公，益推而明之。文勤授寧化副都御史雷公，雷公授同邑光祿卿伊公。其爲學以慎獨爲本，其推行始於固窮，汔於成仁取義;故其道近而難至，其事質而光明。伊先生諱朝棟，字用侯。先世自河南遷寧化。由拔貢生舉乾隆二十四年鄉試。越十年成進士，補刑部主事，累遷郎中，擢御史、給事中。嘗奏對，純皇帝知其賢，歷除光祿少卿、通政司參議、鴻臚卿、大理少卿，最後爲光祿卿。將大用之矣，病偏枯，以乾隆五十七年乞休。時長子秉綬，官刑部主事，予告後，遂養疴京師。嘉慶元年，扶掖以與千叟宴。其後秉綬知惠州府，就養至惠州。當是時，嶺南多奸民，歸善、博羅屢有爲逆者，而提督標兵反與通，大吏特諱言之也。秉綬既以先事請誅亂民，觸總督吉慶之怒，劾戍矣，而亂黨遂起。先生以謂:“子之屈可以不伸，而嶺南官弁縱賊及兵與賊通之患不可不詰。”身嘗爲九卿，義不得苟止，具疏將以聞。吉慶並劾先生，落職聽勘。於是亂益劇，總督倉猝自裁。勘者至，奏先生言皆實，秉綬故無罪，上乃褒雪其事，起秉綬知揚州府。先生從至揚州，以嘉慶十二年八月卒，年七十有九。先生少湛靜，尟① 嗜好，持身尤耿介。歲饑食粥，或欲周之

_____

① “尟”，原稿作“勘”，據《國朝先正事略》卷三十一改。

而不能也。自聞雷公之學，益究心儒先書，言動有榘矱。先後居喪，一用《朱子家禮》，茹蔬三年，哀感行路。相國蔡文恭公嘗曰："居貧實樂，居喪實憂者，吾見伊君而已。"文恭名新，文勤公從子也。方處極困時，將會試而無資，適族子以事繫縣，持百金詣先生求一言不可。已而事聞於縣，縣令雅重先生，竟釋族子，先生亦竟不受金。居郎舍二十年，治事甚勤恪，不求人知。獄有不平，必與同僚上官力爭之，人或悅或否，而不爲易。諸城劉文正公最賢之，欲薦舉而文正旋殁。故自主事遷御史，皆用積資；自給事中以至爲卿，皆特擢不由論薦。高宗嘗面諭曰："福建理學之邦，汝謹厚守繩尺，朕所知也。"惜以疾未竟其用。晚以秉綏官中事，爲國一奮，天下覩其丰采。及先生卒，而閩學之傳或幾乎息矣。自少好讀書，所著《南窗叢書》，多發先儒疑義。其爲詩尤有高韻逸氣，曰《賜硯齋集》。

《福建列傳·清六》：伊朝棟，先名恒瓚，字用侯，一字雲林。伊氏唐末有諱顯者，自莘城遷閩，世爲寧化人。曾祖某，以歲貢生官順昌縣訓導，不汙耿精忠僞命。祖爲皋，字景陵，藏書千餘卷，皆經點勘；撰著文字，手書精楷成巨册者尺餘。朝棟以乾隆三十四年成進士，入刑部補安徽司主事。歷河南司員外郎、湖廣司郎中，遷浙江道監察御史，旋掌其事，轉户科給事中，洊陟光禄寺少卿、通政司參議、鴻臚寺卿、大理寺少卿，最後爲光禄寺卿。得疾海淀直廬，請告，凡十有五年而卒，年七十有九。少湛靜，尠嗜好，日讀其大父所藏書。家貧，時出教授。歲饑食粥，或欲周之，弗受也。時同里陰承方及副都御史雷鋐，方以朱子之學講於里中，一見以爲可與言學。自是究心儒先書，言動有榘矱。先後居喪，一用《朱子家禮》，茹蔬三年，哀感行路。同鄉蔡文恭公來吊，退而歎曰："鄉人不乏雅材，至於居貧實樂，居喪實憂，吾見伊君矣。"將會試，無以治裝，有富子繫縣，持百金求一言解之，執不可。已而事聞於令，竟釋之，然終不受金。居郎舍二十年，敝車羸馬，盤桓人後，獨坐曹，無寒暑在人先。政有得失，昌言輩中。言之不得，必爭；爭之司不勝，則爭之堂；終不勝，歸而焚香讀書，以平其氣。大學士劉統勳最賢之，欲薦舉，未果而殁。故自主事遷御史，皆用積資；自給事中以至爲卿，皆特擢不由論薦。感激知遇，每召見，必有陳奏，純皇帝以爲賢。將大用，而遘病偏枯，去位。會子秉綏爲部主事，許在都就養。嘉慶元年，扶掖與千叟宴。未幾，秉綏知廣東惠州府，迎養往三年。其民陳亞本、陳爛屐四作亂，秉綏既擒亞本，先事請誅爛屐四，忤大府，劾戍邊。方是時，提督標兵從賊者，或爲僞前鋒、僞三大王，大府諱言之也。朝棟自以嘗爲九卿，子之屈可不伸，目擊官弁縱賊及兵與賊通患方大，不可壅上聞，欲具疏大府並劾之，褫職聽勘。於是亂益劇，大府倉猝自裁。勘者奏朝棟言皆實，秉綬故無罪。上既襃雪其事，起秉綬知江南揚州府，朝棟復就養。朝棟素寡言，嘗謂：「爲儒自不妄言始。」尤善處貧，嘗曰：「安貧樂道，人所恒言，道果奚在？恬退則道有其象焉，謙和則道有其所焉，斯固可樂耳。」著有《南窗叢記》，多發先儒疑義，詩曰《賜硯齋集》。次子秉徽，從兄揚州署，却商訟賄二萬金。《惕甫未定稿》、《惜抱軒文後集》、《小峴山人集》。

《通志》卷二百三十一《列傳》：伊朝棟，初名恒瓚，字用侯，一字雲林。曾祖應聚，官順昌訓導。耿逆之變，僞將軍劉某脅之降，搒笞備至，終不屈，繫之獄。逆平，始得出。應聚生爲皋，爲皋生經邦，經邦生朝棟。受業於雷鋐，通程、朱之學。相國蔡文恭曰：「居貧實樂，居喪實憂，吾於用侯見之。」第乾隆己丑進士，授刑部主事。務尚名節，不趨要津，用刑或畸輕重，必力爭。大學士劉統勳與語察之，目爲樸學可用。值王倫亂山東，疏牒壅積，朝棟裁決無滯。事竣，統勳將薦之而薨。沈淪刑曹十八年，上察其謹厚，三年中，由御史五遷 ① 至光禄寺卿。尋以末疾告歸。病革，猶手披《孟子·以仁存心章》揭示諸孫。卒年七十九。子秉綬、秉徽。

又卷八十《經籍》著錄。

按《先正事略》「記」作「書」，誤也。

賜硯齋詩鈔四卷

伊朝棟撰

《通志》卷八十《經籍》著錄。

《紀文達公遺集》卷九《雲林詩鈔序》曰：揚雄有言：「詩人之賦麗以則，辭人之賦麗以淫。」賦，言也，其義則該乎詩矣。風人、騷人，邈哉逖矣，非後人所能擬議也。而流別所自，正變遞乘，分支於三百篇者，爲兩漢遺音；沿波於屈宋者，爲六朝綺語。上下二千餘年，刻骨鏤心，千彙萬狀，大約皆此兩

---

① 「由御史五遷」，原稿脫「由御史」三字，據道光《福建通志》卷二百三十一補。

派之變相耳。末流所至，一則標新領異，盡態於江西；一則抽秘娉妍，弊極於《玉臺》、《香奩》諸集。左右齗齗，更相笑也。余謂西河卜子，傳詩於尼山者也。《大序》一篇，確有授受，不比諸篇《小序》，爲經師遞有加增。其中"發乎情，止乎禮義"二語，實探風雅之大原，後人各明一義，漸失其宗。一則知止乎禮義而不必發乎情，流而爲金仁山濂洛風雅一派，使嚴滄浪輩激而爲不涉理路、不落言詮之論。一則知發乎情而不必其止乎禮義，自陸平原"緣情"一語引入歧途，其究乃至於繪畫橫陳，不誠已甚與？夫陶淵明詩，時有莊論，然不至如明人道學詩之迂拙也。李、杜、韓、蘇諸集，豈無艷體？然不至如晚唐人詩之纖且褻也。酌乎其中，知必有道焉。光祿雲林先生，早年貢成均，領鄉薦而屢躓於禮闈。中年登第通籍，服官郎署，介介自持，以古儒者自策勵。晚年遭逢聖主，知遇方深，而先生遽遘東萊之疾，不竟其用，論者惜焉。平生寡所嗜好，亦不甚喜通交游，惟偶有所感，輒發於詩。今就養京邸，優游多暇，乃自訂舊詩爲幾卷。令子秉綬，余甲辰所取士也，持以求序於余。余反覆雒誦，覺先生之學問性情，如相對語。蓋不惟《香奩》、《玉臺》之辭，萬萬不以入翰墨；即他所吟咏，亦皆以溫柔敦厚之旨而出以一唱三嘆之雅音。陸機云："理扶質以立幹，文垂條以結繁。"先生其殆兼之乎？是真詩人之詩，而非辭人之詩矣。余因序先生詩，輒舉《大序》"發情止義"二語以起例，亦以後人或流於一偏，而雲林詩得性情之正，爲可貴也。

《福建藝文志》卷六十五《集部·別集類》：《賜硯齋詩鈔》四卷，寧化伊朝棟撰。《石遺室書錄》云："前有紀昀、曾燠二序。近體風華掩映，古體文從字順，末有《書尚書古文孔傳後》七古一首，以僞古文爲真，力詆閻百詩之說，並無確證，蓋於考據之學未有得，不必以此等議論入詩也。"

《隨園詩話補遺》卷六：太常卿伊雲林先生朝棟，素未識面，託王葑亭給諫寄稿商榷，詩多雋逸。《喜葑亭移居相近》云："借得輕車載具遷，宣南坊地雁秋天。桑林我已淹三宿，花徑君初拓一廛。雲抹樓頭宵共月，煙銷井口曉分泉。素心晨夕相過數，佳事應圖主客傳。"《歸舟》云："殘月銜帆影，長江一葦回。烟寒瓜步樹，潮走海門雷。六代銷波底，三山落酒杯。儒生仗忠信，涉險興悠哉。"

《湖海詩傳》卷三十一：伊朝棟，字□□，號雲林，寧化人。乾隆三十四年進士，官至光祿寺卿。有《武彝山人詩集》。《讀史》云："走利世如鶩，君子貴潔己。結駟雖英賢，桑樞亦志士。歲時缺伏臘，釀金謝閭里。貧士如孤雲，無依亦自喜。何勞太史公，而今爲慚恥。”“秦令紛牛毛，無救嬴氏亡。漢網漏吞舟，約法止三章。文景持寬大，本好老與黃。清淨民寧一，曠蕩仁風翔。建元元朔來，酷吏嚴風霜。騶虞已失職，蒼鷹斯擅長。法律持事君，豈能致虞唐？首鼠與轅駒，結舌氣不揚。卓哉汲長孺，伉厲排張湯。”“西京兩太傅，千春令人傷。賈生天下才，絳灌指爲狂。雖蒙宣室召，再黜乃進梁。董公經術醇，漢儒誰頡頏？一出傅江都，終老事驕王。英俊沈外僚，轗軻淚霑裳。顧彼寒泉井，心惻徒徬徨。”“志士苦獨清，貪夫苦多欲。鄭相戒焚身，宋卿善辭玉。下田分寢邱，孫叔願已足。鮐也誠何心，帶鞓徵穆叔。溪壑豈易滿，其亡如轉燭。渴不飲盜泉，熱不息惡木。玉壺貯片心，濁泥豈能辱？”《秋日登永定縣北樓三首》云：“信美非吾土，登樓感易生。寒煙通遠渚，落葉滿孤城。淒緊潘生興，遲回庾信情。羈人原有淚，不爲聽猿鳴。”“何限依人意，登臨一惘然。偶尋黃葉寺，已近白榆天。屐齒浮雲上，鄉心夕照前。楓林霜滿眼，坐想寄吳綿。”“已負黃花約，西風觸杵深。[1]猶違元亮井，祇攬仲宣襟。鼓角寒城壯，川原暮色沈。欲回仍小立，蒼茫去。獨長吟。”

　　按《湖海詩傳》云：朝棟有《武彝山人詩集》。《通志·經籍》及諸家傳志皆不著錄，當與《賜硯齋詩鈔》、《雲林詩鈔》一書而異名耳。公集未見，姑著其說，以俟考焉。

寧陽詩存三卷

伊朝棟撰

《通志》卷八十《經籍》著錄。

坊表錄

伊秉綬撰

《國朝耆獻類徵》卷二百四十四《守令·伊秉綬》：嘉慶二十年秋九月，

---

① “觸”，原稿作“獨”，據《湖海詩傳》卷三十一改。

前揚州太守伊君卒於揚州，州人祠其主於湖上之三賢祠，賻其子念曾扶櫬歸閩。越明年，念曾匍匐金陵，乞銘於執友唐仲冕曰：“公許爲先人志墓，今將葬矣，敢述行狀以請。”仲冕謹諾。君諱秉綬，字墨卿，汀州寧化人。六齡就塾，穎異，爲大父所喜。稍長，益向學，恪奉庭訓，師陰靜夫先生，與聞先正雷翠庭先生講論，以居敬窮理爲宗，守以敦篤，出爲循廉。初入刑曹，受知阿文成公，任以綜覈秋讞。出守廣東惠州，豈弟方嚴，豪斂弱植。建豐湖書院，牖諸生以《小學》、《近思錄》，海上人士皆知有考亭之學矣。其慮囚亭疑法，如海盜中有被脅未從盜者二十有二人，律載三年減死；比五年，惠府疑當重論，君以委未行劫，五年一如三年，宜從實請，卒得問遣。陸豐巨猾肆劫勒贖，遲者支解，君力請上司震以兵威，縛其渠七人戮之；故歸善、博羅、永安之變，陸豐安堵。歸善有陳亞本，博羅有爛屎四，將爲亂，君皆請提督興捕；不應，乃以計擒亞本。適緣他議去職，而博羅變作矣，君且有遣戍軍臺之罰，博羅餘黨竄永安。新制軍巡惠，惠人訴君冤，匄還君者數千百人。制軍入告，上知惠州士民有“總督不聽知府，未早發兵撲滅”之語，恩免戍臺。事既伸，僚友相依復官，奏發南河，旋授揚州府。時淮南大水，君方檢高郵、寶應災傷，刺一小舟，雖棲戶枉渚，必親閱手書。及之任尤劬，躬率屬賑貸紛紜，錙銖必覈，吏無所容其奸。倡富商巨室，蠲置粥廠，以鉅萬計。誅湖北萑苻鐵庫子輩，杖校詭道誑愚之聶兆和，故民雖餓困，心無惶惑。是年，仲冕亦督察鹽城、阜寧荒政，君寄以詩《如春陵行》相勖，真心救濟。尋以憂去，士民懷思不衰。迨服闋入都，過揚勾留談讌，不忍遽離，而遂終焉，殆非偶然。君先世由太原遷寧化，高祖某，順昌縣訓導，耿藩僞將劫掠，不屈，耿敗乃免，以曾孫貴，贈奉政大夫。曾祖某，贈朝議大夫。祖某，以孫加級，晉贈資政大夫。考朝棟，乾隆己丑科進士，累官光祿寺正卿，晉授資政大夫。光祿公講學有淵源，立朝有氣節，嘉慶元年六十有八，恭與千叟宴，扶掖以入。十年，君以復官召見，今上垂詢光祿，有“朕惜未見”之諭，其德望如此。光祿公親受業於雷先生，得閩學真傳。君紹聞既習，立志最早，晚年專心慎獨，故自律己、型家、蒞官以至綴文、作書，皆是物也，而世或譏之。夫曲學俗學，無論已；即詞翰重選學，攷訂重漢學，惡知心性之學哉？著《坊表錄》、《攻其集》、《修齊正論》，未成書；有《留春草堂詩》七卷。君年十六補弟子員，己亥舉於鄉，己酉成進士，改刑部主事，遷員外郎。戊午科典試湖南京察一等，兩任知府，權河庫道及鹽運司使，皆有廉聲。君生於乾隆十九年正月，卒年六十有二。娶李氏夫人，生子二，紹祖，監生，候選布政司庫大使；念曾，嘉慶癸酉科拔貢生，候選教諭。女二，皆適名門。孫二，性存，念曾子；成存，紹祖子。某年月日葬君於某山之原。銘曰："名父之子，人師之弟。敬義夾持，動必以禮。曲突謀沮，遺黎嗚咽。城旦書成，聖主昭雪。扐溺若沈，處脂不潤。治身治官，一秉忠信。奉諱家居，將母秋園。既愴風木，廣置義田。武夷匡廬，晦翁遺躅。匪云好游，以寫衷曲。出山遲回，良友敦勸。魂兮歸來，若孚輿願。讀君詩集春長留，摩君分隸風格道。報春秋兮俎豆，蔭子孫兮松楸，問學無朋兮使我心憂。右《墓誌銘》，唐仲冕撰。

墨卿守惠州，多善政。再知揚州，力持風雅，文采暎耀一時。道光二年，入祀三賢祠。書似李西涯，尤精古隸，獨不喜趙文敏，蓋不以其書也。右《名人尺牘小傳》，梁同撰。

嘉慶壬戌，墨卿先生以事罷官，大吏委官看守在按察司司獄廳旁，人爲之憂危，先生灑然若無事。臘月十九日，坡公生日，先生招同宋芷灣庶常、陰青原上舍，家賢仲、陳仲卿兩秀才，設祀堂中，懸笠屐小像，共拜之，賦詩飲酒極歡。高士徐薌圃曰："嗟乎，如伊墨卿者，豈復有世間升沈得失之念在其意中哉。"右《松軒隨筆》，張維屏撰。

墨卿太守，幼稟尊人光祿公庭訓，又獲聞鄉先正李文貞公、蔡文勤公及雷翠庭先生之緒論，故於立心行己之學，有志講求，而文章詞翰亦皆精能。早歲在都中，即爲諸鉅公所愛重。既出朱文正公之門，而紀文達公嘗延爲西席，課公之孫。迨成進士，官刑部曹，扈從灤陽，典試湖湘，益譽滿雲司，聲騰日下。酒一麾出守，適遭无妄之災，幸際聖明，事獲昭雪，春回寒谷，免戍軍臺。上諭復以劉清爲比，君感激涕零，益思勉圖報稱。朋舊攽助，遂復出山。既而一守揚州，未竟厥志，憂歸。服闋，又復北行，中道謝世，士林咸歎惜之。右《聽松廬文鈔》，張維屏撰。

《碑傳集》卷一百一十《嘉慶朝·守令下》，趙懷玉《揚州府知府伊君秉綬墓表》曰：故揚州知府、同年伊君既沒，其孤念曾持狀過常州曰："先子隧道之文，存時嘗以屬惲君敬矣。敢復以表墓爲請。"予不獲辭。君諱秉綬，字組似，又字墨卿。唐末自河南遷福建之寧化，遂爲寧化縣人。曾祖某，祖某，潛德未耀，以光祿公貴，贈如其官。考諱朝棟，起家進士，歷官光祿寺卿。妣羅氏，封夫人。二子，君其長也。由縣學生中乾隆己亥本省舉人，甲辰舉中正榜。己酉成進士，授部額外主事，補浙江司，遷直隸司員外郎。嘉慶元年，嘗侍光祿與千叟宴。三年，典湖南試。明年，出守廣東惠州，甫下車，問民疾苦，裁汰陋規。有豪辱寡婦子，予校荷杖，寡婦呼冤，君立拘豪詢責，民皆稱快。倡修學宮，建豐湖書院，課諸生有程法。嘗修朝雲墓，於蘇文忠祠沼中，得德有鄰堂研，人謂文忠以眂賢守云。君故練習刑名，有重讞，總督吉慶公輒以委君。洋匪中有被擄服役者二十二人，君照律問遣，總督以律載三年，今逾期，欲從重，君曰：“律意重行劫，三年概詞耳。所以五年者，由不能自脫，設非被擒，又豈五年止耶？”卒免死。陸豐甲子司奸民，聚黨肆劫，限期勒贖，遲則支解之。君請總督發兵速剿，幕中客多阻之，君不聽。總督因問策，君曰：“總兵錢夢虎素著威望，同知袁樹悉彼處民情，如札錢駐甲子，而令袁曉諭父老，使獻巨魁，事當有濟。”從之，果送七人出。歸善、博羅、永安之變，陸豐不乘隙起者，誅此七人之力也。歸善陳亞本滋事未發，提督孫全謀駐同城，君屢請兵，不允；乃部差役七十餘人，夜搗其巢，縛其親黨，亞本遁，設計擒之。未幾，博羅陳爛屐四將爲亂，君又請兵於總督，提督設詞阻之，兵仍不發，亂遂作。而君適以博羅絞犯越獄，畫議去官，士民共籲奏留，乃留軍營辦事。當是時，大府蒼黃失措，提督擁兵不前，兵丁卓亞五、卓亞佳爲僞先鋒，朱得貴爲僞三大王，均通賊搶掠，民既死賊，又死兵；君憤懣，請兵愈力，遂逢上官怒，復以失察教匪，劾論戍軍臺。會新總督倭什布公平反入告，上以情事與劉清之於魁倫相同，免罪回籍。同人侭助捐①復，兩江總督鐵保公請發南河。時淮南水災，君查高、寶賑，銀米皆親給。奏攝揚州，特旨眞授每邑置四粥廠，經營賑務，至廢寢食。北湖湯家泮，盜藪也，糾掠人貨，肆其淫虐，兵役莫敢誰何；君獲其魁數人，餘盜解散。揚州奸猾擾民者，俗號“魁魈”；勾串以害富室者，則名“搭臺”；君皆嚴治之，風以漸息。一攝河庫，再權鹽運使，胥稱職。旋遭光祿公喪，及還閩，邑中城圮，君出千金倡修。上書大府，以不經官、不邀議敘、不委估覈爲請，城卒完。營秋水園供母夫人游憩，未成，母夫人卒，改爲家塾，榜其柱曰：“未能將母園何用，且望成才塾有靈。”其它有利於桑梓者，率力爲之。家居八年，朋交敦勸出山，遂勉就道，中途遊歷山水，多紀以詩。抵揚州，寓黃氏園，一時名流酬唱頗洽。偶感霜露，患肺痿證，卒。沒未一月，揚

---

① “捐”，原稿脫此字，據趙懷玉《陶山文錄》卷八補。

州士民群祀君於三賢祠。三賢祠者，宋歐陽文忠、蘇文忠及我朝王文簡，皆揚州名宦也。君工詩，尤善隸法，好蓄古書畫，而以前賢手迹爲重。頗究性命之學，不傍門户，屏謝聲色，食每具蔬，曰："藉以清吾心耳。"方君奉光禄公諱，余喧之揚州郡廨，君以出處爲問，且乞審定譔著。及君再過常州，予方入關，君病於揚，則予患末疾，不能往問。死生契闊，傷哉。然君雖官至郡守，較歐陽、蘇、王，名位俱遜；而身後明禋，居然並有千古，亦足見民之彝好攸在，固不以窮達顯晦論也。君生乾隆十九年正月十一日，卒嘉慶二十年九月十一日，春秋六十有二。配李氏，封夫人。子二，紹祖，國子監生，候選布政司庫大使；念曾，選拔貢生，候選教諭。女二，一適胡炘，一適潘恭准。孫二，性存、成存。惲敬嘗於廣東按察司閲君罷官原牘，知其始末，故墓銘叙之頗①詳，予特按狀，舉其大者表焉。並見《耆獻類徵》。

《國朝先正事略》卷三十一《名儒》附父傳：秉綬，字組似，號墨卿。乾隆五十四年進士。嘉慶三年，以員外郎典試湖南。其守惠州也，下車問民疾苦，汰陋規，抑豪强，倡修學宫，建豐湖書院，課諸生有程法。嘗修朝雲墓，於蘇文忠祠沼中，得德有鄰堂硯，人謂文忠以覘賢守云。陸豐甲子司奸民，聚黨劫人，限期勒贖，遲則支解之。乃請總督發兵速剿，幕中客多阻之，不聽。總督因問策，秉綬曰："總兵錢夢虎素有威望，同知袁樹悉其地民情，如檄錢駐甲子，而令袁曉諭父老，使獻渠魁，事當濟。"從之，果送七人出。未幾，歸善、博羅變動，陸豐不乘隙起者，誅此七人之力也。尋以擒剿歸善奸民陳亞本事忤總督，劾戍。會新督倭什布至，平反入告，仁宗以情事類劉清之於魁倫，特免其罪。旋有揚州之命，賑淮南災，每邑置粥廠四，銀米皆親給，寢食爲廢。北湖湯家泮，盜藪也，擒其魁數人，餘黨解散。一攝河庫道，再權運使，皆稱職。父憂歸，闢秋水園以奉母。嘉慶二十年九月卒，年六十二，揚州士民祀之三賢祠。三賢者，宋歐陽文忠、蘇文忠、本朝王文簡，皆揚州名宦也。工詩，尤善隸法，好蓄古書畫。頗究性命之學，屏謝聲色，每食必具蔬，曰："藉以清吾心耳。"其被劾也，灑然若無事，值坡公生日，招宋芷灣董設祀，懸屐笠小像共拜之，賦詩飲酒極歡。高士徐斄圃曰："嗟乎，如墨卿者，豈復有世間升沈、得失之念在其意中哉？"所著曰《留春草堂集》。

---

① "頗"，原稿作"須"，據趙懷玉《陶山文録》卷八改。

《通志》卷二百三十一《列傳》：秉綏，字組似，一字墨卿。受業於父執友陰承方，爲宋儒之學。乾隆己酉成進士，授刑部主事。父朝棟誨之曰："用律，當詳律中之意，得法外之仁。"故訊讞多所平反，洊擢郎中。嘉慶三年，典試湖南，旋出知惠州府。訟牒至，即親鞫之。有豪辱寡婦子，立擒懲之。鄰境獲洋匪，有被擄服役者，秉綏原其情，脫二十二人於死罪。陸豐鄉甲子司匪徒肆劫，限期勒贖，遲者支解，吏莫能捕。秉綏請於制府，選員督兵①往，擒渠魁七人，悉置諸法，陸豐以靖。歸善匪徒陳亞本將爲亂，秉綏預知其事，請兵於提督，不允；率民環籲，又不允；乃部差役七十餘人，夜搗其巢，縛其親黨數人，亞本遁去，旋以計擒之。而博羅匪徒陳爛屐四等，復謀起事，秉綏以爲非大發兵不能平；白總督請兵剿捕，提督阻之；請至三，兵終不發，亂遂作。適秉綏以博羅縣絞犯越獄去職，總督以士民籲留，令隨營辦事。於時賊既猖獗，兵復通賊，大肆焚掠，民苦寇，復苦兵；秉綏悲憤陳狀，觸大府怒，謫戍軍臺。未行而總督自裁，新督倭什布巡惠州，士民遮道訟秉綏冤者數百人，遂以狀上，詔免發遣。粵之紳士爲捐復原官，補揚州知府。時淮揚②頻年水災，發帑賑恤，秉綏分查高、寶一帶，刺小舟，遍歷村莊察情形，不避暑雨。復勸富商巨室捐輸六萬餘金，每邑置粥廠四，以食貧黎；嚴禁胥役剋減，民困以蘇。北湖有湯家泮者，盜藪也，毒害商民，汛兵莫敢誰何；秉綏檄縣懸重賞嚴捕，獲巨魁數人，重懲之，餘黨駭散。又有道士聶兆和，率妻子在東嶽廟講經，人以爲神，秉綏笞逐之。權河庫道，又權鹽運使。未幾，丁父母憂歸。時縣城傾圮，倡議修築。歲饑，議平糶，又捐置義田二百石，以贍族人。服除入京，至揚州疾作，卒於旅舍。揚人感其舊德，祀於三賢祠。三賢者，宋歐、蘇兩文忠，國朝王文簡公士禎也。秉綏工古文詞，尤耽吟咏，善分隸書，直逼秦漢，與同時桂馥齊名。嘉慶二十三年，與父朝棟同祀鄉賢祠。弟秉徽，監生。事父兄孝謹，從兄揚州署，却商訟賄二萬金。秉綏子念曾，拔貢生。現官浙江鹽運判，改知遂安縣。

《福建列傳·清六》：秉綏，字組似，一字墨卿，又字默庵。少師陰承方，爲宋儒之學，又與聞先正雷鋐緒論。乾隆己酉成進士，授刑部額外主事，補浙江司，遷直隸司員外郎。嘉慶三年，典湖南試。明年，出守廣東惠州。甫下車，

---

① "選員督兵"，原稿脫"員督"二字，據道光《福建通志》卷二百三十一補。

② "淮揚"，原稿作"淮水"，據道光《福建通志》卷二百三十一改。

問民疾苦，裁汰陋規。有豪辱寡婦子，予荷校，寡婦呼冤，秉綬立拘豪詢責，民皆稱快。倡修學宮，建豐湖書院，課諸生有程法。嘗修朝雲墓，於蘇文忠祠沼中，得德有鄰堂硯，人謂文忠以畀賢守云。秉綬故練習刑名，有重讞，總督吉慶輒以委之。洋匪中有被擄服役者二十二人，秉綬照律問遣，總督以律載三年，今逾期，欲從重，秉綬曰：“律意重行劫，三年，概詞耳。所以五年者，由不能自脫也。既未行劫，五年如三年耳。”卒免死。陸豐甲子司奸民，聚黨肆劫，限期勒贖，遲則支解之。秉綬請總督發兵速剿，總督因問策，秉綬曰：“總兵錢夢虎素著威望，同知袁樹悉彼處民情，如札錢駐甲子，而令袁曉諭父老，使獻巨魁，事當有濟。”從之，果送七人出。歸善、博羅、永安之變，陸豐不乘隙起者，誅此七人之力也。歸善陳亞本滋事未發，提督孫全謀駐同城，秉綬屢請兵，不允；乃部差役七十餘人，夜搗其巢，縛其親黨；亞本遁，設計擒之。未幾，博羅陳爛屐四將爲亂，秉綬又請兵於總督，提督設詞阻之，兵仍不發，亂遂作。而秉綬適以博羅絞犯越獄，罣議去官，士民共籲。奏留，乃留軍營辦事。當是時，大府蒼黃失措，提督擁兵不前，兵丁卓亞五、卓亞佳爲僞先鋒，朱得貴爲僞三大王，均通賊搶掠，民既死賊，又死兵。秉綬憤懣，請兵愈力，遂逢上官怒，復以失察教匪劾論戍軍臺，下按察司司獄廳看守，秉綬若無事然。適東坡生日，招同宋湘諸人於廳中設祀。會新督倭什布平反入告，上以情事與劉清之於魁倫相同，免罪回籍。同人伙助捐復，兩江總督鐵保請發南河。時淮南水災，秉綬查高、寶賑，刺一小舟，雖棲戶杠渚，銀米皆親給。奏攝揚州，特旨真授每邑置四粥廠，經營賑務，至廢寢食。北湖湯家泮，盜藪也，糾掠人貨，肆淫虐，兵役莫敢誰何。秉綬獲其魁數人，餘盜解散。揚州奸猾，擾民者，俗號“魍魎”；勾串以害富室者，則名“搭臺”；皆嚴治之，風以漸息。一攝河庫道，再權鹽運使，胥稱職。旋遭父喪，及還鄉，邑中城圮，出千金倡修，上書大府，以“不經官、不邀議叙、不委估核”爲請，城卒完。營秋水園，供母游憩，未成，母卒，改爲家塾，榜其柱曰：“未能將母園何用，且望成材塾有靈。”其他利於桑梓者，率力爲之。家居八年，朋友敦勸出山，遂勉就道。中塗遊歷山水，多紀以詩。抵揚州，寓黃氏園，一時名流酬唱頗洽。偶感霜露，患肺瘵證，卒。未一月，揚州士民群祀之於三賢祠。三賢者，宋歐陽文忠、蘇文忠及我朝新城王文簡，皆揚州名宦也。秉綬工詩，尤善隸法，好蓄古書畫，而以前賢手迹爲重。頗究性命之學，不傍門戶，屏謝聲色，食每具蔬，曰：“藉以清吾心耳。”著

《坊表錄》、《攻其集》、《修齊正論》，未成；有《留春草堂詩》七卷。嘗自鐫小印曰"所謂伊人"。子念曾、孫性存，傳在《忠節》。《亦有生齋文集》、唐仲冕撰《墓誌》、《松軒隨筆》、《師友集》。

《清史列傳》卷七十二《文苑·伊秉綬傳》曰：伊秉綬，字組似，福建寧化人。父朝棟，乾隆三十四年進士，官刑部主事，由御史五遷至光祿寺卿。少受業於雷鋐，通程、朱之學，爲蔡世遠所稱，卒年七十九。著有《南窗叢記》八卷、《賜硯齋詩鈔》四卷。秉綬，乾隆五十四年進士，改刑部主事，擢員外郎。嘉慶三年，充湖南鄉試副考官，出知廣東惠州府，以吏議去官。旋授江蘇揚州知府，丁憂歸。二十年服除，再至揚州。疾作，卒，年六十二。秉綬幼稟庭訓，又從陰承方遊，獲聞鄉先正李光地、蔡世遠緒論，講求立心行己之學，工詩、古文詞，受知於朱珪，紀昀亦甚器重之，延課其孫。初入刑曹，爲阿桂所賞，試任以綜覈秋讞。守惠州，懲治豪猾，減海盜脅從死罪；建豐湖書院，課諸生以《小學》、《近思錄》，民爭頌之。嘗修朝雲墓，於蘇文忠祠沼中，得德有鄰硯，人謂文忠以貺賢守者。博羅陳爛屐四謀倡亂，秉綬知之，屢請於總督，乘其未發時，以兵掩捕；提督阻其行，亂遂作。秉綬憤恚陳狀，觸總督怒，謫戍軍臺。惠人號訴，乞還者千百不能得。方在詔獄時，人皆爲之憂危，秉綬灑然若無事。東坡生日，招宋湘諸名士設祀堂中，賦詩飲酒極歡，時歎其無升沈得失之念。會總督自裁，新督倭什布以狀聞，上知其冤，免遣。在揚州時，值淮南大水，親歷高郵、寶應諸縣，率屬賑貸，錙銖必覈，吏無所容其奸。復勸富商巨室捐輸六萬餘金，邑各置粥廠四，存活甚衆。北湖有湯家泮者，盜藪也，毒害商民，汛兵莫敢誰何。秉綬檄縣懸賞嚴捕，懲巨魁數人，餘黨駭散。其再至揚州也，寓黃氏園，與一時名流倡和，人得其一詩一字，奉爲至寶。卒後揚人感其德，附祀宋歐陽修、蘇軾及國朝王士禎三賢祠中。秉綬政事、文學皆卓有表見，尤膺服宋五子書。性孝，營秋水園供母游憩，未成，母卒，改爲家塾。家居，凡有利桑梓者，率力爲之，又捐義田二百石，以贍族人。工分隸，與同時桂馥齊名。所著有《留春草堂詩》七卷，又有《坊表錄》、《攻其集》、《修齊正論》。

又卷七十五《循吏》本傳曰：伊秉綬，福建寧化人。《福建通志》。父朝棟，師事其鄉雷鋐，爲程、朱之學，官至光祿寺卿。秦瀛《光祿寺卿伊君家傳》。立朝有氣節。唐仲冕撰《揚州府知府伊君墓誌銘》。秉綬乾隆五十四年進士，授刑部浙江司主事，陞員外郎。嘉慶元年，充湖南鄉試考官。三年，授廣東惠州府知府。甫下車，問民疾苦，裁汰陋規。有豪辱寡婦子，予杖荷校，寡婦呼冤，秉綬立拘豪鞫責，民皆稱快。倡修學宮，_{趙懷玉《亦有生齋文集·揚州知府伊君墓表》。}建豐湖書院，牖諸生以《小學》、《近思錄》，海上人士皆知有朱子之學。_{唐仲冕撰《墓誌銘》。}秉綬故練刑名，總督吉慶屢以重讞委之。_{趙懷玉撰《墓表》。}海盜中有被脅未從盜者二十有二人，律載三年減死，比五年，總督疑當重論，秉綬以"委未行劫，五年一如三年，宜從實"請，卒得問遣。陸豐巨猾肆劫勒，贖遲者支解；力請於大吏，震以兵威，縛其渠七人戮之。_{唐仲冕撰《墓誌銘》。}六年七月，歸善陳亞本將爲亂，_{《廣東通志》。}提督孫全謀駐同城，秉綬屢請兵往捕，不允；乃部役七十餘人，夜搗其巢，擒亞本，_{趙懷玉撰《墓表》。}餘黨入羊矢坑。_{《廣東通志》。}未幾，博羅陳爛屐事又且起，又請兵於總督，提督沮之，兵仍不發。秉綬言於提督曰："舉兵愈遲，則民之傷殘愈甚。"言已，繼之以泣，提督不得已，予兵三百人，秉綬復力爭曰："偵虛實則三四人足矣，如其用武，以寡敵衆，徒償事耳。"提督不聽，以三百人往。領兵者，游擊鄭文照子身歸，亂遂成。_{《廣東通志》。}而秉綬適以博羅絞犯越獄，罣議去官，士民共籲，奏留，仍留軍營辦事。當是時，提督既擁兵不前，其標下兵丁卓亞五爲僞先鋒，朱得貴爲僞三大王，均通賊縱掠，民既死賊，又死兵。秉綬憤懣，請兵益力，遂逢總督怒，復以失察教匪論戍軍臺。會新總督倭什布至，惠人訴秉綬冤者數千百人；倭什布以入告，上以情事與劉清之於魁倫相同，有旨免罪回籍。僚友依助，捐復原官。兩江總督鐵保奏發南河，特旨授揚州府知府。時秉綬方檢高郵、寶應災傷，刺一小舟，雖棲户枉渚，必親閱手書，_{唐仲冕撰《墓誌銘》。}寢食俱廢。_{趙懷玉撰《墓表》。}及之任，尤劬躬，率屬賑貸紛紜，錙銖必覈，吏無所容其奸。倡富商鉅室捐置粥廠，費以鉅萬計。誅北湖盜鐵庫子輩，杖詭道誑愚之聶兆和，_{唐仲冕撰《墓誌銘》。}它奸猾擾民者，皆嚴治之，_{趙懷玉撰《墓表》。}故民雖飢困，心無惶惑。_{唐仲冕撰《墓誌銘》。}歷署河庫道鹽運使，胥稱職。_{趙懷玉撰《墓表》。}尋以父憂去，家居八年。嘉慶二十年將入京，道經揚州，遂卒。揚州故有三賢祠，祀宋歐陽修、蘇軾及國朝王士禎；道光二年，以秉綬配食，爲四賢祠。_{梁同書《名人尺牘小傳》。}著有《留春草堂詩》七卷。

《廣東通志》卷二百五十八《宦績錄二十八》：伊秉綬，字組似，號墨卿，汀州寧化人。乾隆己酉進士。嘉慶己未以刑部員外郎出守惠州，革除舊習，百墮皆興。訟牒至，即親鞫之，株連者，當時遣釋，民用德焉。訪東坡遺構，葺豐湖書院，延名師與多士講業。辛酉七月，歸善匪陳亞本與博羅陳爛屐四同謀滋事，秉綬廉知之，向提督之駐同城者請兵往捕，不應；率民環籲之，又不應；乃以差役七十餘人搗其巢，亞本遁，餘黨併入羊屎坑，勢漸張。秉綬密請總督吉慶發兵剿捕，提督沮之；三請而兵不發，秉綬言於提督曰：“養癰成患，不如早爲之所。舉兵愈遲，則民傷殘愈甚。”言已，繼之以泣，提督不得已，與兵三百人；秉綬復力爭曰：“偵虛實則三四人足矣，如其用武，以寡敵衆，徒債事耳。”提督不聽，以三百人往。領兵者，遊擊鄭文照，子身歸，而亂遂成。秉綬適以博羅絞犯越獄案去職，惠民呈懇奏留，總督許隨營辦事。秉綬雇募勇壯，日夕擒剿，提督以爲烏合之衆聞官兵四集則自散，無事殺戮，總督是其言。以故，秉綬甫獲陳亞本，即以前案參戍軍臺，檄秉綬入獄。惠民遮哭於途，慰勸再三，乃散去。未幾，代總督者爲倭什布，巡視至惠，士民爲伊知府訴冤者凡十七至。總督條其實以聞，旋奉恩旨釋秉綬罪，第免官回籍。粵人爲之捐復，尋授揚州守，亦有惠政。《采訪册》。

《續纂揚州府志》卷八《宦蹟》：伊秉綬，字墨卿，福建寧化人。乾隆五十四年進士。嘉慶三年，以員外郎典試湖南，出守惠州九年。守揚州，興利除害，郡大治。起居言笑，藹然君子儒。鄉前董雷翠庭先生，理學名儒也，力守其學，嘗欲梓其遺書。郡城北三十里北湖有湯家泮，群盜所聚，糾合强掠；嚴緝，獲其魁首，群盜以散。縣役聶兆何者，詭稱道士，率妻子佔據東嶽廟講經高會，誘婦女、斂財物；爲擒而杖之，別招僧奉香火，諭民不復爲異端惑。市井奸猾，無端中人曰“搭臺”，民稍有貲者，多苦其擾；馬甲者，其一也。先出示諭之，馬不悛，亟治之，郡中唆詐之風息。十一年大旱，民鬻耕牛以食，乃設粥廠給粥，不假胥吏手；牛則估值質以券，且招人牧養，許來春取贖。越年，果風雨和，民得牛以耕，歲大熟，民德之。十二年，丁父憂，闢秋水園以奉母。卒年六十二，揚州士民於三賢祠增祀焉。工詩，尤善隸書，著有《留春草堂集》。公餘嘗遊平山，署聯云：“隔江諸山到此堂下，太守之宴與衆賓歡。”《事略》。

《甌鉢羅室書畫過目攷》卷三：伊秉綬，字組似，號默庵，一號墨卿，福建寧化人。乾隆己酉進士，官江蘇揚州知府。書法李西涯，尤工古隸，爲當代能手，著《留春草堂詩集》。曾笙巢侍御藏有《和張船山驛柳詩》行書卷，款署“花溪老伯命和，韶州舟次呈稿”。趙撝叔明府藏有三行隸書，大屏六幀。張垚農水部藏有紙本大屏隸書兩幀、行書兩幀,款署"茶山"云云。家西園主人藏有小行書册八葉,意擬誠懸,極圜轉之妙;又隸書四行,大幀,時款一行,款署"蓮波觀察"。子念曾,字少炘,號梅石。官浙江處州同知。工篆隸、鐫刻,兼寫山水、梅花。楊少初太守藏有墨梅大幀,隸書七絕二首,行書時款一行"定陽石橋道人"。

按:汪開鋕坦齋《愛石齋叢書》丁部卷二,録伊秉綬《孔子孟子朱子生卒年月考》三篇。

修齊正論

伊秉綬撰

見唐仲冕撰《墓誌銘》。

攻其集

伊秉綬撰

見唐仲冕撰《墓誌銘》。

留春草堂詩鈔七卷

伊秉綬撰

《通志》卷八十《經籍》著録。

法《序》曰:昔顧華玉稱鄭少谷之爲詩也,古言精思,霞映天表;程孟陽稱曹石倉之爲詩也,清麗爲宗。少谷、石倉皆閩人而不溺於閩派,且少谷好遊名山,峻陟冥搜,經時忘返,便道武夷,深入九曲,絕糧抱病而不悔。石倉具勝情,闢石倉園,水木清淑,賓友歡集,聲伎雜進,享詩酒讌談之樂,其風流旨趣,有足稱者。同年友伊君墨卿,閩産也,其躬際昌期,遇合較二子優矣。而其爲詩及夫好遊名山、具勝情,較二子則無乎不同。嘉慶九年,自粵罷官來京師,出詩草屬序。余無華玉、孟陽才,安能序吾墨卿詩?黽勉卒業。大抵少作多幽潔之篇,官西曹多雍容之什,居粵多峭厲之詞。溯源於溫柔敦厚,託意於忠孝節廉，境屢變，詩亦屢變，而有不與之俱變者，所謂道也。少谷抑鬱終其身，其門弟子高瀫、傅汝舟，頗能傳其詩教。石倉安雅尚志，晚節不撓，著述甚富，藝林寶重之。墨卿齒未五十，負經濟才，詩之美且富已如此。行爲國家倚賴，爲民人悅服，足迹所至，必且咏歌，豈得以少谷、石倉限君哉？又豈得以少谷、石倉之詩限君之詩哉？今日一編相對，決其所以，通諸政事而無負乎經濟之才者，固有在也。嘉慶九年十月朔，蒙古法式善撰。

吳《序》曰：初，湘受業伊光祿師之門，師冢嗣墨卿，韶齡穎秀；時則有張孟詞騰蛟，齒稚於墨卿：三人者，志相得，名相齊。墨卿居官勵節，其守惠州也，爲民所愛。博羅之亂，釀自大吏，故被譴出塞，萬口號呼，卒蒙昭雪。守揚州，不改其素，當惠、揚兵災時，墨卿札來曰："生平刻意學宦，今所至如此，命也。奈何？"余復之曰："《易》'益用凶事'，言災禍定數，恃吉凶同患者匡救彌縫。故聖賢者，時人之命，所謂莫益或益也。"然墨卿終傷心引咎，作詩告哀，今集中言愁最工。嘉慶丁卯，遂哀壬寅已來諸體詩，題曰《留春草堂詩集》，命余序之。人志事無成輒著書，垂文采自見，如孟詞與余，乃其人也。墨卿屢典大郡，吏民同聲，中間玉磨逾瑩，雖不文，已傳也。顧詩集出，論者比之鄉先正鄭善夫、謝在杭。惟余行年六十，塊然冷署，嘗以文集請序桐城汪稼門師，師云："清夫所欲託 ① 以傳者始此。"吾烏知此之果可託哉？悲夫，悲夫，然孟詞嘗撰《山海精良》，書未成遽死，將死，倩人鈔其稿如筍束，亦冀後之或傳？然其書既未成，墨卿惟刻其制藝及詩。制藝文體固自難存，即詩，抑少耳。或專之文而不必傳，或不必專而文又傳，以此歎墨卿才福，而光祿師之兢兢保艾，以世政事、文學者，可想見焉。師著《賜研齋詩集》，久爲海內宗仰；墨卿又繼之。《唐書·藝文傳》載李適父子，予知他日史當然耳。故今叙墨卿詩集，既歎逝者，尤自恧也。嘉慶十二年春三月，同里吳賢湘撰。

南城曾燠賓谷《題辭》曰：先生留春花滿關，春留先生不出山。世間何處無景物，未若草堂春意閒。人不留春春亦闌，衆芳容易凋春顏。似聞昔時歌舞地，幾日便已蕪榛菅。先生草堂三四間，一木一石常盤桓。前年到惠州，惠人遮道仍亟還。去年到揚州，揚人攀轅未許攀。昨來舟過十八灘，有詩持與曾生看。篙師辛苦何時歇，三歎先生警我頑。頃出示《灘行》絶句云："用盡篙師辛

---

① "託"，原稿作"把"，據《留春草堂詩鈔》卷首序改。

苦力，始知竹外草庵閒。"

仁和魏成憲春松《題辭》曰：衍波箋子香姜瓦，弱冠才名噪日下。蒼生憂樂察眉事，誰識龔黃本終賈。結言千里慰遠別，投我一編擯群雅。捶琴擊鉢往時句，少作汰餘存亦寡。揚州六一惠州坡，秋菊寒泉薦芳罇。封狐伏莽筆先籌，肅雁劬原淚如瀉。篇篇盡是舂陵行，猗玕子後繼聲者。使節曾浮湘水櫂，故園近結香山社。本之忠孝近文章，能以性靈付陶冶。由來餘事作詩人，字括三蒼奏九夏。期君出山雲四垂，老我種樹書長把。且同洗眼對西湖，不覺低頭捧東野。

《隨園詩話補遺》卷六：秉綬進士見寄云："魯靈光殿蜀峨嵋，猶在寰中見未奇。早歲誦詩同尚友，逢人問訊當親師。名園藏得三山勝，妙筆兼將五色持。聞道朱顏映梅萼，幾時來訪鄭當時。①"

《國朝詩人徵略》卷五十：（前略）墨卿先生訃至，雲谷農部招同人集長壽寺爲位以哭。余爲祭文，有云："父爲九卿，宴與千叟。侍親趨朝，榮慶希有。鸞旂皇皇，天門蒼蒼。身隨豹尾，灤河之陽。白華在堂，皇華在路。手提玉尺，瀟湘秋渡。一麾出守，管領羅浮。何來蚩氓，乃操戈矛。有謀不用，非公之咎。臣心水明，君德天覆。維揚七屬，黃水滔滔。災黎水宿，哀鴻嗷嗷。公乘小舟，戴星聿往。民謂父母，不謂官長。"云云。《聽松廬詩話》。

秉綬詩佳句，如云："月華洞庭水，蘭氣瀟湘烟。"又《對月》云："思通天地人，以靜爲胚胎。糟粕姑置之，磊落來吾儕。"《鄒縣謁孟子祠》云："功不下神禹，象真同泰山。"《尋南園故址》云："君臣三大節，詞賦十先生。"《寒色憶湘江》云："雪花落水盡，竹淚過秋深。"《畫松》云："才大豈難用，歲寒方有聲。"《沅水》云："湘夫人枉思公子，屈左徒空吊賈生。"《酬姜度香》云："王人忝列諸侯上，別墅仍勞小隊移。"《七夕》云："玉露嬋娟照良夜，銀河清淺作新秋。"《贈韓桂舲》云："又分鴻雪東西印，虛負雲龍上下情。"《寄葉雲谷》云："此行已似他生晤，既別猶追半日談。"

《墨林今話》卷一：寧化伊墨卿太守秉綬，乾隆庚戌按：庚戌誤，當作己酉。進士，官揚州府知府。文學、吏治爲江左所推，尤以篆隸名當代，勁秀古媚，獨創一家；楷書亦入顏平原之室。間以餘瀋爲水木雲巒，不泥成法，妙有古金石

---

① "訪"，原稿脫此字，據《隨園詩話補遺》卷六補。

氣,溢於楮墨間;然流播絕少,乞其畫者,作墨梅居多。吳門潘榕皋農部題太守《秋水園圖》有云:"疏籬短約影橫斜,小築偏宜傍水涯。那得扁舟便乘興,看君潑墨畫梅花。"王淑畦詩云:"墨卿作書亦如畫,筆墨之外能通神。"其爲名流推重若此。著有《留春草堂集》。嘉慶乙亥卒。子念曾,字少沂,今任浙江醯倅。亦工隸法,善山水、梅花、篆刻。

《湖海詩傳》卷四十,伊秉綬《擬建安七子詩》,有序云:"仲冬廿三日,集賓谷農部寓齋,時同志七人,各賦七人故事,分得擬建安七子。考典論,著七子之稱,靈運有八人之擬;然鄴中魏也,義專公讌,故遺北海,增二曹。茲如蕭選,類以七名,於地於時,義無取焉。遂乃綜其生平,規其音響,譬之巴歌里諺,奉清夜娛,衣冠互易,筆墨一色,未遑哂爾。"《孔文舉》云:"決決東海波,天地爲左顧。巍巍岱宗尊,亦以培塿護。國步雖播遷,及此延洪祚。高視展鷹揚,勇氣雄虎步。先公志東周,焉得嗟遲暮?憤切中州蝸,用恥屈穀觚。無以都昌蹶,有酒不我酤。管仲彼何人,九合功勳樹。"《陳孔璋》云:"炎運遘陽九,萬里風塵昏。關西既淪董,河北乃擁袁。奕奕輻輳士,跂跂狐兔奔。舳操狂瀾翻,矢發七札穿。豈不念忠厚,各爲其所天。獲宥幸寬政,敢望肉骨恩。朝游椒蘭室,夕集芙蓉園。華賞歡未已,絃絲聽彌繁。夙懷徑寸心,竊比璵與璠。持觴酹吳鈎,忠義我所敦。"《王仲宣》云:"伊昔歌式微,竄身適蠻荊。峨峨沮漳雲,薄暮愁殺人。江漢盡日流,猿猱終夜鳴。登高望長安,但見烽烟新。勁風撥元霧,頃刻瞻太清。何期芳讌娛,及此清漳濱。犀筋有餘飫,金罍無停傾。絲聲感人情,痛定還復驚。"《徐偉長》云:"人生各有志,窮達惟所適。宛洛誠非喧,箕濮豈云寂?幽默悟淵元,往者如有覿。媿乏濟世才,著書掃一室。"《阮元瑜》云:"黃雲起西北,飄飄連河洲。今夕知何夕,復此河曲游。白馬黃金羈,彩雉紅錦裘。公子鼓秦瑟,下走揚齊謳。日斜更秉燭,月落明星稠。莫辭盈樽酒,可以消繁憂。南皮追昔歡,已作清漳流。"《應德璉》云:"征雁從塞北,流影江湘湄。嗷嗷鳴聲哀,羇客獨見之。本懷稻粱謀,而復恆苦飢。雲羅雖云免,羽毛日夜摧。塞北還避寒,寒盡還復歸。借問歸何處,將由許京飛。託身在華沼,顧影鸞鳳姿。恭承君子意,幸與嘉賓期。暢以琴瑟好,惠以瓊琚辭。愛客誠古人,何以副我知?"《劉公幹》云:"薄帷鑑積雪,有若明秋月。攬衣起徘徊,漏斷百蟲絕。仰觀衆星列,俯視層冰結。一臥歲遂晚,生理安可說?沈吟縮寒衾,憂思亂我心。"《同未谷夜訪笠帆小酌》

云:"晚涼同盼雨,疎磬落蒼烟。忽報月初上,因知人未眠。燈光深竹裏,露氣小山前。洗盞留斟酌,閒論種樹篇。"《送同年達梅岑檢討奉使西域》云:"涼州西去萬重山,鴻鵠高飛雉子斑。珥筆詞臣秋出塞,橐弓都護夜臨關。風吹白草霜千里,天接黃沙月一彎。羌管未妨聽野戍,班生三十好容顏。"

《小謨觴館文續集》卷一《留春草堂圖序》曰:留春草堂者,汀州伊墨卿太守自題其讀書之廬而即以名其詩集也。夫四序代嬗,惟春爲喜贏;萬物棣通,以春爲德始。古之閎儒魁壘、君子駿雄,往往體沖氣於穆清,樂仁化之普被。和淖群動,開發德意。三朝之正既慶,六義之蘊用宣。於以樹宏猷、申藻咏,所謂欣喜愛歡樂之官也。太守疏照鼎門,翔輝潭礎。歸藏樸學,勤肄習於暄辰;浴沂高情,契襟靈於上哲。柘湖波暖,遥和氾人之歌;蘭葉烟開,旋賦月鐙之會。入華林而簪筆,侍披香而薰衣。蓬蓬自遠,妍華生於楮毫;熙熙在顏,芳芬馥於齋閤。崔瞻父子,雲龍人日之詩;王融文章,曲水三月之序。固已散葩落藻,若庶卉之含英;宫下商高,應條風之吹律矣。而以留春名其堂,則意有深焉。蓋時方策名瑣闥,持憲雲司。展鬼薪白粲之書,秋荼網密;判北寺黃門之牘,夏日威嚴。獨以慈祥,寄其矜惻。下噓鑷士,則寒谷成暄;上體帝心,則繁霜變露。蘇幽局於泉底,滿生意於胸中。紆絕陰宫之地,永照青陽;天街析木之間,常溫圜煦。於是鹿柴摹圖,鵝溪裂絹。岸鋪島織,草芳木妍。煙嵐媚景而啓顏,雲物烘晴而決眥。殆將密贊化育,內諸恬曠矣乎? 雖然開元含和者,氣久而彌醇;宣風展義者,澤敷而逾遠。太守出臺省,典名都。彤帷所至,喻東風之變枯;丹忱所乎,方膏雨之養瘠。魚頭赤子,援以登臺;鶴膝囂風,教之剗耡。將使杏花菖葉,綿燠沐於蒼靈;綯幟青旗,迓蕃釐於富媼。況復劉、樊儷體,承眉耇之親顏;江、鮑齊鑣,領烟花之城郭。春暉未艾,春祺方來。於以頒春令,進春觴。嘔咐醖釀,曠義滂仁。群生喤喤以迎禧,萬彙昌昌而薦祉。豈徒眷三重之屋,突兀眼前;成一尺之集,長留天地已哉? 我澤如春,寓諸縑素。善人得位,常作歲星。世有同祈,予言爲券。

按:林壽圖《黃鵠山人詩鈔》,並見《近代詩鈔》三。《次韻題伊墨卿留春草堂集》詩曰:"狂歌欲問朱文正,並代誰如張孟詞? 蝴蝶撩春又芳草,栗留勸酒在高枝。東坡跌宕能爲政,內史書名故掩詩。何處溪山鄰北苑,多愁流派有分歧。"

又按:何子貞紹基《東洲草堂集·伊少沂見示劉文清爲尊甫墨卿丈人作

書並丈人自書文清詩合裝卷末奉題一首》,句云:"留春堂詩春水明,乃與諸城并涵演。"

《石遺室書錄》云:"筆情娟秀,而時作渾成雄邁語。"

又按《留春草堂詩鈔》七卷,嘉慶十九年刊於廣州,秋水園藏。首有法式善序,次吳賢湘序,次曾燠、魏成憲題辭,都古今體詩六百七十九首。集爲編年體,首章《玉虛洞》詩,自注:"乾隆壬寅歲,館歸化縣作。"先生生乾隆十九年甲戌,則壬寅二十九歲。其詩存稿,自是年始。唐撰《墓誌銘》、《通志》卷八十《經籍》、《清史列傳》、《蟫隱廬書目》皆作七卷,《受古書店書目》則作四卷,嘉慶間精刊初印二本。予家舊藏,實爲六卷,墨印精好,係初刊本,封面款識,太守君自書。

山海精良二十卷

張騰蛟撰

《通志》卷八十《經籍》著錄。案是書取宋章如愚《山堂考索》、王應麟《玉海》删益之,名曰《山海精良》。

又卷二百三十九《文苑》:張騰蛟,字孟詞,善屬文。乾隆四十六年,大興太傅朱珪視學福建,得其文,奇之,召之授業焉。癸卯舉鄉試第一,自是珪仕宦所至,常與偕。騰蛟爲人溫而介,才高而苦學;珪以經術、古文詞雄天下,進御之作,間屬騰蛟爲之,瑰麗稱其體,愛之如子,他弟子莫及也。癸丑成進士,覆試爲要人所斥,停殿試。乙卯歲病卒京師,年三十八。珪哭之慟,輓詩五首,有"眼中真國士,一第尚虛名"之句,惋惜甚至。所著有《山海精良》數十卷,尚未成書。四六文八十餘首,歿後稿均爲人攫去。獨傳其詩二十餘篇。騰蛟生有至性,親歿,諸弟幼,自以身爲家督,宜教養,俾其有成。彌留之際,猶上書珪,乞推恩諸弟云。

《國朝耆獻類徵初編》卷四百四十《文藝》:張騰蛟,字孟詞,汀州寧化人。乾隆四十六年,大興太傅朱珪視學福建,得其文,奇之,召之授業焉。逾年,舉鄉試第一,自是珪仕宦所至,常與偕。騰蛟爲人溫而介,才高而苦學;珪以經術、古文詞雄天下,進御之作,間屬騰蛟爲之,瑰麗稱其體。珪詩譽之云:"萬錦雲霞天上筆,雙清梅雪歲寒姿。"愛之如子,他子弟莫及也。五十八年成進士,覆試爲要人所斥,停殿試。不二歲,病卒於京師,年三十有八。珪以詩哭之慟。騰蛟嘗欲取宋章如愚《山堂考索》、王應麟《玉海》刪益之,爲書曰《山海精良》,屬稿未就。有四六文八十首,歿後爲人取去,遂無傳者。獨傳其詩二十餘篇。右與鄭洛英合傳,陳壽祺撰。

《福建文苑傳》卷八:張騰蛟,字孟詞,寧化人。乾隆辛丑,大興朱珪視學至汀州,搜落卷得其文,大賞之,置第一。癸卯,招至鼇峰書院中肄業,遂舉是科鄉試第一。自是珪仕宦所至,常與偕。騰蛟爲人溫而介,才高而苦學;珪進御之作,間屬騰蛟爲之,瑰麗稱其體。嘗爲珪草《十全老人頌》進呈,特荷褒賞,珪詩譽之云:“萬錦雲霞天上筆,雙清梅雪歲寒姿。”癸丑會試中式,覆試爲要人所斥,停殿試。不二歲,病卒於京師,年三十有八。嘗欲取宋章如愚《山堂考索》、王應麟《玉海》刪益之,爲書曰《山海精良》,稿未就。有四六文八十首,沒後爲人取去,遂無傳者。獨傳其詩二十餘篇。《知足齋文集》、《東越文苑後傳》。案:《山海精良》,事不足傳,以傳之既久,未刪去。

《臨汀彙攷》卷二《人物》:張騰蛟,寧化人。乾隆癸卯解元,癸丑進士,未殿試而卒。朱文正公歲試汀屬,得其卷,詫爲奇才,自是逢人說項,必以國士稱之。且於元旦試筆之作,輒見懷云:“三千閩士校雄雌,第一應推張孟詞。萬錦雲霞天上筆,雙清梅雪歲寒姿。”其傾倒如此。孟詞卒後,公言與淚俱形於吟咏者,尤痛惜不已。詩云:“不朽文誰屬,長吁天祝予。玉樓真促李,丹篆莫興徐。華暫芬優鉢,材偏恥壽樗。空群標駿骨,伯樂痛何如?”“憶昔乘槎日,抽桐出爨焦。九旬親拂拭,一響震空寥。視爾真麟角,逢人說鳳條。鍾期猶未死,山海向誰招?”自注:辛丑,予校士至汀,搜落卷,得生作,大賞之,置第一。癸卯,招至院中,指授三月,遂舉鄉試第一。“心是幽蘭素,人如大玉清。五車便炙輠,三篋富遺籯。潤色吾東里,研摩奏兩京。眼中真國士,一第尚虛名。”自注:生爲予草《十全頌》進呈,特荷褒賞。“友于憐弱弟,鄭重託遺編。魂返幾千里,生離倏五年。誓予登道岸,度汝上層天。蒼昊如求士,呼空首薦賢。”“慧易超三界,才難贖百身。奇文應泣鬼,苦學亦傷神。玉局來因舊,雲旗去路新。蒼茫司命意,老淚落斯人。”數詩非一時而作,而憐才愛士之心,惓惓於楮墨者如一。公所薦士,望乎朝野,賚志歿地,獨孟詞一人,豈非命乎?

張孟詞遺集一卷

張騰蛟撰

《通志》卷八十《經籍》著錄。《注韓居詩話》：孟詞乙卯赴補殿試，卒於都。生平不多作詩，作亦不惜，隨手棄去。卒之前日，乃自訂古近體二十餘篇，並《山海精良》書付其友吳清夫進士，爲刑部郎金蘭畦光悌持去，無副本。後從楊二樵孝廉收得數十首。

《國朝詩人徵略》卷五十一：張騰蛟，字孟詞，福建寧化人。乾隆五十八年進士。《聽松廬詩話》："騰蛟少負異才，家近蛟湖，朱文正公嘗以'老蛟精'呼之。文正詩云'三千文士校雄雌，第一應推張孟詞'，其愛重如此。喜博覽，嘗撰《山海精良》一書，未就而卒，師友咸痛惜之。孟詞與墨卿交篤，歿於京邸，墨卿爲經紀其喪，哭以詩，有'執手彌留際，心宣更目成。亮爲雛鳳計，竟失老蛟精'。孟詞詩佳句如'買春休惜金如斗，竊藥難攀桂一枝'，'茅屋牽蘿人故在，雲鬟倚幌淚孤垂'。"

按《福建藝文志》卷六十五《集部·別集類》："《張孟詞遺集》一卷，寧化張騰蛟著。《射鷹樓詩話》云：'古文詞源出秦漢，駢體文迫近燕許。'"

又按：吳賢湘序《留春草堂詩鈔》稱，墨卿刻其制藝及詩。

又按：墨卿哭孟詞詩，有句云："更誰於我厚，偏喪所交親。"又云："自古妨才命，來生訂弟兄。"亦足見二人交情之篤矣。

鼇江清嘯集三卷

吳世膚撰

《通志》卷八十《經籍》著錄。

又卷二百四十五《孝義》：吳世膚，字一峰。武生，能詩工書。乾隆二十一年遊幕彰化，遭林爽文之變，罵賊而死。時弟武生正蘭，字畹滋。佐柴總兵大紀幕府，恢復縣城，復被賊圍；正蘭馳書汀州人家彰化者，逾[①]山接濟。

---

① "逾"，原稿作"躋"，據道光《福建通志》卷二百四十五改。

賊平，葬兄世膺於郊，見屍骨縱橫，白大紀籌款掩葬，凡數十具。

續東征集

吳正蘭撰

《通志》卷八十《經籍》著錄。伊闕名《集後書》略云：余讀吳琢亭先生集，而慨然有感也。日者，臺匪作亂，所在紳衿倡義，四民響應，義民與官軍爭先殺賊。厥後論功行賞，紳士首倡者，皆以州縣叙用；從征義民，量給職銜。惟柴帥一部，以帥罣吏議，概不見錄。先生首以義民[①]八百人出入帥幕，與帥共捍諸羅者數十餘日，城卒以全，功亦不可泯，先生乃長揖歸田，口不言伐。家居數載，始追紀前事，考核見聞，輯爲是集，以信今而傳後，使後之戡亂安邊者，得所昭鑑。以視一州一縣，策名一時者，孰少而孰多哉？先生兄世膺殉難，事詳某教司集中。先生以六十老諸生，奮蹟於幃幄戎馬間，上報國恩，下雪家恥，可謂不負所學矣。

按：正蘭，《通志·孝義》附兄世膺傳。

受廬詩稿

劉文謙撰

《通志》卷八十《經籍》著錄。文謙，乾隆間諸生。弟文謀《序》略曰："予兄弟四人，皆從先君學詩。仲兄受廬才最敏捷，積二十餘年，兄詩日多，雅而鍊，婉而多風，恢恢有餘，宜乎傳也。"

《汀南廛存集》卷四：劉文謙，字以牧，寧化人。《別意》云："今日君離，何時君歸？城南古道，細雨霏霏。"《蘭與蘭語》云："儂生幽谷，無人採攬。附草棲蘿，孤芳閬淡。聞君清風，臭味相感。前遊沅湘，流連難去。坐漱清芬，匪遑重舉。儂心好君，移香一處。"

---

① "義民"，原稿脫此二字，據道光《福建通志》卷八十補。

墨莊季子古文集二卷

劉文謀撰

《通志》卷八十《經籍》著錄。文謀,字以燕。乾隆間諸生。與兄文賢、文謙齊名,雷鋐目爲"三劉"。

映庭詩草

雷霈撰

《通志》卷八十《經籍》著錄。霈,字日章。官廣東鹽知事。

雲莊詩鈔

劉志南撰

《通志》卷八十《經籍》著錄。志南,字雲莊,繼倫子。乾隆間諸生,官高密知縣。

春巖詩草一卷

雷在瓊撰

《通志》卷八十《經籍》著錄。在瓊,乾隆間諸生。

喪禮發一卷

羅廷鳳撰

《通志》卷八十《經籍》著錄。廷鳳,字漢翀。乾隆間諸生。

諸生問林訓一卷

羅廷鳳撰

《通志》卷八十《經籍》著錄。

鷗適集

羅廷鳳撰

《通志》卷八十《經籍》著錄。

梅莊集

羅廷鳳撰

《通志》卷八十《經籍》著錄。

未軒詩集四卷

王斯盛撰

《通志》卷八十《經籍》著錄。斯盛，字任干。乾隆間國學生。

漱亭甲乙詩集三卷

張軾撰

《通志》卷八十《經籍》著錄。軾，字未瞻。乾隆間貢生。

雷鋐《序》曰：余夢遊一亭，竹林陰翳，葱翠交映。數人者，俱散去，一人坐而起，視之，則未瞻也。余驚喜曰："聞子已物化，今竟在此耶？"曰："固在，但已失明。"余戲曰："子固盲於目而不盲於心者耶？子於詩，漢、魏、六朝、唐、宋、元、明，旁搜博覽，細大不捐，究何宗？"曰："無所宗，宗吾心耳。公許爲我序，何吝一言？"余曰："近爲文甚艱，非中有蘊釀，自然而出之，求一語不可得。於子宿諾久矣,終必踐。人生精神所畢注,光氣不可掩,子詩當必傳,顧無散失乎?”應曰:“友朋間,雲客手錄必多。”覺而知爲夢,晨起即書之,即以爲未瞻詩序。未瞻名軾,余同里人。少負雋才,而終於明經,年五十有六。余夢之夕,爲乾隆丁丑六月二十五日也。未瞻殁於甲戌之春,已經四載矣。詢雲客,果藏其詩若干卷云。《經筍堂文鈔》卷上。

陰承方《序》曰:予少爲制舉文,常喜自負,聞漱亭能詩,有狂名而未之見,讀其試諸生高等文,輒心折焉。後試於府,探同輩寓,見一人,年可三十餘,方與衆談詩,旁若無人。睨予不爲禮,予意不能平,聽其言,則揄揚溫、李之美,歷舉百家,貫其本集、本傳,佐以古今詩話,滾滾不休。於是憚其該洽,不敢闌也。既退,同輩縮頸曰:“此真狂士。”詢之,乃知爲漱亭。嗟乎,予耳其詩名久矣,至是始識面,而漱亭固不予識也。乃予餼於庠,與漱亭儕每相見,一揖之外無他,蓋其狂未嘗少貶,視予仍若無人也。漱亭後充貢,益相闊。歲庚午,因過周君笏廷,見予文,稱不措口。翼日,遂與周君過予,若平生歡,授以其詩曰:“吾文視子文,不足存矣。詩欲得子序之。”嗟乎,予故心折漱亭者,漱亭何遽心折於予若此?然則漱亭固非狂也,向特未得當意者耳。稍當其意,則破崖岸、傾腎腸如轉圜;然於予且然,使有倍蓰什伯於予者,其心折又將何如哉?今讀其詩,大較出於李義山、溫飛卿二家,而佐以李長吉,其取材之富,屬思之深,非積數十年功不能造,予所目近代詩,罕其匹者。益信嚮者之談非苟爲大言,其終自負,以得狂名,宜也。漱亭文清雋可喜,駢體尤有流逸之致,自以非得意作不欲出錄。詩凡若干卷,先以問世。漱亭今年纔五十,卷不釋手,經傳子史之英華,及思有所得,輒札記之。他日深有所得於文,論次古今,卓然成一家言,以與詩並傳,更喜而自負,得毋視予仍若無人矣乎?書之以爲後驗。

按《臨汀彙攷》卷二《女貞》:張未瞻《哀張孚若妻伊氏》詩云:“紙爐香灰滿四門,盡攜雞黍答先恩。可憐鄰婦霜粘鬢,不死年年祭子孫。”

按《汀南廑存集》卷四:張軾,字樂瞻,號□□。寧化歲貢生。錄詩十五首,五言句如《晚行》云:“鐘聲雲外寺,燈火雨中船。”《黃田驛》云:“客船穿石眼,秋露濕山腰。灘險波平岸,村深柳隔橋。”七言句如《某氏園懷舊》云:“幾尺斷虹含雨去,一群新雁帶秋來。”

嘯梅編

張軾撰

《通志》卷八十《經籍》著錄。

春秋解義

羅廷經撰

《通志》卷八十《經籍》著錄。廷經，乾隆間諸生。

餘杭草

黎良行撰

《通志》卷八十《經籍》著錄。良行，字六先，棟子，良德弟。乾隆間諸生。

游杭草

黎良行撰

《通志》卷八十《經籍》著錄。

摩雲集

黎良行撰

《通志》卷八十《經籍》著錄。

按《福建藝文志》卷六十五《別集》："《黎生詩》，汀州黎良行著。《唐堂集》云：‘閩汀黎生良行，予試寧化識之。所著詩，吾友陸錫山嘗評之曰：樂府近魏晉，五律學杜陵。知言哉。生詩學蓋得諸其鄉李先生元仲云。元仲與黎楚有先生遊，持論往復，生之祖也。"此集與《餘杭草》、《游杭草》、《摩雲集》，疑一書而異名。

讀史例

伊舜年撰

《通志》卷八十《經籍》著錄。舜年,乾隆間諸生。

梅莊廣錄

雷士鳴撰

《通志》卷八十《經籍》著錄。士鳴,字盛喈,在瓊子。乾隆間貢生。

仙蘭偶筆

雷士鳴撰

《通志》卷八十《經籍》著錄。

名言筆記

雷士鳴撰

《通志》卷八十《經籍》著錄。

奎瀛閣藏帖

雷士鳴撰

《通志》卷八十《經籍》著錄。

澹寧齋墨蹟

雷士鳴撰

《通志》卷八十《經籍》著錄。

蓉塘彙鈔

雷士鳴撰

《通志》卷八十《經籍》著錄。

寧陽聞舊錄

羅荃撰

《通志》卷八十《經籍》著錄。荃，字訒夫。諸生。嘉慶丙辰舉孝廉方正。

思柔堂文集

羅荃撰

《通志》卷八十《經籍》著錄。

橫琴書屋詩鈔

羅荃撰

《通志》卷八十《經籍》著錄。

王明經古文集一卷

王昌煇撰

《通志》卷八十《經籍》著錄：昌煇，嘉慶初貢生。

寧化志聞七卷

吳賢湘撰

《通志》卷八十《經籍》著錄：案：是書區目凡六，曰循吏、曰官師、曰風俗、曰人物、曰節烈、曰藝文。

又卷一百四十三《宦績·邵武府·教職》：吳湘賢，字清夫，寧化人。嘉慶己未進士，舉孝廉方正，任教授。工詩古文辭，提唱風教，學者喜從之遊，賢湘樂爲之導。其外慕而內怠者，亦接引而陰作之。任十三年，擢翰林典簿。

又二百三十九《文苑》：吳賢湘，字清夫。乾隆庚子舉人，乙卯會試中式，嘉慶元年舉孝廉方正，己未補殿試，成進士。例授知縣，請改教職，補邵武府教授。至即召諸生講析義利之辨，其才質英俊者，多方獎拔，遇之有加禮，士習爲之變。在官十三年，大府疏薦，遷翰林典簿，辭不赴。歸主講延平、石城、寧化書院，其教士如在邵武時。性恬淡，與物無競，潛心宋五子書，晚年益密。嘗謂："存一日，即爭一日人禽之界云。"篤於友誼，同里進士張騰蛟旅死京邸，護其喪歸。卒年八十一。

《福建文苑·清二》：吳賢湘，字北渚，號清夫，寧化人。由乾隆丁酉拔貢舉庚子鄉試第一，嘉慶己未成進士，當需次縣令，呈改教授。先是，丙辰桐城汪志伊爲福建巡撫，舉賢湘孝廉方正，亦不赴部徵；志伊促之行，賢湘以"器小福薄"固辭。選任邵武教授，以卓異內轉翰林院典簿，遂長假歸，主講延平、石城、寧化書院，在邵武以振興人才爲任。近代學官，非歲科試，希見書生，見亦不言學。賢湘至，倡古學，諸生才俊者多方匡翼，接之有加禮；其外慕而內阻者，亦徐引而陰作之，郡士靡然鄉風。何長詔之詩，其著者焉。性篤於師友，師則舉主汪志伊，友則同年張進士騰蛟、伊郡守秉綬、光澤高中書澍然。騰蛟旅死京邸，賢湘護其喪歸葬。宏獎氣類，夕聞永福余生潛士志向之美，旦輒步訪，索所業進之大府；見陳庚煥《報鄭袁州書》，輒命吏繕寫，徧致所知。良二千石所官郡邑，逸民、列女、筆纂口述，汲汲如不及。然賢湘與騰蛟、秉綬齊名，而論者以黨附志伊起大獄，賢湘名亦敗，雖其親交，亦有異議，蓋惡志伊也。志伊自縣令起家至督撫，有賢名，一時自朝之士大夫至所屬士民，無違言焉。志伊以能吏復號稱講學，賢湘從志伊講學，相悅甚。及志伊任閩浙總督，賢湘俸滿，乃去教授，從事志伊幕中；兼鼇峰書院監院，遇事敢言，志伊益重之。時布政使李賡芸者，自爲守道，以清直名，即爲志伊所薦舉。賡芸之爲按察使，寧化有積盜某當法，盜故善賢湘子，要其祈父援解；賢湘不得已，言之志伊，志伊以言於賡芸，賡芸拒，卒刑盜。於是志伊銜賡芸，而其薦之也在先又屢矣，故賡芸遂爲布政使。而巡撫王紹蘭以廉能名，福州知府涂以輈以恭順名,亦志伊所薦舉也,二人尤善事志伊。已而紹蘭參漳州府屬令某虧縣帑,令籍其數上之,謂皆以奉守道陋規,有時日及其人可據,欲挾以免罪。而賡芸嘗爲守道,其僕有受者,賡芸不察也。志伊遂奏劾賡芸,解任命未下,佯慰賡芸;命下,乃諷巡撫迫賡芸就首府,與令質訊。以輇辭色甚厲,摧辱之,賡芸以爲大恥,遂自縊。志伊在閩久,其清儉愛民,雖未必出於誠,然貪暴吏頗斂戢;然頗作威福,屬吏多憾之;又厓岸甚峻,居鄉士大夫亦滋不悅。賡芸將縊,留書遣僕號屈於京朝交游。既死,京朝譁然,天子命大臣來勘。是時鹽法道孫爾準,亦志伊所舉也,而與李交厚。乃指示福州人士白衣冠迎使者,鳴布政枉死狀,其衆至數百人,觀者數千人。使者故善賡芸,於是奏雪賡芸冤,言閩人請專祀賡芸,於是志伊先給告矣。奉旨:與巡撫王紹蘭皆革職永不叙用,以輇、某令俱論戍。而諭:"李某二品大臣,事曲直未定,枉屈尚可陳奏,何至輕以身殉?然閩人請祀,其私情也,亦聽之。"禍肇於賡芸不肯徇志伊,而實肇賢湘之不教子。志伊既去,獨賢湘常忿不平,詬賢湘者助賡芸,助賡芸者則亦詬賢湘,故賢湘名大減。時高澍然賢名最著,賢湘既失意歸里,自謂與澍然交素善,常致書澍然,言汪、李曲直。澍然答書但言"夫名如的,衆矢集焉",蓋交諷之也。或曰:賢湘與伊秉綬齊名,賢湘好利,而字清夫;秉綬爲廉吏,欲愧之,故字墨卿;同時張際亮辨其不然云。卒年八十有一。賢湘治古文有名,有《甚德堂文集》四卷、《寧化志聞》七卷、《近腐齋筆記》二卷、詩一卷行世。

《抑快軒文集》、《張亨甫未刻稿》、《稼門文鈔》、《惕園初稿》、《賭棋山莊文又續》。

　　按:賢湘舉乾隆庚子陳從潮榜,見《通志·選舉》,《福建文苑傳》作第一,誤。

　　《臨汀彙攷》卷二《人物》:吳賢湘,晚號清夫。寧化進士,舉孝廉方正。負才而篤志,刻苦一生。晚乃所學益邃,筆力益高古。汀人近日能爲經術言者,首推清夫。集中如《德禮刑政論》、《修道謂教論》諸篇,皆融貫典籍,包括古今治法源流。予尤喜其說《詩》之言曰:"天道變,《易》如之,惟變所適。《禮》別同異,等威秩秩。《詩》言志,心之所之,不同如面,蓋無所於同。至於說詩,古人往矣,徒存其辭,各以意逆,惡乎同?然無取乎立異,理惟其是。是有至不至,至是者公,立異則私;然亦無苟同,苟同亦私也。《前漢書》志藝文,《詩》六家;《隋書》志經籍,《詩》三十九部;唐立注疏,專毛、鄭而諸家廢;至朱子,又廢《小序》。明宗之,著爲功令,意蓋欲道一風同,毋言人人殊；然弊至學者束書不觀，佷佷然惟朱之同，曾不反而求其心所安，是謂苟同。若毛西河《寫官》之著，務穿鑿附會，佐以游談，反朱爲快。迄今漢學盛行，詆毀朱子，是謂立異。立異之謬，不待言也，苟同亦非。天日新故，終古四時，禮隆等殺，故萬物萬事，得理得序，《易》惟變故，隨時取中。夫自天以降，異乃同，則詩說何獨不然？且窮義理之要歸，未有不於異得同者，今驟示以至是，人未見爲至是也。參諸不是而是者見，參諸衆是而至是者愈見矣。”又曰：“寬裕，仁德也。剛烈，義德也。富貴壽考，履順不憂，仁德之福也。懍懍嗃嗃，奕世芬芳，義德之福也。二者各出，要繫其時。蓋天肇造，乃邦家元氣渾博，必多生仁福之彦。至士君子以義相率，率如黨人東林，則時可知矣。婦人無與於國，惟視其家之時然；由國及家，固未有其國之時然，而家之時不與俱然也。《國風》所載后妃、夫人、大夫妻之事，皆婦道之常，無足異者。惟《卷耳》一篇，《序》以爲后妃之志，輔君子求賢審官。朱子撰《集傳》，以婦人不與外事，疑《序》所云，與《斯干》詩‘無非無儀’之義不相應，改爲懷君子而作，則婦德可知矣。蓋人世可駭可愕之節，多由遭時之不幸，故《柏舟》著錄，時乃變風。若后妃、夫人、大夫妻，蓋所謂仁德。元者，善之長。天地之大德曰生，於時爲春，於人爲仁。仁則生，生則吉，寖昌寖熾，螽斯麟趾，此《二南》之義也。”二條義蘊閎深，非講學家陳言，舉一經知諸經之心得矣。清夫嘗述其師汪稼門云：“不講學而講書，講學招忌，講書而學明矣。”知此，則清夫所學者可知也。又嘗自言曰：“窮，視其所不爲。窮而無所不爲，則達更無所不爲矣。窮而有所不爲，則達必能大有所爲矣。”知此，則清夫之自處者可知也。

近腐齋筆記二卷

吳賢湘撰

《通志》卷八十《經籍》著錄。

甚德堂文集四卷

吳賢湘撰

《通志》卷八十《經籍》著錄。

《福建藝文志》卷六十六《別集》:《甚德堂文集》四卷,寧化吳賢湘著。《抑快軒文集》云:"吳徵君清夫,勇於名而嚴於利。今集中載《兩漢君臣論》、《讀五代史》諸篇,析義利之介以翼經衛道,而衷於身。"《耕村姑留稿》有序云:"或刻峭奇崛爲周秦之諸子,或往復低徊爲史漢之論贊,或疏明詁訓、批導理蘊爲經師之箋注,爲古賢儒之粹語,格整而嚴,筆簡而潔。"

《臨汀彙攷》卷三《典制》:吳清夫《書院考》曰:古無書院,蓋學而已。學有室、有序、有射堂、有橫舍,而無匲寢。釋奠菜日,束帛棲神,禮畢撤之,故與廟異制。蓋廟者,貌也,學者修先王禮樂之處。《周官·大司樂》樂祖之祭,雖其儀不傳,然《開元禮》所載,只爲虛設。遇釋奠菜立主行事者,可攷也。自漢以來,祀夫子於魯;至梁天監中,乃立廟江左,然尚與學爲二。唐武德二年,始立夫子廟於學,然亦只四時祭於廟,[①] 而學中之制自如。迨明洪武初,郡縣立學,以學正寢爲大成殿。嘉靖中,直改爲先師廟。於是混學與廟爲一,僅以廟後三楹屋所稱明倫者爲講學行禮之所。蓋自是有明一代,有廟無學,而橫舍之設,專之書院矣。書院權輿於漢初教授諸儒精廬之目,而大盛於宋。史稱,士相與擇勝地爲群居講習之所,爲政者就褒美之,若岳麓、白鹿洞之類是也。今各直省郡縣皆有書院,其制領之有司,其講授師皆延於官,官擇其肄業弟子,釋菜親焉,講習考課親焉。蓋今監師、守令,即古鄉大夫、州長之職,而書院即古庠序校也。明之三百年無學者,今乃廟爲廟,學爲學焉。興天下之學以應古禮經,蓋制於是爲盛。

秋風紅豆室詩鈔一卷

吳賢湘撰

《通志》卷八十《經籍》著錄。龔聯輝《序》略曰:"先生自訂本也。初學漁洋,變而爲山谷,再變而爲香山、玉局,晚乃浸淫工部焉。"

---

① "然亦只四時祭於廟",原稿脱此八字,據《臨汀彙攷》卷三補。

勵隅詩文集二卷

伊襄甲撰

《通志》卷八十《經籍》著錄。襄甲,嘉慶間國學生。

在此堂文集

許汝霖撰

《通志》卷八十《經籍》、《府志》卷三十三《文苑》著錄。

張所業古文集

張所業撰

《通志》卷八十《經籍》著錄。

丹洲集

伊名世撰

《通志》卷八十《經籍》著錄。名世,嘉慶間諸生。

豹隱樓詩鈔二卷

羅湘琳撰

《通志》卷八十《經籍》著錄。

漱園詩草一卷

巫國匡撰

《通志》卷八十《經籍》著錄。

桃花館詩

伊長賡撰

《通志》卷八十《經籍》著錄。

留綠草

李世衡撰

《通志》卷八十《經籍》著錄。

寫我草

伍元英撰

《通志》卷八十《經籍》著錄。元英，嘉慶間諸生。

螢芝堂詩集

李若濤撰

《通志》卷八十《經籍》著錄。若濤，嘉慶間諸生。

子山詩集

官其淳撰

《通志》卷八十《經籍》著錄。其淳，嘉慶間諸生。

梅庭詩集一卷

盧聲揚撰

《通志》卷八十《經籍》著錄。聲揚，嘉慶間諸生。

粤游小草

伊恒山撰

《通志》卷八十《經籍》著録。恒山,嘉慶間諸生。

菊村詩集二卷

劉大章撰

《通志》卷八十《經籍》著録。大章,嘉慶間國學生。

卷十三　清·清流縣

梅曇集

廖光弼撰

《通志》卷八十《經籍》著錄。光弼，字淡和。順治戊子舉人。

三山署草

王協撰

《通志》卷八十《經籍》著錄。協，順治間貢生。工詩、古文詞。
又卷百六十七《選舉》：協，閩縣訓導。

濤居集

王協撰

《通志》卷八十《經籍》、《府志》卷三十三《文苑》並著錄。

筆花齋集

伍朝鐵撰

《通志》卷八十《經籍》著錄。朝鐵，字伯成。

歐寮署中草

伍鸞撰

《通志》卷八十《經籍》著錄。鸞,號鳳軒。官縣丞。

文園集

伍寧之撰

《通志》卷八十《經籍》著錄。寧之,字佑臣。

嘯樓草

伍拔撰

《通志》卷八十《經籍》著錄。拔,字尤士。

城市山林集

廖穉珏撰

《通志》卷八十《經籍》著錄。穉珏,字兼玉。

廖豐玉集二卷

廖佳玟撰

《通志》卷八十《經籍》著錄。佳玟,字豐玉。

按《汀南廑存集》卷四:"廖佳玟,字豐玉,清流人。耄年工詩。《述懶》云:'日爲詩魔擾,何論夏及秋? 一醒初得意,萬慮却忘憂。雨墮花黏砌,風敲竹近樓。長吟頭早白,白我百年頭。'《落花》句云:'憐他腸斷東風惡,誤殺尋芳拾翠人。'"

又按《通志》,"玟"原譌"致",今據《汀南廑存集》是正。

五經要略

巫天嵋撰

《通志》卷八十《經籍》著錄。

《府志》卷三十一《孝義》：巫天嵋，字眉山。清流貢生。性至孝，五歲喪母，泣不欲生。父死，廬墓五年。著《哀哀吟》、《孺慕藏稿》、《五經要略》、《漁滄廟志》、《香遠堂集》。乾隆元年，詔舉博學鴻詞，邑士人以天嵋薦，公論韙之。

漁滄廟志

巫天嵋撰

《通志》卷八十《經籍》著錄。

香遠堂集

巫天嵋撰

《通志》卷八十《經籍》著錄。

哀哀吟

巫天嵋撰

《通志》卷八十《經籍》著錄。天嵋，雍正間貢生。五歲喪母，泣不欲生。父死，廬墓五年。爲《哀哀吟》、《孺慕藏稿》，以寫其悲。

孺慕藏稿

巫天嵋撰

《通志》卷八十《經籍》著錄。

忙閒草二卷

伍嘉謀撰

《通志》卷八十《經籍》著錄。嘉謀，字賡鄰。乾隆己酉拔貢生。

易史一隅

陳允升撰

《通志》卷八十《經籍》著錄。允升，字旭卿。

卷十四 清·歸化縣

揭訓導詩文集

揭詩教撰

《通志》卷八十《經籍》著錄。詩教,順治間貢生。

又卷二百四十五《孝義》:揭詩教,號伊廬。潛心理學,屢舉德行、孝廉,皆不就。父歿,廬墓三年,哀慟不輟。以貢任永安訓導,身爲表率,士風丕變。後攜仲子家永秋試,舟溺斗角灘。家永力救之,俱歿。永安人士祀諸四賢祠,私謚"文懿先生"。

按《府志》卷三十三《文苑》著錄,作"《揭詩教詩文集》"。

又按《府志》歸之明代,非。詩教,順治間貢生,自宜依《通志》歸入清代爲是。

詔游志

黃嘉純撰

《通志》卷八十《經籍》著錄。嘉純,字全愚,號未齋。康熙間貢生,雍正初舉孝廉方正。

又卷百四十《宦績》:詔安縣教職黃嘉純,歸化貢生。雍正六年任訓導。其居身有孝友稱,論學以抑浮僞、崇篤實爲務。諸生即行而信其言,漸有化者。

又卷二百四十五《孝義》附陳筌傳:歸化鹽政欲招商督課,民瘠無可充者。闔邑派金三千有奇入之商,俾以息錢充運。後有乾沒者,逋餉纍纍。官徵急,欲復派地丁;筌與同邑黃嘉純籲諸當事,乃以鹽課併入地丁,聽民自便。

嘉純,字瑞文。父病癰,吮之。舉腴田歸其弟。後訓導詔安,立學規,士習軌於正。廩生孫道治,母病癰,吮之,愈。

至性小言

黃嘉純撰

《通志》卷八十《經籍》著錄。

拙修錄

吳中信撰

《通志》卷八十《經籍》著錄。中信,字肅齋。雍正間貢生。
按卷百六十七《選舉》作"乾隆年恩貢"。

五經易解

李鎬撰

《泉州府志》卷三十二《名宦》:李鎬,字卜京,號坦齋,汀州歸化人。雍正癸卯舉人,乾隆丁巳進士。十六年,任泉州府教授,革除陋例,澹泊自甘。按月備盤湌,集士會課,當堂甲乙,仍諄諄勉以踐履篤實工夫。懸掛學舍諸對聯,言言箴砭。凡上憲頒行學政,遵奉惟謹。簿書手自經理,不假胥吏。二丁屆期,堂廡器物,逐加點檢,以示恪恭。越二年,卒於官,蕭然敝篋,紳士爭賻焉。鎬博學多識,廉隅自砥,寧化雷鋐屢保送國子監學錄、學正,未用。歸,邑令延爲峨嵋書院山長。論文外,日錄格言一條以教士,名《日晁記》,冢宰孫嘉淦序之,稱其有關世道人心,秉鐸於泉,士心歸附。卒後,沐化雨者,久彌思之。所著有《四書訂補》、《五經易解》、《史韻便讀》、《古文存腋》、《詩柄彙記》、《藥性歌》、《心會錄》、《莊子解蒙》、《分類增廣賢文》及自作《四書文稿》、《南歸里言》。

《通志》卷二百三十九《文苑》:李鎬,乾隆丁巳進士。學宗朱子,言動不苟。主講峨嵋書院,作《實字說》以警學者,復日錄格言相戒勉。教授泉州府學,課諸生,勵實行而身率之。卒於官,紳士祀之名宦祠。

又卷百四十二《宦績》:泉州府教職李鎬,字卜京。歸化進士,乾隆十七年按《泉州府志》作十六年。教授。革除陋例,按月備盤飧,課諸生,勉以實學,語不忘箴。卒之日,士爭購之。

四書訂補

李鎬撰

見《泉州府志》卷三十二《名宦》本傳。

史韻便讀

李鎬撰

見《泉州府志》卷三十二《名宦》本傳。

莊子解蒙

李鎬撰

見《泉州府志》卷三十二《名宦》本傳。

詩柄彙記

李鎬撰

《通志》卷八十《經籍》著錄。並見《泉州府志》卷三十二《名宦》本傳。

藥性歌

李鎬撰

見《泉州府志》卷三十二《名宦》本傳。

日昃記

李鎬撰

見《泉州府志》卷三十二《名宦》本傳。

心會錄

李鎬撰

見《泉州府志》卷三十二《名宦》本傳。

分類增廣賢文

李鎬撰

見《泉州府志》卷三十二《名宦》本傳。

四書文稿

李鎬撰

見《泉州府志》卷三十二《名宦》本傳。

古文存腋

李鎬撰

見《泉州府志》卷三十二《名宦》本傳。

南歸里言

李鎬撰

見《泉州府志》卷三十二《名宦》本傳。

周易玩詞二卷

謝家樹撰

《通志》卷八十《經籍》著錄。家樹,字蘭村,又字益堂。乾隆己未進士。

又卷百六十一《選舉》:家樹,福州府教授,移臺灣府,遷翰林院典簿。

《臺灣府志》卷三:臺灣府儒學教授謝家樹,歸化人。己未進士。由建寧府學調,乾隆十七年三月任,□年以憂去,二十六年六月再任,二十七年閏五月攝訓導。

洪範求知二卷

謝家樹撰

《通志》卷八十《經籍》著錄。

詩經一得三卷

謝家樹撰

《通志》卷八十《經籍》著錄。

臺灣志

謝家樹撰

《通志》卷八十《經籍》著錄。

按:《臺灣府志》卷二十二《藝文》,謝家樹《巡臺錢公去思碑》曰:"人才之生也係乎天,而成之者恃乎人。成之者,道有大小,力有勤怠,而所成之才之盛衰因之。《周官》'八統',一曰'儒以道得民'。孔子曰:'誨人不倦。'古之君子,道成德立處,即勤修先王之教,以詔來學;出則卓乎大有所建明,務舉一世之人才而甄陶之。其流風餘韻,即千載下猶令人嘆慕勿衰也,而況於親炙之者乎? 我大憲錢公奉天子命來巡臺郡,兼視學政。臺故海島,入版圖者僅七十餘年，沐化漸深，駸駸乎有衣冠文物之美，惜乎士習佻而文體弱也。公甫下車，合情宜俗，不動聲色，百務釐然；而精神意氣，獨於臺之人才望之切、愛之深，且懼其人品學術或不能與中土爭先後也。於是悍者酬之，浮者抑之，篤實者扶而進之。其課文也，陳者新之，俚者雅之。其考校也，虛心以別之，或降格以引之，進老者、少者於堂側而面試之，遴其尤者急拔之。日①閱數百卷，目不轉瞬，手不停披，曾不以勞故而稍有旁貸。書院中之貧者，加意撫恤。膏火不敷，捐俸給之。應試乏資，解囊贈之。不期年，而臺之士氣油然振，而文風亦遂翕然變。壬申恩科鄉試，公所首拔士林子昂霄、唐子謙，並雋焉。一時臺人士咸嘖嘖稱頌公不置口，且訝其化之何以若是神也。亦烏知公之器量遠而本根厚，經術深而精力強，勸學興文，要皆本其天性之所獨摯。以故，和平懇切，載色載笑，自不覺其入人之深而感人之速有如此。語曰：'師道立，則善人多。'善氣薰蒸，教化翔洽，異日宰天下，由是道也，於臺海兆之矣。今公秩滿將歸，臺人士不能借公也，屬家樹書其功於石，以昭不朽。而余尤願諸生善體公之教訓，相與乘時共勉，振拔有爲；更得一二有志者如閩歐陽之於常觀察、潮趙德之於韓刺史，衍其緒而張大之。而公成就人才之意，乃於是乎大慰；且俾後之覽者，知儒術之有實用而薄海內外之不可一日無師也，詎不休哉。"

又卷二十六《藝文》："謝家樹《澎湖》詩曰：'又見人間大洞庭，羅羅七十二山青。桶盤妥帖憑誰挈，嶼似盤似桶，似禽似獸，形狀非一。虎豹猙獰喚欲醒。怪石鮫紋添禹貢，嶼出紋石、花螺。花螺貝錦註䖝經。黃昏點點歸漁艇，嘔啞一聲月滿汀。'《臺中夏暑長於中土者數刻六月望後一日課士因拈唐文宗我愛夏日長之句爲題實寫現景非賦古也》詩云：'天形如覆釜，兩軸定四方。北仰南傾瀉，遠睇殊混茫。入地三十六，未盡渾天量。聞到小琉球，北斗失其疆。大星古無紀，南極現瑩芒。所以談海外，明晦頗異常。初三不爲朏，昨夜已生光。因之測日景，加刻夏尤長。天低與水接，黃壚半相望。地下有山名黃壚，見《淮南子》。羲和方轉馭，金烏早拂桑。火輪就浣濯，摩蕩添焜煌。一躍高十丈，中土尚黎蒼。虎頭迄雞尾，乃入虞淵藏。羊胛熟未久，恍惚勢欲翔。炎帝勤屬轄，丙丁戀故鄉。我來當五月，日受薰風涼。官閒無觸熱，署敞納虛暘。筆

---

① "日"，原稿作"目"，據《臺灣府志》卷二十二改。

硯新位置，書卷啓塵囊。几首捱木凳，愜白倚竹牀。榕午垂正陰，樣春側西墻。署中有榕、樣二大樹。觸處供清吟，茶餘尋空廊。導意使和緩，練神俾固强。睠被草芊芊，帶翠上我堂。誰家養白鳩，滑滑叫昏黃。綽有故園趣，以此足相羊。好景公同人，意切詞乃昌。莫作尋常題，學舌賦晚唐。'《清水洋》云：'造物憑虛鑿此窪，山遙岸渺廓無涯。團銀界玉烟橫潊，海水低處名潊。澄靘搖紅日射沙。眼底澄清身入鏡，胸中灑落艦飛花。分明絕景人誰識，枉羨張騫泛月槎。'"

又按《續修臺灣府志》原志，高拱乾纂輯。舊志，劉良璧、錢洙、范昌治纂輯，范咸重修，無及謝志者，恐有遺闕。

讀檀弓一卷

傅紹斑撰

《通志》卷八十《經籍》著錄。紹斑，字亦書，號瓠山。乾隆丁酉順天舉人。

鎮邑田事論

陳琚繁撰

《通志》卷八十《經籍》著錄。琚繁，字瑤碧。乾隆己酉舉人。

鎮原縣志

陳琚繁及弟珙繁撰

《通志》卷八十《經籍》著錄。珙繁，乾隆間諸生。

余春圃集一卷

余秦杲撰

《通志》卷八十《經籍》著錄。秦杲，字蔚瞻。嘉慶戊午舉人。

余坦庵集一卷

余秦柏撰

《通志》卷八十《經籍》著錄。秦柏,字魯瞻。嘉慶間諸生。

小峨嵋山人詩集三十三卷

謝紹謀撰

《通志》卷八十《經籍》著錄。吳賢湘《序》略曰:"山人總角,即以古學受知於朱竹君先生。補諸生,屢試棘闈不售,以貢入成均。其所著隨事隨體立名,凡爲集十六。山人字大逸。"

案《古樂府》三卷,《擬閨中樂府》一卷,《擬群芳樂府》一卷,《工愁集》十二卷,《榕城集》一卷,《嶺南集》一卷,《江漢集》一卷,《徂北集》一卷,《後徂北集》一卷,《紅梅書屋集》一卷,《香籢雜俎》一卷,《幻身集》一卷,《賦物集》四卷《續集》二卷,《錦機集》一卷附《試帖》一卷。

卷十五　清·連城縣

四書訓蒙

李夢箕撰

《通志》卷八十《經籍》著錄。

又卷二百三十八《儒林》：李夢箕，字季豹。歲貢生。年十五而孤，即知崇尚朱子之學。耿逆之亂，脅就僞職，脫儒冠，遁山中，事平乃就試。性介潔，不通干謁，自號穩臥①先生。其教人，輒言爲善最樂，人易而忽之。夢箕曰："爲之難。繼善成性，善之原；仁義忠信，善之實。善不擇則不明，不固執則不能得而弗失。"問曰："其樂如何？"曰："不愧不怍。"曰："孰與孔、顏之樂？"曰："熟之而已矣。"家貧乏，當施與，則未嘗有所吝。或事倡於人，必竭力襄之。曰："苟利於物，惠無小也。"事兄如父，撫姪如子。每語諸子以氣質之偏，使知變化。易簀時，謂所親曰："吾生平竭力檢身，將無有不及省者乎？蓋言之，使吾得聞過而終，幸矣。"年八十一卒。

《國朝耆獻類徵初編》卷四百五《儒行·李夢箕》：李君夢箕，字季豹，閩之連城人。年十五而孤。方是時，師役繁興，箕斂無藝；君煢煢於兵燹艱困之中，獨精進學業，雅知崇尚朱子，一破明季狋猖誕怪之習，故其爲文卓有繩準。既補弟子員食餼，值耿逆叛，即脫儒冠，著犢鼻，自屏深處，慨然曰："長鯨激浪，會當暴顋，士君子豈宜使波湔泥涴耶？"大師定閩，君乃出。歲庚午省試，同考得君文，以爲寸珠片玉，而竟不售。乙酉始領歲薦。性介潔，不通干謁，自號穩臥先生。其教人，輒言爲善最樂，人忽之曰："素聞矣。"曰："爲之難，汝爲之不乎？繼善成性，善之原；仁義忠信，善之實。利善之間幾也。善

---

① "穩臥"，原稿作"隱臥"，據道光《福建通志》卷二百三十八改。

不擇則不明,不固執則不能得而弗失。"問曰:"其樂何如?"曰:"不愧不怍。"曰:"孰與孔、顏之樂?"曰:"熟之而已矣。"家苦儉,然至於施捨,則稱力未嘗有所吝。或事倡於人,亦必竭力襄之。曰:"苟利於物,惠無小也。能成其惠,不必出於己也。"歲丁丑,邑大饑,民相聚劫掠,有司不能禁。過君門,則相戒曰:"毋犯李先生家。"事兄如嚴父,撫姪如子。每語諸子以氣質之偏,使知變化。易簀時,謂所親曰:"吾生平竭力檢身,將無有不及省者,第言之。得聞過而終,亦云幸已。"年八十一,神魄清整,端坐而逝。所著有《四書訓蒙》、《穩臥軒詩文集》若干卷。論曰:余見君仲子孝廉圖南京師,嘉其志尚,與之語窮理修身之學。圖南因備述君之學行,而請爲之傳。余嘉君以諸生獨能明大義,戢景藏采於豨奔豕突之時,惜乎不究於用也。右《傳》,蔡世遠撰。

《清史列傳》卷六十六《儒林》附張鵬翼傳曰:李夢箕,字季豹,亦連城人。歲貢生。年十五而孤,即知崇尚朱子之學,以孝友著稱。耿逆之亂,脅就僞職,脫儒冠,遁山中。性介潔,不事干謁,自號穩臥先生。教人輒言爲善最樂,人易而忽之。夢箕曰:"爲之難,汝爲之不乎?繼善成性,善之原;仁義忠信,善之實。善不擇則不明,不固執則不能得而弗失。"人問曰:"其樂如何?"曰:"不愧不怍。"曰:"孰與孔、顏之樂?"曰:"熟之而已矣。"家苦儉,然好施與。或倡於人,而力助之。曰:"苟利於物,惠無小也。能成其惠,不必出於己也。"每語諸子以氣質之偏,使知變化。易簀時,謂所親曰:"吾生平竭力檢身,將毋有不及省者,第言之。得聞過而終,亦幸矣。"卒年八十二。著有《四書訓蒙》、《穩臥軒集》。子圖南,能傳其學。

按《清史列傳》作卒年八十二,與文勤作《傳》、《通志》不合,當誤。

又按《府志》卷三十二《鄉行》:"李夢箕,連城貢生。當甲寅耿逆之亂,脅就僞職,變服遁山中。丁丑賑饑,存活甚衆。"

穩臥軒詩文集

李夢箕撰

《通志》卷八十《經籍》著錄。

《府志》卷四十一《藝文》,李夢箕《東壇塡塘記》曰:邑城東枕大阜,阜之巔則山川之壇在焉,故名曰阜、曰東壇。有池焉附於城,廣袤十有餘丈,蓋初築城時取土，遂窪而成者也。是阜爲埋葬之所，而環以外墳墓纍纍，而鱗鱗櫛比，或重積而不可數焉。夫池水之所注也，年久日深，水所浸齧，土必崩圮；況當春夏之交，積雨漲溢，其崩圮益甚。故旁近墳墓莫不爲水所漂沒，棺敗骸沈，歲甚一歲；及冬水涸，白骨如麻，雜出於泥沙、瓦礫間，見者罔不酸鼻。欲塞之，則以池爲主置之，無可如何者歷有年矣。一日，某聚衆而議曰："是池也，其爲死者患大矣。然惻怛之心，人所同具，過是池者尚爲之傷心，況主是池者乎？抑猶有慮焉，池附於城，水之內潰，幾及城址，亦非城之利也。協義募資，盡以利害白於邑父母，酬主者值而出之，則胡不可惟我所爲耶？"衆韙其議，遂謁邑侯程公而呈之，公即命駕親勘，不禁悄然傷心，曰："嗟乎，人之身後不能保有一坯之土如是，是可悲也。夫骼胔之掩有文，而澤枯之仁莫繼，亦宰是邑者之羞矣。"召業主，命衆還其值，即興工填之。於是，刻日計費，具畚梮，召傭役，踴躍趨事，閱日而行者平，虛者實，流潦失其宅而岡阜完其體。不惟宅安泉壤，得永離暴骨之傷；而擁護城垣，亦可免覆隍之慮，其所繫不亦大哉？工既竣，爰爲紀其事，并董理、輸助諸名於石，所以彰善行、示來世也。

按：夢箕文，僅見此篇。

簡庵詩文集

李圖南撰

《通志》卷八十《經籍》著錄。

又卷二百三十八《儒林》附父夢箕傳曰：圖南，字開士。性端敏，謹容節，工詩、古文辭。生平究心濂、洛、關、閩書，以反躬爲切務。嘗曰："學者惟利名之念難去。去此，始可言學。"事父母以色養。居父喪，變俗以禮教。平居恂恂，義所不可，堅執不能動。寧化雷鋐稱爲"古之狷者"。康熙庚子舉於鄉。雍正八年檄至京，隸戶部湖廣司學習。《家傳》作："蔡文勤公以博學宏詞薦授戶部湖廣司。"案：博學宏詞科於雍正十一年四月降旨，而圖南於十年十二月卒，《家傳》所言，疑附會之詞。旋以母病歸而先卒，年五十七。祀鄉賢。

按《通志》作"雍正八年檄至京"，亦與雷鋐撰《墓誌》"九年"不合，當誤。

《學案小識》卷十《待訪錄·李簡庵先生》：雷鋐撰《墓誌銘》曰："雍

正九年春，吏部檄天下舉人需次縣令者先赴京學習政事。而吾鄉連城李君既至，隸户部湖廣司，越三月，告病歸。逾歲壬子十二月二十九日卒。甲寅秋，余假歸省覲，其子具狀來請銘。嗚呼，君之生平，鄉國間知君者，莫不稱爲有道之君子也。君性端敏，甫四齡，成誦四子書。能謹容節，就傅習舉業，兼攻詩、古文。既而歎曰：'吾學自有身心性命所宜急者，可以虛名鶩乎？'於是究心濂、洛、關、閩書，以反躬切體爲務。居蓮峰、點石諸山者久之，嘗曰：'學者惟利名之念爲害最大，越此庶①可與共學。'自弱冠餼諸生，年四十五始中康熙庚子鄉試，累上公車不第，未嘗不自得。事父母以色養。居父喪，變俗以禮。平居恂恂，衣若不勝。義所不可，堅執不能撼。邑令杜某，其父舊亦宰連城，自爲生祠。既去，民改祀朱子。迨令至，欲復之，衆莫敢言，君毅然白太守爭之。令怒甚，索君素行，無可瑕疵，乃已。家居讀書彈琴，饔飧或不給。余嘗與君語植志行身之方，意相激切，偶雜以他賓，君即默然。余性喜暢談，君嘗②贈余'靜穆'二字；然氣質難變，以此甚愧君。君隸户部，以母病亟歸，歸而竟先母以逝。君好讀《易》，卒日，自以未竟其志，命子納《易》於懷以殮。余嘗謂學聖人必從狷者始，君其庶幾乎？君諱圖南，字開士。簡庵，其號也。生於康熙丙辰年二月二十八日，年五十有七。祖諱炯明，歲貢生。父諱夢箕，歲貢生，漳浦先生有傳。嫡母黃孺人無出，君兄弟三人皆趙太君出，君其仲也。娶周氏。子男五，女一。孫男三，孫女二。將以某年月日葬君於某里某原。銘曰：以君而比衆，猶古器不可瓦缶。用志希乎前哲，君其堪自悅。嗟後之人，必將有愾其風節。"

伊墨卿先生曰：簡庵先生，有子成文，字仲彭。爲名諸生。境極困，授徒。歲終，以徒學未成抱愧，束脩有半受者，有全却者，徒以感奮。應舉，饋賻固辭不受。或遺其家，既而知之，即酬以古琴。聞翠庭先生之喪，徒步行二百里往吊，不受粲而回。童一齋與同里，少時見之，年已七十矣。輒與一齋爲忘年交云。並見《國朝耆獻類徵初編》卷四百八《儒行》。

《國朝先正事略》卷三十附張警庵先生事略曰：李先生簡庵者，名圖南，字開士，亦連城人。性端敏，甫四齡，成誦四子書。能謹容節，習舉業，工詩、

---

① "庶"，原稿作"始"，據《學案小識》卷十及《經笥堂文鈔》卷下改。

② "嘗"，原稿脱，據《學案小識》卷十及《經笥堂文鈔》卷下改。

古文。既而歎曰："吾學自有身心性命所宜急者，可以虛名鶩乎？"於是究心濂、洛、關、閩書，以反躬切己爲務。居蓮峰、點石諸山者久之，嘗曰："學者惟利名之念爲害最大，越此庶可與共學。"弱冠儕諸生，舉康熙庚子鄉試，屢上公車不第，未嘗不自得。事父母以色養，居喪盡禮。平居恂恂，若不勝衣。遇不韙輒義形於色。邑令杜某，其父舊亦宰連城，自爲生祠。既去，民改祀朱子。迫令至，欲復之，衆莫敢言，君毅然白太守爭之。令怒甚，索君素行，無可瑕疵，乃已。家居讀書彈琴，饔飧或不繼。雍正九年，吏部檄天下舉人需次縣令者先赴京學習政事。君至，觀政戶部，隸湖廣司。以母病亟歸，歸而竟先母卒，年五十七。好讀《易》，卒時，自以未竟其業，命子納《易》於懷以殮。雷翠庭謂學聖人必自狷者始，君庶足當之。子成文，字仲彭。性介潔，爲名諸生，境極困，授徒自給。歲終，以徒學未成引爲愧，束修有半受者，有全却者，其徒益感奮自勵。嘗應舉，以賕餽固辭。或遺其家，既而知之，即酬以古琴。聞翠庭先生之喪，徒步行二百里往吊，不受槧而歸。

《清史列傳》卷六十六《儒林》附張鵬翼傳曰：圖南，字開士。康熙六十一年舉人。初工詩、古文，既而歎曰："吾學自有身心性命所急，可以虛名鶩乎？"居蓮峰、點石諸山者久之，究心濂、洛、關、閩書，以反躬切己爲務。嘗曰："學者惟以利名之念爲害最大，越此庶可與共學。"雍正九年，吏部檄天下舉人需次縣令者先赴京學習政事。圖南至，隸戶部湖廣司，以母病亟歸。十年卒，年五十七。嘗與蔡世遠講明修身窮理之要，世遠甚重之。又與雷鋐論學，意相激切。鋐謂："學聖人必自狷者始，圖南庶幾近之。"又謂："余喜暢談，圖南贈余'靜穆'二字，然氣質難變，以此甚愧云。"著有《簡庵集》。

按：《府志》卷三十二《鄉行》並有傳。

易辨

林霞起撰

《通志》卷八十《經籍》著錄。《經笥堂文鈔》："林赤章先生，名霞起，字淑齋。與童玉鉉、李崑峰、董若水四人號'四愚'，構四愚亭於冠豸山中。"

又卷二百四十七《隱逸》：林霞起，字赤章。康熙間歲貢生。善鼓琴，卓犖有奇氣。耿逆之亂，僞將劉應麟駐汀州。一日，索善琴者，或以霞起應，馳召之。霞起白衣冠抱琴入，長揖不拜，曰："此非鼓琴所。"拂袖竟去。霞起既不受偽札，築室於冠豸山中，苦無水，撰文祭之，水從山頂噴出，竟成清渠，名曰"沃泉巖"。

《清史列傳》卷六十六《儒林》附張鵬翼傳曰：林赤章，字霞起，亦連城人。歲貢生。隱居冠豸山中，山無水，禱而得泉。嘗與鵬翼論心性之學，謂鵬翼曰："求道之要，盡在《論語》矣。"耿逆之亂，偽將劉應麟聞其善鼓琴，擄至郡。赤章白衣抱琴入，長揖不拜，曰："此非鼓琴所。"拂袖竟去。著有《易辨》、《書經約旨》、《讀禮私言》、《四書遵注小訓》、《私淑錄》、《愛蓮堂集》。

按《通志》卷百六十七、《府志》卷二十三《選舉》皆作"名霞起"，《清史列傳》以爲字，誤也。

書經約旨

林霞起撰

《通志》卷八十《經籍》著錄。

讀禮私言

林霞起撰

《通志》卷八十《經籍》著錄。

四書遵注小訓

林霞起撰

《通志》卷八十《經籍》著錄。

私淑錄

林霞起撰

《通志》卷八十《經籍》著錄。

愛蓮堂詩文集

林霞起撰

《通志》卷八十《經籍》著錄。

按《汀南塵存集》卷三："林霞起著有《冠豸山詩文集》十六卷。"與《通志》著錄，當一書而異名也。《下豸山》云："山高多却步，撲面起驚沙。日落鴉聲亂，橋浮水影斜。慢從青草路，行入野人家。回顧來時徑，層層掩暮霞。"

經史疑論

賴啓英撰

《通志》卷八十《經籍》著錄。啓英，康熙間貢生。才識高遠，所著《疑論》，卓然成一家言。詩亦瀟灑不俗。

遥集草

賴啓英撰

《通志》卷八十《經籍》著錄。

寐草

賴啓英撰

《通志》卷八十《經籍》著錄。

楚游草

賴啓英撰

《通志》卷八十《經籍》著錄。

童君重遺言

童三綱撰

《通志》卷八十《經籍》著錄。三綱，字君重。康熙間貢生。博洽工文詞，邑中碑記文字多出其手，從子日鼎爲編遺文序之。

私淑堂日錄

童日鼎撰

《通志》卷八十《經籍》著錄。巡撫張伯行謂其言入理窟，語契道妙。

又卷二百三十一《列傳》：童日鼎，字玉鉉。父僑寓於浙之開化縣，因生其地。年十六能文，歸閩，籍縣學生食餼。乃往浙省親，則父已爲怨家所陷，繫於獄。泣訴於知縣，不聽；請以身代，不允。有告以金贖者，鬻衣服、書籍不足，自鬻爲同鄉人傭以益之，父始得脱。扶歸，跋涉二千餘里。是時去鄉井已數十年，故廬燬於寇燹，遺田没於他人，因賃屋一間，半以安寢榻，半以置庖厨。出傭經，入執爨，竭力奉養。康熙十三年，耿逆變作，遣人召之，貪夜偕父母妻子以逃。適郊野多虎患，家人難之，欲待旦，曰：“旦則避之不及矣。”遂去，匿於四堡里山中。僞將劉應麟迹得之，械繫汀州城，屢勸受職，不應，半年乃釋歸。後以歲貢生授壽寧訓導，以南城外四宜樓祀朱子，名曰“紫陽閣”，日與諸生會講其中。又改城内觀音庵爲講堂以居之。未及三載，士風丕變。壽寧學宮頹壞已久，城東有玉皇閣，日鼎曰：“玉皇，天也。祀天者惟天子，士庶祀之，是僭也。宜撤其材以修學宫，何患不足？”衆皆懾畏，卒成之。五載，以疾告歸，卒。

《府志》卷四十二，李圖南《童日鼎傳》曰：童諱日鼎，字玉鉉，號我梅。以歲貢任壽寧學訓。父僑寓於浙之開化，因生其地焉。八歲出就外傅，儼若成人，日授千言無遺。及成童，淹貫經傳。年十六，督學使者按臨衢州，或勸之即就浙試，對曰：“宋李君行先生，有虔州門人欲貫開封籍赴試，君行先生責之曰：‘欲求事君而先欺君，可乎？’吾閩人也，敢冒浙籍爲欺哉？”越明年，歸閩，果補博士弟子員。又明年，餼於二十人中。乃往浙省親，則父已爲小人所陷，繫於邑獄矣。匍匐泣訴於令，不聽；請以身代，不允。有告以金贖而後可者，遍鬻衣衾、書籍，不足以厭其欲。無已，自鬻爲同鄉人傭以益之，父獄始得脫。扶歸，跋涉二千餘里，備極勞苦。是時，去鄉井已數十餘載矣，故廬數椽，燼於寇燹；遺田數畝，併於他人。一旦歸，無寸土之業，賃屋一間，半以安寢榻，半以置庖廚。出而傭經，入而執爨，竭力奉養二人。而父與二三父老弈棋譚笑，日臥醉鄉中，若不知其爲貧人父也。甲寅閩變，耿逆遣人召之，黿夜偕父母、妻子以逃。適郊野多虎患，家人難之，欲待旦而行，曰：“旦則避之不及矣。”遂去，匿於四堡里山中。僞將劉應麟迹得之，械繫汀城已半年。有同邑張乾闇者，仕於僞者也，屢勸受職，不應，知其堅不可折，因爲釋。及歸，而髮鬚皓然如老翁，時尚未四十也。五十膺歲貢，六十九授壽寧訓。壽寧僻在萬山中，土俗瘠薄，士習固陋，知之者咸爲之惜。慨然曰：“官不擇地，訓豈負人？”甫蒞任，即召諸生而告之曰：“某奉命訓導斯學，顧名思義，是宜爲訓爲導，位卑亦不可曠，祿薄亦不可苟。今與諸生約，每日講四書五經，三八之期會文，朔望宣講聖訓。某雖才淺學疏，願作他山之石。”嘗訓諸生曰：“學者於道德、經濟、文章，三者缺一不可。三代以下，譚道德者，語以經濟、文章，或未之逮；負經濟才者，未能本德以爲治；擅文章名者，又多遺道以爲言：不及於古遠矣。”又曰：“制藝爲國家取士之法，即古所謂敷奏以言者也。體聖賢意思，代聖賢說話，剿襲雷同，胡以文爲也？試觀本朝及前明諸名卿鉅公所作，其生平之學問，終身之事業，無不可於此見之，非僅爲帖括末技也。”邑拔貢生柳琦聞知，曰：“是年高德劭之嚴師也。”率衆尊從，切磋不懈。壽庠久闕科名，是秋遂有雋者。於是，壽人亦蒸蒸向學，爭自濯磨，無有遠邇，咸來聽講、會文。齋署狹隘不可容，爰請於中丞張伯行，將南城外四宜樓，廢所祀佛像而祀朱子，名曰“紫陽閣”，而日與諸生會講其中。又改城內觀音庵爲講堂以居之。蒞任未及三載，士風翕然丕變。壽學頹壞已久，謀諸教諭鄭良濟、邑令尹鑣，曰：“文廟傾圮，修費浩煩，吾儕捐俸不足以竣工。城東有巨閣一所，衆建以祀玉皇者也。玉皇，俗所謂天也。祀天者，惟天子，士庶祀之，是淫祀也。淫廟宜毀，即其材以修聖廟，不患於不足矣。”衆皆懾畏，乃力排衆議，撤其材而用之聖廟，煥然一新。啓聖祠舊祀文昌帝像其中，而置啓聖神位於側，見之艴然，曰：“文昌帝者，世傳爲亞子。亞子乃道家者流，祀於學宮已爲不可，況簒啓聖位乎？且吾人爲學有邀福之心，以祿籍功名爲急，則已入於小人矣。”

柳瑢曰："此一舉也,有三善焉。尊正學,一也;廢淫祀,二也;不費財而足用,三也。"明體達用之學,微見於此矣。在壽五載,以疾告歸,歸半載而卒。學者私諡爲"道本先生"。既卒後十六年崇祀。

按:日鼎並入《府志》卷三十一《孝義傳》。

我梅詩文集

童日鼎撰

《通志》卷八十《經籍》著錄。

《府志》卷四十四《藝文》,童日鼎《蓮峰山賦》略節。曰:咨大塊之鼓冶兮,融大川而結名山。秉敦艮之厚德兮,挺正氣於崢潺。干青霄而秀出兮,亭亭玉立。通帝座而笑語兮,信天近之可攀。爾其外直而介,內虛以平。包羅萬象,莫之與京。望匡廬之瀑布,遠連天目;步玉霄之蓋竹,近帶赤城。以東田之昔號,改蓮峰爲今名。爰有亭翼翼,冠立崇阿。其峭峙於雲半兮,恍紫莖之擎翠蓋;竝建剎於中天兮,疑綠房之聚黃螺。石花清芬而滴乳兮,殆菌苔之吐馥;琪樹璀璨而垂珠兮,乃芙蓉之猗儺。若其山披氅鶴,谷堆粉蝶。戴鼇首而崚嶒,飛龍光而踸踔。玉娥峰頂,藕大一船;太液池中,花開千葉。對瑤嶂兮岑岑,望瓊巒兮獵獵。方赤爛兮晚霞,亦微明兮新月。麻姑壇遠,紅變碧兮參差;姊妹峰齊,窈復宛兮若接。於是二八女郎,三五類聚;懷春踏青,九回一顧。同仙子之凌波,儼潘妃之嬌步。亦有繡虎才高,雕龍學博。七步詩成,八乂賦作。固謝五之初發,亦景行之入幕。彼其一鉢一瓶,清規瀟灑;木魚玉塵,松林蘭若。笑淵明之去來,羨遠公之立社。乃若境中集鳳,車邊畫熊。登高夜宴,燭影搖紅。蘇學士之金炬,魏鄭公之碧筒。彼夫雜卉枝格,長條交茹。葉動猿來,花驚鳥去。起公子之殊賞,發王孫之遠慮。向山水兮尋幽,慰風雲兮得路。又有蘭牕洞闢,芝閣斜臨。玉積峽而虎踞,金湧泉而龍吟。月吐山巔,煙生戶櫺。或據梧而策杖,或披裘而負薪。芰衣薜帶,羽扇綸巾。出蘭谷而訪友,入桃源而問津。誠無山之可齊,爲九邑之地靈。然而何地無山,何山不深。惟未經乎品題,固有待乎偉人。幸採風於太史,奏下里之巴音。

鑑水軒詩集一卷

項乾雄撰

《通志》卷八十《經籍》著錄。乾雄，字偉吉，號出峰。

留村禮意

童正心撰

《通志》卷八十《經籍》著錄。

《留村家學述》曰：連城童氏，九傳始以《禮經》起家，再傳習《尚書》，由此迭傳至先君子留村府君，即綜博諸經焉。先君子諱正心，字七其，別號留村。少以古文爲時文，不與時調合，謝去。家貧，教授東郊。專精經學，貫穿諸儒，以謂天地之全、古人之大體在是也。益捐棄俗學，優游厭飫，形於議論，往往迥出前人。嘗曰："《易》如天文，《書》如地理，《禮》如國都、宮室、道路，《詩》如風、雲、雷、雨、鬼神，《春秋》如飛潛、動植、靈蠢，合來成一造化。"又曰："五經只一身：《易》爲魂魄，《書》爲血氣，《禮》爲筋脈，《春秋》爲骨節，《詩》爲九竅。魂魄，血氣所以生；筋脈，骨節所以成；而非九竅，無由呼吸出入也。"謂《論》、《孟》二書，皆有內外篇之意。《論語》前十篇，渾然包蘊，結以《鄉黨》，遂結出時字，孔子一生略盡。後十篇，是推廣之言，多精深處、展拓處，結以《堯曰》一篇，以盡古今道統之局。《孟子》亦然，前三篇仁義王霸、知言養氣、性善堯舜，略盡孟子本領，結以《好辨》一章，明是書之所以作。後四篇多精深展拓處，而結以堯舜，至於孔子，收盡古今道統之局。論《大學》曰："萬物皆備於我，工夫從格物入，便見此德之實；然意知身心家國天下，便是物所當格者。不識此義，須去格那庭前七竿竹。"論《中庸》曰："《哀公問政》一章，當全書之腹，其間九經統於五達道，五達道統於三達德，三達德統於一誠，此便是未發之中之實也。未發時，渾然只是一耳。前半提出時中，以下十章，於中字內見庸；中間提出庸德，以下八章，庸字內見中；後幅提出誠明，至末則約之於一誠。此誠在我，天人一貫。蓋《中庸》首尾皆言天，中間只人事也。"晚年尤好宋五子之書，亦嘗通論之曰：

"周、程、朱子，無間然矣。邵子嘗有樞紐乾坤、推蕩六合之意。張子正是身在六合中，指點天地也。張子不及邵之大而活，邵不如張之純而嚴。然以程子視之，邵亦未爲大也。程子無深窅之論，而深者不知所入；無奇特之觀，而奇者不知所出。不爲恢大，一往平正，而莫知所止；不事矜高，一味貼實，而莫知其所極。蓋程子從孔子來，而朱子一生佩服程子也。朱子猶加意修詞，程子《易傳》不作文字，只是因而寫成。朱子剛大之氣稍露，從曾子、子思、孟子一派來。晚年波平浪靜，而漱滌百家之得失，牢籠群賢之精英，四子六經，特開生面，則功在孔子而下，雖程子而遜之矣。"嘗書周子《太極圖》曰："太極生陰陽，此上更無生太極者。看來只是恰好有此理，所以此理只得箇恰好。"論虛空與形象曰："有此虛空，則有此形象以實之；有此形象，則有此虛空以遊之。虛與實相停，虛雖多而非餘，實雖少而非欠。此義不明，乃或小大地爲礙空。"論人曰："二五之氣聚爲人，氣之所聚，即理之所會，會斯通，通斯竅矣。故曰地竅於山川。人者，天地所竅也，是謂天地之心。此義不明，乃或以身爲大患。"論性曰："今人疑孟子性善之旨。夫性即理也，理無形而常形於形矣。但觀耳、目、鼻、口、四肢百體，遺其一而弗良，雖有人巧，莫能加焉。蓋渾然不貳而犁然各當，理亦顯於此矣，安得有性不善乎？"語學徒曰："經書逐句理會後，須令通體在胸中流轉，方見得大意。爾時復逐句理會，便覺滴滴歸源。"謂舉子業須識所宗，方與實學不相隔礙。震川、荊川、正希、大士四家是古文，舍此別出時文一派，日閒便有兩般工夫，往往誤人也。生平未嘗作詩，謂嘗試爲之，看來只是說話，都無吟唱之趣。閒擬三百篇，四言二十餘章，自五言以下，不復作也。靈侍郊東時，論說每徹夜不寢；次日復申未盡之意。遇要緊節目，旬月後復加提掇，問記得否，再爲辨說一番，又出新義層疊。嘗曰："凡吾說與後，輒自加思索，誠恐貽誤汝輩，然吾亦往往於此見得所未到處。"每講罷，盤桓溪上，或移日不去。尤喜登山觀地理，謂人曰："不是看地，正是看天。山川迴環處、生動處，便是鳶飛魚躍也。"此外未嘗有所喜好。家雖貧，不知阿堵物何事，亦不識稱等何物。性至孝，每歲學徒束脩，必持視先大母，曰："勿憂兒貧也。"兄弟朋友，財利淡然。舊友二三人，至老往還不厭。每至，草蔬同飯，淡話終日而散。嘗曰："但得無疾病足矣。他時若復蕭然瞑目，便爲過望之福。"康熙庚寅秋又七月四日，晨起欲自烹茗，覺昏暈，還坐，汗出如珠。服藥不盡劑，語話如常。食頃而瞑，次日猶帶笑容，享年六旬有八。常自焚生平文字，獨緘《禮說》一卷,題曰《留村禮意》。復自掇晚歲語爲一卷,而書其卷端曰:"邵子言生於太平世,老於太平世。吾五六歲時,閩土初定,餘氛未靖。順治戊子,土寇陷城,父母抱入山中十餘里,夜望見城中火起,指示之,不知懼也。爾後終老,遭時清平,優游餘暇,得爲此語。中間甲寅耿變,汀邵小擾,未經干戈,然每見老人經寇亂者,言之輒色變,或至淚下,始知此生不偶然也。因自題曰《清時新語》云。"其《禮說》,則次子能靈始分釋成編。男能靈謹述。

又序曰:謹按:三禮以《周禮》爲綱,《儀禮》爲目,《禮記》爲義疏,蓋不可缺一也。然《周禮》垂世雖久,疑信者半,議論紛然,惟有宋大儒皆尊信之。先人留村府君,嘗爲通論大義,名曰《留村禮意》。今謹輯緒言,以本經卷首"惟王建國,辯方正位",定六官之義;復按《尚書》"天工人代"、"撫於五辰"之旨,分釋序官之意。其間每職必歸於陰陽五行者,蓋以此也。如此,始覺天高地下,四時流行,人物事理,咸有所歸,如六十四卦之範圍不過,而曲成不遺焉。蓋在《易》爲象,在《禮》爲制。周公繫爻之意,已顯於設官,所謂"明則有禮樂,幽則有鬼神",聖人無兩副學問也。篇內志在序官大意,不及節文度數之詳,故每職僅取其要云。連城童能靈謹釋。

按:此書凡三卷。卷一:《說周禮》,其子能靈爲分釋;卷二:《說儀禮》;卷三:《說禮記》,能靈僅爲分節。前有序文一首,次《留村家學述》。始刻自能靈子思承,再刻於光緒二十三年丁酉秋。能靈分釋《說周禮》一卷,本可另爲著錄,然《禮意》已不單行,姑附於此,不復重出焉。

清時新語一卷

童正心撰

《通志》卷八十《經籍》著錄。

　見《留村家學述》。

讀經說略

張鵬翼撰

《通志》卷八十《經籍》著錄。

又卷二百三十八《儒行》：張鵬翼，字蜚子。康熙間貢生。十四歲讀《四書注》，忽悟曰："心當在身內，身當在心內。"耿逆變作，避亂山中。讀《近思錄》、《朱子集》等書，幡然曰："學者舍朱子而他求，即與下喬木、入幽谷何異？"又十年，見薛瑄《讀書錄》，學益進。終日端坐，跬步不苟。居喪不內寢，不茹葷。所居鄉名新泉，男女往來，分二橋；市中交易，先讓客，其禮教行於鄉如此。嘗曰："讀書當貴實踐，毋徒事文藝。"又曰："朱子易簀之年，乃我下帷之始。"蓋俛焉日有孳孳，不知其老且耄也。講求經世之務，攷古今疆域、邊塞、黃河，究其源委。明季學術龐雜，其時宿老皆不①免濡染，惟鵬翼與平湖陸隴其，異地同心，宗主程、朱，趨向得其正。漳浦蔡世遠嘗稱爲"醇學"。雷鋐亦言"閩汀學者，以鵬翼爲冠冕"云。卒年八十三。乾隆十一年，祀鄉賢。

《國朝耆獻類徵》卷四百七《儒行》：張先生諱鵬翼，字蜚子，晚號警庵，福建連城人。幼知好學，塾師教以作文取科第，心疑之。十四歲，熟讀《四書注》，參玩《大全》，忽悟曰："心當在身內，身當在心內。"弱冠籍郡庠。越十五年，食餼。越三十年，歲貢。質素弱，初學導引攝生術，五十後，專用持敬寡欲之功，神氣日固，壽八十有三。生值亂離，十二歲，明鼎革，播遷饑饉，而學不廢。殆閩疆底定，士務進取，先生親老，亦刻意場屋之學。年四十，遭耿逆變，棄舉業，乃返初志。是時，始見《近思錄》及《朱子全集》。更十年，始見薛文清《讀書錄》。連城處萬山中，無師友，先生銳志問學，虛心集益，而自治嚴整。終日端坐，跬步不苟，盛暑不袒裼。事親養志無違，居喪蔬食三年，不內寢，不外遊，蓋動必以禮云。讀四子五經，自識心得，名《說略》；輯濂、洛、關、閩要言，爲《理學入門》，又爲《後四書》；采歷代名臣爲《將相諫三譜》；綜二十二史，定史案，攷古今疆域、九邊阨塞、黃河原委，著《中華世統圖說》。當明季，學術龐雜，海內宿老如孫夏峰、李中孚、黃梨洲，尚多濡染。先生與當湖陸清獻公並時，宗主程、朱，異地同心。生平韜晦，不自表襮。儀封張清恪公撫閩，蒐羅碩彥，悔未及知先生。漳浦蔡文勤公書"醇學"二字表其廬。殁三十餘年，閩當事題請列祀鄉賢。論曰：吾邑李徵君元仲、長汀黎大參媿曾，皆名在天下。先生稍後出，獨潛心理學，而經世大務，未嘗不日有杼

---

① "不"，原稿脫，據道光《福建通志》卷二百三十八改。

軸也。其時，上杭吳一士，窮經飾行，即授先生以《讀書錄》者也。先生嘗自謂壯時遇黃遂登，言道有進。林赤章授以《近思錄》、《朱子全書》，且曰："求道之要，盡在《論語》。"是二人者，皆莫攷其生平始末，爲可惜也。先生晚年喜與長汀黃黼陽聲遊，其及門則黃建中、劉偉，皆克傳其業。閩汀學者，當推先生爲冠冕云。右《傳》，雷鋐撰。按：並見《碑傳集》卷一百二十八《理學》。

連城張先生，諱鵬翼，字蜚子，晚號警庵。童先生積超曰："警庵先生所居鄉名新泉，所著書尚有《芝壇日讀小記》，已鋟行，皆切倫常日用之道，考其得力《戴記》爲多。積超藏其與林赤章先生論心性手札。又嘗過新泉，男女往來分二橋，道不拾遺；市中交易，先讓外客，皆先生遺教。林赤章先生名霞起，號淑齋，又與童玉鋐、李崐峰、董若水四人號'四愚'，構四愚亭於冠豸山中。先生結屋獨居山之深邃處，讀書鼓琴。地故無水，禱而得泉。玉鋐修山誌，有二十四景，先生效柳筆爲之記。耿逆僞將軍劉應麟欲聽琴，擄先生至郡，先生白衣抱琴不下拜，劉知難屈，遂釋之。"又雷先生序先生鄉賢錄曰："國家旌淑獎賢，莫重於鄉賢之祀。惟有司大吏得其人，則無濫施、無溢美。舉以入祀者，實惟州邑之坊表，斯足以興教化而美風俗。乾隆十一年，吾閩請祀鄉賢者僅三人，而連城居其二，一爲警庵張先生。先生以明經逾大耋，歿已三十餘年。生平安貧力學，不求人知，人亦罕有知者。當事能表章以樹風聲，此足見聖化翔洽，靡善不揚，士人服古闇修，未有終閟於後世者也。抑吾於先生重有感焉。先生年十有四，講習四子書，即知學在檢束身心，然猶自言爲科舉帖括汩沒者二十餘年。後遭耿變，避亂得讀《近思錄》、《朱子全書》，乃翻然自悔，返求初志。至年五十二，始讀薛文清公《讀書錄》，自是窮經觀史，學以日進，著述等身而務敦實行，暗室屋漏，如對神明。嘗曰：'考亭易簀之年，乃我下帷之始。'蓋俛然日有孳孳，真不知其老而且耋也。向使先生徒以文名掇巍科、膺腴仕，持祿保位以歿世，子孫挾勢力，使有地治者爲躋位鄉賢中，其何以愜乎士君子而饜鄉國之心哉？且如先生即不祀鄉賢，其所爲不朽者自在也。與先生同邑而祀者，爲寒泉童君，年後於先生，均可垂範後學，故人咸謂閩中此舉足孚公論云。今先生之子哀集文牒事實付梓，敬書此，以誌仰止之私云。"右並見《學案小識》。

《國朝先正事略》卷三十《名儒·張警庵先生事略》曰：先生諱鵬翼，字蜚子，晚號警庵，福建連城人。幼知好學，塾師教以作文取科第，心疑之。

十四歲,熟讀《四書大全》,忽悟曰:"心當在身內,身當在心內。"弱冠,籍郡庠,食廩餼。越三十年,充歲貢。質素弱,初學導引攝生術。五十後,專用持敬寡欲之功,神氣日固,壽八十有三。生值亂離,十二歲,明亡,播遷饑饉,而學不廢。迨閩疆底定,士務進取,先生年已四十。遭耿逆之變,棄舉業,乃返初志。是時,始見《近思錄》及《朱子全集》;更十年,始見薛文清《讀書錄》。連城處萬山中,無師承,先生銳志問學,而自治嚴整。終日端坐,跬步不苟,盛暑不袒裼。事親養志無違,居喪蔬食三年,不外遊,不內寢,動必以禮。嘗曰:"考亭易簀之年,乃我下帷之始。"蓋俛焉日有孳孳,不知其老且耄也。讀四子五經,自識心得,名《說略》;輯濂、洛、關、閩要言爲《理學入門》,又爲《後四書》;采歷代名臣爲《將相諫三譜》;綜二十二史,定史案,考古今疆域、九邊扼塞、黃河原委,著《中華世統圖說》。當明季,學術龐雜,海內宿老如孫夏峰、李中孚、黃梨洲,尚多濡染。先生與當湖陸清獻公並時,宗主程、朱,異地同心。生平韜晦,不自表襮。儀封張清恪公撫閩,蒐羅碩彥,悔未及知先生。漳浦蔡文勤公書"醇學"二字表其閭。先生晚年喜與長汀黃霱陽聲遊,其及門則黃建中、劉偉,克傳其業。所居鄉曰新泉,男女往來分二橋,道不拾遺;市中交易,先讓外客,皆服先生之教也。所著書尚有《芝壇日讀小記》,皆切倫常日用之道。與林赤章霞起及童玉鉉、李崑峰、董若水四先生號曰"四愚",構四愚亭於冠豸山中。先生結屋獨居山之深邃處,讀書鼓琴自樂。地故無水,禱而得泉。玉鉉修山志,有二十四景,先生爲之記。耿逆僞將軍劉應麟欲聽琴,擄先生至郡,先生白衣抱琴不拜,應麟知其難屈,遽釋之。歿三十餘年,當事題入鄉賢祠,同時入祀者有童寒泉先生。

　　按:禱泉、白衣抱琴不拜,係林霞起事,《事略》以爲張鵬翼事,誤也。

　　《清史列傳》卷六十六《儒林》:張鵬翼,字蜚子,福建連城人。歲貢生。幼嗜學,塾師教以作文取科第,心疑之。十四歲,熟讀《四書大全》,忽悟曰:"心當在身內,身當在心內。"值明亡,播遷饑饉,而學不廢。閩疆既定,以親老復求進取。年四十,遭耿逆變,乃返初志。連城處萬山中,無師友,鵬翼銳志問學,同邑林赤章授以《近思錄》、《朱子全集》,幡然曰:"學者舍朱子而他求,即與下喬木、入幽谷何異?"又十年,見薛瑄《讀書錄》,學益進。嘗曰:"讀書當實踐,毋徒事文藝。"又曰:"考亭易簀之時,乃我下帷之始。"蓋俛焉日有孳孳,不知其老且耄也。平居自治嚴整,終日端坐,雖跬步不苟,盛暑不祖裼。事親養志無違，居喪蔬食三年，不內寢，不外遊。所居鄉曰新泉，男女往來分二橋；市中交易，先讓客，其禮教行於鄉如此。鵬翼爲學宗主程、朱，不濡染明季學術。嘗自識心得爲《讀經說略》；又輯濂、洛、關、閩要旨爲《理學入門》；又采歷代名臣爲《將相諫三譜》；又考古今疆域、九邊阨塞、黃河原委，爲《中華世統說》；又取史籍舊事，仿讞獄之法，每一條爲一案，而以己意斷之，爲《芝壇史案》五卷。他著有《孝子傳》、《芝壇雜說》、《芝壇日讀小記》、《聖道元亨頌》，皆切於日用倫常之道，考其得力《戴記》爲多。又有《芝壇集》二卷，其詩文亦皆以講學爲宗。康熙五十四年卒，年八十三。漳浦蔡世遠嘗書"醇學"二字表其閭，寧化雷鋐亦言"閩汀學者，以鵬翼爲冠"云。

《福建儒行傳》：張鵬翼，字蜚子，號警庵，連城人。篤信程、朱，終日端坐，跬步不苟，盛暑不袒裼。事親養志無違，居喪蔬食三年，不外游，不內寢，動必以禮。嘗曰："考亭易簀之年，乃我下帷之始。"讀四子五經，自識心得，名《說略》；輯濂、洛、關、閩要言爲《理學入門》，又爲《後四子》；采歷代名臣爲《相將諫三譜》；綜二十二史，定史案，考古今疆域、九邊阨塞、黃河原委，著《中華世統圖說》。所居鄉曰新泉，男女往來分二橋，道不拾遺；市中交易，先讓外客，皆服鵬翼之教也。漳浦蔡世遠書"醇學"二字表其閭。鵬翼與林赤章、童玉鉉、李錕峰、董若水四人友善，號"四愚"，構四愚亭於冠豸山中，鵬翼獨結屋居山之深邃處。其及門則黃建中、劉偉，克傳其業。耿精忠將劉應麟聞其諳琴律，使人劫至郡，強使鼓之，鵬翼白衣抱琴不彈，應麟知其難屈，卒釋歸。《雷翠庭集》、《郎潛紀聞二筆》。

按：白衣抱琴，霞起事，《福建高士傳》亦以爲鵬翼事，與《事略》同誤。

按《府志》卷三十一《孝義》有傳。《全閩道學總纂》卷三十八有傳。

孝子傳

張鵬翼撰

《通志》卷八十《經籍》著錄。

中華世統圖說

張鵬翼撰

《通志》卷八十《經籍》著錄。

按《府志》卷三十三《文苑》作“《世統圖》”。

歷代將相諫三譜

張鵬翼撰

《通志》卷八十《經籍》著錄。

按《府志》卷三十三《文苑》作“《立朝三譜》”。

芝壇雜說

張鵬翼撰

《通志》卷八十《經籍》著錄。

芝壇史案五卷

張鵬翼撰

《通志》卷八十《經籍》著錄。

《四庫全書提要》卷九十《史部·史評類存目》:《芝壇史案》五卷，湖北巡撫采進本。國朝張鵬翼撰。鵬翼，字警庵，連城人。其書取史籍舊事，仿讞獄之法，每一條爲一案，而以己意斷之，論多迂闊。

芝壇日讀小記

張鵬翼撰

《通志》卷八十《經籍》著錄。

警世格言

張鵬翼撰

《通志》卷八十《經籍》著錄。

聖道元亨頌

張鵬翼撰

《通志》卷八十《經籍》著錄。

理學入門

張鵬翼撰

《通志》卷八十《經籍》著錄。

芝壇集二卷

張鵬翼撰

《四庫全書提要》卷一百八十五《集部·別集類存目》:《芝壇集》二卷，山東巡撫采進本。國朝張鵬翼撰。鵬翼有《芝壇史案》，已著錄。其詩文皆以講學爲宗，體格多近於語錄。

按《通志》卷八十《經籍》不著卷數。

《汀南廑存集》:張鵬翼，康熙丙子歲貢。《題冠豸石》云:"石勢峨冠豸作威，朝暾絶頂散新暉。文川曲曲涵金薤，古寺陰陰插翠微。羽帶雲來山鶴隱，巖懸閣靜野僧稀。游人每踏丹霞級，樹色嵐光染客衣。"

中可集

林寅撰

《通志》卷八十《經籍》著錄。寅，字懷清，號直齋。雍正甲辰舉人。

按：《通志》卷百六十二《選舉》"連城林寅"，注云："沙縣人，惠州府海豐知縣，遷高州府化州知州。"

周易賸義二卷

童能靈撰

《通志》卷八十《經籍》著錄。

又卷二百三十八《儒林》：童能靈，字龍儔，一字寒泉。雍正間諸生，舉博學宏辭，又舉優行，皆以母老不赴，終貢生。能靈有志聖賢之學，自以僻處寡聞，往金陵，考先朝遺跡；訪武夷精舍，廣求朱子遺書。歸而築室於冠豸山下，潛心探討者十餘年，默契致知誠意之學。主講芝山書院，以變化氣質爲從學者訓。其爲學，皆苦心力索得之。年六十三卒。乾隆十一年，祀鄉賢。嗣子祖創，以孝稱。

《碑傳集》卷百二十九《理學》：雷鋐《童先生能靈墓誌銘》曰：吾閩自有宋諸大儒後，代有傳人。明中葉，如陳剩夫、蔡虛齋，確守朱子，以津梁後學。近吾汀之連城有張警庵、童寒泉兩先生。警庵，余未得見；寒泉，余託交二十餘載。乙丑，在京師聞其訃，爲斯道痛失人。憶甲辰余至郡城，寒泉一見如舊交，讀其《理學疑問》一書，皆從苦心力索得之。厥後，伍君文運示以《朱子爲學考》，益知寒泉之學得所指歸矣。寒泉更寄示《周易賸義》、《樂律古義》、《河洛太極辨微》諸書，其精神與古經傳相憑依，如入洞壑，所造日深以邃。甲寅，余自漳浦返過連城訪之，孤館寒燈，商訂舊學。時北壁破，風氣栗烈，以草薦障之，因歎寒泉貧中有樂趣如此。先是當事薦博學鴻辭，累舉優行，皆以母老辭。母年躋九旬，兄弟白髮同居怡怡然。居喪以禮，化及鄉人。甲子冬，學使者又欲以優行貢成均，仍不赴。觀察雅公，聘主漳州芝山書院，寒泉特爲一往。閱七月，以微疾端坐瞑目而逝，門弟子環聚而哭之。卒之前夕，與學博① 鄒君紹周共飯，手出一書，皆身後事云。時乾隆十年八月二十五日也，年六十有三。爲諸生者四十一年，年近五十不應舉。其學本於其父留村公，自著《家學述》云。嘗再遊武夷，歸築室於邑冠豸山，貽余書，備言山居之勝。余方冀再相過從，益聞所未聞，今竟不可得矣。卒後一年，與警庵先生同祀鄉賢。先生姓童，諱能靈，字龍儔，晚號寒泉。先娶余氏，繼娶江氏。無子，以兄子祖創嗣，兄命也。祖創卜葬於某里之原，具狀介伍君文運來請銘。銘曰："含經味道，泉石徜徉。遺教在人，沒世有光。"

童積超曰：連邑正學始於宋邱起潛先生，盛於明先祖東皋公；而張警庵先生、寒泉叔祖繼之，力敦倫常，嚴辨朱、陸同異。儀封張清恪公撫閩時，建文溪書院，祀起潛、東皋兩先生。起潛，蓋長汀楊淡軒高弟；先祖，則臨川吳康齋之弟也。後增建五賢書院，中祀宋五子，而以警庵、寒泉二先生配。

《學案小識》卷九《守道》：連城童先生，諱能靈，字龍儔，號寒泉。諸生。守程、朱家法，不逾尺寸。作《朱子爲學考》，謂："專考朱子爲學次第，其間深淺、疏密、異同，曲折纖悉，逐年逐月，皆有可見，即後學用心，實不出此一途。雖其爲朱子自悔處，亦必曾經一番細微體驗，方可見此理之實也。"以此與陳氏《通辨》一書專爲朱、陸異同之論稍有別云。又謂："朱子早晚異同之辨，大要數端：曰一貫忠恕、曰未發已發、曰太極動靜、曰仁、曰心性、曰體用、曰理一分殊、曰空妙、曰實理、曰默識而存、曰循序而進是也。"觀其逐段加以按語，分析惟恐不明，體認② 惟恐不實，亦可謂深思好學矣。所著《理學疑問》，已刻者四卷，曰心、曰性、曰仁、曰情。其言心，主人之神明，謂："神明之妙有三：曰神速，不疾而速，不行而至也；曰神通，貫幽明，通遠近，無所隔礙也；曰神變，應事接物，變化不測也。惟通故速，速亦是通，只是神通、神變二者而已。言性，主性即理。謂性固是理，即須看得理之在人最爲親切，方見其爲人之性也。蓋人之生，氣聚而生也，氣之所以聚而生，則理爲之也。其言仁，主③ 愛之理，謂只囫圇說有此仁，即有此愛；有此愛，即從此仁發出。此猶含糊之見，必須將愛字與理字析開看，如何是愛，如何是理，然後合攏看，愛字中如何見得有理，理字中如何見得有愛，方爲確解耳。其言情，主惻隱四端。

① "學博"，原稿脫"博"字，據《經笥堂文鈔》卷下補。
② "體認"，原稿作"體忍"，據《學案小識》卷九改。
③ "主"，原稿脫此字，據《學案小識》卷九補。

初喜虛齋蔡氏‘四端即是喜、怒、哀、樂’之說。後謂以惻隱屬哀，以羞惡屬怒，此處猶可通融看也。至論辭讓是非，則失其條理矣。須知孟子所謂四端者，蓋謂有此理則有此端，無此理必無此端。端之云者，其爲念最初，而其發甚微也。惟其最初，故不大著現，而微見端倪也。若轉一後念，便須著現，而不得謂之端矣。”此等皆窮到極處語。先生於先儒言理、言工夫，一字不肯放過，往往舉其難明者，曲折指譬而不厭其繁，其有參攷互驗，信之於心，而亦未嘗已於辨難。答長樂鄭一志曰：“尹氏之論敬，謂中心不容一物；謝氏之論敬，謂常惺惺法。此要皆說得透露，有精神，但稍費力耳。程子曰：‘整齊嚴肅則心便一，一則自無非僻之干。’其言平正而二家之說皆涵蓋焉。何也？心若一時自不容一物而常惺惺也。且程子從整齊嚴肅說來，便有把握，只須將容貌、言語上有形象處整頓收斂得來，自然心已一也。若單從心上用力而求其不容一物而常惺惺，便未免太勞苦拘迫而難於持久，且或反致別生病痛而不自知者，此不可不察也。大抵朱子雅言，亦是如此。然此一處，亦足見程、朱之言甚似孔子也。”其答清流伍鶴聲云：“理一分殊，有全體之理，有一分之理，有千萬分之一之理，如人物之受於天者是也。天人固一理，然不能無大小多寡之不同也，故曰所得之理既盡，則是物亦盡而無有也。朱子蓋見之審矣。或乃以爲理無盡時，故天能常運；其在人者，則氣雖已盡，而理之不盡者，仍在天也。薛文清公有‘人受是理，如器受日光’之喻，謂器在則光在器，器除則光在光，此恐見之未的也。蓋器光[1]之喻，但可見理之不雜乎氣處，而不可向生死上論，謂理不與生死爲存亡也。如果器除而光仍在光，則氣只是一物。承受此理者而不本於理，即此理亦不足爲萬物之根柢矣。羅整庵於人有生死理無聚散之說，嘗反復窮之而未得其歸。此固爲從來一大疑團，此處打不破，則佛氏人生而性不滅，王陽明、顏子至今未嘗亡之說，乃狂怪駭人矣。今但就一分之理與全體之理，大小多寡不同觀之，即可以無惑矣。雖然，人又疑之，謂人之所受者，萬分具足，何故與天地之理若是其多寡不同也。不知天下之理，雖毫髮之間，亦自萬分具足。朱子曰：‘一卦一爻之中，又自有陰陽五行許多道理。’又曰：‘元亨利貞，一歲有這四段，一日有這四段，即至一息之間，也有這四段。’由此觀之，則人之萬分具足也明矣。蓋豎言之則一息亦具足，橫

---

① “器光”，原稿脫“器”字，據《學案小識》卷九補。

言之則一物各具足，此人之所以無歉於天地也。物得其偏，而人得其全，聖人則又得其清明純厚而爲全之。全者，所以極其理之全量，便與天地參也。然與天地參處，亦只是功業耳。究之天地在，而聖人已不復見矣，安能常在不滅乎？此最是明白處，不容妄生疑慮也。且理有橫而具足者，便當就橫看之；豎而具足者，便當就豎看之，以其分之不同也。故元亨利貞，四德雖生而已具，然自生至死，其間流行處，又自當分爲四段也。分爲四段，則人之有生而必有死者可見，皆理之爲之矣。大抵人生三十年以前是元、亨主事，三十年以後是利、貞主事；至於六十，則甲子一周而復從元上起矣。故十五以前爲元，而屬仁；如孺子知覺未開，而生意醇氣，自然可愛。十五以後，漸漸亨了，屬禮；始能入大學而教之以禮。又十五年至三十以後，則爲利主事，而屬義；此時發強剛毅，無事不可爲。到四十五以後，則漸是貞主事，而屬智；故氣味收斂退藏，而於事理則愈精，於意氣則愈減，不復少壯之豪舉矣。六十以後，或得氣之厚者，則又從貞起元，此時雖歷練老成，而意思又覺醇厚溫柔，有孺子之氣象，而爲元、爲仁焉。由此又進，亦只此理，漸漸運行。如堯、舜之在當時，則是得兼人之分，故其年百有二十，倍於常人也。氣之自少而壯、而強、而老死者，皆一理之流行，而爲元、爲亨、爲利、貞之不同如此。邵子嘗以數推之，其大意亦與此同。愚則就理觀之，尤爲明白可見也。惜前明諸公究心於此，而不得與之同時上下其論也。人又有於四德中獨稟一理而生者，故氣質有不同處；但一理之中，又必具四德耳。”此篇推勘四德，發前儒所未發，而以年數分配言之，恐天地之理未必若是其板也。先生又恒言《圖》、《書》、《易》、《範》大略，比彙其板數者居多；然而工夫細密，則亦有不可及者矣。

《國朝耆獻類徵初編》卷四百九《儒行》：童能靈，字寒泉，汀州諸生。嘗與雷鋐論《易》，鋐主李光地，能靈言《易》主《河圖》以明象數之學。有《周易膡義》二卷、《冠豸山堂集》二卷。右《文獻徵存錄》，錢林撰。

《國朝先正事略》卷三十《名儒》，附《張警庵先生事略》曰：童先生，諱能靈，字龍儔，晚號寒泉，警庵同邑人也。爲諸生，好學，守程、朱家法，不失尺寸。乾隆丙辰，薦博學鴻詞，累舉優行，皆以母老辭。母年登九十，兄弟白首同居。居喪以禮，化及鄉人。學使者重之，欲以優行貢成均，仍不赴。乙丑，主漳州芝山書院。閱七月，以微疾端坐而逝。前一夕，與學博鄒君共飯，出手書一帙，皆身後事也。年六十有三。著有《朱子爲學攷》，專攷朱子爲學次第，其間深淺疏密、異同曲折，逐年逐月，纖悉畢具，與陳氏《通辨》一書專論朱、陸異同者稍有別云。又著《理學疑問》、《周易賸義》、《樂律古義》、《河洛太極辨微》諸書，皆從苦心力索得之，雷翠庭先生稱其"精神與古經傳相憑依，所造深以邃"。嘗再游武夷，歸築室於邑之冠豸山。翠庭嘗訪之，孤館寒燈，商訂舊學。時北壁破，風氣栗烈，以草薦障之，意怡然自樂也。連城理學始自宋之邱起潛、明之童東臯，而警庵、寒泉繼之，力敦倫紀，嚴辨朱、陸異同。張清恪撫閩時，建文溪書院，祀起潛、東臯兩先生。起潛，蓋長汀楊淡軒高弟；東臯，則臨川吳康齋高弟也。後增建五賢書院，中祀宋五子，而以警庵、寒泉配焉。

《採風小傳》曰：童君能靈，字龍儔，號寒泉，汀之連城人。性至孝，家貧力學，舌耕以養。好義周急，雖乏必拮据以應。鄉鄰薰其德，稱仁里焉。於書無所不窺，而歸宗於性命。結廬冠豸山十餘年，一榻如老僧。著述等身，有《周易賸義》、《洪範賸義》、《太極辨微》、《中天河洛》、《詩大小序辨》、《三禮分釋》、《理學疑問》、《樂律古義》、《朱子爲學考》、《朱陸淵源考》、《留村家學述》。留村者，其父也。門人醵金剞劂，學者珍之。龍儔素沈默寡言笑，然樂誘生徒，問答往復，數千言不倦。兩舉博學鴻詞，以母老不赴。乾隆乙丑，予聘掌教芝山，多所造就。年六十有三以貢士終，祀於鄉。

《清史列傳》卷六十六《儒林》附張鵬翼傳曰：童能靈，字龍儔，亦連城人。貢生。乾隆元年，舉博學鴻詞，累舉優行，皆以母老辭。母年九十，兄弟白首同居。居喪以禮，化及鄉人。年六十三卒。能靈爲學，守程、朱家法，不失尺寸。自以僻處寡聞，嘗遊金陵，考先朝遺跡；訪武夷精舍，廣求朱子遺書。歸而築室冠豸山下，潛心探討十餘年，默契誠意致知之學。以朱子早晚異同之辨，大要四端：曰一貫忠恕、曰未發已發、曰太極動靜、曰仁、曰心性、曰體用、曰理一分殊、曰空妙、曰實理、曰默識而存、曰循序而進。因考其爲學次第，分年記載，加以案語，爲《朱子爲學考》三卷。又於日用體驗間，札記其言心、言性、言仁、言情者，爲《理學疑問》四卷。嘗與雷鋐論《易》，能靈主《河圖》，以明象數之學，著《周易賸義》二卷。其論樂律，謂《洛書》爲五音之本，《河圖》爲《洛書》之源。《河圖》圓而爲氣，《洛書》方而爲體。五音者氣也，氣凝爲體，體以聚氣，然後聲音出焉。蔡氏《律呂新書》，沿《淮南子》、《漢書》之說，誤以亥爲黃鐘之實，惟所約寸、分、釐、毫、絲、忽之法，其數合於《史記·律書》。因取其說，爲之推究原委，著《樂律古義》二卷。他著有《洪範臕義》、《詩大小序辨》、《三禮分釋》、《中天河洛》、《太極辨微》、《朱陸淵源考》、《五倫說》、《冠豸山堂文集》。連城理學，始自宋之邱麟、明之童昱，而鵬翼、能靈繼之，力敦倫紀，嚴辨朱、陸異同。儀封張伯行撫閩時，建文溪書院，祀麟、昱。後增建五賢書院，祀宋五子，而以鵬翼、能靈配焉。

《四庫全書提要》卷十《經部·易類存目》:《周易臕義》二卷，福建巡撫採進本。國朝童能靈撰。能靈，字龍儔，連江人。雍正中貢生。其論《易》，專主《河圖》，以明象數之學。雖曼衍縱橫，旁推曲闡，亦皆有一說之可通。然云得作《易》之本旨，則未必然也。其亦張行成之支裔與?

按:《提要》作“連江人”，誤也。

又按:《府志》卷三十《人物》有傳。

又卷三十三《文苑》，不錄卷數。

《自序》曰:《易》有理焉，有數焉，有象焉。理無體，以象數爲體。是故舍象數而談虛理，非《易》也。理有分殊而數著，數有奇偶而象分。一數具一象，如形之取影，各肖乎其形。全數具全象，如冶之鑄金，不躍乎其冶。自其異者而觀之，爲《圖》、爲《書》、爲大衍之體與用，即數與數異也。爲先天、爲後天，爲《周易》“序卦”與“雜卦”，即象與象又異矣。自其同者而觀之，大衍即《圖》、《書》之全體而無餘欠也，《周易》即先後天之合撰而無參差也，豈惟是哉?《圖》、《書》之正，非先天無以觀其靜其變也，非後天無以求其動。而先天之靜，含後天之動以爲《周易》也，非《圖》、《書》爲之分中分邊，則象之由根幹而枝葉者不辨矣。非大衍爲之別體別用，則象之由分合伸縮者不見矣。以根幹、枝葉而分合伸縮，然後方圓互通。卦數六十有四歸於《河圖》，而五十有五統於大衍，而五十變而之用爲四十有九，而分卦、揲扐、象兩、象三、象四、象閏者，天以之運行，地以之奠位，萬物以之類聚群分，聖人以之觀會通而行典禮焉。蓋其爲全數全象者如此，即其爲一數一象亦如此，此《易》學之體要也。夫四營而成《易》，十有八變而成卦，方其三變而成一爻，其爲分卦、揲扐者，已悉具於其中焉。是故《易》統於六十有四，而一卦一爻，莫不具六十四也。引伸觸類而可以畢天下之能事者，此也。然其本初不出乎天一地二、天三地四、天五地六、天七地八、天九地十之《河圖》，則庖羲所以立畫，文、周所以繫辭，而孔子所以爲之傳者，悉取諸此，未之或溢焉。遍選前哲之書，其於《易》理無遺憾矣。而獨此象與數之間分焉而實合,異焉而實同者,猶有待於學者之推求焉。靈自早歲受《易》先人,於今白首,僅而得之。乃備著其說,以爲有志於象數者,庶幾於此得其門庭焉。即全《易》之理,可循是而貫通,其於初學,未必非一助也云爾。乾隆己未歲五月望日,連城童能靈謹書。

按:此書前有自序,其第二篇乃《樂律古義序》而誤附於此者也。有凡例七條。始刻自其子思承,光緒二十三年秋重刻。

《全閩道學總纂》卷三十八有傳。

洪範膡義

童能靈撰

《通志》卷八十《經籍》著錄。

按:此書今未見。

詩大小序辨

童能靈撰

《通志》卷八十《經籍》著錄。

按:此書今合刻於《冠豸山堂文集》中。

春秋膡義

童能靈撰

按:此書據《冠豸山堂全書目錄》補,今未見。

樂律古義二卷

童能靈撰

《通志》卷八十《經籍》著錄。

《四庫全書提要》卷三十九《經部‧樂類存目》:《樂律古義》二卷,福建巡撫採進本。國朝童能靈撰。能靈有《周易膡義》，已著錄。是書謂《洛書》爲五音之本，《河圖》爲《洛書》之源。《河圖》圓而爲氣，《洛書》方而爲體。五音者氣也，氣凝爲體，體以聚氣，然後聲音出焉。蔡氏《律呂新書》，沿《淮南子》、《漢書》之說，誤以亥爲黃鐘之實；惟所約寸、分、釐、毫、絲、忽之法，其數合於《史記·律書》。因取其說，爲之推究源委，以成是書。夫萬事萬物不離乎數，故旁牽蔓引，無不可比附於《圖》、《書》，而律、歷兩家以禮爲根，尤易於假借。其文敷衍成理，非聖人作樂之本旨也。伶倫製律，何嘗一字及《圖》、《書》哉？

按《府志》卷三十三《文苑》不著卷數。

《自序》曰：學者窮理格物，禮樂，其大端也。《禮經》猶存而《樂》不傳，迄今可見者獨猶有所爲五音、六律之數焉。考於傳記，《史記·律書》最爲精備，《呂氏春秋》猶足以補其所未及。雖一以黃鐘爲八寸一分，一以爲三寸九分，然兩者實通爲一律而循環無端也。世之爲律學者，黃鐘轉生諸律，諸律即不得返黃鐘；亥子之間，首尾衡決，非所謂流而不息者矣。有明之季，李文利獨祖"三寸九分"之說，並時相繼而起者，人立一說。或以黃鐘爲九寸，以三寸九爲蕤賓之律；或謂九分之律即十分之寸，亦或爲十寸之尺，大都皆以意定分寸。至於割裂《圖》、《書》，顛倒《易》象以就之。秦漢而下，樂律之失，未有甚於此時者矣。原其意，始於不信蔡氏《律呂新書》，嘗亟攻之，而延及於朱子。夫朱子於蔡子之書，嘗序而傳之矣。迨其晚歲著《儀禮經傳通解》，獨存蔡氏所約寸、分、釐、毫、絲、忽之法，而書其後曰："亥之一十七萬七千一百四十七，未見其所用之實，今存之以備傳寫之誤。"然則朱子固已黜其說而特存其數矣。蓋蔡氏之說正沿《淮南》、《漢書》之誤，以亥爲黃鐘之實也；然其數固《史記》之數，未之有改也。靈往者嘗求之而不得其端，其後讀《易》而探其源於《圖》、《書》，竊以謂天下之理無出於《圖》、《書》之外者，則以律合之，果有合焉。已而玩之者既久且熟，益知此數統於《圖》、《書》，通於《易》象，而一本諸天道之運行，所以定四時而成歲者，絲毫無或爽也。故其爲數，與《圖》、《書》、《易》象相表裏，且得因是以窮《圖》、《書》、《易》象之變。今試取而布之，自子至亥，次第順行，一陰一陽，爲氣爲體，有合有分，有始而未始有始，有終而未始有終，似隱而實顯，似繁而實簡，可以見天地之中焉，可以見萬物之始焉，可以見人之受中於天地之實焉，可以見雷霆、風雨、草木、鳥獸鼓舞於生機之不息而不自知焉。微而性命之精，著而形骸之粗，莫不有所當然與其所以然者，而皆於此有得焉。然後知此數蓋上世所流傳，非遽自爲之也。既爲逐節詳著於篇，復撮其大義於首簡。雖於禮樂之道無所能窺，而區之數則或格物窮理之學所不欲遺焉。爰書而存之。時乾隆己未端午，連城童能靈寓武夷精舍。

按：此書凡二卷，其《自序》，光緒重刻本誤附於《周易臟義》。

朱子爲學考三卷

童能靈撰

《通志》卷八十《經籍》著錄。

《四庫全書提要》卷九十八《子部·儒家類存目》：《朱子爲學考》三卷，_{福建巡撫採進本}。國朝童能靈撰。能靈有《周易臟義》，已著錄。是編考朱子爲學之次第，分年記載，而於講學諸書，各加案語以推闡辨論之，蓋繼《學蔀通辨》而作也。同時寶應朱澤澐亦有是書，大致皆互相出入。

按：《府志》卷三十三《文苑》不著卷數。

《自序》曰：子朱子之學，博文約禮，兩造其極，而有以集諸儒之大成焉。蓋前人之論具矣。夫博約，孔子之教也，而朱子造其極。然則後之學孔子者，舍朱子其誰適焉？朱子既殁，學者奉爲準繩數百年。至明之中葉，始頗爲異說以亂之，朱子之道幾於晦蝕。我國家崇尚正學，表章朱子以風示天下，士之生於是時，咸知向往而不惑於岐途，以臻於一道同風之盛者，豈偶然也哉？靈少受學於家庭，先君子留村府君即授以《章句》、《集注》及《太極通書》、《西銘解義》，曰：“此朱子晚年定說也。”於時蓋既聞其學有早、中、晚之異，顧未有以辨。久之，遍讀遺書，所見異詞，輒爲標識其端，徐而察之。則其間所與知舊門人講學之餘，往往旁涉時事，因可按以年譜及史而得其歲月先後，確有據依，然後本其平生手筆，參以門人記錄，逐一剖晰。竊見其說之遠至數十年，近或數年，亦或數日而一變者，其爲淺深、疏密、異同之辨，雖曲折纖悉，猶可得而見焉。因名其編曰《朱子爲學次第考》。書成，閱十餘年，頃爲同學鈔錄，頗及遠近。顧念朱子道學之精微，非淺陋所窺；而學者將由朱子以達於孔氏，則於其生平議論、本末先後與所爲淺深、疏密、異同之辨，固有不可以不考者焉。爰自識其卷端，以質諸同志云。乾隆元年二月既望，後學連城童能靈謹識。

按：此書前有自序，次凡例，凡二卷，亦光緒間重刻者。

理學疑問四卷

童能靈撰

《通志》卷八十《經籍》著錄。

《四庫全書提要》卷九十八《子部・儒家類存目》：《理學疑問》四卷，福建巡撫採進本。國朝童能靈撰。首卷言心，二卷言性，三卷言仁，四卷言情。其論心曰：“氣之精爽爲神明，神明之渣滓爲氣，氣之渣滓爲形。心其精，而形氣其渣滓也。”其論性，謂：“氣質中亦有義理。”其論仁，謂：“仁先須理會愛之理，未發之愛，是爲愛之本體，而得名之曰仁。”其論情，謂：“思慮是心之用，而情行其中。”又以《孟子》四端爲逆觸吾性而發者，其情屬陰；《中庸》喜怒哀樂爲順吾性而發者，其情屬陽。自序謂：“專心於聖賢先儒之旨，閱十餘年日用體驗，間有所見，輒自札記而成是編。”然多師心臆說，不能一一愜理也。

《自序》曰：舊著《理學疑問》數卷，雍正二年，學憲華亭黃公鑑定，同學稍稍流布，後屢悔其詞費而理仍未盡也。甲寅冬，友人太史翠庭雷子過焉，商訂舊學，語及。於是愚告以辨說之意多，涵養之意少，迫切淺露之象每見於語言之間，即今舊習未能除也。雷子以爲然，欲愚自爲更定。愚方抱疴，精力不逮，乃即舊刻原本，刊去其字句冗漫者，不能如意也。卷末補附數語，姑識近日所見，又以俟他日之或有進焉。愚生長昇平，承詩書舊業不敢自棄者，蓋程子有“天地間一蠹”之說，常自儆省也。矧自少未從他師，惟受學於先君子，粗知義理蹊徑，中間頗奪於詩文博雜之途。年近三旬，先君子即世，追念餘教，始專心於聖賢儒先之旨。閱十餘年，日用體驗，間有所見，輒自札記而成是編。或病其言之煩，亦或喜其說之詳，今又閱十年而不能自定也。然憶先君子嘗舉朱子論先天易云：“是有許多層數，吾人致思義理，須歷許多層數。或略去一層，即於其間曲折處未盡，異時伏下疑根，終作此理障礙。”愚於是編，仍有許多層數，亦先君子之教云。

按：此書亦光緒間重刻者，有自序，凡四卷。卷一《心字問》：“心似有物似無物，似氣似非氣，其虛靈之妙，人身顧安所得。此謂是天之所與，畢竟天何以有此靈爽？但謂天自然，靈爽尚鶻突在。”卷二《性字問》：“性何以即理？何又有氣質之性？氣質之性，與義理是二是一。且理固非動物也。何以感通時，躍然明是此理，發現又在未發中。只是此一理，何以發出各各不同，而仍只一理？”卷三《仁字問》：“仁是生理，然生生之妙，只似氣機，何以不混於氣機而見此理生生之妙？”卷四《情字問》：“孟子四端，分屬仁、義、禮、智，則中庸亦當分屬。今喜、怒、哀、樂，四者之中，何者見得是屬智？”此爲其卷端發問語撮要。序云“華亭黃公鑑定”，即牧石先生也。

五倫說

童能靈撰

《通志》卷八十《經籍》、《府志》卷三十三《文苑》並著錄。

中天河洛

童能靈撰

《通志》卷八十《經籍》著錄。

按：是書合五倫說，即《冠豸山堂文集》第一卷，見《提要·別集類存目》。

《府志》卷三十三《文苑》並著錄。

朱陸淵源考

童能靈撰

《通志》卷八十《經籍》著錄。

太極辨微

童能靈撰

《府志》卷三十三《文苑》著錄。

按:《通志》卷八十《經籍》著錄,誤衍"河洛"二字。

冠豸山堂文集三卷

童能靈撰

《通志》卷八十《經籍》著錄。

《經筍堂文鈔》卷上《冠豸山堂集序》曰:寒泉童先生遊武夷歸,講學著書於冠豸山,其子因以名其集。余觀海內人士詩歌、古文與山川相映發者多矣。嗜性命之學、吐納烟霞、吟弄風月、蕭然自得如寒泉者,不數數覯也。寒泉長余十有四齡,爲忘年交,自里居以逮京師,郵筒尺一,所相期許者何事?今寒泉謝世已十二年,余亦已六十有一,浮沈仕宦,學不加進,冥冥中恐負良友。讀《冠豸山堂集》,益愾然我思古人也。嗟乎,世之人豈遂無捐嗜欲、薄世榮,深知篤好此學者乎? 有之,則知寒泉之味深矣。余可無言。①乾隆丁丑立秋日,翠庭雷鋐題。

《重刻冠豸山堂全書序》曰:我童氏自十三郎公由童坊青巖里徙居連城,爲連城始祖。二傳靜齋公,爲宋理學。七傳慎齋公,爲元理學。十傳、十一傳東皋公、尋樂公父子,爲明理學。事載省志,崇祀鄉賢。代遠年湮,而書籍失傳。尋樂公著有《顧諟錄》、《家述訓蒙》等集,晚受業王陽明先生門,族譜中載贈答詩歌及傳、序諸作,未足以窺全豹。十一傳賓山公,以名宦崇祀鄉賢,其"築城奏疏",有天地萬物一體之意,偉志已見一斑。十八傳至寒泉公,以理學崇祀鄉賢,載《先正事錄》中。著作最多,其所已刻有《冠鷹山堂文集》、《朱子爲學次第考》、《周易膡義》、《樂律古義》、《理學疑問》。其《留村禮意》,作自其父正心公,而爲公所編輯者也。考其學,出自庭訓。早遊鼇峰,中居武彝,晚結廬冠鷹山,學宗河洛,貫串《易》義,於《大學》、《中庸》、《論語》"一貫"之旨,無不互相發明。《樂律》則本《史記》。其《理學疑問》,爲學憲華亭黃公鑑定。與寧化太史翠庭雷公商訂,郵筒所寄,無非以道德相切劘。而究以朱子爲宗,故其考特詳,而倫紀諸說能窺天人合一之旨,發前人所未發。其書始刻自其子思承公,版藏於家。斌先祖裕亭公,慮久遺失,

---

① "無言",原稿脱"言"字,據《經筍堂文鈔》卷上補。

移存祖祠。其裔孫永懷,將書版刷送,合邑俱有其書。因兵燹并版遺失。茲合族謀再付梓,勸捐集資,故爲敘其緣起如此。二十一代又姪孫積斌謹撰。光緒二十二年歲次丁酉季秋月。

《總目自識》曰:程子曰:“時泰身閒兩難得。”生於本朝,遭時清寧。髮白齒搖,罔敢暇逸。居稽之餘,體驗既久,積有論著。六經四子而外,圖書性命之旨、儒先問學之要,天人之際、倫紀之常,凡身心之所存,皆言論之所及,通爲數十餘種,竊取先人遺意,名曰《清時新書》。蓋上荷國家之休明,下承庭闈之指授,匪敢曰有益於人,庶幾免自棄於己云爾。

《跋》曰:自唐宋文人,有集行世者甚夥,而八家爲最著,要皆能文而取諸道,非必蓄道而後能文者也。我寒泉童先生,敦行孝友,篤於踐履,學問精純,涵養和粹。無論識與不識,一見而信爲有道之士。孔子曰:“有德者必有言。”今觀先生之學,不趨時、不近名,一惟心性是求。恪守閩、洛,根據《圖》、《書》,凡天象之精、歲法之密、樂律之微、倫常之實,無不於河洛數中默識心通,兼綜條貫而知其當然,且得其自然而悉其所以然。而《易》卦疇範,亦於先儒成說後,自有領會。所著諸書,除已刻問世外,他如《詩》之編輯,《尚書》、《學》、《庸》之評點,未及校定。《繫辭傳說》,尤屬先生得意之筆,惜下傳未成,愧無能續貂耳。今先生之子弟群從,別輯其遺文以傳,若《河洛》、《太極》、《五倫》等篇,與諸經傳之解說辨論,廣大精微,耐人尋味。繼之《家學述》、《淵源考》以正其端,《格致錄》以窮其緒。其餘往來贈答、書、序、傳、記類,皆理醇詞茂,氣象渾似朱子。詩賦各體,高情遠咏,風骨直追晉魏以上。此豈嘗有意而爲之?蓋道充於中,文見於外,所謂“篤實光輝,和順積而英華發”者,固非淺學之士所能窺測也。松何能序先生之文哉?亦聊以志私淑之見如此。門人盧欣松頓首謹跋。

《跋》曰:先君子寒泉府君,詩禮出於趨庭,未從他師。爲諸生四十餘年,屢辭鴻博之薦,疊舉優行,未赴成均,一惟優游泉石,坐臥書林。跡其生平,仔肩道義,結茅東郊,訪學鰲峰,歷遊武彝,卒業冠豸山。默契道體,貫穿諸儒,窮盡物理而歸終性命。居恒著述,指不勝屈,大都生前自刻行世。書曰《理學疑問》、《朱子爲學次第考》、《周易賸義》、《樂律古義》,固已公諸同人,無俟多贅矣。惟是先君子應觀察雅公之聘,掌教芝山書院,即於是捐館舍焉。篋笥遺草,手澤尚新。悲思之餘,不忍復讀。迄今十載,始出遺篇,相與商訂編輯。集內所載如《中天河洛》、《太極辨微》、《五倫》、《洪範》等篇,原是自成一卷。今參以應酬諸作,繼以詩賦,彙爲合編,以備全觀。雖非先君子當日之意,然竊嘗倣諸考亭全集,編次遺例,更分爲上、下兩卷,以授梓人。至於餘草未定,以及散落朋友代名諸作,容另參校,一時不敢概附。周子曰:"道德,實也。文辭,藝也。篤其實而藝者書之。"兹彙先君子之遺集,其或庶幾矣乎? 未也。創不揣淺陋,謹書數言於卷末,請以質諸有道焉。男祖創謹識。

按:此書凡二卷,亦光緒間重刻。前有積斌撰緣起,次雷鋐序,次采風小傳,次墓誌銘,次遺像,次總目。全書編次頗雜,其總目中尚有《大學中庸說》、《論語說》、《孟子說》、《尚書說》、《繫辭上傳說》、《張子正蒙說》、《六律五音說》、《蔡氏律呂新書辨》、《陽明要書評》、《五行解》、《風雅頌編》、《天人通》,凡十三種,今皆未見。上卷論二十六首,下卷論文三首、雜文三十七首、詩七十三首、詞二闋。

《四庫全書提要》卷百八十二《集部·別集類存目》:《冠豸山堂文集》三卷,福建巡撫採進本。國朝童能靈撰。能靈有《周易膡義》,已著錄。是編刻本一卷,爲《中天》、《河洛》、《五倫說》;鈔本二卷,皆論學之文。然刻本題曰卷一,必尚有他卷,非完書也。其論"河圖"之中數三五,配《大學》之三綱領,外八數配八條目,一、二、三、四爲"明明德"之條目,六、七、八、九爲"新民"之條目,未免牽合。至於辨六十四卦與大衍相合之數,又以九卦即序卦之餘蘊,序卦爲氣,九卦爲朔,亦苦心研索之學。然大抵附會於術數,朱子所謂"易外別傳"者也。

按《府志》卷四十三《藝文》,童能靈《蒼玉洞銘》曰:"混沌璞判,谽谺寒光。白日且出且沒,雲氣時蒼時黃。至今汀水不敢直下,九龍偃蹇攫拏空徬徨。噫,天不得惜,地不得藏。我銘石旁,遙遙大荒。"

《汀南廑存集》卷四:童能靈《冬夜聽江鵬起彈琴》云:"明月照寒夜,[①]高齋張素琴。月從窗外冷,夜向曲中深。未識古人意,何如江子心。予懷從此遠,聽罷起長吟。"

《冠豸山堂詩集》:《丁未春讀書冠豸山寄示諸子》云:"去年闤闠中,市氣每相央。今年來此地,鬚眉覺聳長。舊遊殊恍惚,新興開天荒。頭上萬仞

---

① "照寒",原稿作"寒照",據《汀南廑存集》卷四改。

石，腳下千尋岡。遙見城中人，望我雲烟光。烟中有桃柳，枝枝發春芒。烟銷如霞現，嫣紅媚新妝。仙人久不來，此意誰相償？得得披向我，教我慎毋忘。指示子弟輩，依依春風傍。世間誰可恃，山中春草香。”《白雲紀遊》云：“白雲掛衣鉢，一徑盤空虛。尋到聲香靜，夢回情想初。溪山了了出，天地亭亭如。平等看飛躍，此時爾與予。”《春雨新霽同弟能良男祖創孫崑宗崙宗嶠宗從武彝迤邐仙掌峰下》云：“尋回舊夢初開眼，報導新天好出門。水綠山青昆及弟，花香鳥語兒攜孫。笑呼幽谷亂仙語，指點明霞辨雨痕。自喜還丹今已熟，會將雞犬傍雲根。”《謁朱子精舍》云：“中峰直起領群秀，前水灣來抱後垠。五百年餘應有待，一千里內豈無聞？寒泉北面摳衣肅，庭草春風拜手芬。幸讀遺文今就緒，長歌招隱出巖雲。”《擬鄭水部題綵氏山詩》云：“仙音宿宿入雲輕，明月依然滿太清。我亦有笙能作鳳，山頭吹徹碧梧生。”

晚亭詩草

童能良 [①] 撰

《冠豸山堂文集》卷二《晚亭詩草引》曰：人稟五性，發爲七情而竅於言，言之不足而暢於詩。故漆園氏曰：詩以道性情。自有三百篇而來，而詩學之未嘗一日絶也。然近古以來，作者代興，而論者獨推元亮陶氏。何也？此無他，以其詩之獨出於性情之真也。余弟晚亭，少從吾遊，不事舉業，而寄情山水。布衣潛修，雖里人，亦莫識也。晚乃買舟武彝，流覽九曲，身益晦而名愈隱。然往往唱吟於山巔水涯之間，世亦卒無知之者。間嘗同遊武彝，卒業五曲精舍。討論之餘，出其詩草以相質問，鉛華落盡，格骨老成，雖不敢比擬於元亮，而自有一片真摯之情、俊逸之氣，超脫時流而不失其性情之真。余洒然異之，始歎漆園氏之最善論詩也。爰筆之，以引其端。

---

① “童能良”，原稿作“童□□”，據《連城童氏族譜》卷十一“璽公周房”補。是譜載：“能良，正心三子，字且忠，號晚亭。少從仲兄寒泉遊，年二十謝舉業。晚寓武夷，同仲兄卒業五曲朱子精舍。講學、賦詩相唱和。著《居稽錄》，編次寒泉遺書行世。”

東山鄉行録一卷

華鼎超撰

《通志》卷八十《經籍》著録。

連乘辨訛一卷

華鼎超撰

《通志》卷八十《經籍》著録。鼎超，字迴士。

寒支詩注五卷

華鼎超撰

《通志》卷八十《經籍》著録。

按:《府志》卷三十三《文苑》不著卷數。

嚶鳴樓詩文集四卷

華鼎超撰

《通志》卷八十《經籍》著録。

周易訓解一卷

沈郊撰

《通志》卷八十《經籍》著録。郊，屢試不得志，閉户著書，以布衣終。

拙山詩草二卷

沈烈撰

《通志》卷八十《經籍》著錄。烈，字象包。諸生。工詩畫、行草、篆隸。晚年徜徉林泉，以筆墨自娛，視富貴澹如也。

春草齋詩

謝國治撰

《通志》卷八十《經籍》著錄。

又卷二百三十六《良吏》：謝國治，號修堂。乾隆庚寅舉人，授福安教諭。攝福鼎，倡修學宮。補建寧教諭，尊經閣爲水沖壞，勸紳士捐修，而祭器、書籍則捐俸補之。截取知縣，改浙江下沙場大使，設法勸輸鹽課以裕。卒於官。

省吾齋文集

謝國治撰

《通志》卷八十《經籍》著錄。

種梧齋詩文集

童廷寅撰

《通志》卷八十《經籍》著錄。

又卷二百四十五《孝義》附楊起熊傳曰：童廷寅，字敬亭。乾隆戊申舉人。主講豸山書院，所得束脩，悉捐爲鄉會卷資。

種梧齋唐宋八家文評選

童廷寅撰

《通志》卷八十《經籍》著錄。

竹隱軒詩集十卷存遺一卷

謝上霽撰

《通志》卷八十《經籍》著錄。上霽,字映川。乾隆間諸生。常從童能靈游,工吟咏,善繪畫。遺稿甚富,童積超爲之編次。

周易撕覺

謝善祥撰

《通志》卷八十《經籍》著錄。善祥,字素吾。乾隆間諸生。

闢邪編

蔣存義撰

《通志》卷八十《經籍》著錄。存義,乾隆間國學生。

澹志詩草

童孫燦撰

《通志》卷八十《經籍》著錄。孫燦,字若星。乾隆間國學生。

按:《汀南塵存集》卷四:"孫燦,連城諸生。有《澹志詩草》,陸耳山爲作序,以'乾坤有清氣,散入詩人脾'稱之。"茲錄其《栽樹》云:"古人留此地,與我栽芳樹。樹長花忽開,心憐春色顧。白雲千里來,伴我青山住。山園傍巖泉,泉飛雲影護。四時潤我園,滋我山中趣。天曙鳥聲開,樹陰山有露。露下清風吹，幽香逮日暮。"《山居》云："日從滄海上，照我巖扉開。春色自青草，池光浸綠苔。坐中花信覺，檐外鳥聲回。堪笑東林叟，移居欲隱來。""幽居雖不遠，自覺世囂離。天朗花心喜，峰高日腳遲。白雲依宿榻，紅鯉躍春池。香意隨人捲，清風處處宜。""晚出柴門望，白雲遙在東。驅光眸益遠，逐景步難窮。霜氣寒山外，蟬聲古樹中。蕭蕭多落葉，處處好涼風。"《題李信夫郊園味石軒次李開士先生韻》云："帶郭人烟近，心閒隔市遙。清溪隨徑繞，奇石列窗朝。竹密開三徑，雲深鎖二橋。著書經幾載，白髮又蕭蕭。"《訪李北溟幽居》云："曾聞盤谷宅，每欲到君山。竹苑藏青史，荷池養白鵬。泉聲通石冷，雲影傍花閑。怪得逃名者，移居遂不還。"《題姪思毅南郊別業》云："斗室有餘地，清芬多種梅。日來扶影上，鳥去帶香回。一沼綠初出，滿園紅半開。依依春色裏，相與醉霞杯。"《山行》云："去去行無事，幽人渾是閒。巖深峰礙日，路斷澗分山。谷鳥先雲入，樵歌背犢還。更宜聽不了，鐘響翠微間。"

北溟詩草

李大鯤撰

《通志》卷八十《經籍》著錄。大鯤，字燕南。乾隆間布衣。

簡溪詩草

童世菁撰

《通志》卷八十《經籍》著錄。世菁，字茂莪。乾隆間諸生。

譚餘雜記十卷

林洪憲撰

《通志》卷八十《經籍》著錄。洪憲，號逸山。乾隆間貢生。生平樂道人善，著《譚餘雜記》，自道學、儒林、詩詞、歌賦以及一材一藝、一言一行之可傳者，無不備。

閩詩選

林洪憲撰

《通志》卷八十《經籍》著錄。

西園酬唱集

林洪憲撰

《通志》卷八十《經籍》著錄。

童氏易通二卷

童積超撰

《通志》卷八十《經籍》著錄。積超，號一齋。嘉慶丙辰舉孝廉方正。

《自序》曰：上經首乾、坤，終坎、離。下經首咸、恒，終既濟、未濟。此本伏羲先天八卦。上經以"天地定位"爲首，下經以"山澤通氣，雷風相薄"爲首，皆以"水火不相射"終焉。外附復、姤二卦，亦竊取伏羲十言之數曰：乾、坤、坎、離、震、艮、巽、兌、消、息。復、姤，即消息圖之中分也。特舉十卦以譚易義，故曰《童氏易通》。

文廟丁祭禮書一卷

童積超撰

《通志》卷八十《經籍》著錄。

太極西銘講義

童積超撰

《通志》卷八十《經籍》著錄。

揲蓍考正一卷

童積超撰

《通志》卷八十《經籍》著錄。

玉屏山房詩稿四卷

童積超撰

《通志》卷八十《經籍》著錄。

詩經如字

李大蘇撰

《通志》卷八十《經籍》著錄。大蘇,字遜坡。嘉慶間諸生。

嗲日小草一卷

李大蘇撰

《通志》卷八十《經籍》著錄。

淇園集

周宗濂撰

《府志》卷三十三《文苑》:周宗濂,字仰溪。連城歲貢生。少穎敏,博極群書,人有阮孝緒、任長孫之目。爲文灑灑洋洋,千言立就。喜汲引後進,於里人士之能文者,每月課其甲乙,設金錢、楮墨以獎之。鄰有吳生,貧不克卒學,給館餐,勉其成。吳旋食餼於庠。嘗立義塚,瘞枯骸,賑人乏絶,完人眷屬,悉力無德色,鄉人咸頌爲長者。所著詩古文《淇園集》,淹雅閎麗,士論翕然宗之。

又卷四十四《藝文》，周宗濂《登高嘯庵》云："仙境塵封不計年，五丁新劈燄摩天。危樓翠聳重雲畫，[①] 絶嶂幽通一指禪。地下龍蛇虚宿莽，[②] 人間村落碎青煙。一聲長嘯蓬萊頂，拂石應鎸覽古篇。"

爨餘小草二卷

楊怡士撰

廷愷《序》曰：楊怡士伯元，汀之名孝廉也。余下車伊始，即耳其名，殊以未獲一見顔色爲憾。丙戌秋，孝廉以重游泮水稱慶，都人士出詩乞予一序。余受而讀之，清新俊逸，超然有陶令之風。栗里遺音，於今宛在。蓋老境也，而歸於淡矣。惜早年著作盡付劫灰，末由一窺全豹耳。雖然，孝廉之爲人，寢饋乎詩書之府，履蹈乎仁義之場。又復遨遊山水，以拓其胸，故能識解高超，不屑屑以詞章名世。倘後之讀是詩者，由其詩逆其志，因而宗其學、契其行，則孝廉之有造於都人士者，正不僅登高能賦云爾也。是爲序。時光緒丙戌秋，知汀州府事長白廷愷撰於鄞江郡署。

《自序》曰：余少喜爲詩，塾師示以妨於舉業，學焉而輒輟。然自漢、魏、六朝及唐、宋、元、明諸家之作，間亦熟讀深思，以求得其近似。興至，形諸韻語，積十餘年，稿如筍束，而存者止百篇。蓋燕石也，而緹襲乎哉？厥後，三赴公車，南北萬里，覽江山之勝概，尋古昔之遺踪，往往游目騁懷，發爲歌咏。故中年以來，著作尤多。丁未下第南旋，居北溪草堂，杜門謝客。課讀之暇，編爲《觀我生齋詩鈔》二卷，非以問世，聊授諸子弟而已。己未正月十日，挈眷避亂蛟洋，蕃兒以余一生精力所存，慮其散失，置之行篋，寄諸傅鈍仙家。十二夜半，聞寇至，走石門，急不暇及，遂唾而棄之。十六日，抵峰市，知傅宅已燬。歸求殘稿，成劫灰矣。惟是數十年中，探囊續咏，刻燭分題，或泣或歌，以自道其甘苦者，結習未能除也。爰錄舊句，十記二三，次第成帙，更名曰《爨餘小草》，用以誌我生不辰，家室流離之故。如謂琴以焦尾而遇知音，是何足邀中郎一盼哉？時咸豐己未六月十三日，怡士書於觀我生齋之南窗。

---

① "翠聳"，原稿作"聳翠"，據《汀州府志》卷四十四改。
② "龍蛇"，原稿作"龍迱"，據《汀州府志》卷四十四改。

按：怡士，連城人。嘗從何子貞遊。此集爲其子煥藜所校訂，光緒丙戌秋鐫，板藏北溪草堂。集中詩如《滕王閣》云："祇因客路此停舟，攬勝來尋帝子洲。風雨半空飛閣起，乾坤終古大江流。笑譚應有蛟龍聽，圖畫都無蝴蝶留。佩玉鳴鑾杳何許，王韓序記獨千秋。"《舟發贛縣》云："贛水東南泝上流，半篙新漲晚移舟。稻花香送山前雨，榕葉陰含古岸秋。嘯咏只憑詩一卷，裝資尚有帖雙鈎。故鄉欲問歸來計，谿北編茅狎白鷗。"五言句如《斜日》云："網斷看蛛補，林喧數鳥還。"《不寐》云："饑鼠循空案，飛蟲落短檠。"《金沙道中》云："亂峰含雨色，群木併秋聲。"《賞花聖安寺》云："留賓花作主，得句酒爭功。"《上皇恐灘》云："林端懸纜影，石罅戰灘聲。"《晚泊》云："樹靜雲生渚，江空月上船。"《園居》云："筍穿幽砌裂，花護小亭欹。"《曉發》云："雲斂穿山骨，湍深隱石稜。"《峽江舟中》云："江橫匹練白，城割衆山青。"《晚晴》云："鴉翻藏葉雨，人逐渡溪雲。"七言句如《小金山蘭若》云："十里溪山黃葉路，半空鐘磬白頭僧。"《雨後出游》云："風約斷煙橫絶浦，日含殘雨過前邨。"《僻居》云："繞籬花滿常分品，排闥山多不記名。"《秋夜憶蕭大》云："紅杏香濃春甕酒，綠槐陰靜午窗書。"《金山寺》云："樹遠平分京口驛，峰高獨障大江流。""檻外帆檣通楚越，壺中樓閣貯乾坤。""日含塔影浮瓜步，潮帶鐘聲落海門。"《閒居》云："花蹊過雨紅黏屐，秧水搖風綠到門。"《初春》云："魚知暖氣衝波見，鶯試新聲載酒聽。"《漫興》云："新筍穿籬鷄鬬户，低枝橫沼蟻成橋。"《書感》云："世路老來偏入險，人心亂後轉忘危。"

卷十六　清·上杭縣

讀史隨筆

邱夢鯉撰

《通志》卷八十《經籍》著錄。

按：邱夢鯉，字漁父，號樗庵。幼工制藝，尤善詩古文辭。崇禎癸酉舉於鄉。順治丙申，任山西榆次縣令。初至，洗刷積弊，如稅糧外耗、布戶常例併一切雜徵不登賦額者，悉除之。嘗捐俸修文廟。比去，攀留者至四五十里。歸後，日鍵户讀書，邑中紀述，多出其手。著有《歸來草》、《澹園集》、《讀史隨筆》數十卷藏於家。《邱氏家譜》。

又按：《府志》卷三十三《文苑》有傳。

佚。

澹園集

邱夢鯉撰

《通志》卷八十《經籍》著錄。

按：《府志》卷三十三《文苑》著錄，“集”作“草”。

又卷四十《藝文》，邱夢鯉《九仙巖記》曰：縣東之十里，緣溪行，有石阜，昂首圓背，張其爪距，回顧而北，若奔若蹲，崇竦於大溪之側者，爲獅子潭。迤潭南行，亘口脊，石澗淙淙，挹大溪而流注，虯松披陰於道左。邑人舊疊石橋其上，俯瞰涓流，鱗文班蘚，照映澗中，行者憩焉。稍折而東，逾平田，穿洞口，磴道仄甚。已數武，乃劃然得所謂石巖，深廣可二丈餘，高三之二，碧流遶其下，時爲濺沫涓涓出。環底皆石盤，平邁決溜。爲窟者九，或闊二尺許，或數尺許，深悉倍。是可浴可觴，次第布置，類非人所開鑿，豈所云九仙以是故與？巖址初甚鎪而銳下。先是丙辰歲，邑侯李公衷素覽而奇之，環岸稍疊以石，遊人來，嘯咏其中，始席地而觴矣。折而右迴爲迴峰，斗絶斬削，高數百仞，古木覆之。別爲閣，奉大士其中，扁曰"潮音"。音非有潮而輒名潮者，閣從大士也。面閣一山，盤曲飛來，若垂虹之下飲於澗。文昌閣跨其脊，下有亭翼然，曰"西爽"。朝來氣象，余嘗支頤其閒。顧亭午後紅景沈西，迴眺潮音，若與巉峰峭壁且避且就。曲楹風來，環流縈之有聲，俯而靜聽，杳不知身世之何以頓忘。亭閣皆李公所建，巖之左向，纍石以橋，爲溪漲齧去，亭閣僅存。余曾倡爲募緣，誅茆蕢石，環岸疊砌，小束以殺其衝，橋石以木爲之。又別爲橋於潮音之右以渡，舊庵旋爲水所圮，壞岸之石，激走殆遍，亭閣今亦零落。俯念成廢，不勝今昔之感已。乃舍去，緣溪別尋徑上，叢篁夾岸，紛紅駭綠，蓬蒿蒙茸。攝衣而登，則九仙庵巍然在陰翳中，舊有扁曰"棲霞深處"。九仙，不詳所始，或云何氏九子悟真於莆之仙遊，有湖焉。諸頂禮者以夢相指，然恒秘之，不輕以示人。庵之創，未必不權輿於此也。庵北又爲玉皇閣，平疇數畝，林木交暢，旁種茶數百株，客來擷以相餉。余向以甲子春讀書舊庵，明年，復坐玉皇閣，相隔二十五年矣，今別以尋山過此，遍求舊跡，仿佛不可得。恐昔賢大夫好事之意，遂泯滅無傳，聊追述此，以備山棲之志。戊子冬月，邱夢鯉記。

佚。

歸來集

邱夢鯉撰

《通志》卷八十《經籍》著錄。

按《府志》卷三十三《文苑》著錄。"集"作"草"。

佚。

瑞元遺稿

邱之麟撰

按：邱之麟，字瑞元。此稿係鈔本，未經編次，缺殘頗多。《杭志·孝義》有傳。

丞沂紀略

李憲卿撰

按:李憲卿,字挹度。順治十一年甲午選拔。有文名,城南李氏梅莊,即其讀書處。同里劉鼇石坊、吳江潘次耕耒,皆與交遊。嘗任沂水縣丞。

又按:《天潮閣集‧癸亥春暮飲城南李氏梅莊》云:"虛亭當遠景,高曠得予懷。野水亂流合,晴山四望皆。鳩聲春樹密,人影夕陽歪。既醉招樵牧,狂歌與女諧。"

邱嘉穗《書後》曰:昔韓子記藍田丞廳壁,稱:"諺數嫚,必曰丞,至以相訾謷。"俗之薄也,自唐而已然。顧吾謂今日之吏,由丞而上,得恣所爲,以貪墨不自立,受人訾謷者何限? 不則,進君公,退爾汝,面是背非,嫚亦弗能免。而丞也,貳令一邑,漫不可否,事猶無得而訊焉。若吾邑挹度先生,少讀書,負經世才,以鄉貢高等丞沂水,轉署益都、壽光兩邑,所至廉仁慎法,政聲藹然。歲丁卯,余入京師,取道山左,去先生謝事時已十有餘年,聞晤兩縣士大夫及其父老子弟,猶述當年一二事,相與贊嘆之不衰,又何嫚且訾之有? 愚讀《丞沂紀略》,因感韓子之言,援筆書於其後,以見先生之深入愛敬者,於此足見一斑;而唐諺之所爲可嫚可訾者,固當在彼不在此云。

潛齋集

梁九韶撰

按:梁九韶,字賡成。《杭志‧選舉》:"九韶,康熙十八年己未歲貢。有《潛齋集》行世。"

今佚。

半舫齋詩集

溫天咫撰

邱嘉穗《序》曰:余初隸郡學,而天咫亦爲邑諸生,落落不相識,然皆以文辭有名於時，未嘗不聞聲而相思也。已而以試事同校郡中，並列高等，名次相後先。各自快其向慕之意，過寓舍索文，一見懽如平生。又五六年，予再罷公車，浮沈連蹇，荏苒無成；而天咫才日高，學日富，詩名大噪邑中，吾益以奇之。今年冬，天咫始手一編，囑予爲序。予奇而讀之，累日夜不厭。盡其卷，皆清新有思致，朗朗如玉山瑤林，秀出人表，不可梯接。信哉，天咫之雄於詩也。天咫乃祖六庵先生，負忠孝大節，博雅沈雄，過目成誦，時人比之張茂先。天咫淵源家學，胚胎前光，故其爲詩富有日新如此。然六庵先生遭逢鼎革，深自韜晦，卒不得少展其蘊蓄；而天咫夙擅異才，且暮取青紫如拾芥。吾知六庵先生之學之未竟者，必將於天咫焉發之。蓋天咫嘗《夢早朝》詩云：“西山殘月落，東壁曉星高。”其以茲言爲左券也可。

四書折衷

郭萃撰

《通志》卷八十《經籍》著錄。

又卷二百三十六《良吏》：郭萃，字虞修。順治丁酉副貢生，知武進縣，有德政。康熙十三年，逆藩之變，兵馬絡繹，供饋無缺，人民安堵。後值水旱，賑饑授粟，撫綏周至，大府嘉其能。去官後，猶令督濬孟瀆河，設閘築隄。年七十八卒。

《上杭縣志》卷九《德業》：郭萃，字虞修。家清貧，苦志勤學，方弱冠，遂有名於時。登順治丁酉副榜，以廷試第一人授武進令。愛民禮士，綽有政聲。康熙甲寅，耿精忠變，兵馬馳走於道，應接不煩，城郭無擾。己未、庚申，兩逢水旱大災，萃蓋廠哺饑，按户授粟，尤見撫綏。先是武邑多逋賦，積至鉅萬，萃催科得法，不尚苛刻，民皆樂爲輸將。上憲嘉其能，委署常州通判。後去官，猶委督濬孟瀆河，設閘築隄，勤勞有功，事載毘陵志乘。年七十八卒於家，著有《四書折衷》行世。

佚。

宰咸存略

莫之偉撰

念廬師《莫穎修先生傳》曰：莫先生諱之偉，字偉人，一字穎修，上杭縣人。幼孤，母撫之成立。順治十四年舉於鄉。赴春官試不第歸，讀書山寺，一燈自課，熒熒達旦，禪鐘晨動，猶咿唔不休。除歲時省母外，足跡未一履城市。十八年，遂成進士。值總督李率泰招降，銅山提督蔡祿率兵弁三千餘人駐縣，軍民雜居，人心惶懼。先生倡率里者改修千戶所爲衙署，就東北郊曠地建築營房千餘間居之，軍民以安。謁選，得陝西之咸寧。咸寧與長安爲省會附郭邑，文武大吏密邇咫尺，八府不決之獄，輒發兩邑鞫訊。先生平情準法，不稍偏阿，彙所讞二百餘獄，刻之爲《宰咸存略》。有一言而活至數十人者；有脫之於難，卒奮起戎行，膺節鉞爲封疆殉節大臣者。不二載，以微過罷，遂不復出。先是，康熙初，崑山徐尚書乾學，年少未第，至杭徜徉山水，游南塔、普陀諸勝，皆與之俱，時先生甫通籍云。《宰咸存略》，今佚。論曰：長汀黎大參云："予壬子入秦，見其父老子弟舉述穎修一二軼事，猶相與咨嗟歎頌不置。值此民生日蹙，蘄一二慈惠賢良之吏不易；得之，又不獲竟其設施。"深爲歎惜。於時，大參居林下，負鄉里重望，推重若此，又處置蔡兵弁，關懷地方疾苦，固非徒潔己自好者。至與徐崑山雅故，欲知其人，視其友亦足徵平日之聲氣矣。舊志泯然無聞，爰參合託素齋所爲《房稿》及《宰咸存略》兩序、徐崑山《遊普陀峰記》，並見於舊志紀異中者，爲之補傳，用不沒先哲焉。

又自識曰：舊志不爲穎修立傳。近年重修邑志，予忝任總纂，擬爲補之。包君千谷言：聞雷君一枝云，三藩之變，穎修有附耿之嫌，故舊志削焉。予聞而疑之，乃檢《託素齋集·宰咸存略序》，編在三刻，係己巳刻竣之後所存，自序作於乙亥六月。使穎修負嫌疑近在二十年內，其文何以存之集中，且稱先生以吾黨乎？又舊志藝文載穎修《總督姚公學田記》，作於康熙二十二年癸亥，正在平三藩之後，被嫌之說，不辨自破。邑中並未聞此說，不知一枝何所據而云然？亟爲補傳，存之集中，并附辨於後，以祛後來之惑。戊辰夏四月晦識。

黎士弘《序》曰：古今言治刑者，率首皋陶。讀《尚書》而見帝之命陶也曰："刑期無刑。"陶亦曰："好生之德,洽於民心。"則刑者,固仁人君子之用心,與教養同源一致也。後世去古遠,小民輕於犯法,治獄者遂以武健嚴酷爲勝任,故史家於循吏、酷吏特各爲立傳。其傳儒林則僅志其著書立說,而不及其他。儒林既無所表見,循吏又世不多有,以天地涵濡愛育之百姓而付之一二深文巧詆之手,聽其鍛鍊周內,使怨抑之氣化爲刀兵,溢爲水旱,鬱爲沴厲,民之息肩也,其何時乎?觀《漢書》所載酷吏,莫甚張湯。湯固起家刀筆,屢遷至九卿,知上嚮用文學,乃請① 博士弟子員習《春秋》、《尚書》者補廷尉吏,凡決大獄,附會經義,使陷法者無得解免,而人主以爲引經據法,深信而不疑。《尚書》、《春秋》,豈城旦之書?而陰鷙者竟藉之以殺人而不惜,是儒林又酷吏之先資。周亞夫謂刀筆吏不可用,即文學亦安② 足用哉?吾黨莫穎修先生,以制科高等出宰咸寧。咸寧,三秦都會,文武大吏棋布星聯,八郡訟獄莫不于長安、咸寧兩邑是問,使穎修側足輕重,一言關人生死。乃穎修居心若秤,麗法平情。今讀其讞牘二百餘紙,有一言而活至數十人者;又有脫之於難,卒奮起戍所、膺節鉞、爲封疆殉節大臣者。穎修豈以國法市恩?抑惟是求其生而竟得生之心,人與己兩無恨而後止。惜穎修不竟所爲,不二載,以微過去。予壬子入秦,見其父老子弟略述穎修一二軼事,猶相與咨嗟贊誦不置。夫民生日蹙,得一二慈惠賢良之長不易;既已得之,而又不克竟其設施,豈真儒林文學無所短長,而必武健嚴酷方足勝任愉快耶?今穎修彙刻其稿以示子孫,又將傳諸海內士君子,固不存逝梁發笱之見,即福澤報應,亦儒者所不言。然于定國,何比千之前事赫赫猶在人耳目也。誰謂報應全虛哉。

莫穎修集

莫之偉撰

《通志》卷八十《經籍》著錄。

---

① "請",原稿作"書",據《託素齋文集》卷五改。
② "安",原稿作"定",據《託素齋文集》卷五改。

四書講章

郭圖撰

《通志》卷八十《經籍》著錄。圖,字穎宗。順治間貢生。

按《杭志》卷九《文苑》:郭圖,字穎宗,歲貢。英年以帖括知名於時,邑中士遊其門者甚衆。性質溫厚,不矯激,亦不詭隨,故人爭敬禮之。所著《四書講章》,後學奉爲津梁。

佚。

三才指掌二十四卷

劉坊撰

按《通志》卷八十《經籍》引《閩汀文選》:"劉坊,原名琅,字季英,號鼇石。祖廷標,爲雲南永昌判,明季殉國難,父之謙從焉。坊生於滇,及長始歸。嘗言:'吾周游五嶽,歷遍天下九萬六千程。'"

《杭志》卷九《文苑》:劉坊,字鼇石,太學生。祖廷標,父之謙,仕雲南,俱死難。坊生於滇,長而始歸。性奇慧,讀書數行並下,經史子集,號稱淹貫。工詩、古文詞,嘗謁寧化李世熊,與討論者三載,謂鼇石高談每驚四座。繼游京都,公卿大夫,交爲延譽。然以放曠不羈,究淪落於寧以卒。著有《天潮閣文集》行世。

念廬師《上杭劉鼇石先生傳》曰:先生劉姓,諱坊,原名琅,字季英,號鼇石,上杭人。明雲南永昌通判、節愍公廷標之孫,户部主事之謙之子也。節愍事詳《明史·忠義傳》。當節愍殉國日,上杭已入清,家屬留永昌不歸。永曆詔褒死事臣,先生父以恩蔭補趙州學正,累遷户部主事。以永曆戊戌生先生於永昌。明年,平西入滇,永曆狩緬,户部公復殉國,全家八十餘口,同時灰燼。先生童牙孤露,母夫人撫育之,轉徙永昌、騰陽間。母夫人復早世,先生内無格親,外無宿懂,卒克自樹立。爲兒時,即能詩;逮十五六歲,學益進。在滇所作諸詩,如《哀龍江》、《李將軍》等篇,於興亡之感、故國之思,常三致意焉。《雲南曲》一篇,序中論平西事尤有先見,蓋自其爲童時,即大異於恒兒矣。年十九，以永昌僻處天末，慨然興放遊四方之志，遂由弱水下嘉陵，登峨嵋。已乃下三峽，上衡山。隨軍入粵，將假道歸閩，至韶不果。明年，復遊衡嶽，住上峰寺者一年又半。年二十二，乃由楚返杭，館於伯子某家。宅有古榕一株，百年物矣，每風雨良夜，周行其下，悠然深思，窈然遐想，不知此身之爲晉與秦也。因顏其閣曰“天潮”，而自爲之記，蓋亦寓言而已。先生雖返杭，終年出遊之日恒十八九。嘗度仙霞，經兩浙、吳閶，絕大江，泝三淮，亂河濟，而北住燕京者年餘。復出遊廣南，子身遊羅浮，大風雨中行數百里。又過惠州，觀豐湖，尋子瞻遺蹟。登海陵山，爲文吊越國公。平生足跡所至，訪求遺逸不少懈。所最推重者，惟蜀都劉蒞、衡陽王夫之、江右丘維屏、彭任、寧化李世熊、南海陶葉，皆明季遺老，遯跡荒山。先生所至，必求其人與之遊。而明州萬季野斯同者，自以先世九代勝國世勳，以布衣館於崑山徐相國第，隱忍史局，思成有明一代信史，以告無罪於列祖。先生一見稱莫逆。季野卒，先生爲述行狀，兩人相得之誠，有非尋常交遊比者。先生少嬰喪亂，以祖、父皆死國難，胸中抑鬱牢愁，常迫發而不能自已；故其發爲文章，多自寄其悲憤。寧化李世熊，於先生爲祖父執，見先生詩文，亟稱道不衰，亦相感者微也。先生詩文，自謂一無倣效，意到則書，唯所欲言。以爲自有文章以來，唯一劉鼇石而已。少客衡嶽，與釋長庵、天曙善，得其宗旨。上刪七佛，下刪五宗；始瞿曇，終近代，集《釋記》四十餘卷。居京師，因班氏《人物志》分廿一史之人以九等概之，或數人、十數人而騭以一二言，或一人而括以數言，成《三才指掌》一書。大綱十一，細目四十有九，凡廿四卷。在江南與友論詩，不論體格，專以神氣爲主，成《古詩盼》廿八卷。張夏鍾選明古文八家，先生力詆其妄，謂：“有明二百八十年，詩唯高、袁、獻吉，文唯二川。”因選《八家翼》四卷，《前八家》十二卷。所著書都一百有餘卷，今皆散佚無復存者。所存《天潮閣詩文鈔》，爲周維慶所輯。周固手民，與先生善。先生歿後，爲搜遺文刻之，有古人篤舊之風焉。先生奔走四方，東西南朔數萬里，不得一託足之所，竟卒於寧化李徵君家，年五十有六。論曰：十年前，邑人陳拔貢嘉謨，曾稟請當道，舉八先生入琴岡書院祀典。八先生者，先生祖、父三代，及李職方魯、鄒諸生宗善、丘大令嘉穗、陳布衣幾伯、林典史汝霖也。七均許可，獨以先生生長興朝，與祖、父食明祿、死明事者有間，不足爲諸生訓，故獨見駁。然以予考之，先生生永曆戊戌，上杭雖久降清，而永昌猶明土也。先生飫聞祖、父全家殉節，其不樂仕進亦固其所，古人固有廢《蓼莪》而不讀者矣。嗟呼，先生已窮於生前，復阨於死後，所著諸書已不復存，存者又刻本零落，至區區一書院祀典，亦卒不得所請，可謂極古今之奇窮也已。

《補書劉鼇石先生傳後》曰：鼇石先生事蹟，已詳余所作傳中；猶有一二大節，爲當時采摭所未盡者。余訪求先生後，邑人士曰：「先生不願留孽種於人間，固未娶也。」蓋先生痛祖、父二世死忠前代，終身不娶，以獨行其志。東西南朔，靡定厥居，卒流落以死，葬寧化泉上里，寒支後人爲之歲時祭掃。嗚呼，先生惓懷家國之隱衷，知者蓋鮮矣。先生箸述甚富，僅存周刻《天潮閣集》寥寥數卷，徧訪遺文不可得。近從郡志中得《石巢》二詩，石巢者，寧化李徵君讀書處，郡志作劉琅，爲先生原名，後改名坊。郡志采先生詩，琅、坊互名，故人不知其即先生也。因補書軼事，并附諸傳後。

按《臨汀彙攷》卷二《人物》：劉坊，原名琅，號鼇石，上杭人。祖廷標，爲雲南永昌判，明季殉難；父之謙，永曆蔭官户政，亦殉難。坊生於滇，及長始歸杭。嘗言：「吾周遊五嶽，所歷遍天下九萬六千程。」予向閱萬承勳《冰雪集》，中云：「憶癸酉因先君子被難，之京師，遇鼇石於季野叔祖寓舍，與之談，如故交者。每索予沽火酒，飲醉狂叫曰：『吾可以不娶哉。吾先人死於忠，其爲若敖氏之鬼耶？』後數年，以彈射某鉅公詩文，忌才者乘機煽禍。叔祖暨授一叔父謀之姜西溟先生，密令南還。適陳莘學知漳浦，去鼇石上杭家不遠，持予書往謁，陳竭蹶贈以娶資。比辛巳再被難，從西安歸。東行至華陰，忽有呼『萬萬萬』而西者，回顧，則鼇石也。下馬道近狀，依然未娶。扣其所贈，曰：『予與之人矣。』蓋其爲人不通世故，亦不知物力之艱難。視所爲詩，天下莫己若。與予交八九年，猝遇焉，則忘其字。見人之急，傾囊與之，竟忘其身之未娶，其天機可知矣。」鼇石所著《天潮閣詩文集》，同邑周維慶代爲刊刻，李元仲稱其「胸臆樸質之中，備見高雅，幾於柴桑，脫胎漢魏」云。

按《寒支二集》有《贈劉季英》詩云：「天末幽忠四十年，劉君霞起，別予應詔，在崇禎戊寅，今四十餘年。每傳遺蹟淚潸然。霞起長君無咎，先後就義於滇中。間關入夢頻三揖，辛丑六月，余夢霞起過我，歡容可掬，向予連揖，都無一語，即次君無怠來索墓志之日。悽切銘書累百言。萬里歸來驚少息，無咎在滇生季英，年最少，歸杭過我。立談傾倒盡珠璿。季英高談，每驚四座。世家風節雲霄迥，偃蹇西華何足憐？

《蛟湖詩鈔》卷二《與上官亮工飲顗望可在堂即席贈劉鼇石》云：傷彼

流離子,歸杭萬里身。論交原舊友,對酒似嘉賓。憔悴橫雙眼,文章老八閩。看君多慷慨,失路莫悲辛。

又卷三《聞劉鼇石先生歸杭》云:心同活火盡成灰,士行如何肯自媒?敢效上堂元叙哭,誰憐撾鼓禰生才?鳴蟲獨抱秋燈坐,落葉還驚夜雨來。憶到君歸石牛路,曾聞月嶂五丁開。

《魏季子文集》卷二《贈劉季英》云:九秋寒降霜,蒼鷹摩健翮。烟雲不得生,仰視一天碧。羨君高朗姿,壯志邁四極。步負憑隻身,萬里盡遐僻。古人豈好遊,所以爲閱歷。師心勤造車,南轅而北適。枳橘本一根,踰淮物已易。何況萬類情,獨秉胡由得?子房博浪豪,鑪錘資黃石。迂哉禰正平,漫滅成自賊。鷙鳥擊有神,卑飛且斂翼。君可九萬程,自知六月息。息豈在深山,正在車馬跡。

又按《鹿洲初集·李求可墓志銘》:"丙申游汀,偕陰君瑋素之泉上,始得見求可,時公年六十有七。翌日,余登茶寮山拜李先生墓,離檀河可里許,左臂有墳,昂然稍異。趨視所鎸石,大驚曰:'嗚呼,此吾故友上杭劉先生鼇石也。曷越五百里而來葬於兹?'再拜畢,與瑋素諸君席地坐,始知劉之尊人師事李先生,劉尤爲先生所器重。癸巳五月五日,客檀河病篤,求可公舁諸家中,爲易簀以殁。衣衾棺椁,皆公所備欲自用者。復遣使周其孤煢,葬之先生墓側,春秋祭掃如禮。予爲劉痛心,潛然淚落,感公古道高義,謂不愧李先生子也。"

《聽秋聲館詞話》卷一:漳浦藍鹿洲鼎元,工古文,少與上杭劉鼇石坊友善,以文章經濟相期勗。顧貧甚,著《餓鄉記》以自慰。爲諸生,受知張清恪伯行,旋從其族兄臺澎總兵廷珍平臺灣朱一貴之亂,羽書露布,咸出其手。雍正初,貢入太學,以保舉官廣東普寧令。失上官意,被劾,逮繫久之。事白,世宗召見,即授廣州知府,際遇可謂奇甚。蒞任甫逾月,卒於官,致未竟所施。今《鹿洲集》,閩中盛行,而詩詞缺如。鼇石老於幕府,遺文散佚,鮮有知其名氏者。余僅見其《踏莎行》云:"老樹當門,修蘿補屋。平蕪無復年時綠。閒來小閣聽松濤,倚闌凝斷遥天目。 古戍風悽,野田禾熟。兒童拍手驅黃犢。暮烟濃合欲棲鴉,行人猶唱南征曲。"又《登南嶽望月臺·西江月》云:"臺址高凌北斗,月華清映平川。今宵剛值十分圓。却恐征人怕見。 四野蛩聲如泣,千山夜色凝寒。一年能得幾回看。況在祝融峰畔。"錄之,以存其概。

按丁氏所錄，與《天潮閣集》卷六《詩餘》字句頗不同，當爲後來定稿。《福建高士傳》卷五有傳。

按《天潮閣集》卷一《寄黎媿曾先生書》："去冬無聊，撰《三才指掌》一書，凡廿四卷，因班氏《人物志》分廿一史之人以九等概之，或以數人、十餘人，而畀以一二言；或一人而括以數言。大綱十一，細目四十有九，亦欲以此究天地之際焉。何時謄成寄政，求先生作序傳之，亦太沖之遺意也。"

釋記

劉坊撰

《天潮閣集》卷一《寄黎媿曾先生書》：坊向客衡嶽，見釋長庵、天曙二公，頗得其宗旨。獨怪其世外之人無言之教，而吾宗聚訟紛訐無已。故集《釋記》一部，四十餘卷，上刪七佛，下刪五宗；始於瞿曇，終於近代。惟論年代出世之後先，不分門户之彼我，是亦坊折獄之書也。此皆坊之見於天下者也，政不知彼造物者究當於坊何如耳。

八家翼四卷

劉坊纂

《天潮閣集》卷一《寄黎媿曾先生書》：本朝能爲古文者，寧波姜西溟，高老澹潔，大似王介甫。坊嘗謂爲唐、歸以後一人。寧都曾君，有不事修飾，天機渾然，自然傑出。吾鄉則惟先生而已。而坊不肖，皆獲交之，意欲並得三先生文，以志一時之盛。近見晉江張夏鍾《明八家古文選》，乍見驚喜，及細繙之，愈不能無長短。謹以其愚甲乙之，唯高明鑑定。夫茅氏自東京以來，迄於宋代，千餘年之間，僅得此八人；而夏鍾遂欲以二百八十年之人足之，是何其刻於古而輕於褒今也。明初宋潛溪、方正學，雄才浩氣，誠有過人者；然得文章之正而未極文章之致。劉誠意當以功業論，序記數篇，不無可觀。若郁離子而即以爲八家，將不勝其八家。王道思、羅圯之流耳，僅能撰造生澀字句，連篇累牘，曼衍其辭，而天機滯塞，妙義無聞。昔人評羊敬仁書如大家婢學作夫人，遵巖之謂也。至於茅鹿門，不過一書坊中鈔錄傭耳。高者襲拾史漢，卑者遂同於艾南英之制義，以此謂之大家，此夏鍾所以八家之易也。王伯安先生，天姿瑩徹，迴出恒流，發爲語言，無非妙諦。但先生自以學業著文章，高者不愧古人，次者又爲訓詁家本色；若以文章名先生，不獨文章家不甘，即先生亦不自甘也。何也？以先生之文，皆天機流行而未能盡文章之變，且以先生文名於明，則歐、曾之次，亦當推仲晦矣。此固非門外人可了，宜夏鍾之造次也。且夏鍾此見本之鹿門，鹿門推陽明諸疏，此如漢人推長沙之策、江都之對耳。文固至矣，然漢人文之至者不在二君也。吐棄凡近，獨詣精深，以渾噩之姿，運靜穆之氣，千層百折，愈折愈妙，微言妙義，揭紙而出，抗臂古人，各標作者。韓、歐、曾、蘇，不必專美於前；左、史、屈、莊，可以分壇而立。則荊川、震川二先生，泂明代之鉅匠，視唐宋而無憾者矣。二百八十年間，詩則高、袁、獻吉，文則二川，如此而已。先生高明，幸有以教之也。坊今年已近四十，鹿鹿風塵，亦欲著書以自見於世；又苦於貧困，時有所得，忽忽奔走，輒復棄去；慷慨好義之士，僅得之傳聞。周行天下，無一住足之地，天實命之，謂之何哉？頃在江南，有數斂友相從論詩，選有《古詩盼》一部，上古及六朝十一卷、唐六卷、宋元五卷、明代四卷、本朝二卷，冠以《詩經》四篇，《豳風·七月》、《東山》、《唐風·葛生》、《秦風·蒹葭》。迄本朝揚州吳野人，凡廿八卷，不論體格，唯以神氣爲主。蓋神氣正則詩自雄，神氣清則詩自俊，神氣醇則詩自遠，神氣厚則詩自古，一洗王、李、鍾、譚之陋，惜前歲不及攜回請正先生。又《八家翼》四卷，《前八家》十二卷。

前八家十二卷

劉坊撰

見《天潮閣集》卷一《寄黎媿曾先生書》。

古詩盼二十八卷

劉坊撰

見《天潮閣集》卷一《寄黎媿曾先生書》。

天潮閣詩文集十二卷

劉坊撰

李《序》曰：但月老人讀劉子《天潮閣文集》至懷古之詩，老人曰：“胸臆樸質之中，備見高雅，幾于柴桑，脫胎漢魏矣。”又雜感之詩，老人曰：“虛實之間，有物運之，似《易林》風咏也。”復讀劉子《送馬雲將之騰陽》詩，老人曰：“竟是滇南國風，不但備地志而已，可觀可群，亦騷亦雅。”又《薤露》之章，老人曰：“奇情高志，仙人諒不到此。”至其紀事之篇，老人曰：“直叙便是諷刺，謔笑便是痛哭。古詩妙處，盡存於此。”寧化李世熊題。

許《序》曰：古今能詩者，不下百餘家，其思通者其詞博，其情深者其文摯。三百篇尚矣，漢次之，魏晉又次之，六朝四唐，雅鄭雜奏，砆瑜紛陳，不能無世降之憾焉。宋與明工摹擬，間亦有至者，皆不能無失焉。何、李、楊、王，專嗤宋，彼蓋弗自鑑其真耳，諸公遂吠聲而和之，亦獨何哉？明季諸君子標榜過多，互相門户，詩之弊遂流至今而大潰。設仲尼復生，將謠之不可采而奚風？凡所謂古詩雅頌，寥哉夐乎，洞庭之野矣。豈造化英靈，今已窮耶？抑氤氳之尚有待也？劉子年少耳，然矯矯斗俗，所爲語言，與其人有一往不返之致，余與傾蓋，即爲傾倒者久之。既乃以其詩文示余，余捧而讀之，若聞蘇門之清嘯，若聆易水之悲歌，若威鳳之唳高岡，若潛虬之吟絶壑。每諷一再過，覺瑯琊武庫，矗目皆奇，山陰道中，應接不暇，恍然與劉子游華胥之國而陟藐姑之巔。善哉，才固若是乎？夫子以弱冠所得即若是，則以子之才之志，充之學而涵之以養，吾安知異日之進不鞭叱明、宋，馳驟四唐、六朝，駕漢魏而上也？則將來風雅之正，又非君其誰職哉？於是不肖弟榮，敢以規於君曰：“郎好慎自愛，以待天下之知者。”時歲在丙辰上巳日，昆明誼弟許榮題。

周《序》曰：不佞與鼇石先生，舊好也。曩者，鼇石欲以游嶽詩倩余壽之梓，不果。越有年，又與鼇石同寓武平旅舍，復言天潮閣全稿將付余爲鋟之梨。忽鼇石祖載催程，又中阻焉。自後鼇石北轍南轅，益無定處，余亦朝奔暮馳，相逐不遇。更越年，聞鼇石卒於寧化李氏家矣。時余且駐郡城，計圖株守，聊鋟蒙書數部，以代餬口。暇日，檢點汀之八邑所有先哲後賢詩文，欲彙集成書，編爲《閩汀文選》，附以吾杭賢士大夫之殘簡遺編，未嘗不咨嗟悼歎古今文獻不足徵,良可惜也。憶邇來吾杭以詩文名世者,莫如鼇石。昔曾聆其自負之言,謂:"走路莫多於我,飲酒莫多於我,說話莫多於我。"蓋其登五嶽、渡三河,名山大川,皆有所閱歷。夫遍歷天下,見聞廣闊,必非經生常談,因渴慕久之。適寧化曹拙庵抄集一帙,余雖獲之,未敢爲鼇石剞劂,嫌其略也。幸長汀訒齋曾先生,爲鼇石友,得珍藏其稿,其詩文悉爲訒齋手錄,分以前後卷帙。訒齋知余切慕徵求,乃出篋付余,余爲傾囊鋟版,以公諸世。蓋訒齋不忍沒友之名,余自不忍沒其文也。余不沒鼇石之文而友誼見於訒齋矣。是歲,適寧之泉上李氏家又獲鼇石親稿,爲元仲先生手所批閱者,鼇石自有原序及其誼友許榮之序。余不敢續貂於諸公後,則略陳引言,以弁卷端。時康熙辛丑秋社日,杭川周維慶鑑翁甫題於郡之剞錦齋。

《重刊天潮閣集》,丘《序》曰:人生不幸而丁家國之變,求死則無死理,媮生更無生機,不得已放遊四方,徐觀剝復,感慨所係,借文字以寓其牢愁。然其時又文罔繁密,稍攄故國之思,即觸新朝之忌。茹恨忍痛,無若吾杭劉鼇石先生之甚者也。先生以古今之奇才,值古今之奇變,而其身遂歷古今之奇窮。其生在雲南永昌,距甲申之變已十五年,違先永昌公之殉國亦十二年。墮地甫八月,而永曆南狩,先戶部公又殉國,全家與難者八十餘人。逮先生識字能言,明社之屋久矣。而家國之感、種族之悲,鬱積於中,若鯁在喉而不能去。天荒地老,而此恨無窮期;石爛海枯,而此情不磨滅。且子遺一身,有鰥終老,匪特反顏事仇,淪衣冠於禽獸者,不可同日語。以視攀鱗之先烈,茹蕨之遺民,其痛苦又何如耶。茲鈔大率游歷酬贈之作,不過先生箸述中什伯之一。且爲一二朋舊搜輯付刻,刪除忌諱,幸不列爲禁書,得以流傳至今。而字裏行間,猶可想見先生之隱衷。知先生之身世者,讀之能無油然生愛國之心乎? 中華民國五年八月,邑後學丘復序於念廬。

雷《序》曰:劉鼇石先生《天潮閣詩文集》,再板於前清乾嘉間,邑先輩莫翹南爲之集貲刊刻。莫公本邑中文豪,著述宏富。此集之刻,親自校訂,顧未曾以一文弁首者,蓋以先生因祖若父均殉國不出仕清。集中感懷紀事諸作,間或直抒胸臆,其時文網嚴密,動觸禁令,故矜慎若此,而先生詩文乃於是益傳。光緒季年,余嘗鈎稽集中自誌甲子,擬訂先生年譜,附諸篇末,卒爲編年書法有待商榷,逡巡未果。民國改建,無所忌諱,又因事未遑卒業,爲歉然者久之。本年,丘君荷公倡議重刊,並爲補編年譜,函索余序。迺歎荷公勇於爲義，表揚先哲，不遺餘力；微特匡余不逮，即莫公校刊初心，知亦當爲欣慰。因本所聞見，率書數語以歸之。至先生詩文造詣何若，則有但月老人弁語在。但月文章氣節，爲汀南泰斗，先生行輩較晚，尚復爲所傾倒，此集之價值，從可識矣。末學如余，又何說而爲之詞？民國五年國會復活之後十日，邑後學雷熙春序。

林《序》曰：士生喪亂之世，以詩文辭寫其怫鬱，此至不獲已者也。顧暴君虐吏，繩以忌諱，則傳者僅矣。老死巖阿，遺稿散失，即不散失，而亦無力梓行，則傳者又僅矣。夫喪亂之世，士無事業可言，區區文字之微，亦聊以寄託懷抱耳，豈必求傳而後爲之？是以詩文辭之傳不傳在它人，引爲幸不幸者，非士之志也。國亡而不能救，家破而不能復，憂愁怨思，鬱鬱終古，士之不幸，亦已多矣，何惜乎文字？其以文字鳴者，誠士之不獲已，傳不傳，非其所預測者也。明清之交，士之憂愁怨思，有詩文辭而不傳者何限？吾友丘荷公，乃重刻其鄉先生劉鼇石之《天潮閣集》，並爲之旁搜遺著，彙訂年譜。荷公所以傳鼇石先生者，亦云至矣。竊考先生當日，鼎遷社屋，禾黍興悲，是無國也；祖、父死忠，有鰥終老，是無家也。無國無家，嗒焉無以自遣，夫而後洩之於詩文辭，然且畏避禁網，不敢暢所欲言，故其集多紀遊酬答之作。在先生當日，豈計其必傳，又豈計二百餘年之後復有荷公其人爲之搜遺著、訂年譜哉？然闡發幽潛，責在後起者，先生即不求傳，好古如荷公者，烏能恝然置之？況先生之文推重二川，其詩稱高、袁、獻吉，一洗有明一代氣體靡弱之病，則誠有可傳者在，荷公亦烏得不傳之？若以爲悲先生之遇，因而重先生之詩文辭，則淺乎視先生矣。蓋文字與遭遇兩難相因，而不能謂遭遇不幸者，其文字皆可傳。今世變頻仍，而國粹衰落，詩文辭之學亦幾乎熄矣，豈今世之士其遭遇皆優於鼇石先生者哉。中華民國五年十一月二十二日，莆田林翰序於福建省議會。

柳《序》曰：昔人有言：詩窮而後工。余謂窮亦視其人何如耳。里巷小夫，所志不出藩溷之外，所謀不越溫飽之微，求之不得，沾沾然憂之，歔老嗟卑，怨天尤人，兢焉若不可以終日。自有識者視之，啞其笑矣，窮亦何必工哉？唯以嶔崎磊落之才，遭晦盲否塞之秋，國恨家仇，耿耿胸臆間，吐之不能，茹之不忍；於是發爲文章，嗢哕鏗鏘，足以驚天地而泣鬼神，斯其遇彌窮而其詣乃益工矣。知此意者，可以讀上杭劉鼇石先生之《天潮閣集》。先生生有明之季，皇綱解紐，宇宙膻腥，祖、父皆身殉國難，全家灰燼。獨以覆巢完卵之躬，與醜虜共戴履天地，此其窮可謂極人生之所不堪矣。顧或謂明社之亡，先生纔數歲耳，寧有故國舊君之感？ 自可俯仰新朝，優游仕進，何必中風狂走，自儕於夏肄殷頑。不知種性不滅，夷夏之防未湮，即遲之二百六十餘年，終不以愛親之客帝，爲神州之共主，而況先生身親家國之變者哉？ 故雖踏地跼天，委蛇當世，有時不得不爲聖明天子之諛詞，然其《與鄭彥升書》^①直稱永曆帝號，儼然存中原正統之尊，斯與戴南山《答余生書》何異？ 不遭文字之獄，倘亦天幸耳。《李勇士歌》，惜其轉側寇虜之交，死不成大名，而曰“仁義小用之則亡，盜賊大用之則昌”，誠有慨乎其言之者。《龍江》之哀，則直曰“三百年盡此一戰”，寧非孤臣孽子淚盡而繼以血哉？ 《黃河行》曰“不明不宋、不唐不漢一男子”，明言魯連義不帝秦，桃源何論魏晉矣。《與鄭彥升書》：“苟全此身，不欲令即赴夷齊之約，以徐觀彼昊，究竟何如？” 又《與彭中叔書》：“意欲至匡廬，高臥三數年，以徐觀剝復之變。”此其心殆猶未能忘天下事者。他若蕭端木之圖跋、李元仲之祭文，何一非淒音激楚，苦調獨彈，令人不忍卒讀。夫當舉世熙熙，歌堯頌舜之際，而先生獨涉樂不笑，言哀已唏，誠哉，其別有懷抱也。跡其流離滇蜀，奔走楚粵，南絕吳閩，北窮燕薊，未必盡尋常游士踪跡，栖皇萬里，垂老不得一當，徒託文詞以自鳴。其所謂“走路莫多於我，飲酒莫多於我，說話莫多於我”，雖曰自負之大言，抑亦傷心之極致矣。然則窮而後工，非先生，烏足以當之？ 此集初刊於周維慶，再刊於莫翹南，代久年湮，流傳已寡。今社友丘荷公爲釀資重印，遠寄吳中，屬執校讎之役，并使弁以數言。余不獲辭，於其成也，聊贅論如此，以質世之讀者。中華民國五年十二月，吳江柳棄疾序。

《通志》卷八十《經籍》著錄。

按《府志》卷三十三《文苑》不著卷數。

《福建藝文志》卷六十四：《天潮閣集》六卷，上杭劉坊著。《石遺室書錄》云：“卷首序、傳、年譜，卷一文鈔，卷二以下皆詩鈔，卷六末詩餘。坊，字鼇石。生於雲南永昌，實順治十五年，身丁國難，家族殉焉。浪遊四方，不仕不娶，亦可悲矣。此集初刊於康熙間，再刊於乾、嘉間，近人上杭丘復又爲重印，並補年譜。前有李世熊序，推挹其詩甚至。”

---

① “與鄭彥升書”，原稿脫“與”字，據《天潮閣集》卷首補。

《蟫隱廬書目・集部》：劉鼇石《天潮閣集》十二卷，康熙刊本。

按：周刻、莫刻皆十二卷，茹古堂藏板。卷一至卷八：詩詞，卷九至卷十二：文。念廬師重刊此集，乃釐爲六卷。

又按《天潮閣集・自序》曰："予恒慨人生天地，眇類微塵。瞬息百齡，奄同物化。既以身謚而俱泯，豈非造化之多事？故立言、立功、立德，古示嘉謨；而事君、事親、立身，聖有懿訓。夫士人學成草茅，遇明君庸之廟廊。濟一世於咸寧，登萬靈於各正。醇風廣被，俊髦悉升。然後功成身退，優游林泉。德澤著於當時，聲名傳於奕禩，豈不毅然大丈夫之所爲哉？然而天道邃杳，遇合原非人力可强求；世路艱難，志氣易爲功名所摧折。竊恐良璞不售，卞和之足易傷；修眉未匀，班姬之扇早擲。既見棄於當時，復取譏於後世，不亦重可悲哉？予也，生丁喪亂之秋，命值屯蒙之會。有窮之徒滿國，雖百日而無光；康回之旅盈庭，縱十周之易隤。嗚乎痛哉。呱呱絲息，幸賴元祐以相存；孑孑孤踪，何堪狂飈之板蕩？今劫灰未冷，馬齒稍延。又慨永昌僻居天末，子長之足跡所弗臨；壤在荒陬，姒氏之風教所未及。人嗤學古，士重趨時。悵《天祿》之無傳，惜《石經》之莫覯。若甘醯雞而永藏，恐同元駒而俱歿。爰於執徐之春，放遊海宇。縱肉飛不起，蓬萊非車馬能通；而志薄難償，星漢自乘槎可到。江山有意，風物多情。每聽野店鳴猿，腸九廻而未已；或對荒村夜魄，淚實下於何窮？有愁欲訴，不平則鳴。詩魔請戰，廣布奇兵；詞伯輸誠，高張赤幟。不能無作，用序諸篇。屈正則之志遠游，賈大中之賦惜逝。詞雖異矣，意則同焉。他日青雲有待，聊存藝苑之觀；白雪無賡，好作名山之秘。陸平原執以糊壁，吾知免矣；李供奉見而作嘲，不亦宜乎？柔兆執徐歲七夕日，題於三峽舟中。

《天潮閣記》曰：有樹蓊然垂天而立，其枝肆蔚然鬖然四出，其林之所給，非一隅一時之所辦也。庇其蔭者且數畝，聚其下而娭媮者則皆是也。至其籠葆偃仰，上干青霄，寒暑所不能移其性，霜露所不能變其操，猛風則怒號而悠揚。月初出鬱鬱葱葱，月中天則淒清而蒼涼，是其咳唾之爲雨露，呵叱之爲雷霆，播之百物爲蟲鳥之鳴，宣之金石爲宮商之奏者，世亦何以測其然哉？嗟乎，夫物之尤者則固若是矣，而於人何獨不然？予既歸杭之四年，皆館於伯子家，臨宅有榕樹一株，蓋百歲物矣。予喜其翮笗盤錯，崛強自立，有若嵇、阮諸君，頹然放於塵埃之外者。又其性與他木異，恒夏萎而冬青，亦後知之勝侶也。每風雨良夜，予周行其下，或攀援而踞其巔，縱觀邱原，俯仰八極，悠然深思，窈然遐想，更不知此身之爲晉與爲秦也。因取而名之曰"天潮閣"。若曰：是其嗢吪嘲嗒而春秋異候者，乃天地萬物之相感於不已者也。而予之心則有不然者。

按：念廬師重刊此集，據《府志》補入《石巢》詩二首。今攷石巢在寧化泉上里，李元仲先生讀書處也。《寧志》卷一《山川》原載劉琅詩四首，補錄二章於此。詩云："山人厭泉壑，欲作大隱想。脱此青林居，去墮紅塵網。徒令雲鶴孤，坐看松桂長。灌木交清蔭，天籟發奇響。我來披涼薰，襟帶肅高爽。懷彼上世士，悠然動遐仰。"又云："詩意爭秋山，蟬聲滌永晝。斷石起雙門，叢篁蔓三秀。聞昔辰巳間，主賓有佳遘。自注：謂曾弗人同李先生也。奄忽五十載，往事遂成舊。伐桂擷其英，采蘭挹其臭。伊人雖已逝，精神留宇宙。相賞在寸心，踪跡孰先後？作詩寄山鬼，慎勿趨時謬。鄉中有典型，山靈免荒陋。"

又按《禁書總目》："《天潮閣集》，劉坊著。乾隆間軍機處奏准焚燬。

皈杜樓集

劉鑑撰

《通志》卷八十《經籍》著錄。

又卷二百四十五《孝義》：劉鑑，字清之。諸生。順治間爲山寇所掠，酷刑勒贖，號泣曰："我死不足惜，父母何依耶？"賊知其貧，憐其孝，釋之。母病篤，適學使按試汀州，而母病，師友強之行，曰："吾母至此，遑計名乎？"及母病痊，而名遂黜。知縣蔣某修志，聘之，時年已七十餘，纂輯多出其手。

《杭志·孝義》：劉鑑，字清之。別駕姬之孫。有聲黌序。晚年與修邑志，所著有《皈杜樓集》。

佚。

考定石經大學經傳解一卷

邱嘉穗撰

《通志》卷八十《經籍》著錄。

葉撰《邑侯邱實亭先生墓表》曰：嗚呼，此吾邑侯實亭先生之墓也。先生蒞吾邑八年，愛民如子，民亦愛之如父母，一旦失怙恃，靡所瞻依，循陽數百里，哭聲震地。雖文翁之終於蜀，召信臣之卒於南陽，何以異是？既而諸孤謀扶櫬歸葬，先期屬適言以揭之阡。適辱先生知愛甚深，又知先生最悉，誼不得辭，乃撮次大略而爲之表。先生邱姓，諱嘉穗，字秀瑞，學者稱實亭先生，福建上杭人。世讀書，敦孝友。父諱士任，號壬庵。郡庠生，以先生官覃恩勅贈文林郎、廣東歸善縣知縣。先生生有異徵，讀書過目成誦。自少以衛道爲己任，不屑屑事章句，同郡黎媿曾推爲文獻領袖。康熙己未，先生年二十，補郡博士弟子員。甲子食餼，乙丑拔貢成均，作學宮祀典議，爲翁鐵庵、曹峨薛、彭訪濂諸先生所器重。庚午魁閩闈，數上春官，聲名噪都下，陳滄洲、仇滄柱、李厚庵咸以大儒相推服。無何，竟慳一第。丁亥謁選，得粵之歸善。歸善爲惠之首邑，故多煩劇，先生以敏練材治事鞫獄，口占手判，騞然奏刀。至於事上以敬，接下以誠。其愛惜群黎也，每持公論；而左昵注之子，往往至於牴牾，然先生忽顧也。邑曩苦雜派，輿馬飲食之需，嘗科斂里民，先生悉裁革之。每公出則自備糗糧，從役問民疾苦，往返村落中，若不知有長吏至者。蛋戶例輸魚課，胥役瞞上，剝噬雜費，浮於正供。先生廉其弊，通詳禁革勒石，令自納。由是歲省金錢以數千計。郡嚮未有試院，歲科，市卷外復多索試棚之費，寒士每苦之。先生曰："奈何以是困吾士子也？"爲之蠲已以免。更謀諸太守孫公，倡建試院於舊參府，闔郡德之。邑地瀕雙江，洪水爲患；先生令艤舟江渚，相爲援救，民無覆溺之虞。歲饑，發粟給糜，所活無算。城中曩多火阨，相地鑿池，遂罕受災，邑人故顏之曰"秀瑞池"。月朔宣講上諭，親爲勸導，百姓環觀敬聽，多有改行者。學宮面湖，中有印砂隆起，毀於兵燹。先生審視形勝，謂曜也，亟令培築之。治之西衢，地脈迤演，盡於東平。明嘉靖間，邑令惑形家言，謂不利厥署，遂塹其土爲橋，地脈中斷，而東平人物不逮於昔。議者欲復其舊，而憚於中阻。先生毅然曰："苟利民即利官也，他其何惜？"鶴峰故有書院，先生歲延名師講學於此。既復念其席舍有限，不足以居學徒，乃增葺東湖義塾爲樂育之地，置店二間，撥租百石，以爲修脯膏火資。於時，英賢駢集，兩學舍相望，絃誦之聲不絕。先生每公餘，親往課督，勉以明體達用之學，先品行後文藝，勿爲利名所誘。一時正學昌明，群才輩出，彬彬然有海濱鄒魯之稱。戊子、辛卯，分校鄉闈，所取皆名宿。故事，賓興之年，同考官已分校者，例得免調。乃當時重先生學行。甲午，復行調取，先生力疾應聘。時抱疴，抵省益劇，遂乞假。適時以事至會城，晤先生於大佛寺。牀第間，猶見先生議論場屋之文，刺刺不已，其好學如此。不逾月，適返惠，而先生訃至矣。嗟夫，先生之壽止此，豈惟先生之不幸，亦吾粵人之大不幸也已。先生篤於孝友，事父仁庵公與母鄧太孺人甚謹。先是仁庵公博極群書而尤好道家言，嘗指老氏"虛其心，實其腹"之語以喻爲學之道，先生味之不忘，函公所丹黃手澤，不敢一字遺失。鄉薦後，猶依依膝下，受書不輟。甲戌，仁庵公捐館舍，適先生公車還，擗踴哭泣，哀毀不欲生。既而搆東山樓，茸讀書齋，坐臥其中，日與諸弟相切劘，一堂之內，怡怡如也。捧檄之日，痛念仁庵公早世，猶簌簌淚下，作孺子啼不置。及抵任，板輿迎太孺人就養署中，問寢視膳，晨昏罔間。佳辰令節，必奉太孺人周歷玩賞，奉觴上壽，作爲咏歌，以佐匕箸，太孺人驩然樂也。癸巳，得覃恩封典，先生捧綸章、上冠帔，喜形於色，賦詩二章以誌慶，有"連雲慈竹森寒碧，浥露蟠桃簇曉紅"之句。先生以天性學問娛其親，多類此。生平論學，一本關、閩、濂、洛之傳，窺其奧而吸其精。所著《統宗圖紀》，直截了當，排異端、闢邪說，絶無游移影響之談，世之學者，莫之能先也。至於經世才猷，臨民治略，胸有餘蓄。所發於文詞之間者，如重學校、均郡邑，與夫廣鹽屯、通溝洫及平洞寇諸議論，侃侃煌煌，皆可坐言起行者，惜乎不得竟其大用也。先生政行，不可枚舉，而孝友文章，則先生出治之本也。昔孔子論爲政，而推本於《君陳》之篇曰："惟孝友於兄弟，施於有政。"先生非與？班孟堅傳循吏，合漢二百餘年僅得六人，探其本，則曰以經術飾吏治；然則先生所本可知已。先生所著有《東山草堂詩文集》、《陶詩箋注》、《石經大學傳解》、《四書擬言》、《四書文稿》、《尚書文稿》、《邇言》等書百餘卷行世。先生生平自經、史、諸子以及天官、地理、兵機、律令、農圃、醫卜之書，靡不覽誦。其所結撰，皆陶冶古今，斟酌盡善，不屑分門別户而自成一家言者，其衛道有功，必傳於後無疑也。更爲特書之，餘詳墓誌及諸孤狀中，是爲表。鄉進士、候選內閣中書舍人、治愚弟循州葉適拜撰。

《杭志》卷九《文苑》：邱嘉穗，字秀瑞。有才名，康熙丁卯，知縣蔣廷銓修志，延之入局，著述多經裁定。庚午拔貢舉於鄉，任歸善知縣，兩充鄉試同考官，所得皆名下士。大憲知其才，咸推重之。卒於官。著有《東山草堂詩文集》、《陶詩箋》、《邇言》等書行世。

按:《府志》卷三十三《文苑》並有傳。

《序》曰:《大學》一書,外有弘綱以定其規模之大,內有細目以盡其條理之詳;而要其道之所從入者,莫不於致知格物之一傳焉基之。不此之知,而徒欲率其私智之鑿,以爲誠正、修齊、治平,可以惟我之所爲而無難。吾見其天理不明,無所準則,處則爲告子之不動心,出則爲王荊公之執拗不曉事;其遺禍餘毒,殆有甚於楊、墨者,尚安望其明德、新民之各得所止哉?此格致一傳,關係良大,而前世佛、老之教,近代陸、王之學,所以重得罪於聖人之門者也。然是傳也,自秦火而後,簡編混淆,章句顛倒。始猶傳與傳相錯,究且經與傳相參,遂使"知止有定"、"物有本末"二節既淆入於三綱八目之間,而徒爲凌雜;而所引"聽訟"一章以釋"本末"云者,亦若旁見重出而無所依據。至令"格致"一傳缺誤二千餘年,讀者往往以學問無頭,下手輒亂,而深恨其書之不完。雖經朱子取《程子語錄》作爲補傳,《或問》至精且備,而世終莫之信也。且非獨不信而已,自此傳之亡,宋儒之親炙程、朱者,猶且病其淺近支離而自墮於佛、老虛寂之弊。如呂舍人致良知以悟爲則,司馬溫公以扞格外物爲訓,呂、楊、尹、謝諸子皆不免與程子牴牾。下至陸象山,倡爲"六經注我"之論,以與朱子爲敵。而明儒之致良知者,愈肆爲無忌憚之說而不可禁。是以"格"一傳不得見曾子原文,而後人之信程、朱也,終不如信曾子而已矣。余少讀蔡文莊公《蒙引》,竊見方正學先生所傳宋元儒者攷訂《石經大學》經文,自三綱而下,即續以八目,而無"知止"二節以亂之,其"知止"二節則屬於"聽訟"一章,蓋未嘗不歎聖經之言詞約而盡,義博而該,而深幸"格致"一傳之真未亡焉。及今四十年來,行思坐誦,參攷互訂;又灼見經文刪去二節,不惟頭緒不紛,而亦無十二"而后"文調重複之累。雖聖人無意爲文,斷不應排疊至此。若傳文三、四節中,亦復取諸儒定本而稍加詮次;又灼見首提一"物"字,而"知"字凡四見,正與前後釋傳疊出"明、新、止、善、誠、正、修、齊"等字之例相符,其爲"格致"一傳之尚存而不待補也,蓋確乎其無可疑者。雖然,是傳實存而名亡已經二千餘年,得程、朱別爲補出,而其規模之大、條理之詳,即致知格物之一事而已備。就令按之舊傳原文,亦無不與之暗合。則是傳之名雖亡,而實有不亡者存焉。嗚呼,其亦不幸而錯簡而不得見曾子之全書也。其亦猶幸而錯簡而得程、朱二子之發明其理也。余既考定舊傳原文,爲之講章注解以疏於前,而復命子壻盧衡汝檢錄補傳。

《或問》、《語類》諸書之足以證成舊傳者,以附其後,庶幾二千餘年來聖經賢傳,各還其故,使後之入道者益復無疑於程、朱之說,而終不爲佛、老、陸、王之徒所熒惑云。時康熙四十有九年冬十月朔五日,閩西後學邱嘉穗謹書於歸善署中。

《跋》曰:瀾聞諸家君曰:《大學》者,明善以誠身之書也。先儒雖分爲夢覺、人鬼兩關,而其實兩關交界之間,自有"知行合一"之義,蓋非行之難,而真知爲難耳。自夫子有博文約禮之訓,而又於博文中著爲學、問、思、辨四目,於約禮中著爲誠、正、修、齊、治、平六目,固已精密而無間矣。乃曾子更於博文之後、約禮之前推出定、靜、安、慮四節,其所以發明"知行合一"之說者,豈復有餘蘊哉。近代王陽明先生,以致良知爲宗,亦似得知行合一之旨,而卒與孔、曾之傳大相悖馳者,以其初無學、問、思、辨之功,繼乏定、靜、安、慮之效,而徒欲率意妄行,混以慎獨爲致知之事也。其亦未嘗深攷舊傳"知本知至"之意而已矣。抑不獨陽明爲然也,即以朱子補傳,較之曾子原傳,已增至一百四十字。非惟其文之高古弗及,而於知行交界中,既少定、靜、安、慮四節,又未嘗提出知本大綱,終若語焉而不詳者。今考曾子原傳,僅八十字,先以本末終始總冒下二節,各結以兩"此謂"句,而包涵渟蓄,義蘊宏深,反能溢於補傳。或問:百千言之外,何其語簡而意盡一至於此?此以見曾子之學,洵屬博約真傳,明誠要義。雖立言如朱子,而猶不能不爲之少遜也,況其他乎?家君既輯成是書,小子瀾於過庭之下,復得熟聞緒論如此,用敢伏而述之以爲跋。男紫瀾百拜謹識。

《四庫全書提要》卷三十七《經部·四書類存目》:《考定石經大學經傳解》一卷,户部尚書王際華家藏本。國朝邱嘉穗撰。嘉穗,字實亭,上杭人。康熙壬午舉人,官歸善縣知縣。是編大旨謂《大學·格致》一傳,本末闕佚,不過錯簡,非惟朱子所補爲誤,即諸儒所定亦皆未安。因參取舊說,以"物有本末"一節、"子曰聽訟"一節、"《詩》云邦畿千里"一節、"知止而後有定"一節,終以"此謂知之至也"句,合爲"格物致知"之傳,而詮解以明之。其意以豐坊僞石經爲真,而又未見坊之原本,但據鍾惺《四書聚考》所載。又見朱彝尊、毛奇齡等素號博洽者,皆引據舊文,掊擊甚力,遂依違瑟縮,不敢訟言。然其割取"《詩》云:邦畿千里"十字,實用僞石經本也。

按:此書後有《考定大學原傳》附錄一卷,光緒八年仲夏,漢陽邱氏重刊,內題曾孫步洲重校,蓋家刻本也。

四書擬言

邱嘉穗撰

《通志》卷八十《經籍》著錄。

紹聞廣義

邱嘉穗撰

《通志》卷八十《經籍》著錄。

《自序》曰:世道之衰也,必自人心始。人心壞,而世道隨之矣。夫人心果安在哉?愛親之謂孝,敬以事長之謂弟,盡乎己必以其實之謂忠信,不怠以止侈、以自肆之謂勤與儉。六事之在人心,最爲真切,行於家,推於國,達之天下而無所不通者也。先王有見於此而立之教也,大自宗廟、朝廷,而下至於閨門、里巷之間,其爲法至纖且悉,而無不與六事相始終。由末俗視之,疑爲迂闊而無益,而當日之世道卒不能外是而臻至治者,豈有異術哉?誠有以維持天下之人心而已。降及乎後世,上以功利相高,而下以浮華相競。舉天下之人,方且爭趨於苟且便佞之風而莫之止,而於孝弟之良能、忠信之實心、勤儉之美節,反忽爲庸行之末而不以相守。則夫人心之不古而世道之日入於敝也,其又曷怪焉?惟我曾王父涵春公暨先祖逸六公,皆隱德弗耀,而其立心制行,獨以孝弟、忠信、勤儉爲準繩。其於六事者,如口腹之於飲食,身體之於裘葛,日用動靜,常相須而不可離。雖偶爾吐辭立論,必與之俱。今讀其遺文及余子所輯之家傳,蓋可得而知已。顧竊自念穗生也晚,既不及見曾王父之爲人,記齠年猶獲侍逸六公左右,以賦性浮慧,時時督以修身正家大旨,并述曾王父遺事以訓。而年來趨庭之下,又熟聞家大人緒論,知二祖之言行益詳,以累世相承之舊,而其所以責望乎後人者,一惟是孝弟、忠信、勤儉之說爲諄諄。寧弗知功利浮華之可喜,而故欲以迂闊者相期,實以時俗日偷,貽謀宜慎。深懼爲子孫者,秉德弗類,源遠而流分,學益以雜,文益以工,而前人之質行益以衰息,將浸浸乎有不克負荷之慚也。穗也慨前修之不逮,思庭訓之維愨,用敢推本家傳之意,綴緝古今來嘉言懿行有與六事相發明者,衍爲《紹聞廣義》一書以自警省。凡孝之目六:曰敬身、曰事生、曰慎終、曰追遠、曰承志、曰處變。弟之目二:曰從兄、曰順長。忠信之目三:曰修己、曰事上、曰交友。勤儉之目二:曰治國、曰居家。而於其間又皆晰是非、別邪正,先論其理,而後實以事證,以竊自附於詩之美刺、史之褒貶,與孟子道性善、稱堯舜之遺意。誠願得與後之子孫明講熟習之。庶幾先王之善教、二祖之流風,猶可以復見,而於世道人心之故,或未必無裨於萬一焉,其亦家大人之志也與?

《福建藝文志》卷四十二《子部·儒家類》並著錄。

管窺錄

邱嘉穗撰

《通志》卷八十《經籍》、《福建藝文志》卷四十二《子部·儒家類》並著錄。

管窺統宗圖記

邱嘉穗撰

《通志》卷八十《經籍》著錄。嘉穗《自序》略曰:穗歷覽新建、東林以下,讀書皆不免乞靈於釋氏本心之教,而與吾聖人之本乎天者,相去甚遠。因復尋繹宋賢宗旨,衍爲《管窺統宗圖記》十幅以訂之。穗舊有《管窺錄》一書,頗採古今格言,分類標錄,以明天理聖學之大,此復名以《統宗圖記》者,以撮其要也。

按《福建藝文志》卷四十二《子部·儒家類》並著錄。

東山草堂邇言六卷

邱嘉穗撰

《通志》卷八十《經籍》、《府志》卷三十三《文苑》並著錄。

陳《序》曰:金豐邱實亭先生,吾閩耆宿也。由拔萃科舉孝廉,出宰百里，以經術飾吏治，聲施赫然。生平著作多散見於《經世文編》諸書，道集厥躬，文足名世，余口誦而心契者久矣。其孫曾瀛槎副轉，筮仕中州十載，近始出先生《東山草堂全集》示余，其考定《石經大學經傳》，以明道也；其傳、序、記、辨、論、贊諸作，以載道也。著爲詩歌，則感時撫事，淡而彌旨。觀於《陶詩箋傳》，而知其深有得於道者。惟理足，故詞醇，肆外闊中，並卓然成一家言。迺諸鉅製外，別有《邇言》六卷，大都靜觀默識，得意疾書，其亦古人隨筆雜俎之遺意與？余思邇言必察，舜之大知，尚矣。他如武王以不洩邇稱，孟子以道在邇訓。且行遠必自邇，子思子亦譬及之，邇之時義大矣哉。先生抱海涵地負之才，惜屑玉碎金之沒，日積月累，薈萃而成是編，出經入史，博古通今，其稱文小而其指大，取類邇而見義遠，由閱歷後與道大適。凡自涉世持躬，以至講學爲政，緒論所及，無不可見諸施行。瀛槎聰聽彝訓，將大有表見於時。以家藏板刻殘燬，亟欲重梓，有志未逮。故首擇《邇言》，付之剞劂，公諸同好，而問序於余。余知編帙既成，而海內味道之士，莫不以言近指遠，爭先覩爲快。因不揣譾陋，爰弁數語於簡端。光緒辛巳端陽後三日，同里後學陳贊謹識。

《自序》曰：張子有言：“心有所開，即便札記。不思，還塞之矣。”余閒居不能靜坐，每有所思，輒環堵而走，幸而天賦之靈，自覺時時有悟入處。然遲之又久，又忽忽都無記憶，如理昔夢，杳不可尋。乃歎左太沖之著筆硯，李長吉之攜錦囊，誠恐如張子所云而欲自備遺忘故也。於是鑑乎前弊，得意疾書，任筆所之，略分義例，名之曰《邇言》，以俟大知者察焉。康熙丙子·中和下浣，閩西上杭邱嘉穗實亭氏自記於東山草堂。

《四庫全書提要》卷一百二十九《子部·雜家類存目》：《東山草堂邇言》六卷，戶部尚書王際華家藏本。國朝邱嘉穗撰。嘉穗有《考定石經大學經傳解》，已著錄。是編乃其札記之文，分經史、性命、學問、政教、見聞、詩文六門。大抵好爲論辨，而考據甚疏。其有“婦人焉”一條，以婦字爲嬀字之譌，指爲陳胡公滿，絕無典據。其“古文韻語”一條，謂《中庸》“仲尼祖述堯舜”一章，爲隔句用韻，乃孔子贊。如武字、土字，已見今韻上聲七麌；他如幬字、悖字、化字、大字，音皆相近，想古韻可通用。惟如日月之代明，明字乃平聲，不可假借，或當叶暮字。其說乖謬，託之夢中神授，尤爲怪誕。其“三年喪辨”一條，謂古禮實三十六月，不知唐王元感已有此說，爲先儒所駁。至謂此說出

《魯詩世學》，係宋本，今坊中無之，是併豐坊不知爲何代人也。“哀梨”一條，謂哀字非姓非地，殊不可解，當作袁字，是併《世說新語》未考也。至“魚符”一條，謂我朝因前明之制，凡朝參官給牙牌懸於腰間，以通禁門，更爲草野傳聞之語。蓋其著書大旨，在於講學，而又好奇嗜博，雜及他事，違才易務，故蹐駁如斯。至五卷“見聞”一門，全類小說。六卷“詩文”一門，多論八比，尤與全書不類也。

按：此書前有陳序，次自序，光緒八年仲夏，漢陽邱氏重刊，即先生曾孫步洲也。

借喻錄

邱嘉穗撰

《通志》卷八十《經籍》著錄。

嘉穗《自序》曰：佛氏之法絕天理、棄人倫，舍聖人中正之道而逃諸山林，以求其所謂清淨寂滅者，宜爲吾儒者深惡痛絕而欲火其書也。然其爲教有精有粗，而衷之吾儒，亦有同有異。其粗焉者，如因果緣業之論、神通變幻之術，祇足以欺愚夫愚婦，匪獨吾儒不以爲然；雖其徒之高識者，亦自覺其誣且陋而莫之信也。獨其言之精者，往往入於莊、老虛無之間，而又竊自附於吾儒之說。以故，智者悅其見之高妙，賢者樂其業之清虛，天下莫不靡然從之矣。要其極而論之，則其粗者固全與聖人異，精者亦或與聖人同。精者雖或與聖人同，而所以用其精者則又與聖人異。以佛氏之教固似是而非之教，而朱子所謂“彌近理而大亂真”者也。奈何不亟屏之哉。雖然無傷也，儒佛之異，異於似；儒佛之同，亦同於似。惟其異於似也，則晰之不可以不精；亦惟其同於似也，則推之亦無不可以相通。今且有假仁義者於此，其所行者，似是也；其所以行者，實非也。吾既知其似是而實非矣，則必取其實非者而亟去之，以全吾真；即可取其似是者而力行之，以爲吾法。非假仁義者之真可法也，視吾善取之而已矣。夫讀佛書亦然，其與吾儒異者異之而已大異，其與吾儒同者同之而究不同，是相反而實相成也。夫誰曰不可，天下之理無彼無此，一原而已。不賢，至下也，而可反之以內省；好色，至陋也，而可比之於好德。是故《易》善於取象，《詩》出於比興，孟子長於譬喻，莊子騷人之徒皆巧於寓言。非以理無定,在小者大之,淺者深之,固可觸類而通耶?戊辰冬日,偶得佛氏書數十卷,粗加刪錄,爲斥其悖謬而節其稍有義理者,附以辨論,以爲儒家別傳,願世之好竺典者,常作此想。因以去其粗而惟精之求,而於精之中,又必晰其異而推其同,使儒不雜佛而佛反歸命於儒焉。嗚呼,其亦可以讀異書也夫,其亦可以不背於聖人之道也夫。

按《福建藝文志》卷四十二《子部·儒家類》並著錄。

陶詩箋五卷

邱嘉穗撰

《通志》卷八十《經籍》、《福建藝文志》卷六十四《集部·別集類》並著錄。

《自序》曰:習俗之移人也,甚矣哉。其一時風俗之所中,耳目之所濡,雖號爲賢士大夫,猶將與之俱化而無以解免,況其卑卑不自立者乎?吾嘗歎晉人之習俗所以貽害於後世者有二:一曰清談,一曰淨土。清談者,衍老、莊之緒餘而生以爲樂者也;淨土者,襲瞿曇之謬妄而死以爲歸者也。此皆先王之所未有,而漢魏以來,始濫觴焉,而猶未盛行於天下。凌遲至乎兩晉之交,嵇、阮、王、謝,以放達風流自命,而後清談之幟張。達摩渡江,面壁端坐,以見性成佛之教,傾動中土之人,而後淨土之說彌近理而大亂真。二說相仍,鼓舞變化,而人世生死之權,舉操於若輩之手。雖天下聰明才智之士,亦且趨之如流水。其遺禍餘毒,淪於愚賤之肌膚,而浹於學士之骨髓,歷唐、宋、元、明,以至於今,而未有所已,識者蓋深痛之。陶公靖節,生於晉之末造,當時以清談蔑禮者益熾,而修淨土者,莫盛於東林。迨今讀其書竟卷,曾無片言隻字濫及於是;蓋當習俗波靡之日,而能卓然不惑於其說者,獨公一人而已。閒獨考其爲人,安道苦節,嘗欲及時有爲而志不獲騁。家貧,戮力躬耕。妻翟氏,亦能同志安勤苦。諸子儼等,皆不辭薪水之勞。故其詩曰:"民生在勤,勤則不匱。宴安自逸,歲暮奚冀。""脂我名車,策我名驥。千里雖遙,孰敢不至?"其五言詩中則又曰:"不言春作苦,常恐負所懷。""即理愧通識,所保詎乃淺。""談諧無俗調,所說聖人篇。""古人惜寸陰,念此使人懼。"凡此者,蓋不一而足。而其《責子》、《命子》、《與儼等疏》,所以三致意者,亦復爾爾。至於佳人清夜,酣歌達曙,則直譏之曰:"皎皎雲間月,灼灼葉中華。豈無一時好,不久當如何?"其所以警一時名士攜妓宴游之習者,又何深且遠也。吾謂公不惑於清談之說者以此。又按,義熙十年甲寅,公春秋五十。初,廬山東林寺主釋慧遠,集緇素百二十餘人,結白蓮社,修淨土,士大夫靡然從之,至有規求入社不可得者。公雖與慧遠爲方外交,而不願齒社列。慧遠遂作詩博酒,鄭重招致,竟不可屈。一日,偶來社中,甫及寺門,聞鐘聲,不覺顰容,遽命還駕。是歲,公有雜詩數十篇,其六云:"去去轉欲遠,此生豈再值?有子不留金,何用身後置?"其七云:"家爲逆旅舍,我如當去客。去去欲何之,南山有舊宅。"大抵薄淨土爲虛無,視生死如晝夜,以自道其不肯入社之本意,說皆具余箋注中。他如《神釋篇》曰:"老少同一死,正宜委運去。縱浪大化中,不喜亦不懼。應盡便須盡,無復獨多慮。"《五月旦和戴主簿》曰:"既來孰不去,人理固有終。居常待其盡,曲肱豈傷沖?"《與儼等疏》曰:"天地賦命,有生必死。自古聖賢,誰能獨免?豈非壽夭永無外請故耶?"諸如此類,不可悉數。無非聖賢朝聞夕死、存順歿寧之旨;而與東林諸人,懼輪迴之及已,欲以坐亡,立脫妄意,超生三界者,氣象殊大不侔,真孟子所謂"行法俟命"之君子而夭壽不足以貳之也。其臨終,自謂"樂天委分,識運知命",豈虛語哉。抑觀公曾祖長沙公,勵志勤史職,以大禹惜寸陰爲法,斥老、莊之浮華,懲將佐之宴佚。朱子嘗亟稱之,其家學淵源固有所自,而慧遠又嘗雜取孔、老之言,著《沙門不敬王者論》,其與公忠義之心更相刺謬。公特閒靜少言,不屑與之辨耳。復何肯褰裳濡足於其間,竟爲淨土惑乎?而昭明太子見其《閒情》一賦,嗤爲白璧微瑕;謝無逸則又作詩誣之曰:"淵明從遠公,了此一大事。"嗚呼,公之心跡如日月,而千載以下,卒莫之知,其亦弗深考也。若夫平生忠孝大節,自以先代晉世宰輔,恥臣於宋,爲後世所共知。以及詩詞風格之高,波瀾意度之雋妙,或已經前人闡發,并見余箋注中者,概置不復論。論其不爲晉人習俗所移,而生以清談爲樂,死以淨土爲歸,以見公之卓識超然,獨出於數千載之上者如此云。康熙甲午三月既望,上杭邱嘉穗實亭氏謹序。

《四庫全書提要》卷一百七十四《集部·別集類存目》:《陶詩箋》五卷,户部尚書王際華家藏本。國朝邱嘉穗撰。嘉穗有《考定石經大學經傳解》,已著錄。是編乃所注《陶潛集》,摸索語氣,全類時文批語。其力辨潛不信佛,爲能崇正學、遠異端,尤爲拘滯。潛之可重,在於人品志節,其不入白蓮社,特蕭散性成,不耐禪儀拘束,非有儒、佛門戶在其意中也。嘉穗刻意講學,故以潛不入慧遠之社爲千古第一大事,不知唐以前人正不以是論賢否耳。

按《府志》卷三十三《文苑》著錄作"四卷",其數誤也。此書卷首有蕭統《陶淵明傳》及序、次總論、《補陶靖節先生傳》。余所見者,乃光緒八年仲夏漢陽邱氏重刊,即先生曾孫步洲重校本也。

東山草堂文集二十卷

邱嘉穗撰

陳《序》曰:世稱循吏,寡事含毫。或謂儒林剟工製錦,以是紀求、由之等,未聞概及。夫文章列游、夏之科,詎見兼言於政事? 何則? 簿書膠葛,思賡郢雪而奚遑;縑墨校讐,欲理晉絲其孰暇? 傅驃騎世承縣譜,揆翰無傳;沈隱侯任積吟編,治聲罕著。蓋以才難盡善,所由事有專長。然而士必通今始能游刃,人非學道曷識鳴絃? 所以李白操觚,馬邑有春風之化;文翁授簡,蜀郡開大雅之聲。如云下官不解著書,終嗟樸陋;或者僋父乃能作賦,亦見風流。否則,求杜若而無知,恐致郎星之誚;食彭蜞而莫辨,終貽仁祖之譏。曷從揚扢人風,詎得表章吏治? 閩中邱實亭先生,龍巖才子,梟臼仙郎。睨彼經猷,位二傅、沈、劉之左;緬其學術,在三丘、夷、羼之間。倘居東觀以抒辭,依然靈鞠;若問武昌而紀績,允似巨源。爾其綺歲鐫鷄,華齡斷鼠。朱將軍延上,早成賦席之篇;王詹事座中,獨愛落花之句。讀陳編而知籍稻,則石倉之探索應多;觀妙翰而欲敗藩,則銀管之發揮不少。已而翩超漢起,步逐颻飛。河畔人來,但覓孝廉之舫;舍旁客至,俱尋子慎之車。把寶帚而入鷄壇,三君執爵;揆波箋以遊兔苑,八顧扶輪。特是策屢奏於金門,遇偏違於玉署。何來鸞鶒不蔚丹霄,那有麒麟旋行赤縣? 我懷龐統,難安百里之樓;僉曰王融,將發八驌之慨。而君則翩然紆綬,奕若佩符。南澥揚帆,當鯷壑鵬溟之介;東江拄笏,宰龍鄉蜑戶之區。城種蠻花,色映棠階而似染;座聞粵鳥,聲流鶴圮以如歌。若其白錦時裁,朱絲靜拂。講學而集香泉之嘉樹,華鷇迎鶯;行春而撫魯令之柔桑,篠驂狎雉。馮伉政惠,民維誦諭蒙之條;燕肅庭清,吏祇呈紀姓之牘。於是垂簾永晝,臥閣蕭晨。譜傑搆而雲蒸,小胥腕脫;彙芳函而綺錯,毛穎頭童。一篋蠙珠,原秘中郎之枕;千章鴻寶,都探昌谷之囊。故其體製高華，丰標秀碩。董江都著述，要根柢於天人；杜子美詩歌，祇纏綿於君父。倘入蕭郎之選，自將躒馬而凌班；如登記室之評，應許馳①顏而駕謝。讀彼東山一集，軼其北里千群。且夫越鎛燕函，器原各使；陸車川楫，任匪同途。故使錢、劉操案牘之煩，則謂余不信；假令卓、魯理簡編之賾，則謝爾未能。自非不器之才，難致合揆之用。今君於政事也若彼，於文章也若斯。立說觥觥，豈居七子四家之後；臨民卓卓，當詣十奇三善之前。蓋機樞自運於一心，固用無不協；而仕學已研夫百慮，故才有兼優。誠可以騁治道之康衢，峙文峰之峻表者也。僕自趨庭穟石，君未交臂花田。鸚鵡杯行，拂赭羅而曳地；玫瑰匣啓，發丹藻以哦風。入秦系之長城，心驚積甲；探陸家之元圃，目眩夜光。何意疎庸，乃承誣諑。譬之飾南威之貌，曾何益彼纖妍；逞東郡之妝，亦自形其勃屑。且望非皇甫，奚能長價於太沖；而意比彦升，聊復摛詞於文憲。俾懸秦市，誰能取呂覽之金；倘獻晉廷，人自賞郤詵之玉。康熙庚寅端陽前二日，年家眷世弟澤州陳隨貞題於粤東海山樓。

黎《序》曰：古無所謂文也。道非言可盡，然後筆之於書，傳諸其人，而道著焉。五經四子，非文也，孔、孟之文在是，孔、孟之道在是。推而至老、莊、荀、墨，以及管、列、申、韓，其文垂至今，即源流大小不一，而皆各有其道。後之文士，不惟其道而惟其文，精微者既不易知，而淺者又不足述。乃務爲離奇詭變、杳渺恣放，以求申其說，文愈工而去道愈遠。晉隋以降，吾無譏焉；唐之爲文，不止一昌黎韓氏；宋之爲文，不止一廬陵歐陽氏。歷數千百年間，其人其文，有傳有不傳，即傳亦或不能久遠，惟韓、歐之書，家習而户有之。當韓之時，有柳河東；宋之盛也，莫如眉山父子，且不能與韓、歐爭勝，況其他乎？韓之言曰："吾非好其辭也，好其道也。"歐陽之言曰："學者未常不志於道，而至者鮮焉。"然則韓、歐之文傳者，其道傳也。今有人焉，曰："我非文之謂，惟道之謂。"將賢者疑，愚者怪，其下者亦爭，且嘻笑迂闊於其間。不以爲妄，則以爲庸矣。是非强幹、立志不移者，必不能自堅其學。邱子秀瑞，年甚少，勇而爲文，又持身甚謙。其爲文必根據於仁義道德，其爲說即數變而必歸於君臣父子、人倫刑政之大，蓋斤斤乎欲其至而又惟恐其不至也。邱子他日或至焉，或不至焉，而邱子志則大矣。邱子以經明行修，應有司特拔之選，行入京師遊

---

① "馳"，原稿脱此字，據《東山草堂文集》卷首補。

太學。京師，天下之歸；太學，人文之所自出也；其爲文而近道者幾何？邱子得師之，不惟其文，而終可與適道者幾何？邱子得交之友之，邱子成立其未可量。予亦學於文，而斤斤乎欲其至，而又惟恐其不至者。邱子有以自勗，得閒亦并將有以勗我。予甚愛邱子之文也，特序其卷首，而并以送邱子之行。康熙丁卯春正，黎士弘序。

　　陳《序》曰：文之所貴者，在乎明道，而道不可以不擇也。何則？道者，天下之公理也。雖異端曲學，道其所道，亦莫不各有其道焉，而不可以爲道之極。惟吾孔子所得傳於堯、舜、禹、湯、文、武、周公而集其成者，內以盡性，外以成物，廣大純粹，中正易簡，而非二氏百家怪險偏駁之說所敢望其萬一也。程、朱以來，剖悉推闡，不遺餘力，世之學者所當尊信而傳述之，以扶綱常而明世教。而操觚之士，厭其庸常，往往庋置不談，顧反雜出於浮屠、老子諸家之言。及秦漢以下，詞章、訓詁之學，以恣其猖狂，而文其固陋。其於道也奚當？其於言也奚爲？其於人也奚益？故曰：「文貴明道，而道不可以不擇也。」余嘗持其說，論當世之文而不盡合。今讀秀瑞先生《東山草堂集》，而不禁犁然有得余心也。先生少負穎異，自其先曾王父以來，世有隱德，以孝弟、忠信、勤儉爲家誡；而尤薰習於尊甫仁庵先生庭訓，卓然以聖賢爲師；雖在諸生間，工制舉業，而不事浮剽不根之學。其爲學也，原本儒先根極理要，搜抉性命之微旨，闡發倫物之大經，旁及釋老龐雜之書，莫不引繩披根，以剖其毫釐千里之謬。故其著爲文章，以理爲經，以氣爲緯，充其中而肆乎外，光明條達，一以聖人之道爲歸。雖其短章小篇，隱喻諷刺，皆有憂世覺民之心，蓋其所擇於道者至精也。且凡吾之論文，以明道爲貴者，夫豈以聖賢之名可以屈服當世，而姑以是託焉，以駭燿乎人之耳目爲哉。夫聖人之道之於人也，如寒之於衣，饑之於食，而不可以斯須去也。道在君臣，曰仁曰敬；道在父子，曰慈曰孝；道在兄弟朋友，曰友、曰恭、曰信；道在夫婦，曰別；此亦明白顯易，庸近無奇之至者也。今試執天下之人問之，無愧乎是者幾人？人之無愧乎是者幾事？吾知揚觶而前，而矍相之圃不數人存矣。先生本先世之訓，出自得之學，崇論雄議，發於舉世所不談之日，其崇儒衛道，有功於世，豈淺尟哉。余受讀卒業，既手此爲入道之權輿，且爲發其大凡，以告天下讀是集者，使知文之所貴固以明道爲要，而道又不可以不擇如此。長沙陳鵬年序。

　　《自序》曰：言之精者曰文，文豈有他哉？亦猶是言焉而已矣。人受上天之聰明以生，自兒童學語而後，苟不病狂而喪心，未有不能言者。而其爲言也，亦必有先後次第，而不至雜亂而無章。如弟子之應對，男女之咏歌，師友之諷議諫諍，俳優之叙述敷衍，匹夫匹婦之訴諄而訟於公庭，縱人橫人之游談而伸於鄰國，莫不津津乎發諸胸臆而不窮，流於唇齒而不竭。即其一時嬉笑怒罵之辭，亦皆可書而誦之。而識者從旁諦聽，以爲雖古文起伏呼應，斷續去來之妙，何以加兹？惟天資之甚拙者，然後訥訥然如不能 [1] 出諸其口，而其憤悱之意，亦可以徐導而得之，非竟如病狂喪心之譫語而不倫也。何獨至於爲文而乃有大謬不然者？一篇之中，而足與目不相應；一段之中，而指與臂不相使；不爲拙訥者之吃吃期期，即爲病狂喪心者之譫語，以至於雜亂而無章。是患也，非獨初學之文、小家之筆所不能免；雖既掇巍科、登上第，儼然自命爲著作大手者，亦往往之乎其途而誤焉。何者？彼固爲時風衆趨之所牽率，而不能設身處地、曲體聲吻以出之。雖欲求其文從字順而不失乎嬉笑怒罵之常，胡可得也？噫嘻！古之人以言爲文，文與言出於一；今之人以文代言，言與文分爲二。文與言出於一，而意之所欲言者，文常足以達之；言與文分爲二，而意所欲言者雖有餘，而文終不能盡，或言之猶不足而文且有餘而贅。即以秦漢而上、秦漢而下之文彙而觀之，論者已不能不因是而分優絀於其間；而況今世去古愈遠，習尚多岐，其卒至於大相逕庭而不可復較也。夫亦何怪之有？康熙丙子秋七月十日邱嘉穗秀瑞書。

　　按：《通志》卷八十《經籍》、《福建藝文志》卷六十四《集部·別集》、《府志》卷三十三《文苑》並著録。

　　又按：此集二十卷，首有陳隨貞序，次黎士弘序，次陳鵬年序，次自序。其卷一、卷二：序文；卷三：碑、記；卷四：傳；卷五：銘、表；卷六：書；卷七：論；卷八：策；卷九：議；卷十：辨；卷十一：書後、題跋；卷十二：祭文；卷十三：說；卷十四：疏、呈、狀；卷十五：贊、引；卷十六：雜著；卷十七：詞、賦；卷十八：頌、箴；卷十九：圖記；卷二十：別集。皆漢陽邱氏重刊本也。

---

① "能"，原稿脱此字，據《東山草堂文集》卷首補。

東山草堂詩集十卷續集一卷

邱嘉穗撰

《自序》曰：世以喜作詩爲名心所使，以余驗之，殊不爾。記七八歲時，初入鄉校，先王父逸六公課以《千家詩》，輒日夜歌吟無已時。每對良辰美景，意亦欣然樂之，惜三家村中塾師，不以屬對教也。比稍長，讀古人臥遊諸記及《離騷》等書，雖不盡解，亦時諷咏不去口。而當年師友間又未有爲聲律一道者，卒無因而興起然。至寅卯之交，閩中干戈擾攘，人士多廢學，而余亦置舉子業不講。時見家大阮二三輩，始談詩，因得識平仄聯聲韻。其後雖以時，平日挾制義走名場，每乘閒即作爲五、七言諸體自娛，或觸景興懷，一字未安，心目交瘁，若有鬼神督責迫蹙，曾不得須臾佚樂。雖父兄禁詬之不爲止，亦不自知其何爲而至此。嗟乎，詩固性情中物也。當其沈酣困苦之餘，寢食交廢，思入風雲，深者深之，淺者淺之，迂者自成其迂，僻者自成其僻。如曾哲嗜羊棗，嵇康好鍛鍊，皆其性情所繫，有未易詰其所以然者，豈嘗計及其人之稱說如何、後日之流傳如何，而後從而攢眉聳肩，矻矻不自休也哉。余年友晉江何子禮宗，頗負鑑裁。歲丁卯，同上長安，見余道中雜咏，笑曰："兄才大而心麤，必加勉之。"余斂容謝曰："才大所不敢當，以爲心麤，則誠如吾子言。"由今思之，有由然矣。竊觀古人之嗜學者，若左太沖鍊都一紀，張平子研京十年，蓋其用功也深，故其收名也遠。余少嗜古文辭，自周秦以降，皆知涉獵，而於詩則自先王父口授外，更不復讀古人一字。至今胸中所記，漢、魏、唐、宋諸作尚不滿百餘首，乃欲率其性情所至，縱筆頹唐，雖復觸景興懷，攢眉聳肩，徒自苦耳，何怪禮宗有心麤之規乎？余故因刪集而並識之，以見余之喜作詩者，固非名心所使，而其所以卒不能工者，亦未必非棄名不學之過也。康熙己巳冬十有一月朔日，邱嘉穗秀端氏自序。

按：《通志》卷八十《經籍》、《福建藝文志》卷六十四《集部·別集》著錄，作八卷。《府志》卷三十三《文苑》著錄，無《續集》。今攷此書卷一"五言古詩"、卷二"七言古詩"、卷三"五言律詩"、卷四"七言律詩"、卷五"五言絕句"、卷六"七言絕句"、卷七"五言排律"、卷八"七言排律"、卷九"六言詩"，嗣刻卷十"詩餘"、嗣刻《續編》一卷，康熙庚寅鐫板，光緒間漢陽邱氏重刊。

又按《汀南廛存集》卷三：邱嘉穗《夜泊京口》云："鐵甕城頭月，維揚渡口橋。雲開雙塔寺，風急兩江潮。旅雁催寒近，家山入夢遙。故人東去遠，惆悵暮烟消。"《衛輝晚行》云："醉臥西窗夢未醒，茅檐燈火又熒熒。[1] 荒郊犬吠孤城月，野寺雞鳴遠樹星。北去衛河連海碧，南來恒麓入雲青。望京樓上難窮睇，何事星馳赴闕庭。"[2]《靈巖寺》云："靈巖高並白雲浮，曲磴紆回上畫樓。夾井泉通滄海汐，孤臺風捲太湖秋。吳宮粉屧傳遺響，越絕烟嵐起暮愁。千載霸圖如夢裏，長廊輸與酒人遊。"《青門中夜作》云："竟日長安市上行，東華塵土滿懷生。梨園寂寞荒烟迥，瓜圃荒涼積雪平。夢有閒愁懸萬里，酒無全力到三更。寒風蕭颯憑誰暖，聽徹鄰雞喔喔聲。"《石城道中》云："萬里秦閩賦遠游，歸期又近一年秋。逢人暫喜聲相似，問俗還知歲有秋。峭壁稜稜橫岫出，清泉決決繞溪流。明朝咫尺鄉關路，好把芳尊對月酬。"

五經翼

賴寅撰

《通志》卷八十《經籍》著錄。寅，字念劬。康熙戊子舉人。

《杭志》卷九《文苑》：賴寅，字念劬。爲諸生，試輒冠其曹。康熙戊子舉於鄉。上春官，卷出劉巖之門，以"淵粹深醇"品之，極爲歎賞。壬辰公車，中道言旋而卒。著有《四書解》、《五經翼》傳世。

四書解

賴寅撰

《通志》卷八十《經籍》著錄。

---

① "檐"，原稿作"詹"，據《汀南廛存集》卷三改。
② "赴"，原稿作"向"，據《汀南廛存集》卷三及《東山草堂詩集》卷四改。

談禪戲錄一卷

邱士修撰

按：先生諱士修，字龍文。康熙庚午副榜。父逸六，好購書，積至萬餘卷。先生刻苦好學，探極微賾，獨居水月軒。晚嗜山水，遊於粵東，過藍關、登白鶴峰、泛豐湖、躡白雲、問津珠海虎門，感慨賦詩，所著《粵游草》、《蓋軒詩文集》四卷、《談禪戲錄》一卷，俱自書行楷付梓。右節邱倬撰傳。

蓋軒詩文集四卷

邱士修撰

詳前。

粵遊草

邱士修撰

詳前。

抄本。

春曉堂詩文集二卷

邱倬撰

《通志》卷八十《經籍》著錄：倬，康熙丁酉武舉人。

饒撰《邱南田先生家傳》曰：華元以康熙戊子忝列鄉薦，宰循陽。先生侍母太孺人至署就養，覽大庾、羅浮諸勝，遊屐所至，憑弔賦詩。著有《粵遊》諸什，識者比之蘇公海外文章，更見奇特。先生已負奇才，守正不阿，疾世俗軟美，雖縉紳先達，恒譏切不少寬。以是，人多妬忌之。有怨家醉歸折足，誣公夜遣蒼頭創斷其膝，告之邑令。令爲相山段公，名儒也，見先生奇偉，且驗其處非是，亟出之，促赴賓興。是時文武通考，先生以聞，喜公全材，鹿鳴報罷,復試鷹揚,遂魁康熙丁酉虎榜,論者多令之賢,且謂小人鬼蜮舣排,適足以為玉成君子之助而已。公車北上,段公致書介謁長沙陳滄洲先生。滄洲夙與實亭夫子交,至是見先生,驚為奇士,歎曰:"二陸入洛,名士減價,惜子不及與實亭一時俱來耳。"游揚公卿間,名聲藉甚。榜下失望,物論囂然,先生壯心自如,不以介意也。既而終不大遇,乃退以著述自任,築室以居,顏其堂曰"春曉",擁書萬卷,日夕蒐討,因文見道,所詣益精。發為詩古文詞,振聾啓瞶,鍼砭膏肓,雖短章小篇,隱喻諷刺,皆有牖世覺民之心。同郡盧子衡汝、黃子山長、郭子搏萬、蔡子蘭谷及其族士西音、仁山輩,數從出同考歸善大尹上杭邱實亭夫子門。次年公車旋,便道謁起居,適夫子續刻詩文集,命留署中校字,因得事南田先生,辱不棄,教誨備至。後且締婚姻,親炙益密。乾隆七年,先生卒於家,華元不遠數百里生芻詣奠,為文以哭之。既復論德謀跡,私志其文範,竊援弟子表師之義,謹次大略而為傳。先生諱倬,字國瑞,號南田,姓邱氏,福建上杭人。負奇氣,好學有志操。少從仲兄實亭夫子讀書東山草堂,毅然以斯道為己任,非聖哲之書不讀,非其人雖富貴不事。年三十八始補邑庠,屢試鄉闈,不遇。或勸先生為文稍卑論儕俗,取榮名固自易易耳。先生曰:"文以載道,豈可以遇合故而易吾所學乎?"作《南田子傳》以見志。世雖非笑之,弗顧也。實亭夫子出講學,間一曠論天下國家事,開拓心胸,摧倒豪傑,幾與陳同甫馳騁上下,先生誠偉人哉。先生著作等身,行世者有《春曉堂詩文集》,松陵鈕蕙卜、山陰李岳、桐城江繩祖諸先生,皆為跋語,最後東樵山人序之,曰:"詩奇文奇,所遇雅俗,與之俱奇。讚者、毀者、愛者、嫉者,無一而不奇。枚乘《七發》,可以已病,為其指之遠也;陳琳《草檄》,可愈頭風,為其辭之正也;杜甫《長歌》,可以止瘧,為其氣之壯也。遠而不病於誕,正而不病於燥,壯而不病於執,良藥哉。"君子以為知言。鳳城饒華元敬撰。

李《序》曰:山開百越,任輾朱輪;水瀉三江,紛操桂櫂。陸大夫遊遨之地,錦石催題;蘇學士嘯咏之場,梅花索句。盼河山之納納,覺興會之翛翛。則有八閩杭川邱君國瑞,吐鳳文人,名高二陸;懷蛟彥士,望著三邱。南嶺攀雲,奉藐蘇而樹背;西堂賦草,將華萼以唅春。無煩陟屺之思,大有吹塤之樂。爾乃洲前翠楫,含毫拾翠之洲;市上羊車,橐筆騎羊之市。朱明洞裏,蝴蝶迎來;粵秀峰邊,鷓鴣送去。香浦則歌酺素月,花田則酒勸東風。於是一斛綃珠,橫羅癉海;滿籯鮋玉,朗暎瓊山。宋延清遠峽聲傳,潭間花織;許用晦越臺咳落,河畔雪飛。乃貽玖瑲之編,俾點珊瑚之管。僕則南天滯跡,夢老蠻烟;北渚摇精,吟深秋水。忽入士衡之玄圃,觸目鳴瑯;如探昌谷之奚囊,賞心披繡。用承謡諑,漫書黄絹之辭;不盡揄揚,待長烏絲之價。康熙辛卯初冬,山陰李岳序於穗城榕碧軒。

鈕《跋》曰:令謁錦封,交聯玉友。遠入梅花之路,獨聳詩肩;近依萱草之堂,兼通吟夢。披囊錦燦,展帙珠霏。非止興極登臨,開卷盡驚人之句;抑且情深瞻陟,滿懷皆得性之區矣。康熙辛卯小春下浣,嶺外覊人松陵鈕蕙卜跋。

此集係家藏鈔本,中有編年者,有注刻者。詩約百首,詞數首,文二首,序殘缺。鍾用先評爲"清超① 拔俗,其命意敷詞,如以天地浩露滌筆於冰甌雪椀中"云。附《粤遊草》十五首。

《汀南廛存集》卷三:邱倬,著有《春曉堂詩集》。《嚴子陵釣臺》云:"獨擁羊裘理釣綸,消磨名業富山春。半生傲骨崚嶒石,一片澄懷浩淼津。風月依然呼作友,雲山不改結爲鄰。翻疑漢有釣鼇手,一代經綸付水濱。"

四書融旨

范正國撰

《通志》卷八十《經籍》著録。

《杭志》卷九《文苑》:范正國,字家倫。幼聰穎,經籍過目,終身不忘。餼於庠,屢冠一軍。爲人孝友端方,扃户授徒,惟以昌明理學爲任。康熙庚子舉於鄉。上春官,以明通簡建寧諭,造士有方。擢調彰化,旋授河南尉氏令。七十致政,兩袖清風,邑令梁聘掌濂溪教,申飭學規,士風丕振。分纂邑乘,公正謹嚴。生平博極群書,尤邃意於濂、洛、關、閩之言,凡所撰述,言言見道,不徒雕繪風雲,衆論翕然稱之。卒年八十三,著有《四書融旨》藏於家。

佚。

---

① "清超",原稿作"超超",據民國《上杭縣志》卷二十三改。

撫窗詩稿

郭又泉撰

《通志》卷八十《經籍》著錄。又泉,字佩先。

盟鷗集

郭潤撰

《通志》卷八十《經籍》著錄。潤,字河九,號盟鷗。

三經尋源

吳一士撰

《天潮閣集》卷一《送吳無雙赴張中丞召序》曰:由漢迄今,稱明經者凡三變。唐以前重師說,若京氏《易》,毛氏《詩》,賈、嚴《春秋》,雖代有變更,而守其專門之學以相授受,則未敢或異,然其弊失之穿鑿附會。於是宋元諸儒一洗其陋,以義理解經,可謂得先聖精微,發不傳之蘊;然往往武斷,彊古人從己,若安國《春秋》、仲晦《詩傳》是已。自勝國專以明經取士,士咸以虛詞濫說塗飾,不雅不俗、非經非史之文,別爲一制藝之體,以倖功名。取者、作者俱在明闇之間,天下靡然從風三百餘年。雖曰明經,而經之晦亦多矣。予歸杭三十年,所最契者惟吳子無雙。無雙年過七十,孜孜矻矻,手一卷,與日俱永,蓋寢食於經疏中而不復知人世更有何者當其嗜好。余恒謂無雙君亦大勞苦,今不能復鄉舉、里選之法,則必不能舍制藝以取士。吾恐陳陳相因,以訛傳訛,雖曰明經,其勢不至廢經不止。蓋主司衡文多以詞,而君所研者理,所取非所習,所習非所取,幾何其能投合也?且一日之得失,又以時命參其間,故士之售者不必明經,而明經或不必售。此與平日守其師說、發微闡奧者,其得失固判然矣。吾故謂其弊必至束經疏於高閣,而惟以時下揣摩微倖之作爲利器也。乃無雙持之愈堅,攻之不懈,歲月之久,成《三經四子尋源》等集,合數十卷,用功之勤且專,直將抗行古人而非今人所能企冀也。已丑冬，中丞張公忽下尺一徵之，合邑傳爲盛事。予謂以無雙之用心，千載四海且有感召，況其在邇者乎？然張公召之，匪徒具文已也，必將與之參訂古今之同異，以成畫一之論。庶漢、唐、宋諸儒不獨擅於前，而有明一代之制可永行於後也，庸非一時希有之事哉。無雙行矣，予且拭目望之。

按：一士，字無雙。《通志》卷八十《經籍》作"字無二"。

佚。

又按：無雙所居有鷗盟閣，康熙間諸生。

四子尋源

吳一士撰

《通志》卷八十《經籍》著錄。

佚。

吳無二詩文集二卷

吳一士撰

《通志》卷八十《經籍》著錄。

《江南塵存集》卷三，吳一士《談兵》云："臨波生憎影，陰符誤少年。秦袍驚戍夢，塵埋五尺天。叱咤楚人劍，翻失一儒生。百戰成功業，劉季豈徒然？數傳已不競，何況唐宋元？貽謀誠不易，珍重在兵先。金湯非形勝，誰復思萬全。胡笳起邊月，慷慨不堪聞。人間何事容舌辯，維予與子莫辭眠。"《撫劍》云："西市天如畫，東山石嶙峋。烟火大都有，只是不逢人。[1]美人當空坐，干將試白蘋。秋漲星初躍，霜蕊護龍身。欲飛飛何際，對此殊逡巡。彈之既無聲，揮之更無因。三尺去天遠，何以奮青旻？一醉須千石，一臥竟十春。翹首忽長眺，歌韻劍亦神。將子無輕擲，知我在風塵。"《橫琴》云："見人騎馬笑，漁燈隔岸明。孤桐知予意，對影引秋聲。人間豈有鳳，顧盼雪風生。海水一何醉，長與指交鳴。大絃若奔馬，小絃若啼鶯。中絃戀香草，戍夢

---

① "是"，原稿作"今"，據《江南塵存集》卷三改。

入荒城。誰爲同鶴怨，與子起鴻驚。杳冥隨花去，浩淼逐雲行。曲已還相對，翛然夜氣清。攜手坐空幃，有君何不平？"《鏡嘯》云："破鏡影亦滅，何見謂形穢？六月夜渡淮，水漲不能寐。匪不能寐，心馬況瘁。波濤震驚，江山如墜。作歌不成聲，籂酒不及醉。撞碎菱花幾片光，①八面融成相思塊。"《巫猿引》云："一群兩群號古木，下山入峽負兒浴。兩岸松聲花亂落，睇天跂碙雙趐足。渴飲清泠悶剝瓜，風風雨雨是湯沐。十二峰頭盤錯居，莫向人間徒反覆。"《邊詞》云："桃花馬上撥琵琶，一曲涼州日未斜。②壯士當秋悲未歇，霞光著柳看飛鴉。"《榕城七夕》句云："石支白墜魂凝樹，嘯破雲痕月滿樓。"

左傳鈔略

藍正春撰

《通志》卷八十《經籍》著錄。

《杭志》卷九《人物》：藍正春，字約三。雍正甲辰進士。事親篤孝，有古人"一日養，不以三公換"之風。每年七十三卒，始謁選授安仁令，有惠政。越二載，告歸。築考槃書室，日以著述自娛。所著有《四書一得錄》、《左傳抄略》、《故事集腋》、《考槃集》等書。卒年八十六。

林撰《勅贈文林郎大邑侯諱正春字約三號元一藍老先生墓誌銘》曰：先生，汀之上杭人也。杭之南三十里有盧豐鄉者，藍姓居之，來自宋，至今蓋千有餘烟云。雍正元年癸卯科，先生以《春秋》中式。予與漳浦李杜俱與先生出莆中司馬吳老師門下，會於京都，讀鄉墨，互相敬慕。是歲，李先生聯捷；明年甲辰，先生又捷去；予獨瞠乎其後也。丙午歲，先生來省會，蒙造盧惠全稿。讀之，其理醇以達，其氣疎以暢，每篇後勁勝於前，予以是知其學問之淵源而福力之未艾也。庚戌歲，先生來京應選，予在中書科，把臂論文，相得甚歡。斯時，先生羨予之青年而自傷其遲暮，予慰之曰："功名不論早暮，貴有用耳。先生其未可量也。"既而籤掣江西之安仁，霞漳梁邨蔡老先生以聯送之曰："績學範身君百里，揮絃化俗最西江。"蓋以循吏期先生也。而先生果

---

① "碎"，原稿作"破"，據《江南麏存集》卷三改。
② "涼"、"未"，原稿作"梁"、"欲"，據《江南麏存集》卷三改。

能因俗爲治，以德化民，華山、錦水之間，口碑載道。數循吏於西江，當爲先生屈一指也。亡何，任兩載，以病辭。昔原憲有言曰："吾聞學而不能行之謂病，予貧也，非病也。"今先生之辭，先生之貧耳，果病也哉？吾聞先生之辭，士庶多往省保留，而先生不肯留。及其去也，士庶多惜其去，而先生不吝情於去。"介石"之豫，此豈俗吏所能爲也哉？且夫城有時而復隍，陵或遷而爲谷，大而天地之氣運，小而一人之福命，皆不可以爲常計。癸卯同榜諸人，今多化爲異物，而先生以靈光殿巋然獨存，月旦評高，爲時所貴。兀坐高樓，人不敢干以俗事。事之有益於人者，先生身任而不辭，如創宗祠於汀郡，築華表於本鄉，動費千金，呼應輒靈，苟不深得乎人心，何以至是？性喜援引後進，晚年著述甚富，爲後生小子所欽式者二十餘年。福履之盛，非少年登科者所敢擬也。乾隆十八年五月，世兄新郵寄先生行狀，求予作墓誌銘，始知先生爲芙蓉館主矣。以縞紵之交，而又有蘭譜之誼，敢以不文辭？按狀：先生生康熙七年八月十四日，卒乾隆十八年二月十一日，年八十有六。子二，長驤，次新，皆國學生。孫八人，長瑞庭，國學生。曾孫十三人。元孫四人。先生年高德邵，而螽斯麟趾，俱可爲吾榜中翹楚。今葬於紫金山之麓，墳前享堂，以奉春秋祀事。古之所謂鄉先生沒而可祭於社者，其在斯人與？其在斯人與？銘曰："紫氣東來，金山之麓。考槃在澗，幽人之屋。松柏青青，芝蘭秀毓。億萬斯年，鬱爲喬木。"乾隆十八年歲次癸酉孟冬月，通政司副使、提督江西全省學政、前右春坊右庶子掌坊事兼翰林院侍講、又前翰林院編修、年眷弟林枝春頓首拜撰。

樹棠與先生居同里閈，向讀林撰《墓志》、先生姪夢起所爲《行狀》，意未愜也。爲補傳曰："藍先生諱正春，字約三，號元一，福建上杭人。生而沈靜，九歲就塾，徧讀四子書，館師心異之。稍長，屬文，思如泉湧，一日可得六七藝。弱冠補博士弟子，旋食餼。雍正元年恩科，以《春秋》中式，受知於興化別駕吳公。二年，成進士。事親孝。六年，丁內艱。八年，服闋，謁選走京師學習禮部儀制司。大宗伯錢公以愷、少宗伯黃公圖炳，稱先生文理達氣暢，真足式靡。漳浦蔡文勤公亦稱其爲溫醇正直。至部四月，引見，籤掣江西安仁縣知縣。於其行也，少宰吳荊山謂之曰："子長於文學，今當勉以政事，副朝廷望。"甫下車，問邑中利害，民生休戚，大姓幾何，單寒幾何，紳士齊民，貧富善惡，並記於冊；雖或言未必皆實，而臨事參酌，往往有所資益。安仁正供原爲加一，許民自封投櫃，胥吏不得枉索分毫。漕米有斛面，平斛響概，斗級不能垂涎顆粒。至於讞決之際，平心靜氣以通下情，觀形察色以審虛實，卒之刑無妄用，案乏留牘。居官二載，銳意撫綏，廉隅自勵，斬絕干謁，而卒以是不合時宜，以疾辭歸。士庶歌詩祖餞，環河岸而相送者萬計。家居築室曰“考槃”，四方士咸從問學，親鄰有事相質，得一言立解，爲鄉里欽式者二十餘年。乾隆十八年二月卒，年八十六。著《四書一得錄》、《左傳鈔略》、《故事集腋》、《考槃集》各若干卷。論曰：先生出宰安仁，恤民決獄，有古循吏風。及去之日，百姓攀轅道左，如子女之不欲一旦別其父母，至有歔欷泣下者，遺愛及人深矣。輓近吏治益偷，縣長猶古牧民之官，不肖者，稟承上峰，頤指敲剝爲能，苟且競進，怨讟騰沸而不恤。孔子曰：“舉直錯諸枉，則民服；舉枉錯諸直，則民不服。”安得復見如先生輩者與民更始、激厲薄俗也？嗚乎悕已。

按：先生官安仁，嘗以聯榜其門曰：“規我過何妨入室，說人情切莫開門。”可以知其操守矣。

四書一得錄

藍正春撰

《通志》卷八十《經籍》著錄。

蔡《序》曰：子朱子生千古聖賢之後，而千古聖賢之書皆有闡明，而於四書尤折衷群言，歸於至當；然後用爲集注外，又有《或問》、《集說》、《語類》等書，其用物也宏矣，其取精也多矣。如朱子之深造自得，原原本本，聖經賢傳之所藉以明也，童蒙師宿之所藉以啓也。地有遠近，時有前後，孰非其所耳提而面命者哉？世遠年湮，遵朱子而有得焉，難矣。即遵朱子而偶有一得焉，亦鮮矣。甲辰春榜後，有藍子元一得售，持其文來謁。其文理達氣暢，其人亦溫醇正直，予竊心喜之，以爲此必潛心理學，就道而養氣者也。厥後，庚戌來京謁選，四月引見前一日，住予花園書室中，蒙惠《花園相見》佳句及《辨惑論》、《翦綵爲花說》、《豐年賦》等篇，雖僅窺見一班，已足覘霧豹之光輝矣。最後以《四書一得錄》來求弁言。予觀其書，大要以朱子爲宗，而於《或問》、《語類》，參考講究，指出妙義，是可知其所得之靡有涯涘矣。而僅以“一得”名，其以鳴謙與？抑將託於愚以求於明也。然元一性謙沖，好交益友，故吾於元一尤有所重焉。聖人之言，非知之艱，行之維艱。韓子所謂“以之爲己,則順而祥;以之爲人,則愛而公;以之爲天下國家,無所處而不當",元一而求進於是也,則一言亦可終身也。其所得不更有大焉者哉? 雍正九年辛亥歲孟夏月,年家同學弟梁邨蔡世遠題於京都之花園書室。

按:是書爲桐城張廷璐寶臣、武林吳煐快亭鑑定。

故事集腋

藍正春撰

《通志》卷八十《經籍》著錄。

今佚。

考槃集

藍正春撰

《通志》卷八十《經籍》著錄。

《杭志·藝文》,藍正春《過王壽山》詩曰:丹峰翠巘迥無邊,閩粤中撐半壁天。汀水伏流澆石底,梅川好月出山巔。鶴巢猿壁藤蘿挂,虎窟龍湫瀑布懸。一筆陽持雲霧裏,扶筇何日嘯峰前?

今佚。

媿徵詩略

藍正春撰

按:夢起撰《行狀》稱有《媿徵詩略》、《青雲樓稿》,但皆未見。

青雲樓稿

藍正春撰未見。

閩汀文選十卷

周維慶撰

《通志》卷八十《經籍》著錄。

維慶《自序》略曰：吾汀唐始爲郡，與中原並，人皆束身於學問，肆力於文章。時則文詞有鄭仲賢，氣節有伍正己，理學有楊澹軒、童尋樂，其餘璨瑋卓異，不可一二數。考諸郡志，其著述所紀編不下百千卷，而得諸故家，訪之耆宿，斷簡殘編，百不獲一。因命諸子方偉旁搜遠攬，探名山之藏，訪故舊之遺，求諸衣冠華胄之家，凡經國之訏謨、敷奏之碩畫，詩歌、古文、辭賦、碑銘諸體，雖未能淳粹，而生斯土爲斯人，因其人識其文，亦足以見何地無才也。時雍正三年乙巳仲秋。

按：維慶，字鑑翁。《府志》卷三十三《文苑》不著卷數。書佚。

後樂樓詩集二卷

范泰元撰

按：范泰元，字淇園。父正國。《杭志·選舉》：“泰元，乾隆十二年丁卯舉人。”此集於五七古律絕後，繼以排律，並附頌、賦七篇，乾隆甲申刊存於家。

楊《序》曰：閩爲海濱一大都會也。有宋以來，理學文章踵相接。當時，楊大年以能文工詩領袖後進；厥後，鄞江元白、莘叟等繼之，要皆山川之奇氣蜿蜒鬱積而後有。余嘗思游覽其地，無緣以至。鄞之八邑，杭其一也。爲吾埔毗連境，春糧可至，往往有客爲余道其七峰三摺備極壯麗之觀。歲辛酉，余同譜史君宰是邑，始買舟泝流而上，巨灘纍纍，小者以百計，舟行入旋渦間，常如箭激浪，一躍登舟，壯士失色。然驚定還顧，見其盪摩雲霞，噴薄珠玉，驟雨騰空，介馬轟夜，與夾河千峰萬峰爭曲折幽峭之奇詭，以互爲雄長。及至境，澄泓十餘里，水平如掌。登其南樓，因得觀所謂“七峰三摺”；蓋向之耳聞而未得見者，至是始得見之矣。意其中必有魁奇磊落之士、雄傑豪放之文，以寫其山水之趣，然終未之見也。今年，余長子德徵承當事推許，授書於杭之琴岡。端陽歸省，攜范子《淇園詩》一冊，索余序。問其人，則杭士也；詢其因，則其丁卯同譜也。余受而難之，念余二十年坐臥山中，弗獲與士大夫交遊，賦詩言志，渺然寡儔，烏能爲范子序？繼而思之，余雖固陋，然山居者思欲自適其性，每不能忘情於詩；況生平游屐所至，欲見其人其文而未之見者，今又得見，復何辭以謝？范君天姿卓犖，學識淹通，夙承乃父理堂先生庭訓，一門之內，兄弟父子，師友淵源。今觀其詩，散華集翠，才情橫溢，與向之所經見蕩摩雲霞、噴薄珠玉者頗類。意者山川之鍾毓，此其人與。雖然，金馬有門，白虎有觀，升歌雅什，必俟華英。范君早登賢書，暫停驥足，雖舟車南北，賦遍名區，其胸中醞釀勃勃而未發者正多。異日馳騁皇路，涉淮泗，走燕趙，覩嶽鎮江河之奇，覽中原輿圖之大，親都人士衣冠文物之美。舉夙昔所歷之境，進而揚芳摘藻，鼓吹休明。吾知實大聲宏，當更有偉然不止於今之所見者。彼瓦釜土缶、寒虻細響，安能與君爭鳴於清廟明堂間耶？乾隆甲申端陽後五日，年家眷世弟韓江楊繡時序。

黃《序》曰：丁卯之役，予同譜者八十五人，而杭川居其四，雲次、介庵、絅齋與淇園先生也。隨上春官，會淇園於長安旅邸，酒場吟地，諸名流屐躡墻進，而淇園執牛耳，聲欵作洪鐘聲，每一篇出，舉座皆廢。試事竣，予兩人皆報罷歸。未數月，予復襆被至汀，淇園談經於總戎帳中，得握手罄日夜歡。乃事有限而星乖，情無方而雨集，不能不歎良晤之易闌矣。己卯秋，淇園令子志伊踏省闈，出其尊甫集，命予爲序，予適以事未報。茲淇園令弟從亭、桂園來試會城，督益急；予雖不足序淇園，然良友之契，不敢辭也。余昔主汀郡志事，知汀人士有集，自南唐鄭仲賢始，後李元白、湯莘叟輩繼之；及國朝《寒支》、《託素》諸集，皆卓卓有聞於世。淇園生名賢類聚之邦，思輝映後先之盛，今哀然成帙者，如萬斛泉隨地湧出。本其性情之正，發爲風雅之言。其旨遠，其韻長，其氣和平而溫厚，諸體畢協，無美不備。以此黼黻太平，賡颺喜起，寧第藏之名山，傳之其人已耶？余固陋荒落，無能爲淇園言其詩古文之直追古者何若，然因此益思自奮勉，以希淇園之萬一，則良友之教也。淇園頷予言，當愈深故人之誼，望河山之風雨，寫胸臆於毫端，吾知集中必增數十百首感舊懷人之什矣。晉安黃惠序。

《自序》曰：心兮杳茫，觸於物而有言。言固心之聲也，惟心之虛靈，統性情而不擾；斯言之高下，協節奏而成聲。必盡心以知性，緣性以生情，則言志永言，抑揚咏歎，自不失詩人溫柔敦厚之旨。余非能詩者，而又不能已於詩。憶兒時先君子以毛、鄭習業，垂爲世守，而雅言之教、趨庭之訓，不憚提命諄諄。最上則述孔子之論《關雎》曰:"《關雎》囊括六經,幽幽冥冥,德之所藏;紛紛沸沸,道之所出。"先君子不矜魏晉以下,音律之工,間有歌咏,亦惟與程、朱見道之言相表裏,如隨柳傍花,天光雲影,使人諦會真詮;視彼雕鏤品彙,綴點山河,特緒餘耳。余小子親承嚴命,惝怳迷離,如入瀛池溟海,浩乎莫測其津涯也。及冠,受業於綏安席未亭先生。先生詞壇祭酒,於漢、魏、六朝、唐、宋、元、明古今各體,無不心描手追,衆美畢備。予小子更端請益,先生曰:"詩固難言,作詩亦復不一,況韻語無關功令,子其卒業制義,無遽也。"然昌歌、羊棗之嗜,終不能捨,偶有所作,輒以就正先生。而先生懌然曰:"子可與言詩者。"於是舉周秦以來風雅隆替之緒,騷人韻士正嫡支庶之分,暨古近各體之源同流異,抵掌以談,皎如印泥劃沙;且教以篤性情、謹格律、調聲韻,總期抒寫性靈,宣揚幽鬱,以不拂乎成周爾雅之音。師訓詳明,余小子謹識弗諼。自是而後,每有所作,遂播之音律,或搦管風檐,或聯吟旅次,或訓飭名山。時而導揚乎君父;時而贈答乎友朋;時而寄懷於古今賢淑,慷慨悲歌;時而託興於雲物山川、天喬飛走,正如候蟲時鳥,自止自鳴,亦不解其何以至斯也。丁丑之歲,奉上諭以二場表判易唐人試律八韻,率土歡騰,普天弦誦,四方揚風抎雅之士,莫不虛懷諮詢。一日,偶與諸子論次詩燈,余慨然曰:"詩至唐人試律,品格極卑,宛如才子登朝,美女催妝,宮樣衣冠,終不若酒場吟地、月下桑間,猶見自然瀟灑,自然嬋娟也。蓋欲學排律者,必先明律詩始;欲辨試律者,必兼明各體始。"諸子因搜余敝篋,廣求各體,彙集成帙,付弟兒輩,私請質於晉安黃迪軒先生,復定裁於鳳城楊遜亭太史。兩公爲東南壇坫,雅負鑑衡。然阿私之好,知所不免,謬飾弁言,殊涉獎譽。而諸子什襲珍之,共謀剞劂,以公同好。余笑曰:"余作之固我知、我罪之不辭也。二三子又從而梓之,不愈招僭規越矩之誚乎?"爰即所集錄中擇其性情格調仰止乎三百之遺、不悖乎父師之訓者,存十之五。若如歐陽文忠公晚年去取,夜分不決,語薛夫人曰"政畏後生",則固匪我思存也已。乾隆甲申秋,范泰元淇園自識。

離垢集五卷補遺一卷

華岳撰

按《通志》卷八十《經籍》,不著卷數。

又卷二百三十九《文苑》：華嵒，字秋嶽，號新羅山人。好吟咏，工書，尤善畫，力追古法，尺幅片楮，皆有題句，詩亦古質。書學柳，而取其神。晚年移居浙江仁和縣。著有《離垢集》若干卷。《輶軒錄》稱爲詩、字、畫三絶。子浚，乾隆庚辰舉人，亦善畫。孫繩武，乾隆甲寅舉人。

《歷代畫史彙傳》卷五十六：華嵒，字秋嶽，號新羅山人，閩臨汀人。家錢塘，善人物、山水、花鳥、草蟲，脱去時習，力追古法。詩亦古質，與書稱"三絶"。年至望八。《錢塘縣志》、《畫徵續錄》。

《福建藝文志》卷六十五《集部·別集類》：《離垢集》五卷，上杭華嵒著。《南檐瑣錄》云："新羅山人畫境意造神會，出古法之外而不背於古法。詩亦如之，所作多五言古體，力追大小謝，得其幽遠之趣，絶俗離立，殆不食烟火人語。"姪孫時中《後序》云："公原字德嵩，生於閩，家於浙，不忘桑梓之鄉，因自號新羅山人。新羅者，閩南汀州之舊號也。其詩，於阮雲臺先生《輶軒集》中採登數首。"《石遺室書錄》云："秋嶽此集皆詩，大略選體、昌谷體、宋元人題畫體，無長篇。前有徐紫山、厲樊榭諸人題詞，顧師竹、黎庶昌、羅嘉傑諸人序，蓋嘉、道所重刻也。"

今按《杭志·方技》有傳。此集五卷，道光乙未華時中爲刊於仙源縣署。補鈔一册，民國六年丁巳羅少耕續印於上海，並冠以山人肖像。

顧《序》曰：新羅山人畫，名噪海內百餘年矣。賞鑑家謂與吾郡南田老人匹。嘗獲觀其遺縑，即尺幅亦有題咏，味其筆妙覺，自成一家者，竊以爲是必有集，然恨無由窺全豹也。僕旋里之次年，忝主仙源講席，重與大令華君榕軒過從談藝。乙未夏，忽以詩卷出示，展之，乃新羅山人《離垢集》若干首，將付剞劂，徵僕一言爲序，僕益信初見之不謬也。攜向海山慧業處，焚香靜坐，每讀一過，口角流沫。蓋古今諸體，如氣之秋，如月之曙，性情所至，妙不自尋。而後知山人一生實以詩鳴，畫猶緒餘耳。舊稿五卷，山人手自繕寫，書法高古，直逼晉唐。合而觀之，且有三絶之目，凡得其片羽藏弄以爲榮者，固在畫，而不徒在乎畫也。山人於榕軒爲祖行，榕軒簿書之暇，校刊是編，誠合乎數典不忘之義。獨歎山人生於閩，家於杭，掃除俗狀，往來山水窟中，領略奇致，發爲歌詩，而畫名先無翼而飛。是編，緘之青緗，遲之又久，必俟山人曾孫鐵舫、序榮，持至仙源幕府，始得榕軒表揚之。雖顯晦有時，而榕軒之尚風雅、闡幽潛，更有足多者。嗣此法書名畫，必因《離垢集》永垂不朽。僕素嗜山人畫,今又藉是編兼悉山人之人品出處,亦與有幸焉。何敢以不文辭?江陰顧師竹序。

徐《序》曰:華君秋岳,天才驚挺,落筆吐辭,[①]自其少時便無塵埃之氣。壯年苦讀書,句多奇拔。近益好學,長歌短吟,無不入妙。蓋具有仙骨,世人不知其故也。憶康熙癸未歲,華君由閩來浙,余即與之友,迄今三十載,深知其造詣。嘗謂:本根鈍者,失之弇鄙;天資勝者,多半浮華。求其文質相兼而又能超脫於畦畛之外如斯人者,亦罕覯矣。其詩如晴空紫氛,層崖積雪,玉瑟彈秋,太阿出水,足稱神品。且復工書畫,書畫之妙亦如其詩。昔毗陵惲南田擅三絕,名於海內,斯人仿佛,當無惡焉。雍正辛亥重九日,紫山老人徐逢吉題。

華《跋》曰:《離垢集》五卷,高叔祖秋岳公遺稿也。公諱喦,原字德嵩。生於閩,家於浙,不忘桑梓之鄉,因自號爲新羅山人。新羅者,閩南汀州之舊號也。公性岐嶷,好詩畫,方就傅,即矢口成聲,落筆生趣。壯游吳越,居維揚最久。善與人交,技益進。聯鑣北上,譽噪一時。其作畫不拘一體,山水人物,時出新奇。畫必有題詞,甚蒼老而無俗氣。書法整整斜斜,皆有別致。白苧村桑者張浦山,稱其“力追古法,脫去時習,泂爲近日空谷之音”,其言殆不誣也。晚歸西湖,不甚酬應,惟以舉子業課後昆。子浚、孫繩武,舉於鄉。孫清武,鬺於庠。自是手澤僅存,尺幅珍如和璧矣。時所見無多,而祖祠壁間墨蹟,歷今百年不壞,尤疑其有神護。其詩,於阮芸臺先生《輶軒集》中采登數首,嘗讀一過,而惜未覩其全。迨自道光丁亥,承乏仙源,其曾孫世琮、世璟來游,以公手錄全稿出示。吟玩再三,信不猶人,乃益歎其有美不彰也。因命兒曹繕抄,以質大雅,僉曰:“是真神品也,不可不傳。”爰於簿書之暇,親加校閱,以授梓人,囑世琮、世璟考辨魯魚,凡三閱月,書始成。承諸君子錫以弁言,予以題辭,是集當可不朽也。因識數言於後。時道光乙未仲夏,再姪孫時中謹識。

題辭曰:

我愛秋岳子,蕭寥烟鶴姿。自開方溜室,高咏游仙詩。雲壁可一往,風泉無四時。滄洲畫成趣,儻要故人知。同學弟厲鶚樊榭題。

曾向丹青窺意匠,更從畫像見風裁。詩情怪得清如許,山水窟中洗髓

---

① “辭”,原稿作“嗣”,據《離垢集》卷首改。

來。　翦燈細意校蠶眠，肯使行間帝虎沿。便擬焚香終日誦，此生長奉大羅仙。金匱顧志熙靜軒題。

對面蓮峰插半天，晴雲閒過小窗前。人間此境誰能領，倦讀猶攜離垢編。　一生山水窟中游，身似春雲心似秋。呼吸清光歸筆底，怪來書畫亦風流。　尺幅森森竹萬竿，炎天挂壁亦生寒。攜琴擬向篔中去，坐取君詩入譜彈。江陰顧師竹題於仙源書院。

我讀離垢集，我懷離垢客。書法逼鍾王，逸趣寄松石。浮家山水間，烟波共晨夕。高吟雜仙心，一字不著迹。元和冷叟梅之恒題。

格比秋高岳並肩，身兼仙骨筆如椽。緋衫白袷常攜具，明月青山好放船。洛紙價高名早遍，墨華齋聚寶初全。鄭前惲後推三絕，合與新羅彙一編。　來往甌西又越東，當年珍重已紗籠。不酣富貴爭千古，特借鄀湖築一宮。吐納烟雲冠秋嶺，平章風月付春工。故應胸氣軒軒出，百丈文開世世雄。江陰季惇叙堂題。

書劍隨身不厭貧，詩情畫意迥空塵。祠堂四壁存真蹟，淮海千秋緬古人。尺幅爭誇希世寶，籯金難得舊時珍。仰瞻遺像顏如渥，目送手揮妙入神。　恨我生遲數十年，無緣親炙地行仙。曾從巨室窺陳迹，更向留村見手編。讀罷頓忘炎日熾，吟餘還羡宰官賢。漫題蕪句續貂尾，仰止高山思邈然。吳門朱燾湘嵐題。

壯年橐筆遠方遊，北馬南船幾度秋。大塊文章都入抱，詩成無句不風流。　詩句精工畫亦工，人間珍重碧紗籠。何如祠壁留千古，奕奕英光透綺糵。　遍搜墨蹟恨無存，守抱遺編有後昆。披誦一過心頓豁，飄然身在紫薇垣。　刺史憐才歷苦辛，校讎手澤出清新。幽芳自此傳青簡，藝苑從知筆有神。桃源陳汝霖韞山題。

夙聞妙筆善傳神，流布人間迹已陳。今日欣瞻高士像，澹如秋水信空塵。　焚香盥露讀遺詩，俯唱遥吟俗垢離。更向詩中求畫意，蕭疎閒雅少人知。大興呂紹堂題。

山人作畫如作詩，嘔心抉髓窮神奇。山人吟詩通畫理，造化爲象心爲師。平生志不慕榮利，矯矯白鶴神仙姿。浪游愛尋山水勝，探幽索奧神忘疲。天機所動筆能寫，妙意自喻非人知。吟懷沖澹得古趣，擺脫凡近無塵緇。芙蓉娟娟出秋水，楊柳濯濯春風吹。黃山仙吏尚風雅，錦囊搜刻全無遺。惜哉緣慳未見畫，但從妙句參希夷。他時尺幅幸示我，臥游四壁煙雲垂。鎮洋沈端滄洲題。

畫筆世所貴，詩情尤足奇。全從天籟出，盡得騷人遺。逸興雲飛處，澄懷月到時。山人號離垢，真箇垢能離。　族有循良吏，編摩不憚煩。雲烟千變歷，風雨一篇存。私淑多高弟，詒謀付後昆。苕湖明月夜，應亦感吟魂。古歙曹鳴鑾穀生題。

人生百年如過客，惟有名流名不沒。山人志趣超群倫，不慕榮華不祈積。壯年橐筆四方游，萬壑千巖羅胸膈。興酣時作短長吟，寫生尤多清奇格。至今作古百餘年，墨蹟都藏富貴宅。尺幅千金苦難求，賸有祠堂四壁巋然留手澤。我來仙源誦遺詩，想見生前奇情真鬱勃。心欲離垢垢難離，仰止高山徒歎息。恨不移家西湖邊，汲取清泉濯神魄。懷遠林士班竹溪題。

湖平廣，水淡蕩，名流半作浮家想。何處飛來無垢人，灑然更欲解衣賞。月白風清泛櫂吟，散入高空作秋響。百年之後賸有詩，猶生清氣逼人朗。自慚塵垢叢復叢，何日身心一滌盪？焚香把卷坐前軒，胡爲令我時鼓掌。笑煞古人刮垢力費多，妙境豈真留迹象？自是苕湖祇濯纓，寄語游人盡俯仰。想見雲水光中、烟波深處，先生之神惟與香山、玉局相還往。苕溪沈鉞秋巖題。

一片靈光出化工，太阿秋水豁雙瞳。人憑筆墨留清氣，天遣湖山屬寓公。參透真詮詩即畫，掃除凡艷色俱空。吟餘洗盡無窮垢，坐我和風朗月中。　蠹眠字字重璆琳，煞費編摩刺史心。一代名流餘慧業，百年遺響遇知音。闡揚風雅情何切，追溯淵源意倍深。付與後昆加護惜，不愁先澤久淹沈。海寧陳詒耕鹿題。

筆意蕭疏古米顛，飄然風骨澹如仙。浮家泛宅渾忘老，範水模山別有天。價重二分明月地，光騰十樣彩雲箋。祇今墨蹟從何覓，讀罷遺詩見意筌。　集名離垢信非誇，明聖湖頭是酒家。慣汲清泉澆磊塊，掃除俗氣入烟霞。吟來字字融渣滓，誦去篇篇沁齒牙。自是胸中有丘壑，千秋珍重壁籠紗。皖城楊蕭冠卿題。

半生作客歎飄蓬，歸去西湖興不窮。藝苑曾標三絕譽，騷壇共仰一時雄。琴絃鳴咽秋蘭渚，粉墨吹噓四壁風。不有手編貽後嗣，瓣香何處奉南豐？　展卷長吟有所思，高曾難得拜遺規。書留芸閣藏函日，花落琴堂點筆時。一代元音存大雅，千秋妙品著神奇。漸江已遠環山杳，領略風騷問阿誰？

新安曹鳴鈴昉生題。

浙西兩畸士，金冬心屬樊榭各軼群。跨鶴游揚州，不攖塵垢氛。振筆灑鴻藻，珠玉何繽紛？我得兩公集，香取辟蠹熏。獨憐廣陵散，曠絶不可聞。今日見公作，如誦十贊文。暉暉金碧氣，息息蘭芷芬。斷琴蝕古漆，上有梅花紋。見詩如見畫，疑披敬亭雲。見畫如見書，醉墨羊欣裙。[1] 華侯今大儒，胸中富典墳。風雅披流俗，民物皆欣欣。聽訟有餘閒，家集校勘勤。何知幹吏幹，案牘書紛紜。錫山顧翰蒹塘題。

梓里鴻泥跡未湮，四圍花竹一簾春。解兜館舍分明在，不見當時舊主人。　垢非仙筆不能離，此事難教俗客知。媿我垢多離未得，展君圖畫誦君詩。錢塘王蔭森槐卿題。

《離垢集補鈔》，況《序》曰：自昔瑰奇絶特之士，生平被服儒雅，得力於天資學力既厚且深，而其微尚所寄，發爲詞章，筆精墨妙，炤映區寓。後之人不惟愛之重之，必欲表章而流布之。將以夷攷其出處，默會其性情，而第云摛華挼藻其後焉也。秋岳華先生，閩嶠一布衣耳。詩及書畫，世傳三絶。自甌香館以還，一人而已。夫先生之見重於世，豈惟是詩及書畫云爾哉？吾聞之先生薄游日下，落落寡合，有如少陵所云"冠蓋滿京華，斯人獨憔悴"者。洎乎作客維揚，卜居西泠，得湖山之助，應求之雅，繇是聲譽日隆，而所詣亦日進。其權衡乎出處，沉瀣乎性情，所謂"熱不因人，交必以道"者，其殆庶幾乎？至其落筆吐詞，無塵埃之氣，江陰顧先生倚山序《離垢集》，稱其"如氣之秋，如日之曙"，紫山老人則比之"太阿出水，玉瑟彈秋"，蓋與書畫同工，而非書畫所能掩也。丁巳秋日，同社鶴廬居士得先生手寫《離垢集初稿》詩如干首，多出坊肆印本之外。一珠一字，古香馣然，是宜祕而藏之，而鶴廬不謂然也。並世書畫家兼工吟事者未嘗乏人，然而求之出處之間、性情之地，則秋岳先生何個乎遠也。鶴廬讀先生之詩，因而深知先生之出處與其性情，於是乎益愛重先生之詩，不欲祕藏之，而必欲表章流布之，爰丞補鈔付印，以貽同好。先生之書之畫，近已希如星鳳，而詩獨有足本流傳，與《甌香館集》後先趾美，誠藝林盛事哉。臨桂況周頤夔笙序。

丁《跋》曰：右華秋岳先生《離垢集補鈔》一卷。先生閩人，僑居杭州，

---

[1]　"裙"，原稿作"群"，據《離垢集》卷首改。

號新羅山人，一號白沙山人。嘗客廣陵，主馬氏小玲瓏山房，書橅鍾、王，畫以神韻勝，善山水、人物、花卉、禽蟲，皆能脫去時習，力追古法，不求妍媚，而寫動物尤佳。詩筆清超拔俗，與畫相若。所著《離垢集》，紫山老人題辭有云："文質相兼，又能超脫畦畛之外。"可謂能知秋岳者。《離垢集》傳本甚希，近滬上坊肆以石版印行，更名《新羅山人題畫詩集》，取便求沽，遂失廬山面目。丁巳暮秋，余得先生手鈔《離垢》一册，册中各詩大半爲坊本所無。爰亟補鈔付印，俾讀先生詩者得窺全豹，並更正舊名，以存其真。先生爲吾浙寓賢，是編之存，關係鄉邦雅故，表而章之，則私淑之志也。先生以詩書畫三絕媲美南田，而其人品之高，亦與南田伯仲，後之人知人論世，毋徒以詩書畫重先生，庶幾能知先生之詩而典型奉之乎？先生小像，爲揚州張宣傳所繪，張雲門所藏，茲並假付重橅，冠之卷耑。錢塘鶴廬居士丁仁跋。

張《序》曰：雍正初，餘杭華秋岳先生來揚州，先君一見如舊相識。教甫六歲，固未望見先生顏色也。後侍先君客游將十載，歸而卜居郡城之北，則先生主員果堂先生家。員氏，余世戚而比鄰者。於是肅衣冠拜先生於淵雅堂中，先生忻然曰："瓠谷翁與我爲莫逆交，其子與我子皆長，又同時列於庠序。兩家世好，其勿替乎？"繼見教《咏籬門》一詩中有句云："晚日懸漁網，秋風絡豆花。"顧謂教："子詩富畫情，何不作畫？吾生平無門弟子，蓋畫意不在形，匪不欲授人，無可授也。"教寫短幅獻之，先生曰："異哉，子於六法有宿悟焉，其勉爲之。雖然，畫藝也，藝成則賤。必先有以立乎其貴者，乃賤之而不得。是在讀書以博其識，修己以端其品，吾之畫法如是而已。"教謹識之不敢忘，然終未執贄先生之門，先生亦不屑以畫中末事一一指示也。自此日或一再至，先生皆不余厭。一日，雪中問先生之疾，時先君客豫章員氏，移居城之東偏。先生慨然曰："平時索吾畫者踵相接也，今天寒歲暮，闃無人至，子獨憫我遠來，用心良厚。吾前後至揚州二十年，老友惟汪學軒時來調藥，少年中惟子問訊不絕。揚之可交者，兩人而已。"先生體羸善病，七十後希復渡江矣。先君道過武林，造先生之門，劇談終日始別去。先生時惠尺書，或作詩寄教，惓惓之意，無日忘之。曾幾何時，而先生竟仙去矣。壁上烟雲猶濕，笥中翰墨仍新，惟有道之容杳不復覿。教潦倒半生，迄無成就，負先生期許者尤甚，因仿佛平生，追成此像，庶不必求諸夢魂，得以親之楮墨。畫成，距先生歿時已逾一紀，而先君棄不肖亦二年矣。書此，不啻涕泗橫流也。維揚張四教序。

《離垢集》再刊，黎《序》曰：余生平不能畫，然遇古人佳山水、人物，亦喜收藏而寶玩焉。憶往歲在金陵，從友人觀畫，見新羅山人小品數幅，筆力清放，脫去恒蹊，以爲畫名噪一時，不虛也。維時未知山人有詩，今年於友人羅少耕太守所，得山人之詩而讀之。其詩超逸拔俗，與其畫格相稱，又始知山人能詩也。攷近人所傳《畫史彙傳》：山人，閩汀上杭人，家錢塘。善山水、人物、花鳥、草蟲，脫去時習，力追古法。詩亦古質，與書稱三絕，有鄭虔之譽。少耕與山人生同里閈，懼山人文章才望久而淹沒，遂將山人之詩用聚珍版排印行世，使知山人造詣深邃，不僅僅以畫鳴也。其用心於鄉先達，可謂至厚。少耕欲余爲之序，余謂山人既以畫傳，海內莫不知，雖有詩，不能軼畫名而上之也。而山人之詩實有超詣，要不可以磨滅。其集名離垢，蓋已不啻自叙其詩矣，余何庸贊一詞？謹書數言，志嚮往而已。光緒十五年冬，黎庶昌序。

《題詞》曰：生小故園未識公，今朝何幸見遺風。焚香澣手窗前讀，詩境渾如畫境工。　知公家住白沙村，風雅今無舊跡存。惆悵斯人何日再，一回展卷一銷魂。同里羅汝修勗庭題。

《樊榭山房集》卷九《高陽臺·題華秋岳橫琴小像》云：劍氣橫秋，詩腸滌雪，風塵湖海年年。三徑歸來，慵將身事瀆天。草堂不著櫻桃夢，寄疏狂、菊碉梅邊。想清游、如此須眉，如此山川。　枯桐在膝冰徽冷，縱一絃雖設，亦似無絃。世外音希，更求何處成連。幾時與子蘇隄去，采蘋花，小艇衝烟。笑平生、忘了機心，合伴鷗眠。

又《續集》卷八《題華秋岳浴鵝圖》云：曇礦村中我舊過，噴船無力困滄波。近來頗厭書生幻，不愛籠鵝愛浴鵝。

又卷十《落梅風·華秋岳爲予寫西溪卜居圖因題其上》云：橫斜影，清淺溪。翠濛濛、嫩寒山氣。梅花見招深處棲。草堂資、故人誰寄？

又《集外詞》卷三《霜天曉角·華秋岳松月圖》云：查牙老樹。記得何年遇。攢出翠鍼千百，是妙手、新栽處。　過雨。涼月吐。紛紛清影舞。孤鶴不成秋睡，又翻下、半空露。

《兩浙輶軒錄》卷十五：華嵒，字秋岳，一號新羅山人，錢塘人。有《離垢集》。徐逢吉曰：“嵒詩如春空紫氛，層厓積雪，玉瑟彈秋，太阿出水，足稱神品。”復工書畫，書畫之妙亦如其詩。昔毘陵惲南田，海內稱三絕，斯人殆仿佛云。

《游潮鳴寺》云：“天高晴色好，取徑入東園。野水開魚國，荒烟塞寺門。

林空秋氣冷，殿敞佛容尊。爲有逃禪癖，貪尋老衲論。"《題畫》云："群木籠烟秀，一峰入戶奇。爐香窗鳥避，庭果樹猿窺。點點水花碧，濛濛竹影移。茅齋讀易者，得意少人知。"《竹溪書屋》云："紅板橋頭烟雨收，小臨深閉竹西樓。藥塘水繞鴛鴦夢，落盡閒花過一秋。"《春愁》詩云："半幅羅衾不肯温，一燈常自對黄昏。紫鸞去後從無夢，春雨蕭蕭獨掩門。"

《國粹學報·新羅山人孤猿嘯月圖》，鄧實記曰："華喦，字秋岳，號新羅山人，閩人。善人物、山水、花鳥、草蟲，皆能脱去時習而力追古法，不求妍媚，誠爲近日空谷足音。其寫動物尤佳，見《畫徵錄》。此幅造境幽寂，氣韻淒艷，真絶品也。"

又新羅山人《鍾進士圖》自題云：偉哉鍾夫子，雅愛麴居士。一飲陶陶然，再飲醺醺矣。踏凍越寒陂，尋梅傍烟水。倔强兩三株，蕭疎千萬蕊。曲者坐可攀，斜者立可倚。色欲添醉顏，香已沁入髓。香風拂鬚眉，微笑露牙齒。縿懸寶玦青，花分袍縫紫。老怪聽指揮，靈鬼任馳使。往來天地間，出入人家裏。赫赫坐中堂，臻臻降祥祉。雍正八年三月立夏前一日，新羅山人華喦並題。

又頤壽堂姚氏藏新羅山人山水自題云：新羅山人含老齒，笑口微開咏素居。衡門自可攜妻子，庭蔓青深乏力除。即能飲酒啖肉也非昔，要知披月讀書總不如。賴有山水情懷依然好，濯翠沐雲襟帶舒。有時遣興書復畫，一水一山付樵漁。以兹烟雲蕩胸臆，便如野鶴盤清虚。甲寅四月寫於講聲書屋舍，新羅華喦 ①。

按：吳董卿藏華新羅山水二幅，一爲《短楫秋江打浪歸》，一爲《冷雲秋影泥香谷古寺鐘聲打夕陽》，有朱記一。

《中國書店書目》：《新羅山人離垢集》五卷，華喦。上杭羅氏日本排印白紙巾箱本二本。

用曆舉要

陳東注撰

念廬師《清泗水知縣陳公傳》曰：遜清康乾之世，物力豐牣，廟堂之上，

---

① 按：原稿所錄多譌誤，據《華喦書畫集》中《空亭濯翠圖》訂正。

驕侈漸萌,借巡方省俗爲名,盤游無度。其時內外臣工,又復洗刷山川,雕鏤土木,以逢迎貢媚。州縣窮於供應,不肖者則苛派諸民,賢者至無以安其位。泗水令陳公,其表表者也。公名東注,字芑川,福建上杭人。家貧,年十六,傭讀於江西之瑞金。弱冠,授徒其地。年三十二,始以郡試第一補縣學生員。乾隆二十七年,以《詩經》舉於鄉,年三十有八矣。又十年,大挑一等,以知縣分發山東,署蘭山丞,丁內艱歸。服闋,歷署嘉祥、海豐、蓬萊縣篆,題補泗水。泗水爲古卞邑,西界曲阜僅三十里,東南北三面皆山,地瘠民貧,城中居民不滿百戶;縣轄泉林、中水,並建行宮。清帝南巡,恒駐驊焉。四十五年,高宗將南巡,先期派縣供差兩宿;縣小,派曲阜協助;曲阜又小,僅協款數千,而巡撫、按察、巡道及各委員蒞縣會勘行宮,繪圖修葺,用金三千餘。驛傳道以丈量河橋卒於縣,衣衾棺槨由縣供辦,並護喪還省。新驛道繼至,兼督學按察,暨青州知府會勘行宮。東昌府鋪景點綴,兗沂道暨府查看御道,以及委員監督差事,絡繹往來如織。公請添派一縣協助,不准。自念邑小差重,不忍重斂於民,又無力賠墊,據實陳請,降改教職。是時禁蹕未臨,旌節往還,供億既不貲;在任一期,虧款甚鉅,交代之際,將衣服、器皿悉入質庫,猶不足償。府派役搜檢寓所,了無長物,新令始允接替。貧不能治裝,上司憫其清貧,同僚知其虧累,部民感其德澤,相與釀金贈行。抵閩,借補順昌訓導,換平和,陞漳州府學教授。年八十致仕,卒於家。爲人堅苦卓絕,一介不苟取。在漳任內,罄歷年俸積,構屋數椽,卒以乏貲輟工。年七十,始落一牙,精神強固,自書《歲紀》,自始至末,蠅頭小字,累萬數千言。所著《用曆舉要》已佚,僅存自序。又《芑川詩文草》各一卷,均未編次。嘗言在泗水一期,差事殷繁,日不暇給,未嘗設施一經久之事;幸民淳訟簡,未嘗受一賄、枉一民,於心頗無疚。且邑與曲阜鄰,得瞻拜聖廟、聖林,詳觀禮器、樂器;而防山介在邑境,並得謁啓聖王墓,爲平生之幸云。丘復曰:乾隆中葉,吾邑先達出宰百里,有古循吏風者二人,李公夢登則落職,公則降調。舊志皆未立傳,《選舉志》并漏載公名。予已據章學誠氏所記爲李公立傳,今得讀公自書《歲紀》,因勗爲此傳,以諗邑人,並使後之讀清史者知康乾二代屢次巡幸,州縣之苦如此,民間可知。清代國力之衰、元氣之削,未嘗不基於此。而當時疆吏奏牘、詞臣載筆,所以粉飾太平,鋪張盛事,謂海內喁喁望幸者,舉不足信焉。

《自序》曰:曆以明時,時以作事。制云:尚矣。自大撓作甲子以來,測象占候，代有專官，無不搆精冥漠，考占詳核。推五行、明四序，而曆法以傳。顧古之治曆者，用以正歲時；今之用曆者，止以詳趨避。同一曆而意已二矣。漢唐以降，讖緯術數之學興，視吉凶禍福，天若有一定之局，又若人有改移之妙術。楊忠輔撰曆，其末有《神煞》一篇，遂流於陰陽拘忌，承流襲旨，愈衍愈多，矛盾相錯。夫定中而營室，冰泮而歸妻，貴賤葬期，禮有定數，非有拘於某月某日之利否也，又何紛紛神煞之足云乎？然陰陽消長，氣朔盈虛，天既有否泰之運，人亦宜視以爲趨避，故卜吉筮日見於《詩》、詳於《禮》，古人未嘗忽之。余曾王父治經之餘，兼研陰陽星曆，手輯解義以貽後世，惜厄於馮夷，故紙散漫。余丱角受書，旁聆先大父口授指畫，既頗知其說。逮後沈潛玩索，搜求王父之緒言，參以益友之辨論，兼采諸書，删繁求簡，成《用曆舉要》一書。蓋以泛濫無歸，不如操約御博之爲要也。

書佚。

苞川詩文草二卷

陳東注撰

見念廬師撰傳。

按：此書訂一册，係家藏鈔本。

井觀集四卷

李夢登撰

《章氏遺書》卷九《書孝豐知縣李夢登事》曰：往在都門，閱邸報，有知縣以斷獄具詞不如令式，爲巡撫劾罷者。其詞癡絶，類科舉帖括中語，人以爲笑。乾隆三十八年春，客寧紹道馮君館舍，晏閒無事，相與舉舊話資諧謔，爲誦獄詞，座客皆拊掌。鄉人陳君然聞之，愀然曰："是前孝豐知縣李夢登也，自古循吏。坐不諳官文書，罷去，縣人至今思之。可慨也。"因詢陳君，具得其始末。夢登，福建某縣人。乾隆某年舉於鄉。庚寅，除孝豐知縣。孝豐爲湖州下縣，風俗淳樸，稱易治。夢登既除吏，不攜室家，與同志三數人惘惘到縣，皆絮袍布被，挾册自喜。始謁巡撫，門者索金，不應，因持刺不得入。夢登則繩牀坐軍門，竟日不去，曰："余以吏事見，非有私謁，俟公他出，即輿前白事，奚以門者爲？"門者聞之，勉爲通謁。巡撫察其狀，戒之曰："君惘愊無華飾，甚善。然未嫻吏事，宜亟求通律令、能治文書者致幕下，庶幾佐君不逮。"夢登前白："孝豐俸入，歲不過五百金，不能供幕客食。且夢登與偕來者三數孝廉，皆讀書服古，早夕講求，宜若可恃。"孝廉者，流俗用文語稱鄉舉貢士也。巡撫哂之。無何，卒用公式劾免，歷官纔三閱月云。夢登居官，出無儀衛，門不設閽奴。有質訟者，直詣廳事，夢登便爲剖析，因而勸諭之，兩造歡解。比出縣門，終不見一胥吏。胥吏或請事，則曰："安有子女白事父母，轉用奴隸句檢者？若輩必欲謀食，盍罷爲農？否則請俟夢登去耳。"縣庭無事，輒獨行阡陌間，詢農桑若比閭細事，遂與父老商榷利病。或遇俊秀子弟，執手論文，娓娓竟日。縣人初不知爲長吏，後乃習而安之。閒或以公事道出鄰縣，遇鬭者，輒爲停輿，言："訟庭毋輕詣，一朝之忿，他日終悔之，徒飽胥吏橐，甚無謂。"鬭者非部民，往往投拜輿下，即時散去，其長吏不知也。夢登通形家言，環歷縣境，謀所以利之，登高而視，喟然曰："縣衙右隙穿井，當有舉科第者。"後人用其說，果驗。時孝豐百餘年不登大比矣，縣人因呼爲"李公井"。故事：知縣抵代，程限需兩閱月，簿籍繁委，不易窮竟。夢登之罷官也，代者至門，禪印訖，長揖而去。問庫廩官物，猶前官封識也。稽文案簿籍，曰自有主者；察獄訟，曰悉勸平之。後官或訪焉，則絺袍把故書，見人訥訥無他語，終竟亦不報訪也。然不自省得譴所由，以書遍抵同官，曰："夢登爲縣僅三月，未嘗得罪百姓，有事未嘗不盡心，竟坐免，何故？"因乞爲偵狀，蓋終己不曉獄詞非格也，聞者惻焉。夢登罷官，寠甚不能歸，百姓爭食之，負販小民各以所販果蔬粟米，侵曉雜沓投門外。比戶啓，取給饔餐，亦不辨所從來，無則閉關槁臥。然閒居周一歲，未嘗有大匱乏。最後縣人醵金爲治歸橐，並製青蓋爲贈，題名至萬人，榮其行。初，夢登在官，獨行村落間，聞老婦哭而哀，詢之，云："夫死子貧，不能養。"夢登惻然，召其子，賜錢二緡，俾市易逐什一。其子後稍裕，至是糾嘗受惠於夢登者凡數輩，徒走負擔，送夢登抵其家。

《通志》卷百六十三《選舉》：李夢登，乾隆十八年癸酉舉人，丁丑成進士。

按：夢登，字澗木，性質樸廉介，篤學嗜古。乾隆間朝考卷進呈，高宗贊爲誠是讀書人。《杭志·選舉》稱有《井觀測古循行集》，今攷此集，即《井觀》內分測古、循行、應試三編。測古係參攷經史諸書，於律曆、輿地、禮制、勾股、音韻諸學多所研究；循行、應試皆制藝，爲諸門人所刊行。

《序》曰：余師澗木喜讀書，亦喜人讀書，麗澤間，若古若時，得積以千百計焉。今者，將銜命從政矣。家修者，廷獻；坐言者，起行。大儒當有大經濟，師於講論時及之，未必非自道蘊藉也。若是，則獻其所修，行其所言，在邇也；而修其所修，言其所言，自宜在今也。於是，我同人謹將師之時古鈔錄十一於千百，以付諸梓，俾評閱者由是預覘予師之經濟焉。是亦體用一源之說也。時大清乾隆二十九年歲次甲申孟冬月初二日，先後受業諸門生謹叙。

按：夢登入《福建循吏傳》。

青圃集

張萬選撰

《通志》卷八十《經籍》著錄。萬選，字乾三。乾隆壬午舉人。

黳樓詩稿四卷

張治安撰

《杭志》卷九《人物·德業》：張治安，字仁山。麟坡，其號。少習儒業，尤躭吟咏。時文武通考，中乾隆丁卯鄉試武科，迺棄儒以千總歷官至湖州協副將，署處州總鎮。所至多留心時務，與地方官參酌權宜，恂恂然有儒將風，故惠澤溥而人知愛戴。官湖州時，海寇滋事，鹽商肆侈；治安調停其間，而圍解，極得寬猛相濟之法。民爲勒碑峴山，媲美羊叔子。鎮處州，都人士蒙其利賴，塑生像祠之。致仕歸，朱石君尚書贈詩云："雅望群推麟閣重，功名恰比峴山高。"蓋紀實也。純皇帝南巡，猶召見西湖行宮。卒年七十，著有《黳樓詩稿》。

新泰縣志

江乾達纂

《通志》卷百六十三《選舉》：江乾達，號璞山。乾隆三十三年舉人。知觀城縣,移新泰。歲饑,設法賑濟,人賴以安,建祠祀焉。

按:乾達官新泰時,曾修縣志。

璞山詩草

江乾達撰

按:此集未刊,凡四卷,藏江介海茂才炳觀家。卷一:五言古十五首。卷二:七言古十九首、八言一首。卷三:五律十二首、七律四十四首。卷四:五絕十八首、七絕五十二首。

德平縣志

鍾大受纂

《通志》卷二百三十六《良吏》:鍾大受,字達觀。乾隆庚寅舉鄉試第一。知德平縣,下車作《我箴》云:"以恭敬奉我上憲,以勤慎供我官職,以羨餘補我虧空,以清白對我百姓,以本色質我同寮,以家教束我子弟,以寡慾葆我元神。"宰德平八年,案無留牘,四境帖然。值歲荒,賑濟必躬親之無少倦。修葺書院,延師講貫,取濂、洛、關、閩諸書札記成帙,指示諸生;又刊示《呂子節錄》,由是德平士行漸趨於正。縣志久未修,多遺漏,乃訂訛補缺,勒成一書。又修邑先哲葛端肅祠,梓其文集。

讀書劄記

鍾大受撰

按:見《通志·良吏》本傳。

呂子節錄

鍾大受輯

按:見《通志·良吏》本傳。

周易釋義八卷

鄧伯葵撰

《通志》卷八十《經籍》著錄。伯葵，字朝長。乾隆庚寅舉人。

周易原義二卷

鄧伯葵撰

《通志》卷八十《經籍》著錄。

詩經液四卷

周天輔撰

《通志》卷八十《經籍》著錄。天輔，字肇芹。乾隆甲寅副貢生。

退齋文集

傅仰藜撰

《通志》卷八十《經籍》著錄。仰藜，字一韓。乾隆間貢生，尤溪教諭。

數目指南三卷

李清漢撰

按：清漢，字史庵，舉人輯瑞之弟。博學精醫。此書以數目提綱摭采經史諸子，逐條錄寫以備遺忘。自一至四爲一卷，五至八爲二卷，九至周天三百六十五度而止爲三卷。乾隆丁丑刊行。

李《序》曰：余嘗觀坊肆所垂，其汗牛充棟，以獻功於脈望之速化者，究歸有二：一慨末學之失傳，出帷燈以當日，是不可已而不已者也，命曰“中宵玉燭”；一懼微名之不立，矜陷井以匹海，是可已而不已者也，名曰“甕底罅光”。二者各挾其一得，而或棄或取，宗工哲匠，當必有審之者。余弟史庵，博辯人也。舉子業而外，旁及醫卜星數，眼力所到，種種具有睿解，抑亦可謂克勤小物、漁獵百家者矣。一日，出所集《數目指南》一帙詣余請序。余徵其說曰：苞符未啓，一畫開天，遞而衍之至三百八十有四，而河龍之圖，洛龜之書，皆未有文字也。先有奇偶，是知物生有象，象生有數，名以命之，數以紀之。帝王之積策，列聖之傳心，百家衆技之指畫口授，無非從數起見也。握其數而天地之理得矣，古今之統備矣。寧曰諓諓者小言破道哉。且余亦非無所見而然者。今以海若之靡涯也，汪洋萬頃，百怪惶惑，介者、鱗者、鯨者、鯢者、質化而氣變者，悉囊括而有之，不且洋洋乎大觀也哉。顧未習於海，遽求測海，操眾罟以冀其所欲得，有向若悲歎已耳。試觀堰石甃隄，而池沼畜之，洙別鬐區直可數計而刻致也。彼汲古者何以異是，又獨不見文止之有彙語乎？婁東之有彙編乎？列史之分門別類州次而部居乎？諸凡雅製，不勝枚舉，無非殫一人之心思，便百氏之搜羅，依例以推，攤紙以見，功僅小小比耶？茲所采錄，此物此志也夫。余曰：“得毋掛漏乎？”曰：“是固宜然矣，然余心則何能已也？”嗜奇者之網集珍玩也，拳石寸木，極力經營，至法物圖書，則缺焉而不之講，可謂知所好者乎？善遊者之涉深而涉阻也，名山洞府，屐齒在所必經，若夫一丘一壑，幽勝幾何，却步焉可也，是真善遊者也。況筆記難窮，名編易盡，羅而綴之，要自易易耳。烏知舉凡發例者，不將哀然大部也耶？余壯其說，弁諸簡端，俾流覽者按數稽之，知吾弟之孜孜矻矻不能自休者，殆不可已而不已者也。昔人云：立言貴當，開卷有益。請爲讀者贈之。介庵兄輯瑞次桓氏題於映日堂。

賴《序》曰：《北齊書》記盧思道少讀劉松所作碑銘，多有未解，後乃感激讀書，爲文示松，松亦不能甚解，則欲以一人之識兼衆人之學，固戛戛乎其難。古人所以繼晷焚膏，不憚於旁搜遠紹也，顧少壯所網羅而識者，歷年久而遺忘。曹孟德云：“壯盛智慧，殊不吾來。”則夫網羅經史子集，筆之簡策，藏之篋笥，以便繙閱者，此《黃眉》、《白眉》、《事類》、《捷古》、《事苑》等書之所由輯也。余友李子捷榮，自幼得趨庭之訓，便有志於博雅，性乎載籍，惰乎紙墨，輯有《數目指南》一書，不倣《黃眉》、《捷錄》等書以天文、地輿分類，而以數目分類者，以其尤便繙閱也，將藏之爲枕中祕。予謂之曰：“子書名指南，將自指其南乎？盍公之世，爲學人各各指其南，則此書之有功於學者不淺。”慫恿授梓，余因之有感矣。萬事萬物，莫不有數，圖數十，書數九，奇偶參半。李子數奇未遇，茲以數目爲人指南，行見自天祐之，數不奇而得偶。閱是書者，見一斑以窺全豹，亦可知李子之胸羅二酉，異日搢筆彤廷，彈冠鞶轂，其功名何可勝道哉。是爲序。乾隆廿二年二月初吉，同學賴大年撰。

李《序》曰：自河馬、洛龜肇其祥，而宇宙之圖書始闢。顧圖畫八卦、書敘九疇，皆總數目而衍。是故力學之士，不外事理兩端。理尚窮經，事貴熟史。經有十三，史有廿一。他如諸子百家，其間數目成文，開卷屢見，至欲淹洽條貫，本本原原，確然識其所指，雖殊材異質，亦甚難之。余叔史庵先生，嗜古人也。性甚聰慧，幼沖時，鄉先達咸以劉晏董目之。洎乎壯歲，自墳索以來諸書，靡不兼綜閱歷。用是窮日夜之功，博采旁搜，著數目一冊，顏曰“指南”，坊友請之以公同好。夫指南曷昉乎？始於黃帝征蚩尤，而軍士不爲霧掩。繼而周公錫越裳，而使者因以得歸。先生自數之始至數之終，凡有裨於事理者，分數而彙敘之，詳其由，述其要，瞭如指掌，斷不至意東意西，茫無所定，是亦仿南車之制以指迷途，誠可津梁後學矣。抑余又有贈焉。駱賓王作文誥，好援數目，時推爲算博士。今以號家先生，豈虛語哉？姪乾章卓亭氏識。

《自序》曰：是書何爲而作也？憶髫齡時，從家君攜友登高，劃然長嘯，谷應山鳴。談及三呼遺事，因偶舉鄉三物之目，友多懵然莫辨。余先君子諱慶上，字達先，號守理也。喟然曰：“三物賓興，昉自《周禮》；三呼遺事，本於《漢書》。此百氏共識之數目也，亦恨恨如此，況其他乎？”追憶父言，佩服無斁。由是不揣瞽愚，抒井蛙蠡測之懷，校天祿石渠之祕，舉操觚必需之數目，悉收諸縹緗尺幅之中，集腋成裘，條分縷晰，彙成三卷，以爲後學便覽，名曰《數目指南》。一展卷間，即燭照而數計，毋煩探索之勞，可備染翰之資也，可爲答問之具也。夫胸羅墳典者，固不藉此爲派別；而腹枵經史者，亦可假此爲支分。然古今載籍甚繁，一人耳目有限，且僻處一隅，家無二酉之富，又橘井營生，繁囂市肆，不獲淹博諸公共相砥礪。不過將醯雞之見付梨棗，以便童蒙；逐例各闕數行，俟續於博物君子；靦顏以弁簡端，無誚我爲遼東豕焉可。

詩經序纂一卷

何楨撰

按：楨，字應期。《杭志·選舉》：“何楨，乾隆二十七年壬午舉人。”此書係鈔本,未經編次。

青雲齋詩稿一卷

何楨撰

鈔本。

一抔集

劉冠唐撰

按《杭志·選舉》:"劉冠唐,乾隆三十三年武舉。著有《一抔集》。"
又按:冠唐,字樹平。集佚。

荷薪草

傅采疇撰

按《杭志·選舉》:"傅采疇,乾隆三十五年庚寅恩科舉人,歷任建寧、平
和、連江教諭。著有《荷薪草》。"今佚。

花笑園草

邱春喬撰

按:春喬,字長松。《杭志·選舉》:"邱春喬,乾隆三十六年辛卯舉人,任
延平府學教授。著有《參亭近藝》、《花笑園草》。"原書均佚。

五經約旨

傅璠撰

《通志》卷八十《經籍》著錄。璠,字全璵。乾隆間諸生。

四書約說

傅璠撰

《通志》卷八十《經籍》著錄。

玉江集

傅璠撰

《通志》卷八十《經籍》著錄。

香嶺居士集

邱鍾靈撰

《通志》卷八十《經籍》著錄。

《全閩詩錄》：鍾靈，號芝山。乾隆甲子武舉人，官鎮江衛千總。

《注韓居詩話》：芝山精行楷書，與王夢樓、鮑海門、李小花、殷石琴、張石帆諸名士流連詩酒。吳進士清夫手定以《秋海棠》一首壓卷，爲畫秋海棠圖，索芝山自書句其上，作《香嶺居士小傳》遺之。

《福建藝文志》卷六十五《集部·別集》並著錄。

一杯集

薛孚讓撰

《通志》卷八十《經籍》著錄。孚讓，字蘊階。乾隆間貢生，仙遊教諭。

按《杭志·選舉》："薛孚讓，由廩貢入監肄業，仙遊訓導。著有《一杯集》。"

又按：孚讓在京考取宗室教習，與校《四庫全書》。此集凡四卷，前半爲序、記、引、傳、說、跋，後半皆尺牘。嘉慶乙卯刊行。

陳《序》曰：甲寅夏日，余居京邸，寂寥無以自遣，閩之上杭薛節庵先生以所作古文二卷示予。予讀之，據土榻高吟，忘其溽暑之酷也。一切窗外嘈雜聲若罔聞知，而恍與古人相揖讓也。并不知託足何處，竟若置身高山大川、長林豐草間也。夫古文一道，近世鮮言及者；即有之，亦僅分時文之餘緒，以供應酬；專力於是者絶少，節庵獨喜爲之。性嗜酒，其文亦酣嬉淋漓，顛倒而不厭。與余論文，心相契合。蓋予自丙午病後，昏昏默默，不知天地之高大，獨想人生世間只有一情字不可磨滅，天壤是有情世界，造物裝點，形形色色，都是能啼笑歌哭者。我生在世，一切應接，不容落寞，因此文章落筆，不傍古人藩籬，率性自行，磅礴無際，意盡即止。節庵謂此即一真字法門，千古祕訣，一言直洩，何其快也。顧予文漸趨於淡，淡如春朝秋夕，家人婦子飲茶喫飯，相對默無一語。而節庵文則如兄弟故舊，蒼顏白髮，追溯少年時事，喃喃不已。又如夜靜更闌，一編獨咏，燈光如豆，忽爾高歌激越，窗外林木皆爲悲嘯。顧節庵年幾五十，尚未得科，豈文章不靈乎？余欲招節庵以時趨，而心先內媿，詭隨變節安可爲也？獨思節庵論相法，每以神韻求之，曰：“此予所言出於相書之外，文章亦有換骨法。得其法則吸風飲露，羽化登仙，又何用過爲鎚幽鑿險，不期針芥之投乎？”節庵深於文章，其無頓然自放，李鄴侯仙骨珊珊，吾蓋望節庵之幾於是也。鎮海陳元械序。

　　張《序》曰：天下顧有覿面而不相知者，所謂人心不同，有如其面。一室遠如秦越，比鄰阻若山河，如是而可與之交乎哉？天下又有面不必謀，膝不必接，聞聲而相思，誦言而神醉，寤寐通之，精神寄之，逢人輒道其姓名，爲文必資其賞晰，如是而可不與之交乎哉？閩杭薛節庵先生，磊落士也。數奇不售，以餼貢入成均。能古文，樸茂條鬯，筋脈動摇，大有奇崛之氣。年且五十矣，興致尚豪，少年或遜之。紅顴斑髭，目炯炯，聲琅琅，飄然具仙家丰度。在都四年，暇日多邀遊燕市，寺觀、茶社、酒樓，足跡幾遍。酒酣則慷慨激越，謳曲笑談，備極其致。倦則隱几假寐，捐棄一切，中若空空，似睥睨人物，莫測其所以然。興盡而返，篝燈夜坐，或朗朗披吟，或仰屋伸紙，濡墨淋漓，凡目之所見，耳之所聞，盡入爐錘而鑽堅研異。必寫難寫之情，狀難狀之事，下至魚吻蟲距、鳥毳花鬚，無不窮形盡相，一一發之於文。予初不知節庵也。癸丑秋，偶於老友繆錄堂案頭見節庵古文一卷，讀之如飲醇醪，不覺自醉；間或謬爲雌黄，錄堂不予非也，反是之，然此猶愛慕之私耳。甲寅春，乃得面於雍之尚志堂。一日，余與管二笏峰飲於東市之四牌樓，節庵過焉。予遙指語笏峰曰：“此節庵也，當不誤諸。”即於稠人中貌求而聲招之，則果然。爰拉與縱談，歡相得也。三人嘗相飲於北新橋清美居之醉翁亭，論文講藝，有古君子風。飲歸節庵齋中，掀行卷，則予向所雌黃片楮固在也。予欲削而焚之，節庵堅持不肯。吁，亦可知節庵山澤之虛受矣。如節庵者，其古文詞必傳於後無疑。已乃見稱於太史王蓮府、蔣丹陵先生及錄堂、趙引予、陳惺齋諸君，又以予爲知音者，取一言訂之。夫予之言，豈足以盡節庵之文哉？然聞聲相思，誦言神醉，通於寤寐，切於飢渴，不謂之知己得乎？爰敘其所遇之始末與訂交之由來，以復節庵，並質笏峰，見吾輩之相與有成而進於古君子之心，相知而神交，庶幾其可與？昆明拔貢張可園序。

繆《序》曰：不朽有三，立言其一。古之言者，不過發明道德功勳而已。所謂顯微闡幽，豈如後世逞才思臆見、泛濫淫佚之謂哉？宋周子云"文以載道"，第以文辭爲能者，藝焉而已。循是說也，則法家、名家、雜家以及戰國短長言，悉屬可廢。近世方賦溪又云："有道而文者，上也；道不足而文者，次之；文不足而道者，又次之；雖詭於道，而其文深妙奇博，使人不覺入其玄中者，又次；言之無文，而託諸道以逃其樸鈍枯朽，則無次。"合前說而考之，豈古立言不朽之意耶？愚則以爲，詭於道而其文雖深妙奇博，如申、韓暨短長家言，應亦在無次可廢之列。何也？亞聖不云乎，"生於其心，害於其事；發於其事，害於其政"，人世之玩其華、食其實，極於習慣偏畸，各守其同，以攻其異，實足爲世道人心之憂，非但與吾道相牴牾已也。故曰無次而可廢。餘如《左氏》、《公》、《穀》、《史記》等書，所以資考訂、鏡得失，固亦明道德、見功勳之大者，其不可與申、韓之徒並論也明矣。余自束髮受書以來，酷喜《史記》。竊嘗論之，《史記》之深妙奇博，其氣慨直足籠絡千古，後人學士之才情藻思，而變化出沒，攢蠹崢嶸，故有得其一體者，即可以名家。其爲文則肖像賦形，如風噓雲屯，如雷奔電掣，如龍翔虎躍，如鳳翥鸞停，如疊嶂層巒，如怒濤激湍，色色俱備，不可名狀。蓋其性情所蓄，原具天下之大觀，故其發爲文也，各極其妙而不爲一隅曲見之偏。雖其意亦祇寫人世、道德、功勳之會，然乃煩上添毫，鼻頭出火，而其人之實跡，亦遂透極無餘蘊者；斯亦極天下之善言者，況又能不詭於道，無惑乎唐宋以來諸名人，學焉而終莫之及。唐柳柳州以爲參之太史以著其潔，宋蘇平仲以爲頗有奇氣；然總不如後儒蔽之以峻，而且謂韓退之從峻出者也。永叔學退之，卻以緩得峻；子固學永叔，純用其緩。愚則以爲緩非不美，然無勃率突兀之勢則不足以鼓興會。故余獨愛於子長之峻，且嘗以之相天下之爲古文者,亦大約以緩爲宗,而不敢於峻。想其才思意見,不無束縛於風氣運會之流轉。以故,峻之不數覯也。余老矣,七十貢入成均,未知其於古文所得何如?癸丑之冬,忽見節庵薛君之文若干首,竊訝其峻之多而緩之少,遂喜而讀之,且品藻雌黃,忘其狂瞽。薛君,閩之上杭名士也。與余邂逅於雍中,年半百,僅以明經貢入成均,與余同;名途蹭蹬,偃蹇無所建白,又與余同。故其功勳若不可得而見,而道德滋掩,抑無論矣,論其文之著者。然文已著,而道德功勳亦往往於此可見,雖其精粗醇疵之間,不能不待別於當世知言之士。而吾特以其得《史記》之峻之多也,深喜之,亦從所好云爾。爰書之以爲序。繆試雋序。

鄭《序》曰:昔厕弟子員中,即聞杭川薛君節庵文名,幾經歲月矣。余鄉舉後筮仕楚北,節庵亦由明經入監肄業,候選訓導,宦轍分馳,終不獲一晤爲歉。嘉慶三年,予告養歸里,掌教杭之琴岡書院。節庵以《水火兩紀》寄示,諷誦終日不厭。室邇人遐,相需日殷。越癸亥春,惠然過我,恍惚見馬文淵眉宇,喜動天人。是向慕其人而未得見者,今始見之,轉恨其晚。夫節庵之學問,從人品中來也。骨格高標,孤芳自賞。嘗游吳、越、齊、魯諸邦,遍覽名山大川、名區勝景,胸次豁然。一有所得,輒投之錦囊,其與浩然之尋梅佳致,蘊武之灞橋詩思,實堪後先。搢紳名士,見者莫不傾倒。兹彙其前後著作,名曰《一杯集》,寓意深遠。以韓、蘇之筆,寫程、朱之理,豪放則如春風試馬,清婉則如朗月入懷。中間變幻生新,濃澹相間,擬以雲中白鶴、天半朱霞,不過爾爾。要皆立品高,學力到,根之沃者葉自茂,實之大者聲自宏。古今來其文其人永垂不朽者,皆其氣節使之也。不然,《一杯集》中,燕、許諸公,各噴珠玉。至矣,盡矣,又何事讓陋者爲之鼠尾續貂哉?予多年俗史,筆墨荒蕪,試爲之焚香盥手讀之,不覺盤飧盡廢,眼界一空,置吾身於唐宋以上矣。永定舉人鄭命三序。

袁《序》曰:節庵之酒,即節庵之文也。始,予以期會赴鄰邑,與俗子語,如吞土炭,肺膈間作數日惡。又見好持體貌,妄自尊大,致衆詈憤,不顧而唾;雖日設鼎味餉客,如黿蛇登盤,食者面骍發汗,必哇之而後已。離杭數十里,入村舍酌薄酒,猶口不知味,恨俗物敗興乃爾。及一見節庵,議論風發,即誦予"一杯三陡風消酒,幾卷雙峰月課文"之句,傾倒如故知。已設飲,神色揚揚,徐進數觥,知予不善飲,亦不強予飲。觀其引杯,疾徐咀嚼,豪邁安閒,兼具其概,蓋得文字真味者。時予未見節庵所著《一杯集》,固既心知節庵之能文矣。節庵以酒名京師,所著古文辭,爲儕輩所推重。其自述嗜飲致疾而不能禁,語多有深致,如出古人。及讀《記蘭》諸篇,著語極澹,濃醲透骨,予詫曰:"是豈人間味,其仙家燭夜花耶?"然後乃知節庵之文,又即節庵之酒也。予於古文辭亦如酒嗜之而不能飲者,爲誦昌黎贈張祕書句云:"東野動驚俗,天葩吐奇芬。張籍學古澹,軒鶴避雞群。所以欲得酒,爲文俟其醺。酒味已冷冽,酒氣又氛氳。性情漸浩浩,諧笑方云云。此誠得酒意,餘外徒繽紛。"誦畢,粃如聽鼓,恨不徑呼招節庵一醉。陽湖舉人袁禮城序於峰川署內。

馬《序》曰:杭川節庵薛君,予三十年庚兄也。丙辰,以肄業報滿歸,持所著大文示予。予閱之,驟然色動,曰:"不負京師一游矣。"逮丙寅,再出其江粵及家居諸作,張燈快讀竟,達旦忘疲,知斯道尚有人焉爲可喜也。是日,逢予家祭,節庵傾觴高論而別。長汀進士馬殿翼序。

馬《序》曰:乾隆戊申,予初與節庵交於杭川也,縱酒論文,既別饒豪概。及癸丑於京師,言談燕衎者又三年。愈稔其以若谷之懷,廣集思之益,哀然刻有集矣。丙寅秋中過汀,延之小酌,出其所著,復倍於昔,風格似較變。古人有言,學問與年俱進,予於節庵亦云。長汀舉人馬廷萱序。

鍾《序》曰:暢所欲言,筆力直足以達其所見。吾每飲節庵,節庵不覺首肯,故言此蔽之。武平舉人鍾孚吉題。

藍《跋》曰:予隔節庵先生之鄉豪康無十里遙,幼時便稔其與積堂三君係孿生,爲詩禮鳳雛之人。不幸三君卒於乾隆辛卯,時藝外,古文辭莫之傳也。節庵嘗言于予曰:"東坡公有句云'四海相知有子由',每咏爲之泣下。"知其氣味酷似古人。今以《一杯集》問世,期望當居何等?予以乙卯成進士,京旋,節庵盤桓日月,樂爲之序,以倥偬故,弗之及也。奉簡命作邑宰於雲南之易門,書此報之,深以誌慕。至集中佳處,天下人士皆鏡之,又焉贅用播揚焉?其或比於阿好也。節庵尊人綏亭先生,高等茂才,孝友剛直,肯任事,聲名藉甚。都邑間受業於節庵之兒姪,名在芝、在修、在彰、在瀾者三四人,又偉然日起,科掇一芹焉,爲吾鄉樹幟。原泉混混,支葉隆隆,萃於一家。承先啓後,節庵不居然其人乎?邑人藍桂跋。

羅《跋》曰:予自庚申奉命涖汀掌府篆六載,接遇八邑人士,多雋異奇偉,文亦稱之。丙寅,予年近七秩,皇上予假,將解組歸田矣。八月十八日,上杭薛君節庵特持其手著《一杯集》來謁，予徹卷閱之，乃暢然曰："千門萬戶，層層俱到，小中見大，君殆空其胸次矣乎？"尤愛其《文源閣校書記》及《惜花》、《花惜》、《望榴》、《恨柑》諸篇，莊者如垂紳正笏，廊廟趨蹌；雅者則游戲三昧，如讀《南華》、《黃庭》，令人心曠神怡，宛然坐之春風秋月中也。又一種琤琤琮琮，若對三代鼎彝，不言而自起人肅穆之氣。回戈返照，勒馬長亭，蒼松翠柏，朗灑天心，有難以筆舌形狀者。節庵年亦六旬矣，方需次銓選廣文一職，以少慰生平。節庵口述數十年甘苦大致，及京師見聞集益之力，縷縷深情，竟如神交夙契。爰爲跋以復節庵，他日全集告竣，惠而好我，天下士概知某爲鍾伯焉，喜可知也。翼日，予將西歸矣。懷好音者誰居，其節庵乎？南豐進士羅經跋。

《題詞》：

昨荷手書，具悉一切。承大作，盛有史漢之逸調，拜服，拜服。《袁雁門殉節傳略》，僭爲批點奉趙。專此布謝，不一。安徽探花王宗誠書。

別節庵十有餘年，乙卯重晤於都門，鬢鬚雖斑，豪情猶昔。將鑴其京邸所著《一杯集》，出其稿示予，浩氣凌雲，不懈而及于古。生平勝友，能自成一家言，可喜也。爰書二絕句於簡端："旗鼓詞壇起異軍，舊曾洛下數機雲。誰知白首長安道，尊酒重論不朽文。""酒興豪如阮步兵，文章浩瀚妙天成。他時人訪薛夫子，莫惜金鍼度後生。"永定進士廖懷清題詞。

矍哉是翁善揮霍，長安酒家嚼復嚼。氣甚盛矣言皆宜，短長高下成古作。不知澆盡幾壘塊，但見筆如風掃籜。陶詩豈以酒力工，醉翁之意原有託。歸化進士賴華宗跋。

繡出鴛鴦好，金鍼不度人。憑將班馬業，來作國家臣。山斗重瞻日，乾坤未老身。文章皆治績，翹首仰垂紳。長白海城優貢寶瑚題。

春秋五傳分國

邱如一撰

《通志》卷八十《經籍》著錄。

北崖餘草

邱如一撰

《通志》卷八十《經籍》著錄。

三傳撮要

鍾殿颺撰

《通志》卷八十《經籍》著錄。殿颺，號琢庵。乾隆間諸生。博通經籍，於《三禮》研究尤深。屢躓鄉闈，以經學授徒，循循善誘，學者宗之。

周禮集要

鍾殿颺撰

《通志》卷八十《經籍》著錄。

儀禮集解

鍾殿颺撰

《通志》卷八十《經籍》著錄。

五桂堂文集

彭萬青撰

按：萬青，字廷選。《杭志·選舉》：“彭萬青，嘉慶十五年庚午舉人。歷任漳平學教諭、建寧府學教授。著《五桂堂文集》。

今佚。

荻蘆山房詩鈔十二卷

莫洲 撰

按:洲,字鑄廬。此集爲嘉慶庚辰其子翹南太史樹椿所刊。

陳《序》曰:莫子樹椿,余庚午分校京兆闈所取士也。家學淵源,頗不爲時俗囿。今年冬,持其封翁鑄廬先生詩集十二卷屬余序。余觀其格高律細,運掉通靈,蓋祖述少陵而出入於香山、退之間者。夫詩原以道性情,然必開拓萬古心胸而後能深其旨趣。故其性情恬退者,其爲詩必沖和雅淡,遠絶囂塵;其閱歷深者,其爲詩必蒼凉悲壯,聲調入古。蘇潁濱謂:"太史公遊天下,周覽名山大川,故其文疏宕有奇氣。"史稱杜少陵"博極群書,周行天下,用資爲詩",知言哉!今觀先生集中,其賦物陶情,則如流覽於西湖孤山之旁,吸朝露而弄明月也;其對景書懷,則如徘徊於梅嶺花田之際,泛春沼而掬秋波也;其長歌贈答,蒼茫慷慨,則如驅馬太行,聽笳雁塞,油雲荒荒,長空寥寥,而莫知所極也。非讀萬卷書、行萬里路而能有此乎?至於詞艷而無儷青妃白之形,詞高而無劍拔弩張之態,此又性情之獨正而醞釀學問者爲尤深焉。余雖未見先生,而即其詩知其人必粹然詩書之華、翛然塵埃之表者,則以是集爲先生半豹之窺也可。嘉慶庚辰秋仲,濰水陳官俊撰。

姜《序》曰:東坡云:"作詩必此詩,定知非詩人。"余謂作詩非此詩,亦失詩中旨。何也?東坡之言,所以砭目論之士也。詩貴超妙,拘拘然如牙人量地,陋也。余之言懼失真也,喻日而捫籥焉,叩槃焉,離愈遠矣。雖然,真豈易言哉?無得於中而襲於外,是優孟之衣冠也。有得矣,而氣不足以舉,其詞醇美乏焉,猶未免味醨醅而遽輟耳。《書》曰:"詩言志。"其志重者其義彰,而渟蓄淵雅,皆在其中矣。余於鑄廬先生之詩得之焉。先生余父執,余與翹南又契善,少時嘗親風旨,言詞灑落,意志恬退,實司空表聖一流人物。閒嘗讀所爲詩,而卒不可多得。蓋先生閉戶著述,不屑以論□自見。而余方從事舉業,又如歐陽子發篋得韓文,未遑相師也。歲庚辰,翹南太史於京邸出全稿相示,得盡讀焉。風格遒舉,精華含蘊,於古人門徑,無不深造而熟由之。夫天下之言詩者衆矣,裒輯所作以成一家之言,不啻汗牛充棟。然自古及今,有傳有不傳,有句傳而章不傳。試取古今詩而讀之,人人皆以爲吾之所未解也,則不傳矣；人人皆以爲先得我心之所同然，抑又傳矣。無他，真與不真故也。天地間正氣，物得之爲真面目，人得之爲真性情。惟真，如以石投水而後訢合無間也。余於先生之詩，而信其卓然可傳者，正以真故耳。抑聞之真人能變化，壺中壺外，任其指跳，又超妙境也。余之言，豈與東坡相刺謬哉？太史將付梓，且屬校訂，乃編次之，綴數語於左。嘉慶庚辰孟冬望後，次雲姜鵠書於都門。

簡《序》曰：善哉，莊子道性情之說，爲得詩家三昧也。憂與樂不能違心，塞與通隨其所適，惟其真而已矣。夫在心爲志，發言爲詩，所遇之時有不同，斯所爲之詩各異。處老杜之時，則有老杜之詩，《八哀》、《八歌》、《垂老別》、《無家別》，不害其爲百憂之集也。處白傅之時，則有白傅之詩，《省分》、《知足》、《家給》、《身閒》、《觸咏》、《絃歌》，不害其爲苦詞無一字也。老杜之不能爲白傅，猶白傅之不能爲老杜，惟其真而已矣。頃讀莫氏一家言文集，鑄廬先生以卓犖瑰奇之概，爲雄深雅健之文，真所謂真氣驚户牖矣。復讀公詩，一本性情。於古人作詩本旨，靈慧之心能契之，清妙之腕能脫之，盤結之氣能紓之，幽折之思能赴之。其發於音也，纏綿懇至，淡雅和平，絕不以錯采鏤金掩其真趣，正猶竹垞品楊夢山詩，“如水仙十囊、紅梅一蕚，嫣然於薄冰殘雪外者”。且諸體往往寄旨遥深，近於有道。李文貞公云：“論古人詩之高下，但當以人定之。”此又於真人品而見其真性情也。永定後學簡潛德少淵氏撰。

《跋》曰：鑄廬先生，蕃叔父也。少負不羈才，年十七，侍乃父聲園公於衢州官署，從費補堂先生游。補堂，故浙名宿，授以學，輒有心得。三年將歸，補堂歎曰：“吾道南矣。”蓋所期許者大，非止科名也。弱冠旋里，試輒冠軍。及朱石君先生督學閩中，閱先生文，大加稱賞，拔置第一，與張孟詞、湯謙山輩號爲八士。於是，先生之名譽噪於八閩矣。顧年甫三十，竟以親不逮存，絕意進取。經史外，詩古文詞無所不窺，詩特其一端也。先生詩，規橅工部，而香山三泰，其性然也。由宋元以降，諸大家無不染指。晚年出入，尤在漁洋、竹垞兩家。蓋先生自少至壯，歷浙粵東西、江河南北，逾太行、入三晉，耳目所及，既足以開拓萬古胸臆；倦遊後歸臥家山，又似渭南以“老學”自識。故其爲詩，雖不甚經意，而性情之流溢，卷軸之發舒，真能應有盡有，應無盡無者。自弱冠至三十所作頗多，既乃以此事無關實學，遂棄置弗道。復取五經日研究之,旁及字書,手自注釋,一正俗沿訛舛,以授二子樹樞、樹椿。迨晚年留心韻學,始稍稍爲之,偶有所觸,輒寄於詩,積日既多,卷帙且富,乃并前詩大加淘汰,今所存者,不過十一。蕃自供職薇垣,久違教誨。歲己卯,先生仲子樹椿錄遺稿至京,將求當代名公品題,付諸剞劂,而屬序於蕃。以蕃淺陋,何足序先生詩?且先生之詩從容恬雅,有目共覩,又奚待蕃序?毋亦以蕃侍先生最久,知先生最深,俾書數言於簡端,欲天下之讀先生詩者,即以知先生之行誼,并以知先生學問非僅僅於詩見也。獨惜石君、補堂諸先生不及見,若見之,其歎賞又不知奚似也。嘉慶庚辰夏六,姪樹蕃謹識。

《題詞》:

月鼎烟霞氣,雲樓磊落胸。人間能有幾,卷裏忽相逢。帶影翻階草,泉聲雜澗松。朗吟纔一過,清響繞千峰。晴舫吳鍾駿。

別裁僞體主詩壇,氣味清於九畹蘭。冰雪文章攜一卷,何人敢笑孟郊寒?小農周其愨。

何必聱牙學古風,公於此事亦稱雄。北征裘馬吟髭斷,南渡衣冠醉眼空。咏古暮年悲老驥,懷人遠道託秋鴻。新城往日憎多口,笑比蜉蝣撼樹同。 一代騷壇讓主盟,自將泉石寫高情。詩名又在杜宗武,箋注深慚虞伯生。閩嶠文章衰後起,鑄廬風雨夜來驚。龍山弟子知多少,乞與遺編學按聲。鏡舫胡嵩年。

文章機杼一家言,況有詩篇手澤存。東浙湖山增閱歷,西堂昆季溯淵源。詞人林藪推三摺,才士聲華冠八元。媿我登堂來已晚,瓣香何處謁龍門? 莘田張用糈。

久負推袁望,留傳一卷詩。性情歸麗則,風格迥清奇。時輩誰堪擬,古人相與期。不須誇錯采,典重埒尊彝。漁村張廷禮。

早歲才名遍浙東,壯遊楚粵氣如虹。囊中賸有詩千首,都把烟嵐一掃空。 不愛逃禪不學仙,我來阿里展遺編。性情真處垂名久,邑有詩人啓後賢。野坪李新畬。

無數烟雲一卷收,秋風王粲賦登樓。羅浮山色西泠月,曾見先生策杖游。 文章山水助精神,八士才華噪八閩。珍重群峰留片玉,我來何處拜詩人?小白查元鼎。

楚尾吳頭快壯遊,布帆無恙且歸休。深緣花鳥供吟咏,隨意溪山伴唱酬。

每有勝情濃似酒,不禁詩思澹如秋。至今者舊風流在,在鳳凰池最上頭。賴如蘭。

　　刊存。

舲駝吟草

姜鵠撰

　　按:鵠,字次雲。《杭志·選舉》:"姜鵠,嘉慶十八年癸酉選拔,旋舉於鄉,考取宗人府教習,任莆田縣學教諭。著有《藝蘭初存》、《于京》、《舲駝》、《士笑》、《重夢》等集,原書均佚,惟《師竹堂集》載有《舲駝吟草序》一篇。

　　莫《序》曰:余素不諳音律,偶有所作,不過寫胸中所欲言,而於聲律之道,無當也。嘗質次雲,次雲亦弗許。試與論諸家詩,敷陳侃侃,獨出心裁,能合古人作詩之意,不切切於字句間求之。蓋次雲自束髮受書以來,其具鉅眼已如此。嗣是余赴北闈,次雲貢南省,會晤都城旅館,相與尊酒論文,輒至漏盡。計自甲戌至癸未,前後十年,與同舟車、與數晨夕者蓋過半矣。此《舲駝吟草》之作,余心賞者非一日也。次雲詩才敏,一題到手,談論之次,可以立就。往往甫脫稿,即就余商之。余雖非知味者,亦復時出臆見,不敢阿私所好。是《舲駝吟草》見最真,習最久,而讀又最早,莫余若矣。今又將十年,次雲删訂已定,以序相屬。余再一披閱,當年情景,宛在目前,不禁感慨係之。蓋次雲與余暨二巫、三楊同寓京師,爲文會、爲詩社,莫不推次雲爲祭酒;乃諸君多獲雋而次雲獨不遇,天地生才之意,果安在哉?然今日者,次雲所著居然成集,足以流傳海內,而余曾無一編之可以自信,出而質諸同人也,不亦滋媿矣乎?至於詩之體格神韻,爲唐爲宋,則有諸君之定評在,余烏足以知之?莫樹椿序。

　　又按:序作"舲駝吟",無"草"字。

藝蘭初存

姜鵠撰

　　按:以下諸集佚。

于京集

姜鵠撰

士笑集

姜鵠撰

重夢集

姜鵠撰

黃崑嵐詩稿

黃崑嵐撰

按:崑嵐嘗官揚州參軍。《荻蘆山房詩鈔》有《題黃崑嵐詩稿後》云:"西江詩派首涪翁,家學淵源一脈通。璞剖荊山邏美玉,氣凌蒼昊貫長虹。探囊錦繡機絲巧,潑墨林泉繪畫工。底事閒途孤竹馬,徒教雕刻誚狂替。"又《師竹堂集》有《題黃崑嵐閒情詩後》云:"十八年前記宦遊,一時題咏遍揚州。只今人地雲山隔,猶說才高杜牧流。""讀遍閒情百咏詩,頓教菩薩欲低眉。始知一幅梅花賦,鐵石腸饒嫵媚詞。"兩集多與崑嵐唱和之作,惜稿散佚。

不朽錄

莫樹椿撰

曾孫錕《行述》曰:曾王父諱樹椿,字峻垣,號翹南,世居上杭之在城里。太高祖聲園公諱大振,歲貢生,贈武功,但存公之仲子也。賦性穎悟,少即能文,府試既列前茅。乃學使臨汀先試,以伯兄天香習武故,亦能騎射,往試之,遂入武庠。乾隆甲子,與伯兄同舉於鄉,考選兵部差官,授浙江衢州衛,隨陞山西撫標中軍守備。居官清廉,立品端正。公餘,吟詩臨帖,同僚皆稱老先生。高祖鑄盧公,諱洲,品學端純,爲一時弁冕。少侍父於衢州官署,從費補堂夫子遊。補堂,故浙江之名宿,見其文,器之。嗣回籍就試,有"吾道其南"之歎。旋以郡試冠軍,補博士弟子員。朱石君督學臨汀,拔置第一,食餼,與張孟詞、湯謙山①輩八人同送鼇峰肄業,時有"閩南八士"之稱。配高祖妣曹太安人,邑庠生冬魁公女也。知書識禮,有大家風。子七,長樹樞,庠生;次即曾王父也。性純孝,幼即舉止端重。五歲入小學,鑄盧公親教之功課,皆如程。時家貧,爨火嘗不繼,曾王父力學之志不因是稍弛。廿一遊庠,隨食餼,與伯兄五赴秋闈不售。戊辰春,鑄盧公以北闈文體清真,命曾王父赴監就試。庚午中順天鄉榜。辛未正月,聞鑄盧公訃,同鄉諸友勸以會試在即,俟試畢南旋。曾王父毅然曰:"父母大故,人子不能一刻安,烏忍吉服忘親,以博功名耶?"即星野馳歸,覓狀元峰吉壤,安葬如禮。甲戌闈,下第歸,丙子復北上,至庚辰始捷南宮,授庶常,爲杭邑首闈。道光三年散館,改山東臨邑知縣,迎曹太安人就養。甫下車,即革漕車陋規。臨邑舊耕田一畝,派漕車錢四五十文,糧差、保頭朘削窮民尤甚;僉懇免派,乃捐俸自僱,民累永息。濬徒駭河,河自邑西南亙東南五六十里,河心多生蘆葦,兩岸雜木,土石窒塞,夏秋大水,往往泛溢淹沒民居田盧。爲捐俸疏濬,而水患悉除。復邢子愿先生來禽館,歸其後嗣。邢子愿者,故明御史,文章道誼,卓絕當時,館即其讀書處也。館西向有白衣庵,邑令某,有玉觀音像寄庵內。崇禎四年,寇至城陷,庵遂廢。國朝定鼎後,先生裔修來禽館,邑人於瓦礫中得玉像,遂聚而祀焉。乾隆初,縣幕友某攫玉像去,易以塑像,而來禽館遂儼然白衣庵,刑氏子孫欲去之而不能。曾王父偵知之,移大士像於別廟,設先生位迎祀館中,並鑴碑記其顛末。其他恤民隱、嚴吏役,案無留牘,政不煩苛,悉本經濟以飭吏治,不沾沾爲升斗計。以故,任事五載,民情悅服,合邑紳衿士庶鼓吹迎"如保赤子"匾懸於縣大堂,又書《德政序》一篇,列紳耆名於左。乙酉分校鄉闈,所得皆英俊士,如河督李湘棻,其尤著也。道光九年,丁曹太安人憂,扶柩南旋,遂不復出。清風兩袖,依然寒素,恂恂然一老書生。郡守鄭商年聘主龍山書院,辭不獲已,始就聘。接引後進,激發以誠,一藝之佳,丞加稱賞。後邑令迭請主講琴岡,尤雅意栽培,出其門者多奮翮而飛。平日杜門絕酬應,然邑有義舉,未嘗不首倡之。自道光十年後,連歲荒歉,輒請邑侯發常平倉穀平糶。杭邑丁

口鹽，每歲商家額賣六次，有奸民勾通監生，呈請邑令准商免賣；亟爲申明，照常發賣。他如修城垣、建節婦祠、育嬰堂、加賦莊、念典堂，皆樂倡題捐，始終其事，不辭勞瘁。而最關民間利弊、一邑興衰者，尤莫如《塞武平開河一事與李孝廉書》，書載邑乘及《師竹堂集》中。莫氏自元始來杭，閱四百餘年，譜牒散失；曾王父乃殫心探討，作家譜及家傳若干卷。回籍後，囊無長物，一兄五弟，食指浩繁。曾王父官兩淮鹽場，每歲郵寄俸餘奉養，輒分給之。置田數畝，爲合族儒資及祭祀膳養之需。晚年，猶手不釋卷，日事楮墨，著有《師竹堂古文》十二卷、《一家言時文》四卷。咸豐甲寅，重遊泮水，稱勝會焉。時方著《不朽錄》，尚未成帙而卒。曾王父生於乾隆甲午年二月十二日，卒於咸豐乙卯年二月念九日，年八十有二。葬於南岡之原。同治十年，蒙臺憲題請，奉旨崇祀鄉賢。元配羅安人，國學生元美公女，素嫻淑德，先曾王父卒。副配徐孺人、李孺人。子四，長爐，兩淮板浦場大使，娶郭氏，羅安人出；次熊，候選分州，娶楊氏；三熙，貢生，娶邱氏，俱徐孺人出；四照，贈修職，李孺人出。孫書城，兩淮鹽經歷，娶郭氏；鞏城，國學生，娶郭氏，俱爐出；宗城，國學生，娶謝氏；雲城，候選分縣，娶郭氏，俱熙出。曾孫錕，庠貢生，娶李氏，書城出；維鏞，鞏城出；裕鎮，宗城出；裕金，雲城出。元孫景濂、景濱、景沆，俱錕出。同治十一年孟秋上浣，曾孫錕謹述。

《福建循吏傳》：莫樹椿，字峻垣，號翹南，上杭人。太高祖大振[1]，乾隆甲子武舉人，官浙衢州衛，隨升山西撫標中軍守備。居官清廉，立品端正。公餘，吟詩臨帖，同僚皆稱老先生。高祖洲，邑諸生，朱珪督學臨汀，拔置第一，與張騰蛟、湯謙山[2]輩八人同送鼇峰肄業，時有“閩南八士”之稱。樹椿，嘉慶庚辰成進士，改庶吉士。道光三年散館，改山東臨邑知縣。甫下車，即革漕車陋規。臨邑舊耕田一畝派漕車錢四五十文，糧差、保頭胲削窮民尤甚；斂懇免派，乃捐俸自僱，民累永息。濬徒駭河，河自邑西南亘東南五六十里，河心多生蘆葦，兩岸雜木土石窒塞，夏秋大水，往往泛濫淹沒民居；爲捐俸疏濬，而水患悉除。復刑侗來禽館，歸其後嗣。侗，故明御史，文章道誼，卓絕當時，館即其讀書處也。館西向有白衣庵，邑令某有玉觀音寄庵內。崇禎四年，寇至

---

① 莫大振是莫樹椿之祖父，莫洲實爲莫樹椿之父，《福建循吏傳》係本自曾孫錕所撰《行述》。
② “湯謙山”，原稿作“溫謙山”，此傳本自《行述》，沿誤，徑改。

城陷，庵遂廢。清初，侗後裔修來禽館，邑人於瓦礫中得玉像，遂祀諸館。乾隆初，縣幕友某攫玉像去，易以塑像，而來禽館遂儼然白衣庵矣。邢氏子孫欲去之而不能，樹椿知之，移大士像於別廟，專祀侗館中，並鐫碑記其顛末。其他恤民隱、嚴吏役，案無留牘，政不煩苛，其梗概也。乙酉分校鄉闈，所得皆英俊士，如河督李湘棻，其尤著也。道光九年，丁母憂歸，遂不復出。郡守聘主龍山書院，邑令迭請主講琴岡，皆雅意栽培。十年後，連歲荒歉，輒請邑侯發常平倉穀平糶。杭邑丁口鹽，每歲商家額賣六次，有奸民勾通監生，呈請邑令准商免賣；亟為申明，照常發賣。他如修城垣、建節婦祠、育嬰堂、加贍莊、念典堂，皆倡捐，始終其事。而最關民間利害者，尤莫如《塞武平開河一事與李孝廉書》，書載邑乘及所著《師竹堂集》中。有《師竹堂文集》十二卷。咸豐甲寅重遊泮水。卒，祀鄉賢。子燫，兩淮板浦場大使。

《杭志》卷九《人物》有傳。

《自序》曰：《傳》曰："太上立德，其次立功，其次立言。是之謂不朽。"夫所謂立德者，必如堯之欽明、舜之濬哲、禹之祇台、湯之聖敬、文武之緝熙執競、孔子之祖述憲章、顏閔之德行；功則如二帝三王之典章制度、禹之治水、稷之明農、契之教化，以暨伊、傅、膠、萊、周、召、望、散之事業；言則如典謨、訓誥、命誓以暨六經、四書之切要，乃可謂之不朽。自春秋以來，尚武功而輕文德，尚變詐而輕仁義，尚辭華而輕質直；至秦漢而後，更不可言矣。然有一言一行之合乎聖人，不可不謂之德；一事一節之有裨於世，不可不謂之功；一句一字之衷乎理義，不可不謂之善言；況其大焉者乎？故不必論其全體皆純，第有一節之可取，則從而錄之，是亦可以傳之無窮也。顧自秦漢至明，千有餘年，人才輩出，全德者復不少，而總以賢臣括之。此中選擇，特加慎重，必尋繹原傳，深觀其心術之微，彼純全無疵者，固亟登之無疑。至於無心之過，一偏之見，抑或情所難捐，勢未易奪；凡有所疑者，則必覆案之至再至三，然後定其取舍，要亦其事有可原，其心猶可諒。若心術不正，即事業可觀，聲望顯著，且將棄之如遺。蓋本《春秋》責備賢者之義，其餘則不在此數也。然是書之選，已名"不朽"，其過甚者，亦削而不書，則雖存降格之思，而仍寓顧名之義。惟奏疏篇，其人雖屬奸邪，其言實關至理，間登進之而不能割愛者，是亦君子不以人廢言之意也。椿自幼讀書，兼秉庭訓，頗嚴善惡之辨。其善者，則仰慕而效法之；其惡者，則深惡而痛絕之。雖未能力行不怠，造乎聖賢之域，而時時以此自省，亦鮮有越理犯分之事。惟性懶又善忘，所閱之書，不能隨閱隨錄，以致年將周甲，曾無一編之可以自娛者。退居後，始搜尋所作時文而刪存之，繼以所作古文而足成之。光陰荏苒，忽忽年已七十矣。因念生平所觀諸史，其人其事，猶歷歷在目，洵足以風勵當世，啓發後人。爰追憶而手錄之，已苦腕力懈弛，且多遺忘，更兼俗累，以故，所錄無幾。乃於丙午之夏，大發書篋，手自丹黃，倩人捉筆。數月以來，僅抄存《前漢》一書。仍復自行檢校，補闕拾遺，忙碌已甚。自茲以往，即竭日夜之力，專心於此，正不知何日告成，亦惟有行將前去，不復計程途之修短也。丙午六月十五日，翹南老人自記。

　　曾孫鋘《序》曰：憶鋘垂髫時，先府君宦遊淮上，鋘日侍曾王父，爲所鍾愛，口授以書，亦能成誦。十二歲，曾王父謝世，每以不獲久承提命爲憾。曾王父所著《師竹堂古文》、《一家言時文》，既刊行世，惟《不朽錄》尚未成帙。自西漢至宋，約計二百卷，已刻者四五十卷。先府君回籍終養，旋以冢孫讀禮，未即刊完。越二載，髮匪薄城，先府君奉憲檄參贊軍務，積勞成疾，不幸棄養。時鋘方就外傅習舉業，未及編校。今春檢閱遺稿，間多散失，亟將西漢迄晉，校正補遺成集。至唐宋，卷帙甚多，工力浩繁，又苦乏資，姑俟異日續刻。時同治十一年孟秋上浣，曾孫鋘謹識。

師竹堂詩文集十四卷

莫樹椿撰

　　李《序》曰：憶棻自六歲入小學，先大人即以《文選》口授。八九歲，進以史漢諸文。爾時幼小，但喜其詞之腴，而不知其氣之厚、意之奧也。垂髫弄筆，偶一效之，又爲塾師所抑。不得已，取唐宋諸家文肄習之；而尤愛蘇氏策論，每爲文，輒縱筆爲之，益以揣摩時藝爲繁苦，所作多不中繩墨，屢見擯於有司。比領鄉薦，已生三十有五年矣。是科幸出吾師之門，一見相器重，得讀所著文集若干卷，且以先大人墓銘爲請，師亦毅然以表彰潛德爲己任。蓋寢食於此者已數十寒暑，而校書東觀，又從海內諸名士相砥礪，雖出宰巨邑，未嘗一日廢也。嗣棻遊吳下，客薊門。壬辰成進士，入詞垣，而吾師已解組歸里。山川間阻，音問不時至。歲在辛丑，海氛不靖，棻以農部員外郎，從大將軍往參軍事，駐粵年餘。粵與閩接壤，吾師以書惠問，附寄近作，並屬棻序。戎馬馳驟,得日讀一過,幾忘于役之苦。凱撤回都,藏之行篋,付紀綱歸山東。棻入覲,荷天子命防堵淮揚,督兵江北,旋留辦善後,攝漕篆,往來河干,以囊鞬自隨;而握筆治軍書,至夜分猶未已,是以遲遲未報,非敢忘也。癸卯春,擁侯世講來淮上,傳師命,將以文集付梓,並索弁言。棻自愧淺陋,何敢效游、夏之贊? 而知己之感,不能已於言也。古來瑰奇之士,不詭遇以從俗,自選舉變爲制科,操鑑者各持意見,雖豪傑之士,不能不束手聽命於主司之棄取,況倔强自用者乎? 棻以鬱勃之氣,每至臨文,終不願曲從時好,困頓者十餘年,亦自謂匏落終老耳。而吾師暗中搜索,以三藝非沈潛於古者不辦,主司亦因是而賞棻之文,服吾師之識,遂獲售焉。此中臭味之投,自有契合,可遇而不可求也。不然,前十餘年中,豈無一合於規矩者,何以屢試而屢蹶耶? 一登龍門,聲價十倍,李太白之望於韓荆州也。而況身受陶鑄如棻者,其激昂更當何如乎? 師有命,棻何敢已於言哉。謹叙。癸卯仲夏,賜進士出身、署漕運總督提督海防軍務、太常寺少卿、受業門下士李湘棻頓首百拜書。

姜次雲鵠《題辭》曰:解組歸存講學心,千秋作計費沈吟。當官介節如山峻,求道虛懷比海深。樽爲商量開北海,稿因珍重付東林。及身恐有扶桑使,文購詞臣載餅金。

按:此集首有李湘棻序,次姜鵠題辭。卷一:序,卷二:碑、記,卷三:論,卷四:書後,卷五:傳,卷六:書,卷七:墓誌、表、狀,卷八:題跋,卷九:祭文,卷十:贊、說,卷十一:策,卷十二:尺牘,卷十三:隨筆,卷十四:詩、賦。文每篇後有批語,爲道光戊申年家刻本,頁二十行,行二十二字。

史論撦餘

華時中撰

《杭志》卷九《人物》:華時中,別字榕軒。性正直不阿,以名進士出宰安徽太平,晉州牧。治以息訟安民爲本。有佔房案經百餘年,判以辦價歸業。衆心帖服,聞風求息者,不百日銷百有餘案。視事不究私鹽,不拘牌示,聽到就審,民皆稱便。暇樂與諸生點勘文藝,多捐給膏火,獎進後學。邑中七十年不舉進士,至是登甲榜三人,如會元焦春宇、主政孫瑞麟,洎項懋昭、崔文泰、李馥諸孝廉,尤平日所器重者。道光甲午,分校南闈,稱爲得人。旋告歸,十年苦缺，宦囊羞澀，晏如也。壯歲客須江十載，同商病，行埠指官詐勒，爲主控上游，獲減舊規。袁禮修、鄒志中，以公車客死京邸，無長物；代爲籌歸二櫬，以所餘財分給其家屬，鄉里稱義。致仕後，不改舊日家風，時以清釐祖上嘗業爲事，集族人建敬業書院，置儒田以供脩脯，名義學。值學宫災於水，倡議興復，建題名第曰"念典堂"，其好義從公，至老不倦如此。晚年猶手不釋卷，所經目皆舉業家言。著有《典制萃精》、《史論摭餘》、《慎餘堂文集》。卒年六十有七。伯子維明，舉於鄉；叔子維功，選拔士；季子維賢，副貢。功子師纖、[1] 師祐，先後入膠庠，皆能讀遺書云。

佚。

慎餘堂文集

華時中撰

按：此集今佚。惟華其志家藏鈔本《雜俎》一卷，皆時中蒞官時稟啓，妃白儷黄，語多藻飾。

慎餘堂詩集

華時中撰

按：此集係鈔本一卷，華其志家藏，多時中出宰後之作。

杏香樓集

邱春三撰

按：春三，字竹坡。《杭志·選舉》："邱春三，嘉慶二十一年丙子舉人，歷任閩縣、龍溪學教諭。著有《杏香樓集》。"

今佚。

---

① "師纖"，原稿脱此二字，據同治補刊本《上杭縣志》卷九補。

一得山房遺稿三卷

劉昭撰

按：昭，字麟角。《杭志·選舉》：“劉昭，道光元年辛巳舉人，任兩當知縣，肅州、壬子、莊州同。”此稿係家藏鈔本。

邱荊溪集唐一卷

邱荊溪撰

《自識》曰：予方舞象，從外父青圃大人遊，授以詩。予心嚮往之，而於集韻，尤有嗜痂癖焉。夫集韻始於傅咸，集經語爲《七經詩》；袁淑集《左傳》，咏啄木鳥；自晉宋，已有其兆矣。至王介甫，特好此體。嗣後，祖之者益多。文信公有集杜二百首，王文節集陶爲律三十四首，沈延銘集唐至四十卷，各體俱備。施廣文集唐爲絕句，至三千首。朱贊皇裏，亦集唐爲七律，俱有盛名。予見之躍然意動，時爲效顰，而胸中壘塊終以未銷爲憾。自丁酉隨先君往金陵，覩六朝勝迹，雙眸爲之一洗矣。繼遊吳、越、楚、蜀間，江湖秋月，旅館春風，時與四唐吟老爲伍。舟車所經，悉假古人佳句，寫游覽之胸懷。迄賦歸來，故園松菊，觸景興懷，而良朋庡止，汲清泉、煮苦茗，話舊言歡。亦乞靈於故紙堆中，摭拾成篇，聊以自適。數十年來，詩囊所有，大半星散。兹僅存餘草，將就正騷壇諸君子，以訂悖謬耳，豈接迹往哲云乎哉。道光乙酉中秋，荊溪居士自識。時年六十有八。

《序》曰：句以集稱博難，巧更難。曼卿、半山、東坡、文山諸往哲，咸著厥體，而效者多矣。吾鄉則荊溪翁擅場。荊溪自製皆佳，乃於斯體也，隨意擇材，隨材定位，爲律爲絕，工切融洽，布置既清，氣韻並茂。若集衆腋成千金裘，幾於天衣無縫矣，誰與比巧者？蓋幼也，而大父健齋公授唐詩數百首；長也，而外翁名孝廉張青圃先生復切劘之，以益充其所學。且其神襟清邁，風趣高雅，視諸齷齪，無當意者。故游歷數十載，足跡半天下，吳、越、楚、蜀諸名勝，流覽殆盡。而又逮交者宿巨公如王夢樓輩，得親其光儀緒論，以是藝日益工。至倦游返斾也，予嘗過訪，見其庭無纖塵，□多名蹟，而蘭香入座，竹色侵簾，茶聲繞榻。聞以是集見示，粗觀之，已矻然驚、迨然喜。復攜歸，雒誦之，微諷之，不覺心醉情移，對青燈喈曰："今乃知荊溪真異人矣。"遂序而還之。曉邨思白撰。

自三百篇亡，而詩禮代更，漢魏六朝，每降愈下。逮乎李唐，聲律大興，初、盛、中、晚，盡態極妍。後世集唐句以成篇者屢有其人，而非易易也。吾族荊溪，自幼工書，秀健絕倫，早爲鄉里推重，余心傾之，初未覩其詩章。既而荊溪客遊金陵，歷吳、越、楚、蜀，而余羈留燕都，中間闊別數十載。近各先後旋里，皓首相對，荊溪出其詩稿見示，且囑序言。予讀《集唐》全帙，起承轉合，如出一手，非學之博、資之深而左右逢源，烏能若是耶？乃知荊溪不徒工書，而詩亦駸駸入古人堂奧矣。昔荊溪從伯玉卿先生，與王夢樓太史同爲臨池學，各擅所長，夢樓集中多載與玉卿唱和作。近閱《全閩詩鈔》，亦登玉卿一家詩。蓋玉卿本以詩人工書法，而荊溪得其正傳。荊溪書法，人咸稱之仰之；荊溪詩學，人不得而測之也。愚叔志光撰。

凤聞友人集句之作，疑其薈萃群言，必難工緻，擷拾衆美，諒乏清新。及觀羅楓溪先生入都赴部時，以集杜十二章辭別，起結超脫，對偶天成，雖鏤金錯采，實無彌縫之痕，心慕者久之。今吾家荊溪先生，工臨池，喜韻學，所經名區古蹟，輒形吟咏，薰香摘艷，愈老愈工。其最著《集唐》一冊，覓奇爲偶，化舊爲新，余每展誦，至移情不忍釋手。乃歎厥體創自傅咸、袁淑，而代有其人，不許石、孔、蘇、王諸公專美於前也。蓋胸羅萬卷，句採百家，合千百人爲一手。而讀是集者，沿流溯源，由一斑以窺全豹，得一臠以悟全狐，已服其工緻絕倫，清新超俗矣。而其啓人慧思，豈少也哉。公諸同好，誠盛事也。愚叔華東撰。

《題詞》曰："縹緲瓊山有後人，珊珊仙骨想君身。青蓮才調江郎筆，錦繡裁成異樣新。""撞殘吟鉢愛三唐，佳句頻收李賀囊。集腋憑心出機杼，巧如天女纖雲裳。""中郎書法有淵源，先生令伯玉卿先生，以書名世。風韻玉筠酷似袁。先生外舅張青圃先生，爲杭名孝廉。徧撮唐人諸雅咏，何容介甫號專門？""楚水吳山任縱觀，平生胸次海天寬。應知司馬多遊覽，千古文章作主壇。""久欽雙陸屋西東，未遂登龍媿孔融。先生令弟芳蘭，與予同補弟子員。每擬趨謁，未果。鴛錦傳來令紙貴，瓣香端合祝南豐。"李柏敬撰。

《跋》曰：荊溪，吾鄉舊友人也。冠歲博稽群籍，工臨池，學尤善詩。嘗與予促膝聯吟句，便捷點綴，得中書逸致。余題其清照有"清言依草拜丘遲"之句，非河漢也。性倜儻不羈，雅效子長，覽奇山水，遨遊異都，征車所至，樂交名流。彼都人士僉喜其有元龍風，相與把臂言歡，詩歌贈答，不一而足。寄跡金陵日久，時而尋芳桃渡，時而玩月星臺，流覽石城、瑜月、脂井諸往迹，吟詩弔古，香埋粉褪之感，隱流露於字句中也。嘗遊吳、越、楚、蜀，所經名山大川，靈區異境，輒低徊留之不能去。恐山水之笑人，隨攤漁網，潑松煤，倩中書君以紀其勝。昔謝靈運千里徧遊，凡幽嶂峻巖，輒爲歌咏；張子偉數年所過，雖兔穴鳥道，悉著錄疏。以荆溪到處題咏，方之古今人，同不同，殆未可知。且篤交誼、厚族情，逆旅適值，把酒言歡，罔不以詩寫意；而詩皆集唐，前後約錄成帙。晚歸故園，復有新集。以予爲昔年素交，袖以相示，且以序叮。予披而閱之，竊歎其詩學與年俱進，殆得江山之助也。蓋詩莫難於集韻，自傅咸、袁淑創體，至宋，石、孔、蘇、王而盛行。後此文信公、王太常、沈延銘、施廣文，集杜、集陶、集唐，踵美嗣徽，而名無以駕宋賢上。然觀東坡《次孔毅父集古人詩句》云"退之驚啼子美哭"，隱含不足之意。荆公與東坡集句咏古硯，只得"巧匠斲山骨"一句，未成篇，逡巡而去。是集韻宋賢且慮其難工，而荆溪何揮灑自如之若斯耶？集唐人成句爲一己新篇，毫無雜湊牽强之迹，而聯章次第相承，首末照應，則老杜所云"老去漸於詩律細"者近是，誠集唐之無間然者也，可傳奚疑？安園鍾履康謹跋。

詩詞之作，原以寫性情、抒胸臆，天籟所發，意到筆隨，不必借資，無煩捃注。故竟陵王子良，擊鉢響滅詩成，古今歎爲敏捷。顧敏捷矣，未必盡見工巧也。若夫因難見巧者，偏能博采衆美，融會而貫通之，收零星之碎錦，織雲漢之天章，出乎千百年者，聯合如出一手焉，斯真稱絶技耳。然斯旨亦非可以驟幾，蓋必見聞博洽，斯左右皆逢，聯絡渾成，庶拘牽悉化，具鑪錘於寸地，運機杼於一心，此詎徒以辭句湊漁者乎？集句自曼卿、蘇、黃諸公創體後，效者踵興，其間工巧互異，當時具有定評。吾里荆溪先生，韻士也。少有詩癖，天資超邁，儒雅風流。長而薄遊吳、越、楚、蜀間，慕司馬子長之爲人，流覽山川，憑弔古跡，故其詩疏宕有奇氣，所交多名公碩望，聯吟結社，互相唱酬。自製固佳，而集句尤徵工巧。晚年，藝益精，楷草甫到妙品，優游一室，日以花酒翰墨自娱。予生平雖未謀面，而聲氣所感，神交有年。兹據所著，亦吉光片羽也。拂几而莊誦之，可穆然想見其爲人。眷教弟一洲薛苑華謹跋。

吾里荆溪翁，性嗜古，予弱冠即聞都人士嘖嘖稱其書法精良。迄今倦遊返旆，出集句一帙以示予。予盥手讀之，多如璧合珠聯，渾成工整，幾欲與曼卿、半山、文信、延銘諸公相頡頏，何又因難見巧若斯耶？乃歎荆溪翁書法授自其伯父玉卿先生，詩法授自其外翁張青圃先生，淵源可溯；而又隨其所至，上交者宿巨公，相與講明而切究之，以是藝日益進而彌上，良不誣也。然則翁遨遊吳、越、楚、蜀諸名勝數十年，絶不以勢位富厚累厥心，而惟陶陶然恒寄所樂於文字以自娛，其識趣亦過人遠矣。姻家眷教弟劉日盤謹跋。

萃衆美之精華，成一家之機杼。按時切景，篇篇皆璧合珠聯；感事言情，語語盡渾金璞玉。在古人兔管生花，對必有偶；而作者慧珠在抱，巧不可階。即使唐人復出，應亦歎其渾成；縱教騷客傳觀，誰敢譏其剿襲？甥陳球識。

余以子晉洛濱之年，訪奇入蜀，獲讀荆溪先生《集唐》諸製。見其含情綿邈，屬對精能。啓夕秀於素園，吐篆文於繡口。能使古人洗其面目，群言獻其菁華。洵所謂翻陳出新，因難見巧者與。光陰水流，景物星換，倏忽將十更寒暑矣。余已還轅故里，先生亦息影吾廬。克踐鷗盟，共嘗鱸味。時相與話峨嵋之積雪，憶巫峽之哀猿，猶不禁掩袂霤歎，傷神伊鬱。樽語茗談之下，因出其前後所集全帙，以序敦余。余墨鮮龍分，字慚蠹飽，安能讚揚古調，袚飾新詞？聊陳沙礫之言，用報珠璣之賜。夫先生壯心搖岳，豪概吞川。馬首周歷夫風塵，鴻爪徧遺其雪迹。斜陽曲巷，眳懷當日烏衣；夜月荒陵，憑弔於今螢火。奏一曲江頭飛鶴，賸半壁之燒痕；領三春花裏啼鵑，泣千年之遺血。每當前村酒熟，遠寺鐘鳴。和蛩響以吟愁，擊唾壺而懷古。才子攬江山之勝，騷人寫離別之悲。娓娓乎不自勝其情之長也。洎乎白雲招人，秋風送客。理故園之松菊，披空山之薜蘿。屢著登臨，林巒嘯咏；窩居安樂，歲月優游。茹美食鮮，盡盤穀宮中之況；采蘭攀柳，饒輞川墅裏之情。則又胸次元真，天機魯望。故能運百千萬億詩於寸心，合初盛中晚人爲一手。精粗甄於一鼓鐵硎，盡如新綿。錦繡祖其九張機杼，衣全無縫。相其所詣，真足以攀韓援杜，秕宋糠元也。如是集唐，蔑負於唐矣。或者乃謂奚奴負句，貴嘔心肝；飯顆抽思，已雕容貌。惟其言由己出，故能與古爲徒。抑知梗柟具存，而規矩者多拙；笙匏畢列，而節奏者彌艱。苟非醖釀深醇，而指與物化者豈易工？彼耳食者流，可無與之正襟論也。世愚姪鄧銘謹識。

余少時見以詩、字名者，吾家芝山先生、張君青圃。芝山字優於詩，青圃詩優於字，二公皆追踪晉唐，噪名當代。學二公悉得近似而已，惟吾荊溪。荊溪自幼酷嗜詩、字，師事二公，日夜臨池，朝夕拈韻，同時門下士，無有出其右者。蓋允得其伯父芝山、外翁青圃真傳也。厥後遨遊吳、粵、楚、蜀，所結名公卿如太史王夢樓輩，日相與揣摩研究，潑墨揮毫，聯吟唱和；其於諸家字體、詩格，無不一一擅長。迄今賦歸，園倚松竹，猶手不輟筆，口不絕吟。近編《集唐》一冊，摘艷薰香，天然湊巧，恍如自出機杼，貫穿從心，一時傳誦士林，跋、贊成帙。不料曼卿、半山諸公而後，又有踵美其人者。至其生平品詣，具見於鍾安園先輩序中，其詳述顛末，確實不誣，可謂知人矣。余悲世途不察其真假，猥以其謝絕勢位，厭惹俗塵，與徒求安逸之流同類而一視也。鳳池愚叔鳴謹跋。

從來學重淵源，亦重師承；然未獲天下奇聞壯觀，則識隘而學亦終滯。蘇穎濱云：“太史公周覽天下名山大川，故其文疎宕有奇氣。”文且然，詩何獨不然？荊溪伯父，夙耽風雅，其《集唐》一帙，採唐人錦囊中物，出以一己之杼柚，貫穿工巧，如雲錦天衣，滅盡鍼綫迹，尤難能而可貴也。銘才愧阿咸，謬垂青眼，每造其廬，見其牙籤玉軸，殷盈鄴架。又於花間月下誦其《集唐》之什，不啻統觀全唐詩，抉其驪珠而遺其鱗爪焉。因叩其集腋之法，乃告銘曰：“是從卯角時，先祖健齋公日授唐詩三五首。長從外舅張青圃先生討論而研究之。及其壯也，遊於吳、越、楚、蜀間，日與騷人逸士探奇覽勝，凡諸身所歷之境，皆夙昔心已到之境。向也口而誦，今也目而擊，遂覺觸緒纏綿之不可遏抑者，要亦自寫其性情而已。”銘聞言，肅然者久之。夫健齋曾伯祖，學富行優，望重一時；孝廉張青圃先生，夙負才名。伯也，以風雅之性，親炙於乃祖若舅，即所謂學有淵源而得其師承者也。復博覽天下名區，以拓其胸次，宜其薰香摘艷，咳唾成珠。彼儉腹者，徒搜枯腸；株守者，貽譏僻陋。對此得毋滋愧乎？茲獲聆其擅長集腋之由，樂即其始末而質言之，俾覽斯集者知其淵源有自，師承有資，羅丘壑於胸中，寓鑪錘於筆底，誠非旦夕摭拾之功也，夫豈易易哉。姪大銘謹識。

蓀性鈍拙，未工吟咏，心竊嗜之，故諸家詩亦口誦及焉。惟辨體之餘，每歎集唐一格爲尤難。何也？以一人之言爲千萬人之言則易，合千萬人之言爲一人之言則難也。歲癸未，蓀館於里時，得隨荊溪伯父遊。一日，出《集唐》一卷見示。蓀讀之，不禁躍然快然，謂蓀疇昔所歎爲難者，而伯父實能因難以見易也。蓀因述言於伯父曰："人生不過數十寒暑耳,惟著述壽千秋。如以是卷付剞劂,庶後世皆得臨文而想見伯父之爲人也。且蕉窗雨靜,竹榻月明,使讀伯父之詩者,以不及見伯父爲憾,則伯父真不朽矣。至於集句之工拙,與所以能集句之源,諸君子詳言之,蓀無煩再贅焉。姪蓀謹識。

狐則有腋,鷄則有跖。温非一皮,飽必千隻。古人取資,尚期多積。漁獵群言,惟意所適。惟此四唐,實備詩格。才思神皋,風騷遺跡。追逐翶翔,矯翼厲翮。沈研鑽極,精神獨闢。李杜王楊,奔赴絡繹。貫似連珠,宛如合璧。陶冶荆吳,雕鐫梁益。廣樂未終,霓裳初拍。得意推敲,久乃成癖。反覆展玩,服之無斁。莊誦終篇,勝讀三百。姪步參識。

按:此集係家藏鈔本。

人境廬遺稿

鄧銘撰

按:銘,字慎也。與弟瀛有文名,甫冠,同受知於督學吳公椿,拔置縣府學第一,旋充食廩餼。放游楚蜀山水。惜年不永,故才名軾不讓轍,科名郊終遜祁。此稿係家藏鈔本,古今體詩五十五首,風華典麗。《古器十咏》,尤貼切渾成。

雲章書屋遺稿一卷

鄧瀛撰

《杭志》卷九《人物》:鄧瀛,字登三,一字介槎。幼有神童之目,與兄廩貢銘,同時知名。登道光戊子賢書,聯捷入詞林,派國史館,旋擢御史,多所奏議。如禁洋煙案,請就地焚燬,時謂爲極得政要。一典山西試,一充會試同考官,如晏端書、田雨公,先後開府任封疆,皆出其門,稱爲得士。選金華太守,奉諱未抵任,改守安徽寧國,廉隅自勵,民之愛戴如依父母。嗣髮匪壓境,籌兵籌餉,煩劇裕如,大江以南倚之爲半壁。歷七八年,晉秩皖南道,加按察使銜,賞花翎,自得奏事。卸篆去,皖江士庶涕泣於道左,卒年五十有九。

後學包樹棠補傳曰:鄧先生諱瀛,字登三,一字介槎,福建上杭縣人。天資穎特,與兄廩貢銘齊名。嘗赴試,舟次有"人皆浪躍魚龍上,我亦槎浮日月邊"句,識者知其氣象不凡。督學吳公椿拔置府學第一,時甫成童。丁父憂,服闋,督學史公臨汀,復擢冠九學,食餼。道光八年舉於鄉,九年成進士,改庶吉士,散館授編修,歷充武英殿協修暨纂修官。與同年張椒雲集馨羣結時晴齋吟社,互相磨琢,歷數年之久,情誼摯切,同社諸賢,莫不欽服而各以爲不及。十五年,典試山西。十八年,充會試同考官,所得士如晏端書、田雨公,皆先後開府出任封疆。是冬,擢浙江道監察御史。明年三月,林公則徐以欽差大臣查辦廣東海口事務,繳英商鴉片二萬餘箱,請解京核驗,得旨允准矣。先生以粵去京師萬里,舟車輾轉,夫役征調,官民俱擾,糜費不貲;且恐舞弊偷換,剴切陳言,遂奉上諭,就地焚燬。九月,署兵科給事中。十一月,簡浙江金華府知府,丁母憂,未抵任所。二十二年八月,復起入都。十一月,授安徽寧國府知府。治屬奸獪,無端中人曰"搭臺";先生廉其弊,輒嚴懲之,民爲語曰:"幸有我公鄧拆臺。"漕務繁冗,胥吏因緣姦利,悉爲釐革。俗信堪輿,停葬暴露,厲禁之。並飭廩保於試童結內聲明,方准與考。葺敬亭書院,增膏火,訂學規六條,教以力學敦行。二十六年,充江南文闈監試官。二十九年五月,陛見。七月,署皖北道,凡五閱月回任。頻年水旱洊臻,貧民無所得食,申請開倉放賑,並捐廉倡率,紳富佽助,詳覈戶口,甄別等差,分給錢米。復設男女粥廠於郡城,全活甚衆。察勘水勢,築堤設閘,以資蓄洩。三十六年六月,部調赴都引見。咸豐元年,洪楊軍起;八月,先生兼護皖南道。皖南北接金陵,南控九、饒,江面六七百里,西對安慶、廬、和三面,走險之敵皆以池州、太平爲淵藪,僅恃徽州寧國藩蔽江、浙。徽境尚有峻嶺可扼,寧則水陸分岐,廣袤三百餘里,與池、太磐牙稍近;則杭、湖、常,財賦之區,敵最覬覦。又圩鄉素饒米稻,金陵敵巢恃以接濟,受禍幾無虛日。自三年正月,敵沿江進擾,電邁千里,人民聞風奔避。時先生已回任寧國,兵餉匱乏,大府不遑兼顧,惟勸捐募勇自守。偵知宣城東鄉土匪嘯聚,計殲其魁,內患以絶。然守兵不滿二千人,敵至出禦,雖時擊退,而民不習戰,亦屢受挫,鄰境震驚。四年八月,浙撫黃宗漢調將協防。五年四月,再護皖南道。八月,卸篆。十月,以克休寧、石棣二縣功,又有署皖南之命。六年二月,除真加按察銜,持節便宜從事。四月,寧國陷,革職留任。十一月,反攻克之,開復原官。七年,捷南陵,議敍加一級。八年冬,敵大股合犯灣沚、黃池,官軍失利,提鎮戴文英、鄧紹良殉焉,潰卒萬餘無統馭，自郡城至廣德、建平，東通江浙大道，沿村布滿，勢洶洶不測。先生督率府縣設法撫集，堅守廿餘日。提督鄭魁士率援師至，人心始定，卒保危城，賞戴花翎。而宣城、涇縣、南陵等處被兵最憯，室廬既燼，衣食又空，牛種耕具無存，塊然待斃。上年江浙大府飭就地月籌協餉銀三萬兩，至是浙撫胡興仁奏准，仍飭如數籌解。先生憫地方殘破，九年二月，特疏爭之，謂："財出於民，民出於土。臣駑侏無能，所恃宣布德意以與爲維繫，故民皆同仇不懈，民心甚固，民力亦有可用。今不恤困窮，操之已蹙，恐怨恨之心日積，忠義之氣漸衰。皖之憂，亦非浙之福也。"疏奏，報可，而媒孽自此生矣。許烺者，以湖南候補道從九管浙駐寧糧臺，擢至浙江花翎道員。灣黃之役，逍遙蘇浙，事定回臺。嫉先生功，時短之於興仁所，因奏停協餉，指爲"愛皖而不愛浙"，徑請寧郡釐卡改歸糧臺，當有起色，興仁信之。先生奉札，飭以事權不一，恐誤軍機，奏請將寧國出納援徽州，例由浙臺經理。令許烺嗣後有警，不宜擅離職守，俾軍中有恃無恐。並上書興仁論其奸，興仁庇之，朝廷亦卒不察，竟以先生交部議，降一級調任。八月，自皖赴蘇，士民臥轍攀轅請留不得，絡繹餞送於南湖舟中，愴然皆有難別之意。旋養疴章門。十一年，由京銅局捐復原官，于役湖湘，歿於平江旅次，時同治元年十二月十六日也，年五十九。所著《雲章書屋遺稿》一卷，集中以《湘江作》爲絕筆。先生雖去寧，而國難民艱不離夢寐，有廉頗用趙、汲黯思淮之志。光緒三年，皖人請祀名宦，得旨允焉。子口人，心蕃，戶部主事；心茂，江蘇候補知府；心芬，浙江知縣。論曰：同治時，里人賴承裕奉檄參軍事於皖江，駐兵徽寧間，聞先生治民禦寇諸政甚悉。都人士謳思弗衰，父老猶有泣下者，非忠愛之誠，素浸洽於人心，曷克至此？洪楊之役，曾文正治團勇，底定東南，湘軍之名震天下。先生理危城，轉戰七載，乃竟阻於讒去。將復出，以死。匡濟長才，不獲馳騁，惜哉。

　　張《序》曰：余與上杭鄧介樵觀察爲己丑同年友，同官翰林，又同聯時晴齋吟社，互相磨琢，歷數年之久，情甚親，誼益摯也。先生天資穎特，讀書十行並下，插架萬卷，俱能琅琅成誦。以故，爲文也，醞釀深厚，含英咀華，擷秦漢之膏腴，入班馬之閫奧。同社諸賢，莫不欽服而各以爲不及。後先生恭膺恩簡觀察皖南，其時群盜如毛，兵餉支絀，皖南當豫、浙之衝，劇賊麕集。先生登陴固守，力保危城。後因病引退，僑寓章江。適余承乏省垣，復得親炙，翦燈話雨，依然如昔日事。今先生已歸道山，令嗣望樵、松生兩世講捧集乞序。余維學殖淺薄，不能窺測先生底蘊，而道義之交既久且厚，未敢固辭。謹就素習所服膺者，略述梗概，以志思慕之意云爾。光緒建元秋七月，年愚弟張集馨頓首拜序，時年七十有六。

林《跋》曰：歡娛之詞難工，故詩之流傳，率多慷慨伊鬱。然居開元、天寶而爲夔州以後諸詩，無病呻吟，昔人所誚。蓋事以時異，情以境遷，心之所感，不可誣也。吾鄉介槎先生，弱冠入木天，逾壯持軺節，當其直承明備，顧問早朝，所賦則九天閶闔之雍容，滿淋牙笏之華貴也。既而東南多故，保障艱難，城上之吟則《石壕吏》、《兵車行》，其情詞之痛切、淒涼，無以過焉。忠君愛國之誠，上追詩史，尋繹舊編，前後如二人矣。士君子出處語默，各有攸宜，文章華國，經濟匡時，豈徒以詩見？而即以詩觀其變通盡利，亦可以得一斑。敬跋數言，用深景仰。鄉後學林肇成敬跋。

賴《跋》曰：介槎先生以名翰林簪筆禁近，著述宏富，聲望蔚重一時。遣興攄懷，往往發爲歌咏。嗣以侍御領郡寧國，政績炳然。咸豐初元，粵匪煽亂，蹂躪大江南北。時先生嬰城固守，訓兵籌餉，以一身係東南半壁望。旋擢觀察皖南，朝廷以疆事孔棘，特令持節便宜從事，凡決策指畫，無不動中機宜，士民賴之。同治癸亥，予奉檄參軍事於皖江，駐兵徽寧間者七閱月，彼都人士談先生治民禦寇諸政，謳思弗衰，父老猶有泣下者。非德澤入人之深，曷克臻此高山之仰？中心嚮往者久矣。竊思軍興以來，士之崛起戎行而致方面者指不勝屈，先生力幹時艱，與賊相持者七易寒暑，乃竟以事解組去。疑其爲詩必有抑塞感欷，情難自已。今讀是集，溫厚悱惻，天籟自鳴，即撫時感事諸作，悉本其忠君愛國之誠，不以牢騷憤激自傷其體。蓋學養之純，有非尋常操觚家所能幾及。雖所存無多，亦足以想見流風遺韻矣。吾鄉山水奇秀，類多能文氣節之士，先生文章風義昭著人間，方諸古人，又何多讓？豈僅藉詩以傳者哉？然而詩已自有可傳者在也。時同治十二年癸酉嘉平月，里人賴承裕謹識。

後學包樹棠謹跋曰：勝清二百餘年，吾杭入詞垣者，前有莫翹南太史樹椿，後有先生。先生已以名翰林出守徽寧，旋持節觀察皖南。時當洪楊之役，東南殘破，先生七年磨盾，力保危城，卒以忠直獲譴，退寓章濱。今讀集中諸作，平生遭遇之艱，操守之確，可略得其梗概焉。而身世進退，大義分明，其氣節凜凜然，萬夫莫之能犯，百世下，猶將起敬。嘗觀古來賢才之士，若屈平、賈誼之倫，一旦見棄時君，未免離憂憤怨，不能自釋。澤畔銜唫，湘濱投賦，其心志之苦，千載哀之，而先生曾無是也。山川勞頓，吟興所發，土厚水深，詞氣沈鬱，則其禀之於天，與所養之宏，亦已異夫人矣。是集刊於同治十三年甲戌季春，凡一卷，都古今體詩八十八首，張椒雲方伯集馨爲序，邑人林肇成、賴承裕爲跋，先生門人程香谷剌史兆和注之。爲外表曾演復家所舊藏，已稀傳本，因假而寫於鷺江旅次，已蔵，爲之跋。莫太史亦有集，曰《師竹堂》，未獲一覩；他時返棹，倘得搜訪於邑之藏書家，借讀一過，前賢手澤，供我摩抄，豈非大快事耶。

按：集中詩風華典麗，足與《留春草堂》相頡頏，未易論其優劣。《敬亭山頂放歌》一首，豪情逸興，當日得名尤盛。五言句如《己未八月解任赴蘇》云："干戈雙鬢改，骨肉一州親。"《送湯允齋》云："岳雨猨聲斷，吳霜雁影稀。""浪游彭蠡月，苦語敬亭雲。"七言句如《送巫雨池前輩》云："事到危時功即罪，人逢亂後喜還悲。"《七里灘》云："畫眉聲引千巖轉，洗眼光生一水秋。"《寄宣州諸生》云："那知荆郡非吾土，久覺并州是故鄉。"《贈張椒雲》云："破陣身曾經百戰，著書才尚足千秋。"《送湯典三》云："未必清平無後會，肯因艱險負前修。"《次張椒雲琵琶亭韻》云："名盛招尤才是累，情深寫怨句猶香。"《渣津即事》云："市舍尚閒茶未苗，村籬忽艷杏初花。"《渣館雨雪》云："亂白侵階斜雨碎，濃青壓屋濕雲驕。竹鷄聲冷呼泥滑，蘆雁行低怨路遙。"此集刊於同治十三年，張椒雲序作於光緒元年，僅隔一年耳。

經餘存草

林鰲撰

按：鰲，字觀濤。《杭志·選舉》："林鰲，道光十五年己未貢。著有《經餘詩草》。"此集爲道光庚戌季夏鐫。

《自序》曰：世之刻詩者有三：一則才高學博，可以問世；一則錄成一帙，以便就正於先生君子；一則欲留存家塾，以示後人。僕之於詩，少好吟咏，於月夕花晨，輒以此自娛不廢。謂刻以問世，斷不敢設此想；謂就正於先生君子，心竊慕之；謂留存家塾，以示後人，俾後人思乃祖乃父亦稍知雅道，此固僕之所願也。諸同學以僕年暮，倘一旦捐館，隻字無存，因慫恿捐貲，漫災梨棗。但此刻出，必有訾之詈之，甚且擲而棄之，鼠璞燕石，理宜然也，僕所不辭焉。道光三十年六月望後，林鰲自識。

恩《序》曰：余膺簡命，督學全閩，按臨上游諸郡，至汀南，尤山明水秀，多傑士焉。林子鼇，是余所拔士也。開門後來謁，恂恂儒雅，斐玉照人，勉以鑄史研經，前程遠大，余必俟子於金臺玉楝間也。洎後闊別十餘年，因契友入都，附寄詩稿一二卷，冀余點定。公餘靜覽，見其原本漢魏，規橅宋唐，音韻之鏗鏋，情詞之秀倩，卓卓成一家言，余於林子有厚期也。爰書數言而歸之，以誌程雪、荀藍之好云。恩普序。

羅《序》曰：鳴自十六齡即從吾岳遊，垂愛最深，授業最久，故裨益最多焉。岳平日訓人爲文，必經訓爲本，以其餘力及詩、古文辭。岳於詩尤篤嗜，故其發於詩也，婉約處如游絲蜿地，沖淡處如輕雲藹空，豪邁處如聲出金石。半生辛苦，僅博一明經，故髀肉之嗟，時露一斑。甲辰，鳴膺鄉薦，岳同在螺江代理庶務，曾請將近稿付梓，堅辭不允。兹以衰鬢日侵，諸同人再三請，不已，應之，是幸完鳴之夙願也。爰攄質言，弁於簡端。愚子壻羅鳴謹序。

兹錄其《暮宿廬豐》云：“村店冥冥倚，披襟暑氣清。濕螢緣稻隴，初月漏瓜棚。旅柝傳今夕，勞薪感此生。飢驅仍作客，淒斷望雲情。”七言句如《高陂舟中曉起》云：“嫩雲橫抹山腰白，初日平添水面紅。”《舒城旅夜悶雨》云：“客稠酒價全無定，道遠鄉音杳不聞。”《蒙城縣東門外謁莊子祠》云：“六經以外誰爲子，七國之間自著書。”皆與宋人爲近。

芸溪試草

林鼇撰

按：此集與《經餘存草》同時刊。

《自序》曰：同人已以拙草付梓，又以試賦、試帖請，但靦顏之事，一之爲甚，其可再乎？諸同人堅以未遍鈔錄爲辭，迺檢賦六篇、排律三十首再付剞劂氏。鼇又識。

白水山房詩稿一卷

林樞撰

按：此係家藏鈔本。

什笏堂雜組二卷

華維功撰

按:維功,字少臬,時中之子。同治三年甲子,倡議續修邑志。此稿詩、銘、傳、跋、贊、啓、說,各類俱備,惟殘脫甚多,尚待編次。爲華岳人家藏。

又按:《杭志》:"華維功,道光十七年丁酉府學選拔。"

此宋遺稿一卷

華師纖撰

按:師纖,字此宋,維功子。邑諸生。此稿前半古今體詩,後半應酬雜作,爲其弟師佑編於韶州關。華岳人家藏鈔本。

月樓遺稿一卷

温樹棻撰

按:樹棻,字淮清,一字月樓。《杭志·選舉》:"温樹棻,道光二十九年己酉舉人,官海陽知縣。"此稿係家藏鈔本。

讀左一得二卷

邱命三撰

按:命三,字戔吉。《杭志·選舉》:"邱命三,咸豐四年甲寅府學貢。著有《讀左一得》、《朋友偶談》。"此書凡八十篇,刊存。

王光鍔《序》曰:史以紀事,而讀史者非徒覽其陳迹已也。觀其事,必有以知其得失;而人品之賢否高下,見心術學問之純疵,亦見於以考鏡身心,增長才識,誠急務也。然非好學深思,有志於知人論世者,烏能原始要終,準情酌理,取千古上之人、之事而論斷之? 左氏爲史家鼻祖,自杜征南表章後,歷代頒諸學宮,今世之士類皆誦習之。然大抵掇其故實,獵其詞調以爲科舉制藝計耳。求其殫精竭慮，淹貫全書，彙二百四十年之人物、事迹了然於心者，殊不多觀。上杭邱生戔吉，績學士也。余來守汀州，生以其所著《讀左一得》相質，並乞一言弁首。余撥冗披閱，喜其議論正而不腐，覈而不苛，不事矜奇炫異，而貫串通達，如置身數千載上，親見古人之行事，爲之衡量評騭，非竭數十年研磨，折衷精當而實有心得者，能乎？戔吉可謂有志之士矣。抑聞唐太宗稱李百藥曰："何身之老而才之壯，齒之宿而意之新？"戔吉雖老，而篤學不倦，由是入理益邃，觀事益審，識愈精則論愈卓，行且綜二十一史而論斷之，左氏云乎哉。

　　莫樹椿《序》曰：《春秋》紀事之書也，孔子因魯史舊文而筆削之，一字之褒榮於華袞，一字之貶嚴於斧鉞，所以垂戒天下萬世者至深且切。然不有左氏從而傳之，則二百四十二年之事蹟杳乎莫考，學者亦烏從而論斷之，是左氏實孔子之功臣也。其筆墨之妙，繪影繪聲，不惟事之始末詳贍典雅，千載而下，可一覽而瞭然於心，燦然於目；并其人之聲音笑貌，性情心術，亦莫不畢肖，而顯呈於當前。畫工也，化工也，吾無以測其所至矣。然其文皆案而不斷，俾後之學者讀其書而想像其人，使自得之。依古以來，鮮有得其意者，惟東萊呂氏取其所表著者而論斷之，筆鋒所尚，每於常解外翻進一層以推究其隱微，即起其人而詰問之，亦更無可解釋，洵具千古隻眼。故自南宋至今七百年來，未有踵而繼起者。同邑茂才邱戔吉，高士也。乃者出其生平所著《讀左一得》質證於予。予讀之，不襲東萊隻字，於二百四十年間人品之高下，心術之邪正，事理之是非，中藏之誠僞，一一而討論之，究其微而抉其隱，善惡已分，賢奸不混，實足與《呂氏》並垂不朽。戔吉少習舉子業，通五經，尤深於《春秋》，名場三十，聲稱藉藉，其志未可量，屈於有司。晚年乃取其所得於《春秋》者，筆之於書，用以抒其懷抱，非以求名也。予歎賞者累日，因慫恿付梓，并書此以告同志：即此八十篇，非費三十年攻苦，不能如此融會貫通；況乎理酌其中，論歸於正，非平日集義功深，亦斷不能一一悉衷諸道若是也。而可視爲易易而忽諸？是爲序。

　　《自序》曰：余自束髮受書，父師教以學制藝、習試帖，爲弋獲科名之具，並不知所謂道也。因制藝以四子書命題，不得不留心講誦，反覆研尋。久而有得，乃始喟然曰："是豈徒作制藝用哉？天地民物之大，名物象數之繁，身心性命之學，經天緯地之文，悉括其中，僅作文字觀，陋矣。"乃爾時，雖詞句晰得諸心者，未能見諸事。暇時與及門諸子講論，繁徵博引，左右排比，得諸心者乃漸漸見諸事焉。五十後，精神衰邁，灰志功名，乃取《春秋》、《左傳》重復誦之。孔子曰："我欲託諸空言，不如見諸行事之深切著明也。"《春秋》，夫子即事明義之書也。此而不習，縱四書五經記誦不忘，亦烏能臨事而無疑乎？惟《春秋》之道博大精深，又經先儒詳說，非淺學所能掉磬。爰取《春秋》之義，核以《左傳》之事，摘取數十條，加以管見，顏曰《讀左一得》。不尚博，不修文，但將平日所欲言者書之，取其達而已，余敢自謂有得，持以示人哉？念不寄之簡編，則得失俱無人見，雖有高才博學之彥肯加鍼砭，亦烏從而受之哉？用是忘其譾陋，付諸剞劂，如能揭其舛錯，錫以指南，將世世感佩之不忘，而豈當身而已哉？邱命三自序。

刊存。

朋友偶談一卷

邱命三撰

《自題》云：予讀四子書，義有一時不能會通者，久後方覺有悟。其當與否，謹錄之，以質高明。

按：此書末附《雜論》十五則。刊存。

言志錄

邱鶯撰

按：鶯，字采五。《杭志·選舉》："邱鶯，咸豐五年乙卯舉人。稿佚。

采五雜體詩稿

邱鶯撰

稿佚。

引玉詩草

邱鐘銘撰

按：鍾銘，原名煥章，字鑄史。《杭志·選舉》："邱鐘銘，咸豐九年己未貢。著有《引玉草》。"

今佚。

曝書樓隨筆一卷

羅上楨撰

按：上楨，字楷卿。《杭志·選舉》："羅上楨，廩貢。任連江學教諭。"《隨筆》二卷，皆詩話。刊存。

一十二峰讀書堂隨筆一卷

羅上楨撰

刊存。

曝書樓文鈔

羅上楨撰

按：《隨筆》云，有《曝書樓文鈔》、《菉園詩鈔》二種，今未見。

綺香樓詩稿

王瑞珠撰

按：瑞珠爲羅上楨側室。父，武平人，幼教之讀，能詩。《曝書樓筆記》載其目，今未見。

古香樓詩文稿二卷

華達璋撰

按：達璋，字特甫。《杭志·選舉》：“華達璋，同治元年壬戌舉人。”

家藏鈔本。

《自序》曰：詩以言志，吾非有肫然勃然不能自已之情，徒拾前人牙慧，學步邯鄲，則詩可以無作。然言志云者，又非率意徑情、道鄙陋之衷、市井俗談、米鹽凌雜、五七字成，遂可謂之詩也。古之以詩鳴者，如李、杜、韓、蘇諸公，莫不鎔經鑄史，笙簧六籍，殽饌百家。學者縱不能追踪曩哲，要必多聞多見，以開拓其心胸，陶鎔其氣質，化鄙俗為典雅；然後發抒其心之所獨得，不襲古而格律自駸駸入古，庶不致見笑大方，供人覆瓿也。詩豈易言乎哉？余自七歲上學，蒙先君作養殷勤，歷年從師。雖就將自勵，不敢怠遑，而所讀不能強記，旋得旋失。弱冠出應縣府試，屢冠童軍。不幸先慈見背，時有寇警，郡中戒嚴，學使按期至龍巖而返，棨戟不臨汀屬者七載。以故，予年三十，未博一衿，又遭家多難，橫逆侵凌。迨庚申始受知督學徐壽蘅夫子，壬戌幸捷鄉榜，而先君已長逝不獲見矣。嗚呼，慟哉。此十餘年來，遭際坎壈，時有振觸，輒為詩歌，以雪其憤懣不平之慨。嗣後赴公車，經歷南北，與朋從往來應酬贈答及感事言情，不能無作，已錄成帙，不知被何人拾去。今老矣，閒居無事，追憶舊作，錄其未忘者存焉。而次兒保元又從書簏中搜拾零星斷稿，彙而集之，雖不全，猶得十之六七。近有所作，亦類附焉。其中有紀年者，前後錯越，未遑編次，隨得隨錄，總計若干首，分為上下兩卷。雖言之無文，亦各言爾志，藏諸篋笥，聊以自娛。且使我後嗣子孫有能讀遺書，不忘數典者，亦可識三家村田舍翁本來面目云爾。時光緒丙申春正月。

企陸草堂存稿

羅汝祺撰

按：汝祺，字介眉。稿佚。

華達璋《序》曰：古來以文章名世者，必有過人之學識，卓然可以信今而傳後,乃敢出以問世。否則,千金之帚,已自賞之,祕不示人,亦藏拙之一道也。羅君介眉,少負雋才,弱冠入邑庠。性沈靜,屏絕外務。於揣摩時藝外,好博覽漢唐以來諸大家名篇鉅製;又好辨論古今人物及國家治亂興亡之故,時有所得,輒爲論、記、歌、詩,以自抒胸臆。復不忍自祕,乃檢其所作古文、詩、賦、試藝,鈔輯成帙,以質正於郡尊胡公、邑侯賀公、山長陳公,皆有叙論。即欲付梓,且乞余言爲序。顧余學識淺陋,何足以叙介眉?而介眉敦促不已,重以姻誼,不能無言,特綴數語,附諸公後。昔丁敬禮以所爲文,囑曹子建使潤飾之,子建辭焉。敬禮曰:“君何所疑難?文之佳惡,吾自得之,後世誰相知定吾文者耶?”介眉之急於自見,殆亦此意。嘗見俗士一入宫墙,束經高閣,惟利是圖者,所在皆是。介眉獨孜孜矻矻,手一編,日與古人相晤對。雖未得志於時,而不肯與世俗浮沈,自命已高人一等矣。至其文能信今傳後與否,有過人之學識否,介眉自得之,亦有目者所共見,無俟余之贊一詞也。見《古香樓文集》。

墨田遺稿一卷

華作猷撰

按:此稿係家藏鈔本。

硯田隨錄一卷

華紹心撰

按:紹心,字君受。此錄係家藏鈔本。
又按:紹心,邑廩生。

桂叢山房遺稿一卷

華紹心撰

按:此稿係家藏鈔本。

探驪書屋詩稿一卷

王國璵撰

按：國璵，字球史。《杭志·選舉》："王國璵，同治元年壬戌舉人。"此稿係家藏鈔本。

壽厓居士詩稿一卷

王錫祺撰

按：錫祺，字菊泉。邑廩生。此稿係家藏鈔本。

丹厓遺稿一卷

李英華撰

按：英華，字和甫。光緒十二年丙戌進士，欽點刑部主事。此稿爲其子誠搜存鈔本，都文五十篇，詩一百一十九首。

囂囂草堂吟稿二卷

林含青撰

按：含青，字嵐村。光緒五年己卯歲貢。少孤，賴母教成立。性跌宕，才思俊逸。嘗見重於彭宮保玉麟。此稿係家藏鈔本，凡詩三百一十六首，詞九首，多憂時感事、慷慨激昂語。同里李英華評其《無限》一首云："昔人謂王獻之能爲一筆書，陸探微能爲一筆畫。此詩二十字，一氣呵成，可稱一筆詩矣。"

賴《序》曰：嵐村庚兄以簪纓世胄，擅譽騷壇，評之者詳矣。余切維國家制藝取士，束縛精神，桎梏意氣，雖有奇才異能，不得不俯圖進取。及棘闈久困，而抑鬱磊落之胸，往往感慨無聊，發爲歌咏，以自寫其生平。吁，足悲矣。今嵐翁具濟世之才，抱憂時之志，閩中肆外，隨事精詳。使早得所藉手，安知鳴盛和聲，不大有所建樹？而乃憂時憤世，鬱而爲長言咏歎，此豈嵐翁之志乎？余誦大箸，不禁太息深之。至于奇文欣賞，猶淺之乎視嵐翁耳。嵐翁豈詩人已哉。即嵐翁又豈僅以詩人自命哉。故不贅序。賴清鍵仙竹撰。

《跋》曰：詩以道性情，而性情不真，則誇多鬥靡，徒飾觀瞻者，不可以言詩。性情不正，則離奇怪誕，大言欺世者，尤不可以言詩。今讀嵐村先生大箸，論事則光明磊落，通達人情；感時則俯仰古今，激昂慷慨；寫情則宛轉纏綿，語語真摯；咏物則維肖維妙，筆筆入神。至於吐屬之名雋，運機之宕逸，豪情勝慨，獨往獨來。即詞涉香奩，亦復莊重不佻，發乎情而止乎禮，尤足見其性真流露，中立不倚，不得僅以風雅士目之也。嵐翁爲吾鄉偉人，曩年鬥械諸巨案，鎮侯郡伯，同造廬敦請，出爲幫辦，皆貼然就伏。嚮疑有何奇術，足以制之，今乃知其遇事直言，無非真性情之感人者深也。兹雖一斑窺見，知此道已三折肱矣。迴環雒誦，爲之擊節不置。鄉弟溫樹棻月樓跋。

騷人墨客，代有其人。意興所到，往往形諸歌咏。然苟有真性情，則其詩終不彰於世。丁亥夏，予將遊嶺南，道出韓江，時吾鄉會館主席爲嵐邨別駕，盤桓數日，得讀其吟稿一卷，皆近作也。其詩率抒寫性真，流露自然，不假雕琢。或慷慨論事，或委婉言情，或寄憂時憤世之思，或寓感物懷人之意，長篇短什，無體不具。吟咏之暇，亦喜填詞，音韻鏗鏘，可歌可誦。雖未窺全豹，而即此一編置之風雅場中，當共推爲作手；況以今日之諷咏，卜異日之賡颺？吾知和聲鳴盛，必更有進於是者也。盥誦之餘，敬誌數語，以附卷末。周家琪跋。

丁亥之秋，僕僑寓金山，適同鄉林嵐邨先生主席汀龍會館，晨夕過從，得見其近作一卷。展誦數遍，覺慷慨悲吟，瀏亮渾脫，固足驗性情，亦足徵器識也。夫詩以言志，志之所蘊藉，詞以達之，而又有書卷以佐其氣。故其聲悅耳，其色奪目，其味適口，其言感心。古來忠臣孝子，思婦勞人，其詩所以亘古不磨者，大抵本其性靈，以發爲歌詞者也。後世詩家，風尚不一，或填書塞典，滿紙腐氣，以自矜淹博；或矢口直陳，毫無蘊藉，以自詡率真；又有圈平、點仄、按調、依腔以爲諧者；戒蜂腰、鶴膝、疊韻、雙聲以爲細者。究之，繁其稱，狹其徑，限以格律，梏其天真，豈能爲詩者哉？嵐邨則天才夙具，壯志久存。其咏史也，不涉於餖飣；其咏物也，不滯於迹象；其言情也，有一種敦厚溫柔之致；其感時也，具一片悲憫悱惻之忱；自非有真性情、真器識者，不能也。間附詞學，亦能俗中寓雅，淺處見深，極得騷人風旨。雖知己未逢、抑鬱磊落而藏之、著爲韻事者，用之即播爲國華。他日黼黻皇猷，知其聲以鳴國家之盛，僕預於此時卜之矣。永定盧顯西少白跋。

論詩之法，古人言之綦。經非深於詩者，何敢妄談此中蘊奧？雖然，非擅逸情逸韻者，不足以言詩；非負奇才奇氣者，更不足以言詩。嵐邨先生，吾汀奇士也。經自成童時，即知其才之奇。丙戌在都中，從羅廉舫廣文處得讀先生《蘭石》題詞，能於小中見大，一種凌厲無前之氣，流露行間；雖全豹未窺，佩服之深，已難言喻。今歲，將泛槎南洋，道出韓江，與先生聚晤浹旬。出觀平昔鉅製，覺所謂奇才奇氣者，於先生見之，且於先生之詩見之。爰綴數語於簡末，以志景仰之意云爾。永定陳國經跋。

大箸直抒胸臆，獨往獨來，激越悽愴，離騷嗣響。而一種憂時感事之意，忠君愛國之忱，無不曲曲傳出，必傳無疑。讀之真令人唾壺擊碎也。甲午冬月，陳伯陶書於循州。

驚心動魄，鬼哭神號，合岑嘉州、杜少陵爲一手。作者感身世之蒼茫，寫牢愁於歌咏；而懷抱高迴，性情真摯，時流露於行間，自不愧騷壇巨手。盥誦數過，佩服莫名。甲午冬月豐湖書院掌教吳道鎔記。

《題詞》曰：

湘楚閩杭路萬重，何期天末聚萍踪？詩人緣分前生訂，名士風流晚歲逢。報國有文留翰墨，救時無命任衡縱。我來竟下陳蕃榻，客裏吟情倍覺濃。　一卷新詩抵鳳韶，平生心志總囂囂。羅山春夢迎仙袂，珠海豪情挂酒瓢。媿我依人方賃廡，羡君振翮欲凌霄。韓江風月憑收拾，字裏行間會湧潮。長沙李文同撰。

歌場酒地最情懂，銀燭輝煌夜不寒。豪飲如君宜大户，迂談笑我本儒冠。攜來奇句驚人易，感慨中年閲世難。搔首天涯同作客，不堪風雪歲將闌。丁亥季冬，廣東駐防翰林徐受廉題。

梅崖宗派八閩開，後起如君屬雋才。心比杜陵憂國苦，地曾玉局遠遊來。豐城寶劍終衝漢，燕市黃金已築臺。莫把出山廢吟咏，京華有約共銜杯。戊子莫春，閩縣葉大琛題。

得抱蘭芬轉恨遲，當前珠玉慰相思。一腔同甫憂時涙，千古逋仙招隱詩。鳳泊鸞飄才易老，鴻來燕去訊應馳。倚裝奉讀薇曾浣，齒頰留香樂不支。戊子二月，浙江朱爾田子畬撰。

宦海茫茫此問津，詩人低首作勞人。雄才久繫鄉閭望，奇句曾干柱石臣。拇戰當筵誰是敵，吟壇舊日我相親。羊城倘得萍相聚，但願常扶大雅輪。譜姪童其浚海琴題。

聊把才人作宦游，經綸滿腹寄吟謳。神來好句星河動，興至奇思洞壑幽。樹幟文壇標可奪，圖功異域筆應投。蛟龍豈是池中物，終到蓬瀛第一洲。連城江尚賓題。

五雲樓閣鳳城東，並轡聯牀話未窮。歲月頓驚雙鬢白，雨風相對一燈紅。清才信得江山助，壯志猶餘劍佩雄。夷夏即今交涉廣，豈容丞倅冷官終？永定賴宏春航題。

別駕忠臣之猶子，湖海驚人眉宇紫。晚貢成均四十強，一官捧檄投南荒。①煙臺輪船泊海口，示我新詩廿四首。感事傷時慷慨吟，行間風雨蛟龍吼。憶昔君家典史公，公堂罵賊濺血紅。我遊上杭謁公里，旋拜公墓孤山東。卑官大節天下壯，丈夫許身將無同。君今譚論負奇氣，佐郡能報君恩隆。我遊京師㦑黨獄，清時禁錮奸人酷。咫尺天閽叫不聞，八千里路歸何速。急呼黿鼉扶我輪，與君痛飲留經旬。芝罘山高望日近，海風吹散長安雲。江南王毓菁煙臺舟次倚舷作。

買棹珠江水，相逢正客中。鶯花譚宦夢，壇坫仰詩雄。采筆扶元氣，歸帆促曉風。綺窗梅着未，問訊盼飛鴻。閩縣鍾大椿題。

韓江識面幾經秋，又共羊城汗漫游。滿目牢愁憑嘯傲，填胸熱血託吟謳。由來美玉終難韞，豈有明珠肯暗投？我亦關心君國計，欲從高處一昂頭。福州魏紹唐題。

公望公才孰比肩，髫齡瞻仰幾多年？蘇瓌有子曾同硯，荀悅無緣早執鞭。卅載詩名傾海宇，一生豪氣薄雲天。登車未展匡時略，杜老丹心託簡編。　蒿目時艱淚暗漣，杞人無事總憂天。九閽曾上平夷策，百粵爭傳別駕賢。伏櫪廿年悲驥足，封侯萬里卜鳶肩。功名自古何嫌晚，老圃黃花晚更妍。世姪丘嘉謨顯丞謹識。

---

① "檄"，原稿作"繳"，徑改。

求志山房詩文全集四卷

邱達撰

按:達,字雲泉。光緒五年己卯歲貢。此集爲其次子偉卿彙刊。

《跋》曰:陶年十九,拜識雲泉宗先生於鄞江試寓。見縑素堆積盈几席間,求翰墨者户外屨滿。先生終日與筆硯相對,於光風霽月中,矩矱端凝,令人肅然起敬。今先生歸道山十餘年,追憶丰裁時,似名山大川之留連嚮往於方寸間也。去秋,力人兄以先生詩文全帙見示,夫陶豈足以知先生之詩文者哉?竊觀古今名人著作,皆有真性情、真面目流露行間。使識其人者,讀其詩文而如見其人;即不識其人者,亦讀其詩文而想見其爲人;豈彼優孟衣冠取媚一時者所可强同與?今陶讀先生詩文,追憶丰裁,又恍然有光風霽月、矩矱端凝之人在楮墨間,似廿餘年前拜見先生時也。嗟乎,先生之人可知,即先生之文可知矣。光緒廿五年己亥四月望前三日,宗愚姪則陶謹跋。

按:力人,偉卿字。劬學嗜古,民國六年卒。著《學近山房全集》三十三卷。

紅雨樓詩鈔二卷

邱鳳岡撰

按:鳳岡,字少岐,春三之孫。邑增生。此集係家藏鈔本。

《序》曰:一方秋水,魂銷南浦之舟;二載春風,心折西賓之席。敦芝蘭之臭味,結文字之因緣。無如天半朱霞,飄飄遠舉;雲中白鶴,杳杳難招。如子不羈,懷人有夢。謝東山之不出,如蒼生何;孔北海之肯來,擲烏紗可。欲謀一面,遠隔十年。恨宦海之蓬飄,羨錦囊之玉積。金聲擲地,玉氣上天。一字一縑,非烟非霧。吾於紅雨樓詩有深契焉。邱子少岐,予門下士也。孝廉世胄,忠實家聲。幼比范雲,詩誦九紙;弱如李賀,筆掃千金。擅雕龍造鳳之才,成泣鬼驚神之句。珠璣落紙,已盡洗乎箏琶;絲竹登場,忽相逢於山水。五官並用,八風均調。方謂具此雄才,定多奇遇。乃鷽宫十捷,記未纖乎登科;鶚薦九天,筵不開乎燒尾。夢松樹已圍成三尺,踏槐花而忙過九秋。第下劉蕡,侯艱李廣。豈多才爲天所忌,抑大道而世莫容耳?遂乃適意江湖,怡情山水。歷南粵王爭雄之地,經蘇子瞻謫宦之鄉。壇邊掃飛後之花,臺畔響擲餘之筆。蠻煙蛋雨,古調獨彈;鐵板銅琶,豪情彌放。健能驅鬼,奇可問天。代草船以送窮,壓雪驢而逞富。正不必夢中吞篆,髻裏藏珠。而長吉鬼仙,靈運山賊。皆已向毫端而乞命,入腕下而爭能也已。嗟呼,風花過眼,回首黯然;仕宦歸田,幾人若此?今者,予得遂乎初服,子亦賦乎倦游。楚水閩山,情牽兩地;蓼蟲蕉鹿,石證三生。記事惟珠,光明照我;傳衣有鉢,鍼綫度君。花謝花開,燕來燕去。感瑶華之見示,儼咳唾之如聞。烟水何年,許我重尋鷗迹;風流如昨,讓君修到梅花。時光緒丙戌臘月既望,湖北王冕南序。

《題詞》曰:

頻年芳草感王孫,紅雨樓中久閉門。吟盡春光孤客裏,烟花寂寞易銷魂。 幾度秋風作客勞,黃蘆白荻寫牢騷。游人倦後詩人老,尚對梅花索句豪。 吟遍天南買棹回,江山合許助詩才。蠻花犵鳥饒新句,盡被奚囊收拾來。 無限滄桑感嘅深,天涯孰與話知音?即今摺水袍山裏,任得斯人抱膝吟。時光緒丁酉三月三日,侯官劉元駿。

花箋百尺繡琳瑯,不數隋珠徑寸光。畫到徐熙兼淡冶,絃經叔夜倍鏗鏘。從知握管皆春藻,況復開編值艷陽。宛似荀郎來小坐,至今三日尚留香。 浩蕩春江送晚潮,無端風雨落深宵。文瀾獨慣翻千尺,金粉從新洗六朝。入海珠摩驪頷滑,行囊句壓馬蹄驕。平生塊壘胸中滿,半讀君詩已盡銷。 三唐常慕古人風,祇在凝神悵望中。緗帙已開新壁壘,詞壇又見舊英雄。織雲終讓天孫巧,鏤月能爭造化工。細數筆鋒①穿札處,挽強猶勝六鈞弓。 徐陵筆架製珊瑚,曾有冰甌滌筆無。但覺詩才今獨擅,渾忘吾友古爲徒。新聲自足蜚鸞閣,小隱也應住鑑湖。銀管金箋珍重錄,籠時全用碧紗糊。王國璵題。

一年多病爲詩忙,遺稿還留齒頰香。君肯忘年訂蘭譜,我因同調解琴囊。有緣山水豪情放,無主鶯花客路長。畢竟知音果誰屬,空樓紅雨斷人腸。手卷更闌眼不花,珠璣字字正而葩。功名感慨思先主,科第纏綿屬一家。香草美人時蘸墨,春花秋月夜烹茶。那堪讀到灰心句,憾抱香山淚更加。雷起龍題。

---

① "鋒",原稿脱此字,據《杭川新風雅集》卷十四補。

粵遊草一卷

邱鳳岡撰

鈔本。

聽香別墅詩鈔一卷

邱鳳岡撰

鈔本。

贊育草堂遺稿四卷

丘寶融撰

《序》曰：上杭丘朗山先生，負奇志，好游名山大川，箸述甚富。曾以事誣於怨家，繫獄七年。獄解，乃閉門咏歌，無意仕進。今年春，先生之子荷公同年，以《贊育草堂遺稿》見示，皆先生患難後作也。其爲詩文，典而不佻，婉而善諷；事之有關世道者，尤慨乎言之。蓋先生自被難後，禍福榮辱之見，一皆淡忘；而惟內激於至情，外感於時變者，恒慨然不能自已，而假文字以發抒之。文中子所謂"歌以貢俗，賦以見志"者，此也。昔吾讀上杭劉鼇石《天潮閣集》，歎其遭遇喪亂，不得已以文字鳴。鼇石之所遭遇者，國家種族之奇變，士所扼腕，無如何者也。乃至先生之世，一怨家、一昏吏，亦可以遏抑士類，灰其用世之志，使之以文字鳴，此杭人之幸乎？抑其不幸乎？《天潮閣集》，荷公已刊之。吾願先生遺稿，荷公亦亟爲梓行，使世[①]知金山袍嶺、藍溪石門之間，代有奇士。先生之所以貢俗見志者，其能終閟之乎？中華民國六年四月，年愚姪莆田林翰拜序。

樹棠謹按：朗山先生，諱寶融，縣學生。此集卷一：文，卷二、卷三：古今體詩，卷四：附錄。爲民國二十二年歲次癸酉荷花日，吾師念盧先生校印於古潮

---

① "世"，原稿脱此字，據《贊育草堂遺稿》卷首補。

州時還讀書之寄樓。

聖廟祀典考八卷

邱希瀋撰

督學使者烏拉布《序》曰：皇上御極之五年，余校書中祕，伏讀《欽定會典通禮》，其《祀典》一篇，紀載先賢先儒，序次釐然秩然，具見列聖相承，崇儒重道，祇定禋祀之至意。自道光以來，增祀者衆，第其間有崇祀在前而位次顧後，崇祀在後而位次顧前者。上有褒嘉之典，而下無發明之人，其何以昭兹來許，信以傳後也？庚寅孟春，按臨汀郡，適上杭司訓陳君以邑生邱希瀋《聖廟祀典考》一書請余弁言。其書上彙聖賢遺跡，下彙從祀諸儒，一本吳興顧沅之舊。惟舍其所圖，取其所考，並補道光六年後增祀一十九人，及幸學、釋奠、廟制諸儀，各原其始；後附《崇聖祠》、《孔孟年譜》，暨《罷考》一則，原原本本，語不憚煩。余受而讀之，不禁恪然敬、欣然起曰："是書也，誠有足與顧君相發明者。"因識數言歸之。後有作者，躬行實踐，希聖希賢，熟讀是編，當有以資興起而正其誼、明其道也夫。

武強賀沅《序》曰：光緒十六年春，余捧檄來閩，宰汀之上杭。甫下車，延邑之紳者，類皆循循儒雅，敦品詣而黜浮華。意以閩省山水奇特，代有聞人，理學名儒，接踵而起，流風所被，宜有樸學之士出乎其間。仲夏之月，因公詣鄉，邱生希瀋持所著《聖廟祀典考》來謁，且請弁言。余受而讀之，而歎生用力之勤，用心之深也。歷代求治之主，莫不崇儒重道，激發人心。我朝列聖相承，昌明正學，聖廟祀典，美備無遺。吳興顧君沅纂輯成書，嘉惠後學之意，至深且遠。生因顧氏之舊而稍易其例，增入道光後從祀諸人，博采群書，詳加考核，蒐輯亦云勤矣。後之學者，因是以考先賢之行，讀先儒之書，感發興起，當有勃然而不能自已者。則是編之有功於聖學也，豈淺鮮哉。

自跋曰：乙酉春，因修譜至申江，得《聖廟祀典圖考》，閱之。竊喜聖賢出處事實，考覈詳明。士得而習之，何致惘然於先賢儒之名氏、封號，與工賈、山農等耶？但圖像聖賢，恐難畢肖，序謂"求漢唐以來先賢儒真像繪入"，瀋疑終未釋也。丁亥之夏，譜事畢，考漢靈帝置鴻都門學，畫先師及七十二弟子像，畫像以祀始此。厥後，易畫以塑，被以冕服。追明嘉靖初，去塑像易木主，實爲莊重肅穆。前《祀典圖考》，顧君湘舟輯於道光六年，圖像一百四十有五，雖有所本，難免失真。迄今增祀者二十餘人，若憑空以圖，未有不貽譏於有識也。茲舍其所圖，取其所考並增祀賢儒，就見聞所及而續補之。復考崇聖祠、孔孟年譜、孔子後代及罷祀諸人，及未祀之門人，或先之，或後之，而恭錄上諭於前，參輯《文廟祀典考》，而錄其奏議，見從祀之典，謹慎嚴明。有志之士，仰止景行，始而希賢，繼而希聖矣。豈特不等於山農、工賈耶？同人互相參校，倡捐以付梓人。事竣，因叙其緣起如此。光緒二十五年己亥夏月，上杭邱希濬謹跋。

按：此書光緒二十五年，汀郡蔣步雲軒鐫版。

五經集對二卷

藍上達撰

按：上達，字階升。邑廩生。家謙谷師云："此書取五經白文裁成對語，藉便記憶者。"今佚。

醒心錄

陳守道撰

按：守道，字兼三。郡守胡廷幹《序》曰："士習之弊久矣。呫嗶一卷，自詡宏通，言非不善也。而徐察其行，則有顯相違背者。能言不能行，延平先生謂"與鸚鵡同譏"，信不誣也。余自守汀以來，見士專於舉業，榮華其言，鮮有至於道者。故書院課士，逐月發册，令書言行以自考，俾盡其省身克己之功，力矯夫書自書、我自我之病。又幸志學會諸君，倡其事於先。余曾頒額語，以勵其餘，蓋於真修之士固嘗禱祀以求矣。今歲，陳君史崖以其父兼三氏所編《醒心錄》見示，兩世一心，孳孳於爲己之學。其書首之以性道者，溯大源也；繼之以倫常者，敦本行也。其他分門別類，具有精心，要皆切於日用常行之實，而不徒騖夫高遠，洵士人之針砭，救時之藥石也。使汀之人士，家置一編，以自課其身心，斯所以進德者，將於是乎在。先儒云："其事雖述，其功倍於作者。"吾於是書亦云。

卷十七　清·武平縣

倦還草十二卷

張亨撰

《通志》卷八十《經籍》著錄。亨，字次元。順治丁酉舉人。

《武志》卷九：張亨，字次元。由鄉薦授吳江令，處富庶之邑，而能不以脂膏自潤。緣撫字在心勞，致積逋難結，因之去任。圖書之外，囊橐蕭然。松陵士民，迄今稱其清節，可謂急流勇退，明哲保身者矣。著有《倦還集》詩文行世。

按《燼餘集》卷上："張亨，鶴峰，丁酉經魁，吳江大令。"有《輓李職方》詩四首。錄其第二首云："也知事勢已難爲，避地誅茅釣水湄。當宁殷頒招隱詔，大臣又賁出山詞。寧捐七尺酬君父，不蹙雙眉效女兒。拔劍斬蛇初對句，竟成仙讖指迷時。"又句云："疏章字字甦時藥，家訓聲聲永訣情。"

四書大全摘鈔

林寶樹撰

《通志》卷八十《經籍》著錄。寶樹，字光階。康熙己卯舉人。

又卷百六十二《選舉》：林寶樹，授海澄令，未赴。

按《府志》卷三十三《文苑》著錄，不題"四書"二字。

梁峰詩文集

林寶樹撰

《通志》卷八十《經籍》著錄。

按《府志》卷三十三《文苑》著錄，不題"詩文"二字。

西漢獨見四卷

李夢苡撰

《通志》卷八十《經籍》著錄。夢苡，字非珠。① 乾隆辛酉舉人。漳浦蔡世遠稱其學博才高，可進以遠大之業。工詩及書，片紙隻字，人爭寶之。

西峰詩文集三十卷

李夢苡撰

《通志》卷八十《經籍》著錄。

《汀南廑存集》卷四：李夢苡《山行即事》云："幾重山外路，數里畫中行。古樹穿亭出，枯藤抱石生。媚人花欲笑，嚙水石能鳴。未倦遊人眼，松間月已明。"《有懷黎九爾立書以訊之》云："人在雲山外，愁深烟雨時。燈前空憶別，夢裏半論詩。此日數行去，臨風一問之。竹林閒對月，話及可相思。"《寒溪寺》云："偶步寒溪寺，聊偷半日閒。水驕能怒石，雲動欲移山。犬自孤峰吠，僧隨一鳥還。悠然清磬響，風起萬松間。"《海濱秋感》云："秋霜如翦逼青袍，海上垂綸欲釣鰲。五色偏迷今世目，六經空飽古人糟。閒吟舊史懷楊意，自賦新詩哭杜羔。思把黃金鑄漂母，風塵有眼識英豪。""歎息天南滿目秋，海潮時帶客心浮。寒禽啞啞如兒語，落葉飛飛學水流。人抱古琴棲竹榻，風吹殘夢到汀洲。白雲盡處家何在，望斷西峰峰外樓。"《海濱春感兼柬平川諸子》云："長年寄跡海天涯，又見櫻桃醉曉霞。廿四番風花有信，三千里路客無家。此心早逐雲邊雁，入耳無多雨後蛙。幾度登樓望鄉國，垂楊裊裊舞腰斜。""春陰漠漠似殘秋，自擁孤衾臥小樓。歸夢正飛千里外，啼鵑偏聽五更頭。綠楊拂水連烟舞，紅杏圍墻帶火流。遙憶故園二三子，攜尊多作踏青遊。"《墨莊》云："石筍參差裏墨莊，嫩雲爭臥讀書牀。花如識面微含笑，草不知名靜吐香。未許埃塵侵筆硯，自餘冰雪浣肝腸。松醪獨酌藤蘿月，

---

① "非珠"，原稿作"菲珠"，據道光《福建通志》卷八十、《汀南廑存集》卷四改。

醉枕瑤琴入睡鄉。"《柬黎九爾立》云："葭蒼露白老秋顏，川水盈盈一望間。北雁傳書來遠浦，西風吹夢過遥山。盟心笑指寒松隖，握手狂吟古竹灣。半枕離魂驚鶴唳，空餘蘿月照柴關。"《山居晚眺》云："西峰日暮立柴關，如畫川原一望間。村樹拖烟斜抱寺，溪雲含雨半遮山。孤鴻不帶詩筒去，雙鶴嘗隨釣艇還。最愛平疇新緑滿，幽人十畝賦閒閒。"

性理析疑十五卷

蔡洛撰

《通志》卷八十《經籍》著錄。

《四庫全書提要》卷九十八《子部·儒家類存目》:《性理析疑》十五卷，<small>福建巡撫採進本</small>。國朝蔡洛撰。洛，武平人。此書皆舉宋儒之說，摘條設問，分二十七門。或引先儒之言，或出己意以解之。引伸觸類，辨析頗詳。然大抵如坊刻高頭講章之說也。

皆山詩稿二卷

鍾孚吉撰

按:孚吉，字皆山。乾隆己酉拔貢，甲寅科舉人。以拔貢任政和訓導，以舉人任龍巖州學正。以卓異保陞知縣，分發廣西，授隆安縣知縣。丙子科同考官，擢西隆州知州。卒官。著有《皆山詩稿》、《皆山時文稿》、《袁文箋正補注》，版燬於火，今存《詩稿》上、下卷。

《舟入閩清》云："片帆西上泝江流，客路星霜屆暮秋。曉谷雲生黄葉渡，寒林風老白蘋洲。一官製錦添新樣，<small>余以卓薦入都赴選。</small>十載飄蓬記舊遊。<small>余舊任教諭。</small>地僻俗醇人意好，梅溪烟景復淹留。"《漢口望武昌作》云："岷江東匯漢江流，帶蜀襟吳古鄂州。一片白雲空大別，千年黄鶴膡高樓。菰蒲風起生秋思，城市聲喧惹客愁。倚檻回頭向南望，鄉關何處是閩甌?"《舟中望南嶽》云："久挂瀟湘十幅帆，今朝九面望衡山。祝融廟在虛無裏，峋嶁峰來縹渺間。虞帝陵堙梧野碧，娥皇淚盡竹痕斑。勞勞過客空回首，何日登臨一解顏?"《登粵秀山》云："粵秀臺高接大荒，尉佗猶膡舊封疆。雄州遠控東西嶺，炎海區分內外洋。五穗觀中羊化石，十賢祠畔樹皆棠。明朝一櫂江去，[①]未得留連寶玉鄉。"《過惶恐灘》云："信國勤王急，舟行過此灘。人心說惶恐，天步歎艱難。石瀨奔蒼峽，江風擁碧湍。我來秋水落，衝浪膽猶寒。"《釣臺》句云："羊裘豈敢輕龍袞，天子安能屈故人？從此潔身歸草莽，那知高臥動星辰。"

袁文箋正補注

鍾孚吉撰

西村詩集

李槐軒撰

《通志》卷八十《經籍》著錄。槐軒，性恬靜古樸，善書工詩，隱居西村別墅。

勵心堂稿

王啓圖撰

按：啓圖，字慎齋。道光庚子恩科進士，官吏部文選司，主講龍山書院。

又按：啓圖文，予所見者有《蔡坊劉氏族譜序》、《西征集序》、《代擬臨汀彙攺序》；詩三十二首，爲林紱庭使君錄以見遺者也。

《盧溝曉月》云："朝朝茅店發輕輻，何獨盧溝曉景饒。知傍九霄多好月，翠華三度過關橋。"《贛江舟中有感並贈周南岡同年》云："著鞭偏早補牢遲，後路窮通未可期。司馬史終游俠傳，少陵集半旅愁詩。敢因青簡生尤怨，畢竟黃金作主持。楚水吳山都閱徧，酸鹹臭味兩心知。"又句云："知識真爲吾輩累，困窮偏在故人多。

---

① "明朝一棹江去"，此句原稿脱一字，或作"西"字。

存悔齋詩鈔四卷

林其年撰

《汀南廑存續集》卷二:林其年,字子壽,武平人。咸豐癸丑進士,官户部主事。同治三年殉難漳郡,《題趙家壁》絕筆云:"古人有言,不共戴天。奈何洳淢,辱此鮮民?""總計生平,多駁少純。幸不從逆,以媿君親。""敢曰成仁,敢曰取義。庶幾終天,償一憾事。"著有《存悔齋詩鈔》。

《題林君子壽農部存悔齋遺集》曰:農部,福建武平縣人。道光甲辰舉人,咸豐癸丑進士。同治三年九月,逆賊汪海洋陷漳州,被執不屈,題《絕命詞》三章於壁而死。其一曰:"古人有言,不共戴天。奈何洳淢,辱此鮮民?"其二曰:"總計生平,多駁少純。幸不從逆,以辱君親。"其三曰:"敢曰成仁,敢曰取義。庶幾終天,完一憾事。"歿後,其友華少京太守以遺集一卷囑題。其爲詩,如老仙鐵笛,逸響穿雲;又如巫峽哀猿,霜天獨嘯。讀其詩,想見其人,宜乎大節皎然,臨難不苟也。九原不作,恨未識面於生平;一卷僅存,已足長留於天地。附識數語,聊志景行。玉折蘭摧事不平,才人翻幸死留名。千秋氣節歸吾黨,一代風騷此正聲。豈有青蓮甘作賊,轉憐摩詰尚媮生。西臺如意山陽笛,長使知交涕淚傾。萍鄉文星瑞樹臣題。

《叙》曰:詩者,志也。忠臣孝子,幽憂憤激,不得已而作也。家父、凡伯、芮良夫之徒,軫念君國,憂深思遠,直紓其危苦之辭,垂世立教,卓乎尚已。自漢氏以迄三唐,風會日開,雕繢品物,敷陳文讌,模範山水,而古意寖微。雖然,志之所至,詩亦至焉,見大見小,同歸風雅,亦未易軒輊也。昭代以還,作者蔚起,求其通達正變,原本忠孝,亦卒不可多覯。武平林子壽農部,負名世才,浮沈郎署,鬱紆佗傺,不克大展其志,乃一寓之於詩。其爲詩也,峭蒨古澹,屏去藻繢,窅然而深,淵然而澤。上者標舉義類,洞究物情,粹然見道之言;次亦橫空盤鬱,吐棄糟粕,足與山谷、誠齋抗席。大雅扶輪,斷推作手。天假之年,其必造微詣極無疑也。遭時不靖,奔走萬里,卒殉漳州之難。烏虖,豈天不欲昌其遇,并不欲昌其詩耶?何尼才人之甚耶?哲嗣祖延上舍,余門人也,裒集殘稿將重刻,而問序於余。余與農部無一日傾蓋之雅,投縞之歡,幾不知世有鳳麟。猶幸獲誦遺詩,想見其爲人,未嘗不掩卷流涕。以彼時南北雲擾，天步孔棘，萬方一概，吾道何之？意必有越石慷慨之吟，杜陵牢愁之什。乃觀其詩，遊心物外，磊砢自喜，絶少幽憂憤激之辭。及至從容就義，志節懍然，且與日月爭光。蓋惟有樂天知命之學，而復有見危授命之勇，又可以詩人目之也哉。疾風知草，歲寒知松。不遇艱貞，無異凡彙。然而鬱葱之姿，挺勁之節，其光氣必有不能自揜者。讀君詩，即知其立志豫定，臨大節而不奪也。必待幽憂憤激而始見忠孝，亦未達詩人之旨矣。光緒己丑秋七月既望，前翰林院庶吉士、知武平縣事、通家愚弟張景祁頓首拜撰。

《自序》曰：叔向、郭林宗之流，往往一言定人材否。夫詩尤言之肖人者也。僕詩無所師法與所得力，顧自知讀書後，竊斷斷然有自爲愛惡，自爲取舍者，不第詩，不第讀書也。人患不自知，則莫如介其言於知人者求之。抑氣血陵夷，伏留隱微，窮原極本，不可淺治。僕方鍼焫湯醴之是求，其敢諱疾而逃醫耶？乃編詩凡兩卷，就正君子焉。同治初元重九後二日，林其年自序。

按：此集卷一至卷三：古今體詩，卷四：團扇詞附。叙曰："曩在京師，寓芝生師棣華吟館，與武昌陳心泉孝廉爲倚聲之學。少年綺語，鼓舞相深，殊貿貿也。既丁家變，審不宜文，更不宜詞，而零腔賸拍，觸目紛然。聊檢其一二存之，以志吾過。癸亥十月四日，護蘇館書。"

《虎邱山下別邱伯深》云："秋影下梧宫，山靈閟金碧。曲磴悽舊行，斜暉憺初夕。言尋講臺址，說法緣知識。下方隱歌鐘，醉夢驚一杲。我輩自羈旅，聊叩佛扉入。盃斝桂露寒，袖染苔烟濕。稍須明發去，陵江翩挂席。極目更思君，吳練無際白。永懷清遠語，空嵐沈鶴魄。聽詩如聽經，了了三生石。"《移寓大慧寺》云："百年一逆旅，萬物同蘧廬。奈何懷土人，皺眉嫌客居。精藍有旁舍，潔齋勤掃除。借彼三條椽，頓此一束書。呼童檢家具，載以薄笨車。入門忽自笑，容膝真相如。拭塵几案清，糊紙窗櫺疏。編排到井竈，筦攝兼桑蔬。本爲暫住計，久住當何如？我住不計較，我行無躊躇。茫茫人海中，是身浮萍如。但須日沽酒，醒醉鷗夷俱。富貴與貧賤，舉以還太虛。"《漢萬物咸成瓦當長洲汪氏藏》云："阿房一炬光屬天，關中戶口隨飛烟。遺民瓦解費收拾，漢帝大度蕭曹賢。未央高高出鴟吻，將作範土牢且堅。踵來離宮日增築，最盛應數中元年。萬物咸成自何世，較諸吉語尤渾然。人云治道貴清淨，休息要使瘡痍蠲。嘉禾旅生瑞蠶簇，承平於此將四傳。獨悲盈耗古難必，百姓那得長耕田？即如孝文號極治，刑措一語誰爲前？前有諸呂後七國，殿角亦復櫌槍躐。故知祝釐本虛願，奉觴上壽詞蟬聯。金繩玉箸四字殘，歷劫見者猶流連。太和氣象自包孕，宜寶"宜寶"二字頗殘，蓋府庫瓦，或謂即宣室字也。祿甲作鹿形。又"甲天下"三字，衆鹿觀瓦，一說義取祿甲，丞相府第所施。徒戔戔。中原逐鹿不可數，萬物得主差私便。相將叩瓦瓦無語，往事請問金銅仙。"《崇效寺看牡丹未開因賦長句》云："東風未遽辭京華，鄰墻老杏吹餘花。新晴劣能卸馬夾，一暖先自排蜂衙。禪扉試款古城曲，野潦宛入明湖窪。盡湔塵土擬濯足，時隔蘆荻教回車。贊公山房亦岑寂，綠陰數折沿籬笆。年年此地鼠姑艷，香遲節晚今猶差。盛衰開落一彈指，金仙閱盡恒河沙。承平文讌足習尚，曠古雲物徒咨嗟。誰摹道子遺留畫，爭訪趙州來喫茶。相逢未穩更相笑，笑客無事僧無家。"《出西直門至覺生寺少憩遂赴海淀》云："遂就道場憩，悠然悅吾生。盤松若大蓋，亦作風泉聲。叢芬發至秀，子室含餘清。器鉢頃殊寂，人天同不營。獨請老僧話，迤北村烟平。可能一偕往，聽此春山鶯。""新晴殊自佳，嚮夕雲鱗起。爲問昆明湖，昨增幾竿水。肥仁所旁及，鮭菜四時美。願君杯酌心，且勿憂生理。風蜩試清響，籬花隱疏紫。可以竟斯年，頻來亦無訾。"《葫蘆山》云："載得山人酒，來過衲子家。秋星涼佛火，夜露澹湖花。寄榻棲心迥，題襟入夢賒。從知京洛信，斷不到鷗沙。"《鎮平客次》云："離家才百里，作客又扁舟。獨上古城望，蒼然官樹秋。深衣銷俠氣，短策散羈愁。似有旁人問，君當過嶺否？"《移寓雁紅館用樊榭集中移居韻》云："作達何曾敢放顛，巢居借得寄逋仙。無多長物雙書擔，足了平生一酒船。客話蟬聯消夜坐，鄉心歷亂損春眠。何如縛箇桃椰屋，却省時時貰屋錢。"《生涯》云："一負鷗盟不易償，生涯暫借小滄浪。渚山欲雨客帆去，桐葉如雲詩屋涼。雅調可能追老輩，清時縱許戀江鄉。相思剩有加餐字，略與歸鴻帶幾行。"《湘橋晚歸作》云："臥病仍棲負郭村，秋心向晚共誰論？江光上竹涼如月，山影過橋青到門。客有雙笻足邱壑，家兼八口欠鷄豚。元戎小隊如相就，不謂逢迎禮數存。"《龍川題譙樓壁》云："及此登樓弔古來，關山北望正飛埃。空江夜挾魚龍怒，廢壘秋生草木哀。四海無家仍作客，百年多難不生才。東歸但在重陽後，報與黃花待酒杯。"《積水潭》云："苔花細細柳鬖鬖，最好烟波積水潭。記得西涯垂釣處，一春鮭菜似江南。"《詩巢》云："一臥滄洲萬事抛，入春雲樹護詩巢。夜來新長魚苗水，無數江帆上竹梢。"《日斜》云："病起人如新種竹，鬟餘女似未開花。春風燕子多情話，爲報簾鈎又日斜。"《南海潘氏海山仙館即席成詩》云:"文房枕水巧瀠洄,桂葉如雲護鏡臺。侍婢鈎簾落潮響,月明應有畫船來。"《驀山溪·石門舟次》云:"青蘆疏罫,界破湖天碧。有約挂帆來,看前度、垂虹秋色。斷桐孤引,彈出故鄉心,沙月上,水禽樓,對影成今夕。 隱囊枯倚,倦到吳船客。笙鶴小遊仙,但遙念、蓬壺吟筆。仙潢縹渺,何處寄雙魚,蒓菜老,苧衣單,費盡秋風力。"《虞美人》云:"一燈篷底聽秋雨。夜入吳淞路。明朝應是卸帆時。可惜芙蓉開盡、一年枝。 羅襟點點離亭酒。驀地重攜手。畫奩依舊掃雙蛾。無那別時終比、見時多。"《蝶戀花》云:"怕見章臺臺畔樹。百尺情絲、繫得東風住。到了殘春猶自舞。教春暗逐浮萍去。 海角天涯誰是主。小泊紅橋、幾曲迷煙雨。不是將人歸計誤。要人知道相思苦。"《木蘭花慢》云:"隔江吹楚雨,津鼓動、客無眠。正風颮簾衣,一鐙搖綠,涼化秋烟。關心謝橋別後,又幾番長笛倚樓天。料得玉窗明月,今宵斜到伊邊。 緘盟那得寄鸞箋。意外挽雲仙。待把千金買,小山芳樹,團扇流年。纔歸便教又去,縱無多時候也凄然。空際離愁飛墮,荻花亂點湖船。"《齊天樂·郊外見小柳數株依依可念》云:"世間何限銷魂處。凄凄幾番風雨。亂絮吹香,柔條弄影,愁煞旗亭千樹。蒼茫野渡。認江北江南,畫中歸路。嫋嫋鞭絲、撇人獨往甚情緒。 天涯又還寄旅。歎張郎頓老,爭似前度。綠鬢迎秋,青衫送客,拋却年時歌舞。心期暗數。記那日樓前,和鶯低語。一片清陰,小蘭花正午。"《鵲橋仙》云:"漏聲遙度,篆烟低颭,夜靜窗虛人悄。相思一萬便相逢,也早被、鐙花知道。 醉鄉深處,愁鄉深處,又是月殘風曉。仙城隔斷不曾知,獨自箇、浪憑青鳥。"《聲聲慢·柳花》云:"片片殘紅,陰陰新綠,東君已在歸程。萬點香緜,禁他更趁簾旌。吹得倩魂欲活,墮風前、仍自無聲。難道是、爲誰彈淚,又似離亭。 長記征鞍前畔,向荒烟萋草、過却清明。可恨遊絲,何緣不絆人行。休認妝樓飛去,惹春愁、如此零星。愁未了,願三生、莫化浮萍。"

卷十八　清·永定縣

天隨集

吳來鳳撰

《通志》卷八十《經籍》著錄。來鳳，字儀明。順治辛卯貢生。
《府志》卷三十三《文苑》並著錄。

詩經纂要

吳祖馨撰

《通志》卷八十《經籍》著錄。

又卷二百四十五《孝義》：吳祖馨，順治丁酉領鄉薦。以親老侍養，絶意仕進。耿逆亂，逼令受職，祖馨歎曰："吾爲親故，未能效命朝廷，顧乃俯首於逆黨耶？"去而逃之。

按《府志》卷三十一《孝義》："祖馨，永定人。力學敦行，著有《詩經纂要》、《四書集成》。

四書集成

吳祖馨撰

《通志》卷八十《經籍》著錄。

四書會參

盧英撰

《通志》卷八十《經籍》著錄。康熙間貢生。

又卷二百四十五《孝義》：盧英，貢生。事嫡母、生母，色養惟一。舅氏無嗣，英收葬其上世十餘棺，且置田以供祭掃。知縣延爲義學師，以積穀供生徒膏火。又於撫溪河澗倡立渡船，捨田以膳舟子，人免病涉。雍正九年，祀鄉賢祠。

《東山草堂文集》卷一《盧駿臣學庸會參序》曰：《學庸會參》者，永定駿臣盧先生之所著也。先生自幼敏慧，日誦數千言。爲文章，操筆立就，當事器重。試輒冠諸生，聲名藉藉。郡國間從遊者率常百十人。其歷年講課，於四子俱有成書。門人亟欲爲之行世，顧工費繁浩，未能卒就，先以《學庸》五卷授剞劂氏。丙寅夏五月，先生之子瑤孫來杭，攜一編以示穗。穗受書欣然，開卷亟讀，乃不覺驚歎曰：世乃有是書也耶？士生於聖賢既沒千數百年之後，而欲考聖賢之心傳於千數百年之前，玩其文，推其旨，約其辭義於傳注紛紜之中，以成一家言。而又欲其是非取舍之不謬，蓋亦夐夐乎其難矣哉。今讀先生之書，何其說之詳而言之切也？蓋自漢人箋疏而後，以講說翼經者，無慮數千家。而先生出其苦心，左右采獲，可者擇之必精，否者辯之必明；其雜出於同異疑信之間者，則存之以備參考；非徒爲舉子正宗，而於闢邪說、扶名教之功，實不爲少。視彼操觚之子，墨守一先生之說而茫然不察其是非者，真不啻霄壤之懸隔已。昔邵武吳裕軒著《大學講義》、平陽史伯璿著《中庸管窺》，今其書具載《大全》中，或譏其文之衍，或病其說之離。雖其書可單行，與先生略同；而至於源流悉備、經緯畢彰、足爲後學津梁，則識者當謂先生此書獨能兼綜而靡遺焉。穗不敏，舉業之餘，竊不自揣，亦嘗有四書擬言，而臆見紛紜，迄無所定，尚未敢出而就正。方懼以此長見笑於大方，而何足步先生之後塵乎哉？愧矣，愧矣。

按：盧英，字駿臣。

唾餘集

孔煌猷撰

《通志》卷八十《經籍》著錄。煌猷，字二伊。康熙己酉舉人。

又卷百六十二《選舉》：孔煌猷，峽江知縣。

樂耕堂遺稿

盧化撰

《通志》卷八十《經籍》著錄。

又卷二百三十六《良吏》：盧化，字鯤浪。康熙壬子舉人。知繁昌縣，釐剔催科積弊，不事鞭扑，而逋累一空。境內荒浸，競糴者幾至攘奪。化勸富戶傾困出糶，民遂安輯。調永壽知縣，治績尤著。

古今人鏡

鄭孫綬撰

《通志》卷八十《經籍》著錄。孫綬，字符枚。康熙戊午貢生。

鏡史

吳庭芝撰

《通志》卷八十《經籍》著錄。庭芝，字卉長。康熙丁卯舉人。

子平五星集腋

廖冀亨撰

《通志》卷八十《經籍》著錄。

又卷二百三十六《良吏》：廖冀亨，康熙庚午舉人，知江南吳縣。值歲禩,賑饑寬賦,全活無算。善決獄,摘奸發伏,民不能欺。公餘課士,躬自丹黃。去之日,邑人攀留十里,建百花書院祀之。

按《府志》卷三十《人物》:"冀亨去吳之日,其贈言名《仁聲集》,有"誰說吳腸木石如,廿年愛戴尚如初"之句。

吟香詩草

張成章撰

《通志》卷八十《經籍》著錄。

又卷二百三十六《良吏》:張成章,字簡亭。康熙己卯舉人,知江西萬安縣。縣西南兩都路阻遠,艱於輸納,糧多逋負。成章至其鄉,與民推誠款洽,歡若家人。擇子弟之俊秀者,教之文藝。於是,設漕倉於皂口,民皆踴躍輸將。有惶恐灘,最險,會水涸,怪石畢露。成章募土人,凡石險峻當道者,鑿平之,捐俸百金,歷四十日而工竣。商旅感其德,勒石紀功灘側。閩人流寓萬安者,成章設福興戶圖冊,俾流寓者得以入籍應試,士民便之。在官十年,百姓爲建祠。年八十餘,以老歸。

四書定旨

江聯輝撰

《通志》卷八十《經籍》著錄。

又卷二百三十六《良吏》:江聯輝,字簡符。康熙癸巳舉人。雍正二年,權知四川瀘州。會丈田,瀘屬三縣一土司紛爭;聯輝剖析明決,民不能欺。瀘鄰貴州,其赤水河一帶,爭界者連年不決;聯輝往勘,即以赤水河爲界,東屬四川,西屬貴州,界遂定。已而,萬縣民因丈田聚譟,大吏以聯輝得民心,令攝萬縣,民皆帖然。補合江知縣,以足疾告歸。聯輝性孝友,仲兄三,客死河南太康縣四十餘年,莫知葬所。聯輝公車,迂道遍訪,得厝所,負遺骸歸。

高岡養正集

鄭堂撰

《通志》卷八十《經籍》著錄。堂，字雲昆。康熙間貢生。

易經說意

邱六成撰

《通志》卷八十《經籍》著錄。六成，字兼三。康熙間三中副榜。

《府志》卷三十三《文苑》：邱六成，字兼三，上杭人。康熙間三中副車，不就。著有《四書說意》、《易經說意》、《粕餘集》十二冊。

按：六成原籍永定，後居上杭，今依《通志》著錄。又《通志》，"兼三"原譌"兼之"。

四書說意

邱六成撰

《通志》卷八十《經籍》、《府志》卷三十三《文苑》並著錄。

載籍糟粕十二卷

邱六成撰

《通志》卷八十《經籍》著錄。

粕餘集十六卷

邱六成撰

《託素齋文集》卷三《邱兼三粕餘集序》曰：邱君兼三，集經史百家之說，成書十六卷，約數十萬言，名之曰"粕餘"。黎生讀之而歎曰：有是哉，其勤以博也。著書難，而薈蕞古人之書尤難。撮陳言而排比之，則嚙飯不足食也。割錦綺而襞績之，則芻人而象設也；必也聚十百聖賢之語，聚數千年興亡之故，而出入於一心一手，不知我之非古人，而古人之非我也。然後持之有本，而言之有故。今兼三上自姚、姒、姬、孔、關、閩、濂、洛，以及歷象方輿，幽而至鬼神杳渺，及飛走動植，莫不洞微索隱，領要標宗，使古人之心見，而吾著書之心亦見。開來繼往，豈有所謂"哺其糟而啜其醨"者？乃顧以"粕餘"名篇，將慊慊自下耶？抑開示來學，使求其已至而更求其所未至耶？兼三家世郭外，授經計日，蕭然庭戶，圖史雜陳。門無結軌之賓，刺絕州郡之室。兼三固不欲名字爲人知，人亦遂無能知兼三。以予學爲古文辭，稍能論次當世人物，亦索兼三十年之久，而後能見其人，則兼三之人可知。夫境地煩雜，則神明之氣不生；願力卑瑣，則毀譽之心瞻顧。著書立說，豈天下抗塵走俗之人所能辯哉？予故序其書，而并著其人，以告夫世之讀兼三之書者。

按《通志》卷八十《經籍》不著卷數。《府志》卷三十三《文苑》作十二册。

康熙永定縣志

陳鈞奏等撰

《通志》卷八十《經籍》著錄。康熙壬子知縣潘翊清重修。總裁者，邑人前監察御史熊興麟、舉人吳祖馨。同修者，進士萬熙禎、黃日煥等。秉筆則歲貢陳鈞奏也。

三繪齋詩集

廖楓撰

《通志》卷八十《經籍》著錄。

又卷二百三十九《文苑》：廖楓，字祝三。邑增生。工行草，尤善詩，與同邑吳晉、邱淵、戴昱爲詩社，極一時風雅之盛。楓詩悽惋如寒泉出峽，晉詩沈雄如鐵騎雲屯。晉，字呂生。廩生。工詩善琴。康熙十一年、三十六年兩修《縣志》，又與修《通志》。卒後，楓爲《哭友詩》二十章，酸楚不可讀。

淵,字五先。昱,字霞叔。

草木心集一卷

吳晉撰

《通志》卷八十《經籍》著錄。晉,字呂生。康熙間諸生。
又卷二百三十九《文苑》附廖楓傳。

積寸塵齋稿二卷

吳晉撰

《通志》卷八十《經籍》著錄。

學山樓詩稿

熊龍其撰

《通志》卷八十《經籍》著錄。龍其,字毓水。康熙間貢生。愛溪山清
美,搆學山樓課子姪於其中。爲詩清壯秀傑。

五桂軒詩集四卷

王燕龍撰

《通志》卷八十《經籍》著錄。燕龍,字孔嘉。康熙間諸生。

百尺軒詩集

陳必元撰

《通志》卷八十《經籍》著錄。

孟子點睛

盧奏平撰

《通志》卷八十《經籍》著錄。奏平,字斯任。康熙間貢生。
按《府志》卷二十三《選舉》:"盧奏平,羅源訓導。"

鳳翩樓集

黃殿甲撰

《通志》卷八十《經籍》著錄。殿甲,字御及。康熙間諸生。

玉歷祕書二卷

鄭炳撰

《通志》卷八十《經籍》著錄。方履籛《縣志》:"炳,授階修職郎。"

奇門奧旨二卷

鄭炳撰

《通志》卷八十《經籍》著錄。

本源集

盧維翰撰

《通志》卷八十《經籍》著錄。維翰,字象崧。康熙間諸生。

周易省悟

鄭宜撰

《通志》卷八十《經籍》著錄。

又卷二百三十六《良吏》：鄭宜，字賡三。父昌麟，隱居教子。宜登雍正甲辰進士。授江西龍泉縣，遭秋潦爲災，跪禱霖雨中，水旋落。嘗徒步阡陌，慰勞農氓，因以察知謠俗及山林奸宄，故訟衰盜息，泉人綜其政績曰《治譜》。

性理會要

鄭宜撰

《通志》卷八十《經籍》著錄。

慕宜堂文集

鄭宜撰

《通志》卷八十《經籍》著錄。

省非詩文集

盧銓撰

《通志》卷八十《經籍》著錄。

又卷二百三十六《良吏》附祖化傳："銓，字省非。雍正丁未進士。會歲饑，汀郡上游閉糴。銓寓書當事，得濟，一邑賴之。知鐵嶺縣，豁逋賦、建書院、置學田，士民德之。

周易課蒙本義解

盧復撰

《通志》卷八十《經籍》著錄。復,字見茲。雍正己酉貢生。

學庸課蒙章句解

盧復撰

《通志》卷八十《經籍》著錄。

心月軒稿

盧殿人撰

《通志》卷八十《經籍》著錄。殿人,字蕃撰。雍正間拔貢生。

又卷百六十七《選舉》:盧殿人,乙卯貢,授湖北監利縣丞。上官知其廉,命督修監利縣隄,至今有"盧公隄"之名。以不善事上官,左遷浙江仁和主簿。

中庸契真

廖象湖撰

《通志》卷八十《經籍》著錄。雍正間諸生。

又卷二百四十五《孝義》:廖象湖,字暎升。諸生。年十三,父病疽,以口吮之。父歿,哀毀骨立。營葬,與妻范氏躬負土石成墳。又立規條,朔望會父老於祖祠,聚族人申明約束,俗賴以端。

學庸析義

闕聖宗撰

《通志》卷八十《經籍》著錄。聖宗,字魯元。雍正間諸生。

易經旁訓

盧莘撰

《通志》卷八十《經籍》著錄。莘，字雋其。雍正間國學生。

周易要旨

江龍池撰

《通志》卷八十《經籍》著錄。龍池，乾隆丙辰舉人。

乾隆永定縣志八卷

王見川等撰

《通志》卷八十《經籍》著錄。乾隆十八年修，知縣安福伍煒及安福鄒貽善同纂。

又卷二百四十五《孝義》：王見川，字道存。雍正壬子進士，乾隆丙辰補殿試，由翰林院庶吉士改授歙縣知縣，以母老告養歸。纂修邑志，立麗澤文館，建鳳山書院，培植後進，又捐穀石以資歲修膏火。晚年校訂宗譜，建七户總祠，額曰“奕槐堂”，俾人知敬宗睦族之誼云。

藜餘詩草

廖鴻章撰

《通志》卷八十《經籍》著錄。鴻章，字南厓。乾隆丁巳進士。

又卷百六十一《選舉》：廖鴻章，翰林院檢討。

《臨汀彙攷》卷二《人物》：廖鴻章，永定人。以父冀亨官吳江知縣，生長江南，後遂家於嘉定。乾隆丁巳，與姪瑛同登進士。鴻章館選，瑛授部職。鴻章在翰林未久，即罷官歸，掌教紫陽書院，學者稱“南厓先生”。究心三禮，學問淹博。建寧朱梅崖有《答雷副憲書》云：“在吳門遇廖南厓先生，見示所著古文,渾厚處得北宋大家之遺。南厓言,皆出執事誘掖之力。大賢命世以生,風聲所及,里巷奮興,皆得以不自棄。"南厓文,未之見。

四書講義

張撰撰

《通志》卷八十《經籍》著錄。撰,字修亭。乾隆壬午舉人。

又卷百六十三《選舉》:張撰,南平教諭,道兗州府寧陽知縣。

蜀行偶草二卷

溫恭撰

《通志》卷八十《經籍》著錄。恭,字益堂,號荔坡。乾隆甲午舉人。

王昶《序》曰:詩人例多入蜀,故序入蜀詩者,輒取唐宋以來諸家爲比,而不知未盡然也。杜少陵入蜀,乃從潼關至劍門,而南北棧①之險,未嘗親歷也。李義山由散關至梓潼,而於漢中所屬各險隘,亦未見於篇什。陸放翁由江溯蜀,而未至劍門以北。惟本朝王文簡公由燕至陝至蜀,所謂"雞關鳳嶺",凡二十餘驛,皆見於詩。及使畢而歸,復由巫、夔而至荊州。蓋入蜀同而入蜀之道不同,則模山範水,緬幽鑿險,其才情筆力,必各有不同者,乃欲比而同之,豈通人之論哉? 我邑溫明府,以運餉入蜀,自陝而逾漢中,抵成都泛江而歸,道路之所經,大率與文簡相等。然文簡奉使典試時,蜀道之平已逾二十年,故雖逾越跋涉,備歷險阻,而考其山川,志其怪異,從容吟咏,以發其所見之奇。若明府之行,爾時篝火鳴狐,伏戎於莽,往往慮道路之梗。而明府辦裝而出,竣事而歸,乃能據鞍落筆,歌嘯自如。往來半年,得詩一卷,而從容嫻雅,絶無跋前疐後之意。讀是詩者,可見神明之鎮定、才識之有餘,當不僅與古人比較於格律字句之間也已。

又卷百六十三《選舉》:溫恭,保定府高陽知縣,移松江府青浦。

按:王昶,字述庵,一字蘭泉。有《春融堂集》。此序未及收入。

---

① "棧",原稿脱此字,據道光《福建通志》卷八十補。

五經疏義

賴文豹撰

《通志》卷八十《經籍》著錄。文豹,字南山。乾隆甲午舉人。
又卷百六十三《選舉》:賴文豹,邵武府漳浦訓導。

四書總括

賴文豹撰

《通志》卷八十《經籍》著錄。

寓連草

賴文豹撰

《通志》卷八十《經籍》著錄。

實堂詩稿

鄭命成撰

《通志》卷八十《經籍》著錄。
又卷二百三十六《良吏》:鄭命成,字實堂。乾隆丁酉舉人,知河南確山縣。縣舊有銅川書院,在城外,久圮。命成於城內創立講堂精舍,更名匯川書院,捐置膏火,延師課士,文教以興。時值飛蝗蔽日,而確山境獨不入。歲饑疫,道路死者枕藉,命成捐設粥廠施藥,活人無算。在官十五載,卒,櫬歸,百姓遮道芻奠,無不墮淚者。

芙蓉臺詩鈔

吳登瀛撰

《通志》卷八十《經籍》著錄。登瀛,字翊唐。乾隆己亥舉人。

余春林《跋》略：自漁子詩，清壯俊麗，古體學魏晉，近體法唐人。

學庸講義

王起鳳撰

《通志》卷八十《經籍》著錄。

又卷二百四十五《孝義》：王起鳳，字桐岡。乾隆癸卯舉人。世業儒，與弟府學廩生起鵬，俱以詩賦擅名。嘉慶七年，會匪杜三妹等倡亂，鄉里無賴子爭附之。起鳳與門下諸生陳夢蓮等號召鄉勇擒其渠魁，餘黨解散。

詩歌聲調譜

王起鳳撰

《通志》卷八十《經籍》著錄。

紅杏樓詩集

吳紹祁撰

《通志》卷八十《經籍》著錄。紹祁，字又京。乾隆戊申舉人。
又卷百六十三：紹祁，順昌訓導。

書法集成四卷

林賓上撰

《通志》卷八十《經籍》著錄。見《縣志》。

四書撮言

胡斐才撰

《通志》卷八十《經籍》著錄。斐才，字蓉芝。乾隆間諸生。

《序》曰：國朝以制藝取士，莫先於明經。經者，所以正學術而充腹笥也。然書理未悉，而用經終鮮。所據自得宋朱子集注，而大義炳若日星，洵爲聖經羽翼。迨後說家輩出，皆以發明精義，闡明指歸；而繁者苦於記誦，簡者又無獨斷，求其一顧瞭然，亦幾難之。適癸未歲，余督學十閩，相傳爲理學之邦，都人士深沈聖學者，代不乏人。下車臨汀，有胡生蓉芝，以《四書撮言》證於本文下，逐字詳解朱注，中逐句搜剔，會群言之腋，集諸說之成，真如日月經天，江河行地矣。今皇上崇儒重道，理學作人。得是集，不繁不簡，其中提綱挈領，脈絡聯貫，瞭如指掌，有裨後學者，豈淺鮮哉。因命授梓，以公售世，庶不爲群言所惑云。是爲序。時乾隆癸未歲孟冬月，督學使者河間紀昀曉嵐氏題於閩汀官署。

《自序》曰：書以載言，言以載道。上接唐虞精一之旨，下開後學心法之傳，崇正道而闢異端者，莫如四子一書，義蘊幽奧，漢儒箋疏之。至宋，周、程、張、朱四夫子，羽翼斯道，啓其奧，闡其微，聖道昭如日星矣。而集大成者，一以朱子爲宗，更得游、楊、謝、呂諸子而廣其說，殆無賸義與人也。余自束髮受書，見諸說繁簡不一，多載闕詞，致令無所依據。余與二三同志，自《或問》、《語類》，證以諸儒之說，於本文有字義未詳者，特爲闡發。集注中有未訓口氣者，復暢其詞，參互考訂，而斷以己意。其宗旨分明，脈絡聯貫，俾繁不致濫，簡不致略，名曰“注疏撮言”。祇存以課子弟，併不敢以問世也。冠山吳夫子云：“此書之作，發明聖學，祕之一己，何妨與世共珍？”癸未，曉嵐紀老夫子督學臨汀，敢以爲質，過獎以“精義明晰，有裨同人”。不已，爰付梨梓，究莫掩其固陋也。時乾隆癸未歲孟冬月，龍岡後學蓉芝氏胡斐才書於萃英堂別墅。

按：此書六宜堂梓，光緒丙戌年新鐫，大經堂藏板。

四書質疑

盧聲掄撰

《通志》卷八十《經籍》著錄。聲掄，字秀成。乾隆間貢生。

桂苑四書講義

巫應秋撰

《通志》卷八十《經籍》著錄。應秋,字桂苑。乾隆間貢生。

粵游草二卷

王命召撰

《通志》卷八十《經籍》著錄。命召,字維憲。以善書名。

訓蒙編

張金臺撰

《通志》卷八十《經籍》著錄。金臺,字蔚夫。乾隆間諸生。

勉學編

張金臺撰

《通志》卷八十《經籍》著錄。

石濱堂詩文初集二集

盧欣松撰

《通志》卷八十《經籍》著錄。欣松,字仰喬。貢生。乾隆間分修志乘,襄建鳳山書院。所著詩文集尚有第三集未梓。

四書集說句解

陳鵬南撰

《通志》卷八十《經籍》著錄。鵬南,字學舉。[①] 乾隆間貢生。
又卷百六十七:陳鵬南,閩清訓導。

詩法長源四卷

張汝霖撰

《通志》卷八十《經籍》著錄。汝霖,乾隆間諸生。

學庸抉微

吳奉璋撰

《通志》卷八十《經籍》著錄。奉璋,字佩子。乾隆間貢生。

四書搜忽

盧致撰

《通志》卷八十《經籍》著錄。致,乾隆間貢生。

理臺末議一卷

曾玉音撰

《通志》卷八十《經籍》著錄。玉音,乾隆間優貢生。

---

① "學舉",原稿作"鶴舉",據道光《福建通志》卷八十、《永定縣志》改。

地理正宗

曾玉音撰

《通志》卷八十《經籍》著錄。

地理所見

曾玉音撰

《通志》卷八十《經籍》著錄。

四書參案

李雲初撰

《通志》卷八十《經籍》著錄。雲初，字學能。乾隆間諸生。

四書輯說

陳壺冰撰

《通志》卷八十《經籍》著錄。壺冰，乾隆間諸生。

人家寶二卷

陳壺冰撰

《通志》卷八十《經籍》著錄。

詩韻編義 ①

王起鵬撰

《通志》卷八十《經籍》著錄。起鵬，字次雲。嘉慶間貢生。

無可恃齋偶筆

巫宜福撰

養正質言

陳咸政撰

念廬師《永定陳勵夫先生傳》曰：先生姓陳氏，名咸政，字子恒。晚思勵爲丈夫，自號勵夫。永定縣歲貢生。爲學一本程、朱，尤致力於主敬。動靜語默，無少寬假，雖在屋漏，如對大賓。居父喪，悉遵文公《家禮》，不延僧道。既殮，不脫麻絰，土墼寢於旁。百日後出營葬事，白衣粗布，反縫綴以麻，反室麻衣如故。既葬，貧無以養母，出就館，雖設臥榻，不施氈褥。小祥，仍衣白衣，惟不反縫。終喪制，不飲酒，不御內，不宴會，母喪亦然。教生徒，授以朱子《小學》，雖不廢文藝，必以考行爲先。勅諸生置日記册，凡所修業及一言、一行、一動念，皆筆之以驗功過勤惰。嘗言："儒生未得行道於天下，亦當推實惠於一鄉。"故於族，則修譜廣烝，設保嬰會，創德惠倉。立"勤修"、"冬餘"諸課，以督俊秀；行會講規約，以導失學之人。於鄉，則建社倉、義學、同善社、買命堂，實行訓蒙善俗章程，每歲到鄉考查。高陂四十里中，遵行者八十餘館，彬彬稱仁里焉。督學祥符沈公，以"修儒碩學"表其閭。先生曰："修儒二字，談何容易？盛名難副，徒滋愧耳。"郡守鼎臣胡公，聘主龍山書院講席，立教一本疇昔，而加嚴焉。甫二年，告歸。卒於家，年六十有一。先生幼聞庭訓，篤守宋儒之學。自同治丁卯鄉試歸，廖司農壽恒，祖籍永定，因先墳事歸

---

① "詩韻編義"，原稿作"說韻編義"，據道光《福建通志》卷八十及《永定縣志》改。

故里,相遇於漳,同舟返永,志投道合。其後,書札往還,互相策勵,而學益進。其論學也,司農謂:"士習之壞,由於趨利。"先生謂:"趨利之原,由無廉恥。廉恥之喪,在不知讀書爲何物。苟深思其所以然,雖甚昏愚,亦當惕然而懼。"又曰:"吾輩爲學,只要誇耀人耳目,便是好其文之著。此關不破,正如疾者閉喉,雖有靈丹,不能入腹,無論頹惰者不能有成,即孜孜矻矻,勵志討論,無關自己受用。世有學愈博而心愈昧者,此類是也。"時司農方在詞館,先生貽書謂:"無屋漏工夫,做事業不出篤恭;而天下平之盛,必於屋漏基之。"及司農視學湖南,招之入幕,以母老辭,覆書勉以"留心士行,多其激勵之方,俾有志者自脱於俗學,得士必倍"。迨司農參與大政,又貽書勉以"位益高,責益重。所以慰天下之望者,益不容寬",不僅以名位爲交游光寵而已。節取《李忠定集》及方望溪與李文貞問答語相勖,蓋先生與司農爲道義交,直諒相期,非尋常交遊比也。所著書,已刻者爲《養正質言》、《女子規》、《童蒙詩歌淺注》;待刻者,《星聚樓遺稿》,予爲編定八卷,附錄二卷。論曰:光緒壬辰、癸巳間,先生任龍山書院山長時,郡守胡公勵行鄉約,將本先生敦行於鄉者,推之八邑,士論紛囂,毀譽參半。予方就試郡城,孤陋寡學,聞之而未有以別白也。今讀遺集,知先生所守之嚴。值舉世浮靡之日,毅然以俗學爲不足尚,聖賢爲必可至,視惡俗如疾病之在身,視義舉如飢渴之不容緩,豈非卓然豪傑之士哉。

女子規

陳咸政撰

已刻。

童蒙詩歌淺注

陳咸政撰

已刻。

星聚樓遺稿十卷

陳咸政撰

按：此係家藏鈔本。卷一、卷二：書，卷三：序，卷四：小引，卷五：贈序、壽序，卷六：書後、記、贊、箴、辨、說，卷七：傳、墓誌銘、壙記，卷八：祭文，卷九、卷十：附錄。

卷十九　附錄上

玉鐲記一卷

李玉田撰

海寧王國維《曲錄》卷四:《玉鐲記》一本,見《曲品傳奇彙考》、《曲海目》。李玉田撰,佚其名,汀州人。

集成案

不著撰人

《府志》卷三十九《藝文》,施澤嘉《集成案序》曰:邑之俗也好神,坊各有祀,祀各殊名。吾坊之普惠、孚寧,其一也。因革載於邑乘,大略謂其能退寇產芝。稽之《記》曰:"法施於民,則祀之;以死勤事,則祀之。"神其在禦災捍患之例歟? 歲七月四日,坊民迎賽。至期,各姓上壽,樽罍彝鼎,布列盈前,視人子之壽其親,尤有過也。值日分班,取名成案,冊紀其名,書誌其事。應掇數語,弁之於首,以班管屬予。予曰:諸君子亦知自古聖人神道設教之意乎? 其治天下也,禮樂明之,鬼神幽之,學士家即舉此以治其身。今諸君子魚魚雅雅,炳炳麟麟,亦既淑身禮樂之場矣。獨此鬼神幽之之義,讀《易》而見:體撰者能通其德,彌綸者能知其情狀,不違奉若者能合其吉凶。讀《詩》而見:孝享者使之來弔,輯柔者使之來格,嚶鳴求友者使之來聽而和平。今諸君子,於體撰、彌綸、不違奉若之實,蘊之於心;而孝享、輯柔、嚶鳴求友之志,固已著之於事也。其來弔而來格,聽之而和平乎? 此猶今日事,若異日者,作賓王國,廊廟壇壝,得從事於左右駿奔之列,而禋宗祀,類編於群神,藉爾而懷之柔之,與有榮也。則是舉也,毋曰隨俗之彌文已也。

卷二十　附錄下

汀州志八卷

李皋撰

《通志》卷七十九《經籍》著錄。《直齋書錄解題》："《鄞江郡志》,郡守古靈陳昱日華俾昭武士人李皋爲之。郡有鄞江溪,故名。"

按《福建藝文志》卷二十八《史部·地理類》："《鄞江志》八卷,邵武李皋撰。案:汀州水名鄞江,故稱《鄞江志》。道光《通志》乃不從《直齋書錄》,而改稱《汀州志》,不知何故。"

又按《直齋書錄解題》,"鄞江"下有"郡"字。汀州,唐開元二十二年置,天寶元年更爲臨汀郡,乾元元年復舊名,宋仍之,獨無"鄞江郡"之稱。道光《通志》易今名,蓋以是故耳。

臨汀志一册

不著撰人

《福建藝文志》卷二十八《史部·地理類》:《臨汀志》一册。《石遺室書錄》云:"鈔本,無卷數,約百餘葉,不著撰人姓名。首述全郡建置沿革,帶叙長汀,次寧化,次清流,次上杭,次武平,次蓮不作連城,共六縣,分望、中、下三等。次言郡界里數,次言郡城至各縣界里數,次分言各縣至各縣界里數,以某水某山爲界,次言水道,次言各縣城內坊巷,次言城外鄉里墟市,次言土產等,而不及人物。次言山水以及陂塘、井泉。其書每稱《元一統志》及洪武某年,爲明成化以前人所作。蓋成化六年始析置歸化縣,十四年始析置永定縣,是書皆未及也。"

成化上杭縣志五卷

蕭宏等纂修

按:此爲成化十二年,邑令蕭宏纂修。康熙時,已殘缺不全,見蔣廷銓縣志序。同治重修縣志,僅存張禎、孫能二序矣。見下。

成化武平縣志

徐瑞等纂修

《武志》卷七《官師》:徐瑞,遂安人。成化間知縣事,爲政勤慎。歲旱,露禱輒應。募建通濟橋於千户所,遷儒學於縣治西。憫邑之文獻無徵,與教諭王變纂修邑志。

弘治汀州府志

吳文度等纂

劉震《序》曰:汀州自唐有之。州有溪,南流入於海。南,丁位也。以水合丁,故曰汀。然稱州未稱郡。天寶初,雖改臨汀郡,未幾復爲汀州。州治自新羅徙白石,至今因之。蓋周之七閩地,歷秦、漢至晉,始立新羅縣。唐開元末,開福、撫二州山洞,始置汀州。宋隸福建路,元改汀州路。至國朝,改路爲府,始與福州八郡竝稱矣。方州於唐,屬縣三,曰長汀、寧化、新羅,後析新羅屬漳州。既路於宋,益以四縣,曰上杭、武平、連城、清流,合而六焉。然崇山複嶺,俗尚武勇,當深谷斗絶之處,往往掛刀升層崖如履平地;故正統、成化間,兩煩王師,收戢山氓,先後增歸化、永定二縣,又合而八焉。夫山川既開,氣化日盛,上符聖神之治,下昭守土之功,顧豈偶然哉?予同年金陵吳君文度憲之,守汀幾九載,政洽民安,環境內七百餘里,獷突稀聞。迺閱汀志,謀於掌教杜君觀光、分教梁君鑄曰:“今之汀非昔之汀也,益舊志而新之,庸可緩乎?”二君即殫心共事,備獵舊載,參以國史,合八縣所上,訂而刪之,歷數月而新志成,凡若干卷。於是郡之建置、沿革、山川、風俗、制度、文物、宮室、學校,與夫土産、貢賦、古祠、①異蹟、詩文之屬，彬彬具悉，如指諸掌。廼走簡南雍徵予序，并鋟諸梓。惟地以時而闢，以人而治，必以文籍而傳。故夏殷徵文獻，孔聖式負版，漢收秦府圖籍而盡知四方險易，志可忽乎哉？汀際文明盛世，而有賢守臨之，以人乘時，地之闢且治也宜矣。然觀風辨物，昔好勇鬥，而今習文事；昔寡進取，而今趨科名；烟火始稀也，今則雞犬相聞，無異中州；瘴厲始熾也，今則士類宦遊，視爲樂土。使無新志，何以紀勝而示後徵？此吳君所以屬意編摩，而領提臚分，以底成功，資二君焉。予雖弗工於序，奚容辭？噫，斯志也，譬樂之合衆音以鏘鳴也，而柷始之，其音朴然。序則柷也，觀者羨洋洋之盛，其無厭乎柷之朴也耶？

按《府志》卷二十《名宦》："吳文度，江寧人。進士，弘治間以南御史出守汀州。訟者立庭下，一言即服。既得情，輒矜貸。虛懷禮士，敬老憐才。時山寇出沒爲患，設方略招致之，境內以寧。

又按：此爲弘治丁巳仲秋修。劉震，安成人。進士及第，祭酒。

《北平圖書館方志目錄》：殘本《汀州府誌》七卷，附錄一卷。存三冊。原十七卷，缺卷一至卷八及卷十一、卷十二。明吳文度、杜觀光等纂，弘治十年刻本。

弘治上杭縣志

徐綬修

按：見《康熙志》蔣廷銓序及《乾隆志》顧人驥序。唯馬馴《弘治志》序稱："安成伍君仲孝，由名進士刺隨，廉公有聲，特膺茂選。駐節之初，取舊志而讀之，遂集儒先之有文行者二三輩，授以成法，定其指歸，疏其門類，別其等差。考其戾於道者，釐而正之；不關於世教者，削而不錄。綱舉目張，期年而校畢。"云云。則二人固先後修之。

---

① "古祠"，原稿脱此二字，據《汀州府志》卷首補。

正德歸化縣誌書十卷

楊緇修

《北平圖書館方志目錄》:《歸化縣志書》十卷,明楊緇修。正德間刻本,凡一册。

嘉靖連城縣志

陶文淵修

《千頃堂書目》卷七《史部·地理類》:陶文淵《連城縣志》,嘉靖間修。

萬歷上杭縣志七卷

楊萬春纂

《府志》卷二十《名宦》:楊萬春,錢塘人。萬歷間舉人,知上杭。邑有疑獄延三載,萬春齋禱城隍,具得本情,人號"神君"。

按:《千頃堂書目》卷七《史部·地理類》:"郭造卿《上杭縣志》七卷。"攷《明詩綜》卷四十九:"郭造卿,字建初,福清人。諸生。爲少保戚繼光幕客,有《海嶽山房存稿》。"則建初爲萬歷間人,與萬春同時。萬春修縣志序稱"當道以郡志屬之郭建初,建初囂郡中,將避之下邑。予以邑志請,①卜金山爲主,郡公因專屬予。不閱月,兩書成,邑卷僅七"云云。其卷數既合,必爲一書無疑。惟建初僅從事郡志,未及邑志,豈當日郭亦列名其間而《書目》據錄之耶? 此志未見,楊序尚存,載同治縣志。

又按:蔣廷銓修縣志序,亦僅稱《楊志》,而不及《郭志》。

---

① "請",原稿脱此字,據楊萬春《上杭縣志序》補。

天啓連城縣志

張大成修

《千頃堂書目》卷七《史部·地理類》：張大成《連城縣志》，天啓間修。

天啓武平縣志

巢之粱纂

《武志》卷七《官師》：巢之粱，武進人。天啓間以鄉薦宰邑事，愛民禮士。值寇逼城，捍禦有功。纂修縣志，民歌思焉。

按：此志有陳睿謨序，見下。

崇禎連城縣志

陶文彥修

《千頃堂書目》卷七《史部·地理類》：陶文彥《連城縣誌》，崇禎間修。

康熙連城縣志十卷

杜士晉修

《北平圖書館方志目錄》：《連城縣誌》十卷，卷首一卷，卷末一卷，杜士晉修、謝家寶等纂。康熙五年刻本，凡四册。

康熙長汀縣志

潘世嘉纂

《北平圖書館方志目錄》：殘本《長汀縣誌》，潘世嘉纂修，康熙二十五年寫本。存《輿圖》至《仙釋》十九類，凡一册。

康熙上杭縣志十二卷

蔣廷銓纂

《北平圖書館方志目錄》:《上杭縣志》十二卷,蔣廷銓纂修。康熙二十六年刻本,釘五冊。序見下。

康熙永定縣誌十卷

潘翊清修趙良生增修

《北平圖書館方志目錄》:《永定縣誌》十卷,潘翊清原本,《賦役志》、《藝文志》未成,趙令良生增輯。康熙三十六年增刻十一年本,釘四冊。

康熙歸化縣志十卷

湯傳榘纂

《北平圖書館方志目錄》:《歸化縣志》十卷,湯傳榘纂修。康熙三十七年刻本,凡四冊。

康熙武平縣誌十卷

劉旴重修趙良生重纂

劉《序》曰:國無史,無以鑑治亂興衰;邑無誌,無以知人情物理。蓋誌者,異乎史之名也。是非彰筆削之功,褒貶嚴取予之正,詎耳剽目涉,網羅舊聞者之足以徵信於當世乎?此修誌之定法,倣《春秋》之大義,顧可易爲之耶?況以天語煌煌,下逮山陬,簿書勞臣,敢不冰兢乃事乎?及攷武誌,終於明崇禎之壬申,迄今四十餘載。邑乘既毀,文獻頓失,而遺篇所存,復殘缺不倫。時愈久而事益夢,則手口之登記,實不容於或慢也。取其舊本而參伍之,採諸紳衿之有識者,訪諸故老之能言者,俯仰百十餘年間,悉心討論相質,幸無異同,而後筆之,無詭隨之名與掛漏之事,凡三閱月而付剞劂。邑庠士鍾生臚聲,與有成焉。大約所因多於所革,宜好長於宜惡,其不能盡同於史也明矣。然而直道在人,雖以蕞爾小邑,登紀寥寥,而採風謠者必過而問焉,孰謂誌之無裨於史也哉? 若夫論錢穀之盈絀,披疆圉之彝險,辨習俗之淳澆,明守備之疎密,庶幾待朝廷之採擇,而附於總誌,資治之本,於焉寄之矣。彼按職方而覽古冊,考圖輿而見民風,知聖天子德教所訖,無遠弗屆,羅二十四軸於一掬之中也,豈特滋文人之隃糜不律而已哉。康熙十一年蒲月,武平縣知縣、汀陽劉旷謹序於平川公署之大觀樓。

趙《序》曰:歲在戊寅,年書大有,吏幸無事。蒙委視篆武溪,以嘉平月吉履任。越明年春,諸紳士謁余而言曰:"維茲武邑,乃汀南邊陲要區,疆域彈丸,山城斗大。地當江廣之交,壤趾相錯,阨要守險,保障最難。全賴居上者潛移默化,撫綏勸勉,俾風醇俗美,衆志成城,可以久安長治。前車之鑑,載諸舊誌。自劉侯纂修,迄今三十餘載,殘缺剝落,亥豕莫辨。邇來恭遇聖天子德隆堯舜,治軼漢唐。即蕞爾山陬,節孝迭興,人瑞蔚起,士風丕振,民俗淳龐,運甃隆矣。若不及時紀列,竊恐流光易邁,耳目漸湮,微言既遠,大義云乖。父老之侈談往事,真偽難稽;子弟而傳述舊聞,疑信相半。孰若今日之親炙昌期,足徵可考? 敢請纂補,以垂章程。將見文教之捍禦,勝於干櫓。奕禩以後,奠武民於袵席之安,端有賴焉。"余不禁憬然曰:"此守土者之責也。微諸君言,我固當爲之,安所辭勞乎? 且余自束髮受書,即以誠正自期,勉圖淑身維世,仰報君父。祇緣五遭點額,未遂雄飛;念載折腰,徒慚蠖伏。上之不獲致身雲霄,敬效蒭蕘之獻;下焉不能抱膝衡泌,闡明性命之微。前此簿書鞅掌,居諸虛擲;今幸案牘無勞,而彰善表德,以愜素懷,其可緩與?"乃不揣鄙陋,廣搜紀載,質諸見聞。凡散逸者補輯之,互異者訂正之。詳編賦役,以重國儲;博采碑紀,以廣文教。寧詳毋略,綱舉目張,務令巨細畢該,遠近無漏。是非必合乎天理之公,好惡一準乎輿情之正。不雜於人欲,不狃於意見。其間先達之考究良多,博士之參訂不少。將來勸懲有所取法,不但好修之士景仰前徽,孜孜汲汲,樂善不倦;即有敢於爲惡者,覯茲鑑戒,亦將股栗色阻,嚴憚而不敢妄爲矣。其於世道人心,或庶幾有小補焉。是役也,自春徂秋,剞劂告竣。用紀始末,殊媿不文。取材偏窄,收爲山一簣之功;計日須臾,乏刻楮三年之力。見類管窺,罔知彼蒼之浩博;識同蠡測,莫究溟渤之淵深。余滋愧矣,惟冀後此名賢,具命世之才,抱曠代之識,裕博綜之學者,更從而釐正之。

俾英華炳蔚，以文余之固陋，則螢照微明，得以借輝簡册矣。時康熙三十八年桂月之中秋日，文林郎、署武平縣事、連城縣知縣、廣陵趙良生謹撰。

陳《序》曰：此巢君令武平時，所未遑輯而今始成之者也。武平自唐以來爲僻土，西接江贛，南鄰廣潮。盜賊姦宄，從此出沒，保障之難，視他邑更倍。歲在戊辰，山寇蠢動，巢君以樽俎從容折之。萬里長城，武平方恃以無恐，而君又遷秩行矣。府館多暇，乃搜前令徐君之殘編而纂修之。剞劂告成，手一編示余。余因喟然歎曰：今天下民困極矣。渤海之弄兵，漁陽之桴鼓，釁端厲階，何地蔑有？每恨不得龔水衡、張京兆之流，鋤姦宄以惠善良。細閱誌中修建，何奕奕也？軍民賦役，又何井井也？文武何森列也？旌義褒烈，又何其不少假借也？巢君，其恂恂儒吏耳，乃數載倥偬，半馳戎馬，增陴浚隍，則金湯鞏矣；設司移兵，則聲靈濯矣；米倉改建，譙樓鼎新，則軍民兩便而鐘鼓式靈矣。其他鴻猷美政，載道口碑，信救時之良才，回天之國手。院憲交章以薦，謂宜不禁中儲之，即閫外推之矣。奈何哉賜金遷秩，僅以常調酬此賢勞也。頃山谷游魂，擾我江右，幸借巢君先聲，立收底定之績；而君益眷眷武平，不忘帶牛佩犢之想。嗟夫，朝廷何嘗負人？人臣自當盡力。彼廖希顏、陳元泰、舒烈婦輩，跡不出閭里，而抗節一時，垂芳千古，皆託巢君以不朽。則此誌所記述，非徒摭故實，直欲激忠義也。矧巢君文章政事，冠冕士林，不日借寇八閩，則海隅日出之區，行且均霑化雨，豈但武平一邑獨切桐鄉之愛戴已哉。余願執此誌以告天下之司牧者。江西等處提刑按察司按察使、前奉差巡按四川兼理鹽法、再奉差巡按直隸、順天等處、山東道監察御史陳睿謨謹題。

按《武志·官師》："劉旷，號質庵，湖廣沔陽人。康熙九年以孝廉知縣事。課士愛民，鋤强抑暴，徵輸有法，聽訟惟公。武誌兵燹之後，殘闕無稽。適奉詔纂修，搜羅舊章，考訂成書。"

又趙良生，江南泰興人。貢監以連城縣知縣。於康熙三十七年攝理縣事。

《北平圖書館方志目錄》：《武平縣志》十卷，劉旷原本，趙良生增修。康熙三十八年增刻十一年本，凡二册。

又民國十九年鉛字重印本。

臨汀集十五卷

不著撰人

《內閣書目錄》卷八:《臨汀集》七册,莫詳編集姓氏。中皆宦臨汀者詩文及邑碑記,凡十五卷。

康熙永定縣續志

李基益纂

《福建藝文志》卷二十八《史部·地理類》:康熙《永定縣續志》,海澄李基益纂。案:康熙三十六年知縣趙良生修。基益,康熙甲子舉人。

康熙清流縣志十卷

王士俊修　王霖纂

《北平圖書館方志目錄》:《清流縣誌》十卷,卷首一卷,王士俊修,王霖纂。康熙四十一年刻本,凡五册。

乾隆連城縣志十卷

徐尚忠修　李龍官等纂

《北平圖書館方志目錄》:殘本《連城縣志》,存九卷半。原十卷,缺卷首序目、卷九上。徐尚忠、李龍官等纂。乾隆十六年刊本,凡六册。修纂名氏見跋及《藝文志》。

乾隆重修汀州府志四十五卷

曾曰瑛等纂

李《序》曰:《周禮》:"小史掌邦國之志,外史掌四方之志。"志者,列國之書、諸侯之事也。說者謂後世變史稱志,自陳壽始,不知壽蓋有微意存焉。其稱三國者,不與魏以統之正也。其稱志者,明乎魏非天子之事也。特與蜀有宿怨,削謚稱名,是其褊心耳。今考其書,志、紀、傳共六十五卷,名雖爲志,實則史也。至後世省郡方言,乃微與史異。史有美刺、是非、褒貶、賞罰,志則有彰善而無癉惡,其不同者一也。史事繁而言鉅,志事雜而言瑣,其不同者二也。史多言君道臣節,志則守下不議上之義,無敢一語及於朝廷;所言者區區守土之臣之稱職與否耳,其不同者三也。若夫序事之辨而不華,質而不俚,體大思精,義遠法備,則志與史一焉。史難,而志亦豈易言者耶?汀志修於崇禎十年,距今百二十載矣。官其土者,有所不爲,亦有所不暇;而郡之能文章、有操守者,往往瞻顧於父母桑梓之邦,欲任勞任怨而不敢也。如是,則典章文物、土地人民,聽其推移闒汶,寢久寢沒,後之君子,又何以考文而徵獻乎?汀郡守芝田曾公,思郡志殘缺,有不容姑置也,乃延孝廉永福黃君惠、南昌萬君祚東,上舍生南昌李君良燦、張君時、新建萬君承炎主其事。摹漫漶之廢版,搜塵蠹之殘牘;徵信於通志、邑志,採於大夫、士、庶人之口;其難其慎,越一年而草志成。芝田走价數百里,囑予釐正而潤色之。予惟芝田之尊人慎齋先生,生同鄉、仕同地,其忠蓋經濟,有古名臣風,予每入告,必以其名聞。乃出爲牧伯,入爲星郎,蹭蹬轗軻,終不竟其用。今長公於惠和政流之暇,綱張目舉,旋及夫志。予老矣,喜見故人子之克世其業也,故不敢辭,乃取草志繙閱之,文直事覈,信乎可傳之百世而不朽也。特以汀原屬吾撫之山洞,其山川、土地、政事、人物,予頗習聞其要領。因不自揣,略爲點定,以從當道諸名公之採擇。且以復芝田曰:公知此一志也,其盡乎爲政之道乎?仰觀天象,則思所以弭變而迎祥焉;俯察地理,則思所以增高濬深,設險而守固焉;考風俗之得失、賦役之繁簡,則思所以整齊而綏安之焉。覘學校則思禮教;覘兵制則思和衷;覘政事美惡、人物盛衰,則思嚴取舍、廣培植焉。於以上報天子,下紹家學,均於志乎取之,又豈區區爲一郡徵信之書已耶?是爲序。乾隆十五年歲次庚午仲秋中浣,賜進士出身、予告內閣學士兼禮部侍郎,臨川李紱撰。

熊《序》曰:壬申春,僕以謬承閩汀太守曾公龍山講席之聘。自念薄植荒落,不克報稱,又報不獲辭,敦世講也。入汀以來,稔知閩汀爲人文淵藪,龜山先生桑梓在焉。急欲遐稽靈蹟,徵考文獻,以廣嚮慕之私。適郡乘編且成,曾公授以卒業,兼命略爲檢校,俾壽梨棗。猗與休哉,甚盛典也,乃得縱此大觀乎？按是書爲永福黃迪軒孝廉等屬草，又質定於同鄉穆堂前輩，肅括典重，炳炳麟麟。僕自揣固陋，曷敢續貂？而叕莪之詢，又不敢不刮垢洗瘢，以效愚誠，間爲補闕拾遺，共勷鴻雅。曾公殊不鄙棄，以爲可參末議；僕於是重感曾公之謙懷若谷，求詳且慎，而益歎著述之難也。聖人有言："爲命，裨諶草創之，世叔討論之，行人子羽修飾之，東里子産潤色之。"區區尺一，必賴數君子慘澹經營，而後立言無弊，國受其福。司馬子長繼父談修《史記》，合兩世撰述之力，迄有完書；而褚少孫猶爲補綴若干首，以相彌縫，後世或以爲褚不逮遷也。夫褚之不逮遷也固矣，然其志未嘗不善，其思亦未嘗不苦。今以巨靈之手，揚摩天巨刃於前，而令僬僥氏持匕首殿之，其不相及，庸人、孺子知之。然當其水斷蛟龍，陸剸犀革，則摩天巨刃之才也，惟巨靈能之。而蒐逸兔於蒙茸，剔伏貍於邃窈，又宜僬僥氏以身試之，仄徑隘區，尚可縱橫匕首耳。閩汀自鄭文寶作《江表志》及《南唐近事》，得史家正法。羅仲明箋注《唐書》，亦爲鉅手。著述宏裁，後先接武。國初李元仲高才逸品，不受羈靮，《寧化縣志》一書，直欲組范緼班，不顧震駭流俗人耳目。雖欲追踪，實難其力。今賢太守虔奉天子命來撫循是郡，政修人和之暇，因廣采輶軒，繪其山川，裒其物宜，齊其風俗，準其貢賦，訪求其先賢名喆，勒爲盛典，蔚爲大觀。既得黃君輩與穆堂先生手定之，僕何人哉，敢曰討論耶？敢曰修飾耶？且敢曰潤色耶？少孫之補綴，或者萬一庶幾，是則僬僥之匕首也。揚巨刃者，得毋返顧笑之？時乾隆十有七年歲在元黓涒灘小春中澣日，賜進士出身、翰林院檢討，年眷弟鶴嶠熊爲霖頓首拜撰。

王《序》曰:《記》有之："凡居民材，必因天地寒煖燥濕，廣谷大川異制。民生其間者異俗，剛柔輕重，遲速異齊，五味異和，器械異制，衣服異宜。修其教不易其俗，齊其政不異其宜。"富哉言乎。此必深明天下可治可齊之故，而後可大有爲也。汀州，古新羅地，僻處南服，介夫甌、粵、延、邵之間，萬山蓁裸，不可主名。其大者則如紫金、玉華，拔地倚天；小亦層岡複嶂，蜿蜒數十里。其水湍激飛流，滙爲淵潴，如三隘、九龍諸險，不一而足。以故，土瘠民貧，習尚剽悍；雖椎樸是其本真，而走險輕鬬，每足憂乃父兄長老，頗稱難治。恭惟我郡公芝田先生，以南豐賢裔，奉聖天子簡命，出守是都，理學、文章、經濟，世傳令緒。① 蒞汀以來，政簡刑清，庶務就理。大要本心性爲理學，擄經術爲文章，準時宜爲經濟，日與斯民調息元氣，而不矻矻然自以爲功。休養既舒，文教亦殖。每念郡志一書爲古之小史，舊版經百餘年，日就糜滅。毅然以身任之，與郡之士大夫徵文考獻，博收鴻擘，而尤取精研覈、筆削進退不少阿。乙乙冥冥，根極史要。書既成，若網在綱，有條而不紊。其喬皇鉅麗，可以拓記載，可以礪風俗，可以稽報最。丕休哉，其盛典也。繼以巴人鈍質，溝洫井目；雖忝竊分符，上不能贊襄機畫，次不能廣宣德教，藉以仰觀厥成。游、夏無詞，而厠名簡末，何幸如之，何幸如之。南豐先生爲熙、豐名臣，而我公世德作求，卓然當代。其在《書》曰："爾克敬典在德，時乃罔不變，允升於大猷。"其在《詩》曰："不競不絿，不剛不柔。敷政優優，百祿是遒。"我公有焉。行見懋乃嘉績，璽書褒慰，如漢宣故事。詔稱："與朕共治天下者，惟二千石。"簡其賢者，賜爵關內侯，出爲太守，入爲宰相。則公且以治汀者治天下，彪炳皇猷，黼黻綸扉，皆推此裕如矣，區區郡志云乎哉？故曰人必深明天下可治可齊之故，而後可大有爲也。是爲序。時乾隆十有七年歲次壬申復月之吉，誥授奉直大夫、汀州府清軍同知、加口級、年家眷、寅晚生、蜀江王錫繒頓首拜撰。

　　單《序》曰：太史公作八書，班孟堅因之爲志十，於律曆、刑法、食貨、郊祀、天文、五行、地理、溝洫、藝文諸類，各爲一志，人物則以紀、以表、以傳。後代郡邑之志，實昉於班，而人物并以志稱。自郡邑有志，太史擇其要者以登於史，即《周官》外史所掌，與大、小史相表裏者也。顧非擅才、學、識之三長，足以黼黻休明、潤色鴻業者，即欲加揯摭編摩，而有所甚難。汀於晉太康爲新羅地，爾時轉徙靡常，統轄無定。迄唐雍熙，始隸福建路。淳化以來，或入籍江西行省，或仍歸閩南版圖。其間改路爲府，變堡爲縣，聲名文物之盛，土宇版章之廣，已逾曩日。前明金陵吳君文度、烏程唐君世涵，因舊志散軼，起而重新之。嗣經兵燹之餘，方策云燬，無以昭茲來許。夫我國家深仁厚澤，浹於百年，戶口日增，幅員愈闢。汀州一郡，駸駸然並全閩所轄諸郡而頡頏矣。志顧缺略不修，是亦一方之憾事，而守土者之羞也。太守曾君，蒞汀三載，政通人和，復獨留心斯舉，爰捐貲蒇事，越兩載而告成。今以才賢調任東寧，行有日矣，彙帙此志，索弁於余。余取而披覽之，首凡例以審厥端，臚條目以綜其

　　① "令緒"，原稿脱此二字，據《汀州府志》卷首補。

要。户役、田賦、優恤附也；學校、師儒、書社列也；著作富贍者，傳文炳於日星也；惠施馨懿者，行義昭乎史藏也。欽隱逸之堪仰，則枝棲亦留；廑冰雪之可風，則蘭閨悉錄。他若吳臺、梁苑、梵剎、元宮，則釐定於此攸嚴；災祲、崔苻、風謠、土物，則編次有所不濫。至於星野、疆域、禋祀、禮樂、職官、武備之原委周詳，又皆其燦然而可觀、鼇然而有緒者也。僉曰：休哉，於乎備矣。夫承流宣化，豈繄無人？而興廢舉墜，往往糜於因循而不之振。今乃舉上下百十餘年之殘缺而補之，俾大綱小紀，較若列眉；前言往行，瞭如指掌。於以仰佐聖天子昇平之治，而備千秋金匱石室之採，所係不綦重與？余適任輶軒，故因厥請而弁其實於簡端云。乾隆十七年壬申長至日，賜進士出身、中憲大夫、福建分巡巡海、汀漳龍道按察使司副使、加一級、前工科給事中、欽命巡視臺灣兼提督學政、高密單德謨撰。

德《序》曰：邦國四方之有志，蓋不知其所始。而《周官》小史、外史實掌之，然則尚已。唐宋以還，凡通都大邑，荒陬遐裔，靡不各有紀載，勒爲成書。所以昭一方疆索之廣狹，山川之險易，民數之登耗，土田之腴瘠，風尚之美惡，官師之治行，名賢之懿蹟，微而方言、逸事、人機、物變，具著於錄；雖不無純駁得失之殊，其足以資攷鏡一也。昔文公朱子每涖郡，甫下車，輒稽討圖經，用爲出政宜民之本；則志之所繫，詎不重與？臨汀爲郡，壤接江、廣，山重水迅，廣袤數百里，爲閩南奧區。自宋逮明，人文日盛。我朝德教涵濡，至化翔洽。汀之人既家禮樂、户詩書，有以革其獷悍斗健之習俗。至於名材碩彥，項背相望，而鄉里自好之士，亦多至不可勝紀。猗與休哉。即一郡以觀，而全閩、而天下可知矣。若夫休養生息之久，户口蕃富，汙萊盡闢，豁除浮賦，賑恤災黎，湛恩之霑被兹土者，有加無已，汀之人何其幸也。夫風會之日上，德澤之滂流，皆不可以無述。乾隆戊辰，南昌曾君曰瑛，奉命來守是邦。期月政成，閱徵郡乘，則自本朝百有餘年以來闕焉不修。重懼宏綱鉅典，日就放軼，遂乃徵文考獻，慎延儒紳，畀以筆削之任。閱歲書成，請余一言弁其首。詳觀是編，義例謹嚴，有條不紊。國家之典章制度，良法美意，粲然咸備，洵可爲一方之惇史，足以昭示來兹者也。余雖未親履其境，獲覘夫山川、疆里、風氣之清淑，兹得循玩是編，頼仰遇之，尤爲快矣。曾君涖鄞江五年，百廢具舉，惠政流聞，至今方以績最調知臺灣云。福建等處承宣布政使司布政使、加二級、又軍功加四級、紀錄十二次，德舒序。

金《序》曰：緊維我國家，重熙累洽，永奠金甌。土宇版章，亦孔之固。薄海內外，莫不戴聖天子之聲靈，沐浴休光，被服文教。極之雕題窮髮，東鶼西鰈之鄉，率梯航重譯，來享來王。每休沐之暇，伏讀《御製皇輿通表》，未嘗不欣歡幅幀之廣，誠有如內典所稱四大部洲、麗農廣野之奇。丕休哉。何風之盛，何遇之隆也？往以濫厠南臺，毫無報稱。白簡朱囊，忾然抱歉。謬荷九重特達之知，簡菰閩漳；皂蓋熊輿，益用滋媿。又蒙恩命，持節海疆，得縱遊於馬人龍戶之區，風濤震蕩，見所未見，聞所未聞，確信芥子須彌非幻說矣。內遷以來，待罪閩汀。閩汀介在甌、粵，爲古新羅地，山奧①水滆。宋開寶中，始入版圖，古稱剽悍難治。入境以來，民用淳樸，俗尚勤儉，士多達禮而博文。自詫所見，殊異所聞，詢訪之余，始知前太守曾公芝田先生，立政有恒，以清剛寓和緩，不茹不吐，化成風美，有由來也。復於剔弊培元之暇，留心文獻之徵，廣輯郡乘。適以剞劂初竣，備覽其綱舉目張，條原貫委，淹雅閎麗，炳炳麟麟，以視班扶風、鄭夾漈諸書，後先印證；則曾公之爲循吏，未嘗不根本鴻儒也。溶不文，亦不諳吏治，曾公以書問序於余，余因是有感焉。余之來汀也，雖云權攝乎，然在其位者謀其政，余即一日於汀，亦必有以效職補過，思所以不負於汀者。陶士行「惜在分陰」，正此之謂也。諺有之：「問途於已經。」聖人有言：「舊令尹之政，必以告新令尹。」豈特郡乘一編，教我良多乎？頃者，曾公奉俞旨，遷守臺灣，尤爲駕輕就熟，則其爲我后誕布聲靈，覃敷文教，異日必有以廣山海虞衡之志，黼黻龍光，丹黃汗册也。汀誌又何足多云？是爲序。賜進士出身、福建分巡臺灣道按察使司副使、加二級、紀錄十六次、攝理汀州府知府事、前雲南道監察御史、巡視南漕、刑部江蘇司郎中、誥授中憲大夫、年家眷寅弟金溶頓首拜撰。

《後序》曰：歲在元黓涒灘，我憲公芝田先生蒞汀凡五年矣。提綱挈領，百廢具興。空犴狴以明刑，豐館粲以課士，懲大憝以禁奸，急平糶以紓患。一切澤煦鯤鮞，仁被槎蘖，籍籍口碑載道，莫可縷述爾。復摭文稽獻，爲汀郡宏式，典雅修輯，郡志以成。緯史經經，穿穴夾漈。瀠等管窺蠡測，曷足以語高深？況構櫨之材，不堪任重。雖分臠下邑民社，待罪不遑，朝夕震悚。幸託憲慈噓植，如趨侍父師，耳提面命，感且不朽。乃竟以鈍質爲可淬礪，令得披讀

---

① "山奧"，原稿作"山粵"，誤，徑改。

是編，如入海藏，覺木難、火齊與琚琭、珊瑚相雜糅，璘璘珣珣，但欽其寶者，莫名其數。於戲，可謂遭逢之盛矣。夫志何昉乎？說者謂肇自班固《漢書》，而實祖於《禹貢》。《禹貢》文字簡古，才尺幅耳，鑼括九州，凡高山、大川、土田、物產、貢賦，條理悉備。《漢書》八志皆推類而廣之。今我憲公，鴻裁藻麗，不屑屑數孟堅行墨，而掇其精華，練其玄要，博大而嚴，貴弗漏弗枝，光賁竹冊。灘等何知，尚能贊一詞乎？然不敢不倣序傳之遺意，以申繹大義，與汀人士共暢之。萬物本夫天，汀亦在此疒燾耳，志星野第一。天能統地，畛域分焉，故建置、山川、疆域、城池次之。三才既分，民爲貴，風俗次之，紀歲事敬授人時也。有人此有土，古蹟次之。有土此有財，有財此有用，物產、田賦、戶役次之。理財正民，安上全下，莫善乎禮，典禮次之。禮莫先乎教化，學校次之。三王四代唯其師，立國之訓也；國之大事，唯祀與戎，祠祀、兵制次之。兵以捍牧圉，位以司牧民，公署次之。職官、名宦次之。俊民用章，拔十者得五，選舉、人物次之。人人親其親、長其長，而天下平，堯舜之道在是耳，孝義次之。次鄉行者，吾觀於鄉而知王道之易易也。行著爲文，惠中者秀外，文苑次之。隱則焉文？鴻漸於逵，其羽可用爲儀吉，隱逸、流寓次之。隱而賢，寓亦道，雖方外可也，亦次之。清淑之氣不盡鬚眉，巾幗中多烈丈夫矣，列女次之。人事錯綜，紀在不聿，結繩難復也，藝文次之。文整則必散，奇正相生，理不一轍，故合祥異、兵變、叢譚，以禭記終之。於戲，志之大觀備是矣。而文章之奧衍，篇什之涵蓋，大書特書之鄭重。上爲聖天子述職，下爲億萬民立命。高詞讜論，仍在約略想象中，究於管窺蠡測者未解也。我公遠乎哉。謹序。時乾隆十有七年，歲在壬申復月之上浣，屬吏長汀縣知縣丁灘、署寧化縣福寧通判馮拭褒、清流縣知縣宋瑋、署歸化縣知縣嵇璇、連城縣知縣瞿緝曾、上杭縣知縣趙成、署武平縣南安縣丞黃履同、永定縣知縣伍煒同頓拜撰。

《跋》曰：不佞修郡志既成書，喟然曰："都人士亦知不佞之苦心乎？"昔柳州責昌黎不作史，不任褒貶是非，將來不敢爲御史大夫；生殺予奪，更有甚於此者，則並不敢爲宰相。不佞謂褒貶予奪，不獨御史大夫、宰相也，即守令亦然。今夫一郡之勢與天下異，一郡之志與國史異，而千百年官師人物之善者進之，不肖者退之，尤賢者表章之；其大奸慝及爲人臣子不忠孝者，名則除之，而籍則削之。即招尤府怨，有所不辭，職在故也。不佞客歲按部八邑，奉法不敢少阿。竊以承天子命出守全汀，且當爲諸憲公效指臂力。民之淳漓，責在太守,雖不敢竊比於搴帷問俗、露冕行春,而輶軒之采,亦可約略其大凡。
則今日之志,其又何辭焉? 志雖文獻之徵考,實人心風俗之原也。是編於天
文、地理、物產、賦役、文章、政事無不至詳且備,而不佞之意則不專在乎此。
適勸我不逮者,文五王君、成迪黃君,屢以陳壽乞米、陶範挾刃之嫌力辭,故不
佞於風俗、官師、人物三者,亦遂無所貸。力屏喜怒、絕干託,補遺去濫,以昭
直道之公,蓋欲觀者有所感發興起。以上副聖天子一道同風之盛,不佞之苦
心,如是而已。是舉也,膏火之費、楮墨之供、梨棗之資,則不佞捐俸先之;而
八邑大夫士樂輸以成之者也。因錄其名於簡末,以爲好義者勸焉。乾隆十七
年十月,南昌曾曰瑛跋。

　　按:陳禹寧《壬申春郡公芝田先生輯郡乘既成取次開雕設局於寧之環岫
別墅命董檢校事自媿匪材感賦呈紀云》:"名香一瓣拜南豐,大筆如椽貫紫虹。
八路甘棠吹五馬,三年玉版鏤華蟲。山河瑰異歸陶鑄,歌管清和入雅風。敗
鼓餘材趨藥籠,悠悠汀水頌文翁。"

　　又按:同治重刊序曰:"余少隨先大夫任於閩南,凡二至,側聞汀郡山川
清淑,人物繁昌,然足跡猶未經也。丙寅歲,出守是邦,地經兵燹之餘,城郭人
民,迥殊昔日。每於簡書之暇,遊覽川原,遠稽名賢往蹟,欲取徵於郡乘,輒不
可得。及勤搜博訪,僅獲一冊。正如孔壁遺經,倖存秦火之餘,絕無僅有。公
餘披覽,知前人纂述修訂,麟麟炳炳,足稱完善之書。第原板燬失,若非鳩工
重付剞劂,恐後之君子,徵文考獻,取信無因,撫躬能無滋愧乎? 且志書之作,
與國史相爲表裏,凡天時、地利、山川、民物,以及政務之沿革,忠孝之流傳,學
士大夫之風謠歌咏,莫不鑿然俱備,固不容一有或缺。余深慚不文,補遺續
修,尚有待於來哲。今僅循照舊編翻鐫,以衍其傳。工已竣,爰紀實以弁簡端
云。同治六年丁卯孟秋,汀州府知府、前掌湖廣道監察御史,延楷謹序。

　　又按:凡例云:"舊志爲綱十有五,爲目五十有二,徵文紀實,似有錯襍紛
繁之憾。茲編條例,悉依《一統志》及《福建通志》。"今觀此書,卷首:繪
圖;卷一:星野;卷二:建置;卷三:山川;卷四:疆域,以水路形勝附之;卷五:
城池,以街市、里圖、橋梁、水利附之;卷六:風俗,以氣候、歲時附之;卷七:古
蹟,以宅墓、石刻附之;卷八:物產;卷九:戶役,以屯丁、貢料、四差附之;卷
十:田賦,以屯田、驛站、榷政、稅契、倉儲、耤田、鹽課、恤政附之;卷十一:典
禮;卷十二:學校,以書院、社學附之;卷十三:祠祀;卷十四:兵制,以關隘、塘

汛、民壯附之；卷十五：公署；卷十六至十九：職官；卷二十：名宦；卷二十一至二十九：選舉，分科目、明經、薦辟、武功、援例、吏掾、封爵、贈蔭、鄉飲；卷三十：人物；卷三十一：孝義；卷三十二：鄉行，以技術附之；卷三十三：文苑，而書目入焉；卷三十四：隱逸；卷三十五：流寓；卷三十六：方外；卷三十七至三十八：列女，分淑媛、節孝、貞烈；卷三十九至四十四：藝文，皆詩文也；卷四十五：雜記，分祥異、兵戎、叢談。詳考體例，分野可附述於疆域，不必另立爲門。田賦內附驛站，則徒存其目而無其文；即欲立論，亦宜與兵制內之關隘、塘汛出之，以附城池。其以水路形勝附之疆域，亦殊不類，自可并入山川。技術當與文苑、隱逸等獨立，何能入於鄉行？祥異可附兵戎，出雜記而獨立。至以書目入文苑，尤爲不倫，當出之以入藝文，而詩文仍宜依舊志附載於人地事蹟之下爲得也。

乾隆上杭縣志

顧人驥纂

楊《序》曰：國家總一海內，聲教四訖，東西南朔，莫不率被。《大清一統志》之書，詳明條貫，燦若日星。然考《周禮》大宗伯之屬，外史上士四人，中士四人，掌四方之志，則由四方而達之天子。郡縣之志，亦不可廢。乾隆癸酉，余膺簡命觀察汀、漳、龍二府一州，嘗因暇日蒐討郡邑志乘，徵其遺文，考其掌故，俱有闕如之歎，而汀之杭川爲尤甚。因囑顧茨山令君加意纂輯。蓋此地東連連、永，北界武平，西南距廣之嘉應、大埔，重山阻深，常患嘯聚。元明兩朝，嘗設監督使者於此，資其彈壓，恩煦威制，比他邑爲難。志書不備，則山川之險易，風俗之淳漓，[①]爲政者俱無所考，非細故也。逾歲，顧令果以書來，規制則沿蕭、徐、楊、蔣氏而小殊，紀載則視成弘、萬歷、康熙三志而有加。其中圖考之明畫，表志之詳整，列傳之謹嚴，皆不媿作者。由是而考其山川之分合，城池之遷徙，以及公廨之興廢，津梁之往來，戶口之盛衰，賦役之輕重，壇壝之肅恪，兵防之周匝，藝文之精麗，一一有經有緯，有倫有脊，因歎杭之不媿古邑，而茨山令君之善成余志也。夫爲政之道，必知先後。蕭文終入秦，先

---

① "淳漓"，原稿作"淳離"，據乾隆《上杭縣志》卷首改。

收秦所藏圖書，知天下厄塞，户口多少弱强，民所疾苦。班椽志地理，於關西之游俠、巴蜀之饒沃、河東之鹽鐵、周人之趨利、漳河之作奸、樂浪之貞信，皆叙次靡遺。蓋必知其要會，而後敷施有先後，興革有輕重，可次第布之。不然而本末倒置，初終易觀，雖姬孔之聖，國僑武鄉之賢，所謂寬猛之分，先法後赦之理，不其舛乎？然則顧令之於此書，其於政體庶乎不悖矣。雖然，貴貴賢賢之謂道，下勞上逸之謂義，余不敏，有志於是而不克成之。今者，卷帙袞然，紀述鏊然，於以知本朝提封①萬里之盛，聖天子一道同風之隆，如《周禮·職方》所云："同其貫利。"《前漢史》所謂："聖王在上，統理人倫，必移其本而易其末。"非顧令君，其孰能與於斯？是余所早夜心冀其得而不可必得者也，是可喜也。爰泚筆而爲之序。乾隆二十二年歲在强圉赤奮若壯月穀旦，汀漳龍共巡使者，江都楊景素序。

　　高《序》曰：古内史掌八枋之法，②外史掌四方之志。志之由來舊矣。紫陽甫守南康，即問郡志。蓋覽其志，則山川之險易，丁户之增損，財賦之盈縮，民俗之淳澆，前賢往哲之典型芳軌，孰緩孰急，爲革爲因，瞭然於心，次第布之，有條不紊。故知一邑之志，方能治一邑；推之自郡而省，莫不皆然。是通省爲諸郡之彙，而一郡乃衆邑之總，必邑志詳悉無訛，而後郡省得以采取。然范蔚宗終身不敢作志，江文通亦言修史之難無出於志，誠慎之也。杭川在晉爲新羅地，宋淳化五年始昇爲縣。按其地勢，琴岡橫案於前，金山列屏於後。摺水縈迴，重溪急湍。扶輿靈淑，代產英奇。烟火萬家，商旅輻輳，洵稱巨邑。顧杭之有志，創始於宋之黃葵，再刊於鍾紹安。歷明成化、弘治、萬歷間，蕭、徐、楊三次纂修，異同不一。國朝康熙二十六年，長洲蔣廷銓綜核三志，參互考訂，始無差謬，閱今七十載矣。夫七十載以來，祠宇之興廢，職官之陞遷，賦役之減增，科甲、節烈、藝文之繼起，視諸《蔣志》，鏊然各別。若不亟行鉤纂，日久無徵，良可喟惜。丙子春仲，廣陵茨山顧君，以名進士出宰是邦。甫下車，即允紳士請，毅然以修志爲己任，慨捐廉俸，延請總裁開館於道署，歷月十九而稿始成。通詳列憲，問序於余。余細爲繙閱，立綱十二，目五十有九，例嚴而筆直，搜富而考詳，制度、文物、風度、人情，洞如觀火，而尤於忠孝

---

① "提封"，原稿脱 "封" 字，據乾隆《上杭縣志》卷首補。
② "法"，原稿脱，據乾隆《上杭縣志》卷首補。

節烈加之意焉。吾知是志之成，不特昭公道而洽人心，並深得紫陽綱目之法，而無失《周官》外史之遺意也。可以借渠之儲，寧僅一邑之書云爾哉。余樂觀厥成，爰爲之序。時乾隆二十二年丁丑歲孟秋月，誥授中憲大夫、知汀州府事、加二級、紀錄九次，大梁高霔撰。

顧《序》曰：歲丙子，余膺簡命涖杭。甫下車，邑紳士遂以重修邑志請，併攜前後志暨憲檄各卷以進。余閱之，深嘉杭人士之留心文獻，益虞主持者之厥任維艱也。稽杭志，自前明知縣蕭宏、徐綬、楊萬春遞加修輯，各有異同。迨國朝康熙二十六年，知縣蔣廷銓綜三志而參訂之，縷晰條分，有體有要，允爲成書。越今七十餘載，俗因時異，事以歲增。前縣趙侯，起而續修，意良厚矣。乃經杭人指駁，不惟小節有遺，即鉅典亦多譌舛。是固當事之考核未暇及，毋亦纂校者之間有憑臆見以貽誤也。以故，前府憲舒，准紳士之請，署縣衛侯隨，復通詳各憲，批允訂正。余學識疎庸，殊慚淹貫，又涖政伊始，風土人情，尚未周悉，漫爾操觚，安知後之議今，不猶今之議昔乎？第以我國家車書九有，梯航萬國，如一統志、通志、郡邑志，罔不鼇然畢備，頒行天下，俾守土之臣不待身履其地，而民物、風俗皆得一覽而瞭然心目間。況杭邑山川秀麗，風俗醇良，人文日盛，科第埒於名邦。余承乏兹土，適逢美舉，曷敢以不敏辭？爰禮聘浙省宿儒定裁，延請城鄉練達各紳士佐之，開局道署，公同①纂校。分目提綱，準之《蔣志》；循名核實，協之輿情。諸凡因革異宜，新舊殊制，遵所當遵而非襲，纂所當纂而非誣，矢慎矢公，務期信今而傳後。稿成，繕詳各憲，俱蒙許可，準校刊行，全杭於是慶有成書焉。余惟忝參厥任，幸賴諸君子同心協贊，可告無過已耳，詎敢攘爲己功？因述其顛末，附諸簡端，庶幾後之修志者，鑑今日之苦心，毋或苟然以珥筆也。至采之國史，昭信千秋，彙之輿圖，增光一邑，則余所不敢必，要不能不殷殷冀望者。是爲序。時大清乾隆二十三年戊寅歲孟春月，賜進士出身、上杭縣知縣、加三級，如皋顧人驥撰。

王《序》曰：善乎，賈生之言曰：“牧民之道，務在安之。”而要非稔其民風，悉其土俗，雖欲安之，或且擾之矣。宜良有司之汲汲於縣志也，顧縣志何可易言？古有良史，皆言作史之難，以史必出於信也。志猶夫史，省有省志，郡有郡志，而縣亦有縣志。作者創之於前，修者繼之於後，其任均重且大，是

---

① “公同”，原稿脱“同”字，據乾隆《上杭縣志》卷首補。

必勤咨博訪，搜羅不遺，而考核必慎。事從其公，義取諸當，俾一縣之風土人物，鑿然分明，千載而下，一一不失其正，斯稱善焉。杭川自宋淳化間，析新羅之地爲縣。縣之有志，肇於嘉泰二年。由宋及明以至我朝，修者後先相望。歲戊寅，余由永福代庖茲土，適志書告竣，爰得而覽觀焉。其山川、土地、城池、橋梁、祠宇、壇壝以及戶口、賦役與夫忠孝、節烈各事跡，莫不瞭然心目。既而往來七峰三摺間，喜其農勤士秀，俗樸風醇，而乃歎杭之聲明文物日新月盛，皆由聖朝仁漸義摩、涵煦百年之深也。承平既久，吏習而民安之，以視前代，相去奚啻萬萬？《王制》云：“修其教不易其俗，齊其政不易其宜。”視斯志也，凡一邑之緩急輕重，皆可按圖布之，爲政之道，端必有賴於是。然則爲人牧者，亦惟宜乎土俗，準乎人情，去其泰甚，相與安之而已。余不才，不敢妄有施爲，庶幾藉是以藏拙云爾。乾隆二十四年己卯春王，署上杭縣事，三原王綱撰。

潘《序》曰：粵稽漢孔安國曰：“九邱之書，九州之志也。”邱者，聚也。聚一方風土之宜尚，山川之流峙，四境之阨塞，物産之豐儉，人文之盛衰，政治之隆替，採風觀化，因革損益，非是無從。誌乘之設，古帝王以爲爲敷教之本，自古如斯，敻乎尚矣。由是觀之，九州職方，統志也。由統志而逮通省，通志也。由通志而逮一郡，郡志也。由郡而一州一邑，邑志也。曠覽宇內，皆一州一邑之所積。是一邑之志，尤爲九州職方之基，能以是書爲亟亟者，殆亦所謂知政本者與？乾隆己卯，余承天子命來涖杭邑。杭爲古新羅西鄙地，本上杭場。宋淳化間陞爲縣，邑志仿自宋寧宗、理宗時，邑侯黃、鍾兩君修舉之。歷宋、元、明，而版帙寖失。至前明成化、弘治、萬歷，有蕭、徐、楊三志，悉纂輯於令斯者三君子之手，今亦皆杳不可復覯矣。可覯者，《蔣志》。志成於吾朝康熙丁卯，文簡而事核，足稱佳乘者。惟是逮乾隆十有八年，西圃趙侯慨然念志之失修，歷數十載，恐時益久而事益湮也，殫力蒐討，編纂甫竟，而茨山顧侯繼之。以書之未完善也，集邑紳士之賢者，爲之設館授餐，丙夜講求，汰蕪棄瑕，以求完善。書成，而上之上官，報可而後付之梓人。董是役者，邑孝廉鄒君董，於余受任之始，奉書而告曰：“是役也，事以實著，人以懿述，前侯與共事諸君盟鬼神而爲之。今者，前侯已去，而所著所述，慮邑士之好爲訾議者淆是非之公，於卷帙既定後，敢一正於吾公，乞一言以爲定論。”余謝不敏，受書卒讀而歎曰：“志以輔史，史亦有志。天官、五行、方輿、河渠、禮樂者，史之志也；

而人物之臧否，備於史而載諸一方之志。述其黨之賢者，而不肖者闕焉；著其人一事之微，而否者略焉。取足風勸表率已矣。是又純乎善善之道，與國史之彰癉必備者異。苟其慎取而弗失，即足以信今而傳後。矧茨山先生以名進士宰斯土，恪恭有位，與諸君子矢公慎竭智慮，以成斯書。首述典謨，以尊王度；辨沿革、識山川，以著封域；釐賦稅①、定徭役，以善輸將，以息民勞；崇黌序、隆典禮，以昭文教，以正秩祀；著兵衛、揭往事，以示戒備，以奠民生。他若宦績有書，鄉賢必述，所以昭往，所以勸來。下逮韋布一事之善，窮鄉寡鵠一行之得，無不畢舉而鄭重書之。猗矣，盛哉！且余不學，承乏於斯，俾知風尚之宜，措施之序，以善一時之治，而苟免尤悔。箴規於是，師資於是，夫何閒然？若此邦人士於此而識吾朝雅化之隆、恩恤之備，景世德、服先疇，厚其生以正其德，馴至風淳俗美，使觀化者於茲一式憑焉。得非斯邦之厚幸也與。是爲序。時乾隆二十五年歲次庚辰端陽，勅授文林郎、知上杭縣事，笠澤潘廷儀撰。

臨汀蒼玉洞宋人題名

劉喜海輯

《百一廬金石叢書》之十《金石苑》，《蒼玉洞宋人題名自序》曰：宋歐陽文忠公《跋甘棠館題名》云："余於集古，每得前世題名，未嘗不錄者，閔夫人之甚好名也。"余素有嗜古癖，蒐羅金石文字積四五千種，舂爲《金石苑》，宋人題名，亦幾千種焉。癸巳春，出守臨汀。下車時，路經東郊，距城里許，怪石林立，指不勝僂，詢其名，曰蒼玉洞。後有事，每息憩其下，見石勒名夥，然未暇披榛莽、剔苔蘚，一讀其文字也。今夏偶暇，偕從姪密甫作竟日遊，訪得宋人題詩、題名，始慶歷訖寶慶及無年月者，共三十有七種，手拓墨本，著錄於編。其中姓氏、爵里、時日，多可補正郡志之缺訛。爰縮臨成册，略注數語，釐爲一卷。復屬海鹽陳南叔寫圖兼注其勒名處，而以"霹靂巖題名"一種於後，亦猶是歐陽文忠公錄"甘棠館題名"之遺意耳。道光十有四年歲次甲午仲夏，東武劉喜海識於金沙郡齋。

---

① "釐賦稅"，原稿脱"賦"字，據乾隆《上杭縣志》補。

按：此書道光十四年歲次焉逢敦牂仲秋，東武劉氏味經書屋開雕。

又按：《博古齋書目》：“《蒼玉洞題名石刻》一册。”即劉氏此書也。

同治上杭縣志十二卷

沈成國纂

《八千卷樓書目》卷七《史部·地理類》：同治《上杭縣志》十二卷，國朝沈成國撰。

蔣廷銓《序》曰：世之言作志者，往往謂難於創始，易於續成。蓋以創始則前無依傍，義例悉自我立；續成則不過一切傚而輯之云爾。而論志，於上杭顧有不然者。何則？志之在宋者，寧宗時爲嘉泰，理宗時爲開慶，[①] 此固絶無可考矣。以明言之，《蕭志》成於成化十二年丙申，《徐志》成於弘治六年癸丑，《楊志》成於萬曆七年己卯，向皆刻有成書，後惟《楊志》流傳。及懸賞徧購，始得弘治志一册，而蟫蝕者已多。繼又得成化志，卷帙已失其半，朽蠹更甚，觸手幾化。取三書互校之，其中雖各有所訂正，按其體裁，則迥異焉。至《汀州府志》，崇禎四年辛未所修，又以事非一邑，詳略任心，殊未可據。相傳嘉靖間，續刻有志，《楊志》亦時摭引。又聞萬曆時李令衷素，嘗屬邑紳張近陽重修，業脱稿，會李擢任，未梓。意此二書，當必得體，願折衷之，而皆未得寓目。因竊自笑續修之舉，以爲處其易，而不知反任其難也。然何敢辭其難，而使百有餘年之近事殘缺散亡、且使五百年來之故實磨滅失次？後有作者，其將何所考耶？爰是網羅舊聞，博詢故老，向所經營未定者，急謀卒業。凡編中所紀載，無不立綱分目，犂然倫脊，視三志爲差備。雖不敢與創始自立義例者同列制作之林，然廣稽博攷，正譌而徵信，似與一切傚而輯之者稍不侔矣。繼自今爲政君子，省方問俗，按此而求之，或亦可爲覔覽之助乎？編輯既成，聊識一時之始末如此。康熙二十六年丁卯。

黎士弘《序》曰：畿、省、郡、邑之志，與國史相表裏，體裁大小不一，而義意則同。史主勸懲，志專實録。史獨難於斷，而志則兼難於修。凡修史立局，

---

① “寧宗時爲嘉泰，理宗時爲開慶”，原稿脱“爲嘉泰，理宗時爲”七字，據康熙《上杭縣志》卷首補。

總裁、校勘皆定專官;進退黜陟,備呈乙覽;即權貴不得以力爭。至郡邑之志,非生長其地者,人與事不相習,勢不得不屬之一二里鄰能文章、熟掌故之士。然宗戚交遊所在,往往閣筆濡毫,遷延嫌怨。稍恕,則速索米立傳之譏;概删,又不免陶範挾刃相臨之懼。遂至兔園夫子,亦點文壇;椎髻布裙,盡標淑媛。流傳四方,指爲口實。志之濫也,匪獨有心者不願爲,且不欲竟讀也。是非地方司牧真心、强力,任是非、勤採擇而又具良史之才者,斷不能成書而垂後。若今璞山蔣使君所修《上杭縣志》,蓋亦僅矣。上杭爲臨汀赤縣,有明三百年間,藪澤數警,特設憲司節制。其地川陸三百里,人文山水,甲於諸州,志之缺者百有餘年而未補。豈能文操筆者遂無其人,抑以宗戚、交游、親串之所在,懼於速尤府怨而有所不敢耶? 抑豈一時司牧,文章、政事不必兼長,而任是非、勤採擇又有力、有不力耶? 蔣使君蒞治八年,政通人和,急急乎文獻之不光是懼,聘名士,分部家,心手勾稽,兼時積月。今讀其書,數千年間一邑之治亂興衰,若可手輪目數。細及里語方言,蒐羅放失;至於官司人物,出入進退,毀譽所不得搖,愛憎所不得奪,又何其斷斷如是。昔韓昌黎推避史事,柳州貽書相督,謂其褒貶是非不肯任,將來不敢爲御史大夫;生殺予奪更有重於此者,則并不敢爲宰相。今使君奮然執筆,而不爲愛憎、毀譽所搖奪,是御史大夫、宰相之心也。然則蔣使君豈僅才勝一邑,其所成書又豈僅一邑之志哉?郡志殘缺有年,當事屢以相屬,逡巡而未有以應。倘得盡如寧化志之博麗,自爲一書;上杭志之明辨而有體;則庶幾蹠事增華,事成功半。然終逡巡而不敢以應,不敏之嘲,固已遠慚柳州,近復抱愧於賢使君不少也。並見託素齋卷三文集。

　　鄢翼明《序》曰:汀郡屬邑八,其在南者爲上杭,實汀水注海之道,地與粤東接壤,群山雄峙,衆流襟帶,蓋汀之南屏也。其細民務本業、甘勤苦,其人士敦詩書、尚氣節。其爲政易行,而其爲教易成,載之從前邑志者,詳矣。方今宇內清寧,車書大一統之治,所以潤色鴻業,黼黻太平者,靡不修舉。杭邑蔣令,仰遵國典,俯察輿情,尋源乎簡册,而旁羅乎見聞。於是以百餘年來未續之縣志,一一採集而正定之,條分縷析,從信闕疑,弗遺弗濫,俾山川風物、人表聲名,展卷間瞭如指掌。斯志也,洵足以傳矣。夫人置身王路,官以知縣爲名,凡此邑之形勢利病、興廢因革,一有所未知,儒者恥之。蔣令以吳中名士,捧檄宰杭。蒞官之初,正值汀南克復之際,萑苻時警,鴻雁方勞,撫字瘡痍、綢繆固圉者,無不周知。宜其耳目之所覩,記傳之筆而成之書,博而雅,詳而得真也。獨予所慚者，《汀州府志》自崇禎十年迄於今未修者幾周甲子有奇矣。予亟欲編輯之，嘗謀之鄉先生大參黎公，顧數年以來，政務日繁，不遑從事，中心恕如。茲見《上杭縣志》之成也，喜其能勸予之未逮也。援筆而爲之序。

楊萬春《序》曰：司馬子長南遊會稽，得《吳越春秋》而爲世家。言其成《史記》，必采之列國；列國而無史，則整齊百家難矣。余會稽鄙人也，側慕子長之風，幸從計吏後，過江淮齊魯之墟，以觀天下國都；而宦遊閩越，爲是邑長吏，即延士民、問治理。然索之往志，作於弘治初。至是，閱八十七年，當都御史至閩，下郡邑，討故實，屬博士以報，未遑爲之鞶。適汀郡志屬之郭建初，建初罷郡中，將避之下邑。予以邑志請，[①]卜金山爲主，郡公因專屬予。不閱月，兩書成。邑卷僅七，其目惟四，五百有餘歲存亡足徵矣。南遊者采之，其杭之《春秋》乎？予勞建初，建初乃勞予，謂今長吏苟能修廢墜、勤撫字、興教化，方日紛紛不暇，而君獨暇茲志，何爲其然哉。予聞古君子之志天下，不利一人而利千萬人，不利一世而利千萬世。予鄙，雖不敢藉口古君子，然得茲志成，庶幾後因志而按疆域城池，以及諸所建立；按錢穀盈縮，民數豐歉；按人才隆替，與夫忠臣烈士。則廢墜之修，撫字之勤，教化之興無窮矣。此其所遺，蓋不特爲一時吏治修也。予鄙，寧能無意乎？且予藉是得報命於郡公，雖不暇，其敢諉哉？萬曆七年己卯。

馬馴《序》曰：志者，記也。所以記世故、人文、物理之迹也，猶列國之史。然史[②]纂於朝廷，志編於郡縣，文殊而實則同，上下異其名，今古無間也。粵稽《兩漢志》著於宋，《三國志》著於隋，鄉遂之野有野史，州里之閭有閭史，隨厥攸宜，參取而互用之。大要本於纂輯者公天下是非之心，直千載鑑衡之筆，則庶幾焉。夫純駁得失存乎言，沿革美惡存乎世，正邪誠偽存乎人，據事直書，而意自見，勸懲以之。志奚可苟乎？吾汀肇於唐開元，闢福、撫二州山洞，始置郡，建於漳之新羅，後遷長汀村，析龍巖之西偏爲上杭場。逮宋，改郡爲路，淳化間陞場爲縣，隸於汀。因地利以致商旅，尋徙於來蘇之郭坊。國朝混一寰區，復更路爲府，杭仍汀之宇下，違郡治十舍許，界於潮、漳、臨、贛之

---

① “請”，原稿脫此字，據康熙《上杭縣志》卷首補。
② “然史”，原稿脫此二字，據康熙《上杭縣志》卷首補。

濱，山環水繞，爭奇競秀，形勝之雄甲它邑。氣習勁毅而狷介，君子則質直好義，小人則愿恪少文。仰沐清時之文教，士知力學，登科第、陟要津，代不乏人。女節婦行，間有可書。而窮巖之頑氓，尚梗律負勇，自作弗靖，以貽公家憂。當寧迺下廷議，慎簡憲臣一員，握兵備、按厥土，用康群黎。安成伍君仲孝，由名進士刺隨，廉公有聲，特膺茂選。駐節之初，宣德威、嚴卒徒，相險畫策，隨變制勝，百廢從乂，四封晏然。激揚之餘，爰取邑志而讀之，喟然興歎，謂王政必先教養，吾民切於耳目，可爲法程者莫如志，志則典籍之所寓也。典籍正，則民有考德，而知所適從；分義明，則俗有感化，而樂於愛戴。脫尊卑錯雜，賢否混淆，詳略失宜，訛正無辨，何以昭既往而俟方來，範後塵而追先哲？民將貿貿焉，罔知善之當爲、惡之當去也。遂集儒先之有文行者二三輩，授以成法，定其指歸，疏其門類，別其等差。考其戾於道者，釐而正之；不關於世教者，削而不錄。綱舉目張，期年而校畢，可謂謹於刪述，善於開導者矣。然猶不自滿，假謂余歷官中外，涉獵世故頗久，請加考訂而編次之。余衰老林泉，荒於文墨，睨茲盛典，文不待贊，復何言耶。於戲，道未墜地，既晦復章，斯文之幸也。政在得人，父作子述，斯民之幸也。馴，鄉人也，附名於末，亦幸矣。

弘治六年癸丑。

　　張禎《序》曰：邑之有志，爲紀前以昭於後，集今以續於前者也。蓋莫爲於前，後將何述？莫爲於後，前將何傳？後先相繼，志載弗墜，則事實明著，一覽具見，誠一邦之史也，夫豈偶然而已哉？自唐代宗中置上杭場於豐田里，南唐保大中徙於太平，至宋陞爲縣，而又有鱉沙、鍾寮場之遷；及乾道三年徙郭坊，而上杭邑治始定焉。其遷徙之故，雖有舊志，然歷歲久而殘缺多。郡貳守程侯閱之，謂始纂於前者尚略，繼修於後者未詳，迺命邑令蕭公、貳令陳公爲之續。二公遂謀及邑庠掌教孫君，貳教鄭君、李君，暨上舍孔經、庠生吳明、林繁輩，職司采集，致謹編摩，列其條目，究其本末。事蹟之未當者，去取求得其宜；名實之未稱者，精審求得其要。視諸昔年之志，猗與盛哉。志成，孫君已序於前，而復屬禎序其後。予惟談今者必稽古，垂遠者必詳近。竊觀是編，上而形勝、山川之雄壯，次而風俗、土產之盛衰，戶口之登耗，仕宦之更代，廨舍之廢置，固皆稽古以證今矣。至於文廟、軍所之肇造，藩、臬分司之作新，若事功、若隱逸、若義士、若列女，與夫宦績之卓異，詞翰之炳煥，備紀不遺，又皆詳近以垂遠也。吁，後之視今，猶今之視昔，今之昧於前者，由其志載之不周也。

苟於今所及知者，不志而載之，又安知數世而後昧於今者，不猶今之昧於前乎？此續志之作，前後畢舉，詳略相因，誠不磨之著述。其有關於杭邑，有裨於治道者，亦深且大哉。成化十二年丙申。

孫能《序》曰：無地無勝概，無地無人才，此天下郡邑必有志以紀之也。夫志者，所以傳信也。使爽其名實，失其體要，是之爲志，乃志之蠹也。上杭自李唐以來爲場，至宋淳化始陞爲縣，隸汀州。舊雖有志，然而歷宋抵元至我朝百有餘年，多殘缺失次。景泰間，上命天下郡縣纂修志書，鄉之紳士即舊編而加修輯，顧鑑別多有未當，亦不免無遺舛於其間。汀州貳守程侯熙，自下車來，嘗有意於斯，曩以他務未遑。會郡守徐公瓚、通府李侯祺、推府熊侯德，後先來官，咸嘉其意。今成化丙申春，命予暨同寅鄭君鎔、李君鎧爲續志。於時，縣令蕭君宏、丞陳君清，延上舍孔經、諸生吳明、林繁輩相與簡閱傳記，博采輿論，於舊有未當者，覈其實，遺者補之，舛者正之。務遵史氏遺意，效其體，門分類別，撰次成編，凡爲卷有五。取而覽之，斯邑山川之秀、城池之固，以至物産之蕃、古今之變、與夫文章之著、仕宦之賢、風俗之好尚，莫不宛然在目。如是以繼前人之績而廣異日之傳者，幸也。志成，蕭君遂命鋟梓以壽不朽，後之君子，校而正之，未必無小補云。成化十二年丙申。

崇正書院志

陳華山輯

《府志》卷三十九《藝文》，楊昱《崇正書院志序》曰：書院者，宅名勝，居來學，以廣國家興道育才之意，官政之最善者也。蓋自漢魏而下，宇內名勝悉爲佛、老所宮，吾儒無有之者。迨李唐，世儒或有宅勝讀書，而書院之名以立。逮趙宋初，白鹿等四院方顯名於天下。此後，二氏之宮或廢，良有司每改爲書院，豈徒競其地哉？蓋以名勝之區必幽，幽則可以凝志；必爽，爽則可以發神；有資於學也大矣。吾汀鄞江之陰，蒼玉之巔，有地高明蔚宛，亦郡之勝也。舊有浮屠之居在焉，《圖經》所謂"東禪寺"是已。嘉靖庚戌，僧徒寺廢。仁和華山陳公，適領郡符至，迺徧請允諸司，改爲崇正書院，扁其堂曰"明德"，以聚講課；傍建號房若干間，以居諸生。因堂左之室頎高傑者，修飭爲三賢祠，崇祀郡人晦庵高弟楊淡軒，而溯及朱子；又以文文山嘗建纛於汀，亦取垺祀之。既落，集郡九庠高第諸生，使藏修游息於中，籍其田以供具之。政暇，必躬詣講改啓迪。由是士爭濯磨，駸駸日知嚮往。復懼創置之實久或湮也，迺次其修建之由，廬田之數，立教之法，掇淡軒之詩文與朱、文二先生作之關是者，泊院傍石刻，爲誌以傳，使某言弁其首。竊惟昔人治郡善興化者，固莫文翁若矣。然效之所臻，止於士舉京師，比於齊魯而已。豈徒作以進取，而立教之本有未講乎？今宅高明，翼神志，則有以資進修之功；闢異端、崇正祀，則有以端嚮往之路；廩餼庖湢之悉備，則厥務惟周而心不分於他；提撕振作之維勤，則意有所憚而學必致其力。固皆切實之益，不假功利之私，推其所成就，寧無三代之士奮起其間以酬明教哉？況頒教條以善俗，立保甲以察奸，獄訟催科之下，每寓崇化厚俗之意；而閭閻之間，行當比隆三代，又不直學效之教已也。公他政多與是匹。序辭不徧及者，懼枝也。

光緒長汀縣志三十三卷

劉國光纂

《原序》曰：自高卑奠位以來，人物風土之推移，山川草木之變遷，不知凡幾也。必欲垂之久遠，留之奕禩，吾未見奇尤。碩德長存天壤，滄海桑田，亙古一轍也。雖然，無以傳之，杳乎莫據；有以載之，宛然若接。古之聖人，慮事之無以準也，爰有結繩之治；慮事之無以紀也，爰有書契之作。其後，菁華愈開，文字愈備。迄我夫子《春秋》之作，上下二百四十二年之人事禎變，了若列眉；雖秦漢以來，馬、班、范、歐相繼紀載，不無異同。然紫陽《綱目》，一正前說，力排異論，褒貶譏刺，微文大義，確乎繼《春秋》而成書矣。說者謂："自有《綱目》，凡後之紀載，俱可不作。"予於此正不能無疑焉。《綱目》雖爲一代信史，亦猶《春秋》，天子之事所紀者，悉朝廷之盛衰，政治之得失，人臣之忠佞耳。他如四海人物、風俗、山川、草木，則略而未盡悉也。夫一代之興，必有一代之人才；一隅之地，豈無一隅之風景？必謂有《綱目》可無紀載，則古今人才之出，幾與草木同腐；而山川靈秀之氣，亦等諸冥頑物耳。可勝惜哉。前此無論矣。我朝詔修《一統》、《通志》，又得《廣輿》增訂一書。自是六合內外，風土人物，可披圖而畢現，一覽而無餘。第其間尚有略而弗志、志而弗詳者，此雖前代之缺典，亦待後人之修明也。即以長汀一邑論之，汀閩上游，長其首邑。有明修志，以長爲附郭，附諸《府志》，未及別立一書。予辛卯簡命宰是邑，下車之日，求邑志不獲，即欲起而修之，簿書鞅掌，終未及詳。茲幸邇年以來，政治人和，案牘稍暇，值憲撫陳檄徵志送內部。爰進邑中士大夫相與質同異、參可否；又得司鐸蔡石川共襄厥事。商酌已定，遂捐清俸纂輯。大約前此草志，不容增減，而自崇禎晚年迨我朝定鼎以來，七十餘年，損益因革，事必錄之。至於科第仕宦及忠孝廉節，有實蹟或已經題請者，胥紀焉。夫表微闡幽，寓激勵之微權；採風紀勝，昭清宴於盛世。非當事者之責而誰責與？或曰勸善懲惡，存是非於公論，即《麟經》之志也。噫嘻。《春秋》一書，爲綱常名教萬世之極則，雖紫陽珥筆，《綱目》繼作，猶不敢妄希竊比，矧予區區一邑之志乎？予惟是因時紀事，因人紀迹，不敢憑臆見、創異說，舉凡人物、風俗、山川、草木，務核其實，不浮厥名，以傳之將來，俾後有作者，不鄙爲無稽之談，是予之所厚望也夫。書成，弁數言於端。康熙五十七年歲次戊戌仲冬，護理汀州府清軍總捕督糧、同知長汀縣知縣，廣陵張文偉題。

《原序》曰：作史難，修志復不易。史推司馬、二班，志則無以專家名。今聖天子輿圖式廓，亘古罕倫。凡黑齒雕題，咸被昇平教化，紀事者莫不稱名舉類，勒爲成書。惟長汀爲汀州附郭，向援郡志爲志。康熙五十六年，邑令張始分郡志爲縣志，考文徵獻，歷久乃成。至叙誥勑於藝文，次縫掖閭巷於選舉，已爲褻濫；而戶口、田賦，職官、祀典，缺略未詳。或重或漏，或罔知忌諱，瑜多爲瑕掩。蓋事由創始，多采集，鮮探討，識者少之。適奉楊大中丞檄，飭令另刊。羲五日代庖，簿書鞅掌，覯此廢墜之事，敢以不遑諉哉？稽山許子春暉，精申韓之學，兼博群書，延之以綜其成；副貢吳志恭、廩生鍾蔭爲之分校。謹遵大中丞標示，仍案省志、郡志，逐一釐定。將康熙五十六年至今之土地、人民、政事，悉爲續入，焚膏繼晷，越[①]五月稿成，而於鄉行、節孝諸門，尤加謹焉。較舊志去則十之一，增則十之三，續也而幾同於創矣。時值卸篆，弗克重加潤色，即付剞劂，不無遺憾。西蜀《武功志》，修自康對山；閩之《寧化志》，修自李元仲；海內俱稱善。修志必如二公，此志之所以不易修也。乾隆四十七年歲次壬寅八月上浣，護理汀州同知兼署長汀縣事、建陽縣知縣，涪陵陳朝羲題。

---

① "越"，原稿作"起"，徑改。

《原引》曰:原夫山洞闢於唐,風會開於宋。牛女分野,上有驗乎天;丁水合汀,下堪察諸地。山拜相,峰狀元,人須偉爲國器;洞玉蒼,村石白,物亦如數家珍。夫百里爲侯,責成端在三寶;而八邑居首,著作胡弗千秋?因念續奏川廣,馬中丞不無經濟;乘修漳贛,李戶部具有史材。郝大理之忠諫炳於前,黎參政之文集炫於後。或記作會館於賢孝廉,或詩採全閩於名進士。凡人文之傑出,皆天地之秀鍾。對山纂成蜀志,竊嚮往之;考亭討論圖經,良有以也。余奉簡命,作宰新羅。上蓬萊敢云仙吏,蒐志乘諒有聞人。余甫下車,未得繙閱。適逢上憲,採取邑志,纂修省志。查志纂修於康熙戊戌,重修於乾隆壬寅,抱殘於嘉慶庚申。洪水爲災,幾爲太息;窮源竟委,用是彌殷。蓋附郭既有專志,而核實不難循名。剷剔浩費,終須告釀。惟勤慈惠倡先,喜即題捐有志。前者書院更新,而育俊倍見栽培;近茲黌宮盛舉,而揚芳諸多慷慨。此固入境者問之而意馳,採風者見之而色喜。夫十二里之山川道里,千萬煙之城郭津梁。可以披圖而畢現,不容缺略而多譌。文秩武勛,在乎彰鐸所必錄;前言往行,可以覽冊而聿彰。有不賭者博以鎡,賖者賒以緍。而相與有成,欣於所遇也哉。聖天子重熙累洽,都人士化美俗醇。發凡起例,邑乘難緩於修芟;合力共擎,斯舉庶易於告竣。上下古今,沿革損益;天地人物,利弊廢興。拾遺補殘,當有同志以勷厥事;羅縷洞貫,漫託不律以弁其端。道光十年歲次庚寅閏四月,長汀縣知縣王曇題。

《原序》曰:志者,乘也,即史也。邑有邑志,郡有郡志,省有通志,皆紀載之書,以求信今而傳後。然務取其備,所以徵文獻也。長汀爲郡附郭,舊未有志。明嘉靖間,邑令祝君一鑑,分郡志爲邑志,橢庠生康寅湖爲之,厥書久佚不傳。我朝康熙戊戌,廣陵張君文偉來宰是邦,綜一邑掌故,編輯成書。迨乾隆壬寅起而續修之者,則邑令陳君朝義也。旋值卸篆,多仍舊志,用付棗栗。故建置源流而未暇詳核其是,山川靈奇而未暇深究其委,職官脫略而未暇補葺其闕,人物事績而未暇闡揚其美,識者惜之。然而往者不述,來者曷繼?當日紀載之功,其亦信足多乎?邇者奉省垣纂修通志,標定規程,先備造邑志類繳。虛庵王君宰斯邑,繙閱舊志,奮然修葺。甫立局,而余適承其乏,延諸紳士,參考而修明之。人物、節孝諸門,梓里避嫌,惟聽去取於內署而已。夫邑志未修,距今歷有年所,使因循是蹈,其間景物風華,得毋久而或湮也。茲乃考千百年之軼事遺文,稽數十載之芳徽盛績,訛者正之,缺者補之。而龍山珠岫間，天寶物華，人傑地靈，與夫因革之端、得失之鑑，蓋歷可覩也。佇見輶軒下採，勒爲統志、通志、郡志，夫固有以供其取擇矣，豈僅一邑之備志云爾哉。是爲序。道光十一年歲次辛卯六月，汀州府清流縣知縣署長汀縣事，山左喬有豫題。

《序》曰：光緒丁丑冬，余奉簡命出守臨汀。公餘之暇，詢取郡邑志書。郡志經前府延古香前輩照舊重刊，邑志亦燬於兵燹，片板無存。訪有舊本，悉心披閱。據原序，前明嘉靖間纂修十卷，久佚不傳。長邑有志，倡始於康熙戊戌，重修於乾隆壬寅，道光、咸豐間，迭次續增，頗稱美備。昔之人徵文攷獻，經營慘淡，歷數手乃成此書，顧可因循姑待而任其隕墜乎？且邑志爲郡志、通志權輿，人物一門，與時俱增。自咸豐五年增修後，距今又二十餘年，如孝義、貞節、科名、職官、百歲壽民例得入志者，自應依類續入，以備輶軒採擇。尤可慨者，長爲汀郡附郭，江廣毗連，咸同間髮逆三次蹂躪，其時殺生取義者所在不乏。或執干戈以報國，臨陣捐生；或被擄脅而潔身，含笑受刃。想見我國家深仁厚澤，率土同仇；凡此忠烈之堪嘉，皆恩恤之所必及。其有遠鄉僻壤，陋巷窮簷，子孫欲顯其先人而難以自致，顓愚不知大義，遂聽其寂寂以終。烏乎，可所當另標一目，附諸孝義後，庶慰幽魂。夫興廢舉墮，以詔來兹，後起者力也；顯微闡幽，以昭激勸，當事者責也。時同官斯土者，咸韙斯舉。爰於戊寅仲夏，邀集紳士籌款設局，鳩工鐫梓，越十月而告成。或謂魏收作史，貽譏千古，蓋緣愛憎雜出，名實相蒙。采訪者既非耳目能周，秉筆者能無嫌疑是避？循是說也，不將因噎而廢食乎？余惟秉之以公，出之以慎，呈報悉憑於正紳，棄取仍決於內署。雖善善之從長，要衆好之必察。庶幾三代直道，猶復見於今日耳。此則余之可自信而無不可爲都人士共信者也。聊布區區，弁數言以紀其實云。光緒五年歲在己卯季夏之月，知汀州府事、前京畿道監察御史，劉國光謹序。

《序》曰：志之作也，始於《元和郡縣志》。厥後，由省而府而縣，各有專書，綱舉目張，綦詳且備，閱者瞭然。凡以驗風俗之盛衰，見政事之得失；酌古準今，因利乘便，於是乎在。霖宦遊三十餘年矣，需次閩中，歷權繁劇。舉夫水陸之扼要，中外之交涉，錢穀簿書之總匯，罔不攝官承乏，省括釋機。竊謂習其事矣，及將考盛衰、辨得失，準古酌今之利便，則又不能不徵其文。故以知夫志乘之不容已也。同治十一年蒞宰永定，光緒三年調署長汀，邑皆隸於汀郡,迭經兵燹,載籍蕩然;求所爲府志、縣志,蓋版之銷毀久矣。前太守長白延公,既取《府志》因舊本而重刊之。《永定縣志》尚有數帙,屢議重修,未果其役。《長汀縣志》自遭兵燹,諸多散失,倘非及時修補,後有作者,稽核曷從? 今太守楚北劉公,下車以來,興廢舉墜,眷眷斯文。亟謀重鋟縣志,訪諸城鄉,合成全帙。籌款設局,付之手民。復念逆氛肆擾之日,取義取仁,所在多有。或報,或未報,不忍聽其湮沒。頒發條示,咸訪以聞。並及職官、科目、節婦、壽民例得入志者,亦爲覈實採輯,各爲補編。仁人君子之用心,與久乘風流相焜燿,汀人之幸,豈第汀人之幸哉。計舊志,仍其序次補編,各以類從。霖得經紀其事,幸觀厥成。文足徵,獻可考,後之視今,何如今之視昔? 益思維持風化,求稱聖天子分職任功之意,且無負於太守之率屬卓成焉。是則霖之所願望也夫。賞戴藍翎、補用知府、知長汀縣事,武進謝昌霖謹識。

　　按:此志凡三十三卷,另卷首、卷終二卷。卷首:序文、凡例、圖考;卷一:建置、星野,北極附;卷二:疆域,里圖、鄉村附,坊廂、茶亭附;卷三:山川,水利附;卷四:戶口;卷五:田賦,四差、士貢附;卷六:城池,街市、坊表、墟集附;卷七:關隘;卷八:津梁;卷九:古蹟;卷十:公署;卷十一:學校;卷十二:祀典;卷十三:祠廟;卷十四:兵制;卷十五:武功;卷十六:驛傳,舖遞附;卷十七:鹽法;卷十八:榷政;卷十九:蠲政,恤政附;卷二十:職官;卷二十一:選舉,營拔、吏掾、援例、鄉賓;卷二十二:封廕;卷二十三:政績;卷二十四:人物,名臣、理學、宦績、忠節、孝友、隱逸、流寓、儒林、文苑、義行、鄉行、方技、仙釋;卷二十五:列女,節孝、節烈、貞女、烈女;卷二十六:塚墓;卷二十七:寺觀;卷二十八:典籍;卷二十九:金石;卷三十:風俗;卷三十一:物產;卷三十二:祥異;卷三十三:雜識;卷終:附冊。光緒五年重鐫,知府劉國光總修,知縣謝昌霖協修。體例視府志獨善,蓋邑志道光十年知縣王曡重修,而楊二樵孝廉瀾實任纂修。所著《臨汀彙攷》,即以其弟三樵濬《郡志補正稿》刪訂而成,故能有所攷正。劉志多因仍其例也。

笠山遺集 【下册】

包樹棠 ◎ 著

人民出版社

下册目錄

【笠山遺集第四種】

雷翠庭先生年譜

包樹棠　遺著

黃　曦　點校

張善文　審校

編校述語

　　《雷翠庭先生年譜》不分卷，墨書清稿本一冊，作者哲嗣家藏。卷題後書"上杭後學包樹棠纂"，鈐朱文印"無求齋"。卷首《自序》，卷末《跋》，亦各鈐"無求齋"、"伯苪"、"包樹棠印"等章。封面正楷書籤"雷翠庭先生年譜"，署款"後學黃增題籤"。

　　據作者序跋，此書初創於民國二十四年（1935）乙亥歲冬，次歲復作補苴乃藏事。視稿本天頭書有十餘條增益文字，及另紙抄錄一條夾附稿中，則此後又略有續訂。其纂述宗旨，乃因作者鄉先賢雷鋐（字貫一號翠庭汀州寧化人）爲有清一代名儒，歷仕康雍乾三朝，《清史稿》獨缺而無傳，故作此昭顯之，以備後之史官採錄。《自序》稱："今《清史》尚未定稿，竊恐邊鄙之邑，乘傳不至，爰勾訂譜記，亦庶幾以備有是責者之擷采云爾。"《跋》後附記云："綜其平生所學，最爲篤實，宜於《儒林》補傳爲允。"皆表述甚明。

　　斯編體例，以譜主年歲爲統緒，自康熙二十三年丁丑一歲生，至乾隆二十五年庚辰六十四歲卒，各年記錄當時履行爲正文，又附以相關文獻載述爲紀事。正文紀事，相互映照，取材翔實，考據嚴密，尤重撮舉前賢理學精微與道德風采。作者自謂"稽籍數十種"（見書後《跋》），足見立心醇懿，用力精邃。

　　又此《年譜》初曾連載於民國三十年（1941）六月至七月間《集美周刊》，惟校對略嫌粗疏。今以作者手稿爲底本，以《周刊》爲參校本，特屬黃生曦點勘。彼竭力蒐羅群書，俛勉讎核原稿，其求是精神與堅實學殖，宜嘉許焉。黃生整理既竟，我復逐句檢審定稿，庶將付梓，以饗同道也。

　　　　後學張善文敬識於福建師範大學文學院

　　　　　　　公元二零一九年元旦

　　　　　　夏正歲次戊戌小寒前四日

目　錄

自 序

　　昔將樂楊文靖公事二程於伊洛之上，學成歸，伯淳送之曰："吾道南矣。"
閩中理學自茲始。南劍羅豫章承學於文靖，再傳而爲劍浦李愿中侗。愿中杜
門講學，考亭子朱子實自出。有宋五子之學，濂溪肇其端，子朱子集其大成，
閩學之盛邁前古。臨汀僻在西鄙，楊子直方乃至武彝從子朱子學，又贊助興
白鹿洞，其往來論道之言，具見子朱子《全書》中，稱高弟，是爲汀有理學之
權輿。而連城邱起潛鱗、邱正叔方，竝出楊門，世稱邱二先生者是也。厥後汀
人治學，莫不竺守程朱，風氣被五六百年不衰。寧化雷翠庭先生，其尤表表者
也。先生出漳浦蔡文勤公門。自儀封張清恪公撫閩，倡正學，闢鼇峰書院，萃
九郡厲學之雋，論業其中。漳浦嗣主講席，先生方冠，走會城七八百里，讀所
爲《學約》，爽然知造道入德之方，以聖賢爲必可爲而至。其學大要宗程朱，
而以薛文清、陸清獻爲譜牒。鵝湖、姚江之學，流弊爲空虛者自便，懼禍之中
於人心，則論之嚴而不陷門戶之見。服官立朝，風度稜稜。一稟所學，措之於
政事，敭歷清要者二十年，未嘗有纖芥之譴，爲時君所眷重若此。平生出處語
默之際，固已質諸河東平湖而無媿也。與先生竝時而究心性理，有同邑陰靜
夫承方、連城童寒泉能靈、李簡庵圖南，身體力行之功，皆粹然足爲一世表率，
其聲氣可謂盛矣。然三人者，抱道窮山，勳業名位尚不若先生之顯著。故予
論次汀賢，必以先生爲冠冕也。今士習媮極，舉世孳孳，舍身心性命之大而
弗講，倫常日用之道，視之芻狗土苴而弗若焉。夫學術不正，人心所由邪也，
國胡以立乎？戰代楊朱、墨翟之言滿天下，孟子則閑先聖之道以拒之。唐
承魏晉六代之餘，道喪文敝，韓退之則以濟溺起衰自任。道南墮緒，掇拾何
人？吾訂茲譜，不禁憮然以思，悄然以悲也！乙亥嘉平上澣，上杭包樹棠識於
鼇峰寓齋。

先生之學，具見《經笥堂文鈔》、《讀書偶記》諸書中。唐鑑《學案小識》入之翼道，國史館竝有傳。乃閱《清史稿》，於汀人入黎士弘、伊秉綬於《文苑》，又出之於《循吏》。與《元史》文蕪體散，有速不台，又出雪不台者同一重複，可嚛。《元史》其人重複者：既有速不台，又出雪不台。既有完者都，又出完者拔都。既有石抹也先，又出石抹阿辛。他若阿塔赤忽剌出兩人，既附書於杭忽思直脫兒之傳，而又爲立傳。《曝書亭集·史館上總裁第三書》竝論之詳矣。儒林則入張鵬翼、林霞起按霞起字赤章《清史稿》又誤以赤章爲名、童能靈、李圖南，而先生獨缺然。先生德業事功，遠出數公之上，固不藉史册紀載而後傳。然論而正之，後起之責，況史册爲一代公言，豈能草草了事乎？明之亡也，上杭李得之職方魯殉焉，《爐餘集》封事六策，經濟文章，有學有爲有守。清修《明史》，遺而不錄。程鄉李二何侍郎撰家傳，以有忝國史職任爲憾。今《清史》尚未定稿，竊恐邊鄙之邑，乘傳不至，爰勾訂譜記，亦庶幾以備有是責者之摭采云爾。樹棠又記。

雷翠庭先生年譜

上杭後學包樹棠纂

康熙三十六年_{丁丑}　一歲

先生諱鋐,字貫一,號翠庭,姓雷氏。先世系出馮翊,自唐時由豫章遷閩之寧化。遠祖諱詳,生八子,長伯泰。自伯泰二十有二傳而至先生。曾祖諱德義。祖諱世守。考諱鳴高,號惕廬,諸生,有潛德,生三子,先生爲長。按,是歲先生友人連城童寒泉先生十五歲。

　　陰承方《都察院左副都御史雷公行狀》:"公諱鋐,字貫一,號翠庭。先世系出馮翊。自唐時由豫章遷閩之寧化,今爲寧化人。曾祖某,祖某,俱隱居未仕。父某,縣學生。三代俱以公官贈通奉大夫、通政使司通政使。曾祖妣某氏,祖妣某氏,俱贈夫人。妣李,贈太夫人。太夫人生三子,公爲長。"

　　《二希堂文集·處士雷慎庵墓誌銘》:"君諱世守,字衛天。慎庵其別號也。父諱德義,子男一,鳴高,邑廩生,醇質而善文。〔孫男三,長即鋐。①〕"

　　《全閩道學總纂》:"翠庭雷氏,父鳴高,字文亮,爲名諸生。其氣肅而容安,語無枝葉,鄉人敬其學行。"

　　《經笥堂文鈔·上方望溪先生書》:"鋐之遠祖諱詳,生八子,長伯泰、次伯立、伯馴、伯强、伯郡、伯御、伯邵、伯均,合葬於寧化縣之下沙村。子孫蕃衍,春秋展墓,衣冠相望。自伯泰公以至於鋐,二十有二世矣。上

---

① 　謹按,此句稿本無,據雍正十年版《二希堂文集》補。又,紀事所錄《處士雷慎庵墓誌銘》語,頗有刪略,此往昔學者著述,節引舊文獻之常例,今仍以引號標之,庶存文氣。下皆倣此,不出校。

笠山遗集

世自秦中而豫章,而徙於寧化。" 又《冠豸山堂集序》:"寒泉長余十有
四齡,爲忘年交。"

沈廷芳《雷副憲傳》:"父鳴高,諸生,有潛德。"

三十七年_{戊寅}　二歲

三十八年_{己卯}　三歲

三十九年_{庚辰}　四歲

四十年_{辛巳}　五歲

四十一年_{壬午}　六歲

四十二年_{癸未}　七歲

四十三年_{甲申}　八歲

四十四年_{乙酉}　九歲

四十五年_{丙戌}　十歲

四十六年_{丁亥}　十一歲

四十七年_{戊子}　十二歲

先生在家從父課讀。

《經笥堂文鈔·族兄用見遺文序》:"鋐自十二三時受書於家君,未
從他師。獨常以文 ① 就質於兄。"

———————

① 文,稿本脫。據嘉慶十六年版《經笥堂文鈔》補。

沈撰《傳》："鉉幼承家學,竺志深思。所點定經書,宿儒莫能易。"

四十八年_{己丑}　十三歲

得《陸宣公奏議》讀之,以意鉤勒,旁加評贊。

《經笥堂文鈔·陸宣公全集箋注序》："余十三四歲於書笥中得玉峰葛版《陸宣公奏議》,輒喜披讀。以意鉤勒,旁加評贊。然時實愚陋,不堪以示人也。"

四十九年_{庚寅}　十四歲

五十年_{辛卯}　十五歲

是歲,望溪方先生以《南山集》事牽連逮獄。

《經笥堂文鈔·方望溪先生行狀》："辛卯,以《南山集》事牽連,逮赴詔獄。獄辭上,同繫者皆惶懼,先生閱《儀禮註疏》終不輟。"

五十一年_{壬辰}　十六歲

五十二年_{癸巳}　十七歲

補縣學生。

陰撰《行狀》："年十七,補縣學生。"

五十三年_{甲午}　十八歲

五十四年_{乙未}　十九歲

五十五年丙申　二十歲

秋,族兄用見館邑城東,招先生往。共晨夕者月餘。

《經笥堂文鈔·族兄用見遺文序》:"丙申秋,兄館邑城東。及門士
悉赴郡試,招余共晨夕者月餘。時兄酷嗜宋儒書,輯解《正蒙》,採衆說
而折衷之。一鐙熒熒,每講析至雞鳴始就寢。"

《臨汀彙攷·副憲聞見偶錄》載:"族兄用見,邃於性理書,善談名
理。最得其引掖之力。"

五十六年丁酉　二十一歲

漳浦蔡文勤公主講省垣鼇峰書院,先生往問業焉。

《經笥堂文鈔·族兄用見遺文序》:"聞漳浦蔡先生主教鼇峰書院,
家君將命鋐往學,兄力慫恿之。丁酉,鋐寄《鼇峰學約》歸,兄益大喜,
遂具書與其所爲文,寄呈漳浦先生,願委贄爲弟子。今其文漳浦先生既
點定而序之,未嘗不悼吾道之孤而痛兄之遽逝也。"　又《張清恪公年譜
序》:"公前撫吾閩,首闢鼇峰書院。訪九郡之儁而禮致之,以程朱之道
倡引後進。維時漳浦蔡文勤公實得其心傳。迨文勤公嗣主講席,鋐始受
學鼇峰,因得讀公所刊儒先諸書,而幸有聞焉。"　又《書湯子遺書後》:
"睢州湯潛庵先生,以躬修實踐之學,敭歷中外。鋐向於鼇峰書院得儀
封張公所刊先生集。當是時,耳目久蔽於俗學,讀先生集,沈摯懇切,爲
之汗下。"　又云:"儀封公所刊,皆先生之粹者。茲集所載,頗足以考先
生之始終。鋐竊妄規①先生初學於孫夏峰,所學多調停陽明。至《答陸
書》,乃晚年之定論也。"

《二希堂文集後序》:"昔吾師主鼇峰書院,鋐丁酉負笈從遊,耳目爲俗
學久塗塞,見《鼇峰學約》,惕然有警。讀《二希堂文集》,曠若發矇,勃勃
然不甘自墮。方半月,師聞太夫人抱疴,馳歸。每附書問業,輒加獎飾。"

---

① 　規,《經笥堂文鈔》作"窺"。按"規"通"窺"。

《二希堂文集·處士雷慎庵墓誌銘》：“康熙丁酉歲，余主鼇峰書院。其孫鉉來就學。年少有志尚，跬步一範於禮，體察宋儒之書，省克若不及。”又《雷用見時文序》：“丁酉歲，其族弟貫一來鼇峰書院，從學於余。”

陰撰《行狀》：“肄業鼇峰書院，時漳浦蔡文勤公掌教。公讀其《學約》，爽然知造道入德之方。” 又云：“公始學，從文勤公遊，即手錄《性理精義》中《總論爲學之方》，及《立志》、《存養》、《省察》、《致知》、《力行》數篇，以爲繩準。口誦、心惟、身踐，曉夜汲汲，無時或懈。稍有疏忽，即痛自刻責，若無所措其身者。”

彭紹升撰《事狀》：“時漳浦蔡文勤公講學鼇峰，公讀其《學約》，悅之，從文勤游。慨然以聖學自任，慕陸清獻公之爲人也。”

彭啟豐《通奉大夫都察院左副都御史加二級雷公鉉墓誌銘》：公少學於蔡文勤公，其學一宗朱子，不搖於他說。

朱仕琇《都察院左副都御史雷公墓誌銘》：“公爲諸生，見蔡文勤公《學約》，悅之，從文勤學。文勤稱公爲人，類楊江陰。江陰者，文定公名時也。”

沈撰《傳》：“蔡侍郎世遠主講鼇峰，鉉從之遊，甚見器重。世遠將歸，錄性理存養省察之要授之。嘗讀湯文正斌、陸清獻隴其書，日有警悟，所造漸深。”

《福建通志·列傳》：“少讀漳浦蔡世遠《鼇峰書院學約》，惕然有警。湔去俗學，銳志向道。世遠稱其心純，志篤聖賢，必可學而至。”

五十七年戊戌　二十二歲

仍肄業鼇峰書院。

《臨汀彙攷·吳清夫跋蔡文勤致雷翠庭手札》云：“副憲受學文勤公，方年二十有二耳。銳意聖賢。”

五十八年己亥　二十三歲

五十九年庚子　二十四歲

先生歸省。其夏至漳浦,候文勤公,留十日,攜族兄用見文以歸。始抵會城而用見卒。

《經笥堂文鈔·族兄用見遺文序》:“庚子,鉉至漳浦,方攜兄文以歸。比抵會城,乃知兄一病竟不起矣。”《二希堂文集後序》:“庚子,走步漳浦,侍側十日。”

《二希堂文集·雷用見時文序》:“庚子夏,貫一自汀過余,攜用見時文一冊求評定。貫一歸而用見死矣。”

六十年辛丑　二十五歲

六十一年壬寅　二十六歲

十一月,聖祖卒,皇四子胤禛即位,是爲世宗。

雍正元年癸卯　二十七歲

舉於鄉。計偕北上,過姑蘇,見湯潛庵先生遺書,急購而讀之,因書其後。至都,寓文勤邸,往謁張清恪公外,不投公卿一刺。相國高安朱文端公,與文勤公居比鄰。文勤公謂曰:“高安素知子,子可一見。”先生以陸平湖在京不敢見魏蔚州爲比,公頷之。下第後,文端公禮先焉,乃往見,以所著《易解》屬校訂,時論兩賢之。

陰撰《行狀》:“雍正癸卯舉於鄉。至都,寓文勤公邸。不投公卿一刺。時相國高安朱文端公與文勤公居比鄰,文勤公謂曰:‘高安素知子,子可一見。’公以陸平湖在京不敢見魏蔚州爲比,公頷之。下第後,文端公禮先焉,乃往見。遂以所著《易解》屬校訂。”

彭撰《事狀》:“初舉鄉試,至京時,蔡公在朝,大學士朱文端公欲見公,公不往。文端乃就蔡公館與公論《易》,器之。”

《國朝學案小識·本傳》:"方舉於鄉,至都下,不投公卿一刺。以陸平湖不敢見魏蔚州爲比。謹守規矩繩墨,克治嚴密,踐履篤實。"

朱撰《墓誌銘》:"鄉貢京師,高安朱相國軾聞公名,不可得見。乃就公蔡公寓舍論《易》,時人兩賢之。"

《國朝先正事畧·本傳》:"舉於鄉①,入都不投公卿一刺。以陸平湖不敢見魏蔚州爲法。方望溪侍郎嘗與文勤太息生才之難:'計數生平朋好,如楊賓實、陳滄洲,後生中尚未見堅然可信其幾及者,況在古人?'文勤曰:'吾門雷生,乃後起之賓實也。'公乃出見望溪於文勤所。文勤即命受學於望溪,望溪固辭,而答以儕輩之稱者凡三四年。其後察公品峻②而意誠,始受之不辭。"

《聞見偶錄》:"余初見望溪師,聽其述對儀封公語,不覺惕然。儀封公爲江南臬使,未受事即造其廬。望溪師云:'士君子有二關,義利也,利害也。公於義利一關,灼然不惑矣。未知處利害何如?'厥後參劾噶禮,幾陷不測,賴荷聖祖保全。則公於利害不動心可知。"③

沈撰《傳》:"雍正癸卯,領鄉薦。公車惟手《性理》一編,人謂其迂,不顧也。"

《經笥堂文鈔·書湯子遺書後》:"癸卯,計偕北上,過姑蘇,見先生遺書,急購而讀之。" 又《張清恪公年譜序》:"癸卯,試禮部,謁公邸第。公時掌秩宗,年已七十餘,接遇後生小子如恐或失。於是益歎公之所自任者重,而其瞻望後人無有窮已也。" 又《朱文端公文集序》:"鋐以鄉貢士至京師,公聞蔡文勤公言而禮先之。"

《二希堂文集後序》"癸卯,師赴先帝特召,侍今上講幄。鋐叨鄉舉,計偕入都,師引以見張清恪公曰:'此龕峰後起之人也。'嗣是,在都追隨數載。師與名公卿論人才,必首及鋐,曰:'是有守有爲始終不渝者也。'"

①　舉於鄉,清同治八年循陔草堂刊本《國朝先正事略·雷翠庭副憲事略》作"舉鄉試"。
②　峻,稿本作"竣"。據清同治八年循陔草堂刊本《國朝先正事略·雷翠庭副憲事略》改。
③　此條書於天頭,蓋完稿之後復作補充,且標以小紅圈指示原稿所當補入之處。今依所示,逐置文中。下皆倣此,不出校。

二年甲辰　二十八歲

先生計歸里，至郡城獲交連城童寒泉先生。按，《天山草堂集題辭》當爲癸卯甲辰間，先生未歸時作。

《經笥堂文鈔・童寒泉先生墓誌銘》："憶甲辰余至郡城，寒泉一見如舊交。讀其《理學疑問》一書，皆從苦心力索得之。"　又《天山草堂集題辭》："今位坤年逾七十，目且失明。余計歸里，當就天山草堂資切劇。位坤精神尚健，其或能百里而過我，俯仰古今爲樂乎？爰書其集端以訂之。"

三年乙巳　二十九歲

二月，儀封張清恪公薨。

按，張清恪以雍正三年二月薨，年七十五。

四年丙午　三十歲

五年丁未　三十一歲

先生在都門，總憲沈端恪公以《陸子遺書》屬校訂。

《經笥堂文鈔・陸子遺書序》："雍正五年，余在都門，總憲沈端恪公折節下士，以《陸子遺書》屬校訂。蓋公學陸子以上學朱子，故於陸子之書，沈潛反復之久，因倣《近思錄》之例，以類相從而次第之，以便讀者之尋求。"　又《沈端恪公文集序》："公嘗出所纂《陸子遺書》屬鉉校訂。蓋總平湖先生諸書薈萃而類編之，以裨後學者也。"

六年戊申　三十二歲

七年己酉　三十三歲

蔡文勤公有與先生書。交建寧朱仕琇在此年後。按先生是時已歸里。又以蔡公《寄五峰諸生書》攷之，則先生主五峰疑當在是年以前，甲辰以後。蓋翌年先生官國子學在都，甲寅而蔡公薨。

《二希堂文集·與雷貫一》："兩載都門，相晨夕也。以令祖母年高，急①於趨省，不敢款留，歸後忽忽如有所失。不佞有疑莫析，兒輩不得聆誨言，能無繫念？不佞自數年來，曾友天下士，要如賢友之純心篤志，以第一等人爲可學，而至講明踐履不少懈者，有幾人哉？賢友年方三十有三，朝之巨公見者無不崇獎，庶所謂篤實而曉事者。五峰諸生得承指授，英特不群，皆任道之器也。" 又《寄寧化五峰諸生》："貴業師貫一相聚都門，屢稱諸賢志道之心甚銳，深爲喜慰。是日重陽，正當休沐，持諸賢請業之書相示。不佞見之，喜而不寐也。今日臨汀，風土人情最近古，貴業師倡之於前，諸賢互相講勵，如上灘之船，不上不止，則道南之盛，復見於今矣。"

國史館《朱仕琇傳》："年十五補諸生。"

魯仕驥撰《朱梅崖先生行狀》："乾隆九年甲子，先生年三十，以第一人舉福建鄉試。"

《梅崖居士文集·祭雷憲副文》："辱公殊知，將二十年。"

《經笥堂文鈔·朱梅崖文集序》："余之知有梅崖，自其爲諸生時。"

八年庚戌　三十四歲

會試報罷，以合河孫文定公嘉淦薦，授國子監學正。西林鄂文端公知先生名，欲一見，不敢往。

彭撰《事狀》："雍正八年，以合河孫文定公薦，授國子監學正。"

陰撰《行狀》："庚戌會試報罷，時合河孫文定公以工部侍郎兼祭

---

① "急"下，稿本衍"急"字，據《二希堂文集》刪。

酒,過文勤公邸,曰:'孫公實爲子來,當一往以答其意。'公對曰:'不敢也。將有保舉,毋乃近於自媒乎？'文定竟薦之,補國子監學正。"

國史館《本傳》:"八年,以禮部侍郎蔡世遠薦,授國子監學正。"

《經笥堂文鈔·西林鄂文端公逸事》:"余爲國子學正,公知余名,欲一見,余不敢往。"

九年辛亥　三十五歲

同邑伊介耳予先、王若濟汝楫兩先生卒。

《經笥堂文鈔·伊介耳先生墓表》:"雍正九年冬十有二月,介耳伊先生在籍捐館舍。"（按,先生尊人及先生皆從介耳遊。）　又《王若濟先生墓誌銘》:"先生年長過倍,鉉執禮惟謹。先生乃折行輩,爲忘年交。卒以雍正九年某月日,年七十有四。"

十年壬子　三十六歲

上書方望溪先生,求表雷氏先墓。十二月二十九日,先生諍友連城李簡庵卒。

《聞見偶錄·序》:"余性質愚鈍,唯慕善之心頗切。每有見聞,纏綿於心,歷久而不能忘。新春,衙齋無事,縷忖而隨筆之。時無先後,事無倫類。已見余他文者未悉載,可參互而見也。名公巨卿,立朝節業未敢載,恐傳聞未確,且自有國史也。雖然,鄉里舊事,亦千百之十一耳,況天下之廣哉？雍正壬子立春後一日,寧化雷鉉書於成均小齋。"[1]

《經笥堂文鈔·李簡庵墓誌銘》:"雍正九年春,吏部檄天下舉人,需次縣令者,先赴京學習政事。而吾鄉連城李君既至,隸戶部湖廣司。越月告病歸。逾歲壬子十二月二十九日卒。"　又《上方望溪先生書》:"鉉

---

[1]　按此序,前文似可補"是年始創《聞見偶錄》"。惟後文又引云:"甲戌八月,余三弟鏌來浙省母。"輒此書完稿,當在乾隆十九年甲戌五十八歲之後。謹記以備考。

幸嘗侍左右，獲知百川先生存日，亦有兄弟三人同邱之命。鋐先世事正合。敢請先生推錫類之仁，以表其墓，俾雷氏後嗣永念先世孝友之風，不敢厚自菲薄，以忝厥祖。"（按《方望溪先生年譜》附錄《雷氏先塋表》作於雍正十年壬子。）

十一年癸丑　三十七歲

是歲，開性理試。主者欲得公，謝不往。旋會試中式，朝考第一名。朱文端公以踐履篤實、才識明通薦，改庶吉士。館師桐城方望溪先生，負天下重望，於世士鮮當意者，獨心契公，以第一流人相期許。

《朱文端公年譜》（朱畬撰，見《朱文端公集》）："雍正十一年癸丑，公年六十九歲。署理翰林院掌院學士，薦雷鋐。"

陰撰《行狀》："癸丑會試中式，朝考第一名。朱文端公以踐履篤實、才識明通薦，改庶吉士。館師桐城方望溪先生，負天下重望，於當世士鮮當意者，獨心契公，以第一流人相期許。"

朱撰《墓誌銘》："癸丑，開性理試。主者欲得公，公謝不往。既成進士朝考第一，大臣多薦者，改翰林院庶吉士。"

彭撰《事狀》："既通籍，勤學不懈。肆其所蓄，施於有政，氣淳守固。遇義所不可，必達其意。"

《經笥堂文鈔·朱文端公文集序》："癸丑[1]，將館選，公薦牘首及之。鋐自顧無似，公尚懇懇若此，其於天下何如哉？"　又《吳象方墓誌銘》："君與余[2]同邑里，年長余近二旬。癸丑同成進士。"　又《西林鄂文端公逸事》："容安公長子號虛亭，與余同年進士，且同直上[3]書房，骨氣甚肖公。"

《聞見偶錄》："癸丑，余改官庶常，望溪師爲館師。館課不尚詩賦工麗，務覘人學識根柢。經刮目者，多克以名節自立。"

---

[1]　"癸丑"後，《經笥堂文鈔》有"成進士"三字。
[2]　"余"後，《經笥堂文鈔》有"生"字。
[3]　"上"，稿本作"尚"。據《經笥堂文鈔》改。

十二年甲寅　三十八歲

正月八日,漳浦蔡文勤公薨。梓《二希堂集》。二希堂者,蔡文勤公嘗以真希元、范希文自況,因以名集也。先生乞假歸省,道宿遷,拜謁魯南徐先生於圭美堂。至漳浦返,過連城訪童寒泉。值王母張太君喪。又《漳平縣朱子祠記》、《伊介耳墓表》、《李簡庵墓誌銘》作於是年。

彭撰《事狀》:"十一年成進士,選庶吉士。明年大父母春秋高,請急歸省。"

《寧化縣志》卷四上:"清孝子雷世守墓,任啟運撰《墓表》曰[①]:'皇帝即位之初,詔徵翰林庶吉士雷鋐入京。鋐故蔡文勤公高第弟子,端重有學問。時方以假省歸,值王母張太君喪,猶家居,特召至與啟運同侍皇子講讀。鋐奉其父狀,以王父王母合葬墓表屬。'"(按,據《墓表》先生王父以前卒矣。)

《冠豸山堂文集·乙卯春寄寧化雷太史貫一書》:"去冬枉駕,不敢以倉卒,主人自慚。蓋素心古道,雖旁觀其[②]諒之也。"

童能靈《理學疑問·自序》:"甲寅冬,友人太史翠庭雷子過焉,商訂舊學。"

《經笥堂文鈔·圭美堂集序》:"鋐昔以庶常假歸,過宿遷,拜見先生於圭美堂,時先生罷官里居,蕭然不聞外事。獨接引後進,剖析義理。問及詩文書法,津津有餘味焉。"又《二希堂文集·後記》:"二希堂者何也?昔吾師嘗自記之矣,曰'學問未敢望朱文公,庶幾其真希元乎?事業未敢望諸葛忠武侯,庶幾其范希文乎?'斯言也,與世之侈然自大者絕異,抑可以想見吾師之襟期抱負矣。《二希堂文集》鋟版時,鋐以庶常假歸。"又《童寒泉墓誌銘》:"甲寅,余自漳浦返,過連城訪之,孤館寒燈,商訂舊學。時北壁破,風氣栗烈,以草薦障之。因歎寒泉貧中有樂趣如此。"又《漳平縣朱子祠記》:"雍正十二年甲寅,學博蔡君復旦既新學宮,始就邑之東山立朱子祠,配以剩夫先生。經始於夏,告成於冬。邑

---

① "曰",稿本無。據民國《寧化縣志》補。

② "其",稿本作"共"。據《冠豸山堂文集》改。

孝廉陳君廣屬鉉爲之記。"又《伊介耳先生墓表》:"越四年,鉉乞假歸,乃得拜先生遺像。先生之子光世請曰:'先君望子遠且大,今不及見矣。慰先君者,惟子之文。'鉉愴然不敢辭。"又《李簡菴墓誌銘》:"甲寅秋,余假歸省覲。其子具狀來請銘。"

《聞見偶錄》:"甲寅,余爲庶常。假歸,高安公餞以五簋。"

《聞見偶錄》:"余昔以庶常假歸,往漳浦視吾師文勤公葬事。墳地未定,返至漳郡。時徐公士林(山東文登人)爲汀漳道,容端而氣定。語及政治,條理井然。虛心諮訪,隨筆劄記,竊欽之。"又:"余在漳得見陳石民(名元鱗,龍溪人)、陳少林(名夢林,漳浦人)、莊元仲(名亨陽,南靖人),三君皆文勤公舊交也。"(按,蔡文勤公以雍正十二年正月八日薨,年五十二。先生過漳浦,當爲哭其師之喪。)

十三年乙卯　三十九歲

春,連城童寒泉以所著《河圖洛書說》、《理學疑問》就正。八月,世宗崩,皇四子弘曆即位,是爲高宗。遂奉召至都下,命入直上書房,侍讀皇子,賜第內城。始揖西林鄂文端公於上書房。一日在直廬,西林詢吳草廬從祀議,先生夙持寧屈草廬,以伸大義。西林首肯。次子定澍生。

《冠豸山堂文集·乙卯春寄寧化雷太史貫一書》:"《河圖洛書說》數十,謄寫不及,先呈其要者數紙。《理學疑問》只就板本削去字句之冗①漫者,末附補數語,然亦多所未盡。此皆嘗蒙見喻者。草率呈教,一字未安,乞即正之。"

國史館《本傳》:"十三年,召來京,命入直上書房。"

彭撰《墓誌銘》:"上即位,旋召值上書房。"

朱撰《墓誌銘》:"今上即位,詔起公於家,侍讀皇子,賜第內城。"

陰撰《行狀》:"今上纘承大統,召入侍阿哥書房講讀,賜第內城。"

《梅崖居士文集·祭雷憲副文》:"入侍皇子,不愆其儀。"(按《國

---

① "冗",稿本作"尤"。據《冠豸山堂文集》改。

朝先生正事略》作“乾隆元年丙辰,詔起公於家,侍皇子學,賜第內城。”)

《經笥堂文鈔·圭美堂集序》:“今上即位,首起楊公於雲南。先生與鋐亦先後蒙召命。當是時,蝶園徐公年八十餘矣,以舊臣復[1]用。先生[2]亦八十,矍鑠如壯年人。鋐以晚進追隨蝶園、江陰二公,同事禁廷。退而親炙先生,得遂二十年仰止之私,而龐眉皓首,碩德重望,咸布班列,何其盛也。” 又《西林鄂文端公逸事》:“余以庶常入直上[3]書房,高安朱文端公語余:‘鄂西林望君一見。’余仍不敢往。公至上書房,乃就揖,公甚喜。一日,公在直廬,招余與任君啟運共語。公詢吴草廬從祀議,任君述余夙言,寧屈草廬,以伸大義。公首肯。”(按先生次子定澍,沒於乾隆二十四年,年二十五歲。當以是歲生。)

乾隆元年丙辰　四十歲

散館以病未與試,特旨授編修。八月,朱文端公病,往視之,問廷臣可任大事者。九月,文端薨。《歸化四賢祠記》作於是歲。

國史館《本傳》:“乾隆元年,散館以病未與試。特旨授編修。”

《朱文端公年譜》:“乾隆元年八月初八日,舊疾大作,咯血,竟夕不寐。九月十八日未時薨。”

《經笥堂文鈔·西林鄂文端公逸事》:“高安公病,余往視,問廷臣可任大事者。高安良久曰:‘西林’。” 又《歸化四賢祠記》:“乾隆元年,孝廉楊君岳、李君鎬、黄君虞夏、羅君蒼在京師,屬鋐爲之記。鋐[4]謂諸君子之祀四先生,志可嘉矣。”

---

[1]　“復”後,《經笥堂文鈔》有“叙”字。

[2]　“先生”後,《經笥堂文鈔》有“年”字。

[3]　“上”,稿本作“尚”。據《經笥堂文鈔》改。下文“上書房”之“上”字倣此。

[4]　“鋐”下,《經笥堂文鈔》有“竊”字。

二年丁巳　四十一歲

三月，充會試同考官。五月大考，二等一名，賜筆墨、端硯、葛紗等物。先生同年友吳象方琮需次在都，過從甚密。上杭黃元中建竹山精舍成，其弟亮中來請先生爲之記。①

國史館《本傳》："二年三月，充會試同考官。五月大考，二等一名，賜筆墨、端硯、葛紗等物。"

朱撰《墓誌銘》："丁巳會試同考官，以御試前列受賜。"

《經筍堂文鈔·吳象方墓誌銘》："比年君需次在都，頻過從，與君相期許者何如？"

《經筍堂文鈔》有《竹山精舍記》："上杭黃丈一川授徒講學，守其師警庵張先生之教，確奉朱子爲宗。營構精舍於其里居相近之竹山中，祀朱子，即以警庵配。命其弟亮中走數百里，屬鉉爲之記，曰：'是非某兄弟之別業也。蓋從學諸子積日累勞，助而成之，恐吾子孫視爲己有也，又恐鄉曲惰民踞爲游談聚議之地也。業已告諸當道，勒之石矣。顧祀朱子而不知窮理返躬之學，是豈吾師教某兄弟之意？抑豈諸子相依問業之初心？崇先哲以迪後人，吾子可無一言？'鉉竊自念少汩於俗學，自至鰲峰從漳浦先生遊，乃知吾儒自有身心切要之務。推而暨之，家國天下，古聖賢教人之法不外乎此。自漢唐來，學術紛挐，賴濂洛數大賢開其蔀而闢其途，然後道學之統，絕而復續。至子朱子辨之精、行之勇、守之嚴，其功比於孟子之崇王斥霸，辨楊墨，發明性善養氣，殆所謂先後一揆者矣。其駁同甫三代漢唐之論，所以破功利也。指象山爲明心見性之歸，所以防異端也。若夫明誠兩進，敬義交立，此則復性之要道，養浩然之氣之全功也。當日從遊之士，閩逾其半，吾汀僅得一楊子直，是豈山川之氣鬱塞未開耶？昔吾閩僻在邊徼，至唐而文學漸興，至宋而理學特盛，是則山川風氣豈有藉於人耶？鉉自鰲峰歸，聞連城張警庵先生敦崇實學，造

① 謹按，"上杭"至"之記"二十二字，原另紙抄錄，夾附稿本中，蓋後來擬增之文。今據其內容，附於乾隆二年下。又，下文所錄《經筍堂文鈔》有《竹山精舍記》云云，及其後兩按語，亦皆見附紙中，均依例補入。

次必範於禮。每日舍朱子而他求，即與下喬木入幽谷無以異。一川繩趨尺步，惟警庵是訓是行，其門人子弟頗知舍科舉以專向往。然則吾汀之學，鬱塞既久，其啟之也亦既有其端緒矣。引而伸之，擴而大之，存乎其人豈終以疆域限哉？鈜不敏，行願與有志之士共憤發，焉敢即是以爲記。"（案，《記》當是五年文，先生守制在籍時作。但《上杭縣志》載："竹山精舍，乾隆二年邑庠生黃中元建。"一川即中元字，故附此。又，據《上杭修志·通賢采訪稿》，先生曾由連城訪張文化，長汀訪劉日興、陳潙英、羅鈜，再來杭訪黃建中，過太平，少憩寶林寺，適遇諸生，會社課文，贈書刻石。《塘廈采訪稿·鄒肅齋墓表》：先生亦曾抵其家。皆未知確否。）

三年戊午　四十二歲

三月，充日講起居注官。七月，京察一等。友人吳象方卒於河南鹿邑任所。

國史館《本傳》："三年三月，充日講起居注官。七月，京察一等。"
《經笥堂文鈔·吳象方墓誌銘》："出宰河南之鹿邑，蒞任甫二月而卒。其子扶櫬旋里，郵狀至京師求銘，言甚哀。余每執筆氣結而輟者數月。"　又云："生於康熙己未年某月日，卒於乾隆戊午年某月日。享年六十。"

四年己未　四十三歲

三月，升左春坊左諭德，兼翰林院修撰。每進經史講義，明析義理，開設端委，以究極於治要。會編修余棟以喪歸，未葬，入臨皇子喪。高宗欲留之，先生力疏爭，余得終制。冬，先生父惕廬至京師，謁方望溪先生。將南旋，望溪作序贈別。未幾沒，先生遂以憂歸。《張清恪公年譜序》作於是歲。

國史館《本傳》："四年三月，升左春坊左諭德，兼翰林院修撰。尋父憂歸。"

彭撰《事狀》：“上即位，召至京，授翰林院編修，直上書房，屢轉至左諭德兼修撰。每進經史講義，必明辨安危治亂之幾，歸本於人主之一心，以推極於民生國計，反復詳盡，無隱情。會同官余棟以喪歸，未葬，入臨皇子喪。上欲留之，公奏曰：‘侍學之臣，所貴明大義、篤倫理，非徒取記誦詞章而已。今余棟父喪未葬，遽直內廷，設講書至“宰我問三年喪”，何以出口乎？聞輔臣以其辭爲好名，使人人避好名之嫌，不求盡人子之道，非細故也。’事遂寢。”

陰撰《行狀》：“其在書房，自持嚴正而和婉善入，恪勤不懈。於中貴辭色不稍假。”

彭撰《墓誌銘》：“方上御極之初，銳意治理，在朝諸臣爭自奮思，所以稱盛意。公時官諭德，每進經史講義，必詳析義利，開設端委，以推極於治要。上嘉納焉。會有同官以喪歸，未葬，入臨皇太子喪，上欲留之，公力疏爭，事遂寢。當是時也，天子方虛己側席，有一善，無不庸，若谷之應響。公駁駁方向用，而適以憂去。”（按，朱撰《墓誌銘》作右諭德，誤也。）

《望溪先生文集·送雷愓廬歸閩序》：“乾隆四年冬，其父愓廬至京師，生以告曰：吾父來茲，蓋以察鋐守官之志行。又念漳浦師歿，未知所學於先生者何似也。翼①日君過余，氣肅而容安，語無枝葉，自是益有意於其人。將歸，鋐請曰：‘吾父願得贈言，以不虛此行。惟鋐亦望先生爲揭父師勖屬之心，以爲此生之銜勒也。’”

《望溪先生年譜附錄》：《送雷愓廬歸閩序》，作於乾隆四年己未。

《經笥堂文鈔·齊峰蔡君墓誌銘》：“吾師漳浦文勤之季②弟齊峰蔡君，以孝廉任浙江桐鄉縣令，歷官十一年，疾乞歸，上官慰留之，遂卒於官。時乾隆己未之二月也。是冬，鋐在京，遭先君之喪。” 又《記所聞相國福公語》：“鋐在都丁外艱，公以賻來，曰：‘非不義之物，勿卻也。’” 又《張清恪公年譜序》：“公歿且十五年，嗣君屬序公年譜。”

---

① “翼”，《集美周刊》作“翌”。按翼，通翌。

② “季”，稿本無，據《經笥堂文鈔》補。

五年庚申　四十四歲

守制在籍。

六年辛酉　四十五歲

七年壬戌　四十六歲

服闋。《復陳榕門書》有"秋間倘可爲近地遊"之語。至漳浦,展文勤公墓,弔齊峰之孤。童寒泉能靈約先生相過。秋,至會垣①。

　　《經笥堂文鈔·復陳榕門前輩》:"鉉守制在籍,倏爾服闋。而家慈眠食,尚須調攝。秋間倘可爲近地之遊,一側座隅,何願如之?"

　　又《齊峰蔡君墓誌銘》:"壬戌服闋,展師墓而弔君孤。"

　　《冠豸山堂文集·四與雷宮詹賈一書》:"初擬開春造謁,聞有漳南之行,冀得便道承教,翹跂久之。今歲犬馬之齒已滿六十,精力日憊。"

　　《秋江集》卷五:"秋日,同雷翠庭宮諭登道山,謁范公祠堂,小憩僧院。詩云:'城隅東折女牆陰,百尺飛樓出翠岑。松勢健如三島鶴,蟬嘶韻比七絃琴。地存正氣秋能肅,人有幽談徑便深。莫戀滄江遠青瑣,暫拋簪紱事登臨。'"

八年癸亥　四十七歲

省方望溪先生於秣陵,隨行爲秦淮之遊。端陽後二日,泛舟出水關華嚴禪院,作《觀湖記》。七月,返自江南,取道鉛山。鉛山令鄭之僑振興鵝湖書院,集諸生環侍,請一言以示訓。先生乃爲《鵝湖詩說》貽之。遂遊武彝,至建陽,拜考亭文公祠,越日謁蘆峰書院。

　　《經笥堂文鈔·觀湖記》:"乾隆八年,省吾師望溪先生於秣陵,隨行

───────────────

　　①　"秋至會垣"四字,稿本補書於天頭,在《秋江集》前。據例迻置於此。

爲秦淮之遊，館其族子盬若家。端陽後二日，泛小舟，命出水關，曰華嚴禪院，有湖焉。每臨眺，未嘗不曠然也。會雨，舟人以日暮道遠辭。先生曰：'甚矣！人心之偷也。日未中而恐暮，行數里登岸不二百步，而云遠乎？'戒必往。雨甚，衣裾半濕，張製幕以蔽。將至，雨止，先生右策杖，左人扶，余與盬若從入華嚴禪院。登樓，適當湖之涘，遠山烟雨迷離，鍾山隱崿於北，湖光澄澈，微波不興。鉉曰：'對此使人心平。'先生曰：'君子見大水必觀焉，此之故也。'因述某僧語以示戒曰：'佛之徒尚有當生死之關而定靜如常者，吾儕可甘出其下乎？'溽暑鬱熱，僧具水浣沐，先生曰：'樂不可極，雨且至矣。'未幾復雨，返舟入城闉，尚未暮。鉉從先生遊，蓋無往而不得學問之意焉，故記之。時先生年七十有六也。"

又《鵝湖詩說》："乾隆八年七月，余返自江南，取道鉛山，將遊武夷。鉛山令鄭君之僑振興鵝湖書院，躬課諸生。余與俱至鵝湖，諸生環侍，鄭君請一言以示訓。余曰：講學之書，先儒備矣。惟在心體而身驗之，奚容贅？雖然，朱陸異同，聚訟至今，始於鵝湖之詩，試與諸生言之。當日朱子送呂東萊先生至鵝湖，東萊約陸子壽、子靜二先生來會。子壽賦詩云：'孩提知愛長知欽，古聖相傳只此心。大抵有基方築室，未聞無址忽成岑。留情傳注翻榛塞，著意精微轉陸沈。珍重友朋勤琢切，須知至樂在而 ① 今。'孩提知愛，稍長知敬，此孟子指出人之本心所固有，使知察識而擴充，即如築室之有基、成岑之有址。子壽此詩，夫何閒然？但所以築室成岑，正有結搆積累之功，非即以基爲室，以址爲岑也。聖經賢傳，辨別是非邪正，以開牖人心胸，正恐鹵莽涉獵，不得其精微之意。顧謂傳注可不留情，精 ② 微可不著意乎？當曰'溺情章句翻榛塞，著意空虛更陸沈'則得之。子靜和云：'墟墓興哀宗廟欽，斯人千古不磨心。涓流積至滄溟水，拳 ③ 石崇成泰華岑。易簡功夫終久大，支離事業竟浮沈。欲知自下升高處，真偽先須辨自今。'子靜此詩，首二句即孟子之意。子壽未說及工夫，子靜幹旋之，故曰涓流、拳石積至滄溟、泰華。滄海不擇細流，泰山不辭土壤，多識前言往行，以畜德集義，以生浩然之氣，正如是

① "而"，《經笥堂文鈔》作"於"。
② "精"，稿本脫。據《經笥堂文鈔》補。
③ "拳"，《經笥堂文鈔》作"卷"。

也。如謂自有易簡工夫，則孔子好古敏求，博學、審問、慎思、明辨、篤行，亦爲多事矣。人不盡生安之質，不致知力行，日積月累，如何能踐形盡性？若奮然立志，返求爲己，則真僞之辨明。自下升高，非一蹴可至也。朱子三年後乃和詩以寄懷云：'德義風流夙所欽，別離三載更關心。偶扶藜杖出寒谷，又枉籃輿度遠岑。'此追憶當日相會時事也。'舊學商量加邃密，新知培養轉深沈。'此探問別後工夫也。因子壽脫離傳注，子靜自矜易簡，恐開蹈空之弊，故曰'只愁說至無言處，不信人間有古今。'厥後朱子《答項平甫書》云：'近世學者，務返求者以博觀爲外馳，務博觀者以內省爲狹隘。左右佩劍，各主一偏，而道術分裂不可復合，此學者之大病。'又云：'子靜所說，專是尊德性事。而某平日所論，卻是道問學上多了。今當反身用力，去短集長，庶不墮一偏。'朱子之心，虛公廣大，所以爲百世儒宗。子靜《白鹿洞講義》，朱子深取之，謂其足以發學者隱微深痼之病。蓋陸先生兄弟之學，固不可因鵝湖二詩定其生平。朱子《答呂東萊書》云：'近兩得子壽兄弟書，卻自訟前見之誤。'東萊《與朱子書》云：'陸子壽前日經過，留此二十餘日，翻然以鵝湖所見爲非。'又云：'陸子壽不起，可痛。篤學力行，深知舊習之非，求益不已。'朱子《祭子壽文》尤深痛惜，謂其：'降心以從善，豈有一毫驕吝之私？'子靜《與曹挺之書》云：'學者且當大綱，思省平時。雖號爲士人，雖讀聖賢書，其實何曾篤志於 ① 聖賢事業？往往從俗浮沈，與世俯仰，徇情縱欲，泪沒而不能自振，日月逾邁，而有泯然草木俱腐之恥。到此能有愧懼，大決其志，乃求涵養磨礪之方。若有事役，未得讀書，未得親師，亦可隨處用力檢點，見善則遷，有過則改，所謂心誠求之，不中不遠。若事役有暇，便可親 ② 書册。'此段每讀之，令人通身汗下。陸先生未嘗教人廢書册，亦即此可見。今之主張陸學者，尚曰'據依在心，豈靠書册爲有無'，其弊不至不立語言文字不入禪學不止，豈陸先生之教哉？即曰'在人情、事勢、物理上做工夫'，並非頓悟，其不至師心自用、臆見自逞者幾希。我輩惟在脫去俗學，如朱子所謂'讀書則實究其理，行己則實踐其跡'，念

---

① "於"，《經笥堂文鈔》、《集美周刊》無。
② "親"，《集美周刊》誤作觀。

念向前,不輕自恕而已矣。鄭君政行事舉,人皆信服,幸以此教諸生,使鵝湖山下正學日興,人才日出,則豈特有功於是邑已哉!" 又《重建蘆峰書院記》:"鉉從武夷至建陽,拜考亭文公祠。越日,謁蘆峰書院,竊歎當時道學師友之盛。蔡氏一門,古今罕覯。牧堂老人,以孔孟正脈啟其端。西山先生,從朱子遊,其學益廣大而精微,著述之功,羽翼朱子,《易學啟蒙》、《律呂新書》固出其手撰,諸凡經史濂洛之書,多資辨析,其大者在《中庸》'已發'、'未發'之關鑰焉。安貧樂道,處困而亨,舂陵之行,流血無悶,視死生如晝夜呼吸,無足動其心。宜乎朱子一見稱爲老友,而卒歎其精詣之識、卓絕之才,有不可屈之志、不可奪之節也。"

《聞見偶錄》:"蔡廷魁,字經五,泉州南安人。交余最篤。余思入武夷山讀書,經五囑人爲築小精舍於玉柱峰頂。予癸亥遊武夷,僅一過。嘗自愧焉。"

九年_{甲子} 四十八歲

秋,奉召還闕。道江西,故人舒香出伯顏子中《七哀詩》相示,竝乞文表碣。抵都,仍入直上書房,賞額外諭德,照見任食俸。鄂文端公病,先生往視之。《齊峰蔡君墓誌銘》作於是歲。

國史館《本傳》:"九年,召來京,仍入直上書房,賞額外諭德,照見任食俸。"

《經笥堂文鈔·元侍郎伯顏子中墓碣》:"乾隆九年秋,鉉還闕,道江西,訪故人。舒君出伯顏子中《七哀詩》相示,且曰:'子中之墓,頹然荒煙蔓草中,今吾族子詔鳩工修甃。樵夫牧豎,以及行道之人,乃知過而生敬。吾子其一言以表之?'"又《西林鄂交端公逸事》:"甲子冬,余再奉召入京。公已病,余往視之。至榻前,坐語久,加獎勗。泛問人才,余舉所知對。公曰:'是常往來於吾心者也。'"又《齊峰蔡君墓誌銘》:"時宅兆未卜,余曰:'葬有期,墓誌余責也。'今卜以乾隆九年之九月某日,窆於某里之原。君諸子屬其從兄亦飛庶常書來曰:'幽石之文今屆期,敢請。'嗚呼!君卒遂已六年矣。"又《記所聞相國福公語》:"鉉服闕,在籍二載。公曰:‘來何遲?豈必俟君命召乎?’曰:‘母老且病。’公曰:‘然則爲太夫人也。今立朝,仍當思爲太夫人也。’”

十年乙丑　四十九歲

四月,遷右春坊右庶子。七月,升少詹事。十月,復充日講起居注官。十二月,擢通政使司通政使。聞連城童寒泉訃。寒泉之卒,實是年八月二十五日也。

　　國史館《本傳》:“十年四月,遷右春坊右庶子。七月,升少詹事。十月,復充日講起居注官。十二月,擢通政使司通政使。”

　　《經笥堂文鈔·童寒泉墓誌銘》:“乙丑,在京師聞其訃,爲斯道痛失。”　又云:“卒之前,與學博鄒君紹周共飯,手出一書,皆身後事云。時乾隆十年八月二十五日也,年六十有三。”

十一年丙寅　五十歲

二月,日食求言。先生奏:“前奉諭旨,戒飭臺諫。諸臣處心積慮,總不外名利兩途。夫論臣子之分,不惟不可計利,并不可好名。而在朝廷,樂聞讜言,不必疑其好名,并不必疑其計利。昔孔子稱舜大知,曰‘隱惡揚善’,則知當時進言者不皆有善無惡。惟舜隱之揚之,所以嘉言罔攸伏,成執兩用中之治。”得旨嘉獎。三月,命稽察覺羅右翼官學,賜宴瀛臺。是歲,閩中請祀鄉賢者三人,連城居其二,一爲張警庵先生,一爲先生友童寒泉也。

　　彭撰《事狀》:“十一年三月,日食求言。公上書曰:‘伏讀上諭,戒飭臺諫。諸臣處心積慮,不外名利二塗。此皇上裁成激厲,望此諸臣,盡以古純臣爲法也。夫就臣子而論,不可計利,並不可好名。計利者,卑瑣不待言;稍存好名之念,必不能勉竭忠愛,曲盡事情。而在朝廷,樂聞讜言,但當論其言之是非,不必疑其計利,並不必疑其好名。果其言爲上爲德,爲下爲民,皇上采而納之,天下後世傳而誦之,正足見聖朝之有人。臺諫之所得者名,政事之所資者實也。昔孔子稱舜之大知,曰隱惡而揚善。當舜之時，進言者亦不皆有善而無惡。惟舜隱之揚之，所以嘉言罔攸伏，明目達聰，成執兩用中之至治。皇上誠切求言，臣不自揣量，緫緫過計者如此。若夫信任忠良練達之臣，屏絕諂諛容悅之習，不爲無事之游幸，以增煩費，不耽無益之玩好，以妨幾務，此我皇上日夕乾惕，時存警戒，無待臣下之敷陳者也。'疏入，上訓勉宣示焉。（按竝見國史館《本傳》，三月作二月是也。）

陰撰《行狀》："丙寅二月，應詔陳言，奉朱批：'雷鋐此奏，朕嘉納之。前謂臺諫不外名利是圖，亦謂彼一時有此氣習耳。今則漸知省改矣。若夫大舜之隱惡揚善，固朕所日勉焉而未逮者也。'三月，稽察覺羅右翼官學，賜宴瀛臺。"

《經笥堂文鈔·張警庵先生鄉賢錄序》："乾隆十一年，吾閩請祀鄉賢者三人，而連城居二。其一爲警庵張先生。" 又云："與先生同邑而祀者，爲寒泉童君，年後於先生，均可垂範後學。故人咸謂，閩中此舉，足孚公論云。"

十二年丁卯　五十一歲

四月，御賜《明史綱目》。爲《元侍郎伯顏子中墓碣》錄史事以實之，應故人舒香請也。冬，詔將南巡，先生請勅諸大吏，省徭役，敦樸素，以便民。時已有旨宣諭，以先生言忠弗咈也。

《經笥堂文鈔·元侍郎伯顏子中墓碣》："今丁卯四月，蒙上賜《明史綱目》。敬展閱，至洪武十三年冬，特書曰：'徵元吏部侍郎伯顏子中，子中飲鴆卒。'目備載。" 又云："爰錄以示舒君，俾其族子詔鑴石於子中之墓道。"

彭撰《事狀》："十二年冬，詔以明年春巡山東，將次及江淮、吳越。公因稱述聖祖皇帝巡方故事，勸上飭諸大吏，省徭役，敦樸素，以便民。上亦已有旨諭諸臣矣，以公言忠弗過也。"

十三年戊辰　五十二歲

十四年己巳　五十三歲

　　夏，以太夫人病，乞假歸省。八月，過金陵，方望溪先生卒已三日，遂哭於殯宮，撰述《行狀》。及歸，執友巫碧瞻前以六月卒矣，其孤復請爲誌石之文。按《九瀧歌》亦當爲己巳庚午假歸時作。

　　《聞見偶錄》："余既云名公巨卿，立朝節業，未敢載矣。然有事雖小而可法，與其言論足垂訓戒者，何可忘也？病中無事，爰憶而識之於右。乾隆己巳五月。"

　　彭撰《事狀》："十四年夏，以太夫人疾，乞假歸。"（按朱撰《墓誌銘》作"是冬乞假省母"，誤也。）

　　《經筍堂文鈔·方望溪先生行狀》："己巳秋仲，寢疾。十八日甲午卒。子孫奉遺命以斂。時年八十有二。先生已①卒之三日，鉉以省親過金陵，哭於殯宮。先生質行介節，生徒各紀所聞，散在四方，卒難收拾。乃粗舉其立身本末爲行狀云。"又《巫碧瞻墓誌銘》："君年已七十，苦痰喘歸里，旋卒。蓋乾隆己巳六月二十一日也。距其生康熙戊午七月初七日，享年七十有二。余以己巳秋假歸省母，諸孤來請誌君墓，余何忍辭。"

　　《汀南廑存集》："雷鉉《九瀧歌》：三十年前過九瀧，年少輕心氣頗雄。臨深簸頓不知戒，到此忽復慕奇蹤。第一木瀧呈怪狀，舟與波濤相跌蕩。西山蹲踞如狻猊，張牙露齒吼白浪。馬瀧㴲洞響如雷，大長礁下三門來。兩岸奇峰擲瞬息，後波如矢射波開。方看百鳥（石名）如花點，五霸忽來驚最險。舟子戰水聲相聞，單梢捷往衝銀灩。過此六瀧險且奇，浪如雪立湧嵜嶇。一聲衆響驚猿膽，悚覺輕身阽隉危。六瀧險出十餘里，轟然石丈舟欲艤。小長瀧笑溆波瀾，他處驚濤亦難比。香瀧安瀧相比鄰，石勢猙獰欲搏人。九瀧恰恰並九曲，天開奇奧甲吾閩。那得五丁剷石路，舟行如砥無驚顧。敢曰履險心如夷，篙師口口神功助。"（按先生丁酉至省，從蔡文勤公遊，過此。至是三十二年矣。則詩所謂"三十年前"、"年少輕心"是也。）

　　---

　　① "已"，《經筍堂文鈔》作"既"。

十五年庚午　五十四歲

先生爲次子定澍完昏。假滿赴闕,定澍侍行。過寶應,王孝廉洛師奉其尊人白田先生存稿請序。八月,以原官提督浙江學政,相國福公特延餞之。布衣李鍇、朱燉送別舟次。迎太夫人至浙就養。問士於胡稺威,得王曾祥。復延松江周簡庵教於家,聘同里陰承方、張其份入幕,承方以未專使聘不往,其份隨分校諸郡士。

> 國史館《本傳》:"十五年,假滿來京,提督浙江學政。"

> 朱撰《墓誌銘》:"假滿,以原官提督浙江學政。"

> 《梅崖居士文集·雷時若哀辭》:"憲副省親假滿,告①還朝。時若求侍行,時新昏僅一月耳。" 又《重與雷通政書》:"執事告養,聖眷方深,虛懸其職以待。" 又《祭雷憲副文》:"浙學之命,養親則宜。"

> 彭撰《事狀》:"逾年入朝,命提督浙江學政,俾迎養太夫人於官。"（按陰撰《行狀》:"八月,命督浙江學政。"接丙寅二月三月紀事下,實誤書。蓋先生視浙學乃十五年事,非十一年丙寅也。）

> 沈撰《傳》:"視學浙江。浙故多佳士,鉉令月試於學,擇經義尤粹者,學官舉焉。由是更相激勵。又各授以小學及陸氏年譜,爲力行之準。聞有名儒宿德,輒就訪之。"

> 《國朝先正事略》:"其奉使出京,布衣李鍇、朱燉送別舟次。鍇號豸青山人,家世勳舊,爲太傅索額圖壻。隱於盤山,閉關絕人事,與燉俱守道自重,不妄見人,惟公能得之。"

> 《秋江集》卷六《寄雷翠庭副憲視學浙中》詩云:"聖代崇文治,儒林必重膺。手持三尺法,心凜一條冰。有斐威儀著,於論禮樂興。吳山山下路,城闕看雲蒸。表裏冰壺照,高低鐵綱懸。身同寒士列,夢在聖人前。大雅歸先覺,維風司厚權。衡文功不淺,載道即薪傳。海國文明會,千川障一隄。三吳江上下,百越浙東西。盡鼓鍾鑪遍,能吹橐籥齊。孤寒最矜色,大路上丹梯。痦寐十年縈,攀躋萬里情。不曾離畎畝,何地見公卿。碧海波無極,高天鶴有聲。他年營綠野,樽酒話平生。"

---

① "告",稿本無,據《梅崖居士文集》補。

《福建通志·列傳》:"鋐未仕時,同鄉諸生張其份,字文若,沈潛程朱之學,安貧樂道,爲鋐所重。及鋐視學浙江,聘以分校。比歸,鋐贈以券,使取資富室。後數年,鋐歸里,其份袖券還之。" 又《儒林》:"陰承方,字靜夫,一字克齋。少孤,藉祖教養。究心性之學,刻志勵行,終身無惰容,泊然自得也。雷鋐視學浙江,重其學行,招之入幕,以未專使聘,辭不往。"

《經笥堂文鈔·白田草堂存稿序》:"余庚午赴闕,道過寶應,王孝廉洛師奉其尊人白田先生存稿請序,諾而謹藏之。" 又《記所聞相國福公語》:"鋐自庚午秋赴浙江學政任,不見公者七年。憶出都時,公特筵餞送出門,戀戀若難再相見者。" 又《兩王生小傳》:"余初視浙學,問士於胡君穉威,曰:'寂然寡交,落落學古者,王曾祥字麟徵也。'比至浙,問學官無知者。久之乃云,有其人,籍郡庠,久不入省闈。能詩古文,而屏絕酬應,家徒壁立。" 又《復彭芝庭前輩》:"至杭州府學,王曾祥久不入鄉闈,其心超然科名之外,鋐不敢以諸生一例待者。加意恬澹嗜古之士,亦足爲熱中躁進者之清涼散乎?" 又《困學錄序》:"在京師,則聞松江有周丈簡庵。比視浙學,延爲兒輩師,余資麗澤焉。"

十六年辛未　五十五歲

二月,高宗南巡,迎駕召見。賜詩有"爲汝便因養汝母,即斯推可教斯人"之句。試杭州優行生。五月,校士紹興,與諸生論知行。先後訪求劉蕺山先生遺書刻之。在寧波論《黃氏日鈔》、序《李雪崖時文》。八月,調江蘇學政,條奏事宜,慎選老成經學之士,問士於周宗濂。

國史館《本傳》:"十六年二月,上南巡召見。賜詩云:'衡文慎辨僞兮真,兩浙吳山近八閩。爲汝便因養汝母,即斯推可教斯人。暑膏良苦毋驕貴,藜藿曾甘莫忘貧。佇見賓興皆碩彥,近名宜戒誨諄諄。'八月,調江蘇學政。"

陰撰《行狀》:"旋調任江蘇,條奏學政事宜:選拔宜兼老成,重經學;貢生肄業成均,經義、治事宜核實舉行。"

《經笥堂文鈔·兩王生小傳》：“余試杭州，優行生必欲致之。生乃赴，其文力去陳言，淵淵有金石聲。詩體瘦硬，書法亦如老榦寒梅。是年冬，余移節江蘇，代余者彭公芝庭。物色之，輒退避，曰：‘吾奈何有時名也。’”　又《劉蕺山先生遺集序》：“乾隆辛未仲夏，鋐校士至紹興，亟問蕺山先生遺書，僅見《人譜》一册。詢其後裔，乃得手錄若干卷。爰與郡守鄭侯謀開雕，而屬郡學博①李君凱等重校以蕆厥事。是秋，奉命移江蘇。”　又《杭州試院示諸生》：“歲試諸生，擇其尤者更試之。”　又《紹興試院與諸生論知行先後說》：“知行先後之說，《書》則‘惟精惟一’，《易·文言》則‘學聚問辨，寬居仁行’，《論語》則‘博文約禮’，《大學》則‘格致誠正修’，《中庸》則‘明善誠身’，《孟子》則‘知天事天’，可謂井然分明矣。或以《易·文言》之‘敬以直內，義以方外’，《中庸》之‘尊德性，道問學’爲行先於知者，非也。敬貫乎知行，義則有精義、集義之功。尊德性，即‘敬以直內’也。道問學，即‘義以方外’也。朱子《章句》雖分存心、致知，實以致知兼力行。盡精微，知新知也；道中庸、崇禮行也。顧或執姚江先行後知之說，謂覽地輿圖而知山川城郭非知也，必身造其域，而後山川之險易，城郭之廣狹，可深信而不疑。然非先問津而識塗，則適越而北轅矣，何由身造其域哉？毒藥之必不可食，穿窬之必不可爲。必食毒藥、爲穿窬，而後知其不可，則晚矣。然則何爲而有先行後知之說？蓋有激於俗學，口耳佔畢仁義道德，人人言之而無能真知而允蹈之故也。且知行亦非截然分先後。陳北溪謂如目視足履，最切當。人豈有目不視而能履者哉？亦豈有坐視數千里外而後履者哉？朱子《答吳晦叔書》謂：‘就一事而觀之，則知之爲先，行之爲後，無可疑者。而合夫知之淺深、行之大小而言，則必先成乎小而後馴致乎大。’諸生中有謂知行中又各有先後者是也。顧或沿舊說，謂曾子從行入、子貢從知入者，又非也。曾子隨事精察，而力行之。就《曾子問》一篇，見曾子之精察，非朱子鑿空加以此語也。然則謂曾子先行後知可乎？雖然，不知者蚩蚩之民何責焉？吾人自謂講學，而不能踐言，抱慙衾影，叢疚幽獨，可恥孰甚乎？此則當與諸生互相警覺者也。”

---

① “學博”，稿本作“博學”，據《經笥堂文鈔》改。

又《寧波試院與諸生論黃氏日鈔》："余向聞慈谿黃東發先生有日鈔百卷，其板久散失。今科試至寧波，復加訪問。廣文乃以舊家所藏數卷來閱。蓋先生讀經史子集，隨手劄記之書。校士無暇晷，僅展其首卷及讀程朱書處，嘆先生當與真西山、魏鶴山稱宋末之大儒。" 又《李雪崖時文序》："辛未，校士在浙。五月杪，由東越抵四明。舟中酷暑，得李君雪崖《寒香亭稿》展玩之，覺兩腋清風生，不知暑氣之逼人。" 又《顧陸合傳》："余視學江南，問士於周君宗濂，周君舉顧、陸二君以對，蓋志同學同皆賷志以歿者也。" 又《江寧試院示諸生》："前者問諸生：情一也，《中庸》以喜怒哀樂言，《孟子》則以惻隱、羞惡、辭讓、是非言，其不同何也？且孟子以仁義禮知[1]爲性，以惻隱、羞惡、辭讓、是非爲情，朱子注《太極圖說》則以仁與中爲用，義與正爲體，何也？諸生答者離合各半。其合者，亦因風簷寸晷，語焉不詳。今更與諸生言之。《中庸》之言渾而該，《孟子》之言析而明。夫未發之中、已發之和，非必大賢以上始有之，此言性情之德，以明道不可離之意。是就人人所有者，言人人皆有。未發之中、已發之和，特不能操存省察以致之耳。夫未發之中包仁義禮知之性，已發之和即該惻隱、羞惡、辭讓、是非之情。所謂'知皆擴而充之'，即是致中和。致字之注腳，操存省察，乃能擴而充之。省察所以知，擴充操存，又先一層，是愈說愈密耳。孟子因當時人利欲錮蔽已深，只就四端擴充上指點，未說到未發之中。他日言存其心、養其性，則該之矣。夫喜怒哀樂，似兼人心、道心。孟子四端，則專以道心之發見言。然而《中庸》不重言喜怒哀樂也，言喜怒哀樂之未發耳，言喜怒哀樂之中節耳。未發之中，全是道心。中節，則人心無非道心矣。且中節則喜怒哀樂，無非惻隱、羞惡、辭讓、是非之心可知矣。夫既以性情分體用，而朱子注《太極圖說》以仁與中屬動，爲用；以義與正屬靜，爲體。此如言天道以元亨利貞爲體，春夏秋冬爲用。細分之，則元亨就發用言，利貞就斂藏言。故曰利貞者，性情也。以先天圖言，震、離、兌、乾屬發用，巽、坎、艮、坤屬斂藏，邵子所謂'坤復之閒乃無極'，即周子主靜之意。以後天圖言，乾居西北以知大始，坎位正北爲萬物所歸，正主靜之義。艮成終而

---

[1] "知"，《經笥堂文鈔》作"智"。

成始，則由靜而將動矣。邵子先後天圖，周子未之見，而其理具於《易》有默契焉，故曰其揆一也。"

《聞見偶錄》："余視學江蘇，駐江陰使院。聞江陰已故孝廉包彬，字文在，號樸莊，好學多著述，尤殫心於《易》。余任滿將代時，其後人以孝廉所著《易》請序，忽忽未暇爲，故記之。"

十七年壬申　五十六歲

先生長子定淳舉於鄉。《白田草堂存稿序》、《朱子聖學考畧節要序》、《劉蕺山先生遺集序》皆作於是歲。以詩贈上杭鄒肅齋尚志句云："植樹類培佳子弟，擁書權擬小諸侯。"

陰撰《行狀》："子定淳，壬申恩科舉人。"

《經笥堂文鈔·白田草堂存稿序》："越壬申之春，乃得發篋而卒業焉。" 又云："先生與朱止泉先生論學最契。洛師爲止泉壻而受業焉。余喜洛師之有賢父師，將益大其傳，以震發於世也。故牽連書之。" 又《朱子聖學考畧節要序》："張公已① 刊《聖學考畧》成，沈君因并錄節要以傳，而屬余序之。余奉簡命，視學江左，急與多士振興正學，每蘄毋安。卑近汩沒於帖括詞章之習，而高明之士又慮其誤入於陽儒陰釋之途，有能潛業斯編，以返求諸身心，如浮海之得津筏，庶不至茫無畔岸也已。" 又《劉蕺山先生遺集序》："越歲，郡守學博屢以序請。竊惟蕺山先生彪炳宇宙，照耀古今學術源流。讀其書者，當自得之。鉉何人，敢序簡端？顧鉉倡錄此書，非能表彰② 先哲，實藉以砥礪多士，則不可以無言。"

又《鄒肅齋先生七十一壽序》："植樹類培佳子弟，擁書權擬小諸侯。此予乾隆十七年贈杭川肅齋先生句也。"（按此序《經笥堂文鈔》未收入。）

---

① "已"，《經笥堂文鈔》作"既"。
② "彰"，《經笥堂文鈔》作"章"。

十八年癸酉 五十七歲

四月,升都察院左副都御史,仍留學政任。九月,復調浙江學政。先生之在蘇也,嘗於東林書院示諸生,諄諄以道南嗣音爲冣,論正其祀典,一以程朱爲指歸。其在浙也,徵先哲遺書而刊布之,俾士林知所祈嚮。有司有勒屬誣報劣生者,特劾糾之。因言舉報優劣,宜責成府縣官,定以處分。按是歲十二月六日,合河孫文定公薨。

國史館《本傳》:"十八年四月,升都察院左副都御史,仍留學政任。九月,復調浙江學政。"

朱撰《墓誌銘》:"改都察院左副都御史,仍調浙江。梓《陸清獻公年譜》。教士敦實行,去功利,衡文取清淳,一革舊習。公爲政甚嚴,而縣吏亦無敢踰法虐士者。有勒屬揑報劣生者,其人已擢守道,公特劾之。因奏舉報優劣,宜責成府縣官,定以處分。"

彭撰《事狀》:"十六年秋,移任江蘇。明年以副都御史復任浙江。公之教士也,提倡正學,以程朱爲的。其所至,必訪求高行卓識之士,以禮先之,並徵先哲遺書,擇其善者而表著之。由是人知向方,奮發者衆。"(按《事狀》"明年以副都御史復任浙江"接"十六年"下,誤也。升調乃十八年事。)

陰撰《行狀》:"癸酉冬,又調任浙江。凡居浙六年,公慎自矢,所舉拔多知名士。浙人謂不動聲色而弊絕風清,百年來所僅見。有知府勒教官揑報劣生,已別擢去,公核實劾之。" 又云:"在浙發《學政條約》,頒行《小學》書,刊布《陸清獻公年譜》,以冣多士。每府試竣,輒召其學品兼優者,究明經史疑義,辨析學術源流,告以立志、居敬、窮理、反躬之切務。一時觀感興起,爭自濯磨者所在有人焉。有所造訪,或鄉里未知姓名,相顧何以得之。其侘傺終身者,每見於文,寓惋惜之意。若集中《五布衣詩》、《兩王生傳》是也。"(按國史館《本傳》作"九月調任"。陰《狀》稱"癸酉冬",當以抵任言也。)

《經笥堂文鈔·東林書院示諸生》:"此地自龜山先生講學,而後至明季顧、高二先生崛起,風聲感召,四方響應,可謂一時之盛。及黨禁日酷，善類胥戕，而世事遂不可問。正人君子之興衰，其關係如此。夫顧、高諸先生所以卓立千古，其志超然於富貴利達之外，其講明踐履，探原握要，歷貧賤、患難、生死而如一，此之謂實學也。學者每視古人爲不可及，大率由於見小而欲速。閒有聰明才俊，躐取科名，學鮮根柢，行無矩矱，立身一敗，萬事瓦裂。即不然，亦碌碌無足齒數，老死牖下，豈不辜負此七尺之軀乎？學者見小欲速，每分舉業與道學爲二途，不知就今功令，按實而求之即道學也。童子覆試，必用《小學》，以《小學》立教、明倫、敬身，爲一生樹立之基也。鄉試必用《孝經》、《性理》作論。以孝爲百行之首。《性理》一書，所以發明《四子書》之精蘊也。至若《四子書》，在天地爲天地之元氣，在人身爲人身之元氣①，體此以終身，喘息呼吸，不可須臾離。試問此等書，非舉業家所日相諷誦者乎？故曰，按實而求之，即道學也，豈別有一艱深不可造之境哉？所患者志不立，而苟安流俗耳。諸生中不自菲薄者，願振拔而奮興焉，則道南有嗣音矣。道南祠之配享②，必實有躬行心得之學，且於東林一脈有關涉，則祀之足以感發乎後人。顧、高以後，如劉蕺山、黃石齋、陳幾亭，可謂磊落③軒天地。而以孫北海廁其閒何耶？北海學術，雖謹守繩墨，而人品比孫夏峰相去霄壤。夏峰主姚江而不悖程朱，北海口述程朱而實爲姚江者所不齒。當日并祀王敬哉，更不知何故。至宋牧仲、許時庵，於東林修廢舉墜，當與歐陽東鳳、林宰、曾櫻三公大有造於東林者，按時代先後別祀一祠可也。其他尚有冒濫者，後之君子必公覈而釐正之。” 又《陸子年譜序》：“古之學者，未有不知行並進者也。不離乎日用、飲食、綱常、民物，則曰下學；不創爲新奇、詭異、幽深、元渺，則曰正學。自孔孟至程朱，逮明之薛胡，一脈相傳，如世系之有大宗小宗。其旁門異趨，分之爲庶孽，假之爲螟蛉而已矣。我朝治教休明，名儒輩出，而從祀文廟惟平湖陸子一人，蓋醇乎下學之功，卓乎正學之的者也。表章陸子，所以示學者之趨向指歸。然或隱微幽獨，不離富貴利達之見，徒以講學立名，呶呶焉辨異同、爭得失，

---

① “在人身爲人身之元氣”九字，稿本脫。據《經笥堂文鈔》補。
② “享”，稿本脫。據《經笥堂文鈔》補。
③ “磊落”，《經笥堂文鈔》作“磊磊”。

口說自勝無益也。陸子之言曰:‘學者必從賤乞墦、羞壟①斷、辨陽儒陰釋始。’鉉謂學者辨陽儒陰釋,必從賤乞墦、羞壟斷始。嘗讀《陸子文集》、《學術辨》、《與湯潛庵先生書②》,其於姚江之學,可謂攻其壁壘,搗其巢穴,不遺餘力矣。然使陸子窮達出處有一不合乎道,治心檢身無人所難能之定力,兩任縣令無人所莫及之治績,一載臺中無人所不敢言之正論,則講說雖明,辨駁雖切,亦何足以厭天下後世之心而稱天下之儒宗哉?河南儀封張清恪公,學與陸子同,嘗刊其遺書以傳於世。今嗣君西銘復③增定《陸子年譜》,考訂既確,包括無遺。陸子生平,體用兼賅④,知行並至,悉具於此。學者探討服習,如入其門、登其堂而聆其聲欬、瞻其儀範,與親得陸子而師之無以異。鉉懼終身爲道外之人,願與天下同志之士服膺而勿失焉。” 又《張楊園先生文集序》:“向見陸清獻公《衛濱日鈔》,極推楊園張先生。繼見寶應朱止泉遺集,論學術稱楊園爲最醇。顧先生著述蜀山草堂,初鋟板燬於火,所流傳者《初學備忘錄》、《訓子語》二冊,竊謂學者得此已足爲入門之階梯矣。然而先生明體達用之全量未之見也。都門於同年傳謹齋處,獲覽海寧祝孝廉人齋所編輯,乃益信先生在前明爲薛、胡之後勁,在我朝爲清獻之前矛。蓋先生少嗜姚江,中師蕺山,卒歸於洛閩。其爲學切實爲己,庸言庸行,慥慥不息,欿然不以師道自居。閒論史及時務,關係社稷蒼生之計,而退然不爲出位之謀。嗚呼!學術之雜,至明季極矣。東林而後,夏峰、二曲尚多騎牆,先生獨粹然一出於正。且身處草野,日抱婺憂,荒江寂寞,惴惴念亂,其心固未嘗一日忘天下也。學者讀是書,當思先生遭困阨流離,內治嚴密,究心經濟,而終身韜晦,不自表襮如此。吾儕幸際文治光昭之世,優遊膠庠,顧乃閣冗⑤偷安,小得自炫乎?使者視學兩浙,有董率之責。前已刊布《清獻公年譜》,以勖多士。茲喜蕭山朱學博,志尚正學,諸生皆知向方。重鋟先生全集成,爰不揣而序之。(按,先生試湖州,與諸生論

---

① “壟”,《經笥堂文鈔》作“龍”。下句“壟”同。
② “書”,《經笥堂文鈔》作“諸書”。
③ “復”,稿本誤“後”。據《經笥堂文鈔》改。
④ “賅”,《經笥堂文鈔》作“該”。
⑤ “冗”,稿本作“尤”。據《經笥堂文鈔》改。

《太極圖說·通書》。試台州,與諸生論《孝經》、《西銘》。試嚴州,與諸生論《格致傳義》。試金壇、金華、處州,皆有《示諸生文》、《答諸生問毛西河語》。辨之嚴,言之切,與清獻《學術辨》同功。)

十九年_{甲戌}　五十八歲

是春,先生友張未瞻卒。有汪生者,以其先人右衡先生所爲《陸宣公全集箋註》請序。

　　《經笥堂文鈔·張未瞻詩序》:"未瞻歾於甲戌之春,已經四載矣。詢雲客,果藏其詩若干卷云。"　又《陸宣公全集箋註序》:"癸酉,校士江蘇,拔汪生澍於群士中。繼知爲右衡先生子,克守家學。越年,以其先人箋註《陸宣公全集》請序。蓋參之新、舊《唐書》以盡厥事情,而脈絡關鍵,朗若列眉,實爲《宣公全集》不可少之書。"

　　《聞見偶錄》:"甲戌八月,余三弟鏌來浙省母。時余校士衢州事竣,按臨嚴州。弟同行數日,舟中述及李檟園哭其徒李孝子甚慟,徧徵詩文以表之。越數日,而檟園郵《李孝子行畧》至。"

二十年_{乙亥}　五十九歲

秋,杭州、嘉興二府蟲爲災。先生寓書巡撫周人驥,勸入告,弗聽。乃自奏聞,得旨賑卹,民困以甦,巡撫得罪去。十二月望,檢篋得鄂虛亭詩,意黯然也。

　　彭撰《事狀》:"二十年秋,浙西被蟲災。巡撫周人驥謂已届秋穫,不以聞。公致書規之,不聽。遂具章入告,得旨賑卹,而治巡撫罪。"

　　沈撰《傳》:"值嘉杭二郡歲歉,民食匱甚。有司勿以告,鉉貽書開府,遂以上聞。蒙詔加賑緩徵,民賴全活。"

　　《梅崖居士文集·誥封寧化李太夫人傳》:"就養浙江學署,時杭州嘉興民困蟲災,督撫以時過秋,非例不以聞。憲副欲摺奏,而難爲督撫地,請於太夫人。太夫人曰:'民困如是,爾官憲副,爲上耳目,不仰體皇上愛民之心,而惜①同寮乎?'憲副悚然具摺,果得旨。"

《經笥堂文鈔·與周撫軍書》:"還杭城即扃門考試,未得聆誨。兹願獻微忱者,浙中徧災地廣,務圖明年春夏接濟,今折漕既不及請,非多糴外省米粟,難救燃眉。紹興、湖州二府,固不待言。嘉興一郡,前日承面示,嘉興本不成災,祇因蟲傷之後,八九月之交,霜隕風暴,以致有穀之形,無穀之實,則民無蓋藏可知。杭州各縣,近教官送考在省,咸云雖無水災之處,皆被蟲霜大傷,與仁和無異。今僅②仁和一縣報災,小民含怨觖望,則民無蓋藏又可知。幸荷皇恩浩蕩,截漕十五萬石,以資賑卹。又應行起運漕糧,不論紅白秈粳,俱准一體收兌。其應蠲免及緩征者,皆有恩旨諭令,體察情形,分別辦理。執事自必仰體聖心,公忠報國,培養元氣。聞執事論屬員云:'愛民生亦當爲國計。'竊謂愛民生即所以爲國計,不可分爲兩途。今祈嚴飭各屬被災之地,向前批駁未准者,准其補報,據實再奏。至散賑之際,必不致小民報名有費、有司報銷有費,則浙民咸慶更生矣。鉉性質拘迂,不敢存局外之見,忘杞人之憂。伏冀裁示,臨楮悚切。" 又自記云:"撫軍名人驥。復③札云:'秋災不出九月,現居隆冬,無補報之例。災黎固當撫卹,而奸民得隴望蜀,妄冀非分,刁詐之徒每造言生事。如各教官者流,其言亦不足信。'云云。夫已得賑之民更思求賑,則可謂得隴望蜀。今嘉興一府,杭州八縣,均不報災,嗷嗷待哺,詆爲妄冀非分,可乎? 教官之言或不足信,嘉興七邑縣令赴省懇求折漕,何以皆不見聽,且加呵斥乎? 見既齟齬,只得入告。有旨密飭,毋得諱災。而制軍獨能實心查勘,宣揚德意,遍賑災民,民乃復甦。先是,予移書制軍,答極委婉,有'此後有所聞見,仍望頻頻示教,使知黎庶情形'之語。迨撫軍罷,予校士嘉興,制軍貽書云:'武林距禾稍遠,仍恐有司欲護前非,有心粉飾,惟祈密示安輯。'予試湖州,又貽書云:'放棹禾中,一路情形均與台指相符。'云云。制軍喀爾吉善,號淡園,其居心行政,庶幾得古人風。" 又《書鄂虛亭詩帖後》:"乾隆乙亥嘉平之望,檢得片帖詩二首,虛亭筆也,意黯然。語兒輩好藏之。"

---

① "惜",《梅崖居士文集》作"衈"。

② "僅",稿本無。據《經笥堂文鈔》補。

③ "復",稿本作"後"。據《經笥堂文鈔》改。

二十一年丙子　六十歲

正月，先生故人鄂虛亭殉難之報至，爲書詩帖後，致其傷感。夏，以太夫人年八十，預請復命時乞恩歸養。上命即自浙江侍母歸。五月，撰《二希堂文集後序》。按此序伊墨卿太守刻《經笥堂文鈔》未著錄，宜增補。六月，聞門人浙王瞿耗，心怦怦未已。《重鋟楊園先生全集序》、《重修浦江縣學記》作於是歲。

國史館《本傳》："二十一年，乞終養歸。"

彭撰《事狀》："明年夏，以太夫人年八十，預請復命時乞恩歸養。上命即自浙江侍母歸。

朱撰《墓誌銘》："母李太夫人年八十，援例終養。"

《經笥堂文鈔·書鄂虛亭詩帖後》："未逾月，而虛亭捐軀殉難之報至矣。詩有'蕭蕭黃葉，年來慣聞'之意。憶丁卯，直廬、虛亭坐譚閒，隨筆書此《無題》，余曰：'此必懷仲襄溪也。'虛亭默然。襄溪得罪，連及虛亭。襄溪瘐死，虛亭乃經紀其後事。生死之際，非徒見交情而已。迄今十年，故人取義，能不愴懷？乾隆丙子元宵後二日書。" 又附記云："先是余欲陳情奉母歸養，夢虛亭向余言曰：'且穩坐岸上，以觀帆檣。'聲大而醒。後計殉節以及見夢，曾未經旬。嗚呼！故人爲神猶啟我耶？" 又《兩王生小傳》："丙子夏，余告歸侍母。六月間，聞王瞿死，心怦怦未已。" 又《重鋟楊園先生全集序》："使者荷恩，命侍母歸養，行有日矣。爰書此，與諸生爲臨別之贈。非敢云足序先生之書也。" 又《重修浦江縣學記》："邑令王君果，始受事，怒焉①傷之，請於上官，與邑紳士圖興。是役經始於乾隆二十年孟夏，越一年將告成，來請記。"《二希堂文集後序》："今鉉年已六十矣。歲月蹉跎，轉瞬遲暮。憶懷往訓，顧影自愧，未嘗不汗下如雨也。師仲子巨源監司，重刊《二希堂集》，屬綴以言。敬述吾師之誨我知我者如此。至吾師之道術、經濟、氣節、文章，天語褒揚，日星炳耀，海內莫不宗仰，豈待小子之私言哉？乾隆丙子端午，門人寧化雷鉉拜書。"

---

① "焉"，《經笥堂文鈔》作"然"。

二十二年丁丑　六十一歲

春，高宗南巡，先生迎駕江左，凡三蒙召見。詢母年老狀，御書"萱榮綏祉"四字賜焉，命亟歸爲母壽。主講雲龍書院。陰靜夫承方造門，相得甚歡，以所爲文商訂。六月，先生長子定淳落第南歸。二十五日，夢見亡友張未瞻，爲序其詩。八月，瑞金羅臺山來問《易》。《冠豸山堂文集序》、《兩王生小傳》竝是歲作。

國史館《本傳》："二十二年，上南巡，鉉迎駕江左。御書'萱榮綏祉'扁額賜其母。

朱撰《墓誌銘》："二十二年，南巡御書扁額，爲太夫人壽，兼賜貂緞。蓋公性純孝，上知之，故體卹之尤至。"

又《梅崖居士文集·誥封李太夫人傳》："憲副請養歸里，嘗奉太夫人命迎駕吳越閒。御書'萱榮綏祉'四大字，兼賜貂緞，爲太夫人壽。諭憲副早歸，毋使老母懸望。隆恩異數。"

陰撰《行狀》："丁丑春，迎駕江南，凡三蒙召見。詢母年老狀。御書'萱榮綏祉'四字賜焉。命亟歸爲母壽。先是，供職京師，前後蒙賜福字及尚方珍物不勝計。公天懷肫至，無一事不曲體親心。朝夕視膳問寢，藹然孺慕，根心生色。友愛兩弟，待族黨由親及疏，恩誼周篤。有匱乏，量力佽之，常若歉然。律己嚴而待人恕，從不逆詐、億不信，人亦卒無能欺者。倡修大宗祠，復建三代祠，置產以豐祀事。"

《道光通志·列傳》："鉉自入仕籍，岌然中立，無少依附，獨以忠懇結上知，在群臣中恩意特異。晚年主講雲龍書院，成材甚衆。"（按《寧化縣志·學校三》："雲龍書院，乾隆八年邑人賈文兆捐金七百爲之。"）又《儒林·陰承方傳》："及鉉告養歸，即造門，相得甚歡。以所著文集商訂。"

《陰靜夫先生遺文·送羅臺山歸瑞金序》："臺山以乾隆丁丑八月來我寧化，受《易》於副憲翠庭雷公之門。"

《經笥堂文鈔·兩王生小傳》："丁丑六月，余長子落第歸，問過揚州見王熙聞否。則曰：'正月人日，熙聞病甚，尚遣其弟至兒舟。越一日竟亡矣。'嗟呼！兩生者僅一再見，其行事未之詳，徒以往來於余心而合爲之傳。" 又《張未瞻詩序》："余夢遊一亭，竹林陰翳，蔥翠交映，數人者俱散去，一人坐而起。視之，則未瞻也。余驚喜曰：'聞子已物化，今竟在此耶？'曰：'固在，但已失明。'余戲曰：'子固盲於目而不盲於心者也。子於詩，漢魏六朝唐宋元明，旁搜博覽，細大不捐，究何宗？'曰：'無所宗，宗吾心耳。公許爲我序，何吝一言？'余曰：'近爲文甚艱，非中有醞釀，自然而出之，求一語不可得。於子宿諾久矣，終必踐。人生精神所畢注，光氣不可掩，子詩當必傳，顧無散失乎？'應曰：'友朋間，雲客手錄必多。'覺而知爲夢，晨起① 即書之，以爲未瞻詩序。未瞻名軾，余同里人。少負雋才，而終於明經，年五十有六。余夢之夕爲乾隆丁丑六月二十五日也。"又《冠豸山堂文集序》："今寒泉謝世已十二年，余亦已六十有一。浮沈仕宦，學不加進，冥冥中恐負良友。讀《冠豸山堂集》，益愾然思古人也。"

二十三年戊寅　六十二歲

自編《經笥堂稿》。九月，門人羅臺山歸瑞金。十二月，爲《朱梅崖文集序》。又《朱府君墓碣銘》亦當爲戊寅、己卯間作。

《梅崖居士文集・答雷憲副書》："聞大作《經笥堂集②》編就卷帙，將以垂世，斯真闓俗擊蒙之利器矣。" 又云："去歲林穆庵卒京師，今年胡稺威沒於蒲州，皆負不朽之志，不幸命短蹇，不竟其業。"（按：胡稺威沒以乾隆二十三年戊寅，年六十三。）

《陰靜夫先生遺文》："戊寅九月將歸，告別於予。予不敏，未測臺山之歸與昔之來，所進幾何也。"

《經笥堂文鈔・朱府君墓碣銘》："楊林朱府君，歿於雍正辛亥之三月二十日。越三月，其兄曲廬先生奉母命祔葬於父墓之側。越十二年壬戌，季子仕琇始狀其行，將求銘。又十七年，乃以屬余，蓋其慎也。余雖

_____

① "晨起"，稿本無，據《經笥堂文鈔》補。
② "集"，稿本無，據《梅崖居士文集》補。

文不足任,與諸子交既久,且有連,其何辭?” 又《朱梅崖文集序》:“其兄弟友朋以《梅崖集》付梓人,屬序於余,余鹵莽言之如此。乾隆戊寅嘉平月,同學翠庭雷鋐序。”

二十四年己卯　六十三歲

丁母憂,執喪盡哀,瘵疾。次子定澍卒。門人伊朝棟舉於鄉。

> 國史館《本傳》:“二十四年,丁母憂。”

> 陰撰《行狀》:“己卯春,丁母憂,執喪毀瘠成疾。及葬,冒風露,陟原巘,病遂劇。”

> 《梅崖居士文集·誥封寧化李太夫人傳》:“太夫人卒時①年八十有二,子三人,孫十人,曾孫四人,無不在側。乾隆二十四年十二月十四日,婣家晚生朱仕琇頓首拜撰。” 又《雷時若哀辭》:“憲副養親家居,長子孝廉君接四方賓客,家事一委時若。時若甚②精敏,事③無留者,閒則讀書不輟。乃不幸年二十五而短命死矣。憲副與孝廉君哭之慟,諸父兄弟皆哀之。孝廉君撰其平生爲行略,遍致親友,以寓其悲。”

> 秦瀛《光禄卿伊朝棟家傳》:“君幼嗜學,即爲其鄉雷翠庭先生所器。君自見翠庭先生,靜存動察,言笑④必於禮。乾隆二十四年舉於鄉。”

二十五年庚辰　六十四歲

未終喪,病篤,遂以十月二十五日薨於里第。彌留時,誨子孫孝友讀書,不及家事。遺表有“爲子之事粗具,爲臣之志未伸”語。則先生忠孝爲懷,學之純,守之碻,可以識其大矣。所箸有《經笥堂詩文集》、《自恥錄》、《聞

---

① “時”下,《梅崖居士文集》有“享”字。
② “甚”,稿本無。據《梅崖居士文集》補。
③ “事”,稿本無。據《梅崖居士文集》補。
④ “笑”,稿本作“行”。據《小峴山人續文集》改。

見偶錄》、《讀書偶記》、《校士偶存》共若干卷。建寧朱仁琇序其文集有曰：
"公之學以躬行爲主，以仁爲歸，以敬義爲堂戶，以人情事勢爲權衡，以六經爲
食餌，以文藝爲紳佩，以獎引天下士爲藩牆。而於邪正之界，流漸之漬，析之
尤精，防之尤豫。大要宗朱文公，而以薛文清、陸清獻二公之書爲譜牒。公生
平出處，按之固已無一不合於道。及其所爲文章，則皆本其躬行所得者，而慰
唁、問答、解惑、條指、發德辨姦，析事類情，以綜王道之要，以會天命之精，以
抒忠愛之忱。"斯言蓋盡其大略云。

朱撰《墓誌銘》："乾隆二十五年十月二十五日，原任都察院左副都
御史寧化雷公以疾薨於里第。遠近人士，聞者驚悼，交書相弔。蓋公以
忠孝見信於上，而天下尊其學者三十餘年。其告養泊丁艱，朝野咸望起
復大用，以著大儒之效於天下，而公遽薨。公之薨，而人士竊計內外大臣
鮮復有如公之留意人才者，故其始聞而驚，驚已而悼，人人有失其私之
悲，而因致夫天下賴之之意，而益知公之生歿於世不偶然也。"又云："公
臨薨遺表曰：'臣爲子之事粗具，爲臣之志未伸。受恩深重，莫報涓埃，此
臣目難終暝。'嗚呼！觀公之所以事上，與上之所以待公者，庶幾古詩書
所載君臣相與之盛者已。公之學以躬行爲主，其生平出處，張馳言默，按
之無一不合於道者，至小事亦皆可法。爲文章簡要沖夷，有古作者風。
所著《經笥堂集》、《自恥錄》、《讀書偶錄》、《校士偶存》、《聞見錄》
等書凡若干卷。"

陰撰《行狀》："彌留時惟誨子孫孝友，不及家事。十月廿五日遂
卒，壽六十有四。配巫夫人，子男三人：定淳，壬申恩科舉人，直隸東安縣
知縣；定澍，監生；定源，貢生。"

沈撰《傳》："方（按當作未）終喪，以勞毀卒，年六十四。鉉天性
孝友，律己嚴而待人恕。其學以躬行爲本，而篤信謹守朱子、敬軒、當湖。
嘗曰：'象山、姚江，人品事功卓然千古，學術則恐貽誤後人。'作《學術
辨》及《禪學考》二篇以示學者"

《國朝學案小識》："鉉嘗謂李貫之得力'喚起截斷'四字。頻喚起
真心，敬以直內之要也；每截斷思念，義以方外之本也。又謂朱子《與

何叔京》云：‘人心無形，出入不定，須就規矩繩墨上守定，便①自內外帖然。’按此是講學第一緊要處。《小學》一書，所當服膺踐履。又謂一刻不持重，便害德性；一刻不專一，便荒本業；一刻不警惕，便墮晏安。晏安溺志，則害德性、荒本業，不待言矣。又謂朱子《仁說》，讀之②既久，令人見得本體融通流貫處，功夫精切周徧處。蓋生理涵於心，爲心之德，而義禮智統是矣。此生理涵於心，即溫然愛人利物之心，爲愛之理，故朱子一言以蔽之曰：‘天地以生物爲心，而人各得天地生物之心以爲心也。’所謂心之德者此也，所謂愛之理者此也。明乎心之德，愛之理非有二，此溫然愛人利物之心，即天地塊然生物之心，而本體有不融通流貫者乎？中閒引夫子之言仁，則由體而用，自常而變，一私不容自匿，一理不容或虧，而功夫有不精切周徧者乎？下又發明程子‘愛不可以言仁，而愛之理爲仁’，則性情之界限明而脈絡通。本體之妙，莫非生生之理者益以著矣。辨楊謝之不識仁體，泛言同體者，無警切之功，專言知覺者，少沈潛之味，則功夫之實，在乎操存涵養，克己力行，然後可以自全其生生之理者益以明矣。又謂孔子性相近之言，實萬世言性之宗旨。孟子性善之言，正是相近之實際。相近者，善之相近也。以萬物爲一體者，堯舜之仁也。今人乍見孺子入井而怵惕惻隱，可謂不與堯舜之仁相近乎？故曰性善也。擴而充之，人皆可以爲堯舜也。必待擴充之力者，氣質有不同也。孟子言性，與孔子無二旨也。又謂道心即性也，人心之正者，道心爲之主，即性宰乎氣也。人心之偏者，道心之有蔽，即性汨於氣而失焉者也。非道心爲一心，人心又爲一心也。如飲食男女之欲，人心也，而道存焉。知道存即道心也。知其爲道而肆焉，則危者愈危，微者愈微矣。故必道心爲主，人心聽命也。是知謂心即性者非也，離心性而二之者亦非也。又謂學問之道，一以貫之，孝而已矣。是故以父母之心爲心，天下無不友之兄弟。由父母而上之則祖宗也，以祖宗之心爲心，天下無不和之族人。由祖宗而上之，則厥初生民之天地也，以天地之心爲心，天下無不愛之民物，至於民胞物與，學問之道無以加矣。要自孝之一念積而充之，故曰天地之性人爲貴，人之行莫大乎孝。嗚呼！此其所以通神明、光四海，而爲

---

① “便”，《學案小識·寧化雷先生》作“使”。
② “之”，稿本無。據《學案小識·寧化雷先生》補。

至德要道與？又謂斷一木殺一獸不以其時，非孝也。此可悟孝之爲道，無所不貫。又謂天下無性外之物。凡身之所具，耳目手足，聰明恭重之理皆是也。凡身之所接，父子、君臣、長幼、夫婦、朋友，親義序別，信之道皆是也。凡天地盈虛消息之妙，萬物生長收藏之宜皆是也。朱子論格物，即孟子之言知性，此可悟矣。又謂太極者，誠也。誠之功，在敬以直內，義以方外。敬以直內，誠之源也；義以方外，誠斯立焉。必直內乃能方外，即主靜之意也。敬義夾持直上達天德，則人極立矣。又謂孔顏之樂，如何尋處，先儒隱而不發。竊思人欲盡處，天理流行，隨處充滿，無少欠闕，數語可形容孔顏樂處。何也？即此生意之盎然，一心藹然四達者也，所謂仁也。顏子心不違仁，雖簞瓢陋巷，不改其樂也。孔子中心安仁，雖疏水曲肱，此樂亦在其中也。然則欲尋孔顏之樂，亦密①體吾心之生意而已矣。大抵生意是聖學真種子，克己如耨草，涵養乃灌漑培育之功，由是欣欣向榮，暢茂條達而不容已焉。孟子所謂樂則生矣，此之謂也。學者必有見於此，實加克己函養之功，孔顏之樂方可尋得。不然，水流花放，無非生意，於我何有哉？又謂以性理二字分言之，性體渾然，析之爲仁義禮智，脈絡分明，是之爲理。驗之身則肅乂哲謀，推之倫則親義序別，皆理也，即皆性也。復性在於循理，循理在於盡分。蓋性渾淪而理有條緒。然理廣大而分更親切。如孝之理無窮，而吾有分內當盡之孝；忠之理無窮，而吾有分內當盡之忠。隨在盡分，則理得而性無虧矣。格物者格此，力行者行此，豈待遠求哉？”

《四庫全書提要·子部·儒家類》：“《讀書偶記》三卷，國朝雷鋐撰。是編乃其讀書劄記，大旨惟以朱子爲宗，然能不爭競門戶。如卷一中一條云：‘古人心最平，如孟子謂夷惠隘與不恭，君子不由，而又謂其爲百世之師是也。後如陸子靜、王陽明、陳白沙，論學術者必辨之，謂其非孔、孟、程、朱之正派也。然其砥節礪行，以之鍼砭卑鄙俗夫，不亦百世之師耶？’其持論特平，較諸講學之家，侈談存理遏欲而實不能自克其門戶之私者，可謂不失是非之心矣。書中論《易》者幾及其半，大致多本李光地。其論《禮》多本方苞。一則其鄉前輩，一則其受業師也。”

① “密”，《學案小識·寧化雷先生》作“默”。

跋

右《雷翠庭先生年譜》一卷，乙亥冬客會城時所纂。稽籍數十種，多假諸省立及烏山兩圖書館。今春來晉江，居城北梅石書院，存之行篋。暑假歸杭，稍事補苴。適粵桂事起，軍旅雲集，雜居民屋不堪囂擾，時作時斷。初秋復南來，課餘鈔錄，冬臘始訖。自故山被兵匪禍七八載未息，鄉賢著述蕩盡。《經笥堂文鈔》爲嘉慶閒伊墨卿太守刊於廣州，板藏秋水園。秋水園者，太守君闢以奉母處也。其書百篇，與原集三十五卷相去遠甚，顧存者亦廑矣。《讀書偶記》三卷則采入《四庫全書》中，餘皆無所覯。世變之殷，吁可畏也。則彝倫攸敘，學術宜端，納民軌物，吾人又可不知其所務哉？樹棠又記 ①。

附記曰 ②：吳宗慈以《清史稿·列傳》於清國史館舊檔中刪去一千二百餘人。去取標準，莫能識之。其不應刪而盡刪，最著者如朱筠、谷應泰、翁方綱諸人。似應檢閱，慎爲去取。今按雷鋐傳亦被刪削，大抵以清國史館本傳寥寥數語之故。是秉筆者於《經笥堂文鈔》、唐氏《學案小識》、錢氏《碑傳集》未加攟採。雷氏立官言行，如乾隆四年論同官余棟父喪未葬入直內庭、十一年日蝕求言之奏、二十年入告杭州嘉興蟲災，風采凜然。綜其平生所學，最爲篤實，宜於《儒林》補傳爲允。樹棠識。

---

① "樹棠又記"，按此四字署款，《笠山文鈔》所收《雷翠庭先生年譜跋》作"丙子嘉平，樹棠謹記於梅石講舍"，則撰《跋》之時間地點記之甚明。

② 此篇"附記"，稿本無，據作者文鈔《前自序》補入（詳《笠山文鈔·附錄》）。

【笠山遺集第五種】

四家詩傳授表證

包樹棠　遺著

黃曦　點校

張善文　審校

編校述語

《四家詩傳授表證》一卷,笠山先生工楷手書清稿一册,今春承先生哲嗣定貞君提供整理。封面作者題籤"四家詩傳授表證",落款"笠山",下鈐"包樹棠印"(白文)篆章。卷首《自序》末,鈐"伯苄"(朱文)、"包樹棠印"(白文)兩章。內文除《自序》、《敘例》外,皆以紅欄單魚尾白口"洛陽社製"十行箋本抄寫,後來復加襯紙擴長修裱,重裝成册,蓋作者手自爲之也。

兩漢詩學,以毛、魯、齊、韓四家影響最著。毛學因毛鄭傳箋及孔疏而久傳不衰,餘三家之說則於隋唐前亡佚殆盡。故唐陸德明《經典釋文·敘錄》云:"前漢,魯、齊、韓三家《詩》列於學官。平帝世,《毛詩》始立。《齊詩》久亡,《魯詩》不過江東,《韓詩》雖在,人無傳者。惟《毛詩》鄭箋獨立國學,今所遵用。"後儒雖有考輯三家遺說,實難盡復舊貌。至若各家傳授源流,載記匪詳,衆說不一,往往晦而難明,遺惑後學。

茲編大旨,在追考四家詩學之傳授,先《毛詩》,次《魯詩》,次《齊詩》,次《韓詩》,各依學派授受情實,或師傳,或家學,採輯相關人物史料,備列表系,印證源流,故題曰"表證"。所證始於各家立學肇初,止於東漢末年,史迹鼇然畢陳,炎漢詩學之家法師承於是乎彰明。其間有剖辨舊說,是正前人疏舛者,可見作者識詣之精。據《自序》稱,稿成若干年後,作者嘗攜册往吳縣拜謁章太炎先生乞教,章先生頗予讚賞,謂"已確然無間隙"。是則此稿雖爲作者早年所撰,其學術根柢已甚弘厚矣。

黃生曦傾力點校既竟,復由我閱訂一過,庶成斯編,以饗讀者。世之研討詩學,考鏡源流,尋探兩漢四家詩之傳授次第者,於此宜獲裨助焉。

後學張善文敬識於福建師範大學文學院

公元二零二零年四月

歲在庚子穀雨前五日

目　錄

四家詩傳授表證

上杭包樹棠纂

自　序

乙亥冬，予①謁章太炎先生於吳縣，出此册請益。先生爲之紬繹，謂已確然無間隙。又曰："康成之學傳自季長，季長學於摯恂，摯②恂獨不知所出。范書已未立傳，《儒林》簡略，遠不若馬、班所爲，明於學術源流之傳授。它③籍亦靡稽焉，可爲歎已。"予退而思，以謂兩漢經學，皆重師承。今古文家法嚴謹，西京諸博士，至持之若水火不相合。然《毛詩》、《魯詩》，並出孫卿，康成亦從東郡張恭祖兼受《韓詩》。李唐以還，三家寖微，毛傳、鄭箋獨立國學，則馬、鄭之於毛氏，雖傳授無可跡，而源流所出，固不足疑。蓋毛學八傳而至賈逵，逵以永元十三年卒，年七十二。季長卒於延熹九年，年八十八。是逵卒之時，季長年當十又三，且皆扶風人，則其所聞習，從可知矣。逵承家學，父④徽與東海衛宏同事九江謝曼卿，宏復傳其學於濟南徐巡，而河南鄭衆、魯國孔僖亦傳《毛詩》，知名於世。當時治毛者如是而已。此摯恂之學，實不能與諸儒無關。夫學問之事，聲應氣求，其道有然，是殆孟子所謂"予私淑諸人"也。其後鄭箋，雖獨明毛恉，然⑤往往持爲異論，與魯丕所謂"說經者傳

---

① 予，《笠山文鈔》無。茲依稿本。案《笠山文鈔》收入此序，今取與稿本互校。以下簡稱《文鈔》。

② 摯，《文鈔》無。茲依稿本。

③ 它，《文鈔》作"他"，《杉與樓讀書記》作"佗"。茲依稿本。案《杉與樓讀書記》，包樹棠先生撰，載民國三十六年（1947）《海疆學報》第一卷第一期。以下簡稱《讀書記》。

④ "父"上，《文鈔》多"其"字。茲依稿本。

⑤ "然"下，《文鈔》多"亦"字。茲依稿本。

先師之言，非從己出"，蓋有間矣。予始治《詩》，以毛、鄭爲指①歸，間附②己意，爲之劄記。復纂述是編，庶乎源流已明，祈嚮有自。久未爲序，因章先生言，乃推其意，以弁端云。上杭包樹棠識③。

---

① 指，《文鈔》無。茲依稿本。
② 間附，《讀書記》作"傅"。茲依稿本。
③ "上杭包樹棠識"六字，《文鈔》無。茲依稿本。

敘　例

　　茲①表仿歐譜,系傳授次第,附以證焉②。其傳授無考,而仍知爲治某家之學者,則別爲附錄,以次於各家之後。

　　四家之學,《漢書·儒林傳》先魯、齊、韓,而後毛詩。蓋三家皆先置博士,毛詩後出,未立學官。朱③彝尊《經義攷·承師》從之。然《毛詩》自鄭君作箋,三家之學寖④微。《經典釋文·敘錄》云:"《齊詩》久亡,《魯詩》不過江東,《韓詩》雖在,人無⑤傳者。惟《毛詩》鄭箋獨立國學,今所遵用。"群經自唐定爲義疏,至今莫易。故《表證》首毛詩,次魯、齊、韓三家。

　　《毛詩》,毛亨始爲訓詁,而毛公實子夏六傳弟子。《魯詩》,魯申公始爲訓故,而申公實孫卿再傳弟子。故《表證》毛詩,以子夏爲始;魯詩,以孫卿爲始:重承師也。

　　四家傳授,有一人而二師者。如魯詩,韋賢受學瑕丘江公,又事許生;王式受學許生,又事徐公。韋⑥賢,《表證》見於瑕丘江公⑦下;王式,《表證》亦見於許生下。故韋賢之於許生,王式之於徐公,祇列名弟子,不再系其事,以媅重複。

　　《經典釋文⑧·敘錄》云:"毛詩出自毛公,河閒獻王好之。徐整云:'子夏授高行子,高行子授薛倉子,薛倉子授帛妙子,帛妙子授河閒人大毛公,毛公爲訓故傳於家⑨,以授趙人小毛公。'一云:'子夏傳曾申,申傳魏人李

---

① 茲,《讀書記》作"本"。茲依稿本。
② "附以證焉"四字,稿本無。據《讀書記》補。
③ "朱"上,《讀書記》多"秀"字,當是"秀水"。茲依稿本。
④ 寖,《讀書記》誤"寢"。茲依稿本。
⑤ 人無,《讀書記》誤"無人"。茲依稿本。
⑥ "韋"上,《讀書記》多"故"字。茲依稿本。
⑦ 江公,《讀書記》無。茲依稿本。
⑧ 釋文,《讀書記》無。茲依稿本。下文"經典釋文"倣此。
⑨ "傳於家"三字,《讀書記》無。茲依稿本。

克，克傳魯人孟仲子，孟中子傳根牟子，根牟子傳趙人孫卿，孫卿傳魯人大毛公。”其言傳授不同。明朱睦㮮西亭《授經圖》、朱彝尊竹垞《經義攷·承師》，皆取後說，《表證》從之。又按《漢書·藝文志·諸子略》儒家有《李克》七篇，注“子夏弟子，爲魏文侯相”，與《敘錄》異，未知孰是。《表證》依陸氏說。

《授經圖》魯詩傳授，以許晏爲張游卿弟子。按《漢書·儒林傳》：“張生兄子游卿爲諫議大夫，以《詩》授元帝。其門人瑯邪王扶爲泗水中尉，陳留許晏爲博士，由是張家有許氏學。”宋祁曰：“尉下當有授字。”宋說是也。《經典釋文·敘錄》：“張生兄子游卿，以《詩》授元帝，傳王扶，扶授許晏”，是陸氏所據《漢書》，固有授字。朱氏不知漢書有奪文，遂誤以王扶、許晏竝爲游卿弟子。亦未一審下文“由是張家有許氏學”，固 ① 不及王氏，則上文當補一“授”字明矣 ②。《表證》據《敘錄》是正。

《授經圖》：“瑕丘江公授博士江公。”又云：“瑕丘傳孫江公。”按《漢書·儒林傳》祇云“博士江公，世爲《魯詩》宗”，無傳授明文。證以下文“瑕丘江公，受（按《漢書》受原譌授）《穀梁春秋》及《詩》於魯申公，傳子至孫爲博士”，亦非直接傳授。《經義攷·承師》不系博士江公於瑕丘下，是也。《表證》從之，以出於附錄。又博士江公，亦作江翁。《後漢·卓茂傳》作“博士江生”，注：“江生，魯人江翁也。”

經義傳授，有師承，有家學。韋賢受《魯詩》於大江公及許生，以授子玄成，及兄子賞，此家學也。又匡衡治《齊詩》，《漢書》本傳“衡子咸，亦明經，歷位九卿，家世多爲博士者”，是咸傳父學矣。《後漢·伏湛傳》：“湛父理，爲當世名儒，以詩授成帝。湛少傳父業，教授數百人。湛子隆、翁。翁子光，光子晨，好學尤篤。子無忌，亦傳家學。子質，質子完。伏氏自伏生已後，世傳經學。”則其淵源，頗有可尋。《經義攷·承師》不著匡、伏家學，蓋以史無傳授明文。然兩家子孫，實以世學爲大官。《授經圖》則著“匡咸”矣。唯伏氏傳學，則以“湛授晨，晨授無忌，無忌授質，質授完”，而不著湛子隆、翁，翁子光。按晨爲湛 ③ 曾孫，未必直接傳授。《表證》易作“湛授隆、翁，翁授

---

① 固，《讀書記》無。茲依稿本。
② “則上”至“明矣”十字，稿本無。據《讀書記》增。
③ 湛，《讀書記》誤“淇”。茲依稿本。

光,光授晨"。又湛弟黯,亦傳《齊詩》,《授經圖》以爲"湛授黯,黯授兄子恭,恭授壽"。按《後漢·儒林·伏恭傳》,無湛、黯授學明文,正疑黯學亦受自其父理。《表證》悉爲是正,以明家學。

班伯受《詩》於師丹,見《漢書·敘傳》。而《經義攷·承師》以爲匡衡弟子,誤也。又《漢書·儒林傳》陳留許晏,受《魯詩》於王扶。《後漢·獨行·李業傳》有許晃,業從受《魯詩》焉。而《經義攷·承師》,王扶弟子有"陳留許晏偉君",治《魯詩》而傳授無考者有"許晃偉君",於晃下注云"一作晏",是以許晏、許晃爲一人矣。今按晏前漢人,晃後漢末人,竝不云字偉君。時代既①不相及,必別是一人。朱氏未知果何所據,亦疑有誤。

《授經圖》韓詩傳學,"嬰授博士商,商授涿韓生,涿韓生授趙子,趙子授蔡誼"。按《漢書·蔡誼傳》,誼以說《詩》擢爲光祿大夫給事中,進授昭帝。及爲丞相,年已八十餘,又四年薨。《儒林傳》"河內趙子授同郡蔡誼,涿韓生以孝宣時徵待詔殿中",是其時後於誼,趙子又誼師,涿韓生不得授趙子審矣。《經義攷·承師》則不著博士商、涿韓生,而以趙子爲嬰受學弟子,亦未盡然。今以其時考之,則趙子當爲武帝時人。《史記·儒林傳》:"韓生孫商,爲今上博士。"史公偁今上者,武帝也。其敘韓嬰弟子,唯淮南賁生及商,不及趙子。則《漢書·儒林傳》偁趙子事燕韓生者,爲商無疑。涿韓生亦自謂"嘗受《韓詩》,不如《易》深",固世守家學。《表證》悉爲是正。嬰傳賁生、商,商傳涿韓生、趙子,師承家學,淵源不紊矣。

《授經圖》齊詩傳授,"滿昌弟子遺馬援"。按《後漢書②》、《東觀漢記》本傳皆云"援從滿昌受《詩》",《表證》據補。

《經義攷·承師》,治韓詩③者有"隱士弘農董景道④"。按景道見於《晉書》。前乎此者,若韋氏昭有《毛詩答雜問》,徐氏整有《詩譜》,皆見於《隋志》,而陸氏璣(阮元《毛詩注疏校勘記》:"陸機,毛本'機'誤'璣',閩本、明監本不誤。案攷《隋書·經籍志》作機,《釋文·序錄》同。唯《資暇集》有當從玉旁之說,宋代著錄元恪書者多采之,毛本因此改作璣。其實與士衡同姓名耳。古人所有,不當改也⑤。")《毛詩草木鳥獸蟲魚疏》

① 既,《讀書記》作"已"。茲依稿本。
② 書,《讀書記》無。茲依稿本。
③ 詩,稿本無。據《讀書記》補。
④ 景道,稿本及《讀書記》均誤"道景"。據《晉書》及《經義攷》改。下文"景道"傲此。
⑤ "阮元"至"改也"一節小注,《讀書記》無。茲依稿本。

則至今尚存，皆不入於治毛詩者，其例未安。《表證》則斷以後漢爲止。

《漢書·藝文志》有《齊孫氏傳》二十八卷，《後漢書·陳重傳》雷義亦治魯[①]詩，《經義攷·承師》遺之[②]，今皆補焉。

師弟授學則稱弟子，父子授學則稱傳子，所以明師承，著家學也。

---

① 魯，《讀書記》誤"齊"。茲依稿本作者手批。

② 案《經義攷·承師》"治魯詩"下有"侍御史宜春陳重景公、南頓令鄱陽雷義仲公"諸語，似未遺漏。疑作者偶失檢。

四家詩傳授表證

毛詩傳授	一傳	二傳	三傳	四傳
卜商 《史記·孔子弟子列傳》:"卜商,字子夏,少孔子四十四歲。子夏問:'巧笑倩兮,美目盼兮,素以為絢兮。何謂也?'子曰:'繪事後素。'曰:'禮後乎?'孔子曰:'商始可與言詩已矣。'孔子既沒,子夏居西河教授,為魏文侯師。"《集解》:"駰按《家語》云'衛人'。鄭玄曰'溫國卜商'。"《索隱》:"子夏文學,著於四科。序《詩》。"《韓詩外傳》卷五:"子夏問曰:'《關雎》何以為《國風》始也?'孔子曰:'《關雎》至矣乎!夫《關雎》之人,仰則天,俯則地。幽幽冥冥,德之所藏。紛紛沸沸,道之所行。雖神龍變化,斐斐文章。大哉《關雎》之道也,萬物之所繫,群生之所河洛	卜商弟子曾申 按《禮記·檀弓》鄭注:"申,曾參之子。"《經典叙錄》:"字子西,魯人。"王應麟曰:"曾西,趙岐注以爲曾子之孫,《集注》因之。《經典叙錄》:'曾申,字子西。曾參之子。'子夏以《詩》傳曾申,左丘明作《傳》以授曾申。曾西之學,於此可考。楚鬬宜申、公子申,皆字子西,則曾西之爲曾申無疑。"又按,趙岐注以曾西爲曾子之孫,與《檀弓》鄭注異。王氏遽斷爲一人,實不可通。並志疑焉。 弟子李克。	曾申弟子李克 按《史記·魏世家》:"魏文侯謂李克曰:'先生嘗教寡人曰:家貧則思良妻,國亂則思良相。今所置非成則璜,二子何如?'李克對曰:'臣聞之,卑不謀尊,疎不謀戚。臣在闕門之外,不敢當命。'文侯曰:'先生臨事勿讓。'李克曰:'君不察故也。居視其所親,富視其所與,達視其所舉,窮視其所不爲,貧視其所不取,五者足以定之矣,何待克哉!'"(《韓詩外傳》卷三文略同。)《呂覽·適威》:"魏武侯之居中山也,問於李克曰:'吳之所以亡者何也?'李克對曰:'驟戰而驟勝。'武侯曰:'驟戰而驟勝,國家之福也。其獨以	李克弟子孟仲子 按《經典叙錄》:"鄭玄《詩譜》云:'子思之弟子。'"趙岐曰:"孟仲子,雷之從昆弟。"又按《史記志疑》謂史公以孟子受業於子思之門人者,爲得其實。則鄭君以孟仲子爲子思之弟子者,亦非是。且孟仲子固子夏三傳弟子,疑不能明。姑志以俟攷。 弟子根牟子。	孟仲弟子根牟子 按《姓苑》:"周人根牟子,善著書。"《漢書古今人表》居第六等。 弟子孫卿。

毛詩傳授	一傳	二傳	三傳	四傳
出書圖，麟鳳翔乎郊。不由《關雎》之至，則《關雎》之事將奚由至哉？夫六經之策，皆歸論汲汲，蓋取之乎《關雎》。《關雎》之事大矣哉！馮馮翊翊，自東自西，自南自北，無思不服。子其勉強之，思服之。天地之閒，生民之屬，王道之原，不外此矣。'子夏喟然歎曰：'大哉《關雎》，乃天地之基地。《詩》曰：鐘鼓樂之。'"《經典敘錄》："孔子最先刪錄。既取周詩，上兼商頌，凡三百一十一篇。（自注：毛公爲故訓時已亡六篇，故《藝文志》云三五五。）以授子夏。子夏遂作序焉。（自注：或曰毛口公作序，解見口。）口以相傳，未有章句。毛詩者，出自毛公。河閒獻王好之。徐整云：子夏授高行子，高行子授薛倉子，薛倉子授帛妙子，帛妙子授河閒人大毛公。毛公爲《詩故訓傳》於家，以授趙人小毛公。（自注：一云名萇。）小毛公爲河閒獻王博		亡，何故？'對曰：'驟戰則民罷，驟勝則主驕。以驕主使罷民，然而國不亡者，天下少矣。驕則恣，恣則極物；罷則怨，怨則極慮。上下俱極，吳之亡猶晚，此夫差之所以自殁於干隧也。"（《韓詩外傳》卷十此文作"魏文侯問里克"，《新序·雜事》里作李。里、李古通。然當從《呂覽》、《新序》作李，以別於晉之里克也。）《漢書·藝文志》有《李克》七篇，注："子夏弟子，爲魏文侯相。"說與《敘錄》異，未知孰是。《表證》姑從陸氏說，並志疑於此。弟子孟仲子。		

毛詩傳授	一傳	二傳	三傳	四傳
士,以不在漢朝,故不列於學。一云:子夏傳曾申,申傳魏人李克,克傳魯人孟仲子,孟仲子傳根牟子,根牟子傳趙人孫卿,孫卿傳魯人大毛公。"按《敘錄》述傳授二說,如明人朱西亭睦㮮《授經圖》,以後說爲據。今從之。弟子曾申。				

五傳	六傳	七傳	八傳	九傳
根牟弟子孫卿 按《史記·孟荀列傳》:"荀卿,趙人。年五十始來遊學於齊。齊襄王時,而荀卿最爲老師。齊尚脩列大夫之缺,而荀卿三爲祭酒焉。齊人或讒荀卿,荀卿乃適楚。而春申君以爲蘭陵令,春申君死而荀卿廢,因家蘭陵。李斯嘗爲弟子,已而相秦。荀狠嫉濁世之政,亡國亂君相屬,不遂大道而營於巫祝,信①機祥,鄙儒小拘,如莊周等又滑稽亂俗,於是推儒、墨、道德之行事興壞,序列著數萬言而	孫卿弟子毛亨 按《四庫提要》云:'《漢書·藝文志》:《毛詩》二十九卷,《毛詩故訓傳》三十卷。然但稱毛公,不著其名。《後漢書·儒林傳》始云:'趙人毛長傳《詩》,是爲《毛詩》。'其長字不從艸。《隋書·經籍志》載'《毛詩》二十卷,漢河間太守毛萇傳,鄭氏箋'。於是《詩傳》始稱毛萇。然鄭玄《詩譜》曰:'魯人大毛公爲訓詁,傳②於其家。河間獻王得而獻之,以小毛公爲博士。'陸璣《毛詩草木蟲魚疏》	毛亨弟子毛萇 按《漢書·儒林傳》:"毛公,趙人也。治《詩》爲河間獻王博士。"又《藝文志》:"毛公之學,自謂子夏所傳,而河間獻王好之。未得立。"《後漢書·儒林傳》:"趙人毛萇(乾隆四年校刊本不作'萇')傳《詩》,是爲《毛詩》。未得立。"弟子貫長卿。	毛萇弟子貫長卿 按《漢書·儒林傳》:"毛公,趙人。治《詩》,授同國貫長卿。"《經典敘錄》:"貫長卿,徐整作'長公'。"弟子解延年。	長卿弟子解延年 按《漢書·儒林傳》:"貫長卿授解延年,爲阿武令。"《經典敘錄》:"解延年,《詩譜》云齊人。"弟子徐敖。

---

① 信,稿本無。據《四庫全書提要》補。

② 傳,稿本無。據《四庫全書提要》補。

笠山遺集

五傳	六傳	七傳	八傳	九傳
卒。因葬蘭陵。"《漢書·藝文志》儒家:《孫卿子》三十三篇。注:"名況,趙人。爲齊稷下祭酒。"師古曰:"荀卿避宣帝諱,故曰孫。"又賦家有《孫卿賦》十篇。 弟子毛亨。	亦云:'孔子刪詩,授卜商,商爲之序,以授魯人曾申。申授魏人李克,克授魯人孟仲子,仲子授根牟子,根牟子授趙人荀卿,荀卿授魯國毛亨,毛亨作《訓詁傳》以授趙國毛萇。時人謂亨爲大毛公,萇爲小毛公。'據是二書,則作傳者乃毛亨,非萇。孔氏《正義》亦云:'大毛公爲其傳,由小毛公而題毛也。'《隋志》所云,殊爲舛誤。而流俗沿襲,莫之能更。朱彝尊《經義攷》乃以《毛詩》二十九卷題'毛亨撰',注曰'佚';《毛詩訓故傳》三十卷題'毛萇撰',注曰'存'。意主調停,尤爲於古無據。今參稽衆說,定作傳[1]者爲毛亨。以鄭氏後漢人,陸氏三國吳人,并傳授《毛詩》,淵源有自,所言必不誣也。" 弟子毛萇。			

---

[1] 傳,稿本無。據《四庫全書提要》補。

十傳	十一傳	十二傳	十三傳	十四傳
延年弟子徐敖 按《漢書·儒林傳》:"解延年以《詩》授徐敖。"敖,號人,嘗受《古文尚書》於胡常,爲右扶風掾。 弟子陳俠、王璜。	徐敖弟子陳俠 按《漢書·儒林傳》:"徐敖授九江陳俠,爲王莽講學大夫。由是言《毛詩》者,本之徐敖。" 弟子謝曼卿 徐敖弟子王璜 按《漢書·儒林傳·徐敖傳》:"《毛詩》授王璜。璜,字平中(師古曰:中讀曰仲),琅邪人。嘗從費直受《易》,又傳《古文尚書》。"	陳俠弟子謝曼卿 按《後①漢書·儒林傳·衛宏傳》:"九江謝曼卿善《毛詩》,乃爲②其訓。"《經典敘錄》:"或云陳俠授謝曼卿,元始五年公車徵説《詩》。" 弟子賈徽、衛宏。	曼卿弟子賈徽 按《後漢書·賈逵傳》:"徽從劉歆受《左氏春秋》,兼習《國語》、《周官》,又受《古文尚書》於塗惲,學《毛詩》於謝曼卿。作《左氏條例》二十一篇。" 傳子逵。	賈徽傳子賈逵 按《後漢》本傳:"賈逵,字景伯,扶風平陵人。徽子,悉傳父業。弱冠能誦《左氏傳》及五經本文,以大③夏侯《尚書》教授。雖爲古學,兼通五家《穀梁》之説。尤明《左氏傳》、《國語》,爲之解詁五十一篇。建初閒,逵數爲帝言《古文尚書》,與經傳《爾雅》詁訓相應。詔令撰《歐陽大小夏侯尚書古文同異》,逵集爲三卷,帝善之。復令撰《齊魯韓詩與毛氏異同》。並作《周官解故》。遷逵爲衛士令。八年,乃詔諸儒各選高才生,受《左氏》、《穀梁春秋》、《古文尚書》、《毛詩》,由是四經遂行於世。皆拜逵所選弟子及門生爲千乘王國郎,朝夕受業,學者皆欣欣羨慕焉。永元三年,以逵爲左中郎將。八年,復爲侍中,領騎都尉。內備帷幄,

---

① 後,稿本無,疑誤脱。據《後漢書》補。

② 爲,稿本無,疑誤脱。據《後漢書》補。

③ "大"下,稿本衍"小"字。據《後漢書》刪。

笠山遺集

十傳	十一傳	十二傳	十三傳	十四傳
				兼領祕書近署。所著經義詁及論難百餘萬言，又作詩、頌、誄、書、連珠、酒令凡九篇。學者宗之，後世稱爲通儒。永元十三年卒，時年七十二。"《經典敍錄》："後漢鄭衆、賈逵、傳《毛詩》，馬融作《毛詩注》，鄭玄作《毛詩箋》，申明毛義，於是三家遂廢矣。"《經義攷》卷一百一："賈氏逵《毛詩褖義難》，《七錄》十卷，佚。"
			曼卿弟子衛宏 按《後漢書·儒林》本傳："衛宏，字敬仲，東海人。少與河南鄭興俱好古學。初，九江謝曼卿善《毛詩》，乃爲其訓。宏從曼卿受學，因作《毛詩序》，善得風雅之旨。于今傳于世。後① 從大司空杜林，更受《古文尚書》，作《訓旨》，又作《漢舊儀》四篇，以載西京褖事。著賦、頌、誄七首，皆傳於世。" 弟子徐巡。	衛宏弟子徐巡 按《後漢書·儒林·衛宏傳》："濟南徐巡，師事宏。後從杜林受學，亦以儒顯。"

---

① 後，稿本誤"徐"。據《後漢書》改。

附錄	一傳			
鄭衆 按《後漢書》本傳:"鄭衆,字仲師,河南開封人。從父受《左氏春秋》,精力於學。明《三統歷》,作《春秋難記條例》。兼通《易》、《詩》,知名於世。建初六年,代鄧彪爲大司農。後受詔作《春秋删》十九篇。八年,卒官。"①				
馬融 按《後漢書》本傳:"馬融,字季長,扶風茂陵人。博通經術,桓帝時爲南郡太守,拜議郎。在東觀著述。以病去官。融才高博洽,爲世通儒。教養諸生,常有數千。涿郡盧植、北海鄭玄,皆其徒也。著《三傳異同說》,注《孝經》、《論語》、《詩》、《易》、《三禮》、《尚書》、《列女傳》、《老子》、《離騷》。所著賦、頌、碑、誄、書、記、表、奏、七言、琴歌、對策、	馬融弟子鄭玄 按《後漢書》本傳:"鄭玄,字康成,北海高密人。師事京兆第五元先,始通《京氏易》、《公羊春秋》、《三統歷》、《九章算術》,又從東郡張恭祖受《周官》、《禮記》、《左氏春秋》、《韓詩》、《古文尚書》。以山東無足問者,乃西入關。因涿郡盧植,事扶風馬融,質諸疑義,問畢辭歸。融喟然謂門人曰:'鄭生今去,吾道東矣。'玄遊學十餘年乃歸鄉里。家貧,客			

---

① 作者眉批:又按《儒林衛宏傳》:"中興後,鄭衆、賈逵傳《毛詩》。"

附錄	一傳			
遺令,凡二十一篇。年八十八,延熹九年卒於家。"《經義攷》卷一百一:"馬氏融《毛詩注》,《七錄》十卷,佚。陸德明曰'無下帙'。"① 弟子鄭玄。 孔僖 按《後漢書·儒林》本傳:"孔僖,字仲和,魯國魯人。自安國以下,世傳《古文尚書》、《毛詩》。元和閒,拜僖郎中,賜襃成侯。校書東觀,拜臨晉令。三年卒官。"	耕東萊,學徒相隨已數千人。及黨事起,乃與同郡孫嵩等四十餘人俱被禁錮,遂隱修經業,杜門不出。時任城何休好公羊學,遂著《公羊墨守》、《左氏膏肓》、《穀梁廢疾》,玄乃發《墨守》,鍼《膏肓》,起《廢疾》。休見而歎曰:'康成入吾室,操吾戈以伐我乎?'卒年七十四,遺令薄葬。自郡守以下嘗受業者,縗絰赴會千餘人。門生相與撰玄答諸弟子問五經,依《論語》作《鄭志》八篇。凡玄所注《周易》、《尚書》、《毛詩》、《儀禮》、《禮記》、《論語》、《孝經》、《尚書大傳》、《中候》、《乾象歷》,又著《天文七政論》、《魯禮禘祫義》、《六藝论》、《毛诗谱》、《駁許慎五經異義》、《答臨孝存周禮難》凡百餘萬言。"《後漢書·儒林·衛宏傳》:"中興後,鄭衆、賈逵傳《毛詩》,後馬融作《毛			

---

① 作者眉批:又按《儒林·衛宏傳》:"馬融作《毛詩傳》。"

附錄	一傳			
	詩傳》,鄭玄作《毛詩箋》。"注:"箋,薦也,薦成毛義也。張華《博物志》曰:'鄭注《毛詩》曰箋,不解此意。或云毛公嘗爲北海相,玄是郡人,故以爲敬云。'"《經典敘錄》:"《齊詩》久亡,《魯詩》不過江東,《韓詩》雖在,人無①傳者。唯《毛詩》鄭《箋》獨立國學,今所遵用。"			

魯詩傳授	一傳	二傳	三傳	四傳
孫卿並傳《毛詩》。《表證》詳前。弟子浮丘伯。	孫卿弟子浮丘伯按《漢書·楚元王交傳》:"少時嘗與魯穆生、白生、申公同受詩於浮丘伯。伯者,孫卿門人也。"服虔曰:"浮丘伯,秦時儒生。"又《儒林傳》:"浮丘伯,齊人。呂后時,在長安。"《鹽鐵論》云:"包丘子與李斯俱事荀卿。"(汪中《荀子通論》:"包丘子即浮丘伯。")劉向敘云:"浮丘伯受業爲名儒。"弟子申公、劉交、穆生、白生、劉郢。	浮丘弟子申公按《史》《漢》《儒林傳》:"申公,魯人也。少與楚元王交俱事齊人浮丘伯受《詩》。漢興,高祖過魯,申公以弟子從師入見於魯南宮。呂太后時,浮丘伯在長安,楚元王遣子郢與申公俱卒學。元王薨,郢嗣立爲楚王,令申公傅太子戊。戊不好學,病申公。及戊立爲王,胥靡申公。申公愧,歸魯退居家教,終生不出門,復謝賓客,獨王命召之乃往。弟子自遠方至受業者千餘人。申	申公弟子瑕丘江公按《漢書·儒林》:"申公以《詩》、《春秋》授,而瑕丘江公盡能傳之,徒衆最盛。"弟子韋賢。又按,《儒林傳》:"瑕丘江公受(原譌授)《穀梁春秋》及《詩》於魯申公,傳子至孫爲博士。武帝時,江公與董仲舒立。仲舒通五經,能持論,善屬文。江公吶於口,上使與仲舒議,不如仲舒。而丞相公孫弘本爲公羊學,比輯其義,卒用董生。"《史記》作"瑕丘江生"。	瑕丘弟子韋賢按《漢書》本傳:"韋賢,字長孺,魯國鄒人。爲人質樸少欲,篤志於學。兼通《禮》《尚書》,以《詩》教授,號稱鄒魯大儒。徵爲博士,給事中,進授昭帝詩,稍遷光祿大夫詹事,至大鴻臚。宣帝即位,賢以與謀議,安宗廟,賜爵關內侯,食邑。徙爲長信少府。以先帝師,甚見尊重。本始三年,代蔡義爲丞相,封扶陽侯,食邑七百戶。地節三年,以老病乞骸骨,賜黄金百斤,罷歸,加賜第

---

① 人無,稿本作"無人"。據《經典釋文》改。

笠山遺集

魯詩傳授	一傳	二傳	三傳	四傳
		公獨以《詩經》爲訓故以教，無傳，疑者則闕弗傳。武帝時，趙綰、王臧請立明堂以朝諸侯，不能就其事，乃言師申公。於是上使使束帛加璧，安車以蒲裹輪，駕駟迎申公，弟子二人乘軺傳從。至見上，上問治亂之事。申公時已八十餘，老，對曰：‘爲治者不在多言，顧力行何如耳。’是時上方好文辭，見申公對，默然。然已招致，即以爲太中大夫，舍魯邸，議明堂事。明堂廢，申公以病免歸，數年卒。弟子爲博士十餘人，其治官民皆有廉節稱。其學官弟子行雖不備，而至於大夫、郎中①、掌故②以百數。言《詩》雖殊，多本於申公。”又《楚元王傳》：“文帝時，聞申公爲《詩》最精，以爲博士。元王好《詩》，諸子皆讀《詩》，申公始爲《詩傳》，號	申公弟子趙綰 按《史》《漢》《儒林傳》：“代趙綰亦嘗受《詩》申公，爲御史大夫。與王臧請立明堂，以朝諸侯，不就其事，乃言師申公。上遣使迎申公議明堂事。竇太后喜老子言，不說儒術，得綰、臧之過，以讓上曰：‘此欲復爲新垣平也。’上因廢明堂事，下綰、臧吏，皆自殺。” 申公弟子王臧 按《史》《漢》《儒林傳》：“蘭陵王臧從申公受《詩》，已通，事景帝爲太子少傅，免去。武帝初即位，臧乃上書宿衞，累遷，一歲至郎中令。” 申公弟子孔安國 按《史》《漢》《儒林傳》：“孔安國至臨淮太守。”《集解》引徐廣曰：“孔鮒之弟子子襄，爲惠帝博士，遷爲長沙太傅。生忠，忠生武及安國。安國爲博士，臨淮太守。”	一區。丞相致仕自賢始。年八十二薨，謚曰節侯。”《儒林傳》：“韋賢治《詩》，事博士大江公及許生。又治《禮》，至丞相。” 傳子玄成、兄子賞。

---

① 中，稿本無。據《史記》補。案《漢書》亦作“郎”，無“中”字。

② 故。稿本無。據《史記》、《漢書》補。

魯詩傳授	一傳	二傳	三傳	四傳
		魯詩。"又《藝文志》:"漢興,魯申公爲《詩》訓故,而齊轅固生①、燕韓生皆爲之傳。或取《春秋》襍説,咸非其本義。與不得已,魯最爲近之。三家皆列於學官。"又著錄有《魯故》二十五卷。《隋書·經籍志》:"《魯詩》亡於西晉。"陳喬樅《魯詩遺説攷序》:"《史記·儒林傳》:'申公以《詩》教授,弟子自遠方至,受業者千餘人。'是三家之學,魯最先出。其傳亦廣,有張、唐、褚氏之學,又有韋氏學、許氏學,皆家世傳業,守其師法。終漢之世,三家並立學官,而魯學爲極盛焉。魏晉改代,學官失業,《齊詩》既亡,而魯詩不過江東,其學遂以寖微。"王先謙曰:"《儒林傳》:'申公獨以《詩經》爲訓故以教,無傳,疑者則闕弗傳。'是《魯故》即申公作。"《經典敘	《後漢書·儒林·孔僖傳》:"自安國以下,世傳《古文尚書》、《毛詩》。" 申公弟子**周霸** 按《史》《漢》《儒林傳》:"周霸,至膠西内史。" 申公弟子**夏寬** 按《史》《漢》《儒林傳》:"夏寬,至陽城内史。" 申公弟子**魯賜** 按《史》《漢》《儒林傳》:"碭魯賜,至東海太守。" 申公弟子**繆生** 按《史》《漢》《儒林傳》:"蘭陵繆生,至長沙内史。" 申公弟子**徐偃** 按《史》《漢》《儒林傳》:"徐偃,爲膠西中尉。" 申公弟子**闕門慶忌** 按《史》《漢》《儒林傳》:"鄒人闕門慶忌,爲膠東内史。"李奇曰:"姓闕門,名慶忌。" 申公弟子**許生** 按《漢書·儒林傳》:"魯許生,守	許、徐弟子**王式** 按《漢書·儒林傳》:"王式,字翁

---

① 生,稿本無,疑脱。據《漢書》補。

1402

笠山遺集

魯詩傳授	一傳	二傳	三傳	四傳
		錄》："申公亦謂申培公。" 弟子瑕丘江公、 趙綰、 王臧、 孔安國、 周霸、 夏寬、 魯賜、 繆生、 徐偃、 闕門慶忌、 許生、 徐公。 浮丘弟子劉交 按《漢書·楚元王傳》："楚元王交，字遊，高祖同父少弟。好書，多材藝。少時嘗與魯穆生、白生、申公俱受《詩》於浮丘伯。漢六年，既廢楚王信，立交爲楚王。元王既至楚，以穆生、白生、申公爲中大夫。高后時，浮丘伯在長安，元王遣子郢客①與申公俱卒業。元王好《詩》，亦次之《詩》傳，號曰《元王詩》，世或有之。"	學教授。" 弟子韋賢、 王式。 按，韋賢又受學瑕丘江公，見前。 申公弟子徐公 按《漢書·儒林傳》："免中徐公，守學教授。"蘇林曰："免中，縣名也。"李奇曰："邑名也。"師古曰："李說是也。" 弟子王式。 按王式又受學許生。	思，東平新桃人。事免中徐公及許生。式爲昌邑王師。昭帝崩，昌邑王嗣立，以行淫亂廢，昌邑群臣皆下獄誅。唯中尉王吉、郎中令龔遂以數諫減死論。式繫獄當死，治事使者責問曰：'師何以亡諫？' 式對曰：'臣以三百五篇朝夕授王，至於忠臣孝子之篇，未嘗不爲王反復誦之也。至於危亡失道之君，未嘗不流涕爲王深陳之也。臣以三百五篇諫，是以無諫書。' 使者以聞，亦得減死論。歸家不教授。山陽張長安幼君先事式，後東平唐長賓、沛褚少孫亦來事式，問經數篇。式謝曰：'聞之於師具是矣，自潤色之。' 不肯復授。唐生、褚生應博士弟子選，詣博士，摳衣登堂，頌禮甚嚴。試誦說，有法，疑者丘蓋不言。諸博士驚問何師，對曰事式。皆素聞其賢，共薦式。詔除下爲博士。式徵

---

① 客，稿本誤"安"。據《漢書》改。

魯詩傳授	一傳	二傳	三傳	四傳
		浮丘弟子**穆生** 按《漢書·楚元王傳》："穆生,魯人,受詩於浮丘伯。元王既至楚,以穆生、白生、申公爲中大夫。敬禮申公等。穆生不耆酒,元王每置酒,常爲穆生設醴。及王戊即位,常設。後忘設焉,穆生退曰:'可以逝矣。醴酒不設,王之意怠。不去,楚人將鉗我於市。'稱疾臥。申公、白生強起之,曰:'獨不念先王之德與?今王一旦失小禮,何足至此。'穆生曰:'《易》稱:知幾其神乎?幾者,動之微,吉凶之先見者也。君子見幾而作,不俟終日。先王之所以禮吾三人者,爲道之存故也。今而忽之,是忘道也。忘道之人,胡可與久處?豈爲區區之禮哉?'遂謝病去。申公、白生獨留。王戊稍淫暴,二十年,爲薄太后服私姦,削東海、薛郡,乃與吳通謀。二人諫,不聽,胥靡之,衣之赭衣,使杵臼雅舂於市。"		來,衣博士衣而不冠,曰:'刑餘之人,何宜復充禮官?'既至,止舍中,會諸大夫博士,共持酒肉勞式,皆注意高仰之。博士江公世爲魯詩宗,至江公著《孝經說》,心嫉式。謂歌吹諸生曰:'歌《驪駒》。'式曰:'聞之於師:客歌《驪駒》,主人歌《客毋庸歸》。今日諸君爲主人,日尚早,未可也。'江翁曰:'經何以言之?'式曰:'在《曲禮》'江翁曰:'何狗曲也!'式恥之,醉逿墜。式客罷,讓諸生曰:'我本不欲來,諸生彊勸我,竟爲豎子所辱。'遂謝病免歸,終於家。" 弟子張長安、唐長賓、褚少孫、薛廣德。

笠山遺集

魯詩傳授	一傳	二傳	三傳	四傳
		浮丘弟子白生 按《漢書·楚元王傳》："白生受《詩》浮丘伯,爲楚中大夫。"服虔曰："白生,魯國奄里人。" 浮丘弟子劉郢 按《漢書·楚元王傳》："高后時,浮丘伯在長安,元王遣子郢客與申公俱卒業。元王立二十三年薨,郢客嗣,是爲夷王。申公爲博士,失官,隨郢客歸,復以爲中大夫。立四年薨,子戊嗣。"並見《史》《漢》《儒林傳》。師古曰："郢,即郢客也。"		

五傳	六傳	七傳	八傳	
韋賢傳子韋玄成 按《漢書·韋賢傳》："玄,字少翁。少好學,修父業。"又《儒林傳》："韋賢傳子玄成,以淮陽中尉論石渠,後亦至丞相。玄成及兄子賞,以《詩》授哀帝,至大司馬車騎將軍。由是《魯詩》有韋氏學。" 韋賢兄子韋賞 按《漢書·韋賢傳》："東海太守弘子賞,亦明《詩》。哀帝爲定陶王時,				

五傳	六傳	七傳	八傳	
賞爲太傅。哀帝即位,以舊恩爲大司馬車騎將軍,列爲三公,賜爵關內侯,食邑千戶,年八十餘以壽終。"				
王式弟子張長安 按《漢書·儒林傳》:"山陽張長安幼君,先事式。爲博士。論石渠,至淮陽中尉。由是《魯詩》有張氏學。"弟子張游卿。	長安弟子張游卿 按《漢書·儒林傳》:"張生兄子游卿,爲諫大夫。以《詩》授元帝。"弟子王扶。	游卿弟子王扶 按《漢書·儒林傳》:"游卿門人琅邪王扶,爲泗水中尉。"弟子許晏。	王扶弟子許晏 按《漢書·儒林傳》:"王扶授陳留許晏,爲博士。由是張家有許氏學。"《經義攷》:"廣譽許晏偉君,受《魯詩》于琅邪王扶。改學曰'許氏章句',列在儒林。故諺曰'殿上成群許偉君'。"	
王式弟子唐長賓 按,《漢書·儒林傳》:"東平唐長賓,事式。爲博士。又爲楚太傅。由是《魯詩》有唐氏之學。"				
王式弟子褚少孫 按《漢書·儒林傳》:"沛褚少孫,事式,爲博士。由是《魯詩》有褚氏之學。"《經典敘錄》:"《褚氏家傳》云,即《續史記》褚先生。"《史記·孝武本紀》,《索隱》引:"張晏云:'褚先生,潁川人。仕元、成閒。'韋稜云:'《褚顗①家傳》:褚少孫,梁相				

---

① 顗,稿本作"禔"。據《史記索隱·孝武本紀》改。

五傳	六傳	七傳	八傳	
褚大弟之孫。宣帝時爲博士,寓居沛,事大儒王式,故號先生。續太史公書。'阮孝緒亦以爲然。"又按,《史記·龜策傳》"褚先生曰:'臣以通經術,受業博士,治《春秋》,以高弟爲郎,幸得宿衛,出入宮殿中十有餘年。'"				
王式弟子薛廣德 按《漢書》本傳:"薛廣德,字長卿,沛郡相人。以《魯詩》教授。蕭望之爲御史大夫,薦廣德經行宜充本朝,爲博士,論石渠,遷諫議大夫。凡十月免東歸。"又《儒林傳》:"薛廣德事王式,以博士論石渠。"弟子龔舍、龔勝。	**廣德弟子龔舍** 按《漢書·兩龔傳》:"龔舍,楚人,字君倩。好學明經。以龔勝薦,爲諫議大夫。病免。復徵爲博士,又病去。頃之,哀帝遣使者拜舍爲太山太守。之官數月,上書乞骸骨。舍通五經,以《魯詩》教授。"又《薛廣德傳》:"廣德以《魯詩》教授楚國,龔舍師事焉。"又《儒林傳》:"廣德授龔舍。舍,太山太守。" **廣德弟子龔勝** 按《漢書·兩龔傳》:"龔勝,字君賓,楚人。好學明經,哀帝時徵爲諫大夫,遷丞相同直,徙光祿大夫,守右扶風。既歸里,郡二千石長吏初到官皆至其家,如師弟子之禮。王莽篡國,累徵,稱疾不應。遂不復開口飲食,積十四日死,年七十九。"			

附録	一傳	二傳		
博士江公 按《漢書·儒林傳》："博士江公世爲《魯詩》宗。至江公，著《孝經說》。"《後漢書·卓茂傳》作"博士江生"。注："江生，魯人江翁也。昭帝時爲博士，號'魯詩宗'。" 弟子卓茂。	江公弟子卓茂 按《後漢書》本傳："卓茂，字子康，南陽宛人。元帝時學於長安，事博士江生，習《詩》《禮》及曆算。究極師法。稱爲通儒。光武即位，以茂爲太傅，封褒德侯。建武四年薨。"			
高嘉 按《後漢書·儒林·高詡傳》："嘉以《魯詩》授元帝，仕至上谷太守。" 傳子容。	高嘉傳子高容 按《後漢書·儒林·高詡傳》"容，少傳嘉學，哀、平間爲光禄大夫。" 傳子詡。	高容傳子高詡 按《後漢書·林》本傳："高詡，字季回，平原般人。以父任爲郎中，世傳《魯詩》。光武即位，徵爲郎，除符離長。去官，後徵爲博士。建武十一年，拜大司農。十三年卒。"		
右師細君 按《後漢書·儒林·包咸傳》："博士右師細君。"注："姓右師。"弟子包咸。	細君弟子包咸 按《後漢書·儒林》本傳："包咸，字子良，會稽曲阿人也。少爲諸生，受業長安，師事博士右師細君，習《魯詩》《論語》。王莽末，去歸鄉里，於東海界爲赤眉賊所得，遂見拘執。十餘日，咸晨夜誦經自若，賊異而遣之。因往東海，立精舍講授。光武即位，乃歸鄉里。太守黃讜署戶曹史，欲召咸入授其子。咸曰："禮有來學，而無往教。"讜遂遣			

附録	一傳	二傳		
	子師之。舉孝廉，除郎中。建武中，入授皇太子《論語》，又爲其章句。拜諫大夫、侍中、右中郎將。永平五年，遷大鴻臚。每進見，錫以几杖，入屏不趨，贊事不名。經傳有疑，輒遣小黃門就舍即問。顯宗以咸有師傅恩，而素清苦，常特賞賜珍玩束帛，奉祿增於諸卿，咸皆散與諸生之貧者。病篤，帝親輦駕臨視。八年，年七十一，卒於官。子福，拜郎中，亦以《論語》入授和帝。"			
魏應 按《後漢書·儒林》本傳："魏應，字君伯，任城人。少好學。建武初，詣博士受業，習《魯詩》。閉門誦習，不交僚黨，京師稱之。後歸爲郡吏，舉明經，除濟陰王文學。以疾免官，教授山澤中，徒衆常數百人。永平初，爲博士，再遷侍中。入授千乘王伉。應經明行修，弟子自遠方至，著録數千人。肅宗甚重之。時會京師儒於白虎觀，講論五經同異，使	魏應弟子劉伉 按《後漢書·儒林·魏應傳》："應授千乘王伉。"又本傳："千乘貞王伉，建初四年封。和帝即位，以伉長兄，甚見尊禮。立十五年薨。"			

附錄	一傳	二傳		
應專掌難問。出爲上黨太守,徵拜騎都尉,卒於官。"弟子劉仉。				
許晃 按《後漢書·獨行·李業傳》:"博士許晃,授李業。"弟子李業。	許晃弟子李業 按《後漢書·獨行》本傳:"李業,字巨游,廣漢梓潼人。少有志操,介特。習《魯詩》,師博士許晃。元始中,舉明經,除爲郎。王莽居攝,遂隱藏山谷,絕匿名迹。及公孫述僭號,素聞業賢,徵之,欲以爲博士。固疾不起。述羞不致之,乃使大鴻臚尹融持毒酒,奉詔命劫業。不屈,飲毒而死。"			
魯恭 按《後漢書》本傳:"魯恭,字仲康,扶風平陵人。十五居太學,習《魯詩》。太傅趙憙聞而辟之。拜中牟令。和帝初,遷侍中。十二年,爲司徒,後坐事策免。殤帝即位,以爲長樂衛尉。永初元年,復代梁鮪爲司徒。恭性謙退,奏議依經,潛有補益,然終不自顯,故不以剛直爲稱。"				
魯丕 按《後漢書·魯恭傳》:"恭弟丕,字叔陵。性沈深好學,兼通五經,以《魯詩》、《尚書》教授,爲當世名儒。仕至侍中①、左中郎將。"《東觀漢記》:"丕拜趙將②,政尚寬				

---

① 中,稿本脱。據《後漢書》補。
② 將,《東觀漢記》作"相"。

笠山遺集

附錄	一傳	二傳		
惠禮讓。雖有官，不廢教。門生就學百餘人。關東號曰'五經復興魯叔陵'。"				
陳重 按《後漢書·獨行》本傳："陳重，字景公，豫章宜春人。少與同郡雷義爲友，俱學《魯詩》、《顏氏春秋》。重至侍御史。"				
雷義 按《後漢書·獨行》本傳："雷義，字仲公，預章鄱陽人。初爲郡功曹，後舉孝廉，拜尚書侍郎。有同時郎坐事，當居刑作，義默自表取其罪，以此論司寇。同臺郎覺之，委位自上，乞贖義罪。順帝詔皆除刑。義歸舉茂才，讓於陳重，刺史不聽，義遂佯狂被髮走，不應命。鄉里爲之語曰：'膠漆自謂堅，不如雷與陳。'三府同時俱辟二人。義遂爲守灌謁者，旋拜御史①，除南頓令，卒官。"又《陳重傳》："重少與義俱學《魯詩》、《顏氏春秋》。"				

---

① 史，稿本脱。據《後漢書》補。

附錄	一傳	二傳		
陳宣 按《經義攷·承師》:"《後漢書》:河隄謁者陳宣子興。治《魯詩》。"				
李炳 《經義攷·承師》:"謝氏《後漢書》:召陵令鄏李炳子然。治《魯詩》。"				
魯峻 按《隸釋》卷弟九①《司隸校尉魯峻碑》:"君諱峻,字仲巖,山陽昌邑人。治《魯詩》,兼通《顏氏春秋》。始仕佐職牧守,舉孝廉,除郎中謁者,河內大守丞。辟司徒府,舉高第,侍御史,東郡頓丘令。遷九江大守,徵拜議郎、太尉長史、御史中丞。延熹七年二月丁卯,拜司隸校尉。年六十一,熹平元年(缺)月癸酉卒。"《水經》作魯恭,歐、趙有。"				
武榮 《隸釋》卷弟十二《執金吾丞武榮碑》:"君諱榮,字含和。治《魯詩經》				

附錄	一傳	二傳		
韋君章句,闕幘傳講《孝經》、《論語》、《漢書》、《史記》、《左氏》、《國語》。廣學甄微,靡不貫綜。爲州書佐、曹史、主薄、督郵、五官椽、功曹、守從事。年卅六,汝南蔡府君察舉孝廉,□□郎中,遷執金吾丞。遭孝桓大憂,屯守玄武。憾哀悲惷,加遇害氣,遭病①隕靈。"歐、趙有。				

齊詩傳授	一傳	二傳	三傳	四傳
轅固生 按《史》《漢》《儒林傳》:"轅固生,齊人。以治《詩》,孝景時爲博士。以固廉直,拜清河王太傅,病免。武帝即位,復以賢良徵固。諸諛儒多疾毀固,曰'固老',罷歸之。時固已九十餘矣。固之徵也,薛人公孫弘亦徵,側目而視固。固曰:'公孫子,務正學以言,無曲學以阿世。'自是之後,齊之言《詩》皆本轅固生。諸齊人以詩貴顯,皆固弟子也。"《經典	轅固弟子夏侯始昌 按《漢書》本傳:"夏侯始昌,魯人也。通五經,以《齊詩》、《尚書》教授。自董仲舒、韓嬰死後,武帝得始昌。明於陰陽,先言柏梁臺災日,至期果災。時昌邑王以少子愛,上爲選師,始昌爲太傅。年老,以壽終。"《儒林傳》:"轅固弟子以《詩》顯貴,昌邑太傅夏侯始昌最明。" 弟子后蒼。	始昌弟子后蒼 按《漢書·儒林傳》:"后蒼,字近君,東海郯人。事夏侯始昌。始通五經,蒼亦通《詩》、《禮》。爲博士,至少府。授翼奉、蕭望之、匡衡。"又《藝文志》:"《詩經》二十八卷,魯、齊、韓三家。"應劭曰:"后蒼作《齊詩》。"又,"《齊后氏故》二十卷",王先謙曰:"后蒼也,轅固再傳弟子。"又,"《齊后氏傳》三十九卷",王先謙曰:"蓋后氏弟	后蒼弟子翼奉 按《漢書》本傳:"翼奉,字少君,東海下邳人。治《齊詩》,與蕭望之、匡衡同師。三人經術皆明,衡爲後進,望之施之政事,而奉惇學不仕,好律②歷陰陽之占。元帝即位,諸儒薦之,徵待詔宦者署,數言事宴見,天子敬焉。以中郎爲博士,諫大夫,年老以壽終。子及孫皆以學在儒官。"又《儒林傳》:"后蒼授翼奉,由是《齊詩》有翼氏之學。"《詩緯推度災》:"貢子曰:翼	

---

①　病,《隸釋》作"疾"。

②　律,稿本脱。據《漢書》補。

齊詩傳授	一傳	二傳	三傳	四傳
敘錄》："齊人轅固生作《詩傳》,號齊詩。" 弟子夏侯始昌。		子從受其學而爲之傳,如《易》周氏傳、《書》伏生大傳之例。"按王氏亦臆說之耳。《齊后氏傳》之后氏,與《齊后氏故》之后氏,爲二人或一人,顏師古以下既不能知,然班氏不爲注明,而《儒林傳》又未言別有一后氏,正疑爲一人也。如《韓故》、《韓內外傳》皆韓嬰作,故無注。其《齊后氏傳》不著錄於《齊后氏故》之後者,則簡策錯亂耳。《隋書‧經籍志》:《齊詩》,魏代已亡。"《蕭望之傳》"蒼"作"倉"。 弟子翼奉、 白奇、 蕭望之、 匡衡。	奉受《齊詩》,始得五際六情之說,以行災異,而其術竟無傳。" 后蒼弟子白奇 按《漢書‧蕭望之傳》:"望之治《齊詩》,事同縣后倉。以令詣太常受業,復事同學博士白奇。"師古曰:"常同與后倉受業,而奇後爲博士。" 后蒼弟子蕭望之 按《漢書》本傳:"蕭望之,字長倩,東海蘭陵人,徙杜陵。家世以田爲業。至望之,好學,治《齊詩》,事同縣后倉且十年,以令詣太常受業,復事同學博士白奇。又從夏侯勝問《論語》、《禮服》。京師諸儒稱述焉。以射策爲郎。宣帝時,望之屢上疏言事,多見採納。及帝寢疾,選大臣可屬者,拜望之爲前將軍光祿勛,受遺詔輔政,領尚書事。元帝即位,望之以師傅見尊重。後爲弘恭、石顯所構陷,竟飲鴆自殺。" 后蒼弟子匡衡 按《漢書》本傳:"匡衡,字稚圭,東海承人。好學,	 匡衡傳子匡咸 按《漢書‧匡衡傳》:"衡子咸,亦明經,歷位九卿。

笠山遺集

齊詩傳授	一傳	二傳	三傳	四傳
			家貧,庸作以供資用,尤精力過絕人。諸儒爲之語曰:'無說《詩》,匡鼎來;匡語《詩》,解人頤。'衡射策甲科,以不應令除爲太常掌故,調補平原文學。學者多上書薦衡經明,當世少雙,令爲文學就官京師。後進皆欲從衡平原,衡不宜在遠方。事下蕭望之、梁丘賀問,衡對《詩》諸大義,其對深美。望之奏匡經學精習,說有師道,可觀覽。宣帝不甚用儒,遣衡歸官。而皇太子見衡對,私善之①。及元帝即位,以爲郎中,遷博士、給事中。會日食地震,衡上疏,上說其言,遷衡爲光祿大夫,太子少傅。建昭三年,代韋玄成爲丞相,封樂安侯。成帝時,坐事免爲庶人。"又《儒林傳》:"后蒼授匡衡,由是《齊詩》有匡氏之學。"傳子咸、弟子師丹、伏理、滿昌。	家世多爲博士者。" 匡衡弟子師丹 按《漢書》本傳:"師丹,字仲公,琅邪東武人。治《詩》,事匡衡。舉孝廉爲郎。元帝末,爲博士,免。建始中,州舉茂材,復補博士,出爲東平王太傅。丞相方進、御史大夫孔光舉丹議論深博,廉正守道,徵入爲光祿大夫、丞相司直。數月,復以光祿大夫給事中,由是爲少府、光祿勳、侍中,甚見尊重。成帝末,以丹爲太子太傅。哀帝即位,爲左將軍,賜爵關內侯,食邑,領尚書事,遂代王莽爲大司馬,封高樂侯。月餘,徙爲大司空。後坐策免廢,罷歸鄉里數年。平帝即位,徵丹詣公車,賜爵關內侯,食故邑。數月,以厚丘之中鄉戶二千一百,封丹爲義陽侯。月餘薨,諡曰節侯。"《儒林傳》:"衡授琅邪師丹,由是《齊詩》有師氏之學。" 弟子班伯

---

① "見衡對,私善之",稿本誤作"見衡私,對善之"。據《漢書》改。

齊詩傳授	一傳	二傳	三傳	四傳
				匡衡弟子伏理 按《漢書·儒林傳》:"匡衡授琅邪伏理游君,理高密太傅,家世傳業,由是《齊詩》有伏氏之學。"《後漢書·伏湛傳》:"湛父理,爲當世名儒,以《詩》授成帝,爲高密太傅,別自名學。 傳子湛、 黯。 匡衡弟子滿昌 按《漢書·儒林傳》:"匡衡授潁川滿昌君都。君都爲詹事。" 弟子張邯、 皮容、 馬援。

五傳	六傳	七傳	八傳	九傳
師丹弟子班伯 按《漢書·敘傳》:"伯少受《詩》於師丹。大將軍王鳳薦伯宜勸學,召見宴昵殿,容貌甚麗,誦說有法,拜爲中常侍。時上方鄉學,鄭寬中、張禹朝夕入說《尚書》、《論語》於金華殿中,詔伯受業焉。既通大義,又講異同於許商。遷奉車都尉,拜定襄太守。後以侍中光祿大夫養病,賞賜甚厚,復遷水衡都尉。卒年三十八。"				

五傳	六傳	七傳	八傳	九傳
伏理傳子伏湛 按《後漢書》本傳:"伏湛,字惠公,琅邪東武人。性孝友,少傳父業,教授數百人。成帝時,以父任爲博士弟子。五遷,至王莽時爲繡衣執法,使督大姦,遷後隊屬正。更始立,以爲平原太守。時倉卒兵起,天下驚擾,而湛獨晏然,教授不廢。光武即位,知湛名儒舊臣,徵拜尚書,使典定舊制。時大司徒鄧禹西征關中,帝以湛才任宰相,拜爲司直,行大司徒事。建武三年,遂代鄧禹爲大司徒,封陽都侯,後坐策免。六年,徙封不其侯。十三年,徵,勑尚書擇拜吏日,未及就位,因讌見中暑,病卒。" 傳子隆、翕。	**伏湛傳子伏隆** 按《後漢書·伏湛傳》:"隆,字伯文,少以節操立名。建武中,拜光禄大夫。"《東觀漢記》"隆"作"盛",字伯明。 **伏湛傳子伏翕** 按《後漢書·伏湛傳》:"湛卒,子翕嗣爵。卒,子光嗣。" 傳子光	**伏翕傳子伏光** 按《後漢書·伏湛傳》:"光卒,子晨嗣。" 傳子晨。	**伏光傳子伏晨** 按《後漢書·伏湛傳》:"晨謙敬博愛,好學尤篤。以女孫爲順帝貴人,奉朝請,位特進。卒,子無忌嗣。" 傳子無忌。	**伏晨傳子伏無忌** 按《後漢書·伏湛傳》:"無忌亦傳家學,博物多識。順帝時,爲侍中屯騎校尉。永和元年,詔無忌與議郎黃景校定中書五經、諸子百家、藝術。元嘉中,桓帝復詔無忌與黃景、崔寔等共撰《漢記》。又自采集古今,刪著事要,號曰《伏侯注》。無忌卒,子質嗣。" 傳子質。
伏理傳子伏黯 按《後漢書·儒林·伏恭傳》:"湛弟黯,字稚文,以明《齊詩》,改定章句,作解說九篇,位至光禄勳。無子,以恭爲後。" 傳子恭。	**伏黯傳子伏恭** 按《後漢書·儒林》本傳:"伏恭,字叔齊,琅邪東武人。司徒湛之兄子。性孝,事所繼母甚謹。少傳黯學,以任爲郎。建武四年,除劇令。	**伏恭傳子伏壽** 按《後漢書·儒林·伏恭傳》:"壽,官至東郡太守。"		

五傳	六傳	七傳	八傳	九傳
	視事十三年,以惠政公廉聞。青州舉爲尤異,太常試經第一,拜博士,遷常山太守。敦修學校,教授不輟,由是北州多爲伏氏學。永平二年,代梁松爲太僕。四年,拜司空。初,父黯章句繁多,乃省減浮辭,定爲二十萬言。在位九年,以病乞骸骨。建初二年冬,肅宗行饗禮,以恭爲三老。年九十,元和元年卒。子壽。"《經義攷》卷一百一:"伏氏恭,《齊詩章句》,佚。"傳子壽。			
滿昌弟子**張邯** 按《漢書·儒林傳》:"滿昌授九江張邯,至大官,徒衆尤盛。"				
滿昌弟子**皮容** 按《漢書·儒林傳》:"滿昌授琅邪皮容,至大官,徒衆尤盛。"				
滿昌弟子**馬援** 按《後漢書》本傳:"馬援字文淵,扶風茂陵人。少有大志,嘗受《齊詩》,意不能守章句。建武十七年,拜伏波將軍。十八年,封爲新息侯。"《東觀漢記》:"援受《齊詩》,師事潁川滿昌。"				

十傳	十一傳			
無忌傳子伏質 按《後漢書·伏湛傳》:"質,官至大司農。卒,子完嗣。" 傳子完。	伏質傳子伏完 按《後漢書·伏湛傳》:"完,尚桓帝女陽安長公主。伏氏自伏生已後,世傳經學,清靜無競,故東州號爲'伏不鬬'云。"			
附錄				
孫氏 按《漢書·藝文志》:"《齊孫氏傳》二十八卷。" 任末 按《後漢書·儒林》本傳:"任末,字叔本,蜀郡繁人。少習《齊詩》,遊京師,教授十餘年。爲郡功曹。" 景鸞 按《後漢·儒林》本傳:"景鸞,字漢伯,廣漢梓潼人。少隨師學經,涉七州之地。能理《齊詩》、《施氏易》,兼受《河洛圖緯》,作《易說》及《詩解》。文句兼取《河洛》,以類相從,名爲《交集》。又撰《禮內外記》,號曰《禮略》。又抄風角雜書,列其占驗,作《興道》一篇,及作《月令章句》。凡所著述五十餘萬言。數上書				

附錄				
陳救災變之術。州郡辟命不就。以壽終。"《經義攷》卷百一:"景鸞《齊詩解》,佚。" **陳紀** 按《後漢書·陳寔傳》:"寔,字仲弓,潁川許人。子紀,字元方,亦以至德稱。及遭黨錮,發憤著書數萬言,號曰《陳子》。建安初,拜大鴻臚。年七十一卒。"《經典敍錄》:"後漢陳元方,亦傳《齊詩》。"				
韓詩傳授	一傳	二傳	三傳	四傳
韓嬰 按《史》《漢》《儒林傳》:"韓嬰,燕人。孝文時爲博士,景帝時爲常山太傅。嬰推詩人之意,而作《內外傳》數萬言,其語頗與齊、魯閒殊,然其歸一也。淮南賁生受之。燕趙閒言《詩》者由韓生。韓生亦以《易》授人,推《易》意而爲之傳。燕趙閒好《詩》,故《易》微,唯韓氏自傳之。武帝時,嬰嘗與董仲舒論於上前,其人精悍,處事	**韓嬰弟子賁生** 按《史》《漢》《儒林傳》:"賁生,淮南人。受《詩》於嬰。" **韓嬰傳孫韓商** 按《史》《漢》《儒林傳》:"韓生孫商,爲武帝博士。孝宣時,涿郡韓生其後也。"弟子涿韓生、趙子。	**韓商傳□涿韓生** 按《漢書·儒林傳》:"孝宣時,涿郡韓生以《易》徵,待詔殿中,曰:'所受《易》,即先太傅所傳也。嘗受《韓詩》,不如《韓氏易》深,太傅故專傳之。'司隸校尉蓋寬饒,本受《易》於孟喜,見涿韓生說《易》而好之,即從受焉。"		

韓詩傳授	一傳	二傳	三傳	四傳
分明,仲舒不能難也。"《漢書·藝文志》:"《韓故》三十六卷,《韓內傳》四卷,《韓外傳》六卷,《韓說》四十一卷。"《隋書·經籍志》:"《韓詩》雖存,無傳之者。"按《韓詩外傳》五:"子夏問曰:'《關雎》何以爲國風始也?'孔子曰:'《關雎》至矣乎!夫《關雎》之人,仰則天,俯則地。幽幽冥冥,德之所藏;紛紛沸沸,道之所行。如神龍變化,斐斐文章。大哉《關雎》之道也!萬物之所繫,群生之所懸命也。河洛出書圖,麟鳳翔乎郊,不由《關雎》之道,則《關雎》之事將奚由至矣哉?夫六經之策,皆歸論汲汲,蓋取之乎《關雎》。《關雎》之事大矣哉!馮馮翊翊,自東自西,自南自北,無思不服。子其勉強之,思服之。天地之間,生民之屬,王道之原,不外此矣。'子夏喟然嘆曰:"大哉《關雎》,乃天地之基也!《詩》曰'鍾鼓樂		韓商弟子趙子 按《漢書·儒林傳》:"趙子,河內人。事燕韓生,授同郡蔡誼。誼至丞相。" 弟子蔡誼。	趙子弟子蔡誼 (本傳作義) 按《漢書》本傳:"蔡義,河內溫人。以明經給事大將軍莫府。數歲,補覆盎城門候。久之,詔求能爲《韓詩》者,徵義待詔,久不進見。義上疏曰:'臣山東草萊之人,行能亡所比,容貌不及衆。然而不棄人倫者,竊以聞道於先師,自託於經術也。願賜清閒之燕,得盡精思於前。'上召見義,說《詩》,甚說之,擢爲光祿大夫給事中。進授昭帝。數歲,拜爲少府,遷御史大夫,代楊敞爲丞相,封陽平侯。年八十餘薨。謚曰節侯。" 弟子食子公、王吉。	蔡誼弟子食子公 按《漢書·儒林傳》:"誼授同郡食子公食生,爲博士,由是《韓詩》有食氏之學。"宋祁曰:"蕭該《音義》曰:案《風俗通》曰:'食我,韓公子也。見《戰國策》。'漢有食子公,爲博士。食音嗣。" 弟子栗豐。 蔡誼弟子王吉 按《漢書》本傳:"王吉,字子陽,琅邪皋虞人。少學明經,以郡吏舉孝廉爲郎,補若盧左丞,遷雲陽令。舉賢良爲昌邑中尉。王好游獵,動作無節,吉上疏諫,不聽。及即位二十餘日,以行淫亂廢。昌邑群臣坐在國時不舉奏王罪過,令漢朝不聞知,又不能輔道,陷王大惡,皆下獄誅。唯吉與郎中令龔遂以忠直數諫正得減死,髡爲城旦。起家復爲益州刺史,病去官,復徵爲博士諫大夫。宣帝時,頗修武帝故事,宮室車服盛於昭帝。時外戚許、史、王氏貴寵,而上躬親政事,任用能吏。吉上疏

韓詩傳授	一傳	二傳	三傳	四傳
之'。"此與《詩序》四始之義合,所謂"其語頗與齊魯閒殊"者也。又按甘雲鵬《經學源流攷·戰國經學源流第二》:"《韓詩外傳》引荀子之說凡四十有四,則韓子亦荀卿之別子矣。" 弟子賈生、韓商。				言得失,帝以其言迂闊,不甚寵異,吉謝病歸。元帝即位,徵吉,以年老,道病卒。初,吉兼通五經,能爲《騶氏春秋》,以《詩》《論語》教授,好梁丘賀說《易》,今子駿受焉。"《儒林傳》:"誼授王吉,由是《韓詩》有王氏之學。" 弟子長孫順。

五傳	六傳			
子公弟子**栗豐** 按《漢書·儒林傳》:"食生爲博士,授泰山栗豐。豐部刺史。" 弟子張就。	栗豐弟子**張就** 按《漢書·儒林傳》:"豐授山陽張就,至大官,徒衆尤盛。"			
王吉弟子**長孫順** 按《漢書·儒林傳》:"吉授淄川長孫順,順爲博士。由是《韓詩》有長孫氏之學。" 弟子髮福。	長孫弟子**髮福** 按《漢書·儒林傳》:"順授東海髮福,至大官,徒衆尤盛。"《經典敘錄》:"一本作段福。"《廣韻》髮下云:"漢有東海人髮福,治《詩》。"			

附錄	一傳	二傳		
薛漢 按《後漢書》本傳:"薛漢,字公子,淮陽人。世習《韓詩》,父子以章句著名。漢少傳父業,尤善說災異讖緯,教授常數百人。建武初,爲博	薛漢弟子**杜撫** 按《後漢書·儒林》本傳:"杜撫,字叔和,犍爲武陽人。少有高才。受業於薛漢,定《韓詩章句》。後歸鄉里教授,沈靜樂道,舉動必以禮。弟子	杜撫弟子**趙曄** 按《後漢書》本傳:"趙曄,字長君,會稽山陰人。少嘗爲縣吏,奉檄迎督郵,曄恥於廝役,遂棄車馬去。到犍爲資中,詣杜撫受《韓詩》,究		

附錄	一傳	二傳		
士,受詔校定圖讖。當世言《詩》者,推漢爲長。永平中,爲千乘太守,政有異迹。後坐楚事辭相連,下獄死。" 弟子杜撫、滄臺敬伯、韓伯高。	千餘人。爲東平王蒼所辟。建初中,爲公車令,數月卒官。其所作《詩題約義通》,學者傳之,曰《杜君注》云。"《經義攷》卷百一:"杜氏撫《詩題約義通》,佚。" 弟子趙曄。 <small>薛漢弟子</small>**滄臺敬伯** 按《後漢書·儒林·薛漢傳》:"漢弟子滄臺敬伯,最知名。" <small>薛漢弟子</small>**韓伯高** 按《後漢書·儒林·薛漢傳》:"漢弟子鉅鹿韓伯高,最知名。"	竟其術。積二十年,絕問不還,家爲發喪制服。撫卒乃歸。州召補從事,不就。舉有道,卒于家。曄著《吳越春秋》、《詩細歷神淵》。蔡邕至會稽,讀《詩細》而歎息,以爲長於《論衡》。邕還京師,傳之,學者咸誦習焉。"《經義攷》卷百一:"趙氏曄《詩細》,《七錄》二卷,佚。"自注:"《七錄》作'詩譜'。"又"《歷神泉》,《七錄》一卷,佚。"自注:"泉,《後漢書》作淵。"		
李恂 按《後漢書》本傳:"李恂,字叔英,安定臨涇人。少習《韓詩》,教授諸生常數百人。肅宗時,拜兗州刺史,遷武威太守。年九十六卒。"				
楊仁 按《後漢書·儒林》本傳:"楊仁,字文義,巴郡閬中人。建武中,詣師學習《韓詩》,數年歸,靜居教授。仕郡爲功曹,舉孝廉,除郎。太常上				

附錄	一傳	二傳		
仁經中博士,仁自以年未五十,不應舊科,(《漢官儀》曰:博士限年五十以上。)上府讓選。顯宗特詔補北宮衛士令。肅宗立,拜什邡令。後爲閬中令,卒於官。" 張匡 按《後漢書·儒林·趙曄傳》:"山陽張匡,字文通。亦習《韓詩》,作章句。後舉有道,博士徵,不就。卒於家。"《經義攷》卷百一:"張氏匡《韓詩章句》,佚。" 召馴 按《後漢書·儒林》本傳:"召馴,字伯春。九江壽春人。少習《韓詩》,博通書傳,以志義聞,鄉里號之曰'德行恂恂召伯春'。章和二年,代任隗爲光祿勳①,卒於官。" 郅惲 按《後漢書》本傳:"郅惲,字君章,汝南西平人。理《韓詩》、《嚴氏春秋》,明天文歷數。				

---

① 勳,稿本無。據《後漢書》補。

附錄	一傳	二傳		
建武三年,積弩將軍傅俊禮請之,爲將兵長史。憚恥以軍功取位,遂歸里。客居江夏教授,郡舉孝廉,爲上東城門候。遷長沙太守,坐事左轉芒長。又免歸,避地教授,著書八篇。以病卒。"				
張恭祖 按《後漢書·鄭玄傳》:"玄從東郡張恭祖受《周官》、《禮記》、《左氏春秋》、《韓詩》《古文尚書》。" 弟子鄭玄。 按,玄又從馬融受業,見毛詩附錄。				
唐檀 按《後漢書·方術》本傳:"唐檀,字子產,豫章南昌人。少遊太學,習《京氏易》、《韓詩》、《顏氏春秋》,尤好災異星占。後還鄉里,教授常百餘人。永建五年,舉孝廉,除郎中。時白虹貫日,檀因上便宜三事,陳其咎徵。書奏,棄官去。著書二十八篇,名爲《唐子》。卒於家。"				
公沙穆 按《後漢書·方				

附錄	一傳	二傳		
術·本傳》："公沙穆，字文义，北海膠東人。習《韓詩》、《公羊春秋》，尤銳思河洛推步術。居建成山中，依林阻爲室。隱居東萊山，學者自遠而至。遷弘農令。年六十六卒官。"				
夏侯恭 《經義攷·承師》："《後漢書》：'夏侯恭，治《韓詩》。'"				
杜喬 按，《後漢書》本傳："杜喬，字叔榮，河內林慮人也。" 注："《續漢書》曰：'累祖吏二千石。喬少好學，治《韓詩》、《京氏易》、《歐陽尚書》，以孝稱。雖二千石子，常步擔求師。"				
侯包 《經義攷·承師》："《後漢書》：'侯包治《韓詩》。'《隋志》'侯氏包《韓詩翼要》十卷'，佚。王應麟曰：'董氏舉侯包，言衛武公作《抑》詩，使人日誦於其側。' 孔氏《正義》於《抑》下引				

附錄	一傳	二傳		
侯包云:'衛武公刺王室,亦以自戒。行年九十有五,猶使臣日誦是詩而不離於其側。"				
武梁 按《金石錄》卷十四,《漢從事武梁碑》云:"故從事武掾,掾諱梁,字綏宗。掾體德忠孝,岐嶷有異。治《韓詩》,闕幘傳講,兼通河洛諸子傳說。年七十四,元嘉元年季夏三日,遭疾隕靈。"				
田君 按《集古錄》卷二,《後漢田君碑》:"《漢田君碑》,今在沂州,其名字皆已摩滅。惟云'其先出自帝舜之裔,自完適齊,因以爲氏',乃知爲姓田爾。又碑云:'周秦之際,家於東平陽。君總角修《韓詩》、《京氏易》,究洞神變,窮奧極微。延熹閒,劉君知君宿操,表上試守費。'"				
陳囂 《經義攷·承師》:"《謝氏後漢書》:				

附錄	一傳	二傳		
'陳嚻,字君期,治《韓詩》。'" 何隨 《經義攷·承師》:"《華陽國志》:'何隨,治《韓詩》。'" 祝睦 按《隸釋》卷弟七,《山陽太守祝睦碑》:"君諱睦,字元德,濟陰己氏人。以孝貢察,賓于王庭。除北海長史,潁川鄢令,辟司空府北軍中候,拜大尚書,尚書僕射,遷常山①相,山陽太守。年六十有八,延熹七年八月丁巳卒。"又《後碑》:"君齔髫入學,脩《韓詩》、《嚴氏春秋》,七典竝立。"此碑歐、趙有。 樊安 按《隸釋》卷弟六,《漢故中常侍騎都尉樊君碑》:"君諱安,字子仲,南陽湖陽人。幼以好學,治《韓詩》、《論語》、《孝經》,兼通記傳古今異義。歷中黃門宂從假史,拜小黃門右史②,				

① 案稿本此下兩頁裝訂互錯,茲特釐正頁次,使不誤焉。

② 史,稿本脱。據《隸釋》補。

附錄	一傳	二傳		
遷臧府令中常侍。年五十有六，以永壽四年二月甲辰卒。追拜騎都尉。"此碑歐、趙有。				
馬江 按《隸釋》卷弟八，《郎中馬江碑》："君諱江，字元海，濟陰乘氏人。通《韓詩經》。以和平元年舉孝廉，除郎中。年卌，元嘉三年正（按此下有缺文從略）。"此碑趙有。				
丁魴 按《隸釋》卷弟十七，《廣漢屬國都尉丁魴碑》："丁君諱魴，字叔河。耽樂術藝，文雅少疇。治《易》、《韓詩》，垂意《春秋》。"按碑元嘉元年十一月六日造。				
田君 按《隸續》卷弟二十，《斥彰長田君斷碑》："（上闕）先高祖時以吏二千石，自齊臨菑徙充關中，冠蓋金。（上闕）祖字興先，爲執金吾。弟颯，漁陽太守。孫布，光武中興，（上闕）堅仕郡爲主簿、				

附錄	一傳	二傳		
督郵、護羌、從事，討鹹畔夷。元初元年，（上闕）遭家不造，三歲喪父，事母有柴潁之行。年廿復失所，（上闕）戀松柏，憔顇毀骨。禮制闋除，乃始游學。治《韓詩》、《孝經》（中略）。（上闕）平二年秋七月，寢疾不豫。"按，碑熹平六年十月九日辛酉造。洪氏云："斥彰非所終之官，趙氏強名。姑仍其舊。碑云'守廣平、夏曲陽令，斥彰長'，繼云以'色斯去官'，後從①'楗爲王君'之召，碑缺，不得其所歷。次云'京兆長陵君詣考所肆，極毒痛身，不膚'，撓其時黨事方作，恐嘗就逮。次有'兼督郵防'字，其下缺文。防乃縣名之上一字，銘辭中斷②，莫得而攷。斥彰非書柩③之官明矣。" 劉寬 按《後漢書》本				

---

① 從，稿本誤"徙"。據《隸續》改。

② 斷，稿本誤脫。據《隸續》補。

③ 柩，稿本誤"樞"。據《隸續》改。

附錄	一傳	二傳		
傳,李賢注引謝承《書》曰:"寬少學《歐陽尚書》、《京氏易》,尤明《韓詩外傳》。星官、風角、算歷,皆究極師法。稱爲通儒。未嘗與人爭勢利之事也。"①				

① 　案稿本中夾紙條三,分別從《漢書》、《後漢書》錄兩漢治《詩》人物小傳四則。一則書於白綿小紙,另三則書於"集美高級水產航海學校（條）"兩小箋上。蓋各紙所錄人物雖涉詩學,然未明隸屬何家,故作者僅錄於條上,留作參考,未收入茲編。今謹迻錄四則內容如次,以備考覽。一、漢宣帝劉詢。《漢書·宣帝紀》:"曾孫因依倚廣漢兄弟及祖母家史氏,受《詩》於東海澓中翁。（服虔曰:澓音馥。師古曰:東海人,姓澓,字中翁也,澓音房福反,中讀曰仲。）高材好學。孝武皇帝曾孫病已,有詔掖庭養視,至今年十八,師受《詩》、《論語》、《孝經》。操行節儉,慈仁愛人。"二、申屠建。《漢書·王莽傳》:"初,申屠建嘗事崔發爲《詩》。"師古曰:"就發學《詩》。"三、井丹。《後漢書·逸民列傳》:"井丹,字大春,扶風郿人也。少受業太學,通五經,善談論。故京師爲之語曰:'五經紛綸井大春'。"四、皇甫規。《後漢書》卷九十五《皇甫規傳》:"皇甫規,字威明,安定朝那人。舉賢良方正,對策,梁冀忿其刺已,以規爲下第,拜郎中。託疾免歸。州郡承冀旨,幾陷死者再三。遂以《詩》、《易》教授,門徒三百餘人,積十四年。後梁冀被誅,徵拜太山太守。遷弘農太守,封壽成亭侯,邑二百戶。讓封不受。再轉爲護羌校尉。熹平三年,以疾召還,未至,卒於穀城。年七十一。所著賦、銘、碑讚、禱文、弔、章、教令、書檄、牋記凡二十七篇。"

【笠山遺集第六種】

訓詁學

包樹棠 遺著

張善文 點校

編校述語

　　《訓詁學》一卷，今存舊蠟版刻寫油印本兩種，皆作者手自裝訂：第一種，封面有作者隸書自署簽"訓詁學"，落款"笠山"，鈐白文"包樹棠印"篆章。扉頁亦隸書自署書名，右上款"中華民國三十二年"，左下款"笠山講於南劍"，下鈐朱文"包樹棠印"篆章。首頁題下爲"上杭包樹棠纂"六字，鈐章同扉頁。書尾末行下鈐朱文"伯苬"、白文"包樹棠印"二章。據《跋》稱，是編係"民國三十二年春季爲福建省立師範專科學校文科三年級諸生講稿"，知爲1943年春福建師專油印之教材。書中多有作者手校、手批、重抄及增補文字，皆蠅頭細楷，朱墨相間。第二種，扉頁有作者行書題"訓詁學"三字，內容蓋依前本校定重刻，當爲次年新印教材，書內偶有作者批校。

　　今以第二種爲底本（簡稱"乙本"），校以第一種（簡稱"甲本"），並參覈他籍，詳加比勘。其有魯魚亥豕之譌，刻印漫漶之誤，皆爲訂正，略出校記，釐爲一卷，仍題"訓詁學"。點校之初，先由家內章夏於暇餘悉心錄入全稿，頗爲感念。又此二本乃作者哲嗣定貞君久藏於家，春初提供整理，其護持之功甚爲可嘉。並附志焉。

　　綜覽此書，共含《辨名上》、《辨名下》、《甄類上》、《甄類中》、《甄類下》、《發凡上》、《發凡下》、《沿流上》、《沿流下》、《述學上》、《述學下》、《要籍》十二篇，凡斯學之名義、類別、條例，以及源流、學派、要籍，皆論述有序，條秩不紊。初學者手此一編，細加研尋，將不虞訓詁之學之難入也。

　　閱《笠山文鈔》之《前自序》（詳《文鈔》後附錄），謂別有《文字學形編》一卷，"民國三十三年秋季爲省立師範專科學校諸生講稿，至翌年春季而畢"，其內容分"八卦、古文、大篆、小篆、隸書、真書、草書、行書、金文、甲文"

等十章。是則與《訓詁學》相輔而行之教材，惜今未見，亦學者之憾矣。

後學張善文敬識於福建師範大學文學院

公元二零二零年四月

歲在庚子清明後二日

目　錄

訓詁學

辨名上

張揖曰："詁者，古①今之異語。訓者，謂字有意義也。"（陸德明《經典釋文》引《雜字》）郭璞曰："釋詁，所以釋古今之異言，通方俗之殊語。"（《爾雅·釋詁》注）鄭玄曰："訓，謂訓其義也。詁，與古故通。"《說文》："詁，故言也。"《漢書·儒林傳》："司馬遷從孔安國問故。"《大戴禮·小辨》："爾雅以觀于古。"（《釋文》："《釋詁》音古，又音故。樊光、李巡本作故。"）訓與順通。《書·洪範》："于帝其訓，是訓是行。"《史記·宋微子世家》"訓"並作"順"。《說文》："順，理也。"是詁者，爲通古今之代語；訓者，說文字之義界：其言昭昭矣。陳澧《東塾讀書記》："時有古今，猶地有東西南北，相隔遠則言語不通矣。地遠則有翻譯，時遠則有訓詁。有翻譯則能使別國如鄉鄰，有訓詁則能使古今如旦暮。"蓋古者書契之作，音義並立，字各一義，無待於②訓詁也。及人事日繁，文字孳乳，世宙遞遭，言語遷變，歧義殊音，所緣生矣。綜而述之，約有數端。一時代之異也。同一物事③，而歷代稱謂各殊，於是有以今語釋古語矣。如《爾雅·釋天》："夏曰歲，商曰祀，周曰年，唐虞曰載。"《孟子·滕文公上》："夏曰校，殷曰序，周曰庠。"是也。二方域之異也。同一名義，而四方之稱謂各殊，於是有以雅言釋方言④矣。如《左氏》莊三十二年傳⑤："楚人謂乳爲

---

① 古，乙本脫。據作者手校及甲本補。
② 於，乙本無。據甲本補。
③ 物事，甲本作"事物"。茲依乙本。
④ 言，乙本脫。據作者手校及甲本補。
⑤ "左氏莊三十二年傳"，甲本作"左傳"。茲依乙本。

穀,謂虎爲於菟。"《戰國·秦策》:"周人謂鼠未腊者朴[1],鄭人謂玉未理者璞。"乙本眉批:《戰國策·秦策三》:"應侯曰:鄭人謂玉未理者璞,周人謂鼠未腊者朴。周人懷朴過鄭賈,曰欲買朴乎?鄭賈曰欲之。出其朴,視之乃鼠也。因謝不取。"(並見《尹文子·大道下》[2])《說文》聿部[3]:"楚謂之聿,吳謂之不律,燕謂之弗,秦謂之筆。"是也。三質文之異也。同一言辭,而口筆之慣用各殊,於是以質言釋文言矣。《詩·板》:"我即爾謀,聽我嚻嚻。"毛傳:"嚻嚻,猶謷謷也。"是也。三者之外,則有所謂正名辨物。荀卿曰:"異形離心交喻(從王念孫讀),異物名實互紐,貴賤不明[4],同異不別。如是則志必有不喻之患,而事必有困廢之禍。故知者爲之分別,制名以指實,上以明貴賤,下以辨同異,此所爲有名也。"(《正名》)是故言戰,則攻、襲、侵、伐不同;(乙本眉批:《穀梁》隱五年傳:"苞人民、毆牛馬曰侵,斬樹木、壞宮室曰伐。"《左氏》莊二十九年傳:"凡師,有鐘鼓曰伐,無曰侵,輕曰襲。")言荒,則饑、饉、康、侵有別;言獵,則蒐、苗、獮、狩異稱。蓋名爲實賓,位有高下,物有大小,時有久暫,事有輕重。必也,名得其稱,毋使混淆,事物雖雜,鼇然秩然。此其概也。

辨名下

錢大昕曰:"有文字然後有詁訓,有詁訓而後有義理。詁訓者,義理之所由出,非別有義理出乎訓詁之外者也。"(《經籍籑詁序》)孔子之"信而好古","好古敏求",即訓詁是信是求也。其學雖發端於《爾雅》,其例則經傳本文,往往已自有之。秦漢諸儒,益闓其緒,師弟相傳,篤守家法,依經立義,號爲專學。略別其名,則有傳,有注,有故,有微,有通,有箋,有學,有說,有記,有述,有章句,有集解。傳者,傳也,傳通其義也。如《書》有《孔氏傳》;《詩》有《毛詩故訓傳》,《齊后氏傳》,《齊孫氏傳》;《禮》有《周官傳》;《春秋》有

《左氏傳》、《公羊傳》、《穀梁傳》、《鄒氏傳》、《夾氏傳》是也。注者,注義於經下,若水之注物。亦名爲箸,言爲之解說,使其義著明也。如《詩》有馬融注,《禮》有鄭玄注,《易》有王弼、王肅注,《爾雅》有郭璞注是也。劉知幾曰:"昔《詩》、《書》已成,而毛、孔立傳。傳之時義,以訓詁爲主,則猶《春秋》之傳,配經而行也。降及中古,始名傳曰注。蓋傳者轉也,能授於無窮;注者流也,流通而靡絕。惟此二名,其歸一揆。"子玄此言,足以備說。成伯瑜謂:"傳承師說謂之爲傳,出自己意即爲注。"是不然,或又謂"前漢稱傳,於後皆稱注"。此因班《志》著錄群籍,無以注名。然孔穎達《尚書疏》云:"馬融、王肅,亦稱注名爲傳。"則又何也?故者,通其義也。如《書》有《大小夏侯解故》,《詩》有《魯故》、《齊后氏故》、《齊孫氏故》、《韓故》是也。微者,釋其微恉也。如《春秋》有《左氏微》、《鐸氏微》、《張氏微》、《虞氏微傳》是也。通者,通其大義也。如洼丹《易通論》名爲《洼君通》,班固有《白虎通》,應劭有《風俗通》是也。箋者,表也,識也。如鄭玄《毛詩箋》,因《毛傳》義[1] 有隱略,則更爲表明,如有不同斷以己意,使有識別是也。《博物志》曰:"公嘗爲北海郡守,康成是此郡人,故以爲敬。"《四庫全書提要》駁之,謂:"如張華言,蓋以爲公府用記,部將用箋之意。然康成生於漢末,乃修敬於四百年前之太守,殊無所取。康成特因《毛傳》而表識其旁,如今人之簽記,積而成帙,故謂之箋。無容別曲說也。"學者,謙詞,謂受學於師,乃宣此義,不出於已也。如《春秋公羊傳》何氏解詁,亦稱"何休學"是也。說者,釋也,述也,宣述其義也。如《易》有五鹿充宗《略說》,《詩》有《魯說》、《韓說》,《禮》有《中庸說》、《明堂陰陽說》,《論語》有《齊說》、《魯夏侯說》、《魯安昌侯說》、《魯王駿說》、《燕傳說》,《孝經》有《長孫氏說》、《江氏說》、《翼氏說》、《后氏說》、《安昌侯說》是也。記者,紀也,紀識之也。如《詩》有《齊雜記》,《樂》有《禹王記》,《春秋》有《公羊雜記》、《公羊顏氏記》是也。述者,傳於舊章纂人之言而申說之也。如《周易》有《陸績述》是也。章句者,具載本文,章別其旨也。如《書》有《歐陽章句》、《大小夏侯章句》,《春秋》有《公羊章句》、《穀梁章句》,及趙岐之《孟子章句》,蔡邕之《月令章句》是也。集解者,其例有二:有聚集經

---

① 義,乙本脫。據甲本補。

傳爲之作解者,如杜預《春秋左氏傳集解》是也;有撰集諸子之言以爲解者,如范寧①《春秋穀梁傳集解》、何晏《論語集解》是也。尚有稱解詁、解誼者,陸德明《經典釋文·敍錄》載有賈逵《左氏解詁》,服虔《春秋左氏解誼》。胥爲魏、晉以前諸儒訓詁之大凡。(張華《博物志》:"聖人制②作曰經,賢者著述曰傳。因記訓曰詁,因章句曰注。")至唐太宗,以儒學多門,章句繁雜,詔國子祭酒孔穎達與③諸儒撰定五經義疏凡一百七十卷,名曰《五經正義》(《舊唐書·儒學傳》)。然但有《易》、《書》、《詩》、《禮記》、《春秋左氏傳》五經。其後賈公彥撰《周禮》、《儀禮》義疏。至宋續修,《穀梁》用唐楊士勛疏,《公羊》用唐徐彥疏,《孝經》、《論語》、《爾雅》用邢昺疏,《孟子》用孫奭疏,即世所稱《十④三經注疏》也。則兼經注而明之,號爲義疏。然注依經立說,時得抉而楊之,以申己見。疏家之體拘謹,例與注文不得任意出入。故皇侃《禮疏》或乘鄭義,孔穎達斥爲"木落不歸其根⑤,狐死不首其丘"。蓋注在闡明,疏主墨守,是其不同耳。

王應麟謂:"文字之學有三:其一體制,謂點畫有衡從曲折之殊,《說文》之類;其二訓詁,謂稱謂有古今雅俗之異,《爾雅》、《方言》之類;其三音韻,謂呼吸有清濁高下之不同,沈約《四聲譜》及西域反切之學。"按後世文字之學,即小學也。(顏師古曰:"小學,謂文字之學也。")文字之興,形音已立,而義生焉。三者之中,變化運用,莫尚於義。然古今殊語,五方異言,薈通蒙蔽,訓詁又其⑥鈐鍵也。若夫抉大義,繹微言,以之爲經術,則博通明辨矣;攷典制,數文物,以之爲文章,則雅馴有體矣。馬、班、許、鄭,由此其選。是故語功用,則訓詁爲揣摩之工具,亦學問之根柢。古之人童而習之者,良有以也。

---

① "春秋左氏傳集解"至"范寧"二十三字,乙本無,蓋刻蠟版者錯行誤脫。據甲本補。
② 制,甲乙本均作"著"。據《博物志》改。
③ 與,甲乙本均作"于"。據《舊唐書》改。
④ 十,乙本誤"小"。據甲本改。
⑤ 根,孔穎達《禮記正義序》作"本"。
⑥ 其,乙本誤"是"。據甲本改。

甄類 上

　　阮元《經籍纂詁凡例》謂:"經傳本文,即有訓詁。如'和,會也','勤,勞也'(《周書‧諡法》)。'需,須也','師,衆也'(《易‧象上傳》)。'畜君者,好君也'(《孟子‧梁惠王下》)。'親之也者,親之也'(《大戴記‧哀公問於孔子》)。'敬,文之恭也;忠,文之實也','正,德之道也;端,德之信也'(並《周語下》)。'忠,德之正;信,德之固也'(《左氏》文元年傳)。'禮,身之幹也;敬,身之基也'(成十三年傳)。'元,體之長也;亨,嘉之會也'(襄九年傳)。'陳,水屬也;火,水妃也'(昭九年傳)。'黃,中之色也;裳,下之飾也'(昭十二年傳)。'漢,水祥也;水,火之牡也'(昭十六年傳)。'春曰祠,夏曰礿'(《公羊》桓八年傳)。'春曰田,夏曰苗'(《穀梁》桓四年傳)。'師①衆以順爲武'(《左氏》襄三年傳)。'經緯②天地曰文'(昭二十八年傳)。'咨才爲諏'(《魯語下》)。'咨親爲詢'(《左氏》襄四年傳)。'止戈爲武'(宣十二年傳)。'皿蟲爲蠱'(昭元年傳)。'無患曰樂,樂義曰終'(《大戴記‧小辨》)。'約信曰誓,涖牲曰盟'(《禮記‧曲禮下》)。以及'乾爲天'(《易‧說卦傳③》),'震爲土'(《左氏》閔元年傳),'乾剛,坤柔'(《易‧雜卦傳》),'屯固,比入'(《左氏》閔元年傳)之類。"閻若璩言:"十三經皆有傳,傳即在經之中。如《十翼》傳《易》,《三傳》傳④《春秋》,皆不待言。《爾雅》,《詩》、《書》傳也。《戴記》,《儀禮》傳也。《儀禮》又自有子夏《喪服傳》。《孟子》,即謂《論語》之傳也可。《孝經》內有經有傳。其無傳者,獨《周官》耳。"(《潛邱劄記》)然金仁山謂:《周官》一篇,《周禮》之經也。夫傳本爲解經而作,後始並尊之爲經而已耳。陳壽祺亦謂:"以經注經,爲漢學之先河。"晚近劉師培又分析爲經傳本文訓詁之例。有以本字訓本字者。如《易》"蒙者,蒙也","比者,比也","剝者,剝也"。《孟子》"徹者,徹也"。有以音近之字訓本字者。

---

①　師,乙本誤"即"。據甲本及《經籍纂詁》改。
②　緯,甲乙本均誤"偉"。據《經籍纂詁》改。
③　傳,甲乙本均誤"上"。據《經籍纂詁》改。
④　傳,乙本脫。據甲本補。

如《易》"咸，感也"，"夬者，決也"，《論語》"政者，正也"，《孟子》"庠，養也"，《左傳》"枳，耗也"，《禮記》"春之爲言蠢也"。有數字遞相爲訓者。如《易》"易者象也，象者像也"，《禮記》"刑者侀也，侀者成也"。有一字不僅一義者。如《射義》"射之爲言繹也，或曰射也"。有以字形解字者。如《左傳》"反正爲乏"，《穀梁》"人言爲信"。有以字義 [1] 解字者。如《易》"震，動也"，"巽，入也"，"艮，止也"，《左傳》"正曲爲直，參和爲仁"。有本文甚簡，其義難明，增字釋之，然後本義乃可見者。如《左傳》"星隕如雨，與雨偕也"，《射義》"射侯者，射爲諸侯也"。有以俗語釋雅言者。如《孟子》"泄泄，猶沓沓也"。有舉一字而伸其用者。如《禮記》"禮者，因人之情而爲之節文，以爲民坊者也"。有舉一字而窮其義者。如《左傳》"夫武，禁亂戢兵，保大定功，安民和衆豐財者也"。是經傳中不惟多訓詁，細細繹之，條理亦具，而要言不繁，尤非後儒所能及。又若《孟子》稱《公劉》之詩"乃積乃倉，乃裹餱糧，于橐于囊，思戢用光，弓矢斯張，干戈戚揚，爰方啟行"，乃釋之云："故居者有積倉，行者有裹糧也，然後可以爰行啟行。"其稱《烝民》之詩"天生烝民，有物有則，民之秉彝，好是懿德"，而引孔子之語以釋之曰："故有物必 [2] 有則，民之秉彝也，故好是懿德。"用二故字一必字一也字，而四句之義昭然（《容齋隨筆》）。解釋章旨，兼爲唐人義疏之權輿矣。

甄類中

訓詁專箸，必以《爾雅》爲首出，而亦最爲賅備。其次揚雄《方言》，其次劉熙《釋名》，以及許慎《說文》，胥推要籍。《漢書·藝文志》："《爾雅》三卷二十篇。"今存者凡十九篇。長洲宋翔鳳《爾雅郭注義疏序》以爲："《釋詁》文多，應 [3] 分二篇。"又《詩正義》引《爾雅序篇》云：'釋詁、釋

---

[1] 義，乙本誤"叉"。據甲本改。

[2] 必，乙本誤"心"。據甲本改。

[3] 應，宋翔鳳《爾雅義疏序》作"舊"。似當從改。

言,通古今之字,古與今異言也。釋訓,言形貌也。'《詩正義》但疏詁 ① 訓二字之義,所引不全。則《爾雅》尚有序篇,今亡之矣。"班氏不列之小學,而附於《孝經》家 ②,以其同爲六藝之總匯也。陸德明《經典釋文》以爲:"《釋詁》一篇,蓋周公所作。《釋言》以下,或言仲尼所增,子夏所足,叔孫通所益,梁文所補。"疑莫能明。漢興,嘗立 ③ 博士。揚雄《方言》以爲"孔子門徒解釋六藝",王充《論衡》亦以爲"五經之訓詁"。然釋經者不及十之三四。今觀其文,有取《楚辭》者,有取《莊子》者,有取《列子》者,有取《穆天子傳》者,有取《管子》者,有取《呂氏春秋》者,有取《山海經》者,有取《尸子》者,有取《國語》者,不可殫數。大抵採諸書訓詁名物之同異,以廣見聞,自爲一書(《四庫全書提要》)。其十九篇者:一《釋詁》,二《釋言》,三《釋訓》,四《釋親》,五《釋宮》,六《釋器》,七《釋樂》,八《釋天》,九《釋地》,十《釋丘》,十一《釋山》,十二《釋水》,十三《釋草》,十四《釋木》,十五《釋蟲》,十六《釋魚》,十七《釋鳥》,十八《釋獸》,十九《釋畜》。前三篇所以會通古今五方之言,後十六篇所以詮釋名物。其類不外三者。若《釋詁》:"初、哉、首、基、肇、祖、元、胎、俶、落、權輿,始也。"是從今語釋古語矣(《釋詁》中多用此例)。《釋言》:"斯、誃,離也。"(郭注:"齊、陳曰斯、誃 ④。")是以雅言釋方言矣(《釋言》中多用此例)。《釋訓》:"番番、矯矯,勇也;桓桓、烈烈,威也;洸洸、赳赳,武也。"是以質言釋文言矣(《釋訓 ⑤》中多用此例)。俞樾曰:"《爾雅》首三篇之名,《釋詁》一篇所說,皆字之本義,故謂之詁。詁者古也,言古義本如此也。《釋言》一篇所說,則字之本義不如此,而古人之言有如此者。即以篇首:'殷、齊,中也。'殷本不訓中,而《書》云'以殷仲春',此殷字則訓爲中;齊本不訓中,而《釋地》云'距齊州以南'(甲本眉批:按《列子·湯問篇》云:不知距齊州幾千萬里。《御覽》三十六引舍人云:自中州以南。),此齊字則訓爲中:故曰'殷、齊,中也'。此《釋言》所以異於《釋詁》也。至《釋訓》一篇所說,則直是後世箋注之祖,所以解釋經文。如斤字並不訓察,而《周頌》云'斤斤其

① 詁,甲乙本均作"古"。據宋翔鳳《爾雅義疏序》改。

② "家"上,甲乙本均衍一"孝"字。據前後文意校删。

③ 立,乙本誤"之"。據甲本改。

④ 案此條《爾雅注疏》載郭璞注作:"齊、陳曰斯。誃,見《詩》。"清郝懿行《爾雅義疏》依之疏解。據此,則似當於"斯"爲讀,而"誃"下宜補"見《詩》"以足其義。謹錄備考覽。

⑤ 訓,甲乙本均誤"詁"。據上下文意改。

明'。（甲本眉批：按《漢書·律歷志》班固說五權，皆曰：斤，明也。）合二字爲文，則有察義矣，故云：'斤斤，察也。'秩字並不訓智，而《小雅》云'左右秩秩'。合二字爲文，則有智義矣，（甲本眉批：按《巧言》傳曰：秩秩，進知也。）故曰：'秩秩，智也。'本篇所釋多重言，皆本經文，並有舉全句而釋之者。此《釋訓》所以異於《釋言》也。"其論精闢。鄭樵亦嘗申論，曰："古人語言，於今有變，生今之世，何由識古人語？此《釋詁》所由作。五方言語不同，生於夷何由識華語？此《釋言》所由作。物有可以理言者以理言之，有不可以理言者但喻其形容而已，形容不可明，故借言之訓以爲證，此《釋訓》所由作。宗族婚姻，稱謂不同；宮室器樂，命名亦異：此《釋親》、《釋宮》、《釋器》、《釋樂》所由作。人之所用者，人之事耳，何由知天之物？此《釋天》所由作。生於此土，識此土而已，九洲之遠，山川、邱陵之異何由歷？此《釋地》、《釋丘》、《釋山》、《釋水》所由作。動物植物，五方所產，各有名，古今所名亦異謂，此《釋草》、《釋木》、《釋蟲》、《釋魚》、《釋鳥》、《釋獸》、《釋畜》所由作。"紬繹篇次，可謂會得其恉矣。海寧王國維，論《爾雅》詮釋名物之例尤詳。其言曰："物名有雅俗，有古今。《爾雅》一書，爲通雅俗古今之名而作也。其通之也，謂之釋。釋雅以俗，釋古以今。聞雅名而不知者，知其俗名，斯知雅矣。聞古名而不知者，知其今名，斯知古矣。若雅俗古今同名，或此有而彼無者，名不足以相釋，則以其形釋之。草木蟲魚鳥多異名，故釋以名。獸與畜罕異名，故釋以形。凡雅俗古今之名，或同實而異名，或異實而同名。雅與雅同名而異實，則別以俗，如'葝，山𧄸'，'葝，鼠尾'之類。俗與俗異名而同實，則同以雅，如'薢，山蘄'，'薢，白蘄'之類。雅與雅異名而同實，則同 ① 以俗，如'櫬，木堇'，'椴，木堇'之類。或雅與俗同名異實，則各以雅與俗之異者異之；雅與俗異名而同實，則各以其同者同之。如'荼，苦菜'，'蘮，葋荼'，'鶬鶊，楚雀'，'倉庚，鵹黃也'之類。凡雅俗多同名，而稍變其音，如'萑，蓷'，'粢，稷'之類。凡俗名多取雅之共名而以其別者別之。有別以地者，則曰'山'，曰'海'，曰'河'，曰'澤'，曰'野'。有別以形者，形之最著者曰大小。大者謂之'苣'，謂之'戎'，亦謂之'王'。小者謂之'叔'，謂之'女'，謂之'婦'，'婦'謂之'負'。大者又謂之'牛'，謂之'馬'，

---

① "以雅"至"則同"二十一字，乙本脫。據甲本及《觀堂集林》改。

謂之'虎',謂之'鹿'。小者謂之'羊',謂之'狗',謂之'兔',謂之'鼠',謂之'雀'。有別以色者,則曰'皤',曰'白',曰'赤',曰'黑'①,曰'黃'。以其他譬其色,則曰'蒼',曰'烏'。有別以味者,則曰'苦',曰'甘',曰'酸'。有別以實者,則草木之有實者②曰'母',無實者曰'牡',實而不成者曰'童'。此諸俗名之共名,皆雅名也。是故雅名多別,俗名多共;雅名多奇,俗名多偶。其他偶名,皆以物德名之。有取諸其物之形者,如'垂,比葉','煦,九葉'之類。有取諸其物之色者,如'夏鳸,竊玄'之類。有取諸其物之聲者,如'蚻,蜻蜻'之類。有取諸性習者,如'皇,守田','蠰,齧桑'之類。有取諸功用者,如'菥③,王彗','菡,蘆'之類。有取諸相似之他物者。或取諸生物,如'苬蕛,豕首'之類。或取諸成器,如'虉,綬','莖,履'之類。其餘或以形狀之詞,其詞或爲雙聲,如'薜莒,英芺','蘱,薕葌'之類。或爲叠韻,如'苊,蒁苊','萠,芋葵'之類。此物名之大略也。"又曰:"凡雅俗古今之名,同類之異名,與夫④異類之同名,其音與義恆⑤相關。同類之異名,其關係⑥尤顯於奇名。如《釋蟲》'食苗心,螟;食根,蟊',《釋鳥》'鳥鼠同穴,其鳥爲鵌,其鼠爲鼵'。螟與蟊,鵌與鼵,皆一聲之轉。此不特生物之名然也。蓋其流期於有別,而其源不妨相通,爲文字變化之通例矣。異類之同名,其關係尤顯於偶名。如《釋草》'果蓏之實,栝樓',《釋蟲》'果蓏,蒲盧'。按果蓏、果蓏者,圓而下垂之意,即《易·雜卦傳》之'果窳'。凡在樹之果,與在地之窳,其實無不圓而垂者。故物之圓而下垂者⑦,皆以果窳名之。'栝樓'亦'果蓏'之轉語。其餘如草有'莪,蘿',蟲有'蝥,羅';草有'蘢,天蘥',鳥有'鷚,天鸙';草有'菋,荎蕏',木有'菋,荎著';草有'萿,麋舌',鳥有'鶛,麋鴰';蟲有'密肌,繼英',鳥有'密肌,繫英':今雖不能言其同名之故,要其相關,必自有說。雖其流期於相別,而其源不妨相同。古人正名百物之意,於此亦略可覩矣。"(《觀堂

① "曰黑"二字,甲乙本均脫。據《觀堂集林》補。
② "則草木之有實者"七字,甲乙本均脫。據《觀堂集林》補。
③ 菥,乙本誤"箭"。據甲本及《觀堂集林》改。
④ 夫,甲乙本均脫。據《觀堂集林》補。
⑤ 恆,甲乙本均作"往往"。茲依《觀堂集林》改。
⑥ "其關係"三字,甲乙本均脫。據《觀堂集林》補。
⑦ "故物"至"垂者"八字,甲乙本均無。據《觀堂集林》補。

集林》）條理貫通，以爲引端，學者當即以求其本，旁皇周浹，窮流極遠，古字古言，斯無晦滯 [1]。（以上《爾雅》。）

《方言》十三卷，揚雄撰。考《漢書·藝文志》及本傳，備列雄所著書，不及《方言》一字。惟應劭《風俗通義序》，始稱：「周秦常以歲八月，遣輶軒之使，求異代方言，還奏籍之，藏於祕室。及嬴氏之亡，遺棄脫漏，無見之者。蜀人嚴君平有千余言，林閭翁孺才有梗概之法。揚雄好之，天下孝廉衛卒，交會周章質問，以次注續，二十七年爾乃治正，凡九千字。」（甲本眉批：按雄與劉歆書：「故天下上計孝廉及內郡 [2] 衛卒會者，雄常把三寸弱翰，齎油素四尺，以問其異語，歸即以鉛摘次之於槧，二十七歲於今矣。」）又劭注《漢書》，亦引揚雄《方言》一條。是稱雄作《方言》，實自劭始。魏晉以後，諸儒轉相沿述，皆無異詞。惟今本凡一萬一千九百餘字，較劭所云，幾溢三千焉（參《四庫全書提要》）。晉郭璞注 [3] 之，序稱：「可不出戶庭，而坐照四表；不勞疇咨，而物來能名。考九服之逸言，標六代之絕語。類離詞之指韻，明乖途而同致。辨章風謠而區分，曲通萬殊而不雜。」其書雖名《方言》，而用實兼三類。如：「敦、豐、厖䲚鶒、夽音介、憮海狐反、般般桓、嘏音賈、奕、戎、京、奘在朗反、將，大也。凡物之大貌，曰豐。厖，深之大也。東齊海岱之閒曰夽，或曰憮。宋魯陳衛之閒謂之嘏，或曰戎。秦晉之閒凡物壯大謂之嘏，或曰夏。秦晉之閒凡人之大謂之奘，或謂之壯。燕之北鄙，齊楚之郊，或曰京，或曰將。皆古今語也。初別國不相往來之言也。今或同，而舊書雅記故俗，語不失其方。而後人不知，故爲之作釋也。」又：「假、徦古格字、懷、摧、詹、戾、艐古屆字，至也。邠唐冀兗之閒曰假，或曰徦。齊楚之會郊或曰懷。摧、詹、戾，楚語也。艐，宋語也。皆古雅之別語也，今則或同。」此其冶古今方雅文質於一鑪矣。又有方語呼異而指同，則明其通稱。如：「娥、嬴，好也。秦曰娥，宋魏之閒謂之嬴。秦晉之閒，凡好而輕者謂之娥。自關而東，河濟之閒謂之媌，或謂之姣。趙魏燕代之閒

---

① 自上文「其十九篇者」至此，與六庵黃壽祺先生《群經要略》卷十「釋《爾雅》之體例」一節略同。案包、黃摯交，又同執教於福建省立師範專科學校，民國三十一年（1942）六庵先生編有講義《中國文學史約》，其闡述先秦經典之文部分即後來《群經要略》初稿。時二人或以教材相互切磋，包蓋首肯黃說，遂參取黃述《爾雅》之文以入《訓詁學》稿中。嗣黃撰定《群經要略》，亦復頗引包說相印證之。於此可見學者間之風誼，誠屬昔年學界美談矣。

② 郡，甲本眉批作「部」。據《揚子雲集》卷四《答劉歆書》改。

③ 注，乙本誤「法」。據甲本改。

曰姝，或曰娙。自關而西，秦晉之故都曰妍。好，其通語也。"方語呼稱同而指異，則別其殊義。如："荊淮海岱，雜齊之閒，罵奴曰臧，罵婢曰獲。齊之北鄙，燕之北郊，凡民男而壻婢謂之臧，女而婦奴謂之獲。亡奴謂之臧，亡婢謂之獲。皆異方罵奴婢之醜稱也。"考其流變之迹，則郭注所謂語聲轉耳。（以上《方言》。）

《釋名》，漢劉熙撰。其書凡二十七篇：《釋天》、《釋地》、《釋山》、《釋水》、《釋丘》、《釋道》、《釋州國》、《釋形體》、《釋姿容》、《釋長幼》、《釋親屬》、《釋言語》、《釋飲食》、《釋綵帛》、《釋首飾》、《釋衣服》、《釋宮室》、《釋牀帳》、《釋書契》、《釋典藝》、《釋用器》、《釋樂器》、《釋兵》、《釋車》、《釋船》、《釋疾病》、《釋喪服》。（甲本眉批：《四庫提要》云："《釋名》別本或題曰《逸雅》。蓋明郎奎金取是書，與《爾雅》、《小爾雅》、《廣雅》、《埤雅》合刊，名曰'五雅'。以四書皆有'雅'名，遂改題《逸雅》以從類。按《後漢書·文苑·劉珍傳》：撰《釋名》三十篇，以辨萬物之稱號云。"）熙《自序》稱："以爲自古造化，制器立象。有物以來，迄於近代，或典禮所制，或出自民庶，名號雅俗，各方名殊。聖人于時，就而弗改，以成其器，著於既往。哲夫巧士，以爲之名，故興於其用而不易其舊，所以崇易簡，省事功也。夫名之於實，各有義類，百姓日稱而不知其所以之意。故撰天地陰陽四時、邦國都①鄙、車服喪紀，下及民庶應用之器，論敘指歸，謂之《釋名》，凡二十七篇。"《四庫全書提要》稱二十篇，則內府藏本有闕篇也。又稱其書："推論稱名辨物之意，中閒頗傷於穿鑿。然可因以考見古音。又去古未遠，所釋器物，亦可因以推求制度之遺。如《楚辭·九歌》'薜荔拍兮蕙綢'，王逸注云：'拍，搏壁也。'搏壁二字，今莫知爲何物。觀是書《釋牀帳》篇，乃知以席挂著壁上，謂之搏壁。孔穎達《禮記正義》以深衣十二幅交裁謂之袥，是書《釋衣服》篇云：'袥，襠也。在旁襜襜然也。'則與《玉藻》言'袥當旁'者，可以互證。《釋兵》篇云：'刀室曰削，室口之飾曰琫，下末之飾曰珌。'又足證《毛詩詁訓傳》之譌。"（按《詩·瞻彼洛矣》"鞞琫有珌"，毛傳："珌，上飾。"《釋文》："琫，佩刀鞘上飾。"《詩·公劉》"鞞琫容刀"，毛傳："上曰琫。"《釋文》與《釋名》合。此毛傳之譌也。）畢沅《釋名疏證序》謂："其書參校方俗，考合古今，晰名物之殊，辨典禮之異，爲《爾雅》、《說文》以後不可少之書。今觀其所釋，亦時有

---

① 都，乙本脫。據甲本補。

與《爾雅》、《說文》諸書異者。《爾雅》曰：‘齊曰營州。’而此云：‘營州，齊衛之地。’《爾雅》云：‘石戴土謂之崔巍，土戴石爲岨。’而此依毛傳立文曰：‘石戴土曰岨，土戴石謂崔魏。’正與相反是也。《說文》‘錦，從帛金聲’，凡 ① 爲聲者皆無義。而此云：‘錦，金也。作之用功，其價如金。’故謂其制字，從帛與金，是以諧 ② 聲之字爲會意。又《說文》‘平土有叢木曰林’，而此云‘山中叢木爲林’。亦皆異義。且其字體出《說文》外十之三。益信熙之時去叔重已遠，其聲讀輕重，名物異同，與安、順前又迥別也。”按熙爲此書，從音立訓，同聲相諧，推求名物之意，六書中之轉注、假借，盡發其用。有一名數義，各緣聲者。如：“乾健也，健行不息也。又謂之玄，懸也，如懸物在上也。”是也。有一字數聲，聲各求義者。如：“車，古者曰車，聲如居，言行所以居人也。（韋昭曰：“古皆尺奢反。從漢以來，始有居音。”按此韋氏誤，而劉不誤也。）今曰車，行者所處若車舍也。”是也。有即本字之聲，以衍其義者。如：“喘，湍也。湍，疾也，氣出入湍疾也。”是也。又“天，豫司兖冀以舌腹言之，天顯也，在上高顯也。青徐以舌頭言之，天垣也，垣然高而遠也。”“風，兖豫司冀橫口合脣言之，風氾也，其氣博氾而動物也。青徐言風，踧口開脣推氣言之，風放也，氣放散也。”曰舌腹，曰舌頭，曰合脣，曰開脣，以音通訓，爲後來言聲母之濫觴焉。（以上《釋名》。）

　　《說文解字》三十卷，漢許慎撰。成於和帝永元十二年。凡十四篇，合目錄一篇爲十五篇。分五百四十部，爲文九千三百五十三，重文一千一百六十三，注十三萬三千四百四十字。分部類從，首一終亥；據形聯繫，雜而不越；引而申之，以究萬原。其說字也，必先字義而後字形，博采通人，至於大小，信而有證。爲後世言小學者不遷之宗，而亦訓詁之大國也。辜而榷之，指事、象形之字，多以形 ③ 訓。如“丩，相糾繚也。”“厶，奸衺也。韓非曰：倉頡作字，自營爲私。”“示，天垂象見凶吉，所以示人也。”“朱，赤心木，松柏屬。”“片，判木也。”“凵，張口也。”此屬於指事者。“气，云气也。”“丵，叢生草也。”“果，木實也。”“巢，鳥在木上曰巢。”“烏，孝鳥也。”此屬於象形者。皆形訓也。形聲轉注之字，多以音訓。如“叢，聚也。從

---

① “凡”下，乙本衍“物”字。據甲本及畢沅《釋名疏證序》刪。

② 諧，乙本誤“語”。據甲本及畢沅《釋名疏證序》改。

③ 形，乙本脫。據甲本補。

荦，取聲。"（叢，組紅切。取，七庾切。屬齒聲，爲近轉雙聲。）"虹，螮蝀，狀如蟲。從虫，工聲。"（虹，尺公切。工，古紅切。同在東韻，爲叠韻。）"簠，黍稷圜器也。從竹從皿，甫聲。"（甫與簠，皆方矩切，聲韻並同，爲同音。）此屬於形聲者。"顛，頂也。從頁，真聲。""頂，顛也。從頁，丁聲。"（顛，都年切。頂，都挺切。同在舌聲端母，爲雙聲。）"遷，迨也。從辵，罘聲。""迨，遷也。從辵，合聲。"（遷，徒合切。迨，侯閤切。段氏曰：迨、遷叠韻。）"洪，澤水也。從水共聲。""澤，水不遵道，一曰下也。從水夆聲。"（洪與澤皆戶工切，在腭聲，九部。孟子曰："'澤水警予'，澤水者洪水也。"段氏曰：孟子以洪釋澤。是曰轉注，爲同音。）此屬於轉注者。皆聲訓也。轉注假借之字，多以義訓。如"公，平分也。從八厶，八猶背也。韓非曰：背厶爲公。""折，斷也。從斤斷艸，譚長說。"此屬於會意者。"西，鳥在巢上也。日在西方而鳥西，故因以爲東西之西。""朋，古文鳳。象形。鳳飛，群鳥從以萬數。故以爲朋黨二字。"此屬於假借者。皆義訓也。至兼三事爲訓者，如"八，別也。""爻，交也。"（指事）"日，實也。""月，闕也。"（象形）此形訓而兼音訓也。"神，天神引出萬物者也。""禷，以事類祭天神。"（形聲）"標，木梢末也。""梢，木標末也。"（轉注）此音訓而兼形訓也。"天，顛也。""東，動也。"（會意）"洒，滌也。古文以爲灑掃字。""灑，汛也。"段注："按汛與灑互訓而殊音，洒則經典用爲灑之假借。然謂洒即汛之假借，則於古音尤合。蓋洒從西音（息晉切十二部），西古音如詵也。小顏注《東方朔傳》洒掃云：洒音信。此謂即汛字也。云又山豉反，此謂即灑字也。此等必《漢書》音義舊說。"（假借）此義訓而兼音訓也。以類求之，不勝殫舉焉。（以上《說文》。）

上列四種，爲治訓詁學者基本之書，昔張香濤氏，謂由小學而入經學者則其經學爲可信，又謂小學爲讀一切經史子集之鈐鍵，有聲斯學之士蓋可忽乎哉？

甄類 下

傳注，所以解經者也。如《春秋》之《左氏傳》、《羊公傳》、《穀梁傳》，其始皆爲發明經旨之書，後人尊之曰經，遂出於傳注之外矣。今世所傳

"十三經",其名立於宋。所用傳注,《易》,則魏王弼、晉韓康伯①注(《繫辭》韓氏注)。《書》,則舊題漢孔國安傳。(《四庫全書提要》:"其書至晉豫章內史梅賾,始奏於朝。唐貞觀十六年,孔穎達等爲之疏,長孫無忌等又加刊定。孔傳之依託,自朱子以來,遞有辨論。")《詩》,則漢毛亨傳②,鄭玄箋。《周禮》、《儀禮》、《禮記》,則漢鄭玄注。《左氏》,則晉杜預注。《公羊》,則漢何休學。《穀梁》,則晉范寧集解。《孝經》,則唐玄宗注。《論語》,則魏何晏集解。《孟子》,則漢趙岐注。《爾雅》,則晉郭璞注。若他書古注之重於今者,史類,則有《國語》吳韋昭注,《戰國策》漢高誘注。子類,則《呂氏春秋》漢高誘注,《淮南子》漢高誘、許慎注。集部,《楚辭》漢王逸注。至伏勝《尚書大傳》、韓嬰《詩外傳》、董仲舒《春秋繁露》,或說經義,或不說經義,在若離若合之間,然古訓往往而在。班《志》曰:"仲尼沒而微言絕,七十子喪而大義乖。故《春秋》分爲五,《詩》分爲四,《易》有數家之傳。"秦火以後,篇籍泯然。漢興,開獻書之路,置博士之官。師承家學,彪炳儒林。若許慎之五經無雙,鄭玄之囊括大典,蓋經義微隱非訓述不明,家法謹嚴必父師所授。魯丕有言:"說經者傳先師之言,非從己出。難者必明其據,說者務立其義。浮華無用之言,不陳於前。故指思不勞,而道術愈章。"鄭玄曰:"述謂述其古事。"又曰:"就原文字之聲類,考訓詁,捃祕逸。"此漢儒說經,實事求是,言必有據,樸學所由名也。拾墜鈎沈,經術文章闇而復明,稽古之功,不可磨矣。

發凡上

昔儀徵阮元伯元,視浙學,成《經籍籑詁》一書,手定凡例。前修經訓義法,楬櫫大綱。蓋訓詁之事,恉務簡明,辭宜徵實。古今何以異語,方俗何以殊稱,則形也、音也、義也。得其條理,使之貫通。揚摧義例,厥有三焉。一曰形訓。在昔沮倉,書契初作。依類象形,詰屈隨體。視而可識,察而見意。比

類合誼，知其指撝，無待繁訓。狀靜，如《說文》："丫，羊角也"，"雔，雙鳥也"，"雥，群鳥也"是也。狀動，如《說文》："廾，竦手也"，"臼，叉①手也"，"昇，共舉也"，"叉，手指相錯也"是也。狀字，如《左氏》桓六年傳"而信于神也"，疏："人言爲信。"《韓非子·五蠹》："自環者謂之私，背私爲之公。"《說文》"王"下云"孔子曰一貫三爲王"，"士"下云"孔子曰推十合一爲士"，"爻"下云"二爻也"，"百"下云"二百也"是也。二曰音訓。段玉裁曰："聖人制字，有義而後有音，有音而後有形。學者考字，因形以得其音，因音以得其義。治經莫重於得義，得義莫切於得音。"（《廣雅疏證序》）王引之亦謂："訓詁之旨，本於聲音。"（《經籍籑詁序》）蓋雙聲相轉，疊韻相迻，語言稱謂，繇斯而異。故音同、音近、音轉之字，往往其義相通。條而別之，同字相詁者，如《詩序》"風者，風也"，《禮記·郊特牲·哀公問》"親之也者，親之也"，又《樂記》"樂者，樂也"，《春秋繁露·左氏改制質文》"正者，正也"，《釋名·釋州國》"衛，衛也"，"齊，齊也"，又《釋親屬》"弟，弟也"，又《釋飲食》"炙，炙也"，又《釋典藝》"易，易也"，"傳，傳也"是也。（此一字而別其虛實爲訓。）同聲相詁者，如《易·雜卦》"震，起也"，"復，反也"，《書·伊訓》"亦莫不寧"傳："莫，無也"，《爾雅·釋詁》"粵，于也"，"卬，我也"，"茂，豐也"，"尼，定也"，《釋言》"履，禄也"，"顛，頂也"，《白虎通·巡狩》"霍之爲言護也"，《孟子·梁惠王下》"畜君者好君也"，《說文》"旁，溥也"，"祈，求也"，"趜②，窮也"，《釋名·釋天》"星，散也"，"木，冒也"，"火，化也"是也。同韻相詁者，如《易·說卦》"乾，健也"，"坤，順也"，"坎，陷也"，"離，麗也"，《左氏》莊廿二年傳"乾，天也"，《爾雅·釋詁》"哉、基、胎，始也"，《釋言》"還，返也"，"穀，禄也"，"履，禮也"，《釋天》"柯之言耗"，《孟子·滕文公上》"校者，教也"，《禮記·鄉飲酒義》"春之爲言蠢也"，"夏之爲言假也"，"秋之爲言愁也"，"冬爲之言中也，中者藏也"，又《中庸》"仁者，人也"，"義者，宜也"，《淮南·本經》"圓，天也"③，《白虎通》"冬之爲言終也"，《說文》"天，顛也"，"士，事也"，"葩，華也"，

---

① 叉，甲乙本均作"义"。據《說文解字》改。

② 趜，甲乙本均誤"趜"。據《說文解字》改。

③ 案《淮南子·本經訓》"戴圓履方"，高誘注："圓，天也。"據此，"本經"下似宜增"高誘注"三字。謹錄此以備覽。

"貉之言惡也"，《釋名·釋天》"陰，蔭也"，"陽，揚也"是也。合音相詁者，如《爾雅·釋器》："不律謂之筆。"（郭注："蜀人呼筆爲不律也。"按《說文》："吳謂之不律。"）《詩·十月之交》"山冢崒崩"，箋："崒者，崔嵬。"《方言》："虎，陳魏宋楚之閒或謂之李父，江淮南楚之閒謂之李耳。或謂之於檡。（郭注："於，音烏。今江南山夷呼虎爲㹱，音狗竇。按㹱，即《左氏》宣四年傳之於菟。"）自關東西，或謂之伯都。"又沈括謂："古語有二聲合爲一字者。如'不可'爲'叵'，'何不'爲'盍'，'如是'爲'爾'，'而已'爲'耳'，'之乎'爲'諸'。"鄭樵謂："慢聲爲二，急聲爲一。慢聲爲'者焉'，急聲爲'旃'；慢聲爲'者歟①'，急聲爲'諸'；慢聲爲'之矣'，急聲爲'只'。"顧炎武引"蒺藜爲茨"，（按《易·困》，《釋文》："蒺藜，茨草。"）"胡盧爲壺"，"蘜藭爲芎"，（按《說文》："營藭，香草也。"段注：《左傳》作'鞠窮'。賈逵云'所以禦濕'。今本《左傳》作'有山鞠窮乎'，山字注疏皆不釋，疑衍。或本作'蘜'，而誤爲二字。）"丁寧爲鉦"，（按《左氏》宣四年傳"著於丁寧"，注："丁寧，鉦也。"②又《國語·晉語十一》注："丁寧，謂鉦也。"）"僻倪爲陴"，（按《左氏》宣十六年傳"守陴③者皆哭"，注："陴，城上僻倪。"）"奈何爲那"（按《左氏》宣二年傳"棄甲則那"，注："那，猶何也。"《禮記·曲禮下》"奈何去社稷也"，疏："奈何，猶言如何也。"）之例是也。聲韻遞訓者，如《禮記·祭統》："福者，備也。備者，百順之名也。無所不順之爲備。"《莊子·齊物論》："庸也者，用也。用也者，通也。通也者，得也。"是也。偏旁相詁者，如《易·象下傳》："兌，說也。"《韓詩外傳五》："君者，群也。"《論語·顏淵》："政者，正也。"《孟子·盡心下》："征之爲言正也。"《詩·采蘋》"于以采藻"，箋："藻之言澡也。"《谷風》"我躬不閱"，箋："躬，身也。"《公劉》"芮鞫之即"，箋："芮之言內也。"《爾雅·釋言》"舫，舟也"，"耊，老也"，"訛，化也"，"燬，火也"，"訊，言也"，《說文》"帝，諦也"，"誥，告也"，"校，交也"，"仲，中也"，"衣，依也"，《釋名·釋天》"光，晃也"，"熱，爇也"，"土，吐也"，"丑，紐也"，"寅，演也"，"午，仵也"，"未，昧也"，"亥，核也"是也。三曰義訓。有表實者，如《爾雅·釋天》："春爲蒼天，夏爲昊天，秋爲旻天，冬爲上天。"《荀子·解蔽》："心者形之君也，而神明之主也。"《公羊》桓九年傳："京師者，天子所居也。"《穀梁》桓四年傳："春

---

① 歟，鄭樵《通志》及顧炎武《音論》引皆作"與"。

② "左氏"至"鉦也"十五字，乙本列爲眉批。茲依甲本納入夾注按語。

③ 陴，乙本誤"碑"。據甲本及《左傳》改。

曰田，夏曰苗，秋曰蒐，冬曰狩。"《大戴記·盛德》："王者往也，民所歸也。"《禮記·喪服小記》"尊祖故敬宗"，鄭注："宗者，祖禰之正體。"《王制》："天子諸侯宗廟之祭，春曰礿，夏曰禘，秋曰嘗，冬曰烝。"《說文》"風"下云："東方曰明庶風，東南曰清明風，南方曰景風，西南曰涼風，西方曰閶闔風，西北曰不周風，北方曰廣莫風，東北曰融風。"是也。有表德者，如《易·文言傳》："元者善之長也，亨者嘉之會也，利者義之和也，貞者事之幹也。"《國語·周語》："敬文之恭①也，忠文之實也"，"正德之道也，端德之信也。"《爾雅·釋詁》："善父母爲孝，善兄弟爲友。"《韓非子·解老》："仁者，謂其中心欣然愛人也。"《說文》"玉②"下云："潤澤以溫，仁之方也；不撓而③折，勇之方也；銳廉而不忮，絜之方也。"是也。有表性者，《論語》："知者動，仁者靜。"《大戴記·曾子天圓》："陽之精氣曰神。"《說文》："馬，武也。""羊，祥也。"是也。有表事者，如《周禮·大司馬》"中春教振旅"，注："兵者，守國之備。"《左氏》昭二十八年傳："賞慶刑威曰君"，"經緯天地曰文"。又襄三年傳："師衆以順爲武。"《孟子·梁惠王④》："權然後知輕重，度然後知長短。"又："從流下而忘反，謂之流；從流上而忘返，謂之連；從獸無厭，謂之荒；樂酒無厭，謂之亡。"《漢書·律歷志》："矩者，所以矩⑤方器械，令不失其形也。"是也。有反訓者，如《爾雅·釋詁》："徂，存也。"郭璞注："以徂爲存，猶以亂爲治，以曩爲曏，以故爲今。此皆訓詁有反覆旁通，美惡不嫌同名。"（甲本眉批：按《爾雅⑥·釋詁》："肆、古，故也。"又云："肆、故，今也。"皆義相反。）《書·皋陶謨》"亂而敬"，傳："亂，治也。"《公羊》宣八年傳"廢其無聲者"，注："廢者，置也。置者，不去也。齊人語。"《孟子·盡心》"鼻之於臭也"，注："臭，香也。"《說文》："爲，亂也。一曰治也。"是也。有一字歧訓者，如《周禮·太宰》"掌建邦之六典"，鄭注："典，常也，經也，瀍也。王謂之禮經，常所秉以治天下也；邦國官府謂之⑦禮法，常所守以爲法式也。"《禮記》疏引《鄭序》："禮者，

---

① 恭，甲乙本均作"泰"，疑形譌。據《國語》改。
② 玉，乙本誤"王"。據甲本及《說文》改。
③ 而，甲乙本均作"不"。據《說文》改。
④ 王，甲乙本均誤"五"。據《孟子》改。
⑤ 矩，甲乙本均作"爲"。據《漢書》改。
⑥ 雅，甲本眉批脱。據上下文意補。
⑦ "禮經"至"官府謂之"十六字，甲乙本均無，疑誤脱。據《周禮注疏》補。

體也，履也①。統之於心曰體，踐而行之曰履。”是也。有字兼正反二訓者，如《爾雅‧釋詁》：“仇，合也”，“讎，匹也”，“敵，匹也”。《新序‧善謀》：“鄰國，讎②也。”《文選‧魏都賦》注引劉向《別錄》：“一人持本，一人讀書，若怨家相對爲讎。”是也。有二文互訓者，如《爾雅‧釋宮》：“宮謂之室，室謂之宮。”《說文》：“讘，訛也”，“訛，讘也”；“標，木杪③末也”，“杪，木標末也”；“梡，椔木薪也”，“椔，梡木未析也”；“併，竝也”，“竝，併也”是也。有同事異訓者，如《左氏》莊三年傳：“凡師，一宿爲舍，再宿爲信，過信爲次。”又莊二十九年傳：“凡師，有鐘鼓曰伐，無曰侵，輕曰襲。”《公羊》隱三年傳：“天子曰崩，諸侯曰薨，大夫曰卒，士曰不祿。”《穀梁》襄二十四年傳：“一穀不升謂之嗛，二穀不升謂之饑④，三穀不升謂之饉，四穀不升謂之康，五穀不升謂之大侵。”（甲本眉批：按《後漢書‧光武帝紀》“南陽荒饑”，李賢注引《韓詩外傳》曰：“一穀不升曰歉，二穀不升曰饑，三穀不升曰饉，四穀不升曰荒，五穀不升曰大侵。”）是也。右皆實字。外此則有語詞。語雖專以助⑤辭氣之不足，不立何義，然前修傳注，往往詮釋其用，則亦訓詁之附庸也。劉彥和云：“至於夫、惟、蓋、故者，發端之首唱；之、而、於、以者，劄句之舊體；乎、哉、矣、也，亦送末之常科。”虛字之用，不外三端。如《論語‧學而》“子曰”，皇疏：“曰者，發語之端也。”《漢書‧翟義傳》“粵其聞日”，注：“粵，發端語辭也。”《詩‧凱風》“爰有寒泉”，箋：“爰，曰也。”郭璞《爾雅序》“夫爾雅者”，邢疏：“夫者，發語辭。”《文選‧江賦》“惟岷山之導江”，注：“惟，發語之辭。”《詩‧黍苗》箋：“蓋，猶皆也。”疏：“蓋者疑辭，亦爲發端。”《禮記‧曲禮上》“故君子戒慎，不失色於人”，疏：“故，承上起下之辭。”《左氏》僖二十四年傳“介之推不言祿”，注：“之，語助。”《穀梁》宣八年傳：“而，緩辭也。”又定十五年傳：“乃，急辭也。”《論語》“子罕言利與命與仁”，皇疏：“與者，言語。許與之也。”《公羊》桓四年傳：“以者何？行其意也。”《漢書‧宣帝紀》“其德弗可及已”，注：“已，語終辭也。”又《哀帝紀》“非赦令也”，注：“也，語終辭也。”又《東方朔傳》“至則靡耳”，

---

① 履也，甲乙本均無，疑誤脫。據《禮記正義》補。

② 讎，甲乙本均誤“亂”。據劉向《新序》改。

③ 杪，甲乙本均作“梢”。據《說文解字》改。下句“杪”倣此。

④ 饑，乙本誤“餓”。據甲本及《穀梁傳》改。

⑤ 助，乙本作“互”。茲依甲本。

注：“耳，語詞。”《孟子·萬章》“鬱陶思君爾”，注：“爾，詞也。”《說文》：“者，別事詞也。”“矣，語已詞也。”《玉篇》：“焉，語已之詞也。”《禮記·曾子問》“祭哉”，疏 ①：“哉者，疑而量度之辭。”《檀弓》“其大功乎”，疏：“乎，是疑辭。”《論語·學而》“求之與”，皇疏：“與，不定之辭也。”《呂覽·審應》“申子說我而戰，爲吾相也夫”，注：“夫，不滿之詞也。”《顏氏家訓·音辭》：“邪者不定之辭，北人即呼爲也。”《小爾雅·廣訓》：“諸，之乎也。”王引之《經傳釋詞序》曰：“語詞之釋，肇於《爾雅》。‘粵’、‘于’爲曰，‘茲’、‘斯’爲此，‘每有’爲雖，‘誰昔’爲昔：若斯之類，皆約舉一隅，以待三隅之反。蓋古今異語，別國方言，類多助語之文。凡其散見於經傳者，皆可比例而知，觸類長之，斯善古訓者也。自漢以來，說經者宗尚雅訓，凡實義所在，既明箸之矣。而語詞之例，則略而不究，或即以實義釋之，遂使其文扞格，而意亦不明。如‘由’用也，‘猷’道也，而又爲詞之‘於’。若皆以‘用’與‘道’釋之，則《尚書》之‘別求聞由古先哲王’，‘大誥猷爾多邦’，皆文義不安矣。‘攸’所也，‘迪’蹈也，而又爲辭之‘用’。若皆以‘所’與‘蹈’釋之，則《尚書》之‘各迪有功’，‘豐水攸同’，《毛詩》之‘風雨攸除，鳥鼠攸去’，皆文義不安矣。‘不’弗也，‘否’不也，‘丕’大也，而又爲發聲與承上之詞。若皆以‘弗’與‘大’釋之，則《尚書》之‘三危既宅，三苗丕敘’，‘我生不有命在天’，‘否則侮厥父母’，《毛詩》之‘否難知也’，‘有周不顯，帝命不時’，《禮記》之‘不在此位也’，皆文義不安矣。‘作’爲也，而又爲詞之‘始’與‘及’。若皆以‘爲’釋之，則《尚書》之‘萬邦作乂’，‘作其即位’，皆文義不安矣。‘爲’作也，而又爲詞之‘如’，與‘有’，與‘與’，與‘於’。若皆以‘作’釋之，則《左傳》之‘何臣之爲’，《晉語》之‘稱爲前世’，《穀梁》之‘近爲禰宮’，《管子》之‘爲臣死乎’，《孟子》之‘得之爲有財’，皆文義不安矣。”按王氏之書，自九經三傳及周秦西漢之書，凡助詞之文，徧爲搜討，分字編次爲十卷，凡百六十字。前人所未及者補之，誤解者正之。又其《經義述聞》有語詞誤解以實義”一條，皆精微博洽。可謂解詞之淵海矣。

---

① “祭哉，疏”三字，甲乙本均無，疑誤脫。案下文所引，實《禮記·曾子問》“祭哉”孔疏語，故據例補此三字。

發凡下

《經籍籑詁凡例》：傳注有云"某，某也"。如《易·乾》子夏傳："元，始也。"《豐》子夏傳："芾，小也。"《詩·關雎》傳："淑善，逑匹也。"有云"某者，某也"。如《書大傳》："顗者，事也。""禹者，輔也。"有云"某者，某也，某也"。如《書大傳》："堯者，高也，饒也。""舜者，推也，循也。"有云"某，猶某也"。如《周禮·天官》序官注："體，猶分也。""佐，猶助也。"有云"某，謂某某"。如《冢宰》注："鄭司農云：士，謂學士。兩，謂兩丞。"有云"某之言某也"。如《詩·召南》箋："蘋之言賓也，藻之言澡也。"有云"某某曰某"。如《論語》鄭注："同門曰朋，同志曰友。"有云"以某爲某，曰某"。如《周禮·醢人》注："鄭大夫、杜子春皆以拍①爲膊，謂脅也。"有云"某某，某某貌"。如《論語》鄭注："恂恂，恭順貌。便便，言辨貌。"有云"某某，某某之辭；某，是某某之稱"。如《儀禮·士冠禮》注："吾子，相親之辭；子，男子之美稱。""伯仲叔季，長幼之稱；甫，是大夫之美稱。"有云"某，讀爲某"。如《論語》鄭注："純，讀爲緇。""厲，讀爲賴。"有云"某，讀曰某"。如《禮記·曲禮》注："扱，讀曰吸。""繕，讀曰勁。"有云"某，讀如某"。如《呂覽·季夏》注："飭，讀如勅。"《士容》注："胕，讀如疛。"有云"某，讀如某某之某"。如《考工記》鄭司農注②："函，讀如國君含垢之含。""泐，讀如再扐而後卦之扐。"有云"某，讀若某某之某"。如《儀禮·鄉飲酒禮》注："如，讀若今之若。"《聘禮》注："籔③，讀若不數之數。"有云"某，古某字"。如《詩·鹿鳴》箋："視，古示字也。"《禮記·曲禮》注："或者'攘，古讓字'。"有云"古曰某，今曰某"。如《周禮·外史》注："古曰名，今曰字。"《論語》鄭注："古者曰名，今世曰字。"有云"古聲某、某

---

① 拍，乙本誤"柏"。據甲本及《周禮注疏》改。
② 注，甲乙本均誤"云"。據《周禮注疏》改。
③ 籔，甲乙本均誤"數"。據《儀禮注疏》改。

同"。如《詩·東山》箋："古者聲栗、裂同也。"《常棣》箋："古聲寶①、填、塵同。"有云"古字某、某同"。如《論語》鄭注："古字才、哉同耳。"《周禮·外府》注："齎、資同耳。其字以齊次爲聲,从貝,變易古字亦多或。"有云"故書作某"。如《周禮·天官》序官注："嬪,故書作賓。"《典枲》注："故書齎作資。"有云"古文某爲某,今文某爲某"。如《儀禮·士冠禮》注："今文扃爲鉉,古文冪爲密。""古文紒爲結,今文禮作醴。"《禮記·緇衣》注："吉當爲告。告,古文誥。字之誤也。"有云"某某,或爲某某"。如《周禮·小宰》注："杜子春云:廉辨,或爲廉端。"《掌舍》注："杜子春云:棘門,或爲材門。"有云"某誤爲某"。如《大戴記·保傅》盧注："瞽與鼓,聲誤也。""夜、史,爲字誤。"有云"某,當爲某"。如《周禮·醢人》注："齊,當爲齏。"《內司服》注："狄,當爲翟。"有云"某聲近某"。如《內司服》注："鄭司農云:屈者音聲與闕相似,襜與展相似。"康成謂："褘、揄、狄、展聲相近。"有云"長言短言"。如《公羊》莊二十八年傳,注："伐人者爲客,讀伐長言之。見伐者爲主,讀伐短言之。"有云"內言外言"。如《公羊》宣八年傳,注："言'乃'者內而深,言'而'者外而淺。"(按《顏氏家訓·音辭》:"古語與今殊別②。其間輕重清濁,猶未可曉。加以內言、外言、急言、徐言、讀若之類,益使人疑。"盧文弨補注:"《漢書③·王子侯表上》'襄嚵侯建',晉灼曰④:'音內言嚵菟⑤。'又'獂節侯起',晉灼云:'獂音內言鴉。'《爾雅·釋獸》,《釋文》:'貘,晉灼音內言餡。'而外言未見。")(甲本眉批:按《說文》"乃,詞之難也",此內言也。"曾,詞之舒也",此外言也。曾之言乃也。)⑥有云"急言緩言"。如《淮南·本經》注："螣,讀近殆,緩氣言之。"《墜形》注："旄,讀近綢繆之繆,急氣言乃得之。"阮氏所發,得其槩矣。觸類

① 寶,甲乙本均誤"實"。據阮元《經籍籑詁凡例》及《毛詩正義》改。又案阮元《凡例》引鄭箋作"填、寶、塵",茲依《正義》之序作"寶、填、塵"。

② 殊別,甲乙本均作"別殊"。據《顏氏家訓》改。

③ 漢書,乙本誤"史記"。據甲本作者手校改。

④ 曰,甲乙本均無,疑脫。據王利器《顏氏家訓集解》引盧文弨注補。

⑤ 嚵菟,乙本誤"嚵說"。甲本作者手校改作"嚵菟"。茲依王利器《顏氏家訓集解》引盧文弨注。

⑥ 案甲本此處頁底有作者手批:"又按《公羊》宣八年傳:'而者何難也,乃者何難也,曷爲或言而或言乃,乃難乎而也。'何注:'言乃者內而深,言而者外而淺。'"與文中引阮元所舉之例重,謹錄此以備覽。

而伸之，有云“爲”者。如《左氏》文十八年傳，注：“貪財爲饕貪食爲餮。”有云“謂之”者。如《禮記·檀弓》鄭注：“芻靈束茅爲人馬，謂之靈者，神之類。”有云“言”者。如《禮記·檀弓》鄭注：“哀素，言哀痛無飾也。”有云“所以”者。如《說文》：“聿，所以書也。”段注：“以，用也。聿者，所用書之物也。凡言所以者視此。”《禮記·月令》“省囹圄”，注：“囹圄，所以禁守繫者，若今別獄矣。”（甲本眉批：按《漢書·禮樂志》“囹圄空虛”，應劭曰：“囹圄，周獄名也。”師古曰：“囹，獄也；圄，守也。故總名囹圄，無繫於周。”）又“擇吉日，大合樂”，注：“大合樂者，所以助陽達物，風化天下也。”有云“若今”者。如《周禮·天官·太宰》“書其能者與其良者而以告于上”，鄭司農說：“若今時舉孝廉方正，茂材異等。”有云“或曰”、“一曰”者。如《周禮·天官·內饔》“凡掌共羞脩刑膴胖骨鱐，以共膳”，鄭司農說：“刑膴，謂夾脊肉。或曰膺肉也。”《說文》：“祏①，宗廟主也。《周禮》有郊宗石室。一曰大夫以石爲主。”此皆古人傳注義例與其用語，雖與今人論文法諸書，分別詞性，具有科條者異，然能比而觀之，通其大旨，反博於約，訓詁之能事畢矣。

沿流上

自書契以代繩結，首立象事、象形之字，繁簡損益，因時爲用。故五帝、三王之世，改易殊體，封于泰山者七十有二代，靡有同焉。下迄史籀大篆之篇，與古文或異。東周而還，諸侯力征，不統于王，私意省改，體制益惑。秦兼天下，丞相李斯乃奏同之，罷其不與秦文合者。斯作《倉頡篇》，中車府令趙高作《爰歷篇》，太史令胡毋敬作《博學篇》，皆小篆也。其後徭役興，官獄職務繁，初有隸書，又有刻符、蟲書、摹印、署書、殳書，稱八體焉。漢興，有草書。新莽使大司空甄豐等校文書之部，自以爲應制作，頗改定古文。時有六書，古文、奇字、篆書、左書、繆篆、鳥蟲書。叔重之時，俗儒鄙夫，怪舊蓺善野言，於

---

① 祏，甲乙本均誤“祐”。據《說文》改。

是慨然纂述，其書敍篆文，合以古籀，辨其異同，前代文書，猶存其概。蓋天地生物，野馬塵埃，以息相吹。人群進化，文字爲其利器，孳乳寖①多，度情致用，修其故書，物存惟適。論其沿革，斷自詩書；辜較異文，龗徂涯略。王靜安曰："古有陟降一語。古人言陟降，猶今人言往來，不必兼陟與降二義。《周頌》'念茲皇祖，陟降庭止'，'陟降厥土，日監在茲'，意以降爲主，而兼言陟者也。《大雅》'文王陟降，在帝左右'，此以陟爲主，而兼言降者也。故陟降者，古之成語也。陟降亦作陟各。《左》昭七年傳：'叔父陟恪，在我先王之左右。'正用《大雅》語。恪者，各之借字。是陟各即陟降也。古陟、登聲相近，各、格、假字又相通，故'陟各'又作'登假'。《曲禮》：'告喪，曰天王登假。'亦即陟降也。又作登遐。《墨子·節葬篇》：'秦之西，有儀渠之國者，其親戚死聚柴薪而焚之。燻上，則謂之登遐。'亦即陟降也。登假、登遐，後世用爲崩薨之專語。而通語之陟降，則以登降、升降二語代之。然四語所從出之源，尚歷歷可指。《書·文侯之命》言'昭登于上'，《詩·大雅》言'昭假于下'，登與假相對爲文，是'登假'即'陟降'之證也。《左傳》之'陟恪'，《曲禮》之'登假'，《墨子》之'登遐'，皆謂登而不謂降，此又《大雅》之'陟降'不當分釋爲上下二義之證也。"（《觀堂集林》）按《周頌·閔予小子》，《序》以爲："嗣王朝於廟也。"箋："嗣王者，謂成王也。"《大雅·文王》，《序》以爲："文王受命作周也。"是西周之語爲"陟降"。至《左氏》則爲"陟恪"，《墨子》儀渠之國則爲"登遐"，《莊子》則爲"登假"。《文侯之命》，傳以爲："平王錫晉文侯秬鬯圭瓚而作"，其言"昭登"（按相臺本"登"作"升"皆聲假），亦東周語。數百年中，而殊易若是。王氏謂"陟降不必兼二義"，則如《詩·大雅·文王》"有周不顯，帝命不時"，傳："不顯，顯也。顯，光也。不時，時也。時，是也。"《公羊》隱元年傳，注："不如即如②。"《史記·倉公傳》："生子不生男，緩急無可使者。"（甲本眉批：又《史記·文帝紀》："太倉公將行會逮，罵其女曰：'生子不生男，有緩急非有益也。'"）緩急者，猶言急也。故班固詩曰："自恨身無子，困急獨煢煢。"其文正相類。又《詩·衛風·淇奧》"有匪君子"，傳："匪，文章貌。"《釋文》："匪，本又作斐。《韓詩》作邲，美貌也。"《爾

---

① 寖，乙本誤"寢"。據甲本改。

② 不如即如，案《公羊傳》隱公元年"如勿與而已矣"，何休注："如，即不如。齊人語也。"與此處所引有異，謹錄以備覽。

雅·釋訓》亦作"斐"。此古今文之異也。"赫兮咺兮",傳:"喧①,威儀容止宣著也。"《釋文》:"《韓詩》作宣。宣,顯也。"此亦古今文之異也②。《爾雅·釋訓》咺作烜,"威儀也"。郭注:"貌光宣。"《禮記·大學》作"喧",《說文》作"愃,寬閒心腹貌"。此毛與《爾雅》、《戴記》、《說文》異文也。《大雅·公劉》"思輯用光",《孟子·梁惠王》引"輯"作"戢"。《大雅·烝民》"天生烝民",《孟子·梁惠王》引"烝"作"蒸"。此《詩》與《孟子》異文也。《書·洪範》"土爰稼穡",《爾雅·釋詁》:"爰,曰也。"郭注引《洪範》語,是訓"爰"爲"曰"。《史記·宋世家》即作"土曰稼穡"矣。《堯典》"疇諮若時登庸",傳:"疇,誰;庸,用。誰能咸③熙庶績,順是事者,將登用之。"《史記·五帝紀》即作"誰可順此事"。《說文》"𠷎"下云:"詞也。𠷎與疇同,《虞書》(段注虞書當唐書)'帝曰𠷎諮'。《爾雅·釋詁》:"疇,誰也。"《釋文》:"疇本又作𠷎。"按又通作"訕"。《魏元丕碑》云"訕諮群寮",《劉寬碑》云"訕諮",《儒林傳》竝以訕爲酬也。又通作"譸"。《文選·西征賦》注引《聲類》曰:"譸④,亦作疇字也。"引《爾雅》曰:"疇,誰也。"《晉書音義》云:"疇,一作訕,一作譸,又作𡮢。"皆同聲假借之字也。《爾雅·釋詁》:"蠠沒,勉也。"郭注:"蠠沒,猶黽勉。"《釋文》:"蠠,彌畢反,又亡忍反。本或作蠠。說文曰:'蠠,古蜜字。'"郝懿行《義疏》:"是蠠無正文,借聲爲之。'蠠沒'聲轉爲'黽勉',又轉爲'密勿'。《詩》云'黽勉同心',《文選》注引《韓詩》作'密勿同心'。密勿,僶俛也。僶俛,即黽勉。又'黽勉從事',《漢書·劉向傳》作'密勿從事'。又沒,重文作'沒沒',轉爲'勿勿'。《禮器》云:'勿勿乎其欲其饗之也。'《大戴禮·曾子立事篇》云:'君子終身守此勿勿也。'鄭注及盧辨注竝云:'勿勿,猶勉勉也。'蠠沒,又轉爲懋懋。《釋訓》云:'懋懋、慔慔,勉也。'又轉爲侔莫。《方言》云:"侔莫,強也。北燕之外郊,凡勞而相勉,若言努力者,謂之⑤侔莫。"又轉爲文莫。欒肇《論語駁》曰:'燕齊謂勉強爲文莫,是文莫即侔莫也'。又《方言》云:'薄努,猶勉努也。'《廣雅》作:'薄怒,勉也。'又云:'文農,勉也。'文農,

① 喧,油印本無,疑脱。茲依文例據《毛詩正義》補。
② "赫兮"至"異也"一節,乙本誤脱。據甲本補。
③ 咸,甲乙本均誤"威"。據《尚書正義》改。
④ 譸,乙本誤"詩"。據甲本改。
⑤ 之,甲乙本均無,疑脱。據《爾雅義疏》補。

亦即俸莫。是皆古方俗之語，音轉字變，而其義具通者也。孟者，畽之叚音也。《後漢書趙岐傳》云'作《要子章句》'，要蓋畽字之誤。古文'要'作'𦥼'，與'畽'形近易譌。'畽'與'孟'聲近假借。《水經》'清漳水'注，'大畽谷'作'大要谷'見劉攽刊誤及吳作傑補遺。胡承珙曰：'《趙岐傳》借畽爲孟，《爾雅》借孟作畽，故《文選·幽通賦》曹大家注及《漢書·敘傳》服虔注竝云：孟，勉也。'孟，聲轉爲蘉。錢大昕《養新錄》云：'《洛誥》汝乃是不蘉，《釋文》引馬融注：蘉，勉也。古讀孟如芒①，《釋文》：蘉，莫剛反。蓋馬、鄭舊音，則蘉即孟矣。'又《釋訓》："懂懂，憂無告也。"郭注："賢者憂懼，無所訴②也。"郝懿行《義疏》："《玉篇》、《廣韻》'悹'字下云：'悹悹，憂無告也。'是悹、懂音義同，从雚从官之字亦通用。故《說文》遃，或作㦗。即其例也。通作'懽'。《詩·板》，傳：'懽懽，猶欵欵也。'《爾雅》，《釋文》：懽，本或作懂。今從宋本作懂，與《說文》合也。"按悹，又假爲瘝。故《釋訓》："瘝瘝，病也。"故郭注云："賢人失志，懷憂病也。"《詩·杕杜》，傳："瘝瘝，罷貌。"憂與罷、病，義皆得引伸也。《釋天》："繹，又祭也。周曰繹，商曰肜，夏曰復胙。"（按"夏曰復胙"，郭注："未見義所出。"郝懿行《義疏》："《綠衣》箋及《公羊》注引《爾雅》，竝無此句。徐彥疏云：'諸家《爾雅》，悉無此言，故不引之。'然則此句，獨郭本有之也。《釋文》：'胙，本作昨。又音祚。'"）則三代異名。（甲本眉批：《說文》"又"部："叔，拾也。汝南名收芌爲叔。"段注："言此者，商、周故言猶存於漢之汝南也。"）《禮記·王制》："天子諸侯宗廟之祭，春曰礿③，夏曰禘，秋曰嘗，冬曰烝。"鄭注："此蓋夏殷之祭名，周則改之。"《周禮·春官·大宗伯》：以祠春、禴夏、嘗秋、烝冬享先王。《爾雅·釋天》："春祭曰祠，夏祭曰礿，秋祭曰嘗，冬祭曰烝。"則周公所定，亦與夏、殷異制。《左氏》隱年五年傳："春蒐，夏苗，秋獮，冬狩。"《爾雅·釋天》亦云："春獵爲蒐，夏獵爲苗，秋獵爲獮，冬獵爲狩。"而《公羊》桓四年傳云："春曰苗，秋曰蒐，冬曰狩。"《穀梁》桓四年云："春曰田，夏曰苗，秋曰蒐，冬曰狩。"或因時代而謂殊，或因師承而說別。仲尼曰："殷因於夏禮，所損益可知也。周因於殷禮，所損益可知也。其或繼周者，雖百世可知也。"訓詁之爲道，亦若是焉耳。

---

① 芒，乙本誤"芷"。據甲本及《爾雅義疏》改。
② 訴，乙本誤"辨"。據甲本及《爾雅注疏》改。
③ 礿，乙本誤"杓"。據甲本及《禮記正義》改。

沿流下

　　孟子謂：“楚大夫欲其子之齊語也。一齊人傅之，衆楚人咻 ① 之。雖日撻 ② 而求其齊也，不可得矣。引而置之莊嶽之閒數年，雖日撻而求其楚，亦不可得矣。”夫山川隔絕，言語別殊，越裳白雉，重譯歸周。揚子輶軒，次摘諸縶；方雅相詮，猶及都概。屈宋詞賦，所謂楚聲。如《離騷》“扈江離與 ③ 辟芷兮”，注：“扈，披也。楚人名披爲扈。”“憑不猒乎求索”，注：“憑，滿也。楚人名滿爲憑。”（甲本眉批：按《方言》：“憑，怒也。楚曰馮。”則滿爲懣之假字，皆一聲之轉。）“羌內恕憶以量人兮”，注：“羌，楚人語詞也。”“忳鬱邑余侘傺 ④ 兮”，注：“楚人名住曰傺。”“索藑 ⑤ 茅以筳篿兮”，注：“楚人名結草折 ⑥ 竹卜曰篿。”《九歌·云中君》“靈連蜷兮既留”，注：“靈，巫也。楚人名巫爲靈子。”《招魂》“去君之恒幹”，注：“或曰：‘去君之恒閒’。閒，里也。楚人名里曰閒。 ⑦ ”“倚沼畦瀛兮”，注：“瀛，池中也。楚人名池 ⑧ 澤中曰瀛。”又屈賦語詞用“兮”字，則猶《詩》、《書》之遺。《招魂》語詞用“些”，前籍未見。《一切經音義·二》：“呰，古些、欼二形。”（《爾雅·釋詁》，《釋文》：“呰，謂語餘聲也。”）（甲本眉批：《說文》“口”部：“呰，苛也。”段注：“苛，當作訶。玄應引作訶。”）第無別據，蓋此亦楚人語詞耳。《九章》“帶長鋏之陸離兮”，注：“長鋏，劍名也。其所握長劍，楚人名曰長鋏也。”按《戰國·齊策》及《史記·孟嘗君列傳》“馮煖 ⑨ 彈

---

　　① 咻，乙本誤“休”。據甲本及《孟子正義》改。
　　② 撻，乙本誤“捷”。據甲本及《孟子正義》改。
　　③ 與，乙本誤脱。據甲本及《楚辭章句》補。
　　④ 傺，乙本誤脱。據甲本及《楚辭章句》補。
　　⑤ 藑，甲乙本均作“瓊”。據《楚辭章句》改。
　　⑥ 折，乙本誤“析”。據甲本及《楚辭章句》改。
　　⑦ 案“或曰”至“曰閒”十六字，係洪興祖《楚辭補注》語，非王逸《楚辭章句》之注。此處似宜標明，庶免淆惑。
　　⑧ 池，甲乙本均無，疑脱。據《楚辭章句》補。
　　⑨ 煖，案《戰國策》作“諼”。《史記》作“驩”，裴駰《集解》曰：“音歡。復作‘煖’，音許袁反。”

其劍而歌曰'長鋏歸來乎'",則長鋏不惟楚語矣。《禮記‧雜記》"資冬祈寒",鄭注:"資當爲至,齊魯之語聲之誤也。祈之言是也,齊西偏之語也 ①。"《玉篇》引《倉頡篇》云:"楚人呼竈曰窹。"《史記‧陳涉世家》:"客曰:'夥頤!涉之爲王沈沈者!'楚人謂多爲夥,故天下傳之。"《蘇秦列傳》"吠苪",集解:"吠,音伐。"索隱:"吠,與瞂同,謂楯也。"正義:"《方言》云:盾,自關東謂之瞂,關西謂之盾。"按《方言》郭注:"瞂,音伐。"《說文》:"瞂,盾也。"是瞂其本字,瞂其或體,吠其假字,皆東關②語。《張儀列傳》"苴蜀相攻擊",集解:"徐廣曰:譙周曰益州'天苴',讀爲'苞藜'之'苞',音與'巴'相近,以爲今之巴郡。"《淮陰侯列傳》"守儋石之祿者",集解:"晉灼曰:揚雄《方言》海岱之閒名罌爲儋石。石,斗也。蘇林曰:齊人名小罌爲儋石,如今受鮐魚石罌,不過一二石耳。一說一儋與一斛之餘。"《漢書‧儒林傳》注:"師古曰:衛宏定《古文尚書》,序云:'伏生老不能正言,言不可曉也。使其女傳言教錯。齊人語多與潁川異,錯所不知者凡十二三,略以其意屬讀而已。'"《說文》"訛"下云:"燕代東齊謂信'訛'也。""訏"下云:"齊楚謂信曰訏。"(段注:"'信'當作'大'。《釋詁》'訏,大也。'《方言》'訏,大也。中齊西楚之閒曰訏。'許語本揚。")"眮"下云:"吳楚謂瞋目顧視,曰眮。""睇"下云:"南楚謂眄睇。""睊"下云:"江淮之閒謂眄曰睊。"《釋名‧釋親》:"青齊人謂兄爲荒。"《釋言語》:"汝潁言貴,聲如歸往之歸也。"《釋宮》:"齊魯謂庫曰舍。"《禮記‧中庸》"壹戎衣",注:"衣,讀如殷。聲之誤也。齊人言殷,聲如衣。"《檀弓下》"咏斯猶",注:"猶,當爲搖。聲之誤也。秦人猶、搖聲相近。"《周禮‧司關③》"國凶札",司農注:"越人謂死爲札。"《司尊彝》"凡酒④脩酌",注:"今齊人命浩酒曰滌。"《公羊》僖十九傳:"踊,爲文公諱也。"注:"踊,豫也。齊人語,若關西言渾矣。"《爾雅》"苞,稹也",《詩‧鴇羽》正義及《書‧禹貢》正義竝引孫炎曰:"物叢生曰苞。齊人名曰稹。"《初學記》引服虔《通俗文》曰:"南楚以美色爲娃,晉船曰舶。"已上略舉兩漢前方語

---

① "禮記"至"語也"三十三字,乙本無。據甲本天頭作者所補書增入。

② 東關,據上下文意,似當作"關東"。

③ 關,甲乙本均誤"官"。據《周禮注疏》改。

④ 酒,乙本誤"猶"。據甲本及《周禮注疏》改。

之散見於群籍者,而揚子《方言》尤推綜匯,博訪周①諧,逭及朝鮮洌水、西甌毒屋黄石野之間②。其述古今方雅變革,見於“甄類”之外者,如:“襌衣,江淮南楚之間謂之褋,關之東西謂之襌衣③,有裹者趙魏之間謂之袏衣,無裹者謂之裎衣,古謂之深衣。”他亦罕覯焉。又若《方言》“慧,楚或謂之譌”,郭注:“他和反,亦今通語。”“鈆、嫽,好也,青徐海岱之間曰鈆,或謂之嫽,好凡通語也”,郭注:“今通呼小姣潔喜好者,爲嫽鈆。”“杜、蹶,逞也,趙曰杜,山之東西或曰蹶”,郭注:“今俗語通言逞如杜,杜棃④子逞,因名之。”“沅澧之間使之不肯荅曰吂”,郭注:“音茫,今中國語亦然。”“些、孅,短也,江湘之會謂之些,凡物生而不長大亦謂之鮆,又曰癠”,郭注:“今俗呼小爲癠,音薺菜。”“籚,南楚謂之筲,趙魏之郊謂之去籚”,郭注:“今通語也。”此古之言語,在晉代則通稱矣。“凡物盛多謂之寇”,郭注:“今江東有小鳧,其多無數,俗謂之寇鳧。”“煬、煼,炙也”,郭注:“今江東⑤火熾猛爲煬,音恙。”此古之通語,在晉代則爲方語矣。“好,自關而東河濟之間謂之媌”,郭注:“今關西人亦呼好爲媌,莫交反。”“跳,楚曰跰”,郭注:“勅厲反,亦中州語。”“斛,陳魏宋楚之間謂之筲”,郭注:“今江東亦呼爲筲。”“扇,自關而東謂之箑”,郭注:“今江東亦通名扇爲箑,音篓。”“杷⑥,宋魏之間謂之渠挐”,郭注:“今江東名亦然,諾豬反。”“楚凡揮棄物謂之拌,或謂之敲”,郭注:“恪校反,今汝潁間語亦然。”此古之方語,在晉代則爲另一地之方語矣。“篝”,郭注:“今薰籠也。”“桑⑦飛,自關而⑧東謂之工爵,或謂之過嬴,或謂之女鷗”,郭注:“今名爲巧婦。”“蠭,燕趙之間謂之蠓蜙,其小者謂之蠮蜙,或謂之蚴蛻,其大⑨而蜜者謂之壺蠭”,郭注:“今黑蠭穿竹木作孔亦有蜜者,或呼竹師。”“屋梠謂之櫋”,郭注:“雀梠,即屋檐也。亦呼爲連緜。”此古之通語,與晉代之通語,事同而謂異矣。“蜻蛉謂之蜘蛉”,郭注:“六足四翼蟲也,江東名爲狐黎,淮南人

---

① 周,乙本誤“同”。據甲本改。
② 間,乙本誤“聞”。據甲本改。
③ “江淮”至“襌衣”十七字,乙本脱。據甲本補。
④ 棃,甲乙本均誤“黎”。據錢繹《方言箋疏》改。
⑤ “東”下,《方言》郭璞注有“呼”字。
⑥ 杷,甲乙本均誤“把”。據錢繹《方言箋疏》改。
⑦ 桑,甲乙本均作“霜”。據錢繹《方言箋疏》改。
⑧ 而,甲乙本均誤“西”。據錢繹《方言箋疏》改。
⑨ 大,乙本誤“火”。據甲本改。

呼螊蛜。螊音康，蛜音伊。”此古之通語，與晉代之方語，事同而謂異矣。“築娌，匹也”，郭注：“今關西兄弟婦，相呼爲築娌①。”此古之通語，與晉代之通語，謂同而事異矣。郭氏閎通，多識前言，注論異同，楬櫫其槩。陳第《讀詩拙言》曰：“自五明亂華，中原之人入於江左，而河淮南北，閒雜夷言，聲音之變，或自此始。”《顏氏家訓·音辭》亦曰：“南方水土和柔，其音清舉而切詣，失在浮淺，其辭多鄙俗。北方山川深厚，其音沈濁而鈋鈍，得其質直，其辭多古語。然冠冕君子，南方爲優；閭里小人，北方爲愈。易服而與之談，南方士庶數言可辯；隔垣而聽其語，北方朝野終日難分。而南染吳越，北雜夷虜，皆有深弊，不可真論。其謬失輕微者，則南人以錢爲涎，以石爲射，以賤爲羨，以是爲舐；北人以庶爲戍②，以如爲儒，以紫爲姊，以洽爲狎：如此之例，兩失甚多。”予謂魏晉六代，中原雲擾，華夷雜處，江統《徙戎》，深論其慨。語音之所由變，此其一也。懷、愍蒙塵，河洛數千里，污染腥羶，衣冠世族，多入江右。語音之所由變，此其二也。白馬馱經，闍浮宇啟，佛氏之興，肇於東漢。姚秦、劉宋之時，鳩摩羅什、達摩之徒接踵東來，譯述經論，朝野風靡。語音之所由變，此其三也。是時方語見於諸書所引者，如《列子·黃帝篇》注引何承天《纂文》云：“吳人呼瞬目爲眴目。”《初學記》及《太平御覽》引《纂文》云：“梁州以豕爲豬③，河南④謂之彘，漁陽以豬爲豝，齊徐以小豬爲貗。”《太平御覽》引《纂文》云：“秦以鈷鏻爲銼鑹⑤。”宋庠《國語補音》引晉呂忱《字林》云：“楚人名蔆曰芰。鷽，秦名雅。烏鯷，青州人呼鮎鯷⑥。”《埤雅》引《廣志·小學篇》云：“螻蛄，會稽謂之蟷蛄。”《北戶錄》引顏之推《證俗音》云：“南人謂凝牛羊鹿⑦血爲衉。麵䴵，內國呼爲糫餅，亦呼寒具。粰梳，今江南呼曰饊飰。蝘蜓，山東謂之蝀蜆。鰿⑧，吳人呼爲鯽魚也。”又《顏氏家訓·書證》云：“《詩》‘荇菜’，江南俗亦呼爲豬蓴。《爾雅》‘蘵，黃蒢’，

---

① 娌，甲乙本均作“里”。據錢繹《方言箋疏》改。
② 戍，甲乙本均誤“戊”。據《顏氏家訓》改。
③ 豬，甲乙本均作“豨”。茲依《初學記》及《太平御覽》。
④ 南，甲乙本均誤“北”。據《初學記》及《太平御覽》改。
⑤ 鑹，甲乙本均作“鑹”。茲依《太平御覽》。
⑥ 鯷，乙本誤“鯢”。據甲本改。
⑦ 鹿，甲乙本均無。據任大椿《小學鉤沈》（《續修四庫全書》影印清嘉慶丁酉刊本）補。
⑧ 鰿，甲乙本均脫。據任大椿《小學鉤沈》（《續修四庫全書》影印清嘉慶丁酉刊本）補。

今河北謂之龍葵。”及唐顏師古撰《匡謬正俗①》八卷，永徽二年其子符璽郎揚庭表上於朝。其書論及俗語相承之異。通語，如“㿩”下云：“問曰：俗言濕爲㿩，㿩豈濕意乎？答曰：按《說文》‘㿩，骨閒黃汁也’，《字林》‘音丑尼反’。然則㿩是骨閒汁，故呼濕爲㿩，不當爲㿩裂之字。”“猱”下云：“或問曰：今之戎獸皮可爲褥者，古號何獸？何以謂之戎？答曰：按《說文》‘㺅，貪獸也’，李登《聲類》‘音人周反’。字或作猱，戎即猱也。此字既有柔音，俗語變訛，謂之戎耳。猶今之香菜，謂之香戎。今謂猱，別造狨字，蓋穿鑿不經，於義無取。”“欠”下云：“問曰：今人謂物少不充爲欠，義何所取？答曰：《說文》‘歁，食不滿也’，李登《聲類》、呂忱《字林》並音‘口感反’。今爲欠者，本爲歁耳。”“若柯”下云：“問曰：俗謂如許物爲若柯，何也？答曰：若干謂且數也。《禮》云‘始服衣若干尺矣’，《班書》云‘百加若干②’，並是其義。干音訛變，故云若柯也。”“鐷”下云：“問曰：今官曹文案於紙縫上署記，謂之款縫者，何也？答曰：此語言元出魏晉律令，《字林》本作‘鐷，刻也’，古未有紙之時，所有簿領皆用簡牘，其編連之處恐有改動，故於縫上刻記之。承前已來，呼爲鐷縫。今於紙縫上署名，猶取舊語呼爲鐷縫耳。此義與款不同，不當單作款字耳。”“羠”下云：“或問曰：今爲小羊未成，爲旋（音祥戀反）子，何也？答曰：按呂氏《字林》云‘羠音選，未晬羊也’。今言旋者，蓋語訛耳。當言‘羠子’也。”“振”下云：“《說文》‘振，舉救也’。諸史籍所云振給、振貸，其義皆同，盡當爲振字。今之作文書者，以其事涉貨財，輒改振爲賑。按《說文》云③‘富也’，左思《魏都賦》云‘白藏之藏，富有無隄，同賑大內，控引世資’，此則訓不相干，何得輒相混雜？言振給、振貸者，並以其飢饉窮厄，將就困斃，故舉救之，使得存云耳。寧有富事乎？”“差”下云：“或問曰：今官曹文書科發士馬謂之爲差，差者何也？答曰：《詩》云‘既差我馬’，毛傳云‘差，擇也’，蓋謂揀擇取強壯者。今云差科取此義，亦言揀擇取應行役者爾。”方語，如“恫”下云：“今太原俗呼痛而呻吟謂之通喚何？答曰：《爾雅》云‘恫，痛也’，郭景純‘音呻’，恫音通，亦音恫，字或作侗。《周

---

① 匡謬正俗，甲乙本均作“匡俗正謬”，蓋偶筆誤。據影印文淵閣《四庫全書》本《匡謬正俗》改。

② “干”下，甲乙本均多“尺矣”二字，蓋承前文誤衍。據班固《漢書》及顏氏《匡謬正俗》刪。

③ 云，甲乙本均無。據影印文淵閣《四庫全書》本《匡謬正俗》補。

書》云‘恫瘝乃身’,並是[①]其義。今痛而呻者,江南俗謂之呻喚,關中俗謂之呻恫,音同。鄙俗言失恫者,呻聲之急耳。太原俗謂哃喚云通,此亦以痛而呻吟,其義一也。郭景純既有呻哃之音,蓋舊語耳。”“洋”下云:“問曰:今山東俗謂衆爲洋,何也?答曰:按《爾雅》云:‘洋、觀、裒、衆、那,多也。’”“剛扛”下云:“或曰:吳楚之俗謂相對舉物爲剛,有[②]舊語否?答曰:扛,舉也,音江,字或作舡。《史記》云‘項羽力能扛鼎’,張平子《西京賦》云‘烏獲扛鼎’,並是也。彼俗音訛,故謂扛爲剛耳。既不知其義,乃有造掆字者,固爲穿鑿也。”“椎”下云:“問曰:關中俗謂髮落頭禿爲椎,何也?答曰:按《說文》‘鬌,髮墮[③]也’,《字林》、《玉篇》、《唐韻》並‘直垂反’。今俗呼鬌音訛,故爲椎耳。”《四庫全書提要》稱其精密,惟“拘於習俗,不知音有古今,未免千慮之一失”。宋陸佃撰《埤雅》二十卷。佃在神宗朝,以說《詩》有聲,多識鳥獸蟲魚草木之名,閒[④]存代語。如《釋魚》“魴”下云:“一名魾,今之青鯿也。”“鮒”下云:“呂子曰:魚之美者,洞庭之鮒。鮒,小魚也,即今之鯽魚。其魚肉厚而美,性不食釣。《本[⑤]草》所謂‘鯽魚,一名鮒魚,形亦似鯉,色黑而體促,腹大而脊隆,所在池澤皆有之’是也。”“蟾蜍”下云:“《酉陽雜俎》曰‘蝦蟆無腸’,又曰‘蝦蟆聲抱’。今里俗聞其春鳴,謂之聒子。聒子,即段所謂聲抱[⑥]。”“鵻”下云:“今鵓鳩也。壹宿之鳥,壹於所宿之木。”“蝍蛆”下云:“《爾雅》曰‘蒺蔾,蝍蛆’,《廣雅》曰‘即蛆,蜈蚣’。性能制蛇,卒見大蛇,便緣而啖其腦。《莊子》曰‘蝍蛆[⑦]甘帶’是也。今俗謂之百足。”“阜螽”下云:“今謂之蚱蜢,亦跳亦飛,飛不能遠。青色。”“蛾”下云:“今有一種善拂燈火,夜飛,謂之飛蛾。一名慕光。”“蚇蠖”下云:“屈伸蟲也,一名蝍蝛。又呼步屈。”“蕙”下云:“香草也,或謂之薰。香草之類,大率多異名。所謂蘭蓀,蓀今菖[⑧]蒲是也。蕙,今零陵香是也。茝,今白芷是

① 是,乙本誤“見”。據甲本改。
② 有,乙本誤“者”。據甲本改。
③ 墮,乙本誤“隋”。據甲本改。
④ 閒,乙本誤“聞”。據甲本改。
⑤ 本,甲乙本均誤“木”。據《埤雅》改。
⑥ “今里”至“聲抱”十九字,乙本無。據甲本作者手批所補增入。
⑦ “廣雅”至“蝍蛆”二十六字,乙本無。據甲本作者手批所補增入。
⑧ 菖,甲乙本均作“葛”。據《埤雅》改。

也。芸，今七里香①是也。"已上皆通語也。"鰷"下云："鰷魚形狹而長，若條然，故曰鰷也。今江淮之閒謂之鱨魚。""鱮"下云②："鱮似魴而弱鱗，其色白，北土皆呼白鱮。其制字從與。亦或謂鰱也。失水即死，弱魚也。今吳越呼鱅鰱魚，其頭尤大而肥者，徐人謂之鰱，或謂之鱅。""鳲鳩"下云："鳲鳩，秸鞠，一名搏黍。今之布穀。江東呼爲郭公。牝牡飛鳴，以翼相拂③，不自爲巢，居鵲之成巢。""鶌鳩"下云④："鶌鳩，鶻鵃。今江東亦呼鶻鵃。"已上皆方語也。元陶宗儀《輟耕錄》，閒見標舉。如"骨咄犀"條云："蛇角也，其性至毒，而能解毒。蓋以毒攻毒也，故曰蠱毒犀。《唐書》有古都國，必其地所產⑤。今人訛爲骨咄耳。""井珠"條云："人欲娶妻而未得，謂之尋河覓井。已娶而料理家事，謂之擔雪填井。男婚女嫁，財禮奩具，種種不可闕，謂之投河奔井。凡納婢僕，初來時曰擂盤珠，言不撥自動。稍久曰算盤珠，言撥之則動。既久曰佛頂珠，言終曰凝然，雖撥亦不動。"榷之子雲著書，則時代所爲，風斯下矣。又宋元明語錄、詞曲、小說，鬱爾俱作，多存質言，可比而觀，不一一具論。總之方言孳生，厥繇語轉。時易地殊，人事紛遝⑥萬端，或有音而無其字，或有字而失其根，南蠻北伶，古今異形，故秦漢雅言多存閩粵，隋唐舊語猶在江南。載震作《轉語》二十章，（甲本眉批：周兆沅謂：戴氏先撰《轉語二十章敘》，後撰《聲類表》十卷。本爲一書兩題。故表分五類，類分四位，適合二十章之次弟。未及自發凡例。後之編《遺書》者專刻此表，而以《敘》入《文集》，遂謂《轉語》已逸。）其言曰："人之語言萬變，而聲氣之微，有自然之節限。是⑦故六書依聲託事，假借相禪，用之至博，操之至約。五方言⑧及小兒學語未清者，其展展轉謧溷，必各如其位。昔人已作《爾雅》、《方言》、《釋名》，余以爲猶闕一卷書，靭爲是篇，用補其闕。疑於義者，以聲求之；疑於聲者，以義正⑨之。"章炳麟著《新方言》，其例有

---

① 香，甲乙本均作"鄉"。據《埤雅》改。
② "鱮下云"三字，乙本無。據甲本作者手批所補增入。
③ 拂，甲乙本均作"排"。據《埤雅》改。
④ "鶌鳩下云"四字，甲乙本均無。疑刻寫蠟版誤脫。茲依文例補。
⑤ 產，乙本誤"棄"。據甲本改。
⑥ 遝，乙本誤"還"。據甲本改。
⑦ 是，乙本誤"具"。據甲本改。
⑧ 言，《戴東原集》卷四《轉語二十章序》作"之音"。
⑨ 正，甲乙本均作"匹"。據《戴東原集》卷四《轉語二十章序》改。

六："一曰，一字二音，莫知其 ① 正。衣開曰襖，從聲類則音如啟，依多聲則音如叉。物聲曰縮，準唐韻則如茜 ②，隨轉語則聲如糟是也。二曰，一語二字，聲近相亂。謂去曰朅，朅去雙聲，故言朅者猶書去。謂吃（本既之借，依類音訖）曰噎，噎喫疊韻，故言噎者猶書喫是 ③ 也。三曰，就聲爲訓，皮傅失根。據地不起曰賴菱，因 ④ 以聲訓則曰賴詐。受人離蔽曰謾在兆裏，因以聲訓則曰鞔在鼓裏是也。（此例即《釋名》舊法，未爲甚謬。然求其聲義則是，指爲本語則非。如天，顯也。不可直以顯爲天。春，蠢也。不可直以蠢爲春。）四曰，餘音重語，迷誤語根。楬曰楬剌，以剌亡義則蔽楬。紇曰紇怛，以怛亡義則蔽紇。釜曰釜盧，以盧亡義則蔽釜是也。（此例亦昉於古。如焦僥，有僥亡焦。旁皇，有旁無皇。與疊韻連語，純無亡本字者，又各有異。）五曰，音訓互異，淩雜難曉。杕 ⑤ 飯即盛飯，杕卦即貞卦，杕聽即貞聽，言杕同，所爲言杕異。在面曰巴爲輔，在孔曰巴爲魄，在尾曰巴爲把，言巴同，所爲言巴異是也。六曰，總別不同，假借相貿。凡以手斂持通曰叉，以手斂脅則曰侈。凡有所攝受通曰用，以口受食則別曰畗是也。"（甲本眉批：《說文》畗部："畗，用也。從畗從自。自知臭，香所食也。讀若庸。"段注："此與用部'庸'，音義皆同。《玉篇》曰：'畗，今作庸。'《廣韻》曰：'畗者，庸之古文。'香，當作畗。轉寫之誤也。上說從自之意，此說從畗之意。鼻聞所食之香而食之，是曰畗。今俗謂喫爲用是也。"）其言絕善，循例而求，渙然冰釋矣。

《周禮‧秋官》："象胥，掌蠻夷閩貉戎狄之國，使掌傳王之言，而諭說焉。"夫蠻夷猾夏，載於《虞書》。西戎就敘，夏后是表。司馬子長謂匈奴之先曰淳維，唐虞以上有山戎、獫狁、葷粥，居於北蠻，毋文書，以言語爲約束，則九譯以通於中國，其緜來久矣。稽諸載籍，單詞片義，猶見象胥氏之遺義。如《漢書‧匈奴傳》云："單于姓攣鞮氏，其國稱之曰撐犁孤塗單于。匈奴謂天爲撐犁，謂子爲孤塗，單于者廣大之貌也。言其象天單于然也。"（按《史記‧匈奴傳》"單于"下《索隱》引《玄晏春秋》云："士安讀《漢書》，不詳此言。有胡奴在側，言之曰：'此胡所謂天子。'"）又云："匈奴謂賢曰屠耆。"《西域傳》云："岑陬者，官號也。昆莫，王號也。"顏師古《匡謬正俗》："習鑿齒與謝安石書云：'匈奴名妾作閼氏，言可愛

---

① 其，甲乙本均作"誰"。據《新方言》改。
② 茜，甲乙本均誤"茜"。據《新方言》改。
③ 是，甲乙本均無。據《新方言》補。
④ 因，甲乙本均無，疑脫。據《新方言》補。
⑤ 杕，乙本誤"打"。據甲本改。下文四"杕"字倣此。

如烟支也。閼字，於言反。想足下先作此讀書也。'"（按《史記·匈奴傳》索隱："閼氏，舊音曷氏。"引習鑿齒與燕王書云："山下有紅藍，足下先知否？北方人採取其花染緋黃，挼[1]取其上英鮮者作烟支，婦人採[2]將用爲顏色。吾少時再三過見烟支，今日始親紅藍，後當足[3]致其種。匈奴名妻作閼氏，今可音烟支。想足下先亦不作此讀《漢書》也。"與師古所引略異。）按《史記》及《漢書》謂單于正妻曰"閼氏"，猶中國言"皇后"爾，舊讀音"焉氏"。此蓋北翟之言，自有意義，未可得而詳也。若謂色象烟支，便以立稱者，則單于之女，謂之"居次"，復比何物？且閼氏妻號，非妾之名，未知習生何所憑據，自謂解釋。《史記·匈奴傳》"使當戶且居雕渠難"，《索隱》："《漢書》作'且渠'，匈奴官號。樂彥云：當戶、且渠，各自一官，雕渠難爲此官也。"《正義》："雕渠難者，其姓名也。且，子餘反。"《大宛傳》"東南有身毒國"，《索隱》："身音乾，毒音篤。孟康云：即天竺也，所謂浮圖胡也。"按《一切經音義》："《大槃涅槃經》第十六卷：天竺，或言身毒，或言賢豆，皆訛也。正言印度，印度名月，月有千名，斯一稱也。良以彼土，聖賢相繼，開悟群生，照臨如月，因以名也。一說云：賢豆，本名因陀羅婆他那，此云主處，謂天帝也。當以天帝所護，故世久號之耳。"（甲本眉批：按《後漢書杜篤傳》"摧天督"，注："即天竺國也。"）若《說苑·善說篇》："鄂君譯越人歌爲楚語，云：'今夕何夕，搴舟中流。今日何日，得與王[4]子同舟。蒙羞被好兮，不訾詬恥。心幾頑而不絕兮，知得王子。山有木兮木有枝，心說君兮君不知。'"（越語歌曰："濫兮抃[5]草，濫予昌柣[6]。澤予昌州，州鍹州[7]焉乎秦胥胥縵予乎昭澶秦踰滲惿隨河湖。"）《後漢書·西南夷傳》："白狼王[8]唐菆慕化歸義，作詩三章，犍[9]爲郡掾田恭頗曉其言，譯其辭語。《遠夷樂德歌》，詩曰：'大漢是治提官隗搆[10]，與天意合魏冒踰糟。吏譯平端罔譯劉脾，不從我來旁莫支

---

① 挼，甲乙本均作"採"，疑誤。據通行本《史記》改。

② 案中華書局排印本《史記》，依清同治間金陵書局本整理點校，"人"下無"採"字，義似較勝。

③ 足，中華書局點校本《史記》作"爲足下"。

④ 王，甲乙本均誤"主"。據《說苑》改。

⑤ 抃，乙本誤"拆"。據甲本改。

⑥ 柣，甲乙本均誤"抵"。據《說苑》改。

⑦ 州，甲乙本均脫。據《說苑》補。

⑧ 王，甲乙本均誤"主"。據《後漢書》改。

⑨ 犍，乙本脫。據甲本及《後漢書》補。

⑩ 隗搆，甲乙本均作"搆隗"。據《後漢書》改。

留。聞風向化徵衣隨旅，所見奇異知唐桑艾。多賜繒布邪毗綅絺，甘美酒食推潭僕遠。昌樂肉飛拓拒蘇便，屈伸悉備局後仍[1]離。蠻夷貧薄僂讓龍洞[2]，無所報嗣莫支度由。願主長壽陽雒僧麟，子孫昌熾莫穉角存。'《遠夷慕德歌》，詩曰：'蠻夷所處僂讓皮尼，日入之部且交陵悟。慕義向化繩動隨旅，歸日出主路且倲雒。聖德深恩聖德渡諾，與人富厚魏菌度洗。冬多霜雪綜邪流藩，夏多和雨莋邪尋螺。寒溫時適藐潯瀘灕，部人多有菌補邪推。涉危歷險辟危歸險，不遠萬里莫受萬柳[3]。去俗歸德術疊附德，心歸慈毋仍路孳摸。'《遠夷懷德歌》曰：'荒服之外荒服之儀，土地墝角犂[4]籍憐憐。食肉衣皮阻蘇邪犂，不見鹽穀莫[5]碭贏沐。吏譯傳風罔譯傳微，大漢安樂是漢夜拒。攜負歸仁蹤優路仁，觸冒險陜雷折險龍。高山岐峻倫狼藏幢，緣崖磻石扶路側祿。木薄發家息落服淫，有宿到洛理瀝髭雒。父子同賜捕茝菌毗，懷抱匹帛懷稾匹漏。傳告種人傳言呼敕，長願臣僕陵賜臣僕。'" 篇章厘存，史實所貴。自漢明帝遣使天竺，佛教遂興。迄於李唐，經乘梵語，流行中土，先後迻譯，綜爲釋藏。而釋玄應撰《一切經音義》二十五卷，《唐書·藝文志》著錄爲《衆經音義》是也。其書尤爲菁通漢梵之槖鑰。有譯其音者，如《大方廣佛華嚴》第一卷："摩竭提[6]，或云摩竭陀，亦言默偈陀，又作摩伽陀，皆梵音訛轉也。正言摩揭[7]陀，此譯云善勝國，或云無惱害國。一說云：摩加，星名，此言不惡，主十二月。陀者，處也。名爲不惡處國，亦名星處國也。"《大方等大集經》第四卷："迦陵頻伽，經中或作歌羅頻伽，或云加蘭迦，或言羯羅頻迦，或言毗伽，皆梵音訛轉也。迦陵者好，毗伽者聲，名好聲鳥也。"《放光般若經》第二十九卷："波曇，又云波暮，或云波頭摩，或云鉢曇摩。正言鉢特摩，此譯云赤蓮花也。分陀利，此譯云白蓮花也。" 有譯其義者，如《大方廣佛華嚴》第八卷："錠光，即然鐙佛也。諸經中作隄洹竭佛，是梵音。"（按《放光般若經》第九卷："提和竭，或言提和竭羅。此云錠光，亦曰然燈佛是也。"）《大方等大集經》第四卷："命命，梵言耆婆耆婆鳥，此言命命鳥是也。" 有音義糅譯者，如《大方廣佛華嚴》第七卷："八梵，八種梵音

---

① 後仍，乙本誤"仍後"。據甲本及《後漢書》改。
② 洞，乙本誤"侗"。據甲本及《後漢書》改。
③ 柳，甲乙本均誤"里"。據《後漢書》改。
④ 犂，乙本誤"衰"。據甲本及《後漢書》改。
⑤ 莫，甲乙本均誤"黃"。據《後漢書》改。
⑥ 提，甲乙本均作"隄"。據玄應《一切經音義》改。
⑦ 揭，甲乙本均作"隄"。據玄應《一切經音義》改。

者。案《十住斷結經》云:一不男音,二不女音,三不強音,四不奭音,五不清音,六不濁音,七不雄音,八不雌音。"《放光般若經》第十二卷:"梵迦夷天,此言淨身天也。梵,靜也,即初禪梵天也。"又《大般涅槃經》第八卷"文字品"云:字者,文字之總名。梵云羅剎羅,譯言無異。流轉或言無盡,無盡是字。字存紙墨,可得不滅,以譬常住。凡有四十七字爲一切字本,其十四字如言,三十三字如是,合之以成諸字。(按字音十四字:裒阿壹伊塢烏理釐黳藹污奧菴惡。比聲二十五字:迦呿伽恒① 俄舌根聲,遮車闍膳若舌齒聲,吒咃荼咤挐② 上咢聲,多他陀馱那舌頭聲,婆頗婆婆摩脣吻聲。虵邏羅縛奢沙婆呵,此八字超聲。) 即名滿字。滿者善義,以譬常住。半者惡義,以譬煩惱。雖因半字,爲字根本③;得成滿字,乃是正字。凡夫無始,皆由無明;得成常住,乃是真實。故字之爲義,可以譬道。《大涅槃經》,其義如此。其與《華嚴經》字母三十二,以譯衆經者,實爲僧守溫撰"三十六字母圖"之先河④。武進莊炘⑤《序》稱:"玄應所著,實與陸李(按即陸德明《經典釋文》、李善《文選注》)抗行,良足貴矣。其引經,則有三家《詩》,鄭康成《尚書》、《論語》,賈逵、服虔《春秋傳》,李巡、孫炎《爾雅》等注,皆能輔明經學。引字書,則有《倉頡》、《三倉》,衛宏《古文》、葛洪《字苑》、《字林》、《聲類》、服虔《通俗文》、《說文音隱》及漢石經之屬,皆非世所經見。此其所長也。其說字,則以異文爲正,俗書爲古,泥後世之四聲,昧漢人之通借,其識僅與孔穎達、顏師古同科。此其所蔽也。"炎宋中葉,遼金如患,河雒沈淪。蒙古崛起,奄有中夏。諸史所書,音譯夥賾。陶宗儀《輟耕錄》云:"金人姓氏,完顏漢姓曰王,烏古論曰商,乞石烈曰高,徒單曰杜,女奚烈曰郎,兀顏曰朱,蒲察曰李,顏盞曰張,溫迪罕曰溫,石抹曰蕭,奧屯曰曹,孛朮魯曰魯,移剌曰劉,斡勒曰石,納剌曰康,夾谷曰全,裴滿曰麻,尼忙古曰魚,斡准曰趙,阿典曰雷,阿里侃曰何,溫敦曰空,吾魯曰惠,抹顏曰孟,都烈曰強,散答曰駱,呵不哈曰由,烏林答曰蔡,僕散曰林,朮虎曰董,古里甲曰汪。"又云:"姚忠肅公天福,至元十一年拜監察御史,彈擊權臣,無所顧畏。世祖賜名巴而思,國言虎也。"錢

---

① 恒,玄應《一切經音義》作"咺"。
② 挐,乙本誤"挐"。據甲本及玄應《一切經音義》改。
③ 本,甲乙本均無,疑脫。據玄應《一切經音義》補。
④ 河,甲乙本均作"阿",疑形譌。茲依上下文意改。
⑤ 炘,甲乙本均誤"旂"。據莊氏《唐一切經音義序》改。

大昕《十駕齋養新錄》云："元人以本國語命名，或取顏色。如察罕，白也；哈剌，黑也；昔剌，黃也；忽蘭，紅也；孛①羅，青也；闊闊，亦青也。或取數目。如朵兒別者，四也；塔②本者，五也；只兒瓦歹者，六也；朵羅者，七也；乃蠻者，八③也；也④孫者，九也；哈兒班答者，十也；忽陳者⑤，三十也；乃顏者，八十也；明安者，千也；禿滿者，萬也。或取珍寶。如按彈者，金也；速不台者，珠也；納失失者，金錦也；失列門者，銅也；帖木兒者，鐵也。或取形相。如你敦者，眼也；赤斤者，耳也。或取吉祥。如伯顏者，富也；只兒哈郎者，快樂也；阿木勿郎者，安也；賽因者，好也；耶也⑥克者，大⑦也；蔑爾干者，多能也。或取物類。如不花者，牡牛也；不忽者，鹿也；巴而思者，虎也；阿爾⑧思蘭者，獅子也；脫來者，免也；火你者，羊也；昔寶者，鷹也；昂吉兒者，鴛鴦也。或取部族。如蒙古台，如唐兀台，如遜都台，皆爲蒙古部落之名。亦有以畏吾兒⑨語命名者。如也忒迷失者，七十也；阿忒迷失者，六十也：皆爲畏吾兒語。"魏源《元史新篇》，解釋元代諸帝尊號云："太祖曰成吉思，言天賜也。世祖曰薛禪，大賢聰明之謂也。成宗曰完澤篤，言有壽也。武宗曰曲律，言英傑人也。仁宗曰普顏篤，有福之稱也。英宗曰格堅者⑩，明也。明宗曰忽都篤，言再來人也。文宗曰札牙篤者，命也。"清出金源爲建州女真，以蒙古字製十二字頭，合滿洲語，創制滿文。（甲本眉批：《清文十三字頭》一卷，見福建省圖書館善本書目，佚名鈔本。）乾隆四十二年八月上諭有云："我朝肇興時，舊稱滿珠，所屬曰珠申，後改稱滿珠。漢字相沿，譌爲滿州。其實即古蕭慎，爲珠申之轉音。"又云："我朝得姓曰愛新覺羅氏，國語謂金曰愛新。"汪榮寶謂："滿州之義出佛教，本印度語，音近曼珠。翻譯名義曰曼珠，華言妙吉祥也。"日人稻葉君山則謂："滿州者，

---

① 孛，甲乙本均作"索"。據《十駕齋養新錄》卷九《蒙古語》改。
② 塔，甲乙本均作"搭"。據《十駕齋養新錄》卷九《蒙古語》改。
③ "八"下，甲本衍"十"字。據《十駕齋養新錄》卷九《蒙古語》刪。
④ 也，甲本作"耶"。據《十駕齋養新錄》卷九《蒙古語》改。
⑤ "七也"至"忽陳者"二十二字，乙本脫。據甲本及《十駕齋養新錄》卷九《蒙古語》補。
⑥ 也，甲乙本均作"耶"。據《十駕齋養新錄》卷九《蒙古語》改。
⑦ 大，乙本誤"火"。據甲本及《十駕齋養新錄》卷九《蒙古語》改。
⑧ 爾，甲乙本均作"而"。據《十駕齋養新錄》卷九《蒙古語》改。
⑨ 兒，《十駕齋養新錄》卷九《蒙古語》無。茲依甲乙本。下文"兒"字倣此。
⑩ 者，乙本誤"有"。據甲本及《十駕齋養新錄》卷九《蒙古語》改。

其意義爲文殊①之化身。或太祖之舊部也。"予謂二氏之言,不免臆度。究其取義,即乾隆論所云。金世祖居完顔部,其地有白山黑水。本朝肇興東土,山川鍾毓,與大金正同。蓋清之先世,發源於長白山上,有潭曰闥門,鴨綠、混同、愛滹三江之水出焉。產珠,爲世寶重。滿者,善義,見《一切經音義》。禿滿,萬也,則元人語。實取斯恉,毋庸傅會梵書也。自明季歐人東漸,清開海禁,國際來往頻繁。今之外交,又非古之象胥可以槩之,不備論焉。

述學 上

《大戴禮·孔子三朝記》稱:"孔子教魯哀公學《爾雅》。"又《小辨》:"《爾雅》以觀於古,足以辨言。"班固謂:"古文應讀《爾雅》,故解古今語而可知。"漢魏之世,治《爾雅》者凡十餘家。可考見者,犍爲文學注三卷,劉歆注三卷,樊光注六卷,李巡注三卷,孫炎注三卷,五家而已。弘農太守著作郎河東郭璞景純,洽聞強識,纖悉古今,以諸家紛謬,多未詳備,乃綴集異聞,薈萃舊說,考方國之語,采謠俗之志,錯綜樊、孫,博關群言,事有隱滯,援據徵之,作注三卷,爲世所重,而諸家悉廢。（甲本眉批:按《漢學師承記》:余古農蕭客"以郭璞注《爾雅》用舊注而掩其名,謂之'攘善無恥'。乃采注疏及《太平御覽》諸書中犍爲舍人、孫炎、李巡舊注而爲之釋,書未成。先成《注雅別鈔》八卷,專攻陸佃《新義》、《埤雅》及羅願《爾雅翼》之誤,兼及蔡卞《毛詩名物解》。）至宋,翰林侍講學士濟陰邢昺叔明,於真宗朝奉敕作疏。《四庫全書提要》謂:"璞時去漢未遠,如'遂幠大東'稱《詩》,'剄我周王'稱《逸書》,所見尚多古本,故所注多可據。後人雖迭爲補正,然宏綱大旨,終不出其範圍。昺疏亦多能引證,如《尸子·廣澤篇》、《仁意篇》,皆非今人所及睹。其犍爲文學、樊光、李巡之注見於陸氏《釋文》者,雖多所遺漏,然疏家之體,惟明本注,注所未及,不復旁搜,此亦唐以來之通弊,不能獨責於昺。"梁有沈旋（約之子）集衆家之注,陳博士施乾、國子祭酒謝嶠②、舍人顧野

---

① 殊,乙本作"珠"。據甲本改。
② 嶠,乙本誤"喬"。據甲本改。

王並撰音,既是名家,其書皆亡,僅見述於《釋文·敘錄》。宋山陰陸佃師農,亦注《爾雅》,其書不傳。莆田鄭樵漁仲,撰《爾雅注》三卷,無穿鑿附會之失,於說《爾雅》家爲善本。清代樸學鬱興,古訓是式。武進臧鏞堂在東有《爾雅漢注》三卷,甘泉黃奭有《爾雅古義》十二卷,甘泉江藩①子屛有《爾雅小箋》三卷,烏程嚴可均景文有《爾雅一切注音》十卷,餘姚邵晉涵二雲有《爾雅正義》二十卷,休寧戴震東原有《爾雅文字考》十卷,嘉定錢坫獻之有《爾雅古義》二卷、《爾雅釋地四篇注》一卷,棲霞郝懿行恂九有《爾雅義疏》十九卷,歸安嚴元昭九能有《爾雅匡名》十九卷,仁和翟灝晴江有《爾雅補郭》二卷,臨桂龍啟瑞翰臣有《爾雅經注集證》三卷,鹽城陳玉樹惕庵有《爾雅釋例》五卷,寶應劉玉麐有《爾雅補注殘本》一卷,乾隆閒有刻爲《爾雅直音》三卷撰人不詳,程瑤田有《釋宮小記》一卷、《釋草小記》一卷、《釋蟲小記》一卷。或旁索邉搜,或闡明滯②義。而循文順理,張幽鉤玄,郝疏爲優;發爲義例,觀其會通,陳釋彌勝焉③。

漢揚雄撰《方言》十三卷,一曰《輶軒使者絕代語釋別國方言》,晉郭璞注。清休寧戴震撰《疏證》十三卷,依雄書而爲疏通證明。震又作《轉語》二十章,書佚不傳。錢繹撰《方言箋疏》十三卷,錢侗撰《方言義證》六卷未刻。仁和杭世駿④大宗撰《續方言》二卷,《四庫全書提要》稱其書:"采《十三經注疏》、《說文》、《釋名》諸書,以補揚雄《方言》之遺。前後類次,一依《爾雅》。蒐羅古義,頗有裨於訓詁。然亦有遺漏。"且撮錄群籍,不麗今語,無以觀其會通。其後,程際盛有《續方言補正》一卷。近人餘杭章炳麟太炎,能徵漢魏之訓故,通戴君之轉語,略籀今語,得其觕理,撰《新方言》十一卷。其書凡《釋詞》、《釋言》、《釋親屬》、《釋形體》、《釋宮》、《釋器》、《釋天》、《釋地》、《釋植物》、《釋動物》、《音表》十一篇,以今音證古音,參伍考驗。經之對轉迣轉,緯之正紐旁紐,以窮聲轉之原。蓋有誦讀占畢之聲既用唐韻,俗語不違古音⑤者;有通語既用今音,一鄉一州猶不違唐韻

①　藩,乙本誤"潘"。據甲本改。
②　滯,乙本誤"帶"。據甲本改。
③　"大戴禮"至"彌勝焉"一段,與六庵黃壽祺先生《群經要略》卷十"述《爾雅》傳授之源流派別"一節略同,蓋亦包、黃交篤而於學術互爲參取之例。詳《甄類中》校注。
④　駿,乙本誤"酸"。據甲本改。
⑤　音,甲乙本均誤"今"。據章太炎《新方言序》改。

者;有數字同從一聲,唐韻已來一字轉變,餘字則猶在本部,而俗語或從之俱變者:雖日不假給,慮有遺剩,刱始之業,規模已宏。所謂知化窮冥,無得而名者也。

清儒治《說文》之學者至夥。而金壇段玉裁懋堂積數十年之力,以徐鉉校本頗有更易,不若鍇爲不失許氏之舊,顧其中尚有爲後人竄改者、漏落者、失其次者,博稽而復之,作爲長編,悉有佐證,不同肊[①]說,簡練成注[②],尤爲許氏功臣。近人無錫丁福保仲祜,纂《說文解字詁林》一百卷《補遺》十四卷,網羅古今人治許學著述,散隸每字之下,不加評隲,蔚爲大觀焉。

清儒治《釋名》之學者,則有吳縣江聲艮庭,撰《釋名疏證》八卷,《補遺》一卷,《續釋名》一卷。(按即鎮洋畢沅秋帆撰,又有篆字本。《書目答問》則題江聲。)

《廣雅》七卷,魏張揖稚讓撰。後魏江式《論書表》曰:"魏初博士清河張揖,著《埤倉》、《廣雅》、《古今字詁》。究諸《埤》、《廣》,增長事類,抑亦於文爲益者也。然其《字詁》方之許篇,或得或失矣。"今《埤倉》、《字詁》皆佚,而廣雅獨存。其書因《爾雅》篇目,博采漢儒箋注及《三倉》、《說文》諸籍以增廣之,於揚雄《方言》亦備載之。揖《進表》稱凡萬八千一百五十文。隋祕書學士曹憲爲之音釋,避煬帝諱改名《博雅》,故至今二名並稱。言訓詁者,與《爾雅》、《方言》、《釋名》三書而並重焉。清高郵王念孫懷祖撰《疏證》二十三卷,其第十卷則念孫子引之伯申所補,父子殫精竭慮,成一家言。念孫謂:"訓詁之旨,本於聲音。故有聲同字異,聲近義同,雖或類聚群分,實亦同條共貫。因悟斯旨,不限形體,就古音以求古義。觸類引伸,其或揖所誤采,博考以證其失;先儒誤說,斟酌而寤其匪。"蓋念孫藉[③]揖書以抒獨得,實多揖所不及知者矣。

《小爾雅疏》八卷,舊題漢孔鮒撰,晉李軌解,王煦疏。清長州宋翔鳳于庭有《小爾雅訓纂》六卷,涇胡承珙墨莊有《小爾雅義證》十三卷,錢東垣有《小爾雅校證》二卷。

北宋陸佃撰《埤雅》二十卷,內《釋魚》二[④]卷,《釋獸》三卷,《釋

① 肊,乙本脫。據甲本補。
② 注,乙本誤"柱"。據甲本改。
③ 藉,乙本誤"籍"。據甲本改。
④ 二,甲乙本均誤"三"。據《埤雅》改。

鳥》四卷，《釋蟲》二卷，《釋馬》一卷，《釋木》二卷，《釋草》四卷①，《釋天》二卷。佃注《爾雅》，更修此書，易名《埤雅》，言爲《爾雅》之輔也②。其說諸物，大抵略於形狀而詳於名義。尋究偏旁，比附形聲，務求得名之所以然。又推而通貫諸經，曲證旁稽，假物理以明其義。凡所援引，多今未見之書。閒傷駁雜，要不失博奥也。南宋歙羅願存齋，撰《爾雅翼》三十二卷，析草木鳥獸蟲魚六類，精博駕《埤雅》而上之。王應麟《後序》稱其“即物精思，體用相涵，本未靡遺”，殆非溢美。元歙洪焱祖潛夫爲作《音釋》。明宗室朱謀㙔鬱儀撰《駢雅》七卷，依《爾雅》體例，分章訓釋。自《釋詁》、《釋訓》以至蟲魚鳥獸，凡二十篇，務爲詳博，少失氾濫。然奇文僻③字，搜輯良多，擷④其膏腴，不無補於詞章也。清魏茂林爲之《訓纂》。斯竝於《爾雅》之外，別自名家者也。

述學下

經籍總義，則唐吳中陸元朗德明撰《經典釋文》三十卷，所採漢魏六朝音切凡二百三十餘家，兼載諸儒之訓詁⑤，證各本之異同，後來得以考見古義者，注疏以外，惟賴此書之存。清盧文弨作《考證》三十卷。又元和惠棟定宇撰《九經古義》十六卷，始是編所解，凡《周易》、《尚書》、《毛詩》、《周禮》、《儀禮》、《禮記》、《左傳》、《公羊》《穀梁》、《論語》十經，其《左傳》六卷後更名曰《補注》刊版別行，故惟存其九。曰“古義”者，漢儒專門訓詁之學，得以考見於今也。古者漆書竹簡，傳寫爲艱，師弟相傳，多由口授，往往同音異字，輾轉多岐。又六體孳生，形聲漸備，豪釐辨別，後世乃詳，

---

① “《釋草》四卷”四字，甲乙本均無，疑脫。據《埤雅》補。
② 也，乙本誤“杜”。據甲本改。
③ 僻，乙本誤“辭”。據甲本改。
④ 擷，乙本誤“摘”。據甲本改。
⑤ 詁，乙本誤“話”。據甲本改。下文“專門訓詁”之“詁”字倣此。

古人字數無多，多相假借。沿流承襲，遂開通用一門。讀經者不考其源，每以近代之形聲，究古書之義旨，穿鑿附會，多起於斯。故讀古人之書，當先通古人之字，庶明其文句，而義理可以漸求。棟作是書，元元本本，精覈者多。婺源江永慎修撰《五經補義》，考證賅洽，於經文注義，均有發明。長洲余蕭客仲林撰《古①經解鉤沈》三十卷，敘錄先儒義訓，其書尚存者不載，或名存而其說不傳者亦不載，餘則自諸家經解所引，旁及史傳、類書，凡唐以前之舊小說，有片語單詞可考者，悉著其目。雖有人名而無書名，有書名而無人名者，亦皆登載。以傳從經，鉤稽排比。經文同異，皆以北宋精本參校，正明監本之譌闕，捃摭甚備。高郵王氏父子，精於聲音訓詁。念孫撰《讀書雜志》八十卷。嘗詔其子引之曰："字之聲同聲近者，經傳往往假借。學者以聲求義，破其假借之字而讀以②本字，則渙然冰釋。如因假借之字而強爲之解，則詰③籬爲病矣。故毛公《詩傳》多易假借之字，而訓以本字，已開改讀之先。至康成箋《詩》注《禮》，屢云某讀④爲某，而假借之例大明。後人或病康成破字者，不知古字多假借也。"又曰："說經者期得經⑤意而已。前人轉注，不皆合於經則擇其合者從之；其皆不合，則以己意逆經意，而參之他經，證以成訓，雖別爲之說，亦無不可。必專守一家，則爲何劭公之墨守，見伐於康成者矣。"故其治經，比勘諸說，惟求其是。字有假借，則改⑥其讀。蓋熟於漢學門戶，而不囿於其蕃籬也。引之推稟庭訓，成《經義述聞》十五卷，《經傳釋詞》十卷，精博無倫。而《經傳釋詞》之作，尤爲往代所無。夫經傳中實字易釋，虛詞難釋。《顏氏家訓》雖有《音辭篇》，於故訓尠有發明。獨《爾雅》、《說文》解說經傳，詞氣最爲近古。然《說文》惟⑦解方曰諸特造字，未及⑧而雖等假借字。《爾雅》解釋未全，讀者多誤。儀徵阮元芸臺讀其書，謂："恨不能起毛、鄭、孔諸儒，而共證此快論也。"元與念孫友善，引之則出其門，博覽前

---

① 古，乙本誤"五"。據甲本改。
② 讀以，甲乙本均作"論"。據王引之《經義述聞序》改。
③ 詰，甲乙本均作"結"。據王引之《經義述聞序》改。
④ 讀，甲乙本均作"字"。據王引之《經義述聞序》改。
⑤ 經，甲乙本均作"己"。據王引之《經義述聞序》改。
⑥ 改，乙本誤"攺"。據甲本改。
⑦ 惟，乙本誤"推"。據甲本改。
⑧ 未及，乙本脫。據甲本補。

訓，徵引群書，自爲《經籍纂詁》百六十卷。前乎此者，《舊唐志》載天聖太后《字海》一百卷、諸葛穎《桂苑珠叢》一百卷，《新唐志》載顏眞卿《韻海鏡源》三百六十卷，而皆已佚，末繇窺其體製。阮氏此書，可謂集古今詁訓之大成者矣。

諸經注疏，略具《甄類》。其傳授之迹，則史漢《儒林傳》，唐陸德明《經典釋文叙錄》，明朱睦㮮西亭《授經圖》，清秀水朱彝尊竹垞《經義考》詳矣。此屬於經學範圍，非訓詁之所得專也。惟清代學術，遠邁前古，造述宏洽，直挑漢儒。其義疏之書佳者，《易》則安陸李①道平遠山有《周易集解纂疏》二十六卷。（一本作十卷。）《書》則吳縣江聲艮庭有《尚書集注音疏》十二卷，金壇段玉裁懋堂有《古文尚書撰異》三十二卷，陽湖孫星衍淵如有《尚書今古文疏證》三十卷，武進劉逢祿申受有《尚書今古文集解》三十卷。《詩》則崇明陳奐碩甫有《毛詩傳疏》三十卷。《禮》則瑞安孫詒讓仲容有《周禮正義》八十六卷，績溪胡培翬竹村有《儀禮正義》四十卷，孫希旦敬軒②有《禮記集解》六十一③卷。《春秋》則儀徵劉文淇孟瞻有《左傳舊疏考證》八卷，句容陳立卓人有《公羊傳義疏》七十六卷，嘉善鍾文烝朝美有《穀梁補注》二十四卷。又寶應劉寶楠有《論語正義》二十卷，江都焦循里堂有《孟子正義》三十卷，善化皮錫瑞鹿門有《孝經鄭注疏》。餘不一一舉焉。

要籍

孔子曰："溫柔敦厚，《詩》教也。疏通知遠，《書》教也。廣博易良，《樂》教也④。潔靜⑤精微，《易》教也。恭儉莊敬，《禮》教也。屬辭比事，

---

① 李，甲乙本均誤"劉"。據李道平《周易集解纂疏》改。
② "旦敬軒"三字，乙本"旦"誤"且"，"敬軒"二字無。據甲本作者手校改。
③ 一，乙本無。據甲本作者手校補。
④ "廣博"至"教也"七字，甲乙本均脫。據《禮記·經解》補。
⑤ 靜，甲乙本均誤"淨"。據《禮記·經解》改。

《春秋》教也。"凡此六學，王教之典籍，先聖所以明天道，正人倫，致至治之成法，固已牢籠① 天地，至大而莫能外矣。洙泗之間，受業身通者七十有七人。其訓辭深厚，非故訓不明。官私所守，傳注尚矣。至於臚列群言，匯之爲淵海，引之爲梯航，兼綜方雅，作者如林。博覽約取，折衷至當，則傳所謂《詩》無通詁，《易》無通吉，《春秋》無通義，又不可不知。爰舉要籍，具如左方。

《爾雅注疏》十卷，晉郭璞注，宋邢昺疏。清乾隆四年武英殿刻附考證本。同治十年廣州書局覆刻殿本。阮元刻附校勘本。光緒丁亥脈望仙舘石印本。阮本最於學者有益，校勘之字旁有圈，可依檢之。以上皆在《十三經注疏》內。

《爾雅義疏》二十卷，清郝懿行撰。孫郝聯薇校刻足本。沔陽陸氏刻本、學海堂本皆未足。商務印書館國學基本叢書本。

《爾雅正義》二十卷，清邵晉涵撰。原刻重刻通行本。學海堂本。

《爾雅補郭》二卷，清翟灝撰。自刻本。咫進齋本。商務叢書集成本。

《爾雅漢注》二卷，清臧庸輯。問經堂本。咫進齋本。商務叢書集成本。

《爾雅古義》十二卷，清黃奭輯。自刻漢學堂叢書本。

《爾雅小箋》三卷，清江藩撰。鄦齋叢書本。

《爾雅釋義》十卷《釋地以下四篇注》四卷，清錢坫撰。錢氏四種本。

（乙本眉批：錢坫，字獻之，號十蘭，嘉定人。乾隆副貢，知乾州。）

《爾雅補注》一卷，清劉玉麐撰。功順堂叢書本、商務叢書集成本，皆殘本。

《爾雅直音》三卷，不詳撰人。天壤閣叢書本。商務叢集成本。

《爾雅郭注佚存補訂》二十卷，王樹枏撰。陶廬叢刊本。

《爾雅訂經》二十卷，王樹枏撰。

《爾雅說詩》二十卷，王樹枏撰。

《釋宮小記》一卷、《釋草小記》一卷、《釋蟲② 小記》一卷，清程瑤田撰。通藝錄內。學海堂本。

---

① 籠，乙本誤"寵"。據甲本改。
② 蟲，乙本作"魚"。據甲本改。

《釋祀》一卷,清董蠢舟撰。

《釋服》□①卷,清宋翔鳳撰。浮溪精舍本。

《釋骨》一卷,清沈彤撰。果堂集本

《釋繒》一卷,清任大椿撰。燕喜堂本。學海堂本。

《釋舟》一卷,清洪亮吉撰。卷施閣集本。

《方言注》十二卷,漢揚雄撰,晉郭璞注。抱經堂本。聚珍本。福本。小學彙函本。湖北崇文本,以丁傑校者爲善。其《方言》、《釋名》、《小爾雅》、《廣雅》四種,明郎奎金刻"五雅"。漢魏叢書、古今逸史無校注。商務四部叢刊本。叢書集成本。

《方言疏證》十三卷,清戴震撰。戴氏遺書本。

《方言箋疏》十三卷,清錢繹撰。廣雅叢書本

《續方言》二卷。清杭世駿撰。杭氏七種本。藝海珠塵本。

《新方言》十一卷,章炳麟撰。章氏叢書通行本。

《說文解字》十五卷,漢許慎撰,宋徐鉉校定附字。平津館小字本。小學彙函重刻孫本。汲古閣五次剜改大字本。朱校大字本,即毛本。藤花榭額氏刻中字本。廣州刻陳昌治編錄一篆一行本。蘇州浦氏②重刻孫本。商務影印藤花榭本。四部叢刊本。叢書集成本。孫本最善,陳刻最便,商務本易購。

《說文解字段氏注》三十卷《六書音韻表》二卷,清段玉裁撰。原刻本。蘇州重刻本。學海堂本。武昌局本,附段氏《汲古閣說文訂》一卷。商務萬有文庫本。掃葉山房石印本。

《說文句讀》三十卷,清王筠撰。自刻本。商務本。

《說文解字詁林》一百卷《補遺》十四卷,丁福保纂。醫學書局本。

《釋名》八卷,漢劉熙撰。璜川書屋本。小學彙函本。商務四部叢刊本。

《釋名疏證》八卷《補遺》一卷《續釋名》一卷,清畢沅撰。經訓堂篆書、正書兩種本。商務叢書集成本。《書目答問》題江聲撰。

《釋名疏證補》八卷《附》一卷《續》一卷《補遺》一卷,王先謙撰③。

《小爾雅疏》八卷,漢孔鮒撰,晉李軌解,王煦疏。鑿翠山房本。非《漢

---

① □,乙本作"一"。據甲本改,蓋謂卷數未詳。

② 氏,乙本誤"民"。據甲本改。

③ "釋名"至"謙撰"二十一字,乙本無。據甲本作者手校所增補入。

書·藝文志》元書。

《小爾雅訓纂》六卷,清宋翔鳳撰。浮溪精舍本。

《小爾雅義證》十三卷,清胡承珙①撰。墨莊遺書本。

《廣雅》十卷,魏張揖撰,隋曹憲音。高郵王氏刻本。明畢效欽原刻本。小學彙函校本。商務叢書集成本。

《廣雅疏證》十卷,清王念孫撰。家刻本。學海②堂本。明郎氏五雅本。漢魏叢書本。小學彙函。商務叢書集成本。

《廣雅補疏》四卷,王樹枏撰。陶廬叢刊本。

《埤③雅》二十卷,宋陸佃撰。顧棫校刻本。明郎氏五雅本。商務叢書集成本。

《爾雅翼》三十二卷,宋羅願撰,元洪④焱祖音釋。學津本。格致叢書本。

《駢雅》七卷,明朱謀㙔撰。借月山房本。澤古齋本。商務叢書集成本。

《駢雅訓纂》十六卷,清魏茂林撰。通行大字、小字兩種本。借月山房本。

《駢雅分箋》二卷,清程際盛撰。藝海珠塵本。商務叢書集成本。又作《駢雅》。

《比雅》十九卷,清洪亮吉撰。粵雅堂叢書本。商務叢書集成本。

《字詁》一卷,清王生撰。指海本。家刻本。

《通詁》二卷,清李調元撰。函海本。商務叢書集成本。已上訓詁專書之屬。

《經典釋文》三十卷,唐陸德明撰。抱經堂本。武昌局繙本。成都局繙本附《孟子音義》。通志堂本未善。商務四部叢刊。叢書集成本。

《古經解鉤沈》三十卷,清余蕭客輯。原刻本。魯氏重刻本。

《九經古義》十六卷,清惠棟纂。貸園叢書本。省吾堂本。學海堂本。

《經籍籑詁》二百一十六卷附《補遺》,清阮元纂。揚州原刻本。世界書局本洋裝一冊附索引。

《經傳釋詞》七卷,清王引之撰。家刻本。守山閣本。學海堂本。

---

① 珙,乙本誤"琪"。據甲本改。
② 海,乙本誤"校"。據甲本改。
③ 埤,乙本誤"坤"。據甲本改。
④ 洪,乙本誤"費"。據甲本改。

《一切經音義》二十五卷，唐釋玄應撰。莊炘校刻本。海山仙館本。杭州校刻本。商務叢書集成本。已上經籍總義及附錄之屬。

《玉篇》三十卷，梁顧野王撰，唐孫強增字，宋陳彭年等重修。澤存堂本。小學彙函重刻張本。鄧顯鶴重刻張本附札記。曹寅楝亭五種本。又明經廠字本。建德周氏藏元刊本。商務四部叢刊本。

《類篇》四十五卷，宋司馬光等撰。楝亭五種本。姚氏咫進①齋本。

《佩觿》三卷，宋郭忠恕撰。澤存堂本。又單行本。

《字鑑》五卷，元李文仲撰。澤存堂本。

《字林考逸》八卷，清任大椿撰。燕禧堂本。已上字書之屬。

《廣韻》五卷，隋陸法言切韻元本，唐孫愐、宋陳彭年等重修。澤存堂本。鄧顯鶴重刻張本。楝亭五種本。又明經廠大字本。小學彙函重刻張本、明本兩種本。商務影印本。

《集韻》十卷，宋丁度等撰。楝亭五種本。姚氏咫進齊本。

《韻會舉要》三十卷，元黃公紹原本、熊忠刪，注所引有古書。元刻明補本。已上韻書之屬有關訓詁者。

《白虎通》八卷，漢班固撰。抱經堂本附莊述祖《白虎通義考》、《白虎通闕文》及盧文弨《白虎通校勘補遺》。繆氏藝風堂藏大德本作十卷。商務四部叢刊本。叢書集成本。

《五經異義》一卷《補遺》一卷，漢許慎撰，鄭玄駁，清王復輯。問經堂本。藝海珠塵本。

《獨斷》二卷，漢蔡邕撰。抱經堂校本。又百川本。漢魏叢書本。聊城楊氏刻附蔡中郎集本。揚州局刻附疏證。瞿氏鐵琴銅劍樓藏明弘治本。商務四部叢刊本。

《風俗通義》十卷，漢應劭撰。漢魏叢書本。又仿宋單行本。四庫本。有附錄一卷即《姓氏篇》佚文。瞿氏鐵琴銅劍樓藏元大德本。商務四部叢

_____

① 進，乙本誤"尺"。據甲本改。

刊本。

《古今注》三卷，晉崔豹撰，附《中華古今注》三卷，五代馬 [①] 縞撰。古今逸史本。漢魏叢書本。

《匡謬正俗》八卷，唐顏師古撰。雅雨堂本。小學彙函重刻盧本。藝海珠塵本。商務叢書集成本。

《讀書雜志》八十卷，清王念孫撰。家刻本。通行石印本。

《經義述聞》三十二卷，清王引之撰。自刻本。江西刻本。學海堂本。商務國學基本叢書本。

《群經平議》十卷，清俞樾撰。俞氏叢書本。

《諸子平議》三十二卷，清俞樾撰。俞氏叢書本。已上經義札記校勘之屬有關訓詁者。

《辭通》二十四卷，朱起鳳撰。開明書局本。已上一種近人所著詞類詳於通假有關訓詁者。

---

① 馬，甲乙本均誤"高"。據《中華古今注》改。

跋

　　右《訓詁學》,《辨名上》、《辨名下》、《甄類上》、《甄類中》、《甄類下》、《發凡上》、《發凡下》、《沿流上》、《沿流下》、《述學上》、《述學下》、《要籍》凡十二篇,民國三十二年春季爲福建省立師範專科學校文科三年級諸生講稿。初儗爲《發微》一篇,專述清儒治故訓,爲前修所未及者,次於《述學》之後。以參考之籍闕如,有俟補纂。餘篇麤舉綱領,略視門徑。夫訓詁爲治經籍鈐揵,引而伸之以觀於故書雅記之林,是則存乎其人云爾。上杭包樹棠識於南平水南杉興樓。①

---

　　①　案此篇《跋》,又見《笠山文鈔》卷末附錄《前自序》中。

【笠山遺集第七種】

兩漢三國兩晉文學史

包樹棠　遺著

張善文　點校

編校述語

　　嘗讀包先生遺稿《笠山文鈔》之《前自序》,謂有"《兩漢三國兩晉文學史》一卷,民國三十四年春季爲福建省立師範學校文科諸生講稿"。初未見書,疑稿已佚,甚惜焉。公元 2020 年元月,忽獲先生哲嗣定貞君惠示所藏舊油印稿二本,首末均完備,皆先生手自批校,一時中心悦之,頗有恍失而倏得之喜。

　　此二本,蓋即民國三十四年(1945)福建省立師範專科學校油印教材。兩本皆經先生手訂裝册,扉頁皆自題"中國文學史,兩漢至兩晉"十字。其中一本封面梁龍光先生題書名"兩漢三國兩晉文學史",落款"龍光書耑"(簡稱"龍簽本")。梁又名披雲,曾任國立海疆學校校長。另一本封面王磑齋先生署書名,落款"磑齋題簽"(簡稱"磑簽本")。王名錦機,字夢惺,號磑齋,係先生同事摯友。

　　以兩本對勘,油印内容同,作者所作手校、眉批亦大都相同。蓋"龍簽本"先作批校,而"磑簽本"乃逐録前本以成之。其微異者,"龍簽本"二處手校、五處眉批,"磑簽本"無;"磑簽本"二處眉批,"龍簽本"亦無:是則作者後來翻閲時復隨手爲之,未多措意。今所整理,謹以油印本爲底本,循依書中先生兩度手批之舊,兼檢相關古籍以與對核,閒有疑譌,盡力究之辨之,具見頁下校記。是爲茲編校定之始末也。

　　斯歲寒春寂寥,清夜闃永,靜讀先生書,偶有了悟,樂曷以言? 全書循時代先後論次,一曰"兩漢文學",含總論、漢詩(樂府附)、漢賦、漢文四篇;二曰"建安文學(附三國)",含總論、曹氏父子、鄴下七子、古詩爲焦仲卿妻作、正始文學、蜀吴文學六篇;三曰"兩晉文學",含總論、西晉、東晉、附論四篇:凡三部分十四篇。惟先生通博文史,稔熟群經,書中引據舊籍繁富,率皆典雅切當。所發論議,常獨擄己見,無所依傍前賢,尤能誨迪後學。故是書問世,其將裨益於研究我國古代文學者允可期矣。舍妹善華自香港歸家省親,抽暇打字錄入書稿,助我良多,喆此志之。

後學張善文敬識於福建師範大學文學院

公元二零二零年三月

歲次庚子之春

目 錄

兩漢三國兩晉文學史

上杭包樹棠纂

兩漢文學

總　論

漢高帝起匹夫，剷蛇剗義，得天下於馬上，輕士嫚罵。然過魯以太牢祀孔子，延酈食其於上坐，善陸賈之《新語》，用叔孫通以起朝儀。綜厥平生，雖武功爲盛，亦未嘗不知文治也。當其還鄉，置酒沛宮，歌大風，思猛士，忼慨傷懷，泣數行下，其詞壯，其情切。《漢書・禮樂志》稱高祖唐山夫人作《房中樂》，今其辭具在，堂皇雅正，則創業垂統，四百年文學之盛，非偶然也。武帝之世，開獻書之路，建藏書之策，置寫書之官，卓然罷黜百家，表章六經，疇咨海內，舉其儁茂，與之立功。遂興太學，靡然向風，文學彬彬矣。定郊祀之禮，始立樂府。劉勰所謂“總趙代之音，撮齊楚之氣，延年以曼聲協律，司馬①以騷體製歌”者也。帝所爲《秋風辭》、（眉批②：《漢武故事》：“帝行幸河東，祠后土，顧視帝京，忻然中流，與群臣飲燕，自作《秋風辭》。”）《瓠子歌》、《李夫人歌》，哀樂之感，情見乎詞。西京諸王，如楚元王交及子郢客，皆受《詩》於浮邱伯。河閒獻王德，學舉六藝，得古文先秦舊藉《周官》、《尚書》、《禮》、《禮記》、《孟子》、《老子》之屬。山東諸儒，多從而遊。嘗獻雅樂，對三雍宮（眉批：應劭曰：“辟雍、明堂、靈臺也。”）及詔策所問三十餘事，其對

---

①　司馬，《文心雕龍・樂府》作“朱馬”。按朱馬，指朱買臣、司馬相如。

②　原稿天頭間有眉批文字，茲迻錄於所當之處以爲小字夾注，並標“眉批”二字以示之。下倣此。

推道術而言,得事之中,文約指明。梁孝王武、淮南王安,莫不招致賓客。武之門多辭賦之士,安之門多道術者流。是時,郡國亦立學官,文翁化蜀,其尤著者。平帝元始三年,更定其名,郡國曰學,邑侯國曰校,鄉曰庠,聚曰序。新莽篡竊,神器潛移。光武以帝室遺胄,奮起南陽,炎正中興,五銖業復,稟謹厚之姿,受《尚書》之學。(眉批:《東觀記》曰:"光武受《尚書》於中大夫盧江許子威。")大難既芟,遷還洛陽,其經籍祕書,載之二十餘兩。退勳臣,進文吏,弢弓矢,放馬牛。建武五年,營起太學。中元初,建三雍。明帝即位,親行其禮,正坐自講,諸儒執經問難於前,冠帶搢紳之人,圜橋門而觀聽者,蓋億萬計。章帝建初中,大會諸儒於白虎觀,攷詳同異,累月廼罷。其親臨稱制,如石渠故事。(眉批:蕭何造石渠,以庋所得秦圖藉。成帝時,又以藏祕書。)順帝感翟酺之言,更修橫序,凡所造構,二百四十房,千八百五十室。本元初,梁太后詔曰:"大將軍下至六百石,悉遣子就學。"自是游學增盛,至三萬餘生。然章句漸衰,士多以浮華相尚矣。東京郡國之學,若寇恂之守南陽、李忠之守丹陽、衛颯之守桂陽、任延之守武威,皆立學以教生徒。綜觀兩漢,君主王侯,郡國長吏,承秦爐之餘,類能尚學右文,以植其本。上有好者,下必有甚焉①者。故一代制作,訓辭深厚,臻乎雅馴,來者莫能過焉。(已上論兩漢君上之提倡。)

漢接秦敝,干戈搶攘;人失作業,戶鮮蓋藏。自天子不能具醇駟,而將相或至乘牛車。文帝即位,躬修節儉,用賈誼、朝錯之言,開藉田親耕。孝景遵業,婁敕有司,務勸農桑,移風易俗,民以殷厚。武帝之初,七十年間,海宇安堵,非遇旱潦,則民人給家足,都鄙廩庾盡滿,而府庫餘財。京師之錢,累百鉅萬貫,朽而不可校。太倉之粟,陳陳相因,充溢露積於外,腐敗不可食。國富人衍,優游暇豫。於是士得壹意文學,鋪張揚厲,競爲侈麗宏衍之辭。所謂"舒、向金玉淵海,卿、雲黼黻河漢"也。後漢明、章纘緒,危心淵體,賜三老、(眉批:《左氏》昭三年傳"三老陳餒",注:"三老,謂上壽、中壽、下壽。皆②八十已上。"《禮記·雜記》"食三老五更於大學",注:"三老五更,互言之耳,皆老人更知三德五事者。"正義:"三德,正直剛柔;五更,貌言視聽思也。")孝弟、力田有爵,鰥寡孤獨、篤癃貧不能自存者有粟。方之文、

---

① 焉,油印本作"然"。據作者手校改。

② 皆,油印本作"比"。據《左傳正義》改。

景休養生息，可謂同科。湛思已洽，學士鬱興，前有馮衍、杜篤、班固、崔駰，後有張衡、蔡邕，而班、張尤稱傑出，可爲馬、楊之後勁也。（已上論兩漢之休養生息。）

漢初治術，溺於黃老，政尚無爲。蓋自五霸、七雄，干戈相尋，秦一海內，焚書滅學，士氣息矣。楚漢之爭，生靈益蹙。天厭禍亂，民思寧息。道家清淨，其說易乘。《漢書·儒林傳》稱，孝文本好刑名之言，及至孝景不任儒。竇太后又好黃老術，嘗以老子書問齊人轅固，固曰："此家人言耳。"太后怒曰："安得司空城旦書乎？"則時君好尚可知矣。曹參諮治於蓋公，張良受書於黃石，陳平治轅軒、李耳之書，其彰明較著者。若蕭何、趙堯之起刀筆吏，朝錯學申、商刑名於軹，張恢生則道法本同源也。故蕭規曹隨，百姓歌曰："蕭何爲法，講若畫一。"（眉批：按《後漢書·班固傳》注，講作較。）曹參代之，守而勿失。載其清靖，民以寧一。"時相相守，又可知矣。至於司馬談論六家，則又先黃老而後六經，亦已風披草偃，非一朝一夕之故。武帝崇儒，六藝定於一尊。其時竇嬰、田蚡，外戚①繼相，俱好儒術，貶道家言，推轂趙綰爲御史大夫，王臧爲郎中令，迎魯申公。衛綰奏："所舉賢良，或治申、商、韓非、蘇秦、張儀之言，亂國政，皆罷。"董仲舒請興大學，置明師，公孫弘請置博士弟子員。中興諸帝，紹述勿替。今《漢志》，道家《捷子》二篇、《曹羽》二篇、《郎中嬰齊》十二篇，皆自注"武②帝時"。而淮南王安，招致賓客，方術之士數千人，作爲《內書》二十一篇，《外書》甚衆。又有《中篇》八卷，言神仙黃白之術，（張晏曰："黃，黃金；白，白銀也。"《後漢書·桓譚傳》"折方士黃白之術"，注："黃白，謂以藥化成金銀也。"）亦二十餘萬言。《內篇》寔多論道，則初葉思想然也。其後儒學獨盛。四百年閒，消長之跡，可略得而睹矣。（已上論儒道之影響。）

晚周諸子鬱興，多一家之說。炎漢文辭蓊蔚，多篇什之遺。然準蕭統"事出沈思，誼歸藻翰"之言，則兩京尚已。是時，篇章體製大備，信古今文學一大轉戾也。約而述之，西京多創，東京多因。降將《河梁》，五言之始；孝武《柏梁》，七字乃興。馬賦恢閎，視況原爲異軌；遷史奇變，開紀傳之先河。然班書斷代爲史，整練明密。故范曄曰："遷文直而事覈，固文贍而事詳。"是議者咸稱，二子有良史才。至於《兩都》明絢以雅贍，《兩京》迅拔以閎富，是

---

① 戚，油印本誤"威"。據作者手校改。

② 武，油印本誤"漢"。據作者手校改。

皆因中之創。又姚惜抱 ① 言："文誥，漢至文景，意與辭俱美，後世無以逮之。"
光武以降，人主雖有善意，而辭氣何其衰薄，則固時代爲之，無可如何者也。

（已上兩漢文學之犖較。）

漢詩 樂府附

詩之始作，皆可入樂。故古者詩三千餘篇，孔子去其重，得三百五，皆弦
歌之。周轍已東，王靈漸替。詩亡樂崩，屈宋代作。《九歌》以之侑樂，《九
章》以之抒情。詩與樂府，塗軌分矣。故論兩漢之詩，五言寔爲具體，而以樂
府附焉。

漢初製作，猶多四言。唐山夫人《安世房中樂》十七章，《漢書·禮樂
志》畢載其詞。其"大孝備矣"、"七始華始"、"我定歷數"、"王侯秉德"、
"海內有姦"、"都荔遂芳"、"馮馮翼翼"、"磑磑即即"、"嘉薦芳矣"、"皇
皇鴻明"、"浚則師德"、"孔容之常"、"承帝明德"十三章皆四言，僅"安
其所"、"豐草葽"、"靁震震"三章各三言。而"大海蕩蕩水所歸"一章，
七言二句三言四句。《史記·齊悼惠王世家》，朱虛侯章作《耕田歌》曰："深
耕概種，立苗欲疏。非其種者，鉏而去之。"亦爲四言。《漢書·韋賢傳》，其
先韋孟作《諷諫詩》，後去位，徙家於鄒，又作一篇，劉勰所謂"漢初四言，韋
孟首唱，匡諫之義，繼軌周人"（《文心雕龍·明詩》），蕭統所謂"退傅有在鄒之
作"（《文選序》）者也。其後五言遂生，蘇李首倡。故鍾嶸曰："逮漢李陵，始著
五言之目。"（《詩品》）（眉批：《詩品》："漢都尉李陵詩，其源出於楚辭，文多悽愴，怨者之流。陵名
家子，有殊才，生命不諧，聲穨身喪。使陵不遭辛苦，其文何能至此？"）蕭統曰："降將著河梁之
篇。"（《文選序》）蕭子顯曰："少卿離辭，五言才骨，難與爭鶩。"（《南齊書·文學傳》）
而唐張銑則以"骨肉緣枝葉"一 ② 首爲武別從弟昪者，呂向則以"結髮爲夫
婦"一首爲武將使匈奴之時留別妻也，"燭燭晨明月"一首爲贈別友人也。
若"良時不再至"三首，周翰、劉良、張銑皆以爲陵贈武詩（《文選》五臣注）。明
鍾惺則以蘇武詩四首，俱解作別陵。清沈德潛則謂未 ③ 必然，又以"黃鵠一

---

① 惜抱，油印本誤"抱惜"。據作者手校改。
② 一，油印本作"四"。據作者手校改。
③ 謂未，油印本誤"未謂"。據作者手校改。

遠別"、"燭燭晨明月"二首應是贈李作，列"黃鵠一遠別"於 ① "結髮爲夫婦"之後，與《文選》異次（《古詩源》）。見解雖有不同，然皆以爲蘇、李之作。此一說也。其疑之者，劉勰曰："成帝品錄，三百餘篇，朝章國采，亦云周備。而辭人遺翰，莫見五言。所以李陵、班婕妤，見疑於後代也。"（《文心雕龍·明詩》）宋 ② 蘇軾《東坡志林》並言其僞。清梁章鉅《文選旁證》辨之尤詳，其言謂："史載陵與武別，陵起舞作歌'徑萬里兮'五句，此當日真詩也。何嘗有'攜手上河梁'之事乎？即以《河梁》一首言之，其曰'安知非日月，弦望自有時'，此謂離別之後，或尚可冀其會合耳。不思武已南歸，決無再北之理。而陵云'丈夫不能再辱'，亦自知決無還漢之期。此則 ③ '日月弦望'爲虛辭矣。詩中又云'嘉會難再遇，三載爲千秋'，蘇、李二子之留匈奴，皆在天漢初年，其相別則在始元五年。是二子同居者十八九年之久，安得僅云'三載嘉會'乎？《文選》題云'蘇子卿詩四首'，不言與陵別也。"④ 斷以蘇李詩皆魏晉以後擬作，與李陵《答蘇武書》同。此又一說也。予謂二子之詩，固不無可疑者在。"骨肉緣枝葉"，似喻昆弟矣，而其下云"我有一罇酒，欲以贈遠人"，武使匈奴，身在漠北萬里之外，此言出諸武口，"遠人"二字，果誰屬乎？張銑之說不可信也。二子相別，無論在漢在胡，俱與江漢無涉，而詩曰"俯觀江漢流"，爲別之地又不可信也。惟陵作三首，《文選》直題曰"與蘇武詩"，後之說者亦鮮異辭。"三載爲千秋"，固當如呂延濟言"一日如三秋，此積數言之者"是已。梁說未諦也。或以班志《藝文·詩賦》有歌詩二十八家，三百一十四篇，未錄五言爲疑。不知唐山《房中祠樂》及司馬相如等《郊祀歌》十九章見於《禮樂志》，退傅《諷諫》在鄒之詩見於《韋賢傳》，而《藝文志》皆未著錄，則略者又不廑蘇李之作矣。論者又謂，五言不當驟著於漢。是亦昧於源流之說。《詩品》："夏歌曰'鬱陶乎予心'，楚謠曰'名余曰正則'。詩雖未全，然是五言 ⑤ 之濫觴也。"《文心·明詩》："《召南·行露》，始肇半章；《孺子滄浪》，亦有全曲。《暇豫》優歌，（眉批：《國語·晉語》："驪姬通於優

---

① 於，油印本脱。據作者手校補。

② "宋"上，油印本多"唐劉知幾《史通·雜說》"八字。據作者手校刪。

③ 則，油印本誤"爲"。據作者手校改。

④ "史載"至"不言與陵別也"一段，係清梁章鉅《文選旁證》引翁方綱語。此處誤爲梁氏之言。故"其言謂"三字，似宜改作"其引翁方綱言謂"。

⑤ 言，油印本脱。據作者手校補。

施,欲害申生而難里克。優施乃飮里克酒,中飮。優施起舞曰:'暇豫之吾吾,不如烏烏。人皆集於菀,已獨集於枯。'”)遠見春秋;《邪徑》童謠,(眉批:《漢書·五行志》:“成帝時歌謠曰:邪徑敗良田,讒口害善人。桂樹華不實,黃雀巢其顛。故爲人所羨,今爲人所憐。”)近在成世。閱時取證,則五言久矣。”夫復何疑? 要之二子詩,渾然深厚。“誰爲行路人”,“欲以贈遠人”,兩人字複韻。“燕婉及良時”,“莫忘歡樂時”,兩時字複韻。“安知非日月,弦望自有時”,月則可云弦望,日則不可也,此連及之詞耳。皆前人不以拙 ① 爲拂,必非魏晉以後之風尚,與陵《答蘇武書》之藻麗其僞顯而易見者有閒。且後之擬者,如“晨風鳴北林”諸 ② 首,乏和宛之音。江淹 ③ 之擬李都尉,亦自謝不足品藻淵流。故此詩雖不能即定爲二子之辭,然必爲西京之首出。沈德潛謂:“自是漢人古詩,後人摹仿不得,所以爲至。”(《古詩源》)章炳麟亦謂:“蘇李之徒,結髮爲諸吏騎士,未便 ④ 諷誦,詩亦爲天下宗。及陸機、鮑照、江淹之倫,擬以爲式,終莫能至。由是言之,性情之用長,而學問之助薄也。”(《國故論衡·明詩篇》)爰存其論云爾。(已上論蘇李五言古詩)

　　古詩十九首,非一時一人之作。徐陵以“西北有高樓”、“東城高且長”、“行行重行行”、“涉江采芙蓉”、“青青河畔草”、“庭中有奇樹”、“迢迢牽牛星”、“明月何皎皎”八首,列爲枚乘雜詩(《玉台新詠》)。劉勰則謂:“古詩佳麗,或稱枚叔。其《孤竹》一篇,則傅毅之詞。比采而推,兩漢之作乎? 觀其結體散文,直而不野,婉轉附物,怊悵切情,實五言之冠冕也。”(《文心雕龍·明詩》)鍾嶸則謂:“古詩綿 ⑤ 邈,人世難詳。推其文體,固是炎漢之製,非衰周之倡也 ⑥ 。”(《詩品》)(眉批:《詩品》:“古詩其體,源出於國風。”)蕭統《文選》統曰古詩,李善注:“並云古詩,蓋不知作者。或云枚 ⑦ 乘,疑不能明也。詩云‘驅車上東門’,又云‘遊戲宛與洛’,此則辭兼東都,非盡是乘明矣。昭明以失其

----

① 拙,油印本誤“屈”。據作者手校改。

② 諸,油印本作“三”。據作者手校改。

③ 淹,油印本誤“掩”。據作者手校改。

④ 便,《國故論衡》作“更”。

⑤ 綿,鍾嶸《詩品序》作“眇”。

⑥ “推其”至“倡也”十六字,油印本無。據“龍簽”本作者手校增。案,此書今存油印本兩種,一爲梁龍光先生書崇本(簡稱龍簽本),一爲王礄齋先生題簽本(簡稱礄簽本)。書中作者批校,凡兩本相同者,統稱油印本,凡一本獨有而另一本所無者則特稱“龍簽本”或“礄簽本”,以示區別。下做此,不復詳注。

⑦ 枚,油印本誤“梅”。據作者手校改。

姓氏,故編在李陵之上。"按《南史·劉勰傳》,勰"深被昭明太子愛"。則當時二人,既各持一說,不能確定爲誰氏作矣。此詩尚有可知其爲西京作[①]者,如"明月皎夜光"一首,有"玉衡指孟冬"之句,李善注:"《春秋運斗樞》曰,北斗七星,第五曰玉衡。《淮南子》曰,孟秋之月,招搖指申。然上云'促織',下云'秋蟬',明是漢之孟冬,非夏之孟冬矣。《漢書》曰,高祖十月至壩上,故以十月爲歲首。漢之孟冬,今之七月矣。"王士禎《居易錄》引閻若璩亦曰:"此孟冬乃建申之月,指改時而言。下文'秋蟬鳴樹閒',爲明[②]寔候,故以不改者言。"其後何焯亦斷爲太初以前之詩。予謂此詩言物候之參用漢、夏正朔,猶《豳風·七月》之參用周、夏正朔也。不然,或作於太初改曆不久之後,蓋當時雖改夏正,而閭巷之閒,則仍有循用前曆者。猶吾人今日,不能盡脫夏正習慣也。其"孟冬寒氣至,北風何慘慄",則改曆後之作矣。至或謂"盈盈樓上女",盈爲孝惠諱,前漢人所不宜用。按《廣雅》"嬴,容也",《方言》"孋,好也,宋魏之閒[③]謂之孋",是[④]其本字;《說文》"盈,滿器也",是其假字。然則,"盈盈"何諱之有?沈德潛謂:"十九首大率逐臣棄妻朋友,闊絕死生新故之感。中閒或寓言,或顯言,反覆低徊,抑揚不盡,使讀者悲感無端,油然善入,此《國風》之遺也。"又曰:"清和平遠,不必奇闢之思,驚險之句,而漢京諸古詩,皆在其下。五言中方員之至。"其言足以發矣。(已上論古詩十九首。)

　　《西京雜記》:"相如將聘茂陵人女爲妾,卓文君作《白頭吟》以自絕。相如乃止。"未錄其詞。李白詩亦云:"一朝將聘茂陵女,文君因贈白頭吟。"於是宋人始有以"皚如山上雪"當之者。如黃鶴《杜詩注合壁事類》引《西京雜記》,並寔此詩。《詩紀》因之,(眉批:《古詩記》,馮惟訥撰。)《詩刪》選之。(眉批:《詩刪》,李攀龍撰。)不知《宋書》"大曲"有《白頭吟》,作古辭,《樂府詩集》、《太平御覽》亦然。《玉臺新詠》題作"皚如山上雪",非但不作文君,並題亦不作"白頭吟"也(略見馮舒《詩紀匡謬》)。(眉批:馮舒,字已蒼,號默庵,又號癸巳老人。常熟人。)王僧虔《技錄》曰:"《白頭吟行歌》,古'皚如山上雪'篇。"亦

---

① 作,油印本脫。據作者手校補。
② 明,油印本誤"朋"。據作者手校改。
③ "閒"上,油印本衍"嬴"字。據作者手校刪。
④ "是"上,油印本衍"凡"字。據作者手校刪。

未嘗言文君之作。且《西京雜記》,寔梁吳均撰。《酉陽雜俎·語資》:"庾信作詩,用《西京雜記》事。旋自追改,曰:'此吳均語,恐不足用也。'"則其詩之可疑滋甚矣。班婕妤《怨歌行》,《文選》錄之,李善注:"《歌錄》曰:'《怨歌行》,古辭。'然言古者有此曲,而班婕妤擬之。"《玉臺新詠》題作《怨詩》一首,並序云:"昔漢成帝班婕妤失寵,供養於長信宮,乃作賦自傷,并爲《怨詩》。"鍾嶸《詩品》亦曰:"漢婕妤班姬詩,其源出於李陵《團扇》短章,辭旨清捷,怨深文綺,得匹婦之致。侏儒一節,可以知其工矣。"《樂府詩集》並同之。然劉勰《文心·明詩》則曰:"見疑於後代也。"《漢書·外戚傳》亦僅言婕妤"退處東宮,作賦自傷悼",並著其辭,不及《怨詩》。則疑不能明。《玉臺新詠》尚有辛延年之《羽林郎》、宋子侯之《董嬌嬈》、張衡之《同聲詩》、秦嘉之《贈婦詩》、蔡邕之《飲馬長城窟行》,及《後漢書·列女傳》董祀妻蔡琰之《悲憤詩》二章,則皆東都五言矣。(已上雜論五言古詩。)

孝武元封三年,作柏梁臺,詔群臣二千石有能爲七言詩,乃得上坐。其辭曰:"日月星辰①和四時(帝),驂駕駟馬從梁來(梁孝武王),郡國士馬羽林材(大司馬)。總領天下誠難治(丞相石慶),和撫四夷不易哉(大將軍衛青),刀筆之吏臣執之(御史大夫倪寬)。撞鐘伐鼓聲中詩(太常周建德),宗室廣大日益滋(宗正劉安國),周衛交戟禁不時(衛尉路博德)。總領從官柏梁臺(光祿勳徐自爲),平理清讞決嫌疑(廷尉杜周),修飾輿馬待駕來(太僕公孫賀)。郡國吏功差次之(大鴻臚壼充國),乘輿御物主治之(少府王溫舒),陳栗萬石楊以箕(大司農張成)。徼道宮下隨討治(執金吾中尉豹),三輔盜賦天下危(左馮翊盛宣),盜阻南山爲民災(右扶風李成信)。外家公主不可治(京兆尹),椒房率更領其材(詹事陳掌),蠻夷朝賀常舍其(曲屬國)。柱枅樽櫨相支持(大匠),枇杷橘栗②桃李梅(大官令),走狗逐兔張罘罳(上林令)。齧妃女脣甘如飴(郭舍人),迫窘③詰屈幾窮哉(東方朔)。"沈德潛曰:《三秦記》謂《柏梁臺詩》是元封三年作。然梁孝王薨於孝景之世,又光祿勳、大鴻臚、大司農、執金吾、京兆尹、左馮翊,皆武帝太初元年所更名,不應預書於元封之時,其爲後人擬作無疑也。不然,大君之前,郭舍人敢狂蕩無禮,而東方朔以滑稽語爲戲耶?"其言良然。若夫高帝《大風》,孝武《瓠

---

① 辰,油印本誤"晨"。據作者手校改。

② 栗,油印本誤"粟"。據作者手校改。

③ 窘,油印本誤"窮"。據作者手校改。

子》、《秋風》,句中多用兮字,雅近楚人之詞。七言正體,固當以《柏梁》為權輿,亦城南石鼎之先道 ①。篇中三之字,三治字,二哉字,二時字,二材字複韻,漢初創體,多不甚避。少陵《飲中八仙》亦未之忌,體出於此。文選張衡《四愁詩》,則東京之七言也。而《陔餘叢攷》謂:“漢初有《鷄鳴歌》云:‘東方欲明星爛爛,汝南晨鷄登壇喚。曲終漏盡嚴且陳,月沒星稀天下旦。’”然不知姓氏。餘則蔑有聞焉。(已上論七言古詩。)

劉勰曰:“樂府者,聲依永,律和聲也。”又曰:“秦燔《樂經》,漢初紹復。制氏紀其鏗鏘,叔孫定其容與。於是《武德》興乎高祖,《四時》廣於孝文。雖摹《韶》、《夏》,而頗襲秦舊。中和之響 ②,闃其不還。”(《文心雕龍·樂府》)按漢代樂府置官,始見於孝惠二年“樂府令夏侯寬”。武帝乃立樂府,以李延年為協律 ③ 都尉,多舉司馬相如等數十人,造為詩賦,略論律呂,以合八音之調,作《郊祀歌》十九章。楚聲已變,鄭聲以興,街陌謳謠,並世有作。綜而述之,略為六類:曰郊廟歌辭。高祖時,叔孫通因秦樂人制《宗廟歌》,有《嘉至》、《永至》、《登歌》、《休成》、《永安》等篇,其調已亡。唐山夫人作《房中祠樂》,高祖好楚聲,故《房中樂》楚聲也。孝惠時,更名《安世樂》,備其簫管,前已言其略矣。《郊祀歌》十九章,《漢書·禮樂志》具錄其詞:一曰《練時日》,二曰《帝臨》,三曰《青陽》,四曰《朱明》,五曰《西顥》,六曰《玄冥》,七曰《惟泰元》,八曰《天地》,九曰《《日出入》,十曰《天馬》,十一曰《天門》,十二曰《景星》,十三曰《齊房》,十四曰《后皇》,十五曰《華燁燁》,十六曰《五神》,十七曰《朝隴首》,十八曰《象載瑜》,十九曰《赤蛟》。案《天馬》有二首,一元狩三年馬生渥洼水中作,一太初四年誅宛王獲宛馬作,寔二十首也。《景星》一首,亦曰《寶鼎歌》,元鼎四年夏六月得寶鼎后土祠旁作。《齊房》一首,亦曰《靈芝歌》 ④,元封二年夏六月甘泉宮內中 ⑤ 產芝作。《朝隴首》一首,亦曰《白麟歌》,元狩元年冬十月行幸雍獲白麟作。《象載瑜》一首,亦曰《赤雁歌》,太始三年行幸東海獲赤雁作。《宋

---

① “城南石鼎之先道”七字,油印本原作“後人聯句之祖”。據作者手校改。
② 響,油印本作“音”。據《文心雕龍》改。
③ 律,油印本無。據《漢書·禮樂志》補。
④ 靈芝歌,《漢書·武帝紀》作“芝房之歌”。
⑤ 內中,油印本誤“中內”。據作者手校改。

書·樂志》曰:“漢武帝雖頗改造^①新歌,然不以光揚祖考,崇述正德爲事^②,但多詠祭祀,見事及其祥瑞而已,商周《雅》、《頌》之體闕焉。”劉勰亦曰:“《桂華》雜曲,麗而不經;《赤雁》群篇,靡而非典。河閒薦雅而罕御,故汲黯致譏於《天馬》也。至宣帝雅頌,詩效《鹿鳴》,逮及元成,稍廣淫樂。正音乖俗,其難也如此。暨後漢^③郊廟,辭雖^④典文,而律非夔曠。”(《文心雕龍·樂府》)斯則時異三代盛德久衰,宜其去古,日彌遠矣。(已上郊廟歌辭^⑤。)曰燕射歌辭。《樂府詩集》分《燕射歌》爲三種:一曰《燕饗樂》,即漢明帝所謂《黃門鼓吹》,蔡邕所謂《天子享宴》也,其辭及篇目亡。二曰《大射樂》,即漢明帝所謂《雅頌樂》,蔡邕所謂《大射辟雍》也,其辭及篇目亡。三曰《食舉樂》,其辭亡,《宋書·樂志》存其篇目,即《宗廟食舉》、《上陵食舉》、《殿中御飯食舉》、《太樂食舉》也。(已上燕射歌辭。)曰《鼓吹曲辭》。《宋書·樂志》:“《鼓吹》,蓋《短簫鐃歌》。蔡邕曰:軍樂也。黃帝伯岐所作,所以揚德建武,勸士諷敵也。”按即《榪鼓曲》十章。《周禮·大司樂》“王師大獻,則令奏愷樂”,《大司馬》“師有功,則愷歌獻于社”者,皆是也。漢世爲《鼓吹鐃歌》,有《朱鷺》、《思悲翁》、《艾如張》、《上之回》、《翁離》、《戰城南》、《巫山高》、《將進酒》、《君馬黃》、《上陵》、《有所思》、《雉子斑》、《聖人出》、《芳樹》、《上邪》、《臨高臺》、《遠如期》、《石流^⑥》、《務成》、《玄雲》、《黃爵行^⑦》、《釣竿》二十二曲。而《務成》以下四曲亡^⑧,故《古今樂錄》、《宋書·樂志》皆云十八曲。《漢志》不載,沈約以爲詁不可解。清莊述祖、陳沆有校釋。(已上鼓吹曲辭。)曰《橫吹曲辭》。《樂府詩集》:“橫吹曲,其始亦謂之鼓吹,馬上奏之,蓋軍中之樂也。北狄諸國,皆馬上作樂,故自漢以來,北狄樂總歸鼓吹署。其後分爲二部,有簫笳者爲鼓吹,用之朝會、道路,亦以給賜。漢武帝時,南越七部,皆給《鼓吹》是也。有鼓角者爲橫吹,用之

---

① 改造,《宋書·樂志》作“造”。
② 事,《宋書·樂志》作“先”。
③ 漢,油印本脫。據《文心雕龍》補。
④ 雖,油印本誤“雜”。據《文心雕龍》改。
⑤ 已上郊廟歌辭,油印本脫此六字。據作者手校補。
⑥ 流,《樂府詩集》引《古今樂錄》作“留”。
⑦ 黃爵行,《樂府詩集》引《古今樂錄》無“行”字。
⑧ 亡,油印本訛“也”。據《樂府詩集》引《古今樂錄》改。

軍中,馬上所奏者是也。《晉書·樂志》張博望入西域,傳其法於西京,惟得《摩訶兜勒》一曲。李延年因胡曲更造新聲二十八解,乘輿以爲武樂,後漢以給邊將。和帝時,萬人將軍得用之。魏晉以來,二十八解不復具存,用者有《黃鵠》、《隴頭》、《出關》、《入關》、《出塞》、《入塞》、《折楊柳》、《黃覃子》、《赤之①揚》、《望行人》十曲。"今按十曲,其辭後亡。其餘十八曲,篇目亦不傳。後又有《關山月》、《洛陽道》、《長安道》、《梅花落》、《紫騮馬》、《驄馬》、《雨雪》、《劉生》八曲,疑魏晉所加。故郭氏《樂府詩集》有"合成十八曲"之言,其辭亦亡矣。(已上橫吹曲辭。)曰《相和歌辭》。《宋書·樂志》:"《相和》,漢舊曲也。絲竹更相和,執節者歌。"《晉書·樂志》:"凡樂章古辭之存者,並漢世街陌②謳謠,《江南可採蓮》、《烏生十五子》(按《樂府詩集》作烏生八九子)、《白頭吟》之屬。"其後漸被於絃管,即相和諸曲是也。《唐書·音樂》:"平調、清調、瑟調,漢謂之三調。又有楚調、側調,與前三調總謂之相和調。"今按《樂府詩集》分《相和歌》,有相和引、相和曲、吟歎曲、四弦曲、清調曲、瑟調曲、楚調曲、側調曲、大曲之別,篇目繁不備錄。且古辭亡者泰半,多魏晉以後所擬。郭氏又謂:"諸調皆有辭、有聲,而大曲又有艷、有趨、有亂。辭者,其歌詩也。聲者,若羊吾夷、伊那何之類也。艷在曲之前,趨與亂在曲之後。亦猶吳聲西曲,前有和、後有送也。"所謂和聲者,如《相和曲·江南》:"江南可採蓮,蓮葉何田田,魚戲蓮葉間。魚戲蓮葉東,魚戲蓮葉西,魚戲蓮葉南③,魚戲蓮葉北。"此曲前三句一人獨唱,後四句衆人相和也。故梁武帝《采蓮曲》:"游戲五湖采蓮歸,發花田葉芳襲衣,爲君儂歌世所希。世所希,有如玉。江南弄,采蓮曲。"《古今樂錄》曰:"《采蓮曲》和聲云:采蓮渚,窈窕舞佳人。"則前曲後四句之屬和聲,可推而知矣。所謂送聲者,如《子夜》體《楊叛兒》:"歡欲見蓮時,移湖安屋裡。芙蓉繞床生,眠臥抱蓮子。"《古今樂錄》曰"《楊叛兒》送聲云,叛兒教儂,不復相思"是也。按《採蓮曲》及《楊叛兒》,《樂府詩集》入之《清商曲辭·西曲》。然郭氏又云:"《清商樂》,一曰《清樂》,九代之遺聲。其始即相和三調。"故附論於此。(已上相和歌辭。)曰《舞曲歌辭》。《商頌》曰"萬舞有奕",《魯頌》曰

---

① 之,油印本訛"子"。據作者手校改。

② 陌,油印本脫。據作者手校補。

③ 葉南,油印本誤"南葉"。據作者手校改。

"萬舞洋洋"，《詩·簡兮》曰"方將萬舞"，舞之起源古矣。《樂府詩集》：
"周有六舞。自漢以後，樂舞寖盛。故有雅舞，有雜舞。雅舞用之郊廟①，雜
舞用之宴會。漢武帝樂飲，長沙定王起舞是也。"按漢世雅舞，有《武德舞》，
高祖四年作，以象天下樂己行武以除亂也。《四時舞》，孝王所作，以明示天下
之安和也。《雲翹舞》、《育命舞》，光武平隴蜀增廣郊祀高皇帝配食之所用
也。其辭皆亡，其名則見於《漢書·禮樂志》、《宋書·樂志》。雜舞有《公
莫舞》，即後之《巾舞》，相傳鴻門之會，項莊劍舞，項伯以袖隔之，使不得害
高祖，且語莊云"公②莫"。古人相呼公，云莫害漢王也。《宋書·樂志》錄
其辭，不可句讀。《巴瑜舞》，《晉書·樂志》："漢高祖自蜀漢將定三秦閬中，
范因率賨③人以從帝爲前鋒，及定秦中，封因閬中侯，復賨人七姓。其俗喜
舞，高祖樂其猛銳，數觀其舞，後使樂人習之。閬中有渝水，因其所居，故名曰
《巴渝舞》。"古辭亡，今存魏晉以後擬作。《槃舞》，張衡《舞賦》云"歷七
槃而蹤蹑"。古辭亦亡。《鞞舞》，《宋書·樂志》："《鞞舞》未詳所起，然漢
代已施於燕饗矣。傅毅、張衡所賦，皆其事也。"古辭五篇，章帝造，均亡，篇
目見《宋書·樂志》及《古今樂錄》。《鐸舞》，《唐書·音樂》："《鐸舞》漢
曲也。"古辭存，見《宋書·樂志》。《拂舞》，晉樂所奏，共五篇，其五曰《淮
南王》。崔豹《古今注》以爲："淮南小山之所作。淮南服食求仙，遍禮方士，
遂與八公相攜俱去，莫知所往。小山之徒，思戀不已，乃作《淮南王曲》焉。"
《樂府詩集》則謂："古詞云：'淮南王，自言尊。'實言安仙去。"未知孰是，歌
辭存。郭氏又於《雅舞》、《雜舞》之外，附《散樂》焉。《周禮》鄭注："散
樂，野人爲樂之善者，若今之黃門倡。"即《漢書》所謂"黃門名倡丙彊、景
武之屬"是也。《散樂》有《俳歌辭》，一曰《侏儒導》，蓋倡優戲。古辭存，
見《宋書·樂志》。(已上舞曲歌辭。)(已上論樂府。)

漢　賦

　　自孫卿《禮》、《智》，屈子《離騷》，嗣詩人之逸響，競辭賦之新聲。漢

----

①　郊廟，油印本誤"廟郊"。據《樂府詩集》改。
②　云公，油印本誤"公云"。據作者手校改。
③　賨，油印本誤"賓"。據作者手校改。下文"賨"做此。

初士夫①，蔚起有作。緝藻摛文，體物寫志。劉勰所謂："陸賈扣其端，賈誼振其緒。枚、馬同其風，王、揚騁其勢。皋、朔已下，品物畢圖。繁積於宣時，校閱於成世，進御之賦，千有餘首。討其源流，信興楚而盛漢矣。"（《文心雕龍·詮賦》）辭賦已興，著於《略》、《錄》，班志《藝文》，沿襲弗改。凡屈原以下二十家，三百六十一篇；陸賈②以下二十一家，二百七十四篇；孫卿以下二十五家，百三十六篇；《客主賦》以下十二家，二百三十三篇。鉅製鴻章，可謂盛矣。章炳麟曰："漢世自賈生《惜誓》，上接《楚辭》，《鵩鳥》亦方物《卜居》，而相如《大人賦》，自《遠游》流變。枚乘又以《大招》、《招魂》，散爲《七發》。其後漢武帝《悼李夫人》，班婕好《自悼》，外及東方朔、劉向之倫，未有出屈、宋、唐、景之外者也。"又曰："屈原言情，孫卿效物，陸賈賦不可見，其屬有朱建、嚴助、朱買臣諸家，蓋縱橫之變也。雜賦有《隱書》者，傳曰談言微中，亦可以解紛，與縱橫稍有出入。淳于髡諫長夜飲一篇，純爲賦體，優孟諸家顧少耳。"（《國故論衡·明詩篇》）是故孫卿多體物之辭，屈原多發情之作。綜觀漢代詞賦，派出於三閭者多，支分於蘭陵者少也。惟班志已以司馬相如賦二十九篇，列於屈原一類；而揚雄賦十二篇，列於陸賈一類。若以類從，不無可議。夫雄之《羽獵》、《張楊》，則相如《子虛》、《上林》之類也。雄之《劇秦③美新》，則相如《封禪文》之類也。雄之《解嘲》、《解難》，則相如《難蜀父老》之類也。故孝成讀雄《縣竹頌》，則曰："此似相如"。《甘泉》之獻，固楚臣之遺制也。且班書雄傳稱："雄好辭賦，常擬相如以爲式，作書往往摭《離騷》文而反之，自崏山投諸江流以弔屈原，名曰《反騷》。又旁《離騷》作重一篇，名曰《廣騷》。又旁《惜誦》以下至《懷沙》一卷，名曰《畔牢愁》。"是雄之文辭出於屈原，固與相如無不同。何班氏前後矛盾，若是其甚耶？章學誠又謂："京師諸賦，蘇、張縱橫六國，侈陳形勢之遺也。《上林》、《羽獵》，安陵之從田，龍陽之同釣也。（眉批：《說苑》：安陵君纏得寵於楚恭王，江乙謂纏曰："吾聞以財事人者，財盡則交絕。以色事人者，華落則愛衰。子安得長被幸乎？"會王出獵江渚，有火若雲蜺，兕從南方來，正觸王駙，善射者射之，兕死於車下。王謂纏曰："萬歲後，子將誰與樂？"纏泣下沾衣，曰："大王萬歲後，臣將殉。"恭王乃封纏車下三百戶。故江乙善謀，安陵君善知時。龍陽君

---

① "夫"上，油印本衍"大"字。據作者手校刪。
② 陸賈，油印本誤"賈陸"。據作者手校改。
③ 秦，油印本誤"情"。據作者手校改。

釣十餘魚而棄，因泣下。王曰："有所不安乎？"對曰："無。"王曰："然則何爲涕出？"對曰："臣始得魚甚喜。後得益多，而又欲棄前之所得也。今以臣兇惡而得拂枕席，今爵至人君，走人於庭，避人於塗。四海之內，其美人甚多矣，聞臣之得幸於王，畢褰裳而趨王。臣亦向之所得魚也，亦將棄矣。安得無涕出乎？"王乃布令：敢言美人者族。）《客難》、《解嘲》，屈原之《漁父》、《卜居》，莊周之惠施問難也。"章炳麟遂謂："陸賈以下諸賦，蓋縱橫之變。"不知縱橫家雖出於行人之官，孔子所謂"誦《詩》三百，使於四方，不能專對，雖多亦奚以爲"，與詞賦家之受命於詩人者同。然蘇秦、張儀之屬，師事鬼谷，飛鉗揣摩，朝秦莫楚，挾功利之說，易世主之心，其流所極，往而不返。以視屈原之離讒憂國，悃愨終身，好色不淫，怨悱不亂，深於詩教者，未可同年而語。故其比偶徵事，侈麗結體，實貌同心異也。且陸賈稱說《詩》、《書》，其著書二十三篇，班志入之儒家，其口辯亦庶幾孔門言語之科。揚雄好古樂道，以爲經莫大於《易》，作《太玄》；傳莫大於《論語》，作《法言》；史莫善於《倉頡》，作《訓纂》；箴莫善於《虞箴》，作《州箴》；賦莫深於《離騷》，反而廣之；辭莫麗於相如，作四賦：凡其所學，莫不與縱橫異趣。章氏之言，殆未足信。光武誕命，緝熙①廟謨。杜篤以②關中表裡山河，先帝舊京，不宜改營洛邑，乃上奏《論都賦》，辭氣少衰。班固之《兩都》，張衡之《兩京》，實軼乎其上。若夫班彪之《北征》，曹大家之《東征》，王延壽之《魯靈光殿》，所謂並辭賦之英桀也。

賦以問答爲體，其辭多矯設，寔以喻志。蓋賦者古詩之流也，《虞書》曰"詩言志"，此其誼也。屈原《卜居》、《漁父》肇其端，宋玉《高唐》、《神女》及《招魂》帝告巫陽之對，猶其義。其後相如《子虛》、《上林》，揚雄《羽獵》、《長楊》，班固《兩都》，張衡《兩京》，益暢而衍之。而枚乘《七發》，設七事以爲諷諫，假立楚太子、吳客以爲語端，亦其類也。又宋玉對楚王問遺行，雖不用韻，姚惜抱謂其設辭無事寔，皆辭賦之類。若東方朔《答客難》，揚雄《解嘲》，班固《答賓戲》，則皆用韻矣。（龍簽本眉批：荀子賦皆用二人問對之體。客主賦當亦取法於此。）蕭選分體煩碎，多不可從也。

章炳麟曰："賦之道，與故訓相儷，故小學亡而賦不作。"蓋賦道源於《詩》，《詩》紀山川谿谷、禽獸草木、牝牡雌雄。《離騷》、《天問》，詭異譎怪，

---

① 緝熙，油印本作"光緝"。據作者手校改。

② 以，油印本誤"於"。據作者手校改。

往往而有。宋玉《高唐》亦曰："上屬於天，下見於淵，珍怪奇偉，不可稱論。"馬、揚湛深斯學，《漢志》相如有《凡將》一篇，雄有《訓纂》一篇、《倉頡訓纂》一篇，古文奇字，異體所資，叠韻雙聲，相迻相轉。劉勰謂："前漢小學，率多瑋字。非獨制異，乃共曉難也。暨乎後漢，小學轉疏。複文隱訓，臧否大半。"（《文心雕龍·練字》）予以爲白虎談經，班固著通德之論；《長笛》成賦，馬融負博覽之名：經生訓辭，爾雅深厚。及叔重著書，文字遂成專學。魏晉有作，頗異前修。劉氏云云，非爲篤論。兩漢辭賦，具如左方。

莊忌，吳人。與司馬相如俱好辭賦，客遊於梁，梁孝王甚奇重之。《漢書·藝文志》："莊夫子賦二十四篇。"按今存《哀時命》一篇，見《楚辭》。

賈誼，雒陽人。《漢書·藝文志》："賈誼賦七篇。"按今存《弔屈原文》、《鵬鳥賦》二篇，見《漢書》本傳及《文選》；《惜誓》一篇，見《楚辭》。

枚乘，字叔，淮陰人。游梁，梁客皆善屬辭賦，乘尤高。《漢書·藝文志》："枚乘賦九篇。"按今存《七發》一篇，見《文選》。李善曰："《七發》者，說七事以起發太子也。猶《楚辭》有《七諫》。"又《西京雜記》："梁孝王遊於忘憂之舘，集諸名士，各使爲賦。枚乘爲《柳賦》。"並載其辭。又有《兔園賦》，見《古文苑》①。

武帝，名徹。《漢書·藝文志》："上所自造賦二篇。"師古曰："武帝也。"按今存《悼李夫人賦》一篇，見《漢書·外戚傳》。

淮南王劉安，爲《離騷傳》。《漢書·藝文志》："淮南王賦八十二篇。"按今存《屏風賦》一篇，見《藝文類聚②》。

淮南王群臣。《漢書·藝文志》："淮南王群臣賦四十四篇。"按今存小山《招隱士》一篇，見《楚辭》。王逸③序曰："《招隱士》者，淮南小山之所作也。"又按《文選》題劉安作，呂向曰："或稱大山、小山，猶《詩》有大雅、小雅也。"

司馬如，字長卿，蜀郡成都人。少好學。景帝時遊梁，乃著《子虛賦》。梁孝王薨，歸成都。久之，後蜀人楊得意侍武帝，嘗讀《子虛賦》而善之，曰："朕獨不得與此人同時哉！"得意曰："臣邑人司馬相如，自言爲此賦。"上

---

① "見古文苑"四字，油印本無。據作者手校補。

② 聚，油印本誤"纂"。據作者手校改。

③ "逸"下，油印本多一"曰"字，疑衍。據上下文意删。

驚,乃召問相如,相如曰:"有是。然此乃諸侯之事,未足觀。請爲天子遊獵之賦。"上令尚書給筆札,相如以子虛,虛言也,爲楚稱;烏有先生者,烏有此事也,爲齊難;亡是公者,亡是人也,欲明天子之義:故虛藉此三人爲辭,以推天子諸侯之苑囿,其卒章歸之於節儉,因以風諫焉。司馬遷謂其與風詩不異,"雖多虛辭濫說,要爲合德"。揚雄謂:"詩人之賦麗以則,辭人之賦麗以淫。如孔氏之門人用賦也,則賈誼登堂,相如入室矣。如其不用何?"又謂:"靡麗之賦,勸一而風百,猶騁鄭衛之聲,曲終而奏雅也。"《漢書·藝文志》:"司馬相如賦二十九篇。"按今存《子虛賦》、《上林賦》、《哀二世賦》、《大人賦》,又其《難蜀父老》、《封禪文》亦賦類也,並見《漢書》本傳。《文選》又有《長門賦》一篇,呂延濟曰:"陳皇后復得親幸,史傳並無此文,恐敘事之誤。"按《長門賦》序稱"孝武皇帝",相如殁以元狩六年,無緣得稱孝武之謚,其僞可知。《西京雜記》:"司馬相如爲《上林》、《子虛賦》,意思蕭散,不復與外事相關,控引天地,錯綜古今,忽然如睡,煥然而興,幾百日而後成。其友人盛覽,字長通,牂牁名士,嘗問以作賦。相如曰:'合綦①組以成文,列錦繡而爲質,一經一緯,一宮一商,此賦之迹也。賦家之心,苞括宇宙,總覽人物,斯乃得之於內,不可得而傳。'覽乃作《合組歌》、《列錦賦》而退,終身不復敢言作賦之心矣。"其言夸飾,其書亦不足信。又有《美人賦》一篇,《西京雜記》著其目,《古文苑》載其辭,以爲初客梁孝王時所作,託鄒陽以爲興,寔撏襲宋玉之《登徒子好色賦》,其言淫蕩,贋不足辨也。

東方朔,字曼倩,平原厭次人。有《七諫》七篇,見《楚辭》。《答客難》一篇,見《漢書》本傳及《文選》。

司馬遷,字子長,龍門人。《漢書·藝文志》:"司馬遷賦八篇。"按今存《悲士不遇賦》一篇,見《藝文類聚》。

劉向,字子政,本名更生。宣帝時,更生以通達能屬文辭,與王褒、張子僑等並進對,獻賦頌凡數十篇。《漢書·藝文志》:"劉向賦三十三篇。"按今存《九歎》九篇見《楚辭》,《請雨華山賦》一篇見《古文苑》。

王褒,字子淵,蜀人。《漢書·藝文志》:"王褒賦十六篇。"按今存《九懷》九篇,見《楚辭》。《洞簫賦》一篇、《聖主得賢臣頌》一篇,見《文選》。

---

① 綦,油印本誤"纂"。據《西京雜記》改。

揚雄,字子雲,蜀郡成都人。《漢書·藝文志》:"揚雄賦十二篇。"按今存《甘泉賦》、《河東賦》、《羽獵賦》、《長楊賦》、《解嘲》五篇,見《漢書》本傳及《文選》。《反離騷》一篇見本傳,《畔牢愁》、《廣騷》則厪著其篇目。《趙充國頌》、《劇秦美新》二篇,見《文選》。又有《蜀都》、《大玄》、《逐貧》三賦,見《古文苑》。

《漢書·藝文志》著錄之賦,亡者尚有太常蓼侯孔臧賦二十篇,陽丘侯劉隁賦十九篇,吾丘壽王賦十五篇,蔡甲賦一篇,兒寬賦二篇,光祿大夫張子僑賦三篇,陽成侯劉德賦九篇,陸賈賦三篇,(龍籤本眉批:《文心雕龍·才略篇》云:"漢室陸賈,首發 [1] 奇采,賦孟春而選典誥,其辨之富矣。")枚皋賦百二十篇,朱建賦二篇,常侍郎莊忽奇賦十一篇,嚴助賦三十五篇,朱買臣賦三篇,宗正劉辟彊賦八篇,郎中臣嬰齊賦十篇,臣說賦九篇,臣吾賦十八篇,遼東太守蘇季賦一篇,蕭望之賦四篇,河內太守徐明賦三篇,給事黃門侍郎李息賦九篇,淮陽憲王賦二篇 [2],博士弟子杜參賦二篇,車郎張豐賦三篇,驃騎將軍朱宇賦三篇,李思《孝景皇帝頌》十五篇,廣川惠王越賦五篇,長沙王群臣賦三篇,魏內史賦二篇,東晥令延年賦七篇,衛士令李忠賦二篇,張偃賦二篇,賈充賦四篇,張仁賦六篇,秦充賦二篇,李步昌賦二篇,侍郎謝多賦十篇,平陽公主舍人周長孺賦二篇,雒陽錡華賦九篇,睦弘賦一篇,別栩陽賦五篇,臣昌市賦六篇,臣義賦二篇,黃門書者假史王商賦十三篇,侍中徐博賦四篇,黃門書者王廣呂嘉賦五篇,漢中都尉丞華龍賦二篇,左馮翊史路恭賦八篇。《客主賦》以下,無撰人姓氏,不備錄焉。又公孫詭《文鹿賦》,鄒陽《酒賦》、《几賦》,見《西京雜記》。慶虬之《清思賦》,《西京雜記》著其目無其辭。路喬如《鶴賦》,公孫乘《月賦》,中山王《文木賦》,見《西京雜記》及《古文苑》。賈誼《旱雲賦》、《虡賦》,(眉批:《考正記》"梓人爲筍虡",注:"樂器所懸,橫曰筍,植曰虡。")董仲舒《士不遇賦》,班婕妤《擣素賦》,劉歆《遂初賦》、《甘泉宮賦》,見《古文苑》。此前漢辭賦之大略也。

崔篆,涿郡安平人。有《慰志賦》。篆孫駰,(眉批:肅宗嘗語竇憲曰:"公愛班固而忽崔駰,此葉公之好龍也。")有《達旨》見《後漢書》本傳。又有《七依》,本傳

---

① 發,作者眉批作"按"。據《文心雕龍》改。

② "淮陽憲王賦二篇"下,《漢書藝文志》尚有"待詔馮商賦九篇"。似當補入。

著其目。其《友都賦》，今辭不全。

班彪，字叔皮，扶風安陵人。有《北征賦》，見《文選》。李善曰："《流別論》曰，更始時班彪避難涼府，發長安，至安定，作《北征賦》也。"子固，字孟堅。有《兩都賦》、《幽通賦》、《答賓戲》、《典引》，互見《後漢書·敘傳》、《後漢書》本傳、《文選》。《兩都賦》，盛稱洛邑制度之美，以折西賓淫侈之論。范曄謂其"兼麗卿、雲"者也。又有《終南山賦》、《竹扇賦》，見《古文苑》。女昭，字惠姬，同郡曹世叔之妻，博學多才，世叔早卒，有節行法度。和帝數召入宮，令皇后諸貴人師事焉，號曰大家。有《東征賦》，見《文選》。李善曰："《大家集》曰，子穀爲陳留長，大家隨至 ① 官，作《東征賦》。《流別論》曰，發洛至陳留，述所經歷也。"又有《鍼縷賦》，見《古文苑》。

馮衍，字敬通，京兆杜陵人。當世 ② 祖時，衍不得志，退而作賦自厲，命其篇曰《顯志》。《顯志》者，言光明風化之情，昭章玄妙之思也。見《後漢書》本傳。

杜篤，字季雅，京兆杜陵人。有《論都賦》，見《後漢書·文苑傳》。又有《首陽山賦》，見《古文苑》。

傅毅，字武仲，扶風茂陵人。以顯宗求賢不篤，士多隱處，故作《七激》以爲諷。見《後漢書·文苑傳》，辭則未載。又有《舞賦》見《文選》，《琴賦》見《古文苑》。

張衡，字平子，南陽西鄂人。少善屬文。時天下承平日久，自王侯以下，莫不踰侈，乃擬班固《兩都》作《兩京賦》，（眉批：楊泉《物理論》曰："《二京》文章卓然。"）因以諷諫。精思傅會，十年乃成。又有《南都賦 ③》，（眉批：摯虞曰："南陽郡 ④ 治宛，在京之南，故曰南都。"）《應閒》、《七辯》、《思玄賦》，互見《後漢書》本傳及《文選》。又有《髑髏賦》、《冢賦》、《溫泉賦》、《觀舞賦》，見《古文苑》。衡善機巧，致思於天文曆算，研覈陰陽，妙盡璇璣之正，作渾天儀、候風地動儀。有《周天大象賦》，崔瑗稱其"術數窮天地，制作侔造化"者也。

馬融，字季長，扶風茂陵人。才高博洽，爲世通儒。教養諸生，常有千數。

---

① "至"下，油印本衍一"至"字。據作者手校刪。

② 世，油印本誤"始"。據作者手校改。

③ 南都賦，油印本脫。據作者手校補。

④ 郡，眉批作"都"。據《文選》李善注改。

涿郡盧植、北海鄭玄皆其徒也。善鼓琴吹笛，達生任性，不拘儒者之節。有《廣成頌》，見《後漢書》本傳。又有《長笛賦》見《文選》，《圍碁賦》見《古文苑》。

王逸，字叔師，南郡宜城人。著《楚辭章句》行於世。有《九思》，見《楚辭》。又有《機賦》。子延壽，字文考，一字子山。有儁才。遊魯國，作《靈光殿賦》。後蔡邕亦造此賦未成，及見延壽所爲，甚奇之，遂輟翰而已。賦見《文選》。又有《夢賦》、《王孫賦》，見《古文苑》。

蔡邕，字伯喈，陳留圉人。感東方朔《客難》，及揚雄、班固、崔駰之徒，設擬以自通，乃斟酌群言，韙其是而矯其非，作《釋誨》以戒厲。辭見《後漢書》本傳。又有《漢律賦》、《筆賦》、《彈碁賦》、《短人賦》、《協和昏賦》、《琴賦》、《胡栗賦》、《述行賦》，見《古文苑》。

邊讓，字文禮，陳留浚儀人。少辯博能屬文作。作《章華賦》，雖多淫麗之辭，而終之以正，亦如相如之風也，辭見《後漢書·文苑傳》。

《後漢書·文苑傳》尚有王隆著詩賦銘書凡二十六篇，夏恭賦頌詩勵學凡二十篇，黃香著賦箋奏書令凡五篇，李尤著詩賦銘誄頌七歎哀典凡二十八篇，蘇順著賦論誄哀辭雜文凡十六篇，葛龔著文賦碑誄書記凡十二篇，崔琦著賦頌銘誄箴弔論九咨七言凡十五篇，張升著賦誄頌碑書凡六十篇，趙壹著賦頌箴誄書論及雜文十六篇，侯瑾作《應賓難》，禰衡作《鸚鵡賦》。又，《古文苑》有黃香《九宮賦》，李尤《函谷關賦》，崔寔《大赦賦》，張超《誚青衣賦》。此後漢辭之大略也。（以上論漢賦）

漢　文

劉季，一泗水亭長耳，及其入關告父老也，爲義帝發喪告諸侯也，大哉王言，體要斯備。韓信，一淮陰釣徒耳，及其對漢王以還定三秦也，人主下心，辯言有識。其君臣之間，殆所謂天授者與？四海① 已一，文學肇興。雄厚盤辟，胎息周秦。漢初，則二賈、朝錯②，篇什雜集，其首選也。賈山，穎川人。祖

---

① 四海，油印本作“天下”。據作者手校改。

② 錯，油印本誤“雜”。據作者手校改。

祛，故魏王時博士弟子。山受學祛，所言涉獵書記，不能爲醇儒。孝文時言治亂之道，借秦爲諭，名曰《至言》。辭載《漢書》本傳。言辯博麗，有策士之風。《藝文志》儒家著錄"賈山八篇"。賈誼辭賦，已見於前。文帝召誼爲博士，年二十餘，最爲少。每詔諭議下，諸老先生不能言，誼盡爲之對，人人各如其意所出，諸生於是以爲能。文帝說之，超遷，歲中至太中大夫。後出爲長沙王、梁王太傅，文帝數問以得失。是時匈奴彊，侵邊。天下初定，制度疏濶，諸侯王僭儗，地過古制，誼數上疏陳政事，多所欲匡建。疏見《漢書》本傳，其《務農》則見《食貨志》，《過秦論》則見《太史公書》及《文選》。又《藝文志》儒家著錄"賈誼五十八篇"。劉向稱："賈誼言三代與秦治亂之意，其論甚美，通達國體，雖古之伊、管，未能遠過也。"蓋誼之才，尤高漢廷諸臣，其學本於經術誠正修齊治平之教。今其書五十八篇，少有亡佚。陳振孫謂："非《漢書》所有者，輒[①]淺駁不足觀，決非誼本書。"朝錯，穎川人。以文學爲太常掌故。爲人陗直深刻。孝文時，太常遣錯受《尚書》伏生所，還因上書稱說，詔以爲太子舍人門[②]大夫，遷博士。故錯雖治申、商刑名，然文稱堯、禹，務農桑，猶能源本經術。其《兵事》諸篇見於《漢書》本傳，《論貴粟》見於《食貨志》。又《藝文志》法家著錄"朝錯三十一篇"。誼不永年，錯不令終，論者莫不哀之。厥後，鄒陽有《上吳王書》、《獄中上書》。陽，齊人。以文辯著名，則行人之所出，故《漢書·藝文志》縱橫家著錄"鄒陽七篇"。董仲舒有《賢良對策》。仲舒，廣川人。少治《春秋》，孝景時爲博士。下帷講誦，弟子傳以久次相授業，或莫見其面，蓋三年不窺園，其精如此。進退容止，非禮不行，學士皆師尊之。武帝即位，舉賢良文學之士，前後百數，而仲舒以《賢良對策》舉首[③]焉。劉勰稱其："祖述《春秋》，本陰陽之化，究列代之變，煩而不恩者，事理明也。"（《文心雕龍·議對》）仲舒著書，皆明經術之意，上疏條教，凡百二十三篇。而說《春秋》事得失，《聞舉》、《玉杯》、《蕃露》、《清明》、《竹林》之屬復數十篇，見《漢書》本傳。其百二十三篇，《藝文志》儒家並著錄。又春秋家有《公羊董仲舒治獄》十六篇。《四庫全書總目

---

① 輒，油印本誤"輙"。據作者手校改。
② "門"下，油印本多"人"字。據《漢書》刪。
③ 舉首，油印本脫。據作者手校補。

提要·春秋類附錄》稱:"《春秋繁露》十七卷,漢董仲舒撰。繁或作蕃^①,蓋古字相通。其立名之義不解。《中興館閣書目》謂:'繁露,冕之所垂,有聯貫之象。《春秋》比事屬辭,立名或取諸此。'亦以意爲說也。其書發揮《春秋》之旨,多主《公羊》,而往往及陰陽五行。考董仲舒本傳,《蕃露》、《玉杯》、《竹林》乃在此書之中,故《崇文總目》頗疑之,而程大昌攻之尤力。今觀其文,雖未必全出仲舒,然中多根極理要之言,非後人所能依託也。"按仲舒之學,蓋出公羊。劉歆謂其:"遭漢承秦滅學之後,六經離析,下帷發憤,潛心大業,令後學者有所統壹,爲群儒首。"斯篤論矣。若夫東方朔之《非有先生論》,非有者無有也。假立之以仕吳之事,而明君臣之義以諷焉。王褒之《四子講德論》,四子者微斯文學、虛儀夫子、浮游先生、陳丘子,亦假立之以爲論。《文選》雖列於《過秦》之後,要爲論之別體,而近於辭賦者也。褒又有《僮約》,見《古文苑》。突梯滑稽,猶戰國策士之遺,與朔同科。其文有韻,而體實源於《考工記》,韓愈《畫記》亦學之而變焉。劉向父子,浸淫六藝。向受《穀梁》,講論五經於石渠。成帝時,向領校五經祕書,條其篇目,撮其恉意,錄而奏之,以爲別錄。文不盡傳,傳者或偽。今存《戰國策序》一篇,固可頡頏卜商之《詩序》,孔安國之《尚書序》。數上封事,推禀經術。曾國藩謂其文偏於陰柔之美也。《漢書·藝文志》儒家著錄:"劉向所序六十七篇,《新序》、《說苑》、《世說》、《列女傳頌圖》也。"賦三十三篇已見前論。其書今存《新序》十卷,推明古訓,以衷之於道德仁義,在諸子中猶不失爲儒者之言;《說苑》二十卷,其例略如《詩外傳》;《古列女傳》七卷,曹大家注之。子歆,字子駿。成帝時,與父向領校祕書,無所不究。向卒,哀帝復使歆卒父業。歆於是總群書,而奏其《七略》,故有《輯略》、有《六藝略》、有《諸子略》、有《詩賦略》、有《兵書略》、有《術數略》、有《方技略》。《隋書·經籍志》稱:"《別錄》、《七略》,剖析條流,各有其序,推尋事迹。自是以後,不能辨其流別,但記書名而已。"班《志》刪其要以備篇籍,實後世目錄學之祖。初,歆校祕書,見古文《春秋左氏傳》,大好之。嘗從丞相史尹咸及丞相翟方進受,質問大義。《左氏傳》多古字古言,學者訓故而已。及歆治左氏,引傳文以解經,轉相發明,由是章句

義理備焉。向受《穀梁春秋》十餘年，大明習。歆以爲左氏丘明好惡與聖人同，親見夫子，而公羊、穀梁在七十子①後，傳聞之與親見之其詳略不同，歆數以難向，向不能非閒也。及歆親近，欲立《左氏春秋》及《毛詩》、《逸禮》、《古文尚書》皆列於學官。哀帝令歆與五經博士講論其義②，諸博士或不肯置對，歆因移書太常博士責讓之③。劉勰稱其："辭剛而義辯，文移之首也。"（《文心雕龍·檄移》）予謂歆之文有父風，得陰柔④之道者，剛則未然耳。東漢以還，淹雅無愧於古，而風骨⑤少隤矣。然其時今古文並立，經訓盛作。鄭玄之序《詩譜》，許慎之序《說文》，夫惟大雅，矩矱猶存。而殿一代之軍者，其惟蔡邕乎？邕少博學，師事太傅胡廣，好辭章術數天文，妙操音律。校書東觀，以經藉去聖久遠，文字多謬，俗儒穿鑿，疑誤後學，熹平四年乃與五官中郎將堂谿典，光祿大夫楊賜，諫議大夫馬日磾，議郎張馴、韓說，太史令單颺等奏求正定⑥六經文字，靈帝許之。邕乃自書冊於碑，使工鐫刻，立於太學門外。初辟橋玄府，稍遷至郎中。後董卓辟邕遷尚書，及卓被誅，王允收邕付廷尉，遂死獄中，諸儒莫不流涕。北海鄭玄聞而歎曰："漢世之事，誰與正之？"其撰集漢事，未見錄以繼後史。適作《靈記》及十意，又補諸列傳四十二篇，因李催之亂，湮沒多不存。所著詩賦碑誄、銘讚連珠、箴弔論議⑦，《獨斷》、《勸學》、《釋誨》、《敘樂》、《女訓》、《篆勢》，祝文、章表⑧、書記，凡百四篇。按邕文除見於《後漢書》本傳外，今存《蔡中郎集》六卷，其碑文尤勝。劉勰謂："自後漢以來⑨，碑碣雲起，才鋒所斷，莫高蔡邕。觀楊賜之碑，（眉批：摯虞《文章流別》曰："蔡邕爲楊公作碑，其文典正，末世之美者也。"）骨鯁⑩訓典；陳郭二文，詞無擇言；周胡⑪衆碑，莫非清允。"（《文心雕龍·誄碑⑫》）邕亦嘗謂涿郡盧植曰："吾爲碑銘

---

① 子，油印本脫。據作者手校補。
② 義，油印本誤"議"。據作者手校改。
③ "讓之"下，油印本多"見《漢書》本傳"五字。據作者手校刪。
④ 柔，油印本誤"陽"。據作者手校改。
⑤ 骨，油印本脫。據作者手校補。
⑥ 正定，油印本誤"定正"。據作者手校改。
⑦ 論議，油印本誤"議論"。據作者手校改。
⑧ 章表，油印本誤"表章"。據作者手校改。
⑨ 來，油印本誤"末"。據作者手校改。
⑩ 鯁，油印本誤"硬"。據《文心雕龍》改。
⑪ 胡，油印本作"乎"。據《文心雕龍》改。
⑫ "文心雕龍·誄碑"六字，油印本無。據作者手校補。

多矣,皆有慙德,惟郭有道無愧色① 耳。"斯爲實錄云。(已上論篇什雜集之文)

兩漢史傳之文,前有司馬遷,後有班固,可謂輝映一代矣。二家之賦,前略論次,茲復述其史。遷承父談之遺業,爲太史令,紬史記石室金鐀之書,上記黃帝,下至漢武,著十二本紀、十表、八書、三十世家、七十列傳。《漢書‧藝文志》著錄:"《太史公》百三十篇,十篇有錄無書。"張晏注以爲:"遷沒之後,亡《景記》、《武記》、《禮書》、《樂書》、《兵②書》、《漢興以來將相年表》、《日者列傳》、《三王世家》、《龜策列傳》、《傅靳列傳》。元成之間褚先生補闕,作《武帝紀》、《三王世家》、《龜策》、《日者傳》,言辭鄙陋,非遷本意也。"顏師古謂:"序目本無《兵書》,張說非也。"劉奉世則謂《兵書》即《律書》。劉知幾又謂十篇未成,有錄而已。《四庫提要》取知幾之說,以今《日者》、《龜策》二傳,並有"太史公曰",又有"褚先生曰",是爲補綴殘稿之明證。又以《漢志》春秋家載《史記》百三十篇不云有闕。按乾隆四年校刊本,明注十篇有錄無書,豈當時所據之本不同耶?少孫生當元成,去遷猶近,或及見史之闕文而補綴耳。又有爲後人所增者,如《司馬相如傳》贊中有"揚雄以爲靡麗之賦,勸百而諷一"之語,《公孫弘傳》中有"平帝元始中詔賜弘子孫爵"語之類是也。遷歿後,其書稍出。宣帝時,遷外孫平通侯楊惲祖述其書,遂宣布焉。班固謂其:"采經摭傳,分散數家之事,甚多疏略,或有抵梧。亦其涉獵者廣博,貫穿經傳,馳騁古今,上下數千年閒,斯以勤矣。又其是非頗繆於聖人。論大道,則先黃老而後六經;序游俠,則退處士而進姦雄;述貨殖,則崇勢利而羞貧賤:此其所蔽也。然自劉向、揚雄博極群書,皆稱遷有良史之材,服其善序事理,辨而不華,質而不俚,其文直其事核,不虛美不隱善,故謂之寔錄。"劉知幾謂其:"同爲一事,斷續相離,編次相類,不求年月。"(《史通‧二體》)皇后傳標題外戚(《題目》)(眉批:《晉書‧華嶠傳》:"嶠以皇后配天,前史作《外戚傳》以繼末編,非其義也。故易爲《皇后紀》。"其後范書祖述之。知幾說本此。)、龜策傳以物並入(《編次》)、項羽列爲本紀(《本紀》《列傳》)、陳涉列爲世家(《世家》)、傅管晏不取本書,論魏亡乃委天命(《史記》)爲非然。又謂"史有才學識三長,遷寔兼之"。其言各存褒貶。予觀遷從孔安國問故,董仲舒受《春秋》,紹先

① 色,油印本無,疑脫。據《後漢書‧郭泰傳》補。
② 兵,《史記太史公自序》裴駰《集解》引張晏說作"律"。

人之志而明之，正《易傳》繼《春秋》，本《詩》、《書》、《禮》、《樂》之際會，《左氏》、《國語》、《世本》、《戰國策》、《楚漢春秋》爲書。而南浮江淮，上會稽，探禹穴，窺九疑，浮沅湘，北涉汶泗，講業齊魯之都，觀夫子遺風，鄉射鄒嶧，阸困蕃、薛、彭城，過梁楚以歸。仕爲郎中，奉使西征巴蜀以南，略邛笮、昆明。遊跡所至，南朔萬里。故其文浩博淵深，瑰奇偉麗。遷與相如並稱兩司馬，爲炎漢文章魁傑，子雲、孟堅皆不及也。

　　司馬遷著《史記》，自太初以後，闕而不錄。後好事者若揚雄、劉歆、陽城衡、褚少孫、史孝山之徒，頗或綴集時事，相次撰續。建武中，班彪以諸續者多鄙俗，不足以踵繼其書，又雄、歆褒美偽新，誤後惑衆，不當垂示來茲，乃採前史遺事，傍貫異聞，作後傳六十五篇。彪卒，其子固以彪所續前史未詳，乃潛精研思，欲就其業。既而有人上書顯宗，告固私改作國史者，有詔下郡收固，繫京兆獄。弟超馳詣闕上書，得召見，具言固所述意。顯宗甚奇之，召詣校書部，除蘭臺令史，遷爲郎，典校祕書。固遂綴集所聞，以爲《漢書》。礦簽本眉批：楊泉《物理論》：“班固《漢書》，因父得成，遂沒不言彪。殊異馬遷也。”（《意林》）起元高祖，終於孝平王莽之誅，綜其行事，上下洽通，爲春秋考紀、表、志、傳凡百篇。其八表及《天文志》未竟，會固坐竇氏敗，卒洛陽獄。和帝詔固女弟昭，就東觀藏書踵成之。（按劉知幾《史通》謂：“其八表及《天文志》等猶未克成，多是待詔東觀馬續所作。”《四庫提要》未取其說。）《南史·劉之遴傳》云：“鄱陽嗣王範得班固所撰《漢書》真本，之遴錄其異狀數十事。”語皆謬妄，篇次亦亂雜，《四庫提要》駁之。固書歷代寶傳無闕，其所記述，與《史記》互有異同得失。礦簽本眉批：楊泉《物理論》又曰：“吾觀班固《漢書》，論國體則飾主闕而抑忠臣，敘世教則貴取容而賤直節，述時務則謹辭章而略事實，非良史也。”（《意林》）劉勰謂：“班固述漢，因循前業，觀司馬遷之辭，思實過半。其十志該富，讚序弘麗，儒雅彬彬，信有遺味。至於宗經矩聖之典，端緒豐贍之功，遺親攘美之罪，徵賄鬻筆之愆，公理辨之究矣。”（《文心雕龍·史傳》）劉知幾謂：“固分遷史，判其去取。紀傳所存，惟留漢目①。表志所錄，乃盡犧年。”（《史通·斷限》）“天文已無漢事。”（《書志》）“遷傳竟字忘書。”（《諸漢史》）“《古今人表》乃先伯牛而後曾參，進仲弓而退冉有。”（《品藻》）按彥和論存大

---

　　①　目，清浦起龍《史通通釋》作“日”。並云：“或作目。非。”

略,子玄一言得閒。然子玄之述六家,亦曰:"《漢書》者,究西都①之首②末,窮劉氏之廢興,包舉一代,撰成一書,言皆精練,事甚晐密。自古迄今,無改斯道。考茲六家,商榷千載,所可祖述,惟《左氏》、《漢書》二家而已。"其所以推服之者至矣。若夫評騭二書之優劣,鄭樵議《史記》博雅不足,詆《漢書》專事剽竊,斯則過甚。惟章學誠言"遷書體圓用神,多得《尚書》之遺;班氏體方用智,多得《官禮》之意"(《文史通義·書教下》),猶得平情之論也。

《史記》之前,尚有《楚漢春秋》,爲遷所取材。《漢志》著錄其書"九篇,陸賈所記"。唐張守節撰《史記正義》,猶及引之,今佚不可考。《史記》之後,尚有馮商所續《太史公》七篇,《太古以來年紀》二篇,《漢著記》百九十卷,《漢大年紀》五篇,《漢志》皆著錄之,亦亡。東都則有《漢記》三十卷,荀悅撰。悅字仲豫,潁陰人。獻帝時官祕書監侍中,《後漢書》附見其祖荀淑傳③。獻帝好典籍,常以班固《漢書》文繁難省,乃令悅依《左氏傳》體,以爲《漢記》三十篇,辭約事詳,論辨多美。(龍簽本眉批:《貞觀政要·納諫第五》:貞觀三年,李大亮爲涼州都督,太宗賜以荀悅《漢紀》一部。謂:"此書敘致簡要,論議深博,極爲政之體,盡君臣之義。")劉知幾《史通》六家,以悅書爲《左傳》家之首,斯則編年之體也。《東觀漢記》二十四卷,據《隋書·經籍志》稱"長水校尉劉珍等撰"。《四庫提要》駁之,謂"范書珍未嘗爲長水校尉,且此書創始在明帝時,不可題珍等居首",其論甚確。《吳越春秋》十卷,趙曄撰。曄字長君,會稽山陰人。《後漢書·儒林傳》稱:"曄到犍爲資中,詣杜撫受《韓詩》,究竟其術。著《吳越春秋》。"《四庫提要》著錄是書,謂"隋唐《經籍志》皆云十二卷,今存者十卷,殆非全書"。凡此三種,皆見存之籍也。(已上論史傳之文。)

漢接先秦,諸子學術,餘風猶在,各推所長,窮知竟慮,明其指歸。文景之閒,君臣溺於黃、老,述作無聞。《漢志》道家,著錄捷子、曹羽、嬰齊,皆當孝武之世,篇章泯滅,廑存姓氏。茲編所述,取其著者存者。前漢陸賈,有《新語》。《漢書》本傳稱賈"著《新語》十二篇",《藝文志》儒家著錄"陸賈二十三篇"。(按《四庫提要》作二十七篇。今據乾隆四年校刊本。)《四庫提要》以爲:"蓋原兼他所論述計之。其書二卷,與《隋志》合,篇數與本傳合。大旨皆崇

---

① 都,油印本誤"書"。據作者手校改。
② 首,油印本誤"本"。據作者手校改。
③ "傳"下,油印本多"稱"字。據作者手校刪。

王道，黜霸術，歸本於修身用人。其稱引《老子》者，惟《思務篇》引‘上德不德’一語。餘皆以孔氏爲宗，所援據多《春秋》、《論語》之文。漢儒自董仲舒外，未有如是之醇正也。”劉安，有《淮南子》。《漢志》雜家，著錄“《淮南內》二十一篇，《淮南外》三十三篇”。顏師古注：“內篇論道，外篇雜說。”《四庫提要》以爲“二十一篇，蓋內篇也”。高誘序稱：“此書大較，歸之於道，號曰鴻烈。”揚雄謂：“其文一出一入，字字百金。”高似孫又謂：“《淮南》之奇出於《離騷》，其放得於莊列，議論錯於不韋之流，精好者又如《玉杯》、《繁露》之書。”予觀《淮南》一書，大旨要以道爲歸，而卒入雜家者，蓋安好書，招致賓客方術之士，如蘇飛、李尚、左吳、田由、雷被、毛被、伍被、晉昌世號八公，又諸儒大山、小山之徒，共講論道德，總統仁義，所爲不出一手，與呂氏使其客人人著所聞，集論以爲者同。然其文辭之博麗過之，信兩漢諸子之冠冕也。恒寬，有《鹽鐵論》。《漢志》儒家著錄“恒寬《鹽鐵論》六十篇”，師古注：“寬字次公，汝南人也。孝昭帝時，丞相御史與諸賢良文學論鹽鐵事，寬撰次之。”今其書十二卷，凡六十篇。大旨所論，皆食貨之事，而言皆述先王，稱六經，蓋粹然儒者之言也。揚雄，有《太玄》、《法言》。《漢志》儒家著錄“揚雄所序三十八篇”，班氏自注曰：“《太玄》十九，《法言》十三，《樂》四，《箴》二。”本傳則稱：“《太玄》三方九州、二十七部、八十一家、二百四十三表、七百二十九贊，分爲三，曰一二三。與太初歷相應。”又稱：“有首、衝、錯、測、攡、瑩、數、文、掜。圖、告十一篇，皆以解剥玄體，離散其文，章句尚不存焉。”桓譚《新論》則稱：“《太玄經》三篇，傳十二篇。”《四庫提要》著錄其書十卷，篇名篇數，悉與本傳合。並疑《漢志》所云十九篇，乃合其章句言之，今章句已佚，故篇數有異。至恒譚《新論》則世無傳本，惟諸書遞相援引，或譌十一爲十二耳。入之子部術數類，與《漢志》異。本傳又稱：“雄見諸子各以其知舛馳，雖小辯，終破大道。故人時有問雄者，常用法應之，譔以爲十三卷，象《論語》，號曰《法言》。具列其目，曰《學行》第一，《吾子》第二，《修身》第三，《問道》第四，《問神》第五，《問明》第六，《寡見》第七，《五百》第八，《先知》第九，《重黎》第十，《淵騫》第十一，《君子》第十二，《孝至》第十三。”今其書凡十卷，《四庫提要》子部儒家著錄。鉅鹿侯芭，常從雄受其《太玄》、《法言》。劉歆亦嘗觀之，謂雄曰：“空自苦,今學者有利祿,然尚不能明《易》,又如《玄》何? 吾^①恐後人用覆醬瓿也。"雄死,大司空王邑納言嚴尤,謂桓譚曰:"子常稱揚雄書,豈能傳於後世乎?"譚曰:"必傳。顧君與譚不及見也。"張衡好《玄經》,亦謂崔瑗曰:"吾觀《太玄》,方知子雲妙極道數,乃與五經相擬,非徒傳記之屬,使人難論陰陽之事,漢家得天下二百歲之書也。復二百歲,殆將終乎? 所以作者之數,必一世常然之符也。漢世四百歲,《玄》其興矣。"班固亦曰:"子雲之書,文義至深,而論不詭於聖人。若使遭遇時君,更閱賢知,爲所稱善,則必度越諸子矣。"自宋程子始謂其"曼衍而無斷,優柔而不決"。蘇軾謂其"以艱深之辭,文淺易之說"。朱子作《通鑑綱目》,書"莽大夫揚雄死"。大抵惡其人品,並輕其書。若北宋以前,論者固以爲孟荀之亞矣。後漢王充,有《論衡》。充字仲任,會稽上虞人。師事扶風班彪,博通衆流百家之言,好議論,始若詭異,終有理寔。以爲俗儒守文,多失其真,乃閉門潛思,絕慶弔之禮,戶牖牆壁,各置刀筆,著《論衡》八十五篇,二十五萬言。《後漢書》有傳。今考其書三十卷,篇^②數與傳合,惟第四十四《招致篇》有錄無書。其《自紀》曰:"書雖文重,所論百種。案古太公望、近董仲舒,傳作書篇百有餘,吾書亦纔出百,而云太多。"觀此,則八十五篇,固非其舊矣。《四庫提要》入之子部雜家類,稱:"充書大旨,詳於《自紀》一篇。蓋內傷時命之坎坷,外疾世俗之虛偽,故發憤著書,其言多激。然訂譌砭俗,中理者多,亦殊有裨於風教。"又謂:"其文反覆詰難,頗傷詞費。高似孫《子略》曰:袁崧《後漢書》載充作《論衡》,中土未有傳者。蔡邕入吳始見之,以爲談助。談助之言,可以了此書矣。"（龍簽本眉批:閻光表曰:"《論衡》,上而天文,下而地理,中而人類,旁至動植,幽至鬼神,莫不窮纖極微,抉奧剔隱,筆瀧漉而言溶溜。如千葉寶蓮,層層開敷而各有妙趣。如萬疊鯨浪,滾滾翻湧而遞嬗奇形。有子長之縱橫而去其誦,有晉人之娟倩而紬其虛,有唐人之華整而芟其排,有宋人之名理而削其腐。"）王符,有《潛夫論》。符字節信,安定臨涇人。少好學,有志操。與馬融、竇章、張衡、崔瑗等友善。和安之後,世務游宦,當塗者更相薦引,而符獨耿介,不同於俗。以此遂不得升進,志意蘊憤,乃隱居著書三十餘篇,以譏當時失得,不欲章顯其名,故號曰《潛夫論》。《後漢書》有傳。今考其書十

---

① 吾,油印本誤"後"。據作者手校改。

② 篇,油印本作"編",疑誤。據上下文意改。

卷,凡三十六篇。《讚學篇》,論勵勤修之旨;《卜列》、《相列》、《夢列》三篇,雜論方技;《五德志篇》,述帝王之世次;《志氏姓篇》,考譜牒之源流:則不盡指陳時政矣。《四庫提要》子部儒家著錄,稱:"范氏以符與王充、仲長統同傳,韓愈因作《後漢三賢贊》。今以三家之書相較,符書洞悉政體似《昌言》,而明切過之;辨別是非似《論衡》,而醇正過之。"斯言允矣。仲長統,有《昌言》。統字公理,山陽高平人。少好學,博涉書記,贍於文辭。以爲凡遊帝王者,欲以立身揚名耳,而不常存。人生易滅,優游偃仰,可以自娛。欲卜居清曠,以樂其志。論之曰:"使居有良田廣宅,北山臨流,溝池環匝,竹木周布,場圃築前,果園樹後。舟車足以代步涉之難,使令足以息四體之役。養親有兼珍之膳,妻孥無苦身之勞。良朋萃止,則陳酒肴以娛之,嘉時吉日,則烹羔豚以奉之。躕躇畦苑,遊戲平林,濯清水,追涼風,釣遊鯉,弋高鴻。諷於舞雩之下,詠歸高堂之上。安神閨房,思老氏之玄虛;呼吸精和,求至①人之仿佛。與達者收子,論道講書,俯仰二儀,錯綜人物。彈《南風》之雅操,發清商之妙曲。消遙一世之上,睥睨天地之間。不受當時之責,永保性命之期。如是則可以陵霄漢,出宇宙之外矣。豈羨乎入帝王之門哉?"又作詩二篇,以見其志。所謂:"抗志山西,游心海左。元氣爲舟,微風爲柁。"足以知其高世之懷。而文辭似楊渾,曠達異之,實開魏晉以後偶麗之風。統每論古今,及時俗行事,恒發憤歎息,因著論名曰《昌言》。凡三十四篇,十餘萬言。友人東海繆襲②,常稱統才章,足繼西京董、賈、劉、揚。《後漢書》本傳,錄其有益政者《理亂》、《損益》、《法誡》三篇,書佚③,爰以附焉。范氏論之曰:"數子之言當世失得,皆究矣。然多繆通方之訓,好申一隅④之說。貴清靜者,以席上爲腐議;束名實者,以柱下爲誕辭。或推前王之風,可行於當年;有引救敝之規,宜流於長世。稽之篤論,將爲敝矣。如以舟無推陸之分⑤,瑟非常調之音,不限局以疑遠,不拘玄以妨素,則化樞各管其極,理略可得而言與?"章炳麟則曰:"王充作《論衡》,有所發擿,不避上聖。王符之爲《潛夫論》也,仲

---

① "至"下,油印本衍"之"字。據作者手校刪。

② 襲,油印本無,疑脫。據《後漢書·王充王符仲長統列傳》補。

③ 書佚,油印本作"其書今佚"。據作者手校改。

④ 隅,油印本作"偶",疑誤。據《後漢書·王充王符仲長統列傳》改。

⑤ 分,油印本誤"風"。據作者手校改。

長統之造《昌言》也，崔實之述《政論①》也，皆辯章功實。《昌言》最恢廣，上視揚雄諸家，牽制儒術，奢潤無施，而三子宏遠矣。”是猶鹹酸之味，各不同其耆耳。荀悅，有《申鑒》。《後漢書·荀悅傳》稱：“獻帝頗好文學，悅侍講禁中。見政移曹氏，志在獻替，而謀無所用，乃作《申鑒》五篇。其所論辨，通見政體。既成奏上，帝覽而善之。”今其書五卷，卷爲一篇。一曰《政體》，二曰《時事》，皆制治大要，及時當行之務；三曰《嫌俗》，皆機祥讖緯之說；四曰《雜言》上，五曰《雜言》下，則皆泛論義理者也。《四庫提要》子部儒家著錄，稱其“剖析事理，深切著明”。明王鏊《申鑒注序》亦稱其：“論政體，無賈誼之經制而近於醇，無劉向之憤激而長於諷。其《雜言》等篇，頗似揚雄《法言》。雄曲意美新，而悅無一言及於操，視雄爲優。”茲得其實云。

至於漢代小說，《漢志》著錄《封禪方說》以下六家，皆已散佚。今傳者有《神異經》一卷，《海內十洲記》一卷，舊皆題東方朔撰。《漢武故事》一卷，《漢武帝內傳》一卷，舊皆題班固撰。《漢武洞冥記》四卷，舊題後漢郭憲撰。《漢雜事祕辛》一卷，不著撰人名氏。《飛燕外傳》一卷，舊題漢伶元撰。胥出僞託，不一一論焉。（已上論諸子之文。）

---

① 政論，油印本誤“論政”。據作者手校改。

建安文學附三國

總　論

　　炎漢國祚，窮於建安，文學亦至是一變。蓋寰宇弗寧，士夫蓬累，經術已衰，吟詠斯發。孟德梟雄，橫槊賦詩，一家文采，弘獎風流，四方儁乂，輻輳鄴下。故劉勰曰：“建安之末，區宇方輯。魏武以相王之尊，雅愛詩章。文帝以副君之重，妙喜辭賦。陳思以公子之豪，下筆琳瑯。並體貌英逸，故俊才雲蒸。仲宣①委質於漢南，孔璋歸命於河北，偉長從宦於青土，公幹徇質於海隅，德璉綜其斐然之思，元瑜展其翩翩之樂。文蔚、休伯之儔，（眉批：路粹，字文蔚。繁欽，字休伯。）子叔、德祖之侶，（眉批：邯鄲淳，一名竺，字子叔。楊修，字祖德。）傲雅觴豆之前，雍容袵席之上。觀其時文，雅好慷慨。良由世積亂離，風衰俗怨，並志深而筆長，故梗概而多氣也。”（《文心雕龍·時序》）鍾嶸亦曰：“降及建安，曹公父子，篤好斯文。平原兄弟，鬱爲文棟。劉楨、王粲，爲其羽翼。次有攀龍託鳳，自致於屬車者，蓋將百計。彬彬之盛，大備於時矣。”（《詩品》）然當時之士，尤以孔融、陳琳、王粲、徐幹、阮瑀、應瑒、劉楨爲絕類，世稱鄴下七子，亦稱建安七子，號其詩爲建安體。《典論》曰：“斯七子者，於學無所遺，於辭無所假，咸自以騁騄驥於千里，仰齊足而並馳。粲長於辭賦，幹時有逸氣，然非粲匹也。如粲之《初征》、《登樓》、《槐賦》、《征思》，幹之《玄猿》、《漏卮》、《圓扇》、《橘賦》，雖張、蔡不過也。然於他文未能稱是。琳、瑀之章表書記，今之儁也。應瑒和而不壯，劉楨壯而不密。孔融體氣高妙，有過人者，然不能持論，理不勝辭，至於雜以嘲戲②。及其所善，揚、班之儔也。”子桓與諸子，平

---

　　①　仲宣，油印本誤“宣帝”。據作者手校改。
　　②　戲，油印本誤“氣”。據作者手校改。

日遊處，行則連輿，止則接席，茲其言亦識本同而末異，不責遠而賤近，君臣聲氣，可謂盛矣。而沛國丁儀、丁廙，河內荀緯，瑒弟璩、璩子貞，咸以文章著云。

五言古詩，肇自西京。逮乎建安，作者鬱起。曹氏基命，二主、陳王，咸蓄盛藻，甫乃以情緯文，以文被質，漸去古拙渾成之趣，下開清詞麗句之端，造詣美富，實邁前代。至於文章辭賦，雖多情性溢露之作，若孔璋章表，元瑜書記，仲宣靡密，偉長博通，然以視夫賈、董、枚、馬，磅礴雄厚者，相去彌 ① 以遠矣。

曹氏父子

曹操字孟德，小字阿瞞，沛國譙人。御軍三十餘年，手不捨書。晝則講武策，夜則思經傳，登高必賦。及造新詩，被之於管弦，皆成樂章。諡曰武帝。鍾嶸《詩品》曰："曹公古直，甚有悲涼之句。"然置之下品，不爲碻論耳。操微時，常卑辭厚禮，求汝南許劭爲己目。劭鄙其人，而不肯對。操乃伺隙脅劭，劭不得已曰："君清平之姦賊，亂世之英雄。"操大悅而去。所爲《述志令》，言不由衷，文自忼 ② 爽。子丕、植。丕字子桓，篡漢，諡曰文帝。好文學，以著述爲務，自所勒成垂百篇。又使諸儒撰集經傳，隨類相從，凡千餘篇，號曰《皇覽》。丕著《典論》，自序述所志學；《論文》，詮品諸子。劉勰謂："魏典密而不周。"然其書說之文，亦自神妍骨秀，曲折入情。"浮甘瓜於清泉，沈朱李於寒水"，固已夐 ③ 絕塵想者矣，一世之傑也。至所爲詩，鍾嶸謂："其源出於李陵，頗有仲宣之體。《西北有浮雲》十餘首，殊美贍可喜。"沈德潛又謂其"便娟婉約，一變乃父之悲壯"。丕子叡，字元仲，諡曰明帝。詩不如丕，亦稱三祖。劉勰謂："魏之三祖，氣爽才麗，宰割辭調，音節靡平。觀其北上衆引，（按操《苦寒行》北上太行山云云，皆寫征人之苦。）秋風 ④ 列篇，（按丕《燕歌行》秋風蕭瑟天氣涼云云，則託思婦之詞。）或述酣宴，或傷羈戍。志不出於淫蕩，辭不離於哀思。雖三調之正聲，寔韶夏之鄭曲也。"（《文心雕龍·樂府》）植字子建，操第三子。十歲餘通讀詩論及辭賦數十萬言，善屬文，爲《銅爵臺賦》，援筆立成

---

① 彌，油印本誤"邇"。據作者手校改。
② 自忼，油印本誤"有坑"。據作者手校改。
③ 夐，油印本誤"曾"。據作者手校改。
④ "三祖"至"秋風"一節，油印本誤脫。據作者手校補。

可觀。初封東阿王,改封雍丘王,諡曰陳思王。景初中,撰錄植前後所著賦頌詩銘雜論凡百餘篇,副藏內外。植文辭慷慨俊逸,實軼乃父乃兄而上之,冠冕七子。後之論者,曰曹王,曰曹劉,要以植爲之宗主。衡諸八代,故一大家也。觀於《洛神》結響宋玉,《七啟》橅貌枚乘。劉勰推其章表"獨冠群才,辭清體贍"。鍾嶸亦第其詩於上品,謂:"其源出於《國風》,骨氣奇高,情兼雅怨,體被文質,粲溢古今,卓爾不群。"又謂:"陳思之於文章也,譬人倫之有周孔,鱗羽之有龍鳳,音樂之有琴笙,女工之有黼黻。"明張溥亦謂"陳思怫鬱,音成於心",蓋其所遇然也。夫前人高古,意旨難窺;後代清新,字句矜鍊。張皇幽妙,其自植乎?"秋蘭被長阪,朱華冒綠池"(《公讌詩》),此一字而千鎚也。"從軍度函谷,驅馬過西京"(《贈丁儀王粲》),此敲金而戛玉①也。"驚風飄白日,忽然歸西山"(《贈徐幹》),此工於發端者也。"菱芡覆綠水,芙蓉發丹榮"(《於玄武陂作②》),此工於偶對者也。其後沈約"五色相宣,八音協暢"之論,蚤啟於斯矣。

　　昔人之論曹氏父子者,若范曄謂:"文帝天資文藻,下筆成章,博聞強識,才藝兼該。陳思文才富艷,足以自通。"③劉勰謂:"文帝、陳思,縱轡以騁節。"謝靈運《詠魏太子》云:"論物靡浮說,析理實敷陳。羅縷豈闕辭,窈窕究天人。"又謂:"平原公子不及世事,但美遨遊,然頗有憂生之嗟。"敖陶孫謂:"魏武帝如幽燕老將,氣韻沈雄。曹子建如三河少年,風流自賞。"其以曹、王並稱者,若沈約謂:"子建函京之作,仲宣霸岸之篇(《七哀》),並舉胸情,非傍詩史,正以音律調韻,取高前式。"又謂:"子建、仲宣,以氣質爲體,並標能擅美,獨映④當世,是以一世之士,各相慕習,源其颷流所始,莫不同祖風騷。"其以曹、劉並稱者,若鍾嶸謂:"曹、劉殆文章之聖。"又謂:"孔氏之門如用詩,則公幹升堂,陳思入室。"裴子野謂:"五言爲詩家,則蘇、李自出,曹、劉偉其風力。"其以陳思、王、劉並稱者,若鍾嶸謂:"陳思爲建安之傑,公幹、仲宣爲輔。"又謂:"陳思贈弟(《贈白馬王彪》),仲宣《七哀》,公幹思友(《贈徐幹詩》有思

---

　　①　玉,油印本誤"金"。據作者手校改。

　　②　於玄武陂作,油印本無。依例據《曹子建集》補。

　　③　自"文帝"至"自通"一節,實分別引自《三國志·魏志》中《文帝紀》及《陳思王傳》語。此處稱"范曄謂",疑作者偶失檢。

　　④　映,油印本誤"影"。據作者手校改。

子沈心曲之句），皆五言之警策也。”比觀衆說，風尚所趨，可以得其槩矣。

鄴下七子

　　孔融，字文舉，魯國人，孔子二十世孫。性好學，博涉多該覽。公幹云：“孔氏卓卓，信含異氣。筆墨之性，殆不可勝。”《後漢書》本傳稱：“魏文帝深好融文辭，歎曰：‘揚、班儔也。’募天下有上融文章者，輒賞以金帛。所著詩頌、碑文、論議、六言、策文、表檄、教令、書記，凡二十五篇。”按張璠《漢紀》：“太祖制酒禁，而融書啁之曰：‘天有酒旗之星，地列酒泉之郡，人有旨酒之德。故堯不飲千鍾，無以成其聖。且桀、紂以色亡國，今令不禁婚姻也。’”《典論》所謂“雜以嘲戲”者，此類是也。《四庫提要》別集類著錄《孔北海集》一卷，凡表一篇，疏一篇，上書三篇，奏事二篇，議一篇，教一篇，書十六篇，碑銘一篇，論四篇，詩六篇，都三十六篇。滋多於是，蓋爲後人之所贋記云。王粲，字仲宣，山陽高平人。蔡邕見而奇之。時邕才學顯著，貴重朝廷，常車騎填巷，賓客盈坐，聞粲在門，倒屣迎之。粲至，年既幼弱，容狀短小，一坐盡驚。嘗與人共行，讀道邊碑，人問曰：“卿能闇通乎？”曰：“能。”因使背而誦之，不失一字。性善算，作算術，略盡其理。善屬文，舉筆便成，無所改定。時人常以爲宿構，然正復精意覃思，亦不能加也。著詩賦論議垂六十篇。粲才既高，辨論應機。董卓之亂，避難荊州，依劉表。遂登江陵城樓，因懷歸作《登樓賦》，述進退危懼之情，最知名。文帝書與元城令吳質曰：“仲宣獨自善於辭賦，惜其體弱，不起其文。至於所善，古人無以遠過也。”謝靈運則曰：“家本秦川，貴公子孫。遭亂流寓，自傷情多。”（《擬魏太子鄴中集詩序》）其“鍾儀幽而楚奏，莊舄顯而越吟”，劉勰謂其：“幽顯同志，反對所以爲優也。”（《文心雕龍·麗辭》）又謂：“仲宣躁銳，故穎出而才果。”（《體性》）鍾嶸謂：“魏侍中詩，其源出於李陵，發愀愴之詞，文秀而質羸。在曹、劉間，別構一體。方陳思不足，比魏文有餘。”（《詩品》）孟德陰驚 [1]，崔琰、孔融、許攸、婁圭之倫，皆遭賊害。仲宣《詠史》，託風《黃鳥》。張溥謂：“披文下涕，幾秦風矣。”劉楨，字公幹，東平人。爲丞相椽屬，太子文學。著文賦數十篇。文帝謂：“公幹有逸氣，但未遒

---

　　[1]　驚，油印本作“摯”，疑誤。據上下文意改。

耳。至其五言詩，妙絕當時。”（《與吳質書》）而劉勰則謂：“公幹氣褊①，故言壯而情駭。”（《文心雕龍·體性》）謝靈運亦謂：“其卓犖偏人，而文最有氣，所得頗經奇。”鍾嶸《詩品》以爲上第，謂：“其源出於古詩。仗氣愛奇，動多振絕，真骨凌霜，高風跨俗。但氣過其文，雕潤恨少。然自陳思以下，楨稱獨步。”其贈從弟之詩句曰：“豈不罹凝霜，松柏有本性。”亦已風骨高騫矣。所爲牋記，劉勰謂其：“麗而規益，子桓弗論，故世所共遺。”徐幹，字偉長，北海劇人。清玄體道，六行修備，聰識洽聞，操翰成章。建安中，爲司空軍謀祭酒掾屬，五官將文學。常欲損世之有餘，益俗之不足。見辭人美麗之文，並時而作，曾無闡弘大義，敷散道教，上求聖人之中，下救流俗之昏者。故廢詩賦頌銘贊之文，著《中論》之書三十七篇。文帝書與元城令吳質曰：“昔年疾疫，親故多離其災，徐、陳、應、劉，一時俱逝。觀古今文人，類不護細行。偉長獨懷文抱質，恬淡寡欲，有箕山之志，可謂彬彬君子矣。著《中論》二十餘篇，辭義典雅，足傳於後。”按《四庫提要》子部儒家著錄《中論》二卷，書凡二十篇，大都闡發義理，原本經訓，而歸之於聖賢之道。其詩，則鍾嶸所謂：“白馬與陳思答贈，偉長與公幹往復，雖曰以莛扣鐘，亦能閒雅矣。”（《詩品》）陳琳，字孔璋，廣陵人。嘗避難冀州，袁紹使典文章。袁氏敗，琳歸太祖。太祖謂曰：“卿昔爲本初移書，但可罪狀孤而已，惡惡止其身，乃上及祖父邪？”琳謝罪。太祖愛其才而不咎。劉勰稱其：“壯有骨鯁，雖奸閹攜養，章密大甚，發邱摸金，誣過其虐。然抗辭書釁，皭然露骨矣。”（《文心雕龍·檄移》）文帝亦稱：“孔璋章表殊健，微爲繁富。”其詩如云“飲馬長城窟，水寒傷馬骨”，樂府孤篇，音多悽愴。謝靈運所謂②：“袁本初書記之士，故述喪亂事多也。”阮瑀，字元瑜，陳留人。少受學於蔡邕。建安中，都護曹洪欲使掌書記，瑀終不爲屈。太祖以與陳琳並爲司空軍謀祭酒管記室。軍國書檄，多二人所作也。瑀徙倉曹③掾屬，嘗爲曹公遺書孫權，文辭英拔，見重當時。故文帝稱：“元瑜書記翩翩，致足樂也。”及歿，王傑誄之曰：“簡書如雨，強力敏成。”則其馬上具草，不能增損，良繇才捷矣。其詩則鍾嶸所謂“平典不失古體”，偉長、公幹之儔匹也。應瑒，字德璉，汝南南頓人。太祖辟爲丞相掾屬，轉爲平原侯庶子，後爲五官

---

① 褊，油印本作“偏”。據《文心雕龍》改。

② 謂，油印本脫。據作者手校補。

③ 曹，油印本誤“操”。據作者手校改。

將文學。其"朝雁鳴雲中",聲多悽厲。謝靈運所謂"應瑒汝潁之士,流離世故,頗有飄泊之歎"者也。弟璩,字休璉。其《百一詩》,得風人之旨,所謂"魏之遺直"也。夫七子者,論定於子桓。然子建《與楊德祖 [①] 書》則曰:"今世作者可略而言,仲宣獨步於漢南,孔璋鷹揚於河朔,偉長擅名於青土,公幹振藻於海隅,德璉發跡於北魏,足下高視於上京。"又出孔融、阮瑀,而增楊修爲六子焉。綜觀製作,五言爲盛。劉勰所謂:"造懷指事,不求纖密之巧;驅辭逐貌,唯取昭晰之能。"斯則建安諸人之所同然者也。至若能於典麗之中,具有淳質之氣,則有博士給事中邯鄲淳。淳字子禮,一字子叔,潁川人。嘗代上虞長度尚作《孝女曹娥碑》,淳固尚弟子也。蔡邕聞之來觀,夜闇以手摸其文而讀之,題"黃絹幼婦,外孫齏臼",世以爲美譚。其與偉長之懷文抱質,可謂建安文學之錚錚佼佼者矣。[②]

古詩爲焦仲卿妻作

《玉臺新詠》選錄《古詩爲焦仲卿妻作》一首,不知作者,而列於繁欽、曹丕之間,則以爲建安之詩矣。郭茂倩《樂府詩集》入之《雜曲歌辭》,稱爲古辭,則亦以爲漢世之作。劉克莊始疑其爲六朝人詩。或以詩云"新婦入青廬",段成式《酉陽雜俎》"北朝婚禮,青布幔爲屋,在門內外,謂之青廬,於此交拜迎婦",爲不作於建安之證。然此詩尚有爲後人所摻入者,如"小姑始扶牀,今日被驅遣",《樂府詩集》無此二句,宋本《玉臺新詠》亦無,《古詩記》及通行本《玉臺新詠》則有之。按唐人《棄婦詞》云:"新婦初來時,小姑始扶床。今日被驅遣,小姑如我長。回頭語小姑,莫嫁如兄夫。"比此詩羼多後 [③] 二句。且此詩云"十七爲君婦",又曰"共事三二年,始爾未爲久",則扶牀女童,二三年間,豈能成長如是之速? 必後人誤援唐詩入此。"青廬"之句,或亦後人修飾所入,存疑焉可也。全詩凡三百五十三句,一千七百六十五字,爲古詩第一長篇。(已上建安文學。)

---

① 德祖,油印本誤"祖德"。據作者手校改。

② "至若"至"者矣"一節,油印本無。據作者手校本所增墨書補入。

③ 多後,油印本作"後多"。據作者手校改。

正始文學

魏遷漢鼎，建號黃初。天下人才，鄴中彌盛。文帝、陳王，爲之魁首。凡諸體製，語具前編。正始以降，主幼國危，權臣恣肆，擅其廢立。夜壑移舟，亡不旋踵。時則平叔、輔嗣，虛浮相扇；嗣宗、叔夜，放任自爲。劉勰所謂"正始明道，詩雜仙心"者也。何晏，字平叔，高陽宛人。何進孫也。母尹氏，爲魏武夫人。晏長於宮省，少以才秀知名，好老莊言，作《道德論》及諸文賦著述凡數十篇。劉勰議其"浮淺"，鍾嶸則曰："鴻鵠之篇，風規見矣。"阮籍，字嗣宗，陳留尉氏人。瑀之子也。才藻艷逸，而倜儻放蕩，行己寡欲，以莊周爲模則。官至步兵校尉。嘗登廣武觀楚漢戰爭處，歎曰："時無英才，使豎子成名乎？"時率意獨駕，不由徑路，車迹所窮，輒痛哭而返。鍾嶸謂："步兵詩，源出於《小雅》，無雕蟲之功。而《詠懷》之作，可以陶性靈，發幽思。言在耳目之內，情寄八荒之表。厥旨淵放，歸趣難求。"按嗣宗成陳留八十餘篇，蕭《選》獨取十七首，曰《詠懷》。蓋攖人世網，志隱辭微。此顏延年注解所以"怯言其志"，而李善所云"非夫作者不能探測之"也歟？《通易》、《達莊》，旨歸要妙。憂虞之際，卒以壽終，非偶然矣。嵇康，字叔夜，譙國人。文辭壯麗，好言老莊，而尚奇任俠。景元中，坐事誅。臨終曰："袁孝尼嘗從吾學《廣陵散》，吾每固之不與，《廣陵散》於今絕矣。"爲《琴賦》清麗。《絕交書》不堪流俗，非薄湯、武，有激而爲也。其四言詩，時多儁語，不摹仿《三百篇》。鍾嶸謂："中散詩頗似魏文，過爲峻切，訐直露才，傷淵雅之致。然託喻清遠，良有鑒裁，亦未失高流矣。"劉勰亦謂："嵇志清峻，阮旨遙深。"雖然，予觀二子者，步兵深遠矣。繆襲，字熙伯，東海人。有才學，多所述敘。鍾嶸謂："熙伯《挽歌》，惟以造哀爾。"至若山陽王弼輔嗣，好論儒道，辭才逸辯，注《易》及《老子》，而篇章無聞焉。東海王肅子雍，善賈、馬之學，而不好鄭氏，采會同異，爲《尚書》、《詩》、《論語》、《三禮》、《左氏》解，及撰定父朗所作《易傳》，皆列於學官。其所論駁朝廷典制、郊祀宗廟、喪紀輕重，凡百餘篇。時安樂孫炎叔然，授學鄭玄之門人，稱東州大儒，肅集《聖證論》以譏短玄，叔然駁而釋之。及作《周易》、《春秋》例，《毛詩》、《禮記》、《春秋三傳》、《國語》、《爾雅》諸注，又著書十餘篇。何晏亦有《論語集解》。此皆經術之士，而子雍、輔嗣耽玄牝以爲高，託僞書以相詰，實影響於當日文學，故以附論焉。

蜀吳文學

魏文簒竊，炎朔遂終。西蜀東吳，並起角逐。天下三分，鼎足而立。干戈之際，文學銷沈。卓爾其閒者，惟蜀諸葛亮乎？亮字孔明，琅琊陽都人。每自比管樂，時人莫之許也。惟博陵崔州平、潁川徐庶，與友善，謂爲信然。先主詣見之，及即位，拜爲丞相。先主沒，受遺詔輔政，封武鄉侯，諡忠武。陳壽第錄《諸葛氏集》凡二十四篇，而論之曰："或怪亮文采不艷，而過於丁寧周至。臣愚以爲，咎繇大賢也，周公聖人也，考之《尚書》，咎繇之謨略而雅，周公之誥煩而悉。何則？咎繇與舜禹共談，周公與群下矢誓故也。亮所與言，盡衆人之凡士，故其文指不得及遠也。然其聲教①遺言，皆經事綜物，公誠之心，形於文墨，足以知其人之意理，而有補於當世。"其《出師表》，建興五年亮率軍北駐漢中，臨發所上。《蜀志》本傳及《文選》錄之。《後出師表》，則裴松之注稱"亮集所無，出張儼《默記》"，補錄之。劉勰謂其"志盡文暢"。又亮《戒子書》云"學以廣才，靜以成學"，周孔之教也。晉世有寫其辭，徧勖諸子者。曾國藩嘗謂："書牘鮮有佳者，惟諸葛武侯、王右軍二公書翰，風神高遠。"郤正，字令先，河南偃師人。著述詩論賦之屬重百篇，今傳《釋譏》一篇。其文繼於崔駰《達旨》，具②載《蜀志》本傳。後主從譙周之計，遣使降於鄧艾，其書正所造也。吳韋昭，字弘嗣，吳郡雲陽人。能屬文，作《洞紀》，自庖犧至於秦漢，凡爲三卷。當起黃武以來別作一卷，事尚未成。又作《官職訓》、《辯釋名》各一卷，皆不傳。今傳者有《國語注》。《吳志》本傳載昭《論博奕》。華覈，字永先，吳郡武進人。亦有傳，陳壽謂："華覈文賦之才有過於昭，而典誥不及也。"然遺篇莫覩，不悉論焉。

---

① 教，油印本脫。據作者手校補。

② 具，油印本誤"其"。據作者手校改。

兩晉文學

總　論

漢初競言黃老,武帝振之以儒術,文學臻於雄厚淵懿,與不世之遠略若相輝映也。晉代盛談老莊,往而不返,文學流於玄虛綺靡。其獘所極,二帝蒙塵,五胡雲擾。雖中朝台輔,股肱有人,若江左茂弘抱陵霜之貞,東山安石繫蒼生之望,莫振其緒,金運遽終。《易》曰:"履霜,堅冰至。"揆厥繇來,匪一朝一夕之故也。自東漢之季,鄗鑈禍作,翦屠善類,士氣消①沈。魏武叵測禍心,猜忌摰性,崔琰、孔融之倫,咸遭賊害。司馬氏奪人國於孤兒寡婦,懲前代之失,封建子弟,未幾而八王亂作。易姓交代,天下多故,名士少有全者。於是東市痛廣陵絕響,華亭歎鶴唳不聞,攖人世網,可爲寒心。此政治之影響於文學者一也。何、王散道德之言,嵇、阮爲竹林之會,或栖心於玄牝,或寄意於芳尊,士大夫相尚,靡然從風。遂至幽淪仁義,放誕奢淫。夏侯玄、荀爽之徒,斥六經爲聖人之糟粕。而山巨源見王衍,曰:"誤天下蒼生者,未必非此人也。"遺禍之烈,有如是矣。此風會之影響於文學者二也。魏王肅不好鄭氏,爲諸經解,往往立異,集《聖證論》及作《孔子家語》以難玄,開託僞之風。及咸寧末②,汲冢竹書出,(龍簽本眉批:《晉書·武帝紀》:"咸寧五年冬十月,汲郡不準掘魏襄王冢,得竹簡小篆古書十餘萬言,藏於祕府。"《束皙傳》作太康二年。杜預《左傳後序》作太康元年。)其說多與經傳大異。如云"益干啟位,啟殺之","太甲殺伊尹","文丁殺季歷"之類。元帝時,豫章內史梅賾以僞《古文尚書》奏於朝,由是治《尚書》者咸以僞孔傳爲主,立於學官。此經術之影響於文學者三也。佛漸

---

① 消,油印本作"日"。據作者手校改。
② 咸寧末,油印本作"太康中"。據作者手校改。

東土，蚤在漢世。兩晉承之，前有佛圖澄，後有鳩摩羅什、姚石之徒，奉之若神明。而羅什雅好大乘，志在敷衍，迻譯經論，傳寫沙門，宮商體韻，以入管弦。著論《實相》，講經草堂。流風所被，朝野靡然。此彼氏之影響於文學者四也。[1] 善乎，劉勰之言曰：“中朝貴玄，江左稱盛，因談餘氣，流成文體。是以世極迍邅，而辭意夷泰。詩必柱下之旨歸，賦乃漆園之義疏。故知文變染乎世情，興廢繫乎時序。原始以要終，雖百世可知也。”（《文心雕龍·時序》）故兩晉文學，上接建安，下開六朝。泊乎初唐，風猶未變。雖曰時爲，典午又其樞紐矣。

晉代文學，作者如雲。然求其能自拔於風氣之外者，如陳承祚之《三國志》，庶幾遷、固之流亞歟？左太冲之《三都賦》，庶幾班、張之遺響歟？陶淵明之詩，質而實麗，癯[2] 而實腴，則猶夫嚴霜沃雪中，有干霄之松栢矣。至於以經術[3] 而爲文章，則杜預、范寧，皆一代之傑也。

西　晉

魏晉之際，玄風相扇。杜預稟生知之資，有武庫之號，振長策而攻取，兼儒風而轉戰。預字元凱，京兆杜陵人。身不跨馬，射不穿札，而每在大事，輒居將率之列。立功之後，從容無事，乃耽思經籍，爲《春秋左氏經傳集解》。又參考眾家譜第，謂之《釋例》。又作《盟會圖》、《春秋長歷》，成一家之學。當時論者，謂預“文義質直”。祕監摯虞曰：“左丘明本爲《春秋左傳》，而《左傳》遂自孤行。《釋例》本爲傳設，而所發明，何但《左傳》？故亦孤行。”蕭統《文選》以預《春秋左氏[4] 傳序》，繼卜商《詩序》、孔安國《書序》之後，可謂有識矣。簡文、孝武閒，范寧《春秋穀梁集解》，累世之業，立義精審，所爲《集解序》，庶預之流匹。至其論“王弼、何晏之罪，深於桀、紂”，救弊振衰，功不可没，故以附焉。

譙國嵇康，陳留阮籍，河內山濤、向秀，沛國劉伶，琅邪王戎，籍兄子咸，爲竹林之遊，世所謂竹林七賢也。康之遇害，當塗國祚未終，正始文學，嵇阮並

---

① “佛漸”至“四也”一節，油印本無。據作者手校本所增墨書補入。

② 癯，油印本作“瘦”。據作者手校改。

③ 術，油印本脱。據作者手校補。

④ 氏，油印本脱。據作者手校補。

俑,已具前篇。山濤甄拔人物,各爲題目,時稱山公啟事。向秀注《莊子》,劉伶作《酒德頌》。餘子篇章,罕有聞焉。胥皆接踵何、王,發道家玄蘊者也。自後群才稍入輕綺,則鍾嶸所謂:"太康中,三張二陸兩潘一左,勃爾復興,踵武前王,風流未沫,亦文章之中興也。"故世號太康體。三張者,張載,載弟協及亢。亢才藻不及二昆,故世去亢而以張華擬焉。論者又謂載、華亦遜於協。載,字孟陽,安平人。太康初至蜀省父,道劍閣,載以蜀人恃險好亂,因著銘以作戒。益州刺史張敏見而奇之,表上其文,武帝遣使鐫之於劍閣山。又爲《濛汜賦》,司隸校尉傅玄見而嗟歎。劉勰謂:"張載《劍閣》,其才清采,迅足駸駸,後發前至,勒銘岷漢,得其宜矣。"(《文心雕龍·銘箴》)鍾嶸則謂:"其詩乃遠慚厥弟,而近超二傅。"(《詩品》)二傅者,傅玄及子咸也。協,字景陽。少有儁才,與載齊名。守道不競,以屬詠自娛。擬諸文士作《七命》,世以爲工;《詠史詩》,得風人之旨;《雜詩》,流韻清綺。鍾嶸第之上品,謂:"其源出於王粲。文體華淨,少病累。又巧構形似之言,雄於潘岳,靡於太沖。風流調達,實曠代之高手。詞彩葱倩,音韻鏗鏘,使人味之亹亹不倦。"(《詩品》)華,字茂先,范陽方城人。強記默識①,四海之內,若指諸掌。亦不知名,作《鷦鷯賦》以自寄。陳留阮籍見而歎曰:"王佐之才也。"所著《博物志》十篇,及文章並行。劉勰謂其"搖筆散珠"(《文心雕龍·時序》)。鍾嶸則謂:"華詩源出於王粲。其體華艷,與託不奇,巧用文字,務爲妍冶②。雖名高曩代,而疏亮之士猶恨其兒女情多,風雲氣少。謝康樂云:'張公雖復千篇,猶一體耳。'今置之中品疑弱,處之下科恨少,在季孟之閒矣。"予觀茂先《勵志》,雖亦清暢,然視景陽,則少凌空矯天之致耳。二陸,則雲不如機。機,字士衡,吳郡人。父抗,吳大司馬。太康末,與弟雲俱入洛,造詣太常張華。華素重其名,如舊相識。曰:"伐吳之利,不如獲二俊。"時有"二陸入洛,三張減價"之謠。機詞藻宏麗,華嘗謂之曰:"人之爲文常恨才少,而子更患其多。"嘗以祖父有大勳於江表,深嘅孫皓舉而棄之。及論權所以得,皓所以亡,又欲述其祖父功業,遂作《辯亡論》二篇。又以聖王經國,義在封建,因採其遠指,著《五等論》。其《辯亡》則效《過秦》而不及。機妙解情理,心識文體,作《文賦》。劉勰謂:"陸氏《文賦》,號爲曲盡。然汎論纖悉,而寔體未該。"(《文心雕龍·總

---

① 強記默識,油印本誤"強識默"。據作者手校改。

② 冶,油印本作"合",疑誤。據《詩品》改。

術》）又謂：“陸機才欲窺深，辭務索廣，故思能入巧，而不制繁。”（《才略》）士衡詩亦推大家，然如《長歌行》句云：“逝矣經天日，悲哉帶地①川。”《折楊柳》句云：“邈矣垂天景，壯哉奮地雷。”實開排偶一門，西京以來，空靈矯捷之氣不復存矣。其《猛虎行》云：“渴不飲盜泉水，熱不息惡木陰。”六言起句奇峭，則其變體也。鍾嶸第其詩爲上品，謂：“其源出於陳思。才高詞贍，舉體華美。氣少於公幹，文劣於仲宣。尚規矩不貴綺錯，有傷直致之奇。然其厭飫膏澤，文章之淵泉也。張公歎其才大，信矣。”又謂：“陸機爲太康之英，安仁、景陽爲輔。”（《詩品》）機事成都王穎，參軍事，以討長沙王乂軍敗，爲孟玖、牽秀等所構陷，被收。機釋戎服，著白袷，與秀相見，神色自若。因與穎箋，詞甚悽惻。既而歎曰：“華亭鶴唳，可復聞乎？”遂遇害。崔君苗嘗見機文，輒欲自焚其筆硯。弟雲，字士龍。雖文章不及機，而持論過之。嘗與荀隱會張華座，華曰：“今日相遇，可勿爲常談。”雲因抗手曰：“雲閒陸士龍。”隱曰：“日下荀鳴鶴。”鳴鶴，隱字也。劉勰謂：“士龍朗練，以識檢亂，故能佈采鮮淨，敏於短篇。”（《文心雕龍·才略》）鍾嶸謂：“清河之方平原，殆如陳思之匹白馬。於其哲昆，故稱二陸。”（《詩品》）機爲平原相，雲爲清河②內史也。兩潘，則尼不如岳。岳，字安仁，滎陽中牟③人。美姿儀，辭藻絕麗，尤善爲哀誄之文。泰始中，武帝躬耕藉田，岳作《藉田賦》以美之。爲長安令，作《西征賦》述行歷，論所經人物山水，文清旨詣。既仕宦不達，乃作《閑居賦》，以拙養爲言。其《楊荆州》、《楊仲武》、《夏侯常侍》、《馬汧督》諸誄，《哀永逝文》，多悽惻之音。劉勰謂：“潘岳敏給，詞旨和暢。鍾美於《西征》，賈餘於哀誄，非自外也。”（《文心雕龍·才略》）岳與士衡，並稱潘陸，孫綽謂：“潘文淺而淨，陸文深而蕪。”斯言實允。其詩則稍遜於陸。故鍾嶸謂：“陸才如海，潘才如江。”謝混④亦謂：“潘詩爛若舒錦，無處不佳。陸文如披沙揀金，往往見寶。”觀岳悼亡之作，意以悽悲爲主，故來者述焉。從子尼，字正叔。少有清才，與岳俱以文章見知，性靜退不競。著《安身論》、《釋奠頌》、《乘輿箴》，爲時傳誦。鍾嶸第其詩爲中品，所謂“正叔《綠蘩》之章，雖不具美，而文彩高麗，得虬

---

① 地，油印本誤“天”。據《陸士衡集》改。
② “河”下，油印本衍“之”字。據作者手校刪。
③ 牟，油印本誤“弁”。據作者手校改。
④ 混，油印本誤“琨”。據作者手校改。

龍片甲,鳳凰一毛"者也。左思,字太冲,齊國臨淄人。貌寢口訥,少博覽史記,不好交遊,惟以閑居爲事。造《齊都賦》,一年乃成。復欲賦三都,詣著作郎張載,訪岷、邛之事,遂構思十稔,門庭藩溷,皆著筆紙,遇得一句,即便疏之。自以所見不博,求爲祕書郎。賦成,皇甫謐爲序,張載爲注《魏都》,劉逵爲注《吳》、《蜀》。陳留衛瓘又爲作《略解》而序之曰:"余觀《三都》之賦,言不苟華,必經典要,品物殊類,稟之圖籍,辭義瓌瑋,良可貴也。有晉徵士故太子中庶子安定皇甫謐,西州之逸士,耽籍樂道,高尚其事,覽斯文而慷慨,爲《三①都序》。中書著作郎安平張載,中書郎濟南劉逵,並以經學洽博,才章美茂,咸皆悅玩,爲之訓詁。其山川土域,草木鳥獸,奇怪珍異,僉皆研精所由,紛散其義矣。余嘉其文,不能默已。聊藉二子之遺忘,又爲略解。祇增煩重,覽者闕焉。"遂重於時。司空張華見而歎曰:"班、張之流也。"豪貴之家,競相傳寫,洛陽爲之紙貴。初,陸機入洛,欲爲此賦,聞思作之,撫掌而笑,與弟雲書曰:"此間有傖父,欲作《三都賦》,須其成,當以覆酒甕耳。"及思賦出,機絕歎服,以爲不能加也,遂輟筆焉。劉勰謂:"左思奇才,業深覃思,盡銳於《三都》,拔萃於《詠史》,無遺力矣。"(《文心雕龍·才略》)鍾嶸第其詩於上品,謂:"其源出於公幹。文典似怨,頗爲精切,得諷諭之致。雖野於陸機,而深於潘岳。謝康樂常言:'左大冲詩,潘安仁詩,古今難比。'"(《詩品》)沈德潛又謂:"太冲高曠雄邁,陶冶漢魏,自製偉詞,故是一代作手,豈潘、陸輩所能比埒?"今讀其《詠史》"振衣千仞岡,濯足萬里流"之句,平原、黃門曾有是氣象乎?則吾右歸愚之說矣。若夫子荆孫楚《零雨》,正長王瓚《朔風》,季鷹張翰《黃華》,季倫石崇、顏遠曹攄、朗陵何劭並有②英篇,仲偉第之中品矣。至於傅玄之長"樂府",縣諸曉音;束皙之"補亡詩",庶乎有體。士安《釋勸》之篇,仲洽《思游》之賦,約而述之,並詞翰菁英也。

西晉史傳之文,必以陳壽爲巨擘。壽,字承祚,巴西安漢人。師事同郡譙周,入晉,除佐著作郎。撰《魏吳蜀三國志》凡六十五篇,時人稱其善敘事,有良史之才。夏侯湛時著《魏書》,見壽所作,便壞己書而罷。張華深善之,謂壽曰:"當以《晉書》相付耳。"其爲時所重如此。或云丁儀、丁廙有盛名

---

① 三,油印本誤"之"。據作者手校改。

② 有,油印本誤"且"。據作者手校改。

於魏,壽謂其子曰:"可覓千斛米見與,當爲尊公作佳傳。"丁不與之,竟不爲立傳。壽父爲馬謖參軍,謖爲諸葛亮所誅,壽父亦坐被髡,諸葛瞻又輕壽。壽爲亮立傳,謂亮將略非長,無應敵之才。言瞻惟工書,名過其實。議者以此少之。壽之卒也,范頵上表謂:"陳壽作《三國志》,辭多勸戒,明乎得失,有益風化。雖文艷不若相如,而質直過之。"劉勰亦謂其:"文質辨洽,荀、張比之於遷、固,非妄譽也。"壽又撰《古國志》五十篇,《益都耆舊傳》十篇。至於紹統司馬彪《續漢書》之能詳實,叔駿華嶠《漢後書》之能質核,見重當時,然非壽之匹矣。

東 晉

五馬浮渡,七廟器遷。琅邪承緒,載振皇綱。中原衣冠,入於江左,置史官,立太學,雖戎馬倉皇,未忘文事。懿藻風流,蔚然稱盛。劉勰曰:"元皇中興,披文建學。劉、刁禮吏而寵榮,(眉批:劉隗,字大連,雅習文史。刁協,字元亮,久在中朝,諳練舊事。)景純文敏而優擢。逮明帝秉哲,雅好文會,升儲御極,孜孜講藝。練情於誥策,振采於辭賦。庾以筆才逾親,溫以文思益厚。揄楊風流,亦彼時之漢武也。及成、康促齡,穆、哀短祚,簡文勃興,淵乎清峻。微言精理,函滿玄席。澹思濃采,時灑文囿。至孝武不嗣,安、恭已矣。其文史則有袁、殷之曹,孫、干之輩,(眉批:袁宏、殷仲文、孫盛、干寶。)雖才或淺深,珪璋足用。"(《文心雕龍·時序》)又曰:"劉琨雅壯而多風,盧諶情發而理昭,亦遇之於時勢也。景純艷逸,足冠中興,《郊賦》既穆穆以①大觀,《仙詩》亦飄飄而凌雲矣。庾元規之表奏,靡密以閑暢;溫太真之筆記,循理而清通:亦筆端之良工也。孫盛、干寶,文勝爲史,準的所擬,志乎典訓。戶牖雖異,而筆彩略同。袁宏發軫以高驤,故卓出而多偏;孫綽規旋以矩步,故倫序而寡狀。殷仲文之孤興,謝叔源之閑情,並解散文體,縹緲浮音。雖滔滔風流,而大澆文意。"(《才略》)鍾嶸亦曰:"永嘉時貴黃老,稍尚虛談。於時篇什,理過其辭,淡乎寡味。爰及江表,微波尚傳。孫綽、許詢、桓、庾諸公,詩皆平典,似道德論,建安風力盡矣。"(《詩品》)東晉之詩,清剛則推劉琨,儁上則推郭璞,澹遠則推陶潛。琨,

---

① 穆以,油印本作"於",疑誤。據《文心雕龍》改。

字越石，中山魏昌人。永嘉中爲并州刺史，與盧志親善。志子諶，琨先辟之，後爲中郎①。鍾嶸謂："晉太尉劉琨、中郎盧②諶詩，其源出於王粲。善爲悽戾之詞，自有清拔之氣。琨已體良才，又罹厄運，故善敘③喪亂，多感恨之詞。中郎仰之，微有不逮矣。"琨贈諶詩句云："宣尼悲獲麟，西狩涕④孔丘。"劉勰謂："若斯重出，即對句之駢枝也。"璞，字景純，河東聞喜人。好經術，博學有高才，而訥於言論。詞賦爲中興之冠，好古文奇字，妙於陰陽曆算。著《江賦》，其詞甚偉，爲世所稱。後復作《南郊賦》，元帝見而嘉之。所作《遊仙詩》，劉勰謂其"挺拔爲俊"。鍾嶸謂："晉弘農太守郭璞詩，憲章潘岳，文體相輝彪炳可玩。始變永嘉平淡之體，故稱中興第一。《翰林》以爲詩首。但《遊仙》之作，辭多慷慨，乖遠玄宗。而云'奈何虎⑤豹姿'，又云'戢翼棲榛梗'，乃是坎壈詠懷，非列仙之趣也。"予以爲璞之詞云："左把浮邱袖，右拍洪厓肩。"可謂託意雲霞之表，雖閒多自敘，則固辭無俗累者矣。又璞詩云："林無靜樹，川無停流。"阮孚謂其："泓崢蕭瑟，實不可言。每讀此文，輒覺神超形越。"信夫！璞撰前後筮驗六十餘事，名爲《洞林》。又抄京、費諸家要最，更撰《新林》十篇、《卜韻》一篇。注釋《爾雅》，別爲音義圖譜。又注⑥《三蒼》、《方言》、《穆天子傳》、《山海經》，及《楚辭》、《上林賦》數十萬言，作詩賦誄頌亦數萬言。潛，字元亮，潯陽柴桑人。大司馬侃之曾孫。嘗著《五柳先生傳》以自況。以親老家貧，起爲州祭酒，復爲振軍建威參軍，又爲彭澤令。督郵至縣，吏白應束帶見之，潛歎曰："吾不能爲五斗米折腰，拳拳事鄉里小人邪！"解印去縣，乃賦《歸去來辭》。嘗言夏月虛閒，高臥北牕之下，清風颯至，自謂羲皇上人。入宋，終身不仕。卒諡靖節徵士。鍾嶸謂："陶潛詩，其源出於應璩，又協左思風力。文體省靜，殆無長語，篤意真古，辭興婉愜。每觀其文，想其人德。世歎其質直。至如'歡言酌春酒，日暮天無雲'，風華清靡。豈直爲田家語耶？古今隱逸詩人之宗也。"按仲偉第陶詩於中品，彥和《文心》評騭古今，不及元亮隻字，北齊楊休之謂"陶潛之文，辭

---

① 中郎，油印本誤"郎中"。據作者手校改。
② 盧，油印本誤"劉"。據作者手校改。
③ 敘，油印本誤"事"。據作者手校改。
④ 涕，油印本脫。據作者手校補。
⑤ 虎，油印本作"玄"，疑誤。據《詩品》改。
⑥ 注，油印本誤"著"。據《晉書·郭璞傳》改。

采未優”。蓋緣齊梁綺麗之風，非能知陶公者。善乎！蕭統之序淵明集，謂：“其文章不群，辭彩精拔，跌宕昭彰，獨超①衆類，抑揚爽朗，莫之與②京。橫素波而旁流，干青雲而直上。語時事，則指而可想；論懷抱，則曠而且真。加以貞③志不休，安道苦節，不以躬耕爲恥，不以無財爲病。自非大賢篤志，與道汙隆，孰能如此乎？”歐陽修亦嘗謂：“晉無文章，惟陶淵明《歸去來辭》一篇而已。”姚惜抱《古文辭類纂》於兩晉文章無所取才，惟辭賦類入此篇而已。其詩，又爲唐之王維、孟浩然、韋應物、柳宗元、儲光羲之所自出。沈德潛謂：“王得其清腴，孟得其閒遠，韋得其沖和，柳得其峻潔，儲得其真樸。”宋之蘇軾，亦徧和其詩而橅擬之。潛詩句如“采菊東籬下，悠然見南山”之遐逸，“結廬在人境，而無車馬喧”之閒適，“虛舟縱逸棹，回復遂無窮”之興會，固可第居上品，與漢京、建安諸人爭一席矣。至於孫興公之金石爲聲，袁彥伯之情韻不匱，亦其犖犖者也。江表之文，衰靡彌甚，而能得其雋爽者，陶潛之外，厥惟王羲之而已。羲之，字逸少，琅琊臨沂人。司徒導之從子也。以骨鯁稱，尤善隸書，爲古今冠。論者稱其筆勢，以爲“飄若游雲，矯若驚龍”。少時，太尉郗鑒使門生求女婿於導，導令就東廂，徧觀子弟。門生歸謂鑒曰：“王氏諸少並佳。然聞信至，咸自矜持。惟一人在東牀坦腹食，獨若不聞。”鑒曰：“正此佳婿邪！”訪之，乃羲之也，遂以女妻之。庾亮辟爲參軍，累遷長史，官至右軍將軍、會稽內史。既去官，與東土人士，盡山水之游，弋釣爲娛。謝安嘗謂羲之曰：“中年以來，傷於哀樂。與親友別，輒作數日惡。”羲之曰：“年在桑榆，自然至此。須正賴絲竹陶寫。”初渡浙江，便有終焉之志。會稽有佳山水，名士多居之。羲之嘗與次郡功曹魏滂、大令王獻之、散騎常侍郗曇、滎陽桓偉、餘杭令謝滕④、侍郎謝瑰、潁川庾友、王凝之、王渙之、行參軍事邳邱旄、餘杭令孫統、琅琊王友謝安、行參軍曹茂之⑤、府主簿任儗⑥、左司馬孫綽、行參軍楊模、王肅之、鎮軍⑦司馬虞說、任城呂系、府主簿后綿、參軍孔熾、參

① 超，油印本作“起”。據《昭明太子集》改。
② 之與，油印本作“與之”。據《昭明太子集》改。
③ 貞，油印本作“真”。據《昭明太子集》改。
④ 滕，油印本作“籐”。據《蘭亭考》改。
⑤ 之，油印本脫。據《蘭亭考》補。
⑥ 儗，油印本作“凝”。據《蘭亭考》改。案《蘭亭考》注：“一作汪假”。
⑦ 軍，油印本誤“東”。據《蘭亭考》改。

軍劉密、王玄之、王彬之、郡五官佐^①謝繹、王徽之、府功曹勞夷、行參軍徐豐之、長^②岑令華者、徐州西平曹華、王蘊之、鎮國大將軍掾卞^③迪、司徒左西屬謝萬、彭城曹禮^④、任城呂本、上虞令華茂、山陰令虞谷、中參軍孫嗣、陳郡袁嶠之、行參軍王豐之等^⑤，會於會稽山陰之蘭亭，羲之爲作《蘭亭集序》。或以潘岳《金谷詩序》方其文，羲之比於石崇，聞而甚喜，親爲之書，世以爲環寶。所作書牋，精妙絕倫。《與殷浩書》、《與會稽王牋》，皆婉曲而盡情也。史傳之文，則劉勰所謂：干寶述《紀^⑥》，以審正得序；孫盛《陽秋》，以約舉爲能。（《文心雕龍·史傳》）干寶，字令升，新蔡人。中興草創，未置史官。中書監王導上疏曰："夫帝王之迹，莫不有書，著爲令典，垂之無窮。宣皇帝廓定四海，武皇帝受^⑦禪於魏，至德大勳，等蹤上聖。而紀傳不存於王府，德音未被乎管絃。陛下聖明，當中興之盛，宜建立國史，撰集帝紀，上敷祖宗之烈，下紀佐命之勳，務以實錄爲後代之準，厭率土之望，悅人神之心。斯誠雍熙之至美，王者之弘基也。宜備史官，勑佐著作郎干寶漸就撰集。"元帝納焉。寶於是始領國史，著《晉紀》，自宣帝迄於愍帝五十三年凡二十卷，奏之。其書簡略，直而能婉。盛，字安國^⑧，太原中都人。官長沙太守，累遷祕書監，加給事中。篤學不倦，著《魏氏春秋》，又作《晉陽秋》，詞直而理正，咸稱良史焉。既而桓溫見之，怒謂盛子曰："枋頭誠爲失利，何至乃如尊君所說？若此史遂行，自是關君門戶事。"其子遽拜謝，謂請刪改之。時盛年老還家，性方嚴，有軌憲，雖子孫班白，而庭訓愈峻。至此，諸子乃共號泣稽顙，請爲百口切計。盛大怒，諸子遂爾改之。盛寫兩定本，寄於慕容儁。太元中，孝武帝博求異聞，始於遼東得之，以相考校，多有不同，書遂存。又習鑿齒，字彥威，襄陽人。以桓溫覬覦非望，著《漢晉春秋》以裁正之。起漢光武，終於晉愍帝。於三國之

---

① 佐，油印本脫。據《蘭亭考》補。

② 長，油印本誤"張"。據《蘭亭考》改。

③ 卞，油印本誤"卜"。據《蘭亭考》改。

④ 禮，油印本誤"醴"。據《蘭亭考》改。案《蘭亭考》注："一作醴。晉列傳有，李充《天章碑》則無之。"

⑤ 案以上所列四十一人，惟《蘭亭考》列四十二人。若依其說，則當補入"潁川虞蘊"一人。茲錄以備覽。

⑥ 紀，油印本作"記"。據《文心雕龍》改。

⑦ 受，油印本脫。據作者手校補。

⑧ 安國，油印本誤"國安"。據作者手校改。

時，蜀以宗室爲正。魏武雖受漢禪，晉尚爲篡逆。至文帝平蜀，乃爲漢亡，而晉始興焉。引世祖諱炎興而爲禪受，明天心不可以勢力強也。凡五十四卷。謝沈有《後漢書》百卷、《晉書》三十餘卷，徐廣有《晉紀》四十六卷，今皆放失。傳者惟袁宏之《後漢紀》。宏，字彥伯，陽夏人。父勗，臨淩令。宏有逸才，爲《詠史詩》，是其風情所寄。謝尚時鎮牛渚，秋夜乘月，率爾與左右微服泛江。會宏在舫中諷詠，聲既清會，辭又藻拔。遣問焉，答云是袁臨汝郎，即其詠史作也。尚迎升舟，與之譚論，申旦不寐。自此名譽日茂。尚爲西安將軍豫州刺史，引宏參其軍，累遷大司馬恒溫府記室。爲《東征賦》，賦末列稱過江諸名德，獨不載桓彝。時伏滔苦諫之，宏笑而不答。溫知之甚忿，而憚宏一時文宗，不欲令人顯問。後遊青山飲歸，命宏同載，衆爲危懼。行數里，問宏云：“聞君作《東征賦》，多稱先賢，何故不及家君？”宏答曰：“尊公稱謂，非下官敢專。既未遑啟，不敢顯之耳。”溫疑不實，乃曰：“君欲何辭？”宏即答云：“風鑒散朗，或搜或引。身雖可亡，道不可隕。宣城之節，信義爲允也。”溫泫然而止。宏賦又不及陶侃，侃子胡奴，嘗於曲室抽刃問宏曰：“家公勳跡如此，君賦云何相忽？”宏窘，答曰：“我已盛述尊公，何乃言無？”因曰：“精金百汰，在割能斷。功以濟時，職思靜亂。長沙之勳，爲史所贊。”胡奴乃止。撰《後漢紀》三十卷，《四庫提要》史部編年類著錄。《自序》稱：“嘗讀《後漢書》，煩穢雜亂。聊以暇日，撰集爲《後漢紀》。其所掇會《漢紀》、（《四庫提要》案：此《漢紀》蓋指荀悅之書，涉及東漢初事者，非張璠書也。）謝承書、司馬彪書、華嶠書、《漢山陽公紀》、《漢靈獻起居注》、《漢名臣奏》，旁及諸郡 ① 者舊先賢傳，凡數百卷。前史闕略，多不次序。錯繆同異，誰使正之？經營八年，疲而不能定。頗有傳者，始見張璠所撰書，其言漢末之事差詳，故復探而益之。”云云。其書雖大致準以張璠，而文義爲長。體例仿於荀悅，而鑒裁爲善。故劉知幾《史通·正史》稱：“史言漢中興，作史者惟袁、范二家。”宋王銍《重刻兩漢紀後序》謂：“荀、袁二紀，於朝廷紀綱，禮樂刑政，治亂成敗，忠邪是非之際，指陳論著，每致意焉。故其詞縱橫放肆，反覆辯達，明白條暢，既啟告當代而垂訓無窮。”則其與蔚宗、仲豫之書並傳，良非溢美矣。諸子之文，則有葛洪之《抱朴子》。洪，字稚川，丹楊句容人。以儒學知名。究覽典籍，尤好

---

① 　郡，油印本作“部”。茲依《四庫全書》文淵閣本《後漢紀》袁宏原序改。案《四庫提要》作“部”，疑形近致誤。

神仙導養之法。成帝咸和初,選爲散騎常侍①,領大著作。聞交阯出丹,求爲句漏令,乃止羅浮山練丹。在山積年,優游閑養,著述不輟。所著子言黃白之事,名曰“內篇”;其餘駮難通釋,名曰“外篇”。大凡內外一百一十六篇,自號“抱朴子”,因以名書。《晉書》本傳洪自序云爾。(按明魯藩刊本《四庫提要》子部道家類著錄本,內篇二十卷,外篇五十卷,蓋以一篇爲一卷。自序文亦與《晉書》本傳所載者有出入。)《四庫提要》稱:“其書內篇論神仙吐納、符籙怵治之術,外篇則論時政得失、人事臧否。詞旨辨博,饒有名理。而究其大旨,亦以黃老爲宗。”其餘所著碑誄詩賦百卷,移檄章表三十卷,神仙、良吏、隱逸、集異等傳各十卷,又抄五經史漢百家之言方伎雜事三百一十卷,金匱藥方②一百卷,肘後要急方四卷,多佚。今傳《抱朴子》、《肘後要急方》云。

附　論

文章體制,大備於漢,建安論文之風丕著。若魏文述典,陳思序書,應瑒文論,實其濫觴。兩晉,則前有摯虞《文章流別集》五十一卷、《文章流別志論》二卷,後有李充《翰林論》應會而生,蔚其盛矣,惜皆散佚莫睹。來茲而《抱朴子》,有《鈞世》、《尚博》、《辭義》、《喻蔽》、《百家》,並多論文之言。如《鈞世篇》云:“《尚書》者,政事之集也。然未若近代之優文、詔策、軍書、奏議之清富贍麗也。《毛詩》者,華采之辭也。然不及《上林》、《羽獵》、《二京》、《三都》之汪濊博富③也。若夫論宮室,而奚斯《路寢》之頌,何如王生之賦《靈光》乎? 同說遊獵,而《叔田》、《盧令》之詩,何如相如之言《上林》乎? 並美祭祀,而《清廟》、《雲漢》之辭,何如郭氏《南郊》之艷乎? 等稱征伐,而《出車》(按車原本誤軍)、《六月》之作,何如陳琳《武軍》之壯乎? 則舉條可以覺焉。近者夏侯湛、潘安仁並作補亡詩,《白華》、《由庚》、《南陔》、《華黍》之屬,諸碩儒之賞文者,咸以古詩三百未有足以偶二賢之所作也。”觀此,亦足以知一代風尚之所趨矣。

---

① 常侍,油印本誤“侍常”。據作者手校改。
② 方,油印本誤“芳”。據作者手校改。
③ 富,油印本誤“當”。據作者手校改。

【笠山遺集第八種】

史記會注攷證校讀

包樹棠　遺著

蔡飛舟　點校

張善文　審校

編校述語

　　《史記會注攷證校讀》，鋼筆謄抄本十册，作者二公子包定雄先生手抄。以 20×20 格紅欄框有光稿紙抄成，框下或印"福州印刷紙品廠72.8"，或"福州四印廠72.11"字樣，蓋二十世紀七十年代所抄。今即依以整理點校。

　　《史記》者，西漢司馬遷撰，爲我國古代第一部正史。南朝宋裴駰作《集解》、唐司馬貞作《索隱》、張守節作《正義》，由是影響日著。更歷宋元明清各朝，研探考索《史記》者至衆，著述紛出，至今未衰。二十世紀三十年代，日人瀧川資言撰《史記會注攷證》，彙集考論三家舊注，廣采旁證歷代群說，參校諸多版本，統成一帙，用力已劬，時矜創獲。但其中疏誤舛失仍多，時賢頗有駁議。包笠山先生有鑒於此，乃依《史記》一百三十篇之次，對照瀧川《會注攷證》，訓詞析句，索義訂文，撰爲《校讀》，或糾瀧川之失，或作精詣之論，補闕袪疑，辨是與非，實有裨於《史記》研究。

　　通觀《校讀》體例，乃以讀書隨筆形式爲之，每則先出《史記》原文、三家注、瀧川考證，後加按語以作校論，行文簡練，篇幅長短不拘。據相關資料，作者早年即留心草創《校讀》，直至 1981 年捐館前仍孜孜寄意於此，蓋焚膏繼晷，集腋爲裘，長年研索，始有是編。1956 年左右，作者《與郭沫若先生書》曰："某近校讀《太史公書》，以爲瀧川龜太郎《會注考證》實多龐疏，間有所得，即爲之劄記，並作引論。"（見《笠山文鈔》）又 1970 年六庵教授與包笠山書云：《史記校讀》一書，弟甚望能繼續撰寫，此必傳之作，不獨與瀧川資言較一日之短長也。"（見《六庵遺墨》）由此不難想見，無論是作者自身，還是友人同志，對此書均十分重視。

　　此本所鈔，字跡端整清秀，但前後篇次凌雜，魯魚亥豕、羨脫舛誤者時或有之，疑作者未及董理次序，而謄抄本又未經審讀所致。數年前，我收到抄本後，遂稍作清理，點校首册數條以爲樣式，併全稿付蔡生飛舟，囑其努力勘核校飭。蔡生者從我游有年，措心經史，用力克勤。彼以學業餘暇，細覈群籍，詳加讎校，依《史記》篇次覃心整定爲十卷。凡歷三載，2018 年秋爰蕆茲事。我隨即細審蔡生整理稿，裁糾若干疑誤，增删部分校記，並逐條增標小題，以清眉目，庶便閱覽，諒亦有合作者之初衷矣。書稿整葺既竣，翌年底排出大樣。惟 2020 年初，作者七公子包定貞君復示其先甫手稿《隨無涯齋讀書記》六册，檢閱之下，始知《校讀》凡 419 則文字，皆抄自《讀書記》[①]（參閱《笠山讀書記》卷首《編校述語》）。初以未覩作者原稿爲憾，至此差獲釋然。於是，蔡生又據手稿對照抄本、大樣重校一過，我再作審核，乃成斯編。雖反復勘訂[②]，多耗時日，而先輩遺書終能付諸剞劂，自覺喜幸不盡。我相信，此書之真知灼見，作者之苦心孤詣，世之大雅君子將有以答知也。

後學張善文敬識於福建師範大學文學院

二零一八年歲在戊戌大雪節日寫

越二歲二零二零年歲次庚子夏仲修訂

———————————

① 案比對得知，鈔稿本從《隨無涯齋讀書記》各册中抄出與《史記》及瀧川《史記會注攷證》相關者凡 425 則，别爲《史記會注攷證校讀》一書。其中 8 則重出複沓，經整頓頓併合，實存 419 則。

② 案復校勘訂過程，即以包定雄先生手抄本爲底本（簡稱"鈔稿本"），以作者手稿本爲主要校本（簡稱"手稿"），二者相異處皆出校記。

目　錄

史記會注攷證校讀卷二　　　　　　　　　／ 1597

夏本紀　　　　　　　　　　　　　　　　／ 1597

笠山遺集

史記會注攷證校讀卷九 / 1721

史記會注攷證校讀卷一

史記索隱序

001 中散大夫徐廣

《史記索隱序》:"逮至晉末,有中散大夫東莞徐廣"。

按,《宋書》本傳:"永初元年,詔曰:'祕書監徐廣,學優行謹,歷位恭肅,可中散大夫。'廣上表曰:'臣墳墓在晉陵,又生長京口。息道玄忝宰此邑,乞相隨之官,歸終桑梓。'許之。"①《南史》本傳略同,《晉書》本傳無之。《索隱後序》稱"宋中散大夫徐廣"是也。

史記正義論例謚法解

002 謚法殘闕

《史記正義·謚法解》。

無"翼善傳信②曰堯,仁聖盛明曰舜,受禪成功曰禹,賊人多殺曰桀,殘義損善曰紂"之文。蓋闕爾。《汲冢周書·謚法解》亦無之。當據裴氏《集解》引《謚法》補之。《白虎通·謚篇》云:"謚有七十二品。"今張氏《正義》所錄實百九十有四品。《大戴禮》本有《謚法篇》,見《白虎通》及《北堂書鈔》卷三、《太平御覽》卷五百六十二引。則故書之③殘闕者④多矣。

---

① 謹案,此處錄《宋書》本傳文,係節引,乃作者著述通例。茲仍以引號標之。下倣此,不出校。
② "信",裴駰《集解》引《謚法》作"聖"。檢《白虎通義》、《太平御覽》等引《謚法篇》亦同。似當從改。
③ "之",鈔稿本無。據手稿補。
④ "者",鈔稿本無。據手稿補。

003 好更改舊曰易

《史記正義·謚法解》：“好更改舊曰易。”孔晁注①：“變故改常。”

按，《漢書·景十三王傳》顏注引《謚法解》“改”作“故”是也。

五帝本紀

004 神農氏弗能征

《史記·五帝本紀》：“諸侯相侵伐，暴虐百姓，而神農氏弗能征。於是軒轅乃習用干戈，以征不享。”《索隱》：“謂用干戈以征諸侯之不朝享者。本或作‘亭’，亭訓直，以征②諸侯之不直者。”瀧川資言《攷證》：“博士家本《史記異字》引楓山、三條、南化本云：‘能征之征作正。’洪頤煊曰：‘《詩·韓奕》“榦不庭方”、《國語·周語》“以待不庭不虞之患”、《左氏》襄十六年傳“同討不庭”，不亭乃不庭，古字通用。’”

按，《索隱》云本或作亭者，蓋字之③誤。瀧川引洪氏說不亭乃不庭，然遷書罕用古字，亦非其意。小司馬前說爲是。《說文》：“亯，獻也。”《禮記·曲禮下》：“五官致貢曰享。”鄭注：“享，獻也，致其歲終之功於王謂之獻也。”《詩·殷武》：“維女荆楚，居國南鄉。昔有成湯，自彼氐羌，莫敢不來享。”箋：“享，獻也。”故《國語·周語》曰：“賓服者享。”韋注：“享，獻也。”是其義也。《周本紀》：“天子曰：‘予必以不享征之，且觀之兵。’”文義正同。能征之征，本或作正者，音義同征。

005 風后力牧常先大鴻

《史記·五帝本紀》：“舉風后、力牧、常先、大鴻以治民。”《集解》：“鄭玄曰：‘風后，黃帝三公也。’班固曰：‘力牧，黃帝相也。’大鴻，見《封禪書》。”《正義》：“舉，任用④。四人皆帝臣也。《帝王世紀》云：‘黃帝夢大風吹天下

---

① “孔晁注”，鈔稿本無“孔晁”二字。據手稿補。
② “征”，鈔稿本無。據手稿及《索隱》諸本補。
③ “之”，鈔稿本作“又”。據手稿改。
④ “用”，鈔稿本無。據《正義》諸本補。

之塵垢皆去，又夢人執千鈞之弩，驅羊萬群。帝寤而歎曰："風爲號令，執政者也。垢去土，后在也。天下豈有姓風名后者哉？夫千鈞之弩，異力者也。驅羊數萬群，能牧民爲善者也。天下豈有姓力名牧者哉？"於是依二占而求之，得風后於海隅，登以爲相。得力牧於大澤，進以爲將。黃帝因著《占夢經》十一卷。'《藝文志》云：'《風后兵法》十三篇，圖三卷，《孤虛》二十卷，《力牧兵法》十五篇。'鄭玄云：'風后，黃帝之三公也。'按[①]，黃帝仰天地，置列侯衆官，以風后配上台，天老配中台，五聖配下台，謂之三公也。《封禪書》云：'鬼臾區，號大鴻，黃帝大臣也。死葬雍，故鴻冢是。'《藝文志》云[②]'《鬼容區兵法》三篇'也。"

按，《後漢書·張衡傳》："黃帝爲斯深慘。有風后者，是焉亮之，察三辰於上，跡禍福乎下，經緯歷數，然後[③]天步有常，則風后之爲也。"章懷注引《春秋內事》曰："黃帝師於風后，風后善於伏羲氏之道，故推演陰陽之事。"《藝文志》兵家陰陽者《風后》十三篇，圖二卷。黃帝臣，依託也"。《正義》作"圖三卷"誤也。又"《力牧》[④]十五篇，亦黃帝臣，依託也。《鬼容區》三篇，圖一卷。黃帝臣，依託。"師古曰："即鬼臾區也。"《風后孤虛》二十卷，入數術五行。《黃帝長柳占夢》十一卷，入數術雜占。《通志·氏族略》："衛康叔支孫食邑於常，因以爲氏。或言黃帝臣常先之後。"大鴻並見《郊祀志》。又《列子·黃帝篇》："黃帝既寤，怡然自得，召天老、力牧、太山稽。"張湛注："三人，黃帝相也。"

006 幽明之占

《史記·五帝本紀》："幽明之占"。《正義》："幽，陰。明，陽也。占，數也。言陰陽五行，黃帝占數而知之。此文見《大戴禮》。"李先生雁晴《史記訂補》："'占'疑是'故'之爛文。"

按，《大戴禮·五帝德》"占"作"故"是也，《家語》同。《正義》以爲"占數而知之"者，非是。

---

① "按"，百衲本、殿本《正義》同，瀧川本、中華本作"案"。

② "云"，鈔稿本無。據諸本《正義》補。

③ "後"，鈔稿本作"后"。據中華本《後漢書》改。

④ 案，手稿此處有眉批云："《藝文志》道家'《力牧》二十二篇'，注'六國時所作，託之力牧。力牧，黃帝相。'"

007 存亡之難

《史記·五帝本紀》："存亡之難"。《索隱》："存亡猶安危也。《易》曰'危者安其位,亡者保其存'是也。難猶說也。凡事是非未盡,假以往來之詞,則曰難。又上文有'死生之說',故此云'存亡之難',所以韓非著書有《說林》、《說難》也。"《正義》："難音乃憚反。存亡猶生死也。黃帝之前,未有衣裳屋宇。及黃帝造屋宇,制衣服,營殯葬,萬民故免存亡之難。"瀧川資言《攷證》："李笠曰:'《家語》云:"以順天地之紀,知幽明之故,達死生存亡之說。"曰知曰達,亦即陳順之意。以死生存亡和作一句者,避說字之複也。小司馬云難猶說,是矣。然韓子《說難》謂游說之不易,辨難之義與彼無涉。'愚按,難猶變也。"

按,瀧川引李先生雁晴說非是。蓋難猶《文選·難蜀父老》、《答客難》之難,李注謂"語難"也,亦猶說,猶辨。存亡之難,謂天下國家所以存亡之辨也。《正義》說尤迂。

008 淳化鳥獸蟲蛾

《史記·五帝本紀》"淳化鳥獸蟲蛾",《索隱》："為一句。蛾,音牛綺反,一作豸。豸,言淳化廣被及之。"《正義》："蛾,音魚起反,又音豸,豸音直氏反。蟻,蚍蜉也。《爾雅》曰:'有足曰蟲,無足曰豸。'"瀧川資言《攷證》："《索隱》'豸'下脫音,'言'字①當在'化'字下。"

按,《索隱》說未甚了了。瀧川說亦未為得也。"一作②豸"下之"豸",疑衍文。《禮記·中庸》"大德敦化"鄭注:"大德敦化,厚生萬物,喻天子也。"淳化即敦化。

009 旁羅日月星辰水波土石金玉

《史記·五帝本紀》："旁羅日月星辰水波土石金玉"。《集解》："徐廣曰:'波一作沃。'"《索隱》："旁,非一方。羅,廣布也。今案,《大戴禮》作'歷離'。離即羅也。言帝德旁羅日月星辰水波,及至土石金玉。謂日月揚光,海

---

① "字",鈔稿本無。據瀧川《史記會注攷證》補。

② "作",鈔稿本作"音"。據瀧川《史記會注攷證》改。

水不波，山不藏珍，皆是帝德廣被也。"《正義》："旁羅，猶遍布也。日月，陰陽時節也。星，二十八宿也。辰，日月所會也。水波，瀾漪也。言天不異災，土無別害，水少波浪，山出珍寶。"瀧川資言《攷證》："凌稚隆曰：'旁羅乃測天度之器，如今之日晷地羅也。'愚按，百穀草木、鳥獸蟲蛾、日月星辰、土石金玉、心力耳目、水火材物，皆物；時播、淳化、旁羅、水波、勞勤、節用，皆事。水波未詳，或云：'水，壞字扁旁存者。'波當從徐氏一本作沃。《大戴禮》作極畝，阮氏《補注》云：'畝，治也。極，言至於四邊。'亦不通。"

按，瀧川謂"百穀草木、鳥獸蟲蛾、日月星辰、土石金玉、心力耳目、水火材物，皆物；時播、淳化、旁羅、水波、勞勤、節用，皆事"者是也。惟水波之義不可通。徐氏云"一本作沃"者，亦難解。索《大戴禮》作"極畝"，極，窮也，盡也。畝有取義。《文選·畝獵》李注引馬融曰："取獸曰畝 ①。"極畝土石金玉者，謂盡取地之寶藏也。蓋土生金，石蘊玉，猶下言高陽之"養材以任地"、高辛之"取地之財而節用之"也。旁羅，《大戴禮》作歷離，離羅字通。旁羅日月星辰者，猶《虞書》"歷象日月星辰，敬授人時"之義也。凌氏以旁羅乃測天度之器者，失之。

010 有土德之瑞

《史記·五帝本紀》："有土德之瑞，故號黃帝。"

按，《風俗通·皇霸》："黃帝始制冠冕，垂衣裳。上棟下宇，以避風雨。禮文法度，興事創業。黃者，光也，厚也，中和之色，德四季，與地同功，故先黃以別之也。"

011 其一曰玄囂

《史記·五帝本紀》："其一曰玄囂，是為青陽。"《索隱》："玄囂，帝嚳之祖。案，皇甫謐及宋衷皆云，玄囂青陽 ② 即少昊也。今此紀下云'玄囂不得在帝位'，則太史公意青陽非少昊明矣。而此又云玄囂'是為青陽'，當是誤也。謂二人皆黃帝子，竝列其名，所以前史因誤以玄囂青陽為一人耳。宋衷

---

① "畝"，胡刻本《文選》作"田"。案，田、畝通。

② "陽"，鈔稿本脫。據諸本《索隱》補。

又云：‘玄囂青陽是爲少昊，繼黃帝立者，而史不叙[①]。蓋少昊金德王，非五運之次，故叙五帝不數之也。’”

按，小司馬以此云玄囂是爲青陽當是誤也，然《後漢書·張衡傳》：“條上司馬遷[②]所叙與典籍不合者十餘事。”注：“《衡集》略曰：‘《帝系》：“黃帝產青陽、昌意。”《周書》曰：“乃命少昊[③]清。”清即青陽也，今宜實定之。’”若青陽即少昊以金德王，則史公“玄囂不得在帝位”之言乃非矣。

012 黃帝崩

《史記·五帝本紀》：“黃帝崩。”《集解》：“皇甫謐曰：‘在位百年而崩，年百一十一歲。’”《索隱》：“案，《大戴禮》：‘宰我問孔子曰：“榮伊言黃帝三百年，請問黃帝何人也？抑非人也？何以至三百年乎？”對曰：“生而人得其利百年，死而人畏其神百年，亡而人用其教百年。”’則士安之說畧可憑矣。”《正義》：“《列仙傳》云：‘軒轅自擇亡日與群臣辭。還葬橋山，山崩，棺空，唯有劍舄在棺焉。’”瀧川資言《攷證》：“林伯桐曰：‘《史記》於《黃帝紀》最慎，所謂“擇其言尤雅者”也。《正義》於蚩尤則引《龍魚河圖》，於風后、力牧則引《帝王世紀》，於黃帝崩則引《列仙傳》，皆不雅馴之言。豈史公之意乎？’”

按，瀧川引林氏說是也。然皇甫氏謂“在位百年而崩，年百一十一歲”，以此推之，則黃帝即位之年才一十二歲耳。《史》言“與炎帝戰於阪泉之野，三戰然後得其志。與蚩尤戰於涿鹿之野，遂禽殺蚩尤。而諸侯咸尊軒轅爲天子，代神農氏，是爲黃帝。”雖生而神靈，而年僅甘羅、外黃令舍人兒之比，士安之說又豈足憑歟？《正義》所引，尤誕妄不倫。

013 帝顓頊高陽

《史記·五帝本紀》：“帝顓頊[④]高陽者”。

---

① “叙”，鈔稿本作“序”。據諸本《索隱》改。

② “遷”下，中華本《後漢書》有“班固”二字。

③ “昊”，中華本《後漢書》作“皞”。案《禮記·月令》“其帝大皞”釋文：“皞，亦作昊。”

④ “頊”，鈔稿本脱，據手稿及《史記》諸本補。

按，《風俗通·皇霸》："顓者，專也。項者，信也。言其承文，易 [1] 之以質，使天下蒙化，皆貴貞愨也。"

014 顓頊生子曰窮蟬

《史記·五帝本紀》："帝顓頊生子曰窮蟬。"《索隱》："《系本》作窮係。宋衷云：'一云窮係，謚也。'"

按，《離騷》"帝高陽之苗裔兮"注："《帝繫》曰：'顓頊娶于騰隍氏女，而生老僮，是爲楚先。'"《風俗通·皇霸》亦云："楚之先，出自帝顓頊。"又《楚世家》云："楚之先祖，出自帝顓頊高陽，高陽生稱，稱生卷章。"《集解》："譙周曰：'老童即卷章。'"是王逸引《帝繫》以老僮爲顓頊之子，《集解》引譙周以老童爲顓頊之孫。兩者不同，疑莫能明也。窮蟬、窮係，於字皆爲雙聲，疑是一人。

015 帝嚳高辛

《史記·五帝本紀》："帝嚳高辛者"。《索隱》："宋衷曰：'高辛，地名，因以爲號。嚳，名也。'皇甫謐云：'帝嚳名夋也。'"

按，《風俗通·皇霸》："嚳者，考也，成也。言其考明法度，醇美譽然，若酒之芬香也。"《山海經·大荒西經》"夋"作"俊"，注："'俊'宜爲'嚳'。"

016 帝嚳崩

《史記·五帝本紀》："帝嚳崩。"《集解》："皇甫謐曰：'在位七十年，年百五歲。'《皇覽》曰：'帝嚳冢在東郡濮陽頓邱 [2] 城南臺陰野中。'"

按，《山海經·海外南經》："狄山，帝嚳葬于陰。"《司馬相如列傳》"歷唐堯於崇山兮"《正義》："張揖 [3] 云：'崇山，狄山也。'《海外經》云：'狄山，帝堯葬其陽。'"然則二帝皆葬狄山，帝堯在其陽，帝嚳在其陰耳。又按，《漢書·劉向傳》："堯葬濟陰，邱 [4] 隴皆小，葬具甚微。"

---

① "文易"二字，鈔稿本依通行本《風俗通》作"易文"。茲據四部叢刊本《太平御覽》引校乙。
② "邱"，《史記》諸本作"丘"。
③ "揖"，諸本《正義》無，此蓋依《漢書》顏注補。
④ "邱"，中華本《漢書》作"丘"。

017 帝堯諡號

《史記·五帝本紀》:"帝堯者"。《集解》:"駰案①:《諡法》曰:'翼善傳聖②曰堯。'"《索隱》:"堯,諡也。放勳,名。"瀧川資言《考證》:"堯、舜、禹,皆名。放勳、重華、文命,皆其徽號。當時尙未有諡,注《諡法》可削,舜、禹皆倣之③。古鈔本無'者'字。"

按,瀧川說非是。《白虎通·諡篇》:"諡者何也④?諡之爲言引也,引烈行之跡也。所以進勸成德,使上務節也。諡或一言,或兩言何?文者以一言爲諡,質者以兩言爲諡。故《尙書》曰高宗,殷宗也。湯死後,世稱成湯,以兩言爲諡也。以爲堯猶諡,顧上世質直,死後以其名爲號耳。所以諡之爲堯何?爲諡有七十二品,《禮記·諡法》曰:'翼善傳聖諡曰堯。'"是也。裴氏據以立文。《周書》曰:"諡者,行之迹也。號者,功之表也。"其與上世以名爲之者,則亦文質之殊耳。《書·堯典》釋文:"馬融云:'放勳,堯名。'皇甫諡同。一云:'放勳,堯字。'"又按,《風俗通·皇霸》:"堯者,高也,饒也,言其隆興煥炳最高明也。"《白虎通·號篇》:"謂之堯者何?堯猶嶤嶤也,至高之貌,淸妙高遠,優遊博衍,衆聖之主,百王之長也。"

018 其仁如天

《史記·五帝本紀》:"其仁如天。"瀧川資言《會注攷證》補訂《正義》:"郭璞注《爾雅》云:仁覆憫下,謂之昊天也。"

按,《爾雅》:"夏爲昊天。"郭璞注:"言氣皓旰。"《正義》引郭璞云云,《爾雅注》無之。《詩·王風·黍離》毛傳:"元氣廣大,則稱昊天。仁覆閔下,則稱旻天。"是"仁覆憫下"者,不得謂之"昊天"也。且下文"敬順昊天"《正義》:"元氣昊然廣大,故云昊天。《釋天》云:'春爲蒼天,夏爲昊天,秋爲旻天,冬爲上天。'而獨言昊天者,以堯能敬天大,故以昊大言之。"由此驗之,則今本刪削此條《正義》,必以其誦脫不倫。瀧川補訂,殊未之深考也。

---

① "駰案"二字,殿本《史記》同。百衲本、瀧川本、中華本無。

② "聖",鈔稿本作"信"。據諸本《史記》改。

③ "之",鈔稿本脫。據瀧川《考證》補。

④ "也",鈔稿本無。據四部叢刊本《白虎通德論》補。

019 放勳

《史記·五帝本紀》"放勳",《集解》:"徐廣曰:'號陶唐。'皇甫謐曰:'堯以甲申歲生,甲辰即帝位,甲午徵舜,甲寅舜代行天子事,辛巳崩,年百一十八,在位九十八年。'"瀧川資言《考證》:"崔適曰:'依《舜本紀》"名曰重華"、《夏本紀》"名曰文命",此當補"名曰"二字。'愚按,此承上文'弟放勳'而言,與舜、禹《本紀》異,不必補二字。又按,堯、舜、禹皆名,放勳、重華、文命皆其徽號。當時尚未有謚,注謚法可削。舜、禹皆倣之。古鈔本無'者'字。"

按,瀧川說是也。蓋上言"生放勳"、"弟放勳",則其爲名字可知。《書·堯典》釋文引馬融云:"放勳,堯名。一云放勛①,堯字。"《孟子·萬章篇》:"放勳②乃殂落。"《滕文公篇》引"放勳曰"。《大戴禮·五帝德》:"宰我問孔子曰:請問帝堯。曰:放勳。"則以放勳爲名字無疑。《御覽》八十引《中候運衡》曰:"帝堯刻璧率群臣東沈於雒。"《書》曰:"天子臣放勛德薄,施行不元。"《白虎通·爵篇》亦引"天子臣放勛"。武梁祠畫像云:"帝堯放勳,帝舜名重華。"則以放勳爲名矣。按古人有二名,如皋陶一名庭堅。謚③法始於周,《檀弓》曰:"死謚,周道也。"上古雖未有謚,但以生前之號即爲死後之稱。故《風俗通·皇霸篇》引《大傳》云:"堯者,高也,饒也,言其隆興煥炳,最高明也。舜者,推也,循也,言其推行道德,循堯緒也。"《白虎通·號篇》:"《書》曰'帝堯'、'帝舜',謂之堯者何?堯猶嶢嶢也,至高之貌,清妙高遠,優游博衍,衆聖之主,百王之長也。謂之舜者何?舜猶僢僢也,言其能推信④堯道而行之。"劉熙《釋名⑤》云:"以爲其尊高堯堯然,物莫之先,故謂之堯。"義本《大傳》。又《白虎通·謚篇》:"帝者,天號也。以爲堯,猶謚。顧上世質直,死後以其名爲號耳。所以謚之爲堯。何爲⑥謚有七十二品?《禮記謚法⑦》

① "勛",鈔稿本作"勳"。據通志堂本《經典釋文》改。案勛、勳古今字。
② "勳",阮刻本作"勛"。謹案,阮校辨作勳之非云:"孔本、考文古本'勛'作'勳'。案《音義》出'勛'字,云'音勳'。則作'勳'非也。"
③ "謚",鈔稿本誤"謐"。據上下文意改。
④ "信",鈔稿本無。據四部叢刊本《白虎通德論》補。
⑤ "釋名",鈔稿本誤"謚法"。據上下文意改。
⑥ "爲",鈔稿本無。據四部叢刊本《白虎通德論》補。
⑦ "禮記謚法",鈔稿本誤作"禮法謚記"。據四部叢刊本《白虎通德論》改。

曰:翼善傳聖謚①曰堯,仁聖盛明謚曰舜。"《書·堯典》釋文引馬融云:"堯,謚也。翼善傳聖曰堯。"與《白虎通》合。

020 黃收純衣

《史記·五帝本紀》"黃收純衣",《集解》:"徐廣曰:'純,一作紂。'駰案,《太古冠冕圖》云:'夏名冕曰收。'《禮記》曰:'野夫黃冠。'鄭玄曰:'純衣,士之祭服。'"《索隱》:"收,冕名。其色黃,故曰黃收,象古質素也。純,讀曰緇。"瀧川資言《攷證》:"《大戴禮》作'黃黼黻衣'。"

按,《禮記·檀弓上》:"爵弁絰,紂衣。"《釋文》:"紂,本又作緇,又作純,同側其反。"瀧川本、蜀本紂作絞,誤。

021 彤車乘白馬

《史記·五帝本紀》:"彤車乘白馬"。瀧川資言《考證》:"以上采《五帝德》。彤,《戴記》作丹,義同。"

按,《大戴記》無"乘"字,此疑衍。

022 敬順昊天

《史記·五帝本紀》:"敬順昊天"。《正義》:"敬,猶恭勤也。元氣昊然廣大,故云昊天。《釋天》云:'春爲蒼天,夏爲昊天,秋爲旻天,冬爲上天。'而獨言昊天者,以堯能敬天大,故以昊大言之。"

按,今文《尚書》歐陽說:"春曰昊天,夏曰蒼天,秋曰旻天,冬曰上天,總爲②皇天。"《說文·亐部》昦下云:"春爲昦天,元氣昦昦也③。"又《五經異義》:"謹按《尚書·堯典》堯命羲和,欽若昊天,總敕四時。知昊天不獨春。"《書》孔疏:"鄭玄讀《爾雅》云:'春爲昊天,夏爲蒼天。'故駁《異義》云:'春氣博施,故以廣大言之。夏氣高明,故以遠言之。秋氣或生或殺,故以閔下言之。冬氣閉藏而清察,故以監下言之。皇天者,尊而號之也。'六籍之中,諸稱天者以情所求言之耳,非必於其時稱之。然此言堯敬大四天,

---

① "謚",鈔稿本無,據四部叢刊本《白虎通德論》補。下句"謚"倣此。

② "爲",鈔稿本作"曰"。據阮刻本《周禮注疏》引歐陽說改。

③ "也",段注本《說文》同。大、小徐本無。

故以廣大言之。"據此，則許、鄭二君所見《爾雅》與李巡、孫炎、郭璞本作春蒼夏昊者異矣。《詩・黍離》傳云："尊而君之，則稱皇天；元氣廣大，則稱昊天；仁覆閔下，則稱旻天；自上監下①，則稱上天；據遠視之蒼蒼然，則稱蒼天。"此亦隨事立稱之說。是則依許義，昊天"總救四時"，而《說文》"元氣界界"，亦是廣大之貌。《詩・雨無正》"浩浩昊天"、《巧言》"悠悠昊天"、《蓼莪》"昊天罔極"皆其義。張氏從鄭義，而夏爲昊天，則又據郭璞本《爾雅》矣。

023 數法日月星辰

《史記・五帝本紀》："數法日月星辰。"《索隱》："《尚書》作'歷象日月'，則此言'數法'，是訓'歷象'二字，謂命羲和以歷數之法觀察日月星辰之早晚，以敬授人時也。"《正義》："歷數之法，日之甲乙，月之大小，昏明遞中之星，日月所會之辰，定其天數，以爲一歲之曆。"

按，《大戴禮・曾子天圓篇》曰："聖人慎守日月之數，以察星辰之行，以序四時之順逆，謂之曆②。"《論語》曰："天之歷數在爾躬，允執其中，四海困窮，天祿永終。"又曰："使民以時"。《孟子》曰："不違農時"。皆其義也。

024 鳥獸字微

《史記・五帝本紀》："鳥獸字微"。《集解》："孔安國③曰：'乳化曰字。'《尚書》'微'作'尾'字。說④云：'尾，交接也。'"瀧川資言《攷證》："《呂覽》'尾生高'注云：'即《論語》微生高。'尾微古通用。"

按，《書》僞孔傳："乳化曰孳。"《集解》言《書》"微"作"尾"，不言"字"作"孳"者，正疑裴氏所見《史記》本作"孳"不作"字"也，然義得通。《說文》："字，乳也。言孳乳而寖多也"⑤，"孳，汲汲生也"。又尾下云：

---

① "監下"，《周禮注疏》引《古尚書說》同。阮刻本《毛詩正義》作"降鑒"。

② "曆"，鈔稿本作"歷"。據四部叢刊本《大戴禮記》改。案二字通。

③ "國"，鈔稿本脫。據手稿及《集解》諸本補。

④ "說"下，百衲本、殿本、中華本《史記》有"文"字。瀧川本無。今檢《說文》亦無"尾，交接也"語。

⑤ "言孳乳而寖多也"，見《說文叙》，段注有引。

"微也。"《釋名·釋形體》:"尾,微也。承脊之末,稍微殺也。"江聲云:"《魯語》①'鳥獸孕'韋昭注②:'謂春時。'又曰③'鳥獸成'韋注④:'謂立夏鳥獸以成。'是則春時鳥獸方字乳而尙微也。"

025 申命羲叔居南交

《史記·五帝本紀》:"申命羲叔,居南交。"《集解》:"孔安國曰:'夏與春交,此治南方之官也。'"《索隱》:"孔注未是。然則冬與秋交,何故下無其文?且東嵎夷、西昧谷、北幽都,三方皆言地,而夏獨不言地,乃云與春交,斯不例之甚也。然南方地⑤有名⑥交阯者,或古文略舉一字名地,南交則是交阯不疑也。"《正義》:"羲叔主南方官,若《周禮》夏官卿也。"瀧川資言《攷證》:"《韓非子·十過篇》:'堯有天下,其地南至交阯,北至幽都,東西至日月之所出入者,莫不賓服。'"

按,《書》孔疏引鄭玄云:"夏不言'曰明都'三字,摩滅也。"仲遠不信其說,駁之云:"伏生所誦與壁中舊本竝無此字,非摩滅也。"小司馬疑偽孔傳,然亦不取鄭說。以爲南交則是交阯,用今文。《大傳》云:"堯南撫交阯。"《水經注·三十七·淹水注》又云:"中祀大交霍山。"《爾雅·釋地》疏引《虞夏傳》。霍山爲南嶽。鄭注:"中,仲也,古字通。春爲元,夏爲仲。五月南巡守,仲祭大交氣於霍山也。南交稱大交,《書》曰'宅南交'是也。"注見《通鑑前編》⑦《墨子·節用篇》:"堯治天下,南撫交阯,北降幽都,東西至日所出入,莫不賓服。"《淮南·修務訓》、《說苑·反質篇》、《荀子·王霸篇》楊注引《尸子》文,並略同,似俱用此經語。《大傳》無"北際幽都"者,或曰文不具耳。又按,《漢書·儒林傳》:"遷從安國問故,遷書載《堯典》、《禹貢》、《洪範》、《微子》、《金縢》諸篇,多古文說。"此紀"居南交⑧","居"即"宅"之故訓

---

① "語"下,清經解本《尙書集注音疏》有"云"字。

② "注"下,清經解本《尙書集注音疏》有"云"字。

③ "曰",清經解本《尙書集注音疏》作"云"。

④ "注",清經解本《尙書集注音疏》作"云"。

⑤ "地",鈔稿本無。據《史記》諸本補。

⑥ "名",鈔稿本無。據《史記》諸本補。

⑦ 案"堯南撫交阯"、"中祀大交霍山"及鄭注,蓋轉引自陳壽祺輯本《尙書大傳》。檢阮刻《爾雅注疏》未見"中祀大交霍山"語。不詳所本。

⑧ "交",鈔稿本誤"郊",據諸本《史記》改。下文"南交"之"交"倣此。

字。"南交",古文說。鄭注《大傳》亦皆古文說也。

026 便程南爲敬致

《史記·五帝本紀[①]》:"便[②]程南爲,敬致。"《集解》:"孔安國曰:'爲,化也。平序南方化育之事,敬行其教,以致其功也。'"《索隱》:"爲,依字讀。春言東[③]作,夏言南爲,皆是耕作營爲勸農之事。孔安國強讀爲'訛'字,雖則訓化,解釋亦甚紆回也。"《正義》:"爲,音于僞反。命羲叔宜恭勤民事,致其種殖,使有程期也。"

按,小司馬"爲"依字讀,非是。說《書》者皆不作此音義。段玉裁《尚書撰異》云:"鄭注'東作'曰'生',則知南爲鄭必訓化,由生而化而成,是禾之節次。《淮南·天文訓》曰'禾不爲'、'菽麥不爲'是也。小司馬云作爲同義,則爲混於東作。高誘注:'爲,成也。'則爲混於西成。僞傳亦合古音義。《漢書·王莽傳》'予之南巡,必躬載耨,每縣則薅,以勸南僞。'顏注:'僞讀曰訛。訛,化也。'此今古文同作'僞'之證。"《大傳》云:"南方者何[④]?任方也。任方者,物之方任。何以謂之夏?夏者,假也。吁荼萬物養之外者也,故曰南方夏也。"伏傳言"吁荼萬物養之外"者,養,長也。《大戴記·夏[⑤]小正》:"時有養日[⑥]。養,長也。"與僞孔"爲,化也。平序南方化育之事,敬行其教以致其功"者義合。是今、古文不異也。張氏謂"致其種殖,使有程期"者,亦庶幾矣。裴氏從僞傳,義長。

027 日永星火以正中夏

《史記·五帝本紀》:"日永,星火,以正中夏。"《集解》:"孔安國曰:'永,長也。謂夏至之日。火,蒼龍之中星,舉中則七星見可知也,以正中夏之氣節。'馬融、王肅謂日長晝漏六十刻,鄭玄曰五十五刻。"瀧川資言《攷證》:"中井積德曰:'六十刻者,以日出入而言。五十五刻者,以晨昏而言。'愚按,

---

① "本紀"二字,鈔稿本無。據本書通例補。
② "便",鈔稿本作"偏"。據諸本《史記》改。
③ "東",鈔稿本誤"冬",據諸本《史記》改。
④ "何"下,師伏堂本《尚書大傳》有"也"字。
⑤ "夏"下,鈔稿本衍"義"字。據手稿刪。
⑥ "日",鈔稿本誤"曰"。據手稿及嘉趣堂本《大戴禮記》改。

據下文注，《集解》‘五十五刻’下當有‘失之’二字。”

按，瀧川云《集解》“五十五刻”下當有“失之”二字，是也。惟引中井說則非。《書》孔疏：“馬融云：‘古制刻漏晝夜百刻。晝長六十刻，夜短四十刻；晝短四十刻，夜長六十刻；晝中五十刻，夜亦五十刻。’融之此言，據日出見爲說。天之晝夜以日出入爲分，人之晝夜以昏明爲限。日未出前二刻半爲明，日入後二刻半爲昏。損夜五刻以神於晝，則晝多於夜復校五刻。古今歷術與太史所候皆云，夏至之晝六十五刻，夜三十五刻；冬至之晝四十五刻，夜五十五刻；春分、秋分之晝五十五刻，夜四十五刻。此其不易之法也。然今太史細候之法，則校常法半刻也。從春分至於夏至，晝漸長，增九刻半。夏至至於秋分，所減亦如之。從秋分至於冬至，晝漸短，減十刻半。從冬至至於春分，其增亦如之。又於每氣之間增減刻數，有多有少，不可通而爲率。漢初未能審知，率九日增減一刻，和帝時待詔霍融始請改之。鄭注《書緯·考靈曜》仍云‘九日增減一刻’，猶尙未覺誤也。鄭注此[①]云：‘日長者，日見之漏五十五刻；日短者，日見之漏四十五刻。’與歷不同，故王肅難云：‘知日見之漏減晝漏五刻，不意馬融爲傳已減之矣。因馬融所減而又減之，故日長爲五十五刻，因以冬至反之，取其夏至夜刻，以爲冬至晝短，此其所以誤耳。’據此，鄭云五十五刻者，以日出入而言，因馬融所減而又減之，相差五刻，故王肅難之也。若依中井云以晨昏而言，則夏至之晝當爲六十五刻，此其所以誤也。

028 申命和叔居北方曰幽都

《史記·五帝本紀》：“申命和叔，居北方，曰幽都。”《索隱》：“《山海經》曰：‘北海之內有山名幽都。’蓋是也。”

按，《大傳》云：“幽都弘山祀”。鄭注：“弘山，恒山也。十有一月朔，巡守，祭幽都之氣於恒山也。互言之者，明祭山北稱幽都也。”小司馬於此紀“分命羲仲”以下多用今文說，與裴氏《集解》之遵用僞孔者異。然其說幽都又不用伏傳，而用數術形法之書，則其所謂“太史公博採經記而爲此史，廣記異聞，不必皆依《尙書》”之意也。

---

① “注此”，鈔稿本作“此注”。據阮刻《尙書正義》改。

029 便在伏物

《史記·五帝本紀》：“便在伏物。”《索隱》：“使和叔察北方藏伏之物，謂人畜積聚等冬皆藏伏。《尸子》亦曰：‘北方者，伏方也。’《尚書》作‘平在朔易’。今案，《大傳》云：‘便在伏物’，太史公據之而書。”瀧川資言《攷證》：“《尚書大傳》云：‘北方者何也？伏方也。伏方者，萬物伏藏之方。伏藏之方，則何以謂之冬？冬者，萬物方藏於中也，故曰北方冬也。’”

按，《御覽》引《大傳》作“辯在朔易”，與小司馬異。皮錫瑞謂：“《大傳》乃伏生沒後，歐陽、張生各記所聞。故‘伏物’、‘朔易’二本不同。”予以爲不然。蓋“朔易”言其時，“伏物”言其事，文雖不同，義則相成。《書》疏引王肅云“改易者，謹約蓋藏，循行積聚，《詩》‘嗟我婦子，曰爲改歲，入此室處’”者，正疑今古文說皆不異也。

030 日短星昴以正中冬

《史記·五帝本紀》：“日短，星昴，以正中 [①] 冬。”《集解》：“孔安國曰：‘日短，冬至之日也。昴，白虎之中星。亦以七星竝見，以正冬節也。’馬融、王肅謂日短晝漏四十刻。鄭玄曰四十五刻，失之。”

按，鄭言四十五刻者，就日之出入，故謬也。

031 嗣子丹朱開明

《史記·五帝本紀》：“嗣子丹朱開明。”《正義》：“鄭玄云：‘帝堯胤嗣之子，名曰丹朱，開明也。’案，開，解而達也。《帝王紀》云：‘堯娶散宜氏女 [②]，曰女皇，生丹朱。’《汲冢紀年》云：‘后稷放帝子丹朱。’范汪《荊州記》云：‘丹水縣在丹川，堯子朱之所封也。’《括地志》云：‘丹水故城在鄧州內鄉縣西南百三十里，丹水故爲縣。’”瀧川資言《攷證》：“《尚書》作‘胤子朱啟明’。”

按，《說文》“絑”下云：“《虞書》‘丹朱’如此。”段注：“此謂壁 [③] 書

---

① “中”，鈔稿本作“仲”。據諸本《史記》改。

② “女”，鈔稿本脫，據諸本《史記》補。

③ “壁”下，經韻樓本《古文尚書撰異》有“中故”二字。

也,故書作絑,以今文讀之乃易爲朱字。許云'《虞書》丹朱如此',則知他經丹朱字不作絑也。"《淮南·泰族訓》:"雖有法度①,而絑②弗③能統也"高注:"絑,堯子也。"字亦作絑,與許書同。段以爲壁書者近是。許君遵用古文,蓋所謂《書》孔氏"者也。又按,《書》"嗣子"作"胤子",僞孔傳:"胤,國。子,爵。"《釋文》引馬云:"嗣也。"鄭玄亦云:"帝堯胤嗣之子,名曰丹朱。"遷從安國問故,其爲此紀曰"嗣子丹朱",不曰"胤,國;子,爵"。《釋詁》:"胤、嗣,繼也。"是以故訓代之,馬、鄭義未有異此,僞孔傳之不足信也。《白虎通·爵篇》云:"爵有五等,以法五行也;或三等者,法三光也。或法三光,或法五行何?質家者據天,故法三光;文家者據地,故法五行。《含文嘉》曰:'殷爵三等,周爵五等,各有宜也。'《王制》曰:'王者之制祿爵凡五等。'謂公、侯、伯、子、男。此周制也。"前乎此者,其在傳曰:"黃帝氏以雲紀,炎帝氏以火紀,共工氏以水紀,太皞氏以龍紀,少皞氏以鳥紀。"④各因物以取義。唐虞之世,則有四岳十二牧,所謂胤國子爵者,其言尤誕妄。

032 正月上日

《史記·五帝本紀》:"正月上日"。《集解》:"馬融曰:'上日,朔日也。'"《正義》:"鄭玄云:'帝王易代,莫不改正。堯正建丑,舜正建子。此時未改,故依堯正月上日也。'"

按,《宋書·禮志》引《詩推度災》云:"軒轅、高辛、夏后氏、漢,皆以十三月爲正;少昊、有唐、有殷,皆以十二月爲正;高陽、有虞、有周,皆以十一月爲正。"鄭說本此。《御覽》十四引《大傳》云:"上日,元日。"王引之云:"上旬之善日,非謂朔日也⑤。元日,善日也,吉日也。《王制》'元日習射上功,習鄉上齒。'正義以元日爲善日。《月令》'孟春,天子乃以元日祈穀于上

---

① "法度",鈔稿本作"天下",疑涉《淮南子》上文而誤。茲據新編諸子集成本《淮南子集釋》改。

② "絑",他本多作"朱"。此似依莊逵吉本。

③ "弗",鈔稿本作"勿"。據新編諸子集成本《淮南子集釋》改。

④ "黃帝"至"鳥紀",詳《左傳》昭十七年文。

⑤ "上旬之善日,非謂朔日也",見王引之《經義述聞》:"上日、元日,皆非謂朔日也。上日,謂上旬吉日。"

帝'盧植、蔡邕並曰：'元，善也。'"予謂王氏以元日爲善日、吉日，乃巫史貞卜休咎之言，與下文擇吉月日複。且《王制》"元日習射上功，習鄉上齒"、《月令》"元日祈穀"，非王者受命改正易朔之事。《禮·大傳》曰："聖人南面而治天下，必自人道始矣。立權度量，考文章，改正朔，易服色，殊徽號，異器械，別衣服，此其所得與民變革者也。"孔疏："改正朔者，'正'謂年始，'朔'謂月初，言王者得政，示從我始改故用新，隨寅丑子所建①也。周子、殷丑、夏寅，是改正也。周夜半，殷雞鳴，夏平日，是易朔也。"《白虎通·三正篇》："王者受命，必改朔何？明易姓，示不相襲也。明受之於天，不受之於人。所以變易民心，革其耳目，以助化也。是以舜禹雖繼太平，猶宜改以應天。"《漢書·董仲舒傳》："孔子曰'亡爲而治者，其舜乎！'改正朔，易服色，以順天命而已；其餘盡循堯道，更何爲哉！"《尚書中候》云："若稽古帝舜曰重華，欽翼皇象。"建皇授政改朔②。馬融、僞孔皆以上日爲朔日；鄭君明易代改正之說，未有異辭。王氏訓元爲善，其事不類，不足從也。

033 辯于群神

《史記·五帝本紀》："辯于群神"。《集解》："徐廣曰：'辯音班。'駰案，鄭玄曰：'群神若丘陵墳衍。'"《正義》："辯音遍，謂祭群神也。"瀧川資言《攷證》："《封禪書》辯作徧，王先謙曰：'《黃圖》載"元始儀"、《說苑·辨物篇》、《漢書·王莽傳》、《論衡·祭意篇》、《白石神君碑》、《魏公卿上尊號表③》皆作徧。'愚按，辯又或作班。徧、辯、班音近，蓋與類、禋、望同祭神也，其義未詳。"

按，《書》辯作徧。《詩·時邁》及《般》疏引《堯典》鄭注："徧以尊卑次秩祭之"是也。《士虞禮》"明日以其班祔"鄭注："班或爲辨④。"《鄉飲酒禮》、《大射儀》鄭注："今文辯皆爲徧。"⑤是其義同也。

---

① "建"，阮刻本作"損"。此蓋據阮校引齊召南語改。
② "建皇授政改朔"，沈約《宋書·禮志》引《尚書》語。皇，鈔稿本作黃，據沈引改。
③ "表"，鈔稿本作"奏"。據瀧川《攷證》引改。
④ "辨"，鈔稿本作"辯"。據阮刻《儀禮注疏》改。案，辨、辯通用。
⑤ 謹案，《鄉飲酒禮》"衆賓辯有脯醢"鄭注："今文辯皆作徧。"《大射禮》"大夫辯受酬"鄭注："今文辯作徧。"

034 三帛

《史記·五帝本紀》"三帛"，《集解》："馬融曰：'三孤所執也。'鄭玄曰：'帛，所以薦玉也。必三者，高陽氏後用赤繒，高辛氏後用黑繒，其餘諸侯皆用白繒。'"《正義》："孔安國云：'諸侯世子執纁，公之孤執玄，附庸之君執黃也。'案：《三統紀》推伏羲爲天統，色尚赤。神農爲地統，色尚黑。黃帝爲人統，色尚白。少昊，黃帝子，亦尚白。故高陽氏又天統，亦尚赤。堯爲人統，故用白。"

按，張氏引《三統紀》"黃帝爲人統，色尚白"，然上文云"有土德之瑞"，故號黃帝。《呂氏春秋·名類篇》："黃帝之時，天先見大螾、大螻，黃帝曰：'土氣勝。'土氣勝，故其色尚黃，其事則土。"高注："則，法也。法土色尚黃。"以是觀之，豈五德終始之說所尚之色，與三帛薦玉所尚之色，有不同？抑其說之有歧異與？《通典》五十五引《尚書中候》云："高陽氏尚赤，薦玉以赤繒。高辛氏尚黑，薦玉以黑繒。陶唐氏尚白，薦玉以白繒。"鄭據以爲說。《禮·檀弓》疏："推鄭之意①，謂②堯以十二月爲正，尚白，諸侯奉堯正朔③，故曰其餘諸侯皆④用白繒。高辛氏以十三⑤月爲正，尚黑，故其⑥後用黑繒。高陽氏以十一月爲正，尚赤，故其⑦後用赤繒。少皞⑧以十二月爲正，尚白。黃帝以十三月爲正，尚黑。按此與《三統紀》人統尚白、《呂氏春秋》土勝尚黃之說皆異。神農以十一月爲正，尚赤。女禍以十二月爲正，尚白。伏羲⑨以上，未有聞焉。"《禮緯·含文嘉》云："天子、三公、諸侯皆以三帛薦玉。"宋均注："其殷禮，三帛謂朱白蒼，象三正。其五帝之禮，薦玉用一色之帛。"宋從鄭學而說不同。僞孔傳又謂"三帛，諸侯世子執纁，公之孤執玄，附庸之君執黃。"孔疏："經言三帛，必有三色。所云纁、玄、黃者，孔時或有所據，未知出何書也。王肅云

---

① "推鄭之意"，阮刻本《禮記正義》作"如鄭此意，卻而推之"。

② "謂"，阮刻本《禮記正義》作"舜以十一月爲正，尚赤。"

③ "諸侯奉堯正朔"六字，阮刻本《禮記正義》無。

④ "皆"，阮刻本《禮記正義》無。

⑤ "三"，阮刻本《禮記正義》作"二"。阮校引浦鏜云："三誤二。"

⑥ "其"，阮刻本《禮記正義》作"云高辛氏之"。

⑦ "其"，阮刻本《禮記正義》作"云高陽氏之"。

⑧ "少皞"，阮刻本《禮記正義》作"帝少皞"。

⑨ "羲"，阮刻本《禮記正義》作"犠"。阮校云："惠棟校宋本同。閩、監、毛本犠作義。"

'三帛，纁、玄、黄 ① 也。附庸與諸侯之適子、公之孤執皮帛，其執之色未詳。聞或曰孤執玄，諸侯之適子 ② 執纁，附庸執黄。"其言與僞孔傳同 ③。諸説紛紜莫衷一是，姑述之如此。

035 惟刑之靜哉

《史記·五帝本紀》："惟刑之靜哉。"《集解》："徐廣曰：'今文云惟刑之謐哉。《爾雅》曰：謐，靜也。'"《索隱》："注'惟刑之謐哉'，案古文作'恤哉'，且今文是伏生口誦。卹、謐聲近，遂作'謐'也。"

按，徐氏、小司馬皆謂謐爲今文。段玉裁云："《史記》作靜，以故訓代 ④，使讀者易通。謐訓靜，故易爲靜也。古文作卹，亦靜慎之意。《周頌》'誐以謐我'，《春秋傳》引作'何以恤我'，今《毛詩》作'假以溢我'。《釋詁》：'愍、神、溢，慎也。'又云：'忥、謐 ⑤、慎、貉、謐、頴、頦、密、寧，靜也。'卹恤謐假借字，皆謂慎靜。"孫星衍云："《漢書·刑法志》：'元帝初立，乃下詔曰：《書》不云乎？惟刑之恤哉。其審核之。'是古文作恤也。"《尚書今古文 ⑥ 注疏》又按蔡邕《文烈侯楊公碑》云："惟刑之恤"。其恤作卹者，潘岳《藉田賦》："欽哉欽哉，惟穀之卹。"李注引《尚書》曰："欽哉欽哉，惟刑之卹哉。"《經典釋文·敘錄》："伏生授濟南張生、千乘歐陽生字和伯。生授同郡兒寬。寬又從孔安國受業，以授歐陽生之子。歐陽氏世傳業，至曾孫高作《尚書章句》，爲歐陽氏學。高孫地餘，以書授元帝。而濟南 ⑦ 張生授夏侯都尉，都尉傳族子世昌，世昌傳族子勝。勝又事同郡簡卿，簡卿 ⑧ 者，兒寬門人；又從歐陽氏問。爲學精熟，所問非一師。勝傳齊人周堪及魯國孔霸。霸字次孺，爲博士，以書授元帝。"是伏、孔之學，淆于兒寬，及夏侯勝所問非一師。元帝受經諸儒，不專主一家。恤謐聲近義同，疑今古文不異也。

---

① "者孔"至"玄黄"二十一字，鈔稿本脱。據手稿及阮刻本《尚書正義》補。

② "公之孤"至"之適子"二十三字，鈔稿本脱。據手稿及阮刻本《尚書正義》補。

③ "其言與僞孔傳同"，孔疏云："王肅之注《尚書》，其言多同孔傳。"

④ "代"，經韻樓本《古文尚書撰異》作"易其字"。

⑤ "謐"，鈔稿本作"謐"。據經韻樓本《古文尚書撰異》改。

⑥ "文"，鈔稿本脱。據手稿補。

⑦ "而濟南"三字，通志堂本《經典釋文·敘錄》無。

⑧ "簡卿"，鈔稿本脱。手稿作"卿"。據通志堂本《經典釋文·敘錄》校補。

036 堯壽百一十六歲

《史記·五帝本紀》:"堯立七十年得舜,二十年而老,令舜攝行天子之政,薦之於天。堯辟位凡二十八年而崩。"《正義》:"皇甫謐云:'堯即位九十八年,通舜攝二十八年也,凡百一十七歲。'孔安國云:'堯壽百一十六歲。'"

按,《虞書》偽孔傳:"堯年十六即位,七十載求禪。試舜三載。自正月上日至崩二十八載。堯凡壽一百一十七歲。"孔疏:"堯以十六即位,明年乃爲元年,七十載求禪,求禪之時八十六也。試舜三年,自正月上日至崩二十八載。總計其數,凡壽一百一十七歲。案《堯典》求禪之年即得舜而試之,求禪、試舜共在一年也。更得二年,即爲歷試三年,故下傳云'歷試二年',與攝位二十八年,合得爲'三十在位'。故王肅云:'徵用三載,其一在徵用之年,其餘二載與攝位二十八年,凡三十歲也。'故孔傳云'歷試二年',明其一年在徵用之限。以此計之,惟有一百一十六歲,不得有七,蓋誤爲七也。"

037 三年四方莫舉樂

《史記·五帝本紀》:"百姓悲哀,如喪父母。三年四方莫舉樂,以思堯。"《正義》:"《尚書》'三載四海遏密八音'是也。"瀧川資言《考證》:"'堯辟①位'以下本《尚書·堯典》。《孟子·萬章篇》'三年'二字屬上。"

按,依《尚書》、《孟子》,"三年"當屬下。《春秋繁露·暖燠熟②多篇》引作"百姓如喪考妣,四海之內,闋密③八音三年。"則"三年"屬下明矣。若如瀧川說"三年"二字屬上,則"如喪父母"之"喪"當平讀矣,非是。

038 舜讓辟丹朱

《史記·五帝本紀》:"堯崩,三年之喪畢,舜讓辟丹朱於南河之南。"《正義》:"《括地志》云:故堯城在濮州鄄城縣東北④十五里。《竹書》云:昔堯德衰,爲舜所囚也。又有偃朱故城,在縣西北十五里。《竹書》云舜囚堯,復偃塞丹朱,使不與父相見也。"

---

① "堯辟"二字,鈔稿本及瀧川《攷證》俱作"辟堯"。據《史記》諸本校乙。

② "熟",四部叢刊本《春秋繁露》作"孰"。案孰、熟古今字。

③ "密",鈔稿本譌"蜜"。據手稿及四部叢刊本《春秋繁露》改。

④ "北",鈔稿本脫。據《史記正義》補。

按，《韓非子·説疑》：“古之所謂聖君明王①者，以其搆黨與聚巷族，偪上弑君②而求其利也。彼曰：何知其然也？因曰：舜偪堯，禹偪舜，湯放桀，武王伐紂，此四王者，人臣弑其君者也，而天下譽之。察四王之情，貪得人之意也。度其行，暴亂之兵也。然四王自廣措也，而天下稱大焉。自顯名也，而天下稱明焉。則威足以臨天下，利足以蓋世，天下從之。”又《史通·疑古》引汲冢《瑣語》曰：“舜放堯於平陽。”史公摭採唐虞三代之書，以成本紀，徵之孟子答萬章之語，則儒者祖述堯舜，未嘗或異。汲冢偽書《竹書》云云，正疑頗採晚周諸子而成説。蘇子瞻論荀卿“喜爲異説而不讓”，如曰“人性惡，桀紂性也，堯舜偽也”。韓非之學，出於荀卿，殆是之類，可存別説。又按，《孟子》趙注：“南河之南，遠地南夷也。”

039 虞舜謚號

《史記·五帝本紀》：“虞舜者”。《集解》：“駰案③：《謚法》曰：‘仁聖盛明曰舜。’”

按，《風俗通·皇霸》：“舜④者，推也，循也，言其推行道德按，“推行道德”四字，原誤在“舜者推也”句上，循堯緒也。”⑤

040 虞舜謚號及生地

《史記·五帝本紀》：“虞舜者”。《集解》：“《謚法》曰：‘仁聖盛明曰舜’”。《索隱》：“虞，國名，在河東大陽縣。舜，謚也。皇甫謐云：‘舜字都君也。’”《正義》：“《括地志》云：‘故虞城在陝州河北縣東北五十里虞山之上。酈元注《水經》云幹橋東北有虞城，堯以女嬪於虞之地也。又宋州虞城大襄國所封之邑。杜預云舜後諸侯也。又越州餘姚縣，顧野王云舜後支庶所封之地。舜姚姓，故云餘姚。縣西七十里有漢上虞故縣。《會稽舊記》云舜上虞

---

① “王”，鈔稿本作“主”。據四部叢刊本《韓非子》改。
② “君”，鈔稿本脱。據四部叢刊本《韓非子》補。
③ “駰案”二字，殿本《史記》同。百衲本、瀧川本、中華本無。
④ “舜”，鈔稿本脱。據手稿及四部叢刊本《風俗通義》補。
⑤ “也”下，鈔稿本有“《詩·小雅·鹿鳴》‘和樂且湛’傳：‘湛，樂之久。’釋文：‘湛，都南反，字又作耽。’按，《常棣》釋文：‘湛，啓南反，又作耽。《韓詩》云：樂之甚也。’”四十三字，疑謄錄誤闌入，未審何屬。謹附存備考。

人，去虞三十里有姚丘，即舜所生也。周處《風土記》云舜東夷之人，生姚丘。'《括地志》又云：'姚墟在濮州雷澤縣東十三里。《孝經援神契》云舜生於姚墟。'案，二所未詳也。"瀧川資言《考證》："古鈔、南化本無'者'字。舜名，非謚，謚自周始。'都君'見《孟子》，猶言一都之君，非字。"

按，《風俗通·皇霸篇》："舜者，推也，循也，言其推行道德，按"推行道德"四字，原誤在"舜者推也"句上。循堯緒也。"《白虎通·號篇》："謂之舜者何？舜猶僢僢也，言能推信堯道而行之。"裴氏引《謚法》蓋《白虎通·謚篇》文。瀧川說非是，駁見上。《孟子·萬章》"謨蓋都君"趙注："都，於也。君，舜也。"孫奭疏："都君，即象稱舜也。然謂之都君者，蓋以舜在側微之中 ①，漁雷澤，一年所居成聚，二年成邑，三年成都，故以此遂因之爲都君矣。注曰'都，於也'，其說亦通。"則注與疏各持其說。《風俗通·山澤》："謹案 ②，《尙書》：'舜生姚墟'。姚墟在濟陰城陽縣。"按應氏引《尙書》無此文，蓋《尙書》傳文。《漢書·地理志》："濟陰郡，故梁。景帝中六年別爲濟陰國。宣帝甘露二年更名定陶。《禹貢》荷澤在定陶東，屬兗州。"與《括地志》所云"姚墟在濮州雷澤縣東十三里"者，皆隸山東曹州地。濟陰故爲曹州治，在今曹縣西北。至《會稽舊記》云云，固爲附會，殆如顧野王所謂"舜後支庶所封"是也。虞城在河東大陽，《地理志》河東郡縣二十四，有大陽、蒲反、河北，舜都在焉。小司馬說是也。

041 就時於負夏

《史記·五帝本紀》："就時於負夏"。《集解》："鄭玄曰：'負夏，衛地。'"《索隱》："就時，猶逐時，若言乘時射利也。《尙書大傳》曰：'販於頓丘，就時負夏。'《孟子》曰：'遷于負夏。'是也。"瀧川資言《考證》："作什器於壽丘，就時於負夏。又見《尸子》。"

按，《禮記·檀弓上》："曾子弔於負夏。"鄭注："負夏，衛地。"惟《孟子》趙注："負夏，地名。負海也，在東方夷服之地。"然《詩·衛譜》："其封域在《禹貢》冀州大行之東，北踰衡漳，東及兗州桑土之野。"固未嘗瀕海。

---

① "中"，阮刻本《孟子注疏》作"時"。

② "案"，四部叢刊本《風俗通義》作"按"。

趙氏之言不足信也。《詩·衛風·氓》"至於頓丘"傳:"丘^①一成爲頓丘。"《詩譜》正義曰:"頓丘,今爲縣^②名,在朝歌紂都之東也。"又《蘇秦列傳》索隱:"頓邱^③故城^④,在魏州頓邱縣東北二十里。"

042 高陽氏有才子八人

《史記·五帝本紀》:"昔高陽氏有才子八人。"《集解》:"名見《左傳》。"瀧川資言《考證》:"'昔'字疑衍,下同。"

按,見《左氏》宣十八年傳。兩"昔"字,史據《左氏傳》文,非衍。

043 世得其利謂之八愷

《史記·五帝本紀》:"世得其利,謂之八愷。"《集解》:"賈逵曰:'愷,和也^⑤。'"《索隱》:"《左傳》史克對魯宣公曰:'昔高陽氏有才子八人,倉舒、隤敳、檮戭、大臨、尨降、庭堅、仲容、叔達。'"瀧川資言《考證》:"梁玉繩曰:《左傳》無'得利'語,以下文'世謂之八元'例觀,當衍。"

按,瀧川引《志疑》非是。《左傳》雖無"得利"語,然於高陽氏才子八人則云"齊聖廣淵,明允篤誠",於高辛氏才子八人則云"忠肅共懿,宣慈惠和",下文帝鴻、少皞、顓頊、縉雲氏之不才子,皆舉其惡行。史於左氏立文,或略或詳,推此例之,不得云衍。《爾雅·釋詁》:"愷,樂也。"樂以發和。《後漢書·黨錮列傳》引作"八凱",字通。又《左傳》"倉舒"作"蒼舒","隤敳"作"隤敳","檮戭"作"檮^⑥戭"。杜注:"此即垂、益、禹、臯陶之倫。庭堅即臯陶字。"《釋文》:"隤,徒回反。敳,五才反,一音五回反,韋昭音瑰。檮^⑦,直由反,韋昭音桃。戭,以善反,《漢書》作敢,韋昭已^⑧震反。尨,莫江

---

① "丘",鈔稿本脱。據阮刻本《毛詩正義》補。

② "縣",阮刻本《毛詩正義》作"郡"。阮元《校勘記》:"浦鏜云'郡名'當爲'縣名',引證《唐志》,是也。"

③ "邱",殿本《史記》同。百衲本、瀧川本、中華本作"丘"。

④ "故城",鈔稿本脱。據《史記》諸本補。

⑤ "也",鈔稿本無。據《史記》諸本補。

⑥ "檮",阮刻本《左傳正義》出文作"檮"。阮元《校勘記》:"監本檮作檮,與今本《說文》引傳合。"

⑦ "檮",鈔稿本作"檮"。據通志堂本《經典釋文》改。

⑧ "已",鈔稿本作"以"。據通志堂本《經典釋文》改。

反。降，下江反。”

044 舉八元使布五教

《史記·五帝本紀》：“舉八元，使布五教于四方。”《索隱》：“契爲司徒，司徒敷五教，則契在八元之數。”

按，小司馬說據《左氏傳》杜注。此與下文“舜曰‘契，百姓不親，五品不馴。汝爲司徒，而敬敷五教，在寬”事，爲重出矣。

045 五教

《史記·五帝本紀》：“父義，母慈，兄友，弟恭，子孝，內平外成。”《正義》：“杜預云：‘內諸夏，外夷狄也。’”瀧川資言《考證》：“內謂室家，外謂鄉黨。《中庸》：‘天下之達道五，君臣也，父子也，夫婦也，昆弟也，朋友之交也。’未嘗以五道爲唐虞之五教，至《孟子》則曰：‘人之有道也，飽食煖①衣，逸居而無教，則近於禽獸，聖人有憂之，使契爲司徒，教以人倫，父子有親，君臣有義，夫婦有別，長幼有序，朋友有信。’《淮南子·人間訓》亦云：‘百姓不親，五品不治，契教以君臣之義，父子之親，夫妻之辯②，長幼之序。’是與《左③傳》、《史記》異。父母兄弟子，一家之事也。君臣朋友，一國之事也。《孟子》以周代具備之道，推唐虞之古耳。《左傳》、《史記》蓋得古意。”

按，史遷述五教，《左氏》文十八年傳文。《虞書》云：“以親九族，九族既④睦，平章百姓，百姓昭明，協和萬邦。”蓋五教明而後內平外成，此《大學》格致誠正修齊治平之道，《正義》引杜注“內諸夏、外夷狄”者是也，豈特室家鄉黨而已哉？《論語》曰：“言忠信，行篤敬，雖蠻貊之邦行矣。”五教明於左史。而《國語·鄭語》史伯曰：“商契能和合⑤五教，以保于百姓者也。”韋注：“五教，謂⑥父義、母慈、兄友、弟恭、子孝也。”並同下文《集解》引鄭說。至於《中庸》之言五道及《孟子》諸書有君臣朋友之事，本在倫常

---

① “煖”，鈔稿本作“暖”。據瀧川《考證》改。

② “辯”，鈔稿本作“辨”。據瀧川《考證》改。

③ “左”下，鈔稿本有“氏”字。據瀧川《考證》刪。

④ “既”，鈔稿本作“已”。據《尚書正義》改。

⑤ “和合”，鈔稿本作“合和”。據四部叢刊本《國語》改。

⑥ “謂”，四部叢刊本《國語》無。

之內,所謂"學則三代共之,皆所以明人倫也",豈有以異乎? 瀧川說未諦。

046 貪于飲食冒于貨賄

《史記·五帝本紀》:"貪于飲食,冒于貨賄,天下謂之饕餮。"瀧川資言《考證》:"楓、三、南本無'貪于飲食,冒于貨賄'八字。依楓、三、南本,上文'掩義隱賊,好行凶慝'八字,亦當衍。"

按,瀧川說非是。此八字史據《左氏傳》文。上文"昔帝鴻氏有不才子"以下皆然。楓、三、南本於少暭、顓頊、縉雲氏"有不才子"下敓文耳。

047 舜用事攝政年數

《史記·五帝本紀》:"舜得舉,用事二十年,而堯使攝政,攝政八年而堯崩。"瀧川資言 [①]《考證》:"中井積德曰:'舜徵用三載,攝位又二十八載,而堯崩也。此年數差誤,且與《堯紀》不合。"

按,瀧川引中井說非也。《堯紀》云:"女謀事至而言可績,三年矣。"鄭玄曰:"三年者,賓四門之後三年也。"《舜紀》不言"徵用三載",省文互見,史例有然。

048 命十二牧論帝德

《史記·五帝本紀》:"命十二牧論帝德,行厚德,遠佞人,則蠻夷率服。"《正義》:"舜命十二牧論帝堯之德,又敦 [②] 之於民,遠離邪佞之人,言能如 [③] 此,則夷狄亦服從也。"瀧川資言《考證》:"'牧'下當補'曰'字。"

按,瀧川說非也。《正義》注文義甚明,古書省者多矣。

049 黎民始飢

《史記·五帝本 [④] 紀》:"黎民始飢。"《集解》:"徐廣曰:'《今文尚書》作祖飢。祖,始也。'"《索隱》:"古文作'阻飢',孔氏以爲阻,難也。祖阻聲相

---

① "言",鈔稿本脱。據上下文意補。
② "敦",鈔稿本作"教"。據《史記》諸本改。
③ "如"下,鈔稿本衍一"如"字。據《史記》諸本刪。
④ "本",鈔稿本無。據本書通例補足之。

近，未知誰得。"

按，《書》"始飢"作"阻飢"，僞孔傳："阻，難。"是小司馬以僞孔所注者爲安國眞古文。裴氏引徐廣以爲今文作"祖飢"。按，《詩·思文》釋文引馬融注《尙書》作"祖"，云："始也。"又《思文》箋："昔堯遭洪水，黎民阻飢。"孔疏："鄭云：'阻讀曰俎。阻，厄也。'"段玉裁云："阻非難識之字。蓋壁中故書作俎，故鄭云'俎讀曰阻。阻，厄也。'學人[1]改經文作阻，則注不可通，乃又倒之云'阻讀曰俎'。經文[2]此類甚多。"《書》原目孔疏案："伏生所傳三十四篇者，謂之今文，則夏侯勝、夏侯建、歐陽和伯等三家所傳及後漢末蔡邕所勒石經是也。孔所傳者，膠東庸生、劉歆、賈逵、馬融等所傳是也。鄭玄《書贊》云：'我先師棘子[3]下生安國，亦好此學，衛、賈、馬二三君子之業，則雅才好博，既宣之矣。'又云：'歐陽氏失其本義，今疾此蔽冒，猶復疑惑未悛。'是鄭意師祖孔學，傳授膠東庸生、劉歆、賈逵、馬融等學，而賤夏侯、歐陽等。何意鄭注《尙書》，亡逸並與孔異，篇數並與三家同？又劉歆、賈逵、馬融之等並傳孔學，云十六篇逸，與安國不同者，良由孔注之後，其書散逸，傳注不行。以庸生、賈、馬之等惟傳孔學經文三十三篇，故鄭與三家同，以爲古文。而鄭承其後，所注皆同賈逵、馬融之學，題曰《古文尙書》，篇與夏侯等同，而經字多異。"《後漢書·儒林傳》云："扶風杜林傳《古文尙書》，林同郡賈逵爲之作訓，馬融作傳，鄭玄注解，由是《古文尙書》遂顯于世。"則馬融注《尙書》作祖；與遷學出自安國，此紀作"始飢"以故訓代者，其說不異。《漢書·食貨志》："舜命后稷以'黎民祖飢'，是爲政首。"孟康曰："祖，始也。"是漢儒說經多以祖爲始，正疑今古文同。鄭以阻爲厄，則疑古文別說。僞孔竊取之，非今古文之異也。

050 汝后稷

《史記·五帝本紀》："汝后稷"。

按，"后"當作"居"，形之誤也。"汝居稷"者，與下"汝爲司徒"、"汝作士"文正同。江聲云："《列女·棄母姜嫄傳》：'堯使棄居稷官，更國邰地，

---

① "人"，經韻樓本《古文尙書撰異》作"者"。

② "文"，經韻樓本《古文尙書撰異》作"書中"。

③ "子"，阮校云："'子'字衍文。"

遂封棄於邰，號曰后稷。及堯崩，舜即位，乃命之曰："棄，黎民阻飢，汝居稷，播時百穀。"其后世世居稷。'《論衡·初稟篇》：'棄事堯爲司馬，居稷官，故爲后稷。"又按，《詩·閟宮》鄭箋：'后稷生而名棄，長大，堯登用之，使居稷官。'則劉向、王充、鄭玄諸人引經皆作'汝居稷'。《周本紀》：'帝舜曰："棄，黎民始飢，爾后稷，播時百穀。"封棄於邰，號曰后稷。'據史公'號曰后稷'之文，則上句'爾后稷'之"后"亦當本作'居'字。因帝使居稷，故號曰后稷也。《國語》'昔我先王世后稷'，后亦當是居字，否則不詞矣。此今古文皆作'汝居稷'之證，或作'后'者，皆淺人據僞古文改也。"①

051 播時百穀

《史記·五帝本紀》："播時百穀。"《集解》："鄭玄曰：'時，讀曰蒔。'"《正義》："稷，農官也。播時，謂順四時而種百穀。"

按，裴氏引鄭說以"時"爲"蒔"，張氏以爲四時。又僞孔傳云："播②種是百穀。"是以"時"爲"是"。然《說文》"蒔"下云："更別種③也。"《詩·思文》鄭箋："后稷播④殖百穀，烝民乃粒。"《呂刑》："稷降播種，農殖嘉穀。"《祭法》："其子曰農，能殖百穀，周稷繼之。"《國語·鄭語》："周棄能播殖百穀蔬，以衣食民人者也。"韋注："殖，長也。"辜較諸說，"蒔"義爲長。

052 五品不馴

《史記·五帝本紀》："百姓不親，五品不馴。"《集解》："鄭玄曰：'五品，父、母、兄、弟、子也。'王肅曰：'五品，五常也。'"瀧川資言《考證》："《尚書》'馴'作'遜'。"

按，"遜"《說文》引《唐書》作"愻"，順也。又《殷本紀》作"訓"，訓與順通。《書》僞孔傳："五品謂五常。遜，順也。"孔疏："品謂品秩，一家之內，尊卑之差，即父母兄弟子是也。教之義慈友恭孝，此事可常行，乃爲五

---

① 謹案，此節引文未見江聲《尚書集注音疏》，惟皮錫瑞《今文尚書考證》卷一"汝后稷"下注文措辭近之。疑當作皮氏，偶誤作江，茲記以存考。

② "播"，僞孔傳作"布"。

③ "種"，小徐本、段注本《說文》同。大徐本作"穜"。案許慎以種爲種植之本字。

④ "播"，鈔稿本脫，據手稿及《毛詩鄭箋》補。

常耳。”《國語·鄭語》:“史伯曰:‘商契能和合①五教,以保于百姓者也。’”韋注:“五教,謂②父義、母慈、兄友、弟恭、子孝也。”《大傳》云:“百姓不親,五品不訓,則責之司徒。”又曰:“臣多弑主,孽多殺宗,五品不訓,責於人公。”《漢紀》:“契作司徒,訓五品。”後漢鄧禹拜大司徒策云:“五品不訓。”蔡邕《獨斷》云:“兄事五更者,訓於五品。”《胡公碑》云:“訓五品於司徒。”又云:“訓五品於群黎。”《潛夫論·五德志篇》:“契爲堯司徒,職親百姓,訓五品。”《地官》鄭注:“教所以親百姓,訓五品。”《說苑·貴德篇》引作“五品不遜”,訓、遜今古文,皆爲順義,不異也。

053 敬敷五教在寬

《史記·五帝本紀》:“而敬敷五教,在寬。”《集解》:“馬融曰:‘五品之教。’”

按,《尚書》“敬”上無“而”字。《後漢·鄧禹傳》、《後漢紀》三十引《書》同。“敬”上多“而”字者,《殷本紀》、《列女傳》同。又《殷本紀》“在”上重“五教”二字。《後漢·明帝紀》、《和帝紀》、《鄧禹傳》大司徒策文、《王暢傳》、《寇榮傳》、《續漢志》注引夏勤策文、《順帝紀》注、《質帝紀》注、《詩·商頌譜》疏③、《後漢紀》三十④引《書》皆重“五教”二字。唐石經“五教”下疊二字,尚可辨也。

054 蠻夷猾夏

《史記·五帝本紀》:“蠻夷猾夏。”《集解》:“鄭玄曰:‘猾夏,侵亂中國也。’”

按,僞孔傳:“猾,亂也。夏,華夏。”《大傳》“猾”作“滑”。《潛夫論·志氏姓篇》亦引作“滑”。《國語·周語》韋注:“滑,亂也。”俞樾曰:“《孔宙碑》:‘是時東嶽黔首,猾夏不寧。’東嶽黔首亦華夏之人也,而云猾夏,不可通。疑滑夏尚有別解。《說文》:‘夏,中國之人也,从夊从頁从臼。臼,兩手。

---

① “和合”,鈔稿本誤作“合和”。據四部叢刊本《國語》改。

② “謂”,韋注無。

③ “疏”,鈔稿本無。據上下文意補。

④ 謹案,中華本《後漢書·質帝紀》注、四部叢刊本《後漢紀》三十引《書》均未重“五教”二字。

夊,兩足也。'此説難通,豈中國人有首手足而外國無之乎?抑豈中國所以爲中國,止以有首手足乎?《説文》:'夒,貪獸也。又曰母猴,似^①人。從頁,巳、止、夊,其手足。'然則夏夒二字意同,而一以爲中國人,一以爲貪獸,何與?愚意夒從手,則爲擾亂字,疑夏字亦有擾亂義。故漢碑擾字往往作㩉,《李翊碑》'時益部㩉攘'、《樊敏碑》'京師㩉攘'、《周公禮殿記》'會值㩉亂',皆省夒爲夏,蓋由義本相通,不得竟謂漢隸之苟且也。古語以猾夏二字連文同義。猾,亂也。夏亦亂也。此可即《孔宙碑》以攷今文異説之遺。"按俞説雖辨,然故書雅記,未有訓夏爲亂者。《虞書》猾夏則伯禹受國猶在其後。夏爲中國之人,許君説字,縣來舊矣。鄭君、僞孔之注,無不從同。至於《李翊》、《樊敏》之碑,《周公禮殿》之記,以㩉爲㩉,實漢隸之破體,不見於字書。《孔碑》猾夏,正本史文。若以"東嶽黔首"爲疑,則舜爲東夷之人而生姚墟,固猶兗州之域。俞氏云云,僅備別説。

055 汝作士

《史記·五帝本紀》:"汝作士。"《集解》:"馬融曰:'獄官之長。'"《正義》:"案,若大理卿也。"

按,此以今釋古也。《大傳》云:"蠻夷猾夏,寇賊奸宄,則責之司馬。"孫星衍云:"皋陶爲司馬,三公之職,故鄭釋士爲察,不以爲士師之士也。馬云'獄官之長',與《漢書·百官表》應劭注同。《周禮》士師在小司寇之下,而云'獄官之長'者,唐虞三公無司寇之名,其刑官名'士',即當周之司寇,故今文以爲司馬,主兵。《説苑·修文篇》云:'皋陶爲大理',明士非士師也。"皮錫瑞云:"經列九官,惟有司徒、司空,並無司馬,則虞時無司馬之官。《大傳》云:'天子三公:一曰司徒公,二曰司馬公,三曰司空公。每^②一公三卿佐之。'鄭注:'此夏時之官也。'又《王制》注云:'此夏制也。'"按皮氏以三公有司馬,爲夏制。然《御覽》二十四《時序部》九引《書傳》"寅^③餞入日,辯秋西成"傳曰:"天子以秋命三公,將率選士厲兵,以征不義,決獄訟,斷刑罰,趣收斂,以順天道,以佐秋殺。"則三公雖不言司馬之名,此實司馬之

---

① "似",鈔稿本作"从"。據大、小徐本《説文》改。
② "每",鈔稿本無。據師伏堂本《今文尚書考證》補。
③ "寅"下,鈔稿本衍"義"字。據手稿及四部叢刊本《太平御覽》刪。

職。孫氏"唐虞三公無司寇之名,其刑官名'士',即當周之司寇,今文以爲司馬,主兵"之說爲得,正疑夏沿唐虞制也。《獨斷》云:"唐虞曰士官,《史記》曰'皐陶爲理'①,《尚書》曰'皐陶作士'。"士即理官。《漢書·刑法志》引孫卿曰:"若夫舜修百僚,咎繇作士,命以'蠻夷猾夏②,寇賊姦軌',而刑無所用,所謂善師不陳者也。"王先謙曰:"唐虞兵刑合爲一官,故述皐陶作士之功,而必舉蠻夷寇賊爲言。漢儒謂皐陶爲司馬,即原於此。故班氏作《刑法志》仍以兵刑並叙也。"王同孫說,其言是也。《呂覽·君守篇》高注、《文選》應劭注皆引《書》'汝作士師',則今文別本有多一'師'字者③,孫氏"士非士師"之言拘。蓋士師就其"決獄訟,斷刑罰"言,司馬就其"選士厲兵,以征不義"言,唐、虞、夏制,皆得包舉,至《周禮》司馬、司寇,其職乃分也。

056 以益爲朕虞

《史記·五帝本紀》:"皆曰益可。於是以益爲朕虞。"《集解》:"馬融曰:'虞,掌山澤之官名。'"瀧川資言《考證》:"梁玉繩曰:《書》所謂朕虞,舜自言之也。此連文爲官名,非。王莽改水衡都尉曰予虞,《漢書·百官表序》亦曰益爲朕虞,《地理志》曰爲舜朕虞,豈皆誤讀《尚書》邪?'愚按,朕字後人從《漢書》誤補。"

按,瀧川引《志疑》說是也。據《集解》引馬云虞爲官名,不當有朕字,增之不詞。王先謙《尚書孔傳參正》:"《舜紀》作'於是以益爲朕虞',依經說之。《漢書·地理志》:'爲舜朕虞,養育草木鳥獸。'《百官公卿表序》:'垂作共工,益作朕虞。'《王莽傳》:'更名水衡都尉曰予虞。'《漢紀④》云:'垂作共工,益作朕虞。'《後漢·劉陶傳》:'益典朕虞。'《文選》二十七注引應劭曰:'垂共工,益朕虞。'兩漢人用今文《尚書》,皆朕虞二字爲官名。王莽更曰予虞,用今文義也。《書》疏引鄭云:'言朕虞,重草木鳥獸。'《秦詩譜》:'有伯翳者,舜命作虞官。'《史記集解》引馬云:'虞,掌山澤之官名。'是古

---

① "史記曰皐陶爲理"七字,鈔稿本無。據四部叢刊本《獨斷》補。
② "夏"下,鈔稿本衍一"夏"字。據手稿及中華本《漢書》刪。
③ 謹案,此節與前引王先謙說,俱見王氏《尚書孔傳參正》。
④ "紀",虛受堂本《尚書孔傳參正》作"記"。

文說不連'朕'爲官名。"按王氏以"朕虞"名官者爲今文,"虞"名官者爲古文,非是。《書》曰"疇若予工"、"疇若予上下草木鳥獸"、"有能典朕三禮",此"予"、"朕"字,皆是帝自謂,文義相同。故《周禮》有山虞、澤虞,《周語》有虞人,皆以"虞"名官。漢儒雖有"朕虞"爲官之說,王莽改曰"予虞",要不足爲訓也。僞孔"虞,掌山澤之官",本馬說。

057 以汝爲秩宗

《史記·五帝本紀》:"以汝爲秩宗。"《集解》:"鄭玄曰:'主次秩尊卑。'"《正義》:"若太常也。《漢書·百官表》云:'王莽改太常曰秩宗。'依古也。孔安國云:'秩,序。宗,尊也。主郊廟之官也。'"瀧川資言《考證》:"張文虎曰:'《正義》"百官表"當作"王莽傳"。'"

按,瀧川引張說非是。王莽改太常曰秩宗,本傳及《百官表》俱載之。《百官表》云:"奉常,秦官,掌宗廟禮儀,有丞。景帝中六年更名太常。"應劭曰:"常,典也,掌典三禮也。"

058 披九山

《史記·五帝本紀》:"披九山。"《正義》:"披,音皮義反,謂傍其山邊以通。"

按,《說文·手部》:"披,從旁持曰披。"上文黃帝"披山通道"《集解》引徐廣曰:"披,他本亦作陂。字蓋當音詖,陂者,旁其邊之謂也。披語誠合今世,然古今 ① 不必同也。"《索隱》:"披,音如字,謂披山林草木而行,以通道也。徐廣音詖,恐稍迂也。"此小司馬不知古者披有傍其邊之義,蓋山徑之蹊閒可通人跡者而治之。彼沿俗訓披爲開,《廣韻》云"披,開也,分也,散也"是也。故《夏本紀》於"九山"曰"度"、曰"道",張守節之說得其義矣。九山見《夏本紀》索隱注。

059 決九河

《史記·五帝本紀》:"決九河。"瀧川資言《考證》:"楓、三、南本九河作

---

① "古今",鈔稿本作"今古"。據《史記》諸本改。

九川。”

按，九河、九川，名義不同。《夏本紀》“九河既道”《集解》：“馬融曰：‘九河名徒駭、太史、馬頰、覆釜、胡蘇、簡、潔 [1]、鉤盤、鬲津。’”又“道九川”《索隱》：“弱、黑、河、瀁、江、沇、淮、渭、洛爲九川。”《爾雅·釋水》“九河”《釋文》：“《禹貢》在兗州界。郭云：‘徒駭，今在成平縣。胡蘇，在東莞縣。鬲津，今皆爲縣，屬平原郡。周時齊桓公塞九河，並爲一。自鬲津以北至徒駭二百餘里，渤海、東莞、成平、平原、河間、弓高以東，往往有其處焉。’”又按，東莞當作東光。

060 崩於蒼梧葬於九疑

《史記·五帝本 [2] 紀》：“南巡狩，崩於蒼梧之野，葬於江南九疑，是爲零陵。”《集解》：“《皇覽》曰：‘舜冢在零陵營浦縣。其山九谿皆相似，故曰九疑。’《傳》曰：‘舜葬蒼梧，象爲之耕。’《禮記》曰：‘舜葬蒼梧，二妃不 [3] 從。’《山海經》曰：‘蒼梧山，帝 [4] 舜葬于陽，丹朱葬于陰。’皇甫謐曰：‘或曰二妃葬衡山。’”瀧川資言《考證》：“《堯典》云：‘舜生三十徵庸，三十在位，五十載 [5] 陟方乃死。’《孟子·離婁篇》云：‘舜生於諸馮，遷於負夏，卒於鳴條。’《禮記·檀弓篇》云：‘舜葬於蒼梧之野。’蓋三妃未之從也。《大戴記·五帝德》云：‘舜之少也，惡頑勞苦，二十以孝聞乎天下，三十在位，嗣帝所，五十乃死，葬于蒼梧之野。’史公蓋采《檀弓》、《五帝德》。”

按，舜葬蒼梧，諸書未有異辭。《呂氏春秋·安死》：“舜葬於紀市，不變其肆。”高注：“市肆如故，言不煩民也。《傳》曰：‘舜葬蒼梧九疑之山。’此云‘於紀市’，九疑山下亦 [6] 有紀邑。” 按孫星衍《尚書今古文注疏》：“高誘注《淮南》云：‘《書》曰：“舜陟方乃死。”舜死蒼梧，葬於九疑之山，在蒼梧馮乘縣東北零陵之南千里也。’案馮乘在今廣西賀縣北一百廿里。《地理志》零陵郡營道：‘九疑山在南。’營道縣在今湖南道州西，九疑山在寧遠

---

[1] “潔”，百衲本、殿本《史記》同，瀧川本、中華本作“絜”。

[2] “本”，鈔稿本無。據本書通例補足之。

[3] “不”，手稿作“未”鈔稿本作“末”。據諸本《史記》改。

[4] “帝”，鈔稿本無。據諸本《史記》補。

[5] “載”，鈔稿本譌“戴”。據手稿及瀧川《考證》改。

[6] “亦”，鈔稿本無。據《呂氏春秋》高注補。

縣南六十里。”又按,《檀弓》云:“三妃未之從也。”鄭注:“舜不告而取,不立正妃,但三妃而已,謂之三夫人。《離騷》所歌湘夫人,舜妃也。”孔疏案:《帝王世紀》云:‘長妃娥皇無子。次妃女英生商均。次妃癸比生二女,霄明、燭光是也。’《山海經》以爲二女,此云三者,當以《記》爲正。”按,《集解》引《記》作二妃,與鄭注三妃之說異。《虞書》曰:“釐降二女于嬀汭,嬪于虞。”則二女之說未爲無據也。

061 舜子商均

《史記·五帝本紀》:“舜子商均,亦不肖。”《集解》:“皇甫謐曰:‘娥皇無子,女英生商均。’”

按,《呂氏春秋·去私》:“舜有子九人,不與其子而授禹,至公也。”高注:“《國語》曰:‘舜有商均’。此曰九子,不知出於何書也。”

062 三年之喪

《史記·五帝本紀》:“三年之喪畢”。

按,《左氏》隱元年傳孔疏引《晉書·杜預傳》:“泰 [1] 始十年,元皇后崩,預作議曰:‘堯喪,舜諒闇三年,故稱遏密八音。由此言之,天子居喪,齊斬之制,菲杖絰帶,當遂其服。既葬而除,諒闇以終之,三年無改於父之道,故曰百官總己以聽冢宰。喪服既除,故更稱不言之美,明不復寢苫枕塊 [2],以荒大政也。《禮記》云:‘三年之喪,自天子達。’又云:‘父母之喪,無貴賤一也。’又云:‘端衰喪車皆無等。’此通謂天子居喪,衣服之制同於凡人,心喪之禮終於三年,亦無服喪三年之文。天子之位至尊,萬幾之政至大,群臣之衆至廣,不得同之於凡人。故大行既葬,祔祭於廟,則因疏而除之。己不除則群臣莫敢除,故屈己以除之。而諒闇以終制,天下之人皆曰我王之仁也。屈己以從宜,皆曰我王之孝也。既除而心喪,我王猶若此之篤也。凡我臣子,亦安得不自勉以崇禮? 此乃聖制移風易俗之本也。”《墨子·節葬篇》云:“君死,喪之三年。父母死,喪之三年。”又云:“今執 [3] 久喪者言曰:‘厚葬久喪果非聖王

---

[1] “泰”,阮刻本《左傳正義》出文作“太”。《校勘記》云“大當作泰”。
[2] “塊”,鈔稿本譌“瑰”。據手稿及阮刻本《左傳正義》改。
[3] “執”下,《墨子》有“厚葬”二字。

之道,夫胡說中國之君子爲而不已,操而不擇哉?'"《虞書》曰:"二十有八載,帝乃殂落,百姓如喪考妣。三載,四海遏密八音。"《疏》云:"如喪考妣,言百官感德,情同父母,思慕深也。"《論語》曰:"殷因於夏禮,所損益可知也。周因於殷禮,所損益可知也。"則三年之喪,繇來久矣。

063 不離古文者近是

《史記·五帝本紀》:"總之不離古文者近是。"《索隱》:"古文即《帝德》、《帝系》二書也,近是聖人之說。"瀧川資言《考證》:"沈濤曰:'總之不離古文者近是,是古文即謂《尙書》,《太史公自序》"年十歲則誦古文",亦謂古文《尙書》,小司馬于紀贊則以爲《帝德》、《帝繫》等書,于《自序》則以爲《左傳》、《國語》等書,皆非是。'又曰:'《漢書·儒林傳》曰:"司馬遷亦從安國問故,遷書載《堯典》、《禹貢》、《洪範》、《微子》、《金縢》諸篇,多古文說。"是《史記》之用古文,孟堅言之鑿 ① 然矣。自漢以來皆無異說,惟史遷每以訓詁字易經文,又兼裴駰、司馬貞、張守節所據本每多互異,蓋已 ② 爲六朝人所竄亂,然藉此以求古文之眞,尙可存十一於千百。'愚按,古文謂以古文書者,不止《尙書》一經,而是主斥《尙書》。說又見《十二諸侯年表》序。"

按,瀧川引沈氏說古文即謂《尙書》,是矣。然"孔子所傳宰予問《五帝德》及《帝繫姓》,儒者或不傳",史公實採擇其言,故小司馬以爲二書古文,"近是聖人之說"。《說文·序》曰:"其偁《易》孟氏、《書》孔氏、《詩》毛氏、《禮》、《周官》、《春秋》左氏、《論語》、《孝經》,皆古文也。"此漢儒之所同也。史公偁"不離古文者近是",故曰"予觀《春秋》、《國語》,其發明《五帝德》、《帝繫姓》章矣",是則"擇 ③ 其言之尤雅者",可謂博矣。抑史公雖從安國問故,而"大麓"之義亦同伏傳,今古兼明,豈能膠柱鼓瑟以求之乎?

---

① "鑿"下,鈔稿本衍一"鑿"字。據瀧川《考證》引刪。

② "已",鈔稿本作"既"。據瀧川《考證》改。

③ "擇",鈔稿本作"懌"。據手稿及中華本《史記·五帝本紀》改。

史記會注攷證校讀卷二

夏本紀

064 禹之父曰鯀

《史記·夏本紀》:"禹之父曰鯀,鯀之父曰帝顓頊。"《索隱》:"皇甫謐云:'鯀,帝顓頊之子,字熙。'又《連山易》云'鯀封於崇',故《國語》謂之崇伯鯀。《系本》亦以鯀爲顓頊子。《漢書·律歷志》則云'顓頊五代而生鯀'。按,鯀既仕堯,與舜代系殊懸。舜即顓頊六代孫,則鯀非是顓頊之子。蓋班氏之言近得其實。"

按,小司馬說是也。云"舜即顓頊六代孫"者,《五帝本紀》:"重華父曰瞽叟,瞽①叟父曰橋牛,橋牛父曰句望,句望父曰敬康,敬康父曰窮蟬,窮蟬父曰帝顓頊,顓頊父曰昌意,以至舜七世矣。"又按,《博物志》:"昔彼高陽,是生伯鯀。布土,取帝之息壤,以填洪水。"然則伯鯀之於高陽,固當如《離騷》所云"帝高陽之苗裔"也。

065 殛鯀於羽山以死

《史記·夏本紀》:"乃殛鯀於羽山以死。"《正義》:"鯀之羽山,化爲黃熊,入于羽淵。熊音乃來反,下三點爲三足也。束皙《發蒙記》云:鼈三足曰熊。"

按,《正義》說非,熊當爲能。《說文》:"能,熊屬,足似鹿,从肉㠯聲。"許君謂足似鹿者,其字皆从比也。豈下三點爲三足耶? 又《說文》:"熊,獸②,獸似豕,山居,冬蟄。从能,炎省聲。"字書固有熊,無三點之熊。鼈三足曰

---

① "瞽",鈔稿本誤"鼓"。據諸本《史記》改。
② "熊",段注本《說文》同。大、小徐本無。

能者，《爾雅·釋魚》："鼈三足，能。"郭璞注："《山海經》曰：'從山多三足鼈。'"《論衡·是應篇》亦云："鼈三足曰能。"又《中山經》言："三足鼈食之無蠱疫。"惟鯀化爲黃能、黃熊，唐人說經傳各有所主。《左氏》昭七年傳："晉侯夢黃熊入于寢門。"陸氏音義："黃熊，音雄，獸名。亦作能，如字，一音奴來反，三足鼈也。解者云：獸非入水之物，故是鼈也。一曰：既爲神，何妨是獸？案《說文》及《字林》皆云：能，熊屬，足似鹿。然則能既熊屬，又爲鼈類，今本作能者勝也。東海人祭禹廟，不用熊白及鼈爲膳，斯豈鯀化爲二物乎？"此一說也。孔穎達正義："諸本皆作熊字。賈逵云：熊，獸也。《釋獸》云：羆如熊，黃白文。孫炎曰①：《書》云如熊如羆。則熊似羆似豕之獸，即今之所謂熊是也。《釋獸》又云：熊虎醜，其子狗。李巡曰：熊虎之類，其子名狗。按《玉篇》，狗作豿，熊虎之子也。則熊獸似虎，非熊②也。又《釋魚》云：鼈三足，能。樊光曰：鼈皆四足，今三足，故記之，彼是鼈之異狀。張衡《東京賦》云：能鼈三趾。梁王云：鯀之所化，是能鼈也。若是熊獸，何以能入羽淵？但以神之所化，不可以常而言之。若是能鼈，何以得入寢門？先儒既以爲獸，今亦以爲熊獸是也。汲冢書《瑣語》云：晉平公夢見赤熊闚屏，惡之，而有疾。使問子産。言闚屏牆，必是獸也。張叔《皮③論》云：賓爵下革④，田鼠上騰；牛哀虎變，鯀化爲熊；久血爲燐，積灰生蠅。傅玄《潛通賦》云：聲伯忌瓊瑰而弗占兮，晝言諸而暮終贏。正沈璧以祈福兮，鬼告凶而命窮。黃母化而⑤黿兮，鯀殛變而成熊。二者所韻不同。或疑張叔爲能，著作郎王劭云：古人讀雄與熊者，皆于陵反。張叔用舊音，傅玄用新音，張叔亦作熊也。案《詩·無羊》與《正月》，及襄十年衛卜禦寇之繇，皆以雄韻陵，劭言是也。"此一說也。然《國語·晉語》："平公有疾，夢黃能入于寢門。"韋昭注："能，似熊。"是昭所見之本作能明矣。本或作熊者，後人妄改者也。能實義長。阮元《春秋左氏傳校勘記》亦主陸氏說。⑥

---

① "曰"，《左傳正義》阮校云："宋本曰作引是也。"

② "熊"，鈔稿本作"能"。據阮刻本《左傳正義》改。

③ "皮"，《左傳正義》阮校據錢大昕云"皮"當作"反"，按手稿此處有眉批云："《經義述聞》：'張升反，今本升誤叔，反誤皮。辯見錢氏《經史答問》。'"

④ "革"，鈔稿本作"華"。《左傳正義》宋、閩、監、毛諸本同。據阮校改。

⑤ "而"下，鈔稿本衍一"爲"字。據《左傳正義》阮刻本刪。

⑥ 按，手稿此處有眉批云："姚寬《西溪叢語》：'汲冢《瑣語·晉春秋篇》載，平公夢求羆窺屏。《左氏》、《國語》並云黃能。'"

066 興人徒以傅土行山表木

《史記·夏本紀》：“興人徒以傅土，行山表木”。《集解》：“《尚書》‘傅’字①作‘敷’，馬融曰：‘敷，分也。’”《索隱》：“《尚書》作‘敷土隨山刊木’。今案，《大戴禮》作‘傅土’，故此紀②依之。傅即付也，謂付功屬役之事。若《尚書》作‘敷’，敷③，分也，謂令人分布理九州之土地也。表木，謂刊木立爲表記，與孔注《書④》意異。”⑤

按，今《大戴禮·五帝德》作“敷土”，與小司馬所見本異，蓋後人據故書改。《荀子·成相篇》：“禹傅⑥土，平天下。”楊倞注：“傅讀爲敷。”是也。《說文·攴部》：“敷，㪟也，从攴尃聲。”《周禮·大司樂》鄭注“禹治水傅土”疏：“《禹貢》云‘敷土’，敷，布也。”是傅同敷，字當作敷，俗作敷。古寸與方多通用，小司馬謂傅、敷異字者，非是。刊木，《漢書·地理志》作“栞木”，《說文·木部》“栞”下云：“槎識也。《夏書》曰：‘隨山栞木。’讀若刊。栞，篆文从开。”又《刀部》曰：“刊，剟也。”則栞是本字。史云“表木”者，以故訓代經。然僞孔傳云：“隨行山林，斬木通道。”《書》疏引鄭云：“必隨州中之山而登之，除木爲道，以望觀所當治者，則規其形而度其功焉。”其字則從刊，不可不辨。《淮南·修務訓》：“隨山栞木，平治水土，定千八百國。”《鹽鐵論》云：“隨山刊木，定高下而序⑦九州。”蓋各有所從焉。

067 行山表木

《史記·夏本紀》：“行山表木。”《索隱》：“表木，謂刊木立爲表記。《尚書》作‘隨山刊木’。”

按，鄭玄曰：“必隨州中之山而登之，除木爲道，以望觀⑧所當治者，則規其形而度其功焉。”

---

① “字”，鈔稿本無。據瀧川本、中華本《史記》補。
② “紀”，鈔稿本作“記”。據瀧川本、中華本《史記》改。
③ “敷”，鈔稿本脫。據瀧川本、中華本《史記》補。
④ “書”，鈔稿本脫。據瀧川本、中華本《史記》補。
⑤ 謹案，百衲本、殿本《史記》此段《索隱》作：“《大戴禮》作‘傅土’，故此紀依之。傅即付也，謂付功屬役之事。謂令人分布理九州之土地也。表木，謂刊木立爲表記，《尚書》作‘隨山刊木’。”
⑥ “傅”，諸子集成本《荀子》同。古逸叢書本《荀子》作“溥”。
⑦ “序”，鈔稿本誤作“度”。據四部叢刊本《鹽鐵論》改。
⑧ “觀”，鈔稿本脫。據阮刻本《尚書正義》孔疏引鄭玄語補。

068 定高山大川

《史記·夏本紀》:"定高山大川。"

按,《尚書·禹貢》作"奠"。《周禮·司市》"平肆展成奠賈"注:"奠讀爲定。杜子春云:'奠當爲定'。"二字固通。

069 居外十三年

《史記·夏本紀》:"居外十三年,過家門不敢入。"梁玉繩曰:"此及《河渠書》及《漢書·溝洫志》皆言禹在外十三年,與《孟子》言八年異。"

按,上文云"用鯀治水,九年而水不息",與禹"居外十三年"計之,則二十又二年矣。鼂錯《論貴粟疏》曰:"堯禹有九年之水。"以是揆之,疑《孟子》八年之說近是。

070 載四時

《史記·夏本紀》:"載四時。"《集解》:"王肅曰:'所以行不違四時之宜也。'"瀧川資言《考證》:"張文虎曰:'四時,此謂測中星、候晷景、漏刻、定方向,四時當時亦必有其器,故云"載"。《周禮》"太史抱天時,與太師同車。"蓋亦其器。'姚鼐曰:'四時,四方之時也,蓋指南之法。禹時已有,其時道路不通,非以候時日、定方嚮不能行也。'"

按,《書·堯典》曰:"期三百有六旬有六日,以閏月定四時成歲。"又《舜典[1]》曰:"在璿璣玉衡,以齊七政。"鄭玄曰:"璿璣玉衡,渾天儀也。"蓋是其器。自黃帝獲寶鼎,迎日推筴。順天地之紀,幽明之占。則陰陽四時之辨,其所繇來尙矣。

071 冀州既載

《史記·夏本紀》:"冀州既載。"

按,馬融曰:"載,載於書也。"鄭玄曰:"兩河[2]閒曰冀州。不書其界者,時帝都之,使若廣大然。'載'之言事,事謂作徒役也。禹知所當[3]治水,又

---

[1] "舜典"二字,鈔稿本無。據上下文意補。

[2] "河"下,鈔稿本有"之"字。據諸本《史記集解》引鄭玄語刪。

[3] "當",鈔稿本無。據阮刻本《尚書正義》孔疏引鄭玄語補。

知^①用徒之數,則書於策以告帝,徵役而治之。"^②

072 既脩太原至於嶽陽

《史記·夏本紀》:"既脩太原,至於嶽陽。"《集解》:"孔安國曰:'太原,今爲郡名。太嶽,在太原西南。山南曰陽。'"

按,《集解》引僞孔傳"太嶽"上敓"嶽"字。《水經·汾水》酈注:"汾水又南與嬎水合,水^③出東北太岳山,《禹貢》所謂岳陽也,即太霍山矣。"

073 鳥夷皮服

《史記·夏本紀》:"鳥夷皮服。"瀧川資言《考證》:"鳥讀爲島,古島作鳥。今本《尚書》作島者,蓋後人依孔傳改,《集解》所^④引鄭注可證。"

按,《書·禹貢》僞孔傳:"海曲謂之島,居島之夷還服其皮,明水害除。"《釋文》:"島,當老反。馬云:島夷,北夷國。"疏:"孔讀鳥爲島,島是海中之山。《九章算術》所云'海島邈絕,不可踐量'是也。傳云'海曲謂之島',謂其海曲有山夷居其上,此居島之夷,常衣鳥獸之皮,爲遭洪水,衣食不足。今還得衣其皮服,以明水害除也。鄭玄云:鳥夷,東方之民,搏食鳥獸者也。王肅云:鳥夷,東北夷國名也。與孔不同。"段玉裁云:"疏'孔讀鳥爲島',是經文作鳥,傳易其字。鄭、王如字,故云'與孔不同也'。《釋文》^⑤'鳥,當老反'謂孔傳讀爲島也,其下文曰'馬云:鳥夷,北夷國',謂馬不易字也。自衛包改經文,鳥字爲島,而宋開寶中又更定《尚書釋文》,兩鳥字皆改爲島,以島夷系之馬云,尤失之誣。"據此,瀧川謂"鳥讀爲島,古島作鳥"者非是。《地理志》亦作"鳥",《說苑》、《大戴禮》同。張鈁千唐誌齋狄仁傑《大周^⑥故相州刺史袁府君墓誌銘》"鳥夷逆命"亦足與鄭玄、王肅諸儒之說相證。

---

① "知",鈔稿本無。據手稿及阮刻本《尚書正義》孔疏引鄭玄語補。
② 謹案,此段文字蓋轉引自孫星衍《尚書今古文注疏》,撮錄鄭玄逸注而成。如"兩河閒曰冀州",采自《史記》裴注。"不書"至"廣大然",采自《公羊》徐疏。"載之"至"治之",采自《尚書》孔疏。
③ "水",鈔稿本無。據《水經注》補。
④ "所",鈔稿本無。據瀧川《考證》補。
⑤ "釋文",段玉裁《撰異》作"陸氏釋文云"。
⑥ "周",鈔稿本作"唐"。據《千唐誌齋藏誌》改。

074 濟河維沇州

《史記·夏本紀》:"濟河[①]維沇州。"《集解》:"鄭玄曰:言沇州之界,在兩水之間。"瀧川資言《考證》:"錢大昕曰:'沇州本以沇水得名,《尚書》作兖州,由隸變立水爲橫水,在上,又誤兯爲六耳。'"

按,沇、兖,今古文,衍變轉寫不同。段玉裁云:"《說文·口部》曰:'兯,山間陷泥地。從口,從水敗皃。讀若沇州之沇,九州之渥地也,故以兯名焉。'此當作'古文以爲沇州之沇。沇州者,九州之渥地也,故以兯名焉。'今本譌舛,文義不通。《水部》曰'兯[②],古文沇',亦謂此也。故臣鉉等曰:'《口部》已有,此重出。'今本《水部》譌作沿,與緣水而下之沿相複。《口部》又曰:'㕣,古文兯。'蓋古文《尚書》作㕣州,今文《尚書》作沇州。兯即㕣之今字。故《水部》又謂兯爲古文沇。《口部》謂古文以兯爲沇州之沇。而㕣字轉寫既久,漢碑皆作兖。作兖則參合㕣沇二體成此一字。今隸又渻[③]作兖,非立水改橫水,又誤作六之謂也。叔重云九州之渥地,故以兯名此,比傅山間陷泥地爲此[④]說。古文家說也。古文《尚書》蓋沇水字作沇,㕣州字作㕣,不以水名爲州名。"瀧川引錢氏說不如段氏義長。司馬遷從安國問故,字作沇者。孔氏有古文《尚書》,安國以今文讀之,以起其家也。《呂覽·有始》:"河濟之間爲兖州,衛也。"高誘注:"河出其北,濟經其南。"《爾雅·釋地》:"濟河間曰兖州。"郭注:"自河東至濟。"《地理志》濟作泲,字同。

075 九河既道

《史記·夏本紀》:"九河既道。"《集解》:"馬融曰:'九河名徒駭、太史、馬頰、覆釜、胡蘇、簡、絜、鉤盤、鬲津。"

按,《釋水》文"釜"作"𩰾"。郭云:"古釜字。"《漢書·溝洫志》:"成帝時,河隄敎尉許商上書曰:'古記九河之名,有徒駭、胡蘇、鬲津,今見在

---

① "河",鈔稿本脫。據《史記》諸本補。
② "兯",《說文》段注曰:"各本篆作'沿',誤。今正。臣鉉等曰:《口部》已有,此重出。'按《口部》小篆有兯。然則鉉時不從水旁也。"
③ "渻",段玉裁《撰異》作"省"。渻,省之古文。
④ "此",鈔稿本作"一"。據段玉裁《撰異》改。

成平、東光、鬲縣界中。自鬲津以北至徒駭,其間相去二百餘里。'"是知九河所在,徒駭最北,鬲津最南。蓋徒駭是河之本道,東出分爲八枝也。許商上言三河,下言三縣,則徒駭在成平,胡蘇在東光,鬲津在鬲縣,其餘不復知也。《爾雅》九河之次,從北而南,既知三河之處,則其餘六者:太史、馬頰、覆釜在東光之北、成平之南,簡、絜、鉤盤在東光之南、鬲縣之北也。其河填塞,時有故道。鄭玄云:"周時齊桓公塞之,同爲一河。"今河間、弓高以東至平原、鬲津,往往有其遺處。《春秋緯・寶乾圖》云:"移河爲界,在齊呂填閼八流以自廣。"鄭玄蓋據此文爲齊桓公塞之也。言閼八流拓境,則塞其東流八枝,並使歸於徒駭也。① 見《書》孔疏及《爾雅》孫疏。

076 其土黑墳

《史記・夏本紀》:"其土黑墳。"《集解》:"孔安國曰:'色黑而墳起。'"

按,馬融曰:"墳,有膏肥也。"②

077 草繇木條

《史記・夏本紀》:"草繇木條。"《集解》:"孔安國曰:'繇,茂。條,長也。'"

按,馬融曰:"繇,抽也。"③

078 海濱廣潟

《史記・夏本紀》:"海濱廣潟。"《集解》:"徐廣曰:'一作澤,又作斥。'"

按,《書・禹貢》作"斥",《地理志》作"潟"。段玉裁云:"潟,古作舄,《地理志》:'齊地負海舄鹵'、《溝洫志》:'終古舄鹵兮生稻粱'、《河渠書》:'溉澤鹵之地'。《索隱》:'澤,一作舄,本或作斥'。作潟者,或加水旁耳。"④《地理志》顏注:"潟音昔。"《說文》作㵼,"卻屋也,从广㡿聲。"《文

① 謹案,"漢書溝洫志"至"並使歸於徒駭也"一節,即下文所云見《爾雅》孫疏"。唯《爾雅》九河之次",孫疏作"此九河之次"。
② 謹案,馬融語蓋轉引自《釋文》。
③ 謹案,此亦轉引自《釋文》。
④ 謹案,段玉裁語見所著《古文尚書撰異》卷三。

選・魏都賦》注引《倉頡》曰：“庿，廣也。”陳奐云：“斥讀爲開拓之拓，言海濱地廣可以煮鹹。”王先謙云：“斥，本字。烏、潟，假借。《詩・閟宮》傳：‘烏，大貌。’亦取廣斥之義是也。”

079 厥田斥鹵

《史記・夏本紀》：“厥田斥鹵。”《集解》：“鄭玄曰：‘斥謂地鹹鹵。’”《索隱》：“鹵音魯。《說文》云：‘鹵，鹹地，東方謂之斥，西方謂之鹵。’”瀧川資言《考證》：“錢大昕曰：‘上文既有“海濱廣潟”句，“斥”與“潟”文異義同，不當重出。《禹貢》、《漢志》皆無之，此後人妄增。《史記》引《禹貢》“厥”皆作“其”，此獨作“厥”，此亦其一證。’愚按 ①，王念孫說同。楓、三本、索隱‘鹵’下有‘可煮爲鹽者也’六字。”

按，瀧川引錢氏說是也。此四字皆衍。當據《禹貢》、《漢志》刪。《集解》引鄭玄說，蓋釋上句“潟”字注文“徐廣曰：又作斥。”《索隱》注又引《說文》以釋玄語耳。今本《說文》“鹹地”上有“西方”二字。

080 其田上中賦中中

《史記・夏本紀》：“其田上中，賦中中。”《集解》：“孔安國曰：‘田第二，賦第五。’”

按，以上下文例之，“其”字衍。

081 貢維土五色

《史記・夏本紀》：“貢維土五色。”《集解》：“鄭玄曰：‘土五色者，所以爲大社之封。’”《正義》：“《韓詩外傳》云：‘天子社廣五丈，東方青，南方赤，西方白，北方黑，上冒以黃土。將封諸侯，各取方土，苴以白茅，以爲社也。’《太康地記》云：‘城陽姑幕有五色土，封諸侯，錫之茅土，用爲社。此土即《禹貢》徐州土也，今屬密州莒縣也。’”瀧川資言《考證》：“中井積德曰：‘土五色，爲墁繪之用也。’”

按，瀧川引中井說非是。《書》僞孔傳：“王者封五色土爲社。建諸侯，則

---

① “愚按”，鈔稿本無。據瀧川《考證》補。

各割其方色土,與之,使立社。壔以黃土,苴以白茅,茅取其潔,黃取王者覆四方。”孔疏引《韓詩外傳》與張守節《正義》同,又引蔡邕《獨斷》云:“天子大社以五色土爲壇,皇子封爲王者,授之大社之土,以所封之方色,苴以白茅,使之歸國以立社,謂之茅社。是必古書有此說,故先儒之言皆同也。”然則茅土之封豈塻繪之用哉?《正義》及孔疏引《韓詩外傳》今本無之。《白虎通·社稷篇》:“《春秋文義》曰:‘天子之社稷① 廣五丈,諸侯半之。’其色如何?《春秋傳》曰:‘天子有太社焉,東方青色,南方赤色,西方白色,北方黑色,上冒以黃土。故將封東方諸侯,青土,苴以白茅,謹敬潔清也。’”今三傳亦無此文。《文選·答蘇武書》李注引《尚書緯》略同。

082 島夷卉服

《史記·夏本紀》:“島夷卉服。”《集解》:“孔安國曰:‘南海島夷草服葛越。’”《正義》:“《括地志》云:‘百濟國西南渤海中,有大島十五所,皆邑落有人居,屬百濟。’又倭國,武皇后改曰日本國。在百濟南,隔海依島而居,凡百餘小國。此皆揚州之東島夷也。按,東南之夷草服葛越,焦竹之屬。越即苧祁也。”瀧川資言《考證》:“《史記》原本‘島’作‘鳥’,此後人所改,上文可證。中井積德曰:‘日本必不在此列。注誤。’”

按,瀧川謂島是後人所改,是也。然諸儒多以爲鳥夷,不讀爲島。《地理志》作“鳥”,師古曰:“鳥夷,東南之夷善捕鳥者也。”段玉裁曰:“《集解》‘冀州’用鄭注,則作鳥。‘揚州’用孔注,則作島。張守節《正義》成於開元二十四年,釋以可居之島,則《史記》作島在開元以前。”又曰:“古文亦本作鳥,孔讀爲島。衛包徑改爲島字。《後漢書·度尙傳》:‘深林遠藪、椎髻鳥語之人置於縣下。’李注:‘鳥語謂語聲似鳥也。《書》曰:鳥夷卉服。’按②,此衛包未改《尚書》也。”《新唐書·東夷列傳》:“日本,古倭國③ 也。去京師萬四千里,直新羅東南,在海中,島而居。國無城郭,聯木爲柵落,以草茨屋,左右小島五十餘,皆自名國,而臣附之。置本率一人,檢察諸部。其俗多女少男,有文字,尙浮屠法。其官十有二等。隋開皇末,始與中國通。太宗貞

---

① “稷”,鈔稿本無。據《白虎通義》補。

② “按”前,《撰異》有“玉裁”二字。

③ “國”,中華本《新唐書》作“奴”。

觀五年,遺使者入朝。咸亨元年,遺使賀平高麗。後稍習夏音。惡倭名,更號日本。使者自言,國近日所出,以爲名。或云日本乃小國,爲倭所并,故冒其號。使者不以情,故疑焉。長安元年,遺朝臣眞人粟田貢方物。朝臣眞人者,猶唐尙書也。眞人好學,能屬文,進止有容。武后宴之麟德殿,授司膳卿,還之。開元初,粟田復朝,請從諸儒授經,詔四門助教趙玄默即鴻臚寺爲師,獻大幅布爲贄,悉賞物貿書以歸。其副朝臣仲滿慕華不肯去,易姓名曰朝衡,歷左補闕,儀王友,多所該識。久乃還。天寶十二載,朝衡復入朝,上元中,擢左散騎常侍①、安南都護。建中元年,使者眞人興能獻方物。眞人,蓋因官而氏者也。興能善書,其紙似繭而澤,人莫識。貞元末,遺使者朝。其學子橘免勢、浮屠空海願留肄業,歷二十餘年,使者高階眞人來請免勢等俱還,詔可。開成四年,復入貢。"張守節之言蓋以今釋古耳。又段玉裁曰:"《書》孔疏引左思《吳都賦》'蕉葛升越,弱於羅紈',升字乃竹字之誤。竹可爲布,見王符《潛夫論》。竹亦誤升。按,升不誤,段說非。②《王符傳》注引沈懷遠《南越志》、又嵇含《南方草木狀》、又劉逵注《吳都賦》'筼簹'引《異物志》、又《元和郡縣志》'韶州'下、又《唐六典·戶部》下亦云漳、潮等州竹子布。"按,段說非。《吳都賦》劉淵林注:"蕉葛,葛之細者。升越,越之細者。"《潛夫論·浮侈篇》:"葛子升越"。《王符傳》李賢注:"沈懷遠《南越志》曰:'蕉布之品有三,有蕉布,有竹子布,又有葛焉。雖精麤之殊,皆同出而異名。'盛弘③之《荊州記》曰:'秭歸縣室多幽閑,其女盡織布至數十升。'"謂之升越。又《馬皇后紀》:"白越三千端。"李賢注:"白越,越布。"然則"升越",升非竹字之譌審矣。《喪服傳》:"冠六升。"鄭注:"布八十縷爲升。升字當爲登。登,成也。今之《禮》皆以登爲升,俗誤已④行久矣。"賈疏:"布八十縷爲升者,此無正文,師師相傳言之。是以今亦云八十縷謂之宗,宗即古之升也。"又《國語·魯語》:"妾衣不過七升。"韋注:"八十縷爲升。"則升亦數量名,此其義也。《正義》謂"草服葛越,焦竹之屬"者,當云草服蕉葛,升越之屬。苧祁未聞其義,疑爲苧麻轉音。《鮚埼亭集外編·吳綾志》:"象山苧布獨細,

---

① "侍",鈔稿本譌"待"。據手稿及中華本《新唐書》改。
② 謹案,"竹亦誤升"四字爲段氏原注,"按,升不誤,段說非"七字係引者按語。
③ "弘",鈔稿本作"宏"。據中華本《後漢書》李賢注改。
④ "已",鈔稿本無。據《儀禮注疏》補。

曰女兒布，見《寶慶志》。明時稱 ① 慈谿葛布，見於縣志。"皆越產也。又
《鮚埼亭詩集·寶查村蕉布歌》："《唐志》端、潮皆以入貢。今端惟寶查、廣利
二村有之。"則《南越志》所謂蕉布有三品也。

083 雲土夢爲治

《史記·夏本紀》："雲土夢爲治。"《集解》："孔安國曰：'雲夢之澤在江
南，其中有平土丘，水去可爲耕作畎畝之治。'"《索隱》："夢，一作瞢，鄒誕
生又音蒙。按，雲土、夢本二澤名，蓋人以二澤相近，或合稱雲夢耳。知者，
據《左傳》云楚子濟江入于雲中，又楚子、鄭伯田于江南之夢，則是二澤各別
也。韋昭曰：'雲土今爲縣，屬江夏南郡華容。'今按，《地理志》云江夏有雲
杜縣，是其地。"瀧川資言《考證》："張文虎曰 ②：'雲土夢，柯凌本與《索隱》
本合。錢大昕《三史拾遺》引淳熙本、耿秉本同。館本作雲夢土，辨見《撰
異》。'李笠曰：'夢字衍，雲土即雲杜，爲漢江夏雲杜縣。'"

按，瀧川引李先生 ③ 雁晴說非是。雲杜乃漢江夏郡之一縣，見《地理
志》。又《國語·楚語》有"雲連徒洲 ④"，段玉裁《古文尚書撰異》謂即雲
土也。然亦春秋時楚之一州耳，禹之行水安得有是偶哉？"雲夢"本爲一藪，
見《周官·職方》、《爾雅·釋地》、《呂覽·有始》、《戰國·楚策》、《淮
南·墜形訓》、《鹽鐵論》、《說文》、宋玉《高唐賦》、司馬相如《子虛賦》。
或單稱"雲"，《左氏》定四年傳是也。或單稱"夢"，《左氏》宣四年、昭
三年傳是也。鄭注《周禮》："雲瞢在華容。"郭注《爾雅》亦云："今南郡華
容縣東南巴丘湖是也。"《左氏》定四年傳杜注："入雲夢澤中，所謂江南之
夢"也。此言雲夢之在江南者也。《左氏》宣四年傳杜注：夢，澤名。江夏安
陸縣城東南有雲夢城。此言雲夢之在江北者也。然《左氏》昭三年傳杜注：
"楚之雲夢跨江南北。"茲其言最達。故《左氏》定四年傳孔疏："《土地名》
云 ⑤：南郡枝江縣西有雲夢城，江夏安陸縣東南亦有夢城。或曰南郡華容縣

① "稱"，鈔稿本無。據《鮚埼亭集外編》補。
② "張文虎曰"四字，鈔稿本脫。據瀧川《考證》補。
③ "生"，鈔稿本誤"先"。據上下文意改。
④ "洲"，鈔稿本作"州"。據《國語》改。
⑤ "云"，鈔稿本誤"雲"。據阮刻本《左傳正義》改。

東南有巴丘湖,江南之夢也。郢都在江北睢東,王走西涉睢,又南濟江,乃入于雲中,知此在江南。昭三年王與鄭伯田於江南之夢,謂此也。言江南之夢,則江北亦有夢矣。司馬相如《子虛賦》云:雲夢者,方九百里。則此澤跨江南北。”據此,《索隱》以爲二澤各別者非矣。李吉甫《元和郡縣志》亦以《禹貢》、《爾雅》皆曰雲夢者,雙舉二澤而言之,其失同。段玉裁曰:“作‘雲夢土’者,古文《尚書》也。作‘雲土夢’者,今文《尚書》也。今本古文《尚書》作‘雲土夢’者,古文之誤者也。今本《史記》、《漢書》作‘雲夢土’者,《史記》、《漢書》之誤者也。今本古文《尚書》之誤,始於唐石經,而宋太宗復揚其波。晁公武《石經考異序》云:‘蜀石經《尚書》十三卷,僞蜀周德貞書,以監本校之,《禹貢》“雲土夢作乂”倒“土夢”字。’然則宋以前‘雲夢土’之本盛行,僞蜀且以勒石。唐石經既作‘雲土夢’矣,而蜀石經不從,此蜀之勝於唐也。沈括《夢溪筆談》云:‘舊《尚書・禹貢》“雲夢土作乂”,太宗皇帝時得古本《尚書》作“雲土夢作乂”,詔改從古本。’所偁‘舊《尚書》’者,蜀石經之類也。所偁‘古本《尚書》’者,唐石經之類也。唐石經名儒所不窺,是以蜀石本及宋太宗以前本皆作‘夢土’,而太宗詔從‘土夢’,自此以後版本乃無有作‘夢土’者,此事非枚頤之咎,亦非衛包之咎。衛包敢於改字,而不敢倒字,開成閒始從誤本刊石。”按,段氏謂“作‘雲土夢’者,今文《尚書》”,其言非是。《史記》作“雲土夢”者,索隱本然耳。《集解》引僞孔傳則裴駰所據之本作“雲夢土”可知。《地理志》顔注:“沱、灊,二水名,自江出爲沱,自漢出爲灊。雲夢,澤名。言二水既從其道,則雲夢之土可爲畎畝之治也。”《漢書》之作“雲夢土”又可知。皮錫瑞云:“王逸注《楚辭》云①:‘夢,澤中也。楚人名澤中爲夢中。’逸習今文,則今文家說夢即是澤,非澤之名。《左傳》“江南之夢”即江南之澤,“雲土夢”亦即雲土澤耳。王先謙云:“‘雲土夢’與‘雲夢土’乃今古文異,段說是②。‘雲杜’漢以名縣,是‘雲土’連文確不可易,今文是也。古文作‘雲夢土’,則字有倒易,說者依文釋之耳。‘雲土’單稱‘雲’,春秋時已然。王逸解‘夢’爲澤,此最古義。”按,皮氏、王氏說亦非。《禹貢》正名必以“雲

---

① “注楚辭云”,鈔稿本作“楚詞注”。據皮錫瑞《今文尚書攷證》改。

② “段說是”三字,鈔稿本無。據王先謙《尚書孔傳參正》補。

夢”爲得，今古文不異。《周官》、《爾雅》諸書鑿鑿可據。叔師雖有楚人名澤中爲“夢中”之說，然楚之先，舉文武勤勞之後，受爵爲子，實《周南》江漢之域，又未可以遽易雅言也。《索隱》“南郡華容”四字，疑有譌改。[1]

084 昆弟五人

《史記·夏本紀》：“昆弟五人”。《索隱》：“皇甫謐云：‘號五觀也。’”

按，《國語·楚語》：“啟有五觀。”韋昭注：“啟，禹子也。五觀，啟子大康昆弟也。觀，洛汭之地。《書序》曰：‘大康失國，昆弟五人，須于洛汭。’傳曰：‘夏有觀、扈。’”《韓非子·說疑》：“其在記曰：‘堯有丹朱，而舜有商均，啓有五觀，商有太甲，武王有管、蔡，五王之所誅者，皆父兄子弟之親也。”《離騷》：“啓《九辯》與《九歌》兮，夏康娛以自縱。不顧難以圖後兮，五子用失乎家巷。”王逸注：“言太康不遵禹、啓之樂，而更作淫聲，放縱情慾，以自娛樂，不顧患難，不謀後世，卒以失國。兄弟五人，家居閭巷，失尊位也。”《尙書序》曰：“太康失邦[2]，昆弟五人，須于[3]洛汭，作《五子之歌》。”惟《墨子·非樂》：“於《武觀》曰：‘啓乃淫溢康樂，野于飲食，將將銘莧磬以力。湛濁于酒，渝食于野，萬舞翼翼。章聞于天，天用弗式。”孫詒讓《閒詁》遂謂“指啓晚年失德之事”，以《竹書紀年》及《山海經》皆盛言啓作樂。然諸書實未嘗明言啓晚年失德。《墨子》殘缺，義多不明。史公、韋昭、王逸立言，並據古文。《書序》、《國語》、《韓非》、《離騷》、孫氏云云，恐不足信也。

殷本紀

085 亳有祥桑穀共生於朝

《史記·殷本紀》：“帝太戊立，伊陟爲相。亳有祥桑穀共生於朝。”

按，《說苑·君道》：“殷太戊時，有桑穀生於庭。按，穀從木，《僞孔傳》“二木合生”是也。陸氏《音義》：“穀，工木反，楮也。”黃本作穀，殿本作穀，從禾皆誤。昏而生，比旦而

---

① “改”，手稿作“攺”。

② “邦”，鈔稿本作“國”。據阮刻本《尙書正義》改。

③ “于”，鈔稿本作“於”。手稿及據阮刻本《尙書正義》改。

拱。史請卜之湯廟，太戊從之，卜者曰：‘吾聞之，祥者福之先者也。見祥而爲不善，則福不生。殃者禍之先者也，見殃而能爲善，則禍不至。’於是乃早朝而晏退，問疾弔喪。三日而桑穀自亡。”此言桑穀爲太戊時事。與《本紀》同，蓋古文《書序》云然。

086 一暮大拱

《史記·殷本紀》：“一暮大拱。”《索隱》：“此云‘一暮大拱’，《尚書大傳》作‘七日大拱’，與此不同。”

按，《尚書大傳》言“武丁之時[①]，桑穀俱生於朝，七日而大拱”，不言爲太戊時事，與《本紀》迥異。

087 祥桑枯死而去

《史記·殷本紀》：“而祥桑枯死而去。”

按，“桑”下疑奪“穀”字。上文云“亳有祥桑穀並生於朝”，是宜據補。

088 祖己嘉武丁立其廟爲高宗

《史記·殷本紀》：“祖己嘉武丁之以祥雉爲德，立其廟爲高宗。”

按，《說苑·君道》：“高宗者，武丁也。高而宗之，故號高宗。成湯之後，先王道缺，刑法違犯，桑穀俱生乎朝，七日而大拱。武丁召其相而問焉，其相曰：‘吾雖知之，吾弗得言也，聞諸祖己，桑穀者野草也，而生於朝，意者國亡乎？’武丁恐駭，飭身修行，思先王之政，興滅國，繼絶世，舉逸民，明養老，三年之後，蠻夷重譯而朝者七國。此之謂存亡繼絶之主，是以高而尊之也。”《說苑》於太戊、武丁俱及桑穀事，而《尚書大傳》於武丁及祥雉、桑穀二事。

---

① 謹案，“武丁之時”，皮錫瑞《尚書大傳疏證》（師伏堂刊本）卷三云：“《外紀》卷二此句上有‘成湯之後’四字，下有‘王道虧’三字，《困學紀聞》卷二此句下有‘先王道虧，刑罰犯’七字。”檢《資治通鑑外紀》卷二引《尚書大傳》作“成湯之後，武丁之先，王道虧，桑穀俱生于朝，七日而大拱。”《尚史》、《繹史》引稍異，然皆謂湯後、武丁前，似在小辛、小乙之世。故皮氏校語當云“此句作‘成湯之後，武丁之先’”。至謂“武丁之時”者，蓋轉引《困學紀聞》卷二《書大傳》謂武丁之時云云。然則《外紀》、《困學紀聞》引文既異，似當以《外紀》所引較是。又案，《說苑·敬慎》：“至殷王武丁之時，先王道缺，刑法弛，桑穀俱生於朝，七日而大拱。”此明言“武丁之時”，亦可參考。

《本紀》則以桑穀事屬之太戊,祥雉事屬之武丁。蓋遷從安國①問故,一以孔壁所出爲其指歸。若中壘之書,又雜采《書序》、《大傳》爲之辭矣。

089 帝辛天下謂之紂

《史記·殷本紀》:“子辛立,是爲帝辛,天下謂之紂。”《集解》:“《謚法》曰:‘殘義損善曰紂’。”

按,《謚法解》無之,當有逸文。《書·立政》“其在受德”僞孔傳:“受德,紂字。帝乙愛焉,爲作善字。”《釋文》:“受德,紂字。馬云:‘受所爲德也。’”《疏》:“《泰誓》三篇,惟單言受,而此云受德者,則德本配受,共爲一人,故知受德是紂字也。又按,《呂氏春秋·當務》:“紂之同母②三人,其長曰微子啟,其次曰仲衍,其次曰受德。受德乃紂也。”

周本紀

090 子毀隃立

《史記·周本紀》:“子毀隃立。”《集解》:“音踰。《世本》作‘楡’。”《索隱》:“《世本》作‘僞楡’。”

按,《路史》又引作“僞隃”。僞、毀,古音近,故得通也。

091 二人亡如荆蠻

《史記·周本紀》:“乃二人亡如荆蠻。”《正義》:“太伯奔吳,所居城在蘇州北五十里常州無錫縣界梅里村,其城及冢見存。而云‘亡荆蠻’者,楚滅越,其地屬楚,秦滅楚,其地屬秦,秦諱‘楚’,改曰‘荆’。故通號吳越之地爲荆。及北人書史加云‘蠻’,勢之然也。”

按,《呂氏春秋·音初》高注:“秦莊王諱楚,避之曰‘荆’。”《說文·艸部》:“荆,楚木也。”又《林部》:“楚,叢木。一名荆③。”是荆④楚二字義

---

① “國”,鈔稿本脱。據上下文意補。
② “母”下,鈔稿本有“弟”字。據諸子集成本《呂氏春秋》刪。
③ “荆”下,大徐本《說文》有“也”字。
④ “是荆”,鈔稿本脱。據手稿補。

本轉注,故秦人諱楚爲荆。然"爾貢包茅不入"者,其地固《禹貢》荆州之域,義亦得通。故《春秋》僖元年"楚人伐鄭"杜注:"荆始改號曰楚。"孔疏:"此前①常呼爲荆,此後遂稱爲楚。據②見經爲言,故云'荆始改號'。莊二十八年仍書'荆伐鄭',自爾至今不知何年改。"

092 流爲烏

《史記·周本紀》:"流爲烏。"《索隱》:"按今文《泰誓》:'流爲雕。'雕,摯③鳥也。馬融云:'明武王能伐紂。'鄭玄云:'烏是孝鳥,言武王能終父業。'亦各隨文而解也。"

按,唐定義疏,以梅賾僞書爲古文,以馬、鄭本爲今文,顏師古、李賢、孔穎達、司馬貞皆然。又,《詩·思文》正義引鄭氏云:"雕④,當爲鴉⑤。鴉,烏也。"

093 以輕劍擊之

《史記·周本紀》"以輕劍擊之"《正義》:"《周書》作'輕呂擊之'。輕呂,劍名也。"

按,今本《汲冢周書·克殷解》作"擊之以輕呂,斬之以黃鉞。"孔晁注無"也"字。

094 王道衰微

《史記·周本紀》:"穆王即位,春秋⑥已五十矣。王道衰微,穆王閔文武之道缺"。

按,"王道衰微"二句,文義重複,此四字乃涉上文"王道微缺"而衍。

095 穆王立五十五年崩

《史記·周本紀》:"穆王立五十五年崩。"瀧川資言《攷證》:"《左傳》

---

① "此前",鈔稿本誤作"前此"。據阮刻本《左傳正義》改。
② "據"下,阮刻本《左傳正義》有"其"字。
③ "摯",百衲本、殿本《史記》同。瀧川本、中華本作"鷙"。案,摯通鷙。
④ "雕",阮刻本《毛詩正義》作"鵰"。二字同。
⑤ "鴉",鈔稿本作"雅"。據阮刻本《毛詩正義》改。二字古同。下"鴉"字倣此。
⑥ "春秋",鈔稿本脱。據諸本《史記》補。

昭①公十二年云：‘穆王欲肆其心，周行天下，將皆必有車轍馬跡焉。祭公謀父作《祈招》之詩，以止王心，王是以獲沒於祗宮。’穆王巡遊事見《秦本紀》及《列子・穆王篇》、《穆天子傳》。又《呂刑》云穆王享國百年，此云五十五年崩，何也？”

按，瀧川說非是。《呂刑》云“王享國百年”者，僞孔傳：“穆王以享國百年，耄亂荒忽。穆王即位過四十矣，言百年，大期②雖老而能用賢以揚名。”疏亦謂：“此言‘享國百年’，乃從生年而數。”是也。惟僞孔云“穆王即位過四十”者，與《本紀》云“春秋已五十”者異。又此云“穆王立五十五年崩”，亦與《十二諸侯年表》穆王之立盡五十一年而當魯隱三年者不同。

096 宣王不脩籍於千畝

《史記・周本紀》：“宣王不脩籍於千畝。”《正義》：“應劭云：‘古者天子耕籍田千畝，爲天下先。’瓚曰：‘籍③，踏籍也。’按，宣王不脩親耕之禮也。”瀧川資言《攷證》：“閻若璩曰：‘此千畝乃周之籍田，離鎬京應不甚遠。《括地志》以晉州千畝原當之，殆非。’”

按，瀧川引閻說非是。《禮記・祭義》：“天子爲籍千畝。”注：“籍，籍田也。”宣王中興，《詩》、《國語》及《史》所書，雖若爲德不卒，然不脩籍於千畝，疑不必地邇鎬京。而《括地志》以晉州千畝原當之者，乃古者籍田之遺。宣王不脩，荒爲戰場，故“三十九年，戰于千畝，王師敗績于姜氏④之戎”，此《史》用《國語》文。使⑤其地邇鎬京，則不待驪山之舋，而周轍既東與？《詩⑥・六月》：“薄伐玁狁，至于太原。”《采芑》：“征伐玁狁，蠻荊來威。”王畿千里，百二山河之險，而遽蹙地若此，恐亦不合矣。

---

① “昭”，瀧川《考證》、鈔稿本誤作“僖”。據阮刻本《左傳正義》改。
② “期”，阮校依古本作“其”，屬下讀。
③ “籍”，鈔稿本脫。據《史記正義》補。
④ “氏”，鈔稿本作“氐”。據四部叢刊本《國語》改。
⑤ “使”，鈔稿本作“吏”。據手稿改。
⑥ “詩”，鈔稿本無。據手稿補。

097 王師敗績于姜氏之戎

《史記·周本紀》："王師敗績於姜氏①之戎。"《集解》："韋昭曰：'西夷別種，四嶽之後也。'"

按，《國語·周語》文。《左氏》莊十一年傳："京師敗曰王師敗于某。"杜注："王者無敵於天下，天下非所得與戰者。然春秋之世，據有其事，事列於經，則不得不因申其義。有時而敗，則以自敗爲文，明天下莫之得校。"故成元年王師敗績于茅戎，是據有其事，事②列於經。此史公從左氏義也。

098 乃料民於太原

《史記·周本紀》："乃料民於太原。"瀧川資言《攷證》："料民，謂計民數以爲兵也。閻若璩曰：'玁狁侵鎬及方，至於涇陽。鎬等三地名，皆在雍州。則太原地名，亦即在雍州。'"

按，瀧川引閻說非是。《詩·六月》："薄伐玁狁，至于太原。"揆以上文"玁狁匪茹，整居焦穫。侵鎬及方，至于涇陽。"傳云："焦穫，周地接于玁狁者。"箋云："鎬也，方也，皆北方地名。"王肅以鎬爲鎬京，王基、孫毓諸儒皆駁之，以箋義爲長。則太原不必在雍州。傳、箋不釋其地所在，則以爲故書習見。《禹貢》所謂"既脩太原，至于岳③陽。"僞孔傳："太原，今爲郡名。太岳，在太原西南。"是也。《本紀》："宣王不脩籍於千畝。"《正義》："《括地志》云：'千畝原在晉州岳陽縣北九十里也。'"又"三十九年，戰於千畝。"《索隱》："地名也，在西河介休縣。"此與"料民於太原"文義相屬，其爲河東晉地，又何疑焉？

099 子幽王宮涅立

《史記·周本紀》："子幽王宮涅④立。"《集解》："徐廣曰：一作生。"

---

① "氏"，鈔稿本、瀧川《攷證》誤"氐"。據諸本《史記》改。
② "事"，鈔稿本脫。據手稿補。
③ "岳"，鈔稿本作"嶽"。據《尚書》改。下文"岳"倣此。
④ "涅"，百衲本、殿本《史記》同。瀧川本、中華本作"湼"。

按，立字是也 ①。《謚法》：“壅遏不通曰幽，動祭亂常曰幽。”

100 樂及徧舞

《史記·周本紀》：“樂及徧舞。”《集解》：“賈逵曰：‘徧舞，皆舞六代之樂也。’”瀧川資言《考證》：“王念孫曰：《御覽》引此，“樂及徧舞”上有“遂享諸大夫”五字，是也。今本脫此五字。《左傳》云：“王子頹享五大夫，樂及徧舞。”《周語》云：“王子穨 ② 飲三大夫酒，子國爲客，樂及徧舞。”皆其證。’”

按，《國語·周語》韋注“徧舞，六代之樂也”下，有“謂黃帝曰《雲門》，堯曰《咸池》，舜曰《大招》，禹曰《大夏》，殷曰《大濩》，周曰《大武》。一曰諸大夫徧儛也。”又《左氏》莊二十年傳疏：“《周禮》大司樂以樂舞教國子，舞《雲門》、《大卷》、《大咸》、《大磬》、《大夏》、《大濩》、《大武》。鄭玄云，此周所存六代之樂也。傳記所說《雲門》、《大卷》，黃帝也；《大咸》，堯也；《大韶》，舜也；《大夏》，禹也；《大濩》，湯也；《大武》，周武王也。是爲六代。”又按，《周語》“子穨飲三大夫酒”、“殺子穨及三大夫”，“三”爲“五”壞文譌耳，當依《左傳》作“五大夫”。穨、頹，字同。

101 惠王十年賜齊桓公爲伯

《史記·周本紀》：“惠王十年，賜齊桓公爲伯。”瀧川資言《考證》：“莊公廿七年《左傳》云：‘王使召公廖賜齊侯命。’”

按，伯同霸。《齊世家》：“七年，諸侯會桓公於甄，而桓公於是始霸焉。”《十二諸侯年表》惠王十年，賜齊侯命，是歲魯莊二十七年，桓公十九年也。又，“十七年，襄王告急于晉，晉文公納王而誅叔帶，襄王乃賜晉文公珪鬯弓矢，爲伯。”③ 伯亦同霸。

① 謹案，徐廣“一作生”者，蓋謂宮涅之“涅”字，一本作“生”。“涅”瀧川本《史記》作“湼”，似緣《正義》：“涅音生。按本又作湼，湼音乃結反。”又，《史記·管蔡世家》“(曹）繆公三年卒，子桓公終生立。”《集解》引孫檢云：“一作‘終涅’。涅音生。”是涅、生通。

② “穨”，鈔稿本作“頹”。據瀧川《攷證》引改。

③ 謹案，“十七”至“爲伯”，引文見《周本紀》。

102 是爲柏翳舜賜姓嬴氏

《史記・秦本紀》:"是爲柏翳,舜賜姓嬴氏。"

按,《漢書・地理志》:"秦之先曰柏益,出① 自帝顓頊。堯時助禹治水,爲舜朕虞,養育草木鳥獸,賜姓嬴氏。"師古曰:"'柏益'一號'伯翳',蓋翳、益聲相近故也。"

103 驊騮騄耳之駟

《史記・秦本紀》:"驊騮、騄耳之駟"。

按,《漢書・地理志》:"得華騮、綠耳之乘。"師古曰:"華騮,言其色如華之赤也。綠耳,耳綠也。"

104 次于孤竹

《史記・秦本紀》:"次于② 孤竹。"《正義》:"《括地志》云:'孤竹故城在平州盧龍縣十二里,殷時諸侯竹國也。'"

按,"諸侯"下奪"孤"字。③

105 食善馬者三百人

《史記・秦本紀》"於是岐下食善馬者三百人"至"以報食馬之德",瀧川資言《考證》:"'於是岐下'以下,采《呂氏春秋・愛士篇》。"

按,《韓詩外傳・十》:"秦繆公將田而喪其馬,求三日而得之於莖山按《呂氏春秋・愛士》作岐山是也之陽,有鄙夫乃相與食之。繆公曰:'此駁馬按《呂氏春秋・愛士》作駿馬是也④ 之肉,不得酒者死。'繆公乃求酒,徧飲之,然後去。明年,晉師與繆公戰,晉之左格右者圍繆公而擊之,甲已墮者六矣。食馬者三百餘

---

① "出",鈔稿本無。據中華本《漢書》補。

② "于",鈔稿本作"於"。據諸本《史記》改。

③ 謹案,《伯夷列傳》、《周本紀》正義引《括地志》俱有"孤"字。

④ "也"下,鈔稿本衍"之陽有鄙夫乃相與食之繆公曰此駁馬(按呂氏春秋愛士作駿馬是也)"二十八字。蓋謄錄訛誤。據手稿刪。

人皆曰：'吾君仁而愛人，不可不死。'還擊晉之左格右者，免繆公之死。"皆《史》所采。①

106 君子不以畜產害人

《史記·秦本紀》："君子不以畜產害人。"

按，《論語·鄉黨》："廄焚，子退朝，曰：'傷人乎？'不問馬。"注："鄭曰：'重人賤畜。'"此其義也。

107 饋之七牢

《史記·秦本紀》："而饋之七牢。"《集解》："賈逵曰：'諸侯饗② 餼七牢。牛一、羊一、豕一，爲一牢也。'"

按，一牢，猶太牢也。七牢③ 者，謂太牢凡七也。《公羊》桓八年傳"冬曰烝"注："禮，天子、諸④ 侯、卿、大夫，牛、羊、豕凡三牲，曰大牢。"又《大戴禮記·曾子天圓》："諸侯之祭，牛曰太牢。"則略羊、豕而言之也。

108 鄭人有賣鄭於秦

《史記·秦本紀》："三十二年冬，晉文公卒。鄭人有賣鄭於秦曰：'我主其城門，鄭可襲也。'"

按，《左氏》僖三十二年傳："冬，晉文公卒。杞子自鄭使告于秦曰：'鄭人使我掌其北門之管，若潛師以來，國可得也。'"注："三十年，秦使大夫杞子戍鄭。"《史》云"鄭人"，與《左氏》異。又《鄭世家》："初，往年鄭文公之卒也，鄭司城繒賀以鄭情賣之，秦兵故來。"則鄭人是指繒賀。疑繒賀與杞子合謀，因之以鄭情輸秦者。

---

① "采"下，鈔稿本竄入《韓詩外傳》札記一則："《韓詩外傳·五》：'若殷之用伊尹，周之遇太公，可謂巨用之矣。齊之用管仲，楚之用孫叔敖，可爲小用之矣。'按爲，猶謂也。與上文同。"案，此則與上文不屬。已見《笠山遺集》第九種《笠山讀書記》中《隨無涯齋讀書記》第325則。茲附記之以備參閱。

② "饗"，殿本同。百衲本、瀧川本、中華本作"雍"。

③ "七牢"二字，鈔稿本脫。據手稿補。

④ "諸"，鈔稿本脫。據手稿及阮刻本《公羊注疏》補。

史記會注攷證校讀卷三

秦始皇本紀

109 莊襄王死

《史記·秦始皇本紀》："莊襄王死。"

按，"死"當作"薨"，壞文耳。下文"十六日，夏太后死。"《表》作"薨"，可證。惟《秦本紀》則例書"卒"。

110 將軍驁死

《史記·秦始皇本紀》："將軍驁死，以攻龍、孤、慶都。"李雁晴先生笠《史記訂補》曰："此語倒裝，謂將軍驁以攻龍、孤、慶都死也。"

按，此當連下句四字①。謂將軍驁以攻龍、孤、慶都，還兵攻汲而死。中井積德以"還兵攻汲"四字屬上讀，是也。

111 宮室車馬衣服苑囿馳獵恣毒

《史記·秦始皇本紀》："宮室車馬衣服苑囿馳獵恣毒。"

按，瀧川資言考證本"車馬"作"犬馬"，非是。

112 出雞頭山

《史記·秦始皇本紀》："出雞頭山"。《正義》："《後漢·隗囂傳》云'王莽②塞雞頭'，即此也。③"

---

① 謹案，"下句四字"，指緊接"慶都"下的"還兵攻汲"。

② "莽"，殿本、瀧川本、中華本《史記》同。百衲本作"猛"。中華本《後漢書》作"孟"。

③ 謹案，"後漢"至"即此也"十四字，係《史記正義》引《括地志》語。

按，"王莽"當作"王孟"。

113 其身未殘諸侯倍叛法令不行

《史記‧秦始皇本紀》："其身未殘①，諸侯倍叛，法令不行。"

按，此殆如《戰國‧秦策》蘇季子所謂"神農伐補遂，黃帝伐涿鹿而禽蚩尤，堯伐驩兜，舜伐三苗，禹伐共工，文王伐崇"之類是也。

114 宗室振恐

《史記‧秦始皇本紀》："宗室振恐。群臣諫者以爲誹謗，大吏②持祿取容，黔首振恐。"

按，上句"振恐"二字，疑涉下文衍也。

115 斯卒囚就五刑

《史記‧秦始皇本紀》："斯卒囚，就五刑。"瀧川資言《考證》："'就五刑'三字疑衍。與下文案殺複。"

按，瀧川說非是。《虞書》曰："五刑有服，五服三就。""斯卒囚，就五刑"者，謂斯已見囚，從五刑論罪，趙高竟案殺之也。與《列傳》"二世二年七月，具斯五刑，論腰斬咸陽市"可互觀之。惟《本紀》作"三年冬，趙高爲丞相，竟案李斯殺之"，是殺之之時，紀與傳歧異耳。

116 足下驕恣誅殺無道

《史記‧秦始皇本紀》："足下驕恣，誅殺無道，天下共畔足下，足下其自爲計。"《集解》："蔡邕曰：'群臣士庶相與言，曰殿下、閣下、足下、侍者、執事，皆謙類。"瀧川資言《考證》："不曰陛下曰足下，輕侮之辭。"

按，瀧川說非。《戰國‧秦策》"足下上畏太后之嚴"，是范雎以足下稱昭王矣。《史記‧范雎傳》同。《燕策》蘇代遺燕昭王書"而足下行之"、望諸君使人獻書報燕王"而又害於足下之義"，皆以足下③稱時君。《平原君列傳》"今

---

① "殘"，鈔稿本作"沒"。據《史記》諸本改。
② "吏"，鈔稿本作"史"。據手稿及《史記》諸本改。
③ "下"，鈔稿本脫。據手稿補。

臣爲足下解負親之攻 ①”,則趙郝以足下稱趙王。《項羽本紀》“再拜獻大王足下”,則張良以足下稱項王。《酈生傳》“足下欲助秦攻諸侯乎”,則酈生以足下稱沛公。蔡邕說得之。

117 所以不敢盡忠拂過者

《史記·秦始皇本紀》:“然所以不敢盡忠拂過者”。瀧川資言《考證》:“拂讀爲佛。”

按,瀧川說非是。拂與弼通,《大戴記·保傅》“絜廉而切直,匡過而諫邪者,謂之弼。弼者,拂天子之過者也。”《國語·越語》“憎輔遠弼”注:“矯過爲弼。”《孟子·告子》“入則無法家拂士”趙注:“輔弼之士。”孫奭《音義》:“拂士之拂,音弼。”是也。

118 躡足行伍之間而倔起什伯之中

《史記·秦始皇本紀》:“躡足行伍之間,而倔起什伯 ② 之中。”《集解》:“《漢書音義》曰:‘首出十長百長之中。’如湻曰:‘時皆辟屈在十百之中。’”瀧川資言《考證》:“《新書》、《世家》、《文選》‘什伯 ③’作‘阡陌’,取義不同。‘什伯’以行伍言,‘阡陌’以畎畝言,‘什伯’義長。”

按,《陳涉世家》褚先生引作“俛仰仟佰之中”。《索隱》引如淳說“十百”作“阡陌”,與《集解》異。愚意“躡足行伍之間”謂適戍也,而“倔起阡陌之中”謂傭耕也。《考證》說非。

項羽本紀

119 拜梁爲楚王上柱國

《史記·項羽本紀》:“拜梁爲楚王上柱國。”《集解》:“徐廣曰:‘二世之二年正月也。’駰案,應劭曰:‘上柱國,上卿官,若今相國也。’”瀧川資言

---

① “攻”,鈔稿本誤“政”。據手稿及《史記》諸本改。
② “伯”,鈔稿本作“佰”。據《史記》諸本改。
③ “伯”,鈔稿本作“佰”。據瀧川《攷證》改。下文“什伯以行伍言”、“什伯義長”之“伯”字倣此。

《考證》：“楓、三本無‘王’字，與《漢書》合。李笠曰：‘王字衍。’”

　　按，《考證》說是也。下文云“陳嬰爲楚上柱國”即其例。《楚世家》：“楚使柱國昭陽將兵而攻魏，破之於襄陵，得八邑。又移兵而攻齊，齊王患之。陳軫適爲秦使齊，即往見昭陽軍中，曰：‘願聞楚國之法，破軍殺將者何以貴之？’昭陽曰：‘其官爲上柱國，封上爵執珪。’”又《陳涉世家》：“以上蔡人房君蔡賜爲上柱國。”項氏世爲楚將，故召平矯命拜梁以是官也。

120 項梁使別將朱雞石

　　《史記·項羽本紀》：“項梁使別將朱雞石”。

　　按，《陳涉世家》：“符離人”。

121 楚雖三戶亡秦必楚

　　《史記·項羽本紀》：“‘楚雖三戶，亡秦必楚’也。”《集解》：“瓚曰：‘楚人怨秦，雖三戶猶足以亡秦也。’”《索隱》：“臣瓚與蘇林解同。韋昭以爲三戶，楚三大姓昭、屈、景也。二說皆非也。按《左氏》‘以畀楚師于 ① 三戶’杜預注云：‘今丹水縣北三戶亭’，則是地名不疑。”《正義》：“按，服虔云：‘三戶，漳水津也。’孟康云：‘津峽名也。在鄴西三十里。’《括地志》云：‘濁漳水又東經葛公亭，北經三戶峽，爲三戶 ② 津，在相州滏陽縣界。’然則南公辨陰陽，識廢興之數，知秦亡必於三戶，故出此 ③ 言。後項羽果度三戶津，破章邯軍，降章邯，秦遂亡。是南公之善識 ④ 。”瀧川資言《考證》：“三戶者，言其少耳，乃虛設之辭，瓚說爲是。若以爲地名，雖字不通。”

　　按，《呂氏春秋·當染》高誘注：“范蠡，楚三戶人也。”《吳越春秋》云：“蠡字少伯，乃楚宛三戶人也。” ⑤ 然則三戶固楚地，南公之言蓋雙關語，如錄圖書所謂“亡秦者胡也”之類。

---

　　①　“于”，鈔稿本作“於”。據百衲本、瀧川本、中華本《史記》改。
　　②　“戶”，鈔稿本誤“水”。據諸本《史記》改。
　　③　“此”，殿本、瀧川本、中華本《史記》同。百衲本無。
　　④　“識”，百衲本、殿本、中華本《史記》同。瀧川本作“識”。
　　⑤　謹案，此文今本《吳越春秋》無。蓋轉引自《史記·越世家》正義。

122 乃遣其子宋襄相齊

《史記·項羽本紀》：“乃遣其子宋襄相齊。”徐孚遠曰：“田榮與項梁有隙，梁死楚弱，宋義欲結援於齊，以子相之。”

按，徐說是。下文宋義與齊謀反楚，故羽①得加其罪名而殺之，然謂楚弱則非也。

123 望其氣皆爲龍虎

《史記·項羽本紀》：“吾令人望其氣，皆爲龍虎，成五采。”

按，《漢書·高帝本紀》無“虎”字是也。又《史·高帝本紀》：“太公往視，則見蛟龍於其上。”《索隱》按：“《詩含神霧》云：‘赤龍感女媼，劉季興②。’”即其事也。《隋③書·經籍志》謂西漢之世，緯學昌盛。若此類祕爲符命，惑世誣民與？夫“亡秦者胡”，南公之語雜神鬼，怪誕支離。哀平祚④衰，其學日熾。雖光武中興，猶惟言是從，視爲祕經，尊爲功令，學士大夫援飾經文，獻媚工諛，沈溺莫反矣。

124 項伯者項羽季父也

《史記·項羽本紀》：“楚左尹項伯者，項羽季父也。”

按，上文云“其季父項梁”，《索隱》：“崔浩云：‘伯仲叔季，兄弟之次，故叔云叔父，季云季父。”然則崔氏云云⑤，豈羽有二季父哉？蓋季有少、中、末之義，季父猶諸父耳。中井積德曰：“季而字伯，不知何緣故。”

125 與一生彘肩

《史記·項羽本紀》：“則與一生彘肩”。梁玉繩曰：“生字疑誤，彘肩不可生食，且此物非進自庖人，即撤自席上，何以生邪？孫侍御云⑥：蓋故以此試

---

① “羽”，鈔稿本脫。據手稿補。
② “興”，鈔稿本誤“與”。據手稿及《索隱》諸本改。
③ “隋”，鈔稿本誤“隨”。據手稿改。
④ “祚”，鈔稿本誤“作”。據手稿改。
⑤ “云云”，鈔稿本作“云”。據手稿改。
⑥ “御云”，《史記志疑》同。瀧川《攷證》引作“郎曰”。

之也。”

按，“生”者，猶《左氏》宣二年傳“宰夫腼熊蹯不熟”之類。腼，煮不熟。亦謂之生。梁說拘。又按，《樊噲傳》作“賜之卮酒彘肩”，則無“生”字矣，《漢書》同。

126 以齊梁反書遺項王

《史記·項羽本紀》：“又以齊梁反書遺項王”。瀧川資言《考證》：“齊梁當齊趙之誤，下文‘齊欲與趙并滅楚’可證，後人據《漢書》妄改。”

按，瀧川說非是。上文云“榮與彭越將軍印，令反梁地。”《史》、《漢》並不誤，《留侯世家》作“乃以齊王田榮反書告項王”，又云“彭越與齊王田榮反梁地”，皆可證。惟《本紀》“以齊梁反書遺項王”在漢還定三秦之後，《世家》“以齊王田榮反書告項王”在漢還定三秦之前，則自爲抵捂。《漢書·張良傳》不誤。

127 何興之暴也

《史記·項羽本紀》：“何興之暴也！”瀧川資言《考證》：“張文虎曰：‘舊刻“何”下有“其”字[①]，毛本同。’愚按，《漢書》亦有‘其’字。暴，猝也。《黥布傳》：‘何其拔興之暴哉！’亦言崛起于隴畝也。”

按，暴猶猝也，疾也。《大戴禮·保傅》“何殷周有道之長而秦無道之暴”，盧辨注：“暴，卒疾也。”

高祖本紀

128 字季

《史記·高祖本紀》：“字季”。《索隱》：“按，《漢書》‘名邦，字季。’此單云字，亦又可疑。漢高祖長兄[②]名伯，次名仲，不見別名，則季亦是名也。故項岱云：‘高祖小字季，即位易名邦，後因諱邦不諱季，所以季布猶稱姓。’”

---

① “字”，瀧川《攷證》譌“子”，鈔稿本蓋據張文虎《校刊史記集解索隱正義札記》卷一改。
② “兄”，鈔稿本脫。據手稿及《索隱》諸本補。

按,小司馬說非是。《漢書》不云邦也,諸帝紀無繫名者,注引荀悅曰:"諱邦,字季。邦之字曰國。"又《高帝紀》:"六年正月①壬子,以雲中、雁門、代郡五十三縣立兄宜信侯喜爲代王②。"又《史》:"高祖八年,代王劉仲棄國亡,自歸雒陽,廢以爲合陽侯。"《漢書·惠帝紀》:"二年,郃陽侯仲薨。"《後漢書·光武帝紀》:"兄伯③升好俠養士,常非笑光武事田業,比之高祖兄仲。"章懷注:"仲④,郃陽侯喜也,能爲產業。"則高祖次兄字仲名喜也。惟伯不知所出,或蚤亡,史失記耳。

129 爲泗水亭長

《史記·高祖本紀》:"爲泗水亭長。"

按,《續漢書·百官志》注引《風俗通義》:"漢時⑤因秦,大率十里一亭。亭,留也。⑥亭吏舊名負弩,改爲亭⑦長,或謂亭父。"

130 漢元年十月

《史記·高祖本紀》:"漢元年十月"。《集解》:"如淳曰:'《張蒼傳》云,以高祖十月至霸上,故因秦以十月爲歲首。'"

按,《張蒼傳》又云:"用秦之顓頊歷。"十月爲歲首,建亥之月也。又《歷書》云:"漢興,高祖曰:'北畤待我而起',亦自以爲獲水德之瑞。雖明習歷及張蒼等,咸以爲然。是時天下初定,方綱紀大基,高后女主,皆未遑,故襲秦正朔服色。"

131 今乃事少主

《史記·高祖本紀》:"今北面爲臣,此常快快,今乃事少主。"

按,下"今"字,涉上文衍也。

---

① "正月",鈔稿本脫。手稿及據中華本《漢書》補。
② "王",鈔稿本脫。手稿及據中華本《漢書》補。
③ "兄伯",鈔稿本誤倒。據中華本《後漢書》乙正。
④ "仲",鈔稿本無,據手稿及中華本《後漢書》補。
⑤ "時",中華本《後漢書》注引作"家"。
⑥ "留也"下,中華本《後漢書》注引有"蓋行旅宿會之所館"八字。
⑦ "亭"字,中華本《後漢書》注無。

孝文本紀

132 除肉刑

《史記·孝文本紀》：“夫刑至斷支體、刻肌膚，終身不息，何其楚痛而不德也，豈稱爲民父母之意哉？其除肉刑。”

按，《意林》引楊泉《物理論》曰：“漢太宗除肉刑，匹夫之仁也，非天下之仁也。不忍殘人之體而忍殺人，故曰匹夫。”又曰：“张蒼① 除肉刑，每歲所殺萬計。鍾繇復肉刑，歲生二千人。”楊氏此論，非孝文本意。除肉刑，未可厚非也。

133 發內史卒萬五千人

《史記·孝文本紀》：“發內史卒萬五千人。”《索隱》：“《百官表》云：‘內史，掌理京師之官②。景帝更名京兆尹③。’”

按，《漢書·百官公卿表》：“內史，周官，秦因之，掌治京師。景帝二年，分置左內史、右內史。武帝太初元年，更名京兆尹。”《索隱》引表當有脫誤。《地理志》亦云：“太初元年，更爲京兆尹。”《趙廣漢傳贊》亦謂“自孝武置左馮翊、右扶風、京兆尹”也。

---

① “蒼”，四部叢刊本《意林》引作“倉”。倉，通蒼。
② “官”下，瀧川本、中華本《史記》有“也”字。殿本無。
③ “尹”下，瀧川本、中華本《史記》有“也”字。殿本無。

史記會注攷證校讀卷四

十二諸侯年表

134 晉穆侯十年以千畝戰生仇弟成師

《史記·十二諸侯年表》：“晉穆侯十年，以千畝戰生仇弟成師，二子名反，君子譏之，後亂。”

按，《左氏》桓二年傳：“初，晉穆侯之夫人姜氏以滌之役生大子，命之曰仇。其弟以千畝之戰生，命之曰成師。”杜注：“桓叔也。西河界休縣南有地，名千畝，意取能成其衆。”孔疏：“《周本紀》宣王三十九年，王與姜戎戰于千畝。取此戰事以爲子名也。”孔疏云云非是。“三十九年，戰于千畝，王師敗績于姜氏 ① 之戎。”此《史》取《國語·周語》文。“敗績”則與“成師”之義不合。《晉世家》云：“十年，伐千畝，有功。”是也。十年則當周宣王二十六年，此自別一事。

135 晉昭侯元年封季弟成師于曲沃

《史記·十二諸侯年表》：“晉昭侯元年，封季弟成師于曲沃。曲沃大於國，君子譏曰：‘晉人亂自曲沃始矣。’”瀧川資言《考證》：“季弟當作季父。成師者，文侯季弟，昭侯之季父也。”

按，瀧川說是也。然《左氏》桓二年傳：“其弟以千畝之戰生，命之曰成師。”則成師爲文侯之弟，不言季弟，於昭侯爲叔姪也。《晉世家》不誤。

---

① “氏”，鈔稿本誤作“氏”。據百衲本、殿本、中華本《史記》及四部叢刊本《國語》改。

136 曲沃莊伯殺孝侯

《史記·十二諸侯年表》：“曲沃莊伯殺孝侯，晉人立孝侯子卻爲鄂侯。”

按，《左氏》桓二年傳：“曲沃莊伯伐翼，弒孝侯，翼人立其弟鄂侯。”則鄂侯乃孝侯之弟，《晉世家》誤同。殺音弒。

六國年表

137 趙惠王四年圍殺主父伐中山

《史記·六國年 ① 表》：“趙惠王四年，圍殺主父。與齊、燕共伐 ② 中山。”瀧川資言《考證》：“殺主父在惠文二年。中山之役，燕不與。”

按，瀧川說非是。《世家》主父“餓死沙丘宮”，亦在趙惠文王四年，與《表》合。滅中山，遷其王於膚施，《世家》在三年，與表差一年。梁玉繩亦疑表誤，不當牽入齊、燕。蓋中山春秋爲白狄別種鮮虞之國，在今河北中部偏西地，爲中國患。戰國時，始滅于魏文侯十七年，見《世家》及《表》。主父胡服騎射，屢攻滅之，至是乃遷其王耳。殺同弒。

138 齊襄王法章五年殺燕騎劫

《史記·六國年表》：“齊襄王法章五年，殺燕騎劫。”

按，是年燕昭王三十三年卒，明年燕惠王元年。《戰國·燕策二》：“昌國君樂毅爲燕昭王合五國之兵，而攻齊，下七十餘城，盡郡縣之以屬燕。三城未下，而 ③ 昭王死。惠王即位，用齊人反間，疑樂毅，而使騎劫代之 ④ 。”《齊策六》：“燕將攻下聊城，人或讒之，燕將懼誅，遂保守聊城，不敢歸。田單攻之歲餘，士卒多死而聊城不下。魯連乃書約之矢，以射城中遺燕將”云云。以是推之，則 ⑤ 騎劫之死，當在惠王立後。疑表誤。

---

① “年”，鈔稿本無。依本書通例補之。以下諸條“年”字倣此。
② “伐”，瀧川本《史記》同。百衲本、殿本、中華本作“滅”。
③ “而”下，士禮居叢書本《戰國策注》有“燕”字。
④ “之”下，士禮居叢書本《戰國策注》有“將”字。
⑤ “則”下，手稿有“燕將”二字。

139 周赧王四十三年韓桓惠王元年

《史記·六國年表》：“周赧王四十三年，韓桓惠王元年。”

按，《留侯世家》“桓惠王”作“悼惠王”，此表及《韓世家》從《世本》。

140 韓桓惠王元年

《史記·六國年表》：“韓桓惠王元年”。

按，《留侯世家》作“悼惠王”，《漢書》同。此表及《韓世家》從《世本》。①

141 韓桓惠王二十三年

《史記·六國年表》：“韓桓惠②王二十三年”。

按，是歲張平卒。《留侯世家》：“父平，相釐王、悼惠王。悼惠二十三年，平卒。”③

歷書

142 昔自在古歷建正作於孟春

《史記·歷書》：“昔自在古歷，建正作於孟春。”《索隱》：“案，古歷者，謂黄帝《調歷》以前，有《上元太初歷》等，皆以建寅爲正，謂之孟春也。及顓頊、夏禹亦以建寅爲正。唯黄帝及殷、周、魯並建子爲正。而秦正④建亥，漢初因之。至武帝元封七年，始改用《太初歷》，仍以周正建子爲十一月朔旦冬至，改元太初⑤焉。今案，此文至於‘十二月節’，皆出《大戴禮》虞史伯夷之辭也。”

---

① 謹案，此則內容與前則略同。鈔稿本中另有一則亦然，曰：“《史記·六國表》：韓桓惠王元年。按，《留侯世家》桓惠王作悼惠王，此表及《韓世家》從《世本》。”蓋作者手稿未作清理，謄抄者偶致複沓重出。今別錄於此，以備省覽。

② “惠”，鈔稿本脱。據《史記》諸本補。

③ 謹案，鈔稿本另有一則亦係與此重出，內容曰：“《史記·六國年表》：韓桓惠王二十三年。按，是歲張平卒。《留侯世家》：父平，相釐王、悼惠王。悼惠王二十三年，平卒。”亦錄此備覽。

④ “正”，鈔稿本作“政”。據《史記》諸本改。

⑤ “初”下，百衲本、殿本《史記》誤衍“歷”字。瀧川本、中華本不誤。

愚按，《周本紀》“今殷王紂乃用其婦人之言，自絕于天，毀壞其三正”《正義》：“按，三正，三統也。周以建子爲天統，殷以建丑爲地統，夏以建寅爲人統也。”又“二月甲子昧爽”《集解》：“徐廣曰：‘一作“正”。此建丑之月，殷之正月，周之二月也。’”《左氏》昭十七年傳：“火出，於夏爲三月，於商爲四月，於周爲五月。夏數得天。”疏：“夏以建寅爲正，則斗柄東指爲春，南指爲夏，是爲得天四時之正也。若殷周之正，則不得正。”繇此言之，殷、周歲首不同建明矣。王元啟《史記三書正譌》：“按，此書所述虞史及後周太史辭，並見《大戴禮·誥志篇第七十一》。又按，近時全祖望曰：‘《晉書》董巴歷議曰：“湯作《殷歷》，弗復以正月朔旦立春爲節①，更用②十一月朔旦冬至爲元首，下至周、魯及漢，皆從其節。”巴言歷初，非歲首也。古時歲首，有建子、建丑、建寅之別，歷初則非子即寅。’又曰：‘漢初承秦，用顓頊歷，則歷初用寅。據此，則《索隱》謂殷亦建子，是誤以歷初爲歲首。又因元封七年歷初用子，而謂前此仍秦建亥，是又誤以歲首爲歷初。說皆非是。’”

143 秭鳩先涽

《史記·歷書》：“秭鳩③先涽。”《集解》：“徐廣曰：‘秭音姊，鳩音規。子鳩鳥也。一名鶝鴶。’”《索隱》：“秭鳩先涽，謂子鳩鳥春氣發動，則先出野澤而鳴也。④又案⑤，《大戴禮》作‘瑞雉無釋’⑥，未測其旨，當是字體各有訛變耳。鶝音弟，鴶音桂。《楚辭》⑦云：‘慮鶝鴶之先鳴，使夫百草爲之不芳。’解者以鶝鴶爲杜鵑也。”

按，《集解》、《索隱》說皆非是。“秭鳩”當從《大戴禮》作“瑞雉”，

---

① “節”下，中華本《晉書》有“也”字。

② “用”，鈔稿本無。據廣雅叢書本《史記三書正譌》補。又，中華本《晉書》“用”作“以”。

③ “鳩”，百衲本《史記》同。殿本、瀧川本、中華本作“鵙”。二字形近致淆，俱音規，義同。下文“鳩”倣此。

④ 謹案，此處所引《索隱》，百衲本、殿本《史記》同。瀧川本、中華本曰：“按，徐廣云‘秭音規’者，誤也，當云‘秭音姊，鳩音規’，蓋遺失耳。言子鳩鳥春氣發動，則先出野澤而鳴也。”

⑤ “案”，百衲本、殿本《史記》同。瀧川本、中華本作“按”。

⑥ “瑞雉無釋”，《大戴禮記》及百衲本、中華本《史記》同。殿本作“瑞雉無釋”，瀧川本作“瑞鵙無釋”。又中華本斷句誤作：“《大戴禮》作‘瑞雉’，無釋。”

⑦ “辭”，殿本《史記》同。百衲本、瀧川本、中華本作“詞”。

然《大戴禮》之"無釋",則"先濢"二字之形誤也。《說文》"無"奇字"无"。无、先形近。《夏小正·正月》:"雷震雉呴 ①。呴也者,鳴鼓其翼也。② 正月必雷,雷不必聞,惟雉 ③ 必聞之。何以謂之? 雷震則雉呴 ④,相識以雷。"依《太平御覽》、《藝文類聚》引訂正如此。《說文》:"雉有十四種,盧諸雉、鷸 ⑤ 雉、鳪 ⑥ 雉、鷩雉、秩秩 ⑦ 海雉、翟山雉、韓 ⑧ 雉、卓雉。伊洛 ⑨ 而南曰翬,江淮而南曰搖,南方曰𪃹,東方曰甾,北方曰稀,西方曰蹲。"許君說本《爾雅》。"呴",《說文》作"雊",云:"雄雉鳴也,雷始動,雉乃鳴而句其頸。"⑩《洪範五行傳》曰:"正月雷微動而雉雊,雷通氣也。"《易通卦驗》:"雉雊雞乳",在立春節。《月令》:"季冬雉雊雞乳"。《漢書·五行志》云:"雉者聽察,先聞雷聲。故《月令》以紀氣。"若秭鳩,即杜鵑也。常璩所謂"時適二月,子鵑鳥鳴",則非立春節、雷鳴地中時也。固不得援《離騷》"慮鵜 ⑪ 鳩之先鳴,使夫百草爲之不芳"者,非其候之正,以爲之解。

---

① "雷震雉呴",各本多作"雉震雊",似當從之。

② 謹案,"呴也者,鳴鼓其翼也",今本《大戴禮記》作"雊也者,鳴。震也者,鼓其翼也。"北周盧辯注曰:"案,各本訛作'震也者,鳴也。呴也者,鼓其翼也。'徐堅《初學記》兩引此文,今據以訂正。"又清汪照《大戴禮注補》曰:"各本作'震也者,鳴也。呴也者,鼓其翼也。'惠氏棟引張氏爾岐之說當作'震也者,鼓其翼也。呴也者,鳴也。'然唐時徐堅《初學記》兩引此文,今從之。"《初學記》所引見卷三《歲時部·春第一》:"《夏小正》曰:正月啓蟄。雉震呴。"同卷:《大戴》曰:正月雉震雊。雊,鳴也。震,鼓其翼。"此蓋盧注所本。本書作者之論定,實據段玉裁《說文解字注》采撮《太平御覽》、《藝文類聚》舊引《夏小正》語而訂正者。段氏曰:"《小正·正月》:'雷震雉雊。雊也者,鳴鼓其翼也。正月必雷。雷不必聞,唯雉必聞之。何以謂之? 雷震則雉雊,相識以雷。'《小正》古本依《太平御覽》、《藝文類聚》訂當如是。《初學記》所引乃徐堅妄改也。言雷於鴈、雉、魚之間,故知雷雉一事也。"檢《藝文類聚》卷二引《大戴禮·夏小正·正月》曰:"雉震鳴,鳪鼓其翼也。"《太平御覽》卷十三引《大戴禮·夏小正》曰:"雷震雉鳴。雊鼓其翼也。"段氏所說,似有尚待商榷者,茲具錄舊文以備考。

③ "雉"下,《大戴禮記》有"爲"字。

④ 謹案,"雷震則雉呴",《大戴禮記》作"雷則雉震呴"。汪氏《注補》云:"關氏本作'何必謂之,雷則震呴,相識以雷。'"段氏作"雷震則雉雊"。

⑤ "鷸",段注本《說文》同。大、小徐本作"鳿"。段氏曰:"各本作鳿,誤。《鳥部》曰:'鷸、走鳴長尾雉也。'"

⑥ "鳪",段注本《說文》作"卜"。段氏曰:"各本作鳪,誤。《鳥部》無鳪,《釋鳥》作鳪。"

⑦ "秩秩",段注:"陸曰:秩秩,本又作失失。"

⑧ "韓",段注:"陸云:韓字又作翰。"

⑨ "洛",段注本《說文》作"雒"。注曰:"各本作洛,誤。"

⑩ 謹案,此處所引,依段注《說文》。大徐本作:"雄雌鳴也。雷始動,雉鳴而雊其頸。"

⑪ "慮鵜",四部叢刊本《楚辭》作"恐鵜"。

144 日歸于西起明于東月歸于東起明于西

《史記·歷書》："日歸于西,起明于東。月歸于東,起明于西。"

按,《禮記·禮器》："大明生於①東,月生於西,此陰陽之分。"又《祭義》："日出於東,月生於西,陰陽長短,終始相巡,以致天下之和。"《周書·武成》："厥四月哉生明。"孔傳："哉,始也。始生明,月三日,與死魄互言。"孔疏："'厥四月哉生明',謂四月三日,月始生明。"今按,"始生明,月三日",在西方見此起明於西之義也。相如《上林賦》曰"日出東沼,月生西陂②"、馬融《廣成頌》曰"大明出東,月生西陂",皆其義。

145 太初元年歲名焉逢攝提格

《史記·歷書》："太初元年,歲名焉逢攝提格。"《索隱》："甲,歲雄也。寅,歲陰也。此依《爾雅》,甲寅之歲。若據《漢志》,以爲丙子之年也③。"

按,《律歷志》："漢歷太初元年,距上元十四萬三千一百二十七歲。前十一月甲子朔旦冬至,歲在星紀婺女六度,故《漢志》曰:歲名困敦,正月歲星出婺女。"《爾雅·釋天》："太歲在子,曰困敦。"④《續漢書·律歷志》司馬彪曰："黃帝造歷,元⑤起辛卯,而⑥顓頊用乙卯,虞用戊午,夏用丙寅,殷用甲寅,周用丁巳,魯用庚子。漢興⑦承秦,初用乙卯,至武帝元封,不與天合,乃⑧作《太初歷》,元以丁丑。"⑨《唐志》："《日度議》云:漢《太初歷》,元起丁丑。"是與合也。若丙子則元封六年,是不合矣。⑩班氏從劉歆《三統歷》。⑪若

---

① "於",鈔稿本作"于"。據阮刻本《禮記正義》改。

② 謹案,"月生西陂",《史記·司馬相如列傳》作"入於西陂",《漢書·司馬相如傳》作"入庨西陂",《文選·上林賦》作"入乎西陂"。此處作"月生西陂"者,蓋轉引自《文心雕龍·通變》。其文曰:"相如《上林》云:'視之無端,察之無涯。日出東沼,月生西陂。'"又,下馬融《廣成頌》文,蓋亦采自《通變》。

③ "也",百衲本、殿本《史記》同。瀧川本、中華本無。

④ 謹案,此言《漢志》以丙子爲太初元年。

⑤ "元",鈔稿本無。據中華本《續漢書》補。

⑥ "而",鈔稿本無。據中華本《續漢書》補。

⑦ "興",鈔稿本無。據中華本《續漢書》補。

⑧ "乃"下,中華本《續漢書》有"會術士"三字。

⑨ 謹案,此言《續漢書》以丁丑爲太初元年。

⑩ 謹案,此言丙子不合歷。

⑪ 謹案,此言班固《漢志》從劉歆《三統歷》。

後代《紀元編》①，"以《竹書紀年》爲本，起黄帝元年庚寅，迄共和庚申，凡一千六百五十一年"②。至太初，歷元亦丁丑③，惟庚寅④與辛卯⑤前後亦相差一年。黄宗羲曰："伐紂之⑥歲，據《漢志》推之，斷爲己卯歲；若依《史記·魯世家》推之，爲戊子歲。然以《授時》步戊子歲，距至元辛巳一⑦千三百三⑧十三年，無一合者，當從班氏以己卯爲準，而後春秋以上之時日，乃可得耳。"按，黄氏《歷代甲子考》從《漢志》以黄帝元年爲第一甲子。然則黄帝迎日推策以造歷，即有甲子、庚寅⑨、辛卯不同之說。劉歆作《三統歷》及《譜》以說《春秋》，推法密要，班氏故述焉。⑩

天官書

146 北斗七星

《史記·天官書》："北斗七星，所謂'旋璣玉衡，以齊七政'。"

按，孫星衍《尚書今古文注疏》："以北斗七星爲旋璣玉衡者，當本孔安國說。蕭吉《五行大義》引《尚書說》云：'璇璣，斗魁四星。玉衡，拘横三星。合七。齊四時五威。五威者，五行也。五威在人爲五命，七星在人爲七端。北斗居天之中，當昆侖之上，運轉所指，隨二十四氣，正十二辰，建十二月。又州國分野年命，莫不政之，故爲七政。'此同史公說也。"然則偽孔傳云："璿，美玉。璣衡，王者正天文之器，可運轉者。"正疑襲馬、鄭說。

---

① "編"，鈔稿本作"篇"。據董學齋刻本《紀元編》改。
② 謹案，此文引自李兆洛《紀元編》卷中《補建元以前歷代甲子》。
③ 謹案，"歷"屬下讀，丁丑係李氏《紀元編》中太初之歷元。
④ 謹案，此《紀元編》推黄帝元年。
⑤ 謹案，此《續漢書》載黄帝元年。
⑥ "之"，鈔稿本誤"元"。據學海類編本《歷代甲子考》改。
⑦ "一"，鈔稿本誤"二"。據學海類編本《歷代甲子考》改。
⑧ "三"，鈔稿本脫。據學海類編本《歷代甲子考》補。
⑨ "寅"，鈔稿本脫。據上下文意補。
⑩ 謹案，"歆作"至"述焉"二十字，鈔稿本裝訂錯頁，茲移合之。又，"劉歆作《三統歷》"至"故述焉"，用《漢書·律歷志》文。又，此處以《漢志》從劉歆定太初元年丙子爲非，以《續漢書》、《日度議》定《太初歷》"元起丁丑"爲是。復取諸書說黄帝元年各異，證古史紀年紛糅不一，於是班氏《漢志》乃采劉歆《三統歷》推法而用之。

147 衡殷南斗

《史記·天官書》："衡殷南斗。"《集解》："晉灼曰：'衡，斗之中央。殷，中也。'"《索隱》："晉灼云：'殷，中也。'宋均云：'殷，當也。'"

按，"殷，中也"，《爾雅·釋言》文。

148 北一星曰舝

《史記·天官書》："北一星曰舝。"《集解》："徐廣曰：'音轄。'"《正義》："《說文》：'舝，車軸耑鍵也，兩相穿背也。'《星經》云：'鍵閉一星，在房東北，掌管籥也。占不居其所，則津梁不通，宮門不禁；居，則反是也。'"

按，《正義》引《說文》"兩相穿背也"當作"兩穿相背。从舛、𡿺省聲。𡿺，古文 卨①字。"胡戛切。《車部》"轄"下云："一曰：轄，鍵也。"《漢書·陳遵傳》"取客車轄投井中"是也。是舝、轄二篆異字而同義同音。《漢志》晉灼曰："舝，古轄字。"非也。舝，今本多誤作牽②。

149 鉞北北河南南河

《史記·天官書》："鉞北，北河；南，南河。"

按，猶言"鉞北，北河；鉞南，南河"也。下文云"其陰，陰國；陽，陽國"同此。

150 太史公推古天變

《史記·天官書》："太史公推古天變"。

按，太史公，司馬談也。《自序》曰"太史公學天官於唐都"是也。

151 天運

《史記·天官書》："夫天運，三十歲一小變，百年中③變，五百載大變；三大變一紀，三紀而大備。此其大數也。爲國者必貴三五。上下各千歲，然後

---

① "卨"，段注本《說文》同。大、小徐本作"偰"。

② "牽"，鈔稿本誤"舝"。據上下文意改。

③ "中"，鈔稿本脫。據手稿及《史記》諸本補。

天人之際續備。”《索隱》：“三五，謂三十歲一小變，五百歲一大變。”瀧川資言《考證》：“張文虎曰：‘貴，疑貫之譌。後文“必通三五”，貫、通義相因。’王元啟①曰：‘五謂五百載一大變，三五即大三變之謂，三大變凡千五百年，故曰“上下各千歲”，後文“三五”俱同此解，《索隱》非是。’”

按，瀧川引王氏說拘。《索隱》說自通。蓋自三十歲一小變，五百歲大變，至三紀而大備，皆三五之事，天運大數也。《論語》曰：“如有王者，必世而後仁。”孔曰：“三十年曰世。”《孟子》亦曰：“五百年必有王者興。”自五帝三王以來，創業垂統，亡國敗家，固無不變之人事；而隕石飛星，遷陵改谷，亦無不變之天時。爲國者必貴，又非附會妖祥之謂也。

152 日蝕三十六

《史記·天官書》：“日蝕三十六”。《正義》：“謂隱公三年二月乙巳_{按當作己巳}；桓公三年七月壬辰朔，十七年十月朔；莊公十八年三月朔_{按經不書朔}，二十五年六月辛未朔，二十六年十二月癸亥朔，三十年九月庚午朔②_{按經不書朔}，十五年五月朔_{按經不書朔}；文公元年二月癸亥朔_{按經不書朔}，十五年六月辛卯_{按當作辛丑}朔；宣公八年七月庚子朔_{按經作甲子不書朔}，十年四月丙③辰朔_{按經不書朔}，十七年六月癸卯朔_{按經不書朔}；成公十六年六月丙辰_{按當作丙寅}朔，十七年七月_{按當作十二月}丁巳朔；襄公十四年二月乙未朔，十五年八月丁巳朔_{按經不書朔}，二十年十月丙辰朔，二十一年九月庚戌朔，十月庚辰朔，二十三年二月癸酉朔，二十四年七月甲子朔，八月癸巳朔，二十七年十二月乙亥朔；昭公七年四月甲辰朔，十五年六月丁巳朔，十七年六月甲戌朔，二十一年七月壬午朔，二十二年十二月癸酉朔，二十四年五月乙未朔，三十年_{當作三十一年}十二月辛亥朔；定公五年三月辛亥朔，十二年十一月丙寅朔，十五年八月庚辰朔：凡蝕三十六也。”

按，《元史·曆④志·授時曆議》云：“《春秋》二百四十二年間，所

---

① “元啟”，鈔稿本誤倒。據瀧川《考證》校乙。

② “三十年九月庚午朔”至“十二年三月庚午朔”二十五字，鈔稿本脫。據手稿及《史記》諸本補。

③ “丙”下，鈔稿本衍“丙”字。據《史記》諸本刪。

④ “曆”，鈔稿本作“歷”。據中華本《元史》改。下文“曆”做此。

載日食 ① 凡三十有七 ② 事。以《授時曆》推之,惟襄公二十一年十月庚辰朔及二十四年八月癸巳朔不入食限,蓋自有曆以來,無比月而食之理。其三十五 ③ 食,食皆在朔。經或不書日,不書朔,《公》、《穀》④ 以爲食晦,二者非。《左氏》以爲史官失之者,得之。其間或差一日二日者,蓋由古曆疏闊,置閏失當之弊。姜岌、一行已有定說。孔子作《春秋》⑤,但因時曆以書,非大義所關,不必致詳 ⑥ 也。"

153 彗星三見

《史記·天官書》:"彗星三見。"《正義》:"謂文公十四年七月,有星入於北斗;昭公十七年冬,有星孛於大辰;哀公十三年,有星孛於東方。"瀧川資言《考證》:"柯維騏曰:‘《春秋》無彗星之書,太史公所引,蓋指星孛也。《公羊傳》曰:"孛者何? 彗星也。"郭璞亦釋彗爲孛,其實彗、孛二星,占不同。’"

按,瀧川引柯說是也。《史》以孛爲彗者,從《公羊》義,蓋漢經師說渾言之也。《釋名·釋天》:"彗星 ⑦,光稍似彗也。孛星,星旁氣孛孛然也。"是彗、孛二星不同也。《漢書·文帝紀》:"八年夏,有長星出於東方。"文穎曰:"孛、彗、長三星,其占略同,然其形象小異。孛星光芒短,其光四出蓬蓬孛孛也。彗星光芒長,參參如掃彗。長星光芒有一直指,或竟天,或十丈,或三丈,或二丈,無常也。大法,孛、彗星多爲除舊布新、火災,長星多爲兵革事。"文說亦析言之也。此星俗稱掃帚星。《爾雅·釋天》:"彗星爲欃槍。"今之天文學者以爲天體之一,由大隊流星之鐵石等質及氣圈集合而成全體,分髮、核、尾三部。髮,凡彗星皆有之,狀如雲霧,體質透明。核,居中央,形如恒星,邇太陽時始見光芒甚彊。尾,爲極稀薄之物質所成,由核放射而出,長曳若白光一道。彗星趨近太陽,其尾隨後,背離太陽則居前,故尾與太陽恒相斥。軌

---

① "所載日食",中華本《元史》無,蓋增字以足引文意。

② "七",鈔稿本作"六"。據中華本《元史》改。謹案,較之《史記正義》,《元史》缺"僖公五年九月戊申朔"一事,而多"哀公十四年五月庚申朔"一事。疑《元史》本有僖五年九月事,合哀十四年五月事,正三十七事。

③ "五",鈔稿本作"四"。據中華本《元史》改。

④ 《公》、《穀》,中華本《元史》作"公羊"、"穀梁"。

⑤ 《春秋》,中華本《元史》作"書"。

⑥ "詳",鈔稿本誤"祥"。據中華本《元史》改。

⑦ "星",鈔稿本無。據《釋名》補。

道多爲拋物綫,次爲橢圓,或爲雙曲綫者。軌道橢圓之彗,恒依一定之期間出見,故有"周期彗星"之偁。不似他兩種之隱見無常。周期彗星現已知者不過九十顆,而能預知其出見期者約三十顆。一九一零年清宣統庚戌二年,哈雷彗星見,希爾黃天文臺於一九零九年八月二十四日首先攝影得之,海特爾堡 ① 天文臺胡甫於九月十一日始發見,是時距太陽三萬萬一千萬英里。至一九一一年七月一日 ② 始滅,是時距太陽五萬萬二千萬英里。彊力遠鏡尙能窺辨,一月始全不見也。其星始見於東井之西部,緩緩向西退行,經畢、婁外屏而留,復向東進行,所經之路與前略同,惟方向相背而行漸速。至井而夕見,掃東井、輿鬼、柳、張而滅。時予年十一歲。一九八六年,據各家推算當復見,克氏表言在二月而日未定,一九一零年彗星,據卡、克二氏推算,僅差二日有半。麻爾敦天文學在四月二十九日。姑記於此,以待證焉。參朱文鑫《天文考古錄》又《經·哀十四年》"有星孛",杜注:"無傳,不言所在,史失之。"蓋《春秋》絕筆於獲麟,此非仲尼所脩,不數,故曰"三見"。

154 宋襄公時星隕如雨

《史記·天官書》:"宋襄公時,星隕如雨。"《正義》:"謂僖公十六年正月戊申朔,隕石于宋五也。"瀧川資言《考證》:"楊愼曰:'《春秋》"星隕如雨",魯莊七年,非宋襄時。《正義》以隕石於宋當之,時雖當,事不當。'"

按,瀧川引楊氏說亦未盡然也。若論宋襄公時,則隕石也。《左氏》僖十六年傳:"隕石于宋五,隕星也。"張氏《正義》自注上句,至若"星隕如雨",自在莊七年夏四月辛卯,正疑《史》有闕文。《漢書·楚元王傳》劉向上封事以"星隕如雨"及"五石隕墜"兩事分書,乃不淆混也。

155 天子微諸侯力政

《史記·天官書》:"天子微,諸侯力政。"《集解》:"徐廣曰:'政,一作征。'"瀧川資言《考證》:"《漢志》'天子微'作'周室微弱'。梁玉繩曰:'徐廣政作征,是也。《淮南·要略》云:諸侯力征。《後漢 ③ 書·襄楷傳》:諸

---

① "海特爾堡",鈔稿本作"海爾特"。據《天文考古錄》改。

② "七月一日",鈔稿本無。據《天文考古錄》補。

③ "漢",瀧川《考證》及鈔稿本俱脫。據上下文意補。

侯以力征相尙。’”

按，政、征古通。

封禪書

156 齊所以爲齊以天齊也

《史記·封禪書》：“齊所以爲齊，以天齊也。”《集解》：“蘇林曰：‘當天中央齊。’”

按，《爾雅·釋地》“距齊州以南”注：“齊，中也。”《列子·湯問篇》：“不知距齊州幾千萬里。”《御覽》三十六引《舍人注①》云：“自中州以南。”

157 故後世因名其處曰鼎湖

《史記·封禪書》：“故後世因名其處曰鼎湖。”

按，《水經注》卷四《河水》：“《魏土地記》曰：‘弘農湖縣有軒轅黃帝登仙處。黃帝採首山之銅，鑄鼎于荊山之下。有龍垂胡于鼎。黃帝登龍，從登者七十人，遂升于天，故名其地爲鼎胡。荊山在馮翊，首山在蒲坂，與湖縣相連。《晉書地道記》、《太康記》竝言胡縣也，汉武帝改作湖。俗云黃帝自此乘龍上天也。’”

平準書

158 物踊騰羅

《史記·平準書》：“物踊騰羅。”瀧川資言《考證》：“踊，跳也。騰，上也。‘物踊騰’斷句，下文云‘反本而萬物不得騰踊’，騰踊、踊騰同義，《漢志》踊作痛，下文羅作躍，連讀誤。《索隱》曲爲之說。”

按，瀧川說非。羅當如《漢志》作躍。下文云“物故騰躍”，文義正同。踊當如晉灼說，甚也。

史記會注攷證校讀卷五

吳太伯世家

159 王壽夢二年

《史記·吳太伯世家》"王壽夢二年",瀧川資言《考證》:"俞樾曰:'春秋之世,吳楚稱王,然夷狄大國,無不稱王者。《秦本紀》襄公元年,以女弟繆嬴爲豐王妻。秦寧公三年,與亳戰,亳王奔戎。皇甫謐曰:"亳王號湯,西夷之國也。"秦穆公三十四年,戎王使由余於秦。厲共公十六年,伐大荔,取其王城。三十三年,伐義渠,虜其王。孝公元年,西斬戎之獂王。然則吳楚之稱王,亦沿夷狄之俗耳。齊桓不以稱王責楚,其以此乎?'"

按,瀧川引俞說非是。楚之僭王,始於武王熊通,遠在齊桓之前。當周平王三十一年,魯惠公二十九年,齊桓始霸,會諸侯于鄄。當周釐王三年,魯莊公十五年,魯莊公十三年柯之會,曹沫劫桓公反所亡地,諸侯聞之皆信齊而欲附焉。《十二諸侯年表》、《齊太公世家》。於楚則爲武王熊通之子文王貲之世,其何辭以責之?吳自壽夢立而始益大稱王,凡從太伯至壽夢十九世,其前世固未嘗有是稱也。《春秋》之例,吳楚僭稱王,皆貶書曰子。《左氏》僖五年傳:"太伯、虞仲,太王之昭也。"楚之先帝,高陽之苗裔,與《秦本紀》西戎之主[①]號稱王而未嘗與中國爭衡者,固自有別也。

160 季札封於延陵故號曰延陵季子

《史記·吳太伯世家》:"季札封於延陵,故號曰延陵季子。"《索隱》:"襄三十一年《左傳》:'趙簡文[②]子問於屈狐庸曰:延州來季子其果立乎?'杜

---

① "主",鈔稿本誤"王"。據手稿改。

② "文",鈔稿本無。據《史記》諸本補。

預曰：‘延州來，季札邑也。’昭二十七年《左傳》曰：‘吳子使延州來季子聘於上國。’杜預曰：‘季子本封延陵，後復封州來，故曰延州來。’成七年《左傳》曰：‘吳入州來。’杜預曰：‘州來，楚邑，淮南下蔡縣是。’昭十三年傳：‘吳伐州來。’二十三年傳：‘吳滅州來。’則州來本爲楚邑，吳光伐滅，遂以封季子也。《地理志》云：‘會稽毗陵縣，季札所居。’《太康地理志》曰：‘故延陵邑，季札所居 ①，栗頭有季札祠。’《地理志》沛郡下蔡縣云：‘古州來國，爲楚所滅，後吳取之。至夫差，遷昭侯於此。’《公羊傳》曰：‘季子去之延陵，終身不入吳國。’何休曰：‘不入吳朝廷也。’此云‘封於延陵’，謂 ② 因而賜之以采邑。而杜預《春秋釋例·土地名》則云：‘延州來，闕。’不知何故而爲此言也。”瀧川資言《考證》：“中井積德曰：‘州來，蓋季子之別邑。其采地有兩邑也，非前後遷移。’”

　　按，《左氏》昭十三年傳：“吳滅州來。”二十三年傳：“吳伐州來。”又二十七年傳孔疏云：“十三年，吳滅州來。”二十三年傳云：“吳伐州來，楚薳越救之。”則州來二十三年傳“吳滅州來”誤矣。《檀弓》：“延陵季子適齊，於其反也，其長子死，葬於嬴博之間。”鄭注：“季子名札，魯昭二十七年吳公子札聘於上國是也。季子讓國，居延陵，因號焉。《春秋傳》謂延陵延州來。”則鄭君以爲此經延陵即《左傳》延州來，明是一也。與杜注“季子本封延陵，後復封州來，故曰延州來”異趣。然杜於《釋例·土地名》“延州來，闕”，則又未敢自信其說也。《地理志》於沛郡下蔡但注云“州來國”，不屬淮南。會稽郡毗陵則注云：“季札所居。”師古曰：“舊延陵，漢改之。”沛郡屬豫州，會稽屬揚州，兩邑相去遠，不爲一人之采地明矣。中井積德之言亦未達。《潛夫論·志氏姓》：“吳季札居州來，故氏延陵季子。”則與鄭注《禮記》同。又按，《呂覽·知分篇》云：“延陵季子，吳人。願以爲王而不肯。”注：“季子，吳壽夢子札 ③ 也。不肯爲王，去之延陵，不入吳國，故曰延陵季子也。”此高氏從公羊說也。

---

①　“太康”至“所居”十四字，鈔稿本脫。據《史記》諸本補。

②　“謂”，鈔稿本無。據《史記》諸本補。

③　“札”，鈔稿本無。據諸子集成本《呂氏春秋》校語補。

161 齊相慶封有罪自齊來犇吳

《史記·吳太伯世家》："齊相慶封有罪,自齊來犇吳。吳予慶封朱方之縣,以爲奉邑,以女妻之,富於在齊。"瀧川資言《考證》："事詳于襄二十八年《左傳》,但慶封先奔魯而來吳也,又無以女妻之之事。"

按,《齊太公世家》言慶封"奔魯,齊人讓魯,封奔吳,吳與之朱方,聚其族而居之,富於在齊。"則此不言奔魯,略文以互見耳。《左傳》雖無以女妻之之事,疑史公別有所據也。此與《齊世家》、《左傳》可參合觀之。

162 爲歌周南召南

《史記·吳太伯世家》"爲歌《周南》、《召南》",《集解》："杜預曰:'此皆各依其本國歌所常用聲曲。'"

按,鄭玄《詩譜》："文王受命,作邑於豐。乃分岐邦周、召之地,爲周公旦、召公奭之采地。施先公之教,於己所職之國。武王伐紂,定天下,巡守述職,陳誦諸國之詩,以觀民風俗。六州者得二公之德教尤純,故獨錄之,屬之大師,分而國之。其得聖人之化者,謂之《周南》。得賢人之化者,謂之《召南》。言二公之德教,自岐而行於南國也。"

163 美哉始基之矣猶未也

《史記·吳太伯世家》："曰:'美哉,始基之矣,猶未也。'"《集解》："賈逵曰:'言未有《雅》、《頌》之成功也。'杜預曰:'猶有商紂,未盡善也。'"瀧川資言《考證》："龜井道載曰:'言王化未 ① 洽也。'"

按,猶未也者,《論語·八佾》："子謂《韶》,盡美矣,又盡善也。謂《武》,盡美矣,未盡善也。"孔安國曰:"以征伐取天下,故未盡善。"是其義也。

164 然勤而不怨

《史記·吳太伯世家》"然勤而不怨",《集解》："杜預曰:'未能安樂,然其音不怨怒。'"瀧川資言《考證》："龜井昱曰:'勤,《詩序》所謂憂勤、勤勞是也。此語與《論語》勞而不怨同。二南之時,士民猶有勤勞,如《汝墳》、

---

① "未",鈔稿本作"末"。據手稿及瀧川《攷證》引改。

《殷其雷》，是勤而不怨之辭也。故聲音亦與時勢人情通矣。’”

按，勤而不怨者，《周南》之《葛覃》、《卷耳》、《芣苢》、《汝墳》，《召南》之《采蘩》、《草蟲》、《采蘋》、《殷其靁》、《小星》皆是也。

165 歌邶鄘衛

《史記·吳太伯世家》：“歌《邶》、《鄘》、《衛》。”《集解》：“杜預曰：‘武王伐紂，分其地爲三監。三監叛，周公滅之，并三監之地，更封康叔，故三國盡被康叔之化。’”《正義》：“《漢書·地理志》云：‘河內，殷之舊都。周既滅殷，分其畿內爲三國。邶，以封紂子武庚；鄘，管叔尹之；衛，蔡叔尹之。以監殷人，謂之三監。’又《帝王世紀》云：‘自殷都以東爲衛，管叔監之；殷都以南爲鄘，蔡叔監之；殷都以北爲邶，霍叔監之。是爲三監。’① 未詳。”瀧川資言《考證》：“三監，《正義》後說近是。說詳於《周本紀》。”

按，鄭玄《詩譜》：“邶、鄘、衛者，商紂畿內② 方千里之地。其封域在《禹貢》③ 冀州大行之東。北踰衡漳，東及兗州桑土之野。周武王伐紂，以其京師封紂子武庚爲殷後。庶殷頑民，被紂化日久，未可以建諸侯。乃三分其地，置三監，使管叔、蔡叔、霍叔尹而教之。自紂城而北，謂之邶；南，謂之鄘；東，謂之衛。”又云：“成王既 ④ 黜殷命，殺武庚，復伐三監。更於此三國建諸侯，以殷餘民封康叔於衛，使爲之長。後世子孫稍并彼二國，混而名之。七世至頃侯，當周夷王時，衛國政衰，變風始作。故作者各有所傷，從其國本而異之，爲《邶》、《鄘》、《衛》之詩焉。”

166 歌王

《史記·吳太伯世家》：“歌《王》。”《集解》：“服虔曰：‘王室當在《雅》，衰微而列在《風》，故國人猶尊之，故稱王。猶《春秋》之王人也。’杜預曰：‘《王》，《黍離》也。’”

按，鄭玄《詩譜》：“王城者，周東都王城畿內方六百里之地。其封域在

---

① “監”下，瀧川本《正義》有“二說各異”四字。
② “畿內”，鈔稿本作“變風”。據阮刻本《毛詩正義》引《詩譜》改。
③ “禹貢”，鈔稿本無。據《詩譜》補。
④ “既”，鈔稿本作“已”。據《詩譜》改。

《禹貢》豫州太華、外方之間。北得河陽,漸冀州之南。始武王作邑於鎬京,謂之宗周,是爲西都。周公攝政五年,成王在豐,欲宅洛邑,使召公先相宅。既成,謂之王城,是爲東都,今河南是也。召公既相宅,周公往營成周,今洛陽是也。"又云:"幽王嬖褒姒,生伯服,廢申后,太子宜咎奔申。晉文侯、鄭武公迎宜咎于申而立之,是爲平王,以亂故,徙居東都王城。於是王室之尊與諸侯無異,其詩不能復雅,故貶之,謂之王國之變風。"

167 國未可量也

《史記·吳太伯世家》:"國未可量也。"顧炎武曰:"季札聞鄭風以爲先亡,而鄭至三家分晉之後始滅于韓,聞齊風以爲未可量,乃不久篡于陳氏,《左傳》所記①之言,不盡信也。"

按,顧氏此言亦未盡然。季子請觀周樂,當魯襄公二十九年。孔子生襄公二十二年,其時代相及。季子言《鄭風》細,以爲先亡。孔子論爲邦,亦以鄭聲爲戒。及使鄭,告子產以愼禮之言。鄭之所以存於晉、楚兩強之間者,則人謀不可不臧。至於歌《齊》國未可量之言,今齊風之存於三百篇者,似不足以當之。其繼太公而表東海者,庶幾齊桓之霸業,九合諸侯,不以兵車,民到於今受其賜。其後政歸陳氏,則季子說晏平仲之言,所謂"齊國之政,將有所歸;未得所歸,難未息也",見微知著,亦可謂君子愛人以德者矣。

168 歌豳

《史記·吳太伯世家》:"歌《豳》。曰:'美哉,蕩蕩乎,樂而不淫,其周公之東乎?'"瀧川資言《考證》:"中井積德曰:'周公之東,以《東山》、《狼跋》篇而言,非指《七月》。'"

按,瀧川引中井說非是。《詩序》:"《七月》,陳王業也。周公遭變故,陳后稷先公風化之所由,致王業之艱難也。"箋:"周公遭變者,管蔡流言,辟居東都。"又《詩譜》:"成王之時,周公避流言之難,出居東都二年。思公劉、太王居豳之職,憂念民事至苦之功,以比序己志。"是也。

---

① "所記",鈔稿本無。據瀧川《考證》引梁玉繩采錄《日知錄》語補。

169 歌秦

《史記·吳太伯世家》："歌《秦》"。曰：'此之謂夏聲。夫能夏則大，大之至也，其周之舊乎？'"《集解》："杜預曰：'秦仲始有車馬禮樂，去戎狄之音而有諸夏之聲，故謂之夏聲。及襄公佐周平王東遷而受其故地，故曰周之舊也。'"瀧川資言《考證》："中井積德曰：'秦國即周之舊都，故其聲夏也。夏聲猶言京音也，故曰周之舊乎，非去戎狄之音之謂。即以爲諸夏之聲，則十五國皆夏聲矣，何特秦？'"

按，瀧川引中井說非是。《說文》："夏，中國之人也。"夏聲不得云京音也。《詩序》："《車鄰》，美秦仲也。秦仲始大，有車馬禮樂侍御之好焉①。"此杜氏所謂"去戎狄之音而有諸夏之聲，故謂之夏聲"也。鄭玄《詩譜》："秦仲之孫襄公，平王之初，興兵討西戎以救周。平王東遷王城，乃以岐、豐之地賜之，始列爲諸侯。②其封域東至迤山，在荊、岐、終南、惇物之野。"則又杜氏所謂"及襄公佐周平王東遷而受其故地，故曰周之舊也"。杜氏義長。

170 美哉渢渢乎

《史記·吳太伯世家》："美哉，渢渢乎"。《索隱》："渢音馮，又音泛。杜預曰：'中庸之聲。'"瀧川資言《考證》："錢大昕曰：'《說文》無渢字，蓋即汎之異文。'中井積德曰：'渢乃汎字。汎汎，浮沈宛轉之貌。'"

按，《說文》雖無渢字，然風從虫凡聲，渢、汎字通，平仄二讀。《左氏》襄二十九年傳《釋文》："渢，扶弓反。徐敷劍反。韋昭音凡。"《一切經音義·十五》："古文汎作渢，同。"《司馬相如傳》索隱引《廣雅》："汎汎，群浮也。"《漢書·地理志下》顏注："渢渢，浮貌。"是也。

171 大而寬儉而易行

《史記·吳太伯世家》："大而寬，儉而易行。"瀧川資言《考證》："《左傳》寬作婉，儉作險。張文虎曰：'寬，各本作婉，索隱本作寬，與注合。各本依《左

---

① "焉"，鈔稿本作"也"。據《詩序》改。

② 謹案，"侯"下《詩譜》有"遂橫有周西都宗周畿內八百里之地"十五字，似可與杜注合觀。

傳》改。’錢大昕、梁玉繩說同。龜井道載曰：‘雖大而婉，雖險而易行也。杜改儉，恐誤。’龜井昱曰：‘大中有婉，險中有易，細大難易，和而不相奪，所以爲颯颯也。’愚按 [①]，儉、險，古通用。”

按，瀧川引張文虎《札記》：“寬，各本作婉，索隱本作寬。”然小司馬云：“寬字，宜讀爲婉。”則二字疊韻通用，故引杜注 “婉，約也”釋之。龜井以杜改儉恐誤，余以爲不然。“魏者，虞舜、夏禹所都之地，在《禹貢》冀州雷首之北，析城之西。周以封同姓焉 [②]。其封域，南枕河曲，北涉汾水。”鄭玄以爲當周平桓之世，“魏君儉嗇褊急，不務廣脩德於民”，國人作《葛屨》之詩以刺之。是《詩譜》亦以儉約爲言，杜注從其說。

172 怨而不言

《史記·吳太伯世家》：“怨而不言”。《集解》：“王肅曰：‘非不能言，畏罪咎也。’”瀧川資言《考證》：“中井積德曰：‘不言，不敢言也，忠厚之意。’”

按，淮南王安敘《離騷傳》：“《小雅》怨悱而不亂。”是其義也。

173 無邑無政乃免於難

《史記·吳太伯世家》：“無邑無政，乃免於難。”瀧川資言《考證》：“邑下無字，凌本作與。涉上而誤。”

按，凌本無作與，是也。上文云“子速納邑與政”，下文云“故晏子因陳桓子以納政與邑”，文義正同。瀧川說非。

174 而封夫㮣於堂谿爲堂谿氏

《史記·吳太伯世家》：“而封夫㮣於堂谿，爲堂谿氏”。《集解》：“司馬彪曰：‘汝南吳房有堂谿亭。’”《索隱 [③]》：“案《地理志》而知。”《正義》：“《括地志》云：‘豫州吳房縣，在州西北九十里。’應劭云：‘吳王闔閭弟夫㮣奔楚，封之於堂谿氏。本房子國，以封吳，故曰吳房。’”

按，《潛夫論·志氏姓》：“闔閭之弟夫㮣王奔楚堂谿，因以爲氏。”

---

① “愚按”，鈔稿本無。據瀧川《考證》補。
② “同姓焉”，鈔稿本作“其同姓”。據《詩譜》改。
③ “隱”，鈔稿本誤“穩”。據手稿改。

175 遂自剄死

《史記·吳太伯世家》：“遂自剄死。”《集解》：“《越絕書》曰：‘夫差冢在猶亭西卑猶位，越王使干戈人一壏土以葬之。近太湖，去縣五十七里。’”《索隱》：“《左傳》‘乃縊，越人以歸’也。猶亭，亭名。‘卑猶位’三字共爲地名，《吳地記》曰‘徐枕山，一名卑猶山’是。壏，音路禾反，小竹籠，以盛土也。”《正義》：“壏，力和反。”瀧川資言《考證》：“《國語·吳語》云：‘夫差將死，使人說於子胥曰：“使死者無知則已矣，若其有知，吾何面目以見員也？”遂自殺。’史公取其意，易其文。梁玉繩曰：‘《左傳》作縊，《越世家》云自殺，其義一也。而此言自剄，《越絕書》、《吳越春秋》作伏劍，《淮南·道應》、《說苑·正諫》與此同。《子胥傳》又言越殺夫差，竝小異。’孫詒讓曰：‘《集解》卑猶當作申酉，申酉，正西方，此記墓所在方位。壏乃虆[①]之俗也。’”

按，《呂覽·適威篇》：“此夫差之所以自[②]歾於干隧也。”爲李克對武侯語。注：“爲越所破，自剄於干隧。”則干隧又夫差自剄之處。《越絕書·記吳地傳》：“秦餘杭山者，越王棲吳夫差山也，去縣五十里。山有湖水，近太湖。”張宗祥云：“即今陽山，亦名萬安山。《郡國志》云：‘萬安山下即干隧，擒夫差處。’《史記正義》：‘干隧在萬安山西南一里。’”據此，則《呂覽》之干隧，附近秦餘杭山，惟今本《史記正義》無此條。《越王句踐世家》正義：“夫差棲於姑蘇山，轉戰於西北，敗于遂。”此云“敗于遂”，當即“敗干遂”，于、干形近致譌，遂與隧通。《呂覽·知分篇》：“荊有次非者，得寶劍于干隧。”注：“干隧，吳邑。”是也。又按，孫詒讓以卑猶爲申酉，然《越絕·請糴內傳》亦云：“吳王乃旬日而自殺也。越王葬於卑猶之山。”歷來地志均以卑猶爲山名，孫說非。張宗祥云：“徐枕山即徐侯山，在秦餘杭山西北十里。”又《吳越春秋》云：“越王乃葬吳王以禮於秦餘杭山卑猶。”是也。錢培名《越絕書札記》云：“《吳地記》卑作昇。”又《越絕書》壏一作累，古同虆。

---

① “虆”，孫詒讓《札迻》同。瀧川《考證》引作“虆”。

② “自”，鈔稿本脫。據《呂氏春秋》補。

齊太公世家

176 師尙父

《史記·齊太公世家》：“師尙父”。《集解》：“駰案[①]，劉向《別錄》曰：‘師之，尙之，父之，故曰師尙父。父亦男子之美號也。’”

按，《詩·大明》傳：“師，大師[②]也。尙父，可尙可父。”箋：“尙父，呂望也。尊稱焉。”

177 武王將伐紂

《史記·齊太公世家》：“武王將伐紂，卜龜兆不吉，風雨暴至。群公盡懼，唯太公彊之勸武王，武王於是遂行。”瀧川資言《考證》：“《通典》一百六十二引《六韜》云：‘周武王伐紂，師至氾水牛頭山，風甚雷疾，鼓旗毀折，王之驂乘惶恐而死。太公曰：“好賢而能用，舉事而得時，則不看時日而事利，不假卜筮而事吉，不禱祀而福從。”遂命驅之前進。周公曰：“今時迎太歲，龜灼言凶，卜筮不吉，星變爲災，請還師。”太公怒曰：“今紂刳比干，囚箕子，以飛廉爲政，伐之有何不可？枯草朽骨，安可知乎？”乃焚龜折蓍，援枹而鼓，率衆先涉河，武王從之，遂滅紂。’梁玉繩曰：《六韜》之書，後人所作。《史記》又采用《六韜》，好事者妄矜太公，非實事也。”

按，梁氏云云，乃引《書·泰誓》疏。瀧川以爲梁氏者，非也。

178 雍林人襲殺無知

《史記·齊太公世家》：“雍林人襲殺無知。”瀧川資言《考證》：“莊九年春《左傳》：‘雍林殺無知。’”

按，《左傳》“林”作“廩”。

---

① “駰案”，殿本《史記》同，百衲本、瀧川本、中華本無。

② “師”，鈔稿本無。據手稿及阮刻本《毛詩正義》補。

179 稱伯不亦宜乎

《史記·齊太公世家》:"稱伯,不亦宜乎?"

按,伯同霸。

魯周公世家

180 武王九年東伐十一年伐紂

《史記·魯周公世家》:"武王九年,東伐至盟津,周公輔行。十一年,伐紂,至牧野,周公佐武王,作《牧誓》。"

按,《書·太誓》云:"惟十有三年,春,大會于孟津。"《書》言十三年者,續文王受命之年,欲明其卒父業也。文王受命九年而崩。十一年武王服閡,觀兵孟津。十三年克紂[①]。此云"九年東伐至盟津,十一年伐紂至牧野",與《周本紀》同疏失[②]。

181 十一年伐紂至牧野

《史記·魯周公世家》:"十一年,伐紂,至牧野。"《正義》:"衛州即牧野之地,東北去朝歌七十三里。"

按,《書·牧誓》僞孔傳:"紂近郊三十里地,名牧。"疏云:"傳言在紂近郊三十里,或當有所據也。皇甫謐云:'在朝歌南七十里。'不知出何書也。"

管蔡世家

182 次曰周公旦次曰蔡叔度

《史記·管蔡世家》:"次曰周公旦,次曰蔡叔度。"

按,《左氏》定四年傳:"蔡叔,康叔之兄也。"杜注:"蔡叔,周公兄。康叔,周公弟。"孔疏:"以蔡叔爲周公兄者,以僖二十四年傳富辰言文之昭十六

---

① 謹案,"書太誓"至"克紂",乃節引《史記·周本紀》正義語。

② 謹案,"同疏失"云云,可參閱《史記·周本紀》正義:"太史公云九年王觀兵,十一年伐紂,則以爲武王即位年數,與《尚書》違,甚疏矣。"

國,蔡在魯上,明以長幼爲次。賈逵等皆言[①]周公兄,故杜[②]從之。馬遷[③]言多辟謬,故不用《史記》爲說。"孔疏尊注而伸其說,未見然耳。《魯周公世家》:"徧封功臣同姓戚者,封周公旦於少昊之虛曲阜,是爲魯公。周公不就封,留佐武王。武王蚤終,成王少,於是卒相成王,而使其子伯禽代就封於魯。"昭二十六年傳曰:"昔武王克殷,成王靖四方,康王息民,並建母弟,以蕃屏周。"昭九年傳曰:"文、武[④]成、康之建母弟,以蕃屏周。"見於經傳者,管叔、蔡叔、霍叔,周公攝政之初,以流言見黜。三叔之國,已是武王時封。《尙書·康誥》:周公營洛,始封康叔于衛。《洛誥》:周公致政之月,始封伯禽于魯。則富[⑤]辰所言文之昭十六國,蔡在魯上者,蓋封國[⑥]之先後,非以[⑦]長幼爲次也。[⑧]

183 次日曹叔振鐸

《史記·管蔡世家》:"次日曹叔振鐸。"

按,《左氏》定四年傳杜注"五叔"不數曹叔。孔疏云:"不數叔振鐸者,以振鐸非周公同母,故不數之。或杜別有所見,不以《管蔡世家》爲說。"

184 故文王舍伯邑考而以發爲太子

《史記·管蔡世家》:"故文王舍伯邑考,而以發爲太子。"瀧川資言《考證》:"《禮記·檀弓》:'文王舍伯邑考,而立武王。'中井積德曰:'舍伯邑考,出於《戴記》,然彼以立子不立孫而言。伯邑考早死,而文王以發爲嗣也,非生時廢長之謂。史公恐失據也。"

按,古公欲立季歷,而太伯、仲雍犇荊蠻,文身斷髮,以避季歷,見《周本紀》及《吳世家》。舍長擇賢而立之,事頗相類,固不可謂失據也。

---

① "言"下,孔疏有"蔡叔"二字。
② "杜"鈔稿本無。據手稿及《左傳正義》補。
③ "遷"下,孔疏有"之"字。
④ "文武",鈔稿本作"武王"。據阮刻本《左傳正義》改。
⑤ "富",鈔稿本誤"當"。據手稿及阮刻本《左傳正義》改。
⑥ "國",鈔稿本無。據手稿補。
⑦ "以",鈔稿本無。據手稿補。
⑧ 謹案,"昭二十六年"至"非長幼爲次也"一節,蓋撮取《左傳正義》疏文爲說。

陳杞世家

185 孔子讀史記至楚復陳

《史記·陳杞世家》：“孔子讀史記至楚復陳，曰：‘賢哉，楚莊王。輕千乘之國而重一言。’”《索隱》：“謂申叔時之語。”《正義》：“《家語》云：‘孔子讀史記至楚復陳，喟然曰：“賢哉，楚莊王。輕千乘之國而重一言之信。非申叔時之忠，弗能建其義；非楚莊王之賢，不能受其訓也。’”瀧川資言《考證》：“‘孔子讀史記’數句，三《傳》、《國語》不載。”

按，瀧川說非是。“孔子讀史記”數句，雖不載於三《傳》、《國語》，正疑仲尼所讀如《孟子》所謂“楚之《檮杌》”之類也。《索隱》“謂申叔時之語”，見《左氏》宣十一年傳，《世家》取之。張守節《正義》引《家語》，見《好生第十》，蓋王肅所依託又取之史公、左氏。然《漢志》著錄《孔子家語》二十七卷，師古曰：“非今所有《家語》。”當爲史公所及見取材者。

衞康叔世家

186 而迎桓公弟晉於邢而立之

《史記·衞康叔世家》：“而迎桓公弟晉於邢而立之”。《集解》：“賈逵曰：邢，周公之胤 ① 。姬姓國。”

按，隱四年傳：“衞人逆公子晉于邢。冬十二月，宣公即位。”僖二十四年傳：“凡、蔣、邢 ② 、茅、胙、祭，周公之胤也。”襄十二年傳：“邢、凡、蔣、茅、胙、祭，臨於周公之廟。”杜注：“六國皆周公之支子，別封爲國。”下“而”字涉上文衍。

187 宣公愛夫人夷姜

《史記·衞康叔世家》：“十八年，初，宣公愛夫人夷姜，夷姜生子伋，以爲

---

① “胤”下，鈔稿本有“也”字。據《史記》諸本刪。
② “邢”，鈔稿本脫。據手稿及阮刻本《左傳正義》補。

太子。”瀧川資言《考證》:“《左傳》云:‘宣公蒸於夷姜,生急子。’杜注:‘夷姜,宣公之庶母。此謂之夫人,謬也。’瀧井昱曰:‘此在春秋前,莊公卒,在春秋前十三年。’”

按,《詩·邶風·匏有苦葉》:“刺衛宣公也,公與夫人並爲淫亂。”箋:“夫人謂夷姜。”則鄭箋、《詩》小序與《世家》同也。

宋微子世家

188 明作智

《史記·宋微子世家》:“明作智”。瀧川資言《考證》:“《書》智作哲。”

按,瀧川說非。《書》作哲,《大傳》作悊。鄭玄注:“悊,視瞭也。”僞孔傳:“哲,照了。”《說文·日部》:“晢,昭晣[①],明也。”《心部》:“悊,敬也。”《口部》:“哲,知也。”《大傳》作悊,是哲之假字。《世家》作智,其字當以爲哲,與《大傳》、僞孔異矣。

189 君偃十一年自立爲王

《史記·宋微子世家》:“君[②]偃十一年,自立爲王。”《索隱》:“《戰國策》、《呂氏春秋》皆以偃謚曰康王也。”瀧川資言《攷證》:“偃死國亡,未必有謚。然《國策》、《墨子》、《呂覽》、《新書》俱以偃謚康王,而《荀子·王霸篇》稱爲宋獻,楊倞注云:‘國滅之後,其臣子各私爲謚,故不同。’”

按,瀧川說非,桀紂亡國之君,皆有謚。《搜神記》:“宋康王舍人韓憑,娶妻何氏,美,康王奪之。”與《史》稱其“淫於酒婦人”事合。

晉世家

190 重耳母夷吾母

《史記·晉世家》:“重耳母,翟之狐氏女也。夷吾母,重耳母女弟也。”瀧

---

① “晣”,鈔稿本作“晰”。據大、小徐本《說文》改。
② “君”,鈔稿本譌“居”。據手稿及《史記》諸本改。

川資言《考證》:"孔穎達曰:'虢射,惠公之舅。狐偃,文公之舅。二母不得爲姊妹。馬遷之妄。'"

按,瀧川引孔氏說是也。《左氏》莊二十八年傳:"大戎狐姬生重耳,小戎子生夷吾。"杜注:"大戎,唐叔子孫別在戎狄者。小戎,允姓之戎子女也①。"孔疏:"《晉語》云:'狐氏出自唐叔。狐姬②,伯行之子③,實生重耳。'又曰:'狐偃其舅也。'昭九年傳稱,晉率陰戎伐潁,王使辭於晉曰:'先王居檮杌于④四裔,故允姓之姦居于瓜州。'知戎爲允姓也。"此大戎、小戎非姊妹之證。

191 獻公子八人

《史記·晉世家》:"獻公子八人,而太子申生、重耳、夷吾皆有賢行。及得驪姬,乃遠此三子。"瀧川資言《攷證》:"楓山、三條本'皆有賢行'作'皆賢有行'。張照曰:'《左傳》介子推曰"獻公之子九人",即下文敘子推語,亦曰九人,則八字乃九字之訛耳。'中井積德曰:'唯夷吾之賢行爲無徵,恐史家之臆說。諸子中唯三子長矣,故使出居焉,其他尚幼,是非以賢否之故必矣。'"

按,楓山及三條本非,張說是。九人,申生、重耳、夷吾、奚齊、卓子之外,疑并秦穆夫人數之,他亦無徵於書傳。及文公之入,皆已喪亡,故子推曰:"唯君在矣。"夷吾之賢不若重耳,其行實多忌克。其求入也,郤芮對秦伯曰:"臣聞亡人無黨,有黨必有讎。夷吾弱不好弄,能鬭不過,長亦不改,不識其他。"此見於《左氏》僖九年傳。其在《晉語》亦曰:"亡人無黨,有黨必有讎。夷吾之少也,不好弄戲,不過所復,怒不及色,及其長也弗改。是故出亡無惡於國,而衆安之。"殆史所謂賢行者與?

192 萬盈數也魏大名也

《史記·晉世家》:"萬,盈數也;魏,大名也。"《集解》:"服虔曰:'數從一至萬爲滿,魏喻巍,巍,高大也。'"瀧川資言《考證》:"梁玉繩曰:'盈字何以

---

① "子女也",鈔稿本無。據阮刻本《左傳正義》補。
② "姬",鈔稿本無。蓋孔疏引脫。據四部叢刊本《國語》補。
③ "子"下,《國語》有"也"字,孔疏引無。
④ "于",鈔稿本無。據手稿及阮刻本《左傳正義》補。

不諱？《魏世家》皆作滿。'"

按，此不諱盈者，後人據傳文妄改耳。裴氏引服注及《魏世家》作滿可證也。《地理志》河東郡有河北縣，《詩》魏國，晉獻公滅之，以封大夫畢萬，曾孫絳徙安邑也。"

193 公衣之偏衣

《史記·晉世家》："公衣之偏衣"。《集解》："服虔曰：'偏裻之衣，偏異色，駁不純，裻在中，左右異^①，故曰偏衣。'杜預曰：'偏衣左右異色，其半似公服。'韋昭曰：'偏，半也。分身之半以授太子。'"《正義》："上'衣'去聲，下'衣'如字。"瀧川資言《考證》："顧野王曰：'裻，背縫。'"

按，《趙世家》："王夢衣偏裻之衣。召筮史敢占之，曰：'夢衣偏裻之衣者，殘也。'"《國語·晉語》"衣之偏裻之衣"韋注："裻在中，左右異，故曰偏。"《說文》："裻，背縫。"又"裻"下云："衣躬縫。讀若督。"是許君以裻、裻二字音近義同。《方言^②》作"襑"："繞綰謂之襑襡。"郭注："衣督脊也。"《廣韻》："襑，衣背縫也。"《攷工記·匠人》疏："中央^③爲督，所以督率兩旁。"《深衣》云："負繩及踝。"注："謂裻與後幅相當之縫也。"是裻、裻、襑、督、襑並同。"偏裻"，《晉語》文，是其本字。"督"是假借。"襑"，後起字。

194 狐裘蒙茸一國三公吾誰適從

《史記·晉世家》："狐裘蒙茸，一國三公，吾誰適從？"《集解》："服虔曰：'蒙茸，以言亂貌。三公，言君與二公子。將敵，故不知所從。'"《正義》："蒙茸，言狼藉也。"瀧川資言《考證》："狐裘，貴人之服。蒙茸，《左傳》作尨茸，《詩·邶風》作蒙戎，音義相通。裘毛雜亂貌，暗比國事紛擾也。中井積德曰：'三公，謂二公子與太子，意謂蒲、屈強，將與太子爭立也。以太子早死，斯言不全應也。故後人多謬解。'愚按^④，適從，猶言適歸。適，主也。茸、

---

① "左右異"三字，鈔稿本無。據《史記》諸本補。

② "言"，鈔稿本脫。據手稿補。

③ "央"，鈔稿本作"衣"。據阮刻本《周禮注疏》改。

④ "愚按"二字，鈔稿本無。據瀧川《考證》補。

公、從,韻。"

按,狐裘蒙茸者,興而比也。三公,服說是。蓋士蒍築蒲、屈城,弗就。夷吾以告於公,公怒士蒍,退而不知所從。適,亦從也。豈與太子爭立事乎? 中井說非。

195 里克弒悼子于朝

《史記・晉世家》:"十一月,里克弒悼子于朝。"《集解》:"《列女傳》曰:'鞭殺驪姬于市。'"

按,《晉語》曰:"丕鄭許諾,於是殺 ^① 奚齊、卓子及驪姬,而請君於秦。"

196 欲誅之其無辭乎

《史記・晉世家》:"欲誅之,其無辭乎? "瀧川資言《考證》:"杜預曰:'言欲加己罪,不患無辭。'"

按,《左氏》僖十年傳曰:"欲加之罪,其無辭乎? "

197 夷吾無禮余得請於帝

《史記・晉世家》:"夷吾無禮,余得請於帝。"《集解》:"服虔曰:'帝,天帝。請罰有罪。'"

按,《左氏》僖十年傳文。孔疏:"賈逵云:'烝於獻公夫人賈君,故曰無禮。' 馬融云:'申生不自明而死,夷吾改葬之,章父之過,故曰無禮。' 杜不爲注,當以鬼神之意,難得而知。夷吾無禮,或非一事,不可指言,故不說也。"然《國語・晉語》:"郭偃曰:'甚哉,善之難也。君改葬共君以爲榮也,而惡滋章。夫人美於中,必播於外,而越於民,民實戴之。惡亦如之。故行不可不慎也,必或知之。'"

198 七輿大夫

《史記・晉世家》:"遂殺邳鄭及里克、邳鄭之黨七輿大夫。"《集解》:"韋昭曰:'七輿,申生下軍之衆大夫也。'杜預曰:'侯伯七命,副車七乘。'"瀧

---

① "殺",鈔稿本作"弒"。據《國語》改。

川資言《考證》:"服虔曰:'上軍之輿士七人,屬申生者。'愚按 ①,服、韋二說是。"

按,《左氏》僖十年傳:"七輿大夫:左行共華、右行賈華、叔堅、騅歂、纍虎、特宮、山祁,皆里、丕之黨也。"孔疏:"《周禮·大行人》云:'侯伯七命,貳車七乘。貳即副也。每車一大夫主之,謂之七輿大夫。'服虔云:'上 ② 軍之輿帥七人屬申生者,襄二十三年下軍輿帥七人往,前申生將上軍,今七輿大夫爲申生報怨,欒盈將下軍,故七輿大夫與欒氏。'"

199 晉其可以逆天乎遂伐之

《史記·晉世家》:"虢射曰:'往年天以晉賜秦,秦弗知取而貸我。今天以秦賜晉,晉其可以逆天乎?遂伐之。'"瀧川資言《考證》:"李笠曰:'案"遂伐之"亦虢射言,非謂惠公遂伐之也。觀下文自明。"遂上"應有"不如"二字。'"

按,瀧川引雁晴先生說是也。然"不如"下當有"勿與"二字,乃與下文相應。《左氏》僖十四年傳:"虢射曰:'無損於怨,而厚於寇,不如勿與。'"《晉語》同。可證。

200 秦女曰

《史記·晉世家》:"秦女曰"。

按,秦女,懷嬴也。《左氏》僖二十二年傳:"晉太子圉爲質于 ③ 秦,將逃歸,謂嬴氏曰:'與子歸乎?'對曰:'子晉太子而辱于 ④ 秦,子之欲歸,不亦宜乎?寡君之使婢子侍執巾櫛,以固子也。從子而歸,棄君命也。不敢從,亦不敢言。'遂逃歸。"又按,懷嬴再妻重耳,故曰"文嬴"。《左氏》僖二十三年傳"秦伯納女五人,懷嬴與焉"是也。懷,子圉謚。文,重耳謚。

---

① "愚按"二字,鈔稿本無。據瀧川《考證》補。
② 謹案,"上",阮元《校勘記》:"陳樹華云:'上字當作下,"前申生將上軍"句上亦當作下也。'按閔二年傳云'公將上軍,大子申生將下軍',陳樹華所訂是也。"
③ "于",鈔稿本作"於"。據阮刻本《左傳正義》改。
④ "于",鈔稿本作"於"。據阮刻本《左傳正義》改。

201 犁二十五年

《史記・晉世家》："犁二十五年"。《索隱》："犁猶比也。"

按，犁猶遲也。黎、邌字通。《高祖本紀》"黎明，圍宛城三匝"《索隱》："黎猶比也。"《衛霍傳》"遲明"《集解》："徐廣曰：'遲，一作黎[1]。'"《索隱》："遲音值。遲者，待也，待天欲明也。《漢書》作'會明'，諸本多作'黎明'。鄒氏云：'黎，遲也。然黎，黑也，候天將明而猶黑也。'"又《漢書・高帝紀》"遲明"師古曰："《史記》遲字[2]作邌，徐緩之意也，音黎。"是顏氏所見本不作"黎"。《說文》："遲，徐行也。邌，徐也。"則遲、邌二字義並通。此云"犁二十五年"者，猶云遲緩至二十五年之久也。[3]

202 乃投璧河中以與子犯盟

《史記・晉世家》："乃投璧河中，以與子犯盟。"瀧川資言《考證》："文公元年以下，據僖二十四年《左傳》、《國語・晉語》。《左》、《國》無'與子犯盟'四字，蓋與河神盟，非與子犯盟也。"

按，瀧川說非是。投璧河中者，以河神爲徵，即與子犯盟也。《韓非子・外儲說左上》："文公反國至河，令籩豆捐之，席蓐捐之，手足胼胝、面目黧黑者後之。咎犯聞之而夜哭，公曰：'寡人出亡二十年，乃今得反國，咎犯聞之不喜而哭，意不欲寡人反國邪？'犯對曰：'籩豆，所以食也，而君捐之。席蓐，所以臥也，而君棄之。手足胼胝、面目黧黑，勞有功者也，而君後之。今臣與在後中，不勝其哀，故哭。且臣爲君行詐僞以反國者衆矣，臣尚自惡也，而況於君？'再拜而辭。文公止之曰：'諺曰："築社者，攓撅而置之，_{顧廣圻曰：藏本同，今本攓作攓，王渭曰：《魏書・古弼傳》引此作搴曆。今案[4]，字書無攓字。}端冕而祀之。"今子與我取之，而不與我治之；與我置之，而不與我祀之焉？'乃解左驂而盟于河。"

---

① "黎"，鈔稿本作"邌"。據《史記》諸本改。

② "字"，鈔稿本無，據中華本《漢書》顏師古注補。

③ 謹案，《史記・齊太公世家》"犁明至國"，司馬貞《索隱》："犁，猶遲也。"《廿二史考異・史記四》"犁二十五年"錢大昕云："犁，遲也，猶言待也。"又，犁、黎古通。《春秋》莊公五年"郳犁來來朝"李富孫《異文釋》：《公羊》作'倪黎來'，《穀梁》作'郳黎來'。《左傳》襄公三十一年"莒犁比公生去疾及展輿"洪亮吉詁：《後漢書》犁作黎。

④ 謹案，"案"下，王先愼《韓非子集解》引顧文有"此同字耳"四字。

此云解左驂，與投璧異。又按，《禮記·檀弓上》：“趙文子與叔譽觀乎九原。文子曰：‘死者如可作也，吾誰與歸？’①叔譽曰：‘其舅犯乎？’文子曰：‘見利不顧其君，其仁不足稱也。’”注：“謂久與文公辟難，至將反國，無安君之心，及河授璧，詐請亡，要君以利是也。”

203 三賞之後故且及子

《史記·晉世家》：“‘三賞之後，故且及子。’晉人聞之，皆說。”瀧川資言《考證》：“‘從亡賤臣’以下，據《呂氏春秋·當賞篇》。故，讀爲固。”

按，《當賞篇》曰：“晉文公反國，賞從亡者，而陶狐不與。左右曰：‘君反國家，爵祿三出，而陶狐不與。敢問其說。’文公曰：‘輔我以義、導我以禮者，吾以爲上賞。教我以善、彊我以賢者，吾以爲次賞。拂吾所欲、數舉吾過者，吾以爲末賞。三者所以賞有功之臣也。若賞唐國之勞徒②，則陶狐將爲首矣。’周內史興聞之曰：‘晉公其霸乎！昔者聖王先德而後力，晉公其當之矣。’”其文與《史》略異。

楚世家

204 重黎爲帝嚳高辛居火正

《史記·楚世家》：“卷章生重黎。重黎爲帝嚳高辛居火正。”《虞書》孔疏：“《楚世家》云：‘重黎爲帝嚳火正，能光融天下按《楚世家》能上有甚有功三字，帝嚳命曰祝融。共工氏作亂，帝嚳使重黎誅之而不盡。帝乃以庚寅日誅重黎而以其弟吳回爲重黎，復居火正爲祝融。’案昭二十九年《左傳》稱少昊氏有子曰重，顓頊氏有子曰黎，則重、黎二人各出一帝。而《史記》并以重黎爲楚國之祖，吳回爲重黎，以重黎爲官號。此乃《史記》之謬，故束晳譏馬遷并兩人以爲一，謂此是也。”

按，孔疏譏《史》并兩人爲一之謬。然《歷書》：“乃命南正重司天以屬

---

① 謹案，“歸”下，《禮記》有“叔譽曰：‘其陽處父乎？’文子曰：‘行并植於晉國，不沒其身，其知不足稱也。’”二十七字。

② “徒”，鈔稿本無。據《呂氏春秋》補。

神,命火正黎司地以屬民。"用《楚語》以爲説。《自序》亦同。則馬遷未嘗不知爲兩人,正疑《楚世家》"重"字衍文,書簡譌耳。

越王勾踐世家

205 君子六千人

《史記·越王 ① 句踐世家》:"君子六千人。"《集解》:"韋昭曰:'君子,王所親近有志行者,猶吳所謂賢良,齊所謂士也。'虞翻曰:'言君養之如子。'"《索隱》:"君子謂君所子養有恩惠者。又按,《左氏》'楚沈尹戌帥都君子以濟師',杜預曰:'都君子,謂都邑之士有復除者。'《國語》:'王以私卒君子六千人。'"

按,《御覽》七十四引《抱朴子》:"周穆王南征,一軍盡化。君子爲猿爲鶴,小人爲蟲爲沙。"按,《抱朴子·釋滯》。

趙世家

206 大夫屠岸賈欲誅趙氏

《史記·趙世家》:"大夫屠岸賈欲誅趙氏。"

按,《漢書·古今人表》"下中 ②"有屠顏賈,師古曰:"即屠岸賈也。音工下反。"

207 公孫杵臼程嬰

《史記·趙世家》:"趙朔客曰公孫杵臼,杵臼謂朔友人程嬰曰"。

按,《漢書·古今人表》"中上"有程嬰、公孫杵臼。班氏從《世家》。

208 歸我衞士五百家

《史記·趙世家》:"簡子謂邯鄲大夫午曰:'歸我衞士五百家,吾將置之晉

---

① "王",鈔稿本無。據上下文意補。
② "下中",鈔稿本誤作"下下愚人"。據中華本《漢書·古今人表》改。

陽。’”《集解》：“服虔曰：‘往年趙鞅圍衛，衛人恐懼，故貢五百家，鞅置之邯鄲，又欲更徙於晉陽。’”瀧川資言《考證》：“‘士’，凌本作‘氏’，《左傳》作‘貢’。邯鄲，故衛邑，後屬晉，戰國時趙肅侯都此，今直隸廣平府邯鄲縣西南有邯鄲故城，俗名趙王城。晉陽，簡子邑，今山西太原府陽曲縣。《集解》服說依定十年《左傳》。”

按，《左氏》定十三年傳：“晉趙鞅謂邯鄲午曰：‘歸我衛貢五百家，吾舍諸晉陽。’午許諾。”杜注：“十年，趙鞅圍衛，衛人懼，貢五百家，鞅置之邯鄲，今欲徙置晉陽。晉陽，趙鞅邑。”是圍衛，衛貢五百家，置之邯鄲，係定十年事；而歸衛貢五百家，欲徙置晉陽，則係定十三年事。傳文皆敘在十三年下。瀧川以爲十年傳非是，“士”當從《左傳》作“貢”，壞文誤耳。凌本作“氏”，又士聲之誤也。《漢書·地理志》邯鄲注：“堵山，牛首水所出，東入白渠。趙敬侯自中牟徙此。張晏曰：‘邯鄲山在東城下。單，盡也。城郭從邑，故加邑云。’師古曰：‘邯音寒。’”今縣名，屬河北省。

209 遂胡服招騎射

《史記·趙世家》：“遂胡服，招騎射。”瀧川資言《考證》：“顧炎武曰：‘《詩》云：“古公亶父，來朝走馬。”古者馬以駕車[①]，不可言走。曰走者，單騎之稱。古公之國，鄰於戎翟，其習尚有相同者，然則騎射之法，不始於趙武靈王也。’又曰：‘《漢書·高祖紀》：“乘傳詣洛陽。”師古云[②]：“傳，若今之驛，古者以車，謂之傳車，其後又單置馬，謂之驛騎。”竊疑此法春秋時當已有之，如楚子乘驛會師于臨品[③]；祁奚乘驛而見范宣子；楚子以馹至於羅汭；子木使馹謁諸王；楚人謂游吉曰：吾將使驛奔問諸晉；《國語》晉文公乘馹自下脫，會秦伯于王城；《呂氏春秋》齊君乘馹而自追晏子。皆事急，或是單乘[④]驛馬。’愚按，騎則自古有之，胡服騎射以武靈爲始。”

按，瀧川說是也。胡服，亦曰貉服，《水經·河水》酈注引《竹書紀年》：“魏襄王十七年，按，今本《竹書紀年》作隱王三年，即《史記》之赧王。邯鄲命吏大夫奴遷

---

① “車”，鈔稿本無。據瀧川《攷證》補。
② “云”，鈔稿本作“曰”。據瀧川《攷證》改。
③ “品”，鈔稿本脫。據瀧川《攷證》補。
④ “乘”，鈔稿本無，據手稿及瀧川《攷證》補。

于九原,又命將軍大夫適原誤趙子、戍吏皆貉服矣。”全祖望曰:“貉服,即胡服也。惟史書初胡服當武靈王十九年,《世家》與《六國表》合。若《竹書》襄王十七年,則當武靈王十五年今本《竹書》隱王十三年則當武靈王二十四年,與史不合耳。”

210 左師觸龍言願見太后

《史記‧趙世家》:“左師觸龍言願見太后。”瀧川資言《考證》:“《策》‘龍言’作‘𧪝’。胡三省曰:‘春秋之時,宋國之官有左右師,上卿也。趙以觸龍爲左師,冗散之官,以優老臣者也。’”

按,剡川姚氏本《戰國‧趙策》“𧪝”下注云“一本無‘言’字”,則原本當作“左師觸龍言願見太后”明矣,今作“𧪝”者,乃誤合“龍言”二字而一之耳。《史》作“左師觸龍言願見太后”,正與原本合。“言”者,說事之辭,與“曰”同耳。《說文》:“𧪝,失氣言。一曰言不止也,从言,龖省聲。傅毅讀若慴。”《文選‧羽獵賦》“竦𧪝怖”注:“𧪝與慴同。”又《詠霍將軍北伐詩》註引文穎曰:“恐懼也。𧪝,之涉切。”左師觸姓龍名,與𧪝音義無涉。瀧川說非是①。《孟子‧離婁》:“公行子有子之喪,右師往弔。”注:“右師,齊之貴臣王驩字子敖者。公行之喪,齊卿大夫以君命會,各有②位次。”孫奭疏:“古者天子之卿,尊者謂之太師,卑者謂之少師。諸侯之卿,尊者謂之左師,卑者謂之③右師。”則胡氏謂趙以觸龍爲左師,冗散之官優老臣者,亦意爲之說耳。《左氏》文七年傳:“宋成公卒,於是公子成爲右師,公孫友爲左師。”又十六年傳:“華元爲右師,公孫友爲左師。”是宋有左、右師也。然似以右師爲上。又《屈原列傳》“爲楚懷王左徒”《正義》:“蓋今在左右拾遺之類。”錢大昕曰:“黃歇由左徒爲令④尹,則左徒亦楚之貴臣矣。”予疑左徒亦

---

① 謹案,清王念孫《讀書雜志》曰:“此《趙策》及《趙世家》,皆作‘左師觸龍言願見太后’,今本‘龍言’二字,誤合爲‘𧪝’耳。”又曰:“《漢書‧古今人表》正作‘觸龍’,又《荀子‧議兵篇》注曰:‘《戰國策》趙有左師觸龍’,《太平御覽‧人事部》引此策曰:‘左師觸龍言願見’,皆其明證矣。又《荀子‧臣道篇》曰:‘若曹觸龍之於紂者,可謂國賊矣。’《史記‧高祖功臣侯者表》有臨轅夷侯戚觸龍。《惠景閒侯者表》有山都敬侯王觸龍。是古人多以觸龍爲名,未有名觸𧪝者。”其說可資參考。又,1973年長沙馬王堆漢墓出土戰國縱橫家帛書中有觸龍見趙太后章,正作“觸龍”。

② “有”,鈔稿本脫。據手稿及阮刻本《孟子注疏》補。

③ “尊者謂之”下,鈔稿本脫“左師卑者謂之”六字。據手稿及孫奭疏補。

④ “令”,鈔稿本誤“今”。據手稿及乾隆刻本《廿二史考異》卷五改。

左、右師之類，上卿位尊，非冗散可知。

211 太后盛氣而胥之

《史記·趙世家》：“太后盛氣而胥之。入。”《集解》：“胥，猶須也。《穀梁傳》曰：胥其出也。”瀧川資言《考證》：“《策》‘胥’作‘揖’，義異。‘胥之’句，‘入’句。觸讋入也。”

按，胥，須也，待也。《漢書·敘傳上》注引應劭曰：“胥，須也。”《管子·大匡將》“胥有所定也”注：“胥，待。”《儀禮·士昏禮·記》“某敢不敬須”注：“須，待也。”《詩·桑扈》疏：“胥、須，古今字耳。”

212 曾不能疾走

《史記·趙世家》：“曾不能疾走。”

按，曾猶乃也、則也。《說文》：“曾，詞之舒也。”《淮南·脩務訓》高注：“曾，則也”、《檀弓》鄭注“則之言曾”是也。

213 猶不能持無功之尊

《史記·趙世家》：“猶不能持無功之尊、無勞之奉，而守金玉之重也，而況於予乎？”《正義》：“持猶執。”瀧川資言《考證》：“《策》‘持’作‘恃’，‘予’作‘人臣’。”

按，《翻譯名義·九①》引《音義指歸》：“持者，執也。”持、恃義通。《左氏》昭十九年傳“以持其世而已”《釋文》：“持本作恃。”② 又 ③《公羊》桓三年傳“恃有年也”注：“恃，賴也。”《莊子·徐无鬼》“恃源而往者也”《釋文》：“本亦作持。”恃、持義通。“於予”二字，文義不可曉。當從《策》作“人臣”，字之誤也。

---

① 謹案，“九”，疑轉引自《經籍籑詁》卷四支韻“持”字下注文。今檢四部叢刊景印南海潘氏藏宋刊本、日本早稻田大學圖書館藏和刻本、大正藏本《翻譯名義》，全書均爲七卷，引文在卷五。而龍藏本《翻譯名義集》二十卷，引文在卷十三。另《閱藏知津》錄《翻譯名義集》作十四卷，未見，不審引文在該本何卷。謹記以備考。

② 謹案，“持本作恃”四字，蓋據《經籍籑詁》節引。《釋文》作：“如字，本或作恃怙之恃，非也。”

③ “又”下，鈔稿本衍“寺”字。據手稿刪。

史記會注攷證校讀卷六

田敬仲完世家

214 故周太史之卦田敬仲完

《史記·田敬仲完世家》:"太史公曰:蓋孔子晚而喜《易》,《易》之爲術,幽明遠矣,非通人達材孰能注意焉①?故周太史之卦田敬仲完,占至十世之後;及完奔齊,懿仲卜之亦云。田乞及常所以比犯二君,專齊國之政,非必事勢之漸然也,蓋若遵厭兆祥云。"《正義》:"厭,一冉反。田僖子廢晏孺子,田成子殺二君,非是事勢之②漸使如此,疑似遵奉厭禳之兆吉祥矣。"瀧川資言《攷證》:"葉適曰:'陳完之占,前代此類甚多,孔子以爲不足以訓,故獨贊《易》以黜之。凡《左氏》所載,皆孔子所黜也。而遷乃謂"孔子晚而喜《易》,《易》幽明遠矣,非通人達材孰能注意",反以陳完之占爲孔氏所盡心者,是遷未嘗知有孔氏之《易》。'梁玉繩曰:'史公此論持周太史陳懿仲卜敬仲事,然非史氏③所宜言也,王若虛云:"亂臣賊子,皆得以天命自解,而無所懲艾。"良然。'中井積德曰:'太史公信妄誕,而議論失正,使人作亂弒君,以遵厭兆祥,豈聖人喜《易》之意哉?'"

按,瀧川引諸說是已。然《漢書》曰"十篇有錄無書",其《日者》、《龜策列傳》元成間褚先生所補,張晏謂其"言辭鄙陋,非遷本意也"。予疑此論"遵厭兆祥"之言亦然。張守節未④達斯旨。

---

① "焉",鈔稿本作"然"。據《史記》諸本改。
② "之",鈔稿本無。據瀧川《攷證》補。
③ "史氏",鈔稿本作"太史",據瀧川《攷證》引改。
④ "未",鈔稿本作"末"。據手稿改。

孔子世家

215 孔子生魯昌平鄉陬邑

《史記·孔子世家》:"孔子生魯昌平鄉陬邑。"《集解》:"徐廣曰:'陬音騶。'孔安國曰:'陬,孔子父叔梁紇所治邑。'"《索隱》:"陬是邑名。昌平,鄉號。孔子居魯之鄒邑、昌平鄉之闕里也。"

按,《史》文依注宜云"生魯陬邑昌平鄉",乃敘鄉於邑之上,與《老子傳》云"楚苦縣厲鄉曲仁里人也"異例。他若《陳丞相世家》云"陽武戶牖鄉人也"、《王翦傳》云"頻陽東鄉人也"、《聶政傳》云"軹深井里人也"、《酈生傳》云"陳留高陽人也",皆以鄉里繫於邑之下,《史》例然也。又按,閻若璩《四書釋地》:"太史公生平所最宗尙者老子,最尊服者孔子,而於本朝開天之聖,亦不敢略。皆于其書址貫見之。曰'老子者,楚苦縣厲鄉曲仁里人也',是以國統縣,以縣統鄉,以鄉統里。曰'孔子生魯昌平鄉陬邑',是以國統鄉,以鄉統邑。曰'高祖沛豐邑中陽里人',是以縣統鄉,以鄉統里。他不必如是備書,縱備書,而人非其屬意矣。"閻氏之言亦無他徵,僅備一說。

216 三命茲益恭

《史記·孔子世家》:"三命茲益恭。"瀧川資言《攷證》:"一命爲士,再命爲大夫,三命爲卿。杜預曰:'三命上卿也。'"

按,《周禮·典命》:"公之卿三命,其大夫再命,其士一命。侯伯之卿大夫士亦如之。子男之卿再命,其大夫一命,其士不命。"疏:"《王制》:'大國之卿不過三命,下卿再命,小國之卿與下大夫一命。'鄭注云:'不著次國之卿者,以大國之下互明之。此卿命則異,大夫皆同。'以此言之,則大國卿三命,次國卿與大國下卿同再命,小國卿與大夫同一命,彼注即引此《周禮》命卿大夫之法,以證與古不同之義。"宋是公爵,故其卿三命。

217 而老子送之曰

《史記·孔子世家》:"而老子送之曰"。

按,《老莊申韓列傳》"孔子適周,將問禮於老子,老子曰"云云。然則老子告孔子者,乃二事,史公分載其言耳。

218 聞韶音學之三月不知肉味

《史記·孔子世家》:"與齊太師語樂,聞韶[①]音,學之,三月不知肉味。"《集解》:"周氏曰:'孔子在齊,聞習韶樂之盛美,故忘於肉味也。'"《索隱》:"按,《論語》'子語魯太師樂',非齊太師也。又'子在齊聞韶,三月不知肉味',無'學之'文。今此[②]合《論語》'齊'、'魯'兩文而爲此言,恐失事實。"

按,孔子適齊,與齊太師語樂,揆之詢官於郯子、訪樂於萇弘、學琴於師襄、問禮於老聃,其博學審問,自極常事。且其下有"孔子語魯太師:'樂其可知也'"文,固不得謂《史》誤合。《集解》引周氏說,見《論語注》。

219 得骨節專車

《史記·孔子世家》:"得骨,節專車。"

按,《國語·魯語》作"獲骨焉,節專車。"《家語·辯物》作:"獲巨骨,一節專車焉。"則此當以"得骨"爲讀,"節專車"爲句。

220 僬僥氏三尺短之至也

《史記·孔子世家》:"僬僥氏三尺,短之至也。"《集解》:"韋昭曰:'僬僥,西南蠻之別名也。'"《正義》:"按,《括地志》:'在大秦國北也。'"

按,《列子·湯問篇》:"從中州以東四十萬里,得僬僥國,人長一尺五寸。"張湛注:"事見《詩含神霧》。"又《湯問篇》:"東北極有人名曰諍,人長九寸。"張湛注:"見《山海經》。《詩含神霧》云:東北極有此人。既言其大,因明其小耳。"

221 長者不過十之數之極也

《史記·孔子世家》:"長者不過十之,數之極也。"《集解》:"王肅曰:'十

---

① "韶"下,鈔稿本有"之"字。據《史記》諸本刪。
② "此",鈔稿本無。據《史記》諸本補。

之,謂三丈也,數極於此也。"瀧川資言《考證》:"'吳伐越'以下,采《國語·魯語》,事亦涉神怪,孔子所不語。"

按,《列子·湯問篇》:"龍伯之國有大人,舉足不盈數千而暨五山之所,一釣而連六鼇,合負而趣歸其國,灼其骨以數焉。於是岱輿、員嶠二山流於北極,沈於大海,仙聖之播遷者巨億計。帝憑怒,侵減龍伯之國使阨,侵小龍伯之民使短。至伏羲神農時,其國人猶數十丈。"張湛注:"《山海經》云:東海之外,大荒之中,有大人之國。《河圖玉板①》云:從崑崙以北九萬里,得龍伯之國,人長四十丈,生萬八千歲始死。"凡此之類,雖涉神怪,《虞初》、小說、諸子、《齊諧》亦所不廢也。《論語》曰:"子不語怪力亂神。"

222 溫溫無所試

《史記·孔子世家》:"溫溫無所試"。瀧川資言《考證》:"溫讀爲蘊。"

按,瀧川說非是。溫讀爲蘊,則當如《詩·雲漢》"蘊隆蟲蟲"傳"蘊蘊而暑",《釋文》:"蘊,紆粉反。"是有鬱積之義。《論語》曰:"人不知而不慍。"仲尼之爲人固不爾。《爾雅·釋訓》:"溫溫,柔也。"《詩·小宛》"溫溫恭人"傳:"溫溫,和柔貌。"此言孔子循道彌久,學養功深,非謂莫能已用而有所蘊蘊,則不煩破字,於義乃合。

223 選齊國中女子好者八十人

《史記·孔子世家》:"於是選齊國中女子好者八十人,皆衣文衣而舞《康樂》。文馬三十駟遺魯君。"

按,《韓非子·內儲說下·六微》:"仲尼爲政於魯,道不拾遺,齊景公患之。黎且《後漢書·馮衍傳》注②引作犁鋤,《御覽·四百七十八》引作黎鉬,《意林》作黎且。謂景公曰:'去仲尼猶吹毛耳。君何不迎之以重祿高位,遺哀公女樂以驕榮其意?哀公新樂之,必怠於政,仲尼必諫,諫必輕絕於魯。'景公曰:'善。'乃令犁且以女樂二八遺哀公,哀公樂之,果怠於政,仲尼諫,不聽,去而之楚《御覽》引作而之齊③。"又按,"哀公"當作"定公",《韓子》誤。

---

① "板",鈔稿本作"版"。二字古通。茲依張湛注。

② "注",鈔稿本脫。據清光緒二十二年刻本《韓非子集解》補。

③ 案,手稿此處有眉批云:"按去楚、去齊,亦與《史》適衛者異。"

224 匡人於是遂止孔子

《史記·孔子世家》："匡人於是遂止孔子。"《索隱》："匡，宋邑也。《家語》云匡人簡子以甲士圍夫子。"

按，《韓詩外傳》："簡子將殺陽虎，孔子似之。帶甲以圍孔子舍。"

225 吾未見好德如好色者也

《史記·孔子世家》："孔子曰：'吾未見好德如好色者也。'"《集解》："何晏曰：'疾時薄於德，厚於色，故發此言也。'李充曰：'使好德如好色，則弃邪而反正矣。'"瀧川資言《考證》："《論語·子罕篇》，但未審是言爲何而發。"

按，瀧川說非是。言並見《論語·衞靈公篇》，"子曰"下有"已矣乎"三字。史公以爲衞靈公與夫人者，當可信。

226 孔子適鄭與弟子相失

《史記·孔子世家》："孔子適鄭，與弟子相失①。孔子獨立郭東門②，鄭人或謂子貢曰"。《索隱》："《家語》：'姑布子卿謂③子貢曰'。"

按，《索隱》誤。姑布子卿見《韓詩外傳》"孔子出衞之東門，逆姑布子卿曰"云云。若《家語》則作"孔子適鄭"云云，與《史》同也。

227 陳湣公使使問仲尼

《史記·孔子世家》："陳湣公使使問仲尼"。《索隱》："《家語》、《國語》皆作陳惠公，非也。按，惠公以魯昭元年立，定四年卒。又按，《系家》湣公十六年，孔子適陳。十三年亦在陳，則此湣公爲是。"張文虎曰："孔子適陳，《年表》、《世家》皆湣公六年。《索隱》'十'字衍。"

按，《世家》孔子至陳，於司城貞子家，湣公使使問焉。乃在魯定公卒後，孔子去曹適宋、適鄭而至於陳。《漢書·五行志》云："《史記》魯哀公時，

---

① "失"，鈔稿本誤"夫"。據手稿及《史記》諸本改。

② "門"下，鈔稿本有"外"字。據《史記》諸本刪。

③ "子卿謂"三字，鈔稿本脫。據手稿及《索隱》諸本補。

有隼集于陳廷而死，楛① 矢貫之，石砮，長尺有咫。陳閔公使使問仲尼。”是也。湣音同閔。師古曰：“閔公名周，懷公之子。”

228 配虞胡公而封諸陳

《史記·孔子世家》：“配虞胡公而封諸陳。”

按，《國語·魯語②》韋昭注：“胡公，舜後，虞遏父之子胡滿也。諸，之也。”

229 刳胎殺夭則麒麟不至郊

《史記·孔子世家》：“刳胎殺夭，則麒麟不至郊。竭澤涸漁，則蛟龍不合陰陽。覆巢毀卵，則鳳皇不翔。”《索隱》：“有角曰蛟龍，龍能興雲致雨，調和陰陽之氣。”

按，《家語·困誓》作“刳胎殺夭，則麒麟不至其郊。竭澤而漁，則蛟龍不處其淵。覆巢破卵，則鳳凰不翔其邑。”疑《史》有闕文，《後漢·仲長統傳》注：“《廣雅》曰：‘有角曰③ 龍。’”

230 君子諱傷其類也

《史記·孔子世家》：“君子諱傷其類也。”

按，《家語·困誓》“諱”作“違”，王肅曰：“違，去也。違或作④ 諱也。”

231 乃還息乎陬鄉作爲陬操以哀之

《史記·孔子世家》：“乃還息乎陬鄉，作爲《陬操》以哀之。”《集解》：“王肅曰：《陬操》，琴曲名也。”《索隱》：“此陬鄉，非魯之陬邑。《家語》云‘作《槃操》’也。”

按，《琴操》曰：“《槃操》，又名《息陬操》。其辭曰：‘乾澤而漁，蛟龍不遊。覆巢毀卵，鳳不翔留。慘予心悲，還原息陬。’”《家語》及《琴操》作“槃操”，疑爲“鄹”之壞文，形誤也。《孔叢子》曰：“臨津不濟，還轅息鄹。”

---

① “楛”，鈔稿本譌“楉”。據手稿及中華本《漢書》改。

② “語”，鈔稿本無。據上下文意補。

③ “曰”下，今本《廣雅·釋魚》有“黿”字。

④ “作”，鈔稿本作“爲”。據四部叢刊本《孔子家語》改。

字作"鄹"是也。鄹、陬、鄹字同。《論語》曰:"孰謂鄹人之子知禮乎?"還息陬鄉,則是陬邑。《索隱》說非是。

232 圍孔子於野不得行絕糧

《史記·孔子世家》:"於是乃 ① 相與發徒役圍孔子於野。不得行,絕糧。從者病,莫能興。"《集解》:"孔安國曰:'興,起也。'"瀧川資言《考證》:"'絕糧'以下,《論語·衛靈公篇》。"

按,《荀子·宥坐篇》:"孔子南適楚,厄於陳、蔡之間。七日不火食,藜羹不糝。弟子皆有飢色。"《韓詩外傳·七》略同 ②。《孟子·盡心》:"君子之戹於陳蔡之間,無上下之交也。"《家語·困誓》:"夫陳蔡之間,丘之幸也。二三子從丘者,皆幸也。吾聞之,君不困不成王,烈士不困行不彰。庸知其非激憤厲志之始於是乎在?"

233 故天下莫能容夫子夫子蓋少貶焉

《史記·孔子世家》:"故天下莫能容夫子,夫子蓋少貶焉?"

按,上"夫子"二字涉下句而衍。又下文云"夫子之道至大,故天下莫能容",句法正同。

234 使爾多財吾為爾宰

《史記·孔子世家》:"使爾多財,吾為爾宰。"孫志祖曰:"此二句似非夫子之言。"

按,孫氏說非也。《論語·述而》:"富而可求也,雖執鞭之士,吾亦為之。如不可求,從吾所好。"是孔子嘗為是言也。宋翔鳳《發微》云:"《周官·太宰》'祿以馭其富',三代以上,未有不仕而能富者,故官愈尊則祿愈厚。求富即干祿也。富而可求,謂其時可仕則出而求祿。孔子為委吏乘田,其職與執鞭之士 ③ 同也。不可求,為時不可仕。修詩書禮樂,為從吾所好。"是也。又

① "乃",鈔稿本脱。據《史記》諸本補。
② 謹案,《韓詩外傳》卷七:"孔子困於陳、蔡之間,即三經之席,七日不食,藜羹不糝。弟子有飢色。"又,子困陳蔡事,另見《墨子》、《莊子》、《呂氏春秋》諸書。
③ "士",《論語集釋》引《論語發微》作"仕"。

孟子云："仕非爲貧也,而有時乎爲貧。"皆其義也。

235 毋以小人固之

《史記·孔子世家》："則毋以小人固之,則可矣。"瀧川資言《考證》："毋以小人固之,文義不通。岡白駒曰:'固,鄙陋也。勿以小人視之。'參存。"

按,瀧川引岡白駒說非是。"固之"疑當作"固止"。之、止篆文形近易譌。下文云"文子固止",其義正同。《孟子·梁惠王下》："行或使之,止或尼之。"亦是之類也。

236 達巷黨人童子曰

《史記·孔子世家》："達巷黨人童子曰:'大哉孔子,博學而無所成名。'"《集解》："鄭玄曰:'達巷者,黨名。五百家爲黨。此黨之人,美孔子博學道藝,不成一名而已。'"瀧川資言《考證》："《論語》無'童子'二字。中井積德曰:'此疑衍。'"

按,《考證》引中井說非是。《戰國·秦策》："甘羅曰:夫項橐,生七歲而爲孔子師。"鮑彪注："《列子》有問日出者,豈其人乎?"吳師道曰:"無稽。"《漢書·董仲舒傳》："良玉不瑑,資質潤美,不待刻瑑。此亡異於達巷黨人不學問而自知也。"注:"孟康曰:人,項橐也。"沈欽韓曰"孟說本 ①《秦策》甘羅之言,蓋師說相傳以爲達巷黨人也。"翟灝《四書考異》："《禮·曾子問篇》:孔子曰:昔吾從老耼助葬於 ② 巷黨。注謂巷黨,黨名。此所云達巷黨,或即一地。不然,既云巷,又云黨,不縈辭 ③ 複乎? 史遷謂黨人即項橐,七歲而爲孔子師,故意加童子二字。然不本自正典,不足信。"

237 孔子年七十三卒

《史記·孔子世家》："孔子年七十三,以魯哀公十六年四月 ④ 己丑卒。"《索

---

① "孟說本",浙江書局本《漢書疏證》作"孟康云:項橐本"。
② "於",清經解本《四書考異》作"于"。
③ "辭",清經解本《四書考異》作"詞"。
④ "四月",鈔稿本脫。據《史記》諸本補。

隱》：“若孔子以魯襄二十一年生，至哀十六年爲七十三。若①襄二十二年生，則孔子年七十二。經傳生年不定，使夫子壽數不明。”

　　按，《南雷集·答陳士業論孔子生卒書》：“孔子年主七十三歲，卒主左氏哀公十六年壬戌四月乙丑。又其以《家語》、《史記》載②孔子弟子年歲，皆以孔子爲的。若孔子不生庚戌，則弟子之年無一足憑③。”駁宋濂孔子生主《公羊》、《穀梁》襄二十一年己酉之說，尤有獨見。又按，《左氏》哀十六年傳：“夏四月己丑，孔丘卒。”注：“仲尼既告老去位，猶書卒者，魯之君臣宗其聖德，殊而異之。魯襄二十二年生，至今七十三也。四月十八日乙丑，無己丑，己丑五月十二日，日月必有誤。”乾隆四年校刊本《考證》：“考《年表》自襄公二十二年庚戌至哀公十六年壬戌，正七十三年。若自襄二十一年己酉至壬戌，則七十四矣。《索隱》不知如何計算。”按，《考證》說是也。《索隱》說有誤。又按，《家語·終記解》作“年七十二”，不足據。

238 旻天不弔不憖遺一老

　　《史記·孔子世家》：“旻天④不弔，不憖遺一老。”《集解》：“王肅曰：‘弔，善也。憖，且也。一老謂孔子也。’”瀧川資言《考證》：“弔音的，恤也。憖，且也，心不欲而自彊之義。”

　　按，《左氏》哀十六年傳杜注：“仁覆閔下，故稱旻天。弔，至也。憖，且也。”《釋文》：“弔，如字。又音的。”《家語·終記解》、《漢書·五行志》“旻”作“昊”，《說文·夰部》“昦”下云：“春爲昦天，元氣昦昦也⑤。”《五經異義》：“《尚書》堯命羲和，欽若昊天，總敕四時。”又按，《方言》：“悼、怒、悴、憖，傷也。自關而東，汝潁陳楚之間通語也。汝謂之怒，秦謂之悼，宋謂之悴，楚潁水之間謂之憖。”注：“《詩》曰‘不憖遺一老’，亦恨傷之言也。”則郭從楊說，與王肅、杜預以詞釋之者異。瀧川云“心不欲而自彊”者，又兼

---

　　① “若”下，鈔稿本有“以”字。據《史記》諸本刪。
　　② “載”，鈔稿本誤“戴”。據手稿及《南雷文定》前集卷三改。
　　③ 謹案，此段節引黃宗羲文，詳《南雷文定》前集卷三。
　　④ “天”下，鈔稿本衍“下”字。據手稿及《史記》諸本刪。
　　⑤ “也”，段注本《說文》同。大、小徐本皆無。

用《小雅·十月之交》鄭箋矣。《釋文》：“憖，魚覲反。《爾雅》云：‘願也，強也，且也。’《韓詩》云：‘閒也’。”義並得通。

陳涉世家

239 陳勝者

《史記·陳涉世家》：“陳勝者”。

按，《秦始皇本紀》正義：“勝音升。”

240 周文陳之賢人也

《史記·陳涉世家》：“周文，陳之賢人也。”《集解》：“文穎曰：‘即周章。’”

按，《秦始皇本紀》及《漢書》皆作“章”。

241 而封其子張敖爲成都君

《史記·陳涉世家》：“而封其①子張敖爲成都君。”

按，“其子”之“其”乃“耳”字形近而誤。《張耳列傳》及《漢書》兩傳“其”皆作“耳”是也。

242 王王趙

《史記·陳涉世家》：“王王趙。”

按，上“王”如字，下“王”去讀。上文云“武臣到邯鄲，自立爲趙王”是也。

243 夥頤

《史記·陳涉世家》：“客曰：‘夥頤，涉之爲王沈沈者。’楚人謂多爲夥。”《索隱》：“服虔云：‘楚人謂多爲夥。’”

按，又言頤者，助聲之辭也。謂涉爲王，宮殿幃帳，庶物夥多，故稱夥頤也。按，《方言》：“凡物盛多謂之寇，齊宋之郊、楚魏之際曰夥。”《說文·多

---

① “其”，百衲本、殿本《史記》同。瀧川本、中華本作“耳”。

部》：“粿，齊謂多也。”又“禍”下曰：“讀若楚人名多夥。”則非獨楚語然矣。《小爾雅·廣詁》：“夥，多也。”《廣雅·釋詁》同。“夥頤”，《漢書》止作“夥”，故“頤”爲助語。

244 諸陳王故人皆自引去

《史記·陳涉世家》：“諸陳王故人皆自引去，由是無親陳王者。”《索隱》：“顧氏引《孔叢子》云①：‘陳勝爲王，妻之父兄往焉。勝以衆賓待之。妻父怒云①：“怙號②而傲長者，不能久焉。”不辭而去。’是其事類也。”

按，顧氏引《孔叢子·獨治第十九》，“勝以衆賓待之”句下脫“長揖不拜，無加其禮，其”九字，“怙號”作“怙亂僭號”。今本《孔叢子》三卷，嘉祐閒宋咸注。晁公武《讀書志》疑爲孔臧之書。朱子《語類》謂其“所注之人僞作”，又謂其“文氣軟弱，不似西漢文字，蓋其後人集先世遺文而成之者”。宋濂《諸子辨》亦疑其書爲注者所僞。今觀顧氏所引，則唐以前已有其書，而《四庫全書提要》亦舉《水經注》引《孔叢子》一條爲今本所無。《隋書·經籍志》論語家有《孔叢》七卷，注曰“陳勝博士孔鮒撰”，雖不可信，然其書繇來已久。《容齋三筆》卷十：“《孔叢子》唐以前不爲人所稱，至嘉祐四年，宋咸始爲注釋以進，遂傳於世。今讀其文，略無楚漢間氣骨，豈非齊梁閒③好事者所作乎？”

外戚世家

245 外戚

《史記·外戚世家》，《索隱》：“《外戚》，紀后妃也，后族亦代有封爵故也。《漢書》則編之列傳④中。王隱則謂之紀，而在列傳之首。”

按，《晉書·華嶠傳》：“嶠以皇后配天作合，前史作外戚傳以繼末⑤編，

---

① “云”，鈔稿本作“曰”。據諸本《史記》改。
② “號”，百衲本、殿本《史記》同。瀧川本、中華本作“強”。
③ “閒”，四部叢刊本《容齋三筆》作“以來”。
④ “傳”，百衲本、殿本、中華本《史記》同。瀧川本“傳”下有“之”字。
⑤ “末”，鈔稿本誤“未”。據手稿及中華本《晉書》改。

非其義也。故易爲皇后紀,以次帝紀。”劉知幾亦以馬遷撰皇后傳而以“外戚”命章爲非《史通·題目》。范書以下諸史,皆祖述焉。

楚元王世家

246 使楚王戊毋刑申公

《史記·楚元王世家》:“使楚王戊毋刑申公,遵其言,趙任防與先生”。《集解》:“《趙堯傳》曰:‘趙人防與公也。’”《索隱》:“此及《漢書》雖不見趙不用防與公,蓋當時猶知事迹,或別有所見,故太史公明引以結其贊。”瀧川資言《考證》①:“陳子龍曰:‘此補傳所未有,劉子玄所云“事無重出者也”。’崔適曰:‘案贊語有引有論。引出傳外,如樂毅贊“始齊之剷通及主父偃讀樂毅之《報燕王書》,未嘗不廢書而泣也”是也。論據傳文,如商君贊“刑公子虔,欺魏將卬,不師趙良之言”是也。此數語豈似引乎?論也。論則必據傳文,申公防與先生之事,必《世家》所已言,故贊及之,今脱去爾。’”

按,楚王戊刑申公《世家》不載,而《儒林傳》載之。《漢書》則《楚元王傳》及《儒林傳》互見,或詳或略。非關史例,事無重出。必如《始皇紀》之後附益《秦紀》“襄公立”以下文字;酈生事復出於《朱建傳》尾。子玄所譏,殆爲後人羼入無疑也。

曹相國世家

247 聞膠西有蓋公善治黃老言

《史記·曹相國世家》:“聞膠西有蓋公,善治黃老言,使人厚幣請之。”瀧川資言《考證》:“張晏曰:‘黃②帝、老子之書。’”

按,《樂毅傳》:“樂臣公學黃帝、老子,其本師號曰河上丈人,不知其所

---

① “瀧川資言考證”六字,鈔稿本無。據本書通例補。
② “黃”上,瀧川《考證》引有“黃老”二字。

出。河上丈人教安期生，安期生教毛翁公，毛翁公教樂瑕公，樂瑕公教樂臣公，樂臣公教蓋公。蓋公教於齊高密、膠西，爲曹相國師。"小司馬云："蓋，音古闔反。蓋公，《史》不記名。"張守節云："蓋，姓也，史不記名。蓋，音古盍反。"臣當作巨，說見《樂毅傳》。

留侯世家

248 相釐王

《史記·留侯世家》："相釐王"。

按，《漢書·張良傳》師古曰："釐讀曰僖。"

249 乃太公兵法也

《史記·留侯世家》："乃《太公兵法》也。"《正義》："《七錄》云：'《太公兵法》一袠三卷，太公，姜子牙，周文王師，封齊侯也。'"

按，《漢書·藝文志》："《太公》二百三十七篇：《謀》八十一篇，《言》七十一篇，《兵》八十五篇。"自注："呂望爲周師尚父，本有道者。或有近世又以爲太公術者所增加也。"

250 沛公殆天授

《史記·留侯世家》："沛公殆天授。"《索隱》："殆，訓近也。"

按，《荀子·彊國》注："殆，庶幾也。"《禮記·檀弓》"殆將病也"注："殆，幾①也。"《易·繫辭下傳》"其殆庶幾乎"侯注："殆，近也。"《漢書》本傳師古曰："殆，近也。"

251 以良爲韓申徒

《史記·留侯世家》"以良爲韓申徒。"《集解》："徐廣曰：'即司②徒耳。但語音訛轉，故字亦隨改。'"

---

① "幾"上，鈔稿本有"庶"字。據《禮記》鄭注刪。
② "司"，鈔稿本脫。據手稿《集解》諸本補。

按，《漢書》本傳"申徒"作"司徒"。徐說是。

252 遂北至藍田

《史記·留侯世家》："遂北至藍田。"梁玉繩《志疑》："遂乃逐字之譌。"

按，《漢書》本傳"遂"即作"逐"。然《高帝紀》云："擊秦軍，大破之藍田南，遂至藍田，又戰其北，秦兵大敗。"與《史》云"又戰其北，大破之"略同。則"遂"字於文義本亦通順，未爲誤也。

253 毒藥苦口利於病

《史記·留侯世家》："且忠言逆耳利於行，毒藥苦口利於病。"《索隱》："見《孔子家語》。"李雁晴先生《訂補》曰："《家語·六本篇》、《說苑·正諫篇①》並作'良藥苦於口而利於病'，但《淮南衡山列傳》莊芷上書亦曰：'毒藥苦於口利於病'，則此作毒，非誤也。"

按，李先生說是也。《漢書》本傳亦作"毒藥"。《淮南·主術訓》云："天下之物莫凶於雞毒，然而良醫橐而藏之，有所用也。"又②《繆稱訓》云："天雄、烏喙，藥之凶毒③也，良醫以活人。"《廣雅·釋草》："燋，奚毒，附子也。一歲爲荷子，二歲爲烏喙，三歲爲附子，四歲爲烏頭，五歲爲天雄。"此一物而異名，毒藥可已病者，此其義也。

254 結賓婚

《史記·留侯世家》："結賓婚。"瀧川資言《考證》："《漢書》無賓字。中井積德曰：'賓蓋結爲友之義，與婚別項。'"

按，《項羽本紀》亦作"約爲婚姻"，無賓字。然上文云"吾得兄事之"，則"賓婚"義亦得通。

255 具以酈生語告

《史記·留侯世家》："具以酈生語告，曰：'於子房何如？'"王念孫曰：

① "篇"，鈔稿本無。據手稿及民國間刻本《史記訂補》補。

② "又"，鈔稿本誤"之"。據手稿改。

③ "毒"下，鈔稿本有"者"字。據四部叢刊本《淮南子》刪。

"此當從宋本‘具以酈生語告,曰①:‘於子房何如?’”②

按,王說是也。《漢書》本傳同。又,語作計。瀧川資言《考證》:"漢③高呼諸臣常稱其名,獨於張良則否,蓋以賓待之也。"按,瀧川說非是。《高帝本紀》論三人傑於張良呼字,於蕭何、韓信呼名者,隨文書之,初無定例。蓋《史》有書字者,如《項羽本紀》字羽,《序》又稱子羽,《孔子世家》字仲尼,《陳涉世家》字涉,吳廣字叔,《老子傳》字耼,《仲尼弟子傳》弟子多書字,《司馬相如④傳》字長卿,《儒林傳》田何字子莊,餘多不書字者,《史》或失之。

256 故逃匿山中義不爲漢臣

《史記·留侯世家》:"故逃匿山中,義不爲漢臣。"

按,《文選·顏延年〈陶徵士誄〉》李注:"《三輔三代舊事》⑤曰:‘四皓,秦時爲博士,辟於上洛熊耳山西。’”

陳丞相世家

257 今有尾生孝己之行

《史記·陳丞相世家》:"今有尾生、孝己之行"。瀧川資言《考證》:"師古曰:‘尾生,古之信士。一說即微生高。’”

---

① "曰",鈔稿本脫。依王念孫《讀書雜志》補。

② 謹案,據王念孫《讀書雜志》志三之三引,所見《史記》作:"具以酈生語告于子房,曰:‘何如?’”王氏案:"此當從宋本作‘具以酈生語告’句,‘曰’句,‘於子房何如’句。‘於子房何如’者,猶言子房以爲如何也。"瀧川《考證》:"張文虎曰:各本‘曰’字錯在‘子房’下。王念孫《雜志》云:當從宋本作‘曰於子房何如’。若記事則當稱張良。"

③ "漢"下,鈔稿本衍"書"字。據手稿及瀧川《攷證》刪。

④ "如",鈔稿本脫。據上下文意補。

⑤ 謹案,"三代"二字,或疑衍。清張澍輯《三輔舊事》(二西堂叢書本)自序曰:"《文選·西京賦》注引‘建章宮北作清淵海’、〈陶徵士誄〉注引‘四皓,秦時爲博士,避於上洛熊耳山’二事,稱‘三輔三代舊事’。《選注》所引佗事祇稱‘故事’、‘舊事’,無‘三代’二字,疑引者誤衍二字耳。"又,《西京賦》注引"大廈殿,始皇造,銅人十枚在殿前"一事,稱"三輔三代故事"。

按，《呂覽》“尾生高”注云：“即《論語》微生高。”① 尾微古通。《論語·公冶長》“孰謂微生高直”《集解》：“孔曰：‘微生，姓。名高。魯人也。’”《戰國·燕策》：“信如尾生，期而不來，抱梁柱而死。”《漢書·古今人表》有“尾生高”，注：“即微生高。”是也。

258 誠各去其兩短襲其兩長

《史記·陳丞相世家》：“誠各去其兩短，襲其兩長。”

按，《廣②雅·釋詁》：“襲，因也。”《漢書》“襲”作“集”，“襲”義長。

259 信聞天子以好出游

《史記·陳丞相世家》：“信聞天子以好出游”。

按，《論語》“邦君爲兩君之好”鄭曰：“若與鄰國爲好會”，此其義也。

260 吾用先生謀計

《史記·陳丞相世家》：“上曰：‘吾用先生謀計。’”瀧川資言《攷證》：“初稱先生，敬之也。後稱子，親之也。凌稚隆曰：‘君而先生其臣者見此。’”

按，《戰國·秦策》：“秦王跪而請曰：‘先生何以幸教寡人？’”此秦王以先生稱范雎。《齊策》：“且顏先生與寡人游。”此齊宣王以先生稱顏斶。《魏策》：“先生坐，何至於③此？”秦王以先生稱唐且④。亦是之類也。

三王世家

261 臣謹與列侯臣嬰齊

《史記·三王世家》：“臣謹與列侯臣嬰齊”。

按，《漢書·藝文志》：“郎中臣嬰齊賦十篇。”

---

① 謹案，“即論語微生高”，蓋轉引自《史記·五帝本紀》“鳥獸字微”瀧川資言《考證》。今本《呂覽》注未見此文。

② 謹案，“廣”，鈔稿本作“爾”。惟“襲，因也”語見《廣雅》，因據改。

③ “何至於”三字，鈔稿本無。據士禮居叢書本《戰國策注》補。

④ 謹案，“唐且”，即唐雎。

262 續蕭文終之後於鄼

《史記・三王世家》：“續蕭文終之後於 [①] 鄼。”《索隱》：“蕭何，諡文終也。蕭何初封沛之鄼，音贊。後其子續封南陽之鄼，音嵯也。”

按，《蕭相國世家》：“何功最盛，封爲鄼侯。”《集解》：“文穎曰：‘音贊。’瓚曰：‘今南陽鄼縣也。’孫檢曰：‘有二縣，音字多亂。其屬沛郡者，音嵯。屬南陽者，音讚。’按《茂陵書》：‘蕭何國在南陽，宜呼讚，今多呼嵯，嵯舊字作“酇”，今皆作“鄼”，所由亂也。’”《索隱》：“瓚云：‘今南陽鄼縣。’”然則《索隱》於《蕭相國世家》引瓚說，則封鄼侯音贊者在南陽，而非沛郡之鄼音嵯者矣，此必有錯簡。《漢書・高帝紀》“相國鄼侯下諸侯王”師古曰：“或云何封沛郡鄼縣音才何反，非也。案《地理志》南陽鄼縣云‘侯國’，沛鄼縣不云‘侯國’也。又南陽鄼者，本是春秋時陰國，所謂‘遷陰于 [②] 下陰’者也，今爲襄州陰城縣，有鄼城，城西見 [③] 有蕭何廟，彼土又有筑水，筑水之陽，古曰筑陽縣，與鄼側近連接。據何本傳，何薨之後，子祿無嗣。高后封何夫人同爲鄼侯，小子延爲筑陽侯，孝文罷同，更封延爲鄼侯。是知何封鄼國，兼得筑陽，此明驗也。但鄼字別有酇按，字或作酇音，是以沛之酇縣《史記》、《漢書》皆作‘鄼’字，明其音同也。”按，嵯、贊於字爲雙聲。

263 奏輿地圖

《史記・三王世家》：“奏輿地圖。”《索隱》：“謂地爲輿者，天地有覆載之德，故謂天爲蓋，地爲輿。故地圖稱‘輿地圖’[④]，疑自古有此名，非始漢也。”瀧川資言《考證》：“《淮南子・原道訓》：‘以天爲蓋，以地爲輿。’以地爲輿，則無不載也。”

按，《文選・甘泉賦》“屬堪輿以壁壘兮”李注引《淮南子》曰：“堪輿行雄以知雌。”許慎曰：“堪，天道也。輿，地道也。”《易・困・九四》“困于金車”《釋文》：“車，本亦作輿。”虞注：“坤爲輿。”則虞氏作“輿”字，通。《漢

---

① “於”，殿本《史記》同。瀧川本、中華本、百衲本作“于”。

② “于”，鈔稿本作“於”。據中華本《漢書》顏注改。

③ “見”，鈔稿本無。據中華本《漢書》顏注補。

④ “稱輿地圖”四字，鈔稿本脫。據手稿及《索隱》諸本補。

書·淮南王安傳》:"按輿地圖,部署兵所從入。"蘇林曰:"輿猶盡載之意。"①
按,盡載云者,坤輿盡載萬物也。又《景十三王傳》:"具天下之輿地及軍陳圖。"《嚴
助傳》:"以地圖察其山川要塞。"《周禮》:"大司徒之職,掌建邦之土地之圖,
與其人民之數,以佐王安擾②邦國。"鄭注:"土地之圖③,若今司空郡國輿地
圖。"賈疏:"漢蕭何收秦圖籍,以知天下阨塞廣遠。至後④漢,乃有司空郡國
輿地圖。輿者,車輿。其前牙曲,地形不可正方,故云輿地圖也⑤。"然則據
鄭注,輿地圖之名固自漢始也。地爲輿者,謂其形方。《考工記·輈人》:"軫
之方也,以象地也。"《大戴記·曾子》曰:"天圓而地方。"此舊說也。今謂
之地球矣。疏以爲車輿其前牙曲,地形不可方者,非古。

264 維稽古

《史記·三王世家》:"維稽古"。《索隱》:"褚先生解云:'維者,度也。稽
者,當也。言當順古道也。'魏高貴鄉公云:'稽,同也。古,天也。謂堯能同
天。'"

按,"稽古,同天",《尙書·堯典》鄭玄說也。

---

① 謹案,"輿猶盡載之意",蘇林此語見《史記·淮南衡山列傳》"按輿地圖,部署兵所從入"
集解引。
② "擾",鈔稿本誤"櫌",據手稿及阮刻本《周禮注疏》改。
③ "鄭注土地之圖"六字,鈔稿本無。據手稿及阮刻本《周禮注疏》補。
④ "後",鈔稿本脫。據阮刻本《周禮注疏》補。
⑤ "也",鈔稿本無。據阮刻本《周禮注疏》補。

史記會注攷證校讀卷七

伯夷列傳

265 伯夷叔齊孤竹君之二子也

《史記‧伯夷列傳》：“伯夷、叔齊，孤竹君之二子也。”《索隱》：“按，‘其傳’蓋《韓詩外傳》及《呂氏春秋》也。其傳云孤竹君，是殷湯三月丙寅日所封。相傳至夷、齊之父，名初，字子朝。伯夷名允，字公信。叔齊名致，字公達。解者云夷、齊，謚也；伯、仲，又其長少之字。按，《地理志》孤竹城在遼西令支縣。應劭云伯夷之國也，其君姓墨胎氏。”《正義》：“本前注，‘丙寅’作‘殷湯正月三日丙寅’。《括地志》云：‘孤竹古城，在盧龍縣南十二里，殷時諸侯孤竹國也。”瀧川資言《考證》：“《莊子‧盜跖篇》云：‘伯夷、叔齊，辭孤竹之君，而餓死於首陽之上。’《燕策》：‘蘇秦曰：廉如伯夷，不取素餐，汙武王之義而不臣，辭孤竹之君，餓而死於首陽之山。’史公以夷、齊爲孤竹君二子，蓋本於此。中井積德曰：‘《論語》稱逸民，似非國君之子，孤竹尤可疑，及兄弟之讓，孔孟所不稱焉[1]。’張文虎曰：‘《正義》“本前注”十四字，是合刻者之言，下當有脫文。’”

按，《索隱》謂其傳蓋《韓詩外傳》，今《韓詩外傳》載夷、齊者二事。《外傳‧一》：“伯夷、叔齊，殺身以成其廉。”《外傳‧三》：“伯夷、叔齊，目不視惡色，耳不聽惡聲，非其君不事，非其民不使。橫政之所出，橫民之所止，弗忍居也，思與鄉人居，若朝衣朝冠坐於塗炭也。故聞伯夷之風者，貪夫廉，懦夫有立志。”又曰：“伯夷，聖人之清者也。”蓋引《孟子》。則史公所謂其傳，非《韓詩外傳》明矣。瀧川謂本於《莊子‧盜跖》、《戰國‧燕策》，亦語焉不

---

① “焉”，鈔稿本無。據瀧川《攷證》補。

詳,引中井之言尤妄。史公作傳實多據孔子之所序列。《論語》:"伯夷、叔齊,不念舊惡,怨是用希。"孔安國曰:"伯夷、叔齊,孤竹君之二子。孤竹,國名。"安國傳《古論語》出自孔氏壁中,史公從安國問故,必有所受。《釋文》:"伯夷,姓墨,名允,字公信,孤竹君之子。伯,長也。夷,謚。一本名元。叔齊,名智,字公達,伯夷之弟。齊亦謚也。夷、齊名見《春秋少陽篇》。"此夷、齊之事,見諸載籍,而《呂氏春秋·誠廉》爲詳。其兄弟讓國而逃之,亦若太伯、虞仲之流,固不得以《論語》稱"逸民"爲疑。首陽之餓,不降其志,不辱其身,求仁得仁,孔孟所稱,而史公三復致意焉。張文虎謂《正義》"本前注"十四字是合刻者之言,亦非。蓋明嘉靖震澤王延喆《正義》單刻本、瀧川《史記正義佚存》所據諸本已如此,第有脫文耳。

266 賈子曰貪夫徇財

《史記·伯夷列傳》:"賈子曰:'貪夫徇財,列士徇名,夸者死權,衆庶馮生。'"《索隱》:"賈子,賈誼也。誼作《鵩鳥賦》云然,故太史公引之而稱'賈子'也。"《正義》:"太史公引賈子譬作《史記》,若貪夫徇財,夸者死權,衆庶馮生,乃成其 ① 《史記》。"又《屈原賈生列傳》索隱:"此語亦出《莊子》。臣瓚云:'亡身從物謂之殉也。'"瀧川資言《攷證》:"《莊子·駢拇》:'小人則以身殉利,士則以身殉名。'《刻意》:'野語有之曰:衆人重利,廉士重名,賢士尚志,聖人貴精。'"

按,《鶡冠子·世兵篇》:"夸者死權,自貴矜容,列士徇名,貪夫徇財。"則賈子語當本此。

管晏列傳

267 管仲夷吾者

《史記·管晏列傳》:"管仲夷吾者"。《正義》:"韋昭云:'夷吾,姬姓之後,管嚴之子敬仲也。'"張文虎曰:"今《國語》注無'管嚴之子'四字。"

---

① "其",鈔稿本無。據《史記》諸本補。

按，涵芬樓景印杭州葉氏藏明金李刊本《國語·齊語》韋注有"管嚴仲之子"五字，張氏所據本異耳。又《齊語》："管子對曰：'昔吾先王昭王、穆王，世法文、武遠績以成名。'"故韋注又云："周，管子之先也。"①

268 國有道即順命無道即衡命

《史記·管晏列傳》："國有道，即順命；無道，即衡命。"《正義》："衡，秤也。謂國無道，則②制秤量之，可行即行。"瀧川資言《考證》："李笠曰：'衡，古通橫，橫訓逆。故衡命即逆命也，與順命對。'愚按，衡命，《正義》是。岡白駒曰：'權而不失其正，如不死莊公之難，亦不附崔慶。'是也。"

按，瀧川從《正義》說是也。《大戴禮記·衛將軍文子》："君雖不量於臣，臣不可以不量於其君，是故君擇臣而使之，臣擇君而事之，有道順君，無道橫命，晏平仲之行也。"橫是衡之假字，引伸之爲逆命。

老子韓非列傳

269 孔子適周將問禮於老子

《史記·老子韓非列傳》："孔子適周，將問禮於老子。"《索隱》："《大戴記》亦云然。"瀧川資言《攷證》："汪中曰：'《孔子世家》云南宮敬叔與孔子俱適周，蓋見老子云。《老子傳》云："孔子適周，將問禮於老子。"按老子言行，今見於《曾子問③》者凡四，是孔子之所從學者可知也。夫助葬而遇日食，然且以見星爲嫌，止柩以聽④變，其謹于禮也如是，至其書則曰"禮者，忠信之薄，而亂之首"也。下殤之葬，稱引周召史佚，其尊信前哲也如是，而其書則曰"聖人不死，大盜不止"。彼此乖違甚矣。'愚按，'聖人不死，大盜不止'，《莊子·胠篋篇》語，汪氏誤引。《老子》則曰'絕聖棄智，民利百倍'。

① 謹案，鈔稿本此則下別有一紙，錄有"《史記·周本紀》採其言，安得謂無所據？小顏、小司馬引《汲冢紀年》異說，唐人多然，不足從也。"三十四字。似與書稿所涉《周本紀》各則校讀不甚相合，未審當置何處。茲附存此以備考。

② "則"，百衲本、殿本、瀧川本《史記》同。中華本無此字。

③ "問"，鈔稿本脫。據瀧川《考證》引補。

④ "聽"下，鈔稿本有"其"字。據瀧川《攷證》引刪。

又按,孔子問禮於老子,其事有無未可知,說既 ① 具 ② 于《孔子世家》。"

按,孔子問官于郯子,訪樂于萇弘,學琴于師襄,問禮于老耼。《論語》曰:"三人行,必有我師焉。"韓退之所謂"聖人無常師"也。惟說者以其問禮之年歲未定而疑之,此殊因噎而廢食也。《莊子·天道》:"孔子西藏書於周室。子路謀曰:'由聞周之徵藏史有老耼者,免而歸居。夫子欲藏書,則試往因焉。'孔子曰:'善。'往見老耼,而老耼不許,於是繙十二經以說,老耼中其說,曰:'大謾。'"云云。當亦問禮之事,而《天運》所記尤詳。汪氏謂其言"彼此乖違",然老子固修道德,著書二篇,彼其身處衰世,時或有激而云然,不足怪也。孔子師老耼,亦見《白虎通》。

270 老子曰子所言者

《史記·老子韓非列傳》:"老子曰:'子所言者,其人與骨皆已朽矣,獨其言在耳。'"瀧川資言《考證》:"與《莊子·天道篇》'聖人已死矣,君之所讀者,古人之糟魄已夫。'文異意同。"

按,《天道》所載,乃輪扁與桓公語,在老子前。又《天運篇》:"孔子謂老耼曰:'丘治《詩》、《書》、《禮》、《樂》、《易》、《春秋》六經,自以爲久矣,孰知其故矣;以奸者七十二君,論先王之道而明周、召之迹,一君無所鉤用。甚矣夫,人之難說也,道之難明邪?'老子曰:'幸矣,子之不遇治世之君也。夫六經,先王之陳迹也,豈其所以迹哉?今子之所言,猶迹也。夫迹,履之所出,而迹豈履 ③ 哉?'"此傳老子云云,蓋其事。

271 良賈深藏若虛君子盛德容貌若愚

《史記·老莊申韓列傳》:"良賈深藏若虛,君子盛德容貌若愚。"《索隱》:"良賈,謂善貨賣之人。賈音古。深藏,謂隱其寶貨,不令人見,故云'若虛'。而君子之人,身有盛德,其容貌謙退,有若愚魯之人然。稽康《高士傳》亦載此語,文則小異,云'良賈深藏,外形若虛;君子盛德,容貌若不足'也。"瀧川資言《考證》:"虛、愚,韻。《大戴禮·曾子制言上篇》:'良賈深藏如虛,

---

① "既",鈔稿本作"已"。據瀧川《考證》引改。

② "具",鈔稿本誤"其"。據瀧川《考證》引改。

③ "履"下,鈔稿本有"也"字。據四部叢刊本《南華眞經》刪。

君子有盛德①如無。'蓋古有此語。"

　　按，瀧川引《大戴禮》"盛德"當作"盛教"。盧注："言珍寶深藏若虛，君子懷德若愚也。"小司馬謂孔子適周，將問禮於老子，《大戴記》亦云然"②者，殆以是載③其言行與？《韓詩外傳》："仲尼學乎老聃"④，子夏對哀公語。《周禮·太宰》："六曰商賈，阜通貨賄。"注："行曰商，處曰賈。"

272 莊子者蒙人也名周

　　《史記·老子韓非列傳》："莊子者，蒙人也，名周。"

　　按，《經典釋文·序錄》："莊子者，姓莊，名周。"自注："太史公云：'字子休。'"

273 然善屬書離辭

　　《史記·老莊申韓列傳》："然善屬書離辭"。《正義》："屬音燭。離辭，猶力折⑤其辭句⑥。"

　　按，《漢書·賈誼傳》："以能誦詩書屬文稱於郡中。"注："屬謂綴輯之也，言其能爲文也。屬音之欲反。"屬書猶屬文，謂著書立說也。離猶析也，離辭謂析其辭義也。《禮記·學記》："一年視離經辨志。"《正義》："離經謂離析經理，使章句斷絕也。"《方言》："參、蠡，分也。秦、晉曰離。"《論語·季氏》："邦分崩離析。"此猶言其辭辨也。離訓爲析，義長於折，疑"力折"是"分析"之譌。王念孫曰："離辭，陳⑦辭也。昭元年《左傳》：'楚公子圍設服離衞。'杜注：'離，陳也。'是其證。枚乘《七發》云：'比物屬事，離辭連類。'亦與此同。"王說誼長。又，《方言》："羅謂之離，離謂之羅。"郭注："皆行列物也。"亦其誼。

――――――――――

　　①　謹案，"盛德"下，瀧川《考證》衍"容貌"二字，鈔稿本已依《大戴禮》校刪。

　　②　謹案，"大戴禮亦云然"，今本《大戴禮記》未見孔子問禮於老子文，然古本當有之。檢《史記·樂書》："子曰：'唯丘之聞諸萇弘，亦若吾子之言是也。'"司馬貞《索隱》曰：《大戴禮》云'孔子適周，訪禮於老聃，學樂於萇弘'是也。"

　　③　"載"鈔稿本誤"戴"。據手稿改。

　　④　謹案，"仲尼學乎老聃"，見《韓詩外傳》卷五子夏對哀公語。

　　⑤　"力折"，百衲本、殿本《史記》同。瀧川本、中華本作"分析"。

　　⑥　"句"，殿本《史記》同。百衲本、瀧川本、中華本"句"下有"也"字。

　　⑦　"陳"上，鈔稿本有"猶"字。據清道光十二年刻本《讀書雜志》刪。

274 則以爲鬻權

《史記·老莊申韓列傳》：“則以爲鬻①權。”《索隱》：“《韓②子》‘鬻權’作‘賣重’，謂薦彼細微之人，言堪大用，則疑其挾詐而賣我之權。”

按，王先愼曰：“《和氏篇》：‘大臣貪重。’又曰：‘近習不敢賣重。’重即權也。”王氏說是也。

司馬穰苴列傳

275 以爲將軍

《史記·司馬穰苴列傳》：“以爲將軍。”《索隱》：“謂命之爲將，以將軍也。將音即匠反。遂以將軍爲官名。故《尸子》曰‘十萬之師，無將軍則亂’。六國時有此③官④。”

按，《公羊》宣十二年傳：“將軍子重”、《檀弓》：“將軍文子之喪”、《大戴禮》“衛將軍文子”盧注：“文子，衛卿也，名彌牟。”《家語·弟子行》並同。又《廟制》：“衛將軍文子將立三軍之廟於其⑤家”，此將軍之名號始見於經典者也。是六國以前已有之，小司馬說非也。《墨子·尚同中》：“是故擇其國之賢者，置以爲左右將軍大夫⑥。”孫詒讓曰：“將軍謂卿也。《周禮·夏官》：‘軍將皆命卿。’春秋戰國時，侯⑦國亦皆以卿爲將，通謂之將軍。《非攻中篇》云‘晉有六將軍’，即六卿也。《管子·立政篇》云‘將軍大夫以朝’、《水經·河水》酈注引《竹書紀年》云‘邯鄲命將軍大夫適子代吏皆貉服’，按，當作“適子戍吏皆貉服”，全祖望曰：“貉服即胡服。”孫氏引作“代”、“貂”二字，誤。竝稱卿大夫爲‘將軍大夫’。”又按，《節葬下》：“將軍大夫殺殉，衆者數十，寡者數人。”《老子》：“偏將軍居左，上將軍居右⑧，言以喪禮處之。殺人之衆，以哀

---

① “鬻”，百衲本、殿本《史記》同。瀧川本、中華本作“粥”。

② “韓”，百衲本、殿本《史記》同。瀧川本、中華本“韓”下有“非”字。

③ “此”，百衲本、殿本《史記》同。瀧川本、中華本作“其”。

④ “官”下，鈔稿本有“名”字。據諸本《史記》刪。

⑤ “其”，鈔稿本無。據四部叢刊本《孔子家語》補。

⑥ “大夫”，鈔稿本無。據光緒刻本《墨子閒詁》補。

⑦ “侯”，鈔稿本誤“候”。據手稿及光緒刻本《墨子閒詁》改。

⑧ “右”，鈔稿本脫。據王弼本《老子》補。

悲泣之。戰勝，以喪禮處之。"《周禮·夏官》:"軍將皆命卿。二千有①五百人爲師，師②帥皆中大夫。五百人爲旅，旅帥皆下大夫。"注:"言'軍將皆命卿'，則凡軍帥不特置選於六官是也。"按，《孟子·告子》"魯欲使慎子爲將"，亦戰國時人。

276 將軍

《史記·司馬穰苴列傳》:"以爲將軍。"《索隱》:"謂命之爲將，以將軍也。將，音即匠反。遂以將軍爲官名。故《尸子》曰:'十萬之師，無將軍則亂。'六國時有其官。"瀧川資言《考證》:"顧炎武曰:'《春秋傳》';"公作二軍，公將上軍，太子申生將下軍"，是已有將軍之文，而未以爲名也。至昭公二十八年，閻沒、女寬對魏獻子曰:"豈將軍食之而有不足?"《正義》曰:"此以魏子將中軍，故謂之將軍。及六國以來，遂以將軍爲官名，蓋其元起於此。"《公羊傳》:"將軍子重諫曰"、《穀梁傳》:"使狐夜姑爲將軍"、《孟子》:"魯欲使慎子爲將軍"、《墨子》:"晉有六將軍，而智伯莫爲強焉"、《莊子·盜跖篇》:"今將軍兼此三③者"、《國語》:"鄭人以詹伯爲將軍"、又曰:"吳王、夫差黃池之會，十行一嬖大夫，十旌一將軍"、《禮記·檀弓》:"衛將軍文子之喪"、《史記·司馬穰苴傳》:"景公以爲將軍"、《封禪書》:"杜主者，周之右將軍"、《越世家》:"范蠡稱上將軍"、《魏世家》:"令太子申爲上將軍"、《戰國策》:"梁王虛上位，以故相爲大將軍"、《漢書·百官表》曰:"前後左右將軍，皆周未④官"、《通典》曰:"自戰國置大將軍，楚懷王與秦戰，秦敗楚，虜其大將軍屈丐。至漢定爲官名。"'愚按，《老子》亦云:'偏將軍處左⑤，上將軍處右'，則⑥將軍之稱，所由來久矣。"

按，瀧川資言《考證》說是也。《索隱》據《尸子》，顧炎武據《春秋傳》孔疏，謂六國以來以將軍爲官。《通典》謂漢定爲官，然《百官公卿表》:"前後左右將軍，皆周末官，秦因之，位上卿，金印紫綬。漢不常置。元狩四年初，置大司馬，以冠將軍之號。宣帝地節三年，置大司馬，不冠將軍，亦無印綬、

---

① "有"，鈔稿本無。據四部叢刊本《周禮》補。
② "師"，鈔稿本無。據手稿及四部叢刊本《周禮》補。
③ "三"，手稿誤"二"，鈔稿本誤"而"。據四部叢刊本《南華眞經》改。
④ "末"，鈔稿本譌"未"。據手稿改。
⑤ "左"，鈔稿本誤"右"。據手稿及瀧川《攷證》引改。
⑥ "則"，鈔稿本無。據手稿及瀧川《攷證》補。

官屬。成帝綏和元年，初賜大司馬金印紫綬，置官屬，祿比丞相，去將軍。哀帝建平二年，復去大司馬印綬、官屬，冠將軍如故。元壽二年，復賜大司馬印綬，置官屬，去將軍。”蓋將軍之官，雖漢亦不常置，以爲諸武官之冠號。師古所謂“冠者加於其上，共爲一官也”。《衛將軍驃騎列傳》：“青以車騎將軍，拜爲大將軍，立號而歸。太僕公孫賀爲輕車將軍。太中大夫公孫敖爲騎將軍。衛尉李廣爲驍騎將軍。衛尉蘇建爲游擊將軍。左內史李沮爲彊弩將軍。及前後左右將軍之類，皆以兵屬大將軍。元狩二年春，以冠軍侯去病爲驃騎將軍。定令，令驃騎將軍秩祿與大將軍等。”[1] 蓋將軍之稱號，已見於春秋之時。顧氏列舉之外，衛將軍文子並見《大戴》盧注：“文子，衛卿也。名彌牟。”《家語·弟子行》並同。又《廟制》：“衛將軍文子將立三軍[2] 之廟於其[3] 家。”《墨子·尙同中》：“是故擇其國之賢者，置以爲左右將軍。”孫詒讓曰：“將軍謂卿也。《周禮·夏官》軍將皆命卿。春秋戰國時，侯國亦皆以卿爲將，通謂之將軍。《非攻中篇》云‘晉有六將軍’，即六卿也。《管子·立政篇》云：‘將軍大夫以朝’。《水經·河水》酈注引《竹書紀年》云：‘邯鄲命將軍大夫、趙[4] 子、成[5] 吏皆貂服。’按，趙當作適。全祖望曰[6]：貂服即胡服。竝稱卿大夫爲將軍大夫。”又按《節葬下》：“將軍大夫殺殉衆者數十，寡者數人。”《周禮·夏官》：“軍將皆命卿，二千有[7] 五百人爲師，師帥皆中大夫。五百人爲旅，旅帥皆下大夫。”注：“言軍將皆命卿，則凡軍帥，不特置選於六官是也。”[8]

277 不佞

《史記·司馬穰苴列傳》：“不佞”。瀧川資言《考證》：“中井積德曰：‘不

---

① 謹案，此段文字乃撮錄《衛將軍驃騎列傳》中關乎“將軍”的內容而成。依例標引號，以便閱讀。

② “三軍”，江永《禮書綱目》引《家語》、秦蕙田《五禮通考》引葛氏本《家語》同。今本《家語》多作“先君”。

③ “其”，鈔稿本無。據各本《家語》補。

④ “趙”，《水經注》、《墨子閒詁》皆作“適”。

⑤ “成”，《水經注》引作“伐”，《墨子閒詁》作“代”。

⑥ “曰”，鈔稿本無。據手稿補。

⑦ “有”，鈔稿本無。據阮刻本《周禮注疏》補。

⑧ 謹案，此則內容與前則略同，唯較詳。茲並存之以備參閱。

佞,謝辭也,猶言不敏也,非自稱之辭。'"

按,瀧川引中井說是也。《戰國·燕策二》:"望諸君乃使人獻書報燕王曰:'臣不佞,不能奉承先王之教。'"是以不佞爲謙辭也。

278 何謂相送乎

《史記·司馬穰苴列傳》:"何謂相送乎?"瀧川資言《考證》:"岡白駒曰:'有何說而相送乎?'"

按,瀧川引岡白駒說,語未了了。此言臨軍約束,何得以相送爲辭而後至乎。

孫子吳起列傳

279 孫子武者齊人也

《史記·孫子吳起列傳》:"孫子武者,齊人也。"《正義》:"魏武帝云:'孫子者,齊人。事於吳王闔閭,爲吳將。作《兵法》十三篇。'"《志疑》:"《吳越春秋·闔閭內傳》以武爲吳人。《漢書·人表》稱吳孫武。《藝文志》曰吳孫子。攷《唐表》孫氏世系,陳無宇之子書,伐莒有功,賜姓孫。生馮,字起宗。生武,字長卿,奔吳。子明,食采富春,爲富春人。長卿之字惟見此。"

按,梁氏《志疑》引諸書以武爲吳人者,武知兵,臣事闔閭也。然陳無宇齊人,景公賜其子以姓,故《史》又云"後百餘歲有孫臏,臏生阿、鄄之間,臏亦孫武之後世子孫也"。《司馬穰苴傳》索隱:"阿、甄皆齊邑。《晉太[1]康地記》曰:'阿即東阿也。'《地理志》云:'甄城縣,屬濟陰[2]。'"《越絕書》俑"吳王客齊孫武",則武爲齊人明矣。蓋虛危之墟,表海雄風。太公《陰符》、管子權謀,言兵者衆。武著書十三篇,其來有自。世俗所稱,豈虛譽哉?

280 闔廬知孫子能用兵

《史記·孫子吳起列傳》:"於是闔廬知孫子能用兵,卒以爲將。西破彊楚,入郢,北威齊晉,顯名諸侯,孫子與有力焉。"瀧川資言《考證》:"齋藤謙

---

① "太",鈔稿本作"泰"。據諸本《史記》改。
② "陰",百衲本、殿本《史記》同。瀧川本、中華本"陰"下有"也"字。

曰：‘據《吳世家》，孫武之從伐楚，距專諸殺王僚僅四年，其著《孫子》不知與諸之死孰先，要之同時人耳。而《九地篇》云：殺之無所往，諸劌之勇也。曹劌，魯莊公時人，相距殆二百年。以同時親見之人，配二百年前耳聞之人，何其不倫也，可疑。’又曰：‘《戰國策①》稱孫臏爲孫子，《史記》列傳亦然。蓋皆從當時之稱呼也。列傳又敘孫臏破魏事云：“臏以此名顯天下，世傳其《兵法》。”安知其非十三篇乎？蓋武與臏本一人，武其名，而臏其別字，後世所謂綽號也。世以其被刖，號爲孫臏，猶接輿稱狂，英布稱黥耳。太史公不察，分爲祖孫，誤矣。’”

按，瀧川引齋藤說非是。《史·武傳》：“闔廬曰：子之十三篇，吾盡觀之矣。”《臏傳》：“孫臏以此名顯天下，世傳其《兵法》。”《漢書·藝文志》：“吳《孫子兵法》八十二篇，《圖》九卷。齊《孫子②》八十九篇，《圖》四卷。”是馬、班及見二人著書之存於漢世③。《通典》一百四十九《兵二》引孫臏曰“用④騎有十利”云云。《戰國·齊策》：“孫子謂田忌曰：‘將軍可以爲大事乎？’”高誘注：“孫子，孫臏也，齊將。”《御覽》二百八十二引《戰國策》齊孫臏謂王曰“凡伐國之道”云云，皆《兵權謀》之言，爲今十三篇所無，是二人著書不同也。《報任安書》曰：“孫子臏腳，兵法脩列。”史公一再言其著書。武以《兵法》見於吳王闔廬，臏當齊威宣之世，豈得以爲一人乎？⑤

281 孫武既死

《史記·孫子吳起列傳》：“孫武既死。”《集解》：駰案：“《越絕書》曰：‘吳縣巫門外大冢，孫⑥武冢也，去縣十里。’”《索隱》：“《越絕書》，云是⑦子貢所著，恐非也。其書多記吳越亡後土地，或後人所錄。”《正義》：“《七錄》云⑧：‘《越絕》十六卷。或云伍子胥撰。’”瀧川資言《考證》：“《越絕書》，

---

① “策”，鈔稿本脫。據瀧川《考證》補。

② “子”下，鈔稿本有“兵法”二字。據中華本《漢書》刪。

③ 謹案，1972年山東臨沂銀雀山一號漢墓出土竹簡《孫臏兵法》，與世傳《孫子兵法》別是一書，亦可證孫武、孫臏本爲二人，各著兵書。

④ “用”，鈔稿本譌“周”。據《通典》改。

⑤ “戰國齊策”至“人乎”一節，鈔稿本脫。據手稿補。

⑥ “孫”，鈔稿本脫。據諸本補。

⑦ “云是”二字，鈔稿本無。百衲本、殿本《史記》亦無。據瀧川本、中華本補。

⑧ “云”，鈔稿本無。據諸本《史記》補。

漢袁康撰,其友吳平同定。原本二十五篇,今佚五篇。"

　　按,《集解》引見《越絕外傳記吳地傳第三》,"孫武冢也"作"吳王客
齊孫武冢也","去縣十里"下有"善爲兵法"四字。《隋書·經籍志》云:
"《越絕記①》十六卷,子貢撰。"《崇文總目》則云:"十五卷,子貢撰。②或曰
子胥。"《書錄解題》云:"無撰人名氏,相傳以爲子貢者,非也。其書雜記吳、
越事,下及秦、漢,直至建武二十八年,蓋戰國人所爲,而漢人又附益之耳。"
《四庫總目提要》據楊愼《丹鉛錄》、胡侍《珍珠船》、田藝蘅《留青日札》,
定爲袁康、吳平撰。蓋書末《敍外傳記》以廋詞隱其姓名,其云"以去爲姓,
得衣乃成",是袁字也。"厥名有米,覆之以庚",是康字也。"禹來東征,死
葬其疆③",是會稽人也。又云"文詞屬定,自于邦賢","以口爲姓,承之以
天",是吳字也。"楚相屈原,與之同名",是平字也。故此書爲會稽袁康所作,
同郡吳平所定也。張守節引《七錄》:"《越絕》十六卷",《漢志》未見著錄,
不知何故。今本十五卷。

282 與王及諸公子逐射千金

　　《史記·孫子吳起列傳》:"與王及諸公子逐射千金"。《正義》:"隨逐而
射賭千金。"李雁晴先生曰:"逐謂競爭也,逐千金即爭射千金。"

　　按,李先生說是也。《漢書·食貨志》注:"逐,競也。"《後漢書·馮異
傳》注:"逐,爭也。"逐射千金,猶"逐什一"之"逐"。

283 及臨質

　　《史記·孫子吳起列傳》:"及臨質"。《索隱》:"質猶對也。將欲對射之
時也。一云質謂埘,非也。"瀧川資言《考證》:"中井積德曰:'質,後說似長。
射場設埘,故呼爲質。射場、馬場,一也。'愚按④,《荀子·勸學篇》'質的張
而弓矢至'注:'質,射侯也。'"

---

①　"記",鈔稿本作"紀"。據中華本《隋書》改。
②　"崇文"至"子貢撰"十二字,鈔稿本脫。據手稿補。
③　"疆",鈔稿本誤"彊"。據叢書集成本《越絕書》改。
④　"愚按",鈔稿本無。據瀧川《考證》補。

按，瀧川引《荀》注是也。《周禮·司裘》："王大射，則共①虎侯、熊侯、豹侯，設其鵠。"司農注："方十尺曰侯，四尺曰鵠，二尺曰正，四寸曰質。"又按，質猶信也。《左氏》隱三年傳"信不由中，質無益也"，其義亦通。

284 吳起者衞人也

《史記·吳起列傳》："吳起者，衞人也。"

按，《韓非子·外儲說右上》："吳起，衞左氏中人也。"又《內儲說上·七術》："衞嗣君之時，有胥靡逃之魏，因爲襄王之后治病。衞嗣君聞之，使人請以五十金買之，五反而魏王不予，乃以左氏易之。"《戰國·衞策》略同。注："左氏，都邑名也。"

285 嘗學於曾子

《史記·孫子吳起列傳》："嘗學於曾子。"瀧川資言《考證》："《呂覽·當染篇》：'曾子學於孔子。吳起學於曾子'。黃式三曰：《通鑑》曾子作曾參，本於《呂覽》。據劉向《別錄》，起受《春秋左氏傳》于曾申，《禮·檀弓》："魯穆公母卒，使人問于曾子。對曰：申也聞諸申之父。"是曾申亦稱曾子。'"

按，曾子學於孔子者，曾參也。是《呂覽》誤以吳起學於曾參矣。《通鑑》本《呂覽》之誤，不可從。劉向《別錄》是也。《經典釋文·敘錄》云："左丘明作傳以授曾申，申傳衞人吳起，起傳其子期。"蓋從《別②錄》立文。

286 而將軍自吮其疽

《史記·孫子吳起列傳》："而將軍自吮其疽。"瀧川資言《考證》："楓山本、三③條本'將'下無'軍'字。"

按，作"將軍"者是。蓋上文既有"得爲惠王將軍"語，《司馬穰苴④傳》亦曰"以爲將軍"，將軍之名見於《左傳》、《國語》、《公》、《穀》、大

---

① "共"，鈔稿本誤"其"。據阮刻本《周禮注疏》改。
② "別"，鈔稿本作"略"。據上下文意改。
③ "三"，鈔稿本脫。據手稿及瀧川《考證》補。
④ "苴"，鈔稿本無。據手稿補。

小戴①《記》、《管子·立政》、《墨子·非攻②》,皆在春秋之世。

287 以拒秦韓魏文侯既卒

《史記·孫子吳起列傳》:"以拒秦、韓。魏文侯既卒"。

按,瀧川資言考證本以"魏"字屬上讀,非是。蓋衍文耳③。以起爲西河守,以拒秦、韓可,拒魏不可。

288 昔三苗氏

《史記·孫子吳起列傳》:"昔三苗氏,左洞庭,右彭蠡,德義不修,禹滅之。"瀧川資言《考證》:"沈家本曰:'《國策》左右二字與此互易。'"

按,《韓詩外傳·三》:"當舜之時,有苗不服。其不服者,衡山在南,岐山在北,左洞庭之波,右彭澤之水,由此險也。以其不服,禹請伐之,而舜不許,曰:'吾喻教猶未竭也。'久喻教而有苗氏④原氏作民請服。天下聞之,皆薄禹之義,而美舜之德。"

289 即封吳起爲西河守

《史記·孫子吳起列傳》:"即封吳起⑤爲西河守。"徐孚遠曰:"前爲西河守矣,此又云,蓋雜引而未刪正。"張照曰:"徐說非也。'武侯曰:"善。"即封吳起',蓋加以封耳。下乃云'爲西河守,甚有聲名',而不得爲相。"⑥《志疑》:"'爲西河守'不可言'封',且起于文侯時已守西河矣,何俟武侯封之耶? '即封'二字衍。"

按,《趙世家》:"以萬戶都三封太守,千戶都三封⑦縣令,皆世世⑧爲侯。"吳起爲西河守,其封蓋亦若是耳,張氏以"即封吳起"爲句⑨,而未詳

---

① "戴",鈔稿本誤"載"。據手稿改。謹案,《大戴禮記·衞將軍文子第六十》、《小戴禮記·檀弓上》,俱見"將軍"之名。

② "攻",鈔稿本誤"政"。據手稿改。

③ 謹按,"魏"字或屬下讀,乃亦可通。詳中華本《史記》。

④ 謹案,"氏"字,四部叢刊本《韓詩外傳》作"民"。

⑤ "吳起",鈔稿本脫。據手稿及《史記》諸本補。

⑥ 謹案,此處引清張照說,見所著《史記考證》,殿本《史記》卷末附之。

⑦ "三封",鈔稿本脫。據手稿及《史記》諸本補。

⑧ "世",鈔稿本脫。據手稿及《史記》諸本補。

⑨ "張氏"至"爲句"九字,鈔稿本脫。據手稿補。

言其故。梁說非。

290 吳起爲人節廉而自喜名也

《史記·孫子吳起列傳》：“吳起爲人節廉而自喜名也。”王念孫曰：“名字後人所加，自喜猶自好也。《孟嘗君傳贊》‘好客自喜’、《田叔傳》‘爲人刻廉自喜’、《鄭當時傳》‘以任俠自喜’皆其證。加一名字，則非其指矣。《太平御覽·皇親部》引此無名字。”

按，王說是也。然非後人所加，蓋涉上文“甚有聲名”衍。

伍子胥列傳

291 自太子居城父

《史記·伍子胥列傳》“自太子居城父”，瀧川資言《考證》：“‘自太子’之‘自’，楓山本、三條本作‘且’。”

按，“自”字是也。自，從也。“且”則與下文“且欲入爲亂矣”複。

292 俱滅無爲也

《史記·伍子胥列傳》：“俱滅，無爲也。”

按，爲猶謂也。

293 伍胥遂亡

《史記·伍子胥列傳》：“伍胥遂亡。聞太子建之在宋，往從之。”梁玉繩《史記志疑》：“子胥亡楚至吳而己，乃此言其歷宋鄭晉而與太子俱，不知何據。”

按，《左氏》昭二十年傳惟言員如吳，然《呂氏春秋·異寶篇》云：“五員亡，荊急求之，登太行而望鄭曰：‘蓋是國也，地險而民多知。其主，俗主也，不足與舉。’去鄭而之許，見許公而問所之。許公不應，東南嚮而唾。五員載拜受賜，曰：‘知所之矣。’因如吳，過於荊。”據此，子胥且至許矣。疑史公別有所本。

294 伍胥未至吳而疾

《史記·伍子胥列傳》：“伍胥未至吳而疾，止中道，乞食。”

按，“伍胥未至吳而疾”爲讀，“止中道”爲讀，“乞食”爲句。謂伍胥未至吳而疾作，止於中道而乞食也。

仲尼弟子列傳

295 受業身通者七十有七人

《史記·仲尼弟子列傳》：“受業身通者，七十有七人。”《索隱》：“《孔子家語》亦有七十七人，唯文翁《孔廟圖》作七十二人。”

按，《漢書·藝文志》：“七十子喪而大義乖。”師古曰：“七十子，謂弟子達者七十二人，舉其成數，故言七十。”《儒林傳》：“七十子之徒，散遊諸侯。”師古曰：“七十子，謂弟子達者七十七人也，稱七十者，但言其成數也。”弟子之數，或言七十七，或言七十二，師古隨舉其數耳，不必實指。身通者，謂六藝也。

296 回年二十九髮盡白蚤死

《史記·仲尼弟子列傳》：“回年二十九，髮盡白，蚤死。”《索隱》：“按，《家語》亦云：‘年二十九而髮白，三十二而死。’王肅云：‘此久遠之書，年數錯誤，未可詳也。校其年，則顏回死時，孔子年六十一。然則伯魚年五十先孔子卒時，孔子且七十也。今此爲顏回先伯魚死，而《論語》曰顏回死，顏路請子之車。孔子曰“鯉也死，有棺而無椁”，或爲設事之辭。’按，顏回死在伯魚之前，故以《論語》爲設詞。”瀧川資言《考證》：“顏淵死後於伯魚，《論語》可證。梁玉繩曰：‘王肅以《論語》爲設事之詞，甚謬。朱子云：“以人情言之，不應如此。”王肅本許慎，朱子本康成，見《曲禮疏》。’”

按，瀧川引梁氏說以王肅設詞爲謬，閻若璩《四書釋地》亦然 ①。“許慎

---

① 謹案，閻若璩之說，見《四書釋地·顏回》：“《仲尼弟子列傳》：顏回‘少孔子三十歲’。余謂‘三十’下脫‘七’字。蓋生於魯昭公二十八年丁亥，卒於哀公十二年戊午，方合三十二歲之數。是年伯魚亦卒在前。不然則如王肅注‘鯉也死，有棺而無椁’爲設事之辭，豈不笑殺了人。”

同《左氏》、《穀梁》說，以爲《論語》稱'鯉也死'，時實未死，假言死耳。鄭康成亦同《左氏》、《穀梁》之義，以《論語》云'鯉也死，有棺而無椁'是實死未葬已前也。故鄭駁許慎云：'設言死，凡人於恩猶不然，況賢聖乎？然鯉也死未滿五十。鯉死稱伯魚者，按冠禮二十已稱伯某甫，未必要五十也，但五十直稱伯耳。'"①又按，《論語》："顏淵死，顏路請子之車，以爲之椁。子曰：'鯉也死，有棺而無椁。吾不徒行以爲之椁。以吾從大夫之後，不可徒行也。'"孔安國曰："孔子時爲大夫，言'從大夫之後，不可以徒行'，謙辭也。"邢疏："顏回少孔子三十歲，三十二而卒，則顏回卒時，孔子年六十一，方在陳、蔡矣。伯魚年五十先孔子死，則鯉也死時，孔子蓋年七十左右，皆非在大夫位時。而此注云'時爲大夫'，未知有何所據也。杜預曰：'嘗爲大夫而去，故言後也。'據其年則顏回先伯魚卒，而此云顏回死，顏路請子車以爲之椁，子曰鯉也死有棺而無椁，又似伯魚先死者。"並申王肅說云云。又按，顏回壽籍多有不同，《列子·力命》："顏子壽十八"。《後漢·郎顗傳》："顏淵十八，天下歸仁。"《淮南·精神訓》注②："顏子③十八而卒"。竝見惠棟《松崖筆記》④。此恐不合，以年三十二之說長。又上瀧川資言《考證》引《列子·力命篇》"壽四八"⑤，按當作"十八"，瀧川誤也。

297 宰予字子我

《史記·仲尼弟子列傳》："宰予，字子我。"《集解》："鄭玄曰：'魯人。'"《史記志疑》："鄭云'魯人'。年無攷。《論語》、《孟子》亦稱'宰我'。"

按，《家語》："宰予，字子我，魯人。有口才著名。"此云"字子我"當必王肅據《史記》而爲之說。然古人名與字其義相附，《論語》、《孟子》亦稱"宰我"者，是其字當即史公所據。

---

① 謹案，此段文字引自《禮記·曲禮》疏。

② 謹案，"注"上，鈔稿本有"許"字，竊刪之。檢今本《淮南子》注，許、高二家相混，勞格、陸心源、陶方琦、劉文典等論《繆稱》、《齊俗》、《道應》、《詮言》、《兵略》、《人間》、《泰族》、《要略》八篇爲許慎注，其餘爲高誘注。然則《精神》一篇，蓋屬高注。

③ "子"，四部叢刊本《淮南子》注作"淵"。

④ 謹案，惠棟《松崖筆記》卷二："顏子'壽十八'，見《力命篇》。《後漢書·郎顗傳》：顏淵'十八，天下歸仁'。《淮南子·精神訓》注：'顏淵十八而卒'。"。

⑤ 謹案，瀧川《考證》卷六十七於"少孔子三十歲"下引《力命篇》語，誤作"壽四八"。

298 宰我爲臨菑大夫

《史記·仲尼弟子列傳》:"宰我爲臨菑大夫,與田常作亂,以夷其族,孔子恥之。"《索隱》:"《左氏①》無宰我與田常作亂之文,然有闞止字子我,而田闞②爭寵,子我③爲陳恒所殺。恐字與宰予相涉,因誤云然。"

按,《韓非子·內儲說下》:"田恒相齊,闞止重於簡公,二人相憎而欲相賊也。田恒因行私惠以取其國,遂殺簡公而奪之政。"此與《左氏》合。然《難言》又云:"宰我④不免於田常。"《呂覽·慎勢》:"諸御鞅諫於簡公曰:'陳成常與宰予,之二臣者甚相憎也。'"云云。《淮南·人閒訓》、《說苑·正諫》並同。《呂覽》、《鹽鐵論·殊路》、《頌賢》及《說苑·指武》稱宰我將攻田常,簡公漏其謀,以柔弱見殺。諸說各有所從。況《史記·齊世家》亦採《左氏》哀十四年傳之文。《李斯傳》又云:"田常爲簡公臣,爵列無敵於國。私家之富,與公家均。布惠施德,下得百姓,上得群臣,陰取齊國,殺宰予於庭,即弑簡公於朝,遂有齊國。"固不得謂其相涉因誤。惟其謂與田常作亂,則與諸書皆異。陳仁錫曰:"'宰予爲臨菑'至'孔子恥之'二十字當削。"陳氏之言或然。

299 子貢好廢舉

《史記·仲尼弟子列傳》:"子貢好廢舉,與時轉⑤貨貲。"《集解》:"廢舉謂停貯也。與時謂逐時也。夫物賤則買而停貯,值貴即逐時轉易,貨賣取資利也。"《索隱》:"按,《家語》'貨'作'化'。王肅云:廢舉謂買賤賣貴⑥也,轉化謂隨時轉貨以殖其資也。"劉氏云:"廢謂物貴而賣之,舉謂物賤而收買之,轉貨謂轉貴收賤也。"瀧川資言《考證》:"此依《論語》'不受命而貨殖'之言附會耳,說詳于《貨殖傳》。洪頤煊曰:'《貨殖傳》云:"廢著鬻財於

---

① "氏",百衲本、殿本《史記》同。瀧川本、中華本"氏"下有"傳"字。
② "田闞",殿本《史記》同。瀧川本、中華本作"因",百衲本作"固"。
③ "子我",百衲本、殿本《史記》同。瀧川本、中華本作"遂"。
④ "我",四部叢刊本《韓非子》作"予"。
⑤ "轉",鈔稿本脫。據諸本《史記》補。
⑥ "貴",鈔稿本脫。據手稿及《索隱》諸本補。

曹、魯之閒。"《集解》:徐廣日:"著猶居也。"此廢舉當作廢居。《越世家》:
"陶朱公廢居,候時轉物,逐什一之利。"《平準書》:"廢居居邑。"《集解》:
"徐廣曰:廢居者,貯畜之名也。'"中井積德日:'廢,居也。舉,發也。轉,通
也。'愚按,中說較長,不必改廢舉爲廢居。"

按,瀧川引中井"廢,居。舉,發。"故訓無聞。此章炳麟所謂"好附會,
任胸臆,文以巫說"[①]《與羅振玉書論林泰輔》者也。廢舉、廢居、廢著,聲近義通。
《漢書》作"發貯鬻財曹、魯之閒",師古曰:"多有積貯,趨[②]時而發。鬻[③],
賣之也[④]。"顏說是也。發與廢通,貯、居聲近。《公羊》宣八年傳:"廢其無
聲者。"注:"廢者,置也。置者,不去也。齊人語。"故顏氏以"積貯"釋
"發貯",與裴氏"廢舉謂停貯也",義正同。劉氏以"廢"、"舉"對待分釋,
未見其然。蓋"與時轉[⑤]貨貲",乃謂賤賣貴買也。

300 公冶長齊人

《史記·仲尼弟子列傳》:"公冶長,齊人[⑥]。"《索隱》:"《家語》:'魯人,
名萇。'范甯云:'字子芝。'"

按,《論語·公冶長第五》孔曰:"冶長,弟子,魯人也。"遷從安國問故,
則其說已不同矣。陸氏《音義》:"姓公冶,名長。《家語》:'字子張。'范甯
云:'名芝,字子長。'"亦與《索隱》微異。

301 公晢哀字季次

《史記·仲尼弟子列傳》:"公晢哀,字季次。"《索隱》:"《家語》作'公
晢克'。"

按,《家語》涵芬樓借江南圖書館藏明翻宋刻影印本"七十二弟子解"作"公析
哀",與《索隱》所引不同。

---

① 謹案,語出太炎《與羅叔蘊書》,見《學林》1910 年第一期。
② "趨",中華本《漢書》作"趣"。趨趣同。
③ "鬻",鈔稿本脱。據中華本《漢書》補。
④ "也",鈔稿本無。據中華本《漢書》補。
⑤ "轉",鈔稿本脱。據諸本《史記》補。
⑥ "人"下,鈔稿本衍"也"字。據諸本《史記》刪。

302 有若少孔子十三歲

《史記·仲尼弟子列傳》：“有若少孔子十三 ① 歲。”《正義》：“《家語》云：‘魯人，字有。少孔子三十三歲。’不同。”

按，《家語》涵芬樓影印本“七十二弟子解”作“字子有”是也。又“三十三”作“三十六”，與《正義》所引不同。

商君列傳

303 千羊之皮不如一狐之掖

《史記·商君列傳》：“趙良曰：‘千羊之皮，不如一狐之掖。千人之諾諾，不如一士之諤諤。武王諤諤以昌，殷紂墨墨以亡。’”瀧川資言《考證》：“掖讀爲腋。墨讀爲嘿。諤諤，謇直也。掖、諤，昌、亡，韻。《趙世家》：‘趙簡子曰：吾聞千羊之皮，不如一狐之腋。諸大夫朝，徒聞唯唯，不聞周舍之諤諤。’《說苑·正諫篇》：‘孔子曰：武王諤諤而昌，紂嘿嘿而亡。’蓋古有此語。趙良稱之也。”

按，瀧川引《趙世家》疑有脫簡。《韓詩外傳·七》：“趙簡子有臣曰周舍，立於門下三日三夜。簡子使問之曰：‘子欲見寡人何事？’周舍對曰：‘願爲諤諤之臣，墨筆操牘，從君之過，而日有記也，月有成也，歲有効也。’簡子居則與之居，出則與之出。居無幾何而周舍死，簡子如喪子。後與諸大夫飲於洪波之臺，酒酣，簡子涕泣。諸大夫皆出走曰：‘臣有罪而不自知。’簡子曰：‘大夫皆無罪，昔者吾有周舍，有言曰：千羊之皮，不若一狐之腋。衆人 ② 諾諾，不若一士之諤諤。昔者商紂默默而亡，武王諤諤而昌。今自周舍之死，吾未嘗聞吾過也。吾亡無日矣。是以寡人泣也。’”然則據《韓詩外傳》，當爲周舍語矣。

---

① “十三”，百衲本、殿本《史記》同。瀧川本、中華本作“四十三”。

② “人”下，鈔稿本有“之”字。據四部叢刊本《韓詩外傳》刪。

304 今君之見秦王也

《史記·商君列傳》："今君之見秦王也"。

按，是時孝公未稱王。《秦本紀》孝公卒，太子立，仍稱惠文君。蓋十四年更爲元年，乃稱王耳。此稱秦王，非是。下文"勸秦王顯巖穴之士"、"秦王一旦捐賓客而不立朝"，兩"秦王"字皆非。

305 余嘗讀商君開塞耕戰書

《史記·商君列傳》："余嘗讀商君開塞耕戰書，與其人行事相類。"《索隱》："按《商君書》，開謂刑嚴峻則政化開，塞謂布恩賞則政化塞，其意本於嚴刑少恩。又爲田開阡陌，及言斬敵首賜爵，是耕戰書也。"

按，《論衡·超奇篇》："商鞅相秦，致功於霸，作耕戰之書。耕戰之書，秦堂上之計也。"《案書篇》："商君作耕戰之術"。

蘇秦列傳

306 東事師於齊而習之於鬼谷先生

《史記·蘇秦列傳》："東事師於齊，而習之於鬼谷先生。"《集解》："徐廣曰：'潁川陽城有鬼谷，蓋 ① 是其人所居，因爲號。'駰案：《風俗通義》曰：'鬼谷先生，六國時從橫家。' 按今《風俗通義》無之，當是佚文。"《索隱》："鬼谷，地名也。扶風池陽、潁川陽城並有鬼谷墟。蓋是其人所居，因爲號。又樂臺 ② 注《鬼谷子書》云：'蘇秦欲神祕其道，故假名鬼谷。'"《正義》："鬼谷，谷名。在雒州城縣北五里。《七錄》有《蘇秦書》，樂壹注云：'秦欲神祕其道，故假名鬼谷也。'《鬼谷子》三卷，樂壹注。樂壹，字正，魯郡人。"

按，《隋書·經籍志·子部·縱橫家》："《鬼谷子》三卷，皇甫謐注。鬼谷子，周世隱於鬼谷"，又"《鬼谷子》三卷，樂一注。"是《正義》作"樂壹"，從《隋志》。然新、舊《唐書》作"樂臺注"，則與《索隱》同。《唐書》

---

① "蓋"，鈔稿本無，據諸本《史記》補。
② "臺"，殿本、瀧川本《史記》同。百衲本、中華本作"壹"。

又著錄尹知章注《鬼谷子》三卷。《索隱》、《正義》並引樂注“蘇秦欲神祕其道,假名鬼谷”,但《漢志·縱橫家》有《蘇秦》三十一篇、《張儀》十篇,未嘗託之他人,殆不然矣。三家言鬼谷皆非齊地,亦與史公“東事師於齊”之語不應,可疑也。《文選·郭景純〈遊仙詩〉》:“借問此何誰? 云是鬼谷子。”李注:“《鬼谷子序》曰:‘周時有豪士隱於鬼谷者,自號鬼谷子,言其自遠也。’然鬼谷之名,隱者通號也。”今本《鬼谷子》三卷,梁陶弘景注。柳宗元曰:“《鬼谷子 ①》後出,而險盭峭薄,恐其妄言亂世,難信學者,宜其不道。”按,陳振孫《直齋 ② 書錄解題》從《隋志》作“樂壹”,《札迻》、高承《事物紀原·九》引樂臺注《鬼谷子》曰:“肅慎還,周公恐其迷路,造指南車送之。”《札迻》云:“《鬼谷子 ③·符言 ④ 篇》與《管子·七法篇》文正同詳俞氏《讀書餘錄》,以彼校此書,挩譌甚夥,注皆沿誤妄說。段令果出尹手,豈得自注《管子》而略不省勘乎? 然則今本題陶注雖未可盡信,而非尹注則無疑義。”

---

① “子”,鈔稿本無。據四部叢刊本《增廣註釋音辯唐柳先生集》卷四《辯鬼谷子》校補。

② “齋”,鈔稿本誤“齊”。據手稿改。

③ “鬼谷子”,《札迻》作“其書”。

④ “符言”,鈔稿本無。據《札迻》補。

史記會注攷證校讀卷八

孟子荀卿列傳

307 孟子荀卿列傳

《史記·孟子荀卿列傳》,《索隱》:"按《序傳》,《孟嘗君》第十四。而此傳爲第十五。蓋後人差降之矣。"

按,依小司馬說,唐以前序次不同。今《序傳》,《孟荀》第十四,《孟嘗》第十五,《平原》第十六,《魏公子》第十七,《春申》第十八,若以類從,固應爾也。又按,史公以老、莊、申、韓同傳,道法同源也。管子之與晏嬰、孫子之與吳起、屈原之與賈誼,皆各以類從。獨此傳,孟子、荀卿,儒家也;慎到、田駢、接子、環淵,學黃老道德之術;李悝則法家,不入之《老莊傳》中;騶衍、騶奭,則陰陽家;尸佼則雜家;公孫龍則名家;墨翟則出清廟之守,其著書多見錄於《漢志》,皆不同學術。淳于髡雖慕晏嬰之爲人,《漢志》,《晏子》八篇列爲儒家之首。《七略》,《晏子》七篇在儒家。然髡"博聞強記,學無所主",要知不純爲儒,斯於例爲變。是《自序》所云"獵儒墨之遺文 ①,明禮義之統紀,絕惠王利端,列往世興衰"者也。此與《伯夷傳》多以議論行文求之,班、范不能爲也。

308 其次騶衍後孟子

《史記·孟子荀卿列傳》:"其次騶衍,後孟子。"

按,《孟子外書·孝經》:"鄒衍請受業於孟子,孟子曰:'吾老矣,不能偕子遊於九州之外也。'"趙岐《題辭》謂"其文不能宏深",今之《外書》,宋

---

① "文",鈔稿本作"聞"。據《史記》諸本改。

熙時子注,相傳以爲劉貢父請受業事,豈剿史以立文與?

309 而作怪迂之變

《史記·孟子荀卿列傳》:"而作怪迂之變。"

按,變同辯。《易·坤文言》"由辯之不早辯也"陸氏《音義》:"辯,如字 ①。荀 ② 作變。"莊子《逍遙遊》"而御六氣之辯"《音義》:"辯,如字,變也。"《楚辭·九辨》王 ③ 逸云:"辨者,變也。"辯、變古通用。此言"作怪迂之變"即下文云"騶衍之術迂大而閎辯"也。

310 伊尹負鼎而勉湯以王

《史記·孟子荀卿列傳》:"或曰,伊尹負鼎而勉湯以王,百里奚飯牛車下而繆公用霸,作先合,然後引之大道。騶衍其言雖不軌,儻亦有牛鼎之意乎?"《索隱》:"按《呂氏春秋》云'函牛之鼎,不可以烹雞',是牛鼎言衍之術迂大,儻若大用之,是有牛鼎之意。而譙周亦云'觀太史公此論,是 ④ 愛奇之甚'。"《正義》:"太史公見鄒衍之說,怪迂詭辯,而合時君,疑衍若伊尹、百里奚,先作牛鼎之意。"顧炎武曰:"'儻有牛鼎之意乎'謂伊尹負鼎、百里奚飯牛之意,籍 ⑤ 此說以干時君,非有仲尼、孟子守正不阿之論也。'"

按,《索隱》說甚迂曲,《正義》及顧氏說是也。此"牛鼎之意"即伊尹負鼎、百里奚飯牛,鄒衍以不軌之言干世主,猶負鼎飯牛者也。亦即上文云"王公大人,初見其術,懼然顧化",其游諸侯見尊禮如此也。《韓詩外傳·七》:"伊尹故有莘氏僮也,負鼎操俎調五味,而立爲相,其遇湯也。百里奚自賣五羊之皮,爲秦伯牧牛,舉爲大夫,則遇秦繆公也。"孔子語。

311 自騶衍與齊之稷下先生

《史記·孟子荀卿列傳》:"自騶衍與齊之稷下先生如淳于髡、慎到、環淵、

---

① "字"下,《釋文》有"馬云:別也"四字。
② "荀"下,鈔稿本多"本"字。據《釋文》刪。
③ "王",鈔稿本誤"士"。據手稿改。
④ "是",百衲本、殿本《史記》同。瀧川本、中華本"是"下有"其"字。
⑤ "籍",鈔稿本作"藉"。二字通。茲據瀧川《攷證》引改。

接子、田駢①、騶奭之徒”。《索隱》“按,稷②,齊之城門也。或云稷,山名。謂齊之學士集於稷門之下也③。”

按,《鹽鐵論·論儒》:“齊宣王襃儒尊學,孟軻、淳于髡之徒受上大夫之祿,不任職而論國事,蓋齊稷下先生千有餘人。”

312 各著書言治亂之事

《史記·孟子荀卿列傳》:“如淳于髡、慎到、環淵、接子、田駢、騶奭之徒,各著書言治亂之事。”《正義》:“《慎子》十卷,在法家,則戰國時處士。《接子》二篇。《田子》二十五篇,齊人,游稷下,號‘天口’。接、田二人,道家。《騶奭》十二篇,陰陽家。”

按,《漢書·藝文志》作“天口駢”,此與“談天衍、雕龍奭、炙轂過髡”皆齊人爲之語也。《文選·任彥昇〈宣德皇后令〉》“辯析天口”李注:“《七略》曰④:‘齊田駢好談論,故齊人爲語曰“天口駢”。天口者,言田駢子不可窮其口,若事天。’”愚謂“談天”、“天口”云者,蓋《莊子·逍遙遊》所稱“吾聞言於接輿,大而无當,往而不返。吾驚怖其言,猶河漢而无極也”,亦即太史公所謂“怪迂之變”。《漢志》道家有《捷子》二篇,班氏自注云:“齊人,武帝時說。”接、捷音近。張守節所見之本固作“接子”。其“武帝時說”四字義不明,疑涉《曹羽》下注云“武帝時說於齊王”而衍也。

313 故慎到著十二論

《史記·孟子荀卿列傳》:“故慎到著十二論。”《集解》:“徐廣曰:‘今《慎子》,劉向所定,有四十一篇。’”

按,《漢志》法家著錄《慎子》四十二篇,多出一篇。《正義》則稱十卷。史公稱其“學黃老道德之術”,班氏入之法家,是道、法同源。而史公亦以老子、韓非同傳也。

---

① “駢”,鈔稿本脫。據手稿及《史記》諸本補。
② “稷”,百衲本、殿本《史記》同。瀧川本、中華本“稷”下有“下”字。下句“或云稷”倣此。
③ “也”,百衲本、殿本《史記》同。瀧川本、中華本無。
④ “曰”,鈔稿本無。據《文選》李注補。

314 荀卿趙人

《史記·孟子荀卿列傳》：“荀卿，趙人。”《索隱》：“名況。卿者，時人相尊而號爲卿也。仕齊爲祭酒，仕楚爲蘭陵令，後亦①謂之孫卿子者，避漢宣帝諱②也。”瀧川資言《考證》：“荀、孫，古音相通，故先秦諸書或曰孫，或曰荀，《荀子》書中亦有稱孫卿，卿蓋其字。猶虞卿、荊卿之類，不必尊稱。”

按，《虞卿傳》：“說趙孝成王。再見，爲趙上卿，故號爲③虞卿。”《經典釋文》：“虞卿以《左氏傳》傳同郡荀卿，名況”。則荀卿之偶卿蓋法虞卿。劉向云：“蘭陵人喜字爲卿，蓋④以法孫卿也。”《荊軻傳》：“徙於衛，衛人謂之慶卿。而之燕，燕人謂之荊卿。”蓋卿者，美而尊之之辭也，小司馬說是也⑤。荀之爲孫，避宣帝諱者，《漢書·宣帝紀》元康二⑥年詔曰：“聞古天子之名，難知而易諱也。今百姓多上書觸諱以犯罪者，朕甚憐之。其更⑦諱詢。諸觸諱⑧在令前者，赦之⑨。”謝埔東墅云：“漢不避嫌名，時人荀淑、荀爽，俱用本字。《左傳》荀息至荀瑤，亦不改字。何獨於荀卿反改之邪？蓋荀、孫二字同音，語遂移易。”⑩其說亦通。

315 年五十始來游學於齊

《史記·孟子荀卿列傳》：“年五十，始來游學於齊。”瀧川資言《考證》：“《風俗通·窮通篇》云：‘齊威宣之時，孫卿有秀才，年十五，始來游事。至襄王時，孫卿最爲老師。’《郡齋讀書記》引劉向序亦作‘十五’。桃源藏曰：‘日五十始遊者，以見宿學之精熟也。若十五，則始字不通。’《唐書》：‘高適

---

① “亦”，百衲本、殿本、中華本《史記》同。瀧川本無。
② “諱”，百衲本、殿本《史記》同。瀧川本、中華本“諱”下有“改”字。
③ “爲”，鈔稿本無。據諸本《史記》補。
④ “蓋”，鈔稿本無。據《荀子》附劉向《孫卿新書敘錄》補。
⑤ 謹案，中華本《索隱》：“卿者，時人尊重之號，猶如相尊美亦稱‘子’然也。”
⑥ “二”，鈔稿本作“三”。據中華本《漢書》稱頒詔於元康二年改。
⑦ “更”，鈔稿本脫。據中華本《漢書》補。
⑧ “觸諱”，鈔稿本脫。據中華本《漢書》補。
⑨ “之”，鈔稿本作“是已”。據中華本《漢書》改。
⑩ 謹案，謝埔語見《荀子箋釋》：“荀卿又稱孫卿，自司馬貞、顏師古以來，相承以爲避漢宣帝諱，故改荀爲孫。考漢宣名詢，漢時尙不諱嫌名。且如《後漢》李恂與荀淑、荀爽、荀彧，俱書本字，詎反於周時人名見諸載籍者而改之？若然，則《左傳》自荀息至荀瑤多矣，何不改耶？且即《前漢書》任敖、公孫敖，俱不避元帝之名驁也。蓋荀音同孫，語遂移易。”

年五十,始作詩。'"

按,瀧川引桃源藏亦以臆說之耳。按《說苑》"五十"作"十五"。《郡齋讀書志》引向序亦作"十五"。應劭《風俗通·窮通篇》云:"孫卿有秀才,年十五,始來遊學。"作"十五"者是也。《鮚埼亭集外編·讀荀子》云:"太史公傳荀子謂行年五十始至齊遊學,顏黃門《家訓》因之,而劉中壘《說苑》作十五①。攷《儒林傳》,齊威王招天下之士於稷下,而荀子客焉。威王在位三十六年,荀子以何年至,姑勿論,但以歷事之君計之,則宣王十九年,當齊極盛之時,湣王四十年,當齊②大亂之時,襄王十九年,當齊中興之時③。前此田駢之屬皆死,而老師獨存,尚修列大夫之缺,三爲祭酒,固已百齡有餘。然而齊王建之三年,春申君方相楚,又歷八年,荀卿仕焉。春申柄政二十四年,死於李園之難,荀卿失官,卒葬於楚。即如《說苑》所云,已極年齒之永者矣。又據《說苑》,荀卿歸卒於趙,亦與《史記》不同。"全說是,然荀卿之卒當從《史》。蓋春申君死,荀卿壽考,廢居蘭陵,未必返趙也。《鹽鐵論·毀學》:"方李斯之相秦也,始皇任之,人④臣無二。而荀卿爲之不食,覩其權不測之禍也。"李斯相秦據《始皇本紀》在三十四年,荀卿猶及見之,其卒必在是年之後。如此上距春申君之死又二十有五年,亦可疑。

316 雕龍奭

《史記·孟子荀卿列傳》:"雕龍奭"。

按,《文選·任彥昇〈宣德皇后令〉》"文擅彫龍"李注:"《七略》曰:'鄒奭子,齊人。齊人爲之語曰"彫龍奭",奭⑤言鄒衍⑥之術,文飾之若彫鏤龍文。'"赫、奭音近古通。《爾雅·釋訓》陸氏《音義》:"赫,郭音釋。舍人本作奭,失石反。"《漢志》師古曰:"奭音試亦反。"

---

① "五"下,嘉慶刻本《鮚埼亭集外編》有"相去懸絕,無可折衷"八字。

② "齊",鈔稿本誤"時"。據嘉慶刻本《鮚埼亭集外編》改。

③ "時"下,嘉慶刻本《鮚埼亭集外編》有"星移物換"四字。

④ "人",鈔稿本脫。據手稿及四部叢刊本《鹽鐵論》補。

⑤ "赫",鈔稿本無。據胡刻本《文選》補。

⑥ "衍",鈔稿本誤"赫"。據胡刻本《文選》改。

317 荀卿三爲祭酒焉

《史記·孟子荀卿列傳》：“齊尚脩列大夫之缺，而荀卿三爲祭酒焉。”《索隱》：“禮食必祭先，飲酒亦然，必以席中之尊者一人當祭耳，後因以爲官名，故吳王濞爲劉氏祭酒是也。而卿三爲祭酒者，謂荀①卿出入前後②三度處列大夫康莊之位，而皆爲其所尊，故云三爲祭酒。”

按，《鹽鐵論·論儒》：“湣王奮二世之餘烈，南舉楚淮，北并巨宋，苞十二國，西摧三晉，卻彊秦，五國賓從，鄒魯之君、泗上諸侯，皆入臣。矜功不休，百姓不堪。諸儒諫不從，各分散，慎到、捷子亡去，田駢如薛，而孫卿適楚。內無良臣，故諸侯合謀而伐之。”《六國表》：“齊湣王四十年，五國共擊湣王，王走莒。”《荀子·彊國》荀卿說齊相曰：“今巨楚縣吾前；大燕鰌吾後；勁魏鉤吾右，西壤之不絕若繩；楚人則乃有襄賁、開陽，以臨吾左。是一國作謀，則三國必起而乘我。如是，則③齊必斷而爲四，三國若假城然耳。”則荀卿必以說不行而齊亂適楚，至襄王時脩列大夫之缺，復來三爲祭酒焉。

318 劇子之言

《史記·孟子荀卿列傳》：“劇子之言”。《集解》：“徐廣曰：‘按，應劭《氏姓注》直云“處子”也。’”《索隱》：“著書之人姓劇氏而稱子也，前史不記其名。故趙有劇孟及劇辛也。”《正義》：“趙有劇孟、劇辛，是有劇姓。而《史記》不記其名。徐廣曰④：‘應劭《氏姓注》直云“處子”也。’《藝文志》云：‘《劇子》九篇。’”

按，三家所據本作“劇子”，惟徐廣引應劭直云“處子”。今《漢志》法家《處子》九篇，師古曰：“《史記》云趙有處子。”則小顏所見《史》、《漢》本又作“處子”，與三家不同。《元和姓纂》引《風俗通》：“漢處興爲北郡太守。”王應麟曰：“蓋處子之後。”⑤故書劇、處形近易混。《易·渙》注“不在厄劇”陸氏《音義》：“劇，本又作處。”是其類也。

---

① “荀”，鈔稿本無。據諸本《史記》補。
② “前後”，鈔稿本無。據諸本《史記》補。
③ “則”，鈔稿本無。據古逸叢書本《荀子》補。
④ “曰”下，鈔稿本衍一“曰”字。據手稿及瀧川《攷證》本刪。
⑤ 謹案，王氏語見《漢藝文志考證》卷六“《處子》九篇”下。

319 楚有尸子

《史記·孟子荀卿列傳》:"楚有尸子。"《集解》:"劉向《別錄》曰:'楚有尸子,疑謂其在蜀。今按《尸子書》,晉人也,名佼,秦相衛鞅客也。衛鞅商君謀事畫計,立法理民,未嘗不與佼規之也。商君被刑,佼恐并誅,乃亡逃入蜀。自爲造此二十篇書,凡六萬餘言。卒,因[1]葬蜀。'"

按,《漢志》雜家《尸子》二十篇。注[2]:"名佼,魯人。"

孟嘗君列傳

320 長鋏歸來乎食無魚

《史記·孟嘗君列傳》:"長鋏歸來乎,食無魚。"瀧川資言《考證》:"乎、魚,韻。《經傳釋詞》云:'來,句中語助也。《莊子·大宗師篇》"嗟來桑戶乎,嗟來桑戶乎"[3],"嗟來"猶"嗟乎"也。又句末語助也。《孟子·離婁篇》"盍歸乎來"、《莊子·人間世篇》"嘗以語我來"、"子其有以語我來","來"字皆語助。'"

按,瀧川說非是。"乎"爲語助,非韻。來古音屬之哈,與魚虞模旁轉爲韻。歸來之來非語助。《楚辭·招魂》"魂兮歸來哀江南"王注:"言魂魄當急來歸。江南土地僻遠,山林險阻,誠可哀傷,不足處也[4]。""歸來"字亦當如是,言去孟嘗君而來歸也。

321 食無魚

《史記·孟嘗君列傳》:"食無魚"。

按,《列士傳》:"孟嘗君廚有三列,上客食肉,中客食魚,下客食菜。"

322 長鋏歸來乎出無輿

《史記·孟嘗君列傳》:"長鋏歸來乎,出無輿。"瀧川資言《考證》:"乎、

---

[1] "因",鈔稿本無。瀧川《史記會注攷證》同。據百衲本、殿本、中華本《史記》補。

[2] 謹案,"注",此爲班固自注。

[3] "嗟來桑戶乎",鈔稿本無下五字。據瀧川《攷證》補。

[4] "也",鈔稿本誤"此"。據四部叢刊本《楚辭》改。

輿,韻。"

按,輿,《戰國·齊策》"輿"作"車",輿屬魚虞模,車古音亦屬此韻。《詩·何彼襛矣》、《北風》、《有女同車》、《采薇》、《何人斯》、《韓奕》、《江漢》凡七見_{今兼入麻}。故皆得與來屬之咍旁轉爲韻。瀧川說非是。

323 長鋏歸來乎無以爲家

《史記·孟嘗君列傳》:"長鋏歸來乎,無以爲家。"瀧川資言《考證》:"乎、家,韻。顧炎武曰:'《莊子》子桑歌云"父邪母邪,天乎人乎",語助之外,止用四字爲詩。《孟嘗君傳》馮驩歌云"長鋏歸來乎,食無魚;長鋏歸來乎,出無車_{按車當作輿};長鋏歸來乎,無以爲家",三章各二句,而合爲一韻。'愚謂長鋏之歌每章有韻,三章一韻,亦奇法也。"

按,瀧川說非是。家古音屬魚虞模_{顧氏《詩本音》音姑},《詩·桃夭》、《葛楚》、《鴟鴞》、《常棣》、《采薇》、《我行其野》、《雨無正》、《緜》、《行露》凡九見_{今入麻},與來屬之咍旁轉爲韻。顧氏《音論》分古音爲十部,二脂[①]之微齊佳皆灰咍,三魚虞模侯,六歌戈。其支韻字半入脂之,半入歌戈;麻韻字半入歌戈,半入魚虞。其爲馮驩歌"三章各二句,而合爲一韻"者,即三章之"來"與"魚"、"輿"、"家"古爲一韻。"乎"如《詩》、《騷》之"兮",爲語助,非韻也。

平原君虞卿列傳

324 毛遂按劍歷階而上

《史記·平原君列傳》:"毛遂按劍歷階而上。"瀧川資言《考證》:"歷階,登階不聚足,急遽之狀。"

按,《家語·相魯》"孔子歷階而進"《世家》索隱引王肅云:"歷階,登階不聚足。"《呂氏春秋·安死》:"季[②]孫有喪。孔子往弔之,入門而左,從客也。主人以璵璠收,孔子徑庭而趨,歷級而上,曰:'以寶玉收,譬之猶暴骸中

---

① "脂",鈔稿本脱。據《音論·古人韻緩不煩改字》校補。
② "季"上,《呂氏春秋》有"魯"字。

原也。'徑庭 ① 歷級,非禮也。雖然,以救過也。"注:"言不欲違禮,亦不欲人之失禮,故歷級也。"歷級,猶歷階。《論衡‧薄葬》作"麗級"。《詩‧魚麗》毛傳:"麗,歷也。"又《文選‧登徒子好色賦》"齞脣歷齒"注:"歷,猶疏 ② 也。"不聚足,故疏跨而疾登。

信陵君列傳

325 侯生下見其客朱亥

《史記‧魏公子列傳》:"侯生下見其客朱亥,俾倪故久立,與其客語,微察公子。公子顏色愈和。"

按,瀧川資言《考證》讀"侯生下見其客朱亥俾倪"爲句,非是。俾倪二字當自爲讀。《正義》云:"不正視也。"蓋侯生下見其客朱亥,故久立與之語,俾倪以微察公子,而公子顏色愈和也。

范雎蔡澤列傳

326 使舍人笞擊雎折脇摺齒

《史記‧范雎傳》:"使舍人笞擊雎 ③,折脇摺齒。"《索隱》:"摺音力答反,謂打折其脅而又拉折其齒也。"

按,《韓非子‧難言》:"范雎 ④ 折脅於魏。"

327 爲其割榮也

《史記‧范雎傳》:"爲其割榮也。"《索隱》:"割榮即上之擅厚,謂擅權也。"中井積德曰:"割,如字,分也。謂分割天下之榮權而入於己也。惡其割榮,故不使擅厚。《索隱》失條理。"

---

① "庭",鈔稿本脱。據手稿及《呂氏春秋》補。
② "疎",鈔稿本作"疏"。二字同。茲依《文選》改。
③ "雎",瀧川本《史記》同。百衲本、殿本、中華本作"睢"。
④ "雎",四部叢刊本《韓非子》作"睢"。

按,割、害,字通。《書·堯典》"湯湯洪水方割"僞孔傳:"割,害也。"《戰國·秦策三》"割榮"作"凋榮",姚氏《校注》引《春秋後語》作"害榮"。又鮑注:"凋,傷也。榮,草①華也。此喻厚重彼有擅之,則此無有。"鮑說是也。割榮,猶凋榮也。下文"范雎繆爲曰:'秦安得王?秦獨有太后、穰侯耳。'"即其義。《索隱》說失之。中井訓割爲分,亦未爲得。

328 意者臣愚而不概於王心邪

《史記·范雎傳》:"意者臣愚而不概於王心邪?"《集解》:"徐廣曰②:'一作溉,音同。'"《索隱》:"《戰國策》'概'作'關',謂關涉於王心也。徐作③'音同',非也。"

按,《國策》姚本、鮑俱作"闔",鮑注:"闔、合,同。"

329 亡其言臣者賤而不可用乎

《史記·范雎傳》:"亡其言臣者賤而不可用乎?"《索隱》:"亡,猶輕蔑也。"《考證》④:"余有丁曰:'亡字轉語,猶言無乃也。《索隱》解輕蔑,非是。'"

按,《戰國·秦策三》鮑注:"亡其⑤猶得亡。"吳師道補曰:"亡其猶亡乃。"亡音無。

330 譬若馳韓盧而搏蹇兔也

《史記·范雎傳》:"譬若馳⑥韓盧而搏蹇兔也。"《索隱》:"《戰國策》云:'韓盧者,天下之壯犬也。'是韓⑦盧爲犬。謂馳韓盧而搏蹇兔,以喻秦強,言取諸侯之易也⑧。"

---

① "草"下,鈔稿本有"木"字。據四部叢刊本《戰國策》刪。
② "曰",百衲本、殿本、中華本《史記》同。瀧川本"曰"下有"概"字。
③ "作",殿本《史記》同。百衲本、瀧川本、中華本作"注"。
④ "考證",鈔稿本無。據本書通例補。
⑤ "其",鈔稿本無。據手稿及四部叢刊本《戰國策校注》補。
⑥ "馳",百衲本、殿本《史記》同。瀧川本、中華本作"施"。下文"馳"字倣此。
⑦ "韓",百衲本、殿本《史記》同。瀧川本、中華本"韓"下有"呼"字。
⑧ "也",百衲本、殿本《史記》同。瀧川本、中華本無。

按，《戰國·秦策三》鮑注：“俊犬名。《博物志》：‘韓有黑犬，名盧。’”《廣雅·釋獸》：“韓獹，犬屬。”作獹，後起字。《詩·盧令》傳：“盧，田犬①。”《孔叢子·執節篇》：“申②叔問曰：‘犬馬之名，皆因其形色而名焉。唯韓盧、宋鵲獨否，何也？’子順答曰：‘盧，黑色。鵲，白黑色。’”《初學記》引《字林》云：“獹，韓良犬也。猠，宋良犬也。”又按，《戰國·齊策四》：“世無東郭俊、盧氏之狗，王之走狗已具③矣。”王斗對宣王語。

331 令馬服子代廉頗將

《史記·范雎傳》：“令馬服子代廉頗將。”《索隱》：“馬服子，趙括之號也。虞④喜《志林》云：‘馬，兵之首也。號曰馬服者，言服馬也。’”

按，《趙奢傳》：“獨畏馬服君趙奢之子趙括爲將耳。”《項羽本紀》“北阬馬服”《索隱》：“韋昭云：‘趙奢子括也。代號馬服。’崔浩云：‘馬服⑤，趙官名，言服武事。’”然則“馬服子”，即馬服君之子趙括代號也。《戰國·齊策三⑥》：“秦破馬服君之師，圍邯鄲。”高誘注：“馬服君，趙括也。秦將白起阬括四十萬衆於長平，而進圍邯鄲。括父奢⑦將有功，賜號‘馬服’，因以爲氏，故曰‘馬服君之師’⑧。”是《國策》稱趙括“馬服君”者，襲父之號也。高注以馬服爲氏者，蓋其後世子孫耳⑨。

---

① 謹案，“犬”下鈔稿本有“也”字，蓋依王念孫《廣雅疏證》“韓獹”下引文。茲據《毛诗》傳刪。

② “申”，鈔稿本誤“甲”，據四部叢刊本《孔叢子》改。

③ “具”，鈔稿本誤“其”，據士禮居叢書本《戰國策注》改。

④ “虞”，百衲本、殿本《史記》同。瀧川本、中華本“虞”上有“故”字。

⑤ “崔浩云馬服”五字，鈔稿本脫。據諸本《史記》補。

⑥ “三”，鈔稿本作“二”。據士禮居叢書本《戰國策注》改。

⑦ “奢”，鈔稿本脫。據士禮居叢書本《戰國策注》補。

⑧ “師”下，士禮居叢書本《戰國策注》有“也”字。

⑨ 謹案，《元和姓纂》卷七：“馬，嬴姓，伯益之後。趙王子奢封馬服君，子孫氏焉。奢孫興趙滅徙咸陽。”又，《古今姓氏書辯證》卷二十六：“馬，出自嬴姓，伯益之後。趙王子趙奢爲惠文王將，有功，賜爵爲馬服君。馬服者，言能服馭馬也。奢生牧，亦爲趙將。子孫以馬服爲氏，世居邯鄲。秦滅趙，牧子興徙咸陽。”

樂毅列傳

332 樂毅卒於趙

《史記‧樂毅列傳》：“樂毅卒於趙。”《集解》：“張華曰：‘望諸君冢在邯鄲西數里。’”

按，《一統志》：“樂毅墓在邯鄲縣東二十里。”

333 樂氏之族有樂瑕公樂臣公

《史記‧樂毅列傳》：“而樂氏之族有樂瑕公、樂臣公”。《集解》：“一作‘巨公’。”《索隱》：“本亦作‘巨公’也。”《正義》：“巨音鉅。本作臣者，誤。”瀧川資言《考證》：“梁玉繩曰：‘巨字是。《田叔傳》作巨公，《漢書》作鉅公，可證。’愚按，巨公是得道之名，猶墨家有①鉅子，非名字也。下文四臣公，皆當作巨公。”

按，瀧川說非。《莊子‧天下篇》：“以巨子爲聖人，皆願爲之尸，冀得爲其後世。”《釋文》引向秀云：“墨家號其道理成者爲鉅子。”故《呂氏春秋‧去私》有墨者鉅子腹䵍，又《上德》有墨者鉅子孟勝，高誘注以爲“鉅，姓；子，通稱；腹䵍，字”者，非也。道家未聞有鉅公稱，蓋巨公亦猶瑕公，爲人名字耳。

屈原賈生列傳

334 楚之同姓也

《史記‧屈原列傳》：“楚之同姓也。”《正義》：“屈②、景、昭，皆楚之族。王逸云：‘楚王始都是，生子瑕，受屈爲卿，因以爲氏。’”瀧川資言《考證》：“屈原《離騷》云：‘肇錫余以嘉名，名余曰正則兮，字余曰靈均。’與③此異。

---

① “有”，鈔稿本作“之”。據《考證》改。
② “屈”下，鈔稿本衍“原”。據手稿及《正義》諸本校刪。
③ “與”，鈔稿本誤“興”。據手稿及瀧川《考證》改。

朱熹云：‘正，平也。則，法也。靈，神也。均，調也。高平曰原，故名平，而字原也[①]。正則、靈均，各[②]釋其義，以爲美稱耳。’愚按，《正義》‘是’，疑[③]當作‘郢’。”

按，瀧川說非是。《離騷》云“名正則”者，以隱語出之，非有異也。朱說是。《正義》引《楚辭》王注“都”下敓“郢”字，“是”下敓“時”字，“卿”上敓“客”字。《漢書·高帝紀》：“徙楚大族昭氏、屈氏、景氏關中，與[④]利田宅。”則昭、屈、景之爲大族，至漢猶然。

335 嫻於辭令

《史記·屈原賈生列傳》：“嫻於辭令。”《集解》：“《史記音隱》曰：‘嫻，音閑。’”《正義》：“閑，雅也。”瀧川資言《考證》：“嫻，讀爲閑，習也。”

按，《司馬相如傳》：“姣冶嫻都”《漢書》本作“閑”，《後漢·北海靖王興傳》注：“嫻，雅也。”是“嫻”其本字。《論語》曰：“子所雅言，《詩》、《書》、執禮，皆雅言也。”又曰：“誦《詩》三百，授之以政，不達；使於四方，不能專對。雖多，亦奚以爲？”原之“嫻於辭令”，蓋深於《詩》教者也。《正義》說長。

336 何故懷瑾握瑜而自令見放爲

《史記·屈原賈生列傳》：“何故懷瑾握瑜，而自令見放爲？”《索隱》：“按《楚詞》此‘懷瑾握瑜’作‘深思高舉’也。”瀧川資言《考證》：“瑾、瑜，美玉也。移、波、醨爲韻。”

按，“懷瑾握瑜”，《懷沙》文。《說文·玉部》“瑾”下云：“瑾瑜，美玉也。”“瑜”下云：“瑾瑜也。”合二字成文。《山海經·西山經》：“黃帝乃取峚山之玉榮，而投之鍾山之陽。瑾瑜之玉爲良。”《左氏》宣十五年傳：“瑾瑜匿瑕。”屈則以瑾瑜對舉。王逸注：“瑾瑜，美玉也。”

---

① “而字原也”四字，鈔稿本脫。據瀧川《考證》補。
② “各”，鈔稿本誤“名”。據瀧川《考證》改。
③ “疑”，鈔稿本脫。據瀧川《考證》補。
④ “與”，鈔稿本誤“興”。據手稿及中華本《漢書》改。

337 新沐者必彈冠新浴者必振衣

《史記·屈原賈生列傳》:"新沐者必彈冠,新浴者必振衣。人又誰能以身之察察,受物之汶汶者乎?"瀧川資言《考證》:"《楚辭》'人又誰能'作'安能',衣、汶,韻。《荀子·不苟篇》'新浴者振其衣,新沐者彈其冠,人之情也。其誰能以己之僬僬,受人之掝掝者哉?'蓋襲此語。"

按,瀧川說非是。衣、汶不得爲韻①。乃冠與汶韻,衣與察韻。屈原死於頃襄之世,秦拔郢都、燒夷陵之後。荀卿猶及考烈王,春申君死而荀卿廢。不得謂屈賦襲《荀子》語。上文云"吾聞之",蓋古諺耳。

338 亂曰

《史記·屈原賈生列傳》:"亂曰"。《索隱》:"王叔師②曰:'亂者,理也,所以發理辭指,總撮其要,而重理前意也。'"

按,《國語·魯語下》閔馬父③曰:"昔正考父③校商之名頌十二篇於周太師,以《那》爲首,其輯之亂曰:'自古在昔,先民有作。溫恭朝夕,執事有恪。'"韋昭注:"輯,成也。凡作篇章,篇義既④成,撮其大要,以⑤爲亂辭。詩者,歌也,所以節儛⑥者也,如今三節儛矣。曲終乃更變章亂節,故謂之亂也。"則屈賦之亂,實三百篇詩人之遺意。《文心雕龍·詮賦》所謂"既履端於倡序,亦歸餘於總亂。序以建言,首引情本;亂以理篇,迭致文契。按《那》之卒章,閔馬稱亂,故知殷人輯頌,楚人理賦,斯並鴻裁之寰域,雅文之樞轄也。"

339 曾唫恆悲兮永歎慨兮

《史記·屈原賈生列傳》:"曾唫恆悲兮,永歎慨兮。世既莫吾知兮,人心不可謂兮。"《集解》:"王逸曰:'謂,猶說⑦也。'"《索隱》:"《楚詞》無'曾

---

① 謹案,衣、汶二字,微、文陰陽對轉似可爲韻。瀧川說或是。竊志以備考。
② "叔師",殿本同。百衲本、瀧川本、中華本作"師叔"。
③ "父",鈔稿本作"叔"。據四部叢刊本《國語》改。
④ "既",鈔稿本作"已"。據《國語》改。
⑤ "以",鈔稿本無。據《國語》補。
⑥ "儛",四部叢刊本《國語》作"舞"。案儛、舞同。下句"儛"倣此。
⑦ "說",鈔稿本脫。據《史記》諸本補。

唈'已下二十一字。"《正義》:"自'曾唈'已下二十一字,《楚辭》本①或有無者,未詳。"瀧川資言《考證》:"沈家本曰:'萬曆本《楚詞》②有此二十一字,而無王注。恐是後人據《史》文增也。"

按,瀧川引沈說非是。《集解》引王注,是裴氏所見《楚詞》有"曾唈"以下二十一字,與《史》同。《索隱》云云,則唐本《楚詞》已有放文,當以《史》爲正。下文"曾傷爰哀"四文,義重複,王伯申說是。

340 賈生既辭往行聞長沙卑濕

《史記·賈誼列傳》:"賈生既辭往行,聞長沙卑濕,自以壽不得長,又以適去,意不自得。"

按,此與下文"賈生既以適居長沙,長沙卑濕,自以爲壽不得長"其意重複。《漢書》本傳作"誼既以適去,意不自得",無"辭"以下十五字,是也。

刺客列傳

341 老母在政身未敢以許人也

《史記·刺客列傳》:"老母在,政身未敢以許人也。"《索隱》:"《禮記》曰:'父母存,不許友以死。'"

按,見《曲禮上》。又《坊記》:"父母在,不敢有其身。"是亦其義也。

342 夫以鴻毛燎於爐炭之上

《史記·刺客傳》:"夫以鴻毛燎於爐炭之上,必無事矣。"瀧川資言《考證》:"慶長本標記云:'言秦擊燕,如燎鴻毛於爐炭,豈有大事乎?謂其輕易也。'"

按,瀧川引標記非是。二語應屬上,緊接"資怨而助禍"之意,謂燕丹之結怨於秦,又納樊於期,行危而求安,造禍而求福,猶以鴻毛燎於爐炭,欲其不

---

① "楚辭本"三字,鈔稿本無。據瀧川《攷證》本補。

② "詞",鈔稿本作"辭"。據瀧川《考證》改。又"詞"下鈔稿本有"者"字,據《考證》刪。

焚,必無是理。並與上文"是謂① 委肉當餓虎之蹊也,禍必不振矣"文義正同。《韓詩外傳·三》:"抱羽毛而赴烈火,入則燋也。"

343 此天之所以哀燕而不棄其孤也

《史記·刺客列傳》:"此天之所以哀燕而不棄其孤也。"《索隱》:"案,無父稱孤。時燕王尚在,而丹稱孤者,或記者失辭,或諸侯嫡子時亦僭稱孤也。又劉向云:'丹,燕王喜之太子。'"瀧川資言《考證》:"《范雎傳》:'秦昭王曰:"寡人得受命於先生,是天所以幸先王不棄其孤也。"'詞氣正與此同,故《索隱》云記者失辭。"

按,戰國之時,不必國君始稱孤。《范雎蔡澤列傳》:"長爲應侯,世世稱孤。"又《李斯列傳》:"長有封侯,世世稱孤。"是其證也。《索隱》及瀧川之言拘。又按,《左氏》文十七年傳"夷與孤之二三臣相及於絳"杜注:"'孤之二三臣',謂燭之武、歸生自謂也。"疏:"禮,諸侯與臣民言,自謂'寡人';小國之君自稱曰'孤';臣與他國之人言,稱己君爲'寡君'。此歸生對晉稱己君,當云'寡君之二三臣'。昭十九年,子產對晉人云:'寡君之二三臣札瘥夭昏',是其事也。此言'孤'者,蓋鄭伯身自對晉,或自稱'孤',歸生因即以'孤'言其君也。"然則丹亦以此稱其君也,義並得通。《三國·魏志·武帝紀》注引孫盛《魏氏春秋》云:"將生憂寡人。"是操以"寡人"自稱,亦僭之例也。

344 得趙人徐夫人匕首

《史記·刺客列傳》:"得趙人徐夫人匕首。"《索隱》:"徐,姓;夫人,名。謂男子也。"瀧川資言《考證》:"中井積德曰:'徐夫人,非女子未可知也。且其命匕首,非必工名,或所貯之人名盛,則亦以命焉。'"

按,《漢書·郊祀志》:"丁夫人、雒陽虞初等"。應劭曰:"丁夫人,其先丁復,本越人,封陽都侯,夫人其後,以詛軍爲功。"韋昭曰:"丁,姓;夫人,名也。"則古以"夫人"取名者,不一而足矣。瀧川引中井說非是。

---

① "謂",鈔稿本無。據手稿及《史記》諸本補。

345 是時侍醫夏無且以其所奉藥囊提荊軻也

《史記・刺客傳》：“是時侍醫夏無且以其所奉藥囊提荊軻也。”《正義》：“提，姪帝反。”李先生笠《訂補》曰：“《周勃傳》‘太后以冒絮提文帝’《索隱》云：‘蕭該音底。提者，擲也。’‘提荊軻’下，《策》無‘也’字，此疑誤衍。”

按，《漢書・周勃傳》師古曰：“提，擲也。提音徒計反。”又同摘，下文云“乃引其匕首以摘秦王”是也。《說文》：“摘，投也。”古書用投擲字皆作“摘”，許書無“擲”。其“也”字涉下文“無且愛我，乃以藥囊提荊軻也”而誤衍。

346 家丈人召使前擊筑

《史記・刺客傳》：“家丈 ① 人召使前擊筑。”《索隱》：“劉氏云：‘謂主人翁也。’又韋昭云：‘古者名男子爲丈夫，尊婦嫗爲丈人。故《漢書・宣元六王傳》所 ② 云一 ③ “丈人”，謂淮陽憲王外王母，即張博母也。故古詩曰“三日斷五匹，丈人故言遲”是也。’”

按，《聶政傳》正義引韋昭“丈人”作“大人”。《漢書》、古詩亦作“大人”。張文虎曰：“丈人、大人，皆尊屬偁，無別乎男女也。此傳‘家丈人’自當如劉說耳。”

347 而高漸離念久隱畏約無窮時

《史記・刺客傳》：“而高漸離念久隱畏約無窮時。”《索隱》：“約，謂貧賤儉約。既爲傭保，常畏人，故云‘畏約’，所以《論語》云‘不可以久處約’。”《正義》：“言久結其約契，逃避不敢出，有何窮極時？”瀧川資言《考證》：“楓、三本無‘隱’字。畏約，《索隱》是。”

按，隱，謂變名姓，匿作也。當以有“隱”字者爲是。畏約，《索隱》說亦未盡。《論語・里仁》“不仁者不可以久處約”孔曰：“久困則爲非。”邢

---

① “丈”，百衲本、瀧川本、中華本《史記》同。殿本作“大”。

② “所”，鈔稿本無。據諸本《史記》補。

③ “一”，瀧川本《史記》同。百衲本、殿本、中華本無。

疏：“言不仁之人，不可令久長處貧約，若久困則爲非也。”皇疏亦云：“約，猶貧困也。”《禮記·坊記》“小人窮斯約”鄭注：“約，猶窮也。”畏，非畏人意，謂畏貧約無盡時也。

348 重赦之

《史記·刺客傳》：“重赦之。”瀧川資言《攷證》：“楓本‘赦’作‘殺’爲是。重猶難也。張文虎曰：‘《風俗通》作殺。’”

按，重猶厚也。《呂覽·盡數》“無以烈味重酒”注：“重猶厚也。”重赦之者，猶言厚赦之也，“赦”字義長。

349 天雨粟馬生角

《史記·刺客列傳》：“‘天雨粟，馬生角’也”。《索隱》：“燕丹求歸。秦王曰：‘烏頭白，馬生角，乃許耳。’丹乃仰天歎，[1] 烏頭即白，馬亦生角。《風俗通》及《論衡》皆有此說。仍云：‘廄門木烏生肉足’也。”

按，《論衡·感虛》“廄”作“廚”，“烏”作“象”。《風俗通·正失》：“《太史記》：燕太子丹與秦，始皇遇之益不善。丹恐而亡歸，歸[2] 求勇士荊軻、秦武陽，函樊於期之首，貢督亢之地圖。秦王大悅，禮而見之。變起兩楹之間，事敗而荊軻立死。始皇大怒，乃益[3] 發兵伐燕，燕王走保遼東，使使斬丹以謝秦。燕亦遂滅。丹畏死逃歸耳，自爲其父所戮。手足圮絕，安在其能使雨粟其餘云云乎？原其所以有茲語者，丹實好士，無所愛悋也。故閭閻小論飾成之耳。”又按，《博物志》曰：“燕太子丹質[4] 於秦，請歸。聞秦王之謬言。仰而嘆，烏即頭白。俯而嗟，馬即生角。秦王不得已，遣之。爲機發之橋，欲陷丹。丹驅馳過之，而橋不發。遁到關，關門不開。丹爲雞鳴，於是眾雞悉鳴，關開，遂歸。”

---

[1]　“烏頭白”至“仰天歎”十四字，鈔稿本脫，據諸本《史記》補。
[2]　“歸”，鈔稿本無。據四部叢刊本《風俗通義》補。
[3]　“益”，鈔稿本無。據手稿及四部叢刊本《風俗通義》補。
[4]　“質”，鈔稿本作“至”。據清指海本《博物志》改。

李斯列傳

350 胥人者去其幾也

《史記·李斯列傳》："胥人者，去其幾也。"《索隱》："胥人猶胥吏，小人也。去猶失也。幾者，動之微。以言君子見幾而作，不俟終日；小人不識動微之會，故每失時也。劉氏解幾爲彊，非也。"

按，胥人者，胥靡之小人也。《莊①子》云"胥靡登高而不懼"是也。劉氏者，貞觀中諫議大夫崇賢館學士劉伯莊，嘗作《音義》二十卷。《日本現在書目》云："《史記音義》廿卷，唐大中大夫劉伯莊撰。"

351 秦之乘勝役諸侯蓋六世矣

《史記·李斯列傳》："秦之乘勝役諸侯，蓋六世矣。"《正義》："秦孝公、惠文王、武王、昭王、孝文王、莊襄王。"

按，賈誼《新書》所謂"及至始皇，奮六世之餘烈"是也。

352 樹靈鼉之鼓

《史記·李斯列傳》："樹靈鼉之鼓。"《集解》："鄭玄注《月令》云：'鼉皮可以冒鼓。'"

按，《文選·諫逐客書》"鼉"作"鱓"。李注："徒河切②。"則其字仍當作"鼉"。惟《漢書·司馬相如傳》"樹靈鼉之鼓"師古曰："靈鼉之鼓，以鼉皮爲鼓。鼉音徒河反，又音徒丹反。"則徒丹反者，當即"鱓"字。鼉、鱓並爲雙聲。

353 是以太山不讓土壤故能成其大

《史記·李斯列傳》："是以太山不讓土壤，故能成其大；河海不擇細流，故能就其深；王者不卻眾庶，故能明其德。"《索隱》："《管子》云：'海不辭水，故

---

① "莊"，鈔稿本誤"列"。據《莊子·庚桑楚》改。
② "切"，鈔稿本作"反"。據《文選》李善注改。

能成其大;泰山不辭土石,故能成其高。'《文子》曰:'聖人不讓負薪之言,以廣其名。'"瀧川資言《考證》:"《墨子·親士篇》:'江河不惡小谷之滿己也,故能大。聖人者,事無辭也,物無遠也,故能爲天下器。'中井積德曰:'擇,揀擇而取舍也①,故有取舍二義。此擇字,屬舍。'張文虎曰:'《索隱》泰字誤衍,《管子》無。'"

按,瀧川引《墨子》,尚有前於此者。《韓詩外傳·三》:"夫太山不讓礫石,江海不辭小流,所以成其大也。《詩》曰:'先民有言,詢于芻蕘。'博謀也。"乃鄙人對齊桓公語。《索隱》泰字非誤衍,泰山、土石自二字成文。《韓詩外傳》以爲鄙人對齊桓公語,則非管子可知。《大戴禮記·曾子制言》:"土非土不高,水非水不流。"亦其義也。②

354 方作觳抵優俳之觀

《史記·李斯列傳》:"方作觳抵優俳之觀。"《集解》:"應劭曰:'戰國之時,稍增講武之禮,以爲戲樂,用相夸示,而秦更名曰③角抵。角者,角材也。抵者,相抵觸也。'文穎曰:'案,秦名此樂爲角抵,兩兩相當,角力、角技藝射御,故曰角抵也。'駰案,觳抵即角抵也④。"中井積德曰:"角觝蓋今相撲之類,非通他技藝射御。"

按,中井積德說非。《漢書·武帝紀》:"元封三年春,作角抵戲。"注引應劭說"角者"兩句。引文穎說,"故曰角抵"句下有"蓋雜技樂也,巴俞⑤戲、魚龍蔓延之屬也,漢後更名平樂觀。"師古曰:"抵者,當也。非謂抵觸。文說是也。"又按,《史記·大宛列傳》:"安息以黎軒善眩人獻於漢,乃悉從外國客。於是大觳抵,出奇戲諸怪物。及加其眩者之工,而觳抵奇戲歲增變,甚盛益興,自此始。"《漢書·張騫傳》:"大角氏,出奇戲諸怪物,多聚觀,及其

---

① "也"下,鈔稿本衍"故有取舍也"五字。據手稿及瀧川《考證》刪。
② 謹案,鈔稿本(第十冊)重出一則,所列《李斯列傳》、《索隱》及瀧川資言《考證》之文與此同,校讀內容亦略同而稍簡,茲錄存以備覽:"按,瀧川引中井說是。《索隱》'泰'字非衍文,張說誤。《韓詩外傳·三》:'夫太山不讓礫石,江海不辭小流,所以成其大也。'鄙人對齊桓公語,則非《管子》可知。泰山、土石二字成文,《大戴記·曾子制言》:'土非土不高,水非水不流。'亦其義也。"
③ "曰",鈔稿本無。據《史記》諸本補。
④ "也",瀧川本、中華本《史記》同。百衲本、殿本無。
⑤ "俞",鈔稿本作"喻"。據中華本《漢書》改。

眩者之工,而角氐奇戲歲增變,其益興,自此始。"張衡《西京賦》言平樂事亦云:"臨迴望之廣場,程角觝之妙戲。烏獲扛鼎,都盧尋橦。衝①狹鷰濯,胷突銛鋒。跳丸劍之揮霍,走索上而相逢。"是角抵做②自戰國,更名於秦,增變於漢,其技亦已多方,固不僅僅如今相撲之類。王國維《宋元戲曲史》謂角觝戲始於武帝元封三年者,亦失考③。瀧川資言《考證》:"楓三本'觳'作'角'。"

355 趙高詐詔衞士

《史記·李斯列傳》:"趙高詐詔衞士,令士皆素服持兵内鄉。"瀧川資言《考證》:"楓、三本'衞士'下重'令'字。"

按,"令"字不應重,疑"令"下"士"字衍耳。

蒙恬列傳

356 乃使蒙恬將三十萬衆

《史記·蒙恬列傳》:"乃使蒙恬將三十萬衆,北逐戎狄,收河南。築長城,因地形,用制險塞,起臨洮,至遼東,延袤萬餘里。"

按,《水經注》卷三《河水》引楊泉《物理論》曰:"秦始皇使蒙恬築長城,死者相屬。民歌曰:'生男慎勿舉,生女哺用餔。不見長城下,尸骸相支拄。'其冤痛如此矣。蒙恬臨死曰:'夫起臨洮,屬遼東,城塹萬餘里,不能不絶地脈,此固當死也。'"並見《太平御覽·樂部》。

---

① "衝",鈔稿本誤"衡"。據手稿及胡刻本《文選》改。

② 謹案,《集韻》:"做,亦作方,通作昉。"

③ 謹案,王國維《宋元戲曲史》曰:"至武帝元封三年,而角抵戲始興。"本書作者《與郭沫若先生書》(疑1956年作)云:"《宋元戲曲史》稱武帝元封三年而角觝戲始興。按《史記·李斯列傳》:'是時二世在甘泉,方作觳抵優俳之觀。'《集解》:'應劭曰:戰國之時,稍增講武之禮,以爲戲樂,用相夸示。而秦更名角抵。角者,角材也。抵者,相抵觸也。'王翁以爲元封三年而角觝始興者,蓋據班書《武帝紀》之誤而失考。"

史記會注攷證校讀卷九

淮陰侯列傳

357 乃晨炊蓐食

《史記·淮陰侯列傳》:"乃晨炊蓐食。"《集解》:"張晏曰:'未起而牀蓐中食。'"

按,《風俗通·窮通》引作"乃晨早食"。然則"未起而牀蓐中食"者,亦言其早食耳。又《左氏》文七年傳"秣馬蓐食,潛師夜起"注:"蓐食,早 ① 食於寢蓐也。"《後漢書·廉范傳》"乃令軍中蓐食,晨往赴之"注:"蓐食,早起食於寢蓐中也。"皆言早食之意。

358 建大將之旗鼓

《史記·淮陰侯列傳》:"信建大將之旗鼓,鼓行出井陘口。"瀧川資言《考證》:"旗可稱建,鼓不得稱建,是帶言也。與《詩·大雅·公劉篇》'弓矢斯張'、《易·繫辭傳》'潤之以風雨'、《禮記·玉藻》'大夫不得造車馬'同例。"

按,瀧川說非是也。《李斯列傳》"建翠鳳之旗,樹靈鼉之鼓",《司馬相如列傳》同,鳳作華。樹猶建也,其義爲立、爲置,故《司馬相如列傳》曰"建華旗",又曰"綷雲蓋而樹華旗"是也。

359 以饗士大夫醳兵

《史記·淮陰侯列傳》:"以饗士大夫醳兵。"《集解》:"《魏都賦》曰:'肴

---

① "早"下,鈔稿本有"起"字。據阮刻本《左傳正義》刪。

醳順時。'劉逵曰:'醉①酒也。'"《索隱》:"劉氏依劉逵音,醳酒謂以酒食養兵士也。案,《史記》古'釋'字皆如此作,豈亦謂以酒食醳兵士,故字從酉乎?"瀧川資言《考證》:"余有丁曰:'按上文已有休兵語,醳字當依劉解。'中井積德曰:'醳兵二字竟不可通,或衍文,《漢書》刪之。'"

按,瀧川引中井說非是。醳字自當如劉說,醉酒也。《說文》"醉"下云:"卒也。卒其度量,不至於亂也。"《田敬仲世家》有"醳之愉"之語。《索隱》:"醳音釋。"此傳上文云"百里之內,牛酒日至",此牛酒者,以饗士大夫,亦以醳兵。小司馬所謂"以酒食養②兵士"者是也。《漢書》刪之,則示與士卒同甘苦之意,失矣。又按,裴氏《集解》引《魏都賦》劉逵說,今《文選注》無此條,《三都賦》劉淵林注:"《三都賦》成,張載爲注《魏都》,劉逵爲注《吳》、《蜀》,自是之後,漸行於俗也。"今觀裴氏所引,知逵亦注《魏都》矣。③

360 足下欲持是安歸乎

《史記·淮陰侯列傳》:"足下欲持是安歸乎?"

按,持猶恃也。《左氏》昭十九年傳:"以持其世而已。"《釋文》:"持,本作恃。"《莊子·徐無鬼》:"恃源而往者也。"《釋文》:"恃,本亦作持。"持、恃同聲義通。

361 故知者決之斷也

《史記·淮陰侯列傳》:"故知者,決之斷也。"王念孫曰:"當作'決者,知之斷',下句'疑者,事之害'正與此相反也。有智而不能決,適足以害事,故下文又申之曰'智誠知之,決弗敢行者,百事之禍也。'"

按,王說非。疑當作"知者,事之決也。疑者,事之害也。"與上文"夫聽者,事之候也。計者,事之機也。"上下四"事"字對文,"決"與"斷"義嫌複。《漢書》刪後兩句。

---

① "醉",瀧川本《史記》同,百衲本、殿本、中華本作"醳"。

② "養",鈔稿本作"醳"。據《索隱》改。

③ 案,此則手稿有眉批云:"又按《張儀傳》:'掠笞數百,不服,醳之。'《集解》:'醳,音釋。'《索隱》:'古釋字。'然則此'醳兵'者,即釋兵也。二字自爲句,以應上文'莫如案甲休兵'也,義亦自通。"

酈生陸賈列傳

362 以爲酈生賣己

《史記·酈生陸賈列傳》："以爲酈生賣己"。瀧川資言《考證》："顏師古曰:'言其與韓信通謀。'"

按,《秦本紀》:"鄭人有賣鄭於秦。"《鄭世家》:"鄭司城繒賀以鄭情賣之,秦兵故來。"又《戰國·秦策》:"陳軫爲王臣,常以國情輸楚。"高注:"輸,語也。"此皆通謀之類也。《漢書·蒯通① 傳》"賣己"作"欺己",義同。

363 舉大事不細謹盛德不辭讓

《史記·酈生陸賈列傳》:"酈生曰:'舉大事不細謹,盛德不辭讓。而公不爲若更言。'"瀧川資言《考證》:"《李斯傳》:'趙高謂李斯曰:"大行不小謹,盛德不辭讓。"'岡白駒曰:'而公,自稱之倨辭,猶"乃公"也,言我不爲汝② 更言。'"

按,酈生伏軾下齊七十餘城,不亟報漢王。及淮陰侯襲齊,其對田廣之語,倨傲以速禍,何也?《漢書》刪此數語是已。

364 吾不起中國故王此

《史記·酈生陸賈列傳》:"尉他大笑曰:'吾不起中國,故王此。使我居中國,何渠不若漢?'"《集解》:"渠音詎。"《索隱》:"渠,劉氏音詎。《漢書》作'遽'字,小顏以爲'有何迫促不如漢也'。"瀧川資言《考證》:"高山寺本'笑'作'嘆','渠'作'遽'。渠與距、詎、巨、遽同,豈也。何渠,連言一意,說詳於《經傳釋詞》,顏說失之。中井積德曰:'意謂固正如漢耳。'"

按,何渠,猶何遽、何乃、何曾也。上文云"王何乃比於漢",其語同也。師古以爲"有何迫促"云者,《說文》:"乃,曳詞之難也。"《公羊》宣八年

---

① 謹案,"蒯通",鈔稿本作"韓信"。據中華本《漢書》改。今檢《漢書·蒯通傳》云:"齊王以酈生爲欺己而亨之"。

② "汝",鈔稿本作"若"。據瀧川《考證》改。

傳曰："而者何？難也。乃者何？難也。曷爲或言而,或言乃？乃難乎而也。"
何注："言乃者,內而深；言而者,外而淺。""迫促"者,猶言難也,義則同
"乃",所謂"乃者,內而深"也,皆助氣之詞也。"大笑"高山寺本"笑"作
"嘆",非。

365 使我居中國何渠不若漢

《史記‧陸賈傳》："使我居中國,何渠不若漢？"《經傳釋詞》："《漢書》
作'何遽'。家大人曰：'遽,亦何也。連言何遽者,古人自有複語耳。顏師古
以遽爲迫促,失之。'"

按,"何渠"猶"何遽"、"何乃"、"何曾"也。《陸賈傳》"王何乃比
於漢",其語同也。師古以遽爲迫促,猶言難也。《公羊》宣八年傳曰："乃者
何？難也。"《說文》："乃者 [①],曳詞之難也。"是也。

366 語在黥布語中

《史記‧酈生陸賈列傳》："語在《黥布》語中。"《集解》："《黥布列傳》
無此語。"

按,據裴氏之言,則《史》文闕失多矣。

張釋之馮唐列傳

367 以訾爲騎郎

《史記‧張釋之列傳》："以訾爲騎郎。"《集解》："蘇林曰：'雇錢若出穀也。'
如淳曰：'《漢儀注》 [②] 訾五百萬得爲常侍郎。'"

按,《北堂書鈔‧設官部》引應劭《漢官儀》："漢初有散騎侍郎、掌 [③] 侍

---

① "者",大、小徐本《說文》無。
② "漢儀注"三字,鈔稿本無。據諸本《史記》補。
③ "掌",據孔廣陶校,陳俞本《北堂書鈔》、平津館本《漢官儀》皆同。孔本《北堂書鈔》作
"常"。

省,皆爲騎郎,貲①滿五萬_{按五下當敚百字}爲常侍郎。"張釋之以貲爲騎郎②,蓋此官也。

萬石張叔列傳

368 萬石君以元朔五年中卒

《史記‧萬石張叔列傳》:"萬石君以元朔五年中卒。"

按,"中"字涉下文"長子郎中令建"衍也。

扁鵲倉公列傳

369 姓秦氏名越人

《史記‧扁鵲列傳》:"姓秦氏,名越人。"瀧川資言《考證》:"陳仁錫曰:《周禮》釋文引《史記‧扁鵲傳》云:"姓秦,名少齊,越人。"今本無"少齊"二字。"

按,瀧川引陳氏說非。扁鵲自勃海鄭人。下文云"臣齊勃海秦越人也",又云"越人之爲方也"、"越人非能生死人也"、"越人能使之起耳",扁鵲以"越人"自稱,是越人,扁鵲名也。《釋文》引《史》當有錯簡。又按,《韓詩外傳‧十》:"扁鵲過虢,侯世子暴病而死,扁鵲造宮曰:'吾聞國中③卒有壤④土之事,得無有急乎?'曰:'世子暴病而死。'扁鵲曰:'入言鄭醫秦越人能治之。'"則扁鵲實鄭人。

370 簡子賜扁鵲田四萬畝

《史記‧扁鵲列傳》:"簡子賜扁鵲田四萬畝。"

按,《太平御覽‧疾病部》:"楊泉⑤《物理論》曰:'趙簡子有疾,扁鵲

---

① "貲",鈔稿本作"訾"。據孔本《北堂書鈔》、平津館本《漢官儀》改。案訾通貲。

② "騎郎",鈔稿本作"常侍"。據上下文意改。

③ "中",鈔稿本誤"有"。據手稿及四部叢刊本《韓詩外傳》改。

④ "壤",鈔稿本誤"瓖"。據手稿及四部叢刊本《韓詩外傳》改。

⑤ "楊泉",四部叢刊本《太平御覽》無。

診候。出曰：“疾可治也，而必殺醫焉。”以告太子，太子保之。扁鵲領召而入①，入而著履登牀，簡子大怒，便以戟追殺之。扁鵲知簡子大怒則氣通血脈暢達也。’”《御覽》所引與《史記》本傳殊，且下文云“秦太醫令李醯自知伎不如扁鵲也，使人刺殺之”，是殺扁鵲者，由李醯也。

李將軍列傳

371 廣出獵見草中石

《史記·李將軍列傳》：“廣出獵，見草中石，以爲虎而射之，中石沒鏃，視之，石也。因復更射之，終不能復入石矣。”

按，《新序·雜事》：“楚熊②渠子夜行，見寢石以爲伏虎，闚弓射之，滅矢飲羽，下視，知石也。却復射之，矢摧無迹。”又按，《吕氏春秋·精通篇》：“養由基射兕③，中石，矢乃飲羽，誠乎兕也。”此其所記相類。然則史公亦極言李將軍之神勇，姑傳其事如此耳。

372 居則畫地爲軍陳

《史記·李將軍列傳》：“居則畫地爲軍陳，射闊狹以飲。”《集解》：“如淳曰：射戲求疏密，持酒以飲不勝者。”《正義》：“飲，音④於禁反。”

按⑤，《漢書·藝文志·兵家·技巧》：“《李將軍射法》三篇。”師古曰：“李廣。”

---

① “領召而入”，平津館叢書本《物理論》引《太平御覽》同。四部叢刊影印南宋蒲叔獻刊本《太平御覽》作“頻召不入”。

② “熊”，鈔稿本誤“雄”。據叢書集成初編本《新序》改。

③ 謹案，“兕”，鈔稿本作“先”，蓋依舊本。畢沅曰：“‘兇’乃‘兕’之或體。舊誤作‘先’，校者欲改爲‘虎’，非也。”茲據訂正。又瀧川本引作“虎”，亦誤。下文“誠乎兕也”之“兕”字做此。

④ “音”，鈔稿本無。據《史記》諸本補。

⑤ “按”，鈔稿本無。依本書通例補。

匈奴列傳

373 計其法拔刃尺者死

《史記·匈奴列傳》：“計其法①：拔刃尺者死；坐盜者沒入其家；有罪，小者軋，大者死。”《集解》：“駰案，《漢書音義》曰：‘刃，刻其面。’”《索隱》：“軋②音烏八反。鄧展云：‘軋，歷也。’如淳云：‘樋，杖③也。’《三蒼》云：‘軋，輾也。’《說文》云：‘輾，轢也。’”《正義》：“顏師古云：‘軋者，謂輾轢④其骨節，若今之厭踝者也。’”

按，“刃刻其面”者，服虔說，其義不明。“尺”字皆無釋。《說文》：“尺，所以指尺規榘事也。”段注：“‘指尺’當作‘指庐’，聲之誤也。”《广部》：“庐，卻屋也。”《廣韻》引作“卻行也”。庐俗作斥、斥，形之謁也。《穀梁》僖五年傳“目晉侯斥殺”注：“斥，指斥。”《漢書·曹參傳》、《東方朔傳》、《楊雄傳》皆作“斥”，注：“卻也。”《文選·思玄賦》“斥西施而弗御兮”注：“斥，却也。”莊子《逍遙遊》“斥鷃笑之曰”陸氏《音義》：“斥，本⑤作尺。”《文選·七啓》“山鷄斥鷃”注：“許慎《淮南子注》曰：‘鷃雀飛不過一尺，言劣弱也。’”是斥與尺古字通，其義爲卻。引弓之民好鬬，故上文云“其俗寬則隨畜，因射獵禽獸爲生業，急則人習戰攻以侵伐，其天性也”。此云“拔刃尺者死”，猶言拔刀臨敵而卻者死，以教戰也。“坐盜者”籍“沒入其家”，窮治盜賊也。“有罪小者軋，大者死”，重刑罰也。

衛將軍驃騎列傳

374 以冠軍侯去病爲驃騎將軍

《史記·衛將軍驃騎列傳》：“元狩二年春，以冠軍侯去病爲驃騎將軍。”

---

① 謹案，“計其法”，此處蓋以“計”字屬下讀。檢《漢書·匈奴傳》顏注前文以“課校人畜計”爲句，則“計”屬上讀。似當從之。又，瀧川本、中華本《史記》亦屬上讀。

② “軋”，百衲本、殿本《史記》同。瀧川本、中華本作“服虔云：刀割面也”。

③ “杖”，百衲本、殿本《史記》同。瀧川本、中華本作“扶”。

④ “轢”，鈔稿本誤“轉”。據諸本《史記》改。

⑤ “本”下，《釋文》有“亦”字。

《正義》：“《漢書》云：‘霍去病征匈奴有絕幕之勳，始置驃騎將軍，位在三司，品秩同大將軍。’”

按，《北堂書鈔・設官部》引應劭《漢官儀》：“漢興①，置驃騎將軍，位次丞相。是以《漢百官志》云：‘驃騎將軍，秩與大將軍同。’”按《百官公卿表》無此語。《太平御覽・職官部》引同。

375 乃益置大司馬位

《史記・衛將軍驃騎列傳》：“乃益置大司馬位，大將軍、驃騎將軍皆爲大司馬。”《集解》：“如淳曰：‘大將軍、驃騎將軍皆有大司馬之號也。’”《索隱》：“案，如淳云：‘本無大司馬，今新置耳。’案，前謂太尉，其官又省，今武帝始置此位，衛將軍、霍驃騎皆加此官。”《正義》：“位字屬下讀，以位字冠大將軍、驃騎者，明二將軍皆兼大司馬，以其功等。《百官表》云：‘元狩四年，初置大司馬，冠軍將軍之號。’顏師古云：‘冠者，加於其上，爲大一官也。’”瀧川資言《考證》：“位字屬上讀，《正義》非。”

按，瀧川說是也。《索隱》即以“位”字屬上讀。《集解》引如淳謂大司馬號者，《官表下》“元狩四年，大將軍衛青爲大司馬，大將軍驃騎將軍霍去病爲大司馬驃騎將軍”是也。《正義》引作“初置大司馬，冠軍將軍之號”，“冠”上脫“以”字，“冠”下衍“軍”字。顏注“爲大一官也”，當作“共爲一官也”是也。

平津侯主父列傳

376 太皇太后詔大司徒大司空

《史記・平津侯②主父列傳》：“太皇太后詔大司徒、大司空”。《集解》：“徐廣曰：‘此詔是平帝元始中王元后詔，後人寫此及班固所稱，以續卷後。’”《索隱》：“按，徐廣云‘此是平帝元始中詔，以續卷後’，則又非褚先生所錄

---

① “興”，孔本《北堂書鈔》無。孔校：“平津館輯《漢官儀》據《御覽》引，‘漢’下有‘興’字。”

② “侯”，鈔稿本脫。據諸本《史記》補。

也。"瀧川資言《考證》:"洪亮吉曰 ① :'案此疑馮商受詔續《太史公書》時所錄入。'"

按,瀧川引洪氏說以此疑爲馮商所續,然《漢志》著錄馮商所續《太史公》七篇,按韋昭曰:"馮商受詔,續《太史公》十餘篇,在班彪前。"又《張湯傳》注:"如淳曰:'成帝時,馮商受詔續《太史公書》十餘篇。'"與《太史公》百三十篇並列,則其書單行,似非附益。《史通・正史》謂續《史記》者有向、歆、馮商、衛衡、史岑、梁審、肆仁、晉馮、段肅、金丹、馮衍、韋融、蕭奮、劉恂等。馮商當孝成時,其年事略後於向、歆;褚少孫在班彪之前。此爲誰續,疑莫能明。

司馬相如列傳

377 掩焦明

《史記・司馬相如列傳》:"掩焦明"。《索隱》:"《樂汁 ② 圖徵》曰:'鷦明,狀似鳳皇。'"

按,《文選・上林賦》李注引作《樂汁圖》,脫"徵"字。"汁",當作"叶"。黃奭《漢學堂叢書》有輯佚本,"汁"作"協",是也。又按,《法言・問明》:"鷦明遴集,食其絜者矣。"李軌注:"鷦明非竹實之絜不食。"

378 歷唐堯於崇山兮

《史記・司馬相如列傳》:"歷唐堯於崇山兮"。《正義》:"張云:'崇山,狄山也。'"

按,"張"下脫"揖"字,當據《漢書》注補。

淮南衡山列傳

379 而謀反滋甚

《史記・淮南王安列傳》:"而謀反滋甚。"張文虎曰:"謀反,疑倒。"

---

① "曰",鈔稿本無。據手稿及瀧川《考證》補。
② "汁",百衲本、殿本《史記》同。瀧川本、中華本作"叶"。

按，張說是也。下文云"其爲反謀益甚"，文義正同。

380 且吾高祖孫親行仁義

《史記·淮南王安列傳》："且吾高祖孫，親行仁義。"瀧川資言《考證》："王先謙曰：'親字當在高祖孫上，後人傳寫誤倒耳。上文"王親高帝孫，行仁義"是其證。'"

按，瀧川引王氏說非，此文"親"字自爲讀，取其錯落，不煩更易。《史》、《漢》同。

汲鄭列傳

381 請徙黯爲右內史

《史記·汲黯列傳》："請徙黯爲右內史。"瀧川資言《考證》："大初元年，改右內史稱京兆尹。"

按，《漢書·百官公卿表》："元朔五年，主爵都尉汲黯爲右內史，五年免。"改稱京兆者，內史也。左內史改左馮翊，右內史改右扶風。並見《地理志》。瀧川說非是。

382 如積薪後來者居上

《史記·汲黯列傳》："陛下用群臣，如積薪耳，後來者居上。"瀧川資言《考證》："顏師古曰：'積薪之言，出《曾子》。'周壽昌曰：'今世傳《曾子》書無此語。'沈欽韓曰：'《文子·上德篇》：虛無因循，常後而不先，譬若積薪燎，後者處上。《淮南·繆稱訓》：聖人不爲物先，而常制之，其類若積薪樵，後者在上。'"

按，王應麟《困學紀聞》："汲長孺學黃老言，故用《文子》之語。顏注云積薪之言出《曾子》，當攷。"愚謂黯用《文子》語，意實相左。

史記會注攷證校讀卷十

儒林列傳

383 冠雖敝必加於首履雖新必關於足

《史記·儒林傳》：“黃生曰：‘冠雖敝，必加於首。履雖新，必關於足。’”

按，《漢書·賈誼傳》：“臣聞之，履雖鮮，不加於枕。冠雖敝，不以苴履。”其義相成。蓋本諸古語耳。

384 食肉不食馬肝

《史記·儒林傳》：“食肉不食馬肝，不爲不知味。”《正義》：“《論衡》云：‘氣熱而毒盛，故食馬肝殺人。又盛夏馬行多渴死，殺氣爲毒也。’”

按，《論衡·言毒》：“火困而氣熱，血毒盛，故食走馬之肝殺人，氣困爲熱也。盛夏暴行，暑喝而死，熱極爲毒也。”《封禪書》“文成食馬肝死耳”《索隱》：“《論衡》云：‘氣勃而毒盛，故食走馬肝，馬肝殺人。’”其文互有譌誤。《漢書·儒林傳》師古曰：“馬肝有毒，食之憙殺人，幸得無食。言湯、武爲殺，是背經義，故以爲喻也。”劉敞曰：“知味者不必須食馬肝，言學者不必須論湯、武，此欲令學者皆置之耳。”師古說不甚了了，故劉氏以臆申之。愚謂《刺客傳》索隱引《燕太子篇》曰：“軻與太子又共乘千里馬，軻曰：‘千里馬肝美。’即殺馬進肝。”[1] 疑用此事。

---

① 謹案，中華書局 1985 年版古小說叢刊本《燕丹子》：“後復共乘千里馬。軻曰：‘聞千里馬肝美。’太子即殺馬進肝。”則與小司馬引略同。

385 唯董仲舒名爲明於春秋

《史記·儒林傳》:"唯董仲舒名爲明於《春秋》,其傳《公羊氏》也。"瀧川資言《考證》:"史公受《公羊春秋》於仲舒,故其言如此。"

按,上文云"仲舒弟子吕步舒",又《春秋公羊傳序》疏引《六藝論》云:"治公羊者,胡毋生、董仲舒,董仲舒①弟子嬴公,嬴公弟子眭孟,眭孟弟子莊彭祖及顏安樂,安樂弟子陰豐、劉向、王彦。"則史公固未著籍弟子之列。《自序》雖有"余聞董生曰"云云,《集解》:"服虔曰:'仲舒也'",然《漢書》本傳及《儒林傳》皆無受《公羊》於仲舒之文。論其年事,當在師友之閒,則瀧川之言未可信也。

386 伏生者濟南人也

《史記·儒林列傳》:"伏生者,濟南人也。"《集解》:"張晏曰:'伏生,名勝,《伏氏碑》云。'"瀧川資言《考證》:"錢大昭曰:'《後漢·伏湛傳》云:九世祖勝,字子賤。所謂濟南伏生者也。'"

按,陳壽祺《尚書大傳序錄》:"《顏氏家訓·書證篇》曰:'孔子弟子②慮子賤爲單父宰,即虙羲之後。俗字亦爲宓,或復加山。今兗州永昌郡城,舊單父地也。東門有子賤碑,漢世所立,乃云濟南伏生即子賤之後。是慮之與伏古來通字,誤以爲宓,較可知矣。'案曰:伏生既爲慮子賤之後,不應與其遠祖同字,而《史記索隱》引《漢紀》以爲伏生字子賤,恐即因漢碑而展轉致誤,漢碑固不誤也。今《漢紀》無此文,不知小司馬何據。然范蔚宗《後漢書》實云伏生名勝字子賤,其名則是,其字則非也。湖本《史記》載《索隱》,引《漢紀》作《紀年》,引張晏作張華,皆誤。"陳說較瀧川引錢說爲近是。蓋《集解》引張晏據《伏氏碑》亦及其名,不及其字也。殿本無《索隱》此條。

---

① "董仲舒"三字,鈔稿本無。據手稿及阮刻本《公羊注疏》補。
② "子"下,鈔稿本衍"子"。據手稿及陳氏《尚書大傳序錄》刪。

酷吏列傳

387 至則族滅瞷氏首惡

《史記·酷吏列傳》："至則族滅瞷氏首惡。"瀧川資言《考證》："何焯曰:'僅誅首惡,法之正也。族滅,此都所以爲酷耳。'"

按,瀧川引何氏說非是。高祖入關,與民約法,殺人者死。夫曰"首惡",則止誅一人,班書作"至則誅瞷氏首惡"是也。[①] 豈有以豪猾而族滅?雖酷吏,寧有是理乎?

388 竇太后乃竟中都以漢法

《史記·酷吏列傳》："竇太后乃竟中都以漢法。"瀧川資言《考證》:"《漢書》無'竇太后竟'四字。何焯曰:'《漢書》去四字,似都爲匈奴所間矣。'沈欽韓曰:'遷書在前,疑得其實。荀悅《漢紀》云:匈奴中以法,太后以臨江王之死也怨之,遂斬都。荀紀全據班書抄撮,故爲潤飾。'愚按,史文自通,'竟'字承上文'以危法中都','漢'字對匈奴而言。"

按,瀧川說非是。漢法猶云漢家法,即國法耳,不必對匈奴而言。《漢書》刪去四字,事實全乖,上下文義甚明,沈說是也。

游俠列傳

389 此如順風而呼

《史記·游俠列傳》："此 [②] 如順風而呼,聲非加疾,其勢 [③] 激也。"

按,《大戴禮·勸學》:"順風而呼,非聲加疾也,而聞者著。"

---

① "也",手稿作"已"。
② "此",殿本《史記》同。百衲本、瀧川本、中華本作"比"。
③ "勢",百衲本、殿本《史記》同。瀧川本、中華本作"埶"。案,埶即勢之古字。

390 近世延陵孟嘗春申平原信陵之徒

《史記 ①·游俠列傳》：“近世延陵、孟嘗、春申、平原、信陵之徒”。《集解》：“徐廣曰：‘代郡亦有延陵縣 ②。’駰案，《韓子》云‘趙襄子召延陵生，令車騎先至晉陽’。襄子時趙已并代，可有延陵之號，但未詳是此人非耳。”瀧川資言《考證》：“顧炎武曰：‘延陵謂季札，以其徧游上國，與名卿相結，解千金之劍而繫冢樹，有俠士之風也。’中井積德 ③ 曰：‘延陵疑衍文。《漢書》舉四君而不及延陵，亦足徵。’崔適曰：‘下文專承四豪爲義，豈有一字涉於延陵者？其爲衍文明矣。’愚按 ④，梁玉繩、張文虎亦以延陵爲衍文。徐廣、顧炎武說非。”

按，顧氏謂延陵爲季札，不知季札禮讓爲 ⑤ 國，脫屣尊榮，有太伯之遺風。其歷聘上國，亦彬彬有禮。史公稱其仁心慕義，閎覽博物君子者，豈雞鳴狗盜之雄之等哉？正疑“延陵”涉“信陵”音近誤衍，《漢書》獨舉四君是也。

391 然終不伐其能歆其德

《史記·游俠列傳》：“然終不伐其能、歆其德。”瀧川資言《考證》：“岡白駒曰：‘不歆其德，不亨 ⑥ 人之以爲恩德。’愚按，楓山、三條本‘歆’作‘飲’，與《漢書·游俠傳》合，非是。”

按，瀧川引岡白駒說以歆爲亨，不免望文生義。蓋歆當作矜，《漢書》作飲者，皆聲之誤也。“不伐其能、歆其德”者，猶言不伐其能、不矜其德也。上言“不矜其能，羞伐其德”，下言“不矜其功”，故此於“歆”上省“不”字，以變文句耳。《書》曰：“汝惟不矜，天下莫與汝爭能；汝惟不伐，天下莫與汝爭功。”又按，《國語·楚語》“楚必歆之”注：“歆猶貪也。”義亦得通。

---

① “記”，鈔稿本誤“說”。據手稿改。
② “縣”，鈔稿本無。據諸本《史記》補。
③ “德”，鈔稿本沿瀧川《攷證》誤“穗”。據上下文意改。
④ “愚按”，鈔稿本無，據瀧川《考證》補。
⑤ “爲”，鈔稿本脫。據手稿補。
⑥ “亨”，鈔稿本作“享”。據瀧川《考證》改。案，亨享通。

392 吳楚舉大事而不求孟

《史記·游俠列傳》:"吳楚舉大事而不求孟,吾知其無能爲已矣。天下騷動,宰相得之,若得一敵國云。"瀧川資言《考證》:"李笠曰:'《漢書》無矣字。此文多一矣字,則語緩,疑誤衍。宰相,當作大將軍。'《通鑑考異》云:'按劇孟一游俠之士耳,亞夫得之,何足爲輕重?蓋其徒欲爲孟重名,妄撰此言,不足信也。'"

按,《考異》說非是。蓋游俠之行,振人不贍,先從貧賤始。專趨人之急,甚已之私。若朱家所藏活豪士以百數。陰脫季布之阨,終身不見。自關以東,莫不延頸願交。劇孟行大類朱家。母死,自遠方送喪蓋千乘。而符離王孟、齊南瞷氏、陳周庸以豪聞,景帝使使盡誅此屬。郭解父以任俠,孝文時誅死。解以軀借交報仇,藏命作姦剽攻,鑄錢掘冢,不可勝數。及徙富豪茂陵,衛將軍爲言:"郭解家貧不中徙。"上曰:"布衣權至使將軍爲言,此其家不貧。"解家遂徙。諸公送者出千餘萬。解入關,關中賢豪知與不知,聞其聲,爭交驩解。軹有儒生毀解"以姦犯公法",解客聞,殺此生。解實不知殺者,吏奏解無罪。御史大夫公孫弘議曰:"解布衣爲任俠行權,以睚眥殺人,解雖弗知,此罪甚於解殺之。當大逆無道。"遂族郭解。其傾動當世,既已若此。使藉有士卿相之富厚,即如孟嘗、平原之倫,招天下賢者,顯名諸侯。"亞夫得之"云云,豈其徒欲爲孟重名乎?

佞幸列傳

393 顧見其衣裻帶後穿

《史記·佞幸列傳》:"顧見其衣裻帶後穿。"《集解》:"徐廣曰:'一無裻字。'"《索隱》:"音篤。裻者,衫襦之橫腰者。"瀧川資言《考證》:"中井積德曰:'《說文》:"裻,背縫也。"裻以語縱,帶以語後。'愚按[①],《漢書》作'尻'。"

按,瀧川引中井說鑿。徐廣謂"一無裻字"者是也。《索隱》音篤,是小

---

① "愚按",鈔稿本無。據瀧川《攷證》補。

司馬所據之本有"裻"字者。然謂裻者衫襦之橫腰者,與裻背縫之義不侔。衫襦之橫腰者,似說帶也。必有錯簡。《漢書》"裻帶"作"尻帶",班氏已疑"裻"字矣。

394 彌子瑕之行足以觀後人佞幸矣

《史記·佞幸列傳》:"甚哉愛憎之時!彌子瑕之行,足以觀後人佞幸矣。雖百世可知也。"《索隱》:"彌子瑕①,衛靈公之臣,事見《說苑》也。"

按,亦見《韓非子·說難》。

滑稽列傳

395 楚相孫叔敖知其賢人也

《史記·滑稽列傳》:"楚相孫叔敖知其賢人也,善待之。病且死,屬其子曰:'我死,汝必貧困。若往見優孟,言我孫叔敖之子也'。"

按,《韓非子·外儲說左》:"孫叔敖相楚,棧車牝馬,糲飯菜羹,枯魚之膳,冬羔裘,夏葛衣,面有飢色,則良大夫也。其儉偪下。"

396 復作故事滑稽之語六章

《史記·滑稽列傳》:"竊不遜讓,復作故事滑稽之語六章,編之於左。"《索隱》:"《楚詞》云:'將突梯滑稽,如脂如韋。'崔浩云:'滑音骨。滑稽②,流酒器也。轉注吐酒,終日不已。言出口成章,詞不窮竭,若滑稽之吐酒,故揚雄《酒賦》云'鴟夷滑稽,腹大如壺,盡日盛酒,人復藉沽'是也。又③姚察云:'滑④讀如字,稽音計也。言諧語滑利,其知計疾出,故云滑稽。'"

按,《漢書·公孫弘卜式兒寬傳》贊曰:"滑稽則東方朔、枚皋。"師古曰:"滑稽,轉利之稱也。滑,亂也。稽,礙也。言其變亂無留礙也。一說稽,

---

① "彌子瑕"三字,諸本《史記索隱》無。蓋引者增之以足語意。
② "滑稽",鈔稿本無。據諸本《史記索隱》補。
③ "又",鈔稿本無。據諸本《史記索隱》補。
④ "滑"上,諸本《史記索隱》有"滑稽,猶俳諧也"六字。

考也。言可滑亂不可考校也。滑音骨，稽音工奚反。”則小顏滑音骨，與姚讀如字異，稽平讀，亦與姚音計者不同。

397 民可以樂成不可與慮始

《史記·滑稽列傳》：“民可以樂成，不可與慮始。”

按，以，猶與也。《文選·劉子駿〈移書讓太常博士〉》：“夫可與樂成，難與慮始。”李注：“《太公金匱》曰：‘夫人可以樂成，難以慮始。’”是以與古通用。

貨殖列傳

398 故歲在金穰水毀木饑火旱

《史記·貨殖列傳》：“故歲在金，穰；水，毀；木，饑；火，旱。”《索隱》：“五行不說土者，土，穰也。”《正義》：“此不說土者，土 ① 四季不得爲主故也。”瀧川資言《考證》：“岡白駒曰：‘穰，豐盛也。毀雖不至饑，比穰之三分之一耳。’”

按，諸說於文義皆無當。此五行不言土者，當以《洪範》五行說之。蓋“土爰稼穡”，此文下言“旱則資舟，水則資車，物之理也。六歲穰，六歲旱，十二歲一大饑。夫糶，二十病農，九十病末。末病則財不出，農病則草不辟矣。上不過八十，下不減三十，則農末俱利。平糶齊物，關市不乏，治國之道也。”凡此所云皆稼穡之事也。《左氏》文七年傳：“郤缺曰：‘水、火、金、木、土、穀，謂 ② 之六府。’”《禹貢》曰：“六府孔修。”《書》疏：“六府以土、穀爲二，由其體異故也。”③ 云“金，穰；水，毀；木，饑；火，旱”者，皆所以致歉之道也。故合之則五行備矣。而稼穡者，又貨殖之本也。班志改爲“食貨”，其旨尤彰明較著。《越絕書·計倪内經》：“陰陽萬物，各有紀綱。日月、星辰、刑德，變爲吉凶。金木水火土更勝，日朔更建，莫主其常。順之有德，逆之有

---

① “土”，鈔稿本無．據瀧川本《史記正義》補。

② “謂”，鈔稿本脫。據手稿及阮刻本《左傳正義》補。

③ 謹案，此節引文見《洪範》疏。

殀。”又曰：“審金木水火，別陰陽之明，用此不患無功。”皆計倪對越王之言。史公所述，蓋其義云。“金，穰”者，穰疑當作攘，《淮南·兵略[①]》“故至於攘天下”注：“攘，亂也[②]。”《洪範》：“金從革。從革作辛。”《白虎通·五行篇》：“金味所以辛何？西方煞傷成物，故金[③]。”攘者有兵象攘亂之意，《老子》曰：“大軍之後，必有凶年。”是其義也。

399 夫糴二十病農九十病末

《史記·貨殖列傳》：“夫糴，二十病農，九十病末。”《索隱》：“言米賤，則農夫病也。若米斗直九十，則商賈病，故云病末。謂逐末，即商賈也。”

按，《越絕書·計倪內經》作“糴石二十則傷農，九十則病末。”又下云：“甲貨之戶曰粢，爲上物，賈七十；乙貨之戶曰黍，爲中物，石六十；丙貨之戶曰赤豆，爲下物，石五十；丁貨之戶曰稻粟，令爲上種，石四十；戊貨之戶曰麥，爲中物，石三十；己貨之戶曰大豆，爲下物，石二十。”皆明言石賈，《史》不明言斗石，《索隱[④]》以爲斗值，計算之量不同耳。

400 范蠡既雪會稽之恥

《史記·貨殖列傳》：“范蠡既雪會稽之恥”。瀧川資言《考證》：“《漢書》雪作刷。顏師古曰：‘刷謂拭除之也。’”

按，《呂覽·觀表》“吳起雪泣而應之”注：“雪，拭也。”《廣雅·釋詁》：“雪，除也。”是雪刷音近義同。

401 乃乘扁舟浮於江湖

《史記·貨殖列傳》：“乃乘扁舟，浮於江湖。”

按，《意林》引楊泉《物理論》：“范蠡，字少伯，楚三戶人也。使越滅吳已後，乘輕舟遊五湖。王令人寫其狀，恒朝禮之。《列仙傳》云徐人也。”

---

① “兵略”，鈔稿本誤作“詮言”，據四部叢刊本《淮南子》改。
② “也”，高誘注無。疑引者增之以足語意。
③ “故金”，《白虎通》作“辛所以煞傷之也”。
④ “隱”，鈔稿本誤“穩”。據手稿改。

402 而不責於人

《史記·貨殖列傳》："而不責於人"。《索隱》："案,謂擇人而與人不負之,故云不責於人也。"

按,瀧川資言《考證》本"擇人而"三字在"故云"之下,然二句上下文義仍未了了,疑有譌敓。

403 後年衰老而聽子孫

《史記·貨殖列傳》："後年衰老而聽子孫。"

按,瀧川資言《攷證》本"年"上無"後"字。

404 廢著鬻財於曹魯之間

《史記·貨殖列傳》："廢著鬻財於曹、魯之間。"《集解》："徐廣曰:'《子贛傳》云"廢居"。著猶居也。著讀音如貯。'"《索隱》："著音貯。《漢書》亦作'貯',貯猶居也。《說文》云①:'貯,積也。'"瀧川資言《考證》："李笠曰:'案廢,古與發字通,《平準書》"廢居"《索隱》引劉氏云:"廢,出賣。居,停蓄也。"《仲尼弟子列傳》"子貢好廢居"《索隱》引劉氏云:"廢,謂物貴而賣之。舉,謂物賤而買之。"廢之爲發可知矣。居與舉聲近義通,故徐野民所見《子貢傳》作"廢居"也。貯、居義同,故廢著即爲發貯,亦即爲廢居,並謂或發或居以取財,劉說是也。《漢書》正作"發貯鬻財曹魯之間",然師古曰"多有積貯,趣②時而發賣之",是又以貯爲實字矣。'"

按,瀧川引李雁晴先生說非是。《集解》、《索隱》釋"著"不釋"廢",蓋廢猶置也,於義爲反訓。《公羊》宣八年傳"廢其無聲者"注:"廢者,置也。置者,不去也。齊人語。"此云廢著者,猶積貯也。鬻財者,乃出賣之耳。下文"積著率歲倍",可證《漢書》作"發貯"即"廢著",故師古曰"多有積貯,趣時而發賣之。"若謂"廢"爲"物貴而賣之",則與"鬻財"義複矣。

---

① "云",鈔稿本無。據諸本《史記索隱》補。

② "趣",鈔稿本作"趨"。據瀧川《攷證》引改。二字通。下文"趣"做此。

405 賜最爲饒益

《史記·貨殖列傳》:"賜最爲饒益。"瀧川資言《考證》:"中井積德曰:'益溢通。楓本益作蓋。'"

按,瀧川引中井說非是。《呂氏春秋·貴當》"其家必日益"高注:"益,富也。"不必作溢。"蓋"者,形誤。

406 原憲不厭糟穅

《史記·貨殖列傳》:"原憲不厭糟穅。"《索隱》:"饜,飽也。"

按,據注,正文"厭"當作"饜",然"饜"是俗字。《說文·甘部》"猒"下云:"飽也,足也。"段注:"'足也'二字依《韵會》增。"《書·洛誥》"萬年厭于乃德"《釋文》引馬云:"厭,飫也。"猒厭古今字。又《列子·楊朱篇》"而美厚復不可常猒足"釋文:"一本作饜。"

407 子貢結駟連騎

《史記·貨殖列傳》:"子貢結駟連騎。"

按,上文作"子贛",此云"子貢",蓋敚其偏旁耳,下文同。然《魯 ① 世家》《孔子世家》、《仲尼弟子列傳》、《論語》、《孟子》皆作"子貢"矣。贛同音假借。

408 子貢先後之也

《史記·貨殖列傳》:"夫使孔子名布揚於天下者,子貢先後之也,此所謂得埶而益彰者乎?"瀧川資言《考證》:"凌稚隆曰:'應前《論語·公冶長篇》子曰:賜不受命而貨殖焉,億則屢中。'崔述曰:'按古者金粟皆謂之貨。殖,猶生也。所謂貨殖云者,不過留心於家人生產,酌盈劑虛,使不至 ② 困乏耳,非耀賤販貴,若商賈所爲也。樊遲請學稼圃,孔子以小人斥之。若子貢學道而躬行商賈之事,孔子不知當如何斥之,何以其辭僅如是而已乎?且謂孔子之道之顯,子貢先後之可也。謂子貢以富故能顯之,豈聖人之道亦必藉有

---

① "魯",鈔稿本脱。據手稿補。
② "至",鈔稿本作"致"。據瀧川《攷證》引改。

財而後能行於世乎？此乃司馬氏憤激之言，後人不察，遂以子貢爲若商賈者然，謬矣。故不可以不辯。'"

按，史公以"貨殖"，正名"貨"可賅括金粟，單言不分也。然"《洪範》八政，一曰食，二曰貨。食謂農殖嘉穀可食之物。貨謂布帛可衣，及金刀龜貝，所以分財布利通有無者也。"班書易爲"食貨"，其旨尤彰明較著。子貢貨殖之辯則然矣。抑《孟子》有言"無財，不可以爲悅"、《論語》曰"富而可求也，雖執鞭之士，吾亦爲之。如不可求，從吾所好"，則孔子亦慨乎言之矣。

409 牛蹄角千

《史記・貨殖列傳》："牛蹄角千。"《集解》："《漢書音義》曰：'百六十七頭也。馬貴而牛賤，以此爲率。'"《索隱》："牛足角千。案，馬貴而牛賤，以此爲率，則牛有百六十六頭有奇也。"

按，《集解》、《索隱》二數不符，皆有奇零例。以上文"馬二百蹄"五十四，下文"千足羊"、"千足彘"二百五十頭，皆無奇零之數。此疑"角"字衍，當云"牛蹄千"，則二百五十頭乃符其數。蓋牛、馬皆以蹄言，羊、彘皆以足言也。

太史公自序

410 命南正重以司天北正黎以司地

《史記・太史公自序》："昔在顓頊，命南正重以司天，北正黎以司地。"《索隱》："張晏云：'南方，陽也。火，水配也，水爲陰。故命南方按《漢書・司馬遷傳》注無"方"字是也，當據刪。正重司天，火正黎兼地職。'臣瓚以爲重黎氏按《漢書・司馬遷傳》注無"氏"字是也，當據刪。是司天地之官，然[1] 司地者宜曰北正，古文作'火[2]'字，非也。[3] 案，《國語》'黎爲火正，以淳曜敦大，光照四海'，又《幽通

---

① "然"，百衲本、殿本《史記》同。瀧川本、中華本無。
② "火"，殿本、瀧川本《史記》同。百衲本、中華本作"北"。
③ "非也"，百衲本、殿本《史記》同。瀧川本、中華本"也"下有"楊雄、譙周竝以爲然"八字。

賦》云'黎滀曜於高辛',則'火正'爲是也。"①

按,《法言·重黎》:"或問:'南正重司天,北正黎司地,今何僚也?'"李軌注:"少皞氏衰,九黎亂德,帝顓頊命重、黎主天、地也。"是則《楊子》說重、黎同於史公。正疑《國語》"黎爲火正"及張晏"火正黎兼地職",兩"火正"當爲"北正"。火、北形近而譌,故臣瓚曰"司地者宜曰北正",其說是也。"火,水妃也",《左氏》昭九年傳文,注:"火畏水,故爲之妃。"疏:"陰陽之書有五行妃合之說,甲乙木也,丙丁火也,戊己土也,庚辛金也,壬癸水也。木克土,土克水,水克火,火克金,金克木。木畏金,以乙爲庚妃也;金畏火,以辛爲丙妃也;火畏水,以丁爲壬妃也;水畏土,以癸爲戊妃也;土畏木,以己爲甲妃也。杜用此說,故云'火畏水,故爲之妃也'。服虔云:'火,離也。水,坎也。《易》卦,離爲中女,坎爲中男,故火爲水妃。'"又昭十七年傳:"水,火之牡也。"注:"牡,雄也。"疏:"獸曰牝牡,牡是雄也。陰陽之書有五行嫁娶之法,火畏水,故以丁爲壬妃,是水爲火之雄。"然則張晏云"南方陽也,水爲陰",蓋以南正重司天,北正黎司地而知之也。故天地四方之陰陽與五行妃合之陰陽有異也。

411 而少梁更名曰夏陽

《史記·太史公自序》:"而少梁更名曰夏陽。"沈欽韓曰:"《秦紀》:'惠文王十二年,更名少梁曰夏陽。'《張儀傳》說魏王入上郡、少梁以謝秦,是入秦即名夏陽。上句云事武安君白起,則爲昭襄王時,此語殊乖次第。"王先謙曰:"少梁更名,尚在惠文② 後九年錯拔之前,此文補述之也。"

按,沈、王二氏說有未盡者。此句"而"字疑衍,當接上文作"而司馬氏入少梁","少梁更名夏陽"則不乖隔矣。

412 天下一致而百慮同歸而殊塗

《史記·太史公自序》:"《易大傳》:'天下一致而百慮,同歸而殊塗。'"

---

① 案,手稿此處眉批云:"按《漢書·律歷志》:'傳述顓頊命南正重司天,火正黎司地。'臣瓚曰:'南正司天,則北正當司地,不得言火正也。古文火字與北相似,故遂誤耳。'師古曰:'此說非也。班固《幽通賦》云元黎醇耀于高辛,是則黎爲火正也。'"

② "文"下,鈔稿本有"王"字。據瀧川《攷證》引刪。

《正義》："張晏云 ①：'謂《易·繫辭》'。案，下二句是《繫辭》文 ②。"

按，《易·繫辭下》云："天下同歸而殊塗，一致而百慮。"韓伯注："夫少則得，多則惑。塗雖殊，其歸則同。慮雖百，其致不二。苟識其要，不在博求。一以貫之，不慮而盡矣。"

413 去健羨

《史記·太史公自序》："去健羨。"《集解》："如淳曰：'知雄守雌，是去健也。不見可欲，使心不亂，是去羨也。'"

按，《說文》："羨，貪欲也。"《廣雅·釋詁》："羨，欲也。"又羨謂餘，《孟子·滕文公》"以羨補不足"注："羨，餘也。"③ 知足不辱，是去羨也。又《漢書·司馬遷傳》注："服虔曰：'門戶健壯也。'晉灼曰：《老子》曰：善閉者無關楗。嚴君平曰：拆關破楗，使姦者自止。服說是也。'師古曰：'二義並通。楗，其偃反。然今書本字皆作健 ④。'"

414 是故禮以節人

《史記·太史公自序》："是故《禮》以節人。"

按，"人"當作"文"。《禮記·坊記》："禮者，因人之情而爲之節文，以爲民坊者也。"《春秋繁露·玉杯》："禮制節，故長於文。"

415 書以道事易以道化春秋以道義

《史記·太史公自序》："《書》以道事。《易》以道化，《春秋》以道義。"瀧川資言《考證》："道，言也。"

按，瀧川說非是。道當同導。

416 於是論次其文七年

《史記·自序》："於是論次其文七年 ⑤"。《集解》："徐廣曰：'天漢三

---

① "云"，百衲本、殿本、瀧川本《史記》同。中華本作"曰"。
② "文"，殿本《史記》同。百衲本、瀧川本、中華本"文"下有"也"字。
③ 謹案，"羨，餘也"，阮刻本《孟子注疏》作"餘羨者也"。此蓋據別本引。
④ "健"下，中華本《漢書》有"字也"二字。
⑤ "七年"，瀧川本《史記》同。諸本多屬下讀。

年。'"《正義》:"從太初元年至天漢三年,乃七年也。"

按,《漢書·司馬遷傳》"七年"作"十年",乃從元封三十年遷爲太史令紬史記石室金匱之書,至天漢三年,實十一年。云十年者,舉成數也。

417 賈生晁錯明申商

《史記·自序》:"而賈生、晁錯明申、商。"

按,《漢書·藝文志》,《賈誼》五十八篇入儒家。此馬、班所論不同之處。

418 自曹參薦蓋公言黃老

《史記·太史公自序》:"自曹參薦蓋公言黃老。"《索隱》:"蓋,姓也,古合反。"瀧川資言《考證》:"見《曹相國世家》。"

按,《樂毅列傳》:"樂臣公學黃帝、老子,其本師號曰河上丈人,不知其所出。河上丈人教安期生,安期生教毛翕公,毛翕公教樂瑕公,樂瑕公[1]教樂臣公,樂臣公教蓋公。蓋公教於齊高密、膠西,爲曹相國師。"

419 第七十

《史記·太史公自序》:"第七十"。《集解》:"衞宏《漢書舊儀注》 按,書字當衍。《後漢書》本傳:宏作《漢書儀》四篇,《漢書·司馬遷傳》注引作《漢儀注》,晉灼曰:衞宏所說則本一書。曰[2]:司馬遷作《景帝本紀》,極言其短及武帝過,武帝怨而削去之。後坐舉李陵,陵降匈奴,故下遷蠶室。有怨言,下獄死。 按,黃奭《漢學堂叢書》輯逸衞宏《漢舊儀》遺此一條。"

按,《漢書》本傳:"遷既被刑之後,爲中書令,尊寵任職[3]。"則班氏已不取宏說。《隋書·經籍志》:"《漢舊儀》四卷,衞敬仲撰。"《舊唐書·經籍志》亦著錄衞宏《漢書原譌書儀》四卷。則其書唐代猶全。然顏師古注《漢書》,於《遷傳》亦不用其說。且《漢舊儀》言遷"坐舉李陵,陵降匈奴,故下遷蠶室",亦與《報任安書》"僕懷欲陳之而未有路,適會召問,即以此指

---

① "樂瑕公",鈔稿本脫。據手稿及《史記》諸本補。

② "曰",鈔稿本無。據《史記》諸本補。

③ "尊寵任職",鈔稿本作"尊重任職"。鈔稿本作"尊重職"。據中華本《漢書》改。

推言陵功，欲以廣主上之意，塞睚眦之辭。未能盡明，明主不深曉，以爲僕沮貳師，而爲李陵游說，遂下於理。拳拳之忠，終不能自列。因爲誣上，卒從吏議。"之說不合。陵爲廣孫，故良家子，少爲侍中建章監。雖與遷俱居門下，然素非相善，坐舉之言，尤爲無根。衛說不宜從也。

【笠山遺集第九種】

笠山讀書記

包樹棠 遺著

蔡飛舟 黃曦

胡海平 賴文婷

張善文 審校

點校

編校述語

　　《笠山讀書記》由包笠山先生兩種書稿組成：一是《隨無涯齋讀書記》，一是《春秋左傳札記》。其中《隨無涯齋讀書記》鈔本六册，乃作者歷年研讀經史子集群書之筆記，凡九百零三則，惟作者曾抽出讀《史記》之四百二十五則編爲《史記會注攷證校讀》[①] 別行（詳《笠山遺集》第八種），則此稿餘存四百七十八則，今仍題原名，釐爲六卷。《春秋左傳札記》鈔本一册，乃作者讀《左傳》筆記，凡八十則，今亦依原題，釐爲一卷。緣此二稿皆讀書札記之類，茲乃整合爲一，總題曰《笠山讀書記》，庶便閱覽。

　　此二稿係作者哲嗣定貞君於二零二零年初提供，春夏間由蔡生飛舟、黃生曦分工整理點校。二生勤於職事，不憚苦辛，如期完成斯役。飛舟所校《隨無涯齋讀書記》，幸獲胡生海平相助；黃曦所校《春秋左傳札記》，亦獲賴生文婷援手：故此書整理，實合四生之力而爲之。諸生既畢其功，我復重加審核，略修小紕，糾正微失，乃成是編。

　　《隨無涯齋讀書記》卷帙較重，撰述時間相隔稍長，稿本六册未編次第，今按《史記會注攷證校讀》抄稿本所從抄出之順序推定其第一至第六册序[②]，並依序將四百七十八則分爲六卷。《春秋左傳札記》八十則，乃單列一卷居於後。兩稿原均無細目，茲於每則各擬小題標之，蓋亦欲利便讀者。茲所點校，以原稿爲底本（簡稱“稿本”），校以相關典籍，凡有異文、疑訛處皆出校記。

---

　　① 《史記會注攷證校讀》，係由作者哲嗣包定雄先生於二十世紀七十年代初，承父命從《隨無涯齋讀書記》中抄出有關《史記》及與日人瀧川資言《史記會注攷證》相涉者425則，凡鋼筆謄抄本十册，改題《史記會注攷證校讀》之名別行。其中8則重出複沓，經整頓併合，實存419則。詳《笠山遺集》第八種。

　　② 《隨無涯齋讀書記》稿本六册，第一册、第三册有作者題簽，署款“笠山”；第二册有未名者題簽，無落款；第四册、第五册無題簽；第六册有作者摯友黃壽祺教授題簽，落款“笠山先生令署，壽祺”。每册卷端皆題“隨無涯齋讀書記”，次行下署“上杭包樹棠伯芾學”。又第六册內容，曾更名爲《杉與樓讀書記》，發表於民國三十六年（1947）《海疆學報》第一卷第一期。

　　據是書原稿及作者《笠山文鈔》所附《前自序》,知《隨無涯齋讀書記》、《春秋左傳札記》創作時間相近,約始於民國二十四年（1935）前後,嗣復有續撰或修訂,其手稿天頭間所補書增入之文有在 1964 年者,故知其著稿始末當歷三十餘載之久。由此可見,作者讀書治學長年不懈的可貴精神。至其所述內容,或涉群經疑義奧理,或關史學典章名物,或考諸子學派思想,或辨詩文韻律妙義,篇幅長短不拘,言之有物,考論深湛,誠屬飽學者獨具創獲之讀書心得。今整理成帙,以饗學人,宜將裨益於當今及後世之學術研究矣。

　　　　　　　　後學張善文敬識於福建師範大學文學院
　　　　　　　　公元二零二零年七月歲在庚子大暑前四日

目　錄

笠山遺集

隨無涯齋讀書記卷四

隨無涯齋讀書記卷五

春秋左傳札記

笠山遺集

隨無涯齋讀書記卷一

上杭包樹棠伯芾學

001 㐱

《說文》：“㐱，從意也。從八，𣎳聲。”段注：“有所從則有所背，故從八。”按，段說不明。愚以爲八，別也，分別也。是八者，分別事理，擇善而從之謂，故㐱有隨從義。與尚、公、必之從八者，正見古人造字之深意。

002 牷

《說文·牛部》“牷”下，段注：“《左傳》、《內則》皆云：‘名子不以畜牲。’”按《左氏》桓六年傳申繻語也，《禮記·內則》無之。（按《左氏》襄二十九年傳衛有史狗，昭四年傳魯有豎牛，哀十七年傳孟武伯名彘，而孔子弟子有冉牛、司馬牛，則以爲名矣。又若象爲舜弟，伯禽爲周公子，亦其類也。按《曲禮》：“名子者，不以國，不以日月，不以隱疾，不以山川。”①）

003 膠庠序校

《孟子·滕文公》：“夏曰校，殷曰序，周曰庠。”按《禮記·內則》：“有虞氏養國老於上庠，養庶老於下庠。夏后氏養國老於東序，養庶老於西序。殷人養國老於右學，養庶老於左學。周人養國老於東膠，養庶老於虞庠。”然則膠庠序校，所謂學，則三代共之，《內則》隨文列舉之不分耳。

004 小大之辨

《莊子·逍遙遊》：“此小大之辨也。”周著書三十三篇，皆其義。

---

① “按曲禮”至“山川”二十一字，稿本爲眉批之語。今以小字納入括號附於相應之處。下倣此，不出校。

005 肩吾

《大宗師》：“肩吾得之以處大山。”司馬彪云：“山神不死，至孔子時。”按《逍遙遊》有“肩吾聞言於接輿”之語，故彪以爲至孔子時猶存。

006 道人不聞至德不得大人無己

《秋水》：“道人不聞，至德不得，大人無己，約分之至也。”按《逍遙遊》：“至人無己，神人無功，聖人無名。”其義一也。

007 生而不說死而不禍

《秋水》：“故生而不說，死而不禍。”按《養生主》：“適來，夫子時也；適去，夫子順也。安時而處順，哀樂不能入也。古者謂是帝之縣解。”此不說、不禍之例也。

008 物莫之傷

《逍遙遊》：“之人也，物莫之傷，大浸稽天而不溺，大旱金石流、土山焦而不熱。”按《秋水》：“至德者火弗能熱，水弗能溺，寒暑弗能害，禽獸弗能賊。非謂其薄之也。言察乎安危，寧於禍福，謹於去就，莫之能害也。”

009 天人之辨

《秋水》：“北海若曰：‘牛馬四足，是謂天；落馬首，穿牛鼻，是謂人。’”按《養生主》：“公文軒見右師而驚曰：‘是何人也？惡乎介也？天與？其人與？’曰：‘天也，非人也。天之生是使獨也，人之貌有與也。以是知其天也，非人也。’”

010 左丘明恥之

《論語·公冶長》：“左丘明恥之。”孔曰：“左丘明，魯太史。”邢疏：“《漢書·藝文志》文也。”按，班書成於後，安國在前，何得曰《藝文志》文也？[1]

---

[1]　案，此則稿本以墨筆刪，蓋作者自忖義或未安。今姑錄存備考。

011 冶長弟子魯人也

《論語·公冶長》孔曰:"冶長,弟子,魯人也。"按《史記·弟子傳》云:"公冶長,齊人也。"遷從安國問故,則其說已不同矣。

012 巧笑倩兮美目盼兮

《詩·碩人》:"巧笑倩兮,美目盼兮。"按《論語·八佾》子夏引此詩多"素以爲絢兮"一句。馬曰:"倩,笑貌。盼,動目貌。絢,文貌。此上二句在《衛風·碩人》之二章,其下一句逸也。"則季長時已有逸闕。

013 吳摯甫汝綸推重張廉卿

吳摯甫汝綸《與吳季白書》:"張廉卿之文必傳於後,今世人不知之。後世必有揚子雲能知之也。今人多講口耳之學,故自與爲異趣耳。文章自有真傳。廉卿死,則《廣陵散》絕矣。"又《答嚴幾道書》:"文章之事,代不數人,人不數篇。若欲備一朝掌故,如《文粹》、《文鑑》之類,則世蓋多有。若謂足與文章之事,則姚郎中之後,止梅伯言、曾太傅及近日武昌張廉卿數人而已,其餘蓋皆自鄶也。"二書於廉卿備極推重。予讀張氏文,尤愛其《莫子偲墓志銘》,以爲時流若叔耘、莼齋之倫皆不及。竊與摯翁有同心焉。

014 習

《說文》:"習,數飛也。从羽,白聲[1]。"按,白實以聲兼意。"白"下曰:"此亦自字也。""自"下曰:"鼻也。"是白有始義。《月令》:"鷹乃學習。"學習故數飛,義得引申也。

015 古人墓誌

吳摯甫《與姚叔節書》:"古人墓誌有刻之冢外者,不必納於壙中,亦不必藏之廟室也。"按吳氏此言實出惜抱《古文辭類纂·敘目》:"誌者,識也。或立石墓上,或埋之壙中,古人皆曰誌者。"是也。

---

[1] "从羽,白聲",小徐本、段注本同。大徐本作"从羽,从白"。

016 葉庭

《戰國·周策》：“謀之①於葉庭之中。”《續》②：“《後語》作‘章華之庭’。注云：‘徐廣曰：華容有章華亭。’”按，華、葉形近，庭、亭音亦近，故譌。

017 木實繁者披其枝

《戰國·秦策三》：“《詩》曰：‘木實繁者披其枝，披其枝者傷其心。大其都者危其國，尊其臣者卑其主。’”不知所引何詩，想爲俗諺。此純七言，第不用韻耳。③

018 於是反魯

《史記·孔子世家》：“於是反魯。”按下文云“由是反魯”四字，涉上文而衍也。

019 老子告孔子

《孔子世家》：“而老子送之曰：‘吾聞富貴者送人以財，仁人者送人以言。吾不能富貴，竊仁人之號，送子以言曰：聰明深察而近於死者，好議人者也。博辯廣大危其身者，發人之惡者也。爲人子者毋以有己，爲人臣者毋以有己。’”按《老莊申韓列傳》：“孔子適周，將問禮於老子。老子曰：‘子所言者，其人與骨皆已朽矣，獨其言在耳。且君子得其時則駕，不得其時則蓬累而行。吾聞之，良賈深藏若虛，君子盛德容貌若愚。去子之驕氣與多欲、態色與淫志，是皆無益於子之身。吾所以告子，若是而已。’”然則老子告孔子者乃二事，史公分載其言耳。

020 管氏有三歸

《論語》：“管氏有三歸。”按《戰國·周策》：“齊桓公宮中七市，女閭七百，國人非之。管仲故爲三歸之家，以掩桓公，非自傷於民也。”

---

① “之”，稿本無。據四部叢刊景元至正十五年刊本宋鮑彪校注、元吳師道重校《戰國策》補。

② 《戰國策》舊注凡標明“續”者，皆姚宏校注文。姚氏《自序》云：“不題校人並題‘續注’者，皆余所益。”

③ 案，此則稿本以紅筆刪，眉批云：“併。”蓋擬併入下文第250則。今仍錄存備考。

021 齊人伐燕

《孟子·梁惠王下》"齊人伐燕"

022 大夫毋百雉之城

《史記·孔子世家》："孔子言於定公曰：'臣無藏甲，大夫毋百雉之城。'"《集解》："王肅曰：'高丈長丈曰堵，三堵曰雉。'"按《戰國·趙策》："且古者四海之內，分爲萬國。城雖大，無過三百丈者[①]；人雖衆，無過三千家者。"爲馬服對田單語，王說與合。故《左氏》隱元年傳曰："都城過百雉，國之害也。"百雉即三百丈。（《禮記·坊記》："都城不過百雉。"注："高一丈長三丈爲雉。百雉爲長三百丈，方五百步。子男之城方五里。百雉者，此謂大都，三國之一。"）

023 及寡人之身東敗於齊

《孟子·梁惠王》："及寡人之身，東敗於齊，長子死焉。"按，《戰國·齊策》："田忌爲齊將，係梁太子申，禽龐涓。"高誘注："申，梁惠王太子也。龐涓，魏將也。田忌與戰於馬陵，而係獲之也。故梁惠王謂孟子曰：'寡人東伐敗於馬陵，太子死，龐涓禽。'此之謂也。"蓋誘亦略言其事，非引《孟子》原文。

024 齊因起兵攻燕

《戰國·齊策》："齊因起兵攻燕，三十日而舉燕國。"高誘注："孟子曰：'子噲無王命而與子之國，子之無王命擅受子噲國。'故齊宣王伐而取之也。"按，《孟子》"齊人伐燕"章、"沈同以其私問燕可伐"章，語與此異。然《史記》亦謂孟子勸齊伐燕[②]，是猶或人之問耳。

025 衛鞅亡魏入秦

《戰國·秦策》："衛鞅亡魏入秦。"高誘注："衛鞅，衛公子叔痤之子也。

---

① "者"，稿本無。據四部叢刊本《戰國策校注》補。下文"無過三千家者"倣此。

② 案，孟子勸齊伐燕事，見《史記·燕召公世家》："孟軻謂齊王曰：'今伐燕，此文、武之時，不可失也。'"

痤仕魏、相惠王。痤病,惠王視之曰:‘若疾不諱,誰可與爲國者?’痤曰:‘臣庶子鞅可也。’”按《魏策》:“魏公叔痤病,惠王往問之曰:‘公叔病即不可諱,將柰社稷何?’公叔痤 ① 對曰:‘痤有御庶子公孫鞅,願王以國事聽之也。’”高注當有錯簡。②

026 樹靈鼉之鼓

《文選·李斯諫逐客書》:“建翠鳳之旗,樹靈鼉之鼓。”按《漢書·司馬相如傳》:“建翠華之旗,樹靈鼉之鼓。”師古曰:“翠華之旗,以翠羽爲旗上葆也。靈鼉之鼓,以鼉皮爲鼓。鼉音徒河反,又音徒丹反。”《文選》作“鼉”者,是徒丹反 ③。

027 率齊人入粟

《漢書·卜式傳》:“率齊人入粟。”按齊人,猶齊民,謂百姓也。唐人避諱,民多易人。

028 曾國藩論史記寓言居十之六七

曾國藩《聖哲畫像記》:“太史公稱《莊子》之書皆寓言,吾觀子長所爲《史記》,寓言亦居十之六七。”按曾氏此言甚繆。《漢書·司馬遷傳》贊曰:“自劉向、揚雄,博極群書,皆稱遷有良史之材,服其善序事理,辨而不華,質而不俚,其文直,其事核,不虛美,不隱惡 ④,故謂之實錄。”豈有寓言居十六七,而得爲實錄乎?

---

① “痤”,稿本作“病”。據士禮居叢書景宋本《戰國策》改。
② 案,此則稿本以墨筆刪,蓋作者自忖義或未安。今姑錄存備考。
③ 案“鼉”,徒河、徒丹二讀,又見《大雅·靈臺》“鼉鼓逢逢”、《禮記·月令》“伐蛟取鼉”、《禮記·中庸》“黿鼉蛟龍魚鼈生焉”、《莊子·達生》“黿鼉魚鼈之所不能游也”陸德明《釋文》。鼉、鼉相通,“樹靈鼉之鼓”便是一例。且鼉、鼉俱从單得聲,古音同部。段玉裁云“古書如《呂覽》等皆假鼉爲鼉”是也。故於黿鼉一義,鼉、鼉相通,俱有二讀。似不宜因字形作“鼉”而定其音當讀徒丹切。又案《文選·李斯諫逐客書》“樹靈鼉之鼓”,李善注:“鼉,徒河切。”則李氏亦讀“鼉”爲“鼉”之常音。
④ “惡”,稿本作“善”。據中華本《漢書》改。

029 嗟乎

《史記·孟子荀卿列傳》:"嗟乎! 利誠亂之始也。"又:"嗟乎! 淳于先生誠聖人也。"按,上"嗟乎"字近於哀,下"嗟乎"字近於喜。《說文·口部》:"嘆,吞歎也。"又《欠部》:"歎,吟也。情有所說而歌咏①。"段玉裁曰:"嘆、歎二字,今人通用,《毛詩》中兩體錯出。依《說文》則義異。歎近於喜,嘆近於哀。故嘆訓吞歎,吞其歎而不能發。"嗟乎,亦有嘆、歎二義。又蘇軾《後赤壁賦》:"嗚乎噫嘻! 我知之矣。"此亦近於喜之類也。

030 劾乏軍興

《漢書·循吏傳》:"劾乏軍興。"按,乏者,無所助之謂也。無所助於軍興,即上文"又發騎士詣北軍馬不適士"之意,故劾之。

031 離鄉亭

又"止舍離鄉亭",師古曰:"言休息之時,皆在野次。"按,離鄉亭,猶離亭、長亭也。

032 原性

《昌黎集·原性》:"其所以爲性者五:曰仁,曰禮,曰信,曰義,曰智。"按,性爲五常所成,則孟子性善之言是矣。荀子人之性惡,揚子人之性善惡混,皆非。而退之又欲分性之品爲上中下三,所謂"上焉者善焉而已矣,中焉者可導而上下也,下焉者惡焉而已矣"。仁禮信義智,焉可云惡? 何矛盾之若是邪!

033 姬氏以來一人而已矣

皇甫湜《昌黎先生墓誌銘》:"嗚乎,極矣! 後人無以加之矣! 姬氏以來一人而已矣!"按,此猶子貢、有若偶夫子爲"生民未有"之意。誠如湜言,

---

① "情有所說而歌咏"七字,段注本《說文》作"謂情有所悅,吟歎而歌詠"十字。案此十字,大、小徐本俱無,段氏乃依李善注盧諶《覽古》詩所引補。

又將置孔、孟於何地？漢兩司馬、子雲、孟堅更無論已，豈不阿其^①所好乎！不若蘇氏"匹夫而爲百世師，一言而爲天下法"，"文起八代之衰，道濟天下之溺"，其言爲允。若公之文章，固可謂八代以來一人而已。

034 春蒐夏苗秋獮冬狩

《春秋左氏》隱五年傳："春蒐、夏苗、秋獮、冬狩。"按，此由夏正言也。故桓四年經："春正月，公狩于^②郎。"注："冬獵曰狩。周之春，夏之冬也。田狩從夏時。"又按哀十四年"春，西狩獲麟"，亦當夏正之冬，故曰狩也。

035 蓐食申禱

《左氏》成十六年傳："蓐食申禱。"按，《史記·淮陰侯列傳》："乃晨炊蓐食。"《集解》："張晏曰：'未起而牀蓐中食。'"

036 春王二月公會齊侯鄭伯于中丘

《春秋》隱^③十年："春，王二月。公會齊侯、鄭伯于中丘。"注："傳言正月會，癸丑盟。《釋例》推經、傳日月，癸丑是正月二十六日，知經二月誤。"按《公》、《穀》皆無傳，疑"二"爲"正"之壞文，簡策譌耳。

037 三月庚戌天王崩

《春秋》隱三年："三月，庚戌，天王崩。"傳："三年，春，王三月，壬戌，平王崩。赴以庚戌，故書之。"按《公》、《穀》皆不及崩日之僞，左氏獨明之。蓋其受經仲尼，錯經以合異，茲所以優於二傳也。

038 而況君子結二國之信

《左氏》隱三年傳："而況君子結二國之信。"注："通言盟約彼此之情，故言二國。"按，周、鄭分屬君、臣，非敵體也。孟子曰："人有恒言，皆曰天下國家。天下之本在國，國之本在家。"故天子有天下，諸侯有國，大夫有家。周

---

① "其"下，稿本重一"其"字。據上下文意刪。
② "于"，稿本作"於"。據阮刻本《左傳正義》改。
③ "隱"，稿本作"成"。據阮刻本《左傳正義》改。

室東遷，天命不改。仲尼之作《春秋》，其繫月也必稱王，以明正朔。其言王也，必加天，以明天統。《詩》曰："普①天之下，莫非王土。率土之濱，莫非王臣。"今以周、鄭爲二國，亦少失禮而異夫《春秋》尊王之義矣。

039 當食不歎

《禮記·曲禮》："當食不歎。"注："食或以樂，非歎所。"按《左氏》桓九年傳："享曹大子，初獻樂，奏而歎。施父曰：'曹大子其有憂乎？非歎所也。'"《正義》："服虔云：'古之爲享食，所以觀威儀、省禍福。無喪而戚，憂必讎焉。今大子臨樂而歎，是父將死而兆先見也。'"

040 北戎病齊

《左氏》桓十年傳："北戎病齊。"按病，患也，憂也。《禮記·樂記》"病不得其衆也"，注："病，猶憂也。"《論語·衛靈公》"君子病無能焉"，皇疏："病，猶患也。"

041 心則不競

《左氏》僖七年傳："心則不競，何憚于②病？"注："競，強也。"《正義》："言心則不能彊盛，則當須屈服於人，何得難於屈弱之病，而不下齊？"按，競、病對文。病，罷也，引伸爲弱。《孟子·公孫丑》"今日病矣"，注："病，罷也。"故下文云"既不能彊，又不能弱"，其義甚明。《正義》說迂。

042 五父之衢

《左氏》襄十一年傳："詛諸五父之衢。"注："五父衢，道名，在魯國東南。"按《史記·孔子世家》："孔子母死，乃殯五父之衢。"《正義》："《括地志》云：'五父衢，在兗州曲阜縣西南二里，魯城內衢道也。'"又《集解》："徐廣曰：'魯縣有闕里，孔子所居也。又有五父之衢也。'"

---

① "普"，《左氏》昭七年傳引《詩》同。阮刻本《毛詩正義》作"溥"。

② "于"，阮刻本《左傳正義》作"於"。茲依稿本。

043 周平王崩

《左氏》隱三年傳：“春，王三月，壬戌，平王崩，赴以庚戌，故書之。”按，經書“三月，庚戌①，天王崩”，注謂：“周平王也，實以壬戌崩，欲諸侯之速至，故遠日以赴。《春秋》不書實崩日，而書遠日者，即傳其僞以懲臣子之過也。”愚謂隱爲高祖時事，所傳聞之世，則仲尼亦第據舊史書之耳。《公》、《穀》不言其僞者，《左氏》已發之，此三傳之所以不廢於今也。

044 無事而書首月

《春秋》隱六年：“秋，七月。”注：“雖無事而書首月，具四時以成歲。他皆放此。”按無事而書首月者，不必皆具四時以成歲，或簡書譌脱。如隱九年經書“秋，七月”，無事。然傳云：“秋，鄭人以王命來告伐宋。”注：“遣使致王命也。伐宋未得志，故復更告之。”此以王命，且宋公不供王職，何以不書乎？又如桓元年經書“冬，十月”，無事。然傳云：“公及戎盟于唐。冬，公至自唐。”注以爲：“凡公行還不書至者，皆不告廟也。”愚謂凡此之類，恐或有闕簡。

045 宋人取長葛

《左氏》隱六年傳：“秋，宋人取長葛。”按經書“冬”，杜以爲：“秋取，冬乃告也。”然《公羊》云：“外取邑不書，此何以書？久也。”《穀梁》亦曰：“久之也。”蓋隱五年冬，宋人伐鄭，圍長葛，至此經年。且六年經書“秋，七月”，無事，恐《左氏》譌耳。又杜以“前年冬圍，不克而還”，經、傳皆無明文，亦臆度，姑從而爲之辭。《公》、《穀》義長。

046 日食不書朔

隱三年：“春，王二月，己巳，日有食之。”注：“《釋例》以《長歷》推經、傳，明此食是二月朔也。不書朔，史失之。”按，桓十七年傳：“冬，十月，朔，日有食之。不書日，官失之也。”然則不書“朔”，《左氏》不言官失者，正恐後有脱文。若否，當先發其例。《公羊傳》曰：“日食，則曷爲或日或不日，或

---

① “庚戌”，稿本脱。據阮刻本《左傳正義》補。

言朔或不言朔？曰：某月某日朔，日有食之者，食正朔也。其或日或不日，或失之前，或失之後。失之前者，朔在前也。失之後者，朔在後也。"《穀梁》亦曰："言日不言朔，食晦日也。朔日並不言，食晦夜也。朔日並言，食正朔也。言朔不言日，食既朔也。"① 則可知《公》、《穀》以前，已有脫文。發例與《左氏》、征南異趣。此爲書日食之始，故《公》、《穀》首發其例。

047 冬紀子帛莒子盟于密

《左氏》隱二年傳："冬，紀子帛、莒子盟于密。"按經書"冬，十月"，此不書"十月"者，蒙經文而略之也。他皆放此。

048 田于貝丘

《左氏》莊八年傳："冬，十二月，齊侯游于姑棼，遂田于貝丘。"注："田，獵也。"按周之十二月，當夏之十月，而曰"田"，田獵總名也。《白虎通》："總名爲田何？爲田除害也。"②《穀梁傳》曰："四時之田，皆爲宗廟之事也。"又曰③："春曰田者，以總名爲專名也。春，歲之本，舉本名而言之也。"

049 狩于禚

莊四年："冬，公及齊人狩于禚。"注："無傳。"按《公》、《穀》二傳，禚皆作郜。范寧《集解》："郜，齊地。"又莊二年經："冬，十有二月，夫人姜氏④會齊侯于禚。"《左氏》、《穀梁》同作禚，杜、范皆曰："禚，齊地。"《公羊》則作郜，《釋文》："郜，古報反。二傳作禚。"禚，諸若反⑤。音近。鍾文烝《穀

---

① 案此處《穀梁傳》語，轉引自《左氏》隱三年傳"春，王二月，己巳，日有食之"孔疏。又案《穀梁》言日食四例，散見書中。《穀梁》隱三年"春，王二月，己巳，日有食之"傳云："言日不言朔，食晦日也。"莊十八年"春，王三月，日有食之"傳云："不言日，不言朔，夜食也。"桓三年"秋，七月，壬辰，朔，日有食之，既"傳云："言日言朔，食正朔也。"桓十七年"冬，十月，朔，日有食之"傳云："言朔不言日，食既朔也。"

② 案所引《白虎通》語，不見今本，疑轉引自《左氏》隱五年疏。陳立《白虎通疏證》有此文，乃據《左傳》疏、《御覽》補。

③ 案"又曰"以下，不見《穀梁傳》。"春曰田者，以總名爲專名也"，未審見於何書。"春，歲之本，舉本名而言之也"，見《左氏》隱五年疏引《白虎通》，陳立《白虎通疏證》有此文。

④ "氏"，稿本無。據阮刻本《左傳正義》補。

⑤ 案"禚，諸若反"，見《左氏》莊二年經"夫人姜氏會齊侯于禚"《釋文》。

梁補注》不取范氏"鄑,齊地"之說,謂"即取諸宋者",其言尤謬。冬言狩者,周之十二月當夏之十月也。

050 庸非貳乎

《左氏》莊十四年傳:"庸非貳①乎?"注:"庸,用也。"按,庸訓用,義實不安。此與宣十二年傳"庸可幾乎"皆疑詞,其義猶豈。《管子·大匡》"庸必能用之乎",注:"庸,猶何也。"義同。

051 秋有蜮

莊十八年:"秋,有蜮。"注:"短狐也,蓋以含沙射人爲災。"按《穀梁傳》曰:"蜮,射人者也。"征南兼用其說。

052 楚子禦之

《左氏》莊十九年傳:"春,楚子禦之,大敗於津。"注:"禦巴人,爲巴人所敗。"按,此蒙十八年"冬,巴人因之以伐楚"傳文。

053 春刻其桷

《左氏》莊二十四傳:"春,刻其桷。"按,此蒙二十四年"春,王三月,刻桓宮桷"經文而省略。有不省略者,如莊二十三年經書"秋,丹桓宮楹",傳書"秋,丹桓宮之楹",是也。

054 夏同盟于幽

《左氏》莊二十七年傳:"夏,同盟于幽。陳、鄭服也。"按,此蒙"夏,六月,公會齊侯、宋公、陳侯、鄭伯,同盟于幽"經文而有省略也。

055 有蜮爲災

《左氏》莊十八年傳:"秋,有蜮爲災也。"按,莊二十九年傳例曰:"凡物,不爲災不書。"

---

① "貳",宋刻本《春秋經傳集解》同。阮刻《左傳正義》作"二"。

056 夏城中丘

隱七年："夏，城中丘。"按《左氏》莊二十八年傳例曰："凡邑，有宗廟先君之主曰都，無曰邑。邑曰築，都曰城。"

057 日食無傳

莊三十年："九月，庚午，朔，日有食之。鼓，用牲于[1]社。"注："無傳。"按《左氏》莊二十五年傳例曰："非常也。"

058 一歲之中三書築

莊三十有一年："春，築臺于郎。夏，築臺于薛。秋，築臺于秦。"按，皆不時也。雖無傳，其失易見。《穀梁傳》曰："不正罷民三時，虞山林藪澤之利。且財盡則怨，力盡則懟。君子危之，故謹而志之也。"《論語》曰："道千乘之國，敬事而信，節用而愛人，使民以時。"一歲之中，而三書築。此《春秋》一字之貶也。

059 葬蔡桓侯

桓十有七年："癸巳，葬蔡桓侯。"注："無傳。稱侯，蓋謬誤。"《正義》："五等諸侯，卒則各書其爵；葬則舉諡，稱公，禮之常也。此無貶責而獨稱侯，故云蓋謬誤也。"按，《公》、《穀》皆無傳以起義。何休以爲"稱侯者，亦奪臣子之辭。"徐邈以爲"蔡臣子失禮，故即其所稱，以示過。"[2]此其與杜氏皆以臆說經。《史記·蔡世家》蔡諸君自宮侯以下，皆以侯配諡。前此宣公考父亦稱宣侯，後此文公申而下皆稱侯。孔廣森謂："《書》有《文侯之命》。"鍾文烝亦謂："晉未爲曲沃時，皆稱某侯。"以爵配諡，固亦有之。經即舊史而爲書耳。（按，《左氏》僖二十八年傳："用平禮也。"注："以周平王享晉文侯仇之禮享晉侯。"亦以爵配諡爲稱。）

---

060 齊師伐我

《左氏》莊十年傳："春,齊師伐我。"注："不書侵伐,齊背蔇之盟,我有辭。"按二十九年傳例曰："凡師,有鐘 ① 鼓曰伐,無曰侵。"

061 城小穀

莊三十二年："城小穀。"注："小穀,齊邑,濟北 ② 穀城縣,城 ③ 中有管仲井。大都以名通者,則不繫國。"《公羊傳》徐彥疏曰:"二傳作'小'字,與《左氏》異。"段玉裁曰:"此疏'作'字蓋誤,蓋是《穀梁》、《公羊》有'小'字,與《左氏》異也。《左氏》蓋本作'城穀',無'小'字。"按,徐說、段說是也。雖然,有未盡焉。《左氏》昭十一年傳:"申無宇曰:'齊桓公城穀而實管仲焉。'"注:"城穀在莊三十二年。"其言甚明,則今本《左氏傳》及經注有"小"字者,皆淺人因《公》、《穀》而妄增,非其舊矣。依《左氏》"城穀"之說,證以申無宇之語,知穀爲齊地,桓公爲管仲城之也。而《左氏》莊三十二年傳注又謂:"公感齊桓之德,故爲管仲城私邑。"夫穀爲齊地,管仲何功于魯而爲城外邑? 此征南之矛盾也。惟穀亦嘗爲魯有,則僖二十六年冬"公以楚師伐齊,取穀"是也;其後復爲齊有,則《左氏》文十七年傳"齊侯伐我北鄙,襄仲請盟,六月,盟于穀"是也。陳立《公羊疏》:"《通義》云:'穀,內地。前所取諸齊者。'"予謂不然。此時齊來伐,晉不能救,魯請服,非歸侵地不可。故成五年"夏,叔孫僑如會晉荀首于穀"注:"穀,齊地。"襄十九年,"晉士匄帥師侵齊,至穀,聞齊侯卒,乃還。"則穀非魯有矣。蓋穀當濟水之北,《水經注·濟水》云濟水"又北過穀城縣西"者也。濟爲齊、魯接壤,莊三十"冬,公及齊侯遇于魯濟"注:"濟水歷齊魯界,在齊界爲齊濟,在魯界爲魯濟。"穀城隸濟域,毗連兩國,常爲二君盟會之地。其見書于經,則自莊七年"冬,夫人姜氏會齊侯于穀"始,注:"穀,齊地,今濟北穀城縣。"二十三年:"公及齊侯遇于穀。"宣十四年冬,則有"公孫歸父會齊侯于穀"。成十七年傳:"齊國佐殺慶克,以穀叛"。或曰:穀爲齊地則聞之

---

① "鐘",阮刻本《左傳正義》作"鍾"。《校勘記》:"宋本、岳本、閩本'鍾'作'鐘'。"

② "北",阮刻本《左傳正義》作"地"。《校勘記》:"各本'地'作'北'。"

③ "城",稿本無。據阮刻本《左傳正義》補。

矣，然二傳作"小穀"，范寧《集解》"小穀，魯邑^①"，此又何説乎？曰：小穀雖魯地，亦當濟水之域。《水經注》云："濟水側岸有尹卯壘，南去魚山四十餘里，是穀城縣界，故《春秋》之小穀城也。"則穀與小穀兩地相去故甚邇，其"小"之云者，則得名蓋亦緜彼穀城也。《公》、《穀》雖作"小穀"，然皆未發傳^②。范氏以"小穀，魯邑"爲説，不如《左氏》"城穀"從申無宇之言爲有據也。

062 婦人暫而免諸國

僖三十三年傳："婦人暫而免諸國。"注："暫，猶卒也。"按《爾雅·釋詁》："卒，終也。"又，卒猶忽也，同猝。《漢書·谷永傳》"卒起之敗"注："卒讀曰猝。"義並通。

063 堯能單均刑法以儀民

《國語·魯語》："堯能單均刑法以儀民。"按，單，信也。《詩·天保》"俾爾單厚"，傳："單，信也。"舊讀單爲禪，謂堯能舉舜而遜以位，非是。

064 螶

《説文·虫部》"螶"下云："厲，千歲雀所匕。^③"段注："千當作十，雀十歲則爲老矣。"按許云千歲雀者猶言其老也，且相傳爲然也。雀老則化爲厲，以別於凡雀。千歲非真實之數，約舉成數耳。故其下云："海蛤者，百歲燕所匕也。"不然，無千歲之雀，又豈有百歲之燕乎？段氏以臆説之，非是。

065 冬十二月螽

《左氏》哀十二年傳："冬，十二月，螽。"林堯叟謂："時已閉蟄，猶有螽災。"按周之十二月即夏之十月，是歲應置閏而失不置，實夏之九月也。林氏以爲夏之十二月，故云"時已閉蟄"，失之。當從是年經杜注。

---

① "邑"，稿本作"地"。據阮刻本《穀梁傳注疏》改。下文"魯邑"倣此。
② 案，發傳，蓋謂闡發傳注。《春秋左傳序》："故發傳之體有三，而爲例之情有五。"
③ 案"厲，千歲雀所匕"，段注本《説文》同。大、小徐本作"千歲化爲螶"。

066 公會晉侯及吳子于黃池

哀十有三年：“公會晉侯及吳子于黃池。”注：“夫差欲霸中國，尊天子，自去其僭號而偶子，以告令諸侯，故史承而書之。”按，吳書子，史貶之也。故襄二十五年巢牛臣曰“吳王勇而輕”，經、傳皆貶書曰“吳子”，注不足從。

067 十有二月螽

又 ①：“十有二月，螽。”注：“前年季孫雖聞仲尼之言而不正歷，失閏。至此年故復十二月螽，實十一月。”按，失閏誤一月，實夏正之九月也。

068 如魚窺尾

哀十七年傳：“如魚窺尾。”注：“窺，赤也。魚勞則尾赤。”按《說文·穴部》：“窺，正視也。從穴中正見，正亦聲。”然則杜以窺爲赤，窺即赬之假文。《詩》“魴魚赬尾”，傳：“赬，赤也。魚勞則尾赤。”《釋文》：“窺，勅呈反。赬，勅貞反。”音同，故義得通假。

069 伐齊取穀

僖二十六年：“冬，公以楚師伐齊，取穀。”按，哀二十四年傳 ②：“夏，四月，晉侯將伐齊。使來乞師曰：‘昔臧文仲以楚師伐齊，取穀。’”注：“在僖二十六年。”然則伐齊取穀之謀，臧孫辰爲之也。

070 敵國外患

《孟子·告子》：“入則無法家拂士，出則無敵國外患者，國恒亡。”按《左氏》成十六年傳：“文子曰：‘吾先君之亟戰也有故，秦、狄、齊、楚皆彊，不盡力，子孫將弱。今三彊服矣，敵楚而已。唯聖人能外內無患。自非聖人，外寧必有內憂。盍釋楚以爲外懼乎？’”此敵國外患之義也。

---

① 案“又”字，承前文省稱。此則宜與上則《左氏》哀十二年傳“冬，十二月，螽”合觀。
② “傳”，稿本無。據阮刻本《左傳正義》補。

071 夫人氏之喪至自齊

僖元年："十有二月,丁巳,夫人氏之喪至自齊。"注："僖公請其喪而還,不稱姜,闕文。"《公羊傳》："夫人何以不稱姜氏? 貶。曷爲貶? 與弑公也。"《穀梁傳》："其不言姜,以其殺二子,貶之也。或曰,爲齊桓諱殺同姓也。"按,杜以不偶姜爲闕文,然《左氏》發傳亦以夫人氏偶,豈經、傳皆有闕乎?《公》、《穀》以爲貶,然七月則書"夫人姜氏薨于夷";諱言齊殺,二年五月書"葬我小君哀姜"。(案,定十五年傳例:"不稱小君,不成喪。"故杜注云:"反哭成喪,故稱小君。")故知《春秋》錯文以見意也。至其貶之之辭,則閔二①年八月,公薨。九月,書"夫人姜氏孫于邾",杜所謂"哀姜外淫,故孫稱姜氏"是也。

072 牢

《說文·牛部》:"牢,閑也,養牛馬圈也。从牛、冬省,取其四周帀。"按,取其四周帀者,謂其字體似其四周帀也。

073 哲

《說文·口部》"哲"下云:"嚞,古文哲,从三吉。"按,此所謂古文,疑是籀文也②。

074 哉

《說文·口部》:"哉,言之閒也。"鍇云:"若《左傳》'遠哉遙遙'、《論語》'君子哉若人'。是哉爲閒隔之詞。"段注:"如鍇說,則必句中乃爲言之閒,豈句末者非耶? 句中哉字,皆可斷句。凡兩者之際曰閒,一者之竟亦曰閒。一之竟,即兩之際也。言之閒歇,多用哉字,若'哉生明'、'初哉首基',則又訓哉爲始。凡竟即爲始。"按鍇說迂,段說亦未盡得也。許君云"言之閒"者,閒,猶反也。凡歇語用哉字,均爲疑詞反詰。其訓哉爲始者,則"才"之通假也。

---

① "二",稿本作"元"。據阮刻本《左傳正義》改。

② 案"嚞",《說文》諸本皆云"古文"。字又見宋夏竦《古文四聲韻》引《古尚書》。《說文》言"古文"者,或不誤。又"哲"金文多从心,如⬚(宋家父匡)、⬚(克鼎)、⬚(克鼎),與《說文》或體"⬚"(悊)相類。"哲"之籀文雖不傳,其體蓋近之。

075 直躬者

《論語》：“葉公語孔子曰：‘吾黨有直躬者，其父攘羊，而子證之。’”按《韓非子·五蠹》：“楚有直躬者，其父竊羊而謁之吏。令尹曰：‘殺之。’以爲直於君而曲於父，報而罪之。以是觀之，夫君之直臣，父之暴子也。”

076 宋榮子猶然笑之

《莊子·逍遙遊》：“而宋榮子猶然笑之。”按《韓非子·顯學》：“宋榮子之議，設不鬭爭，取不隨仇，不羞囹圄，見侮不辱，世主以爲寬而禮之。”

077 十一君

《潛夫論·讚學》：“‘黃帝師風后，顓頊師老彭，帝譽師祝融，堯師務成，舜師紀后，禹師墨如，湯師伊尹，文、武師姜尚，周公師庶秀，孔子師老耼。’若此言之而信，則人不可以不就師矣。夫此十一君者，皆上聖也。”按周公居攝，孔子素王，故以備十一君之數。

078 君王年即耆邪

《潛夫論·潛歎》：“君王年即耆邪？”按即，既之誤。字與下句“明既哀邪”疊筆對文。《御覽》四百九十四作“既老”。

079 鄉邦領郡數韓王

義州李鶴年尚書《重修蔡忠惠公祠落成》詩第三首“鄉邦領郡數韓王”，自注：“冬郎、梅溪。”按冬郎係避地來閩，未嘗典郡，予作《詩話》已論之矣。蓋尚書初偶失攷，後經改易爲“寓公郡伯數韓王”，載在《島居三錄》。

080 徹我疆土

《詩·大雅·江漢》：“徹我疆土。”箋：“治我疆界於天下。”按《崧高》：“徹申伯土田。”傳：“徹，治也。”

081 宋所爲無雉兔狐貍者也

《墨子·公輸》：“宋所爲無雉兔狐貍者也。”《閒詁》：“畢云：‘《太平御覽》狐貍作鮒魚。'王云:'作鮒魚是也。無雉兔,對上文荊有犀兕麋鹿言之;無鮒魚,對上文荊有魚鱉黿鼉言之。若狐貍,則與魚鱉黿鼉不相應。此後人不曉文義而改之也。《尸子》、《戰國策》並作鮒魚。'貽讓案,《神仙傳》亦作鮒魚。"愚謂孫氏註非是。《說文》:"鮒,鮒①魚也。"鮒,見《易》、《禮》。鄭注《易》曰:"鮒,魚微小。"虞翻曰:"鮒,小鮮也。"豈有方五百之宋,并微小之鮒魚而無之? 必不可信也。無雉兔狐貍者,猶言無圍獵場所也。若謂狐貍字,與上文魚鱉黿鼉不相應,則古人文字不必如是整飭。

082 德祐二年閏月日

《文山先生全集·指南錄自序》:"德祐二年閏月日"。按是歲丙子,閏三月也。

083 德祐二年二月十九日

《指南錄後序②》:"德祐二年二月十九日,予除右丞相兼樞密使都督諸路軍馬。"按二月乃正月之誤。當據《文山先生紀年錄》、《宋史·瀛國公本紀》及本傳、劉岳申《文丞相傳》、胡廣《文③丞相傳》是正。

084 馬蹀閼氏血

《岳忠武王④集·送紫巖張先生北伐》詩句云:"馬蹀閼氏血,旗梟可汗頭。"按顏師古《匡謬正俗》:"習鑿齒與謝安石書云:'匈奴名妾作閼氏,言可愛如烟支也。閼字於言反。想足下先作此讀書也。'"(按,《史記·匈奴傳》索隱:"閼氏⑤,舊音⑥曷氏。⑦"引習鑿齒與燕王書云:"山下有紅藍,足下先知不⑧? 北方人

---

① "鮒",段注本《說文》同。大、小徐本無此字。
② "後序",稿本無。據四部叢刊景印烏程許氏藏明刊本《文山先生全集》補。
③ "文",稿本脫。據明刊本胡廣《文丞相傳》補。
④ "王",稿本無。據傳本《岳忠武王集》補。
⑤ "氏",稿本作"氐"。據百衲本、殿本《史記》改。
⑥ "音"下,稿本衍"音"字。據百衲本、殿本《史記》刪。
⑦ "閼氏,舊音曷氏",百衲本、殿本《史記》同。殿本、中華本、瀧川本作"舊音於連、於曷反二音"。
⑧ "不",稿本作"否"。據百衲本、殿本、中華本、瀧川本《史記》改。

採①取其花染緋黃,挼取其上英鮮者作烟支②,婦人採③將用爲顏色。吾少時再三過見烟支。今日始親④紅藍,後當足⑤致其種。匈奴名妻作閼氏,今可音烟支。⑥想足下先亦不作此讀《漢書》也。"與師古引略異。)按《史記》及《漢書》,謂單于正妻曰閼氏,猶中國言皇后爾。舊讀音焉氏蓋北翟之言,自有意義,未可得而詳也。忠武此詩閼氏平讀,可汗之汗又仄讀矣。詩爲王手書,刻湯陰廟中。

085 斃一人

《明史·周順昌傳》:"旂尉東西竄,衆縱橫毆擊⑦,斃一人。"按《宦官魏忠賢傳》:"蘇州民見順昌逮,不平,毆殺二校尉。"

086 浮光躍金

《范文正公集·岳陽樓記》:"浮光躍金。"按《莊子·大宗師》:"今大冶鑄金,金踊躍。曰:'我且必爲鏌鋣,大冶⑧必以爲不祥之金。"(坊選古文又改躍爲耀⑨。)

087 蓼洲被逮日

張溥《五人墓碑記》:"予猶記⑩周公之⑪被逮,在⑫丁卯三月之望。"按黃煜《碧血錄》:"欽贈太常寺卿恩封三代賜特祠祭葬蔭諡原任吏部文選司員外郎周順昌,字景文,號蓼洲,直隸蘇州府吳縣人,天啟六年丙寅三月逮

---

① "採",百衲本、殿本《史記》同。中華本、瀧川本作"探"。

② "支",殿本《史記》同。百衲本作"脂",中華本、瀧川本作"肢"。下文"再三過見烟支"做此。

③ "採",百衲本、殿本《史記》同。中華本、瀧川本無此字。

④ "親",百衲本、殿本《史記》同。中華本、瀧川本作"視"。

⑤ "足",百衲本、殿本《史記》同。中華本、瀧川本作"爲足下"。

⑥ "閼氏,今可音烟支",百衲本、殿本《史記》同。中華本、瀧川本作"閼支,言其可愛如烟肢也。閼,音煙"。

⑦ "擊",稿本無。據中華書局排印本《明史》補。

⑧ "大冶",稿本作"鏌鋣"。據四部叢刊景印明世德堂刻本《南華眞經》改。

⑨ 案,中華書局排印本《古文觀止》即作"耀"。

⑩ "記",稿本作"憶"。據明崇禎九年刻本《七錄齋詩文合集》改。

⑪ "之",稿本無。據《七錄齋詩文合集》補。

⑫ "在"上,稿本有"時"字。據《七錄齋詩文合集》刪。

詔獄死。”又《人述變略》亦云：“周吏部之逮，在丙寅三月。”《明史·熹宗本紀》、《魏忠賢傳》蘇杭織造太監李實奏，逮前吏部主事周順昌，皆繫六年二月下。本傳：“順昌至京師，下詔獄，許顯純鍛鍊，坐贓三千，五日一酷掠，每掠治，必大罵忠賢。顯純椎落其齒，自起，問曰：‘復能罵魏上公否？’順昌嚄血唾其面，罵益厲。遂於夜中潛斃之。時六年六月十有七日也。”則順昌之逮爲天啓六年丙寅三月審矣。碑記作丁卯，乃天啓七年，不足據。

088 一船離恨

《能改齋漫錄》：“東坡長短句云 ① ‘無情汴水自東流，只載一船 ② 離恨向西州’（按，此詞爲《虞美人·揚州別少游》）張文潛用其意以爲 ③ 詩云：‘亭亭畫舸繫春潭，只待行人酒半酣。不管煙波與風雨，載將離恨過江南。’王平甫嘗愛而 ④ 誦之。彼 ⑤ 不知其出於東坡也。”《苕溪漁隱叢話》：“余以《張右史集》徧尋無此詩，《蔡寬夫詩話》謂此詩嘗有人於客舍壁間見之，莫知誰作。或云鄭兵部仲賢也，然集中無之。二說未知孰是。”（並見張宗橚《詞林紀事》卷五引）按鄭文寶，字仲賢，寧化人，有《鄭兵部集》三十卷，今佚。據《蔡寬夫詩話》，則《兵部集》中亦無是詩。然《升庵詩話》亦及此，謂據《宋文鑑》則張文潛詩也；據《草堂詩餘》周美成《尉遲杯》注，則唐（南唐）鄭仲賢詩。當時已莫衷一是。然《江南賸存集》錄仲賢闕題詩三首，此其第一首。予言之於拙箸《笠山詩話》矣，並錄兩說以備參攷。

---

① “云”，稿本及《詞林紀事》引無。兹依墨海金壺本《能改齋漫錄》補。
② “船”，稿本作“舟”。據墨海金壺本《能改齋漫錄》、《詞林紀事》引改。
③ “以爲”，稿本及《詞林紀事》引作“爲小”。據墨海金壺本《能改齋漫錄》改。
④ “而”，稿本及《詞林紀事》引無。據墨海金壺本《能改齋漫錄》補。
⑤ “彼”，稿本及《詞林紀事》引無。據墨海金壺本《能改齋漫錄》補。

隨無涯齋讀書記卷二

上杭包樹棠伯芾學

089 倉海先生墓誌銘

念盧師《倉海先生墓誌銘》曰："君丘姓,先世由上杭遷鎮平。逮君曾祖,始遷臺灣。父潛齋先生,碩德耆儒,爲世楷模,予嘗次其行狀。君其次子也,自幼聰穎絕人,書過目輒成誦,時有丘才子之名。軀幹魁梧,見者疑爲武人,君亦樂以武俠自任。乙未,清廷割臺灣畀日本,君帥義師自保,屢電抗爭,且嚙指血爲書上之,清廷終不省。曰:'是與臺民恩義斷矣!'建議立臺灣民主國,奉臺撫唐景崧爲主。臺民推唐爲總統,君爲副。當是時,中國閉關久,泰西民主之說未流衍中土。民踳伏專制淫威之下,乍聞君議,皆卷口結舌,不敢贊一語,甚且以危言相悚:建國海上,孤立無援應。君毅然行之不顧。事雖不成,然獨創①義於民國紀元十七載前,不可謂非豪傑人也。已②內渡歸潮,寄籍海陽。復於鎮平故鄉經營草廬,奉親居焉。因念欲開民知③、張民權,非教育④不爲功。故君初居潮,主講韓山、東山兩書院,皆以實學訓士。猶以書院舊制,新知識灌輸有所未盡,倡辦嶺東同文學堂。值時戊戌政變後,清廷方復科舉舊制,使民疲精於八股。君艱難締造,不辭勞怨,躬往南洋募款。十餘年來,嶺東民氣蓬勃奮發。國民軍起,凡光復郡縣,莫不有嶺東人參與其間,皆君⑤倡導之力也。興學議起,首辦鎮平東山、員山兩族學,於鄰邑勸辦學校以百數。在粵連任廣州中學、兩廣方言及商業學校監督,兼爲學務處議紳、諮

---

　① "創",續修四庫全書景印民國鉛印本《嶺雲海日樓詩鈔》所附《倉海先生墓誌銘》作"倡"。

　② "已",《嶺雲海日樓詩鈔》附銘作"既"。

　③ "知",《嶺雲海日樓詩鈔》附銘作"智"。下文"新知識灌輸"同。

　④ "教育",《嶺雲海日樓詩鈔》附銘作"主張精神教育"。稿本初作"精神教育","精神"二字後以朱筆刪。此或作者鈔錄時微改。下倣此。

　⑤ "君",《嶺雲海日樓詩鈔》附銘作"此校"。稿本初同,後朱筆圈"此校"改"君"。

議局副議長。關於民事，皆力任艱鉅。平居鬞鬞若無能，遇大利害所在，臨機決斷，大聲振屋瓦。廣東受賭害數十年，一旦湔滌，非君莫任。清廷官吏屢以革命嫌疑逮捕士類，君居閒調護，保全實多。去秋武漢倡義，旬日之閒，全國響應。君言內渡十七年，無若今日快心者。乃出指瘢示予曰：'予固未嘗一日忘此痛也。'粵省光復，舉君爲教育部長 ①。會南京組織臨時政府，君任粵代表，絜予同往。一時豪傑雅推重之。嘗冒雪謁孝陵，有詩紀遊，意氣豪甚。因言南京光復，臨時政府又在玆地，民國當有三大文字祭告孝陵、延平、洪王也。機務倥傯，卒未果作。及臨時政府告成，亟南歸。舟次廈門，時福建省議會未成立，徇廈商之請，特電閩都督速行召集。大旨以革命掃除滿清秕政，若一切仍舊，安用鐵血爲？并言民國新造，斷非一二人專制可以成功。君本勇於任事，舊籍又隸閩，故不嫌越俎如是。至潮，始接參議院議員之電，而君已病矣。京、粵函電交馳，且以粵督相推舉。時病益劇。君嘗言，願居監督政府地位，即不病亦不任受也。返山居半月，新紀元二月二十五日子時，卒於員山里第，享年四十有九。曾登己丑甲科。自民國起義，并將舊名逢甲棄置不復道。倉海君者，君之別號也，因以爲名。在南京遇衛戍總督徐紹楨，見君名刺，待以恆流。詢知前名 ②，歡好若平生。蓋君名震鑠中外，別號人或未知。今僅稱別號，不復稱君諱者，從君志也。君之詩文，久雄視海內。然君雅不欲以詩文人傳。故所爲文，皆不繕稿。詩則舊歲始輯內渡後所作，編爲《嶺雲海日樓詩稿》。而庚戌《羅浮游草》，則已付印單行矣。德配林，先君卒。繼配廖，妾氏呂。有丈夫子七人：琮，字念臺 ③，鎮平中學畢業。琳，肄業中學。璟，出後三弟。瓚，出後六弟。女子二人，一配平遠林震，今爲粵北伐軍師團長；一未字。孫一人。將以四月二日 ④，葬於印山故居之原。令弟輯甫、時甫以復從君遊，知君最悉，囑爲彰幽之文。因撮其大略。並爲銘曰：天生偉人爲民國，民國成立完天職。槃槃公才與公德，萬古不滅視此刻。"按倉海之沒，吾師復挽以詩句云："平生雅慕虬髯傳，別號特書倉海君。"又云："學風粵嶠開山祖，詩界神州革命軍。"又云："曾劃南洋群島策，擬收東海一帆風。"梁任

① "長"下，《嶺雲海日樓詩鈔》附銘有"學子莘莘，均慶得人"八字。稿本原有，後以墨筆刪。
② "名"下，《嶺雲海日樓詩鈔》附銘有""重握手示敬"五字。稿本原有，後以朱筆刪。
③ "臺"，《嶺雲海日樓詩鈔》附銘作"台"。
④ "日"，《嶺雲海日樓詩鈔》附銘作"號吉時"。

公啟超《飲冰室詩話》嘗以蔣觀雲、夏穗卿、黃公度爲詩界三傑，而詩人之詩獨推丘倉海爲天下之健者。《嶺雲海日樓詩鈔》有《雲泉仙館次壁閒韻與易實甫同遊諸子作》詩云："一徑凌空破曉烟，眼中秦漢古山川。何年穿石泉飛瀑，滿地栽桑海化田。不肯丹黃秋後樹，別開日月洞中天。雲霞管領吾誰證，七十二峰無限緣。"《離臺詩》六首之二云："宰相有權能割地，孤臣無力可回天。扁舟去作鴟夷子，回首河山意黯然。""亂世團圓骨肉難，弟兄離別正心酸。奉親且作漁樵隱，到處名山可挂單。"

090 水底笙歌蛙兩部

東坡《贈王子直秀才》："水底笙歌蛙兩部，山中奴婢橘千頭。"此套襲歐公《送趙山人歸舊山》"聒耳春池蛙兩部，比封秋塢橘千頭"句也。

091 宋人及楚人平

《春秋》宣十有五年："夏，五月，宋人及楚人平。"啖氏助曰："和而不盟曰平。"按《左氏傳》：宋及楚平，盟曰："我無爾詐，爾無我虞。"啖氏說不足信矣。

092 舍而止

《公羊》宣十五年傳："莊王曰：'諾。舍而止。'"《解詁》："受命築舍而止，示無去計。"孔廣森《公羊通義》："先勉受子反語，言將舍宋，止而弗攻。"按舍而止，即《左氏》宣十五年傳："申叔時僕曰：'築室反耕者，宋必聽命。'從之。宋人懼。"孔說非，當從《解詁》。

093 欒枝

《左氏》僖二十七年傳："命趙衰爲卿，讓於欒枝、先軫。"注："欒枝，貞子也，欒賓之孫。"按《國語·晉語十》："公使趙衰爲卿，辭曰：'欒枝貞慎。'"韋注："枝，晉大夫欒共子之子貞子也。"（又按《史記·晉世家》："欒枝將下軍。"《集解》："賈逵曰：'欒枝，欒賓之孫。'"）

094 陽處父

《左氏》僖三十三傳："公使陽處父追之。"按《國語·晉語十》："文公問於胥① 臣曰:'吾欲使陽處父傳讙也。'"韋注:"陽處父,晉大夫陽子也。讙,文公子,襄公名。"

095 五年而後舉虞

《穀梁》僖二年傳:"獻公亡虢,五年而後舉虞。"鍾文烝《補注》:"五年,當依《公羊》爲四年字之誤。疏以爲僖五年,非也。"按《國語·周語上》:"十九年,晉取虢。"韋注:"惠王十九年②,魯僖之五年③。"又《左氏》僖五年傳:"晉侯復假道於虞以伐虢。冬十二月丙子朔,晉滅虢。虢公醜奔京師。師還,館于虞。遂襲虞,滅之。執虞公。"則內外傳皆以虢滅於僖五年。《公羊》僖二年傳:"假之道以取郭,還。四年,反取虞。"《解詁》:"還復往,故言反。"則傳言假之道以取郭者,猶云假之道以取虢之夏陽,後四年（即僖五年）,復往滅虢,反取虞也。《穀梁》疏謂五年爲僖五年者,意亦云獻公亡虢之夏陽,僖五年復滅虢而後舉虞也。說亦通。蓋僖二年經明言"虞師、晉師滅夏陽④",不言滅虢,故知虢之滅在僖五年,與虞同時。《左傳》、《國語》言之甚詳。

096 司馬子反

《公羊》宣十五年傳:"於是使司馬子反乘堙而闚宋城。"孔廣森《公羊通義》:"子反,楚右軍將公子側也。"按《史記·宋微子世家》正義:"華元,戴公五代孫,華督之曾孫也。"⑤

097 利盡四海

《戰國·秦策·司馬錯與張儀》:"利盡四海。"鮑彪注:"言四方之物,蜀兼有之,故蘇秦於巴、蜀、漢中獨曰利。"吳師道《補注》:"一本西海。《新序》同。"按《文選·陳孔璋〈檄吳將校部曲文〉》:"利盡西海。"李善注引《國策》"四"作"西"。又按剡川姚氏本亦作"西"。（又《史記·張儀傳》亦作"西

---

① "胥",稿本作"司"。據士禮居本《國語》改。

② "年"下,稿本衍"晉取虢"三字。據士禮居本《國語》刪。

③ "年"下,稿本有"也"字。據士禮居本《國語》刪。

④ "夏陽",《公》、《穀》同。《左傳》作"下陽"。

⑤ 案此則稿本以墨筆刪去。今姑錄存備覽。

海",《索隱》:"西海爲①蜀川也。海者珍藏所聚生,猶謂②秦中爲陸海然也。其實西亦有海,所以云西海③。"《正義》:"海之言晦也。西夷晦昧無知,故言海也。言利盡西方羌戎。"按《正義》說非,《索隱》說是也。《山海經》:"《南山經》之首曰鵲山,其首曰招搖④之山,臨于西海之上。"郭注:"在蜀伏山山南之西頭,濱西海也。"此古西海之說也。)

098 虞師

《春秋》經:僖二年,"虞師、晉師滅夏陽。"《穀梁傳》曰:"虞無師,其曰師,何也? 以其先晉,不可以不言師也。"《左氏傳》曰:"虞公許之,且請先代虢。宮之奇諫,不聽。遂起師。夏,晉里克、荀息帥師會虞師伐虢,滅夏陽。"按《左氏》明言會虞師,與《穀梁》言虞無師,此古今文之歧異也。

099 由不見古文也

《史記·殷本紀》:"帝盤庚崩,弟小辛立,是爲帝小辛。帝小辛立,殷復衰。百姓思盤庚,迺作《盤庚》三篇。"《索隱》:"《尚書·盤庚》:'將治亳殷,民咨胥怨,作《盤庚》。'此以盤庚崩,弟小辛立,百姓思之,乃作《盤庚》。由不見古文也。"按《史記·自序》:"年十歲則誦古文。"又《漢書·儒林傳》:"司馬遷亦從⑤安國問故。"此云"不見古文"者,乃後出僞書也。(王鳴盛《尚書後案》:"小司馬以爲不見古文,故有此說。遷從安國問故,非不見古文者。"按王氏此說亦未達小司馬意也。)

100 因而數讓之

《史記·張儀傳》:"因而數讓之。"《索隱》:"按謂數設詞而讓之。讓亦責也。數音朔。"按,數讀如字。《戰國·秦策五》"使韓倉數之"高誘注:"數,讓。"又《漢書·高帝紀上》"漢王數羽曰"注:"數,責其罪也。"

---

① "爲",殿本《史記》同。百衲本、中華本、瀧川本作"謂"。
② "猶謂",稿本作"謂猶"。據百衲本、殿本、中華本、瀧川本《史記》改。
③ "所以云西海"五字,百衲本、殿本《史記》同。中華本、瀧川本作"也"。
④ "招搖",稿本作"招招"。據四部叢刊本《山海經》改。
⑤ "從"下,稿本有"孔"字。據中華本《漢書》刪。

101 塞轘轅緱氏之口

《戰國·秦策》：“塞轘轅、緱氏之口。”鮑彪曰：“《高紀》注：‘轘轅、緱氏，險道，屬河南。’”吳師道《補注》：“瓚云①：‘轘轅，險道，在緱氏東南。’《索隱》云：‘緱氏以山爲名。’”按《史記·張儀傳》作“塞斜②谷之口”。《集解》：“徐廣曰：‘一作尋。成皋鞏縣有尋口。’”《索隱》：“尋斜聲相近，故其名惑也。《戰國策》作‘轘轅、緱氏之口’，亦其地相近也。斜谷，地名③。”《正義》：“《括地志》云：‘溫泉水即尋，源出洛州鞏縣西南四十里。《注水經》云：鄩城水出北山鄩溪。又有故鄩城，在鞏縣西南五十八里。’按洛州緱氏縣東南四十里，與鄩溪相近之地。”又按高誘注：“塞，斷。”（又《史記·淮南衡山列傳》：“塞轘轅、伊闕之道。”《正義》：“轘轅故關在河南緱氏縣南四十里。”）

102 當屯留之道

《戰國·秦策》：“當屯留之道。”高誘注：“屯留，今上黨縣。”鮑彪注：“屬上黨。”按《史記·張儀傳》正義：“屯留，潞州縣也。道即太行羊腸阪道也。”

103 魏絕南陽

《戰國·秦策》：“魏絕南陽。”高誘注：“魏與南陽絕也。”鮑彪注：“秦使之絕。”按《史記·張儀傳》正義：“南陽，懷州也。是當屯留之道，今魏絕斷壞羊腸，韓上黨之路也。”

104 楚臨南鄭

《戰國·秦策》：“楚臨南鄭。”高誘注：“鄭，今河南新鄭也。”按《史記·張儀傳》正義：“是塞斜④谷之口也。令楚兵臨鄭南，塞轘轅斜⑤口，斷韓南陽之兵也。”

---

① “瓚云”，稿本無。據四部叢刊本《戰國策校注》補。
② “斜”，殿本《史記》同。百衲本、中華本、瀧川本作“什”。下文“尋斜聲相近”倣此。
③ “斜谷，地名”，殿本《史記》同。百衲本作“什谷，地名”，中華本、瀧川本無此四字。
④ “斜”，殿本、中華本、瀧川本《史記》同。百衲本作“什”。
⑤ “斜”，殿本《史記》同。百衲本、中華本、瀧川本作“鄩”。

105 新城

《戰國·秦策》:"秦攻新城、宜陽。"鮑彪注:"新城,屬河南。"吳師道《補注》:"《左傳》僖六年注:'新城,鄭新密,今滎陽密也。'《大事記》白起擊①韓新城,引《正義》云:'在洛州伊闕縣。'又秦、韓會新城云:'兩周閒地名。'注引《正義》云:'許州襄城縣。古新城縣也。'按芈戎華陽君又號新城君,則華陽在密者。此《策》以宜陽並言,地必連近,當是伊闕爾。"按《史記·張儀傳》索隱:"新城當在河南伊闕之左右。"《正義》:"洛州福昌縣也。"

106 是我一舉而名實兩附

《戰國·秦策》:"是我一舉而名實兩附。"鮑彪注:"不貪暴,名也。得國,實也。"按《史記·張儀傳》索隱:"名謂博②其德也,實謂得土地財寶也。"

107 臣請謁其故

《戰國·秦策》:"臣請謁其故。"高誘注:"謁,白。"按《史記·張儀傳》謁作論③,《索隱》:"論者,告也,陳也。故,謂陳④不宜伐之端由也。"

108 伐蜀十月取之

《戰國·秦策》:"伐蜀。十月,取之。"按《史記·張儀傳》索隱:"《六國年⑤表》在惠王二十二年十月也。"《正義》:"《表》云秦惠王後元（按元誤,當作九。《秦本紀》云:九年,司馬錯伐蜀,滅之。惠文⑥君立十四年稱王,更爲元年。至是適二十二年也。）年十月,擊滅之。"

---

① "擊",稿本作"繫"。據四部叢刊本《戰國策校注》改。

② "博",百衲本、殿本《史記》同。中華本、瀧川本作"傳"。

③ "謁作論",案瀧川資言《史記會注考證》云:"各本謁作論,今從楓山、三條本。王念孫曰:'《秦策》及《新序·善謀篇》作謁。謁,告也。疑《史記》亦作謁,故《索隱》云告也。論字,古無訓爲告也。'"

④ "陳",稿本無。據百衲本、殿本、中華本、瀧川本《史記》補。

⑤ "年",稿本無。據《史記》諸本補。

⑥ "惠文",稿本作"文惠"。據《史記》諸本乙正。

109 虞郭見與

《公羊》僖二年傳:"虞郭見與"。《釋文》:"郭音虢。又如字。"按《戰國·秦策》:"田華①之爲陳軫說秦惠王曰:'臣恐王之如郭君。夫晉獻公欲伐郭,而憚舟之僑存。荀息曰:《周書》有言:美女破舌。'乃遺之女樂,以亂其政。舟之僑諫而不聽,遂去。因而伐郭,遂破之。又欲伐虞,而憚宮之奇存。荀息曰:《周書》有言:美男破老。'乃遺之美男,教之惡宮之奇。宮之奇以諫,而不聽,遂亡。因而伐虞,遂取之。'"高誘注:"古文言虢也。②"吳師道注:"《路史》云:'北虢,仲後也,在大陽,今陜州西。西虢,仲之③封,在岐。東遷,自此之上陽爲南虢。東虢,叔之封制也,今鄭之滎陽。'此《策》所指者,北虢也。"高注謂"古文言虢",《左氏》及《國語·晉語》皆作虢,然《穀梁》亦作虢(《史記·晉世家④》亦作虢)。虢、郭同音,故《釋文》曰:"郭音虢。"

110 宮之奇諫不聽而亡

《戰國·秦策》:"宮之奇以⑤諫而不聽,遂亡。"高誘注:"亡去適秦。"按《穀梁》僖二年傳曰:"挈其妻子以奔曹。"《國語·晉語》曰:"以其孥適西山。"韋昭注:"西山,國之西界。"《左氏》僖五年傳曰"宮之奇以其族行",則不言奔何國。

111 卜偃

《左氏》閔元年傳"卜偃曰",注:"卜偃,晉掌卜大夫。"按《國語·晉語》注:"卜偃,晉掌卜大夫郭偃也。"

112 玤

《說文·玉部》"玤"下云:"讀若《詩》曰'瓜瓞菶菶'。"段注:"《大

---

① "田華",四部叢刊本《戰國策校注》同。吳師道云:"一本田莘。"案士禮居本即作"田莘"。

② "古文言虢也",案《文選·蔡伯喈郭有道碑》李善注引高誘注作:"郭,古文虢字也。"

③ "之"下,稿本有"後"字。據四部叢刊本《戰國策校注》刪。

④ "家"下,稿本衍"家"字。據《史記》刪。

⑤ "以",稿本無。據士禮居本《戰國策》補。

雅·生民》文。此引經說字音也。補蠓切。九部。"按菶,今本作唪。《釋文》:"布孔反,徐又薄孔反。"

113 秦女

《史記·晉世家》:"晉惠公病,內有數子。太子圉曰:'吾母家在梁,梁今秦滅之,我外輕於秦而內無援於國。君即不起,病大夫輕更立他公子。'乃謀與其妻俱亡歸。秦女曰:'子一國太子,辱在此。秦使婢子侍,以固子之心。子亡矣,我不從子,亦不 ① 敢言。'子圉遂亡歸晉 ②。"按秦女,懷嬴也。《左氏》僖二十二年傳:"晉大子圉爲質於秦,將逃歸,謂嬴氏曰:'與子歸乎?'對曰:'子,晉太子,而辱於秦,子之欲歸,不亦宜乎?寡君之使婢子侍執巾櫛,以固子也。從子而歸,弃君命也。不敢從,亦不敢言。'遂逃歸。"注:"嬴氏,秦所妻子圉,懷嬴也。"(又按,懷嬴再妻重耳,故曰文嬴。《晉世家》:"秦繆公以宗女五人妻重耳,故子圉妻與 ③ 往。重耳不欲受,司空季子曰:'其國且伐,況其故妻乎?且受以結秦親而求入,子乃拘小禮、忘大醜乎?'遂受。"又《左氏》僖二十三年傳:"秦伯納女五人,懷嬴與焉。奉匜沃盥。既而揮之。怒曰:'秦晉匹也,何以卑我?'公子懼,降服而囚。"注:"懷嬴,子圉妻。子圉 ④ 謚懷公,故號爲 ⑤ 懷嬴。"按,文亦重耳謚。) ⑥

114 孔子年歲

《史記·孔子世家》:"孔子年七十三,以魯哀公十六年四月己丑卒。"《索隱》:"若孔子以魯襄二十一年生,至哀十六年爲七十三。若襄二十二年生,則孔子年七十二。經傳生年不定,使夫子壽數不明。"按《孔叢子·答問第二十一》:"昔我先君以春秋哀公十六年四月乙丑卒。"又按《南雷集·答陳士業論孔子生卒書》其言甚辯,但未及此條。(黃氏:"孔子年主七十三歲,卒主《左氏》哀公十六年壬戌四月乙丑,即今四月十八日。又其以《家語》、《史記》載孔子弟子年歲,皆以孔子爲的。若孔子不生庚戌,則弟子

---

① "不",稿本無。據《史記》諸本補。

② "晉",稿本無。據《史記》諸本補。

③ "與",稿本作"以"。據《史記》諸本改。

④ "子圉",稿本無。據阮刻本《左傳正義》補。

⑤ "號爲",稿本作"曰"。據阮刻本《左傳正義》改。

⑥ 案,此則稿本以墨筆框刪。今姑錄存備考。

之年無一足憑。"駁宋景濂孔子生主《公羊》、《穀梁》襄二十一年己酉之說,尤有獨見。)①

115 周文自剄軍遂不戰

《史記·陳涉世家》:"周文自剄,軍遂不戰。"《索隱》:"《越系家》勾踐使罪人三行,屬劍於頸,曰'不敢逃刑',乃自剄。"按《越世家》:"越王勾踐使死士挑戰,三行,至吳陳,呼而自剄。"其文不同。此蓋用《左氏》定十四年傳文。

116 流王於彘

《國語·周語》:"流王於彘。"注:"流,放也。彘,晉地,漢爲彘縣,屬河東,今曰永安。"按《史記·周本紀》作"厲王出奔於彘",《正義》:"《括地志》云:'晉州霍邑本漢彘縣,後改彘曰永安。從鄗犇晉也。'"又按《魏世家》索隱引宋忠曰:"霍,地名②,今③河東彘縣也。"又《正義》:"晉州霍邑縣。漢彘縣也,後漢改曰永安,隋改曰霍邑,本春秋時霍伯國也。"

117 宦官王安

《明史·宦官王安傳》:"天啓元年五月,帝命安掌司禮監,安以故事辭。客氏勸帝從其請,與忠賢謀殺之。忠賢猶豫未忍。客氏曰:'爾我孰若西李,而欲遺患耶?'忠賢意乃決。嗾給事中霍維華論安,降充南海子淨軍,而以劉朝爲南海子提督,使殺安。劉朝者,李選侍私閹,故以移宮盜庫下獄宥出者。既至,絕安食。安取籬落中蘆菔啖之,三日猶不死,乃撲殺之。"按李遜之《三朝野紀·天啓朝紀事》:"魏忠賢時已入宮中,客氏初④與內閹王國臣有私。國臣原名魏朝,後改今名。既又私於忠賢。王安方掌司禮⑤監印,客與魏協力擁戴安。時內閹李進忠、劉朝等俱以盜帑下獄。魏初入,原名進忠。楊漣曾疏參及忠賢。(按楊漣《劾忠賢二十四大罪疏》,天啓四年六月癸未上此疏,參忠

---

① 案,此則稿本以墨筆框刪。今姑錄存備考。又案,作者《史記會注攷證校讀》"孔子年七十三"一則,與此相類而較省略,唯未援《孔叢子》語。
② "地名",百衲本、殿本《史記》同。中華本、瀧川本無。
③ "今",稿本無。據百衲本、殿本、中華本、瀧川本《史記》補。
④ "初",稿本無。據清光緒時武進盛氏重彫本《三朝野記》補。
⑤ "禮"下,稿本有"太"字。據《三朝野記》刪。

賢又當在前。）忠賢乞憐於安，安盡①委罪於李進忠，以飾外廷，忠賢得無恙。既國臣與忠賢爭客而鬩，直叩之御榻前，上詢客意所向，爲逐臣而留賢。安心不平其事，深加誚責，客、魏遂大恨安。安適循例②告病，擬邀溫旨即出。有闡陸藎臣者，霍維華戚也，通信維華，謂安與賢正相水火，有隙可乘。華遂出疏參安，賢尙猶豫③未決。王體乾心圖掌印，力慫④客氏激賢怒，矯旨予告。隨⑤降謫南海子，縊殺之。”《野紀》言安方掌司禮太監印及縊殺事，與史微異⑥。

118 沛公殆天授

《漢書·張良傳》：“沛公殆天授。”師古曰：“殆，近也。”按《荀子·彊國》：“雖爲之築明堂於塞外，而朝諸侯，殆可矣。”注：“殆，庶幾也。”《禮記·檀弓上》“殆將病也”，注：“殆，幾也。”《易·繫辭下傳》“其殆庶幾乎”，侯注：“殆，近也。”師古用此。《史記·留侯世家》索隱同。

119 藉第令毋斬

《史記·陳涉世家》：“藉第令毋斬。”按《漢書·陳平傳》：“陛下第出僞游雲夢。”師古曰：“第，但也。語聲急也。它皆類此。”此言“藉第”，亦猶但也。

120 切爲足下危之

《漢書·蒯通傳》：“切爲足下危之。”按，切同竊，疊韻。《廣雅·釋詁四》：“竊，私也。”

---

① “盡”，稿本無。據《三朝野記》補。
② “例”，稿本無。據《三朝野記》補。
③ “豫”，稿本無。據《三朝野記》補。
④ “慫”下，稿本有“恿”字。據《三朝野記》刪。
⑤ “隨”，稿本作“遂”。據《三朝野記》改。
⑥ “異”下，稿本有小字夾注“湯斌《陳史法以裏文治疏》：‘竊惟史者，所以昭是非。’”十九字，後以墨筆刪之。

121 使弃諸夢中

《左氏》宣四年傳："使棄諸夢中。"注："夢，澤名，江夏安陸縣城東南有雲夢城。"按《漢書·敘傳》夢作瞢，師古曰："瞢，雲瞢澤也。"

122 鬬穀於菟

《左氏》宣四年傳："楚人謂乳'穀'，謂虎'於菟'。"按，《漢書·敘傳》菟作檡。如淳曰："穀音構，牛羊乳汁曰構。"師古曰："穀讀如本字，又音乃苟反。（按《釋文》：穀，如口反。）於音烏，檡字或作菟，並音塗。（按《釋文》：菟音徒。）"又按，《方言》："虎，陳、魏、宋、楚之間或謂之李父，江淮、南楚之間謂之李耳，或謂之於檡，（郭注：於音烏，今江南山夷呼虎爲檡，音狗竇。）自關東西或謂之伯都。"

123 年十歲則誦古文

《史記·自序》："年十歲則誦古文。"《索隱》："遷及事伏生，是誦古文《尚書》。"按《自序》："遷爲太史令。"《索隱》："《博物志》：'太史令茂陵顯武里大夫司馬（疑有敚文），年二十八，三年六月乙卯除，六百石也。"又《自序》："五年而當太初元年。"《正義》："按遷年四十二歲。"以是推之，遷與伏年代不相接。而《索隱》說更自爲矛盾。蓋《史》、《漢》儒林傳皆言孝文時伏生年九十餘，且伏生《書》二十篇爲今文，孔安國所得多十六篇者，乃古文也。予另著辨論之。

124 習道論於黃子

《史記·自序》："習道論於黃子。"《集解》："徐廣曰：'《儒林傳》曰黃生，好黃老之術。'"按《儒林傳》惟云竇太后又好黃老之術，其與轅固生爭論景帝前之黃生，不言好黃老也。（《漢書·司馬遷傳》師古曰："景帝時人也。《儒林傳》謂之黃生，與轅固爭論於上前，謂湯武非受命，乃殺也。"則亦與徐說同 [1]。）

125 系家

《史記·吳太伯世家》索隱："系家者，記諸侯本系也。言其下及子孫常

① "亦與徐說同"，案顏師古注但引《儒林傳》，未言黃生好黃老，似與徐說有異。

有國,故孟子曰:'陳仲子,齊之系家。'又董仲舒曰:'王者封諸侯,非官之也,得以代代爲家者 ① 也。'"按"世家"云"系家"者,避太宗諱。"代代"亦是避太宗諱改。

126 臘月

《史記·陳涉世家》:"臘 ② 月"。《集解》:"張晏曰:'秦之臘月,夏之九月。'瓚曰:'建丑之月也。'"《索隱》:"顏遊 ③ 秦云:'按《史記》表:二世十月誅葛嬰,十一周文死,十二月陳涉死。瓚說 ④ 是也。'宗稟 ⑤《荊楚記》云:'臘節在十二月,故因是謂之臘月也。'"按秦是建亥,故張晏謂"秦之臘月,夏之九月"。瓚曰"建丑之月",則臘是指夏正之十二月。二說不同。《漢書·高帝紀》:"春正月"。師古曰:"凡此諸月號,皆太初正歷之後,記事者追改之,非當時本稱。"據此,瓚說是矣。

127 屮

《說文·屮部》:"屮,艸 ⑥ 木 ⑦ 初生也。古文或以爲艸字。"按《漢書·地理志》:"屮繇木條。"師古曰:"屮,古草字也。"又《董仲舒傳》引孔子曰:"君子之德風也,小人之德屮也,屮上之風必偃。"字皆作"屮"。

128 殷周制度論

《觀堂集林·殷周制度論》:"殷周間之大變革,自其表言之,不過一姓一家之興亡與都邑之移轉;自其裏言之,則舊制度廢而新制度興、舊文化廢而新文化興。又自其表言之,則古聖人之所以取天下及所以守之者,若無以異於後世之帝王;而自其裏言之,則其制度文物與其立制之本意,乃出於萬世治安之大計,其心術與規摹,迥非後世帝王所能夢見也。"其言周之代殷,所以

---

① "者",百衲本、殿本《史記》同。中華本、瀧川本無此字。
② "臘",百衲本、殿本《史記》同。中華本、瀧川本作"臘"。案臘爲臘之異體,見《集韻》。
③ "遊",百衲本、殿本《史記》同。中華本、瀧川本作"游"。
④ "瓚說"二字,殿本《史記》同。百衲本、中華本、瀧川本無。
⑤ "稟",百衲本、殿本《史記》同。中華本、瀧川本作"懍"。
⑥ "艸",大徐本、段注本《說文》同。小徐本無此字。
⑦ "木",稿本無。據大徐本、小徐本、段注本《說文》補。

網紀天下者有三:"一曰立子立嫡之制,由是而生宗法及喪服之制,并由是而有封建子弟之制、君天子臣諸侯之制。二曰廟數之制。三曰同姓不婚之制。"熟悉殷周故實,信而有徵。惟其言"舍弟傳子之法,實自周始。當武王之崩,天下未定,國賴長君。周公既相武王克殷勝紂,勳勞最高,以德、以長、以歷代之制,則繼武王而自立,固其所矣。"愚謂此實不可。蓋周公居攝,管叔、蔡叔群弟疑其不利於成王,而以武庚作亂矣。《鴟鴞》之遺《序》以爲"成王未知周公之志"。苟非居攝之後又反政焉,誰則諒之?

129 立天子以爲天下

《慎子·威德》:"立天子以爲天下,非立天下以爲天子也。立國君以爲國,非立國以爲君也。立官長以爲官,非立官以爲官長也。"黃氏《明夷待訪錄·原君》、《原臣》之旨近焉。

130 穀帛價貴

《明夷待訪錄·財計一》:"漢章帝時,穀帛價貴。張林言:'此錢多故也。宜令天下悉以布帛爲租,市買皆用之。封錢勿出,物皆賤矣。'"又按《新元史·耶律楚材傳》:"有奏行交鈔者。楚材曰:'金章宗時初用交鈔,與錢並行,有司以出鈔爲利,收鈔爲諱,謂之老鈔,至以萬貫易一餅。今日當爲鑑戒。'"此近今所謂通貨膨脹之弊也。

131 衛鞅亡魏入秦

《戰國·秦策》:"衛鞅亡魏入秦。"高誘注:"衛鞅,衛公子叔痤之子也。痤仕魏,相惠王。痤病,惠王視之曰:'若疾不諱,誰可與爲國者?'痤曰:'臣庶子鞅可也。'"按《魏策》:"魏公叔痤病,惠王往問之曰:'公叔病即不可諱,將柰社稷何?'公叔痤①對曰:'痤有御庶子公孫鞅,願王以國事聽之也。'"又《史記·商君傳》亦云:"鞅事魏相公叔痤,爲中庶子。"高注當有錯簡。②

---

① "痤",稿本作"病"。據士禮居叢書景宋本《戰國策》改。

② 案,此則與第25則重出。唯第25則無"又《史記·商君傳》"至"爲中庶子"十九字。茲並錄以相參覽。

132 爲摯

涵芬樓影印南宋黃善夫刻本《史記·五帝紀》：“爲摯”。《正義》引韋昭云：“摯，六摯：皮帛，卿執羔，大夫執鴈，士執雉，庶人執鹿，工商執雞也。”按殿本“皮”上有“孤執①”字是也，當據補。

133 伐神農氏

涵芬樓影印南宋黃善夫刻本《史記·五帝紀》：“伐神農氏。”按殿本“伐”作“代”，是也。蓋上文云“三戰然後得其志”，《正義》：“謂黃帝克炎帝之後。”如作伐，其義爲複。

134 玄菟置郡之年

《漢書·地理志》：“玄菟②郡，武帝元封四年開。”按《武帝紀》：“元封三年夏，朝鮮斬其王右渠降，以其地爲樂浪、臨屯、玄菟、真番郡。”又按《水經》：“玄菟，高句麗縣。”注：“漢武帝元封三年平右渠，置玄菟郡於此。”《地理志》作四年（涵芬樓影印北宋刻本及殿本），誤也。

135 福祿

《漢書·地理志》“酒泉郡，縣九：祿福”。按《曹全碑》：“拜酒泉祿福長。”惟《後漢書·郡國志》“祿福”作“福祿”。又《舊唐書·地理志》：“肅州下：漢舊縣，屬酒泉郡。今縣，漢樂綰③縣地，屬燉煌郡。武德二年，於樂綰古城置福祿縣。”《新唐書·地理志》：“肅州酒泉郡下：武德二年析甘州之福祿、瓜州之玉門置。”又云：“福祿下：武德二年別置。東南百二十里有祁連戍，東北八十里有鹽池。”是則范書以下皆作福祿，當從之。（《史記·五帝紀》“登雞頭④”下《正義》引《括地志》云：“空桐山在肅州福祿縣東南六十里。”殿本作福祿，涵芬樓影印南宋黃善夫刻本作祿福，按殿本是也。）又按吳增僅、楊守敬編《三國郡縣表》亦作福祿。

---

① “執”，稿本無。據《史記會注攷證校補》引殿本補。
② “菟”，稿本作“莵”。據中華本《漢書》改。
③ “綰”，中華本《舊唐書》作“涫”。校勘記云：“涫，各本原作綰。據《漢志》、《通典》卷一七四、《元和志》卷四〇、《寰宇記》卷一五二改。下同。”
④ “頭”下，稿本有“山”字。據《史記》諸本刪。

136 呰

《說文·口部》:"呰,苛也。从口,此聲。"段注:"苛亦當作訶。元應引作訶。凡言呰毀當用呰。《喪服四制》'呰者莫不知禮之所生也'鄭云:'口毀曰呰。'元應引如此。今《禮記》作訾。按《少儀》注兩云'訾,思也'。"按《史記·貨殖^①列傳》"以故呰窳"(《漢書·地理志》呰作訾)《集解》:"徐廣曰:'音紫。呰窳,苟且墮嬾之謂也。'應劭曰:'呰(《漢書·地理志》注引作訾),弱也。'"《漢書·地理志》注:"晉灼曰:'呰,病也。'"^②

137 呰窳

《史·貨殖傳》:"以故呰窳偷生。"《集解》:"徐廣曰:'音紫。呰窳,苟且墮嬾之謂也。'駰案,應劭曰:'呰,弱也。'晉灼曰:'窳,病也。'"(《漢書·地理》注引晉灼曰:"訾,病也。窳,惰也。")按《漢書·地理志》及注,呰作訾。《說文·此部》:"訾,弱也。"又《口部》:"呰,苛也。"(段注:"苛亦^③當作訶。元應引作訶。")然則其字固當作訾。又如淳曰:"訾或作觜,音紫。"^④

138 遷於殷

《商書·盤庚》"遷於殷"傳:"殷,亳之別名。"《正義》:"《殷本紀》'盤庚崩,弟小辛立。殷復衰,百姓思盤庚,乃作《盤庚》三篇。'此與《序》違,非也。皇甫謐云:'耿在河北,迫近山川,自祖辛以來,民皆奢侈,故盤庚遷殷。'"鄭、王及皇甫皆謂奢侈過度,故欲遷都。孔傳無奢侈之語也。王鳴盛《尚書後案》引:"《後漢書》卷八十上《文苑傳》杜篤奏《論都賦》曰'盤庚去奢行儉于亳'李賢注引《帝王紀》曰:'盤庚以耿在河北,迫近山川,自祖辛以來,奢淫不絕,盤庚乃南渡河,徙都于亳。'是其事也。又曹朔作後漢敬隱后頌,述宋氏之先云:'二宗儼以久饗,盤庚儉而弗怠。'是亦言盤庚去奢從儉之事。"按荀悅《申鑒·時事第二》:"盤庚遷殷,革奢即約。化而裁之,與時消息。眾寡盈虛,不常厥道。尚知貴敦,古今之法也。民寡則用易足,土

---

① "殖"下,稿本衍"貨"字。據《史記》刪。
② 案,稿本此則以墨筆刪去。今姑錄存備覽。
③ "亦",原稿無,據段注補。
④ 案,如淳語見《漢書·地理志》注引。

廣則物易生,事簡則業易定,厭亂則思治,創難則思靜。”是則東漢諸儒,自鄭君以下,皆謂以奢之故,而遷、僞孔不言,鄭君兼綜今古,疑爲西京諸博士之言。又按《史記·殷本紀》:“盤庚乃告諭諸侯大臣曰:‘昔高后成湯與爾之先祖俱定天下,法則可修。舍而弗勉,何以成德?’乃遂涉河南,治亳,行湯之政,然後百姓由寧,殷道復興。諸侯來朝,以其遵成湯之德也。”此《紀》史公雖不明言去奢行儉,而在《貨殖傳》云:“昔堯作游成陽,舜漁於雷澤,湯止于亳。其俗猶有先王遺風,重厚多君子,好稼穡,雖無山川之饒,能惡衣食,致其畜藏。”比而觀之,去奢行儉之事著矣。

139 昔自在古歷

《史記·歷書》:“昔自在古歷,建正作於孟春。”《索隱》:“古歷,謂黃帝《調歷》以前,有《上元太初歷》等,皆以建寅爲正,及顓頊、夏禹亦然。唯黃帝及殷、周、魯並建子爲正。而秦正建亥,漢初因之。至武帝元封七年,始改用《太初歷》,仍以周正建子爲十一月,改元太初焉。今按此文至於‘十二月① 節’,皆出《大戴禮》虞史伯夷之辭。”王元啓（清嘉慶人）《史記三書正譌》:“按此書所述虞史及後周太史辭,並見《大戴禮·誥志篇第七十一》。又按,近時全祖望曰:‘《晉書》董巴曆議曰:“湯作《殷歷》,弗復以正月朔旦立春爲節,更用十一月朔旦冬至爲元首,下至周、魯及漢,皆從其節。”巴言歷初,非歲首也。古時歲首,有建子、建丑、建寅之別,歷初則非子即寅。’又曰:‘漢初承秦,用顓頊歷,則歷初用寅。據此,則《索隱》謂殷亦建子,是誤以歷初爲歲首。又因元封七年歷初用子,而謂前此仍秦建亥,是又誤以歲首爲歷初。說皆非是。’”按,《周本紀》:“今殷王紂乃用其婦人之言,自絕于天,毀壞其三正。”《正義》:“按,三正,三統也。周以建子爲天統,殷以建丑爲地統,夏以建寅爲人統也。”又“二月甲子昧爽”《集解》:“徐廣曰:‘一作正。此建丑之月,殷之正月,周之二月也。’”則殷、周歲首不同建明矣。②

---

① “月”,稿本脱。據《史記》諸本補。
② 案,此則與作者《史記會注攷證校讀》第142則重出而稍異。兩者可相互參覽。

140 封棄於邰

《史記·歷書》："封棄 ① 於邰。"《正義》："古邰國，后 ② 稷所封也。"按，涵芬樓影印南宋黃善夫刻本"后"作"名"，形近而誤。

141 毀隃

《史記·周本紀》："子毀隃立。"《集解》："音踰。《世本》作'榆'。"《索隱》："《世本》作'僑榆'。"（按，《路史》又引作"僑隃 ③"，字誤倒。）④

142 屹如巨人之志

《史記·周本紀》："屹 ⑤ 如巨人之志。"按涵芬樓影印南宋黃善夫刻本"屹"作"忔"，誤。

143 長子太伯虞仲

《史記·周本紀》："長子太伯、虞仲。"按太伯、虞仲並舉，不宜獨云長子。疑涉上文"古公有長子曰太伯"句衍。

144 伯夷叔齊在孤竹

《史記·周本紀》："伯夷、叔齊在孤竹。"《正義》："《括地志》云：'孤竹故城在平州盧龍南十二里，殷時諸侯孤竹國也，姓墨胎氏。'"按涵芬樓影印南宋黃善夫刻本《正義》注"竹"上奪"孤"字，又作"姓點氏也"。"點"疑"墨胎"二字之誤合。（又按《論語》："伯夷、叔齊不念舊惡，怨是用希。"《釋文》："伯夷，姓墨，名允，字公信。伯，長也。夷，謚。一本名元。叔齊，名智，字公達，齊亦謚也。夷、齊名見《春秋少陽篇》。"孔疏亦據《少陽篇》，說同。）

---

① "棄"，殿本《史記》同。百衲本、中華本、瀧川本作"弃"。

② "后"，殿本、中華本、瀧川本《史記》同。百衲本作"名"。

③ "隃"，稿本作"榆"。據文淵閣四庫全書本《路史》改。

④ 案，此則稿本以墨筆刪之。今仍錄存以備參考。

⑤ "屹"，殿本、中華本《史記》同。百衲本作"忔"，瀧川本作"仡"。

145 一物足以釋西伯

《史記·周本紀》:"此一物足以釋西伯。"《索隱》:"一物,謂㜪氏之美女也 ①。"按涵芬樓影印南宋黃善夫刻本"也"下有"以殷紂淫昏好色,故知然"十字。

146 皇策

《史記·周本紀》:"蓋益《易》之八卦爲六十四卦。"《正義》:"《乾鑿度》云:'垂皇策 ② 者羲。'"按涵芬樓影印南宋黃善夫刻本"皇策"作"黃策"。

147 不豫

《史記·周本紀》:"九年,武王上祭于畢。"《正義》注:"王有疾,不豫 ③。"按涵芬樓影引南宋黃善夫刻本"豫"作"愈"。(按,《書·金縢》作"弗豫"。《釋文》:"豫,本又作忬。")

148 燕兵夜捉銀胡录

辛棄疾《鷓鴣天》:"燕兵夜捉銀胡录。"录,一作鞬。《通鑑》卷二六六《後梁太祖上》"開平元年,銀胡鞬都 ④ 指揮使王思同",注:"胡鞬,箭室也。"

149 茅土之薦

《文選·李少卿答蘇武書》:"陵謂足下當享茅土之薦。"按《通鑑》卷四六:"建初二年,昔竇太后欲封王皇后之兄。丞相條侯言高祖約,無軍功不侯。"(事見卷十六《景帝》中三年。)

150 使君謝羅敷

《玉臺新詠·日出東南隅行》:"使君謝羅敷。"按謝,猶告也。《漢書·張耳傳》"有廝養卒謝其舍曰",注:"晉灼曰:'以辭相告曰謝。'"又《古詩爲焦

---

① "也"下,百衲本、中華本、瀧川本《史記》有"以殷紂淫昏好色,故知然"十字。殿本無。
② "皇策",殿本、瀧川本《史記》同。百衲本、中華本作"黃策"。
③ "不豫",殿本、中華本、瀧川本《史記》同。百衲本作"不愈"。
④ "都",稿本無。據中華本《資治通鑒》補。

仲卿妻作》“多謝後世人”，其“謝”字義同此。

151 馮子都

辛延年《羽林郎》：“昔有霍家奴，姓馮名子都。”按《漢書·霍光傳》：“初，光愛幸監奴馮子都，常與計事。”注：“子都，名殷。[1]”然則此云名子都者，亦單言不分耳。（又按，《史記·司馬相如傳》：“故其親名之曰犬子。”《索隱》：“孟康云：‘愛而字之也。’”）

152 其季父項梁

《史記·項羽本紀》：“其季父項梁。”《索隱》：“崔浩云：‘伯、仲、叔、季，兄弟之次，故叔云叔父，季云季父。’”按下文云“項伯者，項羽季父也。”豈羽有二季父乎？蓋季父猶諸父耳。不必拘伯、仲、叔、季之次也。[2]

153 假王

《史記·陳涉世家》：“乃以吳叔爲假王。”按《項羽本紀》“會稽守通”，《集解》：“《楚漢春秋》曰：‘會稽假守殷通。’”《正義》：“言假者，兼攝之也。”又《漢書·蘇武傳》“及假吏常惠等”，注：“假吏猶言兼吏也。時權爲使之吏，若今之差人充使典矣。”此云假王者，猶兼代王監諸將也。

154 六氣

《楚辭·遠遊》：“餐六氣而飲沆瀣兮，漱正陽而含朝霞。”按《莊子·逍遙遊》：“若夫乘天地之正，而御六氣之辯。”司馬彪云：“六氣，陰、陽、風、雨、晦、明。”

155 其小無內其大無垠

《楚辭·遠遊》：“其小無內兮，其大無垠。”按《莊子·天下》：“至大无外，謂之大一。至小无內，謂之小一。”是其義也。

---

[1] “子都，名殷”，中華本《漢書》作“殷者，子都之名”。

[2] 此則稿本以墨筆劃之，眉批“刪”。疑作者自忖義或未安。今姑錄存備考。

156 陌上桑

崔豹《古今注》:"《陌上桑》者①,出秦氏女子。秦氏,邯鄲人,有女名羅敷,爲邑人千乘王仁②妻。王仁後爲趙王家令。羅敷出採桑於陌上,趙王登臺見而悦之,因置③酒欲奪焉。羅敷巧彈箏,乃④作《陌上桑》之歌以自明⑤。趙王乃止⑥。"按《陌上桑》"使君從南來"云云,與豹所言其事不類。豈託言"使君"以自明歟?又疑秦羅敷爲當時女子之美者習用之姓名,故《古詩爲焦仲卿妻作》亦曰"東家有好女,自名秦羅敷",是其證。(又按《羽林郎》之"子都",亦爲其人美好者之稱,不必爲馮殷之名。故《詩·鄭風·山有扶蘇》"不見子都,乃見狂且",傳:"子都,世之美好者也。"又《孟子·告子》:"至於子都,天下莫不知其姣也。"皆在其前,爲古美好者之稱。)

157 子都

閻若璩《四書釋地》:"子都,古之美人也。亦未詳爲男或女。杜氏註《左》有之,於隱十一年傳,云'子都,鄭大夫公孫閼'。故《鄭風》當昭公時,遂以爲國中美男之通稱,曰'不見子都'。"按《羽林郎》以爲霍家奴馮子都,及以《鄭風》之子都例之,則爲男子之美者審矣。(《文選·左思魏都賦》"犨麋之與子都",李注:"《毛詩》曰:'不見子都'。子都,美丈夫也。")

158 江漢

閻若璩《四書釋地》,其"江漢"一條云:"胡朏明客京師,余時以書求助於朏明,久之方肯草數條以應,中有余百思所不到者,悉載於此。其江漢曰:'江出岷,漢出嶓冢,皆在梁州之域。漢至大別入於江,二水合爲一,則總名江漢。故《禹貢》荆州曰:江漢朝宗於海,《職方氏》荆州曰:其川江漢。蓋源異而流同,實一水也。曾子稱江漢,亦指合流者言之,下故以秋陽對。'"按《孟子·滕文公》:"禹疏九河、瀹濟漯,而注諸海;決汝漢、排淮泗,而注之江。"(《集注》:"據《禹貢》及今水道,惟漢水入江耳,汝、泗則入淮而淮自入海。")此其以漢汝並列入

---

① "者",國家圖書館藏宋刻本《樂府詩集》引同。四部叢刊影印宋刻本《古今注》無此字。

② "仁",《樂府詩集》引同。四部叢刊本《古今注》作"人"。下句"仁"字倣此。

③ "置",《樂府詩集》引同。四部叢刊本《古今注》作"飲"。

④ "巧彈箏,乃",《樂府詩集》引同。四部叢刊本《古今注》作"乃彈箏"。

⑤ "明"下,四部叢刊本《古今注》有"焉"字。

⑥ "趙王乃止",宋刻本《樂府詩集》引同。四部叢刊本《古今注》無此四字。

江，又獨以江對海，而郭璞《江賦》亦曰"總括汝漢"，則二水合流，固得獨稱江矣。

159 武皇開邊意未已

杜詩《兵車行》："武皇開邊意未已。"錢箋："唐人詩稱明皇多云武皇。王昌齡'白馬金鞍從武皇'，韋應物'少事武皇帝'，公詩亦云'武帝旌旗在眼中'也。"按錢說非，此借武帝以爲明皇，風也。故下句云"漢家山東二百州"，王深父所謂"時方用兵吐蕃，故託漢武事爲刺"，其言得之。白居易《長恨歌》"漢皇重色思傾國"，亦指明皇。又李白《清平調》"借問漢宮誰得似，可憐飛燕倚新妝 ①"，《宮中行樂詞》"宮中誰第一，飛燕在昭陽"，則又借飛燕以風貴妃矣。

160 淵明五子

《陶靖節集·責子》："雖有五男兒，總不好紙筆。阿舒已二八，懶惰故無匹。阿宣行志學，而不愛文術。雍端年十三，不識六與七。通子垂九齡，但覓梨與栗。"《與子儼等疏》曰："告儼、俟、份、佚、佟。"《責子》湯注："舒，儼。宣，俟。雍，份。端，佚。通，佟。凡五人。舒、宣、雍、端、通，皆小名也。或俟作俁，佟作俗。"（宋湯文清公漢。）馬大年曰："五柳《與子儼等疏》曰'汝等雖不同生'，則知五子非一母。或云，以五柳之清高，恐無庶出，但前後嫡母耳。僕以《責子》詩考之，正自不然。雍、端皆年十三，則其庶出可知也。醒軒云：'安知雍、端非雙生？'"陶澍曰："顏誄先生'居無僕妾'，則醒軒說誠是。"按陶澍說亦未爲得也。蕭統《陶淵明傳》："以爲彭澤令，不以家累自隨，送一力給其子，書曰：'汝旦夕之費自給爲難，今遣此力助汝薪水之勞。此亦人子也，可善遇之。'"（《南史·隱逸傳》同。）蕭《傳》"書曰"云云，則必淵明與子書中語。今《陶集·與子儼等疏》無此語，想係他篇已亡，昭明猶及見之，故據以入《傳》。又《歸去來辭》"僮僕歡迎"，此皆足爲有僕役之證。其《與子儼等疏》一則曰"汝等雖不同生，當思四海皆兄弟之義"，再則曰"他人尚爾，況同父之人哉！"何注（何孟春本）："靖節曰同父之人，然則猶有庶子也。

---

① "妝"，稿本作"裝"。據中華書局排印本《李太白全集》改。

《責子》詩云'雍端年十三',此兩人或異母爾①。"據此,則顏延之"居無僕妾"之語,恐亦不足爲據。

161 鷦鴟

《文選·難蜀父老》:"猶鷦鴟已翔乎寥廓之宇。"按《三國·蜀志·諸葛亮傳》裴注,"鷦鴟"引作"鸱鵬"。(按《法言·問明》:"鷦明遴集,食其絜者矣。"李軌注:"鷦明非竹實之絜不食。"又按《上林賦》:"掩焦明。"張揖曰:"焦明,似鳳,西方之鳥也。"《樂汁圖》:"焦明,狀似鳳皇。"宋衷曰:"水鳥也。"②)

162 母訓滂

《後漢書·范滂傳》:就逮,母訓滂。王鳴盛《十七史商榷》:"《後漢書·范滂傳》敘至滂就逮辭母③,'母訓滂'之下宜補一句云滂竟被害,然後繼以'行路聞之,莫不流涕'云云④。"按王說非。"行路聞之"者,謂聞滂母子語,而無不爲之感動流涕。如王說,則其義隔矣。且與末句"時年三十三"以明滂死者,文義亦割裂。

163 循善

《後漢書·范滂傳》:"古之循善,自求多福;今之循善,身陷大戮。"劉攽曰:"案文'循'皆當作'修'。"按《楚辭·天問》"昏微循迹",注:"循,遵也。"其義亦通。《莊子·大宗師》"以德爲循",《釋文》:"循,本亦⑤作修⑥。"又《天地》"循于道之謂備",《釋文》:"循,或⑦作修⑧。"是兩字亦通用。

---

① "爾",稿本作"耳"。據道光間惜陰書舍刻陶澍集評本《靖節先生集》改。

② "張揖"至"水鳥也"二十七字,蓋引自《史記索隱》。此則可與作者《史記會注考證校讀》中《司馬相如列傳》"掩焦明"一則合觀。

③ "辭母",稿本無。據清乾隆五十二年洞涇草堂刻本《十七史商榷》補。

④ "云云",稿本作"云"。據《十七史商榷》改。

⑤ "亦",稿本無。據通志堂本《經典釋文》補。

⑥ "修",稿本作"修"。據《經典釋文》改。

⑦ "或",稿本作"本"。據《經典釋文》改。

⑧ "修",稿本作"修"。據《經典釋文》改。

164 留侯亦云

《溏南遺老集·史記辨惑》:"《張良贊》曰:'余以爲其人計魁梧奇偉,至見其圖,狀貌乃如婦人好女。蓋孔子曰:以貌取人,失之子羽。留侯亦云。'‘以爲’字,與‘計’字相窒。‘留侯亦云①’上,當有‘余於’二字。"按云,猶然也。猶云留侯亦如此。《汲鄭列傳》"汲、鄭亦云",亦無"余於"二字,文句正同。

165 不以其道得之

《論衡·問孔》:"'富與貴,是人之所欲也。不以其道得之,不居(按《論語》居作處)也。貧與賤是人之所惡也,不以其道得之,不去也。'當②言‘貧與賤是人之所惡也,不以其道去之,不去也。'當言去,不當言得。"按王氏說謬也。此當從《集解》:"孔曰:'不以其道得富貴,則仁者不處。'"又《集解》:"時有否泰,故君子履道而反貧賤。此則不以其道得之,雖是人之所惡,不可違而去之。"又朱文公《集注》:"不以其道得之,謂不當得而得之。然於富貴則不處,於貧賤則不去,君子之審富貴而安貧賤也如此③。"其言亦甚直截了當。此亦即《坊記》所謂"君子辭貴不辭賤,辭富不辭貧"者也。其審處富貴,則《孟子》所謂"行一不義,殺一不辜,而得天下,不爲"之類是也;安守貧賤,則顏子之"一簞食,一瓢飲,在陋巷,人不堪其憂,而不改其樂"之類是也。又按,如王氏說,以其道而貧賤可去,則是爲去貧賤而行道,便有機心存在。不可以不辨。

166 俠陛

《史記·叔孫通傳》:"殿下郎中俠陛,陛數百人。"按《漢書·叔孫通傳》師古曰:"俠與挾同。挾其兩旁,每陛皆數百人也。"又按《穀梁》隱九年傳"所俠也",唐石經"俠"作"挾",是俠、挾字通。又與夾同,《刺客傳》"夾立侍"是也。

---

① "亦云",稿本無。據四部叢刊景印涵芬樓藏舊鈔本《溏南遺老集》補。

② "當"下,稿本有"其"字。據四部叢刊景印明通津草堂本《論衡》刪。

③ "此",稿本作"是"。據中華書局新編諸子集成本《四書章句集注》改。

167 薄霄媿雲浮棲川怍淵沈

謝靈運《登池上樓》："潛虬媚幽姿，飛鴻響遠音。薄霄媿雲浮，棲川怍淵沈。"此全襲用陶詩《始作鎮軍 ① 參軍經曲阿作》"望雲慚高鳥，臨水愧游魚"之意。（又《歸田園居》"羈鳥戀 ② 舊林，池魚思故淵"亦同。）

168 劉廷標父子殉國相去十二年

《寒支初集·明雲南永昌府通判劉公墓表》："謙之死，距公死十有三年。"先師丘念廬先生編《南朝汀州史料》："劉廷標兄弟父子殉節雲南之永昌作，距戶部公殉節十二年。"按廷標殉國，以丁亥九月三日，實永曆元年，爲順治五年。至己亥三月，清兵破雲南，之謙被執，遂遭炮烙死，相距適十二年。《墓表》誤也。

169 願爲市鞍馬

《木蘭詩》："願爲市鞍馬，從此替爺征。東市買駿馬，西市買鞍韉。南市買轡頭，北市買長鞭。"近人羅根澤引《新唐書·兵志》："十人爲火，火有長。火備六馱馬。凡火具烏布幕、鐵馬盂、布槽、鍤、钁、鑿、碓、筐、斧、鉗、鋸皆一，甲牀二，鎌二。隊具火鑽一，胸馬繩一，首羈、足絆皆三。人具弓一，矢三十，胡祿、橫刀、礪石、大觿、氈帽、氈裝、行縢皆一，麥飯九斗，米二斗，皆自備。并其介胄、戎具藏於庫。有所征行，則視其入而出給之。"又，"府兵之制，起自西魏、後周，而備於隋，唐興因之。"按《史記·陳涉世家》："發閭左適戍漁陽，九百人屯大澤鄉。"《索隱》："閭左，謂居閭里之左也。秦時復除者居閭左。今力役凡在閭左者盡發之也。又云凡居以富強爲右，貧弱爲左。秦役戍多，富者役盡，兼取貧弱者而發之者 ③ 也。"又《通鑑·晉紀》："太元八年秋七月，秦王堅下詔大舉入寇，民每十丁遣一兵。其良家子年二十已下，有材勇者，皆拜羽林郎。"又云："良家子至者三萬餘騎。"則所謂役戍多富者及良家子至者，蓋軍儲亦將取給焉。《漢書·李廣傳》："廣以良家子從軍擊胡。"《食

---

① "軍"，稿本脫。據四部叢刊景印元翻宋本《箋註陶淵明集》補。
② "戀"，稿本作"返"。據《箋註陶淵明集》改。
③ "而發之者"四字，百衲本、殿本《史記》同。中華本、瀧川本無。

貨志》："今令民有車騎馬一匹者,復卒三人。"此皆取資於民者也。杜詩《後出塞》云："我本良家子,出師亦多門。"又云："千金裝馬鞭,百金裝刀頭。閭里送我行,親戚擁道周。"可與《木蘭詩》前後取證也。(蓋當兵納稅,爲人民義務,雖封建社會固不能例外也。)

170 時中官子弟爲相國

《後漢書・黨錮・魏朗傳》："時中官子弟爲相國。"按涵芬樓景印宋紹興本,"相國"作"國相",是也。

171 家世衣冠族

《後漢書・黨錮・羊陟傳》："家世衣冠族。"按涵芬樓景印宋紹興本"世"下無"衣"字。

隨無涯齋讀書記卷三

上杭包樹棠伯苹學

172 孔雀東南飛

《古詩爲焦仲卿妻作》"孔雀東南飛，五里一徘徊"，出於瑟調《豔歌何嘗行》："飛來雙白鵠，乃自西 ① 北來。五里一反 ② 顧，六里一徘徊"。"孔雀"二句，以物起興，喻仲卿妻爲姑所遣，而徘徊不忍去。又"十三能織素，十四學裁衣，十五彈箜篌，十六誦詩書，十七爲君婦，心中常苦悲"，出於《陌上桑》"十五府小吏，二十朝大夫，三十侍中郎，四十專城居"。而《詩·豳風》"七月流火，九月授衣"等句法，又如江源之星宿海也。

173 霸德既衰狙詐萌起

《後漢書·黨錮列傳》："霸德既衰，狙詐萌起。"注："霸德衰，六國時也。"按《論語》："晉文公譎而不正，齊桓公正而不譎。"《孟子·公孫丑》："以力假仁者霸。"又《盡心》："五霸，假之也。"曰譎、曰假，何德之有？蓋七雄力征，其行又視五霸爲薄。又孟子所謂"五霸者，三王之罪人也；今之諸侯，五霸之罪人也；今之大夫，今之諸侯之罪人也。"風斯下矣。

174 見惡如探湯

《後漢書·黨錮·范滂傳》："見善如不及，見惡如探湯。"注："探湯，喻去疾也。見《論語》。"按《論語·季氏》，"見惡"作"見不善"。

---

① "西"，稿本作"東"。據再造善本叢書影印國家圖書館藏宋本《樂府詩集》改。
② "反"，稿本作"返"。據《樂府詩集》改。

175 諸公交鄭泰

后山詩《送江①端禮》"諸公交鄭泰",任注:"後漢鄭太②少有才略,交結豪傑,名聞山東。《三國志》太作泰③。"按《後漢書・郭太傳》注:"范曄父名泰,故改爲此太。鄭公業之名亦同焉。"

176 范康

《後漢書・黨錮列傳》"范康",按涵芬樓景印宋紹興本"范"作"苑",誤也。

177 爲之斗斛而量之

《鄧析子・轉辭》:"爲之斗斛而量之,則并斗斛而均之。爲之權衡以平之,則并與權衡而竊之。"按《鶡冠子・天則》:"上下有閒,於是設防知蔽並起。"陸佃注:"爲之斗斛以量之,則并與斗斛而竊之。爲之權衡以稱之,則并與權衡而竊之。"（按,陸注當引《轉辭》,可以是正原書。）

178 爲之符璽以信之

《鄧析子・轉辭》:"爲之符璽以信之,則并與符璽而功之。"按,功當爲竊之譌。竊俗省作窃,形似而誤。與下句"爲之仁義以教之,則并仁義以（按以當作而）竊之"對文。（按,《莊子・胠篋》:"爲之斗斛以量之,則并與斗斛而竊之;爲之權衡以稱之,則并與權衡而竊之;爲之符璽以信之,則并與符璽而竊之;爲之仁義以矯之,則并與仁義而竊之。"）

179 葉葉相交通

《古詩爲焦仲卿妻作》:"東西植松柏,左右種④梧桐。枝枝相覆蓋,葉葉相交通。"按,此出於宋子侯《董嬌嬈⑤詩》"花花自相對,葉葉自相當"。

---

① "江",稿本作"陳"。據四部叢刊景印雙鑑樓藏高麗活字本《后山詩註》及四庫本《後山集》、《后山詩註》改。
② "太",四庫本《后山詩註》同。四部叢刊本《后山詩註》作"泰"。
③ "太作泰",四庫本《后山詩註》同。四部叢刊本《后山詩註》作"泰作太"。
④ "種",稿本作"植"。據畿輔叢書本《玉臺新詠考異》改。
⑤ "嬈",稿本作"嬈"。據畿輔叢書本《玉臺新詠考異》改。案清紀容舒云:"嬌饒,諸本或作嬌嬈,蓋以相沿俗字誤改古書,今仍從宋刻。"

180 魚戲蓮葉東

《樂府詩集·相和曲·江南》:"江南可採蓮,蓮葉何田田,魚戲蓮葉間。魚戲蓮葉東,魚戲蓮葉西,魚戲蓮葉南,魚戲蓮葉北。"按,郭沫若《卜辭通纂》第三七五片:"癸卯卜,今日雨。其自西來雨?其自東來雨?其自北來雨?其自南來雨?"其語法正相似。(《詩·大雅·文王有聲》:"自東自西,自南自北,無思不服",亦從出。)

181 以鳥鳴春

《韓昌黎集·送孟東野序》:"以鳥鳴春,以雷鳴夏,以蟲鳴秋,以風鳴冬。"出於《呂氏春秋·十二紀》"春,其蟲鱗。夏,其蟲羽。秋,其蟲毛。冬,其蟲介。"學之而善變焉。

182 一穀不升謂之嗛

《穀梁》襄二十四年傳:"一穀不升謂之嗛,二穀不升謂之饑,三穀不升謂之饉,四穀不升謂之康,五穀不升謂之大侵。"按《後漢書·光武帝紀》"南陽荒饑",章懷注引《韓詩外傳》"嗛"作"歉","康"作"荒"。

183 中庭生旅穀

《樂府詩集·十五從軍征》:"中庭生旅穀,井上生旅葵。"按《後漢書·光武帝紀》"野穀旅生",注:"旅,寄也。不因播種而生,故曰旅。今字書①作稆,音呂,古字通。"

184 歌數闋

《史記·留侯世家》:"歌數闋。"《索隱》:"音曲穴②反,謂曲終也。《說文》云③:'闋,事也。'"按《說文·門部》:"闋,事已閉門也。"《索隱》引有奪文(乾隆四年校刊本)。

---

① "書",稿本無。據中華書局本《後漢書》補。
② "穴",稿本作"尤"。據百衲本、殿本、中華本、瀧川本《史記》改。
③ "云",稿本無。據百衲本、殿本《史記》補。中華本、瀧川本作"曰"。

185 渘

《說文·久部》：“渘，渘泼①，風寒也。”段注：“《豳風·七月》‘一之日觱發’，傳曰：‘觱發，風寒也。’按‘觱發’皆叚借字，‘渘泼’乃本字。猶《水部》‘畢沸’，今《詩》作‘觱沸’。或許所據《毛詩》不同今本，或許采三家《詩》，皆未可定也。”按王先謙《詩三家義集疏》：“韓‘觱’作‘畢’，齊、魯‘觱發’作‘渘泼’。”

186 邠豳

《說文·邑部》：“邠，周大②王國，在右扶風美陽。从邑，分聲。豳，美陽亭即豳也。民俗以夜市有豳山，从山，从豩闕。”段注：“此二篆說解可疑。豳者，公劉之國。《史記》云慶節所國，非大王國，疑一。《漢·地理志》、《毛詩箋》、《郡國志》皆云豳在右扶風枸邑，不在美陽，疑二。《地理》、《郡國》二志皆云枸邑有豳鄉，徐廣曰新平漆縣之東北有豳亭。漢右扶風之漆與枸邑皆是豳域，不得美陽有豳亭，疑三。从山，豩聲，非有闕也。而云‘从豩闕’，疑四。假令許果以豳合邠，當云或邠字，而不言及，疑五。”按許君云“邠，周大王國”者，自公劉至於大王凡十世，固皆居之，與《史記》云慶節所國者不相悖，國猶邑也。“在右扶風美陽”者，此“美陽”二字涉上文“郿，周文王所封，在右扶風美陽”而誤也。此當云“在右扶風枸邑”。“豳”下云“美陽亭即豳也”者，當云豳鄉即邠也。然許書《木部》無“枸”字，此必有錯簡。

187 竊葬

《史記·秦始皇本紀》：“十二年，文信侯不韋死，竊葬。”《索隱》：“按不韋飲鴆死，其賓客數千人竊共葬於洛陽北芒山。”按竊，猶私也。蓋十年相國呂不韋坐嫪毐免，而又飲鴆死，故不備禮而私葬之。哭臨者或坐逐，或奪爵遷也。

188 髳

《說文·髟部》：“髳，髮至眉也。从髟，矛聲。《詩》曰：‘紞彼兩髳’。髳，

---

① “渘泼”，大、小徐本《說文》無。段注本有之，段云：“二字今補”。

② “大”，段注本《說文》同。大徐本作“太”，小徐本無此字。

鬚或省。”按，毛“紞”作“髡”，（《釋文》：“髡，本又作优。”）“鬆”作“髦”。《詩三家義集疏》：“齊、韓‘髡’作‘紞’，‘髦’作‘鬆’，亦作‘髫’。”許君《序》曰其偁《詩》毛氏，此則不盡然矣。

189 女子十七不嫁其父母有罪

《國語·越語》：“女子十七不嫁，其父母有罪。丈夫二十不取，其父母有罪。”韋昭注：“《禮》三十而娶，二十而嫁。今不待禮者，務育民也。”按《詩·摽有梅》“求我庶士，迨其謂之”，傳：“不待備禮也。三十之男，二十之女，禮未備則不待禮會而行之者，所以蕃育民人也。”又《正義》引《越語》，云：“越王謂欲報吳之故，特下此令。又諸經傳皆云三十、二十，都不言正嫁娶之年，而皆爲期盡也。”韋注失之。

190 越君其次也

《國語·越語》：“越君其次也，遂滅吳。”韋昭注：“次，舍也。”按《公羊》莊三年經“公次于郎”，注：“次，兵舍止之名。”又《左氏》莊三年傳：“凡師一宿爲舍，再宿爲信，過信爲次。”韋昭、何休渾言之，《左氏》析言之耳。此二句與下篇“擊①鼓興師以隨使者，至於姑蘇之宮，不傷越民，遂滅吳”，文義正同。（又《左氏》定四年傳：“吳入郢，以班處宮。”杜注：“以尊卑班次處楚王宮室。”亦其義也。）

191 大人世及

《禮記·禮運》：“大人世及”。鄭注：“大人，諸侯也。”《正義》：“上既云‘天下爲家’，是天子之治天下也。以‘大人世及而爲禮’，明大人非天子。又云‘世及’，復非卿大夫，故以爲諸侯。”按，陳澔《集說》：“大人，天子、諸侯也。”陳說是也。下文云“禹、湯、文、武、成王、周公，由此其選也”，是言天子之事矣。《正義》依違其說，疏不駁注，甚矣其迂也。又按，鄭注疑有脫文。

192 姑胥臺

《越絕書·內經·九術第十四》：“起姑胥臺，三年聚材，五年乃成，高見

---

① “擊”上，稿本有“王”字。案《國語》原文“范蠡不報於王”，則“王”當屬上讀，茲據刪。

二百①里。"按《墨子·非攻中》:"遂築姑蘇之臺,七年不成。"

193 雞豚狗彘之畜

《孟子·梁惠王》:"雞豚狗彘之畜"。按,豚、彘類也,取其偶以成文耳。《墨子·非攻上》曰"至攘人犬豕雞豚者",亦豕、豚並舉。

194 烏鵲之巢

《莊子·馬蹄》:"鳥鵲之巢可攀援而闚。"按,"鳥"當作"烏"。"烏鵲",專名。與上句"禽獸"通名對文。《藝文類聚》五二引"鳥"作"烏"是也。(楚辭《涉江》"燕雀烏鵲巢堂壇兮"、曹操《短歌行》"烏鵲南飛",皆用烏鵲。)

195 道德不廢安取仁義

《莊子·馬蹄》:"道德不廢,安取仁義? 性情不離,安用禮樂?"按《老子·道經》:"大道廢,有仁義。"《德經》:"故失道而後德,失德而後仁,失仁而後義,失義而後禮。夫禮者,忠信之薄而亂之首。前識者,道之華而愚之始。是以大丈夫處其厚不居其薄,處其實不居其華。故去彼取此。"

196 五色不亂孰爲文采

《莊子·馬蹄》:"五色不亂,孰爲文采? 五聲不亂,孰應六律?"按《老子·道經》:"五色令人目盲,五音令人耳聾。"

197 殘樸以爲器工匠之罪也

《莊子·馬蹄》:"夫殘樸以爲器,工匠之罪也。"按《老子·道經》:"樸散則爲器。"河上公注:"萬物之樸散,則爲器用也。"殘、散聲轉。《文選·歎逝賦》李注:"殘,毀也。"又《華嚴經音義下》引《蒼頡》:"殘,切也。"

198 孤寡不穀

《老子·德經》:"是以侯王自謂孤、寡、不穀。"又:"孤、寡、不穀,而王公

---

① "百",稿本無。據四部叢刊景印嘉業堂藏明刊本《越絕書》補。

以爲稱。”河上公注：“孤、寡，喻孤獨。不穀，喻不能。如車穀爲衆輻所湊。孤、寡、不穀者，不祥之名，而王公以爲稱者，處謙卑，法虛空①和柔。”（涵芬樓影印常熟瞿氏藏宋本）按，諸本穀作榖。王氏無注。陸氏《釋文》稱：“河上公爲《章句》四卷，言治身治國之要。其後談論者，莫不宗尚玄言。唯王輔嗣妙得虛無之旨。今依王本，博采衆家，以明同異。”然陸氏於此亦不加音義言其異同。然《文選·邱遲與陳伯之書》李注引《老子》曰：“王侯自稱孤、寡、不穀”，不作榖。元吳澄注：“不穀，不善也。”又按《左氏》襄四年傳：“豈不穀是爲”，杜注：“孤、寡、不穀，諸侯謙稱。”《正義》引《老子》亦作“穀”。《曲禮》曰：“於內自稱曰不穀。”注：“與民言之謙稱。穀，善也。”（《爾雅·釋詁》：“穀，善。”）其義同於不祥。然穀、榖二字，本義則懸絕矣。

199 刑不上大夫

《禮記·曲禮》：“刑不上大夫。”注：“不與賢者犯法，其犯法則在八議輕重，不在刑書。”按《文選·報任少卿書》：“《傳》曰：‘刑不上大夫。’此言士節不可不勉勵也。”李注：“《東方朔別傳》：‘武帝問曰：刑不上大夫何？朔曰：刑者，所以止暴亂、誅不義也。大夫者，天下表儀，萬人法則，所以共承宗廟而安社稷也。’”（又按，荀悦《申鑒·政體第一》：“君子以情用，小人以刑用。榮辱者，賞罰之精華也。故禮教榮辱以加君子，化其情也。桎梏鞭扑以加小人，治其刑也。君子不犯辱，況於刑乎？小人不忌刑，況於辱乎？”亦其義也。）

200 我善治埴

《莊子·馬蹄》：“陶者曰：‘我善治埴。’”按《老子》：“埏埴以爲器。”（河上公注：“埏，和也。埴，土也。和土以爲飲食之器。”）

201 伏虣藏虎

《文選·鮑照蕪城賦》：“伏虣藏虎。”李注：“《字書》曰：‘虣，古文暴字。’蒲到切。虣或爲䖑。《爾雅》曰：‘䖑，白虎。’戶甘切。”按，郝懿行《爾雅義疏》：“嘗疑《說文》有䖑無虣。《玉篇》、《廣韻》䖑、虣互見。蓋篆

---

① “法虛空”三字，稿本無。據四部叢刊景印瞿氏鐵琴銅劍樓藏宋刊本《老子道德經》補。

文甘作日，與日形近而誤衍也。證以《釋文》'魖，《字林》下甘反，又亡狄反。'亡狄即魖字之音，可知魖衍爲魖，宜據以訂正。"（《說文》："魖，白虎也。"）郝說是也。虨，古文暴。或爲魖。魖即魖之譌。（戶甘切，甘亦日之譌。）虨、魖於字爲雙聲。

202 大人故嫌遲

《古詩爲焦仲卿妻作》："三日斷五疋，大人故嫌遲。"按《史記·刺客傳》："將用爲大人 [①] 麤糲之費。"《正義》："韋昭云：'古者名男子爲丈夫，尊婦嫗爲大人。《漢書·宣元六 [②] 王傳》：'遇大人益解，爲大人乞骸去。'按大人，憲 [③] 王外祖母。"（按師古曰："大人，博自稱其母。"）並引古詩云云。（瀧川資言《史記攷證》："各本大人作夫人。今從正義本 [④]、館本。《策》作丈人，注云：'一本夫人或作大人'。"）又《後漢書·范滂傳》："惟大人割不可忍之恩。"大人，滂謂其母，亦以尊稱婦人也。

203 荊軻雖游於酒人乎

《史記·刺客列傳》："荊軻雖游於酒人乎。"《集解》："徐廣曰：'飲酒之人。'"按，"乎"是衍文。徐氏不以疑辭釋之者，其所見之本固無"乎"字。如此，乃與下句"然其爲人沈深好書"語氣合。

204 請入圖之

《史記·刺客列傳》："請入圖之。"按《戰國·燕策》文同。鮑彪注："請太子入息，已乃圖之。"愚意"請入圖之"者，祕密其事也。

205 跪而蔽席

《史記·刺客傳》："跪而蔽席。"《集解》："徐廣曰：'蔽，一作撥，一作拔。'"《索隱》："蔽音疋結反。蔽猶拂也。"（《孟荀傳》："平原君側行襒席。"《索隱》：

---

① "大人"，殿本、中華本、瀧川本《史記》同。百衲本作"夫人"。
② "六"，稿本無。據百衲本、殿本、中華本《史記》補。
③ "憲"，稿本作"宣"。據百衲本、殿本、中華本、瀧川本《史記》改。
④ "今從正義本"五字，稿本無。據瀧川《史記會注考證》補。

"按《字林》云：'黻音疋結反。'韋昭音 ① 敷菱反。張揖《三蒼訓詁》云：'黻，拂也。'") 按《索隱》說是也。蔽是黻之假字。《戰國·燕策》"蔽"作"拂"。又吾鄉方音以衣巾黻席亦曰"拔"，謂衣袖長者曰"刺刺拔拔"。

206 臣願謁之

《史記·刺客傳》："荊軻曰：'微太子言 ②，臣願謁之。'"按，"臣願謁之"者，謂願入秦庭謁其王而行事。下文"今行而毋 ③ 信，則秦未可親也"，皆言其事。故《戰國·燕策》"願"下有"得"字。又按，《燕丹子》有田光曰"微太子，固將竭之"語，作"竭"不作"謁"。

207 王負劍

《史記·刺客傳》："左右乃曰：'王負劍！負劍！'遂拔以擊荊軻。"《索隱》："王劭曰：'古者帶劍上長，拔之不出室，欲王推之於背，令前短易拔，故云'王負劍'。'又《燕丹子》稱琴聲曰'鹿廬之劍，可負而拔'是也。"瀧川資言《考證》："下'負劍'，秦王之爲，屬下讀。"按，《索隱》以"王負劍"爲一句，"負劍遂拔"爲一句，語氣割裂。疑注文脫"負劍"二字，當作"王負劍！負劍！"蓋左右忽遽重言之。《戰國·燕策》作"王負劍！王負劍！"可證也。《史記》直省一"王"字耳。瀧川說非是。

208 膽如斗大

《三國·蜀志·姜維傳》："維妻子皆伏誅。"注："《世語》曰：'維死時見剖，膽如斗大。'"按《梁書·范縝傳》："伯約之膽，其大若拳。"疑"斗"爲"拳"之壞文，"手"字隸書相似，故譌耳。

209 秦王貪其勢必得所願矣

《史記·刺客傳》："秦王貪其勢必得所願矣。"按，《索隱》"貪"絕句。《戰國·燕策》"其勢"作"其贄"，則連上讀矣。

---

① "音"，百衲本、殿本《史記》同。中華本、瀧川本作"曰"。
② "言"，稿本無。據百衲本、殿本、中華本、瀧川本《史記》補。
③ "毋"，稿本作"無"。據百衲本、殿本、中華本、瀧川本《史記》改。

210 則士務附

《史記·陸賈傳》:"則士務附。"《集解》:"徐廣曰:'務,一作豫。'"按《爾雅·釋詁》:"豫,樂也。"豫字義長,形近譌耳。《漢書》作"豫",師古曰:"豫,素也。"

211 觀堂誤引

《觀堂集林》卷第二《與友人論詩書中成語書》:"莊子《養生主》:'彼且擇日而登假'。"按,此乃《德充符》語也。王引作《養生主》,誤。

212 上帝板板

《詩·大雅》:"上帝板板,下民卒癉。"《序》:"《板》,凡伯刺厲王也。"按《後漢書·李固傳》:"刺周王變祖法度,故使下民將盡病也。"

213 薄言震之莫不震疊

《詩·周頌·時邁》:"薄言震之,莫不震疊。"傳:"震,動。疊,懼。"箋:"薄猶甫也。甫,始也。"按《後漢書·李固傳》,上"震"字引作"振"。注:"《韓詩薛君傳》曰:'薄,辭也。振,奮也。莫,無也。震,動也。疊,應也。美成王能奮舒文武之道而行之,則天下無不動而應其政教。'"

214 濫觴

宋濂《閱江樓記》:"長江發源於岷山。"按《說苑·雜言》:"昔者,江水出於岷山,其始也,大足以濫觴,及至江之津也,不方舟、不避風,不可渡也,非唯下流眾川之多乎?"(《文選·郭景純江賦》:"惟岷山之導江,初發源乎濫觴。"李善注:"《家語》:'孔子謂子路曰:夫江始於岷山,其源可以濫觴,及其至於江津,不舫舟、不避風,則不可以涉。'王肅曰:'觴,所以盛酒者,言其微也。'")

215 迺作盤庚三篇

《史記·殷本紀》:"迺作《盤庚》三篇。"《索隱》:"《尚書·盤庚》:'將治亳殷,民咨胥怨,作《盤庚》。'此以盤庚崩,弟小辛立,百姓思之,乃作《盤

《庚》，由不見古文也。"按，小司馬謂不見古文者，乃指後出僞書也。[1]

216 武帝時徵北海太守

《史記·滑稽列傳》："武帝時，徵北海太守詣行在所。"《索隱》："《漢書》宣帝徵渤海太守龔遂，非武帝時。此褚先生記謬耳。"按，褚先生宣帝時爲博士，並仕元成間，其與班氏不同之處，疑有錯簡。

217 武王破紂

《史記·殷本紀》："甲子日，紂兵敗。紂走入，登[2]鹿臺，衣其寶玉衣，赴火而死。周武王遂斬紂頭，縣之白旗。"按《淮南子·本經》："武王甲卒三千，破紂牧野，殺之於宣室。"注："牧野，在朝歌城外。宣室，殷宮名。一曰：宣室，獄也。"說與遷書異。

218 簪筆磬折

《史記·滑稽列傳》："簪筆磬折"。《正義》："簪筆，謂以毛裝簪頭，長五寸，插在冠前，謂之爲筆，言插筆備禮也。磬折，謂曲體揖之，若石磬之形曲折也。磬，一片黑石；凡十二片，樹在虡上擊之。其形皆中曲垂兩頭，言人腰側似也。"按《漢書·趙充國傳》："持橐簪筆。"張晏曰："近臣負橐簪筆，從備顧問，或有所紀也。"師古曰："簪筆者，插筆於首。"又按《荀子·大略》"平衡曰拜"，楊倞注："平衡，謂磬折。頭與腰如衡之平。"然《荀子》楊注磬折，自指拜而言。《滑稽列傳》磬折，自指立而言。（《洛誥大傳》："進受命於周，而退見文武之尸者，千七百七十三諸侯，皆莫不磬折。"）

219 毛遂按劍歷階而上

《史記·平原君列傳》："毛遂按劍歷階而上。"按《文選·登徒子好色賦》"歷齒"，李善注："歷，猶疏也。"此云歷階者，即跨階疾登而不按其級也。[3]

---

① 此則眉批朱筆書云："重，刪。"案此與第99則重出，惟辭互有詳略，茲仍錄存以備參覽。

② "登"，稿本無。據百衲本、殿本、中華本、瀧川本《史記》補。

③ 此則稿本以墨筆刪，疑作者自忖義或未安。今姑錄存備考。

220 施君美

吳梅《顧曲麈談》論《幽閨記》自注："施君美,名惠,字耐庵。《水滸記》亦 [1] 其手筆云。"按吳氏以施君美爲耐庵,非是。淮安王道生《耐庵墓誌銘》："耐庵,諱子安。元末賜進士出身。著作有《志餘》、《三國演義》、《隋唐演義》、《三遂平妖傳》、《江湖豪俠傳》(按即《水滸傳》)。每成一稿,必與門人羅貫中校對,以正亥魚,其所得力於貫中爲尤多。"又《施氏族譜·世系》:"彥瑞,字耐庵。"

221 累世不能通其學

《史記·太史公自序》:"六藝經傳以千萬數,累世不能通其學,當年不能究其禮,故曰'博而寡要,勞而少功'。"按《法言·寡見》:"或問:'司馬子長有言曰,五經不如《老子》之約也,當年不能極其變,終身不能究其業。'曰:'若是則周公惑,孔子賊。古之學,耕且養,三年通一。今之學也,非獨爲之華藻也,又從而繡其鞶帨,惡在《老》不《老》也。'或曰:'學者之說可約邪?'曰:'可約解科。'"《法言》以爲司馬子長之言者,蓋遷述其父談之言也。

222 靈公問兵陳

《史記·孔子世家》:"靈公問兵陳。孔子曰:'俎豆之事,則嘗聞之。軍旅之事,未之學也。'"按《法言·五百》:"或問:'聖人有詘乎?'曰:'有。'曰:'焉詘乎?'曰:'仲尼於南子,所不欲見也;陽虎,所不欲敬也。見所不見,敬所不敬,不詘如何?'曰:'衛靈公問陳 [2],則何以不詘?'曰:'詘身,將以信道也。如詘道而信身,雖天下不爲也。'"(又按《左氏》哀十一年傳:"孔文子之將攻大叔也,訪於仲尼。仲尼曰:'胡簋之事,則嘗學之矣。甲兵之事,未之聞也。'退,命駕而行,曰:'鳥則擇木,木豈能擇鳥?'"此又不詘之一事也。)

223 詘身信道

《法言·五百》:"詘身,將以信道也。如詘道而信身,雖天下不爲也。"李

---

① "亦"下,稿本有"出"字。據商務印書館 1923 年版《顧曲麈談》刪。
② "陳",稿本作"陣"。據四部叢刊景印宋刻本《揚子法言》改。

軌注:"仲尼之敬陽虎,揚子之臣王莽,所詘者形也,於神何時撓哉?"按揚子之《劇秦美新》,將非詘道而信身耶?大抵唐人之重子雲,如韓退之《讀荀》稱"雄者亦聖人之徒歟"。又曰:"荀與揚,大醇而小疵。"此與宋人如蘇子瞻《答謝師民書》詆雄"以艱深之辭文其淺陋"、朱晦翁書"莽大夫"者異趣。

224 項王聞之烹說者

《史記·項羽本紀》:"項王聞之,烹說者。"《集解》:"《楚漢春秋》、揚子《法言》云說者是蔡生,《漢書》云是韓生。"按《漢書·項籍傳》:"羽聞之,斬韓生。"亦與《史記》異。

225 木侯

《法言·重黎》:"生捨其木侯①,而謂人木侯。"按木,即沐之壞文。《漢書·項籍傳》:"韓生曰:'人謂楚人沐猴而冠。'"張晏曰:"沐猴,獼猴也。"《史記·項羽本紀》亦作"沐猴"。

226 以故呰窳

《史記·貨殖傳》:"以故呰窳"。《集解》:"徐廣曰:'音紫。呰窳,苟且墮嬾之謂也。'駰案,應劭曰:'呰,弱也。'晉灼曰:'窳,病也。'"按《漢書·地理志》,呰作呰。如淳曰:"呰,或作觜,音紫。"晉灼曰:"呰,病也。窳,惰也。"《集解》引晉說有脫誤。《說文·口部》:"呰,苛也。"《此部》:"呰,弱也。"則字固當作呰。②

227 公冶長

《論語·公冶長》,《釋文》:"姓公冶,名長。《家語》:'字子張。'范寧云:'名芝,字子長。'"按,一九六九年在新疆吐魯番阿斯塔那唐墓中發見景龍四年卜天壽鈔《論語鄭氏注》,長作萇。正疑《釋文》引范氏云"名芝"者,芝當爲楚之譌。

---

① "侯",稿本作"猴"。據四部叢刊景印宋刻本《揚子法言》改。下句"侯"字傚此。
② 案此與第137則重出,文辭稍異。茲姑錄存,以備參考。

228 周書逸文

《魏策》任章引《周書》曰："將欲敗之，必姑輔之。將欲取之，必姑與之。"又蘇子爲趙合從說魏王引《周書》曰："緜緜不絕，緵緵① 柰何。毫毛不拔，將成斧柯。前慮不定，後有大患，將柰之何？"②

229 東晉之孔安國

《左海經辨》："安國之注古文《大誓》，它書絕無所徵。《史記》、《漢書》皆不言安國注《尚書》，豈獨爲《大誓》作訓？案劉孝標《世說新語注》③卷一，引《續晉陽秋》曰：'孔安國，字安國，會稽山陰人。車騎愉第六子也。以儒素見稱。歷侍中太常尚書，遷左僕射、特進，卒。'《宋書》二十《禮志》：'太元十三年，召孔安國爲侍中。'《晉書·禮志》：隆安四年，尚書左僕射何澄、右僕射王雅、尚書車胤、孔安國、祠部郎徐廣議孝武太皇太后李氏服。《宋書》卷十六《禮志》、《通典·吉禮》又引孔安國議禘祫殷祭。《通典·凶禮》：晉孔安國問徐邈皇太子爲新安公主服（見《通典》八十二）。是東晉時別有一孔安國，亦通經學。李長林東晉江夏太守（見《釋文·序錄》）封樂安亭侯（《隋書·經籍志·易類》），宜與此孔安國同時，故得引其說。而穎達誤以爲漢之孔臨淮，遂無能辨之者。"（《今文尚書大誓後得說》）按陳氏引諸書，謂東晉別有一孔安國，然諸書亦未明言其注《尚書》，又何以解於梅賾之僞書？豈足據乎？《漢書·儒林傳》言司馬遷"從安國問故"，遷書載《堯典》、《禹貢》、《洪範》、《微子》、《金滕》諸篇多古文說。故以通其義，如大、小夏侯《解故》，《詩》有《魯故》、《齊后氏故》、《齊孫氏故》、《韓故》之類。由是言之，固不得遽定安國之不爲《書》作注。又《隋書·經籍志》著錄："《古文尚書》十三卷，漢臨淮太守孔安國傳；《今字尚書》十四卷，孔安國傳。"則唐人遵信僞孔傳，故不僅穎達之作疏爲然矣。梅賾書雜於二十九篇，又作僞傳，宋儒已漸疑之。自閻若璩《古文尚書疏證》出，盡發其覆。故書舊記不言東晉之孔安國，與之何關？陳氏之言，益不足信。

---

① "緵緵"，稿本作"漫漫"。據士禮居叢書景宋本《戰國策》改。又，四部叢刊本作"蔓蔓"。
② 此則係以墨筆書於紙條，夾入稿本首冊中。今亦錄存備覽。
③ 案稿本此處有朱筆眉批云："《世說新語·德行》：'孔僕射爲孝武侍中，豫蒙眷接。烈宗山陵，孔時爲太常，形素羸瘦，著重服，竟日涕泗流連，見者以爲眞孝子。'"

230 說苑引泰誓

《說苑·臣術》:"《泰誓》曰:'附下而罔上者死,附上而罔下者刑,與聞國政而無益於民者退,在上位而不能進賢者逐。'"按今之古文《尚書·泰誓》三篇無此語。《尚書序》正義引《別錄》曰:"武帝末,民有得《泰誓》書於壁內者,獻之。與博士使讀①說之,數月皆起,傳以教人。"《文選·劉子駿移書讓太常博士》:"《泰誓》後得,博士集而讀之。"李注:"《七略》曰:'孝武皇帝末,有人得《泰誓》書於壁中者,獻之。與博士使讀說之,因傳以教。今《泰誓》篇是也。'"(按,《論衡·正說》:"孝宣皇帝之時,河內女②子發老屋得逸《易》、《禮》、《尚書》各一篇,奏之。宣帝下示博士,然後《易》、《禮》、《尚書》各益一篇,而《尚書》二十九篇始定。"又《書序》正義引《後漢史》:"獻帝建安十四年,黃門侍郎房宏等說云:'宣帝本始③元年,河內女子有壞老子屋,得古文《泰誓》三篇。'"今《史》、《漢》書皆云伏生傳二十九篇,則司馬遷時已得《泰誓》,以并歸於伏生,不得云宣帝時始出也。則云宣帝時女子所得,亦不可信。或者爾時重得之,故於後亦據而言之。④)中壘父子典校中祕,及見二十九篇中壁內所得之《泰誓》。《說苑》二十篇,采傳記、百家所載行事以成書。其後馬融《書序》曰:"《泰誓》後得。案其文似若淺露。"又云:"八百諸侯,不召自來,不期同時,不謀同辭。及火復於上,至於王屋,流為鵰,至五,以穀俱來。舉火神怪,得無在子所不語中乎? 又《春秋》引《泰誓》曰:'民知所欲,天必從之。'《國語》引《泰誓》曰:'朕夢協朕卜,襲于休祥,戎商必克。'《孟子》引《泰誓》曰:'我武惟⑤揚,侵于之疆。取彼凶殘,我伐用張,于湯有光。'孫卿引《泰誓》曰:'獨夫受。'《禮記》引《泰誓》曰:'予克受,非予武,惟朕文考無罪。受克予,非朕文考有罪,惟予小子無良。'今文《泰誓》皆無此語。吾見書傳多矣,所引《泰誓》而不在《泰誓》者甚多,弗復悉記。略舉五事以明之,亦可知矣。"然則劉向《說苑》引《泰誓》語是向見後得壁中古文之《泰誓》也。馬融《書序》,《春秋》以下諸書引《泰誓》語,皆不見於今文《泰誓》,

---

① "讀",稿本作"讚"。據阮刻本《尚書正義》改。

② "女",稿本作"之"。據四部叢刊景印明通津草堂本《論衡》改。

③ "本始",阮刻本《尚書正義》作"泰和"。阮氏《校勘記》云:"宋本、閩本同,毛本'泰和'作'本始',所改是也。"

④ 案"今史漢"至"言之"一節,語本《尚書序》孔疏。

⑤ "惟",稿本作"維"。據阮刻本《尚書正義》引改。

是融亦見後得壁中古文之《泰誓》也。梅賾書以融所不得見於今文《泰誓》之語而取以入其書，其偽不言而喻。至其不取《說苑》引《泰誓》之語，則固疏漏，亦作偽之一破綻也。（吳承仕《經典釋文敘錄疏證》云：“《泰誓》有三：一、真《泰誓》，《左傳》、《國語》、《孟子》、《墨子》諸書所引者是也。二、漢《泰誓》，即漢人所謂後得《泰誓》是也；三、偽《泰誓》，即孔傳《泰誓》，見行梅本是也。”按吳氏此言甚確。）

231 司禮秉筆太監兼提督寶和三店

《明史·魏忠賢傳》：“忠賢尋自惜薪司遷司禮秉筆太監兼提督寶和三店。”按，內監劉若愚編述《明宮史》卷二《寶和等店》：“提督太監一員，本店外司房紗絛書手可數十名，經管各省直客商販到貂鼠等雜貨，此店不係祖宗額設內府衙門之數也。店有六：曰寶和，曰和遠，曰順寧，曰福德，曰福吉，曰寶延。而提督太監之廳廨，則在寶和店也。俱坐落戎政府街，凡奉旨提督者，亦無敕書。傳云起自嘉靖年間，裕邸差官徵收。神廟時，屬慈寧宮徵用，管事張隆、齊棟等總其事。先帝登極，逆賢攘爲提督，委掌家王朝用經理之。朝用斤斤自愛，新其祠廨，寬其苛斂，惟恐病商。而管店司房王惟善等，咸至今稱之。”

232 和樂且湛

《詩·小雅·鹿鳴》：“和樂且湛”。《傳》：“湛，樂之久。”《釋文》：“湛，都南反。字又作耽。”按《常棣》，《釋文》：“湛，啟南反。又作耽。《韓詩》云：‘樂之甚也。’”

233 虺

《說文·虫部》“虺”下引《詩》曰：“胡爲虺蜥。”段注：“《小雅·節南山》文。”按段注誤，此《小雅·正月》文。

234 伍子逢殃

《楚辭·涉江》“伍子逢殃兮”，王逸注：“伍子，伍子胥也。爲吳王夫差臣，諫令伐越，夫差不聽，遂賜劍而自殺。後越竟滅吳，故言逢殃。”按，《史記·伍子胥列傳》“吳王賜子胥屬鏤之劍，乃自剄死”，實在許越平後，二諫伐齊，吳王不聽，爲太宰嚭所讒耳。又《國語·吳語》：“吳王夫差既①許越成，乃大戒師徒將以伐齊，申胥諫曰”云云。王注據《左氏》哀十一年傳：“吳將伐齊。諫曰：‘越在，我心腹之疾也，壤地同而有欲於我。夫其柔服，求濟其欲也。不如早從事焉。得志於齊，猶獲石田也，無所用之。越不爲沼，吳其泯矣。’”此子胥諫吳王不欲伐齊，而早從事擊越也。

235 假皇帝

《漢書·王莽傳上》：“莽朝見太后稱‘假皇帝’。”按《史記·項羽本紀》，《正義》：“言假者，兼攝之也。”是時莽既居攝，故以稱也。”

236 能爲之諸侯乎

《韓非子·內儲說下》：“能爲之諸侯乎？”俞樾曰：“‘爲’字衍文也。‘能之諸侯乎’，言能適諸侯乎。《左傳》作‘能行乎’，是其證也。”（《諸子平議》）按，俞說是也。然疑“之”下奪“之”字，“能爲之之諸侯乎”，義亦通。

237 有國之君不大其都

《韓非子·揚權》：“有國之君，不大其都。有道之臣，不貴其家。有道之君，不貴其臣。貴之富之，備將代之。”按《戰國·秦策三》，范雎引《詩》曰：“木實繁者披其枝，披其枝者傷其心。大其都者危其國，尊其臣者卑其主。”非蓋闡述其言，故下文“爲人君者數披其木，毋使木枝扶疏”云云，皆其義也。

238 巨屨小屨同賈

《孟子·滕文公上》：“巨屨、小屨同賈，人豈爲之哉？”趙注：“巨，粗屨也。小，細屨也。如使同價，而賣之人豈肯作其細哉？”孫奭疏：“大屨與小屨同其價，則人必爲之小屨而賣之，而大屨豈爲之哉？言此屨之大小，則其他物之貴賤，不言而可知矣。”按，疏與注義相舛馳。然朱注亦云：“若大屨與小屨同價，則人豈肯爲其大者哉？”與疏同。又按，上文云“布帛長短同，則

---

① “既”，稿本作“已”。據四部叢刊本《國語》改。

賈相若;麻縷絲絮輕重同,則賈相若;五穀多寡同,則賈相若;屢大小同,則賈相若。"趙注:"長短謂丈尺,輕重謂斤兩,多寡謂斗石,大小謂尺寸。"以此例之,則孟子巨屨、小屨之言,當指其質,非尺寸之謂。趙注得之。

239 觀於二書之意

《禮記·禮運》"吾以是觀之",注:"觀於二書之意。"疏:"論拔檢正 [①] 記之書。"（武英殿叢書本）按正,當作二。二記之書,即夏之四時之書、殷之坤乾之說也。

240 今者義渠之事急

《戰國·秦策三》:"今者義渠之事急"。按"今者",與下文"今義渠之事已"意義嫌複。《史記·范雎傳》作"會義渠之事急",則"今者"實"會"字譌誤爲兩文耳。[②]

241 逢池

阮籍《詠懷》:"徘徊逢 [③] 池上"。按《史記·秦本紀》有"逢澤",《集解》:"徐廣曰:'開封東北有逢澤。'"《正義》:"《括地志》云:'逢澤亦名逢池,在汴州浚儀縣東南十四里。'"又《漢書·地理志》:"河南開封縣東北有逢池,或曰宋之逢澤也。"臣瓚曰:"《汲郡古文》:'梁惠王發逢忌之藪以賜民。'今浚儀有逢陂忌澤,是也。"

242 角觝戲始興

王國維《宋元戲曲史》:"至武帝元封三年,而角觝戲始興。"按《史記·李斯列傳》:"是時二世在甘泉,方作觳抵優俳之觀。"《集解》:"應劭曰:'戰國之時,稍增講武之禮,以爲戲樂,用相夸示。而秦更名曰角抵。角者,角

---

① "正",阮刻本《禮記正義》作"二"。
② 案王念孫《讀書雜志》亦嘗涉此事,曰:"既云'今義渠之事已',則上文'義渠之事急'二句,乃追敘之詞,不得言'今者'。《史記·范雎傳》作'會義渠之事急'是也,言適會義渠之事急,故寡人不得以身受命耳。'今者'二字,即一'會'字之譌。"
③ "逢",《藝文類聚》引同。四部叢刊景印宋本《六臣注文選》作"蓬"。

材也。抵者,相抵觸也。’”王說非是。

243 帝高陽之苗裔

《楚辭·離騷》:“帝高陽之苗裔兮”。王逸注:“《帝繫》曰:‘顓頊娶於騰隍氏女而生老僮,是爲楚先。’”按《山海經·大荒西經》:“顓頊生老童。”郭注:“《世本》云:‘顓頊娶于滕墳氏,謂之女祿,產老童也。’”

244 不憖遺一老

《左氏》哀十六年傳:“公誄之曰:‘旻天不弔,不憖遺一老。’”注:“憖,且也。”又昭二十八年傳注:“憖,發語之音。”按《方言》:“悼、憖、悴、憖,傷也。自關而東,汝、潁、陳、楚之間通語也。汝謂之憖,秦謂之悼,宋謂之悴,楚、潁之間謂之憖。”注:“《詩》曰‘不憖遺一老’,亦恨傷之言也。”則郭氏從楊說,與杜氏以詞釋之者異矣。《漢書·五行志》注:“應劭曰:‘憖,且辭也。’”杜所稟。又昭二十八年傳“憖使吾君聞勝與臧之死也以爲快”,注同。

245 輶軒使者絕域語釋別國方言

錢繹《方言箋疏》:“宋洪邁《容齊隨筆》稱爲《輶軒使者絕域語釋別國方言》。攷書中所載,並無絕域重譯之言,而半爲南楚江湘之間代語云云[1]。注以爲凡以異語相易謂之代。蓋洪氏偶爾[2]誤記,故作絕域。”按,洪氏稱“絕域”者,疑指朝鮮洌水、西甌毒屋黃石野之間。《說苑·善說》鄂君譯越人歌爲楚語,亦其類也。

246 聿來胥宇

《詩·大雅·緜》:“聿來胥宇”。《傳》:“胥,相也。”按《新序·雜事第三》引此詩“胥宇”作“相宇”。

247 適彼樂土

《詩·魏風·碩鼠》:“逝將去女,適彼樂土。樂土樂土,爰得我所。”俞樾

---

① “云云”二字,清光緒十六年紅蝠山房刻民國十八年補刻本《方言箋疏》無。

② “爾”,稿本作“然”。據《方言箋疏》改。

《古書疑義舉例·五》：“古人遇重文，止於字下加二畫以識之，傳寫乃有致誤者。《韓詩外傳》兩引此文，竝作‘逝將去女，適彼樂土。適彼樂土，爰得我所。’又引次章亦云：‘逝將去女，適彼樂國。適彼樂國，爰得我直。’此當以韓詩爲正。《詩》中疊句成文者甚多，如《中谷有蓷》篇疊‘慨其歎矣’兩句，《丘中有麻》篇疊‘彼留子嗟’兩句，皆是也。毛、韓本當不異。因疊句從省不書，止作‘適＝彼＝樂＝土＝’，傳寫誤作‘樂土樂土’耳，下二章同此。”按俞說是也。《新序·節士第七》引此詩末章，亦云：“逝將去女，適彼樂郊。適彼樂郊，誰之永號？”疊句成文，正與韓詩同，可互證也。（按，明沈氏野竹齋本《韓詩外傳·二》兩引首章作：“逝將去女，適彼樂土。樂土樂土，爰得我所。”次章：“逝將去女，適彼樂國。樂國樂國，爰得我直。”俞氏所據，未知何本。）

248 霍亂

《漢書·嚴助傳》：“夏月暑時，歐泄霍亂之病相隨屬也。”按《傷寒論》云：“病有霍亂者何？答曰：嘔吐而痢[1]，此名霍亂。”又云：“病發熱頭痛、身疼惡寒、吐痢者，此屬何病？答曰：此名霍亂。霍亂自吐下，又痢止，復更發熱也。”又按，近人羅爾綱據定海黃式三《儆居集》及徐時棟《烟嶼樓文集》等記載，遂謂霍亂病傳入中國始于清嘉慶間。以仲景所言，是腸胃不安，上吐下瀉，急性腸胃炎，而非真性霍亂（見《歷史研究》一九五六年第三期）。予以爲不然。且此傳下言：“會天暑多雨，樓船卒水居擊櫂，未戰而疾死者過半。親老涕泣，孤子謸號。”云云。其疾疫傳布，死亡之慘，實不異於近代流行之霍亂病症。

249 召孟明西乞白乙

《左氏》僖三十二年傳：“召孟明、西乞、白乙”。注：“孟明，百里孟明視。西乞，西乞術。白乙，白乙丙。”疏：“《世族譜》以百里孟明視爲百里奚之子，則姓百里，名視，字孟明也。古人之言名字者，皆先字後名而連言之。其術、丙必是名。西乞、白乙，或字或氏，不可明也。《譜》云：‘或以爲西乞術、白乙丙爲蹇叔子。’按《傳》稱‘蹇叔之子與師’，言其在師中而已。若是西乞、白乙，則爲將帥，不得云‘與’也。或說必妄記異聞耳。”按《呂覽·悔過》：

---

① “痢”，明古今醫統正脈全書本《傷寒論》作“利”。下文“吐痢”之“痢”做此。

"蹇叔有子曰申與視。"高誘注："申，白乙丙也。視，孟明視也。皆蹇叔子也。"與杜注異，故孔疏不取其說。《史記·秦本紀》亦作百里傒子孟明視，蹇叔子西乞術、白乙丙，則與《世族譜》同。

250 木實繁者披其枝

《戰國·秦策三》："《詩》曰：'木實繁者披其枝，披其枝者傷其心。大其都者危其國，尊其臣者卑其主。'"鮑注："逸詩。"孫詒讓《札迻》："《逸周書·周祝》篇云：'葉之美也解其柯，柯之美也離其枝，枝之美也致其本。'與此文相近，古書引書或通稱詩。"按，孫氏說非。鮑云逸詩是也。《韓非子·揚權》："爲人君者，數披其木，毋使木枝扶疏。木枝扶疏，將塞公閭，私門將實，公庭將虛，主將壅圍。數披其木，毋使木枝外拒。木枝外拒，將逼主處。數披其木，毋使枝大本小。枝大本小，將不勝春風。不勝春風，枝將害心。公子既衆，宗室憂吟。止之之道，數披其木，毋使枝茂。木數披，黨與乃離。掘其根本，（盧文弨曰：或云根本二字當倒，與韻合。顧廣圻曰：掘其根三字句，與上文同，本字衍，根、神韻。）木乃不神。"此文用韻，與古逸詩義同。其詩句皆七字，實七言詩之始，第不用韻耳。

251 悬

《說文·心部》"悬"下云："悬，悬或从心在旦下。《詩》曰：'信誓悬悬'。"段注："《衛風·氓》傳文。《詩》曰'信誓旦旦'，《傳》曰'信誓悬悬然'，謂旦即悬之段借字。《箋》云'言其懇惻款誠'是也。許偁《詩傳》而云《詩》曰者，此《詩》曰'不醉而怒謂之奰'、《虞書》曰'仁覆閔下則偁旻天'之例也。'悬悬'下當有'然'字。"按，段氏說迂曲。許君是引《詩》，不是引《傳》。《釋文》："旦旦 ①，《說文》作'悬悬'。"是唐人所見本如此，可證也。

252 其葉沃若

《詩·氓》："其葉沃若"。《傳》："沃若，猶沃沃然。"按《國語·魯語》

---

① "旦旦"，稿本作"旦"。據清通志堂本《經典釋文》補。

"沃土之民不材"，注："沃，肥美也。"又《晉語》"雖獲沃田"，注："沃，美也。"《淮南·墜形》"正南次州曰沃土"，注："沃，盛也。"則孔疏謂"毛以爲，桑之未落之時，其葉則沃沃然盛，以興己色未衰之時，其貌亦灼灼然美"者，是也。

253 隰則有泮

《詩·氓》："隰則有泮"。《傳》："泮，坡也。"《釋文》："泮，音判。坡，本亦作陂，北皮反。《澤陂》詩傳云：'障也。'呂忱北髮反，云：'陂，阪也。亦所以爲隰之限域也。'本或作破字，未詳。觀王述意，似作破。"按，《傳》云"泮，坡也"者，坡是陂之假借字。《釋文》本或作"破"字者，"陂"字偏旁小篆自之壞文誤爲石耳。

254 羝羊觸藩

《易·大壯·九三》："羝羊觸藩"。《釋文》："羝，音低。張云：'牡羊也。'《廣雅》云：'吳羊曰羝。'"按，《說文·羊部》"羝"下云："牡羊也。"又"羖"下云："夏羊，牡曰羖。"《詩·生民》"取羝以軷"，傳："羝羊，牡羊也。"《爾雅·釋畜》："羊，牡羒。"郭注："謂吳羊白羝。"是羝與羖皆牡羊之異名也。《漢書·蘇武傳》曰："使牧羝，羝乳乃得歸。"師古曰："羝，牡羊也。羝不當產乳，故設此言，示絕其事。"是也。

255 探湯

毛奇齡《四書賸言》："范滂對王甫曰：'臣聞仲尼之言：見善如不及，見惡如探湯。'此易'不善'字爲'惡'字，且註云'探湯，喻去疾也'。《扁鵲傳》：'湯液醴灑，所以治病者。'故以探湯去疾爲卻惡之喻。"按《廣雅·釋詁》："疾，急也。"探湯熱不可留，去必速，故去疾，猶去速也。毛說鑿。

256 夕餐秋菊之落英

《楚辭·離騷》："夕餐秋菊之落英。"孔廣森《經學卮言·爾雅·落（釋詁）》："物終乃落，而以爲始，何也？嘗考落之爲始，大氐施於終始相嬗之際。如宮室考成，謂之落成，言營治之終而居處之始也。成王踐祚，其詩曰'訪予落止'，此先君之終，今君之始也。《離騷》'夕餐秋菊之落英'，宋人有以菊花不落爲疑，而引此‘落，始也’訓之者，頗爲允當。蓋秋者百卉之終，草木黃落而菊始有華。故它華不可以言落英，（按《蜀都賦》‘敷蕊葳蕤，落英飄颻’、陶潛《桃花源記》‘落英繽紛’、謝靈運詩‘攀林摹落英’，皆以落英爲華之凋謝，是則不然矣。）唯菊乃言落英。古人用字必有意義，類如此。”按孔說是也。《楚辭》王注：“英，華也。暮食芳菊之落華，言吞陰陽之精蘂。”夫曰精蘂，則非凋落之華可知。且凋落之華，亦枯萎不可餐，故訓英不訓落。上文“惟草木之零落兮”，乃訓曰：“零、落，皆墮也。草曰零，木曰落也。”其精審若是。《爾雅》邢疏：“落者，木葉隕墜之始也。”皆其義也。洪興祖補注：“秋花無自落者，當讀如‘我落其實，而取其華[1]’之落。”洪說是也。（按姚寬《西溪叢語》亦及此說，又引《宋書·符瑞志》沈約云：“英，葉也，言食秋菊之葉。”[2]據《神農本草》：“菊，服之輕身耐老。三月採葉。”《玉函方》：“王子喬變白增年方：甘菊，三月上寅採名曰玉英。”是英謂之葉也。）

257 結婚

《三國·魏志·武帝》：“冬十月，到黎陽，爲子整與譚結婚。”注：“紹死至此，過周五月耳。譚雖出後其伯，不爲紹服三年，而於再朞之內以行吉禮，悖矣。魏武或以權宜與之約言。今云結婚，未必便以此年成禮。”按，“結婚”兩字始見於此，爲今之通語矣。

258 離婚

《世說·賢媛》：“賈充前婦是李豐女，豐被誅，離婚徙邊。”離婚，始見于此。

---

① “華”，《左傳》作“材”。疑洪興祖引別有所本。

② 案沈約《宋書》原文：“花葉謂之英。《離騷》云‘秋菊之落英’、左思云‘落英飄飇’是也。”

隨無涯齋讀書記卷四

上杭包樹棠伯苓學

259 窈窕思服

《詩·關雎》："寤寐思服"。王氏《經傳釋詞》："《傳》曰：'服，思之也。'訓服為思之，則思服之思，當是語助。《箋》曰：'服，事也。思已職事當誰與共之乎。'王注曰：'服膺思念之。'皆於義未安。"按，王氏說非。《傳》不訓思，則以爲思念常語。思服，亦猶思念。《箋》以服爲服事，王以服爲服膺，雖與《傳》不同，然以思爲思念，義未有異。誠如王氏說，以服爲思之，以思爲語助，前人訓故，焉用如是辭費爲？

260 言告師氏言告言歸

《詩·葛覃》："言告師氏，言告言歸。"傳："言，我也。"馬瑞辰《毛詩傳箋通釋》："《爾雅》：'孔、魄、哉、延、虛、無、之、言，閒也。'閒，謂閒廁言詞之中，猶今人云語助也。《爾雅》此節皆語助。凡詞之在句中者爲閒，詞之在句首、在句末者亦爲閒。言在句首者，'言告師氏'、'言割其楚'之類是也。言在句中者，'靜言思之'之類是也。言有疊用者，'言告言歸'之類是也。言有與薄並爲助句者，'薄言采之'之類是也。《傳》從《釋詁》，訓言爲我者，《詩》中如'我疆我理'、'我任我輦'、'我車我牛'之類，我皆語詞。以言爲我，亦語詞耳。《箋》遂釋爲人我之我，失之。"按，馬氏說非是。《傳》從《釋詁》，訓言爲我，則爲人我之我。馬氏引《釋詁》，以言爲閒，已乖違《傳》義，又謂我亦語詞，不惜鑿空。誠如是，則《釋詁》"言"、"我"之外，"卬、吾、台、予、朕、身、甫、余"，馬氏又將何辭以釋之？"我疆我理"諸"我"字，自爲主語，豈可以詞釋之乎？鄭申毛旨，固不容妄爲別異也。

261 尺有所短寸有所長

《楚辭·卜居》："詹尹乃釋策而謝曰：'夫尺有所短，寸有所長。'"按《史記·白起王翦列傳》："太史公曰：'鄙語云：尺有所短，寸有所長。'"則詹尹當亦引諺語耳。

262 園柳變鳴禽

《文選·謝靈運登池上樓詩》："池塘生春草，園柳變鳴禽。"按變，猶辨也。《莊子·逍遙遊》"而御六氣之辯"，《釋文》："辯，如字，變也。"《楚辭·九辨》王逸云："辨者，變也。"《易·坤文言》"由辯之不早辯也"，《釋文》："辯，荀本作變。"是辨、變古通。

263 紛吾既有此內美

《楚辭·離騷》"紛吾既①有此內美兮"，王注："紛，盛也。"按紛，猶多也。下文云"紛總總其離合兮"，注："紛，盛多貌。"又紛，聲轉爲夥。《史記·陳涉世家》："'夥頤！涉之爲王沈沈者！'楚人謂多爲夥。"是也。

264 憑不厭乎求索

《楚辭·離騷》："憑不厭乎求索。"王注："憑，滿也。楚人名滿曰憑，言在位之人無有清潔之志，皆並進趣貪婪於財利。中心雖滿，猶復求索不知厭飽者也。"按，王氏釋"憑"爲滿、不知足，是滿有"多"義。然《天問》"康回憑②怒"，王注引《淮南》言："共工與顓頊爭爲帝，不得，怒而觸不周之山。"而《方言》亦云："馮，怒也。楚曰馮。"郭注："馮，恚盛貌。"是"憑"有滿與怒二義。憑，通作弸。《法言·君子篇》"以其弸中而彪外也"，李軌注："弸，滿也。"《說文》："弸，弓彊兒。"亦有滿義。是憑爲滿，聲轉爲紛、爲夥，皆楚語也。

---

① "既"，稿本作"已"。據四部叢刊景印明繙宋本《楚辭》改。
② "憑"，《山帶閣註楚辭》同。四部叢刊景印明繙宋本《楚辭》作"馮"。馮、憑古通。

265 而誰以易之

《論語·微子》：“而誰以易之？”按以，猶與也。《詩·江有汜》“不我以”，《箋》：“以，猶與也。”

266 曾歔欷余鬱邑兮

《楚辭·離騷》：“曾歔欷余鬱邑兮。”王注：“曾，累也。”按曾，猶乃也。《孟子·公孫丑上》：“爾何曾比予於管仲？”趙注：“何曾，猶何乃也。”孫奭《音義》：“何曾，丁音憎，則也，乃也。”

267 蜷局顧而不行

《楚辭·離騷》：“蜷局顧而不行。”王注：“蜷局，詰屈不行貌。”《集注》：“蜷，音拳。”按《莊子·逍遙遊》“其小枝卷曲”，《釋文》：“卷，本又作拳，同。音權，徐紀阮反，李丘圓反。”《庾子山集·枯樹賦》：“拳曲擁腫。”字又作踡，又《爲杞公讓宗師驃騎表》：“一枝踡曲。”是蜷、卷、拳、踡，並同音。而木枝之卷曲者，與“蜷局”之訓“詰曲不行貌”者，其義得引申也。

268 操吳戈兮被犀甲

《楚辭·九歌·國殤》：“操吳戈兮被犀甲。”王注：“言國殤始從軍之時，手持吳戟，身被犀鎧而行也。”按《國語·越語》：“今夫差衣水犀之甲者，億有三千。”韋注：“犀形似豕而大，今徼外所送有山犀、有水犀。水犀之皮有珠甲，山犀則無。”然則犀鎧，亦吳之堅甲也。

269 若知我不降明

《漢書·蘇武傳》：“若知我不降明。”注：“若，汝也。言汝知我不肯降明矣。”按，顏注非也。“明”字當屬下讀，作“明欲令兩國相攻，匈奴之禍，從我始矣。”

270 亡人之地

《漢書·蘇武傳》：“亡人之地，信義安所見乎？”按亡，同無。言匈奴不講信義，猶無人之地。子卿不降，信義自持，安所表見乎？

271 蘇武使匈奴二十年

《漢書·蘇武傳》："又言蘇武使匈奴二十年,不降,還迺爲典屬國。"注:"實十九年,而言二十者,欲久其事以見冤屈,故多言也。"按,言二十者,舉成數耳。不然,十九與二十所差不過一年,何久之有?

272 大哉堯之爲君

《孟子·滕文公上》："孔子曰:'大哉堯之爲君! 惟天爲大,惟堯則之,蕩蕩乎民無能名焉。君哉舜也,巍巍乎有天下而不與焉。'"按《孟子》蓋引《論語·泰伯》:"子曰:'巍巍乎,舜禹之又天下也,而不與焉。'子曰:'大哉堯之爲君也。巍巍乎,唯天爲大,唯堯則之。蕩蕩乎,民無能名焉。巍巍乎,其有成功也。煥乎其有文章。'"而其語略有不同耳。

273 食於有喪者之側

《論語·述而》："子食於有喪者之側,未嘗飽也。"《集解》:"喪者哀慼,飽食於其側,是無惻隱之心。"按《禮記·檀弓上》:"食於有喪者之側,未嘗飽也。"注:"助哀戚也。"蓋孔子遵守古禮然耳。

274 及河子犯以璧授公子

《左氏》僖二十四年傳："及河,子犯以璧授公子曰:'臣負羈紲,從君巡於天下,臣之罪甚多矣。臣猶知之,而況君乎? 請由此亡。'公子曰:'所不與舅氏同心者,有如白水。'投其璧于河。"按《禮記·檀弓上》:"趙文子與叔譽觀乎九原,文子曰:'死者如可作也,吾誰與歸? '叔譽曰:'其陽處父乎? '文子曰:'行并植於晉國,不沒其身,其知不足稱也。''其舅犯乎? '文子曰:'見利不顧其君,其仁不足稱也。'"注:"謂久與文公辟難,至將反國,無安君之心。及河授璧,詐請亡,要君以利是也。"(又案《韓非子·外儲說左上》:"解左驂而盟於河。"與《傳》異。)

275 端章甫

《論語·先進》："端章甫"。《集解》:"鄭曰:'端,玄端也。衣玄端,冠章甫.'"按,鄭君云"端,玄端也"者,《周禮·春官·司服》:"其齊服有玄端、素端。"注:"鄭司農云:'衣有襦（音儒,本亦作襦）裳者爲端。'玄謂端者,取其正也。士之衣袂,皆二尺二寸而屬幅,是廣袤等也。其袪尺二寸,大夫已上侈之。侈之者,蓋半而益一焉。半而益一,則其袂三尺三寸,袪尺八寸。"朱注:"端,玄端服。章甫,禮冠。"亦從鄭說。愚謂端,猶正也。《大戴記·保傅》:"有司參（當爲齋）,夙興,端冕。"盧注:"端,正也。"（《武王踐阼》"王齋三日,端冕"注同。）《廣雅·釋詁》:"端,正也。"端章甫者,猶言正章甫之冠也,與"服周之冕"之"服"字,同爲語動,義亦得引伸也。《漢書·昭帝紀》:"帝加元服"。如淳曰:"元服,謂初冠加上服也。"師古曰:"如氏以爲衣服之服,此說非也。元,首也。冠者,首之所著,故曰元服。《汲黯傳序》云'上正元服',是知謂冠爲元服。"是也。

276 相禦於官渡

《水經注》卷五（武英殿聚珍本）《河水》:"袁紹與曹操相禦於官渡。"校云:"禦,近刻作襲。"按《後漢書·鄭玄傳》"禦"作"拒",當從之。

277 而世士罕有津達者

《水經注》卷二（武英殿聚珍本）《河水》:"而世士罕有津達者。"校云:"達,近刻作逮。"按,逮字是也。逮猶及也。逮、達義亦得引伸。

278 投其璧于河

《左氏》僖二十四年傳:"投其璧于河。"按《水經注》卷四《河水》:"又南至華陰潼關,渭水從西來注之。汲郡《竹書紀年》曰:'晉惠公十五年,秦穆公帥師送公子重耳,涉自河曲。'《春秋左氏》僖公二十四年:'秦伯納之。及河,子犯以璧授公子曰:臣負羈紲從君巡于天下,臣之罪多矣。臣猶知之,而況君乎? 請由此亡。公子曰:所不與舅氏同心者,有如白水。投璧于此。子推笑曰:天開公子,子犯以爲功,吾不忍與同位。遂逃焉。'"

279 亭刃

《後漢書·列女傳》:董祀妻《悲憤詩》:"要當以亭刃。"按"亭",疑

"事"字形近而譌。"事刃",即"倳刃"。《史記·張耳陳餘列傳》:"然而慈父孝子莫敢倳刃公之腹中者。"《集解》徐廣曰"倳音截"、李奇曰"東方人以物插地皆爲倳"者是也。《漢書·蒯通傳》作"事刃",師古曰:"事音側吏反,字本作倳。"

280 冬冰可折夏條可結

《六韜》:"冬冰可折,夏條可結。"(《藝文類聚》八十八、《太平御覽》二十一引。漢學堂叢書輯本。案此二語亦見《文子》。)按,當作"冬冰可結,夏條可折。"

281 百穀

《詩·良耜》:"播厥百穀。"按楊泉《物理論》:"粱者,黍稷之總名。(《太平御覽·穀部》)稻者,溉種之總名。菽者,衆豆之總名。(《藝文類聚·穀部》)三穀各二十種,爲六十。疏、果之實,助穀各二十。凡爲百穀。故《詩》曰'播厥百穀'者,穀種衆種之大名也。(《初學記·寶器部》、《御覽·穀部》)"

282 白玉不毀孰爲珪璋

《抱朴子·詰鮑篇》:"故曰:白玉不毀,孰爲珪璋? 道德不廢,安取仁義?"按《莊子·馬蹄》:"故純樸不殘,孰爲犧樽? 白玉不毀,孰爲珪璋? 道德不廢,安取仁義? 性情不離,安用禮樂? 五色不亂,孰爲文采? 五聲不亂,孰應六律?"鮑氏無君之言,多祖莊生任自然之旨。

283 知喪

《意林》引楊泉《物理論》:"墨子兼愛,是廢親也。知喪,是忘憂也。"按"知",是"短"字壞文譌耳。《墨子·節葬下》曰:"上士之操喪也,必扶而能起,杖而能行,以此共三年。若法若言、行若道,使王公大人行此,必不能蚤朝五官六府,辟草木,實倉廩。使農夫行此,則必不能蚤出夜入,耕稼樹藝。使百工行此,則必不能修舟車,爲器皿矣。使婦人行此,則必不能夙興夜寐,紡績織紝。"又曰:"上士 [①] 操喪也,必扶而能起,杖而能行,以此共三年。若

---

① "士"下,稿本有"之"字。據四部叢刊景明嘉靖刊本《墨子》刪。

法若言、行若道,苟其飢約又若此矣。是故百姓冬不仭寒,夏不仭暑,作疾病死者,不可勝計也。此其爲敗男女之交多矣。”故墨子不以久喪爲然也。

284 城小穀

顧炎武《日知錄》卷四“城小穀”條:“‘城小穀,爲管仲也。’據經文,小穀不繫於齊,疑左氏之誤”云云。按顧氏說非。《公羊》徐疏:“二傳作‘小’字,與左氏異”,其言甚明。是左氏“小”字,後人據二傳妄加。又顧氏雖知申無宇“齊桓公城穀而實管仲”之語,不若黃汝成《集釋》引孫氏志祖經本作“城穀”,與申無宇言正合之劓切。但顧、孫二氏皆未指出莊三十二年傳杜注之抵牾。予曩著《春秋城穀考》,有與顧、孫二氏說暗合者。惟《日知錄》卷三十一“小穀”條,顧氏又主“城小穀”之說,與前說自爲矛盾。顧氏《左傳杜解補正》即用前說。愚意後說雖亦顧氏所記,但在刪削之列,後來刻是書者,存而未去。《集釋》雖於“小穀”條下注云“此已詳卷四‘城小穀’條,可并入”,亦未察其說之抵牾也。

285 女嬃之嬋媛兮

《楚辭·離騷》:“女嬃之嬋媛兮,申申其詈[①]余。”注:“女嬃,屈原姊也。嬋媛,猶牽引也。”按《七諫·哀命》:“念女嬃之嬋媛兮,涕泣流乎於悒。”

286 椒蘭

《楚辭·七諫·哀命》:“惟椒蘭之不反兮,魂迷惑而不知路。”注:“椒,子椒也。蘭,子蘭也。言子椒、子蘭不肯反己,魂魄迷惑,不知路當如何也。”按《離騷》:“余以蘭爲可恃兮,羌無實而容長。委厥美以從俗兮,苟得列乎衆芳。椒專佞以慢慆兮,樧又欲充夫佩幃。”注:“蘭,懷王少弟司馬子蘭也。椒,楚大夫子椒也。”據注,《七諫》、《離騷》皆以椒蘭爲人之名字矣。

287 臨平石鼓青州墓刻

《南雷文案·與陳介眉庶常書》:“吾意臨平石鼓、青州墓刻,有一事不知,

---

① “詈”,四部叢刊景印明繙宋本《楚辭》作“罵”。洪興祖《楚辭補注》云:“罵,一作詈。”

即其罪矣。"按《異苑》:"晉武帝時,吳郡臨平岸崩,出一石鼓,打之無聲。以問張華,華云:'可取蜀中桐材刻作魚形,打之則鳴矣。'於是如言,音聞數十里。"《南齊書·文學傳》:"賈淵,字希鏡,平陽襄陵人。世傳譜學。孝武世,青州人發古冢,銘云'青州世子,東海女郎'。帝問學士鮑照、徐爰、蘇寶生,並不能悉。淵對曰:'此是司馬越女,嫁苟晞兒。'檢訪果然。"唐封演《封氏聞見記》:"齊時有發古冢,得銘云'青州世子,東海女郎',河東賈昊(按與《南齊書》作淵異,當從史。)以爲司馬越女,嫁爲苟晞子婦。檢之果然。"(按《晉書·苟晞傳》:"石勒攻陽夏,滅王讚,馳襲蒙城,執晞,署爲司馬,月餘乃殺之。晞無子。"與賈淵對歧異。然晞之遷征東大將軍、開府儀同三司,加侍中、假節、都督青州諸軍事,領青州刺史,進爲郡公,實東海王越爲之也。其後構成怨隙,皆敗。則兒女婚媾之約在前,故史云無子。)《黃梨洲先生年譜》:"康熙十七年戊午,公年六十九歲。詔徵博學鴻儒掌院學士。葉文敏公方藹以公名[1]面奏聖祖仁皇帝,且移文吏部。公門人陳庶常怡庭錫嘏大驚曰:'是將使先生爲疊山、九靈之殺身也。'因代爲力辭乃止。"《年譜》從《鮚埼亭集·梨洲先生神道碑文》:"戊午,詔徵博學鴻儒掌院學士[2]。"《行狀》作己未,非是。《清史稿·玄曄本紀》:"十七年戊午,詔舉博學鴻儒大學士,李霨等薦曹溶等七十一人,命赴京齊集請旨。十八年己未三月丙申朔,御試博學鴻詞於保和殿,授彭孫遹[3]等五十人侍讀、侍講、編修、檢討等官。修《明史》。"則公之徵,當在前一年戊午,此爲謝代辭博學鴻儒書也。

288 分置左內史

《漢書·百官公卿表》:"內史,周官,秦因之,掌治京師。景帝二年,分置左內史。"師古曰:"《地理志》云武帝建元六年置左右內史,而此表云景帝二年分置,表、志不同。又據《史記》,知志誤矣。"按,今《地理志》云:"武帝建元六年分爲右內史",據注知脫"左"字。此表下文"右內史"當屬上讀。蓋謂景二年內史分置左內史、右內史,爲三也。"武帝太初元年更名京兆"者,內史也。左內史則更名左馮翊,右內史則更名右扶風。故表云"武帝太初元年更名右扶風,治內史右地"是也。《地理志》"左馮翊"自注云:"武帝

---

① "名",稿本無。據清同治十二年刻本《黃梨洲先生年譜》補。

② "掌院學士"四字,稿本無。據清嘉慶九年史夢蛟刻本《鮚埼亭集》補。

③ "孫遹",稿本誤"遹孫"。據民國十七年清史館鉛印本(關內本)《清史稿》改。

建元六年，分爲左內史。太初元年更名左馮翊。”“右扶風”自注云：“武帝建元六年分爲右內史，太初元年更名主爵都尉爲右扶風。”惟云“武帝建元六年”乃誤耳。此表孝武建元元年有“中尉寧成爲內史，下獄論。內史印”。二年有“內史石慶”、三年有“內史石徧”、元光二年有“內史充”，是其證。又表孝景元年，“中大夫晁錯爲左內史”，則在前一年。然《史記·晁錯列傳》作“內史”，當從之。錢大昭遂謂《地理志》以爲武帝建元六年分置者，固非。而此表以爲景二年分置者，亦未的也，其言失攷。王念孫則謂此本作“分置左右內史”，今本脫“右”字，是又誤以下文“右內史”屬下讀也。

289 豈直五百里

《戰國·魏[①]策》：“安陵君受地於先王而守之，雖千里不敢易也，豈直五百里哉？”按直，特也。《呂氏春秋·忠廉》：“特王子慶忌爲之賜而不殺耳。”高誘注：“特，猶直也。”《詩·鄘風·柏舟》“實維我特”，《韓詩》“特”作“直”。《史記·叔孫通傳》“吾直戲耳”，《漢書》“直”作“特”。是也。

290 晉公子重耳出亡過於曹

《韓非子·十過》：“昔者晉公子重耳出亡過於曹，曹君袒裼而觀之。釐負羈與叔瞻侍於前。”顧廣圻曰：“叔瞻與《左傳》及本書《喻老篇》皆不合。”按，顧說是也。此段以下誤合過曹、過鄭爲一事，蓋有錯簡，當據《左氏》僖二十三年傳、《國語·晉語》、《喻老》篇是正。又釐音僖，《左》、《國》作“僖”。叔瞻，《左》、《國》“瞻”作“詹”，《呂氏春秋》又作“被瞻”（《務本》、《上德》、《務大》篇），《史記·鄭世家》以叔詹爲鄭文公弟。

291 司馬遷字子長

《史通·雜說》：“司馬遷之《敍傳》也，始自初生，及乎行歷，事無巨細，莫不備陳，可謂審矣。而竟不書其字者，豈墨生所謂大忘者乎？而班固仍其本傳，了無損益。此又韓子所以致守株之說也。如固之爲遷傳也，其初宜云遷字子長，馮翊夏陽（按原譌作陽夏）人。”按，子長之字，始見揚子《法言·寡

---

① “魏”，稿本誤“秦”。據士禮居叢書景宋本《戰國策》改。

見篇》："或問：司馬子長有言曰①，五經不如《老子》之約也。"又《君子篇》："多愛不忍，子長也。仲尼多愛，愛義也；子長多愛，愛奇也。"至東漢荀悅《漢記》有"司馬子長遭李陵之禍"語。《後漢書·張衡傳》："《應間篇》曰：子長諜之。"王充《論衡·須頌篇》亦稱"司馬子長紀黄帝以至孝武。"而《超奇》、《變動》、《案書》篇，皆屢及其字。自王鳴盛、梁玉繩皆有其說。王國維《太史公行年攷》實據之。惟《文選·西征賦》李善注："《史記》曰：司馬遷，字子長。"《報任安書》呂向注："《漢書》云：字子長。"按今本《史》、《漢》，實無此語。如《史通·雜說》所譏，可知唐時《史》、《漢》，也必無此語。不知兩注何據耳。

292 下蠶室死

富平張鵬一《太史公年譜·序言》："若《三國志·王肅傳》謂史公因李陵事下蠶室死，固違事實。"按《三國·魏志·王肅傳》："後遭李陵事，遂下遷蠶室。此爲隱切在孝武，而不在於史遷也。"張氏誤"此"爲"死"，屬上讀，妄矣。

293 秋

《說文·禾部》："秋，禾穀孰也。从禾，𤊧省聲。"七由切。按《漢書·律歷志》："秋，䰛也。物䰛斂乃成孰。"師古曰："䰛，子由反。"是𤊧、䰛音同字同。

294 無以妾爲妻

《孟子·告子下》："無以妾爲妻。"趙注："不得立愛妾爲嫡妻也。"《疏》："正妃曰嫡也，如晉獻公於驪姬，是以愛妾爲嫡也。"按《左氏》隱元年傳："繼室以聲子，生隱公。"杜注："元妃死，則次妃攝治內事，猶不得稱夫人，故謂之繼室。"孔疏："《釋例》曰：'夫人薨，不更聘，必以姪娣媵繼室。'是夫人之姪娣與二媵皆可以繼室也。適庶交爭，禍之大者，禮所以別嫌明疑，防微杜漸，故雖攝治內事，猶不得稱夫人，又異於餘妾，故謂之繼室。妻處夫之室，

---

① "曰"，稿本無。據四部叢刊景印宋刻本《法言》補。

故書傳通謂妻爲室,言繼續元妃在夫之室。"

295 女

《國語・越語》:"請句踐女女於王,大夫女女於大夫,士女女於士。"按,女女者,言以女妻人也。《左氏》桓十一傳:"宋雍氏女於鄭莊公,曰雍姞。"杜注:"以女妻人曰女。"《釋文》:"女,尼據反。"(又二十八年傳:"女以驪姬。"杜注:"納女於人曰女。"《後漢書・梁鴻傳》注:"以女妻人曰女,音尼慮反。")

296 楚人上左

《左氏》桓八年傳:"楚人上左,君必左。"按《論語・憲問》:"微管仲,吾其被髮左衽矣。"夷狄之人,被髮左衽,與中夏上右、右衽者異制。《史記・屈原列傳》:"爲楚懷王左徒,博聞彊志,明於治亂,嫻於辭令。入則與王圖議國事,以出號令;出則接遇賓客,應對諸侯。王甚任之。"錢大昕曰:"黃歇由左徒爲令尹,則左徒亦楚之貴臣矣。"錢說是也。此皆楚人上左之證。

297 皋陶邁種德

《左氏》莊八年傳:"《夏書》曰:'皋陶邁種德。'"注:"《夏書》,逸《書》也。稱皋陶能勉種德。邁,勉也。"按,此今本《尚書・虞書・大禹謨》之文。《左氏》以爲《夏書》者,是左氏見真古文。杜注以爲逸《書》者,古文亡而不得見也。又杜注"邁,勉也",亦與僞孔傳邁訓行者異。此梅氏僞書之鐵證也。

298 富而可求也

《論語・述而》:"富而可求也,雖執鞭之士,吾亦爲之。"注:"鄭曰:'富貴不可求而得之,當修德以得之。若於道可求者,雖執鞭之賤職,我亦爲之。'"按,依鄭說,"富"下當有"貴"字。《史記・伯夷列傳》正引作"富貴如可求",疑古《論》如此。而、如,義通。

299 臧孫達

《左氏》莊十一年傳:"臧孫達曰:'是宜爲君,有恤民心。'"按,上文云"臧文仲曰",又云"既而聞之曰",則此二句當即臧文仲一人之語。莊二十八年經:"臧孫辰告糴于齊。"杜注:"臧孫辰,魯大夫臧文仲。"然則"達"當爲"辰"之譌。（林堯叟以臧孫達即臧文仲,尤誤。按,臧孫達乃桓二年諫納郜大鼎之臧哀伯也。）《論語·公冶長》"臧文仲居蔡",注:"包曰:'臧文仲,魯大夫臧孫辰。文,謚也。'"

300 歸夫人魚軒

《左氏》閔二年傳:"歸夫人魚軒。"近人王伯祥以夫人謂戴公夫人。按,王說非是。上文云"許穆夫人賦《載馳》",此夫人即承上文許穆夫人言之也,其義甚明,故杜注、孔疏皆不費辭。

301 重耳夷吾主蒲與屈

《左氏》莊二十八年傳:"而重耳、夷吾主蒲與屈"。按《孟子·公孫丑上》,孫奭疏引作"而重耳主蒲,夷吾主屈",與下文"重耳居蒲城（按孫疏引無城字）,夷吾居屈"分敍者合。

302 左氏引周書

《左氏》僖五年傳:"故《周書》曰:'皇天無親,惟德是輔。'又曰:'黍稷非馨,明德惟馨。'又曰:'民不易物,惟德繄物。'"杜注:"《周書》,逸《書》。"按"皇天"二句,《蔡仲之命》文也。"黍稷"二句,《君陳》文也。"民不"二句,《旅獒》文也。杜以爲逸《書》者,古文亡而不得見也。此梅賾僞《書》又一鐵證也。

303 孟柳不序列傳

《四庫全書總目》:"《史記》一百三十卷（內府刊本）,漢司馬遷撰。"引焦竑《筆乘》據《張湯傳贊》如淳註,以爲續之者有馮商、孟柳;又據《後漢書·楊經傳》,以爲嘗刪遷書爲十餘萬言。按《漢書·張湯傳》注:"如淳曰:'班固《目錄》:馮商,長安人。成帝時,以能屬文待詔金馬門。受詔續《太史公書》十餘篇。'師古曰:'劉歆《七略》云:商,陽陵人。治《易》,事五鹿充宗。能屬文,博通強記,與孟柳俱待詔,頗序列傳,未卒,會病死。'"（師古注並見《藝文志》）按如淳注,祗言馮商。師古注,雖並及孟柳,然序列傳者,仍指馮商。又《後漢書·楊終傳》"後受詔刪《太史公書》爲十餘萬言",不作楊經。《提要》引之失攷。

304 改幽州爲邠州

焦竑《俗書刊誤》卷七《略記字始》:"邠即幽,明皇以類幽,改作邠。"按唐開元十三年,始改幽州爲邠州,見《通典》、《元和郡縣志》。郭忠恕云:"因似幽而易^①誤也。"然《說文·邑部》有邠。幽字《孟子》亦作邠,經典則多作幽。

305 白毫菴

歸安姚氏咫進齋叢書《禁書總目·軍機處奏准全燬書目》:"《白毫菴集》,題曰白毫菴道者,不著姓名。"按白毫菴者,張瑞圖所自號。《明史·文苑·董其昌傳》:"同時以善書名者,臨邑邢侗、順天米萬鍾、晉江張瑞圖,時人謂邢張米董。"張瑞圖者,官至大學士。逆案中人也。

306 殛鯀于羽山

《虞書·舜典》:"流共工于幽洲,放驩兜于崇山,竄三苗于三危,殛鯀于羽山。"按《孟子·萬章》:"舜流共工于幽州,放驩兜于崇山,殺三苗于三危,殛鯀于羽山,四罪而天下咸服,誅不仁也。"僞孔傳:"殛、竄、放、流,皆誅也。"其說疑桑此。又《洪範》"鯀則殛死",僞孔傳:"放鯀至死不赦。"則前後異訓。

307 皋陶邁種德

《左氏》莊八年傳:"《夏書》曰:'皋陶邁種德,(杜注:《夏書》,逸《書》也。稱皋陶能勉種德。邁,勉也。)德乃降。'"孔疏云:"此《虞書·皋陶謨》之文,以述禹事,故傳謂之《夏書》。孔安國以爲邁,行;種,布;降,下也。言皋陶能行布其德,德乃下洽於民,故民歸之。今引之斷章,取證降義。當言皋陶能布行其德,由其有德乃爲人降服也。杜不見古文,故以爲逸《書》,以邁爲勉,言皋陶

---

① "易",《說文》"幽"段注引同。郭忠恕《佩觿》(鐵華館叢書本)作"致"。

能勉力種樹功德。不知'德乃降'亦是《書》文,謂爲莊公之語。故隔從下注,言能慕皋陶之種德,乃人自降服之,自恨不能如皋陶也。"按,此乃梅賾僞古文《尙書·虞書·大禹謨》之文也。以梅賾僞書爲古文,自唐定《義疏》、陸德明、顏師古、司馬貞、李賢諸人皆主是說。故仲達謂杜不見古文,其"德乃降"亦是《書》文。細繹杜注,言苟有德,乃爲人所信服,亦未嘗指爲莊公之語。襄二十一年傳:"《夏書》曰:'念茲在茲,釋茲在茲,名言茲在茲,允出茲在茲,惟帝念功。'"亦《虞書·大禹謨》之文。杜亦惟於"念茲在茲"下注云:"逸《書》也。"是其證也。

308 夏后氏亦禘黃帝而郊鯀

《禮記·祭法》:"夏后氏亦禘黃帝而郊鯀。"按《左氏》昭七年傳:子產對韓宣子曰:"昔堯殛鯀於羽山,其神化爲黃熊,以入于羽淵。實爲夏郊,三代祀之。"

309 山龍華蟲作繪宗彝藻火

《隋書·禮儀》:大業元年,虞世基奏:"近代故實,依《尙書大傳》:'山龍純青,華蟲純黃,作繪宗彝純黑,藻純白,火純赤。'"按,此以"作繪宗彝純黑"爲一事,"藻純白、火純赤"爲二事,非也。陳祥道《禮書》引《大傳》作:"山龍青也,宗彝白,藻火赤。"《御覽》六百九十《服章部七》:"山龍青也[①],華蟲黃也,作繢黑也,宗彝白也,藻火赤也。"則作繢、宗彝(皮錫瑞云:宗彝即尊彝。古宗、尊通用。《左傳》伯宗,《穀梁》作伯尊,可證。)、藻火乃三事。

310 道可道非常道

《老子》:"道可道,非常道。名可名,非常名。"俞樾曰:"常與尙通。《史記·衛綰傳》'劍尙盛',《漢書》作'常'。《漢書·賈誼傳》'尙憚以危爲安',賈子《宗首篇》'尙'作'常'。並其證。尙者,上也。言道可道,不足爲上道。名可名,不足爲上名也。"按俞說非。下文云:"故常無欲以觀其妙,

---

① "也",師伏堂叢書本《尙書大傳》同。嘉慶十七年鮑崇城仿宋板刻本《太平御覽》引無"也"字。下文"黃也"、"黑也"、"白也"、"赤也"之"也"字均倣此。惟《太平御覽》引此文,在《服章部七》,師伏堂本《尙書大傳》誤作《服章部六》。

常有欲以觀其徼。"又云："復命曰常,知常曰明,不知常,妄作凶。"又云："常德不離"、"常德乃足"。此"常"非"上"義甚明。

311 谷神不死

《老子》："谷神不死。"畢沅曰："《釋文》:'谷,河上本作浴。'後漢陳相邊韶建老子碑銘引亦作'浴'。"洪頤煊曰："谷、浴,並欲之借字。《易·損》'君子以懲忿窒欲',孟喜本欲作浴,其例證也。《孟子·盡心章》'養心莫善於寡欲',是以欲神不死。"徐鼒曰："谷借爲穀。《詩》毛傳、鄭箋、《廣雅·釋詁》並曰:'穀,養也。'《書·堯典》'昧谷',《周禮·縫人》注作'柳穀',其例證也。故河上本亦以養訓谷。浴又谷之借。"馬敘倫《校詁》曰："洪說義長。"按馬氏以洪說義長,非是。上文云"不見可欲,使民心不亂",又云"常使民無知無欲",故其下又云"五色令人目盲,五音令人耳聾,五味令人口爽,馳騁田獵令人心發狂",皆無欲之戒也。豈得以欲神不死爲說乎?徐氏說是也。

312 世皆濁

《文選·漁父》："世皆濁,何不淈其泥而揚其波?"按上文云"世人皆濁我獨清",則"世"下當奪"人"字。《楚辭·漁父》亦有"人"字。

313 以狗禦蠱

《史記·秦本紀》："以狗禦蠱。"《正義》："狗,陽畜也。"按《國語·越語》："生丈夫,二壺酒、一犬。"韋昭注："犬,陽畜,知擇人。"

314 西有巴蜀漢中之利

《戰國·秦策》："蘇秦始將連橫,說秦惠王曰:'大王之國,西有巴蜀、漢中之利。'"按《史記·蘇秦列傳》："乃西至秦,秦孝公卒。說秦惠王。方誅商鞅,疾辯士,弗用。"《秦本紀》："惠王十四年更爲元年。八年,張儀復相秦。九年,司馬錯伐蜀,滅之。"又《秦策》："司馬錯與張儀爭論於秦惠王前,司馬錯欲伐蜀。惠王聽司馬錯,卒起兵伐蜀。十月,取之。蜀既屬,秦益強富厚,輕諸侯。"然則蘇子入秦當惠王新立,蜀未附屬,固不得云有其利也。而蘇子云云,猶言西有巴蜀、漢中之利可圖也。

315 仲尼之徒無道桓文之事

《孟子·梁惠王上》："仲尼之徒，無道桓文之事者，是以後世無傳焉。"按《離婁下》："孟子曰：王者之迹熄而《詩》亡，《詩》亡然後《春秋》作。晉之《乘》、楚之《檮杌》、魯之《春秋》，一也。其事則齊桓、晉文，其文則史。孔子曰：'其義則丘竊取之矣。'"且《春秋》始隱終哀，非不道其事。然則後世無傳焉者，《論語》所謂"晉文公譎而不正，齊桓公正而不譎"，而皆"以力假仁者霸"之類，與仁義馳舛，不欲言之也。（《荀子·仲尼篇》："仲尼之門人，五尺之豎子，言羞稱乎五伯。"是《荀子》之言，同於《孟子》也。）

316 丘遲與陳伯之書

《文選·丘遲與陳伯之書》李注："劉璠《梁典》曰：'帝使呂僧珍寓書於陳伯之，丘遲之辭也。'《梁史》以爲丘遲與伯之書。"按姚思廉《梁書·陳伯之傳》："天監四年，詔太尉、臨川王宏率衆軍北討，宏命記室丘遲私與伯之書。"與《梁典》所記不同。遲書有"中軍臨川殿下，明德茂親，總茲戎重，弔民洛汭，伐罪秦中，若遂不改，方思僕言"云云，且《梁書·呂僧珍傳》固無寓書於陳伯之事，疑《梁書》爲得其實也。

317 外受流言

《文選·丘遲與陳伯之書》："外受流言。"按《梁書·陳伯之傳》："鄧繕日夜說伯之云：'臺家府庫空竭，復無器仗，三倉無米，東境饑流，此萬代一時也，機不可失。'褚緭、戴永忠等每贊成之。"流言謂此也。

318 諾諾復爾爾

《玉臺新詠·古詩爲焦仲卿妻作》："諾諾復爾爾"。按吾鄉方音，言諾諾如爾爾。《宋書·戴明寶傳》附書奚顯度事，"左右因倡諾"①。《南史·戴法傳》附書奚顯度事，作"左右因②唱爾"。是爾猶諾諾也。

---

① "左右因倡諾"，稿本作"右左唱諾"。據中華書局本《宋書》改。

② "因"，稿本無。據中華書局本《南史》補。

319 五子之歌爲佚篇

《楚辭·離騷》：“五子用失乎家巷。”王注：“《書序》曰：‘太康失國，昆弟五人須于洛汭，作《五子之歌》。’此佚篇也。”按叔師不見古文，故曰佚。此梅賾僞書又一鐵證也。

320 今所誦憶裁四百餘篇耳

《後漢書·列女傳·董祀妻》：“操因問曰：‘聞夫人家先多墳籍，猶能憶識之不？’文姬曰：‘昔亡父賜書四千許卷，流離塗炭，罔有存者。今所誦憶，裁四百餘篇耳。’”按《博物志》曰：“蔡邕有書近萬卷。漢末年，載數車與王粲。粲亡，相國掾魏諷謀反，粲子與焉。既被誅，邕所與粲書，悉入粲族。”又《三國·魏志·王粲傳》，邕有“吾家書籍文章，當盡與之”之語。

321 管仲之器小哉

《論語·八佾》：“管仲之器小哉。”注：“言其器量小也。”按《法言·先知》：“或曰：‘齊得夷吾而霸，仲尼曰小器，請問大器？’曰：‘大器，其猶規矩準繩乎？先自治而後治人之謂大器。’”李軌注：“夫以規矩準繩而能使上下無猜者，大器也。大器者①，必籠羣疑之表，莫得與之爭量也。管子相桓公，不能以之自固，三歸、反坫，然後獲安。”

322 南有喬木不可休息

《詩·漢廣》：“南有喬木，不可休息。”《釋文》：“休息，竝如字。古本皆爾。本或作休思，此以意改爾。”按《韓詩外傳》卷一“休息”作“休思”是也。

323 皋陶爲帝舜謀

《書·皋陶謨》僞孔傳：“皋陶爲帝舜謀。”按《史記·秦本紀》：“秦之先，帝顓頊之苗裔孫曰女脩。女脩織，玄鳥隕卵，女脩吞之，生子大業。”《正義》：“《列女傳》云：‘陶子生五歲而佐禹。’曹大家注云：‘陶子者，皋陶之子伯益也。’按此即知大業是皋陶。”

---

① “者”，稿本無。據四部叢刊景印宋刻本《法言》補。

324 髳

《說文·髟部》"髳"下云:"髮至眉也。《詩》曰:'紞彼兩髳。'"按《毛詩·柏舟》"紞"作"髧",兩髦之貌;"髳"作"髦",髦者,髮至眉,子事父母之飾。許君引作紞、作髳①者,齊、韓《詩》。《敘》曰"其偁《詩》毛氏",此則不盡然矣。②

325 可爲小用之矣

《韓詩外傳·五》:"若殷之用伊尹,周之遇太公,可謂巨用之矣。齊之用管仲,楚之用孫叔敖,可爲小用之矣。"按爲,猶謂也。與上文同。

326 月生西陂

《文心雕龍·通變》引相如《上林》云:"視之無端,察之無涯。日出東沼,月生西陂。"按《史記·司馬相如列傳》作"入於西陂"。《索隱》:"張揖云:'日朝出苑之東池,暮入于苑西陂中也。'"(按《文選·上林賦》及注同。)則彥和所引當涉下文馬融《廣成》云"月生西陂"而誤也。

327 中壽

《左氏》僖三十二年傳:"中壽"。《正義》:"上壽百二十歲,中壽百,下壽八十。"按《莊子·盜跖》:"上壽百歲,中壽八十,下壽六十。"《呂氏春秋·安死》:"人之壽,久之不過百,中壽不過六十。"《淮南子·原道訓》:"中壽七十。"

328 書疏誤引史記

《書·泰誓中》:"朕夢協朕卜,襲于休祥,戎商必克。"《疏》引《史記·周本紀》云:"武王伐紂,卜,龜兆不吉,群公皆懼。惟太公強之。"按《疏》誤,此乃《齊太公世家》語。"伐"上有"將"字,"吉"下有"風雨暴至"四字,"皆"作"盡"。

---

① "髳",稿本作"髦"。據《說文》引改。
② 案此則與前文第188則內容略同,可相參閱。

329 齊桓公九合諸侯不以兵車

《論語·憲問》："齊桓公九合諸侯，不以兵車，管仲之力也。"按《韓詩外傳·六》："齊桓公見小臣，三往不得見。左右曰：'夫小臣，國之賤臣也。君三往而不得見，其可已矣。'桓公曰：'惡！是何言也？吾聞之，布衣之士，不欲富貴，不輕身於萬乘之君；萬乘之君，不好仁義，不輕身於布衣之士。縱夫子不欲富貴可也，吾不好仁義不可也。'五往而得見也。天下諸侯聞之，謂桓公猶下布衣之士，而況國君乎？於是相率而朝，靡有不至。桓公之所以九合諸侯，一匡天下者，此也。《詩》曰：'有覺德行，四國順之①。'"又《外傳·十》："齊桓公逐白鹿，至麥丘之邦。遇人曰：'何謂者也？'對曰：'臣麥丘之邦人。'桓公曰：'叟年幾何？'對曰：'臣年八十有三矣。'桓公曰：'美哉！'與之飲，曰：'叟盍爲寡人壽也？'對曰：'野人不知爲君王之壽。'桓公曰：'盍以叟之壽祝寡人矣？'邦人奉觴再拜曰：'使吾君固壽，金玉之賤，人民是寶。'桓公曰：'善哉祝乎！寡人聞之矣。至德不孤，善言必再。叟盍優之？'邦人奉觴再拜曰：'使吾君好學，士而不惡問，賢者在側，諫者得入。'桓公曰：'善哉祝乎！寡人聞之。至德不孤，善言必三。叟盍優之？'邦人奉觴再拜曰：'無使群臣百姓得罪於吾君，無使吾君得罪於群臣百姓。'桓公不說，曰：'此言者，非夫前二言之祝，叟其革之矣。'邦人潸然而涕下曰：'願君熟思之。此一言者，夫前二言之上也。臣聞子得罪於父，可因姑姊妹謝也，父乃赦之。臣得罪於君，可使左右謝也，君乃赦之。昔者桀得罪於臣也，至今未有爲謝也。'桓公曰：'善哉！寡人賴宗廟之福，社稷之靈，使寡人遇叟於此。'扶而載之，自御以歸，薦之於廟而斷政焉。桓公之所以九合諸侯，一匡天下，不以兵車者，非獨管仲也，亦遇之於是。《詩》曰：'濟濟多士，文王以寧。'"此二事，可備《論語》注腳。

330 車之音讀

《書·牧誓》："武王戎車三百兩。"《釋文》："車，音居。《釋名》云：'古者聲如居，所以居人也。今曰車聲近舍，車，舍也。'韋昭辨《釋名》云：'古皆尺遮反，漢始有音居。'"按《釋文》引韋昭說非是。《詩·召南·何彼襛

---

① "之"，稿本脫。據四部叢刊景印明沈氏野竹齋刊本《韓詩外傳》補。

矣》，華與車韻。《釋文》：“華，如字。車，協韻尺奢反，又音居。或云古讀華
爲敷，與居 ① 爲韻。後放此。”《鄭風·有女同車》，車、華、琚、都爲韻。《釋
文》：“《有女同車》，讀與《何彼襛矣》詩同。華，讀亦與《召南》同。”《小
雅·彼何人斯》，舍、車、盱爲韻。《釋文》：“盱，況于反。”《大雅·韓奕》，
祖、屠、壺、魚、蒲、車、且、胥爲韻。《釋文》：“屠，音徒。且，子餘反，又七救 ②
反。胥，思徐反，又思呂反。”《江漢》，車、旟、舒、鋪爲韻。《釋文》：“鋪，普吳
反，徐音孚。”此皆古音讀車如居，見諸《釋文》音義。故《邶·北風》狐、
烏、車、邪、且爲韻，《小雅·采薇》華、車爲韻，《何草不黄》狐、車爲韻，
又《易》下經《睽》上九狐、塗、車、弧、弧爲韻，《困》九四徐、車爲韻。是
《三百篇》、《周易》車聲如居，入魚虞模韻，而非尺遮反之證。《離騷》：“爲
余駕飛龍兮，雜瑤象以爲車。何離心之可同兮，吾將遠逝以自疏。”則車與疏
韻，其聲如居，戰國末猶然。劉氏云：“今日車聲近舍，車，舍也。”然舍古音入
魚虞模韻，不入歌戈麻韻。《爾雅·釋地》“秦有楊陓”，《釋文》：“陓，孫於
于反，郭烏花反。”然則車音近舍而入歌戈麻韻，證以《爾雅》孫、郭所音，而
韋氏云“車，古皆尺遮反”，正疑兩漢已有此讀矣。

331 高宗三年不言

《禮記·檀弓下》：“子張問曰：‘《書》云：“高宗三年不言，言乃讙。”有
諸？’仲尼曰：‘胡爲其不然也？古者天子崩，王世子聽於冢宰三年。’按《春
秋繁露·竹林》：“先王之制，有大喪者，三年不呼其門，順其志之不在事也。
《書》云：‘高宗諒闇，三年不言。’居喪之義也。”（按，《論語·憲問》作“諒陰”，《大
傳》作“梁闇”。）

332 食於有喪者之側

《論語·述而》：“子食於有喪者之側，未嘗飽也。”《集解》：“喪者哀慼，
飽食於其側，是無惻隱之心。”按《檀弓上》：“食於有喪者之側，未嘗飽也。”

---

① “居”，稿本作“車”。據通志堂本《經典釋文》改。

② “七救”，稿本作“子救”。據通志堂本《經典釋文》改。黃焯《經典釋文彙校》：“段云：
《有客》且，七序反，則救乃敘之譌。’阮云：‘相臺本所附作敘。’”

注:"助哀戚也。"然則孔子亦行古禮耳。①

333 乘馬

《管子·乘馬第五》,按乘馬者,王國駕馭之術也。所謂"乘馬服牛,而任之輕重有制,有壹宿之行,道之遠近有數矣",此名篇之誼。自《立國》、《大數》、《陰陽》、《爵位》、《務市事》、《士農工商》、《聖人》、《失時》、《地里》所言,皆其事。

334 國用一不足則加一焉

《管子·乘馬數第六十九》:"國用一不足,則加一焉。國用二不足,則加二焉。國用三不足,則加三焉。國用四不足,則加四焉。國用五不足,則加五焉。國用六不足,則加六焉。國用七不足,則加七焉。國用八不足,則加八焉。國用九不足,則加九焉。國用十不足,則加十焉。"按此乃王國度支,量出爲入之道也。

335 有一人耕而五人食者

《管子·乘馬數第六十九》:"有一人耕而五人食者,有一人耕而四人食者,有一人耕而三人食者,有一人耕而二人食者。"按下文云"振貧補不足"者,此類是也。

336 閒壤

《管子·乘馬數第六十九》:"郡縣上臾之壤守之若干,閒壤守之若干,下壤守之若干。"按"閒壤",猶言中壤,故與"上臾之壤"、"下壤"並舉。臾,同腴。

337 天視自我民視

《書·泰誓中》:"天視自我民視,天聽自我民聽。"按《管子·九守》:"目貴明,耳貴聰,心貴智。以天下之目視則無不見也,以天下之耳聽則無不

---

① 案稿本此則以朱筆刪除,眉批云"重"。蓋與第 273 則略同而措辭微異,茲並錄存,以相參覽。

聞也,以天下之心慮則無不知①也。輻湊②並進,則明不塞矣。"

338 公子

《詩·豳風·七月》:"殆及公子同歸"。李惇《群經識小》:"公之女亦稱公子。《左氏》桓三年傳:'公子則下卿送之。於大國,雖公子亦上卿送之。'莊三十二年傳:'女公子觀之。'皆其證。"按《左氏》桓三年傳杜注:"公子,公女。"則公子,男女得通稱。此與《傳》、《箋》雖異,可備一說。

339 左氏引夏書辰不集于房

《左氏》昭十七年傳:"故《夏書》曰:'辰不集于房。'"杜注:"逸《書》也。"按此爲梅頤僞《書·胤征》文。杜不見古文,故曰逸。

340 文心雕龍引胤征

《書·胤征》:"《政典》曰:'先時者殺無赦,不及時者殺無赦。'"按《文心雕龍·事類》:"胤征羲和,陳《政典》之訓。盤庚誥民,敘遲任之言。此全引成辭,以明理者也。"《胤征》爲梅頤僞《書》,故劉氏云然。

341 段嘉

《漢書·藝文志》:"《孟氏京房》十一篇,《災異孟氏京房》六十六篇,《五鹿充宗略說》三篇,《京氏段嘉》十二篇。"蘇氏曰:"東海人,爲博士。"晉灼曰:"《儒林傳》不見。"師古曰:"蘇說是也。嘉即京房所從受《易》者也,見《儒林傳》及劉向《別錄》。"按,晉說非是,師古注亦有誤。《儒林傳》:"房授東海殷嘉,爲博士。""殷"不作"段",未知孰是。

342 授清河張禹長子

《漢書·儒林傳》:"授清河張禹長子。"如淳曰:"非成帝師張禹也。"按,如淳說是也。《張禹傳》:禹,河內軹人。從沛郡施讎受《易》。爲成帝師。

---

① "知",稿本作"智"。據四部叢刊景印鐵琴銅劍樓藏宋刻本《管子》改。
② "湊",稿本作"輳"。據四部叢刊本《管子》改。

343 從太中大夫京房受易

《漢書·儒林傳》："從太 [①] 中大夫京房受《易》。房者，淄川楊何弟子也。"師古曰："自別一京房，非焦延壽弟子爲課吏法者。或書字誤耳，不當爲京房。"按《儒林傳》，明《易》者有兩京房，此自別一京房。梁邱賀所從受《易》者也，在宣帝之前。下文云："房出爲齊郡太守。"又云："宣帝時，聞京房爲《易》明，求其門人，得賀。"又云："傳子臨。臨學精孰 [②]，專行京房法。"師古謂"或書字誤耳，不當爲京房"者，非也。其一京房受《易》焦延壽者，自有《傳》："本姓李，推律自定爲京氏"，當元帝時。意者乃慕彼京房之學，因與之同姓名耳。

344 毛莫如

《漢書·儒林傳》："魯伯授太山毛莫如少路。"師古曰："姓毛，名莫如，字少路。"宋祁曰："蕭該案：'《漢書》衆本悉作毛字。'《風俗通·姓氏篇》：'渾屯氏，太昊之良佐。漢有屯莫如爲常山太守。'又有毛姓，云'毛伯，文王之子也，見《左傳》。漢有毛樗之爲壽張令。'案 [③]，此莫如非姓毛，乃應作屯字，音徒本反。今人相承呼爲毛，忽聞爲屯，驚怪者多。毛、屯相似，容是傳寫誤矣。應劭解《漢書》，世人皆用，何爲在《風俗通》而不信？"按，宋說非是。《漢書·李尋傳》有光祿大夫毛莫如，與《儒林傳》當是一人，師古說是也。

345 肇十有二州

《書·堯典》："肇十有二州。"僞孔傳："肇，始也。禹治水之后，舜分冀州爲幽州、并州，分青州爲營州，始置十二州。"按《漢書·谷永傳》："堯遭洪水之災，天下分絕爲十二州，制遠之道微。"孟康曰："本九州，洪水隔分，更爲十二州，處所離遠，相制之道微也。"師古曰："十二州，謂冀、兗、豫、青、徐、荊、揚、雍、梁、幽、并、營也。"

---

① "太"，稿本作"大"。據中華本《漢書》改。
② "孰"，稿本作"熟"。據中華本《漢書》改。
③ "案"，稿本作"按"。據清光緒十七年刻本《漢書補注》引改。

346 惠鮮鰥寡

《書·無逸》："懷保小民，惠鮮鰥寡。"僞孔傳："以美道和民，故民 [①] 懷之。以美政恭民，故民安之。又加惠鮮乏鰥寡之人。"按《漢書·谷永傳》引作"懷保小人，惠于鰥寡。"又《景十三王傳》："惠于鰥寡。"石經殘碑作"懷保小人，惠于矜（下闕）"。矜、鰥字通，是石經作"惠于矜寡"也。段玉裁云："'惠鮮'是'惠于'之誤。'于'字與'羊'字略相似，又因下文'鰥'字'魚'旁誤增之。"段說是也。此當從石經。僞孔傳釋以"鮮乏"，鑿矣。且上文云"能保惠于庶民，不敢侮鰥寡"，文義正同可證。《漢》紀谷永對策引經曰"懷保小民，惠鮮鰥寡"，又妄人據僞古文《尚書》改。

347 春三月中氣

《周書·周月解》："春三月中氣：雨水，春分，穀雨。"按，漢始以立春爲正月節，驚蟄爲正月中。《漢書·律歷志》：正月立春節，驚蟄中；二月雨水節，春分中。《後漢書·律歷志》乃以雨水爲正月中，驚蟄爲二月節，又移清明於穀雨之前。周月不應爾也。故《月令》云"孟春之月，蟄蟲始振"是也，以驚蟄爲正月節也。

---

① "故民"二字，稿本脫。據阮刻本《尚書正義》補。

隨無涯齋讀書記卷五

上杭包樹棠伯蒂學

348 乃用婦人之言

《漢書·谷永傳》：“《書》曰：‘乃用婦人之言，自絕于天。’”師古曰：“今文《周書·泰誓》之辭。婦人，妲己。言紂用妲己之言，自取殄滅，非天絕之。”按《五行志》引，“用”下有“其”字。此《周書·牧誓》之辭，作“今商王受惟婦言是用”。《史記·周本紀》作“今殷王紂維婦人言是用”，亦繫於“武王朝至于商郊牧野，乃誓”之下。顏注以為《泰誓》之辭，不知何據，疑誤。

349 四方之逋逃多罪

《漢書·谷永傳》：“四方之逋逃多罪，是宗是長，是信是使。”師古曰：“亦《泰誓》之辭也。宗，尊也。言紂容納逃亡多罪之人，親信使用，尊而長之。”按，此亦《周書·牧誓》之辭，作“乃惟四方之多罪逋逃，是崇是長，是信是使”。《史記·周本紀》“惟”作“維”，“宗”亦作“崇”。孫星衍《尚書今古文注疏》遂據顏注以“今殷王紂乃用其婦人之言”十一字及“四方之多罪逋逃，是宗是長，是信是使”十五字入《泰誓》文，然又見於《牧誓》，古人臨文，不應重複乃爾。

350 塞向墐戶

《詩·豳風·七月》：“穹窒熏鼠，塞向墐戶。”孔疏：“《月令》云：‘孟冬，命有司，閉塞而成冬。’此經穹窒墐戶文在十月之下，亦當以十月塞塗之矣。”按《月令》：“季秋之月，蟄蟲咸俯在內，皆墐其戶。”此其義也。“穹窒”二句，承“七月在野，八月在宇，九月在戶，十月蟋蟀入我牀下”之後，不必拘於十月。且傳云："墐，塗也。庶人篳戶。"非有司閉塞明矣。

351 京房受易梁人焦延壽

《經典釋文序錄》："京房受《易》梁人焦延壽。"自注："字延壽，名贛。"按《漢書·京房傳》："延壽，字贛。"師古曰："贛音貢。"當從《釋文》字延壽。

352 鷹化爲鳩

《禮記·月令》："仲春之月，鷹化爲鳩。"孔疏："《周書·時訓》：'驚蟄之日，桃始華。又五日，倉庚鳴。又五日，鷹化爲鳩。至秋則鳩化爲鷹。'故《王制》云：'鳩化爲鷹，然後設罻羅。'《司裘》注：'中秋鳩化爲鷹。'《夏小正》云：'正月鷹化爲鳩，五月鳩化爲鷹。'鄭無所言，則不信用也。"按《詩·小雅·小宛》："螟蛉有子，蜾蠃負之。"箋云："蒲盧取桑蟲之子，負持而去，煦嫗養之，以成其子。"鄭不信彼而信此，抑又何也？（按"至秋則鳩化爲鷹"，今本《周書·時訓》無此七字。）

353 以候司先知姦邪

《漢書·京房傳》："以候司先知姦邪，盜賊不得發。"師古曰："以其常先知姦邪，故欲爲盜賊者，不敢起發。"按"司"，疑當作"伺"。

354 分六十卦更直日用事

《漢書·京房傳》："分六十卦，更直日用事。"宋祁曰："別本作六十四卦。"按注："孟康曰：'分卦值日之法，一爻主一日，六十四（按四字衍）卦爲三百六十日。餘四卦，震、離、兌、坎爲方伯監司之官。所以用震、離、兌、坎者，是二分二至用事之日，又是四時各專主之氣。各卦主時，其占法各以其日觀其善惡也。'"孟康云六十卦爲三百六十日，故餘四卦震、離、兌、坎爲方伯監司之官也。惠棟《易漢學》曰："孟氏（按名喜）卦氣圖以坎、離、震、兌爲四正卦，餘六十卦，卦主六日七分，合周天之數。"是也。京氏受《易》焦延壽，延壽託之孟氏，故其言卦氣與孟喜同也。宋引別本作六十四卦者，非是。

355 漢距上元年十四萬三千二十五歲

《漢書·律歷志》：“漢距上元年十四萬三千二十五歲。”按，“年”字衍。

356 刁鄉乘輿車

《漢書·儒林傳》：“刁鄉乘輿車。”師古曰：“鄉，讀曰嚮。”按，師古以“刁鄉乘輿車”五字斷句，非是。“車”當屬下讀，與“馬驚”爲句。

357 楊貴裸葬

姚寬《西溪叢語》引《西京雜記》：“楊貴，字王孫，京兆人也。生時厚自奉養，死則裸葬於終南山。其子孫掘土，鑿石深七尺，而下屍，上復蓋之以石。今《漢書》不載其名，姑錄於此。”按《漢書·楊王孫傳》不言名貴，小顏注亦不及之，則姚氏所引不可據。《匡衡傳》：“無說《詩》，匡鼎來。”師古曰：“今有《西京雜記》者，其書淺俗，出於里巷，多有妄說。乃云匡衡小名鼎，蓋絕知者之聽。”又《酉陽雜俎·語資》：“庾信作詩，用《西京雜記》事，旋自追改曰：‘此吳均語，恐不足用也。’”則唐人皆不信之矣。

358 蔿敖爲宰

《左氏》宣十二年傳：“蔿敖爲宰。”按《文心雕龍·才略篇》引作“蒍敖”。

359 桓譚才學

《後漢書·宋宏傳》：“帝嘗問宏通博之士，宏乃薦沛國桓譚才學洽聞，幾能及揚雄、劉向父子。”章懷注：“《前書》班固曰：‘谷永經書，汎爲疏達，不能浹洽如劉向父子及揚雄也。’故宏引焉。”按《文心雕龍·才略篇》云：“桓譚著論，富號猗頓。宋宏稱薦，爰比相如。而《集靈》諸賦，偏淺無才，故知長於諷論，不及麗文也。”則舍人所稱比，與范《書》、李注不同矣。《集靈》諸賦，見《藝文類聚》引。

360 文筆

《文心雕龍·總術篇》："今之常言,有文有筆。以爲無韻者筆也,有韻者文也。夫文以足言,理兼《詩》、《書》。別目兩名,自近代耳。"按彥和雖不主文、筆之分,然《才略篇》云："孔融氣盛於爲筆,禰衡思銳於爲文。"亦嘗持文筆之論矣。

361 嵇康師心以遣論

《文心雕龍·才略篇》云："嵇康師心以遣論"。鈴木云："梅本校:'遣'疑作'造'。"按下文云"阮籍使氣以命詩",遣、命對文,亦恆語,不必疑作"造"。

362 黃帝者少昊之子

《孔子家語·五帝德》："黃帝者,少昊之子。"按少昊,當作少典。《史記·五帝本紀》："黃帝者,少典之子。"《集解》："譙周曰:'有熊國君,少典之子也。'"《索隱》："少典者,諸侯國號,非人名也。又按《國語》云'少典娶有蟜氏女,生黃帝、炎帝',然則炎帝亦少典之子。炎、黃二帝,雖則相承,如《帝王代紀》中間凡隔八帝,五百餘年。若以少典是其父名,豈黃帝經五百餘年而始代炎帝後爲天子乎? 何其年之長也! 又案,《秦本紀》云'顓頊氏之裔孫曰女脩,吞玄鳥之卵而生大業,大業娶少典氏而生柏翳',明少典是國號,非人名也。黃帝即少典氏後代之子孫,賈逵亦謂然。故《左傳》'高陽氏有才子八人',亦謂其後代子孫而稱爲子是也。"（按《大戴禮記·五帝德》："黃帝,少典之子。"《帝繫》："少典產軒轅,是爲黃帝。"則以爲非子孫矣。蓋古史難明,相傳爲然也。）

363 亂曰

《楚辭·離騷》："亂曰。"王逸注："亂,理也。所以發理詞指,總撮行要也。屈原舒肆憤懣,極意陳詞,或去或留,文采紛華,然後結括一言,以明所趣。"按《國語·魯語下》："閔馬父曰:'昔正考叔校商之名頌十二篇於周太師,以《那》爲首,其輯之亂曰:自古在昔,先民有作。溫恭朝夕,執事有恪。'"韋昭注："輯,成也。凡作篇章,篇義既成,撮其大要,以 [①] 爲亂辭。詩

---

① "以",稿本無。據四部叢刊景印明金李刊本《國語》補。

者,歌也,所以節儛①者也。如今三節儛矣,曲終乃更變章亂節,故謂之亂也。"則屈賦之"亂曰",實三百篇詩人之遺意。《文心雕龍·詮賦》所謂"既履端於倡序,亦歸餘於總亂。序以建言,首引情本。亂以理篇,迭致文契。按《那》之卒章,閔馬稱亂。故知殷人輯頌,楚人理賦,斯並鴻裁之寰域,雅文之樞轄也。"或以爲亂即辭之古字,文末繫以"辭曰",以作尾聲。與《抽思》之"少歌曰"、"倡曰"義例相同。然《說文》"亂,治也",在乙部;"辭,說也②",在辛部。《抽思》"少歌曰"、"倡曰"之後復繫以"亂曰",《九章》之《涉江》、《哀郢》、《懷沙》皆以"亂曰"卒章,又未可以爲誤也。

364 便秩東作

《尚書大傳·唐傳·堯典》:"便秩東作。《史記·五帝紀》集解引。"按,今《史記》注無之,陳氏輯校誤也。

365 禮記大傳

《禮記·大傳第十六》,鄭《目錄》云:"名曰'大傳'者,以其記祖宗人親之大義。此於《別錄》屬通論。"按,《白虎通·三正篇》引作《喪服大傳》。

366 刑不上大夫

《禮記·曲禮》:"刑不上大夫。"注:"不與賢者犯法,其犯法則在八議輕重,不在刑書。"按《文選·報任少卿書》:"《傳》曰:'刑不上大夫',此言士節不可不勉勵也。"李注:"《東方朔別傳》:'武帝問曰:刑不上大夫何? 朔曰:刑者,所以止暴亂、誅不義也;大夫者,天下表儀、萬人法則,所以共承宗廟而安社稷也。'"《白虎通·五刑》:"刑不上大夫何? 尊大夫。"又曰:"刑不上大夫者,據禮無大夫刑。"《家語·五刑解》:"冉有問於孔子曰:'先王制法,使刑不上於大夫,禮不下於庶人。然則大夫犯罪,不可以加刑;庶人之行事,不可以治於禮乎? '孔子曰:'不然。凡治君子,以禮御其心,

---

① "儛",四部叢刊本《國語》作"舞"。下文"三節儛"倣此。儛同舞。

② "說也",依段注本。大小徐本俱作"訟也"。

所以屬之以廉恥之節也。故古之大夫，其有坐不廉汙穢而退放之者，不謂之不廉汙穢而退放，則曰簠簋不飭；有坐淫亂男女無別者，不謂之淫亂男女無別，則曰帷幕不修也；有坐罔上不忠者，不謂之罔上不忠，則曰臣節未著；有坐罷軟不勝任者，不謂之罷軟不勝任，則曰下官不職；有坐干國之紀者，不謂之干國之紀，則曰行事不請。此五者，大夫既自定有罪名矣，而猶不忍斥，然正以呼之也。既而爲之諱，所以愧恥之。是故大夫之罪，其在五刑之域者，聞而譴發，則白冠釐纓，盤水加劍，造乎闕而自請罪，君不使有司執縛牽掣而加之也。其有大罪者，聞命則北面再拜，跪而自裁，君不使人捽引而刑殺。曰：子大夫自取之耳，吾遇子有禮矣，以刑不上大夫而大夫亦不失其罪者，教使然也。'"又按荀悅《申鑒·政體篇》："君子以情用，小人以刑用。榮辱者，賞罰之精華也。故禮教榮辱，以加君子，化其情也。桎梏鞭扑，以加小人，治其刑也。君子不犯辱，況於刑乎？小人不忌刑，況於辱乎？"亦其義也。

367 財幣欲其行如流水

《史記·貨殖列傳》："貴出如糞土，賤取如珠玉，財幣欲其行如流水。"《正義》："夫物貴出賣之，而收財買，言如糞土不惜也。物賤而買居貯之，言如珠玉必惜也。"瀧川資言《考證》："愚按，計然言止此。《正義》'財買'二字疑有誤。"按《正義》"財買"，當作"財貨"。而"收財貨"者，下文所謂"財幣欲其行如流水"也。

368 穀生於庭

《呂氏春秋·制樂》："故成湯之時，有穀生於庭，昏而生，比旦，其大拱。其吏請卜其故，湯退卜者曰：'吾聞祥者，福之先者也。見祥而爲不善，則福不至。妖者，禍之先者也。見妖而爲善，則禍不至。'於是早朝晏退，問疾弔喪，務鎮撫百姓。三日而穀止。"高注："《書敘》云：'伊陟相太戊，亳有桑穀祥（按《書序》作祥桑穀），共生于朝。太戊，太甲[①]之孫，太康之子也，號爲中宗。滿兩手曰拱。湯生仲丁，仲丁生太甲，太甲生太康，太康生太戊，凡五君矣。此

---

① "甲"，稿本誤作"中"。據四部叢刊本《呂氏春秋》改。

云湯之時,不亦謬乎? 由此觀之,曝咸陽市門,無敢增損一字者,明畏不韋之勢耳。故楊子雲恨不及其時,車載其金而歸也。"按《說苑》於太戊、武丁俱及桑穀事,《尚書大傳》屬之武丁,《史記·殷本紀》屬之太戊。然《韓詩外傳·三》:"有殷之時,穀生湯之廷,三日而大拱。湯問伊尹曰:'何物也?'對曰:'穀樹也。'湯問:'何爲而生於此?'伊尹曰:'穀之出澤,野物也。今生天子之庭,殆不吉也。'湯曰:'柰何?'伊尹曰:'臣聞妖者禍之先,祥者福之先。見妖而爲善,則禍不至。見祥而爲不善,則福不臻。'湯乃齊①戒靜處,夙興夜寐,弔死問疾,赦過賑窮。七日而穀亡,妖孽不見,國家昌。"則亦以穀生事屬之湯,與《呂氏春秋·制樂》同。所傳聞之異辭,不必見於經傳爲然也。

369 刃若新廳研

《呂氏春秋·精通》:"用刀十九年,刃若新廳研。"高注:"廳,砥也。"按"研",當作"硎"。《莊子·養生主》:"而刀刃若新發於硎。"《釋文》:"磨石。"是也。

370 戶樞不螻

《呂氏春秋·盡數》:"戶樞不螻。"按《方言·十一》:"蠀螬謂之蟦;自關而東謂之蝤蠀;梁、益之間謂之蝎;秦、晉之間謂之蠹,或謂之天螻。"《爾雅·釋蟲》:"蝎,蛣蜮。"注:"木中蠹蟲。"

371 是月也長日至

《呂氏春秋·仲夏紀》:"是月也,長日至。"高注:"夏至之日,晝漏水上刻六十五,夜漏水上刻三十五,故曰長至。"按,此以人之晝夜明昏爲限,故損夜五刻以裨於晝也。

372 是月也日夜分

《呂氏春秋·仲秋紀》:"是月也,日夜分。"高注:"是月秋分。分,等也。

---

① "齊",稿本作"齋"。茲依四部叢刊景印明沈氏野竹軒刊本《韓詩外傳》。齊、齋二字通。

畫漏五十刻，夜漏五十刻，故曰日夜分也。”按，此以天之晝夜、日出入爲分，故無所損益也。

373 堇平仄異讀

《詩·七月》“塞向堇戶”，《釋文》：“堇，音觀。”按《呂氏春秋·季秋紀》“皆堇其戶”，高注：“堇，讀如斤斧之斤也。”則漢、唐人平仄異讀矣。

374 治大國若烹小鮮

《老子》：“治大國若烹小鮮。”范應元本“鮮”作“鱗”，又引傳奕本、孫登本同。高亨《正詁》：“作鱗是也。鱗與下文神、人爲韻，應據改。”按，高說非也。鮮古韻通真。《說文·魚部》：“鮮，鮮魚也 [①]，出貉國。从魚，羴省聲。”《周禮·庖人》：“冬行鱻羽。”杜子春云：“鮮，魚也。”河上本、王本作“鮮”，義長。易順鼎《讀老 [②] 札記》引《道德指歸·論治大國篇》曰“是以明王治大國也，若栖纖微，若通小水”，“疑所據《老子》作‘治大國若亨小漸’。亨，通也。漸者，《說文》曰：‘水索也。’水索 [③]，謂水將盡。‘亨小漸’，謂 [④] 通極小之水，若行所無事矣。漸與鮮古通。”按，《說文》曰：“漸，水索也。”《方言》曰：“漸，索也。”郭注：“索，盡也。”是漸訓水索，其義猶盡，非小水也。且《老子》古本有作“鮮”、作“鱗”，無作“漸”者。“治大國若烹小鮮”者，亦舉重若輕之謂。孟子曰：“以齊王，由反手也。”是其義。易說失之鑿。

375 右五星曰天棓

《史記·天官書》：“右五星曰天棓”。《集解》：“蘇林曰：‘音榔杅（按杅或作打，誤，《說文》：杅，橦也。）之榔。’”《索隱》：“棓音皮，韋昭音剖。”《正義》：“棓，龐掌反。”張文虎曰：“棓無皮音，《索隱》音皮，疑當作皮項反。《正義》棓，龐掌反，掌字誤，後文作蒲講反。”按，張說是也。《漢志》師古曰：“棓音白

---

① “鮮魚也”，段注本《說文》同。大徐本作“魚名”，小徐本作“魚也”。
② “老”下，稿本衍“子”字。據清光緒十年刻本《讀老札記》刪。
③ “也水索”三字，稿本脫。據清光緒十年刻本《讀老札記》補。
④ “謂”，稿本作“若”。據清光緒十年刻本《讀老札記》改。

講反。”又《說文》：“棓，梲也。从木，音聲。”步項切。《淮南·詮言》：“羿死於桃棓。”注：“棓，大杖，以桃爲之。”是棓、棒，正俗字。然韋昭音剖。按《公羊》成二年傳“踊于棓而闚客”，《釋文》：“棓，普口反。又步侯反。”則棓有尤、講二韻音讀矣。

376 孰與物畜而制之

《荀子·天論》：“大天而思之，孰與物畜而制之？”楊注：“尊大天而思慕之，欲其豐富，孰與使物畜積而我裁制之也？”按，豐富、蓄積，於義迂曲無當。“與物畜而制之”者，猶言以物畜天而裁制之也，即人定勝天之義。

377 哀江南賦佳實在序賦多蕪雜

《鮚埼亭集·題哀江南賦後》云：“甚矣！庾信之無恥也。失身宇文，而猶指鶉首賜秦爲天醉，信則已先天而醉矣。”又云：“即以其文言之，亦自不工。信之賦，本序體也，何用更爲之序？故其詞多相複。漙南直詆爲荒蕪不雅。學子信少陵者多，其肯然漙南之言乎？”按子山《哀江南賦》，佳實在序，賦多蕪雜。如已云“忽踐秦庭”，又云“申包胥之頓地，碎之以首”，又云“人有秦庭之哭”；已云“白虹貫日”，又云“直虹貫壘”；已云“今七葉而方落”，又云“泊余身而七葉”。文詞相複，信不誣也。至謂“東澗，信之徒；梅邨，顏氏之徒”，亦自持平之論。（《哀江南賦》：“畏南山之雨，忽踐秦庭。”惠棟《九曜齋筆記》：“此指晉公子重耳也。重耳過曹，曹共公聞駢脅欲觀，其躶浴，薄而觀之。作詩者刺之云：‘薈兮蔚兮，南山朝隮。婉兮孌兮，季女斯飢。’重耳出亡，自曹而衛、而宋、而齊、而楚，楚成王乃送之秦。‘畏南山之雨’，《詩》所云‘南山朝隮’是也。‘忽踐秦庭’，借用申包胥立于秦庭語，其實皆重耳一人之事。注賦者泥于包胥一事，遂分二句爲兩義矣。”按《詩》不及雨字，豈“隮”作“霽”乎？ [1] 此備一說。）

---

① 案，清徐樹穀、徐炯《庾開府哀江南賦箋注》（世楷堂昭代叢書本）引渭生之說，於“南山朝隮”旨趣頗有闡發，茲錄如下。渭生曰：《詩》：‘薈兮蔚兮，南山朝隮。’傳曰：‘薈、蔚，雲興貌。隮，升雲也。’箋曰：‘薈蔚之小雲，朝升于南山，不能爲大雨，以喻小人雖見任于君，終不能成其德教。曹共公遠君子而好近小人，此《候人》之詩所爲賦也。雲升雨作，以比小人氣熖之盛。元帝天性殘忍，群下多被殺戮，君子相顧凜然，而宗懍、黃羅漢等方得志用事，子山寔有懼心，適逢聘魏之命，故云爾也。”

378 恭而不中禮謂之給

《禮記·仲尼燕居》:"恭而不中禮謂之給。"按給,謂口給也。《論語·公冶長》:"禦人以口給。"

379 明乎郊社之義嘗禘之禮

《禮記·仲尼燕居》:"子曰:'明乎郊社之義,嘗禘之禮,治國其如指諸掌而已乎。'"按《論語·八佾》:"或問禘之說。子曰:'不知也。知其說者,之於天下也,其如示諸斯乎!'指其掌。"

380 官失其禮

《禮記·仲尼燕居》:"官失其禮"。按,上文云"官得其體",此"禮"字亦當作"體"乃合。

381 鳶飛戾天

《詩·大雅·旱麓》:"鳶飛戾天。"按《小雅·小宛》"翰飛戾天",傳:"戾,至也。"《潛夫論·德化篇》引《旱麓》作"厲天"。《文選·西都賦》"礜厲天",李注:"《韓詩》曰:'翰飛厲天'。薛君曰:'厲,附也。'"戾、厲,一聲之轉。

382 題彼鶺鴒

《詩·小雅·小宛》:"題彼鶺鴒。"傳:"題,視也。"箋:"題之爲言視睇也。"按《釋文》題、睇,皆大計反。是"題"即"睇"之假字。

383 時中官子弟爲相國

《後漢書·黨錮·魏朗傳》:"時中官子弟爲相國。"乾隆四年校刊本《考證》云:"諸本同。何焯校本改'國相'。"按宋紹興本,"相國"作"國相",何焯校本是也。①

---

① 案,此與前文第170則所說同而取證異,可相互參看。

384 循善

《後漢書·黨錮·范滂傳》:"古之循善,自求多福。今之循善,身陷大戮。"劉攽曰:"案文'循'皆當作'修'。"按《楚辭·天問》"昏微循迹",注:"循,遵也。"義亦通。又《莊子·大宗師》"以德爲循",《釋文》:"循,本作脩①。"是兩字通用。②

385 攝提貞于孟陬兮

《楚辭·離騷》:"攝提貞于孟陬兮。"《集注》:"攝提,星名,隨斗柄以指十二辰者也。"此星每年正月指在寅方。按《漢書·天文志》:"攝提者,直斗杓所指,以建時節,故曰攝提格。"《律曆志》:"孟陬殄滅,攝提失方。"《劉向傳》:"攝提失方,孟陬無紀。"孟康曰:"攝提,星名也,隨斗杓建十二月,曆不正,則失其所建。首時爲孟,正月爲陬。"師古曰:"陬,音子侯反,又音鄒。"此《集注》所據。然顧炎武《日知錄》:"古人必以日月繫年。攝提,歲也;孟陬,月也;庚寅,日也。豈有直述世系生辰,乃不言年而止言月日者?"戴震《屈原賦注》:"貞,當也。攝提之年,當孟春寅月③。"此從王逸注:"太歲在寅,曰攝提格。孟,始也。貞,正也。正月爲陬。"是也。

386 卬須我友

《詩·邶風·匏有苦葉》:"人涉卬否,卬須我友。"傳:"人皆涉,我友未至,我獨待之而不涉。"按須,當作頮。《爾雅》:"頮,待也。"邢疏引此詩作"頮"。"頮"是本字。今經傳頮待多作"須"者,乃假字耳。

387 孟春之月蟄蟲始振

《禮記·月令》:"孟春之月,蟄蟲始振。"鄭注:"漢始亦以驚蟄爲正月中。"孔疏:"漢始亦以驚蟄爲正月中者,以漢之時立春爲正月節,驚蟄爲正月中氣;雨水爲二月節,春分爲二月中氣。至前漢之末,以雨水爲正月中,驚蟄

---

① "脩",稿本作"修"。據通志堂本《經典釋文》改。脩、修通。

② 案,此與前文第163則略同而辭稍異,可相參覽。

③ "孟春寅月",稿本作"孟陬正月"。據清乾隆間刻本《屈原賦戴氏注》改。

爲二月節。故《律歷志》云：‘正月立春節，雨水中。二月驚蟄節，春分中。’是前漢之末，劉歆作《三統歷》，改驚蟄爲二月節。鄭以舊歷正月啟蟄，即驚也，故云漢始亦以驚蟄爲正月中。但蟄蟲正月始驚，二月大驚，故在後移驚蟄爲二月節，雨水爲正月中，凡二十四氣。《三統歷》：‘正月節立春，雨水中。二月節驚蟄，春分中。三月節穀雨，清明中。四月節立夏，小滿中。五月節芒種，夏至中。六月節小暑，大暑中。七月節立秋，處暑中。八月節白露，秋分中。九月節寒露，霜降中。十月節立冬，小雪中。十一月節大雪，冬至中。十二月節小寒，大寒中。’《通卦驗》及今歷以清明爲三月節，穀雨爲三月中，餘皆與《律歷志》同。”齊召南曰：“前志猶云驚蟄正月中，雨水二月節。至續志始移雨水於前，則劉歆之後始改易也。《春秋》疏乃云‘太初以後更改氣名，以雨水爲正月中，驚蟄爲二月節’，不幾於自相矛盾乎？”按，齊說非是。今前書《律歷志》作“正月立春節，驚蟄中；二月雨水節，春分中”者，則沖遠所見之本不同今書。且云劉歆作《三統歷》改，其言鑿鑿矣。《春秋》疏云太初以後改氣名，亦指劉歆之時，非改於太初也。二疏並不矛盾。後書《律歷志》皆同。又後志已移清明於穀雨之前，劉昭注引《易緯》二十四氣與後志同，則以清明爲三月節，穀雨爲三月中者，當改於劉歆以後，司馬彪、劉昭以前。是則沖遠之疏闊也。

388 汝作秩宗

《書·舜典》：“帝曰：‘俞，咨！伯，汝作秩宗。’”王先謙《尙書孔傳參正》：“《論衡·書虛篇》：‘案秩宗官缺，帝舜博求，衆稱伯夷，稽首讓于夔、龍。秩宗卿官，漢之宗正也。’皮云：‘《漢書·百官表》云王莽太常曰秩宗，依古也。莽用今文，以太常典禮故也。伯夷不與舜同宗，仲任 ① 以漢之宗正當之，似誤。’”按，王氏引皮錫瑞說非是。《漢書·百官表》：“宗正，秦官，掌親屬，有丞。平帝元始四年更名宗伯，屬官有都司空令丞，內官長丞，又諸公主家令、門尉皆屬焉。王莽幷其官於秩宗。初，內官屬少府，中屬主爵，後屬宗正。”《王莽傳》：“姚、嬀、陳、田、王氏凡五姓者，皆黃、虞苗裔，予之同族也。

---

① “仲任”二字，光緒二十年虛受堂刊本《尙書孔傳參正》引無。作者蓋據皮錫瑞《今文尙書攷證》原書補足。

《書》不云乎，'惇序九族'。其令天下上此五姓名籍于秩宗，皆以爲宗室。世世復，無有所與。其元城王氏，勿令相嫁娶，以別族理親焉。"是則仲任之言，不可謂非。莽幷於秩宗，中興以後，仍分置太常、宗正，見劉昭補《百官志》。仲任生於新莽之末，章和二年，罷州家居，年漸七十，則其著書猶用前代之說，略明變革。又皮氏云莽用今文，其說亦非。蓋秩宗舜官，僞孔云："秩序宗尊也，主郊廟之官。"鄭玄曰："主次秩尊卑。"故訓未聞有今古之殊。

389 其元城王氏勿令相嫁娶

《漢書·王莽傳》："其元城王氏，勿令相嫁娶，以別族理親焉。"師古曰："元城王氏不得與四姓昏娶，以其同祖也。餘它王氏，則不禁焉。"按《禮記·大傳》："繫之以姓而弗別，綴之以食而弗殊，雖百世而昏姻不通者，周道然也。"故《論語》曰："君取① 於吳，爲同姓，謂之吳孟子。君而知禮，孰不知禮？"小顔謂"餘它王氏，則不禁"者，揆以周道同姓不昏之義，後代相沿勿改，其說恐未然也。且姚、嬀、陳、田、王氏五姓，皆黃、虞苗裔，則餘它王氏，又何以別於元城王氏乎？

390 陸修靜

《廬山記》："山南陸修靜，亦有道之士。"按李元中《蓮社圖記》："道士陸修靜，居簡寂觀。"惟《圖書集成·九江府部》作"陸靜修"，不作"修靜"。當從二記。

391 昭明太子集未錄陶淵明傳

《昭明太子集》(烏程許氏藏明遼府刊本)錄《陶淵明集序》，未錄《陶淵明傳》。不知何故。

392 子玄偶記不熟

《史通·自敘》："揚雄撰《法言》，時人競尤其妄，故作《解嘲》以訕

---

① "取"，稿本作"娶"。據阮刻本《論語注疏》改。

之①。"按《解嘲》,客嘲揚子作《太玄》五千文云云,則非《法言》矣。子玄偶記不熟耳。

393 施施從外來

《孟子·離婁》:"施施從外來。"趙注:"施施,猶扁扁,喜悅之貌。"孫奭《音義》:"施施,丁（公著）依字。《詩》曰'將其來施施',張（鎰,唐人）音怡。"按《詩·王風·丘中有麻》傳:"施施,難進之意。"箋云:"施施,舒行,伺間獨來見己之貌。"《釋文》:"施,如字。"是丁氏從陸德明《音義》,朱子《集注》同。焦循《孟子正義》謂施與迤通,則從張讀。與上文"施從良人之所之"趙注"施者,邪施而行,不欲使良人覺也"丁音迤者無別。然施施之貌,有驕其妻妾之意,義實不同。證諸傳、箋,讀如字爲是。又按《說文·辵部》:"迤,衺行也。從辵,也聲。""邐,行邐邐也。從辵,麗聲。"是音怡者,迻迤;字讀如字者,邐之假借也。

394 共伯和

《漢書·古今人表》中上:"共伯和。"師古曰:"共,國名也。伯,爵也。和,共伯之名。共音恭。而史遷以爲周、召二公行政,號曰共和,無所據也。"按《國語·周語》:"彘之亂,宣王在召公之宮,國人圍之。召公曰:'昔吾驟諫王,王不從,以及此難。今殺王子,王其以我爲懟而怒乎?夫事君者,險而不懟,怨而不怒,況事王乎?乃以其子代宣王。宣王長而立之。"韋注:"彘之亂,公卿相與和而修政事,號曰共和,凡十四年而宣王立。"《史記·周本紀》采其言,安得謂無所據?小顏、小司馬引汲冢《紀年》異說,唐人多然,不足從也。

395 民可近不可下

《書·五子之歌》:"民可近,不可下。"僞孔傳:"近謂親之,下謂失分。"按《國語·周語》:"民可近也,而不可上也。"韋注:"逸《書》。民可近,可

---

① "故作《解嘲》以訕之",明萬曆五年張之象刻本《史通》作"故作《解嘲》以訓之"。浦起龍《史通通釋》云:"嘲,《漢書》作謿。訓,一誤訕。"

以恩意近。不可上,不可高上。上,陵也。"此梅賾僞古文之一證也。

396 關石和鈞王府則有

《書·五子之歌》:"關石和鈞[①],王府則有。"僞孔傳:"金鐵曰石,供民器用,通之使和平,則官民[②]足。言古制存。"按《國語·周語》:"《夏書》曰:'關石龢[③]均,王府則有。'"韋注:"《夏書》,逸《書》也。關,門關之征也。石,今之斛也。言征賦調均,則王之府藏常有。一曰關,衡也。"其言甚明,而僞孔說未了了。此梅賾僞古文之一證也。

397 而子爲我願之乎

《孟子·公孫丑》:"管仲,曾西之所不爲也,而子爲我願之乎?"朱熹《集注》:"子爲之爲,去聲。"按爲,猶謂也,猶云"子謂我願爲之乎"。

398 我心匪石

《詩·邶風·柏舟》:"我心匪石,不可轉也。我心匪席,不可卷也。"傳:"石雖堅,尚可轉。席雖平,尚可卷。"箋云:"言己心志堅平,過於石席。"長沙胡元玉《璧沼集》:"梁武帝《擣衣詩》云:'擣以一匪石,文成雙鴛鴦。'此用《邶風·柏舟篇》之'匪石'也。然傳、箋皆不以匪爲實字,此實用匪字,蓋讀'有匪君子'之'匪',謂文采也。如此詮釋,雖異毛、鄭,要與經旨不悖。梁武帝曾作《毛詩答問》,其書久佚。"按,胡氏引梁武帝《擣衣詩》以釋經,非是。《漢·景十三王傳》:"爲盤石宗。"《古詩》:"良無盤石固。"《古詩爲焦仲卿妻作》:"君當作盤石,盤石無轉移。"《擣衣詩》之匪石,非盤石,安見其不可轉移?且此詩下句言席,席豈有不可卷之理?自以傳、箋爲正。

399 心居乎巍闕之下

汪容甫中《述學·釋闕》:"《莊子·天下篇》:'心居乎巍闕之下'。"按《天下篇》無此語,見《讓王篇》。

---

① "鈞",稿本作"均"。據阮刻本《尙書正義》改。
② "民",稿本脫。據阮刻本《尙書正義》補。
③ "龢",稿本作"和"。據四部叢刊景印明金李刊本《國語》改。

400 二乘一則爲三

《述學·釋三九上》：“二乘一則爲三。”按，乘未有訓加者。曹元弼輯《經學文鈔》“乘”作“并”，是也。

401 天地不仁

《老子》：“天地不仁，以萬物爲芻狗。聖人不仁，以百姓爲芻狗。”按《莊子·齊物論》：“大仁不仁。”又曰：“仁常而不成。”郭象云：“有常愛必不周。”成玄英云：“亭毒群品，汎愛無心，譬彼青春，非爲仁也。”此其義也。

402 楚人和氏得玉璞楚山中

《韓非子·和氏篇》：“楚人和氏得玉璞楚山中，奉而獻之厲王。”孫詒穀①云：“《楚世家》無厲王。《後漢書·孔融傳》注引作武王、文王、成王②。”（按《楚世家》：“文王立十三年卒，子熊囏立，是爲莊敖。莊敖五年，欲殺其弟熊惲，惲奔隨，與隨襲弒莊敖代立，是爲成王。”則文王當在其前。）《御覽》三百七十二、六百四十八皆引作武王、文王、成王，可證也。又《新序》云荆厲王、武王、共王，亦非是。

403 胙所從來遠宜試之

《史記·晉世家》：“‘胙所從來遠，宜試之。’祭地，地墳；與犬，犬死；與小臣，小臣死。”《集解》：“韋昭曰：‘將飲先祭，示有先也。墳，起也。’”瀧川資言《考證》：“安井衡曰：‘祭肉於地，地不必墳，可知其祭酒也。犬不飲酒，知其與肉也。故省文不言酒肉。’”按《晉語》：“必速祠而歸福。”韋注：“福，胙肉也。”《說文》：“福，胙也。”③“胙，祭福肉也。”《左氏》僖四年傳：“歸胙於公。”杜注：“胙，祭之酒肉。”則胙固包酒肉而言之也。

---

① “穀”，稿本譌“讓”。據光緒二十二年刊本王先謙《韓非子集解》引盧文弨語改。

② “文王、成王”，稿本倒作“成王、文王”。據《韓非子集解》錄盧文弨引孫詒穀語、中華本《後漢書》改。

③ “福，胙也”，不見《說文》，疑誤引。案大徐本《說文》：“福，祐也。”小徐本、段注本：“福，備也。”皆不作“胙”。又《說文》新附：“祚，福也。從示，乍聲。”徐鉉曰：“凡祭必受胙，胙即福也。”

404 將軍子重

《公羊》宣十二年傳：「將軍子重。」按《檀弓》：「將軍文子之喪。」《大戴禮》：「衛將軍文子。」盧注：「文子，衛卿也，名彌牟。」此將軍之名號始見於經典也。《墨子·尚同中》：「是故擇其國之賢者，置以爲左右將軍大夫。」孫詒讓曰：「將軍謂卿也。《周禮·夏官》：『軍將皆命卿。』春秋戰國時，侯國亦皆以卿爲將，通謂之將軍。《非攻中》篇云『晉有六將軍』，即六卿也。《管子·立政篇》云『將軍大夫以朝』、《水經·河水》酈注引《竹書紀年》云『邯鄲命將軍大夫適子戍吏皆貉服』，（按當作「適子戍吏皆貉服」。全祖望曰：「貉服即胡服。」孫氏引作「代」、「貂」二字，誤。）並稱卿大夫爲『將軍大夫』。」又按《墨子·節葬下》：「將軍大夫殺殉，衆者數十，寡者數人。」《老子》（三十一章）：「偏將軍居左，上將軍居右。言以喪禮處之。殺人之衆，以哀悲泣之。戰勝，以喪禮處之。」《周禮·夏官》：「軍將者命卿。二千有 ① 五百人爲師。師帥皆中大夫。五百人爲旅，旅帥皆下大夫。」注：「言『軍將皆命卿』，則凡軍帥不特置，選於六官。」是也。②

405 肅慎之矢

《史記 ③·孔子世家》：「此肅慎之矢也。」《正義》：「《肅慎國記》云：『肅慎，其地在夫餘國東北，河六十日行。其弓四尺，強勁弩射四百步，今之靺鞨國方有此矣 ④。」瀧川資言《考證》：「肅慎，東北夷之國。後音轉爲女真，在今寧古塔。《正義》『河』上有脫文。」按女真，徐夢莘《三朝北盟會編》云：「本名朱理真，番語訛爲女真，係高麗朱蒙之遺，世居阿芝川淶流河，後名會寧府。有生女真、熟女真之別，外又有東海女真、黃頭女真二種。尋改號金。在愛新水之上。國語以『金』爲『愛新』，水源於此，故又謂之金源。」《通鑑輯覽》：「愛新水在寧古塔城東南，源出吉林烏喇東北，流入混同江淶流河，即拉林水，在今寧古塔地。」李心傳《繫年要 ⑤ 錄》：「金在漢稱伊捼，南北朝稱和

---

① 「有」，稿本無。據阮刻本《周禮注疏》補。
② 案，此則與作者《史記會注攷證校讀》第274、第275則內容略同，可參合觀閱。
③ 「史記」二字，稿本無。據文例補。
④ 「矣」，瀧川本《史記》同。百衲本、殿本、中華本作「矢」。
⑤ 「要」，稿本無。據李心傳《繫年要錄》補。

奇,隋唐稱默爾赫,至五代始稱女真。”《金史紀事本末》:“女真先出靺鞨,古肅愼氏地。”《初學記》卷五“肅愼砮”:《帝王紀》曰:‘周成王時,肅愼氏來獻楛矢、石砮,長尺有咫。’《異物志》曰:‘夷州①土無銅鐵,取磨礪青石以作弓矢,此石砮、楛矢之類。’”《文選·孫子荊爲石仲容與孫皓書》:“肅愼貢其楛矢。”李注:“《魏志》曰:‘常道鄕公景元三年,肅愼國遣使重譯來貢:弓長三尺五寸,三十張;楛矢長②一尺八寸;石砮三百枚。”

406 人之性惡其善者僞也

《荀子·性惡篇》:“人之性惡,其善者僞也。”楊倞注:“僞,爲也,矯也。矯其本性也。凡非天性而人作爲之者,皆謂之僞。故僞字人傍爲,亦會意字也。”郝懿行曰:“性,自然也。僞,作爲也。僞與爲古字通。楊氏不了,而訓爲矯,全書皆然,是其蔽也。”王先謙曰:“郝說是。荀書僞皆讀爲,下文‘器生於工人之僞’,尤其明證。”按王氏《集解》引郝說非也。楊氏訓爲、訓矯,其義甚確。《說文序》曰:“飾僞萌生。”人部“僞”下云:“詐也。”《釋詁》曰:“詐,僞也。”《荀子》云云,自《四庫全書提要》以下,若段玉裁、錢大昕及郝氏之倫,皆以“僞,爲也”字通,而以“眞僞”之“僞”爲非。然《荀子》云:“聖人化性而起僞,僞起而生禮義。”楊注:“《老子》曰:‘智惠出,有大僞。’《莊子》亦云:‘仁相僞也,義相虧也。’皆言非其本性也。”則《老子》之“大僞”將何以釋之?且《莊子》“相僞”、“相虧”,文義相儷,其言尤明。《列子·楊朱篇》曰:“昔者堯舜僞以天下讓許由、善卷,而不失天下,享祚百年。”《孟子·萬章》:“然則舜僞喜者與?”趙注:“僞,詐也。”諸子之言若此,非飾僞、詐僞,故訓何由而通?《荀子》言性惡,僞固不足爲堯舜諱也。（蘇軾《荀卿論》:“荀卿獨曰人性惡。桀紂,性也。堯舜,僞也。”注:“見《性惡篇》。”按今《荀子》無此語。）

407 爲善無近名爲惡無近刑

《莊子·養生主》:“爲善無近名,爲惡無近刑。”《集解》:“王夫之云:‘聲色之類,不可名爲善者,即惡也。’二語淺說。”按《集解》引王氏說,殊未

---

① “州”,稿本無。據中華書局1962年排印本《初學記》補。

② “長”,稿本無。據清胡克家刻本《文選》李注補。

了了。《列子·楊朱篇》曰："太古之人，知生之暫來，知死之暫往。故從心而動，不違自然所好。當身之娛，非所去也，故不爲名所勸①。從性而遊，不逆萬物所好。死後之名，非所取也，故不爲刑所及。"張湛注："爲善不近名者，爲惡不近刑者。"張氏即取《莊》以注《列》，於義斯得。此莊、列著書，其旨無不同也。故曰："緣督以爲經，可以保身，可以全生，可以養親，可以盡年。"又《後漢書·黨錮·范滂傳》："顧謂其子曰：'吾欲使汝爲惡，則惡不可爲；使汝爲善，則我不爲惡。'"二語亦可爲《莊》、《列》注腳。

408 珍寶盡有之

《史記·項羽本紀》："珍寶盡有之。"按《留侯世家》："果見穀城山下黃石，取而葆祠之。"《集解》："徐廣曰：'《史記》珍寶字皆作"葆"。'"《說文》："葆，草盛貌。"是假借字，此"珍寶"乃後人改從本字。

409 然後禮義有所錯

《易·序卦》："然後禮義有所錯。"按此句下，當敓"故受之以咸。咸者，感也"九字。注："先儒以乾至離爲上經，天道也。咸至未濟爲下經，人事也。"可證立文亦宜然耳。

---

① "勸"，稿本作"觀"。據諸子集成本《列子》改。

隨無涯齋讀書記卷六 ①

上杭包樹棠伯苻學

410 詩譜序引虞書

《詩譜②序》：“《虞書》曰：‘詩言志，歌永言，聲依永，律和聲。’”《正義》：
“《虞書》者，《舜典》也。鄭不見古文《尚書》，伏生以《舜典》合於《堯典》，
故鄭注在《堯典》之末。”○③按《後漢書·鄭玄傳》：“玄從東郡張恭祖受《周
官》、《禮記》、《左氏春秋》、《韓詩》、古文《尚書》。”《書贊》稱“我先師
子安國④，亦好此學”，則鄭君所見乃真古文《尚書》。《正義》所云鄭不見者，
乃後出之僞書也。閻若璩《古文尚書疏證》言：“古文傳自安國，後惟康成所
注者得其真。今文傳自伏生，後惟蔡邕石經所勒者得其正。”可謂確論。

411 懿王始受譖亨齊哀公

“懿王始受譖，亨齊哀公。”《正義》：“齊哀當懿王。莊四年《公羊傳》
曰：‘齊哀公亨乎周，紀侯譖之。’徐廣以爲周夷王亨之。鄭知懿王者，以《齊
世家》云：‘周亨哀公，而立其弟靖，爲胡公。當夷王之時，哀公母弟山殺胡公
而自立。’言夷王之時，山殺胡公，則胡公之立在夷王前矣。受譖亨人，是哀
闇之主。夷王上有孝王，書傳不言，孝王有大罪惡。”○按《竹書紀年》：“夷

---

① 案此卷文字見稿本第六册，封面有黃壽祺教授題簽“隨無涯齋讀書記”，落款：“笠山先生
令署，壽祺”。册内前後二部分：前爲讀《詩經》札記46條，附《四家詩傳授表證序》、《四家詩傳
授表證敘例》、《關雎故言駁議》、《詩終始論駁議》四文；後爲讀《左傳》、《公羊傳》、《穀梁傳》
札記22條。惟所附四文，已具見《笠山文鈔》及《四家詩傳授表證》中，今不復贅錄。又案此卷内
容，曾更名爲《杉與樓讀書記》，發表於民國三十六年（1947）《海疆學報》第一卷第一期。今以稿
本爲底本，以《海疆學報》（簡稱“學報”）爲參校本，整理校定。

② “詩譜”前，稿本有“詩”字，謂此下係讀《詩》札記。今依前文之例刪，以一體式。

③ 稿本此册每則札記於按語前悉加圈符○，兹仍存之。

④ “我先師子安國”，阮刻本《尚書正義》引作“我先師棘子下生安國”。

王三年,王致諸侯烹齊哀公于鼎",則與徐廣説同矣。《公羊》莊四年傳注:"亨,煮而殺之。"《禮記·禮運》:"以亨以炙。"鄭注:"煮之①鑊也。"

412 南言化自北而南

《詩序》"南,言化自北而南"至"王化之基"。○按《吕氏春秋·音初》:"禹行功,見塗山之女,禹未之遇而巡省南土。塗山氏之女②乃令其妾待禹於塗山之陽。女乃歌曰:'候人兮猗。'實始作爲南音。周公及召公取風焉,以爲《周南》、《召南》。"高誘注:"取塗山氏女南音爲樂歌。"

413 哀窈窕

"哀窈窕",《箋》:"'哀'蓋字之誤,當爲'衷'。衷,謂中心恕之,無傷善之心。謂好逑也。"○按《吕氏春秋·慎大·報更》:"人主胡可以不務③哀士。"高誘注:"哀,愛也。"此亦當訓愛。《論語》:"《關雎》樂而不淫,哀而不傷。"解者亦不破字。

414 國風

《國風》。○按《荀子·大略》:"《國風》之好色也,傳曰'盈其欲而不愆其止',其誠可比於金石,其聲可内④於宗廟。"

415 在河之洲

《關雎》:"在河之洲。"○按《説文·巛部》"州"下云:"水中可尻⑤者曰州,水匒繞⑥其旁,从重川。《詩》曰'在河之州'。"《爾雅·釋水》:"水中可居者曰洲。"《釋名·釋水》同。州、洲古今字。

① "之"下,稿本有"以"字。據阮刻本《禮記正義》刪。
② "之女",稿本無。據四部叢刊景印明宋邦乂等刻《吕氏春秋》補。
③ "務",稿本無。據四部叢刊本《吕氏春秋》補。
④ "内",稿本作"納"。茲依古逸叢書本《荀子》改。内、納二字通。
⑤ "尻",段注本《説文》同。大、小徐本作"居"。尻、居古今字。
⑥ "匒繞",段注本《説文》同。大、小徐本作"周遶"。段云:"'匒繞',各本作'周遶',誤,今正。"

416 窈窕淑女

“窈窕淑女”，《正義》：“揚雄云：‘善心爲窈，善容爲窕。’”○按《方言》：“美狀爲窕，美心爲窈。”與《正義》所引其文略異。又《詩序》“哀窈窕”，《釋文》引爲王肅云，則轉述雄語耳，當以《疏》爲是。

417 君子好逑

“君子好逑”，箋：“怨耦曰仇。”○按“仇”，爲“逑”之假字。《說文》人部：“仇，讎也。”言部：“讎，猶膺①也。”辵部：“逑，斂聚也。《虞書》曰：‘旁逑孱功。’又曰：‘怨匹曰逑。’”《疏》：“‘逑，匹’，《釋詁》文。孫炎云：‘相求之匹。’《詩》本作逑。”《左氏》桓二年傳：“怨耦曰仇。”《文選·魏都賦》注引劉向《別錄》：“一人持本，一人讀書，若怨家相對爲讎。”引伸之爲匹義。《爾雅》亦作“仇”，古多通用。《禮記·緇衣》鄭注：“仇，匹也。”與《毛傳》同矣。

418 參差荇菜

“參差荇菜”，《傳》：“荇，接余也。”○按《爾雅·釋草》文“荇”作“莕”。《說文》艸部：“莕，菨餘也”。“荇”下云：“莕，或从行。”《顏氏家訓·書證》：“先儒解釋皆云：水草，圓葉細莖，隨水淺深。今是水悉有之，黃花似蓴，江南亦呼爲豬蓴，或呼爲荇菜。”

419 肥美可案酒

《正義》：“陸璣《疏》云‘接余，白莖，葉紫赤色，正員，徑寸餘，浮在水上，根在水底，與水深淺等，大如釵股，上青下白。鬻其白莖，以苦酒浸之，肥美可案酒。’”○按，肥美之肥，《爾雅》邢疏引作“脃”。《校勘記》：“元本脃字實闕，閩本、監本、毛本誤肥。”又按，脃俗字，當作脃。《說文》肉部：“脃，小耎易斷也。從肉，從絶省。”譌肥者，脃之壞文耳。

---

① “膺”，小徐本《說文》同。大徐本、段注本作“膺”。

420 鍾鼓樂之

"鍾鼓樂之"，《校勘記》："唐石經、小字本、相臺本同。閩本同明監本、毛本，作'鐘'。案鍾字是也。《五經文字》云'今經典或通用鍾爲樂器'，是其證。"○按作"鐘"者本字，作"鍾"者假借字。《說文》金部："鍾，酒器也。""鐘，樂鐘[①]也，秋分之音，萬[②]物種成，故謂之鐘[③]。"又"鍠"下云："鐘聲也。《詩》曰：'鐘鼓鍠鍠。'"皆作鐘。

421 服之無斁

《葛覃》"服之無斁"，《傳》："厭也。"《箋》："服，整也。女在父母之家，未知將所適，故習之以絺綌煩辱之事，乃能整治之無厭倦，是其性專貞。"○按《禮記·緇衣》"斁"作"射"，假借字。鄭注："射，厭也。言己願采葛以爲君子之衣，令君子服之無厭，言不虛也。"可與《傳》、《箋》並觀。

422 卷耳

《卷耳》。 ○按《爾雅·釋草》"卷"作"菤"。《說文》同[④]。

423 桃夭疏引釋名

"《桃夭》，國無鰥民也。"《正義》："劉熙《釋名》云：'無妻曰鰥者，愁悒不寐，目恆鰥鰥然。故字从魚，魚目不閉也。'"○按《釋名·釋親屬》"鰥"下無"者"字，有"鰥昆也，昆明也"六字，"閉"下有"者"字。

424 桃之夭夭

"桃之夭夭"，《傳》："桃有華之盛者。夭夭，其少壯也。"○按《說文》木部："枖，木少盛貌。《詩》曰：'桃之枖枖。'"女部："娖，巧也。《詩》曰'桃之娖娖'，女子笑貌。"段玉裁注："此作娖娖，蓋三家《詩》也。釋爲女子笑貌，以明娖之別義。"蒙謂段氏說非也。許君《序》曰："其偁《易》孟氏、《書》

---

① "鐘"，稿本誤"器"。據大、小徐本、段注本《說文》改。
② "萬"，段注本《說文》同。大、小徐本無此字。
③ "故謂之鐘"，段注本《說文》同。大、小徐本無此四字。
④ 案《說文》亦作"卷"。

孔氏、《詩》毛氏、《禮》、《周官》、《春秋》左氏、《論語》、《孝經》，皆古文也。”則妖爲異文別解，不必三家《詩》矣。許書若此者，不一而足。《韻會》："杁，通作夭"。又按《禮記·大學》鄭注："夭夭、菶菶，美盛貌。"

425 憂心忡忡

《草蟲》"憂心忡忡"，《傳》："忡忡，猶衝衝也。"○按《爾雅·釋訓》："忡忡，憂也。"《說文》："忡，憂也。"則《傳》云"猶衝衝"者，以質言釋文言也。

426 蔽芾甘棠

"蔽芾甘棠"。○按《漢蕩陰令張遷碑》"蔽芾"作"蔜沛"。全祖望跋云："蔜沛二字，足以證二《南》之異文。"

427 綠衣

《綠衣》，箋："綠當爲褖。故作褖，轉作綠，字之誤也。"○按《傳》："綠，閒色。"是毛如字，鄭君破字。漢儒說經家法，繇此一壞。

428 凱風自南

"凱風自南"，傳："南風謂之凱風，樂夏之長養者。"○按《楚辭·遠遊》："順凱風以從遊兮，至南巢而壹息。"

429 相鼠有體

"相鼠有體，人而無禮。人而無禮，胡不遄死。"○按《禮記·禮運》引此詩。鄭注："相，視也。遄，疾也。言鼠之有身體，如人而無禮者矣。人之無禮，可憎賤如鼠，不如疾死之愈。"

430 巧笑倩兮美目盼兮

《碩人》："巧笑倩兮，美目盼兮。"○按《論語·八佾》，子夏引此詩，多"素以爲絢兮"一句。馬曰："倩，笑貌。盼，動目貌。絢，文貌。此上二句在《衛風·碩人》之二章，其下一句逸[①]也。"則季長之時，已有逸闕。

[①] "逸"下，稿本有"詩"字。據阮刻本《論語注疏》刪。

431 至於頓丘

《氓》“至於頓丘”，傳：“一成爲頓丘。”○按《邶鄘衛譜》正義曰：“頓丘今爲縣名，在朝歌紂都之東也。”（按，《史記·蘇秦列傳》正義[1]：“頓邱故城[2]在魏州頓邱縣東北二十里。”）

432 總角之宴

“總角之宴”，《傳》：“總角，結髮也。”《箋》云：“我爲童女，未笄結髮，宴然而和柔。”《正義》：“《甫田》云：‘總角丱兮，未幾見兮，突而弁兮。’是男子總角未冠，則婦人總角未笄也。故箋云：‘我爲童女未笄。’《內則》亦云：‘男女未冠笄者，總角，衿纓。’以無笄，直結其髮，聚之爲兩角。故《內則》注云：‘收髮結之。’”○按，《詩》言：“抱布貿絲，匪來貿絲，來即我謀。送子涉淇，至於頓丘。匪我愆期，子無良媒。將子無怒，秋以爲期。”是爲懷春之士女。《文選·蘇子卿詩》“結髮爲夫妻[3]，恩愛兩不疑”，《漢書》李廣曰“結髮而與匈奴戰”也。《傳》以總角爲結髮者，愚以爲當如此類，恐非《甫田》“總角丱兮”之稚童也。

433 緇衣美武公也

“《緇衣》，美武公也。父子並爲周司徒，善於其職，國人宜之，故美其德，以明有國善善之功焉。”○按《禮記·緇衣》：“子曰：‘好賢如《緇衣》。’”鄭注：“此衣緇衣者，賢者也，宜長爲國君。其衣敝，我願改制，授之以新衣。是其好賢，欲其貴之甚也。”

434 彼其之子

《候人》“彼其之子”，《釋文》：“其，音記。”○按《國語·晉語》，“其”引作“己”，古字通用。

---

① “正義”，稿本作“索隱注”。據《史記正義》改。
② “故城”，稿本脫。據百衲本、中華本、瀧川本《史記正義》補。
③ “妻”，稿本作“婦”。據清胡克家刻本《文選》改。

435 不遂其媾

"不遂其媾",《箋》:"遂,猶久也。"○按《國①語·晉語》,韋注:"遂,終也。"

436 田畯至喜

《七月》"田畯至喜",《傳》:"田畯,田大夫也。"○按《甫田》、《大田》箋:"田畯,司嗇,今之嗇夫也。"《爾雅·釋言》:"畯,農夫也。"郭注:"今之嗇夫是也。"《漢書·百官公卿表》、《晉書·百官志》,具是官。

437 爰求柔桑

"爰求柔桑",《箋》:"柔桑,穉桑也。"○按《小雅·采薇》"薇亦柔止",《傳》:"柔,始生也。"《箋》:"柔,謂脆脕之時。"始生故曰穉,亦謂脆脕之時,義並同。

438 載玄載黃

"載玄載黃,我朱孔陽,爲公子裳。"《傳》:"玄,黑而有赤也。朱,深纁也。陽,明也。祭服玄衣纁裳。"○按《國語·魯語》:"王后親織玄紞,公侯之夫人,加之以紘、綖,卿之內子爲大帶,命婦成祭服。列士之妻,加之以朝服。自庶士以下,皆衣其夫。社而賦事,烝而獻工,男女效績,愆則有辟。古之制也。"

439 獻豜于公

"獻豜于公。"○按《周禮·夏官·大司馬》引"豜"作"肩",聲假。②

440 以介眉壽

"以介眉壽",《傳》:"眉壽,豪眉也。"○按《小雅·南③山有臺》"遐不眉壽",《傳》:"眉壽,秀眉也。"蓋秀之義,引伸之爲俊秀、秀傑,是其同也。

441 薪樗

"薪樗",《傳》:"樗,惡木也。"○按《小雅·我行其野》"蔽芾其樗",

---

① "國",稿本脱。據上下文意補。
② 案此則書於稿本《小雅·鹿鳴》天頭處,今迻至此。
③ "南",稿本脱。據阮刻《毛詩正義》補。

《傳》同。《莊子·逍遙遊》：“我有大樹，人謂之樗。其大本擁腫而不中繩墨，其小枝卷曲而不中規矩。立之途，匠者不顧。”故《傳》以惡木訓，豳人以之爲薪也。

442 黍稷重穋

“黍稷重穋”，《傳》：“後熟曰重，先熟曰穋。”《箋》：“先種後熟曰重。”《正義》：“後熟者先種之，先熟者後種之。故《天官·內宰》鄭司農云：‘先種後熟謂之重，後種先熟謂之穋。’相傳爲然，無正文也。”○按《傳》不言先種後種之別，《箋》別之，從鄭司農說。《正義》獨申《箋》旨，蓋重穋就黍稷言。《黍離》云：“彼黍離離，彼稷之苗。”《箋》：“我以黍離而至，稷則尙苗。”《正義》：“黍言離離，稷言苗，則是黍秀，稷未秀。故云：‘我以黍離離時至，稷則尙苗。’苗謂禾未秀。《出車》云‘黍稷方華’，則二物大時相類。但以稷比黍，稷差爲後植，故黍秀而稷苗也。詩人以黍秀時至，稷則尙苗，六月時也。未得還歸，遂至於稷之穗，七月時也。又至於稷之實，八月時也。”《傳》言其略，《箋》語其詳，義並不悖也。

443 其始播百穀

“其始播百穀”，《箋》：“謂祈來年百①穀于公社。”《正義》：“是十月之時，爲民祈來年百穀也。”○按《白虎通》引《援神契》曰：“仲春祈穀，仲秋穫禾。報社祭稷。”其言不同。然《大②雅·雲漢》：“祈年孔夙，方社不莫。”《箋》：“我祈豐年甚早，祭四方與社又不晚。”則固宜以早爲禮也。

444 小雅

《小雅》。 ○按《荀子·大略》：“《小雅》不以於汙上，自引而居下。疾今之政，以思往者，其言有文焉，其聲有哀焉。”

445 示我周行

《鹿鳴》“示我周行”，《傳》：“周，至。行，道也。”《箋》：“示當作寘。

---

① “百”，稿本作“之”。據阮刻《毛詩正義》改。
② “大”，稿本譌“小”。據阮刻《毛詩正義》改。

實,置也。周行,周之列位也。"○按《箋》用《卷耳》傳以解此詩也。《大東》箋同。《禮記·緇衣》鄭注:"行,道也,言示我以忠信之道。"則又用《鹿鳴》之傳矣。又按《白虎通》:"周者,至也①。道德周密無所不至也。"

446 嘽嘽駱馬

《四牡》"嘽嘽駱馬",《傳》:"嘽嘽,喘息之貌。馬勞則喘息。"○按《采芑》"戎車嘽嘽",《傳》:"嘽嘽,衆也。"蓋隨其文義而釋之也。

447 不遑啟處

"不遑啟處",《傳》:"啟,跪。"○按《采薇》箋:"啟,跪也。"皆用《爾雅·釋言》文。郭注:"小跽。"古人席地而坐,故云。

448 翩翩者鵻

"翩翩者鵻",《傳》:"鵻,夫不也。"《箋》:"夫不,鳥之愨謹者。人皆愛之,可以不勞。"○按《南有嘉魚》"翩翩者鵻",《傳》:"壹宿之鳥。"《箋》:"壹宿者,壹意於其所宿之木也。"愨謹,即壹意之義。《傳》於《四牡》釋其異名,《南有嘉魚》釋其性行,非有二物也。

449 亶其然乎

《常棣》"亶其然乎",《傳》:"亶,信也。"《釋文》:"都但反。"○按《祈父》、《板》傳:"亶,誠也。"《天保》"俾爾單厚"《傳》:"單,信也。"《釋文》:"都但反。"《桑柔》"逢天僤怒"《傳》:"僤,厚也。"《釋文》:"本亦作亶。"《爾雅·釋詁》樊注引亦作亶。《書·盤庚中》"誕告用亶",《釋文》:"馬本作單。"是亶、單、僤音義並同。又通作燀。《呂氏春秋·重己》"衣不燀熱",高誘注:"燀讀曰亶,亶,厚也。"是也。

450 昔我往矣

《采薇》:"昔我往矣,楊柳依依。今我來思,雨雪霏霏。"《正義》:"此遣

---

① "至也"下,四部叢刊景印元大德九年重刻宋監本《白虎通》有"密也"二字。

戍役,豫敘得還之日,總述往反^①之辭。汝戍守役等,至歲暮還反之時,當云昔出家往矣之時,楊柳依依然。今我來思,事得還返,又遇雨雪霏霏然。既許歲晚而歸,故豫言來將遇雨雪也。"〇按《白虎通》:"古者師出不踰時者,爲怨思也。天道一時生一時養。人者,天之貴物也。踰時,則内有怨女,外有曠夫。"引此《詩》云云。

451 儵革忡忡

《蓼蕭》"儵革忡忡",《傳》:"儵,轡也。革,轡首也。忡忡,垂飾貌。"〇按,"轡也"二字衍,當云:"儵革,轡首也。"《采芑》"鉤膺儵革",《箋》:"儵革,轡首垂也。"是其證。《羔羊》傳:"革,猶皮也",則革不得云轡首矣。

452 劬勞于野

《鴻鴈^②》"劬勞于野",《傳》:"劬勞,病苦也。"〇按《釋文》:"《韓詩》云:'劬,數也。'"數勞則病苦矣,與《傳》義非有異也。

453 雨無正

《雨無正》。〇按《序》以爲"大夫刺幽王也"。《詩》無此三字取以名篇。此《序》之所以不可廢,而經說之所以貴有師承也。

454 夙興夜寐毋忝爾所生

《小宛》:"夙興夜寐,毋忝爾所生。"〇按《大戴禮·保傳》:"言不自舍也。"

455 小弁

《小弁》。〇按此詩《傳》詳引孟子對高子之言。毛公之學,傳自荀卿,正疑並出孟子之徒。

456 巷伯刺幽王也

"《巷伯》,刺幽王也。寺人傷於讒,故作是詩也。"《箋》:"巷伯,奄官。

---

① "反",稿本作"返"。據阮刻《毛詩正義》改。下文"歲暮還反"之"反"倣此。
② "鴈",稿本作"雁"。據阮刻《毛詩正義》改。阮校云:"毛本鴈誤雁,監本以上不誤。"

寺人，內小臣也。奄官上士四人，掌王后之命，於宮中爲近，故謂之巷伯，與寺人之官相近。讒人僭[①]寺人，寺人又傷其將及巷伯，故以名篇。"《正義》："此經[②]無巷伯之字，而名篇曰《巷伯》，故序解之。"○按《禮記·緇衣》："子曰：好賢如《緇衣》，惡惡如《巷伯》。"鄭注："《緇衣》、《巷伯》，皆《詩》篇名也。《巷伯》六章曰：'取彼譖[③]人，投畀豺虎。豺虎不食，投畀有北。有北不受，投畀有昊。'此其'惡惡'，欲其死亡之甚也。"然則夫子刪《詩》，固有所稟，故《序》箋據以爲說也。

457 萬邦作孚

《大雅·文王》："儀型文王，萬邦作孚。"《傳》："孚，信也。"《箋》："儀法文王之事，則天下咸信順之。"○按《禮記·緇衣》引此詩，"邦"作"國"，爲高帝諱也。鄭注："刑，法也。孚，信也。儀法文王之德而行之，則天下無不爲信者也。文王爲政，克明德慎罰。"[④]

458 春王正月

《春秋[⑤]》隱元年經："春王正月。"○按，杜預、范寧皆謂周王之正月也。《公羊傳》謂文王也。孔安國曰："自古皆用建寅爲正。惟殷革夏命，而用建丑。周革殷命，而用建子。"蓋武王膺受大命，追王太王、王季、文王，是周王之厤亦即文王之厤。《正義》獨執《序》倡平王之說，以《公羊》爲非。不知《公羊》爲窮源之論，杜氏爲竟委之言，三傳之義實不相悖。又按，《春秋[⑥]》"正月"言"王"，其義有二：諸侯史記，雖得各立元號，而正朔必每歲奉承于王，苟非受命之符，義無所易，故言王示尊周也。古皆用建寅爲正，據見

---

① "譖"，稿本譌"僭"。據阮刻《毛詩正義》改。

② "經"，稿本作"篇"。據阮刻《毛詩正義》改。

③ "譖"，阮刻《禮記正義》譌"讒"。作者蓋依《毛詩正義》改。

④ 案此則之下，稿本有附錄一《四家詩傳授表證序》、附錄二《四家詩傳授表證敘例》、附錄三《關雎故言駁議》、附錄四《詩終始論駁議》等四文。惟《四家詩傳授表證序》、《關雎故言駁議》、《詩終始論駁議》已見作者《笠山文鈔》中，而《四家詩傳授表證序》及《敘例》又見《四家詩傳授表證》卷首，讀者可檢閱之。今刪此四篇，以省文卷。

⑤ "春秋"前，稿本有"春秋左氏傳"五字，謂此下係讀《左傳》札記。茲依前諸卷例刪，以一體式。

⑥ "秋"，稿本脫。據《海疆學報》1947年第1卷第1期《杉輿樓讀書記》補。

萬物之生,以爲四時之始,取其易知,故夫子曰"行夏之時"。殷周代興,改法度,更正朔,各不相襲,故言"王"示別於前代也。

459 公及邾儀父盟于蔑

《左氏》隱元年傳:"三月,公及邾儀父盟于①蔑。"○按《公羊》、《穀梁傳》,"蔑"皆作"眜",音同。又《公羊》"邾"作"邾婁",《釋文》:"邾人語聲後曰婁,故曰邾婁。《禮記》同。"

460 邾子克也

"邾子克也",注:"克,儀父名。"○按,《公》、《穀》皆謂儀父子,故杜知克名也。

461 天王②

"秋七月,天王使宰咺來歸惠公、仲子之賵。"○按顧炎武《日知錄》:"《尚書》之文但偁'王',春秋則曰'天王',以當時吳、楚、徐、越皆僭偁王,故加天以別之。趙子曰'偁天王以表無二之尊'是也。"愚謂顧說非也。楚、吳僭③偁王,而《春秋》皆貶書曰"子",徐、越則僅書曰"人"。(隱二年經"莒人入向",注:"將卑師少,偁人。"八年傳"鄭伯以齊人朝王",注:"齊偁人,略從國辭。"昭五年林堯叟注:"越始見經。"而"常壽過得偁人,越驟强也④"。)所以正名分者至嚴,何有於僭?周自武王致師牧野,革殷命,所謂天與人與。春秋之世,周德雖衰,天命未改,故首書天。天統存,而尊王之義著⑤矣。

462 春秋凡侯爵後書子者其義有二

《春秋》凡侯爵後書子者,其義有二。曰時王所黜也。滕爲侯爵,(隱七

---

① "于",稿本作"於"。據阮刻《左傳正義》改。下倣此,不復出校。

② 案以下關於《春秋左傳》的各條札記,作者《笠山文鈔》附錄《後自序》中頗有引錄,惟措辭小有更易,可對照閱覽。

③ "僭",稿本作"雖"。據作者《春秋左傳札記》改。

④ "常壽"至"强也"十字,係宋陳傅良《春秋後傳》語。

⑤ "著",稿本作"明"。據作者《杉與樓讀書記》(《海疆學報》1947年第1卷第1期)及《春秋左傳札記》手稿改。

年"滕侯卒",十一年"滕侯、薛侯來朝"。）而桓二年書曰"滕子來朝",注:"隱十一年
偶侯,今偶子者,蓋時王所黜。"《正義》:"自是以下偶滕子,故疑爲時王所黜。
於時周桓王也。東周雖則微弱,猶爲天下宗主,尚得命邾爲諸侯,明能黜滕爲
子爵。"薛亦爲侯爵,而莊三十一年書曰"薛伯卒",昭三十一年書曰"薛伯
穀卒",林堯叟亦謂"蓋爲時王所黜"。按春秋之世,周德雖衰,天命未改,王
室猶操黜陟之權。（桓五年傳:"王奪鄭伯政。"僖九[1]年傳:"王使宰孔賜齊侯胙,齊侯將下拜,孔
曰:'且有後命,天子使孔曰:以伯舅耋老,加勞[2],賜一級,無下拜。'對曰:'天威不違顏咫尺,小白未敢
貪天子之命。無下拜,恐隕越于下,以遺天子羞。敢不下拜? '下拜,登受。"二十五年傳:"晉侯朝王,請
隧弗許。"）故隱元年三月"公及邾儀父盟于蔑",傳:"邾子克也,未王命,故不
書爵。"楚熊渠立諸子,爲僭王之始。其在文九[3]年"使椒來聘",必書曰"楚
子"。此《春秋》尊王之義也。曰用夷禮而賤之也。杞爲侯爵,（桓二年"杞侯
來朝",莊二十七年"杞伯來朝"注:"偶伯者,蓋爲[4]時王所黜。"孔疏:"於時周王當桓、莊、僖、惠,不知
何王黜之。"）而僖二十三年書曰"杞子卒",傳:"書子,杞夷也。"杜注:"成公始
行夷禮,以終其身,故於卒貶之。"襄二十九年"杞子來盟",傳:"叔侯曰:杞,
夏餘也,而即東夷。書曰子,賤之也。"杜注:"杞復偶子,賤其用夷禮。"此
《春秋》嚴夷夏之大防也。

463 有宋師

"有宋師,太子少、葬故有闕,是以改葬。"《正義》:"有宋師,蓋是報黃
之敗,來伐魯也。"○按《正義》所言,於傳及注均無所據,宜以服虔說"宋
師即黃之師"爲可信。蓋黃之役,在惠公季年。未幾而惠公薨,隱公立,
恐宋之乘大故而來報,故雖勝而求成,九月爲宿盟,十月而改葬,何得更有
兵事?

464 春蒐夏苗秋獮冬狩

隱五年傳:"春蒐、夏苗、秋獮、冬狩。"○按《爾雅·釋天》:"春獵爲蒐,

---

① "九",稿本誤作"五"。據阮刻《左傳正義》改。
② "勞",稿本脱。據阮刻《左傳正義》補。
③ "九",稿本譌"五"。據阮刻《左傳正義》改。
④ "爲",稿本無。據阮刻《左傳正義》補。

夏獵爲苗，秋獵爲獮，冬獵爲狩。”左氏據以立文。惟《公羊》桓四年傳：“春曰苗，秋曰蒐，冬曰狩。”又《穀梁》桓四年傳：“春曰田，夏曰苗，秋曰蒐，冬曰狩。”此古今文說不同。《公》、《穀》亦復歧異者，疑《公羊》有奪文也。

465 京師來告饑

隱六年傳：“冬，京師來告饑。”注：“告饑不以王命，故傳言京師而不書於經也。”○按隱元年：“冬十有二月，祭伯來。”傳曰：“非王命也。”此非王命而見書於經，其事不若告饑之爲重。是役也，魯復旁請糴於宋、衛、齊、鄭，尤得救荒。事君之禮，揆以《春秋》尊王大義，不以王命，貶之可也，而事不可不見於經。故知有傳無經，左氏實觀魯史記論本事作傳，不以空言說經。又或書有缺簡，故太史公曰：“《春秋》文成數萬，其指數千。”今《春秋》經文，只萬六千餘字。杜氏之言不必盡然矣。

466 夫人孫于齊

莊元年傳：“三月，夫人孫于齊。”注：“姜氏復奔。”○按《公羊》、《穀梁》皆謂：“夫人固在齊，至此年三月猶尚不反。”《詩·南山》鄭箋亦謂：“夫人久留於齊，莊公即位後乃來，猶復會齊侯于禚，于祝丘。”與杜異義。杜知復奔齊者，以二年傳：“夫人姜氏會齊侯于禚。”已還魯，故曰會。注謂：“還① 皆不書者，不告廟也。”愚推三傳、鄭君之意，疑夫人之歸魯，當在元年三月之後，乃與經書“孫”之旨合。杜以爲在前者，失之。

467 夫人姜氏享齊侯于祝丘

莊四年經：“春，王二月，夫人姜氏享齊侯于祝丘。”注：“無傳。享，食也。二君相見之禮，非夫人所用，直書以見其失。祝丘，魯地。”○按“七年春，會齊侯于防”，傳曰：“齊志也。”注：“文姜數與齊侯會。至齊地，則姦發夫人；至魯地，則齊之志，故傳略舉二端以言之。”然則祝丘魯地，何以不書齊志？曰經言“享”，乃二君相見之禮，夫人用之，雖魯地，亦姦發夫人。故蒙二年冬會禚“書姦”文而略之也。

---

① “還”，稿本作“傳”。據阮刻《左傳正義》改。

468 授師子焉

四年傳：“授師子焉”。注：“揚雄《方言》：‘子者，戟也。’然則楚始於此參用戟爲陳。”○按《方言》子作釪，古今字。“戟，楚謂之釪。凡戟而無刃，秦、晉之間謂之釪，或謂之鏔；吳、揚之間謂之戈；東齊、秦、晉之間，謂大者曰鏝胡，其曲者謂之鉤釪鏝胡。”郭注：“即今雞鳴勾子戟也。”

469 夫人姜氏如齊師會齊侯

五年經：“夏，夫人姜氏如齊師。”（注：“無傳，書姦。”）又“七年冬，夫人姜氏會齊侯于穀。”（注：“無傳。”）○按，此亦蒙二年傳文而略之也。

470 夫人姜氏如莒

十九年傳：“夫人姜氏如莒。”注：“無傳。非父母國而往，書姦。”○按，齊襄以莊八年被弒。明年，小白入于齊，故莊十五年“夏，夫人姜氏如齊”無傳，注不言有姦事。此無傳而云書姦，未免以臆說經耳。《公羊》何注祇云異國。（惟“十八年春王三月，日有食之”，何注：“夫人如莒，淫泆[1]不制所致。”按此亦疑咎其往行。不然，齊襄已弒，豈別有所淫乎？）《穀梁》亦第云“踰竟[2]非正”，不言姦事。姜氏以桓三年至自齊，揆以女子年十五而笄之義，至莊十五年如齊，已四十六歲。莊十九年如莒，二十年又如莒，明年薨，則五十二歲矣。是越國失禮則有之，書姦未可信也。

471 僖公

“僖公”，《釋文》：“《謚法》：小心畏忌曰僖。”○按《史記·年表》、《魯世家》，僖公作釐公。《周本紀》“釐王胡齊”，《正義》：“釐音僖。”此同音相假，非與經傳有異文也[3]。

---

① “泆”，稿本作“佚”。據阮刻《公羊傳注疏》改。泆、佚通。

② “竟”，稿本作“境”。據阮刻《穀梁傳注疏》改。竟、境古今字。

③ 案《史記·齊太公世家》“魯人更立釐公”《集解》：“徐廣云：《史記》僖字皆作釐。’”又，宋鄧名世《古今姓名書辯證》於“釐氏”下云：“本僖氏，漢時避諱改爲釐，《史記》凡僖皆作釐，是也。”其謂僖改作釐，或與漢時避諱有關，謹錄以備參考。

472 周諸侯會宋公于盂

僖公二十一年傳:"周諸侯會宋公于盂,子魚曰:'禍其在此乎?君欲已甚,其何以堪之?'於是楚執宋公以伐宋。冬,會于薄以釋之。"○按《史記·宋微子世家》,"子魚"作"目夷","薄"作"亳"。

473 大司馬固諫曰

二十二年傳:"楚人伐宋以救鄭,宋公將戰。大司馬固諫曰:'天之弃商久矣。'"注:"大司馬固,莊公之孫,公孫固也。"（桓十七年傳:"鄭伯將以高渠彌爲卿,昭公惡之,固諫。"）○按《史記·宋微子世家》,作子魚諫。顧炎武《杜解補正》:"大司馬,即司馬子魚。固諫,謂堅辭以諫。"惠棟《補注》引《國語·晉語》:"公子過宋,與司馬公孫固相善。"韋注:"固,宋莊公之孫,大司馬固也。"念盧先生曰:"韋、杜皆據《世本》,顧說不可從,《史記》亦疏略。惟竊意固與子魚,皆宋之諍臣,此一事而二人言之,左史各據以書耳。如《史記·屈原傳》諫懷王入秦一事,在《楚世家》則以爲昭睢語,亦一事而二人言之,正不能執以咎史公之抵牾也。"（又傳:冬十一月戰泓,司馬曰:"彼衆我寡,及其未既[1]濟也,請擊之。"《史記》"司馬"作"目夷",亦一事而二人言之。）

474 不擒二毛

"君子不重傷,不擒二毛。"注:"二毛,頭白有二色。"○按《禮記·檀弓》:"大宰嚭曰:'古之侵伐者,不斬祀,不殺厲,不獲二毛。'"鄭注:"獲,謂係虜之。二毛,鬢髮斑白。"

475 恩己與父之臣尤深

《公羊》隱元年傳"所見異辭",注:"恩己與父之臣尤深。"○按"恩"字,當在"尤深"上。下云"恩少殺"、"恩淺",文義正同。

476 夫人姜氏如齊

莊十五年:"夏,夫人姜氏如齊。"徐彦疏:"復與桓通也。"○按,文姜復

---

[1] "既",稿本作"已"。據阮刻《左傳正義》改。

與桓通,傳、注皆無明文,徐疏不足從也。《穀梁傳》曰:"婦人既①嫁不踰竟,踰竟非禮也。"楊士勛疏:"重發之者,此非淫,恐異,故發傳同之。"爲得其實矣。《左氏傳》杜注亦不明言有姦事。

477 春秋貴義

《穀梁》隱元年傳:"春秋貴義。"○按《釋名》:"義,宜也,裁制事物,使合宜也。"董子曰:"義,我也。必由中斷制也。"隱不取爲君,私以國讓,忘君父而卒身受其殃,此聖人之所不取也。

478 崔適謂穀梁氏亦古文學

崔適《史記探源》謂《穀梁氏》亦古文學,以《漢書·梅福傳》有"推迹古文,以《左氏》、《穀梁》"之語,《章帝紀》與《左氏》、古文《尚書》、《毛詩》並列。○②按《儒林傳》,《穀梁》之學,衛太子已好之,宣帝更以是擢千秋官,愍其絕而使人傳其學,徵江公孫爲博士。皆事實具在,後人何能亂之?崔氏欲以雄辨取勝,謬矣。

479 元年者何

《公羊》隱元年傳:"元年者何?君之始年也。春者何?歲之始也。"○按《漢書·董仲舒傳》:"臣謹案,《春秋》之文,求王道之端,得之於正。正次王,王次春。春者,天之所爲也;正者,王之所爲也。其意曰,上承天之所爲,而下以正其所爲,正王道之端③云爾。"又云:"臣謹案,春秋謂一元之意。一者萬物之所從始也,元者辭之所謂大也。謂一爲元者,視大始而欲正本也。"此《公羊》董氏義,徐彥疏未及引,亦摭采之不廣也。

---

① "既",稿本作"已"。據阮刻《穀梁傳注疏》改。

② "○",稿本無此標號。據本卷體例補。下則"○"號倣此。

③ "之端",稿本無。據中華本《漢書》補。

春秋左傳札記

上杭包樹棠伯蒂學

001 隱公名息姑

隱公，孔《疏》：“《魯世家》：‘隱公，名息姑。’”按今本《魯世家》：“惠公卒，長庶子息攝當國，行君事，是爲隱公。”《十二諸侯年表》則作“息姑”。《索隱》：“魯隱公息。系家名息，《系本》名息姑。”豈小司馬與孔所見之本異歟？文十六年《傳》疏及《釋文》，《詩·魯頌》疏，《穀梁》疏，竝引《世家》作“息姑”。

002 惠公名弗皇

隱元年傳：“惠公元妃孟子。”孔疏：“惠公，名弗皇。”按《魯世家》：“孝公卒，子弗湟立。”《集解》：“徐廣曰：《表》云弗生也。”《索隱》：“《系本》作弗皇，《年表》作弗生。”（按，今本《十二諸侯年表》作“費湟”，與《集解》、《索隱》不同。湟誤 ①。）

003 衛莊公娶于齊東宮得臣之妹 ②

隱三年傳：“衛莊公娶于齊東宮得臣之妹，曰莊姜。”杜注：“得臣，齊大子也。大子不敢居上位，故當處東宮。”按《衛世家》，莊公名揚。《十二諸侯年表 ③》作楊，與《詩譜》疏引作楊同。又《詩·碩人》疏引服虔云：“得臣，齊世子名，居東宮。”

---

① 案《十二諸侯年表》索隱又云：“魯惠公弗生。系家作弗湟，《系本》作弗皇。”則湟、湟，蓋又形近致譌。

② 案此則與下文第 074 則，同爲讀隱三年傳“衛莊公娶于齊東宮得臣之妹”札記，唯彼較簡略，可相參閱。

③ “表”，稿本脫。據《史記》補。

004 衛人殺州吁于濮

隱四年傳：“九月，衛人使右宰醜蒞殺州吁于濮。”按《衛世家》：“石碏乃因桓公母家於陳，詳爲善 ① 州吁。至鄭郊，石碏與陳侯共謀，使右宰醜 ② 進食，因殺州吁于濮。”《集解》：“服虔曰：右宰醜，衛大夫。濮，陳地。”《索隱》：“賈逵曰：‘濮，陳地。’按濮水首受河，又受汴，汴亦受河。東北至離狐分爲二，俱東北至鉅野入濟。則濮在曹、衛之間。賈言陳地，非也。若據《地理志》，陳留封丘縣濮水受沛，當言陳留水也。”

005 衛人所爲賦碩人

隱四年傳：“美而無子，衛人所爲賦《碩人》也。”按《詩·碩人》：“《碩人》，閔莊姜也。莊公惑於嬖妾，使驕上僭。莊姜賢而不答，終以無子，國人閔而憂之。碩人其頎，衣錦褧衣。齊侯之子，衛侯之妻。東宮之妹，邢侯之姨，譚公維私。手如柔荑，膚如凝脂，領如蝤蠐。（《傳》：蝤蠐，蝎蟲也。）齒如瓠犀，蓁首蛾眉。（《傳》：蓁首，顙廣而方。《箋》：蓁，謂蜻蜻也。）巧笑倩兮，美目盼兮。碩人敖敖，說于農郊。四牡有驕，朱幩鑣鑣。翟茀以朝。大夫夙退，無使君勞。河水洋洋，北流活活。施罛濊濊，鱣鮪發發。葭菼揭揭，庶姜孽孽，庶士有朅。”《詩》與《傳》，可悟文章繁簡義法。

006 衛人逆公子晉於邢 ③

隱四年傳：“衛人逆公子晉于 ④ 邢。冬十二月，宣公即位。”注：“公子晉也。”按《衛 ⑤ 世家》：“迎桓公弟晉於邢而立之，是爲宣公。”賈逵曰：“邢，周公之胤，姬姓國。”

007 五月辛丑大叔出奔共

隱元年傳：“五月辛丑，大叔出奔共。”按《長歷》：“隱元年五月大己卯

---

① “善”，稿本作“致”。據《史記》改。
② “醜”，稿本無。據《史記》補。下文“醜”字做此。
③ 案此則與下文第 076 則，同爲讀隱四年傳“衛人逆公子晉于邢”札記，義相類。唯彼較詳，宜相參閱。
④ “于”，稿本作“於”。據《左傳正義》改。
⑤ “衛”，稿本作“魯”。據《史記》改。

朔辛丑，二十三日也。"

008 都城過百雉國之害也

隱元年傳："都城過百雉，國之害也。"杜注："方丈曰堵，三堵曰雉。一雉之牆，長三丈，高一丈。侯伯之城，方五里，徑三百雉，故其大都不得過百雉。"孔疏："定十二年《公羊傳》曰：'雉者何？五板而堵，五堵而雉。'何休以爲堵四十尺，雉二百尺。許慎《五經異義》、《戴禮》及《韓詩》說，八尺爲板，五板爲堵。一堵之牆，長丈高丈。三堵爲雉，一雉之牆，長三丈高一丈。以度其長者用其長，以度其高者用其高也。諸說不同。必以雉長三丈爲正者，以鄭是伯爵，城方五里，大都三國之二，其城不過百雉，則百雉是大都定制，因而三之，則侯伯之城當三百雉，計五里積千五百步，步長六尺，是九百丈也。以九百丈而爲三百雉，則雉長三丈。賈逵、馬融、鄭玄、王肅之徒爲古學者，皆云雉長三丈，故杜依用之。"按《戰國·趙策》："且古者四海之內分爲萬國，城雖大無過三百丈，人雖衆無過三千家焉。"爲馬服對田單語。《史記·孔子世家》："大夫毋百雉之城。"《集解》："王肅曰：'高丈長丈曰堵，三堵曰雉。'"然則賈、馬、許、鄭、王諸人說，與馬服同。春秋戰國，未改其制，此其所據也。

009 春王正月 [①]

《春秋》隱元年經："春王正月。"按杜預、范寧皆謂周王之正月也。《公羊傳》謂文王也。孔安國曰："自古皆用建寅爲正。惟殷革夏命，而用建丑。周革殷命，而用建子。"蓋武王膺受大命，追王太王、王季、文王，是周王之曆亦即文王之曆。孔疏獨執杜《序》，偶平王之說，以《公羊》爲非。不知《公羊》爲窮源之論，杜氏爲竟委之言，三傳之義實不相悖。又按，"正月"言"王"，其義有二：諸侯之史，雖得各立元號，而正朔必每歲奉承于王，苟非受命

---

① 案此則及下文第10則"公及邾儀父盟于蔑"、第11則"邾子克也"、第12則"天王"、第13則"春秋凡侯爵後書子者其義有二"、第15則"有宋師"、第16則"春蒐夏苗秋獮冬狩"、第17則"京師來告饑"、第48則"夫人孫于齊"、第49則"夫人姜氏享齊侯于祝丘"、第50則"夫人姜氏如齊師會齊侯"、第51則"夫人姜氏如莒"，凡十二則與《隨無涯齋讀書記》卷六各條目重出。惟重出之內容詳略稍異，今俱錄存，以備參覽。

之符,義無所易,故言王示尊周也。古皆用建寅爲正,據見萬物之生,以爲四時之始,取其易知,故仲尼曰"行夏之時"。殷周代興,改法度,更正朔,各不相襲,故言"王"示別于前代也。

010 公及邾儀父盟于蔑

《左氏》隱元年傳:"三月,公及邾儀父盟于 ① 蔑。"按《公羊》、《穀梁傳》,"蔑"皆作"眛",音同。又《公羊》"邾"作"邾婁",《釋文》:"邾人語聲後曰婁,故曰邾婁。《禮記》同。"

011 邾子克也

隱元年傳:"邾子克也。"杜注:"克,儀父名。"按,《公》、《穀》皆謂儀父子,故杜知克名。

012 天王

隱元年傳:"秋七月,天王使宰咺來歸惠公、仲子之賵。"按顧炎武《日知錄》:"《尚書》之文但偁'王',春秋則曰'天王',以當時吳、楚、徐、越皆僭偁王,故加天以別之也。趙子曰:'偁天王以表無二之尊也。'"愚謂顧說非也。楚、吳僭王,《春秋》皆貶書曰"子",徐越則僅書曰"人"。(隱二年經"莒人入向",杜注:"將卑師少,偁人。"八年傳"鄭伯以齊人朝王",杜注:"齊偁人,略從國辭。"昭五年林堯叟謂:"越始見經。"而"常壽過得偁人,越驟強也 ②"。)所以正名分者至嚴,何有於僭?周自武王致師牧野,革殷命,所謂天與人與。春秋之世,周德雖衰,天命未改,故首書天。天統存,而尊王之義著矣。

013 春秋凡侯爵後書子者其義有二

《春秋》凡侯爵後書子者,其義有二。曰時王所黜也。滕爲侯爵,(隱七年"滕侯卒",十一年"滕侯、薛侯來朝"。)而桓二年書曰"滕子來朝",杜注:"隱十一年偁侯,今偁子者,蓋時王所黜。"孔疏:"自是以下偁滕子,故疑爲時王所黜。

---

① "于",稿本作"於"。據《左傳正義》改。下做此,不復出校。
② 案"常壽"至"強也"十字,係宋陳傅良《春秋後傳》語。

於時周桓王也。東周雖則微弱，猶爲天下宗主，尙得命邾爲諸侯，明能黜滕爲子爵。”薛亦爲侯爵，而莊三十一年書曰“薛伯卒”，昭三十一年書曰“薛伯穀卒”，林堯叟亦謂“蓋爲時王所黜”。按春秋之世，周德雖衰，天命未改，王室猶操黜陟之權。（桓五年傳：“王奪鄭伯政。”僖九年傳：“王使宰孔賜齊侯胙，齊侯將下拜，孔曰：‘且有後命，天子使孔曰：以伯舅耋老，加勞，賜一級，無下拜。’對曰：‘天威不違顏咫尺，小白未敢貪天子之命。無下拜，恐隕越于下，以遺天子羞。敢不下拜？’下拜，登受。”二十五年傳：“晉侯朝王，請遂弗許。”）故隱元年三月“公及邾儀父盟于蔑”，傳：“邾子克也，未王命，故不書爵。”楚熊渠立諸子，爲僭王之始。其在文九年“使椒來聘”，必書曰“楚子”。此春秋尊王之義也。曰用夷禮而賤之也。杞爲侯爵，（桓二年“杞侯來朝”，莊二十七年“杞伯來朝”注：“偁伯者，蓋爲 ① 時王所黜。”孔疏：“於時周王當桓、莊、僖、惠，不知何王黜之。”）而僖二十三年書曰“杞子卒”，傳：“書子，杞夷也。”杜注：“成公始行夷禮，以終其身，故于卒貶之。”襄二十九年“杞子來盟”，傳：“叔侯曰：杞，夏餘也，而即東夷。書曰子，賤之也。”杜注：“杞復偁子，賤其用夷禮。”此《春秋》嚴夷夏之大防也。

014 稱鄭伯譏失教也

隱元年傳：“稱鄭伯，譏失教也。謂之鄭志，不言出奔，難之也。”杜注：“《傳》言夫子作《春秋》，改舊史以明義。不早爲之所，而養成其惡，故曰‘失教’。段實出奔，而以‘克’爲文，明鄭伯志在於殺，難言其奔。”孔疏：“服虔云：‘公本欲養成其惡而加誅，使不得生出，此鄭伯之志意也。’言鄭伯本有殺意，故爲養成其惡。斯不然矣。《傳》曰‘稱鄭伯，譏失教也’，止責鄭伯失於教誨之道，不謂鄭伯元有殺害之心。若從本以來即謀殺害，乃是故相屠滅，何止失教之有？且君之討臣，遏其萌漸，惡雖未就，君得誅之，何須待其惡成，方始殺害？服言本意欲殺，乃是誣鄭伯也。”按《傳》云，一則曰“多行不義必自斃”，再則曰“不義不暱厚將崩”，斯則本有殺意，故爲養成其惡，故曰“鄭志”。杜亦謂鄭“志在於殺”，用服義。“難之也”者，貶之也。《釋文》“難，乃旦反”是也。孔疏拘。

---

① “爲”，稿本無。據《左傳正義》補。

015 有宋師

隱元年傳:"有宋師,太子少、葬故有闕,是以改葬。"孔疏:"蓋是報黃之敗,來伐魯也。"按孔疏於傳注均無所據,宜以服虔說"宋師即黃之師"爲可信。蓋黃之役,在惠公季年。未幾而惠公薨,隱公立,恐宋之乘大故而來報,故雖勝而求成,九月爲宿盟,十月而改葬,何得更有兵事?《漢書·地理志》山陽郡有黃縣,當即春秋之黃。

016 春蒐夏苗秋獮冬狩

隱五年傳:"春蒐、夏苗、秋獮、冬狩。"按《爾雅·釋天》:"春臘爲蒐,夏臘爲苗,秋臘爲獮,冬臘爲狩。"左氏據以立文。惟《公羊》桓四年傳:"春曰苗,秋曰蒐,冬曰狩。"又《穀梁》桓四年傳:"春曰田,夏曰苗,秋曰蒐,冬曰狩。"此古今文說不同。《公》、《穀》亦復歧異者,疑《公羊》有脫文。《周禮·夏官·大司馬》"遂以蒐田"注"春田爲蒐","遂以苗田"注"夏田爲苗","遂以獮田"注"秋田爲獮","遂以狩田"注"冬田爲狩"。是鄭注《周禮》,亦與《爾雅》、《左氏》同也。(《國語·齊語》:"春以蒐振旅,秋以獮治兵。")

017 京師來告饑

隱六年傳:"冬,京師來告饑。"注:"告饑不以王命,故傳言京師而不書於經也。"按隱元年:"冬十有二月,祭伯來。"傳曰:"非王命也。"此非王命而見書於經,其事不若告饑之爲重。是役也,魯復旁請糴於宋、衛、齊、鄭,尤得救荒。事君之禮,揆以《春秋》尊王大義,不以王命,貶之可也,而事不可不見於經。故知有傳無經,左氏實觀魯史記論本事作傳,不以空言說經。又或書有缺簡,故太史公曰:"《春秋》文成數萬,其旨數千。"今《春秋》經文,只萬八千餘字。杜氏之言不必盡然矣。

018 千畝之戰

桓二年傳:"其弟以千畝之戰生,命之曰成師。"杜注:"桓叔也。西河界休縣南有地,名千畝。意取能成其衆。"孔疏:"案《周本紀》,宣王三十九年,王與姜戎戰於千畝。取此戰事,以爲子名也。"按《周本紀》:"三十九年,戰於千畝，王師敗績於姜氏之戎。”此《史》取《周語》文。敗績，則與成師之義不合。《十二諸侯年表》：晉穆侯十年，“以千畝戰，生仇弟成師。二子名反，君子譏之。後亂。”《晉世家》：“十年，伐千畝，有功。”十年，則當周宣王二十六年，此自別一事。孔說非是。

019 陳公子完號敬仲

莊二十二年傳：“陳公子完與顓孫奔齊。”杜注：“公子完、顓孫，皆御寇之黨。”按《齊太公世家》：“十四年（齊桓公），陳公子完號敬仲，來奔齊。”《正義》：“完，音桓。”中井積德曰：“敬，謚也。仲，字也。何號之有？”①

020 使爲工正

莊二十二年傳：“使爲工正。”杜注：“掌百工之官。”按《齊世家》集解：“服虔曰：‘掌百工。’”

021 陳侯生敬仲

莊二十二年傳：“生敬仲。其少也，周史有以《周易》見陳侯者。”杜注：“周太史也。”按《十二諸侯年表》：陳厲公二年，“生敬仲完。周內史卜完後世王齊。”以是計之，則敬仲奔齊之年三十有四矣。（按《史記·田敬仲世家》：“太史公曰：蓋孔子晚而喜《易》。《易》之爲術，幽明遠矣，非通人達才，孰能注意焉？故周太史之卜田敬仲完，占至十世之後。及完奔齊，懿仲卜之亦云。田乞及常所以比犯二君，專齊國之政，非必事勢之漸然也，蓋若遵厭兆祥云。”梁玉繩曰：“史公此論，持周太史、陳懿仲卜敬仲事。然非史氏所宜言也。”中井積德曰：“太史公信妄誕而議論失正，使人作亂刺君，以遵厭兆祥，豈聖人喜易之意哉！”按《史記》有《日者》、《龜策列傳》，元成間褚先生所補，張晏謂其言辭鄙陋，非遷本意也。予疑《敬仲世家》所論亦然②。）

022 是謂觀國之光利用賓于王

莊二十二年傳：“是謂‘觀國之光，利用賓于王’。”杜注：“此《周易·觀

---

① 案此則稿本天頭標紅色“〇”號，句首旁批“此條刪”。疑與下文第27則“齊侯使敬仲爲卿”略有重複，故擬刪汰。今姑錄存，以相參覽。

② “按史記田敬仲世家”至“亦然”一節，稿本爲天頭眉批。今以小字夾注置於括弧內。下做此，不復出校。

卦》六四爻辭。《易》之爲書,六爻皆有變象,又有互體,聖人隨其義而論之。”按《田敬仲完世家》,正義引杜注,“爻辭”下有:“也。四爲諸侯,變而之乾,有國朝王之象。”一十五字,當據補。又引《易正義》云:“居觀在近而得其位,明習國之禮儀,故宜利賓于王庭爲王賓也。《否》卦義曰:‘否閉之世,非是人道交通之時,不利君子爲正也,上下不交而天下無國也。’言利賓于王庭,值無國之世,故刺君子爲不正,必代君有國。”①

023 周鄭交質

隱三年傳:“故周鄭交質。”《釋文》:“質,音致。”按《秦始皇本紀》正義:“質音致。國彊欲待弱之來相事,故遣子及貴臣爲質,如上音。國弱懼其侵伐,令子及貴臣往爲質,音直實反。又二敵國亦爲交質,音致。《左傳》云周鄭交質,王子狐爲質於鄭,鄭公子忽爲質於周是也。”中井積德曰:“質字不因強弱異音義,《正義》非。”中井說是也,皆當音致。今市中典當押物取信,亦謂之質。

024 師及齊師戰于乾時

莊九年傳:“師及齊師戰于乾時,我師敗績。”按九年經:“八月庚申,及齊師戰于乾時,我師敗績。”則傳及上“師”字,涉下文衍也。

025 公及齊大夫盟於蔇

莊九年經:“公及齊大夫盟於蔇。”傳:“公及齊大夫盟于蔇,齊無君也。”按《公》、《穀》“蔇”作“暨”。《公羊》云:“公曷爲與大夫盟? 齊無君也。”何休注:“據與高傒盟。是時齊以無知之難,小白奔莒,子糾奔魯。齊迎子糾,欲立之,魯不與而與之盟。齊爲是更迎小白,然後乃伐齊,欲納子糾。不能納,故深諱使若信者也。”

---

① 案《史記》述周史爲陳厲公卜敬仲完之生,凡兩見:一在《陳杞世家》,一在《田敬仲完世家》,皆引及《周易》“觀國之光,利用賓于王”之辭。惟此則謂《史記正義》引杜預注較《左傳》杜注多十五字,及引《易正義》云云,今《史記》諸本無,僅見於瀧川資言《史記會注攷證》中。疑瀧川偶誤,特記之以待考。

026 管夷吾治於高傒

莊九年傳:"管夷吾治於高傒。"杜注:"高傒,齊卿高敬仲也。言管仲治理政事之才,多於敬仲。"按《齊世家》:"小白自少好善大夫高傒。"《集解》:"賈逵曰:'齊正卿高敬仲也。'"

027 齊侯使敬仲爲卿

莊二十二年傳:"齊侯使敬仲爲卿。"杜注:"敬仲,陳公子完。"按《齊世家》:"十四年(齊桓公),陳厲公子完,號敬仲,來奔齊。"《正義》:"完,音桓。"中井積德曰:"敬,諡也。仲,字也。何號之有?"然中井說亦無所據。①

028 魯大夫御孫

莊二十四年:"御孫諫曰。"杜注:"御孫,魯大夫。"按《國語·魯語》:"嚴公丹桓宮之楹,而刻其角。匠師慶言於公。"韋注:"匠師慶,掌匠人夫御孫之名也。"

029 管敬仲

閔元年傳:"管敬仲言於齊侯曰。"杜注:"敬仲,管夷吾。"按《管晏列傳》:"管仲夷吾者,潁上人也。"《索隱》:"潁,水名。《地理志》:'潁水,出陽城。'漢有潁陽、臨潁二縣,今亦有潁上縣。"《正義》:"韋昭云:'夷吾,姬姓之後,管嚴之子敬仲也。'"沈濤曰:《國語》'昔管敬仲有言',注云:'敬仲,夷吾之字也。'又云'齊桓親舉管敬子',注云:'敬子,管子之諡。'二注不同。案夷吾字仲,故桓公稱爲仲父。後人因其諡敬,遂稱之爲管敬仲,非字敬仲而諡敬子也。韋注'字②'字,恐是諡字之誤。又《晏子春秋·內篇》作管文仲,亦當敬仲傳寫之誤。汪中遂以爲字敬而諡文,非也。"張文虎曰:"今《國語》無管嚴之子四字。"又按涵芬樓景印杭州葉氏藏明金李刑本《國語·齊語》,韋注有"管嚴仲之子"五字。張氏所據本異耳。(按春秋之世,稱敬仲者三人:

---

① 案此則與前文第19則"陳公子完號敬仲"略同,而措辭稍異,可相參覽。

② "字",稿本作"子"。據《史記會注攷證》引改。案稿本原書"字"不誤,後改"子"則非。

高傒、陳完、管夷吾也。《國語》"昔管敬仲有言"，韋注："敬仲，夷吾之字也。"又云"齊桓親舉管敬子"，注云："敬子，管子之謚。"然《管晏列傳》"晏平仲嬰者"，《索隱》："名嬰，平謚，仲字。"以是例之，則敬或謚歟？閔元年孔疏："敬，謚。《謚法》：'夙夜勤事曰敬。'仲字，管氏，夷吾名。"是也。）

030 京師敗曰王師敗績于某

莊十一年傳："京師敗曰王師敗績于某。"杜注："王者無敵於天下，天下非所得與戰者。然春秋之世，據有其事，事列於經，則不得不因申其義。有時而敗，則以自敗爲文，明天下莫之得校。"按成元年，"王師敗績于茅戎"，是據有其事，事列於經。《國語·周語》："戰于千畝，王師敗績于姜氏之戎。"此內傳外傳之義一也。然桓五年"秋，蔡人、衛人、陳人從王伐鄭"，杜注："王自爲伐鄭之主，君臣之辭也。王師敗不書，不以告。"（按，《傳》書："蔡、衛、陳皆奔，王卒亂，鄭師合以攻之，王卒大敗。祝聃射王中肩。"）此又未可以傳例槩之。

031 豈不懷歸畏此簡書

閔元年傳：《詩》云：'豈不懷歸，畏此簡書。'"杜注："《詩·小雅》。美文王爲西伯，勞來諸侯之詩。"疏："《詩·小雅·出車》之篇，美文王勞來諸侯，令賢臣出使，此臣在外思歸，而以王事自勉，言我豈不思歸乎？誠思歸也，但畏此簡書來告急耳。諸侯有事，則書之於簡，遣使執簡以告命，告則須救，故畏而不歸也。"按《小雅·出車》"勞還率也"，箋："遣將率及戍役，同歌同時，欲其同心也。反而勞之，異歌異日，殊尊卑也。"疏："謂文王所遣伐玁狁、西戎之將帥，以四年春行，五年春返也。述其行事之苦，以慰勞之。"傳："簡書，戎命也。鄰國有急，以簡書相告，則奔命救之。"箋足以補杜注之不及，兩疏略有不同。

032 簡書同惡相恤之謂

閔元年傳："簡書，同惡相恤之謂也。"杜注："同恤所惡。"疏："此簡書者，同有所惡，則相憂之謂也。"按，惡是去聲，恤憂也。《出車》疏引此傳云："言同惡於彼，共相憂念，故奔命相救。得彼告，則奔赴其命。成七年傳曰'子重奔命'是也。"

033 而求介於大國

僖七年傳:"而求介於大國。"杜注:"介,因也。"按《詩·七月》"以介眉壽",箋:"介,助也。"

034 以伯舅耋老

僖九年傳:"以伯舅耋老。"杜注:"七十曰耋。"按《十二諸侯年表》:齊桓公三十五年,"夏,會諸侯于葵丘。天子使宰孔賜胙,命無拜。"公孫毋知,以齊釐公祿父二年生。齊襄公十二年,毋知殺君自立。明年,齊桓公小白元年春,齊殺毋知,則毋知年三十有五矣。桓公爲釐公之子,襄公之弟,毋知從兄弟。使其年相若,葵丘之會,桓公年當七十有八。杜注"七十曰耋",則以爲小於毋知矣 [1]。

035 其在亂乎君務靖亂無勤於行

僖九年傳:"其在亂乎?君務靖亂,無勤於行。"杜注:"在,存也。微戒獻公,言晉將有亂。"按《爾雅·釋詁》:"存,察也。"在、存聲近,在亦訓察。《禮記·文王世子》"必在視",鄭注:"在,察也。"此宰孔微戒獻公,言僖四年殺嫡立庶,晉將有亂。宜察禍亂之萌而務靖之,無勤於行者,即上文云"可無會也"。林堯叟以"其察亂乎"句屬上讀,猶云其察禍亂之萌乎。以齊桓盛極而衰爲禍亂之萌,微戒晉獻殺嫡立庶,晉將有亂,齊必不能救卹也。與杜注依違,失之遠矣。蓋葵丘之會,齊侯雖不務德而勤遠略,然其言曰"凡我同盟之人,既盟之後,言歸于好。"亦庶幾正而不譎,豈得謂爲禍亂之萌乎。《孟子·告子》:"五霸,桓公爲盛。葵丘之會,諸侯束牲載書而不歃血。初命曰:'誅不孝,無易樹子,無以妾爲妻。'再命曰:'尊賢育才,以彰有德。'三命曰:'敬老慈幼,無忘賓旅。'四命曰:'士無世官,官事無攝,取士必得,無專殺大夫。'五命曰:'無曲防,無遏糴,無有封而不告。'"其在《穀梁》"九月戊辰,諸侯盟于葵丘。"傳曰:"桓盟不日,此何以日?美之也。爲見天子之禁,故備

---

[1] 案《十二諸侯年表》,公孫毋知生於齊釐公二年(前729),被殺於齊桓公元年(前686),則卒年三十五歲。而齊桓公倘與之年相若,於"葵丘之會"適當七十之齡,故杜注"七十曰耋"不誤。作者此則謂"桓公年當七十有八",謂杜氏以爲桓公"小於毋知",疑計年未確,謹錄以待考。

之也。葵丘之盟,陳牲而不殺。讀書加于牲上,壹明天子之禁,曰:毋雍泉,毋訖糶,毋易樹子,毋以妾爲妻,毋使婦人與國事。"《公羊》雖移其事於陽穀,（按《公羊》僖三年傳:"此大會也,曷爲未言爾? 桓公曰:'無障谷,無貯粟,毋易樹子,無以妾爲妻。'"）乃曰:"桓之盟不日,此何以日? 危之也。何危爾? 貫澤之會,桓公有憂中國之心（按僖七年）,不召而至者江人、黄人也。葵丘之會,桓公震而矜之,叛者九國。震之者何? 猶曰振振然。矜之者何? 猶曰莫我若也。"戰國蔡澤亦有震矜國叛之言,實違經義。《論語》曰:"桓公九合諸侯,不以兵車。"則其利澤及人,興滅繼絕,固不媿五霸之首也。

036 趙夙御戎畢萬爲右

閔元年傳:"公將上軍,大子申生將下軍,趙夙御戎,畢萬爲右。"杜注:"爲公御右也。"按《詩·魯頌·閟宮》"二矛重弓",箋:"二矛重弓,備折壞也。兵車之法,左人持弓,右人持矛,中人御。"孔疏:"宣十二年《左傳》云:'楚許伯御伯樂,攝叔爲右,以致晉師。伯樂曰:吾聞致師者,左射以菆。'伯樂在左,而云左射,是左人持弓也。成十六年,晉侯與楚戰于鄢陵,《左傳》稱'欒鍼爲右',使人告楚 ① 令尹子重曰:'寡君乏使,使鍼御持矛焉。（按杜注:御,侍也。）'哀二年鐵之戰,《左傳》稱'郵無恤御簡子,衛太子爲右。禱云:蒯聵不敢自佚,備持矛焉。'是右人持矛也。《甘誓》云:'左不攻于左,汝不供命。右不攻于右,汝不供命。御非其馬之正,汝不供命。'既云左右,又別云御,是御在中央也。"

037 卜偃

閔元年傳:"卜偃曰。"杜注:"卜偃,晉掌卜大夫。"按《國語·晉語》韋注:"郭偃,晉大夫卜偃也。"

038 萬盈數也魏大名也

閔元年傳:"萬,盈數也。魏,大名也。"按《史記·魏世家》諱"盈"作滿,《晉世家》"盈"字不諱,後人據傳文妄改史耳。《集解》引服虔曰:"數

---

① "楚",稿本無。據《左傳正義》補。

從一至萬爲滿，魏喻巍巍高大也。”是裴氏所據本作滿明矣。

039 屯固比入

閔元年傳：“屯固比入。”杜注：“屯，險難，所以爲堅固。比，親密，所以得入。”按《屯》之《象》曰：“屯，剛柔始交而難生，動乎險中，大亨貞。”注：“始於險難，至於大亨，而後全正，故曰‘屯，元亨利貞’。”《比》之《象》曰：“地上有水。”竹添光鴻曰：“雲雷屯，雲雨集而未解，有堅固之義。地上有水比，水在地上，滲入之象。”

040 合而能固安而能殺公侯之卦也

閔元年傳：“合而能固，安而能殺，公侯之卦也。”杜注：“比合屯固，坤安震殺，故曰公侯之卦。”按，“屯，元亨利貞，勿用有攸往，利建侯”，“比，先王以建萬國，親諸侯”是也。

041 伐東山皋落氏

閔二年傳：“伐東山皋落氏。”杜注：“赤狄別種也。皋落，其氏族。”按，地在今山西垣曲縣西北五十里，皋落堡是也。

042 朝夕視君膳

閔二年傳：“以朝夕視君膳者也。”按《文選》束晳補《南陔》之詩曰：“馨爾夕膳，絜爾晨飡。”此其義也。

043 師在制命而已

閔二年《傳》：“師在制命而已。”按《白虎通·王者不臣篇》：“王者有暫不臣者五。將帥用兵。不臣將帥用兵者，重士衆爲敵國，國不可從外治，兵不可從內御，欲成其威，一其令。《春秋》之義，兵不稱使，明不可臣也。”

044 狐突御戎先友爲右

閔二年傳：“狐突御戎，先友爲右。”杜注：“狐突，伯行，重耳外祖父也，爲申生御。申生以太子將上軍。”按《國語·晉語》韋注：“狐突，晉同姓，唐叔之後,狐偃之父大戎 ① 伯行也。先友,晉大夫,先丹木之族。右,車右。"

045 筮短龜長不如從長

僖四年傳:"卜人曰:筮短龜長,不如從長。"杜注:"物生而後有象,象而後有滋,滋而後有數。龜象筮數,故象長數短。"按,杜用十五年《傳》,韓簡之言以解此文。《書·洪範》疏引此《傳》云:"筮短龜長者,於時晉獻公欲以驪姬爲夫人,卜既不吉,而更令筮之。神靈不以實告,筮之得吉,必欲用之。卜人欲令公舍筮從卜,故曰'筮短龜長'。非是龜實長也。《曲禮》云:'卜筮不相襲。'鄭云:'卜不吉則又筮,筮不吉則又卜,是謂瀆龜筮。'《周禮》大卜,小事筮,大事卜,應筮而又用卜,應卜而又用筮,及國之大事先筮後卜,不吉之後更作卜筮,如此之等,是爲相襲。"

046 唯則定國

僖九年傳:"唯則定國。《詩》曰:'不識不知,順帝之則。'文王之謂也。"杜注:"《詩·大雅》。帝,天也。則,法也。言文王闇行自然,合天之法。"按,《詩·大雅·皇矣》文。又《孟子·滕文公》:"孔子曰:'大哉堯之爲君! 惟天爲大,惟堯則之。蕩蕩乎,民無能名焉。'"亦其義也。

047 君其圖之君曰諾

僖十年傳:"君其圖之。君曰諾。"按"君曰諾"之"君",疑涉上句君字而衍。

048 夫人孫于齊

莊元年傳:"三月,夫人孫于齊,不稱姜氏,絕不爲親,禮也。"杜注:"姜氏,齊姓。於文姜之義,宜與齊絕,而復奔齊,故於其奔,去姜氏以示義。"按《公羊》、《穀梁》皆謂:"夫人固在齊,至此年三月猶尚不反。"《詩·南山》鄭箋亦謂:"夫人久留於齊,莊公即位後乃來,猶復會齊侯于禚、于祝丘。"與杜異義。杜知復奔齊者,以二年傳:"夫人姜氏會齊侯于禚。"已還魯,故曰

---

① "大戎",四部叢刊影印明翻刻公序本《國語》同。清士禮居重刊明道本作"狐突"。

會。注謂："還①皆不書者,不告廟也。"愚推三傳、鄭君之意,疑夫人之歸魯,當在元年三月之後,乃與經書"孫"之旨合。杜以爲在前者,失之。

049 夫人姜氏享齊侯于祝丘

莊四年經："春,王二月,夫人姜氏享齊侯于祝丘。"注："無傳。享,食也。兩君相見之禮,非夫人之所用。直書以見其失。祝丘,魯地。"按"七年春,會齊侯于防",傳曰："齊志也。"注："文姜數與齊侯會,至齊地則姦發夫人。至魯地,則齊之志。故傳略舉二端以言之。"然則祝丘魯地,何以不書齊志?曰《經》言"享",乃兩君相見之禮,夫人用之,雖魯地亦姦發夫人。故蒙二年冬會禚"書姦"文而略之也。

050 夫人姜氏如齊師會齊侯

莊五年："夏,夫人姜氏如齊師。"杜注："無傳,書姦。"七年："冬,夫人姜氏會齊侯于穀。"杜注："無傳。"按,此亦蒙二年傳文而略之也。

051 夫人姜氏如莒

莊十九年："夫人姜氏如莒。"杜注："無傳。非父母國而往,書姦。"按,齊襄以莊八年爲無知所弑,明年小白入于齊,故莊十五年"夏,夫人姜氏如齊"無傳,注不言有姦事。此無傳,而云"書姦",未免以臆說經耳。《公羊》何注祇云"異國"。("惟十八年春王三月,日有食之",何注:"夫人如莒,淫泆②不制所致。"按此亦疑咎其往行耳,不然,齊襄已弑,豈別有所淫乎?)《穀梁》亦第云"踰竟③非正",不言姦事。姜氏以桓三年至自齊,揆以女子年十五而笄之義,至莊十五年如齊,已年四十有六。莊十九年如莒,二十年又如莒,明年薨,則年五十有二矣。是越國失禮則有之,書姦未可信也。

052 可謂死君乎

僖三十三年傳："可謂死君乎!"杜注："言不可謂背君。"按,杜注猶云

---

① "還",稿本作"傳"。據《左傳正義》改。
② "泆",稿本作"佚"。據《公羊傳注疏》改。泆、佚通。
③ "竟",稿本作"境"。據《穀梁傳注疏》改。竟、境古今字。

不可謂君死而遂背之也。與上文"何施之爲",皆先軫駁欒枝"未報秦施而伐其師,其爲死君乎"之語。

053 蔑死我君

成十三年傳:"蔑死我君。"《釋文》:"死我君,本或以'我'字在'死'上。"按,或本是也。此與僖三[①]十三年傳"其爲死君乎"、"可謂死君乎"同。孔疏云:"輕蔑文公,以爲死無知矣。"其義得之。

054 鄭文公亦不禮焉

僖二十三年傳"及鄭,鄭文公亦不禮焉,叔詹諫曰"至"弗聽"。按《韓子·喻老》:"昔晉公子重耳出亡,過鄭,鄭君不禮。叔瞻諫曰:'此賢公子也,君厚待之,可以積德。'鄭君不聽。叔瞻又諫曰:'不厚待之,不若殺之,無令有後患。'鄭公(按公當作君)又不聽。及公子返晉邦,舉兵伐鄭,大破之,取八城焉。"

055 藉於口而復於寡君

成二年傳"苟有以藉於口而復於寡君",杜注:"藉,薦也。"孔疏:"服虔云:'今河南俗語,治生求利,少有所得,皆言可用藉手也。'"按襄十一年傳:"苟有以藉手。"又昭十六年傳:"敢不藉手以拜。"則藉手非方言俗語,其來久矣。

056 晉獻公卒

僖九年傳:"九月,晉獻公卒。里克、丕鄭欲納文公,故以三公子之徒作亂。"杜注:"丕鄭,晉大夫。三公子,申生、重耳、夷吾。"按《晉世家》,丕作邳。《集解》引賈逵曰:"邳鄭,晉大夫。三公子,申生、重耳、夷吾也。"

057 子將如何

僖九年傳:"子將如何?"按《晉世家》,瀧川資言《考證》:"龜井昱曰:'猶曰將從何黨也。'"

---

058 里克殺公子卓于朝

僖九年傳:"十一月,里克殺公子卓于朝。"按《晉世家》,"卓"作"悼"。《索隱》:"《左傳》作'卓子',音恥角反。"(按《公羊》、《穀梁》、《秦紀年表》、《齊世家》皆作卓。)《集解》:"《列女傳》曰:'鞭殺驪姬于市。'"《晉語》曰:"丕鄭許諾,於是殺① 奚齊、卓子及驪姬,而請君於秦。"

059 涉河侯車敗詰之

僖十五② 年傳:"涉河,侯車敗,詰之。"杜注:"秦伯之軍涉河,則晉侯車敗也。秦伯不解,謂敗在己,故詰之。"孔疏:"如杜此意,則下'千乘三去',謂晉侯之乘車三度敗壞而去,三去之後而獲晉君也。劉炫以爲,侯者,五等總名,國君大號,以'涉河,侯車敗'爲秦伯車敗。又云韓戰之前,秦、晉未有交兵,何得言晉侯車有三敗? 以爲秦伯車三敗也。今刪。定知不然者,以秦是伯爵,晉實是侯爵,既云侯車敗,故知是晉侯車敗。秦伯乍聞車敗,謂敗在己,不達其旨,故致詰問也。又以'韓戰之前,秦、晉未有交兵,何得言晉侯車有三敗'者,此謂車敗壞,非兵敗也。劉君數生異見以規杜,非也。"按,"涉河侯車敗"五字,疑有錯簡。杜氏、劉氏各以己意解之,大相縣絕。愚意五字當移置下文"壬戌,戰于韓原,晉戎馬還濘而止",易作"壬戌,涉河戰于韓原,晉侯車敗,戎馬還濘而止"。則前後文從字順。《晉世家》云:"九月壬戌,秦繆公、晉惠公合戰韓原,惠公馬騺不行。"以是證之,則晉侯車敗明矣。杜說迂而劉說妄,皆由錯簡所致。

060 虢射

僖十四年傳"虢射",杜注:"虢射,惠公舅也。"按《晉世家》,集解:"服虔曰:'虢射,惠公舅。'"《晉語》韋注:"虢射,晉大夫。"

061 公曰不孫

僖十五年傳:"公曰:'不孫。'"《釋文》:"孫,音遜。"按《晉世家》,集

---

① "殺",稿本作"弒"。據《國語》改。
② "五",稿本誤"三"。據《左傳正義》改。

解:"服虔曰:'孫,順。'"《説文》心部:"愻,順也。"則字本作"愻",《晉語》作"遜"通。

062 步揚御戎家僕徒爲右

僖十五年傳:"步揚御戎,家僕徒爲右。"杜注:"步揚,郤犫之父。"按《晉世家》,揚作陽。集解:"服虔曰:二子,晉大夫也。"《晉語》韋注:"步揚,晉大夫。"

063 輅秦伯

僖十五年傳:"輅秦伯。"杜注:"輅,迎也。"《釋文》:"輅,五嫁反。"按《晉世家》,集解:"服虔曰:輅,迎也。"索隱:"輅,音五稼反。鄒誕音五額反。"又《左氏》宣二年傳"狂狡輅鄭人",杜注:"輅,迎也。"輅與訝同音字通。《説文》言部:"訝,相迎也。周禮曰:'諸侯有卿訝也。'"（按秋官掌訝職文。）他經多作御。《詩·鵲巢》"百兩御之",傳:"御,迎也。"《甫田》"以御田祖",箋:"御,迎也。"《穀梁》成元年傳"齊使禿者御禿者",注:"御音迓。迓,迎也。"迓是俗字。《書·盤庚》:"予迓續乃命于天",僞孔傳:"迓,迎也。"出于許後,蓋衛、包之徒用以改經 ①。《説文》彳部:"御,使馬也。"車部:"輅,車軨前橫木也。"經傳假爲迓迎字。

064 秦穆姬屬賈君焉

僖十五年傳:"秦穆姬屬賈君焉。"杜注:"賈君,晉獻公次妃,賈女也。"按《晉語》韋注:"惠公蒸於獻公夫人賈君,故申生臭達於外,不欲爲無禮 ②者所葬。唐以賈君爲申生妃,（按宋庠《國語補音·敘錄》:吳尚書僕射唐固字子正注《春秋外傳國語》二十一卷。韋昭《國語解敘》亦稱:尚書僕射丹陽唐君。）非也。傳曰:'獻公娶於賈,無子。'"

065 晉侯許賂中大夫

僖十五年傳:"晉侯許賂中大夫。"杜注:"中大夫,國內執政里、丕等。"按

---

① "他經多作"至"用以改經"一節,係作者隱括《説文解字》"訝"字段玉裁注而抒論。

② "禮",稿本作"理"。據《國語》韋昭注改。

《晉語》："冀芮曰:'公子勉之。亡人無狷潔,狷潔不行。重賂配德,公子盡之。無愛財!人實有之,我以徼^①倖,不亦可乎?'公子夷吾出見使者,再拜稽首,起而不哭,退而私於公子縶曰:'中大夫里克與我矣,吾命之以汾陽之田百萬。丕鄭與我矣,吾命之以負蔡之田七十萬。君苟輔我,蔑天命矣!吾必遂矣。'"

066 賂秦伯以河外列城五

僖十五年傳:"賂秦伯以河外列城五,東盡虢略,南及華山,內及解梁城,既而不與。"杜注:"河外,河南也。東盡虢略,從河南而東盡虢界也。解梁城,今河東解縣也。華山,在弘農華陰縣西南。"按《晉語》:"亡人苟入掃宗廟,定社稷,亡人何國之與有?君實有郡縣,(按《逸周書》作:"雒解千里百縣,縣有四郡。"哀二年:"趙簡子誓曰:克敵者,上大夫受縣,下大夫受郡。"此言郡縣者,錯文言之。)且入河外列城五。豈謂君無有,亦爲君之東游津梁之上,無有難急也。亡人之所懷挾纓纕,以望君之塵垢^②者。黃金四十鎰,白玉之珩六雙,不敢當公子,請納之左右。"夷吾私於公子縶語也。

067 獲其雄狐

僖十五年傳:"獲其雄狐。夫狐蠱必其君也。"杜注:"蓋卜筮書雜辭,以狐蠱爲君,其義欲以喻晉惠公,其象未聞。"孔疏:"筮者若取《周易》,則其事可推。此不引《易》,意不可知。故杜舍此傳文,而以《周易》言之。《蠱》卦《彖》云:'利涉大川,往有事也。'秦、晉隔河,往而有事,亦是秦勝晉之卦也。今此所言,不出於《易》,蓋卜筮之書,別有雜辭。此雜辭不出《周易》,無可據而推求,故云其象未聞。"按,予友黃六庵(壽祺)引虞翻逸象"艮爲狐,而艮爲少男",故知所獲爲雄狐。抑予謂昭元年傳曰:"于文,皿蟲爲蠱。在《周易》,女惑男、風落山,謂之蠱。"杜注:"《蠱》,巽爲長女,爲風;艮爲少男,爲山。少男而說長女,非匹,故惑。山木得風而落。"然《易‧蠱》之《象》曰:"山下有風,蠱。君子以振民育德。"不云"女惑男,風落山"也。豈杜所謂卜筮書雜辭?抑左氏所見有異文與?(按,《後漢書‧范升傳》:"《易》曰:'正其本,萬事理。'"章懷注:"今《易》無此文也。"女惑男,風落山,亦疑《易》有脫文。)《晉書‧石

---

① "徼",稿本作"僥"。據四部叢刊影印明翻刻公序本《國語》改。徼、僥通。
② "垢",稿本作"埃"。據四部叢刊影印明翻刻公序本《國語》改。

勒載紀》"狐媚以取天下也"，駱賓王《爲徐敬業檄武氏》"狐媚偏能惑主"，此狐媚字，蓋取諸傳"狐蠱，女惑男"之義。《易·蠱》之初六，其《象》曰："幹父之蠱，意承考也。"則與狐蠱雄狐之義亦相應矣。虞氏逸象，宜亦糅合《易》與傳，而爲之辭。

068 晉於是乎作爰田

僖十五年傳："晉於是乎作爰田。"杜注："分公田之稅應入公者，爰之於所賞之衆。"孔疏："服虔、孔晁皆云：爰，易也。賞衆以田，易其疆畔。杜言爰之於所賞之衆，則亦以爰爲易，謂舊入公者，乃改易與所賞之衆。"按《晉語》："焉（按焉，猶於是也）作轅田。"韋注："賈侍中云：'轅，易也。爲易田之法，賞衆以田。易者①，易疆界也。'或云：'轅，車也，以田出車賦。'昭謂：此欲賞以悅衆。而言以田出車賦，非也。唐曰：'讓肥取磽② 也。'"《內傳》"爰"，《外傳》作"轅"，賈、服皆云"易也"。蓋爰、轅皆假借字，本字當作趄。《說文》走部"趄"下云："趄田，易居也。"《周禮·大司徒》云："不易之地，家百畮。一易之地，家二百畮。再易之地，家三百畮。"注："鄭司農云：不易之地，歲種之，地美，故家百畮。一易之地，休一歲乃復種，地薄，故家二百畮。再易之地，休二歲乃復種，故家三百畮。"《遂人》："辨其野之土，上地、中地、下地，以頒田里。上地，夫一廛、田百畮、萊五十畮，餘夫亦如之。中地，夫一廛、田百畮、萊百畮，餘夫亦如之。下地，夫一廛、田百畮、萊二百畮，餘夫亦如之。"注："萊，謂休不耕者。"《公羊》宣十五年傳，注："司空謹別田之高下善惡，分爲三品。上田一歲一墾，中田二歲一墾，下田三歲一墾。肥饒不得獨樂，墝埆不得獨苦。故三年一換主易居，財均力平，兵車素定，是謂均民力、彊國家。"《漢書·食貨志》："民受田，上田夫百畮，中田夫二百畮，下田夫三百畮。歲耕種者爲不易。上田休一歲者爲一易，中田休二歲者爲再易，下田三歲更耕之，自爰其處。"《地理志》："孝公用商君，制轅田。"張晏曰："周制三年一易，以同美惡。商鞅始割列③ 田地，開立阡陌，令民各有常制。"孟康曰："三年爰土易居，古制也。末世浸廢。商鞅相秦，復立爰田。上田不易，中田

---

① "易者"，稿本無。據四部叢刊影印明翻刻公序本《國語》補。
② "磽"，稿本作"澆"。據四部叢刊影印明翻刻公序本《國語》改。
③ "列"，稿本作"裂"。據《漢書》改。

一易，下田再易。爰自在其田，不復易居也。"綜觀諸說，爰田本屬周制。許謂"趄田，易居"者，何注云"三年一換主易居，財均力平"，其言最詳。蓋三年而上、中、下田易之，皆徧易其所耕，則田廬皆易，就其便也，故曰易居。春秋之時，其制久廢，肥瘠不相易。惠公賞以悅衆，復作爰田，使之財力均平，征繕有所出。故繼之以"作州兵"，亦復古制也。

069 晉於是乎作州兵

僖十五年傳："晉於是乎作州兵。"杜注："五黨爲州，州二千五百家也。因此又使州長，各繕甲兵。"按《晉語》："焉作州兵。"（按汪遠孫曰："焉，猶於是也。"）韋注："二千五百家爲州，使州長各帥其屬，繕甲兵。"此杜用韋說也。《周禮·地官·司徒》："鄉老，二鄉則公一人。鄉大夫，每鄉卿一人。州長，每州中大夫一人。黨正，每黨下大夫一人。族師，每族上士一人。閭胥，每閭中士一人。比長，五家下士一人。"注："州、黨、族、閭、比，鄉之屬別。正、師、胥，皆長也。"疏："'州長，每州中大夫一人'者，每鄉有五州，州長以中大夫爲之，亦四命。'黨正，每黨下大夫一人'者，五黨爲州，黨正使下大夫爲之，亦四命。'族師，每族上士一人'者，五族爲黨，族師使上士一人爲之，亦三命。'閭胥，每閭中士一人'者，四閭爲族，巷門爲閭。胥，有才智之稱。閭胥使中士一人爲之，亦再命。'比長，五家下士一人'者，五比爲閭，比長使下士一人爲之，亦一命。特言五家者，明閭胥已上至鄉皆有家數，故其職云：'五家爲比，五比爲閭，四閭爲族，五族爲黨，五黨爲州，五州爲鄉。'從少至多，故於此言五家爲本也。"《夏官·大司馬》："中夏，教茇舍，如振旅之陳。群吏撰車徒，讀書契，辨號名之用。帥以門名，縣鄙各以其名，家以號名，鄉以州名，野以邑名，百官各象其事，以辨軍之夜事。其他皆如振旅。"注："鄉以州名，亦謂州長至比長也。"然則晉作州兵，亦沿用周制也。古者寓兵於農，以鄉、州、黨、族、閭、比爲編，民故春蒐、夏苗、秋獮、冬狩，皆於農隙以講事也。出而治兵，入而振旅，歸而飲至。《管子》曰："能治其民矣，而不明于爲兵之數，猶之不可。"其後齊、魏徭戍，荊、韓召募，秦用商君開塞耕戰之策，漢有都試簡閱，唐有府兵，所損益可知也。夷吾雖多忌無信，取敗韓原，然"喪君有君，群臣輯睦，甲兵益多"。迨重耳之入，年六十二矣，晉人多附，遂作三軍，城濮敗楚，天子使命爲霸。蓋晉自曲沃伯，以一軍爲侯，獻公作二軍，至是作州兵。及成三年傳“晉作六軍”，杜注：“僭王也。”襄八年傳，則有“晉君方明，四軍無闕”之言。故《孟子》曰：“晉國，天下莫強焉。”其所係顧不重哉！

070 沐則心覆

僖二十四年傳：“沐則心覆。”孔疏：“韋昭云：‘沐則低頭，故心反覆也。’”按《韓詩外傳》：“里鳧須曰：‘沐者其心倒，心①倒者其言悖。’”然則覆猶倒也。《說文》：“沐，濯髮也。浴，灑身也。”《楚辭》：“新沐者必彈冠，新浴者必振衣。”

071 行者爲羈絏之僕

僖二十四年傳：“行者爲羈絏②之僕。”按《晉語》“行”作“從”，“羈絏”作“羈紲”。韋注：“馬曰羈，犬曰紲，此二者臣僕之役。”絏、紲字同。

072 夏五月

莊二十二年經：“夏五月。”按《左氏》無傳，《正義》引《釋例》曰：“年之四時，雖或無事，必空書首月，以紀時變，以明歷數。莊公獨稱‘夏五月’，及經四時有不具者，丘明無文，皆闕繆也。”《穀梁》注以“五月首時，寧所未詳”，鍾文烝《補注》：“孫復以爲月下有脫事，是也。史文殘闕，經遂仍之，亦夏五傳疑之例。桓、莊相接，莊亦遠也。若在近世多見而識其事，或可考矣。不改從始月例，明《春秋》無不知而作者。”鍾氏引孫復與杜《釋例》同。林堯叟注：“無事以首時書者五十九，惟此書五月、昭十年書十二月。”按昭十年無之，林氏謬也。

073 右司馬左司馬

文十年傳：“期思公復遂爲右司馬，子朱及文之無畏爲左司馬。”杜注：“將獵，張兩甄，故置二左司馬，然則右司馬一人當中央。”按《通鑑》卷九十：“建武元年，訪使將軍李恒③督左甄，許朝督右甄，訪自領中軍。”胡三

---

① “心”，稿本脫。據《韓詩外傳》補。
② “絏”，稿本誤“洩”。據《左傳正義》改。
③ “恒”，稿本誤“桓”。據《資治通鑑》改。

省注："甄,左右翼也。蓋晉人以左右翼爲左右甄,杜預取當時之言以釋之也。"(《通鑑》胡注引楊正衡曰："甄,音堅。戰陳有左拒、右拒。拒,方陳也。有左甄、右甄,左右翼也。左右拒見於周、鄭繻葛之戰,左右甄之義見於楚穆王孟諸之田。宋公爲右盂,鄭伯爲左盂。杜預注曰:'將獵,張兩甄。'蓋晉人以左右翼爲左右甄,杜預取當時之言以釋左右盂也。"按傳,左右盂之下置左右司馬,當今左右甄也。)

074 衛莊公娶于齊東宮得臣之妹 ①

隱三年傳："衛莊公娶于齊東宮得臣之妹,曰莊姜。"杜注："得臣,齊大子也。大子不敢居上位,故當處東宮。"按《詩·碩人》,疏引服虔云："得臣,齊世子名,居東宮。"

075 老夫耄矣

隱四年傳："老夫耄矣。"杜注："八十曰耄。稱國小己老,自謙以委陳,使因其往就圖之。"按《曲禮》："大夫七十而致事,自稱曰老夫。" ②

076 衛人逆公子晉于邢 ③

隱四年傳："衛人逆公子晉于邢。"按《衛世家》："迎桓公弟晉 ④ 於邢而立之"《集解》："賈逵曰:'邢,周公之胤,姬姓國。'"又僖二十四年傳："凡、蔣、邢、茅、胙、祭,周公之胤也。"襄十二年傳："邢、凡、蔣、茅、胙、祭,臨於周公之廟。"杜注："六國皆周公之支子,別封爲國。"

077 鄭之有原圃猶秦之有具囿也

僖三十三年傳："鄭之有原圃,猶秦之有具囿也。"杜注："原圃、具囿,皆囿名。中牟縣西有圃田澤。"按《列子·天瑞篇》："子列子居鄭圃。"張湛

---

① 案此則與前文第003則,同爲讀隱三年傳"衛莊公娶于齊東宮得臣之妹"札記,唯此略而彼詳,可相參閱。

② 案此則稿本天頭有作者墨筆批曰"重,刪"。然未審與何處重。疑當批於前第074則,而誤書此。今仍錄存以備閱。

③ 案此則與前文第006則,同爲讀隱四年傳"衛人逆公子晉于邢"札記,唯此詳而彼略。今俱錄存,以備參閱。

④ "晉",稿本無。據《史記》補。

注:“鄭有圃田。”則原圃、鄭圃、圃田,一也。

078 周書逸書

僖五年傳:“故《周書》曰:‘皇天無親,惟德是輔。’又曰:‘黍稷非馨,明德惟馨。’又曰:‘民不易物,惟德緊物。’”杜注:“《周書》,逸《書》。”孔疏:“‘皇天無親,惟德是輔’,《蔡仲之命》文也。‘黍稷非馨,明德惟馨’,《君陳》文也。‘人不易物,惟德其[①]物’,《旅獒》文也。杜不見古文,故以爲逸《書》。此傳與《書》異者,‘其’作‘緊’,師授不同,字改易耳,其意亦不異也。”按,孔謂杜不見古文者,此古文後出之僞,拾傳以立文之鐵證也。唐人不以古文《尚書》爲僞,故沖遠云然。

079 四軍無闕八卿和睦

襄八年傳:“晉君方明,四軍無闕,八卿和睦。”杜注:“四軍,謂上、中、下、新軍也。軍有二卿。”孔疏:“八卿者,據元年傳,荀罃將中軍,士匄佐之;荀偃將上軍,韓起佐之;欒黶將下軍,士魴佐之;趙武將新軍,魏絳佐之。”按,武英殿本作元年,誤。當作九年。

080 實訾敖

昭十三年傳:“實訾敖。”杜注:“不成君,無號諡者,皆謂之敖。”孔疏:“郟敖與此訾敖皆不成君,無號諡也。元年傳云:‘葬王于郟,謂之郟敖’,此云‘葬子千于訾,實訾敖’,並以地名冠敖,未知其故。又《世家》,楚之先君有若敖、霄敖,皆在位多年,亦稱爲敖,不知敖是何義。”按,敖之義,杜以爲“不成君無號諡者”。愚謂《史記·楚世家》:“熊渠曰:‘我蠻夷也,不與中國之號諡。’”若敖、霄敖、郟敖是成君者,亦曰敖。訾敖是不成君者。敖平讀,于義爲遨遊字。《管子·宙合》:“若敖之在堯也。”注:“慢而不恭曰敖。”《書》曰:“無若丹朱敖。”今書作“傲”。然則若敖、霄敖、郟敖、訾敖者,殆蠻夷之號諡。今多平讀之,其楚言乎?

---

① “其”,稿本作“緊”。據《左傳正義》改。

笠山遺集附錄

晚學生張善文編

碎金集

笠山手錄

【說明】

一、此集係包笠山先生早年所抄錄前人及時賢詩文作品，閒有按語，偶存晚歲復作批語。從中略可窺見鈔者當年讀書治學之所尚。

二、首篇錄唐末韋莊《秦婦吟》名作，出自敦煌寫本，頗附考論之語。

三、末篇錄唐狄仁傑《大周故相州刺史袁府君墓誌銘》，蓋據出土唐碑搨本整理，文中含有武后所造字若干，可與《笠山文鈔》卷十一《大周故相州刺史袁府君墓誌銘跋》對照閱讀。

四、茲特釐爲附錄一，並編目錄以列於首。

後學張善文謹記

2020 年 5 月 2 日

目　錄

秦婦吟 ①

右補闕韋莊撰

障子戒垂秦婦篇，秀才時號已流傳。敦煌石洞光芒在，呵護風靁九百年。壬申孟冬朔。笠山題。

韋右補闕秦婦吟一卷
戊辰中龝後學上杭包樹棠寫於鷺島

中和癸卯春三月，洛陽城外花如雪。東西南北路人絕，綠楊悄悄香塵滅。路傍忽見如花人，獨向綠楊陰下歇。鳳側鸞欹鬢腳斜，紅攢黛斂眉心折。借問女郎何處來，含嚬欲語聲先咽。廻頭斂袂謝行人，喪亂漂淪何堪說。三秊陷賊留秦地，依稀記得秦中事。君能爲妾解金鞍，妾亦與君停玉趾。前秊庚子臘月五，正閉金籠教鸚鵡。斜開鸞鏡嬾梳頭，閒凭雕闌慵不語。忽看門外起紅塵，已見街中擂金鼓。居人走出半倉惶，朝士歸來尚疑誤。是時西面官軍入，擬向潼關爲警急。皆言博野自相持，盡道賊軍來未及。須臾主父乘奔至，下馬入門癡似醉。適逢紫蓋去蒙塵，已見白旗來匝地。扶羸攜幼競相呼，上屋緣牆不知次。南隣走入北隣藏，東隣走向西隣避。北隣諸婦咸相湊，戶外奔騰如走獸。轟轟輥輥乾坤動，萬馬雷聲從地涌。火迸金星上九天，十二天街烟烘烔。日輪西下寒光白，上帝無言空脈脈。陰雲暈起若重圍，宦者星流如血色。紫氣潛隨帝座移，妖光暗射台星坼。家家流血如泉沸，處處冤聲聲動地。舞伎歌姬盡暗捐，嬰兒稚女皆生棄。東隣有女眉新畫，傾國傾城不知價。長戈擁得上戎車，廻首香閨淚盈把。旋抽金綫學縫旗，扶上雕鞍教走馬。有時馬上見良人，不敢回眸空淚下。西隣有女真仙子，一寸橫波翦秋水。妝成只對鏡中春，秊幼不知門外事。一夫跳躍上金階，斜袒半肩欲相恥。牽衣不肯出朱門，紅粉香脂刀下死。南隣有女不記姓，昨日良媒新納聘。瑠璃簾外不聞聲，翡翠屏間空見影。忽看庭際刀刃鳴，身首支離在俄頃。仰天掄

---

① 此篇係周岸登先生據王國維所錄敦煌寫本重錄，故篇末識語有"觀翁錄"、"觀翁記"，並錄《觀堂集林》兩條跋語。包笠山先生據周本鈔成，附周、包按語，及附錄敦煌寫本出處及草莊小傳。又篇題下有包先生自題絕句一首。

面哭一聲，女弟女兄同入井。北鄰少婦行相促，旋抲雲鬟（周師云當作饗雲）拭眉綠。已聞擊托壞高門，不覺攀緣上重屋。須臾四面火光來，欲下危梯梯又摧。烟中大叫猶求救，梁上懸屍已作灰。妾身幸得全刀鋸，不敢踟躕久廻顧。旋梳蟬鬢逐軍行，強展蛾眉出門去。舊里從茲不得歸，六親自此無尋處。一從陷賊經三載，終日驚憂心膽碎。夜臥千重劍戟圍，朝殮一味人肝膾。鴛幃縱入詎成歡，寶貨雖多非所愛。頭蓬面垢猇眉赤，幾轉橫波看不得。衣裳顛倒語言異，面上誇功雕作字。栢臺多士盡狐精，蘭省諸郎皆鼠魅。還將短髮戴華簪，不脫朝衣纏繡被。翻持象笏作三公，倒佩金魚爲兩史。朝聞奏對入朝堂，莫見喧呼來酒市。一朝五鼓人驚起，叫嘯喧爭如竊議。夜來探馬入皇城，昨日官軍收赤水。赤水去城一百里，朝若來兮莫應至。兇徒馬上暗吞聲，女伴閨中潛失喜。皆言冤憤此時銷，必謂妖徒今日死。逡巡走馬傳聲急，又道軍前全陣入。大彭（一作臺，下同）小彭相顧憂，二郎四郎抱鞍泣。汎汎數日無消息，必謂軍前已銜璧。簸旗掉劍卻來歸，又道官軍悉敗績。四面從茲多厄束，一斗黃金一升粟。尚讓營中食木皮，黃巢机上刲人肉。東南斷絕無糧道，溝壑漸平人漸少。六軍門外倚殭屍，七架營中填餓殍。長安寂寂今何有，廢市荒街麥苗秀。採樵斫盡杏園花，修寨誅殘御溝柳。華軒繡轂皆銷散，甲第朱門無一半。含元殿上狐兔行，花萼樓前荊棘滿。昔時繁盛皆埋沒，舉目凄涼無故物。內庫燒爲錦繡灰，天街踏盡公卿骨。來時曉出城東陌，城外風煙如塞色。路傍時見遊弈軍，坡下寬無迎送客。霸陵東望人烟絕，樹鏁驪山金翠滅。大道俱成棘子林，行人夜宿牆匡月。明朝曉至三峰路，百萬人家無一戶。破落田園但有蒿，摧殘竹樹皆無主。路傍試問金天神，金天無語愁於人。廟中古栢有殘枿，殿上金爐生暗塵。一從狂寇陷中國，天地晦冥風雨黑。桉前神水呪不成，壁上陰兵驅不得。閒日徒歆奠饗恩，危時不助神通力。我今愧惡拙爲神，且向山中深避匿。寰中簫管不曾聞，筵上犧牲無處覓。旋教魔鬼向鄉村，誅剝生靈過朝夕。妾聞此語愁更愁，天譴時災非自由。神在山中猶避難，何須責望東諸侯。前季又出楊震關，舉頭雲際見荊山。如從地府到人間，頓覺時清天地閒。陝州主帥忠且貞，不動干戈惟守城。蒲州主帥能戢兵，千里宴然無鼓聲。朝攜寶貨無人問，夜插金釵惟獨行。明朝又過新安東，路上乞漿逢一翁。蒼蒼面帶苔蘚色，隱隱身藏蓬荻中。問翁本是何鄉曲，底事寒天霜露宿。老翁蹔起欲陳詞，卻坐支頤仰天哭。鄉園本貫東畿縣，歲歲耕桑臨近甸。歲種良田二百廛,季輸戶稅三千萬。小姑慣織褐絁袍,中婦能炊紅黍飯。千間倉兮萬斯箱,黃巢過後猶殘半。自從洛下屯師旅,日夜巡兵入村塢。匣中秋水拔青蛇,旗上高風吹白虎。入門下馬若旋風,罄室傾囊如捲土。家財既盡骨肉離,今日垂季一身苦。一身苦兮何足嗟,山中尚有千萬家。朝飢山草尋蓬子,夜宿霜中臥荻花。妾聞此父傷心語,竟日闌干淚如雨。出門惟見亂梟鳴,更欲東奔何處所。仍聞汴路舟車絕,又道彭門自相煞。野色徒銷戰士魂,河津半是冤人血。適聞有客金陵至,見說江南風景異。自從大寇犯中原,戎馬不曾生四鄙。誅鋤盜竊若神功,惠愛生靈如赤子。城壕固護若金湯,賦稅如雲送軍壘。如何四海盡滔滔,堪然一境平如砥。避難徒爲闕下人,懷安卻羨江南鬼。願君舉棹東復東,詠此長歌獻相公。

天復伍季乙丑歲十二月十五日,燉煌郡金光明寺學仕張龜寫。右巴黎國民圖書館藏本。

貞明五季巳卯歲四月十一日,燉煌郡金光明寺學仕郎安友盛寫。倫教博物館藏本詩中注一作某者當據此本。

甲子正月,法國伯希和教授錄寄。觀翁重錄。

戊辰閏二月初四日,道援重錄。詩中「一作」,大抵誤字,無關弘恉。今讀定一本,不復贅錄。前年見日本狩野博士所錄倫敦博物館所藏殘本,自「南隣走入北隣藏」至「誅剝生靈過朝夕」句止。余以篇中有「內庫燒爲錦繡灰」二句,據《北夢瑣言》知爲韋莊《秦婦吟》。後見巴黎圖書館書目有《秦婦吟》一卷,因迻書伯希和教授,屬爲寫寄。越四季,教授乃以此本見寄。並以倫敦另一足本校之,遂爲完璧。觀翁並記。

唐寫本韋莊秦婦吟殘詩跋

　　此詩前後殘闕,無篇題及撰人姓名,亦英倫博物館所藏,狩野博士所錄。案《北夢瑣言》:「蜀相韋莊應舉時,遇黃巢犯闕,著《秦婦吟》一篇,云『內庫燒爲錦繡灰,天街踏盡公卿骨』。」此詩中有此二語,則爲韋莊《秦婦吟》審矣。《瑣言》又云:「爾後公卿頗多垂訝,莊乃諱之。時人號爲『秦婦吟秀才』。他日撰《家戒》,內不許垂《秦婦吟》障子。以此止謗,亦無及也。」云云。是莊貴後,諱言此詩。故弟藹編《浣花集》,不以入集,遂不傳於世。

然此詩當時製爲障子,則風行一時可知。伯希和教授《巴黎國民圖書館敦煌書目》亦有《秦婦吟》,下署"右補闕韋莊"。彼本有前題,殆較此爲完善與?轉錄《觀堂集林》二十一①。

韋莊秦婦吟跋二

余曩考日本狩野博士所錄倫敦博物館殘本,據《北夢瑣言》定爲韋莊《秦婦吟》。後閱《巴黎國民圖書館敦煌書目》,有《秦婦吟》一卷,署"右補闕韋莊撰"。因移書伯希和教授,屬爲寫寄。甲子正月,教授手錄巴黎所藏天復五季張龜寫本以至,復以英倫別藏梁貞明五季安友盛寫本校之。二本並首尾完具,凡千三百八十六字。樹棠按《秦婦吟》凡千六百六十六字。其首云"中和癸卯春三月",則此詩乃中和三季所作。其末云"適聞有客金陸至,見說江南風景異",又云"願君舉棹東復東,詠此長歌獻相公",則此詩乃上江南某帥者。考是時,周寶以鎮海軍節度使同平章事鎮潤州,則相公蓋謂周寶也。莊遇黃寇之亂,初居洛中,旋客江南。《浣花集·四》有《江上逢史館李學士》詩云"關河自此爲征壘,城闕於今陷戰鼙",自注云:"時巢寇未平。"則中和三季三月,莊已由洛渡江。其後有《陪金陵府相中堂夜宴》詩、《觀浙西府相畋游》詩,又有《官莊詩》,自注云:"江南富民悉以犯酒沒家產,因以此詩諷之,浙帥遂改酒法,不入財產。"是莊曾爲周寶客,此詩即其初至江南贄寶之作矣。此時莊尚未第,其署"右補闕"乃莊在唐所終之官。考莊自巢亂後,自洛而吳、而越、而贛、而楚,至景福二季癸丑始還京應②舉,其《投寄舊知》詩所謂"萬里有家留百越,十季無路到三秦"者也③。是季下第,至次季乾寧改元,始成進士。其入蜀之歲,則弟藹《浣花集序》云:"庚申光化三季夏以中諫□□□□,辛酉天復元季春應聘爲蜀奏記。"而《浣花集·十》有《過樊川舊居》詩,自注云:"時在華州駕前奉使入蜀作。"考昭宗以乾寧三季丙辰七月幸華州,至光化元季戊午八月始還京師,則莊奉使入蜀當在丙丁戊三季中。而《唐書·隐逸·陸龜蒙傳》云:"光化中,韋莊表龜蒙及孟郊等十人皆

---

① 二十一,鈔本誤作"十七"。據《觀堂集林》改。

② 應,鈔本脫。據《觀堂集林》補。

③ 也,鈔本脫。據《觀堂集林》補。

贈右補闕。"《北夢瑣言》記此光化元秊。① 則莊使蜀後仍自還朝，至庚申乃復入蜀，辛酉始委質王氏。則庚申之中諫，唐人呼拾遺、補闕二官爲中諫，見《北夢瑣言·八》。乃其在唐所終之官也。《瑣言》載右補闕韋莊爲陸龜蒙誄文，與此詩結銜，均以其 ② 最後一官稱之。而此詩書於天復五秊，宜其書此官也。甲子二月。③

岸登案：乙丑爲昭宣帝天祐二秊。《新唐書》天復四秊四月乙巳改元大赦，是天祐仍爲昭宗所改之元。八月壬寅朱全忠弒帝，八月丙午昭宣帝即位，仍稱天祐元年。至四年，歲在丁卯四月甲子遜位而唐亡。此卷寫於燉煌，距關洛非遠，不應不知四年四月改元事，何以仍稱天復五秊？ 此必有故，姑記此以待詳考。（笠山硃筆夾批④：按《鮚埼亭集外編·唐天祐紀年論》："獨唐亡梁篡，更無親支之可期，而諸藩各以天祐紀號綿延幾二十年，則又一變局也。"又眉批：蜀王建丁卯，以天復七年紀元。）

又案《全唐詩》所載，惟鄭嵎《津陽門詩》比此詩多二句，此外無更長於此者。鄭詩冗弱，通篇無警策語。且嵎此篇外，不傳一字，其不工詩可知。先師王壬父《唐詩選》且尚錄之。所詠明皇、太真遺事，唐人歌詠記載多矣，意以明法戒，知國故也。豈若此篇，述黃巢亂象，驚心動魄，一字千金，爲吾人治國故者所急欲聞。且以飽經喪亂之吾人，復讀此詩，尤覺一字一淚，一字一血。即其所言，用證身所經歷，且冥想有史以來，經一度之變亂，必有一度恐怖驚惶之印象，惜無端己其人者，爲之歌咏，垂爲世戒。又恨我身所經歷，未能詠歌記載；即有所作，亦無此繪水繪聲之筆，形容盡致。喪亂之象，久且淡忘於國民腦中，不能垂爲殷鑒也。此篇應爲有唐一代歌行第一，通閱《全唐詩》，實無第二篇足與竝論者。雖以作者自避俗忌，不以入集，遂致不傳於世，然天地至文，不可磨滅，乃閱千數百歲復出人間耳。已流出數萬里外，重譯始通之絕國異域，且得合數本出全文以餉多士。文字傳否，自有精靈，雖作者自欲閟之而不可得，更何人世憎愛之足云哉？ 擬考史事，爲之箋釋，以貽學者。閏月甲子并記。

樹棠按：《全唐詩》，鄭嵎字賓先，大中五秊進士第。其《津陽門詩》序

---

① 案《觀堂集林》此下多 "《容齋三筆》卷七謂在光化三年十二月" 十五字。

② "其" 下，《觀堂集林》有 "在唐" 二字。

③ 案此跋與前跋皆王國維所作，均錄自《觀堂集林》卷二十一。

④ 案此處夾批及眉批，蓋笠山先生日後所補作。

云:"津陽門者,華清宮之外闕,南局禁闈,北走京道。開成中,峴常得群書,下帷於石甕僧院,而甚聞宮中陳迹焉。今季冬,自虢而來,莫及山下,因解鞍謀餐,求客旅邸。而主翁季且艾,自言世事明皇,夜闌酒餘,復爲峴道承平故實。翌日,於馬上輒裁刻俚叟之語,爲長句七言,凡千四百字,成一百韻,止以門題爲之目。"今韋莊《秦婦吟》凡千六百六十六字,比鄭詩實多三十八句,則唐人歌行最長者,固當推《秦婦吟》爲第一也。唯篇中有複韻者。然古詩如蘇子卿作,及唐人集中,亦往往不避。《浣花集》有《和鄭拾遺秋日感事》五言百韻,陳述喪亂,有"眉畫猶思赤,巾裁未厭黃",與此詩"頭蓬面垢猶眉赤",皆指黃寇,然不如是篇之沈痛耳。此詩作於僖宗中和三季癸卯,是季五月李克用破黃巢,收復長安。明季甲辰,巢奔瑕丘,其甥林言斬巢兄弟妻子以降。考乾符二季乙未,王仙芝陷濮、曹州,巢聚衆應之。詩中云"前季庚子臘月五",庚子改元廣明,是冬臘月五當是十二月五日巢入長安,帝出走興元。越季,即中和元季,帝幸成都,官軍克長安,尋又失之,則所謂"必謂妖徒今日死,又道官軍旋敗績"者指此事。計巢以庚子冬入長安,至中和癸卯敗出,中間三季,則所謂"三季陷賊留秦地"、"一從陷賊經三載"者皆與合。莊躬遭喪亂,東西南朔,間關萬里,家國之痛既深,當其感慨陳詞,若有風雲走其筆端,唧唧啾啾,爲秦婦之吟聲,爲天下蒼生之哭聲,泣風雨,動鬼神。石室庋藏,亘天地而不壞,豈偶然哉?嗟乎!一理一亂,古往今來,展轉兵燹,讀之憮然。戊辰中秋,客鷺江寫竣附識。

附錄一

秦婦吟一卷。右補闕韋莊撰。

巴黎國立圖書館藏,伯希和教授在燉煌所發現者。此卷雖少有虧損,大體全整,卷末尤完好。詩題下有"右補闕韋莊撰"六字。編在二千七百號。

燉煌郡金光明寺學仕張龜寫秦婦吟。

巴黎國立圖書館藏,伯希和教授在燉煌所發現者。此卷亦大體全整,卷末完好。後題"天復五年十二月十五日燉煌郡金光明寺學仕張龜寫"二十二字。編在三千三百八十一號。

燉煌郡金光明寺學仕郎安友盛寫秦婦吟一卷。

英國博物院藏,斯坦因爵士蒐集燉煌寫本。書內此爲卷子本,開端已被扯去，惟自"馬雷聲從地涌"六字起，直至詩之末句，完好無缺，凡一百九十八行。題曰"秦婦吟一卷"。跋曰："貞明五年已卯歲四月十一日，燉煌郡金光明寺學仕郎安友盛寫訖。"後有詩，殘缺不完，祇存四句云："今日寫書了，合有五升麥。高代不可得，還是自身災。"寫工草率。

殘本秦婦吟。

英國博物院藏，斯坦因爵士蒐集燉煌寫本。書內凡九葉，長一四‧五米突，廣一零‧五米突。斯坦因所倩中國助手題曰：戲要書一本，共一百五十三行。自"門外起紅塵"五字起，至"旋教魆"三字止。

殘本秦婦吟

英國博物院藏，斯坦因爵士蒐集燉煌寫本。書內此本如前殘本，爲一小冊，惟稍大，其字畫雖尚可辨讀，而劣拙足使人駭，似幼僧初學塗鴉，寫爲習課者。然此本缺憾雖多，殘毀較少。前本所具之句，此皆具之。惟閒有三四句偶然遺奪，自"斜開鸞鏡懶梳頭"句起，至末"詠此長歌獻相公"句，"長"字缺，"公"下增"意"字。

附錄二

韋莊，字端己，杜陵人。乾寧元年進士。入蜀，王建辟掌書記，尋召爲起居舍人，建表留之。後爲蜀散騎常侍判中書門下事，累官吏部尚書。卒諡"文靖"。有《浣花集》。(《詞林紀事》)

韋莊，字端己，杜陵人。見素之後，曾祖少微，宣宗中書舍人。莊疎曠不拘小節。李詢爲西川宣諭和協使，辟爲判官。以中原多故，潛欲依王建。建辟爲掌書記，尋召爲起居舍人，表留之。後相建，爲偽平章事。(《全唐詩話》)

題[①]餶飿亭圖並序

祁寯藻

《顏氏家訓[②]》："吾嘗從齊主幸幷州，自井陘關入上艾縣，東數十里，有獵

---

① "題"上，《餶飿亭集》卷十七有"自"字。
② "訓"下，《餶飿亭集》卷十七有夾注"勉學篇第八"五字。

閻邨。後百官受馬糧,在晉陽東百餘里亢仇城側。並不知二所本是何地,博求古今,皆未能曉。及檢《字林》、《韻集》,乃知獵閻是舊讘餘聚,亢仇舊是穅欴亭,悉屬上艾。時太原王劭欲撰鄉邑記注,因此二名聞之,大喜。"按今太原縣,故晉陽也。北齊移晉陽縣於汾水東,穅欴亭在晉陽東百餘里,當^①今壽陽縣地。余嘗愛其奇字,取以自號,擬築亭以復古蹟。宦游十餘年,斯願未遂。芸皋前輩爲寫此圖,潤山繼之,遂成二妙。合裝長卷,並紀以詩云

誅茅何地起三椽,潑墨無心得兩箋。畫裏似聞人失笑,谿山如此不歸田。

西華南衡踏碧巇,醫巫閭頂倚松杉。袖中萬里青山色,卻向秋窗夢鴦巖。

<small>壽陽有鴦巖,見《隋書》。</small>

卻略嶺高^②堪築樓,同過水小劣容舟。如何一片團團月,祇爲行人照馬頭。<small>馬頭惟有月團團,昌黎《次壽陽驛》句也。</small>

擬乞閒身奉板輿,太行雲下有吾廬。問奇便學王君懋,盤肉都空且著書。

嵩山道中

王乃徵

太室峰西少室旁,溪泉流韻草花香。蘼蕪薜荔停輿處,欲繼盧鴻作草堂。

昀谷改官將之蜀成竹枝詞六十首送行

趙 熙

心感中年別故交,一官如芥共堂坳。西行卻有高僧意,萬水千山自打包。
十載東方鬢已新,散原無閟築延真。扁舟此日還爲客,滿眼江湖綠戀人。
身外殘書塞兩扉,一舟搖入海天微。輕裝穩壓彭蠡碧,頭白匡山語早歸。
日照香爐生紫煙,知君於此漱瑤泉。醉中一浣銀河筆,大瀑如龍落九天。
老愛山房聽雨眠,送君心已到開先。此中禪味分明在,落月東林去眇然。
一月出山天色晴,中秋夜泊九江城。思君不見桂花發,水上之官明月生。

---

① "當"下,《穅欴亭集》卷十七有"即"字。
② 高,《碎金集》作"南",疑形譌。據《穅欴亭集》卷十七改。

以上送昀谷先過家江西。

　　路轉樊山樹樹秋，維舟漢口又沙頭。彞陵訪過歐陽跡，一路猿聲送峽州。

　　西陵水色勝新安，朝暮黃牛上峽難。人在空舲歌一曲，雁聲遙應第三灘。

空舲峽上，即晉時新崩三灘也。

　　小泊香溪到玉虛，洞中垂乳是仙居。祇緣心上明妃在，水味濃香滿漢書。

　　屈原廟前楓葉紅歸州，平明打皷上巴東。秋風亭下香火絕，手板無人謁寇公。

　　巫山峽影玉清泠，人在冰壺一色青。水響猿啼神女怨，雲晴雨淡楚王靈。

　　巫山窈窕復玲瓏，墨作圍屏玉作峰。一鏡桃花低綠水，瑤姬寫影在當中。

　　縹緲巫山十二峰，晴峰奇秀雨峰濃。美人峰更薰香立，如此巫山愁煞儂。

　　一舸瞿塘日易西，峽門鹽甲與天齊。千秋杜甫吟能健，白帝城高接瀼溪。

　　漢主征吳此路廻，連營一蹶使人哀。三分不續高光業，八陣遙當灩澦堆。

　　雲安縣前江水春，桓侯廟裏早梅新。盈盈石上浣衣女，何處凌波無洛神。

　　燕龕峽轉漸安流，南浦人煙出萬州。風便南賓三日到，翠屏山向白公樓。

南賓，今忠州。翠屏山有陸宣公墓，隔江即香山樓。

　　平都古寺風泠泠今酆都，山木入天揚翠斿。仙人一去鹿無跡，日斜山鬼下空庭。

　　黃草峽晴魚翠飛，漁人支網石梁歸。山花紅入半江水，溪女采花歌翠微。

　　水折山紆一道青，春來巴峽滿啼鶯。王維此地曾經泊，際曉吟花憶上京。

　　巴山行近子規啼，巴水三廻折向西。巴曼墓隨荒草合，李嚴城枕石峰低。

　　浮圖大勢壯江州，二水朝天抱郭流。報賽無人尋禹廟，亂烟籠樹滿夷樓。

　　天晴三日出渝關，千里龍泉始見山。日與稻田高下轉，人疑桑墅有無間。

周孝懷觀察勸蠶桑之業，期五年後，歲增千萬已上。

　　行盡青山見錦城，菊花天氣雨初晴。馬頭樹色殊秦棧，大野青浮一掌平。

　　一擔行囊半擔書，爭看太守到成都。知公公事崔丞樣，首問青城次桂湖。

以上送昀谷由湖北至成都。

　　九天開出一成都，華屋笙簫溢四隅。半壁由來天府重，獨憐劉禪是人奴。

以下說成都以及蜀中所有可遊之地。

　　張儀城接文翁室，逸少馳心廣異聞。不到成都爭識得，當鑪人有卓文君。

　　少城花木稱公園，冬日紅梅夏日蓮。莫向武擔尋石鏡，摩訶池水亦桑田。

自古成都四大寺，北門昭覺樹參天。老僧會得涪翁語，花氣薰人欲破禪。

角巾閒訪二仙庵，斐冕交情問古柟。不爲遨頭向花市，古來名士愛城南。

城南水竹最清暉，處處叢祠白鷺飛。前歲梅花三度宿，令人心淡不能歸。

青羊一帶野人家，稚女茅檐學煮茶。籠竹綠於諸葛廟，海棠紅絕放翁花。

春水香流萬里橋，枇杷門巷倚橋高。井泉艷過花箋色，便恐桃花是薛濤。

周子能官愛草堂，臘中題壁贊公房。兩年不見頭增白，每對桃花憶故鄉。

萬事由天守一迁，春來花鳥覔邨沽。閒行泥飲遭田父，爲道耕田識字夫。

老愛耕田訪桂湖，升庵遺跡重新都。桂香濃到中秋夜，歷歷湖邊坐酒徒。

便道尋秋灌口涼，淘沙作堰歲功長。伏龍觀裏江聲發，玉壘天晴一望鄉。

天師古洞艷山名，第一江源了上清。仙跡試尋銀杏古，白雲紅葉畫青城。

錦城東下路蕭然，九眼橋南綠接天。兩岸漸多黃竹子，女兒耕得華陽田。

江口彭山百里程，鷺鶿飛處問灘名。水天一色玻璃碧，風蕩漁磯作玉聲。

眉州紗縠拜蘇祠，紅映荷花看打碑婉安詩。一雨中巖山盡活，綠波浮動一蟆頤。

平羌風草媚于蘭，綠淨無人守釣竿。一邏龍泓山似玉，玉人臨鏡掃眉看。

漁歌裊裊荔枝樓，漢代犍爲定此州。人愛陸家官味好，江心一點畫烏尤。

烏尤山是古離堆，沫水沙明一鏡開。竹外三峨九秋色，勸君莫掉酒船廻。

船頭掠水亂鷹飛，古佛凌雲坐翠微。人說海師遺蛻在，樹頭依約一僧歸。

高望山前宿雨收，夕陽如畫滿城頭。雁聲搖曳江天遠，人在西南第一樓

斑竹灣頭客散遲，小船炊火集漁師。西行是入峨眉路，一角籬花露酒旗。

觀音一石水爭波，此地銅河入雅河。石外豁然平野綠，桃花源裏得春多。

傍竹人家盡種蔬，石邊蠻洞是秦餘。蕭然一灑鄉風異，兒自耕山女讀書。

五里沙原盡虎頭，水鄉一族占林邱。棗林桑墅看逾好，風物依依似鄭州。

青衣渡口飯蘇稽，竹繞行人百鳥啼。何處藐姑臨水立，仙山青玉出城西。

符文一水似江鄉，麥草青青菜子黃。老竹陳登求下策，峨眉山下問山莊。

南安四徼近烏蠻，地勢東來半土山。兩日行程香宋到，山城雨過百花閒。

余家榮縣水田西，春至秧痕一翦齊。故老若詢游宦味，祇應留舌示山妻。

山妻一歲隔幽明，少婦嬌兒白髮兄。君倘到門應憶我，孤雲落日詣京城。
古洞青陽九夏幽，昔年攜史洞中游。故人若聽重陽雨，野寺丹黃樹葉秋。
秋雨重陽最憶君，兩家風土各知聞。何堪八載長安住，水驛山程夢子雲交君始癸卯。
故人王相臨邊久，莫爲浮雲歎此身。坐與岷峨爲地主，當年揚馬是州民。
雪山西望苦邊籌，落日何人不旅愁。臨別慰君還一笑，詩人謫宦比黃州漱唐語。
萬山一一來時路，盡譜鄉心上竹枝。從古詩人多入蜀，花潭杜老望君時。

贈石遺四首

趙　熙 [1]

石遺老子天下絕，談詩愛山無世情。大好金華讀書處伯玉，聞風心到錦官城。
送客魂銷下里詞，故人楊子最能詩。遲君一縱巴山櫂，細雨迎秋唱竹枝。
千山萬水三生約，好句親題送子雲。西向定將人日報，草堂花發最思君。
水驛山程約略齊，併應漁具手中攜。閒吟爲伴陳無己，一夜鄉心繞蜀西。

戊申八里莊摩訶庵登高

趙　熙

樹邊人語見邨莊，酒斾風微葉漸黃。小坐一餐如旅客，出城八里屬良鄉。
寺經劫火猶留塔，秋老山容漸有霜。不負騎驢尋野色，寒花十日古重陽。

登石景山同堯生侍御作

江　瀚

勞勞車馬黃塵陌，惟有西山不厭看。與客初來登石景，去年曾此渡桑乾。客冬由此過渾河，游潭柘戒壇。遙峰鳥道高秋出，廢院虬松白日寒。宧豎豐碑隨處有

---

① 此處鈔本作“前人”。唯其後同類情況或有仍署名者，又有同一作者先後出現者，故謹改爲均署本名，以一其例。下倣此，不復出校。

西山各寺多明代諸璫建，可憐民力勝朝殫。

題堯生石景山詩後

江　瀚

西郊嵐翠待高吟，詩思曾看策蹇尋。頓使山川發奇彩，似聞鸞鶴有遺音。三秋不盡登臨興，五夜難忘諫諍心。抗疏餘閒還蠟屐，衝寒更擬入雲深。

洪山登閱兵臺

鄭孝胥

跨城山勢各依依，遙愛浮圖插翠微。桑麥欲成春半過，江湖長繞客安歸。其亡隱痛南公語，可去曾聞穆氏幾。莫倚高臺看落日，論兵殘淚向誰揮。去歲在都召對，極言練兵之急。

山中懷簣齋

陳寶琛

東坡飲啖想平安，塞上秋風又戒寒。久別更添無限感，即歸豈復曩時歡。數聲去雁霜將降，一片荒雞月易殘。獨自聽鐘兼聽水，山樓醒眼夜漫漫。笠山按《滄趣樓詩集》，三四句易作"此別豈徒吾輩事，即歸能復向時歡"，此晚歲定稿。

簣齋以小像見寄感題卻寄

陳寶琛

十載街西形影隨，五年南北尺書遲。夢中相見猶疑瘦，別後何時已有髭。機盡狎漚原自適，聲銷賣藥漸無知。江心憶拜張都像，熱淚如潮雨萬絲。別於小金山襄慭讀書處也，土人呼爲張都。

泛月入山道得蘇龕江南寄詩竹坡蘇龕座主也感賦因寄

陳寶琛

詩筒把向江天讀，拍拍春潮月滿船。夜夢欲因度雲海，前遊可惜久風泉。別來痛逝知君共，他日論文識子偏。緘淚寄將頻北望，解裝一爲酹新阡。

九日從抱冰宮保至洪山寶通寺餞送梁節庵兵備

陳三立

嘯歌亭館登臨地，今日都成隔世尋。半壑松篁藏梵籍，十年心迹比秋陰。飄鬌自冷山川氣，傷足寧爲卻曲吟。作健逢辰領元老，下窺城郭萬鴉沈。

江上望焦山有懷昔游二絕

陳三立

風暖雲明倒酒瓶，閒看鸂鶒滿沙汀。垂垂日腳孤舟下，襟袖光飛一點青。隔歲支筇蒼莽顛，藏山肺腑世無傳。插椽箕斗松寥閣，憶抱江聲赤腳眠。

得瘿公書識京華故人消息喜極志感

趙熙

燈下欣如聚故人，經年南北斷知聞。苦吟健飯陳無己，行乞枯僧楊子雲。惟汝梁鴻妻共廡，有人王霸子成群。獨憐老跨耕牛者，強唱農歌媚細君。

知昀叟近狀百感作寄

趙熙

並無歸路到禪關，獨影栖栖燕市間。講肆爲生通馬隊，歲寒留約斷巴山。佳兒已解應官未，舊侶同嗟得食艱。莫唱秋墳聊近酒，老來還泊落星灣。

蟄广爲農戲寄

趙　熙

老去多牛號乃公，全家力作畝南東。半生識字干天怒，八口占星盼歲豐。留命桑田休問海，傳香麥隴自聞風。杏花菖葉陂如鏡，椎髻相看一笑中。笠山眉批：王融《永明九年策秀才文》："將使杏花菖葉，耕穫不愆。"注："《氾勝之書》曰：'杏花始華榮，輒耕輕土弱土，杏①花落復耕之，輒藺之。此謂一耕而五穫。'《呂氏春秋》曰：'冬至五旬七日，菖始生。菖者，草之先者也，於是始耕。'高誘曰：'菖，菖蒲，水草也。'"

讀石遺室詩話記慨

趙　熙

故人各各風前葉，秋盡東西南北飛。今日長安餘幾箇，前朝大夢已全非。一燈說法懸孤月，五夜招魂向四圍。當作楞嚴千偈讀，老無他路別何歸。

上石遺叟

趙　熙

我自入山無出理，計難相見只相思。長安如日行不到，前歲傳書今始知。數畝陶江應有宅，一貧匡鼎坐談詩。因風夜下杜鵑拜，並訊人間老帝師。

感春四首

陳寶琛

一春無日可開眉，未及飛紅已暗悲。雨甚猶思吹笛驗，風來始悔樹旛遲。蜂衙撩亂聲無準，鳥使逡巡事可知。輸卻玉塵三萬斛，天公不語對枯棋。

阿母歡娛衆女狂，十年養就滿庭芳。誰知綠怨紅啼景，便在鶯歌燕舞場。處處鳳樓勞剪綵，聲聲羯鼓促傳觴。可憐買盡西園醉，贏得嘉辰一斷腸。

---

① "杏"上，《文選》李善注有"望"字。

倚天照海倏成空，脆薄原知不耐風。忍見化萍隨柳絮，倘因集蓼悲桃蟲。一場蝶夢誰真覺，滿耳鵑聲恐未終。苦倚桔槔事澆灌，綠陰涕尺種花翁。

北勝南強較去留，淚波直注海東頭。槐柯夢短殊多事，花檻春移不自由。從此路迷漁父棹，可無人墜石家樓。故林好在煩珍護，莫再飄搖斷送休。

甲寅春暮湘潭王湘綺老人入都就國史館館長之任年八十有三矣步履食飲談諧健如五十許人鬚皓白而半白黑髮辮尚存都下聞人爭張燕相逢迎余時與配食之列春盡日集法源寺看丁香寺僧繪圖要客題詩成五律一首

陳　衍

丁香花滿院，一老髮如銀。猶是春三月，居然集百人。寺僧希島佛，坐客厠山民。共有今朝句，風光本足珍。

次樊山納涼韻

陳　衍

未秋北地已先涼，入夏渾河欲混茫。端藉西風收宿雨，待將池月換山光。萬鴉沈郭悲元老，一笑橫江下建康。回首題襟詩事盡，散原分散海藏藏。

接伯茀書逸禪自大梁返廈書此寄懷

念盧師 [①]

浪遊笠屐大梁回，訪古夷門過客哀。夜月吹笙緱氏嶺，秋風携酒孝王臺。愴懷劉項爭雄地，慨慕枚鄒作賦才。歸去虎谿巖畔路，一林香雪萬梅開。

----

① 　案丘復（1874—1950），字荷公，所居號念盧，福建上杭人。笠山先生曾從受業，故稱"念盧師"。

盂鼎銘拓本爲伯寅侍郎賦

李慈銘

　　桀桀盂鼎銘，吳子苾閣學陳壽卿編修考已備。侍郎精古籀，抉摘無遺義。我所三摩挲，尤在玫斌字。銘文玫王三見，斌王一見，俱左加玉字。於古無可徵，請更對以意。呂伋諡丁公，說文作玎誼。丁癸本殷號，周人始議①諡。偏旁隨事增，古蓋有斯例。唐虞及三代，以玉供神事。大夫有石宝②，郊宗詳其制。王公當用玉，疑非起後世。諡爲作主用，加玉所以志。此乃真古文，千鈞一髮系。寄語一孔儒，撟舌莫詫異。《說文》所引玎公，蓋出《左傳》"徼福於太公③、丁公"句。許氏《序言》所稱"《左氏傳》皆古文"，其所見作玎公也。

齊子仲姜鎛二首爲鄭盦賦

李慈銘

　　我讀齊鎛文，書闕乏左證。獨取聖祉字，古誼藉以正。親殂偁考妣，從女疑非敬。說文有祉字，乃訓祀司命。此文兩皇祉，配祖義相應。文有曰："皇祖聖叔、皇祉聖姜"，"皇祖又成惠叔、皇祉又成惠姜"，俱從示作祉。幸得三代物，可與洨長靜。左傳有聲姜，公羊乃作聖。聖聲字本通，俱從耳能聽。《白虎通》："聖者，通也，聲也。"《風俗通》："聖者，聲也。"《說文》："聖，通也。"附會不生國，諡法未可凭。《周書·諡法解》："不生其國曰聲。"蓋不足信。聖之訓爲睿，義亦同善令。聖叔與聖④姜，茲⑤文非假倩。以此神雅說，博挲倘非病。

　　齊景賜晏子，比殿鄙六十。或謂即都昌，先爲丑父邑本齊乘。此曰陵叔孫，陵疑逄之別。下述侯氏命，賜邑三百室。其外邑又九，加田進以律。比獨兼都鄙，古文猶可識。文有云："侯氏易之邑二百又九十，又九邑，與比之人民都鄙。"侯氏者，君也。易，即錫也，此金文通例。錫之邑二百又九十者，二百九十戶也。又九邑者，又錫以十室之邑九。至

---

　　① 議，李慈銘《白華絳柎閣詩》卷癸作"製"。見《續修四庫全書》影印上海圖書館藏清光緒十六年刻越縵堂集本。
　　② 宝，鈔本誤"室"。據李慈銘《白華絳柎閣詩》卷癸改。
　　③ 公，鈔本誤"子"。據《左傳》及李慈銘《白華絳柎閣詩》卷癸改。
　　④ 聖，鈔本作"聲"。據李慈銘《白華絳柎閣詩》卷癸改。
　　⑤ 茲，鈔本誤"慈"。據李慈銘《白華絳柎閣詩》卷癸改。

都鄙者,謂全邑也。古者賜采地,田與邑殊別①。卿田祿萬鍾,賦稟有定則。邑乃出特賜,置宰守宗祏。用以旌殊功,歸老爲世及。意者逢丑父,惠叔名是易。故云勞齊邦,子孫食其績。又有云:"惠叔有成,勞於齊邦。"刻畫頗曼患,吾黨重蓋闕。寶書秦盡焚,世本宋又絕。徒抱好古心,展玩三太息。

盂鼎歌

潘祖蔭

盂鼎出岐陽,劉吳皆箸錄。字畫獨瓌奇,文從悉可讀。盂名古無徵,王命實嚴肅。辭多戒酗釀,文有云:"在雩即②事,□酒無敢酗。有燕豐祀,無敢醽。"怡與酒詰續。蓋是周大夫,掌酒食畿祿。殷以沈湎亡,周鑒懍墜谷。立監又左史,申誡編臣僕。文王與武王,字左皆從玉。文王字三見,皆作"玟"。武王字一見,作"珷"。他器所無。邊侯邊伯先,受田作湯沐。文有云"邊侯田"。案《左氏傳》莊十九年"邊伯之宮近於王宮",邊侯疑邊伯之先。其所田,則受田也。南公南仲祖,世卿著氏族。文有云"刑乃嗣祖南公",又云"錫乃祖南公旂",又云"用作祖南公寶鼎"。案南,爲殷時國。《詩》之"南仲",蓋其後也。成周事弗具,墜簡久沈陸。幸賴彝器存,十可證五六。勿詳寧闕疑,信耳且憑目。苟其迹可捘,奚憚指畫腹。偉茲宗周物,鄭重等球錄。何取輕詆諆,魯贋同垢黷。況夫通借例,多足證故牘。過建字殊形,廢瀍音同屬。"勿瀍朕令",瀍即廢也。佞古吾豈敢,聊破衆疑蓄。

餘杭章先生墓志銘

汪　東

先生諱炳麟,字枚叔,一曰太炎,浙江餘杭人也。王考諱某,考諱某,奕世載德,實有令聞。先生秉心彊固,聰智絕人。粵在幼年,已闆宏業。外祖朱氏嘗授以《春秋》大義,謂夷夏之辨,嚴於君臣,服膺片言,以至沒齒。是蓋嶽因部婁,增其九成;河出昆侖,原於一勺。稍長,從德清俞君問業,橫經在席

---

①　別,李慈銘《白華絳柎閣詩》卷癸作"列"。茲依鈔本。

②　即,大盂鼎銘釋文多作"御"。疑鈔本偶誤。

砥礪，時須斂袖而聽，鏹芒弗露。厥後旁捘遠紹，箸書滿家，而師法所自，稱引勿替。康成絕學，尚游馬之門；叔重無雙，不廢賈君之說。強立不反，斯之謂歟？有清末葉，政益陵遲，先生懷一夫不獲之心，申九世復仇之議，欲求殷獻，共舉義斾。爰歷閩疆，暫棲窮島，所謀不遂，鎩羽西還。既遭黨錮，有明夷之阨。乃日讀《瑜珈師地論》，及因明、唯識諸論，宅心玄宗，都空意必。民國二年，再被幽繫，又口授微言，命弟子吳承仕錄之。居幽贊易，以明憂患之情；在陳絕糧，懸述四科之教。希蹤曩哲，一揆同歸。初至江戶，識故臨時大總統孫公，傾蓋論交，即關大計。於是作《相宅》一篇，豫策革命後建都所宜。其言略謂，謀本部則武昌，謀藩服則西安，謀大洲則伊犁。洞燭機先，規橅宏遠，運天下如掌上，羅形勝於匈中。勢格不行，既亦隨見。昔成周既宅，迺爲雒邑之譽；秦祚先亡，始定關中之策。以今方古，抑又過之。逮乎武漢興師，金陵讓國，袁氏襲亡清之舊制，忘孫公之樂推，跋扈臨民，殄敗棄法，先生直言毋撓，讒口是攖。未幾，出爲東三省籌邊使，蓋遠之也。知非用我之誠，猶冀碁月之效，是以明令朝頒，輕車夕發，度雄關而攬轡，指險瀆以征徂，涉歷山川，圖摹形勢，將欲收樂浪於版圖，規玄菟爲郡縣。詎建議悉被稽留，桂冠即行，拂衣高蹈。用是強藩割據，倭寇馮陵，沿至於今，終成鉅患。假使鄭用燭武，漢聽賈生，則北門之筦何至潛移，七國之兵還當自戢。噬臍奚及，流涕空悲。言念老成，倜乎遠矣。邦家多故，戎馬頻煩。民國五年七月，孫公以大元帥興護法之師，開府廣州，用先生爲祕書長，傳檄而定巴蜀，賦詩以勞將率。時唐繼堯督軍滇南，猶懷觀望，先生躬往說之。瞻望碧雞之嶺，瘴氣潛開；襄徊黑水之祠，凶波不作。唐感其誠，請受節度，爲副元帥，同寅協衷，斯爲功首。其後軍府改制，解組言旋，雖反初衣，猶聞國是。讜言時發，不可勝書。頃者冠亂日深，車駕將稅，乃卜築吳地，躬啟講舍，嫥欲教誨後生，振導聾俗。莘莘學子，從者如歸。子夏居衛，西河於以嚮學；仲尼反魯，雅頌繇是得職。豈直通波飛閣，悅此清嘉；良田美竹，娛斯伏臘而已。不幸寢疾以民國二十五年六月十四日卒，春秋六十九。弟子心喪，薄海咨悼。國家追念元者，榮以國葬禮也。夫立德者不必有功，勤事者未遑續學，兼備三者，繄惟先生。故能識綜九流，勛媲微管，金聲玉振，終始之爲成。霆氣流形，不言而成化，可謂出乎其類，拔乎其萃者也。配湯夫人，有子二，曰導曰奇。始遭疾困，未安家室，先置篋某氏，生女子子三，長適龔前卒，次適關，次適朱。一門之內，孝弟怡怡。嗣子居喪

盡哀,繼志善述。某年月日,奉喪返杭州,葬中台山之麓。念封樹之將具,嗟德音之不忘,詢謀僉同,刻此貞石。其辭曰:

於皇先生,抱道守貞。居常慮變,在險能亨。建夷既摧,復我疆理。嘉謨屢陳,以規九有。知幾其神,言必有驗。鱷鯢肆虐,堯封淪陷。一佐軍府,遂返田園。功陋齊管,節慕魯連。博綜丘墳,思弘六藝。雄文遷筆,蓋其餘事。天不愁遺,微言圮絕。鳳鳥無徵,楹奠空設。蕭蕭歸櫬,桓桓墓門。千秋萬代,楷樹常存。

汪氏誌其師墓,不表暴其學,而徒投時好,恐非先生志也。"先置篋"云云,古人無未妻先妾者,亦不可爲訓。笠山記。

禹廟碑

章炳麟

民國建元以來,諸祀漸替,唯孔林與夏后大禹之廟,係在人心,不援國典以爲重。廟自周建越國,訖今不斬。清世官爲致祭,以姒姓子孫爲奉祠主。入民國,廟漸隤。十九年冬,故浙江省長張載陽等請於官,以錫稅之羨葺之。二十一年始集役,至明年,更十有六月而成。凡度銀幣九萬三千六百十七版,殿堂旷敞,瓌材究奇,壯於始造矣。唯后生於汶山,故知山川之首。學於西王國,故識流沙之外。眇達句股,故能理水地高下之宜。以身爲度,故辨諸侯萬人之體。於是瀹河以道九牧,鑿江以流九派,桮旅以通九山。天地得一,畫爲中區;五服弼[1]成,民得字養。自百王之功,未有如后者也。廟祀當與中國爲廢興,非一代創制殊號者所儗。東人以其國晚起,惡諸夏先進,則妄言治水爲誣。猶清玄曄欲宰中國,則稱岱宗爲長白山支峰也。末學膚受,信爲故然。然惟實事,固不可奪。故營繕之事,復紹於今。主其事者,紹興縣長湯日新。計工者,樓之凡。督役者,金湯侯。堂廡法式,冕服章采,則沈鈞業、張鍾湘考於禮書而爲之。皆越士也。惟后之功,不局於一方,以山陵所在,故越人從近治之。苟中夏不滅,德廣所及,枕於神洲,百世莫得與比。昔孫皓刻廟側石船,以銘己勳。吳亡,卒爲人所削。有無其德,而欲僭儗者,宜視以爲戒。

---

① 弼,鈔本作"邸"。茲依《太炎文錄續編》卷五改。

銘曰：

大邦維崇，繼父汩鴻。因敗爲善，聲教遠充。神無不之，享在閟宮。九鼎雖沒，像設猶隆。后之德不可既，而土木之壽有終。肇域方擾，唯神所恫。繕茲饗堂，聲蠁上通。使大江如般帶，昆侖如蟻封。靈氣覆露，與諸夏無窮。

清故龍安府學教授廖君墓誌銘

章炳麟

君諱平，井研廖氏，海內所知爲廖季平先生者也。余始聞南海康有爲作《新學僞經考》、《孔子改制考》，議論多宗君，意君必牢持董、何義者。後稍得其書，頗不應。民國初，君以事入京師，與余對語者再，言甚平實，未嘗及怪迂也。後其徒稍稍傳君說，又絕與常論異。君之學凡六變，其後三變，雜取梵書及醫經、刑法諸家，往往出儒術外。其第三變最可觀，以爲周禮王制，大小異治。而康氏所受於君者，特其第二變也。職方氏大表中國疆域，面相距爲萬里。君以清世版圖，外及蒙古、伊犂，南北財距六千里，故推《周禮》以爲治地球之書，豈未考古今尺度有異耶？語曰：「聖人不朽[①]，時變是守。」自周官之行，逮春秋末，閱歲已五六百，中更霸制，朝章不能無變異，《春秋》所記地望，南不暨洞庭，西不及蜀，雖聖人惡能張大之？謂春秋無太平制，足以破董、何，其大小何足言？《王制》者，特後儒撦捨殘缺所爲，愈不可爲典要。其言東不盡東海，地反陋於春秋，海堧盡棄，小亦不得矣。顧君或未之思也。君之言絕恢怪者，以六經皆孔子所作，雖文字亦孔子造之，與舊記尤相左，人亦不敢信。初君受學湘潭王翁，其後說漸異，王翁頗非之。清大學士南皮張之洞尤重君，及君以大統說《周禮》，之洞遺書，以爲「風疾馬良，去道愈遠」。而有爲之徒見君前後異論，謂君受之洞賄，著書自駁。此豈足以汙君者哉？君學有根柢，於古近經說無不窺，非若康氏之剿竊者。應物端和，未嘗有倨容，又非若康氏自擬玄聖，居之不疑者也。顧其知慮過銳，流於譎奇，以是與樸學異趣。康氏無儒行，其後數傳，言益亂俗。而君持論，以教孝爲立國

---

① 朽，鈔本缺落。上海人民出版社點校本《章太炎全集》誤作「考」。茲依《史記·太史公自序》校補。案《太史公自序》：「故曰『聖人不朽，時變是守』。」《索隱》：「此出《鬼谷子》，遷引之以成其章，故稱『故曰』也。」《正義》：「言聖人教迹不朽滅者，順時變化。」

根本，事母先意承志，如恐弗勝，乃不爲末學狂稈者所借，亦可以知君雅素矣。君著書一百二十一種，年八十二而卒，則民國二十一年六月也。清時嘗成進士，以知縣用，改教職受五品封。配李安人，有丈夫子八，女子子五。其年九月葬榮縣陳家山之陽。逾二歲，其孫宗澤以狀來，曰："先生持論與大父不同，無阿私之嫌，願銘其幽。"余聞莊生有言，"聖人之所以駴世，神人未嘗過而問焉"，次及賢人、君子，亦遞如是。余學不敢方君子，君之言殆超神人過之矣。安能以片辭褒述哉？以君學不純儒，而行依乎儒者，說經又兼古今，世人猥以君與康氏並論，故爲辨其妄云。銘曰：

斯也燔經，不可以罪孫卿。慮也劫后，不可以誣高密之叟。廖君之言多揚詡，末流敗俗君不與。

大周故相州刺史袁府君墓誌銘並序

河北道安撫大使狄仁傑撰書

君諱公瑜，字公瑜，陳郡扶樂里也。嬀滿受封，始爲列圁。濤塗得姓，實建我家。汝濆化三老之風，漢室推五公之貴，布在惇史，今可略焉。曾祖虯，魏車騎大將軍行臺大都督，汝陽郡開圁公。祖欽，周昌城太守，汝陽郡開圁公。父弘，唐雍州萬廁縣令舒州刺史。丙錫純蝦，世篤忠貞，累仁積德，傳龜襲紫，汝穎之士，以爲美談。君體圁懿姿，承家昭範，含章踐軌，貫理達微。少有大節，以射獵爲事，嘗遇父老，謂之曰："童子有奇表，必佐帝王。"廁十有五，乃志於學，談近古事，若指諸掌。廁十九，調補唐文德皇后挽郎，稚晉州司士。郡有事，每命君奏焉。君音儀閑雅，聲動左右。唐文武皇帝歎曰："朕求通事舍里久矣，今乃得之。"時以寺獄未清，曰稚君大理司直。俄而烏夷逆命，鑾駕東征，特稚君并州晉陽縣令。尋遷大理寺丞，宰劇有聲，恤刑無訟，里賴厥訓，朝廷嘉焉。遷都官員外郎，歷兵部都官二員外，尋拜兵部郎中。張燈匪懈，題柱增榮，揔文武之司，得神仙之望。今上倪丙伊始，潛德未飛，君早明沙麓之祥，預辯春陵之氣，奉若天命，首建尊名，故得保乂王家，入參邦政。俄以君爲中書舍里，又遷西臺舍生。徐邈以儒宗見重，劉超以忠眷推名，喻此聲芳，未足連類。遷司刑少常伯。君素多鯁直，志不苟容，猜禍之徒，乘閒而起，成是貝錦，敗我良田，尋出君爲代州長史，又除西州長史。驥足遲迴，殊非得坒。鴈門①奇舜，空負明時。俄轉庭州刾史，無何遷安西副都護。威雄素厲，信義久孚。走甌氏，降⊘逐柳；中罷枑，葱右無塵：雖鄭吉、班超不之加也。惜乎忠而獲謗，信以見疑，盜言孔甘，文致□罪，永隆歲遂流君於振州。久之遇赦，將歸田里，而權思舞法陰風，有司又徙居白州，竄迹狼荒，投畀魑魅，炎沙毒影，窮海迷丙，憂能傷命，命不可續。享齡七十三，垂拱元齡七甌廿五⊘寢疾，終於白州。嗚呼哀哉！永昌歲始還鄧州，權殯石溪里。虞翻之帇，但見青蠅；王業之喪，猶隨白虎。如意圖有制，追贈君相州刾史。恩加異代，澤漏窮泉，可謂生榮死哀，歿而不朽。前夫圼孟氏，隨車騎將軍陟之孫，唐曹州刾史政之女。玉林皆寶，銀艾相暉，坒積膏腴，世多賢淑。夫圼秉閨房之秀，導芣苢之風，母訓重於紗帷，婦德光於綾幬。老萊之養未極斑衣，張胤之哀空留畫扇。享齡卅五，永徽六齡十甌②五⊘終于京第。嗚呼哀哉！即以久視元齡十甌廿八⊘合葬于洛陽縣之北邙山。坒卜書生，坒依烈士。楊公返葬，空餘大鳥之悲；魏主迴軒，當有隻雞之酹。孤子殿中省丞奉宸大夫內供奉忠思等，淚窮墳柏，哀結楹書，式撰遺風，丕揚億惠。其銘曰：

　　峨峨碩德，惟岳生焉。顯顯英望，允邦基焉。服事臺閣，厥功茂焉。典司摳要，其業光焉。積毀銷骨，老西垂焉。微文獲戾，投南海焉。虞翻播弃，死交趾焉。溫序瑰瑰，還故鄉焉。遭逢明運，帝念嘉焉。追贈幽壤，朝恩博焉。北郭占墓，啓縢銘焉。西階祔葬，從周禮焉。樹之松檟，神道寧焉。刊彼金石，休聲邈焉。③

---

　①　門，鈔本脫。據今傳《大周故相州刾史袁府君墓誌銘》搨本補。
　②　甌，鈔本作“月”。據《大周故相州刾史袁府君墓誌銘》搨本改。
　③　“虞翻”至“邈焉”六十四字，鈔本無，疑脫一頁。據《大周故相州刾史袁府君墓誌銘》搨本補足之。

二窗詞

笠山手寫

【說明】

一、此係包笠山先生早年手鈔其師周岸登《北夢詞》一册。封面有包氏隸書題"二窗詞",落款"笠山手寫"。扉頁曾演復題"二窗詞稿",上款署"四川周道援先生著"。篇末附包氏《手鈔二窗詞跋》稱:"《北夢詞》者,吾師二窗先生官京師時之作也。"並謂"茲鈔皆其未經刊者"。

二、周岸登(1872—1942),字道援,號癸叔,因景仰宋吳文英夢窗、周密草窗又別號二窗詞客。四川威遠人。多才藝,工詞曲詩文,從宦惟知勤政恤民。1927年辭官赴廈門大學講授詞曲。後又執教安徽、重慶、四川諸大學。所著詞集有《蜀雅》十二卷,含《邛都詞》一卷、《長江詞》一卷、《北夢詞》二卷、《熀夢詞》二卷、《南遣詞》二卷、《丹石詞》一卷、《退圃詞》一卷、《海客詞》一卷、《江南春詞》一卷;又有《蜀雅別集》二卷,含《和庚子秋詞》一卷、《楊柳枝詞》一卷。

三、此鈔本題《北夢詞》,收詞九十一闋。惟其中十餘闋見於今本《蜀雅》中的《熀夢詞》,則似可據以比勘《蜀雅》之有關內容。

四、今整理爲附錄二,並釐定目錄以列於首。

後學張善文謹記

2020年5月2日

目　錄

北夢詞

周岸登撰

木蘭花慢

簡州謁三溪祠敬賦。前溪先生劉涇，字巨濟；東溪先生伯熊；後溪先生光
祖，字德脩，謚文節。

訪三溪舊隱，雁江上，鶴林前。任賴簡池臺，逍遙洞壑，無此清妍。晴川。
帶金繞絳，聽漁歌，唱起宋時船。幽討如聞易學，臥游且伴琹眠。　當年。諫
草吟牋。辭斐亹，意纏綿。悵故山夢遠，房州錮久，忠孝回天。依然。釣遊舊
迹，倚危亭，愁思入孤煙。遺集難尋副墨，倦懷膌寄風泉。前溪與蘇子瞻同時，故雄
於文詞。集不傳。東溪注《易》未竟，後溪續成之，其書未見傳本。《後溪集》一百卷，聞尚有傳鈔本，訪
求二十年竟未得一見。吾蜀宋集《于湖》，宋槧孤本；《鶴山》宋槧不全本，近均得見之。魏集有明安氏
本可補。

華胥引

三溪祠碧波亭賦。用清真韻。

碧波亭畔，梅熟蒲新，病蕉展葉。曲沼文漪，魚曲戢戢春鏡唼。攬起孤客
愁心，更艣聲咿軋。鈴語催歸，卸帆江浦猶怯。　哀樂無端，未中年，鬢霜先
鑷。夢殘春換，誰憐風波共閱。苦說相思難避，任錦璫緘篋。雙鯉迢迢，又牽
離恨千疊。

夜合花

陽安獨客，芳物攖心，追和夢窗，以愗羈緒。

雨夾梅酸，風含蒲潤，紫陌鞭惹塵香。山屏半掩，仙心未隔柔鄉。鬖霧

濕,眼波長。恨飛花,無奈匆忙。記追游處,藏雅翠柳,乳鴨池塘。　同消竹粉新涼。問尋巢燕子,王謝門荒。重編感舊,無人爲說雞缸。詞語澀,酒悲狂。認青衫,紅淚迷茫。寄寥天怨,江懸墖影,橋挂殘陽。

水龍吟

題何鐵庚寶劍篇,即送其于役皐蘭。用稼軒韻。

幾年雪涕神州,青門帳飲陪冠劍。尊前起舞,悲歌燕市,長虹垂餤。得路驊駵,脫韝鷹隼,塵開煙淡。把吳鉤看看,臨風縱嘯,關河迴,雲雷慘。　西笑長安日近,正金風,嶽晴秋歛。華陰醉臥,圖南醒未,霞生壺簞。健僕嚴裝,征途作賦,幽通玄覽。定尋源覓取,支機舊石,繫星槎纜。

望海潮

徐州。此乙卯秋過徐作,丁巳復辟之甂已預見。案是時張勳駐徐,軍皆辮髮。

雲沈芒碭,天低淮泗,雄藩自古徐州。山暝斷蛇,臺空戲馬,王圖霸氣全收。雕鶚陣盤秋,問逐餘秦鹿,誰是英儔。戍鼓聲中,落鴻霞外,見黃樓。　中權扼鎖咽喉。有三軍辮髮,辮髮,出《禮記·王制》釋文。上將兜鍪。絲筦夜闌,旌施晝靜,連營坐擁貔貅。栞客最風流。想射坍分的,箏隊飛毬。醉指東南半壁,談笑看吳鉤。

西河

金陵下關暝望,和美成韻。

尋夢地。依稀夢影難記。山簪樹髮水如環,畫樓對起。夜鐙碧浸小江天,姮娥迎笑眉際。　伴簫鳳,聲自倚。客懷共此牽繫。當歌最憶莫愁堂,燕空故壘。醉吟笛步曉星沈,潛潛紅淚鉛水。　板橋廢址傍舊市。訪秦淮,沙頓鄉里。殢酒欲忘身世。入愁城,麝月龍綃淒對。西北神州深尊裏。

多麗

西湖次蛻巖韻。

滿廲青。水天一色空冥。總相宜,淡妝濃抹,越娃千豔圍屏。怨難招,孤山夜鶴,魂羞葬,甲帳秋螢。劫後湖山,竭來歌酒,恨梅遲放菊先零。漫憑弔,岳墳秋社,天醉怪人醒。勞梳裹,霧鬟煙鬢,向我亭亭。　酹詞仙,馬塍花鳥,更澆抔土西泠。漾輕帆,風翻白鷺,搖雙槳,水戲紅蜓。福地隨緣,鬢天無恙,冷泉清瑟暫同聽。問何日,再尋鷗約,華髮奈星星。稽罍好,六橋三竺,花港蘋汀。

臺城路

重過金陵。

石城風緊花如霧,催歸雁程秋晚。夢碾颸輪,霜砭病骨,消得吳雲輕剪。江空恨遠。正楓落敲詩,硯牋流怨。翠羽飛來,未諳愁重訝杯淺。　銀箏淒弄夜久,淚痕雙照處,衫袖還滿。巷口烏衣,遨頭繡陌,曾識春人鶯燕。零簫賸笩。問煙月前朝,去塵奔電。半枕寒潮,斷魂和浪捲。

八聲甘州

臨淮道中。

弔長淮逝水,恨滔滔清流亂黃流。看東濚洪澤,南連揚越,西控吳頭。蚌埠雲屯虎落,躍馬喜高秋。天塹臨江表,襟鎖咽喉。　千古英雄成敗,幾鳳陽濠泗,說項歸劉。問青天無語,沈醉撫吳鉤。染燕支,薄描金粉,付酒徒,乘興畫滄洲。重回首,話興王事,霧慘山愁。

憶瑤姬

蘇小墓。依梅溪體。墓在西泠橋頭,小亭罩之。

松柏西陵。翠燭冷,幽蘭露眼盈盈。同心誰共結,唱燕銜春去,魂黯愁扃。南齊黛嫵依稀,幾曲眉山向晚青。料有人,油壁曾偕,暮潮淒斷馬蹏聲。

一抔量蘚飄螢。雁齒裂腰，草心紅到橋亭。煙花和夢翦，對鏡波寒碧，淚染湖綾。遙隄郤傍誰家，隔代風流合讓卿。借酒澆，香骨成灰，浣綠題繡屏。

永遇樂

徐州感燕子樓事，和坡公。此爲王克琴而發。

琴客宜城，杜秋江左，悲感何限。換馬寧癡，分香已暮，此意誰曾見。党家金帳，石家金谷，轉首盛衰腸斷。更休言，雍門泣下，一曲舞鸞初徧。　　嚴城鼓角，危樓斜照，最苦倦游心眼。浪說虞兮，空吟張好，今古鶯和燕。金蟾齧鏁，倉琅飛牡，未省翠嗁紅怨。怕驚起，當年燕子，似聞累歎。

一萼紅

昔雲閑劉天妭曾以此調賦"南婦哭北夫"。自南北戰起，幽、并健兒或從湘纍，或化蜀魄，纍屍載路，軍氣黑矣。而調發之際，軍中少妾尤多解婚。戲次其韻，賦"北婦哭南夫"。

影形單。縱死綏不死，誰箓舊盟寒。軍帖催魂，鋒車載夢，迢遞蜀水湘山。更聞道，沈舟峽口，附鐵軌囊橐裹屍還。妾未分明，郎今決絕，莫誤紅顏。　　老母門閭猶倚，伴糟糠妻子，食盡年殘。死者何辜，天乎此醉，顛倒人世悲懽。漫誇說，共和五族，一家子，南北啟兵端。哭到城崩海涸，沒個關闌。

寶鼎現

竹山《元夕》詞云："笑綠鬟鄰女，倚窗猶唱，夕陽西下。"此康伯可《元夕·寶鼎現》詞起句也。伯可以文辭待詔金馬門，一時粉飾中興，應制新聲，傳播中外。元夕之作，尚有《瑞鶴仙》、《漢宮春》，大爲慈寧激賞。顧不及"夕陽西下"，唱徧紅牙。豈天上人間，賞心固各自有在耶？及今讀之，伯可原詞又遠不逮須溪劉會孟之作。須溪以南都遺老，追想承平，詞悄哀怨，感人尤深，非如伯可之流連光景已也。丙辰燈期，畏寒不出，十四夜步行燈市，闃無一人，茲之所感，較須溪尤異。因就其叶，步成此闋，用韻多於伯可者五。葉氏錄爲別體，萬氏以爲偶合，存而不論可也。

嚴城宵騎。碎踏寒玉，橫過燈市。聽一片，車聲人語，隱隱輕雷生步底。千門靜，迴天街不夜，莫漫東風沈醉。徧九陌，行行且止。轆轆舊懷牽起。　月姊曾見當年事。海天愁清淚鉛水。應記省唐宮佳麗。戚畹椒房連甲第。鼇背峭，燦冰壺霞綺。雜沓笙歌十里。鬧蛾簇，鶯釵鳳子。縹緲霓裳舞碎。　誰念轉燭年光，春夢換，華嚴彈指。儘鐙殘，簾影昏沈，伴嫦娥不睡。怕說與，夜窗唬髩。有悄魂飛墜。弄清影，杯底山河，都付鈞天醉裏。

謁金門

效大鶴三疊。

行不得，東望海翻濤立。鼇戴三山飛退鵠，鸞帆無氣力。　魂斷燕南雲北，不忍尋君書尺。河大水深天路窄，雁遙關塞黑。

留不得，殘照舟棱金碧。礎繡楹丹銜列璧，太平新藻飾。　應勸長星浮白，不忍窺君眠食。瑤殿月波三海直，夜闌聞歎息。

歸不得，滿地冰澌流圻。天外鬼車生九翼，路難軍盡墨。　昨夜城烏頭白，不忍思君顏色。春去春來非故國，送春何處遞。

哨徧

京華春感，次坡公韻。

酒所石頭，花市下斜，京國傷春地。誰筭得，北陌與南阡，覓芳菲，判銷英氣。一曲紫雲廻，撩我思君清夜，有淚如鉛水。嗟鏡暈朱塵，簪歆白柰，唬羞比翠翠。窣膈韝，雙蝶戲鶯枝。胃屋角，飛蟲掣蛛絲。遠道音塵，獨客年涯，感時滋味。　便攜取春人多麗。珠箔銀屏裏。李娟張態，鶯雛燕友競儇俐。待舞破霓裳，唱殘金縷，輕塵暗簌文梁起。投筯停杯，悼今哀往，憂來無端無際。聽倚樓，長笛鶴南飛。漸殘月，疏星玉繩低。謝嬋娟，照人深意。茫茫蒼狗白衣，誰問今何世。莫驚彈指閻浮轉換，人世相推無已。醒來屑涕看神州，向醉鄉，且執牛耳。

望海潮

蜀都賦。

江山天塹,提封天府,華陽黑水梁州。霞簇錦官,雲橫玉壘,芙蓉城郭清秋。通道自金牛。問蠶叢杜宇,今古悠悠。裹界金隄,縈洄巴字,帶雙流。　雄都勝蹟經游。記仙人藥市,太守遨頭。詩說草堂,玄談卜肆,枇杷門巷尋幽。崇麗望江樓。借薛濤牋色,烘染芳洲。聽取賨歌渝舞,神筆定邊籌。"錦官"、"草堂"均去平,借上作去,名詞無法改字也。陽昌市有藥市、花市、蠶市、夜市,今夜市在東大街,餘在青羊宮,俗言會神仙也。每年自春至四月十九,排日游賞,以太守為遨頭。四月十九後,為放生會。端午龍舟競渡,終歲無虛日。崇麗閣,俗呼望江樓,在江濱薛濤井畔,取蜀都賦既麗且崇。

夜飛鵲

美成此調,惜別之辭,凄動千古。因念魏武帝烏鵲南飛之什,如雍門鼓琴,聞者泣下,感人尤覺深至。爰就周叶,檃括入律,其諸有當於題恉否耶?

當歌對尊酒,風露凄其。天未景霽澄輝。人生適意且歡笑,牛山何事霑衣。百年草頭露,願時中賢聖,試飲槍旗。雙丸迭擲,太匆匆,莫道遲遲。　誰省夜飛烏鵲,驚起更回頭,欲下忘歸。還似幽人有恨,星稀月淡,烟樹低迷。度阡越陌,枉相尋,識量難齊。但狂來橫槊,悲來起舞,目斷雲西。

更漏子

擬慶湖遺老惜別。此調音節最佳,《詞律》所收壽域詞,乃至不可讀。因以東山易之,且效曠焉。

南浦西曛。映卸帆隔隝,去櫂臨津。一鶂春波,滿隄芳草,離觴未飲先醺。岐路執手殷勤,題襟雙淚痕。正裛腰綠篷,帶眼香移,羅薦輕分。　同浣劫後京塵。記聽鸝三海,信馬千門。甲舞丁歌,白雲黃竹,昆侖睡醒曾聞。今宵遠水荒村,追尋勞夢魂。待隨君去也,畫裏吳船,難溯江雲。

曲游春

東華冶春詞，用草窗西湖韻。二解。

信馬青門外，簇絮花烟柳，鶯燕如織。紫曲幽坊，聽鈿車雷轉，碾愁無隙。夢雨紅樓隔。厭沸耳怨絲豪笛。怕庾郎，賦了江南，難賦鳳城春色。　　綺陌。癡雲暮碧。倩簫鼓催花，寒意禁勒。霑灑東風，奈當歌對酒，淚珠塵冪。魚尾猩唇食。待客散，宵深人寂。問此生醉月迷香，欲消怎得。

倦旅臨春意，對萬妝千豔，羈緒梭織。步屧香遲，怕眠深人柳，墜愁眉隙。漢影紅牆隔。莫摩損故宮暮笛。倩舊鶯，與說當年，淒絕帝臺花色。　　紫陌。迷朱亂碧。但芳艸萋萋，嘶過游勒。玉女投壺，笑雲迴電轉，麴瀾空冪。呼酒酬寒食。偕醉眼，看人喧寂。待欲歸，露濕星寒，不歸也得。

風入松

甲寅清明日，越嶲道中夢游陶然亭，曾和夢窗韻紀之。丙辰清明，連日風雪，翌朝初霽，躧履獨游，次前韻題壁。

盲風吹雪度清明。思舊續前銘。西山不語含愁黛，送中原，底許關情。盼到風鈴試鴿，卻妨佞舌收鶯。　　年涯芳物老江亭。倚檻快初晴。蘆芽半努沙痕淺，認東華，舄履塵凝。怨碧緣涪墨暈，嬌黃稚柳稊生。

絳都春

此調本去上韻，西麓翻譜平上間叶，感音淒異。而《春蟄吟》鶯、漚二君及冷紅作，均未叶上聲三韻。晚春多感，因就陳韻，自寫所懷，非敢為三子諍友也。

清明過了，甚翦花絮柳，尚殢輕寒。困舞瘦腰，銀箏慵理雁塵閒。衣篝欲試游情嬾。袖華愁裏弓彎。怨春無語，絃淒素軫，淚濕紅蘭。　　苦說芳期太晚。認金釵後約，玉筯前痕。病酒未飲，看看簾影又黃昏。春心不似歸心遠。斷魂應怯聞鵑。故山猨鳥，驚回畫燭夢闌。

夜飛鵲

聞粵事賦。

鮫宮夜開宴,鼉駕飛梁。紅纈血沁樗桑。深杯莫向海珠引,酸風驚坐雷硠。癡驪想無寐,盪迷淵珠暈,墜吻涎香。樓臺蜃幻,蔽青天,鼉怒鬐揚。　多少海童魚賸,乘浪作之而,群瞰龍堂。誰信胥頭種尾,羞潮熱噴,潛負餘皇。老夫受吏,甚咶吟,鷖翼猶張。笑戈船橫海,能無媿殺,白馬三郎。

高陽臺

中央公園舊爲社稷壇,自開放以來,紅男綠女,豔迹時聞。白袷尋春,悵然成詠。

翠柏脂枯,紅桑纈幻,東華芳事驚心。金水橋西,依然罨畫園林。天邊夢逐年涯換,洗朱鉛,露掌愁侵。共銷沈。送盡春人,喚盡春禽。　游塵趢漲虛壇靜,帶宮牆斜轉,厭徑幽尋。燕啄紅巾,鶯兒銜得遺簪。御溝蹀躞休題怨,驗微潮,暈淺痕深。動孤吟。半是傷春,半是傷今。

瑤臺聚八仙

公園載賦。

殿角春雷。清嚴地,鶯瞋燕叱何來。路迷方罫,移檻芍藥新栽。碧瓦朱闌相掩映,赤棠白柰爲誰開。且徘徊。社壇帳幂,電笑恢台。　松耶柏耶不語,道使民戰栗,必有天災。與民偕樂,魚鼈雉兔無猜。宮溝暗流哽咽,怕今雨無情撩舊哀。閒吟賞,賦上林花鳥,相如費才。

錦園春三犯

公園賞牡丹,和蒲江韻。

翠酣紅倦。正迷香睡蜨,密圍窺燕。_{解連環。}幄錦團嬌,怕東風愁捲。_{醉蓬萊。}傳籤午宴。六銖重,舞霓初徧。_{雪獅兒。}碧唾瓊盃,霞承雏步,花移春院。_醉

蓬萊。　玉環醉粧乍見。記沈香亭北,曾鬥蓉面。_{解連環}。鳳佩羞銜,伴露痕輕翦。_{醉蓬萊}。傾城恨遠。夢雲逐,雨花飛散。_{雪獅兒}。國裏青蕪,年芳換了,鬢天壺箭。_{醉蓬萊}。

念奴嬌

丙辰端午後一日書事,次東坡赤壁韻。

大千塵劫,問蒼蒼,主宰其中何物。舜跖孳孳同盡耳,誰遣湘纍呵壁。七聖曾迷,四凶非罪,一蹶終難雪。雲雷天造,古來安用英傑。　遙睇莽蕩神州,咸池夕浴,瞰扶桑暈發。廿四陳編俱點鬼,狐貉一邱生滅。共此銷沈,流芳遺臭,也不爭豪髮。潛移舟壑,有人麾日脩月。

浪淘沙慢

都門祖席,用清真韻。

曉鴉鬧,哀笳送響,恨繞危堞。嘶騎淒聲再發。青門祖席半闋。正去國情懷多菀結。繞朝策,執手心折。念萬里雲帆自茲始,臨岐倍愁絕。　悲切。向風淚滿江闊。是望遠傷高哀時意,欲訴箏雁咽。嗟擊碎瑤琴,難抵生別。壯懷漫竭。搴夢雲一洗,中天明月。腸斷陽關聲三疊。襟痕染,舊香未歇。問杯底金甌何事缺。更翻酒污了榴裳,沁血色,回看短鬢搔成雪。

蘭陵王

夏至日行經新華門,次清真韻。

九街直,殘照鎔金漾碧。依依是,槐目馬纓,送兩城愁作行色。鵑魂戀舊國。應識。春如過客。龍池裏,濤憤浪驚,潛沸哀潮幾千尺。英雄總陳迹。奈帝網綮紘,妖豎臨席。桑田占麥虛新食。嗟一旦魂斷,八州雲委,寰瀛星問徧海驛。恨天恨南北。　傷惻嚳訛積。歎戠影彌天,空國沈寂。高丘遠海瞻何極。怕漆室憂嘯,不如鄰笛。銅仙鉛淚,共暗雨,竟夜滴。_{送兩城句,借用宋黃裳演山詞語。}

鷓鴣天

做《樵歌》。

盡有微辭賦洛川。雲愁霞想散非煙。縱留瓔枕花仍妒，未託蘅香柳自眠。　春殿外，晚宮前。織成腰素削成肩。更從神滸超靈後，遙想江皋解佩年。

鶴響天高笛裂雲。落花如霰月宮春。只言嗁鳥能留客，始信傾城自在人。　從事酒，屬車塵。可兒爭不讓王敦。卻愁異夢同牀侶，難遣唐姬作替身。

河傳

做《金荃集》。

洹上。愁望。五雲東。妖鳥呼風。故宮。逝魂毅兮爲鬼雄。殘虹。黯然收晚空。　泣盡瓊瑰春夢短。歸路遠。班馬嘶聲亂。蘇門山。漳水環。百泉鶴飛新冢邊。

天上。惆悵。況人間。神女金丹。鍊顏。桂宮夜長生薄寒。膏蘭。淚釭霏紫煙。　十二屏山輕夢轉。春已晚。樓隙故釭換。許飛瓊。梁玉清。碧城散仙成武丁。

荷葉盃

做《浣花集》。

憶昔九華春殿，曾見，簪筆內官嬌。半眠人柳鬭纖腰，初伴衆仙朝。　誰弔故宮烟月，輕別，春去更無春。掃眉才調美新文，香案帶愁熏。

悵望鳳城消息，沈寂，銀液鎮惺忪。雒塵湘佩兩無蹤，蟾鑠齧珠櫳。　嗁損夜燈愁髻，彈淚，和墨寫相思。帊羅猶認婉兒詩，江令鬢成絲。

臨江仙

做《紅葉稿》。

蜀葵花謝湘蘭老，海東黃竹陰陰。杜鵑嗁血滿華林。輦塵洺繡艸紅心。　　露腳斜飛蟾魄死，六宮白奈同簪。燕雲如纛濁漳深。鄴臺今夜叫春禽。　曾逢詹尹長安市，火龍妖讖堪驚。翟泉蒼鳥入高冥。隔年蘆笳鬧江亭。　　枯骨浪邀充國表，很山頑石無靈。哀章銅甌澤狐鳴。楚蘭庾語半芳馨。

憶江南

傚《陽春錄》。

柳絮漫天飛似雪。記得逢君，落花時節。年芳如夢夢如塵。枉拋書字託南雲。　尺鱗輕漏春消息。殢翠尤紅，錯怨江南客。錦韉顛倒卜今宵。佳期早晚驗歸潮。

妾似井桃君似月。又是今年，牡丹時節。陽差陰錯幾曾諧。枕屏幽約誓金釵。　桃開井底知難見。月麗天心，應照離人怨。怨君仍自望君歸。將心比月仗君知。

望遠行

傚《瓊瑤集》。

脩竹彈蕉費綠章。謠諑蛾眉自傷。蘭芝應未妒都梁。酒邊時送嚇人香。　傾北斗，嫁東皇。一夕催成鬧妝。呼龍招鶴護瑤窗。儘從花國鬪芬芳。勝讀誹諧九錫篇。輕逐淮王上仙。莫將兒戲效陽源。君家選事自空前。　恩未謝，印先刓。變色鶯牋鳳牋。曾邀十賚降茅山。朝元圭璧奉千官。

河瀆神

傚《橘齋集》。

沈玉大王祠，越巫歌笳參差。濁流桃浪舞冰夷，怪他新婦來遲。　望若汪洋驚河伯，淚綃紅浣鮫室。洲上蜻蛉生翼，斷魂猶戀傾國。

封禪塞宣房，綠文朱字榮光。鮑家抒頌慶靈長，爵臺春鎖臨漳。　海淺榑桑紅翻血，杜鵑嗁盡花歇。王母雲旗飄忽，故宮愁弔明月。

十拍子

做《珠玉集》。

鶴乳難論胎卵，蛙鳴莫辨官私。星拱北辰應懺斗，電笑東皇也費辭。簸揚安用箕。　鄭國蚍爭內外，陳倉寶失雄雌。蕉下鹿空朝夢誤，澤底舟亡夜壑移。帝臺如累碁。

逐客方除秦令，官儀旋變華風。重見漢家初約法，更效韓非競說叢。聚蝨喧太空。　地下如逢魏武，西方笑倒拿翁。多少碧天滄海事，寫入霓裳法曲中。沼蓮飄露紅。

慶金枝

做《安陸集》。

白茅人是仙。伴星月，競嬋娟。碧雲離合太無端。仗星替，月輪圓。　藥娥夢裏荊臺遠，解珠佩，贈金歡。妃星嬪月誓先寒。背人語，問天天。

缺月飛上天。老蟾泣，桂香殘。結璘愁魄暗中圓。扰清涕，別河山。　奔星弔影明河裏，訊占夢，閏餘弦。饒他璧合又珠聯。奈星月，總無言。

小重山

做《慶湖集》。

春殿披香絕代人。鳳麟書小諾，唾珠塵。支風給露費平均。鴛鸞侶，輕妒楚腰身。　繡被捲濃熏。鄂君勞悵望，舞狂鱗。鵷鸑飄拂氣干雲。芙蓉幕，雄劍擁芳蓀。

錦瑟無端五十絃。絃絃膠柱鼓，怨華年。落花中酒奈何天。欹方枕，鸞想破紅禪。　憑夢翦湘蘭。九真邀帝所，小游仙。露幃星幌損清眠。靈均遠，和淚浣蠻箋。

帝臺春

瀛臺,明曰南臺,亦曰趯臺。陂平臨太液,南有知稼軒,迤西爲豐樂園。

三海疊碧。瀛臺正南直。珠榍玉蘭,幾見當年,興亡陳迹。似說堯囚復舜死,祇無語,夜蟾知得。更休言,帝子鵑魂,春秋麟筆。　星歷歷。天咫尺。照寂寂。舊宮掖。怕瞢井波紅,濺胭脂淚,點點尚悲傾國。應雪重華二妃涕,猶卻蒼生鬼神席。莫輕扇秦灰,問秋風金狄。

臺城路

承光殿,一曰圓殿,通稱團城。敊臺雉堞,聳峙北海、中海間。金曰承天殿,元曰儀天殿,明曰乾光殿。殿前玄玉甕,即元之瀆山大玉海也。閣中玉佛,已爲何人取去。一松虬枝橫出,金源故物也。甲寅以來,政治約法,各會議暨立法院國民會議代表大會,皆於此中設局籌辦云。

虬柯涪蝕金源字,風煙四朝驚換。甕象山河,枝懸日月,曾入宸游清撰。霞軒霧捲。更黛拂天眉,鏡平波面。露掌潛移,爲誰鉛淚尚偷泫。　承光儀制最古,試媧皇妙手,勤補圓殿。設蕊頻更,然藜半燼,贏得南郊麟楦。銅臺恨遠。怕倚沼仙蕖,未秋紅變。泣盡瓊瑰,涉洹歸夢短。

瑤臺月

瓊島,古稱瓊華島。蓋宋艮嶽之遺,自汴輦致者。遼洗粧樓,金粧臺,元采芳館,皆在焉。島西閱古樓,壁嵌三希堂法帖,近歲氈拓致勤,已非故矣。

愁瓊恨碧。閱四姓千年,風月朝夕。鈞天夢誰先醒,怨春無極。鏡海日,艮嶽珠宮,敞水殿,鳳笙龍篴。張樂地,洞庭窄。伊誰借,一拳石。消得。奉君王萬歲,蓬壺咫尺。　有三希,銀鉤玉刻。勝七閣,琅函瑤冊。問前王法物,祇今陳述。記覆簣,縮地移天,歎運壑,藏舟亡璧。尋佳勝,春陰積。儘憑弔,秋風客。追惜。對簪花鐸語,如聞太息。

鶯啼序

三海觀荷,和夢窗荷韻。

鉛紅夜傾露掌,瀉銀潢暗水。妒仙影,太液芙蓉,麗詞淒斷花蕊。映夕殿,當歌旋折,宮衣半捲餘霞墜。佇歸魂環佩,天風動我遐思。　簫鼓橫汾,置酒痛飲,弔秋風帝子。縱灰冷,猶憶昆明,泛槎人遠莫至。怕牽愁,機絲夜月,已殘劫,華鬢彈指。恁深叢,眠定鴛鴦,未諳涼意。　哀蟬怨葉,恨井沈瓶,繫九霄寤寐。西望阻,璧臺不見,穆滿何在,駿足遲迴,報君無淚。真妃舉袂,凌波微步,聽風聽水霓裳舞,奈璇宮路鑰蘅蕪悴。愁魚易泣,冰肌玉骨都銷,萬粧鏡迷空裏。　房擎粉滴,蓋濕盤欹,賈老紅舊翠。漫省記,湘皋捐玦,斷浦分雲,冷麝潛熏,瘦蛟慵起。石華攬袖,龍香吹鬢,留仙裳底歌送遠,撫當時闌檻今孤倚。驚心菊秀蘭衰,更續秋詞,浪題鳳紙。

高陽臺

東華塵土,境換清涼,以十剎海荷花爲最。廿年重到,蒲稗蕭蕭,方罫縱橫,僅傍隄一帶尚餘荷芰。感深今昔,追和半塘老人《袖墨》舊韻。

太乙迴槎,宮溝遡夢,無人與說當年。柳者心空,殘絲膡絡游轉。鉛傾滿折移盤遠,佇凌波一角依然。伴瓊田小稻新蒲,愁損鷗眠。　江頭野哭號紅冷,縱王孫重到,不見遺鈿。褪粉零香,斷魂誰弔孤鴛。穀紋半翦西涯碧,被秋風,買盡青錢。怨殘蟬。曲咽吟商,鏡換鬟天。

憶舊游

丙辰重六日,喜遇王雲裳家錦賦贈。雲裳以辛亥八月之官安化,祖餞於補擷樓,別甫浹旬而柳州亂作,桂亦旋告獨立。雲裳在柳遘難,遂尊右江赴潯、梧,又值潯變,亂軍誤認乃翁爲潯守賀公也,邀劫之於大黃江口,僅以身免。自是不相聞者六年。酒樓卒遇,則既醉矣,相攜就故院,絮談別後蹤踪,舊情振觸,不可爲懷屬。雲裳又有臨楡之行,乃爲此闋贈之,並寄慈首江南幬公桂海。

記撚湖聽雨,桂筳迎秋,訾曲深尊。急景催笳鼓,送相思一舸,臨亂驚兮。轉帆下鬱東指,華首拜驕軍。便席帽江南,危絃蜀道,同愴離群。　猶存。舌三寸,歎未浣邊塵,還踏京塵。乍見翻疑夢,問曾巢梁燕,星散如雲。憑君共說開寶,思舊總銷魂。對玉貌傷時,青衫淚疊襟上痕。

六州歌頭
蜀道難。

難哉蜀道,難似上青天。蠶叢世,魚鳧紀,兩茫然。問當年。誰藉五丁力,通秦塞,導江漢,城儀錯,招莊蹻,闢人煙。石棧天梯百折,捫參井,脅息躋攀。據名都天府,虎豹嗜人肝。封卻雄關一泥丸。　歎長蛇拔,豺狼變,躍馬起,井蛙喧。璋與特,王若孟,沐猴冠。最堪憐。井絡天彭地,世方亂,擾必先。世既治,窮阻遠,定終難。莫弔臥龍祠宇,靈應泣,肉谷骸川。看磨牙吮血,眥裂更齦穿。拜倒嘅鵑。

望湘人
愍湘。

問滋蘭怨楚,捐佩弔湘,寸波如淚誰浣。鼓瑟含悽,送春餘倦。怕與招魂魂遠。廣樂休張,洞庭風緊,蒼梧潮捲。帶渚宮,笳角悲涼,誤卻登樓王粲。　輕付衡陽去雁。奈峰迴信阻,路迷三筦。動南國芳馨,望裏未秋先變。回風賦罷,涉江歸晚。可惜參差吹斷。儘落到,笛外梅花,醉把湖雲偷翦。

輪臺子
過秦,用柳耆卿別體。

夢度秦關,悽黯無顏色。誰曾見,狐嗥鹿走,浪說滈池亡璧。天狼埽盡猶挾矢,逢渭水舊隱,怒焉愁疾。似言銅臭兼土臭,敲吸到髓枯筋剔。恨堆積。蒼頭異軍,突彎弓反射。腐鼠鴟相嚇。　甚義兒禽犢還交質。嗟老牛鳴,爭聽得。便棄師東出。商於路遙,崤潼天窄。羈囚冶父身無翼。望日下萬里,間關阻隔。漏殘鐘遠,微服崎嶇,麻鞵返國。傷情是,沒奈何堪惜。搵淚雨,學泉網珠滴。

醉蓬萊

代碣石篇。

甚麻姑一笑,曼倩三偷,桑空桃幻。黃竹新栽,又潮翻波捲。霧失樓臺,路迷蓬閬,更引舟風遠。若木無華,冰夷罷舞,藥娥魂斷。　幾度揚塵,漫勞精衛,很石徒填,紫溟宵變。絲竹魚山,夢魯靈光殿。莫問當年,轉附朝僎,縱海天雄觀。度索仙回,東皇清淚,碧雲秋滿。

月下笛

丙辰六月十七夜,邀月延涼,淒然聞笛,不知悲之何自起也。和石帚。

畫槁叢殘,河山弔影,霣星如雨。哀蟬怨語。曳殘聲,過枝去。嫦娥應悔偷靈藥,鏡塵海,緣愁萬縷。悵碧天雁杳,書空無字,極望霞路。　虛佇。雲高處。漫類比龍鸞,巧輪鸚鵡。驚弦散羽。斷鴻淒唳何許。商音休聒離人耳,問法曲,今猶記否。夜風悄,送隔牆觱響,暗共螢度。

綠蓋舞風輕

觀荷山貝子園,用弁陽老人韻。

一曲鏡彎環,頓換清涼,生香散霞綺。澄碧涵秋,襟塵銷繡陌,水佩孤倚。荏弱菱枝,胃春滿千絲慵繫。怕驚他,姼隊鴛鴦,幽夢吹藥。　花底翠滴盤欹,怨粉泣珠房,冷露輕洗。咫尺璇源,惜紅衣,暗點故宮鉛淚。畫槁滄洲,半殘了,龍綃誰寄。折芳馨,催送酒波蘭氣。

前調

池上迨暑,仍用前韻,檃括蜀主玉樓春詞。

玉骨自珊珊,翠頓紅香,冰肌賤紈綺。涼入摩訶,窺人邀素月,水殿同倚。簟枕雙清,夢仙遠,遙情空繫。乍驚回,掠鬢橫釵,愁並花蕊。　　簾底。夜寂無聲,漢影罷瓊扉,寶鏡塵洗。隱約疎星,隔銀河,料有女牛癡淚。屈指秋期,已不道,流年如寄。暗風來,輕遞滿庭芳氣。

采綠吟

江亭暝倚,衆綠生秋,依《蘋洲譜》自寫倦懷。按弁陽自序,此調本倚《塞垣春》,紫霞翁爲翻譜數字,改題今名。則考訂此調聲律,仍以《塞垣春》爲準。蓋由上去韻翻入三聲通叶者也。自《笛譜》刻本誤倒過徧誰寄爲寄誰,或又認絲字爲叶韻,而通叶之恉晦。徐誠庵改"寄誰"爲"誰知",失之愈遠。葉小庚知爲通叶矣,而誤"蓮葉"爲"蓬萊","煙合"爲"煙含",仍未足據。半塘翁知"胞"字爲側叶,而不知"裏"字亦側叶,"誰寄"爲側結。彊邨再刻周詞,均未是正。及所自作,與況蕙生《蕙風詞》均墨守半塘之說。余校訂《詞律》,於此調用韻則從葉氏,異同則依《笛譜》。蓋核以《塞垣春》本調,而知其當然者也。非敢爲三君諍友,亦庶幾不謬於古人云爾。

遠目危亭倚。漸影轉,日趁西。蒼茛溯夢,野鳧飛晚,落甃尋詩。掩塵襟,託恨哀絃裏。紺天碎戛玻瓈。酒腸深,眉痕淺,青青盈盈望難寄。　　愁妒損烟波,漚盟嫩,蓴絲冰滿同胞。小劫閱華鬢,戀舊著荷衣。動長謠,山鬼騷心,曾城迴,抽筆賦無題。徘徊久,閶闔送涼,弦月露微。

前調

出西直門,循海淀至玉泉山,水木明瑟,畦畛播琴,荷蕩晨香,柳絲暝碧,浣花風景,髣髴遇之。仍次前韻。

短笛風前倚。故苑水,國門西。黏天綠樹,遠隄芳草,宜畫宜詩。翦滄波,碧浸銀河裏。萬妝鏡澈瑠瓈。蒓絲長,蘋颸頓,憑將清恨遙寄。　　因念錦城邊,花潭上,遨頭歌笠柔胞。小酌憶當壚,幾貰卻春衣。認襟痕,殘酒香留,行吟苦,苔壁更慵題。歸期阻,遼鶴夢中,曾識翠微。

賀新涼

伏夕泥飲燕市酒樓,聽吳姬歌桃花扇,笙歌沸地,星斗垂天,淒然其爲秋也。感音有作,同彊邨韻。

太息留都揭。論亡明,清流濁鄹,寧差毫髮。北斗南箕爭揚挹,消息梧秋報葉。照江上,旌旗明滅。海駕樓臺山駕浪,是何年,倒影杯心月。河漢女,共悲咽。　驕兵四鎮窮徵發。歎依然桃花扇底,滄桑再閱。名士過江餘幾輩,若箇胸藏兵甲。正賭墅,圍碁初劫。時勢英雄憑改造,怕媧皇石盡周山折。天柱倚,地維裂。

月下笛

初聞促織,和漚尹。

撲漉蟲窗,低迷雁枕,夢聞蛩語。秋心被汝。喚將來,萬千緒。羈人偏怪今年早,乍催趁,虛檐暗雨。更流螢亂點,星河淒映,夜色疑曙。　纔誤。繰車住。又落月離宮,斷魂深訴。天孫罷織,聘錢償得秋杼。餤金盆小遇爭擲,笑兒女,輸贏幾度。儘贏了,向半閒堂裏,更帶愁去。

琵琶仙

爲唐采芝賦。采芝字瑤華,工琵琶,有國工之目。光緒中曾供奉內廷,近爲某鞠部司篋人。

崔九堂前,又驚見舊日龜年幡綽。天上歌徹霓裳,宮腰正纖弱。曾聽了,春雷殿角,更親把,定場絃索。法曲淒涼,家山舞破,休問遼鶴。　奈新調,都失傳頭,借商女庭花自斟酌。彈到龍香撥冷,幾江南花落。嗟玉貌,傷時杜老,臏苦飢,白首臣朔。豈爲絲竹中年,動余哀樂。

鶯啼序

爲楊韻芳賦。韻芳字琛蘭,以紫稼聲華冠燕臺樂府。庚子之變,遂巡墮落,不復自振,其致敗皆由傅彩雲也。用玉梅詞人贈彩雲舊韻,爲之寫怨。

春明夢華更寫,認衰楊倦嫵。似張緒,淒絕當年,怨笛風外猶訴。記三見,鶯花浩劫,華鬢轉瞬成今古。憶靈和春殿,愁絲暗引千縷。　十載京塵,鏡裏鬢影,問青青在否。洞天事,窺錯儀鸞,麴瀾飛潤脂雨。永豐西,星移柳宿,大隄北,花驚游女。幻紅桑,血染閻浮,亂雲迷絮。　音希紫稼,露泣紅蘭,故巢訊燕侶。悶共訪,叛兒芳迹,對酒傷往,散雪焚琴,小腰慵舞。歌迎赤鳳,窗虛朱鳥,瓊瓊呼月臨秋影,費橫波,淚竭人天路。牽蘿倚竹,梅妻耐得單寒,衛郎瘦骨如許。　崑崙睡覺,顧曲重逢,歡舊人賸汝。怕點檢葳蕤宮扇,宛轉清吟,灑涕觚棱,夢遙年暮。玄都觀裏,春隨桃換,勞生多少新故感,太婆娑,枯了江潭樹。傷心斷譜霓裳,梵夾誰繙,等閒付與。

解連環

中元牆詞。

醉魂金錯。甚丹成換骨,更偷靈藥。正夢冷,春帳芙蓉,奈歌斷子高,幻欺方朔。暗水昆池,恨江雨,急催花落。話秦餘舊劫,鞅也棄灰,怨灰無著。　揚州誤騎瘦鶴。怪南飛勁羽,翻羨烏鵲。漫笑倒,當日張湯,儘推鼠成獄,鼠頭難索。薏苡明珠,謗書把,伏波愁却。者其間,要錢怕死,自斟自酌。

聒龍謠

借朱希真《樵歌》舊譜賦近事,託爲游仙之辭,仍朱志也。

涎竊天香,鼇遮海眼,夜織淚綃千縷。鵬徙南溟,駕巍峨鼇柱。正飛揚,蜃氣樓臺,更縹緲,水晶宮府。向乖龍,左耳操刀,驚驪睡,喧鼉鼓。　鈞天醉,尉佗驕,奈海若群嘯,冰夷朝舞。明珠翠羽,惹貪癡瞋妒。誤西母,方朔偷桃,倩酒星,趙州澆土。棄珠崖,枉下神符,捲秋潮去。

紫玉簫

西風動夕,遠聞簫聲,倚晁補之《琴趣》譜此。

蛩枕欹涼,鮫簾篩暝,冷螢低撲輕紈。遙情萬里,被玉簫吹徹,高處新寒。

似宮牆,笛愁暗引,鏡裏嬋娟。微風送,一聲兩聲,月殿聞絃。　當年。帝子飛夢,曾細搖春葱,碎點雙鸞。霓裳舞破,歎真妃仙舉,流怨哀彈。況鈞天醒,塵世改,換了華鬘。清商緊,蕭瑟庚郎,不賦江關。

多麗

秋夕追涼,與克群閒譖舊事,有懷嘉州山水,譜此寄意。

古嘉州。寰中秀絕無儔。帶三江,雲濤雪練,晴煙點出烏尤。染燕脂,海棠山色。描螺黛,荔子灣頭。玉局新吟,謫仙舊句,峨眉山月半輪秋。儘揮斥,畫圖詩本,前輩足風流。縈魂夢,弱齡初轍,綺歲重游。　悄無言,凌雲古佛,可曾出世遲留。閱風波,離堆磧險,箋魚鳥,爾雅臺幽。方響清音,雷坪噫氣,山鳴鼓角水鳴球。尋泉石,竹王祠畔,寒碧勝龍湫。懷初服,振衣高望,載酒蘇樓。

龍山會

九月初二日同克群散步南窪,尋龍樹、龍泉、梟潭諸勝,縱眺江亭,煮茗窯臺,露銀娟娟,愁碧彌襟。天末秋高,人間恨遠,愴然有作,和夢窗二解。

鎖恨秋無縛。老翠疏紅,麇眼籬花亞。小闌愁更倚,縈敗柳,哀葦蕭蕭亭下。歸燕惜前塵,記歌酒,春圍夢冶。認詩痕,闌干那曲,淚苔霑灑。　休憶墜羽歆花,露草寒蛩,和幾聲檐馬。錦墩爭未解,年事晚,消息漫漫長夜。扶醉託微波,共千頃,愁腸亂瀉。對無語,西山睡了,殘霞自挂。

葦障梟潭縛。晚照江亭,四遶闌干亞。冷紅摧雁錦,秋恨遠,煙鳥歸雲齊下。苔甃覓詩魂,算眉黛,銷春思冶。傍要離,埋香醉郭,淚泉同灑。　搖落倦旅驚心,政客何來,費款門車馬。鬢華搔更短,鷗夢醒,鶴怨高寒遙夜。心字惜香灰,隔窗聽,雄談快瀉。待歸也,露銀淺碧,練襟尚挂。

采桑子慢

魚浪不來,緇塵久滯,涼宵遠夢,有天末之懷,和君特。

紅題翠感①，顉頷西風愁起。鬧庭角，蛩新蟬故，倦枕涼欹。夢裏關河，蕙蘭遲暮水雲飛。白蘋洲畔，淒霜怨雨，誰采江蘺。　錦字未裁，蜀箋虛報，湘佩曾遺。歎芳物，蟬乾駒化，香蠹春衣。露冷疎檐，厭聞烏鵲噪南枝。家山遙計，鑪初薦網，菊已窺籬。

綺寮怨

同年生射洪張孟劬大冷堯桑更名丙廉，素工倚聲，不相見者十二年矣。丙辰九秋，重遇于都門，佗傺殊甚。倚吾家待制青罷調成二解贈之，並廣其意。

記否崑崙曾睡，倚歌心暗驚。更幾日，菊酒重陽，秋魂悄，望斷層城。應憐傷高舊客，朱霞遠，病鶴梳倦翎。賴燕鶯，尚識當年，張三影，繡陌尋墜盟。　乍見共嗟鬢星。山河破碎，淒涼故地重經。漫說飄零。聽南雁，有哀聲。東京夢梁初醒，只倦眼，向誰青。中腸實冰。知希在我輩，何重輕。

望裏觚棱依舊，短歌和淚橫。共錦瑟，惜此華年，應懷想，壯歲春明。今來悲秋宋玉，傷搖落，鬢髮搔更青。歎市朝，換物移星，誰知我，化鶴猶姓丁。　漫問倦懷醉醒。貞元故事，霓裳內宴曾聽。法曲飄零。夢華簿，寫難成。江南庾郎顉頷，怕賦筆，也無靈。相看瘦生。相攜且汗漫，游太清。

摸魚子

和陶然亭壁間韻。

更誰攀，冶春芳樹。絲絲搖到愁處。醉紅嗁綠都銷黯，難問燕晴鶯雨。憑認取。只壞壁昏苔，磨滅詩魂苦。吟梧且據。任衰柳撩人，殘蛩絮客，刻意買秋句。　危亭倚，目送朝天舊路。銅仙清淚何許。千門萬戶沈沈裏，一片酣歌恒舞。芳艸暮。還指點，高城日下平蕪去。檐鈴自語。賸劫後圍碁，墩邊碎錦，裁翦費鍼縷。

---

① 紅題翠感，《蜀雅·熽夢詞》作"紅彫翠減"。

附原作:

認青青，垂楊一樹。闌干罨畫深處。西山珍重仍無恙，銷盡綠煙紅雨。君記取。知燕子秋風，百樣飄零苦。殘魂少據。聽鄰笛淒然，聲聲吹出，都是斷腸句。　斜陽外，盼到蘼蕪歸路。故家今在何許。蒼茫燈火樓臺裏，依舊春風歌舞。春又暮。最愁絕，落花畢竟東流去。停艣不語。袛濕透青衫，淚痕重疊，怕檢舊金縷。此爲光緒壬寅舊題，款署三李二杜樓主。起調及後闋去韻以下，均已殘缺不完。愛其疏儁，爲足成之，且賡和焉。山陰壽君石工語予，作者蓋南昌陶牧伯蒸，一字小柳。併識于此，待訪斯人。丙辰九秋記。

憶舊游
丙辰重九，同孟癯及番禺沈太侔_{宗疇}集陶然亭，題壁。

記鳧潭買夏，雁錦延秋，龍樹尋春。霽雪軒窗好，送西山冷日，步屧深尊。少年漫有豪興，欹羽憶爭墩。乍睡醒崑崙，重尋鹿苑，無地銷魂。　猶存。甚風景，欹霜飽花腴，蘚篆雲根。絮酒澆香冢，借一杯呼起，殘唱秋墳。舊人醉郭應笑，席帽逐黃塵。問更幾重陽，淒然故國，餘淚痕。

前調
太侔書來云，擬更賦夢窗體，屬引淒異聲來。被辭依永，成二解質之，並示孟癯。太侔詞迄未就也。

餞秋秋漸老，待挽秋和愁伴年涯。鬢侵吳霜重，怕欹冠映日，妒了寒雅。背人倦葉如訴，紅怨泣塵沙。便畫壁程歌，芳顏借酒，嫩咒黃花。　茲亭慣游賞，奈病菊香遲，衰柳絲斜。金碧殘陽裏，看江山如此，同嘆無家。斷詞字滅慵認，春蚓雜秋蛇。但望極觚棱，嚴城暮角，羈恨賒。

雁歸人是客，雁又來人今尚天涯。待尋書空字，但雲羅暮碧，淡點棲雅。暗塵乍篆玫柱，淒調落平沙。恨淚菊遲開，霜楓漸染，也當看花。　登臨怕回首，記信馬東門，扶醉南斜。遼鶴歸飛後，欹巢空珠樹，江燕無家。杜陵健筆猶在，吾道一龍蛇。趁載酒聯吟，荒亭縱目，秋興賒。

遠佛閣

崇效寺古楸，喬柯礙雲，繁陰翳日，歲月縣歷，殆四朝矣。花無香色，不廁芳叢，以其渠碩，遂占春明游賞之一。廿年前，沈太侔與徐芷帆侍御德沅、養吾主政德溉昆弟，花時排日載酒，宴賞其下。養吾既歿，芷帆曾作《楸陰感舊圖》，歸安朱古微學士祖謀爲題《遠佛閣》一闋，兼以悼其季彥，俅所謂“不止黃壚之悲”者也。市朝既換，芷帆墓亦宿草，太侔遼鶴重來，感槩彌深，更爲是圖徵題。爲倚古微舊調歸之，拍促聲哀，過於痛哭矣。

夢回淚滿。花外小劫，殘照燕館。驂鳳游短。試教喚起當年散愁伴。敗牆暈蘚。猶認淡墨，題句淒婉。扶醉歸晚。素絃更理塵襟鏡秋練。　步屧舊蘭若，望裏舺棱巢野燕。誰道絳都春移歌舞換。怕念遠傷高，吟鬢搔亂。有人腸斷。便細寫生綃，銘恨鐫怨。老懷孤，露痕空繭。

慶春宮

箋校《蘋洲漁笛譜》成，依鶴磵萬氏圈法更訂四聲，因題其後。用王可竹《謝草窗惠詞卷》韻。

漁笛催愁，汀蘋搖夢，爲君換譜哀玉。鴛笟親調，鵑魂曾拜，杼山挑盡黃獨。弁陽清嘯，帶苔雪，煙波縱目。齊東野語，四水潛夫，故都喬木。　興亡萬感難平，吹動霞簫，怨歌重續。瓊苑餘花，國香遺韻，舊懷新恨頻觸。癸辛門巷，試傾想，風流顧曲。宮裁商剗，幻滿絲闌，倦紅鞿綠。

玉漏遲

校讀《夢窗詞集》畢，因題其後，用草窗《題夢窗霜花腴詞集》韻。

瑣窗清夢少。仙城路遠，古香聲杳。甬曲句東，遙識慶湖襟抱。西麓裁雲萬叠，共花外，吟魂分繞。良自笑。籤勝鬢影，未輸年少。　浪窺七寶樓臺，助故國淒涼，感秋歌嘯。噀酒餐英，重寫霜花腴草。絲縷玄經繡網，輕付與，寒蟲羇鳥。幽恨悄。愁吟畫中靈照。

解連環

題白石道人歌曲後，用夢窗《留別姜石帚》韻。

寸心如結。問南都論樂，倦懷何極。便占取，詞苑飛仙，似空際水雲，半天霞色。畫舸垂虹，換簫譜，石湖花北。想新聲舊月，素手翠尊，小紅應憶。　梅邊賦情浪擲。悵孤山誤約，玄鬢今白。遡露橋，吹笛音塵，付蝶枕畫驚，帳銷浮碧。帚石眠琴，沁肺腑，銀潢秋汐。怕人間，蠹叢汗簡，夢君未得。

瑣窗寒

題《花外集》後，用山中白雲悼玉笥山韻。

冠柳襟秦，推雲拜石，麗詞花外。鶯腸鳳語，響徹碧寒天裏。自吹簫，待兒按歌，串珠潤玉冰絲碎。想睠懷故國，冬青幽怨，楚蘭深致。　猶是。芳馨意。看疊賦哀蟬，載賡春水。絃淒韻遠，付與秋墳詩鬼。近南窪，夜窗曼吟，冷烏叫月風戰葦。怕輕繙，半捲殘瓊，尚滴金仙淚。案此調應以去聲字歇拍爲合，故將淚葦二韻互易。向疑《花外集》不載令詞，必佚其半。及觀《詞旨》所引，有《醉落魄》、《霜天曉角》、《謁金門》各調警句，爲集所無。《絕妙好詞》錄十首，而集僅有其三。則亡失者又非獨令詞而已。

摸魚子

以陽泉山莊本《遺山集》校彊邨朱氏覆弘治高麗本《遺山樂府》，得增添詞五十四首，據《輟耕錄》錄出一首，次爲《補遺》一卷。又以石蓮庵《九金人集》本補刊新樂府第五卷校之，除去緟複，得詞百十四首，什九壽人之作，次爲《外集》一卷。合之朱刊三卷詞二百十九首，共得詞三百八十八首。遺山新樂府之傳于今者，具是矣。遺山詞，張叔夏稱其深於用事，精於鍊句。余謂其切實發揮，抑揚頓挫，如詩家之有老杜，實開兩宋詞家未有境界，非第如杜善夫所謂中邊皆甜已也。校錄既竟，仿本集雁邱體綴詞書後。

問南冠幾年成錄，縶臣心事淒楚。明昌大定三生夢，腸斷故宮禾黍。詞太苦。且記取。芳華哀怨蕪城賦。聲聲杜宇。想槁項行吟，山深月黑，低首拜臣甫。　燕京路,秘籍曾尋萬戶。蘭陵偏被讒沮,千秋野史亭邊意,遺恨汗青豪素。新樂府。舊律呂。雙蘗二雁銷魂句。倡予和汝。借小聖清詞,張田合曲,同按柘枝舞。

蘭陵王

南海康先生六十壽詞。

補天石。虛鍊媧皇恨碧。春秋志,三統異郵,改制繙經繼麟筆。華胥夢聖國。烏託。人間未識。君門遠,流涕罪言,神鬼蒼生乍前席。　倉皇對宣室。痛舜死堯囚,稜轉岐壁。乘桴浮海嗟何適。窮五陸垂肺,大圜周髀,三循黃道探地脊。負天倦鵬翼。　通客。理歸舶。歎鶴化重來,朝市非昔。明夷左股荄滋繹。是月竄康老,壽昌南極。神皋春早,效李委,弄夜笛。

大聖樂

又代人作,用山中白雲體。

賢劫當千,閏爻逢九,揆貞初度。問幾年,流火徵符,證聖感精,消息獲麟來吐。夢契孔心通三統,笑餘子,雷門輕布鼓。承天語。歎緤馬閶風,高丘無女。　刑天戚干自舞。便浮海居夷甘寄旅。算廿年行遴,秦灰再扇,遼鶴歸來愁覰。故國故山都無藉,更何止,津橋嘯杜宇。斟春醑。誦君詩,似含神霧。

八六子

臨春念遠,倣杜牧之。牧之此詞,只前段多二字,餘悉與秦淮海同。晁无咎、楊守齋作,皆倣杜體而各有微異。細爲考證,知杜詞應於衾韻分段,始與秦、晁、楊合。萬氏誤於扃字分段,大謬。蓋此詞四字三句,秦、晁、楊作六字二句,則扃字非叶明矣。況通體皆噤口韻,尤不能於過徧處借叶開口韻也。長信,信字各家皆叶,此蓋換叶仄聲韻耳。丹禁、羞整,皆仄叶。銷魂,乃借叶也。茲爲訂正,且傚作焉。

望春歸。奈春無語,梅雪虛鬩芳菲。半醉醒、冷日含煙,宮漏虯催短箭,西山黛斂恨眉。　緇塵久淹顑頷。舊燕新鶯，芳訊參差，影弔天涯。斷雲沈，江空夢遙魂瘁。畫屏山樣，寸心千里。愁見漬酒練襟未浣，泥金寶扇曾題。更淒迷。紅蘭露零未晞。

手鈔二窗詞跋

《北夢詞》者，吾師二窗先生官京師時之作也。先生之學，以文章而兼經濟。仕宦垂三十年，所至郡國，識其山川要害，閭閻疾苦。寇賊訟獄，錢穀簿書，治劇理繁，遊刃有餘。郡齋公退，典籍橫披，古香滿座，手校唐宋以來詞集數十種。所箸稿亦十餘卷，已刻者有《邛都詞》二卷，《長江詞》二卷，《和庚子秋詞》一卷。茲鈔皆其未經刊者也。方先生之官京師，項城竊國，僭易洪憲，未幾事敗，而天下日益多故。攄詞寄慨，意近恉遠，言者無罪，聞者足戒，深得風人之恉，足爲詞史之旁徵。今先生絕意仕進，宦橐蕭然。適南來教授，樹棠得侍函丈，過從問業，輒爲談往事，終日無倦容。豪縱之氣，猶想其辭白帝，下江陵；浮洞庭，徘徊岳陽之墟；艤停彭蠡，登匡廬絕頂；過金陵，弔長淮；道芒碭，觀劉季斬蛇處；北渡黃河，驅車燕趙；西走秦中殘陽古道，覽前代帝王陵闕之壯麗，感激悲歌，臨風釃酒時也。昔魏顥序《李翰林集》云："蜀之人無聞則已，聞則傑出。是生相如、君平、王襃、揚雄，降有陳子昂、李白，皆五百年矣。"先生固蜀產，其詞出入吳夢窗、周草窗之間，返之北宋。近更以韓文、杜詩爲詞，雄勁沉刻，土厚水深，蓋自稱其山川云。民國十七年戊辰春日弟子包樹棠敬識。

笠山遺集附錄三

題詞信札墓誌銘三首

目　錄

題詞一首 ①

章太炎

　　上杭包伯莳以近著三種見示。其《四家詩傳授表證》，確然已無間隙；《汀州藝文志》則其苦心撢索所得者;《詩鈔》乃一二年中作，篇章無幾。余謂經史二種，佗日容更有增益者。詩宜積書廣入之深，然後與二種並傳。伯莳年少，其進固未有已也。民國廿四年十一月，章炳麟。

---

① 　此題詞係章太炎先生手書，寫於 1935 年十一月，包笠山先生哲嗣定貞君藏。福建省文史研究館 2010 年連天雄點校《汀州藝文志》曾編入“附錄”。今結合原札影本重爲整理。

信札一首 [①]

陳衍

　　伯華賢兄足下：由兩粵回蘇，始得手書，至喜。鄙人談藝，愛實學而厭詞華。足下長於采證，近賢所希。能翹有失，尤所拜受。鄙人以一人之力，修千余萬言之新志，實不量力而好爲其難。亦以此作關繫頗多，有舍我其誰之勢。加以急就，倖幸告刻，工以無款，幾次中斷。試思各種列傳，幾於數萬人，始猶可以強勉記憶，至閣置之矣。故此志他病尚可苟免，最難免者重複。重複之病，殆更僕難數，幸有告我者，無不立改，決不護前。惟此次足下所指三事，似尚有可疑者，因手邊新志不全，舊志未帶，未得詳查。然有可略言者：正傳一門，新志於舊志未當者頗多更動，童日鼎或將移歸他傳，故正傳奪之。伊元復、伊名元之一人兩傳，最宜更正。其所以致複之由，必因一人兩名。其何以一人兩名，必有致誤之故。至張鵬翼事涉林霞起而誤，新志沿之，之字何指？指《先正事略》乎？此名新志不記入何傳，若謂沿“名儒傳”，則新志只有“儒行”，並無“名儒”。以上三事，容臘月回閩，再行查改奉告。（循吏傳中，尚有伊予先重複，已改。）致論詩似也，足下所言簹溪何人？是否簹溪？手忙未暇論。（若是簹溪，其人有神經病，不足道也。）衍復。十三。

星河包君墓志銘 [②]

邱復

　　包君星河既葬之明年，其孤樹棠自海疆學校以狀來請銘。世以志銘爲藏幽，古固不爾，韓、李二文公集可考也。《渭南集》爲王尚書佐、趙知軍彥真志墓，皆葬既踰年；山堂陸先生，則既葬二年而請，請連三年而後銘；銘曾文

---

　　① 　此札係陳衍先生手書，“石遺室”箋紙二頁，包笠山先生哲嗣定貞君藏。疑寫於 1934 年至1935 年間。福建省文史研究館 2010 年連天雄點校《汀州藝文志》曾編入“附錄”。今結合原札影本重爲整理。

　　② 　此文乃上杭邱復先生應笠山先生請爲其先父所作墓銘，原稿爲邱氏手書十一行紅欄“念廬用格”稿紙二頁。題旁有六庵教授手批曰：“此係上杭邱荷公先生復所撰，一九八二年二月一日黃壽祺讀後記。”案，原件夾於包笠山先生《兩漢三國兩晉文學史》（梁龍光書嵩油印稿本）中，由包先生哲嗣定貞君於 2020 年春提供。張善文整理。

清公幾墓，且踰十二年。予故諾之，遷延多病，又踰年乃克與銘。君名涵清，字泰漢，一字星河。其先宋南昌貢士曰純白，官汀洲教授，權上杭知縣，樂其風土，家小陳阮。三傳，遷黃坊。五傳，遷廬豐。逮君二十傳，世爲上杭廬豐鄉人。曾祖學聖，祖瑞欽，父梂祥字雨亭，皆潛德弗曜。清咸同間，受太平軍兵燹，廬舍丘墟。君早失怙，依外家治生。稍長營商，耗其資。渡南洋，爲商吉隆埠，復折閱以歸。家有母氏李、世母氏賴二老在堂，綺以爲養。疊遭失敗，志不少衰。性謹慤，信義孚，人爭思得之以資擘畫。君忠於人謀，纖悉無苟。積年俸值，稍有餘蓄，察物貴賤，與時俯仰，賈有贏利，家用小康，奉二老歡，備極色養。諸弟析爨，飲之如初。躬歷艱辛，遇人困窮，量力賙恤。常儲藥物，以濟貧病。其他義行，視力所能。自以幼年失學，期望樹棠甚篤，既卒業中學，資遣肄業嘉應大學，轉之集美，畢業國學專門。往在汀州，鄰有庠士，績學失明，商務餘閑輒齎茗就問古今治亂得失。報章初行，尤喜瀏覽，日手一紙不輟。雖未負笈師門，而於歷代興亡之故，中外強弱貧富之原，洞然胸中。素所欽服，厥惟寧化李徵君、長汀黎大參，謂二公氣節、經濟、文章，皆足爲人模楷，時舉以詔樹棠。故樹棠稟承庭訓，傑然有以自立。與予居距三舍，入城必經其鄉，吾友包一琪謙谷與君昆弟行，樹棠在嘉應大學又值予任教授，每一經過，欵洽周至。二十八年，縣有文獻保存會之設，予與謙谷尸其職，敵機轟炸，先後離城。予過其鄉，住東溪館帀月，昕夕促膝，淪茗清談，煮酒暢敘，往往夜分乃休，益知君非闤闠中人，純然鄉里長者也。卒於中華民國三十四年夏曆二月七日，年七十有九。越月二日，葬於本鄉登寶岕之原。娶江夫人，繼朱夫人。生子男二，長樹棠，字伯芾，今爲國立海疆學校教授，學行純粹，箸述甚富，鍥而不舍，造詣靡涯。次蔚棠，殤。子女六。孫男一，定寰，幼讀。孫女七。乃爲銘曰：

忠信篤敬宅其躬，氣節經濟貫窮通，勖哉厥子師二公。笠峰之下，中有長者。豐樂亭前，佳城鬱然。是爲有道之阡，過者必式，屹立千年。

笠山遺集編後小識

　　唐李匡乂《資暇集》云："稷下有諺曰：'學識何如觀點書。'點書之難，不惟句度義理，兼在知字之正音借音。"

　　《笠山遺集》編校完成，偶讀上引諸語，頗生感觸。古人"點書"，是極重要的治學課程，近乎今日所謂"點校"。而編校前人學術遺稿，又需追溯其學術淵源，董理其原稿條緒，覆核文義，考校群籍，則比點書之難更有甚者。笠山先生學殖渾厚，考據精審，要將他的遺著正確無誤地編訂出版，實是一項較艱巨的工程。幸賴盧翠琬、黃曦、連天雄、劉可儀、蔡飛舟諸君併心協作，又獲胡海平、賴文婷、張善華、章夏諸女史勉力襄助，歷時數年，此書終以較完整的面貌問世，與讀者共享之。惟書中恐有校讎疏誤，整理未善者，盼乞學界同仁不吝教正之。

　　　　　　　　　張善文謹識於福建師範大學文學院
　　　　　　　　　公元二零一九年元月敬識
　　　　　　　　　越歲二零二零年九月補訂